Bengel/Geck/Limmer/Mayer/Reimann/Riering/Sieghörtner/Voit

Testament und Erbvertrag

# Testament und Erbvertrag

## Kommentar mit Erläuterungen, Checklisten und Gestaltungsvorschlägen

herausgegeben von
**Wolfgang Reimann und Manfred Bengel**

bearbeitet von
Manfred Bengel, Reinhard Geck, Peter Limmer,
Jörg Mayer, Wolfgang Reimann, Wolfgang Riering,
Robert Sieghörtner, Wolfgang Voit
† Ottmar Dittmann

4., völlig neu bearbeitete Auflage

**Luchterhand**

Die Deutsche Bibliothek – CIP-Einheitsaufnahme

**Testament und Erbvertrag:** Kommentar mit Erläuterungen, Checklisten und Gestaltungsvorschlägen / Hrsg.: Ottmar Dittmann ... – 4., veränd. Aufl. – Neuwied; Kriftel: Luchterhand 2002
ISBN 3-472-04975-8

**Die Bearbeiter der 4. Auflage:**

Prof. Dr. Manfred Bengel, Notar in Fürth:
Systematischer Teil A VIII, D III, E I 1, 3, VI, X, BeurkG §§ 22–35, Formularteil, Register.

Dr. Reinhard Geck, Rechtsanwalt, Notar und Steuerberater in Hannover:
Systematischer Teil C.

Dr. Peter Limmer, Notar in Würzburg: Systematischer Teil D IV, E I 2, IV, V, VII, VIII, BeurkG §§ 1–9.

Dr. Jörg Mayer, Notar in Pottenstein: Systematischer Teil D I, II, E II, §§ 2265–2300a.

Prof. Dr. Wolfgang Reimann, Notar in Passau: Systematischer Teil A I–VII, E III, IX, §§ 2301–2302, BeurkG §§ 10–21, Formularteil.

Dr. Wolfgang Riering LL. M., Rechtsanwalt in Würzburg: Systematischer Teil B.

Dr. Robert Sieghörtner, Notar in Roth: Systematischer Teil B.

Prof. Dr. Wolfgang Voit, Professor am Institut für Verfahrensrecht an der Philipps-Universität Marburg: §§ 2229–2264.

**Zitierweise:**
J Mayer in Dittmann-Reimann-Bengel § 2265 RdNr 5
Geck in Dittmann-Reimann-Bengel Teil C RdNr 1
Limmer in Dittmann-Reimann-Bengel § 1 BeurkG RdNr 1
usw

**www.luchterhand.de**
Alle Rechte vorbehalten.
© 2003 by Luchterhand Verlag GmbH Neuwied, Kriftel.
Das Werk einschließlich aller seiner Teile ist urheberrechtlich geschützt. Jede Verwertung außerhalb der engen Grenzen des Urheberrechtsgesetzes ist ohne Zustimmung des Verlages unzulässig und strafbar.
Das gilt insbesondere für Vervielfältigungen, Übersetzungen, Mikroverfilmungen und die Einspeicherung und Verarbeitung in elektronischen Systemen.
Umschlag: Ute Weber GrafikDesign, Geretsried
Satz: Stahringer, Ebsdorfergrund
Druck: Betz-Druck, Darmstadt
Buchbinderei: Schaumann, Darmstadt
Printed in Germany, Dezember 2002

♾ Gedruckt auf säurefreiem, alterungsbeständigem und chlorfreiem Papier

# Vorwort

Die 1. Auflage von »Testament und Erbvertrag« erschien im Jahre 1972, die 2. Auflage im Jahre 1986, die 3. Auflage erst vor zwei Jahren. Dass nunmehr nach relativ kurzer Zeit eine 4. Auflage präsentiert wird, liegt einmal an der günstigen Aufnahme des Werkes durch das Publikum, zum anderen an den zahlreichen Gesetzesänderungen der letzten Jahre. Vor allem der steuerrechtliche Teil musste auf Grund des ungewöhnlichen gesetzgeberischen Elans den neuen Verhältnissen angepasst werden (StEntlG, StSenkG, StSenkRG, UntStFG). Aber auch im privatrechtlichen Bereich waren viele Neuerungen zu berücksichtigen (HRefG, LPartG, Schuldrechtsreform).

Auch in personeller Hinsicht ist ein Wechsel anzuzeigen: Notar a. D. Dr. Peter Lichtenberger, der das Werk von der 2. Auflage an mitbetreut hatte, ist verstorben. Ihm sei an dieser Stelle für seine prägende Mitarbeit bei »Testament und Erbvertrag« ausdrücklich gedankt. Die Grundlagen des internationalen Testaments- bzw. Erbvertragsrechtes werden nunmehr von Rechtsanwalt Dr. Wolfgang Riering, LL.M., und Notar Dr. Robert Sieghörtner betreut.

Verlag, Herausgeber und Bearbeiter hoffen, auch mit der 4. Auflage von »Testament und Erbvertrag« dem juristischen Publikum wieder ein Werk vorgelegt zu haben, das hohe Akzeptanz in der kautelarjuristischen Praxis erfährt und Einfluss auf die Entwicklung der Rechtsprechung im Erbrecht nimmt.

Fürth und Passau, im Juli 2002
Manfred Bengel, Wolfgang Reimann

# Inhaltsübersicht

|  | Seite* |
|---|---|
| Vorwort | V |
| Abkürzungsverzeichnis | IX |

### Systematischer Teil

| | |
|---|---|
| A. Die Grundlagen des Rechts der Verfügungen von Todes wegen | 7 |
| B. Grundzüge des Internationalen Testaments- und Erbvertragsrechts | 68 |
| C. Grundzüge des Erbschaftsteuerrechts | 142 |
| D. Grundlegende allgemeine erbrechtliche Problemkreise | 226 |
| E. Ausgewählte Fragen der materiellen Gestaltung von Verfügungen von Todes wegen | 278 |

### Formularteil (siehe detaillierte Übersicht auf S 395)

| | |
|---|---|
| Checklisten | 399 |
| Formulare (Musterurkunden) | 421 |

### Kommentarteil

| | |
|---|---|
| A. Errichtung und Aufhebung eines Testaments (§§ 2229–2264 BGB) | 473 |
| B. Gemeinschaftliches Testament (§§ 2265–2273 BGB) | 657 |
| C. Erbvertrag (§§ 2274–2302 BGB) | 827 |
| D. Beurkundungsgesetz | 1105 |

| | |
|---|---|
| Sachregister | 1247 |

---

\* Zitiert wird nicht nach Seiten, sondern nach Randnummern (RdNr).

# Abkürzungsverzeichnis*

| | |
|---|---|
| aA | anderer Ansicht |
| aaO | am angegebenen Ort |
| ABGB | (Österr) Allgemeines Bürgerliches Gesetzbuch |
| ABl | Amtsblatt |
| abl | ablehnend |
| Abs | Absatz |
| Abschn | Abschnitt |
| Abt | Abteilung |
| abw | abweichend |
| ACHILLES-GREIFF | ACHILLES-GREIFF, Bürgerl Gesetzbuch, 20./21. Aufl, 1958 |
| AcP | Archiv für zivilistische Praxis |
| ÄndG | Änderungsgesetz |
| aF | alter Fassung |
| AG | Amtsgericht |
| AkfDR | Akademie für Deutsches Recht |
| AktG | Aktiengesetz |
| AktO | Aktenordnung |
| ALR | Allg Preussisches Landrecht |
| Alt/Alter | Alternative |
| Anh | Anhang |
| Anl | Anlage |
| Anm | Anmerkung |
| AO | Abgabenordnung |
| ArchKrim | Archiv für Kriminologie |
| arg | argumentum aus … |
| Art | Artikel |
| AT | Allgemeiner Teil |
| AV | Allgemeine Verfügung |
| AVO | Ausführungsverordnung |
| B | Bundes- |
| bad | badisch |
| bay | bayerisch |
| BayJMBl | Bayerisches Justizministerialblatt |
| BayObLG | Bayerisches Oberstes Landesgericht |
| BB | Betriebsbearbeiter |
| BBauG | Bundesbaugesetz |
| Beil | Beilage |
| Bek | Bekanntmachung |
| Bem | Bemerkung |
| BENGEL-REIMANN | Handbuch der Testamentsvollstreckung (HdTV), 3. Aufl, 2001 |
| Beschl | Beschluss |
| bestr | bestritten |
| betr | betreffend |
| BeurkG | Beurkundungsgesetz |
| BewG | Bewertungsgesetz |
| BFH | Bundesfinanzhof |
| BGB | Bürgerliches Gesetzbuch |
| BGB-RGRK-(Bearbeiter) | Kommentar der Reichsgerichtsräte zum BGB 12. Aufl, 1974/1975 |

---

* Für alle verbleibenden Zweifelsfälle ist auf das Verzeichnis der Abkürzungen von Gesetzen, Rechtsverordnungen und allgemeinen Verwaltungsvorschriften des Bundes (GNBl 1975, 230, 459) zurückzugreifen.

Abkürzungsverzeichnis

| | |
|---|---|
| BGBl | Bundesgesetzblatt |
| BGH | Bundesgerichtshof |
| BGHZ | Entscheidungen des BGH in Zivilsachen |
| Bl | Blatt |
| BNotO | Bundesnotarordnung |
| BROX | BROX, Erbrecht, 19. Aufl, 2001 |
| BStBl | Bundessteuerblatt |
| BT-Drucks | Drucksachen des Deutschen Bundestages |
| Buchst | Buchstabe |
| BVerfG | Bundesverfassungsgericht |
| BVerwG | Bundesverwaltungsgericht |
| BWNotZ | Zeitschrift für das Notariat in Baden-Württemberg |
| bzw | beziehungsweise |
| | |
| CC | Code-Civil |
| | |
| dgl | dergleichen, desgleichen |
| DB | Der Betrieb |
| DFG | Deutsche Freiwillige Gerichtsbarkeit |
| DGO | Deutsche Gemeindeordnung |
| dh | das heißt |
| Diss | Dissertation |
| DJ | Deutsche Justiz |
| DJZ | Deutsche Juristen-Zeitung |
| DNotZ | Deutsche Notar-Zeitschrift |
| DONot | Dienstordnung für Notare |
| DR | Deutsches Recht, Wochenausgabe |
| DRiZ | Deutsche Richterzeitung |
| DRW | Dt Recht (Wochenausgabe) |
| DRZ | Deutsche Rechtszeitschrift |
| Drucks | Drucksache |
| DStZ | Deutsche Steuerzeitung |
| DVO | Durchführungsverordnung |
| DWir | Dt Zeitschrift für Wirtschaftsrecht |
| | |
| EBENROTH | EBENROTH, Erbrecht, 1992 |
| EG | Einführungsgesetz |
| EheG | Ehegesetz |
| Einl | Einleitung |
| einschl | einschließlich |
| ENNECCERUS ErbStG | Erbschaftsteuergesetz |
| ERMAN-(Bearbeiter) | ERMAN, Kommentar zum BGB, 10. Aufl, 2000 |
| EStG | Einkommensteuergesetz |
| eV | eingetragener Verein |
| | |
| FA | Finanzamt |
| FamRZ | Zeitschrift für das gesamte Familienrecht |
| FERID-FIRSCHING | FERID-FIRSCHING, Internationales Erbrecht (6 Bde, 1955ff, 2. Aufl – heute 8 Bde, Stand 2002) |
| ff | und folgende |
| FG | Finanzgericht |
| FGG | Gesetz über die Angelegenheiten der Freiwilligen Gerichtsbarkeit |
| FLUME, AT | FLUME, Allg Teil des Bürgerlichen Rechts (2 Bde, 1977ff – letzte Aufl 1983) |
| fr | früher |
| Fn/FN | Fußnote |
| FS | Festschrift |

Abkürzungsverzeichnis

| | |
|---|---|
| G | Gesetz |
| GBA | Grundbuchamt |
| GBl | Gesetzblatt |
| GBO | Grundbuchordnung |
| GemO | Gemeindeordnung |
| GesEinhG | Gesetz zur Wiederherstellung der Gesetzeseinheit auf dem Gebiete des bürgerlichen Rechts |
| GG | Grundgesetz |
| GI | Gerling Information für rechts-, steuer- und wirtschaftsberatende Berufe |
| GlBerG | Gleichberechtigungsgesetz |
| GmbHG | Gesetz betr die Gesellschaft mit beschränkter Haftung |
| GMBl | Gemeinsames Ministerialblatt |
| GrdstVG | Grundstücksverkehrsgesetz |
| GVBl | Gesetz- und Verordnungsblatt |
| GVG | Gerichtsverfassungsgesetz |
| | |
| HansJVBl | Hanseatisches Justizverwaltungsblatt |
| HEZ | Höchstrichterliche Entscheidungen |
| HGB | Handelsgesetzbuch |
| HintO | Hinterlegungsordnung |
| hL | herrschende Lehre |
| hM | herrschende Meinung |
| HöfeO | Höfeordnung |
| HRR | Höchstrichterliche Rechtsprechung |
| hrsg | herausgegeben |
| HS | Halbsatz |
| HÜBNER-BGB | HÜBNER, Allg Teil des BGB, 2. Aufl, 1996 |
| HUECK OHG | A HUECK, Das Recht der offenen Handelsgesellschaft, 4. Aufl, 1983 |
| idF | in der Fassung |
| iE | im Ergebnis |
| insb | insbesondere |
| IPR | Internationales Privatrecht |
| IPhax | Praxis des internationalen Privat- und Verfahrensrechts |
| iSvon | im Sinne von |
| iVm | in Verbindung mit |
| iZw | im Zweifel |
| | |
| JBl | Justizblatt |
| JFG | Jahrbuch für Entscheidungen in Angelegenheiten der freiwilligen Gerichtsbarkeit und des Grundbuchrechts |
| JherbJB | Jherings Jahrbücher für die Dogmatik des bürgerl Rechts |
| JM | Justizministerium |
| JMBl | Justizministerialblatt |
| JMBlNRW | Justizministerialblatt für das Land Nordrhein-Westfalen |
| JR | Juristische Rundschau |
| JurA | Juristische Analysen |
| JurBüro | Das Juristische Büro |
| JuS | Juristische Schulung |
| Justiz | Die Justiz, Amtsblatt des Justizministeriums Baden-Württemberg |
| JVBl | Justizverwaltungsblatt |
| JW | Juristische Wochenschrift |
| JZ | Juristenzeitung |
| | |
| Kap | Kapitel |
| KG | Kammergericht |
| KG | Jahrbuch für Entscheidungen des Kammergerichts |

Abkürzungsverzeichnis

| | |
|---|---|
| KIPP-COING | KIPP-COING, Erbrecht, 14. Aufl, 1990 |
| Komm | Kommentar |
| KonsG | Konsulargesetz |
| KostO | Kostenordnung |
| KVStG | Kapitalverkehrsteuer |
| | |
| LPartG | Landesparteigesetz |
| LANGE-KUCHINKE | LANGE-KUCHINKE, Erbrecht, 5. Aufl, 2001 |
| LEIPOLD | LEIPOLD, Erbrecht, 14. Aufl, 2002 |
| lfdNr | laufende Nummer |
| lit | Buchstabe |
| LFGG | badisches Landesgesetz über die freiwillige Gerichtsbarkeit |
| LG | Landgericht |
| LM | Nachschlagwerk des Bundesgerichtshofs in Zivilsachen, herausgegeben von LINDENMAIER-MÖHRING ua |
| LZ | Leipziger Zeitschrift für Deutsches Recht |
| | |
| MBl | Ministerialblatt |
| MDR | Monatsschrift für Deutsches Recht |
| mE | meines Erachtens |
| Min | Ministerium |
| MittBayNot | Mitteilungen des Bayerischen Notarvereins |
| MittRhNotK | Mitteilungen der Rheinischen Notarkammer |
| mN | mit Nachweisen |
| Mot | Motive zum Entwurfe des Bürgerlichen Gesetzbuches |
| MRG | Militärregierungsgesetz |
| MRVO | Militärregierungsverordnung |
| MünchKomm-(Bearbeiter) | Münchener Kommentar zum Bürgerlichen Recht, 3. Aufl, Bd 9: Erbrecht, 1997 |
| | |
| NdsRpfl | Niedersächsische Rechtspflege |
| NEhelLG | Nichteheliche Lebensgemeinschaft |
| nF | neue Fassung |
| NIEDER | NIEDER, Handbuch der Testamentsgestaltung, 2. Aufl, 2000 |
| NJ | Zeitschrift Neue Justiz |
| NJW | Neue Juristische Wochenschrift |
| NJWE-FER | NJW Entscheidungsdienst Familien- und Erbrecht |
| NJW-RR | NJW Rechtsprechungs-Report Zivilrecht |
| NRW | Nordrhein-Westfalen |
| NZV | Neue Zeitschrift für Verkehrsrecht |
| | |
| OGH | Oberster Gerichtshof für die britische Zone |
| OGHbrZ | OGH für britische Zone |
| OGHZ | Entscheidungen des Obersten Gerichtshofs für die britische Zone |
| OHG | offene Handelsgesellschaft |
| OLG | Oberlandesgericht bzw Entscheidung der Oberlandesgerichte in Zivilsachen |
| OLG-Rp | Rechtsprechung des OLG ... |
| OVG | Oberverwaltungsgericht |
| | |
| PALANDT-(Bearbeiter) | PALANDT, BGB, 61. Aufl, 2002 |
| PaPkG | Preisangaben- und Preisklauselgesetz |
| PLANCK-(Bearbeiter) | PLANCK'S Kommentar zum BGB, Band V, 4. Aufl, 1930 |
| PrALR | Preußisches Allgemeines Landrecht |
| PrKV | Preisklauselverordnung |
| | |
| RabelsZ | Rabels Zeitschrift für ausländisches und internationales Privatrecht |

| | |
|---|---|
| RdErl | Runderlass |
| RdL | Recht der Landwirtschaft |
| RdNr | Randnummer |
| Recht | Das Recht, Beilage zur Deutschen Justiz |
| REHG | Reichserbhofgericht |
| RFH | Reichsfinanzhof |
| RG | Reichsgericht |
| RGBl | Reichsgesetzblatt |
| RJA | Entscheidungen in Angelegenheiten der freiwilligen Gerichtsbarkeit und des Grundbuchrechts |
| Rpfleger | Der Deutsche Rechtspfleger |
| RpflG | Rechtspflegergesetz |
| RStBl | Reichssteuerblatt |
| | |
| S | Seite |
| s | siehe |
| SchlHA | Schleswig-Holsteinische Anzeigen |
| SeuffArch | Seufferts Archiv für Entscheidungen der obersten Gerichte in den deutschen Staaten |
| SeuffBl | Seufferts Blätter für Rechtsanwendung |
| SJZ | Süddeutsche Juristenzeitung |
| SOERGEL-(Bearbeiter) | SOERGEL, BGB, 12. Aufl, 1992, Bd 9: Erbrecht, BeurkG |
| SoergelsRspr | Rechtsprechung zum BGB, EGzBGB, CPO, KO, GBO und REG |
| sog | sogenannte |
| Sp | Spalte |
| StAnpG | Steueranpassungsgesetz |
| StAnz | Staatsanzeiger |
| STAUDINGER-(Bearbeiter) | STAUDINGER, BGB (2001) |
| str | strittig |
| | |
| u | und |
| ua | unter anderem |
| unbestr | unbestritten |
| Urt | Urteil |
| uU | unter Umständen |
| | |
| v | vom |
| VerglO | Vergleichsordnung |
| VerschG | Verschollenheitsgesetz |
| VersR | Zeitschrift Versicherungsrecht |
| Vfg | Verfügung |
| vgl | vergleiche |
| VHG | Vertragshilfegesetz |
| VO | Verordnung |
| VOBl | Verordnungsblatt |
| VOBlBrZ | Verordnungsblatt für die britische Zone |
| Vorb | Vorbemerkung |
| | |
| WarnJ/WarnR | WARNEYER, Jahrbuch der Entscheidungen zum BGB |
| WEG | Gesetz über das Wohnungseigentum und das Dauerwohnrecht |
| WM | Wertpapier-Mitteilungen |
| WSG | Wohnsiedlungsgesetz |
| württ | württembergisch |
| württ-bad | württembergisch-badisch |
| WürttZ | Zeitschrift für freiwillige Gerichtsbarkeit und die Gemeindeverwaltung in Württemberg |

Abkürzungsverzeichnis

| | |
|---|---|
| zB | zum Beispiel |
| ZBlFG | Zentralblatt für freiwillige Gerichtsbarkeit und Notariat sowie Zwangsversteigerung |
| ZErb | Zeitschrift für Erbrecht |
| ZEV | Zeitschrift für Erbrecht und Vermögensnachfolge |
| Ziff | Ziffer |
| ZJBl | Zentraljustizblatt für die britische Zone |
| ZPO | Zivilprozeßordnung |
| ZRP | Zeitschrift für Rechtspolitik |
| ZS | Zivilsenat |
| ZZP | Zeitschrift für Zivilprozeß |
| zZt | zur Zeit |

# Systematischer Teil

## Übersicht

| | | RdNr |
|---|---|---|
| **A.** | **Die Grundlagen des Rechts der Verfügungen von Todes wegen** | |
| I. | Allgemeines | 1 |
| II. | Erbfall – Erblasser – Erbschaft – Erbe | 5 |
| III. | Zugehörigkeit zur Erbschaft-Aktivvermögen | 15 |
| IV. | Zugehörigkeit zur Erbschaft-Passivvermögen | 45 |
| V. | Der Grundsatz der Testierfreiheit | 53 |
| VI. | Die Formstrenge im Recht der Verfügungen von Todes wegen | 69 |
| VII. | Das erbrechtliche Instrumentarium | 82 |
| VIII. | Grundzüge und ausgewählte Probleme des Pflichtteilsrechts | 119 |
| | | |
| **B.** | **Grundzüge des Internationalen Testaments- und Erbvertragsrechts** | |
| I. | Rechtsquellen | 1 |
| II. | Gegenstand des Internationalen Testaments- und Erbvertragsrechts | 6 |
| III. | Testierfähigkeit | 7 |
| IV. | Das auf die Form einer letztwilligen Verfügung anwendbare Recht | 8 |
| V. | Anknüpfung des Erbstatuts nach vorrangigen Staatsverträgen | 13 |
| VI. | Anknüpfung des Erbstatuts nach EGBGB | 18 |
| VII. | Nachlassspaltung | 33 |
| VIII. | Gemeinschaftliche Testamente und Erbverträge | 36 |
| IX. | Nacherbschaft | 42 |
| X. | Testamentsvollstreckung | 43 |
| XI. | Lebzeitige Rechtsgeschäfte mit Todesbezug | 44 |
| XII. | Abgrenzung zu anderen Statuten | 52 |
| XIII. | Testaments- und Erbvertragsgestaltung | 61 |
| XIV. | Länderübersicht | 75 |
| | | |
| **C.** | **Grundzüge des Erbschaftsteuerrechts sowie der erbrechtlichen Bezüge des Einkommensteuerrechts** | |
| I. | Grundzüge des Erbschaftsteuerrechts | 1 |
| II. | Einkommensteuerrechtliche Bezüge des Erbrechts | 154 |

### D. Grundlegende allgemeine erbrechtliche Problemkreise

| | | |
|---|---|---|
| I. | Auslegungsgrundsätze und Gestaltung von Verfügungen von Todes wegen | 1 |
| II. | Zuwendungsverzicht | 25 |
| III. | Teilungsanordnung, Vorausvermächtnis, Übernahmerecht, Teilungsverbot | 60 |
| IV. | Stiftungen – Trust | 102 |

### E. Ausgewählte Fragen der materiellen Gestaltung von Verfügungen von Todes wegen

| | | |
|---|---|---|
| I. | Verfügungen von Todes wegen und Personenstand | 1 |
| II. | Pflichtteilsklauseln | 88 |
| III. | Verfügungen von Todes wegen bei Unternehmern | 110 |
| IV. | Testamentsgestaltung bei freiberuflichen Praxen | 189 |
| V. | Letztwillige Verfügungen zugunsten des Heimträgers oder von Heimmitarbeitern, Betreuern, Beamten oder sonstigen Beschäftigten im öffentlichen Dienst | 194 |
| VI. | Hinweise zur Gestaltung der Verfügungen von Todes wegen bei geistig/körperlich-behinderten Abkömmlingen | 203 |
| VII. | Erbrechtliche Besonderheiten im Hinblick auf die neuen Bundesländer | 220 |
| VIII. | Erbschaftsverträge gem § 311b Abs 5 BGB | 233 |
| IX. | Bankverfügung, Lebensversicherung und Bausparvertrag im Erbrecht | 246 |
| X. | Lebensversicherung und Erbrecht | 271 |

# Systematischer Teil

Inhaltsverzeichnis                                                      RdNr

A. Die Grundlagen des Rechts der Verfügungen von Todes wegen

   I. Allgemeines
      1. Das Wesen des Erbrechts                                       1
      2. Intestaterbrecht und gewillkürte Erbfolge                     2
      3. Verfügungen von Todes wegen                                  3

  II. Erbfall – Erblasser – Erbschaft – Erbe
      1. Erbfall                                                       5
      2. Erblasser                                                     7
      3. Erbschaft – Nachlass                                          8
         a) Terminologie                                        8
         b) Rechtsübergang ipso jure                            9
      4. Erbe                                                         10

 III. Zugehörigkeit zur Erbschaft-Aktivvermögen                      15
      1. Sachenrechtliche Positionen                                  16
         a) Eigentum                                           16
         b) Beschränkte dingliche Rechte                       17
         c) Besitz                                             18
      2. Schuldrechtliche Positionen                                  19
         a) Ansprüche                                          19
         b) Auftrag                                            20
         c) Mietverhältnisse                                   20a
         d) Vollmacht                                          21
         e) Bankkonten                                         22
         f) Lebensversicherungen                               23
      3. Gestaltungsrechte                                            24
      4. Immaterialgüterrechte                                        29
      5. Persönlichkeitsrechte                                        30
      6. Unterhaltsansprüche                                          35
      7. Handelsgeschäft und Unternehmen                              36
      8. Mitgliedschaftsrechte                                        37
         a) Rechtsfähiger Verein                               38
         b) Eingetragene Genossenschaft                        39
         c) Kapitalgesellschaften                              40
         d) Personengesellschaften                             41
      9. Treuhand- und Sicherungsrechte                               42
    10. Amtsstellungen                                                43
    11. Steueransprüche                                                44

## IV. Zugehörigkeit zur Erbschaft-Passivvermögen

1. Vollmachten — 46
2. Leistungen aus Arbeitsverhältnissen — 47
3. Leistungen aus Gesellschaftsverhältnissen — 48
4. Familienrechtliche Leistungsverpflichtungen — 49
5. Sonstige persönliche Verpflichtungen — 51
6. Steuerliche Pflichten — 52

## V. Der Grundsatz der Testierfreiheit

1. Bedeutung — 53
2. Schutz der Testierfreiheit — 54
3. Schranken der Testierfreiheit — 55
    a) Gesetzliche Schranken — 56
        aa) Erbrechtlicher Typenzwang — 57
        bb) Pflichtteilsrecht — 58
        cc) § 138 Abs 1 BGB — 59
        dd) Nichtigkeit aufgrund § 14 HeimG — 62
        ee) Anerbenrecht — 63
    b) Vertragliche Beschränkungen — 66
    c) Vorangegangenes Tun — 67
    d) Beschränkungen durch Verfügungen von Todes wegen Dritter — 68

## VI. Die Formstrenge im Recht der Verfügungen von Todes wegen

1. Formzwang — 69
2. Zweck — 70
    a) Warnfunktion — 71
    b) Rechtsklarheitsfunktion — 72
    c) Beweisfunktion — 73
3. Folgen eines Formverstoßes — 74
    a) Soll-Vorschrift — 75
    b) Muss-Vorschrift — 76
        aa) Heilung — 77
        bb) Restriktive Anwendung — 78
        cc) Auslegung — 79
        dd) Teilunwirksamkeit — 80
4. Maßgeblicher Zeitpunkt — 81

## VII. Das erbrechtliche Instrumentarium

1. Erbeinsetzung — 82
    a) Grundsatz — 82
    b) Alleinerbe — 83
    c) Ersatzerbe — 84
    d) Mehrere Erben — 85
    e) Schlusserbe — 88
2. Nacherbfolgeanordnung — 89
    a) Grundsatz — 89
    b) Nicht befreiter Vorerbe — 94
    c) Befreiter Vorerbe — 95

|  |  | d) Der superbefreite Vorerbe | 97 |
|---|---|---|---|
|  | 3. | **Vermächtnis** | **101** |
|  |  | a) Grundsatz | 101 |
|  |  | b) Besondere Vermächtnisarten | 103 |
|  |  | c) Anfall und Fälligkeit | 107 |
|  |  | d) Vormerkungsfähigkeit | 108 |
|  | 4. | **Auflage** | **109** |
|  | 5. | **Teilungsanordnung, Erbteilungsverbot** | **110** |
|  | 6. | **Testamentsvollstreckung** | **112** |
|  |  | a) Grundsatz | 113 |
|  |  | b) Arten der Testamentsvollstreckung | 114 |
|  |  | c) Die Person des Testamentsvollstreckers | 115 |
|  |  | d) Die möglichen Aufgaben eines Testamentsvollstreckers | 116 |

VIII. **Grundzüge und ausgewählte Probleme des Pflichttteilsrechts**

|  |  |  |  |
|---|---|---|---|
|  | 1. | **Grundsätze** | **119** |
|  |  | a) Entstehen des Anspruchs | 119 |
|  |  | b) Höhe des Pflichtteils, Fälligkeit | 125 |
|  |  | c) Tragung der Pflichtteilslast | 128 |
|  |  | d) Wertermittlung | 130 |
|  | 2. | **Ausschlagung, Anfechtung, Pflichtteil** | **135** |
|  |  | a) Erbeinsetzung auf einen unter der Pflichtteilsquote liegenden Bruchteil | 136 |
|  |  | b) Der zugewendete Erbteil ist genauso hoch wie der Pflichtteil | 139 |
|  |  | c) Erbeinsetzungen unter Beschränkungen oder Beschwerungen | 140 |
|  |  | aa) Erbteilsquote nicht über dem halben gesetzlichen Erbteil | 141 |
|  |  | bb) Erbquote über Pflichtteilsquote | 142 |
|  |  | cc) Vermächtniszuwendung | 143 |
|  |  | dd) Erbeinsetzung und zusätzliches Vermächtnis | 144 |
|  |  | d) Sonderfall: Zugewinngemeinschaft und Ausgleichsgemeinschaft | 146 |
|  |  | aa) Einsetzung unter dem »großen Pflichtteil« | 147 |
|  |  | bb) Vollständige Enterbung oder Ausschlagung | 150 |
|  |  | cc) Zuwendung eines Vermächtnisses | 151 |
|  |  | e) Die Verweisung auf den Pflichtteil | 152 |
|  |  | aa) Einsetzung als Erbe | 153 |
|  |  | bb) Pflichtteilsvermächtnis | 154 |
|  |  | cc) Enterbung | 156 |
|  |  | dd) Zugewinngemeinschaft | 157 |
|  | 3. | **Der Pflichtteilsergänzungsanspruch** | **158** |
|  |  | a) Allgemeines | 158 |
|  |  | b) Kreis der Ergänzungsanspruchsberechtigten | 159 |
|  |  | c) Schenkung | 160 |
|  | 4. | **Vorsorgemaßnahmen** | **174** |
|  |  | a) Ausstattungen | 175 |
|  |  | b) Entgeltliche Geschäfte vor allem im Rahmen der vorweggenommenen Erbfolge | 177 |

| | | |
|---|---|---|
| c) | Erb- und Pflichtteilsverzichte | **178** |
| aa) | Rechtsnatur | **178** |
| bb) | Form, Wirkungen | **179** |
| cc) | Bedingung, Befristung | **182** |
| dd) | Gegenleistung | **183** |
| d) | Voraus | **185** |

# A. Die Grundlagen des Rechts der Verfügungen von Todes wegen*

## I. Allgemeines

### 1. Das Wesen des Erbrechts

Das Erbrecht als objektives Recht regelt die Rechtsverhältnisse des Vermögens eines Verstorbenen. Das Erbrecht als subjektives Recht ist die Rechtsmacht des Erben im Rahmen des objektiven Erbrechts. Das objektive Erbrecht betrifft grundsätzlich nur die vermögensrechtliche Nachfolge. Die Persönlichkeit des Menschen endet mit dem Tode. Die Vermögensrechte einer Person bedürfen auch über den Tod des Rechtsträgers hinaus einer Regelung. Das Erbrecht ist daher »die Fortsetzung des Vermögensrechts und der vermögensrechtlichen Herrschaft des Menschen über seinen Tod hinaus«.[1] Gegenstand des objektiven Erbrechts ist die Verteilung des Vermögens eines Verstorbenen, eingeschlossen die Haftung für dessen Verbindlichkeiten.

### 2. Intestaterbrecht und gewillkürte Erbfolge

Der erbrechtliche Erwerb, in dem sich das objektive Erbrecht realisiert, kann auf gesetzlicher oder gewillkürter Erbfolge beruhen.

Die gesetzliche Erbfolge greift nur ein, wenn und soweit ein letzter Wille nicht erklärt wurde. Sie knüpft an die Verwandtschaft (§§ 1924–1930), an die Ehe (§ 1931) bzw Lebenspartnerschaft (§ 10 LPartG) oder an die Staatsangehörigkeit (vgl § 1936) an. Inhalt der Erbfolge auf Grund Gesetzes ist eine schematische, den Bedürfnissen des Normalfalls genügende Verteilung des Nachlasses. Die gesetzliche Erbfolge ist getragen von dem Gedanken des Familienerbrechts, berücksichtigt also vor allem den Zusammenhalt des Familienvermögens.

Der Erblasser kann durch Rechtsgeschäft von Todes wegen den erbrechtlichen Erwerb seines Vermögens abweichend von der gesetzlichen Erbfolge regeln.[2] Hierzu ist er kraft der Testierfreiheit (vgl RdNr 53 ff) berechtigt, soweit nicht gesetzliche Schranken gesetzt sind. Gestaltungsmittel der gewillkürten Erbfolge sind die Verfügungen von Todes wegen. Durch sie kann der Erblasser für den Fall seines Todes eine Regelung treffen, welche die speziellen Belange gerade seiner Vermögensmasse (zB Unternehmen oder Unternehmensbeteiligung) berücksichtigt. Verfügungen von Todes wegen werden erst mit dem Tod des Erblassers wirksam. Dies gilt auch beim Erbvertrag; hier ist der Erblasser lediglich daran gehindert, eine andere Anordnung zu treffen.

### 3. Verfügungen von Todes wegen

Durch den Begriff »Verfügung von Todes wegen« werden diejenigen Willenserklärungen bezeichnet, deren Rechtsfolge auf den Tod eines am Rechtsgeschäft Beteiligten abgestellt ist, die daher im Gegensatz zu den Rechtsgeschäften »unter

---

* Paragraphen ohne besondere Angabe des Gesetzes sind im Folgenden solche des Bürgerlichen Gesetzbuches
1 LANGE-KUCHINKE § 1 VI 2 a; vgl auch LUTTER FamRZ 1967, 70 ff; BVerfG FamRZ 1995, 405, 408.
2 BROX RdNr 36; LEIPOLD RdNr 26.

Lebenden« stehen. Der Terminus »Verfügung« ist missverständlich; die Verfügung von Todes wegen hat keine unmittelbare Wirkung auf den Bestand eines Rechtes, relevant wird sie vielmehr erst mit dem Erbfall. Der als Erbe Eingesetzte erwirbt zu Lebzeiten des Erblassers auch keine *auf Grund der Verfügung von Todes wegen entstehende* Anwartschaft, er hat insoweit nur eine tatsächliche Aussicht. Lediglich beim Erbvertrag hat der Vertragserbe bei Lebzeiten des Erblassers eine Anwartschaft, einmal Erbe zu werden,[3] jedenfalls dann, wenn er selbst Vertragspartner ist.[4] Diese Anwartschaft ist jedoch nicht in der Verfügung von Todes wegen begründet, sondern *in dem gegenseitigen Vertrag*, der in einem Erbvertrag zugleich enthalten ist.[5] Der in einem Erbvertrag vorgesehene Vermächtnisnehmer hat wegen § 2169 keine Anwartschaft.[6] Auch aus § 2288 lässt sich eine solche im Regelfall nicht herleiten.[7] Selbst der Erbvertrag hindert grundsätzlich den Erblasser nicht, unter Lebenden zu verfügen. »Verfügung« ist daher im Erbrecht im Sinne von »Anordnung« oder – noch allgemeiner – »Willenserklärung« zu verstehen.

4 »Verfügung von Todes wegen« ist der Oberbegriff zu »Testament« und »Erbvertrag«. *Testament* ist die einseitige Verfügung von Todes wegen. Es unterscheidet sich insoweit vom *Erbvertrag* als einem zweiseitigen Rechtsgeschäft. Das Gesetz (vgl §§ 1937, 1941) bezeichnet allein die einseitigen Verfügungen von Todes wegen als *letztwillige Verfügungen*, während der Erbvertrag nicht als letztwillige Verfügung benannt wird, da er auch bei Änderung des im Vertrag niedergelegten Willens unabänderlich ist. »Letztwillige Verfügungen« ist grundsätzlich gleichbedeutend mit »Testament« (vgl § 1937), jedoch kann der Begriff auch die einzelne einseitige Anordnung, die in einem Testament oder einem Erbvertrag erhalten ist, bezeichnen. Der terminologische Unterschied kann vor allem dort von Bedeutung werden, wo in einer Verfügung von Todes wegen frühere Anordnungen widerrufen werden; die Formulierung »ich widerrufe alle bisher von mir getroffenen letztwilligen Verfügungen« erstreckt sich vom Wortlaut her nur auf einseitige Willenserklärungen von Todes wegen in Testamenten und Erbverträgen, nicht jedoch – falls hier überhaupt ein Widerruf möglich ist – auf vertragliche Verfügungen. Auch beim Abfassen von Erbverträgen sollte terminologisch klargestellt sein, ob bspw ein Vermächtnis erbvertragsmäßig (also bindend!) oder nur als letztwillige Verfügung (also einseitig und einseitig widerruflich!) angeordnet wird.[8]

## II. Erbfall – Erblasser – Erbschaft – Erbe

### 1. Erbfall

5 Erbfall ist nach § 1922 Abs 1 der »Tod einer Person«. Diese Definition ist ungenau. Nur *Menschen* können beerbt werden, nicht auch *juristische Personen*; bei diesen ist für den Fall der Aufhebung der Rechtsfähigkeit ein besonderes Li-

---

[3] Vgl BGH NJW 1984, 731, 732 = FamRZ 1984, 165, 166; BGHZ 37, 319 = NJW 1962, 1910 = DNotZ 1963, 553; KG OLG 21, 362; OLG Düsseldorf NJW 1957, 266; PALANDT-EDENHOFER Überbl v § 2274 RdNr 6. Die Anwartschaft ist wegen § 311b Abs 4 S 1 (analog) nicht übertragbar; BGHZ 37, 319, 323 = NJW 1962, 1910 = DNotZ 1963, 553.
[4] SOERGEL-M WOLF vor § 2274 RdNr 9.
[5] Zur Frage der Sicherung des Vertragserben vor lebzeitigen Verfügungen des Erblassers siehe HOHMANN ZEV 1994, 133.
[6] BGHZ 12, 115 = NJW 1954, 633 = DNotZ 1954, 264 mit Anm HIEBER; BGHZ 37, 319, 322 = NJW 1962, 1910 = DNotZ 1963, 553.
[7] BGH ZEV 1994, 37 = NJW 1994, 317 = FamRZ 1994, 165.
[8] Vgl BGH DRiZ 1971, 26 f.

quidationsverfahren vorgesehen, in dem der Übergang des Vermögens geregelt wird.[9]

Die *Todeserklärung* hat zur Folge, dass vermutet wird, der für tot Erklärte sei in dem Zeitpunkt gestorben, der in dem Beschluss als Todeszeitpunkt festgestellt ist (§§ 9 Abs 1 S 1, 44 Abs 2 S 1 VerschG). Der für tot Erklärte wird behandelt, als sei er wirklich gestorben, sodass sein Vermögen zum Nachlass wird. Wird die Todeserklärung aufgehoben, so kann der zu Unrecht für tot Erklärte sein Vermögen gem § 2031 herausverlangen.

## 2. Erblasser

Unter »Erblasser« versteht man diejenige Person, deren Vermögen mit dem Tode auf eine oder mehrere andere Personen übergeht. Jeder Verstorbene ist daher Erblasser. Das Gesetz spricht – nicht ganz korrekt – vom »Erblasser« nicht erst nach Eintritt des Erbfalles, sondern bereits zu seinen Lebzeiten, wenn er seine vermögensrechtlichen Verhältnisse für die Zeit nach dem Tode regelt.[10]

## 3. Erbschaft-Nachlass

### a) Terminologie

Unter Erbschaft und Nachlass versteht man die Summe aller im Erbwege übergegangenen Rechte und Pflichten. Beide Begriffe, Erbschaft und Nachlass, haben denselben sachlichen Inhalt, obwohl sie im BGB terminologisch unterschiedlich verwendet werden.[11] Das Wort »Nachlass« wird gebraucht, »um die Gesamtheit der einzelnen Stücke oder Bestandteile des Vermögens des Erblassers (bona defuncti), sowohl der aktiven als der passiven, zu bezeichnen. »Erbschaft« wird gebraucht von dem nachgelassenen Vermögen einer Person, wie dieses zugleich als mit einem bestimmten neuen Subjekte (Erbe), auf welches das Vermögen übergeht (Erbfolge), in Beziehung stehend bezeichnet werden soll«.[12]

### b) Rechtsübergang ipso jure

Das deutsche Recht geht vom Grundsatz des Vonselbsterwerbs aus. Der Erbe wird mit dem Erbfall Gesamtnachfolger des Erblassers. Dies bedeutet, dass der Erbe grundsätzlich in alle Rechtsbeziehungen des Erblassers eintritt, und zwar kraft Gesetzes, ohne dass es besonderer Übertragungsakte bedürfte. Der Nachlass wird »von selbst« mit dem Erbfall zur Erbschaft. Der Übergang des Aktivvermögens ergibt sich aus § 1922 Abs 1. Streitig ist, ob unter Vermögen im Sinne dieser Vorschrift auch das Passivvermögen zu verstehen ist.[13] Die Frage ist ohne praktische Bedeutung; denn der Übergang des Passivvermögens ergibt sich zumindest aus § 1967. Gleichgültig, welcher Ansicht man folgt, ist man sich darüber einig, dass der Vermögensbegriff des § 1922 weiter ist als sonst, da er auch Rechte, die keinen Vermögenswert darstellen, erfasst.[14] Naturgemäß gehen nur diejenigen Rechte auf den Erben über, die zum Nachlass gehören;

---

[9] Vgl LANGE-KUCHINKE § 4 II 1; LEIPOLD RdNr 20.
[10] Vgl LANGE-KUCHINKE § 4 II 2; BROX RdNr 5; EBENROTH RdNr 11.
[11] STAUDINGER-MAROTZKE § 1922 RdNr 103.
[12] Motive V 603 f.
[13] Bejahend: PLANCK-FLAD § 1922 Anm 2; BGB-RGRK-KREGEL § 1922 RdNr 10; verneinend: KIPP-COING § 91 II 2; STAUDINGER-MAROTZKE § 1922 RdNr 114 lässt die Frage im Hinblick auf § 1967 offen.
[14] Motive V 2; LANGE-KUCHINKE § 5 II 2 b; MünchKomm-LEIPOLD § 1922 RdNr 15; EBENROTH RdNr 22.

nicht alle dem Erblasser zustehenden Rechte bleiben von seinem Tod unberührt (vgl dazu im Einzelnen unten RdNr 15 ff).

### 4. Erbe

**10** Nach § 1922 Abs 1 werden diejenigen Personen, auf die mit Tod eines Menschen dessen Vermögen als Ganzes übergeht, als Erben bezeichnet. Der Erbe wird neuer Träger der Rechte und Pflichten des Verstorbenen.

**11** Der Erbe muss grundsätzlich, da er anstelle des Erblassers Rechtsträger wird, *rechtsfähig* sein. Aktiv erbfähig sind daher prinzipiell nur die zZt des Erbfalls lebenden *natürlichen Personen* (§ 1923 Abs 1) und die zu diesem Zeitpunkt bestehenden *juristischen Personen* (vgl § 2101 Abs 2). *Gesamthandsgemeinschaften* sind, auch wenn sie im Rechtsverkehr unter eigenem Namen auftreten (vgl § 124 HGB), nicht rechtsfähig. Gleichwohl sind sie aktiv erbfähig, zumindest in dem Sinne, dass der Nachlass unmittelbar, ohne dass eine Übertragung von den Gesamthändern auf die Gesamthand notwendig wäre, in das Gesamthandsvermögen fällt.[15] Fraglich war bisher lediglich, inwieweit auch eine Gesellschaft bürgerlichen Rechts (§§ 705 ff) generell aktiv erbfähig sein konnte. Dies wurde überwiegend mit dem Argument abgelehnt, dass die GbR im Gegensatz zur OHG oder KG nicht derart stark einer juristischen Person angenähert ist, dass sie auch wie eine juristische Person erbfähig sein kann.[16] Diese Problematik dürfte nunmehr allerdings durch die Rechtsprechungsänderung des BGH[17] in Bezug auf die grundsätzliche Anerkennung der Rechtsfähigkeit der Außengesellschaft bürgerlichen Rechts auch in erbrechtlicher Hinsicht geklärt sein. Mit der Anerkennung der Rechts- und Parteifähigkeit der GbR, soweit diese als Gesellschaft nach außen am Rechtsverkehr teilnimmt, muss die GbR folglich auch als generell aktiv erbfähig angesehen werden. Diese Ansicht lässt sich zudem auch auf die Ausführungen des BGH stützen. Im Urteil vom 29. 1. 2001 hat der BGH ausdrücklich aufgezeigt, dass »die Gesellschaft bürgerlichen Rechts als Gesamthandsgemeinschaft ihrer Gesellschafter im Rechtsverkehr grundsätzlich, dh soweit nicht spezielle Gesichtspunkte entgegenstehen, jede Rechtsposition einnehmen kann«.[18] Spezielle Probleme in Bezug auf die Kollision von Gesellschaftsrecht und Erbrecht bei der Einsetzung einer GbR als Erben, wie zB der Unterschied von Gesellschafter- und Erbenhaftung oder die Auswirkungen einer Erbunwürdigkeit einzelner Gesellschafter, stehen aber nach der prinzipiellen Anerkennung der Rechtsfähigkeit und der dadurch bedingten Annäherung der GbR an die OHG einer aktiven Erbfähigkeit nicht entgegen. Sie sind vielmehr entsprechend den im Recht der OHG und KG gefundenen Kollisionslösungsmöglichkeiten zu bewältigen.[19] Wegen des Verweises in § 7 Abs 2 PartGG auf § 124 HGB kann auch die Partnerschaft freier Berufe aktiv Erbe sein. Gleiches gilt für den *nicht rechtsfähigen Verein*.[20] Die Erbeinsetzung ist rechtlich im Grunde nichts anderes als eine Berufung sämtlicher zur Zeit des Erbfalls vorhandener Gesamthänder (Gesellschafter, Vereinsmitglieder) zu Erben mit der

---

[15] LANGE-KUCHINKE § 4 III 1; vgl im Einzelnen zu den dogmatischen Zweifelsfragen MünchKomm-LEIPOLD § 1923 RdNr 28 ff.
[16] Vgl BayObLG FamRZ 1999, 170; MünchKomm-LEIPOLD § 1923 RdNr 29; PALANDT-EDENHOFER § 1923 RdNr 7.
[17] BGH ZIP 2001, 330 = DNotZ 2001, 234; HABERSACK BB 2001, 477; K SCHMIDT NJW 2001, 993.
[18] BGH ZIP 2001, 330 = DNotZ 2001, 234.
[19] BGH DNotZ 2002, 57 (BGB-Gesellschaft als Kommanditistin); vgl auch ULMER ZIP 2001, 576.
[20] KIPP-COING § 84 I 2b; STAUDINGER-OTTE § 1923 RdNr 31; HABSCHEID AcP 155, 400; PALANDT-EDENHOFER § 1923 RdNr 1.

Bestimmung, dass das Zugewandte Bestandteil des Gesamthandsvermögens werden soll, also durch den Gesamthands- (Gesellschafts-, Vereins-) Zweck bestimmtes Vermögen seiner Mitglieder. Der unmittelbare Übergang in das Gesamthandsvermögen lässt sich durch eine Analogie zu § 718 rechtfertigen.[21] Nach aA[22] ist die Erbeinsetzung eines nicht rechtsfähigen Vereins nur als Zuwendung an die Mitglieder mit der Auflage zu deuten, das Zugewandte an den Verein zu übertragen. Nach Ansicht des Kammergerichts[23] kann die Erbeinsetzung eines nicht rechtsfähigen Vereins als Vermächtnis zugunsten der jeweiligen Mitglieder auszulegen sein.

**12** Da der Erbe beim Erbfall bereits als Rechtssubjekt vorhanden sein muss, gilt für Erbe und Erblasser der Grundsatz der zeitlichen *Koexistenz*. Beide müssen wenigstens einen Augenblick lang gemeinsam gelebt haben bzw Rechtsperson gewesen sein.[24]

**13** Der Grundsatz, dass der Erbe zZt des Erbfalls bereits Rechtssubjekt sein muss, gilt aber nicht uneingeschränkt. Nach § 1923 Abs 2 gilt der noch nicht geborene, aber bereits erzeugte Erbe als vor dem Erbfall geboren, wenn er später lebend geboren wird. Die Erbschaft fällt erst mit der Geburt an.[25] § 1923 Abs 2 ist nicht anwendbar auf juristische Personen, die sich in der Entstehung befinden,[26] da bei ihnen keine tatsächliche Vermutung für den Erfolg der Gründung in vertretbarer Zeit spricht. Nach § 84 gilt eine Stiftung, die erst nach dem Tode des Stifters genehmigt wird, für die Zuwendungen des Stifters an sie als bereits mit seinem Tode entstanden; auf die Zuwendungen Dritter ist § 84 nicht anzuwenden. Ein noch nicht erzeugter Mensch und eine noch nicht entstandene juristische Person können als Nacherben eingesetzt werden; Vorerben sind – mangels anderer Anordnung – die gesetzlichen Erben bis zur Geburt bzw bis zum Entstehen des Nacherben (§§ 2101 Abs 1 S 1, Abs 2; 2105 Abs 2; 2106 Abs 2).

**14** Probleme besonderer Art sind mit dem medizinischen Fortschritt, va den Möglichkeiten postmortaler Insemination im Körper der Mutter sowie der Befruchtung der Eizelle im Reagenzglas (sog »In-vitro-Fertilisation«) aufgetreten. Die postmortale Zeugung mag ethisch und rechtlich (vgl Art 6 Abs 2 GG) zu missbilligen sein, sie ist durch § 4 Abs 1 Nr 3 EmbryonenschutzG v 13. 12. 1990 (BGBl I 2746) nicht verboten.[27] Nach der momentan herrschenden Auffassung ist die Einsetzung eines noch nicht Erzeugten als Erben unmöglich, mag auch die Möglichkeit bestehen, durch zwischenzeitliche Kryokonservierung von Spermien bzw von Eizellen postmortal eine Befruchtung in großer zeitlicher Distanz zum Erbfall herbeizuführen. Hier kann der *nondum conceptus* nur als Nacherbe eingesetzt werden (§ 2101 Abs 1). Unmöglich ist eine Erbeinsetzung, dh die Herbeiführung der Erbfähigkeit in analoger Anwendung des § 1923 Abs 2, auch dann, wenn die Eizelle eines Kindes zwar schon befruchtet ist, sich zum Zeitpunkt des Erbfalls aber noch außerhalb des Mutterleibes befindet. Es sprechen vor allem ethische Beden-

---

**21** STAUDINGER-OTTE § 1923 RdNr 31; LANGE-KUCHINKE § 4 III 1.
**22** RG WarnR 1911 Nr 89; Recht 1929 Nr 975; BGB-RGRK-STETTEN § 54 RdNr 17.
**23** KG JFG 13, 133.
**24** Vgl ERMAN-SCHLÜTER § 1923 RdNr 2.
**25** KGJ 34 A 79; LG Berlin, RPfl 1990, 362; STAUDINGER-OTTE § 1923 RdNr 18.
**26** PALANDT-EDENHOFER § 1923 RdNr 6.
**27** HESS MedR 1986, 240; KAMPS MedR 1994, 339.

ken sowie die dann auftretende Rechtsunsicherheit und die Manipulationsgefahr gegen die Anwendung der Vorschrift des § 1923 Abs 2.[28]

### III. Zugehörigkeit zur Erbschaft – Aktivvermögen

15 Nach dem Grundsatz der *Universalsukzession* wird der Erbe Gesamtrechtsnachfolger des Erblassers. Der Nachlass wird daher prinzipiell als Ganzes zur Erbschaft. Rechte und Pflichten des Erblassers gehen jedoch nur insoweit auf den Erben über, als sie nicht »höchstpersönlich« sind, also von der Person des Erblassers losgelöst werden können, ohne sich in ihrem Inhalt zu verändern.[29] Da die Persönlichkeit des Menschen mit seinem Tod endet, ist die Erbfolge keine Rechtsnachfolge in die Persönlichkeit des Erblassers, sondern prinzipiell (nur) in dessen Gesamtvermögen;[30] auch Persönlichkeitsrechte können jedoch Nachwirkungen haben. Als Aktivvermögen geht somit die Summe dessen, was in die Rechtsmacht des Erblassers gestellt ist, ohne höchstpersönlich zu sein, auf den Erben über.

#### 1. Sachenrechtliche Positionen

16 **a) Eigentum:** Das Eigentum ist vererblich.

17 **b) Beschränkte dingliche Rechte:** Erbbaurecht (§ 1 Abs 1 ErbbRVO), Dauerwohnrecht und Dauernutzungsrecht (§§ 33 Abs 1, 31 Abs 3 WEG), Hypotheken, Grund- und Rentenschulden sind vererblich. Nießbrauch (§ 1061) und beschränkte persönliche Dienstbarkeiten (§ 1090 Abs 2) sind unvererblich. Reallasten sind grundsätzlich vererblich; ausnahmsweise sind sie unvererblich, wenn der Anspruch auf die einzelne Leistung nicht übertragbar ist (§ 1111 Abs 2). Dingliche Vorkaufsrechte sind im Regelfall unvererblich (§§ 1098 Abs 1, 514), jedoch ist eine abweichende Vereinbarung zulässig. Vererblichkeit des Dauerwohn- und Dauernutzungsrechtes und des Erbbaurechts können nicht abbedungen werden.[31]

18 **c)** Der **Besitz** ist gem § 857 vererblich.

#### 2. Schuldrechtliche Positionen

19 **a) Forderungen** und sonstige schuldrechtliche **Ansprüche,** auch solche aus unerlaubten Handlungen, gehören zum Nachlass. Der Erbe übernimmt diese Rechtsstellung, wie sie der Erblasser hatte, dh mit allen Gegenrechten, Einreden usw. Nicht zum Nachlass gehört nach Ansicht der Rspr der Anspruch des Vertragserben gem § 2287 Abs 1; er soll mit dem Erbfall als persönlicher Anspruch des Vertragserben entstehen.

20 **b) Auftragsverhältnisse** erlöschen im Zweifel mit dem Tod des Beauftragten (§ 673).

---

28 Wie hier STAUDINGER-OTTE § 1923 RdNr 25 ff mN; PALANDT-HEINRICHS § 1 RdNr 9; LANGE-KUCHINKE § 4 III 2b a; aA SOERGEL-STEIN § 1923 RdNr 6; MünchKomm-LEIPOLD § 1923 RdNr 15; STAUDINGER-HABERMANN-WEICK § 1 RdNr 23.
29 STAUDINGER-MAROTZKE § 1922 RdNr 115 f will die Antwort bei Zweifel durch Auslegung ermitteln.
30 Vgl STAUDINGER-MAROTZKE § 1922 RdNr 46.
31 OLG Neustadt NJW 1961, 1974; OLG Hamm NJW 1965, 1488; PALANDT-BASSENGE § 33 WEG RdNr 2, 3 mN und PALANDT-BASSENGE § 1 ErbbRVO RdNr 1, 10.

c) **Ansprüche aus Mietverhältnissen** werden ebenso von § 1922 erfasst. Jedoch finden sich hier Sonderregeln in den Vorschriften des Mietrechts, das insbesondere in diesem Bereich durch das Gesetz zur Neugliederung, Vereinfachung und Reform des Mietrechts (Mietrechtsreformgesetz) vom 19. 6. 2001 (BGBl I 1149) modifiziert wurde. Nach § 580 nF sind der Erbe eines Mieters und der Vermieter beim Tod des Mieters aufgrund der Tatsache, dass der Vermieter in der Regel die Mietsache nur an eine bestimmte Person überlassen will, zur Kündigung unter Einhaltung der gesetzlichen Kündigungsfrist berechtigt. Andererseits treten beim Tod des Mieters dessen Ehegatte bzw seit der Änderung zum 1. 9. 2001 nun auch dessen Lebenspartner nach § 563 Abs 1 nF ipso iure in den Mietvertrag ein. Gleiches gilt für die in dem gemeinsamen Haushalt lebenden Kinder eines Mieters, soweit dessen Ehepartnern bzw dessen Lebenspartner nicht in das Mietverhältnis eintreten, § 563 Abs 2 nF. Erklären die eingetretenen Personen gemäß § 563 Abs 3 nF, dass sie das Mietverhältnis nicht fortsetzen wollen, so gilt der Eintritt als nicht erfolgt. In § 563 Abs 2 S 4 nF wurde daneben Personen, die mit dem Mieter einen auf Dauer angelegten gemeinsamen Haushalt führen, ein subsidiäres Eintrittsrecht gewährt. Unter dem Personenkreis, der mit diesem neuen Rechtsbegriff erfasst werden soll, sind beispielsweise nichteheliche Lebensgemeinschaften entsprechend den Kriterien der bisherigen Rechtsprechung[32] zu subsumieren. Zudem steht dem Vermieter hier auch ein außerordentliches Kündigungsrecht zu. Letztendlich wurden im Mietrechtsreformgesetz die bisher bestehenden Regelungen zur Fortsetzung mit überlebenden Mietern in § 563a nF und zur Fortsetzung des Mietverhältnisses mit dem Erben in § 564 nF übernommen.[33]

d) **Vollmachten** zugunsten des Erblassers erlöschen im Zweifel mit dessen Tod (§§ 168, 673).[34]

e) **Bankkonten** gehen gem § 1922 auf die Erben über, und zwar einschließlich aller Nebenrechte, zB Auskunftsrechte.[35] Der Kontoinhaber kann jedoch durch Verfügung (unter Lebenden) bestimmen, dass ein Guthaben außerhalb des Nachlasses auf einen Dritten übergeht (Verfügungen zugunsten Dritter auf den Todesfall).[36] Entsprechendes gilt für ein Depot, jedoch mit der Maßgabe, dass es sich hier um ein dingliches Recht handelt, das vererbt wird. Ist beabsichtigt, das Depot außerhalb des Nachlasses mit dem Ableben des Depotinhabers auf einen Dritten zu übertragen, ist es notwendig, die im Depot befindlichen Gegenstände treuhänderisch auf die verwahrende Bank zu übertragen und sodann die schuldrechtlichen Ansprüche aus der treuhänderischen Verwahrung außerhalb des Nachlasses einem Dritten zuzuwenden.[37]

f) **Lebensversicherungsansprüche** sind vererblich, fallen also in den Nachlass, falls kein Bezugsberechtigter benannt ist; andernfalls, wenn also im Vertrag ein Bezugsberechtigter benannt ist, auch wenn die Bezugsberechtigung nicht unwiderruflich festgelegt wurde, liegt ein Vertrag (unter Lebenden) zugunsten Dritter vor, sodass sich der Rechtserwerb des Bezugsberechtigten außerhalb der Erbfolge *ipso jure* vollzieht.[38] Für die Kapitalversicherungen auf den Todesfall ist nach § 167

---

[32] BGHZ 121, 116.
[33] Vgl hierzu auch GRUNDMANN NJW 2001, 2502.
[34] HOPT ZHK 133, 305; PALANDT-EDENHOFER § 1922 RdNr 35.
[35] BGHZ 107, 104, 107; CANARIS, Groß-Komm HGB, Anhang nach § 357 RdNr 93.
[36] Vgl dazu § 2301 RdNr 57 ff.
[37] Vgl dazu § 2301 RdNr 70.
[38] BGHZ 32, 44.

Abs 2 VVG anzunehmen, dass sich der Rechtserwerb außerhalb der Erbfolge vollzieht, und zwar selbst dann, wenn Zahlung an die Erben bedungen ist.[39]

Ist bei einer Unfallversicherung als Leistung des Versicherers die Zahlung eines Kapitals vereinbart, gelten die §§ 166 bis 168 VVG (§ 180 VVG). Bei einer Unfallrentenversicherung ist durch Auslegung zu ermitteln, ob mit der Benennung der Erben als Bezugsberechtigte ein derartiger »Von-selbst-Erwerb« außerhalb des Nachlasses gewollt ist.[40]

### 3. Gestaltungsrechte

**24** **a) Allgemein** sind Gestaltungsrechte, Vor-, An- und Wiederkaufsrecht, Anfechtungsrecht, Rücktrittsrecht, Wandlungs- und Minderungsrecht (nach der Herstellungstheorie), Annahme und Ausschlagung einer Erbschaft (sowie Anfechtung dieser Erklärungen) vererblich. Auch das durch das Gesetz über Fernabsatzverträge und andere Fragen des Verbraucherrechts sowie zur Umstellung von Vorschriften auf Euro (BGBl I 897, 1139) neu in das BGB eingefügte einheitliche **Widerrufsrecht bei Verbraucherverträgen gemäß § 355** ist aufgrund seiner neuen Ausgestaltung als Gestaltungsrecht vererblich.[41] Das Vorkaufsrecht, das zeitlich beschränkt ist, ist vererblich, obwohl es im Zweifel nicht übertragen werden kann (§ 473 S 2). Das unbegrenzt zulässige Vorkaufsrecht ist im Zweifel nicht vererblich (§ 473 S 1).

**25** **b)** Besonderheiten ergeben sich hinsichtlich des **Schenkungsrückforderungsanspruchs gemäß § 528**. In den letzten Jahren sind immer häufiger Fallkonstellationen aufgetreten, in denen der Sozialhilfeträger den Anspruch des Erblassers gegen einen Dritten, den der Erblasser zu Lebzeiten beschenkt hatte, auf Rückforderung der Schenkung geltend gemacht hat. Da den Sozialhilfeträgern durch § 90 BSHG die rechtliche Handhabe gegeben wurde, Ansprüche des Sozialhilfeempfängers durch privatrechtsgestaltenden Verwaltungsakt auf sich überzuleiten, muss diese Möglichkeit gerade bei Zuwendungen im Rahmen vorweggenommener Erbfolge bedacht werden. Die Tendenz in der Rechtsprechung[42] geht dahin, der Sozialhilfe die entstandenen Kosten möglichst zu ersetzen, was jedoch sowohl im Hinblick auf den Zweck der Sozialhilfe als auch dogmatisch gerechtfertigt erscheint.[43]

**26** **c)** Besonders zu erwähnen sind auch solche Gestaltungsrechte, die in der schwebenden Rechtslage eines ausgesprochenen, aber zum Zeitpunkt des Erbfalls noch nicht angenommenen Vertragsangebotes liegen. Grundsätzlich sind derartige **»Schwebelagen«** vererblich, sodass die Erben regelmäßig die Möglichkeit haben, das Vertragsangebot anzunehmen.[44]

**27** Probleme spezieller Art ergeben sich bei einer Schwebelage im erbrechtlichen Bereich, so im Anbahnungsstadium eines **Erbverzichtsvertrages**. Hat der Erblasser

---

**39** Vgl ZEHNER AcP 153, 424.
**40** SOERGEL-STEIN § 1922 RdNr 42.
**41** PALANDT-HEINRICHS § 361a RdNr 7.
**42** Vgl BGH NJW 1995, 2287; OLG Düsseldorf FamRZ 1997, 769; HAARMANN FamRZ 1996, 522; SCHWARZ JZ 1997, 545; ZERANSKI NJW 1998, 2574.
**43** Eingehend hierzu KOLLHOSSER ZEV 1995, 391; vgl auch BGH NJW 1994, 1655 = ZEV 1994, 254 mit Anm SKIBBE und HÖRLBACHER ZEV 1995, 202, jeweils mN zur Rspr; zu Gestaltungsmöglichkeiten für vertragliche Pflegeleistungen unter Berücksichtigung des Sozialhilferechts: RASTÄTTER ZEV 1996, 281; J MAYER ZEV 1997, 176; KOLLHOSSER ZEV 2001, 289.
**44** Vgl STAUDINGER-MAROTZKE § 1922 RdNr 303 ff.

das Angebot abgegeben und stirbt der Erklärungsempfänger (also der dann verzichtende Teil) vor der Annahme, so kann eine Lösung im Wege der Auslegung gemäß §§ 145 ff erreicht werden, und zwar sowohl für das dem Erbverzicht zugrunde liegende Kausalgeschäft[45] als auch für den verfügenden Erbverzichtsvertrag. Weil dieser ein Verfügungsvertrag unter Lebenden ist, sind auch insoweit die Vorschriften des allgemeinen Teils anwendbar.[46] So hat auch der BGH erst jüngst Vorschriften aus dem allgemeinen Teil über Verträge (§§ 145 ff) auf den Erbverzichtsvertrag angewendet.[47] Der Erbverzichtsvertrag muss indessen zu Lebzeiten des Erblassers wirksam werden.[48] Stirbt hingegen der Erblasser, bevor er das Angebot auf Abschluss eines Erb- oder Pflichtteilsverzichtsvertrages angenommen hat, kann das Angebot von seinen Erben nicht mehr angenommen werden. Auch eine Genehmigung durch den Verzichtenden ist nach dem Tode des Erblassers nicht mehr möglich, wenn der Erbverzichtsvertrag zu dessen Lebzeiten vorbehaltlich einer Genehmigung durch den Verzichtenden abgeschlossen wurde.[49] Zwar ist die Option, die aus einem Angebot erwächst, prinzipiell vererblich,[50] das durch § 2347 Abs 2 S 1 aufgestellte Gebot der Höchstpersönlichkeit der Annahme des Verzichts durch den Erblasser schließt aber eine Annahme durch dessen Erben aus.[51] Die Sicherheit des Rechtsverkehrs fordert, dass die mit dem Tod des Erblassers eintretende Erbfolgeregelung auf einer festen Grundlage steht und nicht noch nach beliebig langer Zeit verändert werden kann.

Entsprechendes gilt auch für den **Pflichtteilsverzicht**. Der auf das Pflichtteilsrecht beschränkte Verzicht (§ 2346 Abs 2) ändert im Gegensatz zum Erbverzicht zwar nicht die gesetzliche Erbfolge, erhöht also insbesondere auch nicht das Pflichtteilsrecht anderer Pflichtteilsberechtigter. Gleichwohl kann ein Pflichtteilsverzichtsvertrag nur zu Lebzeiten des Erblassers wirksam geschlossen werden;[52] der BGH folgert dies aus dem Unterschied von Pflichtteilsrecht (bis zum Ableben des Erblassers) und Pflichtteilsanspruch (ab diesem Zeitpunkt). Wegen dieser problematischen Rechtsprechung, die von der Möglichkeit einer Auslegung und einer Umdeutung des Verzichts auf das Pflichtteilsrecht in den Verzicht auf den Pflichtteilsanspruch absieht, ist bei allen Gestaltungen Vorsicht geboten, bei denen die Wirksamkeit eines Pflichtteilsverzichtsvertrages erst nach dem Ableben des Erblassers eintritt, also bei aufschiebenden Bedingungen oder Befristung und Vertragsabschlüssen vorbehaltlich Genehmigung.[53]

### 4. Immaterialgüterrechte

Immaterialgüterrechte (Urheber- und Erfinderrechte) sind vererblich, obwohl sich in ihnen persönlichkeits- und vermögensrechtliche Elemente treffen (§ 28 UrhG, §§ 29, 30, 60 Abs 2, 117 aaO, § 34 VerlG, § 15 PatentG, § 13 GebrMG, § 3 GeschmMG, § 27 Abs 1 MarkenG, §§ 22, 23 KUG).[54] Mit dem Immaterialgüterrecht gehen auch die mit ihm verbundenen Unterlassungs-, Beseitigungs- und Schadensersatzansprüche auf den Erben über.

---

45 PALANDT-HEINRICHS § 145 RdNr 5 und § 153 RdNr 3.
46 LANGE-KUCHINKE § 7 IV 3.
47 BGH NJW 1996, 1062, 1064.
48 BGHZ 37, 319, 329.
49 BGH ZEV 1997, 111.
50 Vgl § 130 Abs 2 und STAUDINGER-MA-
ROTZKE § 1922 RdNr 306 ff.
51 Vgl PALANDT-EDENHOFER § 2347 RdNr 2.
52 BGH ZEV 1997, 111.
53 J MAYER MittBayNot 1997, 85, 87.
54 Vgl BGH NJW 2000, 2195, 2197 ff; JZ 2000, 1060.

## 5. Persönlichkeitsrechte

**30** Persönlichkeitsrechte, wie das Recht am Körper, am Namen und das Recht auf Ehre, erlöschen grundsätzlich mit dem Tod des Erblassers. Der Name wird von den Abkömmlingen einer Person schon mit der Geburt (aus eigenem Recht), nicht erst kraft Erbfolge (derivativ) erworben.[55] Wurde zu Lebzeiten des Erblassers durch Eingriff in dessen Persönlichkeitsrechte die Ursache für einen Vermögensschaden gesetzt, so kann der Erbe diesen geltend machen.[56] Hinsichtlich des materiellen Schadensersatzes für immaterielle Schäden differenziert der Gesetzgeber. Nach der Aufhebung des § 847 Abs 1 S 2 (Gesetz vom 14. 3. 1990, BGBl I 478) sind nach dem 30. 6. 1990 entstandene Schmerzensgeldansprüche in vollem Umfang vererblich, auch wenn der verletzte Erblasser zu seinen Lebzeiten nicht den Willen bekundet hat, Schmerzensgeld zu fordern.[57]

Persönlichkeitsrechte können über den Tod des Rechtsträgers fortwirken (insbesondere Schutz des Namens und der Ehre); aus dem Schutz der Persönlichkeit wird der Schutz des Andenkens Verstorbener. Hier werden allerdings nicht eigene Rechte wahrgenommen, sondern – treuhänderisch – diejenigen des Verstorbenen.[58] Der postmortale Persönlichkeitsschutz tritt in zwei Erscheinungsformen zutage, als sog Recht zur Totenfürsorge und als postmortales Persönlichkeitsrecht. Während hinsichtlich des Rechts zur Totenfürsorge weitgehend Einigkeit besteht, ist vor allem der Ehrenschutz des Verstorbenen streitig; fraglich ist insbesondere, wer wahrnehmungsberechtigt ist. Primär obliegt es grundsätzlich den nächsten Angehörigen des Verstorbenen, nicht dessen Erben, diese Rechte wahrzunehmen.[59] § 2 Abs 2 FeuerBG, der als allgemeiner Grundsatz herangezogen werden kann, bezeichnet als »Angehörige« den Ehegatten, Verwandte und Verschwägerte auf- und absteigender Linie, Geschwister und deren Kinder sowie den Verlobten, unter denen nach § 2 Abs 3 aaO der Ehegatte den Verwandten, die Kinder und deren Ehegatten den sonstigen Verwandten, die näheren Verwandten den entfernteren und dem Verlobten vorgehen.[60] Auch die Regelung in § 4 Abs 2 des Transplantationsgesetzes vom 5. 11. 1997 (BGBl I 2631) bietet sich zur analogen Anwendung an. Da jedoch beherrschender Grundsatz des Totensorgerechts die Maßgeblichkeit des Willens des Verstorbenen ist,[61] sind auch die Angehörigen an abweichende Willensäußerungen des Erblassers gebunden, durch die das Recht der Totenfürsorge nicht familienangehörigen Dritten übertragen wird.[62]

**31** Der *Leichnam*, Skelett, Asche und die natürlichen Körperteile gehören nicht zum Nachlass. Der Körper des lebenden Menschen ist keine Sache, weil Körper und menschliche Person eine Einheit bilden und der Mensch als Träger von Rechten und Pflichten nicht zugleich ihr Gegenstand sein kann. Das Recht des Menschen

---

[55] STAUDINGER-MAROTZKE § 1922 RdNr 146; PALANDT-EDENHOFER § 1922 RdNr 43.
[56] STAUDINGER-MAROTZKE § 1922 RdNr 132 f; differenzierend: MünchKomm-LEIPOLD § 1922 RdNr 22.
[57] BGH NJW 1995, 783; BGHZ 138, 388; HUBER NZV 1998, 345.
[58] Einzelheiten sehr streitig, vgl LANGE-KUCHINKE § 5 III 5; MünchKomm-LEIPOLD § 1922 RdNr 51; SOERGEL-STEIN § 1922 RdNr 23 ff.
[59] Vgl BGHZ 15, 249 = JZ 1955, 211; BGHZ 50, 133; BGH NJW-RR 1991, 982.
[60] Vgl ausführlich ZIMMERMANN ZEV 1997, 440; zur Frage, wer bei einem Streit unter mehreren gleichrangigen Angehörigen über die Art der Bestattung entscheidet, vgl STAUDINGER-MAROTZKE § 1922 RdNr 122.
[61] BGH NJW-RR 1992, 834.
[62] BGH NJW-RR 1991, 831; vgl auch OLG Frankfurt NJW-RR 1989, 1159; LG Gießen, NJW-RR 1995, 264.

### III. Zugehörigkeit zur Erbschaft – Aktivvermögen | A 32, 33

an seinem Körper ist Ausfluss der Persönlichkeit und kein vererbliches dingliches Recht, insbesondere kein Eigentum.[63]

Der Leichnam als selbständiger körperlicher Gegenstand, bei dem die Einheit von Körper und Mensch (Rechtsträger) nicht mehr besteht, ist eine *Sache* iSv § 90.[64] Auch Leichenteile, wie herausgelöste Organe, sind Sachen, soweit sie selbständige körperliche Gegenstände sind. Die Leiche ist als Sache jedoch *herrenlos*. Der Erbe kann kein Eigentum an der Leiche des Erblassers haben, da er einerseits als derivativer Erwerber nur in die dem Erblasser zustehenden Rechte nachrücken kann und dieser kein Eigentum an seinem eigenen Körper hatte (vgl oben), andererseits sein Persönlichkeitsrecht am Körper nicht vererblich ist. Die Angehörigen des Verstorbenen haben mangels gesetzlicher Zuweisung kein Eigentum am Leichnam.[65] Der Leichnam ist auf Grund der Anschauungen über die guten Sitten (Pietät) eine *verkehrsunfähige* Sache.[66]

**32** Das *Totensorgerecht* steht den Angehörigen des Verstorbenen zu, den Erben nur, soweit Angehörige nicht vorhanden sind (RdNr 30). Die Art der *Bestattung* richtet sich nach den Anordnungen des Verstorbenen (vgl im Einzelnen § 2 Abs 1 FeuerBG), soweit solche nicht vorliegen, nach denen der Hinterbliebenen. Diese haben auch über die anderen Fragen der Totensorge (evtl Umbettung der Leiche, Grabinschrift, Auswahl des Urnenortes) zu entscheiden.[67]

**33** Eine *Aneignung* der Leiche oder von Leichenteilen ist wegen der mangelnden Verkehrsfähigkeit nicht zulässig.[68] *Künstliche Körperteile*, die mit dem Körper fest verbunden sind, sind zwar unvererblich, doch haben, da die Verkehrsfähigkeit hier nicht ausgeschlossen ist, die Erben ein ausschließliches Aneignungsrecht; die Ausübung dieses Rechtes kann uU von der Zustimmung der Angehörigen abhängen, wenn die Aneignung in die Totensorge eingreift.[69] Für *Gewebe- und Organentnahmen* aus einem Leichnam, etwa zum Zwecke der (unmittelbaren oder über eine Organbank laufenden) Transplantation gilt seit 1. 12. 1997 das Transplantationsgesetz (TPG) vom 5. 11. 1997 (BGBl I 2631). Hiernach ist zu differenzieren, ob der Organspender in die Entnahme eingewilligt hatte oder nicht. Hat er eingewilligt, ist die Entnahme nach Maßgabe von § 3 TPG zulässig. Hat er der Entnahme von Organen widersprochen, ist sie unzulässig. Liegen weder eine schriftliche Einwilligung noch ein schriftlicher Widerspruch des möglichen Or-

---

[63] PALANDT-HEINRICHS Überbl v § 90 RdNr 11 und § 90 RdNr 3; STAUDINGER-DILCHER § 90 RdNr 22: »keine realisierbaren Eigentumsrechte«, wohl aber Besitz.
[64] PALANDT-HEINRICHS Überbl v § 90 RdNr 11; ENGLERT, Todesbegriff und Leichnam als Element des Todesrechts, 1979; aA MünchKomm-LEIPOLD § 1922 RdNr 52: »nicht Sache, sondern Rest der Persönlichkeit« mN, auch zur hM; ähnlich HÜBNER, BGB-AT, RdNr 289: »Persönlichkeitsrückstand«; offen gelassen bei EBENROTH RdNr 37.
[65] Vgl PALANDT-HEINRICHS Überbl v § 90 RdNr 11; EBENROTH RdNr 37.
[66] RGZ 100, 172; BGB-RGRK-KREGEL § 90 RdNr 5.
[67] Vgl STAUDINGER-MAROTZKE § 1922 RdNr 117 ff m zahlr Nachweisen und BGH NJW-RR 1992, 834; OLG Frankfurt NJW-RR 1989, 1159; LG Gießen NJW-RR 1995, 264; zum Bestimmungsrecht: DEUTSCH NJW 1986, 1971; TAG MedR 1998, 387.
[68] Str, wie hier EBENROTH RdNr 37; MünchKomm-LEIPOLD § 1922 RdNr 52; TROCKEL NJW 1970, 493: aA SOERGEL-STEIN § 1922 RdNr 16; SCHLÜTER RdNr 61; BGB-RGRK-KREGEL § 90 RdNr 5.
[69] ERMAN-SCHLÜTER § 1922 RdNr 37; PALANDT-HEINRICHS Überbl v § 90 RdNr 11; PALANDT-EDENHOFER § 1922 RdNr 44; weitergehend MünchKomm-LEIPOLD § 1922 RdNr 52: nicht bloß Aneignungsrecht, sondern von selbst entstehendes Eigentumsrecht der Erben bei der Trennung vom Leichnam; zum Aneignungsrecht bezüglich eines Herzschrittmachers vgl WEIMAR JZ 1979, 633; GÖRGENS JR 1980, 140.

ganspenders vor, ist dessen nächster Angehöriger zu befragen, ob ihm eine Erklärung des Verstorbenen zur Organspende bekannt ist. Ist dies nicht der Fall, ist eine Organentnahme nach Maßgabe des § 4 TPG zulässig, wenn der nächste Angehörige zugestimmt hat. Nächste Angehörige im Sinn des Gesetzes sind (§ 4 Abs 2 TPG) der Ehegatte, volljährige Kinder, Eltern, sofern der mögliche Organspender zum Todeszeitpunkt minderjährig war, volljährige Geschwister und Großeltern. Dem möglichen Organspender steht es dabei frei, die Entscheidung über die Organentnahme einer bestimmten Person zu übertragen, dies tritt dann an die Stelle der nächsten Angehörigen (§ 4 Abs 4 TPG). Die Widmung des eigenen Körpers zu Transplantationen bedarf offenbar keiner besonderen Form, der Wille des Verstorbenen muss aber eindeutig zu ermitteln sein.[70]

**34** Das Problem, wem das Bestimmungsrecht über kryokonservierte Spermien, Eizellen oder Embryonen nach dem Tod des Spenders/der Spenderin bzw beider zusteht, ist noch ungeklärt. Vor allem ethische Gründe sprechen dafür, postmortal jedenfalls eine Zeugung nicht zuzulassen; auch hinsichtlich des Einpflanzens und Austragens einer bereits befruchteten Eizelle nach dem Tod beider Eltern ist größte Zurückhaltung angebracht, nicht zuletzt von Verfassungs wegen (vgl Art 6 Abs 2 S 1 GG: »Pflege und Erziehung der Kinder sind das natürliche Recht *der Eltern* und die zuvörderst *ihnen* obliegende Pflicht.«) Ob man aus einer neueren Entscheidung des BGH, welche einem Samenspender zu Lebzeiten ein Schmerzensgeld zusprach,[71] weil dessen Spende widerrechtlich vernichtet wurde, Schlüsse für den postmortalen Umgang mit derartigen Spenden ziehen kann (der BGH differenziert danach, ob gespendetes Sperma bzw entnommene Eizellen zur Reimplantation **bestimmt** waren oder nicht), erscheint zweifelhaft.

### 6. Unterhaltsansprüche

**35** Unterhaltsansprüche erlöschen mit dem Tod des Berechtigten oder des Verpflichteten, soweit sie nicht auf Erfüllung oder Schadensersatz wegen Nichterfüllung für die Vergangenheit oder auf solche im Voraus zu bewirkende Leistungen gerichtet sind, die zur Zeit des Todes des Berechtigten oder des Verpflichteten fällig sind (§§ 1615 Abs 1, 1586).

### 7. Handelsgeschäft und Unternehmen

**36** Ein Handelsgeschäft ist vererblich (§ 22 HGB). Die Firma ist nur mit dem Unternehmen übertragbar und vererblich (§§ 21 ff HGB). Nicht vererblich ist die Kaufmannseigenschaft; ihre Merkmale müssen in der Person des Inhabers vorliegen (§§ 1, 2, 3, 6 HGB).[72]

Auch ein sonstiges gewerbliches Unternehmen, das kein Handelsgeschäft im Sinne des HGB ist, gehört zum Nachlass (zB Handwerksbetrieb).[73] Entsprechendes gilt für freiberufliche Praxen.

Die Zugehörigkeit zum Nachlass ist unabhängig davon, ob der Erbe aufgrund der gesetzlichen Bestimmungen zur Fortführung berechtigt ist. Öffentlichrechtliche

---

[70] Vgl dazu DEUTSCH NJW 1998, 777; WALTER FamRZ 1998, 201.
[71] BGHZ 124, 52; vgl auch MünchKomm-LEIPOLD § 1922 RdNr 52.
[72] Vgl WEIMAR MDR 1967, 731; STÜRMER JUS 1972, 653; LANGENFELDT BWNotZ 1981, 51; JOHANNSEN FamRZ 1980, 1074.
[73] BGH LM Nr 1, 7.

Gewerbeberechtigungen sind unvererblich.[74] Für Minderjährige kann der gesetzliche Vertreter das Geschäft fortführen. Weil dazu keine gerichtliche Genehmigung nach §§ 1643, 1822 Nr 3 erforderlich ist,[75] wurde durch das Minderjährigenhaftungsbeschränkungsgesetz vom 25. 8. 1998 (BGBl I 2487) ab 1. 1. 1999 die Möglichkeit einer Haftungsbeschränkung geschaffen (§§ 1629a, 1793 Abs 2) und ein außerordentliches Kündigungsrecht bei Volljährigkeit eingeführt (§ 723 Abs 1 S 3 Nr 2).[76]

### 8. Mitgliedschaftsrechte

Mitgliedschaftsrechte in juristischen Personen und Gesamthandsgemeinschaften sind grundsätzlich vererblich, wenn und soweit die Kapitalbeteiligung, nicht das persönliche Element im Vordergrund steht.    37

#### a) Rechtsfähiger Verein

Die Mitgliedschaft ist nicht vererblich (§ 38 S 1), wobei jedoch in der Satzung etwas anderes bestimmt werden kann (§ 40).    38

#### b) Eingetragene Genossenschaft

Die Mitgliedschaft ist hier unvererblich; der verstorbene Genosse gilt jedoch nicht mit seinem Tod, sondern als mit dem Schluss des Geschäftsjahres ausgeschieden (§ 77 Abs 1 S 1, 2 GenG). Die Frage, ob der Erbe ein erlöschendes Mitgliedschaftsrecht zur Abwicklung übernimmt oder ein sterbendes Recht, ist ohne praktische Bedeutung, da in jedem Fall die Mitgliedschaft mit dem Ablauf des Geschäftsjahres, in welchem das Mitglied stirbt, beendet ist. Das Statut kann die Fortsetzung der Mitgliedschaft durch die Erben eines Genossen zulassen. Die Fortsetzung kann von persönlichen Voraussetzungen der Erben abhängig gemacht werden. Sind mehrere Erben vorhanden, kann durch das Statut bestimmt werden, dass die Mitgliedschaft endet, wenn sie nicht binnen einer bestimmten Frist auf *einen* Miterben übertragen wurde (§ 77 Abs 1, 2 GenG).    39

#### c) Kapitalgesellschaften

Die Mitgliedschaft bzw die Anteile an Kapitalgesellschaften (GmbH, AG, KGaA) sind grundsätzlich vererblich. Da aber in den Satzungen, insbesondere bei der GmbH und KGaA die Vererblichkeit eingeschränkt werden kann, ist an die Gestaltung der Verfügung von Todes wegen in diesem Bereich ein besonderes Augenmerk zu richten. Siehe dazu im Einzelnen System Teil E RdNr 142 (AG), RdNr 141 (GmbH) und RdNr 143 (KGaA).    40

#### d) Personengesellschaften

Bei Mitgliedschaften in Personengesellschaften ist die Zugehörigkeit zum Nachlass stets problematisch und anhand des Gesetzes und gesellschaftsvertraglichen Regelungen zu prüfen. Für die BGB-Gesellschaft sieht § 727 Abs 1 für den Fall des Todes eines Gesellschafters die Auflösung der Gesellschaft vor. Bei Personenhandelsgesellschaften (oHG, KG) wird beim Tod eines persönlich haftenden Gesellschafters gemäß § 131 HGB idF des am 1. 7. 1998 in Kraft getretenen Handelsrechtsreformgesetzes (BGBl I 1474) die Gesellschaft ohne dessen Erben unter den übrigen Gesellschaftern fortgesetzt, wenn keine Nachfolgeklausel im Gesell-    41

---

[74] ERMAN-SCHLÜTER § 1922 RdNr 16; PALANDT-EDENHOFER § 1922 RdNr 14; STAUDINGER-MAROTZKE § 1922 RdNr 222 f – vgl aber aaO RdNr 264 bzgl Rechtsscheinpositionen sowie bzgl § 5 HGB (Kaufmann kraft Eintragung).
[75] BGHZ 92, 259.
[76] HABERSACK FamRZ 1999, 1; REIMANN DNotZ 1999, 179; CHRISTEN ZEV 1999, 416; LG München I ZEV 2000, 370.

schaftsvertrag vereinbart wurde und die Gesellschafter nichts anderes beschließen (§ 131 Abs 3 Nr 5, 6 HGB). Der bisherige Auflösungsgrund (§ 131 Nr 4 HGB aF) wurde in einen bloßen Ausscheidungsgrund verändert (§ 131 Abs 2 Nr 1 HGB nF) und dadurch der bisherige Grundsatz »Auflösung der Gesellschaft durch Tod eines voll haftenden Gesellschafters« in den gesetzlichen Regelfall »Fortführung der Gesellschaft und Ausscheiden des verstorbenen Gesellschafters« umgekehrt. Aber auch die Partnerschaftsgesellschaft wird beim Tod eines Partners nicht aufgelöst, sondern unter den verbleibenden Partnern ohne die Erben fortgesetzt (§ 9 Abs 2, 4 PartGG). Für den Kommanditanteil sieht das Gesetz als Regelfolge des Ausscheidens durch Tod die Fortsetzung mit den Erben vor (§ 177 HGB).[77] Jedenfalls lässt sich im Gesellschaftsvertrag Vielfältiges regeln. Daher existieren auch bei Personengesellschaften viele Gestaltungsmöglichkeiten für eine Verfügung von Todes wegen. Siehe dazu System Teil E RdNr 136 (GbR), RdNr 130 (OHG), RdNr 137 (KG), RdNr 140 (Stille Gesellschaft), RdNr 139 (Partnerschaft) und RdNr 138 (EWIV).

### 9. Treuhand- und Sicherungsrechte

42 Treuhand- und Sicherungsrechte an Sachen und Forderungen sind vererblich.[78] Bei der Bewertung des Nachlasses sind Treuhandrechte jedoch überhaupt nicht, Sicherungsrechte nur im Umfang ihres voraussichtlichen Erlöses anzusetzen.[79]

### 10. Amtsstellungen

43 Amtsstellungen öffentlichrechtlicher oder privatrechtlicher Art (Beamten-, Nachlasspfleger-, Testamentsvollstrecker-, Konkursverwalterstellungen, Vorstand und Geschäftsführer bei juristischen Personen) sind unvererblich.[80] Allerdings hat bei Amtsbeendigung durch den Tod des Testamentsvollstreckers dessen Erbe unaufschiebbare Geschäfte auszuführen, bis der Nachfolgetestamentsvollstrecker anderweitig Vorsorge treffen kann; insoweit gilt der Erbe des Testamentsvollstreckers als mit der Vollstreckung beauftragt.[81]

### 11. Steueransprüche

44 Eine Besteuerung tritt beim Erben des Steuerpflichtigen grundsätzlich auch in der Rechtsprechung des Erblassers ein, er erbt auch dessen Steuerrückerstattungsansprüche, § 45 Abs 1 AO.[82]

## IV. Zugehörigkeit zur Erbschaft – Passivvermögen

45 Grundsätzlich gehen alle Verpflichtungen des Erblassers auf den Erben über, § 1967. Ausgenommen sind diejenigen Verpflichtungen, die an die Person des Verstorbenen gebunden sind. Sie nehmen nicht am Erbgang teil.[83]

---

[77] K SCHMIDT NJW 1998, 2166; K SCHMIDT DB 1998, 63; vgl zur Übergangsregelung: Art 41 EGHGB.
[78] KG HRR 31 Nr 1866; STAUDINGER-MAROTZKE § 1922 RdNr 160 und 293.
[79] LANGE-KUCHINKE § 5 III 3 a.
[80] STAUDINGER-MAROTZKE § 1922 RdNr 156; MünchKomm-LEIPOLD § 1922 RdNr 29.
[81] STAUDINGER-REIMANN § 2218 RdNr 34.
[82] Vgl für den Verlustabzug nach § 10a EStG: BFH NJW 2000, 239.
[83] Vgl KIPP-COING § 91 III 3c.

## 1. Vollmachten

Vollmachten, die vom Erblasser erteilt werden, sind vererblich, auch wenn der gebräuchliche Passus »mit Wirkung für mich und meine Erben« nicht erscheint.[84] Der Übergang der Vollmacht beruht nicht auf dem Willen des Erblassers, sondern auf dem Grundsatz der Universalsukzession, nach dem alle nicht höchstpersönlichen Rechte und Pflichten auf den Erben übergehen. Die Vollmacht wirkt lediglich dann nicht gegen die Erben, wenn das Geschäft, auf das sich die Vollmacht bezieht, seinerseits untrennbar mit der Person des Erblassers verbunden war.[85] Die Vollmacht ist nicht nur dann vererblich, wenn sie auf ein bestimmtes Rechtsgeschäft bezogen ist, sondern auch wenn sie isoliert erteilt wurde, wie zB die sog Generalvollmacht.[86]

46

Der Bevollmächtigte kann allerdings nicht mehr im Namen des Verstorbenen auftreten, zB in dessen Namen die Auflassung erklären; wurde in Unkenntnis des Todes des Vollmachtgebers in dessen Namen aufgelassen, so muss die Auflassung im Namen der Erben wiederholt werden, wobei gegenüber dem Grundbuchamt die Erbfolge nachzuweisen ist. Die Erben können die vom Erblasser erteilte Vollmacht widerrufen;[87] widerruft nur ein Miterbe, so erlischt sie im Übrigen nicht.[88] Der Erblasser kann nicht anordnen, dass eine Vollmacht nur für die Erben unwiderruflich sein solle, da hierdurch die Vorschriften über die Testamentsvollstreckung umgangen würden.[89] Die Erben können allerdings aus dem Grundgeschäft, auf das sich die Vollmacht bezieht, gehindert sein, diese zu widerrufen (zB Vollmacht, ein Grundstück auf Grund eines Kaufvertrages aufzulassen).[90]

## 2. Leistungen aus Arbeitsverhältnissen

Diese sind an die Person gebunden. Aufseiten des Arbeitnehmers ist dies stets der Fall (§ 613 S 1), aufseiten des Arbeitgebers nur im Zweifel, dh wenn sich aus dem Arbeitsvertrag nichts anderes ergibt (§ 613 S 2); es ist also eine Tatfrage, ob

47

---

[84] KG JFG 12, 274; aA offenbar LG Koblenz DNotZ 1971, 49.
[85] EULE, Die über den Tod des Machtgebers erteilte Vollmacht, Diss Halle 1934, S 44 ff; BGH FamRZ 1969, 479: Unvererblichkeit einer Vollmacht zur Anfechtung eines Kindesannahmevertrages; BGH NJW-RR 1990, 131: Recht des Vollmacht-/Auftraggebers, die Rechenschaftspflicht gem § 666 und die Herausgabepflicht gem § 667 auf seine Person zu beschränken und von der Erbfolge auszunehmen.
[86] EULE, S 35 ff; STAUDINGER-MAROTZKE § 1922 RdNr 320 ff; aA HELDRICH JhJb 79, 315 ff; STAUDINGER-SCHILKEN § 168 RdNr 27 will dies durch Auslegung ermitteln; im Zweifel sei Erlöschen anzunehmen.
[87] KG JFG 15, 334; als Willenserklärung erfordert der Widerruf jedoch Erklärungsbewußtsein – fehlt es, so liegt in dem bloß tatsächlichen Suchen eines zum Nachlass gehörenden Gegenstandes kein Widerruf, wenn die Erben von einer Bevollmächtigung keine Kenntnis hatten, vgl BGH NJW 1995, 953; abl SCHULTZ NJW 1995, 3345, 3347.
[88] RG JW 1938, 1892; PALANDT-EDENHOFER § 1922 RdNr 34.
[89] RG SeuffA 79 Nr 221; EULE, S 46; STAUDINGER-BOEHMER § 1922 RdNr 226.
[90] BGH BB 1989, 1227; BayObLG FamRZ 1990, 98; Nach Ansicht des LG Koblenz DNotZ 1971, 49 soll für den Grundbuchverkehr die notariell beglaubigte Urkunde über eine Vollmacht, die ein inzwischen Verstorbener erteilt hat, zum Nachweis der andauernden Vertretungsmacht nur ausreichen, wenn aus der Urkunde selbst die Vollmachterteilung über den Tod hinaus ergibt oder wenn in der Form des § 29 Abs 1 GBO nachgewiesen wird, dass der Vollmacht ein über den Tod hinaus wirksames Rechtsverhältnis zugrunde liegt. Diese Ansicht kann nicht zutreffen, da die notarielle Beurkundung keine Änderung der materiellen Anforderungen an eine Vollmacht zur Folge haben und auch § 29 GBO die materielle Rechtslage nicht ändern kann.

der Erbe eines Arbeitgebers die Arbeitsverhältnisse mit den Arbeitnehmern fortzusetzen hat.[91]

### 3. Leistungen aus Gesellschaftsverhältnissen

**48** Diese sind, sofern sie auf die Person des Gesellschafters abgestellt sind, wie dies bei Personengesellschaften regelmäßig der Fall ist, unabhängig von der vermögensrechtlichen Lage vom Erben nicht weiter zu erbringen. Der Gesellschaftsvertrag kann allerdings die Gesellschafterpflichten »entpersonalisieren«, sodass der Erbe bei Annahme der Erbschaft auch voll in die (persönliche) Pflichtenlage eintritt.

### 4. Familienrechtliche Leistungsverpflichtungen

**49** Diese sind grundsätzlich nicht vererblich.

§ 1586b bestimmt abweichend von diesem Grundsatz, dass sich der Anspruch des geschiedenen Ehegatten auf nachehelichen Unterhalt nach dem Tod des verpflichteten Ehegatten bzw des Lebenspartners nach Aufhebung der Lebenspartnerschaft auf nachpartnerschaftlichen Unterhalt nach dem Tode des verpflichteten Lebenspartners[92] nach § 16 Abs 2 LPartG iVm § 1586b hier als Nachlassverbindlichkeit gegen die Erben richtet. Erb- und Pflichtteilsverzichtsverträge können uU Auswirkungen auf diesen nachehelichen bzw nachpartnerschaftlichen Unterhalt haben.

**50** Nach der Auffassung von DIECKMANN[93] setzt sich ein nachehelicher Unterhaltsanspruch gegen einen geschiedenen Ehegatten nicht gegen dessen Erben nach § 1586b fort, wenn der Unterhaltsberechtigte vorbehaltlos auf das gesetzliche Erbrecht (§ 2346 Abs 1) oder auf den Pflichtteil (§ 2346 Abs 2) verzichtet hatte; vorbehaltloser Erbverzicht und Verzicht auf den Pflichtteil lassen einen gegen die Erben der unterhaltspflichtigen Ehegatten wirkenden Unterhaltsanspruch hiernach nicht entstehen, wenn der Ehegatte auf diese Weise sein Ehegattenerbrecht oder seinen Pflichtteilsanspruch einbüßt. Diese Meinung ist aber abzulehnen.[94] Ein vertraglich vereinbarter Verzicht auf das Ehegattenerbrecht und den Ehegattenpflichtteil hat nur Bedeutung, solange Ehegattenerbrecht und Pflichtteilsanspruch bestehen, dh also nur solange, als nicht nach § 1933 das Ehegattenerbrecht ohnehin beseitigt wird; es gibt keinen Erb- oder Pflichtteilsverzicht des geschiedenen Ehegatten. Dies bedeutet, dass § 1586b Abs 1 S 3 nur den fiktiven Pflichtteil, wie er ohne jede vertragliche Vereinbarung – güterstandsunabhängig (§ 1586 Abs 2) – bestünde, als Rechnungsgröße für die Beschränkung der Haftung des Erben ansieht. Der Erb- und Pflichtteilsverzicht ist stets aus der Natur der Sache heraus auflösend bedingt durch das Vorliegen der Voraussetzungen des § 1933. Das ausdrückliche Einfügen einer derartigen Bedingung in den Erb- oder Pflichtteilsverzicht zwischen Ehegatten ist indes unschädlich und dient der Klarstellung ebenso wie die Aussage, dass es bei der Geltung des § 1586b Abs 1 S 3 verbleiben solle.[95]

---

[91] Vgl PALANDT-PUTZO § 613 RdNr 4 f; vgl a STAUDINGER-MAROTZKE § 1922 RdNr 279.
[92] LEIPOLD ZEV 2001, 218; DETHOLF NJW 2001, 2603.
[93] DIECKMANN NJW 1980, 2777; FamRZ 1992, 633.
[94] Vgl GRZIWOTZ FamRZ 1991, 1258.
[95] GRZIWOTZ FamRZ 1991, 1259; FRENZ Mitt-RhNotK 1995, 228.

## 5. Sonstige persönliche Verpflichtungen

Darüber hinaus gehen alle anderen Verpflichtungen, die personen- und nicht sachbezogen sind, nicht auf den Erben über. Hierzu gehören auch Unterlassungsverpflichtungen, die nicht objektbezogen sind.[96] 51

## 6. Steuerliche Pflichten

Auch bezüglich der Steuerverbindlichkeiten des Erblassers gilt der Grundsatz, dass der Erbe des Gesamtrechtsnachfolgers des Steuerpflichtigen in die Rechtstellung des Erblassers eintritt. Er kann alle Wahlrechte des Erblassers ausüben (vgl § 26 EStG). Für die vom Erblasser nicht versteuerten Einkünfte haften die Erben (vgl § 45 AO).[97] 52

## V. Der Grundsatz der Testierfreiheit

### 1. Bedeutung

Die Erbfolge tritt auf Grund Gesetzes oder auf Grund einer Verfügung von Todes wegen ein. Das Recht ermöglicht es dem einzelnen durch die Testierfreiheit, die schematischen Folgen des Intestaterbrechtes zu vermeiden. 53

Der Grundsatz der Testierfreiheit besagt, dass eine Person selbst bestimmen kann, wem ihr Vermögen nach ihrem Tod zufällt. Der Erblasser ist dabei frei in der Verfügung über sein Vermögen im ganzen, er kann anordnen, dass bestimmte Begünstigte einzelne Gegenstände erhalten, und er kann Anordnungen darüber treffen, wie sein Nachlass zu verwalten ist. Der Grundsatz der Testierfreiheit ist die erbrechtliche Ausprägung des Prinzips der *Privatautonomie*, wonach der einzelne seine privaten Lebensverhältnisse nach seinem Willen gestalten kann. Auf Grund der Testierfreiheit kann der Rechtsgenosse seine vermögensrechtlichen Verhältnisse auch insoweit frei gestalten, als sie erst mit seinem Tod wirksam werden (die Ausgangsposition ist damit freilich eine andere als bei Rechtsgeschäften unter Lebenden).[98] Testierfreiheit ist mithin die über den Tod hinaus wirkende Privatautonomie. Art 2 Abs 1 GG schützt Privatautonomie und Testierfreiheit.[99]

Die Testierfreiheit steht in einem notwendigen Gegensatz zum *Familienerbrecht*. Die Familie steht – auch als vermögensrechtlicher Verband – unter dem Schutz der Verfassung (Art 6 GG). Das Gesetz bringt durch die Gestaltung der Intestaterbfolge – Anknüpfen an den Verwandten- und Ehegattenstatus (§§ 1924 ff, 1931) – zum Ausdruck, dass es das Erbrecht der Familie als Normalfall ansieht. Das Familienerbrecht wird ebenso wie die Testierfreiheit durch die grundrechtliche Anerkennung des Privaterbrechts (Art 14 Abs 1 S 1 GG) geschützt.[100] Gleiches muss nach Einführung der »Eingetragenen Lebenspartnerschaft« durch das Gesetz über die Eingetragene Lebenspartnerschaft (Lebenspartnerschaftsgesetz) vom 16. 2. 2001 im Hinblick auf gleichgeschlechtliche Lebenspartner, § 1 Abs 1

---

96 Vgl GAA AcP 161, 433.
97 MEINCKE NJW 1989, 3251.
98 Vgl LANGE-KUCHINKE § 1 II.
99 Vgl LAUFKE, FS H Lehmann, 1956, Bd I, S 145 ff; FLUME, AT II § 1; ders, FS Deutscher Juristentag I, 1960, S 135 ff; STAUDINGER-OTTE Einl zu §§ 1922 ff RdNr 63 f mN.
100 Vgl BOEHMER in: NEUMANN-NIPPERDEY-SCHEUNER II 410 ff; STAUDINGER-OTTE Einl zu §§ 1922 ff RdNr 68 f.

LPartG[101] gelten. Macht der Erblasser von der ihm eingeräumten Testierfreiheit Gebrauch, so wird dadurch das Familienerbrecht gefährdet, und zwar in seiner Gesamtheit dann, wenn eine familienfremde Person zum Erben eingesetzt wird. Das Gesetz löst den Konflikt, indem es ein Pflichtteilsrecht der Familienangehörigen einführt,[102] es lässt die Testierfreiheit als solche jedoch unangetastet. Wenn schon der Erblasser durch Verfügungen unter Lebenden den Nachlass zu Lasten seiner Familien schmälern darf, so müsste eine Regelung, durch welche die Testierfreiheit weitergehend eingeschänkt würde, in weitem Umfang ohne Wirkung bleiben.

### 2. Schutz der Testierfreiheit

**54** Die Testierfreiheit wird primär durch § 2302 geschützt. Ein Vertrag, durch den sich jemand verpflichtet, eine Verfügung von Todes wegen zu errichten oder nicht zu errichten, aufzuheben oder nicht aufzuheben, ist hiernach nichtig. Eine Bindung ist nur durch gemeinschaftliches Testament und Erbvertrag möglich, §§ 2271 Abs 2 S 1, 2278 Abs 1. Auch mittelbar, nämlich durch Vereinbaren einer Vertragsstrafe, kann die Testierfähigkeit nicht eingeschränkt werden (§ 344). Schadensersatzansprüche können aus einer entgegen § 2302 eingegangenen Zusage nicht abgeleitet werden, auch nicht unter dem Gesichtspunkt eines Verschuldens bei Vertragsschluss.[103] Rechtswidriges Einwirken auf den Testierwillen führt zu Erbunwürdigkeit (§ 2339).

### 3. Schranken der Testierfreiheit

**55** Die Testierfreiheit ist Beschränkungen durch die Rechtsordnung unterworfen (a). Sie kann ferner vom Erblasser selbst durch Vertrag (b) und durch vorangegangenes Tun (c) eingeschränkt werden.[104] Fraglich ist, ob die Testierfreiheit durch Verfügungen von Todes wegen anderer Personen beschränkbar ist (d).

#### a) Gesetzliche Schranken

**56** Die wichtigsten gesetzlichen Beschränkungen sind der erbrechtliche Typenzwang, das Pflichtteilsrecht (§§ 2303–2338a), die Regelung nach § 138 Abs 1 und das Anerbenrecht.

#### aa) Erbrechtlicher Typenzwang

**57** Anders als im Schuldrecht kann im Erbrecht nicht jede beliebige Gestaltung gewählt werden. Der Erblasser kann nur solche Verfügungen von Todes wegen treffen, die als Typen im Gesetz zugelassen sind. Der Grund hierfür liegt – wie im Sachenrecht – darin, dass nicht – wie im Schuldrecht – nur obligatorische Bindungen inter partes geschaffen, sondern unmittelbare Wirkungen gegen Dritte herbeigeführt werden (Rechtsträgerschaft, Haftung). *Zugelassen* sind die Erbeinsetzung und die Enterbung, unter gewissen Voraussetzungen auch der Pflichtteilsentzug, Einzelzuwendungen durch Vermächtnisse und Auflagen, Teilungsanordnungen bei Erbenmehrheit, Testamentsvollstreckung, Verwaltungsanordnungen, Aufschieben der Teilung unter Miterben. *Nicht möglich* ist es, den Grundsatz der Uni-

---

101 Vgl zum Pflichtteilsrecht des Lebenspartners LEIPOLD ZEV 2001, 221.
102 Vgl dazu RdNr 58; BROX RdNr 21: »Kompromiss zwischen der Testierfreiheit und der Familienerbfolge«.

103 Vgl § 2302 RdNr 1 ff.
104 Vgl SCHMITZ, Das Problem der Beschränkung der Testierfreiheit, Diss Köln, 1936, § 4; GERNHUBER FamRZ 1960, 326.

versalsukzession zu umgehen und den Nachlass in der Weise aufzuspalten, dass einzelne Gegenstände ipso jure auf den Nachfolger übergehen. Einzelne Gegenstände des Vermögens können durch Verfügung von Todes wegen dem Bedachten nicht mit dinglicher Wirkung, sondern nur über ein Damnationslegat, eine Teilungsanordnung oder eine Auflage zugewandt werden. Die Erbenhaftung kann vom Erblasser nicht stärker beschränkt werden, als das Gesetz es erlaubt. Die Testierfreiheit des Erblassers ist eingeschränkt, da er durch diesen Typenzwang und die festgelegte Wirkung bestimmter Anordnungen einem inhaltlichen Sachzwang unterworfen ist. Der Erblasser ist jedoch frei zu entscheiden, ob er testieren, von welchen Typen er Gebrauch machen und mit welchem konkreten Inhalt er die Typen versehen will. Neue Typen können nicht geschaffen werden. Tut der Erblasser dies trotzdem, so ist die Verfügung an sich unwirksam, es wird gleichwohl regelmäßig eine Auslegung möglich und geboten sein, welche den Willen des Erblassers im Sinne des favor testamenti zum Tragen kommen lässt.[105]

### bb) Pflichtteilsrecht

Die §§ 2303–2338a stellen sicher, dass Abkömmlinge, Eltern und Ehegatten bzw Lebenspartner (§ 10 Abs 6 LPartG) des Erblassers zumindest die Hälfte des gesetzlichen Erbteils erhalten (§ 2303), zwar nicht als Erben, aber doch als Berechtigte eines gesetzlichen Geldvermächtnisses. Durch die §§ 2303–2338a sichert das Gesetz das Familienerbrecht. Der Testator kann zwar formell über sein Vermögen im ganzen uneingeschränkt verfügen, doch sind ihm in der Sache durch die zu erwartenden Pflichtteilsansprüche seiner Abkömmlinge, seiner Eltern und seines Ehegatten bzw seines Lebenspartners Schranken gesetzt. Der Pflichtteilsanspruch kann von ihm einseitig nicht ausgeschlossen werden, es sei denn, dass ein Grund zum Pflichtteilsentzug vorliegt (§§ 2333 ff). Ist dies nicht der Fall, so lässt sich das Pflichtteilsrecht nur im Einvernehmen mit dem (späteren) Berechtigten durch einen Erb- oder Pflichtteilsverzicht (§ 2346) ausschließen. Die eigentlichen Themen der gegenwärtigen Erbrechtsrenaissance sind »die letztwilligen Verfügungen und als deren Widerlager das Pflichtteilsrecht. Im Erbrecht ist soviel Gestaltungsfreiheit wie möglich zu erreichen, aber auch das Pflichtteilsrecht als Minimum der Verteilungsgerechtigkeit ist so gut abzusichern, wie es geht«.[106] Die Bedeutung des Pflichtteilsrechts steigt daher in dem Maße, in dem von der Testierfreiheit Gebrauch gemacht wird. In der Nachlassplanung wird der Pflichtteil als potentieller Störfaktor oft nicht ernst genug genommen. Man vertraut in vielen Fällen darauf, dass er nicht geltend gemacht wird und verkennt, dass der Pflichtteilsanspruch – nach § 852 Abs 1 ZPO nicht pfändbar – gemäß § 2317 Abs 2 vererblich und übertragbar ist.

### cc) § 138 Abs 1 BGB

Sittenwidrige Verfügungen von Todes wegen sind nichtig. § 138 Abs 1 gilt auch im Erbrecht. Privatautonomie und Testierfreiheit finden ihre Grenzen in den guten Sitten. Ein Sittenverstoß ist anzunehmen, wenn eine bestimmte Handlungsweise »den in den guten Sitten sich ausprägenden Auffassungen und dem Anstandsgefühl aller billig und gerecht Denkenden widerspricht«.[107] Eine Verfügung von Todes wegen ist daher nichtig, wenn sie »die Werte negiert, deren Verwirklichung nach geltender Rechtsüberzeugung der Rechtsordnung aufgegeben ist, sodass die rechtliche Anerkennung des diese Werte negierenden Geschäftes mit

---

[105] Vgl KIPP-COING § 20; FLUME, AT II, § 1, 8b.
[106] SCHIEMANN ZEV 1995, 199.
[107] Motive II 727 (MUGDAN II 406); daran anschließend RGZ 80, 219 ff; BGH LM § 138 (Aa) Nr 7a; § 139 (Ba) Nr 2; § 138 (Ca) Nr 1.

dem Sinn und der Aufgabe des Rechts unvereinbar ist«.[108] Ob dies der Fall ist, lässt sich nur im Einzelfall nach den gesamten Umständen, insbesondere aus dem Inhalt der Verfügung von Todes wegen, den Beweggründen der Beteiligten und den von ihnen verfolgten Zwecken, beurteilen.[109] Testamente und Erbverträge mit dem gleichen Inhalt können je nach den Umständen gültig oder nichtig sein. Die Gültigkeit einer Verfügung von Todes wegen setzt nicht voraus, dass diese den guten Sitten (positiv) entspricht; es kann nur (negativ) auf den Sittenverstoß abgestellt werden.

**60** Fraglich ist, ob der *objektive Sittenverstoß allein* – ohne Rücksicht auf den subjektiven Tatbestand – eine Verfügung von Todes wegen nichtig werden lassen kann.[110] Nach RGZ 150, 3 braucht sich der Testator der Sittenwidrigkeit seines Tuns nicht unbedingt bewusst zu sein, er muss jedoch diejenigen tatsächlichen Umstände kennen, die den Vorwurf der Sittenwidrigkeit begründen, ausreichend ist, dass sich der Erblasser der Kenntnis dieser Umstände grob fahrlässig verschließt.[111] Das Rechtsgeschäft als Erklärungstatbestand, nicht etwa das Verhalten der beteiligten Personen, muss gegen die guten Sitten verstoßen. § 138 will unsittliche Rechtsinhalte und nicht unsittliches Handeln verhindern oder dieses gar mit einem Unwerturteil belegen.[112] Auf den subjektiven Tatbestand kann es daher dort nicht ankommen, wo der Inhalt einer Verfügung von Todes wegen die der Rechtsordnung aufgegebenen Werte objektiv und erkennbar negiert; eine solche Verfügung kann nicht unter den Schutz des Rechts gestellt werden, auch dann nicht, wenn der Testator guten Glaubens war. Die irrtümliche Annahme, eine Verfügung sei sittlich zulässig, kann nicht dazu führen, dass sich die Rechtsordnung objektiv in den Dienst der Unsittlichkeit stellen lässt. Ist der Sittenverstoß nicht derartig evident, ist die Verfügung von Todes wegen nur fragwürdig, so muss der subjektive Tatbestand hinzutreten.[113] Der böse Wille allein reicht im Rahmen von § 138 in keinem Fall aus, wenn ein objektiv einwandfreies Rechtsgeschäft vorliegt. Im Testamentsinhalt müssen also Anhaltspunkte für einen Verstoß gegen die Werte erkennbar sein.

Umstritten ist, in welchem *Zeitpunkt* die Sittenwidrigkeit vorgelegen haben muss. Nach Ansicht des Reichsgerichtes kommt es auf den Erbfall an; hiernach kann eine Verfügung von Todes wegen nicht nichtig sein, wenn der Erblasser dieselbe Anordnung zur Zeit seines Todes hätte treffen können, zB weil die durch die Zuwendung an die damalige Geliebte hintangesetzte Ehefrau inzwischen verstorben ist.[114] Nach Ansicht des Bundesgerichtshofes ist die Zeit der Errichtung der Verfügung von Todes wegen maßgebend; einmal eingetretene Nichtigkeit könne nicht durch bloßen Zeitablauf beseitigt werden, erforderlich sei ein Abrücken von der früheren unsittlichen Einstellung.[115] Richtig ist an letztgenannter Auffassung, dass eine sittenwidrige Verfügung von Todes wegen keine unmittelbaren (mit der Errichtung eingetretenen) Wirkungen haben kann; so kann ein sittenwidriger

---

[108] FLUME, AT II, 18, 1, S 366.
[109] BGH DNotZ 1956, 414, 418.
[110] Bejahend GERNHUBER FamRZ 1960, 326; verneinend RGZ 150, 6; BGH BB 1953, 695.
[111] Vgl auch BGH NJW 1951, 397; ähnlich ENNECCERUS-NIPPERDEY, AT, § 191 II 2.
[112] BGHZ 53, 369, 375; vgl BGH FamRZ 1983, 53, 54.
[113] Vgl BGH FamRZ 1983, 53, 55.
[114] RG DR 1943, 91, 92; DR 1944, 494, 495.

[115] BGHZ 20, 71 = NJW 1956, 865 mit Anm RECHENMACHER = LM § 138 (Cd) Nr 6 mit Anm JOHANNSEN; BGH LM § 138 (Cd) Nr 11; BGH FamRZ 1969, 323; NJW 1970, 1275; so auch PALANDT-EDENHOFER § 2077 RdNr 6 f; nach einer dritten Meinung soll der Zeitpunkt der richterlichen Beurteilung maßgeblich sein, vgl OLG Hamm FamRZ 1979, 1074.

Erbvertrag die Beteiligten trotz § 2289 Abs 1 S 2 nicht daran hindern, auch einseitig neue Verfügungen zu treffen, die nicht mit dem Makel des Sittenverstoßes behaftet sind. Im Übrigen treten die Wirkungen einer Verfügung von Todes wegen erst beim Tode des Erblassers ein. Zu diesem Zeitpunkt kommt es zu dem Wertkonflikt, den § 138 Abs 1 zugunsten der guten Sitten entscheidet. § 138 Abs 1 bezieht sich auf den Erfolgsunwert eines Erklärungstatbestandes, nicht auf den Aktunwert des Errichtungsvorganges. Eine Verfügung von Todes wegen kann daher nach § 138 Abs 1 nur dann nichtig sein, wenn der Wertkonflikt beim Erbfall noch besteht; andernfalls ist § 138 Abs 1 überhaupt nicht einschlägig.[116] Ist eine Verfügung von Todes wegen im Zeitpunkt ihrer Errichtung sittlich unbedenklich, würde sie aber infolge später eingetretener tatsächlicher Umstände nach dem Erbfall zu unsittlichen Auswirkungen führen, so kann gegen die Durchsetzung der Einwand der unzulässigen Rechtsausübung erhoben werden.[117]

Besondere Bedeutung haben Zuwendungen auf Grund *eheähnlicher Beziehungen*.[118] **61** Grundsätzlich kann der Erblasser letztwillig bedenken, wen er will. Die Familienangehörigen sind durch die Vorschriften über das Pflichtteilsrecht hinreichend geschützt. Es müssen daher besondere Gründe vorliegen, wenn die Testierfreiheit über die §§ 2303–2338a hinaus eingeschränkt werden soll. Eine einheitliche Verfügung von Todes wegen, durch die eine teilbare Zuwendung angeordnet wird, zB alleinige Erbeinsetzung der Geliebten, kann auch nur teilweise nichtig sein, uU mit der Folge, dass die letztwillig Bedachte Erbin (nur) zur Hälfte, die Ehefrau und die Kinder gesetzliche Erben zur anderen Hälfte werden.[119] Die Sittenwidrigkeit soll bei derartigen Zuwendungen nur entfallen, wenn nicht ausschließlich die erotischen Beziehungen, sondern auch achtenswerte Gründe maßgebend waren. Es ist in diesem Zusammenhang zu prüfen, wer von den Angehörigen des Erblassers zurückgesetzt wurde, in welchen Beziehungen der Erblasser zu den Zurückgesetzten stand und wie sich die Zurücksetzung auf diese auswirkt.[120] Ein (bloßes) Vermächtnis an die »Geliebte« kann so uU voll wirksam sein.[121]

In den letzten Jahren hat sich im Hinblick die Nichtigkeit von letztwilligen Verfügungen wegen Verstoßes gegen § 138 Abs 1 eine neue Fallgruppe gebildet. Diese wird unter dem Schlagwort »**Behindertentestament**« diskutiert[122]. Damit sollen Verfügungen von Todes wegen umschrieben werden, mit denen Eltern behinderter Kinder verhindern wollen, dass das Erbe allein für die Kosten der Betreuung, der Heimunterbringung und des Lebensunterhalts eingesetzt wird. Anstelle dessen ist vielmehr gewünscht, dass diese Kosten durch die Sozialhilfe nach dem BSHG getragen werden und dem geistig bzw körperlich behinderten Abkömmling dessen eigenes Vermögen und das vererbte Vermögen persönliche und zusätzliche Vorteile bringen soll. Zu den verschiedenen erbrechtlich zulässigen Gestaltungsmöglichkeiten und zur umfassenden rechtlichen Diskussison, vgl System Teil E RdNr 203 ff).

---

**116** So auch BROX RdNr 258; SCHLÜTER RdNr 219; EBENROTH RdNr 292; GAUL FamRZ 1961, 501; LANGE JhJb 82, 19; GERNHUBER FamRZ 1960, 334; FLUME, AT II, § 18, 6.
**117** BGHZ 20, 75; STAUDINGER-SACK § 138 RdNr 88.
**118** Vgl zum Ganzen GRZIWOTZ ZEV 1994, 267 ff m zahlr Nachw.
**119** BGHZ 52, 17 = NJW 1969, 1343 mit Anm REINICKE = DNotZ 1969, 427; zu diesem »materiellen Notberecht« s GRZIWOTZ ZEV 1994, 267, 269 f; SOERGEL-STEIN § 1937 RdNr 34.
**120** BGHZ 53, 377; BGH FamRZ 1983, 53.
**121** BGH NJW 1983, 674 = JZ 1983, 606.
**122** Vgl hierzu aus der aktuellen Rechtsprechung BGHZ 111, 36; 123, 368; HARTMANN ZEV 2001, 89; DAMRAU-MAYER ZEV 2001, 293; SPALL MittBayNot 2001, 249.

### dd) Nichtigkeit aufgrund § 14 HeimG

**62** Besonderheiten gelten für Senioren, die in einem Alten- oder Pflegeheim wohnen, wenn sie den Heimträger oder dort Beschäftigte bedenken wollen. Nach § 14 Abs 1 HeimG ist es dem Träger eines Heimes untersagt, sich von oder zu Gunsten von Heimbewohnern Geld- oder geldwerte Leistungen über das nach § 4 HeimG vereinbarte Entgelt hinaus versprechen oder gewähren zu lassen. Nach § 14 Abs 5 HeimG ist es dem Leiter, den Beschäftigten oder sonstigen Mitarbeitern eines Hauses untersagt, sich von oder zu Gunsten von Heimbewohnern neben der vom Träger erbrachten Vergütung Geld- oder geldwerte Leistungen für die Erfüllung der Pflichten aus dem Heimvertrag versprechen oder gewähren zu lassen, soweit es sich nicht um geringwertige Aufmerksamkeiten handelt. Es soll hierdurch verhindert werden, dass die Arg- und Hilflosigkeit sowie sonstige Abhängigkeit alter und pflegebedürftiger Menschen ausgenutzt wird.[123] § 14 HeimG hat Auswirkungen auf testamentarische Zuwendungen zu Gunsten des Heimträgers und von Heimmitarbeitern. § 14 HeimG gilt selbst dann, wenn Angehörige des Heimleiters letztwillig bedacht werden.[124] Dies gilt auch bei Schenkungen eines Bezugsrechtes aus §§ 328, 331.[125] Bei einseitigen testamentarischen und sonstigen Verfügungen des Heimbewohners zu Gunsten von Heimträger oder Heimmitarbeitern ist allerdings erforderlich, dass der Bedachte vom Inhalt des Testamentes Kenntnis erhält und der Heimbewohner wiederum von dieser Kenntnis korrespondierend weiß. Aufseiten des Heimträgers ergibt sich hierbei in der Regel das Problem der Vertretung im Wissen: Das Wissen eines Repräsentanten vor Ort ist dem Träger oder dem Bedachten zuzurechnen.[126] UU ist eine Ausnahmegenehmigung nach § 15 Abs 6 HeimG zu beantragen, wenn eine Verfügung zugunsten des ausgeschlossenen Personenkreises gleichwohl gewollt ist.

Dagegen findet § 14 HeimG auf das Betreuungsverhältnis keine analoge Anwendung, sodass der Betreuer (§§ 1896 ff) grundsätzlich durch letztwillige oder lebzeitige Zuwendungen vom Betreuten bedacht werden kann.[127]

### ee) Anerbenrecht

**63** Grundsätzlich wirkt sich die Eigenschaft eines bestimmten Grundbesitzes als »Hof« (Bremen, Rheinland-Pfalz und ehemalige britische Zone, also Hamburg, Niedersachsen, Nordrhein-Westfalen und Schleswig-Holstein), als »geschlossenes Hofgut« (Südbaden), als »Anerbengut« (restliches Baden-Württemberg) oder als »Landgut« (Hessen) nur bei der gesetzlichen Erbfolge aus; denn gem Art 64 Abs 2 EGBGB können die Landesgesetze das Recht des Erblassers, über das dem Anerbenrecht unterliegende Grundstück von Todes wegen zu verfügen, nicht beschränken. Das Anerbenrecht will nur für den Fall, dass der Hofeigentümer keine Verfügung von Todes wegen errichtet, eine unwirtschaftliche Aufsplittung verhindern. Die württembergischen Anerbenrechte treten am 31.12.2000 außer Kraft (3. RBerG, GVBl 1997, 2a).

**64** Das *Reichserbhofgesetz* vom 29.9.1933 (RGBl I 685) setzt sich über Art 64 EGBGB hinweg. Es beseitigte die Testierfreiheit dadurch, dass der Erbhof (land- und forstwirtschaftlicher Besitz einer bauernfähigen Person in der Größe von mindes-

---

[123] BGHZ 110, 235, 239; zur Verfassungsmäßigkeit: BVerfG NJW 1998, 2964.
[124] OLG Düsseldorf ZEV 1997, 459; BayObLG NJW 2000, 1875; OLG Frankfurt ZEV 2001, 364; zur Frage der Umgehung von § 14 HeimG s BayObLG NJW 2000, 1959, 1961.
[125] BHG ZEV 1996, 125.
[126] Vgl BayObLG DNotZ 1992, 258; DNotZ 1993, 453; KG ZEV 1998, 437; W KÖSSINGER ZEV 1995, 13; ROSSAK ZEV 1996, 41; NIEMANN ZEV 1998, 419.
[127] BayObLG ZEV 1998, 232; NEUNER NJW 2000, 1822, 1827; zu den Ausnahmen s MÜLLER ZEV 1998, 219, 223 ff.

tens einer Ackernahrung, höchstens von 125 ha) als Sondervermögen nur nach dem Reichserbhofrecht vererbt werden konnte (§ 19). Die Bestimmungen des BGB waren auch für die gewillkürte Erbfolge insoweit außer Kraft gesetzt.[128] Das Reichserbhofgesetz ist durch KRG 45 Art II vom 20. 2. 1947 (ABl KR 256) aufgehoben worden, sodass die am 1. 1. 1933 geltenden partikularen Anerbenbestimmungen samt dem dazu entwickelten Gewohnheitsrecht[129] wieder gelten. Das Anerbenrecht ist daher prinzipiell wieder auf die Intestaterbfolge beschränkt.

Eine Ausnahme von diesem Grundsatz gilt lediglich für den Bereich der Höfeordnung[130] (Länder Hamburg, Niedersachsen, Nordrhein-Westfalen und Schleswig-Holstein), wenn es sich um einen Hof im Sinne von § 1 HöfeO handelt.[131] Hier ist der Erblasser in seiner Testierfreiheit beschränkt. Gemäß § 4 S 1 HöfeO kann ein Hof nur an *einen* Erben (den Hoferben) vererbt werden. Im Übrigen kann nach § 7 HöfeO der Eigentümer den Hoferben durch Verfügung von Todes wegen frei bestimmen oder ihm den Hof im Wege des Übergabevertrages übergeben. Grundsätzlich muss dabei – auch dies als Einschränkung der Testierfreiheit – der Hoferbe wirtschaftsfähig sein. Dies gilt jedoch nicht, wenn allein mangelnde Altersreife der Grund der Wirtschaftsunfähigkeit ist, oder wenn es sich um die Vererbung an den überlebenden Ehegatten handelt. Setzt der Hofeigentümer einen wirtschaftsunfähigen Abkömmling zum Hoferben ein, so wird er nur dann Hoferbe, wenn sämtliche Abkömmlinge ebenfalls wirtschaftsunfähig sind und ein wirtschaftsfähiger Ehegatte nicht vorhanden ist. Die geltende Höfeordnung hat damit den früheren Grundsatz (§ 7 Abs 2 HöfeO aF) aufgegeben, wonach der Hof nach Möglichkeit in der selben Blutlinie bleiben soll und dass die Abkömmlinge des Erblassers die geborenen Hoferben sind, die nur beim Vorliegen eines triftigen Grundes übergangen werden dürfen.

**b) Vertragliche Beschränkungen**
Die vertraglichen Beschränkungen der Testierfreiheit ergeben sich aus der Bindung an einen Erbvertrag (§§ 2289, 2278) und an die wechselbezüglichen Verfügungen in einem gemeinschaftlichen Testament (§ 2271). Andere vertragliche Beschränkungen scheiden wegen § 2302 aus.[132]

**c) Vorangegangenes Tun**
Eine Beschränkung durch vorangegangenes Tun ist in jenen Fällen anzunehmen, in denen ein Hofeigentümer durch Art, Umfang und Dauer der Beschäftigung des Abkömmlings auf dem Hof zu erkennen gibt, dass dieser den Hof erben solle, und der Abkömmling sich hierauf einstellt. Der Grundsatz, dass unter Umständen in einer formlosen Vereinbarung über die Hoferbfolge eine bindende Bestimmung des Hoferben liegen kann,[133] gilt nach Ansicht des BGH[134] nicht nur für einen Übergabevertrag, sondern auch für einen Erbvertrag.[135] An die Wirksamkeit einer formlosen Vereinbarung über die Hoferbfolge sind strenge Anforderungen zu stellen; eine Bindung ist nur anzunehmen, wenn die Nichtigkeit »zu schlechthin untragbaren Ergebnissen führen«[136] und das »Rechtsempfinden

---

**128** Vgl BAUMECKER, Handbuch des gesamten Reichserbhofrechts, 4. Aufl, 1940; DÖLLE, Lehrbuch des Erbhofrechts, 1935.
**129** BGH NJW 1957, 259.
**130** Höfeordnung (HöfeO) idF der Bekanntmachung vom 26. 7. 1976 (BGBl I 1933), in Kraft seit 1. 7. 1976.
**131** Zur Regelung der Hofeigenschaft s DRESSEL NJW 1976, 1244; vgl ausführlich

STAUDINGER-J MAYER Art 64 EGBGB mwN und Gesetzesfundstellen.
**132** Vgl § 2302 RdNr 1 ff.
**133** BGHZ 12, 286 = NJW 1954, 1241 = DNotZ 1954, 307.
**134** Dabei wird den von TASCHE (JhJb 90, 101) geäußerten Auffassungen gefolgt.
**135** BGHZ 23, 249, 254.
**136** BGHZ 23, 249, 254.

vor allem in bäuerlichen Kreisen« verletzt würde.[137] Der BGH ordnet das Problem als einen Konflikt zwischen § 125 und § 242 ein und gelangt demnach über den Vorrang des § 242 zu einer vertraglichen Bindung. Es handelt sich jedoch nicht um eine Frage des Vertragsrechts, sondern darum, wie die Rechtsordnung ein bestimmtes tatsächliches Verhalten im Hinblick auf eine umstrittene Hoferbfolge bewertet; über das Verbot des »venire contra factum proprium« (§ 242) kann man dann zu einer gesetzlichen Beschränkung der Testierfreiheit gelangen.[138] Die Rechtsprechung des BGH ist – auch vom Ergebnis her – umstritten.[139] Eine Bindung kann in jedem Fall nur insoweit angenommen werden, als sie bei formgerechtem Vertragsschluss nach dem jeweiligen Höfe- und Anerbenrecht bestehen würde.[140] Über die Rspr des BGH hinaus soll nach Ansicht des AG Bonn[141] eine formlose gültige Hoferbenbestimmung durch den Hofeigentümer nicht dadurch außer Kraft gesetzt werden können, dass dieser die Hofeigenschaft aufhebt, sofern dies überhaupt zulässig ist.

### d) Beschränkung der Testierfreiheit durch Verfügungen von Todes wegen Dritter

**68** Fraglich ist, ob die Testierfreiheit durch Verfügungen von Todes wegen, insbesondere durch Verwirkungsklauseln, beschränkt werden kann. Bestimmungen des Erblassers, dass der Bedachte das ihm durch Verfügung von Todes wegen Zugewandte wieder verlieren solle, wenn er eine bestimmte Verfügung von Todes wegen trifft oder nicht trifft, sind nicht schlechthin unwirksam. Der Erblasser kann seinen Nachlass der letztwilligen Verfügungsmacht des Erben jedoch vollkommen dadurch entziehen, dass er Nacherbfolge anordnet. Sieht er von dieser – auch für die Verfügungsfreiheit unter Lebenden – einschneidenden Maßnahme ab und begnügt er sich (im Interesse des Bedachten!) mit weniger beschränkenden Anordnungen, so müssen diese grundsätzlich zulässig sein. Voraussetzung ist jedoch, dass sich die gewünschte oder unerwünschte Verfügung von Todes wegen nur auf Gegenstände bezieht, die einmal zum Nachlass des Erblassers gehörten; die Testierfreiheit des Erben über sein eigenes Vermögen kann im Übrigen nicht beschränkt werden. Auch dürfen die Zeitgrenzen der §§ 2109, 2162 f, 2210 durch die Anordnung des Erblassers nicht umgangen werden.[142]

## VI. Die Formstrenge im Recht der Verfügungen von Todes wegen

### 1. Formzwang

**69** Verfügungen von Todes wegen unterliegen dem Formzwang. Dies gilt für die ordentlichen Testamente (§§ 2231, 2247) und die Erbverträge (§ 2776) wie für die außerordentlichen Testamente. Gerade bei den für besondere Notlagen geschaffenen Testamentsformen zeigt sich, dass ein Minimum von Formen für Verfügungen von Todes wegen unverzichtbar ist (Bürgermeistertestament: § 2249; Dreizeugentestament: § 2250 Abs 2; Seetestament: § 2251); nur für das Militär- und das

---

[137] BGH NJW 1955, 1065 = DNotZ 1956, 134.
[138] Ähnlich STAUDINGER-COING RdNr 3e vor § 116; STAUDINGER-DILCHER Vorbem zu §§ 116–144 RdNr 44 ff; FLUME, AT II, § 15 III 4d.
[139] Zustimmend RÖTELMANN RdL 1954, 311 und NJW 1954, 1644; Schulte RdL 1956, 177; ENNECCERUS-NIPPERDEY § 154 III 4; aA OLG Koblenz DRZ 1949, 40; PIKALO RdL 1954, 193; BOSCH FamRZ 1955, 172; ESSER JZ 1956, 555; WIEACKER DNotZ 1956, 115; LORENZ AcP 156, 381; GERNHUBER, FS Schmidt-Rimpler, 1957, S 151; KIPP-COING § 19 III.
[140] Vgl oben RdNr 63 ff.
[141] RdL 1970, 69 = MittRhNotK 1970, 360.
[142] So auch STAUDINGER-OTTE § 2074 RdNr 26.

Verfolgtentestament kann uU davon abgesehen werden, dass Formen einzuhalten sind (vgl Vorbem 8, 9 zu § 2229). Im Recht der Verfügungen von Todes wegen gilt der *Grundsatz*, dass ein letzter Wille unbeachtlich ist, wenn er nicht formgültig erklärt wurde. Durch das BVerfG ist hierzu jedoch inzwischen eine Ausnahme gemacht worden. So wäre nach der bestehenden Gesetzeslage eine wirksame Testamentserrichtung bei Zusammentreffen von Sprechunfähigkeit mit Leseoder Schreibunfähigkeit generell ausgeschlossen. Hierin hat das BVerfG einen Verstoß gegen die verfassungsrechtlich gewährleistete Testierfreiheit, den allgemeinen Gleichheitssatz und gegen das Verbot einer Benachteiligung von Behinderten, Art 14 Abs 1 S 1, Art 3 Abs 1 und Art 3 Abs 3 S 2 GG gesehen.[143] Nunmehr ist diese Gesetzeslücke bis zu einer entsprechenden Neuregelung durch die analoge Anwendung der §§ 22 bis 26 BeurkG zu schließen.[144]

## 2. Zweck

Der Formzwang erfüllt im Erbrecht wie im übrigen Recht einen dreifachen Zweck. **70**

### a) Warnfunktion

Formvorschriften sollen den Rechtsgenossen vor übereilten und unbedachten **71** Handlungen bewahren. Jeder Zwang zur Form, auch zur bloßen Schriftform des § 2247, nötigt den Erblasser, seinen »letzten Willen« zu überdenken.[145] Während es möglich ist, das Testament jederzeit zu widerrufen, tritt beim Erbvertrag generell (beim gemeinschaftlichen Testament nur bei den wechselbezüglichen Verfügungen) eine Bindung an die Verfügung von Todes wegen ein. Daher ist es gerechtfertigt, dass die holographische Form beim Erbvertrag anders als beim Testament (§§ 2231 Nr 2; 2247) nicht zugelassen ist.

### b) Rechtsklarheitsfunktion

Die Notwendigkeit, eine Willenserklärung schriftlich oder zu öffentlicher Urkun- **72** de abzugeben, zwingt dazu, sie gedanklich-inhaltlich zu präzisieren. Bei Verfügungen von Todes wegen ist dies besonders wichtig, da sie erst nach dem Tode des Urhebers bekannt und wirksam werden, daher eine authentische Interpretation durch den Testator ausscheidet. Bei Erbverträgen und gemeinschaftlichen Testamenten muss der Verfügungsinhalt überdies klar sein, da sie die Testierfreiheit beschränken[146] und der Umfang dieser Beschränkung fixiert sein muss.[147] Das öffentliche Testament dient dem Zweck der Rechtsklarheit mehr als das privatschriftliche, da der fachmännische juristische Rat die Basis der gewillkürten Erbfolge durch ein besseres Abstimmen von Wille und Willenserklärung sichert.[148]

### c) Beweisfunktion

Die Verfügung von Todes wegen muss als letzter Wille geoffenbart werden. **73** Schon bei Rechtsgeschäften unter Lebenden ist oft schwer zu entscheiden, wo die Vorverhandlungen enden und wo die verbindlichen Erklärungen beginnen; um so schwieriger ist dies beim letzten Willen, über den sich der Testator allein klar zu werden hat. Der letzte Wille muss als solcher (mit animus testandi)[149]

---

**143** BVerfGE 99, 341; BVerfG NJW 1999, 1553; BROX RdNr 258; OLG Hamm NJW 2000, 3362; VOLLKOMMER ZEV 1999, 268.
**144** Vgl hierzu ausführlich § 2233 RdNr 16 ff.
**145** Vgl ENNECCERUS-NIPPERDEY, AT, § 154

II; LANGE-KUCHINKE § 16 IV 3.
**146** Vgl oben RdNr 66.
**147** KIPP-COING § 19 II 1, 2.
**148** Vgl LANGE-KUCHINKE § 16 IV 4 a und § 17 BeurkG RdNr 5 f.
**149** Vgl Vorbem 22 zu § 2229.

förmlich manifestiert werden, damit erkennbar wird, dass der Bereich der Vorerwägung verlassen und derjenige der Verfügung betreten ist.[150] Darüber hinaus soll der Zwang zur Form sicherstellen, dass der Inhalt der Verfügung von Todes wegen räumlich-gegenständlich niedergelegt wird. Anders als bei Rechtsgeschäften unter Lebenden wird es bei Verfügungen von Todes wegen nur selten möglich sein, den Inhalt durch Zeugenaussagen zu rekonstruieren, da Erbstreitigkeiten »mit besonderer Parteileidenschaft« geführt werden.[151]

### 3. Folgen eines Formverstoßes

74　Wird eine Formvorschrift nicht eingehalten, so sind die Folgen verschieden, je nachdem, ob es sich um eine Soll- oder um eine Muss-Vorschrift handelt.

75　a) Wird eine **Soll-Vorschrift** nicht beachtet, führt dies nicht zur Nichtigkeit der ganzen Verfügung. Das BeurkG hat viele Vorschriften, die bisher zwingender Natur waren, zu Soll-Vorschriften umgestaltet, um die Konsequenzen eines Formverstoßes gering zu halten.[152]

76　b) Wird eine **Muss-Vorschrift** verletzt, so hat dies grundsätzlich die Nichtigkeit der ganzen Verfügung von Todes wegen zur Folge (§ 125). Da der Fehler regelmäßig erst beim Tod des Testators entdeckt wird, der Schaden also irreparabel ist, wird versucht, die Konsequenzen eines Formverstoßes zu mildern:

77　aa) Eine **Heilung** durch nachträgliches Anerkennen ist nur dann möglich, wenn dieses in der Form der Neuerrichtung erfolgt. Eine Konvaleszenz durch stillschweigende oder schlüssige Billigung gibt es nicht; eine ausdrückliche Billigung des Testators ist ohne Bedeutung, wenn nicht die für Verfügungen von Todes wegen geltenden Formvorschriften beachtet werden. Die Heilung hat als Neuvornahme des Rechtsgeschäfts nur Wirkung ex nunc.

78　bb) Die Rechtsprechung versucht gelegentlich, die **Formvorschriften restriktiv anzuwenden**, »solange sich nicht erhebliche Nachteile für den Rechtsverkehr ergeben oder eine Verfälschung des Willens des Erblassers nicht zu befürchten ist«.[153] Diese Ansicht wird damit begründet, dass »man ... nicht auf der einen Seite hinsichtlich der Formerfordernisse einen ganz strengen Standpunkt einnehmen und auf der anderen Seite hinsichtlich des materiellen Inhalts ... im Wege der Auslegung alle nur denkbaren Möglichkeiten ausschöpfen (könne), um das Testament aufrechtzuerhalten und den Willen des Erblassers zu verwirklichen«.[154] Wegen der Grundsatzentscheidung des Erbrechts für die Formstrenge (vgl RdNr 69) können Billigkeitserwägungen jedoch nur eine begrenzte Rolle spielen.[155] Ob der Zweck der Formvorschriften im Einzelfall »durch die Form wirklich erreicht wird, ob er auch auf andere Weise erreichbar ist, und ob die Partei ihn auf andere Weise wirklich erreicht hat, releviert nichts. Der Gesetzgeber hat einmal die Sorge für die Erreichung dieses Zwecks nicht der Einsicht und

---

[150] Vgl STAUDINGER-BAUMANN § 2231 RdNr 16 sowie § 2247 RdNr 15 ff.
[151] Vgl KIPP-COING § 9 II 1 und ENNECCERUS-NIPPERDEY, AT, § 154 II.
[152] Zu der Frage nach der Rückwirkung milderer Formvorschriften des BeurkG vgl vor § 2229 RdNr 2 ff.
[153] OLG Hamm Rpfleger 1959, 379; vgl auch KG JFG 14, 165, 167.
[154] OLG Hamm aaO; aA im gleichen Fall offenbar BGHZ 31, 136 = NJW 1960, 813 = DNotZ 1960, 158.
[155] Vgl RGZ 51, 166; KG OLGZ 12, 375 f.

dem freien Entschluss der Partei überlassen wollen, sondern er hat die Sache selber in die Hand genommen und den ihm gut scheinenden Weg zur Erreichung des Zieles zum ausschließlichen, notwendigen erhoben.«[156]

**cc)** Die unerwünschten Folgen eines Formverstoßes können insbesondere nicht durch **Auslegung gem § 2084** überspielt werden. § 2084 ist bei festgestellten Formmängeln grundsätzlich nicht anwendbar. Diese Vorschrift regelt den Fall, dass der Inhalt einer Verfügung von Todes wegen verschiedene Auslegungen zulässt, sie bestimmt, dass dann im Zweifel diejenige Interpretation vorzuziehen ist, bei welcher die Verfügung Erfolg haben kann. Soll § 2084 angewandt werden, so muss grundsätzlich feststehen, dass es sich bereits um eine Verfügung handelt.[157] Eine Auslegung iSv § 2084 setzt voraus, dass »bereits im Übrigen ein genügender Erklärungstatbestand in Gestalt eines Testaments vorliegt und nur dieser oder jener nicht besonders geregelte Punkt eine Regelung verlangt«.[158] Eine entsprechende Anwendung von § 2084 ist *zulässig*, wenn zwar nicht der Inhalt, sondern die rechtliche Natur einer Willenserklärung fraglich ist, jedoch nur dann, wenn zweifelsfrei feststeht, dass überhaupt eine rechtsgeschäftliche Willenserklärung vorliegt. Lässt also eine Erklärung des Erblassers sowohl die Auslegung zu, dass es sich um eine letztwillige Verfügung handelt, als auch diejenige, dass ein Rechtsgeschäft unter Lebenden gegeben ist, so ist die Erklärung als letztwillige Verfügung auszulegen, falls sie nur als solche wirksam werden kann.[159] Bestehen Zweifel darüber, ob der Testator in seinem Testament nur einen unverbindlichen Wunsch geäußert oder eine letztwillige Verfügung getroffen hat, so ist § 2084 nicht anwendbar.[160] § 2084 entscheidet ferner nicht Zweifel darüber, ob eine Verfügung oder erst der Entwurf oder die Ankündigung einer geplagten Verfügung vorliegt.[161]

**dd)** Ein Formverstoß kann zu einer bloßen **Teilunwirksamkeit** der Verfügung von Todes wegen führen.[162] Grundsätzlich muss eine derartige Verfügung ihrem vollen Umfang nach feststehen, wenn Rechte aus ihr hergeleitet werden sollen. Ist aber trotz der mangelnden Feststellbarkeit eines Teils der Verfügung der Gesamtwille des Erblassers insoweit erkennbar, dass ohne Rücksicht auf den Inhalt und den Umfang des nicht festgestellten Teiles der Verfügung der feststellbare Teil Bestand haben soll und dieser Teil durch die Unbestimmtheit der nicht bekannten Verfügung seinem Umfang nach nicht wesentlich berührt wird, so reicht dies zur Geltendmachung der sich aus dem feststellbaren Teil ergebenden Ansprüche aus.[163] Ist eine von mehreren Verfügungen unwirksam, gilt § 2085; ist ein Bestandteil einer Verfügung unwirksam, so ist § 139 maßgebend. Bei wechselbezüglichen Bestimmungen im gemeinschaftlichen Testament und Erbvertrag sind die §§ 2270, 2298 zu beachten.

---

**156** So JHERING, Der Geist des römischen Rechts II, 5. Aufl, S 475.
**157** STAUDINGER-OTTE § 2084 RdNr 2; EBENROTH RdNr 409; SCHLÜTER RdNr 197; SOERGEL-LORITZ § 2084 RdNr 3, 57; BGB-RGRK-JOHANNSEN § 2084 RdNr 2, 26.
**158** VON LÜBTOW, Probleme des Erbrechts, 1967, 67.
**159** RG Recht 1919 Nr 603; RG LZ 1924, 161; 1927, 523; BGH LM Nr 3 zu § 2084 BGB; STAUDINGER-OTTE § 2084 RdNr 4 ff.
**160** RG LZ 1927, 523; RG Recht 1931 Nr 314; BGB-RGRK-JOHANNSEN § 2084 RdNr 26; LANGE-KUCHINKE § 34 II 1 b; STAUDINGER-OTTE § 2084 RdNr 2; SOERGEL-LORITZ § 2084 RdNr 57.
**161** RG Recht 1931 Nr 314; RGZ 169, 254; OLG München JZ 1954, 513; KG NJW 1959, 1441; KIPP-COING § 21 Vb; EBENROTH RdNr 409; PALANDT-EDENHOFER § 2084 RdNr 19; STAUDINGER-OTTE § 2084 RdNr 2.
**162** BayObLGZ 98, 160.
**163** BGH NJW 1955, 460.

### 4. Maßgeblicher Zeitpunkt

81 Die Formvorschriften müssen bei der Errichtung der Verfügung von Todes wegen eingehalten werden. Nur dieser Zeitpunkt ist für die Beurteilung der Frage maßgebend, ob die Verfügung wirksam ist oder nicht. Ein Formverstoß kann nur durch formgerechtes Wiederholen (Neuvornahme) des Rechtsgeschäftes »geheilt« werden. Ein entgegen den Beschränkungen für Minderjährige (§§ 2233 Abs 1, 2247 Abs 4) errichtetes nichtiges Testament wird nicht dadurch wirksam, dass der »Erblasser« volljährig wird. Andererseits wird eine formgerecht erstellte Verfügung von Todes wegen nicht dadurch unwirksam, dass die Urkunde gegen den Willen des Testators vernichtet wird.[164]

## VII. Das erbrechtliche Instrumentarium[165]

### 1. Erbeinsetzung

82 **a) Grundsatz**
Das BGB geht vom Prinzip der Gesamtrechtsnachfolge (§ 1922) aus. Mit dem Tod des Erblassers geht dessen Vermögen als Gesamtheit auf den oder die Erben über, soweit es vererblich ist. Die Bezeichnung »Erbe« muss nicht wörtlich verwendet sein, wenngleich dies – vor allem im notariellen Testament – sinnvoll und geboten ist. Nach der allgemeinen Auslegungsregel des § 2087 Abs 1 ist die Bezeichnung »Erbe« dann nicht erforderlich, wenn der Erblasser sein Vermögen dem »Bedachten« zugewendet hat; verfügt der Erblasser nur über Einzelgegenstände, die aber das gesamte oder nahezu gesamte Vermögen ausmachen, kommt entgegen § 2087 Abs 2 ebenfalls eine Erbeinsetzung in Betracht.[166]

83 **b) Alleinerbe**
Der Erblasser kann jemanden zum alleinigen Erben berufen. Dann wird dieser ipso jure Träger aller Rechte und Pflichten des Erblassers, soweit dessen Rechtspositionen vererblich sind.[167]

84 **c) Ersatzerbe**
Der Erblasser kann für den Fall, dass der als Erbe Berufene vor dem Erbfall durch Ableben oder nach dem Eintritt des Erbfalls, vor allem durch Ausschlagung wegfällt, eine Ersatzperson bestimmen (Ersatzerbe). Tut er dies nicht, so kann gleichwohl eine Ersatzerbenberufung kraft (widerlegbarer) Vermutung gegeben sein. Gemäß § 2069 sind die Abkömmlinge bedachter Abkömmlinge (auch Adoptivkinder und Stiefkinder)[168] Ersatzerben. Im Wege der Testamentsauslegung kann sich auch bei Wegfall naher Angehöriger eine Ersatzerbenberufung deren Abkömmlinge ergeben.[169] Der Ersatzerbenberufung kommt in einer Verfügung von Todes wegen eine wichtige Bedeutung zu. Dies gilt auch im Bereich der Anordnung von Vor- und Nacherbfolge. Der Nacherbe ist zwar im Zweifel mangels ausdrücklicher Regelung im Testament auch Ersatzerbe (§ 2102 Abs 1); verstirbt jedoch der

---

**164** BGH JZ 1951, 591; KIPP-COING § 19 V.
**165** Vgl auch BENGEL-REIMANN in: Beck'sches Notarhandbuch, Abschnitt C, RdNr 50 ff; SCHERER, Münchener Anwaltshandbuch Erbrecht, Teil B, 1. und 2. Abschnitt.
**166** BayObLGZ 1965, 77, 84 f; OLG Düsseldorf ZEV 1995, 410, 411; STAUDINGER-OTTE § 2087 RdNr 20.
**167** Vgl oben RdNr 15 ff.
**168** BayObLGZ 1959, 493, 497; OLG Frankfurt ZEV 1995, 457, 458 mit Anm SKIBBE.
**169** RGZ 99, 82, 84 ff; BayObLG ZEV 1996, 191; NIEDER ZEV 1996, 241 ff.

Nacherbe nach Eintritt des Vorerbfalles, bevor der Nacherbfall eintritt, so ist § 2108 Abs 2 zu beachten. Die gesetzliche Auslegungsregel der §§ 2069, 2102 greift dann nicht Platz, wenn im Wege der einfachen Auslegung des Erblasserwillens eine abweichende Ersatzerbenberufung ermittelt werden kann.[170] Grundsätzlich bestehen auch im Falle des Eintritts der Ersatzerbfolge die Beschwerungen durch Vermächtnisse, Auflagen und Ausgleichspflichten fort (§§ 2161, 2192, 2051 Abs 2).

### d) Mehrere Erben 85

Der Erblasser kann mehrere Personen zu Miterben in Höhe der von ihm bestimmten Quoten berufen. Er nimmt dann das Entstehen einer Erbengemeinschaft in Kauf, also eine Rechtslage, die bei gesetzlicher Erbfolge und Vorhandensein mehrerer gesetzlicher Erben gilt. Die Besonderheit besteht lediglich darin, dass er die Erben und die Erbquoten abweichend vom Gesetz bestimmen kann und in der Lage ist, ergänzende Anordnungen für die Verwaltung und Auseinandersetzung der Erbengemeinschaft zu treffen. Das Gesetz enthält Regelungen für die Erbengemeinschaft, ihre Verwaltung und ihre Auseinandersetzung. Die gesetzliche Regelung mag bei In-Kraft-Treten des BGB ausreichend gewesen sein; sie passt, wenn überhaupt, nur für die Erbengemeinschaft, die aus dem überlebenden Ehegatten und den mit dem Erblasser gemeinsamen Abkömmlingen besteht, nicht aber für heterogene Erbengemeinschaften, bei welchen der überlebende Ehegatte nicht mehr mit den Abkömmlingen des Verstorbenen verwandt ist. Die §§ 2032 bis 2057a vermitteln keinen sinnvollen Rahmen für eine sachgerechte Verwaltung von komplexen Vermögenswerten. Auch die Vorschriften über die Auseinandersetzung der Erbengemeinschaft sind unangemessen einfach und entsprechen nicht den wirtschaftlichen Anforderungen unserer Tage. Die gesetzliche Regelung entbehrt all jener Bestandteile, die ein modernes Gesellschaftsrecht für die Verwaltung gemeinschaftlichen Vermögens oder das Wohnungseigentumsgesetz für die Eigentümergemeinschaften bereit halten.[171] Ergänzende Anordnungen sind also sinnvoll, wenn der Erblasser mehrere Personen als seine Nachfolger wünscht. Diese ergänzenden Anordnungen können vielfältiger Art sein, bei Unternehmen etwa die Vorgabe der gesellschaftsrechtlichen Struktur, die ergänzende Anordnung von Testamentsvollstreckung oder beispielsweise der Einbau von Stiftungen.

Unterlässt der Erblasser die quotenmäßige Bestimmung, so sind die Erben grundsätzlich zu unter sich gleichen Teilen berufen (§ 2091). Der **Einzelerbteil** steht dem Miterben selbständig zu. Zu unterscheiden hiervon ist der **gemeinschaftliche Erbteil.** Dieser verbindet die in ihm zusammengefassten Miterben untereinander (§ 2093). Nach außen sind die Unterbruchteile eines gemeinschaftlichen Erbteils wiederum selbständige Erbteile. Für das Innenverhältnis gelten dann jedoch die §§ 2089 bis 2092. 86

Korrespondierend zur Erhöhung des gesetzlichen Erbteils bei **Wegfall** eines gesetzlichen Erben vor dem Erbfall (§ 1935) hat der Gesetzgeber für den Fall, dass einer der eingesetzten Miterben vor oder nach dem Erbfall wegfällt, Anwachsung an die übrigen Miterben nach dem Verhältnis ihrer Erbteile angeordnet (§ 2094 Abs 1 S 1). Das Wegfallen kann begründet sein im Vorversterben des Bedachten, in der Ausschlagung, der Erbunwürdigkeitserklärung, im Zuwendungsverzicht 87

---

[170] LANGE-KUCHINKE § 27 VII 2.
[171] EBERL-BORGES, Die Erbauseinandersetzung, 2000, S 31; ANN, Die Erbengemeinschaft, 2001, S 120 ff; REIMANN in: HENRICH-SCHWAB, Familienerbrecht und Testierfreiheit im europäischen Vergleich, 2001, S 41 f.

(§ 2352) und auch im Erbverzicht.[172] Die **Folge der Anwachsung** ist, dass für die Belastung mit Vermächtnissen und Auflagen sowie sonstigen Beschwerungen mit Ausgleichungspflichten der angewachsene Teil sowie der ursprüngliche Erbteil als selbständige Erbteile behandelt werden (§ 2095). Im Übrigen werden angewachsene und ursprüngliche Erbteile als **ein** Erbteil angesehen. Allerdings kann der Erblasser zum einen die Anwachsung ausschließen (§ 2094 Abs 3) und zum anderen ist auch die Regel, dass für bestimmte Teilbereiche angewachsener und originäre Erbteil als selbständige Erbteile zu behandeln ist, disponibel. Der Anwachsungsregelung der §§ 2094, 2095 geht allerdings die Ersatzerbeneinsetzung, auch die stillschweigende und vor allem die gemäß § 2069, vor. Dies bedeutet, dass bei Wegfall eines Kindes des Erblassers dessen Kinder zunächst gemäß § 2069 als Ersatzerben berufen sind. Eine Anwachsung gemäß § 2094 an die weiteren Kinder des Erblassers kommt dann regelmäßig nicht in Frage. Gleichwohl ist es empfehlenswert, klare Ersatzerb- und klare Anwachsungsregelungen in der Verfügung von Todes wegen vorzusehen.

88   **e) Schlusserbe**
Der Begriff »Schlusserbe« ist gesetzlich nicht bestimmt. Er hat sich in der Rechtspraxis herausgebildet. Unter »Schlusserbe« ist der Erbe des Letztversterbenden von Ehegatten in einem gemeinschaftlichen Testament oder Erbvertrag zu verstehen. Grundsätzlich kann aber von der Verwendung des Begriffs »Schlusserbe« nicht auf eine Vor- und Nacherbfolge geschlossen werden.

### 2. Nacherbfolgeanordnung

**a) Grundsatz**
89   Mit der Nacherbfolgeanordnung kann der Erblasser den »Erben des Erben« für den Nachlass bestimmen, den er selbst vererbt hat. Die Nacherbfolgeanordnung ist insbesondere in den Fällen von Bedeutung, in welchen verhindert werden soll, dass bestimmte Personen am Nachlass des Erblassers partizipieren. Dies kann etwa ein geschiedener Ehegatte über die gemeinsamen Kinder als Erbeserbe sein. Ebenso kann der Erblasser beispielsweise mit einer Nacherbfolge erreichen, dass sein Vermögen zwar zunächst dem längerlebenden Ehegatten zufällt, dieses allerdings bei dessen Todesfall wiederum von seinen Erben, etwa »einseitigen« Kindern, fern gehalten wird. Vorerbe und Nacherbe sind jeweils Erben des Erblassers. Auf den Nacherben geht nur die Erbschaft des Erblassers über, nicht jedoch unbedingt das eigene Vermögen des Vorerben. Über dieses verfügt der Vorerbe unabhängig vom Willen des Erblassers. Die Nacherbfolge tritt, soweit der Erblasser nichts anderes bestimmt hat, mit dem Tod des Vorerben ein (§ 2106 Abs 1). Der Zeitpunkt des Eintritts der Nacherbfolge kann jedoch vorverschoben werden, er kann auch durch Bedingung und Befristung beeinflusst werden. Ebenso kann die Vorerbschaft als solche aufschiebend oder auflösend bedingt sein.

90   Gemäß § 2108 Abs 2 ist das **Nacherben(-anwartschafts-)recht** grundsätzlich vererblich und veräußerlich.[173] Die Übertragung bedarf entsprechend § 2033, das Verpflichtungsgeschäft entsprechend § 2371, der notariellen Beurkundung. Unvererblichkeit ist die Ausnahme. Jedoch kann der Erblasser die Vererblichkeit

---

172 Vgl PALANDT-EDENHOFER § 2094 RdNr 2.
173 STAUDINGER-BEHRENDS-AVENARIUS § 2100 RdNr 58; BGB-RGRK-KREGEL § 2033 RdNr 8; PALANDT-EDENHOFER § 2108 RdNr 6 ff; BGHZ 87, 367, 369.

(und damit auch die Veräußerlichkeit) ausschließen.[174] Der Ausschluss wird in der Regel vorliegen, wenn der Erblasser ausdrücklich einen Ersatznacherben bestimmt hat.[175] Wird ein Ersatznacherbe hingegen kraft gesetzlicher Auslegungsregel (§ 2069) berufen, so soll dies nach hM nicht reichen, um der Anwartschaft die Vererblichkeit (und Veräußerlichkeit) zu nehmen, weil das dispositive Recht des § 2108 Abs 2 S 1 Vorrang vor der Auslegungsregel des § 2069 genießt.[176]

Soweit ein **Unternehmen** in den Nachlass fällt, hat der Vorerbe das alleinige Entscheidungsrecht, ob er das Geschäft fortführen will oder durch Einstellung gemäß den §§ 27 Abs 2, 25 Abs 1 HGB die unbeschränkte persönliche Haftung abwendet. Der Nacherbe hat insoweit keine Mitwirkungsrechte. Wenn der Vorerbe das Handelsgeschäft fortführt, kann er sich alleine als Firmeninhaber in das Handelsregister eintragen lassen. Entsprechendes gilt, wenn eine Beteiligung an einer Personengesellschaft zum Nachlass gehört. Soweit eine Eintritts- oder Fortsetzungsklausel gesellschaftsvertraglich vereinbart ist, entscheidet ebenfalls der Vorerbe alleine, ob er hiervon Gebrauch machen will oder nicht. Rückt er in die Gesellschafterstellung ein, wird der Vorerbe Gesellschafter. Ihm gebühren die Gewinnanteile, die während der Vorerbschaft anfallen.[177] Als Gesellschafter kann er alle Gesellschafterrechte ausüben (beispielsweise austreten oder kündigen). Desgleichen kann er Änderungen des Gesellschaftsvertrages mitbeschließen, sofern dies nicht gegen das Verbot der unentgeltlichen Verfügung gem § 2113 Abs 2 verstößt.[178] 91

Da der Nacherbe Erbe des Erblassers ist, kann der Erblasser nicht dem Vorerben das Recht einräumen, den **Nacherben zu bestimmen** (§ 2065 Abs 2). Eine derartige Verfügung ist dem in § 2104 S 1 geregelten Fall gleichzusetzen.[179] Zulässig ist es jedoch, einen **Nacherben** unter der (aufschiebenden oder auflösenden) **Bedingung** einzusetzen, dass der Vorerbe nicht selbst letztwillig anders über den Nachlass verfügt.[180] Hier steht erst mit dem Tod des »Vorerben« (rückwirkend) fest, dass er Vollerbe gewesen ist. Der Nacherbenvermerk kann daher erst nach dem Tod des »Vorerben« gelöscht werden. Problematisch ist die Ermächtigung des Vorerben, beliebig anderweitig letztwillig über den Nachlass zu verfügen, ebenso wie die Ermächtigung des Vorerben, aus mehreren zu Nacherben bestimmten Personen denjenigen auszuwählen, der den Nachlass des Erblassers als »Schlusserbe« erhalten soll. 92

Eine **gegenständliche Erbeinsetzung ist** unzulässig.[181] Demzufolge scheidet auch eine Nacherbeneinsetzung auf einzelne Nachlassgegenstände aus.[182] Der Erblasser hat aber die Möglichkeit, bezüglich des einzelnen Gegenstandes Vor- und Nachvermächtnis anzuordnen. 93

---

**174** hM; PALANDT-EDENHOFER § 2108 RdNr 3; RGZ 170, 163; aA im Hinblick auf den Ausschluss der Veräußerlichkeit: STAUDINGER-OTTE § 2108 RdNr 9 und § 2100 RdNr 60.
**175** Kritisch LANGE-KUCHINKE § 25 VII 3 und § 28 VII 1.
**176** STAUDINGER-OTTE § 2108 RdNr 16 mwN; aA BayObLGZ 1993, 334, 348 f = MittBayNot 1994, 149, 150 f; hierzu kritisch J MAYER MittBayNot 1994, 111; OLG Braunschweig FamRZ 1995, 443, 444; vgl ausführlich hierzu NIEDER ZEV 1996, 241, 244 f.
**177** BGH NJW 1990, 514, 515.
**178** BGHZ 78, 177, 182 ff.
**179** OLG Hamm ZEV 1995, 376.
**180** PALANDT-EDENHOFER § 2065 RdNr 9; sehr weitgehend BGHZ 59, 220, 222 f; kritisch hierzu: MünchKomm-GRUNSKY § 2100 RdNr 13 und FRANK MittBayNot 1987, 231.
**181** PALANDT-EDENHOFER § 2087 RdNr 1; OTTE NJW 1987, 3164.
**182** aA SCHRADER NJW 1987, 117.

## 94 b) Nicht befreiter Vorerbe

Soweit der Erblasser keine speziellen Regelungen trifft und auch im Wege der Auslegung nichts anderes ermittelbar ist, ist der Vorerbe von den Beschränkungen der §§ 2113 ff nicht befreit. So kann der Vorerbe über Grundbesitz (§ 2113) sowie über Hypothekenforderungen, Grund- und Rentenschulden (§ 2114) nicht ohne Zustimmung des Nacherben verfügen. Bezüglich der Anlegung von Geld ist er gebunden (§ 2119). Auf Verlangen des Nacherben sind Wertpapiere zu hinterlegen (§ 2116) und ein Verzeichnis der Erbschaftsgegenstände anzulegen. Der Vorerbe ist verpflichtet, dem Nacherben über den Bestand der Erbschaft Auskunft zu geben (§ 2127). Im Ergebnis gebühren ihm nur die **Erträgnisse** der Erbschaft. Über diese kann er unter Lebenden, aber auch durch Testament frei verfügen. Der Nacherbe wird, soweit sich Grundbesitz im Nachlass befindet, durch den Nacherbenvermerk, welcher von Amts wegen einzutragen ist (§ 51 GBO), gesichert.

## 95 c) Befreiter Vorerbe

Gemäß § 2136 kann der Erblasser den Vorerben von einigen der Beschränkungen und Verpflichtungen aus den §§ 2113 ff befreien. Strikt vermutet wird diese Befreiung bei der Nacherbeneinsetzung auf den Überrest (§ 2137). Eine völlige Befreiung hingegen ist nicht möglich. So kann der Erblasser den Vorerben nicht vom Verbot unentgeltlicher Verfügungen (§ 2113 Abs 2)[183] befreien, von der Verfügung im Wege der Zwangsvollstreckung (§ 2115) und von der Pflicht zur Vorlage des Nachlassgegenstandsverzeichnisses (§ 2121).[184] Auch vom Surrogationsgrundsatz des § 2111 kann der Vorerbe nicht befreit werden. Soweit einzelne Gegenstände nicht dem Nacherbenrecht unterliegen sollen, sind sie als Vorausvermächtnis dem Vorerben zuzuwenden. Die Befreiung des Vorerben ist im Grundbuch einzutragen (§ 51 GBO) und im Erbschein anzugeben (§ 2363).

## 96

Ob die Befreiung auf einzelne Nachlassgegenstände beschränkt werden kann, ist streitig.[185] Die sichere Gestaltungsmöglichkeit ist angesichts fehlender obergerichtlicher Rechtsprechung der Weg über das Vorausvermächtnis, eventuell gekoppelt mit einem Nachvermächtnis (§ 2191), oder die Beschwerung des Nacherben mit der Pflicht, bestimmten Verfügungen des Vorerben zuzustimmen.[186] Der Vorerbe kann sein Recht auf den Nacherben übertragen und umgekehrt der Nacherbe sein Anwartschaftsrecht auf den Vorerben. Im Falle der letzteren Verfügung führt dies zwar dazu, dass der Vorerbe Vollerbe wird; allerdings ergeben sich Probleme, wenn ein Ersatznacherbe berufen ist.[187]

## 97 d) Der superbefreite Vorerbe

Fraglich ist, ob man durch testamentarische Anordnungen den Vorerben noch zusätzlich freistellen kann. Die Auswirkungen einer Nacherbfolgeanordnung sind gravierend: Sie nehmen dem Vorerben, auch wenn er von allen gesetzlichen Beschränkungen befreit ist, die Möglichkeit, Gegenstände des Nachlassvermögens zu verschenken und eigenständig zu vererben. Wegen dieser Konsequenz wird die Nacherbfolgeanordnung in vielen Fällen als für den Erstbedachten als zu belastend empfunden.

---

183 Dazu HEIDER ZEV 1995, 1.
184 Vgl auch MÜLLER ZEV 1996, 179.
185 Bejahend: MünchKomm-GRUNSKY § 2136 RdNr 8; BGB-RGRK-JOHANNSEN § 2136 RdNr 8; verneinend: STAUDINGER-BEHRENDS-AVENARIUS § 2136 RdNr 3.
186 STAUDINGER-BEHRENDS-AVENARIUS § 2136 RdNr 7.
187 Vgl NIEDER ZEV 1996, 241.

Die Möglichkeiten, den Vorerben noch freier zu stellen, als das Gesetz dies vorsieht, sind gering.[188] Es ist zu unterscheiden zwischen Lösungen, die mit der Nacherbfolgeanordnung arbeiten und solchen, die sie ersetzen.

Zur ersten Gruppe gehören

- ein die Nacherbschaft begleitendes Vorausvermächtnis zugunsten des Vorerben,
- die auflösend bedingte Nacherbschaft, die es dem Vorerben ermöglichen soll, in weiterem Umfang selbst zu verfügen,
- die aufschiebend bedingte Nacherbeneinsetzung, die mit anderen Mitteln ähnliches zu erreichen versucht, das den Nacherben belastende Zustimmungsvermächtnis und
- die Einsetzung des Vorerben zum Mittestamentsvollstrecker.

Zur zweiten Gruppe gehören

- die Einsetzung des Erstbedachten zum Nießbraucher, ggf auch zum Testamentsvollstrecker, und
- das Herausgabevermächtnis auf den Todesfall des Erstbedachten.

Als **Alternative** kann vor allem das **Herausgabevermächtnis**, das den Erstbedachten bzw dessen Erben verpflichtet, alles, was aus dem Nachlass des Erblassers stammt, an die Zweitbedachten herauszugeben, in Betracht kommen. Wegen der geringen »Regelungsdichte« des Vermächtnisses[189] ist das Herausgabevermächtnis regelmäßig nur mit detaillierten begleitenden Anordnungen sinnvoll.[190] **98**

Beim Vorausvermächtnis bleibt zu überlegen, ob nicht ein Nachvermächtnisnehmer für den Vorausvermächtnisgegenstand zu bestimmen ist (§ 2191). **99**

Das **Zustimmungsvermächtnis** bleibt problematisch, weil es keine Wirkung vor Eintritt des Nacherbfalles entfaltet.[191] Einzelzustimmungsvermächtnisse dieser Art werden mit diesem Vorbehalt möglich sein und nicht gegen § 2136 verstoßen. Beim generellen Zustimmungsvermächtnis ist dies fraglich. Eine **Freistellung des befreiten Vorerben vom Schenkungs- und Vererbungsverbot** ist unwirksam; die Rechtsprechung[192] legt derartige Anordnungen regelmäßig als Vollerbschaft des Vorerben aus.[193]

Als Alternative zur Nacherbfolgeanordnung kommt auch die Einsetzung des Zweitbedachten zum Vollerben in Frage. Dieser kann dann mit einem **Nießbrauch** zugunsten des als »Vorerben« Vorgesehenen belastet werden. Diese Alternative kann aus steuerlichen Gründen geboten sein. Der Erblasser kann dann aber nicht von der Möglichkeit der Nichtvererblichkeit des Nacherbenrechts und der Ersatznacherbenregelung Gebrauch machen, weil der Nachlass mit dem Erbfall bereits auf den als »Nacherben« Vorgesehenen übergeht. **100**

---

188 Vgl KANZLEITER in: FS SCHIPPEL, 1996, 288; J MAYER ZEV 2000, 1; WINGERTER, Die Erweiterung der Befugnisse des befreiten Vorerben, Diss. Regensburg, 2000.
189 J. MAYER, ZEV 2000, 1, 8.
190 REIMANN MittBayNot 2002, 4.
191 BayObLGZ 1966, 271, 274 f; SOERGEL-WOLF § 2147 RdNr 13; BGB-RGRK-JOHANN-SEN § 2147 RdNr 6; PALANDT-EDENHOFER § 2147 RdNr 1.
192 OLG Oldenburg DNotZ 1956, 195; OLG Bremen DNotZ 1956, 159.
193 Vgl auch STAUDINGER-BEHRENDS-AVENARIUS § 2136 RdNr 11; MünchKomm-GRUNSKY § 2136 RdNr 1.

### 3. Vermächtnis

**101 a) Grundsatz**
Neben der Erbeinsetzung ist das Vermächtnis der wichtigste vom Gesetzgeber zur Verfügung gestellte Gestaltungstyp: Jedem Vermächtnisnehmer steht ein schuldrechtlicher Anspruch (§ 2174) gegenüber dem Beschwerten (gesetzlicher oder gewillkürter Erbe oder Vermächtnisnehmer, § 2147) zu. Das Vermächtnis unterscheidet sich von der Erbeinsetzung dadurch, dass der Gläubiger (Vermächtnisnehmer) nicht am Nachlass dinglich beteiligt ist. Gleichwohl kann in der Zuwendung einzelner Gegenstände auch eine Erbeinsetzung gesehen werden, wenn diese Gegenstände nach der Vorstellung des Erblassers praktisch den gesamten Nachlass ausmachen und der Bedachte nach dem Willen des Erblassers dessen wirtschaftliche Stellung fortsetzen sollte.[194] Das Vermächtnis ist interessant, weil bei ihm der Grundsatz der **Eigenbestimmtheit der letztwilligen Anordnung** (§ 2065) teilweise durchbrochen ist. Beim Zweckvermächtnis kann der Bestimmungsberechtigte den Gegenstand, die Bedingungen der Leistung sowie die Zeit der Fälligkeit feststellen und die Auswahl der Person des Empfängers in den Grenzen der §§ 2151 und 2152 dem Beschwerten oder einem Dritten überlassen. Dies kann bei der Bestimmung des Unternehmensnachfolgers von Bedeutung sein.

**102** Auch beim Vermächtnisnehmer kommt der **Ersatzberufung** große Bedeutung zu. Nach § 2190 kann ein Ersatzvermächtnisnehmer ähnlich dem Ersatzerbenrecht bestimmt werden. Fehlt eine klare Anordnung des Erblassers, greift die Auslegungsregel des § 2069 Platz. Sofern dies nicht gewünscht wird, ist eine Ersatzvermächtnisnehmerberufung in der Verfügung von Todes wegen auszuschließen. Auch Nachvermächtnisse sind möglich (§ 2191).

**103 b) Besondere Vermächtnisarten**
Unter **Quotenvermächtnis** versteht man die Zuwendung eines Bruchteils des Nachlasswertes. Es ist ein echtes Vermächtnis.[195] Soweit der Bedachte jedoch eine echte Mitbeteiligung an der Erbschaft erhalten soll, liegt Erbeinsetzung vor.[196]

**104** Betrifft das Vermächtnis einen bestimmten Gegenstand (**Stückvermächtnis**), der im Zeitpunkt der Abfassung der Verfügung von Todes wegen zum Vermögen des Erblassers gehört, so ist § 2169 Abs 1 zu beachten: Im Zweifel ist danach anzunehmen, dass der Erblasser ein **Verschaffungsvermächtnis** nicht gewollt hat. Gehört also der vermachte Gegenstand im Zeitpunkt des Erbfalls nicht mehr dem Erblasser, weil er ihn nach Testamentserrichtung und vor dem Erbfall veräußert hat, so ist die Vermächtnisanordnung im Zweifel nicht wirksam. Hat der Erblasser eine Gegenleistung für die Veräußerung des Gegenstandes erlangt oder einen Anspruch auf Gegenleistung, so stellt sich die Frage, ob anstelle des Gegenstandes der Anspruch auf die Gegenleistung, diese selbst oder ihr Wert vermacht sein sollten. Nur für den Fall des Forderungsvermächtnisses (§ 2173) soll im Zweifel anstelle der nicht mehr bestehenden vermachten Forderung die vom Schuldner erbrachte Leistung vermacht sein. Darüber hinaus kennt das Vermächtnisrecht eine allgemeine Surrogationsregel nicht. § 2169 Abs 3 ist nicht entsprechend anwendbar. Es ist allenfalls möglich, im Wege der ergänzenden Testamentsauslegung den Erlös als vermacht anzusehen.[197]

---

**194** BayObLGZ 1965, 457, 460; PALANDT-EDENHOFER § 2087 RdNr 2.
**195** BGH MDR 1978, 649.
**196** LANGE-KUCHINKE § 27 II 2 und § 29 II 2.
**197** BGHZ 22, 357, 360 ff.

**Vorausvermächtnis** (§ 2150) ist die Zuwendung einzelner Gegenstände oder einer  105
Mehrheit von solchen an den Erben oder Miterben neben seiner Erbeinsetzung.
Es ist abzugrenzen von der Teilungsanordnung gemäß § 2048.

Wichtig kann beim Vorausvermächtnis das **Nachvermächtnis** (§ 2191) sein, da es  106
dem Erblasser ermöglicht, das Schicksal des Vorausvermächtnisgegenstandes
über den Tod des Vorausvermächtnisnehmers zu beeinflussen.

Wendet der Erblasser denselben Gegenstand in zeitlicher Reihenfolge nacheinander verschiedenen Personen dergestalt zu, dass der erste Vermächtnisnehmer (nicht der Erbe, es sei denn es handelt sich um ein Vorausvermächtnis) bei Eintritt eines Termins oder einer Bedingung dem Dritten (Nachvermächtnisnehmer) den Gegenstand herauszugeben hat, so liegt ein **Nachvermächtnis** gemäß § 2191 vor. Die Vorschriften über die Nacherbschaft werden weder unmittelbar noch analog angewandt, mit Ausnahme der in § 2191 Abs 2 ausdrücklich aufgeführten Bestimmungen. Das Nachvermächtnis ist stets ein aufschiebend bedingtes oder betagtes Vermächtnis (§ 2177). Es fällt dem Nachvermächtnisnehmer nicht mit dem Erbfall, sondern erst mit dem vom Erblasser bestimmten Zeitpunkt bzw mit dem Tod des Vorvermächtnisnehmers an (§§ 2191 Abs 2, 2106 Abs 1). Demzufolge findet vom Erbfall bis zum Anfall des Nachvermächtnisses § 2179 Anwendung, welcher auf die Normen des allgemeinen Teils verweist, die für die unter aufschiebender Bedingung geschuldete Leistung gelten. Dem Nachvermächtnisnehmer steht ab Erbfall und endend mit Anfall des Nachvermächtnisses eine **Anwartschaft** zu. Diese ist jedoch nicht dem Anwartschaftsrecht des Nacherben vergleichbar, da § 2108 gemäß § 2191 Abs 2 nicht unmittelbar auf das Nachvermächtnis anwendbar ist.

### c) Anfall und Fälligkeit 107

Zwischen **Anfall** und **Fälligkeit** ist zu differenzieren. Der Vermächtnisanspruch (Anfall), mithin die Forderung des Vermächtnisnehmers gegenüber dem Beschwerten, wird mit dem Erbfall existent (§ 2176).[198] Ausnahmen regeln die §§ 2177 bis 2179. Demzufolge fällt das Vermächtnis bei aufschiebender Bedingung oder bei Befristung erst mit Eintritt der Bedingung oder des Zeitpunktes an. Vom Anfall ist die Fälligkeit zu unterscheiden. Soweit vom Testator nichts anderes bestimmt ist, ist mit dem Anfall des Vermächtnisses dieses auch fällig. Jedoch kann der Erblasser eine spätere Fälligkeit anordnen. Soweit Anfall und Fälligkeit auseinander fallen, ist klarzustellen, inwieweit der Vermächtnisnehmer nach dem Anfall bis zur Fälligkeit eine Sicherung seines Anspruches verlangen kann (zB Auflassungsvormerkung bei Grundstücken). Auch die Frage, wem die Zinsen zustehen und wer Verwendungen auf den Vermächtnisgegenstand zu tragen hat, ist zweckmäßigerweise zu regeln.[199]

### d) Vormerkungsfähigkeit 108

Bei Grundstücksvor- und -nachvermächtnissen stellt sich die Frage der Vormerkbarkeit des Nachvermächtnisnehmeranspruchs. Nach der hM[200] wird grundsätzlich dem Nachvermächtnisnehmer die Sicherungsmöglichkeit durch Eintragung einer Vormerkung zugebilligt. Soweit eine Vormerkung eingetragen ist, hat der Vorvermächtnisnehmer gegenüber dem durch Auflassungsvormerkung gesicherten Nachvermächtnisnehmer analog §§ 2124 ff, 2120 die Ansprüche des Vorerben gegen den Nacherben.[201]

---

**198** BGH NJW 1961, 1915, 1916.
**199** Vgl REIMANN MittBayNot 2002, 4.
**200** BayObLG Rpfleger 1981, 190.
**201** MAUR NJW 1990, 1161.

## 109  4. Auflage

Die Auflage begründet für den Begünstigten kein Recht; sie ist demzufolge keine Zuwendung von Todes wegen (§§ 1940, 2192 bis 2196). Mit der Auflage wird eine bestimmte Verpflichtung gegenüber dem Vollziehungsberechtigten zugunsten des Auflagebegünstigten begründet. Der Begünstigte selbst hat keinen Anspruch auf die Leistung (§ 328). Beschwert werden kann mit der Auflage sowohl der Erbe als auch ein Vermächtnisnehmer.

Klassische Beispiele für eine Auflage sind Bestimmungen über Errichtung und Art des Grabdenkmals, Grabpflege, Versorgung von Haustieren oder schuldrechtliche Veräußerung und Leistungsverbote. Auch kann die Art der Bestattung durch Auflage geregelt werden. Dies empfiehlt sich jedoch regelmäßig deshalb nicht, weil das Testament zu einem Zeitpunkt eröffnet wird, zu welchem die Beerdigung des Erblassers längst durchgeführt ist. Solche Verfügungen des Erblassers sollten also nicht im Testament, sondern durch Rechtsgeschäft unter Lebenden getroffen werden.

## 110  5. Teilungsanordnung, Erbteilungsverbot

Ohne weitere Bestimmungen durch den Erblasser erfolgt die Auseinandersetzung des Nachlasses gemäß § 2042 nach den Grundsätzen für die Auseinandersetzung einer Bruchteilsgemeinschaft. Der Erblasser kann jedoch durch das Mittel der Teilungsanordnung Bestimmungen über die Auseinandersetzung treffen (§ 2048). Durch Teilungsanordnungen kann der Erblasser vermeiden, dass langfristig gewachsene Vermögenswerte zerschlagen werden.[202] Derartige Auseinandersetzungs- bzw Teilungsanordnungen können in einem Testament oder einem Erbvertrag getroffen werden. Sie nehmen jedoch an der erbvertraglichen Bindungswirkung (§ 2278 Abs 2) nur teil, wenn sie zugleich Vermächtnisse oder Auflagen beinhalten. Teilungsanordnungen bewirken keinen unmittelbaren mit dem Erbfall eintretenden Übergang des Eigentums an den zugewiesenen Gegenständen, sie haben nur obligatorische Bedeutung.

111 Die Teilungsanordnung ist vom Vorausvermächtnis abzugrenzen. Beim Vorausvermächtnis ist der gesamte Nachlass mit dem Vermächtnis belastet und der Bedachte selbst mitbeschwert. Das Vorausvermächtnis nimmt im Gegensatz zur Teilungsanordnung an der Bindungswirkung von Erbvertrag und gemeinschaftlichem Testament teil. Ob eine ausgleichungspflichtige Teilungsanordnung oder ein begünstigendes Vorausvermächtnis gewollt ist, ist im Wege der Auslegung zu ermitteln.[203] Klarstellungen in Testament und Erbvertrag sind zweckmäßig.

Der Erblasser kann gemäß § 2044 Abs 1 durch letztwillige Verfügung den Ausschluss der Auseinandersetzung verfügen. Eine Anordnung, wonach die Auseinandersetzung trotz übereinstimmenden Willens aller Erben nicht vorgenommen werden soll, stellt eine Auflage zu Lasten aller Miterben dar.[204] Der Auseinandersetzungsausschluß durch den Erblasser wirkt allerdings nur schuldrechtlich. Die Verfügungsmacht der Miterben bleibt unberührt, falls sich die Erben einvernehmlich über das Teilungsverbot hinwegsetzen, sofern nicht zur Absicherung Testamentsvollstreckung angeordnet ist.

---

**202** EBENROTH RdNr 789.
**203** BGH FamRZ 1987, 475, 476.
**204** BGHZ 40, 115, 117.

## 6. Testamentsvollstreckung 112

Besondere Bedeutung für die Testamentsgestaltung hat die Testamentsvollstreckung, gibt sie doch dem Erblasser die Möglichkeit, in gewissen Grenzen über eine Person seines Vertrauens auch über den Tod hinaus Einfluss auf den Nachlass auszuüben.[205]

### a) Grundsatz 113

Testamentsvollstreckung ist anzuordnen, wenn sie die Realisierung des letzten Willens fördert. Eine Verwaltungsvollstreckung ist – anders als die Abwicklungsvollstreckung – auf die nachhaltige Nutzbarmachung des verwalteten Vermögens und auf die Erzielung von Erträgen (für die Erben) gerichtet, und zwar auch in der Regel unter Ausschluss der Erben. Sie stellt eine Art fürsorglicher Bevormundung des Erben dar, durch den Ausschluss der Verwaltungs- und Verfügungsbefugnis der Erben einerseits und durch Ausschluss des Zugriffs der Eigengläubiger des Erben auf den Nachlass (§ 2214) andererseits. Durch eine Verwaltungsvollstreckung kann ein großes Vermögen, auch ein Unternehmen, für lange Zeit zusammengehalten werden. Der Erblasser kann durch die Anordnung einer Verwaltungsvollstreckung einen geschäftsuntüchtigen Erben, einen unerwünschten Vormund und unerwünschte familienrechtliche Beschränkungen (§ 1365, Gütergemeinschaft des Erben, Vormundschaftsgericht) ausschließen. Durch die Ernennung eines Miterben zum Testamentsvollstrecker, etwa der Witwe, kann ihr in vermögensrechtlicher Beziehung die Stellung eines Familienoberhauptes gegeben werden. Gegenüber einer familienrechtlichen Anordnung nach § 1638 hat die Anordnung der Testamentsvollstreckung den Vorteil, dass sie weniger schroff erscheint, die Anordnung einer Ergänzungspflegschaft nach § 1909 entbehrlich macht und über das Volljährigkeitsdatum hinaus angeordnet werden kann.

### b) Arten der Testamentsvollstreckung 114

Die §§ 2197 bis 2228 ermöglichen es dem Erblasser, dem Testamentsvollstrecker umfassende Aufgaben zuzuweisen oder ihn aber mit der Abwicklung einzelner Aufgaben zu betrauen. Die Verwaltungsvollstreckung, die auch in der Form der Dauervollstreckung gemäß § 2210 mit den dort genannten Ausnahmen für höchstens dreißig Jahre möglich ist, ermächtigt den Testamentsvollstrecker den Nachlass in Besitz zu nehmen und zu verwalten sowie über Nachlassgegenstände zu verfügen. Die Verfügungsmacht des Testamentsvollstreckers verdrängt diejenige des Erben. Bei der Abwicklungsvollstreckung ist es Aufgabe des Testamentsvollstreckers, einzelne Vermächtnisse oder Auflagen zu erfüllen (§ 2203) oder aber die Auseinandersetzung unter den Erben zu bewirken (§ 2204). Bei der Nacherbenvollstreckung (§ 2222) nimmt der Testamentsvollstrecker die Rechte des Nacherben bis zum Eintritt der Nacherbfolge wahr. Die Nacherbenvollstreckung beschwert also nicht den Vorerben, sondern den Nacherben. Daneben kann auch der Vorerbe zusätzlich durch eine Verwaltungs- oder Abwicklungsvollstreckung beschwert sein.

### c) Die Person des Testamentsvollstreckers 115

Die Anordnung der Testamentsvollstreckung ist nur sinnvoll, wenn zugleich die Person des Testamentsvollstreckers bestimmt oder – zumindest – für ihre Bestimmung ein genaues Verfahren vorgeschrieben wird. Testamentsvollstreckung sollte dort nicht angeordnet werden, wo die Person des Testamentsvollstreckers durch eine anonyme Behörde, etwa das Nachlassgericht (§ 2200), bestimmt wer-

---

[205] Vgl dazu im Einzelnen: STAUDINGER-REIMANN §§ 2197 ff.

den soll. Testamentsvollstrecker kann grundsätzlich jeder sein, nicht aber der Alleinerbe, der Vorerbe kann nicht Nacherbenvollstrecker gemäß § 2222 sein, und nicht der Notar, der seine Ernennung zum Testamentsvollstrecker protokolliert (§§ 27, 7 Nr 1 BeurkG).

**116  d) Die möglichen Aufgaben eines Testamentsvollstreckers**
Der Erblasser wird also zunächst zu überprüfen haben, welche Ziele er mit seiner Verfügung von Todes wegen durchsetzen möchte. Sodann wird er prüfen müssen, was von diesen Zielen von den Erben und Vermächtnisnehmern selbst realisiert werden kann. Schließlich wird er zu entscheiden haben, ob er sich damit abfinden soll, dass einzelne der von ihm an sich verfolgten Ziele mit den Erben und Vermächtnisnehmern nicht durchgesetzt werden können oder ob er Dritte damit betrauen soll, die verbleibenden Restziele zu verwirklichen. Die Entscheidung hierüber wird davon abhängen, welches Gewicht der Erblasser den einzelnen Zielen zuweist. Er wird insbesondere entscheiden müssen, ob die von ihm verfolgten Ziele die mit einer Testamentsvollstreckung stets verbundene Beschränkung der Erben rechtfertigen. Hierbei sind die Besonderheiten des Nachlasses (zB Unternehmen, Auslandsbesitz etc) wie auch familiäre Bedürfnisse zu berücksichtigen. Die unter diesen Gesichtspunkten durchzuführende Analyse der Sachlage und der Regelungsziele wird zu einer Definition der Aufgaben des Testamentsvollstreckers führen.

**117** Die Aufgaben des Testamentsvollstreckers können **kurzfristiger oder längerfristiger Art** sein. Im ersten Fall wird das gesetzliche Regelbild der Abwicklungsvollstreckung (§§ 2203, 2204) im Vordergrund stehen, bei längerfristigen Aufgaben die Verwaltungs- und Dauervollstreckung (§§ 2205, 2209).

Dem eher kurzfristigen Bereich ist die fachmännische Organisation der Nachlassabwicklung zuzuordnen. Dazu gehören:

– die Erfüllung von Vermächtnis und Auflagen,
– die Auseinandersetzung des Nachlasses,
– die Konstituierung des Nachlasses unmittelbar in der Zeit nach dem Ableben des Erblassers, um Differenzen zwischen Nachlassbeteiligten, insbesondere über die Einzelzuweisung von Gegenständen und über Bewertungsfragen, zu vermeiden und
– bei Unternehmen auch die Auswahl eines Unternehmensnachfolgers aus einer Mehrheit von Erben oder Vermächtnisnehmern, die Festlegung der Unternehmensstruktur und die Einsetzung einer funktionierenden Geschäftsführung für die zum Nachlass gehörenden Unternehmen.

Dem eher längerfristigen Bereich sind zuzuordnen:

– Eine geschäftsführende Tätigkeit des Testamentsvollstreckers in der Erbengemeinschaft,
– die Einflussnahme auf künftige Entscheidungen in der Verwaltung des Nachlasses, vor allem bei Nachlassunternehmungen,
– bei Unternehmen und Unternehmensbeteiligungen deren eigenverantwortliche Verwaltung, also die eigentliche unternehmerische Tätigkeit,
– die Beschränkung des Erben in seinen Zugriffsmöglichkeiten auf den Nachlass, also nicht die aktive Aufgabenzuweisung an den Testamentsvollstrecker, sondern eine Tätigkeit im »defensiven« Bereich,
– die nachhaltige Abschirmung des Nachlasses gegen die Eigengläubiger des Erben (§ 2214) und
– die Nacherbenvollstreckung gemäß § 2222.

Je nach Art der erforderlichen Testamentsvollstreckung sind dann die Intensität der Aufgaben und die Art der Abwicklung, auch ihre Dauer, festzulegen. Auch die Frage, ob der Testamentsvollstrecker alleine oder mit anderen agieren soll, ist zu entscheiden.

Dem Testamentsvollstrecker können dabei auch **andere Aufgaben** zugewiesen werden, die jedem Dritten überantwortet werden können. Der Testamentsvollstrecker kann also zusätzlich

– Vormund oder Betreuer von Nachlassbeteiligten sein,
– trans- oder postmortaler Bevollmächtigter des Erblassers werden,
– Bestimmungsrechte jeder Art nach den §§ 315 ff ausüben,
– Schiedsgutachter und Schiedsrichter sein,
– im handels- und gesellschaftsrechtlichen Bereich Sonderfunktionen haben, etwa als Geschäftsführer oder Aufsichtsrat bei einer Gesellschaft oder
– Stiftungsorgan sein.[206]

## VIII. Grundzüge und ausgewählte Probleme des Pflichtteilsrechts

### 1. Grundsätze

#### a) Entstehen des Anspruchs

Das Pflichtteilsrecht garantiert den nächsten Angehörigen eine Mindestbeteiligung am Nachlass in Form eines Geldanspruchs. Es ist geregelt in den §§ 2303 bis 2338. Zentrale Norm ist § 2317 Abs 1, wonach der Pflichtteilsanspruch mit dem Erbfall entsteht. Ergänzt wird diese Bestimmung durch § 2332, der die Verjährungsfrist regelt. Unter Pflichtteilsrecht versteht man das lediglich abstrakte Rechtsverhältnis zwischen dem Erblasser und dem Pflichtteilsberechtigten, das auch schon zu Lebzeiten des Erblassers gewisse rechtliche Wirkungen auslöst:

– Vertrag unter künftigen gesetzlichen Erben (§ 311b Abs 5);
– Anfechtung gem §§ 2079, 2281 wegen Übergehung eines Pflichtteilsberechtigten;
– Pflichtteilsverzicht gem § 2346 Abs 2.[207]

Umstritten ist die Frage des **Entstehens eines Pflichtteilsanspruchs** nur im Falle des § 2306 Abs 1 S 2 (entweder gem § 2317 Abs 1 mit dem Erbfall oder erst bei Ausschlagung). Nach der wohl überwiegenden Meinung soll der Anspruch erst mit Ausschlagung entstehen; diese aber wirke über die Fiktion des § 1953 Abs 1 auf den Erbfall zurück, wobei die Verjährung jedoch nicht gehemmt ist (§ 2332 Abs 3).[208] Diese Ansicht führt zu erheblichen Problemen, wenn ein als Nacherbe Berufener nach dem Erbfall, aber vor dem Nacherbfall verstirbt und das Ausschlagungsrecht nicht auf den Ersatznacherben übergeht. § 2317 Abs 1 duldet einerseits keine Ausnahme. Andererseits kann der Pflichtteilsanspruch hier erst nach Ausschlagung erfolgreich geltend gemacht werden. Das Problem wird gelöst, indem die nicht durchgeführte Ausschlagung als Einwendung gegen den (mit dem Erbfall entstandenen) Pflichtteilsanspruch qualifiziert wird.[209]

---

**206** Zur Kontrolle des Testamentsvollstreckers vgl REIMANN FamRZ 1995, 588.
**207** Vgl hierzu nachfolgend RdNr 178 ff.
**208** PALANDT-EDENHOFER § 2317 RdNr 1; ERMAN-SCHLÜTER § 2317 RdNr 2.
**209** V LÜBTOW, Probleme des Erbrechts, S 34.

§ 2309 regelt, inwieweit entferntere Abkömmlinge oder die Eltern des Erblassers Pflichtteilsansprüche geltend machen können, sofern ihnen vorgehende, näher stehende Abkömmlinge vorhanden sind. Diese Bestimmung ist im Kontext zu § 1924 Abs 2 zu lesen. Schlägt der nähere Abkömmling die Erbfolge aus jedem Berufungsgrund aus, wird er so behandelt, wie wenn er den Erbfall nicht erlebt hätte (§ 1953 Abs 2 S 1). Damit rücken dessen entferntere Abkömmlinge nach. Diesen steht das Pflichtteilsrecht zu, wobei zu unterscheiden ist:

**121** — Bei Erbenberufung mit einer Quote, die **geringer als der Pflichtteil** ist, verbleibt bei der Ausschlagung nur der Pflichtteilsrestanspruch gem § 2305 beim näheren Abkömmling; in Höhe der zugedachten Quote (Differenz zwischen Pflichtteilsrestanspruch und vollem Pflichtteil) geht der Anspruch auf die entfernteren Pflichtteilsberechtigten über.

**122** — Gleiches gilt im Falle des § 2306 Abs 1 S 1. In der zweiten Variante des § 2306 (Abs 1 S 2) führt die Ausschlagung dazu, dass der Ausschlagende den Pflichtteilsanspruch ohne die vorher bestehende Einwendung der fehlenden Ausschlagung geltend machen kann.

**123** — Beim **Erbverzicht** eines Abkömmlings oder Seitenverwandten des Erblassers ist § 2349 (Erstreckung auf die Abkömmlinge) einschlägig. Hat der Abkömmling gem § 2346 Abs 2 nur auf sein **Pflichtteilsrecht** verzichtet und das Erbe ausgeschlagen, steht den entfernteren Abkömmlingen kein Pflichtteilsrecht zu, da sie gem §§ 1924 Abs 2, 1930 durch das bloße Vorhandensein des näheren Abkömmlings als gesetzliche Erben ausgeschlossen sind.[210] § 2309 ist daher auf diesen Fall nicht anwendbar.

**124** Wird ein näherer Abkömmling für **erbunwürdig** erklärt, so gilt gem § 2344 Abs 1 ein Anfall der Erbschaft an ihn als nicht erfolgt. Er wird so behandelt, als hätte er den Erbfall nicht erlebt. Mithin steht den entfernteren Abkömmlingen das volle Pflichtteilsrecht zu, sofern sie nicht ersatzberufene Erben sind. Gleiches gilt bei Pflichtteilsunwürdigkeit gem § 2345 Abs 2 (über § 2309).

### b) Höhe des Pflichtteils, Fälligkeit

**125** Die Pflichtteilsquote ist generell kein Problem. Gem § 2303 Abs 1 S 2 beträgt sie die Hälfte der gesetzlichen Erbquote. Bei Ehegatten ist § 1371 zu berücksichtigen.[211]

Die Höhe des zu zahlenden Geldbetrags entspricht der quotalen Beteiligung am Wert der Erbschaft. Der Pflichtteilsberechtigte ist **Nachlassgläubiger** und kann gem §§ 1994, 2006 Abs 1 die Erstellung des Inventars und eidesstattliche Versicherung verlangen. Ferner hat der Pflichtteilsberechtigte gem § 2314 Abs 1 S 1 einen eigenen **Auskunftsanspruch** gegen den Erben, gegen mehrere Erben als Gesamtschuldner. Dieser Anspruch erfasst auch alle Angaben über den sog **fiktiven Nachlassbestand**, dh über anrechnungs- und ausgleichungspflichtige Zuwendungen nach §§ 2315, 2316 sowie über ergänzungspflichtige Schenkungen gem § 2325.

Der Pflichtteilsberechtigte hat **Anspruch auf Wertermittlung** (§ 2314 Abs 1 S 2), die auf Kosten des Nachlasses (§ 2314 Abs 2), gegebenenfalls durch einen Sachverständigen, durchzuführen ist.[212]

---

**210** Str, so STAUDINGER-HAAS § 2309 RdNr 11; SOERGEL-DIECKMANN § 2309 RdNr 10; JAUERNIG-STÜRNER § 2349 RdNr 1; BAUMGÄRTEL DNotZ 1959, 65, aA MünchKomm-FRANK § 2309 RdNr 6, 8; LANGE-KUCHINKE § 37 IV 2b Fn 66, welche in diesem Fall ein Pflichtteilsrecht der entfernteren Abkömmlinge bejahen.
**211** Hierzu ausführlich RdNr 146 ff.
**212** KLINGELHÖFFER, Pflichtteilsrecht, RdNr 161 ff; KERSCHER-TANCK 197 ff.

Die mit Erbfall als Pflichtteilsanspruch entstandene Geldforderung ist grundsätzlich nach § 2317 Abs 1 **sofort fällig**. Eine Ausnahme macht § 2331a unter ganz besonderen Voraussetzungen. Die Verzinsungspflicht beginnt erst mit Verzug oder Rechtshängigkeit.[213] Eine »Ausschlagung« ist nicht möglich. Zulässig sind jedoch (formlose) Vereinbarungen zwischen den Erben und dem Pflichtteilsberechtigten über die Höhe, Stundung, teilweisen oder ganzen Erlass.[214]

126

Die **Verjährungsfrist** richtet sich nach § 2332 (drei Jahre ab Kenntnis des Erbfalls und der beeinträchtigenden Verfügung des Erblassers).

127

### c) Tragung der Pflichtteilslast

Der Pflichtteilsanspruch wird nach außen grundsätzlich von den Erben geschuldet. Jedoch sind für die Tragung der Pflichtteilslast im Innenverhältnis die §§ 2318−2323 zu berücksichtigen:

128

- anteilsmäßige Verlagerung auf Vermächtnisnehmer oder Auflagebegünstigte (§ 2318);[215]
- Leistungsverweigerungsrecht des selbst pflichtteilsberechtigten Erben, sodass ihm der eigene Pflichtteil verbleibt (§ 2319);
- Tragung der Pflichtteilslast durch den an die Stelle des Pflichtteilsberechtigten tretenden gesetzlichen Erben (§ 2320);
- Verlagerung der Pflichtteilslast in Höhe des erlangten Vorteils bei Ausschlagung eines Vermächtnisses durch den Pflichtteilsberechtigten auf den hierdurch Begünstigten (§ 2321);
- Kürzungsrecht des Nachrückenden bei Ausschlagung der mit Vermächtnis oder Auflage beschwerten Erbschaft oder des Vermächtnisses durch den Pflichtteilsberechtigten (§ 2322).

Zu beachten ist in diesem Zusammenhang die Bestimmung des § 2324, wonach die gesetzlichen Regeln der §§ 2318 Abs 1, 2320−2323 (nicht jedoch die der §§ 2318 II, III, 2319!) durch Verfügung von Todes wegen abdingbar sind.[216] Im Wege der Auslegung des Testaments nach den allgemeinen Regeln kann sich zwar eine abweichende Anordnung auch ergeben,[217] aber der Kautelarjurist sollte Interpretationsunwägbarkeiten durch klare Bestimmungen über die Tragung der Pflichtteilslast ausschließen.

129

Formulierungsvorschlag:

»Das Vermächtniskürzungsrecht (§ 2318 BGB) des Erben wird ausgeschlossen. Der Erbe hat demzufolge eine eventuelle Pflichtteilslast alleine zu tragen.«

### d) Wertermittlung

Der Pflichtteil errechnet sich gem § 2311 aus dem Netto-Nachlass-Wert (also Nachlassaktiva nach Abzug sämtlicher Nachlassverbindlichkeiten wie Erblasserschulden und Erbfallschulden − § 1967 Abs 2 −, also insbesondere Erbschaftsverwaltungsschulden, Voraus gem § 2311 Abs 1 S 2[218] und Anspruch des überleben-

130

---

**213** BGH DRiZ 1969, 281; BayObLGZ 1980, 421, 427; allg OECHSLER AcP 200, 603, 612 ff; KLINGELHÖFER ZEV 1998, 121.
**214** PALANDT-EDENHOFER § 2317 RdNr 2; ERMAN-SCHLÜTER § 2317 RdNr 2.
**215** Hierzu SCHLITT ZEV 1998, 216 ff. § 2318 schützt jedoch nicht den Pflichtteilsberechtigten gegen Vermächtnisse, die in seinen

Pflichtteil eingreifen; hier hilft nur § 2306 Abs 1 S 2 (TANCK ZEV 1998, 132) (sog taktische Ausschlagung).
**216** hM, SOERGEL-DIECKMANN § 2324 RdNr 1; aA RGRK-JOHANNSEN § 2318 Anm 57.
**217** BGH WP 1981, 337; MünchKomm-FRANK § 2324 RdNr 3.
**218** OLG Naumburg FamRZ 2001, 1406.

den Ehegatten auf den Zugewinnausgleich im Zeitpunkt des Erbfalles). Nicht abziehbar sind die dem Pflichtteilsanspruch gleich- oder nachrangigen Verbindlichkeiten (andere Pflichtteilsansprüche, Vermächtnisse, Auflagen, Erbersatzansprüche (vgl § 327 Abs 1 Nr 2 InsO, § 1992), ferner die konkrete Erbschaftsteuerschuld, die Teilungskosten, Kosten der Testamentseröffnung und Kosten der Testamentsvollstreckung).[219]

**131** Maßgebend ist der **gemeine Wert** (Ausnahme: Ertragswert gem § 2312). Wertbestimmungen des Erblassers sind unerheblich (§ 2311 Abs 2, Ausnahme: Ertragswertanordnung gem § 2312), können aber im Hinblick auf Teilungsanordnung oder (Voraus-) Vermächtnis relevant sein.[220]

**132** Unter »gemeinem Wert« ist grundsätzlich der **Verkehrswert** (Verkaufswert) zu verstehen.[221] Aber dieser ist häufig sehr schwer zu ermitteln. Das BGB bestimmt keine Wertermittlungs- oder Wertfeststellungsmethoden. So obliegt letztlich die Entscheidung über den Nachlasswert häufig den Gerichten, welchen im Bereich der notwendigen Schätzungen zwingend ein Beurteilungsspielraum zusteht.[222] Bei der Schätzung des Grundstückswertes ist die Wertermittlungsverordnung v 6. 12. 1988 zu beachten,[223] sofern nicht der Verkaufserlös maßgebend ist (bei Veräußerung alsbald nach dem Erbfall).[224]

**133** **GmbH-Anteile** haben den Wert, den ein Dritter unter üblichen Bedingungen als Kaufpreis zahlen würde.[225] Grundsätzlich ist also nicht der Buchwert, sondern eine Kombination aus Substanz- und Ertragswert heranzuziehen.[226] Der Liquidationswert ist idR die unterste Grenze der Bewertung.[227]

**134** Bei **Personengesellschaftsbeteiligungen** ist ebenfalls **nicht** der **Buchwert** maßgebend,[228] auch dann, wenn eine Buchwertabfindungsklausel vorliegt. Allerdings tendierte die ältere Rechtsprechung zu Kompromisslösungen (Abfindung zum Vollwert, jedoch gekürzt um einen Abschlag für gesellschaftsvertragliche Risiken).[229] Nach der neueren Rechtsprechung des BGH[230] zum Ausscheiden eines Gesellschafters erfolgt bei Buchwertklauseln eine Anpassung nach Treu und Glauben.[231] Im Prinzip gehört die Berechnung des Anteilswertes, gleich ob bei GmbH oder oHG/KG, zu den unsichersten Bereichen im Erbrecht.[232]

### 2. Ausschlagung, Anfechtung, Pflichtteil

**135** Obwohl gesetzlich klar geregelt, bestehen in der Praxis bisweilen falsche Rechtsansichten über das Verhältnis zwischen Ausschlagung und Pflichtteilsverlangen. Es müssen hier folgende Fallgestaltungen unterschieden werden:

---

[219] MünchKomm-FRANK § 2311 RdNr 9 ff; PALANDT-EDENHOFER § 2311 RdNr 7.
[220] SOERGEL-DIECKMANN § 2311 RdNr 4.
[221] BGHZ 14, 376; OLG Düsseldorf ZEV 1994, 361.
[222] MAYER ZEV 1994, 331; KERSCHER-TANCK, 76 ff.
[223] SOERGEL-DIECKMANN § 2311 RdNr 33.
[224] BGH ZEV 1994, 361; KERSCHER-TANCK S 77.
[225] EBELING GmbHR 1976, 153; allg für die AG: BayObLG NJW-RR 1996, 1125.
[226] Vgl hierzu BGH NJW 1982, 57; BGH NJW 1973, 509; ZEHNER DB 1981, 2109; REIMANN DNotZ 1992, 473; ders ZEV 1994, 7.
[227] BGH NJW 1982, 2441; NJW 1982, 2497 = FamRZ 1982, 571; FamRZ 1986, 776, 779.
[228] ESCH-BAUMANN-SCHULZE ZUR WIESCHE RdNr 154 ff mwN.
[229] BGH WM 1979, 1359.
[230] BGH MittBayNot 1994, 159.
[231] Vgl dazu auch LANGE NZG 2001, 635; WANGLER DB 2001, 1763; MECKLENBRAUCK BB 2000, 2001.
[232] Vgl mwN SOERGEL-DIECKMANN § 2311 RdNr 16 ff; KERSCHER-TANCK S 78 ff.

### a) Erbeinsetzung auf einen unter der Pflichtteilsquote liegenden Bruchteil

**136** Der Erblasser setzt den Pflichtteilsberechtigten zwar zum Erben ein, jedoch nur mit einem Bruchteil, der nicht dem Pflichtteil entspricht, also niedriger ist:

**Beispiel:**

Der Erblasser setzt seine Ehefrau, mit der er in Gütertrennung lebt, und seinen Sohn zu je 1/8, die Tochter jedoch zu 6/8 zum Erben ein.

**137** Hier gewährt das Gesetz den zurückgesetzten Miterben einen schuldrechtlichen Anspruch auf Zahlung des Wertes, der zum Pflichtteilsbruchteil fehlt (§ 2305), sog **Pflichtteilsrestanspruch** oder **Zusatzpflichtteil**. Dieser Anspruch geht nur auf den Wert des Unterschiedes, beträgt also im vorgenannten Beispiel den Unterschied von 1/8 zu 1/6. Schlägt aber der Pflichtteilsberechtigte den ihm zugewandten Erbteil aus, so bewirkt dies, dass er sein Erbrecht verliert und ihm nur der Zusatzpflichtteil (hier also der Unterschied von 1/6 zu 1/8) verbleibt.[233] Diese Rechtsfolge wird allzu häufig nicht bedacht. Sie tritt allerdings dann nicht ein, wenn durch die Ausschlagung die gesetzliche Erbfolge eröffnet wird und der Ausschlagende diese Berufung annimmt (§ 1948).

**138** Nun könnte man meinen, dass derjenige, der aus »Versehen« ausgeschlagen hat, um den vollen Pflichtteil zu erhalten, seine Ausschlagungserklärung gem § 119 Abs 1 anfechten könnte. Aber es handelt sich hierbei um einen Irrtum über die Rechtsfolge der Ausschlagung, also um die unrichtige rechtliche Würdigung in Bezug auf die Nebenwirkungen der Ausschlagung und damit um einen von § 119 Abs 1 nicht erfassten Irrtum im Beweggrund.[234] Entsprechend der Rechtsprechung zum **Kalkulationsirrtum** könnte die Anfechtung allenfalls dann zulässig sein, wenn die Beweggründe offengelegt wurden, zB in der Ausschlagungserklärung. Eine Ausnahme wird, aber nur im Bereich des § 2306, wegen des »Überraschungseffekts« bei der Werttheorie zugelassen.[235]

### b) Der zugewendete Erbteil ist genauso hoch wie der Pflichtteil

**Beispiel:**

**139** Der Erblasser setzt seine Ehefrau (Gütertrennung) und den Sohn zu je 1/6, die Tochter zu 4/6 zu Miterben ein.

In diesem Fall haben die Ehefrau und der Sohn überhaupt keinen Pflichtteilsanspruch. Sie haben einen Erbteil erhalten, der ihrem Pflichtteilsbruchteil entspricht. Schlagen sie die Erbschaft aus, so kann ihnen, weil schon vorher der Pflichtteilsanspruch nicht bestand, auch durch die Ausschlagung kein Pflichtteilsanspruch erwachsen.[236] Gleichfalls kann unabhängig von der Ausschlagung auch kein Anspruch auf einen Zusatzpflichtteil bestehen, da die zugewendeten Erbteile gerade den Pflichtteilswerten entsprechen und nicht iSv § 2395 geringer als diese sind. Anders kann sich die Rechtslage beim gesetzlichen Güterstand darstellen und zwar wegen der Möglichkeit des kleinen Pflichtteils und des Ausgleichs des Zugewinns (s nachfolgend).

### c) Erbeinsetzungen unter Beschränkungen oder Beschwerungen

**140** Der Erblasser setzt den Pflichtteilsberechtigten zwar zum Erben ein, belastet ihn jedoch mit Beschränkungen und Beschwerungen (bspw Einsetzung eines Nach-

---

**233** BGH NJW 1973, 995; BGH DNotZ 1974, 597.
**234** BayOLGZ 1995, 120, 127 = NJW-RR 1995, 904; aA OLG Hamm MDR 1981, 1017.
**235** MAROTZKE AcP 191, 573; OLG Hamm OLGZ 192, 41 = Rpfleger 1983, 402; kritisch J MAYER, Der Rechtsirrtum, 1989, S 197.
**236** BGH NJW 1958, 1966.

erben, Ernennung eines Testamentsvollstreckers oder Teilungsanordnung, Vermächtnisse oder Auflagen). Hier muss unterschieden werden:

### aa) Erbteilsquote nicht über dem halben gesetzlichen Erbteil

**141** Übersteigt der zugewendete Erbteil den Pflichtteilsanspruch (»Hälfte des gesetzlichen Erbteils«) nicht, so gelten alle Beschränkungen und Beschwerungen als nicht angeordnet (§ 2306 Abs 1 S 1) und sind somit unwirksam. Die Frage, was unter der »Hälfte des gesetzlichen Erbteils« iSd § 2306 Abs 1 zu verstehen ist, ist umstritten. Nach der »**Quotentheorie**« kommt es nur auf die halbe gesetzliche Erbteilsquote, also auf die numerische Bruchteilsgröße an.[237] Demgegenüber ist nach der »**Werttheorie**« der Pflichtteilsbetrag maßgebend, bei dessen Berechnung auch Werte heranzuziehen sind, die nicht im Nachlass enthalten sind, aber bei der konkreten Pflichtteilsberechnung herangezogen werden (wie bei Anrechnung, § 2315 und Ausgleichung, § 2316, nicht aber Pflichtteilsergänzungsansprüche, § 2325).[238] Nach neuerer Rechtsprechung des OLG Celle[239] soll die Werttheorie nur greifen, wenn der Pflichtteilsberechtigte selbst zum Erben (höchstens der Pflichtteilsquote) eingesetzt und zur Anrechnung oder Ausgleichung verpflichtet ist. Vorempfänge wirken sich damit immer nur zu Lasten des Pflichtteilsberechtigten aus. Zusätzlich zum dann gem § 2306 Abs 1 S 1 unbeschwerten Erbteil steht dem Erben der Zusatzpflichtteil nach § 2305 zu. Im Falle der Ausschlagung gelten dieselben Folgen wie unter a) ausgeführt. Für die Gestaltung einer Verfügung von Todes wegen ist diese zwingende Vermutung zu berücksichtigen. Sinn macht eine solche Erbeinsetzung nur, wenn ein Pflichtteilsverzicht des Berufenen vorliegt.

### bb) Erbquote über Pflichtteilsquote

**142** Übersteigt der zugewendete Erbteil die Pflichtteilsquote, sind jedoch Beschränkungen und Beschwerungen angeordnet, dann hat der Betreffende ein Wahlrecht, ob er den höheren Erbteil mit den Beschränkungen und Beschwerungen annehmen will oder ob er die Zuwendung ausschlägt und dann den unbeschränkten und unbeschwerten (Geld-) Pflichtteil fordert (§ 2306 Abs 1 S 2).

### cc) Vermächtniszuwendung

**143** Gänzlich anders stellt sich die Rechtslage dar, wenn einem Pflichtteilsberechtigten nur ein Vermächtnis zugewendet wird. Hier hat der Pflichtteilsberechtigte stets die Wahl, ob er das Vermächtnis annehmen oder ausschlagen möchte, mag es wertvoll oder geringwertig sein, mag es beschränkt sein oder nicht, mag es den Wert des Pflichtteils übersteigen oder nicht (§ 2307 Abs 1 S 1). Schlägt nun der Pflichtteilsberechtigte das Vermächtnis aus, dann erhält er den unbeschränkten und unbeschwerten Pflichtteilsanspruch. Nimmt er das Vermächtnis an, so hat, wenn das Vermächtnis niedriger als der Pflichtteil ist, der Vermächtnisnehmer bis zur Höhe des Wertes seines Pflichtteils einen Zusatzpflichtteilsanspruch (§ 2307 Abs 1 S 2). In diesem Falle bleiben bei der Wertermittlung des Vermächtnisses alle darauf lastenden Beschränkungen und Beschwerungen außer Betracht (§ 2306 Abs 1 S 2 2. HS).[240]

### dd) Erbeinsetzung und zusätzliches Vermächtnis

**144** Denkbar sind auch Fälle, in denen der Pflichtteilsberechtigte sowohl Erbe als auch Vermächtnisnehmer wird:

---

[237] OLG Stuttgart NJW 1959, 173; OLG Köln ZEV 1997, 298; NATTER JZ 1955, 138.
[238] Ausführlich STAUDINGER-HAAS § 2306 RdNr 8 ff mwN.
[239] OLG Celle ZEV 1996, 307 ff.
[240] Zu Problemen bei bedingten Vermächtnissen s § 2269 RdNr 78 ff.

**Beispiel:**

Die Witwe A ist neben drei gemeinschaftlichen Kindern bei Gütertrennung zur Erbin von 1/16 eingesetzt und erhält dazu ein Vermächtnis von 10.000,00 €. Der Gesamtnachlass ist 100.000,00 €. Für das Vermächtnis sind die Kinder zu Nachvermächtnisnehmern eingesetzt, außerdem ist Testamentsvollstreckung angeordnet.

Hier kann die Witwe den Pflichtteilsrestanspruch mit dem Ziel der Aufstockung auf 1/8 verlangen, muss dann aber die Erbschaft annehmen und das Vermächtnis ausschlagen. Insoweit wird auch die Testamentsvollstreckung gestrichen und die Belastung mit dem Nachvermächtnis entfällt (§§ 2305, 2306, Grundsatz der Gesamtaddition Erbteil und Pflichtteil).

Überschreiten Erbteil und Vermächtnis zusammen den Pflichtteil (was im obigen Beispiel der Fall ist), der Erbteil ist jedoch mit Testamentsvollstreckung beschränkt und beim Vermächtnis ist ein Untervermächtnis angeordnet, dann muss sich die Witwe entscheiden, ob sie nach § 2306 Abs 1 S 2 das Ganze mit Beschränkung und Beschwerung annehmen will oder ob sie beides ausschlagen und den (vollen) Pflichtteil fordern möchte.

Schließlich kann die Witwe den Erbteil ausschlagen und das Vermächtnis annehmen. Sie hat den Anspruch auf den Pflichtteilsrestanspruch nach § 2307 Abs 1 S 2; dabei wird jedoch die Beschränkung mit dem Untervermächtnis nicht berücksichtigt (§ 2307 Abs 1 S 2 2. HS). Die Witwe kann nur den Wertunterschied zwischen 1/10 und 1/8 verlangen.

Erreichen Erbteil und Vermächtnis nicht den Pflichtteil, so bleiben die folgenden Möglichkeiten:

– Annahme der Erbschaft und voller Pflichtteilsrestanspruch aus § 2305 bei Ausschlagung des Vermächtnisses.
– Bei Ausschlagung der Erbschaft und Annahme des Vermächtnisses steht ihm gem §§ 2305, 2307 Abs 1 S 2 nur noch der Pflichtteilsrestanspruch (Unterschied Vermächtnis – voller Pflichtteil) zu.[241]
– Bei Annahme von Erbschaft und Vermächtnis steht ihm bis zur Hälfte des gesetzlichen Erbteils (abzüglich Erbschaft und Vermächtnis) der Pflichtteilsrestanspruch zu (§§ 2305, 2307).
– Schlägt er alles aus, verbleibt nur der Pflichtteilsrestanspruch in Höhe der Hälfte des gesetzlichen Erbteils abzüglich der tatsächlichen Erbquote (§ 2305); das Vermächtnis wird hier nicht berücksichtigt.

**d) Sonderfall: Zugewinngemeinschaft und Ausgleichsgemeinschaft**

Der Pflichtteil des überlebenden Ehegatten, der im gesetzlichen Güterstand der Zugewinngemeinschaft verheiratet war, bemisst sich nach dem gem § 1371 Abs 1 erhöhten Erbteil, wenn der Ehegatte (gleich zu welcher Quote, gleich ob gewillkürter oder gesetzlicher) Erbe oder Vermächtnisnehmer ist. Nach der herrschenden **Einheitstheorie**,[242] kann der überlebende Ehegatte, der weder Erbe noch Vermächtnisnehmer ist, ausschließlich den nicht erhöhten (kleinen) Pflichtteil fordern und daneben den evtl Anspruch auf Zugewinnausgleich geltend machen. Für die Pflichtteilsberechnung ist der Zugewinn als Nachlassverbindlichkeit vorher abzusetzen.[243] Für die Auslegung »weder Erbe noch Vermächtnisnehmer« in

---

241 BGHZ 28, 177.
242 BGH NJW 1964, 2402; BGHZ 42, 182.
243 PALANDT-EDENHOFER § 2311 RdNr 5.

§ 1371 Abs 2 ist es unbeachtlich, ob dieser Ausschluss der Verfügung des Erblassers zuzuschreiben ist oder ob der Betreffende ihn selbst durch Ausschlagung herbeigeführt hat. Ein Wahlrecht wird ihm hierbei nicht eingeräumt.

§ 10 LPartG sieht hinsichtlich des Pflichtteilsrechts eines Lebenspartners einer eingetragenen gleichgeschlechtlichen Lebenspartnerschaft eine derartige Unterscheidung zwischen großem erhöhten und nicht erhöhtem Pflichtteil nicht vor. Insoweit ordnet § 10 Abs 6 LPartG allein die grundsätzliche Pflichtteilsberechtigung eines Lebenspartners an, falls dieser durch den Erblasser durch Verfügung von Todes wegen von der Erbfolge ausgeschlossen wurde, und verweist demzufolge in § 10 Abs 6 S 2 LPartG auf das Pflichtteilsrecht des BGB.[244] Gem § 6 Abs 2 S 4 LPartG finden die Vorschriften der §§ 1371 bis 1390 auf die Ausgleichsgemeinschaft entsprechende Anwendung. Die Ausgleichsgemeinschaft ist daher der Zugewinngemeinschaft grundsätzlich wesensgleich, so dass auch bei gleichgeschlechtlichen Lebenspartnern – die im Regelvermögensstand zusammengelebt haben – der Vermögensausgleich bei Beendigung der Gemeinschaft durch den Tod durch eine pauschale Erhöhung des gesetzlichen Erbteils (§ 10 Abs 1 LPartG) entsprechend § 1371 Abs 1 S 1 erfolgt.[245] Die Ausführungen zur Zugewinngemeinschaft im Folgenden gelten daher auch für die Ausgleichsgemeinschaft nach § 6 Abs 2 LPartG, da hier insbesondere auch § 1371 Abs 2 und 3 entsprechend anwendbar ist.[246]

Der Sonderfall Zugewinngemeinschaft bzw Ausgleichsgemeinschaft führt zu folgenden Ergebnissen:[247]

### aa) Einsetzung unter dem »großen Pflichtteil«

**147** Ist der **Erbteil** des überlebenden Ehegatten **geringer** als der sich aus §§ 1931, 1371 Abs 1, 2303 Abs 1 S 2 ergebende (große) Pflichtteil, so hat der überlebende Ehegatte einen Pflichtteilsrestanspruch gem § 2305 bis zum großen Pflichtteil.

Schlägt der Ehegatte das Erbe aus, dann steht ihm nach § 1371 Abs 3 der Anspruch auf den nicht erhöhten kleinen Pflichtteil und gem § 1371 Abs 2 der Anspruch auf Ausgleich des Zugewinns zu.[248]

**148** Ist der Ehegatte zur Hälfte des gesetzlichen Erbteils nach §§ 1931, 1371 Abs 1 oder mit weniger bedacht und sind Belastungen angeordnet (§ 2306 Abs 1 S 1), so steht ihm ebenfalls der Pflichtteilsrestanspruch bis zur Höhe des großen Pflichtteils zu. Die Beschwerungen gelten als nicht angeordnet. Der überlebende Ehegatte kann auch hier ausschlagen und neben der Zugewinnausgleichsforderung den kleinen Pflichtteil verlangen (§ 1371 Abs 3 und 2).

**149** Wird der Ehegatte **Vermächtnisnehmer** und schlägt er das Vermächtnis nicht aus (§ 2307 Abs 1 S 2), so kann er Ergänzung zum großen Pflichtteil verlangen oder ausschlagen und den kleinen Pflichtteil zuzüglich des Zugewinnausgleichs verlangen (§§ 2307 Abs 1 S 1, 1371 Abs 2).

---

[244] LEIPOLD ZEV 2001, 218, 221; einschränkend MAYER ZEV 2001, 169, 172 f.
[245] SCHWAB FamRZ 2001, 395 f; PALANDT-BRUDERMÜLLER § 10 LPartG RdNr 1.
[246] PALANDT-BRUDERMÜLLER § 10 LPartG RdNr 4; vgl zu den (unlösbaren) erbrechtlichen Problemen bezüglich der Berechnung von Erbquoten und der Pflichtteilsansprüche bei der de lege lata existierenden Möglichkeit einer gleichzeitig bestehenden Ehe und Lebenspartnerschaft: EUE FamRZ 2001, 1196.
[247] Sa KERSCHER-TANCK, aaO RdNr 89 ff, vor allem zur sog »taktischen Ausschlagung«.
[248] Zur Zweckmäßigkeit der Ausschlagung vgl die Nieder'sche Formel, NIEDER, aaO RdNr 22 ff, die zum Ergebnis führt, dass güterrechtliche Lösung nur bei Abkömmlingen sinnvoll ist.

### bb) Vollständige Enterbung oder Ausschlagung

Wird der überlebende Ehegatte voll übergangen oder schlägt er aus, obwohl der hinterlassene Erbteil größer ist als der (große) Pflichtteil (§ 2306 Abs 1 S 2) oder weil er nur mit einem Vermächtnis bedacht wurde (§ 2307 Abs 1 S 1), so erhält der überlebende Ehegatte gem § 1371 Abs 2 2. HS nur den kleinen Pflichtteil; daneben kann er den tatsächlichen Zugewinnausgleich verlangen (§ 1371 Abs 2 1. HS und Abs 3). Im Falle des § 2307 Abs 1 S 1 greift also die **güterrechtliche Lösung** ein, weil der überlebende Ehegatte infolge der Ausschlagung nicht Vermächtnisnehmer wird. Hat der Ehegatte ausgeschlagen, steht ihm nicht noch ein weiteres Wahlrecht zwischen der güterrechtlichen Lösung und dem großen Pflichtteil ohne Zugewinnausgleich zu.

150

### cc) Zuwendung eines Vermächtnisses

Hat der Erblasser den überlebenden Ehegatten enterbt, so erhält dieser nur gem § 1371 Abs 2 den **kleinen Pflichtteil zuzüglich Zugewinnausgleich**. Hat hingegen der Erblasser den Ehegatten mit einem noch so geringen Vermächtnis bedacht, dann kann der überlebende Ehegatte anstelle der Ausschlagung dieses Vermächtnisses (§ 2307 Abs 1 S 1) das Vermächtnis annehmen und über § 2307 Abs 1 S 2 den Zusatzpflichtteil bis zur Höhe des großen Pflichtteils (§ 1371 Abs 1) verlangen. Ein Zugewinnausgleichsanspruch besteht daneben nicht. Damit ergibt sich die interessante Konstellation, dass der Erblasser die freie Wahl hat, ob er dem überlebenden Ehegatten den großen oder den kleinen Pflichtteil zukommen lassen will.[249] Paradox werden allerdings die Ergebnisse, wenn kein Zugewinn erzielt wird und man Vergleiche zum Erbrecht bei Gütertrennung anstellt. Bei Gütertrennung erhält neben einem Kind der Ehegatte in jedem Fall als Pflichtteil $^1/_4$, neben zwei Kindern $^1/_6$. Der enterbte Ehegatte steht also beim gesetzlichen Güterstand der Zugewinngemeinschaft schlechter, weil für ihn als kleiner Pflichtteil neben einem oder mehreren Abkömmlingen nur $^1/_8$ verbleibt.

151

### e) Die Verweisung auf den Pflichtteil

Besonders tückisch ist die Verweisung auf den Pflichtteil, wie zB: »Mein Sohn soll nur seinen Pflichtteil erhalten«. Eine solche Verweisung eines gesetzlichen Erben auf den Pflichtteil kann verschieden ausgelegt werden:

152

### aa) Einsetzung als Erbe

Nach der Auslegungsregel des § 2304 liegt im Zweifel in der Zuwendung des Pflichtteils keine Erbeinsetzung. Die Auslegungsregel des § 2304 ergänzt die allgemeine Auslegungsregel des § 2087. Sie ist widerlegbar, wobei es auch darauf ankommt, ob das Testament von einem Rechtskundigen oder einem Unkundigen stammt.[250]

153

### bb) Pflichtteilsvermächtnis

Beinhaltet die Klausel keine Erbeinsetzung, kann die Zuwendung jedoch als Vermächtnis aufgefasst werden. Mit der **Auslegung** ist zu prüfen, ob der Erblasser einen Vermögensvorteil zuwenden wollte (§ 1939, dann Vermächtnis) oder ob er nur auf das gesetzliche Pflichtteilsrecht hingewiesen hat, sodass der Berechtigte eben nur kraft der zwingenden Bestimmungen des BGB seinen Anspruch geltend machen kann.

154

---

**249** In der Praxis sollte daher, um die Ausschlagung zu »vermeiden«, bei hohem Zugewinn dem überlebenden Ehegatten ein für ihn wichtiges Vermächtnis eingeräumt werden (zB Wohnungsrecht oder Nießbrauch am gemeinsam genutzten Haus).
**250** PALANDT-EDENHOFER § 2304 RdNr 2.

**155** Der Unterschied zwischen Vermächtnis und Hinweis auf den gesetzlichen Anspruch ist von nicht unerheblicher Bedeutung, vor allem im Hinblick auf § 2307 und auf die Verjährung gem §§ 197 Abs 1 Nr 2 nF, 200 S 1 nF, 2332:[251] Beim Vermächtnis 30 Jahre, beim Pflichtteil drei Jahre. In Bezug auf die Ausschlagung (der Pflichtteilsanspruch selbst kann nur erlassen werden) und schließlich beim gesetzlichen Güterstand ist § 1371 Abs 4 zu beachten (Stiefabkömmlinge haben nur dann einen Anspruch auf Ausbildungskosten gegen den überlebenden Ehegatten, wenn sie nicht testamentarisch eingesetzt sind).[252]

#### cc) Enterbung

**156** Schließlich kann die Verweisung eines gesetzlichen Erben auf den Pflichtteil auch den selbständigen Ausschluss des Betreffenden von der Erbfolge bedeuten.[253]

Dies hat vor allem dann Bedeutung, wenn der oder die Erben ausschlagen: Wegen der Teilwirksamkeitsregel des § 2085 bleibt dann die Enterbungsbestimmung bestehen; bei einem bloßen Verweis auf die bestehende Gesetzeslage ohne eigenen Verfügungscharakter würde bei Wegfall der Verfügung durch Ausschlagung der Pflichtteilsberechtigte kraft Gesetzes Erbe (Miterbe) werden können.

Die **schwierige Auslegung**, was gewollt war, erfolgt nach den allgemeinen Grundsätzen unter Heranziehung aller zugänglichen Umstände, auch solcher außerhalb der Testamentsurkunde und unter Beachtung des im Erbrecht geltenden Formzwangs iSd Andeutungstheorie. Im Falle der ausdrücklichen Enterbung ist ferner zu prüfen, ob diese von der Wirksamkeit der anderen Verfügungen abhängig sein sollte.[254]

#### dd) Zugewinngemeinschaft

**157** Ferner ist auch noch auf die Besonderheiten des § 1371 Abs 1 hinzuweisen. Soweit es sich bei der Pflichtteilsverweisung bezüglich des überlebenden Ehegatten um ein Vermächtnis handelt, ist fraglich, in welcher Höhe (großer Pflichtteil oder kleiner Pflichtteil) es zugewendet worden ist. Regeltypus ist hier der Pflichtteil, wie er sich ohne die Erhöhung nach § 1931 Abs 3 iVm § 1371 Abs 1 darstellt, also der sog kleine Pflichtteil.

### 3. Der Pflichtteilsergänzungsanspruch

#### a) Allgemeines

**158** Der Pflichtteilsergänzungsanspruch gem §§ 2325 bis 2332 stellt einen zeitlich begrenzten Schutz der Pflichtteilsberechtigten dagegen dar, dass der Erblasser durch Schenkungen sein Vermögen und damit den Nachlass schmälert. Der Ergänzungsanspruch gem § 2325 steht als **selbständiger Anspruch neben dem Pflichtteilsanspruch**.[255] Maßgebend ist nicht, ob der Pflichtteilsberechtigte tatsächlich einen Pflichtteilsanspruch hat oder nicht, sondern vielmehr, ob er abstrakt zum Kreis der Pflichtteilsberechtigten gem § 2303 zählt. So steht der Ergänzungsanspruch auch dann einem Pflichtteilsberechtigten zu, wenn dieser die Erbschaft ausgeschlagen hat.[256]

Der Anspruch richtet sich gegen den Erben (Nachlassverbindlichkeit). Der Beschenkte darf gem § 2329 Abs 1 dann selbst in Anspruch genommen werden, wenn der Erbe selbst nicht haftbar gemacht werden kann.

---

[251] Vgl §§ 195, 198 BGB aF.
[252] PALANDT-BRUDERMÜLLER § 1371 RdNr 7.
[253] STAUDINGER-OTTE § 2085 RdNr 8.
[254] Hierzu OLG Zweibrücken NJW 1997, 12.
[255] BGH NJW 1973, 995; BGHZ 103, 333.
[256] PALANDT-EDENHOFER § 2325 RdNr 4 mwN.

### b) Kreis der Ergänzungsanspruchsberechtigten

Nach der Rechtsprechung des BGH[257] musste im **Zeitpunkt der Schenkung** der Pflichtteilsberechtigte bereits zum Kreis der Anspruchsinhaber gezählt haben; das Rechtsverhältnis, aus dem die Pflichtteilsberechtigung folgt, hat also sowohl im Zuwendungszeitpunkt als auch beim Ableben zu bestehen. Die hM[258] kritisiert diese nicht unmittelbar vom Wortlaut des § 2325 gedeckte Ansicht und stellt alleine auf die konkrete Pflichtteilsberechtigung im Erbfall ab. Sie verdient den Vorzug: Denn Sinn des Ergänzungsanspruchs ist es, den Berechtigten generell vor einer Verkürzung seines Pflichtteils zu bewahren. 159

### c) Schenkung

Der Ergänzungsanspruch erfasst vom Wortlaut her nur Schenkungen, nicht sonstige Zuwendungen und »Anstandsschenkungen« gem § 2330. Die Schenkung muss aus dem Vermögen des Erblassers stammen. Von § 2325 werden auch Schenkungen erfasst, die ein nach dem 3. 10. 1990 verstorbener Erblasser vor der Einigung Deutschlands unter Geltung des ZGB der ehemaligen DDR vorgenommen hat, obwohl das DDR-ZGB selbst keine Pflichtteilsergänzung kannte.[259] 160

Der **Schenkungsbegriff** entspricht grundsätzlich dem des § 516 Abs 1, wobei sich die Einigung über die Unentgeltlichkeit auch auf nur einen Teil der Zuwendung beziehen kann. Insoweit ist bei den gemischten Schenkungen nur der unentgeltliche Teil heranzuziehen.[260] 161

Die **Abgrenzung** zwischen gemischter Schenkung und Schenkung unter Auflage (§ 525) ist schwierig und umstritten vor allem, ob die auferlegte Leistung bei der Ermittlung der Höhe des Pflichtteilsergänzungsanspruches den Ergänzungswert reduziert. Der BGH[261] differenziert zwischen gemischter Schenkung und Schenkung unter Auflage im Hinblick auf den Pflichtteilsergänzungsanspruch nicht und lässt den Abzug der auferlegten Gegenleistungen im Hinblick auf § 2325 zu.[262] 162

Die **Ausstattung** gem § 1624 Abs 1 ist nur insoweit Schenkung, als sie das den Vermögensverhältnissen des Zuwendenden entsprechende Maß im Zeitpunkt des Versprechens übersteigt. Die meisten **Übergabeverträge** stellen eine gemischte Schenkung dar.[263] Hierbei sind die Bewertungen der Beteiligten grundsätzlich anzuerkennen, soweit sie in einem vernünftigen Rahmen[264] bleiben. Lediglich willkürliche Bemessungen werden nicht anerkannt.[265] Die **unbenannte (ehebedingte) Zuwendung** ist nach der neueren Rspr des BGH im Erbrecht grundsätzlich – unabhängig von der subjektiven Einordnung der Eheleute – als Schenkung zu behandeln.[266] Eine Ausnahme gilt nur dann, wenn die Zuwendung der Zukunftssicherung des Empfängers dient oder unterhaltsrechtlich geboten ist. Ab- 163

---

[257] BGHZ 59, 210 ff; BGH ZEV 1997, 373 m abl Anm OTTE ZEV 1997, 375.
[258] MünchKomm-FRANK § 2325 RdNr 6; REINICKE NJW 1973, 597; EBENROTH RdNr 979; LANGE-KUCHINKE § 39 IX 2 c; TIEDTKE DNotZ 1998, 85; KELLER ZEV 2000, 268.
[259] BGH NJW 2001, 2398.
[260] BGHZ 59, 132; zum Problem der subjektiven Äquivalenz: KERSCHER-TANCK S 122 f mwN; J MAYER DNotZ 1996, 604, 612 f; s Erl zu § 2287 RdNr 17, 19 ff.
[261] BGH ZEV 1996, 186.
[262] Zum Folgeproblem, wie die Auflage konkret zu bewerten ist, s KERSCHER-TANCK S 124 f.
[263] BGH NJW 1964, 1323; NJW 1975, 1832; anders zumindest bei Pflegeversicherungen BGHZ 3, 206, 211; 107, 156 = DNotZ 1989, 775.
[264] BGH NJW 1961, 604.
[265] BGH NJW 1961, 604; zum Bewertungskomplex vor allem NIEDER RdNr 139 ff; s Erl zu § 2287 RdNr 19 ff.
[266] BGHZ 116, 167; OLG Düsseldorf FamRZ 1997, 1110.

gestellt wird mithin – abweichend vom Schenkungsbegriff – auf die »objektive Unentgeltlichkeit«.[267] Die BGH-Rechtsprechung wird in der Literatur zum Teil heftig kritisiert.[268]

Die Bewertung erfolgt nach § 2325 Abs 2: Alle verbrauchbaren Sachen werden stets mit dem Wert im Zeitpunkt der Schenkung angesetzt. Bei Grundstücken gilt nach der BGH-Rspr das **Niederstwertprinzip,** wonach bei divergierenden Werten zwischen dem Zeitpunkt der Schenkung und dem Erbfall der niedrigere Wert anzusetzen ist, allerdings korrigiert um den Kaufkraftschwund.[269]

**164** Erfolgt die Schenkung einer Immobilie unter (vollem) **Nießbrauchsvorbehalt** und ist der (niedrigere) Wert bei der Schenkung maßgebend, so besteht Ergänzungspflicht nur, aber ungeachtet der 10-Jahresfrist insoweit, als der Grundstückswert im Zeitpunkt der Zuwendung den Wert des dem Erblasser verbliebenen Nießbrauches übersteigt.[270] Nach welchen Parametern die Kapitalisierung des Nießbrauches zu erfolgen hat, wird jedoch vom BGH nicht präzisiert. In Frage kommt die Bewertung nach der Allgemeinen Sterbetafel, nach § 14 Abs 1 BewG oder nach der konkreten Nießbrauchsdauer. Letztere kommt sicher dann in Betracht, wenn der Nießbrauch durch ganze oder teilweise rechtsgeschäftliche Aufgabe erlischt. Bei Beendigung durch Tod indes ist mit der hM die abstrakte Berechnung anzustellen.[271] Und hier spricht die Auslegung der BGH-Rspr dafür, die Kapitalisierung nach der statistischen Lebenserwartung des Erblassers im Zeitpunkt der Zuwendung zu ermitteln (»Sterbetafel«) und unter Zugrundelegung des durchschnittlichen »Reinertrags« des konkreten Nießbrauchs unter Berücksichtigung einer evtl Abzinsung so den Abzugsposten »Nießbrauch« zu errechnen. Allerdings ist die ex-ante-Betrachtung dann nicht anzustellen, wenn im konkreten Einzelfall aufgrund spezieller Gegebenheiten von vorne herein eine kürzere Lebenserwartung des Schenkers als wahrscheinlich anzusehen ist (zB bei bekannter schwerer Erkrankung im Zuwendungszeitpunkt).[272] Große Unterschiede macht es nicht, ob die Berechnung nach der aktuellen Sterbetafel oder über die Tabelle nach § 14 Abs 2 BewG erfolgt. Dies belegt eine

**Beispielsrechnung:**

**165** (I.) Vorgaben
Abstrakte Berechnung nach den Grundsätzen des Bewertungsgesetzes (BewG)
Wert der geschenkten Immobilie im Zeitpunkt der
Schenkung (inflationsbereinigt)     250.000,00 €
Alter des männlichen Schenkers zum Zeitpunkt
der Schenkung 50 Jahre
Angenommener Jahreswert der Nutzung     10.000,00 €.

**166** (II.) Berechnung nach BewG
1. Maßgeblicher Vervielfältiger nach § 14 Abs 1 BewG iVm
    Anlage 9     12,961

---

[267] BGHZ 116, 167; KOLLHOSSER NJW 94, 2313.
[268] KLINGELHÖFFER RdNr 348 ff; KERSCHER-TANCK 126 ff mwN; HAYLER DNotZ 2000, 681, 683 ff.
[269] BGHZ 65, 75; hierzu ausführlich J MAYER, Der Übergabevertrag, RdNr 161 ff.

[270] BGHZ 118, 49 ff; BGH ZEV 1994, 233.
[271] AA PALANDT-EDENHOFER § 2325 RdNr 20.
[272] BGHZ 65, 75; OLG Köln OLG Report 1997, 79 = FamRZ 1997, 1437; REIFF ZEV 1998, 247 mwN.

2. Abstrakter Wert der vorbehaltenen Nutzung
10.000,00 € × 12,961 =                                                       129.610,00 €
3. Maßgeblicher Wert der Schenkung                                           120.390,00 €.

(III.) Berechnungsvergleich **167**
Berechnungsvergleich nach finanzmathematischen Grundsätzen (Tabelle DATEV 1998, 360) unter Zugrundelegung der allgemeinen Sterbetafel 1986/88 des Statistischen Bundesamtes für die Bundesrepublik Deutschland; Zinsfuß 5,5 %).
Kapitalisierter Wert der Nutzung:
(20:12) × 78.657,50 € =                                                      131.095,83 €.
Wert der Schenkung:                                                          118.904,17 €.

(IV.) Anmerkungen **168**
1. Maximal denkbarer Abzug nach den Grundsätzen des Bewertungsgesetzes (Alter des weiblichen Schenkers 0 Jahre)
10.000,00 € × 18,136 =                                                       181.360,00 €.
2. Das Bewertungsgesetz geht von einer Verzinsung von 5,5 % aus (§ 15 Abs 1 BewG); dieser Wert liegt den Tabellen der Anlage zugrunde.
3. Die Ermittlung des Jahreswerts der Nutzung hat nach § 15 Abs 3 BewG zu erfolgen:
»Bei Nutzungen oder Leistungen, die in ihrem Betrag ungewiss sind oder schwanken, ist als Jahreswert der Betrag zugrunde zu legen, der in Zukunft im Durchschnitt der Jahre voraussichtlich erzielt werden wird.«
In der Praxis der Steuerverwaltung wird bei Ermittlung der Erbschaftsteuer ein Durchschnittswert aus 2–3 Jahren im Bereich des Zeitpunkts der Schenkung zugrunde gelegt.

**Ergebnis:**
Es ergeben sich zwischen beiden Berechnungsmethoden keine erheblichen Unterschiede. **169**

Jedenfalls eröffnet die Rspr des BGH keine sicheren neuen kautelarjuristischen Gestaltungsmöglichkeiten, um den Schutzzweck der Pflichtteilsergänzung zu umgehen. Der kapitalisierte Nießbrauchswert wird als Abzugsposten nur berücksichtigt, wenn nach dem Niederstwertprinzip der Zuwendungszeitpunkt maßgeblich ist.

Hierin liegt ein erhebliches Gefahrenpotential:

Sinkt der Wert des geschenkten Gegenstandes bis zum Erbfall, unterliegt er in voller Höhe der Pflichtteilsergänzung. In der Beratung gilt es deshalb eventuelle Fehlvorstellungen der Beteiligten auszuräumen.

§ 2325 Abs 3 bestimmt eine zeitliche Schranke, eine **Ausschlussfrist** für die Berücksichtigung der Schenkung. Der Streit um die Frage, ab wann die Ausschlussfrist zu laufen beginnt, ist durch die jüngere Rspr des BGH weitgehend entschieden.[273] Danach kommt es auf die wirtschaftliche Ausgliederung des Geschenks aus dem Vermögen des Erblassers an.[274] Bei **Grundstücksschenkungen** beginnt die Frist erst mit dem **Grundbuchvollzug**,[275] bei beweglichen Sachen erst mit **170**

---

**273** BGH NJW 1988, 139; BGH NJW 1988, 921.
**274** BGHZ 98, 226 = DNotZ 1987, 319 m Anm NIEDER = NJW 1987, 122.
**275** BGH NJW 1970, 941; BGHZ 102, 289 = NJW 1988, 821 = DNotZ 1988, 44; kritisch BEHMER FamRZ 1999, 1254.

dem Eigentumsübergang. Anders hingegen ist offensichtlich die Rspr zum Beginn der 10-Jahresfrist im § 529 Abs 1: hier genügt, wenn der Schenker alles getan hat, was er für den Vollzug tun muss.[276]

**171** Bei der Schenkung unter vollem **Nießbrauchsvorbehalt** wird nach Ansicht des BGH der »Genuss« des verschenkten Gegenstandes nicht im Zeitpunkt des grundbuchamtlichen Vollzugs der Eigentumsumschreibung aufgegeben, sondern erst mit Beendigung des Nießbrauchs. Aus diesem Grund soll eine »Leistung« iSd § 2325 Abs 3 erst dann vorliegen, wenn der Erblasser endgültig darauf verzichten, den verschenkten Gegenstand im Wesentlichen weiterhin zu nutzen (Aufgabe des Nießbrauchs, im Regelfall also der Erbfall).[277]

Nach einer nicht unbeachtlichen Gegenauffassung soll der Nießbrauchsvorbehalt (beginnend mit Eintragung des Beschenkten im Grundbuch) gleichwohl den Lauf der 10-Jahresfrist nicht hindern.[278] Nach dieser Ansicht ist der Wertzuwachs beim Beschenkten in den letzten 10 Jahren vor dem Erbfall ergänzungspflichtig.

**172** Noch ungeklärt ist, was – folgt man der Rspr des BGH – unter »**Genuss**« des verschenkten Gegenstandes zu verstehen ist. Die vom BGH als maßgeblich erachtete wirtschaftliche Betrachtungsweise führt dazu, dass bei Übertragung eines Hausgrundstücks oder einer Eigentumswohnung bei einem vorbehaltenen umfassenden Wohnungsrecht, das nur unwesentliche Nutzungen dem Eigentümer belässt, nicht von einer »Leistung« iS des § 2325 Abs 3 1. HS gesprochen werden kann. Anders hingegen wird die Rechtslage zu beurteilen sein, wenn das Wohnungsrecht wirklich nur einen Teil des Gesamtobjekts umfasst[279] oder ein Quotennießbrauch von weniger als 50 % eingeräumt wird, sodass hier nicht unerhebliche Teile der Nutzungsmöglichkeiten beim Erwerber (Eigentümer) verbleiben.[280] Bei Schenkung gegen Leibrente ist die »Leistung« mit Aufgabe der Eigentümerstellung (Eigentumsumschreibung) erfolgt.[281]

Soweit bestimmte Rückforderungsrechte für den Veräußerer vereinbart sind, werden diese (allein) den Fristbeginn nicht hindern. Problematisch und (noch) ungeklärt ist die Rechtslage bei völlig freiem Widerrufsrecht oder/und bei einer sehr weitgehenden Belastungsvollmacht für den Veräußerer.[282]

**173** Bei **Ehegattenschenkungen** ist vor allem § 2325 Abs 3 HS 2 zu beachten. Hier beginnt die Frist erst mit Eheauflösung. Die Bestimmung ist nicht mehr zeitgerecht. Die gesetzgeberischen Motive, dass bei Schenkungen unter Ehegatten stets der Verdacht einer Benachteiligungsabsicht nahe liegen könne,[283] sind sachfremd. Allerdings hat das Bundesverfassungsgericht[284] die Regelung als verfassungskonform (kein Verstoß gegen Art 3 Abs 1, 6 Abs 1 GG) bestätigt. Eine analoge An-

---

[276] BGH NJW 1970, 941; BGHZ 102, 289 = NJW 1988, 821 = DNotZ 1988, 441; BGH ZEV 2000, 111 mit Anm PUTZO.
[277] BGHZ 125, 395; BGH NJW 1994, 1791 = ZEV 1994, 23; hierzu MEYDING ZEV 1994, 202; LEIPOLD JZ 1994, 1021; SIEMANN DNotZ 1994, 787; REIF NJW 1995, 1136; PENTZ FamRZ 1997, 724.
[278] Vor allem REIFF, Die Dogmatik der Schenkung unter Nießbrauchsvorbehalt, 1989, 150 f; ders ZEV 1998, 241; STAUDINGER-FRANK Vorbem zu § 1030 RdNr 80; wohl auch SOERGEL-DIECKMANN § 2325 RdNr 39.
[279] LG Münster MittBayNot 1997, 113.
[280] MEYDING ZEV 1994, 204.
[281] MAYER ZEV 1994, 325; HEINRICH MittRhNotK 1995, 157; WEGMANN MittBayNot 1994, 307.
[282] J MAYER (Der Übergabevertrag, RdNr 167) nimmt hier eine Anleihe beim »wirtschaftlichen Eigentum« und kommt (zutreffend) zum Ergebnis, dass bei solch weitgehenden Rechten die Frist nicht mit »Übergabe« zu laufen beginnt.
[283] Prot V 588.
[284] BVerfG NJW 1991, 217.

wendung dieser Bestimmung auf voreheliche Schenkungen an den späteren Ehegatten ist nicht zulässig.[285]

### 4. Vorsorgemaßnahmen

Ob alle Pflichtteilsregeln des BGB noch zeitgemäß sind, muss dahingestellt sein und wird auch wieder verstärkt diskutiert.[286] Die Ansicht, dass die »Fernhaltung der nächsten Sippengenossen vom Erbgut unseren Familiensinn kränkt«[287] ist wohl überholt. Eine umfassende Reform wird jedoch durch den Gesetzgeber nicht zu erwarten sein, nachdem ua das Bundesverfassungsgericht in einer aktuellen Entscheidung[288] die Regelungen der §§ 2333 ff für verfassungsgemäß befunden hat.

Immerhin gibt es beachtliche Argumente gegen die starre Beteiligung eines vom Gesetzgeber bestimmten Kreises von Begünstigten. Andere Rechtskreise (zB USA – England) lassen dem Testator völlig freien Raum und das nicht mehr geltende ZBG der früheren DDR wies einen nicht uninteressanten Weg aus dem Dilemma der Mindestbeteiligung eines eng begrenzten Adressatenkreises und der absoluten Testierfreiheit. In der Kautelarjurisprudenz spielt deshalb die Verlagerung des Vermögens in »pflichtteilsfreie« Staaten eine nicht unerhebliche Rolle.[289]

Festzuhalten ist angesichts der Situation »gesetztes Recht – Rechtsprechung«, dass beim Pflichtteilsrecht gerade im Hinblick auf

– einerseits störungsfreie Betriebsnachfolge wegen der Wertermittlungskriterien (nicht gesellschaftsvertragliche Abfindungswerte, sondern »wahre« Werte) und
– andererseits wegen des Prinzips der Vererblichkeit (§ 2317)

kautelarjuristische Vorsorgemaßnahmen empfehlenswert sind.

Als solche kommen vor allem in Frage:

### a) Ausstattungen

Die Ausstattung ist zwar, soweit nichts anderes bestimmt ist, grundsätzlich im Rahmen der Auseinandersetzung der Erbengemeinschaft ausgleichungspflichtig (§ 2050 Abs 1), jedoch gilt sie nicht als Schenkung (§ 1624 Abs 1). Eine pflichtteilsergänzungspflichtige Schenkung kann trotz der Bezeichnung »Ausstattung« jedoch gegeben sein, wenn die Zuwendung das den Umständen, insbesondere den Vermögensverhältnissen der Eltern entsprechende Maß übersteigt.[290]

Zu beachten ist, dass die Ausgleichungspflicht einer Ausstattung (§ 2050 Abs 1) nicht zum Nachteil der Pflichtteilsberechtigten ausgeschlossen werden kann (§ 2315 Abs 3). Die »Ausstattung« erhöht so über § 2316 den rechnerischen Pflichtteilswert, ungeachtet der 10-Jahresgrenze des § 2325 Abs 3. Abhilfe ist nur möglich über Erb- bzw Pflichtteilsverzicht[291] bzw durch einen gegenständlich beschränkten Pflichtteilsverzichtsvertrag, der jedoch konkret auch den etwaigen Ausgleichspflichtteil nach § 2316 erfassen sollte.[292]

---

285 DIECKMANN FamRZ 1995, 189; PENTZ NJW 1997, 2033; aA OLG Zweibrücken FamRZ 1994, 1494; jetzt auch OLG Düsseldorf MittBayNot 1997, 110.
286 OTTE ZEV 1994, 193 ff; HAAS ZEV 2000, 249; DAUNER-LIEB DNotZ 2001, 460; allg HENRICH DNotZ 2001, 441.
287 BOEHMER AcP 144, 249.
288 BVerfG NJW 2001, 141; dazu LEISNER NJW 2001, 126.

289 S SIEMERS-MÜLLER ZEV 1998, 206, 208; keine Umgehung des Pflichtteilsrechts durch »Trusterrichtungen«!
290 § 1624 I BGB; ESCHE-BAUMANN-SCHULZE ZUR WIESCHE, S 209; s auch KERSGEL-TANCK ZEV 1997, 354.
291 SOERGEL-DIECKMANN § 2316 RdNr 7.
292 J MAYER, Der Übergabevertrag, RdNr 144.

Eine Ausstattung liegt vor bei einer unentgeltlichen Zuwendung eines Elternteils an sein Kind mit Rücksicht auf seine Verheiratung oder auf die Erlangung einer selbständigen Lebensstellung zur Begründung oder zur Erhaltung der Wirtschaft oder der Lebensstellung (§ 1624 Abs 1).

**176** Als Ausstattung kommt also nicht nur die sog »**Aussteuer**« in Frage. Vielmehr kann Gegenstand einer Ausstattung jedes übertragbare Recht und jede übertragbare bewegliche oder unbewegliche Sache sein. Auch die Aufnahme eines Abkömmlings in das elterliche Geschäft (zB durch Einräumung einer stillen Teilhaberschaft), kann der Erlangung einer selbständigen Lebensstellung oder der Begründung einer wirtschaftlichen Existenz dienen und damit nicht als Schenkung qualifiziert werden.[293]

### b) Entgeltliche Geschäfte vor allem im Rahmen der vorweggenommenen Erbfolge

**177** Abfindungen zugunsten Dritter, Übernahme von Verbindlichkeiten des Übergebenden und Gegenleistungen in Form von Leibrenten, dauernden Lasten oder sonstigen Versorgungsleistungen (insbesondere Pflegeverpflichtungen), führen zwar in der Regel nicht zur vollen Entgeltlichkeit, sind folglich als Schenkung unter Auflagen zu behandeln. Die Gegenleistungen jedoch mindern den der Pflichtteilsergänzung unterliegenden Erwerb.[294]

Während die Ausgleichungspflicht keinerlei Einfluss auf die Höhe der Pflichtteilslast (Summe der Ansprüche) hat, führt die Anrechnung gem § 2315 Abs 1 stets zu einer Reduzierung. Allerdings verschiebt die Ausgleichungspflicht die Pflichtteilslast zugunsten des Ausgleichungsberechtigten auf den Ausgleichungspflichtigen.[295]

### c) Erb- und Pflichtteilsverzichte

#### aa) Rechtsnatur

**178** Die hM ordnet die Verzichtsverträge den Verfügungsgeschäften zu,[296] wobei divergierende Ansichten darüber bestehen, welches Recht das Objekt des Verzichts im Erbrecht ist: »Künftiges Recht«[297] oder »Anwartschaft«[298] oder »Erbchance«.[299] Neuerdings wird die Theorie vom Verfügungsgeschäft auch abgelehnt mit der nachvollziehbaren Begründung, dass dem Verzichtenden vor dem Erbfall kein »subjektives« Anwartschaftsrecht zustehe, auf welches durch den Verzicht unmittelbar eingewirkt werden könnte. Deshalb sei der Erbverzicht eine vertragsmäßige negative Geltungsanordnung, mit welcher die Parteien einen einschränkenden Rechtssatz in Kraft setzen, dessen Inhalt vom Gesetzgeber vorgegeben ist.[300] Für die praktische Ausgestaltung des Erbverzichts und des Pflichtteilsverzichts ist der Theorienstreit indes ohne Bedeutung.

#### bb) Form, Wirkungen

**179** Gleichzeitige Anwesenheit beider Parteien ist nicht erforderlich. Bei zulässiger Aufspaltung in **Antrag** und **Annahme** sind beide Erklärungen zu beurkunden (§§ 152, 128).[301] Da der Erblasser den Vertrag nur höchstpersönlich abschließen kann (§ 2347 Abs 2 S 1), darf er nicht rechtsgeschäftlich oder gesetzlich vertreten

---

[293] RGZ 121, 11; ESCH-BAUMANN S 363; MünchKomm-HINZ § 1624 RdNr 3 f.
[294] ESCH-BAUMANN S 221 ff; J MAYER DNotZ 1996, 604, 615 ff, 620.
[295] SOERGEL-DIECKMANN § 2316 RdNr 3.
[296] BayObLG NJW-RR 1995, 648; DAMRAU S 97; EBENROTH RdNr 354; LANGE-KUCHINKE § 7 I 4; PALANDT-EDENHOFER Überbl v § 2346 RdNr 5.
[297] So KIPP-COING § 82 III 1 a.
[298] So v LÜBTOW, Erbrecht S 524.
[299] So LANGE-KUCHINKE, § 7 IV 1.
[300] KORNEXL RdNr 63 ff.
[301] STAUDINGER-SCHOTTEN § 2348 RdNr 16.

werden, es sei denn, es liegt Geschäftsunfähigkeit vor (§ 2347 Abs 2 S 2). Der Verzichtende hingegen kann vertreten werden. Für ihn kann auch durch einen Vertreter ohne Vertretungsmacht vorbehaltlich Genehmigung gehandelt werden.[302]

**180** Der Erbverzicht ändert **unmittelbar** die gesetzliche **Erbfolge** und zwar dergestalt, dass der Verzichtende und seine Abkömmlinge als beim Erbfall nicht vorhanden gelten (§§ 2346 Abs 1, 2349). Er führt also zur Erhöhung der Erb- und vor allem der Pflichtteilsquoten anderer gesetzlicher Erben (§ 2310 S 2). Deshalb kommt in der Praxis dem Erbverzicht keine große Bedeutung zu. Nur der auf den Pflichtteil beschränkte Verzicht erweitert den erbrechtlichen Handlungsspielraum.[303] Notarielle Beurkundung ist für beide Verzichtsformen vorgeschrieben (§ 2348).

**181** Sowohl der Erbverzicht als auch der Pflichtteilsverzicht können nach Ansicht des BGH **nur zu Lebzeiten** des Erblassers wirksam geschlossen werden.[304] Beim Erbverzicht wird dies mit dem Gebot der Rechtssicherheit begründet, welches erfordert, dass die mit dem Tod des Erblassers eingetretene Erbfolgeregelung auf einer festen Grundlage stehen muss und nicht nach beliebig langer Zeit durch eine Genehmigungserklärung des beeinträchtigten Bedachten wieder umgestoßen werden kann. Beim Pflichtteilsverzicht hingegen greift diese Argumentation nicht, da dieser Verzicht die gesetzliche Erbfolge nicht ändert und damit gem § 2310 S 2 auch nicht das Pflichtteilsrecht anderer Pflichtteilsberechtigter berührt. Vielmehr differenziert beim »Pflichtteilsverzicht« der BGH[305] klar zwischen dem bis zum Tod des Erblassers bestehenden Pflichtteils**recht,** welches Gegenstand des Verzichtes ist und dem Pflichtteils**anspruch,** der gem § 2317 Abs 1 mit dem Tod des Erblassers entsteht. Die Konsequenz aus der Differenzierung ist, dass das Angebot des Erblassers vom Pflichtteilsberechtigten nur zu Lebzeiten des Erblassers angenommen werden kann.

Die Entscheidung des BGH hat große Resonanz und bisweilen heftige Kritik in der Literatur erfahren.[306] Das Problem reduziert sich auf die Frage, ob zwischen dem abstrakten Pflichtteilsrecht (§§ 2303 ff) und dem konkreten schuldrechtlichen Pflichtteilsanspruch (§ 2317 Abs 2) ein solcher Wesensunterschied besteht, dass von einem aliud zwischen beiden gesprochen werden muss.[307] An der Rechtsprechung des BGH wird vor allem kritisiert, dass sich dieser zu wenig intensiv mit dem Verhältnis Pflichtteilsrecht-Pflichtteilsanspruch auseinandergesetzt hat. Er stellt lediglich lapidar fest, dass der Pflichtteilsanspruch sich in verschiedener Hinsicht vom Pflichtteilsrecht unterscheide und dass deshalb der Verzicht ein Rechtsgeschäft sei, das seinem Gegenstand und seiner Eigenart nach mit dem Erblasser nur zu dessen Lebzeiten abgeschlossen werden könne.[308] Sieht man mit der hM im Pflichtteilsrecht ein den Tod des Erblassers überdauerndes Rechtsverhältnis, das sich mit dessen Erben fortsetzt[309] und das die »Quelle« des schuldrechtlichen Pflichtteilsanspruchs gem § 2317 Abs 2 darstellt,[310] so umfasst das abstrakte Pflichtteilsrecht nach dem Tod des Erblassers den dann konkret entstan-

---

302 STAUDINGER-SCHOTTEN § 2347 RdNr 5.
303 BENGEL-REIMANN in: Beck'sches Notarhandbuch, S 187 ff.
304 BGHZ 37, 319; BGH NJW 1997, 521 = ZEV 1997, 111.
305 BGH NJW 1997, 521.
306 J MAYER MittBayNot 1997, 85; ALBRECHT DNotZ 1997, 425; HOHLOCH JUS 1997, 353; MUSCHELER JZ 1997, 853; REITMANN LM BGB § 4346 Nr 3; REUL MittRhNotK 1997, 379, 382; PENTZ JZ 1998, 88.
307 MAYER MittBayNot 1997, 85.
308 BGH NJW 1997, 521.
309 LANGE-KUCHINKE § 37 III 1 a; PALANDT-EDENHOFER Überbl v § 2303 RdNr 2; Münch-Komm-FRANK § 2303 RdNr 5; J MAYER MittBayNot 1997, 85.
310 J MAYER MittBayNot 1997, 86; MUSCHELER JZ 1997, 853.

denen Pflichtteilsanspruch. Dieser ist also nur ein Teil des Pflichtteilsrechts, nicht jedoch ein »aliud«. Da der Pflichtteilsverzicht alle künftigen Ansprüche und Rechtsstellungen, die sich nach dem Erbfall aus §§ 2303 ff ergeben, umfasst, also auch den erst mit dem Ableben des Erblassers entstehenden konkreten Pflichtteilsanspruch, müsste die Annahme des Angebots des Erblassers auch nach dessen Tod durch den Pflichtteilsberechtigten noch möglich sein.[311] Ungeachtet der dogmatischen Kritik an der BGH-Rechtsprechung ist jedoch in der Praxis von ihr auszugehen. Pflichtteilsverzichte sollten also möglichst schnell rechtswirksam werden. Denn offen bleibt auch die Frage, ob ein schwebend unwirksamer Pflichtteilsverzicht durch nachträgliche Genehmigung des Verzichtenden geheilt werden kann.[312] In der Praxis wird vor allem beim entgeltlichen Pflichtteilsverzicht bisweilen mit **aufschiebenden Bedingungen** gearbeitet. Als Bedingung des Verzichts wird die Erfüllung der vereinbarten Gegenleistung vereinbart. Bedingte Verzichte sind im Erbrecht unstreitig zulässig.[313] Die bislang hM sah es als unschädlich an, wenn die Bedingung – gleich ob aufschiebend oder auflösend – erst nach dem Erbfall eintritt.[314] Zwar ist das aufschiebend bedingte Rechtsgeschäft tatbestandlich bereits vollendet; es fehlt nur noch eine Wirksamkeitsvoraussetzung.[315] Da jedoch der Eintritt der aufschiebenden Bedingung nicht dinglich, sondern nur schuldrechtlich zurückwirkt (§ 159), könnte in Konsequenz zur BGH-Rechtsprechung der Verfügungsgegenstand beim zwischenzeitlichen Tod des Erblassers ein anderer sein, nämlich nicht mehr das Pflichtteilsrecht, sondern der Pflichtteilsanspruch. Unproblematisch hingegen erscheint die auflösende Bedingung. Hier entfaltet das auflösend bedingte Rechtsgeschäft zunächst alle Wirkungen des voll wirksamen Geschäftes; erst mit Eintritt der **auflösenden Bedingung** tritt gem § 158 Abs 2 mit diesem Zeitpunkt der frühere Rechtszustand wieder ein. Bei auflösender Bedingung ist mithin zu Lebzeiten des Erblassers der Verzicht wirksam abgeschlossen. Rechtssicherheitsgründe gebieten angesichts der erwähnten BGH-Rspr für den Kautelarjuristen Vorsicht bei der Aufspaltung des Rechtsgeschäfts in Angebot und Annahme, beim vollmachtlos vertretenen Pflichtteilsberechtigten und bei der Aufnahme einer aufschiebenden Bedingung oder Befristung.[316] Sollte gleichwohl aus zwingenden Gründen dies nicht vermieden werden können, empfiehlt sich, mit dem reinen Pflichtteilsverzicht hilfsweise einen Erlassvertrag bezüglich des mit dem Erbfall entstehenden Pflichtteilsanspruches vorzusehen, der in analoger Anwendung des § 2348 ebenfalls der notariellen Beurkundung bedarf, soweit er vor dem Tod des Erblassers geschlossen wird.[317]

### cc) Bedingung, Befristung

**182** Erb- und Pflichtteilsverzichte **können bedingt** und **befristet** vereinbart werden.[318] Sobald Abkömmlinge nach dem Erstversterbenden beider Elternteile auf das Pflichtteilsrecht verzichten, um den Eltern für den ersten Sterbefall freie Hand in der Gestaltung ihrer Verfügung von Todes wegen lassen wollen, was im Unternehmertestament, vor allem im Hinblick auf die Höhe des Pflichtteils[319] und der

---

311 MUSCHELER JZ 1997, 853; J MAYER MittBayNot 1997, 86.
312 Der Erbverzicht ist nicht heilbar, BGH NJW 1978, 1179; zum Pflichtteilsverzicht s ALBRECHT DNotZ 1997, 426.
313 STAUDINGER-SCHOTTEN § 2347 RdNr 153, 54.
314 STAUDINGER-SCHOTTEN § 2346 RdNr 155; PALANDT-EDENHOFER Überbl v § 2346 RdNr 7; MünchKomm-STROBEL § 2346 RdNr 15; SOERGEL-DAMRAU § 2346 RdNr 12.
315 SOERGEL-WOLF § 158 RdNr 8.
316 MAYER MittBayNot 1997, 87.
317 MUSCHELER JZ 1997, 853.
318 SOERGEL-DAMRAU § 2346 RdNr 12; BGHZ 37, 327.
319 Berechnung des Wertes, s RdNr 130.

Vererblichkeit des Anspruches (§ 2317) durchweg eine sinnvolle Gestaltungsvariante sein kann, ist als Bedingung für den Verzicht zumindest der Fortbestand der Ehe beider Elternteile empfehlenswert. Darüber hinaus sollte als weitere Bedingung vorgesehen werden, dass die Elternteile nicht anderweitig als im Familienstamm verfügen oder dass der Verzichtende im Schlusserbfall mit einer bestimmten Erbquote berufen oder mit einem fixierten Vermächtnis bedacht wird.

### dd) Gegenleistung

183 Erfolgt der Verzicht unentgeltlich, so liegt **keine Schenkung** des Verzichtenden gegenüber dem Erblasser vor. Ob die als Gegenleistung für den Verzicht vom Erblasser gezahlte Abfindung eine Schenkung darstellt, ist umstritten.[320]

184 Die wohl hM sieht die Abfindung für den Verzicht als »**Gegenleistung**« oder »Äquivalent«, kommt also zur Entgeltlichkeit, es sei denn, dass eine ausnahmsweise übermäßig hohe Abfindung gewährt wurde.[321] Ob im Einzelfall die Abfindung zu einem entgeltlichen oder unentgeltlichen Geschäft führt, richtet sich jedoch nach dem jeweiligen Normzweck. Im Bereich des Pflichtteilsrechts (§ 2325) wird die Abfindung vom normzweckorientierten Schenkungsbegriff erfasst, löst also Ansprüche des beeinträchtigten Pflichtteilsergänzungsberechtigten aus,[322] jedoch limitiert durch die objektive Beeinträchtigung des Berechtigten. Nur soweit sich seine wirtschaftliche Stellung durch den Verzicht gegen Abfindung verschlechtert hat, ist letztere eine Schenkung des Erblassers gem § 2325.[323] Die Summe aus Pflichtteils- und Pflichtteilsergänzungsanspruch darf also nicht dasjenige übersteigen, was der Berechtigte ohne den Verzicht und ohne Abfindungsleistung als Pflichtteil erhalten hätte.

### d) Voraus

185 Der Voraus gem § 1932 ist ein gesetzliches Vorausvermächtnis iSv § 2150, welches güterstandsunabhängig dem überlebenden Ehegatten im Rahmen der Voraussetzungen des § 1932 zusteht. Dem Lebenspartner einer eingetragenen Lebenspartnerschaft steht als gesetzlichem Erben seit dem 1. 8. 2001 gem § 10 Abs 1 S 2 und 3 LPartG ebenso ein Recht auf die zum lebenspartnerschaftlichen Haushalt gehörenden Gegenstände zu.[324] Trotz der Rechtsnatur als Vermächtnis verringert der Voraus die Pflichtteilsrechte der Eltern des Erblassers und seiner Abkömmlinge, da er nach § 2311 Abs 1 S 2 vom Bestand und Wert des Nachlasses abzusetzen ist.[325] Gerade bei kleineren Nachlässen kann der Voraus erhebliche Bedeutung erlangen. Umstritten ist die Frage, ob der Voraus dem überlebenden Ehegatten entzogen ist, wenn der Erblasser durch Verfügung von Todes wegen seine gesetzlichen Erben eingesetzt hat.[326] In allen anderen Fällen, in denen der überlebende Ehegatte oder der überlebende Lebenspartner als Erbe letztwillig eingesetzt wurde, steht ihm der Voraus nicht zu.[327]

---

[320] SOERGEL-DAMRAU § 2326 RdNr 3; ERMAN-SCHLÜTER vor § 2346 RdNr 3; KLINGELHÖFFER RdNr 351.
[321] BayObLG NJW-RR 1995, 648; PALANDT-EDENHOFER Überbl v § 2346 RdNr 9; KORNEXL RdNr 90 mwN.
[322] KORNEXL RdNr 187 ff.
[323] KORNEXL RdNr 204, »ex post-Vergleich«!
[324] PALANDT-BRUDERMÜLLER § 10 LPartG RdNr 3; LEIPOLD ZEV 2001, 218, 221 f.
[325] SOERGEL-STEIN § 1932 RdNr 10.
[326] Mit wohl zutreffender Begründung bejahend: SOERGEL-STEIN § 1932 RdNr 3; MünchKomm-LEIPOLD § 1932 RdNr 5; aA PALANDT-EDENHOFER § 1932 RdNr 2.
[327] BGHZ 73, 29; LEIPOLD ZEV 2001, 218, 220.

Inhaltsverzeichnis                                                          RdNr

B.   **Grundzüge des Internationalen Testaments- und Erbvertragsrechts**

I.   Rechtsquellen
     1. Auszüge aus dem EGBGB                                                  1
        a) Zweites Kapitel. Internationales Privatrecht
           Erster Abschnitt. Verweisung                                        1
        b) Zweiter Abschnitt. Recht der natürlichen Personen
           und der Rechtsgeschäfte                                             2
        c) Vierter Abschnitt. Erbrecht                                         3
     2. Auszüge aus dem Übereinkommen über das auf die
        Form letztwilliger Verfügungen anzuwendende Recht
        vom 5. 10. 1961                                                        4
     3. Auszüge aus dem New Yorker Übereinkommen über
        die Rechtsstellung der Staatenlosen vom 28. 9. 1954                    5

II.  Gegenstand des Internationalen Testaments- und
     Erbvertragsrechts                                                         6

III. Testierfähigkeit                                                          7

IV.  Das auf die Form einer letztwilligen Verfügung
     anwendbare Recht                                                          8

V.   Anknüpfung des Erbstatuts nach vorrangigen
     Staatsverträgen                                                          13
     1. Haager Erbrechtsübereinkommen vom 1. 8. 1989                          14
     2. Deutsch-türkischer Konsularvertrag vom 28. 5. 1929                    15
     3. Deutsch-sowjetischer Konsularvertrag vom 25. 4. 1958                  16
     4. Deutsch-iranisches Niederlassungsabkommen vom
        17. 2. 1929                                                           17

VI.  Anknüpfung des Erbstatuts nach EGBGB
     1. Normbestand                                                           18
     2. Staatsangehörigkeitsprinzip                                           19
     3. Anknüpfungszeitpunkt                                                  20
     4. Umfang der Statute nach Art 25 Abs 1 EGBGB und
        nach Art 26 Abs 5 S 1 EGBGB                                           21
     5. Mehrrechtsstaaten                                                     23
     6. Rück- und Weiterverweisung (sog renvoi)                               24
     7. Vorrang des Einzelstatuts                                             25
     8. Ordre Public                                                          26
        a) Inländischer ordre public, Art 6 EGBGB                             26
        b) Ausländischer ordre public                                         27
     9. Bestimmung des Erbstatuts durch Rechtswahl                            28
        a) Rechtswahl nach Art 25 Abs 2 EGBGB                                 28
        aa) Allgemeines                                                       28

65

|  |  |  |  |
|---|---|---|---|
| | bb) | Form und Zustandekommen der Rechtswahl; Bindung | 29 |
| | cc) | Inhalt und Reichweite des Begriffs »unbewegliches Vermögen« | 30 |
| b) | | Rechtswahl nach ausländischem IPR | 31 |
| c) | | Gestalterische Überlegungen | 32 |

VII. Nachlassspaltung

    1. Entstehungsgründe     33
    2. Folgen der Rechtsspaltung     34
    3. Abgrenzung zur faktischen Nachlassspaltung     35

VIII. Gemeinschaftliche Testamente und Erbverträge

    1. Zum Verbot in ausländischen Rechtsordnungen     36
    2. Kollisionsrechtliche Einordnung     37
        a) Gemeinschaftliches Testament     37
        aa) Qualifizierende Einordnung des Verbotes     37
        bb) Konversion in Einzeltestamente bzw Erbvertrag     39
        cc) Beachtlichkeit des ausländischen ordre public     40
        b) Erbvertrag     41

IX. Nacherbschaft     42

X. Testamentsvollstreckung     43

XI. Lebzeitige Rechtsgeschäfte mit Todesbezug     44

    1. Erbverzicht     44
    2. Schenkung von Todes wegen     45
    3. Vertrag zugunsten Dritter auf den Todesfall     46
    4. Vertrag über den Nachlass eines lebenden Dritten     47
    5. Testiervertrag     48
    6. Einzelne ausländische Rechtsinstitute     49
        a) institution contractuelle     49
        b) trust     50
        c) joint tenancy     51

XII. Abgrenzung zu anderen Statuten

    1. Güterstatut     52
        a) Die Erhöhung gem § 1371 Abs 1 BGB     52
        b) Die Erhöhung gem § 1931 Abs 4 BGB     53
    2. Abgrenzung zum Gesellschaftsstatut     54
        a) Allgemeines     54
        b) Kapitalgesellschaften     55
        c) Personengesellschaften     56
        d) Testamentsvollstreckung     57
        e) Gestalterische Überlegungen     58
        f) Erbfähigkeit bzw Einsetzbarkeit     59
    3. Abgrenzung zum Sachenrechtsstatut     60

## XIII. Testaments- und Erbvertragsgestaltung

1. **Pflichtenstellung des Rechtsberaters**    61
   - a) Aufklärungspflichten    62
   - b) Belehrungs- und Vermerkpflichten    63
   - c) Haftungsausschluss    64
2. **Praktische Handhabung eines internationalen Testaments- bzw Erbvertragsfalles**    65
   - a) Feststellung der für die Rechtsanwendung maßgeblichen Tatsachenaspekte    66
   - b) Feststellung des anwendbaren Rechts    67
     - aa) Formstatut    67
     - bb) Erbstatut    68
   - c) Inhaltliche Gestaltung    69
3. **Formulierungsvorschläge**    70
   - a) Hinweisvermerk über ausländisches Recht    70
   - b) Teilunwirksamkeitsklausel    71
   - c) Rechtswahl    72
   - d) Auslegungsklausel    73
   - e) Ausgewählte Beispiele unter Berücksichtigung ausländischer Rechtsinstitute    74

## XIV. Länderübersicht    75

## B. Grundzüge des Internationalen Testaments- und Erbvertragsrechts

### Schrifttum

ERMAN-HOHLOCH, BGB II, 10. Auflage 2000; FERID-FIRSCHING-DÖRNER-HAUSMANN, Internationales Erbrecht, Loseblattausgabe; FLICK-PILTZ, Der internationale Erbfall, 1999; VON BAR, Internationales Privatrecht, Band I, Allgemeine Lehren, München 1987; Band II, Besonderer Teil, München 1991; VON BAR, Ausländisches Privat- und Verfahrensrecht in deutscher Sprache, 4. Aufl 1998; VON HOFFMANN, Internationales Privatrecht einschließlich der Grundzüge des Internationalen Zivilverfahrensrechts, 6. Aufl, München 2000; JAYME-HAUSMANN, Internationales Privat- und Verfahrensrecht, Textausgabe, 10. Aufl, München 2000; KEGEL-SCHURIG, Internationales Privatrecht, 8. Aufl, München 2000; KROPHOLLER, Internationales Privatrecht, 4. Aufl, Tübingen 2001; KROPHOLLER-KRÜGER-RIERING-SAMTLEBEN-SIEHR, Außereuropäische IPR-Gesetze, Würzburg-Hamburg 1999; Münchener Kommentar zum BGB, 3. Aufl 1998; PALANDT-HELDRICH, BGB, 61. Aufl 2002; RIERING, IPR-Gesetze in Europa, 1997; SCHOTTEN, Das Internationale Privatrecht in der notariellen Praxis, München 1995; SIEHR, Internationales Privatrecht, Heidelberg 2001; SOERGEL-SCHURIG, BGB, Band 10, Einführungsgesetz, 12. Aufl 1996; STAUDINGER-DÖRNER, Internationales Erbrecht, 13. Aufl, Neubearbeitung 2000.

### I. Rechtsquellen

#### 1. Auszüge aus dem EGBGB

a) Zweites Kapitel. Internationales Privatrecht
Erster Abschnitt. Verweisung

**1** **Art 3. Allgemeine Verweisungsvorschriften.** (1) Bei Sachverhalten mit einer Verbindung zum Recht eines ausländischen Staates bestimmen die folgenden Vorschriften, welche Rechtsordnungen anzuwenden sind (Internationales Privatrecht). Verweisungen auf Sachvorschriften beziehen sich auf die Rechtsnormen der maßgebenden Rechtsordnung unter Ausschluss derjenigen des Internationalen Privatrechts.

(2) Regelungen in völkerrechtlichen Vereinbarungen gehen, soweit sie unmittelbar anwendbares innerstaatliches Recht geworden sind, den Vorschriften dieses Gesetzes vor. Regelungen in Rechtsakten der Europäischen Gemeinschaften bleiben unberührt.

(3) Soweit Verweisungen im Dritten und Vierten Abschnitt das Vermögen einer Person dem Recht eines Staates unterstellen, beziehen sie sich nicht auf Gegenstände, die sich nicht in diesem Staat befinden und nach dem Recht des Staates, in dem sie sich befinden, besonderen Vorschriften unterliegen.

**Art 4. Rück- und Weiterverweisung; Rechtsspaltung.** (1) Wird auf das Recht eines anderen Staates verwiesen, so ist auch dessen Internationales Privatrecht anzuwenden, sofern dies nicht dem Sinn der Verweisung widerspricht. Verweist das Recht des anderen Staates auf deutsches Recht zurück, so sind die deutschen Sachvorschriften anzuwenden.

(2) Soweit die Parteien das Recht eines Staates wählen können, können sie nur auf die Sachvorschriften verweisen.

(3) Wird auf das Recht eines Staates mit mehreren Teilrechtsordnungen verwiesen, ohne die maßgebende zu bezeichnen, so bestimmt das Recht dieses Staates, welche Teilrechtsordnung anzuwenden ist. Fehlt eine solche Regelung, so ist die Teilrechtsordnung anzuwenden, mit welcher der Sachverhalt am engsten verbunden ist.

**Art 5. Personalstatut.** (1) Wird auf das Recht des Staates verwiesen, dem eine Person angehört, und gehört sie mehreren Staaten an, so ist das Recht desjenigen dieser Staaten anzuwenden, mit dem die Person am engsten verbunden ist, insbesondere durch ihren gewöhnlichen Aufenthalt oder durch den Verlauf ihres Lebens. Ist die Person auch Deutscher, so geht diese Rechtsstellung vor.

(2) Ist eine Person staatenlos oder kann ihre Staatsangehörigkeit nicht festgestellt werden, so ist das Recht des Staates anzuwenden, in dem sie ihren gewöhnlichen Aufenthalt oder, mangels eines solchen, ihren Aufenthalt hat.

(3) Wird auf das Recht des Staates verwiesen, in dem eine Person ihren Aufenthalt oder ihren gewöhnlichen Aufenthalt hat, und ändert eine nicht voll geschäftsfähige Person den Aufenthalt ohne den Willen des gesetzlichen Vertreters, so führt diese Änderung allein nicht zur Anwendung eines anderen Rechts.

**Art 6. Öffentliche Ordnung (ordre public).** Eine Rechtsnorm eines anderen Staates ist nicht anzuwenden, wenn ihre Anwendung zu einem Ergebnis führt, das mit wesentlichen Grundsätzen des deutschen Rechts offensichtlich unvereinbar ist. Sie ist insbesondere nicht anzuwenden, wenn die Anwendung mit den Grundrechten unvereinbar ist.

**b) Zweiter Abschnitt. Recht der natürlichen Personen und der Rechtsgeschäfte**

**Art 7. Rechtsfähigkeit und Geschäftsfähigkeit.** (1) Die Rechtsfähigkeit und die Geschäftsfähigkeit einer Person unterliegen dem Recht des Staates, dem die Person angehört. Dies gilt auch, soweit die Geschäftsfähigkeit durch Eheschließung erweitert wird.

(2) Eine einmal erlangte Rechtsfähigkeit oder Geschäftsfähigkeit wird durch Erwerb oder Verlust der Rechtsstellung als Deutscher nicht beeinträchtigt.

**Art 9. Todeserklärung.** Die Todeserklärung, die Feststellung des Todes und des Todeszeitpunkts sowie Lebens- und Todesvermutungen unterliegen dem Recht des Staates, dem der Verschollene in dem letzten Zeitpunkt angehörte, in dem er nach den vorhandenen Nachrichten noch gelebt hat. War der Verschollene in diesem Zeitpunkt Angehöriger eines fremden Staates, so kann er nach deutschem Recht für tot erklärt werden, wenn hierfür ein berechtigtes Interesse besteht.

**Art 11. Form von Rechtsgeschäften.** (1) Ein Rechtsgeschäft ist formgültig, wenn es die Formerfordernisse des Rechts, das auf das seinen Gegenstand bildende Rechtsverhältnis anzuwenden ist, oder des Rechts des Staates erfüllt, in dem es vorgenommen wird.

(2) Wird ein Vertrag zwischen Personen geschlossen, die sich in verschiedenen Staaten befinden, so ist er formgültig, wenn er die Formerfordernisse des Rechts, das auf das seinen Gegenstand bildende Rechtsverhältnis anzuwenden ist, oder des Rechts eines dieser Staaten erfüllt.

(3) Wird der Vertrag durch einen Vertreter geschlossen, so ist bei Anwendung der Absätze 1 und 2 der Staat maßgebend, in dem sich der Vertreter befindet.

(4) Verträge, die ein dingliches Recht an einem Grundstück oder ein Recht zur Nutzung eines Grundstücks zum Gegenstand haben, unterliegen den zwingenden Formvorschriften des Staates, in dem das Grundstück belegen ist, sofern diese nach dem Recht dieses Staates ohne Rücksicht auf den Ort des Abschlusses des Vertrages und auf das Recht, dem er unterliegt, anzuwenden sind.

(5) Ein Rechtsgeschäft, durch das ein Recht an einer Sache begründet oder über ein solches Recht verfügt wird, ist nur formgültig, wenn es die Formerfordernisse des Rechts erfüllt, das auf das seinen Gegenstand bildende Rechtsverhältnis anzuwenden ist.

**Art 12. Schutz des anderen Vertragsteils.** Wird ein Vertrag zwischen Personen geschlossen, die sich in demselben Staat befinden, so kann sich eine natürliche Person, die nach den Sachvorschriften des Rechts dieses Staates rechts-, geschäfts- und handlungsfähig wäre, nur dann auf ihre aus den Sachvorschriften des Rechts eines anderen Staates abgeleitete Rechts-, Geschäfts- und Handlungsunfähigkeit berufen, wenn der andere Vertragsteil bei Vertragsabschluss diese Rechts-, Geschäfts- und Handlungsunfähigkeit kannte oder kennen musste. Dies gilt nicht für familienrechtliche und erbrechtliche Rechtsgeschäfte sowie für Verfügungen über ein in einem anderen Staat belegenes Grundstück.

**Art 14. Allgemeine Ehewirkungen.** (1) Die allgemeinen Wirkungen der Ehe unterliegen

1. dem Recht des Staates, dem beide Ehegatten angehören oder während der Ehe zuletzt angehörten, wenn einer von ihnen diesem Staat noch angehört, sonst
2. dem Recht des Staates, in dem beide Ehegatten ihren gewöhnlichen Aufenthalt haben oder während der Ehe zuletzt hatten, wenn einer von ihnen dort noch seinen gewöhnlichen Aufenthalt hat, hilfsweise
3. dem Recht des Staates, mit dem die Ehegatten auf andere Weise gemeinsam am engsten verbunden sind.

(2) Gehört ein Ehegatte mehreren Staaten an, so können die Ehegatten ungeachtet des Artikels 5 Abs 1 das Recht eines dieser Staaten wählen, falls ihm auch der andere Ehegatte angehört.

(3) Ehegatten können das Recht des Staates wählen, dem ein Ehegatte angehört, wenn die Voraussetzungen des Absatzes 1 Nr 1 nicht vorliegen und
1. kein Ehegatte dem Staat angehört, in dem beide Ehegatten ihren gewöhnlichen Aufenthalt haben, oder
2. die Ehegatten ihren gewöhnlichen Aufenthalt nicht in demselben Staat haben.
Die Wirkungen der Rechtswahl enden, wenn die Ehegatten eine gemeinsame Staatsangehörigkeit erlangen.

(4) Die Rechtswahl muss notariell beurkundet werden. Wird sie nicht im Inland vorgenommen, so genügt es, wenn sie den Formerfordernissen für einen Ehevertrag nach dem gewählten Recht oder am Ort der Rechtswahl entspricht.

**Art 15. Güterstand.** (1) Die güterrechtlichen Wirkungen der Ehe unterliegen dem bei der Eheschließung für die allgemeinen Wirkungen der Ehe maßgebenden Recht.

(2) Die Ehegatten können für die güterrechtlichen Wirkungen ihrer Ehe wählen

1. das Recht des Staates, dem einer von ihnen angehört,
2. das Recht des Staates, in dem einer von ihnen seinen gewöhnlichen Aufenthalt hat, oder
3. für unbewegliches Vermögen das Recht des Lageorts.

(3) Artikel 14 Abs 4 gilt entsprechend.

(4) Die Vorschriften des Gesetzes über den ehelichen Güterstand von Vertriebenen und Flüchtlingen bleiben unberührt.

**Art 17 b EGBGB – Eingetragene Lebenspartnerschaft.** (1) Die Begründung, die allgemeinen und die güterrechtlichen Wirkungen sowie die Auflösung einer eingetragenen Lebenspartnerschaft unterliegen den Sachvorschriften des Register führenden Staates. Auf die unterhaltsrechtlichen und die erbrechtlichen Folgen der Lebenspartnerschaft ist das nach den allgemeinen Vorschriften maßgebende Recht anzuwenden; begründet die Lebenspartnerschaft danach keine gesetzliche Unterhaltsberechtigung oder kein gesetzliches Erbrecht, so findet insoweit Satz 1 entsprechende Anwendung.

(2) Art 10 Abs 2 und Art 17 a gelten entsprechend. Unterliegen die allgemeinen Wirkungen der Lebenspartnerschaft dem Recht eines anderen Staates, so ist auf im Inland befindliche bewegliche Sachen § 8 Abs 1 des Lebenspartnerschaftsgesetzes und auf im Inland vorgenommene Rechtsgeschäfte § 8 Abs 2 des Lebenspartnerschaftsgesetzes in Verbindung mit § 1357 des Bürgerlichen Gesetzbuchs anzuwenden, soweit diese Vorschriften für gutgläubige Dritte günstiger sind als das fremde Recht.

(3) Bestehen zwischen denselben Personen eingetragene Lebenspartnerschaften in verschiedenen Staaten, so ist die zuletzt begründete Lebenspartnerschaft vom Zeitpunkt ihrer Begründung an für die in Absatz 1 umschriebenen Wirkungen und Folgen maßgebend.

(4) Die Wirkungen einer im Ausland eingetragenen Lebenspartnerschaft gehen nicht weiter als nach der Vorschriften des Bürgerlichen Gesetzbuchs und des Lebenspartnerschaftsgesetzes vorgesehen.

### c) Vierter Abschnitt. Erbrecht

**Art 25. Rechtsnachfolge von Todes wegen.** (1) Die Rechtsnachfolge von Todes wegen unterliegt dem Recht des Staates, dem der Erblasser im Zeitpunkt seines Todes angehörte.

(2) Der Erblasser kann für im Inland belegenes unbewegliches Vermögen in der Form einer Verfügung von Todes wegen deutsches Recht wählen.

**Art 26. Verfügungen von Todes wegen.** (1) Eine letztwillige Verfügung ist, auch wenn sie von mehreren Personen in derselben Urkunde errichtet wird, hinsichtlich ihrer Form gültig, wenn diese den Formerfordernissen entspricht

1. des Rechts eines Staates, dem der Erblasser ungeachtet des Artikels 5 Abs 1 im Zeitpunkt, in dem er letztwillig verfügt hat, oder im Zeitpunkt seines Todes angehörte,
2. des Rechts des Ortes, an dem der Erblasser letztwillig verfügt hat,
3. des Rechts eines Ortes, an dem der Erblasser im Zeitpunkt, in dem er letztwillig verfügt hat, oder im Zeitpunkt seines Todes seinen Wohnsitz oder gewöhnlichen Aufenthalt hatte,
4. des Rechts des Ortes, an dem sich unbewegliches Vermögen befindet, soweit es sich um dieses handelt, oder
5. des Rechts, das auf die Rechtsnachfolge von Todes wegen anzuwenden ist oder im Zeitpunkt der Verfügung anzuwenden wäre.

Ob der Erblasser an einem bestimmten Ort einen Wohnsitz hatte, regelt das an diesem Ort geltende Recht.

(2) Absatz 1 ist auch auf letztwillige Verfügungen anzuwenden, durch die eine frühere letztwillige Verfügung widerrufen wird. Der Widerruf ist hinsichtlich seiner Form auch dann gültig, wenn diese einer der Rechtsordnungen entspricht, nach denen die widerrufene letztwillige Verfügung gemäß Absatz 1 gültig war.

(3) Die Vorschriften, welche die für letztwillige Verfügungen zugelassenen Formen mit Beziehung auf das Alter, die Staatsangehörigkeit oder andere persönliche Eigenschaften des Erblassers beschränken, werden als zur Form gehörend angesehen. Das Gleiche gilt für Eigenschaften, welche die für die Gültigkeit einer letztwilligen Verfügung erforderlichen Zeugen besitzen müssen.

(4) Die Absätze 1 bis 3 gelten für andere Verfügungen von Todes wegen entsprechend.

(5) Im übrigen unterliegen die Gültigkeit der Errichtung einer Verfügung von Todes wegen und die Bindung an sie dem Recht, das im Zeitpunkt der Verfügung auf die Rechtsnachfolge von Todes wegen anzuwenden wäre.

Die einmal erlangte Testierfähigkeit wird durch Erwerb oder Verlust der Rechtsstellung als Deutscher nicht beeinträchtigt.

**Art 220. Übergangsvorschrift zum Gesetz vom 25. Juli 1986 zur Neuregelung des Internationalen Privatrechts.** (1) Auf vor dem 1. September 1986 abgeschlossene Vorgänge bleibt das bisherige Internationale Privatrecht anwendbar.

(2) Die Wirkungen familienrechtlicher Rechtsverhältnisse unterliegen von dem in Absatz 1 genannten Tag an den Vorschriften des Zweiten Kapitels des Ersten Teils.

(3) Die güterrechtlichen Wirkungen von Ehen, die nach dem 31. März 1953 und vor dem 9. April 1983 geschlossen worden sind, unterliegen bis zum 8. April 1983

1. dem Recht des Staates, dem beide Ehegatten bei der Eheschließung angehörten, sonst
2. dem Recht, dem die Ehegatten sich unterstellt haben oder von dessen Anwendung sie ausgegangen sind, insbesondere nach dem sie einen Ehevertrag geschlossen haben, hilfsweise
3. dem Recht des Staates, dem der Ehemann bei der Eheschließung angehörte.

Für die Zeit nach dem 8. April 1983 ist Artikel 15 anzuwenden. Dabei tritt für Ehen, auf die vorher Satz 1 Nr 3 anzuwenden war, an die Stelle des Zeitpunkts der Eheschließung der 9. April 1983. Soweit sich allein aus einem Wechsel des anzuwendenden Rechts zum Ablauf des 8. April 1983 Ansprüche wegen der Beendigung des früheren Güterstands ergeben würden, gelten sie bis zu dem in Absatz 1 genannten Tag als gestundet. Auf die güterrechtlichen Wirkungen von Ehen, die nach dem 8. April 1983 geschlossen worden sind, ist Artikel 15 anzuwenden. Die güterrechtlichen Wirkungen von Ehen, die vor dem 1. April 1953 geschlossen worden sind, bleiben unberührt; die Ehegatten können jedoch eine Rechtswahl nach Artikel 15 Abs 2 und 3 treffen.

**Art 234. Viertes Buch. Familienrecht**

**§ 1. Grundsatz.** Das vierte Buch des Bürgerlichen Gesetzbuchs gilt für alle familienrechtlichen Verhältnisse, die am Tag des Wirksamwerdens des Beitritts bestehen, soweit im folgenden nichts anderes bestimmt ist.

**§ 4. Eheliches Güterrecht.** (1) Haben die Ehegatten am Tag des Wirksamwerdens des Beitritts im gesetzlichen Güterstand der Eigentums- und Vermögensgemeinschaft des Familiengesetzbuchs der Deutschen Demokratischen Republik gelebt, so gelten, soweit die Ehegatten nichts anderes vereinbart haben, von diesem Zeitpunkt an die Vorschriften über den gesetzlichen Güterstand der Zugewinngemeinschaft.

(2) Jeder Ehegatte kann, sofern nicht vorher ein Ehevertrag geschlossen oder die Ehe geschieden worden ist, bis zum Ablauf von zwei Jahren nach Wirksamwerden des Beitritts dem Kreisgericht gegenüber erklären, dass für die Ehe der bisherige gesetzliche Güterstand fortgelten solle. § 1411 des Bürgerlichen Gesetzbuchs gilt entsprechend.

Wird die Erklärung abgegeben, so gilt die Überleitung als nicht erfolgt. Aus der Wiederherstellung des ursprünglichen Güterstandes können die Ehegatten untereinander und gegenüber einem Dritten Einwendungen gegen ein Rechtsgeschäft, das nach der Überleitung zwischen den Ehegatten oder zwischen einem von ihnen und dem Dritten vorgenommen worden ist, nicht herleiten.

(3) Für die Entgegennahme der Erklärung nach Absatz 2 ist jedes Kreisgericht zuständig. Die Erklärung muss notariell beurkundet werden. Haben die Ehegatten die Erklärung nicht gemeinsam abgegeben, so hat das Kreisgericht sie dem anderen Ehegatten nach den für Zustellungen von Amts wegen geltenden Vorschriften der Zivilprozessordnung bekannt zu machen. Für die Zustellung werden Auslagen nach § 137 Nr 2 der Kostenordnung nicht erhoben. Wird mit der Erklärung ein Antrag auf Eintragung in das Güterrechtsregister verbunden, so hat das Kreisgericht den Antrag mit der Erklärung an das Registergericht weiterzuleiten. Der aufgrund der Erklärung fortgeltende gesetzliche Güterstand ist, wenn einer der Ehegatten dies beantragt, in das Güterrechtsregister einzutragen. Wird der Antrag nur von einem der Ehegatten gestellt, so soll das Registergericht vor der Eintragung den anderen Ehegatten hören. Für das gerichtliche Verfahren gelten die Vorschriften des Gesetzes über die Angelegenheiten der freiwilligen Gerichtsbarkeit.

(4) In den Fällen des Absatzes 1 gilt für die Auseinandersetzung des bis zum Wirksamwerden des Beitritts erworbenen gemeinschaftlichen Eigentums und Vermögens § 39 des Familiengesetzbuchs der Deutschen Demokratischen Republik sinngemäß.

(5) Für Ehegatten, die vor dem Wirksamwerden des Beitritts geschieden worden sind, bleibt für die Auseinandersetzung des gemeinschaftlichen Eigentums und Vermögens und für die Entscheidung über die Ehewohnung das bisherige Recht maßgebend.

(6) Für die Beurkundung der Erklärung nach Absatz 2 und der Anmeldung zum Güterrechtsregister sowie für die Eintragung in das Güterrechtsregister beträgt der Geschäftswert 3.000,00 €.

**Art 235. Fünftes Buch. Erbrecht**

**§ 1. Erbrechtliche Verhältnisse.** (1) Für die erbrechtlichen Verhältnisse bleibt das bisherige Recht maßgebend, wenn der Erblasser vor dem Wirksamwerden des Beitritts gestorben ist.

(2) Ist der Erblasser nach dem Wirksamwerden des Beitritts gestorben, so gelten in Ansehung eines nichtehelichen Kindes, das vor dem Beitritt geboren ist, die für die erbrechtlichen Verhältnisse eines ehelichen Kindes geltenden Vorschriften.

**§ 2. Verfügungen von Todes wegen.** Die Errichtung oder Aufhebung einer Verfügung von Todes wegen vor dem Wirksamwerden des Beitritts wird nach dem bisherigen Recht beurteilt, auch wenn der Erblasser nach dem Wirksamwerden des Beitritts stirbt. Dies gilt auch für die Bindung des Erblassers bei einem gemeinschaftlichen Testament, sofern das Testament vor dem Wirksamwerden des Beitritts errichtet worden ist.

**Art 236. Einführungsgesetz – Internationales Privatrecht**

**§ 1. Abgeschlossene Vorgänge.** Auf vor dem Wirksamwerden des Beitritts abgeschlossene Vorgänge bleibt das bisherige Internationale Privatrecht anwendbar.

**§ 2. Wirkungen familienrechtlicher Rechtsverhältnisse.** Die Wirkungen familienrechtlicher Rechtsverhältnisse unterliegen von dem Wirksamwerden des Beitritts an den Vorschriften des Zweiten Kapitels des Ersten Teils.

**§ 3. Güterstand.** Die güterrechtlichen Wirkungen von Ehen, die vor dem Wirksamwerden des Beitritts geschlossen worden sind, unterliegen von diesem Tag an dem Artikel 15; dabei tritt an die Stelle des Zeitpunkts der Eheschließung der Tag des Wirksamwerdens des Beitritts. Soweit sich allein aus einem Wechsel des anzuwendenden Rechts nach Satz 1 Ansprüche wegen der Beendigung des früheren Güterstandes ergeben würden, gelten sie bis zum Ablauf von zwei Jahren nach Wirksamwerden des Beitritts als gestundet.

### 2. Auszüge aus dem Übereinkommen über das auf die Form letztwilliger Verfügungen anzuwendende Recht vom 5.10.1961

4 **Art 1. Anknüpfung.** Eine letztwillige Verfügung ist hinsichtlich ihrer Form gültig, wenn diese dem innerstaatlichen Recht entspricht:

a) des Ortes, an dem der Erblasser letztwillig verfügt hat, oder
b) eines Staates, dessen Staatsangehörigkeit der Erblasser im Zeitpunkt, in dem er letztwillig verfügt hat, oder im Zeitpunkt seines Todes besessen hat, oder
c) eines Ortes, an dem der Erblasser im Zeitpunkt, in dem er letztwillig verfügt hat, oder im Zeitpunkt seines Todes seinen Wohnsitz gehabt hat, oder
d) des Ortes, an dem der Erblasser im Zeitpunkt, in dem er letztwillig verfügt hat, oder im Zeitpunkt seines Todes seinen gewöhnlichen Aufenthalt gehabt hat, oder
e) soweit es sich um unbewegliches Vermögen handelt, des Ortes, an dem sich dieses befindet.

Ist die Rechtsordnung, die auf Grund der Staatsangehörigkeit anzuwenden ist, nicht vereinheitlicht, so wird für den Bereich dieses Übereinkommens das anzuwendende Recht durch die innerhalb dieser Rechtsordnung geltenden Vorschriften, mangels solcher Vorschriften durch die engste Bindung bestimmt, die der Erblasser zu einer der Teilrechtsordnungen gehabt hat, aus denen sich die Rechtsordnung zusammensetzt.

Die Frage, ob der Erblasser an einem bestimmten Ort einen Wohnsitz gehabt hat, wird durch das an diesem Orte geltende Recht geregelt.

**Art 2. Widerruf letztwilliger Verfügungen.** Artikel 1 ist auch auf letztwillige Verfügungen anzuwenden, durch die eine frühere letztwillige Verfügung widerrufen wird.

Der Widerruf ist hinsichtlich seiner Form auch dann gültig, wenn diese einer der Rechtsordnungen entspricht, nach denen die widerrufene letztwillige Verfügung gemäß Artikel 1 gültig gewesen ist.

**Art 3. Bestehende Formvorschriften der Vertragsstaaten.** Dieses Übereinkommen berührt bestehende oder künftige Vorschriften der Vertragsstaaten nicht, wodurch letztwillige Verfügungen anerkannt werden, die der Form nach entsprechend einer in den vorangehenden Artikeln nicht vorgesehenen Rechtsordnung errichtet worden sind.

**Art 4. Anwendung auf gemeinschaftliche Testamente.** Dieses Übereinkommen ist auch auf die Form letztwilliger Verfügungen anzuwenden, die zwei oder mehrere Personen in derselben Urkunde errichtet haben.

**Art 5. Zur Form gehörig.** Für den Bereich dieses Übereinkommens werden die Vorschriften, welche die für letztwillige Verfügungen zugelassenen Formen mit Beziehung auf das Alter, die Staatsangehörigkeit oder andere persönliche Eigenschaften des Erblassers beschränken, als zur Form gehörend angesehen. Das Gleiche gilt für Eigenschaften, welche die für die Gültigkeit einer letztwilligen Verfügung erforderlichen Zeugen besitzen müssen.

**Art 6. Allseitige Anwendung des Übereinkommens.** Die Anwendung der in diesem Übereinkommen aufgestellten Regeln über das anzuwendende Recht hängt nicht von der Gegenseitigkeit ab. Das Übereinkommen ist auch dann anzuwenden, wenn die Beteiligten nicht Staatsangehörige eines Vertragsstaates sind oder das auf Grund der vorangehenden Artikel anzuwendende Recht nicht das eines Vertragsstaates ist.

**Art 7. Ordre public-Klausel.** Die Anwendung eines durch dieses Übereinkommen für maßgebend erklärten Rechtes darf nur abgelehnt werden, wenn sie mit der öffentlichen Ordnung offensichtlich unvereinbar ist.

**Art 8. Intertemporale Regelung.** Dieses Übereinkommen ist in allen Fällen anzuwenden, in denen der Erblasser nach dem In-Kraft-Treten des Übereinkommens gestorben ist.

**Art 9. Vorbehalt bezüglich der Bestimmung des Wohnsitzrechtes.** Jeder Vertragsstaat kann sich, abweichend von Artikel 1 Abs 3, das Recht vorbehalten, den Ort, an dem der Erblasser seinen Wohnsitz gehabt hat, nach dem am Gerichtsort geltenden Rechte zu bestimmen.

**Art 10. Vorbehalt bezüglich mündlicher Testamente.** Jeder Vertragsstaat kann sich das Recht vorbehalten, letztwillige Verfügungen nicht anzuerkennen, die einer seiner Staatsangehörigen, der keine andere Staatsangehörigkeit besaß, ausgenommen den Fall außergewöhnlicher Umstände, in mündlicher Form errichtet hat.

**Art 11. Vorbehalt bezüglich bestimmter Formen.** Jeder Vertragsstaat kann sich das Recht vorbehalten, bestimmte Formen im Ausland errichteter letztwilliger Verfügungen auf Grund der einschlägigen Vorschriften seines Rechtes nicht anzuerkennen, wenn sämtliche der folgenden Voraussetzungen erfüllt sind:

a) Die letztwillige Verfügung ist hinsichtlich ihrer Form nur nach einem Rechte gültig, das ausschließlich auf Grund des Ortes anzuwenden ist, an dem der Erblasser sie errichtet hat,
b) der Erblasser war Staatsangehöriger des Staates, der den Vorbehalt erklärt hat,
c) der Erblasser hatte in diesem Staate einen Wohnsitz oder seinen gewöhnlichen Aufenthalt und
d) der Erblasser ist in einem anderen Staate gestorben als in dem, wo er letztwillig verfügt hatte.

Dieser Vorbehalt ist nur für das Vermögen wirksam, das sich in dem Staate befindet, der den Vorbehalt erklärt hat.

**Art 12. Vorbehalt bezüglich Anordnungen nicht erbrechtlicher Art.** Jeder Vertragsstaat kann sich das Recht vorbehalten, die Anwendung dieses Übereinkommens auf Anordnungen in einer letztwilligen Verfügung auszuschließen, die nach seinem Rechte nicht erbrechtlicher Art sind.

**Art 13. Zeitlicher Vorbehalt.** Jeder Vertragsstaat kann sich, abweichend von Artikel 8, das Recht vorbehalten, dieses Übereinkommen nur auf letztwillige Verfügungen anzuwenden, die nach dessen In-Kraft-Treten errichtet worden sind.

### 3. Auszüge aus dem New Yorker Übereinkommen über die Rechtsstellung der Staatenlosen vom 28. 9. 1954, in Kraft getreten für die Bundesrepublik Deutschland am 24. 1. 1977

**5** Art 1 Definition des Begriffs »Staatenloser«

(1) Im Sinne dieses Übereinkommens ist ein »Staatenloser« eine Person, die kein Staat auf Grund seines Rechtes als Staatsangehörigen ansieht.

(2) Dieses Übereinkommen findet keine Anwendung
i) auf Personen, denen gegenwärtig ein Organ oder eine Organisation der Vereinigten Nationen mit Ausnahme des Hohen Flüchtlingskommissars der Vereinten Nationen Schutz oder Beistand gewährt, solange sie diesen Schutz oder Beistand genießen;
ii) auf Personen, denen die zuständigen Behörden des Landes, in dem sie ihren Aufenthalt genommen haben, die Rechte und Pflichten zuerkennen, die mit dem Besitz der Staatsangehörigkeit dieses Landes verknüpft sind;
iii) auf Personen, bei denen aus schwerwiegenden Gründen die Annahme gerechtfertigt ist,
a) daß sie ein Verbrechen gegen den Frieden, ein Kriegsverbrechen oder ein Verbrechen gegen die Menschlichkeit im Sinne der internationalen Übereinkünfte begangen haben, die abgefasst wurden, um Bestimmungen hinsichtlich derartiger Verbrechen zu treffen;
b) daß sie ein schweres nichtpolitisches Verbrechen außerhalb ihres Aufenthaltslandes begangen haben, bevor sie dort Aufnahme fanden;
c) daß sie sich Handlungen zuschulden kommen ließen, die den Zielen und Grundsätzen der Vereinten Nationen zuwiderlaufen.

**Art 12 Personalstatut**

(1) Das Personalstatut eines Staatenlosen bestimmt sich nach den Gesetzen des Landes seines Wohnsitzes oder, wenn er keinen Wohnsitz hat, nach den Gesetzes seines Aufenthaltslands.

(2) Die von einem Staatenlosen früher erworbenen, sich aus seinem Personalstatut ergebenden Rechte, insbesondere die aus der Eheschließung, werden von jedem Vertragsstaat vorbehaltlich der nach seinen Gesetzen gegebenenfalls zu erfüllenden Förmlichkeiten geachtet; hierbei wird vorausgesetzt, dass es sich um ein Recht handelt, das nach den Gesetzen dieses Staates anerkannt worden wäre, wenn der Berechtigte nicht staatenlos geworden wäre.

## II. Gegenstand des Internationalen Testaments- und Erbvertragsrechts

**6** **Aufgabe** des Internationalen Testaments- und Erbvertragsrechtes ist es, bei Testamenten und Erbverträgen mit Auslandsberührung festzustellen, welchen Staates Rechtsordnung bzw welcher Staaten Rechtsordnungen auf das jeweilige Testament oder den jeweiligen Erbvertrag Anwendung finden. Die dabei vorausgesetzte Verbindung des Sachverhaltes zum Recht eines ausländischen Staates ergibt sich aus **Art 3 Abs 1 S 1 EGBGB**, der gewissermaßen als Einstiegsnorm das gesamte Internationale Privatrecht prägt. Eine solche **Auslandsberührung** kann sich in dem hier interessierenden Bereich des Kollisionsrechts vor allem dann ergeben, wenn

## II. Gegenstand des Internationalen Testaments- und Erbvertragsrechts | B 6

- der Erblasser nicht (nur) die deutsche **Staatsangehörigkeit** hat oder hatte oder dies voraussichtlich in der Zukunft so sein wird; oder
- der Erblasser seinen **Wohnsitz** oder (gewöhnlichen) Aufenthalt nicht (nur) im Inland hat oder hatte oder dies in Zukunft voraussichtlich der Fall sein wird; oder
- **Vermögen** des Erblassers nicht (nur) im Inland belegen ist oder voraussichtlich in Zukunft nicht (nur) im Inland belegen sein wird oder
- das Testament bzw der Erbvertrag im Ausland errichtet werden soll oder errichtet worden ist oder
- der Begünstigte oder eine sonstige, in die Verfügung von Todes wegen involvierte Person, zB der ernannte Testamentsvollstrecker, ausländische Staatsangehörigkeit bzw Wohnsitz bzw gewöhnlichen Aufenthalt besitzt.

Da die Testaments- und Erbvertragsgestaltung als Teil der Kautelarjurisprudenz zwingend zukunftsorientiert ist, ist die Problematik der Auslandsberührung, wie vorstehend exemplarisch dargelegt, auch entsprechend perspektivisch zu betrachten. Es spielt deshalb nicht nur eine Rolle, ob eine Auslandsberührung bereits im Zeitpunkt der Abfassung des Testaments bzw Erbvertrages gegeben ist, sondern auch, ob eine solche zukünftig, vor allem im Zeitpunkt des Todes des Erblassers, gegeben sein wird.

Liegt nun ein solcher Fall mit Auslandsbezug vor, so ist es der Gegenstand des Internationalen Testaments- und Erbvertragsrechtes, die anwendbare Rechtsordnung bzw die anwendbaren Rechtsordnungen für den jeweiligen Fall festzulegen. Nur diese Frage nach dem anwendbaren Sachrecht ist nach allgemein-internationalprivatrechtlichen Grundsätzen die Aufgabe des **Kollisionsrechts**. Die so gefundene Rechtsordnung entscheidet dann die für das jeweilige Testament bzw den jeweiligen Erbvertrag sich stellenden Sachfragen.

Dabei ist es ebenso eine Binsenweisheit, dass sich nicht nur das sachliche Erbrecht in den nationalen Rechtsordnungen unterscheidet, auch das Internationale Privatrecht ist nationales Recht, so dass sich das Internationale Testaments- und Erbvertragsrecht in den verschiedenen Rechtsordnungen ebenfalls unterscheidet. Dies muss derjenige, der eine Verfügung von Todes wegen gestaltet bzw dabei berät, beachten. Zwar wird er grundsätzlich vom deutschen Kollisionsrecht ausgehen, die Internationalen Testaments- und Erbvertragsrechte anderer Rechtsordnungen spielen jedoch nicht etwa nur bei der Frage der Rück- und Weiterverweisung eine Rolle. Der juristisch Gestaltende oder Beratende muss sich bei Sachverhalten mit Auslandsbezug vielmehr häufig auch fragen, ob die Verfügung von Todes wegen von ausländischen Behörden oder Gerichten, sei es in einem Nachlassverfahren, sei es im Zivilprozess, anerkannt beziehungsweise wie sie von ihnen beurteilt wird. Hier entscheidet das ausländische Kollisionsrecht, ob der ausländische Staat etwa zu einer anderen Rechtsordnung kommt und daher auch die sachlichen Fragen anders beurteilt. Dann können hinkende Verfügungen von Todes wegen die Folge sein, die im Ausland ganz oder teilweise nicht als wirksam angesehen werden.

Dass das auf Verfügungen von Todes wegen mit Auslandsberührung anwendbare Recht in erster Linie vom Internationalen Erbrecht bestimmt wird, ist einsichtig. Das Erbstatut ist insoweit kollisionsrechtlich betrachtet das Hauptstatut. Wie regelmäßig im Internationalen Privatrecht kommen jedoch auch gesondert anzuknüpfende Teilfragen in Betracht. So entspricht es einem allgemeinen kollisionsrechtlichen Grundsatz, dass die Form von Rechtsgeschäften insoweit gesondert zu betrachten ist.

## III. Testierfähigkeit

**7** **Testierfähigkeit** bedeutet die Fähigkeit, Verfügungen von Todes wegen errichten zu können. Die Testierfähigkeit beurteilt sich grds nach dem **Erbstatut** zum Zeitpunkt der Errichtung der letzwilligen Verfügung[1] und nicht gem Art 7 EGBGB nach dem Statut, welches über die **Geschäftsfähigkeit** befindet,[2] bzw nur dann nach dem Geschäftsfähigkeitsstatut, wenn das Erbstatut keine besonderen Regeln über die Testierfähigkeit vorsieht wie etwa §§ 2229, 2233 BGB.[3] Art 26 Abs 5 EGBGB nimmt ausdrücklich auf die Testierfähigkeit Bezug und bestimmt, dass die einmal erlangte Testierfähigkeit durch den Erwerb oder Verlust der Rechtsstellung eines Deutschen nicht beeinträchtigt wird.

## IV. Das auf die Form einer letztwilligen Verfügung anwendbare Recht

**8** Das auf die Form einer letztwilligen Verfügung anwendbare Recht wird zuvörderst durch staatsvertragliche Regelungen bestimmt. Neben dem insoweit in Deutschland in Kraft getretenen **Haager Testamentsformübereinkommen** enthält auch der **deutsch-türkische Konsularvertrag** vom 28. 5. 1929 in § 16 eine Vorschrift, die Formgültigkeit regelt, indem sie wahlweise die Ortsform oder die Form des Heimatrechts für ausreichend erklärt. Das **Washingtoner Testamentsübereinkommen**[4] hingegen ist für die Bundesrepublik nicht in Kraft getreten.

**9** In der Bundesrepublik Deutschland hat der Gesetzgeber aus Gründen der kodifikatorischen Einheit die Bestimmungen des Haager Testamentsformübereinkommens in Art 26 EGBGB integriert. Die Streitfrage, ob das Haager Testamentsformübereinkommen oder Art 26 EGBGB die Formgültigkeit einer letztwillige Verfügung regelt, ist, da beide Regelungen weitgehend inhaltsgleich sind, akademischer Natur. Für die Anwendung des **Art 11 EGBGB** ist aus deutscher Sicht im Bereich der Verfügungen von Todes wegen kein Raum. Art 11 EGBGB findet aber insbesondere auf Rechtsgeschäfte unter Lebenden auf den Todesfall Anwendung, also insbesondere auf den Erbverzicht.

**10** Das Haager Testamentsformübereinkommen enthält – wie Art 26 EGBGB – eine Reihe alternativer **Anknüpfungen der Formwirksamkeit**, dh eine Verfügung von Todes wegen ist formwirksam, wenn sie nur einer der zur Verfügung gestellten Rechtsordnungen entspricht. Die Formwirksamkeit kann sich insbesondere ergeben

- aus einem effektiven oder tatsächlichen Heimatrecht des Erblassers zum Zeitpunkt der Errichtung oder des Todes,
- aus dem Recht des Errichtungsortes,
- aus dem Recht des Ortes des Wohnsitzes oder gewöhnlichen Aufenthalts des Erblassers zum Zeitpunkt der Errichtung oder des Todes,
- und hinsichtlich des unbeweglichen Vermögens aus dem Recht am Belegenheitsort.

---

[1] KROPHOLLER § 51 V 1; STAUDINGER-DÖRNER Art 25 RdNr 224.
[2] So noch unter altem Recht BGH NJW 1967, 117.
[3] SCHOTTEN RdNr 314; PALANDT-HELDRICH RdNr 16.
[4] STAUDINGER-DÖRNER, Rz 136 ff vor Art 25 EGBGB.

IV. Das auf die Form einer letztwilligen Verfügung anwendbare Recht | **B 11, 12**

Gegenüber dem Testamentsformabkommen enthält Art 26 Abs 1 Nr 5 EGBGB darüber hinaus noch eine weitere Anknüpfung. Zulässig ist die Form des Rechts, das auf die Rechtsnachfolge von Todes wegen anzuwenden ist oder im Zeitpunkt der Verfügung anzuwenden gewesen wäre.

Das **Haager Testamentsformübereinkommen** gilt gem Art 4 auch für **gemeinschaftliche Testamente**, nicht aber für Erbverträge, da viele Beitrittsstaaten Erbverträge aus materiell-rechtlichen Gründen für unzulässig erachten.[5] Aus Sicht der Bundesrepublik Deutschland wird die Nichtanwendbarkeit des Haager Testamentsformübereinkommens für Erbverträge durch Art 26 Abs 4 EGBGB aufgefangen. Es findet in gleicher Weise Anwendung auf die Formgültigkeit eines Testamentswiderrufs (Art 2). **11**

Das Testamentsformübereinkommen ist in folgenden Staaten in Kraft getreten: **12**

| Staat | In Kraft seit | BGBl |
|---|---|---|
| Australien | 21. November 1986 | 1987 II, 174 |
| Antigua und Barbuda | 1. November 1981 | 1985 II, 1125 |
| Belgien | 19. Dezember 1971 | 1971 II, 1315 |
| Bosnien-Herzegowina | 5. Januar 1964 | 1994 II, 296 |
| Botswana | 17. Januar 1960 | 1969 II, 993, 2200 |
| Brunai Darussalam | 9. Juli 1988 | 1988 II, 971 |
| (China) Hongkong | 23. August 1968 | 1966 II, 11 |
| Dänemark | 19. September 1976 | 1976 II, 1718 |
| Deutschland | 1. Januar 1966 | 1966 II, 11 |
| Estland | 12. Juli 1998 | 1988 II, 1667 |
| Fidji | 10. Oktober 1970 | 1971 II, 1075 |
| Finnland | 23. August 1976 | 1976 II, 1718 |
| Frankreich | 19. November 1967 | 1967 II, 2548 |
| Grenada | 7. Februar 1974 | 1985 II, 1125 |
| Griechenland | 2. August 1983 | 1983 II, 479 |
| Irland | 2. Oktober 1967 | 1967 II, 2363 |
| Israel | 10. Januar 1978 | 1977 II, 1270 |
| Japan | 2. August 1964 | 1966 II, 11 |
| Jugoslawien | 5. Januar 1964 | 1966 II, 11 |
| Kroatien | 5. Januar 1964 | 1993 II, 1962 |
| Lesotho | 4. Oktober 1966 | 1985 II, 1125 |
| Luxemburg | 5. Februar 1979 | 1979 II, 303 |
| Mauritius | 12. März 1968 | 1970 II, 1063 |
| Mazedonien | 5. Januar 1964 | 1994 II, 296 |
| Niederlande | 1. August 1982 | 1982 II, 684 |

---

[5] MünchKomm-BIRK Art 26 EGBGB RdNr 65.

| Norwegen | 1. Januar 1973 | 1972 II, 1639 |
|---|---|---|
| Österreich | 5. Januar 1964 | 1966 II, 11 |
| Polen | 2. November 1969 | 1969 II, 2200; 1971 II, 6 |
| Schweden | 7. September 1976 | 1976 II, 1718 |
| Schweiz | 17. Oktober 1971 | 1971 II, 1149 |
| Slowenien | 5. Januar 1964 | 1993 II, 1962 |
| Spanien | 10. Juni 1988 | 1988 II, 971 |
| Swaziland | 22. Januar 1971 | 1971 II, 98 |
| Südafrika | 4. Dezember 1970 | 1971 II, 6 |
| Tonga | 4. Juni 1970 | 1978 II, 1294 |
| Türkei | 22. Oktober 1983 | 1983 II, 720 |
| Vereinigtes Königreich | 5. Januar 1964 | 1966 II, 11 |

Vorbehalte nach Art 9 (Wohnsitz) haben erklärt:

Antigua und Barbuda, Botswana, China (Hongkong), Fidschi, Grenada, Lesotho, Luxemburg, Mauritius, Südafrika, Swasiland, Türkei, Vereinigtes Königreich von Großbritannien und Nordirland.

Vorbehalte nach Art 10 (mündliche Testamente) haben erklärt:

Antigua und Barbuda, Belgien, Estland, Frankreich, Grenada, Lesotho, Luxemburg, Niederlande, Schweiz, Südafrika, Türkei, Tonga, Vereinigtes Königreich von Großbritannien und Nordirland.

Zu Art 11 hat niemand einen Vorbehalt gemacht.

Zu Art 12 (Verfügungen nicht erbrechtlicher Art) haben Vorbehalte erklärt:

Luxemburg, Österreich, Polen, Südafrika, Türkei.

Zu Art 13 (zeitliche Geltung) hat Botswana einen Vorbehalt gemacht.[6]

## V. Anknüpfung des Erbstatuts nach vorrangigen Staatsverträgen

13 **Staatsvertragliche Regelungen** gehen gem Art 3 Abs 2 EGBGB dem autonomen Kollisionsrecht vor. Zu beachten sind insoweit nicht nur die für die Bundesrepublik Deutschland in Kraft getretenen Staatsverträge mit der Türkei, der UdSSR und dem Iran, sondern insbesondere aufgrund der Regelungen über Rück- und Weiterverweisung auch solche Staatsverträge, die in dem Land der berufenen Rechtsordnung unmittelbar geltendes Recht darstellen. Bedeutsam als multilaterales Abkommen ist insoweit vor allem das Haager Erbrechtsübereinkommen vom 1. 8. 1989.

---

[6] Quelle: Conférence de la Haye: (www.hcch.net).

## V. Anknüpfung des Erbstatuts nach vorrangigen Staatsverträgen | B 14

### 1. Haager Erbrechtsübereinkommen vom 1. 8. 1989

Das **Haager Übereinkommen** über das auf die Rechtsnachfolge von Todes wegen anwendbare Recht vom 1. 8. 1989[7] sollte eine einheitliche Regelung des auf die Rechtsnachfolge von Todes wegen anwendbaren Rechts mit sich bringen. Gem **Art 3 ERBRÜB** ist für die Ermittlung des auf die Rechtsnachfolge von Todes wegen anzuwendenden Rechts ein komplizierter Kompromiss zwischen Staatsangehörigkeits- und Aufenthaltsanknüpfung getroffen worden.[8] Art 5 erlaubt eine umfassende Rechtswahlmöglichkeit und Art 6 eine Rechtswahlmöglichkeit eigener Art. Das Abkommen regelt ausführlich auch das auf Erbverträge anwendbare Recht einschließlich der Rechtswahlmöglichkeiten.[9] Mit einer Ratifizierung des Abkommens in der Bundesrepublik Deutschland ist derzeit nicht zu rechnen.

**Art 3** 1. Die Rechtsnachfolge von Todes wird durch das Recht des Staates geregelt, in dem der Erblasser seinen gewöhnlichen Aufenthalt zum Zeitpunkt seines Todes hatte, wenn er Staatsangehöriger des Staates war.

2. Die Rechtsnachfolge von Todes wegen wird in gleicher Weise von dem Recht des Staates beherrscht, in dem der Erblasser seinen gewöhnlichen Aufenthalt zum Zeitpunkt seines Todes hatte, wenn er in diesem Staat während einer Dauer von mindestens fünf Jahren unmittelbar vor seinem Ableben seinen gewöhnlichen Aufenthalt hatte. Gleichwohl findet in außergewöhnlichen Umständen das Recht des Staates Anwendung, mit dem der Erblasser zum Zeitpunkt seines Todes am engsten verbunden war und wovon er die Staatsangehörigkeit besaß.

3. In anderen Fällen wird die Rechtsnachfolge von Todes wegen von dem Recht des Staates beherrscht, dessen Staatsangehörigkeit der Erblasser zum Zeitpunkt seines Todes besaß, es sei denn, dass der Erblasser zu diesem Zeitpunkt engere Beziehungen zu einem anderen Staat hat, so ist das Recht des anderen Staates berufen.

**Art 5.** 1. Eine Person kann bzgl seines gesamten Nachlasses das Recht desjenigen Staates wählen, welches die Rechtsnachfolge von Todes wegen beherrscht. Die Rechtswahl ist nur wirksam, wenn diese Person im Augenblick der Wahl oder im Augenblick des Todes die Nationalität dieses Staates besaß oder dort seinen gewöhnlichen Aufenthalt hatte.

2. Diese Rechtswahl muss in einer Erklärung erfolgen, die den Formerfordernissen einer letztwilligen Verfügung entspricht. Die Existenz und die materielle Wirksamkeit der Wahl wird durch das gewählte Recht beherrscht. Ist nach diesem Recht die Rechtswahl ungültig, so ist die Rechtsnachfolge von Todes wegen gem Art 3 zu bestimmen.

3. Der Widerruf einer solchen Rechtswahl durch ihren Urheber muss den für den Widerruf einer Verfügung von Todes wegen maßgebenden Formvorschriften entsprechen.

4. Im Rahmen dieses Artikels ist die Wahl des anzuwendenden Rechts bei Fehlen einer ausdrücklichen gegenteiligen Anordnung des Erblassers so auszulegen, dass sie sich

---

[7] Abgedruckt in *Revue critique de droit international privé* 77 (1988) 807 ff; vgl dazu BRANDI, Das Haager Abkommen von 1989 über das auf die Erbfolge anzuwendende Recht, Berlin 1996.

[8] MARTINY, IStR 1998, 56/58.

[9] Ausführlich mit Text VAN MOURIK-SCHOLS-SCHMELLENKAMP-TOMLOW-WEBER, Deutsch-Niederländischer Rechtsverkehr in der Notariatspraxis, Würzburg 1997; SCHMELLENKAMP, Änderungen des Internationalen Erbrechts im Verhältnis zwischen Deutschland und den Niederlanden aufgrund des Haager Erbrechtsübereinkommens vom 1. August 1989, MittRhNotK 1997, S 245–257; WEBER, Internationales Erbrecht in den Niederlanden, IPRax 2000, S 41; BRANDI, Das Haager Abkommen von 1989 über das auf die Erbfolge anzuwendende Recht, 1996.

auf den gesamten Nachlass des Erblassers bezieht, sei es, dass der Erblasser ohne oder unter Hinterlassung einer letztwilligen Verfügung bzgl des gesamten oder eines Teils des Nachlasses verstirbt.

**Art 6.** Eine Person kann das Recht eines oder mehrerer Staaten wählen, das für die Rechtsnachfolge von Todes wegen bezüglich bestimmter Gegenstände ihres Nachlasses maßgebend sein soll. Durch eine solche Rechtswahl bleibt jedoch die Anwendung der zwingenden Bestimmungen des nach Art 3 oder Art 5 Abs 1 anzuwendenden Rechts unberührt.

Das Übereinkommen ist lediglich von Argentinien, Luxemburg, und den Niederlanden und der Schweiz gezeichnet; ratifiziert wurde es bislang nur von den Niederlanden.[10] Die Niederlande haben das Abkommen aber zugleich mit Wirkung vom 1. 10. 1996 in ihr nationales Recht inkorporiert,[11] so dass es im deutsch-niederländischen Verhältnis für Erbfälle seit dem 1. 10. 1996 zu beachten ist. Eine Umsetzung in Deutschland ist derzeit nicht zu erwarten.[12]

### 2. Deutsch-türkischer Konsularvertrag vom 28. 5. 1929[13]

**15** Im Verhältnis zwischen der Bundesrepublik Deutschland und der Türkei gilt der **deutsch-türkische Konsularvertrag** vom 28. 5. 1929,[14] der gemäß Bekanntmachung vom 26. 2. 1952[15] fortgilt.[16] Als Anlage zu Art 20 des Konsularvertrags wurde das deutsch-türkische Nachlassabkommen geschlossen. Dessen § 14 bestimmt:

**§ 14 Nachlassabkommen**

(1) Die erbrechtlichen Verhältnisse bestimmen sich in Ansehung des beweglichen Nachlasses nach den Gesetzen des Landes, dem der Erblasser zur Zeit seines Todes angehörte.

(2) Die erbrechtlichen Verhältnisse in Ansehung des unbeweglichen Nachlasses bestimmen sich nach den Gesetzen des Landes, in dem dieser Nachlass liegt, und zwar in der gleichen Weise, wie wenn der Erblasser zur Zeit seines Todes Angehöriger dieses Landes gewesen wäre.

Nach deutschem wie nach türkischem IPR findet damit eine Nachlassspaltung statt. Die Rechtsnachfolge von Todes wegen nach einem türkischen Erblasser beurteilt sich damit hinsichtlich des in Deutschland belegenen Grundbesitzes nach deutschem Erbrecht und hinsichtlich des übrigen Nachlassvermögens nach türkischem Recht.[17]

---

**10** MünchKomm-BIRK, Art 25 EGBGB RdNr 285 ff; JAYME-HAUSMANN, Nr 39 Fn 2; dort hat man das Übereinkommen in ein besonderes Gesetz über das internationale Erbrecht inkorporiert, Text in IPRax 2000, 59; hierzu WEBER, IPRax 2000, 41; Beispiel: BayObLG FamRZ 2001, 1101 = NJW-RR 2001, 297 (Anwendbarkeit deutschen Erbrechts bei Tod eines niederländischen Erblassers mit gewöhnlichem Aufenthalt in Deutschland).
**11** Gesetz über das Kollisionsrecht der Erbfolge vom 4. 9. 1996.
**12** Vgl EBENROTH, RdNr 1227.
**13** RGBl II 1930, 748; BGBl 1952 II, 608 = JAYME-HAUSMANN, Nr 40; näher STAUDINGER-DÖRNER, vor Art 25 EGBGB RdNr 164 ff; MünchKomm-BIRK, Art 25 EGBGB Rz 298 ff.
**14** RGBl 1930 II, 748.
**15** BGBl 1952 II, 608.
**16** Vgl auch SCHÖMMER-FASSOLD-BAUER, Internationales Erbrecht Türkei, 1997, S 46.
**17** Vgl DÖRNER, Das deutsch-türkische Nachlassabkommen, ZEV 1996, 90 ff; SCHOTTEN S 405.

## 3. Deutsch-sowjetischer Konsularvertrag vom 25. 4. 1958[18]

Seit dem 24. 5. 1959 ist der **deutsch-sowjetische Konsularvertrag** in Kraft. Er gilt seit der Auflösung der UdSSR im Verhältnis zur Russischen Föderation weiter.[19] Das Erbstatut des unbeweglichen Vermögens bestimmt Art 28 Abs 3: **16**

> Hinsichtlich der unbeweglichen Nachlassgegenstände finden die Rechtsvorschriften des Staates Anwendung, in dessen Gebiet diese Gegenstände belegen sind.

Die Erbfolge in *bewegliche* **Nachlassgegenstände** wird vom Abkommen nicht geregelt, bestimmt sich also nach dem autonomen Kollisionsrecht. Durch Gemeinsame Erklärung oder Notenwechsel hat die Bundesrepublik mit den meisten Nachfolgestaaten vereinbart, dass die zwischen der Bundesrepublik und der früheren UdSSR geschlossenen völkerrechtlichen Verträge im Verhältnis zwischen der Bundesrepublik und dem betreffenden Nachfolgestaat so lange angewandt werden sollen, bis beide Seiten etwas Abweichendes vereinbaren. Vereinbarungen wurden getroffen mit:

– Armenien,[20]
– Aserbeidschan,[21]
– Belarus,[22]
– Georgien,[23]
– Kasachstan,[24]
– Kirgistan,[25]
– Moldau,[26]
– Tadschikistan,[27]
– Ukraine,[28]
– Usbekistan.[29]

Die baltischen Staaten betrachten sich nicht als Rechtsnachfolger, insoweit ist die Rechtslage noch ungeklärt. Ungeklärt ist sie weiter im Verhältnis zu Turkmenistan.

## 4. Deutsch-iranisches Niederlassungsabkommen vom 17. 2. 1929[30]

Im deutsch-iranischen Rechtsverkehr ist das Niederlassungsabkommen vom 17. 12. 1929 zu beachten. Es enthält in Art 8 Abs 3 auch eine erbrechtliche Kollisionsnorm, die durch das Schlussprotokoll vom 17. 12. 1929[31] erläutert wird: **17**

---

**18** BGBl 1959 II, 233, 469 = JAYME-HAUSMANN Nr 40 Fn 4 und Nr 22.
**19** Bek v 14. 8. 1992, BGBl II, 1016; vgl zu den Vertragsstaaten MünchKomm-BIRK, Art 25 EGBGB RdNr 302; JAYME-HAUSMANN Nr 22 Fn 3 sowie – aktuell – den Fundstellennachweis B zum Bundesgesetzblatt II.
**20** BGBl 1993 II 169.
**21** BGBl 1996 II 2472.
**22** BGBl 1994 II 2533.
**23** BGBl 1992 II 1128.
**24** BGBl 1992 II 1120.
**25** BGBl 1992 II 1015.
**26** BGBl 1996 II, 768.
**27** BGBl 1995 II, 255.
**28** BGBl 1993 II, 1189.
**29** BGBl 1993 II, 2038.
**30** RGBl 1930 II, S 1006; BGBl 1955 II, 829 = JAYME-HAUSMANN, Nr 17; hierzu STAUDINGER-DÖRNER, vor Art 25 f EGBGB RdNr 153 ff; MünchKomm-BIRK, Art 25 EGBGB RdNr 292 ff; ferner BIRMANNS, IPRax 1996, 320; Beispiel: OLG Hamm v 29. 9. 1992, IPRax 1994, 49 mit Aufs DÖRNER, S 33 ff.
**31** RGBl 1930 II, 1012.

**Art 8 Abs 3**

In Bezug auf das Personen-, Familien- und Erbrecht bleiben die Angehörigen jedes der vertragsschließenden Staaten im Gebiet des anderen Staates jedoch den Vorschriften ihrer heimischen Gesetze unterworfen. Die Anwendung dieser Gesetze kann von dem anderen vertragsschließenden Staat ausnahmsweise nur insoweit ausgeschlossen werden, als ein solcher Ausschluß allgemein gegenüber jedem anderen Staat erfolgt.

**Schlussprotokoll zu Art 8 Abs 3:**

Die vertragsschließenden Staaten sind sich darüber einig, daß das Personen-, Familien- und Erbrecht, dh das Personalstatut, die folgenden Angelegenheiten umfaßt: Ehe, eheliches Güterrecht, Scheidung, Aufhebung der ehelichen Gemeinschaft, Mitgift, Vaterschaft, Abstammung, Annahme an Kindes Statt, Geschäftsfähigkeit, Volljährigkeit, Vormundschaft und Pflegschaft, Entmündigung, testamentarische und gesetzliche Erbfolge, Nachlassabwicklung und Erbauseinandersetzung, ferner alle anderen Angelegenheiten des Familienrechts unter Einschluß aller den Personenstand betreffenden Fragen.

Das Abkommen knüpft sowohl für bewegliches als auch für unbewegliches Vermögen an die Staatsangehörigkeit an. Im Zweifel sind an die Anknüpfung an das Heimatrecht alle Rechtsfragen eingeschlossen, die im autonomen deutschen Kollisionsrecht unter die Anknüpfungsgegenstände der Art 25 und 26 Abs 5 EGBGB subsumiert werden können. Die Anknüpfung der Formgültigkeit einer Verfügung von Todes wegen richtet sich hingegen nach den allgemeinen Regeln.

Problematisch ist, ob gem Art 25 Abs 2 EGBGB ein iranischer Erblasser grundsätzlich für seinen in Deutschland belegenen Immobiliarnachlass die Anwendbarkeit deutschen Erbrechts wählen kann. Im Verhältnis zum Iran ist das Niederlassungsabkommen vom 17. 12. 1929 als Staatsvertrag gem Art 3 Abs 2 EGBGB vorrangig. Die hM geht davon aus, dass die erbrechtliche Anknüpfung des Niederlassungsabkommens abschließend und zwingend ist. Das autonome deutsche IPR könne deshalb nicht die Möglichkeit einer Rechtswahl eröffnen, die im Niederlassungsabkommen selbst nicht vorgesehen sei. Eine Rechtswahl des Iraners ist daher nach Art 25 Abs 2 EGBGB nach hM nicht möglich.[32]

## VI. Anknüpfung des Erbstatuts nach EGBGB

### 1. Normbestand

**18** Da anders als im Bereich der Formfrage im Bereich des Erbstatuts als Hauptstatut für Testamente und Erbverträge kaum vorrangige Staatsverträge bestehen, wird das Internationale Erbrecht im Wesentlichen von den Bestimmungen des EGBGB dominiert.[33] Dabei legt sich Art 25 Abs 1 EGBGB auf das **Staatsangehörigkeitsprinzip** fest, wenn er als objektives Erbstatut das Recht des Staates, dem der Erblasser im Zeitpunkt seines Todes angehörte, festschreibt. Dies wird nur in sehr eingeschränktem Umfang durch Art 25 Abs 2 EGBGB durchbrochen. Er erlaubt dem Erblasser, für im Inland belegenes unbewegliches Vermögen in der Form

---

[32] ERMAN-HOHLOCH Art 25 RdNr 4; SCHOTTEN-WITTKOWSKI, Das deutsch-iranische Niederlassungsabkommen im Familien- und Erbrecht, FamRZ 1995, 269; VON BAR RdNr 354; aA mit guten Gründen STAUDINGER-DÖRNER vor Art 25 RdNr 155.

[33] Zum interlokalen Erbrecht im Verhältnis zur ehemaligen DDR vgl ausführlich KEGELSCHURIG § 21 VI.

einer Verfügung von Todes wegen deutsches Erbrecht zu wählen. Daneben tritt noch Art 26 Abs 5 S 1 EGBGB. Nach dieser Vorschrift unterliegen diejenigen **Gültigkeitsvoraussetzungen einer Verfügung** von Todes wegen, die nicht als zur Form gehörend und damit Art 26 Abs 1 bis 4 EGBGB bzw dem Haager Testamentsformenübereinkommen unterfallend anzusehen sind, sowie die Bindung an eine Verfügung von Todes wegen dem Recht, das im Zeitpunkt der Verfügung auf die Rechtsnachfolge von Todes wegen anzuwenden wäre. Verwiesen ist damit auf Art 25 Abs 1 EGBGB, jedoch mit dem wesentlichen Unterschied, dass es hier für das Erbstatut nicht auf den Zeitpunkt des Todes, sondern insoweit ausnahmsweise auf den Zeitpunkt der Errichtung der Verfügung ankommt.

Die vorstehenden Kollisionsnormen gelten in der Bundesrepublik Deutschland seit dem 1. 9. 1986. Sie gelten nach der intertemporalen Vorschrift des Art 220 Abs 1 EGBGB nicht für vor dem 1. 9. 1986 abgeschlossene Vorgänge. Dabei ist abgeschlossener Vorgang in diesem Sinne beim Erbrecht der Erbfall, nicht etwa seine Abwicklung.[34] Bei Erblassern, die vor dem 1. 9. 1986 verstorben sind, ist daher das EGBGB in der alten Fassung anzuwenden, und damit auch für die Beurteilung von letztwilligen Verfügungen solcher Verstorbener.[35] Selbst bei später verstorbenen Erblassern soll sich jedoch die Gültigkeit eines vor dem 1. 9. 1986 errichteten Testamentes nach altem Erbkollisionsrecht bemessen.[36] Da sich solche Altverfügungen bei der Gestaltung neuer erbrechtlicher Anordnungen, etwa wegen einer Bindung, auswirken, scheint das alte Kollisionsrecht im hier interessierenden Bereich durchaus noch von Relevanz zu sein. Allerdings fallen die Unterschiede zwischen altem und neuem Kollisionsrecht kaum ins Gewicht, jedenfalls soweit es nicht um eine Rechtswahl geht. Das Gesetz zur Neuregelung des IPR von 1986 hat nämlich das Internationale Erbrecht im Gegensatz zu anderen Materien wohl am wenigsten geändert.[37] Schon vorher galt aufgrund der Verallgemeinerung der Art 24 Abs 1 und 25 S 1 EGBGB aF das Staatsangehörigkeitsprinzip.[38] Ob ein dem heutigen Art 26 Abs 5 S 1 EGBGB entsprechender Grundsatz bereits damals galt, war umstritten.[39] Weggefallen sind Art 24 Abs 2 und Art 25 S 2 EGBGB aF.[40]

Für **eingetragene Lebenspartnerschaften** ist seit dem 1. 8. 2001 Art 17b Abs 1 S 2 EGBGB ergänzend zu beachten.

## 2. Staatsangehörigkeitsprinzip

Das deutsche Internationale Erbrecht hält am **Staatsangehörigkeitsprinzip** fest und steht damit im Einklang mit vielen anderen Rechtsordnungen, etwa der österreichischen (vgl § 28 Abs 1 österreichisches IPR) oder der spanischen (vgl Art 9 Nr 8 C.c.). Eine Anknüpfung an den **Wohnsitz des Erblassers**, wie sie von manchen Rechtsordnungen favorisiert wird (vgl etwa für die Schweiz Art 90 Abs 1, 91, Abs 1 schweizerisches IPRG[41] oder für die Niederlande die Verweisung auf Art 3 des Haager Erbrechtsübereinkommens vom 1. 8. 1989), kommt deshalb aus deutscher Sicht zunächst nicht in Betracht; ebensowenig eine differenzierende Be-

---

**34** MünchKomm-BIRK Art 25 RdNr 4; SIEHR IPRax 1987, 4; DÖRNER DNotZ 1988, 67, 80 ff.
**35** Vgl BayObLG NJW 1987, 1148.
**36** MünchKomm-BIRK Art 25 RdNr 5; DÖRNER DNotZ 1988, 67, 83 f.
**37** SIEHR IPRax 1987, 4.
**38** SIEHR IPRax 1987, 4; OLG Hamm Rpfleger 1983, 276, 277.

**39** Vgl UMSTÄTTER DNotZ 1984, 532, 539; DOPFFEL DNotZ 1976, 335, 348.
**40** DÖRNER DNotZ 1988, 67 f.
**41** Das Gesetz ist am 1. 1. 1989 in Kraft getreten, KRZYWON BWNotZ 1989, 153 f (auch mit Ausführungen zu den Übergangsregelungen).

handlung in dem Sinne, dass das unbewegliche Vermögen nach dem Erbrecht seines Belegenheitsortes und bewegliches Vermögen nach dem Wohnsitz oder der Staatsangehörigkeit des Erblassers behandelt würde, obwohl solche Anknüpfungsregelungen im angelsächsischen und romanischen Rechtskreis verbreitet sind.

Mit der Staatsangehörigkeit knüpfen die Art 25 Abs 1, 26 Abs 5 S 1 EGBGB an ein grundsätzlich leicht feststellbares Merkmal an. Ob der Erblasser die Staatsangehörigkeit eines bestimmten Staates hat, richtet sich allein nach dem Staatsangehörigkeitsrecht des fraglichen Staates,[42] bei der Feststellung der deutschen Staatsangehörigkeit also nach dem Staatsangehörigkeitsgesetz vom 22. Juli 1913. Kollisionsrechtlich werden deutschen Staatsangehörigen gleichgestellt die volksdeutschen Flüchtlinge und Vertriebenen, die, ohne die deutsche Staatsangehörigkeit zu besitzen, Deutsche im Sinne des Art 116 Abs 1 GG sind (Art 9 Abs 2 Nr 5 des Familienrechtsänderungsgesetzes vom 11. 8. 1963).[43] Bei Flüchtlingen, die vom persönlichen Geltungsbereich des Abkommens über die Rechtsstellung der Flüchtlinge (Genfer Flüchtlingskonvention) vom 18. 7. 1951[44] oder des Ergänzungsprotokolls vom 31. 1. 1967[45] erfasst werden, wird gemäß Art 12 des Abkommens nicht an die Staatsangehörigkeit, sondern an den Wohnsitz, hilfsweise an den Aufenthalt angeknüpft.[46] Gleiches gilt für Personen, die in Deutschland im Rahmen einer humanitären Aktion Aufnahme gefunden haben, sog **Kontingentflüchtlinge**,[47] sowie anerkannte Asylberechtigte (§ 2 Abs 1 AsylVfG).[48] Ähnliches ist auch im Hinblick auf **Staatenlose** zu sagen oder hinsichtlich von Personen, deren Staatsangehörigkeit nicht festgestellt werden kann. In beiden Fällen ist gemäß Art 5 Abs 2 EGBGB das Recht des Staates anzuwenden, in dem sie ihren gewöhnlichen Aufenthalt haben oder, falls sie einen solchen nicht besitzen, ihren einfachen Aufenthalt haben. **Gewöhnlicher Aufenthalt** in diesem Sinne ist faktischer Wohnsitz, dh der räumliche Bereich, wo eine Person tatsächlich ihren Lebensmittelpunkt hat.[49]

Bei Erblassern mit mehreren Staatsangehörigkeiten ist das Erbrecht desjenigen Staates berufen, mit dem der Erblasser am engsten verbunden ist, insbesondere durch seinen gewöhnlichen Aufenthalt oder durch den Verlauf seines Lebens, Art 5 Abs 1 S 1 EGBGB, sog **effektive Staatsangehörigkeit**. Bedeutsame Bezüge sind insoweit außerdem die Beziehung zu einem Elternteil, die Ausübung politischer Rechte, die Erfüllung der Wehrpflicht, die wirtschaftlichen und beruflichen Beziehungen sowie die sprachliche und kulturelle Zugehörigkeit.[50] Nach der rechtspolitisch umstrittenen Norm des Art 5 Abs 1 S 2 EGBGB[51] wird jedoch dem deutschen Recht zum Durchbruch verholfen, wenn der Erblasser auch die deutsche Staatsangehörigkeit hat. Es ist also unabhängig davon, ob der Erblasser überhaupt noch eine effektive Beziehung zu Deutschland hat, deutsches Erbrecht berufen, was das IPR der betroffenen anderen Staaten jedoch oft nicht anerkennen wird. Es sind deshalb, vor allem was die Wirksamkeit einer Verfügung von Todes wegen angeht, hinkende Rechtsverhältnisse zu befürchten, dh in dem einen Staat wird die Verfügung anerkannt, in dem anderen jedoch wegen der Anwendung eines anderen Erbrechts nicht.

---

42 PALANDT-HELDRICH Art 5 RdNr 1.
43 SCHOTTEN RdNr 33.
44 BGBl 1953 II, 559.
45 BGBl 1969 II, 1294.
46 SCHOTTEN, RdNr 35.
47 BGBl 1980 I, 1057.
48 SCHOTTEN, RdNr 37 f.
49 MünchKomm-SONNENBERGER Einl IPR RdNr 665.
50 MünchKomm-BIRK Art 5 RdNr 5.
51 Kritisch zB SIEHR IPRax 1987, 4 f.

## 3. Anknüpfungszeitpunkt

Was den Zeitpunkt der Feststellung der Staatsangehörigkeit anbelangt, ist die **20** Unterscheidung in Art 25 Abs 1 und Art 26 Abs 5 S 1 EGBGB zu beachten. Grundsätzlich ist aus deutscher Sicht für das Erbstatut nach Art 25 Abs 1 EGBGB das Heimatrecht des Verstorbenen, das er zur Zeit seines Ablebens besaß, entscheidend. Man spricht insoweit vom sog **definitiven Erbstatut**. Bei der Gestaltung eines Testamentes oder Erbvertrages ist deshalb ein möglicher Wechsel der Staatsangehörigkeit des Verfügenden bis zu seinem Tode in Rechnung zu stellen.

Die Gültigkeit der Errichtung einer Verfügung von Todes wegen, soweit es insoweit nicht um Formfragen geht, sowie die Bindung an die Verfügung bemisst sich demgegenüber nach dem Recht, das im Zeitpunkt der Errichtung der Verfügung auf die Rechtsnachfolge von Todes wegen anzuwenden wäre. Entscheidend ist demnach die Staatsangehörigkeit des Verfügenden in diesem Zeitpunkt, sog **Vornahmestatut** bzw **hypothetisches Erbstatut**. Die Parteien sollen in diesem Zeitpunkt insoweit wissen, woran sie sind.[52] Ein späterer Wechsel der Staatsangehörigkeit beeinträchtigt die Gültigkeit der Verfügung damit nicht. Sehr wohl ändert sich dadurch aber das im Übrigen anzuwendende Erbstatut, das insbesondere über die Wirkungen der Verfügung zu befinden hat. War die Verfügung von Todes wegen umgekehrt nach dem hypothetischen Erbstatut des Art 26 Abs 5 S 1 EGBGB ungültig und hat der Erblasser später die Staatsangehörigkeit gewechselt, so bestimmt das definitive Erbstatut nach Art 25 Abs 1 EGBGB, ob das Testament bzw der Erbvertrag nunmehr als gültig anerkannt werden kann.[53] Kommt dabei das deutsche Recht als definitives Erbstatut des Erblassers zur Anwendung, so ist festzustellen, dass es über eine solche Heilung nichts aussagt, jedoch aus allgemeinen Grundsätzen des deutschen Erbrechts gefolgert werden kann, dass ein seriös geäußerter Verfügungswille respektiert werden sollte.[54] Die Verfügung von Todes wegen kann in diesem Fall daher grundsätzlich als wirksam angesehen werden.[55]

## 4. Umfang der Statute nach Art 25 Abs 1 EGBGB und nach Art 26 Abs 5 S 1 EGBGB

Wegen des unterschiedlichen Zeitpunktes für die Anknüpfung ist es von Bedeu- **21** tung, was unter den Begriff der Gültigkeit im Sinne des Art 26 Abs 5 S 1 EGBGB fällt und demgemäß zum fiktiven Erbstatut gehört. Zur Gültigkeit der Errichtung der Verfügung von Todes wegen zu rechnen ist etwa die Frage, ob überhaupt eine Verfügung von Todes wegen zulässig ist,[56] außerdem auch die Frage nach der Möglichkeit einer **Stellvertretung**.[57] Auch **Willensmängel** dürften hierunter zählen, wenngleich ihre Einordnung umstritten ist.[58] Schließlich gehört hierher auch die Problematik der Zulässigkeit von gemeinschaftlichen Testamenten und Erbverträgen, soweit es sich nicht um Formfragen handelt. Dagegen soll die Fra-

---

**52** SIEHR IPRax 1987, 4, 6; KEGEL-SCHURIG § 21 III 2.
**53** SIEHR IPRax 1987, 4, 6; PALANDT-HELDRICH Art 26 RdNr 8; vgl aber auch SOERGEL-SCHURIG Art 26 RdNr 26: sachlich ungültige Verfügung kann durch bloßen Statutenwechsel grundsätzlich nicht geheilt werden.
**54** SIEHR IPRax 1987, 4, 6.
**55** aA offenbar LANGE-KUCHINKE § 3 II 3 a δ.
**56** Vgl LANGE-KUCHINKE § 3 II 3 a δ, zum sowjetrussischen Dekret vom 27. 4. 1918, das jegliche Verfügung von Todes wegen verboten hatte.
**57** KROPHOLLER § 51 V 2; KEGEL-SCHURIG § 21 III 2 c; differenzierend MünchKomm-BIRK Art 26 RdNr 25, der die Stellvertretung nur in der Erklärung als Formfrage einordnet.
**58** KROPHOLLER § 51 V 2; KEGEL-SCHURIG § 21 III 2 c.

ge der Unwirksamkeit einer Verfügung von Todes wegen auf Grund Gesetzes- oder Sittenwidrigkeit dem Erbstatut des Art 25 EGBGB zuzurechnen sein.[59]

Von ihrer Gültigkeit ist die Wirkung der Verfügung von Todes wegen zu unterscheiden. Die dafür anzuwendende Rechtsordnung bestimmt sich gemäß Art 25 Abs 1 EGBGB und damit nach dem Zeitpunkt des Todes. Nach ihm richtet sich etwa der Zeitpunkt des Eintritts des Erbfalls,[60] weiterhin gehört der Nachlassbestand, insbesondere etwa diesen treffende Verbindlichkeiten und die Haftung hierher.[61] Zu nennen sind beispielhaft außerdem die Einsetzbarkeit und Erbfähigkeit,[62] etwa der Leibesfrucht, die Erbengemeinschaft und ihre Verfassung, die Zulässigkeit und der Umfang einer Testamentsvollstreckung,[63] die Möglichkeit der Nacherbschaft und die Ersatzerbschaft.

Es muss außerdem beachtet werden, dass sich die Rechtsfolgen der Ungültigkeit einer Verfügung, soweit sie nicht aus Formgründen besteht, nach dem Recht richten, das für die Gültigkeitsfrage maßgeblich war,[64] also nicht das definitive, sondern das fiktive Erbstatut entscheidend ist. Demnach bestimmt über die Auswirkungen der Teilnichtigkeit auf die ganze Verfügung von Todes wegen beim Wechsel der Staatsangehörigkeit das Heimatrecht des Erblassers zum Zeitpunkt der Vornahme der erbrechtlichen Verfügung.[65]

Nach dem Statut des Art 25 Abs 1 EGBGB sind die Verfügungen von Todes wegen im Übrigen auch auszulegen, wobei im Rahmen der danach sich bestimmenden Rechtsordnung aber ein etwa davon abweichendes hypothetisches Erbstatut, dh das Vornahmestatut des Art 26 Abs 5 S 1 BGB, zur Ermittlung des Willens des Erblassers herangezogen werden kann.[66]

**22** Bei der Gestaltung von Testamenten bzw Erbverträgen spielen häufig etwaige **Pflichtteilsrechte** bzw **Noterbrechte** eine Rolle, da sie von den Erblassern nicht selten vermieden werden wollen. Die Ausgestaltung solcher Rechte ist in den einzelnen nationalen Erbrechten höchst verschieden. So geben nach deutschem Recht die §§ 2303 ff BGB nur einen schuldrechtlichen Anspruch, während andere Rechte hier echte materielle Noterbrechte in dem Sinne geben, dass über einen bestimmten Teil des Nachlasses nicht disponiert werden kann. Dies ist vor allem im romanischen Rechtskreis verbreitet,[67] wobei dabei allerdings in der Regel eine Herabsetzungsklage der Berechtigten vorausgesetzt wird, mit der diese die Herabsetzung der Verfügung des Erblassers auf den Teil, der seiner freien Verfügung unterliegt, fordern. Auch das klassische islamische Recht kennt ein dem echten Noterbrecht vergleichbares Institut, da es dem Erblasser nur erlaubt, maximal über ein Drittel des Nachlasses Verfügungen zu treffen. Für solche Min-

---

[59] STAUDINGER-DÖRNER Art 25 RdNr 288; MünchKomm-BIRK Art 26 RdNr 28; aA KEGEL-SCHURIG § 21 III 2 c.
[60] KEGEL-SCHURIG § 21 II; in aller Regel ist das der Tod des Erblassers; zu beachten ist dabei aber, dass für eine etwaige Todesvermutung das anzuwendende Recht sich nach Art 9 EGBGB entscheidet, vgl PALANDT-HELDRICH Art 25 RdNr 10.
[61] LANGE-KUCHINKE § 3 II 3 a; ob ein Aktivum oder Passivum dem Erblasser gehörte oder von ihm geschuldet war, ist aber selbstständig nach dessen Einzelstatut anzuknüpfen, KEGEL-SCHURIG § 21 II.
[62] DÖRNER IPRax 1994, 362, 364; für die in § 14 HeimG enthaltene Beschränkung der Einsetzbarkeit vertritt STAUDINGER-DÖRNER Art 25 RdNr 127 die Sonderanknüpfung an die Belegenheit des Heims in Deutschland, MünchKomm-BIRK Art 25 RdNr 208 dagegen die Anwendung des Art 25 Abs 1 EGBGB.
[63] KEGEL-SCHURIG § 21 III 3.
[64] LANGE-KUCHINKE § 3 II 3 b β.
[65] LANGE-KUCHINKE § 3 II 3 b β.
[66] Vgl im Einzelnen MünchKomm-BIRK Art 26 RdNr 90 f.
[67] Vgl zB LANGE-KUCHINKE § 37 I 1 d.

destbeteiligungen am Nachlass gilt das definitive Erbstatut wie es sich zum Zeitpunkt des Todes darstellt,[68] was bei Errichtung einer Verfügung von Todes wegen dazu führt, dass im Hinblick auf einen möglichen Staatsangehörigkeitswechsel des Erblassers Schwierigkeiten entstehen können. Man mag zwar daran denken, echte Noterbrechte als Fall einer teilweisen Ungültigkeit der Verfügungen im Hinblick auf den nicht disponiblen Teil des Nachlasses anzusehen, und auch das deutsche Erbrecht kennt die Möglichkeit, zum Schutz des Pflichtteilsberechtigten einzelne Anordnungen in einer Verfügung von Todes wegen als unwirksam zu behandeln (vgl § 2306 Abs 1 S 1 BGB). Die Begriffe des deutschen IPR sind jedoch nach den Grundsätzen des deutschen Sachrechtes auszulegen (sog **Qualifikation nach der lex fori**) und danach gibt das Pflichtteilsrecht eben grundsätzlich nur schuldrechtliche Ansprüche und lässt die Verfügung von Todes wegen ansonsten bestehen. Im Interesse einer einheitlichen internationalprivatrechtlichen Betrachtung aller Mindestbeteiligungen am Nachlass eines Erblassers erscheint deshalb insoweit die Anwendung des Art 25 Abs 1 EGBGB korrekt.

Die teilweise oder vollständige Aufhebung, Änderung oder der Widerruf einer Verfügung von Todes wegen bzw der Rücktritt davon bestimmt sich nach dem Errichtungsstatut des Art 26 Abs 5 S 1 EGBGB, da er zur Frage der Bindung gehört.[69] Man wird insoweit exakterweise dahingehend zu differenzieren haben, dass die Überwindung der früheren Verfügung sich nach deren Errichtungsstatut richtet, die Gültigkeit der überwindenden Verfügung von Todes wegen im Übrigen nach ihrem eigenen Errichtungsstatut.

Die Anfechtung einer Verfügung von Todes wegen bestimmt sich demgegenüber in jedem Falle nach dem definitiven Erbstatut des Art 25 Abs 1 EGBGB.

### 5. Mehrrechtsstaaten

Die Verweisung in Art 25 Abs 1 bzw 26 Abs 5 S 1 EGBGB führt dann zu Schwierigkeiten, wenn im Heimatstaat des Erblassers Rechtsspaltung herrscht, dh dort unterschiedliche Rechtsordnungen gelten. Eine solche Rechtsspaltung ist gerade im Erbrecht nicht selten.

Ein Beispiel für eine sog **territoriale Rechtsspaltung** liefert dabei Spanien. Dort gelten in bestimmten Gebieten besondere Partikularrechte, sog **Foralrechte**.[70] Diese Spezialgesetze bestimmter Territorien haben Vorrang vor dem gemeinspanischen Recht, wie es im Código civil niedergelegt ist. Die größte Bedeutung der Foralrechte liegt gerade im Bereich des Erbrechtes.[71] So kann etwa nach baskischem Recht anders als nach gemeinspanischem Recht ein Testament auch durch einen Vertreter errichtet werden,[72] außerdem sind die Erbquoten in den Teilrechtsordnungen durchaus verschieden.[73] Einen anderen Fall territorialer Rechtsspaltung innerhalb der Europäischen Union stellt daneben insbesondere das Vereinigte Königreich von Großbritannien und Nordirland dar, wo in England und Wales, in Schottland und in Nordirland unterschiedliches materielles und auch Internationales Erbrecht gilt.[74] Außerhalb Europas gibt es territorial gespaltene Rechtsordnungen zB in den USA, Kanada und Australien. Die Spaltung kann jedoch nicht nur territorialer Art sein, sondern auch personaler bzw religiöser Na-

---

68 Vgl MünchKomm-BIRK Art 25 RdNr 136 ff; PALANDT-HELDRICH Art 25 RdNr 10; KEGEL-SCHURIG § 21 III 3.
69 MünchKomm-BIRK Art 26 RdNr 95, 106.
70 Ausführlich JAYME RabelsZ 55 (1991), 303.
71 JAYME RabelsZ 55 (1991), 303, 328.
72 JAYME RabelsZ 55 (1991), 303, 328.
73 JAYME RabelsZ 55 (1991), 303, 328.
74 DNotI-Report 2002, 2.

tur derart, dass für bestimmte Personen- bzw Religionsgruppen unterschiedliche materielle Erbrechte gelten, wie häufig in islamischen Staaten.

Im Falle einer Rechtsspaltung entscheidet sich die Auffindung der anwendbaren Teilrechtsordnung nach der Unteranknüpfung des Art 4 Abs 3 EGBGB. In erster Linie ist dabei nach Art 4 Abs 3 S 1 EGBGB zu fragen, ob die deutsche Kollisionsnorm nicht schon selbst die maßgebliche Teilrechtsordnung bezeichnet. Dies ist jedoch bei dem hier interessierenden Bereich des Erbstatuts nicht gegeben, da Art 25 Abs 1, 26 Abs 5 S 1 EGBGB an die Staatsangehörigkeit anknüpfen.[75] Die Unteranknüpfung ist deshalb nach der internen Kollisionsrechtsordnung des Heimatstaates des Erblassers zu entscheiden, soweit eine solche vorhanden ist. Das ist etwa in Spanien der Fall, wo ein interlokales Recht in Kollisionsfällen bestimmt, ob und gegebenenfalls welches forale Erbrecht zur Anwendung kommen soll. Entscheidend ist dabei die Foralrechtszugehörigkeit, sog **vecindad**, dh die **Gebietszugehörigkeit** zu einem bestimmten Foralrecht.[76] Im Gegensatz zu Spanien besteht im Vereinigten Königreich von Großbritannien und Nordirland eine solche übergeordnete interne Kollisionsrechtsordnung auf gesamtstaatlicher Ebene nicht, sondern jede Teilrechtsordnung hat ihr eigenes Kollisionsrecht zur Lösung der Rechtsspaltung. Ähnliches gilt für die USA. In einem solchen Falle gilt gemäß Art 4 Abs 3 S 2 EGBGB die Teilrechtsordnung, zu der der Sachverhalt die engste Verbindung hat. Im Bereich einer territorialen Erbrechtsspaltung kommt es dabei in der Regel auf den gewöhnlichen bzw letzten gewöhnlichen Aufenthalt des Erblassers an.[77]

### 6. Rück- und Weiterverweisung (sog renvoi)

**24** Verweisen die Art 25 Abs 1 bzw 26 Abs 5 S 1 EGBGB auf eine ausländische Rechtsordnung, so liegt hierin nach Art 4 Abs 1 S 1 EGBGB grundsätzlich eine Verweisung auf das gesamte ausländische Recht, einschließlich der ausländischen erbrechtlichen Kollisionsnormen **(Gesamtverweisung)**. Der Vorbehalt, dass dies dann nicht gelten soll, wenn die Gesamtverweisung dem Sinn der Verweisung widerspräche, Art 4 Abs 1 S 1 letzter Halbsatz EGBGB, hat im Internationalen Erbrecht bislang keine Bedeutung.

Folgt das Erbkollisionsrecht des ausländischen Erblassers ebenso wie das deutsche dem Prinzip der Anknüpfung an die Staatsangehörigkeit, so nimmt es die Verweisung in Art 25 Abs 1 bzw 26 Abs 5 S 1 EGBGB an und es ist daher das ausländische materielle Erbrecht zur Entscheidung der Sachfragen berufen. Das Internationale Privatrecht weist wie jede andere nationale Rechtsmaterie jedoch nationale Eigen- und Besonderheiten auf, die von Land zu Land verschieden sind.[78] Wählt die verwiesene ausländische Rechtsordnung einen anderen Anknüpfungspunkt oder eine andere Anknüpfungszeit für das Erbstatut als das deutsche Kollisionsrecht, so besteht die Möglichkeit, dass das fremde IPR seinerseits auf deutsches Recht zurückverweist **(Rückverweisung)** oder auf das Recht eines Drittstaates weiterverweist (Weiterverweisung).

Verstirbt etwa ein schweizerischer Staatsangehöriger mit letztem Wohnsitz in Deutschland, wo auch sein gesamter Nachlass sich befindet, so kommt es zur Rückverweisung auf das deutsche Recht, weil Art 91 Abs 1 schweizerisches IPRG

---

[75] Vgl PALANDT-HELDRICH Art 4 RdNr 14.
[76] Vgl JAYME RabelsZ 55 (1991), 303, 315.
[77] PALANDT-HELDRICH Art 4 RdNr 14.

[78] HAAS in: BENGEL-REIMANN, Handbuch der Testamentsvollstreckung, § 9 RdNr 87.

bei Personen mit letztem Wohnsitz im Ausland eine Gesamtverweisung auf das Wohnsitzrecht vorsieht.[79] Hatte der schweizerische Staatsangehörige seinen letzten Wohnsitz jedoch seit mindestens fünf Jahren in den Niederlanden und war dort auch sein Nachlass belegen, so verweist das schweizerische Kollisionsrecht (Art 91 Abs 1 IPRG) auf das niederländische Recht weiter. Ob es sich bei dieser Weiterverweisung wiederum um eine Gesamtverweisung handelt, beurteilt sich nach dem schweizerischem IPR als dem Recht des Zweitstaates.[80] Dies ist bei der Verweisung des Art 91 Abs 1 schweizerisches IPRG der Fall.[81] Das niederländische Internationale Erbrecht nimmt in diesem Fall die Verweisung an, Art 3 Abs 2 des Haager Erbrechtsübereinkommens vom 1. 8. 1989.

Kommt es nicht zu einer Weiterverweisung durch das Recht des Zweitstaates und nimmt dieses die Verweisung des deutschen IPR aber auch nicht an, sondern verweist auf das deutsche Recht zurück, so ist diese Rückverweisung in jedem Falle eine Sachnormverweisung auf das deutsche materielle Erbrecht, um ein fortwährendes Hin und Her zwischen den Erbkollisionsrechten Deutschlands und des Zweitstaates zu vermeiden, Art 4 Abs 1 S 2 EGBGB.

Im Rahmen des Art 4 Abs 1 EGBGB ist das sonach berufene ausländische Kollisionsrecht grundsätzlich nach seinen eigenen Rechtsbegrifflichkeiten anzuwenden und auszulegen. Insbesondere beurteilen (qualifizieren) sich Voraussetzung und Umfang einer etwaigen Rück- oder Weiterverweisung nach den Begriffen der fremden Rechtsordnung.[82] Zwar folgen die neueren IPR-Gesetze in aller Regel ebenso wie Deutschland dem Staatsangehörigkeitsprinzip,[83] die Schweiz hingegen folgt zB dem Wohnsitzgrundsatz (Art 90, 91 schweizerisches IPRG). Der Begriff des Wohnsitzes ist in diesem Fall nach dem schweizerischem Recht auszulegen, das darunter den Ort versteht, an dem sich der Mittelpunkt der Lebensbeziehungen einer Person befindet.[84] Andere Staaten spalten den Nachlass auf. So ist es häufig im romanischen Rechtskreis, etwa in Frankreich, anzutreffen, dass bewegliches Vermögen im Nachlass nach dem lezten Wohnsitz bzw Domizil des Erblassers angeknüpft wird, Immobilien hingegen nach dem Belegenheitsort.[85] Ähnliche Grundsätze sind im angelsächsichen Rechtskreis verbreitet. Nach englischem Internationalen Privatrecht etwa unterliegt der Nachlass keinem einheitlichen Recht. Nach dem Prinzip der **internationalprivatrechtlichen Nachlassspaltung** vererbt sich vielmehr der unbewegliche Nachlass nach dem Recht des Lageortes, während die Erbfolge in den beweglichen Nachlass von dem Recht

---

**79** Die Frage ist allerdings in höchstem Maße umstritten und daher vorsichtig zu behandeln; Art 91 Abs 1 schweizerisches IPRG bestimmt nämlich, dass der Nachlass einer Person mit letztem Wohnsitz im Ausland dem Recht untersteht, auf welches die Kollisionsrecht des Wohnsitzstaates verweist; nach Abs 2 derselben Vorschrift soll der Nachlass eines Schweizers mit letztem Wohnsitz im Ausland schweizerischem Recht grundsätzlich unterstehen, soweit nach Art 87 des Gesetzes die schweizerischen Gerichte oder Behörden am Heimatort zuständig sind; vor allem VON OVERBECK IPRax 1988, 329, 332 f, ist der Auffassung, dass Art 91 Abs 1 IPRG keine Verweisung auf das Wohnsitzrecht enthalte, sondern eine Bestimmung eigener Art darstelle, welche sich nur an den schweizerischen Richter wende und ihn verpflichte, die normale deutsche Lösung, also das Staatsangehörigkeitsrecht, zu beachten; wie hier dagegen LORENZ DNotZ 1993, 148, 150 ff; KRZYWON BWNotZ 1989, 153, 156 ff.

**80** HAAS in: BENGEL-REIMANN, Handbuch der Testamentsvollstreckung, § 9 RdNr 88.

**81** LORENZ DNotZ 1993, 148, 150.

**82** NIEDER, Handbuch der Testamentsgestaltung, RdNr 393.

**83** SIEHR IPRax 1987, 4, 8.

**84** KRZYWON BWNotZ 1989, 153 f.

**85** Vgl für Frankreich RIERING ZEV 1994, 225 ff; für Frankreich und Belgien HENRICH FS Schippel, 1996, S 905, 911.

des Staates beherrscht wird, in dem der Erblasser zur Zeit seines Todes sein domicile hatte.[86] Der **Domizilbegriff** ist dabei im Sinne des englischen Rechts zu sehen und nicht mit dem deutschen Wohnsitz- oder Aufenthaltsbegriff identisch.[87] Es bedeutet nicht Verbundenheit mit einem Ort, sondern Zugehörigkeit zu einem bestimmten Rechtsgebiet; außerdem kann jede Person nur ein domicile haben.[88] Durch Geburt erwirbt man ein »domicile of origin«, das je nach ehelicher oder unehelicher Geburt mit dem domicile des Vaters oder der Mutter identisch ist.[89] Man kann jedoch ein domicile of choice neu erwerben, das das bisherige ersetzt, indem man objektiv die tatsächliche Niederlassung in einem neuen Rechtsgebiet nimmt (factum of residence) und als subjektive Voraussetzung den animus manendi et non revertendi, das heißt die Absicht, an diesem neuen Ort ständig zu bleiben und nicht mehr zum vorherigen zurückzukehren, hat.[90] Entscheidet sich ein ausländisches Kollisionsrecht für eine solche Nachlassspaltung, ist auch nach seinen Qualifikationsgrundsätzen zu beurteilen, ob ein Nachlassbestandteil als bewegliches oder unbewegliches Vermögen einzuordnen ist, es sei denn es überlässt diese Qualifikationsfrage einem anderen Recht, typischerweise dem Recht des Belegenheitsortes des jeweiligen Gegenstandes, sog **Qualifikationsrück- bzw -weiterverweisung**.[91] So weist das anglo-amerikanische Recht dem berufenen Recht die Bestimmung, ob ein Gegenstand bewegliches oder unbewegliches Vermögen ist, zu.[92] Zu bemerken ist im Zusammenhang mit solchen ausländischen Erbkollisionsrechten, die das Statut in bestimmte Nachlassgegenstände aufspalten, dass eine solche Nachlassspaltung aus der Sicht des deutschen Kollisionsrechtes im Rahmen des Art 4 Abs 1 EGBGB grundsätzlich ohne weiteres nachvollzogen wird. Verstirbt dementsprechend ein französischer Staatsangehöriger mit Wohnsitz in Frankreich und hinterlässt in Deutschland ein Grundstück, während das übrige Nachlassvermögen in Frankreich belegen ist, so ist für das Grundstück deutsches Erbrecht, für den restlichen Nachlass französisches Erbrecht zu Grunde zu legen.

Bei der Anwendung des ausländischen Rechtes ist in Rechnung zu stellen, dass die Kollisionsnormen nicht immer offen als solche zu Tage treten, sondern gerade im angloamerikanischen Rechtskreis sich häufig in Normen über die internationale Zuständigkeit (jurisdiction) verstecken. So wenden beispielsweise die Gerichte in den USA das eigene materielle Recht an, wenn sie jurisdiction haben, das heißt wenn ihre Gerichte international zuständig sind, die Frage zu entscheiden.[93] Sind etwa nach solchen amerikanischen Vorschriften zur internationalen Zuständigkeit deutsche Gerichte berufen, liegt hierin eine **»versteckte Rückverweisung«** auf deutsches Recht, sind danach Gerichte eines Drittstaates zuständig, liegt hierin eine zu beachtende »versteckte Weiterverweisung«.[94]

---

86 LANGE DNotZ 2000, 332, 342; GRAUPNER-DREYLING ZVglRWiss 82 (1983), 193, 197; DOPFFEL DNotZ 1976, 335, 349.
87 GRAUPNER-DREYLING ZVglRWiss 82 (1983), 193, 197.
88 GRAUPNER-DREYLING ZVglRWiss 82 (1983), 193, 197; DOPFFEL DNotZ 1976, 335, 349.
89 GRAUPNER-DREYLING ZVglRWiss 82 (1983), 193, 197; DOPFFEL DNotZ 1976, 335, 349.
90 DNotI-Report 2002, 2; DOPFFEL DNotZ 1976, 335, 349; GRAUPNER-DREYLING ZVglRWiss 82 (1983), 193, 197 mit weiteren Ausführungen.
91 SCHOTTEN RdNr 281; COESTER JA 1979, 351 f.
92 MünchKomm-SONNENBERGER Art 4 RdNr 58.
93 HAAS in: BENGEL-REIMANN, Handbuch der Testamentsvollstreckung, § 9 RdNr 90; SCHOTTEN RdNr 20 Fn 41; VON OVERBECK IPRax 1988, 329, 333; ausführlich MünchKomm-SONNENBERGER Art 4 RdNr 41 ff.
94 HAAS in: BENGEL-REIMANN, Handbuch der Testamentsvollstreckung, § 9 RdNr 90.

VI. Anknüpfung des Erbstatuts nach EGBGB | **B 25**

In zeitlicher Hinsicht ist, soweit es um die Wirksamkeit bzw. Bindung von Verfügungen von Todes wegen im Sinne des Art 26 Abs 5 S 1 EGBGB geht, zu beachten, dass das im Rahmen des Art 4 Abs 1 S 1 EGBGB anzuwendende ausländische Kollisionsrecht auf den Zeitpunkt der Verfügungserrichtung zu prüfen ist, selbst dann, wenn es hierfür einen anderen Zeitpunkt als maßgeblich ansehen sollte, etwa für die Wirksamkeit des Testamentes die Kollisionsnorm auf den Todeszeitpunkt abstellt. Dies ergibt sich folgerichtig aus dem Charakter des Wirksamkeitsstatuts als hypothetisches Erbstatut, das heißt als dasjenige Erbrecht, das für die Erbfolge anzuwenden wäre, wenn der Erbfall im Zeitpunkt der Verfügung eingetreten wäre.[95]

Die Beachtlichkeit einer Rück- bzw Weiterverweisung durch das Kollisionsrecht im Heimatstaat des Erblassers eröffnet für diesen unter Umständen Gestaltungsmöglichkeiten. Dies gilt vor allem dann, wenn das heimatliche IPR zumindest für bestimmte Nachlassgegenstände auf deren Belegenheit abstellt. Der Erblasser hat hier die Möglichkeit, durch geschickte Auswahl des Belegenheitsstaates das anwendbare Erbrecht in einfacherer Weise zu beeinflussen, als es durch einen regelmäßig mit bürokratischen und psychologischen[96] Hemmnissen verbundenen Staatsangehörigkeitswechsel der Fall wäre.

### 7. Vorrang des Einzelstatuts

Das gemäß Art 25 Abs 1 bzw 26 Abs 5 S 1 EGBGB berufene Heimatrecht beansprucht grundsätzlich Geltung für den ganzen Nachlass (**Gesamtstatut**). Sind jedoch Nachlassgegenstände, insbesondere Grundstücke, nicht im Heimatstaat des Erblassers bzw im Gebiet eines Staates belegen, dessen Recht kraft Rück- oder Weiterverweisung der Kollisionsnormen des Heimatstaates anzuwenden ist, und unterliegen sie nach dem Recht des Lagestaates »besonderen Vorschriften«, so sind diese Sondervorschriften anzuwenden, Art 3 Abs 3 EGBGB.[97] Dabei verdrängt das **Belegenheitsrecht** das einheitliche Erbstatut nur insoweit, als es besondere Regelungen bezüglich des in seinem Staat belegenen Vermögens selbst aufweist und es diese in seinem Geltungsbereich belegenen Gegenstände erfassen will.[98]

Solche »besondere Vorschriften« des Rechts des Belegenheitsstaates sind unstreitig Sonderregelungen des materiellen Erbrechts für Nachlassgegenstände bestimmter Art. Zu nennen sind etwa, obwohl sie aus deutscher Sicht nur eine geringe Rolle spielen dürften, Lehen, Fideikommisse, Stamm- und Anerbengüter.[99] Eine größere Bedeutung hat jedoch, dass auch die Sonderrechtsnachfolge des Hoferben Art 3 Abs 3 EGBGB unterfällt.[100] Gemeint ist damit auch die in dem Gebiet der früheren britischen Besatzungszone fortgeltende Höfeordnung. Ihre Vorschriften setzen sich, wenn der Hof dort belegen ist, auch gegenüber einem fremden Erbstatut durch.[101]

25

---

**95** Das italienische IPR bestimmt bei einem Statutenwechsel nach Errichtung eines Testamentes hingegen dessen Zulässigkeit nach dem Recht der neuen Staatsangehörigkeit – vorbehaltlich abweichender Rechtswahl gemäß Art 46 Abs 2 italienisches IPRG, vgl EBENROTH-KLEISER RIW 1993, 353, 360.
**96** Vgl LANGE DNotZ 2000, 332, 336.
**97** KERSTEN-BÜHLING-WÄHLER § 126 RdNr 28.
**98** HAAS in: BENGEL-REIMANN, Handbuch der Testamentsvollstreckung, § 9 RdNr 40.
**99** LANGE DNotZ 2000, 332, 342; HAAS in: BENGEL-REIMANN, Handbuch der Testamentsvollstreckung, § 9 RdNr 41; Münchkomm-SONNENBERGER Art 3 RdNr 21.
**100** REINHART BWNotZ 1987, 97, 99; HAAS in: BENGEL-REIMANN, Handbuch der Testamentsvollstreckung, § 9 RdNr 41; KERSTEN-BÜHLING-WÄHLER § 126 RdNr 28.
**101** BGH MDR 1965, 818.

Nach hM erfasst Art 3 Abs 3 EGBGB auch vom deutschen Recht abweichende ausländische Kollisionsnormen, wenn diese das eigene Recht berufen, weil ein bestimmter Gegenstand innerhalb ihres Staates belegen ist.[102] Auch die Rechtsprechung folgt dieser Auffassung. Voraussetzung ist insoweit jedenfalls, dass das fragliche ausländische IPR auf die Belegenheit im eigenen Staat als solche abstellt.[103] Knüpft das ausländische Internationale Erbrecht an das jeweilige Belegenheitsrecht in diesem Sinne an, so ist es gemäß Art 3 Abs 3 EGBGB auch dann zu beachten, wenn es dies für alle (beweglichen und unbeweglichen) Nachlassgegenstände tut.[104]

Bedeutung hat Art 3 Abs 3 EGBGB demnach vor allem in den häufigen Fällen, in denen ein deutscher Erblasser unbewegliches Vermögen in einem Staat besitzt, der dieses nach dem Belegenheitserbrecht behandelt.[105] Hinterlässt etwa ein deutscher Staatsangehöriger unbewegliches Vermögen in England, so kommt hinsichtlich dieses Grundbesitzes englisches Erbrecht zur Anwendung, da das englische Recht Grundbesitz in England dem Belegenheitsrecht unterwirft.[106]

Umstritten ist, ob Art 3 Abs 3 EGBGB auch dann eingreift, wenn das Recht des Belegenheitsstaates nicht für die Erbfolge als Ganze Anwendung beansprucht, sondern nur für einzelne Teilfragen, zum Beispiel den Erwerbsmodus oder die Haftung für Nachlassschulden.[107] Man spricht in solchen Fällen von **funktionaler Nachlassspaltung**.[108] Die Anwendung des Art 3 Abs 3 wird hierfür von Teilen der Literatur bejaht.[109]

### 8. Ordre Public

#### a) Inländischer ordre public, Art 6 EGBGB

**26** Sämtliche Verweisungen auf ausländische Rechtsordnungen im EGBGB stehen jeweils unter dem Vorbehalt, dass sie nicht zu einem Ergebnis führen, das mit wesentlichen Grundsätzen des deutschen Rechts offensichtlich unvereinbar ist, Art 6 EGBGB. Vorausgesetzt ist dabei ein so schwerwiegender Widerspruch zur deutschen Rechtsordnung, dass das Ergebnis der Rechtsanwendung für untragbar angesehen werden muss.[110] Dabei ist das konkrete Ergebnis auf Grund der Anwendung der fremden Norm im Einzelfall entscheidend, nicht ihr abstrakter Regelungsgehalt.[111] Die Vorschrift des Art 6 EGBGB darf nur zurückhaltend ange-

---

[102] BGHZ 45, 351; 50, 63; BGH IPRax 1994, 375 m Anm DÖRNER; LANGE DNotZ 2000, 332, 342; MünchKomm-SONNENBERGER Art 3 RdNr 24 f; STAUDINGER-DÖRNER Art 25 RdNr 536 ff; PALANDT-HELDRICH Art 25 RdNr 3; REINHART BWNotZ 1987, 97, 99; HAAS in: BENGEL-REIMANN, Handbuch der Testamentsvollstreckung, § 9 RdNr 42; aA KEGEL-SCHURIG § 21 I 1; SOLOMON IPRax 1997, 81 ff.

[103] Vgl MünchKomm-SONNENBERGER Art 3 RdNr 25; HAAS in: BENGEL-REIMANN, Handbuch der Testamentsvollstreckung, § 9 RdNr 42.

[104] STAUDINGER-DÖRNER Art 25 RdNr 538; HAAS in: BENGEL-REIMANN, Handbuch der Testamentsvollstreckung, § 9 RdNr 42.

[105] Vgl GRUBER ZEV 201, 463 f; STEINER ZEV 2001, 477; HAAS in: BENGEL-REIMANN, Handbuch der Testamentsvollstreckung, § 9 RdNr 43 mwN; betroffen sind zB England, Frankreich, Belgien, Rumänien und die meisten US-Bundesstaaten.

[106] KRZYWON BWNotZ 1989, 153, 155; GRUBER ZEV 2001, 463 f.

[107] Vergleiche dazu § 28 Abs 2 österreichisches IPRG.

[108] HAAS in: BENGEL-REIMANN, Handbuch der Testamentsvollstreckung, § 9 RdNr 45.

[109] Zum Beispiel MünchKomm-SONNENBERGER Art 3 RdNr 25; STAUDINGER-DÖRNER Art 25 RdNr 539.

[110] HAAS in: BENGEL-REIMANN, Handbuch der Testamentsvollstreckung, § 9 RdNr 93.

[111] MünchKomm-SONNENBERGER Art 6 RdNr 47.

wendet werden.¹¹² Im Erbrecht wird sie im Ergebnis äußerst selten angewandt.¹¹³ Es gibt aber genug Ansatzpunkte, die Anlass zur Diskussion geben. So wurde etwa die Gewährung eines gesetzlichen Erbrechtes für die unverheiratete, mit dem Erblasser in häuslicher Gemeinschaft und Familie lebende Frau nicht als Verstoß gegen Art 6 EGBGB angesehen,¹¹⁴ ebenso wenig eine wesentliche Schlechterstellung des überlebenden Ehegatten im Vergleich zum deutschen Erbrecht¹¹⁵ oder, wenn das zur Anwendung berufene ausländische Recht eine Rechtsbeziehung zwischen nichtehelichem Kind und seinem Vater verneint.¹¹⁶ Dagegen kann bei entsprechendem, stets vom Art 6 EGBGB geforderten hinreichenden Inlandsbezug ein Verstoß vorliegen, wenn das anwendbare Recht nach Religionszugehörigkeit differenziert oder wenn es männliche und weibliche Abkömmlinge ungleich behandelt.¹¹⁷ Nicht dem Verdikt des Art 6 EGBGB ist hingegen das grundsätzliche französische Verbot einer Substitution gemäß Art 896 C.c. unterworfen, das die nach deutschem Recht gegebenen Möglichkeiten einer Vor- und Nacherbfolge wesentlich einschränkt.¹¹⁸

Äußerst umstritten für die Testamentsgestaltung wegen der dadurch verbundenen Ausdehnung der Testierfreiheit ist, ob es aus deutscher Sicht geduldet werden kann, wenn das ausländische Erbstatut kein Pflichtteils- oder Noterbrecht der nächsten Verwandten oder des Ehegatten vorsieht.¹¹⁹ Relevant ist diese Fragestellung vor allem in Hinblick auf das anglo-amerikanische Erbrecht, das häufig kein Pflichtteilsrecht kennt,¹²⁰ wobei dies allerdings teilweise durch die Gewährung von Unterhaltsansprüchen ausgeglichen wird.¹²¹ Die Rechtsprechung hat hier bislang noch keinen Verstoß anerkannt.¹²² Neueren Strömungen in der Literatur gemäß soll demgegenüber bei entsprechender Stärke des Inlandsbezugs – insoweit handelt es sich um ein allgemeines Merkmal des ordre public – und je nach persönlicher Situation des Betroffenen Art 6 EGBGB durchschlagen.¹²³ Das könne bei Minderjährigen und Bedürftigen der Fall sein, soweit die Gewährung des Pflichtteilsanspruchs erforderlich ist, um eine Unterhalts- bzw Sozialhilfebedürftigkeit abzuwenden.¹²⁴ Andere Autoren gehen noch weiter und unterstellen unabhängig von der Bedürftigkeit oder Minderjährigkeit des Berechtigten das Pflichtteilsrecht dem Schutzbereich des Grundrechts aus Art 14 GG und damit auch dem Art 6 EGBGB.¹²⁵

### b) Ausländischer ordre public

Den ordre public eines ausländischen Rechtes hat der deutsche Richter im Rahmen des Art 6 EGBGB nicht zu wahren.¹²⁶ Problematisch ist seine Relevanz je- **27**

---

112 MünchKomm-SONNENBERGER Art 6 RdNr 14.
113 KERSTEN-BÜHLING-WÄHLER § 126 RdNr 30.
114 BayObLG NJW 1976, 2076.
115 OLG Hamm NJW 1954, 1731.
116 LG Stuttgart FamRZ 1998, 1627.
117 Ausführlich LORENZ 1993, 148 ff zum islamischen Ehegattenerbrecht; MünchKomm-BIRK Art 25 RdNr 114.
118 Ausführlich VEELKEN RabelsZ 49 (1985), 1 ff, insbesondere 28.
119 Vgl dazu OLG Köln FamRZ 1976, 170; DÖRNER IPRax 1994, 362; PENTZ ZEV 1998, 494; EDENFELD ZEV 2001, 457, 462; GRUBER ZEV 2001, 463, 467 ff; KEGEL-SCHURIG § 21 II; MünchKomm-BIRK Art 25 RdNr 113 mwN;

zur Rechtslage in Italien EBENROTH-KLEISER RIW 1993, 353, 356.
120 GRUBER ZEV 2001, 463, 467; DOPFFEL DNotZ 1976, 335, 343; KEGEL-SCHURIG § 21 I 2.
121 KEGEL-SCHURIG § 21 II; GRUBER ZEV 2001, 463, 467 Fn 54; DOPFFEL DNotZ 1976, 335, 343 – jeweils für England.
122 OLG Köln FamRZ 1976, 170; RG JW 1912, 22.
123 GRUBER ZEV 2001, 463, 468.
124 GRUBER ZEV 2001, 463, 468; MünchKomm-BIRK Art 25 RdNr 113; DÖRNER IPRax 1994, 362, 363.
125 PENTZ ZEV 1998, 449.
126 PALANDT-HELDRICH Art 6, 8.

doch dann, wenn das Heimatrecht des Erblassers auf deutsches Recht zurückverweist oder auf eine dritte Rechtsordnung weiterverweist. In diesem Fall soll nach hM die Rück- bzw Weiterverweisung nur in den Grenzen des ordre public der rück- bzw weiterverweisenden Rechtsordnung, hier also des heimatlichen Internationalen Erbrechts des Erblassers, maßgeblich sein.[127] Bei einer Rückverweisung auf deutsches Recht wird sonach bedeutsam, welche Regelungen des deutschen Erbrechts möglicherweise gegen den ordre public des Erbstatuts verstoßen können, wobei insbesondere zu nennen sind: Erbvertrag, Erbverzicht, gemeinschaftliches Testament, Nacherbschaft, Pflichtteilsrecht.[128] Die Relevanz des ordre public der ausländischen Rechtsordnung im Rahmen der Rück- bzw Weiterverweisung ergibt sich folgerichtig aus dem mit Art 4 Abs 1 S 1 EGBGB verfolgten internationalen Entscheidungseinklang, das heißt es wird aus deutscher Sicht möglichst dasselbe Ergebnis herauskommen wie aus Sicht der verwiesenen Rechtsordnung.[129] Allerdings muss sorgfältig geprüft werden, ob wirklich aus der ausländischen Sicht ein Verstoß gegen den internationalen/externen ordre public des Heimatrechts gegeben ist, was bezüglich der vorgenannten Rechtsinstitute nicht ohne weiteres angenommen werden kann.[130] Gerade im romanischen Rechtskreis muss exakt zwischen dem internen ordre public, dh dem innerstaatlich zwingenden Recht, und dem internationalen/externen ordre public, der aus Sicht unserer Rechtsordnung in Art 6 EGBGB geregelt ist, unterschieden werden.[131] Dass das fragliche ausländische Rechts eines seiner Institute für nicht abdingbar im Sinne eines zwingenden Rechtes ansieht, reicht noch nicht aus, es auch zum internationalen ordre public zu zählen.

Jedenfalls ergibt sich für die Gestaltung von Verfügungen von Todes wegen selbst dann, wenn das ausländische Heimatrecht auf die deutsche Rechtsordnung zurückverweist, aus der Relevanz des ausländischen ordre public eine Unsicherheit für die Wirksamkeit bzw Wirkung der Verfügung, die es angeraten erscheinen lässt, auch den Inhalt des ausländischen Rechts in die Betrachtung einzubeziehen.

### 9. Bestimmung des Erbstatuts durch Rechtswahl

#### a) Rechtswahl nach Art 25 Abs 2 EGBGB

##### aa) Allgemeines

**28** Art 25 Abs 2 EGBGB erlaubt dem Erblasser, für im Inland belegenes unbewegliches Vermögen in der Form einer Verfügung von Todes wegen deutsches Recht zu wählen. In den Grenzen seiner Wirksamkeit bestimmt die Rechtswahl dabei auch über das Errichtungsstatut im Sinne des Art 26 Abs 5 S 1 EGBGB. Die **Rechtswahl** ist dabei in dreifacher Weise eingeschränkt. Sie gilt erstens nur für unbewegliches Vermögen, das zweitens im Inland belegen sein muss, außerdem kann drittens nur deutsches Erbrecht gewählt werden.[132] Eine Ausdehnung des Anwendungsbereiches der Norm auf die Wahl des ausländischen Belegenheitsrechts bei ausländischen Grundstücken ist ausgeschlossen, da es sich um eine

---

127 Ausführlich MünchKomm-SONNENBERGER Art 6 RdNr 73 mwN.
128 MünchKomm-BIRK Art 25 RdNr 118.
129 Die Beachtlichkeit des ausländischen ordre public wird dagegen verneint von LICHTENBERGER, Voraufl, RdNr 39.
130 So zu Recht SCHOTTEN RdNr 313.
131 Vgl KROPHOLLER § 36 I; RIERING ZEV 1994, 225, 227.
132 KRZYWON BWNotZ 1987, 4; JAYME IPRax 1986, 265, 269; RÖLL MittBayNot 1989, 1, 5.

## VI. Anknüpfung des Erbstatuts nach EGBGB

einseitige Exklusivnorm handelt.[133] Hintergrund dafür ist die Befürchtung des Gesetzgebers, dass sonst Nachlassgläubiger benachteiligt, vor allem aber Pflichtteilsrechte ausgeschaltet werden könnten.[134] Die Rechtswahl hat außerdem für das in Deutschland belegene unbewegliche Nachlassvermögen den Vorteil, dass die Rechtsanwendung erleichtert, nämlich eine eindeutige und überschaubare Rechtsgrundlage geschaffen und die Erbscheinserteilung und Grundbuchumschreibung vereinfacht wird.[135] Die Rechtswahl eröffnet im Umfang ihrer Zulässigkeit im übrigen alle Möglichkeiten, die das deutsche materielle Erbrecht dem Erblasser gibt, insbesondere unter Umständen erwünschte Gestaltungsmöglichkeiten (Erbverträge, gemeinschaftliche Testamente, Testamentsvollstreckung, Auflagen, Vor- und Nacherbschaft usw).[136] Sie kann selbst dann Sinn machen, wenn auf Grund eines renvoi beim ausländischen Erblasser ohnehin schon deutsches Recht zur Anwendung käme, da sie die Beachtlichkeit des ausländischen ordre public ausschaltet[137] und ausserdem ein späterer Staatsangehörigkeitswechsel denkbar ist.[138] Andererseits bewirkt sie immer dann, wenn sie besonders interessant ist, nämlich deutsches Erbrecht nicht schon als objektiv bestimmtes Erbstatut gemäß Art 25 Abs 1 EGBGB zur Geltung kommt, eine Nachlassspaltung dahingehend, dass die von Art 25 Abs 2 EGBGB erfassten Nachlassgegenstände anderen erbrechtlichen Vorschriften unterliegen als der übrige Nachlass. Eine auf Teile des deutschen Erbrechts beschränkte Rechtswahl (sog **statutenspaltende Teilrechtswahl**) ist nicht zulässig, sondern gewählt muss immer werden das deutsche Erbrecht als Ganzes.[139] Noch offen ist dagegen immer noch, ob ein Erblasser, der in der Bundesrepublik Deutschland mehrere Grundstücke besitzt, nur einzelne dieser Grundstücke einer Rechtswahl unterwerfen kann oder nicht.[140] Vor allem aus Gründen der praktischen Handhabbarkeit und um dem Grundsatz der Nachlasseinheit weitestgehend Rechnung zu tragen, soll sich nach Teilen der Literatur die Wahl nur auf das gesamte unbewegliche Vermögen beziehen können.[141] Tatsächlich ergibt sich eine Nachlassspaltung regelmäßig schon ohnehin durch die vorgenommene Rechtswahl und die Vornahme einer partiellen Rechtswahl würde lediglich bewirken, dass der Nachlass, der dem gemäß Art 25 Abs 1 EGBGB anzuwendenden Recht unterliegt, größer wird, und zwar um die unbeweglichen Nachlassgegenstände, die nicht der Rechtswahl unterworfen wird.[142] Mit der wohl überwiegenden Meinung dürfte deshalb eine partielle, auf einzelne Objekt des inländischen unbeweglichen Vermögens beschränkte Rechtswahl zulässig sein.[143]

---

[133] KEGEL-SCHURIG § 21 I; SIEHR IPRax 1987, 4, 7; REINHART BWNotZ 1987, 97, 100; LANGE DNotZ 2000, 332, 335, 337.
[134] SIEHR IPRax 1987, 4, 7; TIEDEMANN RabelsZ 55 (1991), 17, 22.
[135] SIEHR IPRax 1987, 4, 7; HAAS in: BENGEL-REIMANN, Handbuch der Testamentsvollstreckung, § 9 RdNr 25; RIERING ZEV 1994, 225, 229.
[136] HAAS in: BENGEL-REIMANN, Handbuch der Testamentsvollstreckung, § 9 RdNr 25.
[137] REINHART BWNotZ 1987, 97, 102.
[138] LANGE DNotZ 2000, 332, 337.
[139] TIEDEMANN RabelsZ 55 (1991), 17, 25; LANGE DNotZ 2000, 332, 339; HAAS in: BENGEL-REIMANN, Handbuch der Testamentsvollstreckung, § 9 RdNr 31; DÖRNER DNotZ

1988, 67, 86 f; KRZYWON BWNotZ 1987, 4, 6.
[140] KRZYWON BWNotZ 1987, 4, 6; HAAS in: BENGEL-REIMANN, Handbuch der Testamentsvollstreckung, § 9 RdNr 32; TIEDEMANN RabelsZ 55 (1991), 17, 24 f; ZIMMERMANN, in: Beck'sches Notarhandbuch, G RdNr 145; SIEHR IPRax 1987, 4, 7.
[141] NIEDER, Handbuch der Testamentsgestaltung, RdNr 400; HAAS in: BENGEL-REIMANN, Handbuch der Testamentsvollstreckung, § 9 RdNr 32.
[142] TIEDEMANN RabelsZ 55 (1991), 17, 25.
[143] TIEDEMANN RabelsZ 55 (1991), 17, 25; SIEHR IPRax 1987, 1, 7; KRZYWON BWNotZ 1987, 4, 6; DÖRNER DNotZ 1988, 67, 86; LANGE DNotZ 2000, 332, 339; MünchKomm-BIRK Art 25 RdNr 47, der freilich die Sinnhaftig-

### bb) Form und Zustandekommen der Rechtswahl; Bindung

**29** Die Rechtswahl ist ein eigenständiges, grundsätzlich einseitiges Rechtsgeschäft auf der Ebene des Kollisionsrechts.[144] Sein Zustandekommen richtet sich entsprechend dem Rechtsgedanken der Art 27 Abs 4, 31 Abs 1 EGBGB nach deutschem Recht.[145] Es entscheidet über die Auslegung, über die Zulässigkeit einer Stellvertretung und die Folgen etwaiger Willensmängel.[146] Im Einzelnen gelten dabei die deutschen Vorschriften über Verfügungen von Todes wegen, da nach Art 25 Abs 2 EGBGB die Rechtswahl in Form einer solchen zu geschehen hat. In formeller Hinsicht genügt deshalb die Einhaltung der formellen Anforderungen eines der in Art 26 Abs 1 BGB genannten Rechte.[147] Die Gültigkeit der Rechtswahl wird daher in formeller Hinsicht begünstigt. Sie wird in materieller Hinsicht auch dadurch erleichtert, dass sie konkludent vorgenommen werden kann.[148] In der Praxis werden an eine konkludente Rechtswahl keine all zu hohen Anforderungen gestellt.[149] Als Indiz soll es in der Regel ausreichen, dass der Erblasser sich bei der Testamentsabfassung am deutschen Recht orientiert hat, zum Beispiel dessen Rechtsbegriffe oder Vorschriften zu Grunde gelegt hat.[150] Das wird grundsätzlich richtig sein, doch ist zu hinterfragen, ob nicht im Einzelfall statt einer konkludenten Rechtswahl nur ein Irrtum über die anwendbare Rechtsordnung vorgelegen hat[151] und der Erblasser, hätte er die Rechtslage gekannt, auch das deutsche Recht gewollt hätte. Dasselbe gilt, wenn man im Wege einer ergänzenden Auslegung eine konkludente Rechtswahl daraus entnimmt, dass die Verfügung nach dem anwendbaren ausländischen Erbstatut nichtig, nach deutschem Erbrecht dagegen wirksam wäre.[152] Hier wäre insbesondere zu hinterfragen, ob der Erblasser im einzelnen Fall wirklich die mit den deutschen Rechtsbegriffen verbundenen Folgen und Wirkungen beabsichtigt hatte.[153]

Hat der Erblasser das anzuwendende Erbrecht, sei es konkludent, sei es ausdrücklich, gewählt, und hat dabei aber die zulässigen Grenzen überschritten, indem er etwa deutsches Recht für das gesamte Erbstatut in Anspruch nehmen wollte, entsteht die Frage, ob die Rechtswahl teilweise im Umfang des Art 25 Abs 2 EGBGB aufrechterhalten werden kann. Die Aufrechterhaltung der Rechtswahl im zulässigen Umfang verwirklicht im Zweifel den mutmaßlichen Willen des Erblassers, da sie diesem in weitest zulässigem Umfang Rechnung trägt, so

---

keit einer solchen partiellen Rechtswahl bezweifelt; vgl auch LG Mainz NJW-RR 1994, 73 zu Art 15 Abs 2 Nr 3 EGBGB.
**144** TIEDEMANN RabelsZ 55 (1991), 17, 26.
**145** TIEDEMANN RabelsZ 55 (1991), 17, 26; KERSTEN-BÜHLING-WÄHLER § 126 RdNr 8; PALANDT-HELDRICH Art 25 RdNr 8; HAAS in: BENGEL-REIMANN, Handbuch der Testamentsvollstreckung, § 9 RdNr 33; DÖRNER DNotZ 1988, 67, 87.
**146** TIEDEMANN RabelsZ 55 (1991), 17, 27; DÖRNER DNotZ 1988, 67, 87.
**147** LANGE DNotZ 2000, 332, 339; KERSTEN-BÜHLING-WÄHLER § 126 RdNr 8; TIEDEMANN RabelsZ 55 (1991), 17, 31; SIEHR IPRax 1987, 4, 7; KRZYWON BWNotZ 1987, 4, 5.
**148** TIEDEMANN RabelsZ 55 (1991), 17, 27; HAAS in: BENGEL-REIMANN, Handbuch der

Testamentsvollstreckung, § 9 RdNr 33; KERSTEN-BÜHLING-WÄHLER § 126 RdNr 8; MünchKomm-BIRK Art 25 RdNr 42; DÖRNER DNotZ 1988, 67, 89.
**149** HAAS in: BENGEL-REIMANN, Handbuch der Testamentsvollstreckung, § 9 RdNr 33.
**150** PALANDT-HELDRICH Art 25 RdNr 8; LG Hamburg 1991 Nr 142; aA REINHART BWNotZ 1987, 97, 102 f: Erblasser wird im Zweifel eine Nachlassspaltung nicht wollen.
**151** KERSTEN-BÜHLING-WÄHLER § 126 RdNr 8; KRZYWON BWNotZ 1987, 4, 6; DÖRNER DNotZ 1988, 67, 89.
**152** In diese Richtung TIEDEMANN RabelsZ 55 (1991), 17, 29; dagegen DÖRNER DNotZ 1988, 67, 89.
**153** Vgl dazu auch ausführlich MünchKomm-BIRK Art 25 RdNr 44.

dass eine solche geltungserhaltende Reduktion zu befürworten ist.[154] Auch hier handelt es sich, wie bei der Frage der konkludenten Erklärung, im Grundsatz um eine Frage der Auslegung,[155] wobei es jedoch regelmässig ausgeschlossen sein wird, dass der Erblasser die teilweise Aufrechterhaltung nicht gewollt hätte, etwa weil er aus Gründen der Nachlasseinheit eine erbrechtliche Aufspaltung seiner Rechtsnachfolge nicht vorgenommen hätte.

Im gleichen Maße gehört es in den Bereich der Auslegung des Erblasserwillens, ob eine vor dem 1. September 1986 getroffene Rechtswahl, die damals wegen der generellen Unzulässigkeit der Parteiautonomie im Erbkollisionsrecht unzulässig war, als wirksam zu betrachten ist, wenn der Erbfall nach diesem Datum eintritt. Die Frage ist heftig umstritten.[156] Hat der Erblasser bei der Erklärung der Rechtswahl zu erkennen gegeben, dass diese, gegebenenfalls auch teilweise, Geltung haben soll, wenn sie erst später zulässig wird, so spricht nichts dagegen, diesen Willen anzuerkennen. Fehlt, was im Zweifel der Fall sein wird, ein Anhalt für einen solchen Willen, so entspricht es dem Vertrauensschutz und dem Rechtsgedanken des Art 26 Abs 5 S 1 EGBGB,[157] der Rechtswahl die Wirksamkeit dauerhaft zu versagen. Dies vor allem deshalb, weil der Erblasser möglicherweise erst nach der Rechtswahl deren Unwirksamkeit erkannt hat und im Vertrauen darauf von einem förmlichen Widerruf derselben abgesehen hat.

Unbestritten ist hingegen, dass die Rechtswahl auch in einer isolierten Erklärung ohne Zusammenhang mit anderen Verfügungen von Todes wegen erfolgen kann.[158] Ähnliches gilt für eine bedingte bzw befristete Rechtswahl. Auch sie wird grundsätzlich als zulässig angesehen.[159] Zu denken wäre etwa daran, dass der Erblasser hinsichtlich unbeweglichen Vermögens nur dann deutsches Recht angewendet wissen will, wenn er Abkömmlinge hinterlässt.[160] Die Zulässigkeit von Bedingungen wird aber wohl nicht schrankenlos sein. Vertreten wird insoweit der Rückgriff auf die Voraussetzungen des materiellen Erbrechts für Bedingungen[161] bzw das Zulassen nur solcher objektiver Umstände als Bedingung, die bis zum Erbfall eingetreten sind oder vom Nachlassgericht festgestellt werden können.[162]

Die Rechtswahl ist bis zum Tode des Erblassers grundsätzlich frei widerruflich und danach gegebenenfalls gemäß § 2078 BGB anfechtbar.[163] Für den Fall jedoch,

---

154 TIEDEMANN RabelsZ 55 (1991), 17, 23; HAAS in: BENGEL-REIMANN, Handbuch der Testamentsvollstreckung, § 9 RdNr 29; SÜSS ZNotP 2001, 173, 178; PALANDT-HELDRICH Art 25 RdNr 7; vgl auch DÖRNER DNotZ 1988, 67, 90.
155 Vgl auch LANGE DNotZ 2000, 332, 337.
156 Für die Wirksamkeit der Rechtswahl TIEDEMANN RabelsZ 55 (1991), 17, 37; LANGE DNotZ 2000, 332, 343; REINHART BWNotZ 1987, 97, 103; LICHTENBERGER, Voraufl, RdNr 34; PALANDT-HELDRICH Art 26 RdNr 8; dagegen STAUDINGER-DÖRNER Art 25 RdNr 14; HAAS in: BENGEL-REIMANN, Handbuch der Testamentsvollstreckung, § 9 RdNr 33; SÜSS ZNotP 2001, 173, 178; DÖRNER DNotZ 1988, 67, 84; tendenziell auch KRZYWON BWNotZ 1987, 4, 6.
157 Vgl KRZYWON BWNotZ 1987, 4, 6.

158 TIEDEMANN RabelsZ 55 (1991), 17, 32; HAAS in: BENGEL-REIMANN, Handbuch der Testamentsvollstreckung, § 9 RdNr 33; SÜSS ZNotP 2001, 173, 74; DÖRNER DNotZ 1988, 67, 86.
159 LANGE DNotZ 2000, 332, 339; KRZYWON BWNotZ 1987, 4, 6; TIEDEMANN RabelsZ 55 (1991), 17, 26; MünchKomm-BIRK Art 25 RdNr 55 f; KERSTEN-BÜHLING-WÄHLER § 126 RdNr 8; ZIMMERMANN, in: Beck'sches Notarhandbuch, G RdNr 145.
160 Beispiel nach KRZYWON BWNotZ 1987, 4, 6.
161 MünchKomm-BIRK Art 25 RdNr 56.
162 DÖRNER DNotZ 1988, 67, 90; TIEDEMANN RabelsZ 55 (1991), 17, 26, mwN.
163 DÖRNER DNotZ 1988, 67, 91; KERSTEN-BÜHLING-WÄHLER § 126 RdNr 8.

dass die Rechtswahl in einem Erbvertrag oder gemeinschaftlichen Testament, die ebenfalls Verfügungen von Todes wegen im Sinne des Art 25 Abs 2 EGBGB sind, erfolgt, stellt sich die Frage, ob sie mit Bindungswirkung bzw Wechselbezüglichkeit getroffen werden kann.[164] Selbst nach der Meinung, die die Rechtswahl als solche als in Form einer Verfügung von Todes wegen jederzeit widerrufbar ansieht, soll ein solcher Widerruf aber die Gültigkeit und Bindungswirkung einer früher errichteten Verfügung von Todes wegen nach dem bisher gewählten Recht unberührt lassen, Art 26 Abs 5 S 1 EGBGB.[165] Im Ergebnis dürfte daher kaum ein Unterschied zur Gegenmeinung bestehen, die bereits eine Bindung an die Rechtswahl selbst befürwortet, um den Erbvertragspartner bzw Ehegatten vor der Möglichkeit, die sachrechtliche Bindung bzw Wechselbezüglichkeit über den Umweg des Kollisionsrechts auszuhebeln, zu schützen.[166]

### cc) Inhalt und Reichweite des Begriffs »unbewegliches Vermögen«

**30** Der Begriff des »**unbeweglichen Vermögens**« in Art 25 Abs 2 EGBGB ist nach deutschem Recht auszulegen.[167] Es besteht insoweit Einigkeit, dass er genau so zu bestimmen ist wie in Art 15 Abs 2 Nr 3 EGBGB.[168] Dass damit Grundstücke, Gebäude und sonstige wesentliche Bestandteile sowie dem Grundstück gleichgestellte Rechte wie das Erbbaurecht und das Wohnungs- bzw Teileigentum gemeint sind, unterliegt daher keinem Streit.[169] Das Gleiche gilt für Rechte im Sinne des § 96 BGB, das heißt solche, die mit dem Eigentum an einem Grundstück verbunden sind.[170] Umstritten ist die Frage dagegen für dingliche Rechte, wie etwa Grundpfandrechte.[171] Schuldrechtliche Ansprüche aus einem Grundstückskaufvertrag, Grundstücksmietvertrag oder Grundstückspachtvertrag werden überwiegend als bewegliches Vermögen qualifiziert.[172] Dasselbe dürfte wohl gelten für vormerkungsgesicherte Ansprüche auf Übertragung oder Bestellung eines dinglichen Rechts.[173] Besonders problematisch ist die Frage für Anteile an Gesamthandsgemeinschaften – also Gütergemeinschaft, Erbengemeinschaft sowie Personengesellschaft – vor allem dann, wenn sie ausschließlich oder ganz überwiegend Grundbesitz in ihrem Vermögen haben. Auch hier überwiegt der Ausschluss aus der Rechtswahlmöglichkeit des Art 25 Abs 2 EGBGB.[174]

---

**164** Dafür TIEDEMANN RabelsZ 55 (1991), 17, 33; KRZYWON BWNotZ 1987, 4, 7; SIEHR IPRax 1987, 4, 7; PÜNDER MittRhNotK 1989, 1, 5; aA DÖRNER DNotZ 1988, 67, 91; PALANDT-HELDRICH Art 25 RdNr 8 mwN.
**165** PALANDT-HELDRICH Art 25 RdNr 8.
**166** TIEDEMANN RabelsZ 55 (1991), 17, 33; KRZYWON BWNotZ 1987, 4, 7.
**167** KRZYWON BWNotZ 1986, 154, 159; PALANDT-HELDRICH Art 25 RdNr 7.
**168** SCHOTTEN RdNr 292.
**169** DÖRNER DNotZ 1988, 67, 84 f; LANGE DNotZ 2000, 332, 337 f; HAAS in: BENGEL-REIMANN, Handbuch der Testamentsvollstreckung, § 9 RdNr 28; KRZYWON BWNotZ 1986, 154 ff.
**170** SCHOTTEN RdNr 162.
**171** LG Saarbrücken DNotI-Report 2000, 115 bejaht die Eigenschaft als unbewegliches Vermögen, ebenso RIERING ZEV 1995, 404, 405; DÖRNER DNotZ 1988, 67, 95; LANGE DNotZ 2000, 332, 338; KRZYWON BWNotZ 1986, 154, 159; aA SCHOTTEN RdNr 162.
**172** TIEDEMANN RabelsZ 55 (1991), 17, 36; HAAS in: BENGEL-REIMANN, Handbuch der Testamentsvollstreckung, § 9 RdNr 28 mwN; DÖRNER DNotZ 1988, 67, 96.
**173** SCHOTTEN RdNr 162: kein unbewegliches Vermögen.
**174** Vgl bezüglich Gesellschaften BFH IPRspr 1986 Nr 112; bezüglich der Erbengemeinschaft wohl auch BGH DNotZ 2001, 637, 639 – zu § 25 Abs 2 RAG-DDR –: Anteil des einzelnen Teilhabers an Erbengemeinschaft bewegliches Vermögen; TIEDEMANN RabelsZ 55 (1991), 17, 36; LANGE DNotZ 2000, 332, 338; REINHART BWNotZ 1987, 97, 101 ff; sowie die weiteren Nachweise bei HAAS in: BENGEL-REIMANN, Handbuch der Testamentsvollstreckung, § 9 RdNr 28; für die Einordnung als unbewegliches Vermögen DÖRNER DNotZ 1988, 67, 95 f; für eine gespaltene Qualifikation – Grundstücksanteile in der Gesamthandsgemeinschaft als

## b) Rechtswahl nach ausländischem IPR

**31** Die nur sehr eingeschränkte Parteiautonomie des Art 25 Abs 2 EGBGB wird erweitert dadurch, dass eine Rechtswahl durch den Erblasser, die das Recht eines Staates ihm zubilligt, auf das das deutsche Kollisionsrecht (Art 25 Abs 1, 26 Abs 5 S 1 EGBGB) verweist, anerkannt wird und ihm somit auch dieser Weg zur Bestimmung des Erbstatuts offen steht.[175] Soweit das berufene ausländische IPR also im größeren Umfang Parteiautonomie gewährt als Art 25 Abs 2 EGBGB nimmt dies das deutsche IPR hin.[176] Voraussetzungen, Grenzen, Umfang und Inhalt der Rechtswahl werden dabei grundsätzlich vom ausländischen Kollisionsrecht bestimmt.

Beispielhaft sei hier die Situation eines italienischen Staatsangehörigen genannt, der seinen letzten gewöhnlichen Aufenthalt in Deutschland hat und deutsches Erbrecht wählt. Gemäß Art 25 Abs 1, 26 Abs 5 S 1 EGBGB ist zunächst italienisches Recht maßgeblich, dessen IPR grundsätzlich ebenfalls an die Staatsangehörigkeit im Zeitpunkt des Todes anknüpft, vgl Art 46 Abs 1 italienisches IPRG. Art 46 Abs 2 italienisches IPRG erlaubt ihm jedoch, für die Rechtsnachfolge in sein gesamtes Vermögen durch in der Form eines Testamentes ausgedrückte Anordnung das Recht des Staates seines gewöhnlichen Aufenthaltes zu wählen. Die Rechtswahl kann nur ausdrücklich und in testamentarischer Form erfolgen und muss sich auf das Nachlassvermögen im Ganzen beziehen. Eine Unsicherheit wird jedoch insoweit dadurch für den Erblasser erzeugt, als die Rechtswahl unwirksam ist, wenn er im Zeitpunkt seines Todes in dem fraglichen Staat keinen Aufenthalt mehr hatte, Art 46 Abs 2 S 2 italienisches IPRG. Eine Rechtswahl in einem Erbvertrag oder einem gemeinschaftlichen Testament dürfte das italienische Recht wegen seiner grundsätzlich ablehnenden Haltung demgegenüber wohl nicht zulassen.[177] Relevant ist insoweit weiterhin, dass im Falle der Rechtsnachfolge nach einem italienischen Staatsangehörigen die nach italienischem Recht bestehenden Rechte von Pflichtteilsberechtigten, die im Zeitpunkt des Todes des Erblassers ihren gewöhnlichen Aufenthalt in Italien haben, von der Rechtswahl unberührt bleiben; Art 46 Abs 2 S 3 italienisches IPRG.[178] Diese Beschränkungen des italienischen Rechts werden aber für das in Deutschland belegene unbewegliche Vermögen deshalb nicht zu gelten haben, wenn der Italiener deutsches Recht gewählt hat, weil insoweit Art 25 Abs 2 EGBGB Vorrang zukommt und die Verweisung auf das italienische Recht über Art 25 Abs 1 EGBGB nur noch den restlichen Nachlass betrifft,[179] wenngleich dadurch die ansonsten vom italienischen Erbkollisionsrecht streng durchgeführte Nachlasseinheit Schaden erleidet. Dies gilt dann, wenn sich der Wille des Erblassers nach Ausschaltung der Grenzen des Art 46 Abs 2 italienisches IPRG für die dem Art 25 Abs 2 EGBGB unterliegenden Nachlassgegenstände entnehmen lässt, was mit der Wahl deutschen Rechts aber regelmäßig der Fall sein wird.[180]

---

unbeweglich, Rest als beweglich – zB PÜNDER MittRhNotK 1989, 1, 4; KRZYWON BWNotZ 1986, 154, 160.

**175** SCHOTTEN RdNr 296; LANGE DNotZ 2000, 332, 340 f; KRZYWON BWNotZ 1989, 153, 157, 159.

**176** LANGE DNotZ 2000, 332, 341; MANKOWSKI-OSTHAUS DNotZ 1997, 10, 13; HAAS in: BENGEL-REIMANN, Handbuch der Testamentsvollstreckung, § 9 RdNr 24, 29; DÖRNER DNotZ 1988, 67, 86.

**177** Vgl EBENROTH-KLEISER RIW 1993, 353, 357.

**178** Ausführlich EBENROTH-KLEISER RIW 1993, 353, 357.

**179** Ebenso EBENROTH-KLEISER RIW 1993, 353, 357; aA wohl KRZYWON BWNotZ 1989, 153, 159, der im Verhältnis zur Schweiz ein »Jonglieren« mit den Rechtswahlmöglichkeiten des deutschen und des schweizerischen Rechts für ausgeschlossen hält.

**180** Vgl EBENROTH-KLEISER RIW 1993, 353, 357.

Auch das schweizerische Recht kennt Wahlmöglichkeiten, die abweichend von den objektiven Kollisionsregeln die Unterstellung des Nachlasses unter das Heimatrecht bzw des Recht des letzten Wohnsitzes ermöglichen (vgl im Einzelnen Art 90 Abs 2, 91 Abs 2, 95 Abs 2 schweizerisches IPRG). Ähnliches gilt für die Niederlande, wo sich nach Art 1 des am 1.10.1996 in Kraft getretenen Gesetzes über das Kollisionsrecht der Erbfolge das auf die Erbfolge anwendbare Recht bestimmt nach den Vorschriften des Haager Erbrechtsübereinkommens vom 1.8.1989. Dieses sieht mehrere Wahlmöglichkeiten vor, unter anderem eine generelle Rechtswahl zu Gunsten des Rechtes des gewöhnlichen Aufenthaltsortes oder des Heimatrechtes (vgl im Einzelnen Art 5 des Übereinkommens). Auch in anderen Staaten bestehen Rechtswahlmöglichkeiten, etwa in einigen US-Bundesstaaten und in Rumänien.[181]

### c) Gestalterische Überlegungen

**32** Aus kautelarjuristischer Sicht ist es in jedem Falle nicht zu empfehlen, von der durch Art 25 Abs 2 EGBGB auch eröffneten Möglichkeit einer konkludenten Rechtswahl Gebrauch zu machen. Um der Klarheit Willen sollte sie ausdrücklich erfolgen.

Da der internationale Trend wahrscheinlich auf Dauer mehr in die Richtung zunehmender Parteiautonomie im Internationalen Erbrecht gehen dürfte, als in die Richtung einer Einschränkung, kann auch daran gedacht werden, in die entsprechenden Urkunden umfassende Rechtswahlklauseln aufzunehmen. Dabei sollte zur Klarlegung des Erblasserwillens auch erklärt werden, dass die Rechtswahl gültig sein soll, wenn sie gegenwärtig unwirksam, aber nach künftiger Rechtslage anerkennbar sein sollte.

Um eine etwaige Rechtswahl jedenfalls im zulässigen Umfang, etwa in dem des Art 25 Abs 2 EGBGB, aufrechterhalten zu können, sollte dies durch eine Teilwirksamkeitsklausel auch abgesichert werden.

Sollte man im Einzelfall weitere Bedenken an der Wirksamkeit einer parteiautonomen Festlegung des anwendbaren Erbrechts haben, so kann man auch die materiellen Verfügungen von Todes wegen selbst, etwa Erbeinsetzungen oder Vermächtniszuwendungen, durch eine auflösende Bedingung an die Beständigkeit bzw Wirksamkeit der Rechtswahl anknüpfen.[182]

## VII. Nachlassspaltung

### 1. Entstehungsgründe

**33** Das deutsche Erbkollisionsrecht folgt in Art 25 Abs 1 EGBGB dem Grundsatz der Nachlasseinheit und unterstellt den gesamten Nachlass einer einzigen Rechtsordnung. Dadurch wird die materiell-privatrechtliche Nachlasseinheit gefördert, das heißt die Vererbung des gesamten Nachlasses nach denselben Regeln, was dem römischrechtlichen Gedanken der Universalsukzession entspricht.[183] Außerdem verlangt das internationalprivatrechtliche Ordnungsinteresse, möglichst nur eine einzige Rechtsordnung über einen Sachverhalt entscheiden zu lassen, um Anpassungsfragen zu vermeiden. Dennoch kann es auch aus deutscher Sicht zu einer

---

**181** LANGE DNotZ 2000, 332, 341.
**182** Vgl den Vorschlag von NIEDER, Handbuch der Testamentsgestaltung, RdNr 400.
**183** KEGEL-SCHURIG § 21 I.

Nachlassspaltung und damit zur Geltung verschiedener Erbrechtsordnungen für bestimmte Nachlassteile kommen.

Eine Nachlassspaltung kann auf folgenden Ursachen beruhen. Sie kann sich ergeben aus[184]:

- einem Staatsvertrag, der eine Nachlassspaltung beinhaltet und bereits aus deutscher Sicht der Anknüpfung des Art 25 Abs 1 EGBGB vorgeht, etwa dem deutsch-türkischen Konsularvertrag,
- dem Vorrang des Einzelstatuts für bestimmte Vermögensgegenstände, Art 3 Abs 3 EGBGB,
- der Rechtswahl nach Art 25 Abs 2 EGBGB für in Deutschland belegenes unbewegliches Vermögen,
- einer Nachlassspaltung durch das ausländische Kollisionsrecht, auf das Art 25 Abs 1 EGBGB verweist und welches gemäß Art 4 Abs 1 S 1 EGBGB zu beachten ist, nämlich vor allem dann, wenn einer der in fremden Kollisionsrechten häufigen Fälle vorliegt, dass dieses im Erbrecht den beweglichen Nachlass und den unbeweglichen Nachlass unterschiedlich anknüpft.

Fälle der Nachlassspaltung sind daher durchaus nicht selten. Eine Störung des inneren Entscheidungseinklangs und schwierige Angleichungsfragen sind die Folge einer solchen Anwendbarkeit mehrerer Erbrechtsordnungen.[185] Andere Staaten setzen in ihren Kollisionsrechten den Grundsatz der Nachlasseinheit im Erbrecht rigoroser durch.[186] So knüpft zwar Italien ebenso an die Staatsangehörigkeit an (Art 46 Abs 1 italienisches IPRG), kennt aber keine dem Art 3 Abs 3 EGBGB ähnliche Ausnahme[187] und lässt die Rechtswahl auch nur für das gesamte Erblasservermögen zu (Art 46 Abs 2 italienisches IPRG). Es berücksichtigt zudem auch Rück- und Weiterverweisungen nur in geringem Maße, vgl Art 13 italienisches IPRG.

### 2. Folgen der Rechtsspaltung

Die Nachlassspaltung bewirkt, dass jeder der Nachlassteile als rechtlich selbst- **34** ständig anzusehen ist, dh so behandelt wird, als ob er den gesamten Nachlass bildet.[188] Praktisch ist weitgehend so zu verfahren, als handele es sich um getrennte Erbfälle.[189]

Der Erblasser hat hier insbesondere die Möglichkeit, für jeden Teilnachlass eine gesonderte Verfügung von Todes wegen zu treffen, auch mit unterschiedlicher Erbeinsetzung oder unterschiedlichen auf die betreffende Einzelmasse bezogenen Erbquoten, wobei dies alles in einer Urkunde zusammengefasst werden kann.[190] Getrennt zu betrachten ist auch die Gültigkeit eines Testamentes, so dass dieses

---

**184** Vgl JAYME IPRax 1986, 265, 270; NIEDER, Handbuch der Testamentsgestaltung, RdNr 394; DÖRNER DNotZ 1988, 67, 97 f.
**185** KEGEL-SCHURIG § 21 I.
**186** Zu Staaten, die dem Grundsatz der Nachlasseinheit folgen, vgl HAAS in: BENGEL-REIMANN, Handbuch der Testamentsvollstreckung, § 9 RdNr 35.
**187** EBENROTH-KLEISER RIW 1993, 353 f.
**188** BGHZ 24, 352; BayObLG FamRZ 2000, 989; OLG Zweibrücken FamRZ 1998, 264; PALANDT-HELDRICH Art 25 RdNr 9; DÖRNER IPRax 1994, 362, 363; GRUBER ZEV 2001, 463, 464; HAAS in: BENGEL-REIMANN, Handbuch der Testamentsvollstreckung, § 9 RdNr 46 mwN.
**189** GRUBER ZEV 2001, 463, 464; DÖRNER DNotZ 1988, 67, 100; COESTER JA 1979, 351, 352.
**190** ZIMMERMANN in: Beck'sches Notarhandbuch, G RdNr 144; SCHOTTEN RdNr 269; NIEDER, Handbuch der Testamentsgestaltung, RdNr 394.

nach der einen Rechtsordnung wirksam, nach der anderen unwirksam sein kann.[191] Die eine Rechtsordnung hat dabei zu entscheiden, ob die von ihm beherrschten Anordnungen vom Defekt der anderen infiziert werden.[192] Unterschiedlich kann auch die Entscheidung ausfallen, ob die Zuwendung in einem Testament als Erbeinsetzung oder Vermächtnis anzusehen ist.[193] Andere erbrechtliche Fragen wie die Erbquote, die Auslegung von Verfügungen von Todes wegen oder die Zulässigkeit und der Umfang von Testamentsvollstreckungen können ebenfalls verschiedenen Pfaden folgen.[194] Bei unterschiedlichen Vermögenszuweisungen durch die einzelnen Erbstatute – als gesetzliche Erben werden zB jeweils andere Personen oder dieselben mit unterschiedlichen Quoten berufen – findet ein Ausgleich zwischen den Nachlassmassen nicht statt.[195]

Die Ausgleichung von Vorempfängen ist für jede Nachlassmasse nach deren Recht, insbesondere was die Art der Ausgleichung anlangt, zu beurteilen, wobei jedoch die Höhe der Ausgleichungspflicht dann, wenn die andere Erbrechtsordnung keine Ausgleichungspflicht vorschreibt, im Verhältnis des Wertes der Einzelmasse zum Wert des Gesamtnachlasses zu ermäßigen ist.[196]

Der Pflichtteilsanspruch ist für jeden Teilnachlass gesondert zu beurteilen, so dass das jeweilige Recht über Ob, Wie und auch die Quote des Pflichtteilsanspruchs entscheidet.[197] Vor allem hier stellt sich das Problem der Verteilung von Nachlassverbindlichkeiten. Insoweit wird häufig zwischen fixierten und nichtfixierten Nachlassverbindlichkeiten unterschieden.[198] Fixierte Verbindlichkeiten sollen dabei solche sein, die einem Teilnachlass eindeutig zuzurechnen sind, etwa obligatorische und dingliche Speziesschulden, Stückvermächtnisse, dingliche Schulden.[199] Im Einzelnen ist hier aber wenig geklärt.[200] Den Gläubigern der fixierten Nachlassverbindlichkeiten haften nur die Erben des betreffenden Nachlassteiles.[201] Nur für die nichtfixierten Verbindlichkeiten haftet der gesamte Nachlass. Hier hat der Gläubiger die Wahl, gegen welchen Nachlassteil er vorgehen will und der in Anspruch genommenen Nachlassmasse ist das Geleistete im Verhältnis des Wertes der Nachlassteile zu ersetzen.[202]

Solche Anpassungsschwierigkeiten sollten, wenn sie nicht schon auf der Ebene des Kollisionsrechts vermieden werden können, zumindest in der Verfügung von Todes wegen einer Regelung zugeführt werden, soweit sie zu diesem Zeitpunkt bereits erkennbar sind. Alle denkbaren Schwierigkeiten einer solchen Nachlassspaltung wird man bei der Rechtsgestaltung aber nie regeln können.[203]

---

**191** PALANDT-HELDRICH Art 25 RdNr 9; COESTER JA 1979, 351 f.
**192** DÖRNER DNotZ 1988, 67, 102.
**193** KEGEL-SCHURIG § 21 I.
**194** HAAS in: BENGEL-REIMANN, Handbuch der Testamentsvollstreckung, § 9 RdNr 46.
**195** DÖRNER DNotZ 1988, 67, 100.
**196** KEGEL-SCHURIG § 21 I, aA DÖRNER DNotZ 1988, 67, 104 ff; STAUDINGER-DÖRNER Art 25 RdNr 750; MünchKomm-BIRK Art 25 RdNr 144: der begünstigte Miterbe soll hinsichtlich seines Mehrempfangs insgesamt, also bezogen auf alle Nachlässe, zum Ausgleich herangezogen werden und nicht nur anteilig nach dem jeweiligen Wert des einzelnen Nachlasses am Gesamtnachlass – mit weiteren Einzelheiten.

**197** BGH NJW 1993, 1920, 1921; DÖRNER IPRax 1994, 362 f; ausführlich GRUBER ZEV 2001, 463 ff.
**198** Vgl DÖRNER DNotZ 1988, 67, 107; HUSTEDT MittRhNotK 1996, 337, 352; GRUBER ZEV 2001, 463 ff; HAAS in: BENGEL-REIMANN, Handbuch der Testamentsvollstreckung, § 9 RdNr 47.
**199** DÖRNER DNotZ 1988, 67, 107; GRUBER ZEV 2001, 463, 465 mwN.
**200** GRUBER ZEV 2001, 463, 465.
**201** HUSTEDT MittRhNotK 1996, 337, 352.
**202** PALANDT-HELDRICH Art 25 RdNr 9; vgl auch STAUDINGER-DÖRNER Art 25 RdNr 759.
**203** Ausführlich zur Testamentsgestaltung in Fällen der Nachlassspaltung STEINER ZEV 2001, 477 ff.

## 3. Abgrenzung zur faktischen Nachlassspaltung

In den vorstehend genannten Fällen der rechtlichen Nachlassspaltung kommt **35** bereits aus der Sicht des deutschen IPR verschiedenes Erbrecht für einzelne Nachlassteile zur Anwendung. Davon abzugrenzen ist die **faktische Nachlassspaltung**.[204] Faktische Nachlassspaltung tritt ein, wenn aus Sicht eines Staates, in dessen Bereich sich Nachlassgegenstände befinden, nach seinem Erbkollisionsrecht ein anderes Erbrecht – ganz oder teilweise – zur Anwendung kommt als aus der Sicht des deutschen Internationalen Erbrechts. Hintergrund dafür ist der Charakter des Internationalen Privatrechts als nationales Recht, das sich in den verschiedenen Rechtsordnungen unterscheidet und demnach verschieden anknüpft. Die Folge einer solchen faktischen Nachlassspaltung ist, dass sich dasjenige Erbrecht, das sich aus der Sicht des deutschen Erbkollisionsrecht ergibt, für die Nachlassgegenstände, die in dem fremden Staat belegen sind, der die Kollisionsfrage anders entscheidet, nicht durchsetzen lassen wird.

Ein Beispiel[205] mag dies verdeutlichen: Ein Erblasser, der sowohl tschechischer als auch deutscher Staatsangehöriger ist, hinterlässt Vermögen in beiden Ländern. Zwar knüpft auch die tschechische Rechtsordnung für das auf die Erbfolge anzuwendende Recht an die Staatsangehörigkeit an (Art 17 tschechisches IPRG). Aus deutscher Sicht geht hier jedoch bei mehrfacher Staatsangehörigkeit die deutsche vor (Art 5 Abs 1 S 2 EGBGB), nach tschechischem Recht (Art 33 Abs 1 IPRG) aber die tschechische. Demgemäß kommt es aus tschechischer Sicht zur Anwendung tschechischen Erbrechts, aus deutscher Sicht zur Anwendung des deutschen. Hier wird sich der Geltungsanspruch der deutschen Rechtsordnung im Geltungsbereich der tschechischen nicht durchsetzen lassen, und umgekehrt.

In solchen Fällen sind Rechtsanwendungskonflikte also vorprogrammiert, die bei einer grenzüberschreitenden Nachfolgeplanung in Rechnung gestellt werden sollten.[206]

## VIII. Gemeinschaftliche Testamente und Erbverträge

### 1. Zum Verbot in ausländischen Rechtsordnungen

Gemeinschaftliche Testamente und Erbverträge sind dem deutschen Recht als **36** Sonderformen erbrechtlicher Verfügungen selbstverständlich, §§ 2265 ff, 2274 ff BGB. Das stellt sich im internationalen Vergleich völlig anders dar. Vor allem in romanischen Ländern werden sie wegen der Gefahr gegenseitiger Beeinflussung als anstößig angesehen.[207] Zuwiderlaufende Vereinbarungen entfalten keine Rechtswirkung.[208]

Besonders rigoros ist in dieser Hinsicht das italienische Recht, (vgl Art 458, 589, 635 C.c.). Es erkennt gemeinschaftliche Testamente nicht an und will auch den bloßen Anschein einer Bindung vermeiden.[209] Unabhängig davon, ob es sich um

---

**204** Ausführlich dazu HAAS in: BENGEL-REIMANN, Handbuch der Testamentsvollstreckung, § 9 RdNr 48 ff, LICHTENBERGER, Voraufl, RdNr 10 spricht hier von »Mehrrechtsherrschaft«.
**205** Nach HAAS in: BENGEL-REIMANN, Handbuch der Testamentsvollstreckung, § 9 RdNr 50.
**206** HAAS in: BENGEL-REIMANN, Handbuch der Testamentsvollstreckung, § 9 RdNr 52.
**207** EDENFELD ZEV 2001, 457, 461.
**208** EDENFELD ZEV 2001, 457, 461 zu Italien, Portugal, Spanien, Griechenland, den Niederlanden und Polen.
**209** DENZLER IPRax 1982, 181, 185.

wechselbezügliche oder einseitige Verfügungen von Todes wegen handelt, können zwei oder mehrere Personen nicht in der gleichen Urkunde ein Testament errichten, (Art 598 C.c.). Auch der Erbvertrag wird seinem ganzen Inhalt nach als nichtig angesehen.[210]

Frankreich und Belgien machen aus ihrer Abneigung gegenüber gemeinschaftlichen Testamenten und Erbverträgen ebenfalls keinen Hehl, (vgl Art 968, 895, 1130 Abs 2 C.c.).[211] Das Verbot wird aber durch die institution contractuelle aufgelockert, die eine ehevertragliche oder zwischen Eheleuten auch außerhalb eines Ehevertrages vereinbarte unentgeltliche Zuwendung auf den Todesfall zulässt.[212] Sie kann das gesamte Vermögen des Verfügenden zum Zeitpunkt seines Todes erfassen und so wirtschaftlich einer Alleinerbeneinsetzung entsprechen.[213] Ausserdem ist sie auf Grund ihres vertraglichen Charakters nicht frei widerrufbar, wenn sie in einem Ehevertrag getroffen wurde.[214]

In Spanien wirkt es sich aus, dass es sich insoweit um einen Mehrrechtsstaat handelt. Der gemeinspanische C.c. verbietet gemeinschaftliche Testamente und Erbverträge, (vgl Art 669, 733 C.c.).[215] Viele Foralrechte lassen hingegen gemeinschaftliche Testamente und Erbverträge zu.[216]

Das Verbot des Erbvertrages ist darüber hinaus etwa bekannt im portugiesischen Recht,[217] im polnischen Recht[218] und in der Regel in den früheren jugoslawischen Teilrechtsordnungen.[219] In Griechenland ist der Erbvertrag ebenfalls nach materiellem Recht unzulässig, wobei jedoch ausnahmsweise nach einem Gesetzesdekret von 1974 ein Grieche im Ausland mit einem Ausländer einen Erbvertrag schließen darf.[220]

Qualitativ völlig anders stellt sich die Rechtslage im angelsächsischen Bereich dar. So kennt das englische Recht neben Verfügungen zweier oder mehrerer Personen in derselben Urkunde (sog **joint wills**) auch gegenseitige Testamente (sog **mutual wills**), die nicht notwendig in einer Urkunde zusammen gefasst sein müssen, bei denen aber Personen sich gegenseitig bedenken oder ihre Anordnungen sonstwie aufeinander abstimmen.[221] Sie sind bindend, sofern sie auf einer zusätzlichen (ausdrücklichen oder konkludenten) vertraglichen Vereinbarung der Unwiderruflichkeit beruhen (contract not to revoke a will),[222] wobei diese Bindungswirkung nur auf schuldrechtlicher Ebene erreicht wird, das heißt es handelt sich um eine Vereinbarung, die getroffene Verfügungen von Todes wegen nicht wie-

---

[210] LANGE DNotZ 2000, 332, 336; DENZLER IPRax 1982, 181, 184 f, mit Hinweis auf den dahinter stehenden römischrechtlichen Gedanken »ambulatoria debet essere voluntas testatoris«.
[211] Für Frankreich EDENFELD ZEV 2001, 457, 461; RIERING ZEV 1994, 225, 227 f; für Belgien HUSTEDT MittRhNotK 1996, 337, 348.
[212] Für Frankreich EDENFELD ZEV 2001, 457, 461; für Belgien HUSTEDT MittRhNotK 1996, 337, 348.
[213] HUSTEDT MittRhNotK 1996, 337, 348.
[214] HUSTEDT MittRhNotK 1996, 337, 348; in Frankreich ist allerdings nach Eheschließung ein Ehevertrag nicht mehr möglich, vgl HENRICH FS Schippel, 1996, S 905, 907.
[215] JAYME 55 (1991), 303, 307, 328.

[216] JAYME 55 (1991), 303, 307, 328; LÖBER, Erben und Vererben in Spanien, 3. Auflage 1998, S 42.
[217] EDENFELD ZEV 2001, 457, 461.
[218] EDENFELD ZEV 2001, 457, 461.
[219] DNotI-Report 2001, 97, 98 für Kroatien – allerdings offensichtlich problematisch für den Fall, dass keine wechselseitige Erbeinsetzung, sondern die Einsetzung eines Dritten durch gemeinschaftliches Testament vorliegt.
[220] KEGEL-SCHURIG § 21 III 2 c.
[221] DOPFFEL DNotZ 1976, 335, 336.
[222] Zu den Grenzen der Zulässigkeit einer solchen Vereinbarung vgl DOPFFEL DNotZ 1976, 335, 341 ff.

der zu widerrufen.[223] Eine abweichende Verfügung wäre also grundsätzlich erbrechtlich wirksam und würde nur einen schuldrechtlichen Ersatzanspruch des anderen Beteiligten gegen den Nachlass zur Folge haben.[224] Ähnlich wie in England ist die Rechtslage auch in vielen US-Bundesstaaten.[225]

Dadurch bleiben gemeinschaftliches Testament und Erbvertrag vor allem eine Erscheinung des deutschen Rechtskreises. Das schweizerisches ZGB kennt kein gemeinschaftliches Testament, wohl aber den Erbvertrag als Institut der gewillkürten Erbfolge, Art 494 ZGB.[226] In Österreich gibt es das gemeinschaftliche Testament, aber nur zwischen Ehegatten oder Verlobten für den Fall der Heirat. Die Verfügungen darin sind in jedem Fall frei widerrufbar. Auf drei Nachlassviertel beschränkt ist der ebenfalls bekannte Erbvertrag, der nach österreichischem Verständnis allerdings ein Ehepakt, also ein Ehevertrag ist.[227] Auch Erbverträge können daher nur von Eheleuten oder Brautleuten wirksam abgeschlossen werden, wobei bei letzteren die Wirksamkeit vom Zustandekommen der Ehe abhängig ist.[228] Die Bindungswirkung ist weiterhin dahingehend beschränkt, dass Vertragsgegenstand nur das Erbrecht des überlebenden Ehegatten sein kann, weder Vermächtnisse noch Auflagen, noch das Erbrecht eines Dritten mit Bindungswirkung vereinbart werden können.[229]

### 2. Kollisionsrechtliche Einordnung

#### a) Gemeinschaftliches Testament

##### aa) Qualifizierende Einordnung des Verbotes

Steht bei einem Fall mit Auslandsberührung ein gemeinschaftliches Testament im Raum, so ist zunächst zu differenzieren, worum es dabei geht, da insoweit drei Typen des gemeinschaftlichen Testaments unterschieden werden können.[230] Es kann sich dabei handeln

– um eine rein äußerliche Zusammenfassung der Verfügungen von Todes wegen zweier oder mehrerer Personen in einer Urkunde, ohne dass die einzelnen Verfügungen irgendeine innere Beziehung miteinander aufweisen, sog **testamentum mere simultaneum**;[231]
– um ein gegenseitiges Testament in dem Sinne, dass die Verfügenden sich gegenseitig zum Erben einsetzen oder sonst etwas zuwenden, und zwar ohne dass ein inneres Wirksamkeitsverhältnis zwischen diesen Einsetzungen bzw Zuwendungen vorliegt;
– um ein gemeinschaftliches Testament im Sinne eines wechselbezüglichen Testamentes derart, dass die Verfügungen voneinander in ihrer Wirksamkeit abhängig sind.

Es ist dabei etwa klar, dass das italienische Recht schon bereits das gleichzeitige Testament, dh die bloße Zusammenfassung mehrerer Verfügungen in einer Urkunde, ohne jegliche weitere innere Beziehung zwischen diesen, untersagen will,

**37**

---

**223** DNotI-Report 2002, 1, 3.
**224** DOPFFEL DNotZ 1976, 335, 337; DNotI-Report 2002, 1, 3.
**225** Vgl KERSTEN-BÜHLING-WÄHLER § 126 RdNr 15; BayObLGZ 1974, 223, 224: Erbvertrag ist dem materiellen Recht der US-Staaten fremd, Bindungen über schuldrechtlichen Umweg können jedoch praktisch zum gleichen Ergebnis führen (für Wisconsin).
**226** EDENFELD ZEV 2001, 457, 461.
**227** DENZLER IPRax 1982, 181, 183.
**228** DENZLER IPRax 1982, 181, 183.
**229** DENZLER IPRax 1982, 181, 183.
**230** MünchKomm-BIRK Art 26 RdNr 97; UMSTÄTTER DNotZ 1984, 532, 536 f.
**231** LANGE-KUCHINKE, Erbrecht, § 16 III 4 b.

um schon den Anschein eines Einflusses des einen Verfügenden auf den anderen zu verhindern. Würde man hingegen im Einzelfall feststellen, dass der in casu vorliegende Typ des gemeinschaftlichen Testaments vom entsprechenden Verbot des ausländischen Rechts gar nicht erfasst wird, wären entsprechende Bedenken an der Wirksamkeit beseitigt.

**38** Will die ausländische Verbotsnorm hingegen das konkrete gemeinschaftliche Testament verhindern, so stellt sich kollisionsrechtlich die Frage, ob die Verbotsnorm überhaupt zur Anwendung kommt. Dann muss differenziert werden, denn das deutsche IPR unterscheidet die von Art 26 Abs 1−4 EGBGB bzw dem Haager Testamentsformenübereinkommen erfasste Formfrage von den sonstigen Wirksamkeitsvoraussetzungen und der Bindungswirkung gemäß Art 26 Abs 5 S 1 EGBGB. Dabei ist festzuhalten, dass es sich, auch soweit eine mögliche Bindung an das gemeinschaftliche Testament in Frage steht, um eine Frage des Errichtungsstatuts gemäß Art 26 Abs 5 S 1 EGBGB handelt, obwohl die Wirkungen von Verfügungen von Todes wegen ansonsten dem allgemeinen Erbstatut des Art 25 EGBGB im Zeitpunkt des Todes unterliegen.[232] Wenn diese Vorschrift den Zeitpunkt der Errichtung der Verfügung von Todes wegen zugrunde legt und nicht wie das allgemeine Erbstatut den des Todes, so hat dies gerade auch den Sinn, dem bzw den Verfügenden im Zeitpunkt der Verfügung bereits Gewissheit zu geben, ob die Verfügung von Todes wegen wirksam errichtet worden ist und ob bzw wie weit sie eine Bindung entfaltet.[233] Ein späterer Statutenwechsel, vor allem durch Veränderung der Staatsangehörigkeit des Verfügenden, löst weder eine einmal eingetretene Bindung, noch führt er zur Bindung vorher nicht gebundener Personen.[234]

Es ist also nachzuprüfen, ob die ausländische Verbotsvorschrift als Formvorschrift oder als materielle Norm zu beurteilen ist.[235] Ob es sich bei dem in vielen ausländischen Rechtsordnungen bestehenden Verbot gemeinschaftlicher Testamente um ein Form- oder ein Sachverbot handelt, ist äußerst schwierig zu beurteilen.[236] Bei der Qualifikation spielt eine gründliche Analyse des ausländischen Rechts, das das Verbot ausspricht, eine gewichtige Rolle.[237] Sinn und Funktion der einzelnen Verbotsnorm sind dabei zu betrachten. Herkömmlicherweise wird danach unterschieden, ob eine Klarstellungsfunktion (richtige Ermittlung des Erblasserwillens) bzw eine Schutzfunktion (Schutz vor unlauterer Beeinflussung des schwächeren Teils) im Vordergrund steht oder die Sicherung des freien Willensentschlusses bzw die freie Widerruflichkeit.[238] Im ersteren Falle handele es sich um eine typische Formfunktion, bei der Sicherung des freien Willensentschlusses und des freien Widerrufs hingegen nicht.[239] Auf dieser Grundlage werden die Verbote des gemeinschaftlichen Testaments in Frankreich, der Schweiz und Spanien regelmäßig lediglich als Formverbote angesehen.[240] Dagegen soll es

---

**232** SCHOTTEN RdNr 315; KERSTEN-BÜHLING-WÄHLER § 126 RdNr 15; KEGEL-SCHURIG § 21 III 2 c.
**233** SIEHR IPRax 1987, 4, 6, KEGEL-SCHURIG § 21 III 2 c.
**234** SIEHR IPRax 1987, 4, 6.
**235** KERSTEN-BÜHLING-WÄHLER § 126 RdNr 12.
**236** SCHOTTEN RdNr 316.
**237** SCHOTTEN RdNr 316; KERSTEN-BÜHLING-WÄHLER § 126 RdNr 12.

**238** KROPHOLLER § 51 V 5; IPG 1983 Nr 35.
**239** KROPHOLLER § 51 V 5; IPG 1983 Nr 35.
**240** Vgl SCHOTTEN RdNr 316; KROPHOLLER § 51 V 5; MünchKomm-BIRK Art 26 RdNr 100; KERSTEN-BÜHLING-WÄHLER § 126 RdNr 14, hinsichtlich der Schweiz allerdings nur insoweit, als es sich nicht um die Bindungswirkung von im gemeinschaftlichen Testament enthaltenen wechselbezüglichen Verfügungen handelt.

sich vor allem im italienischen Recht, aber etwa auch dem portugiesischen Recht und dem kroatischen Recht, um ein materielles Verbot handeln und keine bloße Formvorschrift.[241] Geht es bei dem fraglichen ausländischen Verbot demgemäß nur um eine Formvorschrift, so ist insoweit zunächst auch nur über die Formgültigkeit entschieden. Über die nicht-formellen Errichtungsvoraussetzungen ist dadurch noch nichts ausgesagt, erst recht nicht über eine etwaige Bindung.[242] Für diese Fragen bleibt es bei dem hypothetischen Statut des Art 26 Abs 5 S 1 EGBGB.

Über diese Vorschrift kommt das Verbot zum Tragen, wenn es als materielles Verbot zu qualifizieren ist. Gelten für die Verfügenden unterschiedliche Erbstatute, so ist dabei umstritten, wie zu verfahren ist. Teilweise wird hier davon ausgegangen, dass für jeden Erblasser getrennt nach seinem Erbstatut beurteilt werden soll, ob seine Verfügungen gegen das Verbot verstoßen bzw wie sich die Unwirksamkeit der Verfügungen des anderen auf seine auswirkt.[243] Nach wohl hM müssen beide Erbstatute herangezogen werden und kumulativ die Zulässigkeit gemeinschaftlicher Testamente bejahen;[244] und wenn sie in ihren Anforderungen divergieren, entscheiden die Vorschriften des strengeren Rechts von beiden.[245] Im Ergebnis dürften sich diese beiden Ansichten kaum je auswirken, da auch nach erstgenannter Ansicht die Verfügung des Beteiligten, dessen Erbstatut das gemeinschaftliche Testament kennt, insbesondere über sachrechtliche Vorschriften wie § 2270 Abs 1 EGBGB oder die Auslegung zu Fall kommen oder zumindest die Bindung überwunden werden kann.[246] Entscheidend ist, dass etwa dann, wenn ein Verfügender mit deutschem Erbstatut und ein solcher mit italienischem gemeinsam ein wechselbezügliches Testament errichten, dieses nach beiden Ansichten unwirksam ist.

### bb) Konversion in Einzeltestamente bzw Erbvertrag

Scheitert ein gemeinschaftliches Testament an einem entsprechenden Verbot ausländischen Rechts, so ist die Möglichkeit der Umdeutung in Einzeltestamente bzw einen Erbvertrag in Erwägung zu ziehen.[247] Hierüber hat das Statut bzw haben die Statute zu entscheiden, auf dem bzw denen die Unwirksamkeit beruht.[248] Ob das gemeinschaftliche Testament als Erbvertrag aufrecht erhalten werden kann, entscheiden sonach beide Erbstatute der Verfügenden.[249] Über die eventuelle Aufrechterhaltung als Einzeltestament entscheidet das jeweilige Erbstatut des fraglichen Erblassers.[250] Entscheidend ist, dass der Erblasser seine Erklärungen unabhängig von der Wirksamkeit der Erklärung des anderen für den Fall seines Todes treffen wollte.[251]

---

241 Vgl OLG Frankfurt IPRax 1986, 112; SCHOTTEN RdNr 316; KROPHOLLER § 51 V 5; EBENROTH-KLEISER RIW 1993, 353, 359 f – jeweils für Italien; KERSTEN-BÜHLING-WÄHLER § 126 RdNr 14 – für Portugal und Italien –; DNotI-Report 2001, 97, 98 – für Kroatien.
242 AA KEGEL-SCHURIG § 21 III 2 c: aus Gründen des Vertrauensschutzes soll sich auch insoweit das Ortsrecht durchsetzen; ebenso OLG Zweibrücken NJW-RR 1992, 587.
243 OLG Zweibrücken NJW-RR 1992, 587, 588; SOERGEL-SCHURIG Art 26 RdNr 35; STAUDINGER-DÖRNER Art 25 RdNr 301.
244 MünchKomm-BIRK Art 26 RdNr 102 f;

SCHOTTEN RdNr 315, 319; RIERING ZEV 1994, 225, 226; KROPHOLLER § 51 V 4 für den Erbvertrag.
245 MünchKomm-BIRK Art 26 RdNr 102.
246 Vgl beispielhaft OLG Zweibrücken NJW-RR 1992, 587 f.
247 Vgl beispielhaft IPG 1983 Nr 35.
248 Vgl IPG 1983 Nr 35.
249 MünchKomm-BIRK Art 26 RdNr 105.
250 MünchKomm-BIRK Art 26 RdNr 105; für Österreich DENZLER IPRax 1982, 181, 183.
251 Für Österreich DENZLER IPRax 1982, 181, 184.

### cc) Beachtlichkeit des ausländischen ordre public

**40** Das ausländische Verbot gemeinschaftlicher Testamente kann nicht nur dann zum Tragen kommen, wenn das ausländische Recht als Erbstatut eines oder beider Verfügender es enthält, sondern auch dann, wenn eine ausländische Rechtsordnung mit entsprechendem Verbot im Wege der Rück- oder Weiterverweisung zu befragen ist.[252] Es ist dann zu klären, ob das Verbot gemeinschaftlicher Testamente zum internationalen ordre public gehört. Regelmäßig ist dies wohl nicht der Fall. So soll beispielsweise das Verbot des gemeinschaftlichen Testamentes im gemeinspanischen Recht nicht im Rahmen des ordre public für Ausländer gelten, deren Rechtsordnung gemeinschaftliche Testamente zulässt.[253] Ein von deutschen Staatsangehörigen errichtetes gemeinschaftliches Testament wird vielmehr regelmäßig von spanischen Behörden oder Gerichten anerkannt.[254] Auch im Verhältnis zu Frankreich gehört das dortige Verbot nicht zum externen ordre public.[255] Besonders problematisch ist die Frage für Italien.[256] Es spricht hier wohl viel dafür, dass nach italienischer hM die Zulassung des Erbvertrages und des gemeinschaftlichen Testamentes durch eine ausländische Rechsordnung, obwohl die Unzulässigkeit dieser Institute im italienischen Zivilrecht selbst keine bloße Formvorschrift darstellt, nicht die Qualität eines Verstoßes gegen den ordre public beinhaltet.[257] Sicherheit kann für italienische Staatsangehörige aber nur Art 25 Abs 2 EGBGB für ihren in Deutschland belegenen Grundbesitz geben. Die Rechtswahlmöglichkeit eröffnet für sie ohne weiteres die Verfügungsmöglichkeit hinsichtlich des in der Bundesrepublik Deutschland belegenen unbeweglichen Vermögens in einem gemeinschaftlichen Testament oder Erbvertrag.[258]

Dass darüber hinaus der ausländische ordre public nicht nur im Rahmen eines renvoi, sondern auch bei der Frage nach der Anerkennung eines Testaments bzw Erbvertrags im ausländischen Staat bedeutsam ist, versteht sich von selbst.

### b) Erbvertrag

**41** Die mit dem Erbvertrag verbundenen Fragen sind weitgehend mit den Problemen des gemeinschaftlichen Testaments identisch.[259] Allerdings ist er schon auf sachrechtlicher Ebene anders strukturiert. Während es beim gemeinschaftlichen Testament um einseitige Verfügungen von Todes wegen geht, die gemeinschaftlich errichtet und unter Umständen voneinander abhängig sind und Bindung erzeugen, ist der Erbvertrag Vertrag, das heißt zweiseitiges Rechtsgeschäft, bei dem durch übereinstimmende Willenserklärungen ein rechtlicher Erfolg erzielt werden soll. Demgemäß ist die Frage nach der Zulässigkeit der Errichtung eines Erbvertrages im Allgemeinen keine Frage der Form,[260] so dass sich die qualifizierende Frage der Abgrenzung zwischen Formstatut und Errichtungsstatut nicht in demselben Maße wie beim gemeinschaftlichen Testament stellt.

Handelt es sich um einen einseitigen Erbvertrag, bei dem nur ein Vertragsteil von Todes wegen verfügt, so ist nur das Errichtungsstatut im Sinne des Art 26 Abs 5 S 1 EGBGB dieses Erblassers relevant; verfügen hingegen im Wege des zweiseiti-

---

252 Siehe oben zur Beachtlichkeit eines ausländischen ordre public VI. 8. b.
253 LÖBER, Erben und Vererben in Spanien, 3. Auflage 1998, S 43.
254 LÖBER, Erben und Vererben in Spanien, 3. Auflage 1998, S 43.
255 RIERING ZEV 1994, 225, 227.
256 Ausführlich DNotI-Report 2001, 137 ff.
257 So EBENROTH-KLEISER RIW 1993, 353, 356; vorsichtiger DNotI-Report 2001, 137, 139.
258 KRZYWON BWNotZ 1987, 4, 5 f.
259 SCHOTTEN RdNr 319.
260 KROPHOLLER § 51 V 4; KERSTEN-BÜHLING-WÄHLER § 126 RdNr 14: Verbot von Erbverträgen in verschiedenen Rechten des romanischen Rechtskreises hat stets materiell-rechtlichen Charakter.

gen Erbvertrages beide Vertragspartner von Todes wegen, müssen beide Errichtungsstatute dessen Zulässigkeit bejahen.[261] Scheitert der Erbvertrag an einem entsprechenden Verbot ausländischen Rechts, so ist für jeden Erblasser an Hand seines Errichtungsstatutes zu prüfen, ob eine Umdeutung in ein Testament in Frage kommt,[262] wobei grundsätzlich nicht nur die Umdeutung in ein Einzeltestament, sondern auch in ein gemeinschaftliches Testament nicht ausgeschlossen ist.

Ist Erbstatut zum Beispiel das österreichische Recht, so muss beachtet werden, dass die Konversion ihre Grenze etwa am sog »**freien Viertel**« findet. Gemäß § 1253 ABGB bleibt einem Ehegatten beim Erbvertrag kraft Gesetzes die Befugnis zur freien letztwilligen Verfügung über ein Viertel seines Nachlasses, das weder von Pflichtteilsansprüchen noch in anderer Weise belastet sein darf, vorbehalten. Eine Verfügung über dieses letzte Viertel bleibt bei einer Umdeutung in Einzeltestamente nichtig.[263]

Nicht nur das Verbot des Erbvertrages selbst, sondern auch ihn betreffende nichtformbezogene Einschränkungen, etwa die Zulassung nur zwischen Ehegatten, sind nach dem Errichtungsstatut zu beurteilen.[264]

## IX. Nacherbschaft

Von Todes wegen Verfügende suchen häufig nach rechtlichen Gestaltungsmitteln in dem Bestreben, ihr Vermögen entgegen den zentrifugalen Kräften des Erbfalls über den Tod hinaus zu binden.[265] Dafür bietet sich in bestimmten Fällen aus deutscher Sicht das Institut der Vor- und Nacherbfolge im Sinne der §§ 2100 ff BGB an. Zulässigkeit, Wirkungen und Umfang der Anordnung von Vor- und Nacherbschaft unterfallen nach allgemeiner Ansicht im deutschen IPR dem Erbstatut,[266] und zwar dem definitiven Erbstatut im Zeitpunkt des Todes nach Art 25 Abs 1 EGBGB und nicht dem Errichtungsstatut des Art 26 Abs 5 S 1 EGBGB. Es handelt sich nämlich insoweit um die Frage nach der Wirkung einer Verfügung von Todes wegen, die eine entsprechende Anordnung beinhaltet. Das Erbstatut entscheidet dabei auch darüber, ob und welche Verfügungsbeschränkungen für den Vorerben bestehen. Über deren dingliche Wirkungen entscheidet hingegen das Recht am Ort der Belegenheit des jeweiligen Nachlassgegenstandes als Einzelstatut.[267]

42

Aus deutscher Sicht als dem Erbrecht qualifikatorisch zuzurechnen sind auch entsprechende Institute ausländischer Rechtsordnungen, zB die Substitution nach französischem Recht[268] oder der testamentarische trust[269] des angelsächsischen

---

**261** MünchKomm-BIRK Art 26 RdNr 133, 134; EBENROTH-KLEISER RIW 1993, 353, 360; SCHOTTEN RdNr 319; KROPHOLLER § 51 V 4.
**262** MünchKomm-BIRK Art 26 RdNr 134; SCHOTTEN RdNr 320.
**263** DENZLER IPRax 1982, 181, 184.
**264** Vgl insoweit DENZLER IPRax 1982, 181, 183, zum österreichischen Verbot des Erbvertrages für Nichtehegatten, das nicht als formell qualifiziert werden kann.
**265** Vgl VEELKEN RabelsZ 49 (1985), 1.

**266** Ausführlich VEELKEN RabelsZ 49 (1985), 1, 14, 28; MünchKomm-BIRK Art 26 RdNr 110; PALANDT-HELDRICH Art 25 RdNr 11; SCHOTTEN RdNr 307; NIEDER, Handbuch der Testamentsgestaltung, RdNr 392.
**267** VEELKEN RabelsZ 49 (1985), 1, 14; MünchKomm-BIRK Art 26 RdNr 110.
**268** VEELKEN RabelsZ 49 (1985), 1, 27 f.
**269** PALANDT-HELDRICH Art 25 RdNr 11; SIEMERS-MÜLLER ZEV 1998, 206 f.

Rechtskreises. Der Rechtsanwender wird allerdings dann, wenn er zur Anwendung ausländischen Erbrechts gelangt, häufig feststellen, dass dort die Vor- und Nacherbschaft gar nicht oder nur in sehr begrenztem Umfang zugelassen wird, weil die dadurch mögliche lange Bindung an den Willen des Erblassers einerseits und die begrenzte Rechtsstellung des Vorerben andererseits als nicht besonders günstig und empfehlenswert angesehen werden.[270] Zwar kennen mit mehr oder weniger großen Einschränkungen das Institut der Nacherbschaft die Rechte von Schweden, Spanien, Griechenland sowie der Schweiz.[271] In engen Grenzen gibt es eine Substitution auch in Italien und Schottland.[272] Das französische Recht hingegen erklärt unter dem Einfluss der Revolutionsideologie Substitutionen grundsätzlich für unzulässig, (Art 896 C.c.).[273] Dem folgt etwa Belgien.[274] Ausnahmen gibt es hier nur für bestimmte Verwandte bzw die Einsetzung auf den Überrest.[275] Im englisch-amerikanischen Recht existiert zwar vor allem die rule against perpetuities,[276] die Frage der Einsetzung eines Erben auf Zeit wird hier jedoch über die Errichtung eines trust gelöst.[277]

Beachtet werden muss in diesem Zusammenhang vor allem bei der Prüfung einer Rück- bzw Weiterverweisung auch, ob das zu prüfende ausländische Kollisionsrecht das der deutschen Nacherbschaft vergleichbare Rechtsinstitut nach seiner allgemeinen erbrechtlichen Kollisionsnorm anknüpft oder insoweit besondere Anknüpfungsregeln kennt. Für das französische Institut der Substitution wird etwa daraus, dass sie die Unveräußerlichkeit der von ihr erfassten Vermögensgegenstände nach sich ziehe, weitgehend eine Sonderanknüpfung derart entnommen, dass für bewegliches und unbewegliches Vermögen das Recht des jeweiligen Belegenheitsortes maßgeblich sein müsse.[278]

Ist in einer erbrechtlichen Verfügung die testamentarische Anordnung der Vor- und Nacherbschaft, wie sie dem deutschen Erbrecht entspricht, enthalten, ist aber Erbstatut in diesem Fall tatsächlich ein ausländisches Recht, so handelt es sich um einen typischen Fall des Handelns unter fremdem bzw falschem Recht.[279] Dazu kann es kommen, wenn von vornherein bei der Abfassung der Verfügung von Todes wegen vom falschen Erbrecht ausgegangen worden ist. Die Ursache wird jedoch häufig auch darin liegen, dass wegen der in Art 25 Abs 1 EGBGB enthaltenen Anknüpfung auf den Zeitpunkt des Todes des Erblassers zwischen der Errichtung der Verfügung und diesem Zeitpunkt ein Statutenwechsel stattgefunden hat.[280] Die testamentarische Anordnung der Vor- und Nacherbfolge ist hier dahin zu interpretieren, dass der Wille des Testators grundsätzlich auf den Eintritt aller Rechtsfolgen gerichtet ist, die nach dem deutschen Recht mit der Vor- und Nacherbschaft verbunden sind.[281] Soweit die tatsächlich anzuwendende Erbrechtsordnung identische Regelungen bzw Rechtsfolgen nicht vorsieht, muss durch Auslegung bzw Umdeutung der Wille des Erblassers

---

[270] MünchKomm-BIRK Art 26 RdNr 109.
[271] LANGE-KUCHINKE, § 28 I 1 c.
[272] LANGE-KUCHINKE, § 28 I 1 c.
[273] Ausführlich VEELKEN RabelsZ 49 (1985), 1 ff.
[274] LANGE-KUCHINKE, § 28 I 1 c; HUSTEDT MittRhNotK 1996, 337, 346.
[275] Ausführlich für Frankreich VEELKEN RabelsZ 49 (1985), 1, 30 ff.
[276] KEGEL-SCHURIG § 21 I 2.
[277] LANGE-KUCHINKE § 28 I 1 c.

[278] Ausführlich VEELKEN RabelsZ 49 (1985), 1, 14 ff.
[279] VEELKEN RabelsZ 49 (1985), 1, 3; vorrangig muss allerdings geprüft werden, ob nicht eine – zumindest teilweise – Rechtswahl auf deutsches Recht hierin gesehen werden kann, VEELKEN RabelsZ 49 (1985), 1, 30.
[280] VEELKEN RabelsZ 49 (1985), 1, 4; KEGEL-SCHURIG § 21 III 3.
[281] VEELKEN RabelsZ 49 (1985), 1, 31.

in die Dogmatik und Schranken der ausländischen Rechtsordnung umgesetzt werden.[282]

## X. Testamentsvollstreckung

Für die Testamentsvollstreckung gilt im Grundsatz, da es sich ebenfalls um eine Frage der Wirkung einer Verfügung von Todes wegen handelt, das Gleiche wie für die Nacherbschaft. Das nach Art 25 EGBGB zu bestimmende Erbstatut entscheidet auch hier über die Zulässigkeit der Ernennung durch Testament bzw die allgemeine Zulässigkeit einer Testamentsvollstreckung, die Rechtsstellung im Ganzen und die Einzelbefugnisse des Testamentsvollstreckers sowie seine Entlassung.[283] Das Erbstatut bestimmt dabei auch über ausländische Rechtsinstitute, die im deutschen Recht kein unmittelbares Pendant haben, ihrem Sinn und Zweck nach aber die Funktion einer Testamentsvollstreckung besitzen.[284] Zu nennen wäre hier etwa der **testamentarische trust** des anglo-amerikanischen Rechtskreises.[285] Dasselbe ist für den in jenem Rechtskreis gegebenen executor oder administrator zu sagen, der nach dortigem Verständnis durch den Erbfall Träger der Rechte und Pflichten des Erblassers wird, wobei jedoch der executor nicht in jedem Fall einem Testamentsvollstrecker des deutschen Rechts nahe kommt.[286] Rechtsvergleichend ist allgemein festzustellen, dass fremde Rechtsordnungen eine derart umfassende Testamentsvollstreckung wie sie die §§ 2197 ff. BGB ermöglichen, kaum kennen.[287] Wird in einer Verfügung von Todes wegen Testamentsvollstreckung nach deutschem Recht angeordnet und unterliegt jedoch die Wirkung dieser Verfügung einem ausländischen Erbstatut, so liegt auch hier ein Handeln unter fremdem Recht vor und es muss entsprechend umgedeutet werden.

Erlaubt das anzuwendende ausländische Erbrecht den vom Erblasser intendierten Umfang der Testamentsvollstreckung nicht, so ist aus Sicht der Rechtsgestaltung bzw Rechtsberatung an die Erteilung einer Vollmacht über den Tod hinaus zu denken, um der als Testamentsvollstrecker vorgesehenen Person weiterreichende Befugnisse einzuräumen. In kollisionsrechtlicher Hinsicht muss dabei beachtet werden, dass sich das Vollmachtsstatut nach dem Recht des Landes bemisst, in dem die Vollmacht ihre Wirkungen entfaltet oder entfalten soll, sog **Wirkungsstatut**.[288]

---

[282] Ausführlich VEELKEN RabelsZ 49 (1985), 1, 30 ff, für die Anwendung französischen materiellen Erbrechts auf eine auf Herbeiführung der Rechtwirkung der deutschen Vor- und Nacherbschaft gerichtete testamentarische Verfügung.
[283] BGH NJW 1963, 46, 47; MünchKomm-BIRK Art 26 RdNr 112 ff; NIEDER, Handbuch der Testamentsgestaltung, RdNr 392; ausführlich zur internationalen Testamentsvollstreckung HAAS in: BENGEL-REIMANN, Handbuch der Testamentsvollstreckung, § 9.
[284] HAAS in: BENGEL-REIMANN, Handbuch der Testamentsvollstreckung, § 9 RdNr 2.
[285] HAAS in: BENGEL-REIMANN, Handbuch der Testamentsvollstreckung, § 9 RdNr 2.
[286] Ausführlich MünchKomm-BIRK Art 26 RdNr 120.
[287] Ausführlicher Länderbericht bei HAAS in: BENGEL-REIMANN, Handbuch der Testamentsvollstreckung, § 9 RdNr 132 ff; vgl zu der Rechtssituation in Belgien HUSTEDT MittRhNotK 1996, 337, 346.
[288] Ausführlich SIEGHÖRTNER ZEV 1999, 461, 464; MünchKomm-SPELLENBERG vor Art 11 RdNr 209 ff.

## XI. Lebzeitige Rechtsgeschäfte mit Todesbezug

### 1. Erbverzicht

**44** Auch wenn der **Erb- bzw Pflichtteilsverzichtsvertrag** keine Verfügung von Todes wegen darstellt, wirkt er doch verändernd auf die zu erwartende gesetzliche Erbfolge ein. In Anbetracht dieser Rechtswirkungen wird der Erb- und Pflichtteilsverzicht erbrechtlich qualifiziert und daher dem Erbstatut des potentiellen Erblassers unterstellt.[289] Auf das Personalstatut des Verzichtenden kommt es hierbei nicht an.[290] Ein Erb- oder Pflichtteilsverzicht ist auf der Basis der Geltung deutschen Rechts unproblematisch, doch ist zu beachten, dass zahlreiche ausländische Rechtsordnungen den Erbverzicht für unzulässig halten. LÜDERITZ[291] und ihm nachfolgend zahlreiche Autoren[292] sind sogar der Ansicht, dass das Verbot des Erbverzichts zum Teil des ordre public der romanischen Länder gehöre und es daher uU nicht zu einer Rückverweisung auf das deutsche Recht komme, es vielmehr bei der Anwendung des erbverzichtsfeindlichen Rechts bleibe.[293] Allerdings wird insoweit nicht zwischen dem internationalen und dem nationalen ordre public unterschieden. Nur soweit das Verbot zum internationalen ordre public gehört, kann eine Rückverweisung hierdurch verhindet werden. Hierfür lassen sich aber keinerlei Anhaltspunkte finden. Die Zulässigkeit eines Erbverzichts kann insbesondere auch auf der Basis einer Rechtswahl gem Art 25 Abs 2 EGBGB begründet werden. Zeitlich beurteilt sich die Zulässigkeit eines Erbverzichts analog Art 26 Abs 5 S 1 EGBGB nach dem Recht des Staates, das im Zeitpunkt des Vertragsschlusses auf die Rechtsnachfolge von Todes wegen anzuwenden wäre.[294] Aus Art 26 Abs 5 EGBGB folgt aus deutscher Sicht, dass im Rahmen der *renvoi*-Prüfung nur auf die zum Zeitpunkt der Errichtung der Verfügung von Todes wegen bestehenden Verhältnisse abzustellen ist.[295]

### 2. Schenkung von Todes wegen

**45** Nicht selten beabsichtigen Erblasser, durch Rechtsgeschäfte unter Lebenden, das Erbrecht zu umgehen. Der dadurch ins Blickfeld rückende Grenzbereich lebzeitiger und letztwilliger Verfügungen bereitet vielen Rechtsordnungen Schwierigkei-

---

[289] STAUDINGER-DÖRNER, Art 25 RdNr 373 mwN; KEGEL, Internationales Privatrecht, 7. Aufl 1995, S 772.
[290] SCHOTTEN RdNr 326; PALANDT-HELDRICH, 57. Aufl 1998, Art 25 RdNr 13; MünchKomm-BIRK, 2. Aufl 1990, Art 26 RdNr 138; ERMAN-HOHLOCH, 9. Aufl 1993, Art 25 RdNr 33.
[291] LÜDERITZ, Rechtsgutachten des Instituts für internationales und ausländisches Privatrecht, MittRhNotK 1976, 543, 552 unter Berufung auf Cour d'appel de Colmar, Rev. crit. 1950, 52; hierzu aber SCHOTTEN RdNr 313 Fn 235.
[292] MünchKomm-BIRK Art 25 RdNr 116; TIEDEMANN, Internationales Erbrecht in Deutschland und Lateinamerika, S 38; REINHART, Zur Neuregelung des internationalen Erbrechts, BWNotZ 1987, 97, 102; FERID-FIRSCHING-LICHTENBERGER, Internationales Erbrecht Bd I, Einf RdNr 14; JOHNEN, Die Behandlung von Erbscheinsanträgen mit Auslandsberührung in der notariellen Praxis, MittRhNotK 1986, 57, 60.
[293] Siehe auch HOFFMANN, Aktuelle Praktikertagung, S 125 f, 200 f; TIEDEMANN S 38.
[294] KROPHOLLER § 51 IV 5a, S 397; VON BAR RdNr 381 Fn 154; LICHTENBERGER, Zum Gesetz zur Neuregelung des IPR, DNotZ 1986, 644, 666; STAUDINGER-DÖRNER RdNr 377; SOERGEL-SCHURIG Art 26 RdNr 42; KEGEL S 772; aA MünchKomm-BIRK Art 26 RdNr 141: Erbstatut.
[295] So wohl STAUDINGER-DÖRNER, Art 26 EGBGB RdNr 81, der davon ausgeht, dass ein möglicher Statutenwechsel durch Art 26 Abs 5 S 1 EGBGB auch verhindert werde »durch eine Verlegung des Wohnsitzes, soweit dieser Anknüpfungspunkt im Rahmen einer *renvoi*-Prüfung Bedeutung gewinnt.«

ten.²⁹⁶ Dies gilt vor allem auch für die Schenkung von Todes wegen. Ihre Zulässigkeit und ihre Voraussetzungen werden in den einzelnen Rechtsordnungen sehr unterschiedlich behandelt.²⁹⁷ Das deutsche Recht regelt die Abgrenzung zwischen Schenkungsrecht und Erbrecht in § 2301 BGB. Eine Schenkung unter Lebenden auf den Todesfall liegt demnach vor, wenn der Erblasser ein unentgeltliches Rechtsgeschäft unter die Bedingung stellt, dass der Beschenkte ihn überlebt.²⁹⁸ Auf dieses Rechtsgeschäft sollen grundsätzlich die Vorschriften über Verfügungen von Todes wegen, also Erbrecht, Anwendung finden, es sei denn, der Schenker vollzieht die Schenkung; dann gelten die Vorschriften über Schenkung unter Lebenden, § 2301 Abs 2 BGB.

Diese Grundsätze des deutschen Sachrechtes aus § 2301 BGB überträgt die hM auf die Ebene des Kollisionsrechts.²⁹⁹ Die internationalprivatrechtliche Einordnung folgt demnach der lex fori, das heißt den Rechtsgrundsätzen des deutschen Rechts.³⁰⁰ Schenkungen, die unter der Bedingung stehen, dass der Beschenkte den Schenker überlebt und noch nicht zu dessen Lebzeiten vollzogen werden, unterliegen daher dem Erbstatut, andernfalls unterliegen sie dem Schuldvertragsstatut gemäß Art 27, 28 EGBGB, wonach regelmäßig an den gewöhnlichen Aufenthalt des Schenkers bzw bei Grundstücken deren Belegenheit anzuknüpfen ist, vgl Art 28 Abs 2, 3 EGBGB, wenn keine Rechtswahl getroffen wurde.³⁰¹ Die sonach bedeutsame Frage, ob die Schenkung bereits vollzogen ist, vgl § 2301 Abs 2 BGB, richtet sich jedoch, da sie sachenrechtlicher Natur ist, nach dem Recht, das die Verfügung beherrscht, also bei Sachen nach dem Recht des Staates, wo die geschenkte Sache belegen ist, sog **lex rei sitae**.³⁰² Soweit nicht das Eigentum an einer Sache geschenkt wird, sondern ein sonstiger Gegenstand zugewendet wird, entscheidet entsprechend das für den dinglichen Übergang dieses Gegenstandes maßgebliche Recht, ob und wann die Schenkung vollzogen wurde.³⁰³

296 EDENFELD ZEV 2001, 457, 461.
297 Ausführlicher Rechtsvergleich im Überblick bei HENRICH FS Firsching, 1985, S 111 ff, vor allem mit dem Hinweis auf die Unzulässigkeit im französischen und italienischen Recht; vgl auch EDENFELD ZEV 2001, 457, 461: Frankreich, Italien, England, Belgien und Luxemburg unterwerfen die »donatio mortis causa« grundsätzlich dem Erbrecht, sowie OLG Düsseldorf FamRZ 1997, 61, 62 f; ähnlich wie in Deutschland ist wohl die Rechtslage in der Schweiz, vgl WINKLER VON MOHRENFELS IPRax 1991, 237, 240.
298 PALANDT-EDENHOFER § 2301 RdNr 1; WINKLER VON MOHRENFELS IPRax 1991, 237, 239.
299 KROPHOLLER § 51 V 6 b; WINKLER VON MOHRENFELS IPRax 1991, 237, 239.
300 OLG Düsseldorf FamRZ 1997, 61, 62; WINKLER VON MOHRENFELS IPRax 1991, 237, 239; LORENZ ZEV 1996, 406, 407; anders dagegen HENRICH FS Firsching, 1985, S 111, 119 ff: Abgrenzung nach der lex causae.
301 Vgl PALANDT-HELDRICH Art 25 RdNr 15, LORENZ ZEV 1996, 406 f; HAAS in: BENGEL-REIMANN, Handbuch der Testamentsvollstreckung, § 9 RdNr 72; BGH NJW 1959, 1317; OLG Düsseldorf FamRZ 1997, 61, 62; SCHOTTEN RdNr 323; KROPHOLLER § 51 V 6 b; anders KEGEL-SCHURIG § 21 II: die Schenkung von Todes wegen sollte dem Erbstatut unterliegen, selbst wenn sie (zum Beispiel nach § 2301 Abs 2 BGB) als Rechtsgeschäft unter Lebenden behandelt wird, denn sie bezweckt wie eine Verfügung von Todes wegen allein eine Regelung für die Zeit nach dem Tode des Gebers; vgl auch zum Internationalen Erbrecht in Italien EBENROTH-KLEISER RIW 1993, 353, 358 f: Schenkung auf den Todesfall unterfällt dem Erbstatut.
302 OLG Düsseldorf FamRZ 1997, 61, 62; LORENZ ZEV 1996, 406, 407; HENRICH FS Firsching, 1985, S 111, 119; WINKLER VON MOHRENFELS IPRax 1991, 237, 240; PALANDT-HELDRICH Art 25 RdNr 15; KROPHOLLER § 51 V 6 b, SCHOTTEN RdNr 323; HAAS in: BENGEL-REIMANN, Handbuch der Testamentsvollstreckung, § 9 RdNr 72.
303 PALANDT-HELDRICH Art 25 RdNr 15; HAAS in: BENGEL-REIMANN, Handbuch der Testamentsvollstreckung, § 9 RdNr 72.

Soweit nach Vorstehendem das Erbstatut zur Anwendung kommt, entscheidet über die Gültigkeit der Schenkung von Todes wegen – soweit es nicht um die Frage der Form geht – und die Bindung an sie das hypothetische Erbstatut des Art 26 Abs 5 S 1 EGBGB.[304] Abweichende kollisionsrechtliche Einordnungen in anderen Rechtsordnungen, die von den vorstehenden Grundsätzen des deutschen IPR abweichen, können gegebenenfalls im Wege einer Rück- und Weiterverweisung Beachtung finden. Schon allein deswegen ist die Empfehlung von NIEDER[305] zu bedenken, wonach eine Schenkung, deren Erfüllung auf den Tod des Schenkers aufgeschoben ist, für die vorsorgende Rechtspflege im internationalen Bereich ausscheiden dürfte, da es einen in den Rechtsordnungen einheitlichen Begriff dafür nicht gibt, ihre kollisionsrechtliche Einordnung, Zulässigkeit und Wirkung in fremden Rechtsordnungen kaum vorhersehbar ist.

### 3. Vertrag zugunsten Dritter auf den Todesfall

46 Eng verschränkt mit der Schenkung von Todes wegen ist die Problematik des Vertrages zugunsten Dritter auf den Todesfall.[306] Schon im deutschen materiellen Erbrecht ist das Verhältnis zwischen den Rechtsnormen des § 2301 BGB und des § 331 BGB heftig umstritten. Die hM befürwortet hier ein Vorrangverhältnis der letzeren Vorschrift, da sie eine Sondervorschrift gegenüber § 2301 BGB darstelle.[307] § 331 BGB geht dabei davon aus, dass dann, wenn die Leistung an den Dritten nach dem Tode des Versprechensempfängers erfolgen soll, der Dritte das Recht auf die Leistung im Zweifel mit dessen Tod erwirbt.

Auch hier erfolgt eine Übertragung der sachrechtlichen Strukturen in das Internationale Privatrecht. Zu unterscheiden ist zum einen zwischen dem Deckungsverhältnis, also dem Rechtsverhältnis zwischen Versprechendem und Versprechensempfänger, und dem Valutaverhältnis, das ist das Rechtsverhältnis zwischen dem Versprechensempfänger (dem späteren Erblasser) und dem Dritten. Das Deckungsverhältnis, also etwa bei einem Sparbuch der unechte Verwahrungsvertrag bzw Darlehensvertrag, unterliegt keinesfalls dem Erbstatut, sondern als Rechtsgeschäft unter Lebenden seinem eigenen Statut, typischerweise dem Schuldvertragsstatut gemäß Art 27, 28 EGBGB.[308] Die Behandlung des Valutaverhältnisses, bei dem es sich regelmäßig um eine Schenkung handelt, ist problematisch. Ist es eine Schenkung von Todes wegen, so gelten die hierfür entwickelten Grundsätze. Es ist aber aus nationaler Sicht konsequent, auch hierbei den Vorrang des § 331 BGB anzuerkennen und im Falle eines solchen Vertrages zugunsten Dritter auf den Todesfall auch die Schenkung im Valutaverhältnis dem Schuldvertragsstatut der Art 27, 28 EGBGB und nicht dem Erbstatut zu unterwerfen.[309] Handelt es sich

---

**304** Vgl MünchKomm-BIRK Art 26 RdNr 156.
**305** Handbuch der Testamentsgestaltung, RdNr 401.
**306** MünchKomm-BIRK Art 26 RdNr 157.
**307** BGHZ 41, 95; 46, 198; 66, 8; BGH NJW 1993, 2171.
**308** OLG Düsseldorf ZEV 2001, 484, 485 mit insoweit zustimmender Anmerkung HENRICH 487; MünchKomm-BIRK Art 26 RdNr 158; SCHOTTEN RdNr 324, HAAS in: BENGEL-REIMANN, Handbuch der Testaments-vollstreckung, § 9 RdNr 72; PALANDT-HELDRICH Art 25 RdNr 15.
**309** Vgl PALANDT-HELDRICH Art 25 RdNr 15; OLG Düsseldorf ZEV 2001, 484, 486 – allerdings nur vorsichtig argumentierend und für die konkrete Situation im zu entscheidenden Fall – mit insoweit ablehnender Anmerkung HENRICH 487: erbrechtliche Zuordnung, weil Lösung des deutschen Sachrechts nicht ohne weiteres einsichtig und dem internationalen Standard nicht entsprechend; HAAS in: BENGEL-REIMANN, Hand-

im Valutaverhältnis um eine Schenkung unter Lebenden, so wird ohne weiteres vom Schenkungsstatut ausgegangen.[310]

Zwar sind Verträge zugunsten Dritter auf den Todesfall zum Teil auch in den Ländern zugelassen, die den Erbvertrag verbieten, so dass sie die Möglichkeit eröffnen, Zuwendungen unter Lebenden auf den Todesfall zu machen und das Erbrecht zu umgehen.[311] Dennoch können sie ähnlich wie die Schenkung von Todes wegen schon wegen der problematischen Einordnung im deutschen Kollisions- wie auch Sachrecht und auf Grund der schwierigen Überblickbarkeit der Rechtslage in ausländischen Rechtsordnungen nicht unbedingt bei der Rechtsgestaltung empfohlen werden.

### 4. Vertrag über den Nachlass eines lebenden Dritten

Das deutsche Recht duldet Verträge über den Nachlass eines noch lebenden Dritten grundsätzlich nicht, § 311b BGB. Sie erscheinen ihm sittlich verwerflich, da sie mit dem Tod des Dritten spekulieren, können außerdem in dessen Testierfreiheit eingreifen und sind vor allem wegen ihres aleatorischen Charakters wirtschaftlich bedenklich.[312] Trotz dieser Nachlassbezogenheit handelt es sich bei solchen Verträgen nicht um erbrechtliche, sondern schuldrechtliche Rechtsgeschäfte, die deshalb dem Vertragsstatut der Art 27, 28 EGBGB zu unterstellen sind.[313] Es besteht daher freie Rechtswahl, (Art 27 EGBGB). Zum deutschen ordre public gehört das Verbot des § 311b EGBGB nicht,[314] man wird jedoch die in dieser Norm geregelte Frage der Zulässigkeit eines Vertrages über den Nachlass eines lebenden Dritten einer Sonderanknüpfung unter das Erbrechtsstatut zu unterwerfen haben.[315] Maßgebend ist dabei das hypothetische Erbstatut des Dritten, um dessen Nachlass es geht.

### 5. Testiervertrag

Ein Vertrag, durch den sich jemand verpflichtet, eine Verfügung von Todes wegen zu errichten oder nicht zu errichten, aufzuheben oder nicht aufzuheben, ist nach deutscher Rechtsauffassung nichtig, (§ 2302 BGB). Anders als das deutsche Recht steht der anglo-amerikanische Rechtskreis solchen Testierverträgen durchaus wohlgesonnen gegenüber.[316] Es handelt sich um schuldrechtliche Verträge mit erbrechtlichem Ziel, die deshalb dem hypothetischen Erbstatut des sich derart Verpflichtenden im Zeitpunkt des Vertragsschlusses zu unterwerfen sind.[317]

---

buch der Testamentsvollstreckung, § 9 RdNr 72, wendet ebenfalls bei einer Schenkung von Todes wegen im Valutaverhältnis das Erbstatut an; vgl auch MünchKomm-BIRK Art 26 RdNr 158: im Falle einer Schenkung auf den Todesfall Erbstatut; zur Einordnung im Internationalen Erbrecht Italiens EBENROTH-KLEISER RIW 1993, 353, 358 f: Schenkung auf den Todesfall unterliegt Erbstatut.
**310** MünchKomm-BIRK Art 26 RdNr 158; SCHOTTEN RdNr 324.
**311** EDENFELD ZEV 2001, 457, 461.
**312** PALANDT-HEINRICHS § 312 RdNr 1.
**313** SCHOTTEN RdNr 330; MünchKomm-BIRK Art 26 RdNr 163.

**314** MünchKomm-BIRK Art 26 RdNr 163.
**315** SCHOTTEN RdNr 330; aA MünchKomm-BIRK Art 26 RdNr 163; LICHTENBERGER, Voraufl, RdNr 45, der wegen der schon im deutschen Recht nicht eindeutigen Rechtslage und der schweren Überblickbarkeit der ausländischen Rechte von solchen Verträgen eher abrät.
**316** VAN VENROOY JZ 1985, 609; DOPFFEL DNotZ 1976, 335 ff; SCHOTTEN RdNr 325; MünchKomm-BIRK Art 26 RdNr 151.
**317** MünchKomm-BIRK Art 26 RdNr 151 f; SCHOTTEN RdNr 325; ähnlich ist wohl die Rechtslage aus englischer Sicht, vgl DOPFFEL DNotZ 1976, 335, 351 f; aA VAN VENROOY JZ

Dies gilt, obwohl nach anglo-amerikanischen Rechten aus solchen Verträgen Erfüllungsansprüche regelmäßig nicht in Betracht kommen, sondern es um die Erhebung von Schadensersatzansprüchen gehen wird,[318] und gerade im Hinblick darauf, dass solche Verträge dort die Aufgaben wahrnehmen, die denen eines Erbvertrages oder eines gemeinschaftlichen Testamentes entsprechen.[319] Andererseits wird man allerdings § 2302 BGB regelmäßig nicht als Teil des deutschen ordre public im Sinne des Art 6 EGBGB auffassen,[320] jedenfalls nicht dann, wenn durch die Testiervereinbarung eine Bindung des Testators an seine Verfügungen hergestellt werden soll, wie dies in anderer Weise – durch gemeinschaftliches Testament oder Erbvertrag – auch nach deutschem Recht möglich wäre.[321]

Die Formgültigkeit solcher Verträge bstimmt sich nach Art 11 EGBGB.

### 6. Einzelne ausländische Rechtsinstitute

#### a) institution contractuelle

49  Der romanische Rechtskreis lehnt zwar regelmäßig den Erbvertrag ab, kennt jedoch als spezifisches Rechtsinstitut zwischen Ehegatten zum Teil die »**institution contractuelle**«.[322] Sie ist grundsätzlich erbrechtlich zu qualifizieren und deshalb Art 25, 26 EGBGB zu unterstellen.[323] Wenn im konkreten Fall das anzuwendende Erbrecht des romanischen Rechtskreises dieses Institut kennt, so kann es als Alternative zum gemeinschaftlichen Testament bzw Erbvertrag zwischen Ehegatten herangezogen werden.

#### b) trust

50  Angelsächsische Rechtsordnungen sehen häufig das Rechtsinstitut des **trust** vor. Durch die Errichtung eines solchen können erbrechtliche Ansprüche weitgehend außer Kraft gesetzt werden.[324] Im Wesentlichen lassen sich der »**testamentary trust**«, der durch letztwillige Verfügung angeordnet wird, und der »**inter vivos trust**« der durch Rechtsgeschäfte unter Lebenden errichtet wird, unterscheiden.[325] Es steht damit ein Mittel der Nachlassplanung zur Verfügung, das andere Rechtsordnungen, insbesondere die deutsche, nicht kennen. Der inter vivos trust ist ein Rechtsgeschäft unter Lebenden, so dass sich seine Wirksamkeit grundsätzlich nach dem Schuldvertragsstatut, Art 27 ff EGBGB, richtet.[326] Der durch Rechtsgeschäft für den Todesfall begründete testamentary trust unterfällt hingegen folgerichtig dem Erbrechtsstatut, ist bei Anwendung deutschen Erbrechts als solcher aber grundsätzlich zivilrechtlich unwirksam, da ihn das deutsche Erbrecht nicht vorsieht.[327]

---

1985, 609, 612 ff: Schuldvertragsstatut, dessen konkrete Ausgestaltung jedoch durch die Kollisionsnormen des Erbstatutes zu erfolgen habe – diese Vorgehensweise ist aus heutiger Sicht schon deshalb problematisch, weil nunmehr das Schuldvertragsstatut in Art 27, 28 EGBGB ausdrücklich geregelt ist.
**318** Vgl DOPFFEL DNotZ 1976, 335, 337 auch zur etwaigen Wirkung zugunsten Dritter.
**319** MünchKomm-BIRK Art 26 RdNr 152.
**320** VAN VENROOY JZ 1985, 609, 610 ff, spricht sich gegen eine Anwendung des Art 6 EGBGB aus, vorsichtiger Münch-

komm-BIRK Art 26 RdNr 153: Frage des konkreten Falles; für die Abwehr fremden Rechts, wenn es im Widerspruch zu § 2302 die Testierfreiheit durch Vertrag beschränken lässt, allerdings wohl LANGE-KUCHINKE § 3 II 4 b.
**321** DOPFFEL DNotZ 1976, 335, 347.
**322** Siehe oben VIII. 1.
**323** SCHOTTEN RdNr 322 Fn 261.
**324** SIEMERS-MÜLLER ZEV 1998, 206.
**325** SIEMERS-MÜLLER ZEV 1998, 206.
**326** SIEMERS-MÜLLER ZEV 1998, 206 f.
**327** SIEMERS-MÜLLER ZEV 1998, 206 f.

## c) joint tenancy

Neben dem trust findet im Rahmen der Nachlassplanung nach US-amerikanischem Recht in erster Linie die »**joint tenancy**« Anwendung, eine besondere Form gemeinschaftlicher Berechtigung an einem Gegenstand.[328] Sie ist eine Form des Gemeinschaftseigentums, die sich durch ein Anwachsungsrecht derart auszeichnet, dass beim Tod eines tenants den übrigen dessen Anteil an dem gemeinsam gehaltenen und genutzen Gegenstand ohne weiteres anwächst, sog **right of survivorship**.[329] Der zuletzt nach Versterben aller anderen Übrigbleibende wird Alleineigentümer.[330] Der Anteil des Verstorbenen fällt nicht in den Nachlass, sondern der Erwerb im Wege der Anwachsung erfolgt außerhalb des Erbrechts kraft des ursprünglichen Rechtsgeschäfts, durch das die joint tenancy begründet wurde.[331] Am Nachlass erb- oder güterrechtlich Berechtigte sowie Drittgläubiger des Verstorbenen können ihre Ansprüche nach dessen Ableben daran nicht geltend machen.[332]

Da die joint tenancy eine besondere Form der Mitberechtigung mehrerer an einem Vermögensgegenstand darstellt, spielt das Sachenrechtsstatut hier eine wichtige Rolle. Bei Sachen, die in joint tenancy gehalten werden, muss das Sachenrecht am Belegenheitsort dieser Sache die besondere Form des Miteigentums anerkennen. Für in Deutschland belegene Sachen scheidet die joint tenancy demnach aus, da das deutsche Sachenrecht diese Art der Mitberechtigung nicht vorsieht.[333] Wegen dieser Einschränkung der Zulassung durch das Sachenrechtsstatut, das für den jeweiligen Vermögensgegenstand zur Anwendung kommt, ist die joint tenancy aus deutscher Sicht für die Rechtsgestaltung nur von eingeschränkter Bedeutung.

Sofern sie unter Berücksichtigung dieser Einschränkung des Sachenrechts für einen Gegenstand wirksam begründet werden kann, ist weiterhin, ähnlich wie beim trust, die Form ihrer Begründung entscheidend. Sie kann durch letztwillige Verfügung errichtet werden, in der der Erblasser bestimmte Vermögenswerte, die im Zeitpunkt des Todes in seinem Eigentum stehen oder über die er sonstwie verfügen kann, auf mehrere Personen, die diese dann gemeinsam in joint tenancy halten, überträgt.[334] Dann entscheidet über ihre Zulässigkeit und insbesondere die Rechtsfolgen ihrer Begründung das Erbstatut.[335] Ist Erbstatut dabei deutsches Recht, so wird erwogen, die im deutschen Recht nicht vorgesehene joint tenancy in eine wechselseitig befreite Vor- und Nacherbschaft umzudeuten.[336]

Die unter Lebenden begründete joint tenancy stößt auf größere kollisionsrechtliche Einordnungsschwierigkeiten, wenn der spätere Erblasser als tenant beteiligt bleibt und es erst bei seinem Ableben um die Anwachsung an den bzw die anderen tenant(s) geht. Um eine Umgehung erbrechtlicher Schutznormen, zum Bei-

---

**328** Ausführlich CZERMAK ZVglRWiss 1988, 58 ff; JÜLICHER ZEV 2001, 469 ff; HENRICH FS Riesenfeld, 1983, S 103 ff; die Zulässigkeit und Ausgestaltung in den einzelnen US-Bundesstaaten ist auf Grund der dort im Zivilrecht herrschenden Rechtsspaltung unterschiedlich.
**329** JÜLICHER ZEV 2001, 469; CZERMAK ZVglRWiss 1988, 58, 60; HENRICH FS Riesenfeld, 1983, S 103.
**330** JÜLICHER ZEV 2001, 469; HENRICH FS Riesenfeld, 1983, S 103.
**331** CZERMAK ZVglRWiss 1988, 58, 64.
**332** JÜLICHER ZEV 2001, 496, 470.
**333** JÜLICHER ZEV 2001, 469 f; Münchkomm-BIRK Art 25 RdNr 171; HENRICH FS Riesenfeld, 1983, S 103, 107 ff.
**334** CZERMAK ZVglRWiss 1988, 58, 72; HENRICH FS Riesenfeld, 1983, S 103 f.
**335** JÜLICHER ZEV 2001, 469, 471; CZERMAK ZVglRWiss 1988, 58, 74 f.
**336** CZERMAK ZVglRWiss 1988, 58, 73 f; STAUDINGER-DÖRNER Art 25 RdNr 47; HENRICH FS Riesenfeld, 1983, S 103, 114.

spiel Pflichtteil, Haftung für Nachlassverbindlichkeiten, zu verhindern, wird wohl auch insoweit überwiegend vom Erbstatut ausgegangen.[337] Andere wollen offenbar das Schuldvertragsstatut anwenden und die Umgehung erbrechtlicher Vorschriften durch die im materiellen Erbrecht selbst vorgesehenen Organismen einschränken, insbesondere durch das Pflichtteilsergänzungsrecht.[338] Um dem Grundsatz der Qualifikation nach der lex fori gerecht zu werden, wird man je nach der Ausgestaltung im konkreten Fall differenzieren müssen und je nachdem entscheiden, ob es sich nach deutschen Maßstäben eher um eine Schenkung von Todes wegen handelt, die noch nicht vollzogen wurde, oder um einen Vertrag zugunsten Dritter auf den Todesfall. Dies insbesondere deswegen, weil die US-amerikanischen Bundesstaaten sog **joint bank accounts** kennen, die funktional vergleichbar dem Bankvertrag zugunsten Dritter auf den Todesfall sein können.[339] Hier vereinbart der Inhaber eines Kontos bei einer Bank oder Sparkasse mit dem Geldinstitut, das nach seinem Tode ein bestimmter oder zumindest ein bestimmbarer Dritter berechtigt sein soll, die Auszahlung des Guthabens an sich zu verlangen.[340]

## XII. Abgrenzung zu anderen Statuten

### 1. Güterstatut

#### a) Die Erhöhung gem § 1371 Abs 1 BGB

52 Über die Einordnung des erhöhten gesetzlichen Erbteils nach § 1371 Abs 1 BGB und vergleichbarer fremdrechtlicher Rechtsinstitute herrscht Uneinigkeit.[341] Gem § 1371 Abs 1 BGB gilt, dass bei Tod eines Ehegatten der Ausgleich des Zugewinns dadurch verwirklicht wird, dass sich der gesetzliche Erbteil des überlebenden Ehegatten um ein Viertel erhöht, sodass in Erbfällen mit Auslandsberührung von Bedeutung ist, ob § 1371 Abs 1 BGB Anwendung findet. Diese Frage gehört zu den umstrittensten überhaupt. Heute nicht mehr vertreten wird eine allein erbrechtliche Qualifikation, wonach § 1371 Abs 1 BGB zur Anwendung gelangt, wenn deutsches Erbrecht berufen ist.[342]

Die zweite Ansicht wendet § 1371 Abs 1 BGB dann an, wenn deutsches Recht Erb- und Güterrechtsstatut ist. Dabei will eine Meinung diese Vorschrift sowohl erb- als auch güterrechtlich qualifizieren, da in ihr güter- und erbrechtliche Elemente untrennbar miteinander verklammert seien,[343] während eine andere Auf-

---

**337** Vgl MünchKomm-BIRK Art 25 RdNr 171; CZERMAK ZVglRWiss 1988, 58, 86 – hinsichtlich des joint bank account, das dem Bankvertrag zugunsten Dritter auf den Todesfall ähnelt, will er allerdings auf das Valutaverhältnis Schenkungsstatut und gerade nicht Erbstatut anwenden, vgl CZERMAK ZVglRWiss 1988, 58, 75 ff.
**338** Vgl JÜLICHER ZEV 2001, 469, 471 f.
**339** Vgl CZERMAK ZVglRWiss 1988, 58, 67 ff, 75 ff.
**340** CZERMAK ZVglRWiss 1988, 58, 75.
**341** Ausführlich zum Meinungsstand DERSTADT, Der Zugewinnausgleich nach § 1371 BGB bei Geltung des französischen Erbrechts, IPRax 2001, 84.
**342** ZB BÄRMANN, Das neue Ehegüterrecht, AcP 157 (1958/59), 145, 198; FIRSCHING, Deutsch-amerikanische Erbfälle, 1965, S 63; STAUDINGER-FIRSCHING, 12. Aufl 1991, Vorbem zu Art 24–26 EGBGB (Stand 1981) RdNr 227; SIELEMANN, Das geltende belgische Ehegüterrecht, MittRhNotK 1969, 289, 374 f.
**343** OLG Düsseldorf, MittRhNotK 1988, 68, 69; SCHOTTEN RdNr 288; ders, Zur Anwendbarkeit des § 1371 Abs 1 BGB bei ausländischem Erb- und deutschem Güterrechtsstatut, MittRhNotK 1987, 18, 19; SCHOTTEN-JOHNEN, Probleme hinsichtlich der Anerken-

fassung aus materiellrechtlichen Gründen die gleichzeitige Geltung des deutschen Erbrechts als Voraussetzung sieht. § 1371 Abs 1 BGB stehe in untrennbarem Zusammenhang mit § 1931 BGB und weiteren Vorschriften des deutschen Erbrechts.[344] Der güterrechtlichen Ausgleich ist dieser Ansicht zufolge gem § 1371 Abs 2 iVm §§ 1373 ff BGB vorzunehmen.[345]

Die in Literatur und Praxis wohl herrschende Ansicht qualifiziert § 1371 Abs 1 BGB ausschließlich güterrechtlich und wendet sie grundsätzlich auch neben einem ausländischen Erbstatut an.[346] Für diese Ansicht sprechen insbesondere praktische Überlegungen, da die Pauschalierung des güterrechtlichen Ausgleichs regelmäßig einfacher ist als ein güterrechtlicher Ausgleich gem § 1371 Abs 2 BGB. Sofern ein ausländisches Erbrecht mit deutschem Güterrecht kollidiert und die Frage eines güterrechtlichen Ausgleichs insbesondere im Erbscheinsverfahren zur Entscheidung ansteht, ist daher entweder mit dem entscheidenden Richter vorab informell zu klären, welcher Meinung man sich anschließen will oder aber es wird ein Hilfsantrag mit den entsprechenden Quoten gestellt, um eine kostenpflichtige Abweisung des Antrags zu vermeiden.

### b) Die Erhöhung gem § 1931 Abs 4 BGB

Die in § 1931 Abs 4 BGB vorgesehene Erhöhung des gesetzlichen Erbteils bei Ehegatten, die in Gütertrennung leben, wird erbrechtlich qualifiziert (str). Es geht darum, wie der Nachlass zu verteilen ist, nicht um einen güterrechtlichen Ausgleich.[347] Es kann sich um eine Gütertrennung nach deutschem oder nach einem ausländischem Recht handeln. Nach der herrschenden Meinung muss dann die fremdrechtliche Gütertrennung der deutschen Gütertrennung entsprechen.

## 2. Abgrenzung zum Gesellschaftsstatut

### a) Allgemeines

Gehörte dem Erblasser ein Anteil an einer Gesellschaft, so bereitet das Ineinandergreifen von Erbstatut und Gesellschaftsstatut teilweise Schwierigkeiten.[348] Erbstatut und Gesellschaftsstatut weichen häufig voneinander ab, weil das einheitliche Gesellschaftsstatut, außerhalb staatsvertraglicher Regelungen, nach hM nach dem tatsächlichen Sitz der Gesellschaft zu bestimmen ist, sog **Sitztheorie**.[349]

---

nung, der Erteilung und des Inhalts von Erbscheinen im deutsch-deutschen Verhältnis, DtZ 1991, 257, 279; IPG 1977 München Nr 37 S 356, 363; MünchKomm-BIRK Art 25 EGBGB RdNr 158.
**344** STAUDINGER-GAMILLSCHEG, 10./11. Aufl 1973, Art 15 EGBGB RdNr 335; ERMAN-MARQUORDT, 7. Aufl 1981, Art 15 EGBGB RdNr 13.
**345** OLG Düsseldorf, MittRhNotK 1988, 68, 69; STAUDINGER-FIRSCHING (Fn 27) Vorbem zu Art 24–26 EGBGB RdNr 227; FERID-FIRSCHING (Fn 27) USA, Grdz C III RdNr 61 b aE; STAUDINGER-GAMILLSCHEG (Fn 31) Art 15 EGBGB RdNr 335 f; SCHOTTEN (Fn 7) RdNr 290.
**346** OLG Hamm, IPRax 1994, 49, 53; LG Bonn, MittRhNotK 1985, 106, 107 = IPRspr 1984 Nr 115; STAUDINGER-VON BAR-MANKOWSKI, 13. Aufl 1996, Art 15 EGBGB RdNr 345 f; STAUDINGER-DÖRNER Art 25 EGBGB RdNr 34;

ERMAN-HOHLOCH Art 15 EGBGB RdNr 37; PALANDT-HELDRICH Art 15 EGBGB RdNr 26; SOERGEL-KEGEL, 11. Aufl 1983, Art 15 EGBGB RdNr 9, 11; SOERGEL-SCHURIG Art 15 EGBGB RdNr 38, 40; MünchKomm-SIEHR Art 15 EGBGB RdNr 114 f; VON BAR RdNr 244; LÜDERITZ, IPR, 2. Aufl 1992, RdNr 131, 199; IPG 1965/66 Nr 56 (Köln) S 610, 627; IPG 1971 Nr 33 (Köln) S 326, 336 f; IPG 1978 Nr 36 (Kiel) S 366, 387; IPG 1987/88 Nr 42 (Heidelberg) S 384, 398; IPG 1987/88 Nr 43 (Köln) S 402, 414; IPG 1983 Nr 32 (Göttingen) S 287, 295 f.
**347** KROPHOLLER § 45 IV 2.
**348** KROPHOLLER § 51 IV 2 c.
**349** BGHZ 53, 181, 183; HAAS in: BENGEL-REIMANN, Handbuch der Testamentsvollstreckung, § 9 RdNr 62 mit vielen weiteren Nachweisen.

Grundsätzlich bestimmt zwar das Erbstatut den Umfang des Nachlasses.[350] Die Frage der rechtlichen Existenz der einzelnen Rechtspositionen und ihre Vererblichkeit ist jedoch eine selbstständig anzuknüpfende Vorfrage.[351]

Demnach bestimmt das Gesellschaftsstatut darüber, welche Auswirkungen der Tod eines Gesellschafters auf den Bestand der Gesellschaft hat. Dieses entscheidet, ob dadurch die Gesellschaft aufgelöst oder fortgeführt wird.[352] Es regelt dabei auch, ob der Gesellschaftsanteil in den Nachlass fällt oder nur ein Abfindungs- oder Ausgleichsanspruch.[353] Es herrscht auch allein über die Gestaltungsmöglichkeiten, unter denen eine an sich unvererbliche gesellschaftsrechtliche Rechtsposition vererblich gestellt werden und umgekehrt eine an sich vererbliche Rechtsposition unvererblich gestellt werden kann.[354]

Sache des Erbstatuts ist es hingegen zu regeln, wer Erbe bzw Vermächtnisnehmer geworden ist und bei mehreren solchen grundsätzlich auch, welches Anteilsverhältnis zwischen ihnen maßgeblich ist.[355]

### b) Kapitalgesellschaften

**55** Bei Anteilen an Kapitalgesellschaften entstehen sonach keine größeren Schwierigkeiten. Der Erbfall führt hier regelmäßig nur zu einer Auswechslung der Person des Aktionärs oder des Inhabers des Gesellschaftsanteils.[356]

### c) Personengesellschaften

**56** Ungleich komplizierter ist demgegenüber die Rechtslage bei Personengesellschaften, jedenfalls hinsichtlich des Erbgangs nach persönlich haftenden Gesellschaftern. Bereits im deutschen Sachrecht wird die Vererbung solcher Gesellschaftsanteile vom allgemeinen Erbrecht abgekoppelt und vor allem einer Singularsukzession unterworfen.[357] Die Berührungsbereiche zwischen Gesellschafts- und Erbrecht sind hier mannigfaltig. Vor allem geht es um mögliche Konflikte zwischen Erbenhaftung und Gesellschafterhaftung, die innere Ausgestaltung der Erbengemeinschaft und die der Gesellschaft, die Art des Anteilserwerbes und die Frage der Geltung des Universalsukzessionsgrundsatzes. Die bisher wohl hM will die dadurch drohenden Anpassungsprobleme im Wege der Anwendung des Art 3 Abs 3 EGBGB vermeiden.[358] Auf der Grundlage, dass bereits im Sachrecht die allgemeinen erbrechtlichen Vorschriften den speziellen Regeln einer Sondererbfolge zu weichen haben, soll auch auf kollisionsrechtlicher Ebene diesen Vorschriften im Sinne des Art 3 Abs 3 EGBGB Vorrang derart zukommen, dass sie das allgemeine Erbstatut verdrängen und damit stattdessen etwa bei Personengesellschaften mit Sitz in Deutschland die von der deutschen Wissenschaft und Rechtsprechung entwickelten Grundsätze über die Sondererbfolge zur Anwendung gelangen.[359] Es kommt damit zur Nachlassspaltung, wobei auf den Personengesellschaftsanteil deutsches Erbrecht und im Übrigen das allgemeine Erbstatut zur Anwendung gelangt. Anpassungsprobleme zwischen Erb- und Gesellschaftsstatut werden da-

---

[350] VON OERTZEN IPRax 1994, 73, 74.
[351] VON OERTZEN IPRax 1994, 73, 74; KEGEL-SCHURIG § 21 II.
[352] HAAS in: BENGEL-REIMANN, Handbuch der Testamentsvollstreckung, § 9 RdNr 63; PALANDT-HELDRICH Art 25 RdNr 15; SCHOTTEN RdNr 335.
[353] VON OERTZEN IPRax 1994, 73, 74; SCHOTTEN RdNr 335; HAAS in: BENGEL-REIMANN, Handbuch der Testamentsvollstreckung, § 9 RdNr 63.
[354] VON OERTZEN IPRax 1994, 73 f.
[355] PALANDT-HELDRICH Art 25 RdNr 15; SCHOTTEN RdNr 335.
[356] MünchKomm-BIRK Art 25 RdNr 180.
[357] MünchKomm-BIRK Art 25 RdNr 181; grundlegend BGHZ 68, 225.
[358] Vgl SCHOTTEN RdNr 335.
[359] Vgl SCHOTTEN RdNr 335.

durch vermieden. Dafür entstehen wie regelmäßig bei Nachlassspaltung ggf solche zwischen den Erbstatuten.

Die Anwendung des Art 3 Abs 3 EGBGB stößt schon deswegen auf Bedenken, weil sie das von ihr erstrebte Ziel des Zusammenfallens von Erb- und Gesellschaftsstatut dann nicht erreichen kann, wenn der Sitzstaat der Gesellschaft im Internationalen Gesellschaftsrecht der Gründungstheorie folgt, denn dann kann das Belegenheitsrecht im Sinne des Art 3 Abs 3 EGBGB und das durch das Gesellschaftsstatut anzuwendende Recht auseinander fallen.[360]

Eine vordringende Ansicht lehnt die Anwendung des Art 3 Abs 3 EGBGB ab und stellt sich dem Konflikt zwischen Erb- und Gesellschaftsstatut, dessen Lösung durch Qualifikation und Anpassung zu suchen sei.[361] Der aus dem deutschen Sachrecht bekannten Durchsetzung gesellschaftsrechtlicher Aspekte gegenüber dem Erbrecht lässt sich mit Hilfe dieser allgemein-internationalprivatrechtlichen Instrumente auch bei Fällen mit Auslandsberührung Rechnung tragen. So entscheidet über den Anfall der Erbschaft zwar grundsätzlich das Erbstatut, die in Gesellschaftsverträgen für den Erbfall vorgesehenen Eintrittsklauseln, einfache oder qualifizierte Nachfolgeklauseln unterstehen jedoch dem Gesellschaftsstatut.[362] Bei der qualifizierten Nachfolgeklausel befindet jedoch das Erbstatut darüber, ob die dazugehörige Anordnung der qualifizierten Nachfolge im Testament wirksam ist.[363] Der von dem in die Personengesellschaft einrückenden Erben zu leistende Ausgleich an die anderen Erben soll nach BIRK[364] jedoch dem Gesellschaftsstatut zuzuordnen sein. Über den Erbgang befindet grundsätzlich das Erbstatut, allerdings setzt sich auch insoweit das Gesellschaftsstatut durch, wenn es insoweit zum Beispiel eine Singularsukzession verlangt.[365] Das Gleiche gilt für die innere Ausgestaltung der Erbengemeinschaft. Sieht das Gesellschaftsstatut die vom Erbstatut vorgenommene Ausgestaltung der Struktur der Erbengemeinschaft als unvereinbar mit dem eigenen Organisationsverständnis an, so kommt es insoweit ebenfalls zum Tragen.[366] Bei deutschem Personengesellschaftsstatut heißt dies, dass der einzelne Erbe in Höhe seines durch das Erbstatut bestimmten Anteils Gesellschafter wird und nicht eine Erbengemeinschaft den Anteil erwirbt.[367]

### d) Testamentsvollstreckung

Eine Testamentsvollstreckung wird grundsätzlich vom Erbstatut bestimmt. Es regelt die Wirksamkeit der Anordnung, Umfang und Inhalt des Amtes des Testamentsvollstreckers und ob sich dieses auch auf etwaige Gesellschaftsanteile er-

---

[360] VON OERTZEN IPRax 1994, 73, 75.
[361] Vgl MünchKomm-SONNENBERGER Art 3 RdNr 36; MünchKomm-BIRK Art 25 RdNr 180 ff; HAAS in: BENGEL-REIMANN, Handbuch der Testamentsvollstreckung, § 9 RdNr 66 ff, jeweils mwN.
[362] MünchKomm-BIRK Art 25 RdNr 186; VON OERTZEN IPRax 1994, 73, 75; HAAS in: BENGEL-REIMANN, Handbuch der Testamentsvollstreckung, § 9 RdNr 67; PALANDT-HELDRICH Art 25, 15.
[363] VON OERTZEN IPRax 1994, 73, 75.
[364] MünchKomm-BIRK Art 25 RdNr 186.
[365] VON OERTZEN IPRax 1994, 73, 76; PALANDT-HELDRICH Art 25 RdNr 15; HAAS in: BENGEL-REIMANN, Handbuch der Testamentsvollstreckung, § 9 RdNr 68; LG München I IPRax 2001, 459.
[366] VON OERTZEN IPRax 1994, 73, 75, der allerdings auch darauf hinweist, dass dieser Konflikt häufig deshalb nicht entsteht, weil das zur Anwendung berufene Erbstatut die Frage der Ausgestaltung der Erbengemeinschaft anders anknüpft, nämlich zum Beispiel wie im französischen und italienischen Recht nach dem Belegenheitsort des fraglichen Gegenstandes; HAAS in: BENGEL-REIMANN, Handbuch der Testamentsvollstreckung, § 9 RdNr 68; vgl auch MünchKomm-BIRK Art 25 RdNr 186.
[367] MünchKomm-BIRK Art 25 RdNr 186.

streckt.[368] Ob und inwieweit die Testamentsvollstreckung letztlich tatsächlich die Gesellschaftsanteile erfasst, entscheidet jedoch wiederum das Gesellschaftsstatut.[369] Es befindet vor allem darüber, welche Befugnisse dem Testamentsvollstrecker innerhalb der Gesellschaft zukommen.[370] Umstritten ist, ob und inwieweit inländische Personengesellschaftsanteile von einer nach anglo-amerikanischem Recht angeordneten administration oder execution erfasst werden.[371]

### e) Gestalterische Überlegungen

**58** In rechtsgestalterischer Hinsicht sollte, soweit nicht zwingende oder überwiegende zivilrechtliche oder steuerrechtliche Gründe im Einzelfall entgegenstehen, gegebenenfalls daran gedacht werden, Gesellschaftsanteile in eine Holdinggesellschaft einzubringen und deren Statut, etwa durch entsprechende Wahl des Verwaltungssitzes, so zu beeinflussen, dass es mit dem Erbstatut übereinstimmt.[372] Konflikte und Schwierigkeiten zwischen Erbstatut und Gesellschaftsstatut können dadurch reduziert werden.

### f) Erbfähigkeit bzw Einsetzbarkeit

**59** Nicht die Vererbung der Anteile, sondern die Erbfähigkeit bzw Einsetzbarkeit ist betroffen, wenn die Frage im Raum steht, ob und unter welchen Voraussetzungen Gesellschaften bedacht werden können in Testamenten bzw Erbverträgen. Dies entscheidet grundsätzlich das Erbstatut. Das Gesellschaftsstatut befindet nur darüber, ob der jeweiligen Gesellschaft diejenigen Merkmale zukommen, die das Erbstatut insoweit fordert.[373]

### 3. Abgrenzung zum Sachenrechtsstatut

**60** Das Erbstatut kann sich an den zwingenden Vorschriften der lex rei sitae brechen.[374] Vor allem die sachenrechtlichen Wirkungen des Erbfalles führen an der Nahtstelle zwischen Erbstatut und Sachenrechtsstatut zu Problemen.[375] Aus deutscher Sicht kommt der Frage besondere Bedeutung zu, welche Rechtswirkungen im Inland solche Nachlassteilhaberechte eines ausländischen Erbstatuts haben können, die nach Art oder Ausgestaltung dem deutschen Sachrecht unbekannt sind.[376] Allgemeine Aufgabe des in Art 43 ff EGBGB normierten Sachenrechtsstatuts ist die Entscheidung über sämtliche sachenrechtlichen Fragen, insbesondere über Begründung, Fortbestehen, Übertragung und Untergang von Rechten an Sachen sowie die zulässigen Arten von Rechten an Sachen.[377] Ausgangspunkt ist ähnlich wie bei der Abgrenzung zum Gesellschaftsstatut jedoch auch hier zunächst das Erbstatut. Es beherrscht die Distribution des Erblasservermögens, indem es festlegt, welche Nachlassteilhaberechte (Erbrecht, Vermächtnis usw) existieren, wem sie zustehen, welche Vermögensrechte des Verstorbenen sie gegebenenfalls umfassen, auf welche Weise sich der Anfall der Erbschaft vollzieht (Vonselbsterwerb, Erwerb durch Zwischenberechtigte, Erfordernis einer Annah-

---

368 Ausführlich HAAS in: BENGEL-REIMANN, Handbuch der Testamentsvollstreckung, § 9 RdNr 69; VON OERTZEN IPRax 1994, 73, 76.
369 VON OERTZEN IPRax 1994, 74, 76; HAAS in: BENGEL-REIMANN, Handbuch der Testamentsvollstreckung, § 9 RdNr 69.
370 HAAS in: BENGEL-REIMANN, Handbuch der Testamentsvollstreckung, § 9 RdNr 69; vgl auch SCHURIG IPRax 2001, 446, 448.
371 Ausführlich dazu VON OERTZEN IPRax 1994, 73, 76 ff.
372 VON OERTZEN IPRax 1994, 73, 79.
373 SCHOTTEN RdNr 307 FN 172; PALANDT-HELDRICH Art 25 RdNr 16, jeweils für die Rechtsfähigkeit.
374 SCHOTTEN RdNr 336.
375 MünchKomm-BIRK Art 25 RdNr 166.
376 DÖRNER IPRax 1996, 26.
377 HAAS in: BENGEL-REIMANN, Handbuch der Testamentsvollstreckung, § 9 RdNr 58.

me usw) und ob das einzelne Vermögensrecht isoliert (**Sondererbfolge**) oder im Verbund mit anderen (**Gesamterbfolge**) auf den neuen Träger übergeht.[378] Dagegen entscheidet über das Bestehen und die Ausgestaltung des einzelnen Vermögensrechts, auch ob es dem Erblasser überhaupt zustand, sowie über die Voraussetzungen seiner Entstehung, Übertragung und seines Erlöschens das für den jeweiligen Rechtstyp maßgebende Einzelstatut; soweit es um Rechte an Sachen geht, also das Recht am Ort ihrer Belegenheit.[379] Es setzt sich deshalb hinsichtlich der dinglichen Wirkungen der Rechtsnachfolge von Todes wegen regelmäßig gegenüber einem seinen zwingenden Vorschriften widersprechenden Erbstatut durch. Dies gilt zum Beispiel hinsichtlich des Inhalts dinglicher Rechte, so dass sich beispielsweise der durch Vermächtnis zugewandte Nießbrauch an einer Sache seinem Inhalt nach gemäß dem Recht am Belegenheitsort dieser Sache richtet,[380] oder wenn es darum geht, dass das vom Erbstatut zuerkannte dingliche Recht dem Belegenheitsstatut allgemein fremd ist.[381] Nicht nur die Ausgestaltung der Vermögensrechte ist durch den Vorrang des Sachenrechtsstatus betroffen, sondern auch die Art und Weise ihres Überganges durch den Erbfall, so dass insoweit ebenfalls das Belegenheitsrecht zu befragen ist, ob und inwieweit es etwaigen unbekannten Rechtsinstituten aus dem Erbstatut Raum geben will.[382] Klassische Fälle sind insoweit Teilungsanordnungen und Vermächtnisse mit dinglicher Wirkung, da diese dem deutschen Recht unbekannt sind. Manche ausländischen Rechtsordnungen statten Vermächtnisse mit dinglicher Wirkung aus, mit der Folge, dass der Vermächtnisnehmer unmittelbar und ohne Mitwirkung des Erben die zugewendete dingliche Rechtsstellung erwirbt, sog **Vindikationslegat**.[383] Selbst wenn das ausländische Erbstatut solches zulässt, kann dies für Sachen, die in Deutschland belegen sind, nicht anerkannt werden, da ansonsten eine Durchbrechung des Grundsatzes der Universalsukzession vorläge.[384] Das Vindikationslegat nach dem ausländischen Erbrecht ist deswegen in aller Regel in ein Damnationslegat nach dem Vorbild des § 2174 BGB, also in ein Vermächtnis, das einen schuldrechtlichen Anspruch auf Einräumung des vermachten Gegenstandes gewährt, umzudeuten.[385] Das Vermächtnis kann demnach im Inland keine stärkeren Wirkungen als Vermächtnisse nach deutschem Recht haben, was entsprechend auch für etwa im ausländischen Erbstatut zugelassene Teilungsanordnungen mit dinglicher Wirkung gilt.[386]

Ähnliche Probleme entstehen, wenn nach anglo-amerikanischem Erbstatut ein trust bzw eine joint tenancy angeordnet ist, hinsichtlich der Nachlassgegenstände, die sich sachenrechtlich nach deutschem Recht richten.

Anzumerken ist, dass manche ausländische Kollisionsrechte die Probleme an der Schnittstelle zwischen Erbstatut und Sachenrechtsstatut anders lösen als das deutsche IPR. Hinsichtlich des Erbganges wird teilweise zwischen »**titulus**« und

---

378 DÖRNER IPRax 1996, 26 f.
379 DÖRNER IPRax 1996, 26 f.
380 MünchKomm-BIRK Art 25 RdNr 169.
381 HAAS in: BENGEL-REIMANN, Handbuch der Testamentsvollstreckung, § 9 RdNr 59.
382 DÖRNER IPRax 1996, 26, 27.
383 SCHOTTEN RdNr 331.
384 BGH WM 1994, 2124; DÖRNER IPRax 1996, 26 ff, HAAS in: BENGEL-REIMANN, Handbuch der Testamentsvollstreckung, § 9

RdNr 60; SCHOTTEN RdNr 331; MünchKomm-BIRK Art 25 RdNr 170.
385 DÖRNER IPRax 1996, 26, 27: Anpassung auf materiellrechtlicher Ebene; MünchKomm-BIRK Art 25 RdNr 170; HAAS in: BENGEL-REIMANN, Handbuch der Testamentsvollstreckung, § 9 RdNr 60; SCHOTTEN RdNr 331.
386 SCHOTTEN RdNr 331 f.

»modus« des Erwerbs des Nachlasses unterschieden.[387] Danach soll der titulus dem Erbstatut unterstehen und insbesondere erfassen die Berufung zum Erbnachfolger und die Voraussetzung, die der Nachfolger zum Erwerb der Erbenstellung selbst erfüllen muss, etwa Annahme oder Ausschlagung.[388] Zum modus, der dem Sachstatut unterliegt, ist vor allem die Art des Überganges der im Nachlass sich befindenden Gegenstände zu rechnen.[389] In ähnlicher Weise wird häufig auch die Regelung der Miterbengemeinschaft derart der lex rei sitae überlassen, dass sie über die Fragen der dinglichen Berechtigung einzelner Miterben und der Erbengemeinschaft entscheidet.[390] Das Innenverhältnis der Erbengemeinschaft, insbesondere Verwaltung und Auseinandersetzung, bleibt zwar dem Erbstatut als Regelungsbereich erhalten, ob es sich dabei um Gesamthandsgemeinschaft oder um eine Bruchteilsgemeinschaft am jeweiligen Nachlassgegenstand handelt, entscheidet das jeweilige Sachenrechtsstatut.[391]

### XIII. Testaments- und Erbvertragsgestaltung

#### 1. Pflichtenstellung des Rechtsberaters

61 Die Beratung und Gestaltung in Testaments- bzw Erbvertragsfällen mit Auslandsberührung stellt an den damit befassten Rechtsberater besondere Anforderungen. Regelmäßig wird es sich bei diesem Rechtsberater um einen Notar handeln. Insoweit sind für das Beurkundungsverfahren teilweise Regelungen über die Pflichtenstellung in § 17 Abs 3 Beurkundungsgesetz enthalten. Aber auch dann, wenn es sich um einen anderen Rechtsberater, zB einen Rechtsanwalt handelt, werden ihn grundsätzlich ähnliche Pflichten treffen. Hierbei geht es zum einen darum, überhaupt zu erkennen, dass es sich um einen Erbrechtsfall mit Auslandsberührung handelt, und im nächsten Schritt darum, wie weiter zu verfahren ist.

#### a) Aufklärungspflichten

62 Ausgangspunkt ist, dass den Notar grundsätzlich keine Pflicht trifft, nach einer Auslandsberührung zu forschen.[392] Er hat insbesondere nicht stets nach der Staatsangehörigkeit der Beteiligten zu fragen.[393] Deswegen besteht auch keine Verpflichtung, in jeder Verfügung von Todes wegen Angaben der Beteiligten über Staatsangehörigkeit, Güterstand oder Vermögensbelegenheit aufzunehmen, wenngleich dies empfehlenswert sein kann. Nur wenn objektiv erkennbare Anhaltspunkte für eine Auslandsberührung bestehen, hat der Notar diesen, und zunächst nur diesen, gemäß der in § 17 Abs 3 Beurkundungsgesetz angelegten Prüfungspflicht nachzugehen.[394] Die Anhaltspunkte können sich ergeben aus den

---

387 Vgl für Italien EBENROTH-KLEISER RIW 1993, 353, 358.
388 EBENROTH-KLEISER RIW 1993, 353, 358, für Annahme und Ausschlagung ist die Frage allerdings umstritten.
389 Vgl im Einzelnen EBENROTH-KLEISER RIW 1993, 353, 358.
390 Für Italien EBENROTH-KLEISER RIW 1993, 353, 359.
391 Für Italien EBENROTH-KLEISER RIW 1993, 353, 359.
392 ZIMMERMANN in: Beck'sches Notarhandbuch, G RdNr 14; BARDY MittRhNotK 1993, 305, 306 mwN.
393 BGH DNotZ 1963, 315; BARDY MittRhNotK 1993, 305, 306 auch mit Nachweisen zur Gegenmeinung.
394 BGH DNotZ 1963, 315, 316; ZIMMERMANN in: Beck'sches Notarhandbuch, G RdNr 14; BARDY MittRhNotK 1993, 305, 306.

Angaben der Beteiligten wie auch anderen Umständen, etwa vorgelegten Unterlagen. Vor allem kommen insoweit in Betracht:[395]

- ein deutliches und verlässliches Indiz stellen ausländische Ausweispapiere dar;
- Ähnliches gilt für die Belegenheit von Vermögensgegenständen im Ausland;
- ein ausländischer Akzent eines Beteiligten sollte ebenso zur Prüfung veranlassen;
- aufdrängen wird sich außerdem regelmäßig die Prüfung, wenn ein Beteiligter den Wohnsitz im Ausland hat;
- schließlich sind auch die Absichten der Beteiligten von Bedeutung, etwa zukünftig eine ausländische Staatsangehörigkeit zu erwerben, dort Wohnsitz bzw gewöhnlichen Aufenthalt zu nehmen oder Vermögensgegenstände dort zu erwerben;
- existiert bereits eine frühere Verfügung von Todes wegen, die im Ausland errichtet wurde, liegt ebenfalls eine Aspekt für eine mögliche Auslandsberührung vor.

Das Aussehen alleine eines Beteiligten genügt heute nicht mehr als Anhaltspunkt, der eine Prüfungspflicht nach sich ziehen könnte.[396] Das Gleiche muss folgerichtig selbst dann gelten, wenn eine fremdländisch klingender Vor- und Familienname vorliegt.[397] Nicht ausreichen dürfte ohne weitere Anhaltspunkte auch ein bloßer Geburtsort im Ausland, da er auch bei Deutschen häufig vorkommt.

Auf die tatsächlichen Angaben der Beteiligten kann sich der Notar verlassen.[398]

### b) Belehrungs- und Vermerkpflichten

Hat der Rechtsberater auf Grund solcher Anhaltspunkte einen Fall mit Auslandsberührung festgestellt, so ist hinsichtlich seiner Pflichtenstellung zunächst zu beachten, dass er nur das deutsche Recht beherrschen und darüber belehren muss; zur Belehrung über den Inhalt ausländischer Rechtsordnungen ist er nicht verpflichtet, vgl § 17 Abs 3 S 2 Beurkundungsgesetz.[399] Nach hM muss dabei auch das deutsche Kollisionsrecht beherrscht werden.[400] Jedoch geht die Kenntnispflicht insoweit im Ergebnis deswegen weitgehend ins Leere, weil das ausländische IPR nicht gekannt werden muss und deshalb vom Notar auch eine etwaige Rück- und Weiterverweisung nicht zu prüfen ist,[401] so dass er also das Ergebnis der kollisionsrechtlichen Prüfung gar nicht feststellen kann.

Aus diesen Grundsätzen über die erforderliche Rechtskenntnis folgen die vom Notar zu beachtenden Belehrungspflichten. Gemäß § 17 Abs 3 S 1 Beurkundungsgesetz soll der Notar die Beteiligten darauf hinweisen, dass ausländisches Recht zur Anwendung kommt, oder darüber Zweifel bestehen. Hierauf beschränkt sich seine Verpflichtung.[402] Es bedarf deshalb insbesondere keiner Belehrung, dass

---

**395** BARDY MittRhNotK 1993, 305, 306; ZIMMERMANN in: Beck'sches Notarhandbuch, G RdNr 14; NIEDER, Handbuch der Testamentsgestaltung, RdNr 406.
**396** ZIMMERMANN in: Beck'sches Notarhandbuch, G RdNr 14; aA BARDY MittRhNotK 1994, 305, 306; NIEDER, Handbuch der Testamentsgestaltung, RdNr 406.
**397** aA ZIMMERMANN in: Beck'sches Notarhandbuch, G RdNr 14; NIEDER, Handbuch der Testamentsgestaltung, RdNr 406; unklar BARDY MittRhNotK 1994, 305, 306: regelmäßig nur in Kombination.
**398** ZIMMERMANN in: Beck'sches Notarhandbuch, G RdNr 14.
**399** BARDY MittRhNotK 1993, 305, 306; ZIMMERMANN in: Beck'sches Notarhandbuch, G RdNr 15; NIEDER, Handbuch der Testamentsgestaltung, RdNr 407; KRZYWON BWNotZ 1987, 4, 5.
**400** BGH NJW 1993, 2305, 2306; ZIMMERMANN in: Beck'sches Notarhandbuch, G RdNr 15; BARDY MittRhNotK 1993, 305, 306.
**401** BARDY MittRhNotK 1993, 305, 306.
**402** SCHÜTZE BWNotZ 1992, 122, 123.

dem Notar ausländisches Recht unbekannt ist, da sich dies von selbst versteht.[403] Aus demselben Grund muss auch nicht ausdrücklich darauf hingewiesen werden, dass nach einem möglichen anwendbaren ausländischen Recht die Gültigkeit der Verfügung von Todes wegen bis hin zur Unwirksamkeit beeinträchtigt werden kann.[404] Ähnliches gilt auch dann, wenn das deutsche Kollisionsrecht unmittelbar auf das deutsche Sachrecht verweist. Auch hier ist eine gesonderte Belehrung darüber, dass bei im Ausland belegenen Nachlassgegenständen das dortige Recht möglicherweise anders entscheidet, nicht geboten.[405] Dennoch ist es selbstverständlich ein nobile officium für den Notar, hierüber zu informieren, wenn er dies für veranlasst hält. Nutzlos ist hingegen der häufig geforderte Hinweis, dass das ausländische Recht möglicherweie auf das deutsche Recht zurückverweist oder auf eine drittes Recht weiterverweist.[406] Den Beteiligten ist mit einem bloßen Hinweis über Möglichkeiten nämlich nicht gedient. Hilfreicher ist für sie hingegen eine Empfehlung, insoweit das Gutachten eines Universitäts- oder anderen fachkundigen Institutes oder die Meinung eines Juristen des betreffenden Staates einzuholen. Auch für eine solche Empfehlung kann jedoch aus dem Gesetz keine Rechtspflicht entnommen werden.[407]

Vorstehender Pflichtenkatalog gilt grundsätzlich auch dann, wenn eine Rechtswahl einer ausländischen Rechtsordnung stattfindet.[408] Allerdings kennt das deutsche Erbkollisionsrecht ohnehin nur die Wahl des eigenen Erbrechts gegenständlich beschränkt wie in Art 25 Abs 2 EGBGB niedergelegt. Auch wenn hiervon Gebrauch gemacht wird, besteht keine Pflicht zur Ermittlung des Erbkollisionsrechts des Heimatstaates des Erblassers und zur Belehrung darüber.[409]

In die notarielle Urkunde ist gemäß § 17 Abs 3 S 1 Beurkundungsgesetz nur der Vermerk aufzunehmen, dass darauf hingewiesen wurde, dass ausländisches Recht zur Anwendung kommt bzw darüber Zweifel bestehen. Das Unterlassen des Vermerkes gemäß § 17 Abs 3 S 1 Beurkundungsgesetz macht nicht haftpflichtig, da die Vorschrift lediglich Beweiszwecken dient.[410] Die Erfüllung der üblichen Belehrungs- und Hinweispflichten muss schon nach allgemeinen Beurkundungsgrundsätzen nicht in der Urkunde ausdrücklich vermerkt werden.

Erfüllt der Notar seine vorgenannten Pflichten und nehmen die Beteiligten dennoch keinen Abstand von der Beurkundung, so kann der Notar unbedenklich nach und auf Grund deutschen Rechts verfahren und haftet nicht, falls die Urkunde ganz oder teilweise unwirksam sein sollte, weil tatsächlich fremdes Recht Anwendung findet.[411] Die Beurkundung ablehnen darf er nur dann, wenn die

---

**403** ZIMMERMANN in: Beck'sches Notarhandbuch, G RdNr 15; aA OLG Düsseldorf NJW-RR 1995, 1147; BARDY MittRhNotK 1993, 305, 307; KEIDEL-WINKLER, Beurkundungsgesetz, § 17 RdNr 120.
**404** aA BARDY MittRhNotK 1993, 305, 307.
**405** aA BARDY MittRhNotK 1993, 305, 307.
**406** Solches fordern etwa BARDY MittRhNotK 1993, 305, 307; ZIMMERMANN in: Beck'sches Notarhandbuch, G RdNr 15.
**407** aA ZIMMERMANN in: Beck'sches Notarhandbuch, G RdNr 14; ausführlich zum Streitstand BARDY MittRhNotK 1993, 305, 307, der ebenfalls den Notar nicht für verpflichtet hält, die Beteiligten auf die Möglichkeit der Einholung eines wissenschaftlichen Gutachtens hinzuweisen.
**408** BARDY MittRhNotK 1993, 305, 307; ZIMMERMANN in: Beck'sches Notarhandbuch, G RdNr 15.
**409** DÖRNER DNotZ 1988, 67, 86; NIEDER in: Münchener Vertragshandbuch, Bd. 4 Halbbd 2, 4. Aufl, S 984.
**410** NIEDER in: Münchener Vertragshandbuch, Bd. 4 Halbbd 2, 4. Aufl, S 994; BARDY MittRhNotK 1993, 305, 307 mwN auch zur Gegenmeinung.
**411** NIEDER in: Münchener Vertragshandbuch, Bd. 4 Halbbd 2, 4. Aufl, S 994 mwN; ZIMMERMANN in: Beck'sches Notarhandbuch, G RdNr 19.

Beteiligten sich nicht mit der Belehrung nach § 17 Abs 3 Beurkundungsgesetz zufrieden geben.[412]

#### c) Haftungsausschluss

Belehrt oder berät der Notar über ausländisches Recht, obwohl er dazu nicht verpflichtet ist, so haftet er für falsche Auskünfte.[413] Sehr umstritten ist, ob der Notar, wenn er über Kenntnisse des ausländischen Rechts verfügt und diese an die Beteiligten weitergibt, insoweit seine Haftung einschränken kann.[414] Zwar ist es dem Notar als Träger eines öffentlichen Amtes grundsätzlich verwehrt, seine Haftung auszuschließen. Sofern jedoch der Notar seine Rechtsmeinung über das ausländische Recht äußert und die Unverbindlichkeit ausdrücklich offen legt, muss anderes gelten. Nur damit ist den Beteiligten gedient, da der Notar ansonsten besser beraten wäre, seine etwaigen Kenntnisse über das fragliche ausländische Recht den Beteiligten völlig zu verschweigen. Dies schon deshalb, weil sein Haftpflichtversicherungsschutz in der Regel Schäden aus der Verletzung oder Nichtbeachtung ausländischen Rechts nicht abdeckt.[415] Der Rechtsgestalter müsste hier außerdem die Verfügung streng nach Begriffen und Grundsätzen des deutschen Erbrechts ausgestalten, selbst wenn ihm bewusst wäre, dass wegen der erstrebten Gültigkeit im Ausland die Berücksichtigung der dortigen Begrifflichkeiten tunlich wäre, etwa die Einsetzung eines executors für den Bereich des angelsächsischen Rechtskreises.

### 2. Praktische Handhabung eines internationalen Testaments- bzw Erbvertragsfalles

Da besonders im hier interessierenden Bereich gilt, dass jeder Fall anders gestaltet ist, sind allgemein gültige Grundsätze nicht feststellbar. Die nachfolgenden Punkte sollen insoweit Leitlinien bei der Gestaltung eines Testamentes bzw Erbvertrages mit Auslandsberührung sein.[416]

#### a) Feststellung der für die Rechtsanwendung maßgeblichen Tatsachenaspekte

Zunächst sind die Sachverhaltsaspekte festzustellen, die für die Anwendung des Kollisionsrechtes Bedeutung haben können. Vor allem geht es um die Staatsangehörigkeit bzw Staatsangehörigkeiten des Erblassers, gegebenenfalls seine Rechtsstellung als Flüchtling oder Asylbewerber, den Wohnsitz und gewöhnlichen Aufenthalt. Diese Gesichtspunkte sollten auch hinsichtlich eines etwaigen Ehegatten geklärt werden wegen des möglichen Einflusses der güterrechtlichen Verhältnisse auf das Erbrecht. Ausserdem können sie Bedeutung haben bezüglich der Personen, die von Todes wegen bedacht werden, als Testamentsvollstrecker vorgesehen sind oder eine ähnliche Rechtsstellung einnehmen sollen.

---

412 SCHÜTZE BWNotZ 1992, 122, 123.
413 ZIMMERMANN in: Beck'sches Notarhandbuch, G RdNr 19; NIEDER, Handbuch der Testamentsgestaltung, RdNr 407.
414 Dagegen ZIMMERMANN in: Beck'sches Notarhandbuch, G RdNr 19; BARDY MittRhNotK 1993, 305, 308 f mwN; für die Zulässigkeit einer Haftungsbeschränkung NIEDER, Handbuch der Testamentsgestaltung, RdNr 407; ders in: Münchener Vertragshandbuch, Bd. 4 Halbbd 2, 4. Aufl, S 994; LICHTENBERGER Voraufl RdNr 43; UMSTÄTTER DNotZ 1984, 532.
415 Vgl NIEDER, Handbuch der Testamentsgestaltung, RdNr 407; BARDY MittRhNotK 1993, 305, 309.
416 Ausführliche Darstellung zur praktischen Handhabung eines Erbrechtsfalles mit Auslandsberührung – auch hinsichtlich der erbschaftsteuerlichen Fragen – bei VON OERTZEN ZEV 1995, 167 ff; vgl außerdem HAAS in: BENGEL-REIMANN, Handbuch der Testamentsvollstreckung, § 9 RdNr 472 ff sowie KERSTEN-BÜHLING-WÄHLER § 126 RdNr 65.

Eine wesentliche Rolle spielen auch diejenigen Orte, an denen Nachlassgegenstände belegen sind. Hinsichtlich der Vermögensbestandteile ist außerdem relevant, wie sie beschaffen sind, ob es sich zum Beispiel um Gesellschaftsbeteiligungen handelt.

Erkennbare Absichten der Beteiligten, die vorgenannten Sachverhaltsaspekte in Zukunft zu ändern, zum Beispiel den Wohnsitz in einem anderen Staat zu nehmen, sind ebenfalls erheblich.

### b) Feststellung des anwendbaren Rechts

#### aa) Formstatut

**67** Anhand Art 26 Abs 1–4 EGBGB bzw des Haager Testamentsformenübereinkommens ist die Formgültigkeit der beabsichtigten Verfügung von Todes wegen zu prüfen. Soll ein Testament in einem Staat Wirkung entfalten, der anders als die Bundesrepublik Deutschland nicht dem Haager Testamentsabkommen beigetreten ist, so sollte das Testament neben der deutschen Ortsform die Form wahren, die nach den kollisionsrechtlichen Vorschriften des ausländischen Staates einzuhalten sind.[417] Da in vielen Rechtsordnungen umstritten ist, ob die Pflicht zur Zuziehung von Zeugen bei der Errichtung der Verfügung von Todes wegen überhaupt eine Form- oder nicht vielmehr eine materielle Voraussetzung ist, kann es sich empfehlen, unabhängig vom Formstatut im Zweifel Zeugen entsprechend der Bestimmungen der beteiligten Rechtsordnungen zuzuziehen.[418]

#### bb) Erbstatut

**68** Zur Anknüpfung des Erbstatuts sind zunächst etwaige vorrangige Staatsverträge zu prüfen, andernfalls Art 25 Abs 1 EGBGB mit seiner Verweisung auf das Heimatrecht des Erblassers. Bei Mehrrechtsstaaten muss gegebenenfalls eine Unteranknüpfung gemäß Art 4 Abs 3 EGBGB vorgenommen werden. Die so gefundene Rechtsordnung ist daraufhin auf eine etwaige Rück- oder Weiterverweisung zu untersuchen und dieses weiter zu verfolgen.

Das Augenmerk muss dabei auch auf den Vorrang des Einzelstatuts gemäß Art 3 Abs 3 EGBGB gelenkt werden. Zu erwägen ist außerdem eine Rechtswahl gemäß Art 25 Abs 2 EGBGB wie auch eine etwaige vom berufenen fremden Kollisionsrecht zugelassenen Möglichkeit, das Erbrecht parteiautonom zu bestimmen.

### c) Inhaltliche Gestaltung

**69** Die inhaltliche Gestaltung der Verfügung von Todes wegen richtet sich nach dem so gefundenen Erbrecht bzw den so gefundenen Erbrechten. Soweit demnach ausländisches Erbrecht zur Anwendung kommt, ist es dementsprechend anzuwenden und die dadurch gegebenen Gestaltungsmöglichkeiten sind zu bedenken, etwa das Rechtsinstitut des trust nach angloamerikanischem Recht.[419]

Die dem Kollisionsrecht eigene Grenze des ordre public muss dabei jedoch im Hinterkopf behalten werden.

Die etwa am Ort der Belegenheit eines Nachlassgegenstandes geltende Rechtsordnung sollte auch dann berücksichtigt werden, wenn an sich deutsches oder ein anderes Erbrecht anzuwenden wäre, da dieses unter Umständen wegen einer faktischen Nachlassspaltung nicht durchsetzbar erscheint.

---

[417] VON OERTZEN ZEV 1995, 167, 171 f; HAAS in: BENGEL-REIMANN, Handbuch der Testamentsvollstreckung, § 9 RdNr 483.
[418] NIEDER, Handbuch der Testamentsgestaltung, RdNr 406.
[419] SCHOTTEN RdNr 359.

Eine rechtliche Nachlassspaltung gibt die Option, in völlig getrennten Verfügungen von Todes wegen Regelungen zu treffen. Wollen die Beteiligten eine Bindung an Verfügungen von Todes wegen durch Erbvertrag oder gemeinschaftliches Testament, lehnt jedoch die beteiligte Rechtsordnung solches ab, so kann man getrennt testieren lassen[420] oder in Zweifelsfällen zusätzlich zum gemeinschaftlichen Testament bzw Erbvertrag noch vorsorglich Einzeltestamente errichten.[421]

Nicht außer Acht gelassen werden sollten die Einflussmöglichkeiten außerhalb des Erbrechts, vor allem nämlich durch schuldrechtliche, güterrechtliche oder gesellschaftsrechtliche Regelungen. Es können sich hier anbieten Rechtsgeschäfte unter Lebenden, etwa Verträge zugunsten Dritter, daneben post- oder transmortale Vollmachten, in güterrechtlicher Hinsicht die Stärkung der Position des überlebenden Ehegatten durch Vereinbarung einer fortgesetzten Gütergemeinschaft gemäß §§ 1483 ff BGB.[422] Als gesellschaftsrechtliche Möglichkeit gibt es etwa die Mobilisierung unbeweglichen Vermögens durch Einbringung in eine Gesellschaft.[423]

### 3. Formulierungsvorschläge

#### a) Hinweisvermerk über ausländisches Recht

Ein Vermerk gemäß Art 17 Abs 3 S 1 BeurkG kann etwa wie folgt lauten. **70**

**Formulierungsbeispiel:**

*Der Notar hat insbesondere darauf hingewiesen, dass ausländisches Recht zur Anwendung kommen kann.*

Nach der hier vertretenen Auffassung ist dies ausreichend, um der gesetzlichen Vorschrift über den Inhalt des Vermerks gerecht zu werden. Wer seine Belehrungen ausführlicher auch in der Niederschrift festhalten und den verschiedenen in der Literatur vertretenen Meinungen hierüber gerecht werden möchte, kann umfangreicher formulieren, wie im nachfolgenden Vorschlag.

**Formulierungsbeispiel:**

*Der Notar hat insbesondere auf Folgendes hingewiesen:*
- *Es kann ausländisches Recht zur Anwendung kommen.*
- *Dies kann auch infolge einer erst künftigen Auslandsberührung der Fall sein, zum Beispiel durch einen Wechsel von Staatsangehörigkeit oder durch Vermögenserwerb im Ausland.*
- *Es ist auch möglich, dass das ausländische Recht deutsches Recht verbindlich für anwendbar im Wege der Rückverweisung erklärt.*
- *Ausländisches Recht kann formell und/oder materiell auf die Bestimmungen in dieser Urkunde einwirken, was dazu führen kann, dass diese ganz, teilweise oder beschränkt unwirksam sind oder der mit ihnen verfolgte Zweck beeinträchtigt wird. Auch die Nichtanerkennung im Ausland ist möglich.*
- *Es gehört nicht zu den Amtspflichten eines deutschen Notars, ausländisches Recht zu kennen oder darüber zu belehren und beraten.*
- *Es kann Klarheit über Fragen des ausländischen Rechts geschaffen werden durch Einholung eines Gutachtens eines Universitäts- oder sonstigen Institutes oder ein ausländischer Rechtsberater um Rat ersucht werden.*

---

[420] NIEDER, Handbuch der Testamentsgestaltung, RdNr 406.
[421] RIERING ZEV 1994, 225, 229.
[422] SCHOTTEN RdNr 357 mwN.
[423] HAAS in: BENGEL-REIMANN, Handbuch der Testamentsvollstreckung, § 9 RdNr 479.

Die Beteiligten wünschen trotz dieser Hinweise die sofortige Beurkundung in der vorliegenden Form und mit dem vorliegenden Inhalt und nehmen alle damit verbundenen Risiken in Kauf. Der Notar hat über den Inhalt ausländischer Rechtsordnungen weder belehrt oder Auskunft erteilt, noch beraten oder betreut. Ihm wurde auch ein dahingehender Auftrag nicht erteilt. Die Beteiligten entbinden ihn insoweit von jeglicher Haftung.

(Hat der Notar insoweit Auskünfte erteilt, sollte es stattdessen heißen: »Dem Notar wurde kein Belehrungs- oder Beratungsauftrag hinsichtlich ausländischen Rechts erteilt. Soweit er Hinweise darüber erteilt haben sollte, sind diese unverbindlich und die Beteiligten entbinden ihn auch insoweit von jeglicher Haftung.«[424]).

### b) Teilunwirksamkeitsklausel

**71** Um einer denkbaren Unwirksamkeit infolge ausländischen Rechts bzw Nichtanerkennung im Ausland gerecht zu werden, kann sich eine entsprechende salvatorische Klausel empfehlen.

**Formulierungsbeispiel:**

*Teilunwirksamkeit, beschränkte Wirksamkeit oder Nichtanerkennung im Ausland berühren die Wirksamkeit der Bestimmungen in dieser Urkunde im Übrigen nicht. Nach Möglichkeit soll Wirksamkeit in Inland eintreten, soweit möglich aber auch sonst.*

NIEDER[425] schlägt außerdem noch die nachfolgende Klausel vor.

**Formulierungsbeispiel:**

*Sind einzelne der letztwilligen Verfügungen in Ländern, in denen sie Wirkung entfalten sollen, ganz oder teilweise unwirksam, so sollen sie jeweils, soweit zulässig, in erster Linie durch Auslegung, dann durch Umdeutung und letztlich durch Bestimmung eines vom Nachlassgericht zu ernennenden Testamentsvollstreckers oder der entsprechenden Person im fremden Recht durch diejenige zulässige Regelung ersetzt werden, die dem Zweck der unzulässigen Verfügung am nächsten kommt. Mangels einer passenden Ersatzregelung ist das Interesse des Bedachten in Geld zu ersetzen.*

### c) Rechtswahl

**72** Für eine Rechtswahl gemäß Art 25 Abs 2 EGBGB kann sich anbieten folgendes

**Formulierungsbeispiel:**

*Für die Rechtsnachfolge von Todes wegen in mein gesamtes, auch künftiges, in der Bundesrepublik Deutschland belegenes unbewegliches Vermögen wähle ich deutsches Recht.*

Es ist umstritten, ob die Rechtswahl im Erbvertrag auch mit bindender Wirkung möglich ist.

**Formulierungsbeispiel:**[426]

*Jeder von uns wählt für die Rechtsnachfolge von Todes wegen in sein gesamtes, auch zukünftiges, im Inland belegenes unbewegliches Vermögen deutsches Recht. Wir nehmen diese Rechtswahl je gegenseitig an und treffen sie je mit erbvertraglich bindender Wirkung. Wenn und soweit eine solche Wirkung rechtlich nicht zulässig sein sollte, trifft jeder von uns seine Rechtswahl mit einseitiger, rein testamentarischer Wirkung.*

*Jeder von uns behält sich jedoch das Recht vor, einseitig von seiner mit erbvertraglich bindender Wirkung getroffenen Rechtswahl zurückzutreten, falls er der Überlebende von uns*

---

**424** Die Zulässigkeit einer solcher Haftungsfreizeichnung ist umstritten, siehe oben RdNr 64.

**425** Handbuch der Testamentsgestaltung, RdNr 406.

**426** Nach SCHOTTEN RdNr 361.

ist oder falls die in dieser Urkunde unter Ziffer ... mit erbvertraglich bindender Wirkung getroffenen Verfügungen von Todes wegen aufgehoben oder unwirksam werden sollten.

Nach ausländischem Recht etwa bestehende oder zukünftige, weiterreichende Rechtswahlmöglichkeiten können vorsorglich berücksichtigt werden, auch wenn insoweit keine Kenntnis- und Belehrungspflicht besteht.

**Formulierungsbeispiel:**[427]

*Darüber hinaus wähle ich, soweit eine solche Rechtswahl derzeit bereits zulässig ist oder bis zum Eintritt des Erbfalls zulässig wird, auch für die Rechtsnachfolge in mein gesamtes sonstiges Vermögen, das deutsche Recht.*

Einen gesonderten Hinweisvermerk im Falle einer Rechtswahl schreibt das Gesetz nicht vor. Er kann natürlich auch nicht schaden.

**Formulierungsbeispiel**[428] (ergänzend zum unter a) genannten Formulierungsbeispiel):

*Der Notar hat insbesondere auf Folgendes hingewiesen:*
– *die Rechtswahl bezieht sich auf das deutsche Erbrecht als ganzes, insbesondere auch die Bestimmungen über den Pflichtteil,*
– *durch die Rechtswahl entsteht möglicherweise eine Nachlassspaltung,*
– *es können Abgrenzungsprobleme entstehen, welche Gegenstände der einen, welche der anderen Nachlassmasse zuzurechnen sind,*
– *es ist fraglich, ob die Rechtswahl im Ausland anerkannt wird.*

### d) Auslegungsklausel

Wenn und soweit ausländisches Erbrecht zur Anwendung kommt, können von diesem eröffnete Auslegungsspielräume den Auslegungsgrundsätzen des deutschen Erbrechts unterworfen werden.[429]

**Formulierungsbeispiel:**

*Für die Auslegung der Erklärungen in dieser Urkunde soll, soweit nicht ohnehin schon deutsches Recht zur Anwendung kommt, deutsches Recht maßgeblich sein.*

### e) Ausgewählte Beispiele unter Berücksichtigung ausländischer Rechtsinstitute

Im angelsächsischen Rechtskreis ist eine erbrechtliche Bindung regelmäßig unbekannt, sondern die Testierfreiheit kann nur schuldvertraglich beschränkt werden. Das gilt etwa für England.

**Formulierungsbeispiel:**[430]

*Soweit englisches Recht Anwendung findet, verpflichten sich die Beteiligten gegenseitig schuldrechtlich, soweit die Bindungswirkung dieses Erbvertrages nach deutschem Recht reicht bzw reichen würde, ihre Verfügungen von Todes wegen weder aufzuheben noch abzuändern.*[431]

---

**427** SCHOTTEN RdNr 360.
**428** Nach SCHOTTEN RdNr 360 und NIEDER, Handbuch der Testamentsgestaltung, RdNr 401.
**429** Von der Zulässigkeit einer solchen Anordnung des Erblassers geht zB UMSTÄTTER DNotZ 1984, 532, 536, aus; vor allem in englischen Testamenten ist sie nicht selten, vgl DOPFFEL DNotZ 1976, 335, 350.
**430** DNotI-Report 2002, 3.
**431** Die ausdrückliche Regelung ist sinnvoll, weil die Absicht einer Bindung keinesfalls zu vermuten ist; es ist insbesondere auch zu empfehlen, ausdrücklich zu bestimmen, welche Folgen eine Wiederheirat des Längerlebenden haben soll, vgl DOPFFEL DNotZ 1976, 335, 342, 344.

Zur vorsorglichen Einhaltung der Form- und Zeugenvorschriften, die vielen US-Bundesstaaten bekannt sind, wird die nachfolgende Klausel empfohlen.[432]

**Formulierungsbeispiel:**

*Ich, der unterfertigte Testator (Name, Vorname, Geburtsdaten, domicile), und wir, die unterfertigten Zeugen (jeweils Name, Vorname, Geburtsdaten, domicile) erklären hiermit (dem unterfertigten Notar),*

*dass der vorgenannte Testator (Name, Vorname) diese Urkunde als seinen letzen Willen will und freiwillig unterzeichnet hat und*

*dass der vorgenannte Testator (Name, Vorname) alle vorgenannten Zeugen (und den unterfertigten Notar) darum ersucht hat, dies zu bezeugen,*

*ferner, dass der vorgenannte Testator (Name, Vorname), (der vorgenannte Notar) und alle vorgenannten Zeugen in ununterbrochener gleichzeitiger Gegenwart des vorgenannten Testators (Name, Vorname) und aller vorgenannten Zeugen (und des vorgenannten Notars) unterzeichnet haben.*

*Alle vorgenannten Zeugen (und der vorgenannte Notar), aber auch der vorgenannte Testator (Name, Vorname) wissen, dass es sich hier um ein Testament des vorgenannten Testators (Name, Vorname) handelt und alle sind entsprechend belehrt.*

*Der vorgenannte Testator hat den vorgenannten Notar und alle vorgenannten Zeugen ausdrücklich um Bezeugung alles Vorstehenden ersucht, welche Bezeugung hiermit geschieht.*

*Dieses Testament (letzter Wille) hat ... Seiten.*

*(Ort, Datum, Funktion aller Unterzeichner als Zeuge, Testator, (Notar,) jeweils mit Name, Vorname, Geburtsdaten und domicile. Es wird hier auch empfohlen, jede Seite vom Testator (,dem Notar) und allen Zeugen mit Ort, Datum und den obigen anderen Daten zu unterzeichnen. Alle Unterzeichnungen sollten mit Vor- und Zunamen und Geburtsdaten sowie domicile des jeweiligen Unterzeichners geschehen.)*

Bei Testamentsvollstreckung ist es auch möglich, sicherheitshalber die Erben mit der Auflage zu beschweren, eine internationale Nachlassvollmacht nach dem Muster der Kommission für europäische Angelegenheiten (CAE) der internationalen Union des lateinischen Notariats (UINL) zu erteilen.[433]

**Formulierungsbeispiel:**[434]

*Sofern Nachlassgegenstände in anderen Staaten belegen sind, haben die Erben dem Testamentsvollstrecker eine internationale Nachlassvollmacht nach dem Muster der Kommission für europäische Angelegenheiten (CAE) der internationalen Union des lateinischen Notariats (UINL) für die Dauer der Testamentsvollstreckung zu erteilen. Die Erben haben in diesem Fall sich einer eigenen Tätigkeit zu enthalten, soweit und solange der Bevollmächtigte von der Vollmacht Gebrauch macht.*

---

**432** LICHTENBERGER, Voraufl, RdNr 74.
**433** VON OERTZEN ZEV 1995, 167, 171.
**434** VON OERTZEN ZEV 1995, 167, 171.

## XIV. Länderübersicht

Nachfolgend soll eine Übersicht über die verschiedenen Anknüpfungen der Rechsnachfolge von Todes wegen gegeben werden. Soweit eine gesetzliche Regelung vorhanden ist, wird diese zitiert.[435] Vergleichend lassen sich drei große Linien verfolgen. Eine erste Gruppe, wie zB die Bundesrepublik Deutschland, folgt dem sog **Staatsangehörigkeitsprinzip**, also der lex patriae. Die zweite große Gruppe besteht aus den Ländern, die dem Domizilprinzip folgen. In die dritte Gruppe fallen schließlich die Länder, die vom Prinzip der Nachlassspaltung ausgehen und unbewegliches Vermögen dem Recht am Belegenheitsort, bewegliches Vermögen aber dem Recht am Domizilsort unterstellen. Diese Anknüpfung ist insbesondere in den Ländern des **Common-Law Rechtskreises** verbreitet, aber auch in den Ländern, die unter dem Einfluss des französischen Rechts stehen. Andere Anknüpfungen existieren, stellen aber die Ausnahme dar. Eine Rechtswahlmöglichkeit ist nur in wenigen Ländern bekannt und dann auch vom Umfang her unterschiedlich ausgestaltet. 75

Sofern auf das Domizil abgestellt ist, ist dieses nach der anwendbaren Rechtsordnung zu qualifizieren. Insbesondere im angloamerikanischen Rechtskreis ist es nicht identisch mit dem deutschen Wohnsitzbegriff. Das *domicile* iSd US-amerikanischen Rechts setzt einerseits physische Präsenz voraus, andererseits die Absicht, ständig oder zumindest für eine unbestimmte Zeit am betreffenden Ort zu bleiben. Was Bewegliches und was Unbewegliches ist, qualifiziert sich grds ebenfalls nach dem Recht der berufenen Rechtsordnung, allerdings finden insoweit häufig Qualifikationsrückverweisungen statt, wonach die Unterscheidung dem Recht am Belegenheitsort überlassen wird.[436] 76

|  | lex patriae | lex domicilii | lex rei sitae | professio iuris |
|---|---|---|---|---|
| Afghanistan | Art 25 ZGB | | | |
| Ägypten | Art 17 ZGB | | | |
| Albanien | Art 14 Gesetz v 21. 11. 1964 | | Art 14 für unbewegl Vermögen in Albanien | |
| Algerien | Art 16 ZGB | | | |
| Argentinien | | Art 3283 C.C. | | |
| Australien | | Bewegl Verm | Unbewegl Verm | |
| Belgien | | Bewegl Verm | Unbewegl Verm | |
| Bosnien-Herzegowina | s Jugoslawien | | | |
| Brasilien | | Art 10 EG C.C. | | |
| Burkina Faso | Art 1043 ZGB | | | |
| Bulgarien | + | | | |

---

**435** Die zitierten Gesetze finden sich bei STAUDINGER-DÖRNER, Anh Zu Art 25 f (nebst Einzelheiten); KROPHOLLER-KRÜGER-RIERING-SAMTLEBEN-SIEHR, Außereuropäische IPR-Gesetze, 1999; RIERING, IPR-Gesetze in Europa, 1998.
**436** Vgl BGHZ 42, 352, 355; OLG Frankfurt RabelsZ 19 (1954), 554, 555.

| Bundesrepublik Deutschland | Art 25 I EGBGB | | | Art 25 II EGBGB |
|---|---|---|---|---|
| Chile | | Art 955 C.C. | | |
| China (Volksrep.) | | Art 149 Allg Grds.: bewegl | Art 149 Allg Grds.: unbewegl | |
| Dänemark | | + | | |
| Ecuador | | Art 1019 C.C. | | |
| El Salvador | | Art 956 C.C. | | |
| Estland | | Art 157 ZGB | Art 157 ZGB | |
| Finnland | | § 5 G. Nr. 1228/2001 | § 6 G. Nr. 1228/2001 | |
| Frankreich | | Bewegl Verm | Unbewegl Verm | |
| Gabun | | Art 53 ZGB | Art 53 ZGB | |
| Ghana | | Bewegl Verm | Unbewegl Verm | |
| Griechenland | Art 28 ZGB | | | |
| Großbritannien | | Bewegl Verm | Unbewegl Verm | |
| Indien | | Bewegl Verm | Unbewegl Verm | |
| Indonesien | + | | für Unbewegliches in Indonesien | |
| Irak | Art 22 ZGB | | | |
| Iran[437] | Art 967 ZGB | | | |
| Irland | | Bewegl Verm | Unbewegl Verm | |
| Island | | Bewegl Verm | Unbewegl Verm | |
| Israel | | Sec. 137 ErbG | | |
| Italien | Art 46 itDIP | | | Art 46 II itDIP |
| Japan | Art 26 Horei | | | |
| Jordanien | Art 18 ZGB | | | |
| Jugoslawien | Art 30 IPRG | | | |
| Kanada | | Bewegl Verm | Unbewegl Verm | |
| Kanada (Québec) | | Art 3098 c.c.q. | Art 3098 c.c.q. | Art 3098 c.c.q. |
| Kolumbien | | Art 1012 C.C. | | |
| Kongo (Brazaville) | Art 825 ZGB | | | |
| Kroatien | Art 30 G. Nr 53/1991 | | | |

[437] Beachte aber das Niederlassungsabkommen vom 17. 2. 1929, oben.

XIV. Länderübersicht | B 76

| Land | | | | | | |
|---|---|---|---|---|---|---|
| Kuba | Art 15 C.C. | | | | | |
| Korea (Süd-) | Art 26 ZivilG mit Außenbezug | | | | | |
| Libyen | Art 17 ZGB | | | | | |
| Liechtenstein | Art 29 IPRG | | | | | Art 29 IPRG |
| Litauen | | | Art 1.62 ZGB | Art 1.62 ZGB | | |
| Luxemburg | | | Bewegl Verm | Unbewegl Verm | | |
| Madagaskar | | | Art 31 C.C. | Art 31 C.C. | | |
| Marokko | Art 18 Dahir | | | | | |
| Monaco | Bewegl Verm | | | Unbewegl Verm | | |
| Neuseeland | | | Bewegl Verm | Unbewegl Verm | | |
| Nicaragua | | | Art 939 C.C. | | | |
| Niederlande | Art 3 I ErbÜb | Art 3 II ErbÜb | | | | Art 5 ErbÜb |
| Norwegen | | + | | | | |
| Österreich | §§ 28, 9 IPRG | | | | | |
| Pakistan | | | Bewegl Verm | Unbewegl Verm | | |
| Panama | | | | Art 631 ZGB | | |
| Paraguay | | | Art 25 C.C. | | | |
| Peru | | | Art 2100 C.C. | | | |
| Polen | Art 34 ZGB | | | | | |
| Portugal | Art 62 ZGB | | | | | |
| Rumänien | Art 66 IPRG | | | Art 66 IPRG | | Art 68 ZGB |
| Russische Föderation[438] | | Art 169 Grundlagen der Zivilgesetzgebung | | | | |
| San Marino | Bewegl Verm | | | Unbewegl Verm | | |
| Schweden | Art 1 Gesetz v 1. 7. 1937 | | | | | |
| Schweiz | | | Art 90, 91 IPRG | | | Art 90, 91 IPRG |
| Slowakei | Art 17 IPRG | | | | | |
| Slowenien | Art 32 G. Nr. 56/1999 | | | | | |
| Spanien | Art 9. 8 C.C. | | | | | |
| Südafrika | | | Bewegl Verm | Unbewegl Verm | | |
| Syrien | Art 18 ZGB | | | | | |
| Taiwan | Art 22, 23 G. über die Anwendung bürgerlichen Rechts bei Ausländern | | | | | |

[438] Beachte aber den Konsularvertrag vom 25. 4. 1959, oben.

| | | | | |
|---|---|---|---|---|
| Thailand | | Art 38 IPRG | Art 37 IPRG | |
| Tschechien | Art 17 IPRG | | | |
| Tunesien | Art 54 IPRG | Art 54 IPRG | | (Art 54 IPRG) |
| Türkei[439] | Art 22 IPRG | | Art 22 IPRG | |
| Ungarn | § 36 VO | | | |
| Uruguay | | | Art 2400 C.C. | |
| Vatikanstadt | + | | | |
| Venezuela | Art 34 IPRG | | | |
| USA | | Bewegl Verm | Unbewegl Verm | |
| USA (Louisiana) | | Art 3532 ZGB | Art 3533 f ZGB | |

---

[439] Beachte aber den Konsularvertrag vom 28. 5. 1929, oben.

Inhaltsverzeichnis RdNr

C. Grundzüge des Erbschaftsteuerrechts sowie der erbrechtlichen Bezüge des Einkommensteuerrechts
I. Grundzüge des Erbschaftsteuerrechts
  1. Grundprinzipien 1
     a) Erbschaftsteuer als Erbanfallsteuer 1
     b) Bereicherungsprinzip 2
     c) Stichtagsprinzip 3
     d) Maßgeblichkeit des Zivilrechts 4
     e) Konkurrenz zu anderen Steuerarten 6
     f) Gesetzesaufbau 9
  2. Die Besteuerung dem Grunde nach 10
     a) Persönliche Steuerpflicht 10
     b) Erwerb von Todes wegen (§ 3 ErbStG) 18
     aa) Erwerb durch Erbanfall 18
     bb) Erwerb durch Erbersatzanspruch für Erwerbe bis zum 31. 3. 1998 24
     cc) Erwerb durch Vermächtnis, Abgrenzung zwischen Teilungsanordnung und Vermächtnis 26
     dd) Erwerb aufgrund eines geltend gemachten Pflichtteilsanspruches 34
     ee) Erwerb durch Schenkung auf den Todesfall 37
     ff) Erwerb aufgrund Vertrages zugunsten Dritter 38
     gg) Vermögenserwerb durch eine Stiftung 42
     hh) Erwerb infolge Vollziehung einer Auflage 43
     ii) Gesellschaftsrechtliche Erwerbstatbestände 44
     jj) Entgelt für die Übertragung einer Nacherbenanwartschaft 49
     c) Vor- und Nacherbschaft 51
     aa) Doppelbelastung des Nachlasses mit Erbschaftsteuer 51
     bb) Besteuerung des Vorerben 52
     cc) Besteuerung des Nacherben 53
     dd) Vor- und Nachvermächtnis 54
     d) Sonderfall: Zweckzuwendungen 55
  3. Einfluss des ehelichen Güterrechts auf die Erbschaftsteuer
     a) Güterrechtliche Grundlagen 56
     b) Regelungssystem des § 5 ErbStG 57
  4. Entstehung der Erbschaftsteuer bei Erwerben von Todes wegen 62
     a) Maßgeblichkeit des Todestages 63
     b) Hinausgeschobene Entstehung der Steuer 64
     aa) Aufschiebend bedingte, betagte oder befristete Erwerbe 64
     bb) Pflichtteil, Erbersatzanspruch 65
  5. Wertermittlung
     a) Steuerpflichtiger Erwerb iSd § 10 ErbStG 66
     aa) Überblick 66

139

Systematischer Teil. C. Grundzüge des Erbschaftsteuerrechts

|   |   |   |
|---|---|---|
| bb) | Erfassung der Besitzposten | 67 |
| cc) | Nachlassverbindlichkeiten | 68 |
| dd) | Abzugsverbot von Schulden und Lasten in Sonderfällen | 78 |
| ee) | Entrichtung der Steuer durch Dritte | 81 |
| ff) | Einfluss des Stichtagsprinzips (§ 11 ErbStG) | 82 |
| b) | Bewertung im Einzelnen | 83 |
| aa) | Verweis auf die allgemeinen Regelungen des Bewertungsgesetzes | 83 |
| bb) | Bewertung des Grundbesitzes | 90 |
| cc) | Bewertung des Betriebsvermögens | 98 |

6. **Steuerbefreiungen** 99
    a) Hausrat 99
    b) Erwerb durch Eltern 100
    c) Freibetrag für Personen, die Pflegeleistungen erbracht haben 101
    d) Rückfall geschenkten Vermögens 102
    e) Pflichtteilsverzicht 102a
7. **Steuervergünstigungen von Betriebsvermögen** 103
8. **Berücksichtigung früherer Erwerbe** 110
9. **Steuerklasse, Freibeträge, Steuersätze** 113
    a) Steuerklassen 113
    aa) Erfasster Personenkreis der Steuerklasse I 114
    bb) Erfasster Personenkreis der Steuerklasse II 115
    cc) Steuerklasse III als Auffangtatbestand 116
    dd) Besonderheiten bei der Familienstiftung 117
    ee) Besonderheiten beim so genannten Berliner Testament (§ 15 Abs 3 ErbStG) 118
    b) Freibeträge 119
    c) Steuersätze 124
    d) Tarifbegrenzung nach § 19a ErbStG 126
10. **Steuerfestsetzung und Steuererhebung**
    a) Steuerschuldner, Überblick über die Haftung 130
    b) Anrechnung ausländischer Erbschaftsteuer 133
    c) Besteuerung von Renten, Nutzungen und Leistungen 134
    d) Aussetzung der Versteuerung 140
    aa) Erster Überblick über die Regelung 140a
    bb) Erfasste Tatbestände 141
    cc) Veräußerung des belasteten Vermögens 142
    dd) Ablösung und Fälligkeit der gestundeten Steuer 143
    e) Vergünstigungen bei mehrfachem Erwerb desselben Vermögens 144
    f) Stundung der Steuer bei Erwerb von Betriebsvermögen 145
    g) Erlöschen der Steuer 146
    h) Anzeigepflicht und Steuererklärung 147

II. **Einkommensteuerrechtliche Bezüge des Erbrechts**

1. **Erbfall und Erbauseinandersetzung** 154
2. **Rechtsnachfolge in die Person des Erblassers** 155

|     |     |     |
| --- | --- | --- |
|     | a) Letzte Einkommensteuerveranlagung und Haftung der Erben | 155 |
|     | b) Werbungskosten, Betriebsausgaben, Sonderausgabenabzug, außergewöhnliche Belastungen aus Anlass der Erbfalls | 158 |
|     | aa) Werbungskosten und Betriebsausgaben | 158 |
|     | bb) Sonderausgaben | 159 |
|     | cc) Außergewöhnliche Belastungen | 160 |
|     | dd) Sonderfall: Verlustausgleich und Verlustabzug | 161 |
| 3.  | **Einkommensteuerrechtliche Behandlung der Erbengemeinschaft bis zur Auseinandersetzung** | **162** |
|     | a) Grundsätzliches | 162 |
|     | b) Einkommensteuerliche Behandlung von Einkünften aus Wirtschaftsgütern des Privatvermögens | 163 |
|     | c) Einkommensteuerliche Behandlung von Einkünften aus Gewinneinkunftsarten | 165 |
|     | d) Sonderfall und zugleich Gefahrenquelle: Beteiligung an einer Kapitalgesellschaft | 172 |
| 4.  | **Einkommensteuerrechtliche Behandlung der Erbauseinandersetzung** | **173** |
|     | a) Grundsätzliches | 173 |
|     | b) Erbauseinandersetzung über Privatvermögen | 174 |
|     | c) Erbauseinandersetzung über einen aus Betriebsvermögen bestehenden Nachlass | 176 |
|     | d) Mischnachlässe | 178 |
| 5.  | **Erwerbe aufgrund eines Vermächtnisses oder eines Pflichtteilsanspruchs** | **179** |
|     | a) Vermächtnis | 179 |
|     | b) Pflichtteil | 180 |

## C. Grundzüge des Erbschaftsteuerrechts sowie der erbrechtlichen Bezüge des Einkommensteuerrechts

### I. Grundzüge des Erbschaftsteuerrechts

#### 1. Grundprinzipien
##### a) Erbschaftsteuer als Erbanfallsteuer

1 Die Erbschaftsteuer (Schenkungsteuer) wird im Allgemeinen als so genannte Erb- bzw Vermögensanfallsteuer eingestuft.[1] Diese Umschreibung ist nicht völlig korrekt, da nach § 1 Abs 1 Ziff 4 ErbStG das Vermögen einer so genannten Familienstiftung sowie des Familienvereines in Zeitabständen von jeweils 30 Jahren der Erbersatzsteuer unterliegen. In diesem Sonderfall wird in periodischen Abständen das Vermögen der vorgenannten Stiftungen und Vereine erfasst. Insoweit hat die Erbschaftsteuer den Charakter einer Vermögensteuer. Im Grundsatz ist jedoch die Aussage, wonach der in diesem Zusammenhang allein interessierende Erwerb von Todes wegen der Steuer unterliegt, zutreffend.

Die dem ErbStG zugrunde liegende Erbanfallsteuer grenzt sich von der so genannten Nachlasssteuer ab, die das angelsächsische System prägt. Bei der Erbanfallsteuer ist steuerbegründender Tatbestand nicht der Bestand eines Nachlasses, sondern der Erwerb dieses Nachlasses durch den oder die Erben oder anderweitig durch Verfügung von Todes wegen Begünstigte. Tatbestand der Besteuerung ist der Erwerb der Nachlassgegenstände durch den oder die Erben (Erbengemeinschaft) oder sonstige Erwerber von Todes wegen. Ist steuerbegründender Tatbestand der Rechtsübergang auf den Begünstigten, ist die Erfassung der Bereicherung bei dem Begünstigten auch der Anknüpfungspunkt für die Maßgeblichkeit persönlicher Verhältnisse in Bezug auf die verwandtschaftliche Beziehung zwischen Erblasser und Erben. Nur im System der Erbanfallsteuer hat das Verwandtschaftsverhältnis Einfluss auf die Höhe der festzusetzenden Erbschaftsteuer durch Berücksichtigung von Freibeträgen und unterschiedlichen Steuerklassen je nach Verwandtschaftsgrad.

Bei der so genannten Nachlassbesteuerung sind die persönlichen Verhältnisse unerheblich. Auf den Nachlass wird die Steuer ohne Berücksichtigung der persönlichen Verhältnisse der Begünstigten festgesetzt. Die Nachlasssteuer ist der Sache nach quasi die letzte Einkommen- oder Vermögensteuer des Erblassers, indem sein fundiertes Vermögen nochmals der Besteuerung unterliegt. Konsequent ist Steuerschuldner in diesem Fall der Erblasser, vertreten durch die Erben.

Nach Auffassung des BVerfG im Beschluss vom 22. 6. 1995[2] trägt die Nachlassbesteuerung den verfassungsrechtlichen Vorgaben nicht Rechnung, da sie die vom BVerfG geforderten Einflüsse der persönlichen Beziehungen zwischen Erblasser und Erben über typisierte Fallgruppen wie Verwandtschaftsverhältnisse, Ehestand etc nicht berücksichtigt. Die vom BVerfG geforderte Steuerfreiheit des so genannten Gebrauchsvermögens von Erben der Steuerklasse I ist in das System der Nachlassbesteuerung nicht integrierbar.

---

[1] MEINCKE, ErbStG, Einführung RdNr 1, MOENCH, ErbStG, Einführung RdNr 9.

[2] 2 BvR 552/91, BStBl II 1995, 671, B 2 der Entscheidungsgründe.

Wie angedeutet, geht das ErbStG hingegen von der Erbanfallsteuer aus. Dies ergibt sich aus dem Tatbestand des § 3 Abs 1 Ziff 1 ErbStG, der als Erwerb von Todes wegen den Vermögensanfall an einen kraft Gesetzes oder gewillkürter Erbfolge Begünstigten bindet.

**b) Bereicherungsprinzip**
Ist die Anknüpfung der Erbschaftsteuer an den Erbanfall in Form des Erwerbes von Todes wegen der Anlass für ihre Erhebung, ist sie materiell-rechtlich in der beim Erwerber infolge Erbanfalls zu beobachtenden Steigerung der Leistungsfähigkeit begründet, die zugunsten des Fiskus teilweise wieder abgeschöpft wird. Somit ist eine Besteuerung nur gerechtfertigt, wenn durch den Erwerb das Vermögen des Erwerbers bereichert ist. Dementsprechend ist nach § 10 Abs 1 S 1 ErbStG als steuerpflichtiger Erwerb die Bereicherung des Erwerbers, soweit sie nicht steuerfrei ist (§§ 5, 13, 13a, 16, 17 und 18 ErbStG), zu erfassen. Bei der Erbschaftsteuer gilt als Bereicherung der Betrag, der aus dem nach den Vorschriften des ErbStG zu ermittelnden Wert des gesamten Vermögensanfalls beim Erwerber, soweit er der Besteuerung nach dem ErbStG unterliegt, nach Abzug der zu berücksichtigenden Nachlassverbindlichkeiten als Bereicherung verbleibt. Ausfluss des Bereicherungsprinzips ist somit insbesondere der Abzug der Nachlassverbindlichkeiten vom steuerpflichtigen Erwerb, da in Höhe der Nachlassverbindlichkeiten die Bereicherung infolge des Erwerbes von Todes wegen gemindert worden ist. Entgegen der systematischen Stellung des § 10 ErbStG im Abschnitt über die Wertermittlung ist schon im Rahmen einer so genannten Bereicherungsvorprüfung auf der Tatbestandsebene zu prüfen, ob überhaupt eine Bereicherung des Erwerbers vorliegt. Ist schon auf der Tatbestandsebene eine Bereicherung nicht erkennbar – weil zB der Erbe zu Lebzeiten des Erblassers an diesen Gegenleistungen für eine vertraglich vereinbarte Erbeinsetzung, mindestens im Wert des Nachlasses erbracht hat,[3] ist dieser Aspekt schon auf der Tatbestandsebene zu berücksichtigen. Eine Verlagerung der Bereicherungsprüfung in die Wertermittlung würde unter Umständen aufgrund unterschiedlicher Wertansätze der jeweiligen Leistungen zu unzutreffenden Ergebnissen führen. Überträgt zB der Vertragserbe als Entgelt für die Erbeinsetzung einen Gegenstand, der nicht mit dem Nominalwert anzusetzen ist, hätte dies zur Folge, dass bei einem wirtschaftlich ausgeglichenen Geschäft gleichwohl ein erbschaftsteuerpflichtiger Erwerb vorliegt.

Der II. Senat des BFH[4] hat mit **Beschluss vom 22. 5. 2002** dem BVerfG die Frage zur Entscheidung vorgelegt, ob weite Teile des ErbStG wegen Verstoßes gegen den Gleichheitssatz (Art 3 Abs 1 GG) verfassungswidrig sind, weil die Vorschriften zur Ermittlung der Steuerbemessungsgrundlage beim Betriebsvermögen, bei den Anteilen an Kapitalgesellschaften sowie beim Grundbesitz einschließlich des land- und forstwirtschaftlichen Vermögens gleichheitswidrig ausgestaltet sind. Es geht dabei vordergründig um die unterschiedliche Wertermittlung bei diversen Vermögensarten, wie sie nachfolgend unter RdNr 66 ff dargestellt werden. Im Ergebnis ist die Frage zu beantworten, ob das Bereicherungsprinzip des ErbStG auch in der Weise von Verfassungswegen ausgestaltet werden muß, dass die einzelnen Vermögensgegenstände nach den gleichen Grundsätzen zu bewerten sind. Der BFH erkennt zwar dem Gesetzgeber das Recht zu, bei der Bewertung zu differenzieren. Gleichwohl müssen die einmal getroffenen Wertentscheidungen folgerichtig sein. Dies vermag der II. Senat dem derzeitigen Recht nicht zu

---

[3] BFH v 13. 7. 1983, DB 1984, 331.

[4] BFH-Beschl v 22. 5. 2002 – II R 61/99, DB 2002, 1747.

entnehmen. Für die aus seiner Sicht unangemessenen Begünstigungen von bebautem Grundbesitz und vor allem Betriebsvermögen kann er keine rechtfertigende Grundlage erkennen. Verfahrensrechtlich knüpft der II. Senat an § 19 Abs 1 ErbStG an, welcher einen einheitlichen Tarif fordert. Hieraus soll sich nach Auffassung des Senates auch die Verpflichtung des Gesetzgebers ergeben, die Bemessungsgrundlage nach einheitlichen Kriterien zu ermitteln. Für die Beratungspraxis ergibt sich hieraus eine beträchtliche Rechtsunsicherheit. Es ist zwar nicht anzunehmen, jedoch auch nicht völlig auszuschließen, dass das BVerfG weite Teile des ErbStG mit Rückwirkung für verfassungswidrig erklären wird. Schon um Masseneinsprüche zu vermeiden, veranlagt die Finanzverwaltung[5] insoweit vorläufig, als sich aufgrund einer Entscheidung des BVerfG Änderungen ergeben sollten. Dies hat für die Steuerpflichtigen jedoch die angenehme Konsequenz, daß der Bescheid nur dann geändert werden darf, wenn sich aufgrund einer Entscheidung des BVerfG eine Besserstellung des Steuerpflichtigen ergibt.

#### c) Stichtagsprinzip

3 Das Bereicherungsprinzip wird ergänzt durch das Stichtagsprinzip. Dieses setzt den Termin, dessen Verhältnisse für die Ermittlung der Bereicherung maßgebend sind. Da die Vermögenswerte des Nachlasses ständigen Wertveränderungen unterliegen, ist die Anordnung eines Stichtages erforderlich, um die Erbschaftsbesteuerung von willkürlichen Veränderungen freizuhalten. Durch die Maßgeblichkeit des Stichtages werden Wertveränderungen vor und nach dem Stichtag als irrelevant ausgeschieden. Stichtag für die Erfassung der Bereicherung ist der Zeitpunkt der Entstehung der Steuerschuld (§ 9 ErbStG). Dieser Zeitpunkt ist zugleich auch Stichtag für die Wertermittlung (§ 11 ErbStG).

Der Stichtag hat nicht nur Bedeutung für die Wertermittlung, sondern auch für die Merkmale der persönlichen Steuerpflicht sowie der Steuerklasse des Erwerbers und damit auch der Freibeträge, für die Anrechnung ausländischer Erbschaftsteuer und für die Steuerermäßigung bei mehrfachem Erwerb desselben Vermögens.

In Einzelfällen können das eher formelle Stichtagsprinzip und das Bereicherungsprinzip miteinander kollidieren. Dies gilt insbesondere in den Bereichen, in denen Nachlassverbindlichkeiten noch nicht entstanden sind, gleichwohl wirtschaftlich begründet worden sind. Wichtigstes Beispiel ist die latente Einkommensteuerschuld auf ein Wirtschaftsgut des Betriebsvermögens, die nicht als Nachlassverbindlichkeit abgezogen werden kann. Ferner ergeben sich Härten aus der in aller Regel vorhandenen zeitlichen Trennung zwischen Erbfall und Inbesitznahme des Erwerbes durch den Erwerber. Die Wertveränderungen zwischen Erbfall (Entstehung der Steuer) und Inbesitznahme durch den Erwerber muss dieser hilflos zur Kenntnis nehmen, ohne hierauf durch Verwertung des Vermögens reagieren zu können. So ist etwa bei einem Kursverfall von Aktien im Zeitraum von Erbanfall bis zur Inbesitznahme der Erbschaft der Kurs am Todestag des Erblassers maßgebend, obwohl der Erbe unter Umständen erst sehr viel später in die Lage gekommen ist, die Vermögensgegenstände zum Zwecke der Entrichtung der Erbschaftsteuer zu veräußern. Dies kann im Einzelfall bei ungünstigen Steuerklassen und hohen Steuersätzen dazu führen, dass der gesamte Erwerb von Todes wegen zum Zwecke der Tilgung der Erbschaftsteuer veräußert werden muss. Gleichwohl hält die herrschende Meinung[6] auch in diesen Fällen am strengen Stichtags-

---

5 BMF v 6. 12. 2001, DStR 2002, 30.
6 BFH v 27. 11. 1991, DB 1992, 927; MOENCH, ErbStG, § 11 RdNr 5; aA KAPP-EBELING,

ErbStG, § 11 RdNr 7; MEINCKE, ErbStG, § 11 RdNr 5.

prinzip fest, sodass Wertveränderungen nach dem Stichtag ohne Relevanz sind. Im Interesse der Rechtssicherheit ist dies durchaus zu begrüßen, zumal sich das Stichtagsprinzip bei steigenden Kursen auch zugunsten des Steuerpflichtigen auswirken kann. Gleichwohl sollte die Finanzverwaltung in Einzelfällen im Billigkeitswege die Steuer nach den Wertverhältnissen im Zeitpunkt der Inbesitznahme des Erwerbes von Todes wegen festsetzen, wenn weder den Erwerber noch eine andere Person ein Verschulden an der verspäteten Inbesitznahme der Erbschaft trifft. Ist der Steuerpflichtige etwa bei schuldhaft verspäteter Auskehrung eines Vermächtnisses durch einen Testamentsvollstrecker Inhaber eines Schadensersatzanspruches gegen den Testamentsvollstrecker, mag für eine Billigkeitsmaßnahme kein Anlass bestehen.

**d) Maßgeblichkeit des Zivilrechts**

Das ErbStG ist durch eine Bindung an das Zivilrecht, insbesondere an das Erbrecht, gekennzeichnet. Einzelbestimmungen, wie § 3 Abs 1 Ziff 1, 2, § 5 ErbStG, enthalten ausdrückliche Verweisungen auf das BGB. Da das ErbStG die Erwerbe von Todes wegen und die mit ihnen eingetretene Bereicherung besteuert, ist die Bindung an das BGB vorgegeben. Da eine Erbschaft nie eine Erbschaft im wirtschaftlichen, sondern stets im rechtlichen Sinne sein muss, ist auf den zivilrechtlichen Vermögenserwerb zurückzugreifen. Dies hat zur Folge, dass die erbrechtlichen Institute wie Erben- bzw Miterbenstellung, Vermächtnis, Pflichtteilsberechtigung auch in dem Sinne das ErbStG binden, als eine solche Stellung im wirtschaftlichen Sinn nicht entscheidend ist. Es kommt stets auf die erbrechtliche Rechtsposition an. Die Voraussetzungen des Vermögensanfalls, der besteuert wird, sind somit dem Erbrecht zu entnehmen.[7] Ob und inwieweit wirtschaftliche Betrachtungsweisen in die Auslegung der steuerpflichtigen Tatbestände einfließen, ist allein bei unentgeltlichen Zuwendungen unter Lebenden im Sinne des § 7 Abs 1 ErbStG zu klären.

Es sei allerdings erwähnt, dass die Bindung des ErbStG an das Zivilrecht vom ErbStG im Fall des § 3 Abs 1 Ziff 4 ErbStG selbst aufgehoben worden ist. Danach gilt als Erwerb von Todes wegen jeder Vermögensvorteil, der aufgrund eines vom Erblasser geschlossenen Vertrages bei dessen Tode von einem Dritten unmittelbar erworben wird. Angesprochen ist unter anderem der Bereich der Ansprüche, die aufgrund eines Vertrages zugunsten Dritter, auch eines Lebensversicherungsvertrages, einem Dritten zugewandt werden. Der Erwerb vollzieht sich zivilrechtlich nicht auf der Ebene des Erbrechts.[8] Gleichwohl wird kraft Fiktion (»als Erwerb von Todes wegen gilt«) der Vermögensanfall als Erwerb von Todes wegen besteuert. Gleiches gilt auch für Abfindungsleistungen, für einen Verzicht auf einen entstandenen Pflichtteilsanspruch oder für die Ausschlagung erbrechtlicher Rechtspositionen (§ 3 Abs 2 Ziff 4 ErbStG). Die Bindung an das Erbrecht hätte zur Folge gehabt, dass diese Abfindungsleistungen nicht der Erbschaftsteuer unterliegen, da sie nicht als Erwerb von Todes wegen im Sinne des § 3 Abs 1 ErbStG iVm den zivilrechtlichen Normen einzustufen wären. Die Einbeziehung des Tatbestandes in den Katalog der erbschaftsteuerpflichtigen Erwerbe verfolgt allein den Zweck, Steuerumgehungen zu vermeiden. In diesen Fällen wird die Bindung an das Zivilrecht zwar durchbrochen; da das ErbStG die Anordnung selbst trifft, ist dies durchaus zulässig, weil von der gesetzgeberischen Gestaltungsfreiheit gedeckt.[9]

---

[7] BFH v 26. 11. 1986, DB 1987, 921; CREZELIUS, Erbschaft- und Schenkungsteuer in zivilrechtlicher Sicht, 1979, 36 f.

[8] BGHZ 32, 44; KLINGELHÖFFER ZEV 1995, 180.

[9] CREZELIUS, Steuerrecht II, § 19 RdNr 11.

### e) Konkurrenz zu anderen Steuerarten, insbesondere das Problem der Doppelbelastung

**6** Ein erbschaftsteuerpflichtiger Erwerb kann für den Erwerber die Besteuerung nach anderen Steuergesetzen auslösen oder zumindest Auswirkungen auf andere Steuerarten haben. Ein Verstoß gegen das GG oder einfach-gesetzliche Normen ist hierin nicht zu sehen. Zwischen Erbschaftsteuer und Einkommensteuer besteht in aller Regel kein Konkurrenzverhältnis. Denn die Erbschaftsteuer ist eine Steuer auf den Vermögenserwerb, während die Einkommensteuer Einkünfte erfasst. Daher bestehen in der Regel keine Berührungspunkte beider Steuern. Gleichwohl kann in einzelnen Fällen eine Doppelbelastung vorliegen. Erwirbt etwa der Erbe einen Betrieb, den er anschließend weiterveräußert, ist der Erwerb von Todes wegen der Erbschaftsteuer unterworfen, die anschließende Veräußerung der Einkommensteuer. Die Doppelbelastung wirkt in der Weise, dass die latente Einkommensteuerbelastung bei der Erbschaftsteuer nicht als Nachlassverbindlichkeit abgezogen werden kann, während die Einkommensteuer andererseits nicht den steuerpflichtigen Gewinn aus der Weiterveräußerung um die zuvor gezahlte Erbschaftsteuer mindert. Liegt im Bereich des Betriebsvermögens eine Betriebsaufgabe noch in der Person des Erblassers vor, fehlt es an der Doppelbelastung auf der Ebene des Erben, da die letzte Einkommensteuerschuld des Erblassers als Nachlassverbindlichkeit im Rahmen der Erbschaftsteuer abgezogen werden kann.[10]

**7** Nach § 3 Ziff 2 S 1 GrEStG ist der Grundstückserwerb von Todes wegen von der Grunderwerbsteuer ausgenommen. Erwerbe von Todes wegen von Grundbesitz unterliegen somit nur der Erbschaftsteuer. Die Steuerbefreiung nach § 3 Ziff 2 S 1 GrEStG greift auch dann ein, wenn der erbschaftsteuerpflichtige Erwerb nicht zu einer Steuerfestsetzung geführt hat, weil die Freibeträge des ErbStG nicht überschritten sind. Wird im Rahmen einer Erbauseinandersetzung Grundbesitz übertragen, ist dieser Vorgang der Nachlassverteilung gemäß § 3 Ziff 3 GrEStG steuerbefreit.

Unter den Tatbestand des § 3 Ziff 2 S 1 GrEStG fallen auch Vertragsgestaltungen, in denen ein Erbberechtigter oder Pflichtteilsberechtigter das Grundstück als Abfindung für eine Erbausschlagung, die Ausschlagung eines Vermächtnisses oder den Verzicht auf einen Pflichtteil erhält und somit die Übertragung den Tatbestand des § 3 Abs 2 Nr 4 ErbStG auslöst. Der BFH[11] hat dies für den Grundstückserwerb durch einen Pflichtteilsberechtigten als Leistung an Erfüllungs Statt für den Verzicht auf den Pflichtteils(geld)anspruch entschieden. Es bestehen keine Zweifel, dass diese Rechtsprechung auch auf die anderen Fälle der Leistungen an Erfüllungs Statt (Vermächtnis, Ausschlagung) anzuwenden sind.

**8** Ein Konkurrenzverhältnis zwischen Umsatzsteuer und Erbschaftsteuer kann nicht bestehen, weil der Erwerb von Todes wegen kein umsatzsteuerpflichtiger Leistungsaustausch ist. Infolge der Gesamtrechtsnachfolge ist der Erwerb von Todes wegen auch kein Vorgang, der zur Vorsteuerkorrektur nach § 15a UStG zwingt. Die Vorsteuerkorrektur kann nur in einem späteren Verhalten des Erben begründet sein.

---

[10] BFH v 15. 4. 1993, DB 1993, 2005.
[11] BFH v 30. 9. 1981, DB 1982, 934; zust HOFMANN, GrEStG, 6. Aufl 1996, § 3 RdNr 9; das Urteil des BFH v 7. 10. 1998, BStBl II 1999, 23 kündigt allerdings eine Änderung der Rechtsprechung an.

## f) Überblick über den Gesetzesaufbau

Das ErbStG ist klar gegliedert: den §§ 1–9 über die Steuerpflicht, die sich in Abschnitte über die persönliche und sachliche Steuerpflicht aufgliedern, folgt im Abschnitt II die Regelung über die Wertermittlung (§§ 10–13a). Abschnitt III behandelt die Berechnung der Steuer (§§ 14–19), insbesondere die Steuerklassen, Freibeträge und Steuersätze, während der Abschnitt IV die eher technischen Fragen der Steuerfestsetzung und der Erhebung in den §§ 20–35 behandelt. Das Gesetz schließt ab mit dem Abschnitt V über die Ermächtigungs- und Schlussvorschriften (§§ 36–39).

### 2. Die Besteuerung dem Grunde nach

#### a) Persönliche Steuerpflicht

§ 1 Abs 1 Ziff 1 ErbStG definiert als der Erbschaftsteuer unterliegende Vorgänge Erwerbe von Todes wegen. Diese extrem weite Fassung der Norm hat zur Folge, dass auch Tatbestände, die keinen Inlandsbezug aufweisen, in den Anwendungsbereich des ErbStG fallen würden. Schon aus völkerrechtlichen Gründen bedarf es einer Einschränkung auf Sachverhalte mit Inlandsbezug.[12] Diese Art Filterfunktion erfüllt § 2 ErbStG, der insoweit § 1 Abs 1 Ziff 1 ErbStG einschränkend die Tatbestände auf solche mit Inlandsbezug einschränkt, wobei bei einem vorhandenen Inlandsbezug durchaus auch einzelne Tatbestandsmerkmale im Ausland erfüllt sein können, ohne die Anwendung des deutschen ErbStG in Frage zu stellen. Nach § 2 Abs 1 ErbStG unterliegen nur solche nach § 1 ErbStG steuerpflichtigen Vorgänge der deutschen Erbschaftsteuer, die ein im Inland vorhandenes Vermögen betreffen oder die durch die beteiligten Personen mit dem Inland verbunden sind. Im Einzelnen unterscheidet § 2 ErbStG wie auch im Bereich der Ertragsteuern zwischen unbeschränkter Steuerpflicht (§ 2 Abs 1 Ziff 1, 2 ErbStG) und beschränkter Steuerpflicht (§ 2 Abs 1 Ziff 3 ErbStG).

Unbeschränkte und beschränkte Steuerpflicht unterscheiden sich in der Weise, dass bei der unbeschränkten Steuerpflicht zumindest eine der beteiligten Personen Inländer sein muss, während die beschränkte Steuerpflicht an das im Inland belegene Vermögen anknüpft.

Bei der unbeschränkten Erbschaftsteuerpflicht ist zu beachten, dass sich diese auf den gesamten Vermögensanfall des Erwerbers bezieht und somit auch im Ausland belegenes Vermögen erfasst. Sie tritt ein für alle Erwerbe aus dem Nachlass eines inländischen Erblassers, selbst wenn der Erwerber kein Inländer ist (vollkommen unbeschränkte Erbschaftsteuerpflicht), sowie für alle Erwerbe von Inländern von einem nicht als Inländer geltenden Erblasser (begrenzte unbeschränkte Steuerpflicht). Hierunter fallen insbesondere Erwerbe von ausländischen Erblassern durch inländische Erben (begrenzte unbeschränkte Steuerpflicht).

Analog den Regelungen zur Einkommensteuer (§§ 1, 2 EStG) ist die Einordnung als Inländer im Sinne der Vorschriften über die unbeschränkte Erbschaftsteuerpflicht nicht von der Staatsangehörigkeit des Erblassers oder des Erwerbers abhängig. Vielmehr gelten als Inländer unabhängig von ihrer Staatsangehörigkeit alle natürlichen Personen, die in der Bundesrepublik Deutschland ihren Wohnsitz oder gewöhnlichen Aufenthalt im Zeitpunkt der Verwirklichung des Steuertatbestandes (Todestag) haben, sowie alle Körperschaften, Personenvereinigungen und Vermögensmassen, die in der Bundesrepublik Deutschland ihren Sitz

---

[12] MEINCKE, ErbStG, § 2 RdNr 1 f.

oder ihre Geschäftsleitung haben. Auf die Vorschriften der §§ 8, 9 AO, die entsprechende Legaldefinitionen enthalten, sei verwiesen.[13] An die Annahme einer Wohnung werden keine hohen Anforderungen gestellt.[14] Es reicht schon aus, wenn die im Inland vorhandene Wohnung nur gelegentlich aufgesucht wird, jedoch dem Inhaber stets zur freien Verfügung steht.

Aufgrund der gesetzlichen Fiktion des § 9 AO, wonach es für die Annahme eines gewöhnlichen Aufenthaltsortes im Inland ausreicht, wenn eine zeitlich zusammenhängende Aufenthaltsdauer von mehr als sechs Monaten vorliegt, können auch die Voraussetzungen des gewöhnlichen Aufenthaltes im Inland schneller erfüllt sein, als gemeinhin angenommen wird. In den Fällen, in denen ein ausländischer Staatsangehöriger seinen gewöhnlichen Aufenthaltsort aufgrund der Fiktion des § 9 S 2, 3 AO (Sechs-Monats-Zeitraum) im Inland hat, droht in aller Regel die Gefahr der Doppelbelastung, da das ausländische Erbschaftsteuerrecht seinen Steueranspruch in aller Regel nicht schon bei vorübergehender Abwesenheit aus seinem Territorium aufgibt.

12  Sondertatbestände enthalten § 2 Abs 1 Ziff 1 Buchst b) und c) ErbStG, da diese Vorschrift nur auf deutsche Staatsangehörige anwendbar ist. Haben sich deutsche Staatsangehörige ohne Wohnsitz im Inland nicht länger als fünf Jahre dauernd im Ausland aufgehalten oder stehen sie zu einer inländischen Person des öffentlichen Rechts in einem Dienstverhältnis (Stichwort Diplomaten), unterliegen sie der so genannten erweiterten unbeschränkten Steuerpflicht. Im persönlichen Anwendungsbereich erstreckt sich diese auch auf die zum Haushalt dieser Person gehörigen Angehörigen, soweit sie deutsche Staatsangehörige sind.

13  Die unbeschränkte Erbschaftsteuerpflicht erfasst nach § 2 Abs 1 ErbStG den gesamten Vermögensanfall, mithin auch das im Ausland belegene Vermögen. Die Norm ist allerdings einschränkend so auszulegen, dass beim Erwerb von einem ausländischen Erblasser, der nicht unbeschränkt steuerpflichtig war, durch einen unbeschränkt steuerpflichtigen Erwerber (Erben) nur der diesem Erben angefallene Vermögenserwerb der unbeschränkten Steuerpflicht unterliegt. Setzt zB ein im Ausland ansässiger Erblasser einen Inländer und einen Ausländer als Miterben ein, ist nur der dem inländischen Erben angefallene Vermögensanfall der unbeschränkten Steuerpflicht zu unterwerfen. Fällt im Ausland belegenes Vermögen in den Nachlass, ist dieses gemäß § 31 BewG mit dem gemeinen Wert anzusetzen. Wertabweichungen ergeben sich insbesondere im Bereich des Vermögens, das nicht mit dem Nominalwert angesetzt wird, insbesondere für das Grundvermögen. Die Regelungen der §§ 138 ff BewG, die nach wie vor den Erwerb von Grundvermögen privilegieren, finden auf Auslandsvermögen keine Anwendung, sodass der Erbanfall von Auslandsvermögen in Form von Grundbesitz zu erheblichen Mehrbelastungen führen kann.

14  Bei unbeschränkter Erbschaftsteuerpflicht sind unabhängig von der Staatsangehörigkeit sämtliche Vorschriften des ErbStG anwendbar, insbesondere auch zugunsten der Steuerpflichtigen die entlastenden Regelungen, wie Freibeträge, aber auch die Steuerbefreiungen sowie die Vergünstigungen bei Beendigung des Güterstandes der Zugewinngemeinschaft nach § 5 Abs 1 ErbStG.

15  Im Bereich der beschränkten Erbschaftsteuerpflicht verbleiben nur die Sachverhalte, in denen weder Erblasser noch Erwerber Inländer im Sinne der vorgenann-

---

[13] Bei Auslegungsproblemen ist die Hinzuziehung der einkommensteuerrechtlichen Judikatur und Literatur hilfreich, s auch R 3 ErbStR, BStBl I 1998, Sondernummer 2.
[14] SCHMIDT-HEINICKE, EStG, § 1 RdNr 21 mwN.

ten Regelungen sind. In diesen Fällen unterliegt der inländischen Erbschaftsteuer nur das so genannte Inlandsvermögen. Der Umfang des Inlandsvermögens ist in § 121 Abs 2 BewG definiert, auf den § 2 Abs 1 Ziff 3 ErbStG verweist. Der Katalog ist umfassend und umfasst weite Teile des inländischen Vermögens. Als Ausnahmen seien jedoch Anteile an Kapitalgesellschaften mit Sitz im Inland genannt, soweit die Beteiligung des Erblassers am Grund- oder Stammkapital der Gesellschaft nicht ein Zehntel erreicht, sowie Forderungen gegen ausländische Schuldner, die nicht durch Hypotheken, Grundschulden oder Renten gesichert sind. Damit unterliegen ungesicherte Pflichtteilsansprüche von Ausländern im Falle der Erbfolge nach einem ausländischen Erblasser nicht der beschränkten Steuerpflicht, selbst wenn der Erbe Inländer ist und der Nachlass ausschließlich aus Inlandsvermögen besteht. Gleiches gilt auch für Vermächtnisansprüche ausländischer Vermächtnisnehmer gegen inländische Erben, da in aller Regel eine Sicherung nicht besteht.[15] Das der beschränkten Steuerpflicht unterliegende Vermögen wird nach den allgemeinen Regelungen des ErbStG iVm den Vorschriften des BewG bewertet. Aus Sicht des Erwerbers können mit dem Inlandsvermögen im Zusammenhang stehende Verbindlichkeiten abgezogen werden, selbst wenn die Schulden aus Sicht des Forderungsinhabers nicht den Charakter von Inlandsvermögen haben. Aus diesem Grunde kann der beschränkt steuerpflichtige Erwerber auch Vermächtnis- und Pflichtteilsschulden abziehen, die den inländischen Nachlass belasten, obgleich sie aus Sicht des Gläubigers keinen Erwerb von Inlandsvermögen darstellen und somit nicht der deutschen Erbschaftsteuer unterliegen.[16] Im Bereich der beschränkten Steuerpflicht gilt der gleiche Tarif wie bei der unbeschränkten Steuerpflicht. Auch sämtliche Freibeträge – etwa nach § 13a ErbStG beim Erwerb von Betriebsvermögen – finden Anwendung. Allerdings sind die persönlichen Freibeträge nach § 16 Abs 1 ErbStG auf die Fälle der unbeschränkten Steuerpflicht beschränkt. Beschränkt Steuerpflichtigen verbleibt nur der eher symbolische Freibetrag von 1.100,00 € nach § 16 Abs 2 ErbStG.

Ohne große praktische Bedeutung ist die erweiterte beschränkte Erbschaftsteuerpflicht nach dem Außensteuergesetz. Nach § 4 AStG tritt die erweiterte beschränkte Steuerpflicht ein, wenn die Steuerschuld bis zum Ablauf von zehn Jahren nach Ende des Jahres, in dem die unbeschränkte Einkommensteuerpflicht des Erblassers geendet hat, entstanden ist und die weiteren Voraussetzungen des § 2 Abs 1 S 1 AStG im Zeitpunkt der Entstehung der Steuerschuld vorlagen. Die erweiterte beschränkte Steuerpflicht nach AStG beschränkt sich auf deutsche Staatsangehörige. Über § 121 Abs 2 BewG hinausgehend erfasst sie alle Vermögenswerte, deren Erträge im Falle einer unbeschränkten Einkommensteuerpflicht nicht ausländische Einkünfte im Sinne des § 34c EStG wären. Hiermit sind insbesondere Kapitalforderungen gegen Schuldner im Inland, Spareinlagen und Bankguthaben bei Geldinstituten, aber auch Rentenansprüche gegen inländische Schuldner erfasst. **16**

Das ErbStG ist in den neuen Bundesländern am 1.1.1991 in Kraft getreten.[17] Auf vor diesem Stichtag erfüllte Tatbestände ist weiterhin das Recht der ehemaligen DDR anzuwenden.[18] Nach § 37a ErbStG ist somit das ErbStG einheitlich anzuwenden, wenn die Steuer nach dem 31.12.1990 entstanden ist. Ergeben sich Änderungen für einen Erwerb, für den die Steuer vor diesem Stichtag im Bereich der neuen Bundesländer entstanden ist, ist das ErbStG der ehemaligen DDR wei- **17**

---

[15] FG Bremen, EFG 1955, 336; KAPP-EBELING, ErbStG, § 2 RdNr 51.
[16] MEINCKE, § 2 RdNr 11.
[17] Art 31 Abs 4 des Staatsvertrages v 31.8.1990, BGBl II 1990, 889.
[18] Vgl § 37 Abs 4 ErbStG.

ter anzuwenden. Dies gilt insbesondere für Änderung und Aufhebung von Steuerbescheiden.[19]

### b) Erwerb von Todes wegen (§ 3 ErbStG)

### aa) Erwerb durch Erbanfall (§ 1922 BGB)

**18** § 3 Abs 1 Ziff 1 ErbStG dokumentiert die Bindung des Erbschaftsteuerrechts an das Zivilrecht. Danach gilt als Erwerb von Todes wegen unter anderem der Erwerb durch Erbanfall (§ 1922 BGB). Infolge des Verweises auf das BGB ist erbberechtigt nur derjenige, der auch erbfähig ist. Erwerber können somit auch juristische Personen sowie Personenhandelsgesellschaften sein. Gleiches gilt auch für Gesamthandsgemeinschaften in der Form der Gesellschaft bürgerlichen Rechts. Dies gilt auch nach der Änderung der Rspr[20] zur Steuerschuldnerschaft der Gesellschaft bürgerlichen Rechts, da diese Entscheidung in der Weise zu verstehen ist, dass an der Erwerberstellung der Gesellschaft bürgerlichen Rechts keine Zweifel bestehen und sich die Änderung der Rechtsprechung lediglich auf die Steuerklasse der Gesamthänder bezieht.

Von § 3 Abs 1 Ziff 1 ErbStG erfasst ist nur der Erwerb **durch** Erbanfall, nicht aufgrund von Erbanfall. Die Ansprüche eines Vertragserben gegen einen Dritten, an den der Erblasser in beeinträchtigender Weise ein Geschenk gemacht hat, unterliegen nicht der Steuerpflicht nach § 3 Abs 1 Ziff 1 ErbStG, da der Anspruch aus § 2287 BGB nicht in den Nachlass fällt. Diese Rechtsprechung des BFH[21] hat den Gesetzgeber veranlasst, diesen Anspruch durch einen Auffangtatbestand in § 3 Abs 2 Ziff 7 ErbStG als Erwerb von Todes wegen einzuordnen.[22]

Der Erbschaftsteuerpflicht unterliegt die Bereicherung des Erwerbers (des Erben). Eine Bereicherungsabsicht aufseiten des Erblassers ist nicht erforderlich.

**19** Über die Gesamtrechtsnachfolge nach § 1922 BGB hinaus erfasst § 3 Abs 1 Ziff 1 ErbStG auch den Erwerb des Nacherben gemäß § 2139 BGB sowie den Erwerb des Dritten, der die Nacherbenanwartschaft durch Rechtsgeschäft vom Nacherben erworben hat und beim Nacherbenfall gemäß § 2139 BGB erwirbt.[23] Die Regelung des § 6 ErbStG hat insoweit nur ergänzende Bedeutung.

**20** Erbschaftsteuerlich ist ohne Bedeutung, ob der Erbanfall aufgrund gesetzlicher oder gewillkürter Erbfolge erfolgt. Bei einer Erbengemeinschaft wird der Nachlass entsprechend den Erbquoten gemäß § 39 Abs 2 Ziff 2 AO den Erben zugerechnet. Dies gilt selbstverständlich für aktive und passive Nachlassgegenstände. Hinsichtlich der Höhe der Erbquoten hat der Erbschein auch steuerlich nach § 2365 BGB die Vermutung der Richtigkeit für sich.[24] Demzufolge hat der Steuerpflichtige den Erbschein gegen sich gelten zu lassen, solange er seine Unrichtigkeit nicht nachweist. Das Finanzamt kann für eine abweichende Steuerfestsetzung zur Voraussetzung machen, dass der Steuerpflichtige über die Einziehung

---

**19** MEINCKE, § 37a RdNr 7.
**20** BFH v 14. 9. 1994, DB 1995, 254, gegen BFH BStBl II 1989, 237.
**21** BFH v 6. 3. 1991, DB 1991, 1103.
**22** Über seinen Wortlaut hinaus erfasst § 3 Abs 2 Nr 7 ErbStG auch Ansprüche des Vertragsvermächtnisnehmers nach § 2288 BGB sowie den Anspruch des durch eine wechselbezügliche Verfügung Bedachten (Testamentserben) analog § 2287 BGB, BFH v 8. 8. 2000, BStBl II 2000, 587 = DB 2000, 2308.
**23** OLG Düsseldorf MDR 1981, 143.
**24** BFH v 22. 11. 1995, DB 1996, 918; nur bei gewichtigen Gründen gegen die Richtigkeit des Erbscheins sind Finanzbehörden und -gerichte berechtigt und verpflichtet, das Erbrecht und die Erbanteile selbst zu ermitteln.

des bisherigen Erbscheins und Neuerteilung des Erbscheins eine abweichende, für ihn günstigere Erbquote nachweist. Ist der Erbschein nicht vorhanden, etwa weil die Erben die Auseinandersetzung des Nachlasses ohne Erbschein betreiben können, ist das Finanzamt nicht berechtigt, den Nachweis der Erbfolge durch Vorlage eines Erbscheins zu verlangen. Vielmehr ist das Finanzamt gehalten, sich aufgrund Auslegung der letztwilligen Verfügungen oder im Falle gesetzlicher Erbfolge durch Ermittlung der Erbquoten nach den gesetzlichen Vorgaben die Grundlagen für die Ermittlung der Erbquote zu verschaffen. Nur soweit es Streit zwischen Finanzamt und Steuerpflichtigem über die Höhe der Erbquote gibt, ist das Finanzamt berechtigt, zunächst die von ihm ermittelten Erbquoten der Besteuerung zugrunde zu legen und den Steuerpflichtigen auf einen Nachweis aufgrund eines Erbscheins zu verweisen.

Allerdings ist das Finanzamt an einen so genannten ernst gemeinten Vergleich der Beteiligten über die streitige Erbrechtslage gebunden. Dies gilt insbesondere dann, wenn der Vergleich zur Auslegung einer zweifelhaften letztwilligen Verfügung, aber auch einer streitigen Rechtsfrage abgeschlossen wird.[25] Die Rechtsprechung fußt auf der Überlegung, dass der Besteuerung nur das zugrunde zu legen ist, was nach Auffassung aller Beteiligten tatsächlich gilt. Dies gilt selbst dann, wenn das von den Parteien Vereinbarte insgesamt zu einer niedrigeren Steuerbelastung führt als die Interpretation, die das Finanzamt der Besteuerung zugrunde gelegt hätte, wenn der Vergleich nicht geschlossen worden wäre. 21

Gleichwohl sei davor gewarnt, diese Rechtsprechung extensiv auszulegen. Maßgebend können nur Vereinbarungen sein, die auf begründeten, dh nachvollziehbaren Zweifeln am Inhalt einer letztwilligen Verfügung beruhen. Erbschaftsteuerlich ungünstige letztwillige Verfügungen oder gesetzliche Erbfolgen können nicht durch Vergleiche unter den Beteiligten zu Lasten des Finanzamtes beseitigt werden. Hierzu stehen andere Möglichkeiten, wie etwa die Erbausschlagung gegen Abfindung zur Verfügung. Dient der Vergleich nicht der Beseitigung der Unsicherheit über die erbrechtliche Lage, ist in aller Regel davon auszugehen, dass er seine Grundlage nicht in der Klarstellung des Erblasserwillens oder der Erbauseinandersetzung hat, sondern in einer privaten Beziehung unter den Beteiligten, sodass in aller Regel in diesen Fällen auch eine freigebige Zuwendung unter den Miterben vorliegen kann. Hiervor sei nachdrücklich gewarnt.

Erbschaftsteuerlich bedarf der Erwerb durch Erbanfall ebenso wenig wie im Zivilrecht einer ausdrücklichen Annahmeerklärung des Erwerbers. Vielmehr ist der Steuertatbestand schon mit dem durch den Tod des Erblassers erfolgten Erbanfall verwirklicht. Lässt der Erwerber die Ausschlagungsfrist verstreichen, begibt er sich der Möglichkeit, den Steuertatbestand mit Wirkung auf den Todesstichtag zu beseitigen. 22

Erwirbt ein Vertragserbe durch Erbanfall, ist dieser berechtigt, die Gegenleistung, die er für die Einsetzung als Erbe erbracht hat, als Nachlassverbindlichkeit iS des § 10 Abs 5 Nr 3 ErbStG[26] vom Wert des Erbanfalls in Abzug zu bringen, soweit die Leistungen nach Abschluss des Erbvertrages erbracht worden sind. Hintergrund dieser Einschränkung ist die Überlegung, dass eine Nachlassverbindlichkeit nur dann begründet ist, wenn der Leistende zu dieser Leistung verpflichtet war. 23

---

[25] Grundlegend BFH v 18. 5. 1966, BStBl III 1966, 593; KAPP-EBELING § 3 RdNr 54 ff, zuletzt bestätigt durch BFH v 6. 12. 2000, BFH/NV 2001, 601.

[26] BFH v 13. 7. 1983, DB 1984, 331; zum Zivilrecht s BGH, NJW 1962, 250.

### bb) Erwerb durch Erbersatzanspruch für Erwerbe bis zum 31.3.1998

**24** Als Erwerb von Todes wegen gilt auch der Erwerb aufgrund eines Erbersatzanspruches gemäß den §§ 1934a ff BGB. Aufgrund des Erbrechtsgleichstellungsgesetzes[27] ist nunmehr das nichteheliche Kind dem ehelichen gleichgestellt, mithin in die Erbengemeinschaft einbezogen. Da nach altem Recht das nichteheliche Kind nicht durch Erbanfall Miterbe wurde, sondern auf den Erbersatzanspruch verwiesen war, bedurfte es der ausdrücklichen Anordnung in § 3 Abs 1 Ziff 1 ErbStG, dass dieser Anspruch auch als Erwerb von Todes wegen galt. Die Vorschrift findet somit nur noch auf Erwerbe vor dem 1.4.1998 Anwendung. Nach § 9 Abs 1 Ziff 1b ErbStG entsteht in diesen Fällen die Steuer für den Erwerb des Anspruchs erst mit dem Zeitpunkt der Geltendmachung. Nur für den Fall der Geltendmachung kann er auch von dem mit dem Anspruch belasteten Erben als Nachlassverbindlichkeit abgezogen werden (§ 10 Abs 5 Ziff 2 ErbStG). Die zivilrechtliche Einordnung des Erbersatzanspruches als eines Geldanspruches hatte erbschaftsteuerlich unter Umständen eine Diskriminierung des nichtehelichen Kindes zur Folge, da dieses nicht in den Genuss der Vergünstigungen von Vermögensgegenständen kam, die nicht mit dem Verkehrswert, sondern etwa im Fall von Grundbesitz oder Betriebsvermögen mit einem niedrigeren Wert bewertet werden. Die Neuregelung ist daher auch unter erbschaftsteuerrechtlichen Aspekten zu begrüßen.

**25** Der Verzicht auf den Erbersatzanspruch ist nach § 13 Abs 1 Ziff 11 ErbStG nicht im Sinne einer freigebigen Zuwendung gegenüber dem belasteten Erben schenkungsteuerpflichtig. Die Frage, ob Gegenstände mit einem niedrigeren Steuerwert, die als Leistungen an Erfüllungs Statt zur Tilgung des Erbersatzanspruches gewährt werden, mit dem Nominalwert des Erbersatzanspruches oder dem Steuerwert des hingegebenen Gegenstandes bewertet werden, wird unter cc) (Vermächtnis) behandelt.

### cc) Erwerb durch Vermächtnis, Abgrenzung zwischen Teilungsanordnung und Vermächtnis

**26** Als Erwerb von Todes wegen gilt auch der Erwerb aufgrund eines Vermächtnisses (§§ 2147 ff BGB). Der Vermächtnisnehmer ist Inhaber eines schuldrechtlichen Anspruches gegen den oder die Erben auf Übertragung des Vermächtnisgegenstandes. Diese Einordnung ist auch erbschaftsteuerlich von Bedeutung, weil das Vermächtnis mit dem Steuerwert dessen angesetzt wird, auf das es gerichtet ist (§ 10 Abs 1 S 2 ErbStG iVm § 12 ErbStG). Ist das Vermächtnis in Form eines Geldanspruches gegen den oder die Erben ausgesetzt, ist Bemessungsgrundlage der gemeine Wert des Geldanspruches, mithin der Nominalwert. Ist das Vermächtnis auf Übertragung eines Grundstücks gerichtet, ist der Steuerwert des Grundstücks anzusetzen. Der Vermächtnisnehmer steht somit erbschaftsteuerlich quasi vor der Klammer, indem abweichend zu den vorstehend skizzierten Grundsätzen bei einer Erbengemeinschaft ihm keine Erbquote zugerechnet wird, deren Steuerwert sich aus der Summe sämtlicher Aktiv- und Passivwerte des Nachlasses entsprechend seiner Erbquote zusammensetzt, sondern der als Vermächtnis ausgesetzte Gegenstand.

Dies kann sich zuungunsten oder zugunsten des Vermächtnisnehmers auswirken. Besteht der Nachlass aus steuerbegünstigten Gegenständen, etwa in Form von Grundbesitz oder Betriebsvermögen, und ist dem Vermächtnisnehmer lediglich ein Geldanspruch ausgesetzt worden, profitiert er nicht von den Privilegien

---

[27] V 16.12.1997, BGBl I 1997, 2968.

der erbschaftsteuerlichen Behandlung der vorgenannten Vermögensgegenstände, sondern hat den Nominalwert seines Anspruchs zu versteuern. Die Erben sind spiegelbildlich berechtigt, den Nominalwert des Anspruchs als Nachlassverbindlichkeit abzuziehen. In diesem Fall ist der Vermächtnisnehmer steuerlich schlechter gestellt, als wenn er Mitglied der Erbengemeinschaft wäre und somit anteilig an den Vergünstigungen der vorgenannten Vermögensgegenstände teilhaben würde. Ist der Vermächtnisanspruch hingegen auf ein Grundstück gerichtet, während der Nachlass im Übrigen aus Vermögen besteht, das mit dem Nominalwert anzusetzen ist, ist der Vermächtnisnehmer begünstigt, die Erbengemeinschaft schlechter gestellt. All dies ist bei der Abfassung letztwilliger Verfügungen zu bedenken.

Die zivilrechtliche Abgrenzung zwischen Vermächtnis und Teilungsanordnung schlägt auch auf die erbschaftsteuerliche Beurteilung durch. Anders als das Vermächtnis ist die Teilungsanordnung erbschaftsteuerrechtlich ohne Bedeutung, sodass erbschaftsteuerlich trotz Teilungsanordnung fingiert wird, dass sämtliche Erben quasi im Wege einer Realteilung alle Vermögensgegenstände, gleich ob Besitzposten oder Nachlassverbindlichkeiten, im Verhältnis der Erbquoten erwerben. **27**

Die Teilungsanordnung wird als eine Maßnahme der Erbauseinandersetzung eingeordnet. Aufgrund des eindeutigen Wortlauts des § 3 Abs 1 Ziff 1 ErbStG, der den Erwerb durch Erbanfall der Erbschaftsteuer zugrunde legt, ist die Erbauseinandersetzung erbschaftsteuerlich ohne Bedeutung. Eine eng begrenzte Ausnahme gilt in den Sachverhalten, in denen in der Erbauseinandersetzung die Erbquoten aufgrund eines ernstlich vereinbarten Vergleiches korrigiert werden. Die anders lautende Rechtsprechung des BFH aus dem Jahre 1977,[28] die eine Teilungsanordnung mit unmittelbarer Verbindlichkeit dem Vermächtnis gleichstellte, ist durch das nachfolgend noch mehrfach bestätigte Urteil v 10. 11. 1982[29] ausdrücklich aufgegeben worden. Es dürfte somit feststehen, dass entsprechend dem Bürgerlichen Recht als Steuertatbestand der Erwerb durch Erbanfall (Erbquote laut Erbschein) und nicht der Erwerb aufgrund Erbfalls, dh das Ergebnis der Abwicklung des Nachlasses, der Erbschaftsteuer unterliegt. In einigen Teilbereichen haben die Steuergerichte für eine erfreuliche Präzisierung gesorgt. Hat die Teilungsanordnung eine Verschiebung der Erbquote zur Folge, ist die unter Berücksichtigung der Teilungsanordnung maßgebende Erbquote anzuwenden.[30] Hierin liegt kein Widerspruch zur Rechtsprechung des BFH, da auch in diesem Fall eine Besteuerung auf der Grundlage der Erbquoten erfolgt, die allerdings durch die Teilungsanordnung abweichend vom Wortlaut der letztwilligen Verfügung verschoben worden sind.

Wird der Vermächtnisgegenstand quasi erbschaftsteuerlich aus dem Nachlass ausverlagert, ist schon auf der zivilrechtlichen Ebene der Auslegung der letztwilligen Verfügung zu klären, ob der von Todes wegen Begünstigte Vermächtnisnehmer oder Miterbe ist und die Übertragung eines einzelnen Gegenstandes lediglich im Rahmen einer Teilungsanordnung verlangen kann. Die leider unter Laien verbreitete Praxis, ohne ausdrückliche Erbeneinsetzung einzelne Gegenstände einzelnen Personen zuzuordnen und ihre hierfür vorhandenen Lösungen, hat somit auch erbschaftsteuerrechtliche Relevanz. **28**

---

**28** V 16. 3. 1977, BStBl II 1977, 640.
**29** DB 1983, 1289, zuletzt bestätigt durch BFH/NV 1993, 100, in diesem Sinne auch R 5 Abs 1 ErbStR.
**30** NIEDERS FG, EFG 1989, 464.

Ist ein Vermächtnis als so genanntes Vorausvermächtnis einzustufen, sodass es dem Erben zusätzlich zur Erbquote ausgesetzt wird, ist der Anspruch vor die Klammer zu ziehen und mit dem Steuerwert des Gegenstandes anzusetzen, auf dessen Eigentumsübertragung er gerichtet ist. Für die Abgrenzung zwischen Vorausvermächtnis und Teilungsanordnung folgt das Erbschaftsteuergesetz dem Zivilrecht.

**Beispiel für die unterschiedliche Besteuerung von Teilungsanordnungen und Vermächtnissen:**

28a  Im Nachlass des Erblassers A befindet sich Kapitalvermögen mit einem Kurswert von 500.000,00 € und ein Grundstück mit einem Verkehrswert von 500.000,00 €, jedoch einem Steuerwert von 300.000,00 €. B und C sind Miterben je zur Hälfte. A hat durch Teilungsanordnung angeordnet, dass B das Grundstück und C das Wertpapierdepot erhält. Erbschaftsteuerlich wird die Bemessungsgrundlage von 800.000,00 € auf die Erben entsprechend der Erbquote aufgeteilt, sodass C auch in den Genuss der Niedrig-Bewertung des Grundbesitzes kommt; denn die Teilungsanordnung als Maßnahme der Erbauseinandersetzung ist erbschaftsteuerlich ohne Bedeutung.

Hätte der Erblasser hingegen das Wertpapierdepot und das Grundstück jeweils durch Vorausvermächtnisse zugeordnet, hätte jeder Vorausvermächtnisnehmer den von ihm (außerhalb der Erbauseinandersetzung) erworbenen Vermögensgegenstand mit dem jeweiligen Steuerwert zu besteuern. Hieraus ergibt sich, dass Gestaltungsmöglichkeiten insbesondere in den Fällen bestehen, in denen der Erwerber von Vermögen eine ungünstige Steuerklasse zum Erblasser aufweist. Werden diesem Personenkreis Vermögensgegenstände zugewiesen, welche unterhalb des Verkehrswertes steuerlich angesetzt werden, empfiehlt es sich, diesen Personenkreis mit (Voraus-)Vermächtnissen zu bedenken. Nur hierdurch schlägt der niedrige Steuerwert unmittelbar auf die Besteuerung des Vermächtnisnehmers durch.

29  § 3 Abs 2 Ziff 4 ErbStG erweitert den Tatbestand des § 3 Abs 1 Ziff 1 ErbStG um eine Abfindung für die Ausschlagung eines Vermächtnisses. Hiermit soll dem »Steuersparmodell« vorgebeugt werden, wonach der Vermächtnisanspruch nicht geltend gemacht wird und der Erbe als Entgelt für die Nichtgeltendmachung eine Leistung an den Vermächtnisnehmer erbringt. Dies würde sich insbesondere dann »rechnen«, wenn die Geltendmachung des Vermächtnisses bei dem Vermächtnisnehmer zu einer erheblichen Erbschaftsteuerbelastung führt, während der Erbe durch die Erfüllung des Vermächtnisses erbschaftsteuerlich keine Entlastung erfährt, da gegen ihn ohnehin aufgrund hoher Freibeträge oder steuerfreien Erwerbes keine Erbschaftsteuer festzusetzen ist. Da die Steuer beim Vermächtnisnehmer erst entsteht, wenn er das Vermächtnis geltend macht, führt die Abfindung für die Ausschlagung eines Vermächtnisses nicht zu einer doppelten Erbschaftsteuerbelastung. Denn die Steuerpflicht erfasst nach § 3 Abs 2 Ziff 4 ErbStG nur die als Abfindung für die Ausschlagung des Vermächtnisses erhaltene Leistung. Das als Abfindung Gewährte ist mit dem Steuerwert der Leistung anzusetzen, die als Abfindung erbracht wird. Wird als Abfindung zB ein Grundstück übertragen, ist der Grundstückswert anzusetzen, nicht der Verkehrswert des Grundstücks. Nur dieser kann allerdings auch beim Erben als Nachlassverbindlichkeit abgezogen werden. Im Einzelfall können sich beträchtliche Steuerersparnisse ergeben. Ist der Vermächtnisnehmer nur weitläufig mit dem Erblasser verwandt und findet auf seinen Erwerb Steuerklasse III Anwendung, während der Erbe durch die Erfüllung des Vermächtnisses infolge niedriger Steuerklasse

nicht wesentlich entlastet wird, empfiehlt es sich, anstelle des Geldvermächtnisses ein Grundstück zu leisten. Die Addition der Entlastung beim Vermächtnisnehmer und Belastung beim Erben ergibt in aller Regel eine Entlastung, deren wirtschaftliches Ergebnis durch Bemessung des Abfindungsbetrages unter den Beteiligten »geteilt« gewährt werden kann. Der erbschaftsteuerliche Wert des Vermächtnisanspruches entspricht dem Wert des Gegenstandes, auf dessen Eigentumsübertragung sich der Vermächtnisanspruch richtet. Somit ist der Anspruch auf Herausgabe eines Grundstücks in Erfüllung des Vermächtnisses mit dem Steuerwert des betroffenen Grundstücks anzusetzen. Sind mit dem Grundstück in Zusammenhang stehende Verbindlichkeiten zu übernehmen, sind diese mit dem Nominalwert als Nachlassverbindlichkeit abzugsfähig. Mit dieser Auffassung[31] wird der Tatsache Rechnung getragen, dass der Vermächtnisanspruch notwendigerweise zunächst ein schuldrechtlicher Anspruch ist, jedoch im Ergebnis der Erblasser dem Vermächtnisnehmer den Gegenstand zuwenden wollte, auf den sich der Vermächtnisanspruch richtet. Beim mit dem Vermächtnis belasteten Erben ist der Vermächtnisanspruch mit dem Steuerwert des Gegenstandes als Nachlassverbindlichkeit abzuziehen, auf dessen Erfüllung sich der Anspruch richtet. Hieraus können sich Gestaltungserwägungen ergeben, indem Personen, welche in einer ungünstigen Steuerklasse zum Erblasser stehen, jedoch mit dem Nominalwert anzusetzenden Vermögenspositionen als Vermächtnis ausgestattet sind, diese gegen Abfindung durch Hingabe niedrigbewerteter Vermögensgegenstände aufgeben.

**Beispiel:**

Erblasser A hat seiner längjährigen Haushaltshilfe ein Vermächtnis in Höhe von 200.000,00 € ausgesetzt. Die Haushaltshilfe vereinbart mit dem Erben, dass diese das Vermächtnis nicht annimmt, sondern als Abfindung für die Nichtannahme des Vermächtnisses eine Eigentumswohnung mit Verkehrswert von 200.000,00 €, einem Grundbesitzwert (Steuerwert) in Höhe von nur 120.000,00 € erhält. Bemessungsgrundlage aus Sicht der Haushaltshilfe als Vermächtnisnehmerin ist der Steuerwert der Eigentumswohnung (120.000,00 €). Allerdings kann der belastete Erbe nicht den Nominalwert des Geldvermächtnisses, sondern nur den Steuerwert der hingegebenen Eigentumswohnung als Nachlassverbindlichkeit abziehen. Vor- und Nachteile sind durch Vermächtnisnehmer und Erben jeweils im Einzelfall gegeneinander abzuwägen.

**29a**

Aufgrund dieser Überlegungen kam die Entscheidung des BFH,[32] bei einem Geldvermächtnis, das aufgrund einer unter den Beteiligten getroffenen Vereinbarung durch ein Grundstück erfüllt wird, nicht den Wert des Grundstücks, sondern den Nominalwert des Geldvermächtnisanspruches der Besteuerung zugrunde zu legen, nicht überraschend. Gleiches gilt auch, wenn der Vermächtnisnehmer aus dem Nachlass ein Grundstück käuflich erwirbt und die Geldvermächtnisforderung anteilig zur Aufrechnung stellt.[33]

**30**

Beim Wahlvermächtnis iS des § 2154 Abs 1 BGB ist der Wert der Leistung anzusetzen, die der Vermächtnisnehmer aufgrund des ihm erteilten Wahlrechtes auswählt.[34] Steht das Wahlrecht dem Erben zu, entscheidet er im Ergebnis über die erbschaftsteuerliche Belastung des Vermächtnisnehmers durch Auswahl des ent-

**31**

---

**31** Überblick über die Rechtsentwicklung bei KAPP-EBELING, ErbStG, § 3 RdNr 158 ff.
**32** BFH v 25. 10. 1995, DB 1996, 189.
**33** BFH v 21. 6. 1995, DB 1995, 220.
**34** So BFH v 6. 6. 2001, ZEV 2001, 452 m Anm WÄLZHOLZ.

sprechenden Gegenstandes. Dies sollte bei der Abfassung letztwilliger Verfügungen bedacht werden.

32  Etwas schwieriger ist die erbschaftsteuerliche Behandlung des so genannten *Verschaffungsvermächtnisses* zu beurteilen. Beim Verschaffungsvermächtnis ist der Anspruch des Vermächtnisnehmers auf die Eigentumsübertragung eines Gegenstandes gerichtet, der nicht Bestandteil des Nachlasses ist, sondern vom Erben im Wege eines Vertrages zugunsten eines Dritten zunächst beschafft werden muss. Aus Sicht des Vermächtnisnehmers ist der Steuerwert des Gegenstandes anzusetzen, den er in Erfüllung des Vermächtnisses erhält. Beim Grundstücksvermächtnis ist dies der so genannte Grundbesitzwert gemäß § 12 Abs 2 ErbStG. Beim belasteten Erben ist die Rechtslage insofern anders als bei der Übertragung eines im Nachlass befindlichen Grundstücks, da der Erbe einen Geldbetrag zum Erwerb des Vermächtnisgegenstandes aufwenden muss. Dies rechtfertigt es, nicht den Steuerwert des Grundstücks, sondern den zum Erwerb des Grundstücks erforderlichen Geldbetrag als Nachlassverbindlichkeit abzuziehen.[35]

33  Das so genannte Kaufrechtsvermächtnis, bei dem der Vermächtnisnehmer einen Anspruch auf Erwerb eines Nachlassgegenstandes zu einem bestimmten Kaufpreis erwirbt, ist erbschaftsteuerlich nur dann von Bedeutung, wenn der festgesetzte Kaufpreis unter dem Verkehrswert des Gegenstandes liegt, auf den sich das Kaufrechtsvermächtnis richtet. Der BFH[36] vertritt die Auffassung, der Gegenstand, auf welchen sich das Kaufrechtsvermächtnis richtet, sei nicht mit dem Steuerwert des Gegenstandes, welchen der Vermächtnisnehmer erwirbt, sondern mit dem gemeinen Wert zu bewerten. Gegenstand der Bewertung ist somit nicht der Gegenstand selbst, sondern der Anspruch auf Übertragung des Gegenstandes gegen einen festgelegten Kaufpreis. Dies ist der Verkehrswert des Gegenstandes. Der Vermächtnisnehmer ist allerdings berechtigt, die Gegenleistung vom Wert des Anspruchs abzuziehen.

**Beispiel:**

33a Vermächtnisnehmer A ist berechtigt, ein Grundstück, welches einen Steuerwert von 100.000,00 € und einen Verkehrswert von 200.000,00 € hat, zu einem festgelegten Preis von 100.000,00 € zu erwerben. Bemessungsgrundlage ist der Verkehrswert des Grundstücks, gekürzt um die Gegenleistung. Vermächtnisnehmer A versteuert mithin vor Abzug persönlicher Freibeträge einen steuerpflichtigen Erwerb in Höhe von 100.000,00 €.

Korrespondierend ist auf der Ebene des belasteten Erben zunächst das Grundstück mit dem Steuerwert zu erfassen. Die Verbindlichkeit auf Übertragung des Grundstücks auf den Vermächtnisnehmer ist aus Sicht des Erben mit dem Verkehrswert (200.000,00 €) abzuziehen und der Anspruch auf Zahlung von 100.000,00 € als Besitzposten anzusetzen.

### dd) Erwerb aufgrund eines geltend gemachten Pflichtteilsanspruches

34  Als Erwerb von Todes wegen gilt auch der Erwerb aufgrund eines **geltend gemachten** Pflichtteilsanspruches. Das Gesetz bindet die Steuerpflicht daher nicht an die Entstehung des Anspruches, der mit Erbfall entsteht (§ 2317 BGB), sondern macht darüber hinaus die Geltendmachung des Anspruchs zur Voraussetzung für den Steueranspruch. Damit soll verhindert werden, dass Pflichtteilsan-

---

[35] Höchstrichterlich noch nicht geklärt. Überblick bei KAPP-EBELING, ErbStG, § 3 RdNr 176.

[36] BFH v 6. 3. 1990, DB 1990, 1546; maßgebend ist danach der Verkehrswert.

sprüche nur aus dem Grund geltend gemacht werden, um die auf sie entfallende Erbschaftsteuer zu entrichten. Korrespondierend kann auch nur der geltend gemachte Pflichtteilsanspruch beim Belasteten als Nachlassverbindlichkeit abgezogen werden (§ 10 Abs 5 Ziff 2 ErbStG).

Der Anspruch besteht bereits dann, wenn der Pflichtteilsberechtigte seinen Anspruch gegenüber dem Erben geltend macht. Die Erfüllung des Anspruchs ist nicht Voraussetzung für die Erfüllung des erbschaftsteuerpflichtigen Tatbestandes. Es reicht bereits aus, wenn der Pflichtteilsberechtigte den Erben auffordert, gemäß § 2314 BGB Auskunft über den Umfang des Nachlasses zu erteilen.

Wird der Pflichtteilsanspruch zunächst geltend gemacht, dann aber auf ihn verzichtet, ist die Erbschaftsteuer nach § 9 Abs 1 Nr 1b ErbStG gleichwohl entstanden, sodass der Verzicht die Erbschaftsteuer nicht entfallen lässt. Erfolgt der Verzicht ohne Gegenleistung, kann hierin eine freigebige Zuwendung gegenüber dem Erben liegen. Im Ergebnis hat dies eine doppelte Steuerbelastung (Erbschaftsteuer auf den Pflichtteil, Schenkungsteuer durch den Verzicht) zur Folge, sodass die Entscheidung, den Pflichtteil geltend zu machen, sorgfältig bedacht werden sollte. 35

Leistungen, die als Abfindung für einen Pflichtteilsanspruch gewährt werden, sind mit dem Wert der hingegebenen Leistung anzusetzen (§ 3 Abs 2 Ziff 4 ErbStG), woraus sich Gestaltungsmöglichkeiten ergeben. So kann der Erbe dem Pflichtteilsberechtigten steuerbegünstigtes Vermögen wie Betriebsvermögen oder Grundbesitz übertragen und damit den Steuerwert des Pflichtteilsanspruchs über den Betrag hinaus ohne zusätzliche Steuerbelastung auffüllen, der entstehen würde, wenn der Pflichtteil in Geld befriedigt würde. Als Nachteil bleibt zu beachten, dass der Erbe die von ihm erbrachten Leistungen nur mit dem Steuerwert der übertragenen Gegenstände abziehen kann. 36

Der Verzicht auf den Pflichtteilsanspruch vor dessen Entstehung (Pflichtteilsverzicht unter Lebenden) ist nach § 13 Abs 1 Nr 10 ErbStG steuerfrei. Erfolgt der Verzicht gegen eine Abfindung, so ist diese steuerpflichtig, wobei sie vom Erblasser als zugewandt gilt und im Zeitpunkt des Todes des Erblassers zu versteuern ist, selbst wenn der Pflichtteilsverzicht zeitlich voraus geht (§ 7 Abs 1 Ziff 5 ErbStG).

Wird der geltend gemachte Pflichtteil durch Leistung an Erfüllungs Statt durch Übertragung eines anderen Gegenstandes als einer Geldleistung getilgt, ist gleichwohl die Geldforderung der Besteuerung zugrunde zu legen, da die Rspr des BFH zur Leistung an Erfüllungs Statt (s RdNr C 29 f) beim Vermächtnis auch auf den geltend gemachten Pflichtteil übertragbar ist.

**ee) Erwerb durch Schenkung auf den Todesfall**

Als Erwerb von Todes wegen gilt nach § 3 Abs 1 Ziff 2 ErbStG auch der Erwerb durch Schenkung auf den Todesfall (§ 2301 BGB). Zivilrechtlich ist bei der Schenkung auf den Todesfall, die unter der Überlebensbedingung des Beschenkten steht, zu unterscheiden. Sofern die Schenkung noch vor dem Tode des Schenkers vollzogen wird, gilt das Schenkungsrecht, anderenfalls finden die Vorschriften über die Verfügungen von Todes wegen Anwendung (vgl § 2301 Abs 1 S 1, Abs 2 BGB). § 3 Abs 1 Ziff 2 S 1 ErbStG erfasst nur den Fall des zu Lebzeiten des Erblassers noch nicht vollzogenen Schenkungsversprechens, obgleich die schon zu Lebzeiten vollzogene Schenkung wegen der fortwirkenden Überlebensbedingung eine Schenkung auf den Todesfall im Sinne des § 2301 BGB bleibt. Zwingend scheint dies nicht zu sein, da die Unterscheidung, die § 2301 BGB trifft, allein zi- 37 vilrechtlich motiviert ist.[37] In der Praxis bleibt daher für den Anwendungsbereich des § 3 Abs 1 Ziff 2 ErbStG wenig Raum, da die gängige Praxis, die dingliche Einigung bezüglich des Schenkungsgegenstandes aufschiebend bedingt auf den Tag des Todes des Schenkers zu erklären, sofern der Beschenkte den Schenker überlebt, den Sachverhalt aus den erbschaftsteuerpflichtigen Tatbeständen ausscheidet und sie in den Bereich des Schenkungsteuerrechts verlagert. Es ergeben sich hieraus für die Praxis massive Unterschiede, wie der Fall der gemischten Schenkung zeigt. Fällt der Sachverhalt der gemischten Schenkung – Übertragung gegen Teilgegenleistung – in den Bereich des § 3 Abs 1 Ziff 2 ErbStG, kann die Gegenleistung in voller Höhe vom Steuerwert abgezogen werden, während bei Anwendung des Schenkungsteuerrechts nur eine anteilige Kürzung des Steuerwertes im Umfang der entgeltlichen Bereicherung stattfindet.

### ff) Erwerb aufgrund Vertrages zugunsten Dritter

**38** § 3 Abs 1 Ziff 4 ErbStG erfasst die Fälle, in denen der Berechtigte Ansprüche nicht aufgrund gesetzlicher Erbfolge oder einer Verfügung von Todes wegen, sondern aufgrund einer vertraglichen Vereinbarung in Form eines Vertrages zugunsten Dritter erwirbt. Diese Instrumente haben in der Praxis erhebliche Bedeutung. Dies gilt insbesondere für den Bereich der Lebensversicherung. Diese ist in aller Regel ein echter Vertrag zugunsten Dritter, da der Bezugsberechtigte nach der gesetzlichen Vermutung des § 330 S 1 BGB im Zweifel einen unmittelbaren Anspruch gegen den Versprechenden (Lebensversicherungsgesellschaft) auf Auszahlung der Versicherungssumme erwirbt.[38] Werden als Bezugsberechtigte der oder die Erben – ohne Namensnennung – eingesetzt, vollzieht sich der Erwerb bereits durch Erbfall gemäß § 3 Abs 1 Ziff 1 ErbStG, da der Anspruch in den Nachlass fällt. Der Auffangvorschrift des § 3 Abs 1 Ziff 4 ErbStG bedarf es nicht. Werden hingegen individualisierbare Personen als Bezugsberechtigte benannt, vollzieht sich der Erwerb aufgrund des § 3 Abs 1 Ziff 4 ErbStG. Diese Unterscheidung ist nicht nur von theoretischer Bedeutung. Ist Erbe und zugleich Bezugsberechtigte die überlebende Ehefrau, ist bei strikter Gesetzesanwendung der erbschaftsteuerpflichtige Erwerb gemäß § 3 Abs 1 Ziff 4 ErbStG (Vertrag zugunsten Dritter) in der Bemessung des steuerfreien Zugewinnausgleichs gemäß § 5 ErbStG nicht zu berücksichtigen. Anders ist die Rechtslage, wenn der überlebende Ehegatte die Versicherungssumme durch Erbanfall erwirbt, da insoweit die Lebensversicherungssumme das Endvermögen des Ehemannes erhöht. Diese Diskrepanz ist zwar durch Rechtsprechung des BFH[39] in der Weise entspannt worden, als auch in den Fällen, in denen der überlebende Ehegatte die Lebensversicherungssumme aufgrund Vertrages zugunsten Dritter erwirbt, diese Lebensversicherungssumme – entgegen dem Zivilrecht – das Endvermögen des Erblassers erhöht. Gleichwohl ist auf eine Rechtsprechung weniger Verlass als auf eine klare gesetzliche Regelung, sodass zu empfehlen ist, als Bezugsberechtigte die Erben einzusetzen und sodann durch letztwillige Verfügung die überlebende Ehefrau als Erbin einzusetzen. Diese Empfehlung entbindet aber nicht von einer exakten Prüfung jedes Einzelfalles.

Eine erbschaftsteuerliche Belastung lässt sich auch in der Weise vermeiden, dass die Ehefrau als Versicherungsnehmerin den Versicherungsvertrag abschließt und der Erblasser nur versicherte Person ist. Mit Ableben des Ehemannes ergeben sich keine erbschaftsteuerlichen Auswirkungen. Allenfalls die unentgeltliche Zu-

---

[37] Kritisch MEINCKE § 3 RdNr 55 f.
[38] MünchKomm-GOTTWALD § 330 BGB RdNr 3 ff, PALANDT-HEINRICHS § 330 BGB RdNr 2.
[39] Urt v 22. 12. 1976, BStBl II 1977, 420, vgl zu Einzelheiten GECK ZEV 1995, 140.

wendung der Versicherungsprämien vom Ehemann an die Ehefrau kann den Tatbestand des § 7 Abs 1 ErbStG (freigebige Zuwendung) erfüllen.

In den Anwendungsbereich des § 3 Abs 1 Ziff 4 ErbStG fallen auch Ansprüche **39** aus Kfz-Insassen-Unfall-Versicherungen[40] sowie Hinterbliebenenbezüge aufgrund eines vom Erblasser geschlossenen Vertrages mit einem Dritten, soweit der Berechtigte die Ansprüche unmittelbar gegen den Dritten erwirbt.

Diese Voraussetzungen sind allerdings in aller Regel nicht erfüllt bei Hinterblie- **40** benenbezügen, die auf arbeitsrechtlicher Grundlage beruhen, soweit sie insoweit als angemessen zu beurteilen sind, also keine Ursache außerhalb des Arbeitsverhältnisses etwa in Form einer Überversorgung haben. Nicht steuerbar sind somit auch Witwenbezüge eines Gesellschafter-Geschäftsführers, soweit der Gesellschafter-Geschäftsführer die Position eines abhängigen Geschäftsführers hat. Hat der Gesellschafter-Geschäftsführer infolge seiner Beteiligungsquote an der Gesellschaft die Position eines herrschenden Gesellschafters, sind diese Bezüge, soweit sie von der Gesellschaft an die Nachlassberechtigten entrichtet werden, nicht steuerfrei, sondern vielmehr in den Anwendungsbereich des § 3 Abs 1 Ziff 4 ErbStG einzubeziehen.[41] Gleiches gilt auch, wenn der Gesellschafter-Geschäftsführer zwar nur die Stellung eines Minderheitsgesellschafters hat, jedoch mit einem anderen Gesellschafter-Geschäftsführer, der über ähnliche Versorgungsbezüge verfügt, gemeinsam über eine Mehrheit verfügt und die übrigen Gesellschafter-Geschäftsführer für sich allein keine Mehrheitsbeteiligung haben. Bestehen somit bei zwei Gesellschafter-Geschäftsführern, die jeweils 50 % des Stammkapitals halten, gleich lautende Versorgungsvereinbarungen, ist der Tatbestand des § 3 Abs 1 Ziff 4 ErbStG erfüllt. Anderes gilt nur dann, wenn ein Gesellschafter-Geschäftsführer über einen Anteil von 70 %, der andere von 30 % verfügt. In diesem Fall unterliegen nur die Versorgungsbezüge der Hinterbliebenen des Gesellschafter-Geschäftsführers der Erbschaftsteuer gemäß § 3 Abs 1 Ziff 4 ErbStG, der über den Geschäftsanteil von 70 % verfügt. Abweichend von den ertragsteuerlichen Grundsätzen unterliegen auch Hinterbliebenenbezüge eines Gesellschafters einer Personengesellschaft, die arbeitsrechtlich demzufolge nicht auf ein Arbeitsverhältnis des Erblassers zurückzuführen sind, nur dann der Erbschaftsteuer gemäß § 3 Abs 1 Ziff 4 ErbStG, wenn der Erblasser zumindest im Innenverhältnis wie ein Angestellter gegenüber den die Gesellschaft beherrschenden anderen Gesellschaftern gebunden war.

Versorgungsbezüge, die eine Freiberuflersozietät an die Witwe eines verstorbenen Partners leistet, unterliegen der Erbschaftsteuer, da im freiberuflichen Bereich eine Einordnung der Position des Verstorbenen als eines Angestellten schon aus berufsrechtlichen Gründen in aller Regel nicht in Betracht kommt.

Auf gesetzlicher Grundlage gewährte Hinterbliebenenbezüge wie Sozialrenten, **41** Renten aufgrund berufsständiger Zwangsversicherungen sowie Beamtenpensionen gehören nicht zu den vom Erblasser begründeten Vermögensvorteilen und sind daher erbschaftsteuerfrei. Der Tatbestand des § 3 ErbStG ist nicht erfüllt.[42]

### gg) Vermögenserwerb durch eine Stiftung

Der Übergang von Vermögen auf eine bereits bestehende Stiftung wird, wenn er **42** von Todes wegen erfolgt, bereits von § 3 Abs 1 Ziff 1 ErbStG erfasst. Die Regelung des § 3 Abs 2 Ziff 1 ErbStG erfasst jedoch den Übergang von Vermögen auf eine

---

40 BFH v 28. 9. 1993, DB 1994, 359.
41 BFH v 13. 12. 1989, DB 1990, 718.
42 KAPP-EBELING, ErbStG, § 17 RdNr 4, mit Überblick über die nicht erbschaftsteuerbaren Bezüge.

vom Erblasser durch Verfügung von Todes wegen angeordnete Stiftung, die als Erbin oder Vermächtnisnehmerin eingesetzt ist.[43] Sie gilt in gleicher Weise für eine Stiftung, die aufgrund einer Auflage, mit der der Erblasser den Erben oder Vermächtnisnehmer beschwert hat, von diesem Personenkreis zu errichten ist. Dient die Stiftung wesentlich dem Interesse der Familie des Stifters, so ist für die Besteuerung nach § 15 Abs 2 ErbStG das Verwandtschaftsverhältnis des nach der Stiftungsurkunde entferntest Berechtigten zu dem Erblasser maßgebend. Eine solche Familienstiftung ist dann anzunehmen, wenn entweder der Stifter oder seine Angehörigen zu mehr als der Hälfte bezugsberechtigt oder anfallsberechtigt sind. Ist dies nicht der Fall, kann eine Familienstiftung vorliegen, wenn aus anderen Gründen ein wesentliches Familieninteresse zu bejahen und die Familie zu mehr als 25 % bezugs- oder anfallsberechtigt ist.

Die Errichtung der Familienstiftung von Todes wegen ist der Erbschaftsteuer nach § 3 Abs 2 Nr 1 ErbStG zu unterwerfen, sofern die erwerbende Stiftung nicht gemeinnützig ist. Bei einer Familienstiftung wird dies in aller Regel nicht in Frage kommen. Die Voraussetzungen an die Gemeinnützigkeit der Stiftung richten sich nach den Regelungen der §§ 52 ff AO. Verfolgt die Stiftung Zwecke zur Förderung der Allgemeinheit iS des § 52 Abs 2 Ziff 1—4 AO, steht der Anerkennung der Gemeinnützigkeit nicht entgegen, wenn einzelne steuerlich unschädliche Betätigungen (§ 58 AO) ausgeübt werden. Dies gilt insbesondere für die Bildung von Rücklagen nach § 58 Ziff 6, 7a und b AO sowie die teilweise Verwendung des Einkommens für den Stifter und seine nächsten Angehörigen einschließlich der Grabpflege gemäß § 58 Ziff 5 AO. Hiernach kann die Stiftung einen Teil, jedoch höchstens ein Drittel ihres Einkommens dazu verwenden, um in angemessener Weise den Stifter und seine nächsten Angehörigen zu unterhalten, ihre Gräber zu pflegen und ihr Andenken zu ehren. Als nächste Angehörige gelten der überlebende Ehegatte sowie die Abkömmlinge des Stifters. Weitergehende Verwandtschaftsverhältnisse erfüllen nicht die engeren Voraussetzungen des »nächsten Angehörigen«. In der Praxis hat diese Erweiterung der steuerunschädlichen Verwendung der Stiftungserträge dazu geführt, dass von gemeinnützigen Stiftungen in erhöhtem Umfang Gebrauch gemacht wird. Die Erbschaftsteuerersparnis ist insbesondere bei größerem Vermögen evident.

Erfüllt die Stiftung nicht die gemeinnützigkeitsrechtlichen Vorgaben, ist ihr Vermögen, soweit sie eine Familienstiftung ist, im Abstand von dreißig Jahren der so genannten Erbersatzsteuer gemäß § 1 Abs 1 Ziff 4 ErbStG zu unterwerfen.

Diese Regelung ist verfassungsgemäß.[44] Erfüllt die Stiftung weder die Anforderungen der Gemeinnützigkeit noch ist sie Familienstiftung, unterliegt sie nur bei ihrer Errichtung der Erbschaftsteuer. Die Erbersatzsteuer, die Ausgleich für die fehlende Vermögensübertragung innerhalb der Familie in den regelmäßigen Generationsabläufen ist, findet keine Anwendung.

### hh) Erwerb infolge Vollziehung einer Auflage oder Erfüllung einer Bedingung, Erwerb durch Dritte bei Genehmigung einer Zuwendung

**43** Als Erwerb von Todes wegen gilt auch, was infolge Vollziehung einer vom Erblasser angeordneten Auflage oder infolge der Erfüllung einer vom Erblasser gesetzten Bedingung durch Berechtigte erworben wird. Erfasst sind damit die Leistungen, die durch Vollziehung einer dem Erben oder einem Vermächtnisnehmer

---

43 Bemessungsgrundlage der Erbschaftsteuer ist das im Zeitpunkt der Genehmigung der Stiftung vorhandene Vermögen, vgl BFH v 25. 10. 1995, DB 1996, 191.
44 BVerfG, DB 1983, 1024.

auferlegten Auflage auf Berechtigte übertragen werden, die keinen einklagbaren Anspruch auf Leistung haben. In diesem fehlenden Rechtsanspruch liegt der Unterschied zum Vermächtnis. Weiterer Steuertatbestand ist der Eintritt einer vom Erblasser bedingten Erbeinsetzung durch Eintritt der Bedingung. Hierbei kann es sich um eine aufschiebende oder auflösende Bedingung handeln. In der Praxis ist der häufigste Fall der Erwerb unter der auflösenden Bedingung durch den Eintritt eines bestimmten Ereignisses, wenn zB die Berechtigte (Schwiegertochter) beim Erwerb von den Schwiegereltern nicht wieder heiratet.

Gemäß § 3 Abs 2 Ziff 3 ErbStG sind auch Erwerbe erbschaftsteuerpflichtig, die die Genehmigung durch einen Dritten voraussetzen. Erfasst sind – seltene Fälle – Erwerbe durch Erwerber in der Rechtsform der juristischen Person des öffentlichen Rechts. Aufgrund landesrechtlicher Vorschriften bedarf in diesen Fällen der Erwerb unter Umständen staatlicher Genehmigungen.

### ii) Gesellschaftsrechtliche Erwerbstatbestände

**44** Nach § 131 Nr 4 HGB führt der Tod eines Gesellschafters nicht mehr per se zur Auflösung der Personenhandelsgesellschaft. Der Kommanditanteil geht im Wege der Sonderrechtsnachfolge auf den oder die Erben über. Bei Auflösung der Gesellschaft infolge Todes eines der Gesellschafter fällt in den Nachlass der Gesellschaftsanteil an der Abwicklungsgesellschaft. Der Wert des Gesellschaftsanteils wird nach § 12 Abs 5 ErbStG so ermittelt, als sei der Gesellschaftsanteil auf die Erben übergegangen. Das Gesellschaftsvermögen ist in der Weise zu bewerten wie bei einer fortbestehenden Gesellschaft, was in aller Regel nicht sachgerecht ist, da eine Bewertung mit Liquidationswerten die wirtschaftlich sachgerechtere Lösung wäre.

Ist eine Fortsetzungsklausel vereinbart, fällt das Abfindungsguthaben in den Nachlass. Es unterliegt der Erbschaftsteuer mit dem Nominalwert des Abfindungsanspruchs.

**45** Durch Gesellschaftsvertrag kann die Abfindung der Erben ausgeschlossen werden. Infolge der so genannten Wagnisrechtsprechung des BGH[45] liegt hierin keine Schenkung. § 3 Abs 1 Nr 2 S 2 ErbStG stuft jedoch den Anwachsungstatbestand bei den Mitgesellschaftern als erbschaftsteuerpflichtigen Erwerb von Todes wegen ein, da die verbleibenden Gesellschafter unentgeltlich bereichert werden. Die vorgenannte Norm erfasst auch den Fall, dass die Mitgesellschafter im Rahmen einer Fortsetzungsklausel mit Abfindungszahlen an die weichenden Erben einen Gesellschaftsanteil mit einem Steuerwert erwerben, der den Wert der Abfindung überschreitet. In diesem Fall gilt als Erwerb von Todes wegen die Differenz zwischen dem Steuerwert des Anteils (vgl § 12 Abs 5 ErbStG) und der Abfindungszahlung an die Erben. Ist die Abfindungszahlung in Raten zu erbringen, die nicht angemessen verzinst sind, ist der Abfindungsanspruch abzuzinsen und erhöht somit den Wert der erbschaftsteuerpflichtigen Bereicherung. Die Vorschrift ist die kodifizierte Aufhebung der Wagnisrechtsprechung, die bei der Fortsetzungsklausel eine Schenkung auf den Todesfall ablehnte. Durch den Tatbestand des § 3 Abs 1 Nr 2 S 2 ErbStG ist klargestellt, dass der Ausschluss der Abfindungszahlung nicht den Tatbestand der freigebigen Zuwendung, wohl aber den des Erwerbes von Todes wegen erfüllt. Für die Praxis ist darauf hinzuweisen, dass unter dem Steuerwert des Gesellschaftsanteils keineswegs dessen Verkehrswert zu verstehen ist. Da die Besitzposten der Gesellschaft idR aus den Steuerbilanzwerten

---

45 BGHZ 22, 186.

abgeleitet werden, liegt der Steuerwert in aller Regel unter dem Verkehrswert. Die Differenz zwischen Steuerwert und Verkehrswert unterliegt nicht der Erbschaftsteuer. Es empfiehlt sich daher insbesondere bei Mitgesellschaftern, die gegenüber dem Erblasser eine ungünstige Steuerklasse aufweisen, darauf zu achten, dass die Abfindung jedenfalls den Steuerwert des Gesellschaftsanteils erreicht.

Der Besteuerung ist die Steuerklasse zwischen Erblasser und begünstigtem Mitgesellschafter zugrunde zu legen, nicht die Steuerklasse zur Gesellschaft.

46 Die lange streitige Frage, ob § 3 Abs 1 Nr 2 S 2 ErbStG auch dann zur Anwendung kommt, wenn aus einer **zweigliedrigen** Gesellschaft ein Gesellschafter von Todes wegen ausscheidet, ist durch die Entscheidung des BFH vom 1. 7. 1992[46] in der Weise beantwortet, dass die vorgenannte Vorschrift auch auf die zweigliedrige Gesellschaft zur Anwendung kommt. Dies ist nicht unproblematisch, weil der Gesetzeswortlaut diese Interpretation nicht deckt. Denn die Vorschrift setzt den Übergang des Anteils eines Gesellschafters auf die anderen Gesellschafter oder die Gesellschaft voraus. Seitens des historischen Gesetzgebers dürfte damit der Fortbestand der Gesellschaft zur Voraussetzung der Norm gemacht worden sein. Gleichwohl muss die Praxis mit der Rechtsprechung leben. Die Regelung des § 3 Abs 1 Nr 2 S 2 ErbStG hat in der Praxis in den letzten Jahren an Bedeutung verloren. Da ein Großteil der Gesellschaftsverträge die so genannte Buchwertklausel zur Bemessung des ausscheidenden Gesellschafters vorsieht, besteht in aller Regel keine nennenswerte Differenz zwischen dem Buchwert und dem Steuerwert des Anteils, da seit der Neuregelung der Anteilsbewertung im Sinne des § 12 Abs 5 ErbStG aufgrund des Steueränderungsgesetzes 1992[47] der Steuerwert aus den Buchwerten der Gesellschaft abgeleitet wird. Steuerlich relevant sind die Fälle daher nur, wenn eine Abfindung unterhalb des Buchwertes gewählt wird.

Das Bewusstsein der Unentgeltlichkeit gehört nicht zum gesetzlichen Tatbestand des § 3 Abs 1 Ziff 2 S 2 ErbStG. Allein die objektiv gegebene Bereicherung rechtfertigt die Anwendung der Vorschrift.

47 Bei der einfachen Fortsetzungsklausel geht der Gesellschaftsanteil auf den Alleinerben oder anteilig auf die Miterben entsprechend der Erbquote über. Jeder Miterbe hat schon nach § 3 Abs 1 Nr 1 ErbStG den seiner Erbquote entsprechenden Teil des Kapitalanteils des Erblassers zu versteuern, sodass auf den Tatbestand des § 3 Abs 1 Ziff 2 S 2 ErbStG nicht zurückgegriffen werden muss. Bei der qualifizierten Nachfolgeklausel fällt der Anteil für die erbschaftsteuerrechtliche Betrachtung in den ungeteilten Nachlass, da der BFH[48] die Regelungen über die qualifizierte Nachfolge in einen Gesellschaftsanteil als eine gesellschaftsrechtlich besondere Variante der bloßen Teilungsanordnung ansieht, die für die Erbschaftsbesteuerung ohne Bedeutung ist. Somit ist der Steuerwert des Gesellschaftsanteils den Miterben unabhängig von der Person des Rechtsnachfolgers in den Gesellschaftsanteil quotal zuzurechnen.

Ist im Falle einer Eintrittsklausel der zum Eintritt in die Gesellschaft Berechtigte Alleinerbe, ist der Steuerwert des Gesellschaftsanteils zugrunde zu legen.

48 Die Anteile an Kapitalgesellschaften sind nach § 12 Abs 1 ErbStG iVm § 11 Abs 1 BewG zu bewerten. Danach ist maßgebend bei börsennotierten Gesellschaftsanteilen der Kurswert. Ist ein Kurswert nicht zu ermitteln – dies ist der Regelfall –,

---

46 DB 1992, 2534; dem BFH folgend auch R 7 Abs 2 ErbStG, kritisch mit Recht MEINCKE § 3 RdNr 70, ab 5. 3. 1999 durch Gesetz klargestellt.
47 46 BStBl I 1992, 146 = BGBl I 1992, 267.
48 DB 1983, 1289.

ist der Wert aus zeitnahen Verkäufen vor dem Bewertungsstichtag zu ermitteln. Scheitert auch diese Form der Wertermittlung, ist der Wert unter Berücksichtigung des Vermögens und der Ertragsaussichten zu schätzen.[49] Noch nicht höchstrichterlich geklärt ist die Frage, ob auf der Ebene der Mitgesellschafter § 3 Abs 1 Nr 2 S 2 ErbStG auch für Kapitalgesellschaften zur Anwendung kommt.[50] Die besseren Argumente dürften gegen eine Anwendung der Vorschrift auf die Kapitalgesellschaft (insbesondere die GmbH) sprechen. Denn das Gesetz geht von der Prämisse aus, dass der Gesellschaftsanteil eines Gesellschafters bei seinem Tode auf die anderen Gesellschafter oder die Gesellschaft übergeht. Abweichend zum Recht der Personengesellschaft kennt das Gesellschaftsrecht der Kapitalgesellschaft die Sonderrechtsnachfolge von Mitgesellschaftern in Gesellschaftsanteile nicht. Die Satzung kann nur vorsehen, dass Erben den Anteil gegen Abfindung übertragen oder der Anteil gegen Abfindung eingezogen wird (so genannte Abtretungs- und Einziehungsklauseln). Aus diesem Grunde ist es zweifelhaft, ob bei diesen Abtretungs- und Einziehungsklauseln, bei denen allein sich die Frage der Anwendbarkeit stellt, noch von einem Anteilsübergang »beim Tod« gesprochen werden kann. Die Vorschrift dürfte daher nicht zur Anwendung kommen. Jedoch ist dann in jedem Fall § 7 Abs 7 ErbStG erfüllt, der als Schenkung den auf einem Gesellschaftsvertrag beruhenden Übergang des Anteils oder des Teils eines Gesellschafters bei dessen Ausscheiden auf die anderen Gesellschafter oder die Gesellschaft einordnet, soweit der Wert des Abfindungsanspruches den Wert des Geschäftsanteils im Zeitpunkt des Ausscheidens übersteigt. Dies hat zur unangenehmen Konsequenz, dass Erwerber unter Umständen die Gesellschaft selbst ist mit der Folge, dass die ungünstige Steuerklasse III zur Anwendung kommt.

### jj) Entgelt für die Übertragung einer Nacherbenanwartschaft

Als Ersatztatbestand, der die Vermeidung der Erbschaftsteuer durch Gestaltungen verhindern soll, ist auch als Erwerb von Todes wegen iS des ErbStG einzustufen, was als Entgelt für die Übertragung der Anwartschaft eines Nacherben gewährt wird (§ 3 Abs 2 Ziff 6 ErbStG). Der Nacherbe erwirbt mit dem Erbfall ein unentziehbares Recht auf die Nacherbfolge (Anwartschaftsrecht). Das Nacherbenanwartschaftsrecht ist vererblich (§ 2108 Abs 2 BGB). Es kann auch unter Lebenden übertragen werden, und zwar sowohl unentgeltlich als auch entgeltlich. Erbschaftsteuerlich ist vom Nacherben nicht der Erwerb des Anwartschaftsrechtes, sondern erst der Anfall der Erbschaft zu versteuern (vgl § 6 Abs 1 ErbStG). Erst mit Eintritt des Nacherbfalles ist der Nacherbe bereichert. Denn auch das Nacherbenanwartschaftsrecht schützt ihn nicht davor, dass der Nachlass trotz der zivilrechtlichen Beschränkungen des Vorerben (§§ 2116 f BGB) an Wert verliert.

Veräußert der Nacherbe sein Anwartschaftsrecht, besteht für das ErbStG kein Anlass, den Erwerber nicht in Anspruch zu nehmen. Denn die Bereicherung ist in Form des Veräußerungserlöses eingetreten. Aus diesem Grunde ist das Entgelt für die Übertragung der Anwartschaft steuerpflichtig als Erwerb von Todes wegen nach § 3 Abs 2 Ziff 6 ErbStG. Maßgebend ist das Verwandtschaftsverhältnis zum Erblasser. Der Nacherbe ist berechtigt, den Erwerb nach seinem Verhältnis zum Erblasser zu versteuern, sofern dies günstiger ist als die Besteuerung nach seinem Verhältnis zum Vorerben (§ 6 Abs 2 S 1 ErbStG). Diese Vorschrift ist analog auf die unentgeltliche Übertragung der Anwartschaft eines Nacherben auf

---

[49] Sog Stuttgarter Verfahren, s R 96 ff ErbStR.
[50] Übersicht bei MEINCKE § 3 RdNr 65 mwN; für Anwendung R 7 Abs 1 S 2 ErbStR.

einen Dritten anwendbar. In diesem Fall ist das Verwandtschaftsverhältnis des unentgeltlichen Einzelrechtsnachfolgers (Erwerbers) zum Vorerben bzw Erblasser maßgebend.[51]

Tritt nach Veräußerung des Anwartschaftsrechtes der Nacherbfall ein, versteuert der Erwerber den Erwerb nach § 6 Abs 1 ErbStG als Erwerb von Todes wegen. Er ist jedoch berechtigt, das an den Nacherben für die Übertragung des Anwartschaftsrechtes entrichtete Entgelt von seinem Erwerb nach § 10 Abs 5 Nr 3 ErbStG abzuziehen.[52]

**50** Bei Eintritt des Nacherbfalles richtet sich die Steuerklasse, der Steuersatz sowie die Höhe des Freibetrages nach dem Verhältnis des Erwerbers zum Vorerben gemäß § 6 Abs 2 S 1 ErbStG bzw zum Erblasser gemäß § 6 Abs 2 S 2 ErbStG. Hierauf ist in der Praxis zu achten. Insbesondere wenn der Erwerber ein ungünstigeres Verwandtschaftsverhältnis zum Erblasser hatte als der Nacherbe, ist in die Bemessung des Kaufpreises für den Erwerb des Anwartschaftsrechtes zumindest gedanklich die Höhe der Erbschaftsteuer als mindernde Position einzubeziehen. Umgekehrt kann es sinnvoll sein, das Nacherbenanwartschaftsrecht von einem Nacherben, der über eine ungünstige Steuerklasse verfügt, auf einen Dritten zu übertragen, dessen Verwandtschaftsverhältnis zum Erblasser oder zum Vorerben einen günstigeren Steuersatz auslöst. Da die unentgeltliche Übertragung des Anwartschaftsrechtes durch den Nacherben auf einen Dritten nicht der Schenkungsteuer unterliegt, können sich erhebliche Gestaltungsspielräume ergeben, da bei unentgeltlicher Übertragung selbstverständlich auch der Tatbestand des § 3 Abs 2 Nr 6 ErbStG nicht eingreift.

Überträgt der Nacherbe sein Anwartschaftsrecht auf den Vorerben, wird dieser zum Vollerben. Ein etwaiges Entgelt ist vom Nacherben alternativ als Erwerb von Todes wegen nach dem Erblasser oder im Verwandtschaftsverhältnis zum Vorerben zu versteuern. Der Vorerbe kann das Entgelt als Nachlassverbindlichkeit nach § 10 Abs 5 Nr 3 S 1 ErbStG abziehen.

Die vorstehenden Grundsätze gelten auch für die Fälle des angeordneten Vor- und Nachvermächtnisses (vgl § 6 Abs 4 ErbStG).

### c) Vor- und Nacherbschaft

#### aa) Doppelbelastung des Nachlasses mit Erbschaftsteuer

**51** Das Rechtsinstitut der Vor- und Nacherbschaft (§§ 2100 ff BGB) bietet dem Erblasser die Möglichkeit, den Nachlass über zumindest zwei Generationen zusammenzuhalten. Der zeitlich nachgeschaltete Erbanfall zunächst beim Vorerben und anschließend beim Nacherben ist jedoch erbschaftsteuerrechtlich nicht vorteilhaft. Denn das Vermögen des Erblassers unterliegt zweimal der Erbschaftsteuer, zunächst beim Vorerben, mit Eintritt des Nacherbfalles beim Nacherben. Die Rechtslage entspricht der des Berliner Testamentes, bei welchem das Vermögen zunächst vom überlebenden Ehegatten zu versteuern ist, während nach dessen Tod das kumulierte Vermögen der Ehegatten den Schlusserben anfällt und bei diesen erbschaftsteuerlich zu erfassen ist. Das Erbschaftsteuerrecht trägt dem Umstand, dass der Vorerbe eine zumindest dem Nießbraucher ähnliche Position hat, nicht Rechnung. Es hätte sich angeboten, die Regelung des § 25 ErbStG auch auf den Fall der Vor- und Nacherbschaft zu erstrecken. Der Gesetzgeber ist dieser Überlegung nicht gefolgt.

---

[51] BFH DB 1993, 567.  [52] FG Düsseldorf, EFG 1993, 44.

### bb) Besteuerung des Vorerben

Der Vorerbe ist erbschaftsteuerrechtlich Vollerbe; er erwirbt den gesamten Nachlass vom Erblasser (§ 6 Abs 1 ErbStG). Dies hat zur Folge, dass der gesamte Nachlass von ihm zu versteuern ist, und zwar ohne Berücksichtigung der Verfügungsbeschränkungen, die mit der Anwartschaft des Nacherben verbunden sind. Der Vorerbe ist berechtigt, die durch die Vorerbschaft veranlasste Steuer aus den Mitteln der Vorerbschaft zu entrichten (§ 20 Abs 4 ErbStG). Die Vorschrift ist das steuerliche Pendant zu § 2126 BGB. Die Steuerklasse, der Steuertarif und der persönliche Freibetrag wird ermittelt nach dem Verwandtschaftsgrad zwischen Vorerbe und Erblasser. 52

### cc) Besteuerung des Nacherben

Mit Eintritt des Nacherbfalles erwirbt der Nacherbe den Nachlass. In der Praxis wird Vor- und Nacherbfall des öfteren angeordnet, wenn der Erblasser Personen zu Nacherben einsetzt, die zwar von ihm, nicht jedoch vom Vorerben abstammen. Häufigster Fall ist eine zweite Ehe, wobei zunächst die überlebende Ehefrau, nach deren Tode die Kinder aus erster Ehe erben sollen. Würde das Erbschaftsteuerrecht die Verwandtschaftsverhältnisse zwischen Vor- und Nacherbe der Besteuerung zugrunde legen, hätte dies in diesen Fällen eine erhebliche höhere Erbschaftsteuerbelastung zur Folge. Da der Vermögensanfall aus dem Nachlass des Erblassers entstammt, es sich jedoch nicht um Eigenvermögen des Vorerben handelt, räumt das ErbStG in § 6 Abs 1 S 2 ErbStG dem Nacherben das Recht ein, die Versteuerung nach dem Verwandtschaftsverhältnis des Nacherben zum Erblasser durchführen zu lassen. Erforderlich ist ein entsprechender Antrag des Nacherben. In aller Regel wird sich in den Fällen der Vor- und Nacherbschaft empfehlen, das Verwandtschaftsverhältnis des Nacherben zum Erblasser der Besteuerung zugrunde zu legen. Die erbschaftsteuerliche Doppelbelastung der Vor- und Nacherbschaft wird dadurch gemildert, dass der Nacherbe auch einen Freibetrag im Verhältnis zum Erblasser beanspruchen kann. Vor- und Nacherbschaft sind somit zwar zweimal der Erbschaftsteuer unterlegen, jedoch wird zweimal der Freibetrag gewährt, nämlich zunächst beim Erwerb des Vorerben vom Erblasser und anschließend beim Erwerb des Nacherben vom Erblasser. 53

Schwierig sind die Fälle, in denen der Nacherbe mit dem Vorerben im selben Grad verwandt ist wie mit dem Erblasser und zugleich mit Eintritt des Nacherbfalls Erbe des Vorerben wird. In diesen Fällen kann durch die Ausübung des Wahlrechtes, die persönlichen Verhältnisse zum Erblasser der Besteuerung zugrunde zu legen, nicht erreicht werden, dass die Erbschaftsteuer beide Vermögensanfälle getrennt behandelt. Vielmehr ist nach herrschender Meinung[53] die Steuer für das gesamte Vermögen, mithin das der Vorerbschaft unterliegende Vermögen und das Eigenvermögen des Vorerben, zu ermitteln. Die Vergünstigung des § 6 Abs 1 S 2 ErbStG besteht zwar hinsichtlich der Steuerklasse, nicht aber hinsichtlich des Steuersatzes. Auch ist der Nacherbe nicht berechtigt, zweimal den Freibetrag, nämlich einmal im Verhältnis zum Erblasser, zum anderen im Verhältnis zum nachverstorbenen Vorerben, zu beanspruchen. Ferner darf der Freibetrag nicht höher sein als der, der für den Erwerb des Nacherbschaftsvermögens im Verhältnis zum Erblasser in Betracht kommt. Dies ist nicht unproblematisch, weil mit dieser Auffassung die Ausübung des Wahlrechtes, die Besteuerung nach dem Erblasser zu wählen, quasi gesetzlich fingiert wird. Gleichwohl vertritt der BFH[54] eine enge Auffassung. Denn nach § 6 Abs 2 S 4 ErbStG kann für

---

53 KAPP-EBELING § 6 RdNr 29 ff mwN.
54 BFH v 2. 12. 1998, BStBl II 1999, 235; kritisch hierzu EBELING, ZEV 1999, 238 f.

das Eigenvermögen des Vorerben ein Freibetrag nur gewährt werden, soweit der Freibetrag für das der Nacherbfolge unterliegende Vermögen nicht verbraucht wird. Um zu vermeiden, dass sich für den Nacherben durch die Trennung der Vermögensmassen ungerechtfertigte Vorteile hinsichtlich des Freibetrages ergeben, ist dem Nacherben nicht für jede Vermögensmasse des gesamten Erwerbs gesondert ein Freibetrag zu gewähren, sondern nur insgesamt der Freibetrag, der für sein günstigeres Verwandtschaftsverhältnis zum Erblasser gegeben ist. Für das ihm zusätzlich anfallende Vermögen des Vorerben wird ihm der für dieses Steuerklasse maßgebende Freibetrag nur gewährt, wenn und soweit der höhere, nach dem Verwandtschaftsverhältnis zum Erblasser maßgebende Freibetrag durch den Anfall des Nacherbschaftsvermögens nicht verbraucht ist. Tritt der Nacherbfall nicht durch den Tod des Vorerben, sondern aufgrund eines anderen Ereignisses ein (Wiederverheiratung, Erreichen eines bestimmten Lebensjahres durch den Nacherben), hat der Vorerbe auflösend bedingt, der Nacherbe aufschiebend bedingt erworben (§ 6 Abs 3 ErbStG). Der Nacherbe ist insoweit Erbe des Erblassers. Ein Wahlrecht, die Besteuerung nach dem Verhältnis zum Vorerben durchzuführen, besteht nicht, da ein Erwerb vom Vorerben nur bei Eintritt des Nacherbfalles durch den Tod des Vorerben in Betracht kommt.

Für den Bestand der Nacherbschaft sind die Verhältnisse im Zeitpunkt des Eintritts des Nacherbfalles maßgebend. Dies hat zur Folge, dass in aller Regel Bemessungsgrundlage der Erbschaftsteuer beim Eintritt des Vorerbfalles und des Nacherbfalles voneinander abweichen.

#### dd) Vor- und Nachvermächtnis

54 Zivilrechtliche Parallele zur Vor- und Nacherbschaft ist das Vor- und Nachvermächtnis iS des § 2191 BGB. Nach § 6 Abs 4 ErbStG stehen Nachvermächtnisse insoweit Nacherbschaften gleich. Somit hat auch der Nachvermächtnisnehmer das Wahlrecht, für die Besteuerung die Verhältnisse zum Vermächtnisnehmer oder Erblasser zu wählen. Auch § 6 Abs 3 ErbStG gilt entsprechend.

Gleiches gilt nach § 6 Abs 4 ErbStG für beim Tode des Beschwerten fällige Vermächtnisse. Erfasst sind Fälle, in denen der Erblasser den Vorerben mit einem Vermächtnis zugunsten einer anderen Person als dem Nacherben belastet, das erst mit dem Tode des beschwerten Vorerben fällig wird. In der Praxis ist der häufigste Fall die Anordnung eines Vermächtnisses zugunsten der Haushälterin des Erblassers, das erst nach dem Tode des Vorerben fällig wird. In diesem Fall erwirbt die begünstigte Person vom Erblasser, jedoch erst mit dem Tode des Vorerben. Erst in diesem Zeitpunkt entsteht die sie belastende Erbschaftsteuer. Der Vorerbe ist jedoch nicht berechtigt, den Vermächtnisanspruch als Verbindlichkeit bei der Ermittlung der Erbschaftsteuer anzusetzen.

#### d) Sonderfall: Zweckzuwendungen

55 § 8 ErbStG, der die Steuerpflicht der Zweckzuwendungen regelt, führt ein Schattendasein im ErbStG. Unter Zweckzuwendungen iSd § 8 ErbStG sind Zuwendungen von Todes wegen oder freigebige Zuwendungen unter Lebenden zu verstehen, die mit einer Auflage verbunden sind, zugunsten eines bestimmten Zweckes verwendet zu werden. Mit Ausführung der Zweckzuwendung entsteht kein so genanntes herrenloses Vermögen, sondern das Vermögen ist auf eine andere Person zu übertragen, verbunden mit der Auflage, das Vermögen in einer bestimmten Weise zu verwenden. Ferner hat die Zuwendung einem bestimmten unpersönlichen Zweck zu dienen. Dient die Zuwendung materiellen oder immateriellen Interessen des Erblassers, ist sie nicht als Zweckzuwendung einzustufen. In der Praxis ist der wichtigste Fall die Zuwendung eines Betrages an eine

Person mit der Auflage, die Kapitalerträge aus dem Vermögen zu bestimmten Zwecken, die nicht den Interessen des Erblassers dienen, zu verwenden. Als Beispiel sei genannt, dass eine Kommune einen bestimmten Geldbetrag unter der Auflage erhält, die Kapitalerträge etwa zur Förderung der Grünanlagen der Stadt zu verwenden. Zweckzuwendungen unterliegen aufgrund der Spezialnorm des § 15 Abs 1 aE ErbStG stets der Steuerklasse III. Steuerschuldner ist der mit der Zuwendung Beschwerte (§ 20 ErbStG), im Beispielsfall also die Kommune.

### 3. Einfluss des ehelichen Güterrechts auf die Erbschaftsteuer

#### a) Güterrechtliche Grundlagen

Wird im gesetzlichen Güterstand der Zugewinngemeinschaft die Ehe durch den Tod eines Ehegatten beendet, wird nach § 1371 Abs 1 BGB der Zugewinnausgleich dadurch verwirklicht, dass sich der gesetzliche Erbteil des überlebenden Ehegatten um ein Viertel der Erbschaft auf einhalb erhöht. Es ist ohne Bedeutung, ob die Ehegatten im Einzelfall einen Zugewinn erzielt haben. Zivilrechtlich wird zu Lasten der weiteren Erben unwiderleglich vermutet, dass ein entsprechender Zugewinnausgleichsanspruch des überlebenden Ehegatten besteht. Dies gilt selbst in dem Fall, in dem der überlebende Ehegatte derjenige ist, der bei rechnerischer Ermittlung des Zugewinnausgleichs zum Ausgleich verpflichtet wäre.[55] **56**

Der güterrechtliche Zugewinnausgleich nach § 1371 Abs 2 BGB setzt voraus, dass der überlebende Ehegatte weder Erbe noch Vermächtnisnehmer wird. In diesem Fall, der ggf durch Ausschlagung herbeigeführt werden kann, wird der Zugewinnausgleich nach den §§ 1373 ff BGB so durchgeführt, als wenn der Güterstand unter Lebenden (häufigster Fall: Scheidung) aufgelöst worden wäre. Mithin ist in diesem Fall eine exakte Ermittlung des jeweils erzielten Zugewinns der Ehegatten durchzuführen. Durch Vergleich des Endvermögens mit dem Anfangsvermögen wird dabei der Zugewinn jedes Ehegatten ermittelt. Der Ehegatte, dessen Zugewinn höher ist, ist verpflichtet, die Hälfte des Differenzbetrages an den anderen Ehegatten in Erfüllung dessen Ausgleichsforderung zu leisten (§ 1378 Abs 1 BGB).

#### b) Regelungssystem des § 5 ErbStG

§ 5 ErbStG unterscheidet insoweit noch dem Zivilrecht folgend zwischen dem **57** erbrechtlichen und dem güterrechtlichen Zugewinnausgleich.

Bei Beendigung der Zugewinngemeinschaft durch den Tod eines Ehegatten iVm der erbrechtlichen Lösung des Zugewinnausgleichs durch Erhöhung der Erbquote bleibt nach § 5 Abs 1 S 1 ErbStG der Betrag steuerfrei, den der überlebende Ehegatte bei güterrechtlicher Abwicklung der Zugewinngemeinschaft tatsächlich als Ausgleichsforderung geltend machen könnte. Es fällt sofort auf, dass diese Regelung sich von der zivilrechtlichen löst. Die mit der zivilrechtlichen Regelung angestrebte Erhaltung des Familienfriedens durch eine pauschale Regelung, die auf eine exakte Wertermittlung verzichtet,[56] wird vom Steuerrecht gerade nicht übernommen. Somit müssen die Verkehrswerte der Anfangsvermögen sowie der Endvermögen ermittelt werden. Eine Erleichterung war bis zum 1.1.1999 insoweit zu verzeichnen, als die inflationsbedingte, nur nominelle Wertsteigerung des Anfangsvermögens in diese Berechnung entgegen den zivilrechtlichen Grundsätzen

---

[55] Kritisch völlig zu Recht MEINCKE, ErbStG, § 5 RdNr 11.

[56] Statt aller PALANDT-DIEDERICHSEN § 1371 RdNr 1.

nicht einzubeziehen ist.[57] Dies ist eine für den Steuerpflichtigen günstige Auffassung der Finanzverwaltung, die in R 11 Abs 3 ErbStR aufgegeben worden ist.

Der so ermittelte rechnerische Zugewinnausgleich ist steuerfrei. MEINCKE[58] ist beizupflichten, dass § 5 Abs 1 S 1 ErbStG einen so genannten Zugewinnausgleichsfreibetrag regelt, während die nachfolgend noch darzustellende Regelung des § 5 Abs 2 ErbStG für den güterrechtlichen Zugewinnausgleich nur klarstellt, dass dieser nicht steuerbar iSd §§ 1, 3 ErbStG ist. Bei der Ermittlung des Zugewinnausgleichsfreibetrages ist insoweit eine Bindung an das Zivilrecht festzuhalten, als dem Zivilrecht folgend als Zugewinn nur ein positiver Betrag ausgewiesen wird und auch das Anfangsvermögen nicht negativ sein kann. Die Ermittlung wird durch § 5 Abs 1 S 5 ErbStG erschwert, wonach höchstens der dem Steuerwert des Nachlasses entsprechende Betrag nicht als Erwerb iSd § 3 ErbStG gilt, soweit der Nachlass des Erblassers bei der Ermittlung des als Ausgleichsforderung steuerfreien Betrages mit einem höheren Wert als dem nach den steuerlichen Bewertungsgrundsätzen ermittelten Wert angesetzt worden ist. Im Klartext gesprochen hat dies zur Folge, dass bei der Ermittlung des Freibetrages nicht der nach dem Zivilrecht ermittelte Zugewinnausgleich mit dessen Nominalforderung anzusetzen ist, sondern zu prüfen ist, ob die Bewertung einzelner Wirtschaftsgüter vom Zivil- und Steuerrecht abweichend beurteilt wird. Wichtigster Fall ist die Bewertung von Grundbesitz, der zivilrechtlich mit dem Verkehrswert, steuerlich aber mit dem Grundbesitzwert nach den §§ 138 ff BewG anzusetzen ist. Die Wertermittlung hat in diesen Fällen somit zweistufig zu verfahren. Zunächst ist der zivilrechtliche Ausgleichsanspruch zu ermitteln. Anschließend ist der Ausgleichsanspruch unter Berücksichtigung der Steuerwerte anzusetzen. Ergibt sich eine Differenz, ist höchstens der dem Steuerwert des Nachlasses entsprechende Betrag steuerfrei zu stellen. Da die Grundbesitzbewertung nach dem BewG seit dem 1. 1. 1996 wesentlich komplizierter geworden ist, ist die Ermittlung des erbrechtlichen Zugewinnausgleichsfreibetrages nach § 5 Abs 1 S 1 ErbStG schwieriger geworden. In der Praxis ist zu beobachten, dass mit den Finanzämtern eine tatsächliche Verständigung stattfindet, da die Wertermittlung für alle Beteiligten oft mit einem unverhältnismäßig großen Aufwand verbunden ist. Dies gilt zumindest dann, wenn das steuerpflichtige Vermögen die Freibeträge nur unwesentlich übersteigt.

**58** Bei der Ermittlung des zivilrechtlichen Ausgleichsanspruches sind für Erwerbe nach dem 31. 12. 1993 von den bürgerlich-rechtlichen Regelungen der Ermittlung des Zugewinnausgleichs abweichende güterrechtliche Vereinbarungen erbschaftsteuerrechtlich nicht zu berücksichtigen (§ 5 Abs 1 S 4 ErbStG). Hingegen steht es den Ehegatten nach wie vor offen, den Zugewinnausgleich ganz auszuschließen, sofern der Güterstand erhalten bleibt, oder seine Höhe unter den gesetzlichen Anspruch herabzusenken, ohne dass dies einen Einfluss auf den Freibetrag hätte. Lediglich Modifikationen hinsichtlich der Wertermittlung werden steuerlich nicht berücksichtigt.

**59** Nach Auffassung des BFH[59] stand es Ehegatten, die den Güterstand der Gütertrennung gewählt hatten, frei, auch mit steuerlicher Wirkung in der Weise in den Güterstand der Zugewinngemeinschaft zu wechseln, als sie nicht nur den Güterstand mit steuerlicher Wirkung mit Eintritt in die Zugewinngemeinschaft, sondern bereits von Beginn ihrer Ehe an änderten. Es liegt hierin eine von den ge-

---

**57** ErbStErl, 1976, Tz 2.1c.
**58** ErbStG, § 5 RdNr 2.

**59** DB 1993, 1958, unter Bestätigung von BFH DB 1989, 1954.

setzlichen Vorgaben des § 1374 Abs 1 BGB abweichende Vereinbarung über die Höhe des Anfangsvermögens, die zivilrechtlich keinen Bedenken unterliegt. Da diese Regelung auch nur für den Fall der Beendigung der Ehe durch Tod, nicht jedoch für die Fälle der Auflösung der Ehe unter Lebenden geschlossen werden konnte, ergab sich insoweit eine steuerlich günstige Regelung, als Ehegatten, die während der Dauer einer längeren Ehe erhebliche Vermögenssteigerungen in ihrem Vermögen erfahren hatten, die auf den Güterstand der Zugewinngemeinschaft beschränkte Anwendung des Freibetrages auch mit Wirkung von Beginn der Ehe an dadurch herbeiführen konnte, dass sie nur für den Todesfall die Zugewinngemeinschaft wieder einführten. Nachdem die Finanzverwaltung[60] zunächst noch die Rechtsprechung des BFH für anwendbar erklärte, ist auf ihre Initiative hin § 5 Abs 1 S 4 ErbStG in das Gesetz eingefügt worden, wonach bei einer Vereinbarung des Güterstandes der Zugewinngemeinschaft durch Ehevertrag als Zeitpunkt des Eintritts des Güterstandes der Tag des Vertragsabschlusses gilt. Da die Neuregelung für alle Erbfälle nach dem 31. 12. 1993 gilt, mithin auch vor diesem Datum geschlossene Verträge ihren steuerlichen Effekt nicht erzielen konnten, sofern nicht der Güterstand bis zu dem vorgenannten Datum aufgelöst war, ist in diesen Fällen darauf zu achten, dass eine exakte Wertermittlung erfolgt, die die Vermögenssituation bei Eintritt in den (geänderten) Güterstand dokumentiert. Denn in Zukunft ist aufgrund des § 5 Abs 1 S 4 ErbStG nur der Zugewinn unter Beachtung der weiteren Voraussetzungen steuerfrei, der zwischen Wiedereintritt in den gesetzlichen Güterstand und Auflösung der Ehe durch Tod erzielt worden ist.

Im Falle güterrechtlichen Ausgleichs der Zugewinngemeinschaft, bei der der Zugewinn im Todesfall nach § 1371 Abs 2 BGB ausgeglichen wird und der überlebende Ehegatte den Pflichtteil geltend machen kann, enthält § 5 Abs 2 ErbStG eine an das bürgerliche Recht angelehnte Lösung. Die Ausgleichsforderung nach § 1378 BGB gehört nicht zu den Erwerben von Todes wegen iSd § 3 ErbStG. Mangels einer § 5 Abs 1 S 5 ErbStG entsprechenden Regelung ist eine Beschränkung auf den Steuerwert des Nachlasses nicht vorgesehen. Im Einzelfall können sich hieraus erhebliche erbschaftsteuerliche Vorteile ergeben. Dies gilt insbesondere, wenn der Nachlass sich aus Vermögensgegenständen zusammensetzt, deren Steuerwert den Verkehrswert wesentlich unterschreitet. Auch bei der güterrechtlichen Zugewinnausgleichsberechnung ist zu fragen, ob die nach den gesetzlichen Vorgaben errechnete Höhe der Zugewinnausgleichsforderung durch eine Vereinbarung etwa im Wege des Ehevertrages unter den beteiligten Ehegatten mit steuerlicher Wirkung verändert werden kann. Dies ist mit der herrschenden Meinung[61] zu bejahen, denn abweichend von § 5 Abs 1 ErbStG als der Regelung über den erbrechtlichen Zugewinnausgleich enthält § 5 Abs 2 ErbStG keinen Hinweis auf die zwingende Anwendung der zivilrechtlichen Regelung über die Wertermittlung. Eheverträgliche Regelungen sind daher auch mit steuerlicher Wirkung zu akzeptieren. Allerdings mag im Einzelfall durchaus zu prüfen sein, ob in krassen Fällen der Abweichung vom gesetzlichen Regelstatut eine freigebige Zuwendung des Ausgleichsverpflichteten gegenüber dem Ausgleichsberechtigten vorliegt.

Aus der grundsätzlichen Akzeptanz ehevertraglicher Regelungen im Rahmen des güterrechtlichen Zugewinnausgleichs ergibt sich auch, dass abweichend von § 5 Abs 1 S 4 ErbStG beim güterrechtlichen Zugewinnausgleich auch Vereinbarungen über die Höhe des Anfangsvermögens mit steuerlicher Wirkung getroffen wer-

---

60 Ländererlass v 7. 9. 1993, DB 1993, 2003. 51; aA MOENCH § 5 RdNr 34c.
61 BFH DB 1989, 1954; MEINCKE § 5 RdNr

den können. So kann zwischen Ehegatten vereinbart werden, dass der Güterstand der Zugewinngemeinschaft quasi rückwirkend wieder eingeführt wird, indem das Anfangsvermögen bei Wiedereintritt in den Güterstand der Zugewinngemeinschaft dem entspricht, wie es bei Beginn der Ehe sich darstellte. Wird diese Regelung beim erbrechtlichen Zugewinnausgleich nicht anerkannt, gilt dies für die güterrechtliche Lösung nicht. § 5 Abs 1 S 4 ErbStG kann daher in der Weise legal ausgehebelt werden, indem der überlebende Ehegatte die Erbschaft ausschlägt, den güterrechtlichen Zugewinnausgleichsanspruch geltend macht und darüber hinaus den Pflichtteil verlangt. Allerdings ist im Rahmen des Pflichtteils der Zugewinnausgleichsanspruch als Verbindlichkeit abzusetzen. Der Berater sollte im Einzelfall rechnen, was günstiger ist, zumal – wie bereits erwähnt – die Beschränkung des steuerfreien Teils auf den entsprechenden Anteil am Steuerwert des Nachlasses im Falle des güterrechtlichen Ausgleichs nicht greift. Dabei ist zu berücksichtigen, dass der zum Zugewinnausgleich hinzutretende Pflichtteilsanspruch ein Geldanspruch ist, sodass der überlebende Ehegatte nicht in die Vergünstigung der Grundbesitzbewertung oder des niedrigeren Wertansatzes von Betriebsvermögen kommt.

### 4. Entstehung der Erbschaftsteuer bei Erwerben von Todes wegen

**62** Als Ausdruck des Bereicherungsprinzips entsteht die Erbschaftsteuer erst, wenn der Erwerber einen Anspruch auf das Vermögen oder auf Nutzung an einem Vermögen erlangt hat. Dementsprechend regelt § 9 ErbStG, wann die Voraussetzungen des Steuertatbestandes erfüllt sind. Die einzelnen Tatbestände der Vorschrift sind unter dem Aspekt des Bereicherungsprinzips zu sehen, das sich durch die Auslegung wie ein roter Faden zieht. Denn der Steueranspruch des Fiskus kann sinnvollerweise erst dann entstehen, wenn infolge einer eingetretenen Bereicherung auch die Grundlage für das Abschöpfen eines Teiles der Bereicherung gegeben ist. Von der Entstehung der Steuer ist deren Fälligkeit zu unterscheiden. Die Steuer wird erst fällig zu dem im Steuerbescheid angegebenen Termin, jedenfalls nicht vor Bekanntgabe des Steuerbescheides (§ 220 Abs 2 S 2 AO).

#### a) Maßgeblichkeit des Todestages

**63** In 99 % der Steuerfälle entsteht die Steuer mit dem Tode des Erblassers, § 9 Abs 1 Ziff 1 ErbStG. Auf eine Kenntnis des Erben oder anderweitig von Todes wegen Begünstigter kommt es nicht an. Auch die Verfügungsmöglichkeit des Erwerbers ist nicht Voraussetzung für die Entstehung der Steuer. Dies gilt auch bei Erbengemeinschaften, da jeder Erbe jederzeit die Erbauseinandersetzung betreiben und sich somit in den Besitz von Teilen des Nachlasses oder des in Durchführung der Erbauseinandersetzung ihm zugewiesenen Veräußerungserlöses setzen kann. Bestehen tatsächliche Hindernisse, den Nachlass oder den den Miterben zustehenden Teil in Besitz zu nehmen, vermag dies an der grundsätzlichen Entstehung der Steuer mit Erbanfall nichts zu ändern, da der eindeutige Wortlaut des § 9 Abs 1 ErbStG eine teleologische Reduktion nicht zulässt. Ferner sind bestimmte Fallgruppen, in denen eine spätere Entstehung kraft Gesetzes angeordnet sind, ein Indiz dafür, dass es sich insoweit um abschließende Regelungen handelt. In Einzelfällen, in denen eine Inbesitznahme der Erbschaft aus tatsächlichen Gründen nicht möglich und die Entrichtung der Erbschaftsteuer für den Verpflichteten mit einer unzumutbaren Belastung verbunden ist, vermag eine Stundung im Billigkeitswege in Betracht kommen. Auch für den Vermächtnisnehmer entsteht die Steuerschuld mit dem Tode des Erblassers, da es sich um einen Erwerb von Todes wegen handelt. Die Bereicherung des Vermächtnisnehmers besteht in dem schuldrechtlichen Anspruch gegen die Erben auf Erfüllung des Vermächtnisses.

Wird das Vermächtnis nicht erfüllt, kann dies ein Ereignis mit Rückwirkung iSd § 175 Abs 1 Nr 1 AO darstellen, sodass der Erbschaftsteuerbescheid zu ändern ist.

Bei Schenkungen auf den Todesfall, die als Erwerb von Todes wegen einzustufen sind (§ 3 Abs 1 Ziff 2 S 1 ErbStG), entsteht die Steuer abweichend von den Grundsätzen bei Schenkungen (§ 9 Abs 1 Ziff 2 ErbStG), nicht erst im Zeitpunkt der Ausführung der Zuwendung, sondern bereits mit dem Tod des Schenkers und dem damit verbundenen Eintritt der Überlebensbedingung. Dies ist im Ergebnis Folge der Einordnung der Schenkung auf den Todesfall in die Kategorie der Erwerbe von Todes wegen.

#### b) Hinausgeschobene Entstehung der Steuer

Nachfolgend werden die Sachverhalte dargestellt, in denen die Steuer nicht bereits mit Erwerb von Todes wegen, sondern erst später entsteht. Diese Ausnahmeregelungen tragen dem Umstand Rechnung, dass es in Einzelfällen zur Bereicherung des Erwerbers erst zu einem späteren Zeitpunkt kommt. **64**

##### aa) Aufschiebend bedingte, betagte oder befristete Erwerbe

Klassischer Fall einer hinausgeschobenen Entstehung der Steuer ist der aufschiebend bedingte Erwerb. In diesem Fall besteht wirtschaftlich kein Anlass, die Erbschaftsteuer schon im Todeszeitpunkt entstehen zu lassen, weil nicht feststeht, ob den Erwerber jemals eine Bereicherung »ereilt«. Zum Zwecke der sachgerechten Festsetzung der Erbschaftsteuer schiebt § 9 Abs 1 Ziff 1a ErbStG die Entstehung der Steuer auf den Eintritt der aufschiebenden Bedingung hinaus. Allerdings ist deutlich darauf hinzuweisen, dass es stets nur um die Entstehung, nicht jedoch die Fälligkeit des Erwerbes geht.[62] Die hinausgeschobene Fälligkeit mag im Rahmen der Bewertung von Belang sein, nicht jedoch für die Frage der Entstehung der Steuer.

Beim betagten Erwerb, unter dem eine noch nicht fällige Verbindlichkeit zu verstehen ist, entsteht die Steuer ebenfalls erst in einem in der Zukunft liegenden Zeitpunkt. Wichtigster Anwendungsfall ist das Vermächtnis im Rahmen der so genannten Jastrow'schen Formel, nach der beim Berliner Testament den Schlusserben bereits Vermächtnisse nach dem Tode des Erstversterbenden eingeräumt werden, diese jedoch erst mit dem Tode des Letztversterbenden fällig werden. In diesem Fall ist das Ergebnis festzuhalten, dass die Vermächtnisschuld nach dem Tode des Erstversterbenden bereits als Nachlassverbindlichkeit abgezogen werden kann, während die Steuerschuld für das Vermächtnis erst mit dem Tode des Letztversterbenden gemäß § 9 Abs 1 Ziff 1a ErbStG entsteht.[63] Beim Erben ist allerdings die Vermächtnisschuld wegen der hinausgeschobenen Fälligkeit abzuzinsen.

Der Entstehungszeitpunkt der Steuer ist der für die Wertermittlung maßgebende Zeitpunkt. Wertsteigerungen oder Wertminderungen, zwischen dem Zeitpunkt der Entstehung der Steuer und der Veranlagung, sind bedeutungslos.

##### bb) Pflichtteil, Erbersatzanspruch

Nach § 3 Abs 1 Ziff 1 ErbStG unterliegt der geltend gemachte Pflichtteilsanspruch der Erbschaftsteuer. Anders als der Erwerb von Todes wegen durch Erbanfall bedarf es einer Willenserklärung des Berechtigten gegenüber dem Erben, aus der sich ergibt, dass er den Pflichtteil geltend macht. Aufgrund dieser Regelung des § 3 ErbStG ist es konsequent, wenn § 9 Abs 1 Ziff 1b ErbStG den Zeitpunkt der **65**

---

[62] BFH v 18. 3. 1987, BFH/NV 1988, 489.
[63] FG Hessen, EFG 1990, 67; KAPP-EBELING § 9 RdNr 27 f; MEINCKE § 9 RdNr 23; MOENCH § 9 RdNr 14; aA R 13 S 1–5 ErbStR.

Entstehung der Steuer mit dem Zeitpunkt der Geltendmachung des Pflichtteilsanspruchs gleichsetzt. Die Abtretung des Pflichtteilsanspruchs ist noch nicht als Ansprucherhebung iSd § 3 Abs 1 Ziff 1 ErbStG zu bewerten, da das Gesetz die Geltendmachung gegenüber dem Verpflichteten fordert. Erst wenn der Anspruchsempfänger den Pflichtteil gegenüber dem Erben geltend macht, ist der Steueranspruch aus Sicht des § 9 Abs 1 Ziff 1b ErbStG entstanden.[64] Verzichtet der Pflichtteilsberechtigte gegen Entgelt auf seinen Pflichtteilsanspruch gegen eine Abfindung, entsteht die Steuer im Zeitpunkt des Verzichts.

Die vorstehenden Grundsätze gelten auch für den Erbersatzanspruch, der erst mit dem Zeitpunkt der Geltendmachung als Erwerb von Todes wegen der Erbschaftsteuer unterliegt. Bei den Ersatztatbeständen des § 3 Abs 2 ErbStG entsteht die Steuer erst in dem Zeitpunkt, in dem sich die vom Erblasser zugewendete Vermögensposition in einer Bereicherung äußert. Bei Erwerb durch eine Stiftung ist dies der Zeitpunkt der Genehmigung der Stiftung, bei bedingten Erwerben der Zeitpunkt des Eintritts der Bedingung, bei Vergütungen für eine Ausschlagung oder einen Erbverzicht der Zeitpunkt des erklärten Verzichts oder der Einigung über die Ausschlagung gegen Abfindung.

### 5. Wertermittlung
#### a) Steuerpflichtiger Erwerb iSd § 10 ErbStG
##### aa) Überblick

66 § 10 ErbStG bestimmt, was als steuerpflichtiger Erwerb des Erwerbers gilt. Die Grundaussage enthält § 10 Abs 1 S 1 ErbStG. Danach gilt als steuerpflichtiger Erwerb die Bereicherung des Erwerbers, soweit sie nicht nach den §§ 5, 13, 13a, 16, 17 und 18 ErbStG steuerfrei ist. Diese Aussage wird in Satz 2 in der Weise ergänzt, dass als Bereicherung bei Erwerben von Todes wegen der Betrag gilt, der sich ergibt, wenn von dem nach § 12 ErbStG zu ermittelnden Wert des gesamten Vermögens die Nachlassverbindlichkeiten mit ihrem nach § 12 ErbStG zu ermittelnden Wert abgezogen werden. Daraus ergibt sich, dass § 10 ErbStG festlegt, was zu bewerten ist, während § 12 ErbStG festlegt, wie zu bewerten ist. Hieraus lässt sich folgendes **Schema** ableiten:[65]

Wert des aktiven Nachlasses am Bewertungsstichtag
./. Nachlassverbindlichkeiten iSd § 10 Abs 5 Ziff 1, 2 ErbStG (Erblasserschulden, Vermächtnisse, Pflichtteile)
./. Nachlasskosten nach § 10 Abs 5 Ziff 3 ErbStG (Verfahrenskosten, Bestattungskosten)
= Wert des Nachlasses

Anteilige Erbquote
= Bruttobereicherung des Erben
./. Freibeträge
= Eingetretene Bereicherung (§ 10 Abs 1 S 1 ErbStG).

Diese Bereicherung bildet die Bemessungsgrundlage für die steuerklassenabhängige Steuerfestsetzung.

Auch wenn der Nachlass und damit die Summe der durch den Tod des Erblassers eingetretenen Erwerbe einen negativen Erwerb aufweist, ist damit eine Erbschaft-

---

[64] FG Hessen, EFG 1990, 587; EBELING-GECK, Hdb der Erbengemeinschaft und Erbauseinandersetzung, II RdNr 382.
[65] Nach EBENROTH, Erbrecht § 19 RdNr 1373.

steuerpflicht einzelner Beteiligter nicht ausgeschlossen. Wichtigster Beispielsfall ist das Vermächtnis, dessen Wert positiv ist. Die Erfassung bei der Erbschaftsteuer ergibt sich daraus, dass Besteuerungsgrundlage jeweils der Vermögensanfall an den einzelnen Erwerber ist. Die Bewertung des gesamten Nachlasses ist insoweit ohne Belang. Hieraus folgt, dass bei einer Erbengemeinschaft oder sonst mehreren Beteiligten stets zu ermitteln ist, wie groß der Vermögensanfall des jeweiligen Beteiligten ist, wobei sich dies in aller Regel aus der letztwilligen Verfügung oder der gesetzlichen Erbfolge heraus regelt.

### bb) Erfassung der Besitzposten

Der Umfang des zu erfassenden aktiven Bestandes des Erwerbes richtet sich nach den zivilrechtlichen Vorgaben. Sämtliche Vermögenswerte des Erblassers sind zu erfassen, mit welchem Wert, steht allerdings auf einem anderen Blatt. Somit sind anzusetzen auch Steuererstattungsansprüche, auch soweit sie sich infolge eines Verlustabzugs iSd § 10d ErbStG noch ergeben. Führt somit ein Verlustvortrag im Zeitpunkt des Todes des Erblassers durch Verwertung in der Person des Erben zu einer Steuererstattung für einen Veranlagungszeitraum, in dem der Erblasser noch lebte, ist der Steuererstattungsanspruch in die Ermittlung des Bestandes einzubeziehen. In den Nachlass fällt auch die Todesfallentschädigung einer zugunsten des Erblassers abgeschlossenen oder eingreifenden Kfz-Insassenunfallversicherung.[66] Gleiches gilt im Bereich der so genannten »Und«-»Oder«-Konten des Erblassers für das Kontoguthaben, dessen Guthaben aus dem Vermögensbereich des Erblassers stammt. Lässt sich dessen Höhe im Detail nicht mehr feststellen, wird der Kontostand in aller Regel nach Köpfen auf die Kontoinhaber aufgeteilt. Da es sich in aller Regel um die Ehegattenkonten handelt, fällt in der Regel $1/2$ des Guthabens in den Nachlass. Allerdings ist die Kontobezeichnung nicht mehr als Indiz für den Parteiwillen und daher nur mangels abweichender Erbumstände ausschlaggebend. Es steht daher dem Mitinhaber offen, den Nachweis zu führen, dass zivilrechtlich der Bestand auf dem Konto vollständig oder zumindest überwiegend ihm zusteht. Ein Indiz kann bei Sparbüchern auch der Besitz an dem Sparbuch sein.[67] 67

Die Besitzposten sind um Steuerbefreiungen zu bereinigen. Aus systematischen Gründen sollen die Steuerbefreiungen nicht an dieser Stelle, sondern in RdNr 99 ff dargestellt werden.

### cc) Nachlassverbindlichkeiten

Bei den Nachlassverbindlichkeiten, die vom Wert des gesamten Vermögensanteils abgezogen werden können, ist zwischen den Erblasserschulden (§ 10 Abs 5 Ziff 1 ErbStG), den Erbfallschulden (§ 10 Abs 5 Ziff 2 ErbStG) und den sonstigen Nachlassverbindlichkeiten (§ 10 Abs 5 Ziff 3 ErbStG) zu unterscheiden. Sämtliche vorgenannten Verbindlichkeiten mindern den Wertansatz der Besitzposten. Dies ist notwendige Folge des Bereicherungsprinzips. Erblasserschulden sind nur dann abzugsfähig, wenn sie nicht bereits bei der Bewertung der Besitzposten berücksichtigt sind. So sind zB Schulden und Lasten, die mit einem Betriebsvermögen im wirtschaftlichen Zusammenhang stehen, bereits in den Einheitswert des Betriebsvermögens einzubeziehen (§ 12 Abs 5 ErbStG iVm §§ 99 ff BewG). 68

Erblasserschulden sind die Verbindlichkeiten des Erblassers im Todeszeitpunkt iSd § 1967 BGB. Erblasserschuld ist auch die Zugewinnausgleichsschuld. Sie kann 69

---

[66] Nieders FG, EFG 1992, 540; MEINCKE § 10 RdNr 12.
[67] EBELING-GECK, Hdb der Erbengemeinschaft und Erbauseinandersetzung, Teil II RdNr 453.

mit dem Nennwert als Nachlassverbindlichkeit gemäß § 10 Abs 5 Ziff 1 ErbStG abgezogen werden. Dies gilt auch dann, wenn die Ausgleichsforderung einvernehmlich zwischen den Beteiligten durch Übertragung eines Grundstücks erfüllt wird, dessen Steuerwert unter dem Nominalwert der Ausgleichsforderung liegt.[68] Da bei güterrechtlichem Zugewinnausgleich aufseiten des ausgleichsberechtigten Ehegatten keine Erbschaftsteuer entsteht, können sich hieraus interessante Gestaltungsmöglichkeiten ergeben.

Versprechen des Erblassers, jemanden als Entgelt für Dienstleistungen durch eine letztwillige Verfügung zu bedenken, fallen in den Anwendungsbereich des § 10 Abs 5 Ziff 1 ErbStG, da es sich um Erblasserschulden handeln soll.[69] Voraussetzung für einen Abzug ist allerdings, dass ein Dienstvertrag zwischen dem Erblasser und dem Erben bestand, da § 10 Abs 5 Ziff 1 ErbStG eine Verpflichtung des Erblassers zur Zahlung voraussetzt. Dies hat in den Fällen, in denen der Erblasser von Verwandten gepflegt wird, die anschließend auch Erben werden, zur Folge, dass im Zweifel ein Abzug als Erblasserschulden ausscheidet, da es sich in aller Regel um eine Pflege handelt, die auf verwandtschaftlichen, nicht aber dienstvertraglichen Grundsätzen beruht. Für die Gestaltungspraxis ist festzuhalten, dass es sich in solchen Fällen empfiehlt, dienstvertragliche Regelungen zu treffen, wobei nicht außer acht bleiben sollte, dass die dienstvertragliche Regelung allerdings zur Folge hat, dass ein Entgelt jedenfalls ertragsteuerlich als Einkünfte aus nichtselbständiger Tätigkeit einzustufen ist. Denn selbst wenn es zu Lebzeiten des Erblassers an einem Zufluss iSd § 11 EStG fehlt, tritt dieser Zufluss mit dem Erbfall ein. Es ist daher im Einzelfall zu prüfen, ob die Erbschaft- oder Einkommensteuerbelastung gewünscht wird.

Ist eine Erblasserschuld wirtschaftlich keine Belastung, scheidet ein Abzug nach § 10 Abs 5 Ziff 1 ErbStG aus. Beispiel ist eine verjährte Schuld des Erblassers. Lediglich wenn der Erbe die Schuld erfüllt, kann ein Abzug nach § 10 Abs 5 Ziff 1 ErbStG vorgenommen werden, weil es dem Schuldner einer verjährten Verbindlichkeit freisteht, die Einrede zu erheben oder es zu unterlassen.

Erblasserschulden sind auch die Steuerschulden des Erblassers. Ein Abzug nach § 10 Abs 5 Ziff 1 ErbStG setzt jedoch voraus, dass die Steuer spätestens mit Entstehung der Erbschaftsteuerschuld fällig geworden ist oder für einen Zeitraum erhoben wird, der spätestens mit der Entstehung der Erbschaftsteuer geendet hat. Dies ist bei der Einkommensteuer in aller Regel der Fall, da diese für die Zeit bis zum Tode des Erblassers erhoben wird (§ 25 Abs 2 EStG). Hingegen können latente Ertragsteuerbelastungen nicht berücksichtigt werden, da es sich um zukünftige, vom Erben zu zahlende Steuern auf erworbenes Vermögen handelt.

**70** Sachleistungsansprüche sind mit dem gemeinen Wert anzusetzen.[70] Bei so genannten schwebenden Geschäften, die im Zeitpunkt des Erbfalls nicht oder noch nicht vollständig erfüllt sind, ist der Sachleistungsanspruch auch in diesem Fall mit dem gemeinen Wert anzusetzen, welcher dem Verkehrswert entspricht. Maßgebend ist, welcher Vermögensgegenstand zivilrechtlich dem Nachlass zuzuordnen ist. Dies ist in diesen Fällen nicht der Gegenstand, auf welchen sich der Anspruch richtet, sondern allein der Anspruch selbst. Nach Auffassung des BFH[71] ist der auf Übereignung gerichtete Sachleistungsanspruch mit dem gemeinen

---

**68** BFH v 10. 3. 1993, DB 1993, 1069.
**69** BFH v 9. 11. 1994, DB 1995, 354, mit Anm ALBRECHT ZEV 1995, 118.
**70** BFH v 27. 1. 1991, DB 1992, 927, v 15. 10. 1997, BStBl II 1997, 820, R 92 Abs 1 ErbStR
**71** Zuletzt BFH v 24. 10. 2001, BStBl II 2001, 834 = ZEV 2001, 505 m Anm VOGT.

Wert anzusetzen und nicht mit dem Steuerwert des Gegenstandes, auf welchen er sich richtet. Außerdem finden die Grundsätze der mittelbaren Grundstücksschenkung auf den Erwerb von Todes wegen keine Anwendung. Ist ein Erwerber von Todes wegen vom Erblasser verpflichtet worden, ein zum Nachlassvermögen gehörendes Grundstück aus Mitteln des Nachlasses zu renovieren, kann nicht das renovierte Grundstück mit dem Steuerwert angesetzt und die Renovierungsverpflichtung mit dem Nominalwert als Nachlassverbindlichkeit abgezogen werden. Vielmehr ist im Nachlass das Grundstück in unrenoviertem Zustand zu erfassen. Ferner ist anzusetzen der Wertpapierbestand, aus dessen Verwertung heraus die Renovierungsverpflichtung erbracht werden musste. Die Verpflichtung, das Gebäude aus Mitteln des Nachlasses zu renovieren, kann nach § 10 Abs 9 ErbStG nicht als Nachlassverbindlichkeit abgezogen werden.[72]

Nach § 10 Abs 5 Ziff 2 ErbStG sind abzugsfähig als Nachlassverbindlichkeiten Verbindlichkeiten aus der Erfüllung von Vermächtnissen, Auflagen und geltend gemachten Pflichtteils- und Erbersatzansprüchen. Diese Verbindlichkeiten sind schon Verbindlichkeiten iSd § 1967 BGB. Die Einschränkung bei Pflichtteilsansprüchen und Erbersatzansprüchen, die nämlich nur insoweit abzugsfähig sind, als sie geltend gemacht werden, soll im Wege eines Korrespondenzprinzips sicherstellen, dass ein Abzug nur erfolgt, wenn auch eine Erfassung beim Berechtigten infolge Geltendmachung des Anspruchs besteht. Richtet sich ein Vermächtnis auf Eigentumsübertragung eines Gegenstandes, ist die Verbindlichkeit beim Erben mit dem Steuerwert des hingegebenen Gegenstandes zu bewerten. Etwas anderes gilt nur beim Verschaffungsvermächtnis (siehe oben C RdNr 32). 71

Pflichtteilsverbindlichkeiten sind mit dem Nennwert, und zwar ohne Abzinsung, abzugsfähig. Auch wenn die Pflichtteilsverbindlichkeit durch Übertragung eines Vermögensgegenstandes erfüllt wird, wird die Pflichtteilsschuld mit dem Nominalwert angesetzt, nicht mit dem Steuerwert des hingegebenen Gegenstandes. 72

Dritte Variante der Nachlassverbindlichkeiten sind die so genannten Erbfallverbindlichkeiten, die nach § 10 Abs 5 Ziff 3 ErbStG eingeschränkt abgezogen werden können. Danach sind abzugsfähig die Kosten der Bestattung des Erblassers, die Kosten für ein angemessenes Grabdenkmal und für die übliche Grabpflege sowie die Kosten, die dem Erwerber unmittelbar im Zusammenhang mit der Abwicklung, Regelung oder Verteilung des Nachlasses oder mit der Erlangung des Erwerbes entstehen. Zum letzten Komplex zählen Kosten, die durch die Erfüllung von Vermächtnissen, Pflichtteilsansprüchen etc entstehen.[73] 73

Im Interesse einer Verwaltungsvereinfachung können für Steuerfälle nach dem 31. 12. 1995 die vorgenannten Nachlassverbindlichkeiten mit einem Pauschbetrag von 10.000,00 € abgezogen werden. Dieser Pauschbetrag ist je Erbfall nur einmal zu berücksichtigen, erhöht sich somit nicht mit der Zahl der Erben. Trägt eine andere Person als der Erbe, etwa ein Vermächtnisnehmer, Teile der Erbfallverbindlichkeiten iSd § 10 Abs 5 Ziff 3 ErbStG, mindern diese Beträge die Höhe des Pauschbetrages. Andererseits kann der Pauschbetrag insoweit vom Vermächtnisnehmer in Anspruch genommen werden.[74] 74

Bestattungskosten sind die Aufwendungen, die mit der Bestattung oder in ihrem unmittelbaren Zusammenhang entstehen. Wichtigste Einzelpositionen sind die Kosten für die Überführung der Leiche, die Aufbahrung und Leichenschau, die 75

---

72 BFH v 28. 6. 1995, DB 1995, 2252.
73 BFH v 28. 6. 1995, DB 1995, 2252.
74 Beispiel bei EBELING-GECK, Hdb der Er-

bengemeinschaft und Erbauseinandersetzung, Teil II RdNr 505.1.

Kosten für Todesanzeigen, die üblichen Feierlichkeiten anlässlich der Bestattung sowie für Zwecke der von den Erben angeschafften Trauerkleider. Allerdings müssen diese Trauerkleider speziell zum Zwecke der Beerdigung selbst angeschafft sein. In der Praxis größte Position sind die Kosten für die Bestattung selbst sowie für den Erwerb der Grabstätte. Die Kosten für ein Grabdenkmal sind abzugsfähig, soweit sie angemessen sind. Die Angemessenheit ist nach der Lebensstellung des Erblassers zu beurteilen, aber auch die Höhe seines Vermögens ist zu berücksichtigen. Möchte der Erblasser die Abzugsfähigkeit eines besonders üppigen Grabdenkmals sicherstellen, hat er die Möglichkeit, eine entsprechende Anordnung zu treffen. In diesem Fall ist der Abzug der Kosten auch bei Unangemessenheit unter dem Gesichtspunkt der Auflage zulässig.

Die Grabpflegekosten sind unabhängig davon abzugsfähig, ob der Erblasser die Grabpflege letztwillig angeordnet hat. Die Kosten sind mit ihrem Kapitalwert für ihre unbestimmte Dauer als Nachlassverbindlichkeit abziehbar.[75]

76 Abzugsfähig sind auch Kosten, die im unmittelbaren Zusammenhang mit dem Todesfall entstehen. Hierunter fallen insbesondere Kosten der Nachlassregelung, wie insbesondere die Kosten für die Ermittlung des Nachlasses, aber auch Kosten, die erforderlich sind, um die Erben in den Besitz der angefallenen Güter zu setzen. Abzugsfähig sind die Kosten der Testamentsvollstreckung, soweit sie angemessen sind. Ist ein familienfremder Dritter mit der Testamentsvollstreckung beauftragt, ist eine Angemessenheitsprüfung grundsätzlich nicht erforderlich. Übersteigt die Vergütung des Testamentsvollstreckers den angemessenen Rahmen, liegt hier unter Umständen ein Vermächtnis an den Testamentsvollstrecker vor, sodass insoweit die Verbindlichkeit nach § 10 Abs 5 Ziff 1 ErbStG abgezogen werden kann.[76] Die Kosten der Dauertestamentsvollstreckung betreffen die Verwaltung des Nachlasses. Ihr Abzug ist durch § 10 Abs 5 Ziff 3 S 3 ErbStG ausdrücklich ausgeschlossen. Abzugsfähig sind somit nur die Kosten der Abwicklungstestamentsvollstreckung. Kann die Aufteilung der Kosten des Testamentsvollstreckers in solche für die Abwicklung und solche für die Dauertestamentsvollstreckung nicht exakt getrennt werden, ist zu schätzen.

Auch die Kosten, die erforderlich sind, um sich ggf mit gerichtlicher Hilfe in den Besitz des Nachlasses zu setzen oder ihn zumindest zu sichern, sind Kosten, die in unmittelbarem Zusammenhang mit dem Todesfall stehen. Sie sind abzugsfähig. Abzugsfähig sind auch die Kosten für die Beantragung der Erteilung eines Erbscheins.

77 Die Kosten für die Erstellung der Erbschaftsteuererklärung durch den Steuerberater sind nach H29 ErbStH unter Berücksichtigung der den Erben unmittelbar durch den Erbfall treffenden Verpflichtungen zur Abgabe der Erschaftsteuererklärung als Nachlassregelungskosten zum Abzug zugelassen. Keine Nachlassregelungskosten sollen hingegen nach Auffassung der Finanzverwaltung Kosten sein, die in einem sich an die Steuerfestsetzung anschließenden Rechtsbehelfsverfahren oder einem finanzgerichtlichen Verfahren anfallen und vom Erwerber zu tragen sind.[77] Die vor Erlass der Hinweise zu den Erbschaftsteuerrichtlinien streitige Frage,[78] ob die Kosten für die Erbschaftsteuererklärung, die im Testamentsvollstreckerhonorar enthalten sind, in abzugsfähige oder nicht abzugsfähige Kosten aufzuteilen sind, hat sich damit erledigt.

---

75 FinMin Niedersachsen v 4. 4. 1990, DB 1990, 1063.
76 RFH v 28. 4. 1938, RStBl I 1938, 517.
77 H29 ErbStH a E.
78 FG München v 21. 10. 1982, EFG 1983, 243.

### dd) Abzugsverbot von Schulden und Lasten in Sonderfällen

Werden Vermögensgegenstände nicht der Besteuerung nach dem ErbStG unterworfen, hätte der Steuerpflichtige einen doppelten Vorteil, wenn die mit diesen Vermögensgegenständen zusammenhängenden Schulden und Lasten als Nachlassverbindlichkeiten abgezogen werden könnten. Um dies zu vermeiden, ordnet § 10 Abs 6 S 1 ErbStG an, dass Schulden und Lasten nicht abzugsfähig sind, soweit sie mit diesen vorgenannten Vermögensgegenständen im Zusammenhang stehen. Sind die Vermögensgegenstände nur teilweise steuerbefreit, beschränkt sich der Schuldenabzug auf den Betrag, der dem steuerpflichtigen Teil entspricht (§ 10 Abs 6 S 3 ErbStG).

Ein Zusammenhang zwischen Vermögensgegenstand und Schulden besteht dann, wenn die Entstehung der Schuld auf einem Vorgang beruht, der den Vermögensgegenstand selbst betrifft. Die Schuld muss begründet worden sein, um den steuerbefreiten Vermögensgegenstand zu erwerben, ihn zu erhalten oder zu sichern. Dies hat zur Folge, dass die Belastung eines Grundstücks, das nicht der Erbschaftsteuer unterliegt, mit einer Hypothek oder Grundschuld für sich nicht ausreicht, den wirtschaftlichen Zusammenhang zu begründen. Erst durch die Feststellung, dass die dinglich gesicherte Schuld im Zusammenhang mit dem Vermögensgegenstand steht, wird sie vom Abzug als Verbindlichkeit ausgeschlossen. Dient die dingliche Sicherung einer schuldrechtlichen Verbindlichkeit, die mit dem Sicherungsgegenstand nicht im Zusammenhang steht, bleibt diese Schuld abzugsfähig.

Nach § 10 Abs 6 S 2 ErbStG ist bei beschränkter Steuerpflicht ein Abzug der Nachlassverbindlichkeiten nur insoweit möglich, als sie in wirtschaftlichem Zusammenhang mit dem steuerpflichtigen Erwerb stehen, dh das Vermögen erfassen, das der beschränkten Steuerpflicht unterliegt.

Die Erbschaftsteuer des Erwerbers ist nach § 10 Abs 8 ErbStG nicht abzugsfähig. Anderes gilt selbstverständlich dann, wenn der Erblasser seinerseits Steuerschuldner einer Erbschaftsteuer aus einem Vorerwerb war. Diese ist als Erblasserschuld in vollem Umfang abzugsfähig.

Vom Abzug ausgeschlossen sind auch Auflagen, die dem Beschwerten selbst zugute kommen (§ 10 Abs 9 ErbStG). Dies ist konsequent, da es in diesem Fall an einer Entreicherung durch die Auflage fehlt.

### ee) Entrichtung der Steuer durch Dritte

Erlegt der Erblasser die Entrichtung der vom Erwerber geschuldeten Steuer einem anderen auf, der zugleich am Nachlass beteiligt sein kann, so gilt als Erwerb der Betrag, der sich aus einer Zusammenrechnung des Erwerbers nach § 10 Abs 1 ErbStG und der aus ihm errechneten Steuer ergibt. Angesprochen ist die Variante, in der der Erblasser dem Erben auferlegt, die Erbschaftsteuer für das Vermächtnis zu zahlen. In diesem Fall ist erbschaftsteuerpflichtiger Erwerb des Vermächtnisnehmers nicht nur der vermächtnisweise zugewandte Gegenstand, sondern auch die von ihm zu zahlende Steuer, die nunmehr der Erbe zu entrichten hat. Korrespondierend kann der Erbe die für Rechnung des Vermächtnisnehmers gezahlte Erbschaftsteuer als Kosten im Rahmen der Erfüllung eines Vermächtnisses gemäß § 10 Abs 5 Ziff 2 ErbStG abziehen. Da § 10 Abs 2 ErbStG die Erbschaftsteuer des Vermächtnisnehmers nur ohne Ansatz des zusätzlichen Erwerbes in Form der Übernahme der Erbschaftsteuer durch den Erben errechnet, können sich Steuerersparnisse ergeben, wenn etwa der Vermächtnisnehmer eine schlechtere Steuerklasse aufweist als der zur Zahlung verpflichtete Erbe.

#### ff) Einfluss des Stichtagsprinzips (§ 11 ErbStG)

**82** Nach § 11 ErbStG ist für die Wertermittlung der Zeitpunkt der Entstehung der Steuer maßgebend. Wertveränderungen vor oder nach dem Stichtag bleiben grundsätzlich ohne Einfluss auf die erbschaftsteuerliche Wertermittlung. Dies gilt grundsätzlich auch für die Bewertung von Betriebsvermögen oder einer Beteiligung am Betriebsvermögen, die durch Erwerb von Todes wegen auf einen anderen übergegangen ist. Maßgebend ist abgesehen von Sonderfällen stets der Todestag des Erblassers. Für die Praxis hat dies erhebliche Probleme zur Folge, da das Vermögen einer Gesellschaft in aller Regel nur auf einen bestimmten Stichtag – in aller Regel Bilanzstichtag – bewertet wird. Insbesondere bei Gesellschaften mit einem sehr großen Gesellschafterkreis, wie gewerblichen Immobilienfonds, müsste unter Umständen täglich eine Bewertung durchgeführt werden. Gleichwohl ist festzuhalten, dass grundsätzlich eine Bewertung auf den Todestag aufgestellt werden muss.[79] Die Finanzverwaltung gewährt jedoch Erleichterungen, wenn der Stichtag des Todes nur unwesentlich vom nächsten Bilanzstichtag abweicht.[80] Ferner ist eine Ermittlung zum Stichtag nicht erforderlich, wenn durch gesellschaftsvertragliche Regelungen angeordnet ist, dass als Bewertungsstichtag der Bilanzstichtag anzusetzen ist. In diesem Fall sind die Verhältnisse am Bilanzstichtag maßgebend. Zur Arbeitsersparnis empfiehlt es sich daher dringend, eine entsprechende Regelung in den Vertrag aufzunehmen.

Als Ausnahmen von der Stichtagsbewertung sind die Bewertung von Grundvermögen und Betriebsgrundstücken zu erwähnen. Nach § 12 Abs 3 ErbStG ist für Grundvermögen der Bewertungsstichtag 1. 1. 1996 maßgebend. Gleiches gilt nach § 12 Abs 5 S 1 ErbStG auch für die Bewertung von Betriebsgrundstücken.

### b) Bewertung im Einzelnen

#### aa) Verweis auf die allgemeinen Regelungen des Bewertungsgesetzes

**83** Als Generalklausel verweist § 12 Abs 1 ErbStG vorbehaltlich von Spezialregelungen in den Absätzen 2 bis 6 auf die allgemeinen Bewertungsvorschriften des ersten Teils des Bewertungsgesetzes (§§ 1–16 BewG). Nach § 9 BewG ist grundsätzlich der gemeine Wert zugrunde zu legen, der dem Preis entspricht, der im gewöhnlichen Geschäftsverkehr bei einer Veräußerung des entsprechenden Vermögensgegenstandes zu erzielen wäre. Von diesem Bewertungsmaßstab, der der gesetzliche Regelfall ist, wird jedoch in den §§ 12 Abs 2 bis 6 ErbStG in wichtigen Fällen abgewichen.

Aus der Verweisung auf das BewG ergibt sich ferner, dass gemäß § 2 BewG jede wirtschaftliche Einheit gesondert bewertet werden muss. Auch dieser Grundsatz wird bei der Bewertung von Betriebsvermögen durch den Einheitswert des Betriebsvermögens durchbrochen. Hierbei werden sämtliche Wirtschaftsgüter einer betrieblichen Einheit zusammengefasst (§ 12 Abs 5 ErbStG iVm § 109 Abs 1 BewG). Aufgrund des nach § 2 Abs 2 BewG anwendbaren § 39 S 2 AO sind die Wirtschaftsgüter mehreren Beteiligten quotal zuzurechnen. Steht ein Wirtschaftsgut mehreren Personen zu, so ist sein Wert im Ganzen zu ermitteln (§ 3 BewG). Dies hat zur Folge, dass bei Erbengemeinschaften das Wirtschaftsgut nur einmal zu bewerten ist, um unterschiedliche Ergebnisse bei mehreren Beteiligten zu vermeiden, aber auch um eine Verwaltungsvereinfachung zu erreichen.

**84** Ein aufschiebend bedingter Erwerb ist erst mit Eintritt der Bedingung zu berücksichtigen, ein auflösend bedingter Erwerb ist zunächst als unbedingter Erwerb zu

---

[79] RFH v 1. 7. 1932, StuW 1932 Nr 1042.    [80] R 40 Abs 2 ErbStR.

## I. Grundzüge des Erbschaftsteuerrechts | C 85–87

behandeln. Erst mit Eintritt der auflösenden Bedingung ist der Steuerbescheid gemäß § 175 Abs 1 Ziff 1 AO zu korrigieren. Gleiches gilt für aufschiebend bedingte und auflösend bedingte Lasten. Auch diese werden zunächst so behandelt, als gebe es keine Bedingung.

Beim Ansatz des gemeinen Wertes sind ungewöhnliche oder persönliche Verhältnisse nicht zu berücksichtigen. Als Regelbeispiel zählt § 9 Abs 3 BewG als persönliche Verhältnisse auch Verfügungsbeschränkungen in der Person des Steuerpflichtigen oder seines Rechtsvorgängers auf. Ungewöhnliche Verhältnisse sind Verhältnisse, die der Rechtsverkehr nicht erwartet, insbesondere einen begrenzten Nachfragerkreis von Erwerbern. Die persönlichen Verhältnisse des Steuerpflichtigen bleiben ebenfalls unberücksichtigt, sodass eine persönliche Notlage, die einen Notverkauf erfordert, nicht wertmindernd zu berücksichtigen ist. Gleiches gilt für ungewöhnliche Wertsteigerungen, die auf Liebhaberpreisen beruhen.

Der Teilwert iSd § 10 BewG hat nur für die Bewertung von Wirtschaftsgütern Bedeutung, die einem Unternehmen dienen. Es sei auf die nachfolgenden Ausführungen verwiesen. An dieser Stelle sei nur festgehalten, dass der Teilwert im Unterschied zum gemeinen Wert ermittelt wird durch Substraktion des Wertes, den ein Erwerber für das betreffende Wirtschaftsgut im Rahmen des Erwerbs des ganzen Unternehmens zahlen würde, also dem Unternehmensgesamtwert. Hierbei ist davon auszugehen, dass der Erwerber das Unternehmen fortführt. **85**

Wertpapiere und Gesellschaftsanteile sind nach § 11 BewG mit dem Börsenkurs anzusetzen. Steht ein Börsenkurs nicht zur Verfügung, handelt es sich mithin um nicht notierte Anteile an Kapitalgesellschaften, ist der Wert aus zeitnahen Verkäufen vor dem Stichtag anzusetzen. Verkäufe nach dem Bewertungsstichtag sind nicht zu berücksichtigen. Steht auch dieser Bewertungsmaßstab nicht zur Verfügung, wird der Anteil an der Kapitalgesellschaft gemäß § 11 Abs 2 S 2 BewG auf der Grundlage des Vermögens und der Ertragsaussichten der Gesellschaft geschätzt. Die Schätzung erfolgt nach den Regelungen des so genannten Stuttgarter Verfahrens, wie sie in Abschnitt R 96 ff ErbStR enthalten sind, dabei ist der Vermögenswert aus dem Einheitswert des Betriebsvermögens der Kapitalgesellschaft korrigiert um bestimmte Zuschläge, Kürzungen, insbesondere im Bereich des Grundvermögens zu ermitteln. Dieser Vermögenswert ist um 5 % bzw 10 % für die Bewertung von Anteilen, die keinen Einfluss auf die Geschäftsführung gewähren, zu kürzen. Eine weitere Korrektur besteht nur für Schachtelbeteiligungen iSd § 102 BewG sowie für ausländisches Betriebsvermögen, das im Einheitswert nicht erfasst ist (§ 11 Abs 2 S 4 BewG). Bei der Ermittlung des Einheitswertes des Betriebsvermögens sind die Steuerbilanzwerte zu übernehmen, selbst wenn diese den Verkehrswert der Vermögensgegenstände infolge stiller Reserven unterschreiten. Der Vermögenswert ermittelt sich sodann aus dem Verhältnis des Vermögens zum Stammkapital. Beträgt zB der Einheitswert des Betriebsvermögens 1 Mio €, das Stammkapital 500.000,00 €, beträgt der Vermögenswert 200 %. **86**

Die Ertragsaussichten werden aus dem Betriebsergebnis der letzten drei Jahre vor dem Bewertungsstichtag abgeleitet, soweit keine zuverlässigeren Erkenntnisse zur Verfügung stehen. Dabei werden die aktuelleren Ergebnisse stärker gewichtet (R 99 Abs 3 ErbStR). Grundsätzlich ist auszugehen vom körperschaftsteuerlichen Ergebnis dieser Jahre, wobei das Betriebsergebnis nur bei personenbezogenen Kapitalgesellschaften um 30 % gekürzt werden kann. Weitere Vergleichsgrundlage ist ein Vergleichszinssatz für eine alternative Geldanlage, der nach R 100 Abs 1 S 7 ErbStR mit 9 % anzusetzen ist. **87**

**88** Ansprüche auf erwirtschaftete, aber noch nicht ausgeschüttete Gewinne sind in den gemeinen Wert – ermittelt nach dem Stuttgarter Verfahren – einzubeziehen und nicht gesondert zu berücksichtigen.[81] Ist der Gewinnverwendungsbeschluss jedoch vor dem Stichtag gefasst, ist der Gewinnanspruch beim Erwerb der Beteiligung von Todes wegen als Kapitalforderung der Erben zu erfassen. Dies ist konsequent, weil insoweit das Vermögen der Gesellschaft bereits durch Ausweis einer Ausschüttungsverbindlichkeit gemindert ist. Die Finanzverwaltung wendet im Vorgriff auf eine zu erwartende Änderung des Stuttgarter Verfahrens R 99 Abs 1 S 5 ErbStR, welcher die Körperschaftsteuerbelastung bei der Kapitalgesellschaft infolge der Anrechnung beim Gesellschafter unberücksichtigt lässt, für Erwerbe nach dem 31. 12. 2000 nicht mehr an. Sie trägt damit dem Wechsel des Körperschaftsteuersystems vom Anrechnungsverfahren auf das Verfahren der Definitivbelastung (§ 23 Abs 1 KStG) Rechnung. Die definitive Belastung der Körperschaft mit 25% Körperschaftsteuer mindert endgültig den Ertrag der Körperschaft aus Sicht des Anteilseigners, sodass bei der Ermittlung des Ertragswertes die Körperschaftsteuerbelastung mindernd abzuziehen ist.[82]

**89** Kapitalforderungen und Schulden iSd § 12 BewG sind mit dem Nennwert anzusetzen. Hiervon gibt es Ausnahmen, die in einer hohen, niedrigen oder fehlenden Verzinsung liegen können.[83] Uneinbringliche Forderungen sind nicht anzusetzen (§ 12 Abs 2 BewG). Noch nicht fällige Ansprüche aus Lebens-, Kapital- oder Rentenversicherungen werden mit zwei Dritteln der eingezahlten Beträge oder dem Steuerpflichtigen nachgewiesenen Rückkaufswert angesetzt (§ 12 Abs 4 S 1, 2 BewG). Wiederkehrende Nutzungen und Leistungen werden mit ihrem Kapitalwert angesetzt, dessen Höhe mit einem aus Anlage 9a zu entnehmenden Vielfachen des Jahreswertes ermittelt wird. Ist die Nutzung eines Wirtschaftsgutes zu bewerten, ist bei der Ermittlung des Kapitalwertes der Jahreswert dieser Nutzung höchstens mit dem Betrag anzusetzen, der sich ergibt, wenn das benutzte Wirtschaftsgut mit seinem Wertansatz nach BewG durch den Faktor 18,6 geteilt wird (§ 16 BewG). Diese Begrenzung spielt insbesondere bei einem Nießbrauchsvorbehalt eine entscheidende Rolle. Ohne die Regelung des § 16 BewG könnte der kapitalisierte Wert des Nießbrauchs den übertragenen Vermögenswert übersteigen, sodass eine entsprechende Übertragung im Ergebnis steuerfrei wäre. Auch der Jahreswert eines Wohnrechts ist auf einen/18,6 des maßgebenden Wertes begrenzt. Gleiches gilt für obligatorische Nutzungsrechte, wobei § 16 BewG jedoch nur anzuwenden ist, wenn enge rechtliche und wirtschaftliche Bindungen zwischen dem Anspruch des Nutzungsberechtigten und dem genutzten Wirtschaftsgut bestehen.

### bb) Bewertung des Grundbesitzes[84]

**90** Nach § 12 Abs 1 ErbStG richtet sich die Bewertung vorbehaltlich der genuin erbschaftsteuerrechtlichen Regelungen nach den Vorschriften des Ersten Teils des Bewertungsgesetzes. Damit wäre für den Grundbesitz nach § 9 Abs 1 BewG der gemeine Wert zugrunde zu legen, der durch den Preis bestimmt wird, der im gewöhnlichen Geschäftsverkehr für den Vermögensgegenstand erzielt wird. Diese Bewertung nach jeweiligen Marktpreisen für die Immobilie wäre sicherlich in Anbetracht der von Verfassungs wegen geforderten annähernden Gleichbehandlung

---

[81] BFH v 16. 10. 1991, BFH/NV 1992, 250; MOENCH ZEV 1994, 26.
[82] Gleichlautender Erlass der obersten Finanzbehörden der Länder vom 13. 2. 2001, ZEV 2001, 150.
[83] Ausführliche Darstellung bei EBELING-GECK, Hdb der Erbengemeinschaft und Erbauseinandersetzung, Teil II RdNr 646.
[84] Ausführlich zur Grundbesitzbewertung R 124 ff ErbStR.

von Geld- und Grundvermögen die gerechteste Lösung gewesen, hätte jedoch zum einen die gegenüber Geldvermögen nur eingeschränkte Umschlagbarkeit von Grundbesitz unberücksichtigt gelassen, zum anderen auch eine Fülle von Bewertungsproblemen zur Folge gehabt, da gerade bei Immobilien der Markt nur sehr schwer einzuschätzen ist.

Dementsprechend legt § 12 Abs 3 ErbStG fest, dass Grundbesitz mit dem so genannten Grundbesitzwert anzusetzen ist, der nach dem 4. Abschnitt des Zweiten Teils des Bewertungsgesetzes auf den Zeitpunkt der Entstehung der Steuer festgestellt wird. Die Neuregelung der §§ 138 ff BewG[85] ist für sämtliche inländischen Grundstücke anzuwenden, da die Sonderregelungen für die neuen Bundesländer (§§ 125 ff, 133 BewG aF) entfallen sind. Für im Ausland belegenen Grundbesitz bleibt es bei dem Ansatz des gemeinen Wertes nach § 31 BewG, wie § 12 Abs 6 ErbStG ausdrücklich klarstellt. In aller Regel stellt dies eine Diskriminierung des ausländischen Grundbesitzes dar, weil nach überschlägigen ersten Schätzungen der Grundbesitzwert inländischen Grundbesitzes nach den §§ 138 ff BewG nur ca. 50–60 % des Verkehrswertes erreichen und der gemeine Wert ausländischen Grundbesitzes in aller Regel dem Verkehrswert entsprechen wird.[86]

Der Grundbesitzwert ist nur im Bedarfsfall festzustellen (§ 138 Abs 5 S 1 BewG, Bedarfsbewertung). Ein Bedarf ist immer vorhanden, wenn der Wertansatz für eine etwaige Festsetzung der Erbschaft- oder Schenkungsteuer benötigt wird. Nach § 138 Abs 6 BewG kann das Finanzamt von jedem, für dessen Besteuerung eine Bedarfsbewertung erforderlich ist, die Abgabe einer Feststellungserklärung innerhalb einer vom Finanzamt festzusetzenden Frist von mindestens einem Monat verlangen. Ist offensichtlich, dass keine Steuer festzusetzen ist, weil auch unter Berücksichtigung eines großzügig geschätzten Grundbesitzwertes die Bemessungsgrundlage die persönlichen Freibeträge nicht überschreitet, ist die Aufforderung des Finanzamtes zur Abgabe einer Erklärung über die Feststellung des Grundbesitzwertes rechtswidrig wegen Ermessensfehlgebrauches. Allerdings dürfte dies nur in den Fällen gegeben sein, in denen die fehlende Relevanz des Wertes unzweifelhaft auf der Hand liegt.

Stichtag für die Wertfeststellung ist der 1.1.1996. Die Wertverhältnisse an diesem Stichtag gelten für sämtliche Feststellungen von Grundbesitzwerten bis zum 31.12.2006 (§ 138 Abs 4 BewG). Der Wertfeststellungszeitpunkt und der Besteuerungszeitpunkt sind strikt zu trennen. Besteuerungszeitpunkt ist stets der Zeitpunkt, an dem der steuerpflichtige Tatbestand vollendet ist (in aller Regel der Erbfall), während der Wertfeststellungszeitpunkt der 1.1.1996 ist.

Verfahrensrechtlich ist darauf hinzuweisen, dass der **Grundbesitzwert gesondert festzustellen** ist, sodass Einwendungen gegen den Wert in dem Feststellungsverfahren über den Grundbesitzwert zu erheben sind. Dieser Bescheid ist Grundlagenbescheid für den Folgebescheid (Erbschaftsteuer- und Schenkungsteuerbescheid). Änderungen des Grundlagenbescheides führen auch zu Änderungen des Folgebescheides (§ 175 Abs 1 Nr 1 AO). Im Grundlagenbescheid sind nach § 138 Abs 5 BewG auch Feststellungen über die Zurechnungen der wirtschaftlichen Einheit und bei mehreren Beteiligungen über die Beteiligungsquote, aber auch die Zuordnung des Grundbesitzes zum Betriebsvermögen. Gerade der letzte Punkt ist durch die Vergünstigungen für Betriebsvermögen von besonderer Bedeutung.

---

[85] Der Grundbesitzwert ist auch Bemessungsgrundlage für die Grunderwerbsteuer, soweit eine Gegenleistung nicht vorhanden ist oder wie bei Umwandlungen oder Anteilsvereinigungen nicht ermittelt werden kann (§ 8 Abs 2 GrEStG).
[86] Ob § 31 BewG vor dem EuGH Bestand hätte, muss an dieser Stelle offen bleiben.

Für alle bebauten Grundstücke – gleich welcher Grundstücksart – ist zwingend eine Bewertung auf der Grundlage des **Ertragswertverfahrens** durchzuführen, was vielleicht eine erhöhte Einzelfallgerechtigkeit bedeutet, jedoch für Finanzverwaltung, Finanzgerichte und auch Steuerpflichtige mit einem erheblichen Mehraufwand verbunden sein wird, da es eine dreistufige Wertermittlung erfordert.

Im Einzelnen:

**94** – **Unbebaute Grundstücke (§ 145 BewG)**

Die Grundbesitzwerte werden aus den Angaben der Gutachterausschüsse der Gemeinden nach § 193 Abs 3 BauGB gekürzt um einen Abschlag von 20 % abgeleitet. Dabei sind unbebaute Grundstücke solche Grundstücke, auf denen sich keine benutzbaren Gebäude oder zur Nutzung vorgesehene Gebäude im Bau befinden. Anderenfalls ist der Grundbesitzwert nicht nach § 145 BewG, sondern nach dem für bebaute Grundstücke geltenden Ertragswertverfahren (§ 149 BewG) zu ermitteln.

Das Ertragswertverfahren ist grundsätzlich auch dann anzuwenden, wenn sich auf dem Grundstück ein Gebäude befindet, das zwar benutzbar ist, jedoch nicht genutzt wird. Um in Fällen nur geringfügiger Nutzung das aufwendigere Ertragswertverfahren zu vermeiden, ordnet § 145 Abs 2 BewG an, dass Gebäude, die allenfalls einer unbedeutenden Nutzung zugeführt werden können, als nicht vorhanden gelten, sodass das Grundstück als unbebaut gilt. Dabei gilt insoweit typisierend als unbedeutende Nutzung eine für die Nutzung erzielte Jahresmiete oder übliche Miete von weniger als 1 % des Grundstückswertes.

Dem Steuerpflichtigen steht nach § 145 Abs 3 S 3 BewG der Nachweis eines niedrigeren gemeinen Wertes offen. Da das BewG den Begriff »gemeiner Wert« als terminus technicus kennt, ist § 9 Abs 2 S 3 BewG zu beachten. Danach sind ungewöhnliche oder persönliche Verhältnisse nicht zu berücksichtigen.[87]

**95** – **Bebaute Grundstücke (§§ 146–150 BewG)**

Bebauter Grundbesitz – gleich welcher Grundstücksart – ist nach dem Ertragswertverfahren zu bewerten. Erfasst sind auch Wohnungs- und Teileigentum (§ 146 Abs 6 BewG). Der Wert des bebauten Grundstücks ist das 12,5fache der für diese im Durchschnitt der letzten drei Jahre vor dem Besteuerungszeitpunkt erzielten Jahresmiete, vermindert um die Wertminderung wegen des Alters des Gebäudes. Im Vermittlungsausschuss wurde der noch vom Bundestag mit dem 12fachen der Jahresmiete angesetzte Ertragswert auf das 12,5fache erhöht. Diese Wertermittlung gilt auch für Grundstücke des Betriebsvermögens, sodass diese Grundstücke nicht mehr mit 140 % des Einheitswertes, sondern dem Grundbesitzwert anzusetzen ist (§ 138 Abs 3 S 1 BewG). Jahresmiete ist das Gesamtentgelt, das der Mieter für die Nutzung der bebauten Grundstücke aufgrund vertraglicher Vereinbarung für den Zeitraum von 12 Monaten zu zahlen hat. Die Vorschrift stellt auf das vereinbarte, nicht das vereinnahmte Entgelt ab, sodass Forderungsausfälle sowie Stundungen keinen Einfluss auf die Höhe der Jahresmiete haben. Jahresmiete ist die Nettokaltmiete, die um sämtliche nicht ohnehin vom Mieter zu tragenden Betriebskosten zu kürzen ist.

---

[87] Zu den Unwägbarkeiten s WOLF DStR 1997, 350.

Die übliche, nicht die tatsächlich vereinbarte Miete ist als Jahresmiete zugrunde zu legen, wenn der Eigentümer, dessen Familie, Angehörige oder Arbeitnehmer des Eigentümers das Grundstück selbst nutzen oder es an andere Personen unentgeltlich zur Nutzung überlassen wird (§ 146 Abs 3 S 1 BewG). Selbst wenn das Grundstück an den vorgenannten Personenkreis entgeltlich überlassen wird, tritt an die Stelle der vereinbarten Miete die übliche Miete. Ob dieses Misstrauen des Gesetzgebers vor manipulierten Entgelten berechtigt ist, mag an dieser Stelle durchaus bezweifelt werden. Übliche Miete ist die für vergleichbare bebaute Grundstücke von fremden Dritten zu entrichtende Miete. In aller Regel wird auf den Mietspiegel zurückgegriffen werden müssen, wobei allerdings Vergleichsmieten aus demselben Haus oder derselben Wohnanlage als Indiz für die übliche Miete herangezogen werden können. Die Regelung des § 146 Abs 3 BewG ist sehr streitbefangen. Die Einschätzung im Bericht des Finanzausschusses,[88] wonach die Ermittlung der üblichen Miete aufgrund der Relevanz bei der Einkommensteuer (§ 21 Abs 2 EStG) keine Besonderheit darstellt und infolgedessen keine nennenswerten Belastungen der Finanzverwaltung bei der Ermittlung der üblichen Mieten erwartet werden, kann nicht als zutreffend bezeichnet werden. Zwar ist richtig, dass die Finanzämter nach § 21 Abs 2 EStG bei der teilunentgeltlichen Überlassung von Wohnraum an – in aller Regel – Familienangehörige die ortsübliche Miete überschlägig ermitteln, da nur bei einer vereinbarten Miete in Höhe von mindestens 50 % der ortsüblichen Miete der volle Werbungskostenabzug beim Eigentümer gewährt wird. Gleichwohl ist der Sachverhalt insoweit ein anderer, als einkommensteuerrechtlich die Feststellung ausreicht, dass die vereinbarte Miete mindestens den vorgenannten Prozentsatz erreicht. In diesem Fall wird der Werbungskostenabzug in voller Höhe gewährt, sodass es auf die Frage, ob die vereinbarte Miete nun 50 oder 100 % der üblichen Miete erreicht, nicht ankommt. Wie zu erwarten war, ist § 146 Abs 3 S 1, 2 BewG zum Zankapfel zwischen Finanzverwaltung und Steuerpflichtigen geworden. Über die Höhe der üblichen Miete wird in der Praxis heftigst gestritten. Maßgeblich ist wie bei der vereinbarten Jahresmiete die übliche Miete im Besteuerungszeitpunkt.

An dieser Stelle sei auch auf einen Wertungswiderspruch hingewiesen. Nach § 138 Abs 4 BewG sind die Wertverhältnisse zum 1.1.1996 maßgebend. Die Höhe der Jahresmiete ermittelt sich jedoch aus der durchschnittlichen Jahresmiete der letzten drei Jahre vor dem Besteuerungszeitpunkt. Dieser Besteuerungszeitpunkt wird vom 1.1.1996 abweichen. Angesichts des eindeutigen Gesetzeswortlauts des § 146 Abs 2 S 1 BewG, der den Besteuerungszeitpunkt für maßgeblich erklärt, ist dieser Norm als speziellerer Regelung der Vorrang gegenüber § 138 Abs 4 BewG einzuräumen. Im Ergebnis hat dies zur Folge, dass bei mehreren Steuerfällen im Zeitraum vom 1.1.1996 bis 31.12.2006 der Ertragswert abweichend von § 138 Abs 4 BewG zu unterschiedlichen Zeitpunkten unterschiedlich zu ermitteln ist. Der Anwendungsbereich des § 138 Abs 4 BewG dürfte sich daher auf unbebaute Grundstücke beschränken.

Die Wertminderung wegen Alters des Gebäudes beträgt für jedes Jahr von der Bezugsfertigkeit bis zum Besteuerungszeitpunkt 0,5 %, höchstens jedoch 25 % des Wertes, ermittelt aus dem 12,5fachen der Jahresmiete oder üblichen Miete.

Der vorstehend ermittelte Wert – resultierend aus dem Ertragswert, gekürzt um die Wertminderung wegen Alters – ist bei ausschließlich Wohnzwecken dienen-

---

[88] Wegen der Einzelheiten vgl die Kommentierungen zum BewG.

den und nicht mehr als zwei Wohnungen enthaltenden bebauten Grundstücken um 20 % zu erhöhen. Der Bericht des Finanzausschusses des Deutschen Bundestages[89] führt zur Begründung aus, dass Ein- und Zweifamilienhäuser nicht zu Renditezwecken, sondern zum Eigengebrauch errichtet werden. In aller Regel werde in diesen Fällen die Miete im Verhältnis zur ursprünglichen Investition niedriger als bei als Renditeobjekten vorgesehenen Gebäuden liegen, da der Vermieter bei der Auswahl der Mieter höhere Anforderungen stellen werde und diese Objekte in aller Regel eine üppigere Ausstattung ausweisen. Ob sich diese Auffassung mit dem tatsächlichen Befund deckt, mag offen bleiben. Irritierend ist jedoch, dass das BVerfG in seinem zitierten Beschluss dem Gesetzgeber aufgegeben hatte, das so genannte Gebrauchsvermögen steuerfrei zu stellen und in diesem Zusammenhang ausdrücklich das eigengenutzte Einfamilienhaus erwähnt hat. Es ist daher überraschend, dass gerade dieser Vermögensgegenstand mit einem höheren Wert anzusetzen ist als jedes beliebige Renditeobjekt, zumal die persönlichen Freibeträge schon ihrem Charakter nach keine Differenzierung bezüglich der Zusammensetzung des steuerpflichtigen Erwerbes treffen bzw treffen können.

Mindestwert für das bebaute Grundstück ist der Wert, mit dem der Grund und Boden allein als unbebautes Grundstück zu bewerten wäre. Hier liegt in der Praxis eine erhebliche Brisanz, da in hochpreisigen Gebieten der angebliche Mindestwert höher als der nach dem Ertragswertverfahren ermittelte Regelwert sein wird.

Ein Unsicherheitsabschlag ist nicht vorgesehen. Es steht dem Steuerpflichtigen jedoch offen, einen niedrigeren Wert nachzuweisen.

## 97 – Bewertung von Grundbesitz in Sonderfällen

Lässt sich für ein bebautes Grundstück die übliche Miete nicht ermitteln, ist der Wert nach § 147 Abs 1 BewG aus der Summe des Wertes von Grund und Boden und Gebäude zu ermitteln, wobei in diesem Fall der Gebäudewert nach den ertragsteuerlichen Bewertungsvorschriften zu bestimmen ist. Dies dürfte eine Bewertung mit den Anschaffungs- und Herstellungskosten abzüglich der linearen AfA zur Folge haben. Der Wert des Grund und Bodens ist in diesem Sonderfall nicht um 20, sondern um 30 % zu kürzen. Hiermit wird der besonderen Situation, insbesondere der schwierigen Verwertbarkeit des bebauten Grundstücks Rechnung getragen. Probleme können sich ergeben, wenn bei privaten Luxusobjekten kein ertragsteuerlicher Wert vorhanden ist, da das Grundstück Konsumgut ist.

Bei Belastung eines Grundstücks mit einem Erbbaurecht ist der Wert des belasteten Grundstücks mit dem 18,6fachen des nach den vertraglichen Bestimmungen im Besteuerungszeitpunkt zu zahlenden jährlichen Erbbauzinses anzusetzen (§ 148 Abs 1 BewG). Der Wert des Erbbaurechts hingegen ist nach den Grundsätzen über die Bewertung bebauter Grundstücke abzüglich des auf das belastete Grundstück ermittelten Wertes zu bemessen. Erfreulich ist die Klarstellung in § 148 Abs 1 S 3 BewG, dass der Erbbauzinsanspruch weder als Bestandteil des Grundstücks noch als gesondertes Recht anzusetzen ist. Korrespondierend ist allerdings auch die Verpflichtung zur Zahlung des Erbbauzinses weder in die Bemessung des Wertes des belasteten Grundstücks einzubeziehen noch als Verbindlichkeit im Rahmen des sonstigen Vermögens abzugsfähig. Dies kann im

---

[89] BT-Drucks 13/5951.

Einzelfall zu einer erheblichen Überbewertung führen, wenn etwa der Mindestwert den Verkehrswert des Erbbaurechts und/oder des belasteten Grundstücks bei weitem übersteigt. Da § 148 Abs 1 S 2 BewG einen Rückgriff auf den Nachweis des niedrigeren Verkehrswertes nicht eröffnet, haben sich die Finanzbehörden[90] dazu entschlossen, im Billigkeitswege die Besteuerung nur nach den Verkehrswerten des Erbbaurechts bzw des belasteten Grundstücks vorzunehmen. Zu solchen Sachverhalten kann es insbesondere dann kommen, wenn der Erbbauzins sehr niedrig bemessen ist.

Bei Grundstücken im Zustand der Bebauung (§ 149 BewG) ist der Gebäudewert nach der erzielbaren üblichen Miete zu ermitteln, die nach Bezugsfertigkeit des Gebäudes zu erzielen wäre, wobei von diesem Wert nur 80 % als Gebäudewert anzusetzen sind. Der Grundstückswert ermittelt sich nach § 145 Abs 3 BewG.

### cc) Bewertung des Betriebsvermögens

**98** Regelungsgegenstand ist die Bewertung von Betriebsvermögen, die zum Zwecke der Erbschaftsteuerfestsetzung bei der Vererbung von Einzelunternehmen sowie Personengesellschaftsanteilen erforderlich ist. Bei Kapitalgesellschaften beschränkt sich die Bedeutung des Betriebsvermögens auf die Ermittlung des Vermögenswertes im Rahmen der Wertermittlung nach dem Stuttgarter Verfahren. § 12 Abs 5 ErbStG lässt eine eigenständige Wertermittlung im Rahmen der Vermögensaufstellung dadurch entbehrlich werden, dass die Steuerbilanzwerte vollständig zu übernehmen sind. Eine Ausnahme gilt nur für Betriebsgrundstücke, die mit dem Grundbesitzwert anzusetzen sind.

Maßgebend sind die Verhältnisse im Zeitpunkt der Entstehung der Steuer, wobei allerdings bei den Betriebsgrundstücken gemäß § 12 Abs 5 S 1 ErbStG iVm § 138 BewG der Stichtag 1. 1. 1996 maßgebend ist.

Bei einer Gegenüberstellung der Bewertung von Anteilen an Personen- und Kapitalgesellschaften ist festzuhalten, dass das derzeitige Recht die ertragsstarke Kapitalgesellschaft benachteiligt, weil bei ihr der relativ niedrige Vermögenswert durch einen sehr hohen Ertragswert mehr als kompensiert wird. Der Gesetzgeber hat es im Zuge des ErbStG 1997 leider versäumt, hier eine Gleichbehandlung unter den beteiligten Rechtsformen herbeizuführen. Dies wird die Tendenz verstärken, in die Rechtsform der GmbH & Co KG zu wechseln.

## 6. Steuerbefreiungen

**99** Die Steuerbefreiungen im Katalog des § 13 ErbStG sind größtenteils aus sich heraus verständlich, sodass nachfolgend nur die wesentlichen Steuerbefreiungen erläutert werden.

### a) Hausrat

Hinzuweisen ist auf die Steuerbefreiung des Hausrates einschließlich Wäsche und Kleidungsstücke, jedoch nur beim Erwerb durch Personen der Steuerklasse I und soweit der Wert insgesamt 41.000,00 € nicht übersteigt. Seit dem 1. 1. 1996 erfasst der im Gegensatz zur bisherigen Rechtslage verdoppelte Freibetrag jedoch nicht mehr Kunstgegenstände und Sammlungen. Der Freibetrag von 41.000,00 € wird jedem Erwerber der Steuerklasse I gewährt, sodass etwa bei Erwerb durch drei Erben, die der Steuerklasse I angehören, Hausrat bis zur Höhe von 123.000,00 € steuerfrei ist.

---

[90] OFD München v 27. 7. 1999, abgedruckt in: Beck'sche Textausgaben, Steuererlasse, Nr 200, § 148/2.

Andere bewegliche körperliche Gegenstände sind beim Erwerb durch Personen der Steuerklasse I im Wert von insgesamt 10.300,00 € pro Erwerber steuerfrei.

Sind Erwerber der vorstehenden Gegenstände Personen der Steuerklassen II und III, beträgt der Wert 10.300,00 €. Ausgenommen von sämtlichen vorstehenden Befreiungen sind Gegenstände, die zum land- und forstwirtschaftlichen Vermögen, zum Grundvermögen oder zum Betriebsvermögen gehören sowie Zahlungsmittel, Wertpapiere oä.

#### b) Erwerb durch Eltern

100 § 13 Abs 1 Ziff 6 ErbStG befreit den Erwerb, der Eltern, Adoptiveltern, Stief- oder Großeltern des Erblassers anfällt, sofern der Erwerb zusammen mit dem übrigen Vermögen des Erwerbers 41.000,00 € nicht übersteigt und der Erwerber erwerbsunfähig ist oder durch Führung eines gemeinsamen Hausstandes mit erwerbsunfähigen oder in der Ausbildung befindlichen Abkömmlingen in der Ausübung einer Erwerbstätigkeit gehindert ist. Angesprochen sind die Fälle, in denen ein Mitglied der jüngeren Generation verstirbt und von seinen Eltern beerbt wird. Unter den vorgenannten Voraussetzungen soll die Erbschaftsteuer nicht erhoben werden. Dem liegt die Überlegung zugrunde, dass bei diesem Erwerberkreis mit geringem Vermögen der Tod des Erblassers eine besonders harte Auswirkung hat, zumal der gesetzliche Unterhaltsanspruch entfallen ist.

#### c) Freibetrag für Personen, die Pflegeleistungen erbracht haben

101 § 13 Abs 1 Ziff 9 ErbStG gewährt einen Freibetrag von 5.200,00 € für einen steuerpflichtigen Erwerb, der Personen anfällt, die dem Erblasser unentgeltlich oder gegen unzureichendes Entgelt Pflege oder Unterhalt gewährt haben, soweit das Zugewendete als angemessenes Entgelt anzusehen ist. Diese Vorschrift wird durch die steigende Lebenserwartung der Bevölkerung an Bedeutung gewinnen. Pflege ist nicht gleichzusetzen mit Verpflegung. Sie geht insoweit darüber hinaus, als sie die allgemeine Fürsorge, insbesondere die Krankenpflege umfasst. Unter Unterhalt ist neben Verpflegung auch Unterkunft und Kleidung zu verstehen. Es ist jeweils im Einzelfall zu prüfen, ob eine unentgeltliche oder unzureichende Entgeltsgewährung vorliegt. Ist dies der Fall, ist für die Steuerfreiheit noch Voraussetzung, dass das Zugewendete als angemessenes Entgelt anzusehen ist. Handelt es sich somit nur um kleinere Handreichungen, ist die Zuwendung von 5.200,00 € unter Umständen unangemessen, sodass der Freibetrag nicht zur Anwendung kommt. Der Freibetrag wird nicht gewährt, wenn die Pflegeleistungen darauf beruhen, dass der Erblasser dem Erben zugesagt hat, ihn zum Erben einzusetzen und der Erbe den Erblasser daraufhin pflegt. Dieser Vergütungsanspruch ist Nachlassverbindlichkeit iSd § 10 Abs 5 Ziff 1 ErbStG.[91]

#### d) Rückfall geschenkten Vermögens

102 Steuerfrei ist der Rückfall geschenkter Vermögensgegenstände an Eltern oder Großeltern gemäß § 13 Abs 1 Nr 10 ErbStG. Es muss sich dabei um Vermögensgegenstände handeln, die vorab durch Schenkung oder Übergabevertrag im Wege vorweggenommener Erbfolge dem Erblasser von dem vorgenannten Personenkreis zugewendet worden sind. Mit dieser Regelung soll verhindert werden, dass ein und derselbe Vermögensgegenstand unter Umständen dreimal belastet wird, indem zunächst der erste Erwerb der Schenkungsteuer, der Rückfall der Erbschaftsteuer und unter Umständen die erneute Schenkung an einen anderen Abkömmling erneut der Schenkungsteuer unterliegt. Der Rückfall einer Schenkung wegen Eintritts einer auflösenden Bedingung oder aufgrund eines Rückforde-

---

[91] BFH v 9. 11. 1994, DB 1995, 354.

rungsanspruchs fällt nicht in den Anwendungsbereich des § 13 Abs 1 Ziff 10 ErbStG, da es sich nicht um einen Erwerb von Todes wegen handelt. § 13 Abs 1 Ziff 10 ErbStG setzt nicht voraus, dass die Schenkung des Gegenstandes, der durch Erbfall zurückfällt, steuerpflichtig war. Selbst wenn der Schenker im Rahmen der ihm obliegenden Unterhaltspflicht gehandelt hat, handelte es sich um privilegiertes Vermögen, dessen Rückfall nicht zu einer Erbschaftsteuer führt. Ob der Rückfall auf gesetzlicher oder gewillkürter Erbfolge beruht, ist ohne Belang.

In der Praxis die größten Schwierigkeiten bereitet das Merkmal der Nämlichkeit (= Identität), denn die Befreiungsvorschrift ist nur anwendbar, wenn die rückfallenden Vermögensgegenstände dieselben wie die zugewendeten Gegenstände sind.[92] Um diese Problematik zu vermeiden, sollte in der Praxis schon die schenkweise Zuwendung unter der auflösenden Bedingung durchgeführt werden, dass der zuwendende Elternteil das Kind überlegt. Denn in diesem Fall wird der Schenkungsteuertatbestand gemäß § 29 Abs 1 Ziff 1 ErbStG aufgehoben, ohne dass es hierfür des strengen Kriteriums der Nämlichkeit bedarf.

Wertveränderungen des Gegenstandes, die nicht auf Aufwendungen des Beschenkten beruhen, stehen der Steuerbefreiung nicht entgegen. Hat der Beschenkte und spätere Erblasser hingegen Verwendung auf den Gegenstand vorgenommen, ist der dadurch entstandene Mehrwert erbschaftsteuerpflichtig.[93]

### e) Pflichtteilsverzicht

Der Verzicht auf einen Pflichtteilsanspruch ist keine Bereicherung und damit nicht als Schenkung zu erfassen. Wird für den Verzicht eine Gegenleistung gewährt, handelt es sich um einen Tatbestand, der beim Erwerber nach § 3 Abs 2 Ziff 4 ErbStG zu erfassen ist, während der Erbe den entrichteten Betrag als Nachlassverbindlichkeit gemäß § 10 Abs 5 ErbStG abziehen kann.

### 7. Steuervergünstigungen von Betriebsvermögen

Eine wichtige Privilegierung des Betriebsvermögens wurde bereits angesprochen: nämlich der Ansatz der Steuerbilanzwerte bei der Ermittlung des Einheitswertes des Betriebsvermögens. Darüber hinaus ist durch § 13a ErbStG das Betriebsvermögen weiter entlastet worden, um dessen sozialer Bindung entsprechend den Vorgaben des BVerfG[94] Rechnung zu tragen.

Es bestehen zwei Vergünstigungen: der Freibetrag für Betriebsvermögen von 256.000,00 € (§ 13a Abs 1 ErbStG) sowie der Bewertungsabschlag von 40 % auf das nach Kürzung um den Freibetrag verbleibende Betriebsvermögen (§ 13a Abs 2 ErbStG). Begünstigt ist nur inländisches Betriebsvermögen iSd § 12 Abs 5 ErbStG. Der Freibetrag erfasst die Wirtschaftsgüter von Einzelunternehmern, Anteile an Personengesellschaften iSd § 15 EStG einschließlich deren Sonderbetriebsvermögen, Freiberuflerpraxen sowie Beteiligungen an inländischen Kapitalgesellschaften, falls der Erblasser am Nennkapital dieser Gesellschaft zu mehr als einem Viertel unmittelbar beteiligt war. Ob einbringungsgeborene Anteile an Kapitalgesellschaften in den Anwendungsbereich des § 13a Abs 4 ErbStG einzubeziehen sind, ist streitig,[95] jedoch zu bejahen, denn es handelt sich insoweit um Fortführung von Betriebsvermögen iSd § 12 Abs 5 ErbStG lediglich in anderer ertragsteuerlich verstrickter Rechtsform. Um Betriebsvermögen handelt es sich auch bei

---

92 BFH v 22. 6. 1994, 1692 mit Anm FELIX. lich zu § 13 Abs 1 Ziff 10 JÜLICHER ZEV 1995,
93 MEINCKE, ErbStG § 13 RdNr 29, ausführ-
212, 244.
94 V 22. 6. 1995, DB 1995, 1740.
95 Überblick bei PILTZ ZEV 1997, 61.

den so genannten Geprägegesellschaften iSd § 15 Abs 3 Ziff 2 EStG. Dies wird in der Praxis das Einfallstor sein, mit dem Privatvermögen gezielt in Betriebsvermögen überführt wird, um zumindest sich bei Privatvermögen, das in Zukunft keine höheren Wertsteigerungen aufweisen wird, die erbschaftsteuerrechtlichen Vorteile der Einordnung als Betriebsvermögen zu verschaffen.

**104** Der Freibetrag erfasst nicht nur den Erwerb durch Erbanfall (Erbenstellung), sondern jeden Erwerb von Todes wegen iSd § 3 Abs 1 ErbStG. Dies hat zur Folge, dass auch der Vermächtnisnehmer, an den in Erfüllung eines Vermächtnisses begünstigtes Vermögen übertragen wird, den Freibetrag in Anspruch nehmen kann. Nicht schlüssig geregelt ist in den Erbschaftsteuerrichtlinien die Behandlung der Übertragung von Betriebsvermögen durch den Erben auf den Vermächtnisnehmer und/oder Pflichtteilsberechtigten durch Leistungen an Erfüllungs statt oder als Abfindung auf den Verzicht auf Vermächtnis- oder Pflichtteilsansprüche. Nach R 55 Abs 4 S 2 ErbStR sind Erwerbe nicht begünstigt, die ursprünglich auf eine Geldleistung gerichtet sind, auch wenn an Erfüllungs statt begünstigtes Vermögen übertragen wird. Dies hat zur Folge, dass weder Erbe noch Erwerber § 13a ErbStG in Anspruch nehmen können (R 55 Abs 4 S 2 ErbStR). Wird hingegen begünstigtes Vermögen als Abfindung für den Verzicht auf einen entstandenen Pflichtteilsanspruch oder für die Ausschlagung einer Erbschaft oder eines Vermächtnisses übertragen, ist der Erwerb der Abfindung in der Person des Erwerbers nicht begünstigt, weil nicht der Erblasser selbst das begünstigte Vermögen dem Erwerber zugewiesen hat. Die Vergünstigung soll allein dem Erben zustehen (R 55 Abs 4 S 4, 5 ErbStR).[96] Dabei ist nicht recht erkennbar, warum diese Differenzierung getroffen wird. Entscheidend sollte allein sein, dass der Erwerb seine Ursache in der Erbfolge im weiteren Sinne nach dem Erblasser hat. Noch nicht in den Anwendungsbereich des § 13a Abs 1 ErbStG fällt jedoch der Erwerb aufgrund einer Leistung an Erfüllungs Statt auf Pflichtteilsberechtigte, Erbersatzanspruchsberechtigte und Vermächtnisnehmer. Denn in diesem Fall hat dieser Personenkreis als Erwerb von Todes wegen einen Anspruch erworben, der sich nicht auf das im späteren zu Eigentum übertragene Betriebsvermögen richtet. Mit der Praxis, Betriebsvermögen als Leistung an Erfüllungs Statt auf den vorgenannten Personenkreis zur Erfüllung von Pflichtteils- und Vermächtnisansprüchen zu übertragen, sollte daher sehr zurückhaltend umgegangen werden.

Bei Vor- und Nacherbschaft steht der Freibetrag dem Vorerben bei Eintritt des Erbfalls und danach dem Nacherben wiederum bei Eintritt des Nacherbfalls zu. Wird der Nacherbfall nicht durch den Tod des Vorerben ausgelöst, so steht dem Nacherben der Freibetrag zu, wie sich aus § 6 Abs 3 ErbStG ergibt. Der vorzeitige Erwerb des Nacherbschaftsvermögens durch Vereinbarung zwischen Vor- und Nacherben ist kein Erwerb durch Erbanfall, sondern unter Umständen eine Schenkung im Wege der vorweggenommenen Erbfolge, auf die erneut § 13a ErbStG zur Anwendung kommt.

**105** § 13a ErbStG eröffnet Gestaltungen im Bereich der Fortsetzungs- und Nachfolgeklauseln bei Personengesellschaften. Nach § 3 Abs 1 Ziff 2 S 2 ErbStG gilt auch der Erwerb eines Gesellschaftsanteils im Wege der Anwachsung durch die verbleibenden Gesellschafter (Fortsetzungsklausel) als Erwerb von Todes wegen, soweit die Abfindungszahlung entweder vollständig ausgeschlossen ist oder sie unter dem Steuerwert des Anteils liegt. Durch die Einordnung dieses Erwerbes, der

---

**96** Kritisch auch HÜBNER in: VISKORF ua, ErbStG, § 13a RdNr 12.

sich kraft Gesellschaftsrecht vollzieht, in den Katalog der Erwerbe von Todes wegen, ist zugleich der Weg in den § 13a Abs 1 ErbStG eröffnet. Die Mitgesellschafter können somit den Freibetrag in Anspruch nehmen. Bei der einfachen Nachfolgeklausel im Gesellschaftsvertrag wird die Beteiligung vererblich gestellt, sodass im Erbfall die Erben automatisch und einzeln in die Personengesellschaft einrücken. Erbschaftsteuerlich ist somit im Ergebnis jedem Miterben ein seiner Quote entsprechender Teil der Beteiligung des Erblassers (anteiliger Einheitswert des Betriebsvermögens) zuzurechnen. Dieser Erwerb ist begünstigt nach § 13a Abs 1 ErbStG. Bei der qualifizierten Nachfolgeklausel werden hingegen nur bestimmte Personen zur Nachfolge in den Gesellschaftsanteil zugelassen, sodass die Beteiligung nur eingeschränkt vererblich gestellt ist. Diese Verbindung zwischen Erbrecht und Gesellschaftsrecht stellt sich in der Weise dar, dass der Gesellschaftsanteil nicht in den gesamthänderisch gebundenen Nachlass fällt, sondern unmittelbar dem zum Nachfolger berufenen Erben anfällt. Allerdings ist der Anteil im Rahmen der Erbauseinandersetzung wertmäßig »einzurechnen«, sodass unter Umständen Ausgleichszahlungen zu erfolgen haben. Deshalb ist für die Erbschaftsbesteuerung der Miterben vom Wert des Nachlasses **einschließlich** des Wertes des Gesellschaftsanteils auszugehen. Den Miterben wird somit entsprechend ihrer Erbquote der Gesellschaftsanteil zugerechnet, der Steuerwert des Anteils wird nicht isoliert dem zur Nachfolge berechtigten qualifizierten Nachfolger zugerechnet. Es handelt sich erbschaftsteuerlich um eine abgekürzt vollzogene Teilungsanordnung.[97] Dies hat zur Folge, dass erbschaftsteuerrechtlich sowohl bei der einfachen als auch bei der qualifizierten Nachfolgeklausel der Freibetrag den Erben entsprechend der Erbquoten zusteht. Ist dies vom Erblasser nicht gewünscht, bleibt ihm nur die Möglichkeit, durch Verfügung von Todes wegen oder sonstige schriftliche Erklärung den Freibetrag abweichend von den Erbquoten einzelnen Begünstigten zuzuweisen. Eine Automatik, nach der der Freibetrag dem qualifizierten Nachfolger zusteht, gibt es nicht.

**106** Enthält der Gesellschaftsvertrag eine so genannte Eintrittsklausel mit dem Inhalt, dass die Erben zunächst ausscheiden, die Gesellschaft unter den verbleibenden Gesellschaftern fortgesetzt wird und die Erben innerhalb eines bestimmten Zeitraums durch Erklärung gegenüber der Gesellschaft wieder eintreten können, ist durch R 55 Abs 2 S 3 ErbStR[98] konzediert worden, dass die Erben durch Erbanfall erwerben. Diese Auffassung ist für den Steuerpflichtigen äußerst günstig, gleichwohl nicht nachvollziehbar, da infolge der Fortsetzungsklausel die Beteiligung unter gleichzeitigem Ausscheiden der Erben den Mitgesellschaftern anwächst. Der Wiedereintritt in die Gesellschaft vollzieht sich auf der Grundlage des Gesellschaftsvertrages und dürfte daher nicht als Erwerb von Todes wegen einzuordnen sein. Um Probleme zu vermeiden, ist auf die sorgfältige Koordination zwischen Gesellschaftsvertrag und erbrechtlicher Regelung zu achten. Dies zeigt insbesondere der Fall der fehlgeschlagenen Nachfolgeklausel. Decken sich Gesellschaftsvertrag und Erbrecht nicht, weil etwa eine nicht in den Anteil nachfolgeberechtigte Person zum Erben berufen ist, mag zwar unter Umständen die gesellschaftsvertragliche Regelung als Eintrittsklausel auszulegen sein. Sichergestellt ist diese mangels einschlägiger Rechtsprechung jedoch nicht, sodass auch nicht auszuschließen ist, dass in dem Fall der Anteil an die Mitgesellschafter übergeht und diese in den Vorteil des Betriebsvermögensfreibetrages von 256.000,00 € gelangen.

---

[97] BFH v 1. 4. 1992, DB 1992, 1865.   [98] BStBl I 1998, Sondernummer 2.

**107** Der Bewertungsabschlag in Höhe von 40 % steht abweichend von der Freibetragsregelung, die nur einmalig in Anspruch genommen werden kann, bei jeder Zuwendung begünstigten Vermögens zur Verfügung und wird lediglich in der Weise begrenzt, dass das den eingreifenden Freibetrag von 256.000,00 € übersteigende Betriebsvermögen begünstigt ist. Es gibt weder eine Sperrfrist noch eine personenbezogene Beschränkung.

**108** Maßnahmen der Erbauseinandersetzung haben weder auf die Besteuerung des Erbanfalls noch auf die Teilung des Freibetrages Einfluss. Auch eine Teilungsanordnung mit dem Inhalt, dass das Betriebsvermögen einem der Erben zugewiesen wird, hat nicht zur Folge, dass der Freibetrag abweichend von den Erbquoten aufgeteilt wird, sofern nicht der Erblasser eine anderweitige Anordnung getroffen hat. Ein »Transport« des Freibetrages ist nach § 13a Abs 3 ErbStG nur dann zulässig, wenn der Erbe erworbenes Vermögen aufgrund einer letztwilligen Verfügung oder rechtsgeschäftlichen Verfügung des Erblassers auf einen Dritten überträgt. Angesprochen ist die Übertragung in Erfüllung eines Sachvermächtnisanspruches. In diesem Fall geht der Freibetrag oder Freibetragsanteil auf den Vermächtnisnehmer über, ggf bei mehreren untereinander zu gleichen Teilen.

In der Praxis zu beachten sind die so genannten Behaltensfristen des § 13a Abs 5 ErbStG. Danach fallen Freibetrag oder Freibetragsanteil sowie der verminderte Wertansatz mit Wirkung für die Vergangenheit weg, soweit der Erwerber innerhalb von fünf Jahren nach dem Erwerb das Vermögen veräußert. Die Einzelheiten dieser Regelung sind ausgesprochen kompliziert und können im Rahmen dieser Abhandlung nicht im Detail dargestellt werden. Es sei auf die einschlägigen Kommentierungen zum ErbStG verwiesen.

**109** Verbindlichkeiten, die mit nach § 13a ErbStG befreitem Betriebsvermögen im wirtschaftlichen Zusammenhang stehen, sind in vollem Umfang abzugsfähig. Erfasst sind Fälle, in denen begünstigtes Vermögen fremdfinanziert ist und insbesondere der Gesellschafter einer Personengesellschaft seine Beteiligung fremdfinanziert hat. Würde in diesem Fall der Schuldenabzug nach § 10 Abs 6 S 1 ErbStG verwehrt, hätte dies zur Folge, dass die Entlastung sich in ihr Gegenteil verkehren würde. Da Betriebsvermögen in aller Regel auch steuerlich unter dem Verkehrswert angesetzt wird, besteht bei Gegenüberstellung des Steuerwertes des Anteils gegen die Fremdverbindlichkeit des Gesellschafters in aller Regel ein Schuldenüberhang, der steuerlich nicht berücksichtigt werden könnte. Um dies zu vermeiden, nimmt § 10 Abs 6 S 4 ErbStG diese Verbindlichkeiten vom Verbot des Schuldenabzugs aus.

### 8. Berücksichtigung früherer Erwerbe

**110** Nach § 14 ErbStG sind mehrere innerhalb von zehn Jahren von derselben Person anfallende Vermögensvorteile in der Weise zusammenzurechnen, dass dem letzten Erwerb die früheren Erwerbe nach ihrem **früheren Wert** zugerechnet werden. Von der Steuer für den Gesamtbetrag wird diejenige abgezogen, welche für die früheren Erwerbe nach den persönlichen Verhältnissen des Erwerbers und auf der Grundlage der geltenden Vorschriften zur Zeit des letzten Erwerbes zu erheben gewesen wäre. Diese Regelung will steuerliche Vorteile verhindern, die durch nacheinander erfolgende Zuwendungen erzielt werden könnten. § 14 ErbStG ist eine Vorschrift, die die Steuerprogression für den letzten Erwerb verändert. Eine Wertminderung hinsichtlich der Vorerwerbe innerhalb der Zehn-Jahres-Frist findet nicht statt. Ist der Wert in einem bestandskräftigen Schenkungsteuerbescheid für die Vorschenkung ermittelt, ist das Finanzamt an diese Festsetzung gebunden.⁹⁹ Der Zehn-Jahres-Zeitpunkt beginnt bei Vorschenkungen, die in Grundbesitz bestehen, mit Ausführung der Schenkung. Diese ist iS des Schenkungsteuerrechts ausgeführt, wenn der Beschenkte ohne Mitwirkung des Schenkers in der Lage ist, die für die Eigentumsumschreibung erforderlichen Unterlagen unverzüglich dem Grundbuchamt einzureichen und damit die Wirkung des § 17 GBO zu erreichen.¹⁰⁰ Voraussetzung ist ferner, dass die Erwerbe von derselben Person stammen. Bei Zwischenschaltung weiterer Personen ist zu prüfen, ob die zwischengeschaltete Person in der Verwendung des Vermögensgegenstandes frei ist. Will zB der Vater die Zusammenrechnung vermeiden und schenkt er dem Sohn innerhalb des Zehn-Jahres-Zeitraumes über die Mutter einen Vermögensgegenstand, findet im Falle des Todes des Vaters innerhalb des Zehn-Jahres-Zeitraumes eine Zusammenrechnung statt, wenn die Mutter in der Verwendung des Vermögensgegenstandes nicht frei war, sie mithin gegenüber dem Ehemann verpflichtet war, den Vermögensgegenstand an den gemeinsamen Sohn unentgeltlich weiter zu übertragen.¹⁰¹ Die Zusammenrechnung mehrerer Erwerbe ist in der Weise durchzuführen, dass die Vorerwerbe in ihrem Wert mit dem letzten Erwerb zu addieren sind, den sie bei der früheren Veranlagung hatten. Eine Wertveränderung hat somit auf die Berechnung der Steuer für den Letzterwerb keinen Einfluss. Von der Steuer auf den Letzterwerb ist die Steuer auf den Ersterwerb abzuziehen. Bei unveränderten Steuersätzen ist die Schuld von der Steuer auf den Letzterwerb abzuziehen, die für den Ersterwerb zu zahlen ist.

Dieser Idealfall ist in der Praxis allerdings nicht der Regelfall. Insbesondere durch Veränderungen der Steuerklassen und Tarife kann sich eine fiktive Steuer für den Vorerwerb ergeben, die von der tatsächlich gezahlten Steuer abweicht. Die Besteuerung des Gesamterwerbes wird damit stärker an das neue Recht gebunden. Bei im Zeitpunkt des Letzterwerbes gegenüber dem Vorerwerb gestiegenen Freibeträgen und ggf. gesunkenen Steuersätzen ergibt sich eine niedrigere fiktive anrechenbare Steuer auf den Ersterwerb, da dessen Steuer nach § 14 Abs 1 S 1 ErbStG nach den Verhältnissen im Zeitpunkt des Letzterwerbes zu ermitteln ist, wobei lediglich die Bewertung nach den Verhältnissen im Zeitpunkt des Vorerwerbes zu ermitteln ist. Dies kann zu dem paradoxen Ergebnis führen, dass sich eine günstigere Rechtslage durch erhöhte Freibeträge zu Lasten des Steuerpflichtigen auswirkt, da sie zu einer niedrigeren anrechenbaren Steuer auf den Vorerwerb führt. Dies ist durch die Anpassung der Freibeträge durch das Jahressteuergesetz 1997 insbesondere für die Schnittstelle zwischen Anwendung des alten und neuen Rechts im Bereich der angehobenen Freibeträge durch das Jahressteuergesetz 1997 zu beobachten. Sofern durch den höheren Freibetrag eine niedrigere fiktive Steuer auf den Ersterwerb entsteht, wirkt sich dies zum Nachteil des Steuerpflichtigen aus, weil ein niedrigerer Betrag von der Steuer auf den Gesamterwerb abzuziehen ist. Die parallele Problematik ergab sich schon bei Einführung des ErbStG 1974. Hierzu hat der BFH¹⁰² die Auffassung vertreten, dass bei Ermittlung der fiktiven Steuer auf den Vorerwerb niedrigerer Freibeträge alten Rechts oder eine ungünstigere Steuerklasse heranzuziehen sind. Allerdings sollten die ungünstigeren Steuersätze unberücksichtigt bleiben. Diese durch den Gesetzeswortlaut nicht gedeckte Auffassung des BFH ist ab 1. 1. 1996 in § 14 Abs 1

---

**99** FG Düsseldorf v 27. 4. 1983, EFG 1984, 77, zu ungelösten Problemen sehr instruktiv JÜLICHER ZEV 1997, 275.
**100** KAPP-EBELING, ErbStG, § 14 RdNr 59 f.
**101** Die Rspr zu den Kettenschenkungen ist auf diesen Sachverhalt übertragbar, BFH v 13. 10. 1993, II R 92/91, ZEV 1994, 53 mit Anm PILZ und RID.
**102** BFH v 18. 2. 1987, DB 1987, 1024.

S 2 ErbStG in das Gesetz aufgenommen worden. Danach ist die tatsächlich für den früheren Erwerb zu entrichtende Steuer abzuziehen, wenn diese höher ist als die fiktive anzurechnende Steuer. Eines Antrages bedarf es hierzu nicht. Die Berechnung hat das Finanzamt von Amts wegen durchzuführen. Dies kann im Einzelfall sogar dazu führen, dass die tatsächliche Steuer für den Vorerwerb infolge der gestiegenen Freibeträge und zugunsten der Steuerpflichtigen veränderten Steuerklassen höher ist als die Steuer für den Gesamterwerb, sodass sich rechnerisch ein Erstattungsbetrag ergibt. Zu einer Steuererstattung kommt es allerdings nicht, weil insoweit eine Rechtsgrundlage fehlt.[103] § 14 ErbStG regelt nur die **Anrechnung** der Steuer auf den Gesamterwerb. Dies kann nicht zu einer Erstattung führen. In diesen Fällen sollte jedoch der Steuerpflichtige erwägen, durch letztwillige Verfügung dem Begünstigten, an den er bereits einen anrechenbaren Vorerwerb erbracht hat, soviel von Todes wegen zuzuwenden, dass die Steuer für den Gesamterwerb die Steuer für die frühere Zuwendung erreicht. Lässt sich dies bei unentgeltlichen Zuwendungen unter Lebenden steuern, ist selbstverständlich bei Erwerben von Todes wegen eine exakte Berechnung kaum möglich. Eine Zusammenrechnung ist nicht vorzunehmen, wenn Vorerwerbe einer qualitativen Steuerbefreiung unterlegen haben. Als Beispiel sei die Befreiung von Betriebsvermögen im Wege der vorweggenommenen Erbfolge nach § 13a Abs 1 ErbStG genannt. Die Zusammenrechnung würde in den Fällen auch keinen Sinn ergeben, in denen qualitative Steuerbefreiung auch im Zeitpunkt des Letzterwerbes noch vorhanden ist und in Anspruch genommen werden kann.

112 Die Zusammenrechnung mit einer steuerlich negativen Zuwendung ist nach § 14 Abs 1 S 3 ErbStG ausgeschlossen. Dies ist nicht völlig überzeugend, da beim Gesamterwerb fingiert wird, dass der gesamte Vermögensanfall erst im Zeitpunkt des Letzterwerbes zu erfassen ist. In diesem Fall wären jedoch positive und negative Werte zu saldieren. Es ist nicht recht nachvollziehbar, warum dies nicht gelten soll, wenn innerhalb des Zehn-Jahres-Zeitraumes Zuwendungen mit positiven und negativen Werten vorgenommen werden sollen.

### 9. Steuerklasse, Freibeträge, Steuersätze
#### a) Steuerklassen (§ 15 ErbStG)

113 § 15 ErbStG enthält drei Steuerklassen. Die Besteuerung stellt dabei auf das persönliche Verhältnis des Erwerbers zum Erblasser ab. Maßgebend für die Bildung der Steuerklassen ist das nach Bürgerlichem Recht bestehende Verwandtschaftsverhältnis. Ist Erwerber eine Personengesellschaft oder andere Gesamthandsgemeinschaft, ist für die Anwendung der Steuerklasse das Verwandtschaftsverhältnis der Gesamthänder zum Erblasser maßgebend.[104]

#### aa) Erfasster Personenkreis der Steuerklasse I

114 Auf den Erwerb des Ehegatten findet Steuerklasse I Anwendung, wenn die Ehe bis zum Tod des Erblassers bestanden hat. In diesem Zusammenhang ist unerheblich, ob bereits im Zeitpunkt des Todes des Erblassers ein Scheidungsantrag gestellt war. Die in diesen Fällen bestehenden Beschränkungen des Erbrechts nach § 1933 BGB schlagen auf die erbschaftsteuerliche Beurteilung nicht durch. Anwendbar ist Steuerklasse I bis zur Auflösung der Ehe durch Scheidung. Der geschiedene Ehegatte fällt in die Steuerklasse II.

Diese Regelung, die im Interesse der Rechtssicherheit durchaus zu begrüßen ist, hat allerdings für die Steuerpflichtigen nachteilige Wirkungen, wenn sich die

---

[103] BFH v 17. 10. 2001, ZEV 2002, 77.    [104] BFH v 14. 9. 1994, DB 1995, 354.

Ehegatten nach Scheidung der Ehe wieder versöhnt haben, jedoch vor einer erneuten Heirat einer der Ehegatten verstirbt. In diesem Fall bleibt es bei der Anwendung der Steuerklasse II. Auch eine Besteuerung aus Billigkeitsgründen unter Anwendung der Steuerklasse I kommt nicht in Betracht.[105] Nichteheliche Lebenspartner fallen ebenso wenig in die Steuerklasse I wie der Partner einer eingetragenen (gleichgeschlechtlichen) Lebenspartnerschaft.

Kinder iSd Steuerklasse I sind nicht nur eheliche und nichteheliche Kinder, sondern auch Adoptivkinder sowie Stiefkinder. Die Kinder von Adoptivkindern fallen nicht in den Anwendungsbereich der Steuerklasse I, sofern sich nicht die Wirkung der Adoption auch auf sie erstreckt.

Für den Bereich der Stiefkinder ist festzuhalten, dass nichteheliche Kinder eines Ehegatten Stiefkinder des anderen Ehegatten sind, sodass auf diesen Personenkreis die Steuerklasse I zur Anwendung kommt.

Abweichend von der Behandlung bei Schenkungen sind Enkelkinder schlechthin in die Steuerklasse I einbezogen. Dies gilt auch, sofern die Zwischengeneration noch nicht verstorben war. Unterschiede ergeben sich lediglich bei den Freibeträgen (dazu sogleich b).

Im Zeitpunkt des Entstehens der Steuer erzeugte, aber noch nicht lebende Personen der Steuerklasse I, gelten als bereits geboren.[106]

Die oft steuerlich motivierte Adoption von Personen verschafft diesem Erwerberkreis die Vergünstigung der Steuerklasse I. Sofern Betriebsvermögen vererbt werden soll, ist festzuhalten, dass aufgrund der Tarifbegrenzung des § 19a ErbStG die Adoption nicht mehr zwingend erforderlich ist. Lediglich wenn zu erwarten ist, dass die Behaltensfristen des § 19a Abs 4, 5 ErbStG nicht beachtet werden können oder sollen, bleibt es bei den Vorteilen, die mit einer Adoption verbunden sind. Ist auch oder allein nicht begünstigtes Vermögen vorhanden, das im Wege des Erbfalls auf den »Adoptionskandidaten« übertragen werden soll, bleibt allerdings zu prüfen, ob nicht die Adoption im Einzelfall zur Steuerminimierung angestrebt werden sollte. Ein Missbrauch kann in der Adoption nicht gesehen werden.[107]

Eltern und Großeltern fallen in die Steuerklasse I, wenn sie aufgrund eines Erwerbes von Todes wegen begünstigt sind.

#### bb) Erfasster Personenkreis der Steuerklasse II
In die Steuerklasse II fallen die Geschwister, wobei es unerheblich ist, ob es sich um voll- oder halbgebürtige Geschwister handelt.

In die Steuerklasse II eingestuft sind auch Abkömmlinge ersten Grades von Geschwistern, mithin die Kinder der Geschwister, nicht jedoch die Enkelkinder der Geschwister. Unter Abkömmlingen ersten Grades sind auch Adoptivkinder von Geschwistern erfasst, wobei es unerheblich ist, ob sich die Wirkung der Adoption nicht auf Verwandte des Annehmenden erstrecken und die Adoptivkinder mit dem Erblasser selbst daher nicht verwandt sind.

In die Steuerklasse II fallen ferner die Stiefeltern, mithin ein Ehepartner zweiter Ehe im Verhältnis zu den Kindern erster Ehe.

Die von Steuerklasse II ebenfalls erfassten Schwiegerkinder behalten diese für sie günstige Steuerklasse auch dann, wenn die Ehe im Zeitpunkt des Erwerbes be-

---

**105** FG Münster v 30. 8. 1990, EFG 1991, 199.
**106** EBELING-GECK, Hdb der Erbengemeinschaft und Erbauseinandersetzung, II RdNr 1043.
**107** RFH RStBl 1942, 1118.

reits aufgelöst ist, da nach § 1590 Abs 2 BGB die Wirkungen der Schwägerschaft auch über den Bestand der Ehe hinaus andauern.[108]

Wie bereits erwähnt, ist der geschiedene Ehegatte in die Steuerklasse II einzuordnen. Dies gilt auch, wenn die Ehe nicht durch Scheidung, sondern aufgrund einer Eheauflösung beendet worden ist oder die Ehe von vornherein nichtig war.[109]

Jetzt endgültig geklärt ist die in der Praxis nicht häufige, aber durchaus nicht auszuschließende Bewertung der Übertragung von Vermögen durch Erwerb von Todes wegen auf einen Verlobten. Nach Auffassung des Finanzgerichts Baden-Württemberg ist aus Billigkeitsgründen die Steuerklasse III (jetzt II) anzuwenden, während das Finanzgericht Hamburg[110] den Erwerb der Steuerklasse IV (jetzt III) zugrunde legt. Der BFH[111] vertritt die Auffassung, dass auch ein Anspruch auf Teilerlass aus Billigkeitsgründen abzulehnen ist. Es wird somit schematisch auf die zivilrechtliche Ehe abgestellt.

### cc) Steuerklasse III als Auffangtatbestand

116 Alle übrigen Erwerber fallen in die Steuerklasse III. Dies gilt insbesondere für juristische Personen, sodass insbesondere bei Abfassung von Unternehmertestamenten darauf geachtet werden sollte, eine Kapitalgesellschaft nicht als Erwerber von Todes wegen einzusetzen. Die steuerlichen Auswirkungen können sich als katastrophal erweisen.

### dd) Besonderheiten bei der Familienstiftung (§ 15 Abs 2 S 1 ErbStG)

117 Ist die Stiftung im Interesse einer Familie im Inland errichtet, ist abweichend von den vorstehenden Steuerklassen die Steuerklasse III nicht anzuwenden, sondern der Besteuerung vielmehr das Verwandtschaftsverhältnis zugrunde zu legen, das zwischen dem nach der Stiftungsurkunde entferntest Berechtigten zu dem Erblasser besteht. Hierbei vertritt die Finanzverwaltung[112] die Auffassung, dass die Steuerklasse I nur dann zur Anwendung kommt, wenn neben dem Stifter nur die Kinder sowie die Kinder vorverstorbener Kinder bezugsberechtigt sein sollen. Da in der Praxis der auf Dauer ausgerichteten Familienstiftung im Ergebnis auch Enkelkinder oder weitere Personen der Generationenfolge begünstigt werden sollen, findet die Steuerklasse II Anwendung. Dieser Auffassung, die im Schrifttum[113] mit Recht kritisiert wird, verschließt es den Familienstiftungen, in die Anwendung der Steuerklasse I zu gelangen.

Stiftungsberechtigt sind alle Personen, die nach der Satzung Vermögensvorteile aus dem Vermögen der Stiftung erlangen können.

Da die Familienstiftung im Abstand von 30 Jahren der Erbersatzsteuer unterliegt (§ 1 Abs 1 Ziff 4 ErbStG), ist der doppelte Freibetrag gemäß § 16 Abs 1 Ziff 2 ErbStG anzusetzen, mithin insgesamt 410.000,00 € (§ 15 Abs 2 S 3 ErbStG). Es findet Anwendung der Steuersatz der Steuerklasse I, der bei Erwerb der Hälfte des steuerpflichtigen Vermögens gelten würde, sodass unterstellt wird, dass die Steuer so erhoben wird, als wenn das Vermögen auf zwei Personen der Steuerklasse I übergehen würde.

---

**108** RFH BStBl 1926, 115.
**109** BFH v 22. 10. 1986, DB 1987, 466; MOENCH, ErbStG, § 15 RdNr 9; vgl auch BLUMENTHAL DStR 1983, 261.
**110** FB Baden-Württemberg v 4. 10. 1984, EFG 1985, 249, FG Hamburg v 28. 10. 1987,
EFG 1988, 184.
**111** V 23. 3. 1998, DB 1998, 1215 = ZEV 1998, 272.
**112** Erl FinMin NRW v 31. 1. 1992, StEK ErbStG § 15 Nr 7.
**113** BINZ-SORG DStR 1994, 229.

#### ee) Besonderheiten beim sog Berliner Testament (§ 15 Abs 3 ErbStG)

**118** Nach § 15 Abs 3 ErbStG gelten für die Erbschaftsbesteuerung bei einem Berliner Testament die mit dem verstorbenen Ehegatten näher verbundenen Erben und Vermächtnisnehmer als dessen Erben. Das Gesetz trägt damit dem Umstand Rechnung, dass der Erbe des Letztversterbenden den Erwerb teilweise einem Willensentschluss des erstverstorbenen Ehegatten verdankt. Es ist damit gerechtfertigt, für den Erwerb die Steuerklasse im Verhältnis zum erstverstorbenen Ehegatten anzuwenden, sofern dies für den Erwerber günstiger ist. Im Normalfall des Berliner Testamentes, in dem Schlusserben die gemeinschaftlichen Kinder werden, ergibt sich somit keine unterschiedliche Behandlung, da auf den Erwerb sowohl nach dem Erstverstorbenen als auch dem Letztverstorbenen die Steuerklasse I Anwendung findet. Denn es handelt sich um einen Erwerb von den Eltern. Der Freibetrag wird nur einmal gewährt, sodass der mit dem Berliner Testament verbundene Nachteil fortbesteht, der in der fehlenden Ausnutzung der Freibeträge und Progressionseffekte bei einem Erwerb auch schon nach dem Erstversterbenden besteht. § 15 Abs 3 ErbStG kommt in der Praxis nur zur Anwendung, wenn Schlusserben Personen sind, die gegenüber dem erstverstorbenen Ehegatten eine günstige, gegenüber dem letztverstorbenen eine ungünstige Steuerklasse aufweisen. In der Praxis dürfte der wichtigste Fall sein, dass Schlusserbe ein Neffe des zunächst verstorbenen Ehegatten ist, der insoweit in die Steuerklasse II fällt, während er beim Tod des letztverstorbenen Ehegatten diesen nach Steuerklasse III beerbt.

Die Anwendung der günstigeren Steuerklasse setzt voraus, dass der überlebende Ehegatte an die Verfügung entweder gebunden ist oder sich an sie gebunden fühlt. Entgegen der älteren Rechtsprechung hat die neuere Rechtsprechung des BFH dies liberaler interpretiert. Eine relative Bindung derart, dass der überlebende Ehegatte so lange an die gemeinschaftliche Verfügung gebunden ist, als er sich nicht von ihr löst, reicht aus. Haben deshalb die Ehegatten in einem Berliner Testament den Schlusserben bestimmt, dem überlebenden Ehegatten aber das Recht eingeräumt, die Schlusserbenbestimmung zu ändern, ist § 15 Abs 3 ErbStG anzuwenden, wenn der überlebende Ehegatte von diesem Recht keinen Gebrauch macht. Denn dann erwirbt der Schlusserbe immer noch auf der Grundlage des gemeinschaftlichen Testamentes. Lediglich wenn der zuletzt verstorbene Ehegatte von seinem Recht der anderweitigen Verfügung Gebrauch gemacht hat und mit seinem eigenhändigen Testament das gemeinschaftliche Testament abgeändert hat, greift § 15 Abs 3 ErbStG nicht ein. Durch die Entscheidung des BFH[114] ist klargestellt, dass auch die Anordnung von Vermächtnissen in dem Testament des zuletztverstorbenen Ehegatten die Anwendung des § 15 Abs 3 ErbStG auf den unverändert eingesetzten Schlusserben nicht ausschließt, da dieser unverändert seine Rechtsposition aus dem gemeinschaftlichen Testament ableitet. In diesem Zusammenhang ist es daher in geeigneten Fällen anzuraten, die Verfügung des letztversterbenden Ehegatten in der Weise abzufassen, dass die Erbeinsetzung unverändert bleibt, aber Korrekturen auf dem Vermächtniswege erfolgen. Es wäre geradezu ein Beratungsfehler, die Schlusserbfolge abzuändern, etwa in der Weise, dass ein Dritter zum Schlusserben bestimmt und der ursprüngliche Schlusserbe mit Vermächtnissen bedacht wird, § 15 Abs 3 ErbStG dann nicht zur Anwendung kommt, wenn der überlebende Ehegatte frei verfügen konnte und durch letztwillige Verfügung die Erbeinsetzung durch den vorverstorbenen Ehegatten nur bestätigt hat. Denn in diesem Fall mag man zwar der Auffassung sein,

---

[114] BFH v 16. 6. 1999, BStBl II 1999, 789.

es liege eine eigene Verfügung in Abänderung des Ehegattentestamentes durch den überlebenden Ehegatten vor. Der Sache nach hat sich jedoch die erbrechtliche Situation des Schlusserben nicht geändert. Er hat die gleiche rechtliche Position, als wenn der überlebende Ehegatte diese Bestimmung nicht getroffen hätte.

Es sei nochmals betont, dass die bloße Abänderungsmöglichkeit die Anwendung des § 15 Abs 3 ErbStG nicht gefährdet. Diese erbrechtlich oft sinnvollen Öffnungsklauseln sind somit nicht per se steuerrechtlich gefährlich. Erst wenn abweichend von der Verfügung des erstverstorbenen Ehegatten der überlebende Ehegatte testiert, bleibt der Weg in den § 15 Abs 3 ErbStG verschlossen. Auch insoweit besteht eine steuerrechtliche Relevanz nur, soweit der Erwerber nicht ohnehin nach beiden Ehegatten in den Anwendungsbereich der Steuerklasse I fällt.

Als Kompromiss könnte empfohlen werden, dass der überlebende Ehegatte nur berechtigt ist, im Bereich der Vermächtnisse Veränderungen vorzunehmen, da dies die Erbeinsetzung des Schlusserben in keiner Weise beeinträchtigt. Insoweit bleibt auch bei Änderung des gemeinschaftlichen Testamentes die Anwendung des § 15 Abs 3 ErbStG erhalten. Die Abänderungsmöglichkeiten haben nur Einfluss auf die Steuerklasse des Vermächtnisnehmers. Gleichwohl sollte die Entscheidung (Bindung ja oder nein) nicht allein unter erbschaftsteuerlichen Aspekten getroffen werden. Den Beteiligten selbst ist oft die erbrechtliche Lage wichtiger als die Erbschaftsteuer, die vom Erben, nicht jedoch vom Erblasser zu tragen ist.

### b) Freibeträge (§§ 16, 17 ErbStG)

§ 16 ErbStG hat folgenden Wortlaut:

**§ 16 Freibeträge**
(1) Steuerfrei bleibt in den Fällen des § 2 Abs 2 Nr 1 der Erwerb
1. des Ehegatten in Höhe von 307.000,00 €;
2. der Kinder im Sinne der Steuerklasse I Nr 2 und der Kinder verstorbener Kinder im Sinne der Steuerklasse I Nr 2 in Höhe von 205.000,00 €;
3. der übrigen Personen der Steuerklasse I in Höhe von 52.000,00 €;
4. der Personen der Steuerklasse II in Höhe von 10.300,00 €;
5. der Personen der Steuerklasse III in Höhe von 5.200,00 €.
(2) An die Stelle des Freibetrages nach Absatz 1 tritt in den Fällen des § 2 Abs 1 Nr 3 ein Freibetrag von 1.100,00 €.

Der Gesetzeswortlaut ist größtenteils aus sich heraus verständlich, sodass nachfolgend nur folgende Ergänzungen gemacht werden:

Im Zusammenhang mit dem Ehegattenfreibetrag ist einzig – soweit ersichtlich – noch nicht geklärt, ob der Ehegattenfreibetrag im Falle der Versteuerung eines Erwerbs nach dem Jahreswert iSd § 23 Abs 1 ErbStG zunächst auf das übrige Vermögen oder auf den nach § 23 Abs 1 ErbStG zu versteuernden Erwerb anzurechnen ist. Die Bedeutung liegt darin, dass bei Anrechnung auf den Kapitalwert nach § 23 Abs 1 ErbStG der Erwerb des übrigen Vermögens unter Umständen sofort Erbschaftsteuer auslöst, weil der Freibetrag nicht zur Verrechnung zur Verfügung steht, während die Entlastung durch den Freibetrag erst pro rata temporis eintritt. Nach hiesiger Auffassung ist der Freibetrag gleichmäßig auf alle Teile des Erwerbes von Todes wegen aufzuteilen. Dies gilt nicht nur für Vorausvermächtnisse oder die Erbquote des überlebenden Ehegatten, sondern auch der Freibetrag muss vorab zur Verrechnung des Jahreswertes zur Verfügung gestellt werden.[115]

---

[115] aA FG Hamburg v 12. 8. 1986, EFG 1987, 130.

I. Grundzüge des Erbschaftsteuerrechts | C 120–122

**120** Hinsichtlich des geschiedenen Ehegatten ist nochmals zu betonen, dass dieser in die Steuerklasse II fällt. Bei einem Getrenntleben findet Steuerklasse I Anwendung. Dieser Steuerklasseneinteilung folgt auch die Freibetragsregelung.

Ist Erwerber ein nichtehelicher Lebenspartner, wird dieser Ehegatten nicht gleichgestellt. Es bleibt bei der Einstufung in Steuerklasse III. Auch von Verfassungs wegen ist eine Gleichsetzung mit Ehegatten nicht geboten.[116]

Die Enkelkinder sind in die Steuerklasse I einbezogen. Dies gilt selbst dann, wenn die Zwischengeneration noch lebt. Hieraus ergeben sich allerdings Unterschiede bei der Höhe des Freibetrages. Der Freibetrag für Enkelkinder, deren Eltern bereits verstorben sind, beträgt bei Erwerb von einem Großelternteil 205.000,00 €. Lebt die Zwischengeneration noch, beträgt der Freibetrag lediglich 52.000,00 €. Durch die Einordnung in Steuerklasse I kann sich jedoch beim direkten Erwerb unter Umgehung der Zwischengeneration trotz des niedrigeren Freibetrages eine erhebliche Steuerminderung ergeben.

**121** Der Freibetrag wird bei jedem Erwerb von Todes wegen gewährt. Die Zehn-Jahres-Frist des § 14 ErbStG ist nur bei Einbeziehung von Vorschenkungen, nicht jedoch bei Vorerwerben von Todes wegen zu berücksichtigen. Sterben in einem besonders tragischen Fall beide Eltern, wird der Freibetrag nach jedem der Eltern gewährt; gleichwohl kann bei ungleicher Verteilung des Vermögens auf die jeweiligen Erblasser der Freibetrag wirtschaftlich ausfallen, wenn nämlich einer der Ehegatten über sehr niedriges Vermögen verfügt, während der andere Ehegatte ein Vermögen verfügt hat, dessen Erwerb durch die Freibeträge nicht vollständig absorbiert wird.

**122** In der Praxis wird insbesondere bei im Erbschaftsteuerrecht nicht besonders kundigen Beratern der Versorgungsfreibetrag des § 17 ErbStG übersehen. Danach hat der überlebende Ehegatte einen besonderen Versorgungsfreibetrag von 256.000,00 €. Der Freibetrag wird bei Ehegatten, denen aus Anlass des Todes des Erblassers Versorgungsbezüge zustehen, die nicht erbschaftsteuerpflichtig sind, um den zu ermittelnden Kapitalwert dieser Versorgungsbezüge (§ 14 BewG) gekürzt. Auch Kindern des Erblassers steht der Versorgungsfreibetrag in folgender Höhe zu:

– bei einem Alter bis zu 5 Jahren 52.000,00 €
– bei einem Alter von mehr als 5 bis zu 10 Jahren 41.000,00 €
– bei einem Alter von mehr als 10 bis zu 15 Jahren 30.700,00 €
– bei einem Alter von mehr als 15 bis zu 20 Jahren 20.500,00 €
– bei einem Alter von mehr als 20 bis zur Vollendung des 27. Lebensjahres 10.300,00 €.

Auch bei dem letztgenannten Personenkreis (Kinder) vermindert sich der Freibetrag um nicht der Erbschaftsteuer unterliegende Versorgungsbezüge, deren Kapitalwert nach § 13 BewG ermittelt wird.

Mit diesem Versorgungsfreibetrag soll eine annähernde Gleichbehandlung zwischen steuerpflichtigen und steuerfreien Versorgungsbezügen erreicht werden. Denn Versorgungsbezüge, die auf einem privaten Anstellungsvertrag beruhen, sind unter Umständen steuerpflichtig, insbesondere auch soweit es sich um Renten handelt, die aus dem Anstellungsverhältnis eines verstorbenen Gesellschaf-

---

**116** BVerfG v 15. 5. 1990 – 2 BvR 592/90 – BStBl II 1990, 764 (Nichtannahme einer Verfassungsbeschwerde).

**123** Nicht erbschaftsteuerbare Hinterbliebenenbezüge, die auf den Freibetrag anzurechnen sind, sind insbesondere Versorgungsbezüge, die die Hinterbliebenen von Beamten kraft Gesetzes haben, Versorgungsbezüge aus der gesetzlichen Sozialversicherung für die Hinterbliebenen von Angestellten und Arbeitern, Versorgungsbezüge aus berufsständischen Pflichtversicherungen (Rechtsanwaltsversorgungswerke etc), aber auch Versorgungsbezüge für Hinterbliebene, denen solche auf der Grundlage der Diätengesetze des Bundes und der Länder zustehen. Je nach Lebensalter des Versorgungsberechtigten kann daher der Versorgungsfreibetrag voll aufgezehrt werden.

Der Freibetrag nach § 17 Abs 1 ErbStG wird neben dem Freibetrag nach § 16 Abs 1 ErbStG dem überlebenden Ehegatten gewährt. Auch der Versorgungsfreibetrag steht nur unbeschränkt Steuerpflichtigen zu. Beim Ehegatten, nicht aber den bei den Kindern, sind auch Versorgungsbezüge nicht erbschaftsteuerbar und somit in kapitalisierter Form gemäß § 17 Abs 1 ErbStG vom Freibetrag abzuziehen, soweit sie auf Kindererziehungszeiten in der gesetzlichen Rentenversicherung beruhen.

Keine Kürzung erfolgt somit durch Lebensversicherungen oder ähnliche private Versorgungsbezüge, da diese erbschaftsteuerbar und erbschaftsteuerpflichtig sind.

Der Versorgungsfreibetrag für Kinder ist entsprechend dem Lebensalter der Kinder gestaffelt, da mit zunehmendem Lebensalter der Kinder der Freibetrag nicht mehr benötigt wird.

### c) Steuersätze (§ 19 ErbStG)

**124** Die Erbschaftsteuer wird nach einem so genannten Stufentarif erhoben. Dies hat zur Folge, dass anders als bei einer progressiven Steigerung des Steuersatzes, in dem bestimmte Teile des Erwerbes einer niedrigeren Steuer, die nächste Stufe einer höheren Steuer unterliegt, bei Erreichen eines bestimmten Erwerbes der Gesamterwerb einer höheren Steuer unterliegt. Als Beispiel sei ausgeführt, dass bei einem Erwerb von 512.000,00 € der Gesamterwerb bei Steuerklasse I einer Erbschaftsteuer von 15 % unterliegt. Es kann somit nicht in der Weise besteuert werden, dass bis zur Höhe von 512.000,00 € eine Steuer in Höhe von 15 % anfällt, und erst der die nächste Stufe übersteigende Erwerb dem Steuersatz von 19 % unterworfen wird. Dieser als »steinzeitlich« gebranntmarkte Tarif erfordert eine Härtefallregelung, die § 19 Abs 3 ErbStG beinhaltet. Ohne Härtefallregelung würde ein Mehrerwerb bei Überschreiten der Stufengrenze in geringer Höhe eine erhebliche Mehrbelastung auslösen. Als Beispiel sei folgender Fall gebildet:

**Beispiel:**

A ist Alleinerbe ihres Vaters. Der Nachlass nach Abzug der Verbindlichkeiten soll 717.000,00 € betragen. Nach Abzug des Kinderfreibetrages ergibt sich eine steuerliche Bemessungsgrundlage von 512.000,00 €. Bei einem Steuersatz von 15 % beträgt die Steuer 76.800,00 €. Beträgt der steuerpflichtige Erwerb nach Abzug des Freibetrages hingegen 517.000,00 €, beträgt die Steuer bei einem Steuersatz von 19 % bereits 98.230,00 €, sodass ein Mehrerwerb von 5.000,00 € zu einer Mehrbelastung von 21.430,00 € führt.

---

117 BFH v 13.12.1989, DB 1990, 718; s auch den vorausgegangenen Beschluss des BVerfG v 9.11.1988, DB 1989, 563; Verfassungsbeschwerde gegen das Urteil v 13.12.1989 nicht angenommen, BVerfG v 5.5.1994; BStBl II 1994, 547.

Diese in der Tat unverständliche Regelung soll durch § 19 Abs 3 ErbStG in der Weise aufgehoben werden, als der Unterschied der Steuer, die sich bei Anwendung des Tarifes von 19 % ergibt und der Steuer, die sich bei einem Erwerb in Höhe der letztvorhergehenden Wertgrenze ergeben hätte, nur insoweit erhoben wird, als sie – in unserem Fall – bei einem Steuersatz bis 30 % aus der Hälfte des die Wertgrenze übersteigenden Betrages gedeckt werden kann. Somit beläuft sich die Steuer auf 79.300,00 €, da der Mehrerwerb von 5.000,00 € nur mit 50 % belastet wird, während es im Übrigen bei der Belastung mit 15 % bleibt.

§ 19 Abs 2 ErbStG erfasst nur Fälle der unbeschränkten Steuerpflicht. Die Norm soll sicherstellen, dass in Doppelbesteuerungsabkommen vereinbarte Freistellungen bestimmter Vermögensgegenstände für den Erwerber keine ungerechtfertigten Progressionsvorbehalte mit sich bringt. Bei der Ermittlung des Steuersatzes wird somit das steuerfrei gestellte Vermögen dem Gesamterwerb hinzugerechnet. Der Steuersatz ist selbstverständlich nur auf das steuerpflichtige Vermögen ohne Berücksichtigung des steuerfrei gestellten Vermögenserwerbes anzuwenden. 125

### d) Tarifbegrenzung nach § 19a ErbStG für Betriebsvermögen von Betrieben der Land- und Forstwirtschaft und von Anteilen an Kapitalgesellschaften

§ 19a ErbStG erweitert die sog Generationenbrücke des § 13a ErbStG zur Nachfolgebrücke; denn Erwerber, die in die Steuerklassen II und III fallen, sind bei Erwerb des vorgenannten Vermögens in der Weise zu begünstigen, dass die Steuerklasse I anzuwenden ist. Hieraus folgt, dass § 19a ErbStG keine Änderungen bringt, soweit Erwerber von Todes wegen in die Steuerklasse I fallen. Die Bedeutung der Vorschrift sollte daher nicht überbewertet werden. Sie kommt nur zur Anwendung, soweit Vermögen nicht in direkter Linie vererbt wird.[118] 126

Der Begünstigungstatbestand deckt sich mit § 13a ErbStG. Es kann insofern verwiesen werden. 127

Die Tarifbegrenzung vollzieht sich in der Weise, dass die tarifliche Erbschaftsteuer um einen Entlastungsbetrag gemindert wird, der nach § 19a Abs 4 ErbStG zu ermitteln ist. Dabei wird zunächst die Steuer für den steuerpflichtigen Erwerb nach der tatsächlichen Steuerklasse des Erwerbers errechnet und sodann gemäß § 19a Abs 3 ErbStG auf das begünstigte und nicht begünstigte Vermögen aufgeteilt. Die Aufteilung erfolgt nicht nach Verkehrswerten, sondern nach Steuerwerten. Anschließend wird die Steuer nach Steuerklasse I für den steuerpflichtigen Gesamterwerb errechnet und ebenfalls wieder auf die beiden Vermögensteile aufgeteilt. Der Entlastungsbetrag ergibt sich aus dem Vergleich der Steuer auf das begünstigte Vermögen und dem Steuerbetrag auf den Gesamterwerb. 128

Die Tarifbegrenzung entfällt gemäß § 19a Abs 5 ErbStG mit Wirkung für die Vergangenheit, wenn der Erwerber innerhalb von fünf Jahren nach dem Erwerb das begünstigte Vermögen oder einen Anteil daran veräußert, wobei die Aufgabe des Gewerbebetriebs als Veräußerung gilt. Entsprechendes gilt, wenn – auch nur eine – wesentliche Betriebsgrundlage des begünstigten Vermögens veräußert oder in das Privatvermögen überführt wird. Unschädlich ist in diesem Zusammenhang die Übertragung von Wirtschaftsgütern in Erfüllung erbrechtlicher Anordnungen wie Vermächtnissen und Vorausvermächtnissen.[119] 129

---

118 KAPP-EBELING, ErbStG, 19a RdNr 4.
119 So zutreffend zum insoweit deckungsgleichen § 13a Abs 5 ErbStG: Ländererlass v 29. 11. 1994, BStBl I 1994, 905, Tz 5.4.

Im Übrigen kommt es auf die subjektiven Momente nicht an. Das Gesetz lässt die Erfüllung des objektiven Tatbestandes ausreichen. Auch Notverkäufe führen daher zur Nachversteuerung.[120]

Sind mehrere Miterben in den Genuss der Tarifbegrenzung gekommen, und verstößt nur einer von ihnen gegen die Behaltensregelung, geht dies gleichwohl zu Lasten sämtlicher Miterben im Verhältnis der Erbquoten. Dies ist bei Abfassung von Erbauseinandersetzungsverträgen zu beachten. Es bietet sich an, in diesen Verträgen eine Zustimmungspflicht zur Durchführung derartiger Maßnahmen unter den Miterben zu vereinbaren.

Gemäß § 19a Abs 5 Ziff 3 ErbStG entfällt die Tarifbegrenzung rückwirkend, wenn der Erwerber in dem Fünf-Jahres-Zeitraum Entnahmen tätigt, die die Summe seiner Einlagen und den ihm zuzurechnenden Gewinn oder Gewinnanteile um mehr als 52.000,00 € übersteigen. Verluste werden insoweit jedoch nicht berücksichtigt, was für den Steuerpflichtigen günstig ist. Da auf eine Berechnung am Ende des Fünf-Jahres-Zeitraumes abzustellen ist, können durch vorherige Einlagen die negativen Folgen des Wegfalls der Tarifbegrenzung kompensiert werden. Hat ein Steuerpflichtiger mehr als 52.000,00 € entnommen, kann er den 52.000,00 € übersteigenden Betrag noch vor Ablauf des Fünf-Jahres-Zeitraumes wieder einlegen, um die nachteiligen Folgen zu vermeiden.

Bei Kapitalgesellschaftsanteilen als begünstigtem Vermögen entfällt gemäß § 19a Abs 5 Ziff 4 ErbStG die Vergünstigung rückwirkend, sofern die Kapitalgesellschaft aufgelöst oder die Geschäftsanteile veräußert werden. Gleiches gilt für die Herabsetzung des Nennkapitals, wenn es sich um eine effektive Kapitalherabsetzung handelt. Bei der vereinfachten Kapitalherabsetzung wegen Wertminderung findet kein Kapitalrückfluss an die Gesellschaft statt, sodass dies die Tarifbegrenzung nicht entfallen lässt.

### 10. Steuerfestsetzung und Steuererhebung

#### a) Erwerber als Steuerschuldner, Überblick über die Haftung für die Entrichtung der Erbschaftsteuer

130 Nach § 20 Abs 1 ErbStG ist bei Erwerben von Todes wegen Steuerschuldner der Erwerber. Dies ist diejenige Person, die den Tatbestand des § 3 Abs 1, 2 ErbStG erfüllt hat. Da der Nacherbe erst mit dem Eintritt des Nacherbfalls erwirbt, ist er nicht Steuerschuldner für die durch den Vorerbfall entstandene Erbschaftsteuer.[121] Die wirtschaftliche Verwertung des Erwerbes von Todes wegen, etwa durch Abtretung des Vermächtnis- oder Pflichtteilsanspruchs, hat auf die Einordnung des Erwerbers als Steuerschuldner keinen Einfluss. Die Erbengemeinschaft insgesamt ist nicht Steuerschuldner. Dies hat unter anderem auch zur Folge, dass Miterben nicht für die Entrichtung der Erbschaftsteuer durch die einzelnen Erben in Anspruch genommen werden können.

Steuerschuldner ist ebenfalls nicht eine Gesamthandsgemeinschaft, wie eine BGB-Gesellschaft, offene Handelsgesellschaft oder eine Kommanditgesellschaft oder eine andere Erbengemeinschaft. Aufgrund der Rechtsprechung des BFH[122] sind Erwerber die Gesamthänder, nicht hingegen die Gesamthand selbst. Dies findet seinen Ausdruck auch in der Steuerklasse, für die es auf das individuelle Verwandtschaftsverhältnis zwischen Gesamthänder und Erblasser ankommt.

---

**120** KAPP-EBELING, ErbStG, § 19a RdNr 48.   362.
**121** FG Hamburg v 18. 1. 1968, EFG 1968,   **122** Urt v 14. 9. 1994, DB 1995, 354.

**131** Der Nachlass haftet dem Fiskus gemäß § 20 Abs 3 ErbStG bis zu seiner Auseinandersetzung. Dies sollte die Miterben veranlassen, die Auseinandersetzung schleunigst durchzuführen, um nicht über die Haftung des Nachlasses für die Erbschaftsteuer aller am Erbfall Beteiligten im wirtschaftlichen Ergebnis – wenn auch beschränkt auf den Anteil am Nachlass – für die Erbschaftsteuerentrichtung durch Miterben zu haften. Ist die Auseinandersetzung abgeschlossen, kann jeder Miterbe ohne steuerliche Risiken frei über das ihm angefallene Vermögen verfügen. Ab Auseinandersetzung trifft den Steuergläubiger somit das Risiko für den Eingang der Steuer der am Nachlass Beteiligten. Die Haftung des Nachlasses gemäß § 20 Abs 3 ErbStG beinhaltet auch die Haftung für Ansprüche von Erwerbern von Todes wegen, die nicht Erben geworden sind, also Vermächtnisnehmern und Pflichtteilsberechtigten.

Bei Vor- und Nacherbschaft ist der Vorerbe gemäß § 20 Abs 4 ErbStG berechtigt, die durch die Vorerbschaft veranlasste Steuer aus Mitteln der Vorerbschaft zu entrichten. Die Vorschrift korrespondiert mit § 2126 BGB, wonach der Vorerbe befugt ist, die Steuer dem Nachlass zu entnehmen.[123] Ist die Steuer durch den Vorerben bis zum Eintritt des Nacherbfalls nicht entrichtet, geht sie insoweit als Nachlassverbindlichkeit auf den Nacherben über.

**132** Um den Steueranspruch des Fiskus zu schützen, haftet der unentgeltliche Erwerber des gesamten Nachlasses oder Teilen des Nachlasses für die Entrichtung der Erbschaftsteuer seines Rechtsvorgängers (§ 20 Abs 5 ErbStG). Die Vorschrift ist eine Parallele zu § 822 BGB, der die sog Schwäche des unentgeltlichen Erwerbers im Bürgerlichen Recht dokumentiert. In der Praxis wird oft die Haftung derjenigen übersehen, die den Nachlass in ihrem Besitz halten. Nach § 20 Abs 6 S 1 und 2 ErbStG iVm den Regelungen der AO haben die Erben, Testamentsvollstrecker, Erbschaftsbesitzer und ähnliche Personen, die den Nachlass im Besitz halten, dafür zu sorgen, dass die Mittel zur Bezahlung der Erbschaftsteuer zurückbehalten und die Erbschaftsteuer bezahlt oder ihre Bezahlung sichergestellt wird. Bei Pflichtverletzungen haften sie persönlich für die Erbschaftsteuer. In der Praxis gilt dies insbesondere für den Testamentsvollstrecker, dessen Haftung auch in § 31 Abs 3 ErbStG begründet werden kann.[124] Darüber hinaus sind aber sämtliche Personen betroffen, die den Nachlass in Gewahrsam haben. Im Rahmen der Haftung nach § 20 Abs 6 S 2 ErbStG ist jede Art von Verschulden ausreichend, mithin auch leichte Fahrlässigkeit.[125] Allerdings ist die Kenntnis des Haftenden vom Tod des Erblassers selbstverständlich Voraussetzung für eine Haftung.

### b) Anrechnung ausländischer Erbschaftsteuer (§ 21 ErbStG)

**133** Auf die deutsche Erbschaftsteuer sind nach § 21 Abs 1 S 1 ErbStG ausländische Erbschaftsteuern anzurechnen, wenn auf den der deutschen Steuer unterliegenden Erwerb auch eine der deutschen Erbschaftsteuer entsprechende Steuer – sei es als Erbanfallsteuer oder Nachlasssteuer[126] – erhoben worden ist. In diesem Fall ist die festgesetzte, auf den Erwerber entfallende, gezahlte und keinem Ermäßigungsanspruch unterliegende Steuer insoweit auf die deutsche Erbschaftsteuer anzurechnen, als das Auslandsvermögen auch der deutschen Erbschaftsteuer unterliegt. Sofern der Erwerb nur zum Teil aus Auslandsvermögen besteht, ist der hierauf entfallende Teilbetrag der deutschen Erbschaftsteuer in der Weise zu er-

---

**123** MünchKomm-GRUNSKY § 2126 RdNr 5; aA SOERGEL-M SCHMIDT § 2126 RdNr 1.
**124** Ausführliche Darstellung bei EBELING-GECK, Hdb der Erbengemeinschaft und Erbauseinandersetzung, Teil I RdNr 266 ff.
**125** BFH v 12. 8. 1964, BStBl III 1964, 647.
**126** BFH v 21. 4. 1982, DB 1982, 2118; BFH v 26. 4. 1995, DB 1995, 1946; ausführlich zu § 21 ErbStG JÜLICHER ZEV 1996, 295.

mitteln, dass die für das steuerpflichtige Gesamtvermögen einschließlich des steuerpflichtigen Auslandsvermögens sich ergebende Erbschaftsteuer im Verhältnis des steuerpflichtigen Auslandsvermögens zum inländischen Gesamtvermögen aufgeteilt wird. Bei in mehreren Staaten belegenen Vermögensgegenständen des Auslandsvermögens ist der Teil für jeden einzelnen ausländischen Staat gesondert zu berechnen. Weitere Voraussetzung ist, dass die deutsche Erbschaftsteuer für das Auslandsvermögen innerhalb von fünf Jahren seit dem Zeitpunkt der Entstehung der ausländischen Erbschaftsteuer entstanden ist. Die anzurechnende ausländische Erbschaftsteuer ist mit dem am Stichtag des Erwerbes ermittelten amtlichen Kurs in Euro umzurechnen. Gleiches gilt für den im Ausland erfüllten steuerlichen Erwerb. Ist mithin der Erbfall am 25. 5. 1997 eingetreten, ist sowohl eine Kapitalforderung als auch die Höhe der ausländischen Erbschaftsteuer auf diesen Stichtag durch den amtlichen Briefkurs für diesen Stichtag zu ermitteln.[127] Die Anrechnung setzt ferner voraus, dass der Anrechnungsberechtigte der unbeschränkten Steuerpflicht unterliegt. Mit dem Erfordernis der gezahlten und keinem Ermäßigungsanspruch unterliegenden ausländischen Steuer soll Missbräuchen vorgebeugt werden, indem effektiv nicht zu entrichtende ausländische Steuern von der deutschen Erbschaftsteuer abgezogen werden. Setzt sich das Vermögen zum Teil aus Inlands-, zum Teil aus Auslandsvermögen zusammen, wird der Höchstbetrag der anzurechnenden ausländischen Erbschaftsteuer in der Weise ermittelt, dass die deutsche Erbschaftsteuer mit dem steuerpflichtigen Auslandserwerb multipliziert und durch den gesamten steuerpflichtigen Erbanfall dividiert wird. Der hieraus resultierende Betrag ist der Höchstbetrag, der anzurechnen ist. Dies soll an folgendem Beispiel dokumentiert werden:

**Beispiel:**

In dem gesamten steuerpflichtigen Erbanfall von 1.500.000,00 € ist ein steuerpflichtiger Auslandserwerb von 500.000,00 € enthalten. Auf der Grundlage der vorstehenden Formel ergibt sich, dass die ausländische Steuer nur bis zur Höhe von $1/3$ der deutschen Erbschaftsteuer, mithin 33.333,33 € angerechnet werden kann.

Nach § 21 Abs 3 ErbStG hat der Erwerber den Nachweis über die Höhe des Auslandsvermögens und über die Festsetzung und Zahlung der ausländischen Steuer die Vorlage entsprechender Urkunden zu führen.

Sofern ausländische Steuern iSd § 21 Abs 1 S 1 ErbStG nicht anrechenbar sind, etwa weil sie den Charakter einer Ertragsteuer haben, können sie zumindest als Nachlassverbindlichkeiten iSd § 10 Abs 5 Ziff 1 ErbStG abzugsfähig sein, wobei auch in diesem Fall der Umrechnungskurs am Todesstichtag maßgebend ist.

### c) Besteuerung von Renten, Nutzungen und Leistungen (§ 23 ErbStG)

**134** Beim Empfänger eines Anspruchs auf Leistung von Renten, Erbringung von Nutzungen oder sonstigen Leistungen ist der Anspruch mit dem kapitalisierten Wert nach den Vorschriften der §§ 13, 14 BewG anzusetzen. Es liegt auf der Hand, dass es für den Empfänger eine wirtschaftliche Härte ist, diesen Anspruch zunächst in voller Höhe der Erbschaftsteuer zu unterwerfen, während der Anspruch durch den Verpflichteten verteilt über einen längeren Zeitraum – in aller Regel auf das Leben des Empfängers begrenzt – erfüllt wird. Um diese Härten abzumildern, können nach § 23 ErbStG die Steuern, die vom Kapitalwert von Renten oder anderen wiederkehrenden Nutzungen oder Leistungen zu entrichten sind, nach Wahl des Erwerbers anstelle vom Kapitalwert jährlich im Voraus vom Jahreswert

---

[127] BFH v 19. 3. 1991, DB 1991, 1554.

des Renten-, Nutzungs- oder Leistungsrechtes entrichtet werden. Diese Entrichtung ändert nichts daran, dass die Steuer auch in diesem Fall nach dem Steuersatz erhoben wird, der sich aus dem Gesamterwerb einschließlich des Kapitalwertes ergibt. Es handelt sich der Sache nach nur um eine Stundungsregelung.

Wichtigster Fall in der Praxis ist der lebenslängliche Nießbrauch sowie das Rentenvermächtnis. Verfahrensrechtlich wird in dem Erbschaftsteuerbescheid die Erbschaftsteuer festgesetzt und sodann die Fälligkeit der Besteuerung der Renten, Nutzungen und Leistungen in der Weise aufgeschoben, dass ein Jahresbetrag festzusetzen ist, der im Voraus, dh im Januar eines jeden Jahres, zu entrichten ist. Selbst wenn die Steuer am Jahrestag der Entstehung im Voraus entrichtet worden ist, bleibt sie in voller Höhe zu entrichten, wenn der Berechtigte innerhalb des Jahres verstirbt. Eine quotale Aufteilung erfolgt nicht. Abweichend von der jährlichen Besteuerung nach dem Jahreswert ist der Erwerber berechtigt, die Jahressteuer zum jeweils nächsten Fälligkeitstermin mit ihrem Kapitalwert abzulösen. Dies gilt selbstverständlich auch bereits für die erstmalige Festsetzung der Erbschaftsteuer. Zu beachten ist, dass nach § 23 Abs 2 ErbStG der Antrag auf Ablösung der Jahressteuer spätestens bis zum Beginn des Monats zu stellen ist, der dem Monat vorausgeht, in dem die nächste Jahressteuer fällig wird, mithin bis zum 1. 12. des Vorjahres.

Die Besteuerung nach dem Jahreswert erfolgt nur auf einen entsprechenden Antrag des Erwerbers. Wird der Antrag gestellt, ist der Fiskus verpflichtet, die Steuer nach dem Jahreswert festzusetzen. Der Antrag kann bis zur Rechtskraft des Erbschaftsteuerbescheides gestellt werden.[128] Der Jahreswert wird nach den Vorschriften der §§ 13 ff BewG ermittelt. Somit finden die §§ 13, 14 BewG Anwendung, soweit es sich um Geldleistungen handelt. Handelt es sich um Leistungen, die nicht in feststehenden Geldleistungen bestehen, ist der Jahreswert nach den §§ 15, 16 BewG zu ermitteln. In allen Fällen sind die Wertverhältnisse am Stichtag der Entstehung der Steuer, mithin in aller Regel der Todestag des Erblassers maßgebend.[129] Auch bei obligatorischen Nutzungsrechten, die nicht auf eine Geldleistung gerichtet sind, ist der Jahreswert gemäß § 16 BewG auf 1/18,6 des steuerlichen Wertes des genutzten Wirtschaftsgutes zu begrenzen. Dies gilt allerdings nur, wenn ein darüber hinausgehender Anspruch gegen den Nutzungsverpflichteten ausgeschlossen ist. Anderenfalls greift die den Jahreswert begrenzende Norm des § 16 BewG nicht ein.

Abgeleitet aus dem Jahreswert wird die Jahressteuer aus demselben Hundertsatz ermittelt, der sich für den Ansatz des gesamten Kapitalbetrages ergeben hat. Hat der Empfänger auch andere Werte erworben, ist bei der Berechnung der Jahressteuer dieser Wert insoweit hinzuzurechnen, als sich der Prozentsatz aus dem kumulativen Wertansatz ergibt, da anderenfalls die Gesamtbereicherung des Erwerbers nicht berücksichtigt würde. Beträgt somit der Steuersatz zB 11 %, ist auch die Erbschaftsteuer als Jahressteuer in Höhe von 11 % aus dem Jahreswert festzusetzen. Der allgemeine Freibetrag des § 16 ErbStG mindert zunächst den Erwerb der Wirtschaftsgüter, die in die Bemessungsgrundlage einfließen und deren Erwerb nicht zu einer Stundung der Steuer nach § 23 ErbStG führt. Sind solche Wirtschaftsgüter nicht vorhanden, mindert der Freibetrag zunächst den Jahreswert, sodass erst nach Verbrauch des Freibetrages die Erbschaftsteuer in Form der Jahressteuer zu erheben ist.

---

[128] EBELING-GECK, Hdb der Erbengemeinschaft und Erbauseinandersetzung, Teil II RdNr 1281.

[129] BFH v 6. 6. 1951 – III 140/50S, BStBl III 1951, 142.

Entfällt die Nutzung oder Leistung aufgrund des Todes des Empfängers, ist eine Berichtigung nur beim Belasteten, nicht jedoch beim Berechtigten durchzuführen.[130] Endet der Anspruch durch Verzicht des Berechtigten zu Lebzeiten, ist die Erbschaftsteuerveranlagung nicht zu ändern. Die Jahressteuer entfällt mit Wirkung für die Zukunft.[131] Es muss in Kauf genommen werden, dass der Berechtigte, der das Wahlrecht nach § 23 ErbStG ausübt, in diesen Fällen günstiger behandelt wird als derjenige, der sich zur Besteuerung nach dem Kapitalwert entschlossen hat. Allerdings kann im Einzelfall in dem Verzicht auf den Anspruch eine unentgeltliche und damit schenkungsteuerpflichtige Zuwendung gegenüber dem Verpflichteten liegen.

**138** Einkommensteuerlich ist die als Jahressteuer zu entrichtende Erbschaftsteuer als Sonderausgabe abzugsfähig, sofern es sich um eine dauernde Last iSd § 10 Abs 1 Nr 1a S 1 EStG handelt.[132] Denn die Renten-, Nutzungs- und sonstigen Leistungen sind in aller Regel einkommensteuerpflichtige Einkünfte iSd § 22 EStG, sodass eine Doppelbelastung mit Einkommensteuer und Erbschaftsteuer vorliegt.

**139** Bei Ablösung der Jahressteuer ist der kapitalisierte Wert anzusetzen, den die Leistungen, auf die der Berechtigte Anspruch hat, im Zeitpunkt des Antrags auf Ablösung haben. Insoweit können sich erhebliche Abweichungen zum Wert bei Entstehung der Erbschaftsteuer ergeben. Bei der Entscheidung, den Jahreswert abzulösen, sollte nicht unberücksichtigt bleiben, dass der Jahreswert als Sonderausgabe bei der Einkommensteuer abzugsfähig ist, während die Erbschaftsteuer, die in einem Einmalbetrag entrichtet wird, diese Vergünstigung nicht genießt.

### d) Aussetzung der Versteuerung, Problematik des § 25 ErbStG

**140** Die nachfolgend darzustellende Regelung des § 25 ErbStG hat anfangs erhebliche Kritik auf sich gezogen.[133] Diese Kritik ist zwar nicht verstummt. Gleichwohl hat sich die Praxis mit der Regelung abfinden müssen. Die völlig berechtigte Kritik richtet sich dagegen, dass die wiederkehrenden Nutzungen zwar beim Empfänger zu erbschaftsteuerpflichtigen Erwerben führen, gleichwohl unter bestimmten – noch darzustellenden – Voraussetzungen beim Verpflichteten nicht als Nachlassverbindlichkeit abgezogen werden können. Der das ErbStG prägende Grundsatz der Erfassung der wirtschaftlichen Bereicherung wird hiermit durchbrochen. Gleichwohl hat das BVerfG[134] die geltende Regelung als für mit Art 3 Abs 1 GG vereinbar erklärt.

### aa) Erster Überblick über die Regelung

**140a** Nach § 25 Abs 1 S 1 ErbStG ist die Verpflichtung zur Erbringung wiederkehrender Nutzungen oder Leistungen im Grundsatz als Nachlassverbindlichkeit abzugsfähig. Steht das Nutzungsrecht jedoch dem Ehegatten des Erblassers zu – in der Praxis häufiger Fall –, ist der kapitalisierte Wert des Nutzungsrechts nicht abzugsfähig. Der Verpflichtete ist jedoch berechtigt, die rechnerisch auf die Belastung entfallende Steuer bis zum Erlöschen der Belastung zinslos stunden zu lassen. Es handelt sich insoweit um einen Rechtsanspruch. Der Erwerber ist ferner berechtigt, die Steuer vorzeitig abgezinst zu entrichten. Der Sinn dieser Regelung ist nur schwerlich zu erkennen. Der Gesetzgeber wollte nicht näher definierte Steuerersparnismodelle ausschließen. Obwohl die Auswirkungen der Vorschrift bei

---

130 MOENCH, ErbStG, § 23 RdNr 3 mwN.
131 BFH v 28. 6. 1989, DB 1989, 2313; FG Nürnberg v 24. 6. 1971, EFG 1971, 490.
132 BFH v 23. 2. 1994, DB 1994, 1334; vgl auch GECK ZEV 1996, 376; SCHMIDT-HEINICKE, EStG § 35 RdNr 27.
133 Überblick bei KAPP-EBELING, ErbStG, § 25 RdNr 2 ff mit ausführlichen Nachweisen.
134 Urt v 15. 5. 1984 – 1 BvR 464/81 u a, BStBl II 1984, 608.

Übertragung unter Lebenden, wie der häufige Fall der Schenkung unter Nießbrauchsvorbehalt zugunsten des Schenkers oder dessen Ehegatten zeigt, eine erhöhte Relevanz haben, ist die mit der eingeschränkten Abzugsfähigkeit verbundene Konsequenz auch für Erwerbe von Todes wegen äußerst misslich und systematisch nicht zu rechtfertigen.

**bb) Erfasste Tatbestände**

Das Abzugsverbot des § 25 Abs 1 S 1 ErbStG findet bei Erwerben von Todes wegen Anwendung, sofern der Berechtigte des Nutzungsrechtes der Ehegatte des vorverstorbenen Erblassers ist. Weitere Personen, auch der nichteheliche Lebenspartner, fallen nicht in die Anwendung des Abzugsverbotes.[135] Nicht in den Anwendungsbereich des § 25 ErbStG fällt die Vererbung eines Vermögensgegenstandes, der bereits mit einem Nießbrauchsrecht belastet ist, der Erwerber mithin belastetes Vermögen erwirbt. Verpflichtungen zur Erbringung wiederkehrender Leistungen sind nicht abzuziehen, wobei aber solche, die im Zusammenhang mit einer Gegenleistung stehen, abzugsfähig bleiben.

Die zinslose Steuerstundung erfolgt in der Weise, dass für die Berechnung der Steuer, die auf die Belastung entfällt, ausgehend von der veranlagten Gesamtsteuer, die Steuer abzuziehen ist, die sich ergeben würde, wenn bei der Veranlagung der Erwerb um die nicht abzugsfähigen Belastungen gekürzt worden wäre. Der Differenzbetrag ist zinslos zu stunden.[136]

Entfällt die Belastung durch Versterben des Berechtigten oder Zeitablauf, entfällt auch die zinslose Stundung. Der Steuerpflichtige ist verpflichtet, den Wegfall der Belastung dem Finanzamt anzuzeigen. Die zunächst gestundete Steuer ist innerhalb eines Monats nach Beendigung der Stundung fällig.

**cc) Veräußerung des belasteten Vermögens**

Die zinslose Stundung endet ferner mit Veräußerung des belasteten Vermögens, jedoch begrenzt auf den Teilbetrag, der auf den veräußerten Vermögensteil entfällt (§ 25 Abs 2 ErbStG). Veräußerung ist nur die entgeltliche Übertragung im Wege der Einzelrechtsnachfolge. Hintergrund dieser Regelung ist, dass der veräußernde Erbe durch Weiterveräußerung des Vermögens über finanzielle Mittel verfügt, die ihn in die Lage versetzen, die Steuer zu entrichten. Wird das belastete Vermögen veräußert, jedoch am Surrogat die Belastung fortgesetzt, entfällt die zinslose Stundung nicht.[137] Denn in diesem Fall bleibt der Erwerber verpflichtet, an den Berechtigten die ursprünglich vereinbarten Leistungen – wenn auch in veränderter Form – zu erbringen.

Die zinslose Stundung entfällt bei entgeltlichem oder unentgeltlichem Verzicht des Berechtigten. Der unentgeltliche Verzicht stellt eine Schenkung dar, die ggf der Schenkungsteuer unterliegt.[138]

**dd) Ablösung und Fälligkeit der gestundeten Steuer**

Auf Antrag des Erwerbers, der jederzeit gestellt werden kann, kann die gestundete Steuer mit dem Barwert iSd § 12 Abs 3 BewG abgelöst werden. Eine Teilablösung ist ebenfalls zulässig.[139] War die Nutzung zeitlich begrenzt, ist für die Berechnung des Ablösungsbetrages Tabelle 1 zu § 12 Abs 3 BewG anzuwenden.

---

135 BVerfG v 15. 5. 1990, BStBl II 1990, 764.
136 Beispiel bei EBELING-GECK, Hdb der Erbengemeinschaft und Erbauseinandersetzung, Teil II RdNr 1310.16.
137 MOENCH, ErbStG, § 25 RdNr 52.
138 Zu der schenkungsteuerlichen Behandlung des Verzichts vgl FinMin NRW, DB 1978, 866.
139 Einhellige Auffassung, MEINCKE, ErbStG, § 25 Anm 16.

Handelt es sich um eine Leibrente oder sonstige auf das Leben einer Person abgestellten Leistung, ist der Abzinsungsbetrag, der für den Nennbetrag der Steuerschuld maßgebend ist, nach der mittleren Lebenserwartung (Tabellen 3, 6 zu § 14 BewG) zu ermitteln.

Bei Versterben des Renten- oder Nutzungsberechtigten ist der Kapitalwert gemäß § 14 Abs 2 BewG zu berichtigen, sodass sich eine Änderung des Erbschaftsteuerbescheides ergeben kann.

### e) Vergünstigungen bei mehrfachem Erwerb desselben Vermögens

**144** Die Erbschaftsteuer kann fast konfiskatorischen Charakter bekommen, wenn mehrere kurz hintereinander anfallende Vermögenserwerbe Erbschaftsteuer auslösen. Zur Abmilderung dieser Mehrfachbelastung regelt § 27 ErbStG, dass sich bei Erwerb von Vermögen durch Personen der Steuerklasse I innerhalb eines Zeitraums von zehn Jahren die für den Letzterwerb anfallende Steuer um bis zu 50 % ermäßigt, wenn für den Ersterwerb eine Steuer zu erheben war. Der Umfang der Ermäßigung ergibt sich aus der Aufstellung in § 27 Abs 1 ErbStG, auf die verwiesen sei.

Die Vorschrift ist beschränkt auf die Fälle, in denen der zweite und damit begünstigte Erwerb ein Erwerb von Todes ist. Eine Anwendung der Vorschrift auf freigebige Zuwendungen ist ausgeschlossen. Für die Berechnung des Zehn-Jahres-Zeitraumes sind die jeweiligen Zeitpunkte der Entstehung der Steuern maßgebend. Besteht das im Wege des Zweiterwerbes von Todes wegen erworbene Vermögen nicht nur aus begünstigtem Vermögen, ist zum Zwecke der Ermittlung des Ermäßigungsbetrages der Gesamterwerb vor Abzug des Freibetrages in begünstigtes und nichtbegünstigtes Vermögen aufzuteilen. Hierbei ist der Wert des begünstigten Vermögens um den für den Ersterwerb gewährten Freibetrag zu kürzen. Ferner darf die Ermäßigung den Betrag nicht überschreiten, der sich bei Anwendung der in § 27 Abs 1 ErbStG genannten Höchstsätze auf die Steuer ergibt, die der Vorerwerber für den Erwerb desselben Vermögens entrichtet hat.

### f) Stundung der Steuer bei Erwerb von Betriebsvermögen

**145** Nach der Stundungsvorschrift des § 28 ErbStG ist die Erbschaftsteuer auf Antrag zu stunden, sofern der Erwerber Betriebsvermögen oder land- und forstwirtschaftliches Vermögen erworben hat und die Entrichtung der Steuer die Erhaltung des Betriebes gefährdet (§ 28 Abs 1 S 1 ErbStG). Der Stundungszeitraum darf zehn Jahre nicht überschreiten. Die Voraussetzungen für die Stundung sind sehr eng, sodass die Vorschrift in der Praxis nur geringe Bedeutung hat.

Erfasstes Vermögen ist jede Art von Betriebsvermögen und land- und forstwirtschaftliches Vermögen, insbesondere auch Anteile des Erblassers an offenen Handelsgesellschaften, Kommanditgesellschaften oder anderen Gesellschaften, bei denen der Erblasser ertragsteuerlich Mitunternehmer ist. Nicht erfasst sind Anteile an Kapitalgesellschaften, da diese zwar Betriebsvermögen verkörpern, jedoch nicht selbst Betriebsvermögen sind. Lediglich, wenn sich die Beteiligung in einem anderen Betriebsvermögen befindet, also unselbständiger Bestandteil dieses Betriebsvermögens ist, kann eine Stundung der Erbschaftsteuer in Betracht kommen.

Die Stundung wird ferner nicht gewährt, wenn der Erwerber die Steuer aus dem erworbenen Betriebsvermögen oder aus seinem eigenen Vermögen aufbringen kann.[140] In der Praxis kommt daher eine Stundung in nur sehr seltenen Fällen in

---

[140] BFH v 11. 5. 1988, DB 1988, 1681.

Betracht, da bei wirtschaftlich nicht besonders solventen Betrieben ohnehin kein positiver Einheitswert vorliegen wird, der Einheitswert nur eingeschränkt (vgl § 13a ErbStG) der Besteuerung unterliegt und in den Fällen, in denen auch unter Beachtung der vorgenannten Prämissen gleichwohl eine Erbschaftsteuer anfällt, in aller Regel das Unternehmen in der Lage sein wird, die Erbschaftsteuer zu finanzieren. Überdies ist dann noch zu prüfen, ob nicht die Erbschaftsteuer aus dem erworbenen Privatvermögen oder dem eigenen Vermögen des Erblassers entrichtet werden kann. Ferner ist es dem Finanzamt in diesen Fällen nur sehr schwer zu vermitteln, dass die Entrichtung der Erbschaftsteuer die Erhaltung des Betriebes gefährdet. Auch dieser Aspekt lässt es in der Praxis wenig ratsam sein, bei der Erbschaftsteuerplanung auf die Anwendung des § 28 ErbStG zu bauen.

Hinzu kommt, dass die Stundung in aller Regel nur gegen Sicherheitsleistung gewährt werden soll, da § 28 Abs 2 ErbStG ausdrücklich bestimmt, dass die allgemeine Stundungsnorm des § 222 AO unberührt bleiben soll. Die Stundung nach § 222 AO erfolgt hingegen in aller Regel gegen Sicherheitsleistungen, zumindest die Stundung über einen längeren Zeitraum gewährt werden soll. Bei einer Stundung bis zu zehn Jahren dürfte dies unzweifelhaft gegeben sein.

Sind ausnahmsweise die Voraussetzungen des § 28 ErbStG erfüllt, ist das Finanzamt verpflichtet, auf Antrag des Steuerpflichtigen die Stundung auszusprechen. Es handelt sich abweichend von der Regelung des § 222 AO nicht um eine Ermessensentscheidung.

Für nach dem 28. 2. 1992 entstandene Steuern sind die Stundungen zinslos auszusprechen (§ 28 Abs 1 S 2 ErbStG).

### g) Erlöschen der Steuer

Die Tatbestände des § 29 Abs 1 bis 3 ErbStG, die das Erlöschen der Steuer mit Wirkung für die Vergangenheit anordnen, spielen für die Erbschaftsteuer keine Rolle. Die Tatbestände des § 29 Abs 1 Ziff 4 ErbStG sind auf Erwerbe von Todes wegen zugeschnitten. Sie betreffen jedoch die Ausnahmefälle, in denen Vermögensgegenstände, die von Todes wegen erworben worden sind, binnen einer Frist von 24 Monaten nach dem Zeitpunkt der Entstehung der Steuer einer Körperschaft öffentlichen Rechts oder einer gemeinnützigen Stiftung zugewandt werden. In diesen Fällen ist ein etwaig ergangener Steuerbescheid aufzuheben oder nach § 175 Abs 1 Nr 2 AO zu berichtigen. Gemäß § 29 Abs 2 ErbStG ist der Erwerber für den Zeitraum, in dem ihm die Nutzungen des zugewendeten Vermögens zugestanden haben, wie ein Nießbraucher zu behandeln.

Für die kautelarjuristische Praxis ist hingegen von Bedeutung, dass infolge der engen Rechtsprechung des BFH[141] zum Befreiungstatbestand des § 13 Abs 1 Ziff 10 ErbStG (Steuerrückfall von geschenktem Vermögen) durch Begrenzung des Tatbestandes auf das übertragene Vermögen Schenkungstatbestände mit Widerrufsvorbehalten versehen werden sollten, auch soweit es sich um erbrechtliche Tatbestände handelt. So kann vereinbart werden, dass die Schenkung unter Widerrufsvorbehalt erfolgt, wenn der Beschenkte vor dem Schenker verstirbt. Tritt dieser Fall ein, kann die ursprüngliche Schenkungsteuerfestsetzung gemäß § 29 Abs 1 Ziff 1 ErbStG korrigiert werden.

---

[141] BFH v 22. 6. 1994, DB 1994, 2066 (II R 13/90) und DB 1994, 1603 (II R 1/92), dazu lesenswert FELIX BB 1994, 1694.

### h) Anzeigepflicht und Steuererklärung

**147** Der Erwerber hat den der Erbschaftsteuer unterliegenden Erwerb innerhalb einer Frist von drei Monaten nach erlangter Kenntnis von dem Anfall dem für die Verwaltung der Erbschaftsteuer zuständigen Finanzamt anzuzeigen (§ 30 Abs 1 ErbStG). Eine Anzeige ist nicht erforderlich, wenn der Erwerb auf einer von einem deutschen Gericht, einem deutschen Notar oder einem deutschen Konsul eröffneten Verfügung von Todes wegen beruht und sich aus der Verfügung das Verhältnis des Erwerbers zum Erblasser unzweifelhaft ergibt. Sofern das Finanzamt auf andere Weise – etwa durch Mitteilung des Standesamtes – von dem Verwandtschaftsverhältnis des Erwerbers zum Erblasser Kenntnis erlangt hat, bedarf es einer Anzeige nicht.[142]

Die Anzeigepflicht besteht auch dann, wenn voraussichtlich keine Erbschaftsteuer festzusetzen ist, da die ggf komplizierten Fragen der Bewertung von Erwerben und Verbindlichkeiten der Beurteilung des Finanzamtes obliegen muss.[143] Der Steuerpflichtige kann seine eigene Beurteilung nicht an die Stelle des Finanzamtes setzen. Im Übrigen empfiehlt sich auch deshalb, den Erwerb anzuzeigen, weil hiermit die Anlaufhemmung des § 170 Abs 2 Ziff 1 AO beseitigt wird.[144] Die Anzeigepflicht kann auch deshalb von Relevanz sein, weil zwar vielleicht der Erwerb von Todes wegen unter dem Freibetrag liegt, jedoch im Zuge der Anwendung des § 14 ErbStG (Berücksichtigung früherer Erwerbe) eine Erbschaftsteuer anfällt.

Nach § 30 Abs 4 Ziff 1–5 ErbStG hat die Anzeige auch Angaben über Vorschenkungen des Erblassers einschließlich Art, Wert und Zeitpunkt der Einzelzuwendung zu enthalten.

§ 33 ErbStG erweitert die Anzeigepflicht auf Vermögensverwahrer, Vermögensverwalter und Versicherungsunternehmen, um eine lückenlose Erfassung des Nachlasses sicherzustellen. Wichtigster Fall des Vermögensverwahrers sind die Kreditinstitute. Die Anzeigepflicht erstreckt sich auf Guthaben am Todestag. Zur Mitteilung von Kontobewegungen vor dem Todestag sind die Kreditinstitute nicht verpflichtet. Die Anzeige gemäß § 33 ErbStG kann unterbleiben, wenn das von dem Kreditinstitut für den Erblasser verwahrte Vermögen insgesamt 1.100,00 € nicht übersteigt. Gleiches gilt für Versicherungsunternehmen bei Auszahlung von Kapitalversicherungen.

**148** Sämtliche Anzeigen der Vermögensverwahrer sind innerhalb eines Monats nach Kenntnisnahme vom Todesfall zu erstatten. Für die Praxis ist zu beachten, dass das für die Erbschaft zuständige Finanzamt dem für die Einkommensteuer des Erblassers zuständigen Finanzamt den ermittelten Nachlass mitteilt, sofern der Reinwert (Besitzposten abzüglich Verbindlichkeiten) 125.000,00 € übersteigt oder das zum Nachlass gehörende Kapitalvermögen höher als 50.000,00 € ist. Auf diese Art und Weise wird überprüft, ob der Erblasser in der Vergangenheit zutreffende Einkommensteuererklärungen abgegeben hat.

**149** Der Sicherung des Steueraufkommens dient auch die Anzeigepflicht der Gerichte, Behörden, Beamten und Notare gemäß § 34 Abs 1 ErbStG. Danach haben diese dem für die Verwaltung der Erbschaftsteuer zuständigen Finanzamt Anzeige zu erstatten über diejenigen Beurkundungen etc., die für die Festsetzung einer Erbschaftsteuer von Bedeutung sein **können**. Auf diese Art und Weise sind ins-

---

[142] BFH v 16.10.1996, DB 1997, 140.
[143] MOENCH, ErbStG, § 30 RdNr 1.
[144] BFH v 30.10.1996, DB 1997, 141.

besondere Notare verpflichtet, Erbauseinandersetzungsverträge dem für die Verwaltung der Erbschaftsteuer zuständigen Finanzamt einzureichen.¹⁴⁵

Der Steuerpflichtige ist nicht verpflichtet, unaufgefordert eine Erbschaftsteuererklärung abzugeben. Es fehlt hier an einer gesetzlichen Grundlage. Gleichwohl ist der Steuerpflichtige nach § 31 Abs 1 ErbStG verpflichtet, auf Anforderung des Finanzamtes innerhalb einer Monatsfrist eine Steuererklärung abzugeben, wobei das Finanzamt den Eingang der Anzeige gemäß § 30 ErbStG nicht abwarten muss. Es kann vielmehr von sich aus den Steuerpflichtigen zur Abgabe der Steuererklärung auffordern, wenn es von anderer Seite Kenntnis von dem erbschaftsteuerpflichtigen Erwerb erlangt hat. Die Abgabe der Steuererklärung kann durch Zwangsgeldfestsetzung gemäß § 328 AO erzwungen werden. **150**

In der Praxis ist die Frist von einem Monat verlängerbar. Die Finanzämter gewähren im Allgemeinen Fristen von drei Monaten, insbesondere wenn die Ermittlung des Nachlasses mit zeitaufwendigem Nachfragen verbunden ist und unter Umständen auch mehrere Personen am Nachlass beteiligt sind, die sich ggf auch noch über ihre Beteiligung am Nachlass streiten.

Zu einer gemeinsamen Steuererklärung sind die Miterben nicht verpflichtet. § 31 Abs 4 ErbStG gestattet es jedoch, dass eine gemeinsame Steuererklärung von allen am Nachlass Beteiligten abgegeben wird. Jeder Erbe ist jedoch berechtigt, eine Einzelerklärung abzugeben.

Der Erbschaftsteuerbescheid kann nicht einheitlich mit Wirkung gegen alle Beteiligten ergehen. Er ist vielmehr gegen jeden einzelnen Beteiligten zu richten. In ihm ist nur die gegen den einzelnen Beteiligten festgesetzte Steuer auszuweisen.

Unterliegt der Nachlass der Testamentsvollstreckung, ist der Testamentsvollstrecker berechtigt und verpflichtet, für die Erben die Erbschaftsteuererklärung abzugeben (§ 31 Abs 5 S 1 ErbStG). Er haftet auch für die Entrichtung der Erbschaftsteuer, sodass es sich dringend empfiehlt, den Nachlass nur unter Einbehalt der zu entrichtenden Erbschaftsteuer an die Erben auszukehren. Die Steuererklärung erstreckt sich nur auf die Verhältnisse der Erben, nicht aber auf sonstige Berechtigte, die nicht zugleich Erben sind, wie Pflichtteilsberechtigte und Vermächtnisnehmer. **151**

In der Praxis wird die Steuererklärung auf Anforderung des Finanzamtes auf dem amtlichen Vordruck abgegeben, wobei das Finanzamt gemäß § 31 Abs 7 ErbStG fordern kann, dass der Steuerschuldner die Steuer selbst berechnet und sie innerhalb eines Monats nach Abgabe der Steuererklärung entrichtet.

Der Steuerbescheid ist dem Steuerpflichtigen bekannt zu geben. Hat die Steuererklärung ein Testamentsvollstrecker oder ein Nachlassverwalter abgegeben, ist diesem der Steuerbescheid bekannt zu geben (§ 32 Abs 1 S 1 ErbStG). Es ist im Steuerbescheid eindeutig auszuführen, ob die Steuerschuld des Erblassers gegenüber dem Testamentsvollstrecker geltend gemacht wird oder Steuerschuldner die Erben, vertreten durch den Testamentsvollstrecker, sein sollen, wobei der Bescheid dann lediglich dem Testamentsvollstrecker als Zustellungsbevollmächtigtem der Erben bekannt gegeben wird. **152**

---

**145** Wegen Einzelheiten vgl OFD Kiel, Merkblatt ErbSt, abgedruckt bei EBELING-GECK, Hdb der Erbengemeinschaft und Erbauseinandersetzung, Teil II Anlage II.

**153** Mit der Bekanntgabe an den Testamentsvollstrecker entfaltet der Erbschaftsteuerbescheid seine Wirksamkeit.[146] Rechtsmittelbefugt sind die Erben, nicht der Testamentsvollstrecker, es sei denn, der Testamentsvollstrecker ist selbst in Anspruch genommen worden.[147]

## II. Einkommensteuerrechtliche Bezüge des Erbrechts

### 1. Erbfall und Erbauseinandersetzung im Überblick

**154** Die persönliche Einkommensteuerpflicht endet mit dem Tode des Steuerpflichtigen (§ 1 Abs 1 EStG). Der oder die Rechtsnachfolger treten nach § 45 AO in die Rechtsposition des Erblassers ein. Die Vorschrift des § 45 AO ist die abgabenrechtliche Parallele zu § 1922 BGB. Damit stellt sich zunächst die Frage, ob und in welcher Weise noch eine letzte Veranlagung des Erblassers durchzuführen ist, ob steuerliche Verhältnisse des Erblassers auch noch Auswirkungen auf die Veranlagung der Erben haben (zB Verlustvorträge), wie Erbfallkosten behandelt werden, aber auch die Prüfung der Zurechnung von Einkünften an die ungeteilte Erbengemeinschaft sowie die einkommensteuerliche Behandlung der Erbauseinandersetzung. Schon an dieser Stelle sei darauf hingewiesen, dass der BFH[148] Erbfall und Erbauseinandersetzung – insoweit dem Zivilrecht folgend – als zwei getrennte Vorgänge behandelt. Dies ist keinesfalls selbstverständlich, weil die alte Rechtsprechung[149] auch die Erbauseinandersetzung als rechtlich unselbständigen Bestandteil des Erbfalls behandelte und hieraus keine einkommensteuerrechtlichen Folgen zog.

Ferner ist noch die einkommensteuerliche Behandlung von Vermächtnis- und Pflichtteilsansprüchen sowohl aufseiten des Berechtigten als auch aufseiten der Verpflichteten zu erörtern.

### 2. Rechtsnachfolge in die Person des Erblassers

#### a) Letzte Einkommensteuerveranlagung und Haftung der Erben

**155** Im Regelfall ist Veranlagungszeitraum, für den die Einkommensteuer erhoben wird, das Kalenderjahr (§ 25 Abs 1 EStG). Da die Einkommensteuerpflicht des Erblassers mit seinem Tode endet, ist insoweit Veranlagungszeitraum der Zeitraum vom Beginn des Jahres bis zum Todestag. Der Einkommensteuer wird das während der Dauer der Steuerpflicht bezogene Einkommen ohne Umrechnung auf ein etwaiges Jahreseinkommen zugrunde gelegt. Die Einkommensteuererklärung kann somit sofort abgegeben werden, und zwar auch vor Ablauf des Kalenderjahres, in dem der Erblasser verstorben ist. Wird er für das Todesjahr mit seinem überlebenden Ehegatten zusammen veranlagt, entsteht die Einkommensteuerpflicht erst mit Ablauf des regulären Veranlagungszeitraums (Kalenderjahr).

Für die Einkommensteuerveranlagung bestehen im Übrigen keine Besonderheiten.

**156** Werden Ehegatten getrennt veranlagt, ist der verstorbene Ehegatte mit seinen bis zum Todestag bezogenen Einkünften, der überlebende Ehegatte mit seinen während des gesamten Kalenderjahres bezogenen Einkünften getrennt zu veranlagen.

---

[146] BFH v 14. 11. 1990, DB 1991, 847.
[147] BFH v 4. 11. 1981, DB 1982, 1187.
[148] BFG GrS v 5. 7. 1990, DB 1990, 2144;
SCHMIDT-WACKER, EStG, § 16 RdNr 605 ff mit ausführlicher Darstellung der Rechtslage.
[149] BFH v 16. 3. 1981, DB 1981, 2056 mwN.

Sofern Zusammenveranlagung gewählt wird, was in aller Regel wegen des damit verbundenen Splitting-Tarifes sinnvoll ist, ist Voraussetzung, dass es sich jeweils um unbeschränkt steuerpflichtige und nicht dauernd getrennt lebende Ehegatten handelt. Probleme können sich hinsichtlich der Ausübung des Wahlrechtes ergeben, da die Zusammenveranlagung nur auf Antrag der Steuerpflichtigen erfolgt. Der verstorbene Ehegatte wird insoweit durch die Erben vertreten. Diese üben das Wahlrecht aus. Ist der überlebende Ehegatte Alleinerbe, ergeben sich keine Komplikationen. Er wird im Interesse der Anwendung des Splitting-Tarifes auch von dem Wahlrecht gemäß § 32a Abs 6 Ziff 1 EStG Gebrauch machen, das die Zusammenveranlagung auch noch auf das auf das Todesjahr folgende Jahr erstreckt. Dies hat in aller Regel infolge des Splitting-Tarifes eine Progressionsmilderung zur Folge, sodass quasi »blind« empfohlen werden kann, die Zusammenveranlagung zu wählen.

Ist der überlebende Ehegatte nicht Erbe oder zumindest nicht Alleinerbe, kann er die Zusammenveranlagung nicht erzwingen. Es ist eine freie Entscheidung der Erben, der Zusammenveranlagung zuzustimmen oder nicht. Ist der überlebende Ehegatte zumindest Miterbe, kann sich im Einzelfall aus den Regelungen über die Nachlassverwaltung ergeben, dass ein Anspruch auf Zustimmung zur Zusammenveranlagung besteht, zumindest wenn die mit dieser Art der Veranlagung verbundene Steuerbegünstigung anteilig auch dem Nachlass zugute kommt.

Das Finanzamt wird die Zusammenveranlagung nur durchführen, wenn ein entsprechender Antrag vorliegt. Bei Streitigkeiten kann das Finanzamt die Erben auf den Zivilrechtsweg verweisen.

Die Einkommensteuererklärung ist von allen Erben zu unterzeichnen. Der Einkommensteuerbescheid ist den Erben bekannt zu geben, wobei das Finanzamt nach den Regelungen der Abgabenordnung (§§ 179 ff AO) verlangen kann, dass die Erben einen Empfangsbevollmächtigten bestellen. Bis zur Klärung der erbrechtlichen Lage kann das Finanzamt keine Einkommensteuerveranlagung durchführen. **157**

Führt die Einkommensteuerfestsetzung zu einem Steueranspruch des Fiskus, haften für diesen die Erben nach § 45 AO als Gesamtschuldner. Sie sind allerdings berechtigt, die Haftung auf den Nachlass zu begrenzen. Erstattungsansprüche stehen den Erben in ungeteilter Erbengemeinschaft zu. Das Finanzamt ist nur berechtigt, den Erstattungsbetrag auf ein von den Erben gemeinsam bekannt zu gebendes Konto zu zahlen mit schuldbefreiender Wirkung.

### b) Werbungskosten, Betriebsausgaben, Sonderausgabenabzug, außergewöhnliche Belastungen aus Anlass des Erbfalls

#### aa) Werbungskosten und Betriebsausgaben

Die Erbschaftsteuer ist weder als Werbungskosten noch Betriebsausgaben beim Erben abzugsfähig. Denn es handelt sich nicht um eine Aufwendung, die im Zusammenhang mit der Erzielung steuerpflichtiger Einnahmen steht, sodass die Voraussetzungen für den Werbungskosten- bzw Betriebsausgabenbegriff (§§ 9 Abs 1, 4 Abs 4 EStG) nicht erfüllt sind. Die Erbschaftsteuer ist vielmehr eine steuerlich irrelevante Privatschuld. Auch die Pflichtteils- und Vermächtnisschulden sind Verbindlichkeiten, die aufgrund des Erbfalls entstanden sind. Es handelt sich um Privatschulden, die nicht ertragsteuermindernd geltend gemacht werden können. Dieses rechtliche Schicksal teilen auch die Aufwendungen, die erforderlich sind, um die Erfüllung der vorgenannten Verbindlichkeiten des Erben zu ermöglichen, insbesondere Schuldzinsen auf die Aufnahme von Fremd- **158** verbindlichkeiten zur Erfüllung der vorgenannten Verbindlichkeiten. Hatte der BFH zunächst noch den Schuldzinsenabzug zugelassen, soweit das angefallene Vermögen zur Erzielung von Einkünften verwendet wurde,[150] hat er diese als Sekundärfolgenrechtsprechung bezeichnete Judikatur inzwischen aufgegeben.[151] Selbst die Verzugszinsen, die der Erbe an den Pflichtteilsberechtigten wegen verspäteter Erfüllung dessen Anspruchs zahlt, sind nicht als Werbungskosten oder Betriebsausgaben einzuordnen.[152]

Lediglich mit der Erbauseinandersetzung verbundene Aufwendungen können ggf als Werbungskosten oder Betriebsausgaben abgezogen werden, soweit sie Vermögen verbinden, welches der Einkunftserzielung dient.

Die Gebühren des Testamentsvollstreckers, die mit der Abwicklung und Auseinandersetzung des Nachlasses entstehen, sind dem Bereich zuzuordnen, der nicht mit Einkunftserzielung im Zusammenhang steht. Sie sind damit nicht abzugsfähig als Werbungskosten oder Betriebsausgaben. Hingegen können die Testamentsvollstreckergebühren, die durch eine auf längere Dauer angeordnete Nachlassverwaltung ausgelöst werden, wenn die Tätigkeit des Testamentsvollstreckers nicht im Zusammenhang mit dem Erbfall gesehen werden muss, sondern einer langfristigen Nachlassverwaltung zuzuordnen sind,[153] uU der Einkunftsebene zugeordnet werden.

### bb) Sonderausgaben

**159** Sonderausgaben sind Aufwendungen, die zwar weder Betriebsausgaben noch Werbungskosten sind, aber aus verschiedenen Erwägungen – meist sozialpolitischer Natur – als steuermindernde Positionen abgezogen werden können.

Der BFH[154] hat in einer älteren Entscheidung die Auffassung vertreten, die vom Erben für den Erblasser geleistete Kirchensteuer sei auch als Sonderausgabe des Erben abzugsfähig. Es handele sich nicht lediglich um eine Nachlassverbindlichkeit, die nur bei der Erbschaftsteuerfestsetzung zu berücksichtigen sei. Andererseits sind Aufwendungen zur Erfüllung von Vermächtniszuwendungen an gemeinnützige Einrichtungen weder beim Erblasser noch beim Erben als Spenden gemäß § 10b Abs 1 EStG abzugsfähig.[155]

Als Steuerberatungskosten kann der Erbe als Sonderausgaben auch die Kosten für die Anfertigung der Erbschaftsteuererklärung sowie der rückständigen Steuererklärungen des Erblassers geltend machen.

Die Erbschaftsteuer selbst kann als Sonderausgabe nur insoweit abgezogen werden, als es sich um eine Jahressteuer gemäß § 23 ErbStG handelt (siehe dazu oben C RdNr 134 ff).

### cc) Außergewöhnliche Belastungen

**160** Ausgaben eines Steuerpflichtigen für die Beerdigung eines nahen Angehörigen mindern als außergewöhnliche Belastungen gemäß § 33 EStG das zu versteuernde Einkommen, sofern die zumutbare Belastung iSd § 33 Abs 3 EStG überschrit-

---

150 BFH v 28. 4. 1989, DB 1989, 1751.
151 BFH v 2. 3. 1993, DB 1993, 1398; BFH v 25. 11. 1993, DB 1994, 1759, s auch Übergangserlass des BdF v 11. 4. 1994, DB 1994, 1753.
152 BFH v 14. 4. 1992, DB 1993, 565.
153 BFH v 1. 6. 1978, DB 1978, 1816.

154 BFH v 1. 3. 1957, VI 57/55 U, BStBl III 1957, 135.
155 BFH v 22. 9. 1993, DB 1993, 2465 (kein Abzug beim Erben), BFH v 23. 10. 1996, X R 75/94, BStBl II 1996, 239 (kein Abzug beim Erblasser).

ten ist und die Aufwendungen nicht aus dem Nachlassvermögen bestritten werden können, da es anderenfalls an einer Belastung des Steuerpflichtigen fehlt. Abzugsfähig sind nur solche Kosten, die mit der Bestattung selbst zusammenhängen, wie die Kosten der standesgemäßen Beerdigung, die der Erbe zu tragen hat, Erwerb der Grabstelle nebst Grabstein, Trauerkleidung, jedoch nur soweit diese Aufwendungen zwangsläufig, dh den üblichen Rahmen nicht übersteigen. Reisekosten für die Teilnahme an der Beerdigung sind hingegen keine außergewöhnlichen Belastungen iSd § 33 EStG.[156] Da in aller Regel die Kosten aus dem Nachlass gedeckt werden können und die zumutbare Belastung des Erben nicht überschritten werden darf, spielt die Einordnung von Aufwendungen aus Anlass des Todesfalles als außergewöhnliche Belastung in der Praxis keine große Rolle.

### dd) Sonderfall: Verlustausgleich und Verlustabzug

Nach dem System der Ermittlung der Einkommensteuer wird die Summe der Einkünfte des Steuerpflichtigen iSd § 2 Abs 3 EStG in der Weise ausgeglichen, dass positive und negative Einkünfte zunächst derselben Einkunftsart, anschließend in den Grenzen des § 2 Abs 3 EStG idF Steuerentlastungsgesetz 1999 innerhalb der Einkunftsarten saldiert werden. Nur ein verbleibender positiver Betrag der Summe der Einkünfte kann zu einer Festsetzung von Einkommensteuer führen. Beim Erbfall ist zunächst diese Art des Verlustausgleichs auf der Ebene des Erblassers im Rahmen dessen letzter Einkommensteuerveranlagung durchzuführen. Ist die Summe der Einkünfte negativ, ist der Erbe berechtigt, den vom Erblasser nicht ausgeschöpften Verlustausgleich bei seiner Einkommensteuerveranlagung für das Jahr des Erbfalls steuerlich geltend zu machen.[157]

**161**

Davon zu trennen ist ein Verlustabzug. Dieser kann darin bestehen, dass in der Person des Erblassers ein nicht ausgeglichener Verlustabzug iSd § 10d EStG vorhanden war. Kann auch dieser dazu nicht verwandt werden, die letzte Einkommensteuerschuld des Erblassers auf Null zu stellen, weil der Verlustabzug höher ist, ist zu fragen, ob dieser Verlustabzug im Wege der Gesamtrechtsnachfolge auf den oder die Erben übergeht. Die Einordnung des Verlustabzugs hat in der Rspr eine wechselhafte Geschichte erfahren. War zunächst die Rspr[158] der Auffassung, der Verlustabzug des Erblassers gehe auf die Erben über, wurde dies durch den 1. Senat[159] in Frage gestellt. Völlig überraschend ist der 1. Senat[160] wieder von seiner vorgenannten Auffassung abgerückt, sodass zumindest derzeit davon auszugehen ist, dass keine Änderung der Rspr durch den 1. Senat angestrebt wird. Da die übrigen Ertragsteuersenate der Auffassung des 1. Senates intern zugestimmt hatten, ist nicht auszuschließen, dass in näherer Zukunft ein Wechsel in der rechtlichen Beurteilung eintritt. Der Verlustabzug wäre dann nicht mehr in der Person des Erben verwertbar. Für den Bereich des gewerbesteuerlichen Verlustabzugs iSd § 10a GewStG ist allerdings die zivilrechtliche Identität zwischen den Verlust erwirtschaftet habenden und der ihn verrechnenden Person Voraussetzung für den Verlustabzug, sodass mit dem Tod des Erblassers ein gewerbesteuerlicher Verlustabzug verloren geht.[161]

Anspruchsberechtigt sind nur die Erben. Somit sind Vermächtnisnehmer und Pflichtteilsberechtigte vom Übergang des Verlustabzugs ausgeschlossen. Gleiches

---

156 154 BFH v 11. 5. 1979, DB 1979, 1826.
157 BFH v 17. 5. 1972, DB 1972, 1561; SCHMIDT-HEINICKE, EStG, § 1 RdNr 15 mwN.
158 BFH v 22. 6. 1962, BStBl III 1962, 386.
159 BFH v 29. 3. 2000, BStBl II 2000, 622.
160 BFH v 16. 5. 2001, ZEV 2001, 368.
161 BFH GrS v 3. 5. 1993, DB 1993, 1604; BFH v 7. 12. 1993, DB 1994, 564.

gilt für den Nacherben. Bei Zusammenveranlagung des Erblassers mit seinem Ehegatten ist der Verlustabzug zwischen dem Ehegatten und den Erben zu quoteln, soweit nicht der Ehegatte Alleinerbe des Erblassers geworden ist.

### 3. Einkommensteuerrechtliche Behandlung der Erbengemeinschaft bis zur Auseinandersetzung

#### a) Grundsätzliches

**162** Die Erbengemeinschaft tritt mit dem Tode des Erblassers dessen Rechtsnachfolge an. Soweit der Erblasser Einkünfte erzielt hat, werden diese nunmehr von der Erbengemeinschaft insgesamt erzielt, sofern das zur Einkunftserzielung genutzte Vermögen auf den oder die Erben übergeht und von diesen weiterhin zur Einkunftserzielung genutzt wird. Dies hat insbesondere zur Folge, dass bei Übergang eines gewerblichen Unternehmens keinesfalls eine Betriebsaufgabe in der Person des Erblassers vorliegt, sondern das Unternehmen durch die Erben fortgeführt wird. Wird es eingestellt, liegt eine Betriebsaufgabe in der Person der Erben, nicht in der des Erblassers vor.[162] Die Einkünfte der Erbengemeinschaft werden nach den §§ 179 ff AO einheitlich und gesondert festgestellt, da die Erben insgesamt Inhaber der Einkunftsquelle sind und somit die Einkünfte erzielen. Sie werden behandelt wie die Gesellschafter einer Gesellschaft bürgerlichen Rechts oder einer Personenhandelsgesellschaft. Der in dem Bescheid über die einheitliche und gesonderte Feststellung von Einkünften auf den einzelnen Miterben entfallende Anteil an den Einkünften wird seiner persönlichen Einkommensteuerfestsetzung zugrunde gelegt. Einwendungen gegen die Ermittlung der Einkünfte sind daher gegen den Grundlagenbescheid zu führen, nicht erst gegen den Folgebescheid.

Im Einzelnen ist zwischen der Erzielung von Einkünften aus Wirtschaftsgütern des steuerlichen Privatvermögens und denen des Betriebsvermögens zu unterscheiden.

#### b) Einkommensteuerliche Behandlung von Einkünften aus Wirtschaftsgütern des Privatvermögens

**163** Angesprochen sind insbesondere Einkünfte der Erbengemeinschaft, die diese aus Vermietung und Verpachtung sowie Kapitalvermögen erzielt.

Die Einkünfte werden als Überschuss der Einnahmen über die Werbungskosten ermittelt (§ 2 Abs 2 Ziff 2 EStG).

Bei den Einkünften aus Vermietung und Verpachtung sind die Einkünfte den Miterben entsprechend den Erbquoten zuzuweisen. Abweichende Vereinbarungen sind steuerlich unbeachtet, es sei denn, sie haben ihre Grundlage in der letztwilligen Verfügung des Erblassers. Die spätere Erbauseinandersetzung kann nicht dazu führen, dass vom Erbanfall an die Einkünfte dem zugewiesen werden, der im Zuge der Erbauseinandersetzung das entsprechende Wirtschaftsgut übernommen hat.[163]

Hinsichtlich der AfA tritt der Erbe bzw die Erbengemeinschaft in die Rechtsposition des Rechtsvorgängers (Erblassers) gemäß § 11d EStDV ein. Eine Neubewertung des Objektes zum Zwecke der Ermittlung der Bemessungsgrundlage für die

---

[162] BFH v 29. 4. 1993, DB 1993, 1857.
[163] Einen Ausnahmefall betrifft das Urt des Nds FG v 20. 10. 1993, EFG 1994, 504, das eine Rückbeziehung von 44 Monaten zugelassen hat.

AfA ist somit mit steuerlicher Wirkung nicht zulässig. Auch die AfA-Methode kann nicht verändert werden. Nur soweit der Erblasser zu einer anderen Methode hätte wechseln können, steht diese Möglichkeit auch den Erben offen. So kann beispielsweise nicht von der linearen AfA zur degressiven AfA gewechselt werden.

Bei den Einkünften aus Kapitalvermögen als zweitem Hauptfall der Einkünfte aus Wirtschaftsgütern des Privatvermögens, die die Erbengemeinschaft erzielt, haben die Anschaffungskosten in aller Regel keine Bedeutung. Denn bei Kapitalvermögen handelt es sich um ein nicht abnutzbares Wirtschaftsgut, auf das Abschreibungen nicht zulässig sind. Wertverluste vollziehen sich im steuerlich irrelevanten Privatvermögen, können also steuerlich nicht berücksichtigt werden. Wertsteigerungen und -verluste sind mit Ausnahme der Spekulationsgeschäfte nicht steuerbar. **164**

Die Einkünfte der Erbengemeinschaft aus Kapitalvermögen sind ebenfalls durch Ermittlung des Überschusses der Einnahmen über die Werbungskosten zu ermitteln. Im Einzelfall kann es zu Abgrenzungsproblemen zur Sphäre des Erblassers kommen. Soweit Zinsen wirtschaftlich auf die Lebensdauer des Erblassers entfallen, jedoch erst nach seinem Tode ausgezahlt werden, sind sie den Erben zuzurechnen, da bei Überschusseinkunftsarten das Zuflussprinzip des § 11 EStG zur Anwendung kommt. Gleiches gilt für Stückzinsen auf Wertpapiere, die dem Erblasser zustehen, aber erst nach seinem Tode ausgezahlt worden sind. Eine Aufteilung der Zinsen ist daher nicht vorzunehmen.

Die Anrechnungsbeträge an Kapitalertragsteuer und Körperschaftsteuer sind den Erben entsprechend den Erbquoten zuzuweisen.

**c) Einkommensteuerliche Behandlung von Einkünften aus Gewinneinkunftsarten**
Erfasst sind Einkünfte aus Gewerbebetrieb, Land- und Forstwirtschaft und selbständiger Tätigkeit. Die Einkünfte aus Land- und Forstwirtschaft sollen an dieser Stelle ausgeklammert werden. **165**

Führt die Erbengemeinschaft ein freiberufliches Unternehmen fort, entfällt die Gewerbesteuerfreiheit, wenn nicht sämtliche Erben die Qualifikation eines selbständig Tätigen iSd § 18 EStG erfüllen. Dies gilt allerdings nicht, wenn binnen sechs Monaten ab Erbfall die nicht berufsqualifizierten Erben aus der Erbengemeinschaft ausscheiden. In diesem Fall können die Einkünfte als freiberuflich rückwirkend den Erben zugerechnet werden, die die freiberufliche Tätigkeit weiterführen und in ihrer Person die Voraussetzungen des § 18 EStG erfüllen.[164]

Befindet sich im Nachlass ein gewerbliches Unternehmen, sind die Rechtsnachfolger Unternehmer oder Mitunternehmer iSd § 15 Abs 1 Ziff 1, 2 EStG und erzielen somit gewerbliche Einkünfte. In diesem Zusammenhang ist es unerheblich, ob die Fortführung durch die Erbengemeinschaft auf Dauer oder nur vorübergehend erfolgt. **166**

Wie schon bei den Wirtschaftsgütern des Privatvermögens löst der Erbfall als solcher keine zusätzlichen Anschaffungs- oder Herstellungskosten aus. Die Erben treten gemäß § 6 Abs 3 EStG in die Rechtsposition des Rechtsvorgängers ein.[165]

Die Miterben erzielen somit Einkünfte aus Gewerbebetrieb, die ihnen entsprechend ihren Erbquoten zuzurechnen sind.

---

**164** BdF v 11. 1. 1993, DB 1993, Beilage 2 Tz 8.9.  **165** BFH GrS v 5. 7. 1990, DB 1990, 2144.

**167** War der Erblasser an einer Personengesellschaft beteiligt, ist nach der gesellschaftsvertraglichen Regelung zu unterscheiden. Ist die Gesellschaft durch den Tod des Erblassers aufgelöst – dies ist in der Praxis nur sehr selten der Fall –, sind die Erben entsprechend der Erbquoten an der Abwicklungsgesellschaft beteiligt. Sie erwerben insoweit Anteile an einer Mitunternehmerschaft in Form der Abwicklungsgesellschaft.

**168** Scheidet der Erblasser mit seinem Tode aus, wird die Gesellschaft jedoch unter den verbleibenden Gesellschaftern aufgrund einer Fortsetzungsklausel fortgesetzt, liegt in der Person des Erblassers noch eine Betriebsaufgabe in Form der Veräußerung des Mitunternehmeranteils vor.

**169** Wird die Gesellschaft mit den Erben fortgesetzt aufgrund einer einfachen Nachfolgeklausel, treten diese entsprechend der Erbquoten in die Gesellschaftsbeteiligung ein. Bei einer qualifizierten Fortsetzungsklausel wird die Gesellschaft nur mit dem im Gesellschaftsvertrag und in der letztwilligen Verfügung benannten Erben fortgesetzt. Die Wertausgleichsschuld gegenüber den nicht qualifizierten Miterben ist im Rahmen der Erbauseinandersetzung zu berücksichtigen.

**170** Bei der Fortsetzungsklausel ist der Aufgabegewinn des Erblassers nicht der Gewerbesteuer unterworfen. Er ist ferner in den Grenzen des § 16 Abs 4 EStG steuerbefreit und unter den weiteren Voraussetzungen der Vorschrift der Tarifermäßigung nach § 34 EStG unterworfen, wobei der Aufgabegewinn noch in der Person des Erblassers entsteht und daher die einmalige Inanspruchnahme der Norm des § 34 Abs 3 EStG (sog halber Steuersatz) auf seiner Ebene zu klären ist.

**171** Bei der Beteiligung an einer Mitunternehmerschaft ist die steuerliche Behandlung des Sonderbetriebsvermögens im Erbfall zu beachten. Dies sind Wirtschaftsgüter, die zivilrechtlich im Eigentum des Mitunternehmers (Erblassers) stehen und die dieser der Gesellschaft zur Nutzung überlassen hat. Wird bei einer qualifizierten Nachfolgeklausel das Sonderbetriebsvermögen nicht durch letztwillige Verfügung zugleich dem qualifizierten Nachfolger zugewiesen, kann dies zur fatalen Konsequenz haben, dass eine anteilige Entnahme des Sonderbetriebsvermögens ins Privatvermögen stattfindet. Dies ist dann der Fall, wenn das Wirtschaftsgut den Erben entsprechend der Erbquoten anfällt oder gar aufgrund eines Vermächtnisses auf eine Person zu übertragen ist, die nicht an der Mitunternehmerschaft beteiligt ist. In letzterem Fall findet eine Totalentnahme dieses Wirtschaftsgutes statt, wobei dieser Entnahmegewinn nach neuerer Rspr[166] nicht der Gewerbesteuer unterliegt. Es ist deshalb auf einen Gleichklang zwischen Gesellschaftsbeteiligung und Sonderbetriebsvermögen unbedingt zu achten.

### d) Sonderfall und zugleich Gefahrenquelle: Beteiligung an einer Kapitalgesellschaft

**172** Der Erwerb einer Beteiligung an einer Kapitalgesellschaft durch Erwerb von Todes wegen kann unterschiedliche Auswirkungen haben. War der Erwerber bislang an dieser Kapitalgesellschaft nicht beteiligt, verändert die Beteiligung ihren steuerrechtlichen Charakter nur dann, wenn sie nunmehr nicht in einem Betriebsvermögen des Erblassers gehalten, sondern in das Privatvermögen des Erwerbers überführt wird. Dies ist nur dann der Fall, wenn der Erwerber nicht den gesamten Nachlass und damit das Betriebsvermögen, in dem sich der Anteil befand, erworben hat, sondern etwa im Wege eines Vermächtnisses nur das einzelne Wirtschaftsgut »Beteiligung«.

---

**166** BFH v 15. 3. 2000, BStBl II 2000, 316.

Problematisch sind die Fälle, in denen der Erwerber bereits an der Kapitalgesellschaft mit einer Beteiligung von weniger als 1 % (ab 2002) des Nennkapitals beteiligt war und er diese Beteiligung in seinem steuerlichen Privatvermögen hielt. Denn in diesem Fall handelt es sich nicht um eine Beteiligung an einer Kapitalgesellschaft iSd § 17 EStG, die steuerlich Privatvermögen darstellt. Dies hat zur Folge, dass Veräußerungsgewinne nur dann zu versteuern sind, wenn die Beteiligung innerhalb der privaten Veräußerungsfrist von zwölf Monaten des § 23 EStG angeschafft und weiterveräußert wird. Erwirbt ein solcher Erwerber von Todes wegen eine Beteiligung an der gleichen Gesellschaft hinzu, kann dies zur Folge haben, dass sich seine Beteiligung über den Schwellenwert des § 17 Abs 1 S 4 EStG erhebt, indem in Addition beider Anteile die Beteiligung mindestens 1 % (ab 2002) des Nennkapitals beträgt. Dies hat zur Folge, dass sowohl der bisherige, schon vom Erwerber gehaltene Anteil als auch der von Todes wegen hinzuerworbene Anteil nunmehr »steuerverstrickt« werden, sodass Veräußerungsgewinne nach dem Halbeinkünfteverfahren steuerpflichtig sind. Dies trifft den Erwerber um so härter, als für die Ermittlung des Veräußerungsgewinnes die historischen Anschaffungskosten zuzüglich etwaiger nachträglicher Anschaffungskosten maßgebend sind, nicht hingegen der Wert bei Begründung der wesentlichen Beteiligung durch den Erbfall.[167] Dies gilt selbst dann, wenn die Beteiligung dem Erben quasi nur als Durchgangserwerb anfällt, weil er aufgrund eines Vermächtnisses die Beteiligung auf den Vermächtnisnehmer übertragen muss. Selbst der Durchgangserwerb begründet eine Beteiligung, die dazu führt, dass auch der schon vorhandene Anteil für die Dauer von fünf Jahren steuerverstrickt bleibt (§ 17 Abs 1 S 5 EStG).[168]

Auf diese Risiken ist bei der Abfassung letztwilliger Verfügungen zu achten. Im Einzelfall kann es sich anbieten, eine Beteiligung nicht erst im Wege des Vermächtnisses auf eine Person zu übertragen, sondern bereits eine Schenkung unter Lebenden auf diese Person vorzunehmen, wenn der Erbe eine Beteiligung innehat, die durch den Durchgangserwerb zu einer Beteiligung erstarkt.

### 4. Einkommensteuerrechtliche Behandlung der Erbauseinandersetzung

#### a) Grundsätzliches

Erbfall und Erbauseinandersetzung sind aufgrund der Trennungstheorie des Großen Senates des BFH[169] selbständige Rechtsvorgänge. Sie bilden untereinander keine rechtliche Einheit. Die Erbauseinandersetzung ist im Gegensatz zum Erbfall ein entgeltliches Geschäft. Hierbei wird typischerweise unterschieden zwischen der Auseinandersetzung des aus Privat- oder Betriebsvermögen bestehenden Nachlasses oder eines sog Mischnachlasses und zwischen einer Gesamt- und einer Teilauseinandersetzung. Ferner ist zu differenzieren zwischen einer Realteilung des Nachlasses unter den Erben mit oder ohne Spitzenausgleichszahlung sowie der Übernahme des Nachlasses durch einen Erben gegen Barabfindung. Die vom Zivilrecht her bekannten Institute wie Erbteilsübertragung und Erbteilskauf haben steuerlich keine eigenständige Bedeutung. Sie sind in die vorstehenden Konstellationen einzubeziehen. So hat etwa die Erbauseinandersetzung über einen Mitunternehmeranteil in der Weise, dass ein Erbe seinen Mitunternehmer-

---

[167] St Rspr, zuletzt BFH v 10. 11. 1992, DB 1994, 765; kritisch mit überzeugenden Argumenten CREZELIUS DB 1997, 195.
[168] Hierzu auch FELIX ZEV 1996, 139 mwN.

[169] BFH GrS v 5. 7. 1990, DB 1990, 2144; zustimmend BdF v 11. 1. 1993, DB 1993, Beilage 2, passim.

anteil an den anderen Erben überträgt, zur Folge, dass es sich um einen Veräußerungstatbestand iSd § 16 Abs 1 Ziff 2 EStG (Veräußerung eines Mitunternehmeranteils) handelt.

Einschränkend zu den vorgenannten Äußerungen ist allerdings darauf hinzuweisen, dass ein entgeltlicher Erwerb nur insoweit vorliegt, als der Wert der erlangten Wirtschaftsgüter den Wert des Erbanteils übersteigt und hierfür ein Ausgleich gezahlt wird. Somit ist die reine Realteilung ein unentgeltlicher Vorgang,[170] kann aber nach § 16 Abs 3 S 2 EStG uU zu einer Entnahme führen.

### b) Erbauseinandersetzung über Privatvermögen

**174** Bei Realteilung ohne Ausgleich erwirbt jeder Erbe unentgeltlich iSd § 11d Abs 1 EStDV. Veräußerungsgewinne bzw. Anschaffungskosten entstehen aufgrund dieses Vorgangs nicht, sodass sich die Frage ihrer steuerlichen Berücksichtigung nicht stellt.

Wird durch einen Miterben ein Ausgleich dafür geleistet, dass er mehr aus dem Nachlass erwirbt, als dies seiner Erbquote entspricht (Realteilung mit Ausgleich), handelt es sich insoweit um eine entgeltliche Veräußerung aus Sicht der die Ausgleichszahlung empfangenden Miterben und einen Anschaffungsvorgang aus Sicht des zahlenden Erben. Im Übrigen – dh in dem Umfang, in dem der Wert des Empfangenen dem Anteil am Nachlass entspricht – erwirbt der ausgleichspflichtige Erbe unentgeltlich. Insoweit entstehen ihm keine Anschaffungskosten, die über die fortgeführten Anschaffungskosten des Erblassers hinausgehen. Aus Sicht der Empfänger der Ausgleichszahlung ist zu prüfen, ob es sich bei der Veräußerung ausnahmsweise um einen steuerpflichtigen Vorgang handelt. Dies ist nur in den Fällen der Veräußerung einer Beteiligung iSd § 17 EStG oder bei Geschäften der Fall, die den Tatbestand des privaten Veräußerungsgeschäftes erfüllen, wobei die Besitzdauer des Erblassers den Erben zugerechnet wird.[171] Die Erbauseinandersetzung über Privatvermögen ist damit in aller Regel steuerlich insoweit günstig, als durch Ausgleichszahlungen Anschaffungskosten geschaffen werden, während der Veräußerungsgewinn in aller Regel nicht steuerpflichtig ist. Die mit den Anschaffungskosten im Zusammenhang stehenden Schuldzinsen können als Werbungskosten abgezogen werden, soweit das Wirtschaftsgut der Einkunftserzielung dient. Im Rahmen einer Beteiligung iSd § 17 EStG ist nur ein hälftiger Schuldzinsenabzug möglich (§ 3c Abs 2 S 1 EStG), da auch die Veräußerungsgewinne nur zur Hälfte zu erfassen sind.

Eine Auseinandersetzung des Nachlasses in der Weise, dass liquide Mittel einem Erben, die Sachwerte anderen Erben ohne weitere Ausgleichszahlungen zugewiesen werden, ist eine erfolgsneutrale Realteilung. Bei ihr liegen Anschaffungskosten nur vor, soweit der erwerbende Erbe aus seinem Eigenvermögen noch Mittel aufwenden muss. Auch in der Übernahme von Nachlassverbindlichkeiten über die Erbquote hinaus durch einen Miterben hinaus ist insoweit kein Entgelt zu sehen.

**175** Die vorstehenden Ausführungen gelten auch für eine Teilerbauseinandersetzung, bei der einzelne Miterben gegen Abfindung ausscheiden, die Erbengemeinschaft aber unter den verbleibenden Miterben fortbesteht. Bei einer gegenständlichen Teilauseinandersetzung, bei der die Erbauseinandersetzung in mehreren Schritten vollzogen wird, ist für die Frage des entgeltlichen oder unentgeltlichen Vor-

---

[170] BFH v 29. 4. 1992, DB 1992, 1605.

[171] SCHMIDT-HEINICKE, EStG, § 23 RdNr 13 mwN.

gangs nicht auf das Ergebnis der Gesamtauseinandersetzung abzustellen. Vielmehr sind die einzelnen Schritte der Teilauseinandersetzung zu sezieren. Ergibt dies, dass ein Erbe für den Erwerb eines Gegenstandes eine Zahlung leistet, liegt aus seiner Sicht insoweit ein Anschaffungsvorgang, aus Sicht der übrigen Miterben ein Veräußerungsgeschäft vor, selbst wenn bei einem zweiten Akt der Erbauseinandersetzung die Rollen insoweit vertauscht werden.[172]

### c) Erbauseinandersetzung über einen aus Betriebsvermögen bestehenden Nachlass

**176** Wird der Nachlass real geteilt, ohne dass ein Wertausgleich aus dem Vermögen des Erwerbers geleistet wird, erwirbt jeder der Miterben unentgeltlich. Die Buchwerte der erworbenen Wirtschaftsgüter sind gemäß § 6 Abs 3 EStG fortzuführen. Bleiben die übernommenen Wirtschaftsgüter beim Erwerber nicht Betriebsvermögen, findet nunmehr eine Entnahme der Erben ins Privatvermögen mit der Folge statt, dass die stillen Reserven aufzulösen und zu versteuern sind, wobei der Aufgabegewinn nicht gewerbesteuerbar, aber im Rahmen des § 34 EStG tarifbegünstigt sein kann.

Wird im Rahmen einer Realteilung eine Ausgleichszahlung erbracht, hat der Zahlende insoweit Anschaffungskosten, der Veräußernde einen Veräußerungsgewinn, der nach § 16 Abs 1 Ziff 2 ErbStG der tarifermäßigten Einkommensteuer unterliegt (§ 34 EStG), nicht jedoch gewerbesteuerpflichtig ist. Der erwerbende Miterbe kann Schuldzinsen als Betriebsausgaben geltend machen, soweit das Betriebsvermögen der Einkunftserzielung dient.[173] Durch das Gesetz zur Fortentwicklung der Unternehmenssteuerreform ist mit Wirkung vom 1. 1. 2001 klargestellt, dass auch die Übertragung von Vermögensgegenständen des Betriebsvermögens im Wege einer Realteilung zum Buchwert möglich ist, wenn und soweit der Erwerber Haltefristen beachtet, die drei Jahre nach Abgabe der Steuererklärung der Mitunternehmerschaft (Erbengemeinschaft) für den Veranlagungszeitraum der Realteilung betragen. Besonderheiten gelten nur, soweit Erwerber im Rahmen der Erbauseinandersetzung eine Kapitalgesellschaft ist. Da Kapitalgesellschaften typischerweise nicht Erben werden, ist dies ein eher seltener Fall. Aus Praktikersicht ist zu beachten, dass die Missachtung der Haltefrist zu einem Aufgabegewinn im Rahmen der Erbengemeinschaft führt, welcher den Erben entsprechend der Erbquoten zuzurechnen ist. Aus diesem Grunde ist im Zuge der Erbauseinandersetzung eine Verpflichtung der jeweiligen Erwerbe aufzunehmen, die Wirtschaftsgüter, deren Veräußerung oder Entnahme innerhalb der Sperrfrist zu einer Besteuerung führt, für die Dauer der Sperrfrist im Betriebsvermögen des Erwerbers verbleiben. Durch harte Vertragsstrafen ist diese Verpflichtung auch zivilrechtlich in geeigneter Weise abzusichern.

**177** Besonderheiten sind beim Tod eines Erblassers zu beachten, der Mitunternehmer einer Personengesellschaft iSd § 15 Abs 1 Ziff 2 EStG war. Wird im Wege der qualifizierten Nachfolgeklausel nur ein Erbe Nachfolger in den Gesellschaftsanteil, erwirbt er insoweit den gesamten Gesellschaftsanteil unentgeltlich und hat die Buchwerte gemäß § 6 Abs 3 EStG seines Rechtsvorgängers fortzuführen. Der Vorgang ist insoweit unentgeltlich. Allerdings ist zu beachten, dass erbrechtlich eine Wertausgleichsschuld des Nachfolger-Miterben gegenüber den Miterben besteht, die nicht Gesellschafter geworden sind. Deckt sich der Wert des Gesellschaftsanteils mit der Erbquote des Gesellschafter-Nachfolgers, ergeben sich keine Proble-

---

[172] BdF v 11. 1. 1993, DB 1993, Beilage 2 RdNr 59.

[173] Einzelheiten bei MÄRKLE, FS L SCHMIDT, 1993, 809.

me. Es handelt sich um eine erfolgsneutrale Realteilung. Muss der Nachfolger-Miterbe jedoch aus seinem Vermögen die Wertausgleichsschuld finanzieren, ist streitig, ob es sich insoweit um Anschaffungskosten und korrespondierend um Veräußerungsgewinn der übrigen Miterben oder des Erblassers handelt. Die herrschende Meinung[174] geht davon aus, dass die Wertausgleichsschuld nicht zu Anschaffungskosten und Veräußerungsgewinnen führt, da sie insoweit einer Vermächtnisschuld näher als eine Abfindung bei Erbauseinandersetzung steht. Hierfür spricht, dass es konstruiert wirkt, den Nicht-Gesellschaftern einen Veräußerungsgewinn aus der Veräußerung des Mitunternehmeranteils zuzuweisen. Die herrschende Meinung hat aber zur Folge, dass die für die Refinanzierung anfallenden Zinsaufwendungen nicht Betriebsausgaben sind, da es sich bei der Wertausgleichsschuld um eine Privatschuld handelt.

### d) Mischnachlässe

178 Bei Mischnachlässen sind die Grundsätze über die Erbauseinandersetzung über Privat- und Betriebsvermögen miteinander zu kombinieren. Spitzenausgleichszahlungen sind auf die einzelnen Wirtschaftsgüter aufzuteilen. Es ist nicht zulässig, aus Sicht des veräußernden Miterben Ausgleichszahlungen allein dem Privatvermögen zuzuordnen und damit nicht steuerbare Veräußerungsgewinne zu erzielen. Vielmehr ist eine Aufteilung nach Verkehrswerten vorzunehmen.

## 5. Erwerbe aufgrund eines Vermächtnisses oder eines Pflichtteilsanspruchs

### a) Vermächtnis

179 Der Vermächtnisnehmer erwirbt nicht vom Erben, sondern unentgeltlich vom Erblasser. Ist Gegenstand des Vermächtnisses ein Betriebsvermögen, hat der Vermächtnisnehmer die Buchwerte gemäß § 6 Abs 3 EStG fortzuführen. Der Vorgang ist insgesamt erfolgsneutral, da auch in der Person des Erben keine Entnahme vorliegt. Sind die vermächtnisweise zugewandten Wirtschaftsgüter kein Betrieb, kein Teilbetrieb und auch kein Mitunternehmeranteil, entnimmt der Erbe diese Wirtschaftsgüter aus dem Betriebsvermögen. Der Entnahmegewinn ist dem Erben zuzurechnen und von ihm zu versteuern. Er unterliegt auch der Gewerbesteuer. Der Vermächtnisnehmer schafft diese Wirtschaftsgüter gemäß § 6 Abs 4 EStG zum Teilwert an, sodass er erhöhte Anschaffungskosten abschreiben kann. Diese unterschiedlichen Konsequenzen sind bei Abfassung letztwilliger Verfügung sorgfältig zu beachten.

Erwirbt der Vermächtnisnehmer Privatvermögen, ist er gemäß § 11d EStDV an den Wertansatz des Erblassers für die Berechnung der AfA gebunden.

### b) Pflichtteil

180 Der Pflichtteilsanspruch hat aus Sicht des Pflichtteilsberechtigten keine einkommensteuerrechtliche Relevanz. Aus Sicht der Erben ist er eine Privatschuld, sodass Finanzierungskosten einkommensteuerlich nicht berücksichtigt werden können. Wird der Pflichtteilsanspruch aufgrund einer Vereinbarung unter den Beteiligten durch nicht in Geld bestehende Wirtschaftsgüter getilgt, ist fraglich, ob es sich insoweit um eine unentgeltliche oder entgeltliche Übertragung handelt. Die Übertragung ist als entgeltlich einzuordnen, da der Pflichtteilsberechtigte infolge der Vereinbarung unter den Beteiligten eine andere Leistung erhält, als ihm erbrechtlich zusteht. Es dürfte sich daher um eine Betriebsveräußerung handeln mit der

---

[174] BFH v 27. 7. 1993, DB 1994, 1269; BdF v 11. 1. 1993, DB 1993, Beilage 2, RdNr 83–84; GROH DStR 1994, 413; SCHMIDT, EStG, § 16 RdNr 672f mwN.

Folge, dass der Erbe die Differenz zwischen Buchwert und Wert des Pflichtteilsanspruchs, von dessen Erfüllung er sich durch Hingabe des Betriebes befreit, zu versteuern hat, während der Pflichtteilsberechtigte insoweit Anschaffungskosten hat.[175]

Übertragen auf Wirtschaftsgüter des Privatvermögens, die als Leistungen an Erfüllungs Statt dem Pflichtteilsberechtigten übertragen werden, hat dies zur Folge, dass eine Steuerpflicht des veräußernden Erben nur dann in Betracht kommt, wenn ausnahmsweise die Voraussetzungen der §§ 17, 23 EStG erfüllt sind.

---

[175] Streitig, s SCHMIDT, EStG, § 16 RdNr 29 mwN.

Inhaltsverzeichnis  RdNr

### D. Grundlegende allgemeine erbrechtliche Problemkreise

#### I. Auslegungsgrundsätze und Gestaltung von Verfügungen von Todes wegen

1. Die Formulierungspflicht als Amtspflicht des Notars  1
2. Fälle aus der neueren Rechtsprechung
   a) Klare sprachliche Formulierung  7
   b) Die gesetzlichen Auslegungsgrundsätze
      aa) Ihre Bedeutung für die Kautelarjurisprudenz  9
      bb) Aktuelle Rechtsprechungsbeispiele  11
      aaa) Abhängigkeit von gemeinschaftlichem Testament und Ehegattenerbvertrag vom Fortbestand der Ehe  12
      bbb) Die unvollständige Ersatzerbenbestimmung  13
      ccc) Die Fallstricke der Wechselbezüglichkeit  14
         (1) Bedeutung im Grundbucheintragungsverfahren  15
         (2) Die missglückte Absicherung des gemeinsamen Kindes  16
         (3) Klarstellung bei Freistellungsklauseln  18
         (4) Schlussfolgerung für die Gestaltung gemeinschaftlicher Testamente  19
      ddd) Vertragsmäßige Verfügungen im Erbvertrag  20
   c) Die Problematik der Motivangabe  22
3. Folgerungen für die Testamentsgestaltung  24

#### II. Zuwendungsverzicht  25

1. Wann benötigt man den Zuwendungsverzicht?  26
   a) Praktische Bedeutung  26
   b) Checkliste  28
2. Was ist Gegenstand des Zuwendungsverzichts?
   a) Art der Zuwendung  29
   b) Zuwendungsgrund  30
   c) Objektbezogenheit des Verzichts  31
   d) Beschränkung des Verzichts  32
3. Die formelle Seite
   a) Form des Zuwendungsverzichts, Vertragsabschluss  33
   aa) Grundsatz  33
   bb) Umfang der Beurkundungspflicht  34
   b) Persönliche Voraussetzungen  36
   c) Bedingter Zuwendungsverzicht  37
4. Besonderheiten beim Erbvertrag
   a) Vertragsmäßige Zuwendungen  38
   b) Einseitige Verfügungen  41
   c) Vertragsmuster  42
5. Wirkung des Zuwendungsverzichts
   a) Keine übertragende Wirkung  44
   b) Allgemeine Wirkungen  45
   aa) Keine Nichtigkeit  46
   bb) Keine Auswirkung auf gesetzlichen Erbteil  47
   cc) Verzicht des Vorerben  48

```
          dd) Keine Erstreckung auf Ersatzberufene              49
              (1) Keine analoge Anwendung des § 2349 BGB        50
              (2) Ausschluß der Ersatzberufung durch Auslegung  51
                  (a) Die Verfügung von Todes wegen enthält keine
                      ausdrückliche Ersatzbestimmung            52
                  (b) Die Verfügung von Todes wegen enthält eine aus-
                      drückliche Bestimmung des Ersatzberechtigten  53
                  (c) Der Zuwendungsverzicht wird ohne Abfindung
                      erklärt                                   54
              (3) Hinweise für die Praxis                       55
              (4) Vorsorge bei Fehlschlagen des Zuwendungs-
                  verzichts                                     56
      6. Sonderformen                                           57
      7. Beseitigung des Zuwendungsverzichts                    58
      8. Checkliste Zuwendungsverzicht                          59
III. Teilungsanordnung, Vorausvermächtnis, Übernahme-
     recht, Teilungsverbot
      1. Allgemeines                                            60
      2. Teilungsanordnung                                      61
      3. Vorausvermächtnis                                      66
      4. Unterschiede, Vorausvermächtnis-Teilungsanordnung      68
          a) Teilungsanordnung-Wechselbezüglichkeit             69
          b) Unterschiedliche Rechtsfolgen                      72
          c) Doppelstellung des Vorausvermächtnisnehmers        75
          d) Rechtslage bei Nachlassverbindlichkeiten           76
          e) Erbschein                                          79
          f) Unterschiede bei der Sach- und Rechtsmängel-
             haftung                                            80
          g) Vorausvermächtnis für den alleinigen Erben?        84
          h) Auslegungsfragen                                   85
      5. Übernahmerecht                                         91
      6. Erbteilungsverbot (§ 2044 BGB)                         92
          a) Rechtsnatur des Teilungsverbots                    92
          b) Teilungsverbot und Grundbuch                       97
          c) Zeitliche Begrenzung                               98
          d) Maßnahmen zur Durchsetzung des Erblasser-
             willens                                            99
          e) Konsequenzen für die Praxis                       101
IV. Stiftungen – Trust
      1. Allgemeines                                           102
      2. Stiftungsarten                                        105
          a) Die öffentliche Stiftung                          106
          b) Familienstiftung                                  107
          c) Die Unternehmensstiftung                          109
          d) Doppelstiftung                                    111
          e) Unselbständige Stiftungen, Stiftungs-GmbH,
             Stiftungsverein                                   112
      3. Stiftungsgeschäfte unter Lebenden                     113
          a) Rechtsfähige Stiftungen                           113
          b) Unselbständige Stiftungen                         116
```

Systematischer Teil. D. Grundlegende allgemeine erbrechtliche Problemkreise

| | | |
|---|---|---|
| 4. | **Stiftungsgeschäfte von Todes wegen** | **117** |
| | a) Verfügung von Todes wegen | 117 |
| | b) Erbrechtliche Zuwendung | 120 |
| | c) Rechtsfähige Stiftungen | 123 |
| | d) Unselbständige Stiftungen | 124 |
| | e) Pflichtteilsrecht | 126 |
| 5. | **Ausländische Stiftungen und Trusts** | **127** |
| | a) Ausländische Privatstiftung | 128 |
| | b) Trust | 129 |

## D. Grundlegende allgemeine erbrechtliche Problemkreise

### I. Auslegungsgrundsätze und Gestaltung von Verfügungen von Todes wegen[1]

#### 1. Die Formulierungspflicht als Amtspflicht des Notars

**1** § 17 BeurkG verpflichtet den Notar bei der Beurkundung von Willenserklärungen ua, »den Willen der Beteiligten (zu) erforschen ... und ihre Erklärungen klar und unzweideutig in die Niederschrift wiederzugeben.« Dabei ist darauf zu achten, dass Irrtümer und Zweifel vermieden werden. Dieser **Formulierungspflicht**[2] kommt gerade bei Verfügungen von Todes wegen besondere Bedeutung zu, wenn zwischen Errichtung der Verfügung von Todes wegen und deren Wirksamwerden oftmals ein erheblicher Zeitraum mit mitunter erheblichen Veränderungen der persönlichen und wirtschaftlichen Verhältnisse der Betroffenen liegt. Hinzu kommt, dass – anders als bei vielen anderen Rechtsstreitigkeiten – die Befragung desjenigen, der den Willen erklärt hat, zu Aufklärung des tatsächlich Gewollten hier idR ausscheidet, da der Erblasser meist schon verstorben ist, wenn es zu entsprechenden Streitigkeiten kommt.

**2** »Eine Verfügung von Todes wegen sollte so ausgestaltet sein, dass weder auf gesetzliche Vermutungen noch auf das Mittel der ergänzenden Auslegung zurückgegriffen werden muss.«[3] Denn die »Auslegung ist der Feind der Rechtsgestaltung«.[4] Nicht klar formulierte Urkunden führen zu vermeidbaren Rechtsstreitigkeiten, für deren Kosten der Notar oder der sonst mit deren Fertigung betraute Rechtsberater haftet.[5] Daraus ergibt sich der **Grundsatz der klaren und eindeutigen Formulierung**.

**3** Damit ist aber die **Gefahr von Auslegungsstreitigkeiten noch nicht gebannt**. Dies zeigt sich insbesondere an zwei Problemkonstellationen:

- Nach der neueren Rechtsprechung des BGH[6] ist eine **Auslegung trotz** des scheinbar **klaren und eindeutigen Wortlauts** möglich. Damit hat der BGH die sog »Eindeutigkeitsformel« der älteren Rechtsprechung aufgegeben, wonach die Auslegungsbedürftigkeit nur bei einer objektiven Mehrdeutigkeit des Textes gegeben war und der klare Wortlaut die Schranke für die Auslegung bildete. Der BGH hat dazu allerdings klargestellt, dass einer Willenserklärung auch im Wege der Auslegung kein Sinn beigelegt werden darf, der in ihr nicht zum Ausdruck gekommen ist.[7]
- Durch die **ergänzende Auslegung** werden lückenhafte Regelungen in der Verfügung von Todes wegen vervollständigt, die Nachlassplanung des Erblassers, die ursprüngliche oder aber auch nachträgliche Lückenhaftigkeit aufweisen

---

**1** Eingehend hierzu J MAYER, DNotZ 1998, 772; NIEDER ZNotP 1999, 104 ff.
**2** Vgl dazu etwa REITHMANN in: REITHMANN-ALBRECHT Handbuch der notariellen Vertragsgestaltung, 8. Aufl, 2001, RdNr 1, 4; zur Formulierungspflicht des Notars im Erbrecht s SOERGEL-J MAYER, 13. Aufl § 17 BeurkG RdNr 26 f.
**3** BENGEL-REIMANN in: Beck'sches Notarhandbuch, 3. Aufl, 2000, C RdNr 54.
**4** NIEDER, Handbuch der Testamentsgestaltung, 1992, RdNr 861.
**5** BGH NJW 1982, 572 = DNotZ 1982, 498, allerdings nicht zu einer erbrechtlichen Streitigkeit.
**6** BGHZ 86, 41, 45 = DNotZ 1984, 38 = NJW 1983, 672 = JZ 1983, 709 m Anm LEIPOLD. Vgl dazu etwa MünchKomm-LEIPOLD, 3. Aufl, 1997, § 2084 RdNr 10 ff.
**7** FamRZ 1987, 475, 476.

## I. Auslegungsgrundsätze und Gestaltung von Verfügungen von Todes wegen | D 4, 5

kann, zu Ende gedacht und entsprechend seinen Zielvorstellungen weiterentwickelt. Diese an sich positive Möglichkeit, auch nach dem Tod des Erblassers seinen Zielvorstellungen Geltung zu verschaffen und etwa an bei der Testamentserrichtung noch nicht gekannte Entwicklungen anzupassen, kann aber wiederum viel Streit schaffen. Denn die Lückenausfüllung erfolgt durch Ermittlung des sog irrealen oder hypothetischen Willens, den der Erblasser gehabt hätte, wenn er bei der Testamentserrichtung die Lückenhaftigkeit seiner Regelung vorhergesehen hätte.

Gegen die Gefahren, die sich aus dem Grundsatz der erläuternden Auslegung trotz eindeutigen Wortlauts ergeben, hilft nur eine eingehende Sachverhaltsaufklärung zur Erforschung des Willens der Beteiligten (§ 17 BeurkG) und deren klare und eindeutige Umsetzung mittels der **Verwendung der gesetzlichen Begriffe** in der Urkunde; laienhafte oder juristisch nicht präzise Begriffe (etwa Abgabe eines »Gleichstellungsverzichts«) sind zu vermeiden. Die direkte Formulierung von Zielvorstellungen in der Verfügung von Todes wegen selbst, etwa in Form einer »Präambel«, ist jedoch äußerst problematisch, da durch eine solche Motivangabe natürlich die Gefahr von Auslegungsstreitigkeiten erhöht werden kann, wenn dies nicht klar und gut genug geschehen ist.

4

Gerade bei **Rechtsbegriffen** wird in einem hohen Maße die Gefahr von Auslegungsstreitigkeiten gegeben sein, etwa bei der Verwendung der Ausdrücke »Vor- und Nacherbschaft«, die von Laien oft in einem ganz anderen Sinne verstanden werden. Zwar wird bei einem notariellen Testament idR anerkannt, dass von der richtigen juristischen Begriffsverwendung ausgegangen werden könne.[8] Zu beachten ist aber auch hier, dass bei der Auslegung nicht die Auffassung des beurkundenden Notars, sondern die des Erblassers maßgeblich ist.[9] Es gilt daher, dass zwar die Verfügung von Todes wegen in der juristischen Fachsprache abzufassen ist, da nur sie die notwendige Präzision aufweist und damit zur nötigen Eindeutigkeit und Klarheit führt.[10] Daran schließt sich jedoch die Aufgabe des Vertragsjuristen – des Notars oder beratenden Rechtsanwalts – an, diese Fachausdrücke zu erläutern; die Sprache der Verhandlung und Belehrung ist daher die Umgangssprache.[11] Er übernimmt dabei die Funktion eines Dolmetschers.[12] Zur Erläuterung der Fachausdrücke können schriftliche »Schwerpunktbelehrungen« zumindest nützlich sein;[13] auf ihre Formulierung ist aber besondere Sorgfalt zu legen, damit sie nicht ihrerseits wegen einer Divergenz zwischen juristischem Fachausdruck und umgangssprachlichem Erklärungsversuch Ansatzpunkt für eine nicht gewollte Auslegung oder gar Anfechtung der letztwilligen Verfügung sind. Gleiches gilt, wenn umgangssprachliche Erklärungen direkt in den sachlichen Inhalt der Verfügung von Todes wegen aufgenommen werden.[14]

5

---

8 MünchKomm-LEIPOLD, § 2084 RdNr 11; STAUDINGER-OTTE, BGB, 13. Bearb, 1996, vor §§ 2064 ff RdNr 67.
9 BGH LM § 2100 Nr 1 = MDR 1951, 474; OLG Hamm, FamRZ 1994, 188 = NJW-RR 1993, 1225. Von einer gemessen am Willen des Erblassers unrichtigen Begriffsverwendung im Zusammenhang mit einer Vor- und Nacherbschaft geht KG, FamRZ 1987, 413, 414 aus.

10 LANGENFELD, Testamentsgestaltung, 3. Aufl, 2002, RdNr 83; ders, Vertragsgestaltung, Methode – Verfahren – Vertragstypen, 2. Aufl, RdNr 145 ff; NIEDER, Handbuch, 2. Aufl 2000, RdNr 1135.
11 LANGENFELD, NIEDER je aaO.
12 JERSCHKE DNotZ-Sonderheft 1989, 26 f.
13 DUVE DNotZ-Sonderheft 1981, 52.
14 NIEDER, Handbuch, RdNr 1135.

**6** Im Folgenden sollen anhand einiger aktueller Rechtsprechungsfälle die Gefahren von Auslegungsstreitigkeiten aufgezeigt werden. Dabei zeigt sich, dass bei der Rechtsgestaltung auch die gesetzlichen Auslegungsgrundsätze überschätzt werden.

### 2. Fälle aus der neueren Rechtsprechung
#### a) Klare sprachliche Formulierung

**7** Da die »grammatikalische Interpretation« eine der anerkannten Auslegungsmethoden auch bei privaten Willenserklärungen ist, sind die Regeln der Grammatik besonders zu beachten. Instruktiv dazu der vom Bayerischen Obersten Landesgericht am 20. 2. 1997[15] entschiedene Fall:

Dort hieß es in einem Ehegattenerbvertrag:

»Zum Erben des Zuletztversterbenden von uns berufen wir den Neffen des Ehemanns, nämlich ... (Bet zu 1) ersatzweise dessen Abkömmlinge nach gleichen Stammanteilen zum Erben zur einen Hälfte und den Bayerischen Blindenbund eV zum Erben zur anderen Hälfte.«

**8** Es stritten nun der Blindenbund und der Neffe um die Erbschaft, wobei der Blindenbund sich darauf berief, dass er nicht nur für den Ersatzerbfall zum Erben berufen war, sondern bereits von vornherein. Dabei kam es bei einer rein wortorientierten Auslegung auf den Bezug des Relativsatzes, ja uU auf die Kommasetzung an. Die Pointe daran ist mE, dass ein »Komma« an sich nach § 13 BeurkG gar nicht verlesen werden muss. Das Bayer. Oberste Landesgericht hat die Urkunde als »sprachlich unklar« angesehen und nach inhaltlichen Kriterien ausgelegt.

#### b) Die gesetzlichen Auslegungsgrundsätze
##### aa) Ihre Bedeutung für die Kautelarjurisprudenz

**9** Das Gesetz enthält eine Vielzahl von gesetzlichen Auslegungsregeln im weitesten Sinne (vgl etwa §§ 2049, 2051 Abs 1, 2066–2077, 2087, 2089–2093, 2096 ff, 2098, 2101, 2102, 2108 Abs 2, 2110, 2148, 2165–2167, 2169 Abs 3, 2173).[16] Sie wurden deshalb in das Gesetz aufgenommen, weil bei In-Kraft-Treten des BGB die individuelle Auslegung noch nicht so weit fortgeschritten war und man daher auf ein solches Instrumentarium nicht verzichten wollte. Sie bringen das zum Ausdruck, was nach der allgemeinen Lebenserfahrung bei der geregelten Fallkonstellation idR vom Erblasser gewollt ist. Dabei wird dogmatisch zwischen den Auslegungsregeln im engeren Sinne unterschieden, die eine vorhandene unklare Verfügung klären sollen,[17] und Ergänzungsregeln, die bei einer fehlenden oder lückenhaften Regelung des Erblassers eingreifen sollen.[18] Sie gelten aber **nur im Zweifel**, also nur dann, wenn der Verfügung weder ausdrücklich noch mittels individueller erläuternder oder ergänzender Auslegung ein anderer Wille des Erblassers entnommen werden kann, wobei ein mittels der Auslegung zu ermittelnder Wille in der Urkunde wenigstens einen gewissen Anhalt gefunden haben muss **(Grundsatz**

---

**15** NJW-RR 1997, 835 = MittBayNot 1997, 235.
**16** Vgl die Auflistung bei STAUDINGER-OTTE, Vorbem zu §§ 2064 ff, RdNr 117.
**17** STAMMLER AcP 69, 28.
**18** Jedoch wird zunehmend bezweifelt, ob diese Unterscheidung sinnvoll ist, so etwa STAUDINGER-OTTE, Vorbem zu §§ 2064 ff RdNr 110 ff; LANGE-KUCHINKE, Lehrbuch des Erbrechts, 5. Aufl, 2001, § 34 VI 1, 2, weshalb sie im Folgenden nicht getroffen werden soll.

der Subsidiarität der gesetzlichen Auslegungsregeln).[19] Daher darf ihre Bedeutung für die Vertragsgestaltung[20] keineswegs überschätzt werden. Insbesondere wenn man nachträglich eine Unzulänglichkeit einer bereits beurkundeten Erklärung entdeckt, sollte man lieber versuchen, durch eine Nachtragsbeurkundung den »Fehler« zu reparieren – soweit möglich – anstatt auf das Eingreifen dieser Regeln zu hoffen.

Natürlich soll nicht verkannt werden, dass den gesetzlichen Auslegungsbestimmungen in **verfahrensrechtlicher Hinsicht**, sei es bei einem Zivilprozess, sei es aber auch bei einem solchen in der freiwilligen Gerichtsbarkeit, eine erheblich weiter gehende Bedeutung zukommt, da sie die Darlegungs- und (formelle wie materielle) Beweislastverteilung, im FGG-Verfahren die sog Feststellungslast, bestimmen.[21] Aber das ist zunächst für den Kautelarjurist zweitrangig, da er ja gerade die Verfügung von Todes wegen so ausgestalten soll, dass von vornherein jeder Streit vermieden wird.

### bb) Aktuelle Rechtsprechungsbeispiele

An Beispielen über die Fehleinschätzung der Bedeutung von Auslegungsregeln seien genannt:

#### aaa) Abhängigkeit von gemeinschaftlichem Testament und Ehegattenerbvertrag vom Fortbestand der Ehe

Nach § 2077 Abs 1 BGB ist grundsätzlich eine letztwillige Verfügung, durch die der Erblasser seinen Ehegatten bedacht hat, unwirksam, wenn die Ehe geschieden oder in anderer Weise vor dem Tod des Erblassers aufgelöst wird. § 2279 Abs 2 BGB erweitert die Anwendung dieser Vorschrift auf Erbverträge auch insoweit, als dadurch Dritte bedacht werden; ebenso geschieht dies nach § 2268 Abs 1 BGB für das gemeinschaftliche Testament von Ehegatten und zwar auch bezüglich der nicht wechselbezüglichen Verfügungen von Todes wegen. Diese Bestandsabhängigkeit der Verfügung von Todes wegen von der Ehe gilt allerdings nicht, wenn ein sog »Aufrechterhaltungswille« vorliegt, also der Erblasser trotz des Scheiterns der Ehe seine letztwillige Verfügung weiter gelten lassen will. Die genannten Vorschriften sind nur Auslegungsregeln.[22] Sie beschwören daher große Unsicherheiten und die Gefahr von endlosen Rechtsstreitigkeiten herauf.[23] Dabei findet sich durchaus eine Tendenz der neueren Rechtsprechung, aus der besonderen Person der letztlich Bedachten auf einen Aufrechterhaltungswillen zu schließen und der letztwilligen Verfügung über die Scheidung hinaus Geltung zu

---

**19** LANGE-KUCHINKE, § 34 III 2; NIEDER, aaO RdNr 1118; BGH, NJW 1981, 2743, 2744 (zu § 2107 BGB); KG, FamRZ 1987, 413, 414 = NJW-RR 1987, 451; BGH DNotZ 1988, 178, 179f = NJW-RR 1987, 1410, 1411 (zu § 2270); anders von einem abweichenden, für die Vertragsgestaltung aber insoweit nicht so erheblichen Ansatzpunkt ausgehend STAUDINGER-OTTE, Vorbem zu §§ 2064 ff RdNr 126 ff; TAPPMEIER, NJW 1988, 2715.
**20** Dazu eingehend NIEDER, RdNr 1132 ff; J MAYER (Fn 1).
**21** Eingehend dazu TAPPMEIER NJW 1988, 2714, 2715 f; STAUDINGER-OTTE Vorbem zu §§ 2064 ff RdNr 121 ff.
**22** PALANDT-EDENHOFER § 2077 RdNr 1; zT wird darin auch eine Ergänzungsregel oder dispositive Gesetzesnorm gesehen, vgl etwa MUSCHELER DNotZ 1994, 733, 736.
**23** REIMANN, ZEV 1995, 330; das BayObLG ZEV 2001, 190, 192 = FamRZ 2001, 941 hat daher zutreffender Weise unlängst die Regelungsbedürftigkeit betont. Zu Recht beanstandet RADKE, Das Berliner Testament und die gegenseitige gemeinschaftliche Einsetzung der Ehegatten zur Vorerben in Formularsammlungen, 1999, 163 ff, dass die Formularpraxis hierzu kaum Regelungen verwendet.

verschaffen.²⁴ Dies gilt besonders, wenn gemeinschaftliche Kinder der Eheleute als Erben eingesetzt werden; selbst ihre Erbeinsetzung zum Schlusserben soll nach Auffassung des OLG Hamm²⁵ die gescheiterte Ehe überdauern und zwar – was eine qualitative Veränderung ist – in eine sofortige Erbeinsetzung beim Tod des jeweiligen Elternteils verwandelt werden. Allerdings nimmt das OLG hier immerhin an, dass mit der Scheidung nach der allgemeinen Lebenserfahrung »der Wille zur erbvertraglichen Bindung« entfalle, sodass der Erblasser durch den früheren Ehegattenerbvertrag wenigstens nicht an einer neuen Verfügung von Todes wegen gehindert ist. Auch das Bayerische Oberste Landesgericht²⁶ hat bei einem gemeinschaftlichen Testament, das in Form eines Berliner Testaments (§ 2269 BGB) errichtet wurde, im Wege einer ergänzenden Auslegung angenommen, dass die dort getroffene Schlusserbeneinsetzung der einseitigen Tochter der Ehefrau trotz der Ehescheidung weiter gelte. Immer aber kam es zu langen Streitigkeiten, weil eine ausdrückliche Regelung über diese Fragen in den Verfügungen von Todes wegen fehlte. Eine solche hilft also auch hier Rechtsstreitigkeiten zu vermeiden. Allerdings ist oft bei der Urkundengestaltung nicht einfach vorherzusehen, wie sich das Scheitern der Ehe auf die getroffene Verfügung von Todes wegen auswirken soll. Tendenziell dürfte es aber richtig sein, »in dubio pro Unwirksamkeit« zu formulieren.²⁷ Dem Ehegattenerbvertrag oder gemeinschaftlichen Testament könnte daher vorangestellt werden:

»Bestand und Wirksamkeit unserer Ehe bis zum Tod des Erstversterbenden von uns oder bis zu unserem gleichzeitigen Tod vorausgesetzt, bestimmen wir was folgt: . . .«

Man kann allerdings die Unwirksamkeit der Verfügung von Todes wegen **vorverlagern:** Nach § 2077 Abs 1 S 2 und 3 BGB steht der Auflösung der Ehe gleich, wenn zur Zeit des Todes des Erblassers die Voraussetzungen für die Scheidung der Ehe gegeben waren und der Erblasser die Scheidung beantragt oder ihr zugestimmt hatte oder der Erblasser zur Zeit seines Todes auf Aufhebung der Ehe zu klagen berechtigt war und die Klage erhoben hatte (vgl § 1933 BGB). Allerdings wirft das Vorliegen dieser Voraussetzungen so viele Zweifelsfragen auf, dass dem klaren Anknüpfungspunkt der Scheidung der Vorzug zu geben ist; besser ist es, für den Fall des längeren Getrenntlebens ein Rücktrittsrecht vom Erbvertrag einzuräumen.

### bbb) Die unvollständige Ersatzerbenbestimmung

13 Die Ersatzerbfolge sollte in einer Verfügung von Todes wegen immer geregelt werden, auch wenn § 2069 BGB eine gesetzliche Auslegungsregel²⁸ enthält. Nach dem oben Gesagten würde man nun wegen der Subsidiarität der gesetzlichen Auslegungsregel denken, dass eine ausdrücklich bestimmte Ersatzerbenregelung der gesetzlichen Auslegungsregelung vorgeht. Das Bayerische Oberste Landesgericht²⁹ hat dies allerdings in einem Fall der Einsetzung mehrerer Geschwister zu

---

**24** PALANDT-EDENHOFER § 2268 RdNr 2; J MAYER ZEV 1997, 280.
**25** OLGZ 1994, 326 = ZEV 1994, 367.
**26** NJW 1996, 133 = ZEV 1995, 331 = DNotZ 1996, 302 m krit Anm KUCHINKE.
**27** REIMANN ZEV 1995, 330; J MAYER ZEV 1997, 280, 282 mit Fallgruppenbildung; FRENZ ZNotP 2000, 105 (mit Unwirksamkeit bereits ab Stellung des begründeten Scheidungsantrags); demgegenüber gibt RADKE (FN 23) 164 ff im Anschluss an KEIM, Testamente und Erbverträge Teil II, S 34 RdNr 21.260 dem Fortbestand der Verfügungen des Längstlebenden über den Scheidungsfall hinaus den Vorzug, betont aber zu Recht, dass wenigstens die Wechselbezüglichkeit mit der Scheidung entfallen soll.
**28** PALANDT-EDENHOFER § 2069 RdNr 1; für Ergänzungsregel: V LÜBTOW, Erbrecht, 1971, I 287.
**29** BayObLGZ 1993, 334, 337 = MittBayNot 1994, 149 = ZEV 1995, 25.

Nacherben anders gesehen, bei dem zu Ersatznacherben ausdrücklich die übrigen Geschwister untereinander eingesetzt wurden. Die gesetzliche Auslegungsregel des § 2069 BGB soll in dem hier entschiedenen Fall vorrangig gegenüber der ausdrücklich angeordneten Ersatznacherbfolge sein. Bei einer ausdrücklich angeordneten Ersatzerbfolge von anderen Personen als den Abkömmlingen des zunächst Bedachten sei vielmehr zunächst zu prüfen, ob diese nach dem tatsächlichen oder mutmaßlichen Willen des Erblassers erst dann zur Anwendung kommen solle, wenn der ganze Stamm des zunächst Bedachten weggefallen sei. Daraus ergeben sich erhebliche Gestaltungsunsicherheiten für die in der Praxis sehr häufigen Fälle, dass Ersatzerben eines zunächst berufenen Kindes nicht dessen Abkömmlinge sein sollen, weil diese noch nicht bekannt oder deren Eignung ungewiss ist, sondern ein Geschwister des zunächst Berufenen. Daher empfiehlt sich folgende Formulierung:

»Abweichend von anders lautenden gesetzlichen Auslegungs-, Vermutungs- und Ergänzungsregeln und anderer gesetzlicher Bestimmungen wird zum (alleinigen) Ersatz-(nach) erben bestimmt ...«[30]

Oder kürzer:

»Anstelle unseres Kindes A wird dessen Geschwister B zum Ersatzerben bestimmt und zwar auch für den Fall, dass unser Kind A Abkömmlinge hinterlässt.«

### ccc) Die Fallstricke der Wechselbezüglichkeit

Die Frage der Wechselbezüglichkeit der letztwilligen Verfügungen in einem **gemeinschaftlichen Testament** (§ 2265 BGB) ist sowohl für die Frage der Bindungswirkung – und damit der Widerruflichkeit der Verfügungen (§ 2271 BGB) – wie auch der **Bestandsabhängigkeit** derselben (§ 2270 Abs 1 BGB) von großer Bedeutung. Zur Klärung der Frage der Wechselbezüglichkeit enthält § 2270 Abs 2 BGB eine Auslegungsregel, die in ihrer Schwierigkeit aber bereits an höhere Mathematik grenzt. Zutreffend spricht BENGEL von den »Fallstricken der Wechselbezüglichkeit«.[31] Aber auch vor der Anwendung des § 2270 Abs 2 BGB hat grundsätzlich die individuelle (erläuternde oder ergänzende) Auslegung zu erfolgen.

### (1) Bedeutung im Grundbucheintragungsverfahren

Besondere Bedeutung kommt dem Verhältnis der gesetzlichen Auslegungsregeln zu der individuellen, tatsächlichen Auslegung im **Grundbucheintragungsverfahren** zu, wenn die Eintragung einer Erbfolge gemäß einer Verfügung von Todes wegen aufgrund einer öffentlichen Urkunde nach § 35 Abs 1 S 2 GBO erfolgen soll. Fehlt es an einer ausdrücklichen Formulierung im gemeinschaftlichen Testament, ob Wechselbezüglichkeit vorliegt, so könnte wegen des Grundsatzes der »Subsidiarität der gesetzlichen Auslegungsregel« an sich das Grundbuchamt nicht auf § 2270 Abs 2 zur Klärung dieser Frage zurückgreifen, obgleich es bei der Berichtigung des Grundbuchs an sich eine selbständige Prüfungspflicht hat. Eine eigene Beweiserhebung durch Einvernahme der Beteiligten oder des Notars ist ihm aber andererseits im Eintragungsverfahren verwehrt. Daher wäre trotz Vorliegens eines öffentlichen gemeinschaftlichen Testaments ein kostenintensiver Erbschein erforderlich. Das OLG Stuttgart hat dies im Beschluss vom 10. 9. 1991[32] nicht so streng gesehen.[33] Aber darauf darf nicht vertraut werden, sondern es ist klar zu formulieren.

---

30 Ebenso LANGENFELD, Testamentsgestaltung, RdNr 187, der meine Formulierung aus MittBayNot 1994, 111, 114 übernommen hat.
31 BENGEL, 2. Aufl, Vorbem 15 zu §§ 2265 ff.

32 OLGZ 1992, 147 = Rpfleger 1992, 154 =NJW-RR 1992, 516; krit gegen die hier vertretene Auffassung SCHMUCKER MittBayNot 2001, 526, 531 Fn 91.
33 Vgl dazu § 2270 RdNr 77.

**(2) Die missglückte Absicherung des gemeinsamen Kindes**

**16** Die Probleme des Fehlens einer ausdrücklichen Regelung der Wechselbezüglichkeit in einem gemeinschaftlichen Testament werden an dem Fall deutlich, der mit Beschluss des BayObLG vom 4. 3. 1996[34] entschieden wurde: Ehegatten waren Miteigentümer je zur Hälfte eines Hausgrundstückes. Sie setzten mit einem privatschriftlichen gemeinschaftlichen Testament ihr einziges Kind zu ihrem sofortigen Erben ein. Sie wollten wohl auf diese Weise gerade den gemeinsamen Nachlass für ihr gemeinsames Kind in besonderer Weise sicherstellen und beriefen es daher sofort nach dem Ableben eines jeden Ehegatten zum Erben, sodass der längerlebende Ehegatte eben gerade nicht mehr über den Hausanteil des Zuerstverstorbenen (unter Lebenden oder von Todes wegen) verfügen konnte. Aber die gewählte Gestaltung erwies sich keineswegs so »todsicher«, wie sie geglaubt hatten. Nach dem Tod des einen Ehegatten heiratete der Längerlebende wieder und setzte seinen neuen Ehepartner als Alleinerbe ein. Das neue Testament war nach Auffassung des Bayerischen Obersten Landesgerichts wirksam, der Längerlebende durch das gemeinschaftliche Testament hieran nicht gehindert. Denn das Gericht verneint das Vorliegen von wechselbezüglichen Verfügungen iS von § 2270 BGB. Bei einer solchen sofortigen Erbeinsetzung des gemeinschaftlichen Kindes zum Erben eines jeden Ehegatten läge aufgrund der »allgemeinen Lebenserfahrung« die Annahme nahe, dass jeder Ehegatte auf jeden Fall und unabhängig von der Verfügung des anderen das gemeinsame Kind zu seinem Erben berufen wolle.[35] Und gegen die Wechselbezüglichkeit spreche gerade, dass bei einer Anfechtung nach § 2079 durch den Längerlebenden dann die vom Erstversterbenden getroffene Erbeinsetzung des Kindes wegen § 2270 Abs 1 unwirksam werde.

**17** Dabei werden Tatbestand und Rechtsfolge einer wechselbezüglichen Verfügung verkannt:[36] Für das Vorliegen einer solchen ist nur Voraussetzung, dass die eine Verfügung nicht ohne die (rein tatsächliche) Errichtung der anderen getroffen worden wäre, dass eben ein Zusammenhang im Motiv aufgrund einer gemeinsamen Nachlassplanung vorlag. Und dies war hier wegen der gemeinsamen Vorstellung über die Erbeinsetzung des einzigen Kindes der Fall, die ja auch deshalb gemeinsam erfolgte, weil das Haus beiden gehörte und daher nicht »auseinander gerissen« und im Falle einer Wiederverehelichung an verschiedene Personen vererbt werden sollte. Hier war eindeutig eine gemeinsame Bindung gewollt. Ob die gegenläufige Verfügung des anderen Ehegatten dagegen rechtswirksam war, spielt zunächst für die Annahme der Wechselbezüglichkeit keine Rolle, dies ist erst eine Rechtsfolge derselben. Bei dieser Frage ist zu beachten, dass dann hier eine Beschränkung der Wechselbezüglichkeit nahe liegt:[37] Auch wenn der erstversterbende Ehegatte gewusst hätte, dass der andere wirksam anfechten kann, so hätte er doch entgegen der Regelrechtsfolge des § 2270 Abs 1 gewollt, dass auch seine Verfügung, durch die er das Kind berufen hat, wirksam wird.

Wie man sieht, wäre aber auf alle Fälle eine ausdrückliche Regelung der Wechselbezüglichkeit erforderlich gewesen. Sein eigentliches Ziel hätte das gemeinschaftliche Testament allerdings nur dann erfüllen können, wenn auch auf das gesetz-

---

**34** ZEV 1996, 188 m Anm B KÖSSINGER = FamRZ 1996, 1040 = MittBayNot 1996, 216.
**35** So bereits BayObLG Rpfleger 1985, 445; ähnlich fast durchwegs die Kommentarliteratur, vgl etwa STAUDINGER-KANZLEITER, Bearbeitung 1998, § 2270 RdNr 28; Münch-Komm-MUSIELAK § 2270 RdNr 12, vgl jedoch RdNr 14.
**36** Dazu § 2270 RdNr 1; gegen diese Argumentation – allerdings nicht überzeugend – SCHMUCKER MittBayNot 2001, 526, 528, die schon die Möglichkeit der Beschränkung der Wechselbezüglichkeit übersieht.
**37** § 2270 RdNr 9, 17 ff.

liche **Anfechtungsrecht** bei Übergehung eines Pflichtteilsberechtigten nach § 2079 BGB **verzichtet** worden wäre.[38] Ein solcher Verzicht ist möglich,[39] was sich bereits aus § 2079 S 2 BGB ergibt.

### (3) Klarstellung bei Freistellungsklauseln

Auf alle Fälle ist eine genaue Festlegung der Wechselbezüglichkeit der Verfügungen in dem gemeinschaftlichen Testament dringend zu empfehlen. Bei der Aufnahme von **Freistellungsklauseln** (Änderungsvorbehalten) in einem gemeinschaftlichen Testament, die zu einer einseitigen Änderung der in dem gemeinschaftlichen Testament enthaltenen Verfügung berechtigen,[40] ist vorsorglich klarzustellen, dass durch die Ausübung des Änderungsrechts durch den Längerlebenden bezüglich der ursprünglich getroffenen Schlusserbenregelung sich nichts an der zunächst verfügten gegenseitigen Erbeinsetzung ändert. **18**

### (4) Schlussfolgerung für die Gestaltung gemeinschaftlicher Testamente

Ein gemeinschaftliches Testament muss daher zur Streitverhütung unbedingt enthalten:[41] **19**

– Eine genaue Festlegung, welche Verfügungen und in welchem Verhältnis zueinander wechselbezüglich sind;
– dass auf ein Anfechtungsrecht nach § 2079 BGB wegen Übergehung von Pflichtteilsberechtigten verzichtet wird;
– falls gewollt, Aussagen zur Wirkungsbeschränkung der letztwilligen Verfügung;
– bei Freistellungsklauseln, ob sich durch die Ausübung des Abänderungsrechts etwas an der gegenseitigen Erbeinsetzung ändert.

#### ddd) Vertragsmäßige Verfügungen im Erbvertrag

Für den Erbvertrag enthält das BGB keine Auslegungsregel, wann eine vertragsmäßige und damit bindende Verfügung vorliegt.[42] § 2278 Abs 1 BGB bestimmt nur, welche Verfügungen überhaupt erbvertragsfähig sind. Solche sind aber noch nicht deshalb vertragsmäßig getroffen, weil sie in einem Erbvertrag enthalten sind.[43] Enthält der Erbvertrag vielmehr hierüber keine klare Aussage, so ist wiederum im Wege der Auslegung zu prüfen, ob es sich um erbvertragsmäßige Verfügungen handelt.[44] Wegen der weitreichenden Folgen der Bindungswirkung ist auf die diesbezüglichen Formulierungen besondere Sorgfalt zu legen. Die Rechtsprechung ist uU sehr schnell mit der Annahme einer »unklaren Formulierung« bei der Hand. **20**

---

**38** So richtig B KÖSSINGER, aaO, 190.
**39** BGH NJW 1981, 2247 = LM Nr 26 zu § 185 BGB.
**40** PALANDT-EDENHOFER § 2271 RdNr 19 ff.
**41** Vgl auch SCHMUCKER MittBayNot 2001, 526, 534; eingehende Gestaltungsüberlegungen mit sehr guter Analyse der gängigen Klauseln der Formularbücher bei RADKE, Das Berliner Testament ..., S. 123 ff; vgl auch *ders*, NotBZ 2001, 15. Gut verwendbare Formulierungsvorschläge etwa bei WEIRICH, Erben und Vererben, 4. Aufl, 1998, RdNr 1446–1452; Münchener Vertragshandbuch-NIEDER, 4. Aufl 1998, IV. Band, 2. Halbband,

Form XVI. 28 und 29 (mit Freistellungsklausel); ZU CASTELL in: Beck'sches Formularbuch zum Bürgerlichen, Handels- und Gesellschaftsrecht, 6. Aufl, 1995, Form VI. 6 (freie Änderungsbefugnis für den Längerlebenden) u. 7 (gegenständliche Freistellungsbefugnis).
**42** Für die Einführung einer solchen »de lege ferenda« C NOLTING, Inhalt, Ermittlung und Grenzen der Bindung beim Erbvertrag, 1985, 132.
**43** PALANDT-EDENHOFER § 2278 RdNr 3.
**44** Zu den dabei zu beachtenden Kriterien: § 2278 RdNr 6 ff.

**21** Als Beispiel sei der Fall von BayObLG vom 16. 1. 1997[45] genannt:

Der Notar formulierte:

»Zur Herbeiführung der erbvertragsmäßigen Bindung nehmen wir die vorstehenden erbvertragsmäßigen Bestimmungen gegenseitig an. ...«

Zu den vorstehenden Bestimmungen gehörte die Anordnung einer Testamentsvollstreckung sowie ein Erbverzicht. Beides ist nicht erbvertragsfähig. Aus dieser ungenauen Anordnung der Formulierungen leitete das Gericht bereits die Auslegungsfähigkeit des Erbvertrags in dieser Beziehung ab. Dem zunächst zum Vollerben eingesetzten Sohn konnte ein Nacherbe nachgeordnet werden. Aber auch die gewählte Formulierung über die Annahme der erbvertraglichen Verfügungen selbst ist nicht völlig klar. Hier passierte das, was gar nicht so selten bei Formulierungen unterläuft: Man will etwas eigenständig regeln, wiederholt aber nur die Rechtsfolge und klärt nicht die Tatbestandsvoraussetzungen. Zu regeln ist beim Erbvertrag, welche der allgemein erbvertragsfähigen Verfügungen nun tatsächlich erbvertragsmäßig und damit bindend getroffen werden. Die Wendung, dass die vorstehenden »erbvertragsmäßigen Bestimmungen« gegenseitig angenommen werden, lässt aber gerade offen, welche Regelung eigentlich vertragsmäßig ist.

### c) Die Problematik der Motivangabe

**22** Mit einer Motivangabe in der letztwilligen Zuwendung kann der Erblasser direkt auf den Bedachten, insbesondere seine Lebensführung nach dem Erbfall einwirken oder die Verfügung an die künftige Entwicklung der Verhältnisse anpassungsfähig erhalten.[46] Sinnvoll kann dies etwa sein, wenn der Erblasser sich bereits an die Verfügung von Todes wegen bindet (Erbvertrag) oder den Bedachten mit erheblich belastenden Anordnungen beschwert.[47] Die Motivangabe ist der erforderliche Anhalt iS der Andeutungstheorie für eine (idR ergänzende) Auslegung und eine dadurch zu ermittelnde echte Bedingung für die letztwillige Zuwendung oder aber sie sichert beweismäßig den Anfechtungsgrund für die Anfechtung wegen Motivirrtums nach § 2078 Abs 2 BGB. Sie ist aber ein »zweischneidiges Schwert«,[48] da sie zum Wegfall der gesamten Verfügung führen kann, obgleich dies vielleicht so vom Erblasser gar nicht gewollt war. Denn man bedenke, dass vielfach der letztwilligen Verfügung ein ganzes Motivbündel mit einer uU ganz vielschichtigen Bewertung von verschiedenen Belangen zugrunde liegt, das zu ermitteln und dann auch richtig in der Verfügung von Todes wegen anzugeben nicht einfach ist. Wie jede Rezeptur ist daher auch die Motivangabe nur mit Vorsicht anzuwenden.[49] Auch sollte man eher von einer Zweckangabe sprechen, weshalb die juristische Gestaltung gewählt wurde. Auch die darin steckende Automatik ihrer Wirkung darf nicht unterschätzt werden. Hinzu kommt, dass die Anfechtung fristgebunden ist (§ 2082 BGB) und die Frist hierfür vielleicht schon verstrichen ist, bis es zur Anfechtung kommt, etwa weil der Erbe darauf vertraute, bereits durch eine entsprechende Auslegung käme es zum Wegfall der belastenden Anordnung.

---

**45** ZEV 1997, 160 = MittBayNot 1997, 179.
**46** Vgl etwa NIEDER, Handbuch, RdNr 790.
**47** So etwa bei dem durch Testamentsvollstreckung und Nacherbfolge beschwerten, überschuldeten Erben. Hier will man bei Eintritt der Entschuldung ihn auch von diesen Belastungen befreien (Muster s etwa Münchener Vertragshandbuch-NIEDER aaO Form XVI 17).
**48** Warnend zu Recht NIEDER, Handbuch, RdNr 790.
**49** Zu unreflektiert raten etwa KERSCHER-TANCK, Das erbrechtliche Mandat, 1998, § 3 RdNr 186 immer zur Motivangabe.

I. Auslegungsgrundsätze und Gestaltung von Verfügungen von Todes wegen | **D 23, 24**

Die weitreichenden Folgen einer Motivbenennung in einer letztwilligen Verfügung zeigt der am 27. 6. 1997 vom Bayerischen Obersten Landesgericht entschiedene Fall.[50] Hier wurden dadurch aus den eingesetzten zwei Erben letztlich drei: Vereinfacht dargestellt hatte dort die Mutter in einem privatschriftlichen Testament zwei ihrer Söhne je zur Hälfte als Erben eingesetzt. Weiter hieß es: 23

»Mein Sohn Fritz erhielt bereits seinen Erbteil ausbezahlt, weshalb er keinen weiteren Anspruch mehr hat.«

Dies deshalb, weil dieser Sohn Fritz vorher von einem seiner Brüder eine Geldzuwendung von 30.000,00 DM erhalten hatte und als Gegenleistung dafür privatschriftlich auf seinen Erbteil am Nachlass seiner Mutter verzichtete, was natürlich formwirksam war (§ 2348 BGB). Nach dem Tod der Mutter wurde Fritz daher verurteilt, diese Abfindungszahlung wieder zurückzuzahlen. Da damit der Grund für die von der Mutter bei der Testamentserrichtung angenommene ausreichende Abfindung weggefallen war, lag damit eine an sich klassische Irrtumssituation vor, die zur Anfechtung durch Fritz als gesetzlichen Erben nach § 2078 Abs 2 BGB berechtigt hätte. Allerdings wäre eine Anfechtung wohl daran gescheitert, dass die Anfechtungsfrist bereits abgelaufen war. Das Bayerische Oberste Landesgericht half hier damit, dass es eine **ergänzende Testamentsauslegung** zuließ, weil der Erblasser sich über die Verhältnisse zur Zeit der Testamentserrichtung geirrt hatte. Darauf, ob die Anfechtungsfrist abgelaufen sei, komme es hierbei nicht an.[51] Hätte das Testament keine Motivangabe enthalten, so hätte mangels eines Anhaltspunkts nur eine Anfechtung erfolgen können.

### 3. Folgerungen für die Testamentsgestaltung[52]

Demnach ergibt sich: 24

- Aufgrund der **Subsidiarität der gesetzlichen Auslegungsregeln** sind Verfügungen von Todes wegen so klar und vollständig auszugestalten, dass es zur Streitvermeidung idR gar nicht erforderlich ist, auf die Auslegungsregeln zurückzugreifen. Dies gilt insbesondere für die Fragen der Bindungswirkung und Wechselbezüglichkeit.
- Gegen die **ergänzende Testamentsauslegung** hilft nur die möglichst umfassende Vermeidung von Gestaltungslücken, was leichter gesagt als getan ist. Der Verzicht auf ein Anfechtungsrecht nach § 2078 BGB, so er überhaupt im Voraus ohne konkreten Anhaltspunkt zulässig ist, kann äußerst gefährlich sein. Man denke etwa an die Fälle, da die Verfügungen unabhängig vom »heutigen Bestand des Vermögens« getroffen wurden, sich aber durch die Wiedervereinigung nunmehr ganz andere Vermögenswerte im Nachlass befinden. Der Verzicht auf das Anfechtungsrecht nach § 2079 BGB ist aber idR beim Ehegattenerbvertrag oder gemeinschaftlichen Testament sachgerecht und vermeidet Auslegungsstreitigkeiten.

---

**50** ZEV 1997, 339.
**51** Das entspricht allerdings durchaus der hM, vgl MünchKomm-LEIPOLD, § 2084 RdNr 50; SCHLÜTER, Erbrecht, 13. Aufl, 1996, RdNr 193; aA BROX, Einschränkung der Irrtumsanfechtung, S 159. Das Gericht verwies allerdings zur weiteren Sachverhaltsaufklärung an das LG zurück, das zu ermitteln hat, ob der Wille der Erblasserin wirklich dahin ging, alle drei Söhne in dieser Weise gleichzustellen.
**52** Vgl auch J MAYER DNotZ 1998, 772; NIEDER, Handbuch, RdNr 1132 ff, dessen Einschätzungen aber nicht in allen Einzelheiten geteilt werden können.

- Gerade bei **belastenden Anordnungen** aus besonderem Grund, wie der Vor- und Nacherbschaft mit Testamentsvollstreckung beim überschuldeten Erben, empfiehlt sich eine Zweckangabe mit Teilwirksamkeitsregelung, sodass bei Wegfall des motivierenden Umstands im Wege der ergänzenden Auslegung, notfalls durch (Teil-) Anfechtung, die belastende Anordnung beseitigt werden kann. Ansonsten ist aber eine Motivangabe nicht unproblematisch, eröffnet sie doch gerade die Anfechtungsmöglichkeit aus sonstigen Gründen.
- Gegen die **Auslegung trotz des klaren und eindeutigen Wortlauts**, insbesondere bei Verwendung von Fachausdrücken, hilft letztlich nur die Hinzufügung einer umgangssprachlichen Erläuterung. So etwa beim Vorausvermächtnis: »im Wege des Vorausvermächtnisses, also vorneweg ohne Anrechnung auf seinen Erbteil, erhält ...«.
- Die vom BGH immer noch angewandte **Andeutungstheorie** führt letztlich dazu, dass, je umfangreicher testiert wird, desto mehr Anfechtungsmöglichkeiten entstehen. Je nach Fallgestaltung sollte man daraus seine Schlüsse ziehen.

## II. Zuwendungsverzicht

**25** Der Zuwendungsverzicht ist ein Mittel zur Beseitigung einer Verfügung von Todes wegen noch zu Lebzeiten des Erblassers in anderer Form als durch Widerruf letztwilliger Verfügungen (§§ 2253 ff, 2271 BGB) oder Aufhebung erbvertragsmäßiger Verfügungen (§§ 2290 ff BGB mit seinen Ersatzformen).

### 1. Wann benötigt man den Zuwendungsverzicht?

#### a) Praktische Bedeutung

**26** Soweit eine freie Widerruflichkeit von Verfügung von Todes wegen besteht, erlangt der Zuwendungsverzicht idR keine Bedeutung. Die Anwendung des Zuwendungsverzichts ist jedoch angezeigt,[53]

(a) soweit der Erblasser ganz oder auch nur beschränkt **geschäftsunfähig** ist;

(b) wenn eine **Aufhebung** eines mehrseitigen Erbvertrags wegen des Todes des einen der Vertragspartner **nicht mehr möglich** ist oder dieser nichts erfahren soll;

(c) zur **Beseitigung wechselbezüglicher Verfügungen** eines gemeinschaftlichen Testaments oder Erbvertrags mit Wiedererlangung der Verfügungsfreiheit des Ehegatten, wenn zwar ein Widerruf oder eine Anfechtung oder ein Rücktritt möglich wäre, aber zur Unwirksamkeit der wechselbezüglichen Verfügung von Todes wegen führt (§§ 2270 Abs 1, 2298 Abs 1, 2; etwa bei der Anfechtung bei der Wiederverheiratung nach § 2079 BGB zur Unwirksamkeit der für den Längerlebenden günstigen Erbeinsetzung);

(d) Gleiches gilt zur Vermeidung der Ausschlagung durch den längerlebenden Ehegatten zur Erlangung seiner Verfügungsfreiheit nach § 2271 Abs 2 Satz 1, weil auch dies zum Wegfall der den Längerlebenden begünstigenden Verfügung des Erstversterbenden führen würde (§ 2270 Abs 1).

---

[53] Vgl im Einzelnen NIEDER, Handbuch, RdNr 1159, 1169; BENGEL in: SCHERER, MAH § 34 RdNr 51; GROLL-MUSCHELER, Praxis-Handbuch Erbrechtsberatung B XV, RdNr 78 ff; Checklisten bei NIEDER, Handbuch, RdNr 1167; BENGEL in: SCHERER, MAH § 34 RdNr 1 und unten RdNr 59; BONEFELD in: KRUG-RUDOLF-KROISS, Erbrecht § 5 RdNr 83.

(e) zur Beseitigung einer bindenden Verfügung beim mehrseitigen Erbvertrag oder beim gemeinschaftlichen Testament.

Aber **Vorsicht**: Die Verfügungsfreiheit des erbrechtlich gebundenen Erblassers tritt trotz Zuwendungsverzichts des zunächst Bedachten nicht ein, wenn eine Ersatzberufung oder eine Anwachsung nach § 2094 an andere eintritt, da der Zuwendungsverzicht idR nicht zu Lasten dieser Personen wirkt, sodass auch diese einen Zuwendungsverzicht erklären müssen.[54] Diese Probleme ließen sich dadurch beseitigen, dass die Ersatzberufungen, bei denen kein ausreichender Änderungsvorbehalt bestimmt ist, unter die auflösende Bedingung gestellt werden, dass sie ersatzlos wegfallen, wenn der Erstberufene durch Zuwendungsverzicht auf seine Zuwendung verzichtet.[55] Der Appell hierzu vermag nichts, wenn die Mehrzahl der auftretenden Problemfälle durch privatschriftliche Testamente ohne Rechtsberatung verursacht wird.

### b) Checkliste

Die praktische »Checkliste« für die Möglichkeit des Zuwendungsverzichts (also des »**obs**«) sieht daher wie folgt aus:

1. Ist der Erblasser durch Verfügungen von Todes wegen (notariellen Erbvertrag oder gemeinschaftliches Testament mit früherem Ehegatten) **gebunden**? Hierzu Änderungsvorbehalte, Freistellungsklauseln oder anderweitige Aufhebungs- und Widerrufsmöglichkeiten prüfen; soweit vorhanden, sollten wegen der beschränkten Wirkung des Zuwendungsverzichts diese im größtmöglichen Rahmen genutzt werden.

2. Bestehen ausdrückliche oder durch § 2069 BGB zu vermutende **Ersatzberufungen**? Tritt **Anwachsung** nach § 2094 BGB an andere ein?

wenn ja:

3. **Ausschaltung** der Ersatzerbenberufungen durch **eigenen Verzicht** derselben, bei noch nicht bekannten Ersatzberufenen ist fraglich, ob Pflegerbestellung mit vormundschaftsgerichtlicher Genehmigung hierfür überhaupt zulässig ist.

4. **Erstreckung** des Zuwendungsverzichts auf gesetzliches **Erb- und Pflichtteilsrecht**?

## 2. Was ist Gegenstand des Zuwendungsverzichts?

### a) Art der Zuwendung

Gegenstand des Zuwendungsverzichts können nach § 2352 Satz 1 und 2 BGB eine Erbeinsetzung oder ein Vermächtnis sein, die auf einer Verfügung von Todes wegen (daher Zuwendung) beruhen.

Ein Zuwendungsverzicht ist daher nicht möglich bezüglich

– einer **Auflage**, und zwar auch dann, wenn damit eine Begünstigung verbunden ist[56]

---

[54] Dies wird in der Praxis oft übersehen, wie BREMS FamRZ 1983, 1279 zu Recht betont.
[55] Dazu NIEDER, Handbuch, RdNr 1163; BENGEL in: SCHERER, MAH § 34 RdNr 56.
[56] MünchKomm-STROBEL § 2352 RdNr 4; anders nun LANGE-KUCHINKE § 7 II Fn 57; STAUDINGER-SCHOTTEN § 2352 RdNr 3; REUL MittRhNotK 1997, 384 wegen der Erzwingbarkeit einer derartigen Auflage, die dadurch verhindert werden könnte.

— einem **gesetzlich angeordneten Vermächtnis,** wie dem Voraus des Ehegatten nach § 1932 BGB, oder dem sog Dreißigsten, § 1969 BGB.[57]

### b) Zuwendungsgrund

30 Die Zuwendung kann auf einem (einseitigen oder gemeinschaftlichen) Testament oder auf einen Erbvertrag beruhen, wobei im letzteren Fall nach § 2352 S 2 BGB Besonderheiten gelten (dazu unten 4.).

### c) Objektbezogenheit des Verzichts

31 Der Zuwendungsverzicht ist streng objektbezogen. Dies bedeutet[58]

— die Verfügung von Todes wegen, auf der die Zuwendung beruht, muss zur Zeit des Verzichts bereits vorhanden sein; ein Verzicht auf eine erst **künftige Zuwendung** ist nicht zulässig. Es gibt also keinen vorsorglichen Zuwendungsverzicht.[59]
— Bei der Formulierung des Verzichts ist die betroffene **Zuwendung** zur Vermeidung von Rechtsstreitigkeiten **genau zu bezeichnen.**

Allerdings hat der BGH die Formulierung, »auf Erb- und Pflichtteilsansprüche gegen den Nachlass des Erblassers für jetzt und alle Zukunft zu verzichten« als auslegungsfähig angesehen und dahingehend verstanden, dass auch auf Zuwendungen aus einer bereits bestehenden letztwilligen Verfügung verzichtet wurde.[60]

### d) Beschränkung des Verzichts

32 Inwieweit der Zuwendungsverzicht beschränkt werden kann, hängt von der Art der davon betroffenen Zuwendung ab:

— Werden Erbeinsetzung und zugleich (Voraus-)Vermächtnis zugewandt (sog doppelte Zuwendung), so handelt es sich um zwei selbständige Berufungsgründe, auf die jeweils beschränkt verzichtet werden, also etwa nur auf das Vorausvermächtnis.[61]
— Bei einer Erbeinsetzung ist der Verzicht auf einen ideellen Bruchteil (wie beim Erbverzicht) möglich,[62] nicht aber ein gegenständlich beschränkter Verzicht, auch wenn die Erbschaft im Wesentlichen ein Haus umfasst, da dies dem Wesen der Universalsukzession widerspricht.[63]
— Ein Vermächtnis bezieht sich dagegen auf die Zuwendung einzelner Gegenstände oder von Sachgesamtheiten; daher kann auch beschränkt auf einzelne Vermächtnisgegenstände verzichtet werden.[64]
— Eine zulässige Beschränkung des Zuwendungsverzichts ist es auch, wenn dadurch dem Erblasser die Befugnis eingeräumt wird, den Erben mit neuen Auflagen oder Vermächtnissen zu beschweren oder Testamentsvollstreckung oder Vor- und Nacherbschaft anzuordnen.[65]

---

57 PALANDT-EDENHOFER § 2352 RdNr 4; GROLL-MUSCHELER, Praxis-Handbuch Erbrechtsberatung B XV RdNr 82; STAUDINGER-FERID-CIESLAR, 12. Aufl, § 2352 RdNr 19; aA LANGE-KUCHINKE § 7 II 2 Fn 52.
58 J MAYER ZEV 1996, 127, 128.
59 BGHZ 30, 261, 267; BayObLG Rpfleger 1987, 374; RG DR 1941, 263; KG HRR 1930 Nr 713; GROLL-MUSCHELER, Praxis-Handbuch Erbrechtsberatung B XV RdNr 81.
60 BGH DNotZ 1972, 500.
61 JACKSCHATH, MittRhNotK 1977, 117, 120; STAUDINGER-SCHOTTEN § 2352 RdNr 9.
62 KG JFG 15, 99 = JW 1937, 1735; MünchKomm-STROBEL § 2352 RdNr 4.
63 MünchKomm-STROBEL, § 2352 RdNr 4; STAUDINGER-SCHOTTEN § 2352 RdNr 11.
64 NIEDER, Handbuch, RdNr 1164; J MAYER ZEV 1996, 128 m Beisp; REUL MittRhNotK 1997, 384 mit der unzutreffenden Bemerkung, dass dies auf dem schuldrechtlichen Charakter des Vermächtnisses beruht.
65 MünchKomm-STROBEL, § 2352 RdNr 4; STAUDINGER-SCHOTTEN § 2352 RdNr 13; BGH LM § 1829 Nr. 5; BGH NJW 1982, 1100, 1102; OLG Köln FamRZ 1983, 837; aA JACKSCHATH MittRhNotK 1977, 117, 121.

## 3. Die formelle Seite
### a) Form des Zuwendungsverzichts, Vertragsabschluss
#### aa) Grundsatz

Wegen der besonderen Bedeutung (Schutz-, Warn- und Beweisfunktion) dieser **33** Erklärung bedarf der Zuwendungsverzicht nach § 2352 S 3 iVm § 2348 BGB der notariellen Beurkundung nach den §§ 6 ff BeurkG. Diese Form wird gem. § 127a BGB auch durch einen entsprechenden gerichtlichen Vergleich ersetzt. Gleichzeitige Anwesenheit beider Vertragsteile ist dabei nicht vorgeschrieben, § 128 BGB, sodass durchaus ein Zuwendungsverzicht durch Angebot und Annahme erklärt werden kann.[66] Zur Sicherstellung der notariellen Belehrung ist dies auch bei getrennter Beurkundung regelmäßig angezeigt (§ 17 Abs 2a BeurkG). Gründe der erbrechtlichen Klarheit gebieten, dass **bei Eintritt des Erbfalls** der Zuwendungsverzicht wirksam sein muss, also bis dahin etwa zur Wirksamkeit erforderliche Genehmigungen erteilt sein müssen.[67] Auch wenn der künftige Erblasser vor der Annahme des Angebots durch den Verzichtenden verstirbt, so wird der Verzicht nicht wirksam.[68] Daher kann es mitunter angebracht sein, dass der nicht anwesende Verzichtende aufgrund mündlich erklärter Vollmacht vertreten wird, um den Eintritt der Wirksamkeit zu beschleunigen.[69]

#### bb) Umfang der Beurkundungspflicht

Das dem Zuwendungsverzicht regelmäßig zugrunde liegende **Verpflichtungsge-** **34** **schäft** (Kausalgeschäft) bedarf ebenso wie beim Erbverzicht auch der notariellen Beurkundung.[70] Dies erlangt besondere praktische Bedeutung, wenn eine Entgeltabrede mit dem Zuwendungsverzicht verbunden ist, sodass auch diese mitzubeurkunden ist. Nach hM tritt bei einem formnichtigen Verpflichtungsgeschäft durch den formgerechten späteren Abschluss des Zuwendungsverzichts eine Heilung ein.[71]

Unabhängig vom theoretischen Meinungsstreit ist die Beurkundung der Abfin- **35** dungsvereinbarung dem Verzichtenden schon wegen seiner Absicherung dringend zu empfehlen, da sich nur so die Erfüllung der Abfindungsverpflichtung ausreichend sichern lässt (am besten durch einen **Bedingungszusammenhang**).[72] Daneben ist § 139 auf die beiden Verträge anzuwenden.[73]

### b) Persönliche Voraussetzungen

Hierzu gelten zunächst die allgemeinen persönlichen Voraussetzungen entspre- **36** chend, die für den Erbverzicht angeordnet sind, §§ 2352 Satz 3, 2347 BGB.

---

**66** Vgl etwa die Fälle OLG Stuttgart OLGZ 1979, 129, 130; OLG Hamm DNotZ 1977, 751.
**67** § 184 BGB gilt hier nicht (BGHZ 37, 319, 329; BGH NJW 1978, 1159 = DNotZ 1978, 300; STAUDINGER-SCHOTTEN § 2346 RdNr 19).
**68** Vgl BGHZ 134, 60 = NJW 1997, 521 = MittBayNot 1997, 108 = DNotZ 1997, 422 zum Pflichtteilsverzicht.
**69** J MAYER MittBayNot 1997, 85, 87.
**70** Für den Zuwendungsverzicht REUL Mitt-RhNotK 1997, 384; für den Erbverzicht PALANDT-EDENHOFER § 2348 RdNr 2 mwN; STAUDINGER-SCHOTTEN § 2352 RdNr 58 iVm § 2348 RdNr 10; SCHOTTEN DNotZ 1998, 163, 176; **aA** KUCHINKE, NJW 1983, 2358.
**71** MünchKomm-STROBEL, § 2348 RdNr 5.
**72** Vgl etwa MünchKomm-STROBEL § 2346 RdNr 25; SCHOTTEN DNotZ 1998, 163, 168; eingehend, aber nicht praxisbezogen zur Leistungsverknüpfung EDENFELD ZEV 1997, 134. Umfassend zur rechtlichen Verknüpfung von Abfindungsleistung und Zuwendungsverzicht KORNEXL, Der Zuwendungsverzicht (1998) RdNr 215 ff.
**73** hM, MünchKomm-STROBEL § 2346 RdNr 27; PALANDT-EDENHOFER Überbl 10 v § 2346; **aM** etwa SCHOTTEN DNotZ 1998, 167.

Hierzu ist zu beachten:

Die Zulässigkeit der Stellvertretung und das Erfordernis der vormundschaftsgerichtlichen Genehmigung ist unterschiedlich:

- Der **Verzichtende** kann sich ohne weiteres **vertreten** lassen; eine Vollmacht bedarf grundsätzlich keiner besonderen Form, § 167 Abs 2 BGB. Steht er unter Vormundschaft, so bedarf er der vormundschaftsgerichtlichen Genehmigung; Gleiches gilt, wenn er unter elterlicher Sorge steht, es sei denn, der Vertrag wird zwischen Ehegatten oder unter Verlobten abgeschlossen (§§ 2352 S 3, 2347 S 1). Auch ein Betreuer braucht für den Verzicht die vormundschaftsgerichtliche Genehmigung (§§ 2352 S 3, 2347 Abs 1 S 2).
- Der **Erblasser** muss den Verzichtsvertrag grundsätzlich persönlich abschließen (wird bei verbundenen Verträgen, etwa im Bereich der vorweggenommenen Erbfolge, mitunter übersehen). Verstoß führt zur Nichtigkeit. Ist der Erblasser **geschäftsunfähig,** so kann ausnahmsweise der Vertrag durch den gesetzlichen Vertreter geschlossen werden, jedoch ist die vormundschaftliche Genehmigung erforderlich (§§ 2352 S 3, 2347 Abs 2 S 2). Der beschränkt Geschäftsfähige bedarf nicht der Zustimmung seines gesetzlichen Vertreters (§§ 2352 S 3, 2347 Abs 2 S 1, 2. HS; Gedanke des rechtlichen Vorteils).

### c) Bedingter Zuwendungsverzicht

**37** Ein Zuwendungsverzicht kann auch unter einer Bedingung vereinbart werden.[74] Dies empfiehlt sich beim entgeltlichen Zuwendungsverzicht zur Absicherung des Verzichtenden, damit dieser keine ungesicherte Vorleistung erbringt (s RdNr 102; Vertragsmuster s Formularteil B RdNr 84). Möglich ist auch ein **relativer Zuwendungsverzicht**, also ein zugunsten eines anderen erklärter, dementsprechend bedingter. Auf die für den Erbverzicht geltende Auslegungsregel des § 2350 BGB über eine derart relative Bedingung wird in § 2352 BGB nicht ausdrücklich verwiesen; die hM bejaht allerdings die analoge Anwendung des § 2350 Abs 1 BGB (vermutete relative Wirkung, wenn zugunsten eines anderen verzichtet wird), verneint aber die des Abs 2.[75] Der Praxis ist zu empfehlen, eindeutig zu formulieren, um es auf die Auslegungsregel nicht ankommen zu lassen.

### 4. Besonderheiten beim Erbvertrag

#### a) Vertragsmäßige Zuwendungen

**38** § 2352 S 2 BGB lässt hier einen Verzicht nur hinsichtlich solcher Zuwendungen zu, die dort einem Dritten gemacht wurden. Wichtig ist daher die Festlegung, wer Dritter in diesem Sinne ist. Das ist sicherlich der, der weder als Erblasser noch als Vertragspartner an dem Erbvertrag persönlich mitwirkt (formale Abgrenzung). Die rein formelle Mitunterzeichnung soll nicht schaden.[76]

**39** Daraus ergibt sich:

- Wurde der Erbvertrag **nur** zwischen **zwei Personen** geschlossen, die auch sonst niemandem Zuwendungen machten, so ist ein Verzicht auf das vertraglich Zugewendete nicht zulässig.[77] Es bleibt nur die Möglichkeit der Aufhebung des

---

[74] Allgemeine Meinung, etwa BGH NJW 1974, 43, 44 = DNotZ 1974, 231; PALANDT-EDENHOFER RdNr 3; MünchKomm-STROBEL RdNr 5; STAUDINGER-SCHOTTEN RdNr 15 je zu § 2352.
[75] Nachweise bei REUL MittRhNotK 1997, 385 und KORNEXEL RdNr 441 ff.
[76] PALANDT-EDENHOFER § 2352 RdNr 7.
[77] OLG Hamm DNotZ 1977, 751; OLG Stuttgart OLGZ 1979, 129 = DNotZ 1979, 107.

Erbvertrages nach den §§ 2290 ff BGB (ein Problem ist hier, wenn der Erblasser nicht mehr geschäftsfähig ist, da der Zuwendungsverzicht möglich wäre, §§ 2352 S 3, 2347 Abs 2 S 2).
– Haben **mehr als zwei Personen** den Erbvertrag unterzeichnet, so ist umstritten, wie der Begriff des Dritten zu bestimmen ist. Nach neuerer Auffassung genügt die bloße Mitunterzeichnung noch nicht, um ihn zum Vertragsschließenden zu machen und damit den Zuwendungsverzicht auszuschließen.[78]

Die mittlerweile wohl hM (neuere Rspr fehlt)[79] sieht die Problemlösung nun nicht mehr in einem alternativen Verständnis von Aufhebungsvertrag (§ 2290) zum Zuwendungsverzicht, sondern betont das große praktische Bedürfnis dafür, den Zuwendungsverzicht auch beim mehrseitigen Erbvertrag durch Verzicht zwischen dem Erblasser und dem bedachten Vertragspartner zuzulassen. Denn stünde nur der Aufhebungsvertrag zur Beseitigung der Zuwendung zur Verfügung, wäre die Mitwirkung aller anderen Vertragsteile erforderlich, was nicht nur lästig, sondern – mitunter wegen Tod oder Geschäftsunfähigkeit der weiteren Vertragspartner – nicht mehr möglich sein kann.[80] Dritter wird hier also rein numerisch nach der Zahl der Vertragsteile verstanden, nicht aber im sonst üblichen Sinne des nicht am Vertrag formell Beteiligten.[81] Der Begriff des »Dritten« ist aus diesem Grund im Wege der teleologischen Reduktion entsprechend dem Änderungsbedürfnis einschränkend auszulegen. Immer dann, wenn bei einem Erbvertrag mehr als zwei Personen beteiligt waren, muss dem im Erbvertrag materiell bedachten Vertragspartner die Möglichkeit des Zuwendungsverzichts eröffnet werden.[82] Zum Teil wird in noch weiter gehender Weise ein Zuwendungsverzicht auch beim zweiseitigen Erbvertrag immer dann zugelassen, wenn die Aufhebung des Erbvertrags wegen zwischenzeitlich eingetretener Geschäftsunfähigkeit nicht mehr möglich ist.[83]

#### b) Einseitige Verfügungen
Für lediglich einseitige Verfügungen von Todes wegen, die nur so in einem Erbvertrag enthalten sind, gelten die Beschränkungen des § 2352 S 2 BGB nicht.[84]

#### c) Vertragsmuster
Ein Zuwendungsverzicht könnte wie im Formularteil B RdNr 84 wiedergegeben formuliert werden:[85]

Beim entgeltlichen Zuwendungsverzicht könnte die Verknüpfung von Abfindungsleistung und Zuwendungsverzicht durch eine aufschiebende Bedingung erfolgen und so formuliert werden, wie im Formularteil B RdNr 84.

---

78 So aber früher BayObLGZ 24 A 232 und OLG Celle NJW 1959, 1923.
79 Zum Streitstand KORNEXL RdNr 479 ff.
80 So MünchKomm-STROBEL § 2352 RdNr 9; REUL MittRhNotK 1997, 385; NIEDER, Handbuch RdNr 1159; BONEFELD in: KRUG, Erbrecht § 5 RdNr 86; LANGE-KUCHINKE, § 7 II 4 b Fn 62 (sogar für den einseitigen Erbvertrag); HAEGELE Rpfleger 1968, 250; ENDEMANN JW 1925, 2791; STAUDINGER-SCHOTTEN § 2352 RdNr 25, wenn auch mit anderer Begründung; BayObLGZ 1965, 188, 192 f, der BGH hat diesen Vorlagebeschluss des BayObLG nicht entschieden; aM aber etwa GROLL-MUSCHELER, Praxis-Handbuch Erbrechtsberatung B XV RdNr 80.
81 J MAYER ZEV 1996, 129 mwN auch zur Gegenmeinung.
82 Eingehend hierzu § 2290 RdNr 9 ff.
83 KORNEXL, RdNr 484.
84 Allg Meinung, MünchKomm-STROBEL, § 2352 RdNr 11, dies wird aus § 2299 Abs 2 S 1 BGB abgeleitet.
85 Vgl etwa auch zu CASTELL in: Beck'sches Formularbuch zum Bürgerlichen Recht, Form VI. 21.

## 5. Wirkung des Zuwendungsverzichts

### a) Keine übertragende Wirkung

**44** Der Zuwendungsverzicht hat noch keine positiv gestaltende Wirkung, dh es bedarf nicht nur des Verzichts (der nur den Weg hierfür frei macht), sondern noch einer entsprechenden Anordnung des Erblassers durch Verfügung von Todes wegen.[86]

### b) Allgemeine Wirkungen

**45** Der Zuwendungsverzicht bewirkt nicht die Aufhebung der betroffenen Verfügung. Nach hM verhindert er nur – entsprechend der Wirkung des Erbverzichts auf den gesetzlichen Erbteil – den entsprechenden Anfall der Zuwendung beim Verzichtenden. Es wird also die sog **Vorversterbensfiktion** des § 2346 Abs 1 S 2 BGB entsprechend angewandt.[87] Dies hat positive wie negative Auswirkungen für die praktische Tauglichkeit des Zuwendungsverzichts:

### aa) Keine Nichtigkeit

**46** Die vom Zuwendungsverzicht betroffene Verfügung wird dadurch, anders als bei einer Anfechtung oder einem Widerruf, nicht nichtig, sondern nur gegenstandslos, dh das rechtliche Schicksal der weiteren Bestimmungen wird davon nicht berührt.[88] Dies erlangt besondere Bedeutung bei wechselbezüglichen Verfügungen in einem gemeinschaftlichen Testament und erbvertraglichen Verfügungen, die ebenfalls in einem Abhängigkeitsverhältnis stehen: Nichtigkeit (etwa durch Anfechtung) oder Widerruf der einen Verfügung führen hier auch zur Unwirksamkeit der anderen, korrespektiven Verfügung (§§ 2270 Abs 1, 2298 Abs 1 BGB). Der Zuwendungsverzicht als Mittel zur Beseitigung einer erbrechtlichen Bindung kann daher zweckmäßiger als die Anfechtung oder ein Widerruf sein und beim gemeinschaftlichen Testament dem Längerlebenden auch die Ausschlagung ersparen, die er sonst wählen muss, um nach § 2271 Abs 2, Satz 1, 2. HS BGB seine Verfügungsfreiheit zu erlangen.[89]

### bb) Keine Auswirkung auf gesetzlichen Erbteil

**47** Soweit nicht ausnahmsweise der Zuwendungsverzicht auf den gesetzlichen Erbteil des Verzichtenden erstreckt wird,[90] hat er keine Auswirkungen auf die Bemessung der Höhe des gesetzlichen Erb- und Pflichtteils der anderen Erben. Beim Ehegatten bewirkt der Zuwendungsverzicht auch keinen Verlust des Pflichtteils nach § 1371 Abs 3, 2. HS BGB.[91]

---

86 STAUDINGER-SCHOTTEN § 2352 RdNr 17; MünchKomm-STROBEL, § 2352 RdNr 4 Fn 11; REUL MittRhNot 1997, 384; SOERGEL-DAMRAU § 2352 RdNr 2.
87 PALANDT-EDENHOFER § 2352 RdNr 5; SOERGEL-DAMRAU RdNr 4; STAUDINGER-SCHOTTEN RdNr 28 je zu § 2352; OLG Düsseldorf OLGZ 1982, 272, 279; BayObLG MittBayNot 1989, 161; **aM** KORNEXEL, RdNr 82 ff, 384 ff: lediglich **negative Geltungsanordnung;** KORNEXLS Auffassung führt zu einer sehr differenzierenden Auslegungsanalyse, was sicherlich nicht unbedingt der Rechtssicherheit dient und wozu es nicht des methodischen Ansatzes über die negative Geltungsanordnung bedurft hätte.
88 MünchKomm-STROBEL, § 2352 RdNr 12 mwN; NIEDER, Handbuch, RdNr 1160.
89 Vgl etwa NIEDER, Handbuch, RdNr 1169; GROLL-MUSCHELER, Praxis-Handbuch Erbrechtsberatung B XV, RdNr 93 f.
90 Zur Erstreckung im Wege der Auslegung: BGH DNotZ 1972, 500 (für den umgekehrten Fall, dass der Verzicht auf das gesetzliche Erbrecht auch ein Zuwendungsverzicht ist); OLG Frankfurt OLGZ 1993, 201 m Anm WINKLER MittBayNot 1994, 237; eingehend zu Auslegungsfragen MünchKomm-STROBEL § 2352 RdNr 16.
91 STAUDINGER-FERID-CIESLAR § 2352 RdNr 35.

## cc) Verzicht des Vorerben

Der Verzicht auf die Einsetzung als Vorerbe führt dazu, dass die als Nacherbe vorgesehene Person an seine Stelle tritt (§ 2102 Abs 1 BGB). Gleiches gilt entsprechend beim Vorvermächtnis.[92]

## dd) Keine Erstreckung auf Ersatzberufene

Der Zuwendungsverzicht beseitigt nur das eigene Erbrecht des Verzichtenden, er erfasst aber nicht das Erbrecht oder ein Vermächtnis der Personen, die als Ersatz anstelle des Verzichtenden treten, so durch eine ausdrückliche oder stillschweigende Ersatzberufung oder durch Anwachsung nach § 2094 BGB. Dies ist ganz hM und ständige Rechtsprechung.[93] Denn § 2352 S 3 BGB verweist ausdrücklich nicht auf § 2349 BGB. Dabei soll es sich nach ganz herrschender Meinung nicht um ein Redaktionsversehen handeln.[94]

### (1) Keine analoge Anwendung des § 2349 BGB

Mangels einer planwidrigen Regelungslücke lehnt die hM auch eine analoge Anwendung des § 2349 BGB ab und begründet dies auch noch damit, dass unserem Recht die Erstreckung vertraglicher Wirkungen zu Lasten Dritter fremd ist.[95] Das hat für die Praxis zur Folge, dass ein Zuwendungsverzicht in den seltensten Fällen den gewünschten Erfolg hat, weil meist in der Verfügung von Todes wegen eine ausdrückliche Ersatzerbenberufung vorhanden ist oder sich eine solche zumindest durch eine ergänzende Auslegung oder durch die Anwendung des § 2069 BGB ergibt.

### (2) Ausschluss der Ersatzberufung durch Auslegung

Durch Auslegung, und zwar auch ergänzende, der betreffenden Verfügung von Todes wegen,[96] nicht aber der rechtsgeschäftlichen Abfindungsvereinbarung[97] kommt die hM und Rechtsprechung im Wege der Ermittlung des hypothetischen Erblasserwillens ausnahmsweise dazu, dass der Zuwendungsverzicht zu Lasten der Ersatzberufenen wirkt.[98] Gearbeitet wird dabei mit tatsächlichen Vermutungen, die den Gegenbeweis im Einzelfall zulassen. Ansatzpunkt hierfür ist die Frage, ob für den Verzicht eine **vollständige Abfindung** geleistet wird, da es dann

---

[92] MünchKomm-STROBEL § 2352 RdNr 16; differenzierend dagegen KORNEXL, RdNr 457 ff.

[93] BGH ZEV 1999, 62 (inzident) OLG Stuttgart NJW 1958, 347; OLG Hamm OLGZ 1982, 272; BayObLG Rpfleger 1984, 65; BayObLG MittBayNot 1989, 161; ZEV 1997, 377, 381 = NJW-RR 1997, 1027; OLG Frankfurt ZEV 1997, 454 m Anm J MAYER = DNotZ 1998, 220 m Anm KANZLEITER; MünchKomm-STROBEL, RdNr 14, SOERGEL-DAMRAU RdNr 4 und STAUDINGER-FERID-CIESLAR, 12. Aufl, RdNr 26 f je zu § 2352; ebenso GROLL-MUSCHELER B XV RdNr 86 (mit Beispiel), 91, der jedoch die Anwachsungsproblematik nur an versteckter Stelle (RdNr 88) erörtert.

[94] Dagegen mit guten Argumenten aus der – entgegen der hM keineswegs klaren – Entstehungsgeschichte der Norm – jetzt SCHOTTEN ZEV 1997, 1; STAUDINGER-SCHOTTEN § 2352 RdNr 42 ff.

[95] So etwa OLG Stuttgart NJW 1958, 347, 348; BAUMGÄRTEL DNotZ 1959, 63, 66.

[96] OLG Köln FamRZ 1990, 99, 101; OLG Frankfurt ZEV 1997, 454, 457; LANGE-KUCHINKE § 7 III 2 b.

[97] Anders allerdings BGH NJW 1974, 43, 44, der auf die Auslegung der Verzichtserklärung abstellt.

[98] Zu den bei der Auslegung anzustellenden Überlegungen eingehend KANZLEITER ZEV 1997, 261 ff, der jedoch im Ergebnis wesentlich weiter geht als die hM und der lege ferenda eine Auslegungsregel fordert, dass die ersatzweisen Zuwendungen im Zweifelsfall entfallen, wenn der zunächst Berufene auf die Zuwendung verzichtet. Angesichts der beschränkten Wirkung von Auslegungsregeln infolge des Grundsatzes des Vorrangs der individuellen Auslegung (s System Teil D RdNr 9), wird dies das Problem für die Praxis nicht lösen.

gilt, eine nicht gerechtfertigte **Doppelbegünstigung** des Stammes des Verzichtenden (einmal durch die Abfindungszahlung und dann durch den Anfall der Zuwendung an seine ersatzweise berufenen Abkömmlinge durch das Fehlschlagen des Zuwendungsverzichts) zu vermeiden. Der Gesichtspunkt der erfolgten Abfindung war bereits der Gesetzeszweck zur Einführung der Erstreckungswirkung des § 2349 BGB. Im Einzelnen wird dabei wie folgt unterschieden:[99]

### (a) Die Verfügung von Todes wegen enthält keine ausdrückliche Ersatzbestimmung

**52** Ergibt sich eine solche erst durch die Auslegungsregel des § 2069 BGB, so nimmt die herrschende Auffassung hier eine gegen diese Ersatzberufung sprechende tatsächliche Vermutung an, falls der Zuwendungsverzicht gegen **vollständige Abfindung** erfolgt.[100] Dies gilt allerdings dann nicht, wenn nur ein Kind zur Erbfolge berufen ist, weil hier nicht die Gefahr entsteht, dass ohne die Erstreckung des Zuwendungsverzichts auf die Abkömmlinge des Verzichtenden einer von mehreren Stämmen doppelt begünstigt wird.[101]

### (b) Die Verfügung von Todes wegen enthält eine ausdrückliche Bestimmung des Ersatzberechtigten

**53** Nach hM tritt hier selbst dann bei einer vollständigen Abfindung **keine Erstreckung** des Verzichts auf die Abkömmlinge ein, wenn sich nicht aus der Verfügung von Todes wegen eindeutig ergibt, dass die Ersatzberufung in diesem Fall ausgeschlossen sein soll.[102] Dies soll auch dann gelten, wenn der Verzichtende zugleich mit Wirkung für seine Abkömmlinge auf sein daneben bestehendes gesetzliches Erbrecht verzichtet.[103] Großzügiger jetzt aber BayObLG vom 23. 4. 1997:[104] Ohne Auseinandersetzung mit der vorstehend genannten Rspr wird dort als ausreichend angesehen, wenn der Verfügung von Todes wegen im Wege der **ergänzenden Auslegung** entnommen werden kann, dass sich bei einer bereits zu Lebzeiten vorgenommenen Zuwendung an den vertragsmäßig eingesetzten Erben in Höhe seines Erbteils der Verzicht auch auf die ausdrücklich getroffene erbvertragliche Ersatzberufung der Abkömmlinge erstrecke.

### (c) Der Zuwendungsverzicht wird ohne Abfindung erklärt

**54** Dann soll nach wohl überwiegender Meinung – sofern kein abweichender Erblasserwille wenigstens im Wege der ergänzenden Auslegung feststellbar ist – die Ersatzberufung nach § 2069 BGB nicht ausgeschlossen sein.[105]

### (3) Hinweise für die Praxis

**55** Für den Notar, der einen Zuwendungsverzicht beurkunden muss und der dabei im Interesse der Beteiligten den »sichersten Weg« zu gehen hat, ist idR davon

---

[99] Vgl den Überblick bei NIEDER, Handbuch, RdNr 1161 ff; MünchKomm-STROBEL, § 2352 RdNr 14 f; KORNEXL RdNr 351 ff.
[100] BGH NJW 1974, 43, 44; OLG Düsseldorf DNotZ 1974, 231; OLG Hamm OLGZ 1982, 273, 278; KG JFG 20, 160; OLG Köln FamRZ 1990, 99; OLG Frankfurt ZEV 1997, 454.
[101] OLG Frankfurt ZEV 1997, 454, 457; RGRK-BGB-JOHANNSEN § 2352 RdNr 8 geht einen etwas anderen Weg und erkennt die Abfindung nur dann als vollständig an, wenn sie nicht aus dem Vermögen des Erblassers »entnommen« wird.

[102] OLG Düsseldorf DNotZ 1974, 367; OLG Hamm OLGZ 1982, 272, 279.
[103] So OLG Düsseldorf (Fn 50), anders aber KG JFG 20, 160.
[104] ZEV 1997, 377, 381 = NJW-RR 1997, 1027; dass die Entscheidung außerhalb der hM liegt, übersieht GROLL-MUSCHELER, Praxis-Handbuch Erbrecht B XV RdNr 88; wie die hM nun aber OLGR Stuttgart 1998, 111.
[105] Vgl etwa SOERGEL-DAMRAU, § 2352 RdNr 2; BAUMGÄRTEL DNotZ 1959, 63, 67; JACKSCHATH MittRhNotK 1977, 117, 122; MünchKomm-STROBEL § 2352 RdNr 15.

auszugehen, dass der Zuwendungsverzicht nur dann wirksam ist, wenn er auch von allen vorhandenen Ersatzerben bzw. Ersatzvermächtnisnehmern abgeschlossen wird. Dabei ist auch die Auslegungsregel des § 2069 BGB zu beachten. Ist ein Ersatzberufener noch minderjährig, so ist bei einem Verzicht gegenüber einem Elternteil die Bestellung eines Ergänzungspflegers (§§ 2347, 1629 Abs 2, 1795 Abs 1 Nr 1 BGB) und die vormundschaftsgerichtliche Genehmigung (§§ 2347 Abs 1, 2352 Satz 3 BGB) erforderlich, die aber wegen § 1804 BGB nur möglich ist, wenn eine **vollwertige Abfindung** geleistet wird,[106] wobei man im Falle, dass tatsächlich die Ersatzberufung ohne den Zuwendungsverzicht eingetreten wäre, verlangen muss, dass diese gerade dem betroffenen Ersatzberufenen auch zufließt.[107] Soweit die Erben noch nicht feststehen, was in der Praxis bei den sog »unbenannten Erben« relativ oft der Fall sein wird, ist die Bestellung eines Pflegers für die noch unbekannten Beteiligten nach § 1913 BGB erforderlich.[108] Bei der richtigen **Bemessung der »vollwertigen Abfindung«** steht der Praktiker vor erheblichen Problemen, wenn er die Beteiligten anlässlich der Beurkundung des Zuwendungsverzichts hierzu beraten soll.[109] Die Entscheidung des OLG Köln[110] hat hier erheblich für Klarheit gesorgt: Maßgeblich soll hierfür der Zeitpunkt der Beurkundung des Zuwendungsverzichts sein (eigentlich wäre zu vermuten gewesen, dass dies der Erbfall ist, was aber zu unlösbaren Problemen geführt hätte).[111] Auch wird eine Toleranzgrenze von 10% eingeräumt, den der Wert der Gegenleistung gegenüber dem Erbteil unterschreiten darf. Nicht geklärt ist, ob es für die Bewertung allein auf die objektiven Wertverhältnisse ankommt oder aber nur auf die von den Beteiligten vorgenommene.[112] Für die Maßgeblichkeit der subjektiven Bewertung der Vertragsteile spricht zum einen das auch sonst geltende Prinzip der subjektiven Äquivalenz,[113] zum anderen aber auch der aleatorische Charakter dieses Rechtsgeschäfts.[114]

**(4) Vorsorge bei Fehlschlagen des Zuwendungsverzichts**
Wegen der doch relativ großen Gefahr, dass der Zuwendungsverzicht fehlschlägt, sind vorsorgliche Vereinbarung für den »worst case« erforderlich: In Be-

---

**106** NIEDER, Handbuch, RdNr 1161; BAUMGÄRTEL DNotZ 1959, 63, 72; SCHOTTEN ZEV 1997, 1, 5; aM KORNEXL RdNr 355 Fn 21, der einen Schenkungscharakter des Zuwendungsverzichts wegen § 517 verneint, was aber der gängigen vormundschaftsgerichtlichen Praxis widerspricht.
**107** In der Praxis ist daher eine Hinterlegung des entsprechenden Abfindungsbetrags erforderlich, bis die Frage geklärt ist, ob die Ersatzberufung zum Zuge gekommen wäre.
**108** KORNEXL RdNr 355 Fn 19, wonach zumindest § 1913 S 2 analog angewendet werden muss; wegen des Erfordernisses eines gegenwärtigen Fürsorgebedürfnisses verneint die Möglichkeit einer Pflegerbestellung SCHOTTEN ZEV 1997, 1, 5; ders in: STAUDINGER § 2352 RdNr 47 (seine Verweisung auf NIEDER RdNr 893, 895 geht indes fehl).
**109** Die praktischen Bewertungsprobleme betonen zu Recht etwa KANZLEITER ZEV 1997, 261, 263 ff; REUL, MittRhNotK 1997,

373, 386. Die problematische Beurteilungssituation anlässlich der Beurkundung des Zuwendungsverzichts wird von KORNEXL, RdNr 361 Fn 37 verkannt, wenn er meint, die Festlegung des Erbfalls als maßgeblicher Bewertungsstichtag führe zu einer problemlosen Bewertungsmöglichkeit. Bei der Beurkundung des entgeltlichen Zuwendungsverzichts müsste nach der Ansicht von KORNEXL eine »ex ante« Betrachtung vorgenommen werden, wie sich die Vermögensverhältnisse bis zum Erbfall entwickeln. Das Prognoserisiko trüge der Verzichtende.
**110** FamRZ 1990, 99, 101; zustimmend GROLL-MUSCHELER B XV RdNr 88.
**111** J MAYER ZEV 1996, 131.
**112** So STAUDINGER-OTTE § 2069 RdNr 15.
**113** Hierzu BGHZ 59, 132, 136; MünchKomm-KOLLHOSSER, § 516 RdNr 23 f.
**114** KORNEXL RdNr 361, der sich jedoch auch gegen die Berücksichtigung der »subjektiven Angemessenheit« wehrt.

tracht kommen hier vertragliche Vereinbarungen im Rahmen des § 311b Abs 5 BGB nF (früher § 312 Abs 2 BGB)[115] und Regelungen über die Rückabwicklung bereits erbrachter Abfindungsleistungen.

### 6. Sonderformen

**57** Einordnungsprobleme lösen die Zustimmungen desjenigen aus, der durch Erbvertrag oder bindendes gemeinschaftliches Testament bedacht wurde und der in eine ihn beeinträchtigende spätere Verfügung von Todes wegen oder eine Schenkung unter Lebenden einwilligt. Der BGH rückt in zwei Entscheidungen[116] diese Erklärung zwar im Wege einer Analogie[117] in die Nähe eines Zuwendungsverzichts, jedoch beziehen sich diese Entscheidungen nur auf die formale Seite solcher Zustimmungen. KANZLEITER meint, dass die Zustimmung des in erster Linie Bedachten die für § 2287 erforderliche Beeinträchtigungsabsicht ausschließe, eine weitere Zustimmung der Ersatzberufenen daher nicht notwendig sei.[118] Diese Aussage ist aber noch nicht gesichert. Denn die Beeinträchtigungsabsicht oder – nach dem neueren und gewandeltem Verständnis der Rspr zu § 2287[119] – die Frage des Missbrauchs der lebzeitigen Verfügungsbefugnis ist bezogen auf eine etwaige Rechtsstellung des Ersatzbedachten zu sehen.[120] Die maßgebliche Frage ist daher, ob dem Ersatzberufenen eine eigenständige, aufschiebend bedingte Rechtsposition zusteht, auf die nur er verzichten kann. Der von KANZLEITER[121] gebrachte Systemvergleich zur Nacherbschaft überzeugt dabei jedoch und spricht gegen das Zustimmungserfordernis der Ersatzberufenen. Denn selbst beim Nacherben, der mit wesentlich stärkeren Mitwirkungs- und Kontrollrechten ausgestattet ist, ist die Zustimmung der Ersatznacherben zu lebzeitigen Verfügungen nicht erforderlich. Jedoch ist die Frage höchstrichterlich noch nicht geklärt. Zur Beseitigung der erbvertraglichen Bindung insgesamt und damit zur Überwindung von § 2289 Abs 1 bedarf es aber sicher der Zustimmung der Ersatzberufenen.

### 7. Beseitigung des Zuwendungsverzichts

**58** Der Zuwendungsverzicht kann ebenso wie der Verzicht auf das gesetzliche Erbrecht durch Vertrag mit dem Erblasser wieder aufgehoben werden; **§ 2351 ist entsprechend anwendbar**.[122] Dies hat dann praktische Bedeutung, wenn der Erblasser infolge Testier- oder Geschäftsunfähigkeit keine neue Verfügung von Todes wegen mehr errichten kann.[123] Ein Rücktritt vom Zuwendungsverzicht

---

[115] J MAYER ZEV 1996, 127, 132.
[116] BGHZ 83, 44, 49 f = NJW 1982, 1100 (Erfordernis der vormundschaftsgerichtlichen Genehmigung hierzu) und BGHZ 108, 252 = DNotZ 1990, 803 (Erfordernis der Einwilligung in notarieller Form).
[117] Dagegen kritisch KANZLEITER, DNotZ 1990, 776.
[118] KANZLEITER ZEV 1997, 261, 265 ff, 267: man stünde hier idR »auf ziemlich sicherem Boden«; ebenso jetzt CHRISTOPHER KEIM ZEV 2001, 93, 95; aM jedoch WÜBBEN, Anwartschaftsrechte im Erbrecht, 2001, 352; eingehend dazu § 2287 RdNr 41.
[119] S § 2287 RdNr 5 f.
[120] Vgl etwa BGHZ 83, 44, 51, wo trotz möglicherweise erfolgter Zustimmung eine Mißbrauchsprüfung erfolgte.
[121] Zustimmend J MAYER ZEV 1997, 459.
[122] LG Kempten MittBayNot 1978, 63 m Anm BÜTTEL; STAUDINGER-SCHOTTEN § 2352 RdNr 54; **aM** etwa KORNEXL RdNr 559 ff mit beachtlichen Gründen.
[123] Dagegen kann eine zwischenzeitlich eingetretene erbrechtliche Bindung durch die Aufhebung des Zuwendungsverzichts nicht beseitigt werden, da der Aufhebung sonst »ex tunc-Wirkung« zukommen müsste und dies systemwidrig eine einseitige Bindungsdurchbrechung zuließe (KORNEXL RdNr 563 ff; **aM** STAUDINGER-SCHOTTEN § 2352 RdNr 54; LANGE-KUCHINKE § 7 III 2 a).

ist dagegen wegen der abstrakten Rechtsnatur des Rechtsgeschäfts nicht möglich.[124]

### 8. Checkliste zum Zuwendungsverzicht[125]

(1) Der Zuwendungsverzicht ist **zweckmäßig**, wenn                                59

- Erblasser ganz oder teilweise geschäftsunfähig;
- Bindung des Erblassers durch bindende Verfügung von Todes wegen (Erbvertrag, gemeinschaftliches Testament);
- zur Beseitigung einer zwar anfechtbaren wechselbezüglichen Verfügung, wenn die dazu korrespondierende Verfügung entgegen §§ 2270 Abs 1, 2298 Abs 2 aufrechterhalten werden soll;
- beim mehrseitigen Erbvertrag, wenn dessen Aufhebung wegen des Todes eines anderen Vertragsteils oder aus einem anderen Grund seine erforderliche Mitwirkung nicht möglich ist.

(2) **Formelle Voraussetzungen:**

- Notarielle Beurkundung erforderlich (§ 2348). Gilt nach hM auch für das Kausalgeschäft (Abfindungsvereinbarung).
- Sukzessivbeurkundung durch Angebot und Annahme möglich.
- Für den **Erblasser:** grundsätzlich höchstpersönliche Willenserklärung; Ausnahme: Geschäftsunfähiger kann vertreten werden, vormundschaftsgerichtliche Genehmigung erforderlich.
- Für den **Verzichtenden:** formlose Vertretung möglich. Beschränkte Geschäftsfähigkeit: Zustimmung des gesetzlichen Vertreters und vormundschaftsgerichtliche Genehmigung erforderlich, außer wenn Verzichtender unter elterliche Sorge steht und Verzichtsvertrag unter Ehegatten oder Verlobten geschlossen wurde.
- Verzicht muss **bei Eintritt des Erbfalls wirksam** geworden sein, also erforderliche Genehmigungen (Vormundschaftsgericht) erteilt, Angebot angenommen, Handlung des vollmachtslosen Vertreters genehmigt sein. Str, ob aufschiebende Bedingungen oder Befristungen erst später eintreten können.

(3) **Inhalt** des Verzichts:

- Objekt: Erbeinsetzung und/oder Vermächtnisse. Nicht: begünstigende Auflage, gesetzliche Vermächtnisse (Voraus, Dreißigster) und künftige Zuwendungen (strenge Objektbezogenheit!)
- **Beschränkung:**
  → auf **eine** von mehreren **Zuwendungen** (zB nur Erbeinsetzung, nicht Vorausvermächtnis)
  → auf **Teile einer Zuwendung** nur, wenn mit den Grundsätzen der erbrechtlichen Berufung vereinbar, so bei Erbeinsetzung nur auf Bruchteil, bei Vermächtnis auch auf einzelne Vermächtnisgegenstände
  → Zulassung von **Beschränkungen** der bereits getroffenen Zuwendung, etwa durch Auflagen, Ausgleichspflichten, Testamentsvollstreckung, Vor- und Nacherbschaft
  → Einräumung des Rechts zur folgenlosen Vornahme einer beeinträchtigenden Schenkung (§ 2287)

---

[124] STAUDINGER-SCHOTTEN § 2352 RdNr 56.  [125] Vgl auch BENGEL-REIMANN in: Beck'sches Notarhandbuch, Abschnitt C RdNr 191.

- Vereinbarung von **Bedingungen**:
  → etwa Verknüpfung mit Erbringung von **Gegenleistungen** (entgeltlicher Zuwendungsverzicht)
  → **relativ** wirkender Zuwendungsverzicht, der nur wirkt, wenn bestimmte andere Bedachte dadurch zum Zuge kommen (Auslegungsregel des vermuteten relativen Verzichts nach § 2350 Abs 2 soll nach hM nicht gelten)
- **Erstreckung** auf das gesetzliche Erb- und Pflichtteilsrecht

(4) **Wirkungen** des Verzichts

- Grundsätzlich **keine Erstreckung** auf die Ersatzberufenen, insbesondere die Abkömmlinge des Verzichtenden
  → Ausnahme: bei vermuteter Ersatzberufung (§ 2069) und zugleich erfolgender vollständiger Abfindung zur Vermeidung der Doppelbegünstigung (aber äußerst umstr)
- **Keine übertragende** Wirkung, sondern er macht nur den Weg für neue Verfügungen frei
- **Aufhebung** nach § 2351 (umstr)

## III. Teilungsanordnung, Vorausvermächtnis, Übernahmerecht, Teilungsverbot

### 1. Allgemeines

**60** Die Auseinandersetzung eines Nachlasses nach den über § 2042 Abs 2 entsprechend anwendbaren Grundsätzen für die Auseinandersetzung einer Bruchteilsgemeinschaft (§§ 749 Abs 2 und 3, 750–758) führt zur Zerschlagung des Nachlasses. Um dieses von Unvorhersehbarkeiten geprägte Ergebnis zu vermeiden, hat der Gesetzgeber dem Erblasser die Möglichkeit eingeräumt, bestimmte Nachlassgegenstände einem Miterben zuzuweisen und die Art und Weise der eigentlichen Auseinandersetzung zu bestimmen. Als Möglichkeiten bieten sich die **Teilungsanordnung** gem § 2048 oder das **Vorausvermächtnis** gem § 2150 an. Auch kann der Testator bestimmen, dass ein von ihm benannter Miterbe das Recht haben soll, einen Nachlassgegenstand ganz, teilweise oder ohne Anrechnung auf einen Erbteil zu übernehmen.

### 2. Teilungsanordnung

**61** Zu unterscheiden sind **formelle** und **materielle** Anordnungen.[126]

Formelle Teilungsanordnungen sind solche, die das Verfahren, die Form und den Zeitpunkt der Auseinandersetzung regeln, zB:

- eine Anordnung, wonach Miterben aufgrund Mehrheitsbeschlusses den freihändigen Verkauf eines Nachlassgegenstandes mit Wirkung für oder gegen die Minderheit beschließen können oder
- die Anordnung eines Teilungsverbotes gem § 2044 durch den Erblasser oder
- die Anordnung eines schiedsrichterlichen Verfahrens für die Entscheidung der bei der Auseinandersetzung bestehenden Streitigkeiten gem §§ 1051 Abs 1, 1055 ZPO iVm § 1066 ZPO oder

---

[126] NIEDER, RdNr 975; MÜLLER, Das erbrechtliche Übernahmerecht, Diss Freiburg 1970, 30 ff; MünchKomm-DÜTZ § 2048 RdNr 5; PALANDT-EDENHOFER § 2048 RdNr 2.

- die Betrauung eines Dritten mit der Auseinandersetzung (§ 2048 S 2), zB die Anordnung einer Testamentsvollstreckung zum Zwecke der Auseinandersetzung oder
- eine Bestimmung, dass und auf welche Weise Vorempfänge auszugleichen sind.

Zu beachten ist, dass von Art und Umfang her die Teilungsanordnung nicht die Wirkung haben kann, dass ein Miterbe wirtschaftlich **mehr oder weniger** als seinen Erbteil erhält. Sie dient vielmehr ausschließlich der Durchführung der Erbauseinandersetzung. Die Zuweisung der Vermögensgegenstände erfolgt unter Anrechnung auf den Erbteil. Damit sind aufgrund von Teilungsanordnungen Ausgleichspflichten eines Miterben durchweg möglich.[127] Auch wenn der Erblasser eine wirtschaftliche Ungleichbehandlung der einzelnen Erben in größerem Umfang gewollt hat, kann hieraus nicht unbedingt zwingend geschlossen werden, der Erblasser habe vom Testamentswortlaut abweichende, ungleiche Erbquoten festsetzen wollen. Hinsichtlich des Mehrwerts liegt dann ein Vorausvermächtnis vor.[128] Eine »wertverschiebende« Teilungsanordnung gibt es nicht.[129] Im Übrigen spricht das Schweigen des Testaments immer **für** den Wertausgleich.[130]  **62**

Die **Differenz** zwischen dem Wert des durch die Teilungsanordnung zugewiesenen Gegenstandes zu dem Erbteil ist, sofern dieser den Wert der Zuwendung übersteigt, durch den unverteilten Nachlass **auszugleichen**; Gleiches gilt, wenn der Wert des Gegenstandes höher als die Erbquote sein sollte zugunsten der Miterben. Ist der Wert des zugewiesenen Nachlassobjekts so hoch, dass der gebotene Ausgleich nicht aus Nachlassmitteln erfolgen kann, liegt in der Regel ein »Übernahmerecht«[131] vor mit der Konsequenz, dass der Ausgleich zumindest teilweise durch Eigenmittel des Begünstigten zu erfolgen hat. In solchen Fällen ist jedoch durch sorgfältige Auslegung zu ermitteln, ob wirklich eine Teilungsanordnung gewollt war.  **63**

Für die **Wertermittlung** der zugewiesenen Objekte ist nicht der Zeitpunkt des Erbfalles maßgebend, sondern der Zeitpunkt, zu welchem die Durchführung der Teilungsanordnung verlangt werden kann.[132]  **64**

Die Teilungsanordnung kann gem § 2048 S 2 vorsehen, dass die Nachlassauseinandersetzung nach billigem Ermessen eines **Dritten** geschehen soll. Ist dieser Dritte jedoch nicht Testamentsvollstrecker, so kann er nicht selber die Teilung vornehmen. Er ist darauf beschränkt, Bestimmungen für die Auseinandersetzung zu geben, welche die Erben befolgen müssen. Wenn schon der Dritte nicht Testamentsvollstrecker werden soll, empfiehlt sich eine postmortale (Spezial-)Vollmacht, falls der Dritte nicht nur die Bestimmung treffen, sondern auch den Vollzug durchführen soll.  **65**

---

**127** BGH ZEV 1996, 70 m Anm KUMMER; s a SIEGMANN ZEV 1996, 47.
**128** BGH FamRZ 1987, 475.
**129** NIEDER RdNr 974 mwN; BGH NJW-RR 1990, 1220; OLG Koblenz FamRZ 1997, 1247.
**130** BGH FamRZ 1990, 396; BGH NJW 1985, 51 m Anm VON RUDOLF FamRZ 1985, 63 f.
**131** Hierzu PALANDT-EDENHOFER § 2048 RdNr 8.
**132** PALANDT-EDENHOFER § 2048 RdNr 9; SOERGEL-WOLF § 2048 RdNr 13.

### 3. Vorausvermächtnis

**66** Wesen des Vorausvermächtnisses ist, dass der ganze Nachlass mit einem Vermächtnis belastet und der Bedachte selbst der Beschwerte oder der Mitbeschwerte ist. Er ist also insoweit Gläubiger und Schuldner eines Anspruches. Das Vorausvermächtnis kann inhaltlich auch ein Verschaffungsvermächtnis sein (§§ 2169, 2170).

**67** Gesetzlich geregelte Fälle des Vorausvermächtnisses sind:
- **Voraus** des Ehegatten gem § 1932
- **Voraus** des Lebenspartners einer eingetragenen Lebenspartnerschaft gem § 10 Abs 1 S 2 bis 4 LPartG
- der **Dreißigste** gemäß § 1969 für den Fall, dass der Berechtigte Erbe wird.

### 4. Unterschiede, Vorausvermächtnis – Teilungsanordnung

**68** Ein ganz erheblicher Unterschied zwischen beiden Rechtsinstituten besteht hinsichtlich der **Bindungswirkung** des Verfügenden.

**69** **a)** Wird eine **Teilungsanordnung** in ein gemeinschaftliches Testament aufgenommen, so kommt ihr **keine Wechselbezüglichkeit** zu (§ 2270 Abs 3); im Erbvertrag kann sie ebenso nicht vertraglich (bindend) vereinbart werden (§ 2278 Abs 2). Es handelt sich also um stets einseitige Verfügungen, die jederzeit entsprechend den allgemeinen Regeln der §§ 2253 ff aufgehoben werden können.

**70** Eine **Bindung** des Ehegatten oder des Vertragspartners für den Schlusserbfall hieran kann im praktischen Ergebnis dadurch herbeigeführt werden, dass die Gegenverfügung durch die Gültigkeit der Teilungsanordnung bedingt wird. In Frage kommt auch die Teilungsanordnung als Auflage (§§ 1940, 2192), welche wechselbezüglich und bindend vereinbart werden kann.[133] Schließlich ist eine Bindungswirkung erreichbar über auflösend und aufschiebend bedingte Erbeinsetzung. Die in der Praxis nicht unübliche Kombination von Teilungsanordnung und Vorausvermächtnis kann Probleme auslösen (bspw die Formulierung: »Soweit zufolge der Teilungsanordnung ein Miterbe wertmäßig mehr erhält, als seinem Erbteil entspricht, ist dieser Mehrwert als Vorausvermächtnis zugewendet.«). Hier muss in der Verfügung von Todes wegen klargestellt werden, dass das Vorausvermächtnis entfällt, wenn der Überlebende die Teilungsanordnung ändert, bzw, dass das Vorausvermächtnis nicht wechselbezüglich oder bindend vereinbart ist.[134]

**71** **Vorausvermächtnisse** hingegen können im gemeinschaftlichen Testament als wechselbezüglich, im Erbvertrag als bindend vereinbart werden. Der Vorausvermächtnisnehmer wird durch § 2288 geschützt.

**72** **b) Unterschiedliche Rechtsfolgen** bestehen auch für den Fall, dass anstelle eines Erben ein Nacherbe, ein Erbschaftskäufer oder ein Ersatzerbe betroffen ist:

Da eine Teilungsanordnung unlösbar mit der Erbschaft verbunden ist, muss dem **Nacherben** die durch die Teilungsanordnung des Erblassers konkretisierte Erbschaft herausgegeben werden (§ 2130). Vorerben bedürfen jedoch zur Übertragung von Nachlassgegenständen bei einer Auseinandersetzung entsprechend der

---

[133] NIEDER RdNr 977; STAUDINGER-WERNER § 2048 RdNr 9; SOERGEL-WOLF § 2048 RdNr 2; BGH DNotZ 1964, 623.

[134] Hierzu NIEDER RdNr 982; s a BGH NJW 1985, 51.

III. Teilungsanordnung, Vorausvermächtnis, Übernahmerecht, Teilungsverbot | D 73–79

Teilungsanordnung nicht der Mitwirkung der Nacherben.[135] Und auf das einem **Vorerben** zugewandte Vorausvermächtnis erstreckt sich gem § 2110 Abs 2 im Zweifel das Recht des Nacherben nicht.

Beim **Erbschaftskauf** gehen sämtliche Rechte und Pflichten aus einer Teilungsanordnung auf den Käufer über; als nicht mitverkauft anzusehen ist im Zweifel ein dem Verkäufer zugewandtes Vorausvermächtnis (§ 2373)[136]. 73

Ein **Ersatzerbe** (§ 2096) ist an die unlösbar mit dem Nachlass verknüpfte Teilungsanordnung gebunden. Eine gesetzliche Regelung für das Vorausvermächtnis fehlt. §§ 2110 Abs 2 und 2373 können nicht analog angewendet werden; ob ein Vorausvermächtnis auch einem Ersatzerben zugewandt werden sollte, ist vielmehr stets durch Auslegung der letztwilligen Verfügung zu ermitteln.[137] 74

### c) Doppelstellung des Vorausvermächtnisnehmers
Der Vorausvermächtnisnehmer ist Erbe und Vermächtnisnehmer. Es gilt die Auslegungsregel des § 2085: Bei Unwirksamkeit einer der beiden Verfügungen bleibt die andere wirksam (abweichend von § 139!). Der Bedachte kann demzufolge auch die eine Zuwendung ausschlagen, die andere annehmen. § 2085 gilt auch bei Anfechtung. Der Grund der Unwirksamkeit ist für die Anwendbarkeit von § 2085 unbeachtlich. 75

### d) Rechtslage bei Nachlassverbindlichkeiten
Der Vorausvermächtnisnehmer steht sich besser als der durch Teilungsanordnung Bedachte, wenn Nachlassverbindlichkeiten geltend gemacht werden. Vor der Auseinandersetzung des Nachlasses entsprechend der Teilungsanordnung sind gem § 2046 Abs 2 die Nachlassverbindlichkeiten zu berichtigen. 76

Bei **beschränkter Erbenhaftung** gehört ein durch Teilungsanordnung zugewiesener Gegenstand zum haftenden Nachlass, auch nach durchgeführtem Aufgebotsverfahren gem § 1973. Wirksam ist aber eine Teilungsanordnung nur, wenn zur Verteilung an die Erben nach Berichtigung der Nachlassverbindlichkeiten überhaupt noch etwas übrig bleibt. Dem Vorausvermächtnisnehmer hingegen steht als Nachlassgläubiger (§ 1967 Abs 2) grundsätzlich ein Anspruch auf Vorabbefriedigung aus dem Nachlass vor dessen Aufteilung zu. Ist das Vorausvermächtnis nach Durchführung des Aufgebotsverfahrens erfüllt, haftet der vorausvermachte Nachlassgegenstand nicht mehr gegenüber einem ausgeschlossenen Gläubiger. 77

Bei der **Nachlassinsolvenz** kann das Vorausvermächtnis als Nachlassverbindlichkeit geltend gemacht werden, im gleichen Rang mit weiteren Vermächtnissen (§ 1991 Abs 2 BGB, § 327 Abs 1 und 2 InsO). 78

### e) Erbschein
Im Erbschein werden Teilungsanordnungen und auch Vorausvermächtnisse nicht aufgeführt. Es gibt jedoch eine Ausnahme: 79

Das dem **alleinigen Vorerben** zugewandte Vorausvermächtnis, das diesem mit ohnehin zufolge der Gesamtrechtsnachfolge unmittelbarer dinglicher Wirkung zufällt, muss ausnahmsweise zur Sicherheit und Klarheit des Rechtsverkehrs in den Erbschein mit aufgenommen werden.[138]

---

**135** Auch bei Grundstücksgeschäften, PALANDT-EDENHOFER § 2048 RdNr 4.
**136** NIEDER RdNr 977; MAKERN DNotZ 1963, 450.
**137** ERMAN-SCHMIDT § 2096 RdNr 4.
**138** hM; PALANDT-EDENHOFER § 2363 RdNr 6; BayObLGZ 65, 465.

### f) Unterschiede bei der Sach- und Rechtsmängelhaftung

**80** Für Sach- und Rechtsmängel im Rahmen der Erbauseinandersetzung entsprechender Teilungsanordnung gilt § 757 iVm § 2042 Abs 2, jedoch unter Berücksichtigung der vom Erblasser mit der Teilungsanordnung gewünschten Teilungsergebnisse.

**81** Tritt ein **Mangel vor Nachlassteilung** auf, kommen nicht die Mängelhaftungsvorschriften zur Anwendung. Kannte der Erblasser den Mangel bei oder nach Abfassung der Teilungsanordnung, können dem hierdurch Bedachten keinerlei Gewährleistungsansprüche zustehen; der Bedachte sollte ja gerade einen mit Mängeln behafteten Nachlassgegenstand erhalten. Kannte der Erblasser den Mangel dagegen nicht, ist das Verhältnis zwischen der Erbeinsetzung und der vom Erblasser zur Modifizierung der Auseinandersetzung getroffenen Anordnung verschoben. Dieses Wertverhältnis ist daher bei der Auseinandersetzung dergestalt wiederherzustellen, dass sämtliche Miterben so gestellt werden, wie der Erblasser es mit seiner Teilungsanordnung beabsichtigt hat.

**82** Tritt der Mangel **nach Auseinandersetzung** auf, liegt ebenfalls eine Störung des vom Erblasser gewollten Wertverhältnisses vor. Dem betroffenen Miterben müssen in diesem Falle Sach- und Rechtsmängelansprüche zustehen, die jedoch der Besonderheit der auseinander gesetzten Erbengemeinschaft Rechnung tragen müssen. Der Gewährleistungsanspruch des Miterben kann aus diesem Grund nur darauf gerichtet sein, das Wertverhältnis entsprechend dem Erblasserwillen herbeizuführen. Ein Wandlungsrecht bei Sachmängeln und ein Rücktrittsrecht bei Rechtsmängeln kann einem Miterben deshalb nicht einseitig, sondern nur im Einverständnis aller Miterben eingeräumt werden. Bei Sachmängeln steht also den betroffenen Miterben grundsätzlich nur ein Minderungsrecht zu.

**83** Eine **Gewährleistungspflicht** für Sach- und Rechtsmängel eines voraus vermachten Nachlassgegenstandes besteht gem der §§ 2182f nur, wenn es sich bei dem Gegenstand des Vorausvermächtnisses um eine der Gattung nach bestimmte Sache handelt.

### g) Vorausvermächtnis für den alleinigen Erben?

**84** Ein Vorausvermächtnis **kann auch** dem alleinigen **Erben oder Vorerben** zugewendet werden, auch wenn hier kein eigentliches Vermächtnis vorliegt, weil ja niemand sein eigener Gläubiger und Schuldner sein kann. Gleichwohl »gilt« es nach hM und Rspr[139] als Vermächtnis und ist also als solches zu behandeln. Dem ist zuzustimmen, denn der Vorausvermächtnisnehmer hat einige Vorteile:

– § 2058: Die Unwirksamkeit einer Verfügung hat nicht zwingend die Unwirksamkeit der anderen zur Folge.
– § 2110 Abs 2: Das Recht des Nacherben erstreckt sich grds nicht auf das Vorausvermächtnis zugunsten des Vorerben.
– § 2373 Abs 2: Das Vorausvermächtnis gilt im Zweifel als nicht mitverkauft.
– Ein weiterer Vorteil des Vorausvermächtnisses gegenüber der Teilungsanordnung ist die Wirkung bei angeordneter **Testamentsvollstreckung** (Erfüllung gem § 2203, Klagemöglichkeit gegen den TV gem § 2213). Schließlich erwirbt der alleinige Vorerbe den durch Vorausvermächtnis zugewendeten Gegenstand ohne weiteres mit dem Vorerbfalle.

---

**139** BGH NJW 1960, 959.

## h) Auslegungsfragen

Ob die Zuweisung bestimmter Gegenstände an einzelne Miterben in einem Testament als Teilungsanordnung oder als Vorausvermächtnis zu qualifizieren ist, war Gegenstand vieler Entscheidungen, da der gewählte Wortlaut nicht eindeutig, sondern das vom Erblasser Gewollte durch Auslegung zu ermitteln war.[140] 85

Hierbei gelten folgende Grundsätze:

- Entscheidend ist, ob ein Begünstigungswille des Erblassers ermittelt werden kann.[141] Wollte also der Erblasser den die Erbquote übersteigenden Wert des zugewiesenen Objekts zuwenden, dann liegt ein Vorausvermächtnis gem § 2150 vor. 86
- Fehlt ein Begünstigungswille, lässt sich eine Ausgleichungspflicht weder ausdrücklich noch konkludent aus dem Testament entnehmen, so spricht dessen Schweigen stets für den Wertausgleich und damit für die Teilungsanordnung.[142] Es ist also zunächst nur zu prüfen, ob die Teilungsanordnung »wertverschiebend«[143] ist und dann, ob zusätzlich zur objektiven Wertverschiebung als subjektives Kriterium der Begünstigungswille des Erblassers vorlag. 87
- Eine reine, objektiv wertverschiebende Teilungsanordnung gibt es – mit Ausnahme bei der Übernahme des Landguts gem § 2049 – nicht. 88
- Die Auslegung als Vorausvermächtnis ist trotz angeordneter Anrechnung dann zulässig, wenn vom Erblasser ein von der Erbeinsetzung unabhängiger Geltungsgrund für die Zuwendung gewollt war.[144] 89
- Fehlt ein Begünstigungswille und liegt eine »wertverschiebende« Teilungsanordnung vor, so ist diese nur dann wirksam, wenn der begünstigte Erbe den überquotalen Mehrwert auch aus seinem Privatvermögen ausgleichen will.[145] 90

Die vorstehenden Ausführungen machen deutlich, dass der Unterschied zwischen den Rechtsinstituten Teilungsanordnung und Vorausvermächtnis nicht nur terminologischer Natur ist. In der Praxis ist also sehr sorgsam auf den Willen der Beteiligten Rücksicht zu nehmen.

## 5. Übernahmerecht

Als erbrechtliches Gestaltungsmittel wird bisweilen das »Übernahmerecht« verwendet. Hierunter versteht man das einem Erben eingeräumte Recht, einen bestimmten **Nachlassgegenstand gegen oder ohne Wertausgleich** zu übernehmen oder nicht. In Rspr und Lit wurde mehrfach der Versuch unternommen, einheitliche Grundsätze für die Rechtsnatur solcher Übernahmerechte herauszuarbeiten.[146] Die Frage ist, ob es sich hierbei um eine bloße Teilungsanordnung handelt, um ein reines Vorausvermächtnis oder um die Kombination zwischen Teilungsanordnung und Vorausvermächtnis. Das reine Übernahmerecht ist stets ein Vorausvermächtnis, das der Begünstigte annehmen kann oder nicht. Nimmt er es 91

---

**140** BGH FamRZ 1990, 396.
**141** BGH NJW 1962, 343 = DNotZ 1962, 322; BGH DNotZ 1963, 112.
**142** BGH FamRZ 1990, 396; palandt-edenhofer § 2048 RdNr 6; nieder RdNr 979.
**143** BGH NJW 1998, 682; BGH NJW-RR 1990, 391; BGH NJW-RR 1990, 1220.
**144** BGH NJW 1995, 721 m Anm skibbe ZEV 1995, 145.
**145** BGHZ 82, 274; FamRZ 1987, 475; nieder RdNr 751 mwN.
**146** palandt-edenhofer § 2048 RdNr 8; MünchKomm-dütz § 2048 RdNr 9; staudinger-werner § 2048 RdNr 6; nieder RdNr 990; johanssen WM 1972, 866; 1977, 276; vor allen: benk MittRhNotK 1979, 61; rudolf, Teilungsanordnung und Vorausvermächtnis, Diss Tübingen, 1966, S 80 ff.

an, so kommt es darauf an, ob nicht nur die Zuwendung des Übernahmerechts, sondern auch der konkrete Gegenstand den Erben begünstigen sollte oder nicht. Lässt sich dieser Begünstigungswille nicht mit Sicherheit feststellen, liegt eine bloße Teilungsanordnung vor.[147] Die Tatsache, dass der Übernahmeberechtigte ganz oder teilweise Wertersatz zufolge den Anordnungen des Erblassers zu leisten hat, spricht nicht gegen die Annahme des Vorausvermächtnisses im Hinblick auf das Übernahmerecht.[148]

Soweit nicht nur im Hinblick auf das Wahlrecht des Erben ein Vorausvermächtnis vorliegt, sondern auch im Hinblick auf den gewählten Gegenstand, gelten die allgemeinen Regeln über das Vorausvermächtnis; liegt jedoch die Kombination zwischen Vorausvermächtnis (das abstrakte Gestaltungsrecht der Übernahmemöglichkeit) und der Teilungsanordnung vor, dann kann Übertragung des vom Übernahmerecht erfassten Gegenstandes unter Anrechnung auf die Erbquote erst im Rahmen der Gesamtauseinandersetzung verlangt werden.[149]

Ein gesetzliches Übernahmerecht ist in § 2049 bestimmt, wo geregelt wird, dass, sofern ein Miterbe das Recht haben soll, ein zum Nachlass gehörendes Landgut zu übernehmen, im Zweifel der Ertragswert zugrunde zu legen ist.

### 6. Erbteilungsverbot (§ 2044 BGB)

#### a) Rechtsnatur des Teilungsverbots

**92** Sog »Teilungsverbote« können sein

- eine rechtlich nicht bindende Bitte oder
- eine reine Anordnung gem § 2044 Abs 1 oder
- eine Auflage (§§ 1940, 2194 ff) oder
- ein Vermächtnis (§§ 1939, 2147 ff)
- uU auch eine bedingte Erbeinsetzung (§§ 2074 f).

Die Rechtsfolgen der jeweiligen Qualifikation sehen also erheblich divergierend aus. Häufig ist eine sorgfältige Auslegung erforderlich, um den Erblasserwillen zu vermitteln.[150]

**93** Der bloße **Wunsch** oder **Rat**, dass die Auseinandersetzung bis zu einem bestimmten Zeitpunkt oder Eintritt eines bestimmten Ereignisses nicht durchgeführt werden solle, löst keinerlei rechtliche Verpflichtung aus; gleiches gilt für reine Ratschläge des Erblassers.[151] Es fehlt am Rechtsbindungswillen.[152]

Da die Abgrenzung zu verbindlichen Anordnungen im Einzelfall nicht leicht vorzunehmen ist, sollte das Fehlen einer Rechtspflicht im Hinblick auf den Wunsch oder die Anregung in der Verfügung von Todes wegen ausdrücklich klargestellt werden.

**94** Die **»reine« Anordnung des Auseinandersetzungsausschlusses** gem § 2044 Abs 1 hat wie die Teilungsanordnung gem § 2048 lediglich schuldrechtlichen Charakter. Sie ist im Prinzip eine Teilungsanordnung des Erblassers (§ 2048) mit negativem

---

**147** BGHZ 36, 115 = DNotZ 1962, 322; NIEDER RdNr 756.
**148** NIEDER RdNr 990.
**149** BGH NJW 1985, 51.
**150** BENGEL ZEV 1995, 178 ff; vgl auch LG München FamRZ 1998, 1538.
**151** LANGE-KUCHINKE § 44 II 3.
**152** Zur Abgrenzung zwischen Willensbekundung im rechtlich unverbindlichen Bereich und der Willenserklärung grundlegend BGHZ 21, 102 ff.

### III. Teilungsanordnung, Vorausvermächtnis, Übernahmerecht, Teilungsverbot

Inhalt (Anweisung des Erblassers, die Auseinandersetzung nicht vorzunehmen).[153] Als solche kann sie nur einseitig, mithin nicht wechselbezüglich oder erbvertraglich bindend, bestimmt werden (§§ 2070 Abs 3, 2278 Abs 2). Unklar aber ist, wann eine solche einfache Anordnung vorliegt. Bei Schweigen des Testaments kann nicht generell, auch nicht mittelbar, die BGH-Rechtsprechung zur **Auslegung** der Teilungsanordnung[154] herangezogen werden, die in der Regel für die reine einseitige Anordnung votiert, und nicht für Auflage oder Vermächtnis.[155] Vielmehr ist zunächst darauf abzustellen, ob das Auseinandersetzungsverbot nur den Anspruch des einzelnen (oder einzelner) Miterben gegen die anderen auf Auseinandersetzung der Erbengemeinschaft gem den allgemeinen Regeln (§ 2042) betrifft oder ob die Auseinandersetzung generell ausgeschlossen werden soll. Im ersten Fall liegt eine bloße Anordnung gem §§ 2044 Abs 1, 2048 vor, die vom ansonsten gebundenen Erblasser auch ohne Abänderungsvorbehalt oder Rücktrittsrecht einseitig geändert werden kann. Die Erben können sich einvernehmlich über das Verbot hinwegsetzen, weil eine solche Vereinbarung gar nicht gegen den Willen des Erblassers verstößt.[156]

Dieses letztlich vom Erbenwillen abhängige Teilungsverbot wird aber in der neueren Literatur allerdings (meist ohne tiefere Begründung) häufig als **Vermächtnis** zugunsten der anderen Miterben (§ 2150) eingeordnet, mit welchem ihnen das Recht eingeräumt werde, Unterlassung der Auseinandersetzung vom Beschwerten zu verlangen.[157] Obergerichtliche Entscheidungen hierzu liegen offensichtlich noch nicht vor. Die (zu) pauschale Qualifikation als Vermächtnis begegnet Bedenken. Denn es ist zwar nicht auszuschließen, dass im Einzelfall durch ein solches Teilungsverbot einem oder mehreren Miterben ein Vermögensvorteil (§ 1939) mit Begünstigungswillen des Erblassers zugewendet werden soll; generell und ohne weiteres ist dies aber nicht der Fall, vielmehr die Ausnahme. In der Regel wendet der Erblasser mit seiner Anordnung nicht einem oder mehreren Erben zu Lasten eines Beschwerten (subjektiv) etwas zu; vielmehr will der Erblasser seine eigenen Vorstellungen ohne spezielle Begünstigung realisieren. Ein möglicher objektiver Vermögensvorteil für einen Miterben alleine genügt aber nicht für die Annahme eines Vermächtnisses.[158] Zutreffend ist daher das vom Erblasserwillen abhängige Teilungsverbot allgemein als **negative Teilungsanordnung**, mit welcher der Erbe nicht mehr oder weniger als seinen Erbteil erhält und seine Stellung als Gesamthänder nicht berührt wird, anzusehen. Es kann nicht (wie ein Vermächtnis gem § 2180) ausgeschlagen werden und muss auch nicht angenommen werden, da es aus sich wirkt.[159]

Anders aber ist die Rechtslage, wenn das Auslegungsergebnis dazu führt, dass die Auseinandersetzung trotz übereinstimmendem Erbenwillen nicht durchgeführt werden darf. In diesem Fall liegt ein **rechtsgeschäftliches Verbot** für alle Miterben vor, das eine Pflicht begründet, die Auseinandersetzung zu unterlas-

---

153 MünchKomm-DÜTZ § 2044 RdNr 2; BROX, Erbrecht, 2000, RdNr 515; KEGEL, Nemo minus iuris transferre postest, quam ipse habet, oder warum Erbteilsverbote so kraftlos sind, in: Festschrift Lange, 1976, S 929 Fn 11; WECKBACH, Die Bindungswirkung von Erbteilungsverträgen, 1987, 32.
154 BGH FamRZ 1990, 396.
155 So auch BGH NJW 1985, 51.
156 BGHZ 40, 115, 117.

157 SOERGEL-WOLF § 2044 RdNr 2; MünchKomm-DÜTZ, § 2044 RdNr 13; PALANDT-EDENHOFER § 2044 RdNr 2.
158 BGHZ 36, 115; Grundsatzentscheidung zur Abgrenzung der Teilungsanordnung zum Vermächtnis; bestätigt in BGH ZEV 1995, 144.
159 WECKBACH, aaO S 35; KIPP-COING § 116 IV 3a.

sen. Hier bekommt die Anordnung die Rechtsqualität einer Auflage.[160] Eine bindende Vereinbarung ist möglich (§§ 2278 Abs 2, 2270 Abs 3).

### b) Teilungsverbot und Grundbuch

**97** Das Auseinandersetzungsverbot durch den Erblasser, gleich ob es als negative Teilungsanordnung, als Auflage oder Vermächtnis zu qualifizieren ist, hat stets nur **schuldrechtliche Wirkung**[161]. Die Verweisung in § 2044 Abs 1 S 2 ist irreführend und gesetzestechnisch misslungen: Solange die Erbengemeinschaft (Gesamthandsgemeinschaft) besteht, sind die Regeln über das Miteigentum weder unmittelbar noch analog anwendbar. Die Eintragung des Ausschlusses der Aufhebung im Grundbuch ist unzulässig. Haben hingegen die Erben die Gesamthandsgemeinschaft in Bruchteilseigentum umgewandelt, ist für eine entsprechende Anwendung des § 1010 Abs 1, so wie es § 2044 Abs 1 S 2 vorsieht, kein Raum; § 1010 Abs 1 ist dann **unmittelbar**, auch ohne die Verweisung, anwendbar.[162]

### c) Zeitliche Begrenzung

**98** Fehlt eine klare **zeitliche Begrenzung** des Auseindersetzungsverbots durch den Erblasser, so gilt § 2044 Abs 2 (Unwirksamkeit des Teilungsverbots 30 Jahre nach Eintritt des Erbfalls). Allerdings kann diese Frist über § 2044 Abs 2 S 2 dann verlängert werden, wenn der Erblasser auf den Eintritt eines bestimmten Ereignisses in der Person des natürlichen Miterben oder auf den Anfall eines Vermächtnisses oder den Eintritt der Nacherbfolge abstellt. Ob über mehrfach hintereinander angeordnete Nacherbfolge die zeitliche Schranke über mehrere Generationen hinaus ausgedehnt werden kann, ist streitig. Die wohl hM bejaht dies.[163]

### d) Maßnahmen zur Durchsetzung des Erblasserwillens

**99** Zum Zwecke der tatsächlichen Einhaltung des Teilungsverbotes stehen dem Erblasser **mehrere Gestaltungsvarianten** zur Verfügung. Zum einen bietet sich die Verbindung von auflösend bedingter Erbeinsetzung iVm einer aufschiebend angeordneten anderweitigen Erbeinsetzung an. Bedingte Vermächtnisse sind ebenfalls in Erwägung zu ziehen. Auflösende Bedingung kann zB der Verstoß gegen das verfügte Teilungsverbot sein. Auch an auflösend bedingte Vollerbschaft, verbunden mit aufschiebend bedingter Vorerbschaft, kann gedacht werden.

**100** Schließlich muss auch die Anordnung einer **Testamentsvollstreckung** (Verwaltungsvollstreckung gem § 2209 S 2) erwogen werden. Soweit das Auseinandersetzungsverbot als negative Teilungsanordnung zu qualifizieren ist, ist gleichzeitig eine Verwaltungsanordnung gem § 2216 Abs 2 S 1,[164] durch welche die Befugnis des Testamentsvollstreckers, über Art und Weise der Verwaltung zu befinden, eingeschränkt wird.[165] Gleiches gilt, wenn die Bestimmung des Erblassers als Auflage oder als Vermächtnis zu verstehen ist.[166] Allerdings kann auch der Testamentsvollstrecker trotz Erbteilungsverbot mit Zustimmung aller Erben einzelne Nachlassgegenstände mit dinglicher Wirkung freigeben und sich damit über den Willen des Erblassers hinwegsetzen. Die Verfügungsbefugnis des Testamentsvoll-

---

**160** hM und Rspr; BGHZ 40, 115, 117; PALANDT-EDENHOFER § 2044 RdNr 5; WECKBACH aaO S 32 RdNr 21 mwN.
**161** hM; BGHZ 40, 115; PALANDT-EDENHOFER § 2044 RdNr 2; SOERGEL-WOLF § 2044 RdNr 4.
**162** So im Ergebnis die hM: PALANDT-EDENHOFER § 2044 RdNr 3; WECKBACH aaO S 79.
**163** MünchKomm-DÜTZ § 2044 RdNr 2 mwN; aA mit nicht unbeachtlichen Gründen WECKBACH aaO S 45 f.
**164** SOERGEL-DAMRAU § 2216 RdNr 6; STAUDINGER-REIMANN § 2216 RdNr 21.
**165** BENGEL-REIMANN, Handbuch der Testamentsvollstreckung, S 57.
**166** Zur Frage des Zugriffs der Nachlassgläubiger vgl WECKBACH aaO S 116 ff.

streckers wird durch das Teilungsverbot nicht mit dinglicher Wirkung beschränkt.[167] Im Prinzip begründet damit die Anordnung des Teilungsausschlusses für Testamentsvollstrecker und Miterben lediglich eine schuldrechtliche Unterlassungspflicht. Die Rechtslage ist insoweit bei Abwicklungs- und Verwaltungsvollstreckung gleich.

### e) Konsequenzen für die Praxis

In den Verfügungen von Todes wegen wird leider selten bei Auseinandersetzungsverboten klar bestimmt, welche Rechtsqualität diesem zukommen soll (ob reine Anordnung, Auflage oder ein Vermächtnis). Wegen der erheblichen Unterschiede ist aber eine präzise Fassung des Erblasserwillens erforderlich. Bei gemeinschaftlichen Testamenten und Erbverträgen ist darüber hinaus festzulegen, ob der Ehegatte/Vertragspartner an das Auseinandersetzungsverbot (bei Auflage oder Vermächtnis) gebunden sein soll oder nicht. Sanktionen bei Verstößen gegen die Anordnung sind zwar möglich (s vorstehend), in der Regel jedoch nur mit komplizierten Regeln durchsetzbar. Meist genügt eine richtig angeordnete Testamentsvollstreckung. Hierbei muss der Erblasser mit besonderer Umsicht vorgehen, um nicht über das Auseinandersetzungsverbot das Testamentsvollstreckerrecht zu beschränken, sodass die Verfügungsbefugnis wieder den Erben zusteht. Will der Erblasser das Schwergewicht bei der Auseinandersetzung nicht auf die Seite der Erben legen, muss er auf ein Auseinandersetzungsverbot zu Lasten des Testamentsvollstreckers verzichten.[168]

## IV. Stiftungen – Trust

### 1. Allgemeines[169]

Die Zahl neu errichteter Stiftungen in der Bundesrepublik Deutschland ist kontinuierlich angestiegen. Insbesondere in den letzten Jahren wurde die Stiftung als Instrument erbrechtlicher Nachfolgeplanung sowohl im privaten als auch im un-

---

167 hM; SOERGEL-DAMRAU § 2208 RdNr 2; STAUDINGER-REIMANN § 2208 RdNr 19; aA BGH NJW 1984, 2464; kritisch hierzu DAMRAU JR 1985, 106.
168 BENGEL-REIMANN aaO S 57.
169 Literatur: ANDRICK-SUERBAUM, Stiftung und Aufsicht, 2001; APP, Wirtschaftliche Betätigung in Form einer rechtsfähigen Stiftung – Ein Überblick, NotBZ 1998, 49; ANDRICK, Stiftungsrecht und Stiftungsaufsicht (1988); CREZELIUS-RAWERT, Stiftung – quo vadis?, ZIP 1999, 337; DAMRAU-WEHINGER, Übersicht zum Mindeststiftungsvermögen nach dem Recht der Bundesländer, ZEV 1998, 178; GOERDELER, Stiftungen in der Bundesrepublik aus heutiger Sicht, FS Heinsius (1991), 169; GÖTZ, Die gemeinnützige Stiftung im Zivil- und Steuerrecht, NWB 2000, 753 = Fach 2 S 7321; KOREKIJ, Familienstiftungen im neuen Erbschaftssteuerrecht, ZEV 1999, 132; KUCHINKE, Probleme bei letztwilligen Zuwendungen für Stiftungszwecke, FS Neumayer (1985), S 389; MATSCHKE-RENNER, Einfluss des Stifterwillens auf das Stiftungsvermögen im Zeitraum zwischen Todestag des Stifters und Genehmigung der Stiftung, Festschrift WELF MÜLLER, 2001, S 815; MEDICUS, Pflichtteilsergänzung wegen Zuwendung an Stiftungen, FS Heinrichs (1998), 380; MÜLLER-SCHUBERT, Die Stifterfamilie und die Sicherstellung ihrer Versorgung im Rahmen einer gemeinnützigen Stiftung, DStR 2000, 1289; MUSCHELER-SCHEWE, Die Reform des Stiftungsrechts und der Stiftungserrichtung von Todes wegen, WM 1999, 1693; RAWERT-KATSCHINSKI, Stiftungserrichtung und Pflichtteilsergänzung, ZEV 1996, 161; SCHAUHOFF, Neue Entwicklungen im Stiftungs- und Stiftungssteuerrecht ZEV 1999, 121; SEIFART/V CAMPENHAUSEN (Hrsg), Handbuch des Stiftungsrechts (2. Aufl 1999); TURNER, Die Stiftung – Eine Möglichkeit zukunftsorientierter Vermögensbindung, DB 1995, 413; ders, Die

ternehmerischen Bereich neu entdeckt.[170] Das Rechtsinstitut der Stiftung ist im besonderen Maße sowohl im Rahmen der vorweggenommenen Erbfolgeplanung unter Lebenden als auch bei der Übertragung des Vermögens von Todes wegen geeignet, eine Zersplitterung des Nachlasses zu vermeiden und den Zusammenhalt des Vermögens »in einer Hand« zu garantieren. Darüber hinaus lässt sich der Stifterwille durch die spezifische Zweckbezogenheit der Stiftung im Vergleich zu erbrechtlichen Lösungen besser und dauerhafter verwirklichen. Die Stiftung ermöglicht damit eine andere Kategorie der Perpetuierung des Vermögens des Erblassers als die sonstigen erbrechtlichen Gestaltungsinstrumente und ist daher vor allen Dingen für größere Vermögen, bei denen eine erhebliche Aufbauleistung vorliegt und der Wunsch des Erblassers im Vordergrund steht, dieses Vermögen in seiner Verbundenheit zusammenzuhalten, von besonderem Interesse,[171] wobei auch Vermögen ab 50.000,00 € Gegenstand einer Stiftung sein können. Anders als bei erbrechtlichen Anordnungen oder gesellschaftsrechtlichen Lösungen führt die Stiftung zu einer Verewigung des Stifterwillens, da eine Änderung des Zwecks bei der Stiftung nur unter engen Voraussetzungen möglich ist.

**103** Definiert wird eine Stiftung als eine mit Rechtsfähigkeit ausgestattete, nicht verbandsmäßig organisierte Einrichtung, die einen vom Stifter bestimmten Zweck mit Hilfe eines dazu gewidmeten Vermögens dauernd fördern soll.[172]

**104** Die gesetzlichen Bestimmungen der Stiftung sind vergleichsweise unübersichtlich geregelt, da **Grundregelungen in den §§ 80–88 BGB** enthalten sind, ergänzend gelten **die Stiftungsgesetze der Länder**, die insbesondere das Genehmigungsverfahren, die Stiftungsaufsicht, die Gestaltung der Satzung und die Verwaltung der Stiftung regeln. Insofern sind bei der Gestaltungsplanung immer neben den BGB-Regelungen die Regelungen des jeweiligen Landesgesetzes[173] zu beachten, in dem die Stiftung ihren Sitz haben soll und deren Landesbehörde die Stiftung genehmigen muss. Mit dem Ziel der Modernisierung wurde eine **Novellierung des Stiftungsrechts** diskutiert.[174] Die Bundesregierung hat im Juli 2000 eine Bund-Länder-Arbeitsgruppe Stiftungsrecht eingesetzt, die das geltende Stiftungsrecht untersuchte. Dem Bericht der Arbeitsgruppe vom 19. 10. 2001 folgte am 14. 12. 2001 der Entwurf eine »Gesetzes zur Modernisierung des Stiftungsrechts«, der am bisherigen Genehmigungssystem festhält, allerdings Verfahrenserleicherun-

---

Stiftung – Eine Möglichkeit individueller Nachfolgegestaltung, DStR 1996, 1448; ders, Die Stiftung – Ein selbständig und individuell gestaltbarer Wunscherbe, ZEV 1995, 206; WACHTER, Stiftungen – Zivil- und Steuerrecht in der Praxis, 2001; WOCHNER, Stiftungen und stiftungsähnliche Körperschaften als Instrument dauerhafter Vermögensbindung, MittRhNotK 1994, 89; ders, Die unselbständige Stiftung, ZEV 1999, 125; ders, Rechtsfähige Stiftungen – Grundlagen und aktuelle Reformbestrebungen, BB 1999, 1441.
**170** Vgl WOCHNER, MittRhNotK 1994, 89; TURNER DStR 1996, 1448.
**171** Vgl SEIFART/V CAMPENHAUSEN, Handbuch des Stiftungsrechts, § 1 RdNr 112 ff.
**172** Vgl BayObLG NJW 1973, 249; PALANDT-HEINRICHS, vor § 80 RdNr 1; WOCHNER, MittRhNotK 1994, 90; SEIFART/V CAMPENHAUSEN, Handbuch des Stiftungsrechts, § 1 RdNr 1 ff; TURNER ZEV 1995, 206, 207.
**173** Vgl die aktuelle Übersicht über die Landesstiftungsgesetze und ihre Fundstellen DAMRAU-WEHINGER, ZEV 1998, 179 SEIFART/V CAMPENHAUSEN, § 3 RdNr I. In Bayern ist am 1. 7. 2001 ein liberalisiertes Stiftungsrecht in Kraft getreten (BayGVBl 14/2001, 349) mit dem Ziel, die Errichtung von Stiftungen zu vereinfachen (vgl dazu LEX ZEV 2001, 389).
**174** Vgl Entwurf eines Gesetzes zur Reform des Stiftungsrechts BT-Ds 14/336 und BT-Ds 13/9320; dazu MUSCHELER-SCHEWE, WM 1999, 1693 ff; ANDRICK-SAUERBAUM NVWBl 1999, 329 ff; CREZELIUS-RAWERT, ZIP 1999, 337 ff; DIETLEIN-THIEL, ZRP 2001, 72 ff; JANITZKI ZRP 2000, 24 ff; WOCHNER, BB 1999, 1441 ff. SCHIFFER-VON SCHUBER, BB 2002, 267 ff.

gen vorschlägt. Das Gesetz zur Modernisierung des Stiftungsrechts vom 15. 7. 2001 ist am 1. 9. 2002 in Kraft getreten (BGBl I 2634). Ein erster Schritt zur Reform des Stiftungssteuerrechts ist am 25. 7. 2000 mit In-Kraft-Treten des Gesetzes zur weiteren steuerlichen Förderung von Stiftungen erfolgt,[175] das im Kern erweiterte Möglichkeiten des Sonderausgabenabzuges für Stifter bei der Dotation steuerbefreiter Stiftungen und erleichterte Möglichkeiten der Rücklagenbildung schafft. Zusätzlich zu der bereits bestehenden Großspendenregelung des § 10b Abs 1 Satz 3 EStG kann für Zuwendungen an Stiftungen des öffentlichen Rechts und an nach § 5 Abs 1 Nr 9 KStG steuerbefreite Stiftungen des Privatrechts pauschal pro Jahr ein Sonderausgabenabzug von bis zu 20.450,00 € geltend machen. Daneben besteht die Möglichkeit, die erstmalige Vermögensausstattung einer Stiftung im Jahr der Zuwendung und in den folgenden neun Veranlagungszeiträumen bis zur Höhe von insgesamt 307.000,00 € abzuziehen (§ 10b Abs 1 EStG).

## 2. Stiftungsarten

Der Stiftungszweck wird vom Stifter in seinem Stiftungsgeschäft festgesetzt und muss auf Dauer angelegt sein. Der vom Stifter festgelegte Zweck ist konstruktives Merkmal und maßgebend für die ganze Lebensdauer der Stiftung. Ohne Angabe eines Zweckes liegt keine Stiftungserklärung vor.[176] Stiftungen können grundsätzlich für jeden Zweck gegründet werden, der nicht gesetzlichen Verboten oder zwingenden Grundsätzen der Rechts- und Verfassungsordnung widerspricht. Abgesehen von der Errichtungsform – Stiftungsgeschäft unter Lebenden oder von Todes wegen – sind die verschiedenen Gestaltungsvarianten der Stiftung vor allem durch unterschiedliche Kategorien von Zwecksetzungen geprägt. **105**

### a) Die öffentliche Stiftung

Idealbild der Stiftung ist die sog öffentliche Stiftung. So definiert etwa Art 1 Abs 3 Bayerisches Stiftungsgesetz die öffentliche Stiftung als eine rechtsfähige Stiftung des bürgerlichen Rechts, die nicht ausschließlich private Zwecke verfolgt, und die rechtsfähigen Stiftungen des öffentlichen Rechts. Letztere sollen hier außer Betracht bleiben. Als öffentliche Zwecke in diesem Sinne, die eine öffentliche Stiftung charakterisieren, gelten die der Religion, der Wissenschaft, der Forschung, der Bildung, des Unterrichts, der Erziehung, der Kunst, der Denkmalpflege, der Heimatpflege, des Schutzes der natürlichen Lebensgrundlagen, des Sports, der sozialen Aufgaben oder sonst dem Gemeinwohl dienende Zwecke (Art 1 Abs 3 S 3 Bayerisches Stiftungsgesetz). In der Regel sind derartige Stiftungen auch als gemeinnützig im Sinne der §§ 51 f AO anerkannt und daher von der Körperschaft- und Gewerbesteuer befreit. Die Errichtung einer steuerbegünstigten Stiftung iSv §§ 51 ff AO ist darüber hinaus gem § 13 Abs 1 Nr 17 ErbStG auch von der Erbschafts- bzw Schenkungssteuer befreit. Die öffentliche, gemeinwohlbezogene Stiftung kommt daher in der Gestaltungspraxis wohl nur in Frage, wenn der Stifter nicht die Versorgung von Angehörigen plant, sondern sein Vermögen außerhalb von persönlichen Versorgungsaspekten bestimmten öffentlichen, gemeinwohlbezogenen Zwecken zur Verfügung stellen möchte. Allerdings ist auch bei der gemeinnützigen Stiftung in gewissen Grenzen eine Begünstigung von Familienangehörigen möglich. Der Gemeinnützigkeit steht es nach § 58 Nr 5 AO nicht entgegen, wenn eine Stiftung einen Teil, höchstens ein Drittel, ihres Einkommens **106**

---

[175] BGBl I 1034, dazu CREZELIUS-RAWERT, ZEV 2000, 421 ff; LEX, DStR 2000, 1939 ff; SCHAUHOFF, ZEV 1999, 1212 ff; SCHINDLER, BB 2000, 2077 ff.

[176] RGZ 170, 22, 25; MünchKomm-REUTER, § 80 RdNr 5; WOCHNER, MittRhNotK 1994, 91; TURNER ZEV 1995, 209.

dazu verwendet, um in angemessener Weise den Stifter und seine nächsten Angehörigen zu unterhalten, ihre Gräber zu pflegen und ihr Andenken zu ehren. Insofern können bei entsprechender Gestaltung die Steuervorteile der gemeinnützigen Stiftung mit der Angehörigenversorgung kombiniert werden.[177]

### b) Familienstiftung

**107** Abgegrenzt von der öffentlichen Stiftung wird die private Stiftung.[178] In Abgrenzung zur öffentlichen Stiftung sind als private Stiftungen solche rechtsfähigen Stiftungen des bürgerlichen Rechts zu verstehen, die ausschließlich privaten Zwecken dienen und damit keine öffentliche Zwecke im Sinne der Stiftungsgesetze verfolgen. In der Praxis häufigster Fall der sog privaten Stiftung ist die Familienstiftung. Eine einheitliche Definition der Familienstiftung ist gesetzlich nicht vorgegeben. Das **Steuerrecht** definiert in § 15 Abs 2 AStG Familienstiftungen als Stiftungen, »bei denen der Stifter, seine Angehörigen und der Abkömmlinge zu mehr als der Hälfte bezugsberechtigt oder anfallsberechtigt sind«. § 1 Abs 1 Nr 4 ErbStG spricht von einer Familienstiftung »sofern sie wesentlich im Interesse einer Familie oder bestimmter Familien errichtet ist«. Die Stiftungsgesetze der Länder unterscheiden danach, ob die Stiftung überwiegend dem Wohl einer oder mehreren bestimmten Familien dient, in manchen Landesstiftungsgesetzen wird eine ausschließliche Familienförderung verlangt. Entscheidend ist, dass bestimmte Familien in irgendeiner Weise begünstigt sein müssen. Wie diese Begünstigung auszusehen hat und in welcher Höhe sie zu erfolgen hat, ist dabei offen.

Im Gegensatz zur öffentlichen Stiftung lässt sich die Familienstiftung bei der Nachfolgegestaltung funktional einsetzen, da hierdurch das Familienvermögen erhalten wird, indem es der dauerhaften Nutzung der Familie zur Verfügung gestellt, jedoch der Verfügung durch die einzelnen Familienmitgliedern entzogen wird.[179]

**108** Steuerrechtlich hat die Familienstiftung weniger Vorteile als eine gemeinnützige.[180] Sie unterliegt bei der Errichtung der Erbschafts- und Schenkungssteuer, und in Abständen von 30 Jahren wird eine sog Erbersatzsteuer erhoben (§ 1 Abs 1 Nr 4 ErbStG).[181] Außerdem unterliegt sie mit allen Einkünften der Körperschaftssteuer (§ 23 Abs 2 Nr 2 KStG) und ggf der Gewerbesteuer.

### c) Die Unternehmensstiftung

**109** Insbesondere in den letzten Jahren wurde von der Gestaltungspraxis die sog Unternehmensstiftung bzw unternehmensverbundene Stiftung zur Gestaltung der **Unternehmensnachfolge** entwickelt.[182] Als Vorteil der unternehmenverbundenen

---

[177] Vgl zu diesen Gestaltungen MÜLLER-SCHUBERT DStR 2000, 1289 f.
[178] Vgl SEIFART/V CAMPENHAUSEN, Handbuch des Stiftungsrechts, § 14, S 280 ff; WOCHNER, MittRhNotK 1994, 91; SORG, Die Familienstiftung, 1984.
[179] Vgl WOCHNER, MittRhNotK 1994, 91; SORG, Die Familienstiftung, 50 ff.
[180] Vgl zum Steuerrecht der Familienstiftung eingehend KOREZKIJ ZEV 1999, 132.
[181] Vgl BFH ZEV 1998, 112.
[182] Vgl SEIFART/V CAMPENHAUSEN Handbuch des Stiftungsrechts, § 13, 269; BERNDT, Stiftung und Unternehmen, 5. Aufl 1995; GOERDELER, Zur Problematik der Unternehmensträgerstiftung, NJW 1992, 1487; HENNERKES-SCHIFFER, Regelung der Unternehmensnachfolge durch Stiftungskonstruktionen, BB 1992, 1940; REUTER, Rechtsprobleme unternehmensbezogener Stiftungen, DWiR 1991, 192; WOCHNER MittRhNotK 1994, 91 ff; SCHMIDT, Die Errichtung von Unternehmensträgerstiftungen durch Verfügung von Todes wegen, 1997; LEHLEITER, Die Familienstiftung als Instrument zur Sicherung der Unternehmenskontinuität bei Familienunternehmen, 1996; SCHURR, Die Stiftung mit unternehmerischer Verantwortung, 1998; APP, Wirtschaftliche Betätigung in Form einer Stiftung, NotBZ 1998, 49.

Stiftung wird angesehen, dass das Familienunternehmen in seiner Gesamtheit erhalten werden kann und vor Erbauseinandersetzungen gesichert ist. Die Unternehmensstiftung kann entweder selbst das Unternehmen wie ein Einzelkaufmann betreiben oder sie ist an einer Personen- oder Kapitalgesellschaft beteiligt in Form einer sog Beteiligungsträgerstiftung, wobei die Stiftung in diesen Fällen entweder reine Holdingstiftung sein kann, bei der sich der Zweck auf das bloße Halten der Beteiligung beschränkt, oder sie nimmt als persönlich haftende Gesellschafterin oder als Organträgerin auch geschäftsleitende Funktionen wahr. Häufigster Fall ist in diesem Zusammenhang die Unternehmensbeteiligungstiftung. Die direkte Tätigkeit der Stiftung im Geschäftsverkehr ist eher selten. In der Regel handelt es sich bei der Unternehmensstiftung um eine Besonderheit der Familienstiftung: die sog unternehmensverbundene Familienstiftung ist durch die Begünstigung der Stifterfamilie einerseits und die Verbindung zu einem erwerbswirtschaftlichen Unternehmen andererseits geprägt.[183] Eine besondere Gestaltungsform ist die Beteiligungsträgerstiftung in der Form einer **Stiftung und Co KG**, bei der es sich wie bei der GmbH & Co KG um eine Kommanditgesellschaft handelt, deren einzige Komplementärin eine Stiftung ist. Auch die Zulässigkeit dieser Rechtsform ist zivilrechtlich anerkannt.[184] Bei der Unternehmensbeteiligungsstiftung werden wiederum zwei Grundtatbestände unterschieden. Bei der einen Variante steht das Motiv des Stifters im Vordergrund, die für die Erfüllung des Stiftungszweckes erforderlichen Mittel über die Unternehmensbeteiligung bereitzustellen. Das Unternehmen ist also nur Erwerbsquelle, um dem eigentlichen Stifterzweck Genüge zu tun.[185] In der anderen Variante ist die Stiftung als Familientreuhänder ausgestaltet, deren Aufgabe es ist, dafür zu sorgen, dass bei einer Unternehmensbeteiligung die Beteiligungsrechte iS des Stifters ausgeübt werden und dass die Beteiligung der Familie erhalten bleibt.

Die hM geht von der Zulässigkeit der unternehmensverbundenen Stiftung aus.[186] **110** Allerdings werden auch Bedenken hiergegen, zum Teil aus ordnungspolitischen Gesichtspunkten, angemeldet.[187] Dementsprechend ist auch die **Genehmigungspraxis** der Bundesländer **unterschiedlich**. Teilweise finden sich in den landesgesetzlichen Ausführungsgesetzen Beschränkungen. So sah zB § 9 der Ausführungsverordnung zum Bayerischen Stiftungsgesetz vom 22. 8. 1958 vor, dass die Genehmigung einer Familienstiftung nur erteilt wird, wenn wichtige Gründe vorliegen, zB die Erhaltung wertvoller Kulturdenkmäler. Diese Regelung ist allerdings in Bayern mittlerweile durch eine Neuregelung der Verordnung zur Ausführung des Bayerischen Stiftungsgesetzes aufgehoben worden. Andere Stiftungsgesetze enthalten noch Bestimmungen, dass die Genehmigung einer Stiftung versagt werden kann, wenn »der Hauptzweck der Stiftung in dem Betreiben oder der Verwaltung eines erwerbswirtschaftlichen Unternehmens besteht, das ausschließlich und überwiegend eigennützigen Interessen des Stifters und seiner Familie dient« (§ 7 Abs 3a Stiftungsgesetz Mecklenburg Vorpommern, § 4 Abs 2b Stiftungsgesetz Nordrhein Westfalen). Teilweise wird von den Genehmigungsbe-

---

**183** Vgl HENNERKES-SCHIFFER DB 1995, 209.
**184** Vgl HENNERKES-SCHIFFER BB 1992, 1941; dieselben DB 1995, 210; WOCHNER Mitt-RhNotK 1994, 94.
**185** Vgl ZOPS AG 1970, 367; HENNERKES-SCHIFFER, Stiftungsrecht, 47.

**186** PALANDT-HEINRICHS, vor § 80 RdNr 11; SOERGEL-NEUHOFF, vor § 80 RdNr 65 ff; ERMAN-WESTERMANN vor § 80 RdNr 8 ff.
**187** Vgl die Kritik bei MünchKomm-REUTER vor § 80 RdNr 6; STAUDINGER-RAWERT vor §§ 80 ff RdNr 94 ff.

hörden eine kritische Haltung eingenommen.[188] Stiftungen, deren einziger Zweck im Betrieb eines Unternehmens besteht, werden heute in keinem Bundesland mehr genehmigt, während die Genehmigungsbehörden eher die Genehmigung erteilen, wenn mit der Stiftung auch gemeinnützige Zwecke verfolgt werden.

### d) Doppelstiftung

**111** Bei der **Doppelstiftung** handelt es sich um eine besondere Anwendungsvariante der unternehmensverbundenen Stiftung in Form der Kombination einer Familienstiftung mit einer gemeinnützigen Stiftung.[189] In der Praxis findet sich die Doppelstiftung bei der Unternehmensbeteiligungsstiftung dergestalt, dass die Gesellschaftsanteile an einer Kapitalgesellschaft teilweise von einer gemeinnützigen Stiftung und teilweise von einer Familienstiftung gehalten werden, wobei letztere als Führungsstiftung des Unternehmens ausgestaltet ist. Die Doppelstiftung wird vor allem aus steuerlichen Gründen gewählt, um die mit der Errichtung und dem Bestand einer Familienstiftung sonst verbundene Steuerbelastung zu minimieren.

### e) Unselbständige Stiftungen, Stiftungs-GmbH, Stiftungsverein

**112** Von der in §§ 80 ff BGB und den Stiftungsgesetzen geregelten rechtsfähigen Stiftung wird die sog unselbständige Stiftung unterschieden. Nach § 2 Abs 2 Stiftungsgesetz NRW sind unselbständige Stiftungen »Vermögenswerte, deren sich der Stifter zugunsten eines uneigennützigen, auf Dauer angelegten Zweckes entäußert, der nach seinem Willen durch einen anderen treuhänderisch zu erfüllen ist«. Zu ihnen gehören die sog **Fiduziarstiftungen**, wenn der Stiftungsträger als Treuhänder gegenüber dem Stifter schuldrechtlich verpflichtet ist, das Vermögen zur Erfüllung des Stiftungszwecks einzusetzen.[190] Auch die unselbständige Stiftung ist Stiftung, da sie eine einem bestimmten Zweck dauernd gewidmete Vermögensmasse enthält. Sie unterscheidet sich von der rechtsfähigen Stiftung vor allem durch die fehlende Rechtsfähigkeit und das Fehlen einer staatlichen Genehmigung.[191] Die unselbständigen Stiftungen unterliegen auch keiner Stiftungsaufsicht[192] und sind in vielen Fällen die flexiblere Lösung, weil sie unbürokratischer zu handhaben sind. Insbesondere bei kleineren Vermögen spricht der geringere Verwaltungsaufwand für die Errichtung einer unselbständigen Stiftung.[193] Da die unselbständige Stiftung keine eigene Rechtspersönlichkeit hat, müssen die Vermögenswerte auf eine natürliche oder juristische Person, den Stiftungsträger, übertragen werden, der sie zur Zweckverfolgung treuhänderisch verwaltet. Insofern ist als Stiftungsträger in der Regel eine juristische Person eher geeignet als eine natürliche, da bei dessen Tod kein ausreichender Schutz für die dauerhafte Verwendung des Kapitals zum Stiftungszweck gesichert ist. Besonders Stiftungs-

---

[188] Vgl über die unterschiedliche Behandlung der unternehmensverbundenen Familienstiftung in der Praxis der Stiftungsbehörden HENNERKES-SCHIFFER-FUCHS BB 1995, 210.
[189] Vgl SYRBE, Die Doppelstiftung – Eine Möglichkeit der Unternehmensnachfolge bei mittelständischen Unternehmen, 1995; STAUDINGER-RAWERT, Vorbem zu §§ 80 ff RdNr 92; SCHNITGER ZEV 2001, 104.
[190] Vgl SEIFART/V CAMPENHAUSEN, Handbuch des Stiftungsrechts, § 36 RdNr 1 ff; WOCHNER MittRhNotK 1994, 104; ders ZEV 1999, 125.
[191] Vgl auch BayObLG NJW 1973, 249.
[192] SEIFART/V CAMPENHAUSEN, Handbuch des Stiftungsrechts, § 36 RdNr 10, 16; STAUDINGER-RAWERT, Vorbem zu §§ 80 ff RdNr 153.
[193] Vgl NIEDER, Handbuch der Testamentsgestaltung, RdNr 765; SEIFART/V CAMPENHAUSEN, Handbuch des Stiftungsrechts, § 36 RdNr 51; WOCHNER MittRhNotK 1994, 104; TURNER ZEV 1995, 206.

vereine und Stiftungs-GmbH eignen sich als Ersatzformen für die dauerhafte Verfolgung des Stiftungszwecks.[194]

### 3. Stiftungsgeschäfte unter Lebenden
#### a) Rechtsfähige Stiftungen
Für die Errichtung einer rechtsfähigen Stiftung gilt § 81 BGB iVm den Landesstiftungsgesetzen. Die Errichtung der Stiftung bedarf nach § 81 Abs 1 BGB der **Schriftform**, wobei umstritten ist, ob die Schriftform auch dann genügt, wenn zu dem der Stiftung gewidmeten Vermögen Grundstücke gehören. Aus Gründen der Schutzfunktion, die sich vor allen Dingen aus § 311b Abs 1 BGB ergibt, sollte hier von einer Beurkundungsbedürftigkeit ausgegangen werden.[195] Das Stiftungsgeschäft unter Lebenden ist eine einseitige, nicht empfangsbedürftige Willenserklärung, durch die der Stifter eine Stiftung durch Vorgabe von Stiftungszwecken und Vermögenswidmung ins Leben ruft. Der Inhalt des Stiftungsgeschäftes ergibt sich zum einen aus § 80 S 1 BGB und zum anderen aus den Vorgaben der Landesstiftungsgesetze. Das Stiftungsgeschäft enthält dabei zwei Bestandteile: den organisationsrechtlichen, der auf die Ausgestaltung der Stiftung gerichtet ist, und den vermögensrechtlichen, der die sachliche Ausgestaltung der Stiftung betrifft.[196] Begriffsnotwendig und konstitutives Merkmal ist der vom Stifter festgelegte **Zweck**, der die Arbeit der Stiftung für ihr gesamtes Leben kennzeichnet.[197] Stiftungen können grundsätzlich für jeden im Rahmen der Rechtsordnung zulässigen Zweck gegründet werden,[198] wobei die Zweckverfolgung allerdings eine gewisse Dauerhaftigkeit aufweisen und der Zweck hinreichend bestimmt sein muss.[199] Bei der Gestaltung ist darauf zu achten, dass die Zweckbestimmung ausreichende Flexibilität ermöglichen soll, dass auch künftige Entwicklungen berücksichtigt werden können. Der Zweck darf sich also nicht nach kurzer Zeit erledigen.[200] Insbesondere bei kleineren Stiftungen wird empfohlen, dass der Zweck nicht zu anspruchsvoll im Hinblick auf das Stiftungsvermögen ist. § 81 Abs 1 S 3 BGB bestimmt weiterhin, dass jede Stiftung eine **Satzung** haben muss, die durch das Stiftungsgeschäft bestimmt wird. Die Satzung hat Bestimmungen über Name, Rechtsstellung und Art, Sitz, Zweck, Vermögen und Organe der Stiftung sowie über die Verwendung des Stiftungsertrages zu enthalten (§ 81 Abs 1 S 3 BGB: Name, Sitz, Zweck, Vermögen, Bildung des Vorstandes der Stiftung). Insbesondere bei der Ausgestaltung der **Stiftungsorganisation** sollte die Satzung die wichtigsten Regelungen treffen, da sonst nach § 81 Abs 1 S 4 iVm § 83 BGB die Stiftungsbehörden zur Ergänzung befugt sind. Als Regel empfiehlt sich die von zwei Organen geführte Stiftung mit einem Exekutivvorgang (in der Regel Vorstand)

113

---

**194** Vgl SEIFART/V CAMPENHAUSEN, Handbuch des Stiftungsrechts, § 2 RdNr 19 ff, zur Stiftungs-GmbH mit Vorschlägen zur Vertragsgestaltung vgl WOCHNER DStR 1998, 1835; zum Stiftungsverein *ders* Rpfleger 1999, 310 ff.
**195** STAUDINGER-WUFKA, § 313 BGB RdNr 83; MünchKomm-KANZLEITER, § 313 BGB RdNr 24; SOERGEL-WOLF, § 313 BGB RdNr 37; PALANDT-HEINRICHS, § 313 BGB RdNr 6; STAUDINGER-RAWERT, § 81 RdNr 3; WOCHNER DNotZ 1996, 773; aA MünchKomm-REUTER, § 81 RdNr 1; ERMAN-WESTERMANN, § 81 RdNr 1; OLG Schleswig-Holstein DNotZ

1996, 770.
**196** STAUDINGER-RAWERT, § 80 RdNr 10; MünchKomm-REUTER, § 80 RdNr 1; ERMAN-WESTERMANN, § 80 RdNr 2; TURNER ZEV 1995, 208 f.
**197** Vgl STAUDINGER-RAWERT, § 80 RdNr 13; MünchKomm-REUTER, § 80 RdNr 5; TURNER ZEV 1995, 208 f.
**198** Vgl oben zu verschiedenen Zwecken im Einzelnen.
**199** Vgl STAUDINGER-RAWERT, § 80 RdNr 14 ff.
**200** TURNER-DOPPSTADT DStR 1996, 1448, 1450.

und einem Legislativvorgang (in der Regel Kuratorium oder Beirat), das über die Grundsätze bei der Verfolgung der Stiftungszwecke zu entscheiden hat und dem eine Kontrollfunktion zusteht.[201] Ähnlich wie bei Gesellschaftsverträgen empfehlen sich Bestimmungen über Anzahl, Berufung, Amtsdauer und Abberufung der Organmitglieder, Vertretungsberechtigungen, Aufgaben, Rechte und Pflichten, Einberufung und Beschlussfähigkeit, Voraussetzungen für Satzungsänderungen, etwaige Rechte der Destinatäre und Regelungen über den Vermögensanfall bei Beendigung der Stiftung.

**114** Ein weiterer Aspekt ist das **Stiftungsvermögen**. Mit der Rechtsfähigkeit erwirbt die Stiftung einen Anspruch gegen den Stifter auf Übertragung des Vermögens, das dieser in seiner Stiftungserklärung zugesagt hat.[202] Die Erfüllung des Stiftungsanspruchs erfordert die Übertragung nach den allgemeinen Übertragungsvorschriften, bei Grundstücken Auflassung und Grundbucheintragung. Ein bestimmtes Mindestkapital ist nicht vorgeschrieben. Andererseits bestimmt § 80 Abs 2 BGB, dass eine Stiftung als rechtsfähig anzuerkennen ist, wenn die nachhaltige Verwirklichung des Stiftungszwecks gesichert ist. Hierdurch wird das Ermessen der Genehmigungsbehörde eingeschränkt. Dadurch soll die Errichtung von Stiftungen mit unzulänglichem Vermögen verhindert werden.[203] Das Stiftungsvermögen ist in seinem Bestand ungeschmälert zu erhalten.

**115** Schließlich sollten auch die sog **Destinatäre** möglichst hinreichend konkret vom Stifter benannt werden.[204] Nach hM kann der Stifter den Destinatären durch die Stiftungssatzung sowohl Verwaltungs- bzw Mitwirkungsrechte als auch Ansprüche auf Stiftungsleistungen einräumen.[205] Rechtsfähigkeit erlangt die Stiftung erst mit der Erteilung der Genehmigung nach § 80 BGB. Die Genehmigung wird von der Genehmigungsbehörde des Bundeslandes erteilt, in dem sich der Sitz der künftigen Stiftung befinden soll.

### b) Unselbständige Stiftungen

**116** Eine unselbständige Stiftung ist kein einseitiger Stiftungsakt, sondern als **Vertrag zwischen Stifter und Stiftungsträger** anzusehen.[206] Der Stifter verpflichtet sich dabei, dem Träger die zur Erfüllung des Stiftungszwecks erforderlichen Vermögensgegenstände zu übertragen, der Träger verpflichtet sich, dieses Vermögen entsprechend dem Stiftungszweck zu verwenden. Da die Stiftungsvorschriften auf die unselbständige Stiftung nicht anwendbar sind, müssen entsprechende Regelungen des BGB herangezogen werden. In der Literatur ist dabei umstritten, ob es sich bei einem derartigen Stiftungsgeschäft um einen Treuhandvertrag oder eine Schenkung unter Auflage handelt oder ob beide Rechtsinstitute zum Zweck der Errichtung einer unselbständigen Stiftung eingesetzt werden können.[207] Nach

---

[201] TURNER, DB 1995, 413, 415; ders ZEV 1995, 207, 209.
[202] WOCHNER MittRhNotK 1994, 95; TURNER ZEV 1995, 207, 209.
[203] Vgl die Übersicht über das Mindeststiftungsvermögen der Länder bei DAMRAU-WEHINGER ZEV 1998, 78 das zwischen 50.000,00 DM und 300.000,00 DM schwankt.
[204] Vgl WOCHNER, MittRhNotK 1994, 103; STAUDINGER-RAWERT, § 85 RdNr 10 ff; OLG Hamburg ZIP 1994, 1950.
[205] Vgl STAUDINGER-RAWERT, § 85 RdNr 11; SEIFART/V CAMPENHAUSEN, Handbuch des Stiftungsrechts, § 8 RdNr 132 ff.
[206] PALANDT-HEINRICHS, Vorbem zu § 80 RdNr 6; STAUDINGER-RAWERT, Vorbem zu §§ 80 ff RdNr 156; WOCHNER, MittRhNotK 1994, 104; SEIFART/V CAMPENHAUSEN, Handbuch des Stiftungsrechts, § 36 RdNr 25 ff; WOCHNER ZEV 1999, 126.
[207] Vgl zum Streitstand, STAUDINGER-RAWERT, Vorbem zu §§ 80 ff RdNr 158; SEIFART/V CAMPENHAUSEN, Handbuch des Stiftungsrechts, § 36 RdNr 25 ff; WOCHNER, MittRhNotK 1994, 105; eingehend WESTEBBE, Die Stiftungstreuhand, 1994, 66 ff.

der zutreffenden hM sind beide Rechtsinstitute, dh Treuhandvertrag als auch Schenkung unter Auflage, zur Errichtung einer unselbständigen Stiftung verwendbar.[208] Bei der Gestaltung sollte nur klargestellt werden, welche Lösung gewählt wird. Wird die Stiftung als **Schenkung unter Auflage** gem § 525 BGB errichtet und liegt die Vollziehung der Auflage im öffentlichen Interesse, so kann gem § 525 Abs 2 nach dem Tod des Schenkers eine Landesbehörde die Vollziehung verlangen, Gleiches gilt beim Wegfall des Schenkers, wenn dieser eine juristische Person ist. In diesem Fall bedarf das Stiftungsgeschäft notarieller Beurkundung (§ 518 BGB). Flexibler dürfte der Einsatz eines **Treuhandvertrags** sein. Zur Gewährleistung der Dauerhaftigkeit des Stiftungszwecks wird in der Literatur bei der Ausgestaltung verlangt, dass die Parteien ihr Widerrufs- bzw Kündigungsrecht auf die Fälle des Vorliegens wichtiger Gründe beschränken und regeln, dass mit dem Tod des Auftraggebers entsprechend der Zweifelsregelung des § 672 S 1 BGB der Treuhandvertrag nicht erlischt, sondern seine Erben bindet.[209] Außerdem ist zu empfehlen, dass die Grundsätze der Stiftungsverwaltung schriftlich niedergelegt werden.[210]

### 4. Stiftungsgeschäfte von Todes wegen
#### a) Verfügung von Todes wegen

Die Stiftung kann nicht nur durch Stiftungsgeschäft unter Lebenden, sondern auch durch eine Verfügung von Todes wegen errichtet werden. § 83 BGB ist Grundlage der Regelung. 117

Für das Stiftungsgeschäft von Todes wegen sind die dafür vorgeschriebenen Formen einzuhalten und es gelten die allgemeinen Vorschriften für Testamente (§§ 2064 ff BGB). 118

Nach hM kann das Stiftungsgeschäft von Todes wegen iSd § 83 BGB nicht nur in einem Testament, sondern auch im Rahmen eines **Erbvertrags** vorgenommen werden.[211] Nach hM kann trotz der Nichterwähnung der Stiftung in § 2278 Abs 2 BGB das Stiftungsgeschäft auch als vertragsmäßig bindende Verfügung vorgenommen werden.[212] Ebenfalls als zulässig erachtet wird eine Kombination eines Erbvertrags mit einem Stiftungsgeschäft unter Lebenden dergestalt, dass beide Parteien der Stiftung Vermögen zuwenden und diese schon beim Tod des Erstversterbenden genehmigt werden soll.[213] Bei dieser Gestaltung ist ungewiss, welche Partei zuerst verstirbt, sodass jede Vertragspartei ein Stiftungsgeschäft sowohl unter Lebenden als auch von Todes wegen vornimmt. 119

#### b) Erbrechtliche Zuwendung

Inhaltlich kann die Stiftung sowohl als **Erbe**, durch ein **Vermächtnis** oder durch eine **Auflage** bedacht werden. Wird die Stiftung als Erbin eingesetzt, so bestimmt § 84 BGB, dass, wenn die Stiftung erst nach dem Tode des Stifters genehmigt 120

---

208 AA MünchKomm-REUTER, Vorbem zu § 80 RdNr 41 ff.
209 STAUDINGER-RAWERT, aaO, RdNr 164; WOCHNER MittRhNotK 1994, 105.
210 Gestaltungshinweis bei NEUHOFF, in: Münchener Vertragshandbuch, Bd IV/2, Formular XII 3; ausführlich WESTEBBE, aaO, 192 ff.
211 Vgl STAUDINGER-RAWERT, § 83 RdNr 2; SCHMIDT, Die Errichtung von Unternehmensträgerstiftungen durch Verfügung von Todes wegen, 1997, S 26; vgl eingehend KUCHINKE, Probleme bei letztwilligen Zuwendungen für Stiftungszwecke, FS Neumayer (1985), 389 ff; PALANDT-HEINRICHS, § 83 RdNr 1.
212 BGHZ 70, 313, 321; KUCHINKE, aaO; NIEDER, Handbuch der Testamentsgestaltung, RdNr 762.
213 BGHZ 70, 313; STAUDINGER-RAWERT, § 83 RdNr 3; kritisch: KUCHINKE, aaO, 392.

wird, die Zuwendung des Stifters als vor dessen Tod entstanden gilt. Es handelt sich dabei um eine gesetzliche Fiktion. Der Genehmigung kommt damit Rückwirkung zu. Das Bestehen der Stiftung als juristische Person wird auf den Zeitpunkt vor dem Tod des Stifters fingiert. Die als Erbe eingesetzte Stiftung erwirbt das Stiftungsvermögen gem § 1922 BGB als Gesamtrechtsnachfolger. Die Stiftung kann als Miterbe, Nacherbe, Vorerbe und Ersatzerbe eingesetzt werden. Ist die Stiftung als Vorerbin eingesetzt, besteht die Problematik, dass die Vermögensausstattung nur vorübergehender Natur ist und daher häufig eine Genehmigung nicht erreicht wird.[214]

121 Auch die Anordnung eines **Vermächtnisses** zugunsten einer noch zu errichtenden Stiftung ist zulässig und zweckmäßig. Die Stiftung erwirbt dann keinen unmittelbaren Vermögensvorteil, sondern nur einen klagbaren schuldrechtlichen Anspruch nach § 2174 BGB gegen die Erben auf Übertragung des ihr vermachten Vermögens.

122 Inhaltlich muss das Stiftungsgeschäft von Todes wegen dem Stiftungsgeschäft von Lebenden entsprechen (vgl oben), insbesondere den Stiftungszweck und eine Stiftungssatzung[215] enthalten. In der Praxis empfiehlt sich ergänzend, insbesondere bei Auflagen, die Anordnung einer **Testamentsvollstreckung** zur Sicherung der Errichtung der Stiftung. In diesem Zusammenhang kann der Stifter den Testamentsvollstrecker dazu befugen, der Stiftung eine Satzung zu geben bzw eine derartige Satzung eventuellen Anordnungen der Genehmigungsbehörde anzupassen.[216] § 83 BGB bestimmt in seiner Neufassung vom 15. 7. 2002, dass die zuständige Behörde der Stiftung eine Satzung geben oder eine unvollständige ergänzen kann; dabei soll der Wille des Stifters berücksichtigt werden.

### c) Rechtsfähige Stiftungen

123 Eine rechtsfähige Stiftung bedarf auch bei einer Errichtung durch Stiftungsgeschäft von Todes wegen der **Genehmigung** durch die Genehmigungsbehörde. Wird die Genehmigung nicht von dem Erben oder dem Testamentsvollstrecker nachgesucht, beantragt nach § 83 BGB das Nachlassgericht die Genehmigung. Da Fehler bei der Errichtung einer Stiftung von Todes wegen idR nicht geheilt werden können, empfiehlt es sich, vorher mit der Genehmigungsbehörde zu klären, unter welchen Voraussetzungen die Stiftung genehmigt wird. Bei Grundstücksstiftungen wird uU eine Beistiftung von liquiden Vermögenswerten verlangt, damit aus diesem Fonds Unterhaltskosten bestritten werden können. Für den Fall, dass die Genehmigung einer selbständigen Stiftung scheitert, sollten Eventuallösungen vorgesehen werden, etwa unselbständige Stiftungen einer bereits bestehenden juristischen Person. § 83 S 2–4 BGB lässt jetzt die Möglichkeit zu, dass die Genehmigungsbehörde das Stiftungsgeschäft ändert und ergänzt. Ungeklärt ist die Rechtsnatur der Stiftung zwischen Erbfall und Genehmigung.[217]

### d) Unselbständige Stiftungen

124 Das **erbrechtliche Instrumentarium** bei unselbständigen Stiftungen ist das **gleiche** wie bei selbständigen Stiftungen, jeweils mit der Maßgabe, dass Zuwen-

---

214 Vgl STAUDINGER-RAWERT, § 83 RdNr 5.
215 Vgl KUCHINKE, FS Neumayer, S 397 zur Frage, welchen notwendigen Inhalt das Stiftungsgeschäft von Todes wegen haben muss und ob insoweit Ergänzungen möglich sind; vgl auch STEFFEK, Die Anforderungen an das Stiftungsgeschäft von Todes wegen, 1996, S 21 ff.

216 STAUDINGER-RAWERT, § 83 RdNr 10; s WOCHNER MittRhNotK 1994, 97.
217 Vgl SCHMIDT ZEV 1998, 81, der eine Vorstiftung ablehnt; MATSCHKE-RENNER; FS Wolf Müller, 2001, 815; ORTH ZEV 1997, 327; EBELING ZEV 1998, 93 zu den steuerlichen Fragen.

dungsempfänger (Erbe, Vermächtnisnehmer, Begünstigter der Auflage) nicht eine selbständige, vom Erblasser gegründete Stiftung ist, sondern eine bereits vorhandene natürliche oder zweckmäßigerweise juristische Person. Der Stiftungszweck kann bei der unselbständigen Stiftung erbrechtlich dadurch abgesichert werden, dass Vermächtnisse bzw Untervermächtnisse oder eine Auflage angeordnet werden.[218]

Wird der Stiftungsträger als Erbe eingesetzt, besteht die Möglichkeit, eine auflösende Bedingung festzulegen, nach der ein bestimmtes Verhalten Voraussetzung für das Behalten der Erbschaft ist. Die Verpflichtung des Stiftungsträgers zur Erfüllung des Stiftungszwecks kann auch durch die Anordnung eines Vermächtnisses erreicht werden. Dadurch kann den Destinatären ein Anspruch auf Leistung der Stiftung eingeräumt werden. Ist der Stiftungsträger selbst der Vermächtnisnehmer, kann ein Untervermächtnis zugunsten der Destinatäre ausgesetzt werden. In der Praxis stellt allerdings die Auflage den häufigsten Fall bei der Errichtung einer unselbständigen Stiftung dar.[219] Danach wird der Stiftungsträger verpflichtet, die letztwillige Auflage zu erfüllen. Auch insoweit empfiehlt sich die Anordnung einer Testamentsvollstreckung zur Überwachung des Stiftungsträgers oder zur Sicherung des Vollzugs der letztwilligen Auflage. **125**

### e) Pflichtteilsrecht

Die Errichtung einer Stiftung gilt vom Standpunkt des Pflichtteilsberechtigten als Schenkung.[220] Der Wert der Stiftung wird also zum Nachlass hinzugerechnet. Der Anspruch richtet sich zunächst gegen den Erben. Wenn diesem jedoch jede Einrede der Verletzung seines eigenen Pflichtteils zusteht, muss sich der benachteiligte Pflichtteilsberechtigte an den Beschenkten halten. Es empfiehlt sich also, das Stiftungsgeschäft gegen Pflichtteilsansprüche durch Erb- bzw Pflichtteilsverzichtsverträge abzusichern bzw den Beweis der Erbunwürdigkeit anzutreten. **126**

## 5. Ausländische Stiftungen und Trusts

Im Rahmen internationaler Nachlassgestaltung und -planung werden auch häufig ausländische Stiftungen und Trusts eingesetzt.[221] **127**

### a) Ausländische Privatstiftung

Die Gründung einer ausländischen juristischen Person bestimmt sich nach der hM nach dem Recht am tatsächlichen Verwaltungssitz der juristischen Person.[222] Auch die Rechtsfähigkeit bestimmt sich nach dem Recht am **tatsächlichen Verwaltungssitz**.[223] Dementsprechend kann auch von einem Deutschen im Ausland eine rechtsfähige Stiftung nach den dortigen Vorschriften gegründet werden und Vermögensgegenstände im Inland erwerben. Auch die Grundbuchfähigkeit ist **128**

---

**218** Vgl WOCHNER MittRhNotK 1994, 105; SCHMIDT, die Errichtung von Unternehmensträgerstiftungen durch Verfügung von Todes wegen, S 127.
**219** Vgl LANGE-KUCHINKE, § 28 I 3; WOCHNER MittRhNotK 1994, 106.
**220** Vgl eingehend MEDICUS, FS Heinrichs, 1998, 381 ff; BGHZ 70, 313; RAWERT-KATSCHINSKI, ZEV 1996, 161.
**221** Vgl NEUHOFF, Die privatnützige Stiftung nach Jersey-Recht, ZEV 1996, 330; Erwiderung von PILTZ ZEV 1996, 382; WERK-

MÜLLER, Steuerliche Aspekte der ausländischen Familienstiftung, ZEV 1999, 138; vgl auch den Überblick über die ausländischen Stiftungsgesetze bei WACHTER, Stiftungen Zivil- und Steuerrecht in der Praxis 2001. PLEWKA-WATRIN, Steuerliche Strukturierung internationaler Vermögensnachfolgen, ZEV 2002, 253 ff.
**222** Vgl STAUDINGER-GROSSFELD, Internationales Gesellschaftsrecht 1993, RdNr 24, 251.
**223** BGHZ 97, 269, 271; STAUDINGER-GROSSFELD, aaO.

gegeben, wenn die Stiftung im Ausland ihren tatsächlichen Verwaltungssitz hat und nach dem dortigen Recht Rechtsfähigkeit genießt. In der Praxis werden häufig Stiftungen in Gebieten mit günstiger Besteuerung gewählt, zB Liechtenstein,[224] Österreich[225] oder Schweiz.[226] Steuerrechtlich hat die ausländische Stiftung durch § 15 AStG an Interesse verloren, weil danach für inländische Stifter und Destinatäre der ausländischen Stiftung gilt, dass das Vermögen und Einkommen der Familienstiftung, die Geschäftsleitung und Sitz außerhalb der Bundesrepublik hat, dem Stifter, wenn er unbeschränkt steuerpflichtig ist, sonst den unbeschränkt steuerpflichtigen Personen, die bezugsberechtigt oder anfallsberechtigt sind, entsprechend ihrem Anteil zugerechnet werden. In erster Linie hat daher der Stifter zu seinen Lebzeiten das Einkommen aus der Stiftung der Einkommensteuer zu unterwerfen, anderenfalls die Destinatäre.[227] Die Erbersatzsteuer nach § 1 Abs 1 Nr 4 EStG, die bei der inländischen Familienstiftung alle 30 Jahre anfällt, gilt bei ausländischen Familienstiftungen nicht. Allerdings liegt eine erbschaftsteuerliche Bereicherung vor, wenn die Stiftung aufgelöst wird und das Vermögen entweder an den Stifter oder die Destinatäre fällt. Geht das Vermögen der Stiftung nicht an den Stifter, ist die Steuerklasse anwendbar, die sich nach dem Verwandtschaftsverhältnis zwischen dem Stifter und dem Erwerber bei unmittelbarem Erwerb ergäbe.[228]

### b) Trust

**129** Auch der ausländische **trust** findet in der Praxis Anwendung bei der Gestaltung der Nachlassplanung.[229]

**130** Der trust ist ein typisches **Rechtsinstitut des anglo-amerikanischen Rechts**, des sog **common law**.[230] Der trust trägt dem Bedürfnis Rechnung, einer Person die Verfügungsgewalt über einen Gegenstand oder ein Vermögen zu verleihen, während einer anderen Person das Nutzungsrecht an diesem Gegenstand oder Vermögen zustehen soll. Ein trust entsteht dadurch, dass eine Person (der **settlor**) Bestandteile ihres Vermögens auf eine zweite Person (den **trustee**) überträgt. Der **trustee** hat nunmehr diese Vermögensgegenstände treuhänderisch zugunsten einer dritten Person (**benificiary**) innezuhaben und zu verwalten und bei Beendi-

---

224 Vgl WAGNER, IStR-Oasenbericht: Fürstentum Liechtenstein, IStR 1996, 240, 248.
225 Vgl HELBICH, Überblick über das neue österreichische Privatstiftungsgesetz, IStR 1994, 33; BRUCKNER-FRIES-FRIES, Die Familienstiftung, Wien 1994.
226 Vgl GRÜNINGER, Die Unternehmensstiftung in der Schweiz, Basel 1984.
227 Vgl eingehend SCHAUMBURG, Internationales Steuerrecht, 2. Aufl, 1998, § 11, S 570 ff; PILTZ IStR 1996, 382, 383; WERKMÜLLER ZEV 1999, 138.
228 Vgl PILTZ aaO.
229 Vgl BREDOW-REICH, Ausländische trusts deutscher Steuerpflichtiger – Gestaltungsprobleme bei Vermögensnachfolge, Anlagemanagement und Steuerplanung, WiB 1995, 775; KLEIN, Trustbesteuerung nach deutschem Erbschaftssteuerrecht IStR 1999, 377; VON OERTZEN, Trust – Option oder Risiko für die internationale Nachfolgeplanung?, IStR 1995, 149; Erwiderung von SIEKER

IStR 1995, 344 und VON OERTZEN IStR 1995, 345; ausführlich SIEKER, Der US-trust, Instrument der Vermögensnachfolge und Steuerplanung eines deutschen Erblassers (1991); SIEMERS-MÜLLER, Offshore-Trusts als Mittel zur Vermögensnachfolgeplanung? – Eine Bestandsaufnahme aus zivilrechtlicher Sicht, ZEV 1998, 206; KLEIN, Trustbesteuerung nach deutschem Erbschaftssteuerrecht, IStR 1999, 377; VERSTL, Der internationale Trust als Instrument der der Vermögensnachfolge, 2000.
230 Vgl STAUDINGER-DÖRNER, Art 25 EGBGB, RdNr 407 ff; STAUDINGER-STOLL IntSachenR, RdNr 171 ff; CZERMAK, Der Express-Trust im internationalen Privatrecht, 1996; BACHNER, Der Constructive Trust, 1995; WITTUHN, Das internationale Privatrecht des Trust, 1987; GRAUE, Der Trust im internationalen Privat- und Steuerrecht, FS Ferid (1978), 151; PEINER, Die Nutzung des US-Trust für deutsche Investoren, RIW 1983, 593.

gung an eine bestimmte Person auszukehren.²³¹ Kennzeichen ist also eine treuhänderische Beziehung, die den gesetzlichen Eigentümer verpflichtet, diesen zum Wohl einer anderen Person zu verwalten.²³² Neben der gesetzlichen Begründung spielt in der Praxis der Gestaltung häufig die Begründung durch Rechtsgeschäft (**express trust**) eine Rolle. Der **express trust** kann auf zwei Weisen begründet werden, einmal durch Rechtsgeschäft unter Lebenden, zum zweiten durch Verfügung von Todes wegen.²³³ Erforderlich für die Entstehung eines trust ist eine einseitige Willenserklärung des settlor, mit der die Errichtung des trustes begründet wird und die Erklärung, welche Vermögensgegenstände zum trust gehören sollen und wer benificiary sein soll.²³⁴ Ähnlich wie die Stiftung bietet der trust den Vorteil, dass er dem **settlor** die Möglichkeit eröffnet, das Vermögen als Vermögensmasse zusammenzuhalten und vor der Aufteilung im Rahmen der Erbfolge zu bewahren. Mit der Übertragung des Vermögens wird der **trustee** nach dem **common law** gesetzlicher Eigentümer (**legal titel**), während der Begünstigte das Recht hat (**in equity**), von dem **trustee** die Einhaltung der zu seinen Gunsten getroffenen Anordnungen zu verlangen. Die große Flexibilität des **trust**, auch im Vergleich zur Stiftung, zeichnet sich dadurch aus, dass Begünstigter eines trust jede natürliche oder juristische Person sein kann. Auch der Errichter selbst kann Begünstigter des von ihm gegründeten trust sein.

Im Vergleich zur Stiftung ist der trust deutlich **flexibler**. Er kann zu jedem Zweck errichtet werden, er kann dauerhaft oder als widerruflicher trust begründet werden, im letzteren Fall behält sich der Errichter das Recht vor, den trust zu widerrufen und die Vermögensgegenstände zurückzuverlangen.²³⁵ Durch Gestaltung eines trust, bei dem der trustee freies Ermessen bezüglich der Auswahl der Berechtigten sowie der Festlegung von Art und Umfang ihrer Berechtigungen hat, kann ein besonderer Schutz von überschuldeten Erben vor deren Gläubigern oder bei zur Verschwendung neigenden Personen erreicht werden.²³⁶ Dadurch, dass der trustee im Einzelnen Anweisungen geben kann, zu welchem Zweck Erträge zu verwenden sind, kann er sehr genau die Rechtssituation des Berechtigten gestalten. **131**

Das **Haager Übereinkommen über das auf den Trust anwendbare Recht und die Anerkennung von Trusts vom 1. 7. 1985** enthält Kollisionsnormen, die das auf einen trust anwendbare Recht bestimmen und Regelungen für die Anerkennung eines trust.²³⁷ Nach Art 6 des Abkommens untersteht der *trust* dem vom Begründer gewählten Recht, soweit das gewählte Recht diese Rechtsfigur anerkennt; subsidiär wird auf das Recht abgestellt, mit dem der trust die engste Verbindung aufweist. Die Bundesrepublik Deutschland ist allerdings diesem Abkommen noch nicht beigetreten, sodass für die international privatrechtliche Qualifikation die allgemeinen Regeln gelten, die im Bereich des trust umstritten sind. **132**

Überwiegend wird der **trust von Todes** wegen als erbrechtliches Rechtsgeschäft angesehen, sodass es sich nach dem Erbstatut richtet, ob der Erblasser einen der- **133**

---

**231** Vgl Definition STAUDINGER-STOLL, RdNr 171; bei WITTUHN, S 4; CZERMAK, S 6; KÖTZ, Trust und Treuhand, 1963, S 41 ff; EBENROTH, Erbrecht, RdNr 1297.
**232** Vgl auch PILTZ ZEV 1996, 382, 383.
**233** Vgl CZERMAK, S 25 ff; EBENROTH, Erbrecht, RdNr 1299; STAUDINGER-DÖRNER, RdNr 408.
**234** WITTUHN, S 11.

**235** Vgl im Einzelnen SIEKER, Der US-trust, S 37 ff; STAUDINGER-DÖRNER, Art 25 EGBGB RdNr 408.
**236** Vgl SIEKER, aaO, S 44 ff.
**237** Vgl KOPPENOL-LAFORCE, The Trust, Notarius International 1998, 27; Text des Abkommens, IPrax 1987, 55; vgl auch STEINBACH RIW 1986, 1.

artigen trust errichten kann.[238] Für einen deutschen Erblasser scheidet daher in der Regel die Gründung eines trust durch Testament im Inland aus, da ein solcher im Inland nicht anerkannt würde. Hat der deutsche Erblasser allerdings im Bereich des anglo-amerikanischen Rechts Grundstücke, so kommt es zu einer Nachlassspaltung (vgl oben) und zur Anwendung des ausländischen Rechts, sodass im Hinblick auf den abgespaltenen Nachlass auch durch einen deutschen Erblasser ein trust von Todes wegen gegründet werden kann.[239] In der Literatur wird teilweise für solche Fälle die Verwendung eines trust empfohlen, da alle am lokalen Rechtsverkehr beteiligten Personen mit diesem Instrument gut vertraut sind.[240]

**134** Schwieriger zu beurteilen ist die Anknüpfung des **trust unter Lebenden**. Zum Teil wird eine gesellschaftsrechtliche Qualifikation befürwortet.[241] Zum Teil spricht sich die Literatur dafür aus, dass unter bestimmten Voraussetzungen ein trust unter Lebenden als schuldvertragliches Rechtsgeschäft zu qualifizieren ist.[242] Folgt man der vordringenden schuldvertraglichen Anknüpfung, besteht die Möglichkeit, dass durch eine entsprechende Rechtswahlklausel die schuldrechtlichen Beziehungen einer Rechtsordnung unterstellt werden können, die den trust zulässt. In der Praxis wird allerdings aus Sicherheitsgründen empfohlen, auch den Schwerpunkt des Rechtsverhältnisses in ein solches Rechtsgebiet zu legen, etwa durch Belegenheit des Trustvermögens und/oder den Wohnsitz des trustees.[243] Allerdings ist auch der Anwendungsrahmen für den trust unter Lebenden dadurch eingeschränkt, dass nach der hM an deutschem Recht unterliegenden Sachen, zB Grundstücken, nicht Rechte in Form eines trust mit dinglicher Wirkung begründet werden können, da hier das jeweilige Belegenheitsrecht vorgeht. Der BGH hat ausdrücklich festgestellt, dass, wenn auf das dingliche Rechtsverhältnis deutsches Recht anzuwenden wäre, die Rechtskultur des trust mit den dogmatischen Grundlagen des deutschen Rechts unvereinbar wäre.[244] Danach ist es also nicht möglich, in Deutschland belegene Vermögensgegenstände in einen ausländischen trust einzubringen. Solche Gegenstände müssten zunächst in das Land gebracht werden, dessen Rechtsordnung auf den trust anwendbar ist, um durch Änderung des Belegenheitsortes einen Statutenwechsel zu erreichen. Anderenfalls wird die Rechtsprechung eine Angleichung bzw Umdeutung in deutsche Rechtskategorien vornehmen, sodass es in solchen Fällen sinnvoll ist, gleich das entsprechende deutsche Rechtsinstitut zu wählen. Die Vermögensübertragung auf einen ausländischen trust führt bei deutschem Erbstatut zu Pflichtteils- bzw zu Pflichtteilsergänzungsansprüchen, wobei nach der Rechtsprechung des BGH[245] zum Nießbrauch ungeklärt ist, wann die Zehnjahresfrist beim trust unter Lebenden beginnt.[246] Auch unter steuerlichen Gesichtspunkten gilt in der Regel

---

**238** Vgl STAUDINGER-DÖRNER, Art 25 EGBGB, RdNr 410; VON OERTZEN JStR 1995, 149, 150; CZERMAK, S 132 ff; EBENROTH, Erbrecht, RdNr 1299.
**239** Vgl VON OERTZEN IStR 1995, 150; SIEKER IStR 1995, 344; ders, Der US-trust, S 77 ff.
**240** SIEKER IStR 1995, 344, 345.
**241** STAUDINGER-GROSSFELD, Internationales Gesellschaftsrecht, RdNr 716; SIEMERS-MÜLLER ZEV 1998, 206, 207.
**242** EBENROTH, Erbrecht, RdNr 1302; REITHMANN-MARTINY, Internationales Vertragsrecht, 5. Aufl, 1996, S 177; vgl auch BGH NJW 1959, 1317; kritisch STAUDINGER-STOLL, IntSachenR, RdNr 174.
**243** Vgl BREDOW-REICH WiB 1995, 775, 777; VON OERTZEN IStR 1995, 149, 150.
**244** BGH NJW 1984, 2454 = IPrax 1985, 221 mit kritischer Anm KÖTZ; vgl auch COING, Übernahme des trust in unser internationales Privatrecht, FS Heinsius, 1991, 80 ff; BREDOW-REICH, WiB 1995, 775, 777.
**245** Vgl BGHZ 125, 395 = ZEV 1994, 233.
**246** Vgl allgemein BREDOW-REICH WiB 1995, 775, 778; SIEMERS-MÜLLER ZEV 1998, 206, 208.

ähnliches wie bei der ausländischen Stiftung.[247] Durch das Steuerentlastungsgesetz 1999/2000/2002 vom 24. 3. 1999 (BGBl I 402, 491) werden »Vermögensmassen ausländischen Rechts« (§ 3 Abs 2 Nr 1, 7, Abs 1 Nr 8 und 9 ErbStG) den rechtsfähigen Stiftungen gleichgestellt, sodass Steuervorteile des trust entfallen bzw sogar Steuernachteile entstehen.[248]

---

[247] Vgl im Einzelnen und zu vielen Zweifelsfragen PILTZ ZEV 1996, 382; BREDOW-REICH WiB 1995, 775, 778; SEIBOLDT, Die vermögens- und erbschaftsteuerliche Behandlung von common law trust, IStR 1994, 16; JÜLICHER, Besteuerung von deutschen Trustbegünstigten eines südafrikanischen Nachlasstrust, IStR 1996, 575.

[248] Vgl VON OERTZEN, JStR 1999, 11; SIEMERS ZEV 1998, 459; JÜLICHER IStR 1999, 106; 202; KLEIN JStR 1999, 377.

Inhaltsverzeichnis                                              RdNr

E. **Ausgewählte Fragen der materiellen Gestaltung von Verfügungen von Todes wegen**

I. **Verfügungen von Todes wegen und Personenstand**
  1. **Güterstand und Erbrecht**     1
     - a) Gesetzliches Güterrecht: Zugewinngemeinschaft     4
       - aa) Allgemeines     4
       - bb) Zugewinnausgleich     9
     - b) Vertragsmäßiges Güterrecht     12
       - aa) Gütertrennung     14
       - bb) Gütergemeinschaft     17
     - c) Lebenspartnerschaft nach dem LPartG     27a
  2. **Familiäre Sondersituationen**
     - a) Verfügungen von Todes wegen bei kinderlosen Ehegatten     28
       - aa) Kinderlose junge Ehegatten     29
       - bb) Testamente von älteren kinderlosen Ehegatten     34
     - b) Letztwillige Verfügung bei Ehegatten mit Kindern aus unterschiedlichen Verbindungen     36
     - c) Das Geschiedenentestament     38
       - aa) Auswirkungen der Scheidung auf letztwillige Verfügungen     38
       - bb) Getrennt lebende Ehegatten     41
       - cc) Die Problematik des Geschiedenentestaments     42
       - dd) Sicherung durch Anordnung der Nacherbfolge     43
       - ee) Sicherung durch auflösend bedingte Erbeinsetzung     50
       - ff) Sicherung durch Aussetzung von Vermächtnissen     51
       - gg) Kombination von Nacherbfolge und bedingten Vermächtnissen     56
       - hh) Sonstige Bestimmungen     57
     - d) Testamentsgestaltung bei Überschuldung des Erben     59
       - aa) Allgemeines     59
       - bb) Kombination von Nacherbfolge und Testamentsvollstreckung     60
       - aaa) Schutzwirkung der Testamentsvollstreckung     61
       - bbb) Anordnung einer Nacherbschaft     66
       - cc) Pflichtteilsrechtliche Grenzen     71
       - dd) Nießbrauchsvermächtnis     72
       - ee) Enterbung     73
  3. **Nichteheliche Lebensgemeinschaft/eheähnliche Gemeinschaft und Erbrecht**     73a
     - a) Gesetzliches Erbrecht und Erbeinsetzung     74
     - b) Ansprüche des überlebenden Partners gegen die Erben     77
     - c) Ansprüche von Pflichtteilsberechtigten, Erben und Vermächtnisnehmern gegen den überlebenden Partner     78
     - d) Vermögensrechtliche Auseinandersetzung     83
     - e) Mietvertrag bei gemeinsamer Wohnung     87

Syst. Teil. E. Ausgewählte Fragen der materiellen Gestaltung

| | | |
|---|---|---|
| II. | **Pflichtteilsklauseln** | |
| | 1. **Wozu dienen Pflichtteilsklauseln?** | 88 |
| | 2. **Wie wirken Pflichtteilsklauseln?** | 91 |
| |     a) Die Abschreckungswirkung | 91 |
| |     b) Die zuteilende Wirkung | 93 |
| | 3. **Arten der Pflichtteilsklauseln** | 94 |
| |     a) Einfache Pflichtteilsklauseln | 95 |
| |     aa) Anrechnungsklausel | 96 |
| |     bb) Ausschlussklausel | 97 |
| |     (1) Automatische Ausschlussklausel | 98 |
| |     (2) Fakultative Ausschlussklausel | 103 |
| |     b) Die Jastrow'sche Klausel | 104 |
| |     aa) Die Urfassung | 104 |
| |     bb) Weiterentwicklungen | 105 |
| |     cc) Kritik | 106 |
| |     dd) Nebenwirkungen, Gegenanzeigen | 107 |
| |     ee) Anwendungsbereich | 108 |
| | 4. **Zur Tauglichkeit von Pflichtteilsklauseln** | 109 |
| III. | **Verfügungen von Todes wegen bei Unternehmern** | |
| | 1. **Allgemeines** | 110 |
| | 2. **Regelungsziele** | 111 |
| |     a) Familiensicherung | 111 |
| |     b) Unternehmensfortführung | 112 |
| |     c) Eindämmen von Erben-Belastungen | 113 |
| |     aa) Pflichtteilsansprüche | 114 |
| |     aaa) Grundsatz | 114 |
| |     bbb) Vorwegnahme der Erbfolge | 115 |
| |     ccc) Gesellschaftsvertragliche Abfindungsregelungen | 116 |
| |     bb) Auseinandersetzungsansprüche | 117 |
| | 3. **Steuerliche Vorüberlegungen** | 118 |
| | 4. **Grundfragen der erbrechtlichen Nachfolgeregelung des Einzelunternehmers** | 119 |
| |     a) Art der Fortführung | 119 |
| |     b) Auswahl der Erben durch Dritte | 123 |
| |     c) Fortführung durch Testamentsvollstrecker | 124 |
| | 5. **Verfügungen von Todes wegen bei Beteiligung an einer Gesellschaft** | 129 |
| |     a) OHG | 130 |
| |     aa) Auflösung der OHG | 131 |
| |     bb) Fortsetzung der OHG unter den verbleibenden Gesellschaftern | 132 |
| |     cc) Fortsetzung der Gesellschaft mit Erben | 133 |
| |     dd) Eintrittsrecht der Erben | 135 |
| |     b) BGB-Gesellschaft | 136 |
| |     c) KG | 137 |
| |     d) EWIV | 138 |
| |     e) Freiberufliche Partnerschaft | 139 |
| |     f) Stille Gesellschaft | 140 |
| |     g) GmbH | 141 |
| |     h) AG | 142 |

Syst. Teil. E. Ausgewählte Fragen der materiellen Gestaltung

|     | i)   | KGaA                                             | 143 |
|-----|------|--------------------------------------------------|-----|
|     | j)   | Mischformen                                      | 144 |
|     | aa)  | Betriebsspaltung                                 | 144 |
|     | bb)  | GmbH & Co                                        | 145 |
|     | cc)  | »GmbH & Still«                                   | 146 |
| 6.  | Sonderprobleme                                          | 147 |
|     | a)   | Nacherbfolge im Unternehmensbereich              | 147 |
|     | aa)  | Einzelkaufmännisches Unternehmen                 | 147 |
|     | bb)  | Gesellschaft                                     | 148 |
|     | b)   | Vermächtnis                                      | 150 |
|     | c)   | Beeinflussung der Unternehmensfortführung durch Auflagen | 151 |
|     | aa)  | Allgemeines                                      | 151 |
|     | bb)  | Umwandlungsanordnung                             | 152 |
|     | cc)  | Bestimmungsrechte, Schiedsgutachter- und Schiedsgerichtsklauseln | 153 |
|     | dd)  | Erteilung von Vollmachten                        | 157 |
|     | d)   | Testamentsvollstreckung im Unternehmensbereich   | 158 |
|     | aa)  | Die Testamentsvollstreckung als Instrument der erbrechtlichen Gestaltung | 158 |
|     | bb)  | Gründung neuer Unternehmen und Neuerwerb von Beteiligungen an Unternehmen durch den Testamentsvollstrecker für die Erben | 163 |
|     | aaa) | Handeln des Testamentsvollstreckers ohne Wirkung der Erben | 165 |
|     | bbb) | Handeln des Testamentsvollstreckers unter Mitwirkung der Erben | 172 |
|     | cc)  | Zuweisung von Sonderaufgaben im Unternehmensbereich an den Testamentsvollstrecker | 173 |
|     | dd)  | Die Festlegung der Unternehmensstruktur durch den Testamentsvollstrecker | 176 |
|     | e)   | Testamentsvollstrecker als Nießbraucher (Dispositionsnießbrauch) | 177 |
|     | aa)  | Dispositionsnießbrauch am Unternehmen            | 178 |
|     | bb)  | Dispositionsnießbrauch bei Beteiligung an einer Personengesellschaft | 182 |
|     | cc)  | Dispositionsnießbrauch bei Kapitalgesellschaften | 186 |
|     | f)   | Obligatorische Gruppenvertretung bei Familiengesellschaften | 187 |
|     | g)   | Ergänzende familienrechtliche Anordnungen        | 188 |

IV. Testamentsgestaltung bei freiberuflichen Praxen
   1. Allgemeines  189
   2. Steuerrechtliche Vorgaben  190
   3. Einschränkungen der Übertragbarkeit von Arzt- und Zahnarztpraxen durch das Sozialrecht  192
   4. Apothekenrechtliche Vorgaben  193

275

Syst. Teil. E. Ausgewählte Fragen der materiellen Gestaltung

V. Letztwillige Verfügungen zugunsten des Heimträgers oder von Heimmitarbeitern, Betreuern, Beamten oder sonstigen Beschäftigten im öffentlichen Dienst .... 194
1. § 14 HeimG .... 195
2. Analoge Anwendung des § 14 HeimG auf Betreuer und heimähnliche Einrichtungen .... 199
3. Öffentliches Dienstrecht .... 200

VI. Hinweise zur Gestaltung der Verfügungen von Todes wegen bei geistig/körperlich-behinderten Abkömmlingen
1. Sozialhilferechtliche Grundlagen .... 203
2. Die Konfliktsituation .... 204
3. Gestaltungsvarianten .... 205
   a) Güterstand .... 205
   b) Rechtsgeschäft unter Lebenden .... 206
   c) Verfügungen von Todes wegen .... 207
   aa) Vermächtnisse .... 208
   bb) Vor- und Nacherbschaft .... 209
   d) Vollmacht .... 217
   e) Reichnisse .... 218
   f) Sittenwidrigkeit .... 219

VII. Erbrechtliche Besonderheiten im Hinblick auf die neuen Bundesländer
1. Allgemeines .... 220
2. Das anwendbare Erbrecht .... 221
3. Nachlassspaltung .... 223
4. Erbrechtliche Auswirkungen des ZGB .... 225
   a) Bindungswirkung des gemeinschaftlichen Testaments .... 226
   b) Vor- und Nacherbschaft .... 227
   c) Testamentsvollstreckung .... 229
5. Das Verhältnis Vermögensrecht – Erbrecht .... 230
   a) Erbrechtliche Bindung vermögensrechtlicher Ansprüche .... 230
   b) Die Problematik unvollständiger Kettenausschlagung .... 232
6. Pflichtteilsergänzungsansprüche für Schenkungen in der ehemaligen DDR .... 232a

VIII. Erbschaftsverträge gem § 311b Abs 5 BGB
1. Überblick .... 233
2. Schutzzweck .... 234
3. Dingliche Verfügungen über das zukünftige Erbrecht .... 235
4. Der Anwendungsbereich des § 311b Abs 4 .... 237
   a) Überblick .... 237
   b) Gegenstand des Vertrages .... 239
   aa) Vertrag über den Nachlass .... 239
   bb) Verträge über einzelne Nachlassgegenstände .... 240

|  |  |  |  |
|---|---|---|---|
|  | cc) | Verträge über den Pflichtteil | **241** |
|  | dd) | Vereinbarungen über Vermächtnis | **242** |
| **5.** | **Zulässige Erbschaftsverträge nach § 311b Abs 5 BGB** | | |
|  | a) | Der Begriff der gesetzlichen Erben | **243** |
|  | b) | Inhaltliche Begrenzung | **244** |
|  | c) | Notarielle Beurkundung | **245** |

IX. **Bankverfügung, Lebensversicherung und Bausparvertrag im Erbrecht**

|  |  |  |
|---|---|---|
| 1. | **Bankverfügung und Verfügung von Todes wegen** | **246** |
|  | a) Der Bestand von Bankverfügungen im Todesfall; mögliche Gefährdungen | **246** |
|  | b) Bankvollmacht für den Todesfall | **251** |
|  | c) Einzelkonto zugunsten Dritter | **254** |
|  | d) Gemeinschaftskonto mit dem Begünstigten | **257** |
|  | e) Vertrag zugunsten Dritter auf den Todesfall | **260** |
|  | f) Scheckhingabe | **267** |
| 2. | **Bauspar- bzw Ansparverträge und Erbrecht** | **268** |

X. **Lebensversicherung und Erbrecht**      **271**

# E. Ausgewählte Fragen der materiellen Gestaltung von Verfügungen von Todes wegen

## I. Verfügungen von Todes wegen und Personenstand

### 1. Güterstand und Erbrecht

**1** Die Wahl des ehelichen Güterstandes hat **unmittelbare erbrechtliche Auswirkungen**. Zum einen wird durch den Güterstand bestimmt, welche Vermögenswerte dem verstorbenen Ehegatten gehören und somit in den Nachlass fallen. Zum anderen richtet sich die Höhe des Erbteiles des überlebenden Ehegatten und der sonstigen Erben nach dem Güterstand des Verstorbenen.

Unberührt von der Art des ehelichen Güterstandes bleiben die Bestimmungen über die Wirkungen der Ehe im Allgemeinen (§§ 1353–1362). Diese Vorschriften können ehevertraglich nicht abbedungen oder eingeschränkt werden.

**2** Für **alle** Güterstände gilt die Vorschrift des § 1932: Dem überlebenden Ehegatten, der gesetzlicher Erbe neben Verwandten der zweiten Ordnung (§ 1925: Eltern des Erblassers und deren Abkömmlinge) oder neben Großeltern wird, stehen die zum ehelichen Haushalt gehörenden Gegenstände, soweit sie nicht Zubehör eines Grundstückes sind, sowie die Hochzeitsgeschenke als »**Voraus**« zu.[1] Wenn diese Gegenstände zur Führung eines angemessenen Haushaltes benötigt werden, dann erhält sie auch der neben Verwandten der ersten Ordnung (§ 1924: Abkömmlinge) gesetzlich zum Erben berufene Ehegatte. Anspruchsvoraussetzung ist, dass die Ehe im Ablebenszeitpunkt des einen Ehegatten noch besteht (§ 1933) und der überlebende Ehegatte gesetzlicher Erbe wird. Der Anspruch auf den Voraus entfällt somit, wenn der Ehegatte die Erbschaft ausschlägt, erbunwürdig ist, auf das gesetzliche Erbrecht verzichtet hat, von der gesetzlichen Erbfolge ausgeschlossen ist (§§ 1938, 1942 Abs 1, 1953, 2344 Abs 1, 2346), auf den Pflichtteil gesetzt wird oder durch Verfügung von Todes wegen als Erbe eingesetzt wurde.[2]

**3** Der Voraus umfasst Sachen und Rechte, die dem Erblasser gehörten und dem gemeinschaftlichen Haushalt während der Ehe gedient haben.[3] Hierunter fallen auch Rechte aus Abzahlungsgeschäften für Gegenstände, die dem Haushalt dienen (Möbel, Wäsche), und Schadensersatzansprüche aus Zerstörung oder Beschädigung von Haushaltsgegenständen. Das Mietrecht für die eheliche Wohnung gehört hingegen nicht zum Voraus. Die durch das Mietrechtsreformgesetz vom 19. 6. 2001 neu gefassten §§ 563 ff begründen eine Sondererbfolge.[4] Lebten die Ehegatten von Anfang an getrennt, dann fehlt es an einem ehelichen Haushalt.[5] Unter den Begriff **Haushaltsgegenstände** fallen alle zum persönlichen Gebrauch bestimmten Vermögenswerte (Kleidung, Schmuckstücke, Arbeitsmittel, die für die

---

[1] Vgl allgemein: STAUDENMAIER DNotZ 1965, 68; RIPFEL BWNotZ 1965, 266; ders JurBüro 1979, 655; HARDER NJW 1988, 2761; für den wohl nur selten vorkommenden Fall, dass der überlebende Ehegatte durch Ausschlagung gesetzlicher Erbe wird (§ 1948), vgl PALANDT-EDENHOFER § 1932 RdNr 2.

[2] RGZ 62, 109, 110; BGHZ 73, 29.
[3] PALANDT-EDENHOFER § 1932 RdNr 4.
[4] ERMAN-SCHLÜTER § 1932 RdNr 10.
[5] LG Göttingen RPfleger 46, 91; PALANDT-EDENHOFER § 1932 RdNr 4; bei späterer Trennung erfasst der Voraus den früheren Haushalt, KG OLG 24, 80; aA SOERGEL-STEIN § 1932 RdNr 5.

Berufsausübung des Ehegatten erforderlich sind). Prinzipiell ist der Begriff »Haushaltsgegenstände« nicht eng zu verstehen.⁶ Seiner Rechtsnatur nach stellt der Voraus ein gesetzliches Vermächtnis iSd § 2150 dar, das dem Ehegatten zusätzlich zum gesetzlichen Erbteil ipso iure zugewendet wird. Die Erfüllung erfolgt durch Einigung und Übergabe, soweit nicht der Ehegatte bereits Besitzer ist.⁷

Der Voraus ist eine Nachlassverbindlichkeit (§ 1967 Abs 2). Er bleibt bei der Berechnung des Pflichtteils von Eltern und Abkömmlingen gem § 2311 Abs 1 S 2 »außer Ansatz«, mindert also Pflichtteilsansprüche von Abkömmlingen und Eltern nur, wenn der überlebende Ehegatte gesetzlicher Erbe wird.⁸

Die gerade dargelegten Ausführungen sind ebenso auf die Partner einer eingetragen **Lebenspartnerschaft** zu übertragen. Auch dort hat die Wahl des Vermögensstandes unmittelbare erbrechtliche Auswirkungen. Gleichfalls stehen dem überlebenden Lebenspartner als gesetzlichem Erbe nach § 10 Abs 1 S 2 LPartG die zum lebenspartnerschaftlichen Haushalt gehörenden Gegenstände und die Geschenke zur Begründung der Lebenspartnerschaft als Voraus zu. In § 10 Abs 1 S 3 und 4 LPartG findet sich zudem – gleich lautend mit § 1932 Abs 1 S 2 – eine Einschränkung zugunsten der Verwandten erster Ordnung sowie ein Verweis auf die für Vermächtnisse geltenden Vorschriften.⁹

### a) Gesetzliches Güterrecht: Zugewinngemeinschaft

### aa) Allgemeines

Unter gesetzlichem Güterrecht versteht das BGB die **Ordnung der Güterrechtsverhältnisse** unter den Ehegatten, die **kraft Gesetzes** durch Eheschließung mangels anderweitiger ehevertraglicher Vereinbarungen eintritt.¹⁰ Durch das Gesetz über die Gleichberechtigung von Mann und Frau auf dem Gebiet des bürgerlichen Rechts vom 18. 6. 1957¹¹ wurde die Zugewinngemeinschaft als gesetzlicher Güterstand eingeführt.

**4**

Diese Zugewinngemeinschaft gilt als gesetzlicher Güterstand in allen Ehen, die **nach dem 1. 7. 1958** geschlossen wurden, ohne dass ein Ehevertrag errichtet wird, sowie in allen vor dem 1. 7. 1958 geschlossenen Ehen, in denen bis dahin der gesetzliche Güterstand bzw in der Zeit vom 1. 4. 1953 bis 30. 6. 1958 der außerordentliche gesetzliche Güterstand (Gütertrennung) galt und nicht einer der Ehegatten bis spätestens 30. 6. 1958 dem zuständigen Amtsgericht in notarieller Urkunde erklärt hat, dass für die Ehe auch weiterhin die Gütertrennung gelten soll. Ausgenommen von der Überleitung des früheren gesetzlichen Güterstandes in den Güterstand der Zugewinngemeinschaft sind diejenigen Güterstände, die ehevertraglich vereinbart werden.

**5**

Der Güterstand der Vertriebenen und Flüchtlinge wurde durch Gesetz vom 4. 8. 1969 (BGBl I 1067) geregelt: Mit Wirkung zum 1. 10. 1969 wurden die Güterstände in den gesetzlichen Güterstand der Zugewinngemeinschaft übergeleitet, soweit beide Ehegatten den gewöhnlichen Aufenthalt im Bundesgebiet haben, soweit nicht jeder Ehegatte bis zum 31. 12. 1970 von dem Recht Gebrauch ge-

---

**6** STAUDINGER-WERNER § 1932 RdNr 15.
**7** KG FamRZ 1960, 71.
**8** BGHZ 73, 29; NIEDER RdNr 18 mwN.
**9** LEIPOLD ZEV 2001, 218; SCHWAB FamRZ 2001, 385, 395 f.
**10** PALANDT-BRUDERMÜLLER Grundz v § 1363 RdNr 1; vgl allg STENGER ZEV 2000, 51.

**11** BGBl I 709 ff; In-Kraft-Treten am 1. 7. 1958; vorher galt bis 31. 3. 1953 der Güterstand der ehemännlichen Verwaltung und Nutznießung; vom 1. 4. 1953 bis 30. 6. 1968 der damals außerordentliche gesetzliche Güterstand der Gütertrennung.

macht hat, einseitig durch notariell beurkundete Erklärung gegenüber jedem Amtsgericht die Überleitung abzulehnen.[12]

**6** Im Gebiet der **neuen Bundesländer** gilt seit dem 3. 10. 1990 das eheliche Güterrecht des BGB. Jeder Ehegatte konnte bis 2. 10. 1992 die Überleitung rückwirkend durch eine Erklärung ausschließen, dass der bisherige Güterstand (Eigentums- und Vermögensgemeinschaft) des DDR-FGB fortgelten solle (Art 234 § 4 Abs 2 EGBGB). Der frühere gesetzliche Güterstand des DDR-FGB stellt eine Art Errungenschafts- und Vermögensgemeinschaft dar.[13]

**7** Der Zugewinngemeinschaft liegt das **Prinzip der Gütertrennung**, das nur zwei Vermögensmassen, nämlich die des Ehemannes und die der Ehefrau kennt, zugrunde. Beide Vermögen bleiben güterrechtlich voneinander getrennt und selbständig, gleich, ob das Vermögen in die Ehe eingebracht worden ist oder während der Ehe hinzuerworben wurde (§ 1363 Abs 2). Häufig wird aber durch Rechtsgeschäft gemeinschaftliches Vermögen der Ehegatten (zu gleichen, unausgeschiedenen Miteigentumsanteilen) begründet. Nutzungen und Erträgnisse gebühren demjenigen Ehegatten, dem das Vermögensobjekt gehört. Kein Ehegatte haftet kraft Gesetzes für die Schulden des anderen Ehegatten. Bei der Zwangsvollstreckung sind die Eigentumsvermutungen des § 1362 und die Gewahrsamsvermutung des § 739 ZPO zu beachten.

**8** Jeder Ehegatte verwaltet ferner sein Vermögen grundsätzlich selbständig (§ 1364). Beschränkungen bestehen hier jedoch hinsichtlich der freien Verpflichtungs- und Verfügungsfreiheit: Die Verpflichtung, über sein **Vermögen im ganzen** zu verfügen, bedarf der Einwilligung des anderen Ehegatten (§ 1365 Abs 1). Gleiches gilt für das Verfügungsgeschäft, wenn der Ehegatte nicht bereits dem obligatorischen Geschäft zugestimmt hat. Beim Vermögensbegriff hat sich die sog Einzeltheorie durchgesetzt, wonach § 1365 auch Rechtsgeschäfte über einzelne Gegenstände erfasst, die objektiv das ganze oder im Wesentlichen das ganze Vermögen des Ehegatten ausmachen.[14] Zwar bestimmt § 1365 keine subjektiven Voraussetzungen, gleichwohl verlangt die hM und Rspr, dass der Dritte weiß, dass es sich bei dem einzelnen Gegenstand um das ganze Vermögen handelt oder er zumindest die Verhältnisse kennt, aus denen sich dies ergibt.[15] Ob ein Einzelgegenstand das nahezu gesamte Vermögen ausmacht und damit § 1365 einschlägig ist, richtet sich nach dem Verhältnis der Werte des vom Rechtsgeschäft erfassten und des nichterfassten Vermögens. Bei kleineren Vermögen bleibt das Geschäft zustimmungsbedürftig, wenn dem Ehegatten ca 15% verbleiben, bei größerem Vermögen ca 10% des ursprünglichen Gesamtvermögens.[16] Auch die Verpflichtungsgeschäfte bzw Verfügungen über Gegenstände des ehelichen Haushalts (bspw Nahrungsmittelvorräte, Haushaltswäsche, Wohnungseinrichtung, auch Fernseher, Radio) sind nur wirksam, wenn der andere Ehegatte einwilligt (§ 1369 Abs 1). Die Einwilligung kann jedoch in beiden Fällen durch das Vormundschaftsgericht ersetzt werden (§§ 1365 Abs 2, 1369 Abs 2). Im Übrigen kann durch Ehevertrag auf die Verfügungsbeschränkungen der §§ 1365, 1369 hinsichtlich eines oder beider Ehegatten verzichtet werden.[17]

---

**12** Vgl hierzu STAUDINGER-THIELE Einl zu §§ 1363 ff RdNr 91 ff.
**13** Hierzu mwN STAUDINGER-THIELE Einl zu §§ 1363 ff RdNr 96; Beck'sches Notarhandbuch – GRZIWOTZ B I RdNr 52 ff.
**14** BGHZ 35, 134; 43, 174; 77, 203; 105, 253.

**15** STAUDINGER-THIELE § 1365 RdNr 19 ff mwN.
**16** BGH NJW 1991, 1739, 1740.
**17** BGHZ 41, 370; KNUR DNotZ 1957, 467; LANGE FamRZ 1964, 564; LANGENFELD, Handbuch der Eheverträge, RdNr 119 ff.

## bb) Zugewinnausgleich

Von der Gütertrennung unterscheidet sich die Zugewinngemeinschaft insbesondere durch den Ausgleich des ehelichen Zugewinns. Endet die Zugewinngemeinschaft durch **Tod eines der beiden Ehegatten**, dann erfolgt der Zugewinnausgleich allgemein durch pauschalierte Erhöhung des gesetzlichen Erbteils des überlebenden Ehegatten um ein Viertel (§ 1371 Abs 1 1. Hs), wobei es unbeachtlich ist, welcher der beiden Ehegatten den Zugewinn tatsächlich erzielt hat (§ 1371 Abs 1 2. Hs).[18] Dieser Grundsatz der erbrechtlichen Lösung kommt aber nur dann zur Anwendung, wenn der überlebende Ehegatte gesetzlicher oder durch Verfügung von Todes wegen berufener Erbe (gleich ob Vor- oder Nacherbe) oder Vermächtnisnehmer ist (arg ex § 1371 Abs 1 und e contrario Abs 2).[19] Der überlebende Ehegatte kann in diesen Fällen, wenn er nicht gesetzlicher Erbe wird und sein ihm durch Verfügung von Todes wegen zugewendeter Erbteil oder Vermächtnis geringer ist, den sog großen Pflichtteil, also den Pflichtteil, der von dem nach § 1371 Abs 1 erhöhten gesetzlichen Erbteil gem den §§ 1931, 2303 berechnet wird, verlangen. Neben diesem großen Pflichtteil kann ein Ausgleich des Zugewinns nach den §§ 1373 ff nicht mehr beansprucht werden.[20]

9

Wird der überlebende Ehegatte gesetzlicher Erbe, so trifft ihn die Pflicht, mit dem zusätzlichen Erbteil den nach dem Verstorbenen erbberechtigten Kindern (Stiefkindern) und deren Abkömmlingen die **Ausbildungskosten** – soweit Bedürftigkeit vorliegt – zu gewähren (§ 1371 Abs 4).[21] Dies gilt auch gegenüber nichtehelichen Kindern des Vorverstorbenen. Wird der überlebende Ehegatte weder aufgrund Gesetzes oder durch Verfügung von Todes wegen Erbe, noch mit einem Vermächtnis (auch wenn dieser sehr klein ist) bedacht,[22] dann tritt die güterrechtliche Lösung ein: Dem Ehegatten steht nur der sog kleine Pflichtteil (also der Pflichtteil, der von dem gesetzlichen Erbteil nach § 1931 Abs 1 oder 2 ohne die Erhöhung nach § 1371 Abs 1 berechnet wird) zu. Er kann aber neben dem Pflichtteil den Ausgleich des tatsächlichen Zugewinns nach den für die Beendigung der Ehe geltenden Grundsätzen (§ 1371 Abs 2 iVm §§ 1373 ff) verlangen. Diese Ausgleichsforderung ist eine Nachlassverbindlichkeit (§ 1967) und daher bei Berechnung des Pflichtteils abzusetzen (§ 2311).[23] Die güterrechtliche Lösung gilt auch, wenn der überlebende Ehegatte sein Erbrecht oder das Vermächtnis ausschlägt, wenn sein Erbrecht gem § 1933 ausgeschlossen ist, ihm der Pflichtteil entzogen ist (§ 2335), die Erbunwürdigkeit festgestellt wird (§§ 2339 ff) oder ein wirksamer Erbverzicht vorliegt (§ 2346).[24]

10

Der Ausgleich des **Zugewinns unter Lebenden** (§ 1372) erfolgt bei Ehescheidung (§§ 1564–1586b), Aufhebung der Ehe (§§ 1313–1318),[25] bei Klage auf vorzeitigen

11

---

**18** Der überlebende Ehegatte wird also neben Abkömmlingen Erbe zu 1/2, neben Eltern und deren Abkömmlingen sowie neben Großeltern Erbe zu 3/4.
**19** BGHZ 37, 58; FamRZ 1965, 604; DITTMANN DNotZ 1962, 173 ff; PALANDT-BRUDERMÜLLER § 1371 RdNr 2 ff.
**20** hM DITTMANN DNotZ 1962, 173.
**21** Bekommt der überlebende Ehegatte nur den großen Pflichtteil, so ist § 1371 Abs 4 nicht anzuwenden, PALANDT-BRUDERMÜLLER § 1371 RdNr 7 ff.
**22** BGHZ 37, 58; 42, 182.
**23** BGHZ 37, 58, 64; PALANDT-BRUDERMÜLLER § 1371 RdNr 15.

**24** Zur Rechtslage, wenn der überlebende Ehegatte »nur den Pflichtteil erhält« s System Teil A RdNr 152.
**25** Bis zum 1. 7. 1998 erfolgte der Ausgleich des Zugewinns unter Lebenden auch bei Nichtigerklärung der Ehe gem §§ 16 ff EheG. Seit der Wiedereingliederung des EheG in das BGB durch das Eheschließungsrechtsgesetz (BGBl I 833) werden die früheren Nichtigkeitsgründe einer Ehe von den Vorschriften der § 1313 ff erfasst. Eine Nichtigerklärung ist nun de lege lata nicht mehr möglich. Lediglich die Aufhebung der Ehe durch gerichtliches Urteil kann beantragt werden.

Zugewinnausgleich (§§ 1385 ff) und in dem vorerwähnten Fall der güterrechtlichen Lösung. Zunächst wird der Zugewinn nach § 1373 festgestellt. Hierbei ist das Anfangsvermögen (alle Positionen mit wirtschaftlichem Wert abzüglich der Verbindlichkeiten, § 1374) vom Endvermögen (§ 1375) des Ehegatten abzuziehen. Maßgebend sind die Verkehrswerte.[26] Bei landwirtschaftlichen Betrieben ist der Ertragswert anzusetzen (§§ 1976 Abs 4, 2049 Abs 2). Übersteigt nun der ermittelte Zugewinn des einen Ehegatten den des anderen Ehegatten, so steht die Hälfte des Überschusses dem anderen Ehegatten als Ausgleichsforderung zu (§ 1378 Abs 1 und 2). Die Ausgleichsforderung entsteht im Zeitpunkt der Beendigung der Zugewinngemeinschaft und ist vererblich (§ 1378 Abs 3 S 1). Die sofort fällige Forderung kann auf Antrag durch das Familiengericht gestundet werden (§ 1382). Ist die Höhe der Ausgleichsforderung während des Scheidungsverfahrens noch streitig, dann entscheidet das Familiengericht auf Antrag über den Zugewinnausgleichsanspruch als Folgesache für den Fall, dass dem Scheidungsantrag stattgegeben wird, durch einheitliches Urteil im Verbundverfahren gem § 623 Abs 1 ZPO.[27]

### b) Vertragsmäßiges Güterrecht

**12** Als Wahlgüterstände führt das BGB die Gütertrennung und die Gütergemeinschaft auf. Die Ehegatten sind jedoch nicht gebunden, einen dieser gesetzlich geregelten Güterstände zu wählen. Der das eheliche Güterrecht beherrschende Grundsatz der Vertragsfreiheit gestattet jede von den Ehegatten gewünschte güterrechtliche Regelung innerhalb der allgemeinen gesetzlichen Schranken.[28] Als solche kommen vor allem die §§ 134, 138 in Betracht; der Gleichheitsgrundsatz (Art 3 Abs 2 GG) braucht nicht eingehalten zu werden.[29] Auf nicht mehr geltendes oder ausländisches Recht darf indes nicht verwiesen werden (§ 1409).

**13** Der Ehevertrag bedarf immer der **notariellen Beurkundung** (§§ 1410, 125). Gleichzeitige Anwesenheit beider Parteien vor dem Notar ist erforderlich. Stellvertretung ist jedoch möglich.[30] Bei beschränkt Geschäftsfähigen oder Geschäftsunfähigen ist § 1411 zu beachten. Der gewählte Güterstand sowie alle eherechtlichen Vereinbarungen, die die Rechtsstellung der Ehegatten zu Dritten insgesamt oder auch hinsichtlich einzelner Gegenstände unmittelbar beeinflussen, können auf Antrag nach den §§ 1558-1563 in das Güterrechtsregister eingetragen werden.[31]

### aa) Gütertrennung

**14** Die Gütertrennung galt in der Zeit vom 1. 4. 1953 bis 30. 6. 1958 als sog außerordentlicher gesetzlicher Güterstand. Nach dem 1. 7. 1958 konnte und kann Gütertrennung nur noch durch Ehevertrag vereinbart werden. Sie tritt kraft Gesetzes ein, wenn die Ehegatten ehevertraglich den gesetzlichen Güterstand oder den Ausgleich des Zugewinns oder den Versorgungsausgleich (§§ 1414, 1587 ff) ausschließen oder die Gütergemeinschaft aufheben (§ 1414 S 2). Eine besondere gesetzliche Ausgestaltung hat die Gütertrennung nicht erfahren (außer in den §§ 1414 und 1931 Abs 4).

---

**26** PALANDT-BRUDERMÜLLER § 1374 RdNr 5 ff; VON HEINTSCHEL-HEINEGG, Handbuch Fachanwalt Familienrecht, S 771 ff.
**27** Vgl dazu MünchKomm-FINGER § 623 ZPO RdNr 21.
**28** LANGENFELD, Handbuch der Eheverträge, RdNr 161 ff.
**29** KNUR DNotZ 1957, 467; FINKE MDR 1957, 579; vgl aktuell BVerfG NJW 2001, 957; PALANDT-BRUDERMÜLLER § 1408 RdNr 7 ff; zur möglichen Sittenwidrigkeit eines Unterhaltsverzichtes mwN PALANDT-BRUDERMÜLLER § 1585c RdNr 15 ff.
**30** Vgl zu etwaigen Formerfordernissen BGH NJW 1998, 1857; KANZLEITER NJW 1999, 1612.
**31** KANZLEITER DNotZ 1971, 469.

Das **Wesen der Gütertrennung** besteht darin, dass das Vermögen beider Ehegat- **15** ten völlig – wie bei Unverheirateten – getrennt ist. Diese vollständige Trennung gilt sowohl für das bereits vor der Eheschließung vorhandene, wie für das während der Ehe zuerworbene Vermögen. Die Trennung der Vermögensmassen führt dazu, dass jeder Ehegatte für die von ihm eingegangenen Verbindlichkeiten alleine haftet.[32] An der Wohnung und an dem gemeinsamen Hausrat haben die Ehegatten regelmäßig Mitbesitz.[33] Folge der völligen Trennung der Vermögensmassen der Ehegatten ist das unbeschränkte Verfügungsrecht der Ehegatten über ihr Vermögen. Gütertrennung schließt indes nicht die ausdrückliche oder stillschweigende Begründung einer Ehegatten-Innengesellschaft aus.[34] Auch sind über § 242 vertragliche Ausgleichsansprüche denkbar.[35] Die Beendigung der Gütertrennung tritt ein mit Auflösung der Ehe, durch ehevertragliche Vereinbarung oder durch Tod eines Ehegatten. Soweit die Gütertrennung unter Lebenden endet, erfolgt keine güterrechtliche Vermögensauseinandersetzung.

Bei **Ableben eines Ehegatten** gilt § 1931 Abs 1 und 4:[36] Tritt gesetzliche Erbfolge **16** ein und sind neben dem überlebenden Ehegatten ein oder zwei Kinder des Erblassers vorhanden, so erbt der überlebende Ehegatte neben einem Kind zu 1/2 und das Kind zu 1/2, neben zwei Kindern zu 1/3 und die Kinder zu je 1/3. Abkömmlinge eines weggefallenen Kindes treten gem §§ 1931 Abs 4 2. Hs, 1924 Abs 3 an die Stelle des Kindes. Sind mehr als zwei Kinder vorhanden, so gilt die allgemeine Regel des § 1931 Abs 1: der überlebende Ehegatte wird kraft Gesetzes zu einem Viertel zum Erben berufen, die Kinder unter sich zu gleichen Teilen zu 3/4. Neben Verwandten der 2. Ordnung (§ 1925) wird der überlebende Ehegatte zur Hälfte gesetzlicher Erbe. Ebenfalls zur Hälfte wird der Ehegatte Erbe, wenn er mit Großeltern des Verstorbenen zusammentrifft (§ 1931 Abs 1 S 1). Trifft er mit Großeltern und Abkömmlingen der Großeltern zusammen, so erhält der Ehegatte zunächst die Hälfte, die ihm neben den Großeltern alleine zustehen würde und weiter von der anderen Hälfte den Teil, der nach § 1926 den Abkömmlingen zufallen würde (§ 1931 Abs 1 S 2).[37] Sind nur Abkömmlinge von Großeltern vorhanden, so fällt dem überlebenden Ehegatten der gesamte Nachlass zu (§ 1931 Abs 2).

### bb) Gütergemeinschaft

Gütergemeinschaft (§§ 1415–1482) kann **nur durch Ehevertrag** vereinbart werden **17** (§§ 1415, 1408). Durch ihre Vereinbarung entsteht kraft Gesetzes eine Gesamt-

---

[32] Zu beachten ist aber die Eigentumsvermutung nach § 1362 und die Gewahrsamsvermutung nach § 739 ZPO.
[33] BGHZ 12, 380; PALANDT-BRUDERMÜLLER Grundz § 1414 RdNr 1.
[34] BGH WM 1973, 1242; BGH NJW 1995, 3383; BGH NJW 1999, 2962 ff; zu den vertraglichen Ausgleichsansprüchen bei Miterstellung des Familienwohnheims s BGHZ 84, 361, 366 f; 127, 51.
[35] PALANDT-HEINRICHS § 242 RdNr 159 mwN. Die von der Rechtsprechung zum Wegfall der Geschäftsgrundlage entwickelten Grundsätze sind seit dem 1. 1. 2002 im Rahmen der Reform des Schuldrechts durch den Gesetzgeber kodifiziert worden. Zukünftig sind diese Ausgleichsansprüche nicht mehr aus § 242 herzuleiten, sondern können direkt aus § 313 Abs 1 und 2 BGB nF geltend gemacht werden.
[36] Abs 4 wurde durch Art 1 Nr 87 NEhelG eingefügt und ist am 1. 7. 1970 in Kraft getreten (Art 12 § 27 NEhelG), gilt also für alle Sterbefälle nach dem 30. 6. 1970. Die Erhöhung des gesetzlichen Erbteils des überlebenden Ehegatten erfolgte im Hinblick auf die ebenfalls durch das NEhelG eingeführte Ausgleichsverpflichtung wegen besonderer Leistungen eines Abkömmlings (§ 2057a), vgl PALANDT-EDENHOFER § 1931 RdNr 13 mwN. Abs 4 wurde zudem durch das Gesetz zur Reform des Kindschaftsrechts v 16. 12. 1997 geändert, BGBl I 2942.
[37] Vgl hierzu Beispiele bei PALANDT-EDENHOFER § 1931 RdNr 6 f.

handsgemeinschaft (§ 1416).[38] Was die Ehegatten besitzen und erwerben, wird grundsätzlich Gesamtgut. Besonderer rechtsgeschäftlicher Übertragungsakte bedarf es nach § 1416 Abs 2 2. Hs nicht. Träger der Vermögensbeziehungen ist »das Ehepaar«.

18 Ausgenommen vom Gesamtgut sind **Vorbehalts- und Sondergut** des jeweiligen Ehegatten (§§ 1418, 1417). Enthält der Ehevertrag keine ausdrücklichen Bestimmungen, so wird das Gesamtgut von beiden Ehegatten gemeinschaftlich verwaltet (§ 1421). Über sein Vorbehalts- und Sondergut kann jeder Ehegatte alleine verfügen (bei Vorbehaltsgut auf eigene Rechnung, bei Sondergut auf Rechnung des Gesamtgutes).[39]

19 Hinsichtlich der **Schuldenhaftung** ist zu unterscheiden, ob das Gesamtgut durch beide Ehegatten gemeinsam oder nur von einem Ehegatten verwaltet wird. Zwar ist die Haftung gegenüber Dritten nach den gleichen Grundsätzen geregelt. Die Auswirkungen sind jedoch verschieden. Es gilt für beide Fälle der Grundsatz, dass Gläubiger des Ehemannes oder der Ehefrau aus dem Gesamtgut Befriedigung verlangen können (§§ 1437, 1459), denn alle persönlichen Schulden sind Gesamtgutsverbindlichkeiten. Bei gemeinschaftlicher Verwaltung sind sämtliche persönliche Schulden eines Ehegatten Gesamtgutsverbindlichkeiten. Bei Verwaltung durch einen Ehegatten sind alle persönlichen Schulden des Verwalters Gesamtgutsverbindlichkeiten und grundsätzlich auch sämtliche Schulden des anderen Ehegatten, allerdings sind diejenigen Verbindlichkeiten ausgenommen, die nach Eintritt der Gütergemeinschaft ohne Zustimmung des Verwalters begründet wurden (§ 1438) oder die unter §§ 1439, 1440 fallen.[40] Der Ehegatte, der das Gesamtgut verwaltet, haftet neben dem Gesamtgut für die Verbindlichkeiten des anderen Ehegatten, die Gesamtgutsverbindlichkeiten sind, auch persönlich als Gesamtschuldner (§ 1437 Abs 2). Bei gemeinschaftlicher Verwaltung haften neben dem Gesamtgut beide Ehegatten auch persönlich als Gesamtschuldner (§ 1459 Abs 2). Diese persönliche Haftung umfasst auch das einzelne Vorbehalts- und Sondergut der Ehegatten.

20 Die Gütergemeinschaft endet durch Scheidung der Ehe, Eheauflösung, Nichtigkeit der Ehe und durch Tod eines Ehegatten, sofern nicht Fortsetzung der Gütergemeinschaft nach den §§ 1483 ff durch Vereinbarung im Ehevertrag eintritt.

Erfolgt die Beendigung der Gütergemeinschaft unter Lebenden, so ist das Gesamtgut auseinanderzusetzen (§§ 1471 ff), wobei vorab die Gesamtgutsverbindlichkeiten zu berichtigen sind. Wird die Gütergemeinschaft durch Tod eines Ehegatten aufgelöst, so gelten die allgemeinen erbrechtlichen Vorschriften. Der Anteil des verstorbenen Ehegatten am Gesamtgut fällt ebenso wie sein Vorbehalts- und Sondergut in den Nachlass (§ 1482). Das Gesamtgut wird zwischen den Erben und dem überlebenden Ehegatten nach den §§ 1471 ff auseinandergesetzt. Der gesetzliche Erbteil des überlebenden Ehegatten bemisst sich entsprechend § 1931 Abs 1 und 2.

21 Die Gütergemeinschaft kann jedoch nach Ableben eines Ehegatten von dem überlebenden Ehegatten mit den gemeinschaftlichen Abkömmlingen **fortgesetzt** werden (§ 1483).

---

[38] RGZ 129, 120.
[39] PALANDT-BRUDERMÜLLER § 1417 RdNr 4 und § 1418 RdNr 1.
[40] PALANDT-BRUDERMÜLLER § 1437 RdNr 3; STENGER ZEV 2000, 141, 143.

Während bei der vor dem 1. 7. 1958 ehevertraglich vereinbarten Gütergemeinschaft mit dem Ableben eines Ehegatten noch fortgesetzte Gütergemeinschaft eintritt, wenn diese nicht ausdrücklich ausgeschlossen ist, wird die Gütergemeinschaft, wenn sie nach dem 1. 7. 1958 vereinbart wurde, nur fortgesetzt, wenn die Ehegatten die Fortsetzung ehevertraglich ausdrücklich vereinbart haben. In jedem Falle kann der überlebende Ehegatte die Fortsetzung der Gütergemeinschaft mit den Abkömmlingen ablehnen (§ 1484 Abs 1).

Die fortgesetzte Gütergemeinschaft kennt **vier Vermögensmassen:** 22
(a) das Gesamtgut der fortgesetzten Gütergemeinschaft (§ 1485),
(b) das Vorbehaltsgut des überlebenden Ehegatten (§ 1486 Abs 1),
(c) das Sondergut des überlebenden Ehegatten (§ 1486 Abs 2),
(d) das Vermögen der Abkömmlinge.

Eine Beerbung des verstorbenen Ehegatten erfolgt nur hinsichtlich dessen Vorbehalts- und Sonderguts. Eine Auseinandersetzung des Gemeingutes findet nicht statt (§ 1483 Abs 1 S 2). Nicht in das Gesamtgut fällt das Vermögen der Abkömmlinge, gleichgültig, wann es erworben wurde (§ 1485 Abs 1). Die Verwaltung des Gesamtgutes der fortgesetzten Gütergemeinschaft steht dem überlebenden Ehegatten zu (§ 1487 Abs 1 2. Hs). Im Übrigen gelten für das Gesamtgut der fortgesetzten Gütergemeinschaft im Grundsatz die gleichen Bestimmungen wie bei der ehelichen Gütergemeinschaft.[41]

Die fortgesetzte Gütergemeinschaft **endet** durch Aufhebung (§ 1492), Wiederverheiratung des überlebenden Ehegatten (§ 1493), Tod des überlebenden Ehegatten (§ 1494) oder Aufhebungsurteil nach den §§ 1495 f. Nach Beendigung der fortgesetzten Gütergemeinschaft hat die Auseinandersetzung des Gesamtgutes gem den §§ 1497 ff zu erfolgen. 23

Der fortgesetzten Gütergemeinschaft kommt heute **weniger Bedeutung** zu, da regelmäßig bei Abschluss des Ehevertrages auch ein Erbvertrag vereinbart werden wird. Wollen aber die in Gütergemeinschaft verheirateten Ehegatten keine Verfügungen von Todes wegen treffen, so sollte im Interesse des überlebenden Ehegatten die Fortsetzung der Gütergemeinschaft vereinbart werden. Denn bei Eintritt der gesetzlichen Erbfolge steht der überlebende Ehegatte bei fortgesetzter Gütergemeinschaft regelmäßig besser als bei beendeter Gütergemeinschaft und Erbengemeinschaft:[42] Ihm steht das alleinige Verwaltungsrecht hinsichtlich des Gesamtgutes zu; er hat freies Verfügungsrecht hinsichtlich des beweglichen Vermögens. Auch kann bei fortgesetzter Gütergemeinschaft die Auseinandersetzung des Gesamtgutes – ausgenommen der Fall des § 1495 – von den Abkömmlingen nicht erzwungen werden. Die fortgesetzte Gütergemeinschaft verhindert so die Auflösung und Spaltung des Vermögens beider Ehegatten. Im Übrigen haftet das Gesamtgut nicht für Verbindlichkeiten der Abkömmlinge (§ 1488). 24

Zu beachten ist hier ferner, dass, wenn bei fortgesetzter Gütergemeinschaft ein Abkömmling stirbt, nur seine Abkömmlinge, nicht aber Schwiegertöchter oder Schwiegersöhne, in die fortgesetzte Gütergemeinschaft nachrücken (§ 1490). 25

Ein wesentlicher **Nachteil der fortgesetzten Gütergemeinschaft** ist darin zu sehen, dass zu allen Verfügungen (auch Belastungen) des überlebenden Ehegatten über Grundbesitz des Gesamtgutes die Mitwirkung sämtlicher anteilsberechtigter Abkömmlinge erforderlich ist. Als Druckmittel für den überlebenden Ehegatten, 26

---

[41] Vgl im Einzelnen hierzu ERMAN-HECKELMANN § 1487 RdNr 2 ff.

[42] Vgl hierzu grds RÖLL MittBayNot 1959, 176.

die Mitwirkung leichter zu erreichen, könnte die Bestimmung (in der Verfügung von Todes wegen) dienen, dass diejenigen Abkömmlinge, die aus nicht triftigen Gründen die Mitwirkung verweigern, die Hälfte des Werts ihres Anteils am Gesamtgut an den überlebenden Ehegatten zu zahlen haben und auch beim Ableben des überlebenden Elternteils auf den Pflichtteil gesetzt sein sollen (§§ 1512, 1513). So betrachtet ist die fortgesetzte Gütergemeinschaft dann zweckmäßig, wenn neben der ehevertraglichen Vereinbarung der Gütergemeinschaft keine Verfügungen von Todes wegen getroffen werden.

27 In letzter Zeit gewinnt die Gütergemeinschaft bei Ehegatten mit sehr unterschiedlichen Vermögen insoweit an Bedeutung, als die Vereinbarung dieses Güterstandes grundsätzlich **keine Schenkung** darstellt (wichtig für den effektiven Pflichtteilswert, nicht aber für die erbschaftsteuerliche Beurteilung); denn der Rechtsgrund der Bereicherung liegt primär im familienrechtlichen Vertrag und nicht in der Einigung über die Unentgeltlichkeit.[43]

### c) Lebenspartnerschaft nach dem LPartG

27a Die dargestellten Grundzüge hinsichtlich der unmittelbaren Auswirkungen des Güterstandes im Erbrecht lassen sich entsprechend auf die seit dem 1. 7. 2001 durch das Gesetz zur Beendigung der Diskriminierung gleichgeschlechtlicher Gemeinschaften geschaffene eingetragene Lebenspartnerschaft übertragen.[44] Die Lebenspartner sind rechtlich den Ehegatten weitgehend gleichgestellt, wenn auch der Gesetzgeber das familienrechtliche Institut der eingetragenen Lebenspartnerschaft, wohl aus rechtspolitischen Gründen mit Hinblick auf Art 6 Abs 1 GG, nicht in das vierte Buch des BGB aufgenommen, sondern hierfür ein eigenes Gesetz geschaffen hat. Die erbrechtliche Stellung der Lebenspartner wird gleichermaßen außerhalb der Bestimmungen des BGB im LPartG mit entsprechenden Verweisen normiert.[45]

27b Der überlebende Lebenspartner wird gem § 10 Abs 1 S 1 LPartG wie ein Ehegatte nach § 1931 Abs 1 S 1 und 2 neben den Verwandten der ersten Ordnung **gesetzlicher Erbe** zu ¼, neben Verwandten der zweiten Ordnung oder neben Großeltern des Erblassers zu ½. Sind weder Verwandte erster Ordnung noch der zweiten Ordnung oder Großeltern vorhanden, wird der Überlebende gesetzlicher Alleinerbe (§ 10 Abs 2 LPartG). Einzig die Vorschrift des § 1931 Abs 1 S 2 wurde nicht in das LPartG übernommen. Daneben gebühren dem Lebenspartner gem § 10 Abs 1 S 2 bis 4 LPartG die zum lebenspartnerschaftlichen Haushalt gehörenden Gegenstände, soweit sie nicht Zubehör eines Grundstücks sind und die Geschenke zur Begründung der Lebenspartnerschaft als **Voraus**. Der Anspruch besteht wie bei Ehegatten nur, auch wenn dies in § 10 Abs 1 LPartG nicht ausdrücklich geregelt ist, wenn der Lebenspartner gesetzlicher Erbe wird.[46] Auf ihn finden die für Vermächtnisse geltenden Vorschriften entsprechende Anwendung (§ 10 Abs 1 S 4 LPartG; gesetzliches Vorausvermächtnis nach § 2150). Liegen zur Zeit des Erbfalls die Voraussetzungen für die Aufhebung der Lebenspartnerschaft nach § 15 Abs 2 Nr 1 oder 2 LPartG vor oder hat der Erblasser einen Antrag auf Aufhebung gem § 15 Abs 2 Nr 3 LPartG gestellt, so sind das gesetzliche Erbrecht

---

[43] Allg BEHMER MittBayNot 1994, 377 ff; BGHZ 116, 178; PALANDT-EDENHOFER § 2325 RdNr 15.
[44] Zur verfassungsrechtlichen Zulässigkeit und bzgl eines – vom BVerfG verneinten – Verstoßes gegen Art 6 Abs 1 GG, vgl BVerfG NJW 2001, 2457; BECK NJW 2001, 1894; PALANDT-BRUDERMÜLLER Einl LPartG RdNr 2.
[45] PALANDT-BRUDERMÜLLER Einl LPartG RdNr 3 f; LANGENFELD ZEV 2002, 8 f; MAYER ZEV 2001, 169, 172.
[46] LEIPOLD ZEV 2001, 218; SCHWAB FamRZ 2001, 385, 395.

und damit gleichfalls der Anspruch auf den Voraus ausgeschlossen (§ 10 Abs 3 LPartG).[47]

Vor Begründung der Lebenspartnerschaft haben die Partner, anders als Eheleute, gem § 6 Abs 1 LParG zwingend eine Erklärung über den **Vermögensstand** abzugeben. Einen gesetzlichen Vermögensstand wie die Zugewinngemeinschaft (§ 1363 Abs 1) im Eherecht gibt es hier nicht. Wollen die Partner im gesetzlichen Regelvermögensstand der Ausgleichsgemeinschaft, die mit der Verweisung auf die §§ 1371 bis 1390 in § 10 Abs 2 S 4 LPartG der Zugewinngemeinschaft entspricht, zusammenleben, müssen sie dies erklären. Bei der Ausgleichgemeinschaft verwaltet jeder Lebenspartner sein Vermögen selbst und haftet nicht für Schulden des anderen Lebenspartners. Bei Beendigung der Ausgleichsgemeinschaft durch Tod hat der überlebende Lebenspartner nach nicht unumstrittener Ansicht[48] die Wahlmöglichkeit, ob der Überschussausgleich im Rahmen einer pauschalen Erhöhung des gesetzlichen Erbteils um $1/4$ unabhängig vom tatsächlich erwirtschafteten Überschuss (§ 10 Abs 2 S 4 LPartG iVm § 1371 Abs 1) oder durch konkrete Berechnung entsprechend den §§ 1372 ff verwirklicht werden soll. Es steht den Lebenspartnern zudem frei, einen abweichenden Vermögensstand durch Abschluss eines notariell beurkundeten Vertrags gem § 7 LPartG zu vereinbaren (§ 10 Abs 1 S 2 LPartG). Die gesetzlichen Güterstandsmodelle der »Gütertrennung« und der »Gütergemeinschaft« sind zwar im LPartG nicht ausdrücklich vorgesehen. Wegen der Wesensgleichheit von Ehe und Lebenspartnerschaft können diese Modelle indes einer Vereinbarung einer Vermögenstrennung oder einer Vermögensgemeinschaft im Lebenspartnerschaftsrecht entsprechend zugrunde gelegt werden.[49] Beide Vermögensstände haben jedoch auf das Erbrecht, abgesehen von den allgemeinen Rechtsfolgen des § 10 LPartG, keine weitergehenden Auswirkungen. Die Sonderregel des § 1931 Abs 4 bei Gütertrennung unter Ehegatten wurde in das LPartG nicht aufgenommen. Die gesetzliche Erfolge vollzieht sich daher in beiden Fällen allein nach § 10 Abs 1 LPartG.[50] Bei Vermögenstrennung fällt das gesamte Vermögen des Erblassers in den Nachlass; bei Vermögensgemeinschaft besteht der Nachlass sowohl aus dem Anteil des verstorbenen Lebenspartner am gemeinschaftlichen Vermögen, als auch aus dessen Sonder- und Vorbehaltsvermögen. Die Möglichkeit einer fortgesetzten Vermögensgemeinschaft, wie bei Ehegatten gem den §§ 1483 ff besteht nicht.[51]

Erbrechtlich können fernerhin auch Lebenspartnern ein **gemeinschaftliches Testament** errichten (§ 10 Abs 4 LPartG). Eine Verfügung von Todes wegen, durch die ein Lebenspartner den anderen als Erben eingesetzt hat, wird wie bei Ehegatten nach der Auslegungsregel des § 2077 Abs 1 und 3 bei Auflösung der Lebenspartnerschaft unwirksam, es sei denn, es ist anzunehmen, dass der Erblasser sie auch für diesen Fall getroffen hätte (§ 10 Abs 5 LPartG). Die Vorschriften des BGB über den **Erbverzicht** gelten gem § 10 Abs 7 LPartG auch zwischen Lebenspartnern.[52]

27c

---

**47** Diese Einschränkung des gesetzlichen Erbrechts ist bei Ehegatten mit § 1933 vergleichbar, wenn auch § 10 Abs 3 nicht mit § 1933 identisch ist, da sich die Aufhebung als Auflösung der Lebenspartnerschaft iSe Scheidung nach § 15 LPartG grundlegend von den §§ 1564 ff unterscheidet. Vgl ausführlich SCHWAB FamRZ 385, 395, 397 f.
**48** PALANDT-BRUDERMÜLLER § 6 LPartG RdNr 3; vgl mwN und iE für ein pauschalen

Ausgleich entsprechend § 1371: GRZIWOTZ DNotZ 2001, 280, 298; MAYER ZEV 2001, 169, 173.
**49** LANGENFELD ZEV 2002, 8 f; LEIPOLD ZEV 2001, 218, 219 f.
**50** LEIPOLD ZEV 2001, 218, 220.
**51** EUE FamRZ 2001, 1196 f.
**52** MAYER ZEV 2001, 169, 172 f; SCHWAB FamRZ 2001, 385, 395 f.

Letztlich steht dem überlebenden Lebenspartner, der durch eine Verfügung von Todes wegen von der Erbfolge ausgeschlossen wurde, die Hälfte seines gesetzlichen Erbteils als **Pflichtteil** zu. Die Vorschriften der §§ 2303 ff sind nach § 10 Abs 6 S 2 LPartG mit der Maßgabe entsprechend anzuwenden, dass der Lebenspartner wie ein Ehegatte zu behandeln ist.[53]

### 2. Familiäre Sondersituationen

#### a) Verfügungen von Todes wegen bei kinderlosen Ehegatten

28 Bei kinderlosen Ehegatten ist zunächst die Versorgung des überlebenden Ehegatten erster und meist wichtigster Interessenschwerpunkt. Die Ehegatten wünschen häufig, dass der überlebende Ehegatte sich nicht mit den Verwandten des Verstorbenen auseinandersetzen muss. Außerdem besteht in manchen Fällen auch das Interesse, zukünftige gemeinschaftliche Abkömmlinge zu bedenken, wobei bei der Gestaltung die Freiheit des überlebenden Partners eine große Rolle spielt. Vertragstypisch wird dabei zwischen jungen, noch kinderlosen Ehegatten und älteren Ehegatten unterschieden, bei denen keine Kinder mehr zu erwarten sind.[54]

#### aa) Kinderlose junge Ehegatten

29 Bei jüngeren Ehegatten, bei denen noch nicht ausgeschlossen ist, dass gemeinschaftliche Abkömmlinge geboren werden, bestehen zum Teil unterschiedliche Interessenlagen, je nachdem, ob das Vermögen von den Ehegatten gemeinsam erwirtschaftet wurde und daher der überlebende Ehegatte möglichst ungeschmälert in den Genuss dieses Vermögens gelangen soll, oder ob ein Ehepartner von seiner Familie ein größeres Vermögen erlangt hat. In diesem Fall besteht uU ein Interesse des Ehegatten mit dem größeren Vermögen, dieses im Rahmen seiner Familie zu halten. Hierbei muss insbesondere geprüft werden, inwieweit in Rechtsgeschäften unter Lebenden Rückübertragungsansprüche für den Fall des Vorversterbens ohne eigene Abkömmlinge aufgenommen wurden, die dazu führen, dass diese Vermögensgegenstände vom Erben an den damaligen Schenker zurückübertragen werden müssen. Häufig werden derartige Ansprüche im Immobilienbereich durch Rückauflassungsvormerkungen gesichert, sodass die schenkenden Verwandten bereits außerhalb des Erbrechts abgesichert sind.[55]

30 Wurde das Vermögen von den Ehegatten weitgehend **gemeinsam erwirtschaftet** oder ist nur ein kleines eigenes Vermögen vorhanden, dann wird der Interessenlage in erster Linie eine gegenseitige Erbeinsetzung in einem gemeinschaftlichen Testament entsprechen. Zu klären bleibt die weitere Frage, ob bereits zu diesem Zeitpunkt eine Schlusserbeneinsetzung und wenn ja, welche, vorgenommen werden oder ob der überlebende Ehegatte vollständige Freiheit im Hinblick auf den Nachlass erhalten soll. Im letzteren Fall wäre die gegenseitige Erbeinsetzung ausreichend. Wünschen die Beteiligten hingegen bereits zu Lebzeiten zugunsten etwaiger Abkömmlinge eine Bindungswirkung, bietet sich eine Schlusserbeneinsetzung der gemeinschaftlichen Abkömmlinge nach den Vorschriften über die gesetzliche Erbfolge an, wobei im Regelfall der Einheitslösung der Vorzug gegeben

---

[53] Eingehend hierzu bereits System Teil A RdNr 146; vgl auch PALANDT-BRUDERMÜLLER § 10 LPartG RdNr 4; zu den erbrechtlichen Problemen einer gleichzeitig bestehenden Ehe und Lebenspartnerschaft EUE FamRZ 2001, 1196.

[54] NIEDER RdNr 1277 ff.

[55] Vgl JERSCHKE in: Beck'sches Notar-Handbuch, 2. Aufl, A V RdNr 224 ff; LANGENFELD, Grundstückszuwendungen, 3. Aufl, S 153 ff; WESER ZEV 1995, 353 ff.

wird, bei der der überlebende Ehegatte zunächst Vollerbe wird und die Bindungswirkung nur über die Wechselbezüglichkeit (vgl § 2298 RdNr 2 ff) erreicht wird. Die generelle Schlusserbeneinsetzung der »Abkömmlinge« hat den Vorteil, dass in vielen Fällen das Testament dann nicht geändert werden muss, wenn neue Abkömmlinge geboren werden. Andererseits kann im Hinblick auf die völlig unbekannte Entwicklung der noch nicht geborenen Abkömmlinge eine gemilderte Form der Bindungswirkung zu empfehlen sein. Beim gemeinschaftlichen Ehegattentestament kann dies durch eine Freistellungsklausel (siehe § 2271 RdNr 56 ff) und beim Ehegattenerbvertrag durch einen Änderungsvorbehalt (siehe § 2278 RdNr 13 ff) erreicht werden. Eine Mittellösung wird mit einer gegenständlich beschränkten Freistellung des Überlebenden für Vermächtnisse aus Vermögensteilen, die der Überlebende erst nach dem Tod des Erstversterbenden erwirbt, ermöglicht.[56]

Stammt das wesentliche **Vermögen** aus der Familie **eines Ehegatten** und soll diese familiäre Bindung erhalten bleiben, ist beim gemeinschaftlichen Ehegattentestament zu erwägen, ob die Trennungslösung mit Vor- und Nacherbschaft zugunsten der Abkömmlinge und ersatzweise zugunsten bestimmter Verwandter des verstorbenen Ehegatten angeordnet wird. Die Vorerbschaft führt zu einer Trennung der Ehegattenvermögen und ermöglicht die Steuerung in die zweite Generation. Eine weitere Alternative könnte darin liegen, dass dem überlebenden Ehegatten nur ein Nießbrauchsvermächtnis am gesamten Nachlass oder an bestimmten Vermögensgegenständen eingeräumt wird und als Vollerben die Abkömmlinge ersatzweise die Verwandten des verstorbenen Ehegatten eingesetzt werden. Bei dieser Nießbrauchslösung kann wiederum die Stellung des Ehegatten durch seine Einsetzung als Testamentsvollstrecker in Form der Dauertestamentsvollstreckung gestärkt werden (**Testamentsvollstreckernießbrauch**).[57] Außerdem sollte zugunsten des überlebenden Ehegatten ein vermächtnisweises Auseinandersetzungsverbot angeordnet werden, um zu verhindern, dass Eigengläubiger eines Miterben die Auseinandersetzung der Erbengemeinschaft betreiben können. Hierdurch wird eine der Vorerbschaft angenäherte Lösung erreicht. Soll die Stellung des überlebenden Ehegatten durch eine Erbeinsetzung gestärkt werden, könnte sich ein Vermächtnis zugunsten der Verwandten des verstorbenen Ehegatten empfehlen, das sofort beim Tod des Erblassers fällig wird und den familiengebundenen Vermögensgegenstand betrifft. **31**

Seltener dürfte das Interesse bei jungen Ehegatten darin liegen, dass der überlebende Ehegatte bereits im Hinblick auf die Verwandten des verstorbenen Ehepartners gebunden sein soll. Ist dies gewünscht, dann kann bereits eine gesetzliche Schlusserbeneinsetzung für den Tod des überlebenden Ehegatten getroffen werden, nach der entweder jeweils die gesetzlichen Erben des Ehemannes und der Ehefrau je zur Hälfte nach den Regeln über die gesetzliche Erbfolge eingesetzt werden oder in dem bestimmte Verwandte als Schlusserben bestimmt werden. **32**

Ebenfalls zu berücksichtigen sind **erbschaftsteuerliche Überlegungen**, vor allem bei größeren Vermögen. Im Einzelfall muss allerdings abgewogen werden, ob und inwieweit Steuervorteile zu Lasten der Absicherung des überlebenden Ehegatten und durch Einschränkungen von dessen Verfügungsfreiheit erreicht werden sollen. Dies kann nur im Einzelfall entschieden werden. Erbschaftsteuerlich

---

[56] Vgl NIEDER RdNr 1279.
[57] Vgl NIEDER RdNr 697; KELLER BWNotZ 1970, 49; zu den Schwierigkeiten der Ausgestaltung im Einzelnen vgl J MAYER ZEV 2001, 8 ff.

ist das Überspringen des überlebenden Ehegatten am günstigen, zB durch sofortige Einsetzung der Abkömmlinge und Absicherung des überlebenden Ehegatten durch ein Nießbrauchsvermächtnis. Auch die Ausnutzung von Freibeträgen durch Vermächtnisse beim ersten Erbfall kann angezeigt sein.

**Gestaltungsübersicht:**

33
- Vollständige Regelungsfreiheit des überlebenden Ehegatten: gegenseitige Erbeinsetzung im gemeinschaftlichen Testament oder Erbvertrag, keine Regelung der Schlusserbfolge;
- Schlusserbeneinsetzung der Abkömmlinge ohne Bindungswirkung: gegenseitige Erbeinsetzung der Ehegatten im gemeinschaftlichen Testament oder Erbvertrag, Einsetzung von Schlusserben, beim gemeinschaftlichen Testament Schlusserbeneinsetzung einseitig ohne Bindungswirkung; beim Erbvertrag Einsetzung der Schlusserben ohne erbvertragliche Bindung;
- Schlusserbeneinsetzung mit begrenzter Änderungsmöglichkeit: gegenseitige Erbeinsetzung der Ehegatten im gemeinschaftlichen Testament oder Erbvertrag, Änderungsvorbehalt in bestimmten Grenzen (zB wertverschiebende Anordnungen etc);
- Vorhandensein von familiär gebundenem Vermögen: gegenseitige Erbeinsetzung in Erbvertrag oder gemeinschaftlichen Testament, Schlusserben die gemeinschaftlichen Abkömmlinge, ersatzweise bestimmte sonstige Verwandten (Eltern, Geschwister etc), keine Änderungsmöglichkeit;
- Familiäre Bindung eines bestimmten Vermögensgegenstandes: gegenseitige Erbeinsetzung, Grundstücksvermächtnis zugunsten der gemeinsamen Abkömmlinge, ersatzweise der Eltern des Ehemannes, ersatzweise sonstiger dritter Verwandter, uU Untervermächtnis zugunsten der Ehefrau (zB Wohnungsrecht);
- Vermögen stammt aus der Familie eines Ehegatten: gemeinschaftliches Testament mit Vor- und Nacherbfolge (Trennungslösung vgl § 2271 RdNr 70), vermögender Ehegatte setzt seine Ehefrau zu seiner Vorerbin ein, Nacherben sind gemeinschaftliche Abkömmlinge nach den Regeln der gesetzlichen Erbfolge, ersatzweise die Eltern (weitere Ersatzerbeneinsetzung denkbar); der Nacherbfall tritt ein mit dem Tod des Vorerben oder bei seiner Wiederverheiratung, eventuell Vorausvermächtnis zugunsten der Ehefrau bezüglich bestimmter Vermögensgegenstände oder Wohnungsrecht;

Ehegatten setzen bereits für den ersten Erbfall die Abkömmlinge als Erben ein, überlebender Ehegatte erhält ein Nießbrauchsvermächtnis am gesamten Nachlass oder nur an bestimmten Nachlassgegenständen (zB Wohnhaus, Hausrat), Stärkung der Stellung des überlebenden Ehegatten durch seine Einsetzung als Testamentsvollstrecker, Anordnung eines vermächtnisweisen Auseinandersetzungsverbotes.

### bb) Testamente von älteren kinderlosen Ehegatten

34 Bei älteren Eheleuten, bei denen mit Abkömmlingen nicht mehr gerechnet werden kann, wird in der Regel die vollständige Erbeinsetzung des überlebenden Ehegatten gewünscht. Häufig wird allerdings auch bereits eine Regelung für den Tod des Letztversterbenden gewünscht, indem bestimmte Verwandte beider Ehegatten bereits bedacht werden sollen. Auch in diesem Zusammenhang ist die Bindungswirkung des überlebenden Ehegatten zu klären, insbesondere ist an einen eingeschränkten Änderungsvorbehalt, der den Verwandten bestimmte Mindestanteile sichert, aber im Übrigen dem überlebenden Ehegatten einen gewissen Gestaltungsspielraum gibt, zu denken.

**Gestaltungsmöglichkeiten:** 35

– Regelung beider Erbfälle, weitgehende Freiheit des überlebenden Erblassers: gegenseitige Erbeinsetzung durch gemeinschaftliches Testament oder Erbvertrag, Schlusserbeneinsetzung jeweils zur Hälfte der Verwandten des Ehemannes und der Ehefrau, die nach den Regeln der gesetzlichen Erbfolge berufen wären, wenn beide gleichzeitig versterben würden; Schlusserbeneinsetzung ist jeweils einseitig getroffen bzw ohne erbvertragliche Bindung und kann jederzeit aufgehoben oder geändert werden;
– Regelung beider Erbfälle mit begrenzter Änderungsmöglichkeit des überlebenden Ehegatten: gegenseitige Erbeinsetzung durch gemeinschaftliches Testament oder Erbvertrag; Schlusserbeneinsetzung der Verwandten des Ehemannes und der Ehefrau je zur Hälfte, eingeschränkter Änderungsvorbehalt, wonach der überlebende Ehegatte über den halben Erbanteil seiner Verwandten anders verfügen kann.

### b) Letztwillige Verfügung bei Ehegatten mit Kindern aus unterschiedlichen Verbindungen

Haben beide Ehegatten Kinder aus anderen Ehen, besteht die Problematik, dass 36 zum einen der erstversterbende Ehegatte seinen Ehegatten versorgt wissen will, dass zum anderen aber ausgeschlossen werden soll, dass der überlebende Ehegatte Verfügungen zum Nachteil seiner eigenen Kinder zugunsten der fremden Kinder trifft.[58] Bei dieser Fallgestaltung ist zum einen die Frage zu klären, ob die Abkömmlinge jeweils nur als Erben des leiblichen Elternteils behandelt oder ob beim Schlusserbfall eine gleichmäßige Verteilung des gesamten Ehegattenvermögens auf alle Abkömmlinge wie bei gemeinsamen Abkömmlingen vorgenommen werden soll.[59] Außerdem muss die Frage der Bindungswirkung und die Verfügungsmöglichkeit des überlebenden Ehegatten gegen die Sicherung der eigenen Kinder abgewogen werden.

Sollen selbständige Erbfälle stattfinden, bietet sich die gegenseitige Erbeinsetzung 37 mit Trennungslösung (Vor- und Nacherbschaft) an, oder der überlebende Ehegatte erhält am Nachlass des Versterbenden nur ein Nießbrauchsvermächtnis, Erben werden dann die eigenen leiblichen Kinder. Soll dagegen eine Regelung erreicht werden, die der bei gemeinsamen Abkömmlingen entspricht, bietet sich die Einheitslösung an, bei der dann die Frage der Bindungswirkung der Schlusserbeneinsetzung geklärt werden muss. Bei der Einheitslösung bestehen zwei Probleme:[60] Zum einen müssen beim Erbfall des vorversterbenden Ehegatten dessen Abkömmlinge davon abgehalten werden, Pflichtteilsansprüche geltend zu machen. Hier bieten sich die üblichen Pflichtteilssanktionsklauseln an (vgl System Teil E RdNr 88 ff und § 2269 RdNr 82 ff). Ein weiteres Problem kann daraus resultieren, dass die jeweiligen Nachlässe des erstversterbenden und des letztversterbenden Ehegatten so weit voneinander abweichen, dass aufgrund der Zusammensetzung der Nachlässe der gesetzliche Erbe nach dem Letztversterbenden einen Pflichtteils- bzw. Pflichtteilsrestanspruch hat, der die gleichmäßige Verteilung verhindern würde.[61] Insbesondere wenn beim Letztversterbenden nur ein gesetzlicher Erbe vorhanden ist, stünde diesem Erben als Pflichtteilsanspruch bereits der hälftige Gesamtnachlass zu, der sich seinerseits wieder aus dem Nachlass des Ehemannes und der Ehefrau zusammensetzt. Es ist daher bei der Testa-

---

58 Vgl NIEDER RdNr 1283; VON OLSHAUSEN DNotZ 1979, 707 ff.
59 Vgl LANGENFELD NJW 1987, 1577, 1583.
60 Vgl NIEDER RdNr 1283.
61 Vgl Berechnungsbeispiel bei VON OLSHAUSEN DNotZ 1979, 707, 708 f.

mentsplanung auch sehr genau das Wertverhältnis beider Nachlässe im Hinblick auf eventuelle Pflichtteilsrechte zu überprüfen und ggf, wenn eine derartige Situation zu befürchten ist, durch entsprechende Klauseln abzusichern. Hier könnte zum einen die Trennungslösung eine wirksame Gestaltungsmaßnahme darstellen. Soll es bei der Einheitslösung bleiben, wird in der Literatur folgende Gestaltung vorgeschlagen: Der Ehegatte, dessen Kindern eine Benachteiligung durch ein Pflichtteilsverlangen des nach dem überlebenden Ehegatten pflichtteilsberechtigten Kindes droht, setzt seinen Kindern für den Fall seines Vorversterbens sofort mit seinem Tode anfallende Vermächtnisse in Höhe ihrer gesetzlichen Erbteile aus, deren Fälligkeit aber bis zum Tode des überlebenden Ehegatten aufgeschoben ist. Außerdem wird dieses Vermächtnis unter die auflösende Bedingung gestellt, dass das Kind des anderen Ehegatten auf den ihm zustehenden Pflichtteil verzichtet, und zwar entweder zu Lebzeiten des überlebenden Ehegatten oder nach dessen Tod durch formlosen Erlassvertrag bzw dadurch, dass das Kind seinen Pflichtteilsanspruch verjähren lässt.[62]

### c) Das Geschiedenentestament[63]

#### aa) Auswirkungen der Scheidung auf letztwillige Verfügungen

**38** Eine letztwillige Verfügung, durch die der Erblasser seinen Ehegatten bedacht hat, ist unwirksam, wenn die Ehe nichtig oder wenn sie vor dem Tod des Erblassers aufgelöst worden ist (§ 2077 Abs 1 S 1). Nach § 2077 Abs 3 ist eine solche Verfügung nicht unwirksam, wenn anzunehmen ist, dass der Erblasser sie auch für einen solchen Fall getroffen haben würde. § 2268 Abs 1 bestimmt, dass in den Fällen des § 2077 ein gemeinschaftliches Testament insgesamt unwirksam ist, also auch hinsichtlich der Verfügungen zugunsten Dritter und der nicht wechselbezüglichen Verfügungen. § 2279 Abs 2 erweitert diese Regelung insoweit, als die Unwirksamkeit auch eine Zuwendung erfasst, die von den Ehegatten in ihrem Ehevertrag zugunsten eines Dritten gemacht wurden. Bei diesen Vorschriften handelt es sich allerdings nur um Auslegungsregeln und nicht um eine widerlegliche Vermutung.[64] Für die Ermittlung des hypothetischen Willens der Ehegatten ist allein auf den Zeitpunkt der Errichtung der letztwilligen Verfügung abzustellen. Spätere Umstände können für die Ermittlung des hypothetischen Willens nur insoweit herangezogen werden, als sie Rückschlüsse darauf zulassen, wie der Erblasser testiert hätte, wenn er die Auflösung der Ehe vorausbedacht hätte.[65] Ein Aufrechterhaltungswille kann daher nur angenommen werden, wenn der Erblasser zu der Verfügung nicht durch die Erwartung des Fortbestandes der Ehe bestimmt worden ist.[66] Bei wechselbezüglichen Verfügun-

---

[62] Vgl den Vorschlag bei VON OLSHAUSEN DNotZ 1979, 707, 719; NIEDER RdNr 1040.
[63] Literatur: BUSSE, Verfügungen von Todes wegen Geschiedener, MittRhNotK 1998, 225; DAMRAU, Minderjährige Kinder aus geschiedenen Ehen als Erben, ZEV 1998, 90; DIETERLE, Das Geschiedenen-Testament, BWNotZ 1971, 170; REIMANN, Erbrechtliche Überlegungen aus Anlass der Ehescheidung, ZEV 1995, 329; ders, Zur Kongruenz von eheverträglicher Regelung und erbrechtlicher Gestaltung, FS Schippel, 1996, 301; NIEDER, Das Geschiedenentestament und seine Ausgestaltung, ZEV 1994, 156; WAGNER, Das Geschiedenentestament – eine sinnvolle erbrechtliche Gestaltungsform, ZEV 1997, 469; LIMMER, Das Geschiedenentestament, ZFE 1/2002, 19.
[64] BayObLG ZEV 1995, 331; BayObLG NJW-RR 1993, 12; BGH FamRZ 1960, 28; SOERGEL-DAMRAU § 2077 RdNr 2; REIMANN, FS Schippel, 311; BUSSE MittRhNotK 1998, 225, 226; aA allerdings MUSCHELER DNotZ 1994, 733 ff, der der Auffassung ist, es handele sich um einen dispositiven Rechtssatz.
[65] BGH FamRZ 1961, 366; BayObLG FamRZ 1993, 362; BayObLG ZEV 1995, 331; BUSSE MittRhNotK 1998, 225, 226.
[66] OLG Hamm OLGZ 1992, 272, 277.

gen bzw zumindest Gegenseitigkeit der Verfügung besteht in der Regel ein Indiz gegen den Aufrechterhaltungswillen.[67]

Da nach der hM den genannten Regelungen nur eine Auslegungsfunktion zukommt und es in der Praxis schwer vorhersehbar ist, welche Umstände letztendlich für die Auslegung herangezogen werden und zu welchen Ergebnissen diese führen, sind in jedem Fall klarstellende Anordnungen zweckmäßig.[68] Die Maßnahmen, die zu treffen sind, entsprechen denen bei getrennt lebenden Ehegatten, sodass auf unten verwiesen werden kann (siehe unten bb). 39

Auf **Lebensversicherungen** und sonstige Rechtsgeschäfte unter Lebenden ist nach hM § 2077 nicht entsprechend anzuwenden.[69] Insofern sind besondere Maßnahmen, insbesondere der Widerruf des Bezugsrechts, veranlasst. Zu beachten ist dabei, dass nach § 13 Abs 2 ALB die Einräumung und Aufhebung einer Drittberechtigung am Lebensversicherungsvertrag erst mit deren schriftlicher Anzeige an den Vorstand des Versicherers wirksam wird. Trotz der Auslegungsregel des § 332 genügt die Änderung der Bezugsberechtigung in einer Verfügung von Todes wegen nicht.[70] 40

#### bb) Getrennt lebende Ehegatten

Bei Trennung tritt die Auslegungsregel des § 2077 Abs 1 S 2 BGB nur ein, wenn zur Zeit des Todes des Erblassers die Voraussetzungen für die Scheidung gegeben waren und der Erblasser die Scheidung beantragt oder ihr zugestimmt hatte. Die Zustimmung ist nach Auffassung des BGH eine Prozesshandlung und muss im Scheidungsverfahren dem Gericht gegenüber erklärt werden.[71] Ungeklärt ist dabei noch, in welcher Form die Zustimmung zu klären ist.[72] Hat nur der überlebende Ehegatte die Scheidung beantragt, so bleibt sein gesetzliches Erbrecht erhalten.[73] Ebenso wie bei geschiedenen Ehegatten handelt es sich auch insoweit nur um Auslegungsregeln, sodass auch in diesen Fällen klarstellende Anordnungen zweckmäßig sind. Sind die Voraussetzungen nicht gegeben oder sollen Auslegungsunsicherheiten beseitigt werden, dann sind je nach erbrechtlicher Situation verschiedene Maßnahmen zu prüfen.[74] Besteht kein Testament, sollte ein enterbendes Testament verfügt werden. Ein begünstigendes Testament sollte widerrufen werden, beim gemeinschaftlichen Testament ist der Widerruf durch notariell beurkundende Widerrufserklärung notwendig. Ist beim Ehegattenerbvertrag der Rücktritt vorbehalten, kann sich der Erblasser vom Erbvertrag durch Rücktritt befreien. Ist kein Rücktrittsvorbehalt enthalten, so kann jeder Ehegatte seine Verfügung in dem Ehegattenerbvertrag wegen Motivirrtum gem § 2078 Abs 2 durch notariell zu beurkundende und dem anderen Ehegatten zuzustellende Anfechtungserklärung anfechten.[75] Pflichtteilsansprüche lassen sich 41

---

**67** Vgl OLG Hamm OLGZ 1992, 272; PALANDT-EDENHOFER § 2268 RdNr 2; RGRK-JOHANNSEN § 2268 RdNr 2; DIETERLE BWNotZ 1970, 171.
**68** So zu Recht REIMANN, FS Schippel, 311.
**69** BGH NJW 1987, 3113; TAPPMEIER, DNotZ 1987, 715; BUSSE MittRhNotK 1998, 225, 228.
**70** BGHZ 81, 95; BGH NJW 1981, 2245; BGH NJW 1993, 3133; NIEDER ZEV 1994, 156, 157 f; TAPPMEIER DNotZ 1987, 715.
**71** BGHZ 111, 329, 331 = NJW 1990, 2382; BGH NJW 1995, 1082.

**72** Herrschende Meinung wohl formlos: BayObLG NJW-RR 1996, 651; OLG Frankfurt OLGZ 1990, 215; OLG Stuttgart OLGZ 1993, 263; OLG Zweibrücken NJW 1995, 609; strenger vgl OLG Zweibrücken OLGZ 1983, 160.
**73** An der Verfassungsmäßigkeit dieses einseitigen Erbrechtsausschlusses zweifelt ZOPFS ZEV 1995, 309.
**74** Vgl REIMANN ZEV 1995, 329; ders, FS Schippel, 1996, 301.
**75** BayObLG FamRZ 1983, 1275; BayObLG NJW-RR 1990, 200; NIEDER ZEV 1994, 157.

nur durch einen notariell beurkundeten Erb- oder Pflichtteilsverzichtsvertrag verhindern. Kommt es zu einer Scheidungsvereinbarung, empfiehlt es sich, daher auch die erbrechtliche Situation zu regeln und alle bisher getroffenen gemeinschaftlichen Testamente und Erbverträge aufzuheben und einen Erb- oder Pflichtteilsverzichtsvertrag zu vereinbaren. In der Regel ist in diesem Rahmen der Erbverzicht dem Pflichtteilsverzicht vorzugswürdig.[76]

### cc) Die Problematik des Geschiedenentestamentes

**42** Die Interessenlage bei geschiedenen Ehepartnern ist in der Regel dergestalt, dass unter allen Umständen verhindert werden soll, dass der geschiedene Ehepartner in welcher Form auch immer am Vermögen des anderen Ehegatten beteiligt wird. Sind gemeinsame Abkömmlinge vorhanden, besteht die Problematik, dass beim Vorversterben der gemeinschaftlichen Kinder der geschiedene Ehepartner wiederum als gesetzlicher Erbe der Kinder am Nachlass partizipiert bzw Pflichtteilsansprüche geltend machen kann, die sich wertmäßig auch aus dem Nachlass des verstorbenen Ehepartners zusammensetzen.[77] Gestaltungen, die dies verhindern sollen, werden unter den Begriff des Geschiedenentestaments diskutiert.

### dd) Sicherung durch Anordnung der Nacherbfolge

**43** Soll das weitere Schicksal von Vermögenswerten über den Tod des Erben hinaus gesteuert werden, wird in der Regel die Anordnung von Vor- und Nacherbfolge gewählt. Hierdurch wird verhindert, dass kraft Erbfolge das vom Erblasser stammende Vermögen über die Kinder als Erben an den geschiedenen Ehegatten fällt. Durch die Anordnung der Vor- und Nacherbfolge wird ein Sondervermögen geschaffen, das vom eigenen Vermögen des (Vor-)Erben getrennt ist und – da es zur Testierbefugnis des Vorerben regelmäßig entzogen ist – nicht an dessen Erben fallen und als Sondervermögen auch nicht zur Berechnung von Pflichtteilsansprüchen der pflichtteilsberechtigten Angehörigen des Erben herangezogen werden kann. Außerdem können wegen der §§ 2112 ff BGB auch bei einer Verfügung unter Lebenden Nachlassgegenstände nur beschränkt auf den anderen Ehegatten übertragen werden.

**44** Als Nacherben kann der Erblasser die zukünftigen Abkömmlinge seiner Kinder oder deren gesetzliche Erben einsetzen, wobei allerdings ausdrücklich der andere Elternteil ausgenommen werden muss, dessen Abkömmlinge, die nicht aus der Ehe mit dem Erblasser stammen, und dessen Verwandte aufsteigender Linie (ausgeschlossener Personenkreis).[78] Nachteil dieser Lösung ist, dass die eigenen Erben langfristig gebunden werden und insbesondere keine eigenen letztwilligen Verfügungen, zB zugunsten ihrer eigenen Ehepartner, treffen können. Dies ist deshalb unerwünscht, da es nicht um den Schutz der Nacherben geht, sondern nur um die Steuerung des Nachlasses am Ehegatten vorbei. Die Interessenlage geht daher in der Regel dahin, den eigenen Erben möglichst viel Gestaltungsfreiheit zu lassen.[79] Hierfür werden verschiedene Lösungen vorgeschlagen:

---

**76** REIMANN ZEV 1995, 329.
**77** Vgl BUSSE MittRhNotK 1998, 225; DIETERLE BWNotZ 1971, 14 ff; NIEDER ZEV 1994, 156, 158; ders Handbuch der Testamentsgestaltung, RdNr 1045; LANGENFELD, Das Ehegattentestament, RdNr 341 ff; WAGNER ZEV 1997, 369; REIMANN ZEV 1995, 329, 330.

**78** Vgl NIEDER ZEV 1994, 157, 158; LANGENFELD, Das Ehegattentestament, RdNr 342; DIETERLE BWNotZ 1971, 170; BUSSE MittRhNotK 1998, 225, 230 mit Formulierungsvorschlag.
**79** Vgl WAGNER ZEV 1997, 370.

- Der Erblasser bestimmt, dass diejenigen Personen Nacherben sein sollen, die  **45**
der Vorerbe von Todes wegen zu seinen Erben bestimmt. Bei dieser Klausel ist
allerdings umstritten, ob sie gegen § 2065 Abs 2 verstößt, ob es also ausschließlich vom Willen des Vorerben abhängt, wer Erbe wird. Die Literatur lässt allerdings diese Anordnung zu und sieht keinen Verstoß gegen § 2065 Abs 2.[80] Allerdings war das OLG Frankfurt im Beschluss vom 10. 12. 1999[81] ohne weitere
Auseinandersetzung mit der Literatur der Auffassung, dass eine Bestimmung,
dass derjenige Nacherbe sein soll, den der Vorerbe testamentarisch bestimmt,
wegen Verstoßes gegen § 2065 Abs 2 BGB unwirksam sei. Auch die Auslegungsregel des § 2104 BGB finde keine Anwendung. In der Praxis ist diese Gestaltung daher in Zukunft bis zu einer Klärung nicht mehr zu empfehlen.[82] Bei
dieser Gestaltung müsste – wenn sie noch verwendet werden soll – in jedem
Fall geregelt werden, dass für den Fall, dass der Vorerbe den geschiedenen
Ehegatten des Erblassers oder Personen, die zum ausgeschlossenen Personenkreis gehören, ganz oder teilweise als Erben einsetzt, hilfsweise eine bedingte
Anordnung getroffen wird, etwa in der Weise, dass die Erbschaft bzw »der
freie Anteil« den gesetzlichen Erben des Vorerben mit Ausnahme des anderen
Elternteils und dessen Angehörigen oder den übrigen gewillkürten Erben des
Vorerben zufallen soll.
- Unabhängig von dieser problematischen Regelung wird als zulässig erachtet,  **46**
dass der Erblasser bestimmte Nacherben einsetzt, diese aber unter der auflösenden bzw aufschiebenden Bedingung, dass der Vorerbe nicht anderweitig
letztwillig verfügt. Diese Lösung wird von der hM ohne weiteres anerkannt.[83]
Die auflösende Bedingung kann in der Art eingeschränkt werden, dass sie nur
eingreift, wenn der Vorerbe bestimmte Personen oder einen bestimmten Personenkreis bedenkt. Die bedingte Vorerbschaft führt zur Vollerbschaft, sofern der
Vorerbe eine Verfügung über sein Vermögen trifft. In diesem Fall kann sich allerdings beim Tod des »Vorerben« herausstellen, dass im Falle der Vollerbschaft
der geschiedene Ehegatte über sein Pflichtteilsrecht nach seinem Kind an dem
Vermögen des Erblassers partizipiert. Das KG hat jüngst bestätigt, dass eine
Erbeinsetzung unter einer Bedingung, deren Eintritt von einem Dritten festgestellt werden soll, nicht gegen § 2065 verstößt, wenn die Voraussetzungen des
Bedingungseintritts durch sachliche Kriterien hinreichend bestimmt sind und
nicht dem Ermessen des Dritten überlassen sind.[84] Das OLG Hamm war im
Beschluss vom 24. 8. 1999 der Auffassung, dass die Bestimmung in einem Ehegattentestament, die eine angeordnete Nacherbeneinsetzung mit einer auflösenden Bedingung verknüpft, die bei einer anderweitigen Verfügung des über-

---

**80** So STAUDINGER-OTTE § 2065 BGB RdNr 16; PALANDT-EDENHOFER § 2065 BGB RdNr 7; NIEDER ZEV 1994, 156, 158; BUSSE Mitt-RhNotK 1998, 232; DIETERLE aaO; Münch-Komm-LEIPOLD § 2065 BGB RdNr 14, der allerdings verlangt, dass der Erblasser in seiner Verfügung die überhaupt in Betracht kommenden Personen selbst bezeichnet; ablehnend SOERGEL-LORITZ § 2065 RdNr 14; vgl auch WAGNER ZEV 1997, 369, 370.
**81** OLG Frankfurt DNotZ 2001, 143 mit Anm KANZLEITER.
**82** KANZLEITER spricht daher vom Ende der DIETERLE-Klausel DNotZ 2001, 150; ähnlich auch J MAYER ZEV 2001, 7; ders ZERB 2001, 197, 205; OERTZEN-SISTERMANN ZEV 2001, 186.
**83** RGJW 1910, 820; BGHZ 2, 35; BGHZ 59, 220; BayObLGZ 1982, 331; BayObLG FamRZ 1991, 1488; OLG Oldenburg FamRZ 1991, 862; KG DNotZ 1999, 679; STAUDINGER-OTTE § 2065 BGB RdNr 19; Münch-Komm-LEIPOLD § 2065 BGB RdNr 9; SOERGEL-LORITZ § 2065 BGB RdNr 19; BUSSE MittRhNotK 1998, 236; FRANK MittBayNot 1987, 231; KANZLEITER DNotZ 2001, 15; J MAYER ZEV 2001, 6 f mit Formulierungsbeispiel.
**84** KG DNotZ 1999, 679.

lebenden Ehegatten über den Nachlass eintritt, wirksam ist.[85] Der Bedingungseintritt könne dabei auch so gestaltet werden, dass er nicht nur durch eine anderweitige letztwillige Verfügung, sondern auch durch ein lebzeitiges Rechtsgeschäft des überlebenden Ehegatten herbeigeführt werden kann.

47 – Die Nacherbfolge kann auch nur bedingt angeordnet werden für den Fall, dass Nachlassgegenstände des Erblassers nach dem Tod des Erben im Wege der Erbfolge oder aufgrund eines Vermächtnisses auf den geschiedenen Ehegatten, dessen Abkömmlinge, die nicht aus der Ehe mit dem Erblasser stammen, oder auf seine Verwandte aufsteigender Linie übergehen würden oder Grundlage für die Berechnung des Pflichtteils der ausgeschlossenen Person wären.[86] Diese aufschiebende Bedingung führt aber auch dazu, dass die Schutzvorschriften des §§ 2113 ff BGB gelten.[87]

48 Es empfiehlt sich außerdem, die nach § 2108 Abs 2 BGB grundsätzlich gegebene Vererblichkeit und die nach dem Erbfall mögliche Übertragungsfähigkeit[88] der Anwartschaft des Nacherben auszuschließen, damit nicht der geschiedene Ehegatte und dessen Lebenskreis über den Nacherben doch noch an dem Vermögen des Erblassers teilnehmen. Der Ausschluss kann auch teilweise, nämlich soweit der geschiedene Ehegatte und dessen Angehörige zum Zuge kommen, angeordnet werden. Ein derartiger Ausschluss ist nach der Rechtsprechung des BGH[89] sinnvoll. Der Umstand allein, dass der Nacherbe ein Abkömmling des Erblassers ist, genügt noch nicht, um annehmen zu können, der Erblasser habe die Vererblichkeit der Nacherbenanwartschaft nicht gewollt. Die zeitliche Schranke des § 2109 BGB ist zu beachten.

49 Da sich die Nacherbenbestimmung nicht gegen den Vorerben, sondern gegen den geschiedenen Ehegatten des Erblassers richtet, wird dieser den Vorerben von allen Beschränkungen im Rahmen des gesetzlich Zulässigen freistellen.[90] Soll eine weitere Freistellung zu Lebzeiten erreicht werden, wäre daran zu denken, anzuordnen, dass für den Fall, dass der Vorerbe über Gegenstände, die der Vor- und Nacherbfolge unterliegen, zu Lebzeiten zugunsten anderer Personen als des geschiedenen Ehepartners bzw des ausgeschlossenen Personenkreises verfügt, er diese als Vorausvermächtnis erhält, die nicht der Vor- und Nacherbfolge unterliegen. Es handelt sich dabei also um ein Vorausvermächtnis der Nachlassgegenstände unter der Bedingung, dass hierüber zu Lebzeiten eine Verfügung getroffen worden ist. Bei dieser Gestaltung ist fraglich, ob sie nicht dem Grundgedanken der Vor- und Nacherfolge widerspricht und ob sie nicht als Vollerbeneinsetzung gewertet wird, verbunden mit einem Vermächtnis hinsichtlich des Teils des Nachlasses, über den der zunächst Berufene bis zu seinem Tod nicht verfügt hat.[91]

### ee) Sicherung durch auflösend bedingte Erbeinsetzung

50 Der Erblasser kann den Erben auch nur auflösend bedingt zum Erben einsetzen und als Bedingung die Veräußerung (unter Lebenden) eines Nachlassgegenstandes an den anderen Elternteil (bzw dessen Angehörige) festsetzen. Eine solche Gestaltung ist für alle Beteiligten sehr einschneidend und wegen der Schwierigkei-

---

85 OLG Hamm MittRhNotK 1999, 312 = ZEV 2000, 197 m Anm LORITZ = MittBayNot 2000, 47.
86 DIETERLE BWNotZ 1971, 18; NIEDER ZEV 1994, 156, 158.
87 NIEDER aaO.
88 RGZ 170, 168; STAUDINGER-BEHRENDS-

AVENARIUS § 2108 BGB RdNr 7; PALANDT-EDENHOFER § 2108 BGB RdNr 6.
89 NJW 1963, 1150.
90 Zu den verschiedenen Befreiungsmöglichkeiten vgl instruktiv mit Formulierungsbeispielen J MAYER ZEV 2001, 1, 6 ff.
91 OLG Bremen DNotZ 1956, 149.

ten, die der gutgläubige Erwerb Dritter mit sich bringen kann, nicht zweckmäßig. Trotz des Grundsatzes der Testierfreiheit ist es zulässig, als (auflösende) Bedingung auch eine letztwillige Zuwendung des Erben an den geschiedenen Ehegatten festzusetzen.[92]

Allerdings kann eine derartige testamentarische Verwirkungsklausel als Anordnung der Nacherbfolge oder als aufschiebend bedingte Pflicht des Erben zur Herausgabe des Zugewendeten an einen Vermächtnisnehmer aufzufassen sein.[93] Sofern eine echte bedingte Erbeinsetzung gewollt ist, sollte dies in der Verfügung von Todes wegen klargestellt werden.

**ff) Sicherung durch Aussetzung von Vermächtnissen**
Als zweite Lösung, die die Nachteile der Vor- und Nacherbfolge vermeidet, wird in der Literatur die Aussetzung von aufschiebend bedingten (Herausgabe-)Vermächtnissen vorgeschlagen.[94] Der Erblasser kann seine Erben mit einem beim Tod des Erben anfallenden Sachvermächtnis beschweren, wonach diejenigen Vermögensgegenstände, die ursprünglich zum Nachlass gehört haben, sowie Surrogate (§ 2111) herauszugeben sind. Hierdurch wird sichergestellt, dass das Vermögen des Erblassers nicht an den geschiedenen Ehegatten, dessen Abkömmlinge, die nicht aus der Ehe mit dem Erblasser stammen, und die Verwandten aufsteigender Linie als Erben des Erben oder als Pflichtteilsberechtigte fällt.

51

Als Vermächtnisnehmer können diejenigen Personen eingesetzt werden, die als mögliche Nacherben genannt wurden.

Die Vermächtnisse werden **aufschiebend bedingt** angeordnet, wenn durch den Tod der beschwerten Erben Nachlassgegenstände aus dem ihnen vom Erblasser zugewendeten Vermögen mittelbar an dessen geschiedenen Ehegatten, dessen Abkömmlinge aus anderen Verbindungen oder seine Verwandten aufsteigender Linie fallen oder sie zur Grundlage der Pflichtteilsberechnung des geschiedenen Ehegatten werden.[95]

52

Nach § 2151 BGB kann der Erblasser durch ein Vermächtnis mehrere Personen in der Weise bedenken, dass der Beschwerte oder ein Dritter zu bestimmen hat, wer von den Mehreren das Vermächtnis erhalten soll. Der Kreis der möglichen Vermächtnisnehmer muss allerdings soweit beschränkt sein, dass ein sicherer Anhalt für die Bestimmung des Bedachten gegeben ist.[96] Da es sich bei der vorgeschlagenen Gestaltung erst beim Tod des Erben herausstellt, ob das Vermächtnis anfällt, kann der Erbe die Bestimmung iSv 2153 BGB nicht vornehmen; dies ist eine empfangsbedürftige Willenserklärung unter Lebenden und kann nicht durch Verfügung von Todes wegen realisiert werden. Das Bestimmungsrecht ist, da nicht übertragbar, auch nicht vererblich, es erlischt also mit dem Tod des Berechtigten.[97] Es kann also nur ein Dritter das Bestimmungsrecht erhalten. Der Dritte kann auch ein eventuell vom Erben eingesetzter Testamentsvollstrecker sein.[98] Kommt

53

---

[92] STAUDINGER-OTTE § 2074 BGB RdNr 43.
[93] BayObLG NJW 1962, 1060.
[94] DIETERLE BWNotZ 1971, 19; NIEDER ZEV 1994, 157, 159; LANGENFELD, Das Ehegattentestament, RdNr 342; BUSSE MittRhNotK 1998, 237 mit Formulierungsvorschlag.
[95] NIEDER ZEV 1994, 159.
[96] RGZ 96, 15; STAUDINGER-OTTE § 2151 BGB RdNr 3; MünchKomm-SCHLICHTING

§ 2151 BGB RdNr 7; PALANDT-EDENHOFER § 2151 BGB RdNr 1.
[97] STAUDINGER-OTTE § 2151 BGB RdNr 9; MünchKomm-SCHLICHTING § 2151 BGB RdNr 13; ERMAN-M SCHMIDT § 2151 BGB RdNr 3; PALANDT-EDENHOFER § 2151 BGB RdNr 1.
[98] DIETERLE BWNotZ 1971, 19.

es nicht zur Bestimmung, sind die Bedachten Gesamtgläubiger (§ 2151 Abs 3 S 1 BGB).

**54** Nach § 2153 BGB kann der Erblasser den mit dem Vermächtnis Beschwerten oder einen Dritten ermächtigen, unter Zugrundelegung der im Vermächtnis genannten ideellen Beteiligung die Vermächtnisgegenstände unter den Bedachten real aufzuteilen. Der Erbe selbst scheidet aus den gleichen Gründen als Bestimmungsberechtigter aus wie bei § 2151 BGB. Kommt es nicht zur Bestimmung, so haben die mehreren Bedachten abweichend von § 2151 Abs 3 S 1 BGB den Vermächtnisanspruch nicht als Gesamtgläubiger, sondern als Bruchteilsgläubiger zu gleichen Teilen.

**55** Die in § 2151 BGB und dem § 2153 BGB gegebenen Möglichkeiten können kombiniert werden.[99] Der Erblasser kann also sowohl die Auswahl der endgültigen Vermächtnisnehmer aus einem von ihm bezeichneten Kreis wie die Verteilung der Gegenstände einem Dritten überlassen. Kommt es entgegen dem Willen des Erblassers nur zur Bestimmung, so kann nur § 2151 Abs 3 S 1 BGB anwendbar sein, da die Voraussetzung des § 2153 Abs 2 S 1 BGB (Bestimmtheit der Vermächtnisnehmer) noch nicht gegeben ist.

**55a** Die Anordnung vorstehender Vermächtnisse hindert den Erben nicht, die Nachlassgegenstände durch Vertrag unter Lebenden an den anderen Elternteil zu übertragen. Das Vermächtnis kann insofern durch eine Strafklausel ergänzt werden, wonach der Nachlass einzeln oder im ganzen im Fall der Veräußerung an den geschiedenen Ehegatten des Erblassers einem Dritten vermacht sein soll.[100] Eine gleichwohl vom Erben vorgenommene Einigung wäre wegen der nur schuldrechtlichen Wirkung des Vermächtnisses wirksam, da er als dinglich Berechtigter verfügt hätte. Er ist jedoch dem Vermächtnisnehmer wegen Verletzung des gesetzlichen Schuldverhältnisses zum Schadensersatz verpflichtet. Seinen Willen, dass nichts durch Rechtsgeschäft unter Lebenden aus dem Nachlass an den geschiedenen Ehegatten gelangen solle, kann der Erblasser außerdem durch entsprechende Auflagen und Anordnung der Testamentsvollstreckung sicherstellen.

#### gg) Kombination von Nacherbfolge und bedingten Vermächtnissen

**56** NIEDER[101] schlägt darüber hinaus eine Kombination beider Lösungen vor, und zwar dergestalt, dass die Nacherbfolgelösung nur für die Situation und Zeiträume gewählt wird, in denen die Gefährdung besonders groß ist, also die Lebenszeit des geschiedenen Ehegatten. Für diese Zeit sollte daher die Nacherbfolge gewählt werden. Für den Zeitpunkt danach würde sich die Vermächtnislösung anbieten.

#### hh) Sonstige Bestimmungen

**57** Der Erblasser, der minderjährige Kinder, die zugleich vom geschiedenen Ehegatten abstammen, zu Erben einsetzt oder mit Vermächtnissen bedenkt, kann dem geschiedenen Partner zusätzlich das Verwaltungsrecht gem § 1638 BGB entziehen; das Vormundschaftsgericht hat dann eine Ergänzungspflegschaft gem § 1909 BGB anzuordnen, wobei der Erblasser die Person des Pflegers durch letztwillige Verfügung benennen kann.[102] Das Verwaltungsrecht des anderen Elternteils ist ebenfalls ausgeschlossen, soweit ein Testamentsvollstecker als Verwaltungsvoll-

---

**99** RGZ 30, 287; 96, 17; STAUDINGER-OTTE § 2153 BGB RdNr 1; MünchKomm-SCHLICHTING § 2153 BGB RdNr 2; PALANDT-EDENHOFER § 2153 BGB RdNr 1; SOERGEL-M WOLF, § 2153 RdNr 1, 5.
**100** STAUDINGER-OTTE § 2074 BGB RdNr 44, 53.
**101** ZEV 1994, 156, 159.
**102** DIETERLE BWNotZ 1971, 16; NIEDER ZEV 1994, 156, 159; DAMRAU ZEV 1998, 90; BUSSE MittRhNotK 1998, 234.

strecker zuständig ist. Der ehemalige Ehegatte kann jedoch hier als gesetzlicher Vertreter seines Kindes dessen Erbrechte geltend machen. Auch eine Kombination Entzug des Verwaltungsrechts und Testamentsvollstreckung ist zulässig.[103]

Fraglich ist, ob der Ausschluss des Verwaltungsrechts dem geschiedenen Ehegatten bei minderjährigen Kindern auch das Recht nimmt, für das als Erbe vorgesehene Kind die Erbschaft (mit Genehmigung des Familiengerichts) auszuschlagen. Nach der einen Ansicht soll dies der Fall sein;[104] begründet wird diese Ansicht mit der Erwägung, wenn die Eltern schon von der Verwaltung ausgeschlossen werden könnten, müsse dies erst recht für die Entscheidung über die Annahme oder Ausschlagung der Zuwendung gelten. Die hM[105] geht dahin, dass die Eltern von der Vertretung bei der Annahme oder der Ausschlagung der Zuwendung nicht ausgeschlossen werden können; die Eltern seien hier als (persönliche) Vertreter des minderjährigen Bedachten, nicht als Vermögensverwalter tätig. Diese Ansicht verdient den Vorzug. Die Ausschlagung einer Erbschaft oder eines Vermächtnisses ist bei aller wirtschaftlicher Bedeutung Ausschluss eines persönlichen Rechtes des Erben. Ist der Erbe minderjährig, ist er hinreichend dadurch geschützt, dass die Ausschlagung vom Vormundschaftsgericht genehmigt werden muss.

### d) Testamentsgestaltung bei Überschuldung des Erben[106]

#### aa) Allgemeines

In der Praxis werden verschiedene Lösungen der Gestaltung bei überschuldeten potentiellen Erben diskutiert. Zum einen wird auf § 2338 BGB hingewiesen, nach dem bei überschuldeten Abkömmlingen als Ausnahme von § 2306 Abs 1 BGB unter den dort genannten Voraussetzungen die gesetzlichen Erben des Abkömmlings als Nacherben oder als Nachvermächtnisnehmer eingesetzt und ggf nach § 2338 Abs 1 S 2 BGB Testamentsvollstreckung angeordnet werden können.[107] Nach ganz hM gilt diese Vorschrift nicht gegenüber den Eltern und dem Ehegatten des Erblassers.[108] Bei überschuldeten Ehegatten wird allerdings ebenfalls eine Kombination von § 2115 BGB (Anordnung der Nacherbfolge) mit § 2214 BGB (Anordnung der Testamentsvollstreckung) empfohlen.[109] Außerdem wird teilweise noch die Zuwendung eines Nießbrauchvermächtnisses an den Überschuldeten diskutiert, wobei die Gestaltung allerdings seit einer Entscheidung des BGH unsicher geworden ist.

#### bb) Kombination von Nacherbfolge und Testamentsvollstreckung

Ähnlich wie bei dem sog Behindertentestament[110] (s System Teil E RdNr 203 ff) wird als wohl wichtigste und in der Praxis wohl zuverlässigste Möglichkeit die

---

**103** DAMRAU ZEV 1998, 90, 91; BUSSE MittRhNotK 1998, 230, 238.
**104** RGRK-SCHÄFFLER § 1638 RdNr 7.
**105** KG OLG 32, 13; OLG Karlsruhe OLGZ 65, 260; PALANDT-DIEDERICHSEN § 2638 BGB RdNr 4.
**106** Schrifttum: ENGELMANN, Letztwillige Verfügungen zugunsten Verschuldeter oder Sozialhilfebedürftiger, 1999; dies, Testamentsgestaltung zugungsten Verschuldeter oder Sozialhilfebedürftiger, MDR 1999, 968; FLICK, Gemeinschaftliches Testament bei überschuldeten Ehegatten, BWNotZ 1979, 53; KEIM, Die unergiebige Pfändung des Pflichtteilsanspruchs – Konsequenzen für die Testamentsgestaltung, ZEV 1998, 127;

SCHLIEPER, Vor- und Nacherbschaft oder Nießbrauchvermächtnis – Zur zweckmäßigen Gestaltung der Verfügung von Todes wegen, MittRhNotK 1995, 249.
**107** Vgl BAUMANN ZEV 1996, 121; ENGELMANN aaO, S 168 ff; KEIM ZEV 1998, 127, 129; NIEDER in: Münchener Vertragshandbuch, Band 4, 2. Halbband, RdNr 525.
**108** Vgl MünchKomm-FRANK § 2338 BGB RdNr 2; STAUDINGER-FERID-CIESLAR § 2338 BGB RdNr 16.
**109** Vgl NIEDER aaO, RdNr 1308; FLICK BWNotZ 1979, 53; NIEDER aaO, S 730; ENGELMANN aaO, S 91 ff, 101 ff; KEIM ZEV 1998, 127, 129.
**110** Vgl NIEDER aaO, RdNr 1308.

Kombination des Vollstreckungsschutzes zugunsten des Nacherben nach § 2115 BGB und das Zugriffsverbot auf die der Testamentsvollstreckung unterliegenden Nachlassgegenstände nach § 2214 BGB empfohlen.

### aaa) Schutzwirkung der Testamentsvollstreckung

61 Nach § 2214 BGB können sich Gläubiger des Erben, die nicht zu den Nachlassgläubigern gehören, nicht an die der Verwaltung des Testamentsvollstreckers unterliegenden Nachlassgegenstände halten. Zwar sind entsprechende Vollstreckungsmaßnahmen nicht von vornherein nichtig, sodass der Testamentsvollstrecker, der dies nicht dulden will, mit dem Rechtsbehelf der Erinnerung aktiv gegen sie einschreiten muss. Der Schutz geht aber weiter als der des § 2115 BGB, da er nicht bloß die Veräußerung und die Überweisung, also die Verwertung von Nachlassgegenständen, verbietet, sondern jede Vollstreckungsmaßnahme schlechthin, auch eine solche, die erst ab dem Ende der Verwaltung wirksam werden soll. Eine dem § 2214 BGB zuwiderlaufende Vollstreckung ist in allen Fällen unzulässig.[111] Auch im Privatkonkurs des Erben besteht keine Möglichkeit der Konkursgläubiger, auf den Nachlass zuzugreifen.[112] Das Pfändungsverbot reicht allerdings nicht in jeder Hinsicht. Der Anspruch des Erben gegen den Testamentsvollstrecker nach § 2217 Abs 1 BGB auf Überlassung von Nachlassgegenständen, deren er zur Erfüllung seiner Testamentsvollstreckerobliegenheit offenbar nicht bedarf, ist pfändbar.[113]

62 Nach der hM ist auch der Anspruch der Erben auf Herausgabe von Nachlasserträgen pfändbar.[114] Das Reichsgericht hatte allerdings entschieden, dass eine Regelung zulässig und wirksam ist, nach der der jährliche Reinertrag eines Erbteils bei Testamentsvollstreckung für unabtretbar und unpfändbar erklärt wird. Für den Fall, dass gleichwohl abgetreten oder gepfändet würde, sollten in dem betreffenden Fall die Beträge an die Testamentsvollstrecker fallen mit der Auflage, dieselben zur Naturalverpflegung des Sohnes und seiner Familie zu verwenden.[115] Diese Entscheidung wird allerdings in der Literatur weitgehend abgelehnt.[116]

63 Unabhängig von dieser Streitfrage besteht allerdings Einigkeit, dass sich bei Anordnung der Testamentsvollstreckung die Verwendung von Nachlasserträgen grundsätzlich nach den Anordnungen des Erblassers richtet.[117] Hierbei ist allerdings zu berücksichtigen, dass der Erbe Herausgabe der Nutzungen vom Testamentsvollstrecker nur dann verlangen kann, wenn das den Grundsätzen der ordnungsgemäßen Verwaltung entspricht.[118]

---

111 Vgl bereits RG LZ 1916, 1473; STAUDINGER-REIMANN § 2214 RdNr 4; MünchKomm-BRANDNER § 2214 BGB RdNr 3; MUSCHELER, Die Haftungsordnung der Testamentsvollstreckung, 1994, S 95 f.
112 Vgl MünchKomm-BRANDNER aaO; MUSCHELER aaO; STAUDINGER-REIMANN aaO.
113 Vgl MünchKomm-BRANDNER aaO, § 2214 BGB RdNr 4; STAUDINGER-REIMANN aaO, RdNr 7; BENGEL-REIMANN, HdTV, S 40, RdNr 216 ff; zum Inhalt des Freigabeanspruchs vgl MUSCHELER, Die Freigabe von Nachlassgegenständen durch den Testamentsvollstrecker, ZEV 1996, 401 ff.
114 MünchKomm-BRANDNER aaO, STAUDINGER-REIMANN aaO; BENGEL-REIMANN, HdTV, aaO.
115 RG LZ 1919, 877.
116 SOERGEL-DIECKMANN § 2338 RdNr 12; STAUDINGER-FERID-CIESLAR § 2338 BGB RdNr 48; MünchKomm-FRANK § 2338 BGB RdNr 15; PALANDT-EDENHOFER § 2338 BGB RdNr 4; zustimmend allerdings MUSCHELER, S 99 f; wohl auch ERMAN-SCHLÜTER § 2338 BGB RdNr 54.
117 MünchKomm-BRANDNER § 2216 BGB RdNr 15; BayObLG ZEV 1995, 366; BENGEL-REIMANN, HdTV, S 141, RdNr 32 ff; MünchKomm-BRANDNER § 2209 BGB RdNr 12.
118 BGH FamRZ 1986, 900; BGH FamRZ 1988, 279.

Allerdings wird die Frage, inwieweit bei einem sog Behindertentestament im Hinblick auf die Nachlasserträge einschränkende Verwaltungsanordnungen mit einem weitreichenden Thesaurierungsgebot zulässig sind, diskutiert. Zum Teil wird im Zusammenhang mit dem Behindertentestament die Auffassung vertreten, dass dem Erben auch entgegen einer anders lautenden Anordnung des Erblassers die Früchte des Nachlasses zustehen, da die Einbehaltung oder die Auskehrung an Dritte keine ordnungsgemäße Verwaltung des Nachlasses sei.[119] Auch KRAMPE[120] weist darauf hin, dass nach der bisherigen Rechtsprechung bei der Anordnung von Verwaltungsbestimmungen dem Erblasser zwar eine weitgehende Gestaltungsfreiheit zukomme. Dies gelte grundsätzlich auch, wenn Gläubigerinteressen dadurch benachteiligt würden. Auch NIEDER[121] hat unter Berufung auf eine Entscheidung des Reichsgerichts[122] die Auffassung vertreten, dass der Testamentsvollstrecker auf jeden Fall dem Vorerben aus den erzielten Erträgen soviel herauszugeben habe, wie dieser für seinen angemessenen Unterhalt und die Erfüllung seiner gesetzlichen Unterhaltspflichten benötigt. Auch der BGH hatte, ohne die Frage im Einzelnen zu entscheiden, zumindest darauf hingewiesen, dass bei der Frage der Auskehrung der Nutzungen der Testamentsvollstrecker bei Vor- und Nacherbschaft sowohl die Interessen des Nacherben an Substanzerhaltung, als auch die Interessen des Vorerben nach den ihm gebührenden Nutzungen berücksichtigt werden müssten.[123] In der Tendenz kann man wohl dennoch feststellen, dass maßgeblich der Erblasserwille für die Frage der Nutzungsverteilung bleibt. Insofern wird man auch STAUDINGER-REIMANN[124] zustimmen müssen, dass jedenfalls bei einer Bestimmung des Erblassers, dass dem Erben die Reinerträgnisse nur in Form einer Naturalverpflegung zuzuwenden sind, zulässig ist und auch gegenüber den Gläubigern wirkt. Auch das OLG Bremen[125] war der Auffassung, dass der Erblasser die Machtbefugnisse des Testamentsvollstreckers so regeln kann, dass der Bedachte von den Erträgnissen des Nachlasses weitgehend ausgeschlossen wird, soweit dies im wohlverstandenen Interesse des Erben liegt.

Abschließend ist darauf hinzuweisen, dass damit beim Alleinerben ein weitgehender Schutz vor den Gläubigern erreicht werden kann. Bei Miterben gilt allerdings, dass der Eigengläubiger eines Miterben dessen Erbteil zusammen mit dem Anspruch auf Auseinandersetzung pfänden kann.[126] Die Erbteilspfändung kann auch ohne Zustimmung des Testamentsvollstreckers im Grundbuch eines zum Nachlass gehörenden Grundstücks als Verfügungsbeschränkung eingetragen werden.[127] Hat aber der Erblasser die Auseinandersetzung für bestimmte Zeit ausgeschlossen, so kann auch der Eigengläubiger eines Miterben auch nach Pfändung des Erbteils vom Testamentsvollstrecker nicht die vorzeitige Auseinandersetzung verlangen.[128]

Für die Dauer der Testamentsvollstreckung ist also durch diese Regelungen weitgehend der Zugriff der Gläubiger des Erblassers auf den Nachlass versperrt. Der Erblasser kann nach § 2210 BGB die Testamentsvollstreckung für 30 Jahre anord-

---

**119** So OTTE JZ 1990, 1027, 1028, vgl auch die eingehende Darstellung des Streitstandes bei ENGELMANN aaO, S 121 ff.
**120** AcP 1991, 526.
**121** NJW 1994, 1264, 1266.
**122** RG LZ 1918, 1267.
**123** BGH FamRZ 1988, 279.
**124** § 2209 RdNr 20 BGB; zustimmend NIEDER, Münchener Vertragshandbuch, aaO, S 734.
**125** FamRZ 1984, 213.
**126** Vgl STAUDINGER-REIMANN § 2215 BGB RdNr 8; SOERGEL-DAMRAU § 2214 BGB RdNr 2; MünchKomm-BRANDNER § 2214 BGB RdNr 4; vgl auch BGH NJW 1984, 2464.
**127** MünchKomm-BRANDNER aaO; SOERGEL-DAMRAU aaO; STAUDINGER-REIMANN aaO.
**128** Vgl SOERGEL-DAMRAU § 2214 BGB RdNr 2 und § 2204 BGB RdNr 15; STAUDINGER-REIMANN § 2215 RdNr 9; MünchKomm-BRANDNER § 2214 BGB RdNr 4; aA ENZTALER Rpfleger 1988, 94.

nen. Er kann aber auch anordnen, dass die Verwaltung bis zum Tod des Erben fortdauern soll (§ 2210 BGB 2. HS).

In diesem Fall der Anordnung der Testamentsvollstreckung besteht also Schutz gegen Gläubiger des Erben bis zu seinem Tode. Der Schutz endet aber dann, wenn die Gläubiger sich bei dieser Lösung nach dem Tod des Erben aus dem Nachlass befriedigen können, die Eigenschulden des Erben sind dabei Bestandteil seines Nachlasses und das Zugriffsverbot endet mit der Testamentsvollstreckung.[129] Deshalb wird in der Praxis in diesen Fällen immer eine Kombination der Testamentsvollstreckung mit der Vor- und Nacherbschaft empfohlen.

### bbb) Anordnung einer Nacherbschaft

**66** Ein wichtiges Instrument der Vermögenslenkung durch erbrechtliche Verfügung ist die Einsetzung eines Vor- und eines Nacherben. Der Nacherbe ist nicht Erbe des Vorerben, sondern des Erblassers. Der Vorerbe ist deshalb zur Sicherung des Erbrechts des Nacherben in seiner Verfügungsmacht beschränkt. Dies hat auch erhebliche Konsequenzen für die Zugriffsmöglichkeiten der Gläubiger.

**67** Bei der Vor- und Nacherbschaft wird der Vollstreckungsschutz durch § 2115 BGB ergänzt durch die Vorschriften der § 773 ZPO und § 83 Abs 2 InsO. Nach § 2115 BGB ist eine Verfügung über einen Erbschaftsgegenstand, die im Wege der Zwangsvollstreckung oder der Arrestvollziehung oder durch Insolvenzverwalter erfolgt, im Falle des Eintritts der Nacherbfolge insoweit unwirksam, als sie das Recht des Nacherben vereiteln oder beeinträchtigen würde. Die Wirkung dieser Regelung liegt darin, dass die im Wege der Zwangsvollstreckung oder Arrestvollziehung begründeten Pfandrechte für die Dauer der Vorerbschaft wirksam sind; dies gilt auch für die Beschlagnahmewirkung der Insolvenzeröffnung.[130] Die Rechtswirkungen sind wie im Fall des § 2113 BGB durch den Eintritt des Nacherbfalles auflösend bedingt und bleiben daher als vollwirksam bestehen, wenn der Nacherbfall ausfällt. Nach § 773 ZPO soll lediglich keine Veräußerung oder Beweissicherung im Wege der Zwangsvollstreckung erfolgen. Die Vorschrift verbietet damit die Zwangsvollstreckung von Eigengläubigern des Vorerben in den Nachlass nicht allgemein, sondern in Bezug auf Nachlassgegenstände nur die Veräußerung. Im Übrigen steht der Nachlass, der bis zum Eintritt des Nacherbfalles allein dem Vorerben zusteht, dem Zugriff seiner Gläubiger im Wege der Zwangsvollstreckung offen. Zulässig sind danach bloß sichernde Zwangsvollstreckungsmaßnahmen, deren Beseitigung der Nacherbe bei Eintritt der Nacherbfolge verlangen kann.[131] Auch im Konkurs des Vorerben gehört die Vorerbschaft zwar zur Konkursmasse. Das Verfügungsrecht des Konkursverwalters ist jedoch gem § 2115 BGB eingeschränkt.

**68** Wird über einen Erbschaftsgegenstand, der der Nacherbfolge unterliegt, im Wege der Zwangsvollstreckung oder sonst im Sinne von § 2115 S 1 BGB verfügt, dann wird diese Verfügung bei Eintritt der Nacherbfolge im Grundsatz ganz oder teilweise unwirksam, sofern und soweit das Recht des oder der Nacherben vereiteln oder beeinträchtigen würde. Dementsprechend ordnet § 773 S 1 ZPO an, dass ein solcher Gegenstand im Wege der Zwangsvollstreckung nicht veräußert oder überwiesen werden soll, wenn diese Verfügung im Nacherbfall unwirksam wür-

---

[129] So zu Recht ENGELMANN, aaO, S 116 f.
[130] Vgl STAUDINGER-BEHRENDS-AVENARIUS § 2115 BGB RdNr 2; MünchKomm-GRUNSKY § 2215 BGB RdNr 10; PALANDT-EDENHOFER § 2115 BGB RdNr 4; ENGELMANN aaO, S 92 ff.
[131] Vgl SOERGEL-HARDER § 2115 BGB RdNr 10; STAUDINGER-BEHRENDS-AVENARIUS § 2115 BGB RdNr 2.

de. Der Nacherbe kann seine Rechte nach Maßgabe des § 771 ZPO mit der Widerspruchsklage wahren.[132] § 773 ZPO begründet daher ein bereits vor dem Nacherbfall vorgezogenes Verwertungsverbot.[133]

Anders als bei der Testamentsvollstreckung ist also der Schutz durch die Vor- und Nacherbschaft nur begrenzt, sichert aber vor allem für den Zeitpunkt nach dem Tod des Erben. Vollstreckungsmaßnahmen von Privatgläubigern des Vorerben an Erbschaftsnutzungen sind ebenfalls uneingeschränkt wirksam; insofern gilt § 2115 BGB nicht. Insbesondere kann bei einem Nachlassgrundstück Zwangsverwaltung angeordnet werden.[134]

69

Sind mehrere Erben eingesetzt und ist einer dieser überschuldet, so wirkt § 2115 BGB im Hinblick auf den Erbteil nicht. Das gegen die Gläubiger des Vorerben gerichtete Verwertungsverbot des § 2115 BGB erfasst nur die einzelnen zur Erbschaft gehörenden Sachen und Rechte, nicht aber den Miterbenanteil, über den der Miterbe aber auch verfügen könnte.[135] Dementsprechend können die Gläubiger auch den Erbanteil eines Miterben nach § 859 Abs 2 ZPO bis zur Auseinandersetzung pfänden.[136] Auch eine Verwertung (§§ 844, 857) ZPO) ist zulässig, allerdings nur mit der Maßgabe, dass das Recht des Nacherben nicht beeinträchtigt wird.[137] Die angeordnete Pfändung des Vorerbteils erlischt allerdings mit Eintritt des Nacherbfalles, da der Nacherbe nicht Schuldner des Pfändungsgläubigers wird (§§ 2100, 2139, 2144, Abs 1 BGB).

70

### cc) Pflichtteilsrechtliche Grenzen
Sowohl bei der Anordnung der Nacherbfolge als auch der Anordnung der Testamentsvollstreckung nach § 2306 Abs 1 S 2 BGB ist zu beachten, dass diese Beschränkungen nur wirksam sind, wenn der dem Erben hinterlassene Erbteil größer ist als die Hälfte seines gesetzlichen Erbteils. Die gesamte Testamentsgestaltung ist also in Gefahr, wenn der dem Pflichtteilsberechtigten zugewendete Erbteil gleich oder kleiner als sein Pflichtteil ist.[138] Lediglich im Anwendungsbereich des § 2338 BGB kann eine Pflichtteilsbeschränkung in guter Absicht bei überschuldeten Abkömmlingen angeordnet werden.[139]

71

Übersteigt der dem Hinterbliebenen zugewendete Erbteil den Pflichtteil, so hat der Erbe nach § 2306 Abs 1 S 2 BGB ein Wahlrecht: Er kann entweder den höheren Erbteil samt Beschränkungen und Beschwerungen annehmen oder die Erbschaft ausschlagen und den vollen Pflichtteil verlangen. Auch in diesem Fall kann die Testamentskonstruktion durch den Pflichtteilsberechtigten gefährdet werden, dieser geht allerdings das Risiko ein, dass dann sein Pflichtteil durch seine Gläubiger gepfändet wird.

### dd) Nießbrauchsvermächtnis
In der Praxis wurde bei überschuldeten Erben die Gestaltung der Zuwendung eines Nießbrauchsvermächtnisses an den Überschuldeten mit gleichzeitigem

72

---

[132] Vgl auch BGHZ 110, 178 = NJW 1990, 1238.
[133] STAUDINGER-BEHRENDS-AVENARIUS § 2115 BGB RdNr 16.
[134] MünchKomm-GRUNSKY § 2115 BGB RdNr 3; SOERGEL-HARDER § 2115 BGB RdNr 10; PALANDT-EDENHOFER § 2115 BGB RdNr 4; ERMAN-SCHMIDT § 2115 BGB RdNr 3.
[135] Vgl MünchKomm-GRUNSKY § 2112 BGB RdNr 2 und § 2100 BGB RdNr 18; STAUDINGER-BEHRENDS § 2112 BGB RdNr 10.

[136] Vgl zur ähnlichen Problematik beim Behindertentestament VAN DE LOO NJW 1990, 2852, 2853; STÖBER, Forderungspfändung, RdNr 1705; STAUDINGER-BEHRENDS § 2100 RdNr 48.
[137] STÖBER aaO, RdNr 1705; VAN DE LOO, aaO.
[138] Vgl auch BGHZ 120, 96 = NJW 1993, 1005 = DNotZ 1993, 810.
[139] Vgl dazu ENGELMANN aaO, S 168; BAUMANN ZEV 1996, 121; KEIM ZEV 1998, 127, 129; NIEDER aaO, RdNr 498.

Ausschluss der Überlassung der Ausübung des Nießbrauchs[140] diskutiert. Seit der BGH-Entscheidung aus dem Jahre 1974[141] ist diese Lösung allerdings problematisch, da der BGH dort entschieden hat, dass Gegenstand der Pfändung der Nießbrauch selbst und nicht der obligatorische Anspruch auf seine Ausübung ist.

### ee) Enterbung

73 Denkbar ist auch die Lösung, den überschuldeten Ehemann nicht zum Erben einzusetzen, sondern andere Personen als Erben einzusetzen und den Überschuldeten nur mit bestimmten Vermögensgegenständen vermächtnisweise zu bedenken, die nicht pfändbar sind (zB dingliches Wohnungsrecht nach § 1093 BGB, sofern die Überlassung seiner Ausübungsbefugnis nicht ausdrücklich gestattet ist).

## 3. Nichteheliche Lebensgemeinschaft/eheähnliche Gemeinschaft und Erbrecht

Die nichteheliche Lebensgemeinschaft[142] als Form des menschlichen Zusammenlebens ist ein soziologisches Faktum, das in den letzten Jahren immer mehr an Bedeutung gewonnen hat. Beim Tode eines der Partner ergeben sich vielfältige Rechtsfragen, die mangels einer gesetzlichen Regelung nach den allgemeinen Grundsätzen unter Berücksichtigung der Besonderheiten der eheähnlichen Gemeinschaft zu lösen sind.

### a) Gesetzliches Erbrecht und Erbeinsetzung

74 Beim Tod eines Partners steht dessem Lebensgefährten kein gesetzliches Erbrecht zu, soweit er nicht Verwandter ist.

75 Eine analoge Anwendung des § 1931 kommt nach allgemeiner Ansicht nicht in Betracht. Diese Norm ist in ähnlicher Weise wie der Zugewinnausgleich bei Ehescheidung (§§ 1372, 1378 Abs 1) als Nachwirkung der Pflicht zur ehelichen Lebensgemeinschaft (§ 1353) zu sehen, mit welcher dem begünstigten Ehegatten ein Anspruch unabhängig davon zugesprochen wird, wie viel er selbst zur Ansammlung des Vermögens beigetragen hat.[143] Die Partner können einander aber mittels Testament oder Erbvertrag zu Erben einsetzen (§§ 1937, 1941) oder sich ein Vermächtnis zukommen lassen (§§ 1939, 1941),[144] soweit nicht eine frühere bindende Verfügung, sei es ein Erbvertrag (§ 2289 Abs 1 S 2) oder ein gemeinschaftliches

---

140 Vgl NIEDER in: Münchener Vertragshandbuch aaO.
141 BGHZ 62, 133 = DNotZ 1974, 433.
142 Zum Begriff BVerfG NJW 1993, 643, 645 f; BGH NJW 1993, 999 ff; zur soziologischen Bedeutung, vgl NAVE-HERZ FPR 2001, 3.
143 BATTES, Zusammenleben, 1983, RdNr 37 und 137a; WITT-HUFFMANN, Lebensgemeinschaft, 1986, RdNr 300; MünchKomm-WACKE nach § 1302 RdNr 40; SOERGEL-LANGE Nichteheliche Lebensgemeinschaft (Nehel LG) RdNr 122; STAUDINGER-STRÄTZ Anh zu §§ 1297 ff RdNr 48; PALANDT-EDENHOFER § 1931 RdNr 1; GROSSE, Freie Ehe, 1991, S 195; SCHREIBER, Lebensgemeinschaft, 2000, RdNr 309 ff; GRZIWOTZ ZEV 1994, 267; GRZIWOTZ, Partnerschaftsvertrag, 1998, S 78; GIESEN, Familienrecht, 1997, RdNr 483; SCHWAB, Familienrecht, 2001, RdNr 834; LIEB, Juristentag, 1988, S 93; STRÄTZ FamRZ 1980, 301, 304 f; TSCHERNITSCHEK, Familienrecht, 2000, S 80; MEIER-SCHERLING DRiZ 1979, 296, 298; ROTH-STIELOW JR 1978, 233, 324; OLG Frankfurt FamRZ 1982, 265; vgl auch OLG Saarbrücken FamRZ 1979, 796 f, das in einer Analogie einen Verstoß gegen Art 6 Abs 1 GG erblickt.
144 PALANDT-BRUDERMÜLLER Einl v § 1297 RdNr 20; SOERGEL-LANGE Nehel LG RdNr 122; MünchKomm-WACKE Nach § 1302 RdNr 40 f; WITT-HUFFMANN, Lebensgemeinschaft, 1986, RdNr 301; DIEDERICHSEN NJW 1983, 1017, 1024; GROSSE, Freie Ehe, 1991, S 195 u 197; SCHREIBER, Lebensgemeinschaft, 2000, RdNr 558; BayObLG FamRZ 1984, 1153 f; GRZIWOTZ ZEV 1999, 299.

Testament mit einem verstorbenen Ehegatten (§ 2271 Abs 2 S 1) entgegensteht.[145] Derartige Verfügungen von Todes wegen werden – ebenso wie Zuwendungen unter Lebenden – heute grundsätzlich nicht mehr als sittenwidrig angesehen.[146] Die Rechtsprechung seit 1970 betont vielmehr, dass eine über das Pflichtteilsrecht hinausgehende Beschränkung der verfassungsmäßig garantierten Testierfreiheit mittels der Generalklausel des § 138 Abs 1 nur in besonderen Ausnahmefällen in Betracht kommen kann.[147] Insbesondere ist zum einen zu berücksichtigen, wer zugunsten des Lebensgefährten zurückgesetzt wurde und in welcher Beziehung diese Personen zum Erblasser standen, wobei beispielsweise die Zurücksetzung der Ehefrau schwerer wiegt als die der Eltern. Ein Übergehen nicht pflichtteilsberechtigter Verwandter wird regelmäßig nicht zur Nichtigkeit der Verfügung führen. Darüber hinaus spielt auch das Ausmaß der Zurücksetzung, gegebenenfalls unter Berücksichtigung bereits zu Lebzeiten erfolgter Zuwendungen, eine entscheidende Rolle, ebenso die Herkunft des Vermögens. Zum anderen sind auch die Dauer der Lebensgemeinschaft und die möglicherweise vom Partner erbrachten Opfer in die Abwägung mit einzubeziehen. Eventuell kann bei langjähriger Partnerschaft sogar eine moralische Pflicht zur finanziellen Absicherung des Lebensgefährten bestehen.[148]

Die Form des gemeinschaftlichen Testaments (§§ 2265 ff) steht eheähnlich zusammenlebenden Partnern nicht offen.[149] Bindende Verfügungen können daher nur erbvertraglich getroffen werden.[150] Wurde dennoch ein gemeinschaftliches Testament errichtet, so kommt, soweit die entsprechende Form (§ 2247) gewahrt ist, eine Umdeutung in einzelne Testamente in Betracht (§ 140). Dabei bleiben jeden-

---

**145** GRZIWOTZ ZEV 1994, 267, 270; LEIPOLD, Erbrecht, 2002, RdNr 471 u 505.
**146** PALANDT-HEINRICHS § 138 RdNr 50; STAUDINGER-STRÄTZ Anh zu §§ 1297 ff RdNr 145 ff; SOERGEL-LANGE Nehel LG RdNr 122; SCHREIBER, Lebensgemeinschaft, 2000, RdNr 312; GRZIWOTZ FamRZ 1994, 1217, 1225 f; GROSSE, Freie Ehe, 1991, S 197 f; WITT-HUFFMANN, Lebensgemeinschaft, 1986, RdNr 301; BATTES, Zusammenleben, 1983, RdNr 137; BATTES JZ 1988, 908, 915; STRÄTZ FamRZ 1980, 301, 306; DIEDERICHSEN FamRZ 1988, 889, 890; DIEDERICHSEN NJW 1983, 1017, 1024; BGH FamRZ 1970, 368, 371 ff; BGH NJW 1983, 675 f; BayObLG FamRZ 1984, 1153, 1154; anders noch BGH FamRZ 1968, 241, 243 f; vgl hierzu WITT-HUFFMANN, Lebensgemeinschaft, 1986, RdNr 306; zu den rechtlichen Grenzen einer unverhältnismäßigen wirtschaftlichen Abhängigkeit OLG Hamm FamRZ 1988, 618.
**147** PALANDT-EDENHOFER § 1937 RdNr 3 u 20; BGH NJW 1983, 674, 675; BGH NJW 1999, 566.
**148** SOERGEL-LANGE Nehel LG RdNr 122 ff; STAUDINGER-STRÄTZ Anh zu §§ 1297 ff RdNr 145 f; SCHREIBER, Lebensgemeinschaft, 2000, RdNr 312 ff; GROSSE, Freie Ehe, 1991, S 197 f; GRZIWOTZ ZEV 1994, 267 ff; BATTES, Zusammenleben, 1983, RdNr 130 ff; WITT-HUFF-

MANN, Lebensgemeinschaft, 1986, RdNr 301 u 307 ff; BGH FamRZ 1970, 368, 371 ff; BGH NJW 1983, 675 f; BayObLG FamRZ 1984, 1153, 1154; kritisch: GRZIWOTZ FamRZ 1994, 1217, 1226; GRZIWOTZ ZEV 1994, 267, 269 f (Missachtung der Testierfreiheit, faktische Begründung eines Noterbrechts).
**149** GRZIWOTZ, Partnerschaftsvertrag, 1998, S 79; GRZIWOTZ ZEV 1994, 267, 271; GRZIWOTZ FamRZ 1994, 1217, 1226; GRZIWOTZ FamRZ 1999, 421; PALANDT-EDENHOFER § 2265 RdNr 2; MünchKomm-WACKE nach § 1302 RdNr 41; STAUDINGER-STRÄTZ Anh zu §§ 1297 ff RdNr 110; SCHREIBER, Lebensgemeinschaft, 2000, RdNr 311; WITT-HUFFMANN, Lebensgemeinschaft, 1986, RdNr 304; BATTES JZ 1988, 908, 915; DIEDERICHSEN FamRZ 1988, 889, 891; ROTH-STIELOW JR 1978, 233, 324; MEIER-SCHERLING DRiZ 1979, 296, 298; vgl auch BVerfG NJW 1989, 1986 (Ungleichbehandlung ist verfassungskonform).
**150** GRZIWOTZ, Partnerschaftsvertrag, 1998, S 80; PALANDT-EDENHOFER § 2265 RdNr 2; GROSSE, Freie Ehe, 1991, S 197; SCHREIBER, Lebensgemeinschaft, 2000, RdNr 311. Hier kann nicht die Formerleichterung des § 2276 Abs 2 in Anspruch genommen werden, vgl MEIER-SCHERLING DRiZ 1979, 296, 298; GRZIWOTZ, Partnerschaftsvertrag, 1998, S 79 f.

falls einseitige Verfügungen stets wirksam. Auch für wechselbezügliche Verfügungen gilt dies nach neuerer Ansicht zumindest dann, wenn eine gleich lautende einseitige Verfügung dem mutmaßlichen Willen des Erblassers entspricht.[151] Die Auslegungsregel des § 2077, nach der die Auflösung der Ehe oder Verlobung eine letztwillige Verfügung zugunsten des Ehegatten bzw Verlobten im Zweifel unwirksam werden lässt, ist auf nichteheliche Lebensgemeinschaften nicht analog anwendbar, denn diese Regel beruht auf der Vorstellung einer bereits bestehenden oder künftigen lebenslangen Bindung.[152] Soweit ein entsprechender Erblasserwille nicht schon im Wege der ergänzenden Testamentsauslegung festzustellen ist, bleibt jedoch die Möglichkeit, die Verfügung nach § 2078 Abs 2 anzufechten.[153] Entsprechendes gilt aufgrund der Verweisungen in den §§ 2279, 2281 auch für erbvertragliche Verfügungen.[154]

### b) Ansprüche des überlebenden Partners gegen die Erben

77 Dem Lebensgefährten des Verstorbenen steht der so genannte **Voraus** (§ 1932 Abs 1) nicht zu. Diese Regelung ist ausdrücklich auf Ehegatten beschränkt und greift auch hier nur im Falle der gesetzlichen Erbfolge.[155] Eine analoge Anwendung verbietet sich aus denselben Gründen, die auch einer Analogie zum Zugewinnausgleich bei Scheidung (§§ 1372, 1378 Abs 1) sowie zum Ehegattenerbrecht (§ 1931) im Wege stehen.[156] Dagegen soll der Lebensgefährte des Verstorbenen nach hM in den Kreis derjenigen Familienangehörigen einzubeziehen sein, denen der Erbe gemäß § 1969 Abs 1 in den ersten 30 Tagen nach Eintritt des Erbfalls Unterhalt zu leisten und die Nutzung der Wohnung sowie der Haushaltsgegenstände zu gestatten hat.[157] Der Begriff des Familienangehörigen wird hier weit

---

[151] PALANDT-EDENHOFER § 2265 RdNr 3 f; GRZIWOTZ ZEV 1994, 267, 271; ablehnend OLG Hamm ZEV 1996, 304 m Anm KANZLEITER; grundsätzlich bejahend WITT-HUFFMANN, Lebensgemeinschaft, 1986, RdNr 304; MünchKomm-WACKE nach § 1302 RdNr 41; STAUDINGER-STRÄTZ Anh zu §§ 1297 ff RdNr 110; GRZIWOTZ, Partnerschaftsvertrag, 1998, S 80; OLG Frankfurt FamRZ 1979, 347, 348; BayObLG FamRZ 1993, 1370; differenzierter OLG Hamm NJW-RR 1996, 1290, 1291 f; BayObLG NJW-FER 2001, 181.

[152] SOERGEL-LANGE Nehel LG RdNr 128; GROSSE, Freie Ehe, 1991, S 199; BATTES JZ 1988, 908, 915; WITT-HUFFMANN, Lebensgemeinschaft, 1986, RdNr 303; PALANDT-EDENHOFER § 2077 RdNr 2; GRZIWOTZ FamRZ 1994, 1217, 1226; GRZIWOTZ ZEV 1994, 267, 272; iE ebenso STAUDINGER-STRÄTZ Anh zu §§ 1297 ff RdNr 149; STAUDINGER-LORITZ § 2077 RdNr 13; kritisch SCHREIBER, Lebensgemeinschaft, 2000, RdNr 318 ff; aA MünchKomm-WACKE nach § 1302 RdNr 41; MünchKomm-LEIPOLD § 2077 RdNr 11; MEIER-SCHERLING DRiZ 1979, 296, 299.

[153] SOERGEL-LANGE Nehel LG RdNr 128; GROSSE, Freie Ehe, 1991, 199 f; GRZIWOTZ ZEV 1994, 267, 272.

[154] GRZIWOTZ FamRZ 1994, 1217, 1226; MünchKomm-WACKE nach § 1302 RdNr 41; GROSSE, Freie Ehe, 1991, 200.

[155] SOERGEL-LANGE Nehel LG RdNr 131; MünchKomm-WACKE nach § 1302 RdNr 40; PALANDT-EDENHOFER § 1932 RdNr 2; BATTES, Zusammenleben, 1983, RdNr 32; LIEB, Juristentag, 1988, S 93; iE ebenso: GROSSE, Freie Ehe, 1991, S 195; GRZIWOTZ, Partnerschaftsvertrag, 1998, S 79; OLG Saarbrücken FamRZ 1979, 796, 797.

[156] SOERGEL-LANGE Nehel LG RdNr 131; BATTES, Zusammenleben, 1983, RdNr 137a; LIEB, Juristentag, 1988, 93; OLG Saarbrücken FamRZ 1979, 796, 797.

[157] PALANDT-EDENHOFER § 1969 RdNr 1; SOERGEL-LANGE Nehel LG RdNr 130; MünchKomm-WACKE nach § 1302 RdNr 43; WITT-HUFFMANN, Lebensgemeinschaft, 1986, RdNr 413; STAUDINGER-STRÄTZ Anh zu §§ 1297 ff RdNr 150; LIEB, Juristentag, 1988, 93 f insbesondere Fn 4 und 7; STINTZING, Regelung, 1992, S 23; HAUSMANN, Vermögensausgleich, 1989, S 33 f; STRÄTZ FamRZ 1980, 301, 308; BATTES, Zusammenleben, 1983, RdNr 137a; GROSSE, Freie Ehe, 1991, S 195 ff; GIESEN, Familienrecht, 1997, RdNr 483; SCHREIBER, Lebensgemeinschaft, 2000, RdNr 331 ff; SCHWAB, Familienrecht, 2001, RdNr 698, 868; OLG Düsseldorf NJW 1983, 1566, 1567; kritisch

ausgelegt, wobei nicht die Verwandtschaftsverhältnisse, sondern die tatsächliche Beziehung zum Erblasser, insbesondere das Ausmaß der Verbundenheit und die soziale Abhängigkeit, ausschlaggebend sein sollen.[158] Damit wäre der nichteheliche Lebenspartner in den Schutzbereich dieser Norm einzubeziehen, soweit er von dem Verstorbenen Unterhalt erhielt.

### c) Ansprüche von Pflichtteilsberechtigten, Erben und Vermächtnisnehmern gegen den überlebenden Partner

Erbrechtliche Ansprüche gegen den als Erben oder Vermächtnisnehmer eingesetzten überlebenden Partner können sich aus **Pflichtteils- und Pflichtteilsergänzungsrecht** ergeben.

Ausgenommen von der Ergänzungspflicht sind Schenkungen, die in Erfüllung einer sittlichen Pflicht oder einer auf den Anstand zu nehmenden Rücksicht erfolgt sind (§ 2330),[159] was zu bejahen sein wird, wenn mit der Zuwendung der Unterhalt des Partners gesichert oder ihm eine eigene Versorgungsgrundlage verschafft werden sollte.[160] Vorab ist bei Zuwendungen zugunsten des nichtehelichen Lebensgefährten bezüglich § 2325 Abs 1 jedoch zu prüfen, ob es sich überhaupt um eine echte Schenkung oder zumindest um eine objektiv unentgeltliche Zuwendung handelte.[161] Anders als bei Ehegatten werden »unbenannte Zuwendungen« in einer nichtehelichen Lebensgemeinschaft nicht grundsätzlich als objektiv unentgeltlich angesehen[162] und damit im Erbrecht wie eine Schenkung behandelt.[163] Angesichts der fehlenden rechtlichen Grundverbindung lässt sich eine die Entgeltlichkeit der Zuwendung begründende Zweckvereinbarung im Sinne des § 812 Abs 1 S 2 feststellen.[164] Auch die Zehnjahresfrist des § 2325 Abs 3 ist nicht wie bei Ehegatten bis zur Auflösung der Ehe gehemmt, sondern beginnt wie bei Drittschenkungen mit Eintritt des Leistungserfolges.[165]

Ist der überlebende Partner nicht Erbe, so kann er Ansprüchen Pflichtteilsberechtigter aus § 2329 ausgesetzt sein. Hiernach ist er als Empfänger einer gem § 2325

---

DIEDERICHSEN FamRZ 1988, 889 ff; aA SOERGEL-GAUL vor § 1589 RdNr 13; STEINERT NJW 1986, 683, 686.
**158** SOERGEL-LANGE Nehel LG RdNr 130; WITT-HUFFMANN, Lebensgemeinschaft, 1986, RdNr 413; SCHREIBER, Lebensgemeinschaft, 2000, RdNr 333; GROSSE, Freie Ehe, 1991, 195 ff; STINTZING, Regelung, 1992, 230 f; HAUSMANN, Vermögensausgleich, 1989, 34; STRÄTZ FamRZ 1980, 301, 308 f; SOERGEL-STEIN § 1969 RdNr 2; MünchKomm-SIEGMANN § 1969 RdNr 2; LIEB, Juristentag, 1988, S 93 f; OLG Düsseldorf NJW 1983, 1566 f; zudem für eine Ausweitung de lege ferenda: STINTZING, Regelung, 1992, 230 f; LIEB, Juristentag, 1988, S 98.
**159** SOERGEL-LANGE Nehel LG RdNr 133; STAUDINGER-STRÄTZ Anh zu §§ 1297 ff RdNr 150; GRZIWOTZ ZEV 1994, 267, 270; BATTES JZ 1988, 908, 915.
**160** PALANDT-EDENHOFER § 2330 RdNr 3; MünchKomm-WACKE nach § 1302 RdNr 26 Fn 72; BGH NJW 1983, 674, 676; BGH WM 1984, 642 f; zurückhaltend SOERGEL-DIECK-

MANN § 2320 RdNr 2 f.
**161** SOERGEL-LANGE Nehel LG RdNr 133; STAUDINGER-STRÄTZ Anh zu §§ 1297 ff RdNr 150; aA GRZIWOTZ ZEV 1994, 267, 270 (im Rahmen von §§ 2287 f).
**162** So die neuere Rechtsprechung des BGH zur ehebedingten Zuwendung, BGHZ 116, 167; der Unterschied zur Schenkung liegt in der fehlenden Einigung über die Unentgeltlichkeit, vgl MEINCKE NJW 1995, 2769 f; BGH FamRZ 1992, 300 f mit Überblick über die frühere Rechtsprechung; s a BGH NJW 1994, 2545 f.
**163** SOEGEL-DIECKMANN § 2325 RdNr 17; MünchKomm-FRANK § 2325 RdNr 12b; PALANDT-EDENHOFER § 2325 RdNr 15; LEIPOLD, Erbrecht, 2002, RdNr 841.
**164** LIPP AcP 180, 537, 583 ff; STAUDINGER-STRÄTZ Anh zu §§ 1297 ff RdNr 139 u 150; aA OLG Düsseldorf NJW-RR 1997, 1497 f.
**165** Zu den verfassungsrechtlichen Problemen PLATE FuR 1995, 212, 217; SOERGEL-DIECKMANN § 2325 RdNr 53 u 57; BVerfG FamRZ 1990, 729 f.

ergänzungspflichtigen Zuwendung zur Herausgabe des Geschenks nach bereicherungsrechtlichen Vorschriften bzw zur Zahlung des entsprechenden Geldbetrages verpflichtet, soweit der Erbe zur Sicherung seines eigenen ergänzten Pflichtteils (§ 2328) oder aufgrund beschränkter Haftung (§§ 1975, 1990, 2060) die Ergänzung verweigern kann. Gleiches gilt, wenn der Erbe selbst in seinem Pflichtteilsrecht beeinträchtigt ist (§ 2329 Abs 1 S 2).[166]

80 Zur Herausgabe der ihm von seinem Lebensgefährten gemachten **Geschenke** kann der überlebende Partner auch dann verpflichtet sein, wenn der Verstorbene erbvertraglich gebunden war. Entsprechendes gilt gleichfalls hinsichtlich wechselbezüglicher Verfügungen in einem mit dem früheren Ehegatten gemeinschaftlich errichteten Testament, nachdem dieses durch dessen Tod bindend geworden ist.[167] Wurde durch die Schenkung an den Lebensgefährten ein vertragsmäßiger Vermächtnisnehmer beeinträchtigt, so steht über § 2288 Abs 2 S 2 auch diesem – soweit er von dem Erben keinen Ersatz verlangen kann – der in § 2287 Abs 1 bezeichnete Anspruch zu.[168] Hat der Lebensgefährte freilich die Position eines Erben, so richtet sich der Ersatzanspruch des beeinträchtigten Vermächtnisnehmers von vornherein gegen ihn. Ein lebzeitiges Eigeninteresse des Erblassers steht auch in diesem Fall einem Anspruch entgegen. Ein solches setzt jedoch hier voraus, dass der erstrebte Zweck nicht anders als gerade durch die Veräußerung des Vermächtnisgegenstandes zu erreichen gewesen wäre.[169]

81 Neben diesen Herausgabe- und Ersatzansprüchen treffen den nichtehelichen Lebensgefährten zudem verschiedene **Auskunftspflichten**. Aufgrund des Zusammenlebens in einer häuslichen Gemeinschaft mit dem Verstorbenen ist der nichteheliche Lebensgefährte gem § 2028 Abs 1 verpflichtet, den (Mit-)Erben auf Verlangen darüber Auskunft zu geben, welche erbschaftlichen Geschäfte er geführt hat und was ihm über den Verbleib der Nachlassgegenstände bekannt ist. Bestehen Zweifel daran, dass die Auskunft mit der gebotenen Sorgfalt erteilt wurde, hat er die Vollständigkeit der gemachten Angaben gegebenenfalls eidesstattlich zu versichern (§ 2028 Abs 2).[170] Steht bereits fest, dass der Lebensgefährte des Verstorbenen erbschaftliche Geschäfte geführt hat, so ergibt sich die Auskunftspflicht schon aus den §§ 681, 666, 259, 260.[171] Die weitergehende Auskunftspflicht des § 2027 Abs 2 über den Bestand der Erbschaft einschließlich der Ersatzgegenstände, etwaiger Surrogate (§ 2019) und Nutzungen (§ 2020) sowie den Verbleib nicht auffindbarer Erbschaftsgegenstände, die im Ergebnis zu einer Rechnungslegung nach Maßgabe von § 259 führen kann, trifft ihn jedoch nur dann, wenn er nach

---

[166] BROX, Erbrecht, 2001, RdNr 563; LEIPOLD, Erbrecht, 2002, RdNr 846 f; GRZIWOTZ ZEV 1994, 267, 270; SOERGEL-LANGE Nehel LG RdNr 133; STAUDINGER-STRÄTZ Anh zu §§ 1297 ff RdNr 150; BATTES JZ 1988, 908, 915; SOERGEL-DIECKMANN § 2329 RdNr 7 und 12; PALANDT-EDENHOFER § 2329 RdNr 2 und 7.
[167] LEIPOLD, Erbrecht, 2002, RdNr 474; PALANDT-EDENHOFER § 2287 RdNr 3; MünchKomm-MUSIELAK § 2287 RdNr 2; SOERGEL-WOLF § 2287 RdNr 1.
[168] PALANDT-EDENHOFER § 2288 RdNr 4; GRZIWOTZ ZEV 1994, 267, 270; LEIPOLD, Erbrecht, 2002, RdNr 390a; BROX, Erbrecht, 2001, RdNr 160.
[169] LEIPOLD, Erbrecht, 2002, RdNr 525; BROX, Erbrecht, 2001, RdNr 160; BGH FamRZ 1984, 165 f.
[170] SOERGEL-LANGE Nehel LG RdNr 132; MünchKomm-WACKE nach § 1302 RdNr 43; STAUDINGER-STRÄTZ Anh zu §§ 1297 ff RdNr 150; PALANDT-EDENHOFER § 2028 RdNr 3; GRZIWOTZ ZEV 1994, 267, 270; SOERGEL-DIECKMANN § 2028 RdNr 2 ff; WITT-HUFFMANN, Lebensgemeinschaft, 1986, RdNr 414; LG Berlin FamRZ 1979, 503.
[171] SOERGEL-DIECKMANN § 2028 RdNr 3.

dem Tod seines Partners Gegenstände an sich genommen hat, die er nicht schon vorher mit diesem gemeinsam besessen hat.[172]

Ist der Lebensgefährte Erbe, so können die nichterbenden Pflichtteilsberechtigten von ihm die Vorlage eines **Verzeichnisses der vorhandenen Nachlassgegenstände**, der Nachlassverbindlichkeiten und des fiktiven Nachlassbestandes (§§ 2314 Abs 1 S 1, 260 Abs 1) sowie die Ermittlung des Wertes der Nachlassgegenstände (§ 2314 Abs 1 S 2) verlangen.[173] Im Fall des § 2329 steht dem Pflichtteilsberechtigten, sofern er nicht selbst Erbe ist oder bereits vom Erben Auskunft erhalten hat, ein Auskunftsanspruch analog § 2314 Abs 1 S 2 gegen den Lebensgefährten zu.[174] Darüber hinaus kann sich in den übrigen Fällen unter Umständen ein Auskunftsanspruch des jeweils Anspruchsberechtigten gegen den Lebensgefährten als Erben bzw Zuwendungsempfänger aus § 242 ergeben.[175] **82**

### d) Vermögensrechtliche Auseinandersetzung

Wie bei Beendigung der Lebensgemeinschaft durch Trennung findet auch bei ihrer Auflösung durch den Tod eines der Partner **keine umfassende Gesamtauseinandersetzung** statt. Es kommt weder eine generelle Anwendung von Gesellschaftsrecht in Betracht, noch kann gar auf die Vorschriften über den Zugewinnausgleich bei Ehegatten (§ 1371) zurückgegriffen werden.[176] Somit ist hier wiederum auf die allgemeinen Regeln abzustellen, wonach zunächst die dingliche Zuordnung der Vermögenswerte darüber entscheidet, ob sie dem Nachlass zuzurechnen sind oder nicht. Sodann sind evtl schuldrechtliche Ansprüche zu prüfen. **83**

Bestand hinsichtlich einzelner Vermögensgegenstände zwischen den Partnern eine **Innengesellschaft**, so ist häufig nicht davon auszugehen, dass der bei einer Trennung gegebene Auseinandersetzungsanspruch des nicht dinglich berechtigten Partners im Falle seines Todes gleichermaßen seinen Erben zustehen soll. Unter Umständen kann deshalb unter den Partnern ein – nach hM entgeltlicher und daher auch stillschweigend möglicher[177] – wechselseitiger Verzicht auf das Auseinandersetzungsguthaben für den Todesfall anzunehmen sein (§ 738).[178] Eine **84**

---

**172** SOERGEL-LANGE Nehel LG RdNr 132; MünchKomm-WACKE nach § 1302 RdNr 43; PALANDT-EDENHOFER § 2027 RdNr 2; SOERGEL-DIECKMANN § 2027 RdNr 1 ff; GRZIWOTZ ZEV 1994, 267, 270; WITT-HUFFMANN, Lebensgemeinschaft, 1985, RdNr 414; BROX, Erbrecht, 2001, RdNr 589 ff; LG Berlin FamRZ 1979, 503; weitergehend STAUDINGER-STRÄTZ Anh zu §§ 1297 ff RdNr 150.

**173** PALANDT-EDENHOFER § 2314 RdNr 1, 7 und 13 ff; BROX, Erbrecht, 2001, RdNr 565; LEIPOLD, Erbrecht, 2002, RdNr 849; BGHZ 89, 24, 27 ff.

**174** Str, so PALANDT-EDENHOFER § 2329 RdNr 7 f; BROX, Erbrecht, 2001, RdNr 565; LEIPOLD, Erbrecht, 2002, RdNr 850, Fn 43; BGHZ 89, 24, 27; 107, 200, 203 f; für eine eingeschränkte Auskunftspflicht auch gegenüber dem pflichtteilsberechtigten Erben SOERGEL-DIECKMANN § 2329 RdNr 17.

**175** LEIPOLD, Erbrecht, 2002, RdNr 525; PALANDT-EDENHOFER § 2287 RdNr 14; MünchKomm-MUSIELAK § 2287 RdNr 23; sowie BGHZ 97, 188, 192 f zum Auskunftsanspruch des Vertragserben gegen den Beschenkten; LEIPOLD, Erbrecht, 2002, RdNr 850, Fn 43; PALANDT-EDENHOFER § 2314 RdNr 3; SARRES ZEV 2001, 225; vgl BGHZ 61, 180, 184 f zum Auskunftsanspruch des pflichtteilsberechtigten Erben.

**176** DIEDERICHSEN NJW 1983, 1017, 1024; MünchKomm-WACKE nach § 1302 RdNr 40; GROSSE, Freie Ehe, 1991, 195; LG Aachen FamRZ 1988, 717, 718; vgl auch OLG Saarbrücken FamRZ 1979, 796, 797, das in einer Analogie einen Verstoß gegen Art 6 Abs 1 GG erblickt.

**177** SOERGEL-LANGE Nehel LG RdNr 120; als entgeltliches Rechtsgeschäft unterliegt der wechselseitige Verzicht nicht den Formvorschriften des § 2301 Abs 1 S 1, so BROX, Erbrecht, 2001, RdNr 781.

**178** STAUDINGER-STRÄTZ Anh zu §§ 1297 ff RdNr 109; SOERGEL-LANGE Nehel LG RdNr 120; MünchKomm-WACKE nach § 1302 RdNr 42.

analoge Anwendung gesellschaftsrechtlicher Regeln zugunsten der Erben des Nichteigentümers kommt unter im Vergleich zur Trennung verschärften Voraussetzungen in Frage, sodass der Alleineigentümer den Erben seines Lebensgefährten nur in Ausnahmefällen zum Ausgleich verpflichtet ist. Ist freilich der Eigentümer des Vermögensgegenstandes zuerst verstorben, so sind seinem Lebensgefährten Ausgleichsansprüche wie im Fall der Trennung zuzubilligen.[179]

**85** Hat einer der Partner auf eine **gesamtschuldnerisch** eingegangene **Verbindlichkeit** hin über den hälftigen Anteil hinaus Tilgungsleistungen erbracht, so stehen seinen Erben keine Ausgleichsansprüche gegen den Lebensgefährten zu.[180] Während jedoch im Falle der Trennung unter Umständen eine weitere Beteiligung des wirtschaftlich stärkeren Partners auch dann geboten sein kann, wenn der finanzierte Gegenstand allein dem anderen verbleibt, ist dies den Erben nicht zuzumuten.[181]

Bei den bereicherungsrechtlichen Ansprüchen aus § 812 Abs 1 S 2 2. Alt kommt es darauf an, welcher Leistungszweck für den Fall des Todes eines der Partner (stillschweigend) vereinbart war. So ist es denkbar, daß eine Zuwendung nicht nur zu dem Zweck erfolgte, das Zusammenleben zu verwirklichen, sondern auch im Falle des Todes des Zuwendenden dazu dienen soll, den Unterhalt seines Lebensgefährten zu sichern. Findet die Lebensgemeinschaft dann durch den Tod des Zuwendenden ihr Ende, so kann von einer Zweckverfehlung – anders als bei einer Trennung – nicht die Rede sein. Hier scheidet ein Kondiktionsanspruch der Erben aus.[182] Stirbt andererseits der Leistungsempfänger, so kann sein Partner die nun zweckverfehlte Leistung von den Erben zurückfordern.[183] In diesem Zusammenhang kann eine Zweckverfehlung ferner darin zu sehen sein, daß die Leistung in der vom Partner erkannten und gebilligten Erwartung einer letztwilligen Verfügung erfolgt ist, diese jedoch ausgeblieben ist.[184] Voraussetzung ist auch hier die finale Ausrichtung der Leistung auf die Gegenleistung, an der es regelmäßig dann fehlt, wenn die Verfügung bereits fest in Aussicht gestellt oder ohnehin als sicher angesehen wurde.[185]

**86** Bei Ansprüchen wegen **Wegfalls der Geschäftsgrundlage** nach § 313 nF wird der Tod des Zuwendenden die Geschäftsgrundlage in der Regel nicht entfallen lassen und somit keine diesbezüglichen Ansprüche der Erben gegen den überlebenden Partner begründen. Stirbt freilich der Zuwendungsempfänger, so sind entsprechende Ansprüche gegen die Erben eher zu bejahen.[186] Die im Vergleich zur Trennung der Partner geänderte Interessenlage ist darüber hinaus bei der gegebenenfalls vorzunehmenden flexiblen Anpassung gem § 313 Abs 1 nF zu berücksichtigen.[187]

---

**179** STAUDINGER-STRÄTZ Anh zu §§ 1297 ff RdNr 102; ähnlich auch BATTES, Zusammenleben, 1983, RdNr 126, der von einer unmittelbaren Anwendung des Gesellschaftsrechts ausgeht.
**180** BATTES, Zusammenleben, 1983, RdNr 55; BGHZ 77, 55, 57 f.
**181** SOERGEL-LANGE Nehel LG RdNr 121; STAUDINGER-STRÄTZ Anh zu §§ 1297 ff RdNr 130; BGHZ 77, 55, 58.
**182** SOERGEL-LANGE Nehel LG RdNr 121; STAUDINGER-STRÄTZ Anh zu §§ 1297 ff RdNr 116.
**183** STAUDINGER-STRÄTZ Anh zu §§ 1297 ff RdNr 117; aA LG Aachen FamRZ 1988, 717, 720.
**184** STAUDINGER-STRÄTZ Anh zu §§ 1297 ff RdNr 110; STAUDINGER-LORENZ § 812 RdNr 105.
**185** HAUSMANN, Vermögensausgleich, 1989, 307 f.
**186** GERNHUBER-COESTER-WALTJEN, Familienrecht, 1994, § 44 IV 3; SOERGEL-LANGE Nehel LG RdNr 121; vgl auch BGHZ 77, 55, 60.
**187** SOERGEL-LANGE Nehel LG RdNr 121; STAUDINGER-STRÄTZ Anh zu §§ 1297 ff RdNr 123 f.

### e) Mietvertrag bei gemeinsamer Wohnung

Nach früher mehrheitlich verbreiteter Auffassung stand dem überlebenden Partner einer eheähnlichen Lebensgemeinschaft bei Vorableben des alleinigen Mieters kein Eintrittsrecht in den Mietvertrag zu.[188] Die inzwischen ganz hM beurteilte diese Frage jedoch anders und billigte dem überlebenden Partner ein **Eintrittsrecht** in den nur vom verstorbenen Lebensgefährten abgeschlossenen Mietvertrag in analoger Anwendung des § 569a Abs 2 aF zu.[189] Diese Analogie lag innerhalb der Grenzen, die sich aus dem in Art 20 Abs 3 iVm Art 14 Abs 1 GG statuierten Vorrang des Gesetzes für die richterliche Rechtsfortbildung ergeben.[190] Die unmittelbare Anwendung scheiterte daran, daß der Partner eben nicht »Ehegatte« ist. Verfassungsrechtliche Bedenken wegen eines etwaigen Verstoßes gegen die Artikel 6 Abs 1 oder 14 Abs 1 S 1 GG hat das BVerfG schon früher zurückgewiesen.[191] Lautet der Mietvertrag über die gemeinsame Wohnung auf den Namen beider Partner, so kam nach nicht unstreitiger Ansicht eine analoge Anwendung von § 569b aF in Frage.[192]

Mit dem 19. 6. 2001 wurde diese rechtliche Diskussion nun durch den Gesetzgeber beendet und die Rechtsstellung von nichtehelichen Lebensgefährten insoweit gestärkt. Durch das Mietrechtsreformgesetz (BGBl I 1149) und der Neufassung der mietrechtlichen Vorschriften des BGB wurde ua diese richterrechtliche Rechtsfortbildung hinsichtlich der §§ 569-569c aF kodifiziertes Gesetzesrecht.[193] De lega late steht seit dem 1. 9. 2001 einem Lebensgefährten, wie auch einem Ehegatten oder Lebenspartner nach § 563 Abs 2 S 4 nF ein Eintrittsrecht zu, solange er mit dem verstorbenen Mieter einen auf Dauer angelegten gemeinsamen Haushalt geführt hat.[194] Der Lebensgefährte tritt hierbei mit gemeinsamen oder »nichtpartnerschaftlichen« Abkömmlingen des Mieters gleichrangig in den vom Verstorbenen allein abgeschlossenen Mietvertrag ein (§ 563 Abs 2 S 2 nF). Ein Vorrang würde lediglich einem Ehegatten oder Lebenspartner zukommen (§ 563 Abs 2 S 3 nF).[195] Bei einem **gemeinsamen Mietvertrag** steht dem überlebenden Partner nunmehr gleichfalls nach § 563a nF ein Fortsetzungsrecht in den Mietvertrag zu. Einer analogen Anwendung der Mietrechtsvorschriften bedarf es zukünftig nicht mehr.

---

**188** DIEDERICHSEN FamRZ 1988, 889, 893; DIEDERICHSEN NJW 1983, 1017, 1025; THOFERN, Mietrecht, 1993, S 81; KLAS ZMR 1982, 289; so auch noch BOSCH FamRZ 1991, 1, 3 f; STAUDINGER-SONNENSCHEIN § 569a RdNr 32 f; BayObLG FamRZ 1992, 1423, 1426 f.
**189** STAUDINGER-STRÄTZ Anh zu §§ 1297 ff RdNr 190 ff; MünchKomm-WACKE nach § 1302 RdNr 34; PALANDT-PUTZO § 569a RdNr 7; PLATE FuR 1995, 212, 219; GERNHUBER-COESTER-WALTJEN, Familienrecht, 1994, § 42 II 2; BATTES, Zusammenleben, 1983, RdNr 173; BEHRENS, Mietverhältnis, 1989, 247; FINKE, Recht, 1995, RdNr 22; GRZIWOTZ, Partnerschaftsvertrag, 1998, S 655; SCHREIBER, Lebensgemeinschaft, 2000, RdNr 103; STINTZING, Eintrittsrecht, 1994; STINTZING JuS 1994, 550, 551; BGH NJW 1993, 999, 1000 f; OLG Saarbrücken FamRZ 1991, 1182,

1183; LG Berlin ZMR 1990, 461; BayObLG NJW 1993, 137.
**190** THOFERN, Mietrecht, 1993, S 83; BVerfG NJW 1990, 1593 f; BGH NJW 1993, 999 f; aA BOSCH FamRZ 1991, 1, 3; für ein Tätigwerden des Gesetzgebers noch STAUDINGER-SONNENSCHEIN § 569a RdNr 33.
**191** BVerfG NJW 1990, 1593, 1594 f; vgl auch THOFERN, Mietrecht, 1993, S 83; BGH NJW 1993, 999, 1001.
**192** PALANDT-EDENHOFER § 569b RdNr 1, jedoch str.
**193** Zur Übergangsregelung vgl Art 229 § 3 Nr 5 EGBGB.
**194** GRUNDMANN NJW 2001, 2502; DETHLOFF NJW 2001, 2599, 2603; LÖHNIG FamRZ 2001, 891 f.
**195** PALANDT-WEIDENKAFF § 563 RdNr 17 f.

## II. Pflichtteilsklauseln (Checkliste s Formularteil, A RdNr 19)

### 1. Wozu dienen Pflichtteilsklauseln?

**88** Die Geltendmachung von Pflichtteilsansprüchen durch die Abkömmlinge stellt einen ganz erheblichen **Störfaktor** bei der Nachlassplanung von Ehegatten dar, wenn sich die Ehegatten zunächst gegenseitig zu Erben berufen wollen, insbesondere im Fall der sog »Einheitslösung« des Berliner Testaments[196]. Zum einen deshalb, weil sie den längerlebenden Ehegatten wirtschaftlich mit einer meist nicht unerheblichen Auszahlungsverpflichtung belasten. Zum anderen führt das nicht vorausbedachte Pflichtteilsverlangen mitunter zu einer ganz anderen Nachlassbeteiligung, als die Ehegatten sich das vorgestellt hatten. Denn auch hier gilt für die Abkömmlinge: wer zuerst kommt, mahlt zuerst, dh er erhält zunächst den Pflichtteil bereits aus dem Nachlass des erstversterbenden Elternteils und dann später als Schlusserbe nochmals die ihm zugedachte Erbquote, die er allerdings entgegen der Erwartung der Eltern um den vorab geltendgemachten Pflichtteil und zu Lasten seiner loyalen Geschwister aufgestockt hat.[197]

**89** Die gesetzliche Regelung hierfür wird als ungenügend betrachtet.[198] Seit langem will man daher durch entsprechende Testamentsgestaltungen diese unerwünschte Wirkung der Pflichtteilsforderung verhindern oder eindämmen. Da die Pflichtteilsforderung der Abkömmlinge, abgesehen von den seltenen Fällen der Pflichtteilsentziehung (§§ 2333 ff BGB), einseitig nicht ausgeschlossen werden kann, versucht man, die Pflichtteilsgeltendmachung wirtschaftlich möglichst uninteressant zu machen.

**90** Pflichtteilsklauseln dienen dabei zur[199]

– **Entlastung** des längerlebenden Ehegatten vor der Pflichtteilsauszahlung und den damit verbundenen finanziellen und persönlichen Belastungen
– **Vermeidung** einer ungerechten **Bevorzugung** des Kindes, das vorzeitig seinen Pflichtteil verlangt
– **Belohnung** der »loyalen Kinder«, die den letzten Willen respektieren, durch Sicherung der als angemessen betrachteten Nachlassbeteiligung.

### 2. Wie wirken Pflichtteilsklauseln?

#### a) Die Abschreckungswirkung

**91** Das auch im Fußball bewährte Prinzip von »Zuckerbrot und Peitsche« liegt den gängigen Pflichtteilsklauseln zugrunde. Zum einen versucht man eine »**Abschreckungswirkung**« dadurch zu erreichen, daß der seinen Pflichtteil nach dem Tod des erstversterbenden Elternteils fordernde »illoyale« Abkömmling beim Tod des

---

[196] S Erl zu § 2269; guter Überblick zu den Pflichtteilsstrafklauseln bei v DICKHUTH-HARRACH, FS Rheinisches Notariat, 1998, 185, 210 ff; vgl auch KASPER in: SCHERER, MAH Erbrecht, § 24 RdNr 8 ff.
[197] Besonders bei einseitigen Kindern kann das bereits nach dem ersten Todesfall erfolgte Pflichtteilsverlangen die bei Eintritt des Schlusserbfalls geplante gleichmäßige Nachlassbeteiligung aller Kinder völlig torpedieren, vgl hierzu OLG Stuttgart DNotZ 1979, 104 und instruktiv VON OLSHAUSEN DNotZ 1979, 707 sowie unten RdNr 107.
[198] § 2269 RdNr 81 ff.
[199] LÜBBERT NJW 1988, 2706, 2708 f; J MAYER MittBayNot 1996, 80; KASPER in: SCHERER MAH Erbrecht § 24 RdNr 9 ff; SEUBERT, Die Jastrowsche Klausel, 1999, 72 ff, der eine präventiv-repressive und eine belohnend-sanktionierende Wirkung unterscheidet, wobei üblicherweise die Begriffspaare genau umgekehrt gebildet werden.

zweiten Elternteils »enterbt« oder der geltend gemachte Pflichtteil auf die ihm an sich zugedachte Erbquote wenigstens angerechnet wird. Als Gegenstand der Sanktion der Enterbung kommt für den Fall, daß die Ehegatten das Modell des »**Berliner Testaments**« gewählt haben, die Schlusserbeneinsetzung des betreffenden Abkömmlings in Betracht. Diese ist auflösend bedingt durch das Verlangen oder die Durchsetzung[200] des Pflichtteils. Haben die Eltern sich dagegen für die **Trennungslösung** entschieden (s § 2269 RdNr 3), so kann nach dem Tod des ersten Elternteils der zum (Mit-)Nacherben berufene Abkömmling seinen Pflichtteil ohnehin nur beanspruchen, wenn er bereits vor Eintritt des Nacherbfalls die Nacherbschaft ausschlägt (§ 2306 Abs 2 BGB).[201] Insoweit bedarf es keiner weiteren Anordnung. Hinsichtlich des Eigennachlasses des längerlebenden Elternteils ist auch hier die gleiche Regelung wie beim Berliner Testament erforderlich.

Der **Abschreckungseffekt** ist aber uU nur sehr begrenzt: Er versagt sicherlich dann, wenn das Eigenvermögen des Längerlebenden im Verhältnis zu dem des erstversterbenden Elternteils relativ klein ist, da sich dann der angedrohte Wegfall der Schlusserbeneinsetzung wirtschaftlich nicht so stark auswirkt. Hinzu kommt, daß bei der Einheitslösung iS des Berliner Testaments das den Pflichtteil fordernde Kind diesen faktisch aus dem Nachlass des erstversterbenden Ehegatten zweimal erhält: Einmal bei dessen Tod und ein zweites Mal beim Tod des Längerlebenden, weil sich in dessen Nachlass auch das restliche Vermögen des Erstversterbenden befindet. Gegen diese Gefahr schützt teilweise die Trennungslösung, insbesondere wenn der Nachlass des Erstversterbenden der wesentlich bedeutendere ist. Diese Gestaltung ist jedoch für den längerlebenden Ehegatten mit erheblichen Verfügungsbeschränkungen verbunden. Mitunter kann dem Pflichtteilsberechtigten auch der sofortige Vermögenszufluß in Gestalt des Pflichtteils wichtiger sein als die (vielleicht nur ungewisse) Aussicht auf einen höheren Erbteil beim zweiten Erbfall.[202]

**b) Die zuteilende Wirkung**

Zum anderen finden sich daher neben diesen rein negativ, weil enterbend, wirkenden Klauseln auch solche, die eine **Zuwendung** von Nachlassvermögen beinhalten. So ist es auch möglich, die ihren Pflichtteil nicht verlangenden, loyalen Abkömmlinge zu belohnen, indem ihnen bereits nach dem ersten Erbfall ein Vermächtnis in beliebiger Höhe zugewandt wird, meist in Geld und in Höhe ihres gesetzlichen Erbteils, den sie ohne die Verfügung von Todes wegen hätten. Um den längerlebenden Elternteil vor den nachteiligen Folgen der sofortigen Auszahlung zu bewahren, ist dieses Vermächtnis aber noch nicht zu seinen Lebzeiten zu erfüllen. Entweder wird es bis zum Tod des zweiten Ehegatten gestundet oder sogar aufschiebend befristet erst für diesen Fall angeordnet. Tatbestandsmäßig kann die Vermächtniszuweisung dadurch bedingt sein, daß sie erst bei einem entsprechenden Pflichtteilsverlangen eines der anderen Abkömmlinge eingreift, wie die berühmte »**Jastrow'sche Klausel**«.[203] Es kann aber auch ein mit dem Tod des erstversterbenden Ehegatten bereits anfallendes, unbedingtes Vermächtnis dieser Art eingeräumt werden, das nur für die Abkömmlinge entfällt, die ihren

---

[200] Zur richtigen Formulierung s unten RdNr 100; zur Frage, was unter »Verlangen des Pflichtteils« zu verstehen ist, eingehend LÜBBERT NJW 1988, 2706, 2710 und unten RdNr 100.
[201] Dies übersieht KASPER (Fn 199) RdNr 28, der empfiehlt, das Nacherbenrecht der Kinder durch die Geltendmachung des Pflichtteils auflösend zu bedingen.
[202] WEIRICH, Erben und Vererben, RdNr 921.
[203] So benannt nach ihrem Erfinder JASTROW DNotV 1904, 424, 425 f.

Pflichtteil bereits beim ersten Erbfall geltend machen.[204] Aber diese Vermögenszuteilung beruht nicht nur auf dem Gedanken des Wohlverhaltens durch Belohnung. Die Aussetzung des Vermächtnisses hat auch noch einen zweiten, die Pflichtteilsbelastung im zweiten Erbfall reduzierenden Effekt: Bei richtiger Ausgestaltung ist diese Vermächtnisforderung eine Nachlassverbindlichkeit, die gem § 2311 BGB bei der Berechnung des Pflichtteils mindernd in Abzug gebracht werden kann. Dadurch ergibt sich eine je nach Vermögenslage und Höhe des angeordneten Vermächtnisses mehr oder weniger stark ausfallende **Verringerung der Bemessungsgrundlage** des Pflichtteils der Abkömmlinge im zweiten Todesfall (wie sie bei der Trennungslösung kraft Gesetzes entsteht). Dies wirkt sich dann besonders entlastend zugunsten der anderen loyalen Schlusserben aus, wenn zugleich auch die beim Pflichtteilsverlangen eintretende bedingte Enterbung angeordnet wurde (s RdNr 91).

### 3. Arten der Pflichtteilsklauseln

94 Ausgehend von der Wirkung der Pflichtteilsklauseln lassen sich die verschiedenen in der Praxis verwendeten Gestaltungen wie folgt systematisieren:

#### a) Einfache Pflichtteilsklauseln

95 Sie arbeiten allein mit der Abschreckungswirkung der Enterbungskomponente. Hier sind verschiedene Formen möglich:

#### aa) Anrechnungsklausel

96 Hier wird bestimmt, daß derjenige der Abkömmlinge, der beim Ableben des Erstversterbenden der Ehegatten seinen Pflichtteil verlangt, sich den Wert auf seinen Erbteil am Nachlass des Längerlebenden anrechnen lassen muß.[205] Konstruktiv handelt es sich um ein den illoyalen Schlusserben entsprechend belastendes Vermächtnis zugunsten der loyalen anderen auf den zweiten Todesfall.[206] Sie besticht auf den ersten Blick unter dem Gesichtspunkt der gleichmäßigen Nachlassverteilung: Auch der, der sofort seinen gesetzlichen Pflichtteil verlangt, soll bei der Endverteilung nicht benachteiligt werden und so viel wie die anderen erhalten. Aber dies ist nicht ganz richtig. Denn der Fordernde erhält durch die sofortige Pflichtteilsauszahlung auch weitere wirtschaftliche Vorteile, insbesondere einen Zinsvorteil,[207] die bei der gerechten Aufteilung dann auch berücksichtigt werden müßten. Die Entlastungsfunktion für den längerlebenden Ehegatten (s RdNr 90) kommt dagegen hier zu kurz. Aus taktischen Gründen ist diese Klausel daher bereits dann nicht angezeigt, wenn der Nachlass des längerlebenden Ehegatten wesentlich größer ist als der des Erstversterbenden, da sich dann die Anrechnung nicht so stark auswirkt und damit der Abschreckungseffekt eher ausbleibt (wenn auch die wirtschaftliche Belastung für den längerlebenden Ehegatten dann eher tragbar sein dürfte). Aber auch die angestrebte gerechte Nachlassbeteiligung kann uU nicht erreicht werden. Denn die Klausel kann dadurch umgangen werden, daß der mit der Anrechnungsanordnung belastete Abkömmling wegen § 2306 BGB die ihn beeinträchtigende Schlusserbenstellung ausschlägt und dann seinen

---

[204] Dies kann vor allem dann angebracht sein, wenn einseitige Kinder vorhanden sind, vgl den in Fn 197 genannten Fall. Zur näheren Ausgestaltung s bei VON OLSHAUSEN DNotZ 1979, 707, 718.
[205] Etwa STAUDINGER-KANZLEITER § 2269 RdNr 58.
[206] KARCH BWNotZ 1989, 75, 76 mit weitergehendem Vorschlag, dass vermächtnisweise alles herauszugeben ist, was seinen eigenen Pflichtteil übersteigt; NIEDER RdNr 840.
[207] WEIRICH RdNr 918.

ungekürzten Pflichtteil verlangt, so dass er also wieder zweimal den Pflichtteil aus dem Nachlass des Erstversterbenden erhält und damit uU viel besser fährt.[208] Dann müsste für diesen Fall die sog »Jastrow'sche Formel« angeordnet werden.[209]

### bb) Ausschlussklausel

Bei diesen Klauseln wird der Abkömmling, der im ersten Erbfall seinen Pflichtteilsanspruch geltend macht, von der Schlusserbfolge ganz ausgeschlossen. Die Abschreckungswirkung ist – wie bereits erwähnt – uU gering.[210] Je nachdem, ob die Enterbung des illoyalen Kindes sofort mit dem Pflichtteilsverlangen oder erst aufgrund einer entsprechenden enterbenden Verfügung eintreten soll, kann man weiter unterscheiden:

*(1) Automatische Ausschlussklausel*
Hier tritt die enterbende Wirkung automatisch mit dem Pflichtteilsverlangen ein. Wie bei allen Gestaltungen, die mit Bedingungen arbeiten, kann diese Automatik zu mitunter nicht gewollten Folgen führen. Als Nachteile sind dabei zu nennen:[211]

– Es besteht bei entsprechend weiter Formulierung oft Unklarheit, wann ein »Pflichtteilsverlangen« vorliegt.[212]
– Die automatische Ausschlussklausel verhindert, dass der Längerlebende individuell auf die entsprechende Lebenssituation reagieren kann. Ein anschauliches Beispiel ist, dass es nach dem neuen Erbschaftsteuerrecht durchaus angezeigt sein kann, auch im Rahmen des Berliner Testaments zur **Steuervermeidung** den Pflichtteil geltend zu machen, um bereits im 1. Erbfall die Freibeträge der Kinder zu nutzen und die Steuerbemessungsgrundlage für den 2. Erbfall zu reduzieren. Daher sind automatisch wirkende Klauseln in Zukunft vorsichtiger zu formulieren.[213]
– Durch die Bedingung treten hinsichtlich der Schlusserbenstellung **konstruktive Schwierigkeiten** ein: Solange die Pflichtteilsgeltendmachung noch möglich ist (also bis zum Verzicht oder Verjährung) sind die Abkömmlinge nur (konstruktive) Vorerben, die anderen, möglicherweise loyalen Kinder Nacherben. Erst mit endgültigem Bedingungseintritt oder -ausfall steht daher die Erbfolge endgültig fest.[214]

---

**208** Eine Anrechnung, die stärker und mit absoluter Geltung in den Pflichtteil nach dem Zweitversterbenden Ehegatten eingreift, ist nicht wirksam, KIPP-COING § 79 IV 2.
**209** NIEDER RdNr 840.
**210** AllgM, vgl etwa KASPER (Fn 199) RdNr 20; siehe auch die nachstehende Tabelle.
**211** Vgl dazu etwa WEIRICH RdNr 919; NIEDER RdNr 840; LANGENFELD, Testamentsgestaltung, RdNr 341.
**212** Eingehend hierzu LÜBBERT NJW 1988, 2706, 2710 f; RADKE ZEV 2001, 136; ders, Das Berliner Testament ... 96 ff.
**213** DRESSLER NJW 1997, 2848, 2850; J MAYER ZEV 1998, 54.
**214** Das bedeutet, dass wegen des sachenrechtlichen Bestimmtheitsgrundsatzes ent-

gegen § 35 Abs 1 S 2 GBO das Grundbuchamt auch bei einem beurkundeten Testament oder Erbvertrag mit einer solchen Klausel einen Erbschein fordern kann, vgl BÖHRINGER BWNotZ 1988, 155; LG Kassel Rpfleger 1993, 397; eine eidesstattliche Versicherung, dass der Pflichtteil nicht geltend gemacht wurde, lassen immerhin zu OLG Frankfurt OLGZ 1994, 262 = NJW-RR 1994, 203 = MittBayNot 1994, 156 = DNotZ 1995, 312; LG Bochum Rpfleger 1992, 194; großzügiger LG Stuttgart BWNotZ 1988, 163; LG Köln MittRhNotK 1988, 177 (Erbschein nicht erforderlich, wenn Pflichtteilsgeltendmachung nicht offenkundig). Vgl auch OLG Zweibrücken ZEV 1999, 108 m Anm LORITZ ZEV 1999, 187.

**99** Der Vorteil kann allerdings eben auch darin liegen, dass man dem Längerlebenden eben gerade keinen Entscheidungsspielraum geben will; auch hilft sie dort den letzten Willen durchzusetzen, wo der Längerlebende nicht mehr zum Testieren kommt (man denke an den vergesslichen oder testierunfähigen Erblasser).

**100** Wer sich dennoch für die automatische Ausschlussklausel entscheidet, sollte diese nach **Tatbestand** und Rechtsfolge möglichst klar und konkret abfassen.[215] Hinsichtlich der Voraussetzungen sollte bedacht werden, dass der Pflichtteilsanspruch auch von Dritten geltend gemacht werden kann, die ihn nach Eintritt des Erbfalls vom Pflichtteilsberechtigten geerbt haben;[216] er sollte die steuerliche Komponente bedenken, wonach uU die Geltendmachung Pflichtteils zu einer erheblichen Entlastung bei der Erbschaftsteuer führen und damit auch im Interesse des längerlebenden Ehegatten liegen kann,[217] und auch, dass das Eingreifen einer solchen Klausel nach hM ein (quasi unbeschriebenes) subjektives Tatbestandsmerkmal voraussetzt. Daher sollte die Bezeichnung »Strafklausel« vermieden werden, damit nicht erst bei einem in vorwerfbarer Weise erfolgenden »bewusstem« oder gar erst »böswilligem Auflehnen« die gewünschte Sanktion eintritt.[218]

Als **Tatbestandsvoraussetzungen** für das Eingreifen einer Pflichtteilsklausel werden dabei in der Praxis diskutiert:

– für den Eintritt der enterbenden Wirkung allein auf das **Verlangen** des Pflichtteils abzustellen.[219] Ähnlich wird teilweise darauf abgestellt, dass der Pflichtteil »geltend gemacht« wird.[220] Die letztgenannte Formulierung knüpft dabei an das an, was erbschaftsteuerlich seitens des Pflichtteilsberechtigten getan werden muss, damit die Erbschaftsteuerpflicht entsteht (§ 3 Abs 1 Nr 1 ErbStG) und was somit erforderlich ist, damit dieser als Abzugsposten beim längerlebenden Ehegatten berücksichtigt werden kann. Dies ist insbesondere bei größeren Nachlässen sowohl im Interesse des Pflichtteilsberechtigten wie des Erben und sollte dann bei solchen »einverständlichen« Regelungen gerade nicht die weitreichenden Sanktionen im zweiten Erbfall auslösen. Dem könnte allerdings auch durch die einschränkende Formulierung begegnet werden, dass bei einer **einverständlichen Pflichtteilsgeltendmachung** die Pflichtteilsklausel nicht eingreifen soll. Aber auch sonst erscheint die Verwendung des Begriffs des Pflichtteilsverlangens nicht unproblematisch: Soll dazu bereits das Auskunftsverlangen gehören[221] oder die Geltendmachung von Sicherungsrechten[222] oder wenn die Zahlung letztlich vom längerlebenden Ehegatten ausgeht, aber die Verhandlungen dazu vom Pflichtteilsberechtigten initiiert wurden?
– Die enterbende Wirkung soll erst eintreten, wenn der Pflichtteilsberechtigte den Pflichtteil »**verlangt und erhält**«.[223] Damit werden die Auslegungsproble-

---

**215** Dazu die gründliche Analyse der gängigen Vorschläge in den Formularbüchern bei RADKE, Das Berliner Testament … S 95 ff.
**216** Vgl den instruktiven Fall von BayObLG NJW-RR 1996, 262 = MittBayNot 1996, 110: Der »Pflichtteil der Schwiegertochter«.
**217** Dazu etwa J MAYER ZEV 1998, 50 ff; DRESSLER NJW 1997, 2848, 2850.
**218** Für solch strenge Anforderungen etwa OLG Stuttgart OLGZ 1979, 52. Zu diesen Fragen eingehend § 2269 RdNr 84 f.
**219** So etwa LANGENFELD, Testamentsgestaltung, M 103 in RdNr 341; sowie hier unten im Formularteil RdNr 47.
**220** WEIRICH RdNr 1450; KERSTEN-BÜHLING-FASSBENDER M 952 Nr 2.
**221** Zu Recht ablehnend LÜBBERT NJW 1988, 2706, 2710, wenn man nicht den Erben auch gegen diesen Ärger schützen will.
**222** Vgl etwa OLG Schleswig ZEV 1997, 331; BayObLGZ 1990, 58 (»Geltendmachung« durch den Ergänzungspfleger).
**223** So NIEDER, Handbuch RdNr 840; TANCK-KERSCHER-KRUG, Testamente in der anwaltlichen und notariellen Praxis, 2. Aufl, 2002, § 20 RdNr 101.

me, die sich aus dem Tatbestandsmerkmal »Verlangen« des Pflichtteils ergeben, nicht gelöst, weil beides (Verlangen und Erhalten) kumulativ gegeben sein muss, damit die Pflichtteilsklausel greift. Sie macht dort Sinn, wo aus steuerlichen Gründen der Pflichtteil geltend gemacht, aber dann gestundet wird. Probleme ergeben sich auch in dem Fall, dass bei Eintritt der Schlusserbfolge der Pflichtteil nach dem erstversterbenden Elternteil zwar verlangt, aber noch nicht bezahlt ist. Kann die Klausel auch dann noch eingreifen? Hier stellen sich neue Auslegungsfragen, wie das OLG Zweibrücken ausdrücklich betont.[224] Zudem sieht sich der überlebende Elternteil uU gezwungen, den verlangten Pflichtteil möglichst schnell und ohne nähere Prüfung auszuzahlen, damit die enterbende Wirkung eintritt, und er über den freiwerdenden Erbteil neu testieren kann.[225] Daher wird alternativ vorgeschlagen, das »und« durch ein »oder« zu ersetzen, sodass etwa bei erfolgter Auszahlung des Pflichtteils sich nicht mehr das Problem stellt, ob ein »Verlangen« iS der Pflichtteilsklausel vorlag.[226] Dann würde die enterbende Wirkung auch eintreten, wenn ein sich eigentlich passiv verhaltender Pflichtteilsberechtigter vom längerlebenden Ehegatten den Pflichtteil erhält, weil er dadurch bevorzugt werden soll, was aber gerade den Intentionen des Berliner Testaments widerspräche.[227] Aber dies ist sicher nur ein Sonderfall; hinsichtlich der anderen Tatbestandsvoraussetzung, dem »Verlangen« bleibt es bei den geschilderten Auslegungsproblemen;
– Soll die enterbende Wirkung dann eintreten, wenn der Pflichtteilsberechtigte seinen Anspruch in einer Weise geltend macht, die den **Verzug** begründet?[228] Auch diese Formulierung erscheint nur auf den ersten Blick klarer: Auch nach der Neufassung des Rechts des Verzugs durch das SchRModG setzt Verzug immer noch Verschulden oder zumindest Vertreten müssen voraus (§ 286 Abs 5 BGB nF). Angesichts der schwierigen Bewertungsprobleme, die es gerade im Pflichtteilsrecht gibt, wird man daher nicht immer ausschließen können, dass trotz einer eindeutigen Forderung des Berechtigten der Pflichtteilsschuldner sich in einem vertretbaren Irrtum befand. Zudem kennt das neue Recht eine Vielzahl von Umständen, die den Verzug begründen können. Und letztlich bleibt festzuhalten, dass oftmals bereits die Geltendmachung eines Auskunftsoder Wertermittlungsanspruchs als erhebliche Belastung für den längerlebenden Elternteil angesehen wird, die deshalb zur Enterbung führen soll;
– Soll erst mit der »**Durchsetzung**« des Pflichtteils die Sanktion eintreten?[229] Aber auch diese Formulierung ist nicht so eindeutig, wie es zunächst scheint. Das Durchsetzen muss nicht unbedingt nur die Fälle erfassen, dass der Pflichtteil tatsächlich bereits ausbezahlt wurde; bereits vorbereitende Maßnahmen, wie die Geltendmachung des Auskunftsanspruchs (§ 2314 BGB) oder die Mahnung lassen sich als Durchsetzen begreifen. Auch diese Formulierung führt demnach zu Auslegungsproblemen.[230] Letztlich zeigt sich, dass eine allseits befriedigende und für alle Fälle passende Formulierung wohl nicht zu finden ist.

Bezüglich der **Rechtsfolgen** ist klar zu regeln, ob Anwachsung des frei werdenden Teils der Erbschaft an die anderen Schlusserben oder Ersatzberufenen ein-

---

**224** OLG Zweibrücken MittBayNot 1999, 294, 295 f = ZEV 1999, 108 m Anm LORITZ ZEV 1999, 187.
**225** RADKE ZEV 2001, 136, 138.
**226** RADKE ZEV 2001, 136, 138; ders, Das Berliner Testament ... S 100.
**227** RADKE ZEV 2001, 136, 138.
**228** Dafür RADKE ZEV 2001, 136, 137 f; ders,

Das Berliner Testament ... S 99; zum In-Verzugsetzen im Pflichtteilsrecht nach der Schuldrechtsreform eingehend RIßMANN ZERB 2002, 181.
**229** So LANGENFELD, Testamentsgestaltung, M 104 in RdNr 341; CASTELL in: Beck'sches Formularbuch, M VI.6 Nr V.
**230** RADKE ZEV 2001, 136, 139.

tritt. Dabei ist zu beachten, dass die reinen Pflichtteilsklauseln wegen ihrer bloß enterbenden Wirkung streng für sich betrachtet zwar nicht bindend oder **wechselbezüglich** sein können (vgl §§ 2278 Abs 2, 2270 Abs 3 BGB).[231] Wird damit jedoch eine Schlusserbenbestimmung verbunden, was nicht notwendigerweise der Fall sein muss,[232] so ist sie eine auflösend bedingte Schlusserbeneinsetzung, die mit der weiter dort idR getroffenen Erbeinsetzung insoweit »korrespondiert«, als das, was dem einen wegfällt, den anderen zugute kommen muss (Anwachsung, Ersatzberufung). Wegen dieser »Reflexwirkung« liegt eine entsprechende Bindung/Wechselbezüglichkeit vor,[233] die einen entsprechenden Änderungsvorbehalt erfordert, um die Testierfreiheit wiederzugewinnen.[234]

**102** Eine solche Klausel könnte daher in einem gemeinschaftlichen Testament oder Ehegattenerbvertrag so lauten, wie im Formularteil B RdNr 47 wiedergegeben.[235]

*(2) Fakultative Ausschlussklausel*

**103** Sie vermeidet die Nachteile, die mit der automatisch wirkenden verbunden sind (s RdNr 98). Dabei wäre der im Formularteil B RdNr 47 gemachte Formulierungsvorschlag dahingehend abzuändern, dass der längerlebende Ehegatte bei Vorliegen des Pflichtteilsverlangens *»berechtigt ist«*, die entsprechenden Sanktionen anzuordnen. Der Sache nach handelt es sich um einen spezifizierten Änderungsvorbehalt (vgl § 2278 RdNr 13 ff; § 2271 RdNr 64). Eine derartige Klausel ist daher nur dann erforderlich, wenn entweder in der Verfügung von Todes wegen ein solcher überhaupt nicht vorhanden oder er nicht ausreichend ist (etwa wenn alle Kinder den Pflichtteil verlangen, der Änderungsvorbehalt aber die Abänderungsmöglichkeit persönlich dahingehend beschränkt, dass nur zugunsten der Kinder geändert werden kann). Die Bedenken, die im Allgemeinen gegen die lediglich enterbend wirkenden Pflichtteilsklauseln vorgebracht werden, etwa die Probleme, die aus dem doppelten Pflichtteilsverlangen entstehen, gelten natürlich auch hier.

### b) Die Jastrow'sche Klausel

#### aa) Die Urfassung

**104** Sie verbindet die enterbende Komponente mit einer zuteilenden, um insbesondere für den 2. Erbfall die Bemessungsgrundlage für den Pflichtteil des »illoyalen Kinds« zu drücken (s RdNr 93).[236] Sie ist daher nicht erforderlich, wenn durch die Trennungslösung ohnehin eine Separation des beiderseitigen Nachlasses eintritt. In der Urfassung erhielten die anderen Abkömmlinge, die nach Eintritt des 1. Erbfalls keinen Pflichtteil geltend machten, für den Fall, dass einer der anderen Kinder dies tut, ein bereits dann anfallendes Vermächtnis in Höhe ihres gesetzlichen Erbteils, das jedoch bis zum Ableben des Längerlebenden ohne oder mit Zinsen[237] gestundet und dann erst fällig wird. Gegen die grundsätzliche Zulässigkeit

---

[231] Missverständlich KERSCHER-TANCK-KRUG, Das erbrechtliche Mandat, 2. Aufl 2000, § 8 RdNr 477; ebenso LANGENFELD, Testamentsgestaltung, RdNr 341 und KASPAR (Fn 196) § 24 RdNr 15.

[232] Sie wirkt dann zunächst rein enterbend gegenüber der gesetzlichen Erbfolge, LÜBBERT NJW 1988, 2708.

[233] LÜBBERT, aaO; STROBEL MDR 1980, 363; für die Annahme eines stillschweigenden Änderungsvorbehalts hier STAUDINGER-KANZLEITER § 2269 RdNr 59.

[234] BayObLGZ 1990, 58, 60: bejaht diesen durch Auslegung.

[235] Vor verunglückten Pflichtteilsklauseln sei gewarnt, vgl etwa BGH NJW-RR 1991, 706; großzügiger BayObLG ZEV 1955, 191 f.

[236] Eingehend dazu J MAYER ZEV 1995, 136; RADKE, Das Berliner Testament..., 110 ff (mit eingehender Analyse); SEUBERT, Die Jastrowsche Klausel, 1999 (Diss).

[237] Dies erhöht die Pflichtteilsentlastung im 2. Erbfall.

und Wirksamkeit dieser Klausel bestehen keine durchgreifenden Bedenken; insbesondere handelt es sich um eine zulässige Potestativbedingung, die auch mit § 2065 BGB vereinbar ist und auch nicht gegen § 134 oder § 138 BGB verstößt. Auch wenn dadurch mittelbar der Druck ausgeübt wird, den Pflichtteil beim Tod des Erstversterbenden nicht geltend zu machen, liegt darin keine sittenwidrige Benachteiligung des Pflichtteilsberechtigten.[238] Dessen Interessen werden systemkonform durch § 2306 BGB geschützt. Da bei der Jastrowschen Klausel die Position des Schlusserben durch die Geltendmachung des Pflichtteils nach dem Erstversterbenden Elternteil auflösend bedingt ist, ist jedoch diese auflösende Bedingung nur wirksam, wenn die Schlusserbeneinsetzung größer als die Hälfte des gesetzlichen Erbteils ist, denn sonst erfolgt nach § 2306 Abs 1 S 1 BGB automatischer Wegfall dieser auflösenden Bedingung.[239] Der »Ur-Jastrow« hatte jedoch einige Schwächen, die zu Verbesserungsvorschlägen führten:[240]

### bb) Weiterentwicklungen
Als Nachteile wurden erkannt und zur Verbesserung vorgeschlagen:

- Die mit dem 1. Todesfall entstehenden Vermächtnisse sind **selbständige Vermögenspositionen**. Sie können daher auch an Familienfremde oder sonst nicht erwünschte Personen weitervererbt werden und unterliegen sofort der Erbschaftsteuer. Als **Abhilfe** wurde daher vorgeschlagen, sie auf den Eintritt des 2. Erbfalls aufschiebend befristet zu vereinbaren und in Klarstellung zu § 2177 BGB anzuordnen, dass die Vermächtnisse nur dann anfallen, wenn die Bedachten den Zeitpunkt des Todes des letztversterbenden Elternteils auch erleben, und ihre Vererblichkeit und Übertragbarkeit auszuschließen.[241]
- Verstirbt aber dann bis zum Eintritt des 2. Erbfalls eines der loyalen Kinder, so kommt dieser **Bedingungsausfall** dem Nachlass des erstversterbenden Ehegatten zugute, was aber gerade wieder zur ungewollten **Erhöhung des Pflichtteils** des illoyalen Kindes im 2. Erbfall führt, da ein »Abzugsposten« wegfällt. Als **Ausweg** wurde daher vorgeschlagen, dass die Vermächtnisse nach Höhe und Berechtigten erst im zweiten Erbfall bestimmt werden sollen.[242] Das führt zu dem »juristischen Paradoxon«, dass es sich zwar um ein vom erstversterbenden Elternteil stammendes Vermächtnis handeln soll, damit es im 2. Erbfall vorrangig bei der dann anstehenden Pflichtteilsberechnung abgezogen werden kann, seine genaue Höhe aber erst mit dem zweiten Erbfall festgelegt wird.[243]
- Werden die Vermächtnisse nicht auf das begrenzt, was beim Tod des Längerlebenden aus dem Nachlass des Erstversterbenden übrig ist (**Vermächtnisein-

---

**238** Eingehend zu diesen Fragen SEUBERT (Fn 236) 84 ff.
**239** Übersehen wird die Bedeutung des § 2306 bei SEUBERT (Fn 236) 108 f.
**240** Die Verbesserungsbedürftigkeit der Urfassung ist allgemein anerkannt, vgl etwa NIEDER, Handbuch RdNr 839; RADKE (Fn 196, S 111 ff); aM, aber ohne überzeugende Begründung SEUBERT 209 (aber selbst wiederum iS der hM offensichtlich auf S 130 ff).
**241** WEISS MDR 1980, 812 f; auch RADKE (Fn 215, S 114 ff) betont die dringende Regelungsbedürftigkeit dieser Frage und erörtert eingehend die verschiedenen Auslegungsmöglichkeiten, die sich sonst ergeben können.

**242** STROBEL MDR 1980, 343, 364.
**243** Kritisch daher J MAYER ZEV 1995, 137 f; zustimmend in diesem Punkt SEUBERT (Fn 236) 148. Bestimmt man, dass sich die Vermächtnisse nach den Verhältnissen im zweiten Erbfall richten, führt dies dazu, dass der Längerlebende bei der Berechnung der Vermächtnishöhe nicht zu berücksichtigen ist, vielmehr die Erbschaft nach dem Erstversterbenden allein auf die Abkömmlinge aufzuteilen wäre, eine Konsequenz, von der RADKE (Fn 215, S 118) zu Recht bemerkt, dass die dadurch bewirkte Verdoppelung der Vermächtnishöhe von den Autoren dieser Formulierungsvorschläge kaum beabsichtigt sein dürfte.

setzung auf den Überrest), so können die Vermächtnisnehmer zur Sicherung ihrer bedingten Ansprüche die Anordnung eines Arrestes oder einer einstweiligen Verfügung beantragen oder Schadensersatzansprüche geltend machen.[244]
- Nicht nur das den Pflichtteil fordernde Kind selbst, sondern wegen § 2069 BGB oder wegen ausdrücklich vorhandener Ersatzberufungen ist sein **gesamter Stamm** auf den Pflichtteil zu verweisen.[245]
- Aufnahme eines **Änderungsvorbehalts**, wonach der Längerlebende über den durch die Pflichtteilsgeltendmachung frei werdende Erbteil frei verfügen kann, also die sonst eintretende Anwachsung oder Ersatzberufung ausschließen, ja uU sogar dem den Pflichtteil fordernden Abkömmling wieder im zweiten Erbfall etwas zuwenden kann.[246]
- Die **steuerlichen Folgen** wurden völlig verkannt: Das beim Tod des Längerlebenden fällig werdende und bis dahin gestundete Vermächtnis wird nach § 6 Abs 4 ErbStG **erbschaftssteuermäßig** in der gleichen, ungünstigen Weise behandelt wie eine Nacherbschaft.[247] Das bestimmt nun ausdrücklich R 13 S 3 ErbStR 1998.[248] Dies bedeutet, dass abweichend von den zivilrechtlichen Vorstellungen die im Rahmen des Jastrow zugewandten Vermächtnisse als Erwerb vom längerlebenden Ehegatten und nicht als ein solcher vom Erstversterbenden anzusehen sind. Es liegt daher weder beim Tod des erstversterbenden Elternteils noch beim Tod des überlebenden Elternteils eine die jeweilige erbschaftsteuerliche Bereicherung durch Erbanfall mindernde Vermächtnislast iS des § 10 Abs 5 Nr 2 ErbStG vor. Allerdings lässt die Finanzverwaltung einen Abzug der Schuld beim überlebenden Ehegatten als Erblasserschuld nach § 10 Abs 5 Nr 1 ErbStG zu.[249]
- Ist das Vermächtnis verzinslich ausgestaltet,[250] gilt natürlich auch hier: Zinsen sind **einkommensteuerpflichtig**! Werden sie aber erst mit der Hauptsache (also idR erst nach vielen Jahren fällig), führt das im Einkommensteuerrecht geltende Zuflussprinzip dazu, dass erst dann, nun aber in voller Höhe, der gesamte an-

[244] VON OLSHAUSEN DNotZ 1979, 707, 714. Zu Recht weist aber RADKE (Fn 215, S 118 f) darauf hin, dass ein Teil der Formulare hier zu viel des Guten tun und über die zutreffende Anregung von VON OLSHAUSEN hinausgehen: Es genügt zur Erreichung des verfolgten Zwecks völlig, wenn der Vermächtnisanspruch auf den im Schlusserbfall noch vorhandenen Nachlass des Erstversterbenden beschränkt wird. Demgegenüber sehen NIEDER (Münchener Vertragshandbuch, XVI 27 § 5) und LANGENFELD (Testamentsgestaltung M 89) in ihren Mustern vor, dass sich der Vermächtnisanspruch bereits aus diesem »Restnachlass« berechnet. Dies ist ein erheblicher Unterschied. RADKE berechnet bei vier Kindern und einem Nachlass des Erstversterbenden von 100.000,00 €, von dem beim Schlusserbfall noch 30.000,00 € übrig sind, für die drei Kinder, die den Pflichtteil nach dem Erstversterbenden nicht geltend machen, einen Unterschied von 6.250,00 € pro Kind, das dieses nach der Methode von OLSHAUSEN mehr erhält.

[245] STROBEL, aaO.
[246] Zur wechselbezüglichen Wirkung der Pflichtteilsklauseln s RdNr 101.
[247] Zu den erbschaftsteuerlichen Nachteilen der Vor- und Nacherbschaft s etwa MEINCKE, Erbschaft- und Schenkungsteuer, Komm, 11. Aufl (1997) § 6 RdNr 8 ff.
[248] SEUBERT (Fn 236) S 151 ff bemüht sich zwar auf fast 60 Seiten, die erbschaftsteuerlichen Auswirkungen der Jastrow'schen Klausel zu ergründen, geht aber auf die Regelung der ErbStR gar nicht ein, obgleich diese noch vor Abschluss seines Dissertationsverfahrens veröffentlicht wurden; er erörtert nur ausführlich den § 9 Abs 1 Nr 1a ErbStG, und ob die Jastrow'schen Vermächtnisse als betagte oder befristete zu beurteilen sind, und wie dies im Rahmen dieser Bestimmung zu qualifizieren ist.
[249] KAPP-EBELING § 9 RdNr 27.1 mit Berechnungsbeispiel, dazu DARAGAN FR 2001, 1251, 1252 und J MAYER ZEV 2002, Heft 8 XI.
[250] So etwa bei WEIRICH, Erben und Vererben, RdNr 1466.

gesparte Zinsbetrag zu versteuern ist und zu einer enormen Steuerprogression führt. Ist das Vermächtnis unverzinslich ausgestattet, so fingiert die sog »Aufteilungsrechtsprechung« des BFH[251] dennoch durch die analoge Anwendung des § 12 Abs 3 BewG hier eine Verzinslichkeit mit 5,5 % jährlich, was wieder zu den gleichen katastrophalen Folgen führt. Auch die Ausgestaltung als aufschiebend befristetes Vermächtnis dürfte zumindest in erbschaftsteuerlicher Hinsicht insoweit keine Vorteile bieten, da dann wieder § 6 Abs 4 ErbStG eingreift.[252]

### cc) Kritik

Diese Bedenken – mit Ausnahme des Steuerrechts – führten zur Entwicklung des sog »neuen Jastrows«, bei dem erst mit dem Tod des Längerlebenden die Vermächtnisse zugunsten der loyalen Kinder anfallen sollen.[253] Ihr eigentliches Ziel, dass diese Vermächtnisse beim Tod des längerlebenden Ehegatten vorrangig gegenüber den in diesem Fall entstehenden Pflichtteilsansprüchen der »illoyalen Kinder« sein sollen, dürften sie mE nicht erreichen. Normalerweise sind die im Todesfall entstehenden Vermächtnisse gegenüber dem Pflichtteil nachrangig, sonst könnte diese zwingende gesetzliche Mindestbeteiligung leicht unterlaufen werden.[254] Dass dies allein deshalb anders sein soll, weil das Vermächtnis vom Erstversterbenden »herrührt« (was wegen § 2269 Abs 2 BGB zudem ausdrücklich anzuordnen ist), kann nicht maßgeblich sein.[255] Allerdings wird auch bei dieser Konstruktion die Vermächtnisforderung bereits mit dem Tod des Erstversterbenden begründet.[256] Dies ändert aber nichts daran, dass bis zum Vermächtnisanfall beim Tod des Längerlebenden nur eine Anwartschaft des Vermächtnisnehmers besteht. Diese wird zwar über § 2179 BGB, das zahlreiche Bestimmungen des Bedingungsrechts für anwendbar erklärt, weitgehend rechtlich geschützt.[257] Man mag daher sogar von einem Anwartschaftsrecht sprechen. Wer aber aus den oben genannten Gründen (RdNr 105) diese Schutzvorschriften ausschließt und letztlich nur noch eine Vermächtnisanordnung auf den Überrest trifft, der »sägt am eigenen Ast« seiner Konstruktion. Bestenfalls kann dann noch der im zweiten Erbfall vorhandene Überrest als Abzugsposten gegen den im zweiten Erbfall entstehenden Pflichtteil zugelassen werden. Ja man könnte sogar noch weiter gehen und argumentieren, dass vor dem Anfall weder ein Vermächtnisrecht noch wegen des Ausschlusses der Schutzvorschriften eine Anwartschaft vorliege, sondern nur eine reine erbrechtliche »Hoffnung«,[258] die in keiner Weise pflichtteilsmindernd ist. Dementsprechend wird zum Nachvermächtnis vertreten, dass dieses im Nachvermächtnisfall gegenüber den Pflichtteilsansprüchen nachrangig

**106**

---

**251** Für die Vermächtnisanordnung ausdrücklich BFH v 26. 6. 1996, BFH/NV 1997, 175 = BB 1996, 2392 = ZEV 1997, 84 m krit Anm WOHLSCHLEGEL.
**252** Eingehend zur Vermächtnisausgestaltung und den daran sich knüpfenden erbschaft- und einkommensteuerlichen Fragen J MAYER ZEV 1998, 50, 55, 58.
**253** Muster etwa bei NIEDER in: Münch-Vertrhdb IV/2 Form XVI 28 unter § 5 im Anschluss an STROBEL, aaO. Zu Recht kritisiert BUCHHOLZ (FamRZ 1985, 874), dass dies sprachlich einem juristischen Laien kaum vermittelbar sein dürfte.
**254** PALANDT-EDENHOFER § 2317 RdNr 1; BGH NJW 1988, 136 für den Pflichtteil des nichtehelichen Kindes.

**255** aM RADKE (Fn 215, S 121 f ohne überzeugende Begründung und unter Bezug auf G MÜLLER ZEV 1996, 179, 181 [dort ohne nähere Erörterung]); wie hier aber offensichtlich SEUBERT (Fn 236, S 148) ohne aber zu erkennen, dass damit die praktische Tauglichkeit der Klausel – zumindest nach den neueren Formulierungsvorschlägen – entwertet ist.
**256** LANGE-KUCHINKE § 29 IV 2 a.
**257** LANGE-KUCHINKE § 29 IV 2 b; J MAYER ZEV 1998, 58.
**258** Dafür spricht besonders, wenn man mit STROBEL (MDR 1980, 364) den Berechtigten und die Anteilsquoten gar erst im zweiten Erbfall bestimmen will.

ist,[259] was im Übrigen der erbschaftsteuerlichen Behandlung ähneln würde. Ein den längerlebenden Ehegatten nur formal belastendes, aber für diesen nicht lästiges Vermächtnis demgegenüber zu berücksichtigen scheint problematisch, insbesondere wenn man sich die tendenziell pflichtteilsfreundliche Rechtsprechung des BGH vom sog »Genußverzicht« vor Augen hält.[260] Dann aber entfällt der eigentliche Sinn des »Jastrow«, die Verringerung der Bemessungsgrundlage für den Pflichtteil im zweiten Todesfall zur Sicherung der gleichmäßigen Vermögensteilhabe der loyalen Kinder. Man befindet sich daher auf sehr unsicherem Terrain, wählt man diese neue Variante des JASTROW.

Damit gelangt man aber, verwendet man die sicherste Gestaltung, auch beim »Jastrow« wieder zu seinen Wurzeln, dem bereits nach dem ersten Erbfall anfallenden und gestundeten Vorabvermächtnis. Hierzu gehörte übrigens bereits in der Urfassung auch eine Regelung mit einer Vermächtniszuweisung an Dritte, wenn alle Kinder den Pflichtteil nach dem ersten Todesfall fordern.[261] Darin zeigt sich zum einen, dass auch gute Arznei mitunter bitter schmeckt (echte Belastung für den längerlebenden Ehegatten erforderlich), und dass das Unbehagen gegen zu komplizierte Gestaltungen und Formulierungen mitunter doch auch seinen rationalen Grund hat.

### dd) Nebenwirkungen, Gegenanzeigen
Unerwünschte weitere Nebenwirkungen bleiben dennoch:

**107**
– Zwingend ist mit der Anordnung des »JASTROW« ein **Verlust** der Vorteile der »**Einheitslösung**« verbunden:[262] Zur Berechnung des Vermächtnisses spätestens im zweiten Erbfall bedarf es einer entsprechenden Aufstellung und Unterscheidbarkeit von Eigenvermögen und Ererbtem. Diese praktischen Probleme dürfen nicht unterschätzt werden.[263] Werden die Vermächtnisse nach dem hier gemachten Vorschlag nicht auf den »Überrest« im zweiten Erbfall begrenzt, kann der Längerlebende »de facto« über den ererbten Nachlass nicht verfügen, will er nicht Schadensersatzansprüche oder gar einstweilige Sicherungsmaßnahmen der Vermächtnisnehmer riskieren.[264]
– Bei **Kindern aus verschiedenen Ehen** kann der »JASTROW« zur Falle werden: Die hier oftmals für den Schlusserbfall gewollte Gleichstellung klappt dann nicht, wenn der Pflichtteil der einseitigen Kinder des einen Ehegatten größer ist als die ihnen zugedachte Schlusserbquote.[265] Wollen die einseitigen Kinder des erstversterbenden Ehegatten dies verhindern, werden sie leicht dazu ver-

---

**259** WERKMÜLLER ZEV 1999, 343, 344; ähnlich ZAWAR, Das Vermächtnis in der Kautelarjurisprudenz (1983), 61; aM allerdings WATZEK MittRhNotK 1999, 37, 41, und für das Herausgabevermächtnis REIMANN MittBayNot 2002, 4, 7 f, wobei sich aber aus dem von ihnen angezogenen Wortlaut des § 327 InsO nichts für ihre einschränkende Auffassung herleiten lässt.
**260** BGHZ 125, 395 = ZEV 1994, 233 = FamRZ 1994, 885. Zur Kritik vgl bereits J MAYER ZEV 1995, 138.
**261** Entgegen KERSCHER-TANCK-KRUG, Das erbrechtliche Mandat, § 8 RdNr 477, kann man dies also nicht JASTROW vorwerfen.
**262** VON OLSHAUSEN DNotZ 1979, 707, 718; NIEDER RdNr 596.
**263** Dazu bereits MERSMANN ArchBürgR 37, 271, 291.
**264** Aber auch wer den Weg über den »Überrest« geht, hat Probleme, da sich die Verfügung über die verschiedenen Vermögensgruppen unterschiedlich auswirkt: zu Lasten der Vermächtnisnehmer oder des illoyalen Kindes, vgl VON OLSHAUSEN, aaO, 718 bei Fn 43.
**265** Wenn etwa drei Kinder je zu gleichen Teilen erben sollen, der längerlebende Ehegatte aber nur ein eigenes Kind hinterlässt: Dessen Pflichtteil beträgt dann ja bereits 50% und wird über Pflichtteilsrestanspruch realisiert, vgl OLG Stuttgart DNotZ 1979, 104.

leitet, bereits nach dem ersten Todesfall ihren Pflichtteil geltend zu machen. Dann aber werden sie durch den »JASTROW«, wie aber auch durch eine einfache Pflichtteilsklausel, auch für den zweiten Erbfall enterbt, und die Ungleichbehandlung wird noch verstärkt.[266]

### ee) Anwendungsbereich

**108** Sinnvoll ist daher die Verwendung des »JASTROW« nur bei Ehegatten mit größerem Vermögen, wenn der beiderseitige Besitz sich relativ leicht unterscheiden[267] lässt und wegen der Diskrepanz in der Größe desselben die sich aus dem einseitigen Pflichtteilsverlangen uU ergebende unterschiedliche Vermögensbeteiligung besonders krass auswirken kann. Bei solchen Vermögenswerten ist aber bereits aus erbschaftsteuerlichen Gründen das Konzept des »Berliner Testaments« ohnehin mehr als problematisch.[268] Hier geht man sowieso dann den Weg des mehr oder weniger starken sofortigen Vermögensanfalls an die Abkömmlinge im ersten Todesfall. Eine **Renaissance des** »JASTROW« ist daher bei derartigen Nachlasswerten schon aus steuerlichen Gründen nicht zu erwarten, auch wenn er mehr ist als ein liebenswertes Stück deutscher Rechtsgeschichte.

Wer ihn trotzdem möchte, kann so formulieren wie im Formularteil B RdNr 48 vorgeschlagen.

### 4. Zur Tauglichkeit von Pflichtteilsklauseln

**109** Die Tauglichkeit der Pflichtteilsklauseln zur Verwirklichung der angestrebten Zwecke darf nicht überschätzt werden. Vielfach lassen sich – wie etwa bei der Ausschlussklausel – gleiche Ergebnisse bereits durch sachgerechte und inhaltlich abgestufte Änderungsvorbehalte erzielen. Vielfach entlasten zudem Pflichtteilsanrechnungen nach § 2315 BGB den längerlebenden Ehegatten aufgrund der immer häufiger werdenden lebzeitigen Zuwendungen bereits im viel stärkeren Umfang. Die konkrete Auswirkung der Pflichtteilsklauseln auf die Nachlassaufteilung lässt sich aber nicht nur wegen der hier auftretenden Bewertungsprobleme nur schwer abschätzen.[269] Eine tatsächlich befriedigende und vorhersehbare Nachlassplanung lässt sich daher nur durch umfassende Pflichtteilsverzichte der Abkömmlinge und auch der beteiligten Ehegatten untereinander erzielen. Das Pflichtteilsrecht als Determinanten der Gestaltung der Verfügung von Todes wegen bleibt.

Dazu, was sie aber bei richtiger Gestaltung leisten können, folgende Übersicht:

Nachlass des erstversterbenden Ehegatten: 200.000,00, des Zweitversterbenden 10.000,00 eigenes Vermögen; zwei Kinder, gesetzlicher Güterstand. Nur A fordert nach dem Tod des erstversterbenden Elternteils seinen Pflichtteil. »Jastrow'sche Klausel« in Höhe des Erbteils nach dem ersten Todesfall.

---

[266] Auch die VON OLSHAUSEN (aaO, 714 ff) vorgeschlagene unbedingte Vermächtnisanordnung für die Kinder des Erstverstorbenen nach dessen Tod kann die völlige Gleichstellung nicht garantieren, vgl J MAYER ZEV 1995, 138; ders, MittBayNot 1999, 265, 268. SEUBERT (Fn 236, S 135) und öfter) betont zutreffend, dass durch die Jastrowsche Klausel die gleichmäßige Vermögensteilhabe der Kinder nicht gesichert werden könne.

[267] Sonst treten Bewertungsprobleme auf.
[268] J MAYER ZEV 1998, 60.
[269] Ausgleichungsanordnungen nach § 2050 Abs 3 BGB sind demgegenüber noch problematischer, da sie zum einen über § 2316 BGB zu einer uU nicht gewollten Pflichtteilserhöhung der anderen Abkömmlinge führen und zum anderen nicht so direkt entlastend wirken wie die Anrechnung: NIEDER, Handbuch RdNr 271; SOSTMANN MittRhNotK 1976, 479, 493.

Wie sich dabei zeigt, lässt sich die beste Pflichtteilsreduzierung durch die Anordnung der Vor- und Nacherbschaft hinsichtlich des Nachlasses des Erstversterbenden erzielen. Die damit allerdings verbundenen Belastungen für den längerlebenden Ehegatten müssen aber gründlich bedacht werden.

|  | Trennungslösung | | Einheitslösung | | | | | |
|---|---|---|---|---|---|---|---|---|
|  | Ohne Pflichtteilsklausel | | Ohne Pflichtteilsklausel | | Einfache Pflichtteilsklausel (Ausschlussklausel) | | »JASTROW'SCHE Klausel« | |
|  | A | B | A | B | A | B | A | B |
| Nachlassbeteiligung nach Tod des Erstversterbenden | 25.000,00 (Pflichtteil) | 175.000,00 (als alleiniger Nacherbe) | 25.000,00 | —,— | 25.000,00 | —,— | 25.000,00 | 50.000,00 [270] |
| Nachlassbeteiligung nach Tod des längerlebenden Elternteils | 5.000,00 [271] | 5.000,00 | 92.500,00 | 92.500,00 | 46.250,00 | 138.750,00 | 33.750,00 | 101.250,00 |
| Summe aus 1. und 2. Erbfall | 30.000,00 | 180.000,00 | 117.500,00 | 92.500,00 | 71.250,00 | 138.750,00 | 58.750,00 | 151.250,00 |

**Tabelle:** Die Auswirkung des Pflichtteilsverlangens bei Trennungslösung, Einheitslösung und Pflichtteilsklauseln.[272]

### III. Verfügungen von Todes wegen bei Unternehmern

#### 1. Allgemeines

110 Gehört zum Nachlass ein Unternehmen oder eine Unternehmensbeteiligung, so sind beim Gestalten der Verfügung von Todes wegen besondere tatsächliche und rechtliche Schwierigkeiten zu überwinden, insbesondere wegen der betriebswirtschaftlichen und steuerlichen Auswirkungen sowie wegen der Kollision des Erbrechts mit dem Handels- bzw Gesellschaftsrecht.[273]

Die gewillkürte Erbfolge wird für den Unternehmer den Vorrang haben, da nur durch eine Verfügung von Todes wegen den individuellen Bedürfnissen der Familie und des Betriebes Rechnung getragen werden und es beim Eintritt der gesetzlichen Erbfolge nicht selten wegen Auseinandersetzungsansprüchen zum »Ende« des Unternehmens kommt.[274]

Die Verfügung kann durch einseitige letztwillige Verfügung (Testament), auch durch eine zweiseitige Verfügung von Todes wegen (Erbvertrag, gemeinschaftliches

270 ZT erfolgen die Berechnungen dahingehend, dass die des gesetzlichen Erbteils der loyalen Kinder unter Ausschluss desjenigen des illoyalen Kindes erfolgt (JASTROW, aaO; KERSTEN-BÜHLING § 111 RdNr 31 ff), was aber den Formulartexten als solches nicht zu entnehmen ist.
271 Eine enterbende Pflichtteilsklausel hätte sich hier wegen des kleinen Eigennachlasses des Längerlebenden nicht groß ausgewirkt: statt 5.000,00 € hätte A 2.500,00 € und damit insgesamt aus beiden Nachlässen nur 27.500,00 €.
272 Vgl auch BUCHHOLZ FamRZ 1985, 874.
273 Gem Art 2 Abs 1 EGHGB hat das Handelsrecht als spezielleres Zivilrecht Vorrang vor dem (allgemeinen) Erbrecht des BGB. Vgl dazu KNIEPER NJW 1980, 2680; REIMANN ZEV 1997, 129, 132.
274 EBENROTH RdNr 861.

Testament) errichtet werden. Es ist im Einzelfall abzuklären, ob die Bindungswirkung des gemeinschaftlichen Testamentes oder Erbvertrages sachgerecht ist. Prinzipiell sollte ein Unternehmen sich erbrechtlich noch weniger binden als ein Privatmann, schon allein wegen der Notwendigkeit, auf veränderte Umstände, zB steuerrechtlicher und volks- und betriebswirtschaftlicher Art, reagieren zu können. Ein Erbvertrag kann sich aber anbieten, wenn auch die Erben (etwa mit einem Pflichtteilsverzicht) in das Vertragswerk eingebunden werden sollen.[275] Ist die Bindungswirkung bereits eingetreten, will aber der Unternehmer davon abweichende einseitige Anordnungen treffen, stellt sich die Frage nach ihrer Rechtfertigung durch ein lebzeitiges Eigeninteresse des Testators iSv § 2287.[276]

Weil bei der Gestaltung von Unternehmenstestamenten in besonderem Maße die zum Zeitpunkt der Errichtung geltenden Verhältnisse und die Erwartungen des Verfügenden in die zukünftige Entwicklung berücksichtigt werden, ist es für die Erhaltung des Erblasserwillens von entscheidender Bedeutung, Unternehmertestamente in regelmäßigen Abständen zu überprüfen, den externen Verhältnissen, vor allem den steuerlichen Rahmenbedingungen, der internen Struktur und der Rechtsform des Unternehmens sowie dem Kreis der möglichen Erben und deren Eignung anzupassen. Gerade bei Unternehmertestamenten sollte daher nicht versucht werden, den letzten Willen auf allzu lange Zeiträume zu beziehen. Dieser Grundsatz ist auch aus steuerlichen Gesichtspunkten zu beachten, weil eine Gesetzes- oder Rechtsprechungsänderung eine erb- und gesellschaftsrechtlich sinnvolle Gestaltung wegen der Steuerbelastung uU undurchführbar macht.

## 2. Regelungsziele

### a) Familiensicherung

Bei einer Verfügung des Unternehmers ist – wie bei Verfügungen anderer Personen auch – auf die Sicherung der Familie zu achten, insbesondere der Personen, die nicht zur Unternehmensnachfolge berufen sind. Es ist die der Eigenart des Unternehmens und den Interessen der beteiligten Personen angemessene sachgerechte Lösung zu ermitteln und zu realisieren.

In Frage kommen als Gestaltungen zur Sicherung der Familie hierbei

- die Zuweisung des Unternehmens an alle gesetzlichen Erben: Es stellt sich dann die Frage der Unternehmensstruktur, die vom Testator vorgegeben oder von einem Dritten (zB Testamentsvollstrecker) bestimmt werden kann;
- die Zuweisung des Unternehmens an einen oder an einige der gesetzlichen Erben. Die Versorgung der weichenden Erben kann dann sichergestellt werden (ua) durch Rechte, die am Unternehmen begründet werden (Beteiligungen, Nießbrauch, Darlehen, Renten etc), durch Zuweisung von Gegenständen des Privatvermögens;
- die Veräußerung oder Verpachtung des Unternehmens;
- die Liquidierung des Unternehmens und Zuweisung entsprechender Teile des Liquidationserlöses an die gesetzlichen Erben.

### b) Unternehmensfortführung

Das Unternehmenstestament unterscheidet sich von »normalem« Testament nicht nur durch die Rücksichtnahme auf die Dynamik des Unternehmens, sondern auch durch die Tendenz, das Unternehmen nach dem Tod des Unternehmers

---

[275] EBENROTH RdNr 246.       [276] Vgl § 2287 RdNr 4 ff.

möglichst fortzuführen. Primär ist allerdings die der Eigenart des Unternehmens und den Interessen der beteiligten Personen angemessene und sachgerechte Lösung zu ermitteln. In der Regel wird der Wille des Erblassers darauf gerichtet sein, das Unternehmen auch nach seinem Tod zu erhalten; in diesem Fall ist zu prüfen, mit welchen Personen und mit welchen erbrechtlichen Anordnungen dieses Ziel erreicht werden kann. Oft wird den Bedürfnissen der als Erben in Frage kommenden Personen durch eine Liquidierung des Unternehmens mehr gedient sein, insbesondere wenn den Angehörigen die nötigen fachlichen Fähigkeiten zur Fortführung des Unternehmens fehlen. Dieser Einsicht des Testators kann dadurch Wirkkraft verliehen werden, dass der Erblasser durch eine Auflage den Verkauf des Unternehmens anordnet und die Erfüllung der Auflage, die Verteilung und Anlegung des Gewinns sachkundigen Testamentsvollstreckern überträgt.

Bei der Fortführung des Unternehmens ist zu unterscheiden zwischen Einzelunternehmen und Gesellschaften (Personengesellschaften, Kapitalgesellschaften). Durch die geeignete Unternehmensstruktur bzw deren Umgestaltung noch zu Lebzeiten des Erblassers kann die Unternehmensnachfolge erleichtert werden. Ist sie noch nicht voll zu überblicken, kommt eine Interimsfortführung durch Testamentsvollstrecker in Betracht.

Die Fortführung eines Unternehmens kann gesichert werden

– durch geeignete Verfügungen von Todes wegen;
– durch vorbereitende und flankierende Maßnahmen zu Lebzeiten des Unternehmers: Hier wird vor allem darauf zu achten sein, dass der richtige Güterstand gewählt wird.[277] Bei Unternehmensbeteiligungen ist die Nachfolge von Todes wegen gesellschaftsvertraglich vorzubereiten bzw durch eine Umorganisation der Gesellschaftsstruktur zu vereinfachen.[278] Gleichfalls ist der Einbau des designierten Unternehmensnachfolgers zu Lebzeiten durch Gründung einer Gesellschaft bzw Hereinnahme in diese zu erwägen. Auch der Abschluss von Abfindungs- und Pflichtteilsverzichtsverträgen mit weichenden Erben gehört zu solchen flankierenden Maßnahmen.[279]

**c) Eindämmen von Erben-Belastungen**

113 Ist die Entscheidung für die Unternehmensnachfolge gefallen, so sind die Belastungen des Erben und des Unternehmens, die durch den Erbfall entstehen können, allerdings unter Berücksichtigung der Familiensicherung, möglichst einzudämmen. An Erbenbelastungen kommen insbesondere Pflichtteilsansprüche, Auseinandersetzungsansprüche und die Erbschaft- sowie Einkommensteuer in Betracht.

Bei der Sachgerechtigkeit sind auch die finanziellen Auswirkungen der Anordnung – Pflichtteils- und Auseinandersetzungsansprüche, Steuern – zu prüfen und zu lenken. Ausschließlich steuerliche Überlegungen, die alle anderen dominieren, sind indes abzulehnen. Dieser Grundsatz wird häufig – insbesondere bei der Erbschaftsteuer – nicht eingehalten, mit der Folge, dass unvernünftige, nicht funktionierende und prozeßgeneigte, jedoch steuersparende Gestaltungen gewählt werden.[280] Auch wenn ein Unternehmer die finanziellen Belastungen seines Nachfolgers, insbesondere durch die Erbschaftsteuer, eindämmen will, sollten steuerliche Gestaltungsalternativen nur im Rahmen einer vorweg erarbeiteten

---

277 s dazu System Teil E RdNr 1 ff.
278 s dazu unter RdNr 162 ff.
279 s unten RdNr 116.

280 GREZELIUS, Unternehmenserbrecht, RdNr 6.

zivilrechtlich sinnvollen Lösung realisiert werden. Denn viel eher wird ein Unternehmen durch Pflichtteils- und Auseinandersetzungsansprüche gefährdet als durch die Erbschaftsteuer.

### aa) Pflichtteilsansprüche

#### aaa) Grundsatz

Pflichtteilsansprüche (§§ 2303 ff) können vom Erblasser gegen den Willen der Berechtigten nicht ausgeschlossen werden. Da die Ansprüche beim Erbfall fällig sind (§ 2317 Abs 1), kann durch sie der Fortbestand des Unternehmens gefährdet werden. Zweckmäßig ist es daher, ein Unternehmertestament mit **Pflichtteilsverzichtsverträgen** (§§ 2346 ff) zu verbinden bzw in einen Unternehmer-Erbvertrag[281] solche aufzunehmen, wobei der Unternehmer seinen Nachfolger-Erben dadurch gegen die Liquidität des Betriebes gefährdende Forderungen absichert, dass er dem Verzichtenden Abfindungen unter Lebenden zahlt, deren Fälligkeit frei vereinbart werden kann.

**114**

Oft bietet es sich an, den Unternehmensnachfolger zum Alleinerben zu ernennen, den Pflichtteilsberechtigten aber durch **Vermächtnis** Gegenstände, die nicht zum Betriebsvermögen gehören, bspw Grundstücke, Wertpapiere oder Bargeld, zuzuwenden. Gesetzliche Erben, die **nicht** zur Unternehmensnachfolge ausersehen sind, können, wenn die Gesamtumstände dies zulassen, als Gesellschafter (mit geringer Beteiligung und geringen Mitwirkungsrechten) in das Unternehmen – auf Dauer oder Zeit – aufgenommen und auf diese Weise auf ein spezielles gesellschaftsvertragliches Abfindungsverfahren (Buchwerte, Zahlungsraten etc)[282] festgelegt werden.

#### bbb) Vorwegnahme der Erbfolge

Pflichtteilsansprüche der weichenden Erben können durch eine **Vorwegnahme der Erbfolge** für den Nachfolger-Erben auf Raten verringert werden, wenn die 10-Jahres-Frist des § 2325 Abs 3 beachtet wird. Hierzu bietet sich vor allem die Möglichkeit an, den designierten Unternehmensnachfolger bereits zu Lebzeiten in den Betrieb einzugliedern, bei Einzelfirmen durch deren Umwandlung in eine Gesellschaft (OHG, KG, Stille Beteiligung), bei Gesellschaften durch Voll- oder Teilabtretung des Anteils oder durch eine Unterbeteiligung.

**115**

Allerdings sollte der Unternehmer sich gegen eine mögliche Fehlentwicklung des Nachfolgers sichern, vor allem durch Rücktritts-, Kündigungs- und Ausschlußrechte.[283] Die erbschaftsteuerliche Anerkennung ist durch solche – auch völlig freie – Vorbehalte nicht gefährdet.[284] Allerdings sind die ertragsteuerlichen Grenzen hinsichtlich der Zulässigkeit von Ausschluss- und Einziehungsmöglichkeiten wesentlich enger; bereits eine jederzeitige Ausschlussmöglichkeit zum Buchwert führt dazu, dass bei Personengesellschaften eine Mitunternehmerschaft nach § 15 Abs 1 S 1 Nr 2 EStG nicht anerkannt wird.[285] Wird die Mitunternehmerschaft einkommensteuerlich nicht anerkannt, wirkt sich dies auch auf die erbschaftsteuer-

---

[281] Nach BGHZ 22, 364 kann mit dem Abschluss eines Erbvertrages auch ein stillschweigender Pflichtteilsverzicht verbunden sein. Kritisch dazu HABERMANN JuS 1979, 169. Ausdrückliche Vereinbarungen sind vorzuziehen. Vgl auch BGH NJW 1997, 1729.
[282] Zu den Wirksamkeitsschranken gesellschaftsvertraglicher Abfindungsklauseln s MünchKomm-ULMER § 738 RdNr 28 ff,

BGHZ 116, 359; LANGE NZG 2001, 635; REIMANN DNotZ 1992, 472, 476; WANGLER DB 2001, 1763.
[283] Vgl dazu KLUMPP ZEV 1995, 385; JÜLICHER ZEV 1998, 201.
[284] Vgl MEYDING ZEV 1995, 397.
[285] BFH/NV 1987, 567; BFH BStBl 1981 II 663; vgl SPIEGELBERGER, Vermögensnachfolge, RdNr 369.

liche Privilegierung des Vorgangs (§§ 13a, 19a ErbStG) aus.[286] Die Beteiligung mit Nießbrauchsvorbehalt führt nicht dazu, dass die 10-Jahres-Frist des § 2325 Abs 3 in Gang gesetzt wird.[287] Bei der Aufnahme Minderjähriger in die Gesellschaft sind nicht nur zivilrechtliche, sondern auch steuerliche Anerkennungsprobleme gegeben.[288]

#### ccc) Gesellschaftsvertragliche Abfindungsregelungen[289]

116 Die Gesellschaftsverträge (Personen- und Kapitalgesellschaften) können die Abfindung, die beim Ausscheiden eines Gesellschafters von der Gesellschaft zu zahlen sind, in ihrer Höhe regeln und uU ganz ausschließen. Es ist aber fraglich und höchst umstritten, ob durch gesellschaftsvertragliche Klauselwerte die Erbenbelastung reduziert werden kann.

Werden Pflichtteilsberechtigte in der Verfügung von Todes wegen **übergangen,** so gilt: Sind sie erbrechtlich übergangen, so haben sie einen Pflichtteilsanspruch gegen die Erben. Sind sie erbberechtigt geworden, jedoch nicht zur Nachfolge in den Gesellschaftsanteil berufen, so ergeben sich erbrechtliche Ausgleichsansprüche gegen die Gesellschafter-Nachfolger. Dies gilt auch, wenn der Gesellschaftsvertrag eine qualifizierte Nachfolgeklausel enthält, also das Nachrücken von Personen, die an sich erbrechtlich qualifiziert sind, in einen Geschäftsanteil ausschließt. Diese qualifizierte Nachfolge vermag die quantitative Berechtigung der einzelnen Miterben am Nachlass des Verstorbenen, wie sie sich aufgrund einer Verfügung von Todes wegen oder kraft gesetzlicher Erbfolge ergibt, nicht zu ändern. Nach Auffassung des BGH[290] ist die Erbquote keine gegenständliche Begrenzung des Erwerbs in dem Sinne, dass der Miterbe keinen über diese Quote hinausgehenden Teil des Geschäftsanteils erwerben könnte. Sie bestimmt nur zwingend seinen Anteil am Wert des gesamten Nachlasses. Die Erbquote behält hiernach auch bei einer qualifizierten Nachfolge die volle ihr nach Erbrecht zukommende Bedeutung für die Ansprüche der Erben untereinander auf Wertausgleich. Es ist hiernach auch möglich, alle Miterben oder einige von ihnen zur Gesellschafter-Nachfolge zu berufen, jedoch in einem Anteilsverhältnis, das von der quotenmäßigen Beteiligung am Nachlass abweicht, und zwar mit unmittelbar dinglicher Wirkung, sodass eine Auseinandersetzung der Miterben über den Gesellschaftsanteil nicht mehr nötig ist.[291]

Die **Abfindungsansprüche**, die im Falle des Ausscheidens eines Gesellschafters gegen die Gesellschaft gerichtet sind, richten sich, soweit geregelt, nach dem **Gesellschaftsvertrag**. Die Grenze solcher Abfindungsklauseln liegt in den §§ 138, 723 Abs 3 und in § 133 Abs 3 HGB: sie sind also nur dann unzulässig, wenn sie sittenwidrig sind, insbesondere das Kündigungsrecht eines Gesellschafters ungebührlich beeinträchtigen.[292]

Rechtsprechung zu dieser Frage liegt nicht vor, allerdings gibt es Rechtsprechung zur Frage, ob der Klauselwert im Zugewinnausgleich zu berücksichtigen ist.[293] Der Klauselwert ist hiernach maßgebend, wenn die Kündigung zum Stichtag des

---

[286] PILTZ ZEV 1997, 59.
[287] BGH FamRZ 1992, 802; BGH NJW 1994, 1791.
[288] REIMANN DNotZ 1999, 179.
[289] Siehe zum Ganzen ausführlich REIMANN DNotZ 1992, 472, 484 ff; ders ZEV 1994, 7 ff; EBENROTH RdNr 862.
[290] BGHZ 68, 225 = DNotZ 1977, 550, 558 mit Anm PRIESTER.

[291] PRIESTER DNotZ 1977; 558; aA ULMER in: GroßKomm HGB § 139 RdNr 30, 48.
[292] BGH DB 1985, 167; BGH NJW 1989, 3272; BGHZ 116, 359; OLG Naumburg NZG 2001, 658; PALANDT-THOMAS § 738 RdNr 7 f; STAUDINGER-KESSLER § 727 RdNr 25; REIMANN DNotZ 1992, 472, 476.
[293] BGHZ 75, 195; 87, 367; BGH NJW 1999, 784.

§ 1376 bereits erfolgt ist und die Abfindungsklausel damit aktualisiert war. Ist die Kündigung zum Stichtag des § 1376 nicht bereits erfolgt, dann ist ein etwa niedrigerer Klauselwert nur mittelbar zu berücksichtigen, nämlich durch einen Abschlag vom Verkehrswert. Die Höhe des Abschlags bestimmt sich nach der weiteren Nutzungsmöglichkeit der Beteiligung des Inhabers, also auch nach der Wahrscheinlichkeit seines Ausscheidens aus der Gesellschaft.[294] Bei typisierender Betrachtungsweise wird man die Rechtsprechung zum Zugewinnausgleich auch auf die erbrechtliche Problematik zu übertragen haben. Es ist daher auch im Erbrecht prinzipiell vom echten Wert der Beteiligung auszugehen, es sind aber Abschläge zu machen, je nach der Wahrscheinlichkeit der Beendigung der Beteiligung nach Antritt der Nachfolge.

Problematisch sind solche Klauseln im Erbfall auch dann, wenn sie bei der Wertermittlung für die **Berechnung des Pflichtteils** zu einer Kollision von Erb- und Gesellschaftsrecht führen.

Bei **Personengesellschaften**, bei denen die Vererblichkeit grundsätzlich ausgeschlossen werden kann, ist – auch für Pflichtteilsansprüche! – der im Gesellschaftsvertrag vereinbarte Wert maßgebend, uU hat der Gesellschaftsanteil, wenn eine Abfindung ausgeschlossen ist, damit keinen Vermögenswert, der für die Berechnung des Pflichtteils herangezogen werden kann. In diesen Fällen wird jedoch zu prüfen sein, ob nicht Ergänzungsansprüche gemäß §§ 2325 ff gegeben sind. Wird die Gesellschaft nur mit einem Miterben fortgesetzt, so muss grundsätzlich der wahre Wert der Beteiligung des Erblassers am Todesfall unter Berücksichtigung der offenen und stillen Reserven herangezogen werden, da der Gesellschafter-Nachfolger in eine werbende Gesellschaft eintritt. Dem Gesellschafter-Nachfolger wird man allerdings wohl ein Leistungsverweigerungsrecht einräumen, wenn zZt des Erbfalls nur der Buchwert realisiert werden kann.[295]

Bei **GmbH-Anteilen** gilt nichts anderes als bei Personengesellschaften. Bei ihnen ist die Unvererblichkeit wegen der zwingenden Vorschrift des § 15 Abs 1 GmbHG technisch anders herzustellen als bei Personengesellschaften, nämlich durch die gesellschaftsvertraglich begründete Verpflichtung der zur Nachfolge nicht zugelassenen Erben, die Einziehung des Anteils zu dulden oder durch ihre Verpflichtung, den Anteil an der Gesellschaft oder an von ihr bestimmten Personen abzutreten.[296] Aus diesem technischen Unterschied Folgerungen auf die Qualität oder die Höhe des Abfindungsentgelts ziehen zu wollen, also etwa anzunehmen, dass bei GmbH-Anteilen für die Pflichtteilsberechnung stets der gemeine Wert maßgebend und der Klauselwert keine Funktion habe,[297] wäre im Hinblick auf die gleich gelagerte Interessenlage bei beiden Arten von Gesellschaften verfehlt. Die Problematik stellt sich also bei der GmbH genauso wie der Personengesellschaft.[298]

Aus dem Fehlen einer einschlägigen Rechtsprechung resultiert die Empfehlung, den Gesellschaftsvertrag durch erbrechtliche Maßnahmen (Vermächtnisse und partielle Pflichtteilsverzichte, Erbverzichte, Ausgleichsvereinbarungen) abzusichern.

---

**294** BGH NJW 1987, 321; dazu REIMANN FamRZ 1989, 1248.
**295** SIEBERT NJW 1960, 1033; MünchKomm-FRANK § 2311 RdNr 26; PALANDT-EDENHOFER § 2311 RdNr 14.
**296** BAUMBACH HUECK-HUECK GmbHG § 15 RdNr 12 f; LUTTER-HOMMELHOFF § 15 RdNr 3.
**297** EBELING GmbHRdsch 1976, 153.
**298** REIMANN ZEV 1994, 9.

### bb) Auseinandersetzungsansprüche

**117** Sie werden stets erhebliche Probleme aufwerfen, wo ein Unternehmer mehrere Personen zu Erben bestimmt, ohne klare Teilungsanordnungen zu treffen und Vermächtnisse auszusetzen. Es empfiehlt sich unter dem Gesichtspunkt der Praktikabilität und der Rechtsklarheit, nur einen Erben zu benennen, um Auseinandersetzungsansprüche von vornherein auszuschließen. Aus ertragssteuerlichen Gründen kann es aber geradezu notwendig sein, bewusst eine Erbengemeinschaft zu konstituieren. Auseinandersetzungsansprüche können in der Regel bei Gesellschaftsbeteiligungen durch entsprechende gesellschaftsvertragliche Abreden geringgehalten werden (vgl hierzu oben RdNr 116). Auch der Abschluss einer Versicherung für die Zahlung von Abfindungen kann angebracht sein.

### 3. Steuerliche Vorüberlegungen[299] (Erbschaftsteuer, Einkommensteuer)

**118** Der Erbfall hat eine erbschaftsteuerliche und eine ertragsteuerliche Dimension. Dies gilt unabhängig davon, ob Privatvermögen oder (im steuerlichen Sinne) Betriebsvermögen oder beides vererbt wird. Die beim Erbfall eintretenden steuerlichen Auswirkungen sind bereits bei der Gestaltung von Testament und Erbvertrag zu berücksichtigen. Bei Unternehmertestamenten kommt dem steuerrechtlichen Aspekt eine weit größere Bedeutung zu als beim »normalen Testament«.

### 4. Grundfragen der erbrechtlichen Nachfolgeregelung des Einzelunternehmers

#### a) Art der Fortführung

**119** Wünscht der Unternehmer nur einen Nachfolger, so kann er dies dadurch erreichen, dass er nur einen Erben benennt; kommen mehrere Personen als gesetzliche Erben in Betracht, so sollte rechtzeitig erwogen werden, wie eventuelle Pflichtteilsansprüche weichender Angehöriger mit den Interessen des Nachfolgers vereinbart werden können. Der Testator kann auch mehrere Personen zu Erben einsetzen und das Unternehmen durch Teilungsanordnung oder Vermächtnis[300] einem Miterben oder durch Vermächtnis einem Dritten als Unternehmensnachfolger zuweisen. Will der Erblasser sicherstellen, dass der Erbe bzw Miterbe den Betrieb tatsächlich übernimmt, so kann er anordnen, dass die Erbeinsetzung nur wirksam sein solle, wenn der »Nachfolger« der Übernahmepflicht nachkommt; es ist eine Auslegungsfrage, ob es sich hierbei um eine aufschiebend oder um eine auflösend bedingte Erbeinsetzung handelt. Derartige Anordnungen sind wegen der mit ihnen verbundenen temporären Unsicherheit allerdings problematisch und meist unzweckmäßig. Der Testator kann einem Erben auch bloß das Recht einräumen, den Betrieb als Alleininhaber zu übernehmen; das Übernahmerecht wird dann durch Erklärung des Berechtigten realisiert.[301] Das Übernahmerecht kann durch Teilungsanordnung oder Vorausvermächtnis eingeräumt

---

**299** Siehe ausführlich zur Erbschaftsteuer Teil C sowie zur Erbschaft- und Einkommensteuer in: Beck'sches Notarhandbuch, BENGEL-REIMANN Abschn C RdNr 285 ff.
**300** Ob eine Teilungsanordnung oder ein Vermächtnis gewählt wird, ist bei gemeinschaftlichen Testamenten und Erbverträgen für die Bindungswirkung von Bedeutung.

Nur das Vermächtnis, nicht auch die Teilungsanordnung nimmt an der Bindungswirkung teil (§§ 2270 Abs 3, 2278 Abs 2).
**301** BGHZ 31, 13 = NJW 1959, 2252 = DNotZ 1960, 207 mit Anm HIEBER; BGHZ 36, 115 = NJW 1962, 343 = JZ 1962, 541 = DNotZ 1962, 322; BGH JZ 1962, 542; s auch BENK MittRhNotK 1979, 53.

werden; wollte der Erblasser durch das Einräumen des Übernahmerechts den Miterben bevorzugen, handelt es sich im Zweifel um ein Vorausvermächtnis.[302]

Soll das bisherige Einzelunternehmen von mehreren Erben (zB Ehefrau und Kindern) fortgeführt werden, sollte der Testator die Art des Gesellschaftsverhältnisses und dessen wesentlichen Inhalt durch Teilungsanordnung, bei gemeinschaftlichem Testament und beim Erbvertrag – um den einseitigen Widerruf durch den Überlebenden auszuschließen (§§ 2270 Abs 3, 2278 Abs 2) – durch Vermächtnis oder durch vermächtnisweise Teilungsanordnung festlegen. Hierdurch kann unter den Erben unnötiger Streit während eines vertragslosen Zustands und eine für das Unternehmen ungünstige Auseinandersetzung vermieden werden. Die Einzelheiten der Gesellschaftsgestaltung können einem Dritten (§§ 2048 Abs 1 S 2; 2151 Abs 1, 2154, 2156), etwa einem Testamentsvollstrecker, übertragen werden. Auch die Auflage, verbunden mit Testamentsvollstreckung, ermöglicht es dem Testator, die Fortführung seines Unternehmens in angemessener Form zu beeinflussen. **120**

Auch eine Erbengemeinschaft kann Inhaber eines Handelsgeschäfts sein. Die Erbengemeinschaft ist allerdings als Inhaber eines einzelkaufmännischen Unternehmens unzweckmäßig (§ 27 Abs 1 HGB, gemeinsame Verwaltung nach § 2038). Eine zwangsweise Umwandlung der Erbengemeinschaft in eine OHG oder ein Registerzwang finden nicht statt.[303] Wenn Minderjährige zum Kreis der Erben gehören, eignet sich die Erbengemeinschaft nach der vom BVerfG[304] vorgenommenen Beschränkung der elterlichen Vertretungsmacht und dem ab 1. 1. 1999 geltenden Minderjährigenhaftungsbeschränkungsgesetz nur noch bedingt als Inhaber eines einzelkaufmännischen Unternehmens. Es wurde zwar keine weitergehende gerichtliche Genehmigungspflicht eingeführt. Der Minderjährige hat aber das Recht, die Haftung nach § 1629a Abs 1 S 1 auf das Vermögen zu begrenzen, das er bei Volljährigkeit hatte. Macht der Minderjährige von dieser Möglichkeit Gebrauch, gelten nach § 1629a Abs 1 S 2 die §§ 1990, 1991 (beschränkte Erbenhaftung) entsprechend.[305] Wichtig ist, dass die Haftung dabei nicht auf das geerbte Vermögen beschränkt ist, sondern auf dasjenige, das der volljährig Gewordene bei Erreichung des 18. Lebensjahres hatte. Der volljährig Gewordene hat darüber hinaus die Möglichkeit, das nunmehr aufgrund des Minderjährigenhaftungsbeschränkungsgesetzes eingeführte außerordentliche Kündigungsrecht nach § 723 Abs 1 S 3 Nr 2 auszuüben. Dieses außerordentliche Kündigungsrecht gilt nur für Personengesellschaften. Es gefährdet deren Liquidität erheblich. Es fragt sich, ob es in irgendeiner Weise beeinflusst werden kann. Da der Minderjährige keinen Bestandsschutz für das geerbte Vermögen hat, sondern lediglich vor einer »Infizierung« seines Vermögens, das er nach dem 18. Geburtstag hinzuerwirbt, geschützt werden soll, dürfte das außerordentliche Kündigungsrecht erbrechtlich zwar nicht auszuschließen sein, es kann aber sehr wohl mit Sanktionen belegt werden, etwa als auflösende Bedingung für die Schenkung. Es wird künftig bei Gesellschaftsverträgen noch in größerem Umfang auf ausgewogene Abfindungsklauseln Wert zu legen sein.[306] **121**

Hat der Unternehmer keine Angehörigen, die er bedenken möchte, und ist ein geeigneter Nachfolger für das Unternehmen auch sonst nicht vorhanden, kann **122**

---

**302** BGHZ 36, 115 = NJW 1962, 343 = JZ 1962, 541 = DNotZ 1962, 322; BGH JZ 1962, 542.
**303** BGHZ 92, 259, 263; STAUDINGER-MAROTZKE § 2032 RdNr 18.
**304** DNotZ 1986, 629.
**305** Vgl allg BITTNER FamRZ 2000, 325; REIMANN DNotZ 1999, 179.
**306** HABERSACK FamRZ 1999, 1; REIMANN DNotZ 1999, 179.

die Gründung einer **Stiftung** ratsam sein. Die selbständige rechtsfähige Stiftung muss durch Stiftungsgeschäft unter Lebenden oder von Todes wegen begründet und staatlich genehmigt werden (§§ 80, 81); gem § 84 gilt die Stiftung für die Zuwendungen des Stifters als schon vor seinem Tod entstanden. Es kann auch eine Familien- oder Betriebsstiftung bedacht werden; hierdurch werden dann entsprechend dem Stiftungszweck die Familien- bzw Betriebsangehörigen begünstigt.[307]

### b) Auswahl der Erben durch Dritte

**123** Der Unternehmer muss wie jeder andere Erblasser auch seine Erben selbst bestimmen (§ 2065 Abs 2). Sind seine Abkömmlinge noch minderjährig, lassen sich also die unternehmerischen Fähigkeiten noch nicht beurteilen, so wird eine namentliche Erbeneinsetzung weder möglich noch sinnvoll sein. Das in § 2065 Abs 2 aufgestellte Erfordernis der Bestimmtheit der Verfügung ist bereits erfüllt, wenn der Erblasser in der Verfügung von Todes wegen einen Dritten ermächtigt, aus einem eng begrenzten Personenkreis (zB eheliche Abkömmlinge) den Erben nach von ihm genannten sachlichen Kriterien zu bezeichnen.[308] Es muss jedoch jede Willkür ausgeschlossen sein. Wird eine derartige Regelung getroffen, so ist es notwendig, den Kreis der potentiellen Erben persönlich und sachlich eng einzugrenzen. Da der Dritte nicht wählen, sondern nur bezeichnen darf, ist die Brauchbarkeit dieser Möglichkeit für die erbrechtliche Auswahl des Unternehmensnachfolgers stark eingeschränkt. Zulässig ist danach wohl nicht einmal eine Bestimmungsermächtigung, die auf die Eignung des Nachfolgekandidaten abstellt, wohl aber eine Klausel, die einen Dritten berechtigt, den Erben nach dem Abschluss einer bestimmten Ausbildung (uU zu einem bestimmten Zeitpunkt, uU mit einem bestimmten Ergebnis) zu bezeichnen. Bis zur Ausübung des Bestimmungsrechtes steht der Erbe nicht fest; Abhilfe ist nur durch Nachlasspflegschaft gem § 1960 möglich. Die Bestimmung des Unternehmensnachfolgers durch Vermächtnis gibt dem Dritten bessere Mitwirkungsmöglichkeiten.[309]

### c) Fortführung durch Testamentsvollstrecker

**124** Sind die Erben des Unternehmers minderjährig oder zu unerfahren, um das bisher einzelkaufmännisch betriebene Unternehmen fortführen zu können, wird der Erblasser geneigt sein, die Übergangszeit durch die Einsetzung eines Testamentsvollstreckers zu überbrücken. Der Testamentsvollstrecker vermag jedoch nicht, in seiner Eigenschaft und kraft seines Amtes ein Handelsgeschäft zu führen. Testamentsvollstrecker können Verbindlichkeiten nur für den Nachlass, nicht für die Erben persönlich eingehen, § 2206. Könnte der Testamentsvollstrecker das Unternehmen für die Erben fortführen, würde ein Unternehmen mit lediglich beschränkter Haftung der Inhaber entstehen; dies wäre mit den Bedürfnissen eines geordneten und sicheren Handelsverkehrs[310] und wohl auch mit dem gesellschaftsrechtlichen numerus clausus[311] unvereinbar.

**125** Es bieten sich jedoch – schon bei herkömmlicher Betrachtungsweise – folgende Abhilfemöglichkeiten: Der Testamentsvollstrecker kann – erstens – das Handelsgeschäft als Bevollmächtigter der Erben führen; die Erben haften dann persönlich

---

**307** Vgl System Teil D RdNr 107 ff.
**308** Vgl im Einzelnen Vorbem zu § 2229; EDENROTH RdNrn 185 ff.
**309** N MAYER, ZEV 1995, 247; NIEDER in: Münchener Vertragshandbuch Bd 4, 2 Hb. XVI. 7 Anm 4; Vorbem 13 ff zu § 2229.
**310** RGZ 132, 138, 144; STAUDINGER-REIMANN § 2205 RdNr 91; HUECK ZHR 108, 30 f;

RICHARDI, Das Verwaltungsrecht des Testamentsvollstreckers an der Mitgliedschaft in einer Personengesellschaft, 1961, S 26 f; aA BUCHWALD AcP 154, 29 f; MUSCHELER, Die Haftungsordnung des Testamentsvollstreckers, 1994, S 295 ff.
**311** KARSTEN SCHMIDT, Gesellschaftsrecht, S 102 f.

### III. Verfügungen von Todes wegen bei Unternehmern | E 126

und unbeschränkt, ihnen kommt jedoch die Geschäftserfahrung des Testamentsvollstreckers zugute.[312] Der Erblasser kann die (widerrufliche) Vollmacht selbst mit Wirkung über den Tod hinaus erteilen oder seine Erben durch Auflage verpflichten, den Testamentsvollstrecker zu bevollmächtigen; die Bevollmächtigung kann zur Bedingung der Erbeinsetzung gemacht werden.[313] Der Testamentsvollstrecker kann – zweitens – das Unternehmen als Treuhänder übernehmen und nach außen im eigenen Namen fortführen; er haftet dann im Außenverhältnis persönlich und unbeschränkt, die wirtschaftlichen Auswirkungen treffen jedoch im Innenverhältnis die Erben. Die Anordnung der Testamentsvollstreckung ist im Zweifel in diesem Sinne auszulegen.[314] Das Verhältnis zu den Erben beurteilt sich nach dem Recht der Testamentsvollstreckung.[315] Der Testamentsvollstrecker kann – drittens – im Außenverhältnis das Handelsgeschäft freigeben, sodass es die Erben fortführen und auch selbst voll haften; im Innenverhältnis kann sich der Testamentsvollstrecker die Entscheidungsbefugnis vorbehalten.

Es sind zwei Arten der **Treuhand** möglich: Die Verwaltungs- oder Ermächtigungstreuhand, bei welcher der Testamentsvollstrecker die Verfügungsmacht über die Gegenstände übertragen bekommt, und die Vollrechtstreuhand, bei der der Erbe dem Testamentsvollstrecker das Eigentum an dem Handelsgeschäft übertragen bekommt. Dies ist jedoch wegen der damit verbundenen Einzelübertragung aller Gegenstände uU sehr aufwendig.[316] Die Stellung des Testamentsvollstreckers ist bei der Verwaltungs- oder Ermächtigungstreuhand der eines Pächters des Handelsgeschäftes ähnlich. Er wird nicht als Eigentümer der Geschäftsgrundstücke im Grundbuch eingetragen, ebenso wenig erwirbt er Eigentum an den beweglichen Geschäftsgegenständen. Infolgedessen geht auch sein Recht zur Verfügung über diese nur so weit, wie es ihm als Testamentsvollstrecker zusteht, und das Geschäftsvermögen haftet für die von ihm begründeten Verbindlichkeiten nicht, wenn er die ihm gezogenen Grenzen überschritten hat. Bei der **Vollrechtstreuhand** erhält der Testamentsvollstrecker im Wege der Einzelübertragung das Eigentum am Handelsgeschäft. Die Übertragung muss der Testamentsvollstrecker durch (als zulässig angesehenes) In-sich-Geschäft vornehmen (§ 181).[317] Doch auch diese Ersatzlösung ist umstritten: Vor allem der fehlende Erblasserwille hinsichtlich einer so weitgehenden Übertragung auf den Testamentsvollstrecker, der begrenzte Gestaltungsspielraum des Erbrechts, der es nicht ermöglicht, den Erben zur Vollrechtsübertragung zu zwingen und wiederum haftungsrechtliche Probleme werden gegen eine Vollrechtstreuhand angeführt.[318] In der Praxis werden deshalb oft Mischformen gewählt. Im Verhältnis zu den Erben unterscheidet sich die Stellung des Testamentsvollstreckers, der das zum Nachlass gehörende Handelsgeschäft nach außen als Inhaber fortführt, nicht von der eines gewöhnlichen Testamentsvollstreckers.[319] Übernimmt der Testamentsvollstrecker das Handelsgeschäft als Treuhänder, so wird er nach außen alleiniger Inhaber und haftet den Gläubigern persönlich; im Innenverhältnis aber hat er gegenüber den Erben, für deren Rechnung er das Geschäft führt, gemäß §§ 2218, 670 einen

**126**

---

312 BGH aaO; STAUDINGER-REIMANN § 2205 RdNr 97 ff; HOLCH DNotZ 1958, 291 ff; JOHANNSEN LM Nr 1 zu § 2216; RICHARDI aaO S 44.
313 BGHZ 12, 100, 103 = NJW 1954, 636 = DNotZ 1954, 270.
314 BGHZ 24, 106, 112 = NJW 1957, 1026 = DNotZ 1957, 413.
315 RICHARDI aaO S 58.

316 LORZ, Testamentsvollstreckung und Unternehmensrecht, S 74.
317 SOERGEL-DAMRAU § 2205 RdNr 21; MUSCHELER, Die Haftungsordnung der Testamentsvollstreckung, S 301 ff.
318 BRANDNER, FS Stimpel, S 991, 1004; LORZ aaO S 83 ff.
319 KG JW 1939, 104; HAEGELE-WINKLER, Der Testamentsvollstrecker, RdNr 299.

Anspruch auf Befreiung von seiner unbeschränkten Haftung.[320] Allerdings können die Erben die Freistellungshaftung auf den Nachlass begrenzen. Der Testamentsvollstrecker kann sich jedoch uU durch abweichende Vereinbarungen mit den Erben absichern. Die Treuhandlösung ist also für den Testamentsvollstrecker mit großen Risiken verbunden, da er als Geschäftsinhaber im Außenverhältnis persönlich und unbeschränkt mit seinem Vermögen für Verbindlichkeiten haftet, die im Unternehmen, also im Innenverhältnis, auf Rechnung der Erben, begründet wurden. Die Frage, ob ein Testamentsvollstrecker eine derartige Treuhandschaft annimmt, wird im Wesentlichen davon abhängen, welche Bonität das Unternehmen hat und welche Sicherheiten für etwaige Regressansprüche der Nachlass bieten kann. Zu berücksichtigen ist in derartigen Fällen auch, dass der Testamentsvollstrecker, der Treuhänder (oder auch Bevollmächtigter) der Erben ist, nicht aufgrund der gesetzlichen Aufgabenzuweisungen, sondern kraft Sonderzuweisung von Aufgaben durch den Erblasser handelt. Er hat daher insoweit vor allem familienrechtliche Schranken, die für den Testamentsvollstrecker an sich nicht gelten, zu beachten.[321]

**127** Die Funktion der **Vollmachtlösung** besteht darin, die unbeschränkbare Verpflichtung der Erben zu ermöglichen, dh die Testamentsvollstreckung soll nicht gänzlich ersetzt, sondern nur ergänzt werden, soweit sie als solche unzulässig ist.[322] Rechtsprechung und herrschende Lehre kombinieren so die Vorzüge von Testamentsvollstreckung und Vollmacht. Man spricht daher von der vollstreckungsergänzenden Vollmacht.[323] Dies hat zur Folge, dass auch bei der Tätigkeit des Testamentsvollstreckers im Rahmen der Vollmachtlösung die dingliche Sperre der §§ 2211, 2214 gilt, dem Testamentsvollstrecker die Aktivprozeßführungsbefugnis zusteht (§ 2212) und Nachlassverbindlichkeiten gemäß § 2206 durch den Testamentsvollstrecker begründet werden können (erstmals BGHZ 12, 100, 103: »dem Testamentsvollstrecker die Befugnis einzuräumen, auch über den Rahmen des § 2206 hinaus persönliche Verpflichtungen für den Erben einzugehen«).[324]

**128** Aufgrund der neueren Rechtsprechung des BGH zur Testamentsvollstreckung bei Personengesellschaften[325] gibt es nunmehr eine weitere Gestaltungsalternative: Bei der sog beaufsichtigenden Testamentsvollstreckung führt der Erbe als Inhaber das Unternehmen, er darf aber ohne Mitwirkung des Testamentsvollstreckers nicht über dieses verfügen.[326]

Zudem bleibt gerade beim einzelkaufmännischen Unternehmen Träger der Einzelrechte (Grundbesitz, sonstige Vermögensgegenstände, Forderungen etc) der Erbe persönlich, die bilanzielle Zusammenfassung führt nicht zu einem Sondervermögen. Es ist daher möglich, Testamentsvollstreckung in Bezug auf diese einzelnen Gegenstände, die zu den Aktiven und Passiven des Unternehmens gehören, anzuordnen, mit der Folge, dass dem Testamentsvollstrecker insoweit auch die Verwaltungsbefugnisse des § 2204 zustehen. Der Testamentsvollstrecker kann zwar nicht das Unternehmen führen, weil ihm die Verpflichtungsbefugnis für das nach Handelsrecht haftende Eigenvermögen des Erben fehlt, er kann aber die Einzelgegenstände, die zum aktiven und passiven Vermögen des geerbten Unter-

---

**320** BGHZ 24, 106; HAEGELE-WINKLER aaO RdNr 308; MünchKomm-BRANDNER § 2205 RdNr 16.
**321** OLG Hamburg DNotZ, 1983, 381.
**322** MünchKomm-BRANDNER § 2205 RdNr 24a.
**323** LORZ aaO S 40.
**324** Vgl auch STAUDINGER-REIMANN § 2205 RdNr 97.
**325** BGH DNotZ 1987, 116; vgl auch BGH NJW 1996, 1284.
**326** Vgl § 146 Abs 1 S 2 HGB.

nehmens gehören, verwalten. Auch eine Unternehmensveräußerung insgesamt und auch die Beteiligung Dritter am Unternehmen wäre hiernach ohne Mitwirkung des Testamentsvollstreckers unwirksam.

Dem Testamentsvollstrecker kann somit eine originäre, wenn auch defensive Funktion zugewiesen werden, wenn ein einzelkaufmännisches Unternehmen zum Nachlass gehört. Dies ändert aber nichts daran, dass er aus rechtlichen Gründen daran gehindert ist, das Unternehmen (von innen heraus) zu führen, es sei denn, eine der drei Ersatzlösungen befähigt ihn dazu.

Beim Abfassen der Verfügung von Todes wegen sollte klargestellt werden, welche Gestaltung gewollt ist. Dabei sollten auch die Vor- und Nachteile der jeweiligen Ersatzlösung analysiert und abgewogen werden.[327]

### 5. Verfügungen von Todes wegen bei Beteiligung an einer Gesellschaft

Ist der Erblasser an einer Gesellschaft beteiligt, so unterliegt die von ihm zu treffende Regelung für den Todesfall sowohl dem Erbrecht als auch dem Gesellschaftsrecht. Denn die Rechte des Verstorbenen vererben sich nur, soweit sie nicht höchstpersönlich sind. Sache des Gesellschaftsrechtes ist es, die Vererblichkeit der Mitgliedschaft dem Grunde und dem Inhalt nach festzulegen.[328] Das Erbrecht findet die gesellschaftsrechtliche Situation vor und kann sie nur insoweit gestalten, als das Gesellschaftsrecht dies zulässt. Wegen des unabdingbaren Bezugs zum Gesellschaftsrecht ist darauf zu achten, dass Gesellschaftsvertrag und Verfügung von Todes wegen miteinander in Einklang stehen, da sonst erbrechtliche Gestaltungen uU gesellschaftsrechtlich ins Leere gehen können.

#### a) Offene Handelsgesellschaft

Das Gesetz sieht als regelmäßige Folge des Todes eines Gesellschafters nicht mehr, wie bis zum 1. 7. 1998, die Auflösung der OHG vor (§ 131 Nr 4 HGB aF), sondern gem § 131 Abs 3 S 1 Nr 1 HGB nF nur noch das Ausscheiden des Verstorbenen und die Fortsetzung der Gesellschaft mit den verbleibenden Gesellschaftern, gestattet aber den Gesellschaftern, abweichende Regelungen im Gesellschaftsvertrag zu treffen (vgl §§ 131 Abs 3, 139 HGB). Je nach der gesellschaftsvertraglichen Gestaltung ist die Frage der Vererbung des Mitgliedschaftsrechtes zu beurteilen. In Betracht kommen also die Fortsetzung der Gesellschaft ohne, mit oder mit bestimmten Erben. UU kommt auch die Fortsetzung der Gesellschaft mit einem durch Vertrag zugunsten Dritter bestimmten Nachfolger in Betracht.

**aa) Auflösung der OHG:** Soll die Gesellschaft kraft ausdrücklicher Regelung im Gesellschaftsvertrag durch den Tod eines Gesellschafters aufgelöst werden, so treten dessen Erben in Erbengemeinschaft in die Liquidations-OHG ein. In diesem Fall kann sich der Testator regelmäßig damit begnügen, den oder die Erben zu benennen. Ein Testamentsvollstrecker kann die Auseinandersetzungsansprüche der Erben verwalten.[329]

**bb) Fortsetzung der OHG unter den verbleibenden Gesellschaftern (§ 131 Abs 3 S 1 Nr 1 HGB):** Hierbei ist zwischen einer automatischen Fortsetzung und einer Fortsetzung, die in der Disposition der Gesellschafter liegt, zu unterscheiden.

---

[327] Zu den Vor- und Nachteilen siehe STAUDINGER-REIMANN § 2205 RdNr 93.
[328] RGZ 170, 392, 394; BGHZ 68, 225; BGH WM 1971, 308, BGH WM 1987, 981.
[329] PALANDT-EDENHOFER § 2205 RdNr 14; STAUDINGER-REIMANN § 2205 RdNr 106; D MAYER, HbTV V, RdNr 155.

Letzterenfalls muss ein Gesellschafterbeschluss darüber entscheiden, ob die Gesellschaft fortbesteht und der Anteil des Erblassers den übrigen Gesellschaftern anwächst (§§ 105 Abs 3 HGB, 738 Abs 1 S 1. In diesem Fall haben die Erben einen schuldrechtlichen Abfindungsanspruch gem §§ 105 Abs 3 HGB, 738 Abs 1 S 2 gegen die übrigen Gesellschafter, der allerdings durch den Gesellschaftsvertrag vermindert, gestundet und ganz ausgeschlossen werden kann.[330] Auch hier kann der Testator den oder die Erben bestimmen, ohne weiteren Einfluss auf die OHG nehmen zu können. Die Abfindungsansprüche können von einem Testamentsvollstrecker geltend gemacht werden.[331] Setzen die übrigen Gesellschafter die OHG nicht fort, so treten die Erben in die Liquidations-OHG ein (s oben aa).

**133 cc) Fortsetzung der Gesellschaft mit Erben (erbrechtliche Lösung):** Bei den im Gesellschaftsvertrag möglichen Nachfolgeklauseln werden nach der sog erbrechtlichen Lösung der oder die Nachfolger durch den Erblasser bzw die gesetzliche Erbfolge bestimmt. Der Eintritt in die Gesellschaft vollzieht sich unmittelbar durch den Erbfall und bedarf keiner zusätzlichen Rechtsgeschäfte.[332] Nachfolgeklauseln sind im Zweifel so auszulegen, dass sie im Rahmen der erbrechtlichen Lösung den Gesellschaftsanteil vererblich stellen.[333] Sie können einfach, eingeschränkt oder qualifiziert sein. Bei der einfachen Nachfolgeklausel werden alle gesetzlichen oder testamentarisch bestimmten Erben, bei der Erbengemeinschaft wegen der haftungsrechtlichen Unterschiede zwischen Erb- und Gesellschaftsrecht im Wege der Sondernachfolge unmittelbar also ipso iure Gesellschafter als Nacherben entsprechend ihrer Erbquote.[334]

Die Klausel kann in der Weise eingeschränkt werden, dass nur im Falle der testamentarischen Bestimmung die Erben Gesellschafter werden. Schließlich kann eine qualifizierte Klausel dergestalt in den Gesellschaftsvertrag eingefügt werden, dass nur (ein) bestimmte(r) Erbe(n) den Gesellschaftsanteil erben. Soweit diese Personen nicht Erbe werden, kommt eine Umdeutung in eine rechtsgeschäftliche Klausel in Betracht.[335]

Der Testator kann bei der erbrechtlichen Lösung direkt bestimmen, wer in seine Mitgliedschaft nachfolgt. Gestattet der OHG-Vertrag die Fortsetzung mit allen Erben, so kann es zweckmäßig sein, die Erben durch Auflage oder Vermächtnis zugunsten der OHG zu verpflichten, ihre Rechte durch einen bestimmten Miterben, der auch vom Erblasser selbst benannt werden kann, als Repräsentanten wahrnehmen zu lassen.[336] Die Auswahl dieses Repräsentanten kann einem Dritten, etwa einem Testamentsvollstrecker, übertragen werden. Bei der qualifizierten Nachfolgeklausel ist klarzustellen, ob es sich um eine erbquotenmäßige Teilnachfolge oder um eine Vollnachfolge handelt, da hiervon die Rechte der weichenden Erben abhängen. Die in die Mitgliedschaft nachfolgende Person kann auch ein Vermächtnisnehmer sein, wenn der Gesellschaftsvertrag dies gestattet. Die Erben sind sodann schuldrechtlich verpflichtet, die Beteiligung auf den Vermächtnisnehmer zu übertragen, § 2174. Sieht der Gesellschaftsvertrag vor, dass auch die

---

[330] PALANDT-EDENHOFER § 2205 RdNr 14 mwN.
[331] REIMANN, Testamentsvollstreckung in der Wirtschaftsrechtspraxis, RWS-Skript 151, 1998, 89.
[332] BGHZ 22, 186; KARSTEN SCHMIDT, Gesellschaftsrecht, S 1338.
[333] BGHZ 68, 225; vgl auch MünchKomm-ULMER § 727 RdNr 23.
[334] BGHZ 22, 186. Ob diese Rspr nach dem BGH-Urteil zur beschränkten Rechtsfähigkeit der BGB-Gesellschaft (BGHZ 146, 341) noch gerechtfertigt ist, wird zunehmend fraglich; vgl HEIL ZEV 2002, 296; WEIPERT ZEV 2002, 300.
[335] BGH NJW 1978, 264; BROX, Erbrecht, Rdnr 758 aE.
[336] S unten RdNr 187.

einem Gesellschafter zustehende Geschäftsführungs- und Vertretungsbefugnis vererbt werden kann, ist in der Verfügung von Todes wegen klarzustellen, ob der Erblasser dies will und wer unter mehreren Erben ggf die speziellen Gesellschafterrechte ausüben soll.

Die Auswahl des Gesellschafter-Nachfolgers kann (in den Grenzen des § 2065 Abs 2) einem Dritten, zB einem Testamentsvollstrecker, einem Mitgesellschafter oder allen übrigen Gesellschaftern überlassen werden, wenn der Personenkreis persönlich eingegrenzt und durch sachliche Kriterien bestimmt ist. Die Zuweisung durch Vermächtnis gibt dem Dritten größere Mitwirkungsmöglichkeiten.

Das auf den (die) Erben übergehende Mitgliedschaftsrecht kann nach bisheriger hM in vollem Umfang nicht von einem Testamentsvollstrecker ausgeübt werden.[337] Will der Erblasser erreichen, dass ein Testamentsvollstrecker gleichwohl den (die) unerfahrenen Erben berät, so kann dies auf die gleiche Art und Weise wie beim einzelkaufmännisch betriebenen Unternehmen geschehen. Vor allem die Ermächtigungstreuhand und die vollstreckungsbegleitende Vollmacht haben sich als zweckmäßige und wirksame Instrumente erwiesen. Nach der neueren Rechtsprechung des BGH[338] ist es nunmehr möglich, Testamentsvollstreckung an der »Außenseite« eines Gesellschaftsanteils (zB Verfügung über den Anteil, Abfindungsanspruch) anzuordnen. Der Erbe kann zwar in der Gesellschaft (»Innenseite«) seine Rechte ausüben, dies kann er aber auch im Rahmen der bisherigen Ersatzlösungen.[339] Der Gesellschaftsvertrag muss jedoch die Ermächtigung zu diesen Gestaltungen geben; ist dies nicht der Fall, müssen die Gesellschafter konkret zustimmen.[340] Die jeweils gewählte Gestaltung sollte in der Verfügung von Todes wegen festgelegt werden. Ordnet der Erblasser an, dass der Testamentsvollstrecker die Gesellschaftsrechte treuhänderisch wahrnehmen solle, so liegt hierin zugleich ein Vermächtnis bzw eine Auflage, die Mitgliedschaft treuhänderisch fortzuführen, wenn der Erbe nicht damit einverstanden ist, dass der Testamentsvollstrecker die Mitgliedschaftsrechte für ihn in der Gesellschaft ausübt.[341] Der Erbe scheidet während des Treuhandverhältnisses aus der Gesellschaft aus.

**dd) Eintrittsrecht der Erben:** Räumt der Gesellschaftsvertrag dem (den) Erben lediglich das Recht ein, in die OHG einzutreten, so kann diese Befugnis nicht durch Verfügung von Todes wegen gestaltet werden. Es handelt sich um ein Recht, das den Erben kraft Gesellschaftsvertrags zusteht und nicht in den Nachlass fällt.[342] Testamentsvollstreckung kann daher nicht angeordnet werden. Es können aber die für den Gesellschaftsanteil möglichen Ersatzlösungen angeordnet werden.

**b) BGB-Gesellschaft**
Die Rechtslage entspricht weitgehend derjenigen bei der OHG. Allerdings sieht § 727 Abs 1 für den Fall des Todes eines Gesellschafters die Auflösung der Gesellschaft vor. Die Folge ist allerdings gesellschaftsvertraglich abdingbar. Auch eine Testamentsvollstreckung ist eingeschränkt möglich, wenn der Erbe in die Beteili-

---

[337] RGZ 170, 392; 172, 199; BGHZ 24, 112 = NJW 1957, 1026 = DNotZ 1957, 413; BGHZ 68, 225; RICHARDI aaO S 43; STAUDINGER-REIMANN § 2205 RdNr 91; PALANDT-EDENHOFER § 2205 RdNr 14; aM MUSCHELER aaO S 295 ff.
[338] BGH DNotZ 1985, 561 = MittBayNot 1985, 134 m Anm REIMANN; BGH DNotZ 1987, 116.
[339] Ausführlich zu den einzelnen Gestaltungsmöglichkeiten STAUDINGER-REIMANN § 2205 RdNr 113 ff; D MAYER in: BENGEL-REIMANN, HbTV V, RdNr 154 ff.
[340] STAUDINGER-REIMANN § 2205 RdNr 121.
[341] BGHZ 24, 106, 112 = NJW 1957, 180 = DNotZ 1957, 406.
[342] BGHZ 22, 186 = NJW 1957, 180 = DNotZ 1957, 406.

gung nachfolgt. Testamentsvollstreckung an dem ererbten Anteil einer Gesellschaft Bürgerlichen Rechts ist somit nicht schlechthin ausgeschlossen, auch dann nicht, wenn »die Erben des Gesellschaftsanteils vor dem Erbfall bereits an der Gesellschaft beteiligt waren«.[343]

Der BGH hat dabei zu erkennen gegeben, dass für eine erweiterte Funktion des Testamentsvollstreckers auch am Anteil eines persönlich haftenden Gesellschafters Raum sei, wenn er nicht zur Geschäftsführung befugt und auch nicht in der Lage sei, durch eigene Handlung seine Mitgesellschafter zu verpflichten.[344]

### c) Kommanditgesellschaft

**137** Für den Tod des Komplementärs gelten die Grundsätze für das Ausscheiden eines Gesellschafters aus einer OHG. Der Tod des Kommanditisten löst nach § 177 HGB die Gesellschaft nicht auf. Sein Gesellschaftsanteil ist vererblich. Sind mehrere Erben vorhanden, rücken diese nicht als Erbengemeinschaft, sondern als Nebenerben zu dem ihrer Erbquote entsprechenden Anteil in die Gesellschafterstellung des Verstorbenen ein.[345] Der Gesellschaftsvertrag kann die Vererblichkeit des Kommanditistenanteils aber beschränken oder ganz ausschließen. Da eine KG ohne Komplementär nicht bestehen kann und dem Erben des Komplementärs das Recht zusteht, gem § 139 Abs 1 HGB die Umwandlung seiner Mitgliedschaft in eine Beteiligung als Kommanditist zu verlangen, muss Vorsorge für den Fall getroffen werden, dass der letzte Komplementär wegfällt. Dies geschieht am besten durch die Aufnahme einer GmbH als Komplementär.

Ist der Testator Komplementär, so ergeben sich gegenüber der OHG keine Besonderheiten. Ist er Kommanditist, so kann er – unabhängig vom Gesellschaftsvertrag – durch Auflage bestimmen, dass die Erben ihre Gesellschafterrechte durch einen Repräsentanten wahrzunehmen haben. Ist einer der Erben bereits Komplementär, kann er zwar im Außenverhältnis nicht gleichzeitig Kommanditist sein. Im Innenverhältnis werden die beiden Kapitalanteile aber gesondert behandelt, sofern der Gesellschaftsvertrag nichts Gegenteiliges vorsieht.

Nach nunmehr herrschender Meinung können die Rechte des Kommanditisten durch einen Testamentsvollstrecker ausgeübt werden.[346] So ist nach dieser Rechtsprechung des BGH eine die gesamte Kommanditistenstellung, also auch die Verwaltungsrechte, dh eine die »Innenseite« der Beteiligungen erfassende Dauertestamentsvollstreckung zulässig.

### d) Europäische Wirtschaftliche Interessenvereinigung (EWIV)

**138** Nach § 1 EWIV-Ausführungsgesetz vom 14. 4. 1988 (BGBl I, 514) gelten, soweit nicht die EGVO Nr 2137/85 etwas anderes aussagt, für die EWIV die Regelungen des HGB für die OHG. Die Situation entspricht somit derjenigen bei der OHG.

### e) Freiberufliche Partnerschaft

**139** Freiberufler haben durch das am 1. 7. 1995 in Kraft getretene Gesetz zur Schaffung von Partnerschaftsgesellschaften – PartGG – die Möglichkeit, sich in der neuen personengesellschaftsrechtlichen Rechtsform der Partnerschaft zusammenzuschließen. Durch Verweisungen im PartGG sind etliche Regeln über die OHG und die BGB-Gesellschaft anzuwenden (§ 1 Abs 4 PartGG). § 9 Abs 3 PartGG sieht

---

[343] BGH ZEV 1996, 110 mit Anm LORZ.
[344] Vgl auch WEIDLICH ZEV 1998, 339.
[345] RG DR 1942, 1228; BGHZ 22, 186; BGHZ 68, 225 = DNotZ 1977, 550, 556; s aber Fn 334.
[346] BGHZ 108, 187 = DNotZ 1990, 183 mit Anm REIMANN; vgl ausführlich REIMANN, Testamentsvollstreckung in der Wirtschaftsrechtspraxis, RdNr 410 ff.

allerdings – anders als bei der OHG – vor, dass der Tod eines Partners nur zum Ausscheiden des Verstorbenen führt. Da die Beteiligung an der Partnerschaft gem § 9 Abs 4 S 1 PartGG grundsätzlich nicht vererblich ist, kommt § 738 zur Anwendung, wonach der Anteil des ausscheidenden Partners den verbleibenden Partnern zuwächst. Der Auseinandersetzungsanspruch fällt dann in den Nachlass. Die Frage, ob durch Erbgang ein neuer Partner hinzutreten kann, kann im Partnerschaftsvertrag aber geregelt werden, indem die Partner ihre Beteiligungen an Dritte vererblich stellen.[347] Dieser Dritte muss dabei jedoch als Partner im Sinne des PartGG in Betracht kommen (vgl § 9 Abs 4 S 2 PartGG). Möglich ist auch eine strengere Regelung, so die Vereinbarung einer qualifizierten Nachfolgeklausel, wofür wiederum die zur OHG entwickelten Rechtsgrundsätze gelten.[348]

### f) Stille Gesellschaft

Der Tod des stillen Gesellschafters löst die Gesellschaft nicht auf (§ 234 Abs 2 HGB). Der Erbe tritt voll an die Stelle des Erblassers, mehrere Erben folgen in Erbengemeinschaft nach. Abweichende Vereinbarungen sind zulässig.[349] Die stille Gesellschaft eignet sich besonders zur Versorgung der aus der Geschäftsführung ausgeschiedenen Alt-Gesellschafter und ihrer Ehegatten, sowie der von der Betriebsnachfolge ausgeschlossenen Abkömmlinge. Der Erblasser kann an einem stillen Gesellschaftsanteil in vollem Umfang Testamentsvollstreckung anordnen.[350]

**140**

### g) GmbH

Die Gesellschaftsanteile an einer GmbH sind vererblich (§ 15 Abs 1 GmbHG). Mehrere Miterben erwerben den Anteil gesamthänderisch. Sie können ihre Gesellschafterrechte nach § 18 Abs 1 GmbHG nur gemeinschaftlich ausüben. Die Vererblichkeit kann durch die Satzung nicht generell ausgeschlossen werden.[351] Die Satzung der GmbH kann aber die Wirkung der Vererbung beseitigen. Der Geschäftsanteil des verstorbenen Gesellschafters kann durch satzungsmäßige Anordnung der Einziehung und Abtretung wieder aus der Erbschaft herausgelöst werden. Die Satzung der GmbH kann vorsehen, dass beim Tode eines Gesellschafters dessen Geschäftsanteil (entgeltlich oder unentgeltlich) gem § 34 GmbHG einzuziehen ist oder an eine bestimmte Person, die GmbH selbst, einen Gesellschafter oder eine von der Gesellschaft genehmigte Person abzutreten ist. Da die Einziehung nicht unbegrenzt zulässig ist, empfiehlt es sich, in der Satzung die Pflicht zur Abtretung mit dem Recht zur Einziehung zu kombinieren. Die Satzung kann auch die Wirkungen der Vererbung gering halten. Dies ist dadurch möglich, dass bestimmt wird, der Gesellschaftsanteil solle nach dem Tode des Gesellschafters nicht mehr eine volle Gesellschafterstellung geben. Auf diese Weise kann dem Erben das Stimmrecht oder das Recht auf Auskunft genommen werden, nicht jedoch die kapitalistische Beteiligung. Sieht die Satzung einen bestimmten Nachfolger vor oder ist in der Satzung ein bestimmtes Auswahlverfahren enthalten, so ist diese Bestimmung an sich nicht mit § 15 GmbHG vereinbar, es ist aber in der Regel eine Umdeutung dahin geboten, dass die Erben verpflichtet sind, den Geschäftsanteil auf den so bestimmten Gesellschafter-Nachfolger zu übertragen. Die Erben sind dann der Gesellschaft gegenüber zur Übertragung verpflichtet.

**141**

---

[347] Sozietätsrecht, Handbuch für rechts-, steuer- und wirtschaftsberatende Gesellschaften, § 12 RdNr 8.
[348] Siehe zum Ganzen auch JOHANN MAYR ZEV 1996, 321; HEYDN ZEV 1998, 161.
[349] BAUMBACH-HOPT HGB § 234 RdNr 5.
[350] BGH WM 1962, 1084; PALANDT-EDENHOFER § 2205 RdNr 23.
[351] BAUMBACH-HUECK-HUECK GmbHG § 15 RdNr 12; SCHOLZ-WINTER GmbHG § 15 RdNr 21 f.

Bei einer Freiberufler-GmbH ist eine Beschränkung der Vererblichkeit unbedingt notwendig, denn die Geschäftsanteile an einer Rechtsanwalts-, Steuerberatungs- oder Wirtschaftsprüfer-GmbH sind nur dem für den entsprechenden Beruf zugelassenen Personenkreis zugänglich. Die Satzung muss daher eine Bestimmung treffen für die Nachfolge beim Tod eines Gesellschafters, wie etwa die Abtretungspflicht der Erben, das Einziehungsrecht der Gesellschaft oder der Ermächtigung zur Kaduzierung, sofern nicht schon das Gesetz eine Regelung vorsieht (zB §§ 27 ff WPO, §§ 49 ff StBerG, § 59e BRAO). Die entsprechenden, zT landesgesetzlichen Vorgaben sind zu beachten.[352]

Der Testator kann den Geschäftsanteil nach Maßgabe des Gesellschaftsvertrages frei vererben. Es kann angeordnet werden, dass ein Testamentsvollstrecker den Geschäftsanteil unter Ausschluss des (der) Erben zu verwalten hat.[353] Ein Testamentsvollstrecker kann auch nur zu dem Zweck ernannt werden, dass er das Stimmrecht aus dem Geschäftsanteil unter Ausschluss der Erben ausübt.[354]

Problematisch ist, ob der Testamentsvollstrecker die »Kernrechte« des Gesellschafters ausüben, insbesondere an Beschlüssen über die Erweiterung von Gesellschafterpflichten mitwirken kann.[355] Abgrenzungskriterien hierzu: Ordnungsgemäße Verwaltung des Nachlasses (§§ 2206 Abs 1 S 1, 2216 Abs 1); Verbot der unentgeltlichen Verfügungen (§ 2205 S 2), insbesondere bei Änderungen des Gesellschaftsvertrages in Bezug auf die Abfindungsregelung zu Lasten des Erben, wenn keine hinreichenden Gegenleistungen vereinbart sind; Beschränkung der Rechte des Testamentsvollstreckers auf den Nachlass, also Verbot, den Erben persönlich zu verpflichten.

Kapitalerhöhungen sind also ohne Zustimmung des Erben nur möglich, wenn die zur Kapitalerhöhung erforderlichen Mittel aus dem Nachlass (nicht unbedingt nur aus der Gesellschaftsbeteiligung) aufgebracht werden können. Um Nachweisschwierigkeiten zu vermeiden, sind hier begleitende Vollmachten zweckmäßig.[356]

### h) Aktiengesellschaft

142  Da die Rechtsform der Aktiengesellschaft durch das Gesetz für kleine Aktiengesellschaften und zur Deregulierung des Aktienrechts nun auch für mittelständische und Familienunternehmen interessant geworden ist, stellt sich hier verstärkt die Frage nach der Erbfolge beim Tod eines Aktionärs. Ebenso wie bei der GmbH sind die Anteile an der AG frei vererblich, was auch durch die Satzung nicht ausgeschlossen werden kann.[357] Dies gilt gleichermaßen für Inhaber- und Namensaktien. Was Nachfolgeregelungen in der Satzung anbelangt, unterliegen die Aktionäre aber weitergehenden Beschränkungen als die Gesellschafter einer GmbH.[358] Die Bestimmungen einer Abtretungspflicht der Erben ist ebenso unzulässig (vgl § 54 AktG, Verbot der Begründung von Nebenpflichten) wie die Ausdehnung der Vinkulierung von Namensaktien auf die Fälle des Aktienübergangs kraft Erbfolge.[359] Die Vinkulierung von Namensaktien kann allerdings bei Vermächtnissen und Erbauseinandersetzung – als rechtsgeschäftliche Übertragungen –

---

352 Vgl J MAYER ZEV 1996, 321; vgl auch für satzungsmäßige Vorgaben BayObLG WiB 1995, 115.
353 BGH NJW 1959, 1820; WIEDEMANN, Die Übertragung und Vererbung von Mitgliedschaftsrechten bei Handelsgesellschaften, 1965, S 338.
354 OLG Hamm BB 1956, 511.

355 Ausführlich dazu D MAYER in: BENGEL-REIMANN, HbTV V, RdNr 233 ff.
356 REITHMANN BB 1984, 1994.
357 PALANDT-EDENHOFER § 1922 RdNr 23 und § 2032 RdNr 13.
358 Vgl SCHAUB ZEV 1995, 84.
359 EBENROTH RdNr 897.

Bedeutung erlangen. Allein die Regelung einer Zwangseinziehung beim Tod eines Aktionärs ist in der Satzung möglich.[360] Die Einziehung erfolgt dann durch eine Entscheidung des Vorstandes (vgl § 237 Abs 6 AktG).

Will der Testator erreichen, dass seine Aktien im Familienbesitz bleiben, so kann er anordnen, dass für den Fall der Abtretung einer Aktie an eine familienfremde Person ein anderer Angehöriger ein aufschiebend bedingtes Vermächtnis (§ 2177), das ihm einen Anspruch auf die Aktie gewährt, erhalten soll. Auch eine auflösend bedingte Erbeinsetzung (§ 2075) ist möglich. Die AG kann auch dadurch vor Überfremdung geschützt werden, dass die Erben verpflichtet werden, eine Schutzgemeinschaft in Form einer BGB-Gesellschaft zu gründen und ihre Aktien in diese einzubringen.[361] Diese Anordnung kann durch Testamentsvollstreckung gesichert werden. Die Rechte aus der Aktie können von einem Testamentsvollstrecker ausgeübt werden.[362]

#### i) KGaA
Auch die KGaA (Kommanditgesellschaft auf Aktien) wird zunehmend für mittelständische und Familienunternehmen interessant, weil sich mit ihr Elemente von Personen- und Kapitalgesellschaft kombinieren lassen. Bezüglich des Anteils des persönlich haftenden Gesellschafters gelten die Ausführungen für den Komplementär der KG bzw für die OHG entsprechend,[363] für die Kommanditaktionäre gelten die Regelungen für die Aktiengesellschaft.[364]

#### j) Mischformen

##### aa) Betriebsspaltung
Wird das Unternehmen im Rahmen einer sog Betriebsaufspaltung in der Weise betrieben, dass das Anlagevermögen im Eigentum einer Personengesellschaft (BGB-Gesellschaft, OHG, KG) steht und der Betrieb einer GmbH obliegt, ergeben sich keine Besonderheiten gegenüber dem bisher Ausgeführten. Die Nachfolge in die Personengesellschaft ist nach den für diese geltenden Regeln zu beurteilen, die Nachfolge in die GmbH nach den Grundsätzen, die für diese gelten. Es ist bei der Abfassung von Gesellschaftsvertrag und Verfügung von Todes wegen – insbesondere um durch die erbrechtliche Nachfolge die steuerrechtliche Anerkennung nicht zu verlieren[365] – darauf zu achten, dass die Regelungen für beide Unternehmen aufeinander abgestimmt werden.

##### bb) GmbH & Co
Die Frage der Nachfolge beurteilt sich bei der GmbH nach GmbH-Recht, bei der KG nach dem Recht der Personenhandelsgesellschaft. Die erbrechtliche Nachfolge ist bei der GmbH & Co einfacher zu regeln als bei einer »reinen« KG, da die Probleme, die mit § 139 HGB zusammenhängen, von vornherein nicht gegeben sind. Die GmbH & Co eignet sich für die Nachfolgeregelung besonders gut wegen der Möglichkeit der Drittorganschaft, wenn im Bereich der Gesellschafter-Nachfolger keine Eignung für die tatsächliche Geschäftsführung gegeben ist. Die GmbH & Co eignet sich auch zu einer leistungsorientierten Aufspaltung der Verantwortlichkeiten, etwa wenn die weichenden Erben des einen Gesellschafters Alleingesellschafter und/oder Alleingeschäftsführer der GmbH werden, sämtliche Erben, also auch die nicht mitarbeitenden, Kommanditisten werden. Durch Vor-

---

[360] Formulierungsvorschlag bei SCHAUB ZEV 1995, 84.
[361] EBENROTH RdNr 912 ff.
[362] PALANDT-EDENHOFER § 2205 RdNr 25.
[363] RdNr 130 ff.
[364] RdNr 142.
[365] Vgl VORWOLD BB 1999 S 1300.

rechte bei der Abstimmung kann hier der GmbH (damit den mitarbeitenden Gesellschaftern) eine starke Position zugewiesen werden. Auch im Bereich der Gewinnverteilung (Entgelt für Tätigkeit) kann eine Unterscheidung zwischen mitarbeitenden und nicht mitarbeitenden Gesellschaftern getroffen werden.

#### cc) »GmbH & Still«

**146** Die Rechtsform der »GmbH & Still« eignet sich für die Regelung der Unternehmensnachfolge gut: Einmal ist eine Nachfolgeregelung bei der GmbH unproblematisch, die Rechte der Stillen auf die Geschäftsführung sind begrenzt, die kapitalmäßige Beteiligung ist jedoch gewährleistet. Auch die Möglichkeit einer Testamentsvollstreckung (s RdNr 140) erleichtert die Unternehmensnachfolgeregelung.

### 6. Sonderprobleme

#### a) Nacherbfolge im Unternehmensbereich

#### aa) Einzelkaufmännisches Unternehmen

**147** Der Nachlass (Unternehmen) geht grundsätzlich in das Vermögen des Erben über. Will der Erblasser den Erbfall danach regeln, so ist die Anordnung einer Vor- und Nacherbschaft ein hierfür geeignetes Mittel. Zeitliche Grenze: § 2109 (grundsätzlich 30 Jahre).

Der Vorerbe ist Vollrechtsinhaber, er wird in das Grundbuch eingetragen (mit Nacherbenvermerk, § 51 GBO) und in das Handelsregister (hier ohne besonderen Vermerk). Es ist in der Verfügung von Todes wegen klarzustellen, welchen Beschränkungen des Gesetzes der Vorerbe unterliegt bzw von welchen Beschränkungen er befreit ist. Gehört ein Handelsgeschäft zum Nachlass, entscheidet der Vorerbe, ob er es fortführt oder nicht. Der Nacherbe haftet auch für Verbindlichkeiten des Vorerben nach § 27 HGB, ohne Rücksicht darauf, ob die Verbindlichkeiten im Rahmen einer ordnungsgemäßen Verwaltung eingegangen wurden oder nicht.[366]

Die Nacherbeneinsetzung kann auch unter dem Vorbehalt anderweitiger Verfügung des Vorerben stehen.[367] Die Bestimmung des Nacherben kann im Rahmen des § 2065 Abs 2 auch einem Dritten, also dem Vorerben oder einem anderen, zB Testamentsvollstrecker, überlassen werden, wenn die Verfügung ausreichend bestimmt ist. Die Beschränkung des Auswahlrechtes auf den Kreis der gemeinsamen Abkömmlinge ist möglich.[368]

Es sollte in der Verfügung von Todes wegen klargestellt werden, ob die Anwartschaft des Nacherben vererblich ist oder nicht (§ 2108).[369]

#### bb) Gesellschaft

**148** Fällt die Geschäftsbeteiligung an einer Personengesellschaft in den Nachlass, so ist die Anordnung von Vor- und Nacherbfolge unmöglich, wenn der Gesellschaftsvertrag die Fortsetzung der Gesellschaft mit dem/den Erben eines durch Tod ausgeschiedenen Gesellschafters nicht zulässt.[370] Voraussetzung für den Übergang auf den Nacherben ist, dass der Gesellschaftsvertrag noch im Zeitpunkt des Nacherbfalls eine derartige Nachfolgeklausel enthält. Der Vorerbe kann an einer Änderung des Gesellschaftsvertrages dahin mitwirken, dass er mit

---

[366] BGHZ 32, 60.
[367] Vorbem 22 zu § 2229.
[368] MAYER ZEV 1995, 247.
[369] Formulierungsvorschlag s Formularteil.
[370] BGHZ 69, 47; BGHZ 78, 177.

seinem Tod ausscheidet, der Nacherbe also nur in den Abschichtungsanspruch nachfolgt; Grenzen dieser Änderungsbefugnis sind in der Unentgeltlichkeit zu finden (§ 2113 Abs 2).[371] Unentgeltlichkeit ist nicht gegeben, wenn eine Vertragsänderung alle Gesellschafter gleichmäßig betrifft oder wenn der Vorerbe zwar einseitigen Änderungen zu Lasten seines Gesellschaftsanteils zustimmt, im Gegenzug aber Konzessionen erhält, die seinen Geschäftsanteil verstärken.[372] Entsprechendes hat für die Beteiligung an einer Kapitalgesellschaft zu gelten.

Der Vorerbe enthält wie ein Nießbraucher nur den ausgeschütteten (entnahmefähigen) Gewinn. Die stillen Reserven stehen ihm nicht zu.[373] Aufgrund der unklaren gesetzlichen Regelung ist diesbezüglich in jedem Fall etwas festzulegen.

Als Sicherungsmaßnahmen gegen Verfügungen des Vorerben, die er handelsrechtlich vornehmen kann, erbrechtlich aber nicht vornehmen darf (oder nach dem Willen des Erblassers nicht vornehmen sollte) kommen hier die Anordnung einer (allgemeinen) Testamentsvollstreckung und die Anordnung einer speziellen Nacherbenvollstreckung gemäß § 2222 in Betracht.

Die **Nacherbenvollstreckung** (§ 2222) beschränkt nicht den Vorerben, der ohnehin durch die Anordnung der Nacherbfolge belastet ist, sondern den Nacherben, da dieser seine Rechte nicht selbst wahrnehmen kann. Die Aufstellung eines Nacherbenvollstreckers wird besonders dann zweckmäßig sein, wenn der Nacherbe unter elterlicher Gewalt oder Vormundschaft des Vorerben steht, wenn er noch nicht geboren oder noch nicht gezeugt ist oder seine Persönlichkeit erst durch ein künftiges Ereignis bestimmt werden soll (zB Ablegung einer Prüfung etc). Zwar kann in diesen Fällen nach §§ 1909, 1912, 1913 ein Pfleger bestellt werden, aber doch nur dann, wenn das Vormundschaftsgericht von der Angelegenheit Kenntnis erhält und wenn es ein Fürsorgebedürfnis anerkennt. Da beides nicht immer gewährleistet ist, kann es in solchen Fällen angezeigt sein, durch Einsetzung eines Nacherbenvollstreckers die Wahrnehmung der Interessen des Nacherben zu sichern. Für manchen Erblasser mag es auch vorteilhaft scheinen, dass der Nacherbenvollstrecker im Gegensatz zum Pfleger nicht unter der Aufsicht des Vormundschaftsgerichtes steht. Auch wird die Ernennung eines Nacherbenvollstreckers in den bezeichneten Fällen die Bestellung eines Pflegers in der Regel überflüssig machen.[374]

Die Nacherbenvollstreckung nach § 2222 beginnt mit dem Erbfall, nicht erst mit dem Nacherbfall.[375] Die Nacherbenvollstreckung sichert somit lediglich die (bürgerlichrechtlichen) Rechte, die der Nacherbe kraft Gesetzes gegenüber dem Vorerben hat. Die Nacherbenvollstreckung kann aber nicht die speziellen (handelsrechtlichen) Gefährdungen, die im unternehmerischen Bereich mit der Anordnung einer Vor- und Nacherbfolge verbunden sind, eingrenzen.

Der Erblasser kann jedoch neben der Nacherbenvollstreckung nach § 2222 noch eine **allgemeine Testamentsvollstreckung** für den Vorerben mit den Aufgaben und Befugnissen nach §§ 2203 ff anordnen,[376] und zwar auch für den befreiten Vorerben.[377] Es ist sogar zulässig, dass der Erblasser den gleichen Testamentsvoll-

---

**371** Vgl ua BGH NJW 1981, 1560; HARDER DNotZ 1994, 822.
**372** BGHZ 78, 177.
**373** BGH DNotZ 1981, 760, 765; vgl auch HADDING GmbH-Rdsch 1975, 73 ff; KARSTEN SCHMIDT FamRZ 1976, 683; MünchKomm-

PETZOLD § 1086 RdNr 14; Formulierungsvorschlag s Formularteil.
**374** BayObLG NJW 1960, 966.
**375** STAUDINGER-REIMANN § 2222 RdNr 19.
**376** BGH NJW 1995, 456.
**377** BGH aaO.

strecker für den Vorerben als allgemeinen Vollstrecker und zugleich für den Nacherben mit der in § 2222 vorgesehenen Beschränkung ernennt.[378] Insbesondere kann dieselbe Person einerseits zur Verwaltung der Erbschaft für den Vorerben nach §§ 2209, 2338 Abs 1 S 2 und andererseits zur Wahrnehmung der Rechte des Nacherben nach §§ 2222, 2338 Abs 1 S 1 bestellt werden.

Durch die Anordnung einer (allgemeinen) Testamentsvollstreckung, die den Vorerben beschwert, kann somit sichergestellt werden, dass der Vorerbe nicht das Handelsgeschäft einstellt oder an Änderungen des Gesellschaftsvertrages mitwirkt, die die Nachfolge des Nacherben in den Geschäftsanteil verhindern. Da jedoch die Testamentsvollstreckung weder am Handelsgeschäft noch am Geschäftsanteil der Personengesellschaft an sich möglich ist, ist eine der oben genannten Alternativlösungen vorzusehen. Es ist also dem Testamentsvollstrecker als Sonderfunktion das Recht zuzuweisen, das Handelsgeschäft oder die Beteiligung an der Personengesellschaft so zu verwalten, als wenn eine Testamentsvollstreckung kraft Gesetzes möglich wäre (s RdNr 122, 129).

Der alleinige Vorerbe kann naturgemäß nicht zum alleinigen Testamentsvollstrecker für den Nacherben nach § 2222 ernannt werden.[379] Einer von mehreren Vorerben kann jedoch Nacherbenvollstrecker nach § 2222 sein, ebenso der alleinige Vorerbe einer von mehreren Nacherbenvollstreckern. Der Nacherbe kann jedoch zum (allgemeinen) Testamentsvollstrecker des Vorerben bestellt werden.[380]

In manchen Fällen, zB bei dem Wunsch, dem überlebenden Ehepartner eine überragende Position zu geben, kann es zweckmäßig sein, den Vorerben – ähnlich wie den Nießbraucher – zum Testamentsvollstrecker zu ernennen.

### b) Vermächtnis

150 Unternehmen bzw Unternehmensbeteiligung können auch durch Vermächtnis zugewandt werden, bei Unternehmensbeteiligungen ist dabei stets die gesellschaftsvertragliche Zulässigkeit einer derartigen Nachfolge zu prüfen.

Wegen der nur schuldrechtlichen Wirkung des Vermächtnisses (§ 2174) ist seine Erfüllung oft problematisch. Die Rechte des Vermächtnisnehmers können durch Testamentsvollstreckung gesichert werden. Der Vermächtnisnehmer kann zugleich Testamentsvollstrecker sein.[381]

Der Erblasser kann einem Miterben einen Gegenstand auch als Vorausvermächtnis zuwenden (§ 2150). Dies ist auch bei einem Alleinerben möglich, vor allem beim Fall der Einsetzung eines Nacherben ist ein Vermächtnis zugunsten des Vorerben möglich.[382]

### c) Beeinflussung der Unternehmensfortführung durch Auflagen

#### aa) Allgemeines

151 Der Erblasser kann die Erben durch Auflage (§ 1940) in bestimmten Richtungen verpflichten (§§ 2192–2196).

Die Vollziehung der Auflage kann nur im Rahmen des § 2194 verlangt werden, deshalb ist die Absicherung einer Auflage durch Testamentsvollstreckung sinn-

---

378 BGH aaO.
379 RGZ 77, 177.
380 STAUDINGER-REIMANN § 2222 RdNr 17.

381 STAUDINGER-REIMANN § 2197 RdNr 59.
382 BGHZ 32, 60; Formulierungsvorschlag s Formularteil.

voll, auch eine Vermächtnisanordnung unter der auflösenden Bedingung, dass die Auflage erfüllt wird.

### bb) Umwandlungsanordnung

Die Auflage ist ein geeignetes Instrument, wenn die Umwandlung vom Unternehmen nach Ableben des Erblassers durchgeführt werden soll, zB von einem einzelkaufmännischen Unternehmen in eine GmbH, ferner wenn überhaupt die Fortführung eines Betriebes gesichert werden soll, schließlich wenn einem Testamentsvollstrecker Befugnisse eingeräumt werden sollen, die ihm kraft Erbrechts nicht zustehen, zB Testamentsvollstreckung an Geschäftsanteilen von Personengesellschaften, sowie Erteilung entsprechender Vollmachten.

### cc) Bestimmungsrechte, Schiedsgutachter- und Schiedsgerichtsklauseln

Der Erblasser kann Streitigkeiten, die bei der Nachlassbereinigung und -verwaltung (vor allem im unternehmerischen Bereich) auftreten, dadurch entschärfen, dass er durch Auflagen die Nachlassbeteiligten verpflichtet, Bestimmungsrechte Dritter sowie Schiedsgutachter- und Schiedsgerichtstätigkeiten zu dulden.

– **Bestimmungsrechte:** Zu den Bestimmungsrechten, die jedem Dritten übertragen werden können, gehört, soweit durch § 2265 erlaubt, die Bezeichnung des vom Erblasser nach sachlichen Kriterien bestimmten Erben, die Bestimmung bei Vermächtnissen (§§ 2151, 2152) und die Bestimmung bei Auflagen (§ 2193) sowie generell die Bestimmung über die Leistung gemäß § 317, soweit Spielraum für die Anwendung dieser Vorschrift besteht. Der Testamentsvollstrecker kann ohnehin – hier nicht kraft besonderer Zuweisung, sondern als originäre Aufgabe (§ 2204 Abs 1 iVm § 2048 S 2) – die Auseinandersetzung des Nachlasses nach billigem Ermessen vornehmen. Die §§ 315 ff gelten unmittelbar.[383]

– **Schiedsgutachterliche Tätigkeit:** Jedem anderen Dritten können auch andere tatsächliche Feststellungen übertragen werden, wie zB die Festlegung eines Grundstücks- oder Geschäftswertes oder eines entsprechenden Übernahmepreises. Hier werden Tatsachen oder Tatbestandsmerkmale für die Beteiligten verbindlich festgestellt. Auch wenn in derartigen Fällen diese Funktion als Schiedsrichtertätigkeit bezeichnet wird, handelt es sich in der Sache doch nur um schiedsgutachterliche Tätigkeiten, für welche die Vorschriften der §§ 315 ff entsprechend anzuwenden sind.[384]

– **Schiedsgerichtliche Tätigkeit:** Streitigkeiten können gem §§ 1051 Abs 1, 1055 ZPO durch ein Schiedsgericht entschieden werden. Auch erbrechtliche Schiedsklauseln sind zulässig.[385] Die Anordnung des Schiedsgerichts erfolgt in der Form der Verfügung von Todes (Testament oder Erbvertrag) wegen durch den Erblasser.[386] Auch der Testamentsvollstrecker kann Schiedsrichter sein, sofern nicht er oder sein Amt von dem Streit betroffen sind.[387]

Bei einer letztwilligen Verfügung findet die Formvorschrift des § 1031 ZPO keine Anwendung.[388] Bei der Anordnung einer Schiedsklausel in einem Erbvertrag, § 2299 Abs 1, ist die Form des § 1031 ZPO indes zu beachten.[389] Hier ist jedoch

---

[383] PALANDT-HEINRICHS § 317 RdNr 3.
[384] WALTER MittRhNotK 1984, 69, 78; PALANDT-HEINRICHS § 317 RdNr 3.
[385] RGZ 100, 77; SCHULZE MDR 2000, 314; vgl nunmehr § 1066 ZPO.
[386] BAUMBACH-LAUTERBACH-ALBERS ZPO § 1066 RdNr 2; ZÖLLER-GEIMER ZPO § 1066 RdNr 7.
[387] Vgl WALTER MittRhNotK 1984, 69, 76.
[388] Hb XVI 26 Anm 10; ZÖLLER-GEIMER ZPO § 1066 RdNr 7.
[389] OLG Hamm NJW-RR 1991, 455; SCHULZE MDR 2000, 314.

entgegen den Voraussetzungen der §§ 1025, 1027 ZPO aF die Schiedsklausel nicht mehr gesondert im Abschluss an den Erbvertrag zu bringen und vom Erblasser zu unterzeichnen. Es ist nunmehr aufgrund der Erleichterung der Formvoraussetzungen nach § 1031 Abs 1 ZPO nF ausreichend, wenn die Schiedsvereinbarung in dem Erbvertrag selbst enthalten ist (arg ex § 1031 Abs V S 2 ZPO).[390] Dies gilt jedoch nur, wenn die Schiedsklausel sich auf Streitigkeiten zwischen den Erbvertragspartnern bezieht, zB ob die Voraussetzungen eines vorbehaltenen Rücktritts vorliegen, nicht jedoch, wenn das Schiedsgericht für Streitigkeiten unter den Erben zuständig sein soll.

Die Schiedsklausel sollte genaue Anordnungen enthalten, wie sich das Schiedsgericht zusammensetzt und wie es verfährt.

Nicht alle Tätigkeiten im Rahmen der Nachlassbereinigung, auch soweit sie in den Aufgabenbereich eines Testamentsvollstreckers fallen, können gleichzeitig dem Schiedsgericht übertragen werden. Soweit es sich um bloße tatsächliche Feststellungen handelt, also auch keine gerichtliche Entscheidung möglich wäre und einem Schiedsspruch auch keine Vollstreckungswirkung gegeben werden könnte, fallen diese Tätigkeiten unter den Begriff des Schiedsgutachtens. Die Regeln der ZPO für das Schiedsgerichtsverfahren sind darauf weder unmittelbar noch analog anzuwenden, es gelten vielmehr die §§ 315 ff BGB.

Es empfiehlt sich daher, dem Schiedsrichter zugleich die Funktion zuzuweisen, sich auch in Bewertungsfragen gutachtlich (verbindlich) zu äußern und sonstige Bestimmungsrechte auszuüben.[391]

### dd) Erteilung von Vollmachten[392]

**157** Der Erblasser kann wegen der geschäftlichen Unerfahrenheit seines Unternehmensnachfolgers den Wunsch haben, dass das Unternehmen in einer Übergangszeit nach seinem Ableben von einer Person seines Vertrauens als Bevollmächtigtem geführt wird.

In Frage kommt die Erteilung einer Vollmacht durch den Erblasser selbst mit Wirkung über seinen Tod hinaus, und zwar durch Rechtsgeschäft unter Lebenden oder durch Verfügung von Todes wegen.[393] Die Wirkung der Vollmacht ist an sich schwächer als die Testamentsvollstreckung, da der Bevollmächtigte kein Amt bekleidet.[394] Die postmortale Vollmacht berechtigt nur zum Handeln, soweit der Nachlass betroffen ist. Will oder kann der Erblasser die Vollmacht nicht selbst erteilen, so kommt die Verpflichtung seiner Erben durch Auflage in Betracht, der gewünschten Person nach dem Erbfall eine Vollmacht zu erteilen. Eine derartige vom Erben erteilte Vollmacht beschränkt sich nicht auf den Nachlass, was wichtig ist, wenn Unternehmerrechte in den Nachlass fallen. Die Vollziehung der Auflage kann durch Testamentsvollstreckung sichergestellt werden. Auch hier ist die Position an sich schwächer als die eines Testamentsvollstreckers, da die Vollmacht ein eigenes rechtswirksames Handeln des Unternehmensnachfolgers nicht ausschließt. Andererseits kann der Bevollmächtigte unkomplizierter handeln als ein Testamentsvollstrecker. Die Kombination von Vollmacht und Testamentsvoll-

---

390 BAUMBACH-LAUTERBACH-ALBERS ZPO § 1031 RdNr 4.
391 WALTER MittRhNotK 1984, 69, 78; KOHLER DNotZ 1962, 132, 134.
392 BENGEL-REIMANN in: Beck'sches Notar-

handbuch, Kap C RdNr 185.
393 PALANDT-EDENHOFER Einf v § 2197 RdNr 16; TRAPP ZEV 1995, 314.
394 STAUDINGER-REIMANN Vorbem 53 ff zu §§ 2197 ff.

streckung ist möglich. Die Verpflichtung zur Erteilung einer Vollmacht wird dort unzulässig sein, wo bei einem relativ geringen Nachlass eine relativ große Gefährdung des (nicht geerbten) Vermögens des Erben vorliegt.

### d) Testamentsvollstreckung im Unternehmensbereich[395]

#### aa) Die Testamentsvollstreckung als Instrument der erbrechtlichen Gestaltung

Die Testamentsvollstreckung ermöglicht es dem Erblasser, im Rahmen der ihm gegebenen Testierfreiheit auch über seinen Tod hinaus Einfluss auf sein Vermögen zu nehmen. Das Gesetz (§§ 2044 Abs 2, 2109, 2162, 2163, 2210) begrenzt diese Einflussnahme zeitlich. **158**

Die Anordnung der Testamentsvollstreckung kann den Zweck haben, die Nachlassabwicklung zu erleichtern, also den Vollzug der vom Erblasser getroffenen Verfügungen von Todes wegen unabhängig vom Willen der einzelnen Erben herzustellen. **159**

Hauptzweck der Testamentsvollstreckung im Wirtschaftsrecht ist es, den Erben in seiner Rechtsstellung zu beschränken und erbrechtlich sicherzustellen, dass der Erbe sich einer – nach Ansicht des Erblassers – fachkundigen Beratung und Unterstützung bedient. Vor allem, wenn Unternehmen oder Unternehmerrechte in den Nachlass fallen und der gewünschte Unternehmensnachfolger nicht oder noch nicht die erforderliche Qualifikation hat, kann die Anordnung der Testamentsvollstreckung eine sinnvolle Interimslösung bieten. In gewissen Grenzen kann die Auswahl des Unternehmensnachfolgers und die Festlegung der Unternehmensstruktur zugleich dem Testamentsvollstrecker überlassen werden. **160**

Die neuere BFH-Rechtsprechung zur einkommensteuerlichen Behandlung der Erbauseinandersetzung[396] wird die praktische Notwendigkeit, Testamentsvollstreckung anzuordnen, weiter steigen lassen. Da die bisherige Auffassung, Erbfall und Erbauseinandersetzung seien als Einheit anzusehen, aufgegeben wurde, kommt der Erbauseinandersetzung, insbesondere dort, wo Betriebsvermögen zum Nachlass gehört, eine besondere Bedeutung zu. Wurde früher aus Gründen der Praktikabilität und aus Kostengründen (Notarkosten, Grundbuchkosten) eine Gestaltung bevorzugt, nach welcher der Unternehmensnachfolger Alleinerbe und die übrigen Familienangehörigen Vermächtnisnehmer waren, wird nunmehr wegen der damit verbundenen Aufstockung des AfA-Volumens häufiger bewusst eine Erbengemeinschaft konstituiert und die Zuweisung des Unternehmens im Rahmen der Erbauseinandersetzung vorgenommen. Die geänderte Rechtsprechung ist bereits beim Abfassen des Testamentes zu berücksichtigen, es empfiehlt sich häufiger als früher, einen Testamentsvollstrecker einzusetzen, um eine ordnungsgemäße Auseinandersetzung zu gewährleisten. Wird die Alleinerbenlösung mit Vermächtniszuweisung an die weichenden Erben gewählt, ist die Testamentsvollstreckung ebenfalls sinnvoll, um den Vollstreckungszugriff von Gläubigern des Alleinerben in die vermächtnisweise auszukehrenden Vermögenswerte zu verhindern.[397] **161**

---

[395] Dazu ausführlich: MUSCHELER, Die Haftungsordnung der Testamentsvollstreckung S 285 ff; LORZ, Testamentsvollstreckung und Unternehmensrecht, S 125 ff; REIMANN, Testamentsvollstreckung in der Wirtschaftsrechtspraxis, RdNr 332 ff.
[396] BFH BStBl II 1990, 837 = NJW 1991, 24; dazu BMF-Schreiben vom 11. 1. 1993; BStBl I 1993, 62 = NJW 1993, 977; PRIESTER DNotZ 1991, 507; SÖFFING DStR 1991, 201; MÄRKLE DStR 1994, 769; DÄINGHAUS-REICHEL DStZ 1998, 34.
[397] LORZ, Testamentsvollstreckung und Unternehmensrecht, S 7 f.

162 Fällt ein Unternehmen oder ein Unternehmerrecht in den Nachlass, ist stets zu prüfen, ob eine Fortführung durch den Testamentsvollstrecker überhaupt möglich ist. Dies ist vorweg zu prüfen.

### bb) Gründung neuer Unternehmen und Neuerwerb von Beteiligungen an Unternehmen durch den Testamentsvollstrecker für die Erben[398]

163 Die Begründung eines neuen einzelkaufmännischen Unternehmens, die Gründung von Gesellschaften für die Erben und der Erwerb von Unternehmensbeteiligungen für die Erben kann einmal im Zuge der vom Erblasser gewünschten und dem Testamentsvollstrecker übertragenen Umstrukturierung des Unternehmens erforderlich werden, zum anderen kann sich die Notwendigkeit hierzu im Rahmen der ordnungsgemäßen Verwaltung des Nachlasses ergeben. In beiden Fällen kollidieren erneut erbrechtliche und handelsrechtliche Grundsätze: Die handelsrechtlichen Haftungsrisiken, die mit der Gründung eines Unternehmens oder dem Erwerb einer Unternehmensbeteiligung durch die Erben verbunden sind, bestehen darin, dass hierdurch auch ihr privates Vermögen, also nicht nur das durch Erbgang erworbene, gefährdet wird. Es sind somit prinzipiell die gleichen Grundsätze maßgebend, die gegen eine Testamentsvollstreckung an Unternehmen und Unternehmerrechten, die in den Nachlass fallen, sprechen.

164 Es sind dabei diejenigen Fälle zu unterscheiden, bei denen der Testamentsvollstrecker ohne Zustimmung der Erben handelt, und diejenigen, in denen die Zustimmung der Erben gegeben ist.

### aaa) Handeln des Testamentsvollstreckers ohne Wirkung der Erben

165 **Einzelkaufmännisches Unternehmen:** Der Testamentsvollstrecker hat im Rahmen seiner Verpflichtungsbefugnis (§§ 2206 ff) nicht das Recht, ein neues einzelkaufmännisches Unternehmen mit Wirkung für die Erben zu begründen. Die hierdurch auf die Erben zukommenden Haftungsrisiken wären mit der Beschränkung der Haftung auf den Nachlass unvereinbar.[399]

166 **OHG, Komplementär bei KG:** Entsprechendes gilt für die Gründung einer offenen Handelsgesellschaft oder einer Kommanditgesellschaft, wenn der Erbe bzw die Erben persönlich haftende Gesellschafter würden.

167 **Kommanditist bei KG, GmbH:** Gleiches gilt jedoch im Grundsatz auch für die Beteiligung der Erben als Kommanditisten an einer KG und auch für ihre Beteiligung an einer GmbH: Der Testamentsvollstrecker kann einen Gesellschaftsvertrag nicht mit Wirkung für die Erben abschließen, wenn durch diesen Verbindlichkeiten begründet werden, die ihrem Inhalt nach mit der Beschränkung der Haftung auf den Nachlass nicht vereinbar sind. Der Testamentsvollstrecker kann daher auch nicht mit Wirkung für den Nachlass bei der Errichtung einer Kommanditgesellschaft oder einer GmbH mitwirken oder entsprechende Anteile erwerben, wenn den Gesellschaftern in dem Vertrag persönliche Verpflichtungen auferlegt sind (§§ 171 Abs 1, 172, 176 HGB, §§ 3 Abs 1 Nr 4, 9, 9a GmbHG) oder wenn – bei der GmbH-Gründung – eine weitere Haftung der Gesellschafter nach § 24 GmbHG in Betracht kommt.

168 Nur wenn solche weitergehenden Verpflichtungen der Gesellschafter von vornherein auszuschließen sind, also solche Einzahlungsverpflichtungen nachweislich

---

[398] REIMANN, Testamentsvollstreckung in der Wirtschaftsrechtspraxis, RdNr 452 ff.

[399] D MAYER, HbTV V, RdNr 214.

erfüllt sind oder vom Testamentsvollstrecker aus Nachlassmitteln erfüllt werden, kann der Testamentsvollstrecker eine derartige Beteiligung für die Erben eingehen.[400] Gleiches gilt, wenn die Gesellschafterpflichten finanziell erweitert werden, zB durch eine Kapitalerhöhung bei einer GmbH.

**Aktiengesellschaft:** Entsprechendes gilt auch für die Aktiengesellschaft. Auch hier verneint die hM wegen der strengen persönlichen Haftung der Gründer (§ 46 AktG) das Recht des Testamentsvollstreckers, sich an der Gründung einer AG zu beteiligen.[401] **169**

**Genossenschaft:** Der Testamentsvollstrecker kann – wegen der Verpflichtung zur Einzahlung des Anteils – prinzipiell auch nicht mit Wirkung für die Erben Mitglied einer Genossenschaft werden.[402] Etwas anderes kann sich jedoch uU aus der Verpflichtung zur ordnungsgemäßen Verwaltung ergeben, etwa wenn es notwendig ist, gemäß § 2206 Verbindlichkeiten bei der Kreditgenossenschaft einzugehen und der Kredit an die Genossenschaftsmitglieder zu günstigeren Konditionen ausgereicht wird. **170**

Völlig ungeklärt ist die Frage, welche Befugnisse der Testamentsvollstrecker bei **Umwandlungsmaßnahmen** nach dem Umwandlungsgesetz 1995 hat.[403] Derartige Umwandlungen können schon aus steuerlichen Gründen durch das Gebot der ordnungsgemäßen Verwaltung (§ 2216) erforderlich werden. Gesellschaftsrechtlich wird man die Zustimmungserfordernisse der Gesellschafter dem Kernbereich der Beteiligung zuordnen müssen; würde man die Zuordnung auch erbrechtlich vornehmen, wäre das Instrument der Testamentsvollstreckung für derartige Fälle entwertet. Begleitende Vollmachten der Gesellschafternachfolger, die Absicherung solcher Vollmachten durch Auflage sowie insgesamt ausdrückliche Klarstellungen im Testament über die Möglichkeit von Umwandlungsmaßnahmen durch den Testamentsvollstrecker werden im Hinblick auf das aufgefächerte Umwandlungsinstrumentarium des Umwandlungsgesetzes künftig zweckmäßig sein.[404] **171**

### bbb) Handeln des Testamentsvollstreckers unter Mitwirkung der Erben

Die Situation stellt sich anders dar, wenn die Erben an der Gründung des Unternehmens bzw an dem Erwerb der Unternehmensbeteiligung mitwirken, also entweder aus freien Stücken zustimmen oder aber vom Erblasser durch Auflage verpflichtet werden, ein derartiges Handeln des Testamentsvollstreckers zu dulden. Die Problematik ist vergleichbar mit denjenigen Gestaltungen, in denen dem Testamentsvollstrecker Sonderfunktionen, insbesondere Vollmachten zur Verwaltung des Nachlasses, zugewiesen werden. Dies wird insbesondere dort gelten, wo der Erblasser den Testamentsvollstrecker beauftragt hat, im Rahmen der Nachlassauseinandersetzung (§ 2204 Abs 1) das Unternehmen umzustrukturieren, also insbesondere ein Einzelunternehmen in eine Personen- oder Kapitalgesellschaft umzuwandeln. **172**

---

[400] STAUDINGER-REIMANN § 2205 RdNr 146; D MAYER, HbTV V, RdNr 231.
[401] KGJ 33 A 135; D MAYER, HbTV V, RdNr 244.
[402] MEYER-MEULENBERGH GenG § 15 Anm 1; aM MÜLLER GenG § 15, RdNr 6; HETTRICH-PÖHLMANN GenG § 15 Anm 2.

[403] LG Mannheim MittBayNot 2000, 270 mit Anm von WEIDLICH, WEIDLICH MittBayNot, 1996, 1; allg REIMANN ZEV 2000, 381.
[404] Vgl DÖRRIE GmbHR 1996, 245; WEIDLICH MittBayNot 1996, 1; REIMANN, Testamentsvollstreckung in der Wirtschaftsrechtspraxis, RdNr 468 ff.

Der Testamentsvollstrecker kann in derartigen Fällen neue Unternehmen gründen, sei es als einzelkaufmännische Unternehmen, sei es als Gesellschaften, er kann auch Geschäftsanteile an Personen- und Kapitalgesellschaften wie auch an Genossenschaften mit Wirkung für die Erben erwerben.

Die Gestaltungsmöglichkeiten sind dabei die gleichen wie bei der Verwaltung von Unternehmerrechten, die sich bereits im Nachlass befinden: Der Testamentsvollstrecker kann im eigenen Namen, aber für Rechnung der Erben auftreten (Treuhänder), er kann im Namen der Erben und für Rechnung der Erben als deren Bevollmächtigter handeln, und er kann seine Tätigkeit auf das Innenverhältnis beschränken (Weisungsbefugnis im Innenverhältnis bei unbeschränktem Auftreten der Erben nach außen).

Die Tätigkeit des Testamentsvollstreckers kann dadurch erleichtert werden, dass ihm zusätzlich von den Erben Vollmacht erteilt wird, für sie zu handeln; dann ist insbesondere der – meist schwer zu erbringende – Nachweis, dass der Erwerb aus Mitteln des Nachlasses erfolgt, nicht erforderlich.

Bei derartigen Gestaltungen – Handeln des Testamentsvollstreckers unter Mitwirkung der Erben – ist stets zu berücksichtigen, dass der Testamentsvollstrecker nicht eine originäre Aufgabe im Sinne der §§ 2197–2228 wahrnimmt, sondern aufgrund ihm vom Erblasser oder den Erben zugewiesener oder geduldeter Sonderfunktionen handelt. Dies hat zur Folge, dass die Privilegierung des Testamentsvollstreckeramts **insoweit** dem Testamentsvollstrecker nicht zugutekommt. Dies bedeutet insbesondere, dass der Testamentsvollstrecker, falls ein Erbe nicht geschäftsfähig ist, beim Erwerb der Beteiligung der vormundschaftsgerichtlichen Genehmigung gemäß § 1822 Nr 3 bedarf.[405]

### cc) Zuweisung von Sonderaufgaben im Unternehmensbereich an den Testamentsvollstrecker

**173** Der Erblasser kann die Befugnisse des Testamentsvollstreckers im Rahmen der §§ 2197–2228 erweitern. Er kann aber auch dadurch die Befugnisse erweitern, dass er dem Testamentsvollstrecker Sonderfunktionen überträgt. Der Erblasser ist nicht daran gehindert, dem Testamentsvollstrecker solche Befugnisse zu übertragen, die auch ein Dritter wahrnehmen darf.

**174** Zu diesen **Sonderfunktionen,** die der Testamentsvollstrecker zusätzlich zu seinem Amt wahrnehmen kann, gehören

– die Ausübung von Bestimmungsrechten aller Art, soweit nicht die spezifischen Strukturen des Erbrechtes entgegenstehen,
– die Tätigkeit als Bevollmächtigter des Erblassers und (nach dessen Ableben) der Erben, bzw als deren Treuhänder wiederum mit der Einschränkung, soweit dies mit den Besonderheiten des Erbrechtes vereinbart ist,
– die Tätigkeit als Schiedsgutachter und Schiedsrichter, vor allem bei der Abwicklung und Umstrukturierung des Nachlasses.[406]

---

**405** OLG Hamburg DNotZ 1983, 381; DAMRAU DNotZ 1984, 660 ff.
**406** Der Testamentsvollstrecker kann nicht Schiedsrichter sein, wenn er oder sein Amt betroffen ist. Selbst betroffen ist der Testamentsvollstrecker zB bei Streitigkeiten über die Rechtswirksamkeit von Testamenten, von deren Bestand auch die Bestellung zum Testamentsvollstrecker abhängt, oder Streitigkeiten über die Auslegung eines Testamentes, soweit diese den Bestand des Testamentsvollstreckeramtes selbst betreffen. Der Testamentsvollstrecker ist ferner beteiligt an den von ihm geführten Aktivprozessen gemäß § 2212 und den gegen ihn geführten Passivprozessen gemäß § 2213. Dies gilt

### III. Verfügungen von Todes wegen bei Unternehmern | E 175

**Die Durchsetzung von Vollmachten und Treuhandtätigkeiten:** Problematisch ist  175
die Durchsetzung von Vollmachten an den Testamentsvollstrecker im Unternehmensbereich und die treuhänderische Übertragung von Unternehmensrechten. Auch hier kollidieren wieder zivilrechtliche und handelsrechtliche Grundsätze, wenn ein Unternehmen oder eine Unternehmensbeteiligung in den Nachlass fällt: Der Testamentsvollstrecker kann aufgrund der Vollmacht den Erben als Inhaber eines Handelsgeschäftes persönlich und unmittelbar verpflichten, ebenso den vollhaftenden Gesellschafter einer OHG oder KG. Auch der Kommanditist haftet nicht beschränkt auf den Nachlass des Erblassers, sondern im Rahmen seiner gesellschaftsrechtlichen Verpflichtung in vollem Umfang persönlich. Auch die grundsätzliche summenmäßige Beschränkung der Haftung eines Kommanditisten nach den Vorschriften der §§ 171 f HGB ändert nichts an der persönlichen Haftung. Entsprechendes gilt bei der Rechtsausübung durch den Testamentsvollstrecker als Treuhänder; auch hier ist das Ergebnis den Erben wirtschaftlich zuzurechnen.

In jedem Fall bleibt es dem Erblasser unbenommen, die Erteilung von Vollmachten an den Testamentsvollstrecker bzw die Duldung von Vollmachten, die er selbst erteilt hat bzw die treuhänderische Übertragung von Unternehmerrechten durch **Bedingungen** mittelbar sicherzustellen: Die Erbeinsetzung oder die Anordnung des Vermächtnisses kann unter der auflösenden Bedingung erfolgen, dass die Vollmachten erteilt bzw geduldet werden. Der Erbe bzw Vermächtnisnehmer hat dann die Wahl, die Vollmachten zu akzeptieren oder aber die Erbschaft bzw das Vermächtnis auszuschlagen.

Der Erblasser kann jedoch auch durch das Instrument der **Auflage** nach den §§ 2192 ff die Erben zwingen, dem Testamentsvollstrecker die Zustimmung zur treuhänderischen Geschäftsführung oder zur Tätigkeit im Unternehmensbereich als Bevollmächtigter zu erteilen. Eine derartige Auflage wird stets dann anzunehmen sein, wenn der Wille erkennbar ist, den Erben von der Geschäftsführung auszuschließen.[407]

Der BGH hat allerdings Bedenken gegen die Durchsetzung derartiger Vollmachten durch Auflage erkennen lassen, ohne sich allerdings verbindlich festzulegen.[408] Diesem BGH-obiter dictum von der Unzulässigkeit derartiger Auflagen ist das BayObLG[409] nicht gefolgt. Die Bedenken, die gegen eine derartige Verpflichtung des Erben, Vollmachten bzw Aufträge zu erteilen, die ihn über den Nachlass hinaus persönlich verpflichten, sind schon im Hinblick auf das ihm unbenommenbleibende Ausschlagungsrecht in der Regel nicht begründet.

Wegen der Bedenken, die bei sehr weit in den privaten Vermögensbereich des Erben eingreifenden Lösungen bestehen, ist jedoch insbesondere im Hinblick auf § 138 Abs 1 Vorsicht bei allen Auflagen geboten, die den Erben zu weitreichenden Bevollmächtigungen und Übertragungen von Treuhandstellungen nötigen, wenn der Nachlass im Verhältnis zu den Gefährdungen der privaten Vermögenssphäre des Erben relativ gering ist. Nur gewisse grundlegende Entscheidungen – ins-

---

auch bei Streitigkeiten über den von ihm nach § 2204 Abs 2 vorgelegten Auseinandersetzungsplan, ohne Rücksicht darauf, ob er den Plan nach billigem Ermessen oder nach den Teilungsregeln des Gesetzes aufgestellt hat. In allen genannten Fällen kann der Testamentsvollstrecker nicht Schiedsrichter sein (REIMANN, HbTV II, RdNr 198).

**407** LANGE-KUCHINKE, Erbrecht, § 29 V, VIIb; STAUDINGER-REIMANN § 2205 RdNr 97.
**408** BGH WM 1969, 492.
**409** BayObLGZ 1969, 138.

besondere die Entscheidung über den Eintritt in die Gesellschaft nach § 139 HGB[410] – müssen dem Erben selbst vorbehalten bleiben.

Der Testamentsvollstrecker kann die Vollziehung der Auflage gem §§ 2208 Abs 2, 2194 vom Erben verlangen.[411] Dies hat zur Folge, dass die Erben der Rechtsausübung durch ihn nicht widersprechen dürfen, sie also zu dulden verpflichtet sind, allerdings nur, soweit sich seine Handlungen im Rahmen einer ordnungsgemäßen Verwaltung bewegen.

Die Position des Testamentsvollstreckers kann auch dadurch verstärkt werden, dass der Erblasser zur Durchführung der Auflage wiederum Testamentsvollstreckung anordnet, und zwar mit demselben Testamentsvollstrecker; dieser kann dann selbst gem § 2203 »die letztwilligen Verfügungen des Erblassers zur Ausführung bringen«.[412]

### dd) Die Festlegung der Unternehmensstruktur durch den Testamentsvollstrecker

**176** Oft ist der Unternehmer nicht in der Lage, die Unternehmensstruktur, die nach seinem Ableben gelten soll, selbst letztgültig festzulegen. Der Erblasser kann diese Aufgabe dem Testamentsvollstrecker übertragen. Sie ist Teil der Befugnis des Testamentsvollstreckers, die Auseinandersetzung des Nachlasses nach Maßgabe der §§ 2042–2056 zu bewirken (§ 2204 Abs 1). Hat der Erblasser selbst keine Anordnung für die Auseinandersetzung getroffen, kann er den Testamentsvollstrecker ermächtigen, die Auseinandersetzung nach billigem Ermessen zu treffen (§ 2048 S 2); diese Befugnis kann auch als Detailbestimmungsrecht neben die generellen Anordnungen des Erblassers über die Auseinandersetzung des Nachlasses treten. Dieses Bestimmungsrecht des Testamentsvollstreckers kann verstärkt werden durch über § 2048 S 2 hinausgehende Bestimmungs- und Schiedsgutachterrechte, insbesondere dadurch, dass die Zuweisung an die endgültigen Unternehmensnachfolger durch Vermächtnis erfolgt und damit der nach § 2065 zugelassene Spielraum für Entscheidungen eines Dritten größer wird. Die Position des Testamentsvollstreckers kann darüber hinaus durch seine Einsetzung zum Schiedsrichter nach § 1035 Abs 1 ZPO und durch Erteilung von Sondervollmachten an ihn verstärkt werden. Diese Befugnisse insgesamt geben dem Testamentsvollstrecker das Instrumentarium zur gewünschten Umstrukturierung des Unternehmens nach dem Ableben des Erblassers.

### e) Testamentsvollstrecker als Nießbraucher (Dispositionsnießbrauch)[413]

**177** Auch der Nießbraucher kann Testamentsvollstrecker sein. Der Erblasser kann den Nießbraucher-Testamentsvollstrecker so weitgehend freistellen, dass er über alle Nachlassgegenstände – im Rahmen einer ordnungsgemäßen Verwaltung gemäß § 2216 – verfügen darf. Es tritt dann dingliche Surrogation nach § 2041 ein, sodass der Erlös in den Nachlass fällt und sich der Nießbrauch daran fortsetzt; die Substanz kann vom Nießbraucher-Testamentsvollstrecker nur mit Hilfe eines zusätzlichen Vermächtnisses verwertet werden.[414]

---

410 SCHÖRNIG ZEV 2001 S 130 f und 134 f.
411 BGHZ 12, 100, 103; BayObLGZ 1969, 138, 141.
412 STAUDINGER-REIMANN Vorbem 77 zu §§ 2197 ff; REITHMANN BB 1984, 1394, 1397.
413 Vgl ausführlich REIMANN, Die Testamentsvollstreckung in der Wirtschaftsrechtspraxis, RdNr 495; REIMANN, HbTV II, RdNr 83.
414 ROHLFF DNotZ 1971, 522.

### aa) Dispositionsnießbrauch am Unternehmen

**178** Der Nießbrauch an einem Unternehmen kann durch Vermächtnis in dreierlei Form angeordnet werden.[415]

**179** Zuwendung eines **Nutzungsvermächtnisses**, aufgrund dessen der Vermächtnisnehmer lediglich einen **schuldrechtlichen Anspruch** gegen den Erben auf den ganzen oder teilweisen Reinertrag des Unternehmens hat.

**180** Schlichter **Ertragsnießbrauch** am Unternehmen, also Zuwendung des zwar dinglichen Nießbrauchs an den einzelnen Gegenständen des Unternehmens, jedoch nur auf den Ertrag gerichtet, wobei der Nießbraucher keinen unmittelbaren Besitz hat, von der Wirtschaftsführung ausgeschlossen ist, kein Unternehmer wird und nicht nach außen haftet.

**181** **Echter Unternehmensnießbrauch,** also Zuwendung des vollen dinglichen Nießbrauchs am Unternehmen mit unmittelbarem Besitz an den Gegenständen des Unternehmens, der Verfügungsmacht über das Umlaufvermögen im Rahmen der selbständigen Wirtschaftsführung bei voller Haftung nach außen.

Der echte Unternehmensnießbrauch wirkt sich wie folgt aus:

Das Umlaufvermögen wird Eigentum des Nießbrauchers (§ 1067 Abs 1 S 1). Es gehört zu den verbrauchbaren Sachen nach § 92. Als verbrauchbar gelten auch bewegliche Sachen, die zu einem Warenlager oder zu einem Sachinbegriff gehören, dessen bestimmungsmäßiger Gebrauch in der Veräußerung der einzelnen Sachen besteht.

Über Forderungen darf der Nießbraucher grundsätzlich nur im Weg der ordnungsgemäßen Einziehung verfügen (§ 1074 S 2). Bei einem kaufmännischen Unternehmen wird aber § 1074 S 3, wonach dem Nießbraucher eine andere Verfügung als die ordnungsgemäße Einziehung nicht gestattet ist, als nicht anwendbar betrachtet, mit der Folge, dass die Erben verpflichtet sind, die Forderungen auf den Nießbraucher zu übertragen.

Über einzelne Stücke eines Grundstückinventars kann der Nießbraucher innerhalb der Grenzen einer ordnungsgemäßen Wirtschaft verfügen (§ 1048 Abs 1). Über die restlichen Werte des Anlagevermögens kann der Nießbraucher nicht oder nur unter Mitwirkung des Eigentümers verfügen.

Diesem Mangel kann durch die Ernennung des Nießbrauchers zum Testamentsvollstrecker abgeholfen werden; der Nießbraucher-Testamentsvollstrecker ist dann zu Verfügungen über die restlichen Werte des Anlagevermögens im Rahmen einer ordnungsgemäßen Verwaltung gemäß § 2216 berechtigt. Nur bei derartigen Verfügungen braucht der Nießbraucher als Testamentsvollstrecker zu handeln, im Übrigen (bezüglich des Umlaufvermögens, der Forderungen und einzelner Inventargegenstände) kann er als Nießbraucher handeln.

Zudem entfällt beim echten Unternehmensnießbrauch, da der Nießbraucher die volle Unternehmerstellung erhält, die Problematik der Testamentsvollstreckung über ein einzelkaufmännisches Unternehmen; die Testamentsvollstreckung ist dann eine normale Verwaltungstestamentsvollstreckung.[416]

---

415 Vgl NIEDER in: Münchener Vertragshandbuch Bd 4, 2. Hb XVI 22 Anm 3.
416 Vgl JOHN BB 1980, 757; NIEDER in: Münchener Vertragshandbuch Bd 4, 2. Hb XVI 22 Anm 8.

### bb) Dispositionsnießbrauch bei Beteiligung an einer Personengesellschaft

**182** Der **volle Nießbrauch** am Gesellschaftsanteil ist wegen der prinzipiellen Unübertragbarkeit der Gesellschafterrechte (§§ 717 S 1, 719) nur zulässig, wenn der Gesellschaftsvertrag die Belastung von Gesellschaftsanteilen gestattet oder die Mitgesellschafter im Einzelfall zustimmen.[417]

Die zeitlich begrenzte Abtretung des Gesellschaftsanteils wurde und wird noch heute wegen des gesellschaftsvertraglichen Abspaltungsverbots[418] als Alternative zum Vollnießbrauch gewählt.[419] Auch hier ist § 717 S 1 zu beachten. Der temporäre Vollrechtsinhaber kann im Außenverhältnis die Gesellschafterrechte wahrnehmen. Ihm gebühren die Gewinne nur insoweit, als sie auch der Gesellschafter zu übernehmen berechtigt wäre. Bürgerlichrechtlich darf er, auch wenn er es handelsrechtlich kann, das Stammrecht am Gesellschaftsanteil nicht beeinträchtigen (§ 1071); dies betrifft die Änderung des Gesellschaftsvertrages, die Aufnahme und Ausschließung von Gesellschaftern und die Kündigung der eigenen Beteiligung.

**183** Auch der **Ertragsnießbrauch** (Aufspaltung der Gesellschafterstellung zwischen Nießbraucher und Gesellschafter) ist nunmehr möglich.[420]

Der Nießbraucher wird dabei nicht Gesellschafter, ihm stehen aufgrund des dinglichen Nutzungsrechtes nur die Früchte der Mitgliedschaft zu. Problematisch ist auch, welche Verwaltungsbefugnisse ein solcher Nießbrauch im Einzelnen vermittelt. Jedenfalls wird dem Gesellschafter nicht sein Stimmrecht genommen. Klarstellungen sind im Einzelfall geboten.

**184** **Nießbrauch an den Gewinnansprüchen** bedeutet die Belastung eines Gewinnstammrechtes.

**185** Der Vollnießbrauch an einem Gesellschaftsanteil verbunden mit Testamentsvollstreckung beseitigt die dogmatischen Schwierigkeiten, die bezüglich der Befugnisse eines Testamentsvollstreckers an Geschäftsanteilen bestehen. Wählt man die Vollrechtsübertragung (Variante 1), so wird der Testamentsvollstrecker kraft Nießbrauches Vollrechtsinhaber, also Gesellschafter, sodass die Problematik, die mit der Zuweisung von Sonderfunktionen verbunden ist, hier nicht auftaucht. Die Testamentsvollstreckung kann die Aufgabe haben, die Erfüllung des Vermächtnisses sicherzustellen (§ 2203) und den Nießbraucher auch zu Maßnahmen berechtigen, zu denen er als solcher bürgerlichrechtlich nicht berechtigt wäre, zB Zustimmung zu Gesellschaftsänderungen, zur Aufnahme und Ausschließung von Gesellschaftern und Aufkündigungen der Beteiligung.

### cc) Dispositionsnießbrauch bei Kapitalgesellschaften

**186** Der Nießbrauch an einem GmbH-Geschäftsanteil ist ein Nießbrauch an einem Recht gemäß §§ 1068 ff. Eine Bestellung bedarf nach § 1069 Abs 1 der gleichen Form wie die Übertragung des Rechts (notarielle Beurkundung, § 15 Abs 3 GmbHG). Die Bestellung des Nießbrauchs ist nach § 16 GmbHG bei der Gesellschaft anzumelden.[421]

---

[417] OLG Düsseldorf DNotZ 1999, 440; PALANDT-BASSENGE § 1068 RdNr 5.
[418] Vgl die aktuelle BGH-Rechtsprechung hinsichtlich einer Einschränkung des Geltungsbereichs des Abspaltungsverbots: BGH NJW 1996, 1284; aA noch die herrschende Literatur: FLUME, AT, S 220; KARSTEN SCHMIDT, Gesellschaftsrecht, S 506 ff mwN.
[419] BGHZ 3, 354; 20, 363.
[420] BGH MittBayNot 1999, 195; SCHÖN ZHR 158, 229, 260.
[421] SCHOLZ-WINTER GmbHG § 16 RdNr 44.

Im Gegensatz zur Personengesellschaft ist beim GmbH-Geschäftsanteil eine diagonale Teilung durch Nießbrauchbestellung möglich: Bei der Bestellung eines Nießbrauchs am GmbH-Geschäftsanteil geht nicht, wie beim Vollnießbrauch, die volle Gesellschafterstellung auf den Nießbraucher über. Dem Nießbraucher fallen nur die Vermögensrechte zu, während die Herrschafts- und Mitverwaltungsrechte beim Gesellschafter verbleiben. Dem Übergang auch der Mitverwaltungsrechte steht bei der GmbH der gesellschaftsrechtliche Grundsatz entgegen, dass diese Rechte wegen ihres sozialrechtlichen Charakters nicht von der Person des Gesellschafters getrennt werden können.[422]

Der Nießbraucher kann während der Dauer des Nießbrauchs den Jahresreingewinn nach Feststellung der Gewinnverteilung beziehen. Die Liquidationsquote, das Abfindungsentgelt und das Einziehungsentgelt sind Surrogate des Geschäftsanteils und daher nach § 1077 an den Nießbraucher und den Gesellschafter gemeinschaftlich auszuzahlen.

Der Nießbraucher hat keinen Anspruch darauf, bei einer Kapitalerhöhung zur Übernahme eines neuen Geschäftsanteils zugelassen zu werden; bei Kapitalerhöhungen aus Gesellschaftsmitteln hat er einen Anspruch darauf, dass ihm an dem neuen Anteil ebenfalls der Nießbrauch eingeräumt wird.[423]

Da der Umfang der Nutzungen des Nießbrauchers im Detail umstritten ist, sind ausdrückliche Vereinbarungen zu empfehlen.

Da die Testamentsvollstreckung am GmbH-Geschäftsanteil zulässig ist,[424] kann der Dispositionsnießbrauch hier den Effekt haben, die Position des Nießbrauchers zu verstärken. Bei der Personengesellschaft verstärkt der Nießbrauch die Position des Testamentsvollstreckers.

Bei Aktiengesellschaften und Aktionärsbeteiligungen an einer KGaA gelten die gleichen Grundsätze wie bei der GmbH.

### f) Obligatorische Gruppenvertretung bei Familiengesellschaften[425]

Wenn mehrere Kinder in das Unternehmen durch Vertrag unter Lebenden unter Gründung einer Gesellschaft oder die Überleitung von Todes wegen (Testament oder Erbvertrag) aufgenommen werden, besteht eine Gefahr darin, dass der Anteilsbesitz zersplittert wird, wenn die Nachfolger des Unternehmensgründers ihrerseits ihre Anteile auf Abkömmlinge übertragen und somit eine Vielzahl von Gesellschaftern mit geringen Anteilen keinen nennenswerten Einfluss mehr ausüben können. In diesen Fällen ist die Anordnung einer obligatorischen Gruppenvertretung sinnvoll. Die Vertretung durch einen gemeinsamen Bevollmächtigten hat eine einheitliche Wahrnehmung der Gesellschafterrechte gegenüber der Gesellschaft und den übrigen Gesellschaftern durch einen Vertreter zur Folge. Es wird damit die Rechtslage herbeigeführt, die nach § 18 Abs 1 GmbHG besteht, wenn der Geschäftsanteil an einer GmbH auf mehrere Personen im Erbwege übergeht. Rechtstechnisches Instrument der Durchsetzung einer obligatorischen Gruppenvertretung bei der Überleitung des Anteils von Todes wegen ist die Auflage (§§ 2192 ff) oder eine bedingte Erbeinsetzung (§ 2074). Eine obligatorische

187

---

422 NIEDER in: Münchener Vertragshandbuch Bd 4, 2. Hb XVI 25 Anm 7; STAUDINGER-PROMBERGER Anh zu §§ 1068, 1069 RdNr 99.
423 SCHOLZ-WINTER GmbHG § 15 RdNr 191.
424 Vgl oben RdNr 133.

425 Vgl ausführlich SCHÖRNIG, Die obligatorische Gruppenvertretung – Ein gesellschaftsrechtliches und erbrechtliches Gestaltungsmittel, 2001.

Gruppenvertretung ist jedenfalls bei einer KG in Bezug auf die Beteilung eines Kommanditisten und bei einer Beteilung an einer GmbH zulässig.[426] Bei der Zusammenfassung der Nachfolger in einer GbR oder einer OHG mit dem Gestaltungsmittel einer obligatorischen Gruppenvertretung sind allerdings gesellschaftsrechtliche Grenzen zu beachten.[427]

Die obligatorische Gruppenvertretung widerspricht nicht dem Verbot der Stimmrechtsabspaltung.[428] Sie ist zulässig für Abstimmungen, sonstige Gesellschafterrechte, also für Mitverwaltungsrechte, für Sonderrechte und für reine Vermögensrechte. Sie ist problematisch im Bereich der Kernrechte (Eingriff in Gesellschafterrechte, Vermehrung von Gesellschafterpflichten, Kündigungsrecht des Gesellschafters, Informations- und Kontrollrecht). Die Problematik ist hier ähnlich wie bei der Testamentsvollstreckung.[429]

Die Struktur der Gruppe kann nicht durch Gesellschaftsvertrag geregelt werden, sondern nur durch Willensbildung in der Gruppe, die jedoch durch entsprechende letztwillige Auflagen vorbestimmt sein kann. Der Gesellschaftsvertrag kann jedoch regeln, ob der Vertreter aus dem Kreis der Gesellschafter zu kommen hat oder ob ein außen stehender Dritter als gemeinsamer Vertreter bestimmt werden kann. Darüber hinausgehende Eingriffe durch den Gesellschaftsvertrag sind nicht möglich, insbesondere ist es nicht möglich, dass die Gesamtgesellschafterversammlung einer Gesellschaftergruppe einen Vertreter aufoktroyiert.[430] Derartige Anordnungen gegenüber der Nachfolgergruppe können jedoch mit erbrechtlichen Mitteln erreicht werden.

### g) Ergänzende familienrechtliche Anordnungen

**188** Familienrechtliche Anordnungen im Rahmen letztwilliger Verfügungen sind gelegentlich notwendig, um Fehlverhalten zu vermeiden, insbesondere, wenn minderjährige Kinder aus einer geschiedenen Ehe zur Unternehmensnachfolge ausersehen sind.

Nach § 1638 Abs 1 kann der Erblasser bei der letztwilligen Zuwendung an einen Minderjährigen bestimmen, dass dessen Eltern das zugewendete Vermögen nicht verwalten dürfen.[431] Eine solche Regelung kann nicht durch Erbvertrag oder im Rahmen einer wechselbezüglichen Verfügung in einem gemeinschaftlichen Testament getroffen werden.[432]

Der Zuwendende hat nach § 1917 Abs 1 ein Benennungsrecht für den Pfleger.

Die Anwendung des § 1638 Abs 1 ist auch möglich hinsichtlich der gesetzlichen Erbfolge[433] und des Pflichtteilsanspruchs bzw des zu seiner Erfüllung Geleisteten.[434] sowie im Hinblick auf etwaige Surrogate nach § 1638 Abs 2.

---

426 BGHZ 46, 291; BGH WM 1989, 64; OLG München OLGR 1993, 7.
427 SCHÖRNIG, aaO, S 171 ff und 193 ff.
428 BGHZ 3, 356; 20, 363.
429 S oben RdNr 141.
430 Zum ganzen Problemkreis ausführlich K SCHMIDT, ZHR 146, 1982, 525 ff.
431 DAMRAU ZEV 1999, 96.
432 STAUDINGER-OTTE Vorbem 11 zu §§ 1937–1941.
433 BayObLG FamRZ 1964, 522.
434 OLG Hamm FamRZ 1969, 662.

## IV. Testamentsgestaltung bei freiberuflichen Praxen

### 1. Allgemeines

Bei der Gestaltung von letztwilligen Verfügungen bei freiberuflichen Praxen oder Beteiligungen an freiberuflichen Gesellschaften können **besondere Probleme** bestehen. Zum einen ist in steuerlicher Hinsicht zu beachten, dass der steuerrechtlich günstigere Freiberuflerstatus iSd § 18 EStG verloren gehen kann, wenn nicht sämtliche Erben, die die Praxis im Wege der Erbfolge erwerben oder in die Gesellschaftsbeteiligung nachfolgen, ebenfalls den notwendigen steuerlichen Freiberuflerstatus haben.[435] Außerdem sehen manche Berufsrechte bestimmte Beschränkungen vor. So ist zB im Apothekenrecht die Erlaubnis zum Betrieb der Apotheke an eine bestimmte Person gebunden und erlischt mit dem Tod des Apothekers;[436] auch bei Ärzten kann das neue Kassenarztrecht, das zum 1.1.1993 in Kraft getreten ist und Zulassungsbeschränkungen vorsieht, der freien Übertragbarkeit durch die Erben Grenzen setzen.[437]

189

### 2. Steuerrechtliche Vorgaben

Der BFH[438] hat entschieden, dass die Annahme freiberuflicher Einkünfte iSd § 18 EStG voraussetzt, dass derjenige, der die berufliche Tätigkeit ausübt, auch die erforderlichen persönlichen berufsspezifischen Voraussetzungen erfüllt und kein sog Berufsfremder ist. Sind die Erben, die die Praxis des Freiberuflers oder die Beteiligung an einer freiberuflichen Gesellschaft erlangen, nicht alle Freiberufler derselben Kategorie und führen sie als Erbengemeinschaft die Praxis fort, so wird gleichsam durch den Berufsfremden die freiberufliche Praxis in einen steuerlichen Gewerbebetrieb umgewandelt und die Erben erzielen gewerbliche Einkünfte.[439] Damit fällt nicht nur Gewerbesteuer an, sondern die Umqualifikation in einen Gewerbebetrieb führt auch dazu, dass sich das im Erbfall übergegangene freiberufliche Betriebsvermögen in gewerbliches Betriebsvermögen umwandelt.[440] Berufsfremde Erben des freiberuflichen Vermögens erzielen bei dessen Verwertung nur dann freiberufliche Einkünfte, wenn sie die Praxis sogleich auflösen.[441] Die Gewerblichkeit kann nur vermieden werden, wenn die Erbauseinandersetzung innerhalb von sechs Monaten nach dem Erbfall dergestalt erfolgt, dass die Freiberuflermiterben die Praxis übernehmen.[442] Ebenfalls noch nicht völlig geklärt ist die Frage, ob bei einer Verpachtung der freiberuflichen Praxis durch die be-

190

---

[435] Vgl hierzu KORN, Gelöste und ungelöste Einkommensteuerprobleme bei Praxisveräußerung, – Einbringung und Verpachtung, DStR 1995, 961; SCHOOR Praxisverkauf eines Freiberuflers, DStZ 1995, 132; SCHULZE-ZUR WIESCHE, Die freiberufliche Praxis, BB 1995, 593; SISTERMANN, Steuerliche Behandlung der Rechtsnachfolge bei Freiberufler-Gesellschaften, ZEV 1998, 166.

[436] Vgl HOLLAND, Apothekenrecht und Erbrecht, DNotI-Report 21/1997, 222; MEYER, Das Testament des Apothekers, 1983, 49 ff.

[437] Vgl SEER Einschränkungen der Veräußerbarkeit von freiberuflichen Arzt- und Zahnarztpraxen durch das Sozialrecht, DStR 1995, 377; KAMPF Die Fortführung der Praxis eines verstorbenen Arztes durch den Praxisverweser, NJW 1995, 2384; eingehend EHLERS-PREISSLER-HESIAL-MÖLLER-KÜNTZELGASSER, Praxis der Fortführung von Arztpraxen, 1998.

[438] BFH NV 1991, 319; BFH BStBl II 1993, 716; vgl auch BFH BStBl II 1994, 922.

[439] BFH BStBl II 1993, 36 = DStR 1992, 1470; BFH BStBl II 1993, 716; KORN DStR 1995, 961, 966.

[440] SCHOOR DStZ 1995, 132, 135.

[441] BFH BStBl II 1989, 509 = DStR 1989, 389; KORN DStR 1995, 961.

[442] Vgl BMF-Schreiben v 11.1.1993, BStBl I 1993, 62 = DStR 1993, 51.

rufsfremden Miterben das von der Rechtsprechung für Betriebsverpachtung entwickelte Wahlrecht zwischen Betriebsaufgabe und -fortführung gilt.[443]

191 Soll diese unsichere Rechtslage vermieden werden, dürfte es sich empfehlen, bereits bei der testamentarischen Gestaltung vorzusorgen, dass durch entsprechende erbrechtliche Anordnungen, soweit dies möglich ist, die Praxis vermächtnisweise oder durch erbrechtliche Gestaltung iVm Teilungsanordnung auf einen oder mehrere Personen übergeht, die den entsprechenden Freiberuflerstatus haben.

### 3. Einschränkung der Übertragbarkeit von Arzt und Zahnarztpraxen durch das Sozialrecht

192 Das Gesundheitsstrukturgesetz 1993 hat eine völlig neue Rechtslage im Hinblick auf die Veräußerung von Arzt- und Zahnarztpraxen sowie Gemeinschaftspraxisanteilen geschaffen.[444] § 103 Abs 4 SGB V sieht für die Praxisübertragung in sog gesperrten Gebieten vor, dass, wenn die Kassenarztzulassung durch Tod endet und die Praxis von einem Nachfolger fortgeführt werden soll, die kassenärztliche Vereinigung auf Antrag der berechtigten Erben den Arztsitz ausschreibt und über die Zulassung unter mehreren Bewerbern entscheidet. Bei der Auswahl der Bewerber sind die berufliche Eignung, das Approbationsalter und die Dauer der ärztlichen Tätigkeit zu berücksichtigen, ferner, ob der Erwerber der Ehegatte, ein Kind des Vertragsarztes oder ein angestellter Arzt des bisherigen Vertragsarztes ist. Die **Entscheidung** trifft die **kassenärztliche Vereinigung**. Durch diese Regelung ist in Gebieten, in denen der Landesausschuss der Ärzte bzw Zahnärzte und Krankenkassen nach § 101 Abs 1 S 2 SGB V wegen Überversorgung eine Zulassungssperre verhängt hat, der Vertragsarztsitz der Verfügungsgewalt des Arztes entzogen. Über die Nachfolge entscheidet stattdessen der Zulassungsausschuss nach pflichtgemäßem Ermessen, wobei die wirtschaftlichen Interessen des verstorbenen Arztes bzw seiner Erben ein abwägungsrelevanter Faktor sind. Eine testamentarische Regelung, nach der die Arztpraxis einem bestimmten Erben vermächtnisweise oder im Wege der Teilungsordnung zugeordnet werden soll, kann daher wegen dieser Regelung leer laufen, da auch Erben, Kinder und Ehegatten sich wie alle anderen Berufszugänger um die Zulassung bewerben müssen.[445] Es ist daher nicht mehr sichergestellt, dass der erbrechtlich geplante Nachfolger tatsächlich auch die Kassenzulassung erhält, wobei derzeit noch nicht klar ist, welchen Einfluss testamentarische Nachfolgebestimmungen auf die Ermessensentscheidung des Zulassungsausschusses haben. Im Gesetz selbst ist die Nachfolgeplanung als ein Kriterium genannt. Die Wertigkeit dieses Kriteriums ist in der Praxis derzeit noch nicht vollständig geklärt. Bei der Gestaltung empfiehlt es sich daher, diese öffentlich-rechtlichen Vorgaben zu berücksichtigen und Alternativen für den Fall vorzusehen, dass der geplante Nachfolger nicht in den Kassenarztsitz eintreten kann. Wird zB die Praxis einem bestimmten Erben im Wege der Teilungsanordnung oder des Vermächtnisses zugeordnet und erhält er letztendlich nicht die Kassenarztzulassung, ist die Frage zu regeln, wem der Erlös zusteht, der aus dem dann nachfolgenden Praxisverkauf anfällt. Hierbei ist wiederum zu beachten, dass uU wegen des länger dauernden Zulassungsverfahrens gewisse Wertverluste eintreten können, die bei der Gesamtverteilung des Vermö-

---

[443] KORN DStR 1995, 966.
[444] Vgl HESRAL in: EHLERS, Praxis der Fortführung von Arztpraxen, 39 ff; SEER DStR 1995, 377; KLAPP, Abgabe und Übernahme einer Arztpraxis, 1997, 22 ff.
[445] Vgl HESRAL in: EHLERS, aaO, 97.

gens eine Rolle spielen können. Außerdem sollte geregelt werden, wem das Recht auf Antragstellung im kassenrechtlichen Zulassungsverfahren zusteht, damit den Wert mindernde Verzögerungen vermieden werden.

### 4. Apothekenrechtliche Vorgaben

Die apothekenrechtliche Erlaubnis, die zum Betrieb einer Apotheke erforderlich ist, erlischt mit dem Tod des Erlaubnisinhabers nach § 3 Nr 1 Apothekengesetz.[446] Auch die Verpachtung einer Apotheke ist nach dem Apothekengesetz grundsätzlich unzulässig. Nach dem sog »**Waisenprivileg**« des § 9 Abs 1 Nr 2 Apothekengesetz sind nur die erbberechtigten Kinder des Apothekers nach dessen Tod verpachtungsberechtigt, bis das jüngste verpachtungsberechtigte Kind das 23. Lebensjahr vollendet hat. Nummer 3 der Vorschrift gestattet dem überlebenden Ehegatten die Verpachtung bis zu seiner Wiederverheiratung, sofern er erbberechtigt ist und nicht selbst eine Erlaubnis nach § 1 Apothekengesetz besitzt. Voraussetzung für die Verpachtungsberechtigung ist, dass die Apotheke in den Nachlass fällt und die genannten Personen die Nachfolge antreten. Nach Auffassung der Literatur ist bei der vermächtnisweisen Zuwendung der Apotheke an den überlebenden Ehegatten oder die Kinder das Verpachtungsrecht ausgeschlossen.[447] Nach Sinn und Zweck der Vorschrift ist aber wohl ein Vorausvermächtnis ausreichend, mit dem einem Überlebenden die Apotheke zugewendet wird, um das Verpachtungsprivileg zu erhalten. Erfüllt ein Erbe die Erlaubnisvoraussetzungen des Apothekengesetzes, kann er als Erbe eingesetzt werden, da er dann als Erlaubnisinhaber die Apotheke fortführen kann. Hat der Erblasser mehrere Erben eingesetzt, empfiehlt sich eine Teilungsanordnung, um das Erbe dem zukünftigen Apotheker zuzuwenden. In diesem Fall ist allerdings auch zulässig, dass der Erblasser denjenigen seiner Erben als Vermächtnisnehmer einsetzt, der die apothekenrechtlichen Voraussetzungen erfüllt. Ist keiner der Erben Apotheker, so bleibt nur die Verpachtung auf der Grundlage des Verpachtungsprivilegs. Dabei ist wieder zu berücksichtigen, dass nach der Literatur das Vermächtnis nicht das Verpachtungsprivileg begründet. Hieraus folgt, dass eine Erbengemeinschaft in den Genuss des Verpachtungsprivilegs nur kommt, wenn alle Erben zu dem bevorzugten Personenkreis des § 9 Apothekengesetz (Kinder oder Ehefrau) gehören.[448] Insofern empfiehlt es sich, bereits frühzeitig bei der Erbrechtsgestaltung sicherzustellen, dass nur privilegierte Erben eingesetzt werden. Zuwendungen an nicht privilegierte Personen sollten in diesem Fall vermächtnisweise erfolgen, da sonst das Verpachtungsprivileg verloren gehen könnte.[449] Eine möglichst lange Verpachtungsberechtigung innerhalb der Familie kann dadurch erreicht werden, dass der überlebende Ehegatte nur als Vorerbe eingesetzt wird und die Kinder für den Fall des Versterbens des Längerlebenden bzw im Fall von dessen Wiederverheiratung als Nacherben eingesetzt werden.[450] Beim Berliner Testament mit Schlusserbeneinsetzung der Kinder geht nach dem Tod der letztversterbenden Ehefrau das Verpachtungsprivleg verloren, wenn nicht der überlebende Ehegatte selbst Apotheker ist, weil die Kinder nicht Erben des Apohekers geworden sind.[451] Vor- und Nacherbschaft ist daher hier vorzugswürdig.

**193**

---

**446** Vgl zum Ganzen SCHREIBER, Das Verpachtungsrecht des Apotheker-Erben, MittBayNot 1983, 107; HOLLAND DNotI-Report 1997, 222.
**447** Vgl MEYER, Das Testament des Apothekers, 51.
**448** Vgl HOLLAND, aaO, mwN.
**449** Vgl zur Gestaltung auch MEYER, Das Testament des Apothekers, 50 ff.
**450** Vgl HOLLAND, aaO.
**451** So zu Recht SCHREIBER, MittBayNot 1993, 107, 109.

## V. Letztwillige Verfügungen zugunsten des Heimträgers oder von Heimmitarbeitern, Betreuern, Beamten oder sonstigen Beschäftigten im öffentlichen Dienst[452]

**194** Eine Reihe von öffentlich-rechtlichen Vorschriften verbieten jede Form der Vorteilsannahme. In der notariellen Praxis spielt insbesondere § 14 HeimG[453] eine Rolle. Danach ist es sowohl dem Träger als auch dem Leiter, den Beschäftigten oder sonstigen Mitarbeitern eines Heimes untersagt, sich von oder zugunsten von Heimbewohnern Geld oder geldwerte Leistungen gewähren zu lassen. Aber auch die beamtenrechtlichen und dienstrechtlichen Vorschriften (§ 70 BBG, § 43 BRRG) und vergleichbare Vorschriften der Landesbeamtengesetze (zB Art 79 BayBG) sowie § 10 BAT, § 19 SoldatenG und § 78 Abs 2 ZDG sehen Regelungen vor, nach denen Beamte oder Angestellte Belohnungen oder Geschenke in Bezug auf die dienstliche Tätigkeit nur mit Zustimmungen des Arbeitgebers bzw Dienstherrn annehmen dürfen. Bei allen Vorschriften stellt sich in der Praxis die Frage, inwieweit auch Zuwendungen aufgrund letztwilliger Verfügungen hiergegen verstoßen und welche Auswirkungen ein solcher Verstoß hat.

### 1. § 14 HeimG

**195** Nach § 14 Abs 1 HeimG (idF vom 5. 11. 2001, BGBl 2001 I 2960) ist es dem Träger eines Heimes untersagt, sich von oder zugunsten von Bewohnerinnen und Bewohnern oder den Bewerberinnen und Bewerbern Geld oder geldwerte Leistungen über das nach § 4 HeimG vereinbarte Entgelt hinaus versprechen oder gewähren zu lassen. Nach § 14 Abs 5 HeimG ist es weiterhin dem Leiter, den Beschäftigten oder sonstigen Mitarbeitern eines Heimes untersagt, sich von oder zugunsten von Bewohnern neben der vom Träger erbrachten Vergütung Geld oder geldwerte Leistungen für die Erfüllung der Pflichten aus dem Heimvertrag versprechen oder gewähren zu lassen, soweit es sich nicht nur um geringwertige Aufmerksamkeiten handelt. Diese Vorschrift spielt in der Praxis der Gestaltung letztwilliger Verfügungen eine erhebliche Rolle. Sinn und Zweck dieser Vorschrift ist die Verhinderung einer unterschiedlichen und sachlich nicht gerechtfertigten Behandlung der Heimbewohner, der Schutz der Heimbewohner vor finanzieller und wirtschaftlicher Ausnutzung und Benachteiligung und auch der Schutz der Testierfreiheit der Heimbewohner.[454] Es handelt sich um ein dem Schutz des

---

[452] Literatur: Gutachten DNotI-Report 1997, 173; DUBISCHAR, Die untersagte »Vorteilsannahme« nach § 14 HeimG, DNotZ 1993, 419; KOOS, Die Genehmigungsbedürftigkeit der Erbeinsetzung von Angehörigen des öffentlichen Dienstes aus zivilrechtlicher Sicht, ZEV 1997, 435; MÜLLER, Zur Wirksamkeit lebzeitiger und letztwilliger Zuwendungen des Betreuten an seinen Betreuer, ZEV 1998, 219; MÜNZEL, Heimbewohner und Testierfreiheit – Zur Anwendbarkeit des § 14 Abs 1 HeimG auf letztwillige Verfügungen, NJW 1997, 112; NIEMANN, Testierverbot in Pflegefällen, ZEV 1998, 419; ROSSAK, Letztwillige Verfügungen von Heimbewohnern zugunsten des Heimträgers oder von Heimmitarbeitern, ZEV 1996, 41; STACH, Nichtigkeit letztwilliger Verfügungen zugunsten Bediensteter staatlicher Altenpflegeeinrichtungen?, NJW 1988, 943.

[453] Gesetz über Altenheime, Altenwohnheime und Pflegeheime für Volljährige in der Fassung des ersten Gesetzes zur Änderung des HeimG vom 23. 4. 1990, BGBl I, 758, zuletzt geändert durch Gesetz vom 5. 11. 2001, BGBl I, 2960.

[454] Vgl BR-Drucks 203/89, 44 f; GITTERSCHMITT, HeimG 1995, § 14 Anm III.1.; DAHLEM-GIESE-IGL-KLIE, HeimG, § 14 RdNr 3; ROSSAK, ZEV 1996, 41; NIEMANN, ZEV 1998, 419, 420.

## V. Letztwillige Verfügungen zugunsten des Heimträgers | E 196

Heimbewohners dienendes Verbotsgesetz mit der Folge, dass dagegen verstoßende Rechtsgeschäfte, auch letztwillige Verfügungen gem § 134 BGB, nichtig sind.[455] Das BVerfG hat die Verfassungsmäßigkeit der Norm bestätigt und keine unzulässige Einschränkung der Testierfreiheit darin gesehen.[456] Ein Verstoß gegen § 14 Abs 1 HeimG ist im Fall einer letztwilligen Verfügung eines Heimbewohners zugunsten des Heimträgers jedoch nur dann gegeben, wenn der Heimträger sich durch sein Verhalten die letztwillige Verfügung im Sinne dieser Bestimmung versprechen oder gewähren lässt. Nach der herrschenden Meinung setzt dies – in Übereinstimmung mit dem Begriffsverständnis in § 138 Abs 2 BGB – voraus, dass sich das Versprechen oder Gewähren des Vermögensvorteils auf ein Einvernehmen zwischen Testierendem und Bedachten gründet.[457] Das erforderliche Einvernehmen wird bei einseitigen letztwilligen Verfügungen dann angenommen, wenn zu der einseitigen Willenserklärung des Testierenden das Einverständnis des Bedachten mit der Zuwendung hinzutritt, wobei dieses Einverständnis keiner ausdrücklichen Erklärung bedarf, sondern sich durch schlüssiges Verhalten aus den Umständen ergeben kann. Es fehlt am Tatbestand des § 14 Abs 1 HeimG, wenn der Heimträger bzw eine Person, deren Wissen er sich zurechnen lassen muss, zu Lebzeiten des Heimbewohners von der Verfügung nichts erfährt. Andererseits liegt das erforderliche Einvernehmen bereits dann vor, wenn die letztwillige Zuwendung dem Heimträger zu Lebzeiten des Heimbewohners bekannt geworden ist, der Heimbewohner von dessen Kenntnis weiß und aus dessen Verhalten bzw Umständen den Schluss ziehen muss, der Heimträger sei mit der Zuwendung von Todes wegen einverstanden.[458] Nach Auffassung des BGH wird allerdings ein Zusammenhang bis zum Beweis des Gegenteils vermutet.[459] Vom Verbot des § 14 HeimG werden nicht nur letztwillige Verfügungen der Heimbewohner selbst, sondern auch von Dritten erfasst, die diese im Hinblick auf einen Heimbewohner abgeben.[460] Nach Auffassung des BGH ist § 14 Abs 1 HeimG auch auf Heimbewerber anwendbar.[461] Die Neuregelung des Gesetzes hat Heimbewerber jetzt ausdrücklich in den Gesetzestext aufgenommen. Nach Ansicht des Kammergerichts[462] wird sogar eine vor dem Einzug in ein Heim zugunsten des Heimträgers errichtete letztwillige Verfügung nach dem Einzug nichtig, wenn über sie zwischen Heimträger und Heimbewohner Einvernehmen besteht und eine Ausnahmegenehmigung nicht eingeholt wird.

Das HeimG verbietet nicht nur Zuwendungen an den Träger des Heimes, sondern darüber hinaus gem § 14 Abs 5 HeimG auch Zuwendungen an den Leiter des Heims, an die Beschäftigten oder sonstigen Mitarbeiter des Heimes.[463] Nach Auffassung des OLG Düsseldorf steht der Annahme eines Verstoßes gegen § 14 Abs 4 HeimG nicht entgegen, dass nicht der Heimleiter selbst, sondern seine Kinder zu Nacherben eingesetzt wurden.[464]

196

---

[455] BGHZ 110, 235 = NJW 1990, 1603; BGH ZEV 1996, 147; BayObLG DNotZ 1992, 258; DUBISCHAR, DNotZ 1993, 419, 423; ROSSAK, ZEV 1996, 41, 42; Die Verfassungsmäßigkeit ist mittlerweile geklärt. Vgl BVerfG ZEV 1998, 312; zweifelnd noch MÜNZEL NJW 1997, 112.
[456] BVerfG NJW 1998, 2964.
[457] Vgl ROSSAK, ZEV 1996, 43.
[458] Vgl BVerwG NJW 1990, 2268; BayObLG DNotZ 1992, 258; BayObLG ZEV 2001, 121;
STAUDINGER-OTTE, Vorbem § 2064 ff RdNr 145; ROSSAK, ZEV 1996, 44; DUBISCHAR, DNotZ 1993, 419, 426.
[459] BGHZ 110, 235 = NJW 1990, 1603.
[460] LG Flensburg NJW 1993, 1866.
[461] BGH NJW-RR 1995, 1272; ablehnend OLG Frankfurt NJW-RR 1994, 312.
[462] ZEV 1998, 437.
[463] Vgl im Einzelnen: Gutachten DNotI-Report 1997, 173, 174.
[464] ZEV 1997, 459.

**197** Das Testierverbot richtet sich gegen alle Personen, die entweder aufgrund besonderer Verträge oder ehrenamtlich in dem Heim tätig sind.[465] Die Erbeinsetzung der Ehefrau eines Heimbediensteten kann dann eine Umgehung des § 14 Abs 5 HeimG darstellen, wenn die Ehefrau eine eigene Betreuungsleistung erbracht hat; die wird vermutet.[466] Bei einem Pflegeheim in der Rechtsform einer GmbH gilt § 14 HeimG auch, wenn der geschäftsführende Alleingesellschafter eingesetzt wird.[467] Voraussetzung für die Anwendung des HeimG nach § 1 HeimG ist, dass eine nicht nur vorübergehende Unterbringung vorliegt. Die Bestimmung dieser Frage ist nach dem Zweck des HeimG zu bestimmen. Eine Unterbringung ist nur dann nicht nur vorübergehend, wenn ein späteres Ausscheiden nach Ziel und Zweck der Einrichtung von Anfang an nicht vorgesehen ist, also die Aufnahme auf nicht absehbare, unbestimmte Zeit oder auf Dauer erfolgt, sondern auch, wenn bei einer vor vornherein feststehenden Dauer die Bewohner keinen weiteren Aufenthaltsort haben oder ihre bisherige Wohnung als Lebensmittelpunkt aufgehoben haben.[468] Nach Auffassung des OLG Odenburg gilt § 14 HeimG allerdings nur für in der Bundesrepublik Deutschland belegene Heime, nicht für ausländische.[469]

**198** § 14 Abs 6 HeimG sieht die Möglichkeit vor, von der zuständigen Behörde eine Ausnahmegenehmigung zu erwirken, wobei im Rahmen dieses Verwaltungsverfahrens die im Einzelfall vorliegenden besonderen Umstände, wie etwa eine langjährige Verbundenheit der Erblasserin mit dem Bedachten, Berücksichtigung finden können.[470] Da die Heimaufsichtsbehörde bei der Ausübung ihres Ausnahmeermessens dem dargelegten Zweck Rechnung tragen muss, darf sie das gesetzliche Verbot aufgrund sorgfältiger Prüfung aller Umstände des Einzelfalles nur dann aufheben, wenn sich bei dieser Prüfung ergibt, dass der Schutz der Heimbewohner ausnahmsweise die Aufrechterhaltung des Verbots nicht erfordert. Insbesondere muss dabei feststehen, dass der Heimbewohner sein Vermögen freiwillig und ohne Druck hergibt.[471] Nach der Rechtsprechung der Verwaltungsgerichte kann die Ausnahme von dem Verbot nur vor der Verfügung zugelassen werden, eine nachträgliche Ausnahmegenehmigung ist unwirksam.[472] Die Rechtsprechung geht dabei letztwilligen Verfügungen davon aus, dass bei einer Zuwendung durch letztwillige Verfügung eine Ausnahmegenehmigung dann möglich ist, wenn der Heimträger im Anschluss an die Kenntniserlangung dem Heimbewohner die Rechtslage deutlich macht und auf die Notwendigkeit der Einholung einer Ausnahmegenehmigung hinweist. Denn in diesem Fall wäre die Leistung noch nicht versprochen oder gewährt und es bleibe Raum für die Einholung einer Ausnahmegenehmigung.[473] Nach Auffassung des OLG München ist daher auch bei der Gestaltung letztwilliger Verfügungen vom Notar über das Verbot des § 14 HeimG und die Möglichkeit der Ausnahmegenehmigung zu belehren.[474]

---

[465] BayObLG ZEV 2001, 120.
[466] OLG Frankfurt DNotZ 2001, 716.
[467] BayObLG MittBayNot 2000, 453.
[468] Saarländisches OLG OLG-Report Saarbrücken 1998, 92.
[469] OLG Oldenburg MittBayNot 1999, 486 = NJW 1999, 2448.
[470] KG DNotI-Report 1998, 139.
[471] BVerwG NJW 1988, 984, 985.
[472] BVerwG NJW 1988, 984; DAHLEM-GIESE-IGL-KLIE, HeimG, § 14 RdNr 22.
[473] So KG, aaO; BayObLG NJW 93, 1143, 1145, das von der Möglichkeit der Einholung einer Ausnahmegenehmigung nach Kenntniserlangung ausgeht; aA allerdings ROSSAK ZEV 1996, 146.
[474] OLG München ZEV 1996, 145 mit Anm ROSSAK.

## 2. Analoge Anwendung des § 14 HeimG auf Betreuer und heimähnliche Einrichtungen[475]

Das BayObLG hatte als erstes Gericht die Frage zu entscheiden, inwieweit § 14 HeimG auf das Verhältnis zwischen Betreuer und Betreutem anwendbar ist.[476] Es lehnte die Analogie ab, da sich die Vorschrift nach Wortlaut, Sinn und Zweck nur auf das Verhältnis zwischen Heimbewohner und Heimträger bzw Heimpersonal beziehe. Die Grenze für die Zulässigkeit einer Zuwendung von Todes wegen zugunsten eines Betreuers bzw einer mit dem Betreuer verwandten Person sind danach nur anhand des Sittenwidrigkeitsverbotes des § 138 Abs 1 BGB zu bestimmen.[477] Unklar war die Anwendung des § 14 HeimG auf heimähnliche Einrichtungen oder bei häuslicher Pflege durch gewerbliche Pfleger.[478] Das OLG Düsseldorf hat entschieden, dass § 14 HeimG nicht analog anwendbar sei auf Angestellte eines häuslichen Pflegedienstes.[479] Das OLG Braunschweig war allerdings der Auffassung, dass ein Testament, das eine betreute Person errichtet, sittenwidrig ist, wenn der Betreuer seinen Einfluss auf den Betreuten dazu benutzt hat, dass dieser ohne reifliche Überlegung über erhebliches Vermögen zugunsten des Betreuers oder seiner Angehörigen verfügt hat.[480] Auch ein Rechtsgeschäft mit dem Hausarzt kann insoweit als sittenwidrig angesehen werden.[481]

**199**

## 3. Öffentliches Dienstrecht[482]

Gem §§ 43 BRRG, 70 BBG, Art 79 BayBG ist es Beamten, nach § 19 SoldatenG ist es Soldaten untersagt, Belohnungen und Geschenke ohne Zustimmung des Dienstherrn anzunehmen, sofern die Zuwendungen dienstbezogen und nicht ausschließlich in der Privatsphäre begründet ist. Gem § 78 Abs 2 ZDG ist § 19 SoldatenG auch auf Zvildienstleistende anzuwenden.[483] § 10 Abs 1 BAT regelt ähnlich, dass ein Angestellter des öffentlichen Dienstes Belohnungen oder Geschenke in Bezug auf seine dienstliche Tätigkeit nur mit Zustimmung seines Arbeitgebers annehmen darf.

**200**

Zwischen den beamtenrechtlichen Vorschriften und § 10 BAT besteht allerdings der Unterschied, dass die beamtenrechtlichen Vorschriften nach ihrem Wortlaut den Beamten auch nach Beendigung seines aktiven Dienstverhältnisses binden,[484] während der Angestellte im öffentlichen Dienst nach Beendigung seines Arbeitsverhältnisses nicht mehr dem Verbot unterliegt.[485]

**201**

Nach der überwiegenden Meinung gilt das hierin enthaltene Verbot auch für eine Begünstigung durch letztwillige Verfügung.[486] Die Belohnung muss aber »dienstbezogen« sein, was anzunehmen ist, wenn sie ohne bestehendes Dienstverhältnis nicht gewährt worden wäre, wenn nach den Umständen des Falles für die Zuwendung kein anderer Grund gefunden werden kann als der, dass der Zu-

**202**

---

475 Vgl eingehend MÜLLER ZEV 1998, 219; NIEMANN, ZEV 1998, 419, 420.
476 BayObLG FGPrax 1998, 59 = ZEV 1998, 232; zustimmend auch MÜLLER ZEV 1998, 219 ff.
477 Vgl hierzu MÜLLER ZEV 1998, 219 ff.
478 Vgl NIEMANN ZEV 1998, 419, 420 ff.
479 OLG Düsseldorf ZEV 2001, 366; ebenso LG Bonn MDR 1999, 809.
480 OLG Braunschweig FamRZ 2000, 1189.
481 OLG Karlsruhe OLG-Report 2001, 319 zur Grundstücksschenkung.
482 Vgl KOOS ZEV 1997, 435; MÜLLER ZEV 1998, 219 ff.
483 Vgl BVerwG ZEV 1996, 343 m Anm EBENROTH-KOOS = JZ 1996, 854 m Anm BATTIS.
484 Vgl BVerwG ZEV 1996, 343.
485 Vgl CLEMENS-SCHEURING-STEINGEN-LIESE, BAT, Stand: Januar 1997, § 10 Anm 6.
486 BAG NVwZ 1985, 142; BayObLG Rpfleger 1990, 56; BVerwG ZEV 1996, 343.

wendungsempfänger ein bestimmtes Amt bekleidet oder ihm im Bereich des Angestelltenverhältnisses eine bestimmte Dienststellung obliegt.[487] Die Zuwendung einer letztwilligen Verfügung eines Angestellten verstößt jedenfalls nicht gegen § 10 BAT, wenn sie im Hinblick auf die Bekanntschaft zwischen Erblasser und Zuwendungsempfänger im privaten Bereich erfolgt.[488] Streitig in der Literatur war, welche Sanktionen an einen Verstoß gegen die beamtenrechtlichen oder dienstrechtlichen Vorschriften geknüpft sind. Zum Teil wurde auch hier angenommen, dass es sich um Verbotsgesetze im Sinne des § 134 BGB handelt, sodass Nichtigkeit der Verfügung anzunehmen sei.[489] Ein anderer Teil der Auffassungen ging davon aus, dass nur die Annahme der Erbschaft iSv § 1943 BGB gegen ein Verbotsgesetz iSv § 134 BGB verstoße, wenn der testamentarisch Bedachte Beamter oder Angestellter im öffentlichen Dienst ist.[490] Teilweise wird eine Ausschlagungspflicht angenommen.[491] Schließlich wurde noch die Auffassung vertreten, dass die letztwillige Verfügung bis zur Genehmigungsverweigerung schwebend unwirksam sei.[492] Der BGH hat jetzt entschieden, dass ein Verstoß gegen § 10 Abs 1 BAT nicht zur Nichtigkeit des Geschäftes führe.[493] Liegt ein Verstoß gegen § 10 Abs 1 BAT vor, so kann der Verstoß anders als beim HeimG noch nachträglich durch die Zustimmung des Arbeitgebers geheilt werden.[494]

## VI. Hinweise zur Gestaltung der Verfügungen von Todes wegen bei geistig/körperlich-behinderten Abkömmlingen[495]

### 1. Sozialhilferechtliche Grundlagen

203 Bei Verfügungen von Todes wegen durch Eltern behinderter Kinder sind besonders die Vorschriften des BSHG zu beachten. Danach muss der Behinderte für die

---

[487] BAG NVwZ 1985, 142, 143; BayObLG FamRZ 1990, 301, 302; Gutachten DNotI-Report 1997, 175; DUBISCHAR DNotZ 1993, 419, 430; STACH NJW 1988, 943, 945 zu § 10 BAT.
[488] BayObLG Rpfleger 1990, 56; BayObLG NJW 1995, 3260; ablehnend KOOS ZEV 1997, 435, 437.
[489] DUBISCHAR DNotZ 1993, 419, 430; NIEDER Handbuch, RdNr 326; STACH NJW 1988, 943, 945; Gutachten DNotI-Report 1997, 173, 175; ablehnend SOERGEL-STEIN § 1923 RdNr 11, § 1943 RdNr 7.
[490] So STACH NJW 1988, 943, 945; vgl auch BVerwG ZEV 1996, 343, das von einer Zustimmungsbedürftigkeit der Erbschaftsannahme ausgeht; ablehnend MünchKomm-LEIPOLD, § 1943 RdNr 12; MEINKE ZEV 1996, 384; KOOS ZEV 1996, 384; KOOS ZEV 1996, 41, 45.
[491] MünchKomm-LEIPOLD, § 1943 RdNr 12; ablehnend ROSSAK ZEV 1996, 41, 45; KOOS ZEV 1997, 435, 437.
[492] KOOS ZEV 1997, 439.
[493] BGH ZEV 2000, 202 m Anm KOOS ZEV 2000, 235.
[494] Gutachten DNotI-Report 1997, 176;

BVerwG ZEV 1996, 343.
[495] Monografien zu diesem Komplex: GRIMM-KRAMPE-PIEROTH, Testamente zugunsten von Menschen mit geistiger Behinderung, 3. Aufl, Marburg 1997; WIETEK, Verfügungen von Todes wegen zugunsten behinderter Menschen, Diss, Eigenverlag des deutschen Vereins für öffentliche und private Fürsorge, Frankfurt/Main 1996; KADEN, Zur Sittenwidrigkeit des Behindertentestaments, Diss, Frankfurt, 1997; SETTERGREN, Das Behindertentestament, Diss, Mainz 1999; sonst Lit: BENGEL in: Münchener Anwalts-Handbuch Erbrecht, § 13, München 2002; MAYER in: BENGEL-REIMANN, HbTV, Kap 5, RdNr 342 ff, 3. Aufl, München 2001; MAYER ZERB 1999, 600; ders ZERB 2000, 16; NIEDER NJW 1994, 1264; VAN DE LOO MittRhNotK 1989, 233; ders NJW 1990, 2852; J MAYER DNotZ 1994, 347; BENGEL ZEV 1994, 29; KÖBL ZfSH/SGB 1990, 449, 465; EICHENBERGER JZ 1999, 226; ENGELMANN MDR 1999, 968; HARTMANN ZEV 2001, 89; WEIDLICH ZEV 2001, 94; SPALL MittBayNot 2001, 249; DAMRAU-MAYER ZEV 2001, 293.

Kosten der Betreuung, seiner Heimunterbringung und seines Lebensunterhaltes grundsätzlich sein eigenes Vermögen einsetzen. Nur bestimmte Vermögensteile sind gem § 88 Abs 2 BSHG ausgenommen, beispielsweise angemessener Hausrat; Familien- und Erbstücke, deren Veräußerung eine besondere Härte bedeuten würde; Gegenstände, die zur Befriedigung geistiger und künstlerischer Bedürfnisse dienen – ausgenommen Luxusgegenstände –, sowie das kleine Hausgrundstück, auf dem der Behinderte selbst oder mit Angehörigen tatsächlich wohnt. Ansparmittel für den künftigen Bau eines solchen kleinen Hausgrundstückes (zB Bausparverträge) sind jedoch nicht geschützt. Darüber hinaus dürfen derzeit einem Behinderten nach § 88 Abs 2 Nr 8 BSHG iVm DVO[496] Barbeträge bis 1279,00 € bzw bis maximal 2301,00 € zur Verfügung stehen. Gemäß § 90 Abs 1 S 1 BSHG kann der Träger der Sozialhilfe Ansprüche des Hilfeempfängers gegen Dritte bis zur Höhe seiner Aufwendungen auf sich überleiten. Für die Definition des »Anspruchs« ist § 194 Abs 1 maßgebend: er stellt das Recht dar, von einem anderen ein Tun oder Unterlassen zu verlangen. Nicht von § 194 BGB, § 90 BSHG hingegen werden Gestaltungsrechte erfasst, weil solche subjektive Rechte sind, also gerade keine Ansprüche darstellen.[497] Für den Bereich der Sozialhilfe bedeutet dies, dass alle geldwerten Ansprüche des Hilfeempfängers unabhängig von jeweiligen Grund und Inhalt übergeleitet werden können, also auch Ansprüche mit persönlichem Charakter (zB Wohnungsrecht – Wert der Befreiung von der Leistungs- und Duldungspflicht).[498] Auch der Pflichtteilsanspruch ist überleitbar, selbst wenn er noch nicht geltend gemacht worden ist, da nach § 90 Abs 1 S 4 BSHG der Übergang nicht dadurch ausgeschlossen ist, dass der Anspruch nicht übertragbar oder pfändbar ist. Gleiches gilt auch für Vermächtnisse, zumindest soweit sie in Geldwert zu beziffern sind. Bei der Gestaltung der Verfügungen von Todes wegen ist ferner der Kostenersatz durch den Erben nach § 92c BSHG zu beachten, wonach der Erbe[499] des Hilfeempfängers zum Kostenersatz für die innerhalb eines Zeitraums von 10 Jahren vor dem Erbfall aufgewendeten Kosten der Sozialhilfe herangezogen werden kann. Die frühere Frist von 5 Jahren wurde durch Art 26 Ziff 8 des HaushaltsbegleitG 1984 auf 10 Jahre verlängert (BGBl 1983, 1532).

Die Kostenersatzpflicht des Erben stellt eine Nachlassverbindlichkeit im Sinne des § 1967 dar und geht nach nicht unbestrittener Ansicht in der Reihenfolge der Befriedigung anderen Nachlassverbindlichkeiten, insbesondere Pflichtteilsansprüchen, Vermächtnissen und Auflagen vor (§ 92c Abs 2 BSHG).[500] Daneben ist in § 92c Abs 3 BSHG eine Einschränkung des Kostenersatzanspruches zugunsten des Erben enthalten.[501]

### 2. Die Konfliktsituation

Eltern geistig/körperlich behinderter Kinder befinden sich häufig bei der Abfassung einer Verfügung von Todes wegen in einer Konfliktsituation:

204

---

[496] Verordnung zur Durchführung des § 88 Abs 2 Nr 8 des Bundessozialhilfegesetzes vom 11. 2. 1988.
[497] STAUDINGER-PETERS § 194 RdNr 18.
[498] Vgl hierzu BAUR Zentralblatt für Sozialversicherung, Sozialhilfe und Versorgung 1982, 230.

[499] Maßgebend ist der zivilrechtliche Erbenbegriff, KNOPP-FICHTNER Komm z BSHG § 92c RdNr 12.
[500] So MERGLER-ZINK § 92c RdNr 23; § 92a RdNr 32a.
[501] Hess VGH FamRZ 1999, 1023.

- Einerseits soll natürlich das behinderte Kind am Nachlass beteiligt werden. Eine Benachteiligung des behinderten Kindes gegenüber den gesunden Kindern ist meist nicht gewollt.
- Andererseits wünschen sehr viele Eltern, dass der Behinderte auch tatsächlich in der Lage ist, aus dem Ererbten einen persönlichen Vorteil zu ziehen; der Behinderte soll vom Vermögen der Eltern »auch etwas haben«.
- Bei kleineren bis mittleren Vermögen geht deshalb die Suche der Eltern nach einer erbrechtlichen Gestaltungsmöglichkeit häufig in die Richtung, dass aus Nachlassmitteln dem behinderten Kind etwas zugute kommt, auf das der Sozialhilfeträger keinen Zugriff hat und im Übrigen die Substanz des Nachlasses nicht durch übergeleitete Pflichtteilsansprüche geschmälert wird.
- Bei größeren Vermögen hingegen liegt die Sorge der Eltern meist weniger beim Problem der Kostenerstattung, sondern mehr bei der guten Unterbringung und Betreuung in persönlicher und wirtschaftlicher Hinsicht.

### 3. Gestaltungsvarianten

Aus der Vielzahl der Gestaltungsmöglichkeiten sind insbesondere folgende zu überlegen:

#### a) Güterstand

205 Der Güterstand bestimmt die Höhe der gesetzlichen Erbteile und damit auch die Quote des Pflichtteilsrechts. Im Hinblick hierauf ist regelmäßig der gesetzliche Güterstand zu empfehlen, weil dieser zur geringsten Pflichtteilsquote der Abkömmlinge führt. Ausnahmsweise kommt jedoch auch eine Gütergemeinschaft in Frage. Diese stellt grundsätzlich keine Schenkung dar.[502] Denn der Rechtsgrund der Bereicherung bei der Gütergemeinschaft liegt in dem familienrechtlichen Vertrag. Hierdurch werden die Vorschriften der §§ 516 ff verdrängt.[503] Eine Einigung über die Unentgeltlichkeit fehlt in der Regel. Ausnahmsweise kann jedoch gleichwohl in der Vereinbarung von Gütergemeinschaft dann eine Schenkung gesehen werden, wenn festgestellt wird, dass die Geschäftsabsichten der Eheleute nicht zwecks Verwirklichung der Ehe auf eine Ordnung der beiderseitigen Vermögen gerichtet war.[504] Wird vom gesetzlichen Güterstand zur Gütertrennung gewechselt, ist die Ausgleichsforderung gem § 1378 Abs 1 keine Schenkung (auch nicht iS des § 5 Abs 2 ErbStG).[505] Probleme mit dem Pflichtteilsergänzungsanspruch (§ 2325) stellen sich also nicht.

#### b) Rechtsgeschäft unter Lebenden

206 Bei der Übertragung von Grundbesitz an die nicht behinderten Abkömmlinge ist die 10-Jahres-Frist im Hinblick auf die Geltendmachung der Pflichtteilsergänzung wegen Schenkung gem § 2325 zu beachten. Darüber hinaus kann nach § 528 Abs 1 S 1 der Schenker, der seinen eigenen standesgemäßen Unterhalt nicht bestreiten oder, und dies ist bei behinderten Abkömmlingen häufig der Fall, die Unterhaltspflicht, die dem Schenker obliegt, nicht erfüllen kann, vom Beschenkten Herausgabe des Geschenks verlangen. Auch hier ist der Anspruch ausgeschlossen, wenn zwischen der Leistung des geschenkten Gegenstandes und dem Zeitpunkt des Eintritts der Bedürftigkeit 10 Jahre verstrichen sind (§ 529 Abs 1). Der Anspruch aus § 528 stellt einzusetzendes Vermögen dar. Deshalb kann dieses

---

[502] PALANDT-EDENHOFER § 2113 RdNr 3; § 2325 RdNr 15; BGHZ 116, 178.
[503] Vgl allg ausführlich MünchKomm-FRANK § 2325 RdNr 13; WEIGMANN ZEV 1996, 201.
[504] BGHZ 116, 178, 181 ff.
[505] Siehe auch vorstehend System Teil C RdNr 57 ff.

Rückforderungsrecht vom Sozialhilfeträger gem § 90 BSHG übergeleitet werden.[506] Umstritten ist hingegen, ob beim Tod des Schenkers der Rückforderungsanspruch aus § 528 BGB erlischt oder auf den Erben übergeht.[507] Nach der Rechtsprechung erlischt er grundsätzlich nicht, wenn der Anspruch vom Schenker geltend gemacht oder von diesem abgetreten wurde, sowie wenn der Schenker und Erblasser von Dritten unterhaltssichernde Leistungen – beispielsweise gerade Leistungen nach dem BSHG – empfangen hat.[508]

Vergessen werden darf nicht, dass bei Übergabeverträgen die von dem Übergebenden an den Behinderten zu erbringenden Leistungen auf dessen künftiges Pflichtteilsrecht nach der Übergabe mit einer Anrechnungsbestimmung versehen werden kann (§ 2315 Abs 1). Wenn die Leistungen an den Behinderten die rechnerische Höhe seines Pflichtteils erreichen, ist auch ein Pflichtteilsverzicht bei geistig Behinderten (Genehmigung des Vormundschaftsgerichts) zu erwägen.

### c) Verfügungen von Todes wegen

Die gesetzliche Erbfolge wird nur in den wenigsten Fällen von den Eltern gewollt werden, da das vererbte Vermögen des behinderten Kindes relativ schnell durch die Kosten seiner Betreuung, Unterbringung und seines Lebensunterhaltes aufgezehrt sein wird. Auch die Nichtberücksichtigung des Behinderten bzw die Setzung des Behinderten auf seinen Pflichtteil hilft hier nicht weiter. Die Fürsorge für den behinderten Abkömmling könnte dadurch zum Ausdruck gebracht werden, dass die als nicht behinderte Kinder zu Erben Berufenen mit Auflagen versehen werden, für den Behinderten zu sorgen. Zu beachten ist hier, dass die Vollziehung der Auflagen durch Einsetzung eines Testamentsvollstreckers gesichert wird. Allerdings ist der Wert der Auflage nicht auf den Pflichtteil des Behinderten anzurechnen. § 2305 erfasst nur die Zuwendung eines Erbteils, § 2307 nur die eines Vermächtnisses. Damit kann zusätzlich zur Auflage der volle Pflichtteil geltend gemacht werden! Darüber hinaus führt die Auflage zu weiteren Fragen: Wer ist berechtigt, die Vollziehung von Auflagen zugunsten des Behinderten zu verlangen? Der Berechtigte selbst hat keinen Anspruch auf Vollzug (§ 2194), also kann dieses Recht auch nicht dem Vormund/Betreuer zustehen (§ 2124). Sinnvollerweise wäre dann die Auflage mit einer Testamentsvollstreckung zu verbinden, dem dann gegenüber den nicht behinderten Kindern als Erben das Forderungs- und Klagrecht hinsichtlich der Vollziehung der Auflage zusteht. Hierbei ist auch denkbar, dass die Testamentsvollsteckung allein zum Zwecke der Sicherstellung des Vollzugs der Auflage vom Erblasser angeordnet wird.[509]

#### aa) Vermächtnisse

**Vermächtnisse** in Form der Zuwendung eines Wohnungsrechts oder eines Leibgedings (Altenteil) lösen Ersatzzahlungen dann aus, wenn das Wohnungsrecht nicht selbst ausgeübt wird oder die Rechte aus dem Altenteil nicht wahrgenommen werden können, zB wenn der Behinderte in einem Wohnheim untergebracht wird. Die Befreiung des Grundstückseigentümers von der Leistungspflicht, gleich ob es sich um ein Wohnungsrecht oder um einen Altenteil handelt, löst Ersatzzahlungen aus, welche als überleitbare Ansprüche nach § 90 Abs 1

---

[506] Zu den Gestaltungsmöglichkeiten für Rechtsgeschäfte unter Lebenden siehe vor allem WAHL, Vertragliches Versorgungsrecht in Übergabeverträgen und sozialrechtliche Ansprüche, Diss, 1989 und KRAUSS MittBay-Not 1992, 77 ff.
[507] Vgl BGH NJW 1995, 2287 mwN.
[508] BGH NJW 2001, 2084.
[509] BayObLG 1986, 34.

BSHG anzusehen sind.[510] Als sinnvoller Inhalt bei der Vermächtnisregelung bieten sich laufende Zahlungen mit höchstpersönlichem Charakter an. Neben den Vermächtnissen ist der Zusatzpflichtteil nach § 2307 Abs 1 zu beachten. Bei der Zuwendung von Vermächtnissen ist zu prüfen, ob, sofern nicht vom Vermächtnisnehmer aufgebraucht, der Vermächtnisgegenstand auch den gesetzlichen Erben des Behinderten zufallen soll oder ob über ein angeordnetes Nachvermächtnis (§ 2191) der Erblasser andere Bestimmungen trifft. Auch wenn die Nachvermächtniseinsetzung nicht dinglich wirkt (§ 2174), ist der Anspruch des Nachvermächtnisnehmers bei Grundstücken oder Grundstücksrechten grundsätzlich vormerkbar.[511] Allerdings gilt – anders als bei der Nacherbeneinsetzung – gem § 2191 Abs 1 der erste Vermächtnisnehmer als beschwert, dh der Nachvermächtnisnehmer leitet sein Recht nicht unmittelbar vom Erblasser her. Der Vermächtnisgegenstand fällt also beim Tod des Vorvermächtnisnehmers in dessen Nachlass. Der Nachvermächtnisnehmer hat einen Anspruch gegen den Erben auf Erfüllung des Nachvermächtnisses. Damit sieht sich der Erbe des Behinderten zum einen wegen § 92c BSHG dem Anspruch auf Kostenersatz und zum anderen dem Anspruch des Nachvermächtnisnehmers auf Vermächtniserfüllung ausgesetzt. Ein Vorrang des Sozialhilfeträgers besteht nicht. Die Forderung des Nachvermächtnisnehmers und die Forderung des Sozialhilfeträgers sind gleichrangig.[512]

### bb) Vor- und Nacherbschaft

**209** Das Institut der **Vor- und Nacherbschaft** kann in vielen Fällen dem Willen der Eltern, einerseits dem behinderten Kind bestimmte Leistungen zukommen zu lassen und andererseits die Vermögenssubstanz in der Familie zu erhalten, gerecht werden.

In Frage kommt insbesondere folgende Gestaltungsmöglichkeit:

Das behinderte Kind wird entsprechend seinem gesetzlichen Erbteil Erbe, jedoch nur **nicht befreiter** Vorerbe (§§ 2113 ff). In Betracht kommt allenfalls die Befreiung von der Pflicht zur Geldanlage gem § 2119. Die Einsetzung zum befreiten Vorerben eröffnet dem Sozialhilfeträger mittelbare Zugriffsmöglichkeit, wenngleich er wegen § 2115 nicht in den Nachlass vollstrecken kann. Denn der befreite Vorerbe kann prinzipiell frei über das Nachlassvermögen verfügen (ausgenommen Rechtsgeschäfte gem § 2113 Abs 2). OTTE[513] vertritt die Ansicht, dem **befreiten Vorerben** stehen nicht nur die Nachlassfrüchte, sondern auch die Nachlassgegenstände zu. Dies ist insoweit richtig, als die hM zu § 2216 Abs 2 S 2 unter der wirtschaftlichen Gefährdung des Nachlasses auch die wirtschaftliche Gefährdung des (Vor-)Erben subsumiert. Damit ist bei der befreiten Vorerbschaft trotz Testamentsvollstreckereinsetzung und Verwaltungsanordnungen nicht gesichert, dass der Sozialhilfeträger nicht doch auf Früchte **und** Substanz zugreifen kann. Mithin ist der bessere Weg, eine **nicht** befreite Vorerbschaft zu wählen. Jedenfalls kann der Sozialhilfeträger bei befreiter Vorerbschaft unter Hinweis auf das diesem zum Verbrauch zur Verfügung stehende Nachlassvermögen gem § 88 Abs 1 BSHG die Gewährung von Sozialhilfe verweigern.[514]

---

**510** SBRESNY Zeitschrift für das Fürsorgewesen 1983, 222.
**511** BayObLG Rpfleger 1981, 190; BENGEL NJW 1990, 1826.
**512** DAMRAU ZEV 1998, 1, 3; iE hätte dann eine quotale Teilung des Nachlasses zu erfolgen. Aus § 327 Abs 1 Nr 2 InsO lässt sich hingegen keine Lösung bezüglich des Rangverhältnisses ableiten; siehe auch: DNotI-Report 1999, 149; DAMRAU-MAYER ZEV 2001, 193, 294 ff; aA WEIDLICH ZEV 2001, 94, 97.
**513** OTTE JZ 1990, 1027.
**514** VAN DE LOO NJW 1990, 2852; NIEDER NJW 1994, 1264; DNotI-Report 1996, 48.

Nacherben werden seine Abkömmlinge, sofern solche nicht vorhanden sind, seine Geschwister zu gleichen Teilen. Der Nacherbfall tritt ein mit dem Ableben des Vorerben (§ 2106 Abs 1). **210**

Für den auf das behinderte Kind entfallenden Erbteil wird **Testamentsvollstreckung** angeordnet, und zwar nicht bloße Abwicklungsvollstreckung gem §§ 2203, 2204, sondern Dauervollstreckung (§ 2209 S 1). Zum Testamentsvollstrecker wird eine dem Behinderten besonders nahe stehende Person berufen. Der Verwaltungsvollstrecker ist gem § 2209 S 2 iVm § 2207 im Zweifel auch zur Eingehung von Verbindlichkeiten befugt. Bei der Verfügung über Nachlassgegenstände entfällt ohnehin die kausale Beschränkung des § 2206 Abs 1 S 1. **211**

Eine Befreiung des Testamentsvollstreckers von der dinglichen Beschränkung des § 2205 S 3 im Hinblick auf unentgeltliche Verfügungen ist nicht möglich (§ 2207 S 2).

Eine **Überwachung** des Testamentsvollstreckers durch das Nachlassgericht kann vom Erblasser nicht angeordnet werden.[515] Familienrechtliche Beschränkungen (zB bei minderjährigen Erben) gelten für den Testamentsvollstrecker nicht. Gleiches gilt für ehegüterrechtliche Beschränkungen des Erben (zB § 1365).[516]

Der Testamentsvollstrecker soll also **weitestgehende** Rechte haben. Er wird angewiesen, aus den Erträgnissen des Erbteils dem Vorerben zu bestimmten Anlässen oder für bestimmte Zwecke solche Zuwendungen zu machen, die nach § 88 BSHG geschützt sind. **212**

Fehlt eine klare **Verwaltungsanordnung** gem § 2216 Abs 2 für den Testamentsvollstrecker, so gelten die allgemeinen Regeln des § 2216 Abs 1. Nach diesen gehört zur ordnungsgemäßen Verwaltung des Nachlasses durch den Testamentsvollstrecker, dass dieser für einen angemessenen Unterhalt des Erben zu sorgen hat, soweit der Unterhalt aus den Einkünften des Nachlasses geleistet werden kann.[517] Dieser Anspruch des Behinderten aus § 2216 Abs 1 gegen den Testamentsvollstrecker könnte vom Sozialhilfeträger übergeleitet werden. Die hM[518] sieht solche Verwaltungsanordnungen als zulässig an, wonach die Erträge des dem Behinderten zugewandten Erbteils ausschließlich für den über den notwendigen, von der Sozialhilfe zu tragenden Unterhalt hinausgehenden angemessenen Unterhalt iS der §§ 1601 ff, 1610 zu verwenden sind. KRAMPE[519] vertritt die Ansicht, dass zur ordnungsmäßigen Verwaltung iS des § 2216 Abs 1 die Herausgabe der Erträgnisse zur Unterhaltssicherung des (Mit-)Erben gehört, dass also bei Vor-/Nacherbenmodell die Erträgnisse auch überleitbar wären (»Früchtelösung«). Der BGH[520] hat jedoch entschieden, dass die Früchte nur zur Unterhaltsdeckung heranzuziehen sind, »vorbehaltlich einer anders lautenden Verfügung von Todes wegen«.[521] Deshalb sind klare Verwaltungsanweisungen der Testamentsvollstrecker erforderlich (§ 2216 Abs 2). **213**

Wenn das Amt des Betreuers bzw des Vormunds und des Testamentsvollstreckers zusammenfällt, ergibt sich die Situation, dass eine Gestattung des **Selbstkontrahierens** für den Betreuer bzw den Vormund nicht in Frage kommt (§ 1795 **214**

---

**515** BayObLGZ 1953, 357; BENGEL-REIMANN, HdTV, Kap 1, RdNr 17 ff.
**516** STAUDINGER-REIMANN § 2205 RdNr 59.
**517** STAUDINGER-REIMANN § 2216 RdNr 6.
**518** KRAMPE AcP 191, 526, 544 ff; NIEDER NJW 1994, 1264; aA MAYER DNotZ 1994, 347, 357.
**519** KRAMPE AcP 191, 526 ff.
**520** BGH FamRZ 1986, 900.
**521** Hierzu auch STAUDINGER-REIMANN § 2216 RdNr 25; EICHENHOFER JZ 1999, 226, 299 f.

Abs 2; § 1908i iVm § 1795 Abs 2),[522] dem Testamentsvollstrecker indes durch den Erblasser das Selbstkontrahieren gestattet werden kann.[523] Ist eine Interessenkollision nicht ausschließbar, kann dem Vormund die Vertretungsmacht hinsichtlich der Wahrung der Rechte des Erben gegenüber dem Testamentsvollstrecker entzogen werden; es ist ein Ergänzungspfleger zu bestellen.[524]

Eine Beschränkung durch Dritte ist denkbar über die Anordnung eines Mitvollstreckers gem § 2224. Nach Ansicht des OLG Hamm[525] kann generell der gesetzliche Vertreter nicht als (alleiniger) Testamentsvollstrecker eingesetzt werden.

**215** Bei der vorgeschlagenen Gestaltung **muss** der Erbteil **größer als der Pflichtteil** sein. Die hM stellt hier auf die Quote ab (**Quotentheorie**), soweit nicht Ausgleichungs- oder/und Anrechnungspflichten bestehen (dann **Werttheorie**).[526] Die Beschränkungen der Nacherbfolge und der Testamentsvollstreckung können daher gem § 2306 Abs 1 S 2 nur beseitigt werden, wenn die Erbschaft ausgeschlagen und der Pflichtteil verlangt wird. Der Ausschlagende muss voll geschäftsfähig sein. Andernfalls handelt für ihn der gesetzliche Vertreter. Vormund, Betreuer und Pfleger bedürfen stets zu diesem Rechtsgeschäft der vormundschaftsgerichtlichen Genehmigung (§§ 1822 Nr 2, 1908i, 1915). Fraglich ist, wann die Ausschlagungsfrist bei nicht voll Geschäftsfähigen beginnt. Üblicherweise gilt § 1944 (6 Wochen, beginnend mit Kenntniserlangung des Erben); beim Geschäftsunfähigen oder beschränkt Geschäftsfähigen kommt es auf die Kenntnis des gesetzlichen Vertreters an (§ 1629 Abs 1).[527] Soweit keine gesetzliche Vertretung vorliegt, gelten die §§ 206, 210 nF[528] (§ 1944 Abs 2 S 3): Erst wenn ein beschränkt Geschäftsfähiger oder Geschäftsunfähiger einen gesetzlichen Vertreter hat und dieser vom Anfall der Erbschaft und vom Grund der Berufung Kenntnis erlangt, beginnt die für die Ausschlagung geltende Verjährungsfrist von 6 Wochen zu laufen. Das Vormundschaftsgericht und der gesetzliche Vertreter haben sich ausschließlich am Wohl des Kindes zu orientieren. Beide müssen sich also die Frage stellen, ob der Behinderte bessersteht, wenn ausgeschlagen wird oder wenn die mit Beschränkungen und Beschwerungen versehene Erbschaft angenommen wird. Entscheidend ist hierbei – neben der wertmäßigen Höhe des Pflichtteils –, dass bei Überleitung des Pflichtteilsanspruchs dem Kind die geschützten Vermögensreichnisse nicht verbleiben. Die Ausschlagung dient damit nicht dem Wohl des Kindes und wäre pflichtwidrig.[529]

**216** Da die **Ausschlagung** ein höchstpersönliches Gestaltungsrecht darstellt, ist sie nicht nach § 90 BSHG auf den Sozialhilfeträger überleitbar. VAN DE LOO[530] vertritt hier eine abweichende Ansicht. Nach seiner »Übergangs-These« kann der Sozialhilfeträger mit Eintritt des Erbfalls nicht nur den Pflichtteilsanspruch auf sich überleiten, sondern damit auch das Ausschlagungsrecht des Minderjährigen als Voraussetzung für die Geltendmachung des mit dem Ableben des Erblassers entstandenen Pflichtteilsanspruchs. VAN DE LOO verkennt die höchstpersönliche Na-

---

[522] MünchKomm-WAGENITZ § 1795 RdNr 16; MünchKomm-SCHWAB § 1908i RdNr 16.
[523] BGH Rpfleger 1960, 88.
[524] LG Frankfurt Rpfleger 1990, 207.
[525] OLG Hamm MittBayNot 1994, 53.
[526] BGH WM 1968, 543; BayObLGZ 1968, 112; OLG Celle ZEV 1996, 307 m Anm SKIBBE; OLG Köln ZEV 1997, 298; MAROTZKE AcP 191, 563; WEIDLICH ZEV 2001, 94, 95 f.
[527] PALANDT-EDENHOFER § 1944 RdNr 8.
[528] §§ 203, 206 aF.
[529] KLÜSENER in: GRIMM-KRAMPE-PIEROTH, 1997, 159 ff.
[530] VAN DE LOO NJW 1990, 2864; aA – wie hier – WENDT in: GRIMM-KRAMPE-PIEROTH 93, 111; KARPEN MittRhNotK 1988, 131, 149; KUCHINKE FamRZ 1992, 363; EICHENHOFER JZ 1999, 226, 231 f; PALANDT-EDENHOFER § 2306 RdNr 16.

tur des Ausschlagungsrechts und als Rechtsfolge hieraus die Unübertragbarkeit.[531] Im Übrigen ist auch die Ausschlagung kein vermögensrechtlicher Anspruch gegen einen anderen, so wie es § 90 BSHG voraussetzt. Darüber hinaus ist von Bedeutung, dass die Ausschlagung der Erbschaft nur innerhalb von 6 Wochen erklärt werden kann (§ 1944 Abs 1). Haben der Behinderte oder sein Betreuer bzw sein Vormund die Erbschaft angenommen, so bestehen keine Rechte mehr, auf die zugegriffen werden könnte. Der Behinderte ist dann an die Beschränkungen der Vorerbschaft und durch das Verwaltungsrecht des Testamentsvollstreckers gebunden. Ein Kostenersatz durch den Nacherben gem § 92c BSHG scheidet aus, weil der Nacherbe nicht Erbe des Vorerben wird.[532] Bei dieser Konstruktion darf allerdings nicht verkannt werden, dass sie zwar dem Behinderten möglicherweise größtmöglichen Nutzungen erbringt, das Vermögen in der Familie erhält, jedoch hierdurch für den Sozialhilfeträger Rückgriffsmöglichkeiten abgeschnitten werden können.

### d) Vollmacht
Als begleitende Maßnahme ist an eine postmortale Vollmacht zu denken. Auf das Benennungsrecht des Vormundes per Verfügung von Todes wegen (§§ 1777 Abs 3, 1776) wird hingewiesen.

### e) »Reichnisse«
Wegen der geschützten »Reichnisse« (§ 88 BSHG) wird auf das Muster im Formularteil (B RdNr 79) verwiesen.

### f) Sittenwidrigkeit?
Ein etwa dem Muster im Formularteil entsprechender Erbvertrag war Gegenstand zweier BGH-Entscheidungen.[533] Ausgehend vom Vorrang der grundgesetzlich geschützten Testierfreiheit und der Tatsache, dass ohnehin bei allen Verfügungen von Todes wegen das Pflichtteilsrecht unberührt bleibt, stellt der BGH fest, dass die Eltern gerade durch das sog »Behindertentestament« ihrer sittlichen Verantwortung für das Wohl des Kindes nachkommen können, wenn über die Sozialhilfe hinaus dem Behinderten zusätzliche Vorteile und Annehmlichkeiten gewährt werden.[534] Probleme mit einer denkbaren Sittenwidrigkeit tauchen jedoch dann auf, wenn die Erträgnisse aus dem der Vorerbschaft unterliegenden Vermögen in etwa ausreichen, um die Kosten des Sozialhilfeträgers zu erstatten. In solchen Fällen ist vom »Behindertentestament« abzuraten. Zumindest sollte dann eine zusätzliche salvatorische Regelung für den Fall der Unwirksamkeit des Testamentes getroffen werden. Die (mögliche) zusätzliche Beschwerung des behinderten Vorerben mit einem **Vermächtnis zugunsten des Nacherben** über die

---

[531] NIEDER NJW 1994, 1264; J MAYER DNotZ 1994, 347.
[532] Vgl LG Konstanz FamRZ 1992, 350; es ist jedoch zu beachten, dass auch die Ausschlagung an sich sittenwidrig und damit unwirksam sein könnte, vgl OLG Stuttgart NJW 2001, 3484.
[533] BGHZ 111, 36 = DNotZ 1992, 241 m Anm REIMANN und BGHZ 123, 368 = ZEV 1994, 35; siehe hierzu auch LG Konstanz FamRZ 1992, 360 m Anm KUCHINKE; OLG Karlsruhe FamRZ 1993, 482; OVG Bautzen ZEV 1997, 344; SMID NJW 1990, 409; OTTE JZ 1990, 1027; VAN DE LOO NJW 1990, 2852;

KARPEN MittRhNotK 1988, 131 ff; KRAMPE AcP 191, 526; SCHUBERT JR 1991, 106; NIEDER, Handbuch der Testamentsgestaltung, RdNr 1296; BENGEL-REIMANN in: Beck'sches Notarhandbuch, Kap C RdNr 137 ff; PIEROTH NJW 1993, 173 ff; WIETEK, Verfügungen von Todes wegen zugunsten behinderter Menschen, 11 ff; kritisch J MAYER DNotZ 1994, 347 ff; vgl zudem vorstehender System Teil D RdNr 272 ff.
[534] BENGEL ZEV 1994, 29 ff; ENGELMANN MDR 1999, 968, 971 ff; EICHENHOFER JZ 1999, 226, 227 f.

beim Tod des Vorerben in dessen Nachlass fallenden nicht »verbrauchten« Erträgnisse ist kritisch zu sehen. Gem § 92c BSHG (Kostenersatz) hat der Sozialhilfeträger Zugriff auf den Nachlass des Hilfeempfängers. Mit diesem Vermächtnis aber wird der Zweck verfolgt, die noch vorhandenen Erträgnisse dem Sozialhilfeträger vorzuenthalten; ein Vorteil für den Behinderten ist bei diesem Vermächtnis nicht zu erkennen. Deshalb liegt die Sittenwidrigkeit hier sehr nahe.

## VII. Erbrechtliche Besonderheiten im Hinblick auf die neuen Bundesländer

### 1. Allgemeines

220 Die Wiedervereinigung beider deutschen Staaten am 3. 10. 1990 hat in vielfältigen Bereichen zu Übergangs- und Anwendungsfragen geführt. Auch im Erbrecht spielen heute noch Sonderfragen eine Rolle, die sich aus den spezifischen Übergangsregelungen und den damaligen DDR-Vorschriften ergeben. Darüber hinaus wird die Materie noch dadurch schwieriger, dass die vermögensrechtliche Restitution von in der ehemaligen DDR enteigneten Vermögenswerten teilweise eigene Regelungen vorsieht, die mit den erbrechtlichen Regelungen in Konkurrenz treten, sodass in der Praxis Unsicherheit herrschte, welcher Regelungsmaterie der Vorrang gebührte. Angesichts der Tatsache, dass nicht ganz unerhebliche Vermögenswerte zurückübertragen wurden und noch eine Vielzahl von Fällen nicht erledigt sind, spielen diese Fragen auch bei der Testamentsgestaltung dann eine Rolle, wenn im Nachlass ein restituiertes Grundstück oder ein noch nicht erfüllter vermögensrechtlicher Restitutionsanspruch ist. Ebenfalls zur Anwendung des ehemaligen DDR-Erbrechts kommt es, wenn der Erbfall vor dem 3. 10. 1990 stattfand. Dies betrifft zum einen die noch nicht abgewickelten Nachlassfälle, zum anderen auch solche Fälle, in denen im Nachlass wiederum ein Erbanteil ist, der einen Vermögensgegenstand betrifft, der aus einem Erbfall vor dem 3. 10. 1990 unter Anwendung des DDR-Erbrechts angefallen ist. Nachfolgend sollen nach Klärung der kollisionsrechtlichen Lage insbesondere die erbrechtlichen Fragen behandelt werden, die auch heute noch bei der Testamentsgestaltung eine Rolle spielen können.

### 2. Das anwendbare Erbrecht

221 Art 235 § 1 EGBGB bestimmt als Übergangsrecht, dass für die erbrechtlichen Verhältnisse das bisherige Recht maßgebend bleibt, wenn der Erblasser vor dem Wirksamwerden des Beitritts gestorben ist. Art 235 § 1 Abs 1 EGBGB ist eine sog intertemporale Norm, die voraussetzt, dass das im Gebiet der ehemaligen DDR mit dem Einigungsvertrag in Kraft gesetzte Bundesrecht im konkreten Fall überhaupt eingreift. Voraussetzung ist also zum zweiten neben der intertemporalen Anwendung auch eine interlokale Anwendung. Von der intertemporalen Regelung zu unterscheiden ist nämlich die vorrangige Frage danach, ob das Recht des Beitrittsgebiets oder das im früheren Bundesgebiet geltende Recht maßgebend ist. Die hierfür anwendbaren interlokalen Regeln hat der BGH seit langem entwickelt. Sie lehnen sich als deutsch-deutsche Kollisionsregeln an das nunmehr einheitlich geltende internationale Privatrecht der Art 3 ff EGBGB an, allerdings mit dem Unterschied, dass in deutsch-deutschen Fällen nicht auf das Heimatrecht, sondern stattdessen auf den gewöhnlichen Aufenthalt der Anknüpfungsperson abgestellt wird.[535] Damit ist für Erbfälle nach einem mit deutschen Erbstatut ver-

---

[535] So BGHZ 85, 16, 22; BGHZ 124, 270 = NJW 1994, 582; STAUDINGER-RAUSCHER, Art 235 § 1 EGBGB RdNr 6.

storbenen Erblasser Art 235 § 1 Abs 1 EGBGB anzuwenden, wenn der Erblasser den letzten gewöhnlichen Aufenthalt in der DDR hatte.

Auch in der ehemaligen DDR fand eine intertemporale Erbrechtsentwicklung **222** statt, das Erbrecht wurde mehrfach geändert. Für die Einordnung der vor dem 3. 10. 1990 eingetretenen Erbfälle gilt daher jeweils das auch Art 235 § 1 Abs 1 EGBGB zugrunde liegende Stichtagsprinzip; maßgeblich ist das am Tag des Eintritts des Erbfalls geltende Erbrecht.[536] Bis zum In-Kraft-Treten des ZGB am 1. 1. 1976 galt in der ehemaligen DDR grundsätzlich das Erbrecht des 5. Buches des BGB, allerdings mit einigen Modifikationen.[537] Für die bis zum 31. 12. 1975 eingetretenen Erbfälle sind daher im Wesentlichen die Bestimmungen des BGB anzuwenden, denn auch das EGZGB bestimmte in § 8, dass sich die Regelung erbrechtlicher Verhältnisse nach dem vor In-Kraft-Treten des ZGB geltenden Rechts bestimmt, wenn der Erbfall vor diesem Zeitpunkt eingetreten ist.

Änderungen im Vergleich zum BGB bestanden vor dem 1. 1. 1976 nur insoweit, als durch § 9 EGFGB ein gesetzliches Erbrecht nichtehelicher Kinder geschaffen wurde, nach § 10 EGFGB der überlebende Ehegatte wie ein Erbe erster Ordnung neben Abkömmlingen des Erblassers, mindestens aber ¼ erbte und auch das Erbrecht adoptierter Kinder vom BGB abwich. Im Übrigen aber galt das BGB.

Umstritten ist die Reichweite des Art 253 § 2 EGBGB: Unklar ist, ob sich auch die Fragen der Anfechtung eines vor dem Beitritt in der ehemaligen DDR errichteten Testamentes nach dem ZGB oder dem BGB richten. Nach der einen Auffassung gehört nur die Errichtung und Aufhebung nicht aber die Anfechtung dazu, so dass diese sich nach dem BGB richtet.[538] Nach anderer Auffassung beurteilt sich die Anfechtung aus Gründen, die noch unter Geltung des früheren Rechts entstanden sind, nach § 374 ZGB.[539]

### 3. Nachlassspaltung

In der ehemaligen DDR trat am 1. 1. 1976 nicht nur ein neues Zivilrecht, das ZGB, **223** in Kraft, sondern auch eine Neuregelung des Internationalen Privatrechts. § 25 RAG bestimmte nämlich, dass sich die erbrechtlichen Verhältnisse in Bezug auf das Eigentum und andere Rechte an Grundstücken und Gebäuden, die sich in der DDR befinden, nach dem Recht der DDR richtete. Nach mittlerweile hM wird diese Vorschrift des Internationalen Privatrechts der DDR als besondere Vorschrift iSd Art 3 Abs 3 EGBGB angesehen, die das nach Art 25 Abs 1 EGBGB zu ermittelnde Erbstatut bei Erbfällen vor dem 3. 10. 1990 durchbricht (vgl allgemein zur Nachlassspaltung oben). Es kommt also in diesen Fällen bei Erbfällen vor dem 3. 10. 1990 und nach dem 1. 1. 1976 (In-Kraft-Treten des Rechtsanwendungsgesetzes) zu einer Nachlassspaltung, sodass auch bei einem Erblasser, der seinen gewöhnlichen Aufenthalt in den alten Bundesländern hatte, das Grundvermögen auf dem Gebiet der ehemaligen DDR als selbständiger Nachlass anzusehen ist. Während bei einem in Westdeutschland verstorbenen Erblasser die Nachlassmasse

---

[536] STAUDINGER-RAUSCHER, Art 235 § 1 RdNr 50; LEIPOLD in: Neues Schuld- und Sachenrecht im Beitrittsgebiet, 1997, Art 235 § 1 EGBGB RdNr 21; OLG Frankfurt FamRZ 1993, 858.
[537] Vgl ADLERSTEIN-DESCH DtZ 1991, 193; SCHOTTEN-JOHNEN DtZ 1991, 225; STAUDINGER-RAUSCHER aaO, RdNr 51; BESTELMEYER

Rpfleger 1992, 229; STÜBE, Die gesetzliche Erbfolge nach BGB und ZGB, 1994, 211.
[538] STAUDINGER-RAUSCHER Art 235 § 2 EGBGB RdNr 14 ff; BESTELMEYER Rpfleger 1994, 235, 236; OLG Brandenburg FamRZ 1998, 59.
[539] PALANDT-EDENHOFER Art 235 § 2 EGBGB RdNr 2.

nach dem westdeutschen Recht als Erbstatut zu beurteilen ist, unterliegen damit Grundstücke und vergleichbare Rechte gem § 25 Abs 2 RAG dem Erbrecht, also dem ZGB der ehemaligen DDR.[540] Die Nachlassspaltung, dh die Anwendbarkeit verschiedener Rechte auf dem Erbfall, hat zur Folge, dass die Erbfolge für jeden Teilnachlass nach dem für ihn maßgebenden Recht gesondert zu beurteilen ist, und zwar so, als stelle er jeweils den einzigen Nachlass dar.[541] Keine Nachlassspaltung tritt ein, wenn der Erbfall vor dem 1. 1. 1976 stattfand.[542]

224 In Rechtsprechung und Literatur war umstritten, ob Ansprüche nach dem VermG ebenfalls geeignet sind, eine Nachlassspaltung herbeizuführen. Die Frage ist, ob ein enteigneter Vermögensgegenstand, der nun restituiert wird und damit in den Nachlass fällt, zu einer Nachlassspaltung führt. Der BGH hat dies in einer grundlegenden Entscheidung abgelehnt, sodass bei Ansprüchen nach dem VermG nunmehr einheitlich das Erbstatut gilt, also auch bei einem im Westen verstorbenen Erblasser das BGB auf solche Fälle auwendbar ist.[543] Das gilt nicht nur im innerdeutschen Verhältnis, sondern nach Auffassung des BGH auch generell im deutschen Internationalen Privatrecht.[544] Umstritten ist in der obergerichtlichen Rechtsprechung auch die Frage, ob eine Nachlassspaltung eintritt, wenn vor dem 3. 10. 1990 ein Erbfall stattfand, bei dem der Erblasser in den alten Bundesländern seinen gewöhnlichen Aufenthalt hatte und zum Nachlass nach diesem Erblasser nicht ein Grundstück in der ehemaligen DDR gehörte, sondern nur ein Erbanteil an einer nicht auseinandergesetzten Erbengemeinschaft. Das OLG Dresden war unter Hinweis auf die einschränkende Auslegung des BGH in der Entscheidung über die vermögensrechtlichen Ansprüche[545] der Auffassung, dass ebenfalls keine Nachlassspaltung eintritt, wenn einziger Vermögensgegenstand in der ehemaligen DDR ein Anteil an einer ungeteilten Erbengemeinschaft war.[546] Das OLG Oldenburg war demgegenüber der Auffassung, dass auch Anteile an einer Erbengemeinschaft zur Nachlassspaltung führen.[547] Gegen diese Auffassung spricht, dass es sich bei einem Anteil an einer Erbengemeinschaft nicht um ein Grundstück iSd § 25 RAG handelt und der BGH sich bei der Auslegung dieser Vorschrift für eine restriktive Auffassung ausgesprochen hat, sodass im Ergebnis die Nachlassspaltung abzulehnen ist.[548]

### 4. Erbrechtliche Auswirkungen des ZGB

225 Kommt man im konkreten Fall zur Anwendung des ZGB, sei es, weil Nachlassspaltung eintritt, sei es, weil der Erblasser vor dem 3. 10. 1990 mit gewöhnlichem Aufenthalt in der ehemaligen DDR verstorben ist, dann richtet sich der Erbfall und alle hieraus resultierenden erbrechtlichen Fragestellungen nach dem Erbrecht des ZGB, wenn der Erbfall nach dem 1. 1. 1976 stattfand. Hieraus resultieren eine Reihe von wichtigen Besonderheiten:

---

[540] BGH NJW 1996, 932; BGH FamRZ 1995, 481; BayObLG ZEV 1996, 435; PALANDT-HELDRICH, Art 25 EGBGB RdNr 23; STAUDINGER-RAUSCHER, Art 235, § 1 EGBGB RdNr 16; vgl auch BVerfG DtZ 1993, 209.
[541] BGHZ 124, 270; BayObLG FamRZ 1996, 766; OLG Hamm ZEV 1996, 347.
[542] BayObLG DtZ 1992, 284; OLG Frankfurt OLGZ 1993, 382; STAUDINGER-RAUSCHER, Art 235, § 1 EGBGB RdNr 25.

[543] Vgl BGH NJW 1996, 932; KG DtZ 1996, 217.
[544] BGH VIZ 2000, 470
[545] NJW 1996, 932.
[546] Vgl OLG Dresden MittRhNotK 1997, 267 = DNotI-Report 1997, 179.
[547] OLG Oldenburg DNotI-Report 1997, 243.
[548] Ebenso SCHOTTEN-JOHNEN DtZ 1992, 257, 260; aA ANDRAE NJ 1998, 113, 117.

VII. Erbrechtliche Besonderheiten im Hinblick auf die neuen Bundesländer | E 226

## a) Bindungswirkung des gemeinschaftlichen Testaments

Hatten Ehegatten in der ehemaligen DDR ein gemeinschaftliches Testament geschlossen, so ist zu beachten, dass sich die Rechtsfolge und insbesondere die Bindungswirkung aus diesem Testament trotz Art 235 § 1 Abs 1 EGBGB nicht nach dem BGB richten, sondern eine besondere Kollisionsnorm zu beachten ist. Art 235 § 2 EGBGB bestimmt nämlich, dass eine vor dem Beitritt erfolgte Errichtung und Aufhebung einer Verfügung von Todes wegen sich nach dem bisherigen Recht beurteilt, auch wenn der Erblasser nach dem Wirksamwerden des Beitritts stirbt. Nach Art 235 § 2 S 2 EGBGB gilt diese besondere Kollisionsregelung auch für die Bindung des Erblassers bei einem gemeinschaftlichen Testament, sofern das Testament vor dem Wirksamwerden des Beitritts errichtet worden ist. Durch diese Vorschrift soll ein Vertrauensschutz garantiert werden, dass die testierenden Erblasser ihren Entschluss zur Errichtung des gemeinschaftlichen Testaments im Hinblick auf diejenige Bindungswirkung gefasst haben, die in der damals geltenden Rechtsordnung der DDR vorgesehen war.[549] Die Systematik der Aufhebung der Bindung war im ZGB anders geregelt als im BGB. Nach § 390 ZGB waren die Ehegatten an das gemeinschaftliche Testament gebunden, solange es nicht widerrufen oder aufgehoben wurde. Sie konnten sich allerdings ermächtigen, vom gemeinschaftlichen Testament abweichende Verfügungen zu treffen. Hinsichtlich der Aufhebung der Bindungswirkung sah das ZGB den gemeinsamen (§ 392 Abs 1 ZGB) und den einseitigen Widerruf durch notariell beurkundete Erklärung (§ 393 Abs 2 ZGB) vor. Nach dem Eintritt des ersten Erbfalles trat eine ähnliche Bindung wie im BGB an das gemeinschaftliche Testament ein. Nach § 390 Abs 2 ZGB konnte der überlebende Ehegatte über den Nachlass verfügen. Testamentarische Verfügungen des überlebenden Ehegatten, die dem gemeinschaftlichen Testament widersprachen, waren allerdings nichtig. Das ZGB sah nur zwei Möglichkeiten vor, sich nach Eintritt des ersten Erbfalles von der Bindung zu lösen:[550] Gem § 392 Abs 4 ZGB konnte nach dem Tod eines Ehegatten der überlebende Ehegatte seine im gemeinschaftlichen Testament getroffene Verfügung durch Erklärung gegenüber dem staatlichen Notariat widerrufen, wenn er gleichzeitig die Erbschaft ausschlug. Voraussetzung hierfür war, dass die Erbschaft nicht bereits gem § 402 ZGB angenommen wurde. Nach Annahme der Erbschaft konnte sich der überlebende Ehegatte nur noch unter den Voraussetzungen des § 393 ZGB aus der Bindung lösen. Dies setzte voraus, dass er das aus der Erbschaft des verstorbenen Ehegatten Erlangte, soweit es seine gesetzlichen Erbteile überstieg, an die im Testament genannten Erben oder deren Rechtsnachfolger herausgab oder wenn diese auf die Herausgabe verzichtet hatten. Mit der Aufhebung war dann der überlebende Ehegatte an das gemeinschaftliche Testament nicht mehr gebunden. Die Aufhebungserklärung gegenüber dem staatlichen Notariat war schriftlich zu Protokoll zu geben. Nach Annahme der Erbschaft kann der überlebende Ehegatte daher auch heute noch die Aufhebung der Bindung nur durch eine Erklärung gegenüber dem Nachlassgericht erreichen, wenn er das aus der Erbschaft des verstorbenen Ehegatten Erlangte, soweit es seinen gesetzlichen Erbteil übersteigt, herausgibt oder wenn die Erben auf die Herausgabe verzichtet haben. Durch die Aufhebungserklärung entfallen die im Testament enthaltenen Verfügungen des überlebenden Ehegatten, nicht die des verstorbenen.[551] Eine Bindung unter Lebenden, wie ihn das BGB in den §§ 286 ff vorsieht, kannte das ZGB nicht. Die §§ 2287, 2288 BGB sind bei derartigen ge-

---

549 Vgl Limmer ZEV 1994, 299, 291; OLG Brandenburg FamRZ 1997, 1030.
550 Vgl BGH NJW 1995, 1087; Limmer ZEV 1994, 291 ff; Trilsch-Eckart ZEV 1995, 217.
551 Vgl Limmer ZEV 1994, 293.

meinschaftlichen Testamenten auch nicht entsprechend heranzuziehen, sodass für Verfügungen unter Lebenden keinerlei Beschränkungen bestehen.[552] Etwas anderes gilt für die vor In-Kraft-Treten des ZGB am 1.1.1976 unter Geltung des BGB errichteten gemeinschaftlilchen Testamente; bei diesen richtet sich die Bindungswirkung nach §§ 2270 f BGB.[553]

### b) Vor- und Nacherbschaft

**227** Eine weitere deutliche Abweichung vom BGB war die Regelung der Vor- und Nacherbschaft in der ehemaligen DDR. Das ZGB hatte nämlich in § 371 Abs 2 grundsätzlich das Rechtsinstitut der Nacherbfolge abgeschafft, sodass eine angeordnete Vor- und Nacherbfolge, die sich vor allem dann ergeben kann, wenn ein Westerblasser eine derartige Anordnung getroffen hat, die auch den Nachlass in der ehemaligen DDR erfasste, bei dem Nachlassspaltung eingetreten ist, im Hinblick auf den abgespalteten Nachlass, dh den in der ehemaligen DDR belegenen Grundbesitz, wirkungslos ist.[554] In der Rechtsprechung wird einem derartigen Testament dadurch Geltung verschafft, dass der Erblasser den »Vorerben« als Vollerben eingesetzt und zugunsten des »Nacherben« ein durch den Eintritt des Nacherbfalles aufschiebend bedingtes Vermächtnis auf den abgespalteten Nachlassteil ausgesetzt hat.[555]

**228** Wurde das Testament vor dem 1.1.1976 errichtet, greift wiederum die intertemporale Kollisionsnorm der DDR ein: § 8 Abs 2 S 2 EGZGB bestimmte, dass sich die Wirksamkeit der Vor- und Nacherbfolge, die im Testament vor dem 1.1.1976 angeordnet wurde, nach dem BGB richtet. Die sich daraus für den Erben ergebende beschränkende Verfügungsbefugnis besteht aber nicht, wenn der Erbfall nach In-Kraft-Treten des ZGB eintritt (§ 8 Abs 2 S 2 2. HS). In der DDR wurde die Vorschrift dahingehend ausgelegt, dass der jeweilige Vorerbe als Vollerbe anzusehen ist, während der eingesetzte Nacherbe Vollerbe vom Zeitpunkt des angeordneten Eintritts der Nacherbfolge ist.[556] Man wird daher davon ausgehen müssen, dass der Wegfall der Verfügungsbeschränkung durch § 8 Abs 2 EGZGB auch für die Zeit nach dem 2.10.1990 gilt. Der Vorerbe kann damit über die Nachlassgegenstände ohne die Beschränkungen des BGB verfügen.[557] Damit bleibt also die vom Erblasser verfügte Vor- und Nacherbfolge in solchen Fällen weiterhin wirksam, lediglich die Rechtsfolgen werden in einem bestimmten Punkt, der Verfügungsbefugnis unter Lebenden, abgeändert. Der zunächst berufene Erbe erbt als befreiter Vorerbe; der Nacherbe wird beim Eintritt des Nacherbfalles Erbe.[558]

### c) Testamentsvollstreckung

**229** Das ZGB hatte den Testamentsvollstrecker nur in § 371 Abs 3 ZGB dahingehend geregelt, dass der Erblasser einen Testamentsvollstrecker bestimmen und in diesem Rahmen die Befugnis des Testamentsvollstreckers regeln kann. § 371 Abs 2 ZGB bestimmte, dass die Erben durch die zugelassene Testamentsvollstreckung nicht in ihrer Verfügungsbefugnis beschränkt werden konnten. In seiner rechtlichen Stellung wird daher der Testamentsvollstrecker nach dem ZGB demgemäß

---

552 So BGH NJW 1995, 1087; OLG Naumburg OLG-NL 1995, 10; OLG Dresden NJW 1994, 577.
553 LG Leipzig NJW 2000, 438.
554 Vgl KG ZEV 1996, 349; OLG Zweibrücken DtZ 1992, 360; BESTELMEYER Rpfleger 1992, 229; KÖSTER Rpfleger 1991, 97.
555 Vgl KG ZEV 1996, 349; ähnlich auch OLG Zweibrücken DtZ 1992, 360; vgl auch BayObLG FamRZ 1997, 391; TRITTEL DNotZ 1991, 237, 240.
556 Vgl Kommentar zum ZGB, herausgegeben vom Ministerium der Justiz, 1983, § 8 EGZGB, Anm 2.1.
557 Vgl BESTELMEYER Rpfleger 1992, 229, 233.
558 Vgl BayObLG FamRZ 1997, 391.

VII. Erbrechtliche Besonderheiten im Hinblick auf die neuen Bundesländer | **E 230, 231**

lediglich als Vertreter der Erben angesehen, der durch seine Bestimmung im Testament mit einer Art Vollmacht über den Tod hinaus ausgestattet worden ist.[559] Tritt Nachlassspaltung ein, ist nach der Rechtsprechung kein Testamentsvollstreckervermerk in den für den abgespalteten Nachlass erteilten Erbschein aufzunehmen.[560]

### 5. Das Verhältnis Vermögensrecht – Erbrecht

#### a) Erbrechtliche Bindung vermögensrechtlicher Ansprüche

Eine schwierige Abgrenzungsfrage im Verhältnis zwischen Vermögensrecht und Erbrecht liegt darin, inwieweit bei einem Restitutionsanspruch bzw bei restituiertem Vermögen erbrechtliche Bindungen bestehen. Der Gesetzgeber hat dieses Abgrenzungsproblem nur sehr unvollkommen geregelt. § 2 Abs 1 S 1 VermG bestimmt, dass restitutionsberechtigt die geschädigten natürlichen oder juristischen Personen sind sowie deren Rechtsnachfolger. In § 2a VermG ist geregelt, dass für den Fall der Rechtsnachfolge einer Erbengemeinschaft der Vermögenswert der Erbengemeinschaft nach dem zu bezeichnenden Erblasser als solchen zurückzuübertagen ist. Weitere Regelungen zur Frage, inwieweit ein Restitutionsanspruch und nachfolgend ein restituierter Vermögensgegenstand erbrechtlichen Bindungen und Regelungen unterliegt, bestehen nicht. Die Frage spielt nicht nur bei der Problematik eine Rolle, ob Nacherbfolge angeordnet ist oder Testamentsvollstreckung gilt, sondern auch bei der Frage, ob zB ein Erbteilsübertragungsvertrag, der vor dem 3. 10. 1990 abgeschlossen wurde, auch den Restitutionsanspruch erfasst, der ja erst mit der Wiedervereinigung am 3. 10. 1990 begründet wurde.

**230**

Der vermögensrechtliche Anspruch ist dem öffentlichen Recht zuzuordnen,[561] sodass die Frage der Nachlasszugehörigkeit nicht ohne weiteres zu beantworten ist. Besonders schwierig zu beurteilen sind die Erbfälle, die vor In-Kraft-Treten des VermG stattgefunden haben, denn in diesen Fällen bestand zum Zeitpunkt des Erbfalles noch kein Rückübertragungsanspruch, dieser wurde erst durch das VermG neu begründet. Die Rückbeziehung des später entstehenden Anspruchs auf einen früheren Erbfall und damit die Einbeziehung dieses Anspruchs in das damalige Nachlassvermögen bereitet einige Schwierigkeiten. Auch in diesen Fällen, in denen der Restitutionsanspruch nicht in der Person des Erblassers, sondern originär in der Person seines Rechtsnachfolgers entstanden ist, muss man aber davon ausgehen, dass der Restitutionsanspruch und auch die restituierten Vermögensgegenstände wie Nachlassgegenstände zu behandeln sind.[562] Als Argument für diese Einbeziehung in den Nachlass ist zum einen § 2a VermG anzuführen, der als Anwendungsfall des allgemeinen Surrogationsprinzips des Erbrechts anzusehen ist. Darüber hinaus sind generell die erbrechtlichen Surrogationsvorschriften auf die vermögensrechtlichen Ansprüche und die restituierten Vermögensgegenstände zumindest entsprechend anzuwenden (§§ 2041, 2101, 2164 Abs 2 BGB), sodass diese Vermögensgegenstände allen Bindungen des Erbrechts unterliegen. Für diese Lösung spricht auch die Tatsache, dass das VermG selbst keine erbrechtlichen Regelungen geschaffen hat, sodass insofern auch eine Anwendungslücke bestünde. Insofern überlagern erbrechtliche Vorschriften das

**231**

---

**559** So KG FGPrax 1995, 157; KG OLG-Report 2/1996, 17; OLG Thüringen, OLG-NL 1995, 270; von MORGEN-GÖTTING DtZ 1994, 119, 200; JANCKE NJ 1994, 437, 440; KG ZEV 1996, 234 = FamRZ 1996, 561.
**560** KG ZEV 1996, 234, 236.
**561** Vgl WEIMAR-ALFES DNotZ 1992, 619, 621; KG DB 1992, 525.
**562** So LIMMER ZEV 1994, 31 f; ders OV-Spezial 23/84, 8; BayObLG VIZ 1995, 723.

Vermögensrecht, da die Ansprüche ihrem Sinn und Zweck nach an die Stelle verlorener Nachlasswerte des Erblassers treten.[563]

### b) Die Problematik unvollständiger Kettenausschlagung

**232** In der Praxis eine besonders schwieriger Abgrenzungsfall ist der sog Fall der unvollständigen Kettenerbausschlagung, der ebenfalls im Anwendungsfeld zwischen Vermögensrecht und Erbrecht liegt. Die Problematik beruht auf der Tatsache, dass in der ehemaligen DDR die Annahme eines irrtümlichen DDR-Staatserbrechts eine häufige Fallgestaltung war. Häufig war die Ermittlung der Erben nicht vollständig, vor allem dann, wenn die Verwandtschaftsspur in den Westen verlief. In diesen Fällen stellte das staatliche Notariat häufig das Erbrecht des Staates nach § 1964 BGB bzw ab 1. 1. 1976 nach § 369 ZGB fest. Der Nachlass wurde Volkseigentum, das Grundbuch auf Ersuchen berichtigt.[564] Die Besonderheit liegt darin, dass § 1 Abs 2 VermG einen eigenständigen Restitutionstatbestand begründet, der auf freiwilligen Eigentumsverlust aufgrund ökonomischen Zwanges abstellt (kalte Enteignung). Häufig schlug der Erbe sein Erbrecht aus und das staatliche Notariat ermittelte keine weiteren Erben, sondern ging vom Staatserbrecht aus. In diesen Fällen ist nun fraglich, ob der Erstausschlagende einen Restitutionsanspruch nach dem VermG hat oder ob der Tatbestand der Überführung in Volkseigentum gar nicht vorlag, weil der vermögensgesetzliche Schädigungsvorgang »Anfall der Erbschaft an den Staat« wegen vorhandener Erben überhaupt nicht erfüllt ist, sondern diese Erben Eigentümer der Nachlassgrundstücke geworden sind und nunmehr unter Vorlage eines neuen Erbscheins beim Grundbuchamt Grundbuchberichtigung verlangen können. Bei diesen Fragen geht es also darum, ob das Zivilrecht Vorrang vor dem Vermögensrecht hat. Das BVerwG hat mittlerweile in zwei Urteilen die Frage im Sinne des Vorrangs des Vermögensrechts entschieden.[565] Das BVerwG ist der Auffassung, dass in diesen Fällen der erstausschlagende Erbe restitutionsberechtigt ist und dass die erbrechtliche Position der nachfolgenden Erben nicht geeignet ist, einen Restitutionsanspruch des erstausschlagenden Erben und seiner Rechtsnachfolger zu Fall zu bringen. In diesen Fällen wird also der Restitution des erstausschlagenden Erben stattgegeben, es spielt keine Rolle, dass nachfolgende Erben zweiter oder dritter Ordnung vorhanden sind, die an sich zivilrechtlich Eigentümer des Grundstücks geworden sind. Insofern geht die Restitution vor.

### 6. Pflichtteilsergänzungsansprüche für Schenkungen in der ehemaligen DDR

**232a** Das ZGB der DDR gewährte Abkömmlingen und Eltern Pflichtteilsansprüche nur im Falle ihrer Unterhaltsberechtigung (vgl § 396 Abs 1 Nr 2 ZGB). Pflichtteilsergänzungsansprüche kannte das ZGB der DDR überhaupt nicht. Nach der Wiedervereinigung ist daher die Frage aufgetreten, inwieweit eine Schenkung, die noch unter Geltung des ZGB der DDR vorgenommen worden ist, bei Eintritt des Erbfalls nach dem 3. 10. 1990 zu Pflichtteilsergänzungsansprüche führen kann. Der BGH hatte dies zunächst in seinem Beschluss vom 14. 12. 1994[566] für fraglich gehalten. In der obergerichtlichen Rechtsprechung wurde die Rechtsfrage zunehmend bejaht, während die Ansichten in der Literatur sehr geteilt waren.[567] Im Ur-

---

[563] BayObLG VIZ 1995, 723.
[564] Vgl BÖHRINGER DtZ 1996, 130; STEFFENS-SCHMIDT VIZ 1997, 571, 572; GRÜN DtZ 1996, 367; WALTER DtZ 1996, 226.
[565] BVerwG VIZ 1997, 641; BVerwG VIZ 1998, 33.

[566] BGH ZEV 1995, 335 = FamRZ 1995, 420.
[567] Vgl ThürOLG OLG-NL 1999, 108; OLG Dresden DNotZ 1999, 829 ff m Anm KUCHINKE.

teil vom 7. 3. 2001[568] rückt der BGH von seinen noch 1994 geäußerten Bedenken ab und erklärt die §§ 2325 ff BGB für alle Erbfälle anwendbar, bei denen Erbstatut das BGB ist. Er begründet dies damit, das Art 235 § 1 EGBGB insoweit keine Einschränkung hinsichtlich der Anwendbarkeit des Bürgerlichen Gesetzbuches auf Erbfälle nach dem 3. 10. 1990 enthält. Vertrauensschutzgesichtspunkte hält der BGH nicht für durchschlagend, zumal der Beschenkte unentgeltlich erworben habe und gem § 2329 Abs 2 BGB die Herausgabe des Geschenks durch Zahlung des fehlenden Betrages abwenden könne. Für viel gewichtiger hält er demgegenüber das Argument der Einheit der Rechtsordnung nach der Wiedervereinigung.

## VIII. Erbschaftsverträge gem § 311b Abs 5 BGB[569]

### 1. Überblick

Nach § 311b Abs 4 BGB (vor der Schuldrechtsreform § 312 BGB) ist ein Vertrag über den Nachlass eines noch lebenden Dritten nichtig. Das Gleiche gilt für einen Vertrag über den Pflichtteil oder ein Vermächtnis aus dem Nachlass eines noch lebenden Dritten. Die Vorschrift hat bereits nach dem Wortlaut, aber auch nach der Auslegung durch Rechtsprechung und Literatur einen vergleichsweisen weiten Anwendungsbereich und ist den Beteiligten häufig nicht bekannt, sodass bei der Gestaltung von Verträgen, die in den Anwendungsbereich des § 311b Abs 4 BGB fallen können, besondere Vorsicht wegen der Nichtigkeitssanktion geboten ist.[570] In der Praxis spielen häufig Verträge eine Rolle, bei denen im weitesten Sinn das zukünftige Erb-, Pflichtteilsrecht oder Vermächtnis berührt ist. Diese sog Erbschaftsverträge,[571] sind insbesondere dann von Bedeutung, wenn Vereinbarungen mit dem künftigen Erblasser (Erbvertrag, Erb- oder Pflichtteilsverzicht etc) nicht mehr möglich sind (etwa wegen Geschäftsunfähigkeit oder weil dieser sich weigert, an einer derartigen Gestaltung mitzuwirken), oder die am Erbschaftsvertrag beteiligten Personen bewusst die Einbeziehung des künftigen Erblassers vermeiden wollen. Folgende Fallgruppen der Erbschaftsverträge, die in den Anwendungsbereich des § 311b Abs 4 BGB fallen könnten, lassen sich in der Praxis unterscheiden:[572]

233

– Vorweggenommene Erbteils-, Pflichtteils- oder Vermächtnisübertragungen: Der zukünftige Erbe möchte einen Teil oder seinen vollständigen Erbteil an einen Dritten abtreten oder sich zumindest schuldrechtlich hierzu verpflichten.

---

568 BGH NJW 2001, 2398 m Anm KLINGELHÖFER ZEV 2001, 239.
569 Schrifttum: J BLOMEJER, Die vorweggenommene Auseinandersetzung der im gemeinschaftlichen Testament bedachten Kinder nach dem Tod eines Elternteils, FamRZ 1974, 421; DANIELS, Verträge mit Bezug auf den Nachlass eines noch lebenden Dritten, 1973; KAUFHOLD, Vereinbarungen über den Nachlass oder einzelner Nachlassgegenstände ohne Mitwirkung des künftigen Erblassers, ZEV 1996, 454; LIMMER, Erbschaftsverträge nach § 312 BGB: Bestandsaufnahme und Neuorientierung, DNotZ 1998, 927; MEINCKE, Der problematische Scheidungsvergleich, JuS 1976, 501; SCHWARZ, Vorweggenommene Erbfolge und Erbschaftsvertrag, BWNotZ 1995, 139; WIEDEMANN, Abfindungs- und Wertsetzungsvereinbarungen unter zukünftigen Erben, NJW 1968, 769.
570 Vgl auch THODE ZEV 1995, 144, der auf die besondere Hinweispflicht bei der Beurkundung derartiger Verträge hinweist.
571 Vgl zu diesem mittlerweile überwiegend gebrauchten Begriff MünchKomm-THODE, 3. Aufl, § 312 BGB RdNr 3; BGH DNotZ 1989, 169.
572 Vgl auch verschiedene Fallgruppen bei LIMMER, DNotZ 1998, 927, 928 sowie KAUFHOLD ZEV 1996, 454.

- Pflichtteilsregelungsverträge: Insbesondere wenn ein Pflichtteilsverzichtsvertrag aus den genannten Gründen ausscheidet, stellt sich die Frage, inwieweit zukünftige Berechtigte und Verpflichtete aus einem Pflichtteilsanspruch diesen zukünftigen Pflichtteilsanspruch intern gestalten können, zB Verzicht, Anrechnung etc.
- Vermächtnisregelungsverträge.
- Erbrechtsgestaltungsverträge: Die Beteiligten wollen sich bereits vor dem Erbfall verpflichten, von erbschaftsrechtlichen Gestaltungsrechten in bestimmter Weise Gebrauch zu machen, zB Verpflichtung zur Annahme oder Ausschlagung der Erbschaft.
- Nachlassgegenstandsverträge: Die Beteiligten gehen davon aus, dass im Nachlass ein bestimmter Vermögensgegenstand, zB ein Grundstück, sein wird und wünschen bereits vor dem Erbfall eine vertragliche Bindung im Hinblick auf diesen zukünftig dem Erben zustehenden Nachlassgegenstand (zB Bestellung eines Nießbrauchs oder Wohnrechts an einem Grundstück, das in den Nachlass fallen wird).[573]
- Anrechnungs- und Ausgleichungsverträge: Zukünftige Erben wollen die aus §§ 2050 ff BGB folgende gesetzliche Ausgleichungsregelung modifizieren.[574]

## 2. Schutzzweck

**234** Der Gesetzgeber hat mit § 311b Abs 4 BGB (unverändert früher § 312 Abs 1 BGB) und seiner Nichtigkeitssanktion verschiedene Schutzzwecke verwirklichen wollen, die für das Verständnis der Vorschrift von großer Bedeutung sind:[575] Das Gesetz missbilligt Verträge über den Nachlass, den Erbteil, den Pflichtteil oder das Vermächtnis aus dem Nachlass eines lebenden Dritten. Es geht davon aus, dass der Abschluss derartiger Geschäfte über das Vermögen eines Lebenden, die in Erwartung seines Todes geschlossen werden, sittlich verwerflich ist und in den meisten Fällen nur zur leichtsinnigen Vermögensverschleuderung oder zur Ausbeutung solchen Leichtsinns führt. Bei Erlass der Vorschrift wurde weiterhin noch eine Erwägung angestellt, dass ein solcher Vertrag wegen der Spekulation auf den baldigen Tod sittlich verwerflich sein kann oder aber dass er für den Erblasser bei Kenntnis subjektiv die Testierfreiheit einzuschränken droht.[576] Nach der Rechtsprechung des BGH ist dieser Aspekt allerdings mehr und mehr in den Hintergrund getreten, sodass der Aspekt der Vermögensverschleuderung und damit der Schutzaspekt für den zukünftigen Erben bzw Berechtigten in erster Linie für die Auslegung maßgebend ist.[577] Dementsprechend spielt der Rechtsgrund, der dem Vertrag im Sinne von § 311b Abs 4 BGB zugrunde liegt, keine Rolle mehr und die Vorschrift greift nach der hM auch dann, wenn der Rechtsgrund durchaus sachlich gerechtfertigt ist, ja sogar bei einem der allgemeinen Üblichkeit entsprechenden Vertragsziel wie etwa der Gleichbehandlung etwaiger Erben.[578] Aus diesem Grund hat der Gesetzgeber nach § 311b Abs 4 S 1 BGB derartige Verträge als nichtig erachtet. Eine Ausnahme von diesem Verbot enthält § 311b Abs 5 BGB, nach dem ein Vertrag, der unter künftigen gesetzlichen Erben über den gesetzlichen Erbteil oder ein Pflichtteil eines von ihnen geschlossen wird, grund-

---

573 Vgl KAUFHOLD ZEV 1996, 454.
574 Vgl hierzu MAYER ZEV 1996, 441 ff.
575 Vgl MünchKomm-THODE, § 312 BGB RdNr 2; STAUDINGER-WUFKA § 312 BGB RdNr 2; BGHZ 37, 319, 323; BGHZ 25, 321, 324; BGH NJW 1995, 448 = DNotZ 1996, 763;

vgl auch die Neuinterpretation des Schutzzwecks LIMMER DNotZ 1998, 927, 930.
576 Vgl MünchKomm-THODE, aaO.
577 So ausdrücklich BGH NJW 1995, 448 = DNotZ 1996, 763.
578 BGH, aaO.

sätzlich zulässig ist. Sinn und Zweck dieser Vorschrift ist es, als Ausnahmeregelung des § 311b Abs 4 BGB eine vorzeitige Auseinandersetzung unter den künftigen Erben zu ermöglichen.[579]

### 3. Dingliche Verfügungen über das zukünftige Erbrecht

Unabhängig von § 311b Abs 4 BGB sind dingliche Verfügungen, die die zukünftige Erbschaft, den zukünftigen Erbteil, das zukünftige Vermächtnis oder den zukünftigen Pflichtteilsanspruch vor dem Erbfall betreffen, unwirksam, da nach der hM diese Rechtspositionen kein übertragbares oder vererbliches Anwartschaftsrecht begründen, sondern allenfalls als mehr oder minder begründete Aussichten auf einen künftigen Rechtserwerb anzusehen sind.[580] Problematisch sind allerdings die Fälle, in denen die Frage des Anwartschaftsrechts umstritten ist, insbesondere hinsichtlich des Schlusserben aus einem Berliner Testament bzw des Vertragserben beim Erbvertrag. Hier hat der BGH zumindest ein Anwartschaftsrecht angenommen.[581] Unabhängig von der Qualifizierung dieser Rechtsposition als Anwartschaftsrecht wird von der hM die Übertragbarkeit dieser Rechtsposition bisher noch abgelehnt.[582] Eine Literaturauffassung weist allerdings zu Recht darauf hin, dass mit der dogmatischen Anerkennung dieser Rechtsposition als Anwartschaftsrecht ähnlich wie beim Anwartschaftsrecht des Nacherben weder dogmatische noch sachliche Gründe gegen die Zulässigkeit der Abtretung sprechen.[583] Verschiedentlich wird die Unzulässigkeit derartiger Verfügungsverträge auch mit § 311b Abs 4 (früher § 312) BGB begründet.[584] Das ist nicht überzeugend, da § 311b Abs 5 BGB gerade unter bestimmten Voraussetzungen Verträge unter gesetzlichen Erben zulassen will und im Grunde das Verfügungsgeschäft seinem Regelungszweck nach nur mittelbar regelt, sodass die Zulässigkeit des Verpflichtungsgeschäfts auf das Verfügungsgeschäft durchschlagen muss.[585]

Entscheidend in diesem Bereich ist also, ob die Grenzen des § 311b Abs 5 BGB eingehalten werden.

Das Gleiche gilt für die Abtretung von Pflichtteilsansprüchen.[586] Nach ganz hM kann der Pflichtteilsanspruch dinglich bereits vor dem Erbfall als künftiger Anspruch übertragen werden.[587] Auch hier ist allerdings die Begrenzung des § 311b Abs 4 BGB zu beachten, aber auch die Zulässigkeit nach Abs 5 gegeben.

---

[579] MünchKomm-THODE § 312 BGB RdNr 13; SOERGEL-WOLF, 12. Aufl, § 312 BGB RdNr 10; STAUDINGER-WUFKA, § 312 BGB RdNr 19.
[580] Vgl BGHZ 12, 115: in einem Erbvertrag bedachter Vermächtnisnehmer, BGHZ 37, 319, 322; BGHZ 1, 343, 349; vgl auch OLG Karlsruhe FamRZ 1989, 1351; MünchKomm-LEIPOLD, § 1922 BGB RdNr 72 ff; ERMAN-SCHLÜTER, § 1922 BGB RdNr 44; Einl § 1922 BGB RdNr 1.
[581] BGHZ 37, 319, 322 = NJW 1962, 1910; offen gelassen BGH ZEV 1998, 22; zustimmend OLG Düsseldorf ZEV 1996, 310, 313; zum Meinungsstreit vgl MünchKomm-MUSIELAK, § 2269 BGB RdNr 32; STAUDINGER-KANZLEITER, § 2269 BGB RdNr 12.
[582] BGHZ 37, 331, 337; BGHZ 104, 279 = DNotZ 1989, 169; MünchKomm-MUSIELAK § 2269 BGB RdNr 32.
[583] So STAUDINGER-WUFKA § 312 RdNr 30; KUCHINKE JZ 1990, 601, 602.
[584] So MünchKomm-MUSIELAK § 2269 BGB RdNr 33.
[585] Ebenso im Ergebnis STAUDINGER-WUFKA § 313 BGB RdNr 30.
[586] Der vom Pflichtteilsrecht zu unterscheiden ist, vgl MünchKomm-FRANK §§ 2303 BGB RdNr 5, 2317 BGB RdNr 1.
[587] So MünchKomm-FRANK, § 2317 BGB RdNr 1; MünchKomm-THODE § 312 BGB RdNr 15; STAUDINGER-WUFKA § 312 RdNr 29; ERMAN-BATTES § 312 BGB RdNr 4; SOERGEL-WOLF § 312 BGB RdNr 13; KUCHINKE JZ 1990, 602.

### 4. Der Anwendungsbereich des § 311b Abs 4

#### a) Überblick

237 Die hM geht davon aus, dass nach dem Wortlaut und der systematischen Stellung § 311b Abs 4 BGB zunächst den schuldrechtlichen Vertrag erfasst und dessen Nichtigkeit anordnet.[588] Zum Teil nimmt die Literatur allerdings auch direkt dingliche Verträge in den Anwendungsbereich des § 311b Abs 4 BGB auf,[589] die hM wendet § 311b Abs 4 BGB aber nur entsprechend an und kommt im Ergebnis daher ebenfalls zu der Auffassung, dass Erfüllungsgeschäfte zur Erfüllung eines nichtigen schuldrechtlichen Vertrages ebenfalls nichtig sind.[590]

238 Abgesehen von der Ausnahmevorschrift des § 311b Abs 5 BGB wendet die hM § 311b Abs 4 BGB relativ weit an. Danach erfasst die Vorschrift jegliche Art von Verträgen, die sich auf den Nachlass eines noch lebenden Dritten oder den Pflichtteil oder ein Vermächtnis beziehen. Auch der Erbersatzanspruch gem § 1934a BGB gehört hierzu.

#### b) Gegenstand des Vertrages

##### aa) Vertrag über den Nachlass

239 Nach § 311b Abs 4 S 1 BGB ist zunächst ein Vertrag »über den Nachlass« des noch lebenden Dritten nichtig. Gleichgestellt sind nach der hM auch Verträge, die einen Erbteil oder einen Bruchteil des Nachlasses betreffen.[591] Wie der BGH bereits frühzeitig entschieden hat, fallen unter § 311b Abs 4 S 1 BGB nicht nur Verträge, durch die eine Verpflichtung zur Übertragung des Nachlasses oder eines Erbteils oder eines Bruchteils des Nachlasses begründet wird, sondern auch andere Rechtsgeschäfte, die im weitesten Sinn den Nachlass betreffen, zB die Verpflichtung, einen bestimmten Teil des durch den Nachlass bedingten Vermögenszuwachses in Geld abzuführen.[592] Auch sonstige oben genannte Fallgruppen, die sich auf den Nachlass, einen Erbteil oder auf einen Bruchteil des Nachlasses beziehen, unterfallen der Verbotsnorm: insbesondere auch Verpflichtungen zur Verpfändung, Sicherungsübereignung, Annahme oder Ausschlagung des Erbrechts oder das Verhalten im Hinblick auf die Anfechtungsrechte.[593] Auch Verträge über die Anrechnung und Modifizierung der Anrechnungs- und Ausgleichungsbestimmungen sind Verträge im Sinne des § 311b Abs 4 BGB.[594]

##### bb) Verträge über einzelne Nachlassgegenstände

240 Einigkeit besteht, dass Verträge, die nicht den Nachlass, einen Bruchteil oder ein Erbteil betreffen, sondern einzelne Gegenstände des künftigen Nachlasses, grund-

---

[588] RGZ 65, 367; RGZ 169, 99; BGHZ 37, 324; PALANDT-HEINRICHS § 312 BGB RdNr 2; MünchKomm-THODE, § 312 BGB RdNr 4; SOERGEL-WOLF, § 312 BGB RdNr 13; NIEDER, Handbuch der Testamentsgestaltung, RdNr 898.
[589] So STAUDINGER-WUFKA § 312 BGB RdNr 3.
[590] BGHZ 26, 320, 326 = NJW 1958, 705; BGHZ 37, 319, 324; MünchKomm-THODE § 312 BGB RdNr 5; PALANDT-HEINRICHS § 312 BGB RdNr 2.
[591] BGHZ 26, 320, 325; MünchKomm-THODE § 312 RdNr 7; STAUDINGER-WUFKA § 312 BGB RdNr 10; vgl auch BGH DNotZ 1988, 169 = BGH JZ 1990, 599 mit Anm KUCHINKE.
[592] So der Fall im BGHZ 26, 320; ähnlich auch der Fall BGH NJW 1995, 448 = DNotZ 1996, 763.
[593] Vgl STAUDINGER-WUFKA § 312 BGB RdNr 4; PALANDT-HEINRICHS § 312 BGB RdNr 2; NIEDER, Handbuch der Testamentsgestaltung, RdNr 897.
[594] Vgl MAYER ZEV 1996, 441, 444. Auch Abfindungsvereinbarungen im Hinblick auf ein Erbrecht, zB zwischen Schlusserben, unterfallen dem Anwendungsbereich des § 312 Abs 1 BGB (so BGHZ 37, 319 = NJW 1962, 1910; kritisch WIEDEMANN NJW 1968, 771).

sätzlich nicht von § 311b Abs 4 BGB erfasst werden.[595] Sicherungsübertragungsverträge über zukünftige einzelne Vermögensgegenstände oder die Verpflichtung zur Bestellung eines Wohnrechts an einem Grundstück, das voraussichtlich im Wege des Erbfalles auf den Erben übergeht, sind damit grundsätzlich zulässig. Ähnlich wie beim durch die Insolvenzrechtsreform aufgehobenen § 419 BGB ist die hM in Rechtsprechung und Literatur allerdings der Auffassung, dass § 311b Abs 4 BGB Anwendung findet, wenn sich der Nachlass wertmäßig in den betroffenen Gegenständen im Wesentlichen erschöpft.[596] Gleichgestellt sollen die Fälle sein, in denen durch eine Aufzählung einzelner Gegenstände verschleiert werden soll, dass eine Beteiligung am Nachlass beabsichtigt ist. In der Literatur werden allerdings seit einiger Zeit zu Recht gegen diese, die Rechtssicherheit beeinträchtigende und auch vom Schutzzweck nicht unbedingt gedeckte Auslegung des § 311b Abs 4 BGB Bedenken angemeldet.[597] Werden einzelne Gegenstände in dem Vertrag ausdrücklich genannt, so bleibt für den Veräußernden ersichtlich, welche konkreten Vermögensgegenstände er weggibt, sodass der Zweck des Verschwendungsschutzes, der bei der unspezifischen Bezeichnung als Nachlass angebracht ist, nicht greift. In der Praxis wird man sich allerdings auf die hM einstellen müssen.

#### cc) Verträge über den Pflichtteil

§ 311b Abs 4 S 2 BGB erweitert die Nichtigkeitssanktion auch auf Verträge über den Pflichtteil aus dem Nachlass eines noch lebenden Dritten. In der Literatur wird hierbei teilweise zwischen der als zulässig anerkannten Abtretung des Pflichtteilsanspruchs bzw des zulässigen Verzichts auf den Pflichtteilsanspruch, der offenbar nicht § 311b Abs 1 BGB unterfallen soll, und der unzulässigen Vereinbarung im Hinblick auf das Pflichtteilsrecht differenziert.[598]

**241**

#### dd) Vereinbarungen über Vermächtnis

Nach § 311b Abs 4 S 2 BGB sind auch Vereinbarungen im Hinblick auf das Vermächtnis aus dem Nachlass eines noch lebenden Dritten erfasst. Bereits im Urteil aus dem Jahre 1956[599] entschied der BGH, dass Erben, bei denen ein Teil der Erben durch Vermächtnisse abgefunden wurden, nach § 311b Abs 4 S 2 BGB keinen Vertrag schließen können, durch den die Kinder zu Lebzeiten des Erblassers diese Abfindung anderweitig regeln. Ebenfalls sollte in diesem Fall auf bestimmte Vermächtnisse verzichtet werden. Die Besonderheit der Nichtigkeit von Verträgen im Hinblick auf Vermächtnisse nach § 311b Abs 4 S 2 BGB liegt darin, dass in § 311b Abs 4 BGB auch unter künftigen Erben keine derartigen Verträge zulässig sein sollen, da in dieser Vorschrift das Vermächtnis nicht genannt ist.[600] In der Literatur wird daher auch ohne weiteres dieser alten Rechtsprechung des BGH zur Anwendung des § 311b Abs 4 S 2 BGB auf alle Vermächtnisse und der Nichtanwendung des § 311b Abs 4 BGB gefolgt.[601] Auch der BGH hatte ohne weitere Dif-

**242**

---

**595** BGH MDR 1960, 575 = DNotZ 1960, 382; MünchKomm-THODE § 312 BGB RdNr 9; PALANDT-HEINRICHS § 312 BGB RdNr 3; KAUFHOLD ZEV 1996, 454, 455.
**596** Sog Erschöpfungstheorie; BGH DNotZ 1960, 382; RG LZ 1924, 587; MünchKomm-THODE § 312 BGB RdNr 9; PALANDT-HEINRICHS § 312 BGB RdNr 3; vgl auch DNotI-Report 1996, 141; KAUFHOLD ZEV 1996, 454, 455 f.
**597** So STAUDINGER-WUFKA § 312 BGB RdNr 11; KAUFHOLD ZEV 1996, 456.
**598** Vgl STAUDINGER-WUFKA, § 312 BGB RdNr 29; MünchKomm-THODE, § 312 BGB RdNr 15; vgl auch NIEDER, aaO, RdNr 902; vgl auch PALANDT-HEINRICHS, § 312 BGB RdNr 7.
**599** NJW 1956, 1151.
**600** So ausdrücklich BGH NJW 1956, 1151.
**601** Vgl MünchKomm-THODE § 312 BGB RdNr 7; ERMAN-BATTES § 312 BGB RdNr 2; PALANDT-HEINRICHS § 312 BGB RdNr 3.

ferenzierung in einem obiter dictum im Urteil v 25. 10. 1995 die Auffassung vertreten, dass ein »Erbschaftsvertrag über ein Vermächtnis aus dem Nachlass eines noch lebenden Dritten unter § 311b Abs 4 BGB« fällt.[602] Lediglich WUFKA hat allerdings zu Recht[603] darauf hingewiesen, dass der Schutzzweck des § 311b Abs 4 BGB nicht ohne Weiteres passt und insbesondere die Nichtanwendung des § 311b Abs 4 BGB zu Problemen führen kann. Im Gegensatz zum Nachlass und zum Pflichtteil betreffen Vermächtnisse häufig nur Einzelgegenstände. Bei Einzelgegenständen ist allerdings anerkannt, dass Verträge über Gegenstände aus dem Nachlass nicht § 311b Abs 4 BGB unterfallen.[604] Unter Anwendung dieser am Schutzzweck orientierter Grundsätze muss auch beim Vermächtnis über einen Einzelgegenstand eine Vereinbarung zulässig sein.[605] Der Schutzzweck des § 311b Abs 4 BGB ist daher nur tangiert, wenn das Vermächtnis einen bestimmten Bruchteil betrifft. Für die Praxis ist allerdings zu beachten, dass sich diese Auffassung, soweit ersichtlich, in der Rechtsprechung noch nicht hat durchsetzen können, sodass derartige Vereinbarungen im Hinblick auf ein Vermächtnis mit größter Vorsicht zu beurteilen sind. Folgt man dieser einengenden Auslegung des § 311b Abs 4 BGB nicht, dann spricht doch einiges dafür zumindest, § 311b Abs 4 BGB auch auf ein Vermächtnis anzuwenden. Es ist häufig vom Zufall abhängig, ob eine Erbeinsetzung oder eine Vermächtnislösung gewählt wird, oft spielen auch wirtschaftliche oder steuerliche Gründe eine Rolle. Es ist daher nicht recht ersichtlich, warum nicht eine zulässige Vereinbarung künftiger gesetzlicher Erben nach § 311b Abs 4 BGB nicht auch ein Vermächtnis regeln soll. Allenfalls das Wortlautargument, dass in § 311b Abs 5 BGB das Vermächtnis nicht genannt ist, lässt sich heranziehen, sachliche Gründe sind hierfür kaum zu finden.[606]

### 5. Zulässige Erbschaftsverträge nach § 311b Abs 5 BGB

#### a) Der Begriff der gesetzlichen Erben

**243** § 311b Abs 5 BGB regelt im Übrigen eine Ausnahme von der Nichtigkeitssanktion, um eine vorzeitige Auseinandersetzung unter künftigen gesetzlichen Erben zu ermöglichen.[607]

Nach dem Wortlaut muss der Vertrag nach § 311b Abs 5 BGB »unter künftigen gesetzlichen Erben« geschlossen werden. Nach der hM ist nicht erforderlich, dass es sich um die nächsten gesetzlichen Erben erster Ordnung handelt, es genügt, dass sie zum Zeitpunkt des Vertragsschlusses zu einer der in §§ 1924 ff BGB genannten Erbgenerationen gehören.[608] Unerheblich ist hierbei, ob die Vertragschließenden im Erbfall wirklich Erben werden, auch eine testamentarische Erbeinsetzung genügt für die Zulässigkeit nicht.[609]

#### b) Inhaltliche Begrenzung

**244** § 311b Abs 5 BGB lässt zunächst einen Vertrag »über den gesetzlichen Erbteil« unter den genannten Beteiligten zu. Ein solcher Vertrag bedarf der notariellen Beur-

---

[602] So BGH DNotZ 1997, 122, 124.
[603] In STAUDINGER, § 312 BGB RdNr 14.
[604] Vgl BGHZ 26, 320, 325.
[605] Ebenso NIEDER, aaO, RdNr 898.
[606] Vgl LIMMER DNotZ 1998, 927, 935; aA BGH NJW 1956, 1151; MünchKomm-THODE § 312 BGB RdNr 14.
[607] Vgl zum Schutzzweck des § 312 Abs 2 BGB STAUDINGER-WUFKA § 312 BGB RdNr 19; MünchKomm-THODE, § 312 BGB RdNr 13.
[608] RGZ 98, 332; BGH NJW 1956, 1151; STAUDINGER-WUFKA, § 312 BGB RdNr 20; PALANDT-HEINRICHS § 312 BGB RdNr 5; MünchKomm-THODE, § 312 BGB RdNr 13.
[609] MünchKomm-THODE, aaO.

kundung. Seit der Grundsatzentscheidung des BGH vom 11. 5. 1988[610] ist für die Praxis die Frage entschieden, dass ein Erbschaftsvertrag auch über einen testamentarischen Erbteil nach § 311b Abs 5 BGB zulässig ist.[611] Der BGH versteht damit nun § 311b Abs 5 BGB dahingehend, dass es nicht darauf ankommt, ob der Erbteil Kraft Gesetzes oder Kraft testamentarischer Erbfolge erlangt wurde. Das Merkmal des gesetzlichen Erbteils hat nach Auffassung des BGH lediglich die Bedeutung einer quantitativen Begrenzung dessen, über das die künftigen gesetzlichen Erben wirksame Erbschaftsverträge schließen können. Die Beteiligten können daher eine Regelung auch über testamentarische Erbteile treffen, soweit diese Regelung nicht über den gesetzlichen Erbteil hinausgeht.[612] Die Umsetzung dieser quantitativen Grenze bereitet wenig Probleme bei der Frage, inwieweit Verpflichtungen zur Abtretung des Erbteils zulässig sind. Schwieriger sind Ausgleichungs- und Gestaltungsverpflichtungsverträge einzuordnen. Im Hinblick auf die Grundlagenentscheidung des BGH wird man diese Erbschaftsverträge auch bis zur Höhe des gesetzlichen Erbteils wohl als zulässig erachten können, soweit Ausgleichsverpflichtungen geregelt werden sollen.[613]

### c) Notarielle Beurkundung[614]

Ein derartiger Vertrag bedarf nach § 311b Abs 5 S 2 BGB der notariellen Beurkundung. Beurkundungspflichtig ist der gesamte Vertrag, und damit alle Erklärungen, die nach dem Willen der Beteiligten mit dem Vertrag zwingend zusammenhängen. Der BGH hat im Urteil vom 30. 11. 1994[615] entschieden, dass die vorgeschriebene Form auch für eine Vertragskombination gilt, bei der der Erblasser dem Erbschaftsvertrag ausdrücklich zustimmt. Verträge zwischen künftigen gesetzlichen Erben über wertmäßige Zahlungen in der Höhe der Hälfte des Nachlasswertes sind daher auch dann formbedürftig, wenn der Erblasser diesem Vertrag zustimmt.

## IX. Bankverfügung, Bausparvertrag und Lebensversicherung im Erbrecht

### 1. Bankverfügung und Verfügung von Todes wegen

#### a) Der Bestand von Bankverfügungen im Todesfall. Mögliche Gefährdungen

Soweit das Vermögen einer Person aus Geld, Wertpapieren oä besteht, ist derjenige, der diese Werte zu übertragen wünscht, nicht auf das erbrechtliche Instrumentarium angewiesen. Es gibt eine Reihe **bankspezifischer Gestaltungen,** die es ermöglichen, Vermögenswerte aus dem Nachlass auszugliedern und für sie eine »Sondernachfolge« anzuordnen.[616]

Die bankspezifischen Gestaltungen sind Rechtsgeschäfte unter Lebenden, nicht Verfügungen von Todes wegen, auch dann nicht, wenn sie auf den Tod des Kontoinhabers bezogen sind. Insbesondere der Vertrag zugunsten Dritter (§ 328 BGB)

---

610 BGHZ 104, 279 = NJW 1988, 276 = DNotZ 1989, 169.
611 Ablehnend RGZ 98, 330.
612 So auch die herrschende Lehre STAUDINGER-WUFKA § 312 BGB RdNr 22; PALANDT-HEINRICHS § 312 BGB RdNr 6; SOERGEL-WOLF § 312 BGB RdNr 12; KUCHINKE JZ 1990, 601; MünchKomm-THODE § 312 BGB RdNr 14.
613 So auch MAYER ZEV 1996, 444; ähnlich auch NIEDER, Handbuch der Testamentsgestaltung, RdNr 900.
614 Vgl zum besonderen Schutz durch notarielle Beurkundung LIMMER DNotZ 1998, 927, 938.
615 ZEV 1995, 142.
616 Vgl BURGHARDT ZEV 1996, 136.

und der Vertrag zugunsten Dritter auf den Todesfall (§ 331 BGB) ermöglichen zahlreiche sachgerechte Gestaltungen außerhalb des Erbrechts und außerhalb des erbrechtlichen Formzwanges; der Anwendungsbereich des § 2301 BGB (Schenkung auf den Todesfall) mit dem dort angeordneten Formzwang ist demgegenüber gering. Durch einen Vertrag zugunsten Dritter kann sich der Erblasser eine Leistung an den von ihm begünstigten Dritten derart versprechen lassen, dass dieser nach dem Tod des Erblassers unmittelbar einen Anspruch gegen den Versprechenden auf die Leistung erwirbt. Dem Dritten muss das Recht nicht endgültig und sofort zugewandt werden; dies folgt aus § 328 Abs 2 BGB, wonach das dem Dritten zugewandte Recht befristet oder bedingt bestellt werden darf. § 331 BGB ermöglicht die Zuwendung schuldrechtlicher Ansprüche, zB auf Übertragung des Eigentums; das Eigentum selbst kann (ohne Erfüllungsgeschäft) nicht unmittelbar nach § 331 BGB zugewandt werden.

**247** Vermögensverschiebungen, die aufgrund bankspezifischer Maßnahmen herbeigeführt werden, sind jedoch in mancherlei Hinsicht in ihrem **Bestand nicht gesichert:**[617]

– **Bestandsgefährdungen aus dem Deckungsverhältnis**

**248** Es handelt sich in allen Fällen um Vorgänge im Rahmen eines Bankvertrages. Die Rechtsbeziehungen des Erblassers (Versprechensempfängers) zu dem Versprechenden, das sog Deckungsverhältnis, und auch der dadurch begründete Anspruch des Dritten gegen den Versprechenden unterliegen im Grundsatz nicht dem Erbrecht, sondern dem Schuldrecht.[618] § 2301 BGB ist nicht anwendbar (also kein Formzwang!), selbst wenn es sich im Verhältnis zwischen dem Versprechensempfänger und dem Begünstigten (Valuta-Verhältnis) um eine unentgeltliche Zuwendung handelt.[619] Es ist nicht nur das Verhältnis des Kontoinhabers zum Begünstigten (Valutaverhältnis) zu sehen, sondern auch sein Verhältnis als Versprechensempfänger zur Bank als Versprechender. Einen Anspruch auf eine Vermögensverschiebung erlangt der Begünstigte nur, wenn der Bankkunde ihm den Vermögensvorteil zuwenden wollte und diese Rechtsfolge auch der Bank klar war und von ihrem vertraglichen Leistungswillen umfasst wurde.[620] Entsprechende Klarstellungen sind daher geboten. Lässt sich die Bankverfügung nicht in solcher Weise bestandskräftig gestalten, ist eine erbrechtliche Absicherung der gewünschten Vermögensverschiebung notwendig; dies ist allerdings nur möglich, wenn der Kontoinhaber in seiner Testierfreiheit nicht beschränkt ist.

– **Bestandsgefährdungen aus dem Valutaverhältnis**

**249** Kommt es zu einer Vermögensverschiebung aufgrund Bankverfügung, so kann der Begünstigte den so (außerhalb des Erbgangs) erlangten Vorteil nur behalten, wenn im Verhältnis zum Kontoinhaber (Erblasser) und dessen Erben ein wirksames Kausalverhältnis vorliegt. Dieses wird in aller Regel ein Schenkungsvertrag sein. Hierzu bedarf es einer Einigung des Begünstigten mit dem Schenker über die Unentgeltlichkeit der Zuwendung gem § 516 BGB; diese ist beurkundungspflichtig (§ 518 Abs 1 BGB). Der Formmangel wird geheilt, wenn der Begünstigte den erworbenen Anspruch gegen den Versprechenden mit dem Tod des Erblassers erwirbt. Da in derartigen Fällen ein sog Von-Selbst-Erwerb des Begünstigten erfolgt,[621] ist Vollzug nach § 2101 Abs 2 BGB wie auch nach § 518 Abs 2 BGB anzu-

---

**617** Vgl ausführlich WERKMÜLLER ZEV 2001, 97.
**618** BGHZ 66, 8 = DNotZ 1976, 555.
**619** BGHZ 66, 8 = DNotZ 1976, 555; BGH WM 1976, 1130.
**620** BGH DNotZ 1984, 692.
**621** BGHZ 41, 95.

nehmen. Die Einigung über die Unentgeltlichkeit der Zuwendung kann auch erst nach dem Tode des Schenkers zustande kommen (§§ 130, 153 BGB). Sie wird jedoch dadurch verhindert, dass dem Begünstigten vor der Annahme des Angebots der Schenkung oder gleichzeitig mit ihr ein wirksamer Widerruf durch die Erben zugeht. Die Erben können in der Regel das Schenkungsangebot in gleicher Weise widerrufen wie der Erblasser selbst.[622] Das Widerrufsrecht folgt aus § 328 Abs 2 BGB. Der Erblasser kann die Widerrufsmöglichkeit der Erben nicht ohne weiteres beseitigen, es sei denn, er verzichtet selbst auf das Widerrufsrecht. Andernfalls muss er die Erben durch Vermächtnis bzw Auflage verpflichten, einen Widerruf zu unterlassen, oder die künftigen Erben an der Verfügung zugunsten Dritter beteiligen. Eine solche Verfügung von Todes wegen wird jedoch nicht immer möglich sein (zB bei bestehender erbvertraglicher Bindung). Liegt kein wirksames Kausalverhältnis vor, können die Erben den Vermögensvorteil des durch Bankverfügung Begünstigten gem §§ 812 ff BGB kondizieren.

– **Bestandsgefährdungen aus der fehlenden Testierfreiheit des Kontoinhabers**
Der Bankverfügung zugunsten Dritter wird dann besondere Bedeutung zukommen, wenn der Kontoinhaber durch Erbvertrag oder gemeinschaftliches wechselbezügliches Testament in der Testierfreiheit eingeschränkt ist. Er kann dann den Wunsch haben, Geld oder Wertpapiere aus dem Nachlass auszugliedern und durch eine Sondernachfolge dritten Personen zuzuweisen. Eine derartige Verfügung zugunsten Dritter ist nicht schon aus dem Gesichtspunkt der Umgehung der Bindung unwirksam. Wohl aber kann dem benachteiligten Vertrags- oder Schlusserben ein Bereicherungsanspruch gemäß § 2287 BGB zustehen. Dies gilt auch für den Vermächtnisnehmer nach § 2288 BGB.[623] Entscheidend ist, ob der Kontoinhaber (Erblasser) ein anerkennenswertes lebzeitiges Eigeninteresse an der Bankverfügung hat.[624] Liegt ein solches nicht vor, ist die Bankverfügung in ihrem Bestand gegenüber den Erben gefährdet. **250**

**b) Bankvollmacht für den Todesfall**
Der Erblasser kann Inhaber seines Bankkontos bleiben und dem Dritten, den er begünstigen will, lediglich eine Vollmacht für den Todesfall bezüglich dieses Bankkontos erteilen. Der Umfang der Vertretungsmacht richtet sich nach den §§ 164 ff BGB. Die Bankvollmacht für den Todesfall wird durch **Rechtsgeschäft unter Lebenden** erteilt, soll aber erst mit dem Tod des Vollmachtgebers wirksam werden. Der Bevollmächtigte ist dann legitimiert, mit Wirkung für und gegen die Erben bezüglich des in der Vollmacht genannten Kontos aufzutreten.[625] **251**

Eine bloße Bankvollmacht auf den Todesfall beinhaltet allerdings noch keine **Vermögensverschiebung,** die etwa die 10-Jahres-Frist des § 2325 Abs 3 BGB auslösen würde, doch können Vermögensverfügungen, die vom Bevollmächtigten zu seinen eigenen Gunsten vorgenommen werden, eine derartige Vermögensverschiebung darstellen. Soll sich die Vollmacht auf derartige Verfügungen zu eigenen Gunsten erstrecken, ist dies beim Erteilen der Vollmacht klarzustellen. Nimmt der Bevollmächtigte nach dem Ableben des Kontoinhabers Verfügungen zu seinen eigenen Gunsten vor, so kann er den so erlangten Vorteil nur behalten, wenn ein **wirksames Kausalverhältnis** zugrunde liegt.[626] Die Vollmachtserteilung mit der Befugnis, zu eigenen Gunsten zu verfügen, kann, wenn die übrigen Gesichtspunkte auch hierfür sprechen, darauf hindeuten, dass sie das Angebot auf **252**

---

622 BGH WM 1976, 1130; DNotZ 1984, 692.
623 BGH FamRZ 1976, 205.
624 Vgl dazu § 2287 RdNr 10 ff.
625 GRAF VON WESTPHALEN in: Münchener Vertragshandbuch Bd 3, II 9 Anm 1.
626 S oben RdNr 249.

Abschluss eines Schenkungsvertrages enthält. Das Angebot wird dann mit Verfügung durch den Bevollmächtigten angenommen; zugleich wird das Schenkungsversprechen vollzogen und damit der Formmangel im Sinn von § 518 Abs 2 BGB geheilt.[627] § 181 BGB ist, wenn eine Verfügung gestattet ist, nicht einschlägig.[628] Eine Nachfrage der Bank bei den Erben ist nicht notwendig,[629] jedoch nur, solange die Vollmacht von den Erben nicht widerrufen ist.

253 Solange der **Widerruf der Erben** gegenüber der Bank nicht erklärt wurde, bleibt die Vollmacht in Kraft. Grundsätzlich kann die Bankvollmacht auch so gestaltet werden, dass ein Widerruf durch die Erben nicht möglich ist;[630] da auch hier zahlreiche Zweifelsfragen bestehen,[631] ist eine Klarstellung in der Bankverfügung geboten. Es empfiehlt sich auch, die Bankverfügung durch die Bank bestätigen zu lassen, da die Rechtsfolge auch vom Vertragswillen der Bank umfasst sein muß.[632] Auch wegen der problematischen Bedeutung des Kausalverhältnisses für die Unwiderruflichkeit ist eine Klarstellung über den Grund einer möglichen Zuwendung an den Bevollmächtigten selbst geboten.

### c) Einzelkonto zugunsten Dritter (§ 328 BGB)

254 Soll ein Dritter außerhalb des Nachlasses begünstigt werden, so ist es möglich, dass der Begünstigende zu seinen Lebzeiten ein **Konto auf den Namen des Begünstigten** errichtet. Handelt er dabei nicht aufgrund Vollmacht für den Begünstigten, sondern im eigenen Namen, so liegt ein Vertrag mit der Bank zugunsten Dritter gemäß § 328 BGB vor.

255 Will der Begünstigende haben, dass der Begünstigte über das Konto nicht vor einem bestimmten Zeitpunkt, zB nicht vor dem Ableben des Begünstigenden verfügen kann, so ist ein entsprechender Sperrvermerk anzuordnen. Ein solches **Sperrkonto,** das § 328 Abs 2 BGB zuzuordnen ist, ist dadurch charakterisiert, dass die Verfügungsmacht des Kontoinhabers eingeschränkt ist.[633] Auch unter dem Gesichtspunkt der formellen Kontenwahrheit (§ 154 AO) bestehen keine Bedenken; dieser Grundsatz besagt nur, dass jedes Konto auf den richtigen Namen einer Person lauten muß.[634] Die Schenkung zugunsten Dritter auf den Todesfall wird in der Regel die 10-Jahres-Frist des § 2325 Abs 3 BGB für die Geltendmachung des Pflichtteils nicht in Gang setzen.[635]

Der vorgenannte Fall liegt auch vor, wenn ein **Sparbuch** zugunsten eines (auch minderjährigen) Kindes eingerichtet wird, sofern zwischen Bank und Versprechensempfänger (Begünstigendem) Einigkeit darüber besteht, dass das Kind die Forderung erst zu einem bestimmten Zeitpunkt erwerben soll, zB wenn es volljährig geworden ist.[636] Behält der Versprechensempfänger das Sparbuch, so behält er auch wegen § 808 BGB die Verfügungsbefugnis über das Konto.[637] Im Zu-

---

627 OLG München WM 1973, 1252; CANARIS, Bankrecht RdNr 223; GRAF VON WESTPHALEN in: Münchener Vertragshandbuch Bd 3, IX 9 Anm 4.
628 MünchKomm-THIEL § 181 RdNr 44; STAUDINGER-DILCHER § 181 RdNr 35.
629 BGH WM 1969, 702; BGH ZEV 1995, 150 mit Anm KRAMPE, OLG Düsseldorf WM 1983, 547; MünchKomm-THIEL § 168 RdNr 22; aA CANARIS, Bankrecht RdNr 223; FLUME, AT, S 149 ff.
630 STAUDINGER-DILCHER § 168 RdNr 11.
631 Vgl dazu GRAF VON WESTPHALEN in:
Münchener Vertragshandbuch Bd 3, II 8 Anm 9.
632 BGH DNotZ 1984, 692.
633 BGH DNotZ 1984, 692; CANARIS, Bankrecht RdNr 250.
634 EICHEL MittRhNotK 1975, 615 = MittBayNot 1977, 43, 45; BORK NJW 1981, 905.
635 BGH DNotZ 1987, 315 mit Anm NIEDER.
636 STAUDINGER-KADUK § 328 RdNr 85; GRAF VON WESTPHALEN in: Münchener Vertragshandbuch Bd 3, II 6 Anm 5.
637 BGHZ 46, 198, 199; BGH NJW 1970, 1181, 1182.

IX. Bankverfügung, Bausparvertrag und Lebensversicherung im Erbrecht | **E 256–258**

rückbehalten des Sparbuchs liegt ein Beweisanzeichen dafür, dass sich der Errichtende die Verfügungsbefugnis über das Sparbuch weiterhin vorbehält, dh einen unmittelbaren Anspruch im Sinne dem begünstigten Dritten von § 328 Abs 1 BGB noch nicht zuwenden wollte. Bei einem Vertrag zugunsten Dritter im Sinne von § 328 BGB tritt der Rechtserwerb des Begünstigten – wenn auch nicht endgültig und wenn auch mit inhaltlichen Beschränkungen versehen und gegebenenfalls auch mit einer auflösenden Bedingung im Sinne von § 158 Abs 2 BGB behaftet – sofort ein, bei einer Verfügung nach § 331 BGB erst mit dem Ableben des Versprechensempfängers, also des Begünstigenden.[638]

Zu achten ist auch hier darauf, dass der Begünstigte die Zuwendung nur behalten darf, wenn ein **Kausalverhältnis** vorliegt.[639] In der Einrichtung eines derartigen Kontos ist jedoch ein Angebot auf Abschluss eines Schenkungsvertrages zu sehen, das vom Begünstigten auch noch nach dem Ableben des Begünstigenden formlos angenommen werden kann.[640] Es ist zweckmäßig, eine Regelung für den Fall des Vorablebens des Begünstigten zu treffen. In der Regel wird es geboten sein, klarzustellen, dass die Zuwendung entfällt, wenn derjenige, auf dessen Namen das Konto eingerichtet wurde, vor dem Begünstigenden verstirbt. Andernfalls würden die Erben des Begünstigten Rechtsnachfolger werden. Fraglich wäre dann allerdings, ob sie wegen des Fehlens eines Kausalverhältnisses die Schenkung behalten könnten, es sei denn, dass sich das Angebot auf Abschluss eines Schenkungsvertrages auch auf die Rechtsnachfolger des ursprünglichen Begünstigten ausdehnen läßt.[641]

Entsprechendes gilt im Ergebnis auch für **Wertpapierdepots**. Hier ist ebenfalls die Einrichtung eines Fremddepots durch Vertrag zugunsten Dritter gemäß § 328 BGB mit Sperrvermerk möglich.[642] Die Gläubigerstellung ist beim Fremddepot, anders als beim Fremdkonto, nicht auf die Einlagenforderung, sondern auf das Eigentum an den Wertpapieren bezogen, also dinglicher Natur. Da ein dingliches Recht nicht durch Vertrag zugunsten Dritter begründet werden kann, ist das dingliche Recht am Wertpapier zunächst treuhänderisch auf die verwahrende Bank zu übertragen; die so entstandenen schuldrechtlichen Ansprüche werden dann gem § 328 BGB auf den Dritten übertragen.[643] **256**

### d) Gemeinschaftskonto mit dem Begünstigten

Ein **Gemeinschaftskonto** zwischen dem Begünstigenden und dem Begünstigten ist in der Form des Und-Kontos und in der Form des Oder-Kontos möglich. Von einem Oder-Konto spricht man, wenn jeder Inhaber allein und unbeschränkt verfügungsberechtigt ist. Diese Kontoform entsteht mangels besonderer Abmachung mit der Bank durch bloße Einrichtung des Kontos von Anfang an für mehrere Personen.[644] Beim Und-Konto sind sämtliche Kontoinhaber nur gemeinsam verfügungsbefugt. Die Bank kann dementsprechend nur mit befreiender Wirkung an sie gemeinsam leisten.[645] **257**

Das **Und-Konto** bietet keine sinnvolle Möglichkeit zur Vermögenszuweisung außerhalb des Nachlasses. Stirbt nämlich der begünstigende Kontomitinhaber, so **258**

---

**638** STAUDINGER-KADUK § 328 RdNr 86.
**639** BGH WM 1975, 115, 116; 1976, 1130.
**640** Vgl GRAF VON WESTPHALEN in: Münchener Vertragshandbuch Bd 3, II 7 Anm 7, 9.
**641** Vgl GRAF VON WESTPHALEN in: Münchener Vertragshandbuch Bd 3, II 7 Anm 15.

**642** GRAF VON WESTPHALEN in: Münchener Vertragshandbuch Bd 3, II 10 Anm 5.
**643** Vgl dazu § 2301 RdNr 70.
**644** EICHEL MittRHNotK 1975, 613, 615 = MittBayNot 1977, 43, 45.
**645** EICHEL aaO.

fällt seine Kontoinhaberschaft in den Nachlass, sodass der begünstigte Kontoinhaber nur mit Zustimmung der Erben verfügungsbefugt wird.

**259** Das **Oder-Konto** eignet sich grundsätzlich für eine Begünstigung außerhalb des Nachlasses. Stirbt der begünstigende Kontomitinhaber, so kann der verbleibende (begünstigte) Kontomitinhaber von der Bank die volle Leistung verlangen, also die Auszahlung des Kontoguthabens auf seinen Namen. Da jedoch die Ausgleichungspflicht des verbleibenden Kontoinhabers gegenüber den Erben des verstorbenen Teils gemäß § 430 BGB bestehen bleibt,[646] liegt keine Schenkung vor, sodass der begünstigte Kontomitinhaber den ihm zugeflossenen Vorteil an die Erben des verstorbenen Kontomitinhabers herauszugeben hat.[647] Ist gewünscht, dass der Kontomitinhaber den ihm zugeflossenen Vermögensvorteil behalten darf, ist eine Verfügung zugunsten Dritter auf den Todesfall zu treffen oder, sofern möglich, eine erbrechtliche Absicherung vorzunehmen (Vermächtnis). Nach Auffassung des BGH[648] gilt dann etwas anderes, wenn nach dem Willen des verstorbenen Kontomitinhabers nachgewiesenermaßen der verbleibende Kontomitinhaber mit dem am Todestag vorhandenen gesamten Bestand des Kontos bedacht werden sollte, dieser Bestand also »problemlos auf den Überlebenden übergehen« sollte. Wenn der Erblasser dem anderen Kontomitinhaber schon zu Lebzeiten die Mitverfügungsbefugnis über den gesamten jeweiligen Bestand einräumt, stellt dies ein schon zu Lebzeiten erbrachtes Vermögensopfer dar. An die Beweislage werden hier allerdings strenge Anforderungen zu stellen sein, insbesondere weil nach der Begründung des BGH wegen des zu Lebzeiten erbrachten Vermögensopfers wohl auch die 10-Jahres-Frist des § 2325 Abs 3 BGB für die Geltendmachung des Pflichtteils in Gang gesetzt wird.[649] Da bei derartigen Kontengestaltungen das Kontoguthaben regelmäßig von einem Teil stammt, stellt sich auch die Frage, ob bei der Einrichtung eines Oder-Kontos (der andere Teil wird Forderungsmitinhaber!) der dem anderen Teil so zugewandte halbe Anteil des Guthabens rechtswirksam geschenkt ist. Der BGH[650] sieht in einem derartigen Verfahren eine nach § 518 Abs 2 BGB vollzogene Schenkung. Die 10-Jahres-Frist des § 2325 Abs 3 BGB wird insoweit wohl zu laufen beginnen, es sei denn, dass besondere Verfügungsbeschränkungen vereinbart sind.

### e) Vertrag zugunsten Dritter auf den Todesfall (§ 331 BGB)

**260** Der Kontoinhaber kann mit der kontoführenden Bank in einer Zusatzabmachung vereinbaren, dass das Konto mit seinem Tod unabhängig von der Erbfolge auf einen bestimmten Dritten übergeht. Die Bankverfügung zugunsten Dritter auf den Todesfall eignet sich in der Praxis besonders, um Sonderzuwendungen von **Bankguthaben** als einfach abgrenzbaren Vermögensteilen durchzuführen. Der Begünstigte wird damit nicht wie bei der Anlegung eines Bankkontos auf seinen Namen gem § 328 BGB zu Lebzeiten des Begünstigenden sofort Kontoinhaber, sondern erst mit dem Ableben des Begünstigenden (§ 331 BGB).

**261** Diese Regelung ist auch bei Depots möglich, hauptsächlich bei **Wertpapierdepots**. Da ein dingliches Recht jedoch nicht im Wege eines Vertrages zugunsten Dritter übertragen werden kann, ist das dingliche Recht zunächst treuhänderisch auf die verwahrende Bank zu übertragen; anschließend werden die nunmehr entstandenen schuldrechtlichen Ansprüche aus dem Treuhandvertrag im Wege eines Vertrages zugunsten Dritter dem Begünstigten zugewandt (s oben RdNr 296).

---

[646] BGH NJW 1976, 807.
[647] Vgl § 2301 RdNr 12.
[648] MittBayNot 1986, 197.
[649] BGH DNotZ 1987, 315.
[650] MittBayNot 1986, 197.

IX. Bankverfügung, Bausparvertrag und Lebensversicherung im Erbrecht | E 262–265

Der Begünstigte darf die Zuwendung nur behalten, wenn ein rechtswirksames **262** Kausalverhältnis vorliegt, also in der Regel eine rechtswirksame Schenkung. Andernfalls muss er dem Erben den Anspruch als ungerechtfertigte Bereicherung herausgeben.[651] Die Schenkung, die das Kausalverhältnis darstellt, ist an sich formbedürftig. Der Formmangel wird jedoch geheilt, wenn der Begünstigte den Anspruch gegen die Bank mit dem Tod des Erblassers erwirbt (§ 518 Abs 2 BGB). Der Schenkungsvertrag kommt durch ein konkludentes Angebot des Kontoinhabers (durch die Verfügung zugunsten Dritter auf den Todesfall) zustande, die Annahme dieses Angebots kann auch nach dem Tod des Erblassers erfolgen, also zB wenn die Bank die Ausführung des Auftrags des Erblassers dem Begünstigten das Schenkungsangebot und ihre Bereitschaft zur Auszahlung übermittelt.[652]

Wichtig ist vor allem bei diesen Gestaltungen, dass die Rechtsfolge der Bankverfügung (Begünstigung des Dritten außerhalb des Nachlasses) auch vom **Willen der Bank** mitumfasst wird, da ansonsten eine Verpflichtung zur Mitteilung kaum besteht.[653] Eine entsprechende Klarstellung im Deckungsverhältnis mit der Bank ist daher geboten. **263**

Der Kontoinhaber kann das Recht des Dritten jederzeit aufheben, wenn er sich **264** im Deckungsverhältnis die Befugnis hierzu vorbehalten hat, also der Vertrag zwischen Kontoinhaber und Bank eine Änderung zulässt. Für diesen Fall bestimmt § 332 BGB, dass die Auswechslung des Dritten auch durch Verfügung von Todes wegen erfolgen kann. Beim Abfassen von Testamenten und Erbverträgen sollte also klargestellt werden, ob mit dem Widerruf früherer Verfügungen auch derartige Verträge zugunsten Dritter auf den Todesfall aufgehoben werden sollten. Wird der Dritte durch Verfügung von Todes wegen »ausgewechselt«, erwirbt der nunmehr Bedachte nicht aufgrund der Verfügung von Todes wegen, also kraft Erbrechts, sondern durch Vertrag unter Lebenden mit der Besonderheit, dass von dem Bestimmungsrecht in einer Verfügung von Todes wegen Gebrauch gemacht wurde. Der Erblasser kann jedoch das Konto oder Depot ausdrücklich in den Nachlass einbeziehen, zB weil er auch in Bezug auf diesen Vermögenswert Vor- und Nacherbfolge oder Testamentsvollstreckung anordnen will.[654]

Sofern nichts anderes bestimmt ist, können die Erben des Kontoinhabers das **265** Schenkungsangebot widerrufen. Erfolgt die Annahme durch den Begünstigten nach diesem **Widerruf,** ist die Schenkung gescheitert, der dem ursprünglichen Begünstigten zugeflossene Betrag ist daher an die Erben als **ungerechtfertigte Bereicherung** herauszugeben.[655] Da die Erben oft nicht wissen, wen der Erblasser bei welcher Bank begünstigt hat, wird ein Widerruf schon aus tatsächlichen Gründen scheitern. Man wird den Erben gegenüber der Bank einen Auskunftsanspruch gemäß § 666 BGB zugestehen müssen. Der Begünstigte hat nicht das Recht, die Bank unter Hinweis auf das Bankgeheimnis daran zu hindern, die gewünschte Auskunft zu erteilen.[656] Da der Erbe unter denselben Voraussetzungen widerrufen kann wie der Erblasser, können derartige Gestaltungen zu einem Wettlauf zwischen dem Begünstigten und dem Erben werden. Der Erblasser kann nicht ohne weiteres anordnen, dass zwar er, aber nicht der Erbe widerrufen kann. Verzichtet der Erblasser auf sein Widerrufsrecht, so sind die Erben als Gesamtrechtsnachfolger (§ 1922 BGB) an diesen Widerrufsverzicht gebunden. Eine

---

[651] BGH WM 1976, 1130.
[652] BGH WM 1976, 1130.
[653] BGH DNotZ 1984, 692, vgl auch oben RdNr 233 und § 2301 RdNr 67.
[654] STAUDINGER-KADUK § 332 RdNr 4 ff.
[655] BGH WM 1976, 1130.
[656] GRAF VON WESTPHALEN in: Münchener Vertragshandbuch Bd 3, II 7 Anm 13.

derartige Gestaltung ist jedoch für den Begünstigten unzweckmäßig, da es ihm die Verfügungsmöglichkeit zu Lebzeiten nimmt. Die eigentlich gewünschte Gestaltung, wonach zwar der Kontoinhaber widerrufsberechtigt ist, das Widerrufsrecht jedoch nicht den Erben zusteht, ist nur dann möglich, wenn die Erben an einer derartigen Regelung mitwirken oder aber die Erben durch eine erbrechtliche Anordnung, also durch Auflage, evtl abgesichert durch Testamentsvollstreckung, verpflichtet werden, ihr an sich gegebenes Widerrufsrecht nicht auszuüben; die Form der letztwilligen Verfügung ist dann einzuhalten. Andere Gestaltungen scheiden aus, da der Kontoinhaber die Erben nur über sich selbst als seine Rechtsnachfolger, nicht aber sie allein belasten kann.[657]

**266** Das Widerrufsrecht der Erben kann auch nicht dadurch ausgeschlossen werden, dass der Begünstigte die Bankverfügung, wie in den Bankformularen[658] vorgesehen, bei Errichtung mitunterzeichnet, also die Zuwendung annimmt. Der Schenkungsvertrag kommt damit zwar sofort zustande, da es sich aber nicht (anders als im Fall des § 328 BGB) um eine vollzogene Schenkung handelt, mangelt es an der nötigen Form (§ 518 Abs 1 BGB); die Heilung des Formmangels tritt erst mit Vollzug der Schenkung, also Abhebung der auf dem Konto ruhenden Gelder oder Umschreibung des Kontos auf den Namen des Begünstigten, ein (§ 518 Abs 2 BGB). Bis zu diesem Zeitpunkt können die Erben widerrufen. Eine Verfügung zugunsten Dritter auf den Todesfall setzt die 10-Jahres-Frist des § 2325 Abs 3 BGB nicht in Gang.[659]

#### f) Scheckhingabe

**267** Eine Ausgliederung aus dem Nachlass kann auch dadurch erfolgen, dass ein Kontoinhaber dem Begünstigten einen Scheck übergibt. Hierin kann eine Schenkung liegen. Der Formmangel wird durch Einlösung des Schecks, also durch den Vollzug der Schenkung, geheilt. Der gegebene Scheck enthält die Weisung des Kontoinhabers an die Bank, zu Lasten des Kontos den Scheckbetrag an den Begünstigten auszuzahlen. Die Wirksamkeit dieser Weisung wird nicht dadurch berührt, dass der Kontoinhaber vor der Einlösung des Schecks verstirbt (§ 130 Abs 2 BGB, Art 33 ScheckG). Daraus ergibt sich, dass eine Zustimmung der Erben des Kontoinhabers zu der Einlösung des Schecks nicht erforderlich ist.[660] Erlangen die Erben rechtzeitig Kenntnis von der Scheckbegebung, können sie das Entstehen des Kausalverhältnisses (Schenkung) durch Widerruf vereiteln. Der Kontoinhaber kann anordnen, dass der Scheck erst nach dem Tode an die Bank gegeben werden soll.[661]

### 2. Bauspar- bzw Ansparverträge und Erbrecht

**268** a) Auch beim Abschluss von Bausparverträgen werden regelmäßig **Begünstigungen für den Fall des Ablebens** ausgesprochen, die unter § 331 BGB fallen. Die Regelung ist mit denen bei Lebensversicherungen vergleichbar, wohl auch bezüglich der Frage, was zugewendet wird (schon gezahlte Bausparraten oder dem Begünstigten nach dem Ableben des Bausparers zufallende Bauspargebühren). Das Bauspargebühren fällt, sofern eine derartige Begünstigung vorliegt, nicht in den Nachlass.[662] Entsprechendes gilt für Ansparverträge.

---

[657] BGH WM 1976, 1130, 1132; vgl auch ausführlich GRAF VON WESTPHALEN in: Münchener Vertragshandbuch Bd 3, II 7 Anm 10.
[658] GRAF VON WESTPHALEN in: Münchener Vertragshandbuch Bd 3, II 7.
[659] NIEDER DNotZ 1987, 321.
[660] BGH MDR 1978, 737.
[661] Vgl BGH WM 1974, 450.
[662] BGH NJW 1965, 913 = DNotZ 1966, 494.

**b)** Es ist darauf zu achten, dass im Bausparvertrag wie auch im Ansparvertrag die **269** Benennung eines Bezugsberechtigten durch letztwillige Verfügung **ausgeschlossen** sein kann, oder aber der Widerruf einer solchen Verfügung nur zu Lebzeiten des Erblassers, also nicht durch Verfügung von Todes wegen, erfolgen kann. So enthalten etwa die Allgemeinen Versicherungsbedingungen der Bayerischen Landesbausparkasse eine derartige Regelung, durch welche ein Vermächtnis des Bauspargutbahens an eine bestimmte Person ausgeschlossen ist, sofern es im Widerspruch zu der bei Vertragsabschluss erfolgten Benennung steht.[663]

**c)** Von Verfügungen zugunsten Dritter kann bei Bausparverträgen nur das Guthaben betroffen sein. Wurde das **Bauspardarlehen** bereits in Anspruch genommen, fällt es als Passivposten in den Nachlass, wenn keine sonstigen Regelungen getroffen sind. Vor allem bei Zwischenfinanzierungen kann es daher zu einem unerwünschten Auseinanderfallen in der Rechtsnachfolge bei Guthaben und Darlehen kommen. **270**

## X. Lebensversicherung und Erbrecht

Lebensversicherungsverträge gehören zum Vermögen des Erblassers und **fallen** **271** damit **in den Nachlass,** sofern **kein** Bezugsberechtigter benannt ist.[664] Der Erbe hat nicht die Möglichkeit, alternativ die Erbschaft auszuschlagen und die Versicherungssumme separat geltend zu machen.[665] Wurde ein Bezugsberechtigter benannt, liegt ein **Vertrag zugunsten Dritter** vor, sodass sich der Rechtserwerb des Bezugsberechtigten außerhalb der Erbfolge ipso iure vollzieht, auch wenn die Bezugsberechtigung nicht unwiderruflich festgelegt wurde.[666] Es handelt sich um einen echten Vertrag zugunsten Dritter mit der Folge des originären Erwerbs des Begünstigten. Der Versicherungsvertrag wird nicht dadurch zur Verfügung von Todes wegen, dass seine Wirkung auf den Zeitpunkt des Todes des Versicherungsnehmers verzögert eintritt.[667] Auch im Valutaverhältnis bedarf der Lebensversicherungsvertrag nicht der Einhaltung erbrechtlicher Formvorschriften.[668] § 2301 ist für das Valutaverhältnis des Lebensversicherungsvertrages nicht einschlägig, da § 331 als Sondervorschrift zu verstehen ist. Nach § 167 Abs 2 VVG ist anzunehmen, dass sich der Rechtserwerb im Zweifel außerhalb der Erbfolge vollzieht, selbst dann, wenn als Bezugsberechtigung »Zahlung an die Erben« bedungen ist.[669] Die Erben wären also auch noch nach einer eventuellen Ausschlagung der Erbschaft hinsichtlich der Lebensversicherung bezugsberechtigt.[670]

Nach § 332 ist »im Zweifel« anzunehmen, dass der Versicherte die Benennung eines **272** Bezugsberechtigten **auch durch Verfügung von Todes wegen** vornehmen kann, wenn er sich die Befugnis vorbehalten hat, ohne Zustimmung des Versicherers einen anderen an die Stelle des im Vertrag bezeichneten Versicherten zu setzen. Diese Befugnis, den Bezugsberechtigten auszuwechseln, ergibt sich aus § 166 VVG. Da jedoch das Recht, die Bezugsberechtigung auszuwechseln, ausgeschlossen sein kann (durch Übereinkunft mit dem Versicherer gem § 13 Abs 2 ALB mit dinglicher

---

663 KEIM, Testamente und Erbverträge, E I.
664 PALANDT-EDENHOFER § 1922 RdNr 47.
665 BGHZ 32, 47.
666 BGHZ 32, 44. OLG Stuttgart NJW 1956, 1073.
667 BGH NJW 1995, 3113; FREY, Lebensversicherung und Nachlassinteressen, 17 ff.
668 hM; MünchKomm-MUSIELAK § 2301 RdNr 30; FREY aaO, 17 ff, § 2301.
669 Vgl System Teil A RdNr 23.
670 Vgl PALANDT-EDENHOFER § 1922 RdNr 47.

Wirkung!), ist bei derartigen Verfügungen, die die Bezugsberechtigungen betreffen, zweckmäßigerweise die Versicherungspolice einzusehen.[671]

Ist die Unwiderruflichkeit der Bezugsberechtigung des Dritten bereits zu Lebzeiten des Versicherten durch Übereinkunft mit dem Versicherer mit dinglicher Wirkung herbeigeführt, liegt im Zweifel eine vollzogene Schenkung gem § 330 vor. In diesem Fall ist der Bezugsberechtigte auch schon vor dem Eintritt des Versicherungsfalles zur wirtschaftlichen Verwertung und auch zur Vererbung als Inhaber des Anspruchs berechtigt.

**273** Dagegen wird das widerrufliche Bezugsrecht durch den Begünstigten erst **mit Eintritt des Versicherungsfalles** erworben gem § 166 Abs 2 VVG. Der Begünstigte hat noch keine Verfügungsrechte, seine Gläubiger sind auf den Zeitpunkt des Eintritts des Versicherungsfalles angewiesen. Durch die hier in der Regel vorliegende formlose Schenkung fehlt es an einem wirksamen Valutaverhältnis zwischen dem Versprechensempfänger und dem Begünstigten. Wird der Mangel nicht durch den Erwerb des Leistungsanspruchs geheilt (§ 518 Abs 2), kann die Schenkung auch nach dem Tod des Versprechensempfängers durch die auftragsgemäße Übermittlung der Begünstigungserklärung an den Dritten wirksam zustande kommen.[672] Allerdings können die Erben die Schenkungsofferte widerrufen und damit den Vertragsschluss verhindern.[673]

**274** Bei Lebensversicherungsverträgen zugunsten Dritter sind die vom Versicherungsnehmer bezahlten Prämien als **Schenkung** an den begünstigten Dritten anzusehen, nicht die zur Auszahlung gelangte Versicherungssumme. Dies gilt jedoch nur, wenn das Bezugsrecht dem Dritten von vornherein (bei Vertragsschluss) zugewendet war.[674] Auswirkungen hat das auf den Schutz des Vertragserben (§ 2287) sowie für die Anfechtung nach §§ 3 f AnfG; §§ 129 ff InsO.[675] Die 10-Jahres-Frist des § 2325 Abs 3 beginnt nicht schon mit der bloßen Schenkungshandlung, erforderlich ist der Eintritt des Leistungserfolgs bzw die Ausgliederung des Schenkungsgegenstands aus dem Vermögen des Erblassers.[676] Fristbeginn für Ergänzungsansprüche bei Lebensversicherungen ist daher der Vollzug des Zuwendungsaktes, die 10-Jahres-Frist ist folglich bei Lebensversicherungen nie abgelaufen.

**275** An der Unentgeltlichkeit und damit an **pflichtteilsrechtlicher Relevanz** fehlt es, wenn die Lebensversicherung der angemessenen Versorgung der Ehefrau dient.[677] Wird die Bezugsberechtigung erst nachträglich begründet, gilt die bezogene Versicherungssumme als zugewendet.

---

671 KEIM, Testamente und Erbverträge, E I. 48 ff.
672 PALANDT-HEINRICHS § 331 RdNr 4.
673 BGHZ 66, 13, str.
674 BGH VersR 1966, 616.
675 Vgl STAUDINGER-JAGMANN § 330 RdNr
676 BGHZ 98, 226; BGH NJW 1988, 138.
677 BGHZ 116, 167, 173; KLINGELHÖFFER ZEV 1995, 182.

# Formularteil

## Übersicht                                                                 RdNr

### A. Checklisten

|       |                                                         |    |
|-------|---------------------------------------------------------|----|
| I.    | Einseitiges Testament                                   | 1  |
| II.   | Gemeinschaftliches Testament                            | 3  |
| III.  | Erbvertrag                                              | 4  |
| IV.   | Erbeinsetzung                                           | 5  |
| V.    | Anordnung einer Vor- und Nacherbschaft                  | 6  |
| VI.   | Erblasseranordnungen über die Erbauseinandersetzung     | 7  |
| VII.  | Vermächtnis                                             | 8  |
| VIII. | Auflage                                                 | 16 |
| IX.   | Testamentsvollstreckung                                 | 17 |
| X.    | Vergütung des Testamentsvollstreckers                   | 18 |
| XI.   | Pflichtteilsklauseln                                    | 19 |

### B. Formulare

#### I. Formeller Aufbau

1. Einzeltestament
   - a) Testament durch Erklärung — 1
   - b) Testament durch Übergabe einer Schrift — 2
   - aa) Übergabe einer offenen Schrift — 2
   - bb) Übergabe einer verschlossenen Schrift — 3
   - c) Nottestament vor drei Zeugen bei Absperrung — 4
   - d) Nottestament vor drei Zeugen bei naher Todesgefahr — 5
   - e) Sonderfälle
     - aa) Der Erblasser vermag seinen Namen nicht zu schreiben — 6
     - bb) Der Erblasser ist sehbehindert oder sonst unfähig, Geschriebenes zu lesen — 7
     - cc) Der Erblasser ist hörbehindert — 8
     - dd) Der Erblasser vermag nicht zu sprechen — 9
     - ee) Der Erblasser ist hör- und sprachbehindert — 10
     - ff) Der Erblasser ist sprachunkundig — 11

2. Erbvertrag — 13

3. Gemeinschaftliches Testament — 14

## II. Widerruf, Rücktritt
1. Gemeinschaftliches Testament ... 15
2. Rücktritt vom Erbvertrag ... 16

## III. Vorschläge zur materiellen Gestaltung
1. Einzeltestament
   - a) Einfache Erbeinsetzung und Ersatzerben ... 17
   - b) Einfaches Grundstücksvermächtnis mit Testamentsvollstreckung ... 18
   - c) Nießbrauchsvermächtnis an einer Eigentumswohnung ... 19
   - d) Geldbetragsvermächtnis mit Wertsicherung bis zum Erbfall ... 20
   - e) Wertgesichertes Geldrentenvermächtnis ... 21
   - f) Taschengeldvermächtnis mit Wertsicherungsklausel ... 22
   - g) (Einfache) Vor- und Nacherbeneinsetzung ... 23
   - h) Vorerbschaft »auf einen einzigen Nachlassgegenstand« ... 24
   - i) Vor- und Nachvermächtnis ... 25
   - j) (Einfaches) Vorausvermächtnis ... 26
   - k) Teilungsanordnung ... 27
   - l) Teilungsausschluss ... 28
   - m) Treuhänderische Stiftung als Ersatzerbe ... 29
   - n) Erbeinsetzung einer zu errichtenden Stiftung ... 30
   - o) Geschiedenen-Testament ... 31
   - p) Geschiedenen-Testament mit dinglicher Surrogation ... 32
   - q) Geschiedenen-Testament mit Vermächtnislösung ... 33
   - r) Anordnung der Ausgleichungspflicht durch Verfügung von Todes wegen ... 34
   - s) Beseitigung einer bereits bestehenden Ausgleichungsverpflichtung ... 35
   - t) Anordnung der Testamentsvollstreckung ... 36
   - aa) Mit bestimmten Personen ... 36
   - bb) Aufgaben des Testamentsvollstreckers ... 37
   - cc) Erweiterung des Aufgabenbereiches bei Unternehmensnachfolge ... 38
   - dd) Testamentsvollstrecker als Schiedsrichter ... 39
   - ee) Verstärkung der Position des Testamentsvollstreckers ... 40
   - ff) Vergütung des Testamentsvollstreckers ... 41

2. Erbvertrag, gemeinschaftliches Testament
   - a) Ehegatten-Erbvertrag (ähnlich dem »Berliner Testament«) ... 42
   - b) Abänderungsvorbehalt durch Rücktrittsrecht ... 43
   - c) Vermächtnis beim 1. Sterbefall; Nießbrauch ... 44
   - d) Verschaffungsvermächtnis hinsichtlich eines Grundstücks mit Ersetzungsbefugnis des Erben auf Geldzahlung ... 45
   - e) Schlusserbeneinsetzung bei Kindern aus verschiedenen Ehen ... 46

|     |     |                                                                                                                      |     |
| --- | --- | -------------------------------------------------------------------------------------------------------------------- | --- |
|     | f)  | Pflichtteilsklauseln                                                                                                 |     |
|     | aa) | Automatisch wirkende Ausschlussklausel in einem gemeinschaftlichen Testament oder Ehegattenerbvertrag                | 47  |
|     | bb) | Verbesserte Jastrow'sche Klausel                                                                                     | 48  |
|     | g)  | Auflösend bedingte Vor- und Nacherbschaft mit lebzeitiger Übergabebefugnis des Vorerben                              | 49  |
|     | h)  | Gegenseitige Einsetzung der Eltern als (befreite) Vorerben; Nacherbenberufung der gemeinschaftlichen Kinder          | 50  |
|     | i)  | Erbeinsetzung eines Ehegatten zum Vorerben (bei Vorhandensein erstehelicher Kinder)                                  | 51  |
|     | j)  | Sicherstellung der Abkömmlinge durch (bedingtes) Vermächtnis                                                         | 52  |
|     | k)  | Gegenseitige Erbeinsetzung, Vor- und Nachvermächtnis, Untervermächtnis (Wohnungsrecht)                               | 53  |

3. **Wiederverheiratungsklauseln**
   a) Bedingte Vor- und Nacherbschaft 54
   b) Bedingte Vor- und Nacherbschaft für einen Teil des Nachlasses 55
   c) Vermächtniszuwendung (aufschiebend bedingt) 56
   d) Quotenvermächtnis (einfach) 57
   e) Quotenvermächtnis mit Ersetzungsbefugnis 58
   f) Bedingtes Vermächtnis hinsichtlich Grundbesitz des Vorversterbenden mit Sicherung durch Auflassungsvormerkung 59

4. **Verfügungen von Todes wegen bei landwirtschaftlichen Anwesen**
   a) Vermächtnisweise Einräumung eines Übernahmerechts nach § 2049 BGB für einen der gemeinschaftlichen Abkömmlinge bei einem Landgut 60
   b) Ertragswertanordnung bei einem landwirtschaftlichen Anwesen 61

5. **Erbvertrag in Verbindung mit Vertrag unter Lebenden**
   a) Erbvertrag und Übergabeverpflichtungsvertrag 62
   b) Erbvertrag mit Pflegevertrag 63

6. **Verfügungen von Todes wegen des Unternehmers**
   a) Die Bezeichnung des Erben steht noch aus 64
   b) Die Bestimmung des Unternehmensnachfolgers durch Vermächtnis 65
   c) Nacherbfolge 66
   d) Nießbrauchvermächtnis am einzelkaufmännischen Unternehmen 67
   e) Nießbrauchvermächtnis am Gesellschaftsanteil an einer Personenhandelsgesellschaft 68
   f) Nießbrauchvermächtnis am Geschäftsanteils einer GmbH 69

Formularteil

    g) Abfindung weichender Erben durch stille Beteiligung — 70
    h) Umwandlungsanordnung — 71
    i) Umwandlungsanordnung mit Vorrang eines Miterben — 72
    j) Umwandlungsanordnung unter Einsatz der Möglichkeiten des Umwandlungsgesetzes — 73
    k) Duldung von Bestimmungsrechten Dritter — 74
    l) Schiedsgutachter und Schiedsgerichtsklausel — 75
    m) Duldung von Vollmachten — 76
    n) Testamentsvollstrecker als Treuhänder — 77
    o) Erweiterte Verwaltungsvollstreckung — 78

**7. Verfügungen bei Vorhandensein geistig/körperlich behinderter Abkömmlinge** — 79

**8. Verfügungsunterlassungsvertrag in Verbindung mit Erbvertrag** — 80

**9. Gegenständlich beschränkter Pflichtteilsverzicht** — 81

**10. Pflichtteilsverzicht der Kinder für den 1. Sterbefall bei Ehegatten** — 82

**11. Vertrag unter künftigen Erben, Verzicht auf Geltendmachung des Pflichtteils** — 83

**12. Zuwendungsverzicht** — 84

**13. Erbschaftsvertrag unter künftigen Erben** — 85

## A. Checklisten

### I. Einseitiges Testament[1]

1. **Wahl der Rechtsform:** einseitiges Testament (eigenhändig oder notarielles) oder gemeinschaftliches Testament oder Erbvertrag

2. **Sachverhaltsermittlung:**

a) **Personalien**

Name des Erblassers

..............................................................................................................

Vorname

..............................................................................................................

Geburtsdatum

..............................................................................................................

Anschrift (Ort, Straße)

..............................................................................................................
..............................................................................................................

verheiratet, Güterstand

..............................................................................................................

Geburtsort

..............................................................................................................

Staatsangehörigkeit, evtl. Rechtswahl

..............................................................................................................

Name, Geburtsdatum des jetzigen Ehegatten

..............................................................................................................
..............................................................................................................

früherer Ehegatte: Name, Ehe durch Scheidung oder Tod aufgelöst?

..............................................................................................................
..............................................................................................................

Kinder: eheliche        Name

                                        ...................................................................

                                        Geburtsdaten, Anschriften

                                        ...................................................................
                                        ...................................................................
                                        ...................................................................

---

[1] WEIRICH, Erben und Vererben, RdNr 395; Münchener Vertragshandbuch-NIEDER, Band IV, 2. Halbband, XVI; TANCK-KRUG-DARAGAN, Testamente, § 1 RdNr 27.

Checklisten

| | besondere persönliche Verhältnisse |
| --- | --- |
| | ............................................ |
| | ............................................ |
| nichteheliche | Namen |
| | ............................................ |
| | Geburtsdaten, Anschriften |
| | ............................................ |
| | ............................................ |
| | ............................................ |
| adoptierte Kinder | |
| | ............................................ |
| | ............................................ |
| | ............................................ |

Behinderungen des Erblassers, die sich auf das Beurkundungsverfahren auswirken, Zweifel an der Testierfähigkeit?
............................................................................
............................................................................

Bindung durch frühere Erbverträge, gemeinschaftliche Testamente?
............................................................................
............................................................................

wenn ja: Möglichkeit zu deren Durchbrechung: Änderungsvorbehalte, Freistellungsklausel, Anfechtung, Ausschlagung?
............................................................................
............................................................................
............................................................................
............................................................................

**b) Vermögen des Erblassers**

| Grundbesitz, Eigentumswohnungen | genaue Bezeichnung, FlstNr, Grundbuchstand, Einheitswert, Brandversicherungswert |
| --- | --- |
| | ............................................ |
| | ............................................ |
| | ............................................ |
| | ............................................ |
| Sparguthaben, Versicherungen: | Bezeichnung, Ansparsumme |
| | ............................................ |
| | ............................................ |
| | ............................................ |

Besonders: Bestehen Drittbegünstigungen?

..................................................

..................................................

Aktienvermögen

..................................................

..................................................

Unternehmensbezug  Art des Unternehmens

..................................................

..................................................

Betriebsvermögen

..................................................

..................................................

Betriebsaufspaltung

..................................................

..................................................

Sonderbetriebsvermögen

..................................................

bei Gesellschaftsbeteiligungen: Gesellschaftsvertrag prüfen, ob Nachfolgeklausel dort mit Verfügung von Todes wegen übereinstimmt

..................................................

..................................................

..................................................

Eingreifen der Höfeordnung oder anderer anerbenrechtlicher Bestimmungen

..................................................

..................................................

..................................................

ausländisches Vermögen

..................................................

..................................................

..................................................

sonstiges erhebliches Vermögen  Antiquitäten

..................................................

..................................................

Sammlungen (Münzen, Briefmarken)

..................................................

..................................................

Checklisten

| | |
|---|---|
| Verbindlichkeiten | Art (betriebliche, rein private) |

..................................................
..................................................
..................................................

werden solche durch Lebensversicherung uä im Erbfall getilgt?

..................................................
..................................................
..................................................

besondere Bestimmungen über Schuldentragung

..................................................
..................................................
..................................................

Möglichkeit der Veränderung des Vermögens bis zum Erbfall

..................................................
..................................................
..................................................
..................................................

**c) Persönliche Besonderheiten beim Erblasser oder den möglichen Erben**
Unternehmensnachfolge

..................................................
..................................................

Testament des Landwirts? (Ertragswertanordnung, Übernahmerecht nach § 2049 BGB)

..................................................
..................................................

Behindertes Kind

..................................................
..................................................

»überschuldeter Erbe«

..................................................
..................................................

»Geschiedenen-Testament«

..................................................
..................................................

Eheprobleme der Erben

..................................................
..................................................

»labiler Erbe«

..................................................................................
..................................................................................

Nichteheliche Partnerschaft

..................................................................................

besonderes Stör- und Streitpotential? etwa aufgrund eines Stiefeltern-/Stiefkindverhältnisses, Gefahr von Pflichtteilsgeltendmachung?

..................................................................................
..................................................................................
..................................................................................

| Vorempfänge nach §§ 2050 ff, 2315 BGB | Empfänger |
|---|---|
| | .................................... |
| | .................................... |
| | Wert der Zuwendung, Beweis hierfür |
| | .................................... |
| | .................................... |

**d) Regelungsziele**
Absicherung des überlebenden Ehegatten
..................................................................................
..................................................................................
..................................................................................

Sicherung der Unternehmensnachfolge
..................................................................................
..................................................................................

| Sicherung der Abkömmlinge | gegen Wiederverheiratung |
|---|---|
| | .................................... |
| | .................................... |
| | gegen lebzeitige Verfügungen des längerlebenden Ehegatten |
| | .................................... |
| | .................................... |

Familienbindung des Vermögens über mehrere Generationen hinaus (Modell »Erbhof«)
..................................................................................
..................................................................................
..................................................................................

| Steuerliche Einsparungen | Erbschaftsteuer |
|---|---|
| | .................................... |
| | .................................... |
| | .................................... |
| | Einkommensteuer |
| | .................................... |
| | .................................... |
| | .................................... |

3. **Widerruf** von früheren Verfügungen von Todes wegen, uU Rücknahme früherer Testamente sowie Erbverträge unter der Voraussetzung des § 2300 Abs 2 BGB aus amtlicher Verwahrung
4. Eigentliche, **sachliche Regelung**: s gesonderte Checklisten für Erbeinsetzung, Vermächtnis, Auflage, Testamentsvollstreckung ua
5. Besondere **Verwahrung** des Testaments
6. **Begleitende Maßnahmen**:
   – Familienrechtliche Anordnungen, etwa nach § 1638 BGB
   – Altersvorsorgevollmachten, evtl auch postmortale Vollmachten (etwa zur Vermächtniserfüllung)
   – Eheverträge zur Pflichtteilsreduzierung
   – Pflichtteilsverzichte
   – Vermögensumgestaltungen (insbesondere bei Betriebsvermögen)
   – Verträge zugunsten Dritter auf den Todesfall
   – lebzeitige Übertragungen (insbesondere zur Pflichtteilsreduzierung)

## II. Gemeinschaftliches Testament[2]

1. **Wahl**: gemeinschaftliches Testament oder Erbvertrag?[3]
   Nur zwischen Ehegatten bzw eingetragenen Lebenspartnern möglich → bei Verlobten, Partnerschaften mit gewollter erbrechtlicher Bindung: Erbvertrag
   – **eigenhändiges** oder **notarielles Testament**
2. **Sachverhaltsermittlung**: s Checkliste einseitiges Testament, allerdings sind diese Daten für beide Ehegatten bzw eingetragene Lebenspartner zu erheben.
3. **Erbrechtliche Bindungen**: frühere Erbverträge und gemeinschaftliche Testamente mit Dritten?
4. Soweit keine Bindung besteht: **Widerruf** aller oder aber auch nur spezieller Verfügung von Todes wegen
5. **Trennbarkeit der Verfügungen** wegen isolierter Verkündigung der Verfügung des erstversterbenden und des längerlebenden Ehegatten (§ 2273 BGB)[4]
6. **Regelungsziele** der Ehegatten:
   – Rechtsstellung des überlebenden Ehegatten:
     ■ Alleinerbe?
       ■ mit Vollerbschaft des längerlebenden Ehegatten und erst Schlusserbeneinsetzung der Abkömmlinge nach beider Tod (Einheitslösung)

---

**2** Vgl auch NIEDER, Handbuch, RdNr 810 ff; WEIRICH, Erben und Vererben, RdNr 444.
**3** Zu den Abwägungsgesichtspunkten s Vorbem 33 ff zu §§ 2265 ff.
**4** S § 2273 RdNr 7 ff.

- oder nur Vorerbschaft des Längerlebenden (Trennungsprinzip) hier uU Zuteilung bestimmter Vermögenswerte zum uneingeschränkten Eigentum des Längerlebenden, so durch Hausratsvermächtnis
- nur in Erbengemeinschaft? Lediglich Modifizierung des gesetzlichen Teilungsprinzips
- nur Zuwendung von einzelnen Vermögensvorteilen, etwa Nießbrauchseinräumung, evtl mit Testamentsvollstreckung für überlebenden Ehegatten, oder nur Zuwendung anderer Vermächtnisse (Geld- oder Sachvermächtnisse)
– Erbenstellung der Abkömmlinge: korrespondiert mit der Rechtsstellung des längerlebenden Ehegatten:
- erst Schlusserben nach Tod beider Eltern (Einheitslösung)
- bereits Nacherben nach dem Tod des Erstversterbenden (Trennungslösung)
- sofortige Vollerbeinsetzung nach dem Tod des ersten Ehegatten
7. Eigentliche **sachliche Regelung**: Erbeinsetzung, Vermächtnisse, Teilungsanordnungen, Testamentsvollstreckung (s dazu gesonderte Checklisten)
8. **Störfallvorsorge:**
   – Fortbestand oder Wegfall im **Scheidungsfall**
   – Regelung für gemeinsamen **Unfalltod** oder unmittelbar nacheinander erfolgenden Tod
   – **Pflichtteilsklauseln**:[5]
   - einfache Anrechnungsklausel
   - automatische Ausschlussklausel
   - fakultative Ausschlussklausel
   - Jastrow'sche Klausel
   – **Wiederverheiratungsklausel**[6]
   - Verschärfung der Beschränkungen des Vorerben oder sofortiger Eintritt des Nacherbfalls beim Trennungsprinzip
   - bedingte Vor- und Nacherbfolge oder Herausgabevermächtnis beim Einheitsprinzip
   - evtl auch Erstreckung auf das dem Längerlebenden schon immer gehörende eigene Vermögen (über Verschaffungsvermächtnis oder Übergabeverpflichtung unter Lebenden)
   – Ausdrückliche **Ersatzerbenbestimmung** hinsichtlich der Erbeinsetzung des längerlebenden Ehegatten, wenn dieser ausschlägt oder anficht, um Testierfreiheit wieder zu erlangen; zumindest aber bedingte Enterbung bezüglich des gesetzlichen Erbteils für diesen Fall[7]
9. **Bindungswirkung, Durchbrechung** derselben
   – Genaue Festlegung, welche Verfügungen und in welchem Verhältnis diese zueinander **wechselbezüglich** sind (Testamentsvollstreckung und Teilungsanordnung können dies auf keinen Fall sein)
   – Verzicht des überlebenden Ehegatten auf ein Anfechtungsrecht wegen Übergehung eines Pflichtteilsberechtigten, insbesondere bei einer späteren Wiederverheiratung (§§ 2281 analog, 2079 BGB)
   – **Freistellungsklauseln**[8]:
   - zeitlich begrenzte Bindungswirkung: evtl hierzu Erbvertrag erwägen

---

[5] Zu den verschiedenen Gestaltungsmöglichkeiten s System Teil E RdNr 88 ff.
[6] S dazu Formularteil B RdNr 54 ff.
[7] Eingehend hierzu § 2271 RdNr 43 ff.
[8] Hierzu § 2271 RdNr 66 f.

- Änderungsvoraussetzungen sind tatbestandsmäßig eingeschränkt
- Änderungsmöglichkeiten sind hinsichtlich der Rechtsfolgen beschränkt
- Kombination dieser Möglichkeiten
10. **»Flankierende Maßnahmen«** (s auch die Checkliste »Einseitiges Testament«, Formularteil A RdNr 1 ff)
    – familienrechtliche Anordnungen, etwa nach § 1638 BGB
    – Sicherungsvereinbarungen zugunsten des Bedachten, etwa Verfügungsunterlassungsvertrag mit bedingter Übereignungsverpflichtung bei Verstoß[9]
    – bei »Zurücksetzung« des anderen Ehegatten gegenüber der gesetzlichen Erbfolge: uU gegenseitiger Pflichtteilsverzicht und Verzicht auf güterrechtlichen Zugewinnausgleich im Todesfall
    – Vollmachten auf den Todesfall oder über den Tod hinaus (etwa zur Vermächtniserfüllung, Nachlassregulierung im Ausland)

## III. Erbvertrag[10]

1. **Wahl:** Erbvertrag oder gemeinschaftliches Testament?[11] Erbvertrag nicht nur zwischen Ehegatten möglich – Partnerschaften
2. **Sachverhaltsermittlung**: s Checkliste »Einseitiges Testament«, jedoch sind die Daten für alle Vertragsteile zu erheben, die eine Verfügung von Todes wegen treffen
3. **Erbrechtliche Bindungen:** bestehen frühere Erbverträge und gemeinschaftliche Testamente mit Dritten?
4. Soweit keine Bindung besteht: **Widerruf** aller oder aber auch nur spezieller Verfügungen von Todes wegen
5. **Trennbarkeit der Verfügungen** wegen isolierter Verkündigung der Verfügung des erstversterbenden und des längerlebenden Ehegatten (§§ 2300, 2273 BGB)[12]
6. **Verwahrung der Urkunde:** in der Urkundensammlung des Notars oder bei Gericht
7. **Regelungsziele:**
   – beim Ehegattenerbvertrag: s die Checkliste »Gemeinschaftliches Testament«
   – bei Partnerschaften: uU andere Interessenlage
8. **Störfallvorsorge:**
   – im Ehegattenerbvertrag: s Checkliste »Gemeinschaftliches Testament«, Formularteil A RdNr 3 ff
9. **Bindungswirkung, Durchbrechung derselben**
   – Genaue Festlegung, welche Verfügungen vertragsmäßig getroffen werden (Testamentsvollstreckung und Teilungsanordnung können dies auf keinen Fall sein)
   – Verzicht des testierenden Teils auf ein Anfechtungsrecht wegen Übergehung eines Pflichtteilsberechtigten, insbesondere bei einer späteren Wiederverheiratung (§§ 2281 analog, 2079 BGB)
   – **Änderungsvorbehalt:**[13]
      - zeitlich begrenzte Bindungswirkung
      - Änderungsvoraussetzungen sind tatbestandsmäßig eingeschränkt
      - Änderungsmöglichkeiten sind hinsichtlich der Rechtsfolgen beschränkt
      - Kombination dieser Möglichkeiten[14]

---

**9** S etwa § 2286 RdNr 22 ff.
**10** S WEIRICH, Erben und Vererben, RdNr 446 f; NIEDER, Handbuch, RdNr 816, 869.
**11** Zu den Abwägungsgesichtspunkten s Vorbem 33 ff zu §§ 2265 ff.
**12** S § 2273 RdNr 7 ff.
**13** Hierzu § 2278 RdNr 13 ff.
**14** Beispiele s § 2278 RdNr 32.

- **Rücktrittsvorbehalte:** freie oder solche, die an bestimmte Bedingungen (Tatbestandsvoraussetzungen) geknüpft sind
10. »**Flankierende Maßnahmen**« (s auch die Checkliste »Einseitiges Testament«)
    - Testamentsvollstreckung (s gesonderte Checkliste)
    - familienrechtliche Anordnungen, etwa nach § 1638 BGB
    - Sicherungsvereinbarungen zugunsten des Bedachten, besonders beim entgeltlichen Erbvertrag[15] (etwa Verfügungsunterlassungsvertrag, bei Verstoß Übereignungsverpflichtung an Vertragserben)[16]
    - bei Ehegatten bei »Zurücksetzung« des anderen gegenüber der gesetzlichen Erbfolge: uU gegenseitiger Pflichtteilsverzicht und Verzichte auf güterrechtlichen Zugewinnausgleich im Todesfall
    - Vollmachten auf den Todesfall oder über den Tod hinaus (etwa zur Vermächtniserfüllung, Nachlassregulierung im Ausland)
11. **Kostentragung**, insbesondere auch für Rücktrittserklärung

## IV. Erbeinsetzung[17]

1. **Form:**
    - Anordnung durch **einseitiges Testament**, gemeinschaftliches Testament zwischen Ehegatten oder Erbvertrag?
    - eigenhändiges Testament oder öffentliches (notarielles) Testament?
2. **Erbeinsetzung** oder Vermächtniszuwendung?
3. Einsetzung zum Vollerben oder Nacherben (wenn letzteres, gesonderte Checkliste beachten)
4. Erbeinsetzung unter einer (aufschiebenden oder auflösenden) **Bedingung** oder Befristung (zB Wiederverheiratung)
5. Genaue **Bestimmung** des Erben durch den Erblasser selbst (§ 2065 Abs 2 BGB). Auch wenn eine sog Bezeichnung des Erben durch Dritte anhand objektiver Kriterien für zulässig gehalten wird, so sollte in der Praxis doch diese Möglichkeit wegen damit verbundener Unsicherheiten gemieden werden.
6. Einsetzung von **mehreren Erben**? Wenn ja, Bruchteile oder Prozentsätze zur Bestimmung des Erbquoten angeben (sonst § 2091 BGB). Erbeinsetzung nach Vermögensgruppen ist zu vermeiden.
7. Einsetzung mehrerer auf einen **gemeinschaftlichen Erbteil** (§ 2093 BGB). Empfehlenswert, wenn man die Erbschaft auf verschiedene Stämme (Eltern Ehefrau, Eltern Ehemann) aufteilen will.
8. **Ersatzerbenbestimmung:** Immer angezeigt! Daneben Regelung, dass
    - die gewillkürte Ersatzerbenregelung anders lautenden gesetzlichen Vermutungs-, Ergänzungs- und Auslegungsregeln vorgeht
    - bei einem Zuwendungsverzicht die ausdrücklichen oder vermuteten Ersatzberufungen wegfallen
    - bei Eingreifen einer Pflichtteilsklausel: Erstreckung der enterbenden Wirkung auf die ersatzweise berufenen Abkömmlinge des Kindes, das den Pflichtteil geltend macht

---

15 S § 2295 RdNr 21 ff.
16 S etwa § 2286 RdNr 22 ff.
17 NIEDER, Handbuch, RdNr 505; WEIRICH, Erben und Vererben, RdNr 596; TANCK-KRUG-DARAGAN, Testamente, § 11 RdNr 87.

- die Ersatzberufung nur für einzelne Wegfallsgründe gelten soll, also etwa nur für den Fall des Vorversterbens des zunächst zum Erben Berufenen oder für den Fall, dass dieser ausschlägt[18]
- bestimmte Anordnungen, insbesondere Vermächtnisse, nur für den Ersatzerben gelten sollen
- weitere Ersatzerben bestimmt werden (meist sinnvoll)

9. Bei mehreren Erben: Klarstellung, ob **Anwachsung** (§§ 2094, 2099 BGB) oder Ersatzerbfolge eintreten soll
10. **Enterbung** bestimmter Personen oder Stämme. Ohne positive Erbeinsetzung tritt gesetzliche Erbfolge im Übrigen ein. Allein daher meist nicht empfehlenswert!

## V. Anordnung einer Vor- und Nacherbschaft[19]

1. **Regelungsziele** der Anordnung: Muss zwar nicht in die Verfügung von Todes wegen ausdrücklich aufgenommen werden. Aber entsprechende gedankliche Vorarbeit erforderlich, da nur so die richtige Ausgestaltung getroffen werden kann.
2. **Person des Vor- und Nacherben.** Bei mehreren Festlegung der Erbquoten. Beim Nacherben genügt Bestimmbarkeit im Zeitpunkt des Eintritts des Nacherbfalls; aber sog »**unbekannte Nacherben**« vermeiden, da dies zu erheblichen Abwicklungsproblemen führt. Bei mehreren Personen: Bestimmung der Erbquoten.
3. Soll die Anordnung der Vor- und Nacherbschaft unter einer **aufschiebenden oder auflösenden Bedingung oder Befristung** erfolgen (besonders bei Wiederverheiratungsklauseln oder bei Möglichkeit zur Beseitigung durch Vorerben bei Vorliegen bestimmter Voraussetzungen)?
4. **Festlegung des Nacherbfalls.** Ohne Regelung ist der Nacherbfall der Tod des Vorerben (§ 2106 Abs 1 BGB)
5. **Befreiung des Vorerben** von gesetzlichen Beschränkungen nach § 2136 BGB? Ob und in welchem Umfang sie erfolgt, ist am Zweck der Anordnung auszurichten. Über den dort festgelegten Rahmen hinaus kann dinglich wirksam nicht befreit werden. Befreiung möglich
   - von Verfügungsbeschränkungen über Grundbesitz oder Rechten hieran (aber keine unentgeltliche Verfügung möglich)
   - von Kontroll- und Sicherungsrechten
   - vom Gebot ordnungsgemäßer Verwaltung, von Rechnungslegungspflicht
   - vom Einsatz für Übermaßfrüchte.
   
   Darüber hinausgehende Befreiungen (etwa vom Schenkungsverbot) nur über **Vermächtnis** möglich: Zugewandt wird ein Anspruch für Vorerben gegen Nacherben auf Zustimmung zu anderen Regelungen, Verfügungen oder Erlass von Forderungen.
6. **Anordnung von Ersatzerben:** Für den **Vorerben** (sonst ist nach der Auslegungsregel des § 2102 Abs 1 BGB der Nacherbe Ersatzerbe des Vorerben – aber eben nur Auslegungsregel, daher ausdrücklich regeln). Für den **Nacherben** selbst ist ebenfalls ein Ersatznacherbe zu bestimmen, da sonst bei Wegfall des zunächst gedachten Nach-

---

[18] Eine genaue Aufstellung der Gründe, die zum Wegfall des Erstberufenen iS von § 2096 BGB führen können, findet sich bei NIEDER ZEV 1996, 241, 242.

[19] NIEDER, Handbuch, RdNr 670; WEIRICH, Erben und Vererben, RdNr 661.

erben die mit der Anordnung verbundenen Zwecke nicht mehr erfüllt werden können. Bei mehreren Erben uU Anordnung der Anwachsung an die verbleibenden.
7. Regelung zur **Nacherbenanwartschaft**:
   - **Vererblichkeit** sollte idR immer ausgeschlossen werden, wenn Nachlass im Familienbesitz erhalten werden soll. Regelungsbedarf auch dann, wenn Ersatznacherbenbestimmung getroffen!
   - **Veräußerlichkeit** kann ausgeschlossen oder eingeschränkt werden. Übertragbarkeit an Vorerben sollte möglich sein, damit sich der Vorerbe dann bei Zustimmung des Nacherben durch Übertragung der Nacherbenanwartschaft von den Belastungen der Nacherbschaft befreien kann. Aber Achtung: Dies ist nur dann möglich, wenn etwaige Ersatznacherbeneinsetzungen auflösend bedingt durch die Übertragung der Nacherbenanwartschaft an den Vorerben sind, also in einem solchen Fall wegfallen.
8. **Umfang der Anordnung**: nur bezüglich des Erbteils eines Miterben oder aller, oder gar nur bezüglich eines Bruchteils eines Erbanteils?
9. Sollen dem Vorerben **einzelne Vermögenswerte zur freien Verfügung** übertragen werden (Wohnungseinrichtung, Sparguthaben, bestimmte Grundstücke)? Wenn ja: Anordnung eines Vorausvermächtnisses, das nicht der Nacherbschaft unterliegt. Aber Achtung: damit gehört es nun zum Eigenvermögen des Vorerben, wodurch die Ziele der Nacherbschaft insoweit nicht verwirklicht werden!
10. Anordnung **mehrfacher** (gestufter) **Nacherbfolge** gewollt? Zweck der Nacherbfolge hierfür heranziehen (Verhinderung der Abwanderung von Vermögenswerten: »Modell Erbhof«).
11. Anordnung einer **Testamentsvollstreckung**? Genaue Festlegung, wer (Vorerbe oder Nacherbe) damit wie lange betroffen ist. Daher prüfen:
    - zur Verwaltung der Vorerbschaft: Verwaltungsvollstreckung (§ 2209 BGB) erforderlich? So beim überschuldeten Erben und Behinderten-Testament ein »Muss« (für Pfändungsschutz)
    - Anordnung einer Nacherbentestamentsvollstreckung nach § 2222 BGB zur Sicherung der Rechte des Nacherben? Ein »Muss« bei noch »unbekannten Nacherben« bzw bei Minderjährigen, um familien- oder vormundschaftsgerichtliche Genehmigung bzw Pflegerbestellung für noch unbekannte Nacherben zu vermeiden. Achtung: Alleiniger Vorerbe kann nicht zugleich zum alleinigen Nacherben-Testamentsvollstrecker berufen werden (Interessenkollision!)[20]
    - Zur Verwaltung der Nacherbschaft, etwa bis Nacherben bestimmtes Alter erreicht haben
    - für gesamte Dauer von Vor- und Nacherbschaft?

## VI. Erblasseranordnungen über die Erbauseinandersetzung[21]

1. Klare und **rechtlich eindeutige Formulierungen**: Verwendung der entsprechenden Gesetzesbegriffe. Insbesondere klare Regelung, ob die Zuweisung der Nachlassgegenstände an Miterben geschieht
   - durch **Vorausvermächtnis** ohne Anrechnung auf den Erbteil und ohne Ausgleichungsverpflichtung aus dem Privatvermögen des Erben oder

---

20 Checkliste zu zulässigen Kombinationen s NIEDER, Handbuch, RdNr 659.
21 Vgl auch NIEDER, Handbuch, RdNr 1000; WEIRICH, Erben und Vererben, RdNr 809; TANCK-KRUG-DARAGAN, Testamente, § 13 RdNr 46.

- durch nicht wertverschiebende **Teilungsanordnung** (steuerliche Unterschiede zwischen Teilungsanordnung und Vermächtnis beachten, s System Teil C RdNr 26 ff) oder
- durch gemischte Zuwendung: etwa gegenständliche Zuweisung grundsätzlich durch Teilungsanordnung, der »Spitzenausgleich« eines etwaigen Mehrwerts aber durch Vorausvermächtnis (führt im Hinblick auf Bindungsfragen zu unlösbaren Abgrenzungsproblemen)

2. Festlegung, wie ein vom Erblasser gewünschter **Wertausgleich** geschehen soll, etwa durch Ausgleichszahlungen aus dem »Privatvermögen« des Zuwendungsempfängers. Zahlung der Wertausgleichung kann zur Bedingung für die durchzuführende Erbauseinandersetzung gemacht werden.
3. **Sicherstellung** der vom Erblasser gewünschten Erbauseinandersetzung/Vermächtniserfüllung durch
   - Anordnung der Testamentsvollstreckung
   - Strafvermächtnis
   - bedingte Erbeinsetzung
   - Vollmachten zur Vermächtniserfüllung
4. Besondere Sorgfalt bei **Sondersituationen**:
   - **Vor- und Nacherbschaft:** Festzulegen ist, ob bereits der Vorerbe oder erst der Nacherbe die Erbauseinandersetzung/Vermächtniserfüllung vornehmen muss
   - Sicherung einer **erbrechtlichen Bindung**: nur bei Vermächtnis/Auflage im Erbvertrag oder gemeinschaftlichen Testament gewährleistet. Bei Teilungsanordnung kann dies nur durch Anordnung eines ausdrücklichen Bedingungszusammenhangs mit gegenläufigen Verfügungen geschehen (etwa, dass die Erbeinsetzung des längerlebenden Ehegatten durch den Erstversterbenden bei Aufhebung der Teilungsanordnung entfällt)
   - Bei Übernahmerechten ist deren Rechtsnatur (Vermächtnis, Teilungsanordnung) festzulegen, sowie deren Modalitäten, insbesondere ob eine Übernahmepflicht entsteht und der Übernahmepreis (Anrechnungswert, Wertermittlung).
5. Bei **Teilungsverboten** und -beschränkungen ist
   - deren Rechtsnatur (unverbindliche Bitte, Vermächtnis, Auflage, bedingte Erbeinsetzung) zu bestimmen
   - deren Einhaltung (durch Testamentsvollstreckung, bedingte Erbeinsetzung, Strafvermächtnis) zu sichern.
   - Bei zeitlichem Teilungsausschluss ist zu regeln, ob er entgegen der Auslegungsregel der §§ 2044 Abs 1 S 2, 750 BGB auch noch nach dem Tod eines Miterben wirksam bleiben soll.
6. **Begleitende Anordnungen**, wie Bestimmung eines Schiedsgerichts für Auslegungsfragen, Schiedsgutachteranordnung für Wertermittlungen

## VII. Vermächtnis[22]

8   1. **Allgemeines:**
   - **Abgrenzung** Erbeinsetzung oder Vermächtnis
   - Berechtigter (Vermächtnisnehmer): Name, Geburtsdatum, Anschrift
     - Bei mehreren: Gemeinschaftsverhältnis (§ 2157 BGB)

---

**22** Vgl auch NIEDER, Handbuch, RdNr 575, 559; WEIRICH, Erben und Vererben, RdNr 770; TANCK-KRUG-DARAGAN, Testamente, § 15 RdNr 261; ausführlich zu Geld-, Immobilien- und Hausratsvermächtnissen KORNEXL ZEV 2002, 142, 173.

- Ersatzvermächtnisnehmer (§ 2190 BGB)? Wichtig wegen § 2160 BGB!
- Anwachsung bei mehreren Vermächtnisnehmern (§ 2158 BGB)
- bei Miterben: klare Abgrenzung Teilungsanordnung/Vorausvermächtnis
- **Beschwerter** des Vermächtnisses:
  - Der **Erbe**?
    - Bei Miterben: alle von ihnen zu gleichen oder unterschiedlichen Teilen?
    - Nur einzelne oder gar nur einer?
  - Auch der **Ersatzerbe** bzw. Ersatzvermächtnisnehmer? (§ 2161)
  - Der **Vermächtnisnehmer** bei Untervermächtnis oder Nachvermächtnis
- **Anfall** des Vermächtnisses, **Fälligkeit** (§§ 2176 ff, 2181, 2186), nur wenn beides mit dem Erbfall eintreten soll, Regelung entbehrlich
- bei aufschiebend **bedingten** oder **befristeten Vermächtnissen** besondere Regelung der »Interimszeit«:
  - Bestimmung des Zeitpunkts oder des Ereignisses hierfür
  - Regelung der Vererblichkeit und der Übertragbarkeit des Anwartschaftsrechts zwischen Erbfall und Vermächtnisanfall
  - Regelung hinsichtlich der Nutzungen und gemachten Aufwendungen zwischen Erbfall und Vermächtnisanfall
  - Regelung, wie der Erbe mit dem Vermächtnisobjekt so lange verfahren soll (besondere Substanzerhaltungspflicht?)
  - Werden besondere Sicherungsmittel für die Zwischenzeit vermacht?
- **Vermächtnisobjekt**: genaue Bezeichnung. Bei Stückvermächtnis: entfällt dies, wenn Gegenstand nicht zum Nachlass gehört oder Verschaffungsvermächtnis angeordnet (§§ 2169 Abs 1, 2170 BGB)
- Kosten der Vermächtniserfüllung, Tragung der Erbschaftsteuer?
- Regelung zur **Sicherung der Vermächtniserfüllung**: Anordnung einer Testamentsvollstreckung oder Erteilung einer Vollmacht (unter Befreiung von § 181 BGB) hierfür
- Mitvermachung von **Sicherungsrechten**:
  - Eigentumsvormerkung, Verpfändung von Rechten zur Sicherung ab Eintritt des Erbfalls
  - Auskunfts- und Rechnungslegungsrechten (etwa bei Vermächtnis an Unternehmensbeteiligung)?
  - Sicherung ab Errichtung der Verfügung von Todes wegen durch Vereinbarung eines Verfügungsunterlassungsvertrages, evtl bedingte Übereignungsverpflichtung des Erblassers gegenüber Vermächtnisnehmer bei Verstoß hiergegen (bei Grundstücken durch Eigentumsvormerkung sicherbar)
- **Anpassung an künftige Veränderungen?**
  - Wertsicherung bei Geldvermächtnis
  - Kürzungsrechte, wenn Nachlass von anderer Werthaltigkeit
- Regelung zur Tragung der **Pflichtteilslast** (§§ 2324, 2318)
- **Anordnung eines Vorrangs** vor den übrigen Beschwerungen (§ 2189)
- Wegfall des Vermächtnisses bei lebzeitiger Erfüllung

2. **Grundstücksvermächtnis**
   - Genaue **Bezeichnung** des betroffenen Grundstücks/Wohnungs- oder Teileigentums: Gemarkung, Flur, Flurnummer, evtl Grundbuchstelle, bei Wohnungs- und Teileigentum Bezeichnung nach Aufteilungsplan
   - Erstreckt sich das Vermächtnis noch auf anderes:
     - Kfz-Stellplätze, Miteigentumsanteile an Wegzufahrten etc
     - Mobiliar und Inventar im Haus/in der Wohnung (§ 2164 BGB: Zubehör ist im Zweifel mitvermacht)

- **Übernahme von Belastungen**
  - In Abteilung II des Grundbuchs?
  - In Abteilung III des Grundbuchs (Grundpfandrechte)?
    - Nur dingliche Übernahme oder auch Übernahme der dadurch gesicherten persönlichen Schuld, uU im Wege der befreienden Schuldübernahme anstelle des Erben
    - Evtl Regelung bei bestehender Mitbelastung über Grundpfandrechtsverteilung
    - Evtl Regelung über Eigentümerrechte/Rückgewähransprüche an Grundpfandrechten
- Übergang von **Besitz, Nutzen, Lasten**
- Regelung über **Miet- und Pachtverhältnisse**, insbesondere über Verteilung des Miet- und Pachtzinses
- Bestellung von **dinglichen Rechten** hieran aufgrund Untervermächtnis, etwa Vorkaufsrechte (subjektiv-dingliche oder subjektiv-persönliche), Nießbrauch, Belastung mit Nachabfindungsvereinbarung bei gewinnbringendem Verkauf innerhalb bestimmter Fristen
- Bei **Betriebsvermögen**: Wer trägt für etwaige Entnahme die Einkommensteuerbelastung

10  3. **Wohnungsrechtsvermächtnis**[23]
- Beginn: mit dem Erbfall, evtl erst mit Schlusserbfall oder Nacherbfall
- Ende: Tod des Berechtigten, bestimmte Zeit, bis Eintritt eines bestimmten Ereignisses (auf die Dauer des ledigen Standes; Bezugsfertigkeit eines Hauses)
- Gegenstand: Flurnummer, Gemarkung, Haus, evtl Wohnungseigentum
- Alleinige Benutzung bestimmter Räume (genaue Bezeichnung nach Stockwerk, Lage)
- Mitbenutzung: im Haus (Keller, Küche, Wohnzimmer) und im Freien
- Kostentragung: für Schönheitsreparaturen / für Erhaltung und gewöhnliche und außergewöhnliche Instandsetzung (ausdrücklich zu regeln!)
- Tragung öffentlicher und privater Lasten
- Kostentragung der Betriebskosten (Heizung, Strom, Wasser etc), uU mit Regelung des Umlegungsschlüssels
- Benutzung durch Dritte
  - Einschränkende Regelung zu § 1093 Abs 2
  - Kann Ausübung Dritten (auch gegen Entgelt) überlassen werden (§ 1092 Abs 1 S 2)?
- Zu bezahlendes Entgelt? Kann nicht selbst unmittelbarer dinglicher Inhalt sein, aber Verknüpfung durch Bedingung oder Ausübungsbeschränkung[24]
- Ergänzende Regelungen:
  - Wiederaufbauverpflichtung bei Zerstörung; evtl gesichert durch Wohnungsgewährungsreallast[25]
  - Rangrücktrittsverpflichtung bei anstehenden Investitionen (Umbau und anderes)

---

[23] Vgl hierzu auch LANGENFELD, Testamentsgestaltung, RdNr 253 f; eine Checkliste zum Wohnungsrecht findet sich bei J MAYER, Der Übergabevertrag, RdNr 150.

[24] STAUDINGER-RING § 1093 RdNr 4.
[25] Dazu etwa LANGENFELD, Testamentsgestaltung, RdNr 253.

- ▪ Regelung eines Entschädigungsbetrags für Fall der Aufgabe des Wohnungsrechts (nach landesrechtlichen Leibgedingsvorschriften, Art 18−20 BayAGBGB)
- Absicherung im Grundbuch:
  - ▪ Für Wohnungsrecht beschränkt persönliche Dienstbarkeit (§ 1093 BGB)[26]
  - ▪ Für Nebenleistungen (Betriebskosten, Instandsetzung) entweder über diese Dienstbarkeit oder über eigene Reallast
  - ▪ Evtl zusammenfassende Eintragung als Leibgeding (zur Sicherung des Vollstreckungsprivilegs, § 9 EGZVG)
  - ▪ Möglichst gute Rangstelle zur Verhinderung des Erlöschens des Rechts in der Zwangsversteigerung

4. **Nießbrauchsvermächtnis** 11
- Gegenstand:
  - ▪ An Grundstücken (§§ 1030 ff BGB)
    - ▪ Bezeichnung von Flurstücknummer, Gemarkung oder Wohnungs- oder Teileigentum; auch Belastung an einem Miteigentumsanteil möglich
    - ▪ Regelung der Lastentragung, oft aus steuerlichen Gründen abweichende Vereinbarung vom gesetzlichen Inhalt erforderlich (§§ 1041, 1047 BGB): Bruttonießbrauch oder Nettonießbrauch
    - ▪ Regelung der Instandhaltungspflicht:[27] kann nur über selbständige Reallast dinglich gesichert werden
    - ▪ Ausschluss der Ausübungsüberlassung nach § 1059 S 2? Ausschluss des Rechts zur Vermietung oder Verpachtung? (gesondert zu regeln)
    - ▪ Bei Wohnungs-/Teileigentum: Regelung der Verpflichtung zur Tragung des Hausgelds und zur Stimmrechtsausübung in der Eigentümerversammlung
    - ▪ Auch hier Rangstelle wichtig in der Zwangsversteigerung
    - ▪ Rangrücktrittsverpflichtung (durch Auflage oder Untervermächtnis an den Vermächtnisnehmer) bei Modernisierungs- oder Erhaltungsmaßnahmen daher problematisch
    - ▪ Soweit der Nießbraucher derartige Lasten tragen muss, kann Verpflichtung des Eigentümers zur Bestellung von Grundpfandrechten für diesen Zweck mitvermacht werden
  - ▪ An beweglichen Sachen
  - ▪ Am Nachlass (§§ 1089, 1085 ff BGB): Alternative zur Vor- und Nacherbschaft, besonders bei Ehegatten
  - ▪ An einem einzelnen Erbteil (Rechtsnießbrauch, § 1068 BGB)
  - ▪ Unternehmensnießbrauch: an der Sachgesamtheit des Betriebsvermögens; Achtung: Nießbrauch lediglich an einzelnen Teilen des Betriebsvermögens stellt (Nutzungs-)Entnahme dar, die zu Einkommensteuerproblemen führt.
- Umfang des Nießbrauchs
  - ▪ Quotennießbrauch: Bestellung an einem gesamten Recht oder Gegenstand, aber berechtigt nur zu einer anteiligen Nutzung
  - ▪ Bruchteilsnießbrauch

---

[26] Auf alle Fälle zu regeln, da sonst lediglich von einem schuldrechtlichen Wohnungsrecht auszugehen ist (OLG Bamberg ZEV 1996, 34; hierzu HOFSTETTER ZEV 1996, 17).

[27] Weder Nießbraucher noch Eigentümer sind kraft Gesetzes zur Vornahme außergewöhnlicher Unterhaltungsmaßnahmen verpflichtet, vgl PALANDT-BASSENGE § 1041 RdNr 2.

- ■ Ausschluss einzelner Nutzungen, § 1030 Abs 2 BGB
- Rentenwahlrecht,[28] wonach der Nießbraucher anstelle des dinglichen Nutzungsrechts, das ja auch mit Belastungen verbunden ist, die Einräumung einer Rentenzahlung / dauernden Last verlangen kann

## 5. Vermächtnis über Renten oder dauernde Lasten[29]
- Art der Zahlungsverpflichtung:
  - ■ Zeitrente/Leibrente auf Lebenszeit oder mit Mindest- oder Höchstlaufzeit
  - ■ Dauernde Last aus steuerlichen Gründen
    - Auch bei Verfügung von Todes wegen möglich (BMF Schr vom 23. 12. 1996 = BStBl I 1508 = ZEV 1997, 16, Tz 28 f), wenn sie bei einer Vermögensübergabe im Wege der vorweggenommenen Erbfolge zu Lebzeiten des Erblassers als Versorgungsleistungen zu beurteilen gewesen wären (Vergleichsbetrachtung), daher
      - grundsätzlich auf Lebenszeit des Berechtigten
      - nicht an einem Objekt, das zum Verkauf bestimmt ist (BFH MittRhNotK 1997, 94; BFHE 180, 87)
      - kein Nießbrauch (dauernde Last versteht sich als Vorbehalt der Einkünfte)
      - Veränderlichkeit der Leistung und Beachtung weiterer steuerlicher Vorgaben (vgl BMF Schr vom 23. 12. 1996 = ZEV 1997, 16). Insbesondere, wenn das an sich nach gesetzlichem Erbrecht dem Ehegatten zustehende Vermögen direkt an den Übernehmer übergeht. Nicht, wenn Empfänger der Versorgungsleistungen im Erbwege ohnehin existenzsicherndes Vermögen erhält (BFH-Urt vom 26. 1. 1994 – BStBl II 633; BMF Schr vom 23. 12. 1996, BStBl I 1508 Tz 28 f: Gesichtspunkt der anderweitigen Versorgung).
- Zahlungsweise: wöchentlich/monatlich/jährlich im Voraus oder nachschüssig
- Dynamik:
  - ■ Wertsicherungsklausel: idR immer angebracht und zwar in zweifacher Weise:
    - Anpassung gegenüber Geldwertveränderungen zwischen der Errichtung der Verfügung von Todes wegen und Anfall des Vermächtnisses
    - Anpassung für danach während der Laufzeit der Zahlungsverpflichtung
    - In beiden Fällen sofort Genehmigung nach § 2 PrKV oder Negativbescheinigung erholen
    - Umbasierungsfragen regeln
  - ■ Abhängigkeit vom Bedarf des Berechtigten und/oder der Leistungsfähigkeit des Verpflichteten,
  - ■ Spätere Anpassung der Zahlungspflicht an die veränderten Umstände (§ 323 ZPO)
- Verpflichtung zur Zwangsvollstreckungsunterwerfung: Ausreichende Bestimmtheit
- Grundbuchsicherung:
  - ■ An welchem Objekt (genaue Bezeichnung)

---

**28** Vgl LANGENFELD, Testamentsgestaltung, RdNr 501.
**29** Dazu LANGENFELD, Testamentsgestaltung, RdNr 255 ff; Checkliste zu Renten / dauernde Lasten s J MAYER, Der Übergabevertrag, RdNr 350; JERSCHKE in: Beck'sches Notarhandbuch A V, RdNr 165.

- Rangstelle für Vermeidung Rechtsverlust bei Zwangsversteigerung entscheidend
- Reallast mit ausreichender Bestimmbarkeit; Problem: dingliche Absicherung des sich aus der Anwendung von § 323 ZPO ergebenden Erhöhungsbetrags
- Eintragung einer Löschungserleichterung bei Tod des Berechtigten oder Fristablauf
– Kapitalwahlrecht/Ablöserecht bei längerem Zahlungsrückstand, um dem Berechtigten die mühsame Einzelvollstreckung zu ersparen.[30]

*Steuerlicher Gestaltungshinweis:* Soweit dem Ehegatten wiederkehrende Zahlungen zugewandt werden, ist in erbschaftsteuerlicher Hinsicht das Abzugsverbot des § 25 ErbStG zu beachten. Daher als Alternative die Zuwendung einer Kapitalforderung mit einem Rentenoptionsrecht für den Erben erwägen, da dann dieses Abzugsverbot nicht gilt.[31]

6. **Pflegevermächtnis:**[32] zur Sicherung der Altersbetreuung eines nahe stehenden Angehörigen.
   – Pflegeverpflichteter: persönlich durch den Erben oder durch Dritte
   – Pflegeanlass (Krankheit, Gebrechlichkeit, evtl erst ab entsprechender ärztlicher Feststellung)
   – Pflegeort: meist nur im häuslichen Bereich, aber evtl beschränkt nur auf das vererbte Anwesen oder nur auf die (jeweilige oder bestimmte) Wohnung des Erben
   – Umfang der Pflegeleistung
     - Der Art nach: Körperpflege, Ernährung, Mobilität, hauswirtschaftliche Versorgung (vgl § 14 Abs 4 SGB XI)
     - Zeitliche Beschränkung (etwa 1½ Stunden)
     - Beschränkt nur bis zu einem gewissen Gesundheits-/Pflegezustand des Vermächtnisnehmers (etwa, nur soweit keine höhere Pflegebedürftigkeit als Pflegestufe I)
     - Beschränkung durch Zumutbarkeit für Erben (Vereinbarkeit mit beruflicher oder familiärer Belastung)
     - Nach Intensität des Pflegeaufwands, orientiert nach den Verrichtungen, die der Pflegestufe I, II oder III entsprechen
   – Wer erhält das Pflegegeld von der Pflegeversicherung? Verpflichtung zur Antragstellung
   – Regelung der Rechtsfolgen, wenn Pflegeleistungen nicht mehr erbracht werden
     - Freistellungsverpflichtung für Pflichtteilsberechtigte vor Pflegeheimkosten
     - Eigener Anspruch auf Leistungserbringung für weichende Erben
     - Erwerbsrechte bei nicht ordnungsgemäßer Erbringung von Pflegeleistungen für andere Pflichtteilsberechtigte/Dritte oder Vertragsstrafe
   – Absicherung der Pflegeverpflichtung
     - Im Grundbuch durch Reallast, Rangstelle entscheidend (blockiert aber wiederum den Eigentümer bei Beleihung), Löschungserleichterung

---

[30] Muster etwa bei LANGENFELD, Testamentsgestaltung, RdNr 259; J MAYER, Übergabevertrag, RdNr 379 ff.
[31] KAPP-EBELING § 25 ErbStG RdNr 28; TROLL-GEBEL § 25 ErbStG RdNr 17.
[32] Vgl dazu für eine Checkliste etwa J MAYER, Übergabevertrag, RdNr 186.

Checklisten

**14**  7. **Pflegevergütungsvermächtnis:** »Wer mich pflegt, der erbt!«
- Wegen mangelnder Bestimmtheit bei Errichtung der Verfügung von Todes wegen, wer tatsächlich später bis zum Tod die Pflege erbringt: Drittbestimmung des Zuwendungsempfängers durch *Testamentsvollstrecker* erforderlich
  - Wegen § 2065 BGB also keine Erbeinsetzung möglich → Erbeinsetzung Dritter erforderlich
  - Vermächtniszuwendung nach § 2151 BGB
  - Zweckauflage nach § 2193 BGB (nicht empfehlenswert)
  - Genaue Vorgaben zur Bestimmung des Zuwendungsempfängers in der Verfügung von Todes wegen: Dauer und Intensität der Pflegeerbringung, anteilige Aufteilung auf mehrere Pflegepersonen[33]

**15**  8. **Quotenvermächtnis:**
- Welche Quote? Ein Achtel, ein Viertel?
- Woraus? Aus dem gesamten Reinnachlass, aus den vorhandenen Spar- und Bankguthaben, aus dem Nettowert eines Nachlassgrundstücks?
- Welche Abzüge sind vorher vorzunehmen? Erblasserschulden, Erbfallschulden? Nach Abzug von Erbschaftsteuer, evtl latenter Einkommensteuerbelastung, Pflichtteilsansprüchen?
- Welche Art von Zuwendung? Quotenvermächtnis ist in Geld auszuzahlen oder gegenständliche Beteiligung.
- Wann fällig?

### VIII. Auflage[34]

**16**  1. **Klare Bezeichnung**, dass es sich um die Anordnung einer Auflage handelt (Abgrenzung zu Vermächtnis, Ratschlägen, Wünschen).
2. Genauer **Inhalt der Auflage**:
   - Leistung (muss nicht in einem Vermögenswert bestehen) oder Unterlassung.
   - Begünstigter:
     - muss keine rechtsfähige Person sein (sog Zamperltestament; unselbständige Stiftung)
     - dessen Bestimmung kann auch dem Beschwerten oder einem Dritten überlassen werden (§ 2193 BGB)
     - aber: Bei einer zulässigen Drittbestimmung des Begünstigten oder des Leistungsgegenstandes muss der Erblasser den Zweck der Auflage persönlich festlegen (§§ 2192, 2193, 2156 BGB).
3. Bezeichnung des mit der Auflage **Beschwerten** (Erbe, Vermächtnisnehmer; bei mehreren zu welchen Teilen, beim Vor- und Nacherbe Klarstellung, ob beide, wenn auch Nacherbe erst ab Eintritt des Nacherbfalls).
4. Bestimmung eines **Vollziehungsberechtigten** oder Ausschluss einzelner der nach § 2194 BGB kraft Gesetzes Vollzugsberechtigten.
5. **Sicherung** des **Auflagevollzugs** durch Anordnung der Testamentsvollstreckung, Erteilung von Vollmachten oder Verbindung der letztwilligen Zuwendung mit einer entsprechenden aufschiebenden oder auflösenden Bedingung. **Beachte:** Bei der Auflage hat der Begünstigte gerade keinen eigenen Erfüllungsanspruch. Dies

---

[33] LANGENFELD, Testamentsgestaltung, RdNr 404.    [34] NIEDER, Handbuch, RdNr 958.

schafft Gestaltungsmöglichkeiten, wenn etwa Pfändung durch Gläubiger des Begünstigten verhindert werden soll.
6. Regelung eines **Bedingungszusammenhangs** von Auflage und letztwilliger Zuwendung (§ 2195 BGB ist nur Auslegungsregel)

## IX. Testamentsvollstreckung[35]

1. Gedankliche Vorarbeit: **Regelungsziele** der Testamentsvollstreckung. Im Hinblick auf Aufgabenerfüllung sollten diese in die Verfügung von Todes wegen aufgenommen werden.  **17**
2. Ausdrückliche **Anordnung der Testamentsvollstreckung**, und zwar des Amtes als solches und zunächst unabhängig von der zur Ausführung berufenen Person (»ich ordne Testamentsvollstreckung an«).
3. **Ernennung** der **Person** des Testamentsvollstreckung
   - selbst durch den Erblasser; Ersatzvollstrecker vorsehen (§ 2197)
   - einer oder mehrere? Bei mehreren Testamentsvollstreckern: Abweichende Anordnung über die Aufgabenverteilung auch für Außenverhältnis
   - aufgrund Ermächtigung durch einen Dritten (§ 2198)
   - durch das Nachlassgericht aufgrund entsprechendem »Ersuchen im Testament (§ 2200)«
   - Ernennung eines Mitvollstreckers oder Nachfolgers durch den dazu ausdrücklich ermächtigten Testamentsvollstrecker (§ 2199).
4. Festlegung des **Aufgabenkreises** des Testamentsvollstreckers (wichtig; danach bestimmen sich auch die Befugnisse!)
   - Abwicklungsvollstreckung (§§ 2203, 2204): evtl nur hierauf beschränkt, also für Vermächtniserfüllung, Bewirkung der Erbauseinandersetzung
   - Dauervollstreckung (§ 2209 S 1, 2. HS): zeitliche Festlegung;
   - **Verwaltungsvollstreckung** (§ 2209 S 1, 1. HS): zeitliche Festlegung; bei Dauer- und Verwaltungsvollstreckung genaue Aufgabenfestlegung, etwa dass Erbe nur mit Zustimmung Testamentsvollstrecker über Grundbesitz verfügen kann
   - Klare Aufgabenzuweisung besonders bei Anordnung der Vor- und Nacherbschaft (bereits Vorerbe belastet? nur Nacherbentestamentsvollstreckung nach § 2222)
   - Vermächtnisvollstrecker (§ 2223)
5. **Dauer** der Testamentsvollstreckung (Zwecke derselben und § 2210 beachten)
6. Gegenständlicher (sachlicher) **Umfang der Testamentsvollstreckung**: etwa nur einzelne Nachlassgegenstände (§ 2208 Abs 1 S 2) oder nur Erbanteile von bestimmten Miterben
7. **Personelle Aufgabenverteilung** bei mehreren Testamentsvollstreckern (sonst Grundsatz der Gesamtvollstreckung, § 2224)
8. Besondere **Verwaltungsanordnungen** (§ 2216 Abs 2 S 1), wichtig besonders beim Behinderten-Testament und beim Testament des verschuldeten Erben.
9. **Einschränkung** der **gesetzlichen Befugnisse** des Testamentsvollstreckers (§ 2208) mit ausdrücklicher Klarstellung, ob dies dinglich oder nur mit schuldrechtlicher Wirkung geschieht.
10. **Erweiterung der Befugnisse** des Testamentsvollstreckers im gesetzlichen Rahmen, insbesondere Erweiterung der Verpflichtungsbefugnis (§ 2207 S 1 BGB, nicht möglich für Schenkungsversprechen, § 2220 BGB); Befreiung von § 181 BGB.

---

[35] NIEDER, Handbuch, RdNr 948.

Checklisten

11. Einräumung von **Sonderaufgaben**: Einsetzung als Schiedsrichter, postmortale (Spezial- oder General-)Vollmachten. Insbesondere bei Nachlass im Ausland erforderlich.
12. Bei einzelkaufmännischem **Unternehmen** oder Beteiligung an Personengesellschaft ist für die hier nicht mögliche direkte Testamentsvollstreckung eine Ersatzlösung vorzusehen:
    – Vollmachtslösung
    – Treuhandlösung
    – Mitbestimmung nur im Innenverhältnis
    – beaufsichtigende Funktion an der »Außenseite« des Unternehmens
    – Umstrukturierung des Unternehmens mit anschließender Verwaltungsvollstreckung (etwa OHG in GmbH).
13. Regelung der **Vergütung** und Auslagenersatz
14. **Beendigung** der Testamentsvollstreckung: Regelung der damit verbundenen Probleme (Befreiung des Testamentsvollstreckers von persönlich eingegangenen Verbindlichkeiten bei der Unternehmensnachfolge etc).

## X. Vergütung des Testamentsvollstreckers[36]

18
1. Wenn **keine Vergütung** zu bezahlen ist, ist dies vom Erblasser immer zu regeln.
2. Wenn eine **Vergütung zu bezahlen** ist, so sollte der Erblasser die näheren Einzelheiten der Vergütung genau regeln.
   Hierzu gehören:
   – Genaue Regelung der Tätigkeitsbereiche des Testamentsvollstreckers, da die Vergütung funktionsbezogen erfolgt.
   – Genaue Bestimmung, ob außer der Regelvergütung noch sog Sondergebühren (Konstituierungsgebühren, periodische Verwaltungsgebühren, Auseinandersetzungsgebühren) zu bezahlen sind.
   – Festlegung eines genauen Bezugswerts zumindest bei problematischen Nachlassobjekten wie Betriebsvermögen, Liebhaberobjekten (etwa Bewertung nach dem Ertragswert des Unternehmens nach dem »Stuttgarter Verfahren«; bei Abstellen auf den Bilanzwert, ob dieser handelsrechtlich oder steuerlich zu verstehen ist).
   Genaue Bestimmung der Vergütungskriterien.
   – Außerhalb der reinen Verwaltungsvollstreckung stehen hier verschiedene »Tabellenwerte« zur Disposition, die alle Vor- und Nachteile haben:
   »Rheinische Tabelle«
   »Möhring'sche Tabelle«
   Tabelle von »Tschischgale«
   »Eckelskemper'sche Tabelle«
   – Bei Verwaltungsvollstreckung ist eine periodische Zahlung üblich, entweder einnahmeunabhängig von 1/3 bist 1/2% des Nachlassbruttowerts oder einkunftsabhängig von 2 bis 4% der Jahreseinkünfte, bei Immobilienverwaltung aber entsprechend den für Hausverwaltung geltenden Grundsätzen von 3 bis 8% der Nettojahresmieten. Bei Unternehmenstestamentsvollstreckung Vergütungsfestlegung äußerst problematisch. Entweder einkunftsunabhängig orien-

---

[36] Allgemein hierzu ECKELSKEMPER in: BENGEL-REIMANN, Handbuch der Testamentsvollstreckung, 3. Aufl, 2001, 10. Kap; MAYER-BONEFELD-DARAGAN, Testamentsvollstreckung, 2000, Abschn 20.5.

tiert an den Gehältern vergleichbarer Geschäftsführer/Vorstandsmitglieder oder prozentuale Beteiligung am Reingewinn, wobei im letzen Fall eine feste Sockelvergütung als Minimum vereinbart werden sollte.
3. Regelung der **Fälligkeit** der Testamentsvollstreckervergütung: gerade bei längerfristiger Verwaltungsvollstreckung periodische Zahlung (jeweils am Ende des Kalenderjahres im Nachhinein) nötig, um den Testamentsvollstrecker nicht »auszuhungern«.
4. Bei genauer Regelung der Höhe der Vergütung: Klarstellung, ob in der Testamentsvollstreckervergütung die **Umsatzsteuer** enthalten ist oder nicht.
5. Soweit **gewisse Tätigkeiten entgeltlich** und andere unentgeltlich zu leisten sind (etwa bei familienangehörigen Testamentsvollstreckern), sollten diese aus steuerlichen Gründen genau unterschieden werden.
6. **Berufsmäßige Dienste** (als Rechtsanwalt, Steuerberater) miterfasst?
7. **Mehrere Testamentsvollstrecker**
   Genaue Regelung der Vergütung: Erhöhung der normalen Sätze oder Beibehaltung unter entsprechender Aufteilung auf die einzelnen Personen.

## XI. Pflichtteilsklauseln

1. **Notwendigkeit**
   a) **Trennungslösung:** nur einfache Pflichtteilsklauseln erforderlich
   b) **Einheitslösung:**
      – Ausreichender Änderungsvorbehalt vorhanden: damit uU einfache Pflichtteilsklausel entbehrlich
      – Erheblicher Vermögensunterschied bei den Ehegatten: »Jastrow« kann angezeigt sein
2. **Arten der Pflichtteilsklauseln**
   a) **Einfache** Pflichtteilsklausel:
      – **Automatisch** wirkende Ausschlussklausel, immer bei Pflichtteilsverlangen
         ▪ Regelung des **Tatbestandes Pflichtteilsverlangen:**
            ▪ **wer** muss Pflichtteil geltend machen (kann auch durch Dritte infolge Erbfall sein)
            ▪ **wann** ist das der Fall? Nur wenn gegen Willen des längerlebenden Ehegatten; evtl subjektive Tatbestandsmerkmale regeln
         ▪ **Rechtsfolge:**
            ▪ Eintritt von **Anwachsung** oder **Ersatzberufung** bezüglich des frei werdenden Erbteils
            ▪ **Änderungsvorbehalt** nicht vergessen
      – **Fakultative** Ausschlussklausel, gibt nur die Möglichkeit zur Änderung; bei ausreichendem Änderungsvorbehalt entbehrlich; Inhalt sonst wie vor
      – **Anrechnungsklausel** (weniger zu empfehlen, da Zweck selten erreicht)
   b) **»Jastrow'sche Klausel«**
      Regelungsbedürftig:
      – **Tatbestand:** Pflichtteilsverlangen (s Ausschlussklausel)
      – **Rechtsfolge:**
         ▪ **Anfall** des Vermächtnisses: beim 1. oder erst aufschiebend befristet auf den 2. Todesfall
         ▪ Bei **Anfall** schon nach 1. Erbfall: Stundung mit oder ohne Zins bis zum Tod des Längerlebenden; steuerliche Auswirkungen beachten!

- **Höhe** des Vermächtnisses: gesetzlicher Erb- o Pflichtteil der loyalen Kinder im 1. Erbfall oder 2. Todesfall; evtl nur Anordnung auf den dann bestehenden »**Überrest**« (letzteres problematisch)
- **Regelung Vererblichkeit** und Übertragbarkeit des Vermächtnisses/Anwartschaft hierauf bis zum 2. Erbfall
- **Enterbung des ganzen Stamms** des pflichtteilverlangenden Abkömmlings
- **Anwachsung oder Ersatzberufung** bezüglich des so frei werdenden Nachlasses; **Änderungsvorbehalt** hierfür vereinbaren.

# B. Formulare

*Vorbemerkung*

*Die nachfolgenden Formulare sollen eine kleine Hilfe und zugleich Anregung insbesondere für den Notar und Rechtsanwalt in der täglichen Praxis sein. Das Erbrecht bietet eine Fülle von Gestaltungsmöglichkeiten bei Verfügungen von Todes wegen. Wegen dieser Variationsbreite muss jeder Versuch, hier Vollständigkeit zu bieten, von vorneherein scheitern. Dennoch entspricht es einem Bedürfnis der Praxis, typische Fälle aufzuzeigen und Formulierungsvorschläge zu unterbreiten. In keinem Falle jedoch kann ein Formular eigene Überlegungen ersetzen.*

## I. Formeller Aufbau

### 1. Einzeltestament

#### a) Testament durch Erklärung 1

**Testament**

Heute, den ...

war vor mir, ... anwesend:

Herr ...
wohnhaft in ...
geboren am ...
in ...
Eltern: ...

Der Beteiligte wies sich aus durch seinen Reisepass Nr ...,
ausgestellt von ...
Er will ein Testament errichten.
Er ist nach meiner Überzeugung, die ich aufgrund der Verhandlung gewonnen habe, voll testierfähig.
Er erklärt seinen letzten Willen zur Beurkundung wie folgt:

I.

Ich bin deutscher Staatsangehöriger.
Ich bin (ledig, verheiratet, geschieden, verwitwet).
Ich kann über meinen Nachlass frei verfügen und bin insbesondere nicht durch einen Erbvertrag oder ein gemeinschaftliches Testament gebunden.
Vorsorglich widerrufe ich alle bisher von mir getroffenen Verfügungen von Todes wegen.

II.

(Verfügungen von Todes wegen)

III.

Ich wurde vom Notar auf die Vorschriften des Pflichtteilsrechtes hingewiesen.

IV.

Ich trage die Kosten dieser Urkunde und ihrer Hinterlegung bei Gericht. Ich bitte, mit eine beglaubigte Abschrift dieser Urkunde zu erteilen. Eine weitere beglaubigte Abschrift ist für die Urkundensammlung des Notars zu fertigen.

Formulare

**2** **b) Testament durch Übergabe einer Schrift (§ 2232 BGB, § 30 BeurkG)**

**aa) Übergabe einer offenen Schrift**

I.

Der Erschienene will ein Testament durch Übergabe einer offenen Schrift errichten. Er ist nach meiner Überzeugung voll testierfähig. Sodann beurkunde ich auf Ersuchen des Erschienenen in dessen Anwesenheit was folgt:
Der Erschienene übergibt eine offene Schrift, die mit den Worten ... beginnt und mit den Worten ... endet.

II.

Der Erschienene erklärte sodann vor mir:
»Die von mir übergebene Schrift enthält meinen letzten Willen.«
Schlussformel:
Die Niederschrift wurde vom Notar dem Erschienenen vorgelesen, von diesem genehmigt und eigenhändig unterschrieben.

**3** **bb) Übergabe einer verschlossenen Schrift**

*Muster wie bei Übergabe einer offenen Schrift, jedoch mit dem Hinweis, dass die Schrift verschlossen übergeben wurde (§ 30 S 3 BeurkG). Es empfiehlt sich, auf den verschlossenen Umschlag folgenden Satz zu schreiben:*

Der Umschlag enthält das Testament des ..., wohnhaft ...

**4** **c) Nottestament vor drei Zeugen nach § 2250 Abs 1 BGB bei Absperrung**

Herr ... will ein Testament errichten und ersuchte aus diesem Grunde uns,
a) ..., wohnhaft ...
b) ..., wohnhaft ...
c) ..., wohnhaft ...
sein Testament aufzunehmen.
Vorab wird festgestellt, dass unser Ort ... infolge eines Bergrutsches dergestalt von der Umwelt abgeschlossen ist, dass die Errichtung eines Testaments vor einem Notar nach unser aller Überzeugung nicht möglich ist.
Aus diesem Grund begaben wir uns in das Anwesen ... wo wir den vorgenannten Herrn ... schwer krank zu Bett liegend antrafen. Herr ... ist uns allen persönlich bekannt, mit keinem von uns verwandt oder verschwägert. An seiner vollen Geschäfts- und Testierfähigkeit bestand für uns alle kein Zweifel. Herr ... erklärte sodann seinen letzten Willen mündlich wie folgt:
Zu meinem alleinigen Erben berufe ich meine Schwester, Frau ...
Weiter will ich nichts bestimmen.
Diese Niederschrift wurde dem Erblasser vorgelesen, von ihm genehmigt und eigenhändig unterschrieben.
(Unterschrift des Erblassers, Unterschrift der drei Zeugen)

**5** **d) Nottestament vor drei Zeugen bei naher Todesgefahr**

*Wie vor (RdNr 4), jedoch:*

Herr ... liegt so schwer krank darnieder, dass nach unserer Ansicht und nach seiner eigenen Überzeugung mit dem alsbaldigen Ableben zu rechnen ist, sodass die Errichtung eines Testaments vor einem Notar oder einem Bürgermeister nicht mehr rechtzeitig möglich erscheint.
Herr ... ist bereits so geschwächt, dass er selbst nicht mehr unterschreiben kann.

dann wie Muster RdNr 4,
jedoch am Ende:

Das Protokoll wurde von dem Zeugen ... niedergeschrieben, dem Erblasser laut und deutlich vorgelesen, sodann von ihm genehmigt und von den Zeugen unterschrieben.

### e) Sonderfälle
#### aa) Der Erblasser vermag seinen Namen nicht zu schreiben (§ 25 BeurkG)    6

Eingangsformel:

Der Erschienene erklärte, dass er seinen Namen nicht schreiben könne. Aus diesem Grund wurde als Schreibzeuge beigezogen: ...
Zeugenausschließungsgründe waren nicht erkennbar.

Schlussformel

Vorstehende Niederschrift wurde in Gegenwart des Schreibzeugen von dem Notar dem Beteiligten vorgelesen, von diesem genehmigt und von dem Schreibzeugen eigenhändig unterschrieben.
...

#### bb) Der Erblasser ist sehbehindert oder sonst unfähig, Geschriebenes zu lesen    7
#### (§ 2233 BGB, 22 BeurkG)

Eingangsformel:

Der Erschienene ist nach seinen Angaben (und oder: zu meiner, des Notars, Überzeugung) sehbehindert (oder: nicht fähig, Geschriebenes zu lesen). Dem zufolge wurde als Zeugen nach § 22 BeurkG beigezogen: ...
Zeugenausschließungsgründe sind nicht erkennbar.
(oder: Auf Beiziehung eines Zeugen nach § 22 BeurkG wurde vom Erblasser ausdrücklich verzichtet.)

Schlussformel

Vorgelesen vom Notar, vom Beteiligten genehmigt, von diesem und vom Zeugen eigenhändig unterschrieben: ...
Kann der Sehbehinderte nicht unterschreiben: dann Vermerk nach Muster RdNr 6 aufnehmen. Zu beachten ist jedoch, dass bei Sehbehinderung und Schreibunfähigkeit in jedem Fall ein Zeuge oder zweiter Notar gezogen werden muss (§ 25 BeurkG).

#### cc) Der Erblasser ist hörbehindert (§ 22 BeurkG)    8
#### – Schriftliche Verständigung ist möglich

Eingangsformel:

Der Erschienene ist nach seinen Angaben (und/oder: zu meiner Überzeugung) hörbehindert, kann aber lesen und seinen Namen schreiben.
An seiner Testierfähigkeit bestand kein Zweifel. Diese Überzeugung habe ich, der Notar, durch schriftliches Befragen gewonnen.
Als Zeuge/zweiter Notar wurde beigezogen: ...
Auf Verlangen des Erschienenen wurde als Gebärdensprachdolmetscher hinzugezogen: ...
Ausschließungsgründe bestanden in der Person des Zeugen/zweiten Notars nicht.
oder:
Der Erschienene verzichtete auf Beiziehung eines Zeugen und auch eines zweiten Notars.
Der Erschienene erklärte dann mit dem Ersuchen um Beurkundung was folgt:
...

Formulare

Schlussformel

Die Niederschrift wurde dem Erschienenen zur Durchsicht vorgelegt, von ihm genehmigt und von ihm und dem Zeugen eigenhändig unterschrieben.
Die Unterschrift des Gebärdensprachdolmetschers ist nicht erforderlich.

– **Schriftliche Verständigung ist nicht möglich (§ 24 BeurkG)**

Eingangsformel:

Der Beteiligte ist nach seinen Angaben (und/oder nach meiner Überzeugung) hörbehindert ... (dann wie aa).
Da nach Angabe des Beteiligten (und/oder nach meiner Überzeugung) eine schriftliche Verständigung mit ihm nicht möglich ist, habe ich als Verständigungshelfer gem § 24 BeurkG zugezogen: ...

Schlussformel

Die Niederschrift wurde vom Notar dem Erblasser vorgelesen, von ihm nach Übermittlung des Inhalts dieser Urkunde durch den Verständigungshelfer genehmigt und von ihm, dem Zeugen und dem Verständigungshelfer eigenhändig unterschrieben.

**9    dd) Der Erblasser vermag nicht zu sprechen (§ 30 BeurkG)**

Eingangsformel:

Der Erschienene ist nach seinen Angaben und zu meiner Überzeugung sprachbehindert, kann jedoch lesen und schreiben.
Er will durch Übergabe einer offenen (oder: verschlossenen) Schrift ein Testament errichten.
Durch schriftliche Verständigung gewann ich, der Notar, die Überzeugung, dass der Erschienene voll testierfähig ist.
Als Zeuge wurde beigezogen: ...
Als Gebärdensprachdolmetscher wurde auf Verlangen des Erschienenen hinzugezogen: ...
Der Erschienene übergab sodann eine offene (oder: verschlossene) Schrift, die mit den Worten: ... beginnt und mit den Worten: ... endet.
In die Niederschrift (bzw auf das beigefügte besondere Blatt) setzte der Erschienene eigenhändig folgenden Satz:
»Diese von mir übergebene offene (oder: verschlossene) Schrift enthält meinen letzten Willen.«
Die übergebene Schrift wurde sodann dieser Niederschrift beigefügt; die Niederschrift wurde dem Erschienenen vom Notar vorgelesen, vom Erblasser genehmigt und von diesem sowie vom Zeugen eigenhändig unterschrieben:

**10   ee) Der Erblasser ist hör- und sprachbehindert (§§ 22, 30 BeurkG)**

Der Erschienene ist zu meiner Überzeugung hör- und sprachbehindert. An der Testierfähigkeit bestanden jedoch keine Zweifel.
Als Zeuge wurde beigezogen: ...
Als Gebärdensprachdolmetscher wurde auf Verlangen des Erschienenen hinzugezogen: ...
Schriftliche Verständigung mit dem Erschienenen ist möglich. Auf diesem Wege erklärte der Erschienene, dass er ein Testament durch Übergabe einer offenen (oder: verschlossenen) Schrift errichten wolle. Er kann Geschriebenes lesen und schreiben.
Er übergab sodann eine offene Schrift, die mit den Worten: ... beginnt und mit den Worten: ... endet.
In die Niederschrift setzte der Erschienene eigenhändig folgenden Satz:

»Diese von mir übergebene offene Schrift enthält meinen letzten Willen.«
Die übergebene Schrift wurde der Niederschrift beigefügt. Die Niederschrift wurde alsdann beim Erschienenen anstelle des Vorlesens zur Durchsicht vorgelegt, genehmigt und von ihm und dem Zeugen eigenhändig unterschrieben:

### ff) Der Erblasser ist sprachunkundig (§§ 32, 16 BeurkG)
### – Zuziehung eines allgemein vereidigten Dolmetschers

Der Erschienene gab dem Notar zu erkennen, dass er die deutsche Sprache nicht hinreichend verstehe, jedoch ein Testament durch Erklärung errichten wolle. Aus diesem Grund wurde der beeidigte Dolmetscher: ... beigezogen.
Der Erschienene verständigte sich sodann mit dem Dolmetscher. Dieser gab die Erklärungen des Erschienenen wieder wie folgt:
...
Die Niederschrift wurde nunmehr vom Dolmetscher schriftlich in die Sprache des Erschienenen übersetzt, vom Dolmetscher unterschrieben, dem Erschienenen zur Durchsicht und Genehmigung vorgelegt und dann als Anlage zu dieser Urkunde genommen.
Die vorstehende Niederschrift in deutscher Sprache wurde vom Notar vorgelesen, vom Erblasser genehmigt und eigenhändig von dem Erblasser und dem Dolmetscher unterschrieben:

### – Zuziehung eines noch zu vereidigenden Dolmetschers
*Wird ein nicht allgemein vereidigter Dolmetscher beigezogen, dann ist dieser durch den Notar gem §§ 16, 32, 38 BeurkG zu vereidigen:*

Als Dolmetscher wurde zugezogen:
...
Dieser erklärte, die italienische Sprache zu beherrschen. Über die Bedeutung eines Eides und auf die strafrechtlichen Folgen eines falschen Eides belehrt, leistete Herr ... den Eid, indem er dem Notar die Worte nachsprach:
»Ich schwöre, dass ich treu und gewissenhaft übertragen werden.«

### 2. Erbvertrag

#### Erbvertrag
Heute, am ...
sind vor mir, ...
Notar mit dem Amtssitz in ..., in der Geschäftsstelle in ... gleichzeitig anwesend:
1. Herr ...
   wohnhaft in ...
   ausgewiesen durch:
   – nachfolgend »Erblasser« bezeichnet –
2. dessen Ehefrau
   wohnhaft in ...
   ausgewiesen durch:
   – nachfolgend »Vertragspartner« bezeichnet –.

Beide Erschienenen haben nach meiner Überzeugung, die ich aufgrund der Verhandlung gewonnen habe, die erforderliche Geschäftsfähigkeit.[1]
Die Zuziehung eines Zeugen ist gesetzlich nicht geboten und wird auch nicht verlangt.
Auf Antrag beurkunde ich folgenden

---

[1] Volle Geschäftsfähigkeit ist nur beim Testator erforderlich (§ 2275); der Vertragspartner hingegen muss nicht voll geschäftsfähig sein.

## Erbvertrag,

wozu mir die Beteiligten bei gleichzeitiger Anwesenheit erklärten:

### I. Vorbemerkungen

1. Abstammung

Ich, ..., wurde am ... in ... als Sohn von ... und seiner Ehefrau ..., geb ..., geboren.
Ich, ..., wurde am ... in ... als Tochter von ... und seiner Ehefrau ..., geb ..., geboren.[2]

2. Personenstand, Abkömmlinge

...

3. Staatsangehörigkeit und Auslandsvermögen

Ich, der Erblasser, bin ausschließlich deutscher Staatsangehöriger. Im Ausland belegenes Vermögen habe ich nicht.

4. Frühere Verfügungen von Todes wegen

Der Notar hat mich, Erblasser, auf die mögliche Bindung durch frühere Erbverträge oder Ehegattentestamente hingewiesen. Eine solche besteht bei mir nicht. Etwaige frühere Verfügungen von Todes wegen widerrufe ich hiermit vollinhaltlich.

### II. Vertragsmäßige Verfügungen

In vertragsmäßiger, also einseitig nicht widerruflicher Weise, vereinbare ich, Erblasser ..., mit meinem Vertragspartner – Bestand und Wirksamkeit unserer Ehe bis zu meinem Tod vorausgesetzt – folgendes:

...

### III. Abänderungsvorbehalt, Rücktrittsrecht

Ein einseitiger Abänderungsvorbehalt wird nicht vereinbart. Auch Rücktrittsrechte wollen wir nicht vorsehen. Damit sind sämtliche heute getroffenen Verfügungen des Erblassers erbvertraglich, also bindend.

### IV. Nichtbedachte Pflichtteilsberechtigte

Vorstehende Verfügungen sind vertragsmäßig vereinbart.
Sie sollen ausdrücklich auch dann Bestand behalten, wenn beim Tod eines der Ehegatten nicht bedachte Pflichtteilsberechtigte, insbesondere aus einer Wiederverheiratung des Längerlebenden, vorhanden sein sollten.
Insoweit wird auf das gesetzliche Anfechtungsrecht verzichtet.

### V. Belehrungen

Die Vertragsteile wurden vom Notar über die rechtliche Tragweite ihrer Erklärungen belehrt, insbesondere über

– das Pflichtteils- und Pflichtteilsergänzungsrecht,
– die gesetzlichen Bestimmungen der §§ 2050 ff und 2315 f BGB über die Ausgleichung und Anrechnung,[3]
– die Einschränkung der Testierfreiheit durch die vertragsmäßigen Verfügungen,
– den Grundsatz des freien lebzeitigen Verfügungsrechts, seine Einschränkungen und deren Auswirkungen,

---

[2] Für den Nichttestierenden, also den Vertragspartner, sind diese Angaben nicht zwingend erforderlich.

[3] Bei der Besprechung einer Verfügung von Todes wegen wird häufig übersehen, die Beteiligten nach früheren Ausgleichungs- und Anrechnungsvorgängen zu befragen. Oft ist die Verfügung von Todes wegen das letzte Instrument, mit welchem nicht gewollte gesetzliche oder angeordnete Ausgleichungspflichten beseitigt werden können. Der Hinweis im Komplex »Belehrungen« ist für den Notar die beste Kontrolle, ob wirklich alles mit den Beteiligten durchbesprochen worden ist.

– das durch diese Urkunde eingeschränkte Anfechtungsrecht gemäß den §§ 2078, 2079 BGB.

Der Notar hat ferner darauf hingewiesen, dass
– Zahlungen aus Verträgen zugunsten Dritter auf den Todesfall (zB Lebensversicherungen oder Sparkonten) unmittelbar dem eingesetzten Bezugsberechtigten zustehen und deshalb nicht in den Nachlass fallen;
– für Anteile an Personengesellschaften der Gesellschaftsvertrag eine Sondererbfolge vorsehen kann;
– die Verfügungen des Längerlebenden beim ersten Erbfall nur dann nicht verkündet werden, wenn sie von denen des zuerst Verstorbenen sprachlich getrennt sind;[4]
– Erbverträge, die nur Verfügungen von Todes wegen enthalten, aus der amtlichen oder notariellen Verwahrung zurückgenommen und den Vertragsschließenden zurückgegeben werden können.[5]
– Verfügungen von Todes wegen in angemessenen Abständen auf ihre Zweckmäßigkeit geprüft werden sollten.

### VI. Schlussbestimmungen

**1. Verteiler**
Die Vertragsteile beantragen,
– jedem Beteiligten eine Ausfertigung dieser Urkunde zu erteilen,
– die Urschrift in die besondere amtliche Verwahrung beim Amtsgericht ... zu bringen,
– eine beglaubigte Abschrift in der Urkundensammlung aufzubewahren.

**2. Kosten**
Den Reinwert ihres Vermögens geben die Vertragsteile gesondert an. Sie erklären, die Kosten dieser Urkunde sowie die der amtlichen Verwahrung gemeinsam zu tragen.

## 3. Gemeinschaftliches Testament 14

### Gemeinschaftliches Testament

Heute, am
zweitausend ...
sind vor mir,
Notar mit dem Amtssitz in ..., in der Geschäftsstelle in ... gleichzeitig anwesend:
Herr ...
und seine Ehefrau,
Frau ...
beide wohnhaft ...

---

**4** S hierzu die interessante Entscheidung des BVerfG NJW 1994, 2535, in welcher die Verfassungswidrigkeit dieser Norm vor allem damit abgelehnt wird, dass es ja die Beteiligten durch die textliche Gestaltung der Verfügung von Todes wegen in der Hand haben, ob die Verfügungen »sonderbar« sind oder nicht.
**5** Seit langem war kritisiert worden, dass das geltende Recht den Vertragsschließenden keine Möglichkeit gab, die Rücknahme eines Erbvertrags zu verlangen und dadurch zu vermeiden, dass inhaltlich zwischenzeitlich überholte Erbverträge im Erbfall doch an das Nachlassgericht abgeliefert und eröffnet werden müssen (für eine Gesetzesänderung schon WEIRICH DNotZ 1997, 6, 8). Der Gesetzgeber hat nunmehr auf diese Kritik reagiert und mit Gesetz vom 23. 7. 2002 (BGBl I 2850) die Möglichkeit der Rücknahme des Erbvertrags aus der amtlichen oder notariellen Verwahrung geschaffen, wenn dieser lediglich Verfügungen von Todes wegen enthält. Die darin enthaltenene vertragsmäßigen wie einseitigen Verfügungen gelten als widerrufen (§§ 2300 Abs 2 S 3, 2256 Abs 1 S 1).

Formulare

Die Beteiligten wiesen sich aus durch...
Sie sind nach Überzeugung des Notars voll testierfähig und wollen ein

**gemeinschaftliches Testament**

errichten.
Die Zuziehung eines Zeugen ist gesetzlich nicht geboten und wird auch nicht verlangt.
Sodann erklären die Beteiligten mit Ersuchen um Beurkundung:

I. Vorbemerkungen

1. Abstammung
Ich, ..., wurde am ... in ... als Sohn von ... und seiner Ehefrau ..., geborene ..., geboren.
Ich, ..., wurde am ... in ... als Tochter von ... und seiner Ehefrau ..., geborene ..., geboren.
2. Eheschließung
Die Ehe für den Ehemann ... und die Ehefrau ... wurde standesamtlich am ... in ... geschlossen.
3. Kinder
Aus dieser Ehe sind ... Kinder hervorgegangen:
...
...
...
Weitere Kinder hat keiner von uns.
4. Staatsangehörigkeit und Auslandsvermögen
Wir sind ausschließlich deutsche Staatsangehörige. Im Ausland belegenes Vermögen haben wir nicht.
5. Frühere Verfügungen von Todes wegen
Der Notar hat uns auf die mögliche Bindung durch frühere Erbverträge oder Ehegattentestamente hingewiesen. Eine solche besteht bei keinem von uns.
Etwaige frühere Verfügungen von Todes wegen widerrufen wir hiermit vollinhaltlich.

II. Wechselbezügliche Verfügungen von Todes wegen

Wechselbezüglich, also für den Überlebenden bindend, vereinbaren wir folgendes:
...

III. Einseitige Verfügungen

...

IV. Schlussbestimmungen

1. Uns ist bekannt, dass wir gemeinsam das heutige Testament jederzeit wieder aufheben oder ändern können, und dass auch ein einseitiger Widerruf des Testaments zu unseren beiderseitigen Lebzeiten möglich ist, hierbei jedoch gesetzlich vorgeschriebene Förmlichkeiten einzuhalten sind. Auch ist uns bekannt, dass wir zu unseren Lebzeiten über unser Vermögen frei verfügen können.
Auf das Pflichtteilsrecht der Abkömmlinge und Eltern wurde hingewiesen.
2. Unser derzeitiges Reinvermögen geben wir zum Zwecke der Gebührenbewertung mit ca € ... an.
3. Wir beantragen
    a) das vorstehende Testament beim Amtsgericht ... zu hinterlegen,
    b) uns eine Ausfertigung zu erteilen,
    c) in der Urkundensammlung des amtierenden Notars eine beglaubigte Abschrift für dauernd aufzubewahren.

## II. Widerruf, Rücktritt

### 1. Widerruf eines gemeinschaftlichen Testamentes nach §§ 2271, 2296 Abs 2 BGB[6]   15

a) Gemeinsam mit meinem Ehemann ... habe ich am ... zu Urkunde des Notars ..., ein gemeinschaftliches Testament errichtet.
b) Ich widerrufe hiermit die von mir in diesem Testament getroffenen Verfügungen in vollem Umfange.
c) Ich ersuche um Erteilung zweier Ausfertigungen. Eine Ausfertigung dieser Urkunde soll über den Notar durch Vermittlung des Gerichtsvollziehers gem § 132 Abs 1 BGB meinem Ehemann zugestellt werden. Der Notar wird beauftragt, die Mitteilung des Widerrufs zu überwachen.

### 2. Rücktritt vom Erbvertrag   16

a) Am ... habe ich zu Urkunde des Notars ..., URNr ..., mit ... einen Erbvertrag errichtet. In Abschnitt ... dieser Urkunde habe ich mir gem § 2293 BGB den (unbeschränkten) Rücktritt von den vertragsmäßigen Verfügungen vorbehalten.
b) Von dem vorbehaltenen Recht mache ich nunmehr Gebrauch und erkläre gegenüber meinem Vertragspartner, ..., den Rücktritt.
c) Der Rücktritt bedarf zu seiner Wirksamkeit des Zugangs beim Vertragspartner. Ich ersuche deshalb um Erteilung zweier Ausfertigungen. Eine Ausfertigung dieser Urkunde soll über den Notar durch Vermittlung des Gerichtsvollziehers gem § 132 Abs 1 BGB Herrn ... zugestellt werden. Der Notar wird beauftragt, die Mitteilung des Rücktritts zu übersenden.

## III. Vorschläge zur materiellen Gestaltung

### 1. Einzeltestament

#### a) Einfache Erbeinsetzung   17

Zu meinen alleinigen Erben berufe ich meine beiden Kinder ..., geb am ..., wohnhaft in ... und ..., geb am ..., wohnhaft in ...
zu unter sich gleichen Teilen, also zu je $1/2$. Ersatzerben sind jeweils die Abkömmlinge eines Kindes zu unter sich gleichen Stammteilen. Sind solche nicht vorhanden, tritt Anwachsung an das andere Kind bzw an dessen Stamm gem § 2094 BGB ein. Gesetzliche Ausgleichungspflichten meiner Kinder wegen lebzeitiger Vorabzuwendungen bleiben unberührt/werden im Wege des Vorausvermächtnisses erlassen.[7]

#### b) Einfaches Grundstücksvermächtnis mit Testamentsvollstreckung   18

Durch Vermächtnis beschwere ich meinen Erben wie folgt:
Meine Ehefrau erhält das Wohnhausgrundstück Flst Nr 346 der Gemarkung A-Dorf zum Alleineigentum.

---

[6] Besonderes Augenmerk ist beim einseitigen Widerruf auf die Belehrung durch den Notar über die Zustellungspflicht zu legen. Regelmäßig sollte der Notar selbst die Zustellung durchführen lassen und überwachen. Für die Zustellung selbst gelten die Vorschriften der §§ 130 ff BGB. Für Überwachung und Durchführung der Zustellung steht dem Notar eine Gebühr nach § 147 KostO zu (aus dem Wert des Widerrufs).
[7] Siehe hierzu nachfolgend RdNr 34 f.

Formulare

Sie hat dabei lediglich die folgenden Rechte in Abteilung II des Grundbuchs zu übernehmen:
...
Das Vermächtnisobjekt ist gegenwärtig vorgetragen im Grundbuch des Amtsgerichtes Großstadt für
A-Dorf Band 13 Blatt 770.

Zugleich ordne ich Testamentsvollstreckung an und bestimme zum Testamentsvollstrecker die Vermächtnisnehmerin mit der einzigen Aufgabe, das Vermächtnis zu ihren eigenen Gunsten zu erfüllen. Einen Vergütungsanspruch für die Übernahme der Testamentsvollstreckertätigkeit schließe ich aus.
Ersatzvermächtnisnehmer will ich nicht bestimmen. Das Vermächtnis entfällt mithin ersatzlos bei Versterben der Vermächtnisnehmerin vor dem Erbfall.[8]

**19 c) Nießbrauchsvermächtnis an einer Eigentumswohnung**

Mein Erbe hat meiner Schwester
Frau ... geboren am ..., wohnhaft ...
vermächtnisweise das unentgeltliche und unbeschränkte lebenslange Nießbrauchsrecht an der mir gehörigen Eigentumswohnung, ... (grundbuchmäßiger Beschrieb) einzuräumen und dinglich zu sichern.
Für die Ausübung des Nießbrauchs gelten die gesetzlichen Bestimmungen. Jedoch bestimme ich ausdrücklich, dass nicht Frau ..., sondern meine Erben für die Wohnung das Wohngeld, die Heizungskosten, alle öffentlichen Lasten und Abgaben, die Zins- und Tilgungsleistungen für im Range vor dem Nießbrauch eingetragene Grundpfandrechte und sonstige Hausumlagen zu tragen haben.[9]
Der Nießbrauch ist nicht übertragbar und geht nicht auf die Erben von Frau ... über. Das Recht erlischt also mit dem dereinstigen Ableben von Frau ...
Die Ausübung des Nießbrauchs kann jedoch einem Dritten überlassen werden, aber nur auf die Lebenszeit von Frau ... Letztere kann also die Eigentumswohnung ua auch vermieten und die Miete einnehmen und verbrauchen. Mietverträge enden, vorbehaltlich eines etwa bestehenden gesetzlichen Mieterschutzes, aber mit dem Ableben von Frau ...
Die Kosten der Eintragung des Nießbrauchs hat die Vermächtnisnehmerin zu tragen.
Der Wert des Nießbrauchs wird jährlich etwa ... € betragen.

**20 d) Geldbetragsvermächtnis mit Wertsicherung bis zum Erbfall**

Durch Vermächtnis beschwere ich meine Erben wie folgt:
Meine Tochter erhält einen Geldbetrag von
€ 100.000,00.

Vermächtnisnehmerin und Erbe sind berechtigt zu verlangen, dass der genannte Geldbetrag an die Geldwertveränderungen angepasst wird. Die Anpassung hat auf der

---

[8] Der Ersatzvermächtnisnehmerregelung wird oft nicht die erforderliche Sorgfalt gewidmet. Nach § 2160 führt das Vorversterben des Vermächtnisnehmers zur Unwirksamkeit des Vermächtnisses, es sei denn, dass gem § 2190 ein Ersatzvermächtnisnehmer bestimmt oder gem § 2069 im Zweifel anzunehmen ist. Der abstrakte Satz »Ersatzvermächtnisnehmer werden nicht bestimmt« muss bei einem Vermächtnis zugunsten von Abkömmlingen nicht unbedingt zum Ausschluss der Auslegungsregel des § 2069 führen. Daher ist empfehlenswert, klar zu bestimmen, ob das Vermächtnis beim Vorableben des Bedachten entfällt oder nicht.
[9] Aus steuerlichen Gründen kann eine umgekehrte Lastentragungsregelung angezeigt sein.

Grundlage des gegenwärtig vom Statistischen Bundesamt herausgegebenen Preisindexes über die Gesamtlebenshaltung aller privaten Haushalte in Deutschland bzw eines auf Wegfall des Währungsgesetzes neueingeführten Referenzwertes zu erfolgen, und zwar in der Weise, dass der Monatsindex für den Monat der Testamentserrichtung verglichen wird mit dem Index, der zum Zeitpunkt meines Ablebens gilt.

Es handelt sich um ein Verschaffungsvermächtnis, das also auch dann zu erfüllen ist, wenn der Nachlass dafür nicht ausreicht.

### e) Wertgesichertes Geldrentenvermächtnis (Dauernde Last)[10]    21

Meine Ehefrau erhält als Vermächtnis auf ihre Lebenszeit eine monatliche Zahlung von ... €

iW ... Euro

zu zahlen jeweils am Monatsersten im Voraus, erstmals an dem Monatsersten, welcher der Nachlassverhandlung nach meinem Ableben folgt.

Im Einzelnen gilt:

a) Tritt eine Änderung in der Höhe des Lebensbedarfs infolge der allgemeinen wirtschaftlichen Verhältnisse ein, so ist der genannte Betrag entsprechend zu ändern. Er soll sich dabei im gleichen Prozentverhältnis erhöhen oder vermindern, in dem sich der vom Statistischen Bundesamt festgestellte durchschnittliche jährliche Preisindex für die Gesamtlebenshaltung aller privaten Haushalte in Deutschland – berechnet auf der Basis 1995 = 100 – im Vergleich zu demselben Index für das Jahr des Vertragsabschlusses erhöht oder vermindert.

Die Neufestsetzung findet jeweils im April eines Kalenderjahres statt, wobei dann jeweils der Index für das vergangene Kalenderjahr mit dem Index für das Jahr des Vertragsabschlusses verglichen wird.

Die Beträge gelten in ihrer veränderten Höhe jeweils vom ersten Januar an als geschuldet, der dem Monat der planmäßigen Neufeststellung vorangegangen ist. Bei einer Umstellung auf eine neue Indexbasis gilt die neue Indexreihe bzw nach Einführung eines neuen Referenzwertes von ihrer amtlichen Veröffentlichung an.

Die Vertragsteile beantragen die etwa erforderliche Genehmigung nach § 2 Preisangaben-/Preisklauselgesetz zu dieser Wertsicherungsvereinbarung.

b) Sofern durch eine darüber hinausgehende Änderung der wirtschaftlichen Verhältnisse der standesgemäße Unterhalt des Zahlungsverpflichteten oder des Berechtigten nicht mehr gewährleistet ist und/oder bei jeder anderen Änderung der Geschäftsgrundlage, kann jeder Beteiligte Abänderungen in entsprechender Anwendung des § 323 ZPO verlangen, ausgenommen den Fall, dass der Anspruchsberechtigte – weshalb auch immer – pflegebedürftig wird.

c) Auf Verlangen des Vermächtnisnehmers ist die monatliche Zahlungsverpflichtung des Erben in ihrer wertgesicherten Form – jedoch ohne die Anpassungsmöglichkeit nach § 323 ZPO gem lit b) – zu sichern durch Eintragung einer Reallast an meinem im Grundbuch des Amtsgerichtes ... eingetragenen Grundbesitz FlNr ...

Auf die zivilrechtlichen Auswirkungen der vorstehenden Vereinbarung wurde vom Notar hingewiesen; steuerliche Beratung wurde hierzu angeregt.

---

[10] Über die zivilrechtlichen Auswirkungen der dauernden Last mit erheblicher Änderungsmöglichkeit im Hinblick auf den Leistungsumfang ist hinzuweisen. Auch sind steuerliche Aspekte zu berücksichtigen.

Formulare

## 22  f) Taschengeldvermächtnis mit Wertsicherungsklausel

Meinen Erben beschwere ich mit folgendem

### Vermächtnis

zugunsten von Frau ...:
Frau ... erhält
vermächtnisweise
auf Lebenszeit ein monatliches Taschengeld in Höhe von € ...

Das Taschengeld soll jeweils im Voraus bis zum 3. eines jeden Monats zur Zahlung fällig sein, erstmals für den Monat, der auf den Tag meines Ablebens folgt.
Der als Taschengeld zu zahlende Betrag soll wertbeständig sein, dh, er ändert sich in seiner Höhe in demselben Maße, wie sich der vom Statistischen Bundesamt in Wiesbaden festgestellte Preisindex für die Lebenshaltung aller privaten Haushalte ändert.
Hierbei gilt im Einzelnen Folgendes:
1. Sollten sich die Lebenshaltungskosten gemäß vorstehendem Index für den Monat (der Beurkundung des Testaments) bis zum Zeitpunkt des Eintrittes der Leistungspflicht ändern, verändert sich im gleichen prozentualen Verhältnis auch der als Taschengeld zu zahlende Betrag.
2. Ab Eintritt der Leistungspflicht gilt, dass bei einer 10%igen Änderung des Indexes gegenüber dem Indexstand im Zeitpunkt des Eintrittes der Leistungspflicht sich künftig der Betrag ebenfalls im gleichen prozentualen Verhältnis ändert.
Vorstehende Klausel ist jeweils erneut anwendbar, sodass sich also der genannte Betrag ändert, wenn sich der Index erneut gegenüber seinem Stand im Zeitpunkt der letzten Anpassung wiederum um mehr als 10% verändert hat.
3. Sollten die Auswirkungen der Wertsicherungsklausel zu wirtschaftlich unzumutbaren oder unvernünftigen Ergebnissen führen, sind die beteiligten Parteien verpflichtet, eine wirtschaftlich tragbare Regelung zu vereinbaren, die dem Sinn der heutigen Regelung gerecht wird.
Nach Hinweis auf das mögliche Erfordernis einer Genehmigung nach § 2 Preisangaben- und Preisklauselgesetz wird diese Genehmigung hiermit beantragt und der Notar beauftragt und ermächtigt, diese einzuholen und entgegenzunehmen.

## 23  g) (Einfache) Vor- und Nacherbeinsetzung

1. Ich berufe Herrn ... zu meinem alleinigen Erben. Dieser wird jedoch nur Vorerbe. Er wird von den Beschränkungen der §§ 2113 ff BGB ausdrücklich (nicht) befreit.
2. Nacherben werden die Kinder des Vorerben zu unter sich gleichen Teilen. Ersatzweise sind Nacherben die Abkömmlinge des jeweiligen Nacherben nach Stammanteilen, ersatzweise erfolgt Anwachsung unter den verbleibenden Nacherben (Ersatznacherben).
3. Der Nacherbfall tritt ein mit dem Ableben des Vorerben. Die Nacherben sind gleichzeitig Ersatzerben.
4. Die Nacherbenanwartschaft ist zwischen Eintritt des Erbfalls und des Nacherbfalls nicht übertragbar, nicht verpfändbar und nicht vererblich. Die Übertragung auf den Vorerben jedoch ist zulässig.

## h) Vorerbschaft »auf einen einzigen Nachlassgegenstand«[11]  24

1. Zu meinem alleinigen Erben berufe ich meinen Ehemann, Herrn ...
   Dieser wird jedoch nur Vorerbe. Von den Beschränkungen der §§ 2113 ff BGB ist er im gesetzlich zulässigen Rahmen gem § 2134 BGB befreit.
2. Im Wege des Vorausvermächtnisses erhält mein Ehemann alle beweglichen und unbeweglichen Gegenstände, Forderungen, Rechte und Beteiligungen, mithin alles, mit Ausnahme meines Hausanwesens in der Gemarkung A-Stadt, FlNr ... Im wirtschaftlichen Ergebnis erstreckt sich mithin die Vorerbschaft und damit das Recht des Nacherben lediglich auf dieses Hausanwesen.
3. Nacherben werden ...
   *(wie bei Muster RdNr 23).*

## i) Vor- und Nachvermächtnis[12]  25

1. Für den Fall meines Todes wende ich meinen Eltern, den Ehegatten ... und ..., zu unter sich gleichen Teilen, beziehungsweise dem überlebenden Ehegatten allein, als

   **Vermächtnis**

   mein Grundstück FlNr ... Gemarkung ... zu.
2. Sollte ich im Zeitpunkt meines Todes verheiratet sein oder bzw und eheliche Kinder haben, so gilt:
   a) Meine Eltern werden nur Vorvermächtnisnehmer. Nachvermächtnisnehmer sind zu unter sich gleichen Teilen meine Kinder, ersatzweise meine Ehefrau.
   Der Nachvermächtnisanfall tritt ein bei Ableben des Längstlebenden meiner Eltern.
   Der Nachvermächtnisnehmer kann Sicherung seines Anwartschaftsrechtes vor Anfall des Nachvermächtnisses nicht verlangen.[13]
   b) Die Vorvermächtnisnehmer – und sofern Nachvermächtnisnehmer meine Kinder werden, auch diese – werden mit dem Untervermächtnis belastet, meiner Witwe in der gesamten Obergeschoßwohnung im Anwesen ..., wenn Abkömmlinge vorhanden sind auf Lebenszeit, sonst bis zur Wiederverheiratung, das unentgeltliche Wohnungsrecht einzuräumen.
   Die Kosten für Wasser-, Strom, Heizung und Schönheitsreparaturen haben die Wohnungsberechtigten zu tragen.
   An sonstigen Umlagen sind sie nicht beteiligt. Dingliche Sicherstellung des Wohnungsrechts kann jederzeit verlangt werden. Die Kosten der dinglichen Sicherung trägt meine Witwe.
3. Die vorstehenden Bestimmungen gelten nur für den Fall, dass meine Eltern oder ein Elternteil mich überlebt.

## j) (Einfaches) Vorausvermächtnis  26

1. Zu meinen Erben berufe ich zu unter sich gleichen Teilen meine Kinder A und B.
2. Mein Kind A erhält zusätzlich zu seinem Erbteil, also nicht auf diesen anzurechnen, im Wege des Vorausvermächtnisses einen baren Geldbetrag von € ...

---

**11** Theoretisch könnte das Gewollte auch mit einem Nachvermächtnis erreicht werden (RdNr 25). Beim Nachvermächtnis bestehen jedoch viele offene Fragen (s Kommentarliteratur zu § 2191 BGB). Mit der Nacherbschaft befindet man sich auf »sicherem Terrain«.
**12** Dem Muster liegt der Sachverhalt zugrunde, dass ein Lediger einen bestimmten Nachlassgegenstand zuerst seinen Eltern, dann den Kindern (unter Absicherung des künftigen Ehegatten) zukommen lassen will.
**13** Zum Sicherungsproblem bei Vor- und Nachvermächtnissen s BENGEL NJW 1990, 1826, WATZEK RhNotK 1999, 37 ff.

Ersatzvermächtnisnehmer sind ...

oder

Sofern mein Kind A nicht Erbe wird, gleich ob es die Erbschaft nicht annimmt oder vorverstirbt, also wenn Ersatzerbfolge eintritt, entfällt das Vorausvermächtnis.

**27 k) Teilungsanordnung**

1. Ich berufe meine beiden Töchter A und B zu gleichen Teilen zu meinen alleinigen und ausschließlichen Erben.
Ersatzerbfolge ...
2. Betreffend die Art und Weise der Auseinandersetzung ordne ich folgendes an:
   a) Meine Tochter erhält zum Alleineigentum mein Hausanwesen in ...
   Evtl in Abt II des Grundbuchs eingetragene Belastungen hat sie zu übernehmen. Regelung betreffend evtl Grundpfandrechte:
   ...
   b) Meine Tochter B erhält meine sämtlichen Sparguthaben, Wertpapiere sowie meinen Geschäftsanteil an der ... GmbH zur Alleinberechtigung.
   c) Die vorstehenden Teilungsanordnungen gelten auch bei Eintritt der Ersatzerbfolge.
   d) Für die Auseinandersetzung und Zuweisung der von mir nicht vorstehend durch Teilungsanordnung betroffenen Gegenstände gelten die gesetzlichen Regelungen. Klargestellt wird, dass, soweit ein Erbe durch Erfüllung vorstehender Anordnungen mehr erhält, als seinem Erbteil entspricht, ein Ausgleich zu erfolgen hat.
   Alternative:
   Sollte ein Erbe durch Erfüllung vorstehender Anordnungen mehr erhalten, als seinem Erbteil entspricht, so ist ihm der übersteigende Teil als Vorausvermächtnis zugewendet.[14]

**28 l) Teilungsausschluss**

1. Ich schließe die Auseinandersetzung meines Nachlasses auf die Dauer von 10 Jahren, gerechnet nach meinem Sterbetag, aus.
Mit diesem Teilungsverbot will ich verhindern, dass einzelne Miterben gegen den Willen der anderen die Auseinandersetzung gem § 2042 BGB herbeiführen. Im Übrigen können sich die Miterben einvernehmlich jederzeit über den Nachlass auseinandersetzen.

Bei Erbvertrag oder gemeinschaftlichem Testament:

2. Vorstehendes Teilungsverbot ist von jedem von uns einseitig verfügt, weder eine Auflage noch ein Vermächtnis.[15]

---

**14** Bei der Kombination von Vorausvermächtnis und Teilungsanordnung sind die Unterschiede zwischen beiden Rechtsinstituten zu beachten, vor allem hinsichtlich der Bindungswirkung der Verfügenden bei gemeinschaftlichem Testament und Erbvertrag. Der Teilungsanordnung kommt weder Wechselbezüglichkeit zu (§ 2270 Abs 3), noch kann sie erbvertraglich bindend vereinbart werden (§ 2278 Abs 2). Anders hingegen verhält es sich beim Vorausvermächtnis. Unterschiedliche Rechtsfolgen bestehen auch für den Fall, dass anstelle eines Erben ein Nacherbe, ein Erbschaftskäufer oder ein Ersatzerbe betroffen ist (vgl hierzu ESCH-BAUMANN-SCHULZE ZUR WIESCHE S 153 f). S System Teil A RdNr 110 f.

**15** Das Teilungsverbot kann auch als Auflage und Vermächtnis ausgestaltet werden. Klarstellung im gemeinschaftlichen Testament oder Erbvertrag ist wegen der Bindungswirkung geboten (hierzu BENGEL ZEV 1995, 178), s auch System Teil A RdNr 110 f.

## m) Treuhänderische Stiftung als Ersatzerbe 29

Sollten im Zeitpunkt des Erbfalles keine gemeinsamen Abkömmlinge der Ehegatten ... am Leben sein, so gilt:
Das gesamte Vermögen wird der Stadt ... als Treuhänder zweckbestimmt zugewendet mit der Auflage, es getrennt vom sonstigen Vermögen der Stadt ... als »...-Stiftung« zu verwalten. Die Stiftung hat den Charakter einer nichtrechtsfähigen öffentlichen Stiftung des privaten Rechts ohne selbständige Verwaltungseinrichtung. Dieser Text gilt als Stiftungsurkunde für den Stiftungsfall. Die Stiftung dient gemeinnützigem Zweck, und auch anlässlich einer evtl Auflösung durch nichtgewollten Anlass hat das Vermögen nur steuerfreien bzw -begünstigten Zwecken zu dienen.
Die Stiftung hat den näheren Zweck, aufstrebende Künstler jeder Gattung zu fördern. Ihr Inhalt ist also kulturell-gemeinnütziger Art.
Die Erträge des etwa zu $^2/_3$ in Grund- und Hausbesitz zu führenden, im Übrigen höchstverzinslich in Geld oder Geldwerten anzulegenden Nachlasses sollen alljährlich zu $^{10}/_{12}$ als Kunstpreis vergeben werden. $^2/_{12}$ fallen jeweils jährlich dem Nachlass zu, um ihn zu vergrößern und den Kunstpreis zu dynamisieren.
Der Kunstpreis (Förderungspreis) kann demselben Empfänger nur zwei Mal verliehen werden. Der Kunstpreis ist im Übrigen in jährlich wechselnder Reihenfolge den einzelnen Kunstgattungen zuzuordnen (zum Beispiel beginnend mit Literatur, gefolgt von Malerei, Bildhauerei, Graphik, Musik, Tanz, Schauspiel und so weiter). Der Preis ist nicht von Alter, Geschlecht, Herkunft, Religion oder Nation abhängig. Allein das erkennbare Talent ist maßgebend.
Der Zeitpunkt der jährlichen Verleihung: Pfingsten.
Bewerber sind durch öffentliche Ausschreibung (nicht nur – aber auch im Amtsblatt –) zu ermitteln. Die Preise sind in öffentlichen Stadtratssitzungen zu verleihen.
Über die Zuteilung entscheidet der Stadtrat ... als Plenum. Er kann auch weitere Richtlinien zur Verteilung des Preises beschließen.

## n) Erbeinsetzung einer zu errichtenden Stiftung 30

Zu meinem Alleinerben bestimme ich die

Stiftung Museum Klassische Kunst
mit dem Sitz in A-Stadt

die ich hiermit errichte.

Ergänzend ordne ich an:
1. Die Stiftung soll die in der Anlage niedergelegte Satzung haben; die Satzung bildet einen wesentlichen Bestandteil dieser Urkunde, auf sie wird verwiesen.
2. Ich ordne Testamentsvollstreckung an. Aufgabe des Testamentsvollstreckers ist es, das Anerkennungsverfahren nach §§ 83, 84 BGB zu betreiben. Er ist berechtigt und verpflichtet, die Satzung entsprechend zu ergänzen ggf auch zu ändern, wenn sonst eine Genehmigung oder eine steuerliche Vergünstigung nicht zu erreichen ist. Sollte dies nur durch ein neues Stiftungsgeschäft ermöglicht werden, so ist der Testamentsvollstrecker verpflichtet, das vorstehende Stiftungsgeschäft zu widerrufen und ein neues zu errichten.
3. Für den Fall, dass diese Stiftung nicht innerhalb eines Jahres nach meinem Tode anerkannt sein sollte, setze ich die Gemeinde O-Stadt zu meinem alleinigen Erben ein mit der Auflage, meinen Nachlass für den in der Stiftungssatzung genannten Zweck zu verwenden.

## 31 o) Geschiedenen-Testament

1. Ich setze zu meinen Erben nach Stammanteilen gemäß den Regeln der gesetzlichen Erbfolge meine Kinder ... ein.
Meine Kinder sind jedoch nur Vorerben. Von den gesetzlichen Beschränkungen sind sie, soweit zulässig, befreit.
Die Nacherbfolgeanordnung gilt nur für den Fall, dass Gegenstände aus meinem unbeweglichen Nachlass im Wege der Erbfolge oder der Vermächtniserfüllung oder durch Verfügung unter Lebenden auf meinen geschiedenen Ehegatten, dessen Abkömmlinge, soweit sie nicht mit mir gemeinschaftlich sind, oder seine Verwandten aufsteigender Linie übergehen oder Grundlage einer Pflichtteilsberechnung meines geschiedenen Ehegatten sind. Die Nacherbfolgeanordnung ist also aufschiebend bedingt. Die Nacherbfolgeanordnung entfällt nach dem Ableben meines geschiedenen Ehegatten, sofern Abkömmlinge, die von ihm abstammen, soweit sie nicht mit mir gemeinschaftlich sind, und seine Verwandten aufsteigender Linie nicht oder nicht mehr leben; ferner wenn eine Erbberechtigung des ausgeschlossenen Personenkreises auf Grund eines Erbverzichts nicht gegeben ist. Die Nacherbfolgeanordnung ist also insoweit auflösend bedingt angeordnet.
2. Zu Nacherben berufe ich die Abkömmlinge der jeweiligen Vorerben zu unter sich gleichen Teilen nach Stämmen gemäß den Regeln der 1. Erbfolgeordnung. Falls solche nicht vorhanden sind, meine übrigen Abkömmlinge ebenfalls nach den Regeln der 1. Erbfolgeordnung, falls auch solche fehlen: diejenigen Personen, die meine gesetzlichen Erben wären, wenn ich im Zeitpunkt des Eintritts des Nacherbfalles ohne Hinterlassung von Abkömmlingen gestorben wäre, gemäß den gesetzlichen Regeln.
3. Die Nacherbfolge tritt ein mit dem Ableben des Vorerben. Das Nacherbenanwartschaftsrecht ist zwischen Erbfall und Nacherbfall nicht vererblich und auch nicht übertragbar.
Wenn einer meiner Abkömmlinge, der mit meinem geschiedenen Ehegatten in gerader Linie verwandt ist oder wäre, Nacherbe werden sollte, unterliegt die Erbschaft bei ihm auch wieder der oben angeordneten Nacherbfolge.
4. Mein geschiedener Ehegatte, dessen Abkömmlinge aus anderen Verbindungen als mit mir und seine Verwandten aufsteigender Linie sind als Nacherben ausgeschlossen.
5. Soweit ein Vorerbe zum Zeitpunkt des Erbfalls noch minderjährig ist, entziehe ich meinem geschiedenen Ehegatten gemäß § 1638 BGB das Recht, den Erwerb von Todes wegen zu verwalten.

## 32 p) Geschiedenen-Testament mit dinglicher Surrogation

Zu meinen Erben setze ich meine Kinder wie folgt ein:
a) ...
geboren am ...
zu ... Anteilen,
b) ...
geboren am ...
zu ... Anteilen.

Ergänzend bestimme ich:
1. Ich setze folgende Vorausvermächtnisse aus:
Der Miterbe zu a) erhält folgendes Objekt zum Alleineigentum:
...
Der Miterbe zu b) erhält folgendes Objekt zum Alleineigentum:
...

Ersatzerbe bzw -vermächtnisnehmer sind die Abkömmlinge der Erben bzw Vermächtnisnehmer nach Stammanteilen gemäß den Regeln der gesetzlichen Erbfolge, falls keine solchen vorhanden sind, die Erben untereinander.
Es handelt sich jeweils um Vorausvermächtnisse, also nicht um eine bloße Teilungsanordnung; dies bedeutet, dass eine Ausgleichung zwischen den Erben nicht zu erfolgen hat, auch wenn es zu wertmäßigen Differenzen kommt.
2. Bezüglich der Erbeinsetzung des Miterben zu a) wird Nacherbfolge angeordnet. Der Miterbe zu a) ist daher nur Vorerbe. Gleiches gilt, wenn die Ersatzerbfolge nach dem Miterben zu a) eintritt. Die Nacherbfolgeanordnung bezieht sich auch – wegen der dinglichen Surrogation gem § 2111 BGB – auf diejenigen Gegenstände, die der Miterbe zu a) bzw die Ersatzerben zu a) im Rahmen der oben unter Ziff 1 angeordneten Auseinandersetzung des Nachlasses erlangen.
Der Vorerbe wird von allen Beschränkungen befreit, soweit dies gesetzlich zulässig ist.
Nacherben des Vorerben zu a) sind diejenigen Personen, die seine gewillkürten Erben werden, und zwar zu den Erbanteilen, zu denen sie seine Erben werden. Der geschiedene Ehegatte des Erben zu a), dessen Abkömmlinge aus anderen Verbindungen als mit ihm und seine Verwandte aufsteigender Linie sind als Nacherben ausgeschlossen. Wenn und soweit sie zum Zuge kommen würden oder der Vorerbe von seiner grundsätzlichen Testierfreiheit keinen Gebrauch macht, es also bei der gesetzlichen Erbfolge belässt, sind Ersatznacherben die Abkömmlinge des Erben zu a), mit der Maßgabe, dass sie auch untereinander ersatzerbberechtigt sind, ersatzweise – für den Fall, dass Abkömmlinge des Erben zu a) die Erbschaft nicht antreten: Der Erbe zu b), ersatzweise dessen Abkömmlinge nach Stammanteilen gemäß den Regeln der gesetzlichen Erbfolge.
Die Nacherbfolge tritt beim Tod des Vorerben ein.
Für den Fall, dass ein Abkömmling des Erben zu a) als Ersatznacherbe zum Zuge kommt, unterliegt die Erbschaft bei ihm wiederum der für den Erben selbst angeordneten Nacherbfolge.
Die Nacherbenanwartschaft ist zwischen Erbfall und Nacherbfall nicht vererblich und nicht übertragbar.

### q) Geschiedenen-Testament mit Vermächtnislösung  33

1. Ich setze zu meinem Erben meinen Sohn A ein.
2. Für den Fall, dass Gegenstände aus meinem unbeweglichen Nachlass im Wege der Erbfolge oder der Vermächtniserfüllung oder durch Verfügung unter Lebenden auf meinen geschiedenen Ehegatten, dessen Abkömmlinge, soweit sie nicht mit mir gemeinschaftlich sind, oder seine Verwandten aufsteigender Linie übergehen oder Grundlage einer Pflichtteilsberechnung meines geschiedenen Ehegatten sein sollten, wende ich hiermit – aufschiebend bedingt – durch Vermächtnis alles, was aus meinem unbeweglichen Nachlass (samt Surrogaten) stammt, in folgender Rang- und Reihenfolge zu:
   a) den Abkömmlingen meines Erben entsprechend den Regeln der ersten Erbfolgeordnung,
   b) meinen übrigen Abkömmlingen, ebenfalls nach den Regeln der ersten Erbfolgeordnung,
   c) denjenigen Personen, die meine gesetzlichen Erben wären, wenn zum Zeitpunkt des Ablebens des Erben ohne Hinterlassung von Abkömmlingen verstorben wäre (unter sich nach der gesetzlichen Erbregel).
Wenn einer meiner Abkömmlinge, der mit meinem geschiedenen Ehegatten in gerader Linie verwandt ist oder wäre, Vermächtnisnehmer werden sollte, so unterliegt

das Vermächtnis bei ihm auch wieder der oben angeordneten Beschränkung als Nachvermächtnis.

Die Vermächtnisanordnung entfällt nach dem Ableben meines geschiedenen Ehegatten, sofern er Abkömmlinge, die mit mir nicht gemeinschaftlich sind, und Verwandte aufsteigender Linie nicht hinterlässt; Gleiches gilt, wenn eine Erbberechtigung des ausgeschlossenen Personenkreises aufgrund Erbverzichts nicht gegeben ist.

Als Nachlassgegenstand gilt auch, was als Ersatz oder Erlös für nicht mehr vorhandene Nachlassgegenstände erlangt wird.

Das Vermächtnis fällt dem Berechtigten (der Berechtigten) mit dem Tod des Beschwerten an und wird zugleich fällig. Die Vererblichkeit und Übertragbarkeit des Vermächtnisanwartschaftsrechtes für die Zeit zwischen dem Erbfall und dem Vermächtnisanfall ist ausgeschlossen.

3. Zur Erfüllung des oben angeordneten Vermächtnisses wird Testamentsvollstreckung angeordnet. Als Testamentsvollstrecker setze ich ein ..., ersatzweise ...

4. Soweit der Erbe zum Zeitpunkt des Erbfalls noch minderjährig ist, entziehe ich meinem geschiedenen Ehegatten gemäß § 1638 BGB das Recht, den Erwerb von Todes wegen zu verwalten. Stattdessen soll ... mit der Vermögenssorge betraut werden.

**34   r) Anordnung der Ausgleichungspflicht durch Verfügung von Todes wegen**[16]

Mit Urkunde vom ...
wurde das Grundstück FlStNr ...
an meinen Sohn ... überlassen; eine Ausgleichungspflicht wurde seinerzeit nicht angeordnet. ... und seine Geschwister sollen jedoch wirtschaftlich so gestellt werden, wie wenn Ausgleichungspflicht bestünde. Daher wende ich meinen beiden weiteren Kindern ... und ... je ein Vorausvermächtnis in Geld in der Höhe zu, wie wenn sie einen Anspruch gem §§ 2050 ff wegen der Überlassung des Grundstücks FlNr ... an meinen Sohn ... hätten.

Mit dem Vermächtnis wird alleine mein Sohn ... beschwert.

**35   s) Beseitigung einer bereits bestehenden Ausgleichungsverpflichtung nach §§ 2050 ff durch Verfügung von Todes wegen**[17]

Zugunsten meines Sohnes A belaste ich meine anderen Miterben mit der Vorausvermächtnisanordnung, dass das ihm seinerzeit mit einer Ausgleichungsverpflichtung geschenkte Grundstück FlNr xx Gemarkung yy abweichend hiervon in keiner Weise bei einer Ausgleichung zwischen meinen Erben nach den §§ 2050 ff BGB berücksichtigt werden darf, es also in keiner Weise als Rechnungsposten im Rahmen der Erbauseinandersetzung einzubeziehen ist und den Auseinandersetzungsanspruch (Teilungsquote) nicht beeinflussen darf. Mein Sohn A ist vielmehr zu stellen, wie wenn diesbezüglich niemals eine Ausgleichungspflicht bestanden hätte. Diese Anordnung soll ihre Grenze nur in den zwingenden Bestimmungen des Pflichtteilsrechts finden.

---

[16] Nach hM ist eine bei Zuwendung unterbliebene Anordnung später auch im Einvernehmen mit dem Pflichtigen nicht möglich (PALANDT-EDENHOFFER § 2050 Anm 3d, aa; STAUDINGER-WERNER § 2050 RdNr 33). Die Wirkungen der Ausgleichungspflicht können mithin nur durch eine entspr Verfügung von Todes wegen erreicht werden. Eine einseitige Bestimmung der Anrechnung auf den Pflichtteil (§ 2315) ist auch durch Testament nicht möglich. Hier bleibt nur der Pflichtteilsverzicht bzw der gegenständlich beschränkte Pflichtteilsverzicht (RdNr 81).

[17] Nach ganz hM kann eine bereits einmal angeordnete Ausgleichungsordnung nur durch Verfügung von Todes wegen wieder beseitigt werden; vgl dazu J MAYER ZEV 1996, 441, 444, dem auch der Formulierungsvorschlag entnommen ist.

### t) Anordnung der Testamentsvollstreckung

#### aa) Mit bestimmten Personen
36

Ich ordne für meinen Nachlass Testamentsvollstreckung an.
Zum Testamentsvollstrecker ernenne ich ..., ersatzweise ...
Der Testamentsvollstrecker hat das Recht, einen Nachfolger zu ernennen. Sollte er das Amt nicht annehmen können oder wollen, steht ihm als Dritten das Bestimmungsrecht gem § 2198 BGB zu.
Soweit eine Nachfolgebestimmung nicht erfolgt, wird das Nachlassgericht ersucht, einen Testamentsvollstrecker zu bestimmen.[18]

#### bb) Aufgaben des Testamentsvollstreckers
37

aaa) Der Testamentsvollstrecker hat die Auseinandersetzung unter den Miterben entsprechend den gesetzlichen Bestimmungen herbeizuführen. Dabei ist er insbesondere berechtigt, die Auseinandersetzung des Nachlasses nach billigem Ermessen (§§ 2204 Abs 1, 2048 S 2 BGB) vorzunehmen.
bbb) ...

#### cc) Erweiterung des Aufgabenbereiches bei Unternehmensnachfolge
38

Im Rahmen der vorzunehmenden Auseinandersetzung ist der Testamentsvollstrecker auch berechtigt, das in meinen Nachlass fallende Unternehmen nach billigem Ermessen umzustrukturieren, also in eine Gesellschaft oder mehrere Gesellschaften, auch im Rahmen einer Betriebsspaltung, umzuwandeln; dabei ist der Testamentsvollstrecker berechtigt, die Beteiligungsverhältnisse auch abweichend von der Erbquote festzulegen.
Bei der Umstrukturierung des in den Nachlass fallenden Unternehmens hat der Testamentsvollstrecker bei der Auseinandersetzung jedoch folgende Richtlinien zu beachten: ...

#### dd) Testamentsvollstrecker als Schiedsrichter
39

Der Testamentsvollstrecker wird zugleich zum Schiedsrichter ernannt:
Streitigkeiten der Erben und sonstigen Nachlassbeteiligten, die durch die Verfügung von Todes wegen bedingt sind, sind unter Ausschluss der ordentlichen Gerichte durch den Testamentsvollstrecker als Schiedsrichter zu entscheiden. Der Schiedsrichter entscheidet dabei nach billigem Ermessen, soweit nicht dringende Prozess- und materiellrechtliche Bestimmungen entgegenstehen, ersatzweise – falls er von seinem Ermessen keinen Gebrauch macht – gelten die Bestimmungen der ZPO und des GVG entsprechend, jedoch mit der Maßgabe, dass im nicht öffentlichen Verfahren verhandelt wird. Der Testamentsvollstrecker erhält zugleich die Funktion, sich auch in Bewertungsfragen gutachtlich verbindlich für alle Nachlassbeteiligten zu äußern und sonstige Bestimmungsrecht auszuüben. Vorstehende Rechte stehen ihm auf die Dauer des Testamentsvollstreckeramtes zu.

---

[18] Die üblichen Formulierungen können Probleme auslösen, falls der zunächst vorgesehene Testamentsvollstrecker das Amt überhaupt nicht annehmen will. In diesem Fall steht ihm nicht das Recht zu, einen Nachfolger zu ernennen, da nach den üblichen Formulierungen er zumindest eine kurze Zeit Testamentsvollstrecker gewesen sein muss. Besser ist es also, hier nicht von der Möglichkeit gem §§ 2199, 2200 BGB Gebrauch zu machen, sondern von § 2198 BGB: Der Erblasser kann die Bestimmung der Person des Testamentsvollstreckers auch generell einem Dritten überlassen. In der Urkunde sollte also klargestellt werden, dass der Benannte für den Fall der Nichtannahme des Amtes Dritter iS des § 2198 BGB ist. Auf die Formvorschrift des § 2198 Abs 1 S 2 BGB wird hingewiesen (öffentliche Beglaubigung).

Formulare

**40   ee) Verstärkung der Position des Testamentsvollstreckers**

Zur Verstärkung der Position des Testamentsvollstreckers wird diesem hiermit zugleich eine Vollmacht erteilt, die ihn vom Zeitpunkt meines Ablebens an ermächtigt, in meinem Namen mit Wirkung für und gegen meine Erben, soweit sie meine Rechtsnachfolger geworden sind, zu handeln. Die Vollmacht wird zu separater Urkunde erteilt. Der Notar bzw dessen Amtsnachfolger wird angewiesen, Ausfertigung der Vollmacht dem Testamentsvollstrecker gegen Vorlage des Testamentsvollstreckerzeugnisses (bzw durch Vorlage einer beglaubigten Abschrift des Testaments und der Eröffnungsniederschrift) dem Testamentsvollstrecker auszuhändigen. Durch Auflage verpflichte ich die Erben, die vorstehend bezeichnete Vollmacht zu dulden und nicht zu widerrufen, solange das Testamentsvollstreckeramt besteht.

**41   ff) Vergütung des Testamentsvollstreckers**

Alt 1:
Der Testamentsvollstrecker kann für seine Tätigkeit eine angemessene Vergütung und Ersatz seiner Auslagen verlangen.
Alt 2:
Der Testamentsvollstrecker erhält für seine Mühewaltung eine feste Vergütung in Höhe von € ... Zusätzlich kann er Ersatz seiner Auslagen verlangen.
Alt 3:
Der Testamentsvollstrecker kann für seine Tätigkeit eine Vergütung in Höhe von ... % des Reinnachlasses verlangen.
Alt 4:
Für das Honorar des Testamentsvollstreckers sollen die von der rheinischen Notarkammer entwickelten Grundsätze maßgebend sein oder:
Die Vergütung richtet sich nach der sog »Möhring'schen Tabelle« (nach MÖHRING-BEISSWINGERT-KLINGELHÖFFER, 7. Aufl) oder nach ECKELSKEMPER in: BENGEL-REIMANN, Handbuch der Testamentsvollstreckung 3. Aufl.
Unabhängig von dieser Vergütung ist der Testamentsvollstrecker berechtigt, Tätigkeiten, die über den normalen Umfang der Testamentsvollstreckung hinausgehen, gesondert angemessen honoriert zu verlangen.

## 2. Erbvertrag, gemeinschaftliches Testament

**42   a) Ehegatten-Erbvertrag (ähnlich dem »Berliner Testament«)**
*Eingang s RdNr 13*

In vertragsmäßiger, also einseitig nicht widerruflicher Weise, vereinbaren die Beteiligten Folgendes:
1. Erbfolge nach dem Erstversterbenden
Der längerlebende Ehegatte wird alleiniger Vollerbe des zuerstversterbenden.
Ersatzerben für den Wegfall des Überlebenden, gleich aus welchem Grunde (zB bei Ausschlagung oder Anfechtung) sind die nachstehend benannten Schlusserben gemäß den dort getroffenen Verteilungsgrundsätzen.[19]

---

[19] Fehlt diese Regelung, dann könnte bei Anfechtung gem §§ 2078 ff (soweit nicht wie im Muster Abschn II Ziff 5 ausgeschlossen) oder Ausschlagung durch den Überlebenden dieser gesetzlicher Erbe werden. Allerdings ist die ergänzende Testamentsauslegung zu beachten, wonach (möglicherweise) die Vermutung des § 2069 entsprechend anwendbar ist (PALANDT-EDENHOFER § 2069 RdNr 8). Ob diese Auslegung allerdings bei einem notariellen Testament weiterhilft, ist unsicher; deshalb ist eine klare Regelung empfehlenswert.

2. Vermächtnisse
Der Längerlebende als Alleinerbe des erstversterbenden Ehegatten wird mit folgendem

**Vermächtnis**[20]

zugunsten der gemeinsamen Kinder ... beschwert:

a) Vermächtnisgegenstand
Ein jedes der gemeinschaftlichen Kinder erhält ein Vermächtnis im Werte seines gesetzlichen Erbteils am Nachlass des zuerstversterbenden Elternteils. Die Beschwerte ist berechtigt, das Vermächtnis durch Übereignung beliebiger Vermögensgegenstände zu erfüllen.

b) Anfall, Fälligkeit, Sicherung
Die Vermächtnisse fallen jeweils mit dem Tod des Zuerstversterbenden an. Die Fälligkeit der Vermächtnisse kann der längerlebenden Ehegatte bestimmen. Die Vermächtnisse sind jedoch spätestens ... Jahre nach ihrem Anfall ohne Beilage von Zinsen fällig. Vor Fälligkeit kann Sicherung, gleich welcher Art, nicht verlangt werden.

c) Ersatzvermächtnisnehmer
Ersatzvermächtnisnehmer sind jeweils die Abkömmlinge der Vermächtnisnehmer zu unter sich gleichen Stammanteilen. Entfällt ein Vermächtnisnehmer vor dem Anfall des Vermächtnisses ohne Hinterlassung von Abkömmlingen, entfällt auch das zu seinen Gunsten angeordnete Vermächtnis.

d) Nießbrauch
Der Beschwerte (Erbe) kann sich an den Vermächtnisgegenständen den befristeten oder lebenslangen unentgeltlichen Nießbrauch vorbehalten. Der Wert der Nießbrauchslast ist bei Berechnung des Vermächtniswertes **nicht** in Abzug zu bringen.

3. Erbfolge nach dem Längerlebenden
a) Schlusserben, also Erben des Letztversterbenden und Erben eines jeden Ehegatten

---

[20] Vermächtnisse beim ersten Sterbefall zugunsten gemeinsamer Abkömmlinge sind aus verschiedenen Gründen mit den Beteiligten zu diskutieren. a) Soweit ein Pflichtteilsverzicht der Abkömmlinge nach dem Ableben des Erstversterbenden nicht erreichbar ist, kann mit bedingten Vermächtnissen der Pflichtteil des beim ersten Sterbefall ihn fordernden Abkömmlings nach dem zweiten Sterbefall reduziert werden (»Jastrow'sche Klausel). Hierzu ausführlich mit Formulierungsbeispielen J MAYER ZEV 1995, 136 ff. b) Die richtige Ausgestaltung eines solchen Vermächtnisses kann beim ersten Sterbefall dazu führen, dass die erbschaftsteuerlichen Freibeträge nach dem Erstversterbenden, die ja bei unbeschränkter gegenseitiger Erbeinsetzung entfallen, wenigstens zum Teil erhalten bleiben. Zu beachten ist hier § 6 Abs 4 ErbStG, wonach beim Tode des Letztversterbenden fällige Vermächtnisse gleich der Vor- und Nacherbschaft behandelt werden, also erbschaftsteuerlich keinen Vorteil bringen. Generell zur steuerlichen Behandlung solcher Vermächtnisse J MAYER ZEV 1998, 50; KAESER ZEV 1998, 210. Bei Vermächtnis ist zwischen Anfall und Fälligkeit zu differenzieren (§ 2176: Anfall grundsätzlich mit dem Erbfall – § 2181: Fälligkeit grundsätzlich mit dem Erbfall). Anfall und Fälligkeit können jedoch vom Erblasser bestimmt werden. Bei der hier vorgesehenen Formulierung fällt der Anspruch aus dem mit dem Ableben des Erstversterbenden angefallenen Vermächtnis in den Nachlass des Vermächtnisnehmers. Probleme können dann entstehen, wenn dieser vor dem überlebenden Ehegatten verstirbt. Ist dies nicht gewollt, kann auch der Anfall des Vermächtnisses befristet oder bedingt hinausgeschoben werden. Allerdings sind dann vorzeitige Leistungen des Erben, zB um mehrfach die Freibeträge auszunützen, nicht möglich. Bei der hier vorgesehenen Formulierung ist eine Belehrung der Beteiligten über die Rechtsfolgen wohl geboten.

im Fall eines durch dasselbe Ereignis bedingten (annähernd) gleichzeitigen Versterbens,[21] sind die gemeinsamen Kinder ... zu gleichen Teilen. Gesetzliche Ausgleichungspflichten der Abkömmlinge wegen lebzeitiger Vorabzuwendung (bleiben unberührt/werden im Wege des Vorausvermächtnisses erlassen).

b) Ersatzschlusserben sind jeweils die Abkömmlinge der Schlusserben zu unter sich gleichen Stammanteilen. Sind solche nicht vorhanden, tritt bei den übrigen Schlusserben Anwachsung gemäß § 2094 BGB ein.

c) Jede einzelne der vorstehenden Ersatzschlusserbeneinsetzungen ist für sich

auflösend bedingt[22]

für den Fall, dass der betreffende Schlusserbe mit dem Längerlebenden einen Zuwendungsverzichtsvertrag abschließt, auch wenn dies ohne gleichwertige Gegenleistung geschieht. Die Auslegungsregel des § 2069 BGB soll ausdrücklich nicht gelten.

4. Abänderungsvorbehalt

Abweichend von der gesetzlichen erbvertraglichen Bindungswirkung vereinbaren wir folgenden

Abänderungsvorbehalt:

Der Längerlebende ist befugt, die nach ihm geltende Erbfolge innerhalb der gemeinsamen Abkömmlinge einseitig beliebig abzuändern oder zu ergänzen. Von dem Abänderungsrecht kann bereits vor dem Tod des Erstversterbenden Gebrauch gemacht werden.

Anderen Personen darf der Längerlebende von Todes wegen durch Vermächtnis nur Vermögenswerte zuwenden, die er nach dem Ableben des Erstversterbenden hinzuerworben hat, soweit sie nicht wirtschaftlich Ersatz oder Ertrag des beim ersten Erbfall vorhandenen Vermögens sind. Wurden durch solche hinzuerworbenen Vermögenswerte Verbindlichkeiten getilgt, die bereits beim Tod des Erstversterbenden vorhanden waren, dürfen auch Vermächtnisse in Höhe dieser Beträge ausgesetzt werden.

Auf Verlangen eines Schluss- oder Ersatzschlusserben ist beim Tod des Erstversterbenden ein Vermögensverzeichnis zu erstellen.

---

**21** »Gleichzeitiges« Versterben bewirkt, dass es – da kein Ehegatte den anderen überlebt – keinen »Letztversterbenden« gibt. Es liegen also zwei getrennt zu behandelnde Erbfolgen vor: die nach dem Vater und die nach der Mutter, wobei die ursprüngliche gegenseitige Erbeinsetzung entfällt.
Eine zusätzliche ausdrückliche Regelung der Folgen bei **gleichzeitigem Tod** ist jedoch **entbehrlich**, da (siehe Ziff 1) der »Schlusserbe« »Ersatzerbe« und damit Erbe ist. Selbst wenn die ausdrückliche Ersatzerbenregelung fehlen würde, würde idR die Auslegung des Testaments zum selben Ergebnis führen (hierzu NIEDER RdNr 605). Anders hingegen ist das nicht gleichzeitige, sondern das Versterben kurz hintereinander zu beurteilen. Hier wird zunächst der kurz überlebende Ehegatte Erbe, dann kommt der Schlusserbe zum Zug. In der Regel ist es aber aus erbschaftsteuerlichen Gründen empfehlenswert, dass in einem solchen Fall jeweils **sofort** die Kinder erben, da sie dann nach zwei Erblassern die Erbschaft zu versteuern haben (2 × Freibeträge, niedrigere Progression). Gleichwohl wird bei dieser Regelung der kurz überlebende Ehegatte auflösend bedingter Erbe (Bedingung = kurzes Überleben) und der Abkömmling aufschiebend bedingter Erbe.

**22** Dem »Otto-Normal-Verbraucher« ist diese Passage schwer verständlich. Ihr Sinn zeigt sich aber dann, wenn man die Folgen des Zuwendungsverzichtsvertrages, vor allem des unentgeltlichen Zuwendungsverzichts, sieht, vgl hierzu System Teil A RdNr 163 ff.

5. Nicht bedachte Pflichtteilsberechtigte[23]
Vorstehende Verfügungen sind – unbeschadet des vereinbarten Abänderungsvorbehaltes – vertragsmäßig vereinbart.
Sie sollen ausdrücklich auch dann Bestand behalten, wenn beim Tod eines der Ehegatten nicht bedachte Pflichtteilsberechtigte, insbesondere aus einer Wiederverheiratung des Längerlebenden, vorhanden sein sollten.
Das gesetzliche Anfechtungsrecht ist insoweit ausgeschlossen.

III. Einseitige Verfügungen und Bestimmungen
Benennung eines Vormundes
Sollte beim Ableben des Längerlebenden eines der gemeinsamen Kinder noch minderjährig sein, benennt der Längerlebende hiermit gemäß § 1777 Abs 3 BGB als Vormund
...

IV. Belehrungen, Schlussbestimmungen (s RdNr 13)

### b) »Abänderungsvorbehalt« durch Rücktrittsrecht[24]     43
MUSIELAK *(MünchKomm § 2278 RdNr 13 ff) hält den Abänderungsvorbehalt für unzulässig. Die hM und wohl auch die Rspr folgt ihm nicht.*
*Will man ganz sicher gehen (unsichere Rechtsprechungsprognose!) empfiehlt sich anstelle des Abänderungsvorbehaltes folgende Formulierung:*
*»Dem Überlebenden steht das Recht zum Rücktritt von der (Schluss-)Erbeneinsetzung unter folgenden Voraussetzungen zu:*

1. Er errichtet nach dem Ableben des Erstversterbenden eine neue Verfügung von Todes wegen, in welcher ein oder mehrere gemeinschaftliche Abkömmlinge zu Erben berufen werden. Die Anordnung von Vor- und Nacherbschaft, Testamentsvollstreckung und Auflagen ist zulässig.
2. Vermächtnisse zugunsten Dritter können jedoch nur bezüglich derjenigen Gegenstände ausgesetzt werden, die nach dem Ableben des Erstverstorbenen hinzuerworben wurden. Wurden durch solche hinzuerworbenen Vermögenswerte Verbindlichkeiten getilgt, die bereits beim Tod des Erstversterbenden vorhanden waren, dürfen auch Vermächtnisse in Höhe dieser Beträge ausgesetzt werden.
3. Die neue Verfügung von Todes wegen muss wirksam werden.
Der Rücktritt erfolgt durch Testament (§ 2297 BGB). Der Rücktritt hat nicht die Unwirksamkeit der sonstigen Verfügung zur Folge.«

### c) Vermächtnis beim 1. Sterbefall; Nießbrauch (ErbStG)[25]     44
Der Erbe des Erstversterbenden von uns, also der Überlebende, wird mit folgendem Vermächtnis beschwert:

---

[23] In manchen Mustern findet man einen »Verzicht auf die Anfechtungsrechte nach §§ 2078, 2079«. Dieser pauschale Verzicht ist zu weitgehend und daher nicht problematisch. Besser ist die Ausformulierung, so wie im Muster vorgesehen. Ein zu weitgehender Verzicht kann uU unzulässig sein (zB der allgemeine Verzicht auf die Anfechtung nach § 2078 Abs 2).
[24] Zum Problem ausführlich J MAYER DNotZ 1994, 755 ff; s a BayObLG MittBayNot 1986, 266.
[25] Das vorgeschlagene Muster ist geeignet für solche Fälle, in denen einerseits die erbschaftsteuerlichen Freibeträge nach dem Erstversterbenden ausgenutzt werden sollen, andererseits aber die Verfügungsmacht des Vermächtnisnehmers erst mit dem Ableben des überlebenden Ehegatten beginnt. Die Nachteile der üblichen Vermächtniskonstruktionen (siehe hierzu MAYER ZEV 1998, 50 und KAESER ZEV 1998, 210) werden vermieden. Wird das Geldvermächtnis vom Beschwerten gewählt, sind §§ 1075 Abs 2, 1067 BGB zu berücksichtigen (Bedenken gegen diese Lösung daher bei s SCHMIDT BWNotZ 1998, 97). Geld ist eine verbrauchbare Sache (§ 92 BGB); damit erlangt der Nießbraucher

Formulare

1. Unsere Kinder erhalten jeweils ein Vermächtnis im Werte ihres gesetzlichen Erbteils nach dem Erstversterbenden.
2. Dem Beschwerten steht das Recht zu, den Vermächtnisgegenstand zu bestimmen. Er kann hierbei Nachlassobjekte, Miteigentum an solchen, ganz oder teilweise eine reine Geldforderung sowie aus Mitteln des Nachlasses oder aus eigenen Mitteln zu beschaffende Objekte bestimmen. Die Bestimmung hat privatschriftlich binnen sechs Monaten nach dem Erbfall zu erfolgen, und zwar durch Erklärung gegenüber dem Vermächtnisnehmer. Im Übrigen gelten die Bestimmungen zum Wahlvermächtnis (§§ 2154, 262 ff BGB) mit der Maßgabe, dass der Beschwerte nicht zur Vorzeigung der zur Wahl stehenden Gegenstände verpflichtet ist.
3. Die Vermächtnisse fallen an und sind fällig mit dem ersten Sterbefall.
4. Der Vermächtnisnehmer wird mit einem Untervermächtnisnehmer zugunsten des Erben (Unter-Vorausvermächtnis) belastet: Dem Untervermächtnisnehmer steht der lebenslange und unentgeltliche Nießbrauch am Vermächtnisgegenstand zu. Für den Nießbrauch gelten die gesetzlichen Bestimmungen.
5. Es wird Vermächtnisvollstreckung gem §§ 2223, 2209 BGB angeordnet. Der Vermächtnisvollstrecker hat die dem Vermächtnisnehmer auferlegte Beschwerung (Nießbrauch) auszuführen. Das Verfügungsrecht des Vermächtnisnehmers über den Vermächtnisgegenstand ist auf die Dauer der Testamentsvollstreckung ausgeschlossen. Die Verwaltung des Vermächtnisgegenstandes obliegt dem Testamentsvollstrecker. Im Übrigen gelten für die Testamentsvollstreckung die gesetzlichen Bestimmungen. Zum Testamentsvollstrecker wird der Überlebende von uns berufen. Die Vermächtnisvollstreckung endet mit dem Tod des Vollstreckers (§ 2225 BGB).

**45  d) Verschaffungsvermächtnis hinsichtlich eines Grundstücks mit Ersetzungsbefugnis des Erben auf Geldzahlung**[26]

Wir, die Eheleute ... setzen uns gegenseitig zu alleinigen und ausschließlichen Erben ein. Der Längerlebende von uns wird jedoch mit dem Verschaffungsvermächtnis belastet, dass er binnen fünf Jahren nach dem Tod des Erstversterbenden von uns jedem unserer Kinder A und B ein Einfamilienhaus oder eine Eigentumswohnung in Bayern im Grundbesitzwert im Sinne der §§ 138 ff BewG von jeweils 200.000 € (berechnet im Zeitpunkt der Vermächtniserfüllung) frei von Grundpfandrechten und wertmindernden Rechten zu übereignen hat, wobei die Kosten der Vermächtniserfüllung der Nachlass zu tragen hat. Zu Ersatzvermächtnisnehmern werden bestimmt ...
[nähere Regelungen zur Vermächtniserfüllung]

das Eigentum am Geld mit der Bestellung (§ 1032 BGB). Über die Vermächtnisvollstreckung wird erreicht, dass zur Nießbrauchsbestellung die Mitwirkung des Vermächtnisnehmers nicht erforderlich ist. Schließlich bewirkt die Verwaltungsvollstreckung, dass der Vermächtnisgegenstand letztlich auf die Dauer des Nießbrauchs, also bis zum Ableben des überlebenden Ehegatten, der Verfügungsmacht des Abkömmlings entzogen ist.
**26** Die erbschaftsteuerlichen Vorteile resultieren aus der immer noch günstigeren Bewertung von Grundbesitz im Erbschaftsteuerrecht: Während der für die Anschaffung des Grundstücks tatsächlich angefallene Aufwand beim Erben in voller Höhe als Nachlassverbindlichkeit abgezogen werden kann (§ 10 Abs 5 Nr 2 ErbStG), hat der Vermächtnisnehmer den Erwerb nur nach den Grundbesitzwerten (§§ 138 ff BewG) zu versteuern, die idR immer noch weit unter dem Verkehrswert liegen. Die hinausgeschobene Fälligkeit führt zudem bei einem Grundbesitzvermächtnis – anders als bei einem reinen Geldvermächtnis – auch nicht zu einkommensteuerpflichtigen Einkünften aus Kapitalvermögen, weil nur Geldforderungen nach § 12 Abs 3 BewG abzuzinsen sind. Daran ändert eine später eingeräumte Ersetzungsbefugnis nichts J MAYER aaO, 58.

Dem Längerlebenden von uns wird jedoch die Ersetzungsbefugnis eingeräumt, anstelle von Grundbesitz das Vermächtnis durch Zahlung eines entsprechenden Geldbetrages zu erfüllen.

### e) Schlusserbeneinsetzung bei Kindern aus verschiedenen Ehen

Schlusserben beim Tod des Überlebenden von uns und Erben von uns beiden im Falle unseres gleichzeitigen Versterbens sind unsere gemeinschaftlichen Abkömmlinge nach gleichen Stammanteilen gemäß den Regeln der gesetzlichen Erbfolge und der vorgenannte Sohn des Ehemannes aus erster Ehe mit derselben vorgenannten Erbquote wie ein ehelicher Abkömmling.

Der überlebende Ehegatte von uns ist jedoch berechtigt, die Schlusserbeneinsetzung innerhalb der Abkömmlinge – wobei der Sohn des Ehemannes aus erster Ehe wie ein ehelicher Sohn aus dieser Ehe und dessen Abkömmlinge wie Abkömmlinge unserer gemeinsamen Kinder behandelt werden sollen – einseitig abzuändern und zu ergänzen.

Er kann mit anderen Worten die Erbquoten unter den Abkömmlingen ändern, gemeinschaftlichen Abkömmlingen Vermächtnisse zuwenden, andere auf den Pflichtteil setzen oder – falls die Voraussetzungen vorliegen – den Pflichtteil entziehen. Er kann jedoch keine anderen als die vorgenannten Personen von Todes wegen bedenken.

Da wir wollen, dass der vorgenannte Sohn des Ehemannes aus erster Ehe die Rechte wie ein gemeinschaftliches Kind haben soll, wird das vorstehende Abänderungsrecht weiter eingeschränkt:

Im Falle des Ablebens der Ehefrau als Letztversterbende von uns beiden müssen in jedem Falle der vorgenannte Sohn oder dessen Abkömmlinge mindestens mit dem Wert Vermächtnisnehmer oder mit der Quote Miterbe werden, in dessen Höhe ihm ein Pflichtteilsrecht zustünde, wenn er ein gemeinsames Kind von uns wäre.[27]

Die Vermächtnisanordnung erfolgt in erbvertraglicher Weise.

### f) Pflichtteilsklauseln

#### aa) Automatisch wirkende Ausschlussklausel in einem gemeinschaftlichen Testament oder Ehegattenerbvertrag

Sollte nach dem Tode des Erstversterbenden von uns gegen den Willen des Längerlebenden der Pflichtteil, durch wen auch immer, verlangt werden, so erhält der entsprechende Pflichtteilsberechtigte einschließlich seiner Abkömmlinge auch beim Tod des zweitversterbenden Elternteils nur seinen gesetzlichen Pflichtteil, soweit er gesetzlich hierauf einen Anspruch hat.[28] Alle in dieser Urkunde diesbezüglich enthaltenen Zuwendungen und vereinbarten Bindungen entfallen dann ersatzlos. Ein Pflichtteilsverlangen in diesem Sinne setzt dabei in subjektiver Hinsicht nur Kenntnis dieser Bestimmung, aber kein weiteres vorwerfbares Verhalten voraus (es folgt evtl noch Änderungsvorbehalt).

---

[27] Achtung: Problem der Weitervererbung an den anderen Elternteil. Abhilfe s Muster 31, 33.

[28] Damit soll zum einen vermieden werden, dass darin eine Vermächtniszuweisung in Höhe des Pflichtteils auch dann gesehen wird, wenn ein solcher dem Betreffenden gar nicht zusteht, etwa wenn ein Pflichtteilsentziehungsgrund vorliegt oder – bei einseitigen Kindern – im 2. Erbfall ein solcher nicht besteht (vgl den abschreckenden Fall einer verunglückten Pflichtteilsklausel bei BGH NJW-RR 1991, 706: großzügiger die Auslegung von BayObLG ZEV 1995, 191 f). Zum anderen soll damit die Berücksichtigung von Vorempfängen ermöglicht bleiben (§§ 2315, 2316 BGB).

## 48 bb) Verbesserte Jastrow'sche Klausel

*In einem gemeinschaftlichen Testament oder einem Ehegattenerbvertrag nach dem Grundmuster eines Berliner Testaments:*

Verlangt nach dem Tod des Erstversterbenden von uns einer unserer Abkömmlinge gegen den Willen des Längerlebenden von uns seinen Pflichtteil, so sind er und seine Abkömmlinge von der Erbfolge nach dem Tod des Längerlebenden von uns ausgeschlossen.[29] Unsere den Pflichtteil im ersten Todesfall nicht fordernden Abkömmlinge erhalten dann ein bereits mit dem ersten Todesfall anfallendes, bis zum Tod des Längerlebenden von uns gestundetes Geldvermächtnis in Höhe des Wertes, der ihrem gesetzlichen Erbteil nach dem Tod des Erstversterbenden entspricht.[30] Diese Vermächtnisforderung ist nur an die (ehelichen) Abkömmlinge (evtl auch Ehegatten) des Vermächtnisnehmers vererblich und übertragbar; sie ist ab dem Tod des Erstversterbenden von uns mit 3,5 % jährlich zu verzinsen, wobei die Zinsen jeweils am 31. 12. eines jeden Jahres zu bezahlen sind.[31] Dingliche Sicherung des Vermächtnisses kann nicht verlangt werden. Machen alle unsere Abkömmlinge nach dem Tod des Erstversterbenden ihren Pflichtteil geltend, so erhält dann stattdessen ein Vermächtnis in Höhe von ... Herr ..., wobei hierfür die vorstehenden Bestimmungen entsprechend gelten.
(es folgt Änderungsvorbehalt; evtl nähere Festlegung, was unter »Pflichtteilsverlangen« zu verstehen ist, s Systematischer Teil E RdNr 103.)

## 49 g) Auflösend bedingte Vor- und Nacherbschaft mit lebzeitiger Übergabebefugnis des Vorerben

*In einem gemeinschaftlichen Testament oder Ehegattenerbvertrag im Anschluss an die allgemeine Anordnung einer Vor- und Nacherbschaft:*

Dem Vorerben wird jedoch gestattet, die Nacherbfolge dadurch zu beseitigen, dass er über seinen Nachlass – und damit auch über den Nachlass des Zuerstversterbenden von uns beiden – abweichend von der nachfolgend getroffenen Schlusserbeneinsetzung innerhalb unserer gemeinschaftlichen Abkömmlinge durch notariell beurkundete Verfügung von Todes wegen anderweitige Bestimmungen trifft, wobei es ihm freisteht, die Erbquoten der Abkömmlinge abweichend von der gesetzlichen Regelung zu bestimmen, einzelnen Abkömmlingen Vermächtnisse zuzuwenden oder sie auf den Pflichtteil zu setzen; überhaupt darf er dann innerhalb dieses Personenkreises alle zulässigen Anordnungen treffen. Der Überlebende von uns beiden kann jedoch keine anderen Personen als gemeinschaftliche Abkömmlinge bedenken. Dabei muss er ausdrücklich von dieser Änderungsbefugnis Gebrauch machen. Die Anordnung der Vor- und Nacherbfolge ist an die vorstehende auflösende, inhaltlich eingeschränkte Bedingung geknüpft. Die Bedingungsvoraussetzungen müssen, wenn die Nacherbfolge endgültig entfallen soll, noch im Zeitpunkt des Ablebens des Vorerben vorliegen. Mit anderen Worten: Die vorbezeichnete abweichende Verfügung des Vorerben muss wirksam werden.
Der Vorerbe ist weiter berechtigt, vor Eintritt des Nacherbfalls den zur Vorerbschaft gehörenden Grundbesitz oder entsprechende Miteigentumsanteile hieran samt dazu gehörendem Inventar an einen oder mehrere der vorstehend genannten Nacherben oder Ersatznacherben durch Rechtsgeschäft unter Lebenden zu Eigentum zu übertragen,

---

[29] Enterbende Komponente.
[30] Andere Höhe möglich; vgl etwa WEIRICH, RdNr 1466: »in Höhe des Nachlasses des Erstversterbenden, abzüglich des ausgezahlten Pflichtteils«. Zu den erbschaftsteuerlichen Problemen vgl oben RdNr 42 Fn 20.

[31] Verhindert das »Zwangsansparen« der Zinsen bis zum zweiten Erbfall mit der damit verbundenen Einkommensteuerbelastung durch hohe Progression bei einmaligem und hohem Vermögenszufluss nach dem zweiten Todesfall.

und zwar unter Bedingungen, die er nach seinem freien Ermessen ausüben darf (Übergabebefugnis). Er kann sich dabei insbesondere ein Wohnungsrecht, eine Pflegeverpflichtung für das Alter, die Zahlung von laufenden Geldleistungen (Leibrente, dauernde Lasten) vorbehalten, aber auch die Zahlung von Gleichstellungsgeldern für andere Abkömmlinge. Macht der Vorerbe von dieser Befugnis Gebrauch, so gilt ihm der überlassene Grundbesitz samt Inventar durch Vorausvermächtnis auf Ableben des Erblassers zugewandt und unterliegt dann nicht mehr der Nacherbfolge.

Der amtierende Notar hat darauf hingewiesen, dass dann, wenn der Vorerbe von der Übergabebefugnis oder dem Recht zur Änderung der Erbeinsetzung Gebrauch macht, insoweit die Anordnung der Vor- und Nacherbschaft entfällt und damit auch die Vorteile beseitigt werden, um derentwillen diese eigentlich angeordnet wurde.

### h) Gegenseitige Einsetzung der Eltern als (befreite) Vorerben; Nacherbenberufung der gemeinschaftlichen Kinder

50

Wir berufen uns gegenseitig zu Vorerben.
Der Vorerbe ist von den gesetzlichen Beschränkungen der §§ 2113 ff BGB (nicht) befreit.
Nacherben werden zu unter sich gleichen Teilen unsere Kinder.
Gleichzeitig beruft jeder von uns für den Fall, dass er der Zuletztversterbende sein wird, zu seinen Erben unsere gemeinschaftlichen Kinder zu unter sich gleichen Teilen.
Bei Wegfall eines Kindes treten an dessen Stelle seine Abkömmlinge zu unter sich gleichen Teilen nach Stämmen (Ersatznacherben). Der Nacherbfall tritt ein mit Ableben des Vorerben.
Gesetzliche Auslegungs-, Vermutungs- und Ergänzungsregelungen sind im Hinblick auf vorstehende Ersatznacherbenbestimmung nicht heranzuziehen.[32]

### i) Erbeinsetzung eines Ehegatten zum Vorerben (bei Vorhandensein erstehelicher Kinder)

51

1.

Ich, der Ehemann, bin in zweiter Ehe verheiratet.
Meine erste Ehe wurde rechtskräftig geschieden.
Aus meiner ersten Ehe ist das Kind ... hervorgegangen.
Ich, die Ehefrau, bin in erster Ehe verheiratet.
Aus unserer Ehe sind die Kinder ... und ... hervorgegangen.

2.

In erbvertraglicher, also einseitig nicht widerruflicher Weise vereinbaren wir was folgt:
Wir setzen uns hiermit gegenseitig zum

alleinigen Erben

ein.
Für den Fall, dass ich, die Ehefrau, die Zuerstversterbende von uns sein sollte, soll mein Ehemann jedoch nur

Vorerbe

sein.
Der Vorerbe wird von den Beschränkungen der §§ 2113 ff BGB ausdrücklich (nicht) befreit.

---

**32** Hierzu BayObLGZ 1993, 334, N MAYER MittBayNot 1994, 111, MUSIELAK ZEV 1995, 5. Der Vermutungsausschluss ist vor allem bei solchen Ersatznacherben erforderlich, die nicht von §§ 2069, 2094, 2108 BGB erfasst sind, da nach Rspr des BayObLG auch eine ausdrückliche Ersatzerbenbestimmung nicht von der Pflicht zur Auslegung befreit. Durch diese muss ermittelt werden, ob die angeordnete Ersatznacherbenschaft auch den Wegfall des Nacherben durch Tod erfasst.

Formulare

Nacherben werden unsere gemeinschaftlichen Kinder zu unter sich gleichen Teilen.
Ersatznacherben:
Für den Fall, dass einzelne als Nacherben berufene Kinder nicht Nacherbe werden wollen oder können, also beispielsweise ausschlagen oder vorversterben, treten an deren Stelle als Ersatznacherben jeweils ihre Abkömmlinge zu unter sich gleichen Stammanteilen gemäß den Regeln der gesetzlichen Erbfolge.[33]
Die Ersatznacherbeneinsetzung ist jedoch auflösend bedingt für den Fall, dass der Nacherbe sein Anwartschaftsrecht auf den Vorerben überträgt, sodass also in diesem Fall die Ersatznacherbfolge erlischt.
Sollten wegfallende Kinder keine Abkömmlinge hinterlassen, so wächst deren Anteil gemäß § 2094 BGB den übrigen Miterben nach dem Verhältnis ihrer Erbteile an.
Der Nacherbfall tritt mit dem Ableben des Vorerben ein.

3.

Ich, der Ehemann, verzichte hiermit gegenüber meiner Ehefrau auf mein gesetzliches Pflichtteilsrecht.[34]
Ich, die Ehefrau, nehme diesen Verzicht hiermit an.

4.

In ehevertraglicher Weise vereinbaren wir, dass bei Auflösung unserer Ehe durch den Tod der Ehefrau ein Zugewinnausgleich ausgeschlossen ist.[35]

**52  j) Sicherstellung der Abkömmlinge durch (bedingtes) Vermächtnis**

Für den Fall, dass ich, der Ehemann, meiner Frau vorversterbe, wende ich unseren gemeinschaftlichen Abkömmlingen zu unter sich gleichen Anteilen folgendes Vermächtnis in Anrechnung auf ihr Pflichtteilsrecht zu:
Die gemeinschaftlichen Abkömmlinge erhalten eine Forderung in Höhe der Hälfte des Reinwertes des Anwesens ..., im Zeitpunkt des Ablebens von mir, dem Ehemann.
Der Reinwert des Anwesens ist wie folgt zu bestimmen:
Verkehrswert im Zeitpunkt des Erbfalls abzüglich Verbindlichkeiten, die im Zusammenhang mit dem Erwerb, der Errichtung, sowie der Instandhaltung und Unterhaltung des Anwesens ..., aufgenommen worden sind.
Können die Beteiligten sich über die Höhe des Reinwertes nicht einigen, so soll zunächst ein Sachverständigengutachten maßgebend sein.
Die vorgenannte Vermächtnisforderung dient der Sicherstellung des Erbteils der Abkömmlinge am väterlichen Nachlass.
Die Forderung ist unverzinslich und unkündbar. Sie ist sofort zur Zahlung fällig, wenn
a) der Erbe das Anwesen ganz oder teilweise veräußert, und zwar auch dann, wenn die Veräußerung an gemeinschaftliche Abkömmlinge erfolgt,
b) über das Vermögen des Erben das Insolvenzverfahren eröffnet bzw die Zwangsversteigerung durchgeführt wird oder Zwangsversteigerungsmaßnahmen eingeleitet werden,
c) der Erbe sich wieder verehelicht und mit dem Ehegatten nicht Gütertrennung vereinbart und darüber hinaus der zukünftige Ehegatte nicht auf seinen Erbanteil gegenüber dem Nachlass des Erben auf Dauer verzichtet hat.
Die Forderung erlischt, wenn der Erbe verstirbt und die Forderung vor diesem Zeitpunkt nicht fällig geworden ist.

---

[33] Hierzu RdNr 50 Fn 32.
[34] Empfehlenswert wegen der Möglichkeit der Ausschlagung der Erbschaft durch den Ehemann verbunden mit Pflichtteilsverlangen (§ 2306 Abs 2, Abs 1 HS 2).

[35] Die Folge der Ausschlagung (RdNr 1) ist der Anspruch auf Zugewinnausgleich (§ 1371 Abs 2). Alternativ: Nur einseitiger Verzicht des Ehemannes. Aber: negative erbschaftsteuerliche Auswirkungen!

Sollte das Anwesen im Zeitpunkt der Fälligkeit der Forderung in seinem Wert erheblich von dem anlässlich des Ablebens des Ehemannes festgestellten Wert abweichen (entweder nach oben oder nach unten), so ist die Wertveränderung zu berücksichtigen und die Forderung neu zu ermitteln. Auch hier soll im Streitfall zunächst ein Sachverständigengutachten entscheiden.

Von dem Erben durchgeführte Darlehenstilgungen bleiben als Wertänderungsfaktor außer acht.

Die im Zeitpunkt des Erbfalls festgestellte Forderung ist an dem Grundbesitz durch Eintragung einer Sicherungshypothek zugunsten der Vermächtnisnehmer zu unter sich gleichen Bruchteilen sicherzustellen.

Der Erbe kann sich das Recht vorbehalten, im Range vor dieser Hypothek Grundpfandrechte bis zu insgesamt 30 % des Verkehrswertes im Zeitpunkt des Erbfalls samt Zinsen und Nebenleistungen bis zu 15 % jährlich einzutragen. Im Zeitpunkt der Grundpfandrechtsbestellung bestehende Belastungen sind bei Ausübung des Rangvorbehalts wertmäßig zu berücksichtigen.

### k) Gegenseitige Erbeinsetzung, Vor- und Nachvermächtnis, Untervermächtnis (Wohnungsrecht)

53

Wir setzen uns gegenseitig zum alleinigen Erben ein.

Für den Fall des Vorversterbens der Ehefrau setzen wir folgende Vermächtnisse aus:

1. Herr ..., Sohn der Vorversterbenden aus erster Ehe, erhält als

Vorvermächtnis

das im Alleineigentum der Erblasserin stehende Wohnungseigentum nebst den dazu gehörigen Miteigentumsanteilen am Grundstück FlSt Nr ..., vorgetragen im Grundbuch des Amtsgerichts ... für ...

Das Wohnungseigentum besteht aus einem 250/1000 Miteigentumsanteil verbunden mit dem Sondereigentum an der Wohnung im Erdgeschoss rechts (Nr 1 des Aufteilungsplanes) und einem Miteigentumsanteil zu 250/1000 verbunden mit dem Sondereigentum an der Wohnung im ersten Geschoss rechts (Nr 4 des Aufteilungsplanes) am vorbezeichneten Grundstück.

Nachvermächtnisnehmer sind die ehelichen Abkömmlinge des Vorvermächtnisnehmers. Ersatznachvermächtnisnehmer ist die Schwester des Vermächtnisnehmers, Frau ...

Der Nachvermächtnisfall tritt ein mit dem Ableben des Vorvermächtnisnehmers.

Dingliche Sicherung des Nachvermächtnisnehmerrechts kann vor dem Nachvermächtnisanfall (Tod des Vorvermächtnisnehmers) nicht verlangt werden.[36]

2. Die Vermächtnisnehmer sind verpflichtet, dem überlebenden Ehemann der Vorversterbenden, Herrn ..., ein

dingliches Wohnungsrecht

am vorbezeichneten Anwesen ... einzuräumen.

Das Wohnungsrecht wird in der Wohnung im Erdgeschoss rechts (Nr 1 des Aufteilungsplanes) ausgeübt.

Das Wohnungsrecht ist gegen eine monatlich zahlbare Nutzungsentschädigung, deren Höhe mit einer kostendeckenden Miete übereinstimmt, einzuräumen. Die Nutzungsentschädigung ist monatlich im Voraus zu erbringen.

Das Wohnungsrecht erlischt mit dem Tod oder der Wiederverehelichung des Berechtigten.

---

[36] Alternative: Sicherung durch Vormerkung, ggf mit Verpflichtung zum Rangrücktritt hinter Grundpfandrechte bis zu einer bestimmten Höhe.

3. Die Vermächtnisnehmer werden mit einem Untervermächtnis zugunsten von Fräulein ..., Tochter der Vorversterbenden aus erster Ehe, belastet. Dieses Untervermächtnis besteht in der unentgeltlichen Einräumung eines dinglichen Wohnungsrechtes am vorbezeichneten Grundstück.
Das Wohnungsrecht ist auszuüben in der gesamten Wohnung im ersten Geschoss rechts (Nr 4 des Aufteilungsplanes).
Das Wohnungsrecht ist unentgeltlich und auf Lebenszeit der Berechtigten einzuräumen.
4. Der Vorvermächtnisnehmer wird weiterhin mit nachfolgenden Untervermächtnissen belastet:
a) an Frau ..., Tochter der Vorversterbenden aus erster Ehe, ist ein Betrag von ... € hinauszubezahlen,
b) an Fräulein ..., Tochter der Vorversterbenden aus erster Ehe, ist ein Betrag von ... € hinauszubezahlen.

### 3. Wiederverheiratungsklauseln[37]

54 **a) Bedingte Vor- und Nacherbschaft**

Wir berufen uns gegenseitig zum alleinigen Erben. Die Vollerbschaft des überlebenden Ehegatten ist jedoch an die auflösende Bedingung seiner Wiederverehelichung geknüpft. Verehelicht sich der überlebende Ehegatte von uns beiden wieder, so wird er nur Vorerbe. Von den Beschränkungen der §§ 2113 ff BGB wird er, soweit gem § 2136 zulässig, befreit.
Nacherben werden zu unter sich gleichen Teilen unsere gemeinsamen Kinder, ersatzweise die Abkömmlinge unserer Kinder zu unter sich gleichen Teilen nach Stämmen. Die Ersatznacherbfolge erlischt, wenn der Nacherbe sein Anwartschaftsrecht auf den Vorerben überträgt. Insoweit ist die Ersatznacherbfolge auflösend bedingt.[38]
Der Nacherbfall tritt ein mit Wiederverehelichung des überlebenden Ehegatten von uns.

55 **b) Bedingte Vor- und Nacherbschaft für einen Teil des Nachlasses**

Wir berufen uns gegenseitig zum alleinigen Erben. Verheiratet sich der überlebende Ehegatte wieder, so wird für die Hälfte des Nachlasses Nacherbfolge angeordnet. Der überlebende Ehegatte wird sonach nur zur Hälfte unbeschränkter Erbe, zur anderen Hälfte Vorerbe. Von den Beschränkungen der §§ 2113 ff BGB wird er (nicht) befreit.
Nacherben werden zu unter sich gleichen Teilen unsere gemeinsamen Kinder.

---

[37] Bei allen Wiederverheiratungsklauseln ist zu prüfen, ob zur Sicherung der erbrechtlichen Verfügungen, insbesondere zum Schutz vor Ausschlagung und Verlangen des kleinen Pflichtteils gem §§ 1931 Abs 1, 1371 Abs 2 sowie des Zugewinnausgleichs, ein Pflichtteilsverzicht und ein Verzicht auf Zugewinnausgleich gewollt ist.
Formulierungsvorschlag (siehe auch RdNr 51): Wir verzichten hiermit gegenseitig a) auf unser gesetzliches Pflichtteilsrecht und b) nur für den Fall des Todes eines Ehegatten auf die Zugewinnausgleichsforderung gem §§ 1371 ff BGB.
Für den Fall einer Ehescheidung behalten wir uns die gesetzlichen Ansprüche nach §§ 1372 ff BGB uneingeschränkt vor.
Die Verzichte nehmen wir gegenseitig an.
[38] Vgl hierzu KANZLEITER DNotZ 1970, 693.

### c) Vermächtniszuwendung (aufschiebend bedingt) 56

Wir setzen uns gegenseitig zu alleinigen Erben ein.
Für den Fall der Wiederverehelichung des Überlebenden von uns beiden setzen wir folgende Vermächtnisse aus:
Der Überlebende von uns hat an die gemeinschaftlichen Kinder einen Betrag von je € ... hinauszuzahlen.

### d) Quotenvermächtnis (einfach) 57

Im Falle der Wiederverehelichung hat der Überlebende von uns beiden unseren gemeinschaftlichen Kindern einen ihrem gesetzlichen Erbteil entsprechenden Bruchteil des Nachlasses des Zuerstversterbenden als Quotenvermächtnis in Geld hinauszubezahlen.

### e) Quotenvermächtnis mit Ersetzungsbefugnis 58

Im Falle der Wiederverehelichung hat der Überlebende von uns beiden unseren gemeinschaftlichen Abkömmlingen einen ihrem gesetzlichen Erbteil entsprechenden Bruchteil des Nachlasses des Zuerstversterbenden als
Quotenvermächtnis
in Geld auszuzahlen.
Dasjenige, was ein Abkömmling nach dem Ableben des Erstversterbenden als Pflichtteil erhalten hat, ist auf seine Vermächtnisforderung oder die Vermächtnisforderung seiner Abkömmlinge, die an seine Stelle getreten sind, voll anzurechnen.
Dem Überlebenden von uns wird das beliebige Wahlrecht eingeräumt, anstelle der Vermächtniserfüllung in Geld auch Grundbesitz, Wertpapiere oder sonstige Vermögensgegenstände im Verkehrswerte des Quotenvermächtnisses an einzelne oder alle gemeinschaftlichen Abkömmlinge zu übertragen.
Die Kosten dieser Vermächtniserfüllung trägt der jeweilige Berechtigte.
Der Überlebende von uns kann sich bei Vermächtniserfüllung auf seine Lebenszeit den unentgeltlichen Nießbrauch an den zu übertragenden Vermögenswerten vorbehalten. Bei der Berechnung des Wertes der zu übertragenden Vermögenswerte bleibt der Wert des Nießbrauchs außer Betracht. Für das Nießbrauchsrecht gelten die gesetzlichen Bestimmungen mit der Ausnahme, dass der Nießbraucher auch die außerordentlichen Erhaltungsaufwendungen zu tragen hat.

### f) Bedingtes Vermächtnis hinsichtlich Grundbesitz des Vorversterbenden mit Sicherung durch Auflassungsvormerkung 59

1. Wir berufen uns gegenseitig zu alleinigen und ausschließlichen Erben.
Schlusserben werden zu unter sich gleichen Teilen unsere gemeinschaftlichen Kinder.
Ersatzschlusserben sind zu unter sich gleichen Teilen nach Stämmen die Abkömmlinge des vorversterbenden gemeinschaftlichen Kindes.
2. Für den Fall der Wiederverehelichung des überlebenden Ehegatten gilt die voraufgeführte Schlusserbfolge nicht.
Der überlebende Ehegatte von uns wird mit folgendem bedingten Vermächtnis belastet:

Der überlebende Ehegatte hat im Falle seiner Wiederverehelichung den durch die Erbfolge nach dem vorverstorbenen Ehegatten erlangten Hälftemiteigentumsanteil am Anwesen ... an die gemeinsamen Kinder zu unter sich gleichen Anteilen gegen Einräumung des unentgeltlichen und lebenslangen Nießbrauches zu übertragen. Jedoch wird die Teilungsversteigerung zu Lebzeiten des überlebenden Ehegatten ausgeschlossen.
Ersatzvermächtnisnehmer sind die Abkömmlinge der vorversterbenden gemeinschaftlichen Kinder zu unter sich gleichen Teilen nach Stämmen. Soweit zulässig, ist auf Ver-

Formulare

langen der Vermächtnisnehmer der bedingte Anspruch auf Übertragung des Hälftemiteigentums nach dem Tod des Erstversterbenden von uns durch Auflassungsvormerkung[39] im Grundbuch zu sichern.

Die Vermächtniseinsetzung ist weiterhin dadurch bedingt, dass von dem einzelnen Vermächtnisnehmer nicht bereits beim Ableben des Erstversterbenden der gesetzliche Pflichtteilsanspruch geltend gemacht wird. Im Übrigen werden in diesem Falle das den Pflichtteil geltend machende Kind beziehungsweise dessen Abkömmlinge auch im Falle der Schlusserbfolge auf den Pflichtteil gesetzt.

3. Auf das Anfechtungsrecht nach § 2079 BGB wird beiderseits verzichtet.

### 4. Verfügungen von Todes wegen bei landwirtschaftlichen Anwesen

**60 a) Vermächtnisweise Einräumung eines Übernahmerechts nach § 2049 BGB für einen der gemeinschaftlichen Abkömmlinge bei einem Landgut**[40]

Demjenigen unserer gemeinschaftlichen Abkömmlinge, den der Testamentsvollstrecker nach seinem freien, gerichtlich nicht nachprüfbaren Ermessen als zur Fortführung und Bewirtschaftung unseres landwirtschaftlichen Anwesens nach unser beider Tod am geeignetsten hält, räumen wir im Wege des Vorausvermächtnisses das Recht ein, das nach unser beider Tod vorhandene landwirtschaftliche Anwesen im ganzen mit allen Aktiven und Passiven zum Ertragswert (§ 2049 BGB) als Alleineigentümer zu übernehmen. Maßgebend wann, für wen und unter welchen Bedingungen das Übernahmerecht entsteht, ist die Bestimmung durch den Testamentsvollstrecker. Die anderen, weichenden Geschwister erhalten für die Hofübernahme eine Geldabfindung in Höhe ihres Erbteils an dem übernommenen landwirtschaftlichen Anwesen, das jedoch mit dem Ertragswert bewertet wird, wenn dieser niedriger als der Verkehrswert ist (§ 2049 BGB). Die Geldabfindung ist spätestens ein Jahr nach Beurkundung des Übernahmevertrags ohne Zulage von Zinsen zur Zahlung fällig. Eine für die Hofübernahme anfallende Einkommensteuer hat der Übernehmer zu tragen. Dingliche Absicherung der Abfindungsforderung im Grundbuch kann verlangt werden. Bei der Übernahme noch ledige, im Vertragsanwesen wohnende Geschwister, die dann das (Zahl). Lebensjahr noch nicht vollendet haben, erhalten auf ihr Verlangen zusätzlich hierzu auf die Dauer des ledigen Standes, längstens bis zur Vollendung des genannten Lebensalters, das dinglich auf Kosten des Nachlasses im Grundbuch zu sichernde Wohnungsrecht, bestehend in der alleinigen Benutzung ihres bei Eintritt des Schlusserbfalles von ihnen allein bewohnten Zimmers und bestehend in dem Recht der Mitbenutzung aller zum gemeinschaftlichen Gebrauch der Hausbewohner bestimmten Anlagen und Einrichtungen, insbesondere von Küche, Bad, WC und Wohnzimmer. Für die Einräumung und Ausübung des Wohnungsrechts ist vom jeweiligen Berechtigten kein Entgelt zu bezahlen. Die Kosten für die Beheizung, Strom, Wasser und sonstige Betriebskosten für die dem Wohnungsrecht unterliegenden Räume hat allein der Hofübernehmer zu tragen. (im Rahmen der Anordnung einer Testamentsvollstreckung)

---

**39** Auf Eintragung einer Auflassungsvormerkung kann regelmäßig verzichtet werden, wenn Testamentsvollstreckung angeordnet wird. Soll sichergestellt werden, dass die Miteigentumsanteile der Kinder nicht zu Lebzeiten des überlebenden Elternteils veräußert werden, dann empfiehlt sich die Anordnung einer entsprechenden Auflage nebst Testamentsvollstreckung. Zu Ziffer 2 des Formulars ist zu bemerken, dass auch genügt, wenn dem überlebenden Ehegatten das Recht zugestanden wird, die Schlusserbfolge nach Belieben abzuändern, ausgenommen die Vermächtnisanordnung unter Ziffer 3.

**40** J MAYER in: DEURINGER-FISCHER-FAUCK, Verträge in der Landwirtschaft, 1999, Diskettentext, 13.doc.

Spätestens wenn der Älteste der Schlusserben das (Alter einsetzen) vollendet hat, hat der Testamentsvollstrecker den nach Abschnitt 2.2.b) dieser Urkunde zur Übernahme des landwirtschaftlichen Anwesens Berechtigten aus dem Kreis unserer gemeinschaftlichen Abkömmlinge zu bestimmen, die Einzelheiten der Hofübernahme festzulegen und alles zur Durchführung der Übernahme Erforderliche und Zweckmäßige vorzunehmen, insbesondere die hierfür erforderlichen Notarverträge abzuschließen.

### b) Ertragswertanordnung bei einem landwirtschaftlichen Anwesen 61

Soweit zu meinem Nachlass ein Landgut (land- oder forstwirtschaftliches Anwesen) gehört, wird gemäß § 2312 BGB bestimmt, dass der Berechnung des Pflichtteils und der Pflichtteilsergänzungsansprüche der Ertragswert zugrunde zu legen ist, soweit dieser niedriger als der Verkehrswert ist.

### 5. Erbvertrag in Verbindung mit Vertrag unter Lebenden
### a) Erbvertrag und Übergabeverpflichtungsvertrag 62

Wir vereinbaren zu Gunsten unserer gemeinschaftlichen Kinder durch Vertrag unter Lebenden:
1. Jeder von uns[41] verpflichtet sich für den Fall, dass er den anderen Ehegatten überlebt, den gesamten beim Tod des Erstversterbenden vorhandenen, zum Gesamtgut gehörenden Haus- und Grundbesitz samt Inventar[42] zu angemessenen und ortsüblichen Bedingungen an eines unserer gemeinschaftlichen Kinder zu übergeben.
Der Übergeber kann vom Übernehmer verlangen:
a) Übernahme der im Zeitpunkt der Übergabe bestehenden dinglichen Belastungen des Vertragsgrundbesitzes samt der zugrunde liegenden persönlichen Verbindlichkeiten sowie aller sonst mit dem Vertragsanwesen zusammenhängenden Schulden und Lasten durch den Übernehmer,
b) angemessene Versorgung des Übergebers und seines evtl weiteren Ehegatten durch Einräumung eines im Grundbuch einzutragenden Leibgedings und Zahlung eines angemessenen Übergabepreises, nach ortsüblichen Grundsätzen.
c) angemessene Abfindung der übrigen Abkömmlinge des Übergebers.[43] Mangels Einigung soll der genaue Inhalt und Umfang der Leibgedingsleistungen, die Höhe des Übergabepreises und die Höhe der an die Abkömmlinge des Übergebers zu zahlende Abfindung vom Vorstand des für das Objekt zuständigen Amtsgerichtes als Schiedsgutachter im Sinne der §§ 317 ff des Bürgerlichen Gesetzbuchs nach dessen billigem Ermessen bestimmt werden, ersatzweise durch den Geschäftsführer der für das Objekt zuständigen Geschäftsstelle des Bayerischen Bauernverbandes.
Die Übergabe hat zu erfolgen, wenn der überlebende Ehegatte 60 Jahre alt geworden ist. Sollte der überlebende Ehegatte beim Tod des Erstversterbenden dieses Alter bereits erreicht oder überschritten haben, so muss die Übergabe unverzüglich erfolgen.
Die Auswahl des Übernehmers erfolgt durch den Überlebenden von uns unter den gemeinschaftlichen Kindern. Der Anspruch auf Übergabe ist nicht übertragbar und nicht vererblich, steht unseren gemeinschaftlichen Kindern als Gesamtberechtigten zu und erlischt für diejenigen, die nicht als Übernehmer bestimmt werden, mit der Auswahl des Übernehmers. Ein unabänderliches Recht auf Übergabe und den Anspruch auf Si-

---

41 Oder nur »Der Ehemann« oder »Die Ehefrau«.
42 Bei Landwirten: »dem lebenden und toten landwirtschaftlichen Inventar«.
43 Eventuell wäre hier noch ein Wohnungsrecht zugunsten der gemeinschaftlichen Kinder auf die Dauer des ledigen Standes oder bis zur Erreichung eines bestimmten Alters aufzunehmen.

cherung dieses Rechts durch die Eintragung einer Vormerkung im Grundbuch erhalten die Kinder erst mit dem Tod des Erstversterbenden von uns.[44]

2. Sollten wir beide sterben, ohne dass die Auswahl des Übernehmers vorgenommen wurde, so geht die Übergabeverpflichtung auf die Erben des Zuletztversterbenden von uns über, welche die Übergabe des Vertragsanwesens an eines unserer Kinder in dem Zeitpunkt, in dem es der Überlebende von uns hätte übergeben müssen, und zu den entsprechenden Bedingungen vorzunehmen haben.

Können sich die Erben – falls mehrere gemeinschaftliche Kinder vorhanden sind – über die Person des Übernehmers nicht einigen, so wird dieser durch den Vorstand des für das Objekt zuständigen Amtsgerichtes, ersatzweise durch ... gemäß §§ 317 ff des Bürgerlichen Gesetzbuchs nach dessen billigem Ermessen bestimmt, wobei das zur Führung des Anwesens am besten geeignete Kind ausgewählt werden soll.

Dieser entscheidet nach seinem billigen Ermessen gemäß §§ 317 ff des Bürgerlichen Gesetzbuchs auch über Inhalt und Umfang der vom Übernehmer zu erbringenden Gegenleistungen, falls hierüber zwischen den Erben des Überlebenden von uns und dem Übernehmer keine Einigung zustande kommt.

3. Sollte der überlebende Ehegatte die Erbschaft ausschlagen oder sonst nicht Erbe des Erstversterbenden werden, so bezieht sich die vorstehende Übergabeverpflichtung auf das, was dem Überlebenden bei der Auseinandersetzung des Vertragsanwesens zukommt.

## 63  b) Erbvertrag mit Pflegevertrag

### I. Grundlagen

1. Der Beteiligte zu 1. ist verwitwet.
Er kann über seinen Nachlass frei verfügen. Vorsorglich widerruft er alle bisher von ihm getroffenen Verfügungen von Todes wegen, soweit sie den nachfolgenden Bestimmungen widersprechen.

2. Der Beteiligte zu 1. ist Alleineigentümer des in der Anlage näher bezeichneten Grundbesitzes.

### II. Erbvertrag

Im Wege des

Erbvertrages

wird bestimmt:
Der Beteiligte zu 1. setzt hiermit zu seinem alleinigen Erben den Beteiligten zu 2. ein. Ersatzerben sind dessen Abkömmlinge nach Stammanteilen gemäß den Regeln der gesetzlichen Erbfolge.

Der Beteiligte zu 2. nimmt die vorstehende Verfügung an.

Dem Erblasser steht das Recht zu, die Ersatzerbfolge ohne Mitwirkung seines Vertragspartners neu zu regeln; er ist jedoch dabei auf den Kreis der Abkömmlinge des Beteiligten zu 2. beschränkt, soweit der in Ziffer I. 2. dieser Urkunde genannte Grundbesitz betroffen ist.

### III. Pflegevertrag

Mit dem vorstehenden Erbvertrag verbinden die Vertragsteile folgende Vereinbarung:
1. Der Beteiligte zu 2. verpflichtet sich hiermit, gegenüber dem Erblasser (dem Beteiligten zu 1.) auf dessen Lebenszeit bei Krankheit, Gebrechlichkeit oder Altersschwäche zur Wart und Pflege.[45]

---

[44] Der Eintragung der Auflassungsvormerkung nach § 833 sofort nach Ableben des erstversterbenden Ehegatten steht nicht entgegen, dass der Übernehmer zu diesem Zeitpunkt noch nicht bestimmt ist. Bestimmbarkeit genügt.

[45] Die Pflegeverpflichtung ist sehr sorgfältig zu formulieren, vor allem im Hinblick auf die sozialrechtlichen Ansprüche. Dieser Textvorschlag beruht auf J MAYER, Der Über-

Hierzu gehört

a) die hauswirtschaftliche Versorgung,
insbesondere die Verrichtung der anfallenden häuslichen Arbeiten wie Reinigung der Austragsräume, der Kleidung, der Wäsche und des Schuhwerks und die Besorgung der erforderlich werdenden Gänge und Fahrten zum Einkaufen, zu Arzt, Apotheke, Krankenhaus und Kirche und

b) die häusliche Grundpflege
der Übergeber selbst, insbesondere die Hilfe bei Aufstehen und Zubettgehen, An- und Auskleiden, Nahrungsaufnahme, Körperpflege und Pflege im hygienischen Bereich, Verabreichung von Medikamenten, Umschlägen, Einreibungen und Ähnliches.
Diese Verpflichtungen bestehen jedoch nur, wenn diese vom Übernehmer ohne besondere Ausbildung, gegebenenfalls unter Zuziehung seines Ehegatten oder der örtlich vorhandenen ambulanten Pflegedienste (Sozialstation oder ähnliches) in einer dem Alters- und Gesundheitszustand des Übergebers angemessenen Weise zu Hause erbracht werden können und diese den Übernehmer nach Zeitaufwand und Intensität jeweils nicht stärker belasten als die Verrichtungen, die für die Einordnung in die Pflegestufe I des Pflegeversicherungsgesetzes vom 26. 5. 1994 (§ 15 SGB XI) in der heute geltenden Fassung kennzeichnend sind.
Diese Verpflichtungen ruhen auf alle Fälle ersatzlos hinsichtlich desjenigen Übergebers, der in einem Krankenhaus, einem Pflegeheim oder einer ähnlichen Heileinrichtung untergebracht ist, weil nach fachärztlicher Feststellung aus medizinischen oder pflegerischen Gründen ein Verbleiben auf dem Vertragsanwesen nicht mehr zumutbar ist.
Ein etwaiges Pflegegeld gebührt dem Beteiligten zu 1) (also dem Erblasser).

2. Der Beteiligte zu 2. hat dem Erblasser täglich die standesgemäße, seinem Alter und Gesundheitszustand entsprechende Kost und Verpflegung, einschließlich der Getränke zu den üblichen Haupt- und Zwischenmahlzeiten zu gewähren. Die Kost ist ihm am Tisch des Beteiligten zu 2. zu verabreichen oder auf Verlangen auch in die Wohnung des Erblassers zu bringen, sofern sich diese in dem in Ziffer I. 2. dieser Urkunde genannten Objekt befindet.
Diese Bestimmung gilt jedoch nur, wenn sich der Erblasser wegen Alter oder Krankheit nicht mehr selbst verpflegen kann.
Für den Fall, dass der Veräußerer die Verpflegung durch den Erblasser, den Beteiligten zu 2., in Anspruch nimmt, ist er zur Zahlung eines angemessenen Kostgeldes verpflichtet.

3. Der Beteiligte zu 2. verpflichtet sich, an den Erblasser monatlich einen Betrag von ... € iW Euro ...
zu zahlen, und zwar jeweils am Monatsersten im Voraus, erstmals am ...
Tritt eine Änderung in der Höhe des Lebensbedarfs infolge der allgemeinen wirtschaftlichen Verhältnisse ein, so ist der genannte Betrag entsprechend zu ändern. Er soll sich dabei im gleichen Prozentverhältnis erhöhen oder vermindern, in dem sich der vom Statistischen Bundesamt festgestellte durchschnittliche jährliche Preisindex für die Gesamtlebenshaltung aller privaten Haushalte – berechnet auf der Basis 1995 = 100 – im Vergleich zu demselben Index für das Jahr des Vertragsabschlusses erhöht oder vermindert. Die Neufestsetzung findet jeweils im April eines Kalenderjahres statt, wobei dann jeweils der Index für das vergangene Kalenderjahr mit dem Index für das Jahr des Vertragsabschlusses verglichen wird.

gabevertrag, RdNr 118; s auch J MAYER ZEV 1995, 274; RASTÄTTER ZEV 1996, 289; WALDNER/OTT MittBayNot 1996, 177; SPIEGELBERGER, Vermögensnachfolge, RdNr 117; WEGMANN, Grundstücksüberlassung, RdNr 410.

Die Beträge gelten in ihrer veränderten Höhe jeweils vom ersten Januar an als geschuldet, der dem Monat der planmäßigen Neufeststellung vorangegangen ist. Bei einer Umstellung auf eine neue Indexbasis gilt die neue Indexreihe von ihrer amtlichen Veröffentlichung an.
Die Vertragsteile beantragen die Genehmigung dieser Wertsicherungsvereinbarung gemäß § 2 Preisangaben- und Preisklauselgesetz durch das Bundesamt für Wirtschaft.
Sofern durch eine darüber hinausgehende Änderung der wirtschaftlichen Verhältnisse der standesgemäße Unterhalt des Zahlungsverpflichteten oder des Berechtigten nicht mehr gewährleistet ist und/oder bei jeder anderen Änderung der Geschäftsgrundlage kann jeder Beteiligte Abänderungen in entsprechender Anwendung des § 323 ZPO verlangen, ausgenommen den Fall, dass der Anspruchsberechtigte – weshalb auch immer – das in Ziffer I. 2. genannte Anwesen auf Dauer verlässt.

## IV. Rücktrittsrechte

1. Sollte der Beteiligte zu 2. die unter Abschnitt III. dieser Urkunde übernommenen Verpflichtungen objektiv nicht ordnungsgemäß erfüllen, dann ist der Erblasser nach erfolgloser schriftlicher Abmahnung zum Rücktritt vom Erbvertrag berechtigt. Im Falle des Rücktritts durch ihn braucht er die an ihn von seinem Vertragspartner erbrachten Leistungen nicht zu erstatten.
2. Sollte der Erblasser das in Ziffer I. 2. genannte Objekt veräußern, ohne die vorherige schriftliche Einwilligung seines Vertragspartners eingeholt zu haben, so ist dieser zum Rücktritt von diesem Vertrag unter Ziffer III. dieser Urkunde berechtigt. In einem derartigen Fall kann er verlangen, dass ihm die von ihm erbrachten Leistungen finanziell vergütet werden; auf die Einrede der Verjährung wird verzichtet.
3. Der Notar hat darauf hingewiesen, dass der Rücktritt von diesem Erbvertrag zu Lebzeiten des anderen Vertragspartners nur durch eine notariell beurkundete Erklärung erfolgen kann, die dem anderen Vertragsteil in Ausfertigung nach den Vorschriften der Zivilprozessordnung zuzustellen ist, und zwar unter Ausschluss einer Ersatzzustellung.

## V. Verfügungsbeschränkung

Der Erblasser verpflichtet sich, über das in Ziffer I. 2. genannte Objekt durch Vertrag unter Lebenden nicht ohne die vorherige schriftliche Einwilligung seines Vertragspartners zu verfügen.
Für den Fall eines Verstoßes gegen diese Verpflichtung ist der Vertragspartner berechtigt, die sofortige unentgeltliche Übereignung des genannten Objektes auf sich zu verlangen, wobei er jedoch Zug um Zug gegen Erklärung der Auflassung folgende Rechte an dem genannten Objekt zu bestellen und in das Grundbuch auf eigene Kosten eintragen zu lassen hat:
1. Die in Ziffer III. genannten Leistungen, abzusichern durch eine Reallast,
2. Wohnungsrecht als beschränkte persönliche Dienstbarkeit gem § 1093 BGB.
Das Wohnungsrecht besteht in dem Recht der ausschließlichen Benützung der ...
im Vertragsobjekt sowie dem Recht der Mitbenutzung aller dem gemeinschaftlichen Gebrauch der Hausbewohner dienenden Räume, Anlagen und Einrichtungen. Der Erblasser hat das Recht auf freien Zugang und Umgang im gesamten Vertragsobjekt, insbesondere im Garten. Besuch kann er in den seiner Benutzung und Mitbenutzung unterliegenden Räumen jederzeit erhalten.
Die Nebenkosten für Licht, Strom, Wasser, Heizung und Müllabfuhr gehen zu Lasten des jeweiligen Eigentümers.
Zur Sicherung dieses bedingten Erwerbsrechtes wird die Eintragung einer
Auflassungsvormerkung
zu Gunsten des Beteiligten zu 2. im Grundbuch
bewilligt und beantragt,

und zwar an nächstoffener Rangstelle.
Das Erwerbsrecht geht entsprechend der Ersatzerbfolgeregelung in Ziffer II. dieser Urkunde auf die Abkömmlinge des Berechtigten über.

### 6. Verfügungen von Todes wegen des Unternehmers
#### a) Die Bezeichnung des Erben steht noch aus[45]

64

Zu meinem Erben setze ich hiermit dasjenige meiner Kinder ein, das für die Führung meines Betriebes ... am geeignetsten ist. Ich gehe davon aus, dass dasjenige meiner Kinder am geeignetsten zur Fortführung meines Betriebes ist, das als erstes seine Qualifikation als Diplomingenieur im Fachbereich Maschinenbau an einer Universität (nicht an einer Fachhochschule) erlangt.
Die Bezeichnung des Erben obliegt, ohne dass insoweit ein Ermessen eingeräumt wäre, ... (meiner Ehefrau, dem von mir eingesetzten Testamentsvollstrecker oä).

#### b) Die Bestimmung des Unternehmensnachfolgers durch Vermächtnis[46]

65

Ich setze hiermit meine Kinder ... zur einen Hälfte und meinen Ehegatten zur anderen Hälfte ein.
Die Erbeinsetzung meines Ehegatten gilt nur für den Fall, dass die Ehe zum Zeitpunkt meines Todes noch besteht und keiner von uns eine Klage auf Scheidung erhoben hat.
Meinen einzelkaufmännischen Betrieb in ... vermache ich hiermit mit allen Aktiven und Passiven, auch mit dem nur zur Nutzung in das Unternehmen eingebrachten Anlagevermögen mit dem Stand, den es zum Zeitpunkt meines Ablebens ausweist, meinen Kindern in der Weise, dass ... (meine Ehefrau, der von mir eingesetzte Testamentsvollstrecker oä), nach freiem Ermessen, also ohne gerichtliche Nachprüfbarkeit, bestimmen soll, wer von meinen Kindern als für die Unternehmensführung am geeignetsten das Vermächtnis erhalten und damit Unternehmensnachfolger werden soll. Die Vermächtnisbestimmung hat frühestens ..., jedoch spätestens ... zu erfolgen. Das Vermächtnis ist ein Vorausvermächtnis, eine Ausgleichungspflicht tritt daher – abgesehen von Pflichtteilsansprüchen – nicht ein.
Auf die Gefahr der Erbausschlagung durch einen oder mehrere Erben und nachfolgende Geltendmachung des Pflichtteils durch diese wurde hingewiesen.

#### c) Nacherbfolge[47]

66

Ich setze hiermit meine Ehefrau zu meiner Erbin ein. Ersatzerben sind meine Kinder ... nach gleichen Erbanteilen.
Die Erbeinsetzung meiner Ehefrau gilt nur für den Fall, dass die Ehe im Zeitpunkt meines Todes noch besteht und keiner von uns eine Klage auf Scheidung erhoben hat.
Meine Ehefrau ist jedoch nur Vorerbin. Nacherben sind meine Kinder ... nach gleichen Erbanteilen, ersatzweise deren Abkömmlinge nach Stammanteilen gemäß den Regeln der gesetzlichen Erbfolge, ersatzweise sind die Nacherben untereinander zur Ersatznacherbfolge berechtigt. Die Nacherbfolge ist unter der auflösenden Bedingung angeordnet, dass die Vorerbin berechtigt ist, durch Verfügung von Todes wegen einen der Nacherben (Ersatznacherben) zu bestimmen, der dann unter Ausschluss der anderen

---

[45] Vgl System Teil E RdNr 120.
[46] NIEDER in: Münchener Vertragshandbuch Band 4, VIII. 23.
[47] Vgl System Teil E RdNr 147 ff; zur Problematik der Testamentsvollstreckung als Sicherungsinstrument zur Fortführung des Unternehmens s REIMANN, Testamentsvollstreckung in der Wirtschaftsrechtspraxis, RWS-Skript 151, 94 f; vgl auch NIEDER in: Münchener Vertragshandbuch Band 4 VIII. 27.

alleiniger Nacherbe wird. Sie soll dabei den nach ihrem freien Ermessen für die Fortführung meines Betriebes in ... Geeignetsten auswählen.
Die Vorerbin wird durch Auflage wie folgt verpflichtet:
Sie hat mein einzelkaufmännisches Unternehmen in ... bis zu ihrem Tod oder durch Übergabe an einen der Nacherben fortzuführen.
Die Nutzungen der Vorerbin aus dem Unternehmensgewinn werden auf die sich nach der Steuerbilanz ergebenden Gewinne beschränkt.
Zur Absicherung dieser Auflagen ordne ich Testamentsvollstreckung an und bestimme zum Testamentsvollstrecker ...
Sollte die Vorerbin den Betrieb einstellen, was ihr nach Beratung der damit zusammenhängenden haftungsrechtlichen Fragen mit dem Testamentsvollstrecker gestattet sein soll, tritt mit der entsprechenden Betriebsaufgabeerklärung gegenüber dem Finanzamt Nacherbfolge ein.

**67   d) Nießbrauchvermächtnis am einzelkaufmännischen Unternehmen**[48]

Meiner Ehefrau vermache ich auf Lebenszeit den Nießbrauch an meinem Unternehmen in ...
Der Nießbrauch endet, sobald sich meine Ehefrau wieder verehelicht. Für den Nießbrauch gilt:
a) Es handelt sich um einen vollen dinglichen Nießbrauch am Unternehmen bei Unternehmerstellung des Nießbrauchers, also nicht nur um einen Ertragsnießbrauch. Der Nießbraucher wird somit der handelsrechtliche Alleininhaber meines Unternehmens, er ist in das Handelsregister einzutragen.
b) Der Nießbrauch ist an allen Gegenständen des Anlagevermögens laut Bilanz zum Zeitpunkt meines Ablebens einzuräumen.
Die Gegenstände des Umlaufvermögens laut Bilanz zum Zeitpunkt meines Ablebens gehen dabei auf die Dauer des Nießbrauchs in das Eigentum des Nießbrauchers über. Der Nießbraucher ist verpflichtet, sie nach Beendigung des Nießbrauchs entsprechend zurückzuübereignen.
Alle betrieblichen Forderungen sind an den Nießbraucher abzutreten.
Der Nießbraucher ist verpflichtet, alle zu meinem Tode bestehenden bilanzierten Verbindlichkeiten zu übernehmen, ersatzweise die Erben von jeglicher Inanspruchnahme heraus freizustellen.
Der Nießbraucher ist berechtigt, im Rahmen einer ordnungsgemäßen Wirtschaft und mit der Verpflichtung zur Ersatzbeschaffung über Gegenstände des Anlagevermögens zu verfügen.
c) Die Erben sind berechtigt, diejenigen Steuern, die sie als Vermögensträger zu tragen haben, aus dem jährlichen Gewinn des Unternehmens zu entnehmen. Der hiernach verbleibende, in der Bilanz ausgewiesene Reingewinn steht dem Nießbraucher allein zu (steht dem Nießbraucher zu ... % und den Erben zu ... % zu).

**68   e) Nießbrauchvermächtnis am Gesellschaftsanteil an einer Personenhandelsgesellschaft**[49]

Meiner Ehefrau vermache ich den lebenslangen Nießbrauch an meinem Geschäftsanteil an der ... KG.
Der Nießbrauch endet bei Wiederverheiratung meiner Ehefrau.
Für den Nießbrauch gilt im Einzelnen:

---

[48] Vgl System Teil E RdNr 197 ff; NIEDER in: Münchener Vertragshandbuch Band 4 VIII, 37.

[49] Vgl System Teil E RdNr 207 ff; NIEDER in: Münchener Vertragshandbuch Band 4 VIII, 38, 39.

a) Der Nießbrauch wird als Vollnießbrauch zugewandt. Demnach wird der Nießbraucher für die Dauer des Nießbrauchs in vollem Umfang Gesellschafter der KG, was im Gesellschaftsvertrag ausdrücklich zugelassen ist. Der Nießbraucher ist auf die Dauer des Nießbrauchs als Gesellschafter in das Handelsregister einzutragen.
b) Der Nießbrauch erstreckt sich auf sämtliche Kapitalkonten (Kapitalkonto I und II), aber auch auf diejenigen Gegenstände, die ich als mein Sonderbetriebsvermögen zur Nutzung (nicht zu Eigentum) in die Gesellschaft eingebracht habe. Soweit es sich dabei um Grundbesitz handelt, ist der Nießbrauch durch Eintragung im Grundbuch auf Kosten des Nießbrauchers zu sichern.
c) Der Nießbraucher hat bei der Ausübung seiner Gesellschaftsrechte darauf zu achten, dass das Stammrecht am Gesellschaftsanteil nicht durch ihn ohne Zustimmung der Erben beeinträchtigt wird. Durch Auflage wird der Nießbraucher insbesondere verpflichtet, folgende Maßnahmen nicht ohne schriftliche Einwilligung der Erben vorzunehmen:
1. Veräußerung und Belastung des Gesellschaftsanteils,
2. Veränderung der Beteiligungsverhältnisse und der Gewinnverteilung,
3. Erhöhung der Einlagen,
4. Abänderung des Gesellschaftsvertrages, insbesondere Einschränkung oder Ausschließung der Vererblichkeit des Geschäftsanteils,
5. Auflösung oder Umwandlung der Gesellschaft.
Für den Fall, dass der Nießbraucher gegen diese Auflagen verstößt, sind die Erben berechtigt, die sofortige Beendigung des Nießbrauchs zu verlangen. Etwaige Zwischenbilanzkosten gegen dann zu Lasten des Nießbrauchers.
d) Der Gewinnanteil, wie er in der Jahresbilanz der KG ausgewiesen wird, steht mit Ausnahme der auf die Erben entfallenden Steuern, die durch das Stammrecht an der KG bedingt sind, dem Nießbraucher zu. Für die Entnahmeberechtigung gilt der Gesellschaftsvertrag.

### f) Nießbrauchvermächtnis am Geschäftsanteil einer GmbH[50]   69

Meiner Ehefrau vermache ich den lebenslangen Nießbrauch an sämtlichen von mir gehaltenen Geschäftsanteilen an der ... GmbH mit dem Sitz in ... Die Geschäftsanteile belaufen sich auf insgesamt ... €. Der Nießbrauch erlischt bei Wiederverehelichung meiner Ehefrau.
Die Nießbrauchbestellung ist im Gesellschaftsvertrag zugelassen, sofern der Nießbrauchsberechtigte zum Kreis der Gesellschafter, der Ehegatten oder der ehelichen Abkömmlinge eines Gesellschafters gehört. Meine Geschäftsanteile sind voll eingezahlt, auch das gesamte übrige Stammkapital ist eingezahlt.
Für den Nießbrauch gilt im Einzelnen:
a) Für den Nießbrauch gelten die gesetzlichen Bestimmungen der §§ 1068 ff BGB, soweit nicht nachfolgend etwas anderes bestimmt ist.
b) Dem Nießbraucher stehen für die Dauer des Nießbrauchs nur die Vermögensrechte zu, während die Herrschafts- und Mitverwaltungsrechte beim Erben verbleiben. Die Erben haben als Gesellschafter bei der Ausübung ihrer Herrschafts- und Mitverwaltungsrechte die Interessen des Nießbrauchers zu berücksichtigen. Schuldrechtlich werden die Erben als Gesellschafter im Innenverhältnis (nicht im Außenverhältnis gegenüber der GmbH und ihren Gesellschaftern) hinsichtlich des Stimmrechtes an die Zustimmung des Nießbrauchers gebunden. Die Erben und die Nießbraucher haben sich wechselseitig alle Auskünfte zu erteilen, die den Geschäftsanteil betreffen, ebenso Einsichten in alle Bücher und Papiere zu gewähren.

---

50 Vgl System Teil E RdNr 212 ff: REIMANN, Testamentsvollstreckung in der Wirtschaftsrechtspraxis, RWS-Skript 151, 89; NIEDER in: Münchener Vertragshandbuch Band 4 VIII, 40.

Formulare

c) Auf die Dauer des Nießbrauchs kann der Nießbraucher den auf den Geschäftsanteil entfallenden Jahresreingewinn (§ 29 GmbHG) beziehen, sobald die GmbH die Gewinnverteilung beschlossen hat. Anspruchsberechtigt ist der Nießbraucher jedoch nur bezüglich des zur Auszahlung gelangenden Gewinns. Der Erbe als Inhaber des Gesellschaftsstammrechtes bevollmächtigt den Nießbraucher, ihn bei den Beschlüssen über die Ausschüttung zu vertreten.

d) Bei Kapitalerhöhungen oder Ausgabe neuer Geschäftsanteile kann der Nießbraucher vom Erben (Anteilseigner) verlangen, dass der Nießbrauch auf die neuen Geschäftsanteile ausgedehnt wird, jedoch nur, wenn die Kapitalerhöhung aus Gesellschaftsmitteln erfolgt. Der Erbe ist im Verhältnis zum Nießbraucher nicht verpflichtet, sich an Kapitalerhöhungen zu beteiligen. Die Stimmrechtsbindung, die schuldrechtlich zwischen Erben und Nießbraucher aufgrund der Anordnungen oben b) besteht, gilt nicht für Beschlüsse über eine Kapitalerhöhung.

e) Der Nießbrauch erstreckt sich nicht auf die Liquidationsquoten nach § 72 GmbHG bzw das Abfindungsguthaben und das Einziehungsentgelt nach § 34 GmbHG, auf zurückgezahlte Nachschüsse nach § 30 Abs 2 GmbHG und Teilrückzahlungen der Stammeinlage nach § 58 Abs 2 GmbHG.

f) Der Nießbrauch ist von Erben und Nießbraucher bei der GmbH anzumelden.

**70 g) Abfindung weichender Erben durch stille Beteiligung**

Meinen Kindern, die nicht als Erben bzw als Unternehmensnachfolger zum Zuge kommen, vermache ich an meinem Unternehmen in ... stille Beteiligungen. Die Höhe der ihnen vermachten Einlagen errechnen sich dabei nach den ihren Erbquoten entsprechenden Teilen des bilanzierten Eigenkapitals zum Zeitpunkt der Unternehmensübernahme durch den von mir bzw aufgrund meiner Verfügung bestimmten Unternehmensnachfolger. Sie sollen dabei nicht nur am Gewinn und Verlust, sondern im Innenverhältnis auch am Gesellschaftsvermögen in gleicher Weise wie ein Kommanditist beteiligt sein. Die Vermächtnisse fallen zum Zeitpunkt der Unternehmensübernahme durch Unternehmensnachfolge an und sind sofort fällig. Es sind jeweils Vorausvermächtnisse.

Es wird Testamentsvollstreckung angeordnet. Der Testamentsvollstrecker wird vom jeweiligen Hauptgeschäftsführer der zuständigen Industrie- und Handelskammer ernannt. Der Testamentsvollstrecker hat die Aufgabe, für die Erfüllung des vorgenannten Vermächtnisses zu sorgen. Dabei ist er berechtigt, die Modalitäten der stillen Beteiligung festzulegen, insbesondere ihre Laufzeit und die Beteiligung der stillen Gesellschafter am Gewinn und Verlust, ihre Mitwirkungsrechte bei der Unternehmensführung und die Kündigungsmöglichkeiten.

**71 h) Umwandlungsanordnung**

Ich verpflichte meine Erben durch Auflage, mein einzelkaufmännisches Unternehmen in eine KG umzuwandeln, und zwar in der Weise, dass eine neu zu gründende GmbH die alleinige persönliche Haftung zu übernehmen hat (GmbH & Co). Die Beteiligungsverhältnisse der Erben an KG und GmbH haben dabei der Beteiligung am Nachlass zu entsprechen.

Im übrigen wird wegen der Ausgestaltung der Gesellschaftsverträge auf die Anlagen I und II zu diesem Testament Bezug genommen; diese Anlagen stellen einen wesentlichen Bestandteil der Verfügung dar. Abweichungen von den Vorgaben, die in den Anlagen enthalten sind, sind nur zulässig, wenn eine Gesetzesänderung sie zwingend erfordert. Dabei ist jedoch auf eine möglichst identische Beteiligung der Erben (Unternehmensnachfolger) Wert zu legen.

### i) Umwandlungsanordnung mit Vorrang eines Miterben 72

Durch Auflage ordne ich an, dass mein Unternehmen in eine Kommanditgesellschaft umgewandelt wird ... (wie oben).
Meine Erben sind dabei an der Kommanditgesellschaft entsprechend ihrer Beteiligung am Nachlass zu beteiligen.
Die GmbH, welche die persönliche Haftung in der KG zu übernehmen hat, soll jedoch lediglich von meinem Sohn ... gegründet und gehalten werden. Damit will ich sicherstellen, dass mein Sohn ..., der über die längste geschäftliche Erfahrung verfügt, die unternehmerischen Entscheidungen der KG nachhaltig beeinflussen kann.
Für die Gesellschaftsverhältnisse gelten im Übrigen die Festlegungen in den Anlagen I und II zu dieser Urkunde (wie oben).

### j) Umwandlungsanordnung unter Einsatz der Möglichkeiten des Umwandlungsgesetzes 73

Durch Auflage verpflichte ich meine Erben, mein Unternehmen, das bislang in der Rechtsform der GmbH & Co. KG betrieben wird – ich halte sämtliche Anteile sowohl an der GmbH wie an der KG –, in eine Kapitalgesellschaft (AG oder GmbH) nach Maßgabe des Umwandlungsgesetzes und des Umwandlungssteuergesetzes umzuwandeln.
Meine Erben sind an der neuzugründenden Kapitalgesellschaft entsprechend ihrer quotenmäßigen Beteiligung am Nachlass zu beteiligen.
Ich ordne Testamentsvollstreckung an und bestimme zum Testamentsvollstrecker ...
Der Testamentsvollstrecker hat die Aufgabe, den Nachlass in Besitz zu nehmen, in Sonderheit alle Gegenstände, die in der Bilanz meines Unternehmens erfasst sind, und die Umwandlung in eine Kapitalgesellschaft durchzuführen. Meine Erben verpflichte ich durch Auflage, bei der Ausübung gesetzlich etwa vorbehaltener höchstpersönlicher Mitwirkungsrechte der Umwandlung nicht zu widersprechen.
Der Testamentsvollstrecker hat auch nach durchgeführter Umwandlung die Aufgabe, den Nachlass, soweit er in Beteiligungen an der neugegründeten Kapitalgesellschaft besteht, in Besitz zu nehmen und zu verwalten, also auch das Stimmrecht in der Gesellschaft für meine Erben auszuüben. Diese Testamentsvollstreckung erlischt zwei Jahre nach durchgeführter Umwandlung.

### k) Duldung von Bestimmungsrechten Dritter 74

Durch Auflage verpflichte ich die Erben, die Ausübung von Bestimmungsrechten jedweder Art durch ... zu dulden, sofern eine Entscheidung nach den gesetzlichen Bestimmungen durch einen Dritten nach dessen billigem Ermessen getroffen werden kann.

### l) Schiedsgutachter- und Schiedsgerichtsklausel 75

Streitigkeiten der Erben und sonstiger Nachlassbeteiligter aufgrund der getroffenen Verfügung von Todes wegen sind unter Ausschluss der ordentlichen Gerichte durch einen Schiedsrichter als Einzelrichter zu entscheiden. Der Schiedsrichter hat dabei zugleich die Funktion, sich auch in Bewertungsfragen gutachtlich verbindlich zu äußern und sonstige Bestimmungsrechte nach billigem Ermessen auszuüben.
Der Schiedsrichter entscheidet, sofern keine zwingenden gesetzlichen Bestimmungen entgegenstehen, prozess- und materiellrechtlich in freiem Ermessen, im Übrigen – falls vom Ermessen kein Gebrauch gemacht wird – nach den einschlägigen Bestimmungen der Zivilprozessordnung und des Gerichtsverfassungsgesetzes, jedoch mit der Maßgabe, dass die Verhandlung nicht öffentlich ist und Anwaltszwang nicht besteht.
Zum Schiedsrichter (mit den oben zugewiesenen weiteren Funktionen) wird bestimmt:

Formulare

**76  m) Duldung von Vollmachten**

Die Erben haben die Vollmacht, die ich zu notarieller Urkunde erteilt habe, entsprechend den Festlegungen in der Vollmacht und der dort genannten Laufzeit zu dulden. Sie haben sich dabei ihres Rechtes, selbst tätig zu werden, zu enthalten, soweit und solange der Bevollmächtigte von der Vollmacht Gebrauch macht. Sie werden durch Auflage verpflichtet, die Vollmacht nicht zu widerrufen, solange die Maßnahmen des Bevollmächtigten sich nur auf das ererbte Vermögen (den Nachlass) auswirken und das sonstige Vermögen der Erben nicht tangieren.

**77  n) Testamentsvollstrecker als Treuhänder**

Dem Testamentsvollstrecker wird die Sonderfunktion zugewiesen, als Treuhänder der Erben, also im Namen, jedoch für Rechnung der Erben, Unternehmen und Unternehmerrechte, die in meinen Nachlass fallen, zu verwalten.
Die Erben werden durch Auflage verpflichtet, die Treuhandfunktion des Testamentsvollstreckers zu dulden und alle Vollmachten zu erteilen, die der Testamentsvollstrecker zur Wahrnehmung seiner Treuhandtätigkeit im Interesse des Nachlasses benötigt.

**78  o) Erweiterte Verwaltungsvollstreckung**

Der Testamentsvollstrecker hat den Nachlass in Besitz zu nehmen und zu verwalten. Die Verwaltung des Nachlasses bezieht sich auch auf die in meinen Nachlass fallenden Geschäftsbeteiligungen an Unternehmen.
Dabei kann der Testamentsvollstrecker wählen, ob er
a) als Treuhänder handelt, also im eigenen Namen auftritt, jedoch für Rechnung der Erben handelt,
b) als Bevollmächtigter, also im Namen und für Rechnung der Erben handelt,
c) die Erben nach außen als Unternehmer auftreten lässt, sich jedoch die Entscheidungsbefugnis im Innenverhältnis vorbehält.
Die Erben haben nach Ausübung des Wahlrechtes durch den Testamentsvollstrecker diesem alle Vollmachten zu erteilen, die erforderlich sind, damit er die Verwaltung des Nachlasses in der gebotenen Effektivität wahrnehmen kann. Die Verpflichtung erfolgt durch Auflage. Die Erfüllung der Auflage kann vom Testamentsvollstrecker selbst vorgenommen werden.
Der Testamentsvollstrecker ist bei Gesellschaftsbeteiligung zu folgenden Maßnahmen nur mit schriftlicher Einwilligung der Erben berechtigt:
aa) Veräußerung und Belastung der Gesellschaftsbeteiligung (ganz oder teilweise),
bb) Veränderung der Beteiligungsverhältnisse und der Gewinnverteilung,
cc) Erhöhung der Einlage,
dd) Abänderung des Gesellschaftsvertrages, insbesondere Einschränkung oder Ausschluss der Vererblichkeit des Gesellschaftsanteils,
ee) Auflösung und Umwandlung der Gesellschaft.
Der Testamentsvollstrecker kann sich für einzelne Angelegenheiten einer fachkundigen Beratung bedienen. Die Kosten gehen insoweit zu Lasten des Nachlasses.

**79  7. Verfügungen bei Vorhandensein geistig / körperlich behinderter Abkömmlinge**

I. Vorbemerkungen

...

II. Wechselbezügliche Verfügungen

Als wechselbezüglich im Sinne des § 2270 Abs 1 BGB verfügen wir was folgt:

1. Erbfolge nach dem Erstversterbenden
a) Erbquoten
(1) Erben des zuerstversterbenden Ehegatten werden der Längerlebende zu ... und das gemeinsame Kind[51] zu ...
(2) Ersatzerbe für[52] ... ist der längerlebende Ehegatte.
(3) Ersatzerben des längerlebenden Ehegatten sind die nachstehend benannten Schlusserben gemäß den dort getroffenen Verteilungsgrundsätzen.
b) Nacherbfolge
(1) ...[53] ist jedoch nur
Vorerbe.

(2) ... ist von den gesetzlichen Beschränkungen der §§ 2113 ff BGB ausdrücklich nicht befreit. Befreiung wird jedoch erteilt von den Beschränkungen des § 2119 BGB (Anlegung von Geld).[54]
(3) Der Nacherbfall tritt mit dem Tod des Vorerben ein.
(4) Nacherbe ist der längerlebende Ehegatte.
(5) Ersatznacherben sind die Abkömmlinge des Vorerben, wiederum ersatzweise die nachstehend benannten Schlusserben gemäß den dort getroffenen Verteilungsgrundsätzen. Für den jeweiligen Nacherben entfällt die Ersatznacherbfolge jedoch, wenn dieser sein Anwartschaftsrecht auf den Vorerben überträgt.[55]

2. Vermächtnisse[56]
Der Längerlebende als Miterbe des erstversterbenden Ehegatten wird mit folgendem
Vermächtnis

zugunsten der gemeinsamen Kinder ... beschwert:
a) Vermächtnisgegenstand
Ein jedes der gemeinschaftlichen Kinder mit Ausnahme von ... erhält ein Vermächtnis im Werte seines gesetzlichen Erbteils am Nachlass des zuerstversterbenden Elternteils. Der Beschwerte ist berechtigt, das Vermächtnis durch Übereignung beliebiger Vermögensgegenstände zu erfüllen.
b) Fälligkeit
Die Vermächtnisse fallen jeweils mit dem Tod des Zuerstversterbenden an, sind jedoch erst zwanzig Jahre nach ihrem Anfall ohne Beilage von Zinsen zur Zahlung fällig. Vor Fälligkeit kann Sicherung, gleich welcher Art, nicht verlangt werden.

---

[51] Hier ist das behinderte Kind einzusetzen. Wegen § 2306 Abs 1 S 2 BGB muss der Erbteil höher sein als die Pflichtteilsquote. Bei lebzeitigen Zuwendungen an Abkömmlinge mit Ausgleichungs- und Anrechnungspflichten ist bei der Quote gegebenenfalls die Wertetheorie zu berücksichtigen.
[52] Das behinderte, als Miterbe berufene Kind.
[53] Das behinderte, als Miterbe berufene Kind.
[54] Die Befreiung ist wichtig, auch für den Testamentsvollstrecker. Denn häufig erfolgt nach dem Tod des Erstversterbenden eine Auseinandersetzung über dessen Nachlass mit dem Ziel, dem behinderten Miterben einen baren Geldbetrag zuzuweisen, der dann gewinnbringend anzulegen ist. Nur bei der hier vorgeschlagenen Befreiung besteht die Möglichkeit auch Aktien oder andere im Substanzwert wachsende Anlagen zu tätigen.

[55] Vgl hier KANZLEITER DNotZ 1970, 693: Nur so kann die Mitwirkungspflicht der Abkömmlinge bei einer Erbteilsübertragung vermieden werden. Ansonsten wäre für die (noch nicht geborenen) Abkömmlinge Pflegerbestellung und (die kaum erreichbare) vormundschaftsgerichtliche Genehmigung erforderlich (§ 1822 Nr 1 BGB). Alternativ kann die Bedingung auch für jeden Fall der Nacherbenanwartschaftsübertragung vorgesehen werden.
[56] Zur erbschaftsteuerlichen und ertragsteuerlichen Problematik beim Vermächtnis s auch vorstehend RdNr 42 Fn 20; bei geringem Vermögen ist das Vermächtnis unter steuerlichen Gesichtspunkten wenig geeignet. Das Vermächtnis wird zugunsten aller Kinder, ausgenommen das behinderte Kind, ausgesetzt.

c) Ersatzvermächtnisnehmer
Ersatzvermächtnisnehmer sind jeweils die Abkömmlinge der Vermächtnisnehmer zu unter sich gleichen Stammanteilen. Entfällt ein Vermächtnisnehmer vor dem Anfall des Vermächtnisses ohne Hinterlassung von Abkömmlingen, entfällt auch das zu seinen Gunsten angeordnete Vermächtnis.

3. Erbfolge nach dem Längerlebenden
a) Erbquoten[57]
(1) Schlusserben, also Erben des Letztversterbenden und Erben eines jeden Ehegatten im Fall eines durch dasselbe Ereignis bedingten (annähernd) gleichzeitigen Versterbens, sind
– ... zu ... und
– ... gemeinsame ... ... zu ...
(2) Ersatzschlusserben sind jeweils die Abkömmlinge der Schlusserben zu unter sich gleichen Stammanteilen. Sind solche nicht vorhanden, tritt bei den übrigen Schlusserben Anwachsung gemäß § 2094 BGB ein.
b) Nacherbfolge[58]
(1) ... ist jedoch auch beim Schlusserbfall nur
Vorerbe
(2) ... ist von den gesetzlichen Beschränkungen der §§ 2113 ff BGB ausdrücklich nicht befreit. Befreiung wird jedoch erteilt von den Beschränkungen des § 2119 BGB (Anlegung von Geld).
(3) Nacherben sind die Abkömmlinge des Vorerben. Ersatznacherben sind die anderen Schlusserben gemäß den dort getroffenen Verteilungsgrundsätzen. Die Ersatznacherbfolge erlischt, wenn der Nacherbe sein Anwartschaftsrecht auf den Vorerben überträgt.
(4) Der Nacherbfall tritt mit dem Tod des Vorerben ein.

4. Abänderungsvorbehalt[59]
Abweichend von der gesetzlichen Bindung an wechselbezügliche Verfügungen vereinbaren wir folgenden
Abänderungsvorbehalt:
Der Längerlebende ist befugt, die nach ihm geltende Erbfolge innerhalb der gemeinsamen Abkömmlinge einseitig beliebig abzuändern oder zu ergänzen. Von diesem Abänderungsrecht kann erst nach dem Tode des Erstversterbenden Gebrauch gemacht werden.
Anderen Personen darf der Längerlebende von Todes wegen nur Vermögenswerte zuwenden, die er nach dem Ableben des Erstversterbenden hinzuerworben hat, soweit sie nicht wirtschaftlich Ersatz oder Ertrag des beim ersten Erbfall vorhandenen Vermögens sind. Wurden durch solche hinzuerworbenen Vermögenswerte Verbindlichkeiten getilgt, die bereits beim Tod des Erstversterbenden vorhanden waren, dürfen auch Vermächtnisse in Höhe dieser Beträge ausgesetzt werden.
Auf Verlangen eines Schluss- oder Ersatzschlusserben ist beim Tod des Erstversterbenden ein Vermögensverzeichnis zu erstellen.

5. Nicht bedachte Pflichtteilsberechtigte[60]
Vorstehende Verfügungen werden – unbeschadet des vereinbarten Abänderungsvorbehalts – hiermit als wechselbezüglich angenommen. Sie sollen ausdrücklich auch Bestand

---

[57] Bezüglich der Erbquote für das behinderte Kind s Fn 51.
[58] Die Vorerb- und Nacherbfolge wird wegen § 2306 Abs 1 S 1 BGB angeordnet, auch im Hinblick auf (idR) vorliegende Testierunfähigkeit des (auch) geistig Behinderten.
[59] Zur Problematik des Abänderungsvorbehalts s § 2278 RdNr 13 ff, vorstehend RdNr 42; Alternative: Muster RdNr 43.
[60] Siehe hierzu Muster RdNr 42 Fn 24.

behalten, wenn beim Tod eines der Ehegatten nicht bedachte Pflichtteilsberechtigte, insbesondere aus einer Wiederverheiratung des Längerlebenden, vorhanden sein sollten. Insoweit verzichten die Beteiligten auf ihr gesetzliches Anfechtungsrecht.

III. Einseitige Verfügungen und Bestimmungen

1. Testamentsvollstreckung

a) Testamentsvollstreckung bei beiden Erbfällen

Das gemeinsame Kind ... ist wegen seiner Behinderung nicht in der Lage, seine Angelegenheiten selbst zu besorgen. Es wird daher die ihm beim jeweiligen Erbfall zugewendeten Erbteile nicht selbst verwalten können.

Sowohl der erstversterbende als auch der längerlebende Ehegatte ordnen deshalb hinsichtlich des ... jeweils zufallenden Erbteils

Testamentsvollstreckung

in Form einer Dauertestamentsvollstreckung gemäß § 2209 BGB an.

b) Person des Testamentsvollstreckers[61]

(1) Zum Testamentsvollstrecker wird ernannt:
– beim Tod des Erstversterbenden der längerlebende Ehegatte,
– beim Schlusserbfall ...

(2) Der jeweilige Testamentsvollstrecker wird ermächtigt, jederzeit einen Nachfolger zu benennen. Kann oder will er dies nicht, soll der Nachfolger gemäß § 2200 BGB durch das Nachlassgericht ernannt werden. Das gleich gilt, wenn der Testamentsvollstrecker sein Amt nicht antreten kann oder will.

(3) Das Amt des für den ersten Sterbefall eingesetzten Testamentsvollstreckers endet mit dem Schlusserbfall. An seine Stelle tritt der für den Schlusserbfall eingesetzte Testamentsvollstrecker, der dann die Miterbenanteile von ... am Nachlass beider Elternteile verwaltet.

c) Aufgaben und Befugnisse des Testamentsvollstreckers

(1) Solange die jeweilige Erbengemeinschaft besteht, nimmt der Testamentsvollstrecker die ... zustehenden Rechte als Miterbe wahr und verwaltet den Nachlass gemeinsam mit den weiteren Miterben. Er ist von den Beschränkungen des § 181 BGB ausdrücklich befreit.

(2) Der Testamentsvollstrecker darf nicht über den Erbteil als solchen verfügen, jedoch bei einer Auseinandersetzung der Erbengemeinschaft mitwirken.

(3) Nach erfolgter Erbauseinandersetzung setzt sich die Testamentsvollstreckung an den Vermögenswerten fort, die ... bei der Nachlassteilung zugefallen sind.

(4) Gemäß § 2216 Abs 2 BGB wird der jeweilige Testamentsvollstrecker verbindlich angewiesen, die ... gebührenden jährlichen Reinerträgnisse des Nachlasses ausschließlich in folgender Form zuzuwenden[62]:
– Geschenke zum Geburtstag und Namenstag von ..., zu Weihnachten, Ostern und Pfingsten;
– Zuwendungen zur Befriedigung von individuellen Bedürfnissen geistiger und künstlerischer Art sowie in Bezug auf die Freizeitgestaltung, insbesondere Hobbies;

---

[61] Wenn Testamentsvollstrecker und Betreuer dieselbe Person sein sollen, können Inkompatibilitätsprobleme entstehen, s BENGEL-REIMANN-REIMANN S 78 ff; allg zur Testamentsvollstreckung bei dieser Gestaltung: BENGEL-REIMANN-MAYER, Handbuch der Testamentsvollstreckung, S 248.

[62] Der nachfolgende Katalog umfasst weitgehend nur solche Positionen, die regelmäßig geschütztes Vermögen iS des § 88 BSHG darstellen und die »Lebensqualität« des Behinderten erhöhen.

- Finanzierung von Freizeiten und Urlaubsaufenthalten, einschließlich der dafür notwendigen Materialien und Ausstattungsgegenstände, und ggf Bezahlung einer erforderlichen, geeigneten Begleitperson;
- Aufwendungen für Besuche bei Verwandte und Freunden;
- Aufwendungen für ärztliche Behandlungen, Heilbehandlungen, Therapien und Medikamente, die von der Krankenkasse nicht (vollständig) gezahlt werden, zB Brille, Zahnersatz usw;
- Anschaffung von Hilfsmitteln und Ausstattungsgegenständen, die von der Krankenkasse nicht (vollständig) bezahlt werden;
dabei sollen die Hilfsmittel von der Qualität so bemessen und ausgewählt werden, dass sie dem Kind optimal dienlich sind;
- Aufwendungen für zusätzliche Betreuung, zB bei Spaziergängen, Theater- und Konzertbesuchen, Einkäufen und ähnliches, entsprechend den Wünschen des Kindes;
- Aufwendungen für Güter des persönlichen Bedarfs des Kindes, zB (modische) Kleidung oder Einrichtung seines Zimmers;
- Geldzuwendungen, die jedoch, wenn ... erstattungspflichtige Sozialleistungen in Anspruch nimmt, den Rahmen dessen nicht übersteigen dürfen, was ... nach den einschlägigen Bestimmungen maximal zur freien Verfügung haben darf;

(5) Der Testamentsvollstrecker wird ausdrücklich angewiesen, auf die Bedürfnisse und – soweit möglich – auf die Wünsche von ... einzugehen.

(6) Der Testamentsvollstrecker entscheidet nach billigem Ermessen, welche Teile des jährlichen Reinertrages er für die einzelnen oben genannten Leistungen verwendet.

(7) Soweit die jährlichen Reinerträge nicht in voller Höhe in der oben bezeichneten Weise verwendet worden sind, hat sie der Testamentsvollstrecker gewinnbringend anzulegen.

(8) Für nach obigen Grundsätzen geplante größere Anschaffungen oder Reisen sind vorab Rücklagen zu bilden.

(9) Im Übrigen gelten für die Testamentsvollstreckung die gesetzlichen Vorschriften.

d) Vergütung

Einem durch das Nachlassgericht ausgewählten Testamentsvollstrecker, der nicht zum Kreis der vorbezeichneten Erben oder Ersatzerben gehört, ist eine Vergütung nach der Tabelle von ECKELSKEMPER (bei BENGEL-REIMANN, Handbuch der Testamentsvollstreckung) zu gewähren. Andere Personen haben nur Anspruch auf Aufwendungsersatz gemäß § 2218 BGB, wobei jedoch Tätigkeiten im jeweiligen Beruf oder Gewerbe des Testamentsvollstreckers gesondert zu vergüten sind.

Die Kosten der Testamentsvollstreckung trägt ...

2. Betreuer
Die Ehegatten regen an, nach dem Ableben des Längerlebenden ... zum
Betreuer
von ... zu bestellen.

3. Benennung eines Vormundes
Sollte beim Ableben des Längerlebenden eines der gemeinsamen Kinder noch minderjährig sein, benennt der Längerlebende hiermit gemäß § 1777 Abs 3 BGB als Vormund ...

IV. Belehrungen[63]

---

[63] Siehe Muster RdNr 13.

## 8. Verfügungsunterlassungsvertrag in Verbindung mit Erbvertrag     80

In Verbindung mit dem vorstehenden Erbvertrag schließen wir, die Ehegatten einerseits ... und Frl ... andererseits, folgenden schuldrechtlichen
Verfügungsunterlassungsvertrag
gemäß § 137 Satz 2 BGB:
Wir, die Ehegatten ... verpflichten uns gegenüber unserer Tochter ... zu unseren Lebzeiten bzw zu Lebzeiten des Längstlebenden von uns nicht über den im vorstehend niedergelegten Erbvertrag genannten Grundbesitz oder über Teile hiervon zu verfügen.
Unter den Begriff »Verfügen« fällt auch eine Belastung des Grundbesitzes in den Abteilungen II und III des Grundbuches, es sei denn, es handelt sich um Dienstbarkeiten oder Reallasten für öffentliche Versorgungsträger oder um solche Rechte aus baurechtlicher oder nachbarrechtlichen Gründen.
Eine Ausnahme, also das Recht, gleichwohl zu verfügen, wird dem jeweiligen Verpflichteten gestattet, ohne dass eine Zustimmung der Begünstigten erforderlich wäre:
a) bei Vorliegen einer objektiven Notlage beim Verpflichteten oder seinem Ehegatten oder beim Vorliegen einer Notlage bei Abkömmlingen des Verpflichteten, bei letzteren, also bei Abkömmlingen, jedoch nur, wenn die Erlöse oder Valuten ausschließlich zur Beseitigung der Notlage verwendet werden, wobei eine Notlage beim Verpflichteten zumindest dann vorliegt, wenn seine Nettoeinkünfte (alle Einkunftsarten) nicht mindestens monatlich dem jeweiligen Grundgehaltssatz eines Bundesbeamten der Besoldungsgruppe A ..., 1. Dienstaltersstufe, ohne Zuschläge, entsprechen;
b) wenn das Surrogat oder der Erlös bzw die Valuten ausschließlich für substanzerhaltende oder wertverbessernde Maßnahmen verwendet werden oder aus sinnvollen wirtschaftlichen Erwägungen, insbesondere im Hinblick auf nachhaltige Rentabilität und nachhaltiger Ertragskraft ohne Umschichtung des Vermögens oder von Teilen des Vermögens, angezeigt ist.
Den Beteiligten ist bekannt, dass ein Verstoß gegen den vorstehenden Verfügungsunterlassungsvertrag, also eine unberechtigte Verfügung des Verpflichteten, einen schuldrechtlichen Anspruch der Begünstigten gegen den jeweiligen Verpflichteten auf Wiederherstellung des vertragsmäßigen Zustandes, also beispielsweise auf Rückholung des Eigentums am Grundbesitz, auslöst, und zwar nicht nur als Schadensersatzanspruch bei Verschulden, sondern ohne Verschuldensvoraussetzung als Erfüllungsanspruch.

## 9. Gegenständlich beschränkter Pflichtteilsverzicht[64]    81

Die heute miterschienene Tochter der Übergeber, Frau ..., hat bereits anlässlich ihrer Verehelichung nach und nach insgesamt den Betrag von ca 10.000,00 € erhalten.

---

[64] Ein gegenständlich beschränkter Pflichtteilsverzicht empfiehlt sich insbesondere bei Übergaben und gemischten Schenkungen (mit oder ohne Hinauszahlungsverpflichtungen zugunsten der Geschwister des Übernehmers). Die Zulässigkeit des gegenständlich beschränkten Pflichtteilsverzichtes ist nicht unumstritten, aber zu bejahen, da im Prinzip nur auf eine Geldforderung verzichtet wird, und zwar insoweit, als das betreffende Objekt für die Berechnung der Höhe des Pflichtteilsanspruches herangezogen wird (so COING JZ 1960, 209; FETTE NJW 1970, 743; CREMER MittRhNotK 1978, 169; WEIRICH DNotZ 1986, 5; aA KRETSCHMER JW 1914, 1123; HARBER ZBIFG 15, 1). Die Rechtsprechung hat zu den Fragen noch keine Stellung genommen. Im Gegensatz zum gegenständlich beschränkten Pflichtteilsverzicht ist ein gegenständlich beschränkter Erbverzicht unzulässig. Dieser ist mit dem Wesen des Erbrechts als Gesamtrechtsnachfolge nicht vereinbar (hM, vgl COING JZ 1960, 210; KG JFG 15, 98).

Formulare

Da sich der Übernehmer mit dieser Urkunde verpflichtet hat, an seine beiden anderen Geschwister ... und ... je den Betrag von 100.000,00 € hinauszuzahlen, sollen mit der heutigen Urkunde sämtliche Kinder der Ehegatten ... und ... hinsichtlich von Vorempfängen gleichgestellt sein und im Falle gesetzlicher Erbfolge zu keinerlei Ausgleich verpflichtet werden.
Herr ..., Frau ... und ... erklären sich mit der heute erfolgten Übergabe an ... ausdrücklich einverstanden.
Sie verzichten hiermit – aber nur soweit das unter Abschnitt I aufgeführte Grundstück in Frage steht –
a) auf das Pflichtteilsrecht und/oder Pflichtteilsergänzungsansprüche gegen den Nachlass ihrer Eltern,
b) und auf die Geltendmachung von Pflichtteilsergänzungsansprüchen gegen ihren Bruder ... (§ 311b Abs 5 BGB). Die Wirkung des Verzichtes erstreckt sich auch auf die Abkömmlinge der Verzichtenden. Die Eltern, Herr ... und Frau ..., sowie der Übernehmer, Herr ..., nehmen vorstehende Verzichtserklärungen an.
Für das ihren Eltern verbleibende Vermögen behalten sich die Verpflichtenden alle ihre gesetzlichen Ansprüche vor.

## 82  10. Pflichtteilsverzicht der Kinder für den 1. Sterbefall bei Ehegatten

I. Pflichtteilsverzicht[65]

... und ... erklären:
Wir verzichten hiermit für uns und unsere Abkömmlinge auf unser gesetzliches Pflichtteilsrecht am Nachlass des erstversterbenden Elternteils.
Dieser Verzicht erfolgt unter der Bedingung, dass die Ehe der Eltern nicht geschieden wird bzw dass im Zeitpunkt des 1. Sterbefalls nicht die Voraussetzungen des § 1933 BGB vorliegen und unsere Eltern sich gegenseitig allein beerben.[66]
Unser gesetzliches Erbrecht ist durch den vorstehenden Verzicht nicht berührt.
Die Ehegatten ... erklären:
Wir nehmen die vorstehenden Verzichte hiermit an.

II. Gegenleistungen
Für die vorstehenden Verzichte wird keine Gegenleistung vereinbart.

III. Belehrungen
Wir wurden darauf hingewiesen, dass aufgrund des vorstehenden Verzichts der jeweils Verzichtende und seine Abkömmlinge zwar ein gesetzliches Erbrecht, aber kein Pflichtteilsrecht am Nachlass des erstversterbenden Elternteils haben.

---

[65] Dem Pflichtteilsverzicht beim 1. Sterbefall kommt große Bedeutung vor allem dann zu, wenn die Schlusserbfolge für den Überlebenden bindend wird oder beim 1. Sterbefall Vor- und Nacherbfolge angeordnet wird. Denn das Pflichtteilsverlangen eines beim 1. Sterbefall übergangenen Kindes führt dann zur Bevorzugung dessen Stammes (weil die Abkömmlinge entweder zufolge ausdrücklicher Ersatzberufung oder über die Vermutung des § 2069 BGB nachrücken).

Alternativ, also wenn kein Pflichtteilsverzicht erreichbar ist, ist bei Vor- und Nacherbfolge mit Bedingungen zu arbeiten.
[66] Ohne diese Bedingung würde bei Ehescheidung der Erstversterbende über § 2077 BGB bei Erbverträgen wieder frei verfügungsbefugt mit der Konsequenz, dass der Verzichtende erhebliche, nicht gewollte Vermögenseinbußen erleiden kann. Gleiches gilt beim gemeinschaftlichen Testament wegen der Widerrufsmöglichkeit (§ 2271 BGB).

## 11. Vertrag unter künftigen Erben, Verzicht auf Geltendmachung des Pflichtteils   83

I. Mit Urkunde des amtierenden Notars vom heutigen Tage, Urk Rolle Nr ... haben Herr ... und Frau ... ihr gesamtes landwirtschaftliches Anwesen ... vorgetragen im Grundbuch des Amtsgerichts ... an ihre Tochter ... zu Eigentum übergeben. Hiervon nehmen die übrigen anwesenden Kinder Kenntnis.
...
III. Die anwesenden Geschwister der Erwerberin ..., erklären folgendes:
Als künftige Pflichtteilsberechtigte an den dereinstigen Nachlässen unseres Vaters ... und unserer Mutter ... verpflichteten wir uns hiermit heute schon gegenüber unserer Schwester, der Erwerberin und bei deren Vorableben ihren Kindern als künftige gesetzliche Erben nach ... und nach ... unsere Pflichtteilsansprüche an den beiden elterlichen Nachlässen gegenüber der Erwerberin dereinst nicht geltend zu machen. Sollten wir Miterben oder Erben unserer oben genannten Eltern werden, verpflichten wir uns, unseren Erbteil an den Nachlässen unseres Vaters ... und ... auf unsere genannte Schwester ... bzw bei deren Vorableben auf deren Kinder zu gleichen Stammanteilen mit sofortiger dinglicher Wirkung zu übertragen.
Die Erwerberin im eigenen Namen und sie und ihr Ehemann ... nehmen die vorstehenden Erklärungen hiermit an. Sie verzichten auf jegliche Gewährschaft.

## 12. Zuwendungsverzicht   84

Besteht eine ausdrückliche oder zumindest gesetzliche Ersatzerbenberufung, dann ist die Wirksamkeit eines Zuwendungsverzichts äußerst problematisch, da nach hM ein solcher nicht gegen die Ersatzberufenen wirkt.[67] Hier kann man versuchen, mit Hilfs- und Ersatzlösungen zu arbeiten.

Zuwendungsverzicht, hilfsweiser Vertrag unter künftigen Erben (Urkundeneingang, Protokollform)

Es erscheinen
Frau Maria M

ihr Sohn Herbert M und dessen volljährige Kinder A und B
ihre Tochter Tatjana T, die durch die nachstehende Regelung begünstigt werden soll.

1. Die Ehegatten Franz und Maria M haben zu Erbvertragsurkunde des Notars ... vom ... URNr ... sich gegenseitig zu Erben eingesetzt und als Schlusserben ihren Sohn Herbert M und die Tochter Tatjana T je zur Hälfte durch erbvertragsmäßige Verfügung berufen. Als Ersatzschlusserben für den Sohn Herbert M wurden dessen Abkömmlinge bestimmt. Dies sind zur Zeit nur dessen Kinder A und B. Ein Änderungsvorbehalt wurde nicht vereinbart. Herr Franz M ist verstorben. Die Ehegatten Franz und Maria M haben nur diese beiden Kinder Herbert M und Tatjana T.

2. Herr Herbert M verzichtet hiermit gegenüber seiner Mutter Maria M im Wege eines Zuwendungsverzichts auf das ihm aus dem genannten Erbvertrag zustehende Erbrecht. Des weiteren verzichten hiermit die als seine Ersatzschlusserben berufenen A und B gleichfalls gegenüber ihrer Großmutter Maria M auf das ihnen in dem genannten Erbvertrag zugewandte Erbrecht.

3. Vorstehende Verzichte beziehen sich ausschließlich auf die genannten, erbvertraglichen Zuwendungen. Sie erstrecken sich ausdrücklich nicht auf das gesetzliche Erb- und Pflichtteilsrecht der Verzichtenden gegenüber.

---

[67] Eingehend System Teil D RdNr 49 ff; zur Problematik der aufschiebenden Bedingung »Erbringung der Abfindungsleistung« s System Teil D RdNr 42.

4. Jeder Verzichtende erklärt jedoch seinen Verzicht unter der aufschiebenden Bedingung,[68]
dass er erst wirksam wird, wenn die nach Ziff 6 an ihn zu erbringende Gegenleistung vollständig erbracht ist.

5. Frau Maria M nimmt diese Verzichte hiermit an.

6. (Vereinbarung über eine Gegenleistung).

7. Der amtierende Notar hat darauf hingewiesen, dass nach der einschlägigen Rechtsprechung ein Zuwendungsverzicht nicht gegenüber anderen, als Ersatzerben berufenen Abkömmlingen des Verzichtenden wirkt, und dass sich eine solche Ersatzerbenberufung auch aus der Anwendung der Auslegungsregel des § 2069 BGB ergeben kann.[69] Die Annahme einer Ersatzerbenberufung über § 2069 BGB kann jedoch ausgeschlossen sein, wenn der Verzicht gegen eine vollständige Abfindung erfolgt.
Im Hinblick darauf erklären die Beteiligten was folgt:
a) Wir sind übereinstimmend der Auffassung, dass die vorstehend vereinbarte Gegenleistung eine vollständige Abfindung und Abgeltung für das erbvertragsmäßig zugewandte Erbrecht ist.
b) Sollte einer der Ersatzschlusserben aus einem der Stämme, die heute eine Abfindung für den Zuwendungsverzicht erhalten haben, nach dem Tode der Erblasserin aus seiner Rechtsstellung als Ersatzschlusserbe heraus erfolgreich Ansprüche gegen den Nachlass geltend machen, so ist die heute für diesen Stamm vereinbarte Abfindungsleistung unverzüglich zurückzuzahlen. Macht nur einer von mehreren Ersatzberufenen aus dem betreffenden Stamm die Ansprüche geltend, so ist die Abfindungsleistung entsprechend anteilig zurückzuzahlen. Der Rückzahlungsbetrag ist dann vom heutigen Tag an mit jährlich 4% über dem jeweiligen Basiszinssatz zu verzinsen. Auf Absicherung des Rückzahlungsanspruchs durch Stellung einer selbstschuldnerischen, unbefristeten Bankbürgschaft oder ähnliches wird trotz eingehenden Hinweises des Notars verzichtet.
c) Für den Fall, dass die Rückzahlungsverpflichtung nach dem vorstehenden Abschnitt entsteht, entfällt hinsichtlich des betreffenden Stammes auch die Wirksamkeit des vorstehenden abgegebenen Zuwendungsverzichts, der insoweit unter einer auflösenden Bedingung steht. Soweit jedoch die Voraussetzungen des § 311b Abs 5 BGB vorliegen, verpflichtet sich der Sohn Herbert M, dann seinen ihm nach dem Tod der Mutter aufgrund des vorstehend genannten Erbvertrags zugefallenen Erbanteil an seine Schwester Tatjana T auf deren Kosten nach § 2033 BGB frei von Rechten Dritter zu übertragen, Zug um Zug gegen Zahlung eines Betrags durch Tatjana T, die der vorstehend vereinbarten Abfindungsleistung entspricht.
Der amtierende Notar hat auf die begrenzten Regelungsmöglichkeiten einer Vereinbarung nach § 311b Abs 5 BGB hingewiesen, und zwar sowohl hinsichtlich des Tatbestandes wie der Rechtsfolgen. Den Vertragsteilen ist insbesondere bekannt, dass eine solche Vereinbarung nur schuldrechtliche, also nicht unmittelbar übertragende Wirkung hat und damit dann nicht erfüllbar ist, wenn Herbert M nicht Erbe wird.

---

**68** Alternativ: Auflösende Bedingung, vor allem dann, wenn sich zwischen Verzicht und Fälligkeit der Gegenleistung ein längerer Zeitraum befindet. Denn die Testierfreiheit tritt erst mit Wirksamkeit des Zuwendungsverzichts ein.
**69** S eingehend dazu System Teil D RdNr 51.

## 13. Erbschaftsvertrag unter künftigen Erben[70]    85

*(Notarielle Beurkundung erforderlich)*

1. Vorbemerkung
Die Eltern Rudi und Esmeralda Rüstig haben mit gemeinschaftlichem Testament vom ... ihre drei Kinder Armin, Bertha und Cäsar je zu einem Drittel als Schlusserben eingesetzt. Rudi Rüstig ist bereits verstorben. Esmeralda Rüstig ist nicht mehr testierfähig. Armin will seinen künftigen Erbanteil an seinen Bruder Cäsar übertragen gegen Zahlung eines Abfindungsbetrags von 100.000,00 €.

2. Verpflichtung zur Erbanteilsübertragung
Armin Rüstig und Cäsar Rüstig gehen davon aus, dass sie aufgrund des oben genannten Testaments zu den dort genannten Erbquoten Erben ihrer Mutter werden. Im Hinblick darauf wird Folgendes vereinbart.[71]
Herr Armin Rüstig verpflichtet sich, an seinen Bruder Cäsar Rüstig seinen Erbanteil von ein Drittel am dereinstigen Nachlass seiner Mutter Esmeralda Rüstig frei von Rechten Dritter nach § 2033 BGB zu übertragen. Zug um Zug mit dinglicher Übertragung des Erbanteils erhält er hierfür vom Erwerber eine Gegenleistung von 100.000,00 €. Dieser Betrag ist vom heutigen Tage bis zur Leistungserbringung mit 4 % jährlich zu verzinsen. Die Zinsen sind mit der Hauptsache zur Zahlung fällig. Im Übrigen gelten für die Erbanteilsübertragung folgende Bedingungen ...

3. Sonstiges
Die Vertragsteile verpflichten sich, jeweils unverzüglich nach dem Erbfall alle erforderlichen Erklärungen und Anträge abzugeben, die zum Eintritt der vereinbarten Rechtswirkungen erforderlich sind, insbesondere die Erbanteilsabtretung beurkunden zu lassen.
Die Kosten der heutigen Urkunde und der späteren Erbanteilsabtretung einschließlich des Vollzugs trägt ...
Der amtierende Notar hat auf die begrenzten Regelungsmöglichkeiten einer Vereinbarung nach § 311b Abs 5 BGB hingewiesen, und zwar sowohl hinsichtlich des Tatbestandes wie der Rechtsfolgen. Den Vertragsteilen ist insbesondere bekannt, dass eine solche Vereinbarung nur schuldrechtliche, also nicht unmittelbar übertragende Wirkung hat und damit dann nicht erfüllbar ist, wenn Armin Rüstig nicht Erbe wird.

---

[70] Gegenstand einer Vereinbarung nach § 311b Abs 5 BGB können auch testamentarische Erbteile sein, wenn und soweit sie nur nicht über den gesetzlichen Erbteil hinausgehen (BGHZ 104, 279 = NJW 1988, 2726; STAUDINGER-WUFKA, § 312 RdNr 34). Da hier Sohn und Tochter die einzig durch den Erbvertrag Bedachten sind und sie entsprechend ihren gesetzlichen Erbquoten berufen wurden, ist eine solche Vereinbarung daher möglich. Eingehend System Teil E RdNr 233 ff.

[71] Zur Zulässigkeit der Vereinbarung nach § 311b Abs 5 BGB über einen testamentarischen Erbteil s Fn 70; zu diesen Fragen KAUFHOLD ZEV 1996, 454. Ein Vertrag mit Zuwendungen zugunsten Dritter (zB Schwiegertochter) dürfte nicht zulässig sein (KAUFHOLD, aaO, 457).

# Kommentarteil

## A. Errichtung und Aufhebung eines Testaments (§§ 2229–2264 BGB)

**Schrifttum**

ASSMANN, DOROTHEA, Erbrechtliche Prozesse zu Lebzeiten, ZZP 111 (1998), 357; BALDUS, MANFRED, Die alternative Erbenberufung, JR 1969, 179; BARTSCH, HERBERT, Die postmortale Schweigepflicht des Arztes beim Streit um die Testierfähigkeit des Patienten, NJW 2001, 861; BAUMGÄRTEL, GOTTFRIED, Handbuch der Beweislast im Privatrecht, Band 1, 2. Aufl, 1991 (zit: BAUMGÄRTEL-Bearbeiter); BAUMGÄRTEL, GOTTFRIED/LAUMEN, HANS-WILLI, Handbuch der Beweislast im Privatrecht, Band 2, 2. Aufl, 1999 (zit: BAUMGÄRTEL/LAUMEN-Bearbeiter); VON DER BECK, HEIKE, Norminhalt und Formstrenge im Recht der Nottestamente, 1995; BLUMENWITZ, DIETER, Zum Kollisionsrecht der notariellen Urkunde, DNotZ 1968, 712; BOSCHAN, Konnte der in Grimma verschüttete Brunnenbauer Thiele während seines Notstandes ein Testament errichten?, DJZ 1901, 476; BREHMER, NIKOLAUS, Die Annahme nach § 151 BGB, JuS 1994, 386; BROX, HANS, Die Bestimmung des Nacherben oder des Gegenstandes der Zuwendung durch den Vorerben, in: Festschrift für Bartholomeyczik, 1973, S 41; BROX, HANS, Erbrecht, 19. Aufl, 2001; BÜHLER, MARTIN, Anmerkung zu LG Stuttgart, Beschl v 22. 12. 1988, 2 T 157/88, BWNotZ 1989, 82; BÜHLER, MARTIN, Das Geheimhaltungsinteresse des Überlebenden bei der erstmaligen Eröffnung gemeinschaftlicher Verfügungen von Todes wegen, ZRP 1988, 59; BUMILLER, URSULA/WINKLER, KARL, Freiwillige Gerichtsbarkeit, 7. Aufl, 1999; BURKART, ERICH, Anmerkung zu OLG Hamm, Beschl v 9. 11. 1988, 15 W 198/87, DNotZ 1989, 587; BURKART, ERICH, Das eigenhändige Testament nach § 2247 BGB – Seine Problematik und seine Zukunft, in: Festschrift für v Lübtow, 1991, S 253; CANARIS, CLAUS-WILHELM, Verstöße gegen das verfassungsrechtliche Übermaßverbot im Recht der Geschäftsfähigkeit und im Schadensersatzrecht, JZ 1987, 993; CANARIS, CLAUS-WILHELM, Zur Problematik von Privatrecht und verfassungsrechtlichem Übermaßverbot, JZ 1988, 494; DAMRAU, JÜRGEN/ZIMMERMANN, WALTER, Betreuung und Vormundschaft, 2. Aufl, 1995; DE LEVE, HOLGER, Deutsch-deutsches Erbrecht nach dem Einigungsvertrag, 1995; DEMHARTER, JOHANN, Grundbuchordnung, 24. Aufl, 2002; DÖRNER, HEINRICH, Interlokales Erb- und Erbscheinsrecht nach dem Einigungsvertrag, IPRax 1991, 392; DUMOULIN, FRANZ JOSEF, Besprechung von KEIDEL/WINKLER, FGG, 10. Aufl 1972, DNotZ 1973, 53; EDENFELD, STEFAN, Die anwaltliche und notarielle Schweigepflicht nach dem Tod des Erblassers, ZEV 1997, 391; EICKMANN, DIETER, Das rechtliche Gehör in Verfahren vor dem Rechtspfleger, Rpfleger 1982, 449; ERMAN, WALTER, Bürgerliches Gesetzbuch, 10. Aufl, 2000 (zit: ERMAN-Bearbeiter); FERID, MURAD/FIRSCHING, KARL/LICHTENBERGER, PETER, Internationales Erbrecht, Stand: Mai 2002; FIRSCHING, KARL, Fragen des Testamentsrechts, DNotZ 1955, 283; FIRSCHING, KARL/GRAF, LOTHAR, Handbuch der Rechtspraxis, Nachlaßrecht, 8. Aufl, 2000; FLUME, WERNER, Allgemeiner Teil des Bürgerlichen Rechts, zweiter Band: Das Rechtsgeschäft, 4. Aufl, 1992; GABERDIEL, HEINZ, Anmerkung zu OLG Oldenburg, Beschl v 30. 3. 1965, 5 Wx 19/65, Rpfleger 1966, 265; GEIMER, REINHOLD, Anmerkung zu KG, Beschl v 14. 10. 1969, 1 AR 72/69, DNotZ 1970, 679; GEIMER, REINHOLD, Konsularisches Notariat, DNotZ 1978, 3; GROSSFELD, BERNHARD, Höchstpersönlichkeit der Erbenbestimmung und Auswahlbefugnis Dritter, JZ 1968, 113; GRUNDMANN, STEFAN, Zu Formfreiheit und Formzwang bei privatschriftlichen Testamenten, AcP 187 (1987) 429; HABSCHEID, WALTHER J, Anmerkung zu OLG Neustadt, Beschl v 23. 3. 1961, 3 W 24/61, JZ 1962, 418; HAEGELE, KARL, Das eigenhändige Testament in Rechtsprechung, Schrifttum und Praxis, JurBüro 1968, 343; HAEGELE, KARL, Einzelfragen zur Testaments-Eröffnung, Rpfleger 1968, 137; HAEGELE, KARL, Möglichkeiten und Grenzen der Bestimmung von Erben und Vermächtnisnehmern durch einen Dritten, Rpfleger 1965, 355; HAHN, CHRISTOPH, Die Auswirkungen des Betreuungsrechts auf das Erbrecht, FamRZ 1991, 27; HAPPE, K M, Schiedsgerichtsklauseln im Testament, in: Schiedsgerichtsbarkeit in gesellschaftsrechtlichen und erbrechtlichen Angelegenheiten, 1996, S 85; HARDT, MARKUS, Amtsermittlung, Parteiverhalten und Feststellungslast im Erbscheinsverfahren, 1999; HARTMANN, PETER, Kostengesetze, 31. Aufl, 2002; HELLNER, THORWALD/STEUER, STEPHAN, Bankrecht und Bankpraxis, Loseblattsammlung, Nachlieferung 53, Stand Mai 2002; HEINRICH, CHRISTIAN, Die Beweislast bei Rechtsgeschäften,

1996; HERMANN, HANS-GEORG, Hoferbenbestimmungsrecht nach § 14 III HöfeO und Erbenbenennung nach § 2065 II BGB, FamRZ 1995, 1396; HERRMANN, BURKHARD, Die Anerkennung formungültiger letztwilliger Verfügungen, 1969; HERRMANN, SABINE, Erbrecht und Nachlaßverfahren in der DDR, 1989; HESS, BURKHARD, Intertemporales Privatrecht, Tübingen 1998; HÖFER, GERHARD, Das Beurkundungsgesetz in der Praxis, JurA 1970, 740; HOHLOCH, GERHARD, Anmerkung zu OLG Hamm, Beschl v 8. 10. 1993, 15 W 74/93, JuS 1994, 710; HOHLOCH, GERHARD, Anmerkung zu BayObLG, Beschl v 28. 1. 1998, 1 Z BR 162 und 176/97, JuS 1998, 1163; HOHMANN, KLAUS, Anmerkung zu BayObLG, Beschl v 21. 2. 1996, 1 Z BR 35/96, ZEV 1996, 271; HÖLDER, E, Das eigenhändige Testament, JherJb 41 [1900], 303; HORN, NORBERT, Die heutige Auslegung des DDR-Rechts und die Anwendung des § 242 BGB auf DDR-Altverträge, DWiR 1992, 45; HÖVER, Ablieferung und Eröffnung von letztwilligen Verfügungen, DFG 1937, 133; HÜLSMANN, CHRISTOPH/BALDAMUS, ERNST-AUGUST, Ärztliche Schweigepflicht versus Informationsinteresse der Erben, ZEV 1999, 91; IVO, MALTE, Nochmals: Abschied von »Dieterle«?, DNotZ 2002, 260; JANSEN, FRIEDRICH/LÄNGRICH, GERHARD, Leitfaden des Erbrechts der DDR, 1959; JANSEN, PAUL, Anmerkung zu BayObLG, Beschl v 9. 7. 1965, 1 b Z 65, NJW 1966, 663; JAUERNIG, OTHMAR, Bürgerliches Gesetzbuch, 9. Aufl, 1999 (zit: JAUERNIG-Bearbeiter); JERSCHKE, HANS-ULRICH, Anmerkung zu BayObLG, Beschl v 11. 4. 1961, 1 Z BR 163/95, ZEV 1996, 390; JERSCHKE, HANS-ULRICH, Anmerkung zu BayObLG, Beschl v 28. 12. 1993, 1 Z BR 85/93, ZEV 1994, 303; JOHANNSEN, Die Rechtsprechung des Bundesgerichtshofes auf dem Gebiete des Erbrechts – 7. Teil: Das Testament, WM 1971, 402; KANZLEITER, RAINER, Anmerkung zu OLG Frankfurt/M, Beschl v 10. 12. 1999 – 20 W 224/97, DNotZ 2001, 149; KAPPESSER, VELTEN, Die Nottestamente des BGB, 1995; KEGEL, GERHARD, Die lachenden Doppelerben: Erbfolge beim Versagen von Urkundspersonen, in: Festschrift für Flume I, 1978, S. 545; KEIDEL, THEODOR, Anmerkung zu BGH, Urt v 19. 5. 1958, III ZR 21/57, MDR 1958, 837; KEIDEL, THEODOR/KUNTZE, JOACHIM/WINKLER, KARL, Beurkundungsgesetz, 14. Aufl, 1999 und Freiwillige Gerichtsbarkeit, 14. Aufl, 1999; KEIM, CHRISTOPH, Die höchstpersönliche Struktur der Verfügung von Todes wegen, Diss iur Berlin, 1970; KIPP, THOMAS/COING, HELMUT, Erbrecht, 14. Aufl, 1990; KLINGELHÖFFER, HANS, Testierfähigkeit und ihre Geltendmachung im Nachlaßverfahren, ZEV 1997, 92; KLUNZINGER, EUGEN, Die erbrechtliche Ermächtigung zur Auswahl des Betriebsnachfolgers durch Dritte, BB 1970, 1197; KNODEL, JOACHIM/KRONE, REINHARD, Grundsatzbestimmungen und Verfahrensregelungen für das Staatliche Notariat, NJ 1976, 165; KORINTENBERG, WERNER/LAPPE, FRIEDRICH/BENGEL, MANFRED/REIMANN, WOLFGANG, Kostenordnung, 15. Aufl, 2002; KÖSSINGER, REINHARD, Das Testament Alleinstehender, 2. Aufl, 1997; KRAMPE, CHRISTOPH, Die Konversion des Rechtsgeschäfts, 1980; KROPPENBERG, INGE, Anmerkung zu BayObLG, Beschl v 4. 2. 2000 – 1 Z BR 16/99, ZEV 2000, 365; KRUG, WALTER, Anmerkung zu OLG Hamm, Beschl v 15. 5. 2000, 15 W 476/99, FGPrax 2000, 153; KRUG, WALTER, Die Auswirkungen der ZPO-Reform 2002 auf den Erbprozess, ZEV 2002, 58; KRUSE, BRITTA, Zur Feststellung der Testierfähigkeit durch den Notar, NotBZ 2001, 405, 448; KUBUSCHOK, EGON/WEISSSTEIN, RUDOLF, Rückerstattungsrecht der Britischen und Amerikanischen Zone, 1950; LANGE, HEINRICH/KUCHINEK, KURT, Erbrecht, 4. Aufl, 2001; LANGE, RUDOLF/WULFF, HANS/LÜDTKE-HANDJERY, CHRISTIAN, Höfeordnung für die Länder Hamburg, Niedersachsen, Nordrhein-Westfalen und Schleswig-Holstein, 9. Aufl, 1991; LAPPE, FRIEDRICH, Die Entwicklung des Gerichts- und Notarkostenrechts im Jahr 1988, NJW 1989, 3254; LARENZ, KARL, Methodenlehre der Rechtswissenschaft, 6. Aufl, 1991; LEIPOLD, DIETER, Rechtsprechungsbericht Erbrecht 1995, JZ 1996, 287; LETTMANN, CHRISTIAN, Anmerkung zu OLG Hamm, Beschl v 15. 5. 2000, 15 W 476/99, MittRhNotK 2000, 345; LEIPOLD, DIETER, Anmerkung zu BGH, Beschl v 2. 12. 1998, IV ZB 19/97, LM § 138 (Cd) Nr. 30; DE LEVE, HOLGER, Sonderregelung für Verfügungen von Todes wegen in Art 235 § 2 EGBGB, Rpfleger 1996, 141; LÖSLER, THOMAS, Zur Testiermöglichkeit schreib- und sprechunfähiger Stummer, NotBZ 1999, 185; LÖSLER, THOMAS, Anmerkung zu OLG Hamm, Beschl v 15. 5. 2000, 15 W 476/99, NotBZ 2000, 270; LORITZ, KARL-GEORG, Anmerkung zu OLG Hamm, Beschl v 24. 8. 1999, 15 W 218/99, ZEV 2000, 199; VON LÜBTOW, ULRICH, Zur Lehre vom Widerruf des Testaments, NJW 1968, 1849; LUTTER, MARCUS, Anmerkung zu OLG Neustadt/W, Beschl v 23. 3. 1961, 3 W 24/61, FamRZ 1961, 543; MAYER, JÖRG, Anmerkung zu BayObLG, Beschl v 29. 11. 2000, 1 Z BR 125/00, ZEV 2001, 400; MAYER, JÖRG, Der superbefreite Vorerbe? – Möglichkeiten und Grenzen der Befreiung des Vorerben, ZEV 2000, 1; MAYER, JÖRG, Zur wirksamen Errichtung eines Nottestaments, ZEV 2002, 140; MAYER, NORBERT, Die Bestimmung des Erben durch Dritte, ZEV 1995, 247; MEYER-STOLTE, KLAUS, Anmerkung zu HansOLG, Beschl v 20. 2.

1985, 2 W 5/85, Rpfleger 1985, 195; MEYER-STOLTE, KLAUS, Anmerkung zu OLG Köln, Beschl v 23. 3. 1992, 2 Wx 8/92, Rpfleger 1992, 395; MICHEL, LOTHAR, Zulässige und unzulässige Schreibhilfe bei der Errichtung eigenhändiger Testamente, ArchKrim 162 (1978), 1; MÜLLER-FREIENFELS, WOLFRAM, Bürgerliches Recht: Der vergeßliche Rechtsanwalt, JuS 1967, 124; Münchener Kommentar zum Bürgerlichen Gesetzbuch, 2. Aufl, 1984–1990 (zit: Münch-Komm-Bearbeiter, 2. Aufl); Münchener Kommentar zum Bürgerlichen Gesetzbuch, 3. Aufl, 1992–1998 (zit: MünchKomm-Bearbeiter); Münchener Kommentar zum Bürgerlichen Gesetzbuch, 4. Aufl, 2000–2002 (zit: MünchKomm-Bearbeiter, 4. Aufl); Münchener Kommentar zur Zivilprozeßordnung, 2. Aufl, 2000/2001 (zit: MünchKomm-ZPO-Bearbeiter); MUSIELAK, HANS-JOACHIM, Anmerkung zu OLG Hamm, Beschl v 27. 6. 1991, 15 W 116/91, FamRZ 1992, 358; MUSIELAK, HANS-JOACHIM, Kommentar zur Zivilprozessordnung, 3. Aufl, 2002 (zit: MUSIELAK-Bearbeiter); NEUFFER, THOMAS, Die Anfechtung der Willenserklärung wegen Rechtsfolgeirrtums, 1991; NIEDER, HEINRICH, Testamentserrichtung äußerungsbehinderter Erblasser, ZNotP 2001, 335; OETKER, HARTMUT, Rechtsvorschriften der ehem DDR als Problem methodengerechter Gesetzesanwendung, JZ 1992, 608; OTTE, GERHARD, Anmerkung zu OLG Frankfurt/M, Beschl v 10. 12. 1999, 20 W 224/97, ZEV 2001, 318; OTTE, GERHARD, Anmerkung zu BayObLG, Beschl v 22. 2. 1999, 1 Z BR 105/98, ZEV 1999, 314; PALANDT, OTTO, Bürgerliches Gesetzbuch, 61. Aufl, 2002 (zit: PALANDT-Bearbeiter); PEISSINGER, ANDREAS, Das gemeinschaftliche Testament, Rpfleger 1995, 325; PETERS, EGBERT, Unterschrift auf dem Umschlag als Testamentsunterschrift?, in: Festschrift für Zöllner, 1999, S 1217; PFISTER, BERNHARD, In welchem Zeitpunkt muß der die Verfügung eines Nichtberechtigten Genehmigende Verfügungsmacht haben?, JZ 1969, 623; PINCKERNELLE, HARALD/SPREEN, GERD, Das Internationale Nachlaßverfahrensrecht, DNotZ 1967, 195; RAMM, THILO, Drittwirkung und Übermaßverbot, JZ 1988, 489; RASCH, W/BAYERL, R, Der Mythos vom luziden Intervall, Lebensversicherungsmedizin 1985, 2; REHM, GEBHARD, Anmerkung zu BayObLG, Beschl v 3. 8. 1993, 1 Z BR 58/93, MittBayNot 1994, 275; REIMANN, WOLFGANG, Anmerkung zu BGH, Beschl v 18. 12. 1996, IV ZB 9/96, DNotZ 1997, 469; REITHMANN, CHRISTOPH, Zur Formulierung der notariellen Urkunde, DNotZ 1973, 152; REITHMANN, CHRISTOPH, Anmerkung zu OLG Hamm, Beschl v 13. 7. 2000, 15 W 107/00, DNotZ 2001, 131; RGRK, Das Bürgerliche Gesetzbuch mit besonderer Berücksichtigung der Rechtsprechung des Reichsgerichts und des Bundesgerichtshofes, 12. Aufl, 1974–1999 (zit: RGRK-Bearbeiter); ROHLFING, HUBERTUS/MITTENZWEI, EIKE CHRISTIAN, Die verfassungsrechtliche Beurteilung des Ausschlusses von Mehrfachbehinderten von der Testierfähigkeit, FamRZ 2000, 654; ROSSAK, ERICH, Die Testierfähigkeit bzw Testiermöglichkeit Mehrfachbehinderter, ZEV 1995, 236; ROSSAK, ERICH, Kann ein schreibunfähiger Stummer ein Testament errichten?, MittBayNot 1991, 193; ROSSAK, ERICH, Folgen des verfassungswidrigen Ausschlusses Mehrfachbehinderter von jeglicher Testiermöglichkeit für die notarielle Praxis, ZEV 1999, 254; ROSSAK, ERICH Anmerkung zu BVerfG, Beschl v 19. 1. 1999, 1 BvR 2162/94, DNotZ 1999, 417; ROTH, ANDREAS, Das Datum der Testamentserrichtung – Ein Beitrag zur Feststellungslast bei möglicher Testierunfähigkeit, FamRZ 1997, 94; RÜSSMANN, HELMUT, Anmerkung zu BayObLG, Beschl v 13. 2. 1990, 1 a Z 61/89, FamRZ 1990, 803; SAILER, ANDREAS, Die Stellung der Ordensangehörigen im staatlichen Sozialversicherungs- und Vermögensrecht, 1996; SANDWEG, HANS EBERHARD, Die von Amts wegen vorzunehmenden Tätigkeiten des gemäß § 41 LFGG, BWNotZ 1979, 25; SANDWEG, HANS EBERHARD, Nachlaßsicherung und Erbenermittlung nach dem baden-württembergischen LFGG, BWNotZ 1986, 5; SCHIFFER, JAN, Erbrechtliche Gestaltung: Möglichkeiten der Schiedsgerichtsbarkeit, in: Schiedsgerichtsbarkeit in gesellschaftsrechtlichen und erbrechtlichen Angelegenheiten, 1996, S 65; SCHIPPEL, HELMUT, Das deutsche Notariat als Gegenstand europäischer Rechtssetzung, in: Festschrift für Lerche, 1993, S 499; SCHLUND, GERHARD H, Die Testamentserrichtung im Krankenhaus, ArztR 1979, 206; SCHMIDT, RUDOLF, Der Widerruf des Testaments durch Vernichtung oder Veränderung der Testamentsurkunde, MDR 1951, 321; SCHMOECKEL, MATHIAS, Anmerkung zu BGH, Beschl v 2. 12. 1998, IV ZB 19/97, JZ 1999, 517; SCHNEIDER, EGON, Problemfälle aus der Prozeßpraxis – Zwei Testamente, MDR 1990, 1086; SCHNEIDER, JOACHIM, Darf zu Lebzeiten des Erblassers Klage erhoben werden auf Feststellung, ob eine Verfügung von Todes wegen bestimmte Folgen hat?, ZEV 1996, 56; SCHOETENSACK, FRIEDRICH, Der Notar und das internationale Urkundsverfahrensrecht, DNotZ 1952, 265; SCHUBERT, W, Anmerkung zu BGH, Urt v 29. 5. 1980, IVa ZR 26/80, JR 1981, 24; SCHULTHEIS, Die Gültigkeitsdauer der gemeinschaftlichen Dorftestamente, ZBlFG 1917, 174; SCHULTZE, Über die Verwendung der Blindenschrift bei der Errichtung letztwilliger Verfügungen, DNotZ 1955, 629; SCHULZE, JÖRN-CHRISTIAN, Letztwillig eingesetzte Schiedsgerichte, MDR 2000, 314; SCHURIG, KLAUS, Ein Kollisionsrecht für das Kollisionsrecht im vereinigten Deutschland, in: Festschrift für Lorenz, 1991, S 513; SEIBT, ANGELIKA, Forensische Schriftgutachten, Einführung in Methoden und Praxis der forensischen Handschriftenuntersuchung, 1999; SENS, KARIN, Die Erbenbestimmung durch Dritte, Diss iur Marburg 1990; SEYBOLD, KARL, Anmerkung zu BGH, Urt v 21. 1. 1951, IV ZR 11/50, DNotZ 1952, 77; SEYBOLD, KARL, Welche Anforderungen sind an die Überzeugung des Notars über die Blindheit eines Beteiligten zu stellen?, DNotZ 1967, 543; SOERGEL, Bürgerliches Gesetzbuch, 12. Aufl, 1988–1999 (zit: SOERGEL-Bearbeiter); SOLOMON, DENNIS, Das Vermögensgesetz und § 25 Abs 2 Rechtsanwendungsgesetz der DDR – abgeschlossene Vorgänge und offene Fragen, IPRax 1997, 24; SONNTAG, ANSGAR, Auslegungskriterien bei sich widersprechenden Testamenten vom selben Tag, ZEV 1996, 1; STAUDINGER, JULIUS VON, Kommentar zum Bürgerlichen Gesetzbuch, 13. Bearbeitung, 1993–2002 (zit: STAUDINGER-Bearbeiter); STEIN, FRIEDRICH/JJONAS, MARTIN, Kommentar zur Zivilprozeßordnung, 20. Aufl, 1977–1991 (zit: STEIN/JONAS-Bearbeiter); STELLWAAG, CHRISTOF, Nochmals: Zwei Testamente oder: Wenn drei sich streiten, MDR 1991, 501; STUMPF, CORDULA, Postscripta im eigenhändigen Testament, FamRZ 1992, 1131; TRILSCH-ECKARDT, CONSTANZE, Das »Wechselrahmentestament«, ZEV 1996, 299; VOGELS, Anmerkung zu RG, Urt v 6. 2. 1939, IV 188/38, DR 1939, 310; VOLLKOMMER, GREGOR, Anmerkung zu BVerfG, Beschl v 19. 1. 1999 – 1 BvR 2161/94, ZEV 1999, 268; WACKE, ANDREAS, Mentalreservation und Simulation als antizipierte Kontraräkte bei formbedürftigen Geschäften, in: Festschrift für Dieter Medicus, 1999, S. 651 ff; WAGNER, FRANZ, Der Grundsatz der Selbstentscheidung bei Errichtung letztwilliger Verfügungen, 1996; WAGNER, FRANZ, Erbeinsetzung unter einer Potestativbedingung und § 2065 BGB, ZEV 1998, 255; WEIRICH, HANS-ARMIN, Das Rücknahmeverbot beim Erbvertrag – eine Fehlkonstruktion des Gesetzes, DNotZ 1997, 7; WESTERMANN, HARRY, Die Auswahl des Nachfolgers im frühzeitigen Unternehmertestament, in: Festschrift für Möhring, 1965, 183; WESTPHAL, HERBERT, Nochmals: Die beglaubigte Testamentskopie als Erbausweis im Rechtsverkehr – Schlußwort, Rpfleger 1980, 460; WETTERLING, T/NEUBAUER, H/NEUBAUER, W, Psychiatrische Gesichtspunkte zur Beurteilung der Testierfähigkeit, ZEV 1995, 46; WEYL, Testament eines Verschütteten, DJZ 1901, 501; WIESER, EBERHARD, Verstößt § 105 BGB gegen das verfassungsrechtliche Übermaßverbot?, JZ 1988, 493; WILL, MICHAEL R, Zweimalige Testamentseröffnung, DNotZ 1974, 273; WINKLER, KARL, Urkunden in Vermerkform nach dem Beurkundungsgesetz, DNotZ 1971, 140; WÜBBEN, KARL, Anmerkung zu OLG Düsseldorf, Beschl v 14. 6. 1999, 3 Wx 104/99, ZEV 2000, 30; ZAWAR, ROLF, Anmerkung zu KG, Beschl v 5. 2. 1998, 1 W 6796/95, DNotZ 1999, 685; ZIMMERMANN, HERBERT, Zweifelsfragen zum Beurkundungsgesetz, Rpfleger 1970, 189; ZIMMERMANN, REINHARD, Lachende Doppelerben? – Erbfolge und Schadensersatz bei Anwaltsverschulden, FamRZ 1980, 99; ZIMMERMANN, THEODOR, Juristische und psychiatrische Aspekte der Geschäfts- und Testierfähigkeit, BWNotZ 2000, 97; ZGB-Kommentar, Kommentar zum ZGB der DDR vom 19. Juni 1975, Berlin (Ost) 1983; ZÖLLER, RICHARD, Zivilprozessordnung, 23. Aufl, 2002 (zit: ZÖLLER-Bearbeiter).

## Übersicht

| | | |
|---|---|---|
| I. | **Regelungsgegenstand der §§ 2229–2264 und Gesetzgebungsgeschichte** | 1 |
| | 1. Regelungsgegenstand | 1 |
| | 2. Entwicklung der gesetzlichen Bestimmungen | 2 |
| | 3. Übergangsregelungen und Zeittafel | 3 |
| | 4. Zeittafel des Rechts der ehemaligen DDR | 15 |
| | 5. Übersicht über die den §§ 2229 bis 2263 BGB entsprechenden Regelungen des ZGB | 16 |
| II. | **Höchstpersönlichkeit der Testamentserrichtung** | 17 |
| | 1. Stellvertretung und Botenschaft | 17 |
| | 2. Eigenbestimmtheit des selbst geäußerten Willens | 18 |
| |    a) Grundsatz | 18 |

| | | |
|---|---|---|
| b) | Anwendungsbereich des Grundsatzes der Eigenbestimmtheit | 19 |
| c) | Einzelheiten in Bezug auf die Entscheidung über die Geltung | 20 |
| aa) | Unmittelbare Geltungsentscheidung durch Dritte | 20 |
| bb) | Entscheidung durch Schiedsrichter und Schiedsgutachter | 21 |
| cc) | Bedingungen | 22 |
| d) | Bestimmtheit hinsichtlich des Bedachten | 25 |
| aa) | Grundsätze | 25 |
| bb) | Bezeichnung des Bedachten durch Dritten | 26 |
| cc) | Form der Bezeichnung | 30 |
| dd) | Frist | 31 |
| ee) | Widerruf und Anfechtung | 32 |
| ff) | Gerichtliche Nachprüfung | 33 |
| gg) | Alternative Erbeinsetzung | 35 |
| e) | Bestimmtheit in Bezug auf den zugewendeten Gegenstand | 36 |

## I. Regelungsgegenstand der §§ 2229–2264 und Gesetzgebungsgeschichte

### 1. Regelungsgegenstand

Die Vorschriften des siebenten Titels stehen unter der Überschrift »Errichtung **1** und Aufhebung eines Testaments«. Sie tragen mit ihren Anforderungen dem Gedanken Rechnung, dass die Auswirkungen einer solchen letztwilligen Verfügung erst nach dem Tode des Verfügenden eintreten, sodass dann eine Erklärung des Verfügenden darüber ausscheidet, ob seine Erklärung Geltung erlangen soll und welchen Inhalt sie hat.

Die Regelungen über die Errichtung eines Testaments haben insofern weniger Warnfunktion – der Verfügende wird von den Folgen seiner Erklärung nicht mehr betroffen – als **Nachweisfunktion**. Sie sollen nach Möglichkeit die Selbständigkeit des Willens verbürgen und die Echtheit der Erklärung sicherstellen (BGH NJW 1981, 1900, 1901; weitergehend – Übereilungsschutz – SOERGEL-HARDER vor § 2229 RdNr 1). Bei der Auslegung der Bestimmungen ist weiterhin zu berücksichtigen, dass der Verfügende durch das Testament auf die Rechtsverhältnisse nach seinem Tode Einfluss nimmt und so von seiner als Grundrecht verbürgten Befugnis aus **Art 14 Abs 1 S 1 GG** Gebrauch macht. Die zu strenge Handhabung der Vorschriften über die Testamentserrichtung, aber auch der über die Testamentsaufhebung, berührt deshalb grundgesetzlich geschützte Positionen. Dabei steht die Testierfreiheit nicht im Dienste der bestmöglichen Regelung eines Erbfalls (so aber LANGE-KUCHINKE § 16 I), sondern umfasst – wie die Privatautonomie auch – stets die Freiheit zur Willkür (vgl BGH NJW 1999, 566, 569 = FGPrax 1999, 29, 31 [Erbunfähigkeit bei nicht ebenbürtiger Abstammung oder Ehe]; zustimmend SCHMOECKEL JZ 1999, 517; LEIPOLD LM § 138 [Cd] Nr. 30; ebenso BVerfG FamRZ 2000, 945, 946 [kein Zwang zur Gleichbehandlung der Abkömmlinge]; BVerfG NJW 2000, 2495 [Heiratsklausel]) und – in Grenzen – zur Ungerechtigkeit. Versteht man dagegen die Testierfreiheit in der genannten instrumentalisierten Weise, so wird man ihrem Charakter als Teil der Menschenwürde und als Teil der Entfaltung der Persönlichkeit und damit nicht als Mittel, sondern als Zweck nicht gerecht.

## 2. Entwicklung der gesetzlichen Bestimmungen

**2** Vor dem Hintergrund dieser Spannung zwischen der Durchsetzung der privatautonomen Gestaltung der Erbfolge einerseits und der Notwendigkeit, trotz des Todes des Erblassers Gewissheit über die Geltung und den Inhalt seines Willens zu erlangen, ist auch die **Entwicklung der gesetzlichen Regelungen** zu sehen. Im BGB wurde – entgegen den Entwürfen zu dieser Regelung (Motive Bd 5 S 257, 258; Denkschrift, S 294; Protokolle Bd 5 S 328 ff; vgl dazu HÖLDER JherJb 41 [1900], 303, 323) – das eigenhändige Privattestament zugelassen, jedoch unter strenge, von vielen später als zu streng empfundene Formvorschriften gestellt. Gleiches galt für die Nottestamente. Erklärtes Ziel des am 4. 8. 1938 in Kraft getretenen Testamentsgesetzes (TestG, RGBl I S 973; Abdruck der Begründung in DJ 1938, 1254 ff) war es deshalb, unnötige Formstrenge zu vermeiden, sofern nur eine zuverlässige Wiedergabe des Willens des Erblassers sichergestellt ist (so der Vorspruch des TestG, DJ 1938, 1254). Gesetzestechnisch geschah dies durch Kodifikation in einem eigenen Regelungswerk, durch welches unter anderem die Bestimmungen der §§ 2229–2267 BGB aufgehoben wurden (§ 50 Abs 3 Nr 1 TestG). Dabei entsprachen die Bestimmungen des TestG – bis auf die erwähnten Formerleichterungen – weitgehend den Regelungen des BGB. Das Gesetz zur Wiederherstellung der Gesetzeseinheit auf dem Gebiet des Bürgerlichen Rechts vom 5. 3. 1953 (GesEinhG, BGBl I 33, 35 ff) reinkorporierte das Recht der Testamentserrichtung in das BGB, wo diese Regelungen mit Ausnahme der Verfahrensbestimmungen in Bezug auf die gerichtliche und notarielle Beurkundung eines Testament ihren Platz behalten haben. Letztere wurden durch das Beurkundungsgesetz (BeurkG) vom 28. 8. 1969 (in Kraft seit dem 1. 1. 1970) geregelt, wobei die entsprechenden Bestimmungen des BGB und auch die des Zehnten Abschnitts des FGG aufgehoben wurden; auf die Kommentierung des BeurkG (Kommentarteil D) kann hier verwiesen werden.

## 3. Übergangsregelungen und Zeittafel

**3** Die nachfolgende Übersicht orientiert sich an dem geltenden Recht.

| BGB in der aktuellen Fassung (September 2002)[1] | BGB idF des BeurkG vom 28. 8. 1969 | BGB idF des GesEinhG vom 5. 3. 1953 | TestG vom 31. 7. 1938 | BGB idF vom 1. 1. 1900 |
|---|---|---|---|---|
| § 2064 | § 2064 | § 2064 | § 1 Abs 1 | § 2064 |
| § 2229 Abs 1, 2 | § 2229 Abs 1, 2 | § 2229 Abs 1, 2 | § 1 Abs 2, 3 | § 2229 Abs 1, 2 |
| – | § 2229 Abs 3 | § 2229 Abs 3 | § 2 Abs 1 | § 2229 Abs 3 |
| § 2229 Abs 4 | § 2229 Abs 4 | § 2229 Abs 4 | § 2 Abs 2 | – |
| – | § 2230 | § 2230 | § 3 | § 2230 |
| § 2231 | § 2231 | § 2231 | § 4 | § 2231 |

[1] Letzte sachliche Änderung der aufgeführten Vorschriften durch das Gesetz zur Änderung des Rechts der Vertretung durch Rechtsanwälte vor den Oberlandesgerichten (OLG-Vertretungsänderungsgesetz – OLG-VertrÄndG) vom 31. 7. 2002 (BGBl I 2850).

| BGB in der aktuellen Fassung (September 2002) | BGB idF des BeurkG vom 28.8.1969 | BGB idF des GesEinhG vom 5.3.1953 | TestG vom 31.7.1938 | BGB idF vom 1.1.1900 |
|---|---|---|---|---|
| § 2232[2] | § 2232 | § 2238 Abs 1, 2 | § 11 Abs 1, 2 | § 2238 Abs 1 |
| § 2233[2] | § 2233 | § 2238 Abs 3, 4; § 2243 Abs 1 | § 11 Abs 3, 4; § 17 Abs 1 S 1 | § 2238 Abs 2; § 2243 Abs 1 |
| § 2247 | § 2247 | § 2247 | § 21 | §§ 2247, 2231 Nr 2 |
| § 2248 | § 2248 | § 2248 | § 22 | § 2248 |
| § 2249 Abs 1, 2, 4 | § 2249 Abs 1, 2, 4 | § 2249 Abs 1, 2, 4 | § 23 Abs 1, 2, 4 | § 2249 |
| § 2249 Abs 3, 5, 6 | § 2249 Abs 3, 5, 6 | § 2249 Abs 3, 5, 6 | § 23 Abs 3, 5, 6 | – |
| § 2250 Abs 1, 3 | § 2250 Abs 1, 3 | § 2250 Abs 1, 3 | § 24 Abs 1, 3 | § 2250 |
| § 2250 Abs 2 | § 2250 Abs 2 | § 2250 Abs 2 | § 24 Abs 2 | – |
| § 2251 | § 2251 | § 2251 | § 25 | § 2251 |
| § 2252 | § 2252 | § 2252 | § 26 | § 2252 |
| § 2253 | § 2253 Abs 1 | § 2253 Abs 1 | § 32 Abs 1 | § 2253 Abs 1 |
| – | § 2253 Abs 2 | § 2253 Abs 2 | § 32 Abs 2 | § 2253 Abs 2 |
| § 2254 | § 2254 | § 2254 | § 33 Abs 1 | § 2254 |
| § 2255 | § 2255 | § 2255 | § 33 Abs 2 | § 2255 |
| § 2256 Abs 1 S 1, Abs 2, 3 | § 2256 Abs 1 S 1, Abs 2, 3 | § 2256 Abs 1 S 1, Abs 2, 3 | § 34 Abs 1 S 1, Abs 2, 3 | § 2256 |
| § 2256 Abs 1 S 2 | § 2256 Abs 1 S 2 | § 2256 Abs 1 S 2 | § 34 Abs 1 S 2 | – |
| § 2257 | § 2257 | § 2257 | § 35 | § 2257 |
| § 2258 | § 2258 | § 2258 | § 36 | § 2258 |
| § 2258a | § 2258a | § 2258a Abs 1, 2 Nr 2–4, Abs 3 | § 37 Abs 1, 2 Nr 2–4, Abs 3 | – |
| – | – | § 2258a Abs 2 Nr 1, Abs 4 | § 37 Abs 2 Nr 1, Abs 4 | – |
| § 2258b | § 2258b | § 2258b | § 38 | – |
| § 2259 | § 2259 | § 2259 | § 39 | § 2259 |
| § 2260 | § 2260 | § 2260 | § 40 | § 2260 |
| § 2261 | § 2261 | § 2261 | § 41 | § 2261 |
| § 2262 | § 2262 | § 2262 | § 42 | § 2262 |
| § 2263 | § 2263 | § 2263 | § 43 | § 2263 |
| § 2263a | § 2263a | § 2263a | § 46 | – |
| § 2264 | § 2264 | § 2264 | § 47 | § 2264 |

**2** Geändert durch das OLGVertrÄndG v 31.7.2002 (BGBl I 2850).

| BeurkG in der aktuellen Fassung (September 2002)[3] | BeurkG idF vom 28. 8. 1969 | BGB idF des GesEinhG vom 5. 3. 1953 | TestG vom 31. 7. 1938 | BGB idF vom 1. 1. 1900 |
|---|---|---|---|---|
| § 3 Abs 1 S 1 Nr 2, 3 | § 3 Abs 1 Nr 2, 3 | § 2234 | § 7 | § 2234 |
| § 5 Abs 1 | § 5 Abs 1 | § 2240 | § 13 Abs 1 | § 2240 |
| § 5 Abs 2 | § 5 Abs 2 | § 2245 | § 19 | § 2245 |
| § 6 Abs 1 Nr 2, 3 | § 6 Abs 1 Nr 2, 3 | § 2234 | § 7 | § 2234 |
| §§ 7, 27 | §§ 7, 27 | § 2235 | § 8 | § 2235 |
| § 8 | § 8 | § 2240 | § 13 Abs 1 | § 2240 |
| § 9 | § 9 | § 2241 | § 13 Abs 2–5 | § 2241 |
| § 10 Abs 2 | § 10 Abs 2 | § 2241a Abs 1, 2 | § 14 Abs 1, 2 | – |
| § 11 | § 11 | § 2241a Abs 3 | § 14 Abs 3 | – |
| § 13 Abs 1 | § 13 Abs 1 | § 2239 | § 12 | § 2239 |
| § 13 Abs 1 | § 13 Abs 1 | § 2242 Abs 1 | § 16 Abs 1 | § 2242 Abs 1 |
| § 13 Abs 3 | § 13 Abs 3 | § 2242 Abs 4 | § 16 Abs 4 | § 2242 Abs 3 |
| § 13 Abs 3, § 35 | § 13 Abs 3, § 35 | § 2242 Abs 4 | § 16 Abs 4 | § 2242 Abs 3 |
| §§ 16, 27 | §§ 16, 27 | § 2244 | § 18 | § 2244 |
| § 17 Abs 1, 2, 3 | § 17 | § 2241b | § 15 | – |
| § 22 Abs 2 | § 22 Abs 2 | § 2242 Abs 4 | § 16 Abs 4 | § 2242 Abs 3 |
| §§ 23, 24 | §§ 23, 24 | § 2242 Abs 2 | § 16 Abs 2 | – |
| § 24 Abs 1 S 1 bis 3[4] | § 31 | § 2243 Abs 1 S 2, Abs 2 | § 17 Abs 1 S 2, Abs 2 | § 2243 Abs 1 S 2, Abs 2 |
| § 24 Abs 1 S 4 | § 24 Abs 1 S 3 | § 2242 Abs 4 | § 16 Abs 4 | § 2242 Abs 3 |
| § 25 | § 25 | § 2242 Abs 3 | § 16 Abs 3 | § 2242 Abs 2 |
| § 26 | § 26 | § 2237 | § 10 | § 2237 |
| §§ 26, 27 | §§ 26, 27 | § 2235 | § 8 | § 2235 |
| §§ 26, 27 | §§ 26, 27 | § 2236 | § 9 | § 2236 |
| § 28 | § 28 | § 2241a Abs 3 | § 14 Abs 3 | – |
| § 29 S 2 | § 29 S 2 | § 2242 Abs 4 | § 16 Abs 4 | § 2242 Abs 3 |
| § 30 | § 30 | § 2241 Abs 1 Nr 3 Fall 2 | § 13 Abs 2 Nr 3 Fall 2 | § 2241 Nr 3 Fall 2 |

[3] Letzte sachliche Änderung der aufgeführten Vorschriften durch das Gesetz zur Änderung des Rechts der Vertretung durch Rechtsanwälte vor den Oberlandesgerichten (OLG-Vertretungsänderungsgesetz – OLG-VertrÄndG) vom 31. 7. 2002 (BGBl I 2850).
[4] Anwendbar auf letztwillige Verfügungen wegen Aufhebung des § 31 BeurkG durch das OLGVertrÄndG vom 31. 7. 2002 (BGBl I 2850) ab dem 1. 8. 2002.

A. Errichtung und Aufhebung eines Testaments | **vor § 2229 BGB** 3–5

| BeurkG in der aktuellen Fassung (September 2002)³ | BeurkG idF vom 28.8.1969 | BGB idF des GesEinhG vom 5.3.1953 | TestG vom 31.7.1938 | BGB idF vom 1.1.1900 |
|---|---|---|---|---|
| § 30 S 4, § 17 Abs 1, 2, 3 | § 30 S 4, § 17 | § 2241b | § 15 | – |
| § 31⁵ | § 31 | § 2243 Abs 1 S 2, Abs 2 | § 17 Abs 1 S 2, Abs 2 | § 2243 Abs 1 S 2, Abs 2 |
| § 32 | § 32 | § 2244 Abs 1 | § 18 Abs 1 | § 2244 Abs 1 |
| § 34 Abs 1, 2 | § 34 | § 2246 | § 20 | § 2246 |

Ist der Erblasser **vor dem 1.1.1900** verstorben, so bestimmt sich das Übergangsrecht nach Art 213 EGBGB. Dieser lautet: *Für die erbrechtlichen Verhältnisse bleiben, wenn der Erblasser vor dem In-Kraft-Treten des Bürgerlichen Gesetzbuchs gestorben ist, die bisherigen Gesetze maßgebend. Das gilt insbesondere auch von den Vorschriften über das erbschaftliche Liquidationsverfahren.* Diese Regelung bezieht sich sowohl auf die formelle als auch auf die materielle Rechtslage (KG JFG 1, 362, 364; für eine weite Auslegung des Begriffs »erbrechtliche Verhältnisse« auch RGZ 46, 70, 73; 50, 181, 186; zu Einzelheiten vgl LANGE-KUCHINKE § 3 I 2). Sie umfasst die gesamten erbrechtlichen Verhältnisse hinsichtlich der Form, des Inhalts und der Würdigung. Das gilt auch für Dauerrechtsverhältnisse oder für Regelungen, die erst nach dem Stichtag Wirkung entfalten (vgl zum Erbscheinsantrag BayObLG FamRZ 1990, 101, 102; zur Anwendung des heutigen Verfahrensrechts, soweit die Regelungen nicht mit den Besonderheiten der Bestimmungen des alten Rechts zusammenhängen, vgl LANGE-KUCHINKE § 3 I 2 Fn 1). 4

Ist der Erblasser am oder **nach dem 1.1.1900** verstorben, so trifft Art 214 EGBGB folgende Übergangsregelung: *(1) Die vor dem In-Kraft-Treten des Bürgerlichen Gesetzbuchs erfolgte Errichtung oder Aufhebung einer Verfügung von Todes wegen wird nach den bisherigen Gesetzen beurteilt, auch wenn der Erblasser nach dem In-Kraft-Treten des Bürgerlichen Gesetzbuchs stirbt. (2) Das Gleiche gilt für die Bindung des Erblassers bei einem Erbvertrag oder einem gemeinschaftlichen Testament, sofern der Erbvertrag oder das Testament vor dem In-Kraft-Treten des Bürgerlichen Gesetzbuchs errichtet worden ist.* Diese Bestimmung bezieht sich auf die **Errichtung** und die **Aufhebung von Testamenten**, nicht jedoch auf die Auslegung (vgl RGZ 79, 32, 33), die Verwahrung und die Eröffnung des Testaments. Die Frage der **Testierfähigkeit** richtet sich ebenfalls nach Art 214 EGBGB. Um zu verhindern, dass die Verfügung von Todes wegen nach Art 214 Abs 1 EGBGB wirksam ist, der Verfügende sie aber nach dem In-Kraft-Treten des BGB mangels Testierfähigkeit nicht wieder aufheben oder ändern kann, trifft Art 215 EGBGB eine Sonderregelung: *(1) Wer vor dem In-Kraft-Treten des Bürgerlichen Gesetzbuchs die Fähigkeit zur Errichtung einer Verfügung von Todes wegen erlangt und eine solche Verfügung errichtet hat, behält die Fähigkeit, auch wenn er das nach dem Bürgerlichen Gesetzbuch erforderliche Alter noch nicht erreicht hat. (2) Die Vorschriften des § 2230 des Bürgerlichen Gesetzbuchs finden auf ein Testament Anwendung, das ein nach dem In-Kraft-Treten des Bürgerlichen Gesetzbuchs gestorbener Erblasser vor diesem Zeitpunkt errichtet hat.* Nach dieser Regelung ist die privilegierende Regelung des § 2230 BGB auch für Fälle anwendbar, in denen das Testament vor dem In-Kraft-Treten des BGB errichtet wurde. Die Aufhebung des § 2230 durch 5

---

5 Aufgehoben durch das OLGVertrÄndG v 31.7.2002 (BGBl I S 2850).

das Betreuungsgesetz (BtG; 12. 9. 1990, BGBl I 2002) berührt die hier allein interessierenden Fälle der Testamentserrichtung vor dem 1. 1. 1900 nicht.

**6** Ist der Erblasser **vor dem 4. 8. 1938** gestorben, so findet das TestG in sachlicher wie in formeller Hinsicht keine Anwendung, wie sich aus § 51 Abs 1 TestG (diese Bestimmung wurde nicht aufgehoben, Zweiter Teil Art 1 Nr 6 GesEinhG) ergibt: *(1) Das Gesetz gilt nicht für Erbfälle, die sich vor seinem In-Kraft-Treten ereignet haben.* Diese Regelung gilt auch dann, wenn die Anwendung der weniger strengen Anforderungen des TestG zur Wirksamkeit einer nach bisherigem Recht unwirksamen Verfügung von Todes wegen führen würde (KG JW 1938, 3168, 3169f; so auch die amtl Begr DJ 1938, 1254, 1259).

**7** Ist der Erblasser **nach dem In-Kraft-Treten des TestG** am 4. 8. 1938 verstorben, so findet auf die Errichtung und die Aufhebung eines Testaments oder eines Erbvertrages vor dem In-Kraft-Treten des TestG das bis dahin geltende Recht des BGB Anwendung (vgl RG DR 1939, 311; auch in Bezug auf die Testierfähigkeit, vgl STAUDINGER-BAUMANN Vorbem zu §§ 2229 ff RdNr 21), sofern dessen Anforderungen an die Gültigkeit des Testaments oder Erbvertrages nicht strenger sind als die des TestG (zur Auslegung des Testaments auf dem Hintergrund der früheren Rechtslage vgl STAUDINGER-BAUMANN RdNr 22; vgl auch KGJ 22 [1901], A 52, 55). Das ergibt sich aus den Abs 2 und 3 des § 51 TestG: *(2) Die vor dem In-Kraft-Treten des Gesetzes erfolgte Errichtung oder Aufhebung eines Testaments oder Erbvertrags wird nach den bisherigen Vorschriften beurteilt, auch wenn der Erblasser nach dem In-Kraft-Treten des Gesetzes stirbt. (3) Bei Erbfällen, die sich nach dem In-Kraft-Treten des Gesetzes ereignen, sind an die Gültigkeit eines Testaments keine höheren Anforderungen zu stellen, als nach diesem Gesetz für ein Testament der betreffenden Art zulässig ist, auch wenn das Testament vor dem In-Kraft-Treten dieses Gesetzes errichtet ist. Dies gilt entsprechend für Erbverträge.*

**8** Bei Erbfällen, die am **5. 11. 1946 nicht geregelt** waren, ist die Aufhebung des Nichtigkeitsgrundes des § 48 Abs 2 TestG durch Art I Buchst a, Art II KRG 37 zu beachten (AmtsblKR Nr 11, S 220). Geregelt in diesem Sinne war ein Erbfall nur dann, wenn durch rechtskräftiges Urteil oder durch Einigung die erbrechtlichen Verhältnisse und die Ansprüche der Beteiligten am Nachlass festgestellt waren. Eine Verfügung von Todes wegen, die »in einer gesundem Volksempfinden gröblich widersprechenden Weise gegen die Rücksichten verstößt, die ein verantwortungsbewusster Erblasser gegen Familie und Volksgemeinschaft zu nehmen hat« (so der Inhalt des § 48 Abs 2 TestG), ist deshalb nur dann nichtig, wenn der Erbfall bereits vor dem 5. 11. 1946 in dem genannten Sinn geregelt war. In allen anderen Fällen tritt Heilung kraft Gesetzes ein (vgl BayObLG FGPrax 1999, 111, 112 = FamRZ 1999, 1236 = ZEV 1999, 314 m zust Anm OTTE).

**9** Das In-Kraft-Treten des GesEinhG am **1. 4. 1953** markiert in der Sache keinen Einschnitt, da es sich lediglich um eine rechtstechnische Rückführung der Regelungen des TestG in das BGB handelt. Auf eine Überleitungsvorschrift wurde verzichtet. Dabei wurde jedoch übersehen, dass die Bestimmung des § 48 Abs 3 TestG ersatzlos gestrichen wurde, derzufolge eine Verfügung von Todes wegen nichtig ist, »soweit ein anderer den Erblasser durch Ausnutzung seiner Todesnot zu ihrer Errichtung bestimmt hat«. Sofern der Erblasser vor dem 1. 4. 1953 verstorben ist, ist § 48 Abs 3 TestG anzuwenden (BGH NJW 1956, 988 [LS] = LM TestG § 48 Nr 1). Verstirbt der Erblasser erst nach dem 31. 3. 1953, so ist der Gedanke des Art 214 Abs 1 EGBGB entsprechend heranzuziehen (RGRK-KREGEL Vorbem 12 vor § 2229 BGB; wohl auch STAUDINGER-BAUMANN Vorbem zu §§ 2229 ff RdNr 23; so iE auch – Anwendung des § 48 Abs 3 TestG – LANGE-KUCHINKE § 3 I 5 Fn 24; zum Beurteilungsmaßstab vgl dort § 17 III 3), was sich daraus rechtfertigt, dass das Anstößige der Ausnutzung der Todes-

### A. Errichtung und Aufhebung eines Testaments | vor § 2229 BGB 10, 11

not sich auf die Art und Weise des Zustandekommens der Verfügung und damit auf eine Modalität der Errichtung im Sinne dieser Vorschrift bezieht. Es bleibt damit – trotz der Aufhebung der Bestimmung – bei der Nichtigkeit einer unter Verstoß gegen § 48 Abs 3 TestG errichteten Verfügung von Todes wegen.

Mit Wirkung zum **1.1.1970** sind die Regelungen des BGB, die das Verfahren der Testamentserrichtung vor dem Notar betreffen, durch das BeurkG aus dem BGB ausgegliedert worden. Im Einzelnen wird dazu auf die Kommentierung des BeurkG verwiesen. Da das BeurkG keine Übergangsregelung enthält, ist nach dem allgemeinen Rechtsgedanken des Art 214 Abs 1 EGBGB für die Fragen der Testamentserrichtung und -aufhebung, und damit auch für die diese Punkte betreffenden Regelungen des Beurkundungsverfahrens, das bis zum 31.12.1969 geltende Recht des BGB anzuwenden, wenn das Testament vor dem 1.1.1970 errichtet oder aufgehoben wurde, auch wenn sich der Erbfall erst nach dem In-Kraft-Treten des BeurkG ereignet (OLG Frankfurt/M DNotZ 1971, 498; MünchKomm-BURKART RdNr 1; SOERGEL-HARDER RdNr 8; PALANDT-EDENHOFER § 2232 RdNr 1). Soweit das BeurkG die Formanforderungen reduziert hat, kann der Fall eintreten, dass die Errichtung des Testaments oder seine Aufhebung nach den Regeln des BGB (idF bis zum 31.12.1969) unwirksam ist, während sie nach dem BeurkG wirksam wäre. Die Vorauflage (Vorbem zu §§ 2229 ff RdNr 44) wollte dann die Regelung des § 51 Abs 3 TestG entsprechend heranziehen. Danach ist in Verwirklichung des Grundsatzes »in dubio mitius« eine derartige Errichtung oder Aufhebung vor dem 1.1.1970 wirksam, wenn sie der weniger strengen Form des BeurkG genügt und der Erbfall nach dem In-Kraft-Treten des BeurkG eintritt (so auch JOHANNSEN WM 1971, 402, 405; DUMOULIN DNotZ 1973, 53, 56). Überwiegend wird heute die Gegenauffassung vertreten, derzufolge allein der Zeitpunkt der Errichtung bzw der Aufhebung entscheidend ist, ohne dass es auf den Zeitpunkt des Versterbens ankommt (STAUDINGER-BAUMANN Vorbem zu §§ 2229 ff RdNr 31; SOERGEL-HARDER Vor § 2229 RdNr 8; MünchKomm-BURKART Vor § 2229 RdNr 1). Dafür spricht nicht zuletzt der Gedanke, dass der Testator möglicherweise von dem Formmangel der Errichtung nach dem früheren Recht wusste und es bewusst unterlassen hat, ein formwirksames Testament zu errichten.

Mit dem Wirksamwerden des **Beitritts der Länder der ehemaligen DDR am 3.10.1990** gelten auch in deren Gebiet grundsätzlich die Regelungen des BGB. Das Recht der ehemaligen DDR ist nur noch über die intertemporale Regelung des Art 235 EGBGB anzuwenden. Diese unterscheidet zwischen den Fällen, in denen der Erblasser vor dem Wirksamwerden des Beitritts gestorben ist, und solchen, in welchen der Erbfall nach diesem Zeitpunkt eingetreten ist. Die Regelungen lauten: Art 235 § 1 EGBGB *Erbrechtliche Verhältnisse: (1) Für die erbrechtlichen Verhältnisse bleibt das bisherige Recht maßgebend, wenn der Erblasser vor dem Wirksamwerden des Beitritts gestorben ist. (2) Anstelle der §§ 1934a bis 1934e und 2338a des Bürgerlichen Gesetzbuchs gelten auch sonst, wenn das nichteheliche Kind vor dem Wirksamwerden des Beitritts geboren ist, die Vorschriften über das Erbrecht des ehelichen Kindes.* Durch Art 2 Erb-GleichG v 16.12.1997 (BGBl I 2968) wurde Art 235 § 1 Abs 2 EGBGB durch folgende Regelung ersetzt: *(2) Ist der Erblasser nach dem Wirksamwerden des Beitritts gestorben, so gelten in Ansehung eines nichtehelichen Kindes, das vor dem Beitritt geboren ist, die für die erbrechtlichen Verhältnisse eines ehelichen Kindes geltenden Vorschriften.* Art 235 § 2 EGBGB *Verfügungen von Todes wegen: Die Errichtung oder Aufhebung einer Verfügung von Todes wegen vor dem Wirksamwerden des Beitritts wird nach dem bisherigen Recht beurteilt, auch wenn der Erblasser nach dem Wirksamwerden des Beitritts stirbt. Dies gilt auch für die Bindung des Erblassers bei einem gemeinschaftlichen Testament, sofern das Testament vor dem Wirksamwerden des Beitritts errichtet worden ist.*

Das bisherige Recht kommt also nur dann zur Anwendung, wenn der **Erbfall vor dem 3. 10. 1990** eingetreten ist (§ 1) oder zumindest die **Verfügung von Todes wegen vor diesem Zeitpunkt errichtet** wurde (§ 2). Soweit in diesen Bestimmungen die Fortgeltung des bisherigen Rechts angeordnet wird, muss beachtet werden, dass Art 235 EGBGB lediglich die Frage der Fortgeltung des ehemaligen DDR-Rechts betrifft, jedoch keine Aussage über Fälle trifft, die ohnehin nicht nach dem Recht der ehemaligen DDR zu behandeln wären. Die Frage, welches der beiden deutschen Rechte zur Anwendung kommt, bestimmt sich nach den für die Zeit vor dem Beitritt entwickelten Regeln des – bundesdeutschen – interlokalen Kollisionsrechts (BGHZ 124, 270, 273 = NJW 1994, 582; KG FGPrax 1997, 232, 233; SOERGEL-SCHURIG Art 25 EGBGB RdNr 117 iVm RdNr 113). Die Gegenansicht, die bei Entscheidungen durch Gerichte im Gebiet der ehemaligen DDR die kollisionsrechtliche Frage der Anwendbarkeit des Rechts der DDR aus Sicht des DDR-Rechts beantworten wollte (vgl DÖRNER IPRax 1991, 392, 394; 1995, 89; DE LEVE Rpfleger 1996, 141, 142; ders, Deutsch-deutsches Erbrecht nach dem Einigungsvertrag, S 65 ff, 87 ff), hat sich angesichts der mit ihr verbundenen Rechtsungleichheit nicht durchgesetzt (vgl nur SOLOMON IPRax 1997, 24f). Die genannten, in Anlehnung an Art 25 Abs 1 EGBGB entwickelten interlokalen Grundsätze besagen, dass sich im Verhältnis der beiden deutschen Staaten das anwendbare Recht regelmäßig nach dem **gewöhnlichen Aufenthaltsort des Erblassers im Zeitpunkt des Erbfalls** bestimmt (BGHZ 124, 270, 272 = NJW 1994, 582), wobei im Einzelfall die besonders enge Verbindung des Erblassers zu der anderen deutschen Rechtsordnung eine Abweichung von dieser Regel rechtfertigen kann (STAUDINGER-RAUSCHER Art 235 § 1 RdNr 9; LANGE-KUCHINKE § 3 V 4; vgl auch [auf Schutz der Interessen der Bewohner der früheren DDR sei Rücksicht zu nehmen] SOERGEL-SCHURIG Art 25 EGBGB RdNr 117 m umfangr Nachw; vgl auch SCHURIG FS Lorenz S 512, 522). Hatte der Erblasser seinen gewöhnlichen Aufenthalt in keinem der beiden deutschen Staaten, so ist dasjenige der beiden deutschen Rechte anzuwenden, zu dem der Erblasser unter Berücksichtigung aller Umstände die engeren Beziehungen hatte (STAUDINGER-RAUSCHER Art 235 § 1 RdNr 9). Neben diesen allgemeinen Regeln zur Bestimmung des interlokal anwendbaren Rechts ist bezüglich der **Testamentsform** (ohne Einschluss der Testierfähigkeit) eine alternative Anknüpfung in Anlehnung an die Regeln des Art 26 EGBGB anerkannt (KG FGPrax 1997, 232, 233; SOERGEL-SCHURIG Art 26 EGBGB RdNr 63; DE LEVE Rpfleger 1996, 141, 144). Unter Berücksichtigung der interlokalen Besonderheiten kann sich aus dieser Regelung die Formgültigkeit einer Verfügung von Todes wegen aus dem Recht der ehemaligen DDR ergeben, wenn der Erblasser entweder im Gebiet der ehemaligen DDR letztwillig verfügt hat, wenn der Erblasser zum Zeitpunkt seiner Verfügung oder zum Zeitpunkt seines Todes seinen Wohnsitz oder seinen gewöhnlichen Aufenthalt im Gebiet der ehemaligen DDR hatte oder wenn sich beim Erbfall unbewegliches Vermögen des Erblassers im Gebiet der ehemaligen DDR befindet, dann jedoch beschränkt auf dieses unbewegliche Vermögen (vgl MünchKomm-LEIPOLD ErgBand zur 2. Aufl Einigungsvertrag RdNr 706). Hinsichtlich der Frage der **Testierfähigkeit** bleibt es bei der oben erwähnten Anknüpfung in Anlehnung an Art 25 EGBGB, wobei das Fortbestehen der Testierfähigkeit in entsprechender Anwendung des Art 26 Abs 5 S 2 EGBGB zu beachten ist (DE LEVE Rpfleger 1996, 141, 144).

**12** Gilt nach diesen Grundsätzen für **Erbfälle vor dem 3. 10. 1990** das Recht der ehemaligen DDR fort, so richten sich die Fragen der Testamentserrichtung, der Bestimmung des Inhalts des Testaments, der Auslegung und der materiellen Wirksamkeit nach dem Recht der ehemaligen DDR (vgl STAUDINGER-RAUSCHER Art 235 EGBGB § 1 RdNr 31, § 2 RdNr 13). Zu beachten ist dabei, dass zu dem fortgeltenden Recht der ehemaligen DDR auch das Kollisionsrecht der ehemaligen DDR mit

Ausnahme des Rechts im Verhältnis zur Bundesrepublik gehört. Soweit der Sachverhalt neben dem interlokalen auch einen internationalen Bezug aufweist, muss deshalb bei Anwendbarkeit des Rechts der ehemaligen DDR auch deren Kollisionsrecht angewendet werden. Hinsichtlich der Errichtung eines Testaments sind dabei §§ 16, 26 RAnwG und das Haager Testamentsformabkommen (ab 21. 9. 1974, GBl-DDR 1975 II Nr 2 S 40; zur Rechtslage vor diesem Zeitpunkt vgl DE LEVE S 12f) maßgebend (STAUDINGER-DÖRNER Art 236 EGBGB RdNr 64; vgl auch DE LEVE Rpfleger 1996, 141, 143). Dabei ist zu beachten, dass das Testamentsformabkommen hinsichtlich der Testierfähigkeit keine Regelung enthält; insoweit bleibt es bei § 26 RAnwG (vgl S HERRMANN S 61f).

Ist der Erblasser **nach dem Wirksamwerden des Beitritts am 3. 10. 1990 verstorben**, hat er aber eine Verfügung von Todes wegen vor diesem Zeitpunkt errichtet und wäre nach den Grundsätzen des interlokalen Rechts (vgl RdNr 11) bei einem fiktiven Erbfall im Zeitpunkt des Wirksamwerdens des Beitritts das Recht der ehemaligen DDR anzuwenden, so gilt dieses nach Maßgabe des Art 235 § 2 EGBGB fort. Diese Regelung bezieht sich allein auf die Errichtung und die Aufhebung einer Verfügung von Todes wegen einschließlich der Testierfähigkeit (DE LEVE Rpfleger 1996, 141, 142). Die Auslegung einer solchen Verfügung von Todes wegen und ihre Wirkung richten sich nach dem BGB, sofern der Erbfall nach dem Beginn des 3. 10. 1990 eingetreten ist, und zwar unabhängig davon, wann die Verfügung von Todes wegen errichtet wurde (AG Leipzig Rpfleger 1995, 22; STAUDINGER-RAUSCHER Art 235 § 2 RdNr 13; zur Ausnahme betreffend die Gleichstellung nichtehelicher Kinder vgl Art 235 § 1 Abs 2).

Soweit das **Recht der ehemaligen DDR** zur Anwendung kommt, ist es nach den vor dem Beitritt geltenden Regeln und Wertanschauungen **auszulegen**. Begrenzt wird dies durch die Regeln des ordre public (vgl STAUDINGER-RAUSCHER Art 232 § 1 RdNr 57 unter Berufung auf Art 6 Abs 1 EGBGB) bzw durch einen Regeln entsprechenden Grundsatz des intertemporalen Kollisionsrechts (BGHZ 127, 195, 204f; ausführlich zu dieser Problematik HESS S 402 ff). Für die Frage der Testamentserrichtung ist diese Grenze nur in seltenen Fällen von Interesse. Zu denken ist allenfalls daran, dass ein Notariat der ehemaligen DDR unter Verstoß gegen § 18 Abs 3 NotG ein Testament beurkundet hat, obwohl mit diesem »den Grundsätzen der sozialistischen Moral widersprechende Ziele« verfolgt wurden. Da aber bereits nach den Regeln des ZGB ein solcher Verstoß bei der Beurkundung nicht zur Formnichtigkeit des Testaments nach § 23 NotG führte, stellt sich die Frage, ob die Formnichtigkeit gegen den ordre public verstoßen würde, nicht. Sollte im umgekehrten Fall ein Notar die Beurkundung eines solchen Testaments wegen § 18 Abs 3 NotG abgelehnt haben, so stand dem Testator die Möglichkeit eines privatschriftlichen Testaments offen, sodass auch insoweit eine Korrektur nicht erforderlich ist. Weiterhin kommt ein ordre-public-Verstoß bei Anwendung der die inhaltliche Wirksamkeit, nicht die Formwirksamkeit betreffenden Vorschrift des § 373 Abs 1 ZGB in Betracht, der die Nichtigkeit einer Verfügung von Todes wegen anordnet, wenn diese inhaltlich mit den Grundsätzen sozialistischer Moral unvereinbar ist. Bei Fällen, in denen der Erblasser nach dem 3. 10. 1990 verstorben ist, ist diese Regelung ohnehin nicht anwendbar, da Art 235 § 2 EGBGB die Fortgeltung nur hinsichtlich der Testamentserrichtung anordnet (vgl RdNr 12). Bei Altfällen kann daran gedacht werden, von der Nichtigkeitsfolge dieser Bestimmung mit Rücksicht auf den ordre public abzusehen, wenn die Verfügung zwar mit den »Grundsätzen der sozialistischen Moral« unvereinbar, mit denen der guten Sitten aber vereinbar ist (für Nichtanwendung des § 373 ZGB auch DE LEVE Rpfleger 1996, 141, 145; OETKER JZ 1992, 608, 613; HORN DWiR 1992, 45, 46f).

Mit Wirkung zum **1. 1. 1992** ist das BtG (BGBl I 1990, 2002) in Kraft getreten, durch welches die Vormundschaft und die Pflegschaft über Volljährige durch die

Betreuung ersetzt wurde. Dabei wurden § 2229 geändert und §§ 2230, 2253 Abs 2 aufgehoben.

Durch die Entscheidung vom **19. 1. 1999** hat das BVerfG die Bestimmungen der §§ 2232, 2233 iVm § 31 BeurkG für mit dem Grundgesetz unvereinbar erklärt, soweit sie testierfähigen Personen, die weder schreiben noch sprechen können, die Möglichkeit der Testamentserrichtung verwehren (BVerfG NJW 1999, 1853 = ZEV 1999, 147). Das **Schuldrechtsmodernisierungsgesetz** (BGBl I 2001, 3138) hat für die Fragen der Testamentserrichtung lediglich redaktionelle Änderungen mit sich gebracht. Durch das OLGVertrÄndG (BGBl I 2002, 2850) hat der Gesetzgeber mit Wirkung zum 1. 8. 2002 bei einem notariellen Testament und beim Bürgermeistertestament auf die Mündlichkeit der Erklärung verzichtet und so allen Testierfähigen auch die Möglichkeit des Testierens eingeräumt. Zugleich wurde § 31 BeurkG aufgehoben und § 24 BeurkG geändert (näher dazu bei § 2229 RdNr 27, § 2232 RdNr 6).

### 4. Zeittafel des Rechts der ehemaligen DDR

15  Soweit das Recht der ehemaligen DDR zur Anwendung kommt, ist bei Testamenten, die vor dem 1. 1. 1976 errichtet wurden, die Übergangsregelung in § 8 EGZGB zu beachten: *(1) Die Regelung erbrechtlicher Verhältnisse bestimmt sich nach dem vor In-Kraft-Treten des Zivilgesetzbuches geltenden Recht, wenn der Erbfall vor diesem Zeitpunkt eingetreten ist. (2) Die Wirksamkeit eines Testaments bestimmt sich nach dem vor In-Kraft-Treten des Zivilgesetzbuches geltenden Recht, wenn es vor diesem Zeitpunkt errichtet wurde. Das Gleiche gilt für eine im Testament angeordnete Vor- und Nacherbfolge; die sich daraus für den Erben ergebenden Beschränkungen der Verfügungsbefugnis bestehen nicht, wenn der Erbfall nach dem In-Kraft-Treten des Zivilgesetzbuches eintritt.* Das in diesen Vorschriften erwähnte, vor dem In-Kraft-Treten des ZGB geltende Recht war grundsätzlich das des BGB, wobei zu beachten ist, dass die Regelungen des TestG im Gebiet der ehemaligen DDR nicht wieder in das BGB reinkorporiert wurden, sondern dass dort das TestG fortbestand (DE LEVE Rpfleger 1996, 141, 144f; OLG Frankfurt/M FamRZ 1993, 858, 860; vgl auch JANSEN-LÄNGRICH Leitfaden des Erbrechts der DDR, 1959). Hinsichtlich der Auslegung eines vor dem 1. 1. 1976 errichteten Testaments ist zu beachten, dass § 8 EGZGB insoweit keine Fortgeltung des alten Rechts bestimmt, sofern der Erbfall nach dem In-Kraft-Treten des ZGB eingetreten ist. Es sind deshalb die Regeln des ZGB anzuwenden (vgl [Wirkungen des Testaments] Thüringer OLG OLG-NL 1995, 8; aA LG Neubrandenburg MDR 1995, 1238), wobei die Vorstellungen des Erblassers auf dem Hintergrund des früheren Rechts interpretiert werden müssen (vgl RdNr 7).

### 5. Übersicht über die den §§ 2229 bis 2263 BGB entsprechenden Regelungen des ZGB

16  Die Regelungen des ZGB (zur Fortgeltung vgl RdNr 11 ff) werden im folgenden nur in einem Überblick dargestellt. Die Klammerzusätze weisen auf eine Kommentierung im Rahmen der entsprechenden Bestimmungen des BGB hin. An den dort erwähnten Stellen sind auch die ergänzenden Bestimmungen des Notariatsgesetzes angeführt.

§ 370 ZGB Errichtung des Testaments: *(1) Der Erblasser kann über sein Eigentum durch Testament verfügen. Er muss volljährig und handlungsfähig sein. (2) Ein Testament kann nur vom Erblasser persönlich errichtet werden. (3) Verfügt der Erblasser nicht durch Testament über sein Eigentum, tritt die gesetzliche Erbfolge ein.* [zu Abs 1 S 2 vgl § 2229 RdNr 2f, § 2233 RdNr 4]

A. Errichtung und Aufhebung eines Testaments | **vor § 2229 BGB**

§ 373 ZGB Nichtigkeit testamentarischer Verfügungen: *(1) Eine testamentarische Verfügung ist nichtig, soweit sie gegen ein in Rechtsvorschriften enthaltenes Verbot verstößt oder mit den Grundsätzen der sozialistischen Moral unvereinbar ist. (2) Ein Testament ist nichtig, wenn es gegen die Formvorschriften der §§ 383 bis 386 verstößt.* [zu Abs 1 vgl RdNr 13]

§ 383 ZGB Arten des Testaments: *(1) Ein Testament kann durch notarielle Beurkundung oder durch eigenhändige schriftliche Erklärung errichtet werden. (2) Ist in besonderen Notfällen die Errichtung eines notariellen oder eigenhändigen Testaments nicht möglich, kann das Testament durch mündliche Erklärung gegenüber 2 Zeugen errichtet werden (Nottestament).* [zu Abs 1 vgl § 2231 RdNr 2; zu Abs 2 vgl § 2250 RdNr 2]

§ 384 ZGB Notarielles Testament: *Das notarielle Testament wird dadurch errichtet, dass der Erblasser dem Notar seinen letzten Willen mündlich oder schriftlich erklärt. Hierüber ist eine Niederschrift anzufertigen. Das Testament muss vom Staatlichen Notariat in Verwahrung genommen werden.* [zu S 1 vgl § 2232 RdNr 2; zu S 2 vgl § 2258a RdNr 2, § 2258b RdNr 2]

§ 385 ZGB Eigenhändiges Testament: *Das eigenhändige Testament muss vom Erblasser handschriftlich geschrieben und unterschrieben sein; es soll Ort und Datum der Errichtung enthalten. Es kann dem Staatlichen Notariat in Verwahrung gegeben werden.* [zu S 1 vgl § 2247 RdNr 2; zu S 2 vgl § 2248 RdNr 2]

§ 386 ZGB Nottestament: *(1) Nach Errichtung eines Nottestaments (§ 383 Abs 2) ist der Inhalt der Erklärung des letzten Willens des Erblassers unverzüglich niederzuschreiben. Die Niederschrift muss Ort und Datum der Errichtung und die Unterschriften der beiden Zeugen enthalten. In der Niederschrift sollen die näheren Umstände der Errichtung des Nottestaments dargelegt werden. Sie soll dem Erblasser vorgelesen und von ihm genehmigt werden. (2) Das Nottestament soll unverzüglich dem Staatlichen Notariat in Verwahrung gegeben werden. (3) Eine Verfügung im Nottestament ist nichtig, insoweit ein Zeuge, dessen Ehegatte oder ein in gerader Linie Verwandter eines Zeugen bedacht worden ist. (4) Das Nottestament wird gegenstandslos, wenn seit seiner Errichtung 3 Monate vergangen sind und der Erblasser noch lebt. Die Frist ist gehemmt, solange der Erblasser keine Möglichkeit hat, ein notarielles oder eigenhändiges Testament zu errichten.* [vgl § 2250 RdNr 2]

§ 387 ZGB Widerruf des Testaments: *(1) Der Erblasser kann das Testament oder einzelne testamentarische Verfügungen jederzeit widerrufen. (2) Der Widerruf erfolgt durch 1. Errichtung eines Testaments, das ein früheres aufhebt oder früheren Verfügungen widerspricht; 2. Rücknahme des notariellen Testaments oder des Nottestaments aus der Verwahrung. (3) Vernichtet oder verändert der Erblasser ein eigenhändiges Testament, wird vermutet, dass das in Widerrufsabsicht erfolgt.* [zu Abs 1 vgl § 2253 RdNr 2; zu Abs 2 vgl § 2254 RdNr 2, § 2258 RdNr 2; zu Abs 3 vgl § 2255 RdNr 2]

§ 394 ZGB Ablieferungspflicht: *Ein Bürger, der ein Testament aufbewahrt oder auffindet, ist verpflichtet, es unverzüglich nach Kenntnis vom Erbfall beim Staatlichen Notariat abzuliefern.* [vgl § 2259 RdNr 2]

§ 395 ZGB Testamentseröffnung: *Ein beim Staatlichen Notariat verwahrtes oder abgeliefertes Testament wird nach Kenntnis vom Erbfall unverzüglich durch das Staatliche Notariat eröffnet.* [vgl § 2060 RdNr 2]

## II. Höchstpersönlichkeit der Testamentserrichtung

### 1. Stellvertretung und Botenschaft

Der Erblasser kann nach § 2064 ein Testament nur **persönlich** errichten. Damit ist eine Vertretung sowohl durch gesetzliche Vertreter als auch durch Bevollmächtigte ausgeschlossen (zu der Beteiligung Dritter bei Errichtung eines notariellen Testaments durch Übergabe einer Schrift vgl § 2232 RdNr 19). Unproblematisch ist es, wenn ein wirksam errichtetes Testament durch Boten übermittelt oder in amtliche Verwahrung gegeben wird (KGJ 20 [1900], A 259, 260f; SOERGEL-LORITZ § 2064 RdNr 6). Zu der Mitwirkung eines Dritten an dem Widerruf durch Vernichtung oder Veränderung eines Testaments vgl § 2255 RdNr 10.

## 2. Eigenbestimmtheit des selbst geäußerten Willens

**18** **a) Grundsatz**
Weder § 2064 noch § 2065 schließen es aus, dass Dritte an der **Bildung des letzten Willens mitwirken** (vgl zur Beratungspflicht des Notars §§ 17, 30 S 4 BeurkG), wobei aber der Mitwirkung durch § 138 und durch § 2229 Abs 4 Grenzen gesetzt werden (vgl § 2229 RdNr 17); uU kann auch die Anfechtung des Testaments wegen Irrtums oder Drohung nach § 2078 in Betracht kommen. Nach § 2065 ist die Verfügung von Todes wegen unwirksam, wenn der Erblasser sich nicht selbst abschließend entscheidet, sondern die Entscheidung dem Dritten überlässt, ob eine letztwillige Verfügung gelten oder welchen Inhalt sie haben soll (dazu näher bei RdNr 20 ff, 25 ff; umfassend WAGNER Der Grundsatz der Selbstentscheidung bei Errichtung letztwilliger Verfügungen – eine gesetzgeberische Unentschlossenheit?, 1996).

**19** **b) Anwendungsbereich des Grundsatzes der Eigenbestimmtheit**
Die Regelung des § 2065 betrifft die Erbeinsetzung (einschließlich der Nach- und Ersatzerbenbestimmung, vgl OLG Frankfurt DNotZ 2001, 143, 144 = FamRZ 2000, 1607 = ZEV 2001, 316 [dazu bei RdNr 25]; KG OLGZ 42, 127, 128), das Vermächtnis, ein Schenkungsversprechen auf den Todesfall (§ 2301) und die Auflage (§ 2192). Bei Vermächtnis und Auflage sind jedoch weitreichende **Ausnahmen** zu beachten: Nach §§ 2151, 2152 kann der Erblasser mehrere Personen mit einem Vermächtnis in der Weise bedenken, dass der Beschwerte oder ein Dritter bestimmen soll, wer von ihnen die Zuwendung erhalten soll. Bei einem Vermächtnis kann nach § 2153 die Bestimmung der Anteile, die an die Begünstigten fallen sollen, dem Beschwerten oder einem Dritten überlassen werden. Auch Wahlvermächtnisse (§ 2154) oder Wahlauflagen (§§ 2192, 2154) sind zulässig (Gestaltungsempfehlungen dazu bei MAYER ZEV 1995, 247, 248 f). Der Erblasser kann sich auch darauf beschränken, lediglich den Zweck des Vermächtnisses (§ 2156) oder der Auflage (§§ 2192, 2156) festzulegen und die Bestimmung der Leistung dem billigen Ermessen des Beschwerten oder eines Dritten zu überlassen. Bei einer Auflage kann in diesen Fällen auch die Person, an welche zu leisten ist, vom Beschwerten oder vom Dritten bestimmt werden (§ 2193). Soweit die HöfeO anwendbar ist, kann der **Hofeigentümer** nach § 14 Abs 3 HöfeO seinem Ehegatten durch Verfügung von Todes wegen die Befugnis einräumen, den Hoferben unter den Abkömmlingen des Hofeigentümers zu bestimmen.

**c) Einzelheiten in Bezug auf die Entscheidung über die Geltung**
**20** **aa) Unmittelbare Geltungsentscheidung durch Dritte:** § 2065 Abs 1 schließt es aus, dass die Entscheidung über die Geltung einer letztwilligen Verfügung einem Dritten überlassen bleibt. Es ist deshalb aus Sicht des staatlichen Rechts ohne Bedeutung, wenn Ordensregeln bei Ordensangehörigen die Zustimmung einer zuständigen Stelle innerhalb des Ordens verlangen (vgl SAILER S 73f). Angesichts der Regelung in § 2065 Abs 1 kann es auch nicht wirksam sein, wenn unter Ehegatten der eine dem anderen in einem **gemeinschaftlichen Testament** das Recht einräumt, für den Fall seines Vorversterbens auch die letztwilligen Anordnungen des Vorverstorbenen zu ändern oder aufzuheben (RGZ 79, 32, 33f; SOERGEL-LORITZ § 2065 RdNr 8; zu den Besonderheiten der HöfeO vgl RdNr 19). Unzulässig ist auch die Bestimmung, dass der **Dritte zwischen zwei Testamenten unterschiedlichen Inhalts**

**auswählen** darf (LG Leipzig JW 1922, 629f [Auswahl durch Testamentsvollstrecker]; zum Testamentsvollstrecker als zur Auslegung berufenen Dritten vgl auch BGHZ 41, 23, 25; dazu bei RdNr 21). Ist diese Bestimmung zugleich mit der Errichtung der beiden Testamente getroffen worden, so sind beide Testamente als unwirksam anzusehen, da ihnen der unbedingte Geltungswille des Erblassers fehlt. Aber auch dann, wenn zunächst ein Testament wirksam errichtet und dem Dritten später die Möglichkeit eingeräumt wird, sich zwischen diesem und einem zweiten, erst jetzt errichteten Testament zu entscheiden, wird man beide Verfügungen von Todes wegen als unwirksam ansehen müssen, denn das zuerst errichtete Testament ist in seiner unbedingten Geltung widerrufen worden.

**bb) Entscheidung durch Schiedsrichter und Schiedsgutachter:** Unbedenklich, weil in § 1066 ZPO gesetzlich ausdrücklich vorgesehen, ist es, einen Dritten durch letztwillige Verfügung als **Schiedsrichter** einzusetzen (vgl auch RdNr 33f; vgl dazu auch SCHIFFER S 65 ff; SCHULZE MDR 2000, 314 ff). Dabei ist der Schiedsrichter mit einer im Vordringen befindlichen Ansicht befugt, zwischen den Parteien nicht nur über die Auslegung, sondern auch über die **Formwirksamkeit** und damit über die Gültigkeit einer letztwilligen Verfügung zu entscheiden, sofern diese nicht zugleich seine Einsetzung als Schiedsrichter betrifft (MUSIELAK-VOIT § 1066 ZPO RdNr 4). Aus dem zuletzt genannten Grund ist es unzulässig, den Testamentsvollstrecker als Schiedsrichter hinsichtlich der Auslegung (zur Abgrenzung zur unzulässigen Ergänzung des Testaments im Wege der »authentischen« Interpretation durch einen Dritten vgl RGZ 66, 103, 105f; KG Recht 1918 Nr 1016) des Testaments einzusetzen, sofern er damit zugleich über seine eigene Rechtsstellung entscheidet (BGHZ 41, 23, 25f; MUSIELAK-VOIT § 1066 ZPO RdNr 3). Der beurkundende Notar ist in entsprechender Anwendung der §§ 7, 27 BeurkG vom Schiedsrichteramt ausgeschlossen (KEIDEL-KUNTZE-WINKLER § 7 BeurkG RdNr 7; HAPPE S 85, 91; vgl aber auch den Diskussionsbericht, aaO, S 113f). Die Einsetzung eines Sozius verstößt nicht gegen §§ 7, 27 BeurkG (vgl [Testamentsvollstrecker] BGH ZEV 1997, 113, 114 = DNotZ 1997, 466 m zust Anm REIMANN). Wirksam ist die Einsetzung eines Dritten als **Schiedsgutachter**, und zwar auch in der Weise, dass es ihm obliegt festzustellen, ob eine Bedingung, die der Erblasser angeordnet hat, erfüllt ist (BGH WM 1970, 930, 931; OLG Stuttgart FamRZ 1998, 260, 262 = FGPrax 1997, 230, 232f; KG OLGE 43, 394; vgl auch RdNr 34).

**cc) Bedingungen:** Die Anordnung von Bedingungen stellt in der Regel die Selbstbestimmtheit des Willens des Erblassers nicht in Frage. Anders verhält es sich, wenn die Bedingung durch ihren Charakter als **Potestativbedingung** darauf angelegt ist, dem Dritten die Möglichkeit einzuräumen, nach seinem Willen über die Geltung der letztwilligen Verfügung zu entscheiden (BGHZ 15, 199, 201 = NJW 1955, 100, 101; offen gelassen in BayObLGZ 1996, 204, 229 ZEV 1997, 119, 122; vgl auch OLG Köln OLGZ 1984, 299, 301 = Rpfleger 1984, 236, 237; vgl auch [Zulässigkeit der Bedingung, dass der Bedachte den Erblasser unterhält und pflegt] BayObLG FamRZ 1997, 1242, 1243 = Rpfleger 1997, 436, 437). Räumt der Erblasser dem Dritten die Möglichkeit ein, mittelbar über die Geltung der Verfügung zu bestimmen (»A wird Alleinerbin, wenn B veranlasst ), so überlässt der Erblasser die Entscheidung diesem Dritten, sodass § 2065 Abs 1 zur Nichtigkeit der Verfügung führt. Anders verhält es sich, wenn die vom Dritten nach seinem Gutdünken herbeizuführende Bedingung einen anderen Sinn als den hat, dem Dritten die Entscheidung zu überlassen (»Wenn A mich im Alter pflegt, soll ihr Kind K mein Alleinerbe sein«; vgl auch BayObLGZ 1996, 204, 228 = ZEV 1997, 119, 121 [Abkömmling erbt, wenn die Ehe, aus welcher er stammt, dem Hausgesetz entspricht]). Dabei ist die Sicht des Erblassers maßgebend, auch wenn ihre Sinnhaftigkeit dem Beurteilenden nicht einleuchtet (vgl BGH NJW 1999, 566, 569 = FGPrax 1999, 29, 31 [Testierfreiheit rechtfertigt in den Grenzen der guten Sitten auch Willkür des Erblassers; Erbunfähigkeitsklauseln]). Die Auffassung, maßgebend sei ein Interesse des Erblassers an dem Eintritt der Bedingung (STAUDINGER-OTTE § 2065 RdNr 14), berücksichtigt nicht ausreichend, dass die Testierfreiheit auch zu Unvernünftigem berechtigt. Der Ansicht, der Erblasser müsse es rechtfertigen, warum die Erbeinsetzung von einer Potestativbedingung abhängig sei, um so sicherzustellen, dass er sich dadurch nicht nur der eigenen Entscheidung entziehe (vgl WAGNER S 130), ist dann zuzustimmen, wenn man den Begriff der Rechtfertigung nicht im Sinne einer durch Dritte nachvollziehbaren oder gar wertungsmäßig für richtig gehaltenen Begründung versteht, sondern wenn man ihn aus der Sicht des Erblassers bestimmt, der bis zur Grenze der Sittenwidrigkeit seine letztwillige Verfügung von jedem beliebigen Ereignis abhängig machen darf, solange dies nur Ausdruck seiner Selbstbestimmung ist. Letzteres setzt weder voraus, dass der Erblasser die Bedingung ausdrücklich rechtfertigt, noch dass seine Motive einem Dritten einleuchten (wohl enger WAGNER S 131f). Zur Frage, inwieweit die Person des Dritten bei zulässiger Potestativbedingung durch den Erblasser bestimmt sein muss, vgl RdNr 26.

**23** Legt man diese Kriterien zugrunde, so ist die Anordnung einer **Losentscheidung** über die Erbenstellung wirksam, denn damit unterwirft sich der Erblasser zwar dem Zufall, nicht aber dem Willen eines Dritten (RG SeuffArch 91 Nr 106 = DNotZ 1937, 509 [LS]; LANGE-KUCHINKE § 27 I 6 d; WAGNER S 90f; aA SOERGEL-LORITZ § 2065 RdNr 15). Ebenfalls unbedenklich sind **Rechtsbedingungen**, insbesondere die Bestimmung eines Ersatzerben, falls der Bedachte die Erbschaft ausschlägt, oder die Bedingung, dass der Bedachte nicht in einer bestimmten Frist ein Vermächtnis geltend macht (BGH NJW 1979, 917 [obiter dictum]). Die Einsetzung »Meine Frau soll die Wahl haben, ob sie Alleinerbin sein oder zusammen mit meiner Nichte zur Hälfte Erbin sein will« ist unter dem Blickwinkel der Potestativbedingung unbedenklich (so auch LANGE-KUCHINKE § 27 I 6 Fn 20), da es sich der Sache nach um nichts anderes handelt als um eine Ersatzerbeneinsetzung hinsichtlich der Hälfte der Erbschaft. In Betracht kommt aber eine Umgehung des § 1951 Abs 2.

**24** Für zulässig gehalten wird es auch, dass der Erblasser dem Bedachten **Modalitäten der Erbschaftsannahme** und auch eine **Frist zur Annahme** vorgibt und die Erbeinsetzung entsprechend bedingt (OLG Stuttgart OLGZ 1974, 67, 68f; SOERGEL-LORITZ § 2065 RdNr 17; STAUDINGER-OTTE § 2065 RdNr 18). Dagegen bestehen jedenfalls dann Bedenken, wenn die Frist zur Annahme kürzer ist als die vom Gesetz vorgesehene Ausschlagungsfrist (anders – da eine Kollision nicht droht – bei der Annahmefrist hinsichtlich eines Vermächtnisses vgl BGH NJW 1979, 917). Denn mit der Frist zur Ausschlagung räumt das Gesetz dem Erben eine gewisse Überlegungsfrist ein, die seinem Schutz dient und die der Erblasser nicht einseitig verkürzen kann. Im Übrigen ist zu bedenken, dass derartige Klauseln nicht unerhebliche praktische Schwierigkeiten bereiten und steuerliche Nachteile nach sich ziehen können. Denn bei der aufschiebenden Bedingung der fristgerechten Annahme fällt das Zugewendete dem Bedachten erst mit Eintritt der Bedingung an, sodass nach § 2105 die gesetzlichen Erben als Vorerben anzusehen sind (STAUDINGER-OTTE § 2065 RdNr 18). Als zulässig wird auch die Einsetzung eines Nacherben unter der (aufschiebenden oder auflösenden) **Bedingung** angesehen, dass der **Vorerbe nicht** selbst letztwillig über den Nachlass **verfügt** (RGZ 95, 278, 279; BGHZ 2, 35, 36f; KG DNotZ 1956, 195, 199; BayObLGZ 1965, 457, 463; HAEGELE Rpfleger 1965, 355, 357; ausführlich dazu WAGNER S 111 ff; vgl auch [für den Fall einer lebzeitigen Verfügung des Vorerben] OLG Hamm FamRZ 2000, 446 = NJW-RR 2000, 78 = ZEV 2000, 197 m zust Anm LORITZ). Diese Auffassung lässt sich mit der Regelung des § 2065 Abs 2 durch die Annahme vereinbaren, der Vorerbe sei für den Fall einer eigenen letztwilligen Verfügung zum Vollerben eingesetzt (vgl LANGE-KUCHINKE § 27 I 7 b; STAUDINGER-OTTE § 2065 RdNr 19 ff; SOERGEL-LORITZ § 2065 RdNr 18,

20; aA [bedingte Einsetzung als Vollerbe entspreche nicht Willen des Erblassers] MünchKomm-LEIPOLD § 2065 RdNr 10; ERMAN-M SCHMIDT § 2065 RdNr 5; einschränkend [Potestativbedingung nur bei entsprechender Rechtfertigung durch den Erblasser mit § 2065 vereinbar] WAGNER S 127 ff, insbes S 132; vgl zum Ganzen auch Systematischer Teil E RdNr 46). Der damit zum Vollerben avancierte Vorerbe verfügt somit über eigenes Vermögen. Da er damit seine eigene Rechtsnachfolge und nicht die nach dem Erblasser regelt, scheidet ein Verstoß gegen Abs 2 aus. Die weitere Frage, ob der Erblasser durch diese bedingte Verfügung es ohne Verstoß gegen § 2065 Abs 1 dem Vorerben überlassen darf, sich selbst durch eine letztwillige Verfügung vom Vorerben zum Vollerben aufzuschwingen, beantwortet sich nach den in RdNr 22 dargelegten Grundsätzen über die Zulässigkeit von Potestativbedingungen. Sie sind wirksam, wenn der Erblasser aus seiner Sicht mit der Bedingung anderes verband als nur das Verlagern der Entscheidung über die Gültigkeit seiner Verfügung auf einen Dritten. Da der Bedingungseintritt angesichts der Widerruflichkeit einer letztwilligen Verfügung bis zum Versterben des Vorerben ungewiss ist, kann ein entsprechender Nacherbenvermerk im Grundbuch erst dann gelöscht werden. Lässt sich die testamentarische Verfügung nicht in der dargelegten Weise als bedingte Vollerbeneinsetzung verstehen, sondern soll dem Vorerben die Möglichkeit eingeräumt werden, die Nacherben des Erblassers zu bestimmen, so ist dies an der Regelung des § 2065 Abs 2 zu messen, denn der Vorerbe entscheidet dann nicht über das Wirksamwerden der bedingten Einsetzung als Vollerbe, sondern greift durch seine Auswahlentscheidung selbst gestaltend in die Rechtsnachfolge nach dem Erblasser ein. Nur unter den in RdNr 25 ff ausgeführten engeren Voraussetzungen ist deshalb eine derartige Klausel wirksam. Damit ist die Bestimmung des Erblassers, für den Fall einer letztwilligen Verfügung des Vorerben seien Nacherben diejenigen, die der Vorerbe zu seinen Erben einsetze, nach Abs 2 unwirksam (OLG Frankfurt/M FamRZ 2000, 1607, 1608 = ZEV 2001, 316 = DNotZ 2001, 143, 144; SOERGEL-LORITZ § 2065 RdNr 14; für die Wirksamkeit einer solchen Klausel, da sich die Entscheidung des Vorerben nicht unmittelbar auf die Verfügung des Erblassers bezieht OTTE ZEV 2001, 318, 319; STAUDINGER-OTTE § 2065 RdNr 16; IVO DNotZ 2002, 260, 264; vgl dazu auch hier RdNr 28 und System Teil E RdNr 45), soweit nicht die Auslegung der Klausel zu einer bedingten Vollerbeneinsetzung des Vorerben führt (dazu bereits oben in dieser RdNr; vgl zu dieser Auslegung auch STAUDINGER-OTTE § 2065 RdNr 21). Die gegenteilige Ansicht lässt sich auch nicht mit der Überlegung rechtfertigen, der Erblasser könne denjenigen als Erben einsetzen, der von einem Dritten als Erbe eingesetzt werde, und deshalb müsse auch eine entsprechende Bestimmung für die Nacherbschaft wirksam sein (für die Wirksamkeit einer solchen Klausel GABERDIEL Rpfleger 1966, 265 [lediglich referierend]; STAUDINGER-OTTE § 2065 RdNr 16; vgl auch MünchKomm-LEIPOLD § 2065 RdNr 14 [eine Einschränkung des in Betracht kommenden Personenkreises fordernd]). Diese Begründung verfängt nicht, weil richtiger Ansicht nach eine derartige Klausel gerade nicht wirksam ist. Denn mit ihr überlässt der Erblasser die Regelung seiner Rechtsnachfolge der Auswahlentscheidung des Dritten, was mit § 2065 Abs 2 nicht zu vereinbaren ist (SOERGEL-LORITZ § 2065 RdNr 14; vgl auch hier RdNr 28), sofern nicht der Vorerbe anhand der vom Erblasser vorgegebenen Kriterien den Nacherben lediglich bezeichnet und deshalb ein Verstoß gegen § 2065 Abs 2 ausscheidet (näher dazu in RdNr 25 ff). Gestattet der Testator dem Vorerben die lebzeitige Verfügung über einzelne Vermögensgegenstände unter Aufhebung der Nacherbschaft, so ist dies als Vorausvermächtnis an den Vorerben unter der Bedingung einer Verfügung über den entsprechenden Gegenstand zu verstehen. Diese Regelung verstößt deshalb nicht gegen § 2065 (vgl WÜBBEN ZEV 2000, 30, 31; MAYER ZEV 2000, 1, 4f; aA [bedingtes Vorausvermächtnis nur hinsichtlich der gesamten Vorerbschaft, nicht hinsichtlich einzelner Vermögensgegenstände] OLG Hamm NJW-RR 2000, 78, 79).

### d) Bestimmtheit hinsichtlich des Bedachten

**25 aa) Grundsätze:** Die **Person des Bedachten** muss vom Erblasser in der letztwilligen Verfügung bestimmt sein, aus § 2065 Abs 2 folgt aber nicht, dass der Bedachte in der Verfügung namentlich bezeichnet sein muss. Es reicht vielmehr aus, dass die Bestimmung der Person des Bedachten oder des Gegenstandes der Zuwendung nach dem Inhalt der Verfügung unter Berücksichtigung auch außerhalb der Testamentsurkunde liegender Umstände erfolgen kann (BGHZ 15, 199, 201; BayObLGZ 1998, 167, 169; BayObLG NJW-RR 2000, 1174 = ZEV 2001, 22, 23 [Heim für körperbehinderte Kinder in München]; FamRZ 2002, 200, 201 = NJWE-FER 2001, 211 [Diakonissen in S]). So verstößt eine letztwillige Verfügung nicht gegen § 2065 Abs 2, in der die künftigen Adoptivkinder des überlebenden Ehegatten bedacht werden, auch wenn diese jetzt noch nicht benannt werden können (BayObLGZ 1965, 457 = NJW 1966, 662; BayObLGZ 1996, 204, 228 [obiter dictum]; IMMEL NJW 1966, 1222, 1223; MünchKomm-LEIPOLD § 2065 RdNr 14). Dass damit letztlich der überlebende Ehegatte die Person des Bedachten bestimmt, da er in der Auswahl der zu Adoptierenden frei ist, hindert die Wirksamkeit nicht, da die Verlagerung der Entscheidung auf den Dritten regelmäßig nicht Zweck der genannten Bedingung ist (vgl RdNr 22). Unzulässig ist es dagegen, die eigene Erbeinsetzung von der Einsetzung des Erben eines Dritten abhängig zu machen, indem man als Nacherben einsetzt, wen der Vorerbe als Erben bestimmt (OLG Frankfurt/M DNotZ 2001, 143, 144 = FamRZ 2000, 1607 = ZEV 2001, 316; kritisch OTTE ZEV 2001, 318, 319; zu den praktischen Konsequenzen und den Möglichkeiten einer Umdeutung vgl KANZLEITER DNotZ 2001, 149 ff). Der Vergleich mit der Erbeinsetzung eines Nacherben unter der Bedingung, dass der Vorerbe nicht anderweit verfügt (so OTTE ZEV 2001, 318, 319, dazu hier RdNr 24), überzeugt nicht, weil in diesem Parallelfall der Vorerbe über seinen eigenen Nachlass verfügt, während er hier den Nacherben nach dem Erblasser bestimmt und deshalb dieser die Regelung der Nacherbfolge unzulässigerweise der freien Entscheidung eines Dritten überlässt. Bei einer nicht hinreichend bestimmten Bezeichnung (Einsetzung von zehn Waisenkindern nach der Wahl des Leiters des Waisenhauses, denen jeweils 10.000 DM zugewandt werden sollten) kommt eine Auslegung als Verschaffungsvermächtnis in Betracht (BayObLG FamRZ 1998, 860, 862 = ZEV 1998, 385, 386; vgl aber auch BayObLG FamRZ 2000, 1392, 1393 = NJW-RR 2000, 1174f = ZEV 2001, 22, 23f [analoge Anwendung des § 2072]).

**26 bb) Bezeichnung des Bedachten durch Dritten:** Zweifelhaft ist, in welchem Maße der Erblasser die Benennung des Bedachten einem **Dritten** überlassen kann (vgl dazu auch Systematischer Teil E RdNr 45 ff [Geschiedenentestament], RdNr 123, 147 [Unternehmertestament]). Derartige Klauseln sind unbedenklich, wenn der Dritte nur den vom Testator gebildeten Willen auf eine bestimmte Person konkretisiert, während die Klauseln unwirksam sind, wenn der Dritte seinen eigenen Willen an die Stelle des Willens des Erblassers setzt. Bei dieser Abgrenzung kommt zunächst der **Größe des Personenkreises** besondere Bedeutung zu. So wurde eine entsprechende Klausel, die dem Dritten die Auswahl eines Hoferben aus 19 Nachkommen und Halbgeschwistern eröffnete, für unzulässig gehalten, weil angesichts dieser Vielzahl die Gefahr nahe liege, dass der Dritte nach Ermessen zwischen Personen entscheiden müsse, die die Kriterien in gleicher Weise erfüllen (OLG Hamm RdL 1961, 45; SOERGEL-LORITZ RdNr 31; STAUDINGER-OTTE § 2065 RdNr 36; vgl auch BayObLG FamRZ 2000, 1392, 1393 = NJW-RR 2000, 1174f = ZEV 2001, 22, 23). Dieses Kriterium, das bei einer wertungsbedürftigen Auswahlentscheidung des Dritten durchaus berechtigt ist, um eine hinreichend konkrete Bestimmung durch den Erblasser sicherzustellen, verdient aber nicht in jedem Fall Zustimmung. Sind die Kriterien so gefasst, dass der Erbe auch aus einem nicht näher bestimmten Personenkreis heraus eindeutig zu bestimmen ist, so ist der Einsetzung nicht wegen § 2065

Abs 2 die Wirksamkeit zu versagen (WAGNER ZEV 1998, 255, 256; aA KG ZEV 1998, 260, 261 = NJW-RR 1999, 157, 158f [Potestativbedingung, deren Erfüllung durch jeden beliebigen Dritten diesen zum Erben werden lässt, scheitere an der mangelnden Bestimmtheit des Personenkreises; richtigerweise ging es in dem Fall nicht um die Bestimmtheit des Personenkreises, sondern darum, ob die angeordnete Bedingung – Herausschneiden tätowierter Hautpartien aus dem Leichnam etc – mit der Rechts- und Werteordnung vereinbar ist]; LG Magdeburg NJWE-FER 2000, 63 = Rpfleger 1999, 493 [»Erbe soll sein, wer mich würdig neben meinen Mann und Mutter legen lässt«]; vgl auch RdNr 22 und 28).

Um dem Grundsatz der Selbstbestimmtheit (vgl RdNr 18) zu genügen, muss die letztwillige Verfügung die **Kriterien** angeben, anhand derer der Dritte den Bedachten benennen soll. Richtschnur ist dabei die Frage, ob es jeder mit der genügenden Sachkunde ausgestatteten Person möglich ist, aufgrund dieser Angaben den Bedachten zu bezeichnen, ohne dass ihr eigenes Ermessen dabei bestimmend oder mitbestimmend ist (BGHZ 15, 199, 202f; KG ZEV 1998, 182, 183 = Rpfleger 1998, 288, 290 = FamRZ 1998, 1202, 1204 = DNotZ 1999, 679 m zust Anm ZAWAR; ZEV 1998, 260, 261; BayObLG NJW-RR 2000, 1174 = ZEV 2001, 22, 23; KEIM S 108; vgl RGZ 159, 296, 299; vgl auch [Verstoß gegen § 2065 Abs 2 bei freiem Auswahlermessen innerhalb eines bezeichneten Personenkreises] OLG Hamm NJW-RR 1995, 1477, 1478; weitergehend [billiges Ermessen des Dritten] RÖTELMANN NJW 1958, 953; modifizierend [großzügige Zulassung, wenn Erblasser wegen der Unsicherheit der künftigen Entwicklung eine eigene Entscheidung noch nicht verantworten konnte] WESTERMANN FS Möhring S 183, 195f; GROSSFELD JZ 1968, 113, 120f; BROX FS Bartholomeyczik S 41, 54f; für eine analoge Anwendung des § 2151 SENS S 97 ff). So ist die Anordnung zulässig, ein Dritter solle zwischen den Mitgliedern eines überschaubaren Personenkreises den für den Betrieb eines Unternehmens oder eines landwirtschaftlichen Anwesens **am besten Geeigneten** auswählen (RGZ 159, 296, 299; BGH LM BGB § 2065 Nr 2; OLG Hamm DNotZ 1951, 369, 370; OLG Oldenburg RdL 1951, 183; VOGELS DR 1939, 310; STAUDINGER-OTTE § 2065 RdNr 35). Als unzulässig hat der BGH (BGHZ 15, 199, 203) dagegen eine Anordnung angesehen, derzufolge der Testamentsvollstrecker Vereinbarungen mit den Nacherben über den Zeitpunkt der Nacherbfolge treffen sollte, wenn die Bestimmungen des Testaments über die Nacherbschaft durch die Entwicklung der Verhältnisse unzweckmäßig und dem Grundgedanken des Testaments hinderlich geworden sind. Diese Entscheidung wird vielfach als zu streng angesehen (SOERGEL-LORITZ § 2065 RdNr 30; STAUDINGER-OTTE § 2065 RdNr 35; dem BGH folgend WAGNER S 73 ff). Der ihr zugrunde liegende Gedanke ist jedoch sachgerecht, wenn man ihn nur eng genug fasst. Denn die Entscheidung betrifft nur Fälle, in denen der Dritte nicht nur vorgegebene Kriterien durch seine Beurteilung ausfüllt, sondern in denen die Kriterien selbst von dem Dritten aus einer ihrerseits ausfüllungsbedürftigen Wertungsgrundlage entwickelt werden müssen. Indem der Verfügende auf die Zweckmäßigkeit und die Eignung seiner Verfügung verweist und deren Beurteilung dem Dritten überlässt, stellt er diese letztlich zu dessen Disposition, und gerade das ist durch § 2065 ausgeschlossen. Gibt der letztwillig Verfügende die Kriterien dagegen vor, so steht die genannte Entscheidung des BGH auch einem Kriterium nicht entgegen, das zur Ausfüllung einer wertenden Entscheidung des Dritten bedarf (zutreffend deshalb KG ZEV 1998, 182, 183 = DNotZ 1999, 679 m zust Anm ZAWAR [Aufhebung der Nacherbfolge durch Testamentsvollstrecker, wenn Vorerbe nachweist, dass er in gesicherten wirtschaftlichen Verhältnissen lebt]).

Grenzfälle sind solche, in denen die **Kriterien**, die eine das Ermessen ausschließende Entscheidung ermöglichen, zwar **nicht ausdrücklich** genannt werden, sich aber aus der Zielsetzung des Testaments ergeben. So wurde bei einem Testament, das offenkundig die Aufrechterhaltung eines landwirtschaftlichen Anwesens bezweckte, angenommen, dass der Hoferbe nach den Kriterien zu bestimmen ist, die ein Bauer bei der Auswahl des Hoferben unter seinen Kindern anzuwenden pflegt (OLG Celle RdL 1953, 211, 212). Auf der anderen Seite kann es nicht zulässig sein, ein Testament, welches dem Dritten die Entscheidung über den Bedachten überlässt, durch Kriterien anzureichern, die zwar der Lebenserfahrung entsprechen, die aber gerade nicht vom Erblasser vorgegeben wurden. So kann nicht ohne weiteres davon ausgegangen werden, der Erblasser erwarte von dem Dritten, der zwischen zwei Personen auswählen soll, dass er die Auswahl nach Eignung und Würdigkeit trifft (so OLG Hamm DNotZ 1951, 369, 370; wie hier SOERGEL-LORITZ § 2065 RdNr 31; STAUDINGER-OTTE § 2065 RdNr 36), denn in Betracht kommt ebenso eine Auswahlentscheidung nach dem Kriterium der Bedürftigkeit oder danach, wer sich intensiver um die Person des Erblassers gekümmert hat. Wird dagegen in der letztwilligen Verfügung über die Hofnachfolge angeordnet, die Person des Bedachten sei nach der Eignung in Bezug auf Neigung, allgemeine Fähigkeiten und Charaktereigenschaften zu bezeichnen, so ist dies als zulässig anzusehen, denn diese Kriterien sind zwar als solche wenig bestimmt, sie sind aber doch im Hinblick auf die Zielrichtung der Hoferhaltung präzisierbar, ohne dass das Ermessen des Dritten an die Stelle der Entscheidung des Erblassers tritt (OLG Celle NJW 1958, 953; OLG Köln FamRZ 1995, 57, 58; HERMANN FamRZ 1995, 1396, 1398f; aA OLG Celle RdL 1955, 137, 138). Aus diesem Grund sollte – auch außerhalb des Rechts der Hofnachfolge – die Anordnung, der Dritte (oder das Nachlassgericht) solle denjenigen als Erben bestimmen, der den Erblasser im Alter unterstützt und gepflegt hat, als wirksam angesehen werden (OLG Frankfurt/M DNotZ 1996, 56, 58 = NJW-RR 1995, 711, zustimmend LEIPOLD JZ 1996, 287, 290; HAEGELE Rpfleger 1965, 355, 357; aA OLG Dresden NJW 1949, 346; zurückhaltend auch BayObLG FamRZ 1991, 610 ["Person, die mir beisteht"]; FamRZ 1992, 987 [wer die Beerdigung organisiert etc]; anders auch [da Personenkreis nicht abgegrenzt] KG ZEV 1998, 260, 261). Dafür spricht auch die Überlegung, dass der Erblasser auf diese Weise die Pflege und Zuwendung in einer Altersphase, in der er selbst möglicherweise nicht mehr testierfähig ist, honorieren kann. Der Gedanke, dass es damit der Pflegende ist, der in Kenntnis der Verfügung sich selbst zu dem macht, der als Erbe eingesetzt ist, steht der Wirksamkeit nicht entgegen (so aber LANGE-KUCHINKE § 27 I 6 b), denn es ist immer noch der Erblasser, der die Kriterien selbstbestimmt vorgegeben hat. In einem solchen Fall, in welchem ein anerkennenswertes Interesse des Testators daran besteht, lediglich die Kriterien für die Bezeichnung des Dritten vorzugeben, darf der Bestimmung auch nicht mangels Abgrenzung des Personenkreises die Wirksamkeit versagt werden (WAGNER ZEV 1998, 255, 256; vgl RdNr 26).

Wendet man diese Grundsätze an, so ist die Klausel, dass die von **einem anderen eingesetzten Erben** begünstigt sein sollen, entgegen der hM mit § 2065 Abs 2 nicht vereinbar (so auch OLG Frankfurt/M DNotZ 2001, 143, 144 = FamRZ 2000, 1607, 1608 = ZEV 2001, 316; SOERGEL-LORITZ § 2065 RdNr 14; vgl auch hier RdNr 24). Es mag zwar regelmäßig zutreffen, dass diese Klausel aus sachlichen Gründen und nicht aus Unentschlossenheit gewählt wird (GABERDIEL Rpfleger 1966, 265; STAUDINGER-OTTE § 2065 RdNr 16; IVO DNotZ 2002, 260, 264 f; einschränkend MünchKomm-LEIPOLD § 2065 RdNr 14 [Personenkreis müsse abgegrenzt sein]), dies ändert aber nichts daran, dass der Erblasser die Auswahl seiner Rechtsnachfolger dem Belieben des Dritten überlässt, der damit nicht nur – wie bei seiner Potestativbedingung – über die Geltung des vom Erblasser bereits gebildeten Willens entscheidet, sondern selbst für den Erblasser die Erben bestimmt.

**29** Die **Person des benennungsberechtigten Dritten** muss vom Erblasser selbst benannt werden (BGH NJW 1965, 2201; GROSSFELD JZ 1968, 113, 120; SOERGEL-LORITZ § 2065 RdNr 32). Der mit der Benennung beauftragte Dritte muss diese **selbst** vornehmen (vgl § 664 Abs 1 S 1; vgl auch [höchstpersönliches Recht] STAUDINGER-OTTE § 2065 RdNr 42). Eine Übertragung auf eine andere Person wird man allenfalls bei einer ausdrücklichen Ermächtigung im Testament als wirksam ansehen können. Der Wirksamkeit der Benennung durch den Dritten steht es nicht entgegen, wenn die Beurteilung des Auswahlkriteriums **Sachkunde des Dritten** erfordert, über die er nicht verfügt (SOERGEL-LORITZ § 2065 RdNr 32; STAUDINGER-OTTE § 2065 RdNr 36; aA OLG Celle NJW 1958, 953, 954; OLG Köln FamRZ 1995, 57, 58).

**cc) Form der Bezeichnung:** Die Entscheidung des Dritten muss regelmäßig in **öffentlich beglaubigter Form** gegenüber dem Nachlassgericht bekannt gegeben werden. Das wird aus einer entsprechenden Anwendung des § 2198 Abs 1 abgeleitet (KG ZEV 1998, 182, 184 = Rpfleger 1998, 288, 290 = FamRZ 1998, 1202, 1204; SOERGEL-LORITZ § 2065 RdNr 34; MünchKomm-LEIPOLD § 2065 RdNr 19; STAUDINGER-OTTE § 2065 RdNr 41; aA OLG Celle NJW 1958, 953, 955 [Erklärung gegenüber dem Nachlassgericht und den Beteiligten, auch den nicht zum Erben bestimmten, mit der Folge, dass bei der Auswahl zwischen minderjährigen Geschwistern durch den überlebenden Elternteil eine Pflegschaft erforderlich werden kann]; aA LANGE-KUCHINKE § 27 I 5 [Adressat sind die anderen Beteiligten, nicht das Nachlassgericht]). Für dieses Ergebnis spricht die Rechtssicherheit, denn damit ist die Entscheidung gegenüber allen Beteiligten wirksam geworden, wenn sie dem Nachlassgericht mitgeteilt wurde. Der Erblasser muss aber als befugt angesehen werden, anderes zu bestimmen, und zwar nicht nur hinsichtlich der Form der Erklärung, sondern auch in Bezug auf ihren Adressaten (MünchKomm-LEIPOLD RdNr 19; aA [Adressat stets das Nachlassgericht] SOERGEL-LORITZ § 2065 RdNr 34; wohl auch KG ZEV 1998, 182, 184 = Rpfleger 1998, 288, 290 = FamRZ 1998, 1202, 1204). Die gegenteilige Ansicht hätte zur Folge, dass trotz einer Mitteilung der Entscheidung an die im Testament bezeichnete Person keine Bindung an die getroffene Entscheidung einträte. Das wäre bedenklich, weil regelmäßig alle Beteiligten von der Wirksamkeit der Bezeichnung ausgehen, wenn diese nur den Vorgaben der letztwilligen Verfügung entspricht. Besonders misslich wird diese Situation, wenn man mit SENS (S 62 ff, 107) der Auffassung ist, dass in dem **Zeitraum bis zum Wirksamwerden** der Bezeichnung die gesetzlichen Erben als Vorerben anzusehen sind. Diese Auffassung, die erhebliche – nicht zuletzt steuerliche – Probleme aufwirft, hat sich zu Recht nicht durchsetzen können: Wie oben dargelegt, ist es der Erblasser, der durch die Vorgabe der Kriterien den Bedachten bestimmt, während der Dritte lediglich den Bedachten in Anwendung dieser Kriterien benennt. Damit ist aber – entgegen SENS – Erbe sogleich der vom Erblasser Bestimmte geworden, auch wenn seine Person noch nicht namentlich bekannt ist (so iE auch MünchKomm-LEIPOLD § 2065 RdNr 19; STAUDINGER-OTTE § 2065 RdNr 37).

**dd) Frist:** Der Erblasser kann dem Dritten zur Ausübung des Bezeichnungsrechts eine Frist setzen; fehlt es daran, so wird in entsprechender Anwendung des § 2198 Abs 2 das Nachlassgericht zur Fristsetzung auf Antrag eines Beteiligten für befugt gehalten (SOERGEL-LORITZ § 2065 RdNr 35; MünchKomm-LEIPOLD § 2065 RdNr 19; aA GROSSFELD JZ 1968, 113, 121 Fn 103a [analoge Anwendung des § 355]). Mit **Ablauf der Frist** endet das Bezeichnungsrecht des Dritten. Hat er es nicht ausgeübt, so entfällt nicht etwa das Erbrecht des zu Bezeichnenden. Es endet vielmehr lediglich die Entscheidungsprärogative des Dritten, sodass nun ein anderer Weg zur Erkenntnis der Person, die schon durch den Erblasser bestimmt ist, gefunden werden muss. Damit scheidet die Lösung aus, alle Personen des Kreises, aus denen der Dritte auswählen sollte, als Miterben anzusehen (so KLUNZINGER BB 1970, 1197, 1200f; wie hier SOERGEL-LORITZ § 2065 RdNr 36). Es muss vielmehr zwischen diesen Personen entschieden werden, wer der vom Erblasser Bestimmte ist. Dazu wird in entsprechender Anwendung des § 319 Abs 1 S 2 eine Klage desjenigen, der diese Stellung beansprucht, gegen alle anderen Prätendenten des Inhalts vorgeschlagen, das Gericht möge den Kläger zum Erben bestimmen (MünchKomm-LEIPOLD § 2065 RdNr 19). Im Unterschied zu § 319 Abs 1 S 2 handelt es sich aber hier nicht um einen Fall der Rechtsgestaltung, sodass es konsequenter ist, eine auf Feststellung des Erbrechts gerichtete Klage anzunehmen (SOERGEL-LORITZ § 2065 RdNr 36). Diese Lösung hat allerdings den Nachteil, dass die Mitprätendenten bei der Feststellungsklage nicht notwendige Streitgenossen sind, sodass unterschiedliche Entscheidungen ergehen könnten. Dieses Problem ist jedoch ein allgemeines, dem in der Regel durch die Verbindung der Verfahren begegnet werden kann.

32  ee) **Widerruf und Anfechtung:** Die Entscheidung des Dritten kann von diesem nicht widerrufen oder angefochten werden (Rechtsgedanke des § 318 Abs 2, vgl SOERGEL-LORITZ § 2065 RdNr 37; aA KLUNZINGER BB 1970, 1197, 1201; PALANDT-EDENHOFER § 2065 RdNr 5). Soweit eine Irrtumsanfechtung der Auswahlentscheidung in Betracht kommt (nicht im Fall des § 119 Abs 2, vgl STAUDINGER-OTTE § 2065 RdNr 43), steht das Anfechtungsrecht den übergangenen Beteiligten (SOERGEL-LORITZ § 2065 RdNr 37), anderer Ansicht zufolge einem zu bestellenden Nachlasspfleger zu (STAUDINGER-OTTE § 2065 RdNr 43). Macht der Dritte von dem Bezeichnungsrecht in einer gegen die guten Sitten verstoßenden Weise Gebrauch, so bietet die analoge Anwendung des § 319 Abs 1 die sachgerechte Lösung (STAUDINGER-OTTE § 2065 RdNr 38; LANGE-KUCHINKE § 27 I 5; aA [allein Aufhebung, keine Bezeichnung durch das Gericht] GROSSFELD JZ 1968, 113, 121). Ob daneben Raum für die Anwendung des § 138 auf die Bestimmung des Dritten bleibt (STAUDINGER-OTTE § 2065 RdNr 38; vgl auch [zu § 14 HöfeO] LANGE-WULFF-LÜDTKE-HANDJERY § 14 HöfeO RdNr 102), erscheint zweifelhaft. Jedenfalls ist eine Anwendung des § 138 dergestalt, dass nun der Dritte wiederum zur Bestimmung befugt ist, bedenklich, da das Gesetz durch § 319 Abs 1 S 2 mit der Bestimmung durch das Gericht einen anderen, der Rechtssicherheit zuträglicheren Weg zur Verfügung stellt.

33  ff) **Gerichtliche Nachprüfung:** Grundsätzlich ist die Entscheidung des Dritten gerichtlich **überprüfbar** (OLG Stuttgart FamRZ 1998, 260, 262 = FGPrax 1997, 230, 232; LANGE-KUCHINKE § 27 I 5; vgl auch RdNr 32), und zwar richtigerweise nicht nur auf die Einhaltung billigen Ermessens – das dem Dritten gerade nicht zusteht (vgl RdNr 27) –, sondern darüber hinaus auf die korrekte Anwendung der von dem Erblasser vorgegebenen Kriterien (großzügiger [grobe Unbilligkeit] MünchKomm-LEIPOLD § 2065 RdNr 19). Ein Ausschluss der gerichtlichen Überprüfung lässt sich nur dann begründen, wenn die Position des Dritten als die eines **Schiedsrichters** iSd §§ 1025 ff, 1066 ZPO ausgestaltet ist, der bei einem Streit zwischen den Erbprätendenten entscheiden soll, welcher von ihnen der durch die Kriterien Bestimmte ist (vgl dazu SCHIFFER S 78f; SCHULZE MDR 2000, 314, 316; zur Übertragung eines Leistungsbestimmungsrechts nach § 317 auf ein Schiedsgericht vgl auch BGH NJW 1998, 1388, 1389). In diesem Fall steht sein Spruch einem rechtskräftigen Urteil gleich (§ 1055 ZPO). Eine solche Einordnung wird jedoch regelmäßig daran scheitern, dass der Dritte – unabhängig von einem Streit zwischen den Erbprätendenten – von sich aus tätig werden soll. In diesem Fall kann er aber nicht zugleich als Schiedsrichter über die Richtigkeit seiner Entscheidung befinden. Wird angeordnet, dass ein Schiedsgericht über die von einem Dritten getroffene Bezeichnung entscheiden soll, so ist bei der Auswahl des Schiedsrichters den Grundsätzen der überparteilichen Rechtspflege Rechnung zu tragen (zu Bedenken, den beurkundenden Notar als Schiedsrichter einzusetzen, vgl RdNr 21). Andernfalls kann der Dritte als Schiedsrichter abgelehnt werden (§ 1036 Abs 2 ZPO); ein etwa ergehender Schiedsspruch kann aufgehoben werden (§ 1059 Abs 2 Nr 1d und Nr 2b ZPO).

34  Der Dritte kann auch als **Schiedsgutachter** eingesetzt werden, indem er feststellen soll, welche der Personen die Kriterien des Erblassers für den Bedachten er-

füllt (vgl SCHIFFER S 79, 82f; vgl auch WAGNER ZEV 1998, 184, 185). Eine solche schiedsgutachterliche Entscheidung kann auch Bindungswirkung für ein späteres Verfahren entfalten (MUSIELAK-VOIT § 1029 ZPO RdNr 17f). Sie ist dann nur hinsichtlich ihrer offenbaren Unbilligkeit durch ein gerichtliches Verfahren überprüfbar (vgl OLG Stuttgart FamRZ 1998, 260, 262 = FGPrax 1997, 230, 232 [zu § 319 Abs 1]). Nach einer im Vordringen befindlichen und auch zutreffenden Auffassung sind aber bei Schiedsgutachten, die auch wertende Fragen zum Gegenstand haben, die Regelungen der §§ 1025 ff ZPO zumindest partiell entsprechend anwendbar (MUSIELAK-VOIT § 1029 ZPO RdNr 18). Das gilt insbesondere für die Bestimmungen über die Ablehnung des Schiedsrichters. Damit werden Personen, die einem der Erbprätendenten nahe stehen, regelmäßig als Schiedsgutachter ausscheiden (zur Geltendmachung in entsprechender Anwendung der Regelungen des Schiedsverfahrensrechts vgl MünchKomm-GOTTWALD, 4. Aufl, § 317 RdNr 43). Hält man eine solche Analogie für nicht gerechtfertigt, so muss das Schiedsgutachten eines nicht neutralen Dritten zumindest in Anlehnung an den strengeren Maßstab des § 315 Abs 3 auf seine inhaltliche Billigkeit hin überprüfbar sein (MünchKomm-GOTTWALD 4. Aufl, § 319 RdNr 19).

**gg) Alternative Erbeinsetzung:** Die dargelegten Grundsätze gelten entsprechend, **35** wenn der Erblasser mehrere Personen alternativ bedacht und die Entscheidung, wer von ihnen bedacht sein soll, einem Dritten oder dem Gericht überlassen hat. Eine solche Erbeinsetzung verstößt nicht gegen § 2065, wenn der Erblasser dabei das Kriterium, auf dessen Grundlage die Entscheidung zwischen diesen Personen getroffen werden soll, angibt. Es ist dann durch Auslegung zu ermitteln, welche Person bedacht ist (vgl Protokolle Bd 5, S 24; vgl BayObLGZ 1998, 167, 169 = FamRZ 1999, 331f = NJW 1999, 1118, 1119 [Auslegung unter Berücksichtigung der Reihenfolge der Bezeichnung und des Satzes der Lebenserfahrung, dass die ältere Generation vor der jüngeren erben soll]; BayObLGZ 1998, 160, 166 = FamRZ 1999, 119, 121 = NJW 1999, 1119, 1120 [Einsetzung der Kirche oder der Stadtverwaltung; Reihenfolge der Bezeichnung als Auslegungskriterium]). Ist eine Auslegung nicht möglich, so will ein Teil der Literatur § 2073 entsprechend anwenden mit der Folge, dass die Bedachten Miterben zu gleichen Teilen werden (BALDUS JR 1969, 179, 180; KRAMPE S 165; PALANDT-EDENHOFER § 2073 RdNr 3; STAUDINGER-OTTE § 2073 RdNr 8; so auch REIMANN in der 2. Auflage dieses Werks, Vorbem §§ 2229 ff RdNr 19). Das ist nicht unproblematisch: Während bei § 2073 der Erblasser zwar einen hinreichend bestimmten Willen gebildet hat, dieser jedoch – da die Bezeichnung auf mehrere Personen passt und weitere Aufklärung nicht möglich ist – nicht ausschließlich auf eine einzige Person bezogen werden kann, findet eine solche Willensbildung bei der alternativen Erbeinsetzung regelmäßig nicht statt, wenn der Erblasser die Kriterien für die Entscheidung nicht selbst festlegt. Durch die alternative Erbeinsetzung, deren Entscheidungskriterium auch durch Auslegung nicht festzustellen ist, überlässt der Erblasser die Auswahl zwischen den alternativ Bedachten dem Dritten oder dem Gericht und verstößt – sofern eine Auslegung als Nach- oder Ersatzerbeneinsetzung ausscheidet – gegen § 2065, sodass die Erbeinsetzung unwirksam ist (MünchKomm-LEIPOLD § 2073 RdNr 10; SOERGEL-LORITZ § 2073 RdNr 9f; KIPP-COING § 18 III 2; offen lassend BayObLG FamRZ 1999, 119, 121 [jedenfalls dann unwirksam, wenn alternativ Eingesetzter nicht hinreichend genau bestimmt]). Die alternative Erbeinsetzung ohne Festlegung der Entscheidungskriterien ist deshalb nichtig, sofern sich nicht ein vom Erblasser gebildeter und hinreichend bestimmter Wille feststellen lässt. Hat der Erblasser dagegen einen Willen gebildet, der aber auf verschiedene Bedachte verweist (zB »Altenheim in Zürich«), so ist § 2073 unmittelbar anwendbar.

**e) Bestimmtheit in Bezug auf den zugewendeten Gegenstand**
Hinsichtlich der Bestimmtheit in Bezug auf den zugewendeten Gegenstand gel- **36** ten die dargestellten Grundsätze entsprechend, wobei die Ausnahmen bei Ver-

mächtnis und Auflage (vgl RdNr 19) vor allem in diesem Bereich Bedeutung erlangen werden. Außerhalb dieser Ausnahmen muss der Gegenstand anhand der vom Erblasser vorgegebenen Kriterien ermittelt werden können, ohne dass ein Ermessensspielraum verbleibt. So kann es dem Vorerben nicht überlassen werden, die Höhe des Erbteils, den der Erblasser dem Nacherben zugedacht hat, zu verändern (OLG Hamm DNotZ 1967, 315). Eine solche Bestimmung kann aber möglicherweise als eine Nacherbeneinsetzung verstanden werden, die unter der Bedingung steht, dass der Vorerbe nicht anderweit letztwillig verfügt (vgl KG DNotZ 1956, 195, 199f; zur Zulässigkeit einer solchen Bedingung vgl RdNr 24). Auch die Bestimmung des Zeitpunkts, an welchem die Nacherbfolge eintreten soll, kann nicht dem Belieben eines Dritten überlassen bleiben (BGHZ 15, 199 = NJW 1955, 100 = DNotZ 1955, 402).

### § 2229 Testierfähigkeit Minderjähriger, Testierunfähigkeit

(1) Ein Minderjähriger kann ein Testament erst errichten, wenn er das 16. Lebensjahr vollendet hat.

(2) Der Minderjährige bedarf zur Errichtung eines Testaments nicht der Zustimmung seines gesetzlichen Vertreters.

(3) (weggefallen)

(4) Wer wegen krankhafter Störung der Geistestätigkeit, wegen Geistesschwäche oder wegen Bewusstseinsstörung nicht in der Lage ist, die Bedeutung einer von ihm abgegebenen Willenserklärung einzusehen und nach dieser Einsicht zu handeln, kann ein Testament nicht errichten.

Zum Schrifttum vgl vor § 2229

### Übersicht

| | | |
|---|---|---|
| I. | Zeittafel | 1 |
| II. | Recht der ehemaligen DDR | 2 |
| III. | Überblick über die Systematik der Testierfähigkeit | 4 |
| IV. | Testierunfähigkeit nach Abs 1 | 6 |
| V. | Testierunfähigkeit nach Abs 4 | 8 |
| | 1. Übersicht | 8 |
| | 2. Geistige Insuffizienz | 10 |
| |    a) Grundlagen | 10 |
| |    b) Maß der Beeinträchtigung | 11 |
| |    c) Einzelfälle | 13 |
| | 3. Einfluss der Insuffizienz auf die konkrete Selbstbestimmung | 14 |
| |    a) Bedeutung des Kriteriums | 14 |
| |    b) Voraussetzungen | 15 |
| |    c) Partielle Insuffizienz | 16 |
| |    d) Fähigkeit, entsprechend der Einsicht zu handeln | 17 |
| | 4. Maßgebender Zeitpunkt | 18 |
| |    a) Eigenhändig errichtete Testamente | 18 |
| |    b) Öffentliche Testamente | 19 |
| VI. | Verfahrensfragen | 20 |
| | 1. Streitige Gerichtsbarkeit | 20 |
| |    a) Feststellungsklage | 20 |

|   |   | b) | Beweislast | 21 |
|---|---|---|---|---|
|   |   | c) | Beweisanforderungen | 22 |
|   | 2. | | Freiwillige Gerichtsbarkeit | 23 |
|   | 3. | | Fragen der Beweiserhebung und der Beweiswürdigung | 24 |

| VII. | Übergangsrecht infolge des BtG | 25 |
|---|---|---|
| VIII. | Testierunmöglichkeit | 27 |

## I. Zeittafel

Die Regelung in **Abs 1** ist seit dem In-Kraft-Treten des BGB wortgleich geblieben; **1**
sie fand sich ursprünglich in § 2229 Abs 2 und zwischenzeitlich in § 1 Abs 2 TestG.
**Abs 2** – dessen inhaltlich im Wesentlichen übereinstimmender Vorläufer sich in
§ 2229 Abs 1 der ursprünglichen Fassung befand – lautete in der Fassung des § 1
Abs 3 TestG: *Der Minderjährige oder ein unter vorläufige Vormundschaft gestellter Volljähriger bedarf zur Errichtung eines Testaments nicht der Zustimmung seines gesetzlichen Vertreters.* Die die vorläufige Vormundschaft betreffende Passage wurde durch
das BtG mit Wirkung zum 1. 1. 1992 aufgehoben. Der durch dieses Gesetz ebenfalls aufgehobene **Abs 3** lautete in der ursprünglichen Fassung: *Wer wegen Geistesschwäche, Verschwendung oder Trunksucht entmündigt ist, kann ein Testament nicht errichten. Die Unfähigkeit tritt schon mit der Stellung des Antrags ein, auf Grund dessen
die Entmündigung erfolgt.* § 2 Abs 1 TestG lautete dann: *Wer entmündigt ist, kann ein
Testament nicht errichten. Die Unfähigkeit tritt schon mit der Stellung des Antrags ein,
auf Grund dessen die Entmündigung ausgesprochen wird.* Diese Regelung wurde wortgleich in § 2229 Abs 3 aF übernommen. Der heutige **Abs 4** findet in der ursprünglichen Fassung des BGB keine Entsprechung. Er entstammt § 2 Abs 2 TestG: *Wer
wegen krankhafter Störung der Geistestätigkeit, wegen Geistesschwäche oder wegen Bewusstseinsstörung (zum Beispiel wegen Trunkenheit) nicht in der Lage ist, die Bedeutung
einer von ihm abgegebenen Willenserklärung einzusehen und nach dieser Einsicht zu handeln, kann ein Testament nicht errichten.* Im Zuge der Reinkorporation in das BGB
wurde der Klammerzusatz gestrichen; im Übrigen wurde der Gesetzeswortlaut
beibehalten.

## II. Recht der ehemaligen DDR

Die entsprechende Regelung des Rechts der ehemaligen DDR (zum heutigen Anwen- **2**
dungsbereich vgl vor § 2229 RdNr 11 ff) enthielt § 370 Abs 1 ZGB. Er lautet: *Der Erblasser
kann über sein Eigentum durch Testament verfügen. Er muss volljährig und handlungsfähig sein.* Die Testierfähigkeit setzt danach Volljährigkeit und Handlungsfähigkeit
voraus. Dazu bestimmt § 49 ZGB: *Ein Bürger, der das 18. Lebensjahr vollendet hat,
ist volljährig. Er kann durch eigenes Handeln Rechte und Pflichten des Zivilrechts begründen, insbesondere Verträge abschließen und andere Rechtsgeschäfte vornehmen (Handlungsfähigkeit).* Die **Volljährigkeit** tritt seit dem 22. 5. 1950 mit Vollendung des
18. Lebensjahres ein (für Berlin/Ost mit Wirkung zum 14. 6. 1950, vgl VOBl [Ost] I 149; zu kollisionsrechtlichen Problemen wegen der Testierfähigkeit Minderjähriger nach § 2229 Abs 1 vgl
RdNr 7). Die Handlungsunfähigkeit Volljähriger richtet sich – soweit hier von Interesse – nach § 52 Abs 2 und 3 ZGB: *(2) Handlungsunfähig sind auch entmündigte Bürger. (3) Die von Handlungsunfähigen vorgenommenen Rechtsgeschäfte sind nichtig. Nichtig sind auch Rechtsgeschäfte, die von einem Bürger in einem seine Entscheidungsfähigkeit
ausschließenden Zustand vorgenommen wurden. . . .*

**3** Da das Testament eines **Entmündigten** nach dieser Regelung ohne Rücksicht darauf nichtig ist, ob er in der konkreten Situation in der Lage war, die Rechtsfolgen seiner Erklärung zu überblicken (§ 52 Abs 2, Abs 3 S 1 ZGB), stellt sich die für das bundesdeutsche Recht diskutierte Frage, ob ein genereller Ausschluss der Entmündigten von der Möglichkeit der Testamentserrichtung mit der grundgesetzlich garantierten Freiheit der Bestimmung der Erbfolge zu vereinbaren ist (vgl RdNr 26), hier ebenfalls. Die Frage muss für das Recht der ehemaligen DDR in gleicher Weise beantwortet werden, denn die legislative Entscheidung, es solle bezüglich der vor dem Beitritt errichteten Testamente bei dem früheren Recht bleiben (vgl vor § 2229 RdNr 12), könnte eine aus Sicht des Grundgesetzes verfassungswidrige Regelung kaum legalisieren, zumindest dann, wenn jetzt bundesdeutsche Gerichte die Regelungen des ZGB anzuwenden haben (vgl auch BGHZ 127, 195, 204). Personen, die nach § 99 FGB unter **vorläufige Vormundschaft** gestellt waren, wurden ebenfalls als nicht testierfähig angesehen (s HERRMANN S 32); auch hier stellt sich die genannte Problematik. Dagegen hatte die Anordnung einer **Pflegschaft** nach § 105 FGB keinen Einfluss auf die Testierfähigkeit, da die Regelung des § 105 Abs 3 S 1 FGB sich auf den Wirkungskreis des Pflegers beschränkt und die Errichtung eines Testaments dazu nicht gehören kann (s HERRMANN S 32).

### III. Überblick über die Systematik der Testierfähigkeit

**4** Die Testierfähigkeit ist die Fähigkeit, ein **Testament** rechtswirksam zu **errichten**, zu **ändern** und **aufzuheben**; sie ist damit ein Sonderfall der Geschäftsfähigkeit (zu Fällen mit Auslandsberührung vgl System Teil B RdNr 7). Mit der Testierfähigkeit legt der Gesetzgeber eine der Anforderungen fest, die an eine selbstbestimmte und damit auch in ihrer möglichen Willkür selbst verantwortete Gestaltung im Erbrecht zu stellen sind (vgl BVerfG NJW 1999, 1853 = ZEV 1999, 147, 148). Dabei hat er den Besonderheiten des Erbrechts Rechnung zu tragen: Während bei den Regeln der Geschäftsfähigkeit die Wirksamkeit der Willenserklärung eines beschränkt Geschäftsfähigen regelmäßig an die Zustimmung seines gesetzlichen Vertreters geknüpft wird, scheidet diese Lösung im Testamentsrecht schon wegen der Höchstpersönlichkeit der Testamentserrichtung aus. Im Übrigen wäre eine dem § 107 entsprechende Regelung angesichts der Interessenlage – die Eltern sind gesetzliche Erben, § 1925 Abs 1, § 1930 – kaum sachgerecht. Im Gegensatz zu den drei Stufen Geschäftsunfähigkeit – beschränkte Geschäftsfähigkeit – unbeschränkte Geschäftsfähigkeit kennt das Testamentsrecht deshalb nur die beiden Stufen Testierunfähigkeit und Testierfähigkeit. Rechtstechnisch wird dieses Modell umgesetzt, indem § 2229 allein die Besonderheiten der Testierfähigkeit des Minderjährigen bezeichnet. Für den Volljährigen ergibt sich die Testierfähigkeit aus seiner unbeschränkten Geschäftsfähigkeit (zu den Einschränkungen vgl RdNr 8 ff). Soweit die §§ 11, 28 BeurkG den Begriff »erforderliche Geschäftsfähigkeit« verwenden, wird damit in Bezug auf die Errichtung, Änderung oder Aufhebung eines Testaments auf den Maßstab des § 2229, bei dem Abschluss eines Erbvertrages auf den des § 2275 verwiesen. Personen, die einem **geistlichen Orden** angehören, der die Testierfähigkeit einschränkt, sind aus Sicht des staatlichen Rechts uneingeschränkt testierfähig (MünchKomm-BURKART RdNr 1). Soweit die Ordensregeln die Änderung eines Testaments allein mit Zustimmung einer anderen Person (zB der zuständigen Oberen) zulassen, ist dies für das staatliche Recht ohne Bedeutung (SAILER S 73 f).

Aus diesem System folgt, dass eine **positive Umschreibung** der Testierfähigkeit **5** entbehrlich ist. Das BGB grenzt allein den Personenkreis der Nichttestierfähigen ab. Ob die Testierfähigkeit voraussetzt, dass der Erblasser eine konkrete Vorstellung über die Bedeutung seines letzten Willens hat und sich über die Tragweite seiner Anordnungen und ihre Auswirkungen auf die persönlichen und wirtschaftlichen Verhältnisse der Betroffenen ein klares Urteil zu bilden imstande ist, ist deshalb nicht für die positive Feststellung der Testierfähigkeit, sondern allein umgekehrt für die Frage des Ausschlusses von Interesse. An diesem Regel-Ausnahme-Verhältnis ändern die Bestimmungen des BeurkG über die Prüfung der erforderlichen Geschäftsfähigkeit nichts.

### IV. Testierunfähigkeit nach Abs 1

Der Gesetzgeber legt in Abs 1 die Altersgrenze auf **16 Jahre** fest und harmonisiert **6** so die Testier- mit der Ehefähigkeit (krit zu dieser legislativen Entscheidung MünchKomm-BURKART RdNr 5; LANGE-KUCHINKE § 18 II 2). Bei der Berechnung zählt der Tag der Geburt nach § 187 Abs 2 S 2 mit. Ein Testament, das eine Person in einem Zeitpunkt errichtet hat, an dem sie diese Altersgrenze **nicht überschritten** hat, ist nichtig, auch wenn der Erbfall erst nach dem Erreichen der Grenze eintritt (STAUDINGER-BAUMANN RdNr 34; vgl auch PFISTER JZ 1969, 623, 624), denn die Möglichkeit einer (formlos wirksamen, § 182 Abs 2) Genehmigung sieht das Gesetz nicht vor und die Entscheidung, das Testament nicht zu vernichten, genügt ihrerseits den Anforderungen an die Errichtung eines Testaments nicht. Auch die Zustimmung der gesetzlichen Vertreter ändert an der Nichtigkeit nichts. Eine Genehmigung des derart unwirksamen Testaments durch den Testator ist nach Erreichen der Altersgrenze aber in der Weise möglich, dass dieser ein formwirksames Testament errichtet und auf das früher errichtete, jedoch wegen Testierunfähigkeit nichtige Testament verweist. Das ist auch in der Form möglich, dass das Testament lediglich ein zweites Mal unterschrieben wird (STAUDINGER-BAUMANN RdNr 37; vgl auch § 2247 RdNr 8, 12).

Im **ZGB** bestimmte sich die Testierfähigkeit nach dem Eintritt der Volljährigkeit **7** (vgl RdNr 2). Testamente, die Minderjährige zwischen Vollendung des 16. und der des 18. Lebensjahres vor dem Wirksamwerden des Beitritts errichtet haben, sind wegen der Übergangsregelung des Art 235 § 2 EGBGB nach dem bisherigen Recht zu beurteilen und deshalb – soweit das ZGB anzuwenden ist (vgl vor § 2229 RdNr 11 ff) – mangels Testierfähigkeit unwirksam. In Fällen mit Auslandsberührung ist zu beachten, dass die alternativen Anknüpfungen der Art 26 Abs 1 EGBGB und des Haager Testamentsformabkommens sich auf die Form beziehen und deshalb auf die Beurteilung der Testierfähigkeit nicht anzuwenden sind (PALANDT-HELDRICH Art 26 EGBGB RdNr 6; STAUDINGER-DÖRNER Vorbem zu Art 25f EGBGB RdNr 90; SOERGEL-SCHURIG Art 26 EGBGB RdNr 19; STAUDINGER-BAUMANN RdNr 69). Für das Kollisionsrecht der ehemaligen DDR ist § 26 RAnwG zu beachten (vgl vor § 2229 RdNr 12).

Hat der Minderjährige das **sechzehnte Lebensjahr vollendet**, so ist er grundsätzlich testierfähig, dh ohne Zustimmung seiner gesetzlichen Vertreter dazu imstande, ein Testament zu errichten – wenn auch nicht in jeder Testamentsform (vgl § 2233 Abs 1, § 2247 Abs 4). Ob der Testator im Einzelfall die nötige Einsichtsfähigkeit besitzt, beurteilt sich nach dem Maßstab des § 2229 Abs 4. Unterschiedliche Maßstäbe zwischen der Testierfähigkeit des Minderjährigen nach § 2229 Abs 1 und des unbeschränkt Geschäftsfähigen bestehen nicht.

## V. Testierunfähigkeit nach Abs 4

### 1. Übersicht

8   Abs 4 regelt Fälle, in denen einem testiermündigen Testator mit Rücksicht auf seine konkrete Befindlichkeit die Fähigkeit versagt wird, ein Testament zu errichten. Seit der Aufhebung des Abs 3 durch das BtG (zum Übergangsrecht vgl RdNr 25) bestimmt sich die Frage der Testierfähigkeit von Personen, die das sechzehnte Lebensjahr vollendet haben, ausschließlich nach Abs 4. Die Anordnung einer **Betreuung** ist als solche ohne Bedeutung (vgl HAHN FamRZ 1991, 27 ff). Der Betreute kann sich aller Testamentsformen bedienen; das Vormundschaftsgericht kann auch nicht anordnen, dass der Betreute sein Testament allein in einer bestimmten Form errichten kann (BT-Drucks 11/4528 S 66; STAUDINGER-BAUMANN RdNr 32). Die Errichtung des Testaments kann – ebenso wie die Veränderung oder der Widerruf – nicht von einem Einwilligungsvorbehalt abhängig gemacht werden (DAMRAU-ZIMMERMANN § 1903 RdNr 16; vgl auch OLG Frankfurt/M FamRZ 1996, 635). Dennoch ist es nicht ohne Bedeutung, wie das Vormundschaftsgericht die geistige Befindlichkeit des Testators beurteilt, denn wenn es später auf die Frage der Testierfähigkeit ankommt, können die Akten des Betreuungsverfahrens zur Klärung herangezogen werden (HAHN FamRZ 1991, 27; STAUDINGER-BAUMANN RdNr 31). Eine Bindung an die Beurteilung seitens des Vormundschaftsgerichts besteht nicht.

9   Die Testierunfähigkeit nach Abs 4 knüpft an **drei Voraussetzungen** an, die **kumulativ** erfüllt sein müssen. Der Testator muss erstens einer krankhaften Störung der Geistestätigkeit unterliegen oder geistesschwach oder in seinem Bewusstsein gestört sein; er muss zweitens unfähig sein, die Bedeutung der von ihm abgegebenen Willenserklärung einzusehen und nach dieser Einsicht zu handeln, und dies muss drittens im konkreten Fall auf der Störung der Geistestätigkeit, der Geistesschwäche oder der Bewusstseinsstörung beruhen.

### 2. Geistige Insuffizienz

#### a) Grundlagen

10  Die Begriffe krankhafte Störung der Geistestätigkeit und Geistesschwäche unterscheiden sich nach hA nur **graduell**; die Geistesschwäche wird als mindere Form der Geistesstörung ohne substantiellen Unterschied zu ihr angesehen (RG JW 1908, 323, 324 Nr 3; RGZ 130, 69, 71 [zu § 104 aF]; 162, 223, 228 [zu § 104 aF]; T. ZIMMERMANN BWNotZ 2000, 97, 98; MünchKomm-BURKART RdNr 8; STAUDINGER-BAUMANN RdNr 17). Geht man vom Wortsinn aus, so ist dem nur mit Einschränkungen zuzustimmen. Während die Geistesschwäche eine andauernde geistige Insuffizienz bezeichnet, die unabhängig davon ist, ob sie auf einem krankhaften Zustand beruht, setzt die Störung der Geistestätigkeit eine im Grundsatz funktionierende Geistestätigkeit voraus, die in einer als krankhaft zu bezeichnenden Weise eingeschränkt ist. Gleichgestellt ist die Störung des Bewusstseins, also eine – nicht notwendigerweise krankhafte – erhebliche Trübung der Geistestätigkeit insbesondere bei Rauschzuständen, hochgradigem Fieber oder Hypnose (vgl MünchKomm-BURKART RdNr 14).

#### b) Maß der Beeinträchtigung

11  Um die Frage zu beantworten, welches Maß Abs 4 an die Geistesstörung oder die Geistesschwäche anlegt, ist darauf abzustellen, ob die Möglichkeit einer selbstbestimmten und – auch im Hinblick auf ihre mögliche Willkür – selbst verantworteten Regelung der Rechtsnachfolge besteht. Entscheidend ist dabei, ob der Testator in der Lage war, die Tragweite der Anordnungen auch im Hinblick auf die

## A. Errichtung und Aufhebung eines Testaments | § 2229 BGB   12

Auswirkungen auf die persönlichen und wirtschaftlichen Verhältnisse der Betroffenen zu überblicken und seinen Willen frei zu bilden (dazu und zur Frage der relativen Testierfähigkeit im Hinblick auf die Komplexität des Testaments vgl RdNr 12). Dabei handelt es sich um eine Frage der rechtlichen Beurteilung, für die die Erkenntnisse der Medizin zwar von großer Bedeutung, jedoch nicht letztlich ausschlaggebend sind. Eine Bindung an die Einschätzung des Sachverständigen (zu der Notwendigkeit von Sachverständigengutachten vgl RdNr 24) besteht nicht (vgl RGZ 162, 223, 228; BGH NJW 1961, 2061; BayObLG FamRZ 1985, 742, 743 = Rpfleger 1985, 239; NotBZ 2001, 423f). Als **geistig gestört** wird derjenige angesehen,»dessen Erwägungen und Willensentschlüsse nicht mehr auf einer der allgemeinen Verkehrsauffassung entsprechenden Würdigung der Außendinge und Lebensverhältnisse beruhen, sondern durch krankhaftes Empfinden, krankhafte Vorstellungen und Gedanken oder durch Einflüsse dritter Personen dauernd derart beeinflusst werden, dass sie tatsächlich nicht mehr frei sind, vielmehr sich den genannten regelwidrigen Einwirkungen schranken- und hemmungslos hingeben und von ihnen widerstandslos beherrscht werden.« (RGZ 162, 223, 228 [zu § 104]).

Zweifelhaft ist dabei, ob der Grad der Beeinträchtigung in **Relation zur Komplexität der zu regelnden Rechtsnachfolge** zu setzen ist. Die hA verneint eine solche relative Bestimmung der Testierfähigkeit (BGH NJW 1953, 1342 [zu § 104; Beschränkung auf besonders schwierige Geschäfte sei grundsätzlich nicht anzuerkennen; insoweit nicht abgedruckt in BGHZ 10, 266]; BGHZ 30, 112, 117f [partielle Prozessunfähigkeit, obiter dictum]; NJW 1970, 1680, 1681 [grundsätzlich nicht anzuerkennen]; FamRZ 1970, 641; OLG Hamburg MDR 1950, 731f; MünchKomm-BURKART RdNr 12; STAUDINGER-BAUMANN RdNr 12; SOERGEL-HARDER RdNr 9; vgl auch BGH NJW 1961, 261 [zu § 105; verlangsamte Erfassung eines Sachverhalts steht Geschäftsfähigkeit nicht entgegen]), während andere sie bejahen (so insbes. REIMANN in der 2. Auflage dieses Werks in RdNr 40; FLUME § 13, 5; OLG Köln NJW 1960, 1389). Der Wortlaut des Abs 4 stellt darauf ab, ob der Testator in der Lage ist, die Bedeutung *einer* von ihm abgegebenen *Willenserklärung* einzusehen. Eine allein am Wortlaut orientierte Auslegung dürfte also nicht berücksichtigen, welchen Inhalt diese Erklärung hat. Damit wäre die Frage der relativen Testierfähigkeit im Sinne der hL zu beantworten. An diesem Konzept hält aber die hL selbst nicht fest, denn auch sie stellt mit Recht darauf ab, ob der Testator die Folgen seiner konkreten Erklärung im Hinblick auf die Konsequenzen für die Betroffenen zu überblicken in der Lage ist. Auch nach hL reicht es nicht aus, wenn er nur über allgemeine Vorstellungen hinsichtlich der Errichtung eines Testaments verfügt (MünchKomm-BURKART RdNr 12; BGH MDR 1958, 316f = FamRZ 1958, 127, 128; OLG Köln NJW-RR 1994, 396; OLG Hamm FGPrax 1997, 68 = FamRZ 1997, 1026, 1027 = ZEV 1997, 75, 76; näher dazu bei RdNr 15). Wenn aber in dieser Frage entgegen dem Wortlaut der Regelung die Folgen im Einzelfall in den Blick genommen werden, dann ist nicht einzusehen, warum in diese Bewertung nicht auch die Komplexität des Regelungsbedarfs einzubeziehen ist. Dafür spricht auch das Ergebnis, denn es ist kaum nachzuvollziehen, warum derjenige, der die Folgen eines einfachen Testaments überblicken kann, hinsichtlich eines Testaments, dessen Folgen er nicht überblickt, testierfähig sein sollte. Weiterhin ist in der konkreten Situation, in der ein komplexer Sachverhalt zur Regelung ansteht, kaum festzustellen, ob der Testator einen einfacheren Sachverhalt überschauen würde. Schließlich sind die Konsequenzen für die Urkundsperson zu bedenken: Der Notar dürfte die Beurkundung des Testaments einer Person nicht ablehnen (vgl § 4 BeurkG RdNr 3, 19f), obwohl diese nicht in der Lage ist, die Folgen ihrer Erklärung zu überblicken, nur weil sie in der Lage wäre, die Folgen einer einfacheren Erklärung, die es aber nicht zu beurkunden gilt, zu erfassen. Bei der Beantwortung dieser Frage ist weiter zu bedenken, dass sich die Leitentscheidung des BGH (BGH NJW 1953, 1342 [insoweit nicht abgedruckt in BGHZ 10, 266]) unter anderem auf die Überlegung stützt, dass der Schutz der Geistesschwachen durch die Entmündigung gewährleistet werde, dass aber dieser Gesichtspunkt durch das BtG entfallen ist. Schließlich muss berücksichtigt werden, dass diese zu § 104 Nr 2 ergangene Entscheidung den Gesichtspunkt der Rechtssicherheit betont (BGH NJW 1953, 1342; ebenso BGH NJW 1970, 1680, 1681) und dieser bei Willenserklärungen, die Geschäfte unter Lebenden betreffen, in stärkerem Maße Beachtung verdient als bei der Frage der Testierfähigkeit. Es ist deshalb an der Auffassung festzuhalten, dass die Testierfähigkeit im Hinblick auf die Komplexität des Regelungsbedarfs zu bestimmen ist. Dabei ist zu beachten, dass die Testierfähigkeit es nicht erfordert, dass der Erblasser die wirtschaftlichen Zusammenhänge im Einzelnen nachzuvollziehen imstande ist (vgl auch RdNr 15).

### c) Einzelfälle

**13** Die **Voraussetzung** der geistigen Insuffizienz iSd Abs 4 ist regelmäßig (zum maßgebenden Zeitpunkt und der Möglichkeit lichter Augenblicke vgl RdNr 14) **gegeben** in Fällen der altersbedingten Arteriosklerose (Cerebralsklerose; vgl BGH NJW 1951, 481, 482; BayObLG FamRZ 1985, 314, 315; NJW-RR 1991, 1098, 1100; FamRZ 1996, 969, 970), degenerativer Demenz (Alzheimer; vgl STAUDINGER-BAUMANN RdNr 22; OLG Düsseldorf FamRZ 1998, 1064f [zu den Formen einer Demenz und zu den Anforderungen an ihre Feststellung]; BayObLG FamRZ 1997, 1511, 1512; OLG Frankfurt/M FGPrax 1998, 62, 63 = FamRZ 1998, 1061, 1063 = NJW-RR 1998, 870, 871; KRUSE NotBZ 2001, 448, 449 [ausführlich zu den Anforderungen]; T. ZIMMERMANN BWNotZ 2000, 97, 104), der Demenz aufgrund eines Parkinson-Syndroms (WETTERLING-NEUBAUER-NEUBAUER ZEV 1995, 46, 47), paranoider Wahnvorstellungen (BayObLG NJW-RR 2000, 6, 8 = FamRZ 2000, 701, 702; BayObLGZ 1999, 205, 211; T. ZIMMERMANN BWNotZ 2000, 97, 105; vgl aber auch BayObLGZ 2001, 289, 295 = FamRZ 2002, 497, 498 = NJW-RR 2002, 1088 = Rpfleger 2002, 206, 207 [zur Abgrenzung zwischen paranoiden Wahnvorstellungen und »verbohrten« Meinungen]; zu Psychosen vgl auch KRUSE NotBZ 2001, 448, 451f) sowie bei Depressionen mit manischen, die eigene Willensbestimmung ausschließenden Vorstellungen (RG WarnR 1928 Nr 167). Bewusstseinsstörungen im Sinne des Abs 4 sind anzunehmen bei Rauschzuständen, gravierenden Beeinträchtigungen des Bewusstseins infolge Entzugserscheinungen (BayObLG 1956, 377, 382; vgl auch BayObLG NJW 1992, 248, 249), Hypnose oder Suggestion. **Nicht** zur **Testierfähigkeit** führen: Intelligenzmängel (MünchKomm-BURKART RdNr 9), Verwahrlosungstendenzen (BayObLG ZEV 2002, 234, 236), Psychopathie (BayObLGZ 1956, 377, 382 [Ausschluss nur bei besonders hohem Grad]; 1991, 59, 64f [auch bei besonders hohem Grad nur in Ausnahmefällen] = NJW 1992, 248, 249; FamRZ 1996, 1109, 1110; RG JW 1925, 937; KRUSE NotBZ 2001, 448, 452), Alkohol- oder Rauschgiftabhängigkeit (BayObLGZ 1956, 377, 382; anders im Zustand des Rausches oder von Entzugserscheinungen, dazu soeben) oder querulatorische Veranlagung und abnormes Persönlichkeitsbild (BayObLG FamRZ 1992, 724). Soweit infolge derartiger Zustände – insbesondere Psychosen –, die die Testierfähigkeit nicht ausschließen, Fehlvorstellungen bei dem Testator bestehen, können diese nach § 2078 zur Anfechtung berechtigen (BayObLG NJW 1992, 248, 249).

### 3. Einfluss der Insuffizienz auf die konkrete Selbstbestimmung

#### a) Bedeutung des Kriteriums

**14** Die Testierunfähigkeit nach Abs 4 setzt neben einer krankhaften Störung der Geistestätigkeit, einer Geistesschwäche oder einer Bewusstseinsstörung voraus, dass der Testator nicht in der Lage ist, die Bedeutung einer von ihm abgegebenen Willenserklärung einzusehen und nach dieser Einsicht zu handeln. Auch wenn diese Kriterien in engem Bezug zu denen stehen, nach denen sich die Anforderungen an die geistige Insuffizienz bestimmen, kommt ihnen doch eine eigene Bedeutung zu. Denn sie verlangen, dass der Testator in der konkreten Situation nicht in der Lage ist, ein selbstbestimmtes Testament zu errichten. Eine geistige Erkrankung ist deshalb unerheblich, wenn sie mit der letztwilligen Verfügung nicht in Verbindung steht und sie daher nicht beeinflusst (BayObLG NotBZ 2001, 423f = ZEV 2002, 234, 235; KRUSE NotBZ 2001, 405, 408). Weiterhin muss die geistige Insuffizienz im Augenblick der Testamentserrichtung gegeben sein. Auch der grundsätzlich Testierunfähige kann deshalb in einem Zeitpunkt, in welchem er in der Lage ist, die Folgen seiner Erklärung abzuschätzen und entsprechend zu handeln, ein wirksames Testament errichten. Damit sind Testamente, die in sog **lichten Augenblicken** errichtet sind, wirksam (BGHZ 30, 294; OLG Karlsruhe Justiz 1982, 130; nur die Beweisbarkeit in Frage stellend WETTERLING-NEUBAUER-NEUBAUER ZEV 1995, 46, 48f; RASCH-BAYERL Lebensversicherungsmedizin 1985, 2). Das ist im Grundsatz unumstritten, Probleme bereitet nur die Frage, in welchen Fällen ein solcher lichter Augenblick in Betracht kommt, sodass sich die Beweislast bzw die Feststellungslast auf denjenigen verschiebt, der aus der Unwirksamkeit des Testaments Rechtsfolgen ableiten will (dazu RdNr 22).

### b) Voraussetzungen
Abs 4 unterscheidet zwischen der Einsichtsfähigkeit und der Möglichkeit, sich entsprechend der Einsicht zu verhalten. Ob der Testator die notwendige **Einsichtsfähigkeit** hat, bemisst sich danach, ob er die Tragweite seiner letztwilligen Verfügung erkennt; dabei wird eine genaue Kenntnis der Einzelheiten der rechtlichen und wirtschaftlichen Zusammenhänge nicht gefordert werden können. Es wird aber verlangt, dass sich der Testator auch in Bezug auf die Auswirkungen für die Betroffenen und über die Gründe, die für oder gegen die sittliche Berechtigung seiner Entscheidung sprechen, ein klares Bild machen kann (BGH MDR 1958, 316 = FamRZ 1958, 127, 128; OLG Hamm MDR 1967, 496; FamRZ 1989, 437, 439; FGPrax 1997, 68 = FamRZ 1997, 1026, 1027 = ZEV 1997, 75, 76; BayObLG NJW 1992, 248, 249; NJWE-FER 1999, 125; OLG Köln NJW-RR 1994, 396; OLG Düsseldorf FamRZ 1998, 1064, 1065). Daran ist zutreffend, dass es für die Annahme der Einsichtsfähigkeit nicht ausreicht, wenn der Betroffene die angeordnete Vermögenszuordnung als solche versteht, sondern er muss in der Lage sein zu erkennen, inwieweit er sich durch den Inhalt seiner Verfügung über die – möglicherweise berechtigten – Erwartungen anderer hinwegsetzt. Die Testierfreiheit, die es dem Erblasser ermöglicht, ohne Begründung und nach seinem Gutdünken diese Erwartungen zu enttäuschen, muss dem Testator in ihrer möglichen Willkür und Ungerechtigkeit bewusst sein. Er muss sich darüber klar sein, dass sich seine Entscheidung nicht von selbst versteht, sondern von ihm unter Zurückstellung der Wünsche, der Bedürfnisse und der Erwartungen anderer Personen getroffen wird (vgl BayObLGZ 1962, 219, 223f). Ist jedoch dieses Verständnis gegeben, so darf der Inhalt der Verfügung – auch ein anstößiger Inhalt – nicht dazu führen, dem Testator die Einsichtsfähigkeit abzusprechen und seinem Testament die Wirksamkeit zu versagen (so auch STAUDINGER-BAUMANN RdNr 10, der aber bei Unfähigkeit, in sittlichen Kategorien zu denken, Testierunfähigkeit annimmt; vgl OLG Frankfurt/M FamRZ 1996, 635, 636 [Rechtfertigung einer Verfügung durch von Dritten nachvollziehbare Gründe ist nicht erforderlich]). Erst wenn die für alle letztwilligen Verfügungen von Todes wegen geltende Grenze des § 138 überschritten ist, führt die Unvereinbarkeit der Verfügung mit dem, was als unseren Wertvorstellungen entsprechend angesehen wird, zur Unwirksamkeit der Verfügung (näher zur Sittenwidrigkeit im Systematischen Teil A RdNr 54 ff).

### c) Partielle Insuffizienz
Wie die Fälle zu behandeln sind, in denen der Testator nur in bestimmten Lebensbereichen (zur Frage der Testierunfähigkeit in Abhängigkeit zur Komplexität des zu re-

gelnden Sachverhalts vgl RdNr 12) nicht in der Lage ist, einen selbstbestimmten Willen zu bilden, wird unterschiedlich beurteilt. Die überwiegende Auffassung verneint die Möglichkeit einer partiellen Testierfähigkeit und betont die Unteilbarkeit der Testierfähigkeit (BayObLGZ 1991, 59, 62 = NJW 1992, 248; STAUDINGER-BAUMANN RdNr 20; SOERGEL-HARDER RdNr 9; KRUSE NotBZ 2001, 405, 408; WESER MittBayNot 1992, 161, 169; T. ZIMMERMANN BWNotZ 2000, 97, 98; aA BayObLG FamRZ 1985, 539, 541 [krankhafte Eifersucht führt zur Testierunfähigkeit in Bezug auf die Enterbung des Ehegatten]). Bei der Behandlung dieser Frage ist zunächst zu bedenken, dass eine partielle geistige Insuffizienz nur dann zur Testierunfähigkeit führen kann, wenn diese den von der Verfügung betroffenen Lebenskreis berührt. Das wird auch von denjenigen bestätigt, die sich für die Unteilbarkeit der Testierfähigkeit aussprechen (vgl BayObLGZ 1991, 59, 62 = NJW 1992, 248, 249; SOERGEL-HARDER RdNr 9; MünchKomm-BURKART RdNr 12 [in Sonderfällen]). Soweit dieser Lebensbereich durch die Verfügung betroffen ist, schließt die Testierunfähigkeit – auch die partielle – nach allen Auffassungen eine wirksame Verfügung von Todes wegen aus. Zweifelhaft ist deshalb allein die Frage, ob andere Teile einer Verfügung wirksam sein können, wenn sie einen anderen Lebensbereich betreffen, oder ob dann Testierunfähigkeit hinsichtlich der gesamten Verfügung anzunehmen ist. Die Rechtsprechung tendierte früher dazu, den Willen des Testators außerhalb des betroffenen Bereichs als wirksam anzusehen, während sie jetzt dazu neigt, das Testament insgesamt entweder für wirksam (vorbehaltlich einer Anfechtung nach § 2078 Abs 2) oder für unwirksam anzusehen (BayObLGZ 1991, 59, 62 = NJW 1992, 248, 249 unter Aufgabe der gegenteiligen Rechtsprechung in FamRZ 1985, 539).

**Beispiel:** Der Testator hat in einem Testament unter anderem verfügt, dass seine Schwester enterbt wird, weil diese an seinem frühen Unglückstod Schuld habe. Der Testator stirbt an einem Verkehrsunfall ohne Beteiligung der Schwester. Der Sachverständige stellt schwere Psychosen aus dem Bereich der Schizophrenie in Bezug auf das Verhältnis zur Schwester fest. Die in ihrer Beantwortung umstrittene Frage beschränkt sich allein darauf, ob das Testament insgesamt, also auch hinsichtlich der Erbeinsetzungen der Personen, die von der Schizophrenie nicht betroffen waren, für unwirksam zu erklären ist (Fall nach BayObLGZ 1991, 59 = NJW 1992, 248; im konkreten Fall hielt das Gericht die Testierunfähigkeit für nicht erwiesen).

Richtigerweise wird man differenzieren müssen: Steht der von der partiellen Testierunfähigkeit betroffene Teil in unmittelbarer Wechselwirkung mit anderen Verfügungen, so werden diese auch als unwirksam anzusehen sein, da sich insoweit der ungenügend gebildete Wille nicht separieren lässt. Der Wille, in dem genannten Beispiel die Schwester zugunsten anderer Personen von der Erbfolge auszuschließen, lässt sich von der Frage, wie die Erbfolge zu regeln sei, wenn die Schwester nicht ausgeschlossen wurde, nicht trennen. Es muss deshalb von einer Unteilbarkeit der Testierfähigkeit ausgegangen werden. Anders dürfte es sich aber verhalten, wenn einzelne Elemente abgetrennt werden können. Wenn etwa der Testator seine zwei kleinen Kinder enterbt, jedoch nur hinsichtlich eines der Kinder unter Zwangsvorstellungen leidet, die seine Testierfähigkeit ausschließen, so ist nicht einzusehen, warum damit auch die Enterbung des anderen Kindes hinfällig sein sollte. Entsprechendes wird bei Vermächtnissen anzunehmen sein, wenn die partielle Testierunfähigkeit die Regelung der Erbfolge betrifft und das Vermächtnis in seinem Bestand von der Erbfolge unabhängig sein sollte.

### d) Fähigkeit, entsprechend der Einsicht zu handeln

17 Soweit der Testator trotz geistiger Insuffizienz die konkrete Einsichtsfähigkeit besitzt, muss er nach Abs 4 auch in der Lage sein, seiner Einsicht entsprechend zu

handeln, um testierfähig zu sein. Er muss sich also von Einflüssen frei machen können, die ihn daran hindern, seiner Einsicht entsprechend zu testieren (vgl BayObLG FamRZ 1986, 728, 730). Diese Einflüsse können aus der Person des Testators selbst stammen – beispielsweise Sucht –, sie können aber auch von Dritten ausgehen. Bei **Beteiligung Dritter** ist entscheidend, ob sich der Testator von deren Einfluss lösen kann, ob er also einen selbstbestimmten Willen – wenn auch möglicherweise in den Worten des Dritten – äußern kann. Auch wenn sich der Testator ganz den Vorschlägen eines Dritten anvertraut, ohne diese in ihrer Berechtigung nachzuprüfen, ist er doch testierfähig, solange er sich bewusst und kraft eigenen Entschlusses für die Umsetzung dieser Vorschläge als eigene Verfügung von Todes wegen entscheidet (BayObLG NJW-RR 1990, 202, 203 = FamRZ 1990, 318, 320). Dafür spricht auch ein Vergleich mit der Regelung des § 2232 S 2 HS 2, denn dort lässt es das Gesetz ausreichend, wenn der Erblasser eine von einem Dritten verfasste Schrift übergibt und sich auf die Erklärung gegenüber dem Notar beschränkt, diese Schrift enthalte seinen letzten Willen.

Erst wenn sich der Testator den Vorschlägen des Dritten nicht widersetzen kann – sei es wegen körperlichen Zwangs, sei es wegen geistigen Unvermögens (vgl zu derartiger geistiger Stumpfheit RG DJZ 1921, 73; OGHZ 2, 45, 53; KIPP-COING § 17 I 1; vgl auch RG JW 1936, 1205 [zur Willensschwäche] –, wenn er die Vorschläge also nur mechanisch umsetzt, fehlt es an der Fähigkeit, eigener Einsicht entsprechend zu handeln. Stellt sich die Hilfe des Dritten deshalb als Missbrauch des durch geistige Insuffizienz geprägten Testators dar, so fehlt es an der Testierfähigkeit; dient die Hilfe des Dritten dagegen dazu, dem Testator eine selbst gewollte letztwillige Verfügung zu ermöglichen, so schließt diese Hilfe die Testierfähigkeit nicht aus, auch wenn der Dritte auf diese Weise maßgebenden Einfluss auf den Inhalt der Verfügung gewinnt. Der Testator darf die Vorschläge in seinen Willen aufnehmen, darf sie aber nicht schlicht vollziehen. Aus der Sicht des Notars empfiehlt es sich in Zweifelsfällen, den Testierwilligen auch in Abwesenheit des Dritten zu befragen. Gegebenenfalls sollte auch der Vermerk über die Testierfähigkeit nach § 28 BeurkG ausführlicher gefasst werden. Nicht von Abs 4 erfasst werden Fälle, in denen Personen, die an sich testierfähig sind, durch **Gewalt oder Drohung** zu einer letztwilligen Verfügung gezwungen werden. Bei vis absoluta fehlt es bereits an einer zurechenbaren Willenserklärung (vgl nur MünchKomm-KRAMER 4. Aufl, § 123 RdNr 44), bei vis compulsiva ist das Testament anfechtbar nach § 2078 Abs 2.

### 4. Maßgebender Zeitpunkt

#### a) Eigenhändig errichtete Testamente

Der Testator muss im Zeitpunkt der Testamentserrichtung testierfähig sein; Testierunfähigkeit in einem späteren oder früheren Zeitpunkt ist ohne Bedeutung. Maßgebend für die Bestimmung des Errichtungszeitpunkts ist bei einem eigenhändigen Testament **die Unterzeichnung** als der der Verfügung Geltung verschaffende Akt. Fehlt es in diesem Zeitpunkt an der Testierfähigkeit, so sind auch früher in testierfähigem Zustand geschriebene, jedoch erst jetzt unterschriebene Verfügungen unwirksam (STAUDINGER-BAUMANN RdNr 34). Umgekehrt sind bei Testierfähigkeit im Zeitpunkt der Unterschrift auch solche Verfügungen wirksam, die in testierunfähigem Zustand niedergeschrieben wurden (RGZ 111, 247, 252 [in Bezug auf einen Teil eines Testaments]). Problematisch sind Fälle, in denen die **Unterschrift nicht den letzten Akt** der Testamentserrichtung bildet, weil Verfügungen nachträglich über die Unterschrift gesetzt werden (zur Wirksamkeit vgl § 2247 RdNr 8, 25). Ist der Testator erst im Zeitpunkt der Hinzufügung testierfähig, so kann er durch die Hinzufügung das Testament in seiner Gesamtheit billigen. Sofern ein entsprechender Wille und die Testierfähigkeit im Zeitpunkt der Hinzufügung feststeht, ist eine erneute Unterschrift nicht immer erforderlich (so aber STAUDINGER-BAUMANN RdNr 35). Es verhält sich hier nicht anders als in Fällen, in welchen über eine bereits vorhandene Unterschrift, die ohne Testierwillen geleistet wurde, später der Testamentstext gesetzt wird (vgl § 2247 RdNr 8). War der Testator im Zeitpunkt der Unterschrift testierfähig, ändert er aber das Testament später in testierunfähigem Zustand, so sind diese Änderungen unbeachtlich (zur Testierfähigkeit als Wirksamkeitsvoraussetzung eines Widerrufs vgl § 2253 RdNr 5).

### b) Öffentliche Testamente

19 Bei öffentlichen Testamenten ist die Testierfähigkeit im Zeitpunkt des **Verlesens und der Genehmigung** seitens des Testators entscheidend. Die Unterschrift des Testators hat hier nicht die Funktion des Abschlusses und des Ingeltungsetzens, sodass die Testierfähigkeit in diesem Zeitpunkt entbehrlich ist (aA LANGE-KUCHINKE § 18 II 1). Ebenfalls ist die Testierunfähigkeit im Zeitpunkt der Unterzeichnung durch den Notar unschädlich (so auch LANGE-KUCHINKE § 19 V 1 b). Sonderfragen stellen sich, wenn der Testator seine Verfügungen dem Notar im **Stadium der Testierfähigkeit bekannt gegeben hat**, jedoch vor dem Verlesen und der Genehmigung in seiner freien Selbstbestimmung beeinträchtigt wird. In derartigen Fällen reicht es aus, wenn der Testator im Zeitpunkt der Genehmigung die Fähigkeit besitzt, über die Geltung oder die Nichtgeltung der Erklärung mit dem gegebenen Inhalt zu entscheiden, auch wenn er nicht mehr dazu in der Lage wäre, diese jetzt noch zu formulieren oder umzuformulieren (BGHZ 30, 294 = NJW 1959, 1822; krit LANGE-KUCHINKE § 18 II 1 Fn 10). Das ergibt sich daraus, dass die Genehmigung nach Verlesen nur eine bestätigende Funktion hat. Diese Grundsätze beanspruchen aber nur dann Geltung, wenn die Willensbildung des Testators bereits im testierfähigen Zustand abgeschlossen war. Weiterhin wird man regelmäßig einen engen zeitlichen Zusammenhang zwischen der Formulierung des letzten Willens und seiner Ingeltungsetzung verlangen, da andernfalls der Gedanke nicht fern liegt, der Erblasser habe sich zwischenzeitlich umentschieden und könne dies nur nicht mehr zum Ausdruck bringen oder bemerke die Abweichung zwischen dem nunmehr Gewollten und dem damals dem Notar Erklärten nicht. Sollte der Notar auf der Grundlage nur unvollständig geäußerter Vorstellungen einen Testamentsentwurf fertigen, so muss sich die Testierfähigkeit auf die inhaltliche Übernahme der vorgeschlagenen Verfügungen beziehen und kann nicht in der aufgezeigten Weise auf die bloße Billigung reduziert werden.

## VI. Verfahrensfragen

### 1. Streitige Gerichtsbarkeit

#### a) Feststellungsklage

20 Eine Feststellungsklage über die **Gültigkeit eines Testaments** eines noch lebenden Dritten ist nach hL unzulässig, auch wenn die Testierfähigkeit des Dritten in Rede steht, denn auch bei ihrem Vorhandensein gewährt das Testament nicht mehr als eine Erbaussicht, die als solche einer gerichtlichen Feststellung nicht zugänglich ist (OLG Köln JW 1930, 2064; aA ASSMANN ZZP 111 [1998], 357, 359, die aber bei Klagen, die von anderen Personen als dem Erblasser erhoben werden, das Feststellungsinteresse verneint oder aber das Schutzinteresse des Erblassers höher bewertet, vgl aaO S 368 ff; zu Feststellungsklagen des Erblassers selbst weiter unten in dieser RdNr). Auch die Durchführung eines selbständigen Beweisverfahrens zu der Frage der Testierfähigkeit des noch

lebenden Erblassers ist ausgeschlossen (vgl OLG Frankfurt/M MDR 1997, 481f = NJW-RR 1997, 581, 582 = FamRZ 1997, 1021, 1022f [zu einem Verfahren der freiwilligen Gerichtsbarkeit und zu Art 41 Hess FGG]; LG Frankfurt/M [Vorinstanz] Rpfleger 1997, 165f). Ebenso wird es sich verhalten, wenn der Testator selbst Gewissheit über die Gültigkeit einer letztwilligen Verfügung erhalten will. Zwar wird eine Klage des Testierenden auf Feststellung der Wirksamkeit einer Pflichtteilsentziehung für zulässig gehalten (vgl BGH NJW 1974, 1084, 1085; OLG Saarbrücken NJW 1986, 1182; vgl auch BGH NJW-RR 1993, 391), es besteht aber ein maßgebender Unterschied zwischen beiden Situationen: An der Klärung der Frage, ob eine Pflichtteilsentziehung wirksam ist, hat der Testator ein besonderes Interesse, da er von ihrer Beantwortung die weitere Gestaltung der Erbfolge abhängig machen kann. Dagegen wird ein solches Interesse bei der Frage der Testierfähigkeit meist ausscheiden, denn soweit der Testator jetzt testierfähig ist, kann er seine Verfügung noch einmal bestätigen und ist auf eine Klärung der Wirksamkeit der früheren Verfügung nicht angewiesen. Dennoch sind Fallgestaltungen denkbar, in denen ein **Feststellungsinteresse zu bejahen** ist: So kann ein nunmehr nicht mehr Testierfähiger ein Interesse an der Feststellung haben, dass ein Testament wegen seiner Errichtung im Zustand der Testierunfähigkeit nichtig ist, da er dieses Testament auf andere Weise nicht beseitigen kann. Denkbar ist es auch, dass bei einem gemeinschaftlichen Testament der überlebende Ehegatte ein Interesse an der Feststellung der Nichtigkeit seiner Verfügung wegen Errichtung im Zustand der Testierunfähigkeit hat, weil dann angesichts der Testierunfähigkeit keine Bindungswirkung wechselbezüglicher Verfügungen eintritt und der Ehegatte in der Neugestaltung seines Testaments Gewissheit über die Frage des Gebundenseins haben muss (vgl BayObLG FamRZ 1996, 1036, 1037 [Prüfung der Testierfähigkeit des Vorverstorbenen bei anderweitigem Testieren des Überlebenden]; vgl auch J SCHNEIDER ZEV 1996, 56, 57; BayObLGZ 1995, 383, 387 = NJW-RR 1996, 457, 458 = FamRZ 1996, 566, 567 [Erbscheinsverfahren; Feststellung der Testierfähigkeit einer noch lebenden Person im Hinblick auf die Frage, ob ein Erbvertrag durch gemeinschaftliches Testament aufgehoben wurde]).

**b) Beweislast**
Zweifelhaft ist die Beweislastverteilung bei der Frage, ob der Testator im Zeitpunkt der Testamentserrichtung **testiermündig** (vgl RdNr 6) war. Wer den Wortlaut der gesetzlichen Regelung in den Vordergrund stellt, wird denjenigen für beweisbelastet halten, der sich auf die Testierfähigkeit beruft, denn Abs 1 formuliert eine Voraussetzung für die Wirksamkeit der Testamentserrichtung. Andererseits ist die Testierfähigkeit als besonders ausgeprägte Form der Geschäftsfähigkeit anzusehen (vgl RdNr 4), sodass – trotz der gesetzestechnisch anderen Umsetzung im Vergleich zu §§ 104 ff – eine einheitliche Beurteilung der Beweislastverteilung vorzunehmen ist. Wie bei der Frage der Geschäftsfähigkeit auch (MünchKomm-GITTER 4. Aufl, § 104 RdNr 20; BAUMGÄRTEL-LAUMEN § 104 RdNr 1f; vgl dazu HEINRICH S 110 ff), sollte deshalb als Regelfall die Testiermündigkeit, als Ausnahme die Testierunmündigkeit angesehen werden (BAUMGÄRTEL-LAUMEN-SCHMITZ RdNr 1; HARDT S 169 ff [bezogen auf § 2247 Abs 4 Fall 1]). In der Praxis wird sich die Frage kaum stellen, da das Geburtsdatum und das Datum der Testamentserrichtung regelmäßig bekannt sind. Ergeben sich die Zweifel an der Testiermündigkeit daraus, dass es bei dem eigenhändigen Testament an der **Angabe des Errichtungsdatums fehlt**, so ist die Sonderregelung des § 2247 Abs 5 zu beachten: Die Beweislast dafür, dass es erst zu einem Zeitpunkt errichtet wurde, an welchem der Testator bereits testiermündig war, trifft dann denjenigen, der sich auf die Wirksamkeit des Testaments beruft (BAUMGÄRTEL-LAUMEN-SCHMITZ RdNr 2).

Bei Testamenten eines **Testiermündigen** geht das Gesetz von der **Testierfähigkeit** aus. Die Folgen der Nichterweislichkeit der Testierunfähigkeit hat derjenige zu tragen, der Rechtsfolgen aus der Unwirksamkeit des Testaments ableitet (ständige Rechtsprechung, vgl BGH FamRZ 1958, 127; BayObLG FamRZ 1986, 728, 730; OLG Düsseldorf FamRZ 1998, 1064, 1065; OLG Oldenburg FamRZ 2000, 834, 835; KG FamRZ 2000, 912; HARDT S 163 ff; BAUMGÄRTEL-LAUMEN-SCHMITZ RdNr 1; zu Verfahren der freiwilligen Gerichtsbarkeit vgl RdNr 23).

### c) Beweisanforderungen

**22** Für die Annahme der **Testierunfähigkeit** ist es erforderlich, dass diese zur **vollen Überzeugung** des Gerichts feststeht (ständige Rechtsprechung, vgl BayObLG FamRZ 1985, 314, 315; 1987, 1199, 1200; NJW-FER 1999, 125, 126 = FamRZ 1999, 819; OLG Frankfurt/M FGPrax 1998, 62, 63 = FamRZ 1998, 1061, 1062 = NJW-RR 1998, 870). Dabei muss die Testierunfähigkeit **im maßgebenden Zeitpunkt** (vgl RdNr 18f) feststehen; es reicht nicht aus, dass sich der Testator »um den fraglichen Zeitpunkt herum« in einem die Testierfähigkeit ausschließenden Zustand befunden hat. Dies kann zwar den Schluss zulassen, dass es auch im maßgebenden Zeitpunkt an der Testierfähigkeit fehlte, dieser Schluss ist aber nur auf der Grundlage eines entsprechenden Erfahrungssatzes möglich und führt nicht zur Umkehr der Beweislast. Dieser Ausgangspunkt wird insbesondere bei der Frage relevant, ob das Testament (möglicherweise) in einem »**lichten Augenblick**« errichtet wurde. Zum Teil wird dabei formuliert, derjenige sei beweisbelastet, der diesen lichten Augenblick für sich in Anspruch nehme, um aus der Wirksamkeit des Testaments für sich günstige Folgen abzuleiten (BayObLG FamRZ 1990, 801, 803 mwN [zur Feststellungslast] mit krit Anm RÜSSMANN; KLINGELHÖFFER ZEV 1997, 92, 93; PALANDT-EDENHOFER RdNr 14). Richtigerweise wird man aber in der Behauptung, es komme die Errichtung des Testaments in einem lichten Augenblick in Betracht, den Versuch sehen müssen, den Erfahrungssatz zu erschüttern, dass ein Testator, der in der Zeit vor der Testamentserrichtung und nach der Testamentserrichtung nicht testierfähig war, dies auch im Zeitpunkt der Errichtung selbst gewesen ist (OLG Frankfurt/M FGPrax 1998, 62, 63 = FamRZ 1998, 1061, 1062 = NJW-RR 1998, 870; RÜSSMANN FamRZ 1990, 803, 804; vgl OLG Karlsruhe OLGZ 1982, 280, 281 [mit missverständlichen Ausführungen zur Feststellungslast]; BayObLGZ 1979, 256, 266; NJWE-FER 1999, 125, 126; BAUMGÄRTEL-LAUMEN-SCHMITZ RdNr 9; HARDT S 178 ff; nur insoweit trägt derjenige die Feststellungslast, der den Erfahrungssatz erschüttern will, vgl BayObLG ZEV 1994, 303; vgl auch BGH NJW 1988, 3011 [Nachweis der Möglichkeit eines luziden Intervalls]). Dieser Erfahrungssatz ist bereits dann erschüttert, wenn aus Umständen des Einzelfalls heraus im konkreten Fall ein lichter Augenblick im Zeitpunkt der Testamentserrichtung ernsthaft in Betracht kommt; der (Gegen-) Beweis, dass das Testament in einem solchen Augenblick errichtet wurde, ist nicht zu fordern, sondern es bleibt bei der Regel, dass derjenige die Beweislast trägt, der aus der Testierunfähigkeit Folgen ableiten will (OLG Frankfurt/M FGPrax 1998, 62 = FamRZ 1998, 1061, 1062 = NJW-RR 1998, 870; OLG Köln FamRZ 1992, 729, 731; OLG Karlsruhe OLGZ 1982, 280, 281; RÜSSMANN FamRZ 1990, 803, 804; JERSCHKE ZEV 1994, 304, 305; HEINRICH S 114 ff; BAUMGÄRTEL-LAUMEN-SCHMITZ RdNr 9; HARDT S 178 ff; STAUDINGER-BAUMANN RdNr 25, nicht eindeutig in RdNr 54). Bei der Frage, **ob ein lichter Augenblick in Betracht kommt**, sind wiederum Erfahrungssätze heranzuziehen (zu den Anforderungen an die Aufklärung einer solchen Möglichkeit vgl OLG Hamm MDR 1967, 496; BayObLGZ 1979, 256, 261 ff). Danach ist insbesondere im fortgeschrittenen Stadium der Demenz das Auftreten derartiger lucida intervalla regelmäßig auszuschließen (OLG Celle NdsRpfl 1962, 201, 202 = DNotZ 1962, 657 [LS] [letztes Stadium der Cerebralsklerose]; zur Beweisfrage vgl BayObLGZ 1979, 256, 261f). Auch insoweit handelt es sich aber nur um einen Erfahrungssatz, der seinerseits erschüttert werden kann – beispielsweise durch den Nachweis, dass der Erblasser trotz des fortgeschrittenen Stadiums der Demenz lichte Augenblicke hatte. Die Beweislast dafür, dass das Testament nicht in einem solchen Augenblick, sondern im Stadium der Testierunfähigkeit errichtet wurde, trägt dann derjenige, der aus der Unwirksamkeit des Testaments Rechtsfolgen für sich ableitet. Steht für einen bestimmten Zeitraum die Testierunfähigkeit fest, während für einen anderen Zeitraum von der Testierfähigkeit auszugehen ist, und kann das eigenhändige Testament **mangels Datierung** nicht dem einen oder dem anderen Zeitraum zugeordnet werden, so trifft in entsprechender Anwendung des § 2247 Abs 5 denjenigen die Beweislast, der die Wirksamkeit des Testaments für sich in Anspruch nimmt (BayObLG FamRZ 1994, 593 [zur Feststellungslast]). Die Beweislast kehrt sich aber nur hinsichtlich der Frage um, ob das Testament in einem Zeitpunkt errichtet wurde, in welchem die Testierfähigkeit gegeben ist; hinsichtlich der Testierfähigkeit selbst bleibt es bei den dargestellten Grundsätzen. Steht dagegen der Errichtungszeitraum trotz des Fehlens des Datums fest und bleibt zweifelhaft, ob innerhalb dieses Zeitraums zu einem Zeitpunkt Testierunfähigkeit gegeben war, so ist – da sich die Ungewissheit des Errichtungsdatums nicht auswirkt – von der Wirksamkeit des Testaments auszugehen (BayObLG NJW-RR 1996, 1160, 1161 = ZEV 1996, 390, 391 f = FamRZ 1996, 1438; ROTH ZEV 1997, 94; vgl auch BayObLG FamRZ 1995, 898, 899; vgl § 2247 RdNr 35). Zu der Frage der Beweiserhebung vgl RdNr 24.

### 2. Freiwillige Gerichtsbarkeit

Nicht grundsätzlich anders verhält es sich im Verfahren der freiwilligen Gerichtsbarkeit zur Ermittlung der Erben oder der Erteilung eines Erbscheins. Innerhalb der hier stattfindenden Prüfung von Amts wegen (§ 2358 iVm § 12 FGG) ist auch der Frage der Testierfähigkeit nachzugehen (zur Unzulässigkeit eines selbständigen Beweisverfahrens über die Frage der Testierfähigkeit eines noch lebenden Erblassers vgl OLG Frankfurt/M MDR 1997, 481 f = NJW-RR 1997, 581, 582 = FamRZ 1997, 1021, 1022 f). Auch hier ist der Erblasser so lange als testierfähig anzusehen, wie seine Testierunfähigkeit nicht zur Überzeugung des Gerichts feststeht. Soweit sich Zweifel ergeben (Indizien sind: Vortrag konkreter Umstände, die im Falle ihres Zutreffens einen sichereren Schluss zulassen [vgl OLG Hamm OLGZ 1989, 271, 274]; ärztliche Zeugnisse [vgl BayObLGZ 1953, 195, 198: Vernehmung des Arztes erforderlich]; **keine hinreichenden Indizien** sind: bloße Behauptungen eines Beteiligten [BayObLG MDR 1997, 650 = FamRZ 1997, 1029; Rpfleger 1996, 455 = FamRZ 1997, 126 f]; Anordnung einer Gebrechlichkeitspflegschaft [vgl BayObLG FamRZ 1988, 1099, 1100]; Selbsttötung [vgl BayObLG Rpfleger 1984, 317, 318]; regelmäßige Einnahme starker Medikamente [vgl OLG Hamm FGPrax 1997, 68, 69 = FamRZ 1997, 1026, 1027 = ZEV 1997, 75, 76]; zum Alkoholismus vgl LG Stuttgart BWNotZ 1986, 13, 14 f [auf den Einzelfall abstellend]), müssen alle in Betracht kommenden Erkenntnisquellen ausgeschöpft werden. Dabei ist die Beweiserhebung regelmäßig im Wege des Strengbeweisverfahrens durchzuführen (vgl OLG Frankfurt/M FamRZ 1997, 1306, 1308 = DNotZ 1998, 216, 218). Grundsätzlich wird zur Klärung der Frage ein Sachverständigengutachten einzuholen sein (vgl RdNr 24), wobei die Beurteilung der Testierfähigkeit trotz des faktisch maßgebenden Einflusses des Gutachters bei dem Gericht liegt (BGHZ 18, 311, 318; 61, 165, 169; BayObLG Rpfleger 1985, 239). Erst wenn weitere Ermittlungen ein die Entscheidung beeinflussendes Ergebnis nicht mehr erwarten lassen, darf die Amtsermittlung abgeschlossen werden (BayObLGZ 1979, 256, 261 f; FamRZ 1988, 422 f; 1996, 1109, 1110; NJWE-FER 1999, 125, 126; OLG Köln NJW-RR 1991, 1285, 1286; vgl dazu auch RdNr 24). Obwohl diese Verfahren also eine (subjektive) Beweisführungslast nicht kennen, verteilt sich die (objektive) Feststellungslast nach den oben genannten Kriterien. Danach trägt hinsichtlich der Testierunfähigkeit eines Testiermündigen derjenige die Feststellungslast, der aus der Unwirksamkeit des Testaments Folgen für sich ableiten will (BayObLGZ 1962, 299, 303; 1979, 256, 261; 1982, 309, 312; FamRZ 1987, 1199,

1200 f; OLG Hamm FamRZ 1997, 1026, 1028; OLG Frankfurt/M FGPrax 1998, 62 f = FamRZ 1998, 1061, 1062 = NJW-RR 1998, 870; KG NJW 2001, 903 f).

### 3. Fragen der Beweiserhebung und der Beweiswürdigung

**24** Ausgangspunkt ist die Erkenntnis, dass in allen **zweifelhaften Fällen** die Frage der Testierunfähigkeit regelmäßig nur durch das **Gutachten eines Neurologen** zu klären ist (vgl BayObLG NJW-RR 1990, 1419, 1420; FamRZ 1992, 724; FamRZ 1994, 1137, 1138 = ZEV 1994, 303, 304 m Anm JERSCHKE; FamRZ 1997, 1511, 1512; ZEV 1998, 230 = FamRZ 1998, 515, 516; OLG Hamm MDR 1967, 496; KG FamRZ 2001, 55, 56; BARTSCH NJW 2001, 861; T. ZIMMERMANN BWNotZ 2000, 97, 101; vgl auch BayObLG FamRZ 2000, 120, 122 = Rpfleger 1999, 447, 448 [kein Sachverständigengutachten erforderlich, wenn nach den Ermittlungen des Gerichts keine Zweifel mehr an der Testierfähigkeit bestehen]; in diesem Sinne auch KG NJW 2001, 903, 904 = FamRZ 2000, 912, 193; zu Sonderfragen der posthumen Begutachtung vgl WETTERLING-NEUBAUER-NEUBAUER ZEV 1995, 46, 48; zur Verwertbarkeit eines Privatgutachtens im Wege des Freibeweises BayObLG NJW-RR 1990, 202, 203). Widersprechende Gutachten sind vom Gericht zu würdigen; sie zwingen weder zu einer Gegenüberstellung der Gutachter (BayObLG [28. 12. 1979] BReg 1 Z 75/79; vgl BGHZ 35, 370, 374), noch ist stets ein Obergutachten erforderlich (KG OLGZ 1967, 87; BayObLG Rpfleger 1980, 189, 190). Für letzteres besteht nur bei besonders schwierig zu beurteilenden Fragen oder bei gravierenden Mängeln des vorgelegten Gutachtens sowie bei überlegenen Forschungsmitteln des Obergutachters Anlass (BayObLGZ 1971, 147; 1974, 137, 142; NJWE-FER 1999, 125, 127; BGHZ 53, 254, 258f). Kommen zwei Sachverständige übereinstimmend zu dem Ergebnis, dass ausreichende Anhaltspunkte für die Annahme einer Testierunfähigkeit nicht gegeben sind, ist das Gericht auch dann nicht gehalten, weitere Gutachten einzuholen, wenn andere Fachleute zu einem anderen Ergebnis kommen (BayObLG ZEV 1997, 510, 511). Da Personen aus dem Umfeld des Testators in der Regel nicht dazu in der Lage oder nicht Willens sein werden, geistige Defizite zutreffend zu beschreiben, ist das Gericht regelmäßig nicht verpflichtet, Zeugen anzuhören, die nur einfachen sozialen Kontakt mit dem Testator hatten (OLG Köln FamRZ 1992, 729, 731 [Verfahren der freiwilligen Gerichtsbarkeit]). Ihre Vernehmung kann aber zur Klärung der Frage sinnvoll sein, ob ein Sachverständigengutachten erforderlich ist, um Zweifeln an der Testierfähigkeit nachzugehen (vgl OLG Köln NJW-RR 1994, 396, 397 = FamRZ 1994, 1135, 1136f [erneute Vernehmung der Zeugen in Anwesenheit des Sachverständigen nicht erforderlich, wenn sich dieser davon keine weitere Aufklärung verspricht]). Bei der Entscheidung, von einem Sachverständigengutachten abzusehen, ist zu bedenken, dass ein altersbedingter Abbau der geistigen Fähigkeiten gerade Personen, die dem Testator nahe stehen, häufig als nicht so gravierend erscheinen wird (vgl OLG Celle NdsRpfl 1962, 201, 202; BayObLG FamRZ 1985, 314, 315). Weiterhin ist zu bedenken, dass altersbedingte Abbauerscheinungen von den Betroffenen überspielt werden können. Der Eindruck von Personen, die einen nur eingeschränkten Kontakt mit dem Erblasser hatten, kann deshalb trügen (BayObLG FamRZ 1997, 1511, 1512 [Testierunfähigkeit trotz »normalen" Arzt-Patienten-Kontakts mit dem Hausarzt]; vgl auch OLG Frankfurt/M FGPrax 1998, 62, 63 = FamRZ 1998, 1061, 1063 = NJW-RR 1998, 870, 871; OLG Düsseldorf FamRZ 1998, 1064, 1065f). Von einem Gutachten kann aber abgesehen werden, wenn das Gericht der Auffassung ist, dass auch ein die Testierfähigkeit verneinendes Ergebnis nicht ausreichen würde, um das Gericht von der Testierunfähigkeit zu überzeugen (BayObLG NJW-RR 1990, 1419, 1420; FamRZ 2000, 120, 122 = Rpfleger 1999, 447, 448; KG FamRZ 2000, 912, 913 = NJW 2001, 903, 904; vgl auch BayObLG FamRZ 1998, 515, 516 = ZEV 1998, 230, 231 [Feststellung einer senilen Demenz reicht als Anzeichen nicht aus, wenn diese auf den nach der Errichtung des Testaments eingetretenen Tod des Ehemanns zurückzuführen sein kann und ein Arzt – kein Neurologe – zeitnah zur Testamentserrichtung den Eindruck bestehender Testierfähigkeit gewonnen hat]). Die positive Feststellung der Testierunfähigkeit wird selten ohne ein solches Gutachten möglich sein (BayObLG NJW-RR 1990, 1419, 1420). Soweit die Frage der Testierfähigkeit durch die **Vernehmung des Arztes** oder **des Notars** aufgeklärt werden soll, können sich diese nur dann auf ein Zeugnisverweigerungsrecht berufen, wenn die Entbindung von der Schweigepflicht nicht dem tatsächlichen oder mutmaßlichen Willen des Erblassers entspricht. Dabei ist regelmäßig davon auszugehen, dass der Verstorbene ein Interesse an der Klärung der Frage der Testierfähigkeit hat (BGHZ 91, 392, 400 = NJW 1984, 2893, 1895; KG DJZ 1915, 1135; HÜLSMANN-BALDAMUS ZEV 1999, 91, 94; BARTSCH NJW 2001, 861, 862f; zur Zeugnispflicht des Arztes: BayObLG NJW 1987, 1492; NJW-RR 1991, 1287f; zur Zeugnispflicht des Notars/Rechtsanwalts: OLG Frankfurt/M FamRZ 1997, 1306, 1308 = DNotZ 1998, 216, 218 [dort auch zur Notwendigkeit, die Beweisaufnahme in der Form des § 15 Abs 1 FGG durchzuführen]; OLG Köln OLGZ 1982, 1, 4; Rpfleger 1985, 494; LANGE-KUCHINKE § 18 IV; MUSIELAK-HUBER § 383 ZPO RdNr 4; ausführlich dazu EDENFELD ZEV 1997, 391 ff [der die Entscheidung darüber, was dem mutmaßlichen Willen des Erblassers entspricht, weniger dem Notar als dem Gericht überlassen möchte, während die hL den Schweigepflichtigen lediglich dazu anhält, nachvollziehbar darzulegen, warum er meint, der Erblasser habe ihn nicht von der Schweigepflicht entbinden wollen; vgl dazu HÜLSMANN-BALDAMUS ZEVB 1999, 91, 94]). Wird zur Beurteilung der Testierfähigkeit der Inhalt von Patientenakten verwertet (zur Anordnung der Vorlage nach § 142 ZPO vgl KRUG ZEV 2002, 58), so darf den am Verfahren Beteiligten die Einsicht in diese Akten nicht verwehrt werden (OLG Düsseldorf ZEV 2000, 363 [LS]). Die Frage der Testierfähigkeit ist in wesentlichen Teilen eine der Tatsachenfeststellung und der Beweiswürdigung, die damit der Rechtsbeschwerde bzw der Revision entzogen ist (zum Verstoß gegen Beweisregeln, Denkgesetze und Erfahrungssätze vgl BayObLG FamRZ 1985, 314, 315; 739, 741; 1988, 422f; 1990, 1281, 1282).

## VII. Übergangsrecht infolge des BtG

**25** Nach geltendem Recht richtet sich die Testierfähigkeit eines Betreuten nach Abs 4 (vgl oben RdNr 8). Für Testamente, die **bis zum 31. 12. 1991 errichtet** wurden, gilt das frühere Recht fort, auch wenn die vor dem 1. 1. 1992 bestandskräftig gewordene (zu Fällen, in denen lediglich der Entmündigungsantrag gestellt war, sogleich) Entmündigung kraft Gesetzes (Art 9 § 1 BtG) in eine Betreuung umgewandelt wurde. Daraus schließt die hL (HAHN FamRZ 1991, 27, 29; SOERGEL-HARDER RdNr 11; STAUDINGER-BAUMANN RdNr 44), dass Testamente, die vor dem In-Kraft-Treten des BtG von einem Entmündigten errichtet wurden, unwirksam sind, und auch wenn der Erbfall erst nach dem In-Kraft-Treten des BtG eintritt. Die Gegenauffassung (HESS S 234f), die eine Validation annimmt, führt zu einer erheblichen Rechtsunsicherheit, wie sich daran zeigt, dass entgegen dem auf Rechtssicherheit bedachten staatlichen Ausspruch über die Entmündigung nun doch der Nachweis der Testierunfähigkeit im Zeitpunkt der Testamentserrichtung geführt werden müsste. Eine so weitgehende Modifikation des bis zum 1. 1. 1992 geltenden Rechts hätte einer näheren Übergangsregelung im BtG bedurft, die durch Art 9 § 1 BtG aber gerade nicht getroffen wurde. Der hL ist deshalb zu folgen. Auf der Grundlage des damit maßgebenden alten Rechts ist zu unterscheiden zwischen Personen, die unter Gebrechlichkeitspflegschaft standen, und denen, die entmündigt oder unter vorläufige Vormundschaft gestellt waren. Die Anordnung einer **Gebrechlichkeitspflegschaft** beeinträchtigt die Testierfähigkeit als solche nicht und kann auch nicht als Indiz für die Testierunfähigkeit herangezogen werden. Wenn allerdings die konkrete Ausgestaltung der Gebrechlichkeitspflegschaft ernstliche

Zweifel an der Testierfähigkeit weckt, muss das Nachlassgericht in Verfahren der freiwilligen Gerichtsbarkeit von Amts wegen aufklären (BayObLG FamRZ 1994, 593, 594). **Entmündigte** konnten nach dem früheren Recht kein Testament errichten. Bei Entmündigung wegen Geisteskrankheit ergab sich das aus der Geschäftsunfähigkeit nach § 104 Nr 3 aF; bei Entmündigung wegen Geistesschwäche, Verschwendung, Trunksucht oder Rauschgiftsucht ergab es sich aus § 2229 Abs 3 S 1 aF (zur Wirksamkeit des Testamentswiderrufs vgl § 2253 Abs 2 aF). In allen Fällen trat die Testierunfähigkeit bereits mit der **Stellung des Antrags** auf Entmündigung ein, soweit aufgrund dieses Antrags die Entmündigung erfolgte (§ 2229 Abs 3 S 2 aF). Soweit der Antrag zwar vor dem In-Kraft-Treten des BtG gestellt wurde, es dann aber wegen dieses Gesetzes nicht zur Entmündigung, sondern zur Anordnung der Betreuung kam, beurteilt sich die Testierfähigkeit nach dem neuen Recht (STAUDINGER-BAUMANN RdNr 44), da es an einer Entmündigung iSd § 2229 Abs 3 S 2 fehlt. Zur Aufhebung der Entmündigung vgl § 2230 Abs 2 aF. Wurde ein Volljähriger unter **vorläufige Vormundschaft** gestellt, so berührte dies seine Testierfähigkeit nicht (§ 2229 Abs 2 aF). Sofern der Antrag auf Entmündigung im Zeitpunkt der Testamentserrichtung bereits gestellt war, ist aber § 2229 Abs 3 S 2 aF zu beachten.

**26** Nach dem früher geltenden und für früher errichtete Testamente jetzt noch fortgeltenden Recht war das Testament eines Entmündigten auch dann mangels Testierfähigkeit unwirksam, wenn der Entmündigte **in der konkreten Situation an sich geschäftsfähig** war. Dieser Ausschluss eines in der konkreten Situation an sich Testierfähigen ist nicht unbedenklich, da das grundgesetzlich geschützte Recht auf Bestimmung der Erbfolge tangiert wird (CANARIS JZ 1987, 993, 999f [beschränkt auf Entmündigung wegen Geistesschwäche, Rauschgiftsucht, Trunksucht und Verschwendungssucht]; Sympathie bei SOERGEL-HARDER RdNr 4; krit RAMM JZ 1988, 489; WIESER JZ 1988, 493; Entgegnung CANARIS JZ 1988, 494). CANARIS hat deshalb vorgeschlagen, in Analogie zu §§ 2233, 2275 Abs 2 iVm § 2276 Abs 2, § 1410 bei Zustimmung des gesetzlichen Vertreters und bei Mitwirkung des Notars eine eingeschränkte Testierfähigkeit derjenigen anzuerkennen, die lediglich wegen Geistesschwäche, wegen Trunksucht, Rauschgiftsucht oder Verschwendungssucht entmündigt waren und im Zeitpunkt der Testamentserrichtung nach dem Maßstab des Abs 4 testierfähig waren. Dieser Auffassung, gegen die wegen der systemfremden Koppelung der Testierfähigkeit an die Zustimmung eines Dritten erhebliche Bedenken bestehen, braucht hier nicht weiter nachgegangen zu werden, da die genannten Voraussetzungen wohl kaum jemals erfüllt sein dürften – allein schon deshalb, weil der Notar seine Mitwirkung an einem derartigen Testament versagt haben wird. In Fortführung der These der Verfassungswidrigkeit des § 2229 Abs 3 aF wird aber nunmehr auch die Auffassung vertreten, dass trotz der Fortgeltung des früheren Rechts Testamente Entmündigter nur dann am Fehlen der Testierfähigkeit scheitern, wenn diese testierunfähig iSd § 2229 Abs 4 sind (STAUDINGER-BAUMANN RdNr 43). Dieser Vorschlag hat gravierende Folgen für die Verteilung der Beweislast, denn konsequenterweise müssten dann trotz der Entmündigung die Voraussetzungen der Testierunfähigkeit im Einzelnen nachgewiesen werden, wobei die ernsthafte Möglichkeit der Errichtung in einem lichten Augenblick ausreichen müsste, um von der Testierfähigkeit auszugehen (vgl RdNr 22). Soweit man dem verfassungsrechtlichen Gesichtspunkt Rechnung tragen will, erscheint es deshalb richtiger, nicht die Regelung des § 2229 Abs 3 aF als solche für verfassungswidrig zu halten, sondern lediglich das Fehlen einer Ausnahme, die (allen) Entmündigten die Testierfähigkeit dann zuspricht, wenn sie nachgewiesenermaßen im Zeitpunkt der Errichtung des Testaments nach dem Maßstab des Abs 4 testierfähig waren (zu der Möglichkeit, die Verfassungswidrigkeit auf das Fehlen einer Ausnahme zu beschränken, vgl BVerfGE 71, 1, 10 ff). Die Beweislast trüge dann derjenige, der sich auf die Wirksamkeit des Testaments eines Entmündigten beruft, und zwar auch dafür, dass dieses im Stadium der Testierfähigkeit errichtet wurde. Entscheidet man anders, dann ruft dies nicht nur erhebliche Rechtsunsicherheit hervor, sondern es wird auch der Wille des Gesetzgebers des BtG unterlaufen, der sich hinsichtlich der Testamente Entmündigter für eine generelle Unwirksamkeit und gegen eine Beurteilung der Testierfähigkeit auf der Grundlage des neuen Rechts ausgesprochen hat.

### VIII. Testierunmöglichkeit

Vom Fehlen der Testierfähigkeit zu unterscheiden sind Fälle, in denen ein an sich Testierfähiger **gehindert ist**, ein Testament zu errichten, weil er sich **nicht** in den vom Gesetz vorgesehenen Formen **ausdrücken kann**. Dies betraf vor der Änderung der §§ 2232, 2233 durch das OLGVertrÄndG Personen, die sich weder mündlich noch schriftlich verständigen können (vgl dazu ROSSAK ZEV 1995, 236 ff). Dem genannten Personenkreis hat die früher hL die Möglichkeit des Testierens versagt (vgl OLG Hamm NJW-RR 1994, 593; LG Bochum NJW-RR 1993, 969, bestätigt durch OLG Hamm NJW-RR 1995, 192). Betroffen von dieser sog Testierunmöglichkeit waren Stumme, soweit sie nicht sowohl lesen als auch schreiben können (vgl § 2247 Abs 1 und 4; § 2233 Abs 2 aF; § 31 S 1 aF BeurkG), und zwar auch dann, wenn es sich um einen vorübergehenden Zustand handelt (zB bei Verletzung des Kiefers und beider Arme). Die Testierunmöglichkeit betraf weiterhin Analphabeten, die taub sind und mit denen man sich nicht verständigen kann, sodass auch nach § 24 aF BeurkG eine Beurkundung ausschied, sowie testierfähige Minderjährige, die nicht schreiben konnten und stumm waren (§ 2233 Abs 1 aF, § 31 S 1 aF BeurkG; LANGE-KUCHINKE § 18 VI; PALANDT-EDENHOFER § 2233 RdNr 8). Eine Ausnahme von der Testierunmöglichkeit bestand nach der hL nur dann, wenn ein Erbvertrag mit einem Ehevertrag verbunden wird, denn nach § 2276 Abs 2 genügt die Beachtung der Vorschriften des Ehevertrages. In derartigen Fällen ist nach § 22 Abs 1 BeurkG ein Zeuge oder ein zweiter Notar und gemäß § 24 BeurkG eine Verständigungsperson zuzuziehen, wenn nach der im Protokoll zu vermerkenden Überzeugung des Notars der Beteiligte nicht hinreichend sprechen oder hören kann und eine schriftliche Verständigung mit ihm nicht möglich ist (HÖFER JurA 1970, 740, 751). Das BVerfG hat jedoch mit Recht den Ausschluss solcher testierfähigen Personen, die weder sprechen noch schreiben können, von der Möglichkeit der Testamentserrichtung unter Berufung auf Art 14 Abs 1, Art 3 Abs 1 und Art 3 Abs 3 S 2 GG für **verfassungswidrig** erklärt (BVerfG NJW 1999, 1853 = ZEV 1999, 147 = DNotZ 1999, 409 ff m Anm ROSSAK; vgl dazu auch ROHLFING-MITTENZWEI FamRZ 2000, 654 ff; LÖSLER NotBZ 1999, 185). Der Gesetzgeber hat dem Rechnung getragen, indem in §§ 2232, 2233 auf die Voraussetzung der Mündlichkeit der Erklärung verzichtet und § 31 BeurkG gestrichen wurde (OLGVertrÄndG v 23. 7. 2002, BGBl I 2850). Damit ist es jedem Testierfähigen möglich, ein Testament zu errichten, sofern er sich nur hinreichend klar erklären kann, unabhängig davon, in welcher Form dies geschieht. Nach der Neufassung des § 24 Abs 1 S 2 BeurkG ist gegebenenfalls eine Verständigungsperson beizuziehen. Näher zu diesen Fragen § 2232 RdNr 6 f.

## § 2230 aF

*(1) Hat ein Entmündigter ein Testament errichtet, bevor der Entmündigungsbeschluß unanfechtbar geworden ist, so steht die Entmündigung der Gültigkeit des Testaments nicht entgegen, wenn der Entmündigte noch vor dem Eintritt der Unanfechtbarkeit stirbt.*

*(2) Hat ein Entmündigter nach der Stellung des Antrags auf Wiederaufhebung der Entmündigung ein Testament errichtet, so steht die Entmündigung der Gültigkeit des Testaments nicht entgegen, wenn die Entmündigung auf Grund des Antrags wieder aufgehoben wird.*

Zum Schrifttum vgl vor § 2229

### Übersicht

| | | |
|---|---|---|
| I. | Geltungsbereich der Norm | 1 |
| II. | Recht der ehemaligen DDR | 2 |
| III. | Einzelerläuterungen | 3 |

### I. Geltungsbereich der Norm

**1** Die Regelung wurde durch das Gesetz zur Reform des Rechts der Vormundschaft und Pflegschaft (BtG) vom 12. 9. 1990 mit Wirkung zum **1. 1. 1992** aufgehoben. Bei Testamenten, die vor diesem Zeitpunkt errichtet wurden, bleibt die Regelung anwendbar (vgl § 2229 RdNr 25). Ist in einem Fall des Abs 2 über den Antrag auf Aufhebung der Entmündigung wegen der Gesetzesänderung nicht mehr entschieden worden, so bleibt es grundsätzlich bei der Testierunfähigkeit nach § 2229 Abs 3 aF (vgl HAHN FamRZ 1991, 27, 29; LANGE-KUCHINKE § 18 II 3 c Fn 21; zu Fällen, in denen der Entmündigungsbeschluß am 1. 1. 1992 noch nicht unanfechtbar geworden war, vgl § 2229 RdNr 25). Gerade in diesen Fällen können aber die verfassungsrechtlichen Bedenken gegen den generellen Ausschluss der Entmündigten von der Testierfähigkeit (vgl dazu § 2229 RdNr 26) zu einer anderen Beurteilung führen.

### II. Recht der ehemaligen DDR

**2** Das **ZGB** sah ebenfalls den Ausschluss Entmündigter von der Gestaltung der Erbfolge durch Testament vor (vgl § 2229 RdNr 2), es enthielt aber keine dem § 2230 aF entsprechende Regelung. Sofern der Testator verstirbt, bevor der Entmündigungsbeschluß unanfechtbar wird, steht seine Entmündigung nicht fest, sodass die der Testierfähigkeit nicht entgegensteht. Insoweit enthält § 2230 Abs 1 aF eine allgemeine, auch auf Fälle, die dem ZGB unterliegen, anwendbare Regel. Dagegen enthält § 2230 Abs 2 aF eine konstitutive Regelung, die nicht ohne weiteres übertragen werden kann (vgl zum Ausnahmecharakter SOERGEL-FAHSE, 12 Aufl, § 6 aF RdNr 61 [in 13. Auflage nicht mehr behandelt]). Damit entfällt erst mit der Unanfechtbarkeit der Entscheidung über die Aufhebung der Entmündigung (vgl § 143 ZPO-DDR) die Handlungs- und die damit verbundene Testierunfähigkeit. Vor allem in derartigen Fällen ist aber an eine verfassungsrechtliche Korrektur der Regelungen der Testierunfähigkeit zu denken (vgl § 2229 RdNr 3), wobei bei Aufhebung der Entmündigung die Anwendung des Erfahrungssatzes nahe liegt, dass der Testator auch bereits bei der Beantragung der Aufhebung nicht (mehr) testierunfähig gewesen ist.

## III. Einzelerläuterungen

**Abs 1** betrifft Fallgestaltungen, in denen wegen des zwischenzeitlichen Versterbens des Testators über den Antrag auf Entmündigung nicht abschließend entschieden wurde. Es ist dann von der Testierfähigkeit auszugehen. Im Einzelfall werden häufig die Voraussetzungen des § 2229 Abs 4 erfüllt sein; einen entsprechenden Erfahrungssatz gibt es jedoch nicht. Unanfechtbarkeit trat nach §§ 664, 684 aF ZPO ein, wenn nicht innerhalb der Frist von einem Monat nach Zustellung an den Entmündigten (im Falle der Entmündigung wegen Geistesschwäche, Verschwendung, Trunksucht oder Rauschgiftsucht) bzw an den Vormund (im Fall der Entmündigung wegen Geisteskrankheit) Klage erhoben oder diese nach Ablauf dieser Frist zurückgenommen oder abgewiesen wurde.

3

**Abs 2** beseitigt die Testierunfähigkeit in Fällen, in denen der Antrag auf Aufhebung der Entmündigung erfolgreich ist, für die Zeit von der Antragstellung an. Eine weitergehende Rückwirkung dergestalt, dass die Testierfähigkeit auch für Testamente angenommen werden kann, die nach dem Antrag auf Entmündigung (vgl § 2229 Abs 3 S 2 aF) und vor dem Antrag auf Aufhebung der Entmündigung errichtet wurden, sieht das Gesetz nicht vor. Auch hier ist aber an die verfassungsrechtlichen Bedenken zu erinnern (§ 2229 RdNr 26). Diese verstärken sich in Fällen, in denen sich im Verfahren zur Aufhebung der Entmündigung die Rechtswidrigkeit des Entmündigungsbeschlusses erweist (zum Prüfungs- und Beurteilungsumfang des Gerichts im Verfahren zur Aufhebung der Entmündigung hinsichtlich Tatsachen, die bereits im Zeitpunkt der Entmündigung vorlagen, vgl BGH FamRZ 1959, 237 = MDR 1959, 561). Zum Teil wird deshalb vorgeschlagen, in diesen Fällen die Testierfähigkeit ohne Beachtung des Entmündigungsbeschlusses zu beurteilen (REIMANN in der 2. Aufl dieses Werkes in RdNr 6; STAUDINGER-BAUMANN RdNr 7; aA MünchKomm-BURKART 2. Aufl, 1989, RdNr 6; SOERGEL-HARDER RdNr 3). Auch wenn man dem nicht folgt, da ein solcher Akt – auch wenn er rechtswidrig ergangen ist – Beachtung verdient, solange er nicht aufgehoben wurde, sollte man wegen der verfassungsrechtlichen Dimension die Testierfähigkeit trotz des Entmündigungsbeschlusses zumindest dann bejahen, wenn das nach § 2229 erforderliche Maß an Selbstbestimmung im Zeitpunkt der Testamentserrichtung erwiesenermaßen vorhanden war (vgl § 2229 RdNr 26). Ist der Testator vor der Entscheidung über die Aufhebung der Entmündigung verstorben, so sollte aus den genannten Gründen, zumindest bei erwiesener Testierfähigkeit, das Testament als wirksam angesehen werden. Die Frage, ob ein Verfahren zur Aufhebung der Entmündigung trotz des Versterbens fortgesetzt werden kann, um auf diese Weise die Rückbeziehung des Abs 2 hinsichtlich der Testierfähigkeit zu erreichen (bejahend REIMANN in der 2. Aufl dieses Werkes in RdNr 12; für eine Fortsetzung mit dem Ziel der Feststellung, dass eine Aufhebung der Entmündigung ohne das Versterben hätte stattfinden müssen, MünchKomm-BURKART 2. Aufl, 1989, RdNr 7; STAUDINGER-BAUMANN RdNr 8; SOERGEL-HARDER RdNr 4), hat sich durch die Aufhebung des § 2230 erledigt.

4

## § 2231 Ordentliche Testamente

**Ein Testament kann in ordentlicher Form errichtet werden**

1. zur Niederschrift eines Notars,
2. durch eine vom Erblasser nach § 2247 abgegebene Erklärung.

Zum Schrifttum vgl vor § 2229

## Übersicht

| | | |
|---|---|---|
| I. | Zeittafel | 1 |
| II. | Recht der ehemaligen DDR | 2 |
| III. | Einzelerläuterungen | 3 |
| | 1. Übersicht über die ordentlichen Testamentsformen | 3 |
| | 2. Gleichwertigkeit der Testamentsformen in ihrer erbrechtsgestaltenden Funktion | 4 |
| | 3. Unterschiedlichkeit der Testamentsformen in ihrer erbrechtsbezeugenden Funktion | 5 |
| |    a) Vorteile in der Beweisführung | 5 |
| |    b) Weitere Vor- und Nachteile des öffentlichen Testaments | 6 |
| IV. | Anhang: Außerordentliche Testamentsformen | 7 |
| | 1. Übersicht über die außerordentlichen Testamentsformen | 7 |
| | 2. Erläuterungen zu den außerhalb des BGB geregelten außerordentlichen Testamentsformen | 8 |
| |    a) Verfolgtentestament | 8 |
| |    b) Militärtestament | 9 |
| |    c) Konsulartestament | 10 |

## I. Zeittafel

**1** In dem Zeitraum von 1900 bis 1938 (In-Kraft-Treten des TestG, vgl vor § 2229 RdNr 2 ff) konnte ein Testament nach § 2231 aF vor einem Richter oder einem Notar oder durch eine von dem Erblasser unter Angabe des Ortes und Tages eigenhändig geschriebene und unterschriebene Erklärung errichtet werden (zu der – überzogenen – Formstrenge vgl KG DJ 1938, 428 [Nichtigkeit, weil sich bei eigenhändigem Testament der Ort der Errichtung nur aus Vordruck ergab]). § 4 TestG übernahm die Regelung hinsichtlich des öffentlichen Testaments; hinsichtlich des eigenhändigen Testaments wurden die Anforderungen gemildert (zu den Einzelheiten und zum Wortlaut des § 21 TestG vgl § 2247 RdNr 1). Nach der Wiederaufnahme der Regeln in das BGB (vgl vor § 2229 RdNr 9) wurde hinsichtlich des öffentlichen Testaments die ursprüngliche Regelung beibehalten; bei dem eigenhändigen Testament wurde lediglich auf § 2247 verwiesen. Da infolge der Änderung des Beurkundungsrechts nach In-Kraft-Treten des BeurkG zum 1. 1. 1970 (vgl vor § 2229 RdNr 10) ausschließlich Notare zur Beurkundung öffentlicher Testamente zuständig sind, wurde auch § 2231 Nr 1 entsprechend geändert.

## II. Recht der ehemaligen DDR

**2** Im **ZGB** (zur Fortgeltung vgl vor § 2229 RdNr 11 ff) sind neben dem Nottestament (vgl dazu § 2250 RdNr 2) das notariell beurkundete und das eigenhändige schriftliche Testament zugelassen (§ 383 Abs 1 ZGB). Zu den Anforderungen des ZGB an das notariell beurkundete Testament vgl § 2232 RdNr 2f, zu denen an das eigenhändige Testament vgl § 2247 RdNr 2. Nicht den Anforderungen entsprechende Testamente sind nach § 373 Abs 2 ZGB nichtig.

## III. Einzelerläuterungen

### 1. Übersicht über die ordentlichen Testamentsformen

Zu unterscheiden ist zwischen den ordentlichen Testamentsformen iSd § 2231 und den in RdNr 7 ff dargestellten außerordentlichen Testamentsformen. Als ordentliche Testamentsformen kennt das BGB das öffentliche und das eigenhändige Testament. Erleichterte Formen für Verfügungen minderer Bedeutung (familienrechtliche Anordnungen, kleinere Vermächtnisse oder Nachtragserklärungen) sind im BGB nicht vorgesehen. **3**

### 2. Gleichwertigkeit der Testamentsformen in ihrer erbrechtsgestaltenden Funktion

Die beiden ordentlichen Testamentsformen sind in Bezug auf ihre erbrechtsgestaltende Funktion gleichwertig. Ein öffentliches Testament kann durch ein privatschriftliches Testament aufgehoben, geändert oder ergänzt werden. Auch hinsichtlich dessen, was einer testamentarischen Regelung zugänglich ist, unterscheiden sich beide Testamentsformen nicht (zu Einschränkungen der Testamentsformwahl insbes bei Minderjährigen vgl § 2233 RdNr 3f; § 2247 RdNr 37f). **4**

### 3. Unterschiedlichkeit der Testamentsformen in ihrer erbrechtsbezeugenden Funktion

#### a) Vorteile in der Beweisführung

Das öffentliche Testament ist eine **öffentliche Urkunde** iSd §§ 415, 418 ZPO. Ist die Urkunde ordnungsgemäß erstellt, so erbringt sie (vorbehaltlich des Gegenbeweises, § 415 Abs 2 ZPO) den Beweis hinsichtlich des Ortes, der Zeit, der Abgabe der Erklärung mit dem wiedergegebenen Inhalt (nicht der inhaltlichen Richtigkeit) und der Identität der erklärenden Person (BayObLG NJW-RR 2000, 456, 458 = ZEV 2000, 66, 68 [auch hinsichtlich der Sprechfähigkeit des Erblassers]; NIEDER ZNotP 2001, 335, 337; STEIN-JONAS-LEIPOLD § 415 ZPO RdNr 11; ZÖLLER-GEIMER § 415 ZPO RdNr 5; hinsichtlich des Beweises der Identität aA MünchKomm-ZPO-SCHREIBER § 415 RdNr 24, wie hier dagegen LG Berlin DNotZ 1963, 250; REITHMANN DNotZ 1973, 154 ff). Weitere Vorteile des öffentlichen Testaments ergeben sich aus **§ 35 GBO**, weil der Nachweis der Erbfolge dieser Regelung zufolge nicht nur durch Erbschein, sondern auch dergestalt geführt werden kann, dass eine öffentliche Urkunde, in der die letztwillige Verfügung enthalten ist, zusammen mit der Niederschrift über die Eröffnung der Verfügung vorgelegt wird. Nur wenn das Grundbuchamt trotz dieser Urkunde die Erbfolge für nicht ausreichend nachgewiesen erachtet, ist ein Erbschein erforderlich (§ 35 Abs 1 S 2 HS 2 GBO). Dies kann aber nur dann angenommen werden, wenn sich bei der Prüfung des öffentlichen Testaments wirkliche Zweifel ergeben, die nur durch weitere Ermittlungen über den Willen des Erblassers oder über die tatsächlichen Verhältnisse zu klären sind (OLG Hamm MDR 1968, 1012; NJW 1969, 798; OLG Stuttgart Rpfleger 1975, 135; Rpfleger 1992, 154; OLG Frankfurt/M Rpfleger 1978, 412, 413; BayObLG Rpfleger 1995, 249 [Beurteilung schwieriger Rechtsfragen rechtfertigt nicht Vorlageverlangen]; DEMHARTER § 35 GBO RdNr 39). Entfernte abstrakte Möglichkeiten, aus denen die Anfechtbarkeit oder die Nichtigkeit des Testaments folgen könnten, genügen nicht (OLG München JFG 1922, 184, 186; OLG Hamm JMBl NRW 1963, 180, 181; OLG Stuttgart Rpfleger 1992, 154; DEMHARTER § 35 GBO RdNr 39 [dort auch zur Erforderlichkeit eines Erbscheins, wenn das Erbrecht des Bedachten von einer Verwirkungsklausel abhängt]). Ergibt sich aus dem Inhalt des Testaments – gegebenenfalls in Verbindung mit aktenkundigen **5**

Vorgängen – seine Anfechtbarkeit, so kann die Vorlage eines Erbscheins verlangt werden. Die tatsächliche Anfechtung reicht zur Rechtfertigung eines solchen Begehrens nicht aus; anders verhält es sich, wenn bereits eine erstinstanzliche Entscheidung von der Nichtigkeit des Testaments ausgeht (OLG Celle NJW 1961, 562). § 35 GBO verlangt weiter die Niederschrift über die Eröffnung der Verfügung (§ 2260 Abs 3), wobei in dem Protokoll auch die Annahme der Erbschaft (§ 1943) vermerkt sein muss. Eine dem § 35 GBO entsprechende Regelung trifft § 41 SchiffsRegVO (19. 12. 1940 idF vom 26. 5. 1994, BGBl I S 1133). Auch im Bereich des § 12 Abs 2 S 2 HGB (Nachweis der Rechtsnachfolge) hat das öffentliche Testament als öffentliche Urkunde gegenüber einem privatschriftlichen Testament Vorteile. Soweit es um den Nachweis des Erbrechts in Bezug auf einen Hof geht, reicht ein öffentliches Testament nicht aus, wenn nicht ausgeschlossen werden kann, dass der Erblasser eine lebzeitige formlose Hoferbenbestimmung (§ 6 Abs 1 S 1 Nr 1 und 2, § 7 Abs 2 HöfeO) vorgenommen hat (OLG Oldenburg Rpfleger 1984, 13, 14 = FamRZ 1984, 1270 [LS]; Rpfleger 1989, 95; SOERGEL-HARDER RdNr 4; DEMHARTER § 35 GBO RdNr 41). Bezüglich der Verfügung über Sparkassenguthaben bestehen zwischen einem öffentlichen und einem privatschriftlichen Testament keine Unterschiede. In Nr 5 der AGB-Sparkassen (Stand April 2002, insoweit wortgleich mit Stand vom 1. 1. 1993, dieser abgedruckt in NJW 1993, 840 ff), die inhaltlich mit Nr 5 AGB-Banken (Stand April 2002, http://rsw.beck.de/rsw/downloads/Text_AGB_Banken_neu.pdf; insoweit wortgleich mit Stand 2000, dieser abgedruckt in HELLNER-STEUER Bankrecht und Bankpraxis Bd. I A 1/1) übereinstimmt, heißt es dazu: *(1) Erbnachweise. Nach dem Tode des Kunden kann die Sparkasse zur Klärung der rechtsgeschäftlichen Berechtigung die Vorlegung eines Erbscheins, eines Testamentsvollstreckerzeugnisses oder ähnlicher gerichtlicher Zeugnisse verlangen; fremdsprachige Urkunden sind auf Verlangen der Sparkasse mit deutscher Übersetzung vorzulegen. Die Sparkasse kann auf die Vorlegung eines Erbscheins oder eines Testamentsvollstreckerzeugnisses verzichten, wenn ihr eine Ausfertigung oder eine beglaubigte Abschrift vom Testament oder Erbvertrag des Kunden sowie der Niederschrift über die zugehörige Eröffnungsverhandlung vorgelegt wird. (2) Leistungsbefugnis der Sparkasse. Die Sparkasse ist berechtigt, auch die in Urkunden nach Abs 1 Satz 2 als Erbe oder Testamentsvollstrecker bezeichneten Personen als Berechtigte anzusehen, insbesondere sie verfügen zu lassen und mit befreiender Wirkung an sie zu leisten. Dies gilt nicht, wenn der Sparkasse die Unrichtigkeit oder Unwirksamkeit dieser Urkunden bekannt oder infolge Fahrlässigkeit nicht bekannt geworden ist.* Zur Wirksamkeit dieser Klausel und zu der in S 2 genannten Einschränkung bei Fahrlässigkeit vgl OLG Celle NJW 1998, 82, 84 (keine Fahrlässigkeit bei notariellem Testament, welches vor weniger als einem Jahr errichtet wurde).

### b) Weitere Vor- und Nachteile des öffentlichen Testaments

**6** Das öffentliche Testament ist als die sicherere Form der Testamentserrichtung anzusehen. Zum einen **berät und belehrt** der Notar den Testator, sodass dieser vor übereilten und von interessierter Seite beeinflussten Entscheidungen gewarnt wird. Zum anderen werden **Formfehler** bei einem öffentlichen Testament weitgehend **vermieden** werden können. Schließlich ist von Vorteil, dass das öffentliche Testament stets unverzüglich in besondere amtliche **Verwahrung** gebracht werden soll (§ 34 Abs 1 S 4 BeurkG, §§ 2258a, 2258b), sodass das Verlustrisiko bzw das Risiko einer Unterdrückung oder Veränderung des Testaments von interessierter Seite weitestgehend ausgeschaltet wird. Auf der anderen Seite setzt das öffentliche Testament – sieht man von der Möglichkeit der Übergabe einer verschlossenen Schrift (§ 2232 S 2 Fall 1) ab – zwangsläufig voraus, dass der Testator seinen letzten Willen einem Dritten – dem Notar – **offenbart**. Damit wird auch das Gefühl einer gewissen Endgültigkeit der Entscheidung einhergehen, auch wenn das öffentliche Testament selbstverständlich frei widerruflich ist. Auf der anderen Seite wird gerade bei privatschriftlichen Testamenten durch Zusätze, Streichungen und Nachträge oft Widersprüchliches, Missverständliches und möglicherweise in seinem Zusammenwirken auch gar nicht Gewolltes erklärt. Insofern bietet das öffentliche Testament letztlich eher Vorteile, vor allem auch deshalb, weil Zweifel am Testierwillen vermieden werden. Als Nachteil des öffentlichen Testaments wird vielfach die **Kostenbelastung** empfunden. Dabei ist zum einen zu bedenken, dass diese Kosten zu den Nachteilen, die bei Fehlschlagen eines selbstformulierten privatschriftlichen Testaments oder bei missverständlichen Formulierungen drohen, nicht außer Verhältnis stehen, zumal bei Zweifeln an der Echtheit eines Testaments, die sich bei öffentlichen Testamenten in aller Regel vermeiden lassen, oft erhebliche Sachverständigenkosten anfallen. Zum anderen ist bei der Frage der Kostenbelastung zu berücksichtigen, dass bei Errichtung eines öffentlichen Testaments ein Erbschein häufig nicht erforderlich sein wird (vgl RdNr 5), sodass auf diese Weise Kosten wieder eingespart werden (vgl dazu die Beispielsrechnung bei KÖSSINGER S 76) – allerdings letztlich zugunsten der Erben, nicht des Testators.

## IV. Anhang: Außerordentliche Testamentsformen

### 1. Übersicht über die außerordentlichen Testamentsformen

Außerordentliche Formen der Testamentserrichtung kennt zum einen das BGB **7** für bestimmte **Notsituationen** (§§ 2249–2251; zu dem Nottestament des ZGB vgl § 2250 RdNr 2) mit der Folge, dass derart errichtete Testamente eine gewisse Zeit nach Beendigung der Notsituation ihre Wirksamkeit verlieren (dazu näher bei § 2252). Zum anderen sehen Gesetze außerhalb des BGB die Möglichkeit vor, **in besonderen Fällen**, in denen ein ordentliches öffentliches Testament kaum zu errichten ist, ein Testament in außerordentlicher Form zu errichten. An außerordentlichen Testamentsformen **außerhalb des BGB** sind das Verfolgtentestament, das Militärtestament und das Konsulartestament zu nennen. Weitere Formerleichterungen sah § 13 Erbhofrechtsverordnung (EHRV, 21. 12. 1936, RGBl I S 1069; aufgehoben durch Art I KRG Nr 45 vom 20. 2. 1947; Einzelheiten bei STAUDINGER-BAUMANN Vorbem zu §§ 2229 ff RdNr 39) für die Bestimmung des Anerben vor.

### 2. Erläuterungen zu den außerhalb des BGB geregelten außerordentlichen Testamentsformen

#### a) Verfolgtentestament

Die Rückerstattungsgesetze (vgl Art 69 Abs 1 REAO Berlin vom 26. 7. 1949, VOBl I S 221, vgl **8** auch Art 80 REG AmZ, Art 67 BrZ, § 73 EntschädG Rhld-Pf und Württ-Hohenzollern, § 68 EntschädG Baden; näher dazu STAUDINGER-FIRSCHING, 11. Aufl, 1960, Vorbem 74 zu §§ 2229 ff; vgl auch KUBUSCHOK-WEISSSTEIN Art 67 BrZ) verzichten für die Wirksamkeit des Testaments auf die Niederlegung des letzten Willens in schriftlicher Form. Sie erklären eine in der Zeit vom 30. 1. 1933 bis zum 8. 5. 1945 formlos errichtete letztwillige Verfügung für gültig, wenn der Erblasser zu ihr durch eine wirkliche oder vermeintliche unmittelbare Todesgefahr veranlasst wurde, die aus Gründen der Rasse, Religion, Nationalität, Weltanschauung oder aus politischer Gegnerschaft gegen den Nationalsozialismus (vgl zB Art 69 Abs 1 iVm Art 1 REAO Berlin) erwachsen war, und wenn es ihm nach den Umständen unmöglich oder unzumutbar war, die gesetzlichen Formen einzuhalten. Auch auf eine nachträgliche förmliche Niederlegung des letzten Willens wurde verzichtet. War der Erblasser jedoch nach dem 30. 9. 1945 in der Lage, eine formgerechte letztwillige Verfügung zu errichten, so war die Bestimmung über die Formerleichterung nicht anwendbar (vgl Art 69 Abs 2 REAO Berlin).

### b) Militärtestament

**9** Für die deutsche Bundeswehr gelten keine Besonderheiten; Angehörige der Deutschen Marine können auch im Wege des Nottestaments nach § 2251 testieren. Für Wehrmachtsangehörige sah das WehrmFGG die Möglichkeiten vor, ein ordentliches Militärtestament – auch als öffentliches Testament – zu errichten, dessen Wirksamkeit regelmäßig ein Jahr nach dem Ausscheiden des Testators aus dem mobilen Verhältnis (Art 1 § 3 Abs 5 WehrmFGG) oder nach Wegfall der Voraussetzungen des Art 2 WehrmFGG endete; weitere Formerleichterungen brachte die 5. DVO WehrmFGG vom 6. 9. 1943 (RGBl I S 537; zu den Einzelheiten vgl STAUDINGER-FIRSCHING, 11. Aufl, 1960, Vorbem 71 zu §§ 2229 ff; LANGE-KUCHINKE § 22). Daneben standen diesem Personenkreis auch die Testamentsformen des BGB zur Verfügung, wobei an die Stelle des Urkundsbeamten des Gerichts der Urkundsbeamte des Militärgerichts trat (Art 1 § 2 Abs 3 WehrmFGG). Derartige Testamente unterliegen der zeitlichen Begrenzung des Art 1 § 3 Abs 5 nicht.

### c) Konsulartestament

**10** Das Konsulartestament ermöglicht es deutschen Staatsangehörigen, die im Ausland leben, eine Verfügung von Todes wegen vor einer deutschen Stelle nach deutschem Recht zu errichten. Diese Testamentsform wurde bis zum In-Kraft-Treten des neuen Konsulargesetzes am 15. 12. 1974 (BGBl I 2317; Begründung Regierungsentwurf BT-Drucks 7/2006) durch das Konsulargesetz vom 8. 11. 1867 (Bundes-Gesetzblatt des Norddeutschen Bundes S 137) geregelt, dessen Bestimmungen in entsprechender Anwendung des § 51 Abs 3 TestG (vgl vor § 2229 RdNr 7) fortgelten, auch wenn der Testator das Testament vor dem 14. 12. 1974 errichtet hat, aber erst nach dem In-Kraft-Treten des neuen Konsulargesetzes verstorben ist. Nach dem neuen Konsulargesetz, das auf der Grundlage des Wiener Übereinkommens vom 24. 4. 1963 (BGBl II 1969, 1585) ergangen ist, gilt Folgendes: *§ 10 Beurkundungen im Allgemeinen (1) Die Konsularbeamten sind befugt, über Tatsachen und Vorgänge, die sie in Ausübung ihres Amts wahrgenommen haben, Niederschriften oder Vermerke aufzunehmen, insbesondere 1. vor ihnen abgegebene Willenserklärungen und eidesstattliche Versicherungen zu beurkunden, 2. . . . (2) Die von einem Konsularbeamten aufgenommenen Urkunden stehen den von einem inländischen Notar aufgenommenen gleich. (3) Für das Verfahren bei der Beurkundung gelten die Vorschriften des Beurkundungsgesetzes vom 28. August 1969 (BGBl I, 1513) mit folgenden Abweichungen: 1. Urkunden können auf Verlangen auch in einer anderen als der deutschen Sprache errichtet werden. 2. Dolmetscher brauchen nicht vereidigt zu werden. 3. . . . 4. . . . 5. . . .*

*§ 11 Besonderheiten für Verfügungen von Todes wegen (1) Testamente und Erbverträge sollen die Konsularbeamten nur beurkunden, wenn die Erblasser Deutsche sind. Die §§ 2232, 2233 und 2276 des Bürgerlichen Gesetzbuchs sind entsprechend anzuwenden. (2) Für die besondere amtliche Verwahrung (§ 34 des Beurkundungsgesetzes, § 2258a des Bürgerlichen Gesetzbuchs) ist das Amtsgericht Schöneberg in Berlin zuständig. Der Erblasser kann jederzeit die Verwahrung bei einem anderen Amtsgericht verlangen. (3) Stirbt der Erblasser, bevor das Testament oder der Erbvertrag an das Amtsgericht abgesandt ist, oder wird eine solche Verfügung nach dem Tode des Erblassers beim Konsularbeamten abgeliefert, so kann dieser die Eröffnung vornehmen. Die §§ 2260, 2261 Satz 2, §§ 2273 und 2300 des Bürgerlichen Gesetzbuchs sind entsprechend anzuwenden.* (Vgl ausführlich GEIMER DNotZ 1978, 3 ff). Soweit in dieser Regelung **Konsularbeamte** als zuständig bezeichnet werden, ist zu beachten, dass Konsularbeamte, die nicht die Befähigung zum Richteramt haben, nur nach besonderer Ermächtigung (§§ 19, 20 KonsularG) Be-

urkundungen vornehmen sollen. Die Nichtbeachtung dieser Regelung führt nicht zur Nichtigkeit der Beurkundung (krit zu dieser legislativen Entscheidung STAUDINGER-BAUMANN Vorbem zu §§ 2229 ff RdNr 57). Nach dem Konsulargesetz von 1867 waren **Honorarkonsularbeamte** auch dann nicht zur Beurkundung zuständig, wenn sie die Befähigung zum Richteramt hatten. Der Begriff *Deutsche* in § 11 Abs 1 KonsularG bestimmt sich nach Art 116 GG; bei einem Erbvertrag kann der nicht testierende Teil auch ein Ausländer sein. Nichtbeachtung führt nicht zur Nichtigkeit der Beurkundung.

## § 2232 Öffentliches Testament

Zur Niederschrift eines Notars wird ein Testament errichtet, indem der Erblasser dem Notar seinen letzten Willen erklärt oder ihm eine Schrift mit der Erklärung übergibt, dass die Schrift seinen letzten Willen enthalte. Der Erblasser kann die Schrift offen oder verschlossen übergeben; sie braucht nicht von ihm geschrieben zu sein.

Zum Schrifttum vgl vor § 2229

Übersicht

| | | | |
|---|---|---|---:|
| I. | | Zeittafel | 1 |
| II. | | Recht der ehemaligen DDR | 2 |
| III. | | Allgemeine Grundsätze des öffentlichen Testaments | 4 |
| | 1. | Verfahrensabschnitte | 4 |
| | 2. | Zuständigkeit | 5 |
| IV. | | Errichtung durch Erklärung zur Niederschrift | 6 |
| | 1. | Erklärung | 6 |
| | | a) Rechtslage nach dem 1. 8. 2002 | 6 |
| | | b) Mündliche Erklärung bei Testamentserrichtung vor dem 1. 8. 2002 | 6a |
| | | c) Möglichkeit des Testierens der allein zu Gebärden Fähigen bei Testamentserrichtung vor dem 1. 8. 2002 | 7 |
| | 2. | Erklärungsempfänger | 8 |
| | 3. | Unmittelbarkeit | 9 |
| | 4. | Verlesen, Genehmigen, Unterschrift | 10 |
| | 5. | Weitere Einzelfragen | 11 |
| | 6. | Folgen eines Formverstoßes | 12 |
| | 7. | Einige Hinweise für die Praxis | 13 |
| V. | | Errichtung durch Übergabe einer Schrift | 14 |
| | 1. | Anforderungen an das Schriftstück | 15 |
| | | a) Material | 15 |
| | | b) Sprache | 16 |
| | 2. | Kenntnis vom Inhalt | 17 |
| | 3. | Sonderfragen bei mehreren Schriftstücken | 18 |
| | 4. | Übergabe | 19 |
| | 5. | Erklärung | 20 |
| | 6. | Weitere Behandlung des Schriftstücks | 21 |
| | 7. | Formverstöße | 22 |
| | 8. | Einige Hinweise für die Praxis | 23 |

## I. Zeittafel

**1** Nach der ursprünglichen Fassung des § 2232 konnten Testamente vor einem Richter oder einem Notar errichtet werden, wobei sich die Einzelheiten nach den §§ 2233 bis 2246 aF bestimmten (zur Fortgeltung vgl vor § 2229 RdNr 7 f). Die Regelung wurde dann wortgleich in § 5 TestG übernommen; sie kehrte durch das GesEinhG vom 5. 3. 1953 in das BGB zurück, wobei die in Bezug genommenen Regeln der §§ 2233 bis 2246 um die §§ 2241a und b ergänzt wurden (zur Fortgeltung der Bestimmungen des TestG vgl vor § 2229 RdNr 9). Mit Wirkung zum 1. 1. 1970 wurden die Bestimmungen der §§ 2233–2246 durch das Beurkundungsgesetz abgelöst (zur Fortgeltung vgl vor § 2229 RdNr 10); zugleich wurde § 2232 neu gefasst. Dabei wurde auch die Möglichkeit der Testamentserrichtung vor einem Richter beseitigt und die Verweisung auf die Regelungen der §§ 2233 bis 2246 gestrichen. Der Inhalt des heutigen § 2232 ergab sich in der ursprünglichen Fassung des BGB aus § 2238; dazu und zu den Änderungen vgl bei § 2238. Durch Beschluss vom 19. 1. 1999 hat das BVerfG die Regelungen der §§ 2232 aF, 2233 aF iVm § 31 aF BeurkG insoweit für mit der Verfassung unvereinbar erklärt, als sie testierfähige Personen, die aber schreibunfähig und stumm sind, generell von jeder Testiermöglichkeit ausschließen (BVerfG NJW 1999, 1853 = ZEV 1999, 147). Der Gesetzgeber hat dem im OLGVertrÄndG v 23. 7. 2002 BGBl I 2850 Rechnung getragen, indem nunmehr auf die Voraussetzung der Mündlichkeit der Erklärung verzichtet wird; näher dazu RdNr 6.

## II. Recht der ehemaligen DDR

**2** § 384 ZGB lautet: *Das notarielle Testament wird dadurch errichtet, dass der Erblasser dem Notar seinen letzten Willen mündlich oder schriftlich erklärt. Hierüber ist eine Niederschrift anzufertigen. Das Testament muss vom Staatlichen Notariat in Verwahrung genommen werden.* Das Beurkundungsverfahren richtet sich nach dem am 15. 2. 1976 in Kraft getretenen Notariatsgesetz (NotG; zu den vor diesem Zeitpunkt geltenden Regelungen vgl STAUDINGER-BAUMANN Vorbem zu §§ 2229 ff RdNr 64). Dazu heißt es in § 19 NotG: *(1) Die Beurkundung erfolgt in Form einer Niederschrift. (2) Werden Erklärungen beurkundet, hat die Niederschrift zu enthalten: 1. die Bezeichnung des Staatlichen Notariats und den Namen des Notars, 2. die Angabe des Ortes und des Datums der Beurkundung, 3. die Namen der Beteiligten, 4. die Erklärungen der Beteiligten. Die Niederschrift ist in Gegenwart des Notars den Beteiligten vorzulesen oder zur Durchsicht vorzulegen und von ihnen zu genehmigen. Sie ist von den Beteiligten und vom Notar zu unterschreiben. Im Falle der Beurkundung eines Testaments gilt die Niederschrift auch dann als vom Notar unterschrieben, wenn der Testamentsumschlag, in dem das Testament zu verwahren ist, von ihm unterschrieben wurde. (3) ... (4) ...* Hinsichtlich der Fehlerfolgen bestimmt § 23 NotG: *Beurkundungen und Beglaubigungen sind nichtig, wenn 1. der Notar, ein Urkundszeuge oder ein Dolmetscher von der Mitwirkung ausgeschlossen war, 2. gegen zwingende Formvorschriften dieses Gesetzes verstoßen wurde. Liegt ausschließlich ein Verstoß gegen § 15 Abs 1 Ziff 5 vor, ist die Beurkundung oder die Beglaubigung nur insoweit nichtig.*

**3** Die in § 384 ZGB erwähnte **mündliche Erklärung** setzt eine sprachliche Artikulation des letzten Willens voraus; eine Erklärung durch Zeichen oder Körpersprache reicht nicht aus (vgl zum bundesdeutschen Recht RdNr 6). Hinsichtlich der **schriftlichen Erklärung** des Testators gibt es keine besonderen Regelungen, sodass diese hand- oder maschinenschriftlich sein kann; sie kann auch von Dritten verfasst sein. Die Angabe von Ort und Datum ist entbehrlich, auch eine Unterschrift des Testators ist nicht erforderlich (vgl s HERRMANN, S 33). Der Testierwille ergibt sich bei der Testamentserrichtung in schriftlicher Form daraus, dass der Testator das Testament dem Notar übergibt und die darüber angefertigte Niederschrift unterschreibt. Die Übergabe kann sowohl offen als auch in verschlossenem Umschlag erfolgen. Das Erfordernis einer **Niederschrift** (§ 384 S 2 ZGB) bezieht sich sowohl auf die mündliche als auch auf die schriftliche Erklärung des letzten Willens. Bei der Übergabe eines verschlossenen Umschlags wird allein dieser Akt und die Erklärung des Testators, der Umschlag enthalte den letzten Willen, festgehalten. Es gehörte zu den Pflichten des Staatlichen Notariats, für die Einhaltung der Formvorschriften bei der Errichtung eines öffentlichen Testaments Sorge zu tragen (KNODEL-KRONE NJ 1976, 165). Die in § 384 S 3 ZGB vorgesehene **Verwahrung** ist als zwingende Voraussetzung ausgestaltet, deren Missachtung zur Nichtigkeit des Testaments nach § 373 Abs 2 ZGB führt (OLG Jena FamRZ 1994, 786, 788). Die vom Staatlichen Notariat verwahrten Testamente wurden an die örtlich zuständigen Kreisgerichte übergeben; von diesen ist die Zuständigkeit für die Verwahrung auf die Amtsgerichte übergegangen (vgl § 2258a RdNr 2).

### III. Allgemeine Grundsätze des öffentlichen Testaments

#### 1. Verfahrensabschnitte

Die Errichtung eines öffentlichen Testaments ist durch § 2232 nicht vollständig beschrieben. Sie setzt sich zusammen aus der Verhandlung, der Niederschrift über das Ergebnis der Verhandlung (vgl §§ 9, 30 BeurkG), aus dem Verlesen, Genehmigen und Unterschreiben (vgl § 13 Abs 1 S 1 BeurkG) und dem Abschluss durch die Unterschrift des Notars (§ 13 Abs 3 BeurkG; § 35 BeurkG) sowie der sonstigen Mitwirkenden (Zeugen, zweiter Notar; § 22 Abs 2, § 24 Abs 1 S 4, § 25 S 2, § 29 S 2 BeurkG). Die (zwingend erforderliche) Unterschrift des Notars kann richtiger Ansicht nach auch dann noch geleistet werden, wenn der Erblasser während der Verhandlung verstirbt (KEIDEL-KUNTZE-WINKLER § 13 BeurkG RdNr 74; hier § 13 BeurkG RdNr 47).

#### 2. Zuständigkeit

Das öffentliche Testament kann seit dem In-Kraft-Treten des BeurkG nur noch **vor einem Notar** errichtet werden, sieht man von den Besonderheiten des Konsulartestaments (dazu vgl § 2231 RdNr 10) und des Nottestaments nach § 2249 ab. Der Notar darf nur im Inland tätig werden; Beurkundungen außerhalb der Bundesrepublik Deutschland sind nichtig (vgl BGHZ 138, 359 = VersR 1998, 1426 [Beurkundung einer Vollstreckungsunterwerfung im Ausland]; § 2 BeurkG RdNr 7; zu Sonderfragen – auch im Hinblick auf Luftfahrzeuge und Schiffe – vgl SCHOETENSACK DNotZ 1952, 265, 270; BLUMENWITZ DNotZ 1968, 712, 716; WINKLER DNotZ 1971, 140, 146; KEIDEL-KUNTZE-WINKLER Einl BeurkG RdNr 40 ff; zur Möglichkeit der Unterstützung bei grenzüberschreitenden Geschäften vgl § 11a BNotO und [damals noch de lege ferenda] SCHIPPEL FS Lerche S 499, 509 ff; ders DNotZ 1995, 334, 340f). Beurkundungen, die ein Notar außerhalb seines Amtsbereichs (§ 10a Abs 1 BNotO) oder seines Amtsbezirks (§ 11 Abs 1 BNotO) vornimmt, sind wirksam, § 2 BeurkG, § 11 Abs 3 BNotO. Zur Ausschließung des Notars vgl §§ 6, 7 BeurkG. Ein öffentliches Testament kann – da einem Vergleich nicht zugänglich – nicht im Wege des Prozessvergleichs vor einem Gericht errichtet werden (BGH FamRZ 1960, 28, 30; MünchKomm-BURKART RdNr 11; STAUDINGER-BAUMANN RdNr 28). Anderes gilt für den Erbvertrag (vgl § 2276 RdNr 5).

## IV. Errichtung durch Erklärung zur Niederschrift

### 1. Erklärung

#### a) Rechtslage nach dem 1.8.2002

**6** Im Regelfall wird sich der Testator bei der Errichtung eines Testaments zur Niederschrift durch den Notar **mündlich** erklären (zur Errichtung fremdsprachiger Urkunden vgl § 5 Abs 2 BeurkG, zu Übersetzungen und zur Zuziehung von Dolmetschern vgl §§ 16, 32 BeurkG; zum Testierwillen und zu Fällen des fehlenden Erklärungsbewusstseins oder des geheimen Vorbehalts vgl § 2247 RdNr 5). Eine solche mündliche Erklärung war bis zur Neufassung des § 2232 durch das OLG-VertrÄndG v 23.7.2002 BGBl I 2850 zwingend erforderlich (zu Altfällen vgl RdNr 6a). Nach der Neufassung kann der Testator dagegen seinen letzten Willen in jeder Form erklären, die eine hinreichend sichere Feststellung des Inhalts seines letzten Willens ermöglicht. Dies kann insbesondere auch durch Gesten oder Gebärden – etwa durch Kopfnicken – geschehen. Die Fälle der sogenannten Testierunmöglichkeit (§ 2229 RdNr 27) sind damit beseitigt. Dennoch bleibt die bisher erforderliche Abgrenzung zwischen einer mündlichen Erklärung und der Erklärung in anderer Form wegen § 24 Abs 1 S 2 BeurkG mittelbar relevant: Die Bestimmung des § 24 BeurkG ist infolge der Aufhebung des § 31 BeurkG nunmehr auch auf Verfügungen von Todes wegen anwendbar. Danach hat der Notar eine Person zur Verständigung hinzuzuziehen, wenn der Testator nach seinen Angaben oder nach der Überzeugung des Notars nicht hinreichend hören oder sprechen kann und sich auch nicht schriftlich verständigen kann. Die Verletzung dieser beurkundungsrechtlichen Bestimmung führt zur Unwirksamkeit der Beurkundung, sofern der Notar in der Niederschrift die Behinderung festgestellt hat (vgl hier § 24 BeurkG RdNr 2). Fehlt es dagegen an einer solchen Feststellung, so hat der Notar seine Amtspflicht verletzt, ohne dass dies jedoch zur Unwirksamkeit der Beurkundung führt. Auch eine **Fehleinschätzung** des Notars hinsichtlich der Sprech- oder Schreibfähigkeit steht der Wirksamkeit der Testaments **nicht entgegen** (vgl hier § 24 BeurkG RdNr 6, vgl auch OLG Hamm Rpfleger 2002, 448, 449 [zum Unterschied zwischen § 2233 Abs 3 aF und § 24 Abs 1 BeurkG]).

Nach der neuen Rechtslage sind deshalb folgende Konstellationen zu unterscheiden:

Vermag der Testator **hinreichend zu sprechen**, so kann er die Erklärung seines letzten Willens mündlich, aber auch in anderer als mündlicher Form abgeben, ohne dass eine Person nach § 24 Abs 1 S 2 BeurkG beigezogen werden muss. Für die Frage der hinreichenden Sprechfähigkeit kann auf die Grundsätze verwiesen werden, die auch bislang maßgebend waren (näher RdNr 6a). Kann der Testator hinreichend sprechen, **nicht** jedoch **hören** und auch **nicht schreiben**, so ordnet § 24 Abs 1 S 2 BeurkG die **Zuziehung einer Verständigungsperson** an, sofern der Notar die Behinderung in der Niederschrift festgestellt hat. Dabei bleibt die Verpflichtung zur Zuziehung eines **Zeugen** oder eines **zweiten Notars** nach § 24 Abs 3 iVm § 22 BeurkG unberührt.

Kann der Testator nach seinen Angaben oder nach der Überzeugung des Notars **nicht hinreichend sprechen**, so steht dies der Testamentserrichtung nach § 2232 S 1 Fall 1 nicht entgegen. Für die beurkundungsrechtliche Frage, ob eine Verständigungsperson beigezogen werden muss, kommt es auf die Möglichkeit einer schriftlichen Verständigung an, § 24 Abs 1 S 1 BeurkG. Dabei ist zu beachten, dass die **schriftliche Verständigung** nicht eine eigenhändige Erklärung voraussetzt (vgl § 24 BeurkG RdNr 6). Im Gegensatz zu § 31 aF BeurkG, der bei Übergabe einer Schrift durch einen nicht hinreichend sprechfähigen Testator eine eigenhändig geschriebene Erklärung verlangte, stellt die Neuregelung in § 24 Abs 1 S 1 BeurkG allein auf die Möglichkeit der schriftlichen Verständigung ab. Damit reicht es aus, wenn der Testator zB auf einem Computer die entsprechenden Tasten drückt. Es ist auch nicht erforderlich, dass die gesamte Erklärung schriftlich niedergelegt wird, sondern es kommt auf die Verständigung an. So kann es ausreichen, wenn der Notar einen Testamentsentwurf mit dem Testator durchspricht und dieser lediglich »ja« schreibt (zu Besonderheiten bei komplexen Testamenten vgl RdNr 6a). Die Beiziehung einer Verständigungsperson nach § 24 Abs 1 S 2 BeurkG ist in solchen Fällen angesichts der Möglichkeit der schriftlichen Verständigung nicht zwingend erforderlich. Ebenfalls entbehrlich ist eine Beiziehung, wenn mit dem Testator eine schriftliche Verständigung möglich ist, er sich aber tatsächlich durch Gebärden erklärt, denn § 24 Abs 1 S 1 BeurkG stellt allein auf die Möglichkeit einer schriftlichen Verständigung ab, unabhängig davon, in welcher Weise sich der Testator tatsächlich verständigt.

Enthält die **Niederschrift** die **Feststellung**, dass der Testator nach eigenen Angaben oder nach der Überzeugung des Notars nicht sprechen oder nicht hören kann und auch eine schriftliche Verständigung mit ihm nicht möglich ist, so ist die **Beiziehung** einer Person, die sich mit dem behinderten Testator verständigen kann und mit deren Zuziehung der Testator nach der Überzeugung des Notars einverstanden ist, zwingend geboten. Dies gilt dem Wortlaut der Bestimmung nach auch dann, wenn die Verständigung mit dem Notar an sich unproblematisch ist. Zu denken ist zB an Fälle, in denen der Testator sprechen und lesen, nicht aber schreiben und hören kann. Da die Beiziehung einer Verständigungsperson in einem solchen Fall jedoch nicht zur sicheren Feststellung des Inhalts des letzten Willens beitragen kann, sollte man an eine teleologische Reduktion der Bestimmung denken. Relevant wird diese Frage auch dann, wenn eine Verständigungsperson beigezogen und diese zugleich in der Verfügung bedacht wurde. Die partielle Unwirksamkeit der Verfügung nach § 24 Abs 2 BeurkG ist dann kaum sachgerecht. Ein Verstoß gegen § 24 Abs 3 iVm § 22 BeurkG berührt die Wirksamkeit des Testaments nicht.

Der Notar soll in der Niederschrift feststellen, dass eine Person zugezogen wurde, die sich nach der Überzeugung des Notars mit dem Testator verständigen kann und mit deren Zuziehung er einverstanden war. Der Wirksamkeit der Beurkundung steht das Fehlen dieser Feststellung nicht entgegen. Zu beachten ist, dass die letztwillige Verfügung wegen § 24 Abs 2 BeurkG **insoweit unwirksam** ist, wie die **Verständigungsperson** selbst einen **rechtlichen Vorteil** aus der Verfügung erhält.

### b) Mündliche Erklärung bei Testamentserrichtung vor dem 1. 8. 2002
Nach dem bis zum 31. 7. 2002 geltenden Recht kann das öffentliche Testament nach dem ersten Fall des § 2232 S 1 aF nur errichtet werden, indem der Erblasser dem Notar seinen letzten Willen mündlich erklärt. Ob diese Regelung für Testamente, die vor dem 1. 8. 2002 errichtet wurden, **fortgilt**, ist nicht ganz unzweifelhaft. Das Gesetz regelt diese Frage nicht. Da die Regelung nicht die Testierfähigkeit, sondern die Form der Testamentserrichtung betrifft, bietet sich ein Vergleich mit der Beurteilung der Rechtslage bei In-Kraft-Treten des BeurkG an. Die überwiegende Auffassung hat bei Testamenten, die vor diesem Zeitpunkt errichtet wurden, das alte Recht angewendet, so dass ein nach den Regeln des BGB in seiner Fassung vor dem In-Kraft-Treten des BeurkG formunwirksames Testament nicht wirksam wurde, wenn es die Voraussetzungen der Testamentserrichtung nach dem weniger strengen BeurkG erfüllte (vgl vor § 2229 RdNr 10). Für die Rechts-

änderung infolge des OLGVertrÄndG sollte im Grundsatz ebenso entschieden werden, da andernfalls erhebliche Rechtsunsicherheit einträte. Der Besonderheit, dass die bisherige Regelung in bestimmten Konstellationen zum Ausschluss Testierfähiger von der Möglichkeit des Testierens führte, ist nach den vom BVerfG entwickelten Übergangsregelungen Rechnung zu tragen (vgl RdNr 7). Es besteht aber kein Anlass dafür, rückwirkend auf die Voraussetzung der Mündlichkeit insgesamt zu verzichten.

Für die bis zum 31. 7. 2002 errichteten Testamente ist deshalb weiterhin eine mündliche Erklärung gegenüber dem Notar erforderlich. Dabei ist die **Mündlichkeit der Erklärung** nicht nur gegen die Schriftlichkeit abzugrenzen, sondern nach heute im Grundsatz unbestrittener Meinung auch gegen andere Arten der Kommunikation, insbesondere Gesten oder Gebärden (BGHZ 2, 172, 175; BayObLGZ 1968, 268, 272f; OLG Hamm NJW-RR 1994, 593, 594; MünchKomm-BURKART RdNr 4, 8). Eine mündliche Erklärung ist deshalb nur eine solche, die im Medium der Sprache abgegeben wird. Erforderlich und genügend ist die lautliche Bildung von Worten, die ein anderer verstehen kann; dazu reicht bloßes Lallen nicht aus (RGZ 108, 397, 400; BGHZ 2, 172, 173; BayObLG DNotZ 1969, 301, 303; vgl aber auch BayObLG FamRZ 2000, 1051, 1052 = NJW-RR 2000, 456, 458 [mündliche Erklärung bei krächzendem Laut, der für den Notar aufgrund seiner Erfahrung aus einem früheren Beurkundungsversuch noch als Bejahung verständlich war]; zur Zeichensprache vgl § 2233 RdNr 13). Die Überzeugung des Notars von der Sprechfähigkeit des Testators reicht nicht aus (OLG Köln FGPrax 1995, 69; OLG Hamm Rpfleger 2002, 448, 449 ; vgl aber auch § 2233 RdNr 14). Auf der anderen Seite erfordert die Mündlichkeit der Erklärung **nicht**, dass die **gesamte Erklärung** gesprochen wird (RGZ 161, 378, 380; BGHZ 2, 172, 175; 37, 79, 84; BayObLGZ 1968, 272f; BayObLG FamRZ 2000, 1051, 1052 = NJW-RR 2000, 456, 458; KG DNotZ 1960, 485, 487). Auch Rede und Gegenrede, Frage und Antwort oder auch das Ersetzen einzelner Begriffe durch Zeichen oder geschriebene Worte ist zulässig (vgl BGHZ 2, 172; OLG Köln MDR 1957, 740; MünchKomm-BURKART RdNr 4). Ein bereits fertiger Entwurf, der vom Testator, vom Urkundsbeamten oder auch von einem Dritten stammt, kann dabei als Grundlage dienen (RGZ 63, 86f; OGHZ 2, 45, 50 = NJW 1949, 544; BGHZ 2, 172, 173; 37, 79, 85; KG DNotZ 1960, 485, 487). Nach allgemeinen Grundsätzen der Auslegung kann sich auch aus einzelnen Worten oder aus **einem einzigen Wort** eine komplexe Erklärung ableiten lassen. Zweifel kommen daran allein deshalb auf, weil § 2233 Abs 3 aF eine Sonderregelung für die Errichtung eines öffentlichen Testaments enthält, die die mündliche Erklärung ausschließt, wenn der Erblasser nicht *hinreichend* zu sprechen vermag. Auch dies ist aber im Kontext der Möglichkeit zu sehen, durch schlichte Zustimmung auch komplexe Erklärungsinhalte zum Ausdruck zu bringen. Es genügt deshalb, wenn der Testator eine Erklärung, die er selbst nicht mündlich artikuliert hat, sich durch mündliche Zustimmung zu eigen macht und sie so als seinen letzten Willen in Geltung setzt. Zulässig ist es damit auch, wenn der Testator seine **Zustimmung bei den Einzelpunkten durch Gebärden** zum Ausdruck bringt und erst die **abschließende Frage**, ob dies nun insgesamt seinem Willen entspreche, **mündlich** beantwortet (RGZ 161, 378, 383; BayObLGZ 1968, 268, 272; BayObLG FamRZ 2000, 1051, 1052 = NJW-RR 2000, 456, 458). Ob eine Zustimmung bei komplexeren Testamenten hinsichtlich **jedes Einzelpunkts** zumindest durch Gebärden **erforderlich** ist (so BGHZ 37, 79, 84; FIRSCHING DNotZ 1955, 283, 288; großzügiger KG DNotZ 1960, 485, 488 = MDR 1960, 843), hängt davon ab, ob nur auf diese Weise der Testierwille hinsichtlich jedes einzelnen Gestaltungselements hinreichend sicher festgestellt werden kann, denn jedes dieser Elemente muss vom Testierwillen getragen sein. Daraus ergibt sich: Steht der Inhalt der Verfügung bereits sicher fest, so wird man sich auch bei umfangreicheren Testamenten regelmäßig mit einer globalen Zustimmung begnügen können. Bestehen dagegen Zweifel daran, ob einzelne Verfügungen dem Willen des Testators entsprechen, so wird man ihn bei jeder dieser Einzelverfügung vor die Wahl stellen müssen, diese zu billigen oder ihr zu widersprechen. Wird der Erblasser mit einem umfangreichen Testament in der Weise konfrontiert, dass er dies nur ganz oder gar nicht zu billigen vermag, so ist dies ein Verstoß gegen die Amtspflichten des Notars. Akzeptiert der Testator – wenn auch nolens volens – das Testament, so ist der erforderliche Testierwille gebildet; es kann jedoch eine Testamentsanfechtung in Betracht kommen. Dazu wird es indes regelmäßig nicht ausreichen, wenn der Testator der Fehlvorstellung unterlag, er werde seinen wahren Willen vor seinem Versterben nicht mehr formgerecht erklären können, und deshalb den Vorschlag des Notars als seinen eigenen letzten Willen übernommen hat. Denn damit hat der Testator für den Fall, dass es ihm nicht gelingt, einen abweichenden Willen formgerecht zu äußern, gerade das im Testament Erklärte als seinen letzten Willen gewollt.

### c) Möglichkeit des Testierens der allein zu Gebärden Fähigen bei Testamentserrichtung vor dem 1. 8. 2002

Aus den in RdNr 6a genannten Gründen konnte für Testamente, die vor dem 1. 8. 2002 errichtet wurden, für die Mündlichkeit der Erklärung ein noch verständliches »Ja« ausreichen (so auch OLG Hamm OLGZ 1989, 20, 23 [jedoch einschränkend bei einem fast taubstummen Erblasser, dem der Entwurf anstelle des Vorlesens zur Durchsicht gegeben wurde] m insoweit zu Recht krit Anm BURKART DNotZ 1989, 587 ff; krit auch STAUDINGER-BAUMANN RdNr 25; LANGE-KUCHINKE § 19 III 3 a α; der Entscheidung zustimmend PALANDT-EDENHOFER RdNr 2), während eine Gebärde – etwa das Nicken mit dem Kopf – nicht mehr als mündliche Erklärung angesehen werden konnte (vgl RdNr 6a, aA LANGE-KUCHINKE § 19 III 3a α). Obwohl an der sachlichen Berechtigung dieser Unterscheidung durchaus Zweifel bestehen, ist für die vor dem 1. 8. 2002 errichteten Testamente daran festzuhalten, dass **Gebärden nicht ausreichen**. Dies hat das BVerfG in seiner Entscheidung zur Frage der Testierunmöglichkeit bestätigt (BVerfG NJW 1999, 1853 = ZEV 1999, 147; der Entscheidung im Ergebnis zustimmend ROHLFING-MITTENZWEI FamRZ 2000, 654, 659; ROSSAK DNotZ 1999, 417; VOLLKOMMER ZEV 1999, 268; aA LANGE-KUCHINKE § 19 III 3a α). Das Kriterium der Mündlichkeit ist bis zu der am 1. 8. 2002 in Kraft getretenen Neuregelung vom Gesetz vorgesehen, und der mögliche Wortsinn bildet regelmäßig die letzte nicht übersteigbare Grenze der Auslegung (BVerfG NJW 1999, 1853 = ZEV 1999, 147, 150; vgl auch BGHZ 2, 172, 173 f [dem Wortlaut werde Gewalt angetan, wenn man Gebärdensprache für ausreichend erachte] mit ausführlicher Begründung auch aus der Entstehungsgeschichte, während deren die Frage einer anderen als einer mündlichen Erklärung ausführlich diskutiert wurde; HOHLOCH JuS 1994, 710; zur Wortlautgrenze vgl BVerfG 54, 277, 299; LARENZ S 343).

Soweit allerdings die Bestimmungen der §§ 2232 aF, 2233 aF iVm § 31 aF BeurkG dazu führten, dass Personen, die einer selbstbestimmten Regelung ihrer Rechtsnachfolge von Todes wegen fähig sind, diese Möglichkeit genommen wird, weil sie keine der Testamentsformen erfüllen können, berühren diese Formanforderungen die Erbrechtsgarantie des Art 14 Abs 1 GG und das Verbot einer sachlich nicht berechtigten Ungleichbehandlung Behinderter. Mit Recht hat das BVerfG deshalb die Regelungen der **§§ 2232 aF, 2233 aF iVm § 31 aF BeurkG** insoweit für mit der **Verfassung unvereinbar** erklärt, als sie dazu führen, dass testierfähige Personen wegen Sprech- und Schreibunfähigkeit von der Möglichkeit des Testierens ausgeschlossen werden. Nach dieser Entscheidung ist die Testiermöglichkeit bei einer **Testamentserrichtung nach dem 19. 1. 1999** und **vor dem 1. 8. 2002** dadurch zu gewähren, dass neben den §§ 27–29, 34, 35 BeurkG die Regelungen des

BeurkG über Rechtsgeschäfte unter Lebenden (§§ 22—26 BeurkG) entsprechend herangezogen werden (vgl dazu NIEDER ZNotP 2001, 335, 337f.; ROSSAK ZEV 1999, 254, 255). Die gegenteilige Regelung in § 31 aF BeurkG hat das BVerfG insoweit für verfassungswidrig erklärt, als ihre Anwendung bei schreibunfähigen Stummen zur Testierunmöglichkeit führt. Wurde das **Testament vor dem 19.1. 1999 errichtet**, so sind nach der Entscheidung des BVerfG jedenfalls solche Verfügungen schreibfähiger Stummer aus verfassungsrechtlichen Gründen als formwirksam anzusehen, die den Anforderungen der §§ 22—26 BeurkG genügen. Soweit der **Erbfall vor der Entscheidung des BVerfG** bereits eingetreten ist, verlangt das BVerfG, die Gedanken der Rechtssicherheit und des Vertrauensschutzes zu berücksichtigen. Rechtskräftig abgeschlossene Verfahren bleiben nach Maßgabe des § 95 Abs 3 S 3 iVm § 79 BVerfGG unberührt. Weiterhin überwiegt nach der insoweit nicht verbindlichen Auffassung des BVerfG regelmäßig der Schutz desjenigen, der auf die Formunwirksamkeit einer solchen Verfügung vertraut hat, sofern der **Erbfall vor dem Jahr 1991** eingetreten ist, da erst seit diesem Zeitpunkt die Verfassungsmäßigkeit der Regelung in Zweifel gezogen wurde. Damit soll derjenige, der durch eine letztwillige Verfügung bedacht wurde, die auf der Grundlage der nunmehr als verfassungswidrig erkannten Regelung formunwirksam war, gehindert sein, sich auf die Verfassungswidrigkeit der Bestimmungen zu berufen. Die dazu vom BVerfG angeführte Begründung, der Schutz des Vertrauens desjenigen, der infolge der (vermeintlichen) Formwirksamkeit Erbe geworden sei, sei vorrangig, erscheint allerdings zweifelhaft. Zum einen wird diesem Vertrauen bereits dadurch ausreichend Rechnung getragen, dass sich der gutgläubige Erbschaftsbesitzer auf den Wegfall der Bereicherung berufen kann, vgl § 2021, zum anderen ist es im Erbrecht nicht ungewöhnlich, dass sich im nachhinein – beispielsweise durch Auffinden eines später errichteten Testaments – die Erbenstellung als nur vermeintliche erweist.

Ungelöst bleiben durch die Entscheidung des BVerfG Fälle, in denen der Erbfall zwischen den Jahren 1991 und 1999 eingetreten ist, das Testament aber nicht den Anforderungen der §§ 22 bis 26 BeurkG genügt, etwa deshalb, weil entgegen § 24 BeurkG eine Vertrauensperson nicht zugezogen wurde. Für diese Fälle hat das BVerfG es den Fachgerichten überlassen, Kriterien dafür zu entwickeln, ob die Verfügung als formwirksam anzusehen ist. Das OLG Hamm hat dazu unter Zustimmung der Literatur die Auffassung vertreten, dass diese Testamente nur dann wirksam sind, wenn sie den Bestimmungen der §§ 22 bis 26 BeurkG genügen (OLG Hamm NJW 2000, 3362, 3363 = ZEV 2000, 363, 364 = FGPrax 2000, 151, 152 f m zust Anm KRUG, zustimmend auch LETTMANN MittRhNotK 2000, 345, 346; vgl auch LÖSLER NotBZ 2000, 271 f [die Frage der Qualifizierung eines Schreibzeugen als Vertrauensperson zutreffend verneinend]; OLG Hamm Rpfleger 2002, 448, 449 f). Richtigerweise sollte man jedoch noch einen Schritt weiter gehen und im Wege einer teleologischen Reduktion des § 2233 Abs 3 aF zumindest dann zur Formwirksamkeit des Testaments kommen, wenn der Erblasser seinen letzten Willen zwar nicht mehr mündlich erklären konnte, der Notar aber aus einer früheren mündlichen Erklärung – etwa aus einer Vorbesprechung – vom Inhalt der Verfügung sichere Kenntnis hat (in diese Richtung letztlich auch BayObLG FamRZ 2000, 1051, 1052 = NJW-RR 2000, 456, 458, das bei der Beurteilung der Mündlichkeit berücksichtigt, dass der beurkundende Notar den Willen der Erblasserin aus einer Vorbesprechung kennt und deshalb einen krächzenden Laut als Zustimmung versteht). Die teleologische Reduktion des § 2233 Abs 3 aF rechtfertigt sich daraus, dass diese Norm einen Fall erfasst, der ihrem gesetzgeberischen Zweck nach nicht von ihr gedeckt ist. Der Zweck des § 2233 Abs 3 aF iVm § 31 aF BeurkG liegt darin, Zweifel daran auszuschließen, dass der Erblasser durch die Übergabe mit dem in der Schrift niedergelegten Willen testieren will. Diese Zweifel mögen berechtigt sein, wenn der Erblasser sich nicht mündlich erklären kann. In Fällen aber, in denen der Notar den Inhalt des letzten Willens aus Vorbesprechungen, in denen der Testator noch dazu in der Lage war, sich mündlich zu erklären, kennt, verliert diese Verschärfung der Formanforderungen ihren Sinn. Bejaht man deshalb eine Reduktion des § 2233 Abs 3 aF in diesen Fällen, so wird auch § 31 aF BeurkG unanwendbar, denn diese Norm knüpft an § 2233 Abs 3 aF an. Damit richtet sich die Errichtung eines öffentlichen Testaments durch Übergabe einer Schrift nach § 2232 S 1 Fall 2 aF und diese Bestimmung lässt es richtiger Ansicht nach zu, durch Gebärden zu erklären, dass die Schrift den letzten Willen enthält (zur gegenteiligen, jedoch mit dem Wortlaut des § 2232 aF unvereinbaren hL vgl RdNr 20). Damit ist es in diesen Fällen möglich, dass der Notar auf der Grundlage der Vorbesprechung eine Schrift aufsetzt, die der Testator ihm übergibt und dabei lediglich durch Gebärden erklärt, diese Schrift enthalte seinen letzten Willen. Für diese Lösung spricht nicht zuletzt die Parallele zu den Fällen einer **Bewusstseinstrübung nach Formulierung des letzten Willens**: Ebenso, wie dort der Maßstab für die Beurteilung der Testierfähigkeit mit Rücksicht auf den bereits geäußerten, wenn auch nicht abschließend in Geltung gesetzten Willen auf ein Maß reduziert wird, das den Anforderungen ohne die vorherige Willensäußerung nicht genügt, kann hier die Zustimmung durch Gebärden für ausreichend gehalten werden, da der Inhalt der Erklärung bereits abschließend besprochen ist und an dem Willen, dass dieser gelten soll, angesichts der Gebärden kein Zweifel besteht. Gerade der der Leitentscheidung des BGH (BGHZ 30, 294: Gehirnschlag mit erheblicher Bewusstseinstrübung nach ausführlicher Besprechung des Testamentsinhalts am Vortag; die Erblasserin konnte aber immerhin noch »Ja« artikulieren) zu der Frage der Testierunfähigkeit zugrunde liegende Sachverhalt zeigt, dass es keinen Unterschied machen darf, ob der – im Fall in seinem Bewusstsein bereits erheblich getrübte – Testator das Wort »Ja« noch formulieren kann oder durch unmissverständliche Gebärden (Nicken, Versuch der Unterschriftsleistung) zustimmt. Dabei zeigt die Entscheidung auch, dass dies auch dann gilt, wenn der Wille nicht in der Verhandlung vor dem Notar geäußert, sondern die Testamentsgestaltung in einer Vorbesprechung mit dem Notar bereits abschließend besprochen wurde und nur das zwischenzeitlich Niedergelegte beurkundet werden soll, soweit keine Anzeichen dafür bestehen, dass sich der Wille des Testators geändert hat, und dieser nach Verlesen des Niedergelegten seine Zustimmung durch Gebärden unmissverständlich zum Ausdruck bringt. Diese Reduktion des § 2233 Abs 3 aF betrifft zum einen Testamente, die **vor der Entscheidung des BVerfG vom 19. 1. 1999** errichtet wurden. Sie ist aber auch für Testamente, die **nach diesem Zeitpunkt**, jedoch **vor dem 1. 8. 2002** errichtet wurden, sachgerecht. Relevant wird sie, wenn die Anforderungen der §§ 22 ff BeurkG nicht eingehalten wurden und deshalb nicht bereits die Entscheidung des BVerfG zur Formwirksamkeit des Testaments führt. Falls der Erblasser zur Unterschriftsleistung nicht in der Lage ist, muss allerdings auch dieser Lösung § 25 BeurkG beachtet werden.

### 2. Erklärungsempfänger

Auch das in öffentlicher Form errichtete Testament ist eine einseitige, nicht im eigentlichen Sinne empfangsbedürftige Willenserklärung, denn die Urkundsperson ist nicht Erklärungsgegner, sondern »Erklärungsverwirklicher« (LANGE-KUCHINKE § 16 V 1 a). Die Erklärung ist an den Notar zu richten, sonstige anwesende Personen sind nicht Adressaten der Erklärung, und zwar auch dann nicht, wenn sie als Zeugen zugezogen wurden, denn sie sind nicht Beteiligte der Beurkundung, vgl § 6 Abs 2 BeurkG (BURKART DNotZ 1989, 587, 588; MünchKomm-BURKART RdNr 3; vgl auch hier § 13 BeurkG RdNr 5). Entscheidend ist damit, ob der **Notar die Erklärung vernimmt**, unabhängig davon, ob andere Anwesende sie wahrnehmen. Die Wirksamkeit tritt auch unabhängig davon ein, ob der Notar sich der Tragweite der beurkundeten Erklärung bewusst ist (RG JW 1910, 61).

### 3. Unmittelbarkeit

9 Der Testator muss seinen Willen **unmittelbar und persönlich** dem Notar erklären. Eine **telefonische Erklärung** genügt dazu nicht, sie kann aber als Grundlage für die später stattfindende Beurkundung dienen, indem der Notar den telefonisch erklärten Willen in Anwesenheit des Testators wiederholt und der Testator sich diesen Inhalt durch eine eigene Erklärung gegenüber dem Notar zu eigen macht. Diese Erklärung braucht nach neuem Recht nicht mündlich abgegeben zu werden (vgl oben RdNr 6). Ebenso ist es zulässig, dass die Erklärung von einem **Tonband**, das auch von einem Dritten besprochen worden sein kann, in Anwesenheit des Testators abgespielt wird und der Testator lediglich dem Notar gegenüber zum Ausdruck bringt, dass dies sein letzter Wille ist. Letzteres muss aber unmittelbar und persönlich geschehen. Unzureichend dafür sind Erklärungen durch ein Bildtelefon oder durch einen **Videofilm**, denn derartige Formen der Kommunikation führen, insbesondere durch die Wahl des Bildausschnitts, zu einer Verengung der Wahrnehmung, die keine sichere Grundlage für die Beurteilung des Testierwillens und der Testierfähigkeit des Erblassers bietet. Anderes gilt, wenn der Notar zwar durch eine **Scheibe** von dem Testator **getrennt** ist (zB wegen ansteckender Krankheiten), aber selbst den Radius seiner Wahrnehmung bestimmen kann. Wird in derartigen Fällen die Stimme des Testators nur mittels einer Sprechanlage für den Notar hörbar, so muss eine Beeinflussung durch Dritte – etwa durch Manipulation der Leitungen – ausgeschlossen sein (MünchKomm-BURKART RdNr 3).

### 4. Verlesen, Genehmigen, Unterschrift

10 Nach § 13 Abs 1 S 1 BeurkG muss die Niederschrift verlesen und genehmigt sowie von den Beteiligten – und damit auch vom Testator – unterschrieben werden (zur Unterschrift des Notars und anderer Mitwirkender vgl RdNr 4). Der Testator braucht dabei seinen letzten Willen jedoch nur einmal zu erklären. Das **Verlesen** (zu Sonderfragen bei Beeinträchtigung der Hörfähigkeit vgl § 13 BeurkG RdNr 17, § 23 BeurkG) kann deshalb mit der **mündlichen Erklärung** des letzten Willens dergestalt **verbunden** werden, dass ein vorbereitetes Schriftstück verlesen wird und der Erblasser durch seine Zustimmung den Inhalt als seinen letzten Willen erklärt und zugleich das Vorgelesene genehmigt (RGZ 161, 378, 380; BayObLG FamRZ 2000, 1051, 1052 = NJW-RR 2000, 456, 457; MünchKomm-BURKART RdNr 5; STAUDINGER-BAUMANN RdNr 28; anders noch RGZ 85, 120, 126f; 86, 380, 391). Dagegen kann das Verlesen nicht durch lautes Diktat seitens des Testators ersetzt werden, da auf diese Weise die Übereinstimmung zwischen dem Diktierten und dem Niedergelegten nicht überprüft werden kann (vgl [zu § 2250] BayObLGZ 1979, 232, 236). Die **Genehmigung** braucht nicht notwendigerweise mündlich zu geschehen, sie kann auch durch **Gebärden** erteilt werden (SEYBOLD DNotZ 1952, 77; vgl auch OLG München DNotZ 1998, 214, 215 [Genehmigung der mündlichen Erklärung in irgendeiner Form]; MünchKomm-BURKART RdNr 7; STAUDINGER-BAUMANN RdNr 27; KEIDEL-KUNTZE-WINKLER § 13 BeurkG RdNr 30). Die Genehmigung durch Gebärden kann auch mit der Erklärung des letzten Willens auf der Grundlage eines vom Notar verlesenen Testamentsentwurfs zusammenfallen.

Dies galt bislang für das Zusammenfallen von mündlicher Erklärung und Genehmigung und muss künftig in gleicher Weise für Erklärungen in anderer als mündlicher Form gelten. Das Fehlen der **Unterschrift** führt zur Nichtigkeit des Testaments nach § 125 S 1 (vgl BGH NJW 1981, 1900, 1901 [zum Erbvertrag]; sofern der Erblasser zum Schreiben nicht in der Lage ist, ist § 25 BeurkG zu beachten). Die Unterschrift des Testators muss weder lesbar sein, noch muss sie seiner üblichen Unterschrift entsprechen (BayObLG FamRZ 1985, 1286; vgl auch § 13 BeurkG RdNr 37f). Handelt es sich bei der Unterschrift allerdings um eine (wirre) Buchstabenfolge, die weder auf den Namen des Testators hindeutet, noch üblicherweise von ihm verwendet wird, so bestehen Zweifel an dem Testierwillen, auch wenn die Identität des Testators mit dem die Unterschrift Leistenden feststeht (KG NJW-RR 1996, 1414 = FamRZ 1996, 1242 = Rpfleger 1996, 349). Hilfestellungen bei der Unterschriftsleistung seitens des Notars oder Dritter sind zulässig, solange der Testator den Schreibvorgang selbst bestimmt (BayObLG FamRZ 1985, 1286; zur nachträglichen Feststellung durch Schriftsachverständige vgl MICHEL ArchKrim 162 [1978], 1 ff; vgl auch § 13 BeurkG RdNr 37). Unterschreibt der Testator auf einem gesonderten Blatt, das erst nachträglich mit der Niederschrift verbunden wird und ersichtlich nicht geeignet ist, den erklärten Willen des Testators in der vom Notar niedergelegten Form zu billigen, so ist das Testament nicht wirksam errichtet (OLG Hamm FGPrax 2000, 242 = ZEV 2001, 21, 22). Wird dagegen die Niederschrift vom Notar zunächst handschriftlich gefertigt und dann vom Testator auf einem gesonderten, der handschriftlichen Niederschrift beigefügten Blatt unterschrieben, so sind die Voraussetzungen für die Errichtung des Testaments erfüllt. Das gilt auch dann, wenn der Notar später das Blatt mit der Unterschrift von der handschriftlichen Niederschrift trennt und es an eine Reinschrift anheftet (vgl REITHMANN DNotZ 2001, 131, 133).

### 5. Weitere Einzelfragen

Das durch Erklärung gegenüber dem Notar errichtete öffentliche Testament kann auch in einer **anderen** als der deutschen **Sprache** errichtet werden; zum Beurkundungsverfahren vgl §§ 5, 16, 32 BeurkG. In der Erklärung kann auf **Schriftstücke** entweder im Wege einer Protokollanlage (zum altem Recht [§§ 2232 ff, § 2276 BGB aF als leges speciales zu § 176 Abs 2 FGG aF] vgl FIRSCHING DNotZ 1955, 283, 292) oder in der Weise Bezug genommen werden, dass durch Verweisung auf eine Schrift zugleich ein öffentliches Testament iSd § 2232 S 1 Fall 2 errichtet werden soll (dazu sogleich). Die **Anlage zum Protokoll** braucht nicht in die Niederschrift selbst übertragen zu werden (zu den Anforderungen an die Verweisung vgl § 9 BeurkG RdNr 18), sie wird aber Teil der Testamentsniederschrift. Die in der Anlage niedergelegten Erklärungen gelten als in dem Protokoll selbst enthalten; auch auf Karten, Zeichnungen und Abbildungen kann in dieser Weise Bezug genommen werden (§ 9 Abs 1 S 3 BeurkG). Die Anlagen müssen mit verlesen, Karten etc zur Durchsicht vorgelegt werden (§§ 13, 9 Abs 1 S 2 BeurkG; Verzichtsmöglichkeit bei notariellen Urkunden, § 13a BeurkG); nach § 44 BeurkG sollen Niederschrift und Anlagen durch Schnur und Prägesiegel verbunden werden. Von der Anlage zum Protokoll, bei der das Testament durch Erklärung, wenn auch unter Bezugnahme auf die Anlage, errichtet wird, ist die **zusätzliche Übergabe einer Schrift iSd § 2232 S 1 Fall 2** zu unterscheiden. Der Unterschied liegt darin, dass der Inhalt dieser Schrift nicht Gegenstand der Beurkundung wird. Das Schriftstück ist keine Anlage zu der Niederschrift über ein mündlich oder in sonstiger Weise durch Erklärung gegenüber dem Notar errichtetes Testament, sondern es handelt sich dabei um ein zusätzliches, schriftlich errichtetes, öffentliches Testament. Beurkundet wird damit nur die Tatsache des Überreichens der Schrift und die nach § 2232 S 1 Fall 2 erforderliche Erklärung des Testators, dass die Schrift seinen letzten Willen enthalte. Diese kann zugleich im Genehmigen der Niederschrift des nach S 1 Fall 1 errichteten Testaments liegen (RGZ 92, 27, 32). Eine Verbindung mit der Niederschrift nach § 44 BeurkG findet nicht statt.

### 6. Folgen eines Formverstoßes

**12** Ein Testament, das unter Missachtung der genannten Voraussetzungen errichtet wird, ist nach § 125 nichtig. Das betraf nach der früher ganz überwiegend vertretenen Auffassung auch Fälle, in denen der Testator nur durch Gebärden seine Zustimmung zum Testament zum Ausdruck bringen kann, und zwar auch dann, wenn dem schreibunfähigen Testator auf diese Weise ganz die Möglichkeit genommen wird, ein Testament zu errichten. Zur neuen Rechtslage vgl RdNr 6, dort auch zu Verstößen gegen § 24 BeurkG. Bei der für Altfälle weiterhin relevanten Frage, auf diese Weise ganz die Möglichkeit genommen wird, ein Testament zu errichten. Zur neuen Rechtslage vgl RdNr 6, dort auch zu Verstößen gegen § 24 BeurkG. Bei der für Altfälle weiterhin relevanten Frage, ob die Erklärung vom Testator mündlich abgegeben wurde, stellt das Gesetz auf die tatsächliche Sprechfähigkeit, nicht auf die Überzeugung des Notars ab (OLG Köln FGPrax 1995, 69; vgl RdNr 6a). Dabei ist zu beachten, dass die Niederschrift als öffentliche Urkunde die Vermutung der Richtigkeit begründet, wenn dort eine Erklärung als mündlich abgegeben bezeichnet wird (vgl BayObLG FamRZ 2000, 1051, 1052 = NJW-RR 2000, 456 = ZEV 2000, 66, 68). Die Formnichtigkeit tritt auch dann ein, wenn die Form wegen eines Versehens des Notars oder des den Testator beratenden Rechtsanwalts nicht eingehalten wurde (BGH NJW 1981, 1900, 1901; aA KEGEL FS Flume S 545 ff; dazu [ablehnend] ZIMMERMANN FamRZ 1980, 99, 101).

### 7. Einige Hinweise für die Praxis

**13** Nach dem nunmehr geltenden Recht ist die Fähigkeit, sich mündlich zu erklären, nur noch mittelbar für die Testamentserrichtung von Bedeutung (vgl RdNr 6). Dennoch sollte sich der Notar der Sprechfähigkeit versichern, um die Frage der Hinzuziehung von Vertrauenspersonen nach § 24 Abs 1 S 1 BeurkG beurteilen zu können. Diese Hinzuziehung ist erforderlich, wenn der Testator nach seinen Angaben oder der Überzeugung des Notars nicht hinreichend sprechen oder hören kann und auch eine schriftliche Verständigung nicht möglich ist. Dabei setzt der Begriff der schriftlichen Verständigung nicht die Fähigkeit voraus, eigenhändig schreiben oder unterschreiben zu können (vgl RdNr 6). Bei Schreibunfähigkeit sind die §§ 13, 25 BeurkG, bei stummem, blindem oder taubem Testator die § 24 Abs 3 iVm § 22 BeurkG zu beachten. Kann sich der Testator nicht oder nur sehr eingeschränkt artikulieren, so sollte bei **komplexeren Testamenten** hinsichtlich der Einzelpunkte jeweils die Zustimmung gesondert eingeholt werden. Immer wenn dem Testament **Schriftstücke beigefügt** werden, sollte klargestellt werden, ob diese als Anlage oder als selbständige Schrift übergeben wurden (zur unterschiedlichen Behandlung vgl RdNr 11). Bei **gemeinschaftlichen Testamenten** ist darauf zu achten, dass beide Ehegatten sich erklären.

## V. Errichtung durch Übergabe einer Schrift

Das Testament kann nach § 2232 auch in der Weise errichtet werden, dass der Testator dem Notar eine Schrift übergibt mit der Erklärung, diese enthalte seinen letzten Willen (zum Testierwillen und zu Fällen des fehlenden Erklärungsbewusstseins oder des geheimen Vorbehalts vgl § 2247 RdNr 5). Die Möglichkeit, in dieser Form ein Testament zu errichten, wird durch § 2233 Abs 1 für **Minderjährige** auf die Übergabe einer **offenen Schrift** beschränkt und durch § 2233 Abs 2 für Personen, die Geschriebenes **nicht** zu **lesen** vermögen (vgl § 2233 RdNr 5 ff), **ausgeschlossen.** Der letzte Wille muss in der Schrift **selbst enthalten** sein; verweist die Schrift lediglich auf andere Erklärungen oder Urkunden, die selbst nicht beigefügt sind, so ist das Testament nur wirksam, wenn diese wiederum der Testamentsform genügen. 14

### 1. Anforderungen an das Schriftstück

#### a) Material

Das übergebene **Schriftstück** kann aus beliebigem **Material** (zB Papier, Holz, Metall) bestehen. Auch hinsichtlich des Mittels der Niederschrift gibt es keine Vorgaben. Selbst wenig haltbare Stoffe kommen in Betracht; so hat das RG (JW 1910, 291) bei einem (privatschriftlich errichteten) Testament das Schreiben mit einem Griffel auf einer Schiefertafel nicht beanstandet. Dabei hat es allerdings mit Recht darauf hingewiesen, dass bei einer solchen Art der Materialwahl Zweifel an der Ernsthaftigkeit der Erklärung aufkommen können. Der Notar wird in solchen Fällen eine dauerhafte Form der Niederlegung nahe legen, darf aber eine Beurkundung nicht ablehnen, wenn der Testator auf Beibehaltung der flüchtigen Form besteht. Selbst dann, wenn der Testator einen verschlossenen leeren Umschlag übergibt und erklärt, dieser enthalte seinen letzten Willen, muss die Beurkundung stattfinden – immerhin kann ein Testator, der von interessierter Seite zum Notar geschickt wurde, ein Interesse daran haben, zwar die Niederschrift über die Testamentserrichtung vorweisen zu können, aber dennoch ein im wahrsten Sinne des Wortes inhaltsleeres Testament errichtet zu haben. 15

#### b) Sprache

Die Frage, ob die Schrift in einer **fremden Sprache** oder in einer chiffrierten Form oder auch in Blindenschrift verfasst sein kann, lässt sich nur unter Einbeziehung des § 2233 Abs 2 beantworten. Diese Regelung schließt die Testamentserrichtung durch Übergabe einer Schrift aus, wenn der Testator Geschriebenes nicht zu lesen vermag. Diese Bestimmung dient dem Schutz des Testators davor, dass der Inhalt der Schrift ein anderer als der von ihm beabsichtigte ist, etwa deshalb, weil ein Dritter die Urkunden ausgetauscht hat, oder weil eine Schreibhilfe etwas anderes geschrieben hat, als der Testator ihr zu Schreiben aufgegeben hat. Aus dieser Schutzrichtung folgt aber zugleich, dass der Testator nicht nur abstrakt dazu in der Lage sein muss, Geschriebenes zu lesen, sondern dass er auch das zu lesen imstande sein muss, was Inhalt der von ihm übergebenen Schrift ist (vgl auch § 2233 RdNr 6; aA LANGE-KUCHINKE § 19 III 3 a γ Fn 44). Dabei reicht die Möglichkeit der Kenntnisnahme aus; der Testator braucht sie nicht zu ergreifen. Daraus folgt: Die Schrift kann in einer Sprache – auch in einer solchen, die der Notar nicht beherrscht (vgl § 30 S 4 BeurkG) – verfasst sein, solange der **Testator** sie (wenn auch mit Mühe und Zeitaufwand und unter Zuhilfenahme eines Wörterbuchs etc) **lesen** (nicht notwendigerweise schreiben) **kann**; der Testator braucht den Inhalt jedoch nicht zu kennen. Eine **Chiffrierung** ist möglich, wenn der Testator sie entschlüsseln kann, wovon nach der Lebenserfahrung auszugehen ist. Erwogen 16 wird, ob bei chiffriertem Inhalt der Dechiffrierschlüssel angegeben werden muss, da die Dechiffrierung andernfalls auf Schwierigkeiten stoßen könne und trotz Heranziehung von Experten Zweifel über den Inhalt der Schrift bleiben könnten (so die 2. Aufl RdNr 26). Auf der anderen Seite wird aber die Möglichkeit der Chiffrierung weitgehend entwertet, wenn man zugleich die Preisgabe des Dechiffrierschlüssels verlangt. Die Bedenken hinsichtlich der Entschlüsselung sind sicher gewichtig, sollten aber der Wirksamkeit der Testamentserrichtung nicht entgegenstehen, denn die zweifelsfreie Entschlüsselung ist immerhin möglich. Weitere **formelle Anforderungen** sind an die Schrift nicht zu stellen. Sie braucht weder vom Testator selbst geschrieben zu sein (vgl § 2232 S 2 HS 2), noch ist Datum, Ort oder Unterschrift erforderlich.

## 2. Kenntnis vom Inhalt

**17** Die Errichtung eines Testaments durch Übergabe einer Schrift setzt **nicht** voraus, dass der Testator den **Inhalt** der Schrift **kennt** (RGZ 76, 94, 95; SOERGEL-HARDER RdNr 4; aA PALANDT-EDENHOFER RdNr 3; MünchKomm-BURKART RdNr 16; RGRK-KREGEL RdNr 6; zu Leseunkundigen vgl RdNr 16). Das ergibt sich zunächst daraus, dass das Gesetz weder in § 2232 noch in § 2233 Abs 2 eine entsprechende Voraussetzung aufstellt. Es entspricht aber auch einem praktischen Bedürfnis. Relevant wird diese Frage wohl selten in Fällen, in denen sich der Testator ohne jede Prüfung dem von einem Dritten geschriebenen Testament unterordnet und dies »blind« als seinen letzten Willen übergibt. Zu denken ist vielmehr an Fälle, in denen der Testator die Schrift vor einiger Zeit geschrieben hat oder hat fertigen lassen, zwischenzeitlich aber den Inhalt nicht mehr präsent hat. Auch in Fällen starker Vergesslichkeit kann die genannte Situation auftreten. Verlangt man nun Kenntnis des Testators vom Inhalt der Schrift, so nimmt man ihm letztlich die Möglichkeit, das Testament durch eine verschlossene Schrift zu errichten, oder aber man öffnet der Testamentsanfechtung Tür und Tor. Wenn der Testator erklärt, er erinnere sich an den Inhalt der Schrift nicht mehr, so steht das der Wirksamkeit des Testaments deshalb nicht entgegen.

## 3. Sonderfragen bei mehreren Schriftstücken

**18** Übergibt der Testator **mehrere Schriftstücke** oder enthält der übergebene Umschlag mehrere Schriften und enthalten diese Schriften sich widersprechende Verfügungen, so heben sich diese wechselseitig auf (MünchKomm-BURKART RdNr 17). Das gilt regelmäßig auch dann, wenn die Schriften unterschiedlich datiert sind, denn erst mit der Übergabe werden die Verfügungen in Geltung gesetzt, sodass es ohne Bedeutung ist, wann die einzelnen Schriftstücke, die mit der Übergabe gleichzeitig als letztwillige Verfügung in Geltung gesetzt werden, verfasst wurden. Zweifelhaft ist dies jedoch in Fällen, in denen die Schriften der **Form eines eigenhändigen Testaments** genügen. Hat der Testator mehrere Testamente errichtet, die als eigenhändige wirksam sind, und legt er diese zusammen in einen Umschlag, den er dem Notar mit der Erklärung übergibt, dieser enthalte seinen letzten Willen, so gibt es keinen Grund, von der Regel abzuweichen, dass das zeitlich spätere Testament die frühere Verfügung aufhebt, § 2258. Regelmäßig wird man der Erklärung, die Schrift enthalte den letzten Willen, entnehmen können, dass dieser mit dem Inhalt wirksam werden sollte, den das Gesetz ihm im Übergabezeitpunkt zumisst. Danach aber gilt die ältere Verfügung von Todes wegen durch die neuere als aufgehoben, soweit sich beide widersprechen (so auch STAU-DINGER-BAUMANN RdNr 32). Das gilt sowohl bei eigenhändigen Testamenten, die in einer verschlossenen Schrift übergeben werden, als auch bei solchen in offener Schrift. Bei letzteren wird der Notar zwar regelmäßig den Widerspruch aufklären, die genannte Regel bleibt jedoch anwendbar, wenn dies versäumt wird.

### 4. Übergabe

Die Errichtung eines öffentlichen Testaments in der Form des § 2232 S 1 Fall 2 **19** setzt weiter die **Übergabe** des Schriftstücks voraus. Dieser Begriff ist wegen seiner abweichenden Aufgabe **anders als der der Übergabe iSd § 929 S 1** zu verstehen. Der Übergabe iSd § 2232 kommt keine Publizitätsfunktion zu, sondern sie dient einerseits dazu, dem Notar die Schrift zu verschaffen, die den letzten Willen enthält, zum anderen soll eine gewisse Entäußerung seitens des Testators stattfinden. Schließlich soll durch die Übergabe seitens des Testators sichergestellt werden, dass kein Zweifel darüber aufkommt, auf welche Schrift der Testator seine Erklärung, diese enthalte seinen letzten Willen, bezieht. Entscheidend ist damit, dass die **eindeutig bezeichnete Schrift mit Willen des Testators in den Verfügungsbereich des Notars** gelangt. Dazu reicht es ohne weiteres aus, wenn der Testator erklärt, der Notar solle die Schrift, die vor ihm liege, an sich nehmen. Als ausreichend wird auch die Erklärung angesehen, die Schrift solle als übergeben gelten. Dem ist zuzustimmen, wenn der Notar die tatsächliche, unmittelbare und ungehinderte Zugriffsmöglichkeit auf die Schrift hat und kein Zweifel an der Identität der Schrift besteht. Nicht ausreichend ist es, wenn der Testator dem Notar einen Ort nennt, an welchem die Schrift liegt (MünchKomm-BURKART RdNr 15). Die Erklärung, der Notar solle sich die Schrift **von einem Dritten aushändigen** lassen, reicht nur dann aus, wenn die Aushändigung in Anwesenheit des Testators geschieht. Hat der Notar selbst die Schrift verfasst oder hat er die von einem Dritten verfasste Schrift mitgebracht, so reicht es für die »Übergabe« aus, wenn der Notar dem Erblasser die Urkunde zeigt und dieser die Frage, ob die Urkunde als übergeben gelte, bejaht (vgl RGZ 150, 189, 191 f; MünchKomm-BURKART RdNr 15; aA KIPP-COING § 27 IV 2 Fn 15). Problematisch sind Fälle, in denen die Schrift **nicht unmittelbar vorliegt**. Die hL lehnt dann die Möglichkeit einer Übergabe ab und verlangt, dass die Schrift zur Stelle ist (RGZ 81, 34, 36; 150, 189, 191 f; MünchKomm-BURKART RdNr 15; SOERGEL-HARDER RdNr 4, 6). Dem ist in aller Regel zuzustimmen, denn bei einem solchen Verfahren besteht die Gefahr, dass Missverständnisse darüber entstehen, auf welche Schrift sich der Testator bezogen hat. Auch die Gefahr einer Manipulation – etwa durch Austauschen der Schrift seitens interessierter Dritter – ist nicht zu unterschätzen, zumal das Schriftstück nicht vom Testator geschrieben und auch nicht unterschrieben zu sein braucht. Dafür spricht weiterhin die Regelung des § 30 BeurkG, die mit der in S 2 angeordneten Kennzeichnungspflicht voraussetzt, dass das übergebene Schriftstück zur Stelle ist. Ob dieser Grundsatz allerdings auch dann gilt, wenn sich das vom Testator unmissverständlich bezeichnete Schriftstück an einem Ort befindet, der jede Einflussnahme ausschließt (Bankfach, dessen einziger Schlüssel vom Erblasser dem Notar übergeben wird, welcher mit dem Schriftstück anschließend nach § 30 S 2 bis 4 BeurkG verfährt) ist nicht unzweifelhaft.

Liegt das Schriftstück nicht vor, weil der **Notar** es gefertigt, aber (versehentlich) **nicht mitgebracht** hat, so wird man die Erklärung, die Schrift gelte als übergeben, allenfalls dann als Übergabe iSd § 2232 S 1 Fall 2 ansehen können, wenn dem Testator angeboten wurde, die Schrift zu holen und er darauf ausdrücklich verzichtet hat. Für die Zulassung eines solchen Vorgehens spricht, dass die oben aufgezeigten Funktionen der Übergabe in diesem Fall durch die bloße Erklärung, die Schrift gelte als übergeben, erfüllt werden. Es sollte deshalb – ähnlich wie bei § 929 S 2 – auf eine körperliche Übergabe verzichtet werden können, wenn der Notar bereits die alleinige Zugriffsmöglichkeit auf die Urkunde hat. Angesichts der strengen hL ist aber dringend zu empfehlen, dem Testator die tatsächliche Inbesitznahme zu ermöglichen. Bei einem lediglich im Computer geschriebenen, jedoch noch nicht ausgedruckten Text kann eine Übergabe nicht stattfinden.

### 5. Erklärung

**20** Die Errichtung des öffentlichen Testaments durch Übergabe einer Schrift setzt weiter voraus, dass der Testator **erklärt**, diese Schrift **enthalte seinen letzten Willen**. Die Wirksamkeit der Erklärung erfordert nicht, dass die Erklärung mündlich abgegeben wurde. Dies gilt nicht nur nach der Neufassung des § 2232, weil diese auf die Mündlichkeit der Erklärung insgesamt verzichtet, sondern auch bei Testamenten, die vor dem 1. 8. 2002 errichtet wurden, denn auch vor der Neuregelung verlangte § 2232 S 1 Fall 2 aF nicht die Mündlichkeit der Erklärung (LANGE-KUCHINKE § 19 III 3a α (anders jedoch in Fn 41); ROSSAK ZEV 1995, 236, 238; anders – ohne der Frage nachzugehen – die bislang hL, vgl SOERGEL-HARDER RdNr 5; MünchKomm-BURKART RdNr 12 ). Soweit für Altfälle von der hL die Mündlichkeit der Erklärung gefordert wird – was sich allenfalls aus dem Kontext mit § 31 aF BeurkG ableiten ließe –, kann die Erklärung auch durch einfaches »Ja« auf entsprechende Frage abgegeben werden (RGZ 108, 397, 400). Sie kann auch darin liegen, dass der Testator die eine entsprechende Erklärung enthaltende Niederschrift genehmigt. Auch nach hL ist das Fehlen eines Vermerks in der Niederschrift darüber, dass die Erklärung mündlich abgegeben wurde, unschädlich (RGZ 92, 27, 32). Die Erklärung, die Schrift enthalte den letzten Willen, kann mit einer **Ergänzung** oder einer **Änderung des Inhalts der Schrift** verbunden werden. Es handelt sich dann um eine Kombination der Testamentserrichtung durch Übergabe einer Schrift und einer durch Erklärung gegenüber dem Notar nach § 2232 S 1 Fall 1. Eine derartige Kombination steht der Wirksamkeit des Testaments nicht entgegen, sofern die Formerfordernisse jeweils gewahrt sind (RGZ 82, 149, 154f; STAUDINGER-BAUMANN RdNr 38; vgl auch RdNr 11); es sind dann hinsichtlich der Erklärung die in den RdNr 6 ff genannten Grundsätze zu beachten.

### 6. Weitere Behandlung des Schriftstücks

**21** Ist die Niederschrift über die Testamentserrichtung abgeschlossen, so ist das übergebene Schriftstück selbst **Bestandteil der Urkunde** (RGZ 84, 163, 165 f; STAUDINGER-BAUMANN RdNr 35) und nimmt insoweit an der Beweiskraft des öffentlichen Testaments als öffentlicher Urkunde teil (vgl § 1 BeurkG RdNr 4; STAUDINGER-BAUMANN RdNr 35). Die Schrift ist jedoch nicht Teil der Niederschrift (RGZ 84, 163, 165). Sie braucht nicht verlesen zu werden (§ 30 S 5 HS 2 BeurkG) und wird nicht notwendigerweise nach § 44 BeurkG mit der Niederschrift durch Schnur und Siegel verbunden. Zu weiteren Einzelheiten vgl § 30 BeurkG RdNr 10. Anders verhält es sich bei der Errichtung eines öffentlichen Testaments durch Erklärung unter Bezugnahme auf eine Anlage iSd § 9 Abs 1 S 2 BeurkG (vgl RdNr 11).

### 7. Formverstöße

**22** Fehlt es an der Übergabe oder an der Erklärung, dass die Schrift den letzten Willen enthalte, so ist das Testament nach § 125 **nichtig**. Nichtigkeit tritt auch ein, wenn die Niederschrift entgegen § 30 S 1 BeurkG nicht die Feststellung enthält, dass die Schrift übergeben wurde (vgl § 30 BeurkG RdNr 2). Soweit das öffentliche Testament formnichtig ist, das übergebene Schriftstück jedoch der Form eines privatschriftlichen Testaments genügt, kommt eine **Umdeutung** in Betracht (vgl BGH BWNotZ 1965, 128 (LS); RG WarnR 1931, Nr 50; vgl auch (Wirksamkeit nach § 2247) SOERGEL-HARDER RdNr 11). Selbst wenn der Testator das Schriftstück **bis zur Übergabe an den Notar nur als Entwurf** behandelt wissen wollte, steht dies der Umdeutung nicht notwendigerweise entgegen, denn mit der Übergabe ist die Endgültigkeit aus Sicht des Testators eingetreten und nach außen kundgemacht (vgl § 2247 RdNr 8), auch wenn die Errichtung eines öffentlichen Testaments nicht wirksam ist (aA RGRK-KREGEL RdNr 5). Anderes gilt, wenn der Testator für den Fall der Unwirksamkeit der öffentlichen Errichtung des Testaments dieses nicht als privatschriftliches aufrechterhalten wollte (SOERGEL-HARDER RdNr 11). Sieht der Testator das privatschriftliche Testament **bereits als endgültig** an, will er dies aber bei der Errichtung des öffentlichen Testaments ergänzen, so spricht die Auslegungsregel des § 2086 bei Nichtigkeit des öffentlichen Testaments für die Aufrechterhaltung des privatschriftlichen Testaments (vgl MünchKomm-BURKART RdNr 19). Zur Aufrechterhaltung eines aus besonderer amtlicher Verwahrung zurückgenommenen öffentlichen Testaments vgl § 2256 RdNr 10.

### 8. Einige Hinweise für die Praxis

Bei der Testamentserrichtung durch **Übergabe** einer Schrift muss diese **vorliegen** (zu denkbaren Ausnahmen vgl RdNr 19). Die **Niederschrift** muss die Übergabe der Schrift festhalten (§ 30 Abs 1 S 1 BeurkG). Der Notar sollte sich in Zweifelsfällen vergewissern, ob der Testator den Inhalt der Schrift **lesen kann**. Fehlt es daran mit Gewissheit, so muss der Testator auf die drohende Unwirksamkeit der Testamentserrichtung aufmerksam gemacht werden. Besteht er auf Beurkundung, so sollte mit Rücksicht auf die in der Literatur vertretene – hier abgelehnte – Auffassung (vgl § 2233 RdNr 6), die eine generelle Lesefähigkeit ausreichen lässt, auch wenn der Inhalt der übergebenen Schrift vom Testator nicht gelesen werden kann, die Beurkundung nicht abgelehnt werden; die Bedenken und die Belehrung sind in einem entsprechenden Vermerk festzuhalten. Bleiben Zweifel an der Lesefähigkeit, so sind diese zu vermerken(§ 17 Abs 2 BeurkG). Ist der Notar überzeugt, dass der Testator Geschriebenes nicht lesen und deshalb wegen § 2233 Abs 2 nicht durch Übergabe einer Schrift testieren kann, so ist die Beurkundung abzulehnen (vgl § 2233 RdNr 9) und der Testator auf die Möglichkeit der Testamentserrichtung nach § 2232 S 1 Fall 1 hinzuweisen. Ob der Testator den Inhalt der verschlossen übergebenen Schrift kennt, ist ohne Bedeutung (vgl RdNr 17); dennoch sollte in Zweifelsfällen angesichts der stark vertretenen Gegenauffassung eine entsprechende Frage gestellt werden. Eine nähere Prüfung, ob der Inhalt bekannt ist, scheidet ohnehin aus, da damit das vom Gesetzgeber in den Vordergrund gestellte Geheimhaltungsinteresse bei Übergabe einer verschlossenen Schrift verletzt würde. Bei Übergabe einer offenen Schrift beziehen sich die **Beratungspflichten** des Notars auch auf den Inhalt der Schrift (vgl § 30 S 4 iVm § 17 BeurkG); zu den Pflichten des Notars bei Übergabe einer verschlossenen Schrift vgl § 30 BeurkG RdNr 9).

## § 2233 Sonderfälle

**(1) Ist der Erblasser minderjährig, so kann er das Testament nur durch eine Erklärung gegenüber dem Notar oder durch Übergabe einer offenen Schrift errichten.**

**(2) Ist der Erblasser nach seinen Angaben oder nach der Überzeugung des Notars nicht imstande, Geschriebenes zu lesen, so kann er das Testament nur durch eine Erklärung gegenüber dem Notar errichten.**

Zum Schrifttum vgl vor § 2229

### Übersicht

| | | |
|---|---|---|
| I. | Zeittafel | 1 |
| II. | Recht der ehemaligen DDR | 2 |
| III. | Testament Minderjähriger (Abs 1) | 3 |
| | 1. Beschränkung der Form der Testamentserrichtung | 3 |
| | 2. Minderjährigkeit | 4 |
| IV. | Testamente leseunkundiger Personen (Abs 2) | 5 |
| | 1. Anforderungen an die Lesefähigkeit | 6 |
| | 2. Folgen bei Verstoß | 10 |
| V. | Vor dem 1. 8. 2002 errichtete Testamente nicht hinreichend sprechfähiger Personen | 11 |
| | 1. Anforderungen an die Sprechfähigkeit | 12 |
| | 2. Fragen des Beurkundungsrechts | 15 |
| VI. | Zusammentreffen von Sprechunfähigkeit mit Lese- oder Schreibunfähigkeit | 16 |

### I. Zeittafel

**1** Nach der ursprünglichen Fassung des § 2233 waren zur Errichtung des öffentlichen Testaments stets Personen hinzuziehen. Der Richter musste einen Gerichtsschreiber oder zwei Zeugen zuziehen, der Notar einen zweiten Notar oder zwei Zeugen (zur Fortgeltung vgl vor § 2229 RdNr 6f). Diese Regelung wurde durch das TestG eingeschränkt. § 6 TestG hatte folgenden, durch das GesEinhKG in § 2233 übernommenen Wortlaut: *(1) Ist der Erblasser nach der Überzeugung des Richters oder Notars taub, blind, stumm oder sonst am Sprechen verhindert, so muss der Richter einen Urkundsbeamten der Geschäftsstelle oder zwei Zeugen, der Notar einen zweiten Notar oder zwei Zeugen zuziehen. (2) In anderen Fällen steht es dem Richter oder Notar frei, die im Abs 1 bezeichneten Personen zuzuziehen. Von dieser Befugnis soll er Gebrauch machen, wenn der Erblasser es verlangt. Die Zuziehung soll unterbleiben, wenn der Erblasser ihr widerspricht.* Diese Regelungen (zur Fortgeltung vgl vor § 2229 RdNr 10) wurden dann durch das BeurkG geändert; die Formvorschriften wurden in dieses Gesetz übernommen. Der heutige Gesetzeswortlaut des § 2233 ist in Kraft seit dem 1. 1. 1970; sein Inhalt fand sich früher in den §§ 2238, 2243 aF. Durch Beschluss vom 19. 1. 1999 hat das BVerfG die Regelungen der §§ 2232, 2233 iVm § 31 BeurkG insoweit für mit der Verfassung unvereinbar erklärt, als sie testierfähige Personen, die aber schreibunfähig und stumm sind, generell von

A. Errichtung und Aufhebung eines Testaments | **§ 2233 BGB 2, 3**

jeder Testiermöglichkeit ausschließen (BVerfG NJW 1999, 1853 = ZEV 1999, 147; vgl dazu RdNr 16). Der Gesetzgeber hat dem mit Wirkung zum 1. 8. 2002 durch eine Änderung des § 2233 Rechnung getragen (BGBl I 2002, 2850). Diese hat das bislang geltende Mündlichkeitserfordernis in § 2232 beseitigt. Damit war in § 2233 Abs 1 und 2 eine Anpassung an die veränderten Voraussetzungen des § 2232 erforderlich, zugleich wurde § 2233 Abs 3 gestrichen, weil nunmehr eine Errichtung des Testaments durch Erklärung auch dann möglich ist, wenn sich der Testator nicht mündlich erklären kann. Der bis zum 1. 8. 2002 geltende Absatz 3 lautete: *Vermag der Erblasser nach seinen Angaben oder nach der Überzeugung des Notars nicht hinreichend zu sprechen, so kann er das Testament nur durch Übergabe einer Schrift errichten.*

## II. Recht der ehemaligen DDR

Nach § 370 Abs 1 S 2 ZGB konnte nur der Volljährige ein Testament errichten (vgl **2** § 2229 RdNr 2), sodass für eine Beschränkung des testierfähigen Minderjährigen auf bestimmte Formen der Testamentserrichtung kein Bedarf bestand. Hinsichtlich Blinder, Stummer, Tauber und Schreibunfähiger enthielt § 20 NotG (in Kraft ab dem 15. 2. 1976) folgende Regelung: *(1) Kann ein Beteiligter nach der Überzeugung des Notars nicht schreiben, nicht sehen oder nicht sprechen oder ist er gehörlos, hat der Notar einen Zeugen für die Beurkundung hinzuzuziehen. (2) Der Zeuge hat die Niederschrift mit zu unterschreiben. Kann der Beteiligte nicht schreiben, ist seine Unterschrift durch die Unterschrift des Zeugen zu ersetzen.* Ein Verstoß führt nach § 23 Abs 1 Nr 2 NotG (vgl § 2232 RdNr 2) zur Nichtigkeit der Beurkundung.

## III. Testament Minderjähriger (Abs 1)

### 1. Beschränkung der Form der Testamentserrichtung

Minderjährige, die das sechzehnte Lebensjahr vollendet haben, können nach **3** § 2229 Abs 1 und 2 zwar ein Testament ohne Zustimmung ihres gesetzlichen Vertreters errichten, sie können sich aber weder der privatschriftlichen Form (§ 2247 Abs 4) bedienen, noch können sie ein öffentliches Testament durch Übergabe einer verschlossenen Schrift (§ 2232 S 2 HS 1 Fall 2) errichten. Diese Beschränkung der Testamentsform für eine bestimmte Personengruppe ist verfassungsrechtlich nicht zu beanstanden (vgl BVerfG NJW 1999, 1853 = ZEV 1999, 147, 148; zu Fällen der Testierunmöglichkeit vgl RdNr 16). Die Regelung ist bei der Errichtung eines Nottestaments in der Form des Bürgermeistertestaments entsprechend heranzuziehen (§ 2249 Abs 1 S 4; § 2250 Abs 1; anders im Fall des Dreizeugentestaments nach § 2250 Abs 2). Durch die Einschränkung in der Wahl der Testamentsform soll die **Beratung** des minderjährigen Testators durch einen Notar (vgl §§ 17, 30 S 4 BeurkG) sichergestellt werden. Aus dieser Zielsetzung ist über den Gesetzeswortlaut hinaus abzuleiten, dass der Minderjährige auch bei Errichtung des Testaments durch Übergabe einer offenen Schrift nur wirksam testieren kann, wenn der Notar die Sprache beherrscht und die Schriftzeichen lesen kann (STAUDINGER-BAUMANN RdNr 4). Ein unter **Verstoß gegen Abs 1** errichtetes Testament wird durch den Eintritt der Volljährigkeit **nicht wirksam** (vgl auch § 2247 RdNr 38).

## 2. Minderjährigkeit

**4** Betroffen von der Regelung des Abs 1 sind Minderjährige, also Personen, die das **achtzehnte Lebensjahr** noch **nicht vollendet** haben (§ 2). Diese Altersgrenze gilt seit dem 1.1.1975. Für Testamente, die **vor dem 1.1.1975 errichtet** wurden, bleibt es bei der früheren Regelung, derzufolge die Minderjährigkeit erst mit Vollendung des einundzwanzigsten Lebensjahres endete, soweit der Minderjährige nicht für volljährig erklärt worden war (§§ 3–5). Bei der **Berechnung des Lebensalters** wird der Tag der Geburt mitgerechnet (§ 187 Abs 2 S 2); bei der Volljährigkeitserklärung entscheidet die Rechtskraft (§ 56 Abs 2 FGG aF). Bei Fällen mit **Auslandsberührung** ist zu beachten, dass die Einschränkung der Wahl der Testamentsform nach Art 26 Abs 3 S 1 EGBGB und Art 5 Haager Testamentsformabkommen (zum Verhältnis der Bestimmungen vgl STAUDINGER-DÖRNER Art 26 EGBGB RdNr 12 ff) als zur Form gehörig anzusehen ist, sodass hinsichtlich testierfähiger Minderjähriger die alternative Anknüpfung nach Art 26 EGBGB zur Anwendung kommt (vgl SOERGEL-SCHURIG Art 26 EGBGB RdNr 19; STAUDINGER-BAUMANN § 2229 RdNr 69; STAUDINGER-DÖRNER Vorbem zu Art 25 f EGBGB RdNr 88). Testamente, die unter Verstoß gegen § 2233 Abs 1 oder § 2247 Abs 4 **vor dem 1.1.1975 von Personen** errichtet wurden, die wegen der bereits seit dem 22.5.1950 bzw dem 14.6.1950 **niedrigeren Altersgrenze des ZGB** (vgl § 2229 RdNr 2) volljährig waren, während sie nach bundesdeutschem Recht noch minderjährig waren, sind **nicht** wegen des genannten Verstoßes **unwirksam**: Wenn auf das Testament das Recht der ehemaligen DDR anzuwenden ist (Art 235 EGBGB; vgl vor § 2229 RdNr 11 ff), gilt die Einschränkung des BGB ohnehin nicht. Soweit der nach dem ZGB volljährige Testator in das **Bundesgebiet übergesiedelt** ist, behält er hier ohne Rücksicht auf die bis zum 1.1.1975 höhere Altersgrenze des BGB seine Volljährigkeit, sodass er nicht den Beschränkungen des § 2233 Abs 1, § 2247 Abs 4 unterliegt (MünchKomm-BURKART § 2229 RdNr 29).

## IV. Testamente leseunkundiger Personen (Abs 2)

**5** Bei Personen, die Geschriebenes nicht lesen können, besteht die Gefahr, dass sie **Schriftstücke verwechseln** oder dass Dritte Schriftstücke unbemerkt vertauschen. Deshalb können Personen, die sich des Inhalts der Schrift nicht vergewissern können, weder in öffentlicher Form durch eine offene oder verschlossene Schrift noch in privatschriftlicher Form testieren. Sie sind auf die Errichtung durch Erklärung gegenüber dem Notar beschränkt, wobei die Erklärung seit der Änderung des § 2233 nicht mehr notwendigerweise mündlich zu erfolgen braucht (vgl § 2232 RdNr 6, zu Altfällen vgl RdNr 26 und § 2232 RdNr 6a f). Diese Regelung gilt auch für das Nottestament in der Form des Bürgermeistertestaments (§§ 2249 Abs 1 S 4, 2250 Abs 1).

### 1. Anforderungen an die Lesefähigkeit

**6** Aus der genannten Zielsetzung ergeben sich die Anforderungen, die an die Lesefähigkeit zu stellen sind: Der Testator muss **in der Lage sein**, sich von dem Inhalt der Schrift **Kenntnis zu verschaffen**. Wenn die Schrift in einer fremden Sprache oder mit **fremden Zeichen** verfasst ist, so muss der Testator diese lesen und verstehen können (RGZ 38, 242, 244; 76, 94, 95, vgl auch § 2232 RdNr 16). Deshalb können Blinde, die die **Blindenschrift** lesen können, **in dieser Form** durch Übergabe einer Schrift testieren (SCHULZE DNotZ 1955, 629; MünchKomm-BURKART RdNr 6; SOERGEL-HARDER RdNr 3; STAUDINGER-BAUMANN RdNr 12; unklar RGZ 86, 385; aA OLG Koblenz NJW

1958, 1784). Ob dem Testator die Kenntnisnahme des Geschriebenen Mühe bereitet und ob sie für ihn mit besonderem Zeitaufwand verbunden ist, ist ohne Bedeutung. Dagegen reicht es nicht aus, wenn der Testator zwar grundsätzlich lesen kann, jedoch nicht die Zeichen oder die Sprache versteht, in der die Schrift verfasst ist (so aber LANGE-KUCHINKE § 19 III 3 a γ), denn dann kann er gerade keine Kenntnis von dem Inhalt nehmen. Aus dem genannten Zweck der Vorschrift folgt weiter, dass die **Schreibfähigkeit ohne Bedeutung** ist; zu beachten ist dann bei der Beurkundung § 25 BeurkG. Fehlt es an der Sprech- oder an der Hörfähigkeit des Testators und ist auch eine schriftliche Verständigung mit ihm nicht möglich, so ist nach § 24 Abs 1 BeurkG die Beiziehung einer Verständigungsperson erforderlich (vgl auch § 2232 RdNr 6).

Aus welchem **Grund der Testator** Geschriebenes nicht lesen kann, ob dies wegen **7** Blindheit (BayObLG FamRZ 2000, 322, 323 = NJWE-FER 1999, 189 [zu § 2247 Abs 4]) oder hochgradiger Schwachsichtigkeit (RG JW 1903, 130; SchlHOLG SchlHAnz 1970, 138), wegen einer vorübergehenden Beeinträchtigung der Sehkraft oder wegen Analphabetismus der Fall ist, ist ohne Bedeutung. Zur Leseunfähigkeit führt auch eine Erkrankung, die zwar die optischen Fähigkeiten nicht beeinträchtigt, aber die Umsetzung des optischen Eindrucks im Gehirn verhindert (sog Rindenblindheit, vgl BayObLG NJW-RR 1997, 1438 [zu § 2247 Abs 4]). Nicht erfasst werden Fälle, in denen äußere Umstände, die nicht in der Person des Testators liegen, die Lesefähigkeit beeinträchtigen, so bei unaufhellbarer Dunkelheit (WEYL DJZ 1901, 501; aA BOSCHAN DJZ 1901, 476).

Entscheidend ist allein die Fähigkeit des Testators, das Geschriebene zu lesen. Ob **8** **der Notar** die gebrauchten Schriftzeichen oder die verwendete Sprache lesen bzw verstehen kann, ist ohne Bedeutung. Wie § 30 S 4 BeurkG zeigt, ist die Möglichkeit der Kenntnisnahme seitens des Notars nicht Voraussetzung der Beurkundung.

Für die **Beurteilung** der Frage, ob der Testator über die erforderliche Lesefähig- **9** keit verfügt, stellt das Gesetz alternativ auf die Selbsteinschätzung des Testators und auf den Eindruck des Notars ab. Verneint der Testator für sich diese Fähigkeit, so muss der Notar dies hinnehmen. Meint der Testator, seine Lesefähigkeit reiche aus, so muss der Notar die Beurkundung dennoch ablehnen, wenn er davon überzeugt ist, dass eine ausreichende Lesefähigkeit nicht gegeben ist (zur Nichtigkeit eines dennoch errichteten Testaments vgl MünchKomm-BURKART RdNr 7). In Fällen der Sehunfähigkeit ist bei der dann erforderlichen Errichtung des Testaments nach § 2232 S 1 Fall 1 die Regelung des § 22 BeurkG zu beachten.

## 2. Folgen bei Verstoß

Ein **Verstoß** gegen § 2233 Abs 2 führt zur Nichtigkeit des Testaments (§ 125), **10** wenn der Testator sich entweder **selbst** als nicht lesefähig **einschätzt** und dies erklärt oder wenn das Fehlen der Lesefähigkeit zur **Überzeugung des Notars feststeht**. **Fehleinschätzungen** des Notars führen nicht zur Nichtigkeit, auch wenn sie auf grober Fahrlässigkeit beruhen (STAUDINGER-BAUMANN RdNr 14). Die **tatsächliche Leseunfähigkeit** ist ohne Bedeutung. Damit stellt sich die Frage der Beweislast nur hinsichtlich der Einschätzung des Notars, nicht hinsichtlich der Leseunfähigkeit des Testators (vgl OLG Köln FGPrax 1995, 69 [zur Sprechfähigkeit; bei der Mündlichkeit der Erklärung nach § 2232 aF entschied nach bisher geltendem Recht jedoch die tatsächliche Sprechfähigkeit, vgl § 2232 RdNr 6]; siehe auch hier § 22 BeurkG RdNr 9; missverständlich STAUDINGER-BAUMANN RdNr 15). Aus Gründen der Rechtssicherheit und zum

Schutz der berechtigten Erwartungen des Erblassers hinsichtlich der Wirksamkeit seiner Verfügung muss es für die Anwendbarkeit des § 2233 Abs 2 ohne Bedeutung sein, wenn der Notar die Lesefähigkeit deshalb nicht verneint, weil er die Anforderungen an diese Eigenschaft unrichtig bestimmt. Er ist dann nicht zu der Überzeugung gelangt, dass es an der Lesefähigkeit fehlt (vgl SEYBOLD DNotZ 1967, 543 ff; aA OLG Hamm OLGZ 1967, 65, 68; OLG Oldenburg MDR 1949, 178, 179). Hat sich der Notar über die Frage der Leseunfähigkeit keine Gedanken gemacht, so ist das Testament nicht unwirksam, denn der Notar ist dann ebenfalls nicht von der Leseunfähigkeit überzeugt.

### V. Vor dem 1. 8. 2002 errichtete Testamente nicht hinreichend sprechfähiger Personen

11  Nach dem bis zum 1. 8. 2002 geltenden Recht beschränkte § 2233 Abs 3 aF die Möglichkeiten der Testamentserrichtung in öffentlicher Form auf die Errichtung durch Übergabe einer (offenen oder verschlossenen) Schrift, wenn der Testator nicht hinreichend zu sprechen vermag. Diese Regelung gilt für Testamente, die vor diesem Zeitpunkt errichtet wurden, fort (vgl § 2232 RdNr 6a). Zur Reduktion der Vorschrift in Fällen, in denen die Sprechfähigkeit erst endet, nachdem der Inhalt des Testaments mit dem Notar bereits endgültig abgestimmt ist, vgl § 2232 RdNr 7.

#### 1. Anforderungen an die Sprechfähigkeit

12  Abs 3 aF verlangte eine *hinreichende* Sprechfähigkeit. Diese Voraussetzung ist angesichts der genannten Zielsetzung der Bestimmung darauf zu beziehen, ob es dem Testator gelingt, sich gegenüber dem Notar (vgl 2232 RdNr 8) in mündlicher Form dergestalt zu erklären, dass **Zweifel am Inhalt der Erklärung ausscheiden**. Dabei braucht der Testator seinen Willen **nicht in fortlaufender Rede** erklären zu können. Frage und Antwort, Rede und Gegenrede sind möglich. Unschädlich ist es auch, wenn der Testator in **einzelnen Punkten** auf **Zeichen oder Gebärden** zurückgreifen muss (OLG Köln MDR 1957, 740 [insoweit in NJW 1957, 1929 und in DNotZ 1958, 94 nicht abgedruckt]). Es reicht auch aus, wenn sich der Testator durch ein schlichtes »**Ja**« die ihm vorgelesene **Erklärung zu eigen machen kann**, soweit es ihm zugleich möglich ist, auch seine Ablehnung zum Ausdruck zu bringen (BayObLG DNotZ 1969, 301, 302; vgl § 2232 RdNr 6a). Hinsichtlich der Ablehnungsmöglichkeit reichen Gebärden aus.

13  Der **Grund der Sprechverhinderung** ist ohne Bedeutung (Stummheit, Schlaganfall); auch eine vorübergehende Verhinderung (zB Intubation) führt zur Anwendung des Abs 3. Die **Zeichensprache** ist keine Sprache, da sie nicht mündlich gebildet wird (RGZ 85, 120, 125f; SOERGEL-HARDER RdNr 5; zu Lösungsmöglichkeiten, wenn wegen gleichzeitiger Schreibunfähigkeit die Testamentserrichtung durch Übergabe einer Schrift ausgeschlossen ist, vgl RdNr 16).

14  Bei der **Beurteilung**, ob der Testator hinreichend zu sprechen vermag, ist alternativ seine Selbsteinschätzung und die Überzeugung des Notars vom Mangel dieser Fähigkeit maßgebend (vgl RdNr 10; zur Rechtslage vor In-Kraft-Treten des BeurkG vgl RdNr 1 und § 2243 aF). Danach ist die hinreichende Sprechfähigkeit zu **verneinen**, wenn der Testator zu erkennen gibt, dass er selbst seine Fähigkeiten für nicht ausreichend hält; sie ist aber auch dann zu verneinen, wenn der Testator meint, über hinreichende Sprechfähigkeit zu verfügen, während der Notar zu der Überzeugung gelangt, dass es daran fehlt. An die Verneinung der Sprech-

fähigkeit seitens des Testators ist der Notar gebunden, auch wenn er meint, die Fähigkeit reiche aus. Es ist aber nicht ausgeschlossen, dass ein Testator sich umentscheidet, nachdem über die Anforderungen, die an die hinreichende Sprechfähigkeit zu stellen sind, belehrt wurde, und nunmehr meint, seine Sprechfähigkeit reiche aus. Ein solches Umentscheiden ist aber auch erforderlich, denn § 2233 Abs 3 aF knüpft nicht an die tatsächliche Sprechfähigkeit an, sondern an die Selbsteinschätzung des Erblassers oder an die Überzeugung des Notars. Nichtig ist deshalb auch ein unter Verstoß gegen Abs 3 errichtetes Testament in dem sicherlich seltenen Fall, dass ein Testator sprechfähig ist, jedoch sich selbst für sprechunfähig erklärt. Heißt es in einem notariellen Testament eingangs, der Testator sei nach der Überzeugung des Notars nicht hinreichend sprechfähig, während es dann weiter heißt, der Testator habe folgendes mündlich erklärt, so muss zur Beantwortung der Frage der Sprechfähigkeit auf andere Beweismittel als die Urkunde zurückgegriffen werden; die Nichterweislichkeit geht zu Lasten desjenigen, der für sich günstige Rechtsfolgen aus dem Testament abzuleiten sucht (OLG Köln MDR 1994, 806 = ZEV 1994, 372). Enthält die Niederschrift die Angabe, der Testator halte sich selbst für nicht hinreichend sprechfähig, so schließt dies die wirksame Errichtung eines notariellen Testaments durch Erklärung gegenüber dem Notar aus (OLG Hamm FamRZ 2000, 703, 704 = NJWE-FER 2000, 13).

### 2. Fragen des Beurkundungsrechts

Bei der **Beurkundung** des Testaments sind bei Testamentserrichtung vor dem 1. 8. 2002 die §§ 22 und 31 aF BeurkG zu beachten. Die Zuziehung von Zeugen, § 22 Abs 1 S 1 BeurkG, ist als Sollbestimmung ausgestaltet, sodass ihre Verletzung nicht zur Nichtigkeit der Beurkundung führt; dagegen fordert § 31 S 1 aF BeurkG zwingend, dass der Testator schriftlich erklärt, die Schrift enthalte seinen letzten Willen. Ein Verstoß führt zur Nichtigkeit nach § 125 (zur Reduktion des § 2233 aF BGB, an den die Regelung des § 31 aF BeurkG anknüpfte, vgl § 2232 RdNr 7). Ein Verstoß gegen § 31 S 2 aF BeurkG (Feststellung des eigenhändigen Niederschreibens der vorgenannten Erklärung) ist unschädlich.

### VI. Zusammentreffen von Sprechunfähigkeit mit Lese- oder Schreibunfähigkeit

Nach der ab dem 1. 8. 2002 geltenden Neuregelung der §§ 2232, 2233 steht auch Personen die Möglichkeit des Testierens offen, die weder sprechen noch sich schriftlich verständigen können, sofern sie nur ihren Willen in anderer Form erklären können (vgl § 2232 RdNr 6). Zu beachten ist die Neuregelung in § 24 Abs 1 BeurkG. Vor dem In-Kraft-Treten der Neuregelung konnten Sprechunfähige, die durch § 2233 Abs 3 auf die Errichtung eines Testaments in privatschriftlicher Form oder durch Übergabe einer Schrift verwiesen werden, **gänzlich von der Möglichkeit des Testierens ausgeschlossen sein**, wenn sie auch in dieser Form ein Testament nicht zu errichten vermochten. Das war zum einen dann der Fall, wenn sie die nach § 31 S 1 aF BeurkG erforderliche Erklärung nicht in eigenhändig geschriebener Form abgeben können; zum anderen dann, wenn sie Geschriebenes nicht zu lesen vermögen (§ 2233 Abs 2 aF, § 2247 Abs 4). Mit Recht hat das BVerfG es jedoch für unvereinbar mit Art 14 Abs 1, Art 3 Abs 1 und Art 3 Abs 3 S 2 GG gehalten, Personen, die testierfähig iSd § 2229 sind, die aber infolge einer Sprech- und Schreibunfähigkeit ihren Willen allein durch Gebärden (zB durch Zeichensprache oder durch Tippen auf die Tastatur eines Computers) zum Ausdruck bringen können, die Gestaltung der Rechtsnachfolge durch letztwillige Verfügung zu versagen. Ihnen ist für die Zeit vor dem 1. 8. 2002 durch analoge Anwendung der Vorschriften der §§ 22 ff BeurkG die Testamentserrichtung zu ermöglichen (dazu näher § 2232 RdNr 7). Dies gilt auch für testierfähige Minderjährige, die andernfalls wegen Sprech- und Schreibunfähigkeit testierunfähig wären.

## §§ 2234—2246 aF

Die §§ 2234—2246 aF sind gemäß § 57 Abs 3 Nr 8 BeurkG ab dem 1. 1. 1970 weggefallen. Sie gelten jedoch, auch wenn der Erblasser am oder nach dem 1. 1. 1970 verstirbt, für alle vor dem 1. 1. 1970 errichteten Verfügungen (vgl dazu vor § 2229 RdNr 10).

## § 2234 aF

*Als Richter, Notar, Urkundsbeamter der Geschäftsstelle oder Zeuge kann bei der Errichtung des Testaments nicht mitwirken:*

1. *der Ehegatte des Erblassers, auch wenn die Ehe nicht mehr besteht;*
2. *wer mit dem Erblasser in gerader Linie oder im zweiten Grade der Seitenlinie verwandt oder verschwägert ist.*

§ 2234 aF ist durch § 57 Abs 3 Nr 8 BeurkG ab 1. 1. 1970 aufgehoben. Die Vorschrift wurde sachlich durch § 3 Abs 1 Nr 2, 3, § 6 Abs 1 Nr 2, 3 BeurkG ersetzt.

## § 2235 aF

*(1) Als Richter, Notar, Urkundsbeamter der Geschäftsstelle oder Zeuge kann bei der Errichtung des Testaments nicht mitwirken, wer in dem Testament bedacht oder zum Testamentsvollstrecker ernannt wird oder wer zu einem Bedachten oder Ernannten in einem Verhältnis der im § 2234 bezeichneten Art steht.*

*(2) Die Mitwirkung einer hiernach ausgeschlossenen Person hat nur zur Folge, dass die Zuwendung an den Bedachten oder die Ernennung zum Testamentsvollstrecker nichtig ist.*

§ 2235 aF ist durch § 57 Abs 3 Nr 8 BeurkG ab 1. 1. 1970 aufgehoben. Die Vorschrift wurde sachlich durch die §§ 7, 27 BeurkG ersetzt.

## § 2236 aF

*Als Urkundsbeamter der Geschäftsstelle oder zweiter Notar oder Zeuge soll bei der Errichtung des Testaments nicht mitwirken, wer zu dem Richter oder dem beurkundenden Notar in einem Verhältnis der im § 2234 bezeichneten Art steht.*

1 § 2236 aF ist durch § 57 Abs 3 Nr 8 BeurkG ab 1. 1. 1970 aufgehoben. Die Vorschrift wurde sachlich durch die §§ 26, 27 BeurkG ersetzt.

## § 2237 aF

*Als Zeuge soll bei der Errichtung des Testaments nicht mitwirken:*

1. *ein Minderjähriger;*
2. *wer der bürgerlichen Ehrenrechte für verlustig erklärt ist, während der Zeit, für welche die Ehrenrechte aberkannt sind;*

3. wer nach den gesetzlichen Vorschriften wegen einer strafgerichtlichen Verurteilung unfähig ist, als Zeuge eidlich vernommen zu werden;
4. wer geisteskrank, geistesschwach, taub, blind oder stumm ist oder nicht schreiben kann;
5. wer die deutsche Sprache nicht versteht; dies gilt nicht im Falle des § 2245;
6. wer als Hausangestellter oder Gehilfe im Dienste des Richters oder des beurkundenden Notars steht.

§ 2237 aF ist durch § 57 Abs 3 Nr 8 BeurkG ab 1.1.1970 aufgehoben. Die Vorschrift wurde sachlich durch §§ 26, 27 BeurkG ersetzt. **1**

## § 2238 aF

*(1) Das Testament wird in der Weise errichtet, dass der Erblasser dem Richter oder dem Notar seinen letzten Willen mündlich erklärt oder eine Schrift mit der mündlichen Erklärung übergibt, dass die Schrift seinen letzten Willen enthalte.*

*(2) Der Erblasser kann die Schrift offen oder verschlossen übergeben. Die Schrift kann von dem Erblasser oder von einer anderen Person geschrieben sein. Der Richter oder der Notar soll von dem Inhalt der offen übergebenen Schrift Kenntnis nehmen.*

*(3) Wer minderjährig ist, kann das Testament nur durch mündliche Erklärung oder durch Übergabe einer offenen Schrift errichten.*

*(4) Ist der Erblasser nach der Überzeugung des Richters oder des Notars nicht imstande, Geschriebenes zu lesen, so kann er das Testament nur durch mündliche Erklärung errichten.*

§ 2238 aF ist durch § 57 Abs 3 Nr 8 BeurkG ab 1.1.1970 aufgehoben. Die Vorschrift wurde sachlich ersetzt durch die §§ 2232, 2233 nF. **1**

## § 2239 aF

*Die bei der Errichtung des Testaments mitwirkenden Personen müssen, soweit sich aus § 2242 Abs 2, 3 nichts anderes ergibt, während der ganzen Verhandlung zugegen sein.*

§ 2239 aF ist durch § 57 Abs 3 Nr 8 BeurkG ab 1.1.1970 aufgehoben. Die Vorschrift wurde sachlich ersetzt durch § 13 Abs 1, §§ 22, 24 Abs 1 BeurkG. **1**

## § 2240 aF

*Über die Errichtung des Testaments muss eine Niederschrift in deutscher Sprache aufgenommen werden.*

§ 2240 aF ist durch § 57 Abs 3 Nr 8 BeurkG ab 1.1.1970 aufgehoben. Die Vorschrift wurde sachlich durch § 5 Abs 1 und § 8 BeurkG ersetzt. **1**

## § 2241 aF

*(1) Die Niederschrift muss enthalten:*
1. *den Tag der Verhandlung;*
2. *die Bezeichnung des Erblassers und der mitwirkenden Personen;*
3. *die nach § 2238 erforderlichen Erklärungen des Erblassers und im Falle der Übergabe einer Schrift die Feststellung der Übergabe.*

*(2) Die Niederschrift soll ferner den Ort der Verhandlung enthalten.*

*(3) Das Fehlen einer Angabe über den Tag der Verhandlung steht der Gültigkeit des Testaments nicht entgegen, wenn diese Angabe aus dem vom Richter oder Notar nach § 2246 auf den Testamentsumschlag gesetzten Vermerk hervorgeht.*

*(4) Das Testament ist nicht schon deshalb ungültig, weil die Angabe über den Tag der Verhandlung unrichtig ist.*

**1** § 2241 aF ist durch § 57 Abs 3 Nr 8 BeurkG ab 1. 1. 1970 aufgehoben. Die Vorschrift wurde sachlich durch die §§ 9, 30 BeurkG ersetzt.

### § 2241a aF

*(1) Kennt der Richter oder der Notar den Erblasser, so soll er dies in der Niederschrift feststellen. Kennt er ihn nicht, so soll er angeben, wie er sich Gewissheit über seine Person verschafft hat.*

*(2) Kann sich der Richter oder der Notar über die Person des Erblassers keine volle Gewissheit verschaffen, wird aber gleichwohl die Aufnahme der Verhandlung verlangt, so soll er dies in der Niederschrift unter Anführung des Sachverhalts und der zur Feststellung der Person beigebrachten Unterlagen angeben.*

*(3) Der Richter oder der Notar soll sich davon überzeugen, dass der Erblasser testierfähig ist (§ 2229). Er soll seine Wahrnehmungen über die Testierfähigkeit in der Niederschrift angeben.*

**1** § 2241a aF ist durch § 57 Abs 3 Nr 8 BeurkG ab 1. 1. 1970 aufgehoben. Die Vorschrift wurde sachlich durch die § 10 Abs 2, §§ 11, 28 BeurkG ersetzt.

### § 2241b aF

*(1) Der Richter oder der Notar soll den Erblasser auf Bedenken gegen den Inhalt seiner mündlichen Erklärung oder der offen übergebenen Schrift hinweisen.*

*(2) Bestehen Zweifel an der Gültigkeit des beabsichtigten Testaments, so sollen die Zweifel dem Erblasser mitgeteilt und der Inhalt der Mitteilung und die hierauf vom Erblasser abgegebenen Erklärungen in der Niederschrift festgestellt werden.*

**1** § 2241b aF ist durch § 57 Abs 3 Nr 8 BeurkG ab 1. 1. 1970 aufgehoben. Die Vorschrift wurde sachlich durch die §§ 17, 30 BeurkG ersetzt.

### § 2242 aF

*(1) Die Niederschrift muss vorgelesen, vom Erblasser genehmigt und von ihm eigenhändig unterschrieben werden. In der Niederschrift soll festgestellt werden, dass dies geschehen ist. Hat der Erblasser die Niederschrift eigenhändig unterschrieben, so wird vermutet, dass sie vorgelesen und von ihm genehmigt ist. Die Niederschrift soll dem Erblasser auf Verlangen auch zur Durchsicht vorgelegt werden.*

*(2) Ist der Erblasser taub, so soll ihm die Niederschrift zur Durchsicht vorgelegt werden, auch wenn er dies nicht verlangt; in der Niederschrift soll festgestellt werden, dass dies geschehen ist. Kann der taube Erblasser Geschriebenes nicht lesen, so soll bei dem Vorlesen eine Vertrauensperson zugezogen werden, die sich mit ihm zu verständigen vermag; in der Niederschrift soll die Zuziehung festgestellt werden.*

*(3) Kann der Erblasser nach der Überzeugung des Richters oder des Notars nicht schreiben, so wird die Unterschrift des Erblassers durch die Feststellung dieser Überzeugung in der Niederschrift ersetzt. In einem solchen Falle muss der Richter oder der Notar bei dem Vorlesen und der Genehmigung einen Zeugen zuziehen; der Zuziehung des Zeugen bedarf es nicht, wenn der Richter oder der Notar gemäß § 2233 oder nach einer anderen gesetzlichen Vorschrift einen Urkundsbeamten der Geschäftsstelle oder einen zweiten Notar oder zwei Zeugen zuzieht.*

*(4) Die Niederschrift muss von den mitwirkenden Personen unterschrieben werden.*

§ 2242 aF ist durch § 57 Abs 3 Nr 8 BeurkG ab 1.1.1970 aufgehoben. § 2242 Abs 1 aF wurde sachlich durch § 13 Abs 1 BeurkG ersetzt, § 2242 Abs 2 aF durch die §§ 23, 24 BeurkG, § 2242 Abs 3 aF durch § 25 BeurkG, § 2242 Abs 4 aF durch § 13 Abs 3, § 22 Abs 2, § 24 Abs 1 S 3, § 29 S 2, § 35 BeurkG.

### § 2243 aF

*(1) Wer nach der Überzeugung des Richters oder des Notars stumm oder sonst am Sprechen verhindert ist, kann das Testament nur durch Übergabe einer Schrift errichten. Er muss die Erklärung, dass die Schrift seinen letzten Willen enthalte, bei der Verhandlung eigenhändig in die Niederschrift oder auf ein besonderes Blatt schreiben, das der Niederschrift als Anlage beigefügt werden muss.*

*(2) Das eigenhändige Niederschreiben der Erklärung sowie die Überzeugung des Richters oder des Notars, dass der Erblasser am Sprechen verhindert ist, sollen in der Niederschrift festgestellt werden. Die Niederschrift braucht von dem Erblasser nicht besonders genehmigt zu werden.*

§ 2243 aF ist durch § 57 Abs 3 Nr 8 BeurkG ab 1.1.1970 aufgehoben. Die Vorschrift wurde sachlich durch § 2233 Abs 3 nF und durch § 31 BeurkG ersetzt.

### § 2244 aF

*(1) Ist der Erblasser nach der Überzeugung des Richters oder des Notars der deutschen Sprache nicht mächtig, so muss bei der Errichtung des Testaments ein beeidigter Dolmetscher zugezogen werden. Auf den Dolmetscher sind die nach §§ 2234 bis 2237 für einen Zeugen geltenden Vorschriften entsprechend anzuwenden.*

*(2) Die Niederschrift muss in die Sprache, in der sich der Erblasser erklärt, übersetzt werden. Die Übersetzung muss von dem Dolmetscher angefertigt oder beglaubigt und vorgelesen werden; die Übersetzung muss der Niederschrift als Anlage beigefügt werden.*

*(3) In der Niederschrift soll die Überzeugung des Richters oder des Notars, dass der Erblasser der deutschen Sprache nicht mächtig sei, festgestellt werden. Die Niederschrift muss den Namen des Dolmetschers und die Feststellung enthalten, dass der Dolmetscher die Übersetzung angefertigt oder beglaubigt und sie vorgelesen hat. Der Dolmetscher muss die Niederschrift unterschreiben.*

§ 2244 aF ist durch § 57 Abs 3 Nr 8 BeurkG ab 1.1.1970 aufgehoben. Die Vorschrift wurde sachlich durch §§ 16, 27, 32 BeurkG ersetzt.

### § 2245 aF

*(1) Sind sämtliche mitwirkenden Personen nach der Überzeugung des Richters oder des Notars der Sprache, in der sich der Erblasser erklärt, mächtig, so ist die Zuziehung eines Dolmetschers nicht erforderlich.*

*(2) Unterbleibt die Zuziehung eines Dolmetschers, so muss die Niederschrift in der fremden Sprache aufgenommen werden und die Überzeugung des Richters oder des Notars feststellen, dass die mitwirkenden Personen der fremden Sprache mächtig seien. In der Niederschrift soll die Überzeugung des Richters oder des Notars, dass der Erblasser der deutschen Sprache nicht mächtig sei, festgestellt werden. Eine deutsche Übersetzung der Niederschrift soll als Anlage beigefügt werden.*

**1** § 2245 aF ist durch § 57 Abs 3 Nr 8 BeurkG ab 1.1.1970 aufgehoben. Die Vorschrift wurde sachlich durch § 5 Abs 2 BeurkG ersetzt.

### § 2246 aF

*(1) Der Richter oder der Notar soll die Niederschrift über die Errichtung des Testaments mit den Anlagen, insbesondere im Falle der Errichtung durch Übergabe einer Schrift mit dieser Schrift, in Gegenwart der übrigen mitwirkenden Personen und des Erblassers in einen Umschlag nehmen und diesen mit dem Amtssiegel verschließen. Der Richter oder der Notar soll das Testament auf dem Umschlag nach der Person des Erblassers sowie nach der Zeit der Errichtung näher bezeichnen und diese Aufschrift unterschreiben.*

*(2) Der Richter oder der Notar soll veranlassen, dass das verschlossene Testament unverzüglich in besondere amtliche Verwahrung gebracht wird (§§ 2258a, 2258b). Dem Erblasser soll über das in Verwahrung genommene Testament ein Hinterlegungsschein erteilt werden.*

**1** § 2246 aF ist durch § 57 Abs 3 Nr 8 BeurkG ab 1.1.1970 aufgehoben. Die Vorschrift wurde sachlich durch § 34 Abs 1 BeurkG ersetzt.

### § 2247 Eigenhändiges Testament

**(1) Der Erblasser kann ein Testament durch eine eigenhändig geschriebene und unterschriebene Erklärung errichten.**

**(2) Der Erblasser soll in der Erklärung angeben, zu welcher Zeit (Tag, Monat und Jahr) und an welchem Ort er sie niedergeschrieben hat.**

**(3) Die Unterschrift soll den Vornamen und den Familiennamen des Erblassers enthalten. Unterschreibt der Erblasser in anderer Weise und reicht diese Unterzeichnung zur Feststellung der Urheberschaft des Erblassers und der Ernstlichkeit seiner Erklärung aus, so steht eine solche Unterzeichnung der Gültigkeit des Testaments nicht entgegen.**

**(4) Wer minderjährig ist oder Geschriebenes nicht zu lesen vermag, kann ein Testament nicht nach obigen Vorschriften errichten.**

**(5) Enthält ein nach Absatz 1 errichtetes Testament keine Angabe über die Zeit der Errichtung und ergeben sich hieraus Zweifel über seine Gültigkeit, so ist das Testament nur dann als gültig anzusehen, wenn sich die notwendigen Feststellungen über die Zeit der Errichtung anderweit treffen lassen. Dasselbe gilt entsprechend für ein Testament, das keine Angabe über den Ort der Errichtung enthält.**

Zum Schrifttum vgl vor § 2229

A. Errichtung und Aufhebung eines Testaments | § 2247 BGB

**Übersicht**

| | | |
|---|---|---|
| I. | Zeittafel | 1 |
| II. | Recht der ehemaligen DDR | 2 |
| III. | Grundfragen des privatschriftlichen Testaments | 3 |
| IV. | Voraussetzungen des Abs 1 | 4 |
| | 1. Erklärung des Testierwillens | 4 |
| |    a) Äußerung des Willens | 4 |
| |    b) Anforderungen an den Willen | 5 |
| |    c) Feststellung des Testierwillens | 6 |
| |    d) Testierwille bei Äußerung in einem Brief | 7 |
| |    e) Maßgebender Zeitpunkt | 8 |
| |    f) Testierwille bei nachträglichen Änderungen und Ergänzungen; lückenhafte Testamente | 9 |
| |    g) Berücksichtigung nach dem maßgebenden Zeitpunkt liegender Umstände | 10 |
| | 2. Eigenhändigkeit der Erklärung | 11 |
| |    a) Umfang | 11 |
| |    b) Begriff der Eigenhändigkeit | 13 |
| |    aa) Sinn des Kriteriums | 13 |
| |    bb) Individualisierbarkeit als Maßstab; Einzelfälle | 14 |
| |    cc) Unlesbare Erklärungen | 15 |
| |    dd) Schriftabweichungen, Behinderungen | 16 |
| |    ee) Mitwirkung Dritter | 17 |
| |    c) Material | 18 |
| | 3. Unterschrift | 19 |
| |    a) Sinn der Voraussetzung | 19 |
| |    b) Form der Unterschrift | 20 |
| |    c) Bezeichnung in der Unterschrift | 21 |
| |    d) Position der Unterschrift | 22 |
| |    e) Besonderheiten der Unterschrift auf dem Umschlag des Testaments | 23 |
| |    f) Unterschrift auf Anschreiben | 24 |
| |    g) Veränderungen nach dem Unterschreiben | 25 |
| |    h) Berücksichtigung nicht von der Unterschrift gedeckter Nachträge | 26 |
| |    i) Veränderungen auf einer Anlage | 27 |
| |    j) Formunwirksame Nachträge als Widerruf | 28 |
| V. | Angabe von Ort und Zeit | 30 |
| | 1. Bedeutung der Angaben | 30 |
| | 2. Einzelfälle | 31 |
| |    a) Unrichtige Angaben | 31 |
| |    b) Unlesbare Angaben | 32 |
| |    c) Mehrere Angaben | 33 |
| | 3. Bedeutung des Zeitpunkts der Testamentserrichtung | 34 |
| |    a) Mehrere Testamente | 34 |
| |    b) Zeitweilige Testierunfähigkeit | 35 |
| | 4. Bedeutung des Ortes der Errichtung | 36 |
| VI. | Ausschluss nach Abs 4 | 37 |
| | 1. Sinn der Regelung | 37 |
| | 2. Privatschriftliche Testamente Minderjähriger | 38 |
| | 3. Privatschriftliche Testamente nicht lesefähiger Personen | 39 |
| VII. | Schuldrechtliche Anerkennung formunwirksam errichteter Testamente | 40 |

## I. Zeittafel

**1** Das privatschriftliche Testament ist nach langem Ringen in das BGB aufgenommen worden. Die Entwürfe lehnten eine solche Art der Testamentserrichtung ab, erst in der Reichstagskommission und im Reichstag wendete sich auf Drängen der Juristen aus den französischen und badischen Gebieten, in denen diese Form des Testierens verbreitet war, das Blatt. Die **ursprüngliche Fassung** des BGB (§ 2231 BGB idF von 1900) lautete: *Ein Testament kann in ordentlicher Form errichtet werden: 1. vor einem Richter oder vor einem Notar; 2. durch eine von dem Erblasser unter Angabe des Ortes und Tages eigenhändig geschriebene und unterschriebene Erklärung.* Die Regelung wurde durch das TestG grundsätzlich übernommen, jedoch in den Anforderungen deutlich entschärft (zu den Gründen vgl vor § 2229 RdNr 2; zur Fortgeltung der ursprünglichen Regelungen vgl vor § 2229 RdNr 6 f). **§ 21 TestG** lautete: *(1) Der Erblasser kann ein Testament in ordentlicher Form durch eine eigenhändig geschriebene und unterschriebene Erklärung errichten. (2) Es ist nicht notwendig, aber rätlich, dass der Erblasser in der Erklärung angibt, zu welcher Zeit (Tag, Monat und Jahr) und an welchem Orte er sie niedergeschrieben hat. (3) Die Unterschrift soll den Vornamen und den Familiennamen des Erblassers enthalten. Unterschreibt der Erblasser in anderer Weise, etwa lediglich mit dem Vornamen oder durch Angabe der Familienstellung, und reicht diese Unterzeichnung zur Feststellung der Urheberschaft des Erblassers und der Ernstlichkeit seiner Erklärung aus, so steht eine solche Unterzeichnung der Gültigkeit des Testaments nicht entgegen. (4) Wer minderjährig ist oder Geschriebenes nicht zu lesen vermag, kann ein Testament nicht nach obigen Vorschriften errichten. (5) Enthält ein nach Abs 1 errichtetes Testament keine Angaben über die Zeit der Errichtung und ergeben sich hieraus Zweifel über seine Gültigkeit (etwa weil der Erblasser während einer gewissen Zeit wegen Entmündigung testierunfähig war oder weil er mehrere einander widersprechende Testamente hinterlassen hat), so ist das Testament nur dann als gültig anzusehen, wenn sich die notwendigen Feststellungen über die Zeit der Errichtung anderweit treffen lassen. Dasselbe gilt entsprechend für ein Testament, das keine Angabe über den Ort der Errichtung enthält.* Durch das GesEinhG wurde der heutige Wortlaut Gesetz; lediglich die Worte des Eingangssatzes »in ordentlicher Form« wurden erst durch § 57 Abs 3 Nr 9 BeurkG als überflüssig gestrichen.

## II. Recht der ehemaligen DDR

**2** § 385 ZGB lautet: *Das eigenhändige Testament muss vom Erblasser handschriftlich geschrieben und unterschrieben sein; es soll Ort und Datum der Errichtung enthalten. Es kann dem Staatlichen Notariat in Verwahrung gegeben werden.* Nach dieser Regelung muss das privatschriftliche Testament – auch in Zusätzen und Ergänzungen – **handschriftlich** vom Erblasser geschrieben sein. Ein Formverstoß – zB durch die Verwendung von Maschinenschrift – führt zur Nichtigkeit, § 373 Abs 2 ZGB. Als **Unterschrift**, deren Fehlen ebenfalls zur Nichtigkeit führt, kann auch eine lediglich auf den Testator hindeutende Formulierung (vgl RdNr 21) gewählt werden (s HERRMANN S 33). Namenskürzel reichen als Unterschrift aus, wenn die Identität des Erblassers feststeht (OLG Celle ZEV 1996, 193, 194). Die Unterschrift muss zwar grundsätzlich den Text abschließen, diese Voraussetzung wird aber nicht streng ausgelegt, sodass auch Unterschriften am Rand des Testaments oder auch am Bogenkopf im Einzelfall als ausreichend angesehen werden können (vgl s HERRMANN S 33). Auch ein Brief kann nach dem ZGB ein Testament enthalten (s HERRMANN S 33). Das Fehlen von Orts- und Datumsangabe berührt die Wirksamkeit nicht (s HERRMANN

S 33 [zum Fehlen der Datumsangabe]); die Verwahrung durch das Staatliche Notariat war fakultativ (zur heutigen Aufbewahrung der bei dem Staatlichen Notariat verwahrten Testamente vgl § 2258a RdNr 2; zur Anwendbarkeit der Regelungen des ZGB vgl vor § 2229 RdNr 11 ff).

## III. Grundfragen des privatschriftlichen Testaments

Das privatschriftliche Testament dient – wegen der Möglichkeit seiner Errichtung **3** allein durch die Erklärung des Testators sogar in besonderem Maße – der Verwirklichung der verfassungsrechtlich geschützten Testierfreiheit. Seine besondere Problematik liegt darin, dass einerseits dem Willen des Testators Rechnung getragen werden soll, dass andererseits aber die Einhaltung der Form, in der dieser Wille geäußert sein muss, um von der Rechtsordnung als wirksam angesehen zu werden, gerade bei privatschriftlichen Testamenten dem Testator Schwierigkeiten bereitet. Anders als bei dem öffentlichen Testament ist der Testator hier nicht notwendigerweise von einer Person beraten, die die Formanforderung kennt und deren Einhaltung überwacht. Das Bestreben, einerseits die Formvoraussetzungen des BGB nicht aufzuweichen, andererseits aber dem Willen desjenigen, der in Verkennung dieser Anforderungen seine Angelegenheiten regeln wollte und wegen seines Versterbens nun auch nicht mehr in der Lage dazu ist, eine seinem Willen entsprechende formgültige Regelung jetzt noch zu treffen, prägt die Diskussion um die Voraussetzungen des § 2247. Wer die Person des Testators und seine Gestaltung der Nachfolge in sein Vermögen in den Vordergrund stellt, wird in der Rechtsprechung Tendenzen entdecken, die eine zielbezogene, dem Willen des Testators zur Durchsetzung verhelfende Auslegung der Formvorschriften zulassen (GRUNDMANN AcP 187 [1987], 429, 433 ff; STUMPF FamRZ 1992, 1131, 1136 f). Wer hingegen die Beratung des Testators durch den Notar und die Klarheit eines öffentlich errichteten Testaments schätzt und deshalb Rechtssicherheit und Rechtsfrieden in den Vordergrund stellt, der wird diese Entscheidungen als Ausnahmen in besonders gelagerten Fällen sehen, die ein im Grundsatz strenges Festhalten an den Formvorschriften nicht in Frage stellen (STAUDINGER-BAUMANN RdNr 10; LANGE-KUCHINKE § 16 IV 4 und 6; vgl auch OLG Düsseldorf FamRZ 1997, 518 [kein Abweichen von Formvorschriften aus Billigkeitsgründen]). Die Frage, inwieweit es innerhalb der vorgegebenen Regelungen über die Formbedürftigkeit möglich ist, dem Willen des Erblassers Rechnung zu tragen, wird bei dem jeweils problematischen Tatbestandsmerkmal behandelt.

## IV. Voraussetzungen des Abs 1

### 1. Erklärung des Testierwillens

#### a) Äußerung des Willens

§ 2247 enthält Regelungen darüber, in welcher privatschriftlichen Form der Tes- **4** tierwille niedergelegt werden kann. Es handelt sich dabei um die Abgabe einer einseitigen, nicht empfangsbedürftigen Erklärung des Willens, letztwillige Verfügungen zu treffen. In welcher **Sprache** oder mit welchen Zeichen die Erklärung verfasst ist, ist ohne Bedeutung (STAUDINGER-BAUMANN RdNr 26).

#### b) Anforderungen an den Willen

Die Feststellung des **Willens zu testieren**, der sich bei einem in öffentlicher Form **5** errichteten Testament in aller Regel zweifelsfrei ergeben wird, kann bei privatschriftlichen Testamenten Schwierigkeiten bereiten. Bei Beantwortung der Frage, welche Anforderungen an den Testierwillen zu stellen sind, muss berücksichtigt werden, dass es sich bei dem Testament um eine nicht empfangsbedürftige Willenserklärung handelt, sodass bei der Feststellung des Testierwillens weniger auf das Vertrauen desjenigen abzustellen ist, der die Erklärung zur Kenntnis nimmt, als auf den **tatsächlichen Willen** des Testators. Dabei kommt der Form und dem Inhalt der Erklärung eine wichtige, aber keine alleinentscheidende Bedeutung zu. Der Testierwille selbst kann auch durch außerhalb der Erklärung liegende Umstände festgestellt werden. Dabei wird – soweit noch feststellbar – den äußeren Gegebenheiten bei dem Verfassen der Erklärung besondere Bedeutung zukommen.

Der Testator muss **rechtsverbindliche Anordnungen** für den Fall seines Todes **treffen wollen**; dabei muss außer Zweifel stehen, dass der Testator die Urkunde als rechtsverbindliche Verfügung von Todes wegen betrachtet hat, zumindest im Sinne des Bewusstseins, das Schriftstück werde von anderen als eine derartige verbindliche Erklärung angesehen werden (BayObLGZ 1970, 173, 178; Rpfleger 1999, 184 = NJW-RR 1999, 88 = FamRZ 1999, 534; vgl auch KG DFG 1943, 43; KG HRR 1941 Nr 323). Nicht ausreichend ist es, wenn der Testator lediglich mitteilt, er habe (mündlich und deshalb formunwirksam) bestimmte Anordnungen getroffen (OLG Köln Rpfleger 1995, 504, 505). Die Regeln, die im Allgemeinen Teil des BGB im Interesse des Verkehrsschutzes für die Wirksamkeit einer Willenserklärung trotz **Fehlens des Erklärungsbewusstseins** aufgestellt wurden, lassen sich auf die nicht empfangsbedürftige Willenserklärung der Testamentserrichtung nicht übertragen (so für den Fall der empfangs-, aber nicht zugangsbedürftigen Willenserklärung nach § 151 auch BGH NJW-RR 1986, 415; NJW 1990, 1655, 1656; aA BREHMER JuS 1994, 386, 389f). Deshalb ist ein Testament unwirksam, das der Testator ohne das genannte Bewusstsein errichtet hat, auch wenn er angesichts des äußeren Anscheins der Erklärung damit hätte rechnen müssen, dass andere es als Testament verstehen konnten. Behält sich dagegen der Testator **insgeheim vor**, die letztwillige Verfügung **nicht zu wollen**, so ist dieser Vorbehalt nach **§ 116 S 1** unbeachtlich. Diese Bestimmung gilt auch für das Testament, denn sie ist Ausdruck des allgemeinen Grundsatzes der Unbeachtlichkeit der protestatio facto contraria (FLUME § 20,1), sodass sie Anwendung findet, obwohl ein zu schützender Erklärungsempfänger nicht vorhanden ist (WACKE FS Medicus S 651, 653 ff; iE auch – aber ausgehend von Verkehrsschutzgesichtspunkten – RGZ 104, 320, 322; 148, 218, 222 [obiter dictum]; MünchKomm-BURKART RdNr 5). Nichtigkeit nach **§ 116 S 2** oder nach **§ 117** kommt bei einem Testament nicht in Betracht, weil es an einem Erklärungsempfänger fehlt, der den Vorbehalt kennt oder der mit dem Abgeben zum Schein einverstanden ist (OLG Frankfurt/M FamRZ 1993, 858, 860; WACKE FS Medicus S 651, 654; STAUDINGER-BAUMANN RdNr 21; aA LANGE-KUCHINKE § 35 I 1 b mwN), und es deshalb an der in diesen Normen vorausgesetzten Übereinstimmung zwischen Erklärendem und Erkärungsadressat fehlt. Nach **§ 118** ist ein Testament nichtig, wenn es in der Erwartung errichtet wurde, der Mangel der Ernstlichkeit werde nicht verkannt werden.

### c) Feststellung des Testierwillens

6 Der Testierwille muss **feststehen**; andernfalls ist das Schriftstück zwar zu eröffnen, denn es muss auch dann eröffnet werden, wenn es sich bei einer Schrift nur möglicherweise um ein Testament handelt (vgl § 2260 RdNr 6 ff), das Testament ist dann aber mangels Testierwillens unwirksam. Der Testierwille kann nicht in entsprechender Anwendung des § 2084 zugunsten der Wirksamkeit des Testaments als im Zweifel vorhanden unterstellt, sondern er muss nach den allgemeinen Regeln des § 133 ermittelt werden (OLG Frankfurt/M OLGZ 1971, 205, 207; BayObLGZ 1963,

58, 61 = MDR 1963, 503; KG NJW 1959, 1441). Bei der **Feststellung des Testierwillens** hilft ein **Satz der Lebenserfahrung**, der besagt, dass ein formgerecht und inhaltlich vollständiges Testament regelmäßig nur von demjenigen errichtet wird, der testieren will (vgl BayObLG FamRZ 1992, 226, 227; KG FamRZ 1991, 486, 488; zur Einordnung als Satz der Lebenserfahrung vgl HARDT S 150 ff). Die Erfahrung, die diesem Satz zugrunde liegt, kann aber **erschüttert** werden, wenn das Testament in einer Form oder unter Umständen errichtet wurde, die üblicherweise nicht dazu angetan sind, seinen letzten Willen zu äußern. Dabei ist auch die **Überschrift** des Schriftstücks einzubeziehen; so kann ein als »Vollmacht« bezeichnetes Schriftstück zwar als Testament zu verstehen sein, aber der Testierwille ist dann sorgfältig zu prüfen (vgl BayObLGZ 1982, 59, 64f; BayObLG Rpfleger 1999, 184f = NJW-RR 1999, 88 = FamRZ 1999, 534; FamRZ 2000, 1539, 1540 = NJWE-FER 2000, 316 [Auslegung einer Bankvollmacht als Erbeinsetzung; iE Testierwillen verneint]; STAUDINGER-BAUMANN RdNr 49; vgl aber auch BayObLG NJW-RR 2001, 297, 298 [Auslegung einer Vollmacht als Testament verneint]). Weiterhin kann beispielsweise die Tatsache, dass sich die Erklärung auf der Rückseite eines anderweitig bereits verwendeten Briefumschlags befindet, dazu geeignet sein, den genannten Erfahrungssatz zu erschüttern, denn bei einer derartigen Form liegt der Gedanke, dass es sich um einen Entwurf handelt, kaum ferner als der, dass ein formgerecht errichtetes Testament auch vom Testierwillen getragen ist (vgl auch KG FamRZ 1991, 486, 488 [keine Anwendung des Erfahrungssatzes bei Testament, das äußerlich noch Lücken aufweist]; vgl auch RG JW 1910, 291 [Erklärung auf einer Schiefertafel]; so auch zur Errichtung eines Testaments in Kurzschrift STAUDINGER-BAUMANN RdNr 28). In diesem Zusammenhang wird auch der **Art der Unterzeichnung** (zB voller Name oder nur Initialen) Bedeutung zukommen.

Auf der anderen Seite gibt es Umstände, die die **Erschütterung des Erfahrungssatzes** wiederum **entfallen lassen**. So wird man dem Umstand, dass der letzte Wille auf einem gebrauchten Briefumschlag niedergelegt wurde, keine Bedeutung zumessen, wenn feststeht, dass der Erblasser entweder in dem Zeitpunkt kein anderes, üblicheres Material zur Hand hatte, oder wenn sich herausstellt, dass der Erblasser üblicherweise auf derart ungewöhnlichem Material auch aus seiner Sicht wichtige Erklärungen verfasste. Von solchen Fällen, in denen ein Umstand die Erschütterung des Satzes der Lebenserfahrung entfallen lässt, sodass auf den Satz, das vollständig und formgerecht errichtete Testament indiziere den Testierwillen, zurückgegriffen werden kann, sind Fälle zu **unterscheiden**, in denen andere **Umstände für die Annahme des Testierwillens** sprechen, ohne aber die Anwendung des genannten Erfahrungssatzes zu rechtfertigen. Wenn der Testator, der seine Erklärung in der erwähnten Weise niedergelegt hat, **später äußert**, sein letzter Wille liege an einem bestimmten Ort und wenn dort der beschriebene Briefumschlag liegt, so kann das dafür sprechen, dass der Umschlag mit Testierwillen beschrieben wurde (vgl aber auch RdNr 7). Das Gericht kann auf dieser Grundlage auch zu der Überzeugung gelangen, dass der Testierwille vorhanden war; es kann dabei aber nicht auf die Anwendung des Satzes der Lebenserfahrung rekurrieren, dass ein vollständig und formgerecht errichtetes Testament auch vom Testierwillen getragen war, denn dieser Satz bezieht sich nicht auf Testamente, die ohne Not auf einem solchen Material errichtet werden, und daran vermag die anschließende mündliche Erklärung, das Testament liege an diesem oder jenem Ort, nichts zu ändern. Anders verhält es sich, wenn sich aus den späteren Äußerungen ergibt, dass der Testator dem Material, auf dem die Erklärung niedergelegt ist, schon damals keine Bedeutung beigemessen hat; dann kann der Erfahrungssatz, dass eine vollständige, formgerechte und insbesondere auch unterschriebene Erklärung auch willensgetragen ist, angewendet werden (ohne diese Differenzierung die Begründung des BayObLG in FamRZ 1992, 226, 227). Der Wille zur Testamentserrichtung kann auch bei einem als »**Entwurf**« überschriebenen Schriftstück angenommen werden, wenn feststeht, dass der Testator dieses bis zur Errichtung eines »endgültigen« Testaments als gültig ansehen wollte (BayObLGZ 1970, 173, 178; vgl auch [Testament im Notizbuch] BayObLG FamRZ 2000, 1251, 1252 = NJWE-FER 2000, 126 = ZEV 2000, 365 m insoweit zust Anm KROPPENBERG). So wurde mit Recht ein Testament als wirksam angesehen, dem ein ununterschriebener Zettel beigeheftet war mit der Aufschrift »Muss noch überarbeitet werden, gilt aber im Falle meines plötzlichen Ablebens als vollwertiges Testament« (LG Saarbrücken MDR 1983, 404). Ein privatschriftliches Testament kann auch errichtet werden, indem der eigenhändige Entwurf eines notariellen Testaments vom Testator so verändert wird, dass dieser an die Stelle des notariellen Testaments tritt (OLG Hamm FGPrax 2000, 31 f).

### d) Testierwille bei Äußerung in einem Brief

7 Besondere Zurückhaltung bei der Annahme des Testierwillens ist geboten, wenn sich der Testator lediglich in einem eigenhändig geschriebenen und unterschriebenen **Brief** äußert. In dieser Form werden regelmäßig nur Ankündigungen oder Absichtserklärungen abgegeben, nicht aber verbindlich gemeinte Verfügungen getroffen. Der Testierwille ist deshalb zweifelhaft und muss sich aus den Umständen des Einzelfalls klar ergeben (BayObLGZ 1963, 58, 60 ff; BayObLG MDR 1980, 403 = Rpfleger 1980, 189; FamRZ 1990, 672, 673; NJW-RR 1991, 1222; FamRZ 2001, 944, 945 = NJWE-FER 2001, 20, 21 = Rpfleger 2000, 134, 135; OLG Brandenburg FamRZ 1998, 985, 986; vgl auch [an Gericht gerichteter Schriftsatz] OLG Köln Rpfleger 1995, 504; vgl auch [Testament im Notizbuch] BayObLG FamRZ 2000, 1251, 1252 = NJWE-FER 2000, 126 = ZEV 2000, 365 m insoweit zust Anm KROPPENBERG). Für die Annahme eines solchen Willens kann unter anderem sprechen, wenn der Testator ein besonderes Interesse daran hatte, sich gerade die Übersendung an den Empfänger zunutze zu machen, um seinem letzten Willen zur Durchsetzung zu verhelfen. Wer etwa vermutet, dass sein letzter Wille von interessierter Seite unterdrückt wird, der wird eher dazu neigen, sich eines – auch äußerlich unverfänglichen – Briefes zu bedienen, um die vom Testierwillen getragenen letztwilligen Verfügungen zu treffen.

### e) Maßgebender Zeitpunkt

8 Festgestellt werden muss der Testierwille **im Zeitpunkt der Errichtung** des Testaments, also in dem Zeitpunkt, in dem das Testament **abgeschlossen** wird. Letzter Akt der Testamentserrichtung wird meist die Unterschrift sein, zwingend ist das aber nicht. Das Verfassen eines Testaments kann sich über einen **längeren Zeitraum** (vgl nur BayObLG 1984, 194 = MDR 1984, 1024; BayObLG FamRZ 1999, 1392, 1393; OLG Celle NJW 1996, 2938) und auch über mehrere Orte erstrecken. Da es auf den Testierwillen bei Abschluss der Errichtung ankommt, ist das Testament auch wirksam, wenn sich der Testator erst nach dem Niederschreiben dazu entschließt, diesen Text als seinen letzten Willen anzusehen und ihn in dieser Absicht unterschreibt (RGZ 111, 247, 252; 115, 111, 114). Ebenfalls wirksam ist es, den Text über die bereits vorhandene Unterschrift zu setzen (vgl BayObLGZ 1984, 194 = MDR 1984, 1024; OLG Zweibrücken FGPrax 1998, 26, 27 = FamRZ 1998, 581f; STAUDINGER-BAUMANN RdNr 48). Der Testator kann auch eine Schrift, die zunächst **als Entwurf niedergeschrieben** war, später zu seinem Testament machen (vgl OLG Hamm FGPrax 2000, 31 f). Dazu reicht allerdings nicht der innere Wille aus, sondern dieser muss in Testamentsform nach außen kundgemacht werden. Dabei kann es ausreichen, wenn der Erblasser mit Testierwillen die Überschrift »Entwurf« über dem bereits früher unterschriebenen Schriftstück streicht (STAUDINGER-BAUMANN RdNr 78, vgl auch [Vervollständigung eines bereits unterschriebenen Testamentsentwurfs durch Angabe des Datums mit der Folge,

dass sich die Wirksamkeit des Testaments nach den Regeln des Militärtestaments bestimmte] KG OLGE 32, 321, 322), denn die Unterschrift unter dem als Entwurf gedachten Text kann auch diese Veränderung decken (vgl RdNr 25), sodass damit ein mit Testierwillen errichtetes formwirksames Testament gegeben ist. Ausreichend ist es auch, in einem eigenhändigen und unterschriebenen **Vermerk** auf diesen (eigenhändig geschriebenen) Entwurf Bezug zu nehmen und diesen so zur Anlage des damit errichteten Testaments zu erklären (zu dieser Möglichkeit vgl RdNr 12). Dagegen wird es nicht ausreichen, wenn der Testator lediglich mündlich oder maschinenschriftlich erklärt, er wolle den damals als Entwurf niedergeschriebenen Text als sein Testament verstanden wissen, denn diese Erklärung genügt der Testamentsform nicht und der frühere Text wurde ohne Testierwillen niedergelegt. Anders wird man entscheiden können, wenn der Testator ein eigenhändig geschriebenes und unterschriebenes, jedoch als Entwurf gekennzeichnetes Schriftstück dem Notar in der Absicht übergibt, ein öffentliches Testament zu errichten, dieses jedoch nichtig ist, denn dann ist der Testierwille hinsichtlich des übergebenen Schriftstücks nicht zweifelhaft (vgl § 2232 RdNr 22). Wirksam ist es auch, wenn der Testator ein zunächst **wirksam errichtetes Testament** in Widerrufsabsicht **zerreißt**, es später aber zusammenklebt und dieses mit Testierwillen erneut unterschreibt (vgl OLG Düsseldorf JZ 1951, 309 [LS] – wobei sich im Fall die Unterschrift auf dem Umschlag des Testaments befand; dazu RdNr 23; vgl auch § 2257 RdNr 4).

### f) Testierwille bei nachträglichen Änderungen und Ergänzungen; lückenhafte Testamente

Bei späteren **Änderungen und Ergänzungen** reicht es aus, wenn der zunächst fehlende Testierwille im Zeitpunkt der Änderung oder Ergänzung vorhanden ist, sofern er in diesem Zeitpunkt den gesamten Testamentsinhalt umfasst und sich nicht nur auf die Änderung oder Ergänzung beschränkt. Angesichts der Möglichkeit, ein Testament auch über einen längeren Zeitraum hinweg zu verändern und zu vervollständigen, kann im Fall auftreten, dass der Text des Testaments noch **Lücken** enthält. Maßgebend ist auch hier, ob der eigenhändig geschriebene und unterschriebene Text trotz der Lückenhaftigkeit vom Testierwillen getragen ist, oder ob es sich um einen Entwurf handelt. Ist lediglich Raum zwischen einzelnen Abschnitten gelassen, der spätere Einschübe ermöglicht, so wird das den Testierwillen nicht in Frage stellen. Ist eine Verfügung selbst lückenhaft, etwa weil der Name des Begünstigten noch offen gelassen ist, so berührt dies regelmäßig nicht den Testierwillen hinsichtlich der anderen Teile des Testaments, soweit nicht anzunehmen ist, dass die anderen Teile in ihrer Wirksamkeit von dem Ausfüllen dieser, nur einen Teilaspekt betreffenden, Lücke abhängen (STAUDINGER-BAUMANN RdNr 57; STAUDINGER-OTTE § 2086 RdNr 2; vgl auch KG OLGE 9, 394f). Ob die lückenhafte Verfügung selbst wirksam ist, hängt davon ab, ob auch insoweit trotz der Lücke – die den Stempel der Unvollständigkeit und damit des Entwurfscharakters trägt – der Testierwille festgestellt werden kann. Das ist vom RG (JW 1912, 39, 40) zu Recht angenommen worden, wenn die Summe eines Kapitals, dessen Zinsen dem Bedachten ein bescheidenes, aber sorgenfreies Leben ermöglichen sollte, offen gelassen wurde.

### g) Berücksichtigung nach dem maßgebenden Zeitpunkt liegender Umstände

Verhalten oder mündliche Erklärungen des Testators nach Abschluss der letztwilligen Verfügung sind nur insofern von Bedeutung, als sie Aufschluss über den bereits früher vorhandenen Testierwillen geben. So kann bei einem auf einem gebrauchten Briefumschlag niedergelegten Testament der Umstand, dass der Testator Dritten den Ort, an dem sein Testament liegt, bezeichnet und dort dieser Briefumschlag liegt, nur mittelbar von Bedeutung sein, denn auf ihn kommt es nur an, sofern sich daraus schließen lässt, dass der Testator diesen Umschlag im Zeitpunkt des Verfassens der Erklärung bereits als Niederlegung seines letzten Willens ansah (vgl RdNr 6). Entschließt sich der Testator später, eine Schrift, die ohne Testierwillen verfasst wurde, als sein Testament anzusehen, so kann damit der im Zeitpunkt der Errichtung fehlende Testierwille nicht nachgeholt werden; möglich ist es aber, durch eine (weitere) Unterschrift oder einen Zusatz den Entwurf zum Testament zu erklären (vgl RdNr 8). Bei der Entscheidung, ob der Testierwille bereits im Zeitpunkt der Testamentserrichtung vorhanden war, kann berücksichtigt werden, dass Entwürfe regelmäßig nicht unterschrieben werden, sodass bei einer die Unterschrift tragenden vollständigen Erklärung vom Testierwillen im Zeitpunkt des Unterschreibens ausgegangen werden kann.

### 2. Eigenhändigkeit der Erklärung

#### a) Umfang

**11** Nach § 2247 Abs 1 muss die Erklärung vom Erblasser eigenhändig geschrieben sein (zur Ausnahme bei gemeinschaftlichen Testamenten vgl § 2267 RdNr 1). Damit bezieht sich das Formerfordernis grundsätzlich auf die **gesamte** Erklärung. Unschädlich ist es, wenn Ort oder Datum nicht handschriftlich eingesetzt werden, da Abs 2 lediglich eine Sollbestimmung hinsichtlich dieser Angabe enthält (OLG Köln ZEV 1998, 435). Sind Teile des Testaments **nicht mit der Hand** geschrieben, so sind diese **unwirksam**, auch wenn sie nachweislich vom Erblasser mit Testierwillen eingefügt wurden. Der verbleibende Teil des Testaments ist nach § 2085 wirksam, sofern nicht anzunehmen ist, dass der Erblasser die verbleibenden Verfügungen nicht ohne die unwirksame Verfügung getroffen haben würde (OLG Köln ZEV 1998, 435 f; vgl auch RG Recht 1921 Nr 582; BayObLG FamRZ 1986, 726, 727). Bei der Entscheidung dieser Frage kann der Inhalt der unwirksam getroffenen Verfügungen berücksichtigt werden. Fügt der begünstigte Dritte dem eigenhändigen Testament seine Unterschrift hinzu, so steht das der Wirksamkeit des eigenhändigen Testaments nicht entgegen; eine solche Erklärung ist nicht als (formunwirksamer) Erbvertrag auszulegen (BayObLGZ 1993, 248, 249 = DNotZ 1994, 388, 389; vgl auch [Aufrechterhaltung einer »Vereinbarung« in Zusammenhang mit Pflegeleistungen als privatschriftliches Testament] BayObLG 1998, 22, 24 f = FamRZ 1998, 1141, 1142 = NJW-RR 1998, 729, 730; zustimmend HOHLOCH JuS 1998, 1163 f; vgl auch RdNr 29; zu Streichungen im Text vgl § 2255 RdNr 10).

**12** Nimmt der Text **Bezug auf Anlagen,** so ist zu unterscheiden: Dienen die Anlagen lediglich der **Erläuterung** des im Text eigenhändig Verfügten (zB Katasterplan), so ist die Bezugnahme unproblematisch; der Plan braucht nicht etwa eigenhändig vom Testator gemalt zu sein (STAUDINGER-BAUMANN RdNr 73). Dasselbe gilt für eine maschinenschriftliche Konkretisierung der im eigenhändig geschriebenen Testament bereits erwähnten Vermögensgegenstände (OLG Zweibrücken NJW-RR 1989, 1413 = FamRZ 1989, 900; vgl auch BGH DNotZ 1980, 761, 762 f = Rpfleger 1980, 337 f; enger STAUDINGER-BAUMANN RdNr 72). Sollen dagegen in der Anlage **Verfügungen** getroffen werden, die – auch unter Berücksichtigung der Andeutungstheorie – im Testament selbst nicht bereits enthalten sind (im Testament heißt es: »Meine Nichte soll alles erhalten, was in der Anlage aufgezählt ist« und in der Anlage heißt es nach einer Aufzählung verschiedener Gegenstände: »... und mein Neffe erhält ...«), so ist dies nur wirksam, wenn diese Anlagen ihrerseits der Testamentsform genügen, also im Fall des § 2247 eigenhändig geschrieben und unterschrieben sind (BGH DNotZ 1980, 761, 762 f = Rpfleger 1980, 337 [dort auch zur Anwendung der Andeutungstheorie bei einem diesen Anforderungen nicht genügenden Schriftstück]; BayObLG NJW-RR 1990, 1481, 1482; BayObLGZ 1973, 35, 38). Ebenfalls wirksam ist die Bezugnahme auf ein formwirksam errichtetes gemeinschaftliches Testament, auch wenn dieses von dem anderen Ehegatten geschrieben wurde (OLG Frankfurt/M NJW-RR 2002, 7 = FGPrax 2001, 244; zur unwirksamen Vervollständigung eines lückenhaften gemeinschaftlichen, aber vom anderen Ehegatten niedergeschriebenen Testamentsentwurfs OLG Hamm NJW-RR 1991, 1352 = FamRZ 1992, 356, 358 m Anm MUSIELAK; zu der Möglichkeit, dass die Unterschrift auf einem Blatt auch den Text auf einem anderen Blatt deckt, vgl RdNr 22). Wird in dem Testament auf ein **öffentliches Testament verwiesen**, das seinerseits nicht auf der Grundlage eines vom Erblasser eigenhändig geschriebenen Schriftstücks errichtet wurde, so muss dieses öffentliche Testament wirksam sein. Deshalb kann auf ein öffentliches Testament, das nach § 2256 Abs 1 als widerrufen gilt, weil es aus der besonderen amtlichen **Verwahrung zurückgegeben** wurde, regelmäßig **nicht verwiesen** werden (vgl [Gültigkeitsvermerk] BayObLGZ 1973, 35, 38; BGH DNotZ 1980, 761, 763 = Rpfleger 1980, 337; SCHUBERT JR 1981, 24, 25 [unter Hinweis auf die Fälschungsgefahr]; STAUDINGER-BAUMANN RdNr 68; großzügiger LANGE-KUCHINKE § 20 IV 1 c Fn 44; noch großzügiger BURKART FS v Lübtow S 253, 261). Befindet sich dagegen das öffentliche Testament noch **in Verwahrung**, wurde es aber widerrufen, so soll ein privatschriftliches Testament als wirksam angesehen werden, das auf den Inhalt des widerrufenen Testaments Bezug nimmt (GRUNDMANN AcP 187 [1987], 429, 438; SCHUBERT JR 1981, 24, 25). Die Frage wird sich kaum stellen, denn in der Regel wird sich das Testament als Widerruf des Widerrufs des öffentlichen Testaments verstehen lassen, sodass dieses – unabhängig von der Bezugnahme – als nicht widerrufen gilt (§ 2257; anders bei späterer Rücknahme aus amtlicher Verwahrung, da § 2257 auf diesen Fall nicht anwendbar ist, vgl § 2257 RdNr 4). Wird auf den Inhalt eines **Nottestaments** Bezug genommen, so soll dies nach Ablauf der beschränkten Geltungsdauer des Nottestaments nach § 2252 unwirksam sein bzw werden (STAUDINGER-BAUMANN RdNr 70). Gegen diese Auffassung spricht aber, dass der Gesetzgeber das Nottestament in seiner Wirksamkeit zugelassen hat, um einerseits der Notsituation des Testators Rechnung zu tragen und ihm das Testieren zu ermöglichen, es andererseits aber in seiner Wirksamkeit zeitlich beschränkt hat, um zu verhindern, dass nur unzureichend bedachte Verfügungen, die aus einer Notsituation heraus getroffen wurden, unbedacht perpetuiert werden. Dieser letzte Gedanke trifft aber auf Fälle nicht zu, in denen der Testator später in ordentlicher Form ein Testament errichtet und dabei inhaltlich auf den in dem Nottestament geäußerten Willen verweist. Von der unbedachten Aufrechterhaltung einer in einer Notlage getroffenen Verfügung kann dann keine Rede sein. Man sollte deshalb dieses neuerliche Testament mit der in Bezug genommenen Verfügung als wirksam ansehen. Der Einwand, die zeitliche Beschränkung des Nottestaments diene auch Nachweiszwecken und deshalb sei eine mittelbare Verlängerung der Frist des § 2252 Abs 1 ausgeschlossen, greift, wie sich an § 2252 Abs 2 und Abs 3 zeigt, nicht durch.

Soll durch das Testament eine **Stiftung errichtet** werden, so muss die nach § 83 erforderliche Angabe des Stiftungszweckes in dem eigenhändig geschriebenen Testament enthalten sein; die Bezugnahme auf eine maschinenschriftlichen Anlage reicht nicht aus (LG Berlin NJWE-FER 2000, 293). Enthalten **Bestattungsvorsorgeverträge** einen eigenhändigen Zusatz, durch den der gesamte Vertragsinhalt als letztwillige Verfügung angesehen werden soll, so mag dies eine wirksame Bezugnahme sein, es gestaltet aber nicht den Inhalt dieser gegenseitigen Vereinbarung als letztwillige Verfügung um (LG Hamburg FamRZ 2001, 126; aA Widmann FamRZ 2001, 74, 75 f).

### b) Begriff der Eigenhändigkeit
**aa) Sinn des Kriteriums:** Die Voraussetzung der Eigenhändigkeit der gesamten Erklärung dient dem Zweck, dass sich der Testator zumindest während des Nie-

derschreibens über den gesamten Inhalt seiner Erklärung klar wird; zugleich wird das Ziel verfolgt, die **Authentizität** der Erklärung in allen ihren Bestandteilen in möglichst hohem Maße sicherzustellen, um so ein Unterschieben falscher Erklärungen oder Verfälschen und Unterdrücken echter Testamente zu verhindern (vgl BGHZ 47, 68, 70; NJW 1981, 1737, 1738). Bestehen Zweifel darüber, ob ein handgeschriebener Text aus der Hand des Testators stammt, so ist von der Unwirksamkeit des Testaments auszugehen (OLG Düsseldorf FamRZ 1997, 518; zur Aufklärung nach § 12 FGG im Erbscheinsverfahren vgl BayObLG FamRZ 1985, 837, 838; Rpfleger 1988, 67; vgl auch BayObLG FamRZ 1995, 1523 und FamRZ 1998, 644 = Rpfleger 1998, 161 [wenn das Gericht aufgrund von Zeugenaussagen bzw eines Vergleichs mit Schriftproben von der Eigenhändigkeit überzeugt ist, braucht ein Sachverständigengutachten nicht eingeholt zu werden] FamRZ 1999, 332, 333f [Würdigung obliegt dem Gericht; bei mehreren Gutachten keine Bindung an die Mehrheit der Gutachter]; NJWE-FER 2001, 298, 299 = FamRZ 2002, 704, 705 = ZEV 2002, 154f [regelmäßig kein zweites Schriftgutachten erforderlich]). Dabei darf sich das Gericht mit der Vorlegung einer Kopie als Beurteilungsgrundlage nur dann begnügen, wenn das Originaltestament unauffindbar ist (BayObLG NJW-RR 2002, 726, 727; zum Nachweis durch Kopien vgl auch § 2255 RdNr 18). Die Echtheit der Unterschrift indiziert nicht die Eigenhändigkeit der Erklärung; §§ 416, 440 Abs 2 ZPO sind bzgl der Eigenhändigkeit der Erklärung nicht anwendbar (OLG Hamm OLGZ 1993, 141, 145; HARDT S 160; BAUMGÄRTEL-LAUMEN-SCHMITZ RdNr 5; LANGE-KUCHINKE § 20 IV 5).

**14** **bb) Individualisierbarkeit als Maßstab; Einzelfälle:** Die genannten Ziele, um derentwillen das Gesetz die Eigenhändigkeit verlangt, werden nur dann erreicht, wenn die **Individualisierung der Schrift**, also die Zuordnung der Zeichen zu ihrem Verfasser, möglich ist. Daraus folgt zunächst, dass jedenfalls jede Form der mechanischen Schrift (Schreibmaschine, Drucker etc.) ausscheidet, soweit sie aus immer gleichen, von der Individualität des Schriftzuges des Schreibenden unabhängigen Zeichen besteht. Problematisch ist die Behandlung einer Schrift auf dem **Digitalisiertablett** eines Computers. Bei dieser Technik wird mittels eines speziellen Stiftes auf eine Platte »geschrieben« mit der Folge, dass der virtuelle Schriftzug auf dem Bildschirm eines Computers erscheint. Der individuelle Schriftzug des Schreibenden wird dabei festgehalten und kann ausgedruckt werden. Dass bei dieser Technik Daten, die für die graphologische Untersuchung erforderlich sein können (Aufdruckstärke), nicht erfasst werden, hindert die Behandlung als eigenhändig nicht (zu der Nachbearbeitungsmöglichkeit sogleich). Ebenso wie bei einer Erklärung, die mittels eines **Kohlepapiers** durchgepaust wird, muss entscheidend sein, dass die Individualität des Schriftzuges durch eine solche Abstraktion vom eigentlichen Schreibvorgang nicht beeinträchtigt wird (so für das Blaupausentestament BGHZ 47, 68, 71f; BayObLG FamRZ 1986, 1043, 1044; Rpfleger 1993, 405; aA JANSEN NJW 1966, 663, 664). Zu Recht wird es deshalb umgekehrt **nicht für ausreichend** erachtet, wenn der Testator den in einer **fremden Handschrift** geschriebenen Text **nachzieht** und mittels einer Blaupause auf ein Papier »schreibt«, denn mit diesem Vorgang ordnet er die Individualität seiner Handschrift der einer fremden Handschrift unter (vgl OLG München JW 1937, 44 Nr 29; BGHZ 47, 68, 71).

Obwohl bei einer auf dem **Computer** hergestellten Erklärung – sei es durch Schreiben auf ein Digitalisiertablett, sei es dadurch, dass eine handgeschriebene Erklärung mittels eines Scanners digitalisiert wird – auf dem späteren Ausdruck die Individualität des Schriftzuges nicht verloren geht (dazu bereits oben in dieser RdNr), bestehen gegen die Anerkennung einer solchen Erklärung als handschriftlicher **Bedenken**: Der Computer erlaubt es, derart als handschriftlich erfasste Schriftzüge nachzubearbeiten und zwar in einer Weise, die ihrerseits dem Handschriftlichkeitserfordernis nicht genügt. So ist das Löschen einzelner Worte oder auch das Verschieben von Worten innerhalb des Textes durch Tastendruck möglich, ohne dass insoweit von Handschriftlichkeit gesprochen werden kann. Diese technische Möglichkeit eröffnet nicht nur Verfälschungen weiten Raum, sondern sie beeinträchtigt auch bei einer vom Testator selbst geschriebenen und nachbearbeiteten Erklärung den Zweck des Handschriftlichkeitserfordernisses, denn es ist nicht mehr sichergestellt, dass der Testator den durch Wortverschiebungen nachbearbeiteten Text in seinem Zusammenhang ebenso erfasst, wie dies bei dem eigenhändig geschriebenen Text der Fall ist. Derartig erstellte Erklärungen sind deshalb **nicht als handschriftlich** anzuerkennen, auch wenn sie den individuellen Schriftzug des Testators unzweifelhaft erkennen lassen. Auch der Schreibvorgang auf dem Digitalisiertablett als solcher kann nicht als handschriftliches Testament angesehen werden: Der Schriftzug bleibt zwar für eine gewisse Zeit auf dem Tablett zu sehen, er verschwindet aber durch Überschreiben, sodass nicht gewährleistet ist, dass der Testator am Ende seiner Erklärung sich über den Inhalt des bereits Geschriebenen eine Übersicht über den gesamten Text in dem beschriebenen Medium verschaffen kann. Hinzu kommt, dass sich der Testator bei der Wahl des Mediums der Digitalisierung über die Möglichkeit der Nachbearbeitung im klaren sein und deshalb seine Erklärung in der Regel nur als vorläufige, durch Nachbearbeitung noch zu verändernde auffassen wird. In derartigen Fällen fehlt es an dem erforderlichen Testierwillen im Augenblick des Niederschreibens; es handelt sich um den Entwurf eines Testaments, welches erst auf dem Computer und damit formungültig errichtet werden soll.

cc) **Unlesbare Erklärungen:** Die Eigenhändigkeit wird nicht dadurch in Frage gestellt, dass die Handschrift **schwer lesbar** ist. Auch Handschriften, die nicht entziffert werden konnten, genügen der Anforderung an ein eigenhändiges Testament. Die hL verweist darauf, dass ein unlesbares Testament keine Verkörperung einer Gedankenerklärung sei. Deshalb sei ein **unlesbares Testament** nichtig, sofern sich die Unlesbarkeit nicht lediglich auf die Unterschrift beziehe (OLG Hamm FamRZ 1992, 356, 357; KG FGPrax 1998, 111 = FamRZ 1998, 1396, 1397 = ZEV 1998, 387f = NJW-RR 1998, 1298, 1299; STAUDINGER-BAUMANN RdNr 45; PALANDT-EDENHOFER RdNr 9; vgl auch BayObLG Rpfleger 2001, 181, 182 [obiter dictum]). Das ist nicht richtig, wie sich an dem Vergleich zu einem chiffrierten Testament zeigt, bei welchem der Dechiffrierschlüssel unbekannt ist (zu dieser Parallele vgl MUSIELAK FamRZ 1992, 358, 359). Derartige Testamente sind nicht unwirksam, denn damit wäre es ausgeschlossen, dass sie bei späterer Entzifferung (zB wegen Auffindens weiterer Vergleichstexte) oder Dechiffrierung (zB wegen Auffindens des Codes) als wirksam angesehen werden. Da es aber keinen Grund dafür gibt, ein Testament, das entziffert ist, deswegen für unwirksam zu halten, weil es in einem früheren Zeitpunkt für nicht entzifferbar gehalten wurde, muss auch das unleserliche Testament wirksam sein. Ein solches Testament zieht aber keine Rechtsfolgen nach sich, da sich sein Inhalt derzeit nicht feststellen lässt. Lässt sich der **Inhalt auf anderem Wege** – etwa durch Befragung von Zeugen oder durch andere Schriftstücke, die ihrerseits aber nicht der Testamentsform entsprechen – feststellen, so reicht dies allein **nicht aus**, denn der Inhalt muss sich aus der schriftlichen Erklärung ergeben. Bei der Entzifferung der Schrift ist es aber zulässig, anderweitig erhaltene Kenntnis von dem, was der Testator niederlegen wollte, zu verwerten, solange dies dazu führt, den Inhalt nunmehr auch in den Schriftzeichen zu erkennen (vgl MUSIELAK FamRZ 1992, 358; aA OLG Hamm FamRZ 1992, 356, 357; KG FGPrax 1998, 111 = FamRZ 1998, 1396, 1397 = ZEV 1998, 387f = NJW-RR 1998, 1298, 1299; STAUDINGER-BAUMANN RdNr 45). Von den hier behandelten Fällen der Unlesbarkeit des Testaments zu unterscheiden sind Fälle, in denen das Testament **früher lesbar** war – der Erklärungsinhalt also schriftlich zum Ausdruck gebracht war –, später aber unleserlich wird. Kann in einem solchen Fall der Inhalt des Testaments auf anderem Wege (insbes Zeugenvernehmung) festgestellt werden, so ist das Testament auch dann nicht unwirksam, wenn der anderweitig ermittelte Inhalt sich mit dem jetzt unleserlichen Testament nicht mehr in Verbindung bringen lässt (KG JW 1938, 1601; STAUDINGER-BAUMANN RdNr 45).

**16** **dd) Schriftabweichungen, Behinderungen:** Wenn die **Schrift** des Testators in der Erklärung von der vom Testator sonst verwendeten **abweicht**, etwa deshalb, weil er wegen einer Verletzung mit der anderen Hand schreibt, so steht dies der Einordnung der Erklärung als eigenhändiger nicht entgegen (BayObLG Rpfleger 1985, 493). Aus der Zielsetzung des Kriteriums der Eigenhändigkeit (Individualisierung und Vergegenwärtigen des gesamten Textes) lässt sich ableiten, dass es nicht entscheidend ist, ob der Text mit der Hand geschrieben ist. Bei **Behinderungen** ist deshalb die Schrift mittels des Mundes oder des Fußes als eigenhändig iSd Abs 1 anzusehen. Bei **Blinden** ist die Errichtung eines privatschriftlichen Testaments in Blindenschrift nicht möglich, weil die im Wege der Durchlöcherung erstellten Schriftzeichen eine Individualisierung nicht ermöglichen. Das gilt nicht nur bei Schriftzeichen, die mit einer Blindenschreibmaschine erstellt wurden, sondern auch bei einer vom Testator selbst in Blindenschrift erstellten Erklärung (LG Hannover NJW 1972, 1204, 1205; SCHULTZE DNotZ 1955, 629; PALANDT-EDENHOFER RdNr 6; SOERGEL-HARDER RdNr 16; STAUDINGER-BAUMANN RdNr 31; BROX RdNr 121; vgl auch LANGE-KUCHINKE § 20 IV 1 c Fn 42 mwN aus dem älteren Schrifttum; zu der Möglichkeit, durch Übergabe eines in Blindenschrift verfassten Schreibens ein öffentliches Testament zu errichten, vgl § 2233 RdNr 6). Mangels Individualisierbarkeit der Schrift ist auch ein Testament nicht als handschriftlich anzusehen, das vom Testator mittels einer Schreibschablone erstellt wurde.

**17** **ee) Mitwirkung Dritter:** Bei dem Schreibvorgang können **Dritte** behilflich sein, beispielsweise indem sie die Hand stützen. Dabei muss aber der Schreibvorgang vom Willen des Schreibenden beherrscht sein. Formt der Dritte die Schriftzüge, so fehlt es an der Eigenhändigkeit (BGHZ 47, 68, 71 [obiter dictum]; BGH NJW 1981, 1900, 1901; BayObLG DNotZ 1952, 78; FamRZ 1985, 1286 [unterstützte Unterschrift eines notariellen Testaments]; 1986, 726, 727; OLG Hamm NJW-RR 2002, 222 = ZEV 2002, 108; vgl auch KEIDEL MDR 1958, 837; zur Abgrenzung aus der Sicht des Schriftsachverständigen vgl MICHEL ArchKrim 162 [1978], 1 ff; vgl auch SEIBT, Forensische Schriftgutachten, 1999).

**c) Material**

**18** Die Erklärung kann auf einem beliebigen Material erfolgen, solange dies nur zulässt, die individuellen Züge der Handschrift zu erkennen. Es kann deshalb auf Holz, Schiefer oder Papier, auf Briefumschläge oder auf Bierdeckel, auf Tischdecken oder Wände geschrieben werden. Ohne Bedeutung ist auch das Schreibwerkzeug (Tinte, Kohle, Kreide). Die Wahl einer rasch vergänglichen Verkörperung steht der Wirksamkeit des Testaments nicht entgegen, wohl aber kann sie Anlass dazu geben, der Frage des Testierwillens näher nachzugehen (vgl RdNr 6). So fehlt es bei einem in den Sand geschriebenen Testament zwar nicht an der Schriftform, wohl aber meist am Testierwillen, wobei es für den Nachweis dieses Willens von Bedeutung ist, wenn dem Testator eine andere, beständigere Möglichkeit der Testamentserrichtung nicht zur Verfügung stand.

**3. Unterschrift**

**a) Sinn der Voraussetzung**

**19** Die eigenhändige Erklärung muss eigenhändig unterschrieben werden; ein Faksimile oder ein Stempel genügen dem nicht. Durch die Unterschrift wird zum einen ausgedrückt, dass das Testament abgeschlossen ist (vgl aber auch RdNr 25)

– insoweit ist die Unterschrift zugleich Indiz für das Vorhandensein des Testierwillens –, zum anderen wird noch einmal die Authentizität des Testaments bekräftigt. Daneben kommt der Unterschrift die Aufgabe zu, den Text gegen weitere Zusätze zu schützen (vgl für den Fall einer »Unterschrift« am oberen Blattrand eines Überweisungsträgers BGHZ 113, 48, 51). Die Unterschrift ist wegen der Vielschichtigkeit ihrer Funktion auch dann nicht entbehrlich, wenn Testierwille und Authentizität der Erklärung auf andere Weise sichergestellt sind (BayObLG NJW-RR 1991, 1222; STAUDINGER-BAUMANN RdNr 81). Hinsichtlich der **Echtheit** der Unterschrift trägt derjenige die Beweis- bzw Feststellungslast, der sich auf die Wirksamkeit des Testaments beruft (BayObLG FamRZ 1999, 331, 332 = NJW 1999, 1118, 1119; HARDT S 142 ff). Die Würdigung der Beweise obliegt allein dem Gericht; dies gilt auch für den Inhalt von Gutachten eines Schriftsachverständigen (BayObLG FamRZ 1999, 332, 333). Mehrere widersprechende Schriftsachverständigengutachten zwingen das Gericht nicht, sich der Mehrheitsmeinung anzuschließen (BayObLG FamRZ 1999, 332, 334).

#### b) Form der Unterschrift

Im Gegensatz zu den allgemeinen Regeln der Anforderungen an eine Unterschrift (vgl BGH MDR 1997, 1052) kann nach Abs 3 S 2 auch durch **Abkürzungen** unterschrieben werden (OLG Celle NJW 1977, 1690; OLG Stuttgart Justiz 1977, 378; MünchKomm-BURKART RdNr 29; PALANDT-EDENHOFER RdNr 12; SOERGEL-HARDER RdNr 26; vgl auch [zu § 385 ZGB] OLG Celle ZEV 1996, 193, 194; aA [bei Beschränkung auf Anfangsbuchstaben] STAUDINGER-BAUMANN RdNr 103; amtl. Begr. zum TestG DJ 1938, 1254, 1257), wobei zu bedenken ist, dass gerade ein geschäftserfahrener Testator eine **Paraphe** häufig nur für einen Abdruck oder eine Kopie verwenden wird, sodass es bei der Erklärung am Testierwillen fehlen kann (zu Zweifeln am Testierwillen bei ungewöhnlicher Errichtungsform [Brieftestament] BayObLGZ 1963, 58 = MDR 1963, 503); dies stellt aber die grundsätzliche Wirksamkeit einer solchen Unterschrift nicht in Frage (OLG Celle NJW 1977, 1690; MünchKomm-BURKART RdNr 29; aA STAUDINGER-BAUMANN RdNr 83). Die Unterschrift braucht **nicht leserlich** zu sein (BayObLGZ 1907, 400, 403; MünchKomm-BURKART RdNr 27; STAUDINGER-BAUMANN RdNr 83; vgl auch [zu den Anforderungen an eine Unterschrift außerhalb des Testamentsrechts] BGH MDR 1997, 1052). Es muss sich aber bei der Unterschrift um **Schriftzeichen** handeln. Drei Kreuze, eine Linie oder ein Kreis sind keine Unterschrift (vgl MünchKomm-BURKART RdNr 27). Ebenso fehlt es bei einem Fingerabdruck an der Verkörperung in schriftlicher Form.

#### c) Bezeichnung in der Unterschrift

In welcher Weise sich der Testator **bezeichnet**, ist – wie Abs 3 zeigt – unerheblich. Es kann deshalb auch mit der Familienbezeichnung (»Euer Vater«) oder mit Künstler- oder Kosenamen unterschrieben werden (BayObLG MDR 1979, 1024; 1980, 403; PALANDT-EDENHOFER RdNr 11). Eine solche Form der Bezeichnung kann im Einzelfall für den Charakter des Schreibens als bloße Mitteilung des Testaments und damit gegen die Annahme eines Testierwillens sprechen (STAUDINGER-BAUMANN RdNr 83, 102); entscheidende Bedeutung ist dem aber nicht beizumessen. Unterschreibt der Erblasser mit einer wirren Buchstabenfolge, die keine Beziehung zu seinem Namen aufweist und die er auch nicht üblicherweise verwendet, so bestehen – auch wenn die Identität des Testierenden feststeht – Zweifel am erforderlichen Testierwillen (vgl [zu einem notariellen Testament] KG NJW-RR 1996, 1414 = FamRZ 1996, 1242 = Rpfleger 1996, 349). Die **Selbstbenennung im Text** der Erklärung (»Ich, N N, bestimme, dass ...«) reicht nicht nur wegen ihrer räumlichen Anordnung als Unterschrift nicht aus, sondern auch deshalb, weil die besondere Funktion der Unterschrift als Abschluss und als Kennzeichen des Geltungswillens durch diese Bezeichnung nicht erfüllt wird (OLG Köln OLGZ 1967, 69, 70; BayObLG NJW-RR 1986, 494, 495; FamRZ 1988, 1211, 1212; 1998, 258, 259 = NJW-RR 1997, 1302; FGPrax 1997, 190; ZEV

1994, 40; OLG Hamm OLGZ 1986, 292f; OLG Neustadt MDR 1962, 133; LG Augsburg FamRZ 1999, 1534, 1535; STUMPF FamRZ 1992, 1131, 1138; aA GRUNDMANN AcP 187 [1987], 429, 458). Das gilt auch dann, wenn der nachfolgende Text mit einer Schlussformel endet, die das Ende des Textes deutlich macht (BayObLGZ 1979, 203, 204; MünchKomm-BURKART RdNr 28; aA LANGE-KUCHINKE § 20 IV 3 b Fn 70). Als wirksam wird dagegen angesehen, wenn die Selbstbezeichnung am Ende des Textes in eine solche Schlussformel integriert wird (»Dies ist der letzte Wille von NN, so soll es geschehen«) (OLG Düsseldorf JMBl NRW 1954, 116f; HAEGELE JurBüro 1968, 343f; PALANDT-EDENHOFER RdNr 14; offen lassend BayObLGZ 1968, 311, 314). Dem ist zuzustimmen, denn bei dieser Gestaltung wird häufig der Testator eine weitere Unterschrift für entbehrlich halten.

### d) Position der Unterschrift

**22** Die Unterschrift soll den Abschluss des Testaments kennzeichnen. Um verfälschende Zusätze zu verhindern, muss sie deshalb grundsätzlich **unter dem Text** stehen. Dieser Grundsatz gilt aber nicht ohne **Ausnahmen**. So kann es ausreichen, wenn auf einem voll geschriebenen Blatt die Unterschrift quer über den Text oder auch quer auf den Blattrand gesetzt wird (BayObLGZ 1981, 79, 85; FamRZ 1986, 728, 730; OLG Hamm FamRZ 1986, 728; Rpfleger 2001, 550, 551 = ZEV 2002, 152, 153; OLG Köln NJWE-FER 2000, 211, 212 = MDR 2000, 523; LG Konstanz NJWE-FER 2001, 180 f [Unterschrift auf der Rückseite]; RG LZ 1920 Sp 161; vgl auch BGH NJW 1992, 829, 830; OLG Köln Rpfleger 1968, 25; großzügiger [Überschrift reicht aus] LANGE-KUCHINKE § 20 IV 3 b, dazu bereits oben RdNr 21). In diesen Fällen ist aber stets zu prüfen, ob mit dieser Art der Unterschrift auch die Verbindlichkeit der Erklärung zum Ausdruck gebracht werden sollte (OLG Köln Rpfleger 1968, 25). Steht dies fest, so kann auch eine Unterschrift oberhalb des Textes ausreichen, wenn sowohl der untere Rand als auch die seitlichen Ränder vollständig beschrieben sind (OLG Celle NJW 1996, 2938; aA LG München I FamRZ 1998, 1623, 1624). Bei einem **mehrseitigen Text** reicht es aus, wenn das letzte Blatt unterschrieben ist, sofern es sich um eine zusammengehörende Niederschrift handelt, die einen einheitlichen Willen des Erblassers enthält und damit inhaltlich eine untrennbare Urkunde darstellt (BayObLG Rpfleger 1975, 243; OLG Neustadt Rpfleger 1962, 446, 447; STAUDINGER-BAUMANN RdNr 95; MünchKomm-BURKART RdNr 22; vgl auch BayObLG FamRZ 1994, 193, 194 [Unterschrift eines Ehegatten bei gemeinschaftlichem Testament auf einem gesonderten, aber im selben verschlossenen Umschlag befindlichen Papier; insoweit aA MünchKomm-MUSIELAK § 2267 RdNr 11]). Eine mechanische Verbindung der Blätter ist nicht erforderlich (BayObLG FamRZ 1991, 370, 371; vgl auch [zu §§ 566, 126] BGH NJW 1998, 58, 60 = JZ 1998, 520, 522). Der Zusammenhang kann sich aus dem Inhalt, dem Schreibzeug oder auch aus der Identität des beschriebenen Materials ergeben. Nicht erforderlich ist es, dass die Blätter in zeitlichem Zusammenhang geschrieben wurden, solange sie nur inhaltlich ein Ganzes bilden (BayObLGZ 1970, 173, 178). Ist das der Fall, so stehen Widersprüchlichkeiten im Regelungsgehalt der Wirksamkeit eines nur auf einem von mehreren Blättern unterschriebenen Testaments nicht entgegen (STAUDINGER-BAUMANN RdNr 53). Ein durch ein späteres Testament widerrufenes Testament kann auch in der Weise wieder in Geltung gesetzt werden, dass es lediglich neu datiert und die Datumsangabe, nicht aber das Testament insgesamt erneut unterschrieben wird (OLG Dresden NJWE-FER 1998, 61).

### e) Besonderheiten der Unterschrift auf dem Umschlag des Testaments

**23** Als ausreichend wird es angesehen, wenn sich die Unterschrift nicht auf dem den Text enthaltenden Blatt befindet, sondern auf dem **Umschlag** steht, in dem sich die eigenhändig geschriebenen, jedoch ihrerseits nicht unterschriebenen Textblätter befinden. Dabei muss sich aber die Unterschrift eindeutig auf den Inhalt des Umschlags beziehen. Dieser Zusammenhang wird mit der Formulierung umschrieben, es müsse sich um eine **äußere Fortsetzung der innenliegenden Erklärung** handeln (OLG Frankfurt/M NJW 1971, 1811, 1812; BayObLG NJW-RR 1986, 494, 495; 1989, 9; ZEV 1994, 40; OLG Celle NJW 1996, 2938; OLG Hamm FamRZ 2002, 642, 643 = Rpfleger 2001, 550, 551 = ZEV 2002, 152, 153; vgl auch [innerer Zusammenhang und Fortsetzung] OLG Neustadt MDR 1962, 133, 134; aA [Unterschrift auf dem Umschlag erfülle die Funktion einer Unterschrift nicht] PETERS FS Zöllner S 1217, 1222, 1225). Dazu ist es **nicht erforderlich**, dass der **Umschlag verschlossen** ist (BayObLG NJW-RR 1989, 9; STAUDINGER-BAUMANN RdNr 98; aA OLG Hamm NJW-RR 1986, 873, 874 = OLGZ 1986, 292, 293 = FamRZ 1986, 728). Dafür spricht neben dem Vergleich mit der Behandlung eines mehrseitigen Testaments, bei dem die Seiten nicht mechanisch verbunden zu sein brauchen (dazu soeben), dass das Verschließen des Umschlags auch nachträglich (auch von dritter Seite) erfolgt sein kann, sodass ihm keine Bedeutung für die Wirksamkeit der Testamentserrichtung zukommen sollte. Die Gefahr, dass der Inhalt des Umschlages ausgetauscht wurde, besteht zwar, sie betrifft aber eine Beweisfrage, nicht die Frage der Wirksamkeit der Testamentserrichtung. Der notwendige **Zusammenhang** zwischen der Unterschrift auf dem Umschlag und dessen Inhalt wurde **bejaht** bei einem eigenhändigen und unterschriebenen Vermerk »Mein letzter Wille« auf einem verschlossenen Briefumschlag (OLG Frankfurt/M NJW 1971, 1811, 1812; BayObLG NJW-RR 1986, 494, 495; OLG Celle NJW 1996, 2938). Hat die Namensbezeichnung auf dem Briefumschlag lediglich die Funktion, den **Absender** zu bezeichnen, dann kann der nicht unterschriebene Inhalt des Umschlags auch dann nicht als unterschrieben angesehen werden, wenn der Testator den Brief zur Post gegeben hat und der Empfänger ihn als Testament ansah (BayObLG ZEV 1994, 37, 40; STAUDINGER-BAUMANN RdNr 99; aA KG JFG 21, 36, 37). Der notwendige Zusammenhang von der Unterschrift auf dem Umschlag und dem ununterschriebenen Inhalt desselben wird auch dann **verneint**, wenn sich auf dem Umschlag andere Erklärungen oder Anweisungen des Erblassers befinden. Denn die Unterschrift auf dem Umschlag ersetzt dann nicht mehr allein die Unterschrift auf dem Text, sondern sie kann sich auch lediglich auf diese Anweisungen beziehen, sodass der ununterschriebene Text formunwirksam ist. Deshalb wird die Wirksamkeit verneint, wenn sich auf dem Umschlag die unterschriebene Erklärung befindet »Nach meinem Tod zu öffnen« (OLG Neustadt MDR 1962, 133, 134; OLG Düsseldorf NJW 1972, 260f; RGZ 61, 7, 9) oder »Hier befindet sich mein Testament« (RGZ 110, 166, 168f). In diesen Fällen deckt die Unterschrift die Anweisung, wie mit dem Umschlag zu verfahren ist, stellt sich aber nicht als Abschluss der in dem Umschlag enthaltenen Erklärung dar (vgl auch BayObLG MDR 1982, 581). Diese Abgrenzung erscheint nicht unproblematisch, da eine Wortwahl entscheidet, der der Testator nur geringe Bedeutung zumessen wird. So unterscheiden sich die Worte: »Mein letzter Wille« einerseits und »Hier befindet sich mein Testament« andererseits aus der Sicht des nicht mit dieser Frage Befassten kaum. Die Unterscheidung lässt sich aber rechtfertigen, wenn man bedenkt, dass es bei dem Unterschrifterfordernis um mehr geht als um den Nachweis der Urheberschaft. So ist ein ununterschriebenes Testament unwirksam, auch wenn die Identität des Testators und sein Testierwille feststehen. Die Unterschrift auf dem Umschlag kann deshalb nur dann als ausreichend angesehen werden, wenn sie nicht nur Urheberschaft und Testierwille außer Zweifel stellt, sondern wenn sie selbst an die Stelle einer Unterschrift unter dem Testament tritt. Erst dann ist das Testament nicht nur echt, sondern auch unterschrieben. Daran fehlt es aber, wenn sich die Unterschrift auf dem Umschlag auch auf andere Aussagen und nicht nur auf das Ingeltungsetzen der innenliegenden Urkunde beziehen kann.

### f) Unterschrift auf Anschreiben

**24** Entsprechendes gilt, wenn der ununterschriebene Text zusammen mit einem unterschriebenen **Anschreiben** versendet wird. Die Unterschrift auf dem Anschreiben kann in aller Regel die unter dem Text nicht ersetzen, denn die Unterschrift auf dem Anschreiben hat die Funktion, den Begleittext zu autorisieren, sie dient aber nicht zum Abschluss des Testaments (großzügiger, aber im Ergebnis ebenfalls verneinend BayObLG NJW-RR 1991, 1222). Ob sich aus dem Anschreiben der Testierwille ergibt, ist ohne Bedeutung; es ist dies nicht anders zu behandeln als die Aussage eines Zeugen, der bei dem Schreibvorgang zugegen war und den vom Testator mündlich erklärten Testierwillen bei Niederschrift des ununterschriebenen Testaments bestätigt. Dafür, dass die Unterschrift auf dem Anschreiben die unter dem Testament regelmäßig nicht ersetzt, spricht auch, dass ein Anschreiben häufig gesondert unterschrieben wird und der Unterschrift auf dem Anschreiben eine weniger große Bedeutung zugemessen wird als der auf der Urkunde selbst. Im Übrigen ist es nicht unüblich, Anschreiben zu fertigen, obwohl die Urkunde selbst bewusst noch nicht unterschrieben wurde, sodass auch aus diesem Grund die Unterschrift auf dem Anschreiben die auf der Urkunde nicht ersetzen kann.

### g) Veränderungen nach dem Unterschreiben

**25** Da das Testament nicht in einem einheitlichen Zeitpunkt errichtet werden muss (vgl RdNr 8), sind **nachträgliche Veränderungen** möglich (RGZ 115, 111, 114; KG HRR 1934 Nr 1514). Das gilt zunächst für Berichtigungen innerhalb des **von der Unterschrift gedeckten** Textes. Sie sind ohne neue Unterschrift wirksam (OLG Jena OLGE 24, 95, 96 [Datumsänderung]; RG JW 1917, 924, 925 [Erläuterung]; OLG Zweibrücken FGPrax 1998, 26, 27 = FamRZ 1998, 581f; STAUDINGER-BAUMANN RdNr 56), sofern sie vom Testator eigenhändig geschrieben wurden. Im Unterschied zu einem ununterschriebenen Nachtrag (vgl RdNr 26) autorisiert hier die Unterschrift auch den geänderten Text, sodass eine zweite Unterschrift nicht erforderlich ist. Die Funktion der Unterschrift als Abschluss der letztwilligen Verfügung und als Sicherung ihrer Authentizität ist bei derartigen Veränderungen im Text der bereits unterschriebenen Testamentsurkunde gewahrt. Das gilt über reine Richtigstellungen hinaus auch dann, wenn die Veränderung zu einer nachträglichen sachlichen Änderung der letztwilligen Verfügung führt, etwa indem die Person eines Vermächtnisnehmers geändert oder indem über der Unterschrift ein Vermächtnis eingefügt wird (vgl BGH NJW 1974, 1083, 1084; BayObLGZ 1965, 258, 262; 1984, 194, 196 = FamRZ 1984, 1268, 1269 [Neuverfassen des gesamten Textes über der früheren Unterschrift]; NJW-RR 1995, 1096 = FamRZ 1995, 246, 247; OLG Zweibrücken FGPrax 1998, 26, 27 = FamRZ 1998, 581 f [Ersetzung der ersten beiden Seiten durch nicht eigens unterschriebene Neufassung, wobei alle Seiten neu paginiert wurden]; enger [Ungültigkeit einer nicht unterschriebenen Erbeinsetzung über einer vorher unterschriebenen Enterbung] BayObLGZ 1974, 440, 443 = NJW 1975, 314, 315; zur Rechtsprechung vgl auch STUMPF FamRZ 1992, 1131, 1132 f), denn auch dann kann der mit Testierwillen die Veränderung vornehmende Erblasser davon ausgehen, dass seine bereits vorhandene Unterschrift den nunmehr geänderten Text autorisiert und deshalb eine zweite Unterschrift für entbehrlich halten. Zu der Frage, ob eine bereits vorhandene Unterschrift Veränderungen im Testamentstext decken kann, wenn das Testament widerrufen ist und durch einen seinerseits nicht erneut unterschriebenen Zusatz in Geltung gesetzt werden soll, vgl RdNr 28 und § 2257 RdNr 4.

### h) Berücksichtigung nicht von der Unterschrift gedeckter Nachträge

**26** Berichtigungen, die **nicht von der Unterschrift gedeckt** sind, weil sie unterhalb derselben stehen oder weil sie an den Blattrand gesetzt sind, müssen grundsätzlich der Form des § 2247 genügen (BGH NJW 1974, 1083, 1084; BayObLG NJW-RR 1992,

1225, 1226; OLG Köln NJW-RR 1994, 74, 75 = FamRZ 1994, 330; OLG Frankfurt/M DNotZ 1996, 56, 57 = NJW-RR 1995, 711). Soweit das nicht der Fall ist, können sie jedenfalls – wie andere, sich nicht aus dem Testament ergebende Umstände auch – zur **Auslegung** dessen verwendet werden, was im Testament selbst niedergelegt ist (RGZ 71, 293, 303; BGH NJW 1966, 201, 202; vgl auch Rpfleger 1980, 337, 338 = DNotZ 1980, 761, 763 [widerrufenes notarielles Testament als Auslegungshilfe]; STAUDINGER-BAUMANN RdNr 92). Das gilt unabhängig davon, ob es sich um eigenhändig geschriebene Zusätze handelt oder nicht.

Darüber hinausgehend werden vom Erblasser eigenhändig geschriebene **Zusätze** auch dann als inhaltlich **wirksam** angesehen, wenn sie zwar **unter die Unterschrift** gesetzt wurden, der Bezug zum über der Unterschrift stehenden Text aber so eng ist, dass dieser erst mit dem Zusatz sinnvoll wird. Das ist in einem Fall angenommen worden, in dem der im Testament genannte Name eines Begünstigten gestrichen wurde und mittels einer Verweisung auf den unter der Unterschrift stehenden Vermerk klargestellt wurde, dass dort der nunmehr Begünstigte bezeichnet wird. Obwohl dieser Zusatz nicht unterschrieben war, erstreckt sich die »Unter«-schrift dann auch auf den Zusatz (BayObLG FamRZ 1986, 835, 836; sehr weitgehend OLG Frankfurt/M DNotZ 1996, 56 = NJW-RR 1995, 711; krit dazu LEIPOLD JZ 1996, 287, 289; vgl auch BGH NJW 1974, 1083, 1084). In diesen Fällen muss nicht nur der Testierwille hinsichtlich des Zusatzes feststehen, sondern der Zusatz muss aufgrund des Zusammenhangs mit dem bereits Geschriebenen trotz der räumlichen Anordnung als von der Unterschrift gedeckt anzusehen sein. Es muss unter Berücksichtigung der Umstände des Einzelfalls feststehen, dass sich die Unterschrift – nicht nur der Testierwille – auch auf den nicht unterschriebenen Zusatz erstreckt (vgl zu den Anforderungen an eine solche Erstreckung auch RdNr 22). Das wird bei neuen Verfügungen, die keinen Bezug zu dem bereits Geschriebenen aufweisen, regelmäßig nicht der Fall sein (OLG Köln FamRZ 1994, 330 = NJW-RR 1994, 74), sodass sie unwirksam sind, wenn sie nicht eigens unterschrieben wurden (BGH NJW 1974, 1083, 1084; BayObLGZ 1974, 440, 442; vgl auch BayObLG NJW-RR 1992, 1225, 1226; aA GRUNDMANN AcP 187 [1987], 429, 456f; STUMPF FamRZ 1992, 1131, 1138).

### i) Veränderungen auf einer Anlage
**27** Wenn nach der Testamentserrichtung eine **Anlage**, auf die verwiesen wird, vom Erblasser mit anderem Inhalt niedergeschrieben und ausgetauscht wird (zum sog **Wechselrahmentestament** vgl TRILSCH-ECKARDT ZEV 1996, 299f), so ist das wie ein Nachtrag zu behandeln. Soweit die Anlage lediglich Erläuterungen zum Inhalt hat, ist sie nicht formbedürftig; andernfalls muss sie eigenhändig geschrieben und unterschrieben sein, wenn nicht die bereits vorhandene Unterschrift die Anlage deckt (vgl RdNr 22).

### j) Formunwirksame Nachträge als Widerruf
**28** Widerspricht die **formunwirksame Hinzufügung** einer in dem formgültigen Testament niedergelegten Verfügung, so kann in dieser Hinzufügung zugleich der **Widerruf** des bis dahin wirksamen Testaments liegen (zu solchen – der Testamentsform nicht genügenden – Ungültigkeitsvermerken vgl § 2255 RdNr 9; zur Neuerrichtung durch Bezugnahme auf den früheren Text vgl § 2257 RdNr 4). Dabei kann auch der Fall eintreten, dass das bisher wirksame Testament zusammen mit der ununterschriebenen Hinzufügung den **Entwurf einer neuen Verfügung von Todes wegen** bildet, der erst mit der Unterschrift der Hinzufügung formwirksam wird (STAUDINGER-BAUMANN RdNr 59; vgl auch KG OLGE 18, 346, 347 [Datumserfordernis, zum früheren Recht]). Problematisch erscheint, ob auch ein **ununterschriebener Zusatz** im Einzelfall ausreichen kann, um ein derart widerrufenes Testament wiederum in Geltung zu set-

zen. Nach hL ist das nicht möglich (vgl BayObLGZ 1992, 181, 182 = NJW-RR 1992, 1225, 1226; NJW-RR 1995, 1096 = FamRZ 1995, 246, 247; BayObLGZ 1998, 314, 319 = Rpfleger 1999, 182, 183 = NJW-RR 1999, 446, 447; LANGE-KUCHINKE § 23 III 1 a). Dem ist im Grundsatz zuzustimmen. So kann ein durch Testament widerrufenes Testament nicht dadurch wieder in Geltung gesetzt werden, dass später die Orts- und Datumsangaben ergänzt werden (derartige Fälle betrafen die genannten Entscheidungen des BayObLG; anders, wenn die neue Datierung, nicht aber das gesamte Testament erneut unterzeichnet wird, OLG Dresden NJWE-FER 1998, 61). Auch wenn dies mit Testierwillen geschehen sein sollte, fehlt es doch an der Unterschrift, die diesen Willen bekräftigt und sicherstellt, dass diese – gerade bei Datumsangaben leicht auch von fremder Hand zu schaffende – Ergänzung vom Testator stammt. Es verbietet sich aber eine schematische Anwendung dieses Grundsatzes. Wenn auf ein formwirksames privatschriftliches Testament, in welchem A als Alleinerbe eingesetzt wird, der eigenhändige, aber nicht unterschriebene Nachsatz gesetzt wird: »Nein, gilt nicht, Alleinerbe soll ... sein«, dann ist dies als Ungültigkeitsvermerk und zugleich als der Entwurf einer neuen Verfügung von Todes wegen anzusehen. Wird dieser Entwurf später durch den Namen des nunmehr Bedachten vervollständigt, so sollte die Verfügung als formwirksam angesehen werden, auch wenn die Vervollständigung nicht erneut unterschrieben wird. Es handelt sich dann schon rein äußerlich um den (Ausnahme-)Fall, in welchem die bereits vorhandene Unterschrift den räumlich nicht gedeckten Zusatz wegen des engen Bezuges zum über der Unterschrift stehenden Text deckt (vgl RdNr 25, vgl auch RdNr 8). Die Besonderheit, dass der Zusatz erst später vervollständigt wurde, rechtfertigt keine unterschiedliche Behandlung (aA [für den Vermerk »wieder gültig«] LANGE-KUCHINKE § 23 III 1 a Fn 68; vgl auch § 2257 RdNr 4).

**29** **Einfügungen durch Dritte** erfüllen nicht die Form des § 2247 Abs 1 und sind deshalb unwirksam. Ihre Hinzufügung berührt aber die Wirksamkeit des Testaments im Übrigen regelmäßig nicht (KG OLGE 35, 364; RGZ 63, 23, 29; vgl [auch zur Ausnahme, dass Verfügungen des Erblassers nur im Zusammenhang mit den nicht eigenhändig geschriebenen Passagen Gültigkeit haben sollen] BayObLG FamRZ 1986, 726, 727 vgl auch RdNr 11), es sei denn, der Zusatz ist vom Dritten auf Veranlassung des Testators mit dem Ziel verfasst worden, das bestehende Testament zu widerrufen (STAUDINGER-BAUMANN RdNr 58; vgl § 2255 RdNr 10). Die (zusätzliche) Unterschrift des Bedachten lässt das im Übrigen formwirksam errichtete Testament nicht zu einem (formungültigen) Erbvertrag werden (vgl RdNr 11) und berührt auch im Übrigen die Wirksamkeit nicht (BayObLG MDR 1997, 650 = FamRZ 1997, 1029).

## V. Angabe von Ort und Zeit

### 1. Bedeutung der Angaben

**30** Nach Abs 2 soll der Erblasser in seiner Erklärung angeben, zu welcher Zeit und an welchem Ort er sie niedergeschrieben hat. Im Gegensatz zur Rechtslage vor dem In-Kraft-Treten des TestG am 4. 8. 1938 sind diese Angaben nicht Voraussetzung für die Wirksamkeit des Testaments (zu den Auswirkungen hinsichtlich der Eigenhändigkeit vgl RdNr 11). Die eigentliche Bedeutung der Orts- und Datumsangaben liegt – wie Abs 5 zeigt – in den **Beweisfragen**. Enthält das Testament entsprechende, vom Testator eigenhändig geschriebene Angaben, so ist bis zum Beweis des Gegenteils von deren Richtigkeit auszugehen (BayObLG FamRZ 1991, 237; vgl auch BayObLG FamRZ 1994, 593, 594). Das gilt auch, wenn das Testament Angaben zum Errichtungszeitpunkt enthält, die jedoch nicht denen des Abs 2 entsprechen (zB »an meinem 50. Geburtstag« anstelle des Datums).

### 2. Einzelfälle

#### a) Unrichtige Angaben

Enthält das Testament unrichtige Angaben, so ist zu unterscheiden: Handelt es sich um schlichte Schreibfehler (zB 4. 5. 1998 statt 4. 5. 1989), so hat diese Unrichtigkeit auf die Anwendung der Beweisregeln des Abs 5 keinen Einfluss. Wurde dagegen das Testament nicht nur versehentlich unrichtig datiert, so ist es wie ein undatiertes zu behandeln ([ohne die Differenzierung] STAUDINGER-BAUMANN RdNr 116; ROTH ZEV 1997, 94, 95; HARDT S 204). Dabei ist zu bedenken, dass die Wahl eines unrichtigen Datums auch Anlass geben kann, am Testierwillen zu zweifeln. So kann es im Einzelfall bei einer Rückdatierung in Betracht kommen, dass der Testator ein zwischenzeitlich errichtetes und wegen der Umdatierung scheinbar später errichtetes Testament durch das zurückdatierte Testament gerade nicht aufheben wollte, auch wenn das in Wirklichkeit später errichtete Testament dem früheren widerspricht. 31

#### b) Unlesbare Angaben

Unlesbarkeit der Datumsangabe steht ihrem Fehlen gleich; soweit sich die Angabe eines ursprünglich lesbaren, aber unlesbar gewordenen Datums beweisen lässt, gilt auch für dieses die Vermutung, dass es den Tag der Testamentserrichtung zutreffend wiedergibt (STAUDINGER-BAUMANN RdNr 116; HARDT S 205f). 32

#### c) Mehrere Angaben

Enthält das Testament mehrere Datumsangaben, so ist regelmäßig die bei der Unterschrift stehende maßgebend. Bei datierten und unterschriebenen Zusätzen ist zu bedenken, dass sich je nach Lage des Einzelfalls der Testierwille auf den gesamten Testamentsinhalt erstrecken kann (vgl RdNr 9), sodass dann der Zeitpunkt des Zusatzes maßgebend ist. 33

### 3. Bedeutung des Zeitpunkts der Testamentserrichtung

#### a) Mehrere Testamente

Auf die Frage des **Zeitpunkts der Testamentserrichtung** kommt es an, wenn mehrere Testamente errichtet wurden und unklar ist, welche Verfügung später getroffen wurde, sodass sie nach § 2258 als (auf einen Teil beschränkter) Widerruf der früheren Verfügung anzusehen ist. Nach allgemeinen Grundsätzen des Beweisrechts (entsprechendes gilt für die Feststellungslast in FGG-Verfahren) trifft denjenigen die Beweisführungslast und der Nachteil der Nichterweislichkeit, der sich auf eine ihm günstige Rechtsfolge beruft. Derjenige, der aus einem Testament Folgen für sich ableitet, muss deshalb die Wirksamkeit des Testaments beweisen. Für den Fall, dass **mehrere sich widersprechende Testamente** vorhanden sind, ergibt sich daraus: Enthalten **beide Testamente** eigenhändige **Zeitangaben**, so gilt bis zum Beweis des Gegenteils das Testament mit der späteren Angabe auch als später errichtet (vgl RdNr 30); bei widersprechenden Verfügungen hebt die in diesem Testament enthaltene Verfügung die in dem früher errichteten nach § 2258 Abs 1 auf. Enthalten **beide Testamente dasselbe Datum** und gelingt es nicht, eine zeitliche Reihenfolge nachzuweisen, so gelten beide Testamente als gleichzeitig errichtet mit der Folge, dass sie sich wechselseitig aufheben, soweit sie sich widersprechen (BayObLG FamRZ 1991, 237, 238, dazu näher bei § 2258 RdNr 10 ff). Es tritt gegebenenfalls gesetzliche Erbfolge ein (str, vgl § 2258 RdNr 10). Enthält **eines** 34 der Testamente ein Datum, während das andere undatiert ist, so ist für den Fall, dass sich eine zeitliche Reihenfolge nicht beweisen lässt, nach Abs 5 von der Ungültigkeit des undatierten Testaments auszugehen, sodass dieses – selbst wenn es später errichtet sein sollte – das datierte Testament nicht widerrufen hat (zur Einordnung als Beweislastregel und nicht als materiell-rechtliche Gültigkeitsvoraussetzung vgl HARDT S 196 ff). Dessen Verfügungen gelten also. Enthält **keines der Testamente eine Zeitangabe** und gelingt es nicht, die zeitliche Abfolge zu beweisen, so sind nach der Regelung in Abs 5 **beide Testamente als unwirksam** anzusehen. Dabei sollte die Rechtsfolge des Abs 5 auf die Teile beschränkt werden, in denen sich die Testamente widersprechen, denn soweit sie sich decken, begründet das Fehlen der Datumsangabe keine Zweifel an der Gültigkeit, da ein Widerruf des früheren durch das spätere Testament nicht in Betracht kommt.

### b) Zeitweilige Testierunfähigkeit

**35** Der Zeitpunkt der Testamentserrichtung ist auch dann von Bedeutung, wenn der Testator **zeitweilig testierunfähig** war und es darauf ankommt, ob das Testament in dieser Zeit errichtet wurde. Auch insoweit ist davon auszugehen, dass ein eigenhändig angegebenes Datum den Zeitpunkt der Errichtung zutreffend bezeichnet; eine entsprechende Anwendung des § 2247 Abs 5 auf Fälle, in denen der Testator an dem angegebenen Datum testierunfähig war, trotz der Datumsangabe der Errichtungszeitpunkt aber zweifelhaft bleibt, ist nicht gerechtfertigt. Es bleibt vielmehr bei der Vermutung, dass das Testament am angegebenen Datum verfasst wurde, sodass die Testierunfähigkeit zu diesem Zeitpunkt maßgebend ist (HARDT S 207 f; LANGE-KUCHINKE § 20 IV 2 Fn 58; STAUDINGER-BAUMANN RdNr 114; aA SOERGEL-HARDER RdNr 44; LG Koblenz DNotZ 1970, 426). Steht fest, dass der Testator in dem Zeitpunkt, den das Testament als Errichtungszeitpunkt angibt, nicht testierfähig war, so ist der Gegenbeweis, dass das Testament zu einem anderen Zeitpunkt errichtet wurde, möglich (BayObLG FamRZ 2001, 1329 = NJWE-FER 2001, 101 = ZEV 2001, 399 m zust Anm MAYER; vgl STAUDINGER-BAUMANN RdNr 135). Enthält das Testament **keine Angaben** über den Zeitpunkt der Errichtung und lässt sich dieser auch nicht beweisen, so ist das Testament wegen der Regelung des Abs 5 als unwirksam anzusehen, wenn eine Errichtung zu einem Zeitpunkt feststehender (vgl § 2229 RdNr 22) fehlender Testierfähigkeit in Betracht kommt. Wurde das datierte Testament später vervollständigt, ohne dass das Datum dieser Änderung angegeben ist, so ist § 2247 Abs 5 anzuwenden, wenn die Ergänzung innerhalb eines Zeitraums in Betracht kommt, in welchem der Testator testierunfähig war (BayObLG ZEV 1996, 390, 391 = NJW-RR 1996, 1160, 1161 = FamRZ 1996, 1438, 1439). Steht trotz des Fehlens des Datums ein Zeitraum, innerhalb dessen das Testament errichtet wurde, fest und bleibt zweifelhaft, ob innerhalb dieses Zeitraums zu irgendeinem Zeitpunkt Testierunfähigkeit gegeben war, so ist – da sich die Ungewissheit des genauen Errichtungsdatums nicht auswirkt – von der Wirksamkeit des Testaments auszugehen (BayObLG ZEV 1996, 390, 391 = NJW-RR 1996, 1160, 1161 = FamRZ 1996, 1438; ROTH ZEV 1997, 94; vgl auch BayObLG FamRZ 1995, 898). Zweifelhaft sind die Fälle, in denen innerhalb des möglichen Errichtungszeitraums für bestimmte Zeitpunkte die Testierunfähigkeit feststeht, während sie sich für andere Zeitpunkte innerhalb des fraglichen Zeitraums nicht nachweisen lässt. Da sich in diesen Fällen die Unsicherheit des Errichtungszeitpunkts auswirkt, ist § 2247 Abs 5 anzuwenden, sofern nicht feststeht, dass das Testament jedenfalls zu dem Zeitpunkt, für den die Testierunfähigkeit festgestellt ist, nicht errichtet wurde (ROTH ZEV 1997, 94, 95; HARDT S 201 ff; MAYER ZEV 2001, 400, 401; aA JERSCHKE ZEV 1996, 392 f).

## 4. Bedeutung des Ortes der Errichtung

Der **Ort** der Errichtung hat auf die Beurteilung der Gültigkeit des Testaments nur 36
selten Einfluss. In Betracht kommen insbesondere Fälle, in denen ein Testament
im Ausland nach der dort zugelassenen, nach unserem Recht jedoch nicht ausreichenden Form errichtet wurde (vgl System Teil B RdNr 8 ff).

## VI. Ausschluss nach Abs 4

### 1. Sinn der Regelung

Abs 4 verschließt **Minderjährigen** und **Personen, die Geschriebenes nicht zu le-** 37
**sen vermögen**, ohne Rücksicht auf ihre Testierfähigkeit die Möglichkeit, ein privatschriftliches Testament zu errichten. Damit wird dieser Personenkreis auf das
öffentliche Testament mit den damit verbundenen Beratungs- und Belehrungspflichten der Urkundsperson verwiesen (vgl dazu auch § 2233 RdNr 3; dort auch zu Fällen mit Auslandsberührung und zu Fragen des Verhältnisses zur ehemaligen DDR).

### 2. Privatschriftliche Testamente Minderjähriger

Das eigenhändige Testament eines **Minderjährigen** ist unwirksam; es wird durch 38
**Eintritt der Volljährigkeit nicht wirksam**. Die Neuerrichtung muss die Anforderungen des § 2247 Abs 1 erfüllen; dabei sollte es genügen, wenn auf das bisher
wegen Abs 4 unwirksam errichtete Testament in der eigenhändig geschriebenen und unterschriebenen Erklärung Bezug genommen wird, indem dort erklärt
wird, jenes enthalte den letzten Willen (vgl RdNr 12, dort auch zu der Auffassung, dass
nur auf wirksam errichtete Testamente Bezug genommen werden kann). Lässt sich mangels
Datumsangabe **nicht feststellen**, ob das Testament von dem mittlerweile Volljährigen im Zeitpunkt der Minderjährigkeit errichtet wurde, so ist nach Abs 5 von
der Ungültigkeit des Testaments auszugehen (vgl auch § 2229 RdNr 21). Diese Regelung greift aber erst dann ein, wenn sich wirklich Zweifel ergeben, ob eine Errichtung im Zeitpunkt der Minderjährigkeit in Betracht kommt.

### 3. Privatschriftliche Testamente nicht lesefähiger Personen

Bei der Frage, ob der Testator **Geschriebenes zu lesen** vermag, kommt es auf die 39
Lesefähigkeit im Zeitpunkt der Testamentserrichtung an. Der Grund der Beeinträchtigung ist ohne Bedeutung, auch eine vorübergehende Sehstörung führt zur
Beschränkung in der Wahl der Testamentsform (zur Erblindung als Fall des Abs 4 vgl
BayObLG FamRZ 2000, 322, 323 = NJWE-FER 1999, 189). Über die Möglichkeit, optisch
Eindrücke aufzunehmen, hinaus setzt die Lesefähigkeit voraus, dass sich der Testator auf diesem Weg Kenntnis von dem Inhalt verschaffen kann, woran es fehlt,
wenn er den Sinn des optisch Aufgenommenen nicht erfassen kann (BayObLG
NJW-RR 1997, 1438 [Rindenblindheit]). Bei einem eigenhändig geschriebenen und unterschriebenen Testament ist von der Lesefähigkeit auszugehen, solange nicht
das Gegenteil zur Überzeugung des Gerichts feststeht (OLG Neustadt FamRZ 1961,
541, 542; BayObLG Rpfleger 1985, 239; FamRZ 1987, 1199, 1200; OLG Düsseldorf ZEV 2000, 316
[LS]; HABSCHEID JZ 1962, 418; LUTTER FamRZ 1961, 543). Rechtfertigen der Akteninhalt
und das Schriftbild des Testaments Zweifel an der Lesefähigkeit, so ist das Gericht im Verfahren der freiwilligen Gerichtsbarkeit zur Amtsermittlung verpflichtet (vgl BayObLG FamRZ 1997, 1028 f = ZEV 1997, 125).

Fehlt es an der **Schreibfähigkeit**, wird sich die Frage der Wirksamkeit eines eigenhändigen Testaments nur selten stellen; zieht der Testator die ihm vorgeschriebenen Schriftzüge lediglich nach, ohne den Sinn zu verstehen, so ist das Testament unwirksam (STAUDINGER-BAUMANN RdNr 122; zum Schreiben mit einer Schreibschablone vgl RdNr 14). Unschädlich ist es, wenn einem Testator Geschriebenes vorgelegt wird, damit er sich an einzelne Schriftzüge und Schreibweisen erinnert, solange damit nur momentane Erinnerungslücken geschlossen werden (zur Abgrenzung OLG München DNotZ 1937, 68f).

### VII. Schuldrechtliche Anerkennung formunwirksam errichteter Testamente

**40** Die Nichtigkeit der formungültigen letztwilligen Verfügung führt häufig dazu, dass der wirkliche Wille des Erblassers nicht erfüllt wird und der Nachlass an Personen fällt, die möglicherweise vom Erblasser gerade nicht bedacht werden sollten (vgl nur OLG Düsseldorf FamRZ 1997, 518). Die Formungültigkeit lässt sich auch durch eine Übereinkunft der nunmehr berufenen Erben nicht beseitigen. Möglich ist es aber, dass diese sich schuldrechtlich verpflichten, die in dem nichtigen Testament Bedachten so zu stellen, wie wenn das Testament wirksam wäre. Auf einen solchen Vertrag sind die Regeln der §§ 516 ff und §§ 2371 ff anzuwenden (vgl B HERRMANN S 62f; BayObLGZ 1954, 27, 33 f).

### § 2248 Verwahrung des eigenhändigen Testaments

Ein nach der Vorschrift des § 2247 errichtetes Testament ist auf Verlangen des Erblassers in besondere amtliche Verwahrung zu nehmen (§§ 2258a, 2258b). Dem Erblasser soll über das in Verwahrung genommene Testament ein Hinterlegungsschein erteilt werden.

Zum Schrifttum vgl vor § 2229

Übersicht

| | | |
|---|---|---|
| I. | Zeittafel | 1 |
| II. | Recht der ehemaligen DDR | 2 |
| III. | Einzelerläuterungen | 3 |
| | 1. Sinn der Regelung | 3 |
| | 2. Zuständigkeit und Verfahren | 4 |

### I. Zeittafel

**1** Die Bestimmung stimmt inhaltlich mit der der ursprünglichen Fassung des BGB überein; sie befand sich zwischenzeitlich in § 22 TestG und wurde von dort wieder in das BGB übernommen.

## II. Recht der ehemaligen DDR

Nach § 385 S 2 ZGB (abgedruckt bei § 2247 RdNr 2) bestand die Möglichkeit, privatschriftliche Testamente in die Verwahrung des Staatlichen Notariats zu geben. Zur heutigen Aufbewahrung der in diese Verwahrung gegebenen Testamente vgl § 2258a RdNr 2. Soweit ein Testament vom Staatlichen Notariat in Verwahrung genommen wurde, sollte das Notariat dem Erblasser die Verwahrung bestätigen (§ 24 Abs 2 S 1 NotG). 2

## III. Einzelerläuterungen

### 1. Sinn der Regelung

Die Regelung stellt es dem Testator frei, sein privatschriftliches Testament in besondere amtliche Verwahrung zu geben und so die **Gefahr** einer Unterdrückung oder einer Vernichtung, einer Beschädigung oder einer Verfälschung auf ein Minimum **zu reduzieren**. Zugleich wird damit erreicht, dass das Testament im Erbfall auch aufgefunden wird (zur Mitteilung an das Standesamt des Geburtsortes vgl § 2258a RdNr 4). Die Inverwahrungnahme hat auf den Charakter des Testaments als privatschriftliches und auf seine Wirksamkeit keinen Einfluss. Das privatschriftliche Testament wird durch die amtliche Verwahrung auch **nicht zu einer öffentlichen Urkunde**. Die Regelung ist auch auf das Dreizeugentestament, § 2250, anwendbar (MünchKomm-BURKART RdNr 7; SOERGEL-HARDER RdNr 2). 3

### 2. Zuständigkeit und Verfahren

Die Zuständigkeit für die Verwahrung ergibt sich aus § 2258a Abs 1, Abs 2 Nr 3. Danach ist bei privatschriftlichen Testamenten jedes Amtsgericht für die Verwahrung zuständig. Die funktionelle Zuständigkeit regelt sich nach § 2258b iVm § 3 Abs 1 Nr 2 c, § 36b Abs 1 Nr 1 RPflG. In Baden-Württemberg sind nach § 1 Abs 1, 2; §§ 38, 46 Abs 3 LFGG die Notariate zuständig; vgl §§ 11 bis 19 der 1. VerwVorschrift zur Ausführung des LFGG vom 5.5.1975, Die Justiz 1975, 201, 202 ff. Das AG Berlin-Schöneberg ist nach § 11 Abs 2 S 1 KonsularG für die Verwahrung von Konsulartestamenten (vgl § 2231 RdNr 10) zuständig. 4

Das **Verfahren** bestimmt sich nach der AV vom 4.8.1938 (DJ 1938, 1259 sub I 2) zur Änderung des § 27 AktO (abgedruckt in der in Bayern geltenden Fassung bei FIRSCHING-GRAF Anh 4) und nach weiteren landesrechtlichen Bestimmungen (insbesondere der [bundeseinheitlichen] Bekanntmachung über die Benachrichtigung in Nachlasssachen [Neufassung 2001, in NRW seit 1.3.2001 in Kraft, vgl JMBl NRW 2001, 17; vgl auch www.BNotK.de/BNotK-Service/Merkblaetter-Empfehlungen/AV-Nachlass-rs-2001-02.htm]; zu weiteren Verfahrensfragen vgl FIRSCHING-GRAF S 291 ff). Ein förmlicher **Antrag** ist nach diesen Regelungen nicht erforderlich, sodass auch in der schlichten Übersendung des Testaments ein Verwahrantrag gesehen werden kann. Auch eine Beglaubigung der Unterschrift des Antragstellers ist nicht erforderlich (KG RJA 1, 146; STAUDINGER-BAUMANN RdNr 6). Die **Kosten** der besonderen amtlichen Verwahrung bestimmen sich nach § 101 KostO. Danach fällt bei der Annahme des Testaments ein Viertel der vollen Gebühr an; der Geschäftswert bestimmt sich nach § 103 Abs 1, § 46 Abs 4 KostO. Zur Einsichtnahme in das amtlich verwahrte Testament vgl § 2258b RdNr 7. 5

Eine **Belehrungspflicht** sehen die genannten Verfahrensregelungen nicht vor (MünchKomm-BURKART RdNr 4). Dennoch ist zum einen daran zu denken, dass 6 unrichtige **Auskünfte** auch dann eine Amtspflichtverletzung darstellen, wenn eine Pflicht zur Auskunftserteilung nicht bestand (BGH NJW 1993, 3204, 3205; PALANDT-THOMAS § 839 RdNr 44). Zum anderen ist daran zu erinnern, dass es als nobile officium staatlicher Stellen gilt, auch ohne besondere Belehrungspflichten auf offenbare Formfehler aufmerksam zu machen (vgl MünchKomm-PAPIER § 839 RdNr 216). Deshalb ist ein Testator, der ein Testament in amtliche Verwahrung gibt, beispielsweise auf die Erforderlichkeit der Unterschrift hinzuweisen, wenn der annehmende Beamte ihr Fehlen bemerkt.

7 Dem Testator soll nach S 2 ein **Hinterlegungsschein** erteilt werden. Dieser Schein hat allein die Funktion eines Belegs. Zur Rücknahme aus der amtlichen Verwahrung (die keine Widerrufswirkungen hat) vgl § 2256 Abs 3.

### § 2249 Nottestament vor dem Bürgermeister

(1) Ist zu besorgen, dass der Erblasser früher sterben werde, als die Errichtung eines Testaments vor einem Notar möglich ist, so kann er das Testament zur Niederschrift des Bürgermeisters der Gemeinde, in der er sich aufhält, errichten. Der Bürgermeister muss zu der Beurkundung zwei Zeugen zuziehen. Als Zeuge kann nicht zugezogen werden, wer in dem zu beurkundenden Testament bedacht oder zum Testamentsvollstrecker ernannt wird; die Vorschriften der §§ 7, 27 des Beurkundungsgesetzes gelten entsprechend. Für die Errichtung gelten die Vorschriften der §§ 2232, 2233 sowie die Vorschriften der §§ 2, 4, 5 Abs. 1, §§ 6 bis 10, 11 Abs. 1 Satz 2, Abs. 2, § 13 Abs. 1, 3, §§ 16, 17, 23, 24, 26 Abs. 1 Nr 3, 4, Abs. 2, §§ 27, 28, 30, 32, 34, 35 des Beurkundungsgesetzes; der Bürgermeister tritt an die Stelle des Notars. Die Niederschrift muss auch von den Zeugen unterschrieben werden. Vermag der Erblasser nach seinen Angaben oder nach der Überzeugung des Bürgermeisters seinen Namen nicht zu schreiben, so wird die Unterschrift des Erblassers durch die Feststellung dieser Angabe oder Überzeugung in der Niederschrift ersetzt.

(2) Die Besorgnis, dass die Errichtung eines Testaments vor einem Notar nicht mehr möglich sein werde, soll in der Niederschrift festgestellt werden. Der Gültigkeit des Testaments steht nicht entgegen, dass die Besorgnis nicht begründet war.

(3) Der Bürgermeister soll den Erblasser darauf hinweisen, dass das Testament seine Gültigkeit verliert, wenn der Erblasser den Ablauf der in § 2252 Abs. 1, 2 vorgesehenen Frist überlebt. Er soll in der Niederschrift feststellen, dass dieser Hinweis gegeben ist.

(4) Für die Anwendung der vorstehenden Vorschriften steht der Vorsteher eines Gutsbezirks dem Bürgermeister einer Gemeinde gleich.

(5) Das Testament kann auch vor demjenigen errichtet werden, der nach den gesetzlichen Vorschriften zur Vertretung des Bürgermeisters oder des Gutvorstehers befugt ist. Der Vertreter soll in der Niederschrift angeben, worauf sich seine Vertretungsbefugnis stützt.

(6) Sind bei der Abfassung der Niederschrift über die Errichtung des in den vorstehenden Absätzen vorgesehenen Testaments Formfehler unterlaufen, ist aber dennoch mit Sicherheit anzunehmen, dass das Testament eine zuverlässige Wiedergabe der Erklärung des Erblassers enthält, so steht der Formverstoß der Wirksamkeit der Beurkundung nicht entgegen.

A. Errichtung und Aufhebung eines Testaments | § 2249 BGB 1, 2

Zum Schrifttum vgl vor § 2229

## Übersicht

| | | |
|---|---|---|
| I. | Zeittafel | 1 |
| II. | Recht der ehemaligen DDR | 2 |
| III. | Sinn der Regelung | 3 |
| IV. | Besorgnis des Ablebens | 4 |
| V. | Verfahrensfragen | 6 |
| | 1. Zuständigkeit | 6 |
| | 2. Pflichten der Urkundsperson | 7 |
| | a) Bedeutung der Regelung des Abs 6 | 7 |
| | b) Erklärung des Testators | 8 |
| | c) Verhandlung | 9 |
| | d) Zuziehung von Zeugen | 10 |
| | e) Niederschrift | 11 |
| | f) Verlesung und Genehmigung | 12 |
| | g) Unterschrift | 13 |
| | 3. Haftungsfragen | 14 |

## I. Zeittafel

Die **ursprüngliche Fassung des BGB** sah zwar die Möglichkeit eines Nottestaments 1 vor dem Bürgermeister vor, behandelte dabei aber den Bürgermeister wie einen Notar, sodass Formfehler – auch hinsichtlich der Feststellung nach Abs 2 aF – in weitem Umfang zur Unwirksamkeit des Testaments führten. Es heißt in § 2249 aF: *(1) Ist zu besorgen, dass der Erblasser früher sterben werde, als die Errichtung eines Testaments vor einem Richter oder vor einem Notar möglich ist, so kann er das Testament vor dem Vorsteher der Gemeinde, in der er sich aufhält, oder, falls er sich in dem Bereich eines durch Landesgesetz einer Gemeinde gleichgestellten Verbandes oder Gutsbezirkes aufhält, vor dem Vorsteher dieses Verbandes oder Bezirkes errichten. Der Vorsteher muss zwei Zeugen zuziehen. Die Vorschriften der §§ 2234 bis 2246 finden Anwendung; der Vorsteher tritt an die Stelle des Richters oder Notars. (2) Die Besorgnis, dass die Errichtung eines Testaments vor einem Richter oder vor einem Notar nicht mehr möglich sein werde, muss im Protokolle festgestellt werden. Der Gültigkeit des Testaments steht es nicht entgegen, dass die Besorgnis nicht begründet war.* Das TestG entschärfte auch insoweit die Formerfordernisse. § 23 TestG entsprach dabei inhaltlich im Wesentlichen bereits dem heute geltenden Recht. Die Verweisungen im heutigen Abs 1 auf das BeurkG sind durch die Streichung der §§ 2234–2246 notwendig geworden. Durch das OLGVertrÄndG v 23. 7. 2002 BGBl I 2850 wurde die Verweisung auf § 31 BeurkG gestrichen. Zusammen mit der Neuregelung der §§ 2232, 2233 ist so auch die Errichtung eines Bürgermeistertestaments durch andere als mündliche Erklärungen möglich.

## II. Recht der ehemaligen DDR

Das **ZGB** kennt zwar ein Nottestament, jedoch nur in der Form eines **Zweizeu-** 2 **gentestaments** (vgl § 2250 RdNr 2). Dabei ist zu beachten, dass – im Gegensatz zum Bundesrecht – diese Form der Testamentserrichtung nur offen steht, wenn der Testator weder ein notarielles noch ein eigenhändiges Testament errichten kann (§ 383 Abs 2 ZGB). Obwohl das ZGB keine ausdrückliche Regelung darüber enthält, ob die Errichtung in einer vermeintlichen Notlage wirksam ist, muss eine solche vermeintlich bestehende Situation als ausreichend angesehen werden (ZGB-Kommentar § 383 Anm 2.1; S HERRMANN S 34). Zur zeitlichen Begrenzung der Wirksamkeit des Nottestaments nach dem ZGB vgl § 2252 RdNr 2.

## III. Sinn der Regelung

3 Im Gegensatz zu anderen Rechtsordnungen – auch der der ehemaligen DDR – ist die Errichtung eines Testaments in der Form des § 2249 auch dann möglich, wenn der Testator ein privatschriftliches Testament durchaus errichten könnte, ihm aber die Möglichkeit versperrt ist, in ordentlicher öffentlicher Form zu testieren. Damit trägt der Gesetzgeber den Strukturunterschieden zwischen dem öffentlichen und dem privatschriftlichen Testament Rechnung. Die Form des § 2249 dient deshalb nicht etwa nur dazu, dem Testator das Testieren zu ermöglichen, sondern sie gibt ihm die Möglichkeit, gerade ein **öffentliches Testament** zu errichten. Der Urkundsperson kommen deshalb auch im Hinblick auf die **Beratungs- und Belehrungspflichten** die Aufgaben eines Notars zu. Auch im Hinblick auf die **Beweiskraft** nach § 35 GBO, § 415 ZPO (vgl § 2231 RdNr 5) steht das nach § 2249 ordnungsgemäß errichtete Testament dem öffentlichen Testament nach § 2232 gleich. Die besondere **Verwahrung** des nach § 2249 errichteten Testaments (zur Notwendigkeit § 2249 Abs 1 S 4 iVm § 34 Abs 1 S 4 BeurkG) richtet sich nach § 2258a Abs 1, Abs 2 Nr 2. Die Regelung des § 2249 ist nach § 2266 auf **gemeinschaftliche Testamente** bereits dann anzuwenden, wenn sich nur einer der Ehegatten in einer die Voraussetzungen des § 2249 erfüllenden Situation befindet. Ein Erbvertrag kann nach diesen Regeln nicht beurkundet werden.

## IV. Besorgnis des Ablebens

4 Es muss die Besorgnis bestehen, dass der Testator früher stirbt, als ihm die Errichtung eines Testaments vor einem Notar möglich ist. Die bloße Unerreichbarkeit eines Notars oder seine zeitweilige Verhinderung reichen allein nicht aus, solange nicht die Gefahr besteht, dass der Testator verstirbt, bevor er das Testament vor dem Notar errichten kann. Da die Regelung dem Testator ermöglichen soll, ein Testament in öffentlicher Form zu errichten, muss sie im Wege der Analogie auch dann angewendet werden, wenn die Gefahr besteht, dass der Testator die **Testierfähigkeit verliert**, bevor er ein öffentliches Testament vor dem Notar errichten kann (BGHZ 3, 372, 377; STAUDINGER-BAUMANN RdNr 18; VON DER BECK S 79 [alle für eine extensive Auslegung; damit wird jedoch die Wortlautgrenze überstiegen, sodass eine Analogiebildung vorzuziehen ist]; aA BROX RdNr 130; KAPPESSER S 26). Dabei schließt die Möglichkeit, dass die Testierunfähigkeit später einmal von kürzeren Phasen der Testierfähigkeit unterbrochen sein kann, angesichts der Unsicherheit, ob eine solche Phase tatsächlich eintritt und ob es dem Testator in dieser Phase möglich sein wird, ein öffentliches Testament zu errichten, die entsprechende Anwendung des § 2249 nicht aus (vgl BGHZ 3, 372, 377). Nicht erforderlich ist es, dass der Umstand, der den baldigen Eintritt der Testierunfähigkeit erwarten lässt, zugleich das Leben des Testators bedroht. Die gegenteilige Auffassung (MünchKomm-BURKART RdNr 3) wird dem Schutzzweck der Regelung des § 2249 nicht gerecht.

Nach der Regelung des Abs 1 ist das **objektive Bestehen** der die Besorgnis recht- **5** fertigenden Gefahr maßgebend. Dies wird ergänzt durch die Bestimmung des Abs 2 S 2, der die Gültigkeit eines Nottestaments anordnet, wenn sich die Besorgnis der Gefahr als unbegründet erweist. Diese Regelung knüpft an die Feststellung in der Niederschrift und damit an die **Einschätzung der Urkundsperson** an. Aus dem Zusammenspiel von Abs 1 und Abs 2 ergibt sich, dass ein Nottestament voraussetzt, dass die Besorgnis **entweder objektiv** (RGZ 171, 27, 28; BGHZ 3, 372, 380; Fall des Abs 1) **oder** aber aus der **Sicht des Beurkundenden** bestehen muss (RGZ 109, 368, 372; BGHZ 3, 372, 378; Fall des Abs 2 S 2). Die Einschätzung des Testators oder der Zeugen ist nach der Regelung der Abs 1 und 2 nicht maßgebend (vgl KG OLGE 9, 413, 414; STAUDINGER-BAUMANN RdNr 13; VON DER BECK S 74 ff, 78). Wenn in der Niederschrift die Feststellung der genannten Besorgnis enthalten ist, so kann die Möglichkeit der Errichtung eines Nottestaments nur mit der Behauptung in Frage gestellt werden, der Beurkundende habe die Feststellung pflichtwidrig vermerkt, obwohl er selbst nicht zu dieser Überzeugung gekommen sei. Gegebenenfalls ist das Testament dann nichtig, soweit nicht § 2250 Abs 1 diese Form des Bürgermeistertestaments zulässt. Ein Irrtum über die Berechtigung der Besorgnis ist nach Abs 2 S 2 ohne Einfluss auf die Gültigkeit. Die Feststellung kann auch noch nachträglich in die Niederschrift aufgenommen werden (MünchKomm-BURKART RdNr 3; zum Fehlen der Feststellung in der Niederschrift vgl RdNr 11).

## V. Verfahrensfragen

### 1. Zuständigkeit

Das Nottestament kann vor dem Bürgermeister (Abs 1) oder seinem durch gesetz- **6** liche Vorschriften befugten Vertreter (Abs 5) errichtet werden. Als Hilfestellung haben die Länder Anordnungen erlassen, in denen Anweisungen für die Aufnahme eines Nottestaments enthalten sind (vgl zB Entschließung des BayStMdI v 24. 8. 1970, MABl S 657 ff, abgedruckt bei FIRSCHING-GRAF 1.111). **Zuständig** ist der **Bürgermeister** der Gemeinde, nicht der Vorsteher eines Gemeindeteils (KG HEZ 1, 233, 235). **Örtlich** bestimmt sich die Zuständigkeit nach dem Aufenthalt unabhängig von dessen Dauer; der Wohnsitz des Erblassers ist ohne Bedeutung. Eine **Verletzung der örtlichen Zuständigkeit** durch Überschreiten des Amtsbezirks hat seit der Neuregelung durch das BeurkG auf die Wirksamkeit der Testamentserrichtung keinen Einfluss (§ 2249 Abs 1 S 4, § 2 BeurkG). Auf der Grundlage des bis zum 31. 12. 1969 geltenden Rechts war eine Umdeutung des vor einem örtlich unzuständigen Bürgermeister oder seinem Vertreter nach § 2249 errichteten Testaments in ein Dreizeugentestament iSd § 2250 zu erwägen (KG HEZ 1, 233, 235 f; vgl aber auch BGH RdL 1952, 300, 301 f). Welche Amtsträger als **Vertreter** des Bürgermeisters (vgl Abs 4; Nachweis der Verhinderung des Bürgermeisters ist nicht erforderlich) zur Errichtung von Nottestamenten berufen sind, ergibt sich aus dem Landesrecht. In Hamburg sind es die Standesbeamten (Hamburger AGBGB v 1. 7. 1958; VOBl II S 441). Die Regelung über die Zuständigkeit des **Vorstehers eines Gutsbezirks** ist heute weitgehend obsolet, da es nur wenige gemeindefreie Gebiete gibt. Maßgebend sind die landesrechtlichen Regelungen der jeweiligen Gemeindeordnung (zur Rechtslage in Hessen vgl § 153 Abs 1 Buchst c HGO iVm VO über gemeindefreie Grundstücke und Gutsbezirke vom 15. 11. 1938, RGBl I S 1631). Zur früheren Rechtslage und zum Übergangsrecht vgl SOERGEL-HARDER RdNr 4. Das Fehlen der gesetzlich begründeten Vertretungsbefugnis führt zur Nichtigkeit des Testaments, wobei an eine Aufrechterhaltung in der Form eines Dreizeugentestaments zu denken ist (KG NJW 1947/1948, 189).

## 2. Pflichten der Urkundsperson

### a) Bedeutung der Regelung des Abs 6

**7** Das Gesetz stellt die Urkundsperson zwar dem Notar gleich und erklärt die Regelungen des BeurkG in weiten Teilen für entsprechend anwendbar. Den Bürgermeister oder seinen Vertreter treffen deshalb im Grundsatz dieselben Pflichten, die auch den Notar treffen (vgl dazu die Kommentierung zu den in Bezug genommenen Bestimmungen des BeurkG). In Anbetracht der besonderen Situation, in der sich die Urkundsperson befindet, werden aber **Fehler**, die bei einer Testamentserrichtung vor dem Notar zur Unwirksamkeit des Testaments führen können, **durch Abs 6 für unbeachtlich erklärt**, sofern mit Sicherheit anzunehmen ist, dass das Testament die zuverlässige Wiedergabe der Erklärung des Erblassers enthält. Diese Regelung bezieht sich aber nur auf einen Formverstoß bei der Abfassung der Niederschrift – also auf beurkundungsrechtliche Fragen –, nicht auf einen Verstoß gegen die Voraussetzungen, die die Regelung des § 2249 als solche für die Wirksamkeit des Errichtungsaktes aufstellt. Das Kriterium, es müsse mit *Sicherheit* eine *zuverlässige* Wiedergabe der Erklärung (nicht notwendigerweise des Willens, BGHZ 37, 79, 92) gewährleistet sein, gibt kein über das gewöhnliche Beweismaß hinausgehendes Maß vor. Bei der Beurteilung der Frage, ob der Testator eine entsprechende Erklärung abgegeben hat, ist § 416 ZPO zu beachten, der auch bei einer unter Verstoß gegen zwingende Formvorschriften errichteten notariellen Urkunde anzuwenden ist (vgl BGHZ 37, 79, 91 ff = NJW 1962, 1149, 1152; MünchKomm-ZPO-SCHREIBER § 416 RdNr 2; MUSIELAK-HUBER § 416 ZPO RdNr 1).

### b) Erklärung des Testators

**8** Auf dieser Grundlage sind folgende Voraussetzungen zu beachten: Nach § 2249 iVm § 2232 muss der Testator seinen letzten Willen **dem Bürgermeister erklären** oder eine offene oder verschlossene **Schrift mit der Erklärung übergeben**, diese enthalte seinen letzten Willen (vgl BGHZ 37, 79, 84 = NJW 1962, 1149, 1150; bei minderjährigem Testator nur durch offene Schrift, vgl § 2233 Abs 1; ein leseunfähiger Testator kann nur durch Erklärung gegenüber dem Notar nach § 2232 S 1 Fall 1 testieren, vgl § 2233 Abs 2; zu Schriften in fremder Sprache vgl § 2232 RdNr 16). Die Errichtung durch Erklärung ist wegen der am 1.8.2002 in Kraft getretenen Änderung der §§ 2232, 2233 auch in anderer als mündlicher Form möglich. Vor diesem Zeitpunkt durch Erklärung errichtete Testamente müssen dagegen mündlich errichtet worden sein, näher § 2232 RdNr 6a. Hinsichtlich der Anforderungen an die Mündlichkeit der Erklärung gelten dann die bei § 2232 RdNr 6 aF, § 2233 RdNr 11 ff ausgeführten Grundsätze. Hat der Erblasser seinen letzten Willen dem Notar erklärt und übergibt er zugleich ein Schriftstück, das diesen Willen noch einmal wiedergibt, so handelt es sich um ein durch Erklärung errichtetes Testament (vgl [zur Testamentserrichtung durch mündliche Erklärung] BayObLG NJW-RR 1996, 711 = FamRZ 1996, 763 = Rpfleger 1996, 248, 249); das übergebene Schriftstück kann Grundlage der Niederschrift sein (vgl RdNr 11). Bei **fremdsprachigem Testator** ist zu beachten, dass die Urkunde allein in deutscher Sprache errichtet werden kann (zur Zuziehung eines Dolmetschers vgl § 16 Abs 3 BeurkG), da § 2249 Abs 1 S 4 nur auf § 5 Abs 1 BeurkG, nicht auf dessen Abs 2 verweist. Dabei dürfte es sich aber nur um eine Formvorschrift iSd § 2249 Abs 6 handeln, deren Verletzung die Wirksamkeit des Testaments nicht berührt (aA MünchKomm-BURKART RdNr 24). Weiterhin sind bei fremdsprachigen Testatoren die §§ 16, 32 BeurkG zu beachten (vgl im Einzelnen die Kommentierung im Kommentarteil D), auf welche § 2249 Abs 1 S 4 verweist.

### c) Verhandlung

**9** Über den Willen zur Testamentserrichtung muss **vor der Urkundsperson** verhandelt werden. Diese muss während der ganzen Verhandlung zugegen sein und selbst mit dem Testator verhandeln (BGHZ 54, 89, 93 f). Wenn die **Urkundsperson nach § 6 BeurkG ausgeschlossen** ist, so ist das Testament unwirksam; in den Fällen der §§ 7, 27 BeurkG tritt partielle Unwirksamkeit ein (vgl MünchKomm-BURKART RdNr 12; STAUDINGER-BAUMANN RdNr 43). Die Erklärung muss gegenüber der Urkundsperson abgegeben werden, bloße Anwesenheit reicht nicht aus, wenn sich die Erklärung an eine andere Person richtet (BayObLGZ 1917, 82, 84: Erklärung gegenüber dem Pfarrer in Anwesenheit des Bürgermeisters).

### d) Zuziehung von Zeugen

Es müssen **zwei Zeugen** zugezogen werden, die während der gesamten Verhandlung gleichzeitig anwesend sind (vgl BGHZ 37, 79, 87, 88f; BayObLG Rpfleger 1977, 439 [LS]). Eine getrennte Beurkundung mit jeweils einem Zeugen ist unwirksam (STAUDINGER-BAUMANN RdNr 43, aA KG NJW 1957, 953, 954). Nach Abs 1 S 3 kann als Zeuge nicht hinzugezogen werden, wer in dem zu beurkundenden Testament bedacht oder zum Testamentsvollstrecker ernannt wird. Ein Verstoß gegen dieses Zuziehungsverbot führt nach wohl allgA nicht zur Unwirksamkeit der Verfügung insgesamt, sondern nur zur Unwirksamkeit der Zuwendung an den Zeugen bzw seiner Einsetzung als Testamentsvollstrecker (MünchKomm-BURKART RdNr 22; SOERGEL-HARDER RdNr 8), was der Verweisung in Abs 1 S 3 HS 2 auf die §§ 7, 27 BeurkG entnommen wird. Dieser Auffassung ist zuzustimmen, denn es wäre wenig konsequent, wenn §§ 7, 27 BeurkG in Fällen, in denen die Urkundsperson ausgeschlossen ist, nur die partielle Unwirksamkeit vorsehen, während die Zuziehung eines ausgeschlossenen Zeugen die Wirksamkeit der Verfügung von Todes wegen insgesamt in Frage stellte. Ob man der genannten Verweisung auf §§ 7, 27 BeurkG darüber hinaus entnehmen sollte, dass auch der durch § 7 BeurkG erweiterte Personenkreis zur Vermeidung einer partiellen Unwirksamkeit nicht als Zeuge zugezogen werden darf (so VON DER BECK S 89; hier § 7 BeurkG RdNr 3; BayStMdI MABl 1970, S 657, 658, abgedruckt bei FIRSCHING-GRAF 1.111), erscheint zweifelhaft. Angesichts der klaren Aussage in Abs 1 S 3 HS 1 darüber, welche Personen dem Mitwirkungsverbot unterliegen, ist eine Erweiterung des Personenkreises im Wege der Verweisung auf §§ 7, 27 BeurkG nicht sachgerecht (so iE wohl auch MünchKomm-BURKART § 27 BeurkG RdNr 15 und [inzident] SOERGEL-HARDER RdNr 8). Die Anwesenheit einer nach Abs 1 S 3 als Zeuge ausgeschlossenen Person bei der Errichtung des Testaments und ihre Unterschrift auf der Niederschrift stellen die Wirksamkeit des Testaments auch hinsichtlich der Einsetzung des Ausgeschlossenen nicht in Frage, sofern die notwendige Zahl der Zeugen ohne diese Person erreicht ist (vgl [zu § 2250] BGHZ 115, 169, 176 f; STAUDINGER-BAUMANN § 2250 RdNr 31). Durch die Zuziehung von Personen, die nach § 2249 Abs 1 S 4 iVm § 26 Abs 1 Nr 3, 4, Abs 2 BeurkG **nicht als Zeugen hinzugezogen werden sollen**, werden die Amtspflichten verletzt; dies bleibt aber ohne Einfluss auf die Wirksamkeit des Testaments (MünchKomm-BURKART RdNr 22). In der Verweisung in § 2249 Abs 1 S 4 ist § 26 Abs 1 Nr. 3a BeurkG nicht genannt. Dennoch wird man diesen Fall in gleicher Weise behandeln müssen. Kann der Testator nicht hören oder sich nicht mündlich erklären und ist auch eine schriftliche Verständigung mit ihm nicht möglich, so ist die Zuziehung einer **Verständigungsperson** nach § 24 Abs 1 S 2 BeurkG erforderlich, § 2249 Abs 1 S 4. Diese Verständigungsperson kann **nicht** zugleich die Funktion des **Zeugen** wahrnehmen, wie § 24 Abs 3 BeurkG zeigt.

### e) Niederschrift

Über die Errichtung des Testaments muss eine Niederschrift in deutscher Sprache (§ 2249 Abs 1 S 4 nimmt § 5 Abs 2 BeurkG aus; zur Fehlerfolge vgl RdNr 8) gefertigt werden, in welcher die Erklärung von der Urkundsperson niedergelegt oder die Übergabe einer Schrift mit einer den Anforderungen des § 2232 entsprechenden Erklärung festgestellt wird. **Fehlt** es im Zeitpunkt des Todes des Erblassers an einer **Niederschrift**, so ist das Testament trotz der Regelung in Abs 6 **unwirksam** (BayObLG NJW-RR 1996, 711, 712 f = FamRZ 1996, 763, 764 = Rpfleger 1996, 248, 249f [Tonbandprotokoll nicht ausreichend]; KG JFG 21, 38, 40; DJ 1940, 1015; OLG Gera NJW 1947/1948, 159 [LS]; vgl auch KG NJW 1947/1948, 188), denn insoweit handelt es sich nicht um eine Formvorschrift, sondern um einen Teil des in Abs 1 S 1 selbst geregelten Errichtungsakts. Die **Anforderungen an die Niederschrift** werden durch die Verweisungen in Abs 1 S 4 auf das BeurkG zwar detailliert geregelt, soweit es aber um die Wirksamkeit der Testamentserrichtung geht, werden diese weitgehend reduziert. Es steht deshalb der **Wirksamkeit** des Testaments **unter den Voraussetzungen des Abs 6 nicht entgegen**, wenn die Niederschrift den Errichtungsvorgang nicht als solchen bekundet, sondern den letzten Willen in »Ich-Form« wiedergibt (vgl BGHZ 37, 79, 86, 90 f; VON DER BECK S 108 ff; vgl auch BayObLG Rpfleger 1996, 248, 250 [von der Erblasserin verfasster und übergebener Entwurf des mündlich errichteten Testaments als Grundlage der Niederschrift]). Das Fehlen eines Vermerks in der Niederschrift über die Besorgnis iSd Abs 1 ist nach Abs 2 S 1 unschädlich, ausschlaggebend ist allein, dass die Besorgnis objektiv berechtigt ist oder zumindest bei der Urkundsperson bestand (BayObLGZ 1979, 232, 238; BayObLG Rpfleger 1996, 248, 250; OLG Zweibrücken NJW-RR 1987, 135, 136; vgl auch RdNr 5). Das Fehlen der Bezeichnung der Urkundsperson und der Zeugen in der Niederschrift steht nach Abs 6 der Wirksamkeit des Testaments nicht entgegen (BayObLG Rpfleger 1996, 248, 250; KAPPESSER S 168; offen lassend, aber zur Anwendung des Abs 6 neigend BGHZ 37, 79, 87, 90); unrichtige Funktionsbezeichnungen sind ebenfalls unschädlich (KGJ 32 [1906], A 94, 96). Soweit ein Vertreter als Urkundsperson fungiert, ist die Angabe der Grundlage der Vertretungsbefugnis nicht Wirksamkeitsvoraussetzung, vgl Abs 5 S 2.

**f) Verlesung und Genehmigung**

12 Die Niederschrift muss verlesen und genehmigt werden (Abs 1 S 4 iVm § 13 Abs 1 BeurkG; BGHZ 115, 169, 174 [Unterschreiben eines anderen als des verlesenen Schriftstücks reicht nicht aus, insoweit krit MünchKomm-BURKART RdNr 26]; KG DNotZ 1943, 177, 178; VON DER BECK S 117 f; zur Erforderlichkeit der Genehmigung BayObLG NJW 1966, 56), wobei in Fällen, in denen sich die Erklärung des Testators auf die Billigung eines von der Urkundsperson vorgelesenen Testamentsentwurfs beschränkt, die in § 2232 RdNr 10 genannten Grundsätze anwendbar sind. Wenn der Erblasser taub ist, muss die Urkunde wegen der Verweisung in Abs 1 S 4 auf § 23 BeurkG zur Durchsicht vorgelegt werden. Wird die Urkunde unter Verstoß gegen diese Bestimmung nicht zur Durchsicht vorgelegt, so ist das Testament nichtig; dagegen beeinträchtigt das Fehlen des Vermerks nach § 23 BeurkG die Wirksamkeit nicht. Ist mit dem nach eigenen Angaben oder nach der Überzeugung der Urkundsperson tauben oder stummen Testator eine schriftliche Verständigung nicht möglich und enthält die Niederschrift eine entsprechende Feststellung, so ist nach § 24 Abs 1 BeurkG eine Verständigungsperson beizuziehen. Zu den Besonderheiten bei sprachunkundigem Testator vgl § 16 BeurkG.

**g) Unterschrift**

13 Weiterhin setzt Abs 1 S 4 iVm § 13 Abs 3 S 1 BeurkG voraus, dass die Niederschrift von der **Urkundsperson unterschrieben** wird; die Unterschrift kann richtiger Ansicht nach auch noch nach dem Versterben des Erblassers nachgeholt werden (vgl KG OLGZ 1966, 462, 467 = NJW 1966, 1661, 1662 f [Fehlen der Unterschrift als die Wirksamkeit nicht betreffender Mangel bei der Abfassung]; vgl auch [Fehlen aller Zeugenunterschriften im Fall des § 2250] OLG Köln MDR 1994, 71 f; aA – Unterschrift muss zu Lebzeiten des Testators geleistet sein – MünchKomm-BURKART RdNr 33; STAUDINGER-BAUMANN RdNr 41; offen gelassen in BayObLG Rpfleger 1996, 248, 250 = FamRZ 1996, 763 = NJW-RR 1996, 711). Jeden-

falls dann, wenn die Unterschrift in engem zeitlichem Zusammenhang mit der Testamentserrichtung geleistet wird, darf der mehr oder weniger zufällige Umstand, ob der Testator in dem Augenblick der Unterzeichnung seitens der Urkundsperson noch lebt, nicht entscheiden (LANGE-KUCHINKE § 21 IV 4 bei Fn 71; vgl auch KEIDEL-KUNTZE-WINKLER § 13 BeurkG RdNr 74 [beschränkt auf den Fall des Versterbens während der Verhandlung]; VON DER BECK S 135 f). Testierfähigkeit des Erblassers ist im Augenblick der Unterschrift der Urkundsperson ohnehin nicht erforderlich (vgl § 2229 RdNr 19). Die **Unterschrift des Testators** ist zwingend erforderlich (BGHZ 115, 169, 175; einschränkend [entbehrlich, wenn das Unterlassen der Unterschrift kein Vorbehalt gegen die endgültige Genehmigung war; richtigerweise ist dies auf Fälle der Schreibverhinderung zu beschränken] VON DER BECK S 128 f). Wenn der Testator nach seiner Angabe oder nach der Überzeugung der Urkundsperson **nicht in der Lage ist zu unterschreiben**, so wird die Unterschrift durch die entsprechende Feststellung in der Niederschrift ersetzt (Abs 1 S 6). Diese Feststellung in der Niederschrift wird als Formerfordernis iSd Abs 6 angesehen, sodass es der Wirksamkeit des Testaments nicht entgegensteht, wenn der Testator entsprechende Angaben gemacht hat oder sich die Urkundsperson eine entsprechende Überzeugung gebildet hat, dies aber nicht in die Niederschrift aufgenommen wurde (BGHZ 115, 169, 175; BayObLGZ 1979, 232, 238; OLG Zweibrücken NJW-RR 1987, 135, 136; OLG Hamm Rpfleger 1991, 369, 370; KAPPESSER S 168; vgl auch [nur auf die tatsächliche Schreibunfähigkeit abstellend] STAUDINGER-BAUMANN RdNr 35). Die **Unterschrift** der beigezogenen **Zeugen** wird ebenfalls als formelles Erfordernis angesehen, sodass ihr Fehlen der Wirksamkeit unter den Voraussetzungen des Abs 6 nicht entgegensteht (RG DRW 1944, 841; STAUDINGER-BAUMANN RdNr 34; KAPPESSER S 180 f [anders im Fall des § 2250; vgl dazu § 2250 RdNr 15]). Sie kann deshalb auch nachgeholt werden, auch noch nach dem Tod des Erblassers. Entgegen der ganz herrschenden Lehre (vgl BayObLGZ 1979, 232, 240 [zu § 2250]; LANGE-KUCHINKE § 21 IV 1 b mwN in Fn 35) kann es deshalb auch wirksame Nottestamente geben, die im Zeitpunkt des Todes des Erblassers noch keine Unterschrift tragen (vgl dazu auch § 2250 RdNr 15). Das Testament soll nach § 2249 Abs 1 S 4 iVm § 34 Abs 1 S 4 BeurkG unverzüglich in die **besondere amtliche Verwahrung** gegeben werden, zur Zuständigkeit vgl § 2258a RdNr 4.

### 3. Haftungsfragen

Die Beurkundung darf nur unter den Voraussetzungen des § 4 BeurkG abgelehnt werden, nicht dagegen bei Zweifeln an der Testierfähigkeit, denn § 2249 Abs 1 S 4 verweist auf § 4 BeurkG, nicht aber § 11 Abs 1 S 1 BeurkG. Die Urkundsperson trifft die Pflicht, für die **wirksame Errichtung** des Testaments Sorge zu tragen. Scheitert das Testament an Formfehlern, so verletzt die Urkundsperson ihre Amtspflicht, sodass Schadensersatzansprüche nach § 839, Art 34 GG in Betracht kommen (vgl OLG Nürnberg OLGZ 1965, 157 – Unwirksamkeit wegen Zuziehung ausgeschlossener Zeugen). Das gilt insbesondere auch in Fällen, in denen die Urkundsperson entgegen Abs 3 nicht auf die zeitlich begrenzte Wirksamkeit des Testaments hingewiesen hat. Der Einwand des Mitverschuldens seitens des Testators wurde auf der Grundlage der bisherigen Rechtsprechung regelmäßig nicht zugelassen (BGH NJW 1956, 260; STAUDINGER-BAUMANN RdNr 50). Durch die Entscheidung BGH NJW 1997, 2329 = ZEV 1997, 302 deutet sich hier aber eine Änderung der Rechtsprechung an. Zu Rückgriffsansprüchen bei Fehlern in der Nottestamentsmappe vgl BGH NJW 1973, 843. Zu der Pflicht eines Krankenhauses, dafür Sorge zu tragen, dass die Patienten ein Nottestament errichten können, vgl BGH NJW 1989, 2945; vgl auch den Überblick von SCHLUND ArztR 1979, 206 und BEVER, Das Krankenhaus, 1990, 231, 233.

### § 2250 Nottestament vor drei Zeugen

(1) Wer sich an einem Ort aufhält, der infolge außerordentlicher Umstände dergestalt abgesperrt ist, dass die Errichtung eines Testaments vor einem Notar nicht möglich oder erheblich erschwert ist, kann das Testament in der durch § 2249 bestimmten Form oder durch mündliche Erklärung vor drei Zeugen errichten.

(2) Wer sich in so naher Todesgefahr befindet, dass voraussichtlich auch die Errichtung eines Testaments nach § 2249 nicht mehr möglich ist, kann das Testament durch mündliche Erklärung vor drei Zeugen errichten.

(3) Wird das Testament durch mündliche Erklärung vor drei Zeugen errichtet, so muss hierüber eine Niederschrift aufgenommen werden. Auf die Zeugen sind die Vorschriften der § 6 Abs. 1 Nr. 1 bis 3, §§ 7, 26 Abs. 2 Nr. 2 bis 5, § 27 des Beurkundungsgesetzes; auf die Niederschrift sind die Vorschriften der §§ 8 bis 10, 11 Abs. 1 Satz 2, Abs. 2, § 13 Abs. 1, 3 Satz 1, §§ 23, 28 des Beurkundungsgesetzes sowie die Vorschriften des § 2249 Abs. 1 Satz 5, 6, Abs. 2, 6 entsprechend anzuwenden. Die Niederschrift kann außer in der deutschen auch in einer anderen Sprache aufgenommen werden. Der Erblasser und die Zeugen müssen der Sprache der Niederschrift hinreichend kundig sein; dies soll in der Niederschrift festgestellt werden, wenn sie in einer anderen als der deutschen Sprache aufgenommen wird.

Zum Schrifttum vgl vor § 2229

### Übersicht

| | | |
|---|---|---|
| I. | Zeittafel | 1 |
| II. | Recht der ehemaligen DDR | 2 |
| III. | Voraussetzungen des Absperrungstestaments nach Abs 1 | 3 |
| IV. | Voraussetzungen des Notlagentestaments nach Abs 2 | 4 |
| V. | Errichtung des Dreizeugentestaments | 5 |
| | 1. Funktion der drei Zeugen | 5 |
| | 2. Einzelheiten der Errichtung | 7 |
| | a) Mündliche Erklärung | 7 |
| | b) Besonderheiten bei Erklärung in fremder Sprache | 8 |
| | c) Anwesenheit der Zeugen | 9 |
| | d) Bewusstsein der Zeugeneigenschaft | 10 |
| | e) Ausschließung als Zeuge | 11 |
| | f) Niederschrift | 13 |
| | g) Verlesung und Genehmigung | 14 |
| | h) Unterschrift | 15 |

### I. Zeittafel

**1** Nach der **ursprünglichen Fassung** des BGB setzte das Nottestament in der Form des Dreizeugentestaments stets die **tatsächlich vorhandene Absperrung** des Erblassers voraus. Die Bestimmung lautete: *(1) Wer sich an einem Orte aufhält, der infolge des Ausbruchs einer Krankheit oder infolge sonstiger außerordentlicher Umstände der-*

gestalt abgesperrt ist, dass die Errichtung eines Testaments vor einem Richter oder einem Notar nicht möglich oder erheblich erschwert ist, kann das Testament in der durch den § 2249 Absatz 1 bestimmten Form oder durch mündliche Erklärung vor drei Zeugen errichten. *(2) Wird die mündliche Erklärung vor drei Zeugen gewählt, so muss über die Errichtung des Testaments ein Protokoll aufgenommen werden. Auf die Zeugen finden die Vorschriften der §§ 2234, 2235 und des § 2237 Nr 1 bis 3, auf das Protokoll finden die Vorschriften der §§ 2240 bis 2242, 2245 Anwendung. Unter Zuziehung eines Dolmetschers kann ein Testament in dieser Form nicht errichtet werden.* Die Möglichkeit, ein Dreizeugentestament zu errichten, wenn ein Nottestament nach § 2249 voraussichtlich nicht mehr errichtet werden kann, wurde durch das **TestG** eröffnet. Das **GesEinhG** und das Beurkundungsgesetz brachten – abgesehen von der Beseitigung der Zuständigkeit des Richters – im Vergleich zu dem heutigen Abs 1 und 2 nur redaktionelle Änderungen. Abs 3 lautete: *Wird das Testament durch mündliche Erklärung vor drei Zeugen errichtet, so muss hierüber eine Niederschrift aufgenommen werden. Auf die Zeugen sind die Vorschriften der §§ 2234, 2235 und des § 2237 Nr 1 bis 5, auf die Niederschrift die Vorschriften der §§ 2240, 2241, 2241a, 2242, 2245, § 2249 Abs 6 entsprechend anzuwenden; ferner ist § 2249 Abs 2 sinngemäß anzuwenden. Unter Zuziehung eines Dolmetschers kann ein Testament in dieser Form nicht errichtet werden.* Zu den Besonderheiten des **Verfolgtentestaments**, das während der Zeit vom 30. 1. 1933 bis zum 8. 5. 1945 errichtet werden konnte, vgl § 2231 RdNr 8.

## II. Recht der ehemaligen DDR

Das ZGB lässt die Errichtung eines Nottestaments in einer objektiven oder subjektiven Notlage (vgl ZGB-Kommentar § 383 Anm 2.1) nur zu, wenn der Testator weder in öffentlicher noch in privatschriftlicher Form testieren kann (vgl § 2249 RdNr 2). In einem solchen Fall kann nach § 383 Abs 2 ZGB ein Testament vor zwei Zeugen errichtet werden. Die Zeugen müssen handlungsfähig iSd § 49 ZGB und während der gesamten Testamentserklärung zugegen sein (ZGB-Kommentar § 383 Anm 2.2). **§ 383 Abs 2 ZGB** bestimmt: *Ist in besonderen Notfällen die Errichtung eines notariellen oder eigenhändigen Testaments nicht möglich, kann das Testament durch mündliche Erklärung gegenüber 2 Zeugen errichtet werden (Nottestament).* Die weiteren Anforderungen regelt § 386 ZGB: *(1) Nach Errichtung eines Nottestaments (§ 383 Abs 2) ist der Inhalt der Erklärung des letzten Willens des Erblassers unverzüglich niederzuschreiben. Die Niederschrift muss Ort und Datum der Errichtung und die Unterschriften der beiden Zeugen enthalten. In der Niederschrift sollen die näheren Umstände der Errichtung des Nottestaments dargelegt werden. Sie soll dem Erblasser vorgelesen und von ihm genehmigt werden. (2) Das Nottestament soll unverzüglich dem Staatlichen Notariat in Verwahrung gegeben werden. (3) Eine Verfügung im Nottestament ist nichtig, soweit ein Zeuge, dessen Ehegatte oder ein in gerader Linie Verwandter eines Zeugen bedacht worden ist.* Abs 4 betrifft das Entfallen der Wirksamkeit; er ist in § 2252 RdNr 2 abgedruckt. Die Konzeption des Nottestaments des ZGB ist eine grundsätzlich andere als die des BGB. Während auf der Grundlage des ZGB das Nottestament durch die Erklärung gegenüber den Zeugen errichtet wird und diese das bereits errichtete Testament nur noch niederlegen (vgl § 386 Abs 1 ZGB), wirken nach der Regelung des BGB die Zeugen an der Errichtung des Testaments mit, indem sie den letzten Willen des Erblassers niederlegen, ihn verlesen und der Testator dann das Niedergelegte als sein Testament genehmigt (vgl dazu RdNr 5).

Die **Niederschrift** muss nach dem ZGB keine wörtliche sein und sie muss auch nicht aus der Hand der Zeugen selbst stammen. Die Gültigkeit des Nottestaments hängt – anders als nach bundesdeutschem Recht – weder vom Verlesen und Genehmigen noch von der Unterschrift des Testators ab (Abs 1 S 3). Zwingend erforderlich sind dagegen die Angabe des Orts und der Zeit sowie die Unterschrift der Zeugen (Abs 1 S 2; s HERRMANN S 34). Die **Verwahrung** seitens des Staatlichen Notariats, für die jedes Staatliche Notariat zuständig war (ZGB-Kommentar § 386 Anm 2), hat keinen Einfluss auf die Wirksamkeit. Die Nichtigkeit nach Abs 3 beschränkt sich auf die jeweils begünstigende Verfügung. Es tritt dann – sofern aus dem Testament nicht etwas anderes hervorgeht – insoweit gesetzliche Erbfolge ein (§ 375 Abs 3 ZGB).

### III. Voraussetzungen des Absperrungstestaments nach Abs 1

3   Abs 1 knüpft die Möglichkeit der Errichtung eines Nottestaments in der Form des Bürgermeistertestaments nach § 2249 oder in der eines Dreizeugentestaments an die **räumliche Absperrung** des Testators an. Die Gründe für diese Absperrung sind ohne Bedeutung. Sie können sich zum einen aus der **Örtlichkeit selbst** ergeben (Berghütte, Gletscherspalte, Insel), zum anderen können sie auch darauf beruhen, dass der **Verkehr** zu einem an sich leicht erreichbaren Ort **abgeschnitten** ist (Hochwasser, Lawinen, militärische oder behördliche Absperrungen). Dabei steht es nach hM in entsprechender Anwendung des § 2249 Abs 2 der tatsächlichen Absperrung gleich, wenn die **drei Zeugen übereinstimmend davon ausgehen**, dass der Ort derart abgesperrt ist (BGHZ 3, 372, 377); die Auffassung des Testators ist nicht maßgebend. Zweifelhaft ist die Frage, ob die Absperrung von einer **gewissen Dauer** sein muss. Das Gesetz schweigt insoweit. Auf der einen Seite erfordert es die Testierfreiheit, dass der Testator auch den Zeitpunkt der Testamentserrichtung selbst bestimmen kann. Auf der anderen Seite kann eine nur kurze und vorübergehende Absperrung es nicht rechtfertigen, von den strengen Formen, die der Gesetzgeber bei der ordentlichen Testamentserrichtung für erforderlich hält, abzusehen. Man wird deshalb bei einer kurzfristigen Absperrung (Übernachtung auf einer einsamen Berghütte; Ausflugsfahrt auf einem Schiff; Reise im Flugzeug) verlangen müssen, dass es sich aus Sicht der Beteiligten veranlasst ist, gerade in der Situation der Absperrung zu testieren. Umstände, die in der **Person des Erblassers** begründet sind, ohne dass die Voraussetzungen der Absperrung erfüllt sind (Furcht eines Schwerkranken vor Strafverfolgung, KG Rpfleger 1968, 391 = MDR 1969, 146), reichen zur Anwendung des Abs 1 nicht aus.

### IV. Voraussetzungen des Notlagentestaments nach Abs 2

4   Abs 2 setzt eine **nahe Todesgefahr** voraus. Der Gefahr des Todes steht die des Eintritts der **Testierunfähigkeit** gleich (vgl § 2249 RdNr 4). Die Gefahr muss derart drohen, dass dem Testator weder die Errichtung eines ordentlichen öffentlichen Testaments noch die eines Nottestaments in der Form des Bürgermeistertestaments nach § 2249 möglich ist. Dass er privatschriftlich testieren könnte, hindert die Errichtung eines Nottestaments nach § 2250 nicht. Hinsichtlich der Feststellung der Gefahr wird alternativ auf das **objektive Vorliegen** der Gefahr oder auf die **übereinstimmende Überzeugung** aller drei Zeugen abgestellt (BGHZ 3, 372, 379f; LG München I FamRZ 2000, 855, 856 [zum erstgenannten Fall]; OLG Hamm Rpfleger 1991, 369, 370 [zum zweitgenannten Fall]; zur Nichtigkeit, wenn es an beidem fehlt, vgl § 2249 RdNr 5). Die Einschätzung des Testators ist unerheblich; ebenso irrelevant ist die Unkenntnis des

Testators von der Notlage, in der er sich befindet (BGHZ 3, 372, 378). **Unerheblich** ist auch, aus welchem **Grund** der Testator in die Notlage geraten ist und ob er hätte vorhersehen können, dass er in diese Situation geraten wird. Deshalb kann auch bei einer langandauernden Krankheit ein Stadium erreicht werden, in welchem die Voraussetzungen des Abs 2 erfüllt sind (BayObLGZ 1990, 294, 297; STAUDINGER-BAUMANN RdNr 17).

## V. Errichtung des Dreizeugentestaments

### 1. Funktion der drei Zeugen

In den genannten Ausnahmesituationen kann das Testament durch **mündliche** **Erklärung** gegenüber drei Zeugen errichtet werden. Dabei liegt das Testament nicht bereits in der mündlichen Erklärung, sondern erst in der von den Zeugen gefertigten, verlesenen, genehmigten und vom Testator grundsätzlich selbst unterschriebenen Niederschrift (BGHZ 54, 89, 94). Die drei Zeugen **bezeugen nicht die mündliche Erklärung** des mit dieser Erklärung wirksamen Testaments, sondern sie haben – wie ein Notar – die Funktion, das mündlich Erklärte **niederzulegen** und auf der **Grundlage der Niederschrift dem Testator das Testieren zu ermöglichen**. Dass dies in Fällen, in denen Schreibzeug nicht zur Verfügung steht (Bergunfall), zur faktischen Unmöglichkeit der Testamentserrichtung führen kann, ist als legislative Entscheidung hinzunehmen (BGHZ 54, 89, 97). Zur Errichtung eines gemeinschaftlichen Testaments in der Form des § 2250 vgl § 2266.

Das Dreizeugentestament ist nach hL (BGH LM ZPO § 416 Nr 1; MünchKomm-BURKART RdNr 1; STAUDINGER-BAUMANN RdNr 36; offen lassend BayObLGZ 1979, 232, 237) **nicht** als **öffentliche Urkunde** anzusehen (so auch § 1 BeurkG RdNr 15). Die hL stützt sich darauf, dass die Zeugen zwar an die Stelle des Notars treten, jedoch die Funktion eines Notars, dem Prüfungs- und Belehrungspflichten obliegen, nicht erfüllen können; auch sei die **amtliche Verwahrung** des Nottestaments nach § 2250 **nicht** zwingend vorgeschrieben, was gegen die Qualifikation als öffentliche Urkunde spreche. Zur **zeitlich begrenzten** Wirksamkeit vgl § 2252 RdNr 4.

### 2. Einzelheiten der Errichtung

#### a) Mündliche Erklärung

Der Testator muss seinen letzten Willen den Zeugen mündlich erklären. Obwohl das OLGVertrÄndG das Erfordernis einer mündlichen Erklärung bei der Errichtung eines Testaments gegenüber dem Notar und bei der Errichtung eines Nottestaments nach § 2249 mit Wirkung zum 1. 8. 2002 beseitigt hat (vgl § 2232 RdNr 6, § 2249 RdNr 8), hat der Gesetzgeber es bei dem Nottestament in der Form des Dreizeugentestaments bei der Mündlichkeit der Erklärung belassen, so dass Gebärden nicht ausreichen. Durch **Übergabe einer** (der Testamentsform des § 2247 nicht entsprechenden) **Schrift** mit der Erklärung, diese enthalte den letzten Willen, kann nach § 2250 ebenfalls **nicht testiert werden** (OLG Frankfurt/M HEZ 1, 236; STAUDINGER-BAUMANN RdNr 23; krit [de lege ferenda] KAPPERSER S 139 ff). Für die Frage der **Mündlichkeit** gelten die in § 2232 RdNr 6a dargelegten Grundsätze. Es reicht deshalb aus, wenn die Zeugen einen **Entwurf** des letzten Willens **verlesen** und der Testator sich auf eine mündliche Zustimmung beschränkt (vgl OLG Zweibrücken NJW-RR 1987, 135, 136 mwN; OLG Düsseldorf FamRZ 2001, 1253 f = ZEV 2001, 319, 320; MAYER ZEV 2002, 140, 141 f; zur [unzulässigen] Ersetzung des Verlesens durch ein lautes Diktat vgl § 2232 RdNr 10). Zulässig ist es auch, dass die **Zeugen den letzten Willen** auf der

Grundlage früherer Äußerungen des Testators **formulieren** und der Testator zustimmt. Dabei ist es unschädlich, wenn der Entwurf von einem der Zeugen aufgrund von Äußerungen gefertigt wurde, die der Testator nur ihm gegenüber gemacht hat, soweit sich der Testator die Erklärung des letzten Willens nur jetzt, in Anwesenheit der Zeugen, unzweifelhaft mündlich zu eigen macht (BayObLGZ 1990, 294, 297 f).

### b) Besonderheiten bei Erklärung in fremder Sprache

**8** Wenn der Testator seinen letzten Willen in einer fremden Sprache erklärt, so ist zu unterscheiden: Wenn er und die drei Zeugen der fremden Sprache hinreichend mächtig sind, so kann die **Niederschrift in der fremden Sprache** verfasst werden (Abs 3 S 3 und 4 HS 1). Wenn die Zeugen (ggf mittels eines Dolmetschers) eine **Übersetzung** des letzten Willens niederlegen, so ist dies nach § 2250 Abs 3 S 4 nicht wirksam, wenn der Testator der deutschen Sprache nicht hinreichend kundig ist (STAUDINGER-BAUMANN RdNr 34). Möglich ist es aber, dass diese Übersetzung als Entwurf eines Nottestaments verlesen wird, der Testator sich diesen in deutscher Sprache verfassten Entwurf zu eigen macht und die Niederschrift genehmigt. Das setzt aber wegen Abs 3 S 4 voraus, dass der Testator selbst der deutschen Sprache soweit mächtig ist, dass er den Entwurf versteht. Ein Dolmetscher kann insoweit nicht eingesetzt werden.

### c) Anwesenheit der Zeugen

**9** Alle **drei Zeugen** müssen während der **gesamten Verhandlung** anwesend sein, da nur alle drei gemeinsam dazu berechtigt sind, dem in der Form des § 2250 erklärten letzten Willen zur Wirksamkeit zu verhelfen. Das gilt **auch für das Verlesen und Genehmigen der Niederschrift** des Testaments, denn die gegenseitige Kontrolle, um derentwillen der Gesetzgeber drei Zeugen für erforderlich hält, bezieht sich nicht nur auf das Vernehmen der Erklärung des Testators, sondern auch auf die abschließende (nicht notwendigerweise mündliche) Erklärung, dass das Niedergelegte der letzte Wille sei (BGHZ 54, 89, 96 ff; OLG Zweibrücken NJW-RR 1987, 135, 136; zum Zusammenfallen von mündlicher Erklärung und Verlesen vgl § 2232 RdNr 10). Ob die Zeugen noch bei der **Unterschrift** des Testators zugegen sein müssen, erscheint in Anbetracht der Tatsache, dass der Inhalt des Testaments bereits fixiert ist und dass die Endgültigkeit des Testierwillens angesichts der Unterschrift des Erblassers feststeht, trotz der Verweisung in Abs 3 S 2 auf § 13 Abs 1 BeurkG zweifelhaft (diese Notwendigkeit verneinend [zum früheren Recht] KG NJW 1957, 953; bejahend die ganz hL, vgl nur SOERGEL-HARDER RdNr 12; MünchKomm-BURKART RdNr 16; zur Auffassung, die Unterschrift sei insgesamt entbehrlich, vgl RdNr 15).

### d) Bewusstsein der Zeugeneigenschaft

**10** Da der Gesetzgeber nur drei Zeugen gemeinsam diese beurkundende Funktion anvertraut, reicht die bloße Anwesenheit im Raum nicht aus, sondern die Zeugen müssen sich ihrer Aufgabe bewusst sein und deren Erfüllung gemeinsam übernehmen (BGH DNotZ 1971, 489; OLG Celle OLGZ 1968, 487, 488).

### e) Ausschließung als Zeuge

**11** Als Zeuge sind die durch die Verweisung in § 2250 Abs 3 S 2 bezeichneten Personen **ausgeschlossen**. Das gilt uneingeschränkt für den in § 6 Abs 1 Nr 1 bis 3 BeurkG genannten Personenkreis; die Mitwirkung der in §§ 7, 27 BeurkG genannten Personen führt zur partiellen Unwirksamkeit (BayObLG NJW-RR 1996, 9 = FamRZ 1995, 1524, 1525 = ZEV 1995, 341f; vgl auch RdNr 12). Bei Testamenten, die **vor dem** In-Kraft-Treten des BeurkG am **1.1.1970** errichtet wurden, ist zu beachten, dass durch § 2234 Abs 1 Nr 2 aF ein im Vergleich zu § 6 Abs 1 Nr 3 BeurkG weiterer Personenkreis mit der Folge der Unwirksamkeit des Testaments insgesamt ausgeschlossen war, während gleichzeitig die Regelung des § 2250 aF iVm § 2234 aF im Vergleich zu § 7 BeurkG einen weniger großen Personenkreis betraf.

Bei dem ebenfalls in § 2250 Abs 3 S 2 in Bezug genommenen **Mitwirkungsverbot** nach § 26 Abs 2 Nr 2 bis 5 BeurkG handelt es sich in seinem eigentlichen Anwendungsbereich um eine Sollbestimmung, deren Verletzung bei notarieller Beurkundung nicht zur Unwirksamkeit des Testaments führt. Ob dies auch bei einem Nottestament gilt, ist zweifelhaft. Da die Zeugen bei der Errichtung eines Nottestaments eine weitergehende Funktion erfüllen als die Überwachungszeugen bei einer notariellen Beurkundung (vgl RdNr 5 und BGHZ 54, 89 ff), spricht viel dafür, bei der Errichtung des Nottestaments diesen Personenkreis als ausgeschlossen anzusehen (STAUDINGER-BAUMANN RdNr 32; aA OLG Hamm Rpfleger 1991, 369, 371 = OLGZ 1992, 29, 34 [geistesschwacher Zeuge]; MünchKomm-BURKART RdNr 12; SOERGEL-HARDER RdNr 6; VON DER BECK S 153 f). Als ausgeschlossen anzusehen sind richtiger Ansicht nach die Geisteskranken, da diese auch als Notar eine wirksame Beurkundung nicht vornehmen könnten (MünchKomm-BURKART § 2231 RdNr 8; KEIDEL-KUNTZE-WINKLER § 6 BeurkG RdNr 26 m Nachw auch zur Gegenauffassung; vgl auch LANGE-KUCHINKE § 19 II 2 [Unwirksamkeit bei Beurkundung im Zustand des § 104 Nr 2]). Hinsichtlich der anderen Personen wird man darauf abstellen müssen, ob sie ihre Funktion als Zeuge wahrnehmen konnten.

**12** Ausgeschlossene Personen sind bei der notwendigen Zahl von drei Zeugen nicht mitzurechnen. Ist damit diese Zahl nicht eingehalten, so ist bei einem Ausschluss nach §§ 2250 Abs 3 S 2 iVm § 6 Nr 1–3 BeurkG das Testament insgesamt unwirksam, während der Ausschluss auf der Grundlage des § 2250 Abs 3 S 2 iVm §§ 7, 27 BeurkG nur zu einer partiellen Unwirksamkeit führt (vgl [Einsetzung des Sohnes eines der Zeugen] BayObLG NJW-RR 1996, 9 = FamRZ 1995, 1524, 1525 = ZEV 1995, 341f; zur Möglichkeit der Erstreckung auf die gesamte Verfügung von Todes wegen vgl § 2085). Die **Anwesenheit** ausgeschlossener Personen bei der Testamentserrichtung ist **unschädlich** (BGHZ 115, 169, 176f; aA OLG Frankfurt/M MDR 1981, 673; vgl auch § 2249 RdNr 10); auch ihre Unterschrift auf der Niederschrift stellt die Wirksamkeit eines Nottestaments, das unter Beachtung der Form des § 2250 errichtet ist, nicht in Frage.

### f) Niederschrift

**13** Im Zeitpunkt des Todes des Erblassers muss eine Niederschrift vorhanden sein (vgl § 2249 RdNr 11; aA VON DER BECK S 178 ff). Die Niederschrift, die auch von einer anderen Person gefertigt sein kann, muss wegen der Verweisung in Abs 3 S 2 auf die entsprechenden Bestimmungen des BeurkG Angaben zur Person des Testators und der Zeugen, zum Tag und Ort der Beurkundung enthalten. Weiter sollen Feststellungen zur Frage der Testierfähigkeit, über die Rechtfertigung des Nottestaments (Grund der Absperrung, Schwere der Erkrankung) und eine eventuelle Schreibunfähigkeit getroffen werden. Das Fehlen dieser Angaben steht der Wirksamkeit des Testaments unter den Voraussetzungen des § 2249 Abs 6 (vgl § 2249 RdNr 11) nicht entgegen, da § 2250 Abs 3 S 2 auch auf diese Bestimmung verweist.

### g) Verlesung und Genehmigung

**14** Die Niederschrift **muss** in Anwesenheit der Zeugen (vgl RdNr 9) **verlesen** werden (zur Zusammenfassung mit der mündlichen Erklärung und der Genehmigung vgl OLG Zweibrücken NJW-RR 1987, 135, 136; BayObLG NJW 1991, 928, 929; OLG Düsseldorf FamRZ 2001, 1253f = ZEV 2001, 319, 320; MAYER ZEV 2002, 140, 142; dazu auch oben RdNr 7; für die Verzichtbarkeit dieser Voraussetzung VON DER BECK S 162 ff). Dies kann auch durch eine andere Person als die Zeugen geschehen (STAUDINGER-BAUMANN RdNr 26). Auch das Verlesen durch einen im Testament Bedachten ist unschädlich (insoweit aA KG DNotZ 1942, 338, 339). Dass der Testator die Niederschrift **zur Durchsicht** erhält, wird **nicht als ausrei-**

chend angesehen, da bei diesem Verfahren nicht sichergestellt ist, dass der Testator den Inhalt tatsächlich wahrnimmt (OLG Frankfurt/M Rpfleger 1979, 206 f; STAUDINGER-BAUMANN RdNr 26). Anders verhält es sich, wenn der Testator taub ist, denn dann muss ihm die Niederschrift nach § 2250 Abs 3 S 2 iVm § 23 BeurkG zur Durchsicht vorgelegt werden.

### h) Unterschrift

**15** Die Niederschrift muss grundsätzlich vom **Testator unterschrieben** werden (vgl § 2249 RdNr 13; KAPPESSER S 175 ff; aA VON DER BECK S 167 ff); soweit ihm eine Unterschrift nach seinen Angaben oder nach der übereinstimmenden Überzeugung der drei Zeugen oder tatsächlich nicht möglich ist, ersetzt die entsprechende Feststellung in der Niederschrift die Unterschrift des Testators (§ 2250 Abs 3 S 2 iVm § 2249 Abs 1 S 6). Das Fehlen des Vermerks in der Niederschrift steht der Wirksamkeit unter der Voraussetzung des § 2249 Abs 6 nicht entgegen (vgl § 2249 RdNr 13). Weiterhin ist die Niederschrift grundsätzlich von den **Zeugen** zu **unterschreiben**. Dabei steht es der Wirksamkeit nicht entgegen, wenn nur ein oder zwei Zeugen die Unterschrift geleistet haben, sofern die Voraussetzungen des § 2250 Abs 3 S 2 iVm § 2249 Abs 6 erfüllt sind (BGHZ 115, 169, 173; aA SOERGEL-HARDER RdNr 13; KAPPESSER S 173 f). Das sollte auch dann gelten, wenn allein der Erblasser, jedoch kein Zeuge die Unterschrift geleistet hat (KG NJW 1966, 1661; BayObLGZ 1990, 294, 298f = NJW 1991, 928, 929 [obiter dictum]; OLG Köln NJW-RR 1994, 777, 778; STAUDINGER-BAUMANN RdNr 20; offen gelassen in BGHZ 115, 169, 173 und in BayObLG ZEV 1995, 341, 342 = FamRZ 1995, 1524, 1525). Fehlt im **Zeitpunkt des Versterbens jede Unterschrift**, so verneint die hL das Vorliegen einer Niederschrift, sodass ein Testament nicht wirksam ist (STAUDINGER-BAUMANN RdNr 21, 33; OLG Köln NJW-RR 1994, 777, 778 (obiter dictum); BayObLG MDR 1980, 56 f; aA VON DER BECK S 175 f). Das erscheint nicht unproblematisch, wie sich zunächst an den Fällen zeigt, in denen der Erblasser schreibunfähig war und dies in der Niederschrift bereits festgestellt ist (auch letzteres ist entbehrlich, vgl § 2249 RdNr 13). Die fehlenden Unterschriften der Zeugen sind Fehler bei der Errichtung der Niederschrift, die unter den Voraussetzungen des § 2249 Abs 6 der Wirksamkeit nicht entgegenstehen, sodass das Testament als wirksam anzusehen ist. Nicht anders können aber Fälle behandelt werden, in denen der noch schreibfähige Erblasser den niedergeschriebenen und verlesenen Willen genehmigt, jedoch vor der eigenen Unterschriftsleistung und der der Zeugen verstirbt, ohne dass zwischenzeitlich ein Stadium der Schreibunfähigkeit eingetreten ist. In beiden Fällen kann der Zufall, dass es einem der Zeugen noch gelingt, seine Unterschrift auf die Niederschrift zu setzen, nicht entscheidend sein. Das Argument der hL, es handele sich bei Fehlen jeglicher Unterschrift lediglich um einen Entwurf, überzeugt kaum, wenn dem Testator die Niederschrift verlesen wurde, er sie genehmigte, aber verstirbt, bevor er oder der erste der Zeugen die Unterschrift leisten kann.

**16** An welcher Stelle die Unterschrift auf der Niederschrift positioniert ist, ist ohne Bedeutung (BayObLGZ 1990, 294, 298f = NJW 1991, 928, 929; aA KAPPESSER S 174 f). Die strengeren Regeln des privatschriftlichen Testaments (§ 2247 RdNr 22 ff) finden keine Anwendung, da ihre Funktion (Schutz vor Verfälschung, Abschirmung gegen Zusätze) insoweit durch die Mitwirkung der drei Zeugen übernommen wird.

## § 2251 Nottestament auf See

Wer sich während einer Seereise an Bord eines deutschen Schiffes außerhalb eines inländischen Hafens befindet, kann ein Testament durch mündliche Erklärung vor drei Zeugen nach § 2250 Abs 3 errichten.

Zum Schrifttum vgl vor § 2229

### Übersicht

| | | |
|---|---|---|
| I. | Zeittafel | 1 |
| II. | Sinn der Regelung | 2 |
| III. | Einzelerläuterungen | 3 |

## I. Zeittafel

Die Regelung fand sich bereits in der ursprünglichen Fassung des BGB, wobei sie **1** beschränkt war auf Fahrzeuge, die nicht zur Kaiserlichen Marine, bzw – idF des TestG – nicht zur Kriegsmarine gehörten; zu den Militärtestamenten vgl § 2231 RdNr 9. Durch das GesEinhG wurde die Regelung in das BGB zurückgeführt, wobei der Begriff »Fahrzeug« durch den des »Schiffes« ersetzt wurde. Zu dem Nottestament auf der Grundlage des **ZGB** vgl § 2250 RdNr 2.

## II. Sinn der Regelung

§ 2251 ähnelt der Bestimmung des § 2250 Abs 1, denn auf einem Schiff wird häu- **2** fig eine Lage eintreten, die zur Absperrung des Testierwilligen führt. § 2251 wird deshalb mit Recht als **weitgehend obsolet** angesehen (STAUDINGER-BAUMANN RdNr 2). Einen selbständigen Anwendungsbereich hat die Regelung vor allem in den Fällen, in denen sie ein Nottestament ermöglicht, obwohl ein Notar an Bord des Schiffes ist (STAUDINGER-BAUMANN RdNr 3; zur Beurkundungsbefugnis des Notars auf einem deutschen Schiff SOERGEL-HARDER RdNr 6; FIRSCHING DNotZ 1955, 283, 284). Gerade dann ist die Regelung aber verfehlt. Eine **analoge Anwendung auf Luftfahrzeuge** ist auf der Grundlage der Neufassung durch das GesEinhG (vgl RdNr 1) **abzulehnen** (SOERGEL-HARDER RdNr 5; STAUDINGER-BAUMANN RdNr 1); zur Anwendung des § 2250 Abs 1 bei einer Flugreise vgl § 2250 RdNr 3.

## III. Einzelerläuterungen

Der Testator muss sich auf einer **Seereise** außerhalb eines inländischen Hafens **3** befinden. Unter einer Seereise sind alle Fahrten innerhalb der Küstengewässer und auf offener See zu verstehen, sofern es sich nicht nur um eine kurze Vergnügungs- oder Angelfahrt handelt (SOERGEL-HARDER RdNr 2; vgl zur parallelen Problematik § 2250 RdNr 3). Die Regelung gilt ohne Rücksicht auf die Staatsangehörigkeit des Testators. Ein deutsches Schiff bleibt deutsches Hoheitsgebiet auch dann, wenn es in einem fremden Hafen liegt; auf dem Schiff kann deshalb nicht in der Ortsform des fremden Staates testiert werden (STAUDINGER-BAUMANN RdNr 9). Die Regelung bezieht sich nur auf deutsche Schiffe; diese Eigenschaft bestimmt sich nach dem FlaggenrechtsG vom 8. 2. 1951 (BGBl I 79). Auf ausländischen Schiffen kann nach Art 26 EGBGB ein Nottestament auf der Grundlage des Rechts der Flagge errichtet werden (vgl SOERGEL-HARDER RdNr 7).

**4** Das Seetestament wird von der hL – wie das Dreizeugentestament auch – **nicht als öffentliches Testament** angesehen (STAUDINGER-BAUMANN RdNr 10; SOERGEL-HARDER RdNr 1; zu den Vorteilen des öffentlichen Testaments vgl § 2231 RdNr 5 f). Die amtliche Verwahrung ist nicht vorgeschrieben, jedoch möglich. Zur zeitlich beschränkten Geltung vgl § 2252.

### § 2252 Gültigkeitsdauer der Nottestamente

(1) Ein nach § 2249, § 2250 oder § 2251 errichtetes Testament gilt als nicht errichtet, wenn seit der Errichtung drei Monate verstrichen sind und der Erblasser noch lebt.

(2) Beginn und Lauf der Frist sind gehemmt, solange der Erblasser außerstande ist, ein Testament vor einem Notar zu errichten.

(3) Tritt im Falle des § 2251 der Erblasser vor dem Ablauf der Frist eine neue Seereise an, so wird die Frist mit der Wirkung unterbrochen, dass nach Beendigung der neuen Reise die volle Frist von neuem zu laufen beginnt.

(4) Wird der Erblasser nach dem Ablauf der Frist für tot erklärt oder wird seine Todeszeit nach den Vorschriften des Verschollenheitsgesetzes festgestellt, so behält das Testament seine Kraft, wenn die Frist zu der Zeit, zu welcher der Erblasser nach den vorhandenen Nachrichten noch gelebt hat, noch nicht verstrichen war.

Zum Schrifttum vgl vor § 2229

### Übersicht

| | | |
|---|---|---|
| I. | Zeittafel | 1 |
| II. | Recht der ehemaligen DDR | 2 |
| III. | Sinn der Regelung | 3 |
| IV. | Fiktion der Nichterrichtung durch Abs 1 | 4 |
| V. | Fristberechnung | 6 |
| VI. | Besonderheiten bei Todeserklärung oder Todesfeststellung | 9 |
| VII. | Beweisfragen | 10 |

### I. Zeittafel

**1** Die Regelung fand sich bereits in der ursprünglichen Fassung des BGB, wurde dann in § 26 TestG übernommen und durch das GesEinhG wieder in das BGB zurückgeführt. Änderungen ergaben sich durch die Anpassung an das Verschollenheitsgesetz vom 15. 1. 1951. Infolge des BeurkG wurden die Worte »Richter oder« in Abs 2 gestrichen.

## II. Recht der ehemaligen DDR

Eine dem § 2252 entsprechende Regelung enthält § 386 Abs 4 ZGB. Es heißt dort: **2** *Das Nottestament wird gegenstandslos, wenn seit seiner Errichtung 3 Monate vergangen sind und der Erblasser noch lebt. Die Frist ist gehemmt, solange der Erblasser keine Möglichkeit hat, ein notarielles oder eigenhändiges Testament zu errichten.* Im Unterschied zu der Regelung des BGB eröffnet das ZGB erst dann die Möglichkeit eines Nottestaments, wenn der Testator auch ein privatschriftliches Testament nicht errichten kann (vgl § 383 Abs 2 ZGB, dazu bei § 2250 RdNr 2). Entsprechend eng ist die Ausnahme in § 386 Abs 4 S 2 ZGB gefasst: Die Frist ist nur für den Zeitraum gehemmt, in welchem der Erblasser weder ein notarielles noch ein eigenhändiges Testament errichten konnte. Die Fristhemmung betrifft damit insbesondere Fälle, in denen der Testator nicht handlungsfähig (vgl § 370 Abs 1 S 2 ZGB; dazu § 2229 RdNr 2) gewesen ist. Soweit das Recht der ehemaligen DDR anzuwenden ist (vgl vor § 2229 RdNr 11 ff), bestimmen sich nach diesem Recht auch die Folgen einer Todeserklärung. Eine entsprechende Anwendung des § 2252 Abs 4 lässt sich kaum rechtfertigen.

## III. Sinn der Regelung

Die Errichtung eines Testaments in den Formen der §§ 2249 bis 2251 birgt Unsi- **3** cherheiten in sich, die der Gesetzgeber zwar hinnimmt, um dem Testator in einer außergewöhnlichen Situation das Testieren zu ermöglichen. Endet aber diese Notwendigkeit, so muss der Erblasser sich der ordentlichen Testamentsformen bedienen, denn nur diese sind nach Auffassung des Gesetzgebers an sich geeignet, den letzten Willen des Testators verbindlich werden zu lassen. § 2252 enthält die Bestimmungen über die Fristen, innerhalb derer dies geschehen muss, und die Fiktion der Nichterrichtung des Nottestaments.

## IV. Fiktion der Nichterrichtung durch Abs 1

Drei Monate nach ihrer Errichtung gelten die nach §§ 2249–2251 errichteten Testa- **4** mente grundsätzlich als nicht errichtet, sofern der Erblasser noch lebt. Durch diese Fiktion wird eine **Rückwirkung** angeordnet, sodass auch der **Widerruf eines früheren Testaments**, der in einem derart errichteten Testament enthalten ist, **als nicht erklärt** gilt. Das frühere Testament wird deshalb durch ein widersprechendes Nottestament nicht aufgehoben, soweit dieses nach § 2252 als nicht errichtet gilt (KG RJA 15, 280, 281; STAUDINGER-BAUMANN RdNr 9). Die Fiktion des § 2252 tritt auch dann ein, wenn der Testator davon ausgeht, dass das derart errichtete Testament dauerhaft wirksam bleibt. Wurde der in § 2249 Abs 3 vorgesehene Hinweis nicht gegeben, so kommen Schadensersatzansprüche in Betracht (vgl § 2249 RdNr 14).

Die Regelung bezieht sich allein auf Testamente, die nach §§ 2249–2251 errichtet **5** wurden. Entspricht ein nach § 2249 durch Übergabe einer Schrift errichtetes Nottestament **zugleich der Form des § 2247**, so behält dieses nach den allgemeinen Regeln formwirksam errichtete Testament unabhängig von der Regelung des § 2252 seine Gültigkeit. Anderes ist nur anzunehmen, wenn der Testator angesichts der Notlage auch hinsichtlich des privatschriftlich errichteten Testaments nur einen zeitlich befristeten Testierwillen gebildet hat (vgl § 2253 RdNr 6). Entsprechendes gilt, wenn der Testator bei der Errichtung eines privatschriftlichen Testaments der Fehlvorstellung unterlag, es handele sich dabei um ein Nottestament: Maßgebend ist jeweils, ob sich ein zeitlich befristeter Testierwille nachweisen lässt; § 2252 ist nicht entsprechend anwendbar. Besteht ein zeitlich unbefristeter Testierwille, geht der Testator aber zugleich davon aus, das Testament werde wegen seines Charakters als Nottestament nach drei Monaten seine Wirksamkeit verlieren, so kommt eine Anfechtung nach § 2078 in Betracht, soweit sich die Fehlvorstellung auf den Inhalt der Verfügung ausgewirkt hat (vgl RGZ 104, 320, 322; STAUDINGER-BAUMANN § 2247 RdNr 124). **Gemeinschaftliche Testamente**, die in der Form der §§ 2266, 2249, 2250 errichtet wurden, bleiben wirksam, wenn derjenige Ehegatte innerhalb der Frist des Abs 1 verstorben ist, der sich bei der Errichtung in der außergewöhnlichen Situation befand (KG OLGE 40, 140). Lebt er im Zeitpunkt des Fristablaufs, ist jedoch der andere Ehegatte zwischenzeitlich verstorben, wird das Testament insgesamt als wirksam angesehen, um auf diese Weise der Bindungswirkung wechselbezüglicher Verfügungen Rechnung zu tragen (SCHULTHEIS ZBlFG 1917, 174, 176; STAUDINGER-BAUMANN RdNr 10; vgl auch hier § 2266 RdNr 5).

## V. Fristberechnung

**6** Die Frist wird nach den Regeln der §§ 186–188 bestimmt. Der Lauf der Frist beginnt mit der Errichtung, also dem letzten Akt, der zum Wirksamwerden des Testaments erforderlich ist. Der Zeitpunkt des Fristablaufs ergibt sich aus § 188; § 193 ist nicht anzuwenden (zur Unanwendbarkeit des § 193 auf den Eintritt einer Bedingung vgl STAUDINGER-DILCHER § 193 RdNr 13).

**7** Die Frist ist nach **Abs 2 gehemmt**, solange der Erblasser außerstande ist, ein Testament **vor dem Notar** zu errichten. Die Möglichkeit des Testierens in privatschriftlicher Form ist ohne Bedeutung (anders nach dem ZGB, vgl RdNr 2). Der Testator muss die Möglichkeit haben, vor einem deutschen Notar ein ordentliches öffentliches Testament nach deutschem Recht zu errichten. Die Möglichkeit eines Konsulartestaments (vgl § 2231 RdNr 10) dürfte nicht ausreichen (so auch MünchKomm-BURKART RdNr 5). Der Grund, der den Testator **außerstande** setzt, ein Testament vor dem Notar zu errichten, ist ohne Bedeutung. Es können subjektive Gründe (schwere Krankheit, Testierunfähigkeit) oder auch objektive Gründe (zB Absperrung) sein. Eine wesentliche Erschwerung des Testierens in ordentlicher öffentlicher Form reicht nicht aus; auf der anderen Seite ist der Begriff »außerstande« weniger streng zu verstehen als der der Unmöglichkeit des Testierens. Die **Auswirkungen der Hemmung** bestimmen sich nach § 209.

**8** Bei **Seetestamenten** enthält § 2252 Abs 3 eine Sonderregelung. Für den Fall, dass sich weitere Seereisen innerhalb der Frist anschließen, läuft nach Beendigung der letzten Reise die volle Frist. Dadurch kann – insbesondere bei Schiffspersonal – auch eine sehr lange Zeit überbrückt werden. Bei der Fortsetzung der Seereise, auf der das Testament errichtet wurde, gilt § 2252 Abs 2, nicht Abs 3. Die Abgrenzung ist Frage des Einzelfalls.

## VI. Besonderheiten bei Todeserklärung oder Todesfeststellung

§ 9 Abs 1 und § 44 Abs 2 VerschG führen dazu, dass als Todeszeitpunkt der im Beschluss angegebene Zeitpunkt gilt. Wenn dieser Zeitpunkt nach Ablauf der Dreimonatsfrist liegt, kann der Fall eintreten, dass die Fiktion des § 2252 Abs 1 eingreift, obwohl der Testator bereits tatsächlich verstorben war. Abs 4 korrigiert dies, indem darauf abgestellt wird, ob der Testator nach den **vorhandenen Nachrichten** im Zeitpunkt des Fristablaufs **noch gelebt hat**. Nur wenn diese Nachrichten ergeben, dass der Testator den nach Abs 1–3 zu bestimmenden Fristablauf erlebt hat, greift die Fiktion des Abs 1. **9**

## VII. Beweisfragen

Bleiben Zweifel daran, ob der Testator im Zeitpunkt des Fristablaufs noch **lebte**, so trifft die Beweislast bzw die Feststellungslast denjenigen, der aus der Fiktion der Nichterrichtung für sich günstige Rechtsfolgen ableiten will. Die **Hemmung des Fristlaufs** durch Abs 2 und Abs 3 ist als Ausnahme ausgestaltet, sodass insoweit die Beweislast bzw die Feststellungslast denjenigen trifft, der aus dem späteren Ablauf der Frist Rechtsfolgen ableitet. Steht ein **Grund für die Anwendung des Abs 2 oder des Abs 3 fest**, so bleibt es hinsichtlich der Beweislastverteilung dafür, dass der Erblasser erst nach Ablauf der Frist verstorben ist, bei der eingangs erwähnten Regel: Die Beweislast trifft den, der aus der Fiktion des Nichterrichtens Rechtsfolgen ableiten will. Entsprechendes gilt bei der Anwendung des **Abs 4,** auch wenn damit denjenigen, der sich auf die Gültigkeit des Testaments beruft, letztlich die Beweislast bzw Feststellungslast für etwas Negatives (keine Nachrichten vorhanden, aus denen sich ergibt, dass der Erblasser nach dem maßgebenden Zeitpunkt noch lebte) trifft (BAUMGÄRTEL-LAUMEN-SCHMITZ RdNr 2). **10**

## § 2253 Widerruf eines Testaments

Der Erblasser kann ein Testament sowie eine einzelne in einem Testament enthaltene Verfügung jederzeit widerrufen.

Zum Schrifttum vgl vor § 2229

### Übersicht

| | | |
|---|---|---|
| I. | Zeittafel | 1 |
| II. | Recht der ehemaligen DDR | 2 |
| III. | Sinn der Regelung | 3 |
| IV. | Einzelerläuterungen | 4 |
| | 1. Letztwillige Verfügung | 4 |
| | 2. Erklärung des Widerrufs | 5 |
| |    a) Testierfähigkeit | 5 |
| |    b) Numerus clausus der Widerrufsformen | 6 |
| | 3. Widerrufsverzicht | 7 |
| | 4. Folgen des Widerrufs | 8 |
| | 5. Anfechtung des Widerrufs | 9 |

| V. | Besonderheiten bei dem Widerruf eines Testaments durch einen Entmündigten (Abs 2 aF) | 10 |
|---|---|---|
| | 1. Sinn der Regelung | 10 |
| | 2. Voraussetzungen des Widerrufs | 11 |
| | a) Negative Testierfähigkeit und Testierunfähigkeit nach § 2229 Abs 4 | 11 |
| | b) Widerrufsformen | 12 |
| | c) Widerruf des Widerrufs | 13 |

## I. Zeittafel

**1** Der Grundsatz der freien Widerruflichkeit des Testaments und der einzelnen in ihm enthaltenen Verfügungen fand sich bereits in der ursprünglichen Fassung des BGB. Er wurde im Hinblick auf die fehlende Testierfähigkeit der Entmündigten (vgl § 2229 RdNr 1) ergänzt durch folgende Regelung, die sich in § 2253 Abs 2 befand: *Die Entmündigung des Erblassers wegen Geistesschwäche, Verschwendung oder Trunksucht steht dem Widerruf eines vor der Entmündigung errichteten Testaments nicht entgegen*. Mit diesem Inhalt wurde die Norm in § 32 TestG übernommen und gelangte durch Art 1 Nr 2 k GesEinhG wieder zurück in das BGB. Durch das AdoptionsG vom 2. 7. 1976 (BGBl I 1749) wurde Abs 2 um den Fall der Entmündigung wegen Rauschgiftsucht ergänzt. Abs 2 wurde durch das BtG zum 31. 12. 1991 – zusammen mit dem Recht der Entmündigung – aufgehoben. Soweit nach damaligem Recht Entmündigte vor dem 1. 1. 1992 ein Testament widerrufen haben, bleibt die Norm des Abs 2 anwendbar (vgl RdNr 10).

## II. Recht der ehemaligen DDR

**2** § 387 Abs 1 ZGB enthält eine entsprechende Regelung: *Der Erblasser kann das Testament oder einzelne testamentarische Verfügungen jederzeit widerrufen*. Der Widerruf (auch in der Form der Vernichtung oder Veränderung, vgl § 2255 RdNr 2) setzt Handlungsfähigkeit des Erblassers voraus (ZGB-Kommentar § 387 Anm 3). An dieser fehlt es insbesondere entmündigten oder unter vorläufige Vormundschaft gestellten Personen (§ 52 Abs 2 ZGB, §§ 99, 100 FGB; vgl dazu und zu verfassungsrechtlichen Bedenken § 2229 RdNr 3, 26). Die Möglichkeit des Widerrufs eines vor der Entmündigung errichteten Testaments durch den Entmündigten sieht das ZGB nicht vor, sodass ein solcher Widerruf ein wirksam errichtetes Testament oder eine in diesem enthaltene Verfügung nicht aufhebt. Hinsichtlich **gemeinschaftlicher Testamente** ist § 392 ZGB zu beachten.

## III. Sinn der Regelung

**3** Die **Testierfreiheit** ist in vollem Umfang nur dann gewahrt, wenn der Testator sich auch nach der Errichtung eines Testaments umentscheiden und mit anderem Inhalt testieren kann. Die vielfältigen Probleme, die insbesondere durch widersprüchliches Testieren ohne ausdrückliche Aufhebung vorhergehender Verfügungen entstehen können, nimmt der Gesetzgeber zur Wahrung der Testierfreiheit hin (zu den Besonderheiten des gemeinschaftlichen Testaments vgl §§ 2271, 2272). Bei einer erbvertraglichen Gestaltung der Verhältnisse nach dem Tode des Erblassers ist die Widerrufsmöglichkeit erheblich eingeschränkt (vgl §§ 2290 ff, vgl aber auch § 2299 Abs 2).

## IV. Einzelerläuterungen

### 1. Letztwillige Verfügung

Gegenstand des Widerrufs ist ein Testament oder eine in einem Testament enthaltene letztwillige Verfügung. In Betracht kommt dabei **jede Form eines Testaments**, also auch die eines öffentlich errichteten Testaments oder eines Nottestaments. Wechselbezügliche Verfügungen in gemeinschaftlichen Testamenten sind nur in der in §§ 2271, 2296 geregelten Weise widerruflich, es sei denn, beide Ehegatten widerrufen gemeinschaftlich (vgl § 2271 RdNr 7); zu der Beseitigung einer in einem Erbvertrag enthaltenen Verfügung vgl §§ 2290 ff; § 2299 Abs 2.   4

### 2. Erklärung des Widerrufs

#### a) Testierfähigkeit

Durch den Widerruf einer letztwilligen Verfügung gestaltet der Erblasser die Rechtslage nach seinem Ableben, sodass auch der Widerruf selbst eine **letztwillige Verfügung** ist (STAUDINGER-BAUMANN RdNr 10; vgl auch [anders für den Fall des Widerrufs durch Rücknahme aus besonderer amtlicher Verwahrung] SOERGEL-HARDER RdNr 2). Der Widerruf setzt deshalb die **Testierfähigkeit** voraus (MünchKomm-BURKART RdNr 7; dazu § 2229 RdNr 4 ff).   5

#### b) Numerus clausus der Widerrufsformen

Der Widerruf kann nur in einer der vom BGB abschließend (vgl RGZ 104, 320, 323) aufgezählten Weisen erklärt werden. Es sind dies: Widerruf durch (aufhebendes) Testament (§ 2254), durch Vernichtung oder Veränderung der Testamentsurkunde (§ 2255), durch Rücknahme des in öffentlicher Form errichteten Testaments aus der besonderen amtlichen Verwahrung (§ 2256) oder durch ein widersprechendes, später errichtetes Testament (§ 2258); zum Rücktritt vom Erbvertrag vgl § 2293, zur Rücknahme des Erbvertrages aus der amtlichen Verwahrung vgl § 2300 Abs 2. Zulässig ist es auch, eine letztwillige Verfügung bereits **bei ihrer Erklärung in der Wirksamkeit auflösend zu bedingen** und so einen späteren Widerruf der Verfügung entbehrlich werden zu lassen. Als Bedingung in derartigen **Verwirkungsklauseln** kommt unter anderem in Betracht, dass der Bedachte das Testament nicht anficht und auch nicht anderweit die Gültigkeit bestreitet, dass er sich einem Willen des Erblassers nicht widersetzt oder sich in einer bestimmten Weise verhält. **Andere** als solche **Erklärungen**, die der eingangs erwähnten Form entsprechen, beispielsweise solche in einem schuldrechtlichen Vertrag, der nicht der Form einer letztwilligen Verfügung genügt, sind **nicht geeignet, eine letztwillige Verfügung zu widerrufen** (RGZ 104, 320, 323; zur Aufhebung einseitiger Verfügungen in einem Erbvertrag vgl § 2299 Abs 2). Auch wenn feststeht, dass der Testator von der gesetzlichen Erbfolge ausging und sich mit dem Gedanken trug, ein Testament mit einem bestimmten Inhalt zu errichten, wird dadurch ein in seiner Existenz dem Testator nicht mehr gegenwärtiges Testament mit anderem Inhalt nicht widerrufen (vgl OLG Köln Rpfleger 1986, 224, 225). Ebenfalls nicht ausreichend ist es, wenn die Testamentsurkunde ohne Widerrufsabsicht zerstört wird und der Testator dies später ausdrücklich billigt, sich dabei jedoch nicht der Formen der §§ 2254 ff bedient (näher dazu in § 2255 RdNr 15).   6

### 3. Widerrufsverzicht

Der Testator kann **nicht** wirksam auf die Widerrufsmöglichkeit **verzichten**, denn ein entsprechender Verzichtsvertrag wäre nach § 2302 nichtig. Ein in der letztwil-   7 ligen Verfügung selbst enthaltener Widerrufsverzicht ist angesichts der Aufhebbarkeit eben dieser Verfügung ebenfalls ohne Bedeutung. Gleiches gilt für die Selbstentmündigung durch eine testamentarische Erklärung, die den Testator auf eine **bestimmte Form** des Widerrufs **beschränkt** (STAUDINGER-BAUMANN RdNr 6). Zur Bindung bei wechselbezüglichen Verfügungen im gemeinschaftlichen Testament vgl § 2271 RdNr 7 ff, zur Bindungswirkung beim Erbvertrag vgl § 2289 RdNr 19 ff.

### 4. Folgen des Widerrufs

**8** Der Widerruf beseitigt die widerrufene Verfügung, die durch das (wirksame) Testieren in dem früheren Testament rechtsgeschäftlich abgeschlossen ist, auch wenn die durch das Testament beabsichtigten Rechtsfolgen erst später, nach dem Ableben, eintreten. Aus letzterem Grund erklärt sich, dass der Widerruf des durch Testament erfolgten Widerrufs möglich ist (dazu bei § 2257).

### 5. Anfechtung des Widerrufs

**9** Als letztwillige Verfügung ist der Widerruf nach § 2078 anfechtbar. Das gilt nach überwiegender Auffassung auch dann, wenn das Testament durch Vernichtung oder Veränderung (§ 2255) oder durch Rücknahme aus der amtlichen Verwahrung (§§ 2256, 2272, vgl § 2256 RdNr 9) widerrufen wurde (BayObLGZ 1960, 490, 494). Zum Widerruf des Widerrufs vgl § 2257.

## V. Besonderheiten bei dem Widerruf eines Testaments durch einen Entmündigten (Abs 2 aF)

### 1. Sinn der Regelung

**10** Als letztwillige Verfügung setzt der Widerruf grundsätzlich die **Testierfähigkeit** voraus (vgl RdNr 5). In Ausnahme dazu ermöglichte es Abs 2 in der bis zum 31. 12. 1991 geltenden Fassung dem Entmündigten, sein Testament zu widerrufen, obwohl er nach § 2229 Abs 3 aF nicht testierfähig war. Diese Regelung findet auch heute noch Anwendung, soweit der Widerruf vor dem In-Kraft-Treten des BtG erfolgte.

### 2. Voraussetzungen des Widerrufs

#### a) Negative Testierfähigkeit und Testierunfähigkeit nach § 2229 Abs 4

**11** Die so genannte negative Testierfähigkeit beseitigt nur das formale Hindernis der Entmündigung. Auch auf der Grundlage des § 2253 Abs 2 aF kann **nur widerrufen**, wer nach dem Kriterium des **§ 2229 Abs 4 in der Lage ist, die Bedeutung des Widerrufs einzusehen** (BayObLGZ 1975, 212, 213). Der wegen Geistesschwäche Entmündigte kann nur in einem lichten Augenblick seine letztwillige Verfügung widerrufen. Hinsichtlich der wegen Geisteskrankheit Entmündigten sah das alte Recht keine Möglichkeit des Widerrufs vor; sie konnten also auch in einem Augenblick der Testierfähigkeit ein Testament nicht widerrufen. Zu der Frage der Verfassungsmäßigkeit vgl § 2229 RdNr 26.

#### b) Widerrufsformen

**12** Der Widerruf kann von dem negativ Testierfähigen in jeder der vom BGB zugelassenen Widerrufsformen (vgl RdNr 6) erklärt werden. **Unschädlich** ist es, wenn der nur negativ Testierfähige mit dem Widerruf **neue** (und mangels positiver Testierfähigkeit unwirksame) **letztwillige Verfügungen verbindet**. Deshalb muss das mangels positiver Testierfähigkeit unwirksame Testament eines negativ Testierfähigen stets daraufhin untersucht werden, ob durch die Erklärung zumindest frühere Verfügungen widerrufen werden sollten (BayObLGZ 1956, 377, 385; OLG Hamm MDR 1971, 137; vgl auch VON LÜBTOW NJW 1968, 1849, 1850).

#### c) Widerruf des Widerrufs

Der negativ Testierfähige kann durch den Widerruf einer letztwilligen Verfügung auch eine **frühere Verfügung wieder in Geltung setzen** (OLG Köln NJW 1955, 466 mwN; SOERGEL-HARDER RdNr 6; STAUDINGER-BAUMANN RdNr 13; aA JAUERNIG-STÜRNER RdNr 2). **Ausgeschlossen** ist es aber, einen **nach Entmündigung erklärten Widerruf** wiederum **zu widerrufen**, denn § 2253 Abs 2 aF beschränkt sich auf letztwillige Verfügungen, die vor der Entmündigung errichtet wurden (BayObLGZ 1975, 212, 214; zu Bedenken gegen diese Regelung vgl vor § 2229 RdNr 26). **13**

## § 2254 Widerruf durch Testament

Der Widerruf erfolgt durch Testament.

Zum Schrifttum vgl vor § 2229

### Übersicht

| | | |
|---|---|---|
| I. | Zeittafel | 1 |
| II. | Recht der ehemaligen DDR | 2 |
| III. | Sinn der Regelung | 3 |
| IV. | Einzelerläuterungen | 4 |
| | 1. Anforderungen an die Erklärung des Widerrufs | 4 |
| | 2. Inhalt des Widerrufs | 6 |
| V. | Eröffnung des Widerrufstestaments und Kosten | 8 |

### I. Zeittafel

Die Regelung wurde seit der ursprünglichen Fassung des BGB wörtlich beibehalten; zwischenzeitlich befand sie sich in § 33 Abs 1 TestG. **1**

### II. Recht der ehemaligen DDR

Das ZGB enthält eine entsprechende Bestimmung in § 387 Abs 2 Nr 1. Diese lautet: *(2) Der Widerruf erfolgt durch 1. Errichtung eines Testaments, das ein früheres aufhebt* ... Zur erforderlichen Handlungsfähigkeit vgl § 2253 RdNr 2. **2**

### III. Sinn der Regelung

Um die Testierfreiheit in vollem Umfang zu verwirklichen, ist die Möglichkeit des Widerrufs eines Testaments grundsätzlich geboten (vgl § 2253 RdNr 3). Als Regelfall sieht § 2254 den Widerruf durch Testament vor, um so einerseits dem actus-con- **3** trarius-Gedanken Rechnung zu tragen und andererseits den Erblasser von einem übereilten Widerruf – etwa durch mündliche Erklärung – abzuhalten.

## IV. Einzelerläuterungen

### 1. Anforderungen an die Erklärung des Widerrufs

**4** Die Form des Widerrufs braucht der Form des Testaments, das widerrufen werden soll, **nicht zu entsprechen**. Der Widerruf kann deshalb in privatschriftlicher oder öffentlicher Testamentsform oder auch in einer außerordentlichen Form erfolgen, **unabhängig davon, in welcher Weise testiert wurde** (OLG Köln OLGZ 1968, 324, 325). Der Testator kann sein Testament oder eine einseitige Verfügung in einem gemeinschaftlichen Testament oder einem Erbvertrag (§ 2299 Abs 2) auch durch ein **gemeinschaftliches Testament** widerrufen und zwar auch in der Weise, dass der andere Ehegatte dieses niederschreibt und jener es lediglich mitunterschreibt (BayObLG FamRZ 1992, 607). Zu beachten ist, dass ein Widerruf im Wege eines **außerordentlichen Testaments** nach §§ 2249–2251 unter der zeitlichen Grenze des § 2252 steht, sodass die widerrufene Verfügung wieder wirksam werden kann (STAUDINGER-BAUMANN RdNr 5). Zu Fällen, in denen der Testator ein früheres Testament vergessen hat und deshalb irrtümlich von der gesetzlichen Erbfolge ausgeht (vgl § 2253 RdNr 6) zu denen des Widerrufs eines verlorenen und ohne Widerrufsabsicht vernichteten Testaments (vgl § 2255 RdNr 15).

**5** Das Widerrufstestament setzt neben der **Testierfähigkeit** (vgl § 2253 RdNr 5; zur negativen Testierfähigkeit nach altem Recht vgl § 2253 RdNr 11) die Einhaltung der **Voraussetzungen der gewählten Testamentsform** voraus. Auch ein eigenhändig geschriebener und unterschriebener Brief kann bei entsprechendem Testierwillen einen Widerruf enthalten (RG JW 1910, 22; näher zum Brieftestament in § 2247 RdNr 7). Wirksam ist auch ein Widerruf, der durch einen **eigenhändig geschriebenen und unterschriebenen Vermerk** (zB »ungültig«, »aufgehoben«) auf das Testament gesetzt wird (vgl BGH NJW 1966, 201; OLG Köln OLGZ 1968, 324); entspricht ein solcher auf der Testamentsurkunde befindlicher **Vermerk nicht der Form des § 2247**, so ist an einen Widerruf nach § 2255 zu denken (vgl § 2255 RdNr 9). Findet sich ein eigenhändiger geschriebener und unterschriebener **Vermerk** lediglich **auf einer Abschrift** des Testaments, so ist dies formwirksam (OLG Hamm FamRZ 2000, 985, 987 = NJW-RR 2000, 742, 743 [Widerruf auf dem Entwurf eines notariellen Testaments]). Dabei ist der Frage des Testierwillens genau nachzugehen. Je nach Formulierung kann auch in Betracht kommen, dass der Testator lediglich zum Ausdruck bringen wollte, dass es sich bei dieser Abschrift nicht um das Original handelt. Findet sich der Vermerk lediglich auf dem **Umschlag** des Testaments, so muss er grundsätzlich eigenhändig geschrieben und unterschrieben sein. Die Unterschrift auf dem in dem Umschlag befindlichen Testament deckt die neue Verfügung regelmäßig nicht (STAUDINGER-BAUMANN RdNr 8; vgl auch [insbes zu § 2255] BayObLG NJW 1963, 1622 [LS] = BayObLGZ 1963, 31, 33 f). Das gilt auch dann, wenn hinsichtlich des Widerrufs der Testierwille feststeht, denn dieser ist nicht durch die Unterschrift verfestigt (vgl § 2247 RdNr 26). Anders wird es sich verhalten, wenn der Umschlag selbst die Unterschrift trägt (dazu vgl § 2247 RdNr 23) und der erst später geschriebene Widerruf von dieser Unterschrift gedeckt ist. Ein nicht ordnungsgemäß unterschriebener Widerruf auf dem Hinterlegungsschein eines in besondere amtliche Verwahrung gegebenen Testaments erfüllt nicht die Voraussetzungen des § 2254 (LG München I FamRZ 1998, 1623, 1624 [Oberschrift]). Ein **Prozessvergleich** erfüllt die Formvorausset-

A. Errichtung und Aufhebung eines Testaments | § 2254 BGB 6–8; § 2255 BGB

zungen eines Testaments nicht (BGH FamRZ 1960, 28, 30); anders verhält es sich für die Formvoraussetzungen des Erbvertrags (vgl § 2276 RdNr 5).

## 2. Inhalt des Widerrufs

Mit welchen Worten der Widerruf erklärt wird, ist ohne Bedeutung. Entscheidend ist allein, dass eine einmal getroffene letztwillige Verfügung keine Wirkung entfalten soll, und dass dies in Testamentsform und mit Testierwillen nach entsprechender Auslegung hinreichend deutlich erklärt wird (BayObLGZ 1956, 377, 385; OLG Hamm MDR 1971, 137 = DNotZ 1972, 101, 104; vgl auch BGH JZ 1951, 591, 592). Eine konkrete Bezeichnung der widerrufenen Verfügung ist nicht erforderlich. Der Inhalt des Widerrufs kann sich auch erst durch Auslegung ergeben. So kann sich die nachträglich auf die Rückseite eines Testaments geschriebene und unterschriebene Erklärung »Ich hebe hiermit alle früheren letztwilligen Verfügungen auf« entgegen dem Wortlaut auch nur auf solche Verfügungen beziehen, die früher errichtet wurden als diejenigen, die auf der Vorderseite dieser Urkunde getroffen wurden (BayObLG FamRZ 1990, 318, 319).   6

Das (neu errichtete) Testament kann sich auf die **Erklärung des Widerrufs beschränken**. Dabei können auch nur **Teile** eines früher errichteten Testaments – auch zB nur Vermächtnisse (vgl zur Notwendigkeit der Testamentsform des Widerrufs RGZ 104, 320, 323) – widerrufen werden; die Auswirkungen auf die nicht widerrufenen Verfügungen bestimmen sich nach § 2085. Der Widerruf kann auch **bedingt** erklärt werden (zur Bedingung der letztwilligen Verfügung durch Verwirkungsklauseln vgl § 2253 RdNr 6). Mit dem Widerruf des früheren Testaments durch Testament können zugleich **andere Verfügungen von Todes wegen verbunden** werden. Lässt sich bei einem formwirksamen Widerrufstestament zwar der Widerruf, nicht aber der Inhalt der weiteren Verfügungen feststellen, so ist der Widerruf im Zweifel wirksam, sodass gesetzliche Erbfolge eintritt (KG JW 1935, 3122 = DNotZ 1935, 824). Ebenso wenig führt die Unwirksamkeit einer weiteren Verfügung zur Unwirksamkeit des Widerrufs, sofern kein Abhängigkeitsverhältnis zwischen beiden besteht (OLG Hamm FamRZ 2000, 985, 987 = NJW-RR 2000, 742, 743).   7

## V. Eröffnung des Widerrufstestaments und Kosten

Das Widerrufstestament ist vom Nachlassgericht wie jedes andere Testament zu eröffnen (vgl § 2260 RdNr 6 ff). Die Kosten der Beurkundung des Widerrufstestaments richten sich nach § 46 Abs 2 KostO. Auch das widerrufene Testament ist zu eröffnen (STAUDINGER-BAUMANN RdNr 15; vgl § 2260 RdNr 9).   8

## § 2255 Widerruf durch Vernichtung oder Veränderungen

**Ein Testament kann auch dadurch widerrufen werden, dass der Erblasser in der Absicht, es aufzuheben, die Testamentsurkunde vernichtet oder an ihr Veränderungen vornimmt, durch die der Wille, eine schriftliche Willenserklärung aufzuheben, ausgedrückt zu werden pflegt. Hat der Erblasser die Testamentsurkunde vernichtet oder in der bezeichneten Weise verändert, so wird vermutet, dass er die Aufhebung des Testaments beabsichtigt habe.**

Zum Schrifttum vgl vor § 2229

§ 2255 BGB 1–3 | Kommentarteil

### Übersicht

| | | |
|---|---|---|
| I. | Zeittafel | 1 |
| II. | Recht der ehemaligen DDR | 2 |
| III. | Sinn der Regelung | 3 |
| IV. | Einzelerläuterungen zur Frage des Widerrufs | 4 |
| | 1. Anwendungsbereich | 4 |
| | 2. Vernichtung oder Veränderung der Testamentsurkunde | 7 |
| |    a) Grundsätze | 7 |
| |    b) Beispiele | 8 |
| |    c) Zurechnung der Veränderung | 10 |
| |    d) Gegenstand der Veränderung | 11 |
| |    e) Beschränkung der Veränderung | 13 |
| | 3. Widerrufsabsicht | 14 |
| V. | Beweisfragen | 16 |
| | 1. Inhalt und Grenzen der Regelung des S 2 | 16 |
| | 2. Feststellung des Inhalts des nicht wirksam widerrufenen Testaments | 18 |

## I. Zeittafel

**1** Die Bestimmung entspricht wörtlich der ursprünglichen Fassung des BGB; zwischenzeitlich fand sie sich in § 33 Abs 2 TestG.

## II. Recht der ehemaligen DDR

**2** Das ZGB enthält in § 387 Abs 2 und 3 eine entsprechende Bestimmung. Dort heißt es: *(2) Der Widerruf erfolgt durch 1. Errichtung eines Testaments, das ein früheres aufhebt oder früheren Verfügungen widerspricht; 2. Rücknahme des notariellen Testaments oder des Nottestaments aus der Verwahrung. (3) Vernichtet oder verändert der Erblasser ein eigenhändiges Testament, wird vermutet, dass das in Widerrufsabsicht erfolgt.* Die Regelung ist ihrem Wortlaut nach unstimmig, da die Vernichtung und Veränderung des Testaments nur hinsichtlich der Vermutung der Widerrufsabsicht genannt wird, die Vernichtung oder Veränderung selbst jedoch nicht als Widerrufsmöglichkeit genannt wird. Auch auf der Grundlage des ZGB ist davon auszugehen, dass das Vernichten oder das Verändern als Widerruf und damit **als letztwillige Verfügung** anzusehen ist, die Testierfähigkeit und damit Handlungsfähigkeit des Erblassers voraussetzt (so auch ZGB-Kommentar § 387 Anm 3). Diese Form des Widerrufs ist auf den Widerruf **eigenhändiger Testamente** beschränkt. Die Vernichtung eines Testaments berührt dessen Wirksamkeit nicht, wenn der Testator nicht die Absicht hatte, auf diese Weise die Wirksamkeit des Testaments zu beseitigen. Gleiches gilt für den Verlust des Testaments.

## III. Sinn der Regelung

**3** Häufig wird der Testator der Auffassung sein, dass durch die Beseitigung der Testamentsurkunde oder durch einen Ungültigkeitsvermerk das von ihm Verfügte ungeschehen gemacht werden kann. § 2255 trägt dem Rechnung. Um auf der anderen Seite zu verhindern, dass versehentliche Beschädigungen oder Veränderungen die Gültigkeit einer letztwilligen Verfügung beeinträchtigen, knüpft das Gesetz **nicht an den Realakt der Vernichtung** oder der Veränderung an, sondern wertet diese als **Formen des Widerrufs.** Damit werden die Voraussetzungen für die Wirksamkeit einer letztwilligen Verfügung in Bezug genommen (zum Widerruf als letztwilliger Verfügung vgl § 2253 RdNr 5). Die häufig nur schwer zu beweisende Widerrufsabsicht wird nach S 2 vermutet.

### IV. Einzelerläuterungen zur Frage des Widerrufs

#### 1. Anwendungsbereich

Die Widerrufsmöglichkeit in der Form des § 2255 besteht bei **allen Testamentsformen** (BGH NJW 1959, 2113; anders auf der Grundlage des ZGB, vgl RdNr 2), wobei sich die Frage bei in **öffentlicher Form** errichteten Testamenten angesichts deren besonderer amtlicher Verwahrung und der Widerrufsfiktion bei Rücknahme aus derselben (§ 2256 Abs 1 S 1) selten stellen wird. In Betracht kommen Fälle, in denen das öffentliche Testament bereits errichtet und damit wirksam, jedoch noch nicht in Verwahrung gegeben ist. In diesen Fällen ist § 2255 grundsätzlich anwendbar; öffnet jedoch der Testator lediglich den Umschlag eines solchen Testaments, so reicht das für die Annahme einer Veränderung iSd § 2255 nicht aus (BGH NJW 1959, 2113, 2114). In dem bloßen Behalten des Testaments liegt ebenfalls kein Widerruf nach § 2255, auch wenn der Testator weiß, dass das Testament in amtliche Verwahrung gegeben werden müsste (BGH NJW 1959, 2113, 2114). Weiterhin ist § 2255 bei öffentlichen Testamenten anwendbar, wenn diese unter Verstoß gegen § 2256 einem Dritten ausgehändigt wurden und der Erblasser sie durch Vernichtung oder Veränderung widerruft (OLG Saarbrücken NJW-RR 1992, 586, 587). 4

Ein **gemeinschaftliches Testament** können die Ehegatten gemeinsam in der Form des § 2255 widerrufen (BayObLG MDR 1981, 933; FamRZ 1997, 1244, 1245 = Rpfleger 1997, 310, 311). **Einseitige Verfügungen** von Todes wegen können durch den jeweils verfügenden Ehegatten auch in der Form des § 2255 widerrufen werden; die Zustimmung des anderen Ehegatten ist nicht erforderlich (vgl auch § 2271 RdNr 1). Ein solcher Widerruf kann auch noch nach dem Tod des Vorverstorbenen erfolgen (vgl OLG Hamm NJW-RR 1996, 1095 = FGPrax 1996, 28, 29). Soweit ein Ehegatte einseitige Verfügungen des anderen Ehegatten in der Form des § 2255 widerruft, kommen die in RdNr 10 dargelegten Grundsätze zur Anwendung. Danach reicht die nachträgliche Billigung einer solchen durch Dritte vorgenommenen Veränderung der Testamentsurkunde grundsätzlich nicht aus. Anders kann es sich verhalten, wenn der Erblasser auf der Grundlage der vom anderen Ehegatten eigenmächtig geänderten Fassung erneut wirksam testiert, beispielsweise dadurch, dass er mit Testierwillen hinsichtlich des gesamten Testaments Zusätze oder Nachträge hinzufügt (vgl § 2247 RdNr 9). Zu dem Widerruf einer **wechselbezüglichen Verfügung** vgl § 2271 RdNr 7 ff (zur Ausübung eines durch Änderungsvorbehalt eingeräumten Rechts durch Vernichtung vgl § 2271 RdNr 74). 5

Der Widerruf in der Form des § 2255 kann sich auch auf ein **Widerrufstestament** beziehen (vgl § 2257), während umgekehrt ein nach § 2255 widerrufenes Testament nicht durch einen Widerruf erneut Gültigkeit erlangen kann (vgl BayObLG ZEV 1996, 271 m Anm HOHMANN; dazu näher bei § 2257 RdNr 4). 6

## 2. Vernichtung oder Veränderung der Testamentsurkunde
### a) Grundsätze

**7** Unter der **Vernichtung** der Testamentsurkunde ist die Zerstörung des materiellen Bestandes der Urkunde durch Zerreißen, Verbrennen, Zerschneiden oder ähnliches zu verstehen. Während die Vernichtung stets als Kundbarmachung des Widerrufs ausreicht, kann dies bei Veränderungen der Testamentsurkunde zweifelhaft sein. Denn § 2255 setzt eine Art der **Veränderung** voraus, die üblich ist, um den Willen zur Aufhebung einer schriftlichen Willenserklärung zum Ausdruck zu bringen. Damit stellt das Gesetz einen **objektivierten**, von der Person des Testators gelösten **Maßstab** auf (RG JW 1913, 41, 42; LANGE-KUCHINKE § 23 II 2b). Bei seiner Anwendung darf aber der Sinn der Objektivierung des Maßstabs nicht aus dem Blick geraten. Wenn zB der Erblasser die Gewohnheit hatte, seine Ablehnung durch einen roten Strich unter der geschriebenen Textpassage zum Ausdruck zu bringen, so wird man das bei der Beurteilung, ob durch einen solchen Strich der Widerruf nach außen deutlich wurde, nicht außer Betracht lassen dürfen (zur Berücksichtigung individueller Gewohnheiten vgl RGZ 111, 261, 265). Entscheidend wird damit sein, dass auf der Urkunde oder mit der Urkunde Veränderungen geschehen (zu diesem Erfordernis vgl BayObLG FamRZ 1990, 1281, 1283), **die ein Dritter unter Berücksichtigung der Gewohnheiten des Erblassers als Aufhebung** der schriftlichen Erklärung **versteht**.

### b) Beispiele

**8** Als derartige Veränderungen kommen in Betracht: Durchstreichen, Unleserlichmachen, Einklammern, Abschneiden oder Wegreißen eines Teils der Urkunde, Einreißen der Urkunde (RGZ 69, 413, 415; BayObLGZ 1983, 204, 206 f; BayObLG FamRZ 1996, 1110, 1111), Zerknüllen (BayObLGZ 1980, 95, 97 = Rpfleger 1980, 283). Dabei verbietet sich eine schematische Anwendung. Wenn beispielsweise das Datum durchgestrichen ist, so wird das nicht als Aufhebung des Testaments zu verstehen sein (RG JW 1913, 41, 42 [zum alten Recht, nach welchem die Datumsangabe Formerfordernis war]). Wenn der Testator die Testamentsurkunde in Widerrufsabsicht, aber äußerlich unversehrt **wegwirft**, so ist das zunächst weder eine Vernichtung noch eine Veränderung der Urkunde. Dazu wird ein solches Vorgehen nur dann, wenn sich der Testator auf diese Weise der Entsorgungsbetriebe zur Vernichtung der Urkunde bedient (vgl RdNr 10). Liegt dagegen das unversehrte (und unzerknüllte) Testament noch zwischen weggeworfenen Papieren, aus denen es jederzeit wieder entnommen werden kann, wird es an der notwendigen Irreversibilität fehlen, die das Gesetz mit der Voraussetzung der Vernichtung oder der Veränderung *der Urkunde* fordert (so iE auch STAUDINGER-BAUMANN RdNr 10; gegen die Anerkennung des Wegwerfens als Widerrufshandlung BROX RdNr 140; LANGE-KUCHINKE § 23 II 2 b; SOERGEL-HARDER RdNr 5; für eine solche Anerkennung ERMAN-M SCHMIDT RdNr 2; PALANDT-EDENHOFER RdNr 8). Zum Öffnen des Umschlags eines öffentlichen, nicht in besonderer amtlicher Verwahrung befindlichen Testaments vgl RdNr 4.

**9** Auch ein **Ungültigkeitsvermerk** ist als Veränderung der Urkunde iSd § 2255 anzusehen (RG JW 1911, 545; KG NJW 1957, 1364 = DNotZ 1957, 560, 561; STAUDINGER-BAUMANN RdNr 13 mwN; zum Ungültigkeitsvermerk bei gemeinschaftlichem Testament vgl § 2271 RdNr 4, 7 sowie zu den Besonderheiten bei Aufhebungs- oder Änderungsvorbehalt § 2271 RdNr 74). Der Vermerk braucht nicht quer über den Text geschrieben zu sein, sondern kann sich auch am Rand der Urkunde befinden, solange er nur deutlich erkennbar ist (KG NJW 1957, 1364 f = DNotZ 1957, 560, 563; aA [nur wenn der Vermerk quer über den Text geschrieben ist, nicht bei Vermerken über oder unter dem Text oder an seinem Rand] R SCHMIDT MDR 1951, 321, 324). Zweifelhaft ist die Behandlung des Ungültigkeitsvermerks als Widerruf durch Veränderung allein wegen der Konkurrenz zu § 2254, der bei einem Widerrufstestament die Beachtung der Testamentsform und damit regelmäßig nach § 2247 einen eigenhändig geschriebenen und unterschriebenen Vermerk verlangt. Auf der anderen Seite ist aber zu bedenken, dass das BGB die Regelungen des § 2254 und des § 2255 gleichrangig nebeneinander stellt, sodass es widersprüchlich wäre, zwar das Zerreißen des Papiers als Widerruf anzuerkennen, während die – mindestens ebenso eindeutige – ununterschriebene Erklärung »Widerruf« nicht ausreichen soll. Befindet sich der Ungültigkeitsvermerk nicht auf der Testamentsurkunde, sondern auf dem Umschlag des Testaments, so kann er nur als Widerruf nach § 2254 angesehen werden, sodass er regelmäßig eigenhändig geschrieben und unterschrieben sein muss (BayObLGZ 1963, 31, 33; LANGE-KUCHINKE § 23 II 2 b; zu Ausnahmen vgl § 2247 RdNr 23). Deutet ein **Vermerk** auf der Urkunde darauf hin, dass der **Testator plant**, ein Testament mit anderem Inhalt zu errichten, so braucht dies der Wirksamkeit des veränderten Testaments bis zum Zeitpunkt der noch ausstehenden Errichtung eines anderen Testaments nicht entgegenzustehen (vgl RGZ 171, 293, 300; 111, 261, 265; SOERGEL-HARDER RdNr 8; vgl auch § 2247 RdNr 6).

#### c) Zurechnung der Veränderung

Die Veränderung oder die Vernichtung muss **vom Erblasser** vorgenommen werden. Das ergibt sich einerseits aus dem Wortlaut des § 2255, andererseits daraus, dass der Erblasser es nach § 2065 Abs 1 nicht einem Dritten überlassen darf, über die Gültigkeit der Verfügung zu entscheiden. Aus diesem Grund ist es ausgeschlossen, den Dritten darüber entscheiden zu lassen, ob oder wann er das Testament vernichtet oder verändert. Angesichts der genannten Zielsetzung nicht ausgeschlossen ist es dagegen, dass sich der Erblasser eines **Dritten zur Verwirklichung** des von ihm selbst gefassten Widerrufswillens **bedient**, indem dieser das Testament vernichtet oder verändert (zum gemeinschaftlichen Testament vgl § 2271 RdNr 2). Dass der Dritte dies in Anwesenheit oder unter »Tatherrschaft« des Erblassers ausführt, ist richtiger Ansicht nach nicht erforderlich, solange nur dem Dritten kein Entscheidungsspielraum verbleibt (OLG Hamm NJW-RR 2002, 222, 223 = ZEV 2002, 108 f; vgl BayObLG FamRZ 1992, 1350, 1351; aA STAUDINGER-BAUMANN RdNr 17). Entschiede man anderes, so müsste ein Widerruf sogar dann als unwirksam angesehen werden, wenn sich der Erblasser von dem zur Vernichtung der Urkunde Angewiesenen die Reste des zerrissenen Testaments später zeigen ließe, um sich von der Ausführung seiner Anweisung zu überzeugen. Das wäre aber kaum sachgerecht. Weiterhin wird es als erforderlich angesehen, dass die **Vernichtung noch zu Lebzeiten des Testators** stattfindet (BayObLG FamRZ 1992, 1350, 1351; RG Recht 1913 Nr 2590; KG JW 1937, 476, 477; MÜLLER-FREIENFELS JuS 1967, 124, 125; SOERGEL-HARDER RdNr 11; LANGE-KUCHINKE § 23 II 2 c). Diese Einschränkung ist angesichts drohender Zufälligkeiten zweifelhaft. Für ihre Anerkennung spricht, dass das Widerrufsrecht allein dem Erblasser zusteht und in dem Zeitpunkt seines Versterbens von dem Widerrufsrecht mangels Vernichtung der Testamentsurkunde noch kein Gebrauch gemacht wurde. Auf der anderen Seite ist es dem Gesetz nicht fremd, dass rechtliche Folgen auch nach dem Tode eintreten, wenn der Verstorbene bereits alles getan hat, was aus seiner Sicht erforderlich ist, um die Rechtsfolgen zu setzen. So hat es nach § 130 Abs 2 auf die Wirksamkeit einer Willenserklärung keinen Einfluss, wenn der Erklärende vor ihrem Zugang verstirbt. Dass sich diese Regelung auf empfangsbedürftige Willenserklärungen bezieht, darf dabei nicht irritieren: Stünde bei § 130 Abs 2 der Schutz des Erklärungsempfängers im Vordergrund, so dürfte die Vorschrift bei Kenntnis des Erklärungsempfängers vom Tod des Erklärenden nicht anwendbar sein. Soweit also der Erblasser mit dem Willen der Aufhebung des Testaments einen Dritten mit der Vernichtung beauftragt und damit alles tat, was aus seiner Sicht erforderlich war, sollte man der Zufälligkeit, ob es dem Dritten gelingt, der Bitte noch zu Lebzeiten des Testators nachzukommen, oder ob er die Urkunde erst kurze Zeit nach dem Tod vernichtet oder verändert, entgegen der wohl allgemeinen Auffassung keine entscheidende Bedeutung beimessen. Die physisch unbeeinträchtigte Existenz der Urkunde im Zeitpunkt des Todes steht dem ebenfalls nicht entgegen: Wenn der Erblasser das äußerlich unversehrte Testament mit Widerrufsabsicht in einen Altpapiercontainer wirft, so wird man es – zumindest nach der Leerung des Containers – ebenfalls nicht als entscheidend ansehen können, ob das Papier noch unversehrt vorhanden oder bereits der Wiederverwertung zugeführt ist.

**Nicht ausreichend** ist es, wenn der Dritte eigenmächtig das Testament vernichtet oder verändert und der **Erblasser** sich **nachträglich** mit diesem Vorgehen **einverstanden erklärt**, denn die Voraussetzung, dass die Urkunde in der Absicht, das Testament aufzuheben, vernichtet oder verändert wird, dient auch dem Schutz des Erblassers: Während die Widerrufsabsicht rasch gefasst ist, manifestiert sich die notwendige Endgültigkeit des Widerrufs erst darin, dass das Testament in dieser Absicht vernichtet wird (vgl [zum Fall der Billigung nach zufälligem Verlust, dazu näher RdNr 15] BGH JZ 1951, 591, 592 = NJW 1951, 559; STAUDINGER-BAUMANN RdNr 18; aA R SCHMIDT MDR 1951, 321, 323). **Spiegelt der Dritte** lediglich **vor**, den Wünschen des Erblassers nach Vernichtung des Testaments nachgekommen zu sein, so ist der Widerruf nicht wirksam geworden (KG JW 1937, 476, 477); soweit der Dritte durch das auf diese Weise wirksam gebliebene Testament bedacht ist, kommt aber Erbunwürdigkeit in Betracht (vgl BGH NJW-RR 1990, 515 f).

**d) Gegenstand der Veränderung**

**11** Die Veränderung muss grundsätzlich **an der Urkunde selbst** stattfinden. Existieren von der Urkunde **mehrere Urschriften**, so wird die Vernichtung oder Veränderung einer Urschrift für ausreichend gehalten, sofern sich der Widerrufswille unzweifelhaft ergibt (RGZ 14, 183, 184; KG ZEV 1995, 107 = NJW-RR 1995, 1099); dabei ist die Regelung des § 2255 S 2, derzufolge bei Vernichtung der Testamentsurkunde durch den Testator die Aufhebungsabsicht vermutet wird, nicht heranzuziehen (BayObLG FamRZ 1990, 1281, 1284 = NJW-RR 1990, 1480, 1481 [wobei die Urschriften geringfügig voneinander abwichen]), denn der Testator kann das Ziel verfolgt haben, lediglich die Duplikate zur Vermeidung von Missverständnissen zu beseitigen. Ob es ausreicht, wenn eine **Abschrift** der Urkunde entsprechend vernichtet oder verändert wird, ist zweifelhaft (nur für den Fall, dass der Vermerk der Form des § 2254 entspricht, bejahend OLG Frankfurt/M NJW 1950, 607; STAUDINGER-BAUMANN RdNr 14, vgl dazu § 2254 RdNr 5). Zumindest dann, wenn dem Erblasser die Urschrift zur Verfügung stand, wird man es nicht ausreichen lassen, wenn er nicht diese, sondern eine Abschrift mit einem entsprechenden Vermerk versieht oder sie vernichtet (vgl KG ZEV 1995, 107f = NJW-RR 1995, 1099). Zum Ungültigkeitsvermerk auf dem Testamentsumschlag vgl RdNr 9.

**12** Besondere Schwierigkeiten treten auf, wenn der Erblasser nicht ein Testament in mehreren Urschriften, sondern **mehrere Testamente** errichtet hat und von diesen ein Testament durch Vernichtung oder Veränderungen widerruft. In diesen Fällen können grundsätzlich **frühere Testamente**, die durch das nunmehr widerrufene Testament aufgehoben oder geändert wurden, wiederum **wirksam werden** (§§ 2257, 2258 Abs 2). **Decken** sich jedoch die Testamente **inhaltlich**, sodass es sich der Sache nach um nichts anderes handelt als um ein Testament, das in mehreren, zeitlich nacheinander errichteten Urschriften existiert, so kann sich die Vernichtung einer Testamentsurkunde auch als **Widerruf aller Testamente** darstellen (BayObLG FamRZ 1990, 1281, 1284 = NJW-RR 1990, 1480, 1481). Dass dabei Testamentsurkunden ohne äußere Veränderungen bestehen bleiben, obwohl sie keine Gültigkeit besitzen sollen, steht nicht entgegen, denn nicht anders verhält es sich bei einem Widerruf, der in einem gesonderten Testament erklärt wird (§ 2254). Welchen Erklärungswert der Widerruf in diesen Fällen hat, ist eine Frage des Einzelfalls (vgl BayObLG FamRZ 1990, 1281, 1283 f).

### e) Beschränkung der Veränderung

Ohne weiteres möglich ist es, die **Veränderung auf einzelne Teile zu beschränken** (RGZ 71, 293, 300; BayObLG FamRZ 1995, 246, 247), etwa indem einzelne Verfügungen gestrichen werden; die Form des § 2247 braucht dabei nicht eingehalten zu werden (vgl MünchKomm-BURKART RdNr 7; STAUDINGER-BAUMANN RdNr 11). Das gilt auch dann, wenn die Streichung dazu führt, dass sich der Inhalt der anderen Verfügungen verändert, etwa indem von zwei Bedachten, die als Miterben eingesetzt waren, ein Name gestrichen wird. Dass dem anderen Bedachten damit die Erbschaft als Alleinerben anfällt, ist nicht die Folge einer über den Widerruf hinausgehenden positiven Verfügung, sondern die der gesetzlichen Regelung in §§ 2088, 2089 (SOERGEL-HARDER RdNr 10; STAUDINGER-BAUMANN RdNr 12). Anders verhält es sich, wenn einzelne Verfügungen nicht nur gestrichen, sondern durch **andere positive Verfügungen** ersetzt werden. Wenn der Name eines Bedachten gestrichen und durch einen anderen Namen ersetzt wird, so ist hinsichtlich des Streichens der Widerruf unabhängig von der Form des § 2247 wirksam, während die Verfügung durch Einsetzen eines anderen Namens der Form des § 2247 bedarf (RGZ 71, 293, 302f; MünchKomm-BURKART RdNr 7; zur Möglichkeit, dass die bereits vorhandene Unterschrift diese Veränderung deckt, vgl § 2247 RdNr 25). Nichts anderes kann gelten, wenn der Testator den Namen des bisher Bedachten so verändert, dass nun eine andere Person bedacht ist. Ob im Falle der Formunwirksamkeit der positiven Verfügung Unwirksamkeit des Widerrufs durch das Streichen oder Überschreiben anzunehmen ist, weil es für diesen Fall an der Widerrufsabsicht gefehlt hat, ist eine Frage der Auslegung; im Zweifel wird man nicht von einem solchen Zusammenhang ausgehen können (so auch STAUDINGER-BAUMANN RdNr 12).

### 3. Widerrufsabsicht

Der Testator muss die Vernichtung oder Veränderung der Testamentsurkunde **in Widerrufsabsicht** vorgenommen haben. Dazu ist neben der Testierfähigkeit (vgl § 2229 RdNr 4 ff, zu den Besonderheiten der negativen Testierfähigkeit auf der Grundlage des Rechts bis zum 31. 12. 1991 vgl § 2253 RdNr 11) erforderlich, dass der Erblasser durch die Aufhebung der Verfügung die Rechtsverhältnisse nach seinem Tode gestalten wollte. Dient die Vernichtung oder Veränderung lediglich **der Vorbereitung einer neuen Verfügung von Todes wegen**, so kann es an dem notwendigen Testierwillen ebenso fehlen, wie dies bei dem Entwurf eines Testaments der Fall ist (vgl [Durchstreichen und Errichten einer inhaltsgleichen, jedoch formunwirksamen Verfügung] BayObLG FGPrax 1997, 190 f = ZEV 1997, 453, 454 = FamRZ 1998, 258, 259 = NJW-RR 1997, 1302, 1303; RGZ 71, 293, 301; 111, 261, 265). Geht der Erblasser davon aus, dass die **Urkunde, die er vernichtet, ohnehin unwirksam** ist, so kann es am Testierwillen hinsichtlich des Widerrufs fehlen. Das wird anzunehmen sein, wenn der Erblasser den Inhalt des Testaments gelten lassen will, jedoch der Auffassung ist, dieser Inhalt sei in der Testamentsurkunde ohnehin nicht wirksam niedergelegt. Der Testator will dann nur ein Papier, nicht sein Testament zerreißen. Wollte der Erblasser dagegen bei der Vernichtung oder Veränderung des vermeintlich unwirksamen Testaments zum Ausdruck bringen, dass dieser Inhalt nicht gelten soll, und wollte er durch die Veränderung jeden Anschein eines wirksamen Testaments zerstören, so hat er mit Testierwillen gehandelt (OLG Hamm NJW-RR 2002, 222, 223 = ZEV 2002, 108, 109). Unterliegt der Testator der Fehlvorstellung, das jetzt vernichtete Testament sei durch ein weiteres Testament bereits aufgehoben, obwohl dieses seinerseits formunwirksam ist, so ist es eine Frage des Einzelfalls, ob die Vernichtung oder Veränderung mit Testierwillen geschehen ist. Zu vermuten ist ein solcher Wille nicht. Bei seiner Feststellung wird es auch darauf ankommen, welchen Inhalt das formunwirksam neu errichtete Testament hat und inwieweit es deshalb den Schluss darauf zulässt, dass der Testator das zerrissene Testament nicht zur Vermeidung von Unklarheiten vernichtet hat, sondern in der Absicht, jeden Anschein einer Verfügung mit diesem Inhalt aus der Welt zu schaffen (OLG Hamm NJW-RR 2002, 222, 223 = ZEV 2002, 108, 109; vgl auch [im Zweifel kein Testierwille] OLG Freiburg Rpfleger 1952, 340, 341; STAUDINGER-BAUMANN RdNr 21; aA [im Zweifel mit Testierwillen; ggf Anfechtung des Widerrufs] RGRK-KREGEL § 2255 RdNr 5).

**15** An einem Widerruf in Widerrufsabsicht fehlt es, wenn das Testament **versehentlich vernichtet, verändert** oder seine Existenz **vergessen** wurde (vgl BayObLG FamRZ 1990, 1162, 1163; NJW-RR 1992, 653, 654; BGH NJW 1951, 559; OLG Köln Rpfleger 1986, 224, 225). Das Fehlen der Widerrufsabsicht kann auch nicht dadurch ersetzt werden, dass der Erblasser die versehentliche Vernichtung oder Veränderung anschließend billigt (BGH NJW 1951, 559, offen gelassen in NJW-RR 1990, 515, 516). Unterliegt der Erblasser der unrichtigen Vorstellung, eine solche nachträgliche Billigung reiche als Widerruf aus, so wird in der Literatur erwogen, eine Anfechtung des vermeintlich widerrufenen Testaments in entsprechender Anwendung des § 2078 zuzulassen (STAUDINGER-BAUMANN RdNr 23). Für eine solche Analogie – eine unmittelbare Anwendung scheidet aus, da der Erblasser im Zeitpunkt der Testamentserrichtung keiner Fehlvorstellung unterlag – wird es indes an einer Lücke im Gesetz fehlen.

## V. Beweisfragen

### 1. Inhalt und Grenzen der Regelung des S 2

**16** Nach S 2 wird vermutet, dass der Erblasser **die Aufhebung** des Testaments **beabsichtigt hat**, wenn er die Testamentsurkunde vernichtet oder in der durch S 1 bezeichneten Weise verändert hat. Mit dieser Regelung trägt das Gesetz dem Umstand Rechnung, dass die Nichterweislichkeit der Voraussetzungen des Widerrufs eines Testaments zu Lasten desjenigen geht, der aus diesem Widerruf Rechtsfolgen ableiten möchte; sei es, dass bei Wirksamkeit des Widerrufs die gesetzliche Erbfolge eintritt, sei es, dass ein früher errichtetes Testament wieder wirksam wird, indem der Widerruf einen Widerruf dieses Testaments oder eine abweichende Verfügung von Todes wegen betrifft. Zu den Voraussetzungen der Wirksamkeit des Widerrufs gehört auch die Widerrufsabsicht (vgl RdNr 14), sodass die genannte Verteilung der Beweislast bzw Feststellungslast grundsätzlich auch die Frage betrifft, ob beispielsweise eine Testamentsurkunde versehentlich zerrissen wurde oder ob dies in Widerrufsabsicht geschah. Hinsichtlich dieser Frage enthält S 2 eine **Tatsachenvermutung**, die nach § 292 S 1 ZPO nur durch den **Beweis des Gegenteils zu widerlegen** ist (vgl BayObLG FamRZ 1990, 1281, 1283 = NJW-RR 1990, 1480, 1481).

**17** Die gesetzliche Vermutung beschränkt sich auf die Tatsache, dass der Erblasser in Widerrufsabsicht gehandelt hat. Es wird dabei insbesondere **nicht vermutet**, dass die Zerstörung oder Veränderung der Testamentsurkunde auf eine Handlung des Erblassers zurückzuführen ist. Die Folgen der Nichterweislichkeit dieser Frage treffen vielmehr denjenigen, der aus dem Widerruf Folgen ableitet. Neben der Tatsache der Vernichtung oder Veränderung der Urkunde (OLG Celle MDR 1962, 410) muss deshalb feststehen – nicht nur wahrscheinlich sein –, dass dies durch den Erblasser geschehen ist (OLG Hamm DNotZ 1950, 43; OLG Frankfurt/M Rpfleger 1978, 310, 312; BayObLG FamRZ 1992, 1350, 1351; 1998, 1469; OLG Düsseldorf NJW-RR 1994, 142; OLG Zweibrücken NJWE-FER 2001, 154, 155 = Rpfleger 2001, 350, 351 f). Für das Eingreifen der Vermutung reicht es aus, wenn feststeht, dass die Vernichtung oder Veränderung auf den Erblasser zurückzuführen ist; er braucht nicht eigenhändig gehandelt zu haben, sofern nur die in RdNr 10 genannten Voraussetzungen erfüllt sind (dort auch zu der wesentlich restriktiveren hL). Wurde von **mehreren Urschriften** eines privatschriftlichen Testaments nur eine vernichtet oder verändert, so greift die Vermutung des S 2 nicht ein (KG FamRZ 1995, 897 = FGPrax 1995, 73 = NJW-RR 1995, 1099, zustimmend LEIPOLD JZ 1996, 287, 290; BayObLG FamRZ 1990, 1281, 1284 = NJW-RR 1990, 1480, 1481; KG JFG 14, 280, 283; BAUMGÄRTEL-LAUMEN-SCHMITZ RdNr 2, vgl auch RdNr 11). Auch wenn aus den genannten Gründen die Vermutung des S 2 sich nicht darauf bezieht, dass die Veränderung oder die Vernichtung durch den Erblasser geschehen ist, so kann es doch im Einzelfall möglich sein, einen **Satz der Lebenserfahrung** heranzuziehen, der besagt, dass eine Urkunde, die sich **im Einflussbereich des Erblassers befand** und dort verändert und vernichtet wurde, **vom Erblasser verändert oder vernichtet wurde** (vgl BayObLGZ 1983, 204, 208; NJW-RR 1996, 1094 = ZEV 1996, 271 m zust Anm HOHMANN; BayObLG FamRZ 1996, 1110, 1111; vgl auch BayObLG FamRZ 1998, 1469). Allein die **Unauffindbarkeit** der Urkunde rechtfertigt die Anwendung eines solchen Satzes **nicht** (BayObLG NJW-RR 1992, 1358 = FamRZ 1993, 117; OLG Düsseldorf FamRZ 1994, 1283; OLG Zweibrücken NJWE-FER 2001, 154, 155 = Rpfleger 2001, 350, 352). Der genannte Satz der Lebenserfahrung kann aber erschüttert werden, ohne dass das Gegenteil als erwiesen angesehen werden muss. Dazu kann es ausreichen, wenn dargelegt wird, dass Personen, die an der Unterdrückung des Testaments möglicherweise Interesse hatten, auf die Testamentsurkunde zugreifen konnten.

### 2. Feststellung des Inhalts des nicht wirksam widerrufenen Testaments

Lässt sich nicht feststellen, dass das Testament verändert oder vernichtet wurde, dass die Vernichtung oder Veränderung durch den Erblasser vorgenommen wurde, oder ist die Vermutung des § 2255 S 2 widerlegt, so ist das Testament **nicht wirksam widerrufen**, sondern **bleibt, soweit es wirksam errichtet ist, gültig**, auch wenn die Testamentsurkunde selbst nicht mehr oder nur in veränderter Form zur Verfügung steht. Die Formgültigkeit der Errichtung und der Inhalt des Testaments kann mit allen zulässigen Beweismitteln (OLG Zweibrücken NJWE-FER 2001, 154, 155 = Rpfleger 2001, 350, 351; zB Abschriften, OLG Saarbrücken DNotZ 1950, 68; Kopien, BayObLG NJW-RR 1992, 1358; FamRZ 2001, 1327, 1328 = NJWE-FER 2001, 128; FamRZ 2001, 945 = NJWE-FER 2001, 22; FamRZ 2001, 771 = Rpfleger 2001, 181; BayObLGZ 2001, 347, 350 f = NJW-RR 2002, 726 f; Rpfleger 2002, 267; Resten der zerstörten Urkunde; Sachverständigengutachten; Zeugenvernehmung, OLG Zweibrücken NJW-RR 1987, 1158) ermittelt werden. Dabei ist es nicht erforderlich, dass der genaue Wortlaut festgestellt wird, solange nur der Regelungsgehalt zur Gewissheit des Gerichts feststeht (vgl BayObLGZ 1967, 197, 206). Der Nachweis setzt im FGG-Verfahren regelmäßig eine förmliche Beweisaufnahme voraus (OLG Frankfurt/M ZErb 2002, 49, 50). **Nichterweislichkeit** dieser Fragen geht grundsätzlich zu Lasten dessen, der aus dem Testament Rechte ableitet (OLG Hamm NJW 1974, 1827; BayObLGZ 1977, 59, 62; Rpfleger 1980, 60; OLG Düsseldorf NJW-RR 1994, 142). Ist die Nichterweislichkeit infolge der Vernichtung der Urkunde einem Erbprätendenten zuzurechnen, so kann dies nach hM dazu führen, dass nicht aufklärbare Zweifel zu seinen Lasten gehen (vgl OLG Hamm NJW-RR 1996, 1095 = FGPrax 1996, 28, 30 = ZEV 1996, 272; MünchKomm-BURKART RdNr 16). Lässt sich nur ein **Teil des Testamentsinhalts** ermitteln, so reicht dies regelmäßig nicht aus, denn der Inhalt einer letztwilligen Verfügung erschließt sich erst durch ihre Gesamtheit. So kann eine Einsetzung als Alleinerbe durch die Anordnung eines Vermächtnisses weitgehend entwertet werden. Erforderlich ist deshalb grundsätzlich die Feststellung des Gesamtwillens, wobei die Feststellung seiner Formulierung im Einzelnen nicht erforderlich ist. Anderes gilt, wenn sich aus dem festgestellten Teil des Testaments ein Gesamtwille ergibt, aus dem sich die Aufrechterhaltung dieses Teils unabhängig von der Feststellbarkeit der übrigen Teile ableiten lässt (BGH NJW 1955, 460 [LS]; BayObLGZ 1967, 197, 206f; STAUDINGER-BAUMANN RdNr 31).

**19** Wurde ein **öffentliches Testament** ohne Widerrufswillen des Testators zerstört oder ist es abhanden gekommen, so kann es unter den Voraussetzungen des **§ 46 BeurkG** ersetzt werden. Die Regelung ist auf privatschriftliche Testamente nicht anzuwenden, auch wenn sie sich in amtlicher Verwahrung befanden (STAUDINGER-BAUMANN RdNr 35).

## § 2256 Widerruf durch Rücknahme des Testaments aus der amtlichen Verwahrung

(1) Ein vor einem Notar oder nach § 2249 errichtetes Testament gilt als widerrufen, wenn die in amtliche Verwahrung genommene Urkunde dem Erblasser zurückgegeben wird. Die zurückgebende Stelle soll den Erblasser über die in Satz 1 vorgesehene Folge der Rückgabe belehren, dies auf der Urkunde vermerken und aktenkundig machen, dass beides geschehen ist.

(2) Der Erblasser kann die Rückgabe jederzeit verlangen. Das Testament darf nur an den Erblasser persönlich zurückgegeben werden.

(3) Die Vorschriften des Absatzes 2 gelten auch für ein nach § 2248 hinterlegtes Testament; die Rückgabe ist auf die Wirksamkeit des Testaments ohne Einfluss.

Zum Schrifttum vgl vor § 2229

### Übersicht

| | | |
|---|---|---|
| I. | Zeittafel | 1 |
| II. | Recht der ehemaligen DDR | 2 |
| III. | Sinn der Regelung | 3 |
| IV. | Voraussetzungen der Widerrufsfiktion | 4 |
| | 1. Gegenstand der Rücknahme | 4 |
| | 2. Besondere amtliche Verwahrung | 5 |
| | 3. Rückgabeverlangen | 6 |
| | 4. Rückgabe | 7 |
| | 5. Belehrungspflicht | 8 |
| V. | Beseitigung der Widerrufsfiktion | 9 |
| | 1. Anfechtung | 9 |
| | 2. Aufrechterhaltung als privatschriftliches Testament | 10 |
| VI. | Bezugnahme in später errichtetem Testament | 11 |

## I. Zeittafel

Die ursprüngliche Fassung des BGB sah zwar eine entsprechende Widerrufsregelung vor, enthielt aber noch keine Verpflichtung zur Belehrung über diese Folge der Rücknahme. Diese Belehrungspflicht ist durch § 34 TestG Gesetz geworden; die Regelung wurde dann durch das GesEinhG in das BGB reinkorporiert. Im Zuge der Beseitigung der richterlichen Zuständigkeit für die Errichtung öffentlicher Testamente durch das BeurkG wurden in Abs 1 S 1 die Worte »vor einem Richter oder« gestrichen. Für die **vor dem In-Kraft-Treten des BeurkG** vor einem Richter errichteten Testamente erklärt § 68 Abs 3 BeurkG (idF durch das Gesetz vom 27. 6. 1970, BGBl I 911, 916) die Regelung des § 2256 Abs 1 und 2 für anwendbar (vgl dazu ZIMMERMANN Rpfleger 1970, 189, 193).

## II. Recht der ehemaligen DDR

§ 387 Abs 2 ZGB enthält eine entsprechende Regelung: *(2) Der Widerruf erfolgt durch ... 2. Rücknahme des notariellen Testaments oder des Nottestaments aus der Verwahrung.* Diese Regelung bezieht sich – anders als die des BGB (vgl RdNr 4) – auch auf das Nottestament in der Form des Zweizeugentestaments. Privatschriftliche Testamente werden nicht erfasst, auch wenn sie in die Verwahrung des Staatlichen Notariats gegeben wurden (ZGB-Kommentar § 387 Anm 2.2). Ergänzt wird die Regelung durch § 24 Abs 3 NotG: *(3) Ein Testament kann nur persönlich vom Erblasser zurückgenommen werden. Die Rücknahme ist zu beurkunden.* Für die Rücknahme war die Handlungsfähigkeit des Erblassers (vgl § 2229 RdNr 2) erforderlich (ZGB-Kommentar § 387 Anm 2.2).

## III. Sinn der Regelung

Die Errichtung des Testaments vor einem Notar soll für den Testator auch gewährleisten, dass sein letzter Wille im Falle des Versterbens bekannt wird. Das Risiko der Unterdrückung und der Verfälschung des Testaments – letzteres ist deswegen besonders hoch, weil das öffentliche Testament nicht vom Erblasser eigenhändig geschrieben zu sein braucht – soll dadurch ausgeschaltet werden. Diese Sicherheit des vor einem Notar errichteten Testaments wird nicht erreicht, wenn das Testament aus der besonderen amtlichen Verwahrung zurückgenommen wird. Angesichts der besonderen Beweiswirkung des vor einem Notar errichteten Testaments wiegen auch die Gefahren, wenn ein öffentliches Testament verfälscht wird, schwer. Der Gesetzgeber zieht daraus die sehr weitgehende Konsequenz, dass das öffentliche Testament im Falle der Rücknahme aus der amtlichen Verwahrung als widerrufen gilt. Da die besondere Beweiskraft nur dem vor einem Notar oder einem nach § 2249 errichteten Testament zukommt, beschränkt sich die Widerrufsfiktion auch auf die Rücknahme eines derartigen Testaments, während die Rücknahme eines privatschriftlichen Testaments aus amtlicher Verwahrung nach Abs 3 keinen Einfluss auf seine Wirksamkeit hat.

## IV. Voraussetzungen der Widerrufsfiktion

### 1. Gegenstand der Rücknahme

4 Abs 1 beschränkt sich auf die Rücknahme eines Testaments, das **vor einem Notar oder nach § 2249** errichtet wurde. Die Regelung bezieht sich damit weder auf das privatschriftliche Testament noch auf die Fälle des Nottestaments nach § 2250. Soweit jedoch § 2250 Abs 1 die Möglichkeit der Testamentserrichtung nach den Regeln des § 2249 eröffnet, ist § 2256 auf ein auf dieser Grundlage errichtetes Testament anzuwenden. Hinsichtlich **gemeinschaftlicher Testamente** enthält § 2272 eine Sonderregelung. Zu Testamenten, die vor dem In-Kraft-Treten des BeurkG vor einem Richter errichtet wurden, vgl RdNr 1. Für das **Konsulartestament** (vgl § 2231 RdNr 10) fehlt eine entsprechende Bestimmung. Das Konsulartestament dient aber dazu, gerade das Fehlen der Möglichkeit einer Beurkundung durch einen deutschen Notar zu kompensieren (vgl § 2231 RdNr 10). Da die Konsulartestamente auch in besondere amtliche Verwahrung zu nehmen sind, bestehen gegen die entsprechende Anwendung des § 2256 keine Bedenken (vgl SOERGEL-HARDER RdNr 2; STAUDINGER-BAUMANN RdNr 7). Für **Erbverträge** galt die Regelung bislang nicht (OLG Köln NJW-RR 1989, 452; MünchKomm-BURKART RdNr 2; MünchKomm-MUSIELAK § 2277 RdNr 6; krit [de lege ferenda] WEIRICH DNotZ 1997, 7, 9 f). Durch das OLGVertrÄndG ändert sich jedoch ab dem 1. 8. 2002 die Rechtslage, indem nunmehr auch der Erbvertrag aus der notariellen oder amtlichen Verwahrung zurückgenommen werden kann und im Fall der Rücknahme die Regelung des § 2256 Abs 1 für entsprechend anwendbar erklärt wird.

### 2. Besondere amtliche Verwahrung

5 Das Testament muss sich in **besonderer amtlicher Verwahrung** befinden. Der Notar ist nach § 34 BeurkG, verpflichtet, ein vor ihm errichtetes öffentliches Testament unverzüglich in die besondere amtliche Verwahrung (vgl §§ 2258a, 2258b) zu geben; entsprechendes gilt im Fall des § 2249 durch die in dieser Bestimmung enthaltene Verweisung auf § 34 BeurkG für die Urkundsperson. Erst wenn die Urkunde in besondere amtliche Verwahrung genommen wurde, kann die Rücknahme die Fiktion des Abs 1 auslösen (BGH NJW 1959, 2113); vor diesem Zeitpunkt ist der Widerruf nur auf der Grundlage der §§ 2254, 2255 möglich.

### 3. Rückgabeverlangen

6 Das Gesetz knüpft dem Wortlaut nach in Abs 1 die Widerrufsfiktion an den Realakt der Rückgabe; dabei wird aber – wie Abs 2 S 1 und Abs 1 S 2 zeigen – vorausgesetzt, dass die Rückgabe auf ein entsprechendes **Verlangen des Erblassers** hin erfolgte (allgA; vgl nur OLG Saarbrücken NJW-RR 1992, 586). Das Rückgabeverlangen kann in beliebiger **Form** gestellt werden. Bei diesem Verlangen ist die **Stellvertretung** zulässig, denn die Regelung der Höchstpersönlichkeit in Abs 2 bezieht sich allein auf die tatsächliche Aushändigung (MünchKomm-BURKART RdNr 5; aA LG Augsburg Rpfleger 1998, 344, 345; LANGE-KUCHINKE § 23 II Fn. 58; SOERGEL-HARDER RdNr 3; STAUDINGER-BAUMANN RdNr 10), was sich daraus rechtfertigt, dass nur durch diesen Akt die Wirkung des Abs 1 S 1 eintritt, und nur wegen dieser Wirkung ist die Rückgabe an den Erblasser persönlich erforderlich (zum Normzweck vgl OLG Saarbrücken NJW-RR 1992, 586f). **Inhalt** des Rückgabeverlangens ist allein das Begehren, die Urkunde ausgehändigt zu bekommen. Die Fiktion des Widerrufs tritt **unabhängig von dem Willen** des Erblassers und auch unabhängig davon ein, ob er von dieser Fol-

ge weiß (BayObLGZ 1960, 490, 494; 1973, 35, 36). Nach ganz überwiegend Auffassung ist für das Rückgabeverlangen die Testierfähigkeit (nach früherem Recht zumindest negative Testierfreiheit, vgl § 2253 RdNr 11 f) erforderlich. Demgegenüber wird man es für ausreichend halten können, wenn der Testator **im Augenblick der tatsächlichen Aushändigung testierfähig** ist (vgl auch BGHZ 23, 207, 211, wo auf den Zeitpunkt der Rücknahme abgestellt wird) und die Rücknahme in diesem Augenblick auch noch will. Für das Abstellen auf diesen Zeitpunkt spricht, dass erst die tatsächliche Rücknahme, nicht bereits das Rückgabeverlangen über die Widerrufsfiktion die Wirkung einer letztwilligen Verfügung auslöst. Praktische Bedeutung kommt dieser Frage kaum zu, denn die hL verlangt die Aufrechterhaltung des Rückgabebegehrens (vgl LG Augsburg Rpfleger 1998, 344, 345) und damit Testierfähigkeit auch im Zeitpunkt der tatsächlichen Aushändigung. Unterschiede ergeben sich damit nur dann, wenn der Erblasser bei der Äußerung des Rückgabeverlangens nicht testierfähig war, bei der Rückgabe des Testaments aber über diese Fähigkeit verfügt. In derartigen Fällen wird man auf der Grundlage der hL in der Entgegennahme zugleich ein stillschweigend gestelltes erneutes Rückgabeverlangen sehen, das angesichts der dann gegebenen Testierfähigkeit wirksam ist (so iE auch STAUDINGER-BAUMANN RdNr 12).

### 4. Rückgabe

Die Fiktion wird erst durch die **tatsächliche Rückgabe** ausgelöst (BGH NJW 1959, 2113). Diese muss an den (testierfähigen) Erblasser **selbst, nicht** an einen **Bevollmächtigten** erfolgen; der Erblasser muss die Urkunde **unmittelbar vom Gericht** (Rechtspfleger) erhalten. Die Übersendung mittels Boten oder Post führt – ebenso wie die Aushändigung an einen Bevollmächtigten (OLG Saarbrücken NJW-RR 1992, 586 f) – nicht zur Fiktion des Widerrufs (KG JW 1935, 3559, 3560 = DNotZ 1935, 828, 829; STAUDINGER-BAUMANN RdNr 14; vgl auch DNotI-Report 2002, 17 ff). Das vermeintlich auf diese Weise unwirksam gewordene Testament kann nicht durch Anfechtung beseitigt werden, denn der Testator unterlag bei der *Errichtung* des Testaments keiner Fehlvorstellung (OLG Saarbrücken NJW-RR 1992, 586, 587; vgl aber STAUDINGER-BAUMANN § 2255 RdNr 23, dazu 2255 RdNr 15). Kann der Testator aus gesundheitlichen Gründen die Urkunde nicht bei Gericht entgegennehmen, so muss der zuständige Rechtspfleger ihn aufsuchen und die Urkunde aushändigen. Wenn der Testator vom Verwahrungsgericht räumlich weit entfernt wohnt, so kann die Rückgabe im Wege der Rechtshilfe durchgeführt werden (KEIDEL-KUNTZE-WINKLER § 2 FGG RdNr 23). Wohnt der Testator im Ausland, so erfolgt die Rückgabe durch Vermittlung des Konsuls (vgl KG OLGE 30, 215). Der Umschlag des Testaments (§ 34 BeurkG) darf vom Rechtspfleger bei der Rückgabe nur geöffnet werden, wenn der Erblasser dem zustimmt (PALANDT-EDENHOFER § 2258b RdNr 4; aA FISCHER Rpfleger 1958, 177, 178). Die Gewährung der **Einsichtnahme** steht der Rückgabe nicht gleich und zwar auch dann nicht, wenn anlässlich der Einsichtnahme das Testament versehentlich zurückgegeben wird (STAUDINGER-BAUMANN RdNr 15; zur Anwendbarkeit des § 2255 bei Vernichtung oder Veränderung des Testaments vgl dort RdNr 4). In Fällen, in denen der Testator bei der Einsichtnahme das Testament heimlich an sich nimmt, wird dagegen eine analoge Anwendung der Widerrufsfiktion des § 2256 Abs 1 befürwortet (STAUDINGER-BAUMANN RdNr 15). Diese Unterscheidung ist sachgerecht: Während bei der versehentlichen Rückgabe der Schutz des Testators auf die fortdauernde Wirksamkeit seiner Verfügung von Todes wegen im Vordergrund steht, entfällt dieser Gesichtspunkt bei heimlichem Ansichnehmen seitens des Erblassers.

## 5. Belehrungspflicht

**8** Nach Abs 1 S 2 soll der Testator bei der Rückgabe über die Widerrufsfiktion belehrt werden (zum Verfahren § 27 Abs 9 und § 14 AktO [§ 27 in der in Bayern geltenden Fassung abgedruckt bei FIRSCHING-GRAF Anh 4]). Weder die Belehrung selbst noch die erforderlichen Vermerke sind für den Eintritt der Widerrufsfiktion von Bedeutung (zur Möglichkeit der Anfechtung vgl RdNr 9). In Betracht kommen aber Schadensersatzansprüche wegen Amtspflichtverletzung.

## V. Beseitigung der Widerrufsfiktion

### 1. Anfechtung

**9** Die Widerrufsfiktion des § 2256 kann **nicht durch einen Widerruf** beseitigt werden (BayObLG NJW-RR 1990, 1481, 1482; DNotZ 1973, 630, 631). Das ergibt sich bereits aus dem Wortlaut des § 2257, der sich auf den durch Testament erfolgten Widerruf beschränkt; es folgt aber auch aus dem Sinn der Widerrufsfiktion (vgl RdNr 3). Auch das Zurückbringen in besondere amtliche Verwahrung ändert an der Unwirksamkeit des nach § 2256 widerrufenen Testaments nichts (MünchKomm-BURKART RdNr 8). Die Rücknahme kann aber in entsprechender Anwendung des § 2078 Abs 2 **angefochten** werden, wenn dessen Voraussetzungen hinsichtlich des Widerrufs durch Rücknahme erfüllt sind (BayObLGZ 1960, 490, 494; MünchKomm-BURKART RdNr 10; SOERGEL-HARDER RdNr 9; NEUFFER S 96f; aA VON LÜBTOW NJW 1968, 1849, 1851; KIPP-COING § 31 II 3; offen lassend BayObLG NJW-RR 1990, 1481, 1482; STAUDINGER-BAUMANN RdNr 21). Zur Anfechtung berechtigt sind nur **die in § 2080 Genannten** (MünchKomm-BURKART RdNr 11). Dem **Erblasser** wird grundsätzlich eine Anfechtung zu versagen sein, da die Neuerrichtung des Testaments möglich ist; eine Ausnahme gilt, wenn ein gemeinschaftliches Testament nach §§ 2272, 2256 widerrufen wird (MünchKomm-BURKART RdNr 11). Eine Anfechtung auf der Grundlage des § 2078 Abs 1 ist angesichts der Belehrung durch den Rechtspfleger regelmäßig ausgeschlossen (vgl BayObLG NJW-RR 1990, 1481, 1482). Ein **Anfechtungsgrund** ist gegeben, wenn dem Erblasser die rechtliche Bedeutung der Rücknahme als Widerruf unbekannt war (KG JFG 21, 323, 325) oder der Erblasser durch Drohung zur Rücknahme bestimmt worden ist (BayObLGZ 1960, 490, 494). Eine Anfechtung wird auch dann bejaht, wenn der Testator bei der Rücknahme davon ausging, er könne die Widerrufswirkung durch eine gegenteilige testamentarische Verfügung wieder beseitigen und so dem Testament wiederum Gültigkeit verschaffen (KG NJW 1970, 612, 613 = OLGZ 1970, 242, 246 ff). Dies setzt aber voraus, dass die entsprechende Fehlvorstellung im Zeitpunkt der Testamentsrücknahme feststeht. Nicht ausreichend ist es, wenn der Testator nach der Rücknahme anlässlich einer neuen letztwilligen Verfügung einem Irrtum über die Wirkungen der Rücknahme unterliegt (BayObLG NJW-RR 1990, 1481, 1482).

### 2. Aufrechterhaltung als privatschriftliches Testament

**10** Wenn ein öffentliches Testament durch Übergabe einer Schrift errichtet wurde, so kann der Fall auftreten, dass diese Schrift ihrerseits der Testamentsform des § 2247 entspricht. Wird ein solches Testament aus der besonderen amtlichen Verwahrung zurückgegeben, so ist es **auch als privatschriftliches widerrufen** und ungültig (PALANDT-EDENHOFER RdNr 1; ERMAN-M SCHMIDT RdNr 5; differenzierend [bei Entnahme aus dem mit dem Ungültigkeitsvermerk versehenen Umschlag wirksam, sonst unwirksam] STAUDINGER-BAUMANN RdNr 20 mwN in RdNr 19, ähnlich auch SOERGEL-HARDER RdNr 7; im

Grundsatz wie hier, jedoch anders, wenn feststeht, dass Erblasser durch Beurkundung nur Verstärkung der Wirkung erreichen wollte, MünchKomm-BURKART RdNr 3, 8; ähnlich auch LANGE-KUCHINKE § 23 III 2 b ψ). Gegen eine Aufrechterhaltung als privatschriftliches Testament spricht nicht zuletzt, dass der Testator bei der Rücknahme gerade auf die Widerrufswirkung hingewiesen wird. Deshalb reicht es nicht aus, das Testament aus dem Umschlag zu entfernen, um es in Geltung zu setzen, denn dies ist keine hinreichende Basis für die Feststellung des neuerlichen Testierwillens (vgl aber RdNr 11). Das muss auch dann gelten, wenn das öffentliche Testament an Formfehlern litt und deshalb unwirksam war. Auch dann muss das Vertrauen des Erblassers darauf geschützt werden, dass die Widerrufswirkung, auf die er bei der Rücknahme eigens hingewiesen wird, auch eintritt.

### VI. Bezugnahme in später errichtetem Testament

Wird in einem später errichteten privatschriftlichen Testament auf ein Testament, das sich in besonderer amtlicher Verwahrung befindet, verwiesen, so ist zu **unterscheiden**: Sofern das verwahrte Testament wirksam ist, liegt in der Verweisung eine zulässige Bezugnahme (vgl § 2247 RdNr 12). Wenn das in Bezug genommene Testament bereits aus der amtlichen Verwahrung **zurückgegeben** wurde, so ist es unwirksam, sodass **eine Verweisung nicht wirksam** ist. Soweit das zunächst verwahrte Testament **eigenhändig** geschrieben ist, kann es aber als Grundlage eines neu errichteten Testaments verwendet werden, indem es mit Testierwillen nunmehr neu unterschrieben wird oder als Anlage einem neu errichteten Testament beigefügt wird (vgl § 2247 RdNr 12, vgl auch BayObLG NJW-RR 1990, 1481, 1482). Wird das Testament aus der amtlichen Verwahrung **zurückgegeben**, **nachdem** das verweisende Testament errichtet wurde, so wird mit der Unwirksamkeit des öffentlichen Testaments auch die Bezugnahme in dem privatschriftlichen Testament **unwirksam** (SCHUBERT JR 1981, 24, 25; vgl auch § 2247 RdNr 12). Soweit dies dem Testator unbekannt war, wird man eine Anfechtung der Rücknahme des Testaments aus der Verwahrung für begründet halten (STAUDINGER-BAUMANN RdNr 4). Zu dem Fall, dass sich das in Bezug genommene notarielle Testament noch in besonderer amtlicher Verwahrung befindet, jedoch durch Testament widerrufen wurde, vgl § 2247 RdNr 12.

### § 2257 Widerruf des Widerrufs

**Wird der durch Testament erfolgte Widerruf einer letztwilligen Verfügung widerrufen, so ist im Zweifel die Verfügung wirksam, wie wenn sie nicht widerrufen worden wäre.**

Zum Schrifttum vgl vor § 2229

### Übersicht

| | | |
|---|---|---|
| I. | Zeittafel | 1 |
| II. | Recht der ehemaligen DDR | 2 |
| III. | Sinn der Regelung | 3 |

| IV. Einzelerläuterungen | 4 |
|---|---|
| 1. Anwendungsbereich | 4 |
| 2. Anforderungen an den Widerruf des Widerrufs | 6 |
| 3. Folgen des Widerrufs des widerrufenden Testaments | 7 |
| 4. Beseitigung des Widerrufs des Widerrufstestaments | 8 |

## I. Zeittafel

**1** Die ursprüngliche Fassung des BGB kannte den Widerruf des Widerrufs, sah aber vor, dass dieser stets die Wirksamkeit der widerrufenen Verfügung nach sich zieht. § 35 TestG übernahm die Regelung, fügte aber die Worte »im Zweifel« ein, sodass die zwingende Regelung zu einer Auslegungsregel wurde (vgl dazu BayObLG FamRZ 1996, 1112). Bei der Rückführung in das BGB durch das GesEinhG wurde der Wortlaut des § 35 TestG beibehalten.

## II. Recht der ehemaligen DDR

**2** Das ZGB enthält keine entsprechende Regelung, sodass ein durch Widerruf unwirksam gewordenes Testament nur in den Formen der Testamentserrichtung wieder wirksam werden kann. Hinsichtlich der Anwendbarkeit des Rechts der ehemaligen DDR (vgl vor § 2229 RdNr 11 ff) ist zu beachten, dass § 2257 eine Regelung ist, die an die Aufhebung einer Verfügung von Todes wegen durch einen Widerruf anknüpft. Nur wenn dieser Widerruf vor dem Wirksamwerden des Beitritts erfolgte, kommt deshalb eine Fortgeltung des Rechts der ehemaligen DDR nach Art 235 § 2 S 1 EGBGB in Betracht. Damit ist § 2258 Abs 2 anwendbar, wenn der Widerruf nach dem Wirksamwerden des Beitritts erklärt wurde, auch wenn damit ein Testament wirksam wird, das nach den Regeln des ZGB unwiderruflich unwirksam gewesen wäre. Diesem Umstand wird bei der Frage Rechnung zu tragen sein, ob ein solches Wirksamwerden vom Erblasser gewollt war.

## III. Sinn der Regelung

**3** Der Widerruf eines Testaments durch ein Testament zielt – wie das Testament selbst – auf die Gestaltung der Rechtslage nach Eintritt des Erbfalls ab. Auch wenn der Widerruf bereits jetzt Rechtsfolgen nach sich zieht, indem er schon zu Lebzeiten des Erblassers zur Unwirksamkeit des Testaments führt, so reichen doch die Wirkungen dieser Unwirksamkeit erst mit dem Erbfall über den Rechtskreis des Erblassers hinaus. Daraus erklärt sich die Möglichkeit, einen Widerruf wiederum zu widerrufen.

## IV. Einzelerläuterungen

### 1. Anwendungsbereich

**4** § 2257 beschränkt die Widerrufsmöglichkeit auf den Widerruf eines **durch** (privatschriftliches oder öffentliches) **Testament erklärten Widerrufs**, denn im Gegensatz zum Widerruf durch Veränderung oder Vernichtung bleibt bei dieser Form die ursprüngliche Testamentsurkunde erhalten. Der Widerruf durch **Rücknahme**

eines öffentlichen Testaments aus der **besonderen amtlichen Verwahrung** (§ 2256 Abs 1) kann nicht nach § 2257 widerrufen werden (BayObLG NJW-RR 1990, 1481, 1482; STAUDINGER-BAUMANN RdNr 4), da andernfalls der Verfälschungsschutz, den die besondere amtliche Verwahrung sicherstellen soll, unterlaufen werden könnte (BayObLGZ 1973, 35, 36 f). Wurde das Testament durch **Vernichtung, Veränderung** oder **Rücknahme** aus der besonderen amtlichen Verwahrung widerrufen, so kann es nur durch Neuerrichtung wirksam werden. Das gilt auch für den Widerruf durch einen **Ungültigkeitsvermerk** oder für Streichungen in der Testamentsurkunde (MünchKomm-BURKART RdNr 3 mwN; zweifelnd LANGE-KUCHINKE § 23 III 1a). In diesen Fällen reicht es nicht aus, den Ungültigkeitsvermerk zu beseitigen, die Streichung auszuradieren, das zerrissene Testament wieder zusammenzukleben (BayObLG FamRZ 1996, 1113 = NJW-RR 1996, 1094 = ZEV 1996, 271 m Anm HOHMANN [der in dem Zusammenkleben ein – für sich allein nicht ausreichendes – Indiz für eine Anfechtung des Widerrufs durch das Zerreißen sehen will]) oder den Text zu unterpunkten, sondern die letztwillige Verfügung muss (insoweit) neu errichtet werden. Dabei ist aber an die Möglichkeit der **Neuerrichtung durch Bezugnahme** zu denken: Wenn der Erblasser aus seinem formwirksamen privatschriftlichen Testament eine Verfügung streicht, später aber neben dem gestrichenen Absatz den eigenhändig geschriebenen und unterschriebenen Vermerk »gilt doch« anfügt, so kann in diesem Vermerk ein Testament in der Form des § 2247 gesehen werden: Zwar enthält der Zusatz »gilt doch« keine letztwillige Verfügung, aus dem engen räumlichen Zusammenhang ergibt sich jedoch, dass die durch die Streichung außer Kraft gesetzte Verfügung nun wieder in Geltung gesetzt werden soll. Da die neue Verfügung und auch die in Bezug genommene Verfügung eigenhändig geschrieben sind, bestehen gegen die Form eines solchen Testaments keine Bedenken (vgl KG JFG 5, 157, 162; DNotZ 1943, 39; RGZ 111, 247, 251 f; 115, 111, 114; SOERGEL-HARDER RdNr 2). Die Möglichkeit der Neuerrichtung durch erneute Unterschrift mit Testierwillen besteht auch bei eigenhändig geschriebenen Testamenten, die durch Zerreißen **vernichtet** und dann wieder zusammengeklebt wurden. In einem solchen Fall kann die Unterschrift nach den bei § 2247 RdNr 23 dargelegten Grundsätzen auch auf einem **Umschlag** stehen, in den das zusammengeklebte Testament hineingelegt wird (OLG Düsseldorf JZ 1951, 309; SOERGEL-HARDER RdNr 2; HOHMANN ZEV 1996, 271, 272; krit ERMAN-M SCHMIDT RdNr 1). Dabei ist zu beachten, dass die Unterschrift nicht nur den Testierwillen belegen, sondern an die Stelle der Unterschrift auf der Testamentsurkunde treten muss (vgl § 2247 RdNr 23). Diese Voraussetzung wurde als erfüllt angesehen, wenn der verschlossene Umschlag mit einem eigenhändig geschriebenen und unterschriebenen Vermerk »Mein Testament« versehen war (OLG Düsseldorf JZ 1951, 309; vgl auch KG NJW 1970, 612, 613). Denkbar ist es auch, dass ein eigenhändiger, jedoch **nicht unterschriebener Vermerk** die Form des § 2247 erfüllt, wenn die bereits vorhandene Unterschrift diesen Vermerk deckt (vgl § 2247 RdNr 25 f); anders soll es sich jedoch hL zufolge (vgl BayObLG FamRZ 1992, 1353, 1354; LANGE-KUCHINKE § 23 III 1 a) in Fällen verhalten, in denen das Testament insgesamt widerrufen wurde, da die Unterschrift die neuerliche Verfügung nicht decke, vgl dazu § 2247 RdNr 28. Ob dem zu folgen ist, erscheint zweifelhaft. Steht fest, dass der Erblasser mit Testierwillen diesen Zusatz hinzugefügt hat, und ergibt sich aus der räumlichen Anordnung, dass er davon ausgehen durfte, dass die bisherige Unterschrift diesen Vermerk deckt (Beispiel: über der Unterschrift wird eigenhändig eingefügt: »Entgegen meinem Widerrufstestament vom … soll Vorstehendes doch gelten«), so sollte das Testament entgegen der hL als formwirksam angesehen werden. Dafür spricht auch die Überlegung, dass durch den Widerruf des Testaments zwar dieses in seiner Gültigkeit aufgehoben wird, dass es aber keinen Grund dafür gibt, die auf diesem Testament befindliche Unterschrift anders zu behandeln als eine Unterschrift, die von Anfang an ohne Testierwillen geleistet wurde (vgl dazu § 2247 RdNr 8). Auch der Vergleich mit einem Fall, in welchem der gesamte Testamentstext über der Unterschrift gestrichen und durch einen anderen Text ersetzt wird (vgl § 2247 RdNr 25) zeigt, dass es inkonsequent ist, einem ununterschriebenen, aber von der vorhandenen Unterschrift gedeckten Gültigkeitsvermerk die Wirksamkeit zu versagen (zur Frage der Ingeltungsetzung durch nicht unterschriebene Neudatierung vgl § 2247 RdNr 28).

Die Möglichkeit der Testamentserrichtung durch Bezugnahme des Gültigkeitsvermerks auf den Text des widerrufenen Testaments setzt in aller Regel (zur Ausnahme bei einem widerrufenen, aber noch in amtlicher Verwahrung befindlichen Testament vgl § 2247 RdNr 12) voraus, dass der **in Bezug genommene Text** seinerseits eigenhändig geschrieben ist. Deshalb scheidet ein Gültigkeitsvermerk in Fällen aus, in denen der Testator sein Testament zur Niederschrift eines Notars erklärt und es später durch Rücknahme aus der besonderen amtlichen Verwahrung widerrufen hat (BayObLGZ 1973, 35, 38 f; zweifelnd KG NJW 1970, 612, 613; zur Anwendung der Andeutungstheorie bei Bezugnahme auf Erklärungen, die diesen Anforderungen nicht genügen, vgl § 2247 RdNr 12). Anders verhält es sich, wenn das öffentliche Testament durch Übergabe einer Schrift errichtet wurde, die ihrerseits eigenhändig geschrieben war (vgl § 2247 RdNr 12).

5 Wurde ein Testament zunächst in **Testamentsform widerrufen** und wurde später die ursprüngliche Testamentsurkunde **vernichtet oder verändert**, dann ist bei wortgetreuer Anwendung des § 2257 ein Widerruf des durch Testament erklärten Widerrufs möglich. Die Vernichtung oder Veränderung der Urkunde steht dem nicht entgegen, denn vernichtet oder verändert wurde nicht ein Testament, sondern nur ein Papier, das ein bereits widerrufenes Testament enthielt. In der Literatur wird aber erwogen, den Anwendungsbereich des § 2257 zu reduzieren, indem der Widerruf des Widerrufs ausgeschlossen ist, wenn der Erblasser das widerrufene Testament gleichzeitig mit dem Widerruf oder später verändert oder vernichtet (STAUDINGER-BAUMANN RdNr 3; SOERGEL-HARDER RdNr 4). Dieser Auffassung ist zuzugeben, dass bei dem Widerruf eines Widerrufstestaments, bei dem das widerrufene Testament vom Testator in seiner Existenz vernichtet wurde, das Wiederaufleben der zerstörten Verfügung regelmäßig nicht dem Willen des Testators entsprechen wird. Andererseits wäre es nicht einsichtig, einem Testator, der nach Widerruf des Testaments auf der Urkunde einen verdeutlichenden Hinweis auf den Widerruf anbringt (»Ungültig wegen des Testaments vom ...«) oder den widerrufenen Text durchstreicht, den Widerruf des Widerrufs entgegen dem Wortlaut des § 2257 ohne Einschränkung zu versagen. Es erscheint deshalb sachgerecht, die Widerruflichkeit des Widerrufstestaments in diesen Fällen nicht generell auszuschließen, sondern bei der Frage des Wirksamwerdens der durch das Widerrufstestament widerrufenen Verfügung zu berücksichtigen, dass diese nach dem Widerruf verändert oder vernichtet wurde. Zur Beseitigung der Widerrufsfiktion bei Rücknahme aus amtlicher Verwahrung vgl § 2256 RdNr 9.

### 2. Anforderungen an den Widerruf des Widerrufs

6 Der Widerruf des Widerrufstestaments kann in **jeder der drei Formen** der §§ 2254, 2255, 2256 erfolgen (zu den Widerrufsformen § 2253 RdNr 6; zum Widerruf des Widerrufstestaments durch Rücknahme aus besonderer amtlicher Verwahrung vgl BayObLG Rpfleger 1996, 409 = ZEV 1996, 275); er kann auch beschränkt sein oder bedingt erklärt werden. Wie jeder Widerruf setzt er **Testierfähigkeit** voraus (vgl § 2253 RdNr 5, zur Rechtslage bei Widerruf vor dem In-Kraft-Treten des BtG vgl § 2253 RdNr 10 ff). Ein widerrufenes eigenhändiges Testament kann auch in der Weise wieder gültig werden, dass der Tes-

tator das Testament **erneut** mit Testierwillen **unterschreibt** (BayObLG NJW-RR 1992, 1225, 1226; STAUDINGER-BAUMANN RdNr 6). Bei Zusätzen oder Nachträgen ist darauf zu achten, dass der Testierwille das gesamte Testament, nicht nur den Zusatz umfasst (vgl § 2247 RdNr 9). Ein ununterschriebener Zusatz verhilft dem widerrufenen Testament nach nicht unzweifelhafter hL regelmäßig nicht zur Wirksamkeit, denn die Grundsätze darüber, dass ein Testament auch über einer bereits vorhandenen Unterschrift errichtet werden kann, sollen dann nicht gelten, wenn sich die Unterschrift auf ein widerrufenes Testament bezieht (BayObLG NJW-RR 1992, 1225, 1226; vgl aber RdNr 4 und § 2247 RdNr 28).

### 3. Folgen des Widerrufs des widerrufenden Testaments

Wird das Testament, das ein früher errichtetes Testament widerrufen hat, seinerseits widerrufen, so wird das früher errichtete Testament nicht in jedem Fall, sondern nur »im Zweifel« wieder wirksam. Lässt sich dagegen feststellen, dass der Erblasser durch seinen Widerruf das frühere Testament nicht wieder in Geltung setzen wollte, so bleibt dieses unwirksam; gegebenenfalls tritt gesetzliche Erbfolge ein (BayObLG Rpfleger 1996, 409 = ZEV 1996, 275 = FamRZ 1996, 1112). **7**

### 4. Beseitigung des Widerrufs des Widerrufstestaments

Der in Testamentsform verfügte Widerruf des Widerrufs kann seinerseits **widerrufen** werden (STAUDINGER-BAUMANN RdNr 10; vgl auch § 2258 Abs 2). Die **Anfechtung** des Widerrufs ist nach allgemeinen Regeln der Anfechtung einer letztwilligen Verfügung möglich (vgl auch § 2256 RdNr 9). **8**

## § 2258 Widerruf durch ein späteres Testament

**(1)** Durch die Errichtung eines Testaments wird ein früheres Testament insoweit aufgehoben, als das spätere Testament mit dem früheren in Widerspruch steht.

**(2)** Wird das spätere Testament widerrufen, so ist im Zweifel das frühere Testament in gleicher Weise wirksam, wie wenn es nicht aufgehoben worden wäre.

Zum Schrifttum vgl vor § 2229

### Übersicht

| | | |
|---|---|---|
| I. | Zeittafel | 1 |
| II. | Recht der ehemaligen DDR | 2 |
| III. | Sinn der Regelung | 3 |
| IV. | Einzelerläuterungen | 4 |
| | 1. Abgrenzung zum Widerrufstestament | 4 |
| | 2. Späteres Testament | 5 |
| |    a) Zeitliche Reihenfolge | 5 |
| |    b) Wirksamkeit des später errichteten Testaments | 6 |
| | 3. Widerspruch zwischen den Testamenten | 8 |
| V. | Anhang: Gleichzeitig errichtete widersprechende Testamente | 10 |

## I. Zeittafel

**1** Ebenso wie bei § 2257 bestimmte die ursprüngliche Fassung des § 2258 Abs 2 zwingend, dass das frühere Testament wirksam ist, wenn das spätere, widersprechende Testament widerrufen wird. Auch insoweit wurden bei Schaffung des TestG die Worte »im Zweifel« eingefügt, sodass eine Auslegungsregel entstand. § 36 TestG wurde dann wortgleich in den heutigen § 2258 übernommen.

## II. Recht der ehemaligen DDR

**2** Das ZGB enthält in § 387 Abs 2 Nr 1 eine § 2258 Abs 1 entsprechende Regelung: *(2) Der Widerruf erfolgt durch 1. Errichtung eines Testaments, das ein früheres aufhebt oder früheren Verfügungen widerspricht; ...* Das ZGB sieht aber – anders als § 2258 Abs 2 BGB – **nicht** vor, dass bei Widerruf eines später errichteten widersprechenden Testaments das **ursprüngliche Testament wieder gültig** wird (vgl § 2257 RdNr 2). Man wird das Wiederaufleben der früheren Verfügung auch nicht als allgemeinen Rechtsgedanken auffassen können, der ohne besondere Anordnung auch im ZGB Anwendung findet. Soweit die Regeln des ZGB anzuwenden sind (vgl vor § 2229 RdNr 11 ff und § 2257 RdNr 2), ist deshalb das durch ein späteres Testament widerrufene Testament als unwirksam anzusehen, auch wenn das spätere Testament seinerseits widerrufen wird, es sei denn, in dem den Widerruf widerrufenden Testament kann eine zulässige Bezugnahme auf das ursprüngliche Testament gesehen werden (vgl § 2257 RdNr 4 und § 2247 RdNr 12). Für dieses Ergebnis spricht, dass der Gesetzgeber des ZGB die auch in dem Gebiet der ehemaligen DDR zunächst fortgeltende Regelung des § 2258 Abs 2 BGB kannte und dennoch eine entsprechende Regelung in das ZGB nicht aufgenommen hat. Weiterhin zeigt die Tatsache, dass das ZGB den Widerruf des Widerrufstestaments nicht zulässt (vgl § 2257 RdNr 2), dass im Anwendungsbereich des ZGB das Wiedereingeltungsetzen einer widerrufenen Verfügung gerade ausgeschlossen sein sollte.

## III. Sinn der Regelung

**3** § 2258 betrifft den – praktisch nicht seltenen – Fall, dass der Testator mehrere Testamente errichtet, die sich **widersprechen, ohne** dass das eine Testament einen ausdrücklichen oder durch Auslegung festzustellenden **Widerruf** des anderen Testaments enthält. § 2258 bestimmt damit iE die Fiktion eines Aufhebungswillens, indem er das früher errichtete Testament – soweit das später errichtete ihm widerspricht – für wirkungslos erklärt, unabhängig davon, ob der Testator an dessen Existenz gedacht oder den Widerspruch zwischen beiden Testamenten bemerkt hat (vgl BGH NJW 1981, 2745; 1987, 901, 902).

## IV. Einzelerläuterungen

### 1. Abgrenzung zum Widerrufstestament

**4** § 2258 Abs 1 grenzt sich von der Norm des § 2254 dadurch ab, dass § 2254 Fälle regelt, in denen das spätere Testament den Widerruf des früheren verfügt, während sich § 2258 auf Fälle bezieht, in denen das spätere Testament eine solche Regelung nicht enthält (BayObLG FamRZ 1993, 605, 606; BGH NJW 1981, 2745; vgl auch

BayObLG FamRZ 1990, 1281, 1283). Der Sache nach unterscheiden sich die beiden Regelungen dadurch, dass im Fall des § 2254 (vorbehaltlich einer Beschränkung) der Widerruf die Aufhebung des gesamten früheren Testaments zur Folge hat, während § 2258 Abs 1 die Prüfung verlangt, inwieweit sich die Testamente im Einzelnen widersprechen.

## 2. Späteres Testament
### a) Zeitliche Reihenfolge
Es muss feststehen, dass ein Testament **später** als das andere errichtet wurde. **5** Lässt sich die zeitliche Reihenfolge nicht feststellen (zur Bedeutung der Datierung und ihres Fehlens vgl § 2247 RdNr 30 ff), so ist von einer gleichzeitigen Errichtung auszugehen (dazu RdNr 10 ff). In welcher **Form** die Testamente errichtet wurden, ist ohne Bedeutung. Ein öffentlich errichtetes Testament kann auch durch ein privatschriftliches Testament aufgehoben werden. Die Regelung findet auch auf gemeinschaftliche Testamente (BayObLG NJW-RR 1991, 645; FamRZ 1997, 1244, 1245 = Rpfleger 1997, 310, 311; zur Bindung vgl § 2271 Abs 2) und Erbverträge (§ 2289 Abs 1 S 1, dazu BayObLG FamRZ 1994, 190, 191) Anwendung.

### b) Wirksamkeit des später errichteten Testaments
Das später errichtete Testament muss **wirksam** sein, um nach Abs 1 das frühere **6** Testament (teilweise) aufzuheben (vgl KG DNotZ 1956, 562, 564). Dies kann auch in der Weise geschehen, dass das widerrufene Testament neu datiert und lediglich die Datumsangabe unterzeichnet wird, ohne dass das Testament insgesamt neu unterschrieben wird (OLG Dresden NJWE-FER 1998, 61). An der Wirksamkeit fehlt es, wenn die Bestimmungen über die Testamentserrichtung nicht eingehalten wurden oder wenn das spätere gemeinschaftliche Testament vom Testator angefochten wurde (BayObLG FamRZ 2000, 970 = NJWE-FER 1999, 273, 274 = ZEV 1999, 397). Neben der Einhaltung zwingender Formvorschriften ist dabei auch die **Fiktion der Nichterrichtung** (§ 2252 Abs 1) eines nach §§ 2249, 2250 oder 2251 errichteten Testaments zu berücksichtigen. Hinsichtlich der **Testierfähigkeit** ist bei einem vor dem In-Kraft-Treten des BtG errichteten Testament zu beachten, dass das Testament eines nur negativ Testierfähigen als Widerruf eines früher errichteten Testaments zu verstehen sein kann (vgl § 2253 RdNr 12).

Wenn die Verfügungen des später errichteten Testaments sich letztlich **nicht auswirken**, weil der Bedachte vorverstorben ist, ausschlägt oder für erbunwürdig erklärt wird, so bleibt es bei der Aufhebung der früheren Verfügung nach Abs 1 (BayObLG DNotZ 1996, 319, 321 = NJW-RR 1996, 967 = FamRZ 1996, 826, 827 [soweit keine entsprechende Bedingtheit des späteren Testaments erkennbar ist]; SOERGEL-HARDER RdNr 4; STAUDINGER-BAUMANN RdNr 7).

Wird das später errichtete Testament unwirksam, weil es **widerrufen** wird (vgl **7** §§ 2253–2256), so enthält **Abs 2** eine Sonderregelung: Trotz der Unwirksamkeit des späteren Testaments wird das früher errichtete Testament **nur im Zweifel wirksam**; dagegen bleibt es unwirksam, wenn anzunehmen ist, dass der Testator trotz des Widerrufs der späteren Verfügung diese frühere Verfügung ungültig wissen wollte. Entscheidend dafür ist der Wille des Testators im Zeitpunkt des Widerrufs des später errichteten Testaments. Wenn sich **beide Testamente decken**, so soll nach einer auch in der 2. Auflage (RdNr 10) vertretenen Ansicht stets davon auszugehen sein, dass bei Widerruf des später errichteten Testaments das früher errichtete Testament nicht als wirksam anzusehen ist. Dem ist zuzustimmen, wenn sich die Testamente in vollem Umfang decken, denn dann wird sich der Widerrufswille – unabhängig von der allein sich widersprechende Testamente betreffenden Regelung des § 2258 – auch auf den Widerruf des früher errichteten inhaltsgleichen Testaments erstrecken (vgl auch § 2255 RdNr 12). Weichen die Testamente dagegen nicht nur unwesentlich voneinander ab, so ist der Gedanke nicht fern liegend, dass der Testator durch den Widerruf des späteren Testaments nur die Abweichung des späteren Testaments von dem früher errichteten beseitigen wollte, sodass das frühere Testament in vollem Umfang wirksam sein kann. Bleiben insoweit Zweifel, so ist nach Abs 2 von der Wirksamkeit des früheren Testaments auszugehen. Steht fest, dass der Erblasser die **Existenz des früher errichteten Testaments vergessen** hatte, so spricht zwar viel dafür, dass er bei Widerruf des später errichteten Testaments nicht das früher errichtete in Geltung setzen wollte (vgl BayObLGZ 1965, 86, 91f [zu § 2257]), wenn aber Zweifel verbleiben, so ist nach der legislativen Entscheidung in Abs 2 von der Wirksamkeit der widerrufenen Verfügung auszugehen (OLG Hamm Rpfleger 1983, 401f; STAUDINGER-BAUMANN RdNr 20). Hat der Erblasser das früher errichtete Testament nach Errichtung des späteren Testaments, aber vor dessen Widerruf in der Absicht, dieses endgültig aus der Welt zu schaffen (vgl § 2257 RdNr 5), vernichtet oder aus besonderer amtlicher Verwahrung genommen, so werden regelmäßig Zweifel daran, dass diese Verfügung ungültig sein soll, ausscheiden.

### 3. Widerspruch zwischen den Testamenten

**8** Die Aufhebung des früher errichteten Testaments reicht nur soweit, wie das später errichtete Testament diesem widerspricht. Diese Frage ist durch Auslegung zu beantworten (vgl BayObLG FamRZ 1994, 190, 191; DNotZ 1996, 319, 323 = NJW-RR 1996, 967, 968 = FamRZ 1996, 826, 828; FamRZ 1997, 247, 248; OLG Hamm Rpfleger 1997, 529, 530; zur Revisibilität vgl BGH NJW-RR 1992, 775). Soweit die Testamente ihrem **Inhalt nach unvereinbar** sind, ist nur das später errichtete maßgebend. Ob dem Testator die frühere letztwillige Verfügung in Erinnerung war und ob er den Widerspruch bemerkt hat, ist dabei ohne Bedeutung (BayObLGZ 1965, 86, 91; DNotZ 1989, 583; NJW-RR 1990, 202, 203). Soweit sich beide Testamente nicht widersprechen, gelten sie grundsätzlich nebeneinander weiter (BayObLG FamRZ 1989, 441, 442; Rpfleger 1987, 59, 60; FamRZ 1997, 247, 248). Soweit sie inhaltlich identisch sind, beruht das Erbrecht dann regelmäßig auf beiden Testamenten (BayObLG FamRZ 1989, 441, 442). Der Wille des Testators kann aber auch dahin gehen, dass sich die Rechtsverhältnisse nach seinem Tode **trotz der inhaltlichen Vereinbarkeit der Testamente allein nach dem später errichteten Testament** richten sollen, sodass das ältere Testament als widerrufen anzusehen ist. Das ist anzunehmen, wenn der Erblasser mit der späteren Verfügung von Todes wegen eine abschließende oder zumindest hinsichtlich eines Teilbereichs abschließende Regelung treffen wollte (BGH NJW 1981, 2745, 2746; 1985, 969; BayObLG DNotZ 1989, 583 f; FamRZ 1990, 1281, 1283; 1992, 607; 1997, 247, 248; vgl auch [Wiederholung der wechselseitigen Erbeinsetzung der Ehegatten unter Fortlassen der im früheren gemeinschaftlichen Testament angeordneten Schlußerbenbestimmung hebt diese nicht notwendigerweise auf] BayObLG FamRZ 1997, 1244, 1245 = Rpfleger 1997, 310, 311).

**9** Lässt sich der Inhalt des **späteren Testaments nicht mehr feststellen**, steht aber fest, dass es jedenfalls dem früher errichteten Testament widersprach, so ist das früher errichtete Testament im Zweifel insoweit aufgehoben, als der Widerspruch feststeht, auch wenn das nunmehr Verfügte mangels Feststellbarkeit des Inhalts nicht wirksam werden kann; anders ist zu entscheiden, wenn anzunehmen ist, dass der Erblasser das früher errichtete Testament für den Fall des Nichtwirksamwerdens des später errichteten Testaments aufrechterhalten wollte (KG JW 1935, 3122 = DNotZ 1935, 824).

A. Errichtung und Aufhebung eines Testaments | § 2258 BGB  10, 11

## V. Anhang: Gleichzeitig errichtete widersprechende Testamente

Von § 2258 nicht erfasst sind Fälle, in denen Testamente **gleichzeitig errichtet** **10** **wurden** oder als **gleichzeitig errichtet gelten.** Letzteres ist anzunehmen, wenn beide Testamente undatiert oder unrichtig datiert sind (vgl § 2247 RdNr 34, dort auch zur Konkurrenz zwischen einem datierten und einem undatierten Testament) und auch durch Auslegung sich eine zeitliche Abfolge der Testamente nicht bestimmen lässt (zB bei Bezugnahme des einen auf das andere Testament). Die Behandlung dieser Fälle muss davon ausgehen, dass das Risiko der Nichterweislichkeit der Gültigkeit eines Testaments zu Lasten dessen geht, der Rechtsfolgen aus diesem Testament ableiten möchte. Deshalb ist davon auszugehen, dass **jeweils das andere Testament das später errichtete** ist. Daraus ergibt sich: Soweit die Testamente sich **decken**, sind sie beide als wirksam, denn eine Aufhebung des einen durch das andere Testament scheidet insoweit aus (vgl RdNr 8). Das Erbrecht beruht dann auf beiden Testamenten (BayObLG FamRZ 2000, 1538 = Rpfleger 2000, 334). Soweit sich die Testamente gegenseitig **ausschließen** (zB andere Person des Alleinerben), sind sie beide als ungültig anzusehen (BayObLG Rpfleger 1979, 123; FamRZ 2000, 1538 = Rpfleger 2000, 334; KG OLGZ 91, 144, 146f = NJW-RR 1991, 392 [Miterbeneinsetzung nur in einem der beiden Testamente]; aA [beide Testamente gültig; Anwendung von § 2090] Notariat Gernsbach BWNotZ 1993, 61; noch anders [beide Testamente gültig; Differenzen durch Auslegung zu beseitigen] SONNTAG ZEV 1996, 1, 3 f). Die von E SCHNEIDER (MDR 1990, 1086 f) vorgeschlagene anteilmäßige Aufteilung auf die in den Testamenten Bedachten scheint zwar die salomonische Lösung, eine solche Erbeinsetzung hat der Erblasser aber nicht gewollt und nicht verfügt. Auch die von SONNTAG (ZEV 1996, 1, 3 f) favorisierte Lösung ist zu verwerfen: Die fiktive Zusammenfassung beider Testamente zu einer Urkunde und die Beseitigung der Widersprüche durch Auslegung wird dem Willen des Erblassers nicht gerecht, denn trotz der Unklarheit hinsichtlich der Reihenfolge der Testamentserrichtung steht doch zumindest fest, dass der Erblasser eine Urkunde, die beide Testamente vereint, gerade nicht errichten wollte. Auch wenn die Testamente sich ausschließen, sind sie doch nicht in jedem Fall bedeutungslos: Steht trotz des Widerspruchs beider Testamente fest, dass der Erblasser jedenfalls bestimmte Personen von der gesetzlichen Erbfolge ausschließen wollte, so kann darin eine Enterbung nach § 1938 liegen (vgl auch STELLWAAG MDR 1991, 501). Wenn beispielsweise ein Erblasser mit drei Kindern in einem Testament sein Kind A als Alleinerben einsetzt und in einem zweiten, zeitgleich errichteten sein Kind B als Alleinerben bestimmt, so kann darin eine Enterbung des Kindes C angeordnet sein. Soweit die Unwirksamkeit der widersprechenden Verfügungen aus einer entsprechenden Anwendung des § 2247 Abs 5 abgeleitet wird (STAUDINGER-BAUMANN RdNr 17), kann dies nur eingeschränkt gelten, denn die Testamente können nur hinsichtlich des widersprechenden Teils als nicht wirksam angesehen werden.

Wenn sich die Testamente **nicht decken, aber auch nicht ausschließen**, wird vor- **11** geschlagen, sie so zu behandeln, als wenn sie in einer Testamentsurkunde zusammengefasst wären (STAUDINGER-BAUMANN RdNr 17; vgl auch [bei zwei Testamenten, die sich wechselseitig ergänzen; Hitlers politisches Testament und sein Privattestament] LG Düsseldorf NJW 1953, 508, 509). Bei einer solchen Betrachtungsweise ist zu beachten, dass es zu einer Benachteiligung der als Erben Bedachten kommen kann, wenn nur in einem der Testamente beispielsweise ein Vermächtnis angeordnet ist. Um eine solche Benachteiligung zu vermeiden, erscheint es sachgerechter, auch hier zu sehen, wie die Testamente bei zeitlich nacheinander gestaffelter Errichtung zu behandeln wären. Wenn also nur eines der Testamente ein Vermächtnis enthält, während das andere Testament dieses Vermächtnis nicht enthält, so ist das Vermächtnis nur dann wirksam, wenn dieses auch gültig wäre, falls das andere Testament später errichtet wurde. Es kommt deshalb darauf an, ob das andere Testament durch Auslegung nach § 2258 Abs 1 zur Aufhebung des Vermächtnisses führte, wenn es später errichtet worden wäre. Das wird regelmäßig dann anzunehmen sein, wenn das andere Testament eine **umfassende Regelung zumindest eines Teilbereichs** anstrebt (vgl BGH NJW 1981, 2745, 2746; 1985, 969; dazu bei RdNr 8). Dagegen wird das Vermächtnis wirksam sein, wenn das andere Testament sich auf einzelne Elemente des Regelungsbedarfs beschränkt (SOERGEL-HARDER RdNr 3; vgl auch BayObLG NJW-RR 1996, 967, 968: Änderung der Erbeinsetzung hebt ausdrückliche Enterbung in früherem Testament nicht auf; vgl auch RG WarnR 1936 Nr 41).

**12** Dieselben Grundsätze müssen gelten, wenn die Testamente **Erbeinsetzungen** enthalten, die sich in der **Höhe des jeweils zugewendeten Erbteils unterscheiden**. Wurden im Testament 1 A und B als Erben eingesetzt, während in dem Testament 2 A, B und C als Miterben bedacht sind, so ist C im Zweifel nicht bedacht, wenn das Testament 1 – unterstellt es wäre später errichtet – die Aufhebung der Verfügung in Testament 2 enthält (§ 2258 Abs 1). A und B sind aber nicht Miterben je zur Hälfte, sondern je zu einem Drittel geworden, denn ihre Erbeinsetzung durch Testament 1 ist durch Testament 2 – diesmal unterstellt, das Testament 2 sei das später Errichtete – aufgehoben und durch eine Einsetzung auf ein Drittel ersetzt worden.

### § 2258a Zuständigkeit für die besondere amtliche Verwahrung

(1) Für die besondere amtliche Verwahrung der Testamente sind die Amtsgerichte zuständig.

(2) Örtlich zuständig ist:
1. wenn das Testament vor einem Notar errichtet ist, das Amtsgericht, in dessen Bezirk der Notar seinen Amtssitz hat,
2. wenn das Testament vor dem Bürgermeister einer Gemeinde oder dem Vorsteher eines Gutsbezirks errichtet ist, das Amtsgericht, zu dessen Bezirk die Gemeinde oder der Gutsbezirk gehört,
3. wenn das Testament nach § 2247 errichtet ist, jedes Amtsgericht.

(3) Der Erblasser kann jederzeit die Verwahrung bei einem anderen Amtsgericht verlangen.

Zum Schrifttum vgl vor § 2229

### Übersicht

| | | |
|---|---|---|
| I. | Zeittafel | 1 |
| II. | Recht der ehemaligen DDR | 2 |
| III. | Einzelerläuterungen | 3 |
| | 1. Gegenstand der besonderen amtlichen Verwahrung | 3 |
| | 2. Zuständigkeit | 4 |
| | 3. Unterschiede zur gewöhnlichen amtlichen Verwahrung | 5 |
| | 4. Kosten | 6 |

## I. Zeittafel

Eine einheitliche Zuständigkeitsregelung für die Verwahrung der Testamente wurde erst durch das TestG geschaffen, während die ursprüngliche Fassung des BGB diese Bestimmung den Ländern überlassen hatte. Die §§ 37, 38 TestG (die wegen § 50 Abs 2 TestG in Österreich nicht in Kraft getreten sind) wurden dann weitgehend wortgleich in das BGB übernommen, wobei die Zuständigkeit für die besondere amtliche Verwahrung der Erbverträge in die Verweisungsvorschrift des § 2300 aufgenommen wurde. Die heutige Fassung erhielt § 2258a durch das BeurkG. Soweit vor dessen In-Kraft-Treten Testamente vor einem Richter errichtet wurden, sind diese weiter aufzubewahren (vgl ZIMMERMANN Rpfleger 1970, 189, 194). Die in Abs 4 vorgesehene Benachrichtigungspflicht wurde gestrichen; inhaltlich findet sie sich heute in der (bundeseinheitlichen) Bekanntmachung über die Benachrichtigung in Nachlasssachen (in der Fassung von 2001 für NRW in Kraft seit dem 1.3.2001, JMBl NRW 2001, 17; vgl auch www.BNotK.de).

1

## II. Recht der ehemaligen DDR

In der ehemaligen DDR waren seit dem 15.10.1952 nicht mehr die Gerichte, sondern die Staatlichen Notariate für die Verwahrung eines Testaments zuständig (§ 2 Nr 3 VO vom 15.10.1952; GBl 1055). Für die Zeit ab dem 5.2.1976 ergibt sich diese Zuständigkeit aus § 384 S 2, § 385 S 2 und § 386 Abs 2 ZGB iVm § 24 Abs 1 NotG. Konsulartestamente wurden vom Staatlichen Notariat Berlin-Mitte verwahrt (§ 22 KonsularG v 22.5.1957, GBl 313). Nach dem Wirksamwerden des Beitritts am 3.10.1990 übernahmen die örtlich zuständigen Kreisgerichte die Verwahrung bis zu dem Zeitpunkt, an dem sie durch die Amtsgerichte abgelöst wurden.

2

## III. Einzelerläuterungen

### 1. Gegenstand der besonderen amtlichen Verwahrung

Die besondere amtliche Verwahrung steht Testamenten und Erbverträgen (§ 2300) offen. **Vor dem Notar errichtete Testamente** sollen von diesem unverzüglich in die besondere amtliche Verwahrung gebracht werden (§ 34 Abs 1 S 4 BeurkG; zum Vollzug vgl § 20 Abs 1 DONot [vgl www.BNotK.de unter Texte Berufsrecht]; zur Durchsetzung durch die Aufsichtsbehörde vgl BGH DNotZ 1990, 436 f). Gleiches gilt wegen der Verweisung in § 2249 Abs 1 S 4 HS 1 auch für das nach **§ 2249** errichtete Testament und über **§ 11 KonsularG** (vgl § 2231 RdNr 10) auch für das vor dem Konsularbeamten errichtete Testament (KEIDEL-KUNTZE-WINKLER § 34 BeurkG RdNr 2). Dagegen fehlt es für die nach **§§ 2250, 2251** errichteten Testamente an einer entsprechenden Verpflichtung. Derart errichtete Testamente sind – wie auch die **privatschriftlich** errichteten, § 2248 – nur auf Verlangen des Erblassers in besondere amtliche Verwahrung zu nehmen. Soweit für die oben genannten Testamente eine Pflicht zur Inverwahrunggabe besteht, hat ihre Verletzung auf die Wirksamkeit der Testamentserrichtung keinen Einfluss (anders nach den Regelungen des ZGB, vgl § 373 Abs 2, § 384 S 2 ZGB). Zu der besonderen amtlichen Verwahrung von **Erbverträgen** vgl §§ 2277, 2300 iVm § 34 Abs 2 BeurkG. Zu den Besonderheiten der Verwahrung eines **gemeinschaftlichen Testaments** nach dessen Eröffnung vgl § 2261 RdNr 7, § 2273 RdNr 25 f.

3

### 2. Zuständigkeit

**4** Nach Abs 1 sind die **Amtsgerichte** zuständig. Eine **Ausnahme** gilt in **Baden-Württemberg**, wo wegen Art 147 Abs 1 EGBGB iVm § 1 Abs 1, 2, §§ 38, 46 Abs 3 LFGG den Notariaten die Verwahrung obliegt (vgl RICHTER Rpfleger 1975, 417, 418). Diese Landesregelungen werden ergänzt durch §§ 7, 11–19 1. VerwVorschrift zur Ausführung des LFGG vom 5. 5. 1975 und die AV vom 30. 6. 1975 (Die Justiz S 201 und 304); zur funktionellen Zuständigkeit des Rechtspflegers vgl § 35 RPflG. Die **örtliche Zuständigkeit** ergibt sich aus Abs 2. Danach ist bei öffentlichen Testamenten grundsätzlich der **Errichtungsort** maßgebend; auf der Grundlage des Punktes 2.1 der (bundeseinheitlichen) Bekanntmachung über die Benachrichtigung in Nachlasssachen (Fassung 2001, in NRW seit dem 1. 3. 2001 in Kraft, JMBl NRW 2001, 17, vgl auch www.BNotK.de) wird das Standesamt des **Geburtsorts**, soweit dieser im Inland liegt, von der Inverwahrungnahme benachrichtigt; bei ausländischem Geburtsort erfolgt die Benachrichtigung an das Amtsgericht Berlin-Schöneberg. Wird unter **Verletzung der örtlichen Zuständigkeit** ein Testament in besondere amtliche Verwahrung genommen (ohne dass ein Verlangen nach Abs 3 gestellt wurde), so hat dies auf die Wirksamkeit der Inverwahrungnahme keinen Einfluss (§ 7 FGG); die Urkunde wird an das zuständige Gericht weitergeleitet. Bei privatschriftlichen Testamenten überlässt Nr 3 dem Erblasser die Wahl des Amtsgerichts; auch insoweit findet die genannte Benachrichtigung statt. **Abs 3** eröffnet für alle Testamentsformen dem Erblasser die Möglichkeit, jederzeit – also auch von Anfang an – die Verwahrung bei einem anderen Amtsgericht zu verlangen. Für das **Konsulartestament** folgt die Zuständigkeit des Amtsgerichts Berlin-Schöneberg aus § 11 Abs 2 S 1 KonsularG.

### 3. Unterschiede zur gewöhnlichen amtlichen Verwahrung

**5** Letztwillige Verfügungen können sich nicht nur in besonderer, sondern auch in gewöhnlicher amtlicher Verwahrung befinden. Bei dieser – auch als offene Form bezeichneten – Verwahrung bleibt die Verfügung unverschlossen bei den Gerichtsakten, während bei der besonderen amtlichen Verwahrung die Urkunde in einem verschlossenen Umschlag verwahrt wird (vgl FIRSCHING-GRAF 4.12). In gewöhnlicher amtlicher Verwahrung befinden sich die aufgrund § 2259 nach Eintritt des Erbfalls abgelieferten Testamente und solche Urkunden (zB Erbverträge), die nach § 51 BNotO in Verwahrung des Amtsgerichts genommen werden.

### 4. Kosten

**6** Die Kosten betragen nach § 101 KostO ein Viertel einer vollen Gebühr. Der Geschäftswert bestimmt sich nach §§ 103, 46 Abs 4 KostO. Wird die verwahrte Urkunde auf ein Verlangen nach Abs 3 hin an ein anderes Gericht abgegeben, so entsteht keine neue Gebühr (HARTMANN § 101 KostO RdNr 3; LAPPE in: KORINTENBERG-LAPPE-BENGEL-REIMANN § 101 KostO RdNr 13). Auch wenn ein gemeinschaftliches Testament gemäß § 2273 weiterverwahrt wird, fällt keine neue Gebühr an (HARTMANN § 101 KostO RdNr 3; LAPPE, aaO, § 101 KostO RdNr 18).

§ 2258b Verfahren bei der besonderen amtlichen Verwahrung

(1) Die Annahme zur Verwahrung sowie die Herausgabe des Testaments ist von dem Richter anzuordnen und von ihm und dem Urkundsbeamten der Geschäftsstelle gemeinschaftlich zu bewirken.

(2) Die Verwahrung erfolgt unter gemeinschaftlichem Verschluss des Richters und des Urkundsbeamten der Geschäftsstelle.

(3) Dem Erblasser soll über das in Verwahrung genommene Testament ein Hinterlegungsschein erteilt werden. Der Hinterlegungsschein ist von dem Richter und dem Urkundsbeamten der Geschäftsstelle zu unterschreiben und mit dem Dienstsiegel zu versehen.

Zum Schrifttum vgl vor § 2229

Übersicht

| | | |
|---|---|---|
| I. | Zeittafel | 1 |
| II. | Recht der ehemaligen DDR | 2 |
| III. | Sinn der Regelung | 3 |
| IV. | Einzelerläuterungen | 4 |
| | 1. Annahme zur Verwahrung (Abs 1) | 4 |
| | a) Ablieferung | 4 |
| | b) Entgegennahme | 5 |
| | 2. Herausgabe aus der besonderen amtlichen Verwahrung | 7 |
| | 3. Besonderheiten des gemeinschaftlichen Testaments und des Erbvertrags | 8 |
| | 4. Kosten | 10 |

## I. Zeittafel

Einheitliche Bestimmungen über die besondere amtliche Verwahrung wurden erst durch das TestG geschaffen. Dessen § 38 lautete: *(1) Die Annahme zur Verwahrung sowie die Herausgabe des Testaments oder des Erbvertrags ist von dem Amtsgericht anzuordnen und von dem Amtsrichter und dem Urkundsbeamten der Geschäftsstelle gemeinschaftlich zu bewirken. Bei der Führung des Verwahrungsbuchs sind die Vermerke über die Annahme und die Herausgabe von dem Amtsrichter und dem Urkundsbeamten der Geschäftsstelle zu unterschreiben. (2) Die Verwahrung erfolgt unter gemeinschaftlichem Verschluss des Amtsrichters und des Urkundsbeamten der Geschäftsstelle. Der Hinterlegungsschein ist von ihnen zu unterschreiben und mit dem Dienststempel zu versehen.* Das GesEinhG strich die Worte »oder des Erbvertrages« sowie Abs 1 Satz 2 und übernahm die Regelung im Übrigen. Die heutige Fassung ist durch das BeurkG entstanden, wobei Abs 3 S 1 dem aufgehobenen § 2246 Abs 2 S 2 aF entspricht. **1**

## II. Recht der ehemaligen DDR

In der ehemaligen DDR waren die Staatlichen Notariate für die Verwahrung zuständig (vgl § 2258a RdNr 2). Über die Verwahrung bestimmt § 24 NotG: *(1) Das Staatliche Notariat ist verpflichtet, ein Testament nach den Bestimmungen des Zivilgesetz-* **2** *buches zu verwahren. (2) Das Staatliche Notariat soll dem Erblasser die Verwahrung bestätigen. Der Erblasser ist berechtigt, sein Testament jederzeit einzusehen. (3) Ein Testament kann nur persönlich vom Erblasser zurückgenommen werden. Die Rücknahme ist zu beurkunden.* Die Regelung in § 24 Abs 3 S 1 NotG entspricht derjenigen in § 2256 Abs 2.

### III. Sinn der Regelung

3 Die besondere amtliche Verwahrung dient dazu, das Testament in möglichst weitem Umfang vor Veränderungen, Fälschungen und unberechtigter Kenntnisnahme durch Dritte zu bewahren. Sie trägt damit Interessen des Erblassers, aber auch solchen der Rechtspflege an einem geordneten Verwahrungsverfahren Rechnung.

### IV. Einzelerläuterungen

#### 1. Annahme zur Verwahrung (Abs 1)

##### a) Ablieferung

4 Bei öffentlichen Testamenten hat die **Urkundsperson** das beurkundete Testament unverzüglich nach Errichtung zu verschließen, den Umschlag zu beschriften, mit dem Prägesiegel zu verschließen und in besondere amtliche Verwahrung zu geben (§ 34 BeurkG; § 2249 Abs 1 S 4); zu der Inverwahrunggabe anderer Testamente vgl § 2248 RdNr 4 ff, § 2258a RdNr 5. Die Anwesenheit des Testators und der anderen mitwirkenden Personen ist bei der Verschließung nicht erforderlich (anders § 2246 Abs 1 aF). Die Ablieferung des Testaments braucht **nicht persönlich** zu erfolgen. Das Testament kann per Post oder per Boten bei dem Nachlassgericht abgegeben werden (zur Verpflichtung, im Fall der Errichtung nach § 2249 die Sendung durch Einschreiben oder Wertbrief gegen Verlust zu sichern, vgl Teil I Nr 10 Abs 3 der Entschl des Bayerischen StMdI v 24. 8. 1970, MABl 1970, 657, abgedruckt bei FIRSCHING-GRAF 1.111). Wird ein Testament, nachdem der Testator bereits verstorben ist, in Erfüllung der Verpflichtung des **§ 2259 abgeliefert**, so wird es **nicht in besondere amtliche Verwahrung** genommen, sondern bis zur Eröffnung gemäß § 27 Abs 11 AktO bei den anzulegenden Nachlassakten von der Geschäftsstelle verwahrt.

##### b) Entgegennahme

5 Das in besondere amtliche Verwahrung zu gebende Testament wird **vom Rechtspfleger** (§ 3 Nr 2 Buchst c RPflG; zur Rechtslage in Baden-Württemberg vgl § 2258a RdNr 4) und **dem Verwahrungsbeamten entgegengenommen**. Das Gesetz vom 16. 6. 2002 ermächtigt die Landesregierungen, durch Rechtsverordnung die Zuständigkeit des Rechtspflegers auf die Urkundsbeamten zu verlagern (§ 36b Abs 1 S 1 Nr 1 RPflG idF durch das Gesetz vom 16. 6. 2002 BGBl I 1810), wobei die Landesregierungen wiederum die Landesjustizverwaltungen ermächtigen können (§ 36b Abs 1 S 2 RPflG idF durch das OLGVertrÄndG v 23. 7. 2002 BGBl I 2850). Wird von der Übertragung Gebrauch gemacht, so ist als Rechtsbehelf gegen Maßnahmen oder Entscheidungen des Urkundsbeamten die (sofortige) Erinnerung zum Nachlassgericht statthaft; § 573 Abs 1 ZPO. § 11 RPflG ist nicht anwendbar. Die Annahmeverfügung des Rechtspflegers ist nach § 27 Abs 5 AktO dem Verwahrungsbeamten in Urschrift vorzulegen. Auf dieser Grundlage trägt der Urkundsbeamte die Annahme in das Verwahrungsbuch ein und verschließt die Urkunde im Testamentsschrank. Die Annahme zur Verwahrung wird auf der Annahmeverfügung bestätigt (§ 27 Abs 5 S 2 AktO; in der in Bayern geltenden Fassung ab-

gedruckt bei FIRSCHING-GRAF Anh 4). Der Testator erhält nach Abs 3 einen **Hinterlegungsschein**. Auf die Aushändigung kann nicht verzichtet werden; bei Rücknahme des Testaments wird der Hinterlegungsschein zurückgefordert, seine Vorlegung ist aber nicht Voraussetzung für das Rückgabeverlangen (vgl SOERGEL-HARDER RdNr 7).

Bei der Entgegennahme trifft den Rechtspfleger **keine Pflicht zur Prüfung** der Wirksamkeit des Testaments. Es wird lediglich festgestellt, ob es sich bei dem Schriftstück um ein Testament handelt, ob die Zuständigkeit des Gerichts (§ 2258a RdNr 4) gegeben ist und ob bei einem öffentlich errichteten Testament die Förmlichkeiten des § 34 BeurkG eingehalten sind. Wurde das Prägesiegel des Notars auf dem Versand beschädigt, so ist der Notar verpflichtet, es zu erneuern. Kommt der Notar dem nicht nach, so ist das Testament dennoch in besondere amtliche Verwahrung zu nehmen (KG RJA 8, 257; STAUDINGER-BAUMANN RdNr 8). **Verweigert** der Rechtspfleger die **Annahme**, so steht sowohl dem Testator als auch – bei öffentlichem Testament – der Urkundsperson die Beschwerde offen (vgl MünchKomm-BURKART RdNr 2; STAUDINGER-BAUMANN RdNr 22). Wird von der Übertragung dieser Aufgaben auf den Urkundsbeamten der Geschäftsstelle Gebrauch gemacht (vgl RdNr 5), so ist gegen die ablehnende Entscheidung die Erinnerung nach § 573 Abs 1 ZPO statthaft. Auch wenn den Rechtspfleger keine Prüfungspflicht trifft, so ist es doch sein nobile officium, auf **Bedenken gegen die Formwirksamkeit aufmerksam zu machen** (MünchKomm-BURKART RdNr 2; STAUDINGER-BAUMANN RdNr 10). Das gilt insbesondere bei privatschriftlichen Testamenten. Zu beachten ist in diesem Zusammenhang, dass eine Amtspflicht auch dann verletzt wird, wenn Auskünfte unrichtig erteilt werden, auf die kein Anspruch besteht (vgl BGH NJW 1993, 3204, 3205; PALANDT-THOMAS § 839 RdNr 44). Besteht der Testator trotz der Bedenken des Rechtspflegers an der Formwirksamkeit auf der Inverwahrungnahme, so ist diese durchzuführen. Ein entsprechender Vermerk in der Annahmeverfügung über die Äußerung der Bedenken ist ratsam.

### 2. Herausgabe aus der besonderen amtlichen Verwahrung

Die Herausgabe aus der besonderen amtlichen Verwahrung erfolgt entweder zur 7 Rückgabe an den Testator – womit bei öffentlichem Testament die Widerrufsfiktion eintritt (§ 2256 Abs 1 S 1) – oder nach dem Tod des Erblassers zum Zweck der Eröffnung. Die Herausgabe des Testaments wird vom Rechtspfleger (zur Möglichkeit der Übertragung vgl RdNr 5) verfügt und vom Urkundsbeamten im Verwahrungsbuch vermerkt; sie darf – außer zum Zwecke der Eröffnung – nur an den **Testator persönlich** erfolgen (vgl § 2256 RdNr 7, dort auch zu den Belehrungspflichten). Wenn dem Testator lediglich **Einsicht** in das Testament gewährt wird, so liegt darin keine Herausgabe. Das Testament ist anschließend erneut zu verschließen; über den Vorgang der Einsichtnahme wird eine Niederschrift für die Testamentsakten gefertigt (näher FIRSCHING-GRAF 4.23 f). Die Einsicht ist nur dem Testator zu gewähren, nicht dem beurkundenden Notar (KG RJA 8, 36, 37; STAUDINGER-BAUMANN RdNr 18); es kann auch eine Abschrift verlangt werden (MünchKomm-BURKART RdNr 3; FIRSCHING-GRAF 4.23).

### 3. Besonderheiten des gemeinschaftlichen Testaments und des Erbvertrags

Das in öffentlicher Form errichtete **gemeinschaftliche Testament** ist stets in besondere amtliche Verwahrung zu nehmen, das privatschriftliche gemeinschaftliche Testament nur auf Antrag beider Ehegatten. Beide Ehegatten erhalten einen Hinterlegungsschein (vgl SOERGEL-HARDER RdNr 5). Auch die Herausgabe kann nur an beide Ehegatten gemeinsam und persönlich erfolgen (vgl § 2272 RdNr 4). Einsicht kann jeder Ehegatte gesondert nehmen (MünchKomm-BURKART RdNr 5; vgl auch § 2272 RdNr 9). Nach dem Ableben eines Ehegatten und der Eröffnung des Testaments wird das Testament in die besondere amtliche Verwahrung zurückgebracht (STAUDINGER-BAUMANN RdNr 14; die Rücknahme durch den überlebenden Ehegatten ist ausgeschlossen, MünchKomm-BURKART RdNr 5; MünchKomm-MUSIELAK § 2272 RdNr 3; vgl auch hier § 2272 RdNr 5).

9 Der **Erbvertrag** wird in besondere amtliche Verwahrung genommen, soweit nicht beide Parteien übereinstimmend das Gegenteil verlangen (§ 34 Abs 2 BeurkG; zur Benachrichtigungspflicht des Notars vgl § 20 Abs 2 S 1 DONot [vgl www.BNotK.de unter Texte Berufsrecht]). Ein solcher Wunsch wird nach § 34 Abs 2 HS 2 BeurkG im Zweifel dann angenommen, wenn der Erbvertrag mit einem anderen Vertrag in derselben Urkunde verbunden wird. Über die Inverwahrungnahme wurde bisher jeder der Parteien ein Hinterlegungsschein erteilt (§ 2277). Nur auf Antrag beider Parteien wird der Erbvertrag aus der besonderen amtlichen Verwahrung herausgegeben. Dabei wird die **Urschrift** den Parteien **nicht ausgehändigt** (§ 45 BeurkG), sondern verblieb in einfacher Urkundenverwahrung bei dem beurkundenden Notar (MünchKomm-BURKART § 2258a RdNr 6; KEIDEL-KUNTZE-WINKLER § 45 BeurkG RdNr 5; vgl auch § 2300 RdNr 7). Nach dem Erbfall war der Erbvertrag an das Nachlassgericht abzuliefern, wo er zur Verwahrung verblieb (§ 34 Abs 3 S 2 BeurkG). Nach der am 1. 8. 2002 in Kraft getretenen Neuregelung des § 2300 Abs 2 kann dagegen der Erbvertrag aus der amtlichen oder notariellen Verwahrung an die Vertragsschließenden herausgegeben werden, sofern dieser allein Verfügungen von Todes wegen enthält. Damit erübrigen sich die **verfassungsrechtlichen Bedenken**, die sich darauf stützten, dass bei dem Erbvertrag – anders als bei einem öffentlichen Testament – nicht verhindert werden kann, dass bei der Testamentseröffnung Verfügungen verlesen werden, die durch Widerruf oder Rücktritt gegenstandslos geworden sind (vgl STAUDINGER-BAUMANN RdNr 25; vgl auch hier § 2260 RdNr 11).

### 4. Kosten

10 Zu den Kosten der besonderen amtlichen Verwahrung vgl § 2258a RdNr 6. Die Einsichtnahme in das Testament und die Herausgabe aus der besonderen amtlichen Verwahrung ist gebührenfrei.

## § 2259 Ablieferungspflicht

(1) Wer ein Testament, das nicht in besondere amtliche Verwahrung gebracht ist, im Besitz hat, ist verpflichtet, es unverzüglich, nachdem er von dem Tode des Erblassers Kenntnis erlangt hat, an das Nachlassgericht abzuliefern.

(2) Befindet sich ein Testament bei einer anderen Behörde als einem Gericht in amtlicher Verwahrung, so ist es nach dem Tode des Erblassers an das Nachlassgericht abzuliefern. Das Nachlassgericht hat, wenn es von dem Testament Kenntnis erlangt, die Ablieferung zu veranlassen.

Zum Schrifttum vgl vor § 2229

### Übersicht

| | | |
|---|---|---|
| I. | Zeittafel | 1 |
| II. | Recht der ehemaligen DDR | 2 |

| III. | Sinn der Regelung | 3 |
|---|---|---|
| IV. | Einzelerläuterungen | 4 |
| | 1. Gegenstand der Ablieferungspflicht | 4 |
| | 2. Adressat der Verpflichtung | 7 |
| | 3. Erfüllung und Folgen der Nichterfüllung | 9 |

## I. Zeittafel

Die ursprüngliche Fassung des BGB enthielt keine Regelungen über die besondere amtliche Verwahrung, weshalb Abs 1 lediglich an die amtliche, nicht an die besondere amtliche Verwahrung anknüpfte. In Abs 2 war die Ablieferungspflicht der Notare eigens hervorgehoben. Die heutige Fassung beruht auf einer Änderung des § 39 TestG, von dort wurde die Regelung wortgleich in das BGB übernommen. **1**

## II. Recht der ehemaligen DDR

Die Ablieferungspflicht ergibt sich aus § 394 ZGB. Dieser lautet: *Ein Bürger, der ein Testament aufbewahrt oder auffindet, ist verpflichtet, es unverzüglich nach Kenntnis vom Erbfall beim Staatlichen Notariat abzuliefern.* Die Regelung verpflichtete jeden Bürger, nicht nur Angehörige des Erblassers. Sie betraf alle Testamente, unabhängig von der Form ihrer Errichtung, und umfasste auch Schriftstücke, die letztwillige Verfügungen enthalten, an deren Wirksamkeit Zweifel bestehen. Ein entgegenstehender Wille des Erblassers war unbeachtlich (ZGB-Kommentar § 394 Anm 2). Die Ablieferung sollte an das nach § 10 Abs 1 Nr 1 NotG zuständige Notariat erfolgen, es war aber auch die Ablieferung bei einem anderen Notariat zulässig, welches das Testament dann weiterleitete (s HERRMANN S 69). Verfälschen, Zurückhalten oder Beiseiteschaffen eines Testaments konnte nach §§ 330 ff ZGB Schadensersatzansprüche begründen (ZGB-Kommentar § 394 Anm 4). Das Staatliche Notariat konnte den Besitzer eines Testaments zur Ablieferung auffordern (§ 25 NotG) und ihn zur Erfüllung dieser Pflicht mittels Zwangsgeld anhalten (§ 43 NotG). **2**

## III. Sinn der Regelung

Die Verpflichtung zur Ablieferung dient dazu, die Unterdrückung von Testamenten zu verhindern. Zugleich ermöglicht sie die Eröffnung des Testaments und die Erfüllung der Aufgaben des Nachlassgerichts (Benachrichtigung der Erben, Gewährung der Einsicht, Erteilung von Abschriften, Ausstellen eines Erbscheins). Die Verpflichtung besteht deshalb **auch im öffentlichen Interesse** (vgl SOERGEL-HARDER RdNr 1), sodass gegenteilige **Weisungen** des Erblassers (vgl BayObLG FamRZ 1988, 658, 660) oder **Absprachen** zwischen den Beteiligten (vgl STAUDINGER-BAUMANN RdNr 18 unter Berufung auf BayObLG, 22. 5. 1979, BReg 1 Z 17/79) von ihrer Erfüllung **nicht entbinden**. **3**

## IV. Einzelerläuterungen

### 1. Gegenstand der Ablieferungspflicht

Ein **Testament** im Sinne des Abs 1 und damit Gegenstand der Ablieferungspflicht ist jede Urkunde, die sich nach Form oder Inhalt als eine Verfügung von Todes **4** wegen darstellt (BayObLG FamRZ 1988, 658, 659). Auch im Ausland errichtete Testamente oder von Ausländern errichtete Testamente sind abzuliefern (vgl RdNr 9, dort auch zur internationalen Zuständigkeit). Neben den Testamenten (auch den gemeinschaftlich errichteten, OLG Hamm NJW-RR 1987, 835) erstreckt sich die Verpflichtung auch auf **Erbverträge** (vgl dazu auch § 34 Abs 3 S 2 BeurkG), nicht aber auf Erbverzichtsverträge (§ 2346; vgl BayObLGZ 1983, 149) und auf Aufhebungsverträge nach § 2290 (MünchKomm-BURKART RdNr 4). Anordnungen, die die Art und Weise der Beerdigung des Erblassers regeln, sind regelmäßig abzuliefern, soweit darin **auf eine Erbeinsetzung oder ein Vermächtnis Bezug** genommen wird, da in dieser Bezugnahme möglicherweise eine Verfügung von Todes wegen (zB eine Auflage) enthalten ist. **Briefe** sind abzuliefern, soweit sie Anordnungen enthalten, die möglicherweise als erbrechtliche Anordnungen zu verstehen sind (BayObLG Rpfleger 1984, 18, 19 = MDR 1984, 233). Eine Ablieferungspflicht für ein Behältnis mit einer Vielzahl von Schriftstücken, die möglicherweise auch letztwillige Verfügungen enthalten könnten, besteht nicht (BayObLG FamRZ 1988, 658, 659).

**5** Die **Wirksamkeit** des Testaments ist für die Frage der Ablieferungspflicht **ohne Bedeutung** (KG DJ 1936, 1619, 1620; BayObLG MDR 1984, 233; FamRZ 1988, 658, 659). Auch ein offensichtlich formunwirksames Testament ist abzuliefern, denn es kann für die Auslegung oder die Anfechtung eines zweiten Testaments von Bedeutung sein. Deshalb sind auch **widerrufene und beschädigte Testamente** abzuliefern (KG JW 1937, 1734 = DNotZ 1938, 312, 313). Gleiches gilt für **Nottestamente**, die durch Zeitablauf als nicht errichtet gelten (§ 2252), und für einen **aufgehobenen Erbvertrag** (KG JW 1938, 1455; MünchKomm-BURKART RdNr 4; MünchKomm-MUSIELAK § 2300 RdNr 2; vgl auch hier § 2258b RdNr 9; § 2300 RdNr 6).

**6** Grundsätzlich ist die **Urschrift** der Urkunde abzuliefern; bei mehreren Urschriften umfasst die Verpflichtung alle Urkunden. Die Urkunde ist **vollständig** abzuliefern, auch wenn Teile des Textes keinen erbrechtlichen Bezug aufweisen (BayObLG MDR 1984, 233). **Abschriften und Ausfertigungen** sind zumindest dann abzuliefern, wenn die Urschrift nicht ausgehändigt werden kann (vgl LG Berlin DFG 1942, 88). Zweifelhaft erscheint, ob auch **unbeglaubigte Abschriften** der Ablieferungspflicht unterfallen. Das wird ganz überwiegend verneint (MünchKomm-BURKART RdNr 3; SOERGEL-HARDER RdNr 4; STAUDINGER-BAUMANN RdNr 9), da eine solche unbeglaubigte Abschrift ein Testament nicht ersetzt und sie auch nicht zu eröffnen ist. Auf der anderen Seite muss aber berücksichtigt werden, dass die Abschrift zumindest in den Fällen von Bedeutung sein kann, in denen der Inhalt des wirksamen, aber urschriftlich nicht auffindbaren Testaments zu ermitteln ist, sodass eine erweiternde Auslegung des Begriffs Testament in § 2259 in den Fällen erwogen werden sollte, in denen lediglich eine Abschrift, nicht aber die Urschrift des Testaments vorhanden ist. Für diese Auslegung spricht, dass § 2259 zwar auch dazu dient, die Eröffnung eines Testaments zu ermöglichen – was hier nach hL ausscheidet (vgl § 2260 RdNr 7) –, dass die Bestimmung aber auch den Zweck verfolgt, die Feststellung des letzten Willens zu ermöglichen.

## 2. Adressat der Verpflichtung

**7** Nach **Abs 1** ist – ohne Rücksicht auf das Eigentum an der Urkunde – der **Besitzer** eines Testaments zur Ablieferung verpflichtet. Bezeichnet ist damit der unmittelbare Besitzer und der Mitbesitzer. Entscheidend für die Ablieferungspflicht ist die Möglichkeit der **tatsächlichen Einflussnahme**. Dabei üben nach § 855 Besitzdiener keinen Besitz aus. Die Auffassung (SOERGEL-HARDER RdNr 2; LANGE-KUCHINKE § 38 III 2b Fn 35), die auch den Besitzdiener als ablieferungspflichtig ansieht, lässt sich mit dem Wortlaut des § 2259 iVm § 855 nicht vereinbaren und zwingt den Besitzdiener zu Eigenmächtigkeiten gegenüber dem Besitzherrn. Soweit im Zusammenhang mit der Ablieferungspflicht auf § 857 verwiesen wird (BayObLG FamRZ 1988, 658, 659; STAUDINGER-BAUMANN RdNr 13), ist dem nur mit Einschränkungen zuzustimmen. Im Einzelnen gilt Folgendes: Hatte das Testament bereits **vor dem Tode** des Erblassers ein **Dritter in Besitz**, so ist dieser abgabepflichtig; § 857 begründet dann zwar mittelbaren Besitz der Erben, dieser verpflichtet aber den Erben nicht zur Ablieferung. Befand sich das Testament im **unmittelbaren Besitz des Erblassers**, so geht dieser Besitz nach § 857 auf die Erben über, sodass diese grundsätzlich ablieferungspflichtig sind, jedoch nur, soweit sich das Testament noch im Erbenbesitz befindet. Wenn es anderweitig in Besitz genommen wird – auch durch verbotene Eigenmacht –, ist allein der jetzige Besitzer zur Ablieferung verpflichtet.

Die Ablieferungspflicht nach **Abs 2** ist eine öffentlichrechtliche. Sie trifft alle **Behörden** mit Ausnahme der Gerichte (dazu näher sogleich). Erfasst werden damit die **Urkundspersonen** (Bürgermeister, Konsularbeamter; auch der Notar im Fall einer gegenteiligen Weisung, vgl BayObLG FamRZ 1988, 658, 660), soweit sie ihrer Verpflichtung aus § 34 Abs 1 S 4 BeurkG (näher dazu § 34 BeurkG RdNr 11) nicht nachgekommen sind oder eine solche Pflicht erst nach dem Tode des Erblassers entsteht (vgl § 34 Abs 3 S 2 BeurkG: Erbverträge, soweit besondere amtliche Verwahrung ausgeschlossen wurde); ein Zurückbehaltungsrecht des Notars wegen der Kosten der Ablieferung besteht nicht (MünchKomm-BURKART RdNr 7). Adressaten des Abs 2 sind auch **Polizeibehörden, Verwaltungsbehörden** und die **Staatsanwaltschaft**. Die Ausnahme hinsichtlich der **Gerichte** ist zu beschränken auf die zur Eröffnung des Testaments zuständigen Verwahrungsgerichte (§ 2261 RdNr 4). Deshalb ist ein Gericht, das beispielsweise in einer Strafsache das Testament in Verwahrung genommen hat, zur Ablieferung verpflichtet. Die Frage, ob in Baden-Württemberg das Verwahrnotariat als sonstige Behörde iSd Abs 2 anzusehen ist, stellt sich angesichts der seit dem 1. 9. 1986 bestehenden Eröffnungszuständigkeit des Verwahrnotariats nicht mehr (vgl dazu und zur früheren Rechtslage MünchKomm-BURKART § 2361 RdNr 3; LANGE-KUCHINKE § 38 III 3 b Fn 54). 8

### 3. Erfüllung und Folgen der Nichterfüllung

Die Pflicht wird erfüllt, indem dem Nachlassgericht unmittelbarer Besitz an der Urkunde verschafft wird. Das kann in beliebiger Form geschehen, sei es durch persönliche Überbringung, sei es durch Zusendung per Boten oder Post. **Sachlich zuständig** für die Entgegennahme ist das Amtsgericht als Nachlassgericht (§ 72 FGG). **Örtlich** zuständig ist das Amtsgericht am Wohnsitz des Erblassers (zu den Anforderungen vgl BayObLGZ 1994, 346, 348f = Rpfleger 1995, 254; OLG Düsseldorf FGPrax 2002, 75 [Hospiz als letzter Wohnsitz]); fehlt es an einem inländischen Wohnsitz, so bestimmt sich die örtliche Zuständigkeit nach dem (inländischen) Ort des Aufenthalts des Erblassers (§ 73 Abs 1 FGG). Fehlt es auch daran, ist bei Erblassern mit (auch) deutscher Staatsangehörigkeit das Amtsgericht Berlin-Schöneberg zuständig (§ 73 Abs 2 FGG); bei Ausländern ist jedes Gericht, in dessen Bezirk sich Nachlassgegenstände befinden, hinsichtlich aller im Inland befindlichen Nachlassgegenstände örtlich zuständig (§ 73 Abs 3 FGG). Besteht auch danach keine örtliche Zuständigkeit, so wird eine **internationale Zuständigkeit** deutscher Gerichte zumindest aus dem Gesichtspunkt der **vorläufigen Sicherung** heraus bejaht, sodass auch bei solchen Testamenten eine Pflicht zur Ablieferung besteht (BayObLGZ 1958, 34, 41; MünchKomm-BURKART RdNr 5; KEIDEL-KUNTZE-WINKLER § 73 FGG RdNr 31; FERID-FIRSCHING-LICHTENBERGER Deutschland Grdz C RdNr 170; SOERGEL-SCHURIG 9

Art 25 EGBGB RdNr 55 f [dort auch zu der Zuständigkeit aus Fürsorgegesichtspunkten]). Örtlich zuständig ist das Gericht, in dessen Bezirk das Sicherungsbedürfnis aufgetreten ist. Zur (streitigen) Frage einer Eröffnungszuständigkeit vgl § 2260 RdNr 12. Die Pflicht aus § 2259 wird auch erfüllt, wenn das Testament bei einem **örtlich unzuständigen Gericht** abgeliefert wird (BayObLG FamRZ 1991, 1222). Gebühren werden für die Aufbewahrung durch das Gericht nicht erhoben; auf Verlangen wird dem Abliefernden eine Empfangsbestätigung (kein Hinterlegungsschein) erteilt. Soweit dem Abliefernden Kosten entstehen, zählen diese zu den Nachlassverbindlichkeiten gemäß § 1967 (vgl KGJ 25 [1903], B 31, 33; FIRSCHING-GRAF 4.45).

**10** Die Ablieferungspflicht wird – wie sich aus § 2263 schließen lässt – durch eine **gegenteilige Anordnung** des Erblassers nicht aufgehoben. Wird die Pflicht zur unverzüglichen Ablieferung **nicht erfüllt**, so kann jeder, der ein rechtliches Interesse an der Einsicht in das eröffnete Testament hat (vgl § 2264 RdNr 4), gegen den Besitzer auf Ablieferung an das Nachlassgericht **Klage erheben** (RG WarnR 1913 Nr 246; STAUDINGER-BAUMANN RdNr 17). Regelmäßig wird es sich aber – schon aus Kostengründen – eher empfehlen, ein Tätigwerden des Nachlassgerichts anzuregen. Die schuldhafte Nichterfüllung kann neben strafrechtlichen Konsequenzen (§ 274 Abs 1 Nr 1 StGB) auch **Schadensersatzansprüche** nach sich ziehen (§ 823 Abs 2 iVm § 274 Abs 1 Nr 1 StGB). Das **Nachlassgericht** (Rechtspfleger, § 3 Nr 2 c RPflG; in Baden-Württemberg der Notar, § 1 Abs 2, § 38 LFGG) kann in den Fällen des **§ 2259 Abs 1**, nicht in denen des Abs 2, durch **Zwangsgeld** (§ 83 Abs 1 FGG) den Ablieferungspflichtigen zur Ablieferung anhalten. Das setzt eine erfolglos gebliebene Aufforderung durch das Nachlassgericht voraus (BayObLG FamRZ 1988, 658, 659). Auch die Anwendung **unmittelbaren Zwangs** nach § 33 Abs 2 FGG wird für zulässig gehalten (BUMILLER-WINKLER § 83 FGG Anm 6; KEIDEL-KUNTZE-WINKLER § 83 FGG RdNr 5). Das erscheint jedoch nicht unbedenklich, denn § 83 FGG wiederholt weitgehend die Regelung des § 33 FGG, ohne jedoch eine Grundlage für die Anwendung von unmittelbarem Zwang zu enthalten. Die Festsetzung von Zwangsgeld oder die Anwendung unmittelbaren Zwangs setzen voraus, dass der Betroffene im Besitz des Testaments ist (BUMILLER-WINKLER § 83 FGG Anm 6). Um Gewissheit darüber zu erhalten, kann er nach § 83 Abs 2 FGG zur Abgabe einer **eidesstattlichen Versicherung** über den Verbleib angehalten werden. Dabei erklärt § 83 Abs 2 FGG die Regelungen des § 883 Abs 2 bis 4, des § 900 Abs 1 und der §§ 901, 902, 904 bis 910, 912, 913 ZPO für entsprechend anwendbar. Die Anordnung der Haft (§ 901 ZPO) bleibt dem Richter vorbehalten (§ 4 Abs 2 Nr 2 RPflG). In den Fällen der Ablieferungspflicht nach **Abs 2** ist § 83 FGG nicht anwendbar. Es bleibt für das Nachlassgericht der Weg der Dienstaufsichtsbeschwerde.

## § 2260 Eröffnung des Testaments durch das Nachlassgericht

**(1) Das Nachlassgericht hat, sobald es von dem Tode des Erblassers Kenntnis erlangt, zur Eröffnung eines in seiner Verwahrung befindlichen Testaments einen Termin zu bestimmen. Zu dem Termin sollen die gesetzlichen Erben des Erblassers und die sonstigen Beteiligten, soweit tunlich, geladen werden.**

**(2) In dem Termin ist das Testament zu öffnen, den Beteiligten zu verkünden und ihnen auf Verlangen vorzulegen. Die Verkündung darf im Falle der Vorlegung unterbleiben. Die Verkündung unterbleibt ferner, wenn im Termin keiner der Beteiligten erscheint.**

(3) Über die Eröffnung ist eine Niederschrift aufzunehmen. War das Testament verschlossen, so ist in der Niederschrift festzustellen, ob der Verschluss unversehrt war.

Zum Schrifttum vgl vor § 2229

Übersicht

| | | |
|---|---|---|
| I. | Zeittafel | 1 |
| II. | Recht der ehemaligen DDR | 2 |
| III. | Sinn der Regelung | 3 |
| IV. | Testamentseröffnung | 4 |
| | 1. Zuständiges Gericht | 4 |
| | 2. Kenntnis vom Tod des Erblassers | 5 |
| | 3. Zu eröffnendes Schriftstück | 6 |
| | 4. Terminbestimmung und Ladung | 13 |
| | 5. Eröffnungstermin | 16 |
| | 6. Niederschrift | 17 |
| V. | Verbleib der eröffneten Verfügungen | 18 |
| VI. | Rechtsbehelfe im Eröffnungsverfahren | 19 |
| VII. | Folgen der Eröffnung | 20 |
| VIII. | Kosten | 21 |

## I. Zeittafel

Die ursprüngliche Fassung des BGB enthielt bereits entsprechende Regelungen; lediglich Abs 2 S 3 wurde erst in die Fassung des § 40 TestG aufgenommen. Von dort kehrte die Bestimmung ohne Änderung in das BGB zurück. **1**

## II. Recht der ehemaligen DDR

Die Regelungen über die Testamentseröffnung sind in § 395 ZGB enthalten. Dieser lautet: *Ein beim Staatlichen Notariat verwahrtes oder abgeliefertes Testament wird nach Kenntnis vom Erbfall unverzüglich durch das Staatliche Notariat eröffnet.* Die Zuständigkeit des Staatlichen Notariats war eine ausschließliche; die örtliche Zuständigkeit bestimmte sich nach dem letzten Wohnsitz des Erblassers (§ 10 Abs 1 Nr 1 NotG). Weitere Regelungen dazu enthält § 26 NotG: *(1) Das Staatliche Notariat hat unverzüglich nach Kenntnis vom Erbfall einen Termin zur Eröffnung des Testaments zu bestimmen. Es soll die Verwandten, die zur Erbschaft berufen wären, den Ehegatten sowie die sonstigen Beteiligten davon in Kenntnis setzen. (2) Das Testament ist zu verlesen. Soweit Beteiligte bei der Eröffnung nicht anwesend sind, sollen sie über den sie betreffenden Inhalt des Testaments schriftlich informiert werden. (3) Ein gemeinschaftliches Testament ist auch nach dem Tode des überlebenden Ehegatten zu eröffnen, wenn es Verfügungen enthält, die sich auf diesen Erbfall beziehen. (4) Über die Eröffnung des Testaments ist ein Protokoll anzufertigen.* **2**

## III. Sinn der Regelung

**3** Die Eröffnung des Testaments ist die Bekanntgabe seines Inhalts durch eine staatliche Stelle mit dem Zweck sicherzustellen, dass die **Beteiligten den Inhalt erfahren** und so Gelegenheit bekommen, ihre wirklichen oder vermeintlichen Rechte wahrzunehmen. Weiterhin wird mit dem Eröffnungstermin ein Zeitpunkt festgelegt, der für den **Lauf von Fristen** von Bedeutung ist (vgl dazu RdNr 20), und der so zu einer raschen Klarheit über die Erbfolge beiträgt. Da sich die Regelung damit auch aus öffentlichen Interessen rechtfertigt, kann auf die Eröffnung des Testaments **nicht verzichtet** werden (BayObLGZ 1951, 383, 391); eine gegenteilige Anordnung des Erblassers ist unwirksam (§ 2263).

## IV. Testamentseröffnung

### 1. Zuständiges Gericht

**4** Das Testament ist grundsätzlich vom **Amtsgericht als Nachlassgericht** (§ 72 FGG; in Baden-Württemberg ist Nachlassgericht das Notariat, §§ 1, 38 LFGG) zu eröffnen; die örtliche Zuständigkeit bestimmt sich nach § 73 FGG (vgl dazu § 2259 RdNr 9). Die Testamentseröffnung vor einem ersuchten Gericht ist nicht zulässig (STAUDINGER-BAUMANN RdNr 26; KEIDEL-KUNTZE-WINKLER § 2 FGG RdNr 6b); zur Rechtshilfe bei der Benachrichtigung vgl § 2262 RdNr 10; zu der Eröffnung durch das Verwahrungsgericht vgl § 2261; zum Konsulartestament vgl § 11 Abs 3 KonsularG.

### 2. Kenntnis vom Tod des Erblassers

**5** Voraussetzung für die Eröffnung des Testaments ist der **Tod des Erblassers** (zur – möglichen – Ausnahme bei Testamenten, die länger als 30 Jahre verwahrt wurden, vgl § 2263a S 2). Das Nachlassgericht erfährt von dem Tod durch Anzeige des Standesbeamten (vgl [bundeseinheitliche] Bekanntmachung über die Benachrichtigung in Nachlasssachen [JMBl NRW 2001, 17; vgl auch www.BNotK.de]; zur Benachrichtigung des Standesamts des Geburtsorts durch die Verwahrstelle bei Annahme der Verfügung vgl § 2258a RdNr 4), durch Übersendung eines Todeserklärungsbeschlusses durch das Amtsgericht, durch Vorlage einer Sterbeurkunde durch einen Beteiligten oder durch sonstige Mitteilung. Erforderlich ist **zuverlässige Kenntnis** (OLG Hamburg RJA 14, 141, 142 [nichtamtliche Kenntnis vom Tod eines Kriegsteilnehmers]; STAUDINGER-BAUMANN RdNr 28). In Zweifelsfällen muss sich das Nachlassgericht gemäß § 12 FGG von Amts wegen Gewissheit über den Sterbefall verschaffen.

### 3. Zu eröffnendes Schriftstück

**6** Zu eröffnen ist – ohne Rücksicht auf das Errichtungsdatum (vgl BGH DNotZ 1973, 379 f [zu vor dem 1.1.1900 errichteten Erbverträgen]; vgl auch § 2263a RdNr 6) – jedes in (gewöhnlicher oder besonderer) Verwahrung des Nachlassgerichts befindliche Testament, jeder verwahrte Erbvertrag (§ 2300) sowie jede nach § 2259 abgelieferte Verfügung von Todes wegen. Zudem muss jedes Schriftstück eröffnet werden, bei dem damit gerechnet werden muss, dass es für die Wahrnehmung vermeintlicher oder wirklicher Rechte der Betroffenen von Bedeutung sein kann (KG JW 1934, 2563, 2564). Auch ein offenbar ungültiges Testament kann zumindest als sittliche Verpflichtung zur Erfüllung des letzten Willens des Erblassers von Bedeutung sein und ist deshalb zu eröffnen.

## A. Errichtung und Aufhebung eines Testaments | § 2260 BGB 7–10

Im Einzelnen gilt Folgendes: Das Schriftstück muss **vorliegen**; ein nicht vorliegendes Testament kann nicht eröffnet werden, auch wenn sein Inhalt anderweitig ermittelt werden kann. Das gilt nach nicht unzweifelhafter hL auch dann, wenn eine **unbeglaubigte Abschrift** vorhanden ist (KG JW 1919, 586; LG Berlin DFG 1942, 88; STAUDINGER-BAUMANN RdNr 19; für eine Eröffnung der Abschrift als Ersatz der Testamentsurkunde auch HERZFELDER in der Anm zu der Entscheidung des KG). Dagegen sind auch nach hL **beglaubigte Abschriften oder Ausfertigungen** zu eröffnen (OLG Hamburg OLGE 32, 67 = Recht 1916 Nr 1925).  **7**

Aus dem Schriftstück muss sich ergeben, dass der Erblasser durch diese Erklärung die Rechtsverhältnisse nach seinem Tode **regeln wollte**. Die bloße Ankündigung, in einer bestimmten Weise später einmal verfügen zu wollen, reicht dazu nicht aus. Jedoch ist in Zweifelsfällen das Schriftstück zu eröffnen, sofern nach vernünftiger Beurteilung die Kenntnis des Urkundsinhalts für die erbrechtliche Lage eines Beteiligten von Bedeutung sein kann (STAUDINGER-BAUMANN RdNr 10; OLG Frankfurt/M OLGZ 1971, 205 = Rpfleger 1970, 392 [Brief]; KG Rpfleger 1977, 256; OLG Hamm Rpfleger 1983, 252, 253). Nur wenn zweifelsfrei feststeht, dass das Schriftstück keine – auch keine unwirksame – letztwillige Verfügung enthält, darf die Eröffnung abgelehnt werden (OLG Hamm Rpfleger 1983, 252, 253).  **8**

Ist der genannte Wille erkennbar, so steht die **formelle Unwirksamkeit** seiner Äußerung der Eröffnung nicht im Wege (KG JW 1936, 3485, 3486; JW 1931, 1373; enger – keine Eröffnung offensichtlich unwirksamer Testamente – LANGE-KUCHINKE § 38 III 3 a). Auch wenn ein Testament wegen offenkundiger Testierunfähigkeit ungültig ist, ist es zu eröffnen (KG Recht 1915 Nr 67 – Entmündigter). Das gilt auch für Testamente eines noch nicht Testiermündigen, denn diese können zumindest eine sittliche Verpflichtung begründen (aA STAUDINGER-BAUMANN RdNr 13). **Widerrufene Testamente** sind schon deshalb zu eröffnen, weil der Widerruf unwirksam oder seinerseits widerrufen sein kann (vgl BayObLGZ 1989, 323, 325 ff). Auch Testamente, die in der Form des § 2255 widerrufen wurden, sind zu eröffnen (SOERGEL-HARDER RdNr 9; aA STAUDINGER-BAUMANN RdNr 13), denn der Widerruf setzt den Aufhebungswillen des Erblassers voraus, der in dem Eröffnungsverfahren nicht festzustellen ist. Bei einem Widerruf durch **Rücknahme** aus der besonderen amtlichen Verwahrung (§ 2256 Abs 1) muss – entgegen der hL (STAUDINGER-BAUMANN RdNr 13) – eröffnet werden, denn es kann die Anfechtung des durch das Gesetz fingierten Widerrufs in Betracht kommen (vgl § 2256 RdNr 9). Ein **Nottestament** ist auch nach Ablauf der Frist des § 2252 zu eröffnen. Bei **mehreren Urschriften** sind alle zu eröffnen (KG JW 1934, 2563; BayObLG NJWE-FER 2000, 165; vgl auch – Eröffnung inhaltsgleicher Testamente – LG Berlin Rpfleger 1989, 285). Auch Testamente, die durch Vorversterben des Bedachten **gegenstandslos** geworden sind, sind zu eröffnen (BayObLG FamRZ 1997, 644 = FGPrax 1997, 73 f).  **9**

Das Testament ist grundsätzlich in **vollem Umfang** zu eröffnen (zur Eröffnung trotz Teilwiderrufs OLG Düsseldorf OLGZ 1966, 64, 66). Das gilt auch für vom Testator durchgestrichene Passagen (SOERGEL-HARDER RdNr 9; aA [keine Eröffnung, jedoch ein Hinweis des Rechtspflegers] LANGE-KUCHINKE § 38 III 3 d), denn es kann an der für die Wirksamkeit eines Widerrufs durch Streichung erforderlichen Widerrufsabsicht des Erblassers gefehlt haben. Von der Eröffnung können aber **absonderungsfähige Erklärungen** des Erblassers ausgenommen werden, die unter Berücksichtigung der in RdNr 6 und 9 dargelegten Grundsätze **zweifelsfrei keinen erbrechtlichen Bezug** haben können (BayObLG Rpfleger 1984, 18, 19 [Geheimhaltungsinteresse hinsichtlich einzelner, erbrechtlich zweifelsfrei nicht relevanter Passagen]; OLG Hamm Rpfleger 1983, 252, 253 [zu einem ohne Testierwillen geschlossenen Adoptionsvertrag mit einer Regelung nach § 1767 Abs 1 aF]).  **10**

Bei **gemeinschaftlichen Testamenten** sind die Verfügungen des überlebenden Ehegatten nach § 2273 weder zu verkünden noch sonst (zB durch Vorlegung) zur Kenntnis der Beteiligten zu geben, sofern sie sich sondern, sich also von denen des verstorbenen Ehegatten inhaltlich trennen, lassen (dazu näher § 2273 RdNr 7 ff; vgl OLG Hamm NJW-RR 1987, 835, 836). Durch diese Regelung trägt der Gesetzgeber dem Geheimhaltungsinteresse des überlebenden Ehegatten Rechnung (zu diesem Interesse vgl BÜHLER BWNotZ 1989, 82, 83; LANGENFELD NJW 1987, 1577, 1582; zur Verfassungsmäßigkeit der derzeitigen Rechtslage BVerfG NJW 1994, 2535). Zweifelhaft ist die Rechtslage bei Verfügungen in einem gemeinschaftlichen Testament, die der **jeweils längerlebende Ehegatte** trifft (»Der Längerlebende von uns verfügt, dass ...«). Die Rechtsprechung hat dieses Problem zunächst im Falle eines Vermächtnisses des Längerlebenden dahingehend entschieden, dass die Eröffnung zu unterbleiben habe. Durch das Vorversterben des Erblassers sei dessen Verfügung gegenstandslos, sie berühre deshalb die Rechtsstellung des für den Fall des Längerlebens bedingt eingesetzten Vermächtnisnehmers nicht und sei nicht zu eröffnen (BGHZ 70, 173, 176 f). In einer späteren Entscheidung, die die Schlußerbenbestimmung durch den Längerlebenden in einem Berliner Testament betraf, hat der BGH entschieden, die Verfügung des Erstversterbenden sei zu eröffnen (BGHZ 91, 105). Obwohl der BGH die frühere Entscheidung als Ausnahme bezeichnet (BGHZ 91, 105, 110), ist die spätere Entscheidung als Änderung der Rechtsprechung anzusehen. Wie der BGH mit Recht hervorhebt, ermöglicht erst die Kenntnis aller Verfügungen des Erblassers dem (übergangenen) Erben, die Fragen der Testierfähigkeit des Erblassers und einer eventuellen Anfechtbarkeit des Testaments zu beurteilen. Deshalb sind auch Verfügungen, die der Verstorbene für den Fall getroffen hat, dass er der längerlebende Teil ist, zu eröffnen (BGHZ 91, 105; OLG Hamm Rpfleger 1981, 486; vgl auch PEISSINGER Rpfleger 1995, 325, 327). Der Auffassung BAUMANNS (STAUDINGER-BAUMANN RdNr 35), bei einer Schlußerbeneinsetzung in einem vor einem Notar errichteten Testament erübrige sich insoweit die Eröffnung, kann nicht gefolgt werden, denn die genannten Gründe (Anhaltspunkte für eine Anfechtung oder für Zweifel an der Testierfähigkeit) treffen auf diesen Fall in gleicher Weise zu. Das gilt auf der Grundlage der geänderten Rechtsprechung auch für **Vermächtnisse**, die die Ehegatten **jeweils für den Fall des Längerlebens** angeordnet haben (so iE MünchKomm-BURKART RdNr 13; STAUDINGER-KANZLEITNER § 2273 RdNr 6; vgl auch LG Bonn MittRhNotK 2000, 439 [einseitige Verfügungen des jeweils Längerlebenden im Erbvertrag, die erst nach dem Tod des Längerlebenden eröffnet werden sollen, sind nach dem Tod des Erstversterbenden zu eröffnen]; für eine umfassende Eröffnung auch hier § 2273 RdNr 11; aA STAUDINGER-BAUMANN RdNr 34; zurückhaltend LANGE-KUCHINKE § 38 III 6d). Der Argumentation, durch ein derart bedingtes Vermächtnis werde die Rechtsposition des Vermächtnisnehmers nicht betroffen, wenn die Bedingung nicht eintritt, kann nicht gefolgt werden, da – wie ausgeführt – auch die Anordnung eines bedingten Vermächtnisses für die Beurteilung der Testierfähigkeit und der Anfechtungsmöglichkeiten von Bedeutung ist. Von der Frage, ob die bedingte Vermächtnisanordnung zu eröffnen ist, ist diejenige zu unterscheiden, ob der aus einer solchen Verfügung Begünstigte selbst Beteiligter ist; dies ist regelmäßig zu verneinen, dazu näher § 2262 RdNr 5.

**11** Bei **Erbverträgen** gilt für Verfügungen des nicht verstorbenen Vertragsteils die Regelung des § 2273 Abs 1 entsprechend (§ 2300). Die Verfügungen des Verstorbenen sind danach in vollem Umfang zu eröffnen. Das gilt nach hL auch dann, wenn der Erbvertrag **aufgehoben oder widerrufen** wurde (vgl MünchKomm-MUSIELAK § 2300 RdNr 3; vgl auch hier § 2300 RdNr 9). Dies kann zu einer Ungleichbehandlung im Vergleich zu einem gemeinschaftlichen Testament führen, weil der Erbvertrag

– auch bei Aufhebung oder Widerruf – nicht den Parteien selbst ausgehändigt wird, sondern an das Nachlassgericht abzuliefern ist (vgl nur § 2258b RdNr 9, § 2259 RdNr 5). Der Erbvertrag konnte deshalb bislang auch im Fall der Aufhebung oder des Widerrufs nicht durch Rücknahme und Vernichtung der Eröffnung entzogen werden. Durch die Neuregelung des § 2300 Abs 2 wurde dies geändert, indem ab dem 1. 8. 2002 Erbverträge aus der amtlichen oder notariellen Verwahrung zurückgenommen werden können, soweit sie nur Verfügungen von Todes wegen enthalten. Die in der Literatur (vgl STAUDINGER-BAUMANN § 2258b RdNr 25) geäußerten Bedenken wegen der **Geheimhaltungsinteressen des Erblassers** sind damit erledigt, zumindest dann, wenn der Erbvertrag keine anderen als Verfügungen von Todes wegen enthält.

Die Frage, in welchen Fällen **Testamente von Ausländern** zu eröffnen sind, wird unterschiedlich beurteilt. Einerseits wird vorbehaltlich staatsvertraglicher Regelungen auf den Gleichlaufgrundsatz verwiesen, der besagt, dass nur solche Testamente durch ein deutsches Nachlassgericht zu eröffnen sind, auf die deutsches Erbrecht ganz oder teilweise – auch im Wege der Rückverweisung – Anwendung findet (KGJ 51 [1919], A 98, 100; BayObLGZ 1958, 34, 37; STAUDINGER-BAUMANN RdNr 20; ausführlich zum Streitstand STAUDINGER-DÖRNER Art 25 EGBGB RdNr 797 mwN). Daneben bejaht diese Auffassung die Eröffnungszuständigkeit bei Beantragung eines gegenständlich beschränkten Erbscheins nach § 2369 (HÖVER DFG 1937, 133, 135), wenn ein Sicherungsbedürfnis für den Nachlass besteht (KG JW 1937, 1728, 1729; PINCKERNELLE-SPREEN DNotZ 1967, 195, 201; FERID-FIRSCHING-LICHTENBERGER Deutschland Grdz C RdNr 170) oder wenn der Erblasser nach Art 25 Abs 2 EGBGB für sein im Inland belegenes unbewegliches Vermögen deutsches Recht gewählt hat (vgl die Übersicht bei STAUDINGER-BAUMANN RdNr 20). Schließlich erkennt die Rechtsprechung eine Notzuständigkeit an, wenn andernfalls die Erben rechtsschutzlos blieben (vgl [zur Erbscheinserteilung] OLG Zweibrücken OLGZ 1985, 413, 416; iE auch für eine Ausweitung KEIDEL-KUNTZE-WINKLER § 73 FGG RdNr 19). In der Literatur wird über diese Fälle hinaus eine allgemeine Fürsorgezuständigkeit für alle nachlassbezogenen Maßnahmen aus einer entsprechenden Anwendung der Bestimmungen über die örtliche Zuständigkeit abgeleitet (STAUDINGER-DÖRNER Art 25 EGBGB RdNr 812; vgl auch SOERGEL-SCHURIG Art 25 RdNr 56, der die Eröffnung als Maßnahme der Sicherung, nicht der Fürsorge ansieht; vgl aaO RdNr 55; REHM MittBayNot 1994, 275, 276), sodass das Testament zu eröffnen ist, sofern nur ein entsprechendes Fürsorgebedürfnis besteht. Wenn das deutsche Gericht zur Eröffnung nicht befugt ist oder sich für nicht befugt hält, leitet es das Testament an die zuständige ausländische Behörde weiter (KG DNotZ 1970, 677 [zum interlokalen Recht]; MünchKomm-BURKART § 2259 RdNr 5; STAUDINGER-BAUMANN RdNr 21). Soweit das Testament im Ausland von der dort zuständigen Stelle bereits eröffnet wurde, ist im Fall des § 2369 eine nochmalige Eröffnung im Inland nicht erforderlich (FERID-FIRSCHING-LICHTENBERGER Deutschland Grdz C RdNr 170; WILL DNotZ 1974, 273 ff; STAUDINGER-BAUMANN RdNr 22; aA MünchKomm-BURKART RdNr 4).

### 4. Terminbestimmung und Ladung

Das Nachlassgericht bestimmt von Amts wegen einen **Termin** zur Eröffnung des Testaments. Das hat zu geschehen, sobald das Nachlassgericht vom Tod des Erblassers erfährt (RdNr 5) und ein zu eröffnendes Schriftstück (RdNr 6 ff) in Verwahrung hat. Die Terminbestimmung darf nicht verzögert werden (vgl aber § 2263 RdNr 3). Nach der Sollvorschrift des Abs 1 S 2 sind zu dem Termin die gesetzlichen Erben und die sonstigen Beteiligten zu laden. Unter dem Begriff der **gesetzlichen Erben** sind an sich alle Verwandten des Erblassers (§§ 1589, 1705,

1719, 1722, 1736), die an Kindes Statt Angenommenen (§ 1754), der Ehegatte (§ 1931) und der Staat (§ 1936) zu verstehen. Abs 1 S 2 verpflichtet das Nachlassgericht zur Ladung dieser Personen nur, soweit dies **tunlich** ist. Diese Einschränkung ist zum einen darauf zu beziehen, ob die betreffende Person unter Berücksichtigung der Regelungen der §§ 1924 ff von der Verfügung betroffen ist, zum anderen, ob die Ladung einer an sich betroffenen Person die Eröffnung zu lange verzögern würde (vgl dazu RdNr 15). Als gesetzliche Erben sind auch zu laden: Die Pflichtteilsberechtigten, die Enterbten, diejenigen, die auf den Pflichtteil verzichtet hatten, Erbunwürdige und diejenigen, denen der Pflichtteil entzogen wurde (vgl HAEGELE Rpfleger 1968, 137, 138). Als **sonstige Beteiligte** sollen diejenigen geladen werden, denen in der Verfügung von Todes wegen Rechte (auch aufschiebend bedingte oder befristete) zugewendet oder genommen werden oder deren Rechtsposition in anderer Weise unmittelbar durch die Verfügung von Todes wegen beeinflusst wird. Das sind: Erben, Vor- und Nacherben, Ersatzerben (vgl OLG Hamm NJW-RR 1994, 75 [LS]), Vermächtnisnehmer, durch Auflagen Begünstigte, Behörden, soweit sie die Vollziehung einer Auflage verlangen können, Testamentsvollstrecker. Nachlassgläubiger sind nicht Beteiligte (MünchKomm-BURKART RdNr 7; FIRSCHING-GRAF 4.60), wohl auch dann nicht, wenn sie den Erbteil gepfändet haben (zum Einsichtsrecht vgl § 2264 RdNr 5). Ist in einem gemeinschaftlichen Testament vom Vorverstorbenen ein Vermächtnis unter der Bedingung seines Längerlebens verfügt worden, so ist der Vermächtnisnehmer nicht Beteiligter (vgl § 2262 RdNr 5).

**14** Der Personenkreis der zu Ladenden wird vom Nachlassgericht **von Amts wegen** festgestellt. Die Eröffnung kann deshalb nicht davon abhängen, dass eine Person, die die Eröffnung anregt, Namen oder Aufenthalt der gesetzlichen Erben mitteilt. Hinsichtlich der sonstigen Beteiligten ist das Nachlassgericht auf die Informationen angewiesen, die ihm zur Verfügung stehen, ohne dass das Testament geöffnet wird. Der Inhalt unverschlossener Testamente kann verwertet werden.

**15** Die Ladung eines Beteiligten unterbleibt, soweit sie **nicht tunlich** ist. Bei der Bestimmung dieses Begriffs ist von der **Eilbedürftigkeit** auszugehen, die regelmäßig besteht, wenn ein Nachlass vorhanden ist, ohne dass die Erben bekannt sind. Das Bedürfnis nach der zeitnahen Sicherung des Nachlasses lässt deshalb die Ladung regelmäßig dann als untunlich erscheinen, wenn diese in **öffentlicher Form** zugestellt werden müsste (vgl zB § 31 BayNachlO) oder wenn sie im **Ausland** zuzustellen ist. Wenn dem Nachlassgericht die als gesetzlicher Erbe in Betracht kommende Person oder die Adresse eines Beteiligten unbekannt ist, so muss es diese Angaben zwar grundsätzlich von Amts wegen ermitteln (zur Auskunftspflicht des Standesbeamten über als Erbe in Betracht kommende Angehörige vgl OLG Braunschweig Rpfleger 1989, 371 = NJW-RR 1990, 268, 269); sofern sich aber die Ermittlungen hinziehen oder abzusehen ist, dass sie sich in die Länge ziehen werden, kann die Ladung untunlich sein, sodass die Eröffnung ohne Ladung dieses Beteiligten stattfindet. Für die Ladung ist eine bestimmte **Form** oder **Frist** nicht vorgeschrieben. Die Auffassung, der Eröffnungstermin verwirkliche den Anspruch der Beteiligten auf rechtliches Gehör (vgl WESTPHAL Rpfleger 1980, 460; EICKMANN Rpfleger 1982, 449, 455) und seine Ausgestaltung müsse deshalb den Anforderungen an die Gewährung rechtlichen Gehörs genügen, ist abzulehnen (so auch SOERGEL-HARDER RdNr 14). Diesem Anspruch wird durch die Benachrichtigungspflicht nach § 2262 ausreichend Rechnung getragen.

## 5. Eröffnungstermin

Die Eröffnungsverhandlung ist **nicht öffentlich**. Dritte können nur mit Zustimmung aller Beteiligter teilnehmen. Behauptet ein nicht geladener Dritter, zu den sonstigen Beteiligten zu gehören, so wird das Nachlassgericht dem im Rahmen der Amtsermittlungspflicht nachgehen und ihn ggf noch jetzt form- und fristlos nachladen, indem es ihn zum Termin zulässt. Die Vertretung durch **Bevollmächtigte** ist im Eröffnungstermin zulässig. Der Eröffnungstermin beginnt regelmäßig mit der Feststellung des Todestages und des Umstandes, ob der Verschluss eines verschlossenen Testaments unversehrt war; anschließend wird das Testament eröffnet und sein Inhalt durch Verlesen bekannt gegeben. Das Testament kann auf Verlangen der Beteiligten auch vorgelegt werden; das Verlesen kann dann unterbleiben. Ein Anspruch auf Aushändigung besteht nicht. Zu der Frage, welche Urkunden eröffnet werden, vgl RdNr 6 ff; zum Umfang der Eröffnung vgl RdNr 10. Erscheint weder ein gesetzlicher Erbe noch ein sonstiger Beteiligter zum Eröffnungstermin, so unterbleibt die Verkündung (Abs 2 S 3). Zur Benachrichtigung der nicht Erschienenen vgl § 2262.

## 6. Niederschrift

Über die Eröffnungsverhandlung ist nach Abs 3 S 1 eine Niederschrift anzufertigen und zwar auch dann, wenn keiner der Beteiligten erscheint. **Form und Inhalt** der Niederschrift sind landesgesetzlich geregelt; das BGB bestimmt nur, dass die Feststellung aufzunehmen ist, ob bei einem verschlossenen Testament der Verschluss unversehrt war (Abs 3 S 2). Soweit die Verlesung des Testaments unterblieben ist (Abs 2 S 2, 3), ist der Grund dafür in der Niederschrift anzugeben. Soweit die Verfügung nicht in vollem Umfang eröffnet wird (vgl RdNr 10), ist der Umfang der Verkündung in der Niederschrift festzustellen. Die Niederschrift wird von dem Rechtspfleger, der das Testament eröffnet hat, unterzeichnet. Empfehlenswert ist es, die Form des § 13 BeurkG (Verlesung, Genehmigung und Unterzeichnung der Beteiligten) zu beachten.

## V. Verbleib der eröffneten Verfügungen

Die eröffneten Verfügungen von Todes wegen bleiben in der Regel in gewöhnlicher (nicht in besonderer) Verwahrung des Amtsgerichts (zu gemeinschaftlichen Testamenten vgl § 2273 Abs 2 S 2; zu Erbverträgen § 2300). Herauszugeben sind nur Schriftstücke, die zweifelsfrei keine erbrechtlich relevanten Passagen enthalten (Ermahnungen, Wünsche). Die rechtliche Bedeutungslosigkeit des Schriftstücks ist in den Nachlassakten zu vermerken. Ein über diese Fälle hinausgehender **Anspruch der Beteiligten auf Herausgabe des Testaments** besteht nicht, er kann auch nicht durch eine Verfügung des Erblassers begründet werden. Auch nichtige Verfügungen von Todes wegen sind in dieser Form zu verwahren. Nach ganz hA bleibt eine Verfügung von Todes wegen auch in amtlicher Verwahrung, nachdem ein Erbschein erteilt wurde. Demgegenüber wird unter Berufung auf das **Affektionsinteresse der Hinterbliebenen** zT gefordert, das Testament nach Erteilung des Erbscheins in Urschrift herauszugeben und lediglich eine Abschrift oder eine Kopie in den Akten zu behalten (OLG Hamburg MDR 1975, 666; OLG Stuttgart Rpfleger 1977, 398; MünchKomm-BURKART RdNr 15). Auch wenn der Wunsch, den letzten Willen in der Urschrift in Händen zu haben, verständlich ist, kann ihm doch nicht Rechnung getragen werden. Die Gefahr einer nachträglichen Verfälschung des Urkundeninhalts muss vollständig ausgeschlossen sein, und dies ist allein durch den Verbleib in amtlicher Verwahrung zu erreichen (so iE auch BGH NJW 1978, 1484 [LS]; BayObLG FamRZ 2001, 126 = Rpfleger 2000, 551; STAUDINGER-BAUMANN RdNr 39; LANGE-KUCHINKE § 38 III 4). Hinzu kommt, dass das Nachlassgericht Einsicht gemäß § 2264 in das Testament gewähren muss, und dieser Anspruch richtet sich auf Einsicht in die Urschrift des Testaments (vgl § 2264 RdNr 3).

## VI. Rechtsbehelfe im Eröffnungsverfahren

**19** Gegen die **ablehnende Entscheidung** des Rechtspflegers über die Eröffnung ist nach § 11 RPflG, § 19 FGG die Beschwerde statthaft (vgl OLG Frankfurt/M FamRZ 1977, 482; MünchKomm-BURKART RdNr 8; zu Fällen der Teilablehnung durch Teileröffnung eines gemeinschaftlichen Testaments vgl OLG Hamm OLGZ 1975, 94). Gleiches gilt grundsätzlich auch für die **Entscheidung**, dass das Testament **eröffnet wird**. Sobald diese Entscheidung jedoch umgesetzt wird, entfällt mangels Rechtsschutzbedürfnisses die Beschwerdemöglichkeit (vgl LG Köln Rpfleger 1992, 436; MünchKomm-BURKART RdNr 14; zu Rechtsbehelfen des Nachlassgerichts gegen die Eröffnung durch das Verwahrungsgericht vgl BayObLGZ 1986, 118; zur Unzulässigkeit eines Rechtsbehelfs gegen die Eröffnung selbst vgl KEIDEL-KUNTZE-WINKLER § 19 FGG RdNr 5 mwN). Sinnvoll ist eine Beschwerde deshalb nur in den Fällen, in denen der Rechtspfleger angesichts einer zweifelhaften Rechtslage ankündigt, das Testament eröffnen zu wollen, und Gelegenheit gibt, vor der Durchführung dieser Entscheidung Rechtsbehelfe zu erheben (zu derartigen Fällen vgl KG Recht 1930 Nr 434; OLG Hamm NJW 1982, 57). Auf diese Ankündigung sind die Grundsätze des Vorbescheids anzuwenden (vgl OLG Hamm OLGZ 1984, 282, 286; SOERGEL-HARDER RdNr 13). In zweifelhaften Fällen wird eine entsprechende Ankündigung erforderlich sein (vgl PLEISSINGER Rpfleger 1995, 325, 327).

## VII. Folgen der Eröffnung

**20** Nach der Eröffnung wird der Inhalt des Testaments dem **Finanzamt** mitgeteilt (§ 34 Abs 2 Nr 3 ErbStG). Weiterhin beginnt frühestens mit der Eröffnung die **Frist**, die dem Erben zur **Ausschlagung** zur Verfügung steht (§ 1944 Abs 2 S 2; zu den Besonderheiten bei der Eröffnung zur Sicherung des Testamentsinhalts vor der Versendung an das Nachlassgericht vgl OLG München MDR 1990, 341; MünchKomm-LEIPOLD § 1944 RdNr 16). Für die Anwendung des § 1944 Abs 2 S 2 ist es ohne Bedeutung, ob der Erbe im Eröffnungstermin zugegen war, er muss aber Kenntnis von der Eröffnung haben (vgl BGHZ 112, 229, 234f = NJW 1991, 169, 170). Die Niederschrift über die Eröffnungsverhandlung ist vorzulegen, wenn nach § 35 Abs 1 GBO die **Grundbuchberichtigung** auf der Grundlage eines öffentlichen Testaments oder eines Erbvertrages beantragt wird. Das Nachlassgericht benachrichtigt – soweit Anlass besteht – das Grundbuchamt, § 83 GBO; zur Gebührenbegünstigung der Eintragung vgl § 60 Abs 4 KostO.

## VIII. Kosten

**21** Für die Eröffnung einer Verfügung von Todes wegen wird gemäß §§ 102, 103, KostO die Hälfte der vollen Gebühr erhoben (zur Verfassungsmäßigkeit dieser vom konkreten Aufwand unabhängigen Gebühr vgl OLG Karlsruhe Rpfleger 1997, 56, 57; zur Vereinbarkeit mit europarechtlichen Grundsätzen vgl BayObLG FamRZ 2002, 421, 424 [zur Gebühr im Erbscheinsverfahren]). Stellt sich bei oder nach der Eröffnung heraus, dass die in dem eröffneten Schriftstück enthaltenen **letztwilligen Verfügungen unwirksam** sind, so hat dies auf die **Gebühr keinen Einfluss**. Das gilt auch, wenn die Verfügung wegen Vorversterbens des Bedachten gegenstandslos geworden ist (BayObLG FamRZ 1997, 644, 645 = FGPrax 1997, 73, 74; OLG Schleswig NJW-RR 2000, 1598, 1599; aA [bei widerrufenem Testament Mindestgebühr nach § 33 KO] LAPPE in: KORINTENBERG-LAPPE-BENGEL-REIMANN § 103 KostO RdNr 32). Enthält dagegen das eröffnete Schriftstück zweifelsfrei keine Verfügung von Todes wegen (vgl RdNr 8), so entfällt die Gebühr (LAPPE in: KORINTENBERG-LAPPE-BENGEL-REIMANN § 102 KostO RdNr 3, 4). Die Gebühren sind Nachlassverbindlichkeiten, Kostenschuldner die Erben. Der Wert bestimmt sich nach § 46 Abs 4 KostO.

Werden **mehrere Verfügungen** von Todes wegen gleichzeitig eröffnet, so sieht § 103 Abs 2 KostO eine Zusammenrechnung des Wertes vor, wobei mehrfache Verfügungen über den Nachlass oder einen Bruchteil desselben den Wert nicht weiter erhöhen. Wird dagegen ein zweites Testament in einem späteren Termin eröffnet, so entsteht – wegen der eindeutigen Beschränkung der Regelung des § 103 Abs 2 KostO auf die gleichzeitige Eröffnung – die Gebühr ein zweites Mal, auch wenn das Testament inhaltlich das bereits eröffnete wiederholt (LG Berlin Rpfleger 1989, 285, 286; OLG Köln Rpfleger 1992, 394; BayObLG NJWE-FER 2000, 165; KG FGPrax 2002, 136 = Rpfleger 2002, 383, 384; aA [verfassungskonforme Auslegung unter dem Gesichtspunkt der Unverhältnismäßigkeit] LAPPE in: KORINTENBERG-LAPPE-BENGEL-REIMANN § 103 KostO RdNr 30f; LAPPE NJW 1989, 3254, 3257). Da bei der Eröffnung mehrerer Testamente in einer Eröffnungsverhandlung nur einmal die Gebühr der §§ 102, 103 KostO entsteht (§ 103 Abs 2 KostO), kann die gesonderte Eröffnung bei Verletzung der Amtsermittlungspflicht eine unrichtige Sachbehandlung sein mit der Folge der Nichterhebung der Gebühr (vgl – aber sehr weitgehend in der Annahme einer Ermittlungspflicht – OLG Köln Rpfleger 1992, 394 m krit Anm MEYER-STOLTE; wesentlich enger LG Berlin Rpfleger 1989, 285, 286; LG Koblenz Rpfleger 1996, 174). **22**

## § 2261 Eröffnung durch ein anderes Gericht

Hat ein anderes Gericht als das Nachlassgericht das Testament in amtlicher Verwahrung, so liegt dem anderen Gericht die Eröffnung des Testaments ob. Das Testament ist nebst einer beglaubigten Abschrift der über die Eröffnung aufgenommenen Niederschrift dem Nachlassgericht zu übersenden; eine beglaubigte Abschrift des Testaments ist zurückzubehalten.

Zum Schrifttum vgl vor § 2229

### Übersicht

| | | |
|---|---|---|
| I. | Zeittafel | 1 |
| II. | Recht der ehemaligen DDR | 2 |
| III. | Normzweck | 3 |
| IV. | Einzelerläuterungen | 4 |
| | 1. Verwahrungsgericht | 4 |
| | 2. Umfang der Zuständigkeit | 5 |
| | 3. Kompetenzkonflikte und Rechtsbehelfe | 6 |

4. Besonderheiten bei gemeinschaftlichen Testamenten und
bei Erbverträgen 7
5. Kosten 8

## I. Zeittafel

**1** Die Regelung entspricht inhaltlich der des BGB in seiner ursprünglichen Fassung; bei Schaffung des TestG wurde lediglich der Begriff »Niederschrift" an die Stelle des Begriffs »Protokoll« gesetzt, vgl § 41 TestG.

## II. Recht der ehemaligen DDR

**2** In der ehemaligen DDR gab es keine entsprechende Regelung. Soweit das Testament bei einem anderen als dem örtlich zuständigen Staatlichen Notariat (§ 10 NotG, vgl dazu § 2259 RdNr 2) abgeliefert oder verwahrt wurde, wurde es **ungeöffnet** an das zuständige Notariat **weitergeleitet** (vgl s HERRMANN S 68f). Wenn das Testament eines Erblassers, der seinen letzten Wohnsitz oder in Ermangelung eines solchen seinen gewöhnlichen Aufenthalt in der ehemaligen DDR hatte, vor dem Wirksamwerden des Beitritts von einem **bundesdeutschen Gericht eröffnet** wurde, so ist in analoger Anwendung des § 2261 die Urschrift des Testaments an das zuständige Staatliche Notariat verschickt worden, sofern aufgrund der Übersendung keine Schwierigkeiten oder nachteiligen Folgen für die Beteiligten oder die Belange der Bundesrepublik Deutschland zu befürchten waren (KG DNotZ 1970, 677, 683 m Anm GEIMER; OLG Karlsruhe FamRZ 1990, 894, 895f; STAUDINGER-BAUMANN RdNr 18).

## III. Normzweck

**3** Die Norm trägt dem Umstand Rechnung, dass das Verwahrungsgericht ein anderes sein kann als das nach § 73 FGG zu bestimmende Nachlassgericht. Um einerseits eine möglichst zeitnahe Eröffnung des Testaments sicherzustellen (vgl BayObLG NJW-RR 1993, 460), andererseits die Zuständigkeit bei dem Nachlassgericht zu konzentrieren (BayObLGZ 1989, 327, 330f; FamRZ 1992, 226, 227), sieht die Regelung vor, dass das Verwahrungsgericht das Testament eröffnet und es erst anschließend an das Nachlassgericht übersendet. Wegen der Gefahr des Verlustes auf dem Transport wird eine beglaubigte Abschrift des Testaments zurückbehalten.

## IV. Einzelerläuterungen

### 1. Verwahrungsgericht

**4** Das Testament muss sich in **amtlicher Verwahrung** eines Gerichts befinden. Ohne Bedeutung ist, ob es sich um gewöhnliche oder um besondere amtliche Verwahrung handelt (BayObLG FamRZ 1992, 1222). Wenn deshalb ein Testament nach **§ 2259** bei einem anderen als dem örtlich zuständigen Nachlassgericht **abgeliefert wird**, so ist dieses für die Eröffnung zuständig (OLG Hamm Rpfleger 1972, 23; BayObLGZ 1992, 123, 125 = FamRZ 1992, 1222; SOERGEL-HARDER RdNr 3; aA LANGE-KUCHINKE § 38 III 3 b Fn 56). Das verwahrende Gericht muss aber ein Gericht sein, das **zur Eröffnung befugt** ist. Befindet sich das Testament bei einem anderen Gericht in Verwahrung

– etwa in einer Strafsache –, so ist § 2259 Abs 2, nicht § 2261 anzuwenden. Diese Frage ist allerdings nicht unstreitig. Zum Teil wird danach differenziert, ob das Gericht, das in dem genannten Beispiel mit der Strafsache befasst ist, ein Amtsgericht oder ein Landgericht ist. Wenn es sich um ein Amtsgericht handelt, soll die Strafabteilung das Testament an das Nachlassgericht desselben Amtsgerichts zur Eröffnung nach § 2261 abgeben, während das Landgericht das Testament nach § 2259 Abs 2 an das zuständige Nachlassgericht abzuliefern habe (STAUDINGER-BAUMANN § 2259 RdNr 19 und § 2261 RdNr 6). Für diese Auffassung spricht zwar, dass damit in einigen Fällen eine zeitnähere Eröffnung ermöglicht wird, es lässt sich aber kaum rechtfertigen, warum diesem Gesichtspunkt bei Verwahrung des Testaments in der strafgerichtlichen Abteilung eines Amtsgerichts Rechnung getragen werden soll, während dies bei Verwahrung durch das Landgericht angesichts der funktionellen Unzuständigkeit ohnehin ausscheidet. Richtigerweise ist in diesen Fällen stets an das nach § 73 FGG zu bestimmende Nachlassgericht abzuliefern. In Baden-Württemberg ist das Verwahrnotariat für die Eröffnung zuständig (zur Rechtslage vor dem 1. 9. 1986 vgl MünchKomm-BURKART RdNr 3).

### 2. Umfang der Zuständigkeit

§ 2261 begründet eine Zuständigkeit des Verwahrungsgerichts allein für die **Eröffnung** des Testaments. Weder ist es für die Benachrichtigung nach § 2262 oder die Gewährung der Einsichtnahme nach § 2264 zuständig (BayObLGZ 1986, 118, 125), noch erteilt es einen Erbschein (BayObLGZ 1994, 346 = Rpfleger 1995, 254). Bei Doppelwohnsitzen wird durch die Eröffnung seitens des Verwahrungsgerichts ein Vorrang nach § 4 FGG nicht begründet (BayObLGZ 1994, 346, 350 = Rpfleger 1995, 254, 255 [obiter dictum]). Die durch § 2261 begründete Zuständigkeit ist eine originäre, sie leitet sich nicht aus der des Nachlassgerichts ab. Damit handelt es sich um zwei getrennte Verfahren, sodass das Nachlassgericht Verfügungen des Verwahrungsgerichts nicht nach § 18 FGG aufheben kann (OLG Hamburg Rpfleger 1985, 194 m Anm MEYER-STOLTE; LANGE-KUCHINKE § 38 III 3 b Fn 55).

### 3. Kompetenzkonflikte und Rechtsbehelfe

**Eröffnet das Verwahrungsgericht** das Testament, so steht – auch bei Verfahrensfehlern – dem Nachlassgericht ein Rechtsbehelf nicht zu (vgl BayObLGZ 1986, 118, 126 = Rpfleger 1986, 303, 305). **Verweigert das Verwahrungsgericht die Übersendung** an das Nachlassgericht, so ist letzteres beschwerdeberechtigt, denn es ist zur Wahrnehmung seiner Aufgaben als Nachlassgericht darauf angewiesen, die Urschrift des Testaments in Verwahrung zu haben (BayObLGZ 1986, 118, 127; STAUDINGER-BAUMANN RdNr 14). Weigert sich das **Nachlassgericht**, das vom Verwahrungsgericht übersandte Testament **in amtliche Verwahrung zu nehmen**, so ist das Verwahrungsgericht beschwerdebefugt, sofern es sich nicht um einen die örtliche Zuständigkeit betreffenden Streit handelt, der im Verfahren nach § 5 FGG zu entscheiden ist (MünchKomm-BURKART RdNr 7; SOERGEL-HARDER RdNr 6; vgl auch [zum Vorrang des Verfahrens nach § 5 FGG] KG Rpfleger 1977, 100, 101; [zum Verfahren nach § 5 FGG bei der Frage der örtlichen Zuständigkeit zur Weiterverwahrung eines gemeinschaftlichen Testaments] KG MDR 1977, 229; OLG Frankfurt/M FamRZ 1998, 34 = Rpfleger 1998, 26 = NJW-RR 1998, 367 [zum Verfahren nach § 5 Abs 1 FGG; bei Übersendung des eröffneten Testaments durch das Verwahrungsgericht an das Nachlassgericht ist letzteres als erstes mit der Sache befasst, sodass für die Entscheidung eines Kompetenzstreits das OLG berufen ist, zu dessen Bezirk dieses Gericht gehört]). Kündigt das Gericht nach der Eröffnung an, das Testament an eine Stelle **im Ausland zu versenden**, so ist gegen diesen Vorbescheid die Beschwerde statthaft (vgl OLG Hamm OLGZ 1984, 282, 286; LG Berlin Rpfleger 1971, 400; SOERGEL-HARDER RdNr 5).

### 4. Besonderheiten bei gemeinschaftlichen Testamenten und bei Erbverträgen

**7** § 2261 findet auch auf gemeinschaftliche Testamente und Erbverträge (§ 2300) Anwendung (OLG Hamm NJW-RR 1987, 835). Nach dem Tode des Erstversterbenden ist dasjenige Gericht für die weitere besondere amtliche Verwahrung des **gemeinschaftlichen Testaments** zuständig, das die Geschäfte des **Nachlassgerichts** wahrzunehmen hat, denn die Urschrift des gemeinschaftlichen Testaments muss dem Nachlassgericht zur Erfüllung seiner Aufgaben zur Verfügung stehen (str, OLG Hamm OLGZ 1990, 276, 279; OLG Frankfurt/M Rpfleger 1995, 253 = NJW-RR 1995, 460; OLG Zweibrücken Rpfleger 1998, 428; OLG Celle Beschl v 19. 6. 2002 6 AR 2/02 Juris KORE 403002002; MünchKomm-MUSIELAK § 2273 RdNr 8; aA BayObLGZ 1989, 39, 42 ff – unter Aufgabe von BayObLGZ 1974, 7 –; BayObLG FamRZ 1995, 681 = Rpfleger 1995, 300; BayObLG FamRZ 2000, 638; SOERGEL-HARDER RdNr 5; LANGE-KUCHINKE § 26 III 2; vgl auch hier § 2273 RdNr 25).

### 5. Kosten

**8** Die Gebühren für die Eröffnung des Testaments (§§ 102, 103 KostO) werden vom Nachlassgericht, nicht vom Verwahrungsgericht erhoben, § 103 Abs 3 KostO.

## § 2262 Benachrichtigung der Beteiligten durch das Nachlassgericht

*Das Nachlassgericht hat die Beteiligten, welche bei der Eröffnung des Testaments nicht zugegen gewesen sind, von dem sie betreffenden Inhalt des Testaments in Kenntnis zu setzen.*

Zum Schrifttum vgl vor § 2229

### Übersicht

| | | |
|---|---|---|
| I. | Zeittafel | 1 |
| II. | Recht der ehemaligen DDR | 2 |
| III. | Sinn der Regelung | 3 |
| IV. | Einzelerläuterungen | 4 |
| | 1. Zu informierender Personenkreis | 4 |
| | 2. Inhalt der Benachrichtigung | 6 |
| | 3. Verfahrensfragen | 7 |
| V. | Mitteilungen an das Finanzamt | 13 |

### I. Zeittafel

**1** Die Regelung war wortgleich bereits in der ursprünglichen Fassung des BGB vorhanden; zwischenzeitlich fand sie sich – ebenfalls wortgleich – in § 42 TestG.

## II. Recht der ehemaligen DDR

§ 26 Abs 2 S 2 NotG enthielt eine entsprechende Regelung. Er lautet: *Soweit Beteiligte bei der Eröffnung nicht anwesend sind, sollen sie über den sie betreffenden Inhalt des Testaments schriftlich informiert werden.* **2**

## III. Sinn der Regelung

Da der Termin zur Eröffnung des Testaments wegen der Eilbedürftigkeit sofort **3** anzusetzen ist und auf eine Ladung, soweit diese untunlich ist, verzichtet werden kann, müssen die Beteiligten, die an dem Termin nicht anwesend sind, auf andere Weise von dem sie betreffenden Inhalt des Testaments in Kenntnis gesetzt werden. Das gilt insbesondere für diejenigen, deren Stellung als Beteiligte sich erst aus dem bis zur Eröffnung noch verschlossenen Testament ergibt. Die Beteiligten – auch diejenigen, die von der Erbfolge ausgeschlossen wurden – müssen Kenntnis von dem Inhalt des Testaments erlangen, da sie nur auf dieser Grundlage dazu imstande sind, ihre Rechte einschließlich der aus der möglichen Unwirksamkeit der Verfügung folgenden geltend zu machen (BGHZ 117, 287, 295; NJW 1978, 633f; OLG Hamm Rpfleger 1974, 155, 156; BayObLGZ 1989, 323, 326 = FamRZ 1989, 1350). Zugleich dient die Benachrichtigung der Rechtssicherheit, da die Fristen zur Ausschlagung erst mit Kenntnis ihren Lauf beginnen (§ 1944 Abs 2 S 1).

## IV. Einzelerläuterungen

### 1. Zu informierender Personenkreis

Zu benachrichtigen ist, wer in einem Schriftstück, das als Testament, gemein- **4** schaftliches Testament (§ 2273) oder als Erbvertrag (§ 2300) eröffnet wird (vgl § 2260 RdNr 6 ff; zur Prüfung der Wirksamkeit vgl unten RdNr 7), durch eine Verfügung von Todes wegen betroffen ist, weil ihm etwas zugewendet oder weil er von einer ihm ohne diese Verfügung zustehenden Teilhabe ausgeschlossen wird. Zu diesem Personenkreis gehören zunächst die testamentarisch **berufenen Erben**, auch wenn ihre Einsetzung aufschiebend oder auflösend bedingt ist, Vorerben, Nacherben und Ersatzerben (OLG Hamm NJW-RR 1994, 75 [LS]; STAUDINGER-BAUMANN RdNr 6). Ist der Nacherbfall von dem Versterben des Vorerben unabhängig, so sind die Erben des Vorerben nur dann zu informieren, wenn das Nachlassgericht sichere Kenntnis von dem Tod des Vorerben erlangt hat; eine Nachforschungspflicht des Nachlassgerichts wird abgelehnt (vgl KIPP-COING § 123 III 1 Fn 21; STAUDINGER-BAUMANN RdNr 9). Enthält das Testament den Widerruf einer Testamentseinsetzung, so sind auch die durch die widerrufene Verfügung Bedachten zu informieren, damit sie ihre Rechte wahren können (BayObLGZ 1989, 323, 325 = FamRZ 1989, 1350). Über den Kreis der testamentarisch Berufenen hinaus sind die **gesetzlichen Erben** zu benachrichtigen, soweit sie von der Erbfolge ausgeschlossen wurden (enterbt, auf den Pflichtteil beschränkt, unter Entziehung des Pflichtteilsanspruchs) oder in ihrem gesetzlichen Erbrecht beschränkt wurden (vgl SOERGEL-HARDER RdNr 3; STAUDINGER-BAUMANN RdNr 7). Benachrichtigt werden auch die **Vermächtnisnehmer**, auch die Vor- und Nachvermächtnisnehmer, die Ersatzvermächtnisnehmer und die Vermächtnisnehmer, deren Einsetzung widerrufen wurde (OLG Düsseldorf OLGZ 1966, 64, 66; BayObLGZ 1989, 323, 325). Wenn lediglich der Nacherbe mit dem Vermächtnis beschwert ist, muss der Vermächtnisnehmer unabhängig vom Eintritt des Nacherbfalls informiert werden (OLG Düsseldorf OLGZ 1966, 64, 66 f). Ebenfalls zu dem zu informierenden Kreis gehören Personen, die aus einer **Auflage** begünstigt sind oder deren Vollziehung verlangen können. Personen, die unter einer Bedingung dergestalt bedacht sind, dass der Beschwerte die Zuwendung jederzeit beseitigen kann, sind ebenfalls zu benachrichtigen (STAUDINGER-BAUMANN RdNr 8). Auch der Testamentsvollstrecker ist zu benachrichtigen (SOERGEL-HARDER RdNr 3).

5   Bei **gemeinschaftlichen Testamenten** sind bei Versterben des ersten Ehegatten diejenigen zu benachrichtigen, die durch dessen Verfügungen betroffen sind. Dabei sind als Verfügungen des **Längerlebenden** nur solche anzusehen, die sich **von denen des Vorverstorbenen absondern** lassen (vgl § 2260 RdNr 10; OLG Hamm NJW 1982, 57; vgl auch BVerfG NJW 1994, 2535 m krit Anm BÜHLER BWNotZ 1994, 66 f). Wird in dem gemeinschaftlichen Testament oder dem Erbvertrag angeordnet, dass der Längerlebende eine bestimmte Verfügung trifft, so ist dies grundsätzlich keine abtrennbare Verfügung allein des längerlebenden Ehegatten, sodass die Verfügung eröffnet wird und die davon Betroffenen zu informieren sind (BGHZ 91, 105, 109; OLG Hamm Rpfleger 1981, 486). Handelt es sich bei der Verfügung um ein **Vermächtnis**, so ist diese richtiger Ansicht nach zu eröffnen (vgl dazu § 2260 RdNr 10). Eine andere Frage ist es, ob die Person, die für den Fall des Längerlebens als Vermächtnisnehmer eingesetzt war, zu benachrichtigen ist, denn die Rechtsstellung desjenigen, der nur bedingt als Vermächtnisnehmer eingesetzt war, wird regelmäßig nicht betroffen. Auch falls sich herausstellen sollte, dass der Erblasser testierunfähig war oder das Testament angefochten werden kann (dazu, dass diese Gründe die Eröffnung derartiger Verfügungen rechtfertigen, vgl § 2260 RdNr 10), hat dies auf die Rechtsstellung des derart bedingt eingesetzten Vermächtnisnehmers keinen Einfluss. Er ist deshalb nicht Beteiligter (so iE auch die hL, vgl nur BGHZ 70, 173, 176 f = NJW 1978, 633, 634; SOERGEL-HARDER RdNr 3; vgl auch MünchKomm-MUSIELAK § 2273 RdNr 3 und hier § 2273 RdNr 19 f). Wenn ein von den gesetzlichen Erben Verschiedener als **Schlußerbe** eingesetzt wird, muss dieser dagegen bei Tod des Vorversterbenden als Beteiligter angesehen werden, da ihm die Möglichkeit gegeben werden muss zu prüfen, ob diese Einsetzung als Nacherbschaft ausgelegt werden kann (OLG Hamm NJW 1982, 57; aA [für eine notariell beurkundete Verfügung] LG Stuttgart BWNotZ 1989, 81, 82). Wird durch das gemeinschaftliche Testament ein Testament **widerrufen**, welches eine Vermächtnisanordnung des Erblassers zugunsten des Vermächtnisnehmers enthielt, so ist der Vermächtnisnehmer schon wegen dieser Aufhebung Beteiligter iSd § 2262 (vgl BayObLGZ 1989, 323, 325).

## 2. Inhalt der Benachrichtigung

6   § 2262 verpflichtet dazu, die Beteiligten (RdNr 4 f), soweit sie nicht bei der Eröffnung des Testaments zugegen waren, von dem **sie betreffenden Inhalt** des Testaments in Kenntnis zu setzen. Es ist also nicht erforderlich, stets das gesamte Testament zur Kenntnis zu geben. Diese Regelung, die dem Geheimhaltungsinteresse des Erblassers zumindest denjenigen gegenüber Rechnung trägt, die am Eröffnungstermin nicht teilgenommen haben, wird aber dadurch weitgehend entwertet, dass bei **jeder Beeinträchtigung der erbrechtlichen Stellung** dem Beeinträchtigten das **gesamte Testament** zur Kenntnis gegeben werden muss, da er nur dann dazu in der Lage ist zu beurteilen, ob der Erblasser möglicherweise nicht testierfähig war und ob ein Anfechtungsgrund gegeben ist (OLG Hamm FamRZ 1974, 387, 389; OLG Frankfurt/M Rpfleger 1977, 206; KG OLGZ 1979, 269, 274 = DNotZ 1979, 556, 559). Bei **Anordnung eines Vermächtnisses** muss der Vermächtnisnehmer

grundsätzlich auch erfahren, wer Erbe ist, sodass ihm das Testament auch insoweit zur Kenntnis gebracht werden muss. Wenn Testamentsvollstreckung angeordnet wurde, wird es ausreichen, dem Vermächtnisnehmer neben seiner Einsetzung allein diese Anordnung bekannt zu geben (vgl MünchKomm-BURKART, 2. Aufl, 1989, RdNr 4). Bei **gemeinschaftlichen Testamenten** werden in diesem Rahmen alle Verfügungen des Erblassers mitgeteilt; Verfügungen des längerlebenden Ehegatten werden nur dann ausgenommen, wenn sie von denen des Vorverstorbenen gesondert werden können (BGHZ 91, 105; BayObLG NJW-RR 1990, 135; BVerfG NJW 1994, 2535; vgl § 2260 RdNr 10; krit BÜHLER ZRP 1988, 59 und MünchKomm-BURKART RdNr 5 [stärkere Berücksichtigung der Geheimhaltungswünsche, notfalls durch Gesetzesänderung]).

### 3. Verfahrensfragen

Die Benachrichtigungspflicht trifft das **Nachlassgericht**, auch wenn ein anderes Gericht das Testament gemäß § 2261 eröffnet hat (STAUDINGER-BAUMANN RdNr 4). Für die Beteiligteneigenschaft ist die **Wirksamkeit** des zu eröffnenden Schriftstücks **ohne Bedeutung**; insoweit trifft das Nachlassgericht weder eine Prüfungspflicht, noch ist es zur Prüfung berechtigt (BayObLG FamRZ 1989, 1350; BayObLGZ 1989, 323, 325; LG Koblenz Rpfleger 1992, 25). Die hL (vgl MünchKomm-BURKART RdNr 4) lässt eine **Ausnahme** zu bei Testamenten, die nach **§ 2256 widerrufen** wurden. Dies ist aus den in § 2260 RdNr 9 dargelegten Gründen abzulehnen, sodass auch insoweit eine Benachrichtigungspflicht besteht.

Das Nachlassgericht muss zur Erfüllung der Benachrichtigungspflicht von Amts wegen **ermitteln**, wer zu benachrichtigen ist, also dem genannten Personenkreis angehört (vgl BayObLG MDR 1980, 141; zur Auskunftspflicht der Standesbeamten vgl OLG Braunschweig Rpfleger 1989, 371). Der Umfang dieser Amtsermittlungspflicht ist durch Landesgesetze näher bestimmt (vgl für Baden-Württemberg § 41 Abs 1 LFGG, dazu SANDWEG BWNotZ 1979, 25; 1986, 5; für Bayern Art 37 Abs 1 AGGVG; vgl auch MünchKomm-BURKART RdNr 2 Fn 4). Privatpersonen, die die Erben ermitteln, um sich später von diesen gegen ein Erfolgshonorar mit der Nachlassabwicklung beauftragen zu lassen, unterliegen dem Erlaubniszwang nach Art 1 § 1 S 1 RBerG (BGH NJW 1989, 2125).

Die Beteiligteneigenschaft muss zur Überzeugung des Gerichts **feststehen**; im Interesse der Bedachten an der Geheimhaltung darf nicht jeder, der möglicherweise Beteiligter ist, von dem Inhalt des Testaments vorsorglich in Kenntnis gesetzt werden (vgl BayObLG MDR 1980, 141, 142). Der Aufenthaltsort eines zu Benachrichtigenden ist gegebenenfalls festzustellen (RGZ 69, 274, 275 f; vgl OLG Bremen Rpfleger 1973, 58). Lassen sich die Beteiligten nicht feststellen und scheidet eine Nachlasspflegschaft nach § 1960 Abs 1 aus, so kann ein Pfleger nach § 1913 S 1 bestellt werden, und zwar wegen der unterschiedlichen Interessengebundenheit auch dann, wenn Testamentsvollstreckung angeordnet ist (BayObLG MDR 1980, 141 f = BayObLGZ 1979, 340, 143).

Für die Benachrichtigung ist eine bestimmte **Form** nicht vorgeschrieben; sie ist so zeitig vorzunehmen, wie es dem ordnungsgemäßen Geschäftsgang entspricht (BayObLGZ 1906, 509, 511). Die Mitteilung kann mündlich oder schriftlich erfolgen; auch die Bekanntgabe durch ein im Wege der Rechtshilfe ersuchtes Gericht kommt in Betracht (KEIDEL-KUNTZE-WINKLER § 2 FGG RdNr 23). Üblich ist die Übersendung einer Abschrift (regelmäßig als Ablichtung, vgl § 27 Abs 12 AktO [abgedruckt in der in Bayern geltenden Fassung bei FIRSCHING-GRAF Anh 4]) oder eines Auszugs, der nicht den Wortlaut der Verfügung von Todes wegen zu enthalten braucht. Benachrichtigt werden die Beteiligten (vgl RdNr 4), ggf ihre **gesetzlichen Vertreter** (nicht notwendigerweise unter Hinweis auf diese Eigenschaft, vgl BGHZ 117, 287, 295 f) oder ein Bevollmächtigter. Bei minderjährigen Beteiligten, die keinen gesetzlichen Vertreter haben, wird das Nachlassgericht die Bestellung eines Pflegers anregen und diesen benachrichtigen.

11 Ein **Verzicht** auf die Benachrichtigung ist wirksam. Wenn aktenkundig ist, dass der Beteiligte bereits anderweitig die erforderliche Kenntnis von dem gesamten ihn betreffenden Inhalt erlangt hat, kann die Benachrichtigung entbehrlich sein (SOERGEL-HARDER RdNr 4; STAUDINGER-BAUMANN RdNr 23). Da die Benachrichtigungspflicht nicht im Interesse des **Erblassers** besteht, kann dieser auch nicht wirksam anordnen, dass eine Benachrichtigung unterbleibt oder aufgeschoben werden soll (OLG Düsseldorf DNotZ 1966, 112, 114 = OLGZ 1966, 64, 67). Ebenso wenig kann der Erbe oder ein anderer Beteiligter bestimmen, dass andere Beteiligte nicht benachrichtigt werden (BayObLGZ 1904, 147, 149 [zum Fall der Benachrichtigung trotz Unwirksamkeit der Verfügung]). Wenn das Nachlassgericht die Benachrichtigung einer Person ankündigt, die nach Auffassung eines der Beteiligten nicht zu dem zu benachrichtigenden Personenkreis gehört, so ist dieser beschwerdeberechtigt (vgl OLG Düsseldorf OLGZ 1966, 64). Die **Verletzung** der Benachrichtigungspflicht kann Amtshaftungsansprüche begründen (BGHZ 117, 287, 295). Sofern wegen einer dem Nachlassgericht anzulastenden Verspätung bei der Benachrichtigung die Ausschlussfrist des § 30a VermG versäumt wurde, kann diese Versäumung als unbeachtlich anzusehen sein, sofern damit der Zweck der Ausschlussfrist nicht verfehlt wird. Somit führt die Versäumung der Frist zum Ausschluss, wenn durch die verspätete Anmeldung von Ansprüchen erstmalig neue Ansprüche angemeldet werden oder wenn über rechtzeitig angemeldete Ansprüche bereits entschieden ist, während die durch die Ausschlussfrist zu vermeidende Rechtsunsicherheit nicht eintritt, wenn es um die Frage geht, wem ein bereits fristgerecht angemeldeter Anspruch zusteht (BVerwGE 101, 39, 45 ff = DtZ 1996, 250, 251f).

12 Die bei der Benachrichtigung anfallenden **Kosten** sind Teil der Eröffnungskosten und zählen zu den Nachlassverbindlichkeiten. Der Benachrichtigte ist auch dann nicht kostenpflichtig, wenn er an dem Eröffnungstermin hätte teilnehmen können (STAUDINGER-BAUMANN RdNr 28). Für die Ermittlung des betroffenen Personenkreises werden Gebühren nicht erhoben (§ 105 KostO).

### V. Mitteilungen an das Finanzamt

13 Das Finanzamt wird über den Inhalt des eröffneten Testaments nach § 34 ErbStG informiert.

### § 2263 Nichtigkeit eines Eröffnungsverbots

**Eine Anordnung des Erblassers, durch die er verbietet, das Testament alsbald nach seinem Tode zu eröffnen, ist nichtig.**

Zum Schrifttum vgl vor § 2229

Übersicht

| | | |
|---|---|---|
| I. | Zeittafel | 1 |
| II. | Recht der ehemaligen DDR | 2 |
| III. | Einzelerläuterungen | 3 |

A. Errichtung und Aufhebung eines Testaments | § 2263 BGB 1–3

## I. Zeittafel

Die Regelung fand sich wortgleich in der ursprünglichen Fassung und später in § 43 TestG. **1**

## II. Recht der ehemaligen DDR

Obwohl das Recht der ehemaligen DDR (zur Fortgeltung vgl vor § 2229 RdNr 11 ff) eine ausdrückliche Regelung über ein Eröffnungsverbot nicht enthält, wird man **auch für das Recht der ehemaligen DDR ein Eröffnungsverbot für unwirksam** halten müssen. Denn das nach § 395 ZGB, § 26 NotG durchzuführende Eröffnungsverfahren diente auch nach der Rechtsordnung der ehemaligen DDR unter anderem öffentlichen Interessen, sodass es nicht zur Disposition des Erblassers stand (vgl auch ZGB-Kommentar § 394 Anm 2, wo die Anordnung, dass das Testament nicht an das Staatliche Notariat abzuliefern, sondern einer anderen Person zu übergeben sei, für unbeachtlich gehalten wird). **2**

## III. Einzelerläuterungen

Da an der Eröffnung eines Testaments ein öffentliches Interesse besteht (vgl § 2260 RdNr 3), erklärt § 2263 eine Anordnung des Erblassers für nichtig, die eine alsbaldige Eröffnung verbietet. Die Regelung betrifft auch das gemeinschaftliche Testament (KG DNotZ 1979, 556f = Rpfleger 1979, 137, 138) und Erbverträge, § 2300. Der Begriff der Eröffnung ist nicht allein auf die Öffnung eines verschlossenen Testaments zu beziehen, sondern auf das **Eröffnungsverfahren insgesamt**. Deshalb sind auch Anweisungen nichtig, die das Öffnen zulassen, jedoch das Verlesen oder die Benachrichtigung bestimmter Personen untersagen (vgl [Wille des Erblassers, Schlußzuwendung bei gemeinsamem Testament erst nach Tod des Letztversterbenden bekannt zu geben, unbeachtlich] KG DNotZ 1979, 556 = Rpfleger 1979, 137, 138; vgl § 2262 RdNr 11) oder das Einsichtnahmerecht nach § 2264 beschränken (vgl OLG Düsseldorf OLGZ 1966, 64, 67). Unwirksam ist auch eine Anordnung, die Eröffnung solle durch eine andere Person – etwa den Testamentsvollstrecker – erfolgen (KG zitiert in OLGE 40, 141 Fn 1c; MünchKomm-BURKART RdNr 2). Ein Verbot der Ablieferung oder des Öffnens bestimmter Behältnisse ist ebenfalls unwirksam. Wenn der Erblasser anordnet, dass die Eröffnung erst eine **bestimmte Zeit später** erfolgen solle (zB zwei Wochen nach seiner Beerdigung), so ist diese Verfügung nach § 2263 unwirksam (einschränkend [das Nachlassgericht könne eine solche Anordnung befolgen] SOERGEL-HARDER RdNr 1). Das Nachlassgericht wird durch eine solche Anordnung nicht von seiner Pflicht aus § 2260 Abs 1 S 1 entbunden und kann ihr deshalb allenfalls in sehr eingeschränktem Maße Folge leisten. **3**

Die Nichtigkeit des Eröffnungsverbots lässt die **Wirksamkeit des Testaments im Übrigen regelmäßig unberührt** (STAUDINGER-BAUMANN RdNr 4; SOERGEL-HARDER RdNr 3). Wird allerdings die Eröffnung für immer untersagt, so kann dies Zweifel an dem erforderlichen Testierwillen wecken (MünchKomm-BURKART RdNr 3; weitergehend [Anwendung des § 118 mit der Folge der Nichtigkeit] STAUDINGER-BAUMANN RdNr 4; SOERGEL-HARDER RdNr 3) oder – wenn das Verbot später hinzugefügt wird – als Widerruf durch einen Ungültigkeitsvermerk verstanden werden (MünchKomm-BURKART RdNr 3; STAUDINGER-BAUMANN RdNr 4). Beides ist eine Frage des Einzelfalls (aA – regelmäßig für Un- **4** wirksamkeit bzw Widerruf – SOERGEL-HARDER RdNr 3), bei deren Beantwortung auch die Möglichkeit in Betracht zu ziehen ist, dass der Erblasser das Testament durchaus als verbindliche Regelung errichten bzw nicht widerrufen wollte und durch das Verbot lediglich zu verhindern suchte, dass übergangene Personen von seinem letzten Willen – und den darin ggf geäußerten Motiven – jemals Kenntnis erlangen. In einem solchen Fall ist das Eröffnungsverbot unwirksam, ohne dass das Untersagen der Eröffnung für alle Zeit Zweifel an der Wirksamkeit des Testaments begründet.

## § 2263a Eröffnungsfrist für Testamente

**Befindet sich ein Testament seit mehr als 30 Jahren in amtlicher Verwahrung, so hat die verwahrende Stelle von Amts wegen, soweit tunlich, Ermittlungen darüber anzustellen, ob der Erblasser noch lebt. Führen die Ermittlungen nicht zu der Feststellung des Fortlebens des Erblassers, so ist das Testament zu eröffnen. Die Vorschriften der §§ 2260 bis 2262 sind entsprechend anzuwenden.**

Zum Schrifttum vgl vor § 2229

### Übersicht

| | | |
|---|---|---:|
| I. | Zeittafel | 1 |
| II. | Recht der ehemaligen DDR | 2 |
| III. | Sinn der Regelung | 3 |
| IV. | Einzelerläuterungen | 4 |
| | 1. Anwendungsbereich | 4 |
| | 2. Verfahrensfragen | 5 |

## I. Zeittafel

**1** Die ursprüngliche Fassung des BGB sah keine entsprechende Regelung vor, sondern überließ diese der Landesgesetzgebung. Durch § 46 TestG wurde eine einheitliche Regelung geschaffen, die auch die Eröffnung von Erbverträgen betraf. Im Zuge der Reinkorporation der Regelungen in das BGB durch das GesEinhG wurden die § 2263a und § 2300a in der heute geltenden Form Gesetz.

## II. Recht der ehemaligen DDR

**2** Das Recht der ehemaligen DDR sah eine entsprechende Regelung weder im ZGB noch im NotG vor. Da Art 235 EGBGB eine Sonderregelung insoweit nicht enthält, ist § 2263a nach dem Wirksamwerden des Beitritts **auch auf Testamente anzuwenden, die unter der Geltung des Rechts der ehemaligen DDR errichtet wurden** (Art 230 EGBGB). Soweit die Verwahrdauer von Testamenten, die sich in amtlicher Verwahrung einer Stelle der ehemaligen DDR befanden, die Frist des § 2263a überschreitet, sind sie deshalb nunmehr zu eröffnen. Hinsichtlich der **Erbverträge** wird sich die Frage nicht stellen, da das ZGB derartige Verträge nicht zulässt. Soweit sich solche aber (zB aus der Zeit vor dem In-Kraft-Treten des ZGB) in der Verwahrung der Nachlassgerichte befinden, sind sie nach Ablauf der

Frist von 50 Jahren (§ 2300a) zu eröffnen. Befinden sich noch derartige Verträge in der Verwahrung des Notars, sind sie nach Fristablauf abzuliefern (vgl RdNr 5). Dabei wird auch eine Verpflichtung zur Sichtung des Bestandes der Amtsvorgänger bestehen (vgl BGH DNotZ 1973, 379 [zu § 25 BNotO; jetzt § 34 Abs 3 BeurkG]).

### III. Sinn der Regelung

Es soll verhindert werden, dass ein Testament auf Dauer uneröffnet bleibt, weil 3 die verwahrende Stelle – aus welchen Gründen auch immer – von dem Tod des Erblassers keine Kenntnis erlangt hat. Nach Ablauf von dreißig Jahren sieht der Gesetzgeber die Zeit gekommen, der Frage des Fortlebens des Testators nachzugehen, wobei nach S 2 im Zweifel von seinem zwischenzeitlichen Ableben auszugehen ist.

### IV. Einzelerläuterungen

#### 1. Anwendungsbereich

Die Regelung bezieht sich auf alle, also auch auf gemeinschaftliche **Testamente**, 4 nicht dagegen auf Erbverträge, für welche § 2300a eine Sonderbestimmung enthält. Die Form der Errichtung des Testaments ist ohne Bedeutung. Das Testament muss sich während der Zeit in **amtlicher Verwahrung** befunden haben. Es kann sich dabei um einfache oder besondere amtliche Verwahrung handeln (STAUDINGER-BAUMANN RdNr 4). Bei der verwahrenden Stelle muss es sich um ein **zur Eröffnung eines Testaments zuständiges Gericht** handeln (vgl § 2261 RdNr 4). Befindet sich das Testament bei einem anderen Gericht in amtlicher Verwahrung – zB in einer Strafsache –, so ist § 2263a nicht anwendbar. Gelangt das Testament von dieser Stelle zu einer zur Eröffnung befugten Stelle, so ist bei der Berechnung der **Frist von dreißig Jahren diese Zeit mitzurechnen**, denn Anlass zur Nachforschung, ob der Erblasser zwischenzeitlich verstorben ist, besteht unabhängig davon, ob das Testament einen Teil dieser Zeit nur in einfacher amtlicher Verwahrung verbracht hat. Auch Testamente, die vor dem In-Kraft-Treten des TestG in amtliche Verwahrung genommen wurden, werden erfasst; dasselbe gilt für Urkunden, die vor dem In-Kraft-Treten des BGB (1. 1. 1900) errichtet wurden (vgl BGH DNotZ 1973, 379; zu der Rechtslage bei Testamenten, die unter dem Recht der ehemaligen DDR errichtet wurden, vgl RdNr 2). Auf Erb- und Pflichtteilsverzichtsverträge ist § 2263a nicht anwendbar (BayObLGZ 1983, 149 = FamRZ 1983, 1282 [LS]).

#### 2. Verfahrensfragen

Zuständig ist das **Verwahrungsgericht** (zur Zuständigkeit in Baden-Württemberg vgl § 1 5 LFGG; zur funktionellen Zuständigkeit des Rechtspflegers vgl § 3 Nr 2 c, § 35 RPflG); ein Gericht, das zur Eröffnung eines Testaments nicht zuständig ist, wird es nicht durch § 2263a (vgl RdNr 4). Die **Frist beginnt** grundsätzlich mit der Inverwahrungnahme (zu Ausnahmen bei Verwahrung durch andere Stellen vgl RdNr 4). Lässt sich dieser Zeitpunkt nicht feststellen, wird der Errichtungszeitpunkt zugrunde gelegt; sofern notwendig, kann dazu der Testamentsumschlag geöffnet werden. Die Modalitäten der Fristüberwachung ergeben sich aus § 27 Abs 10 AktO (abgedruckt in der für Bayern geltenden Fassung bei FIRSCHING-GRAF Anh 4; für Baden-Württemberg vgl § 17 Abs 1 S 3 der 1. VerwVorschrift zur Ausführung des LFGG vom 5. 5. 1975, Die Justiz 1975, 201). Bei **Erb-**

verträgen, die in der **Verwahrung des Notars** verblieben sind (§ 34 Abs 2, 3 BeurkG), obliegt diesem die Überwachung der Frist (§ 20 Abs 4 DONot; BGH DNotZ 1973, 379, 381; STAUDINGER-BAUMANN RdNr 5). Die Eröffnung des Erbvertrages obliegt in den Fällen des § 2263a S 2 dem Nachlassgericht, in dessen Bezirk der Notar seinen Amtssitz hat (OLG Zweibrücken Rpfleger 1982, 69; MünchKomm-MUSIELAK § 2300a RdNr 2). Soweit der Wohnsitz im Zeitpunkt des Erbfalls bekannt ist, kann der Notar den Erbvertrag an das zuständige Nachlassgericht oder an das Nachlassgericht abliefern, in dessen Bezirk sich sein Amtssitz befindet (vgl § 2300a RdNr 6). Nach § 2263a iVm § 20 Abs 4 DONot ist der **Notar** auch zur Durchführung von Ermittlungen über das Fortleben des Testators verpflichtet (MünchKomm-MUSIELAK § 2300a RdNr 2; vgl auch hier § 2300a RdNr 4). Lehnt das Gericht die Übernahme des Erbvertrages ab, so steht dem Notar die Beschwerde zu (vgl STAUDINGER-BAUMANN RdNr 12).

**6** Nach Ablauf der Frist hat der Rechtspfleger (§ 3 Nr 2 c RPflG) des zuständigen Gerichts von Amts wegen, soweit tunlich, Ermittlungen über das Fortleben des Erblassers anzustellen. Der **Umfang der Ermittlungen** bestimmt sich nach dem pflichtgemäßen Ermessen; sie werden jedoch regelmäßig eine Anfrage bei der Meldebehörde des letzten bekannten Wohnsitzes und – bei Erfolglosigkeit – eine Anfrage bei dem Standesamt des Geburtsorts sowie ggf eine Anfrage an das Staatsarchiv umfassen. Von Ermittlungen wegen Untunlichkeit ganz abzusehen, wird kaum in Betracht kommen. Aber auch in solchen Fällen kann nur auf weitere Ermittlungen, nicht auf die Eröffnung selbst verzichtet werden (vgl STAUDINGER-BAUMANN RdNr 6; aA – bei Bedeutungslosigkeit eines vor dem 1. 1. 1900 errichteten Erbvertrags oder Testaments – SOERGEL-HARDER RdNr 4).

**7** Steht aufgrund der Ermittlungen fest, dass der **Erblasser noch lebt**, dann besteht kein Anlass zur Eröffnung des Testaments. In welchen Abständen die Ermittlungen wiederholt werden, hängt vom Einzelfall, insbesondere vom Alter des Testators, ab (vgl § 27 Abs 10 aE AktO [abgedruckt in der in Bayern geltenden Fassung bei FIRSCHING-GRAF Anh 4]; die AV RJM vom 23. 9. 1939, DJ 1939, 1558 sah Überprüfungen im Abstand von etwa drei bis fünf Jahren vor; beim Erbvertrag sieht § 20 Abs 4 S. 3 DONot eine Prüfung nach spätestens fünf Jahren vor). Steht fest, dass der **Erblasser zwischenzeitlich verstorben** ist, so ist das Testament nach §§ 2260 ff zu eröffnen. Nur wenn die Ermittlungen zu **keinem Ergebnis** führen, ist die Eröffnung nach § 2263a S 2 und 3 durchzuführen. Dabei wird unterstellt, dass der Erblasser unmittelbar vor der Eröffnung im Bezirk des Verwahrungsgerichts verstorben ist (STAUDINGER-BAUMANN RdNr 9), sodass dies zugleich das nach § 73 FGG örtlich zuständige Nachlassgericht ist. Wird bei gemeinschaftlichen Testamenten nur das Fortleben eines der Ehegatten festgestellt, so ist bei der Eröffnung die Regelung des § 2273 zu beachten.

**8** Stellt sich **nach der Eröffnung** heraus, dass der **Testator noch lebt**, so wird das in dem Eröffnungsprotokoll vermerkt. Das Testament wird, soweit es verschlossen war, wieder verschlossen und auf Wunsch des Testators wieder in Verwahrung genommen. Auf die Gültigkeit hat die Eröffnung keinen Einfluss (FIRSCHING-GRAF 4.42). Soweit der Erblasser wegen der Eröffnung des Testaments berechtigten Anlass hat, neu zu testieren und ihm daraus Kosten entstehen, kann bei ungenügender Durchführung der Ermittlungen ein Schadensersatzanspruch wegen Amtspflichtverletzung in Betracht kommen (PALANDT-EDENHOFER RdNr 4; STAUDINGER-BAUMANN RdNr 11).

## § 2264 Einsichtnahme in das und Abschrifterteilung von dem eröffneten Testament

Wer ein rechtliches Interesse glaubhaft macht, ist berechtigt, ein eröffnetes Testament einzusehen sowie eine Abschrift des Testaments oder einzelner Teile zu fordern; die Abschrift ist auf Verlangen zu beglaubigen.

Zum Schrifttum vgl vor § 2229

### Übersicht

| | | |
|---|---|---|
| I. | Zeittafel | 1 |
| II. | Einzelerläuterungen | 2 |
| | 1. Verhältnis zu anderen Regelungen | 2 |
| | 2. Gegenstand der Einsichtnahme | 3 |
| | 3. Rechtliches Interesse | 4 |
| | 4. Ausübung des Einsichtsrechts | 7 |
| | 5. Abschriften | 8 |
| | 6. Verfahrensfragen | 9 |

## I. Zeittafel

Die Regelung fand sich wortgleich in § 47 TestG. Die ursprüngliche Fassung lautete: *Wer ein rechtliches Interesse glaubhaft macht, ist berechtigt, von einem eröffneten Testament Einsicht zu nehmen sowie eine Abschrift des Testaments oder einzelner Teile zu fordern; die Abschrift ist auf Verlangen zu beglaubigen.* **1**

## II. Einzelerläuterungen

### 1. Verhältnis zu anderen Regelungen

Die Regelung gewährt, wie § 34 FGG auch, ein Einsichtsrecht. Die Vorschriften unterscheiden sich dadurch, dass § 2264 einen Anspruch auf Einsicht gewährt, während § 34 FGG die Gewährung der Einsicht in das (pflichtgemäße) Ermessen des Nachlassgerichts stellt. Dem entspricht es, dass § 2264 ein rechtliches Interesse voraussetzt, während für die Anwendung des § 34 FGG ein berechtigtes Interesse ausreicht. Aus dieser Inkongruenz folgt, dass § 2264 die allgemeine Regelung des § 34 FGG nicht verdrängt, sondern dass beide Regelungen nebeneinander stehen (BayObLGZ 1954, 310, 313 = DNotZ 1955, 433, 435; STAUDINGER-BAUMANN RdNr 3; zum Einsichtsrecht des Pflichtteilsberechtigten in die Nachlassakte und in das Nachlassverzeichnis nach § 34 FGG vgl LG Erfurt Rpfleger 1997, 115; zum Einsichtsrecht eines Nachlassgläubigers BayObLG Rpfleger 1997, 162, 163 = NJW-RR 1997, 771, 772). Die **Finanzbehörden** haben nach § 395 AO ein Einsichtsrecht. **2**

### 2. Gegenstand der Einsichtnahme

Nach § 2264 kann ein **eröffnetes Testament**, nicht aber ein Erbvertrag (dazu § 2300 RdNr 25), eingesehen werden; vor der Eröffnung besteht ein entsprechender Anspruch nicht, auch wenn sich das Testament in amtlicher Verwahrung be- **3** findet (KG JFG 4, 159, 160; STAUDINGER-BAUMANN RdNr 8; zum Einsichtsrecht des Erblassers vgl § 2258b RdNr 7). Zu dem Testament sind auch eventuelle **Anlagen** zu zählen. Richtet sich das rechtliche Interesse nur auf bestimmte Teile des Testaments, so beschränkt sich auch der Anspruch entsprechend (vgl RdNr 4). Die **Niederschrift** über die Eröffnungsverhandlung ist **nicht Teil des Testaments**, sodass insoweit Einsicht nur nach § 34 FGG zu gewähren ist (SOERGEL-HARDER RdNr 7; STAUDINGER-BAUMANN RdNr 8; aA [Anwendung des § 2264] MünchKomm-BURKART RdNr 6; PALANDT-EDENHOFER RdNr 2). Bei **gemeinschaftlichen Testamenten** besteht ein Anspruch aus § 2264 nur insoweit, als diese eröffnet wurden (vgl dazu § 2260 RdNr 10). Der überlebende Ehegatte kann nach den allgemeinen Regeln in das gemeinschaftliche Testament in vollem Umfang Einsicht nehmen.

Der Anspruchsberechtigte kann auch bei einem gemeinschaftlichen Testament **nicht auf die Einsichtnahme einer Abschrift verwiesen** werden, denn die über die Mitteilung nach § 2262 hinausgehende Einsichtnahmemöglichkeit dient auch dazu, die Urschrift selbst zu sehen, um sich gegebenenfalls über die Eigenhändigkeit oder über Ungültigkeitsvermerke selbst ein Bild zu machen. Verfügungen, die nicht eröffnet wurden, müssen abgedeckt werden. Obwohl dieses Verfahren in der praktischen Handhabung Schwierigkeiten bereitet, muss dem berechtigten Anliegen, das Testament in seiner urschriftlichen Form einzusehen, Rechnung getragen werden (so auch STAUDINGER-BAUMANN RdNr 9).

### 3. Rechtliches Interesse

**4** Während § 34 FGG mit dem Begriff des berechtigten Interesses ein nach vernünftiger Erwägung durch die konkrete Sachlage gerechtfertigtes (auch wirtschaftliches, wissenschaftliches oder künstlerisches) Interesse ausreichen lässt (vgl BayObLGZ 1954, 310; 1997, 315, 318; vgl auch BayObLG NJW-RR 1997, 771, 772 = FGPrax 1997, 32 = FamRZ 1997, 1025f [ausreichend, wenn das künftige Verhalten des Antragstellers von der Kenntnis des Akteninhalts beeinflusst werden kann]; zur Frage, ob die Einsichtnahme erforderlich sein muss, um die Informationen zu erhalten, vgl BayObLGZ 1995, 1, 4 ff; 1997, 315, 318), setzt der Begriff des rechtlichen Interesses in § 2264 ein Interesse voraus, das sich auf eine (wirkliche oder vermeintliche) **Rechtsposition** des Antragstellers bezieht (vgl KG Rpfleger 1978, 140). § 2264 setzt damit voraus, dass durch den Inhalt des Testaments eigene Rechte des Antragstellers beeinflusst werden oder auf sie eingewirkt werden kann (RGZ 151, 57, 62 ff), wobei stets zu bedenken ist, dass das Einsichtsrecht auch dem Zweck dient, dem Antragsteller die Möglichkeit zu geben, sich über das Fehlen der Betroffenheit Gewissheit zu verschaffen. Im Einzelnen ergibt sich daraus: **Gesetzliche Erben** haben stets ein Einsichtsrecht – sei es als Erben, sei es als Personen, die durch das Testament enterbt wurden und deshalb das Testament im Hinblick auf seine Echtheit und Gültigkeit in Augenschein nehmen wollen (vgl BayObLG DNotZ 1955, 433, 435). Eine Ausnahme gilt nur für Teile des Testaments, die eindeutig keinen erbrechtlichen Bezug haben und deshalb nicht eröffnet wurden (vgl BayObLG Rpfleger 1984, 18, 19; STAUDINGER-BAUMANN RdNr 11); eine weitere Differenzierung nach den Geheimhaltungsinteressen anderer Beteiligter (Familienverhältnisse, Enterbungsgründe) ist für die gesetzlichen Erben abzulehnen, da gerade diese Angaben von Interesse für die Beurteilung der Testierfähigkeit und der Möglichkeit einer Anfechtung sind. **Testamentarisch Bedachte**, die keine gesetzlichen Erben sind, haben ein rechtliches Interesse daran, Einsicht in **die sie betreffende Anordnung** zu bekommen und ggf insoweit Abschriften zu erhalten. Einsicht in den gesamten Testamentsinhalt ist ihnen grundsätzlich nicht zu gewähren, da die Untersuchung des Testaments auf die Möglichkeit einer Ungültigkeit oder einer Anfechtung für sie ohne Interesse ist. Diese Begrenzung des Einsichtsrechts auf die Teile, hinsichtlich derer ein rechtliches Interesse an der Einsichtnahme besteht, ergibt sich aus dem Sinn der Regelung und ist unabhängig davon, ob an der Geheimhaltung der nicht zur Einsicht gegebenen Teile ein besonderes Interesse besteht (für eine Abwägung SOERGEL-HARDER RdNr 5). Wird jedoch die Gültigkeit der sie betreffenden Verfügung von anderer Seite – zB den gesetzlichen Erben – in Zweifel gezogen, so gebietet es der Grundsatz der Waffengleichheit, dass den Bedachten zur **Abwehr eines Angriffs auf ihre Rechtsposition ebenfalls ein umfassendes Einsichtsrecht** gewährt wird. Ein umfassendes Einsichtsrecht steht auch denjenigen zu, die durch ein früheres Testament bedacht waren, deren Einsetzung jedoch durch ein späteres Testament widerrufen wurde, denn sie müssen die Möglichkeit haben, die Wirksamkeit dieses Widerrufstestaments zu beurteilen, was regelmäßig nur bei Kenntnis des gesamten Testaments möglich ist. Weiterhin sind einsichtsberechtigt: der **Testamentsvollstrecker**, der aus einer **Auflage** Begünstigte und derjenige, der die Vollziehung einer Auflage verlangen kann. Die beiden Letztgenannten werden in der Regel nur in die sie betreffenden Verfügungen Einsichtnahme verlangen können.

**Behauptet ein Antragsteller**, in einer Verfügung testamentarisch bedacht zu sein, 5 obwohl er dies nach Auffassung des Nachlassgerichts nicht ist, so muss ihm Einsicht gewährt werden, wenn er schlüssig darlegt, aus welchen Gründen er meint, bedacht zu sein. Ein solches Einsichtsrecht ist erforderlich, damit sich der Betroffene selbst anhand der Urschrift Gewissheit über den Inhalt des Testaments verschaffen kann. Darüber hinaus gesteht die hL (SOERGEL-HARDER RdNr 3; STAUDINGER-BAUMANN RdNr 6; RGRK-KREGEL RdNr 2) auch **Nachlassgläubigern** und sogar **Eigengläubigern** ein entsprechendes rechtliches Interesse zu. Richtigerweise wird man solche wirtschaftlich Interessierten jedoch auf ein Einsichtsrecht nach § 34 FGG verweisen.

Das rechtliche Interesse muss **glaubhaft** gemacht werden; dazu stehen alle Be- 6 weismittel einschließlich der Versicherung an Eides Statt zur Verfügung (§ 15 Abs 2 FGG).

### 4. Ausübung des Einsichtsrechts

Das Einsichtsrecht ist nicht höchstpersönlicher Natur, sondern kann auch durch 7 **Bevollmächtigte** ausgeübt werden (OLG Jena Rpfleger 1998, 249 = FGPrax 1998, 61 = ZEV 1998, 262 [besondere, über die allgemeine Verfahrensvollmacht hinausgehende Bevollmächtigung erforderlich]). Eine **Übersendung** des Testaments an einen bevollmächtigten Rechtsanwalt in dessen Kanzlei wird in aller Regel wegen der Unersetzlichkeit der Urschrift im Falle des Verlustes ausscheiden (zur Einsichtnahme bei einem anderen Gericht vgl RdNr 9). Der Berechtigte kann einen **Schriftsachverständigen** zur Einsichtnahme hinzuziehen. Dieser ist aber nur zur Teilnahme an der Einsichtnahme berechtigt. Weder darf ihm das Testament zu **Untersuchungen** mitgegeben werden, noch darf er chemische Untersuchungen vor Ort vornehmen (PALANDT-EDENHOFER RdNr 2; STAUDINGER-BAUMANN RdNr 13; aA [hinsichtlich der Übersendung zum Zweck einer chemischen Untersuchung] MünchKomm-BURKART RdNr 5; [chemische Untersuchung vor Ort] SOERGEL-HARDER RdNr 6).

### 5. Abschriften

Das Recht auf Erteilung einer Abschrift des Testaments oder einzelner Teile um- 8 fasst regelmäßig auch die Gestattung, eine **Fotokopie** anfertigen zu dürfen (vgl auch § 27 Abs 12 AktO, wo die Ablichtung als Regelfall der Abschrift bestimmt wird). Auf die **Beglaubigung** nach HS 2 ist § 42 BeurkG entsprechend anzuwenden. Bei öffentlich errichteten Testamenten kann auch eine **Ausfertigung** (§§ 48, 49 BeurkG) erteilt werden (vgl STAUDINGER-BAUMANN RdNr 16; SOERGEL-HARDER RdNr 6), soweit die Voraussetzungen des § 51 BeurkG – Rechtsnachfolger des Testators – erfüllt sind. Beschränkt sich das **Einsichtsrecht auf bestimmte Teile** des Testaments (vgl RdNr 4), so ist auch die Abschrift entsprechend zu beschränken (STAUDINGER-BAUMANN RdNr 12; aA KIPP-COING § 123 V Fn 31; KG RJA 9, 79, 81).

### 6. Verfahrensfragen

**9** Der Anspruch richtet sich gegen das **Nachlassgericht**; zuständig ist der Rechtspfleger, § 3 Nr 2c RPflG (in Baden-Württemberg ist das Notariat zuständig, § 1 Abs 1, 2 LFGG; zur funktionellen Zuständigkeit vgl § 35 RPflG). Wurde das Testament vom **Verwahrungsgericht** eröffnet (§ 2261), so ist dieses für die Gewährung der Einsichtnahme zuständig, solange sich das Testament noch bei diesem Gericht befindet (STAUDINGER-BAUMANN RdNr 17). Das Testament kann vom Nachlassgericht auch zur Gewährung der Einsicht an ein **anderes Gericht zum Zwecke der Rechtshilfe** übersandt werden (BayObLGZ 1906, 154, 157; STAUDINGER-BAUMANN RdNr 14; MünchKomm-BURKART RdNr 7). Lehnt das Nachlassgericht es wegen der mit der Übersendung verbundenen Verlustgefahr ab, ein solches Rechtshilfeersuchen zu stellen, so ist dies regelmäßig nicht verfahrensfehlerhaft (vgl [Aktenversendung von Konkursakten] OLG Köln Rpfleger 1983, 325). Da es sich bei der Gewährung der Einsicht durch die Übersendung an ein anderes Gericht lediglich um eine Modalität der Akteneinsicht handele, verweist die hL allein auf die Möglichkeit einer Dienstaufsichtsbeschwerde (KG OLGE 26, 366f; MünchKomm-BURKART RdNr 7; SOERGEL-HARDER RdNr 10; STAUDINGER-BAUMANN RdNr 14; vgl auch KEIDEL-KUNTZE-WINKLER § 34 FGG RdNr 26; zur Unzulässigkeit einer Beschwerde vgl auch [zu § 34 FGG] BayObLGZ 1995, 1, 3; vgl auch BayObLG FamRZ 1998, 438, 439 [Aktenversendungsgesuch eines Notars im Wege der Amtshilfe]). Richtigerweise wird man bei Entscheidung durch einen Rechtspfleger zumindest die befristete Erinnerung nach § 11 Abs 2 S 1 RPflG gegen die ablehnende Entscheidung zulassen müssen. Soweit die (faktische) Vereitelung des Einsichtsrechts infolge der Verweigerung der Übersendung in Betracht kommt, sollte auch die Beschwerde zugelassen werden (insoweit ausdrücklich offen gelassen vom KG OLGE 26, 366 f). Sofern der **Notar** eine **Abschrift** des Testaments verwahrt, gewährt § 2264 ihm gegenüber keinen Anspruch (BayObLGZ 1954, 310, 312f = DNotZ 1955, 433, 434 f).

**10** Die Einsichtnahme ist **gebührenfrei**; zu den Kosten der Abschrifterteilung und der Beglaubigung vgl § 136 Abs 1, § 132 KostO.

## B. Gemeinschaftliches Testament

### Vorbemerkungen zu §§ 2265 ff

#### Schrifttum

**1. Allgemeines**

BASTY, Bindungswirkung bei Erbvertrag und gemeinschaftlichem Testament, MittBayNot 2000, 73; BATTES, Gemeinschaftliches Testament und Ehegattenerbvertrag als Gestaltungsmittel für die Vermögensordnung der Familie (1974); *ders,* Zur Wirksamkeit von Testamenten und Erbverträgen nach der Ehescheidung, JZ 1978, 733; W BAUMANN, Zur Bindungswirkung wechselbezüglicher Verfügungen bei gem § 2069 BGB ermittelten Ersatzerben – Zugleich eine Besprechung des BayObLG-Beschlusses v 12. 8. 1994, ZEV 1994, 351; BENGEL, Zum Begriff »Nahestehende Person« in § 2270 Abs 2 BGB, DNotZ 1977, 5; *ders,* Zum Verzicht des Erblassers auf Anfechtung bei Verfügung von Todes wegen, DNotZ 1984, 132; BRAMBRING, Bindung beim Ehegattentestament und -erbvertrag, ZAP 1993 619; BRITZ, Ersatzerbeneinsetzung statt Schlußerbeneinsetzung im Berliner Testament, RNotZ 2001, 389; BUCHHOLZ, Berliner Testament (§ 2269 BGB) und Pflichtteilsrecht der Abkömmlinge – Überlegungen zum Ehegattenerbrecht, FamRZ 1985, 872; *ders,* Einseitige Korrespektivität – Entwicklung und Dogmatik eines Modells zu §§ 2270, 2271 BGB, Rpfleger 1990, 45; BÜHLER, Zur Wechselbezüglichkeit und Bindung beim gemeinschaftlichen Testament und Erbvertrag, DNotZ 1962, 359; *ders,* Zur Eröffnung eines gemeinschaftlichen Testaments, BWNotZ 1980, 34; DOHR, Überwindung der aufgrund gemeinschaftlichen Testaments oder Erbvertrages entstandenen erbrechtlichen Bindungswirkung, MittRhNotK 1998, 381; FÄRBER, Das gemeinschaftliche Testament in der höchstrichterlichen Rechtsprechung zum preußischen Allg. Landrecht und zum BGB, Diss Kiel 1997; FLIK, Gemeinschaftliches Testament bei überschuldetem Ehegatten, BWNotZ 1979, 53; FRIESER, »Familienbande«: Persönliche und rechtliche Bindungen im Erb- und Familienrecht, FF 2000, 147; FROHN, Ausschlagung schon vor der Erbschaft? Einige Bemerkungen zur Erbausschlagung und Bedeutung von Pflichtteilsklauseln, Rpfleger 1997, 340; HABERMANN, Stillschweigender Erb und Pflichtteilsverzicht im notariellen gemeinschaftlichen Testament (zu BGH NJW 1977, 1728), JuS 1979, 169; HAEGELE, Das Ehegattentestament (6. Aufl 1977); *ders,* Einzelfragen zur Testaments-Eröffnung, Rpfleger 1968, 137; HÄUSSERMANN, Korrespektivität von Testamenten, BWNotZ 1960, 256; HAUSSMANN, Gedanken zur Ausgestaltung von Ehegattenerbverträgen, BWNotZ 1972, 93; JAKOBS, Gemeinschaftliches Testament und Wechselbezüglichkeit letztwilliger Verfügungen, FS Bosch (1976) 447; JOHANNSEN, Die Rechtsprechung des Bundesgerichtshofs auf dem Gebiete des Erbrechts, Das Recht des gemeinschaftlichen Testaments, WM 1969, 1314 mit Ergänzungen WM 1973, 534; *ders,* Zur Auslegung von Testamenten WM 1972, 61; KANZLEITER, Die Aufrechterhaltung der Bestimmungen in unwirksamen gemeinschaftlichen Testamenten als einseitige letztwillige Verfügungen, DNotZ 1973, 133; *ders,* Gemeinschaftliche Testamente bitte nicht auch für Verlobte!, FamRZ 2001, 1198; KELLER, Überlegungen zum Ehegattentestament, BWNotZ 1970, 49; KLÜSENER / WALTER, Vorteile, Tragweite und Gefahren bei der Errichtung eines gemeinschaftlichen Testaments, ZFE 2002, 282; KRICKE, Die Beschränkung der Verfügungsfreiheit beim gemeinschaftlichen Testament (Diss Hamburg 1991); HEINRICH LANGE, Bindung des Erblassers an seine Verfügungen, NJW 1963, 1571; LANGENFELD, Freiheit oder Bindung beim gemeinschaftlichen Testament oder Erbvertrag von Ehegatten, NJW 1987, 1577; LÜBBERT, Verwirkung der Schlußerbfolge durch Geltendmachung des Pflichtteils, NJW 1988, 2706; LUTTER, Zur Umdeutung nichtiger gemeinschaftlicher Testamente von Nicht-Ehegatten, FamRZ 1959, 273; MUSCHELER, Der Einfluss der Eheauflösung auf das gemeinschaftliche Testament, DNotZ 1994, 733; MUSIELAK, Zum Begriff und Wesen des gemeinschaftlichen Testaments, Gedenkschrift für Johann Riederer (1981) 181; NEHLSEN-V STRYK, Zur Anwendbarkeit von § 2102 Abs 1 BGB bei der Auslegung gemeinschaftlicher Testamente, DNotZ 1988, 147; NIEDER, Die Feststellung der Wechselbezüglichkeit beim gemeinschaftlichen Testament, ZErb 2001, 120; PEISSINGER, Das gemeinschaftliche Testament, zur Problematik der Erforschung des Erblasserwillens für Beteiligte und Gericht, Rpfleger 1995, 325; PFEIFFER, Das gemeinschaftliche Ehegattentestament – Konzept, Bindungsgrund und Bindungswirkung, FamRZ 1993, 1266; PRIESTER, Vertragsgestaltung: Das private Ehegattentestament JuS 1987, 394; RITTER, Der Konflikt zwischen einer erbrechtlichen Bindung aus erster Ehe und einer Verfügung des überlebenden Ehegatten zugunsten eines neuen Lebenspartners (1999); RÖTELMANN, Erfordernisse des eigenhändigen gemeinschaftlichen Testaments, Rpfleger 1958, 146; SACHS, Ehegattentestament und Pflichtteilsrecht, JuS 2001, 292; SCHAUMANN, Zur Bindungswirkung des gemeinschaftlichen Testaments, Diss Marburg 2002; SCHMIDT-KESSEL, Erbrecht in der Rechtsprechung des Bundesgerichtshofs 1985–1987, WM 1988, Sonderbeilage Nr 8; SCHNEIDER, Zur Verfügungsfreiheit des überlebenden Ehegatten beim gemeinschaftlichen Testament, JurBüro 1965, 201; J SCHNEIDER, Darf zu Lebzeiten des Erblassers Klage erhoben werden auf Feststellung, ob eine Verfügung von Todes wegen bestimmte Folgen hat?, ZEV 1996, 56; SCHULZ-ZABEL, Das Verhältnis des Erbvertrags zum gemeinschaftlichen Testament (Diss Köln 1969); SCHWEIZER, Errichtung von gemeinschaftlichen Testamenten NJ 1987, 289; ders, Einsetzung von Schlußerben bei der Errichtung von gemeinschaftlichen Testamenten, NJ 1988, 505; SPETH, Schutz des überlebenden Ehegatten bei gemeinschaftlichem Testament, NJW 1985, 463; STEFAN, Eröffnung von Ehegattentestamenten, RdL 1980, 4; TIEDTKE, Die Umdeutung eines Vermächtnisses in ein Rechtsgeschäft unter Lebenden, NJW 1978, 2572; WACKE, Gemeinschaftliche Testamente von Verlobten, FamRZ 2001, 457.

## 2. Einzelfragen

### a) Beeinträchtigung des bindend Bedachten und seine Sicherung

AUNERT-MICUS, Der Begriff der Beeinträchtigungsabsicht in § 2287 BGB beim Erbvertrag und beim gemeinschaftlichen Testament (1991); BECKMANN, Die Aushöhlung von Erbverträgen und gemeinschaftlichen Testamenten durch Rechtsgeschäft unter Lebenden, MittRhNotK 1977, 25; BENKÖ, Zur Aushöhlung bindender Verfügungen von Todes wegen (Diss Köln 1974); BRÜGGEMANN, Beeinträchtigung von Erbanwartschaften durch den Erblasser, JA 1978, 209; DEGERT, Die Rechtsstellung des Schlußerben im gemeinschaftlichen Testament, Diss Marburg 2000; DILCHER, Die Grenzen erbrechtlicher Bindung zwischen Verfügungsfreiheit und Aushöhlungsnichtigkeit, Jura 1988, 72; DITTMANN, Aushöhlung des gemeinschaftlichen Testaments, DNotZ 1958, 619; DRASCHKA, Unbenannte Zuwendungen und erbrechtlicher Schutz, DNotZ 1993, 100; FLEISCHMANN, Lebzeitige Verfügungsfreiheit bei erbrechtlicher Bindung und Pflichtteilsberechtigung nach den Vorschriften des BGB (Diss Bayreuth 1989); JOHANNSEN, Der Schutz der durch gemeinschaftliches Testament oder Erbvertrag berufenen Erben, Sonderheft 75 Jahre DNotZ 1977, 69; KUCHINKE, Beeinträchtigende Anordnung als seine Verfügungen gebundenen Erblassers, FS V LÜBTOW (1990) 283; ders, Zur Sicherung des erbvertraglich oder letztwillig bindend Bedachten durch Feststellungsurteil, Vormerkung und Gewährung einstweiligen Rechtsschutzes, FS HENCKEL (1995) 473; S LORITZ, Freiheit des gebundenen Erblassers und Schutz des Vertrags- und Schlußerben vor Zweitverfügungen (Diss Gießen 1992); REMMELE, »Lebzeitiges Eigeninteresse« bei Schenkungen zugunsten des zweiten Ehegatten?, NJW 1981, 2290; SCHOECK, Die entsprechende Anwendung der Vorschriften aus dem Erbvertragsrecht auf das gemeinschaftliche Testament (Diss Tübingen 1966); SPECKMANN, Die Aushöhlung gemeinschaftlicher Testamente durch Rechtsgeschäfte unter Lebenden, NJW 1968, 222; ders, Aushöhlung von Erbverträgen und gemeinschaftlichen Testamenten, NJW 1971, 176; SPELLENBERG, Die so genannte Testamentsaushöhlung und die §§ 2287, 2288 BGB, FamRZ 1972, 349; ders, Verbotene Schenkungen gebundener Erblasser in der Rechtsprechung, NJW 1986, 2531; STRUNZ, Der Anspruch des Vertrags – oder Schlußerben wegen beeinträchtigender Schenkungen – § 2287 BGB (Diss München 1988); TEICHMANN, »Aushöhlung« erbrechtlicher Bindungen als methodisches Problem, MDR 1972, 1.

### b) Gestaltung gemeinschaftlicher Testamente

BORGFELD, Zweckmäßige Verfügungen in einem Ehegattentestament nach § 2269 BGB (Diss Münster 1992); BUCHHOLZ, Gestaltungsprobleme des Ehegattenerbrechts. Teilungsprinzip oder Nutzungsprinzip, MDR 1990, 375; JASTROW, Wie können sich Eheleute bei einem Testament nach § 2269 BGB gegen die Vereitelung ihrer Absichten durch Pflichtteilsansprüche der Kinder sichern?, DNotZ 1904, 424; J MAYER, Ja zu Jastrow? – Pflichtteilsklausel auf dem Prüfstand, ZEV 1995, 136; V OLSHAUSEN, Die Sicherung gleichmäßiger Vermögensteilhabe bei Berliner Testamenten mit nicht-gemeinsamen Kindern als Schlußerben, DNotZ 1979, 707;

## B. Gemeinschaftliches Testament | vor § 2265 ff BGB

RADKE, Das Berliner Testament und die gegenseitige gemeinschaftliche Einsetzung eines Ehegatten zu Vorerben in Formularsammlungen (1999); RAITZ VON FRENTZ, Gestaltungsformen zur Abgrenzung der Rechte von überlebenden Ehegatten und Kindern in gemeinschaftlichen Testamenten und Erbverträgen, DNotZ 1962, 635; RIPFEL, Das Testament für den Fall des gemeinschaftlichen Unfalltodes von Ehegatten, BB 1961, 583; RUHE, Möglichkeiten und Grenzen rechtsgeschäftlicher Vorsorgemaßnahmen für den Todesfall durch den aufgrund eines gemeinschaftlichen Testaments gebundenen Ehegatten (Diss Bielefeld 1978); STROBEL, Nochmals: Pflichtteilsstrafklausel im Ehegattentestament, MDR 1980, 363; WEISS, Pflichtteilsstrafklausel im Ehegattentestament, MDR 1979, 812; WACKE, Rechtsfolgen testamentarischer Verwirkungsklauseln, DNotZ 1990, 403.

### c) Widerruf, Anfechtung, Beseitigung der Bindung, Freistellungsbefugnisse

DILCHER, Der Widerruf wechselbezüglicher Verfügungen im gemeinschaftlichen Testament, JuS 1961, 20; DOHR, Überwindung der aufgrund gemeinschaftlichen Testaments oder Erbvertrages entstandenen erbrechtlichen Bindungswirkung, MittRhNotK 1998, 381; HELFRICH, Die Grenzen der Bindungswirkung des § 2271 Abs 2 S 1, Halbs 1 (Diss Köln 1972); M HUBER, Freistellungsklauseln in gemeinschaftlichen Testamenten. Zum Vorbehalt des Widerrufs wechselbezüglicher Verfügungen, Rpfleger 1981, 41; KEIM, CHRISTOPHER, Der Wegfall des vertragsmäßig eingesetzten Erben und seine Auswirkungen auf beeinträchtigende Verfügungen unter Todes wegen des Erblassers, ZEV 1999, 413; MUSIELAK, Die Aufhebung bindend gewordener Verfügungen im gemeinschaftlichen Testament, FS Kegel (1987), 433; PETER, Anfechtung oder Zuwendungsverzicht? Überwindung der Bindung an gemeinschaftliche, wechselbezügliche Verfügungen, BWNotZ 1977, 113; RADKE, Überlegungen zur Gestaltung der Wechselbezüglichkeit im gemeinschaftlichen Testament, NotBZ 2001, 15; RUDOLF, MICHAEL, Handbuch der Testamentsauslegung und -anfechtung (2000); SCHMUCKER, Die Wechselbezüglichkeit von Verfügungen in gemeinschaftlichen Testamenten in der Rechtsprechung des BayObLG, MittBayNot 2001, 526; J SCHNEIDER, Wie ist der Rücktritt vom Erbvertrag, wie der Widerruf eines gemeinschaftlichen Testaments zu erklären?, ZEV 1996, 220; TIEDTKE, Zur Bindung des überlebenden Ehegatten an das gemeinschaftliche Testament bei Ausschlagung der Erbschaft als eingesetzter, aber Annahme als gesetzlicher Erbe, FamRZ 1991, 1259.

### d) Wiederverheiratungsklauseln

ASBECK, Testamentseröffnung und Erbscheinserteilung beim »Berliner Testament« mit »Wiederverheiratungsklausel«, MDR 1959, 987; ders, Das eigenhändige Ehegattentestament, Betrieb 1961, 869; BUCHHOLZ, Erbfolge und Wiederverheiratung (1986); DIPPEL, Zur Auslegung von Wiederverheiratungsklauseln in gemeinschaftlichen Testamenten und Erbverträgen, AcP 177, 349; FORSTER, Die Wiederverheiratungsklausel in Verfügungen von Todes wegen (Diss Passau 1987); HAEGELE, Testamentarische Wiederverheiratungsklauseln, JurBüro 1968, 87; ders, Wiederverheiratungsklauseln, Rpfleger 1976, 73; HUKEN, Bleibt in einem gemeinschaftlichen Testament mit Wiederverheiratungsklausel die letztwillige Verfügung des überlebenden Ehegatten nach seiner Wiederverheiratung im Zweifel bestehen?, DNotZ 1965, 729; HURST, Wiederverheiratungsklauseln in letztwilligen Verfügungen, MittRhNotK 1962, 435; JÜNEMANN, Rechtsstellung und Bindung des überlebenden Ehegatten bei vereinbarter Wiederverheiratungsklausel im gemeinschaftlichen Testament, ZEV 2000, 81; LEIPOLD, Die Wirkungen testamentarischer Wiederverheiratungsklauseln – Dogmatik oder Erblasserwille?, FamRZ 1988, 352; A MEIER-KRAUT, Zur Wiederverheiratungsklausel in gemeinschaftlichen Testamenten mit Einheitslösung, NJW 1992, 143; OTTE, Erbfolge und Wiederverheiratung, AcP 187, 603; RIPFEL, Die Nacherbschaft bei Wiederverheiratung des überlebenden Ehegatten, RPfleger 1951, 577; SIMSHÄUSER, Auslegungsfragen bei Wiederverheiratungsklauseln in gemeinschaftlichen Testamenten und Erbverträgen, FamRZ 1972, 273; STOPFER, Erbrechtliche Wiederverheiratungsklauseln und nichteheliche Lebensgemeinschaft des Erben (Diss Regensburg 1988); STRECKER, Pflichtteilsansprüche bei Wiederverheiratungsvermächtnissen im Berliner Testament, ZEV 1996, 450; STRÖTZ, Die Wiederverheiratungsklausel (1981); J WILHELM, Wiederverheiratungsklausel, bedingte Erbeinsetzung und Vor- und Nacherbschaft, NJW 1990, 2857; ZAWAR, Der auflösend bedingte Vollerbe, NJW 1988, 16; ders, »Zur Wiederverheiratungsklausel«, in FS Schippel (1996) 327.

### e) Gemeinschaftliches Testament nach dem Recht der DDR

LEITZ, Die Bindungswirkung von in der DDR errichteten gemeinschaftlichen Testamenten unter Berücksichtigung von Art 235 EGBGB, Diss Freiburg 1999/2000; LIMMER, Die Bindungswirkung von in der DDR errichteten gemeinschaftlichen Testamenten, ZEV 1994, 290; TRILSCH-ECKHARDT, Sonderfall zur Bindungswirkung von in der DDR errichteten gemeinschaftlichen Testamenten, ZEV 1995, 217.

### 3. Steuerliche Fragen

BÜHLER, Erbschaftsteuerreform: Übersicht und Vorschläge zur Verminderung der Steuernachteile beim Berliner Testament, BB 1997, 551; CREZELIUS, Das gemeinschaftliche Testament – zivilrechtlich – erbschaftssteuerrechtlich, NWB 1982, 447; ders, Pflichtteilsabfindung und Erbschaftsteuer, BB 2000, 2333; EBELING, Korrekturmöglichkeiten im Berliner Testament und deren erbschaftsteuerliche Folgen, ZEV 2000, 87; FELIX, Testament und Erbvertrag – Steuerinstrumente mit hohem Beratungsrisiko, 10. Dt. StBerT 1987/88, 109; KAPP, Das gemeinschaftliche Testament in zivilrechtlicher und erbschaftsteuerlicher Sicht, BB 1980, 689; LANGENFELD, Testamentsgestaltung und Steuerrecht: Das Berliner Testament mit Supervermächtnis, JuS 2002, 351; MAYER, JÖRG, Berliner Testament ade? – Ein Auslaufmodell wegen zu hoher Erbschaftsteuerbelastung?, ZEV 1998, 50; MAYER, NORBERT, Neues zum Berliner Testament aufgrund der Erbschaftsteuerreform? ZEV 1997, 325; MEINCKE, Vorteile und Nachteile von Ehegatten-Testamenten und Erbverträgen, DStR 1981, 523; MUSCHELER, Kindespflichtteil und Erbschaftsteuer beim Berliner Testament, ZEV 2001, 377; S SCHMIDT, Ehegattentestament und Neues Erbschaftssteuerrecht, BWNotZ 1998, 97.

### 4. Rechtsvergleichung, internationales Privatrecht, Auslandsberührung

CLAUDI, Die Erbfolge nach englischem und internationalem Privatrecht, MittRhNotK 1981, 79; DOEPFFEL, Deutsch-Englische gemeinschaftliche Testamente, DNotZ 1976, 335; GRUNDMANN, Zur Errichtung eines gemeinschaftlichen Testaments durch italienische Ehegatten in Deutschland, IPrax 1986, 94; HAAS, Nachlaßgestaltung durch Ehe- und Erbvertrag im Schweizer Recht, ZEV 1994, 83; IGLESIAS, Das gemeinschaftliche Testament in der spanischen Rechtsordnung seit dem Gesetz vom 24. Dezember 1984, Revista de Derecho privado 1983, 1091; JAYME, Zur Errichtung eines gemeinschaftlichen Testaments durch portugiesische Eheleute im Ausland, IPrax 1982, 210; KEGEL, Zur Bindung an das gemeinschaftliche Testament im deutschen internationalen Privatrecht, FS Jahrreis (1964) 143; KROPHOLLER, Gemeinschaftliche Testamente von Schweizern in Deutschland, DNotZ 1967, 734; RAU, Letztwillige Verfügungen portugiesischer Staatsangehöriger in Deutschland, ZVglRW 80 (1981) 241; RIERING, Das gemeinschaftliche Testament deutsch-französischer Ehegatten, ZEV 1994, 225; ders, Das gemeinschaftliche Testament deutsch-niederländischer Ehegatten unter besonderer Berücksichtigung des Haager Erbrechtsübereinkommens vom 1. 8. 1989, ZEV 1995, 90; ders-BACHLER, Erbvertrag und gemeinschaftliches Testament im deutsch-österreichischen Rechtsverkehr, DNotZ 1995, 580; STURM, Kollisionsrecht, Eine terra incognita für den deutschen Notar, FS Ferid (1978) 417; SÜSS, Das Verbot gemeinschaftlicher Testamente im Internationalen Erbrecht, IPrax 2002, 22; UMSTÄTTER, Gemeinschaftliche Testamente mit Auslandsberührung, DNotZ 1984, 532; WERKMÜLLER, Die Auswirkung des französischen Pflichtteilsrechts auf die Gestaltung des deutschen Ehegattentestaments bei deutsch-französischem Nachlass, ZEV 1999, 474.

### 5. Formulare, praktische Anleitungen

Beck'sches Formularbuch zum Bürgerlichen, Handels- und Wirtschaftsrecht-CASTELL, 7. Aufl, 1998, Form VI 6, 7; BENGEL-REIMANN in: BECK'sches Notarhandbuch, 3. Aufl, 2000, C RdNr 99 ff; Formular-Kommentar-PRAUSNITZ, Bürgerliches Recht III Erbrecht, 22. Aufl, 1986, Form 6.517–6.525; FRITZ-BÜNGER, Praxishandbuch Erbrecht, Stand 2001, Teil 3/7; KEIM, Testamente und Erbverträge, 1985; KERSTEN-BÜHLING, Formularbuch und Praxis der freiwilligen Gerichtsbarkeit, 21. Aufl (2001) § 103; LANGENFELD, Testamentsgestaltung, 3. Aufl, 2002, RdNr 313 ff; NIEDER, Handbuch der Testamentsgestaltung 2. Aufl, 2000; ders, Münchener Vertragshandbuch, Bd 4, 2. Halbbd, 4. Aufl 1998, Form XVI 11; XVI 28; RADKE, Das Berliner Testa-

## B. Gemeinschaftliches Testament | vor § 2265 ff BGB

ment und die gegenseitige gemeinschaftliche Einsetzung der Ehegatten zu Vorerben in Formularsammlungen, 1999; REITHMANN-ALBRECHT, Handbuch der notariellen Vertragsgestaltung, 8. Aufl 2001; TANCK-KRUG-DARAGAN, Testamente, 2. Aufl, 2001; TZSCHASCHEL, Das private Ehegattentestament, 13. Aufl (1997); WEGMANN, Ehegattentestament und Erbvertrag, 2. Aufl, 1997.

### Übersicht

| | | |
|---|---|---|
| I. | Das gemeinschaftliche Testament als Instrument der familiären Nachlassplanung | 1 |
| | 1. Erleichterung der Nachlassplanung | 1 |
| | 2. Rechtsgeschäftliche Grundlagen und Bestimmungszweck | 7 |
| II. | Rechtsentwicklung | 10 |
| III. | Abgrenzungsfragen: Wesen des gemeinschaftlichen Testaments; Theorienstreit | 11 |
| | 1. Regelungsdefizit | 11 |
| | 2. Theorien | 12 |
| |    a) Ältere objektive Theorie (früher hM) | 13 |
| |    b) Neuere objektive Theorie | 14 |
| |    c) Streng subjektive Theorie | 15 |
| |    d) Vermittelnde Auffassungen | 16 |
| |    aa) Vereinigungstheorie | 17 |
| |    bb) Subjektive Theorie mit objektivem Korrektiv | 18 |
| |    cc) Spaltungstheorie | 19 |
| |    e) Bewertung der Theorien | 20 |
| | 3. Sukzessive Errichtung eines gemeinschaftlichen Testaments | 23 |
| | 4. Aktuelle Rechtsprechungsfälle zum Vorliegen eines gemeinschaftlichen Testaments | 24 |
| IV. | Arten des gemeinschaftlichen Testaments | 25 |
| V. | Gemeinschaftliches Testament und Erbvertrag | 31 |
| | 1. Ähnlichkeiten | 31 |
| | 2. Umdeutung, Grenzfälle | 32 |
| | 3. Gestaltungsempfehlungen | 33 |
| |    a) Unterschiede | 33 |
| |    aa) Vorteile des Erbvertrags: | 34 |
| |    bb) Nachteile des Erbvertrags | 35 |
| |    b) Wahl zwischen Erbvertrag und gemeinschaftlichem Testament | 37 |
| |    aa) Rechtstatsächliches | 38 |
| |    bb) Abwägungsgesichtspunkte | 39 |
| VI. | Inhalt des gemeinschaftlichen Testaments | 42 |
| | 1. Regelungsmöglichkeiten | 42 |
| | 2. Gefahren des gemeinschaftlichen Testaments | 44 |
| |    a) Verkannte Bindungswirkung | 44 |
| |    b) Gefahr der »Übervorteilung« | 45 |
| |    c) »Berliner Testament« als Risikofaktor | 46 |
| |    aa) Erhöhte Erbschaftsteuerbelastung | 47 |
| |    bb) Erhöhung des Pflichtteils enterbter Kinder | 49 |
| |    cc) Ersatzlösungen | 50 |
| | 3. Höferecht | 51 |

| VII. Form des gemeinschaftlichen Testaments | 52 |
|---|---|
| VIII. Wirksamkeit des gemeinschaftlichen Testaments | 53 |
| 1. Allgemeine Nichtigkeitsgründe | 53 |
| 2. Gemeinschaftliches Testament von Nichtehegatten, Mängel der Testierfähigkeit | 54 |
| 3. Anfechtung | 55 |
| 4. Widerruf eines gemeinschaftlichen Testaments | 56 |
| 5. Nachträgliche Unwirksamkeit | 57 |
| IX. Auslegung gemeinschaftlicher Testamente | 58 |
| X. Eröffnung des gemeinschaftlichen Testaments | 60 |
| XI. Recht der DDR | 61 |
| XII. Über Statutenkollision und ausländisches Recht | 65 |
| XIII. Gestaltungshinweise | 66 |
| XIV. Gleichgeschlechtliche Lebenspartnerschaft | 67 |

## I. Das gemeinschaftliche Testament als Instrument der familiären Nachlassplanung

### 1. Erleichterung der Nachlassplanung

**1** Im Interesse der Ehegatten an einer erleichterten gemeinschaftlichen Nachlass- und Vermögensplanung, die schon aus den Besonderheiten des ehelichen Güterrechts nahe gelegt wird, enthält das Gesetz spezielle Bestimmungen für die Errichtung eines gemeinschaftlichen Testaments durch Ehegatten (BVerfG NJW 1989, 1986). Diese gelten aber nicht für sämtliche Arten von gemeinschaftlichen Testamenten; zT hängt ihre Anwendung davon ab, dass ein Wille zur gemeinschaftlichen Testamentserrichtung vorliegt (SCHLÜTER RdNr 322 ff):

**2** a) Für alle Arten von gemeinschaftlichen Testamenten sieht das Gesetz **Formerleichterungen** vor (§§ 2266, 2267; sog **formelles Privileg**). So muss insbesondere nicht jeder Ehegatte seinen letzten Willen bei einem eigenhändigen Testament getrennt von dem des anderen in der Form des § 2247 niederlegen, sondern es genügt, wenn einer unter Wahrung dieser Form das Testament niederschreibt und der andere die gemeinschaftliche Erklärung mitunterschreibt (§ 2267 S 1);

**3** b) bei allen gemeinschaftlichen Testamenten ist nur eine **gemeinschaftliche Rücknahme** durch die Ehegatten aus der amtlichen Verwahrung möglich (§ 2272);

**4** c) für die **Eröffnung** aller gemeinschaftlichen Testamente gelten ergänzend zu den allgemeinen Bestimmungen der §§ 2260–2263 die des § 2273;

**5** d) für diejenigen gemeinschaftlichen Testamente, in denen sich Ehegatten zunächst gegenseitig als Erben einsetzten, stellt § 2269 eine **Auslegungsregel** auf (sog Berliner Testament);

**e)** hinsichtlich der sog **wechselbezüglichen Verfügungen** gelten besondere Regelungen (sog **materielles Privileg**). Hier bewirkt die Nichtigkeit oder der Widerruf der Verfügung des einen die Unwirksamkeit der des anderen (§ 2270 Abs 1; zum Begriff § 2270 RdNr 1, 8 ff). Ihr Widerruf ist gegenüber den §§ 2253 ff zu Lebzeiten des anderen Ehegatten erschwert und nach Annahme der Erbschaft nach dessen Tod ganz ausgeschlossen (§ 2271). Wegen der ab dann eintretenden erbrechtlichen Bindung, die der beim Erbvertrag ähnelt, gelten die §§ 2287 f entsprechend.

### 2. Rechtsgeschäftliche Grundlagen und Bestimmungszweck

Wie dargestellt, bietet das Gesetz mit dem gemeinschaftlichen Testament eine besondere Form der Nachlassplanung mit formellen und materiellen Privilegien, zu der sich erst die II. Kommission mit der Rücksicht auf die »Gewohnheit in weiten Kreisen« entschlossen hatte (Prot V 426). Zentrales Element zur Durchsetzung der gemeinschaftlich intendierten Ordnung und Planung des gemeinschaftlichen Vermögens über den Tod hinaus sind dabei die sog »wechselbezüglichen Verfügungen« iS von § 2270. Die genaue rechtliche Einordnung derselben bereitete schon bei der Gesetzgebung Schwierigkeiten. Der sie kennzeichnende Wirkungszusammenhang wurde mit der Formel des »**Zusammenhangs im Motiv**« beschrieben (Prot V 447). Wegen der mit dem gemeinschaftlichen Testament verbundenen Bindungswirkung konnte man sich andererseits aber von der Vertragsvorstellung nicht ganz lösen, weshalb man von »Vertragselementen in dem gemeinschaftlichen Testament« sprach (Protokolle, MUGDAN V 725, 726; PROSKE, Die Unterschiede zwischen einem gemeinschaftlichen Testament und einem Erbvertrag, 1905, § 19 sieht auch im gemeinschaftlichen wechselbezüglichen Testament einen gegenseitigen Vertrag, der dem Erbvertrag gleichkomme; vgl auch BATTES, gemeinschaftlichen Testament ... 58 f; BUCHHOLZ Rpfleger 1990, 45, 48 f und zum folgenden); dies wurde auch vom Reichsgericht betont (RGZ 6, 174; 25, 138). Auch später versuchte man nach den Kategorien des Austauschvertrags die Besonderheiten der wechselbezüglichen Verfügungen zu erklären: Jeder Ehegatte verspräche für den Fall seines Todes eine Zuwendung an den anderen oder einen Dritten; § 2270 Abs 1 sichere die synallagmatische Verknüpfung; es besteht ein Verhältnis von »do ut des« (JAKOBS, FS Bosch [1976] 447, 455; ebenso jetzt wieder BayObLG NJW-RR 1999, 878 = ZEV 1999, 227). Der Bindungsgrund soll danach in diesem Gegenseitigkeitsverhältnis liegen. Dieses Verständnis wird aber dem üblicherweise beim gemeinschaftlichen Testament zwischen Ehegatten bestehenden besonderen, von der ehelichen Lebens- und Interessengemeinschaft geprägten persönlichen Verhältnissen nicht gerecht, auch wenn es heute noch nachwirkt (§ 2270 RdNr 4 ff, 8). Denn hier stehen sich nicht zwei fremde Personen gegenüber, die beide auf jeweils einseitige Interessenverfolgung zur Sicherung einer möglichst großen »Gewinnmaximierung« mittels eines »good deals« aus sind.

Auch wenn sicherlich solche **Teilhabe- oder Äquivalenzgedanken**, dass jeder Leistung eine Gegenleistung entsprechen und gemeinsames Vermögen leistungsgerecht aufgeteilt werden soll, der Errichtung eines gemeinschaftlichen Testaments zugrunde liegen kann, so ist dies üblicherweise nicht alles. Idealtypisch liegt hier vielmehr von der Ausgangssituation eine »apriorische Willensübereinstimmung« vor (PFEIFFER FamRZ 1993, 1266, 1267 f), die auf eine gemeinsame familiäre Vermögensplanung gerichtet ist und daher zu einem Nebeneinander von vertragsähnlichen und außervertraglichen Bindungsgründen führt, die BATTES mit den untereinander konkurrierenden Aspekten des »Äquivalenzprinzips« und »**Solidaritätsprinzips**« umreißt (Gemeinschaftliches Testament und Ehegattenerbvertrag, 25, 220 ff, 242 ff). Und es ist dabei gerade ein soziologisches Phänomen der neueren Zeit, dass zwischen Ehegatten nach Fortgang des jüngsten Kindes aus der häuslichen Gemeinschaft eine gewisse »Alterssolidarisierung« entsteht und verwirklicht wird (BUCHHOLZ, Erbfolge und Wiederverheiratung [1986] 33; LANGENFELD NJW 1996, 2604). Aber auch sonst werden die Beziehungen der Ehegatten zueinander wie auch zu ihren Verwandten nicht allein vom Gesichtspunkt des »Gebens und Nehmens« bestimmt, sondern gerade unter den Aspekten der notwendigen Versorgung und Sicherung des Altersunterhalts, aber auch des persönlichen »Miteinanderauskommens«, des Mögens oder nicht Leidenkönnens und anderes mehr (vgl etwa BUCHHOLZ Rpfleger 1990, 49). Aus dieser Motivationslage – und insoweit hat die II. Kommission dies richtig erkannt – fließt die gemeinsame Vermögensplanung, deren Sicherung gerade die Bindung mittels wechselbezügliche Verfügungen erfordert. **Bindungsgrund** ist daher nach zutreffender Ansicht der zur Durchsetzung dieser Ziele notwendige **Vertrauensschutz**, dass der eine Ehegatte zu Lebzeiten des anderen seine letztwillige Vermögensdisposition nicht heimlich widerruft und nach dem Tod des anderen grundsätzlich daran gebunden ist (so bereits KG JFG 10, 70; 17, 47; BUCHHOLZ Rpfleger 1990, 49; PFEIFFER FamRZ 1993, 1266, 1267 f; eingehend § 2270 RdNr 4 ff).

**9** Wird die wechselbezügliche Verfügung, die zu der in § 2271 näher umschriebenen Bindung führt, aber allein durch diesen »Zusammenhang im Motiv« gekennzeichnet, so ergibt sich daraus die weitreichende Schlussfolgerung, dass – anders als bei den Verträgen, ja sogar anders als beim Erbvertrag – sich diese **Bindung nicht** auf einer entsprechenden **vertraglichen Einigung** gründet, sondern bereits aus diesem gemeinschaftlichen Motiv (PFEIFFER FamRZ 1993, 1266, 1274), also quasi im vorrechtlichen Bereich, was in der Tat den tatsächlichen Verhältnissen entspricht und worin letztlich sowohl die eigentliche Rechtfertigung wie aber auch die Gefahr des eigenhändigen gemeinschaftlichen Testaments liegt.

## II. Rechtsentwicklung

**10** Eingehend hierzu RdNr 1 ff der 2. Aufl und etwa MünchKomm-MUSIELAK Vor § 2265 RdNr 2 f.

## III. Abgrenzungsfragen: Wesen des gemeinschaftlichen Testaments; Theorienstreit

### 1. Regelungsdefizit

**11** Die Frage nach dem Wesen des gemeinschaftlichen Testaments hat erhebliche praktische Bedeutung, weil das BGB die Form des gemeinschaftlichen Testaments in § 2267 nur unvollkommen geregelt hat (nämlich nur für das eigenhändige gemeinschaftliche Testament und nur durch Zulassung einer erleichterten Form), das gemeinschaftliche Testament aber gegenüber dem einfachen wesentliche Besonderheiten aufweist (s RdNr 1 ff). Als Ausgangspunkt bleibt festzuhalten, dass beim gemeinschaftlichen Testament immer zwei Verfügungen von Todes wegen vorliegen; die Ehegatten verfügen zwar gemeinschaftlich, aber jeder für sich einseitig. Es stellt sich daher die Frage, was die »Klammer« iS einer Gemeinschaftlichkeit zwischen den zunächst selbständigen Verfügungen bildet, die es rechtfertigt, die besonderen Bestimmungen des gemeinschaftlichen Testaments anzuwenden (EBENROTH RdNr 214 ff). Ein Rückgriff auf den **allgemeinen Sprachgebrauch** hilft für die Problemlösung allein nicht weiter. Denn danach wird darunter nur eine letztwillige Verfügung verstanden, die mehrere Personen gemeinschaftlich treffen. Dabei bleibt aber offen, ob es ausreicht, wenn bloß der Wille zum gemeinschaftlichen Testieren vorhanden ist, oder ob die Gemeinschaftlichkeit der letztwilligen Verfügungen sich auch äußerlich in einer einheitlichen Urkunde manifestieren muss (MünchKomm-MUSIELAK RdNr 4). Allerdings sind damit die Eckpfeiler des Theorienstreits bereits im Wesentlichen festgelegt. Die Normalform des eigenhändigen gemeinschaftlichen Testaments und die des öffentlichen gemeinschaftlichen Testaments müssen also aus dem Wesen des gemeinschaftlichen Testaments unter Heranziehung des § 2267 erschlossen werden.

## 2. Theorien

Einigkeit besteht insoweit, als anerkannt ist, dass kennzeichnend für die Gemeinschaftlichkeit der Verfügungen der Testierenden ein sog **Errichtungszusammenhang** ist. Streit herrscht jedoch darüber, wie dieser zum Ausdruck gebracht sein muss. Hierzu haben sich im Laufe der Jahre verschiedene Grundanschauungen herausgebildet (zum Streitstand und zum folgenden PFEIFFER FamRZ 1993, 1266, 1269 f): 12

### a) Ältere objektive Theorie (früher hM)

Entscheidend sei die Errichtung in einer Urkunde (Grundsatz der Urkundeneinheit), wobei auch mehrere Blätter oder Papierbögen als eine »einheitliche Urkunde« angesehen werden (treffend LANGE-KUCHINKE § 24 III 1: »Einheit der Papierunterlage«). Diese Auffassung ist besonders vom RG vertreten worden, zB RGZ 72, 204: »Das Wesen des gemeinschaftlichen Testaments besteht darin, dass die letztwilligen Verfügungen mehrerer Personen in einer einzigen Urkunde errichtet werden ... Es kommt dabei nicht wesentlich auf den Inhalt der Verfügungen, auf die Einheitlichkeit oder Gemeinschaftlichkeit des Errichtungsaktes oder auf die Absicht der Verfügenden an«. Gemeinschaftlichkeit wird nur als »formelles Kriterium« verstanden. Die Ansicht des RG wurde bekämpft vom KG (JFG 5, 157 = HRR 1928 Nr 718; vgl bereits KGJ 35 A 93, 97 [Betonung der Gemeinschaftlichkeit des Errichtungsakts]), ferner durch V HIPPEL (Formalismus und Rechtsdogmatik [1935] 131 ff), COING (JZ 1952, 611; vgl auch noch KIPP-COING § 33 II 2; SCHLÜTER RdNr 341 ff) und wird heute ganz überwiegend als zu formalistisch abgelehnt (PALANDT-EDENHOFER Einf 2 v § 2265; MünchKomm-MUSIELAK RdNr 7; BayObLG FamRZ 1991, 1485; NJW-RR 1992, 1356). Dagegen hielten das OLG Koblenz (NJW 1954, 1648) und bis zu einem gewissen Grad auch GOSSRAU (NJW 1948, 365) an der Rechtsprechung des RG fest. 13

### b) Neuere objektive Theorie

Sie fordert ebenfalls die grundsätzlich äußerliche Erkennbarkeit der Gemeinschaftlichkeit der Verfügungen (so MünchKomm-MUSIELAK RdNr 9 ff). Die Gemeinschaftlichkeit der Testierenden drücke sich im Willen zur Verbindung der Verfügungen beider Ehegatten aus, was voraussetze, dass jeder die Verfügung des anderen zumindest kennt. Ein Wille zu einer inhaltlichen Übereinstimmung wird nicht gefordert. Die Gemeinschaftlichkeit ist somit auf etwas »Formales« gerichtet, nämlich auf die gemeinschaftliche Erklärung eines von jedem Ehegatten grundsätzlich selbst gebildeten Willens. Dieser Errichtungszusammenhang stelle keine rechtsgeschäftliche Erklärung dar, sondern nur einen äußeren Tatbestand, an den das Gesetz bestimmte Rechtsfolgen knüpft. Das Vorliegen desselben sei aber nicht wie der Erblasserwille mit den allgemeinen Methoden der Testamentsauslegung zu ermitteln. Vielmehr gehe es bei der Prüfung des Errichtungszusammenhangs um eine Frage der Erklärungsform, weshalb der Wille des gemeinschaftlichen Testierens auch äußerlich als solcher erkennbar geworden sein muss. Immer aber sei zu verlangen, dass dem Testament selbst deutliche Hinweise auf den Errichtungszusammenhang zu entnehmen sein müsse. Die Einheit der Ur- 14 kunde wird aber – anders als bei der früheren objektiven Theorie – nur als eine von mehreren Möglichkeiten zur Begründung der Gemeinschaftlichkeit angesehen. Andere Anzeichen, die sich aus der Formulierung des Textes ergeben (»Wir-Form«, inhaltliche Bezugnahmen, Mitunterzeichnung durch den anderen Ehegatten), können genauso den erforderlichen Errichtungszusammenhang begründen. Bleiben dennoch Zweifel an der Gemeinschaftlichkeit, so können diese auch mittels außerhalb der Urkunde liegender Tatsachen (Aufbewahrungsort etc) geklärt werden, können aber den erforderlichen Hinweis auf den Errichtungszusammenhang im Testament selbst nicht ersetzen.

### c) Streng subjektive Theorie

15 Sie hält allein den Willen der Ehegatten zur gemeinschaftlichen Testamentserrichtung für maßgeblich, wobei es für sie gleichgültig ist, wo und wie dieser seinen Ausdruck fand (gegenwärtige Vertreter BATTES 286; BROX RdNr 174; LANGE-KUCHINKE § 24 III 2 c; STAUDINGER-KANZLEITER Vorbem 18, mit ausführlichem Beispielskatalog in RdNr 22). Insbesondere wird keine Andeutung des Willens zur gemeinschaftlichen Testamentserrichtung in der Testamentsurkunde gefordert. Inhaltliche Bezugnahme, räumlicher, zeitlicher, örtlicher und inhaltlicher Zusammenhang der Erklärungen in Verbindung mit der Lebenserfahrung können als Indizien (BATTES aaO) oder gar als widerlegliche Vermutungen hierfür dienen (OGH BrZ NJW 1949, 304 = OGHZ 1, 333 im Anschluss an OLG Freiburg NJW 1949, 80 = HEZ 1, 238). Kenntnis der Verfügung des anderen sind aber auch hier erforderlich, zT wird auch eine Billigung derselben verlangt (STAUDINGER-KANZLEITER aaO; LANGE-KUCHINKE aaO im Anschluss an KGJ 29 A 57; 35 A 100).

### d) Vermittelnde Auffassungen

16 Daneben lassen sich mehrere vermittelnde Auffassungen unterscheiden (Differenzierung nach PFEIFFER FamRZ 1993, 1266, 1270):

#### aa) Vereinigungstheorie

17 Sowohl subjektive wie auch objektive Elemente können die Gemeinschaftlichkeit des Errichtungsakts begründen: *entweder* ist eine gemeinschaftliche Urkunde erforderlich oder *bei getrennten Urkunden* ein in beiden Urkunden äußerlich erkennbarer *Wille* zur Gemeinschaftlichkeit (RGRK-BGB-JOHANNSEN § 2265 RdNr 7; BGHZ 9, 113 = NJW 1953, 698 hat den Streit zwischen objektiver und subjektiver Theorie ausdrücklich offen gelassen, kann aber wohl in dieser vermittelnden Richtung verstanden werden).

#### bb) Subjektive Theorie mit objektivem Korrektiv

18 Entscheidend sei zwar der Wille zur Gemeinschaftlichkeit; dieser müsse aber in den Urkunden äußerlich erkennbar sein (so 2. Aufl RdNr 7; KIPP-COING § 33 II 2; EBENROTH RdNr 216; wohl auch ERMAN-M SCHMIDT Vorbem 1 f vor § 2265). Mögliche Hinweise hierfür seien eine einheitliche Urkunde oder eine »Wir-Form« (so bei BayObLG FamRZ 1993, 240 = NJW-RR 1992, 1356). § 2267 wird lediglich als Formerleichterung verstanden (PFEIFFER aaO; BayObLG FamRZ 1991, 1485, 1486). Eine Abwandlung dieser Auffassung verlangt aber, dass der Wille zur gemeinschaftlichen Errichtung in der Testamentsurkunde entsprechend den Grundsätzen der sog *Andeutungstheorie* (dazu PALANDT-EDENHOFER § 2084 RdNr 4; FOERSTE DNotZ 1993, 84) einen hinreichenden Ausdruck gefunden hat (**gemäßigt subjektive Theorie**, vertreten von SOERGEL-M WOLF § 2265 RdNr 7; PALANDT-EDENHOFER Einf 2 v § 2265; SCHLÜTER RdNr 344; GROLL-EDENFELD, Praxis-Handbuch B VII RdNr 23; BAMBERGER-ROTH-LITZENBURGER § 2265 RdNr 4; wohl auch BGH NJW 1977, 1728 = FamRZ 1977, 390; vgl auch RdNr 21), mag sich der volle Beweis auch erst durch Umstände außerhalb der Urkunde ergeben (OLG Frankfurt OLGZ 1978, 267; OLG Hamm OLGZ 1979, 266).

### cc) Spaltungstheorie

Sie versteht den Begriff des gemeinschaftlichen Testaments iS von § 2267 zunächst objektiv, verfolgt dann aber eine subjektive Auslegung im Rahmen der §§ 2270 f und nimmt ein gemeinschaftliches wechselbezügliches Testament nur bei Vorliegen einer gemeinschaftlichen Willensrichtung an (JAKOBS FS Bosch [1976] 447).

**19**

### e) Bewertung der Theorien

Einigkeit besteht zunächst hinsichtlich aller heute noch vertretenen Auffassungen darin, dass einerseits die bloße Urkundeneinheit für ein gemeinschaftliches Testament nicht genügt. Andererseits muss keine Gemeinschaftlichkeit des sachlichen Inhalts iS einer inhaltlichen Abstimmung der zu beurteilenden letztwilligen Verfügungen vorliegen, um zur Annahme eines gemeinschaftlichen Testaments zu kommen, mag eine solche Willensübereinstimmung auch die Regel sein (Münch-Komm-MUSIELAK RdNr 9). Entscheidend ist vielmehr der Wille zur gemeinschaftlichen Testamentserrichtung, der gleichsam die Klammer zwischen den beiden, uU auch räumlich getrennten Verfügungen der Ehegatten bildet. Hierfür muss aber jeder Ehegatte die Verfügung des anderen nur kennen, um sich darauf einstellen zu können.

**20**

Daher ist im Ansatz zunächst der *subjektiven Theorie* zu folgen. Wie immer bei der Feststellung subjektiver, innerer Tatsachen taucht damit jedoch das Problem auf, wie dieser Wille in zuverlässiger, objektivierbarer Weise spätestens in einem Prozess- oder Erbscheinserteilungsverfahren festzustellen ist. Wer der – wie mehr objektiv ausgerichteten Theorien – von vornherein allein auf das Vorliegen objektiver Indizien für diesen Willenszusammenhang abstellt, überträgt diese zunächst prozessrechtliche Problematik auf die materiell-rechtliche Ebene und verengt dadurch zu sehr die Fragestellung, was bereits aus konzeptionellen Gründen abzulehnen ist (PFEIFFER 1270). Es erhebt sich sodann die Frage, ob der **Wille** für den gemeinschaftlichen Errichtungsakt in der **Testamentsform** erklärt werden muss, was dann letztlich vom Standpunkt der hM zur Testamentsauslegung zur Anwendung der **Kriterien der Andeutungstheorie** führt. Ist dieser Wille kein rechtsgeschäftlicher, sondern ein rein tatsächlicher (so die überwiegende Meinung, BayObLGZ 2002, 128, 134; PALANDT-EDENHOFER Einf 2 vor § 2265; MünchKomm-MUSIELAK RdNr 10; BATTES 287 auch aus rechtsvergleichender Sicht; wohl auch SOERGEL-M WOLF RdNr 6; von rechtsgeschäftsähnlicher Willensäußerung spricht immerhin STAUDINGER-KANZLEITER Vorbem 18), so kann die Einhaltung der rechtsgeschäftlichen Form für die Testamentserrichtung nicht verlangt werden (PFEIFFER 1270; ebenso MünchKomm-MUSIELAK RdNr 10). Der gemeinschaftliche Wille, der sich zunächst nur auf die Gemeinschaftlichkeit des Errichtungsakts bezieht, ist aber zugleich eine notwendige, wenn auch nicht hinreichende Bedingung für den Willen zur Wechselbezüglichkeit der Verfügungen iS von § 2270. Dies spricht für die **rechtsgeschäftliche Qualität.** Dass der Erklärende sich im Einzelfall nicht über die Tragweite der Willenserklärung und den objektiv geäußerten Rechtsbindungswillen im Klaren war, ist für die Annahme einer rechtsgeschäftlichen Erklärung zunächst unbeachtlich und vermag allenfalls eine Anfechtung nach § 2078 zu begründen. Dass an sich parteiautonome Regelungen, die auf rechtsgeschäftlichem Willen beruhen, durch ergänzende Rechtssätze oder Auslegungsgrundsätze, also heteronome Wertungen, vervollkommnet werden, entspricht auch sonst unserer Rechtsordnung (wie auch BATTES 248 ff einräumt). Dies führt nicht zu einer Umqualifizierung des ganzen Erklärungstatbestands weg von einer rechtsgeschäftlichen Erklärung (so aber STAUDINGER-KANZLEITER aaO), sondern nur zur Frage, ob hinsichtlich solcher gesetzlich angeordneter zusätzlicher Rechtsfolgen eine Irrtumsanfechtung möglich ist (hierzu J MAYER, Der Rechtsirrtum und

**21**

seine Folgen im bürgerlichen Recht, 1989, 168 ff). Dabei muss der (irrtumsbehaftete) Wille zum gemeinschaftlichen Testieren, der die Grundlage für das Eintreten der erbrechtlichen Bindung ist, für sich gesehen anfechtbar sein, da eine wesentliche Rechtsfolge der Erklärung verkannt wird (für Anfechtungsmöglichkeit analog § 2078 immerhin STAUDINGER-KANZLEITER RdNr 21; zweifelnd zu Unrecht BayObLGZ aaO, 135).

**22** Wer aber in der Begründung des Errichtungszusammenhangs einen rein äußeren Tatbestand ohne eigene rechtsgeschäftliche Erklärung sieht, an den das Gesetz vielmehr allein bestimmte rechtliche Folgen knüpft (so etwa MünchKomm-MUSIELAK RdNr 10), atomisiert den einheitlichen **Geschäftswillen** der Testierenden, der auf die Errichtung von Verfügungen von Todes wegen durch ein gemeinschaftliches Testament gerichtet ist, in eine rechtsgeschäftliche Willenserklärung, die die eigentlich sachliche Verfügung von Todes wegen enthält, und einen damit verbundenen Willen zum gemeinschaftlichen Testieren, der keine rechtsgeschäftliche Qualität haben soll, aber Voraussetzung für die Wechselbezüglichkeit und die daraus resultierende Bindungswirkung des gemeinschaftlichen Testaments ist. Dabei unterscheidet sich gerade durch diesen Willen zur gemeinschaftlichen Errichtung das gemeinschaftliche Testament vom einfachen, und das Gesetz stellt die beiden Testiermöglichkeiten für eine Nachlassplanung den Beteiligten zur freien Entscheidung zur Verfügung. Welche sie wählen, beruht auf ihrem ureigensten Entschluss. Sie entscheiden, welche Form der letztwilligen Verfügung sie wollen und führen dadurch die gewollte Rechtsfolge herbei, was für das privatautonom gestaltete Rechtsgeschäft kennzeichnend ist. Die rechtsgeschäftliche Qualität des Willens wird gerade in den Fällen der **Auslandsberührung** deutlich (instruktiv dazu KG FamRZ 2001, 794, 795 = ZEV 2000, 512, vgl RdNr 24): Da viele ausländische Rechtsordnungen das gemeinschaftliche Testament nicht kennen, müssen die Ehegatten die Möglichkeit haben, sich dann gegen das gemeinschaftliche Testament zu entscheiden, um ihrem letzten Willen auch unter der Geltung des bindungsfeindlichen ausländischen Erbrechts Wirksamkeit zu verschaffen. Wer aber allein auf das Vorliegen eines tatsächlichen Willens zum gemeinschaftlichen Testieren abstellt, nimmt den Ehegatten die Möglichkeit der bewussten rechtsgeschäftlichen »Abwahl« des gemeinschaftlichen Testaments und gelangt allein auf Grund des unreflektierten »tatsächlichen Testierwillens« zum gemeinschaftlichen Testament und damit zu einer uU unwirksamen Verfügung.

Mit den typischen **geschäftsähnlichen Handlungen**, wie Mahnungen und Fristsetzungen, bei denen die Rechtsfolgen kraft Gesetzes eintreten (vgl etwa PALANDT-HEINRICHS Überbl 6 vor § 104) ist der Wille zum gemeinschaftlichen Testieren nicht zu vergleichen (aM STAUDINGER-KANZLEITER Vorbem 18). Der Wille zur gemeinschaftlichen Testamentserrichtung ist daher als untrennbarer Teil des Willens zur Verfügung von Todes wegen als **rechtsgeschäftlicher** zu qualifizieren und kann daher nur dann anerkannt werden, wenn er entsprechend den Regeln der Andeutungstheorie belegt werden kann. Dies führt auch zu der erforderlichen **Rechtssicherheit** (ebenfalls betont etwa von OLG Hamm OLGZ 1979, 262; PFEIFFER 1271; PALANDT-EDENHOFER RdNr Einf 2 vor § 2265; SOERGEL-M WOLF RdNr 7; GROLL-EDENHOFER, Praxis-Handbuch B VII RdNr 23), was über allem Theorienstreit nicht vergessen werden sollte. Daher ist der **gemäßigt subjektiven Theorie zu folgen**. Irrtümer über den eintretenden Bindungswillen berechtigen daher nur zur Anfechtung (vgl BGH FamRZ 1991, 52, 54 bei der Lockerung der Bindung; zweifelnd BayObLGZ 2002, 128, 135).

Dementsprechend muss der Wille der Ehegatten zur Errichtung eines gemeinschaftlichen Testaments im Testament wenigstens **angedeutet** worden sein, um berücksichtigt werden zu können; allein außerhalb der Urkunde gelegene Umstände, wie der äußere Errichtungszusammenhang oder die Verwahrung der Urkunden, genügen nicht (hM, etwa BayObLG FamRZ 2001, 1563, 1564 = Rpfleger 2001, 425; KG FamRZ 2001, 794, 795 = ZEV 2000, 512; MünchKomm-MUSIELAK Vorbem 11; aM etwa STAUDINGER-KANZLEITER Vorbem 19). Auch *Nichtehegatten* können in Unkenntnis der Rechtslage einen solchen Willen haben, jedoch sind an den Nachweis des Willens zur Errichtung eines gemeinschaftlichen Testaments dann höhere Anforderungen zu stellen (BayObLG aaO; STAUDINGER-KANZLEITER RdNr 23 aE).

### 3. Sukzessive Errichtung eines gemeinschaftlichen Testaments

Fordert man in Übereinstimmung mit der vorstehend vertretenen Auffassung, dass ein gemeinschaftlicher Wille zur Testamentserrichtung vorliegen muss, so ist eine sukzessive Testamentserrichtung möglich, indem ein Ehegatte zunächst nur allein ein Testament errichtet, aber die *Möglichkeit* eines *späteren Beitritts* des anderen *in Betracht* zieht und daher in seinen Geschäftswillen mit *einbezieht*. Gleichzeitige Errichtung ist nicht notwendig, ein zeitlicher Abstand zwischen den beiden Verfügungen ist für sich genommen nicht schädlich (PFEIFFER FamRZ 1993, 1266, 1271; zu einem Testament mit »Eventualbeitritt« s auch BayObLG FamRZ 1992, 353 m Anm GOTTWALD). Freilich darf der nachträgliche Beitritt nicht Jahre oder Jahrzehnte betragen (so aber bei KG RJA 16, 224 = KGJ 51, 82, 86, wo die Beitrittserklärung von der Ehefrau erst nach 7 Jahren abgegeben wurde; kritisch dagegen KIPP-COING § 33 II 2; COING JZ 1952, 611; LANGE-KUCHINKE § 24 III 2 c bei Fn 83). Je größer der Abstand ist, desto geringer ist aber die Wahrscheinlichkeit, dass der Errichtung die erforderliche gemeinschaftliche Abstimmung zugrunde lag (BATTES 291), und desto mehr bedarf die Annahme einer Wechselbezüglichkeit einer besonderen Begründung (LANGE-KUCHINKE § 24 III 2 f; s § 2270 RdNr 7). Und nach dem Tod des einen Ehegatten kann der nachträgliche Beitritt nicht mehr erfolgen, da bereits mit dem ersten Erbfall die erbrechtlichen Verhältnisse festliegen müssen (KGJ 35 A 100, 102). Kein gemeinschaftliches Testament kann auch mehr entstehen, wenn zunächst der eine Ehegatte allein ohne einen solchen Willen zur gemeinschaftlichen Testamentserrichtung testiert, und sich erst später der andere Ehegatte diesem Testament aufgrund eines später gefassten Entschlusses anschließt (sog »nachträgliche Vergemeinschaftung«, PFEIFFER 1271; SOERGEL-M WOLF RdNr 6). Denn dann läge anfänglich ein einseitiges Testament vor, das sich nicht nachträglich ohne jede *Textänderung* in ein gemeinschaftliches mit der damit verbundenen Bindungswirkung verwandeln kann, wenn sich nicht ein solcher Wille von Anfang an zumindest im Wege der Auslegung unter Beachtung der *Andeutungstheorie* ermitteln lässt. Da der Wille zur Gemeinschaftlichkeit rechtsgeschäftliche Qualität hat (s RdNr 21), ist dies die notwendige Konsequenz (BATTES 292; aM LANGE-KUCHINKE § 24 III 2 d; BROX RdNr 174, weil der Wille im tatsächlichen Bereich liegt, und somit jede Art der Willensäußerung genügt, ohne dass diese sich im Text manifestiert). Zum fehlgeschlagenen Beitritt s § 2265 RdNr 8.

### 4. Aktuelle Rechtsprechungsfälle zum Vorliegen eines gemeinschaftlichen Testaments

Das BayObLG hat in mehreren neueren Entscheidungen betont, dass der Wille zur gemeinschaftlichen Testamentserrichtung im Inhalt der Urkunde und damit formgerecht zum Ausdruck kommen müsse. Es folgt damit der gemäßigt subjektiven Theorie, die verlangt, dass der Wille zur Gemeinschaftlichkeit der Urkunde iS der Andeutungstheorie entnommen werden muss, und die auch hier vertreten wird. Mit dieser Begründung wurde das Vorliegen eines gemeinschaftlichen Testaments zumindest aus der Sicht des nur begrenzt überprüfungsfähigen Revisionsgerichts (BayObLG FamRZ 1991, 1485, 1486 = MDR 1991, 645) in einem Fall abgelehnt, in dem sich Ehegatten auf gesonderten Blättern der gleichen Papiersorte, zeit- und wortgleich aber in der »Ich-Form« gegenseitig zu Erben einsetzten. Die dabei jeweils benutzte Wendung, dass über »unser gesamtes Hab und Gut« verfügt werde, soll nach Auffassung des Gerichts ebenso keineswegs zwingend für ein gemeinschaftliches Testament sprechen, wie die gemeinschaftliche Verwahrung. Demgegenüber kommt der Wille zum gemeinschaftlichen Testieren mE durch den Bezug auf das gemeinschaftliche Vermögen als Objekt der Testamentsverfügung in der Urkunde entsprechend den Anforderungen der Andeutungstheorie klar zum Ausdruck (kritisch gegen die Entscheidung auch SOERGEL-M WOLF § 2265 RdNr 3; PFEIFFER 1271 f; STAUDINGER-KANZLEITER RdNr 23). Vertretbar aber zumindest aus der Sicht der eingeschränkten Überprüfbarkeit durch das Rechtsbeschwerdegericht die Entscheidung, die die Annahme eines gemeinschaftlichen Testaments ablehnt, wenn zwar zeit- und wortgleich auf getrennten Urkunden eine gegenseitige Erbeinsetzung vorgenommen wurde, die auch sonst auch offenbar abgesprochen war, aber weder die Pluralform noch die Wendung »gemeinsam« verwendet wurde (BayObLG FamRZ 1993, 240 = NJW-RR 1992, 1356). Zutreffend daher auch KG FamRZ 2001, 794, 795 (= ZEV 2000, 512), wo die Verhältnisse ähnlich lagen und jede Bezugnahme auf Verfügungen des jeweils anderen fehlte; zugleich zeigt dieser Fall mit **Auslandsberührung** (Testament Deutscher vor niederländischem Notar mit dem Verbot gemeinschaftlicher Testamente nach Art 977, 1000 niederländisches BW), dass allein der Wille der Testierenden darüber entscheiden muss, ob ein gemeinschaftliches Testament vorliegt: Verbietet das zur Anwendung berufene ausländische Recht auch inhaltlich die Errichtung eines solchen, so muss es den Ehegatten möglich sein, ihre Verfügungen »abzukoppeln« und trotz äußerer Umstände und gemeinschaftlicher Motive der Vermögensplanung zu einseitigen Testamenten und damit wirksam zu machen.

Wenn dagegen in zwei zwar getrennten, aber gleich lautenden Erklärungen vom gleichen Tag unter Benutzung der Formulierung »wir« und »uns« Verfügungen von Todes wegen getroffen werden, die eine gegenseitige Erbeinsetzung sowie eine Schlusserbeneinsetzung über den »beiderseitigen Nachlass« enthalten, so kann ein gemeinschaftliches Testament angenommen werden (BayObLG FamRZ 1995, 1447; ähnlich LG Mainz MittRhNotK 2000, 347 bei inhaltlicher Abstimmung). Zu weitreichend aber BayObLGZ 1993, 240, 243 f (= NJW-RR 1993, 1157 = FamRZ 1994, 193), wo ohne nähere Begründung in einer auf einem gesonderten Blatt unterschriebenen Beitrittserklärung iS von § 2267 mit dem Inhalt: »Ich ... schließe mich dem Testament meines Ehemannes ... voll und ganz an« sogar eine eigene letztwillige Verfügung des Beitretenden gesehen wurde. Relativ unproblematisch ist dagegen die Annahme eines gemeinschaftlichen Testaments, wenn sich Ehegatten in zwar räumlich getrennten, aber auf einem Papierbogen enthaltenen Verfügungen gegenseitig zu Erben einsetzen, wenngleich primär auch auf den gemeinschaftlichen Willen zur Testamentserrichtung abgestellt wurde, der in der räumlichen und zeitlichen Zusammenfassung manifestiert und bereits zwei Tage später durch eine Schlusserbeneinsetzung ergänzt wurde (BayObLG DNotZ 1994, 791, 792 = FamRZ 1994, 191). Der Wille, mehrere für sich betrachtet bereits gemeinschaftlichen Testamente zu einer einheitlichen Gesamtregelung zu verbinden, ist allerdings keine Frage des § 2265, sondern primär eine von § 2270 (so der Fall OLG Saarbrücken FamRZ 1990, 1285, 1286). Ein gemeinschaftliches Testament kann nicht in der Form des § 2267 errichtet werden, (s § 2267 RdNr 1) sodass beide ihre jeweiligen letztwilligen Verfügungen auf derselben Urkunde niederlegen können (OLG Zweibrücken FamRZ 2001, 418; eingehend hierzu § 2267 RdNr 27 ff).

## IV. Arten des gemeinschaftlichen Testaments

Man unterscheidet nach einer überlieferten, auf das Gemeine Recht zurückgehenden Einteilung (vgl STAUDINGER-KANZLEITER Vorbem 36 ff; MünchKomm-MUSIELAK RdNr 14–17; v LÜBTOW I 480 ff; BayObLGZ 1957, 376, 380): **25**

a) Das **gleichzeitige** oder **äußerliche gemeinschaftliche Testament** (testamentum mere simultaneum), dh Testamente, die nur äußerlich zu einem Testament zusammengefasst sind, inhaltlich aber nicht zusammenhängen, zB jeder Ehegatte setzt Kinder aus einer früheren Ehe zu Erben ein. Hier hat die gemeinschaftliche Errichtung nur insofern praktische Bedeutung, als die Ehegatten von den Formerleichterungen Gebrauch machen können, die das Gesetz für das gemeinschaftliche Testament gewährt (vgl KIPP-COING § 32 III 2). Es ist in der Praxis selten; **26**

b) das **gegenseitige** (reziproke) **Testament** (testamentum reciprocum oder mutuum): ein Testament, in dem sich die Erblasser gegenseitig zu Erben einsetzen oder sonst bedenken (vgl § 2270 Abs 2); **27**

c) das **wechselbezügliche** (oder gegenseitig abhängige) **Testament** (testamentum correspectivum): ein Testament, bei dem alle oder Teile der Verfügungen des einen Erblassers im engen Zusammenhang mit Verfügungen des anderen getroffen sind und daher mit diesen stehen und fallen (§§ 2270, 2271). **28**

Ein gegenseitiges Testament wird in der Regel auch korrespektiv sein, dies muss aber nicht so sein (s § 2270 Abs 2), wie es auch umgekehrt wechselbezügliche Verfügungen gibt, die nicht gegenseitig sind. Wenn nur die Verfügung des einen Erblassers von der des anderen abhängig ist, nicht aber umgekehrt, liegt einseitige Abhängigkeit vor; näheres s § 2270 RdNr 14 ff. Wechselbezügliche Verfügungen können auch in zwei getrennten Testamentsurkunden niedergelegt sein, vorausgesetzt, die Anforderungen an ein gemeinschaftliches Testament werden erfüllt (vgl etwa BayObLG FamRZ 1995, 1447; aM 2. Aufl RdNr 12). **29**

Über wechselbezügliche und einseitige Verfügungen in einem gemeinschaftlichen Testament von Nichtehegatten § 2265 RdNr 7 ff. **30**

## V. Gemeinschaftliches Testament und Erbvertrag

### 1. Ähnlichkeiten

Gemeinschaftliches Testament und Erbvertrag weisen eine gewisse Ähnlichkeit auf. Bei beiden sind mehrere Urheber beteiligt: beim gemeinschaftlichen Testament die beiden Erblasser, beim Erbvertrag zumindest ein Erblasser und ein »anderer Vertragschließender«, also der Vertragsgegner (über die Terminologie s Vorbem 28 zu §§ 2274 ff). Ferner vermögen sowohl das gemeinschaftliche Testament als auch der Erbvertrag eine gewisse Bindung des oder der Erblasser an ihre Verfügungen zu erzeugen: das gemeinschaftliche Testament an die wechselbezüglichen Verfügungen, der Erbvertrag an die vertragsmäßigen Verfügungen (§§ 2271 Abs 2, 2289). Wegen dieser Verwandtschaft der beiden Rechtsformen hat die Rechtsprechung die beim Erbvertrag geltenden Vorschriften über die Anfechtung und über Verfügungen unter Lebenden (§§ 2281 ff, 2286 ff) auf unwiderruflich gewordene wechselbezügliche Verfügungen in gemeinschaftlichen Testamenten entsprechend angewendet (vgl § 2271 RdNr 83, 101). **31**

## 2. Umdeutung, Grenzfälle

**32** Wegen der Ähnlichkeiten kann eine gemeinschaftliche Verfügung von Ehegatten, die als **Erbvertrag unwirksam** wäre, uU in ein gemeinschaftliches Testament umgedeutet werden und umgekehrt (PALANDT-HEINRICHS § 140 RdNr 10; STAUDINGER-KANZLEITER Vorbem RdNr 35). Allerdings ist zu berücksichtigen, dass beim gemeinschaftlichen Testament die Bindung erst mit dem Tod des erstversterbenden Ehegatten eintritt; ist eine *frühere Bindung* nicht gewollt, so scheidet Umdeutung zwischen Erbvertrag und gemeinschaftliches Testament aus, es kommen aber uU zwei Einzeltestamente in Betracht, verbunden durch einen **Wirksamkeitszusammenhang** (OLGR Frankfurt 2000, 217; zum Wirksamkeitszusammenhang [Bedingung, Anfechtbarkeit] s § 2265 RdNr 11, § 2270 RdNr 5; s auch § 2275 RdNr 4). Treffen beide Erblasser ausschließlich *einseitige Verfügungen* von Todes wegen (§ 2299), so liegt kein Erbvertrag vor (§§ 1941, 2278), aber tatsächlich zwei einseitige, nur äußerlich verbundene Testamente, sodass eine Umdeutung nach § 140 nicht erforderlich ist (zutreffend STAUDINGER-KANZLEITER Vorbem 12 zu § 2274; aM KGJ 28, A 16, 18 [ausdrücklich für § 140]; Vorauß).

## 3. Gestaltungsempfehlungen

### a) Unterschiede

**33** Zwischen gemeinschaftlichem Testament und Erbvertrag bestehen aber auch einige Unterschiede. Hierbei ergibt sich folgendes Bild (vgl BENGEL-REIMANN, in BECK'sches Notarhandbuch C RdNr 99 ff; NIEDER, Handbuch RdNr 820 ff; MünchKomm-MUSIELAK Vor § 2265 RdNr 18 f; STAUDINGER-KANZLEITER Vorbem RdNr 25 ff; BASTY MittBayNot 2000, 73 ff; REITHMANN-RIEGEL, Handbuch der Vertragsgestaltung, RdNr 1123; FRITZ-BÜNGER, Praxishandbuch Teil 3/7.2; LANGENFELD NJW 1987, 1577, 1581 [der im Wege des »Understatements« nur von »geringen« Unterschieden spricht]):

### aa) Vorteile des Erbvertrags:

**34** Hierfür lassen sich aufzählen:

- In **persönlicher Hinsicht** sind **erbvertragsfähig** nicht nur Ehegatten oder gleichgeschlechtliche Lebenspartner iS von § 1 LPartG, wie beim gemeinschaftlichen Testament, sondern alle natürlichen Personen. Insbesondere bei Verlobten und Partnern einer nichtehelichen Lebensgemeinschaft besteht wegen der oft bereits gemeinsam geschaffenen Vermögenswerte die Notwendigkeit bindender Verfügungen von Todes wegen
- **ein Testator** genügt: nur einer der Beteiligten muss Verfügungen von Todes wegen treffen, beim gemeinschaftlichen Testament aber beide Ehegatten
- **sofortige Bindung:** grundsätzlich ist der Erblasser schon zu Lebzeiten seines Vertragspartners gebunden und kann sich hiervon nur bei Vorliegen besonderer Voraussetzung (Anfechtung, vorbehaltenes oder vertragliches Rücktrittsrecht, Gegenstandsloswerden der Verfügung) wieder befreien. Demgegenüber besteht beim gemeinschaftlichen Testament die jederzeitige Widerrufsmöglichkeit des § 2271 Abs 1 S 1, auf die nicht verzichtet werden kann, und nach dem Tod des erstversterbenden Ehegatten kann der Längerlebende seine Verfügungsfreiheit durch Ausschlagung des Zugewandten wiedererlangen, § 2271 Abs 2 S 1. Der Erbvertrag eignet sich daher besser zur Regelung *»entgeltlicher Vertragsverhältnisse«*, etwa im Rahmen von »Verpfründungsverträgen« (MEINCKE DStR 1981, 523, 528; s Erl zu § 2295)
- **sofortiger Schutz** des Vertragserben und Vertragsvermächtnisnehmers nach §§ 2287 f ab Vertragsschluss (vgl etwa BGHZ 87, 19, 23 f = NJW 1983, 1487)
- **keine Lösung von der Bindung durch Ausschlagung** beim Erbvertrag, wenn

nicht ausdrücklich ein Rücktrittsrecht vorbehalten ist (sonst § 2298 Abs 2 S 3), während dies beim gemeinschaftlichen Testament möglich ist
- **erbvertragliche Bindungswirkung** ist auch ohne wechselbezügliche Verfügung des anderen Vertragspartners möglich, etwa beim einseitigen Erbvertrag, während beim gemeinschaftlichen Testament die Wechselbezüglichkeit mehrerer Verfügungen notwendige Voraussetzung für die Bindung ist
- der Erbvertrag ermöglicht eine **größere gegenseitige Abhängigkeit** der beiderseitigen Verfügungen (§ 2298 RdNr 2, 9): auch bei von Anfang an unwirksamen, weil gegenstandslosen Verfügungen ergibt sich über § 2085 eine Wirkungsabhängigkeit, während beim gemeinschaftlichen Testament im Verhältnis der Verfügungen der beiden Ehegatten zueinander nicht § 2085, sondern der wesentlich eingeschränktere § 2270 Abs 1 gilt, der die Fälle der Gegenstandslosigkeit gerade nicht erfasst (§ 2270 RdNr 72 ff)
- die beim Erbvertrag zwingend erforderliche notarielle Beurkundung sichert **sachgerechte Belehrung** (§ 17 BeurkG) und klare Formulierung: so ist die nach dem Tod des erstversterbenden Ehegatten beim gemeinschaftlichen Testament für den Längerlebenden eintretende Bindungswirkung weithin unbekannt, sie wird oftmals gleichsam zur Falle (NIEDER, Handbuch RdNr 820). Die Frage des Vorliegens der Wechselbezüglichkeit der Verfügungen führt trotz oder vielleicht wegen der Auslegungsregel des § 2270 Abs 2 nicht selten zu Streit (BENGEL DNotZ 1977, 5), der in notariellen Urkunden idR vermieden wird
- der Erbvertrag muss **nicht zwingend** in die besondere **amtliche Verwahrung** gebracht werden, wenn die Beteiligten dies ausschließen (§ 34 BeurkG; ob der Notar die damit verbundene Verantwortung übernehmen will, ist eine andere Frage). Dadurch entfällt dann die besondere Hinterlegungsgebühr nach § 101 KostO (¼-Gebühr). Das gemeinschaftliche Testament ist demgegenüber immer in die besondere amtliche Verwahrung zu bringen, was wegen der damit verbundenen Sicherheit die Kosten rechtfertigt. Daher kann der Erbvertrag **kostengünstiger** als ein notariell beurkundetes gemeinschaftliches Testament sein, wenngleich dieser Gesichtspunkt sicherlich nicht der ausschlaggebende ist (STAUDINGER-KANZLEITER Vorbem 33)
- wird zugleich ein **Ehevertrag** mit dem Erbvertrag beurkundet, was in der Praxis nicht so selten geschieht, so fällt dafür die doppelte Vertragsgebühr nur einmal aus dem Teil mit dem höchsten Geschäftswert an (§ 46 Abs 3 KostO); gleiches gilt, wenn zwischen gleichgeschlechtlichen Lebenspartnern ein Lebenspartnerschaftsvertrag (§ 7 LPartG) beurkundet wird, jedoch nicht bei Verbindung mit einem gemeinschaftlichen Testament.

**bb) Nachteile des Erbvertrags**
An Nachteilen lassen sich aufführen:     35
- die **gesetzlichen Rücktrittsrechte** des Erbvertrags nach §§ 2294, 2295 können nicht abbedungen werden
- die Notwendigkeit wenigstens **einer vertragsmäßigen**, bindenden **Verfügung** beim Erbvertrag, die die hM annimmt (vgl § 2278 RdNr 2) setzt der Vertragsgestaltung uU Grenzen (Verbot des Totalvorbehalts). Demgegenüber braucht das gemeinschaftliche Testament keine einzige wechselbezügliche Verfügung zu enthalten (s o RdNr 29)
- der Erbvertrag bedarf stets der notariellen Beurkundung, während das gemeinschaftliche Testament kostengünstiger auch **privatschriftlich** errichtet werden kann
- die **Form eines Nottestaments** (§§ 2249 ff) besteht beim Erbvertrag nicht, beim gemeinschaftlichen Testament ist sie in sogar erleichterter Form möglich (§ 2266)

– **gleichzeitige Anwesenheit** beider Vertragsteile ist beim Erbvertrag erforderlich (§ 2276 Abs 1 S 1), wobei sich der Vertragsteil, der nur die Verfügungen des anderen annimmt und nicht selbst testiert, vertreten lassen kann (§ 2274 RdNr 6). Beim gemeinschaftlichen Testament kann dagegen in zwei getrennten Erklärungen, die auch zu verschiedener Zeit errichtet werden können, testiert werden, wenn nur der Wille zur gemeinschaftlichen Testamentserrichtung beiderseits vorliegt (s oben RdNr 20 ff).

Seit dem 1. 8. 2002 ist einer der wesentlichen Nachteile des Erbvertrages weggefallen: Durfte früher ein Erbvertrag den Vertragsteilen nicht zurückgegeben werden und war selbst dann zu eröffnen, wenn er formgerecht aufgehoben war, so können nunmehr Erbverträge aus der amtlichen oder notariellen Verwahrung zurückgenommen werden und werden damit unwirksam, wenn sie lediglich Verfügungen von Todes wegen enthalten (§ 2300 Abs 2 nF; eingehend dazu § 2300 RdNr 28 ff).

**36** Der mitunter für das gemeinschaftliche Testament herausgestellte Vorteil, dass beim Erbvertrag hinsichtlich des Erblassers grundsätzlich **Geschäftsfähigkeit** erforderlich sei (§ 2275), beim gemeinschaftlichen Testament aber bereits Testierfähigkeit genüge, also lediglich Vollendung des 16. Lebensjahres (§ 2229, Münch-Komm-MUSIELAK RdNr 19), trifft in Wahrheit nicht zu, vielmehr gilt das Gegenteil: Da das gemeinschaftliche Testament nur zwischen Ehegatten abgeschlossen werden kann, bietet der Erbvertrag durch § 2275 Abs 2 u 3 über die Testierfähigkeit hinausreichende Alterserleichterungen, weil für den verheirateten oder verlobten Erblasser allein erforderlich ist, dass er wenigstens beschränkt geschäftsfähig ist (vgl dazu § 2275 RdNr 5 ff).

### b) Wahl zwischen Erbvertrag und gemeinschaftlichem Testament

**37** Die Frage, welcher Form der Verfügung von Todes wegen der Vorzug zu geben ist, führt im Allgemeinen zu keinem eindeutigen Ergebnis (vgl auch STAUDINGER-KANZLEITER Vorbem 34 zu § 2265). Vielmehr sind die Besonderheiten des Einzelfalls letztlich ausschlaggebend. In der notariellen Praxis wird allerdings weitgehend dem Erbvertrag der Vorzug gegeben (vgl hierzu FLATTEN DNotZ 1941, 47; BATTES, Gemeinschaftlichen Testament ... 283; BASTY MittBayNot 2000, 73, 75), wenngleich gerade im städtischen Bereich, nicht zuletzt wohl wegen der Widerrufsmöglichkeit zu Lebzeiten des anderen Ehegatten, ein starker Trend hin zum gemeinschaftlichen Testament geht. Zwischen gleichgeschlechtlichen Lebenspartnern (§ 1 LPartG) wird demgegenüber dem Erbvertrag idR der Vorzug zu geben sein (DICKHUTH-HARRACH FamRZ 2001, 1660, 1668; dazu Vorbem 59 zu §§ 2274 ff).

### aa) Rechtstatsächliches

**38** Die These, der Erbvertrag finde heute in der Praxis kaum mehr Verwendung und es bestünde daher kein Bedürfnis für seine Beibehaltung (JOHANNSEN, Sonderheft DNotZ 1977, 69, 98; ähnlich LANGE-KUCHINKE[3] § 16 V 2 a, jetzt aber in der 5. Aufl nicht mehr), wird durch rechtstatsächliche Untersuchungen eindeutig widerlegt. So stellte SCHULTES fest, dass unter den von ihm untersuchten Verfügungen von Todes wegen aus den Amtsgerichten Köln, Brühl und Grevenbroich sich 41,6 % Erbverträge und 7,1 % Ehe- und Erbverträge befanden (Art und Inhalt eröffneter Verfügungen von Todes wegen [Diss Münster 1982]). ROTERING fand unter 2.502 in den Jahren 1979 und 1980 im westlichen Münsterland eröffneten Verfügungen von Todes wegen 213 Erbverträge und 364 Ehe- und Erbverträge (Rechtstatsächliche Untersuchungen zum Inhalt eröffneter Verfügungen von Todes wegen [1986]). Ähnliches ergibt sich aus der von LEIPOLD (AcP 180 [1980], 160, 200 f) vorgelegten, allerdings nicht quantifizierten Untersuchung.

### bb) Abwägungsgesichtspunkte

**39** Ein entscheidendes Kriterium für den Erbvertrag liegt in der erheblich stärkeren Bindung bei vertragsmäßigen Verfügungen (ebenso STAUDINGER-KANZLEITER Vorbem 34). Gerade wenn größeres gemeinschaftliches Vermögen der Ehegatten vorhanden ist (Familienwohnheim), spricht dies dafür, die gemeinschaftliche lebzeitige Vermögensplanung auch durch eine möglichst weitreichend bindende erbrechtliche zu ergänzen. Ob hier wirklich immer eine einseitige Lösungsmöglichkeit zu Lebzeiten des anderen Ehegatten von den Beteiligten im Wege eines »Notausstiegs« gewünscht wird (so aber PRIESTER JuS 1987, 394, 395) und daher generell das gemeinschaftliche Testament favorisiert werden sollte, muss bezweifelt werden. Dies gilt auch bezüglich des Arguments, dass im Scheidungsfall beim gemeinschaftlichen Testament eine leichtere Lösung von der gemeinschaftlichen Erbregelung möglich sei, während die früher bestehende Möglichkeit zum Rücktritt vom Erbvertrag bei Verfehlung des anderen Ehegatten (§ 2294 iVm § 2335 idF vor dem 1. 7. 1977) weggefallen ist (so MünchKomm-MUSIELAK² RdNr 20). Hier spricht vieles dafür, dass im Rahmen einer umfassenden Scheidungsvereinbarung (§ 630 ZPO) auch eine »Feinabstimmung« der Nachlassplanung der Ehegatten erfolgen soll, die sich nicht in einem unreflektierten Widerruf der gemeinschaftlichen Verfügungen erschöpfen darf, sondern mitunter auch eine Neuregelung, etwa zugunsten der gemeinschaftlichen Abkömmlinge, erfordert.

**40** Soweit dagegen die Ehegatten aufgrund einer bewussten Entscheidung über ihre Vermögensverhältnisse weitgehend **getrenntes Vermögen** besitzen, wird auch eine getrennte Nachlassplanung angezeigt sein, die durch einseitige Testamente oder allenfalls durch das leichter widerrufliche gemeinschaftliche Testament umgesetzt werden sollte. Auch im Bereich der **Unternehmensnachfolge** wird im Allgemeinen für eine möglichst geringe Bindung und damit für ein einseitiges Testament plädiert (LANGENFELD, Das Ehegattentestament [1994] RdNr 388).

**41** Die Ansicht von JOHANNSEN (Sonderheft DNotZ 1977, 98*), dass ein Bedürfnis für die Beibehaltung des Erbvertrags heute nicht mehr zu erkennen sei, wird durch die Praxis eindeutig widerlegt (s auch RdNr 38). Vielmehr erlebt der Erbvertrag gerade durch die Vielzahl von **nichtehelichen Partnerschaften,** bei denen oft erhebliche gemeinschaftliche Vermögenswerte gebildet werden und dies eine gemeinsame Nachlassplanung mit entsprechender Bindung erfordert, eine regelrechte Renaissance (dazu etwa GRZIWOTZ ZEV 1994, 267, 271; zur sachgerechten Ausgestaltung von Rücktrittsrechten beim Erbvertrag in diesem Kontext J MAYER ZEV 1997, 280, 283).

## VI. Inhalt des gemeinschaftlichen Testaments

### 1. Regelungsmöglichkeiten

**42** Ein gemeinschaftliches Testament muss stets letztwillige Verfügungen beider Ehegatten enthalten, seien es wechselbezügliche (§ 2270) oder einseitige. Es muss aber weder eine wechselbezügliche Verfügung noch gegenseitige Zuwendungen enthalten, kann vielmehr ausschließlich aus einseitigen Verfügungen bestehen (PALANDT-EDENHOFER Einf 11 vor § 2265). In dem gemeinschaftlichen Testament kann jeder Ehegatte jede Verfügung treffen, die er auch durch Einzeltestament treffen könnte (PLANCK-GREIFF Vorbem 4). Die Ehegatten können in dem gemeinschaftlichen Testament beide Erbfälle regeln, also die Beerbung des erstverstorbenen Ehegatten und die des Zweitversterbenden (vgl § 2269), sie können sich aber auch mit der Regelung des ersten Erbfalles begnügen, zB mit einer gegenseitigen Erbeinsetzung (Prot V, 426; RGZ 72, 206). In einem gemeinschaftlichen Testament können die Eheleute auch einen von ihnen geschlossenen Erbvertrag aufheben (§ 2292). Ein gemeinschaftliches Testament kann auch durch einen Erbvertrag oder ein späteres weiteres gemeinschaftliches Testament zwischen den gleichen Eheleuten zu einer **erbrechtlichen Gesamtregelung** ergänzt werden (BGH NJW 1987, 901; BayObLG Rpfleger 1980, 283; vgl dazu § 2292 RdNr 7).

**43** Die Gültigkeit eines gemeinschaftlichen Testaments wird nicht dadurch berührt, dass in die Urkunde Erklärungen Dritter aufgenommen sind (KGJ 31 A 112, 115; vgl auch KGJ 28 A 16), so etwa die oftmals gebotene Mitbeurkundung von Erb- und Pflichtteilsverzichten (s § 2269 RdNr 93), jedoch ist ein solches Verfahren idR nicht zweckmäßig, da das gemeinschaftliche Testament unverzüglich in die amtliche Verwahrung zu bringen ist (§ 34 Abs 1 BeurkG; dazu Gutachten DNotI-Report 2001, 70, 71).

### 2. Gefahren des gemeinschaftlichen Testaments
#### a) Verkannte Bindungswirkung

**44** Nach dem Tod des anderen Ehegatten tritt nach § 2271 Abs 2 eine weitreichende erbrechtliche Bindungswirkung für den Längerlebenden an die wechselbezüglichen Verfügungen ein. Wie die Erfahrungen der Praxis zeigen, sind die sich hieraus ergebenden Gefahren den meisten Verfassern von privatschriftlichen gemeinschaftlichen Testamenten nicht bewusst (richtig BATTES 260); auch die entsprechenden Anleitungsbücher für den »Hausgebrauch« weisen hier ein Regelungsdefizit auf. Die Beseitigung der in ihren Konsequenzen völlig verkannten Bindungswirkungen ist in der Praxis eines der größten Probleme, zumal auch der Zuwendungsverzicht nach § 2352 hier meist keine Abhilfe bringen kann, solange er nach der Rspr nicht gegen Ersatzberufene wirkt (s dazu System Teil D RdNr 49 ff) und daher einen Dornröschenschlaf führt. Insoweit haben sich die Befürchtungen des Gesetzgebers des BGB bewahrheitet, der zunächst dem gemeinschaftlichen Testament ablehnend gegenüberstand und nur den Erbvertrag zulassen wollte, bei dem durch die Notwendigkeit der notariellen Beurkundung die Belehrung über die Gefahren der Bindung gesichert ist (vgl etwa Mot V 253; eingehend zur Entstehungsgeschichte unter diesem Gesichtspunkt BUCHHOLZ FamRZ 1985, 782). De lege ferenda wäre es daher richtig, die Bindungswirkung beim gemeinschaftlichen Testament abzuschaffen (KANZLEITER DNotZ 1993, 70*). Auch die Feststellung der Wechselbezüglichkeit iS von § 2270 ist schwierig und mit Unsicherheiten verbunden (zutreffend BENGEL, 2. Aufl, Vorbem 15 zu §§ 2265 ff: die »Fallstricke der Wechselbezüglichkeit«).

#### b) Gefahr der »Übervorteilung«

**45** Daneben wird auch die Gefahr genannt, dass der »zielbewußte«, vielleicht aber auch durchsetzungsfähigere oder intellektuell überlegenere Ehegatten dem anderen seine Vorstellungen aufnötigt und dessen schwache Seiten einseitig ausnutzt (LANGE-KUCHINKE § 24 I 1 b), was die Kehrseite des oben dargestellten Solidaritätsaspekts (RdNr 8) ist. Hiergegen bietet die Formvorschrift der öffentlichen Beurkundung beim Erbvertrag einen gewissen Schutz, der dem eigenhändigen gemeinschaftlichen Testament abgeht. Aus ähnlichen Erwägungen heraus will BATTES sogar noch die Bindung an die Verfügungen des gemeinschaftlichen Testaments erschweren und denen des Erbvertrags angleichen, um die einseitige Lösung durch den »psychologisch stärkeren« Ehegatten, der sich einer verbindlichen Festlegung durch Erbvertrag entziehen konnte, zu Lebzeiten des anderen zu verhindern (260 ff). Der bessere Weg dürfte aber sein, in Fortführung der neuesten Rspr des Bundesverfassungsgerichts zur gerichtlichen Kontrolle von Eheverträgen bei besonders krassen Fällen der strukturellen Unterlegenheit des einen Eheteils oder Lebenspartners auch hier eine **Inhaltskontrolle** vorzunehmen. Dies erscheint insbesondere bei den weitreichenden und sehr einschneidenden Wiederverheiratungsklauseln geboten (s § 2269 RdNr 59) und hat gegenüber dem Ansatz von BATTES den Vorteil, nicht nur das Problem übermäßiger Bindung zu lösen, sondern generell das der Angemessenheit der getroffenen Anordnung.

### c) »Berliner Testament« als Risikofaktor

Das in der Praxis relativ weitverbreitete gemeinschaftliche Testament in dieser Form (§ 2269) hat zwar den Vorteil, dass nach dem Tod des erstversterbenden Ehegatten das von ihnen idR bereits bisher als Einheit empfundene Vermögen tatsächlich rechtlich und wirtschaftlich in einer Hand vereinigt wird (daher »Einheitslösung«) und darüber einheitlich verfügt werden kann. Die meist nur schwer durchführbare Teilung des beiderseitigen Vermögens wird vermieden und es besteht eine einheitliche Rechtsstellung des Längerlebenden über das Gesamtvermögen. Zudem kann gerade bei noch kleineren Kindern Zeit gewonnen und die endgültige Entscheidung über die Vermögensnachfolge durch die Kinder hinausgeschoben werden, bis sich deren Eignung besser einschätzen lässt. Doch die Vereinigung des gesamten Vermögens in einer Hand kann auch erhebliche Nachteile haben (vgl etwa EBENROTH RdNr 241 ff). **46**

### aa) Erhöhte Erbschaftsteuerbelastung

Hier ergeben sich beim Berliner Testament erhebliche Probleme, die bereits früher bestanden, aber durch die Neuregelung des Erbschaftsteuergesetzes zum 1. 1. 1996, insbesondere durch die Erhöhung der Eingangssteuersätze und einer stärkeren Bewertung des Grundbesitzes (§§ 138 ff BewG), noch verschärft wurden. Dies sind: **47**

- Der ausschließliche Vermögensübergang auf den Ehegatten im ersten Todesfall bewirkt:
  - Ein Verschenken der Kindersteuerfreibeträge für diesen Erbfall
  - Bereits dadurch eine Verbreiterung der steuerlichen Bemessungsgrundlage mit der damit uU verbundenen Steuerprogression
- Das so bereits einmal versteuerte Vermögen wird im zweiten Erbfall
  - Nochmals der Erbschaftsteuer unterworfen (Doppelbesteuerung) mit abermaliger Verbreiterung der Bemessungsgrundlage und damit korrelierender Erhöhung der Steuerprogression, wobei § 27 ErbStG dies nur teilweise mildern kann
  - Sind die Schlusserben nicht im gleichen Verhältnis mit beiden Erblassern verwandt, so ergeben sich durch Vereinbarung und Ausnutzung der zivilrechtlich sinnvollen Freistellungsbefugnis (Änderungsvorbehalt) über § 15 Abs 3 ErbStG uU Zurechnungen in eine ungünstigere Steuerklasse.

Eingehend hierzu und zu Abhilfemöglichkeiten J MAYER ZEV 1998, 50 ff zur Gestaltung mittels verschiedenster Vermächtnisarten; BÜHLER BB 1997, 551 ff; SCHMIDT BWNotZ 1998, 97; DARAGAN DStR 1999, 393; EBELING ZEV 2000, 87; LANGENFELD JuS 2002, 351; zur Steuerentlastung durch den Kindespflichtteil beim Berliner Testament s auch MUSCHELER ZEV 2001, 377. **48**

### bb) Erhöhung des Pflichtteils enterbter Kinder

Nach dem gleichen Prinzip wie im Erbschaftsteuerrecht führt auch hier diese Gestaltung dazu, dass das gleiche Vermögen zweifach zur Bemessungsgrundlage von Pflichtteilsansprüchen gemacht wird. Eine gewisse Entlastung bringt hier – auch wie im Erbschaftsteuerrecht (§ 5 ErbStG) – die Zugewinngemeinschaft; die Gütertrennung ist auch hier besonders nachteilig, weil bei ihr der Ehegattenerb- **49** teil um ein Viertel niedriger und damit der Erbteil der Kinder entsprechend höher ist.

### cc) Ersatzlösungen

**50** Lösungen im Hinblick auf das Pflichtteilsproblem sind daher die Anordnung von Vor- und Nacherbschaft (für die Erbschaftsteuer wieder ungünstig, § 6 ErbStG), Vermögensabfluss nach dem ersten Erbfall durch Vermächtnisse oder die sofortige Erbeinsetzung eines oder mehrerer Kinder mit Nachlassnießbrauch und Testamentsvollstreckung für den Ehegatten, wenngleich auch diese Lösung mit Gefahren verbunden ist, man denke etwa daran, dass ein Testamentsvollstrecker vom Nachlassgericht entlassen werden kann (§ 2227; zu den Gefahren J MAYER ZEV 1998, 59 f).

### 3. Höferecht

**51** Durch gemeinschaftliches Testament kann auch der Hoferbe für einen dem Höferecht der ehemals britischen Zone unterliegenden Hof bestimmt oder die Erbfolge kraft Höferechts beschränkt werden, da hier eine Verfügung von Todes wegen ausreicht, also auch ein gemeinschaftliches Testament (§§ 4, 5, 7, 16 HöfeO).

## VII. Form des gemeinschaftlichen Testaments

**52** S § 2267 u Erl hierzu. Über die Einwirkung des BeurkGs Vorbem 3 ff zu § 2229.

## VIII. Wirksamkeit des gemeinschaftlichen Testaments

### 1. Allgemeine Nichtigkeitsgründe

**53** Wie jedes Rechtsgeschäft kann auch ein gemeinschaftliches Testament wegen Mangels der erforderlichen Form, wegen Verstoßes gegen ein gesetzliches Verbot oder gegen die guten Sitten nichtig sein (§§ 125, 134, 138). Sind nur die Verfügungen des einen Ehegatten mangelhaft, so ist für die Frage, inwieweit auch die des anderen nichtig sind, allein § 2270 Abs 1 maßgeblich, da es sich letztlich um zwei nur durch den gemeinschaftlichen Testierwillen verbundene Testamente handelt. § 2085 ist insoweit hier nicht anwendbar (STAUDINGER-OTTE § 2085 RdNr 16; Münch-Komm-LEIPOLD RdNr 10; BÜHLER DNotZ 1962, 364; NIEDER, Handbuch RdNr 727; aM 2. Aufl RdNr 19).

### 2. Gemeinschaftliches Testament von Nichtehegatten, Mängel der Testierfähigkeit

**54** Ein gemeinschaftliches Testament kann weiter nichtig sein, weil es nicht von Ehegatten oder gleichgeschlechtlichen Lebenspartnern errichtet ist (§ 2265) oder weil dem einen oder anderen Erblasser die Testierfähigkeit oder die Testierbefugnis fehlt (vgl § 2229; zu § 2229 RdNr 4). Die Frage kann dann nur noch sein, ob und inwieweit die Verfügungen als Einzeltestamente aufrechterhalten werden können (vgl § 2265 RdNr 7 ff).

## 3. Anfechtung

Auch ein an sich wirksames gemeinschaftliches Testament kann durch Anfechtung nach §§ 2078 ff oder durch Selbstanfechtung des Erblassers entsprechend §§ 2281 ff ganz oder teilweise rückwirkend vernichtet werden (vgl § 2271 RdNr 78 ff). Über weitere Willensmängel beim gemeinschaftlichen Testament s LANGE-KUCHINKE § 35 I 2, 3.

## 4. Widerruf eines gemeinschaftlichen Testaments

Ein wirksames gemeinschaftliches Testament kann grundsätzlich in ähnlicher Weise wie ein einseitiges Testament widerrufen werden, soweit nicht erbrechtliche Bindungen entgegenstehen. Vgl hierzu § 2271 RdNr 2 ff.

## 5. Nachträgliche Unwirksamkeit

Eine solche kann sich etwa bei Scheidung der Ehe ergeben, s Erl zu § 2268.

## IX. Auslegung gemeinschaftlicher Testamente

Soweit im gemeinschaftlichen Testament **einseitige Verfügungen** von Todes wegen enthalten sind, gelten die allgemeinen Regeln für die Auslegung letztwilliger Verfügungen, die primär vom Willensdogma bestimmt sind. (SOERGEL-LORITZ § 2084 RdNr 51; M RUDOLF § 1 RdNr 58; MünchKomm-LIEPOLD § 2084 RdNr 24; STAUDINGER-KANZLEITER RdNr 47; ähnlich wohl MünchKomm-MUSIELAK § 2269 RdNr 15 für Verfügungen, die zwischen den Ehegatten nicht abgestimmt sind, denn abgestimmte Verfügungen dürften idR wechselbezüglich sein; aM LANGE-KUCHINKE § 34 III 8 b).

Die **wechselbezüglichen Verfügungen** besitzen zwar keine Vertragscharakter und bestehen nicht aus gegenseitigen, sondern parallelen Erklärungen, sodass § 157 nicht direkt anwendbar ist. Da sie jedoch gerade durch den Zusammenhang des Motivs gekennzeichnet werden (RdNr 7) und für den Längerlebenden ab dem ersten Erbfall eine dem Erbvertrag ähnliche Bindung entsteht, muss sich die Auslegung auch an der Schutzbedürftigkeit des anderen Ehegatten und dem diesen erkennbaren Erklärungssinn orientieren, sodass § 157 zumindest entsprechend heranzuziehen ist und daher die für die Auslegung vertragsmäßiger Verfügungen eines Erbvertrags entwickelten Grundsätze gelten (SOERGEL-LORITZ § 2074 RdNr 51; MünchKomm-LIEPOLD § 2084 RdNr 24; NIEDER ZNotP 1999, 104, 106; M RUDOLF § 1 RdNr 56; LANGE-KUCHINKE § 34 III 8 b nehmen entgegen der hM dies auch für einseitige Verfügungen an, die nicht ohne jede Bedeutung für den anderen Ehepartner sind). Daher ist bei gemeinschaftlichen Verfügungen stets für jede zu prüfen, ob ein nach dem Verhalten des einen Ehegatten mögliches Auslegungsergebnis *auch dem Willen des anderen entsprochen* hat (BGHZ 112, 229, 233 = NJW 1991, 169; BayObLGZ 1981, 79, 82; BayObLG FamRZ 1996, 1037; OLG Oldenburg FamRZ 1998, 1390 [unterschiedlicher Testierwillen nach der Reihenfolge des Todes]). Dabei kommt es auf den übereinstimmenden, subjektiven Willen beider Ehegatten *im Zeitpunkt der Testamentserrichtung* an, und zwar gleichgültig, ob es um die Ermittlung des realen, des mutmaßlichen oder gar hypothetischen Willens bei der ergänzenden Auslegung geht (BGH aaO; LM § 242 (A) Nr 7; BayObLGZ 1986, 426, 429 f = FamRZ 1987, 208, 209; BayObLG ZEV 1995, 71 = FamRZ 1995, 835; PALANDT-EDENHOFER Einf 12 v § 2265; STAUDINGER-KANZLEITER Vorbem 47 zu § 2265). Die sich danach ergebende Auslegung muss nicht der objektiven Erklärungsbedeutung entsprechen, wie sie sich für einen verständigen Dritten darstellt, sondern nur dem Verständnis des anderen Ehegatten bei der konkreten Abfassung des gemeinschaftlichen Testaments (BayObLG FamRZ 1999, 470, 471; OLG Oldenburg aaO; SOERGEL-LORITZ aaO; NIEDER, Handbuch RdNr 1104). Lässt sich *keine Übereinstimmung* der beiderseitigen Vorstellungen und Absichten feststellen, so ist gerade auf den Willen des Erblassers abzustellen, dessen Verfügung zu beurteilen ist, mit der Besonderheit, dass hier nach § 157 eine Beurteilung aus der Sicht des anderen Ehegatten stattfindet (Empfängerhorizont). Dieser muss nämlich die Möglichkeit haben, sich für seine Verfügungen auf die des anderen und deren Erklärungswert einzustellen (BGH NJW 1993, 256 = DNotZ 1993, 124, 125). Für die Annahme eines unterschiedlichen Testierwillens der Ehegatten je nach der Reihenfolge des Todes bedarf es konkreter Anhaltspunkte (OLG Oldenburg aaO).

59 Bei der Auslegung einzelner Bestimmungen ist auch der Gesamtzusammenhang zu berücksichtigen. Bei Niederlegung des letzten Willens in mehreren wirksamen und sich nicht widersprechenden Testamenten lässt sich daher nur auf Grund einer **Gesamtschau** des Inhalts sämtlicher Testamente bestimmen, ob und welche Rechte am Nachlass den bestimmten Personen zustehen (BayObLG NJW-RR 1997, 836; ZEV 1996, 432; vgl auch § 2269 RdNr 19). Auch für die Ermittlung des mutmaßlichen oder hypothetischen Erblasserwillens im Rahmen einer **ergänzenden Auslegung** ist diese Willensrichtung beider Ehegatten maßgebend (KG OLGZ 1966, 503, 506; BayObLGZ 1962, 137, 142), wobei hierfür Anhaltspunkte in der Urkunde vorhanden sein müssen (OLG Köln FamRZ 1990, 438; BayObLG FamRZ 1991, 234, 235 = NJW-RR 1991, 8). Zu typischen Auslegungsproblemen s Erl zu § 2269.

## X. Eröffnung des gemeinschaftlichen Testaments

60 S § 2273 und Erl dazu.

## XI. Recht der DDR

61 Zur Fortgeltung des Erbrechts der früheren DDR s Art 235 EGBG, wobei zu beachten ist, dass die Errichtung oder Aufhebung einer Verfügung von Todes wegen vor dem Wirksamwerden des Beitritts aus Vertrauensschutzgesichtspunkten nach dem bisherigen Recht beurteilt wird, auch wenn der Erblasser erst nach dem Wirksamwerden des Beitritts (also nach dem 2. 10. 1992) verstirbt. Dies gilt auch für die **Bindung** an das gemeinschaftliche Testament, sofern es vorher errichtet wurde (Art 235 § 2 EGBGB).

62 Auch das ZGB der DDR kannte das gemeinschaftliche Testament (§§ 388 bis 393 ZGB). Es konnte ebenfalls nur von Ehegatten errichtet werden, und zwar in der Form eines notariellen oder eigenhändigen Testaments (§ 391 Abs 2 S 1 ZGB). Als möglicher Inhalt wird von § 389 ZGB genannt: die gegenseitige Erbeinsetzung der Ehegatten, die Schlusserbeneinsetzung von Abkömmlingen oder von Dritten. Daneben war die Aufnahme von Vermächtnissen, Auflagen, Teilungsanordnungen, Ersatzerbenberufungen und die Anordnung von Testamentsvollstreckung möglich, wobei die Vermächtnisse analog § 2269 Abs 2 im Zweifel erst nach dem Tod des zuletztversterbenden Ehegatten dem Bedachten anfallen sollten. Die Vor- und Nacherbschaft war nach dem ZGB generell nicht mehr zulässig.

63 Nach § 390 ZGB besteht die **Wirkung** eines gemeinschaftlichen Testaments dahingehend, dass jeder Ehegatte an die letztwillige Verfügung gebunden ist, solange

sie nicht widerrufen oder aufgehoben wurde. Die Ehegatten können sich jedoch gegenseitig zu abweichenden Verfügungen ermächtigen. Liegt dies nicht vor, so sind abweichende Verfügungen des Längerlebenden, die dem gemeinschaftlichen Testament widersprechen, nichtig (§ 390 Abs 2 S 2 ZGB).

Das gemeinschaftliche Testament wird unwirksam, wenn es **widerrufen** wird oder die Ehe geschieden oder für nichtig erklärt wird (§ 392 Abs 3 ZGB). Für den Widerruf differenziert das ZGB danach, ob dieser vor oder nach dem Tod des Ehegatten erfolgt. Auch hier gab es die Möglichkeit, seine eigenen Verfügungen nach dem Tod des Ehegatten zu widerrufen, wenn man die Erbschaft ausschlug (§§ 392 Abs 4, 402 ZGB). Daneben bestand die gegenüber dem BGB günstigere Möglichkeit, auch nach Annahme der Erbschaft seine in dem gemeinschaftlichen Testament erklärten Verfügungen durch Erklärung gegenüber dem staatlichen Notariat aufzuheben, wenn man das aus dem Nachlass des erstverstorbenen Ehegatten Erlangte, soweit es den eigenen Erbteil überstieg, an die im Testament genannten Erben oder deren Rechtsnachfolger herausgab; mit dieser Aufhebung entfiel die Bindung; seinen Erbteil konnte der längerlebende Ehegatten dabei behalten (§ 393 ZGB; vgl SANDWEG NJW 1992, 45, 48). Zu den Einzelheiten s etwa MünchKomm-MUSIELAK Vor § 2265 RdNr 23; LIMMER ZEV 1994, 290; TRILSCH-ECKHARDT, ZEV 1995, 217; System Teil E RdNr 226.

### XII. Über Statutenkollision und ausländisches Recht

S System Teil B RdNr 37; PFEIFFER FamRZ 1993, 1266, 1276.

### XIII. Gestaltungshinweise

Über zweckmäßige Gestaltung von gemeinschaftlichen Testamenten s System Teil E RdNr 1 ff. Zur Pflichtteilsreduzierung durch entsprechende Gestaltungen s E RdNr 88 ff.

### XIV. Gleichgeschlechtliche Lebenspartnerschaft

Nach § 10 Abs 4 Satz 1 LPartG (vom 16. 2. 2001, BGBl I 266) können seit dem 1. 8. 2001 auch Lebenspartner iS des § 1 LPartG ein gemeinschaftliches Testament errichten. Das gemeinschaftliche Testament ist daher nicht nur Ehegatten vorbehalten. Die für ein gemeinschaftliches Testament von Ehegatten geltenden Vorschriften der §§ 2266 bis 2273 wurden für entsprechend anwendbar erklärt (§ 10 Abs 4 Satz 2 LPartG; dazu etwa LEIPOLD ZEV 2001, 218, 221; NORBERT MAYER ZEV 2001, 169, 172; GRZIWOTZ DNotZ 2001, 280, 298; DICKHUTH-HARRACH FamRZ 2001, 1660; LANGE-KUCHINKE § 12 VIII 4). Damit gelten

– die **Formerleichterung** des § 2267,
– **§ 2268**, sodass die Auflösung der Partnerschaft durch gerichtliches Urteil (§ 15 Abs 1 LPartG) gemäß §§ 2268, 2077 grundsätzlich zur Unwirksamkeit des ganzen gemeinschaftlichen Testament führt, sofern nicht für diesen Fall ein Aufrechterhaltungswille anzunehmen ist,
– die Auslegungsregel des **§ 2269**,

- die Vorschriften über die **wechselbezüglichen Verfügungen** (§§ 2270 f). Dies wird teilweise als verfehlt angesehen, weil diese »stark auf das Verhältnis von Ehegatten und gemeinsamen Kindern zugeschnitten« seien (LEIPOLD aaO), jedoch finden sich die Bindungsgründe für das gemeinschaftliche Testament (s o RdNr 7 ff) auch bei einer auf Dauer angelegten gleichgeschlechtlichen Lebenspartnerschaft,
- die Bestimmungen über die Rücknahme aus der amtlichen Verwahrung und die Eröffnung des gemeinschaftlichen Testaments (§§ 2272, 2273).

Das BVerfG hat die Verfassungsmäßigkeit des LPartG bejaht (NJW 2002, 2543 = ZEV 2002, 318), so dass keine Notwendigkeit besteht, bei Lebenspartnern auf den Erbvertrag als Gestaltung auszuweichen, die auch Nicht-Ehegatten offen ist.

Die **Ausgestaltung** in der Form des *Berliner Testaments* (§§ 2280, 2269) hat unter Lebenspartnern eine weitaus geringere Bedeutung als unter Ehegatten, da die Lebenspartner keine gemeinschaftlichen Kinder haben. Trotzdem sollte die *Schlusserbfolge* auch bei gemeinschaftlichen Testamenten zwischen Lebenspartnern nicht offen gelassen werden, weil sonst die gesetzlichen Erben des überlebenden Partners erben, und zwar – wegen der Einheitslösung – auch das dann noch vorhandene Vermögen des Erstversterbenden, was idR zu einem »erbrechtlichen Desaster« führt (GRZIWOTZ DNotZ 2001, 280, 300), wenn diese Erbfolge nicht ausnahmsweise so gewollt ist (DICKHUTH-HARRACH FamRZ 2001, 1669).

Auch verschärfen sich die hier schon allgemein auftretenden **erbschaftsteuerlichen Probleme** (s RdNr 47) noch dadurch besonders, weil die gleichgeschlechtlichen Lebenspartner bislang erbschaftsteuerlich nicht den Ehegatten gleichgestellt sind, sondern idR zu der ungünstigen Steuerklasse III gehören (dazu mit Gestaltungsüberlegungen GRZIWOTZ DNotZ 2001, 299 f; DICKHUTH-HARRACH FamRZ 2001, 1668).

## § 2265 Errichtung durch Ehegatten

Ein gemeinschaftliches Testament kann nur von Ehegatten errichtet werden.

### Übersicht

| | | |
|---|---|---|
| I. | Normzweck | 1 |
| II. | Errichtung durch Ehegatten oder gleichgeschlechtliche Lebenspartner | 3 |
| | 1. Wirksame Ehe oder Lebenspartnerschaft | 3 |
| | 2. Wirkung der Auflösung der Ehe | 5 |
| | 3. Nur äußerlich verbundene Einzeltestamente | 6 |
| III. | Gemeinschaftliches Testament von Nichtehegatten | 7 |
| | 1. Rechtsfolge des Verstoßes gegen § 2265 | 7 |
| | 2. Einseitige Verfügungen | 8 |
| | 3. Wechselbezügliche Verfügungen | 9 |
| |    a) Beide Verfügungen entsprechen den Formerfordernissen | 12 |
| |    b) Nur eine Verfügung ist formgültig | 13 |
| |    c) Andere Lösungswege | 15 |

## I. Normzweck

Das gemeinschaftliche Testament dient der gemeinschaftlichen Nachlassplanung, die angesichts der engen Lebens- und Vermögensgemeinschaft von Ehegatten erforderlich ist (s Vorbem 7 f zu §§ 2265 ff). Die damit verbundene Formerleichterung und die Möglichkeit, durch die Schaffung einer Wechselbezüglichkeit die Verfügungen der Ehegatten einer besonderen Abhängigkeit zu unterwerfen, sah der Gesetzgeber aber grundsätzlich nur für Ehegatten als gerechtfertigt an. § 2265 enthält daher eine Beschränkung des gemeinschaftlichen Testaments in persönlicher Hinsicht auf Ehegatten. § 10 Abs 4 Satz 1 LPartG ermöglicht nun aber auch gleichgeschlechtlichen **Lebenspartnern** iS des § 1 LPartG, ein gemeinschaftliches Testament zu errichten (dazu Vorbem 67 vor §§ 2267 ff). Für diese gelten die nachstehenden Ausführungen sinngemäß.

Die persönliche Beschränkung auf Ehegatten und gleichgeschlechtliche Lebenspartner ist Ausdruck der kritischen Haltung des Gesetzgebers gegenüber dieser Testamentsform (MünchKomm-MUSIELAK RdNr 1), denn nur, weil das gemeinschaftliche Testament in vielen Teilen Deutschlands weit verbreitet war, hat er es doch noch neben dem Erbvertrag als gemeinschaftliche Testierform zugelassen (Prot V 426; v LÜBTOW I 480). Die Beschränkung auf Ehegatten ist verfassungsrechtlich unbedenklich und verstößt insbesondere nicht gegen Art 3 Abs 1 GG, zumal dadurch der Gesetzgeber der über Art 6 Abs 1 GG besonders geschützten ehelichen Lebensgemeinschaft Rechnung getragen hat. Die Besonderheiten des ehelichen Güterrechts legen es nahe, Ehegatten die Regelung erbrechtlicher Verhältnisse zu erleichtern (BVerfG NJW 1989, 1986 = RdL 1990, 98).

## II. Errichtung durch Ehegatten oder gleichgeschlechtliche Lebenspartner

### 1. Wirksame Ehe oder Lebenspartnerschaft

Nur gleichgeschlechtliche Lebenspartner (s RdNr 1) und Ehegatten können ein gemeinschaftliches Testament errichten, nicht aber andere unverheiratete Personen, wie Verwandte (BayObLG FamRZ 1993, 1370; KGJ 35 A 93, 95 f [je Schwestern]; OLG Zweibrücken FamRZ 1989, 790) oder Partner einer nichtehelichen Lebensgemeinschaft (OLG Frankfurt vom 7. 3. 1989 – 20 W 393/88). Ihnen bleibt die Form des Erbvertrages. Auch ein von **Verlobten** errichtetes gemeinschaftliches Testament ist nichtig und wird nach ganz hM auch dann nicht wirksam, wenn die Verlobten einander heiraten ( OLG Düsseldorf FamRZ 1997, 518; LANGE-KUCHINKE § 24 I 4 a; PLANCK-GREIFF Anm 1; STAUDINGER-KANZLEITER RdNr 1 mwN). Für ein Gültigwerden durch Heirat wegen der mittlerweile geänderten gesellschaftlichen Verhältnisse und im Hinblick auf den durch Art 6 GG gebotenen Schutz der Ehe jetzt aber WACKE (FamRZ 2001, 457, 461 f). Dagegen spricht aber der eindeutige Wortlaut des § 2265, der die Grenze für die Auslegung darstellt; und Formvorschriften müssen aus Gründen der Rechtssicherheit restriktiv ausgelegt werden. Auch das verfassungsrechtliche Argument überzeugt nicht (vgl bereits BVerfG NJW 1989, 1986 und oben RdNr 1), da Verlobten der Erbvertrag als Mittel des gemeinschaftlichen Testaments zur Verfügung steht und zudem durch die Beurkundungsform eine rechtliche Belehrung sicherstellt, die hier angesichts des bei Verlobten oftmals noch nicht so engen Vertrauensverhältnisses geboten sein kann (iE ebenso KANZLEITER FamRZ 2001, 1198, 1200 f, der zutreffend darauf hinweist, dass bis zur Konvaleszenz durch die Heirat ein unerfreulicher Schwebezustand einträte).

Auch eine analoge Anwendung der §§ 2265 ff auf Verlobte ist angesichts der Formenstrenge des Erbrechts nicht möglich (v LÜBTOW I 484) und zwar auch nicht aus Billigkeitsgründen, selbst wenn der eine Verlobte vor der Eheschließung überraschend verstirbt (OLG Düsseldorf FamRZ 1997, 518). Maßgeblicher Zeitpunkt für das Bestehen der gültigen Ehe ist der Zeitpunkt der Testamentserrichtung, sodass die Nichtigkeit nicht durch die nachträgliche Eheschließung der Testatoren geheilt wird, sondern formgerechte Neuvornahme erforderlich ist (SOERGEL-M WOLF RdNr 5; STAUDINGER-KANZLEITER RdNr 1). Die Eheschließung muss aber nicht durch öffentliche Urkunde nachgewiesen werden, sondern dies kann durch alle sonst zulässigen Beweismittel geschehen, da § 2356 nur für das gesetzliche Erbrecht der Ehegatten gilt (BayObLG FamRZ 1990, 1284). Die wirksame Begründung einer **Lebenspartnerschaft** bestimmt sich nach § 1 LPartG.

4 Lag von vornherein eine **Nichtehe** vor und tritt auch keine Heilung nach § 1310 Abs 3 ein (zu diesen Fragen HEPTING FamRZ 1998, 713, 725), so fehlt ebenfalls die Voraussetzung für die Errichtung eines gemeinschaftlichen Testaments (LANGE-KUCHINKE § 24 I 5). Die Regelungen über die Nichtigkeit einer Ehe nach den §§ 16 ff EheG wurden durch das Eheschließungsrechtsgesetz (EheschlRG) vom 4. 5. 1998 (BGBl I 833) mit Wirkung zum 1. 7. 1998 aufgehoben. Anstelle dieser Vorschriften trat die Aufhebbarkeit der Ehe nach den §§ 1313 ff BGB nF, wobei die Aufhebung aber – anders als die frühere Nichtigerklärung – grundsätzlich nur ex nunc wirkt (§ 1313 S 2; HEPTING FamRZ 1998, 713, 727). Die Wirkung der Aufhebung der Ehe beurteilt sich daher allein nach § 2268.

### 2. Wirkung der Auflösung der Ehe

5 Die Wirkung der Auflösung der Ehe vor dem ersten Erbfall, etwa durch Scheidung oder Aufhebungsklage, ist in § 2268 geregelt.

### 3. Nur äußerlich verbundene Einzeltestamente

6 Nur äußerlich verbundene Einzeltestamente von Nichtehegatten, bei denen sie ihre letztwilligen Verfügungen nur auf demselben Blatt Papier niederschreiben, ohne dass sie damit ihren Willen bekunden, gemeinsam über ihr Vermögen letztwillig zu verfügen, fallen nicht unter § 2265 (LG Braunschweig DNotZ 1966, 378; STAUDINGER-KANZLEITER RdNr 2; nicht auf diese Absicht, sondern allein auf den objektiven Gesichtspunkt der getrennten, jeweils selbst formgültigen Verfügungen stellt RGZ 72, 204, 206 f ab; dazu Vorbem 13 zu §§ 2265 ff).

## III. Gemeinschaftliches Testament von Nichtehegatten

### 1. Rechtsfolge des Verstoßes gegen § 2265

7 Das Bestehen einer gültigen Ehe wird allgemein noch als Gültigkeitsvoraussetzung für die Wirksamkeit der in dem gemeinschaftlichen Testament enthaltenen Verfügungen angesehen mit der Folge, dass ein zwischen Nichtehegatten errichtetes gemeinschaftliches Testament nichtig ist (MünchKomm-MUSIELAK RdNr 1; SOERGEL-M WOLF RdNr 5; SCHLÜTER RdNr 330; EBENROTH RdNr 217). Zu prüfen ist jedoch dann immer, ob die in dem gemeinschaftlichen Testament enthaltenen einzelnen Verfügungen nicht doch noch im Wege der Umdeutung (§ 140) als Einzeltestamente aufrechterhalten werden können oder ob dies grundsätzlich ausgeschlossen ist.

Hier hat sich ein grundlegender Meinungswandel vollzogen. Ursprünglich wurde in § 2265 ein Verbot für Nichtehegatten erblickt, gemeinschaftlich ein Testament zu errichten (insbesondere RGZ 87, 33, 34; KGJ 35 A 93, 97 f; OLG Neustadt NJW 1958, 1785), sodass aus diesem Grunde auch eine Umdeutung abgelehnt wurde.

### 2. Einseitige Verfügungen

Seit der Entscheidung des KG (JFG 23, 369 = DNotZ 1943, 137) hat sich jedoch die Ansicht durchgesetzt, dass einseitige Verfügungen, die nicht wechselbezüglich sind, aber der Form des § 2247 entsprechen, als Einzeltestamente im Wege der Umdeutung aufrechterhalten werden können, und zwar sowohl privatschriftliche wie auch für öffentliche Urkunden (hM; BayObLG FamRZ 1993, 1370; OLG Frankfurt MDR 1976, 667; FamRZ 1979, 347; KG DNotZ 1943, 137; OLGZ 1969, 252; NJW 1972, 2133; OLG Koblenz NJW 1948, 384; OLG Zweibrücken FamRZ 1989, 790; PALANDT-EDENHOFER RdNr 3; RGRK-BGB-JOHANNSEN RdNr 14; SOERGEL-M WOLF RdNr 5; STAUDINGER-KANZLEITER RdNr 6; EBENROTH RdNr 217). Dies gilt in gleicher Weise für den **Entwurf** eines gemeinschaftlichen Testaments, der nur von einem Ehegatten unterschrieben ist, sofern nur dessen Wille angenommen werden kann, dass die von ihm getroffene Erbeinsetzung unabhängig von der Wirksamkeit der geplanten gegenläufigen seines Ehepartners sein soll (BGH NJW-RR 1987, 1410 = DNotZ 1988, 178, 179; OLG Frankfurt vom 20. 3. 1998, 20 W 489/95). Dem BGB kann kein Umdeutungsverbot für derartige Fälle entnommen werden (LUTTER FamRZ 1959, 274; MünchKomm-MUSIELAK RdNr 5). ZT wird mittlerweile sogar vertreten, dass einseitige Verfügungen, die der Testamentsform entsprechen, von vornherein gültig bleiben und eine Umdeutung gar nicht erforderlich ist (LANGE-KUCHINKE § 24 I 4 b; offen lassend BayObLG FamRZ 1993, 1370).

### 3. Wechselbezügliche Verfügungen

Im Vordringen begriffen, aber noch strittig, ist eine Auffassung, dass auch bei wechselbezüglichen Verfügungen die **Umdeutung** in Einzeltestamente möglich sei (grundsätzlich dafür KG OLGZ 1973, 88; OLG Frankfurt MDR 1976, 667; Kanzleiter DNotZ 1973, 133, 145 ff; STAUDINGER-HERBERT ROTH [1996] § 140 RdNr 49; enger MünchKomm-MUSIELAK RdNr 9). Die frühere hM lehnte die Aufrechterhaltung als Einzeltestamente generell ab, weil die wechselbezüglichen Verfügungen gerade dadurch gekennzeichnet sind, dass sie miteinander stehen und fallen, also nicht isoliert gelten können (RGZ 87, 33, 34 f; KG Rpfleger 1969, 93; LUTTER FamRZ 1959, 273; STAUDINGER-DITTMANN [11. Aufl] RdNr 6; so auch die 1. Aufl RdNr 6; neuerdings wieder OLG Hamm FamRZ 1997, 55 = ZEV 1996, 304 m krit Anm KANZLEITER). Manche Entscheidungen gehen der Beantwortung der Streitfrage dadurch aus dem Weg, dass sie die fraglichen Verfügungen als nicht wechselbezüglich qualifizieren (OLG Zweibrücken FamRZ 1989, 790; BayObLG FamRZ 1993, 1370), weshalb es auch bisher noch nicht zu einer Vorlage nach § 28 FGG an den BGH kam. In der Tat sind bei Nichtehegatten an den Nachweis des Willens zur Errichtung eines gemeinschaftlichen Testaments höhere Anforderungen zu stellen, jedoch ist dieser bei entsprechender *Rechtsunkenntnis* im Einzelfall nicht ausgeschlossen (BayObLG FamRZ 2001, 1563, 1564 = Rpfleger 2001, 425 [verneint]; STAUDINGER-KANZLEITER Vorbem 23 aE zu § 2265 ff).

An einem generellen Ausschluss der Umdeutung wechselbezüglicher Verfügungen kann indes nicht festgehalten werden, da gerade im Erbrecht der Wille des Erblassers in der weitest möglichen Form aufrechterhalten werden soll (§§ 2084, 2085). Vergegenwärtigt man sich, dass sich das gemeinschaftliche Testament durch die Formerleichterung und die Möglichkeit der Wechselbezüglichkeit im Sinne einer Bestandsabhängigkeit von einem normalen Testament unterscheidet (Vorbem 2 ff zu §§ 2265 ff), so sind damit zugleich die Grenzen für die Umdeutung festgelegt:

**11** Zum einen ist erforderlich, dass die umzudeutende einzelne Verfügung die **Formerfordernisse** des einseitigen Testaments erfüllt (allgem Meinung, MünchKomm-MUSIELAK RdNr 7). Zum anderen ist in subjektiver Hinsicht erforderlich, dass die Umdeutung dem **mutmaßlichen Willen** des Erblassers entspricht. Die Umdeutung findet daher ihre Grenze an dem aus der Erklärung ersichtlichen Willen der Testierenden (OLG Düsseldorf FamRZ 1997, 518). Da der Unterschied zum gemeinschaftlichen Testament gerade in der dort erzielbaren Wechselbezüglichkeit über § 2270 besteht, ist es grundsätzlich erforderlich, dass an deren Stelle eine andere, gegenseitige Wirksamkeitsabhängigkeit der von den Nichtehegatten jeweils getroffenen Verfügungen tritt. Eine derartige Verknüpfung kann sich durch einen (uU im Wege der Auslegung festzustellenden) **Bedingungszusammenhang** oder durch Annahme einer Wirksamkeitserwartung ergeben, die im Falle des Fehlschlagens zur Anfechtung wegen eines Grundlagenirrtums nach § 2078 Abs 2 berechtigt (in solchen Fällen wird ohnehin von einer »unechten Wechselbezüglichkeit« gesprochen, NIEDER Handbuch RdNr 725). Demnach ergibt sich:

**a) Beide Verfügungen entsprechen den Formerfordernissen**

**12** Entsprechen daher die Verfügungen beider Ehegatten den Formerfordernissen eines einseitigen Testaments, so kann unter der Voraussetzung der Wahrung des Bedingungszusammenhangs eine Umdeutung angenommen werden (OLGR Frankfurt 2000, 217; KANZLEITER DNotZ 1973, 140; STAUDINGER-KANZLEITER RdNr 12; SOERGEL-M WOLF RdNr 5; EBENROTH RdNr 217; MünchKomm-MUSIELAK RdNr 9). Aber auch wenn kein Bedingungszusammenhang möglich ist, steht dies der Umdeutung nicht entgegen, wenn der Bestand der einen Verfügung nicht von dem der andern abhängig sein sollte oder § 2078 Abs 2 zur Interessenwahrung genügt (s RdNr 13 f).

**b) Nur eine Verfügung ist formgültig**

**13** Problematischer sind die Fälle, wenn die Testatoren von der Möglichkeit der Formerleichterung des § 2267 Gebrauch gemacht haben und daher nur eine Verfügung formwirksam ist. Denn die Verfügung desjenigen, der lediglich den Text unterschrieben hat, erfüllt nicht die Anforderungen des § 2247 an ein Einzeltestament und ist daher nichtig (OLG Frankfurt vom 7. 3. 1989 – 20 W 393/88). Hier kommt es für die Möglichkeit der Umdeutung der Verfügung des anderen Testators, der die Form gewahrt hat, darauf an, ob er auch bei Kenntnis der Unwirksamkeit der gegenläufigen Erklärung des anderen genauso eine entsprechende einseitige Erklärung getroffen hätte (OLG Frankfurt FamRZ 1998, 1394, 1395 = Rpfleger 1998, 342; EBENROTH RdNr 217; PALANDT-EDENHOFER RdNr 4; STAUDINGER-KANZLEITER RdNr 12), also die Verfügung auch ohne eine wechselbezügliche Abhängigkeit errichtet hätte (OLG Frankfurt aaO; SOERGEL-M WOLF RdNr 5; ähnlich BayObLG FamRZ 1993, 1370). Dazu gehört bei einer verfügten gegenseitigen Erbeinsetzung das Bewusstsein, dass er selbst niemals damit rechnen konnte, den anderen zu beerben (LG Karlsruhe BWNotZ 1989, 62; aM OLG Frankfurt FamRZ 1998, 1394). Maßgeblich ist hierfür zunächst der wirkliche Wille zum Zeitpunkt der Testamentserrichtung, soweit er ermittelt werden kann, notfalls der mutmaßliche (KANZLEITER ZEV 1996, 307; LANGE-KUCHINKE § 24 I 4 b). Hierbei kann es durchaus sein, dass es dem einen nur allein darum ging, den anderen für den Fall seines Todes abzusichern und die Möglichkeit, dass auch er bindend zum Erben eingesetzt ist, gar nicht im Vordergrund stand (KANZLEITER aaO). Hier verhilft der Solidaritätsgedanke (Vorbem 8 zu §§ 2265 ff) dem Testament zur Wirksamkeit. Entgegen KANZLEITER (STAUDINGER-KANZLEITER RdNr 12) kann aber weder der bloße Versuch des gemeinschaftlichen Testaments noch die bloße Verlautbarung der (unwirksamen) Verfügung des anderen für die einseitige Aufrechterhaltung maßgeblich sein. Der einseitige Testierwille kann aber auch uU auf die einfache Überlegung zurückgeführt werden, die das OLG Frankfurt FamRZ 1989, 347 ausspricht: Eine nicht bindende, einseitige Verfügung ist dem Erblasser immer noch lieber, als »dass der Fiskus erben sollte«. Anders mag es liegen, wenn eine gemeinschaftliche Vermögensplanung mit einer bindend gewollten **Schlusserbeneinsetzung Dritter** vorliegt, weil hier der Austauschgesichtspunkt für eine Wechselbezüglichkeit spricht. Aber auch hier ist eine Umdeutung in ein einseitiges Testament unter Beifügung einer Bedingung möglich, die die Verfügung davon abhängig macht, dass der letztbegünstigte Dritte das ihm Zugewendete erhält (KANZLEITER DNotZ 1973, 149; STAUDINGER-KANZLEITER RdNr 13), ja uU sogar die Umdeutung in eine Vor- und Nacherbschaft (offen lassend BayObLGZ 2000, 194, 196 f = NJW-RR 2000, 1534). Gerechtfertigt sein kann aber auch die Annahme, dass dem zunächst verfolgten Motiv der Wechselbezüglichkeit auch durch ein Anfechtungsrecht nach § 2078 Abs 2 genügt wird; dann bleibt die formwirksame eine Verfügung aber zunächst bis zur Erklärung der Anfechtung wirksam (SOERGEL-M WOLF RdNr 5). **Verallgemeinerungen**, dass bei wechselbezüglichen Verfügungen ein entsprechender Aufrechterhaltungswille niemals, bei einseitigen aber stets anzunehmen sei, sind angesichts der vielfältigen Lebenssachverhalte aber nicht zulässig (MünchKomm-MUSIELAK RdNr 8 gegen LG Freiburg BWNotZ 1986, 150 bei teilwirksamem Testament; für Annahme einer allgemeinen Lebenserfahrung dieser Art aber auch BayObLGZ aaO beim Entwurf eines gemeinschaftlichen Testaments).

Eine derartige Umdeutungsmöglichkeit widerspricht auch nicht dem Wesen der – zunächst uU gewollten – Wechselbezüglichkeit des fehlgeschlagenen Testaments. Denn die Wechselbezüglichkeit ist keine starre, statische Größe (so aber OLG Hamm ZEV 1996, 304, 305). Allein der Wille der Erblasser entscheidet über den Grad der Wirksamkeitsabhängigkeit der getroffenen Verfügungen; so können die Beteiligten diese auch nur auf einzelne Fälle der Nichtigkeit beschränken (KANZLEITER ZEV 1996, 307; KIPP-COING § 35 III 1). Problematisch daher die Annahme, dass es idR der Lebenserfahrung widerspricht, dass die Verfügungen die eines Erblassers isoliert gelten sollen (so MünchKomm-MUSIELAK RdNr 9, anders aber selbst in RdNr 8; krit auch STAUDINGER-KANZLEITER RdNr 12). Diese Überlegungen hätten auch Rückwirkungen auf die **Beweis- und Feststellungslast**. Der Sache nach handelt es sich vielmehr bei den vorstehend aufgeworfenen Fragen um Probleme der »einseitigen Wechselbezüglichkeit« und der Wirkungsbeschränkung der Wechselbezüglichkeit (§ 2270 RdNr 14 ff, 17 ff).

### c) Andere Lösungswege
Die Streitfrage um die Umdeutungsfähigkeit wechselbezüglicher Verfügungen würde sich erledigen, wenn man die Ehe der Testierenden nicht als Wirksamkeitsvoraussetzung, sondern als begriffliches Erfordernis ansehen würde und daher der Weg zur Ermittlung des Erblasserwillens durch entsprechende Auslegung frei würde (LANGE-KUCHINKE § 24 I 4 b). Nicht angängig ist jedoch, das gemeinschaftliche Testament nur als eine Art »äußere Hülle« anzusehen, durch die die rechtlich selbständigen Verfügungen nur zusammengefasst werden, sodass das Fehlschlagen dieser äußeren Verbindung nicht auch zur inhaltlichen Unwirksamkeit führt (KG OLGZ 1973, 88 = NJW 1972, 2133; zustimmend OLG Frankfurt MDR 1976, 667). Das ist mit dem modernen Verständnis des gemeinschaftlichen Testaments, das gerade auf den Willen zur gemeinschaftlichen Verfügung abstellt, nicht vereinbar (MünchKomm-MUSIELAK RdNr 6; OLG Hamm ZEV 1996, 304, 305).

## § 2266 Gemeinschaftliches Nottestament

**Ein gemeinschaftliches Testament kann nach den §§ 2249, 2250 auch dann errichtet werden, wenn die dort vorgesehenen Voraussetzungen nur bei einem der Ehegatten vorliegen.**

## I. Allgemeines

1   Die Vorschrift erleichtert die Errichtung eines gemeinschaftlichen Testaments, indem die Nottestamente nach §§ 2249–2251 als Sondervorschriften der Testamentserrichtung bereits dann zugelassen sind, wenn die Voraussetzungen hierfür nur bei einem Ehegatten vorliegen. Sind die Voraussetzungen für beide erfüllt, braucht es die Verweisung nach § 2266 nicht. Das Seetestament (§ 2251) wird deshalb in § 2266 nicht erwähnt, weil sich die Ehegatten ohnehin auf demselben Schiff befinden müssen, wenn sie gemeinsam testieren wollen (LANGE-KUCHINKE § 24 II 1 d Fn 57; für analoge Anwendung SOERGEL-M WOLF RdNr 1). Demgegenüber kann die Abgeschlossenheit iS des Absperrungstestaments nach § 2250 Abs 1 durchaus einmal eine einseitige sein, etwa wenn bei Isolierung eines Kranken die unmittelbare Verständigung möglich ist (LANGE-KUCHINKE § 24 II 1 d Fn 56; STAUDINGER-KANZLEITER RdNr 2 [jedoch mit dem unzutreffenden Beispiel der Seereise]; dagegen schließt BGB-RGRK-JOHANNSEN RdNr 2 eine solche Fallgestaltung aus).

2   Da der Normzweck eine Errichtungserleichterung ist, sind **Mischformen** dergestalt möglich, dass nur der Ehegatte, bei dem die Voraussetzungen für ein Nottestament vorliegen, sich der Notform bedient und der andere in ordentlicher Form testiert (LANGE-KUCHINKE § 24 I 1 d; PALANDT-EDENHOFER RdNr 1; SOERGEL-M WOLF RdNr 2; aM MünchKomm-MUSIELAK RdNr 2). Wenn dagegen angeführt wird, dass bei solchen Kombinationen nach Ablauf der befristeten Gültigkeitsdauer des Nottestaments der in der Notform errichtete Teil unwirksam würde, der andere nicht und dies dem Wesen des gemeinschaftlichen Testaments widerspreche (MünchKomm-MUSIELAK RdNr 2), so wird dabei verkannt, dass das Ungültigwerden des in der Nottestamentform errichteten Teils grundsätzlich auch zum Wegfall der wechselbezüglichen Verfügungen des anderen Teils führt (§ 2270 Abs 1; LANGE-KUCHINKE § 24 II 1 d Fn 59).

## II. Gültigkeitsdauer

### 1. Befristete Geltung

3   Ein Nottestament gilt als nicht errichtet, wenn seit der Errichtung drei Monate verstrichen sind und der Erblasser noch lebt (§ 2252 Abs 1). Es fragt sich, wie diese Vorschrift bei einem gemeinschaftlichen Nottestament zu handhaben ist.

4   Unproblematisch sind folgende Fälle:
- **beide Eheleute leben** nach Ablauf der Dreimonatsfrist noch: dann verliert das gemeinschaftliche Nottestament seine Wirkung (vgl KIPP-COING § 33 I 5; MünchKomm-MUSIELAK RdNr 3).
- **beide** Eheleute **versterben** innerhalb der Frist, dann bleibt das gemeinschaftliche Testament wirksam.

## B. Gemeinschaftliches Testament | § 2266 BGB 5–7; § 2267 BGB

### 2. Vorzeitiger Tod eines Ehegatten

Stirbt nur ein Ehegatte innerhalb der Frist, so müssen seine Verfügungen wirksam bleiben, weil sonst § 2266 seine praktische Bedeutung zu einem erheblichen Teil einbüßen würde. Das muss auch dann gelten, wenn nicht der Ehegatte, bei dem die Voraussetzungen für das Nottestament vorlagen, sondern der andere stirbt; denn § 2266 unterscheidet in der Wirkung nicht zwischen dem gefährdeten und dem anderen Ehegatten (vgl SCHULTHEIS ZBlFG 17, 174; STAUDINGER-KANZLEITER RdNr 5). Vielmehr gebietet der Normzweck der eingetretenen Bindung nach §§ 2270, 2271 auch die wechselbezüglichen Verfügungen des längerlebenden, gefährdeten Ehegatten wirksam bleiben zu lassen (STAUDINGER-BAUMANN § 2252 RdNr 10; KIPP-COING § 33 I 4; SCHULTHEIS aaO).  5

Daraus wird teilweise im Umkehrschluss gefolgert, dass **einseitige Verfügungen** des Längerlebenden ihre Wirkungen verlieren, wenn nur der andere Ehegatte innerhalb der Gültigkeitsfrist verstirbt (KIPP-COING aaO, STAUDINGER-KANZLEITER RdNr 5; 2. Aufl RdNr 2). Dann würde man aber den Überlebenden dazu zwingen, seine einseitigen Verfügungen in ein Einzeltestament aufzunehmen oder nach dem Tod des anderen nochmals zu wiederholen (MünchKomm-MUSIELAK RdNr 4). Weiter spricht dagegen schon, dass § 2252 auf die Wirksamkeit des gesamten Testaments abstellt, nicht auf die einzelner Verfügungen, die dann – entgegen dem Testierwillen der Beteiligten – getrennt zu beurteilen wären (STAUDINGER-BAUMANN § 2252 RdNr 10). Auch einseitige Verfügungen des Längerlebenden bleiben daher wirksam (ERMAN-SCHMIDT RdNr 2; LANGE-KUCHINKE § 24 II Fn 58; PALANDT-EDENHOFER RdNr 2; SOERGEL-M WOLF RdNr 3; MünchKomm-MUSIELAK RdNr 4). Das KG (KGJ 51 A 87) beurteilte nur den Fall, dass der Erkrankte innerhalb der Frist starb.  6

### 3. Fristhemmung

Sie dauert nach § 2252 Abs 2 so lange, wie einer der Ehegatten – sei es der gefährdete oder der andere – außerstande ist, bei der Errichtung eines notariellen gemeinschaftlichen Testaments mitzuwirken (MünchKomm-MUSIELAK RdNr 5; PLANCK-GREIFF Anm 3; ERMAN-M SCHMIDT RdNr 2; aM STAUDINGER-KANZLEITER RdNr 3: gesonderte Anwendung des § 2252 für jeden Ehegatten). Auch § 2252 Abs 4 findet bereits dann Anwendung, wenn die Voraussetzungen nur bei einem Ehegatten vorliegen (SOERGEL-M WOLF RdNr 3).  7

## § 2267 Gemeinschaftliches eigenhändiges Testament

Zur Errichtung eines gemeinschaftlichen Testaments nach § 2247 genügt es, wenn einer der Ehegatten das Testament in der dort vorgeschriebenen Form errichtet und der andere Ehegatte die gemeinschaftliche Erklärung eigenhändig mitunterzeichnet. Der mitunterzeichnende Ehegatte soll hierbei angeben, zu welcher Zeit (Tag, Monat und Jahr) und an welchem Orte er seine Unterschrift beigefügt hat.

### Übersicht

| | | |
|---|---|---|
| I. | Bedeutung des § 2267 | 1 |
| | 1. Formerleichterung | 1 |
| | 2. Mischformen: Errichtung in verschiedenen Testamentsformen | 2 |

| II. | Die Form des gemeinschaftlichen öffentlichen Testaments | 3 |
| --- | --- | --- |
| | 1. Die verschiedenen Errichtungsarten | 4 |
| | 2. Der Grundsatz der »ärgeren Hand« | 6 |
| | 3. Minderjährige, Blinde und Stumme | 8 |
| | 4. Testierfähigkeit | 11 |
| | 5. Zuziehung von Zeugen | 12 |
| | 6. Ausschließungsgründe | 13 |
| | 7. Beurkundungsvorgang | 14 |
| | 8. Zuziehung eines Dolmetschers | 15 |
| | 9. Behandlung der Niederschrift | 16 |
| III. | Die Form des gemeinschaftlichen eigenhändigen Testaments | 17 |
| | 1. Rechtsentwicklung | 17 |
| | 2. Ausschluss des eigenhändigen gemeinsamen Testaments | 18 |
| | 3. Die Form des § 2267 | 19 |
| |    a) Die Haupterklärung | 20 |
| |    b) Die Mitunterzeichnung | 21 |
| |       aa) Geltung des § 2247 Abs 3 | 22 |
| |       bb) Sukzessive Errichtung | 23 |
| |       cc) Bekräftigende Zusätze | 25 |
| |    c) Das Datum | 26 |
| | 4. Die Form des § 2267 aF | 27 |
| | 5. Andere Formen der Errichtung des gemeinschaftlichen eigenhändigen Testaments | 29 |
| IV. | Änderungen und Zusätze | 36 |
| V. | Formmängel, Umdeutung | 37 |
| | 1. Gemeinschaftliches Testament nach § 2267 | 37 |
| | 2. Zwei Haupterklärungen | 40 |
| | 3. Fehlender Errichtungszusammenhang | 41 |
| VI. | Vernichtung eines gemeinschaftlichen Testaments | 42 |
| VII. | Feststellungslast | 43 |

## I. Bedeutung des § 2267

### 1. Formerleichterung

**1** § 2267 befasst sich mit der Form des gemeinschaftlichen Testaments, aber nur mit der des gemeinschaftlichen eigenhändigen Testaments (§§ 2231 Nr 2, 2247). Er regelt aber auch diese Form nicht abschließend und ausschließlich (OLG Zweibrücken FamRZ 2001, 518; LG Mainz MittRhNotK 2000, 347), vielmehr stellt er nur **Mindesterfordernisse** auf (»genügt«). Das Gesetz will daher nur die Einhaltung der an sich vorgegebenen Form **erleichtern** und zwar dadurch, dass der Inhalt der beiderseitigen Verfügungen nur von einem der beiden Ehegatten niedergeschrieben zu werden braucht (heute allgM, vgl MünchKomm-MUSIELAK RdNr 2; RGRK-BGB-JOHANNSEN RdNr 7; KIPP-COING § 33 II 2; offen lassend noch RGZ 72, 204, 205). Es gilt dann für die darin verkörperten Verfügungen beider Ehegatten die Testamentsform als gewahrt (sehr weitreichend OLGR Frankfurt 2001, 274 = ZEV 2002, 70, 71, wonach sogar der längerlebende Ehegatte auf das vom Erstverstorbenen so Niedergeschriebene Bezug nehmen kann; aM STAUDINGER-BAUMANN § 2247 RdNr 69). Zugleich folgt daraus, dass sich die Anforderungen an ein gemeinschaftliches Testament in erster Linie aus anderen Vorschriften ergeben müssen; dies können nur die allgemeinen über die Errichtung von Testamenten sein (§§ 2231 ff). Weiter ist zu berücksichtigen, dass – insbesondere in subjektiver Hinsicht – aber auch die Anforderungen erfüllt sein müssen, die erst das Wesen des gemeinschaftlichen Testaments ausmachen (vgl Vorbem 11 ff zu §§ 2265 ff).

### 2. Mischformen: Errichtung in verschiedenen Testamentsformen

Die früher hM sah die Gemeinschaftlichkeit beim öffentlichen Testament nur in der Einheit der Verhandlung und des Protokolls gewahrt; demzufolge sollte es unzulässig sein, dass der eine Ehegatte öffentlich (also vor dem Notar) testiert, und der andere privat, also durch eigenhändige Erklärung (so 2. Aufl RdNr 2; KIPP-COING § 33 I 1; PLANCK-GREIFF § 2265 Anm 3a). Das Prinzip der strengen Urkundeneinheit wurde indes beim eigenhändigen gemeinschaftlichen Testament aufgegeben (siehe Vorbem 14 ff zu §§ 2265 ff). Demzufolge ist das Erfordernis eines einheitlichen Errichtungsaktes durch beide Erblasser auch beim gemeinschaftlichen öffentlichen Testament nicht mehr zu rechtfertigen; *Mischformen* sind zulässig, wonach ein Ehegatte ein **öffentliches**, der andere aber ein **privates Testament** errichtet. Erforderlich ist nur, dass der übereinstimmende Wille der Ehegatten, ein gemeinschaftliches Testament errichten zu wollen, feststellbar und die Kenntniserlangung der Verfügungen des einen durch den anderen Ehegatten gewährleistet ist (EBENROTH RdNr 219; AK-SCHAPER RdNr 4; PALANDT-EDENHOFER Einf 5 vor § 2265; RGRK-BGB-JOHANNSEN § 2265 RdNr 12; STAUDINGER-KANZLEITER RdNr 3 f; V LÜBTOW I 479, 485; BAMBERGER-ROTH-LITZENBURGER RdNr 3; LANGE-KUCHINKE § 24 II 1 a [Möglichkeit der Kenntniserlangung genügt]; **aM** MünchKomm-MUSIELAK RdNr 3 in Konsequenz seiner mehr objektivierenden Auffassung vom Errichtungszusammenhang; zu Einzelheiten s RdNr 3 ff).

### II. Die Form des gemeinschaftlichen öffentlichen Testaments

Für die Form des gemeinschaftlichen öffentlichen Testaments sind die allgemeinen Vorschriften der §§ 2231 Nr 1, 2232 f BGB, §§ 1–13, 16 f, 22–32, 34 f BeurkG maßgebend. Bei der Anwendung dieser Bestimmungen ist zu beachten, dass zwei Erblasser vorhanden sind und dass diese eine gemeinschaftliche Erklärung abgeben müssen.

### 1. Die verschiedenen Errichtungsarten

Bei der Errichtung eines gemeinschaftlichen öffentlichen Testaments stehen den Ehegatten die verschiedenen Arten des öffentlichen Testaments (§ 2232) zur Verfügung. Sie können also ihren letzten Willen mündlich oder durch Übergabe einer (offenen oder verschlossenen) Schrift erklären. Da die verschiedenen Errichtungsarten gleichwertig sind, können sie grundsätzlich auch nebeneinander verwendet werden. So kann etwa ein Ehegatte mündlich, der andere durch Übergabe einer Schrift testieren, es kann auch jeder von beiden eine gesonderte Schrift übergeben (§§ 9, 13, 30 BeurkG; STAUDINGER-KANZLEITER RdNr 5; PALANDT-EDENHOFER Einf 5 vor §§ 2265; MünchKomm-MUSIELAK RdNr 4; OLG Dresden JFG 6, 154). Da bei einem gemeinschaftlichen Testament jeder Ehegatte wenigstens den Inhalt der Verfügungen des anderen kennen muss (Vorbem 20 zu §§ 2265 ff), widerspricht jedoch das **Überreichen von Einzelschriften** ohne Kenntnis des anderen dem Wesen des gemeinschaftlichen Testaments, selbst wenn an sich der Wille zum gemeinschaftlichen Testieren vorhanden ist. Diese Testierform ist daher nur zulässig, wenn zusätzlich die Kenntnis des anderen Ehegatten gesichert ist (LANGE-KUCHINKE § 24 II 1 c; MünchKomm-MUSIELAK RdNr 4; V LÜBTOW I 479). Dafür kann aber noch nicht allein der formelle Akt genügen, dass der Notar nur eine entsprechende Erklärung der Beteiligten in die Niederschrift aufnimmt, dass jeder die Verfügung des anderen kennt (so MünchKomm-MUSIELAK RdNr 4; AK-SCHARPER RdNr 7). Vielmehr ist erforderlich, dass jeder Ehegatte tatsächlich auch Kenntnis vom Inhalt der Verfügung des anderen hat (LANGE-KUCHINKE § 24 II 1 c Fn 47). Daraus folgt aber umgekehrt, dass dann auch die Übergabe einer gemeinsamen wie aber auch von zwei verschiedenen Schriften in einem einzigen Umschlag genügt.

5 Da das Erfordernis der Einheitlichkeit des Errichtungsaktes aufgegeben ist, ist es nach der hM auch zulässig, dass ein gemeinschaftliches Testament in **getrennten Beurkundungsverhandlungen** (anders als beim Erbvertrag ist gleichzeitige Anwesenheit nicht erforderlich), ja sogar vor verschiedenen Notaren errichtet wird, wenn nur die Gemeinschaftlichkeit der Verfügungen zum Ausdruck kommt und jedem Ehegatten die Verfügung des anderen bekannt ist (RGRK-BGB-JOHANNSEN § 2265 RdNr 10; SOERGEL-M WOLF § 2265 RdNr 11; PALANDT-EDENHOFER Einf 5 vor § 2265; EBENROTH RdNr 219). Dabei wird man sich aus den genannten Gründen auch hier nicht mit einer rein formalen Kenntniserklärung des Testierenden zufrieden geben können (so aber MünchKomm-MUSIELAK RdNr 5). Weil eine dem § 2267 entsprechende Vorschrift fehlt, muss jeder Ehegatte bei getrennter Testierform seine Verfügungen in seiner Testamentsurkunde vollständig niederlegen, jedoch muss man eine Bezugnahme nach § 13a BeurkG für zulässig halten (STAUDINGER-KANZLEITER RdNr 9).

## 2. Der Grundsatz der »ärgeren Hand«

6 Wird ein einheitlicher Beurkundungsvorgang zur Errichtung des gemeinschaftlichen Testaments gewählt, so führt dies dazu, dass besondere Form- und Verfahrensvorschriften, die auch nur in der Person des einen Ehegatten begründet sind, grundsätzlich auch bezüglich des anderen Ehegatten und der Beurkundung seiner Erklärung zu beachten sind (sog Grundsatz der »ärgeren Hand«; LANGE-KUCHINKE § 24 II 1 b; STAUDINGER-KANZLEITER RdNr 10; SOERGEL-M WOLF § 2265 RdNr 9). Dazu RdNr 8 ff.

7 Wird jedoch auf die Einheit des Errichtungsaktes verzichtet und die Beurkundung in **zwei getrennten Verfahren** durchgeführt, so kommen grundsätzlich die besonderen gesetzlichen Anforderungen nur hinsichtlich des Verfahrens des betreffenden Ehegatten zur Anwendung, bei dem ein Sondertatbestand vorliegt (LANGE-KUCHINKE aaO; STAUDINGER-KANZLEITER RdNr 6). Dies gilt jedoch nur mit der Einschränkung, dass durch die unterschiedliche Verfahrenshandhabung für beide Ehegatten die Möglichkeit der Kenntnisnahme und Billigung der Verfügung des jeweils anderen Ehegatten gewährleistet ist, also etwa der blinde Ehegatte die des anderen entsprechend vermittelt bekommt.

## 3. Minderjährige, Blinde und Stumme

8 Ein **minderjähriger Ehegatte** kann nach § 2233 Abs 1 ein Testament nur durch Erklärung gegenüber dem Notar oder durch Übergabe einer offenen Schrift errichten, nicht durch Übergabe einer verschlossenen Schrift. Dann kann aber auch der andere Ehegatte nur in dieser Weise testieren, da sonst die Pflicht des Notars zur Belehrung der Beteiligten eingeschränkt und auch tatsächlich erschwert ist (vgl §§ 17, 30 S 4 BeurkG; PALANDT-EDENHOFER Einf 6 vor § 2265; SOERGEL-M WOLF § 2265 RdNr 10; LANGE-KUCHINKE § 24 II 1 d; SCHLÜTER RdNr 334). Daher ist erforderlich, dass die korres-

pondierende Verfügung des andern in der Form des § 2333 Abs 1 bereits vorliegt oder gleichzeitig errichtet wird (STAUDINGER-KANZLEITER RdNr 8).

Ist ein Ehegatte **nicht** imstande, Geschriebenes **zu lesen,** so kann er ein Testament nur durch Erklärung gegenüber dem Notar errichten (§§ 2233 Abs 2, 2247 Abs 4). Er kann also auch bei der Errichtung eines gemeinschaftlichen Testaments nur durch Erklärung vor dem Notar mitwirken. Das muss aber dann auch für die Erklärung des anderen Ehegatten gelten, weil der Leseunfähige von einer schriftlichen Erklärung nicht Kenntnis nehmen kann (RGRK-BGB-JOHANNSEN § 2265 RdNr 12; PALANDT-EDENHOFER Einf 6 vor § 2265; SOERGEL-M WOLF § 2265 RdNr 10; aM LANGE-KUCHINKE § 24 II 1 d; AK-SCHAPER RdNr 11; MünchKomm-MUSIELAK RdNr 7: Bekanntgabe des Inhalts an ihn und Aufklärung durch den Notar ausreichend). 9

Ist ein Ehegatte **sprachbehindert,** dh vermag er nach seiner Angabe oder nach der Überzeugung des Notars nicht hinreichend zu sprechen, so konnte er früher bei der Errichtung eines gemeinschaftlichen notariellen Testaments nur durch Übergabe einer Schrift mitwirken (§ 2233 Abs 3 aF). Nach hM kann die Schrift jedoch offen oder verschlossen sein (so MünchKomm-MUSIELAK RdNr 8; aM LANGE-KUCHINKE § 24 II 1 d). Bei Übergabe einer verschlossenen Schrift muss allerdings der andere Ehegatte den Inhalt kennen und dies ausdrücklich erklären. Der Ehegatte des Sprechbehinderten kann mündlich oder durch Übergabe einer Schrift testieren (MünchKomm-MUSIELAK RdNr 8; STAUDINGER-KANZLEITER RdNr 7, PALANDT-EDENHOFER Einf 6 vor § 2265, aM PLANCK-GREIFF Anm 3a vor § 2265). Daneben kann nunmehr generell die Erklärung des letzten Willens in jeder beurkundungsrechtlich zulässigen Form abgegeben werden und zwar auch durch Gebärden oder mittels eines Gebärdensprachdolmetschers (§ 22 Abs 1 Satz 2 nF BeurkG). Die einschränkende Vorschrift des § 2233 Abs 3 ist mit Wirkung zum 1. 8. 2002 entfallen. Für die Erklärung gegenüber dem Notar bestehen zwischen lebzeitigen Verfügungen und solchen von Todes wegen keine Unterschiede mehr, wenn nicht die Übergabe einer Schrift gewählt wird (eingehend dazu § 2232 RdNr 6). 10

#### 4. Testierfähigkeit

Sie ist bei beiden Ehegatten erforderlich (§§ 2229 f; anders beim Ehevertrag). 11

#### 5. Zuziehung von Zeugen

Die Zuziehung von Personen oder Zeugen (§§ 22, 24 f, 29 BeurkG) ist schon dann angezeigt, wenn nur einer der Ehegatten an einem der fraglichen Gebrechen leidet oder wenn nur einer von ihnen die Zuziehung von Zeugen oder eines zweiten Notars verlangt. Die einschlägigen Vorschriften sind aber seit ihrer Neufassung durch das BeurkG nur mehr Sollvorschriften, von deren Einhaltung die Wirksamkeit der Beurkundung nicht mehr abhängt (**Ausnahme**: Schreibunfähigkeit, § 25 BeurkG); die Beteiligten können im Übrigen auf die Zuziehung verzichten (s § 29 BeurkG RdNr 4 f). 12

#### 6. Ausschließungsgründe

Soweit die – durch das BeurkG erheblich eingeschränkten – Ausschließungsfälle (§§ 3, 6, 7, 26, 27 BeurkG) ihren Grund in der Beziehung des Notars oder des Zeugen zu einem Beteiligten oder Begünstigten haben (§§ 6 Abs 2, 27 BeurkG, begünstigt sind Erben, Vermächtnisnehmer, Testamentsvollstrecker), genügt die Beziehung zu einem der beiden Erblasser, um die Ausschließung des Notars oder des Zeugen zu begründen (PALANDT-EDENHOFER Einf 7 vor § 2265). Dies kann aber nur 13 gelten, wenn die Testamentserrichtung vor dem gleichen Notar erfolgt, nicht aber, wenn dies – was zulässig – vor einem anderen oder durch eigenhändiges Testament geschieht. Zu beachten ist zudem, dass die genannten Bestimmungen zT nur Sollvorschriften sind.

### 7. Beurkundungsvorgang

**14** Erfolgt die Beurkundung in einer Verhandlung, so müssen beide Eheleute bei der Beurkundung des gemeinschaftlichen Testaments bis zu ihrer Unterschrift (nicht auch bis zur Unterschrift des Notars und der sonstigen mitwirkenden Personen) zugegen sein; sie müssen also auch bis dahin leben (§ 13 Abs 1 Satz 1 BeurkG). Beide müssen die Niederschrift über die Verhandlung genehmigen und eigenhändig unterschreiben (§§ 8, 13 Abs 1 Satz 1 BeurkG).

### 8. Zuziehung eines Dolmetschers

**15** Sie ist immer dann schon erforderlich, wenn auch nur ein Ehegatte nach seiner Angabe oder nach der Überzeugung des Notars der deutschen Sprache (oder der Verhandlungssprache) nicht hinreichend kundig ist, es sei denn, dass der Notar die erforderlichen Sprachkenntnisse besitzt und daher selbst übersetzt (§ 16 Abs 3 BeurkG; s auch § 32 BeurkG).

### 9. Behandlung der Niederschrift

**16** Nach § 34 BeurkG soll der Notar die Niederschrift über die Errichtung eines Testaments in einen Umschlag nehmen, auf dem die Person des Erblassers näher bezeichnet ist, und diesen mit dem Prägesiegel verschließen. Bei einem gemeinschaftlichen Testament wird dem gewöhnlichen Umschlag mit den Personalien des ersten Erblassers ein zweiter mit denen des zweiten Erblassers beigefügt (s § 34 BeurkG RdNr 5 ff).

## III. Die Form des gemeinschaftlichen eigenhändigen Testaments

### 1. Rechtsentwicklung

**17** § 2267 lautete ursprünglich:

»Zur Errichtung eines gemeinschaftlichen Testaments nach § 2231 Nr 2 genügt es, wenn einer der Ehegatten das Testament in der dort vorgeschriebenen Form errichtet und der andere Ehegatte die Erklärung beifügt, dass das Testament auch als sein Testament gelten solle. Die Erklärung muss unter Angabe des Ortes und Tages eigenhändig geschrieben und unterschrieben werden.«

Diese Bestimmung sollte die Errichtung gemeinschaftlicher eigenhändiger Testamente erleichtern, sie wirkte aber fast als Falle und führte zur Nichtigkeit zahlreicher solcher Testamente, weil nach dem Wortlaut des Gesetzes (»muss ... des Ortes und Tages«) die Beitrittserklärung des zweiten Ehegatten unentbehrlich war und sie unbedingt den wirklichen Ort und Tag der Erklärung enthalten musste (vgl STAUDINGER[10] § 2265 aF RdNr 2). Dieser Zustand wurde im Schrifttum lebhaft beklagt (vgl HIPPEL, Formalismus und Rechtsdogmatik, S 121 ff). Daher vereinfachte das TestG in § 28 Abs 2 die Formvorschrift (zu einem aktuellen Fall seiner Anwendung s OLGR Rostock 1999, 196) und in der neuen Fassung wurde sie vom GesEinhG in das BGB zurückgeführt; dabei wurde auf eine ausdrückliche Beitrittserklärung verzichtet.

## 2. Ausschluss des eigenhändigen gemeinsamen Testaments

**18** Ein gemeinschaftliches Testament kann nicht als eigenhändiges Testament errichtet werden, wenn auch nur ein Ehegatte minderjährig ist oder wenn einer der Ehegatten nicht lesen kann (§ 2247 Abs 4). Hier bleibt nur die Möglichkeit eines öffentlichen Testaments (zu den dort zulässigen Formen RdNr 4 ff).

## 3. Die Form des § 2267

**19** Nach § 2267 iVm § 2247 genügt es zur Errichtung eines eigenhändigen gemeinschaftlichen Testaments, dass einer der Ehegatten das Testament durch eine eigenhändige geschriebene und unterschriebene Erklärung errichtet und der andere Ehegatte die gemeinschaftliche Erklärung eigenhändig mitunterzeichnet. Eine ausdrückliche Beitrittserklärung ist also nicht mehr erforderlich.

### a) Die Haupterklärung

**20** Die Haupterklärung muss letztwillige Anordnungen für den **Nachlass beider Ehegatten** enthalten (Vorbem 42 zu §§ 2265 ff). Wegen der Form der Haupterklärung s Erl zu § 2247. Auch hier ist selbstverständlich erforderlich, dass ein eigenhändiges Testament objektiv lesbar ist (dazu OLG Hamm NJW-RR 1991, 1352 = FamRZ 1992, 356 m Anm MUSIELAK). Ein gemeinschaftliches eigenhändiges Testament kann in der erleichterten Form des § 2267 nur so errichtet werden, dass einer der Ehegatten das ganze Testament eigenhändig schreibt und beide Ehegatten die gemeinschaftliche Erklärung eigenhändig so unterschreiben, dass ihre Unterschriften die Verfügungen beider decken (BGHZ 9, 113; OLG Hamm NJW 1972, 770 = DNotZ 1972, 99; SOERGEL-WOLF RdNr 2). Auch eine in der »Ich-Form« formulierte Erklärung soll nach hM durch die Mitunterzeichnung oder bloße Beitrittserklärung des anderen Ehegatten zu einem gemeinschaftlichen Testament mit gleich lautenden Verfügungen beider werden, weil im Regelfall hier davon auszugehen sei, dass die Anordnung in gleicher Weise auch für den Nachlass des anderen gelten solle (KIPP-COING § 33 II 2; MünchKomm-MUSIELAK RdNr 10; Beispiele hierfür aus der Rspr: BayObLGZ 1993, 240; KJG 42, 116, 118 [»Vorstehendes soll auch als mein Testament gelten«]). Dies ist nicht unbedenklich, weil aus der bloßen Tatsache der Gemeinschaftlichkeit des Errichtungszusammenhanges auf eine bestimmte letztwillige Verfügung geschlossen wird. Zu Abgrenzungsfragen und Mischfällen s RdNr 29 ff.

### b) Die Mitunterzeichnung

**21** Der mitunterzeichnende Ehegatte muss eine auf die Errichtung eines gemeinschaftlichen Testaments gerichteten **Testierwillen** haben (BayObLG ZEV 1997, 259, 260). Kein gemeinschaftliches Testament liegt daher vor, wenn die Unterschrift des anderen Ehegatten ohne eigenen Testierwillen nur zum Zeichen der Kenntnisnahme oder Billigung erfolgt (PALANDT-EDENHOFER RdNr 2; KJG 42 A 116; OLG Schleswig SchlHA 1955, 21; BayObLGZ 1959, 199). Da dies in der Praxis jedoch die Ausnahme ist, spricht eine Erfahrungstatsache bei Vorliegen beider Unterschriften dafür, dass diese jeweils mit dem Willen zur gemeinschaftlichen Testamentserrichtung geleistet wurden (MünchKomm-MUSIELAK RdNr 14; BATTES 297 f).

#### aa) Geltung des § 2247 Abs 3

**22** Für die Mitunterzeichnung gelten § 2247 Abs 3 (Vorname und Familienname) entsprechend (vgl hierzu § 2247 RdNr 19 ff; zur sog »Selbstbezeichnung« dort RdNr 21). Die **Unterschrift** des beitretenden Ehegatten kann räumlich auch vor oder über der Unterschrift des anderen Ehegatten stehen, wenn sie nur dessen Erklärung deckt, sich also darauf bezieht und räumlich abschließt (OLG Frankfurt NJW 1953, 1554; BayObLGZ 1981, 79, 85; SOERGEL-M WOLF RdNr 2; s auch RdNr 20, zu Grenz- und Mischfällen s RdNr 29 ff).

Daran kann es bei »quer geschriebenen Unterschriften« am linken abgeschnittenen Rand fehlen (BayObLG ZEV 1997, 259). Eine Unterschrift auf der Rückseite der Haupterklärung wird man dann für § 2267 als genügend ansehen können, wenn sich aus der räumlichen Anordnung zweifelsfrei ergibt, dass damit der gemeinschaftliche Text unterschrieben werden sollte, etwa wenn auf der Vorderseite hierfür kein Platz mehr vorhanden war (MünchKomm-MUSIELAK RdNr 11; STAUDINGER-W BAUMANN § 2247 RdNr 93 ff). Soweit die Mitunterzeichnung auf einem gesonderten Blatt oder gar einem Briefumschlag erfolgt ist entscheidend, dass sich die Unterschrift als Fortsetzung der Haupterklärung zweifelsfrei darstellt, die Beziehung hierzu also feststeht (so allgemein zum eigenhändigen Testament STAUDINGER-W BAUMANN § 2247 RdNr 95 ff; BayObLGZ 1993, 240, 244 = NJW-RR 1993, 1157 zu einer »Beitrittserklärung«).

### bb) Sukzessive Errichtung

23 Der beitretende Ehegatte wird die gemeinschaftliche Erklärung meistens zeitlich gleich nach dem anderen Ehegatten unterschreiben. Er kann seine Unterschrift auch später beifügen (RGZ 72, 204; OLG Celle OLG 18, 350), aber nur, wenn ein gemeinschaftlicher Entschluss zum Testieren vorliegt, und sei es auch nur, dass der zuerst Unterzeichnende die Möglichkeit eines späteren Beitritts seines Ehegatten in Betracht zieht (eingehend Vorbem 23 zu §§ 2265; KIPP-COING § 33 II 2; LANGE-KUCHINKE § 24 III 2 d; RGRK-BGB-JOHANNSEN RdNr 9; aM KG J 51 A 82). Die Zustimmung des zuerst testierenden Ehegatten wird sich vielfach schon aus der Haupterklärung ergeben (»wir bestimmen«, PLANCK-GREIFF Anm 4e); aber diese Einwilligung kann stillschweigend erlöschen, wenn der andere Ehegatte so lange zögert, dass der errichtende Ehegatte nicht mehr mit seinem Beitritt zu rechnen braucht. In einem solchen Fall kann das Testament uU als einseitiges Testament aufrechterhalten werden (§ 140, su RdNr 37). Für das Bestehen und die Fortdauer des Einverständnisses des errichtenden Ehegatten spricht eine tatsächliche Vermutung (PLANCK-GREIFF aaO; V LÜBTOW I 488). Nach dem Tode des errichtenden Ehegatten ist die Mitunterzeichnung durch den anderen nicht mehr möglich, da spätestens mit Eintritt des Erbfalls erbrechtliche Klarheit herrschen muss (KG J 35 A 100, 102; 51 A 82; MünchKomm-MUSIELAK RdNr 15). Eine **nachträgliche Vergemeinschaftung** des Testaments dergestalt, dass der eine Ehegatte allein und ohne einen Willen zur gemeinschaftlichen Testamentserrichtung testiert, der andere sich erst später dem anschließt, ist nicht möglich, da sie dem Wesen des gemeinschaftlichen Testaments widerspricht (PFEIFFER FamRZ 1993, 1266, 1271; Vorbem 23 zu §§ 2265; aM LANGE-KUCHINKE § 24 III 2 d; BROX RdNr 174, die eine nachträgliche formlose Willensverbindung zulassen).

24 Die Unterschrift des mitunterzeichnenden Ehegatten muss aber auf alle Fälle zeitlich nach der Niederschrift der Haupterklärung des anderen Ehegatten erfolgen; die Unterschrift des beitretenden Ehegatten darf daher auf keinen Fall vorweg »**blanko**« geleistet werden, weil sonst die Aufgaben der Formvorschriften, insbesondere auch der Beweiszweck und das Erfordernis der Abgrenzung von Entwürfen (Verbindlichkeitszweck) nicht erfüllt werden können (OLG Hamm OLGZ 1993, 141 = FamRZ 1993, 606 = NJW-RR 1993, 269, 270). Eine zwingende zeitliche Reihe der Unterschriften ergibt sich daraus jedoch nicht (OLG Frankfurt NJW 1953, 1554; STAUDINGER-KANZLEITER RdNr 15). Entspricht die Testamentsurkunde dem äußeren Bild nach einem formgerechten gemeinschaftlichen eigenhändigen Testament, so spricht eine tatsächliche, wenn auch entkräftbare Vermutung dafür, dass es auch in der richtigen Reihenfolge geleistet wurden (OLG Hamm aaO).

### cc) Bekräftigende Zusätze

25 Bekräftigende Zusätze des beitretenden Ehegatten, die dieser zu seiner Unterschrift beifügt – wie »einverstanden, genehmigt« – sind nicht erforderlich, scha-

den aber auch nichts und zwar auch dann, wenn sie formungültig sind, etwa weil sie vom anderen Ehegatten hinzugefügt wurden (BayObLG NJW-RR 1993, 1157, 1158; LG Tübingen BWNotZ 1986, 17). Dies gilt auch für den Zusatz, dass Änderungen »jederzeit in gemeinsamer Absprache« möglich sind, denn dies entspricht der Rechtslage beim gemeinschaftlichen Testament (BayObLGZ 2002, 128, 131). Weichen die Zusätze des zweiten Ehegatten inhaltlich von der Haupterklärung ab, kommt eine Umdeutung in einseitige letztwillige Verfügungen nach § 140 in Betracht (STAUDINGER-KANZLEITER RdNr 16).

### c) Das Datum

Der errichtende Ehegatte soll in der Haupterklärung angeben, zu welcher Zeit **26** und an welchem Ort er sie niedergeschrieben hat (§ 2247 Abs 2). Der beitretende Ehegatte soll angeben, wann und wo er seine Unterschrift beigefügt hat (§ 2267 S 2). Aber diese Angaben, die früher Gültigkeitsvoraussetzungen für die Erklärungen waren, werden jetzt nur mehr empfohlen (vgl zu § 2247 dort RdNr 30 ff). Fehlt Zeit oder Ort der Mitunterzeichnung, so gilt § 2247 Abs 5 entsprechend (STAUDINGER-KANZLEITER RdNr 15). Sind die Angaben hierzu falsch, berührt dies die Wirksamkeit des Testaments nicht (MünchKomm-MUSIELAK RdNr 16; AK-SCHAPER RdNr 17). Das Datum braucht, soweit es überhaupt noch erforderlich ist, nicht unbedingt über der Unterschrift zu stehen, es kann auch neben oder unter ihr stehen, wenn nur die Angabe von Zeit und Ort zu der Unterschrift (oder zu der Beitrittserklärung) in einer solchen räumlichen Beziehung steht, dass sie Zeit und Ort der Mitunterzeichnung (oder der Beitrittserklärung) bezeichnet (RGZ 52, 282; KG JFG 5, 171).

### 4. Die Form des § 2267 aF

§ 2267 nF schließt nicht aus, dass Eheleute auch weiterhin nach § 2267 aF verfahren, **27** dass also ein Ehegatte das Testament errichtet und der andere eine eigenhändig geschriebene und unterschriebene Beitrittserklärung beifügt. Denn durch die Neufassung sollten keine zusätzlichen Formanforderungen aufgestellt, sondern das Testieren erleichtert werden (s RdNr 17). Die Beitrittserklärung muss der Haupterklärung nicht unbedingt räumlich folgen, sie kann auch auf einen frei gebliebenen Raum zwischen dem Text und dem Datum der Haupterklärung gesetzt werden (BayObLG JFG 8, 123 KG ebenda; RGRK-BGB-JOHANNSEN RdNr 9). Die Beitrittserklärung kann auch auf der Rückseite der Haupterklärung stehen oder auf einem besonderen Blatt, wenn nur ihre Beziehung zur Haupterklärung feststeht (BayObLGZ 5, 272, 276; 1993, 240, 244 = FamRZ 1994, 193 = NJW-RR 1993, 1156; KG KGJ 52 A 82 = OLGE 42, 142; RGRK-BGB-JOHANNSEN RdNr 8; aM unter Überbetonung des »Mitunterzeichnens der Erklärung« MünchKomm-MUSIELAK RdNr 11). Die Namensunterschrift zur Beitrittserklärung muss nicht unterhalb, sondern kann auch neben derselben stehen (STAUDINGER-W BAUMANN § 2247 RdNr 93 gegen KG OLGE 7, 363).

Die so genannte Selbstbezeichnung des Erblassers in der von ihm geschriebenen **28** Beitrittserklärung – zB »ich, Klara Schlosser, schließe mich ... an« – kann seine Unterschrift ersetzen, wenn er mit diesem Vermerk die Urkunde abschließen und unterfertigen wollte (OLG Düsseldorf DNotZ 1954, 487; § 2247 RdNr 21 aE).

### 5. Andere Formen der Errichtung des gemeinschaftlichen eigenhändigen Testaments

Da § 2267 nur eine Formerleichterung für die Errichtung eines gemeinschaftlichen **29** Testaments bringt, müssen die Ehegatten hiervon nicht Gebrauch machen, wenn sie gemeinschaftlich testieren wollen. Soweit sie dabei jedoch ein eigenhändiges

Testament verfassen wollen, müssen sie dann beide zwingend die Form des § 2247 erfüllen, soweit nicht in Ausnahmefällen ein Nottestament nach § 2266 möglich ist. Eine andere Möglichkeit gibt es hierfür nicht (MünchKomm-MUSIELAK RdNr 17). Der bloße Wille zur gemeinschaftlichen Testamentserrichtung genügt für sich allein nicht, um ein formgültiges gemeinschaftliches Testament zu errichten, wenn er auch notwendige Voraussetzung hierfür ist. Vielmehr muss er auch formgerecht zum Ausdruck kommen (BayObLG FamRZ 1991, 1485; Vorbem 21 ff zu §§ 2265 ff; MünchKomm-MUSIELAK aaO [aus seiner Sicht nicht konsequent, da er sich mit einem rein tatsächlichem begnügt, für den die rechtsgeschäftliche Form wohl nicht gelten kann]).

**30** Danach sind die folgenden, in der Praxis vorkommenden Fälle der eigenhändigen Errichtung eines gemeinschaftlichen Testaments so zu beurteilen:

**31** **a)** Wenn **jeder Ehegatte** den **ganzen Inhalt** des gemeinschaftlichen Testaments in übereinstimmender Weise, also sämtliche beiderseitige Verfügungen auf dem nämlichen Blatt, **niederschreibt** und **unterschreibt**, so kommt es auf die Art der Unterschriftsleistung an:

**aa)** Unterschreibt jeder Ehegatte **nur seine Verfügung** allein, so genügt dies jeweils der Form des § 2247; ob ein gemeinschaftliches Testament vorliegt, hängt vom gemeinschaftlichen Willen hierzu ab, der aber idR hier zweifellos besteht (auch nach der objektiven Theorie über die Urkundeneinheit).

**bb)** Hat auch noch jeder Ehegatte **jeweils** die Verfügung des **anderen mitunterzeichnet**, so handelt es sich um ein gemeinschaftliches Testament iS von § 2267 »in doppelter Ausfertigung«, was zulässig ist (MünchKomm-MUSIELAK RdNr 19; v LÜBTOW I 486).

**32** **b)** Schreibt **jeder Ehegatte nur** die seinen **Nachlass betreffenden Verfügungen** selbst nieder und jeder unterschreibt dann am Schluss der beiden Niederschriften, so ist die Form des § 2247 gewahrt und es liegt wegen des hier sicherlich immer gegebenen Errichtungszusammenhangs ein gemeinschaftliches Testament vor (KG KGJ 29 A 57 = OLG 11, 250; KG JFG 5, 164 = DNotZ 1928, 310; KG OLG 18, 362; PLANCK-GREIFF Anm 6; v LÜBTOW I 486; vgl RÖTELMANN Rpfleger 1958, 146 in Beispielen; wohl auch MünchKomm-MUSIELAK RdNr 20).

**33** **c)** Ein Ehegatte schreibt sowohl die seinen Nachlass betreffende Verfügung wie auch die des anderen Ehegatten nieder, jedoch **unterschreibt jeder** Ehegatte **nur seine Verfügung:** Hier ist die erleichterte Form des § 2267 nicht gewahrt, weil diese voraussetzt, dass die gesamte gemeinschaftliche Erklärung von beiden Ehegatten unterschrieben wird (MünchKomm-MUSIELAK RdNr 21; SOERGEL-M WOLF RdNr 2; GROLL-EDENFELD, Praxis-Handbuch B VII RdNr 12 [mit Beispiel]; OLG Hamm NJW 1972, 770 = DNotZ 1972, 99; v LÜBTOW I 488; im Ergebnis ebenso BGH NJW 1958, 547, zustimmend RÖTELMANN Rpfleger 1958, 147). Auf das Vorliegen eines etwa deutlich geäußerten Errichtungszusammenhangs kommt es insoweit nicht an, da dieser die fehlende Form nicht überwinden kann (s RdNr 29; aM 2. Aufl RdNr 25 f; BATTES, Gemeinschaftliches Testament ..., 298; BAMBERGER-ROTH-LITZENBURGER RdNr 5 unter unzutreffenden Bezug auf die hiesige Ansicht). Die Form des § 2247 ist nur hinsichtlich der Teile der Verfügung gewahrt, die der schreibende Ehegatte als seine eigene selbst niedergelegt hat. Da das restliche gemeinschaftliche Testament nicht vom verfügenden Ehegatten eigenhändig geschrieben wurden, ist dieser Teil nichtig, was über § 2270 Abs 1 auch zur Unwirksamkeit der an sich formwirksamen Verfügungen des anderen führen kann (wegen der Umdeutung s RdNr 37).

**d) Schreiben beide Ehegatten abwechselnd** einen Teil des Texts einer als gemein- 34
schaftlich gewollten Verfügung nieder und **unterschreiben beide**, so ist die Fallbeurteilung umstritten. Nur wenn man am Wortlaut des § 2267 S 1 haften bleibt, bestehen hier Formbedenken, weil das Testament nicht nur von »einem«, sondern von beiden abwechselnd geschrieben ist. Ausgehend vom Normzweck der Formerleichterung wird man sich darüber hinwegsetzen können (ebenso LG München I FamRZ 1998, 1391, 1392 unter Bezug auf den Normzweck der Formerleichterung; SOERGEL-M WOLF RdNr 2; AK-SCHAPER RdNr 20; STAUDINGER-KANZLEITER RdNr 15; KG HRR 1928, 718), wenn nur der Wille zur Errichtung eines gemeinschaftlichen Testaments vorhanden ist, denn insoweit unterscheidet sich dieser Sachverhalt dann vom unzulässigen Testieren durch bloßes Lückenausfüllen durch einen von dritter Hand vorgegebenen Entwurf (OLG Hamm NJW-RR 1991, 1352, 1353 = FamRZ 1992, 356). Andernfalls müsste man sonst die als Einheit gewollte Erklärung der Ehegatten »zerstückeln« und dann nur als letztwillige Verfügung des jeweils schreibenden Ehegatten gelten lassen, wenn der jeweilige Torso überhaupt noch einen Sinn gibt (so aber MünchKomm-MUSIELAK RdNr 22; ders FamRZ 1992, 358, 359 zu OLG Hamm aaO).

**e)** Die Wahrung des Grundsatzes der **Urkundeneinheit** ist nur erforderlich, wenn 35
in der erleichterten Form des § 2267 testiert werden soll (MünchKomm-MUSIELAK RdNr 23). In allen anderen Fällen der Errichtung eines gemeinschaftlichen eigenhändigen Testaments ist die Verkörperung in einer Urkunde nur ein – wenn auch gewichtiges Indiz – für das Vorliegen des erforderlichen gemeinschaftlichen Testierwillens, wie umgekehrt derselbe auch ohne eine solche Zusammenfassung der Verfügungen in einer Urkunde möglich ist (zu Einzelheiten Vorbem 20 ff zu §§ 2265 ff).

## IV. Änderungen und Zusätze

Wollen beide Ehegatten das gemeinschaftliche Testament ändern oder ergänzen, 36
so muss dies ebenfalls von einem gemeinschaftlichen Willen zur Testamentsänderung getragen werden, weil dies nur mit Billigung beider Ehegatten möglich ist. Sie können ihr bisheriges Testament durch ein neues ganz ersetzen (§ 2258); aber auch nur einzelne Abänderungen vornehmen und sich dabei der Formerleichterung des § 2267 bedienen (ein Ehegatte nimmt handschriftlich die Änderung oder Ergänzung vor, beide unterschreiben dies) oder der normalen Form des § 2247 (ausdrückliches Niederschreiben der Änderung durch beide und beidseitige Unterschrift). Geschieht dies in der Form eines Zusatz nach dem früheren Testament, so entsteht dadurch ein **einheitliches neues gemeinschaftliches Testament** (BayObLG Rpfleger 1980, 283; FamRZ 1986, 392, 393; BayObLG FamRZ 1994, 191, 192 = DNotZ 1994, 791, 792 m Anm MUSIELAK). Nach hM können sie aber auch so verfahren, dass der eine Ehegatte mit vorherigem Einverständnis des anderen das ursprüngliche Testament ändert oder ergänzt, wenn nur die Änderung oder Ergänzung durch die ursprünglichen Unterschriften gedeckt wird (PALANDT-EDENHOFER RdNr 3; STAUDINGER-KANZLEITER RdNr 18; RGRK-BGB-JOHANNSEN RdNr 14; BAMBERGER-ROTH-LITZENBURGER RdNr 9; aM V LÜBTOW I 489; PLANCK-GREIFF Anm 8). Jedoch können hier später Beweisprobleme auftreten, ob das gegenseitige Einverständnis zur Änderung wirklich vorlag, weshalb dieses Verfahren nach Möglichkeit zu vermeiden ist (MünchKomm-MUSIELAK RdNr 24). Zusätze, die durch die ursprünglichen Unterschriften nicht mehr gedeckt sind (Nachträge), sind nur dann gültig, wenn sie von beiden Ehegatten eigens unterschrieben sind (RG DNotZ 1933, 67). Es empfiehlt sich, einen solchen Zusatz zu datieren (§ 2247 Abs 5), was insbesondere bei wiederholten Änderungen wichtig ist.

## V. Formmängel, Umdeutung

### 1. Gemeinschaftliches Testament nach § 2267

**37** Kein gemeinschaftliches Testament, sondern nur der **Entwurf** eines gemeinschaftlichen Testaments liegt vor, wenn dieses zwar wie geplant von einem Ehegatten eigenhändig niedergeschrieben und unterschrieben ist, die beabsichtigte Unterschrift des anderen aber unterblieb. Hier ist zwar die Form des § 2247 hinsichtlich der Verfügungen des schreibenden Ehegatten gewahrt. Die Zulässigkeit der **Umdeutung** (§ 140) in ein Einzeltestament von ihm hängt aber davon ab, ob er seine Erklärung nach seinem – notfalls durch Auslegung zu ermittelnden – Willen unabhängig davon gelten lassen will, ob die gegenläufige Erklärung des anderen wirksam ist (BGH NJW-RR 1987, 1410 = DNotZ 1988, 178; BayObLG FamRZ 1993, 1370; OLG Frankfurt FamRZ 1998, 1395; vgl bereits RGZ 116, 148, 149 f). Bei an sich als wechselbezüglich geplanten Verfügungen ist dies abzulehnen, wenn sich nicht durch Auslegung eine Beschränkung der Wechselbezüglichkeit ergibt (s § 2265 RdNr 13 f zur vergleichbaren Problematik bei Unwirksamkeit eines gemeinschaftlichen Testaments von Nichtehegatten). Denn im Allgemeinen spricht schon die Lebenserfahrung gegen die isolierte Geltung als Einzelverfügung; bei Ehegattenverfügungen iS von § 2269 steht der Aufrechterhaltung als Einzelverfügung zudem entgegen, dass eine testamentarische »Schlusserbfolge« überhaupt nur durch gemeinschaftliche Verfügung der Ehegatten getroffen werden kann (BayObLGZ 2000, 194, 196 = NJW-RR 2000, 1534; MünchKomm-MUSIELAK § 2265 RdNr 9). Die Auslegungsregel des § 2084 ist für die Beantwortung dieser Frage, ob ein Entwurf oder ein wirksames einseitiges Testament vorliegt, jedenfalls nicht anwendbar (BayObLGZ aaO; BayObLG NJW-RR 1992, 332, 333 = FamRZ 1992, 353, wo zudem zwei gleich datierte unterschiedliche Entwürfe vorlagen).

**38** Wenn ein gemeinschaftliches Testament aus einer Haupterklärung des einen Ehegatten und aus der Beitrittserklärung oder bloßen Unterschrift des anderen besteht (RdNr 19), so führt ein wesentlicher **Formfehler der Haupterklärung** zu ihrer Nichtigkeit (§ 125) und da die Beitrittserklärung oder Mitunterzeichnung keine selbständige Bedeutung haben kann, ist das ganze gemeinschaftliche Testament nichtig (PLANCK-GREIFF Anm 5; MünchKomm-MUSIELAK RdNr 24; PALANDT-EDENHOFER RdNr 4). Die eigenhändig geschriebene und unterschriebene Beitrittserklärung »Dies ist auch mein Testament und Wille« kann daher nicht in ein gültiges Einzeltestament umgedeutet werden (BayObLGZ 1968, 311), ihm fehlt das »rechtliche Fundament« (v LÜBTOW I 489). Liegt hingegen der **Formfehler** allein bei der **Beitrittserklärung** oder Mitunterzeichnung, so ist zunächst nur die letztwillige Verfügung des beitretenden Ehegatten nichtig; inwieweit dadurch auch die letztwillige Verfügung des errichtenden Ehegatten nichtig wird, richtet sich nach den gleichen Kriterien wie bei dem lediglich von einem Ehegatten unterschriebenen gemeinschaftlichen Testament (RdNr 37). Soweit die Haupterklärung nicht von der Nichtigkeit erfasst wird (keine Fehleridentität) und sie den Anforderungen des § 2247 entspricht, kann sie als einseitiges Testament aufrechterhalten werden (§ 140; RGZ 116, 148, 149 f).

**39** Zur einzuhaltenden **Reihenfolge** zwischen Abfassung der Haupterklärung und der Unterschrift des beitretenden Ehegatten (keine »Blankounterschrift«) s RdNr 24. Zur möglichen Kombination der Errichtungsformen des gemeinschaftlichen eigenhändigen Testaments s RdNr 29 ff.

## 2. Zwei Haupterklärungen

Besteht ein gemeinschaftliches Testament aus zwei Haupterklärungen (vgl SCHLÜ- **40** TER RdNr 335) und leidet eine von ihnen an einem wesentlichen Formfehler, so ist zunächst nur die mangelhafte Haupterklärung nichtig; ob auch die andere Haupterklärung nichtig ist oder ob sie in ein einseitiges Testament umgedeutet werden kann, ist wiederum nach § 2270 oder §§ 2085, 140 zu beurteilen (vgl KG DFG 1943, 53; V LÜBTOW I 489 f; VOGELS-SEYBOLD § 28 TestG, RdNr 12).

## 3. Fehlender Errichtungszusammenhang

Wenn die letztwilligen Verfügungen zweier Eheleute nur deswegen nicht als ge- **41** meinschaftliches Testament anerkannt werden können, weil es an der erforderlichen Gemeinschaftlichkeit der Erklärung oder des Willens fehlt (Vorbem 20 ff zu §§ 2265 ff), so können sie doch, wenn sie den Vorschriften des § 2247 entsprechen, zwei selbständige Einzeltestamente darstellen (OLG München JFG 18, 8).

## VI. Vernichtung eines gemeinschaftlichen Testaments

Über die rechtliche Bedeutung der Vernichtung eines gemeinschaftlichen Testa- **42** ments durch den Erblasser oder einen Dritten s § 2255 und § 2271 RdNr 2, 24.

## VII. Feststellungslast

Derjenige, der Rechte aus einem eigenhändigen Testament herleiten will, trägt **43** die materielle Feststellungs- und Beweislast dafür, dass die betreffende **Verfügung wirksam** ist, insbesondere der erforderliche Testierwille vorhanden ist und die Unterschrift wirklich von dem betreffenden Erblasser herrührt (BayObLG ZEV 1997, 259, 260) und die von § 2267 vorausgesetzte Reihenfolge eingehalten wurde (OLG Hamm OLGZ 1993, 141 = NJW-RR 1993, 269). Dies ist unter Heranziehung aller erheblichen Beweismittel zu beurteilen (BayObLG aaO). Es spricht jedoch eine tatsächliche Vermutung dafür, dass die Unterschriften unter dem Testament, das seinem äußerem Erscheinungsbild nach den Formerfordernissen des § 2267 S 1 entspricht, in der gesetzlich vorgeschriebenen Reihenfolge geleistet wurden (OLG Hamm aaO; BAUMGÄRTEL-SCHMITZ RdNr 2). Die materielle Beweislast für den **wirksamen Widerruf** eines gemeinschaftlichen Testaments trifft denjenigen, der sich auf die einvernehmliche Vernichtung der nicht mehr vorhandenen Urkunde durch die Ehegatten beruft, jedoch dürfen die Anforderungen hieran nicht überspannt werden (BayObLG MDR 1981, 933).

## § 2268 Wirkung der Ehenichtigkeit oder -auflösung

(1) Ein gemeinschaftliches Testament ist in den Fällen des § 2077 seinem ganzen Inhalt nach unwirksam.

(2) Wird die Ehe vor dem Tode eines der Ehegatten aufgelöst oder liegen die Voraussetzungen des § 2077 Abs 1 Satz 2 oder 3 vor, so bleiben die Verfügungen insoweit wirksam, als anzunehmen ist, dass sie auch für diesen Fall getroffen sein würden.

Übersicht

| | | |
|---|---|---|
| I. | Allgemeines | 1 |
| | 1. Die Bedeutung der Ehe und Lebenspartnerschaft für die Testamentserrichtung | 1 |
| | 2. Verhältnis zu § 2077 | 2 |
| | 3. Rechtsnatur | 3 |
| II. | Aufhebung und Auflösung der Ehe, Scheidungsantrag | 4 |
| | 1. Aufhebung der Ehe (§§ 1313 ff), Nichtehe | 4 |
| | 2. Auflösung der Ehe und Aufhebung der Lebenspartnerschaft | 7 |
| | 3. Aufrechterhaltungswille | 8 |
| |    a) Voraussetzung | 9 |
| |    b) Einzelfälle | 11 |
| |    c) Rechtsfolgen | 12 |
| |    d) Wiederverheiratung | 13 |
| III. | Tod eines Ehegatten während des Scheidungsverfahrens | 14 |
| IV. | Prozessuales, Feststellungslast | 15 |
| V. | Gestaltungshinweise | 16 |

## I. Allgemeines

### 1. Die Bedeutung der Ehe und Lebenspartnerschaft für die Testamentserrichtung

**1** Der Bestand der Ehe ist bei der Errichtung eines gemeinschaftlichen Testaments zum einen Verfügungsgrund für die darin getroffenen Regelungen. Insoweit enthält § 2268 eine **Irrtumsregelung** für den Fall, dass dabei zu Unrecht vom Bestand oder Fortbestand der Ehe ausgegangen wurde (subjektive Bestandsabhängigkeit). In einem solchen Fall wäre zwar idR auch eine Anfechtung wegen Motivirrtums nach § 2078 Abs 2 möglich, das Gesetz erspart aber dem Erblasser bzw dem Nächstberufenen die förmliche Anfechtung und den Nachweis der Kausalität des Irrtums zu der errichteten Verfügung von Todes wegen, da beides in solchen Fällen evident ist oder zumindest der allgemeinen Lebenserfahrung entspricht (KUCHINKE DNotZ 1996, 308; vgl auch OLG Hamm OLGZ 1992, 272, 273). Zum anderen ist aber das Bestehen der Ehe überhaupt erst der Grund für die Zulassung des gemeinschaftlichen Testaments mit den damit verbundenen »Privilegien« der Formerleichterung und der Schaffung der Wechselbezüglichkeit der Verfügungen (strukturelle Bestandsabhängigkeit; Prot V 447; dazu Vorbem 1 ff zu §§ 2265 ff).

§ 2268 gilt für die eingetragene Lebenspartnerschaft bei Aufhebung ihrer Lebenspartnerschaft (§ 15 LPartG) entsprechend (§ 10 Abs 4 S 2 LPartG), ebenso der § 2077 Abs 1 und 3 (§ 10 Abs 5 LPartG, s dazu auch § 2279 RdNr 13 f).

### 2. Verhältnis zu § 2077

**2** Diese Vorschrift bestimmt, dass der Irrtum über den Bestand der Ehe grundsätzlich zur Unwirksamkeit der zugunsten des anderen Ehegatten getroffenen Verfügungen von Todes führt. § 2268 knüpft an die dort genannten **Beseitigungsfälle** an, geht aber hinsichtlich seiner **Rechtsfolge** insoweit darüber hinaus, als er die dort angeordneten Wirkungen auf alle in einem gemeinschaftlichen Testament getroffenen Verfügungen erstreckt, also auch auf solche, mit der Dritte bedacht werden (STAUDINGER-OTTE § 2077 RdNr 27; übersehen von OLG Hamm OLGZ 1994, 326 = ZEV 1994, 367 m krit Anm J MAYER für die Parallelvorschrift des § 2279 Abs 2 beim Erbvertrag). § 2268 ist aber auch hinsichtlich der **Tatbestandsvoraussetzungen** weiter: seinem Normzweck und seiner Entstehungsgeschichte nach greift er auch dann ein, wenn in dem gemeinschaftlichen Testament **nur Dritte** bedacht wurden, auch wenn dies bei rein wörtlicher Auslegung zweifelhaft sein könnte, da § 2077 voraussetzt, dass wenigstens einem Ehegatten vom anderen etwas zugewendet wird. Vielmehr sind mit der Wendung des § 2268 »den Fällen des § 2077« nur die dort genannten Ehebeseitigungsfälle gemeint (BayObLGZ 1993, 240 = FamRZ 1994, 193; MünchKomm-MUSIELAK RdNr 4; MUSCHELER DNotZ 1994, 733, 734 f). § 2268 Abs 1 ist gegenüber § 2077 bezüglich des gesamten Inhalts des gemeinschaftlichen Testaments »lex specialis« und gilt nicht etwa nur bezüglich der nicht wechselbezüglichen Verfügungen, während die wechselbezüglichen nach §§ 2077, 2270 Abs 1 zu beurteilen wären (so richtig MUSCHELER DNotZ 1994, 733, 735 f; anders offenbar OLG Hamm OLGZ 1992, 272, 278).

### 3. Rechtsnatur

Bei § 2268 Abs 1 handelt es sich nicht um eine gesetzliche Auslegungsregel (so aber BayObLGZ 1993, 240, 246; BayObLG FamRZ 1993, 362; NJW 1996, 133; OLG Hamm OLGZ 1992, 272, 274; MünchKomm-MUSIELAK RdNr 2; EBENROTH RdNr 218; zu § 2077 BGH FamRZ 1960, 28, 29), da es nicht um die Klarstellung einer mehrdeutigen Erklärung geht, sondern um einen **dispositiven Rechtssatz** (MUSCHELER DNotZ 1994, 733, 736; PALANDT-EDENHOFER RdNr 1; FOER AcP 153, 492, 512; zu § 2077: V LÜBTOW I 293; KIPP-COING § 23 V 4). Hierfür spricht auch, dass die Unwirksamkeit der Verfügung von Todes wegen nicht nur auf dem typischerweise hier anzunehmenden Erblasserwillen beruht (subjektiver Grund für die Bestandsabhängigkeit), sondern auch auf dem »strukturellen« Umstand, dass mit Wegfall der Ehe oder Lebenspartnerschaft auch die Gründe für die Zulassung des gemeinschaftlichen Testaments entfallen (MUSCHELER aaO). Dadurch wird auch das vom Gesetzgeber intendierte **Regel-/Ausnahmeverhältnis** deutlicher: Die Bestandsabhängigkeit von Ehe und Verfügung von Todes wegen ist die Regel, die Aufrechterhaltung der letztwilligen Verfügung nach § 2268 Abs 2 über die Ehe hinaus die Ausnahme (MUSCHELER aaO). 3

## II. Aufhebung und Auflösung der Ehe, Scheidungsantrag

### 1. Aufhebung der Ehe (§§ 1313 ff), Nichtehe

Bis zum 1. 7. 1998 konnte eine Ehe durch gerichtliches Urteil für nichtig erklärt (§§ 16 ff EheG) oder aufgehoben werden (§§ 28 ff EheG). Das Eheschließungsrechtsgesetz vom 4. 5. 1998 (BGBl I 833) hat nunmehr das EheG aufgehoben. Es gibt jetzt nur noch die Aufhebung der Ehe nach den §§ 1313 ff BGB. § 2077 wurde dabei redaktionell neu gefasst (Art 1 Nr 14 EheschlRG), nicht aber § 2268, sodass sich keine sachliche Änderung ergab. Mit der Aufhebung der Ehe durch gerichtliches Urteil wird diese aufgelöst (§ 1313 S 2 BGB nF). Die Verfügungen von Todes wegen bleiben jedoch wirksam, wenn ein entsprechender Aufrechterhaltungswille vorliegt (§ 2268 Abs 2): Die nach altem Recht erforderliche Unterscheidung, ob die Ehe für nichtig erklärt wurde (hier galt § 2268 Abs 2 nicht) oder aufgehoben wurde (hier konnte Abs 2 eingreifen) entfällt; die Eheaufhebung nach neuem Recht wirkt zudem ex nunc (HEPTING FamRZ 1998, 713, 727), sodass sich auch aus § 2265 nichts anderes ergibt. 4

5 Wenn Personen, die eine sog **Nichtehe** geschlossen haben, also etwa nicht vor einem Standesbeamten heiraten, ein gemeinschaftliches Testament errichten, so ist dieses schon nach § 2265 grundsätzlich nichtig, weil es hier nicht darauf ankommt, ob die Ehe vom Gericht formlich aufgehoben worden ist (PALANDT-DIEDERICHSEN Einf § 1313 RdNr 2; s auch § 2265 RdNr 4).

6 Ist das gemeinschaftliche Testament als solches unwirksam, stellt sich die Frage, ob etwa die Verfügungen des einen oder anderen Ehegatten als einseitiges Testament aufrechterhalten werden können. Dies ist ähnlich wie beim gemeinschaftlichen Testament von Nichtehegatten zu beantworten, sodass man die diesbezüglich entwickelten Grundzüge (§§ 2265 RdNr 7 ff) entsprechend anwenden kann. Daraus ergibt sich, dass eine **Umdeutung** nach § 140 bei einseitigen Verfügungen in Betracht kommt, aber auch bei wechselbezüglichen Verfügungen möglich sein kann (vgl bei § 2265 RdNr 8 ff mw Nachw), zumal ein Umdeutungsverbot dem § 2268 Abs 1 nicht entnommen werden darf (KANZLEITER DNotZ 1973, 141; STAUDINGER-KANZLEITER RdNr 5; EBENROTH RdNr 218; SCHLÜTER RdNr 329; LANGE-KUCHINKE § 24 I 5; aM LUTTER FamRZ 1969, 273, 274 f; GROSSRAU NJW 1947/48, 365, 366). Teilweise wird die Umdeutung nur hinsichtlich der Verfügungen zugelassen, die einen **Dritten begünstigen** und mit der Ehe nichts zu tun haben (OLG Frankfurt DNotZ 1988, 181, 182; PALANDT-EDENHOFER RdNr 1). Eine solch generelle Einschränkung ist abzulehnen, jedoch ist im Rahmen der bei § 140 erforderlichen Prüfung des mutmaßlichen Willens des Beteiligten, ob die Umdeutung seinem Willen entspricht, auf diesen Gesichtspunkt besonders Wert zu legen. Zu beachten ist weiter, dass bei der Umdeutung die betroffene Verfügung den Formerfordernissen des Einzeltestaments genügen muss (MUSCHELER DNotZ 1994, 741), weshalb eine Umdeutung hinsichtlich des Ehegatten nicht möglich ist, der in einem eigenhändigen Testament aufgrund der Formerleichterung des § 2267 nur eine Beitrittserklärung abgegeben hat.

### 2. Auflösung der Ehe und Aufhebung der Lebenspartnerschaft

7 Die Scheidung (§ 1564 S 2) oder Aufhebung der Ehe (nach den §§ 1313 ff BGB nF) der beiden Testatoren bewirkt gleichfalls in der Regel die Unwirksamkeit des gemeinschaftlichen Testaments (§§ 2268 Abs 1, 2077). Der Scheidung der Ehe steht es gleich, wenn ein Ehegatte, nachdem der andere für tot erklärt worden ist, eine neue Ehe eingeht und zumindest einer der Ehegatten der neuen Ehe gutgläubig ist (§ 1319 Abs 2). Der Ehescheidung entspricht bei der eingetragenen Lebenspartnerschaft deren Aufhebung durch gerichtliches Urteil (§ 15 LPartG; zu den Rechtsfragen der sog. Entpartnerung KAISER FamRZ 2002, 866).

### 3. Aufrechterhaltungswille

8 Aber hier gilt – ebenso wie bei Tod eines Ehegatten während des Scheidungsverfahrens (§ 2077 Abs 1 S 2, 3) – die Ausnahme des § 2268 Abs 2: Die Verfügungen im gemeinschaftlichen Testament bleiben insoweit wirksam, als anzunehmen ist, dass sie auch für den Fall der Scheidung, der Aufhebung der Ehe oder der gleichgestellten Fälle getroffen worden wären, also ein sog **Aufrechterhaltungswille** vorliegt. Abs 2 hat eine doppelte Bedeutung (MUSCHELER DNotZ 1994, 733, 737): Diese Vorschrift erlaubt ausdrücklich von der (insoweit dispositiven) Vorschrift des Abs 1 abzuweichen und erklärt sogar die ergänzende Testamentsauslegung für die Ermittlung des Aufrechterhaltungswillens für anwendbar.

#### a) Voraussetzung

9 Maßgebend für das Vorliegen eines solchen Fortgeltungswillens über den Be-

stand der Ehe hinaus ist der tatsächliche oder, falls ein solcher nicht festgestellt werden kann, der hypothetische **Wille im Zeitpunkt der Testamentserrichtung** (BGH FamRZ 1970, 28; BayObLGZ 1993, 240, 246; MünchKomm-MUSIELAK RdNr 8). Die Maßgeblichkeit des Errichtungsakts auch für die Berücksichtigung des hypothetischen Erblasserwillens rechtfertigt sich schon aus Gründen der Rechtssicherheit, und weil die förmlich errichtete Verfügung von Todes wegen die Grundlage für die Willensauslegung ist (KUCHINKE DNotZ 1996, 307). Ein später geäußerter realer Wille kann demnach nur als ein Anhaltspunkt für den bereits bei der Testamentserrichtung vorhanden gewesenen angesehen werden (BayObLG NJW 1996, 133, 134 = ZEV 1995, 331 = DNotZ 1996, 302, 304; BayObLG FamRZ 1993, 362, 363; BGH FamRZ 1961, 364, 366 zu § 2077), wenngleich diesem gewichtige Bedeutung zukommt (KUCHINKE aaO). Liegen der Verfügung mehrere Überlegungen zugrunde (**Motivbündel**), so muss ausgeschlossen sein, dass die Erwartung über den Fortbestand der Ehe neben den anderen Beweggründen sich zumindest wesentlich mitbestimmend auf die getroffene Entschließung ausgewirkt hat (OLG Hamm OLGZ 1992, 272, 277). Bei der Feststellung des Aufrechterhaltungswillens ist zu unterscheiden: Bei **nicht wechselbezüglichen Verfügungen** kommt es für die Frage des Wirksambleibens allein auf den wirklichen oder notfalls hypothetischen Willen des jeweils verfügenden Ehegatten an. Es kann daher hier die Verfügung des einen Ehegatten wirksam, die des anderen unwirksam werden (MUSCHELER DNotZ 1994, 733, 740; PALANDT-EDENHOFER RdNr 2; SOERGEL-M WOLF RdNr 3; die Fälle von BayObLGZ 1993, 240, 246; BayObLG NJW 1996, 133 betrafen wechselbezügliche Verfügungen, sodass hieraus nichts Gegenteiliges abgeleitet werden kann). Da das gemeinschaftliche Testament, soweit der Fortgeltungswille reicht, wirksam bleibt, ist es – anders als bei der Umdeutung (s RdNr 5) – unerheblich, ob der aufrechterhaltungswillige Ehegatte für seine Verfügung die Formerfordernisse des gemeinschaftlichen Testaments eingehalten oder aber in Ausübung der Formerleichterung des § 2267 S 1 die Erklärung des anderen nur mitunterzeichnet hat (MUSCHELER aaO; SOERGEL-M WOLF aaO; KANZLEITER DNotZ 1973, 133, 141 f).

Bei **wechselbezüglichen Verfügungen** kommt es nicht nur auf den Willen des Ehegatten an, dessen Verfügung zu beurteilen ist. Daher ist zu prüfen, ob das durch die Willensauslegung des betreffenden Ehegatten gewonnene Ergebnis auch dem Willen des anderen Ehegatten entsprochen hat (BayObLGZ 1993, 240, 246; BayObLG NJW 1996, 133 je unter Bezug auf die allgemein zur Auslegung ergangene Entscheidung BGH NJW 1993, 256). Die wechselbezüglichen Verfügungen bleiben demnach wirksam, wenn beide Ehegatten sie auch für den Fall der Eheauflösung aufrechterhalten wollten. Widersprechen sich jedoch die Absichten der Ehegatten, so wird grundsätzlich die Verfügung des aufrechterhaltungswilligen Ehegatten nach § 2270 Abs 1 unwirksam, denn die Ehegatten wollten ja gerade die Wirksamkeitsabhängigkeit ihrer beiderseitigen Verfügungen (SOERGEL-M WOLF RdNr 3). Anders liegt es, wenn der aufrechterhaltungswillige Ehegatte seine Verfügung ohne Rücksicht auf den anders lautenden Willen seines Ehepartners wirksam lassen will, also die Wechselbezüglichkeit partiell, dh für diese Fallkonstellation, einschränken will (MUSCHELER 741), wogegen keine grundsätzlichen Bedenken bestehen (zur Möglichkeit der Wirkungsbeschränkung und einseitiger Abhängigkeit s § 2270 RdNr 17 ff). Der Umweg über eine Umdeutung in ein einseitiges Testament ist hier daher nicht erforderlich (dafür aber MünchKomm-MUSIELAK RdNr 8; ERMAN-M SCHMIDT RdNr 3), was in den Fällen des § 2267 große praktische Bedeutung hat, wenn der aufrechterhaltungswillige Ehegatte die Formerfordernisse des einseitigen Testaments nicht erfüllt. Abgesehen von diesen Sonderfällen der »**partiell einseitigen Wechselbezüglichkeit**« (MUSCHELER aaO), wird die Wechselbezüglichkeit der Verfügungen als ein Indiz gegen einen Aufrechterhaltungswillen anzusehen sein (OLG Hamm OLGZ

1992, 272, 276; BayObLGZ 1993, 240, 246; OLG Frankfurt Rpfleger 1978, 412; PALANDT-EDENHOFER RdNr 2; STAUDINGER-KANZLEITER RdNr 10; BGB-RGRK-JOHANNSEN RdNr 2 [regelmäßig ausgeschlossen]). Denn es entspricht der Lebenserfahrung, dass Ehegatten den Fortbestand ihrer Verfügungen an das Weiterbestehen der Ehe geknüpft haben. Etwas anderes kann sich aber aus der Person des Bedachten ergeben, insbesondere wenn es sich um gemeinschaftliche Kinder handelt; hier ist ein Fortgeltungswille eher anzunehmen (MünchKomm-MUSIELAK RdNr 8; DIETERLE BWNotZ 1970, 170, 171; LANGE-KUCHINKE § 24 I 6 Fn 24). Dabei können für die Auslegung auch Umstände herangezogen werden, die außerhalb des Testaments liegen (PLANCK-GREIFF Abs 3; STAUDINGER-KANZLEITER RdNr 10).

### b) Einzelfälle

**11** Dementsprechend scheint sich in der Rechtsprechung eine Tendenz durchzusetzen, dass von einem Aufrechterhaltungswillen dann auszugehen ist, wenn zu dem als Erben bedachten Dritten eine besondere Beziehung besteht, insbesondere wenn eine sofortige (wenigstens teilweise) Erbeinsetzung der Kinder angeordnet ist (PALANDT-EDENHOFER RdNr 2; vgl auch Gutachten DNotI-Report 1997, 184; eingehend zu dieser Rspr J MAYER ZEV 1997, 280 f; zu weitreichend BAMBERGER-ROTH-LITZENBURGER RdNr 5: Aufrechterhaltungswille insb, wenn gemeinsame oder eigene [!] Abkömmlinge bedacht werden). So wurde der Aufrechterhaltungswille bejaht bei OLG Stuttgart (OLGZ 1976, 17), als durch Ehegattenerbvertrag entsprechend der gesetzlichen Erbfolge sogleich beim Tod des Erstversterbenden die gemeinschaftlichen Abkömmlinge zu Erben berufen waren. Dies erscheint insofern problematisch, als die getroffene Erbeinsetzung sich auch nur als unabhängige, nicht selbständige Verweisung auf die gesetzliche Erbfolge hätte verstehen lassen. Im Fall von BayObLGZ 1993, 240 waren im gemeinschaftlichen Testament von jedem Ehegatten für den Fall seines Todes sofort die Kinder zu Erben berufen worden. Obgleich hier eine Wechselbezüglichkeit der Verfügungen bejaht wurde, wurde der Wille der Ehegatten angenommen, dass die getroffenen Verfügungen über das Scheitern der Ehe hinaus Bestand haben sollten, da es die Absicht beider Ehepartner gewesen sei, das gemeinschaftlich erworbene Vermögen allein ihren Kindern zukommen zu lassen. Bei OLG Brandenburg (OLG-Rp Brandenburg 1995, 138) wurde die besondere Absicherungsabsicht zugunsten der gemeinsamen Kinder, die auch für den Aufrechterhaltungswillen spricht, darin deutlich, dass diese bereits nach dem Tod des erstversterbenden Ehegatten als Nacherbe eingesetzt wurden, der Vorerbe zudem von keinerlei Beschränkungen befreit war. Bei BayObLG NJW 1996, 133 lag demgegenüber sogar nur eine Schlusserbeneinsetzung einer vorehelichen Tochter der Ehefrau vor, deren Fortgeltung aber über die Scheidung hinaus das Gericht wegen der späteren Wiederverehelichung der Ehegatten im Wege der ergänzenden Auslegung bejahte (s dazu RdNr 13). Vorsichtiger aber OLG Hamm OLGZ 1994, 326, 329 = ZEV 1994, 367 bei vorrangiger gegenseitiger Erbeinsetzung der Ehegatten im Erbvertrag und Schlusserbeneinsetzung der gemeinsamen Tochter: Hier betonte das OLG, dass der Tochter lediglich eine vom Längerlebenden abhängige Rechtsposition eingeräumt wurde, konnte sich aber doch nicht dazu durchringen, dass diese mit der Scheidung automatisch wegfalle. Vielmehr entfalle mit der Scheidung nur »der Wille zur vertraglichen Bindung«. Demgegenüber konnte OLG Hamm OLGZ 1992, 272 im Falle einer Schlusserbeneinsetzung eines Verwandten der erstverstorbenen Ehefrau keinen über die Scheidung hinaus fortdauernden Aufrechterhaltungswillen feststellen. Aber bereits die formale Ausgestaltung der Verfügung von Todes wegen kann auf ihre Bestandsabhängigkeit zur Ehe hindeuten, etwa wenn es heißt, dass der »überlebende Ehegatte« Erbe des Erstversterbenden sein soll (BayObLG NJW-RR 1997, 7, 9 = FamRZ 1997, 123 zu einem Ehegattenerbvertrag). Ein Fortgeltungswille kommt auch in Betracht, wenn die Verfügung zur Ehe keinen Bezug hat; bei gegenseitigen Verfügungen und solchen zugunsten einseitiger Verwandter wird er eher ausgeschlossen sein (STAUDINGER-KANZLEITER RdNr 10). Strenger aber OLG Zweibrücken (NJW-RR 1998, 941, 942 = FamRZ 1998, 1540): Für einen Aufrechterhaltungswillen bedürfe es des Vorliegens besonderer Umstände.

### c) Rechtsfolgen

Mit der Feststellung, dass die zunächst wechselbezüglichen Verfügungen nach Abs 2 auch nach der Eheauflösung wirksam bleiben, ist noch nichts darüber gesagt, ob diese danach auch weiterhin wechselbezüglich iS von §§ 2270, 2271 bleiben (wovon BayObLGZ 1993, 240; BayObLG NJW 1996, 133 stillschweigend ausgehen) oder nur als einseitige, und damit frei widerrufliche weitergelten. Die Auslegung hat sich auf alle Fälle auch hierauf zu erstrecken (PALANDT-EDENHOFER RdNr 2). Das Gesetz jedenfalls regelt diese Frage nicht, in § 2268 Abs 2 geht es allein um die weitere Wirksamkeit der getroffenen Verfügungen (KUCHINKE DNotZ 1996, 310). Ist aber der Bestand der Ehe erst der Grund für die Zulassung des gemeinschaftlichen Testaments, so ist es zwar aus Gründen der Rechtssicherheit geboten, das damit verbundene Formprivileg für das bereits vorher errichtete gemeinschaftliche Testament auch nach der Ehescheidung fortgelten zu lassen. Für die Weitergeltung des anderen damit eingeräumten Privilegs, das der Wechselbezüglichkeit und der daraus resultierenden Bindung (s RdNr 1), besteht aber kein zwingender Grund, zumal für eine soweit reichende Bindungswirkung an sich das Rechtsinstitut des Erbvertrags zur Verfügung steht. Gewährt das Gesetz somit diese besondere Verknüpfungsform nur mit Rücksicht auf die eheliche Lebensgemeinschaft, so können die Ehegatten diese aber auch nicht über deren Zeit hinaus aufrechterhalten. Es ist daher davon auszugehen, dass zwingend **jede Wechselbezüglichkeit** mit der Eheauflösung **entfällt** und die Verfügungen insbesondere frei widerruflich sind (MUSCHELER DNotZ 1994, 733, 742 f unter Hinw auf die Entstehungsgeschichte; KUCHINKE DNotZ 1996, 310 f; STAUDINGER-KANZLEITER RdNr 11). OLG Hamm OLGZ 1994, 326, 329 nimmt dies sogar beim Ehegattenerbvertrag an, der seiner Struktur nach stärker bindungsfähig ist.

### d) Wiederverheiratung

Ein gemeinschaftliches Testament, das durch die rechtskräftige Scheidung der Ehe der Testatoren unwirksam geworden ist, lebt nicht wieder automatisch auf, wenn die Erblasser einander wieder heiraten. Denn auch bereits vor dem Eintritt des ersten Erbfalls entfaltet es durch die Beschränkung der Testierfreiheit Wirkungen (§ 2271 Abs 1 S 2) und durch die Wiederheirat wird nicht die alte Ehe wieder hergestellt, sondern eine neue geschlossen (BayObLG NJW 1996, 133 = ZEV 1995, 331 = DNotZ 1996, 302 m krit Anm KUCHINKE; KG FamRZ 1968, 217, 218; SOERGEL-M WOLF RdNr 5, RGRK-BGB-JOHANNSEN RdNr 2; STAUDINGER-KANZLEITER RdNr 7; nunmehr auch PALANDT-EDENHOFER RdNr 2; aM FROER AcP 153, 492, 510; KEUK, Der Erblasserwille post testamentum und die Auslegung des Testaments [1965] 53 f). Die Fortgeltung der darin enthaltenen Verfügungen über die Scheidung hinaus kann jedoch im Einzelfall dem durch Auslegung zu ermittelnden wirklichen oder hypothetischem Willen der Ehegatten im Zeitpunkt der Testamentserrichtung entsprochen haben (BayObLG aaO). Neben der individuellen Auslegung ergibt sich dies schon aus folgender Überlegung: Die Kriterien, die für die grundsätzliche Bestandsabhängigkeit des gemeinschaftlichen Testaments von der Ehe sprechen (RdNr 1), gebieten im Falle der Wiederverheiratung eine Annahme der Fortgeltung des gemeinschaftlichen Testaments: Beim Tod des ersten Ehegatten besteht ja eine Ehe, sodass die strukturellen Voraussetzungen für das gemeinschaftliche Testament erfüllt sind; auch liegt deswegen kein

Irrtum iS einer irrigen Annahme des Fortbestehens der Ehe vor: die Beteiligten werden ihre erste und zweite Ehe immer als »ihre Ehe« ganzheitlich betrachten. KUCHINKE (DNotZ 1996, 306, 308) kritisiert an der Entscheidung des BayObLG, dass bei der Prüfung des Fortgeltungswillens nach dem mutmaßlichen Willen der Ehegatten nicht nur auf den Umstand der Wiederverheiratung hätte abgestellt werden dürfen. Auch *andere Ereignisse* im zeitlichen Ablauf der Erblasserentscheidung hätten diesen beeinflussen können und wären damit zu berücksichtigen gewesen, insbesondere das später eingetretene Zerwürfnis mit den Schlusserben. Dies sind allerdings keine Fragen des § 2268, der nur die Irrtumsproblematik betrifft, dass die Beteiligten bei Testamentserrichtung vom Ehefortbestand ausgingen. Die von KUCHINKE angesprochenen anderen Umstände sind solche, die über eine Anfechtung nach § 2078 Abs 2 zur Geltung gebracht werden müssen.

### III. Tod eines Ehegatten während des Scheidungsverfahrens

**14** Durch die Neufassung der §§ 2077, 2268 durch das 1. EheRG v 14. 6. 1976 wird ein gemeinschaftliches Testament dann unwirksam, wenn der verstorbene Ehegatte die Scheidung der Ehe beantragt oder ihr zugestimmt oder auch begründete Aufhebungsklage erhoben hatte. Dies gilt nach dem Gesetzeswortlaut jedoch nicht, wenn der Ehegatte, gegen den der Scheidungsantrag gestellt ist, der Ehescheidung nicht zugestimmt hat und dieser zuerst verstirbt. Für diesen Fall sind die §§ 2077, 2268 Abs 1 nicht anwendbar (BayObLG FamRZ 1990, 322; LANGE-KUCHINKE § 24 I 6; STAUDINGER-KANZLEITER RdNr 8; PALANDT-EDENHOFER RdNr 3). Das Gesetz enthält hier eine Regelungslücke, die nicht nur »schwer verständlich« ist (BENGEL ZEV 1994, 360), sondern auch eine Ungleichbehandlung darstellt: Die den überlebenden Ehegatten begünstigende Zuwendung wird nicht unwirksam, sodass der Scheidungsantragsteller etwas erhält, obgleich er uU gegen den erklärten Willen des Verstorbenen die Scheidung betreiben wollte. Daher mehren sich die Stimmen für eine analoge Anwendung des § 2077, da die Eheauflösung nur durch den von niemand zu beeinflussenden plötzlichen Tod verhindert wurde (MünchKomm-MUSIELAK RdNr 13; STAUDINGER-OTTE § 2077 RdNr 15; EBENROTH RdNr 218; SCHLÜTER RdNr 329; verfassungsrechtliche Bedenken bei ZOPFS ZEV 1995, 309, für den einseitigen Erbrechtsausschluss offen lassend BVerfG ZEV 1995, 183). Auch wenn eine Analogie am klaren Gesetzeswortlaut scheitert, so kann gleichwohl die Auslegung oder Anfechtung (§ 2078) zur ganzen oder teilweisen Unwirksamkeit des gesamten gemeinschaftlichen Testaments in solchen Fällen führen (vgl auch MUSCHELER DNotZ 1994, 735 Fn 4; PALANDT-EDENHOFER aaO). IdR wird hier § 2078 Abs 2 einschlägig sein (irrige Erwartung des Fortbestandes der Ehe; Zuwendung unter der Voraussetzung, dass die Ehe nicht zerrüttet wird; vgl RdNr 1 und BATTES FamRZ 1977, 433; *ders*, JZ 1978, 733). Die Anfechtung nach § 2078 kann auch dann bereits begründet sein, wenn die Ehegatten in zerrütteter Ehe getrennt leben, jedoch der Scheidungsantrag noch nicht gestellt worden ist (STAUDINGER-KANZLEITER RdNr 8).

### IV. Prozessuales, Feststellungslast

**15** Die Frage, ob die Voraussetzungen für die Unwirksamkeit des gemeinschaftlichen Testaments erfüllt sind, ist als Vorfrage in einem Rechtsstreit über das Erbrecht vom Prozessgericht zu entscheiden oder vom Nachlassgericht im Erbscheinsverfahren (BayObLG JFG 6, 169; MünchKomm-MUSIELAK RdNr 16; STAUDINGER-KANZLEITER RdNr 9).

Auch eine Klage auf Feststellung der Wirksamkeit oder Unwirksamkeit des gemeinschaftlichen Testaments ist zulässig (MünchKomm-MUSIELAK RdNr 16). Kann vom Richter nicht festgestellt werden, welchen (tatsächlichen oder mutmaßlichen) Willen der (oder die) Erblasser bei der Testamentserrichtung gehabt haben, dann ist nach der Auslegungsregel des § 2268 und dem dort vorgegebenen Regel-/Ausnahmeverhältnis die Unwirksamkeit der letztwilligen Verfügung anzunehmen; die *materielle Feststellungslast* trägt somit die Partei, die sich auf die Gültigkeit des Testaments und damit auf den Aufrechterhaltungswillen beruft (OLG Hamm OLGZ 1992, 272, 278 mwNachw; BAUMGÄRTEL-SCHMITZ RdNr 1; MünchKomm-MUSIELAK RdNr 9; RGRK-BGB-JOHANNSEN RdNr 3; EBENROTH RdNr 218).

## V. Gestaltungshinweise

§ 2268 Abs 1 ist nur ein dispositiver Rechtssatz oder nach hM eine Auslegungsregel (s RdNr 3), die eben nur dann zur Anwendung kommt, wenn kein anderer (wirklicher oder wenigstens mutmaßlicher) Erblasserwille festgestellt werden kann. Infolge des Vorrangs der individuellen Auslegung darf bei einer Abfassung eines gemeinschaftlichen Testaments nicht darauf vertraut werden, dass die Unwirksamkeitsfolge des §§ 2268, 2077 Abs 1 bei jeder vorzeitigen Eheauflösung tatsächlich auch eingreift; die Tendenz der Rechtsprechung geht zumindest für die Verfügungen von Todes wegen, die eine sofortige Erbeinsetzung der gemeinschaftlichen Kinder enthalten, in eine andere Richtung (s RdNr 11). Daraus ergibt sich ein Regelungsbedarf: Die Bestandsabhängigkeit oder Unabhängigkeit der getroffenen Verfügungen von Todes wegen sollte daher vorsorglich ausdrücklich geregelt werden (BASTY MittBayNot 2000, 73, 79). Dies ist keine leichte Aufgabe, da sich vorausschauend der mutmaßliche Wille der Ehegatten, wie sie im Scheidungsfall den Fortbestand ihrer Verfügungen wollen, kaum vorhersehen lässt (KLUMPP ZEV 1995, 150). Aus Gründen der Rechtssicherheit wird man aber tendenziell die Empfehlung geben können, »in dubio« für den Scheidungsfall die Unwirksamkeit anzuordnen. Zu Formulierungsvorschlägen und Fallgruppenbildung J MAYER ZEV 1997, 280; vgl auch FRENZ ZNotP 2000, 104 f; NIEDER, Handbuch RdNr 852 ff sowie oben System Teil D RdNr 12. Wer sich aber für den Fortbestand über die nicht todesbedingte Eheauflösung hinaus entscheidet, sollte hinsichtlich der Rechtsfolgen vorsorglich regeln, dass die Verfügungen dann nur noch als einseitige, nicht bindende fortbestehen, da idR nur dies dem Willen der Beteiligten entspricht (RdNr 12).

## § 2269 Gegenseitige Erbeinsetzung

(1) Haben die Ehegatten in einem gemeinschaftlichen Testament, durch das sie sich gegenseitig als Erben einsetzen, bestimmt, dass nach dem Tode des Überlebenden der beiderseitige Nachlass an einen Dritten fallen soll, so ist im Zweifel anzunehmen, dass der Dritte für den gesamten Nachlass als Erbe des zuletzt versterbenden Ehegatten eingesetzt ist.

(2) Haben die Ehegatten in einem solchen Testament ein Vermächtnis angeordnet, das nach dem Tode des Überlebenden erfüllt werden soll, so ist im Zweifel anzunehmen, dass das Vermächtnis dem Bedachten erst mit dem Tode des Überlebenden anfallen soll.

## Übersicht

| | | |
|---|---|---|
| I. | Allgemeines | 1 |
| II. | Sinn und Bedeutung der Vorschrift | 2 |
| | 1. Gestaltungsmöglichkeiten | 2 |
| |    a) Trennungslösung | 3 |
| |    b) Einheitslösung | 4 |
| | 2. Auslegungsregel | 5 |
| | 3. Bedeutung der Auslegungsregel | 6 |
| III. | Voraussetzungen | 8 |
| | 1. Wirksames gemeinschaftliches Testament | 8 |
| | 2. Gegenseitige Erbeinsetzung | 9 |
| | 3. Einheitliche Weitervererbung an einen Schlusserben | 10 |
| |    a) Stillschweigende Schlusserbenbestimmung | 11 |
| |    b) Einzelfälle | 14 |
| |    c) Unvollständige Schlusserbeneinsetzung | 17 |
| |    d) Mehrere Urkunden | 19 |
| | 4. »Gleichzeitiges Versterben«, beiderseitiges Ableben | 20 |
| | 5. Schlusserbeneinsetzung zugleich als Ersatzerbenbestimmung? | 22 |
| IV. | Auslegungsgrundsätze | 23 |
| | 1. Gesichtspunkt der einheitlichen Vererbung | 23 |
| | 2. Maßgeblichkeit des Willens der Ehegatten | 25 |
| | 3. Verhältnis zu § 2084 | 27 |
| | 4. Die Bedeutung: Vorerbe, Schlusserbe | 28 |
| | 5. Vermögenslosigkeit eines Ehegatten | 35 |
| | 6. Verweisung auf die gesetzliche Erbfolge | 36 |
| | 7. Zuweisung von Verwaltungs- und Besitzrechten, reine Ertragsbeteiligung | 38 |
| V. | Die Einheitslösung | 40 |
| | 1. Rechtslage zu Lebzeiten beider Ehegatten | 40 |
| | 2. Rechtslage nach dem 1. Erbfall | 41 |
| |    a) Die Rechtsstellung des überlebenden Ehegatten | 42 |
| |       aa) Nachlass des Erstversterbenden | 43 |
| |       bb) Eigenes Vermögen | 44 |
| |    b) Rechtsstellung des Dritten | 47 |
| |       aa) Anwartschaft oder tatsächliche Aussicht vor dem Erbfall | 47 |
| |       bb) Feststellungsklage vor dem Erbfall | 48 |
| |       cc) Weiter gehender Schutz des Schlusserben? | 49 |
| |       dd) Nach dem zweiten Erbfall | 50 |
| VI. | Die Trennungslösung | 52 |
| | 1. Rechtslage zu Lebzeiten beider Ehegatten | 52 |
| | 2. Rechtslage nach dem ersten Erbfall | 53 |
| |    a) Rechtsstellung des überlebenden Ehegatten | 53 |
| |    b) Rechtsstellung des Dritten | 55 |
| VII. | Die Wiederverheiratungsklausel | 58 |
| | 1. Begriff und Zweck | 58 |
| |    a) Bei der Trennungslösung | 60 |
| |    b) Bei der Einheitslösung | 61 |

|   |   |   |
|---|---|---|
| 2. | Befreiung des überlebenden Ehegatten | 65 |
| 3. | Wirkung der Wiederverheiratungsklausel | 67 |
|   | a) Keine Wiederverheiratung | 67 |
|   | b) Wiederverheiratung | 68 |
|   | aa) Nachlass des Erstverstorbenen | 69 |
|   | bb) Bindung an frühere Verfügungen hinsichtlich des Eigennachlasses? | 70 |
| 4. | Erbschein | 74 |
| 5. | Wiederverheiratungsklausel mit Vermächtnisanordnung | 75 |

| VIII. | Pflichtteilsrecht | 80 |
|---|---|---|
| 1. | Bei der Trennungslösung | 80 |
| 2. | Bei der Einheitslösung | 81 |
|   | a) Störfaktor Pflichtteil | 81 |
|   | b) Pflichtteilsklauseln | 82 |
|   | aa) Ausschlussklauseln | 83 |
|   | bb) Anrechnungsklauseln | 89 |
|   | cc) Die sog »Jastrow'sche Klausel« | 90 |
|   | c) Fehlen einer Pflichtteilsklausel | 91 |
|   | d) Stillschweigender Pflichtteilsverzicht | 93 |

| IX. | Vermächtnis im Berliner Testament (Abs 2) | 96 |
|---|---|---|
| 1. | Zweck der Regelung | 96 |
| 2. | Erbrechtliche Bindung, lebzeitige Verfügungsbefugnis | 97 |
| 3. | Abfindungsvermächtnisse | 98 |
| 4. | Abgrenzung Schlusserbeneinsetzung, Vermächtnis | 99 |

| X. | Beweislastfragen | 100 |
|---|---|---|

| XI. | Risiken, Nebenwirkungen des Berliner Testaments | 102 |
|---|---|---|
| 1. | Erbschaftsteuer | 103 |
| 2. | Erhöhung des Pflichtteils enterbter Kinder | 104 |

## I. Allgemeines

§ 2269 behandelt das sog »Berliner Testament«. Die Herkunft des Ausdrucks ist nicht sicher feststellbar; er hatte sich jedoch schon in der Zeit vor 1900 in den Gebieten des gemeinen Rechts und des preußischen Rechts eingebürgert, obwohl solche Testamente gerade nach preußischem Recht anders auszulegen waren als nach der Regel des § 2269 BGB (KIPP-COING § 79 V Fn 27; LANGE-KUCHINKE § 24 IV 1 Fn 91; vgl auch STAUDINGER-KANZLEITER RdNr 3; BUCHHOLZ FamRZ 1985, 873). **1**

## II. Sinn und Bedeutung der Vorschrift

### 1. Gestaltungsmöglichkeiten

Im Falle des § 2269 – gegenseitige Erbeinsetzung, für den zweiten Erbfall Zuwendung des beiderseitigen Nachlasses an einen Dritten – sind an sich zwei Auslegungen möglich: **2**

#### a) Trennungslösung

Das Testament lässt sich dahin auslegen, dass jeder Ehegatte in erster Linie den anderen zu seinem Erben und einen Dritten zu seinem Nacherben, für den Fall **3** aber, dass der andere Ehegatte zuerst sterben sollte, den Dritten zu seinem Ersatzerben beruft (vgl §§ 2096, 2102 Abs 1). Dann erhält der Dritte den beiderseitigen Nachlass aus **verschiedenen Berufungsgründen:** Den Nachlass des erstversterbenden Ehegatten als dessen Nacherbe, den des überlebenden als dessen »Vollerbe«, wenn auch eigentlich als Ersatzerbe für den erstverstorbenen Ehegatten. Man bezeichnet diese Lösung als Trennungslösung. Wegen der verschiedenen Berufungsgründe ist auch eine getrennte Ausschlagung möglich (OLG Jena FamRZ 1994, 1208). Demgegenüber kann der Schlusserbe aber erst nach dem zweiten Erbfall ausschlagen (BGH ZEV 1998, 22). Hinsichtlich des Nachlasses des Längerlebenden wird mitunter eine ausdrückliche Erbeinsetzung vergessen. Jedoch ist die Rspr großzügiger (s RdNr 34).

### b) Einheitslösung

4 Man kann aber ein solches Testament auch so auffassen, dass jeder Ehegatte den anderen zu seinem Erben und für den Fall, dass dieser vor ihm sterben sollte, einen Dritten zu seinem Ersatzerben ernennt. Hier erlangt der Dritte den beiderseitigen Nachlass aus einem Berufungsgrund, nämlich als Erbe (Vollerbe) des überlebenden Ehegatten (»Einheitslösung«). Von dieser Auffassung ist das RG in Fällen des gemeinen Rechts zuletzt ausgegangen (RGZ 27, 150; 38, 217).

### 2. Auslegungsregel

5 Das BGB stellt in § 2269 eine Auslegungsregel – jedoch keine gesetzliche Vermutung (BayObLG NJW-RR 1992, 200, 201) – auf, nach der im Zweifel die Einheitslösung zu wählen ist. Der Gesetzgeber hat erwogen, dass Ehegatten, die ein »Berliner Testament« errichten, vermutlich ihr Vermögen als eine Einheit ansehen und daher regelmäßig sowohl eine verschiedenartige Rechtslage der beiden Vermögen während der Lebensdauer des überlebenden Ehegatten als auch die Möglichkeit einer Trennung der beiden Vermögensmassen nach seinem Tode ausschließen wollen (RGZ 113, 240; vgl Mot V 338; zur Entstehungsgeschichte und Reformvorschlägen, insbesondere zur Vermeidung der Pflichtteilsbelastung BUCHHOLZ FamRZ 1985, 872). Ferner befürchtete der Gesetzgeber, dass bei der Trennungslösung die Interessen der Gläubiger unbillig beeinträchtigt würden (Prot V 406).

### 3. Bedeutung der Auslegungsregel

6 Die Auslegungsregel des § 2269 entbindet den Richter nicht von der Pflicht, zunächst den Sinn des gemeinschaftlichen Testaments und den wirklichen Willen des Erblassers nach den allgemeinen Auslegungsgrundsätzen (§§ 133, 2084) zu erforschen, nötigenfalls unter Heranziehung von Umständen, die außerhalb des Testaments liegen (**Vorrang der individuellen Auslegung** ). Nur wenn diese Untersuchung zu keinem sicheren Ergebnis führt, ist § 2269 anzuwenden (RGZ 113, 240; BayObLGZ 1959, 199, 204; 1966, 417; BGHZ 22, 366; OLG Hamm OLGZ 1968, 486; PALANDT-EDENHOFER RdNr 5). Zum Verhältnis gesetzliche Auslegungsregel und individuelle Auslegung im **Grundbucheintragungsverfahren** s § 2270 RdNr 77. Beim Berliner Testament stellt das Gesetz eine Auslegungsregel gegen die Annahme der Anordnung von Vor- und Nacherbschaft auf. Dem durch die konkrete und individuelle Auslegung gefundenen Auslegungsergebnis steht daher nicht entgegen, dass in dem gemeinschaftlichen Testament der überlebende Ehegatte als Vorerbe bezeichnet wird (BayObLG MDR 1990, 1118).

7 Aber § 2269 bürdet jedoch der Partei, die eine von der gesetzlichen Regel abweichende Auslegung des gemeinschaftlichen Testaments verficht, die **Beweisfüh-**

rungslast (subjektive Beweislast) für die Umstände auf, die eine solche Auslegung rechtfertigen sollen (RGZ 60, 117; BAUMGÄRTEL-SCHMITZ RdNr 1, 4; PLANCK-GREIFF Abs 2 S 3; vgl auch RdNr 100). Ergibt sich aus dem Testament, dass der überlebende Ehegatte nur (befreiter) Vorerbe und die Kinder Nacherben des erstversterbenden Ehegatten sein sollen, so kann § 2269 nicht eingreifen (RGZ 59, 84; KG OLG 21, 337).

## III. Voraussetzungen

### 1. Wirksames gemeinschaftliches Testament

§ 2269 erfordert zunächst ein (wirksames) gemeinschaftliches Testament, also vor allem ein von Ehegatten errichtetes Testament (§ 2265). Auf ein einseitiges Testament oder auf den Fall, dass in einem gemeinschaftlichen Testament nur die Verfügungen des einen Ehegatten wirksam sind, kann § 2269 nicht entsprechend angewendet werden (OLG Düsseldorf JW 1925, 2148 m Anm KIPP; KG DNotZ 1943, 137). Zur entsprechenden Anwendung auf inhaltlich dem § 2269 entsprechende Verfügungen von Nichtehegatten im Erbvertrag siehe OLG Köln FamRZ 1974, 387 sowie § 2280. **8**

### 2. Gegenseitige Erbeinsetzung

Weiter setzt § 2269 voraus, dass in einem gemeinschaftlichen Testament sich die Eheleute gegenseitig zu Erben, und zwar zum alleinigen Vollerben, eingesetzt haben (RG BayZ 1907, 64; BayObLG FamRZ 1984, 211, 212). Die Einsetzung als Miterben genügt nicht (MünchKomm-MUSIELAK RdNr 10; PALANDT-EDENHOFER RdNr 5; aM STAUDINGER-KANZLEITER RdNr 23; analoge Anwendung). **9**

### 3. Einheitliche Weitervererbung an einen Schlusserben

Endlich müssen die Eheleute in dem gemeinschaftlichen Testament bestimmt haben, dass nach dem Tod des Überlebenden der beiderseitige Nachlass an einen **Dritten** fallen soll. Jedoch muss wirklich eine Erbeinsetzung für den Fall des Todes des Längerlebenden vorliegen. Dabei ist zu beachten, dass uU auch nur **reine Teilungsanordnungen** Gegenstand einer letztwilligen Verfügung sein können (BayObLG FamRZ 1988, 660). Zur Abgrenzung von Erbeinsetzung von Vermächtniszuweisung in solchen Fällen BayObLG ZEV 1997, 162 = NJW-RR 1997, 517. **10**

#### a) Stillschweigende Schlusserbenbestimmung

Die Schlusserbeneinsetzung braucht aber nicht ausdrücklich geschehen zu sein; vielmehr können auch in Fällen, in denen der zweite Erbfall nicht explizit geregelt ist, allgemeine Auslegungsgrundsätze zu der Feststellung führen, dass die Eheleute ihr beiderseitiges Vermögen vom Tode des Überlebenden an gewissen Verwandten, insbesondere ihren gemeinschaftlichen Kindern, zuwenden wollten und auch zugewendet haben. Dabei ist aber zu berücksichtigen, dass in der Praxis die Fälle nicht selten sind, dass die Ehegatten nur die Erbfolge nach dem Tod des Erstversterbenden regeln wollten und es dem Längstlebenden freigestellt sein soll, über seinen Nachlass letztwillig zu verfügen oder aber mangels einer solchen Regelung die gesetzliche Erbfolge eintreten zu lassen (LG Bremen, Beschl vom 23. 3. 1993 1 W 31/93). Der Formulierung, dass Ehegatten ihre Enkelkinder als Erben »für unsere gesamte Hinterlassenschaft nach unserem Ableben« einsetzen, kann eindeutig entnommen werden, dass eine Schlusserbeneinsetzung gewollt ist (BayObLG FamRZ 1984, 211 = Rpfleger 1983, 402). **11**

**12** Teilweise wird auch bei Fehlen einer Schlusserbeneinsetzung allein wegen einer **reinen Pflichtteilsausschlussklausel** (RdNr 83 ff) im Wege der Auslegung angenommen, dass die Kinder, die ihren Pflichtteilsanspruch beim ersten Erbfall nicht geltend machen, zu Erben des überlebenden Ehegatten eingesetzt sein sollen (OLG Frankfurt ZEV 2002, 109, 110; OLG Köln FamRZ 1993, 1371, 1372 = NJW-RR 1994, 397; OLG Oldenburg FamRZ 1999, 1537 = MDR 1999, 232 [allerdings auch mit Analogie zu § 2102]; vgl auch BayObLGZ 1959, 199, 206; 1960, 218 [in Verbindung mit besonderen Umständen, die auch außerhalb der Urkunde liegen können]; RGRK-BGB-JOHANNSEN RdNr 5; MünchKomm-MUSIELAK RdNr 12; BAMBERGER-ROTH-LITZENBURGER RdNr 22 [bei besonderen Umständen]; aM OLG Hamm DNotZ 1951, 41 m abl Anm ROHS; STAUDINGER-KANZLEITER RdNr 24; s auch HAEGELE Die Justiz 1958, 345). Der 5. Senat des OLG Saarbrücken hat dazu eingeräumt, dass diese Annahme selbst dann nicht zwingend ist, wenn auch noch eine Wiederverheiratungsklausel angeordnet wurde. Jedoch könne beides in einem Erbvertrag **Anhaltspunkt** dafür sein, dass eine Schlusserbeneinsetzung der gemeinsamen Kinder im Wege der Auslegung ermittelt werde, wenn ein diesbezüglich übereinstimmender Wille der Vertragsteile bei Erbvertragsabschluss feststellbar sei (OLG Saarbrücken NJW-RR 1994, 844; kritisch dagegen LEIPOLD RdNr 270). Zumindest in einer notariell beurkundeten Verfügung von Todes wegen ist wegen der Aufklärungspflicht des Notars (§ 17 BeurkG) eine solche Auslegung aber abzulehnen, weil anzunehmen ist, dass der Notar eine klare Formulierung der Schlusserbeneinsetzung vorgenommen hätte, wenn diese wirklich gewollt gewesen wäre (so richtig die von den Verhältnissen der Praxis ausgehende Entscheidung des OLG Saarbrücken NJW-RR 1992, 841 bei einem Erbvertrag, zustimmend Gutachten DNotI-Report 2000, 149, 150; aM OLG Frankfurt aaO; konkrete Anhaltspunkte für einen vom notariellen Wortlaut abweichenden Erblasserwillen fordert auch OLG Hamm FamRZ 2002, 201, 202 in etwas anderem Zusammenhang).

**13** Aber auch sonst kann in der Anordnung einer einfachen Pflichtteilsklausel allein nicht zugleich eine Schlusserbenberufung gesehen werden; die Gegenauffassung verkennt Wesen und Wirkung derselben. Es handelt sich bei den in den entschiedenen Fällen verwendeten Formulierungen nämlich allein um eine reine **Pflichtteilsausschlussklausel** (zur Terminologie Weirich, Erben und Vererben [1997] RdNr 919 und unten RdNr 83 ff), die – wie ihr Name sagt – allein enterbend wirkt. Sie schließt also allein die sonst kraft gesetzlicher Erbfolge nach Tod beider Ehegatten berufenen Erben, die ihren Pflichtteil nach dem Tod des Erstversterbenden verlangen, aus und macht im Hinblick darauf bereits einen Sinn, ohne eine gewillkürte Schlusserbenbestimmung annehmen zu müssen, weil sie primär den Überlebenden von der Pflichtteilsbelastung schützen will (Gutachten DNotI-Report 2000, 149, 151). Sie will aber gerade nicht den Nachlass für die Schlusserben sichern und kann auch keine gleichmäßige Verteilung zwischen ihnen gewährleisten (s etwa J Mayer MittBayNot 1999, 265). Die Klausel ist also grundsätzlich das »Gegenteil einer Erbeinsetzung« (LÜBBERT NJW 1988, 2708). Auch aus der **Wiederverheiratungsklausel**, gerade in der Form eines aufschiebend bedingten Auszahlungsvermächtnisses (s RdNr 75 ff), wie sie in den vom OLG Saarbrücken entschiedenen Fällen verwendet wurde, lässt sich nichts Gegenteiliges entnehmen: sie enthält überhaupt keinen Bezug zu einer Schlusserbeneinsetzung, sondern will gerade bereits nach dem ersten Erbfall lediglich eine wertmäßige Beteiligung im Wiederverheiratungsfall für die erstehelichen Kinder sichern und oftmals gerade die Schlusserbfolge offen lassen. Allenfalls können solche Anordnungen in privatschriftlichen Verfügungen ein *Anhaltspunkt* für eine Schlusserbeneinsetzung der Abkömmlinge sein, deren Annahme aber einer positiven Feststellung aufgrund weiterer Umstände bedarf; andernfalls genügt dies allein nicht (STAUDINGER-KANZLEITER RdNr 24; gegen die Annahme einer zwingenden Schlussfolgerung in diesen Fällen auch OLG Karlsruhe BWNotZ 1995, 168;

169; OLG Bremen ZEV 1994, 365 [jedoch beim Erbvertrag]; LANGE-KUCHINKE § 24 IV 1 c; AK-SCHAPER RdNr 17; offen lassend M RUDOLF § 2 RdNr 72). Die Gegenansicht der Obergerichte verkennt, dass sie damit den Längerlebenden der Ehegatten in eine erbrechtliche Bindung an die gesetzliche Erbfolge zwingt, die er nicht vorhergesehen hat, während es gerade der Zweck der Pflichtteilsklausel war, ihm möglichst große Dispositionsfreiheit zu ermöglichen.

**b) Einzelfälle**
Ist der als Schlusserbe eingesetzte Dritte vor Eintritt des zweiten Erbfalls weggefallen, so kann sich eine **Ersatzschlusserbeneinsetzung** auch durch die Auslegungsregel des § 2069 ergeben (OLG Frankfurt/M FamRZ 1998, 772, 773); dabei ist diese Vorschrift auch dann hier anwendbar, wenn der weggefallene Bedachte allein ein Abkömmling des erstversterbenden Ehegatten ist, also Stiefkind des Längerlebenden. Anstelle des Weggefallenen treten seine Abkömmlinge hier aber nur dann, wenn sie gesetzliche Erben des Erblassers und nicht nur des Weggefallenen wären (BayObLG NJW-RR 1991, 8, 9 = FamRZ 1991, 234). Der Schlusserbe selbst kann seinerseits mit einer Nacherbfolge belastet sein, was insbes dann anzunehmen ist, wenn das Vermögen im Familienbesitz auf Dauer erhalten werden soll (BayObLG AgrarR 1983, 158 f = FamRZ 1983, 839; FamRZ 1986, 610, 611; zu den insoweit oft typischen Adligen-Testament OLG Karlsruhe FamRZ 1999, 1535, 1537 = NJW-RR 1999, 806; zur Abgrenzung von der Ersatzschlusserbenbestimmung BayObLG FamRZ 1998, 324 f). **14**

Der Auslegungsregel des § 2269 liegt die Vorstellung zugrunde, dass die Ehegatten idR ihr **Gesamtvermögen als Einheit** betrachten und daher auch für die Zeit nach ihrem Tod ein einheitliches Schicksal dieses Gesamtvermögens wünschen. Daher verlangt § 2269 eine einheitliche Verfügung der Ehegatten über ihren beiderseitigen Nachlass für die Zeit nach ihrer beider Tod. Die Auslegungsregel ist also unanwendbar, wenn das Gesamtvermögen der Ehegatten beim Tod des Überlebenden in seine ursprünglichen Bestandteile auseinander fallen soll (gegenständliche Aufteilung), weil etwa nach dem letzten Willen der Eheleute der Nachlass des Mannes seinen Verwandten, der der Frau ihren Verwandten zufallen soll (RGZ 79, 277; KG OLGE 40, 123; aA STAUDINGER-KANZLEITER RdNr 25 [Vollerbeneinsetzung gewollt, um Längerlebenden die lebzeitige freie Verfügungsmöglichkeit zu erhalten]; KG JW 1934, 1423 m Anm ZILKENS: Verteilung auf die beiderseitigen Verwandten nach dem Verhältnis der Werte der beiden Nachlässe zur Zeit des zweiten Erbfalls; s auch RdNr 23 ff). In solchen Fällen liegt also Vor- und Nacherbfolge vor. **15**

Die Forderung der einheitlichen Vererbung des Gesamtvermögens schließt aber nicht aus, dass die Ehegatten ihr Gesamtvermögen für den **zweiten Erbfall mehreren Personen** oder Personengruppen **zuwenden**, insbesondere bei ideeller Aufteilung oder durch Vermächtniszuweisung (STAUDINGER-KANZLEITER RdNr 25). So ist § 2269 anwendbar, wenn die Erblasser bestimmt haben, dass nach ihrer beider Tod die Verwandten des Mannes und die der Frau je die Hälfte des noch vorhandenen Gesamtvermögens erhalten sollen (RGZ 79, 277; KG OLGE 44, 102; vgl OLG Köln HEZ 3, 36; BayObLG FamRZ 1994, 1422 [Erbeinsetzung der Schwestern beider Ehegatten je zur Hälfte]). **16**

**c) Unvollständige Schlusserbeneinsetzung**
Mitunter ist die **Schlusserbenbestimmung nicht vollständig**. So muss die Größe der Erbteile der Schlusserben nicht ausdrücklich bestimmt werden (BayObLG NJW-RR 1991, 968 = FamRZ 1991, 988; FamRZ 1999, 470, 471 [bei Übernahmerecht des einen für elterlichen Betrieb]). Haben Ehegatten ohne nähere Bezeichnung einfach nur »ihre Kinder« eingesetzt und verwenden sie eine Pflichtteilssanktionsklausel, so kann die Auslegung ergeben, dass nur diejenigen Kinder Schlusserben sind, denen in Be- **17**

zug auf beide Ehegatten ein Pflichtteil zusteht (BayObLG NJW-RR 1988, 968 = FamRZ 1988, 878). Zur Abgrenzung der Vermächtnisanordnung von der Erbeinsetzung nach Vermögensgruppen BayObLGZ 1998, 76 = FamRZ 1998, 1334.

18 Möglich ist aber auch, dass die Ehegatten nach ihrer beider Tod die beiden gemeinsamen Kinder nur je zu einem Viertel zu Schlusserben berufen; die gewählte Einheitslösung spricht dann gerade dagegen, dass jedes Kind je zu einem Viertel des väterlichen und weiter je zu einem Viertel des mütterlichen Nachlasses berufen werden sollte (BayObLG FamRZ 1994, 1206).

### d) Mehrere Urkunden

19 Die in einem früheren Testament enthaltene Schlusserbeneinsetzung wird nicht allein dadurch aufgehoben, dass die Ehegatten in einem späteren Testament nur die gegenseitige Erbeinsetzung wiederholen, sonst aber keine Verfügungen treffen. Der Wille zur Erbregelung ohne Schlusserbeneinsetzung ist dann nur im Wege der Auslegung ermittelbar (BayObLGZ 1991, 10 = NJW-RR 1991, 645; Rpfleger 1997, 310). Ist der letzte Wille in mehreren Testamenten enthalten, die sich nach dem Erblasserwillen ergänzen sollen, so bilden diese, soweit sie sich nicht widersprechen, in ihrer Gesamtheit die Erklärung des Erblasserwillens, sodass sich die Frage, ob und welche Rechte bestimmten Personen am Nachlass zustehen sollen, nur aufgrund des Inhalts sämtlicher Testamente beurteilen lässt (BayObLG Rpfleger 1980, 471, 472; FamRZ 1994, 191 = DNotZ 1994, 791; ZEV 1996, 432 = FamRZ 1997, 251; OLG Saarbrücken FamRZ 1990, 1285; zur Beurteilung der Wechselbezüglichkeit in solchen Fällen s § 2270 RdNr 7).

### 4. »Gleichzeitiges Versterben«, beiderseitiges Ableben

20 Auslegungsstreitigkeiten hinsichtlich dieser und ähnlicher Wendungen beschäftigen zunehmend die Gericht (vgl dies Übersicht bei M RUDOLF § 2 RdNr 98 ff), wobei deren Auslegungsfähigkeit und Anwendungsbereich immer mehr bejaht wird.

Wer vor oder gleichzeitig mit dem Erblasser verstirbt, kann weder Erbe noch Vermächtnisnehmer sein (PALANDT-EDENHOFER § 1923 RdNr 2). Die Auslegungsregel des § 2269 ist dann nicht anwendbar (MünchKomm-MUSIELAK RdNr 23); es geht daher nicht der gesamte Nachlass auf den oder die Erben über, sondern jedes Vermögen eines Ehegatten getrennt (BayObLG FamRZ 1997, 249, 251). **Gleichzeitiger Tod** wird nach § 11 VerschG vermutet, wenn nicht bewiesen werden kann, dass von mehreren verstorbenen (oder für tot erklärten) Menschen der eine den anderen überlebt hat (VÖLKER NJW 1947/48, 375). Ein Erlass der Erbschaftsteuer aus Billigkeitsgesichtspunkten, weil bei anderem Zeitablauf keine entstanden wäre, kommt nicht in Betracht (FG München EFG 1995, 170). Ansonsten kann kaum davon ausgegangen werden, dass er im eigentlichen **medizinischen Sinne** selbst bei einem Unfall einmal eintritt oder wenigstens bewiesen werden kann (PALANDT-EDENHOFER RdNr 9; BayObLGZ 1981, 79, 87; 1996, 426, 431; BayObLG vom 24. 4. 1997 – AZ 1 Z BR 234/96; KG ZEV 1997, 247). Eine entsprechende Formulierung ist daher im Allgemeinen Sprachgebrauch **nicht so eng** zu verstehen, sondern vielmehr dahingehend, dass die Ehegatten aufgrund desselben Ereignisses kurz nacheinander eines unnatürlichen Todes sterben (BayObLGZ 1981, 79; 1986, 426; OLG Stuttgart OLGZ 1982, 311). Im Übrigen ging die Rechtsprechung bis vor kurzem davon aus, dass der Begriff des »gleichzeitigen Versterbens« oder der des »gleichzeitigen Todes« so eindeutig ist, dass er der Auslegung nicht fähig ist (KG FamRZ 1968, 217; FamRZ 1970, 148), es sei denn, dass besondere Umstände des Einzelfalls vorliegen (BayObLGZ 1979, 427, 432). Demgegenüber hält das OLG Stuttgart (OLGZ 1994, 330 = FamRZ 1994, 852) diese Formulierung generell für auslegungsfähig, sodass sie für einen Fall gelten könne, bei dem die Ehegatten »kurz nacheinander« und auch eines natürlichen Todes sterben (wobei sogar hinsichtlich des Nachlasses des Erstversterbenden eine Nacherbeneinsetzung angenommen wird). Denn entscheidend sei nicht die objektive Eindeutigkeit des Begriffs, sondern das subjektive Verständnis der Testierenden von dessen Bedeutung. Im Hinblick auf das gewandelte Auslegungsverständnis des BGH (BGHZ 86, 246) wird man dem beipflichten müssen, auch wenn dies nicht der Rechtsklarheit dient (BayObLG FamRZ 1997, 249, 250). Es ist daher immer zu prüfen, ob die Ehegatten durch diese Formulierung die Geltung ihrer Verfügung nur auf den der eigentlichen Wortbedeutung entsprechenden, aber nur selten eintretenden Fall beschränken oder aber auch für andere Fallgestaltungen verwenden wollten, wobei bei Versterben im kurzen zeitlichen Abstand durchaus auch verschiedene Todesursachen in Betracht kommen können (BayObLGZ 1996, 244, 247 = FamRZ 1997, 250 = ZEV 1996, 470; FamRZ 1997, 389, 390 = ZEV 1996, 472; OLG Frankfurt ZEV 1999, 66 = FamRZ 1998, 1393, 1394: besonders wenn eine Freistellungsklausel vorliegt, die sonst keinen Sinn macht, daher auch Schlusserbenbestimung). Noch großzügiger OLG Frankfurt DNotZ 1988, 181, wonach im Wege der (ergänzenden) Auslegung der für den Fall des gleichzeitigen Versterbens eingesetzte Erbe auch dann berufen ist, wenn die zunächst eingesetzte Ehefrau infolge Scheidung als Erbin wegfällt, der Erblasser aber infolge Verlusts der Testierfähigkeit nicht mehr verfügen kann.

**Weniger eng** gefasst und daher noch mehr auslegungsfähig und – bedürftig sind 21 Wendungen wie »**im Falle unseres beiderseitigen Ablebens**« (FamRZ 1990, 563 = MittRhNotK 1990, 110), bei unserem gemeinsamen Tod (BayObLG FamRZ 1988, 879; FamRZ 2000, 1186, 1187 = ZEV 2000, 282 [LS]; OLG Düsseldorf FamRZ 1999, 1544), »wenn beiden Ehegatten etwas gemeinsam zustößt und kein Überlebender mehr vorhanden ist« (OLG Frankfurt/M Rpfleger 1988, 483), »sollte uns beiden ein Unglück zustoßen« (BayObLG FamRZ 2001, 1563, 1564 = Rpfleger 2001, 425 [bei Tod binnen vier Tagen]) sowie für die Fälle, dass »**uns beiden etwas zustößt**«, oder »sollte mir und meiner Ehefrau gemeinsam was passieren« oder des »gemeinsamen Todes« oder »sollten wir einer gemeinsamen Gefahr erliegen« oder »sollten wir gleichzeitig tot sein«. Aus ihnen kann nicht klar und eindeutig entnommen werden, ob die letztwillige Verfügung nur für den Ausnahmefall des gleichzeitigen (zeitgleichen) Versterbens (so angenommen von OLG Düsseldorf FamRZ 1999, 1544) oder auch für den Fall gelten solle, dass die Eheleute nacheinander versterben (BayObLGZ 1981, 79; BayObLGZ 1996, 244, 247 = ZEV 1996, 470 = FamRZ 1997, 249 [Selbsttötung beider Ehegatten und Todeseintritt im Abstand von 30 Minuten]; BayObLG FamRZ 1997, 389, 390; ZEV 1997, 418, 419; BayObLG FamRZ 2000, 1186, 1187; KG ZEV 1997, 247; LANGE-KUCHINKE § 4 III 2 a Fn 21). Ein einheitlicher Sprachgebrauch besteht nicht (BayObLG ZEV 1996, 472 = FamRZ 1997, 389, 390). Sie sind keine Bedingungen der Erbeinsetzung, sondern Hinweis auf das Motiv (OLG Hamm ZEV 1996, 468 = FamRZ 1997, 451; BayObLG ZEV 1996, 472 = NJW-RR 1997, 327). Allerdings liegt hier zunächst die Auslegung nahe, dass sie nur für den Fall des gleichzeitigen Versterbens oder für den Fall des Versterbens kurz nacheinander infolge des gleichen Ereignisses getroffen wurden, insbesondere für den Fall, dass der Längerlebende nicht mehr in der Lage ist, für sein Ableben letztwillig zu verfügen (BayObLGZ 1986, 426, 431 [bei gegenseitiger Erbeinsetzung in getrennten Testamenten]; 1996, 426, 432; OLG Karlsruhe OLGZ 1988, 24; OLG Stuttgart OLGZ 1982, 311; OLG Hamm aaO). Bei Vorliegen besonderer Anhaltspunkte ist aber auch eine andere Auslegung möglich, etwa dass darin eine Schlusserbeneinsetzung der Kinder nach Tod beider Eltern gemeint ist (BayObLG FamRZ 1988, 879; 1990, 563; KG ZEV 1997, 248; LG München I FamRZ 1999, 61, 62 zur Schlusserbeneinsetzung einer Bekannten), besonders wenn Anordnungen für den Fall getroffen werden, »dass beide Ehegatten sterben« (OLG Köln FamRZ 1996, 310), wobei dann zur Sicherung der **Testierfreiheit** des Längerlebenden uU von einer fehlenden Wechselbezüglichkeit ausgegangen werden kann (KG aaO; OLG Köln aaO; hierfür auch STAUDINGER-KANZLEITER RdNr 31). Solche Indizien können etwa in der Wendung »und kein Überlebender mehr von uns beiden vorhanden ist« liegen (OLG Frankfurt Rpfleger 1988, 483; großzügiger KG aaO). »Gemeinsam« wird hier nicht rein zeitlich verstanden, sondern sachlich zur Vermeidung einer Regelungslücke im Berliner Testament für den Fall, dass beide verstorben sind. **Entscheidend** ist daher der Wille der Ehegatten, ob sie den Willen hatten, eine vollständige und abschließende Regelung der Vermögensnachfolge zu treffen (dann auch Schlusserbeneinsetzung) oder nur Vorsorge für eine besondere Situation (BayObLG ZEV 1997, 418, 420). Die Erbeinsetzung »im Falle des Ablebens von uns beiden« gibt nach Ansicht des OLG Köln (NJW-RR 1996, 394 = FamRZ 1996, 569) auch bei einem reiselustigen, kinderlosem Ehepaar ihrem Wortlaut nach keinen Hinweis darauf, dass sie nur für den Fall des zeitlich gleichzeitigen Versterbens gelten soll. Letztlich werden beide Fallgruppen (RdNr 20 und 21) jetzt fast gleich ausgelegt (ähnlich die Einschätzung von M RUDOLF § 2 RdNr 106); diese Auslegungsfrage ist nach den allgemeinen Grundsätzen im Rechtsbeschwerdeverfahren nur eingeschränkt überprüfbar (OLG Düsseldorf FamRZ 1999, 1544), was die teilweise divergierenden obergerichtlichen Entscheidungen erklärt.

### 5. Schlusserbeneinsetzung zugleich als Ersatzerbenbestimmung?

22   Eine ausdrückliche gesetzliche Bestimmung, dass beim gemeinschaftlichen Testament, in welchem Ehegatten sich gegenseitig zum Erben einsetzen und bestimmen, dass die »Schlusserben« gleichzeitig Ersatzerben nach dem Erstversterbenden sind, gibt es nicht. Die Frage wird bedeutsam, wenn der längerlebende Ehegatte die Erbschaft ausschlägt oder seine Erbeinsetzung wegen Anfechtung, Zuwendungsverzicht oder Erbunwürdigkeit wegfällt. § 2097 ist hier nicht unmittelbar anwendbar, auch § 2102 Abs 1 nicht. Allerdings dürfte die (ergänzende) Auslegung im Regelfalle dazu führen, dass mit der Schlusserbeneinsetzung gleichzeitig die Ersatzerbenberufung gewollt war, denn dem mutmaßlichen oder zumindest hypothetischen Willen der Ehegatten entspricht es idR, dass nach der von ihnen gewollten und dem gemeinschaftlichen Testament zu Grunde gelegten Nachlassplanung das Vermögen des Erstversterbenden an die Schlusserben fällt und nicht an die uU anderen gesetzlichen Erben des Erstversterbenden (OLG Frankfurt ZEV 1995, 457, 458 m krit Anm SKIBBE = NJW-RR 1996, 261 [unter Anwendung des Rechtsgedankens des § 2069]; OLG Stuttgart BWNotZ 1979, 11 = DNotZ 1979, 615 [nur LS], das § 2097 anwendet; LANGE-KUCHINKE § 24 IV 1 g; J MAYER ZEV 1998, 50, 60; BRITZ RNotZ 2001, 389; M RUDOLF § 2 RdNr 153 [unter Abstellung auf § 2069, was oftmals nicht möglich ist]). Ja, man kann wohl von einem dahingehenden *Erfahrungssatz* sprechen, denn der Anfall an den Schlusserben wird nur zeitlich vorverlagert. Jedoch ist jeweils zu prüfen, ob die so gewonnene Ersatzerbenberufung nicht auf bestimmte Wegfallgründe beschränkt ist. Dies erscheint in dem vom OLG Frankfurt entschiedenen Fall zweifelhaft: Wenn der zunächst als Erbe berufene Ehemann seine Ehefrau umbringt und deswegen für erbunwürdig erklärt wird, bedarf es wohl ganz besonderer Umstände um anzunehmen, die Ermordete wäre damit einverstanden, dessen Tochter aus erster Ehe werde die alleinige Erbin der Erblasserin.

Zudem lässt sich mit guten Gründen vertreten, dass beim Berliner Testament der Schlusserbe ohnehin Ersatzerbe für den anderen, nicht zur Erbfolge gelangenden Ehegatten ist (RADKE, Das Berliner Testament ... S 31; ähnlich wohl BRITZ RNotZ 2001, 389, 390, der von vornherein die Verwendung des Begriffs Ersatzerbe statt Schlusserbe empfiehlt). Auf alle Fälle ist eine ausdrückliche Ersatzerbenberufung empfehlenswert, wenn dem Längerlebenden eine Befreiung von der bindenden Schlusserbeneinsetzung erschwert werden soll (RADKE, aaO S 30 ff, der aber zu Recht betont, dass die Intersssenlage im Einzelfall unterschiedlich sein kann). Erfolgt die Ausschlagung *zur Befreiung von der wechselbezüglichen Bindung* (§ 2271 Abs 2 S 1, 2 HS) so würde dies nach § 2270 Abs 1 an sich zur Unwirksamkeit der wechselbezüglichen Ersatzerbfolge führen. Die gleichen Gründe, die aber für diese Ersatzerbfolge und gegen den Eintritt der gesetzlichen Erbfolge sprechen, gebieten hier regelmäßig die Annahme einer Beschränkung der Wechselbezüglichkeit (dazu § 2270 RdNr 18), sodass auf Grund ergänzender Auslegung meist vom Fortbestand der Ersatzerbregelung auszugehen ist (LANGE-KUCHINKE § 24 IV 1 Fn 101 a; s auch § 2271 RdNr 47; übersehen wird dies bei STAUDINGER-KANZLEITER RdNr 41).

## IV. Auslegungsgrundsätze

### 1. Gesichtspunkt der einheitlichen Vererbung

Für die Frage, ob ein gemeinschaftliches Testament nach der Regel des § 2269 auszulegen ist, ist entscheidend, ob die Gesamtheit der letztwilligen Verfügungen der Erblasser, gegebenenfalls im Zusammenhang mit sonstigen Umständen, darauf schließen lässt, dass die Ehegatten ihr beiderseitiges Vermögen als Einheit angesehen haben und ob sie daher eine **verschiedenartige Rechtsstellung** des **überlebenden Ehegatten** zu den beiden Bestandteilen dieses Vermögens wie auch eine erneute Trennung der beiden ursprünglichen Vermögensmassen beim zweiten Erbfall ausschließen wollten (RGZ 113, 240; BayObLGZ 1951, 469; 1966, 61, 417; Rpfleger 1992, 200 = FamRZ 1992, 724; KG DNotZ 1956, 406, 410). Dies setzt ein volles beiderseitiges Vertrauen voraus, das sich die Ehegatten bei dieser Gestaltungsart gegenseitig schenken müssen und das in Konsequenz dazu führt, das Schicksal des gesamten Vermögens »in die Hand des Längerlebenden zu legen« (LANGE-KUCHINKE § 24 IV 1 d). Hieran wird es mitunter bereits beim Vorhandensein von einseitigen Abkömmlingen fehlen. 23

Für die Trennungslösung spricht dagegen der Wille, das Vermögen über die Lebenszeit des Längerlebenden hinaus **bestimmten Personen**, etwa den Abkömmlingen **zu erhalten** (LANGE-KUCHINKE § 24 IV 1 d). Hierfür mögen Gesichtspunkte wie die Sicherung der Unternehmensnachfolge sprechen (wenngleich hier die Vorerbschaft mit der denkbar schlechteste Lösung ist), wie aber auch der Wunsch nach einer getrennten Vererbung des von beiden Ehegatten in die Ehe von vornherein eingebrachten Vermögens nach beiderseitigem Tod, weil nur einseitige oder gar keine Kinder vorhanden sind. Dabei soll es vor allem auf den – aber auch dem anderen – erkennbaren Willen des Ehegatten ankommen, der das Hauptvermögen besitzt (KG DNotZ 1955, 408, 412; BayObLG NJW 1966, 1223). 24

### 2. Maßgeblichkeit des Willens der Ehegatten

Bei der Auslegung eines gemeinschaftlichen Testaments, auch bei der ergänzenden, ist stets die **übereinstimmende Willensrichtung** beider Erblasser maßgebend (BGH DNotZ 1953, 100 = LM Nr 7 zu § 242; s Vorbem 58 f zu §§ 2265 ff). Es ist also zu prüfen, ob eine nach den Umständen mögliche Auslegung der Erklärung des einen Erblassers auch dem Willen des anderen entsprochen hat (BGHZ 112, 229, 233 = NJW 1991, 169; NJW 1993, 256; BayObLGZ 1981, 79; 1993, 240, 246); dabei kommt es auf 25 den übereinstimmenden Willen zum Zeitpunkt der Testamentserrichtung an (BGHZ aaO). Lässt sich eine solche Willensübereinstimmung nicht feststellen, so muss auf den Willen des Erblassers abgestellt werden, um dessen Verfügung es geht, jedoch mit der Besonderheit, dass gem § 157 eine Beurteilung aus der Sicht des anderen Ehegatten (Empfängersituation) stattfindet, der sich auf den Erklärungswert dieser Erklärung einstellen musste (BGH NJW 1993, 256). Oftmals wird dies dazu führen, dass die Auslegung nach dem reinen Wortlaut angenommen werden muss (BGH NJW 1951, 959 = LM Nr 1 zu § 2084 BGB).

**26** Auch eine **ergänzende Auslegung** ist nach diesen Grundsätzen vorzunehmen; sie kann sich auch auf eine Ersatzschlusserbenbestimmung beziehen (BayObLG NJW-RR 1991, 8 = FamRZ 1991, 234). Nur wenn Zweifel bestehen bleiben, die auch nach Ermittlung aller in Betracht kommenden Umstände nicht zu beseitigen sind, kann auf die Auslegungsregel des § 2269 zurückgegriffen werden (PALANDT-EDENHOFER RdNr 5; BGHZ 22, 366; WM 1973, 4; s auch RdNr 6).

### 3. Verhältnis zu § 2084

**27** Die Auslegungsregel des § 2269 tritt hinter die des § 2084 zurück, wenn die letztwillige Verfügung des einen Ehegatten, etwa wegen Formmangels, nichtig ist und die des anderen bei Auslegung iS des § 2269 wegen ihrer Wechselbezüglichkeit nach § 2270 gleichfalls unwirksam wäre, während sie bei einer anderen, ebenfalls möglichen Auslegung Erfolg haben könnte (KG JW 1937, 1410; OLG München JFG 18, 8). Jedoch stellt sich die Frage nach dem Konkurrenzverhältnis dieser Normen nur selten, denn § 2269 findet nur dann Anwendung, wenn zumindest beide Ehegatten zugunsten des Dritten wirksam verfügt haben (MünchKomm-MUSIELAK RdNr 22).

### 4. Die Bedeutung: Vorerbe, Schlusserbe

**28** Das Vorliegen einer **Vor- und Nacherbschaft** ist anzunehmen, wenn die Ehegatten das **Auseinanderfallen** des zunächst nach dem Tode des einen von ihnen uU vereinigten Vermögens nach beider Tod in seine ursprünglichen Bestandteile wollen, etwa wenn dann die Verwandten des Mannes die Erben seines Nachlasses werden sollen und die der Frau des Vermögens der Frau (RGZ 79, 277; PALANDT-EDENHOFER RdNr 7). Auch wenn der eine Ehegatte ein aus seinem Familienbesitz stammendes Grundstück, das im Wesentlichen seinen Nachlass ausmacht, zuerst seinem Ehepartner, wenn auch unter Verfügungsbeschränkung, zuwendet und außerdem verfügt, dass es nach dessen Tod an eine bestimmte Person aus seinem Familienstamm »ohne weiteres zufallen« soll, kann daher darin die Anordnung einer Nacherbfolge gesehen werden (BayObLG FamRZ 1996, 1502). Und wenn in einem gemeinschaftlichen Testament von Ehegatten, die in Gütergemeinschaft leben, bestimmte Grundstücke aus dem Gesamtgut nach dem Tod des Überlebenden bestimmten Abkömmlingen zugedacht werden, so kann dies eine Nacherbeneinsetzung sein (BayObLG FamRZ 1988, 542).

**29** Für die Anordnung einer Vor- und Nacherbfolge spricht auch, wenn den Kindern besondere **Kontrollrechte** eingeräumt sein sollen (RGZ 60, 118). Der ausdrückliche Gebrauch der Worte »Vorerbe« und »Nacherbe« in einem gemeinschaftlichen Testament ist nicht unbedingt entscheidend, weil nicht feststeht, dass Ehegatten diese Begriffe rechtlich zutreffend erfasst und gebraucht haben. Entscheidend ist vielmehr, welche Vorstellungen die Ehegatten über die Vererbung ihres Vermögens hatten, insb ob dem Längerlebenden die freie Verfügung belassen werden sollte (RG LZ 1919, 1187; KG DNotZ 1955, 408; 1956, 406, 410; OLGZ 1987, 1 = NJW-RR 1987, 451 = FamRZ 1987, 413; BayObLGZ 1966, 419; BayObLG MDR 1990, 1118; FamRZ 1992, 1476 = NJW-RR 1992, 200 = FamRZ 1992, 1476; FamRZ 1999, 814, 815 = ZEV 1999, 311 [LS]; OLG Hamm FamRZ 1996, 312; OLG Karlsruhe OLGZ 1969, 495). Das gilt besonders bei privaten Testamenten von Laien, denen die einschlägigen Rechtsbegriffe nicht so geläufig sind (OLG München JFG 15, 246 = HRR 1937 Nr 1094; BayObLGZ 1966, 419; BGH NJW 1983, 277; BayObLG FamRZ 1999, 814, 815; OLG Düsseldorf NJW-RR 1997, 136 = ZEV 1996, 310 m Anm EDENFELD = FamRZ 1996, 1567 m Anm LEIPOLD). Es entspricht der Erfahrung, dass die Bezeichnung der Kinder als »Nacherben« nach dem Tod des Letztversterbenden häufig nicht im gesetzestechnischen Sinn als Vor- und Nacherbfolge gemeint ist, sondern lediglich von der zeitlich geprägten Vorstellung herrührt, dass die Kinder erst nach dem Tod des letztversterbenden Elternteils als Erben des beiderseitigen Vermögens bedacht sind (OLG Hamm FamRZ 1996, 312, 314 f; LANGE-KUCHINKE § 24 IV 1 b aE).

Enthält das Testament eine sog **Pflichtteilsklausel**, wonach die beim Tod des erst- 30 versterbenden Ehegatten den Pflichtteil verlangenden Abkömmlinge auch beim Tod des längerlebenden Ehegatten lediglich den Pflichtteil verlangen können, so soll dies eine typische Sanktion des Berliner Testaments und daher ein gewichtiges Indiz für das Vorliegen eines solchen sein (OLG Düsseldorf aaO). Dem kann so nicht zugestimmt werden, denn entgegen dem OLG Düsseldorf ergibt eine solche Klausel nicht nur beim Berliner Testament »Sinn« (ebenso FROHN Rpfleger 1997, 340; KASPER in: Scherer MAH § 24 RdNr 28), denn auch bei der Trennungslösung kann bereits nach dem ersten Erbfall der Nacherbe seine Erbschaft ausschlagen (§ 2142 Abs 1), womit grundsätzlich die gleiche Situation wie beim Berliner Testament eintritt, der Abkömmling nunmehr den Pflichtteil verlangen (§ 2306 Abs 2) und dann ohne die enterbende Funktion der Pflichtteilsklausel uU dennoch Erbe des Nachlasses des Längerlebenden würde.

Bedeutsamer ist die Verwendung der Ausdrücke Vor- und Nacherbschaft natür- 31 lich bei einem **notariellen Testament**, insbesondere bei Errichtung eines solchen durch Erklärung vor einem Notar (§ 2232; RGZ 160, 109; OLG Bremen ZEV 1994, 365: an der zutreffenden Niederlegung des Gewollten bestehen mangels Anhaltspunkte keine Zweifel; PALANDT-EDENHOFER RdNr 7). Denn bei einem solchen Testament darf in der Regel davon ausgegangen werden, dass der Notar die verwendeten Rechtsbegriffe den Beteiligten, soweit nötig, erläutert, ihren wahren Willen erforscht und sich bemüht hat, diesen Willen klar wiederzugeben (§ 17 BeurkG). Diese Annahme kann freilich ausnahmsweise nicht gerechtfertigt sein, wenn der sonstige Inhalt des Testaments nicht dem Sinn der verwandten Rechtsbegriffe entspricht (vgl RG DRW 1944, 493; RGRK-BGB-JOHANNSEN RdNr 8). Denn selbst in einem notariellem Testament kann der Erblasserwillen unpräzise oder unrichtig erfasst sein (KG Rpfleger 1987, 110 = NJW-RR 1987, 451; Beispiel hierfür OLG Hamm JZ 1994, 628). Für die Auslegung kommt es dabei nicht darauf an, welchen Sinn der Notar mit den in der Urkunde verwendeten Begriffen verbunden hat, sondern darauf, wie die Erblasser sie aufgefasst haben (OLG München JFG 15, 246; KG DR 1943, 1108; BGH LM Nr 1 § 2100 BGB; BGB-RGRK-JOHANNSEN RdNr 8).

Die Bezeichnung des Dritten als Nacherben des zuletzt versterbenden Ehegatten 32 steht der Auslegung des Testaments iS des § 2269 schon deswegen nicht entgegen, weil sie, wörtlich genommen, rechtlich unmöglich ist (RG JR 1925 Nr 1016; OLG Frankfurt OLGZ 1972, 122; RGRK-BGB-JOHANNSEN RdNr 8). Zur Abgrenzung Vorerbschaft/ Nießbrauchsvermächtnis s RdNr. 38.

Der »**Alleinerbe**« (Gegensatz: Miterbe) ist nicht dasselbe wie der »**Vollerbe**« (Ge- 33 gensatz: Vorerbe). Die Berufung des überlebenden Ehegatten zum »Alleinerben«

schließt die Annahme von Vor- und Nacherbfolge nicht aus; denn auch der alleinige Vorerbe ist ein Erbe (OLG Köln HEZ 3, 36). Freilich ist der Ausdruck »Vollerbe« bei Laien nicht sehr gebräuchlich, und es kann sein, dass solche die Bezeichnung »Alleinerbe« oder »ausschließlicher Erbe« (was eindeutiger ist) wählen, um den Gedanken an eine bloße Vorerbschaft auszuschließen, weil sie dem Bedachten die Stellung eines Vollerben einräumen wollen (SCHIEDERMAIR DR 1939, 937). Unter »**Schlusserben**« sind regelmäßig die Erben des Letztversterbenden der beiden Ehegatten zu verstehen; jedoch ist auch bei diesem Begriff eine Auslegung möglich. Diese kann auch dazu führen, dass eine gegenseitige Vollerbeneinsetzung der Ehegatten nur deshalb unterblieb und daher im Wege der Auslegung anzunehmen ist, weil sie zufolge der vorgenommenen »Schlusserben-«Einsetzung als selbstverständlich vorausgesetzt worden ist (BayObLG NJW 1967, 1136; STAUDINGER-KANZLEITER RdNr 30). Der Begriff des **Universalerben** ist auslegungsfähig; darunter wird zwar regelmäßig ein Alleinerbe verstanden (quantitativer Unterschied zum Miterben), dies kann aber auch nur ein Vorerbe sein (BayObLGZ 1997, 59, 65 f).

**34** Gerade bei der Anordnung einer Vor- und Nacherbfolge in gemeinschaftlichen Testamenten werden oftmals **konstruktive Fehler** gemacht, die zu einem erheblichen Regelungsdefizit führen (vgl LANGE-KUCHINKE § 24 IV 1 f): Wird von jedem Ehegatten hinsichtlich seines Nachlasses nur angeordnet, dass der längerlebende Ehepartner Vorerbe ist, ein Dritter aber Nacherbe ist, so fehlt es hinsichtlich des Nachlasses **des Längerlebenden** an einer ausreichenden **Erbeinsetzung**. Denn beim Tod des Erstversterbenden wird dessen Vorerbeneinsetzung durch den Überlebenden unwirksam (§ 1923 Abs 1), was auch zum Wegfall der Nacherbeneinsetzung des Dritten führt. Hier hilft die neuere Rspr mit einer großzügigen Auslegung, dass der Dritte als Nacherbe des Nachlasses des Erstversterbenden über die Auslegungsregel des § 2102 Abs 1 zugleich Ersatzerbe und damit auch als Schlusserbe des Nachlasses des Längerlebenden anzusehen ist. Denn die Einsetzung zum Nacherben ist stets an die Bedingung geknüpft, dass der als Vorerbe Bedachte den Erblasser überlebt (BGH FamRZ 1987, 475, 476; ZEV 1999, 26 [unter Verwechslung, wer eigentlich wen zum Ersatzerben beruft]; KG OLGZ 1987, 1, 5 = NJW-RR 1987, 451; zustimmend NEHLSEN-V STRYK DNotZ 1988, 147; OLG Hamburg FGPrax 1999, 225 = ZEV 2000, 103 [LS]; OLG Hamm NJW-RR 1993, 1225 = JZ 1994, 628 m Anm MUSCHELER; OLG Köln ZEV 2000, 232, 233 = MittBayNot 2000, 238; OLG Jena FamRZ 1994, 1208; OLG Oldenburg FamRZ 1999, 1537 = MDR 1999, 232; OLG Hamm FamRZ 2002, 201, 202; MünchKomm-GRUNSKY § 2102 RdNr 3; LANGE-KUCHINKE § 24 IV 1 f α mwN; M RUDOLF § 2 RdNr 149 ff; aM OLG Karlsruhe FamRZ 1970, 255; OLG München JFG 15, 246). Wegen dieser Rspr ist auch eine solche »verunglückte« Verfügung gerade kein Indiz dafür, dass von den Ehegatten eigentlich die Einheitslösung gewollt war. Vorrangig bleibt aber auch in diesen Fällen die individuelle Auslegung (BayObLG FamRZ 1992, 476, 477). War die durch das Vorversterben entfallene Nacherbensbestimmung wechselbezüglich (§ 2270) zu der wirksam gewordenen Nacherbeneinsetzung, so ist idR davon auszugehen, dass auch die nach den vorstehenden Grundsätzen angenommene Schlusserbeneinsetzung dies ist (LANGE-KUCHINKE § 24 IV 1 f β). Dagegen enthält im Anschluss an eine Einsetzung des anderen Ehegatten zum Vorerben die Wendung, »zum Ersatzerben, also insbesondere auch zum Erben in dem Fall, dass ich nach meinem Ehemann versterbe, ernenne ich ...« auch eine Schlusserbenbestimmung (vgl LG München I FamRZ 1999, 533, 534).

## 5. Vermögenslosigkeit eines Ehegatten

Der Umstand, dass ein Ehegatte vermögenslos ist oder doch ein erheblich geringeres Vermögen besitzt als der andere, wurde in der älteren Rechtsprechung öfters zu Gunsten der Annahme von Vor- und Nacherbfolge verwertet, weil in solchen Fällen der andere (reichere) Ehegatte uU Wert darauf lege, dass die Substanz seines Vermögens unvermindert auf den Dritten übergehe (RGZ 79, 278; KG DNotZ 1955, 408; 1956, 406, 410; aM freilich RG Recht 1914 Nr 944). In neuerer Zeit wird diesem Umstand geringere Bedeutung beigemessen. So erklärt BayObLGZ 1966, 49 = NJW 1966, 1223 (ähnlich BayObLG FamRZ 1984, 211), die Vermögenslosigkeit des überlebenden Ehegatten allein zwinge nicht zur Annahme von Vor- und Nacherbschaft, könne allenfalls als ein Hinweis auf eine solche Anordnung aufgefasst werden (vgl PALANDT-EDENHOFER RdNr 8). Vielmehr besteht auch bei unterschiedlich großem Vermögen der Ehegatten die Möglichkeit, dass diese dies doch wirtschaftlich als einheitliches sehen und damit auch eine erbrechtlich einheitliche Behandlung im Sinne der Einheitslösung wollen. Entscheidend sind daher letztlich immer die Umstände des Einzelfalls; lässt sich im Wege der individuellen Auslegung kein Erblasserwillen eindeutig ermitteln, dann findet durch die Auslegungsregel des § 2269 die Einheitslösung Anwendung (MünchKomm-MUSIELAK RdNr 20). Denn dieser liegt auch der Gedanke zu Grunde, dem Überlebenden eine freiere Stellung einzuräumen, was idR dem Willen des Ehegatten entspricht (STAUDINGER-KANZLEITER RdNr 32).

## 6. Verweisung auf die gesetzliche Erbfolge

Die in einem gemeinschaftlichen Testament enthaltene Anordnung »bezüglich unseres übrigen Nachlasses verbleibt es bei den gesetzlichen Bestimmungen« ist auslegungsfähig; sie kann, muss aber nicht eine testamentarische Einsetzung der gesetzlichen Erben enthalten (BayObLGZ 1965, 53 = NJW 1965, 916). Ordnen die Ehegatten an, dass ihr (beiderseitiges) Vermögen nach dem Tode des Letztversterbenden an ihre (beiderseitigen) Verwandten oder ihre (beiderseitigen) gesetzlichen Erben fallen solle, so ist nach § 2269 im Zweifel anzunehmen, dass die Bedachten das beiderseitige Vermögen, soweit es beim zweiten Erbfall noch vorhanden ist, als Vollerben des letztversterbenden Ehegatten (somit als Schlusserben) einheitlich, also ohne Rücksicht auf seine Herkunft von dem Mann oder von der Frau, erhalten sollen (PLANCK-GREIFF Abs 2 S 2d; PALANDT-EDENHOFER RdNr 6). Durch Auslegung ist dann weiter festzustellen, ob die Bedachten nach Kopfteilen berufen sind (vgl § 2091) oder ob – was wohl vorzuziehen sein dürfte – das restliche Gesamtvermögen auf die beiden Personengruppen je zur Hälfte oder auch nach dem Verhältnis der Werte der beiderseitigen Vermögen zu verteilen ist (vgl §§ 2066, 2067; BGH LM Nr 2 zu § 2270; BayObLGZ vom 22. 1. 1952 II 216/51; RGZ 79, 278; STAUDINGER-KANZLEITER RdNr 37; vgl oben RdNr 16). Maßgebend sind im Zweifel die Werte zur Zeit des zweiten Erbfalls (KG JW 1934, 1423; KIPP-COING § 79 Fn 13). Die Bestimmung der einzelnen bedachten Personen (innerhalb der Gruppen der Verwandten oder der gesetzlichen Erben) und die Festsetzung ihrer Erbteile kann in solchen Fällen aber auch dem überlebenden Ehegatten überlassen werden (OLG Oldenburg OLGZ 6, 178; BayObLGZ vom 22. 1. 1952 II 216/51; STAUDINGER-KANZLEITER RdNr 36), denn dies verstößt nicht gegen § 2065 Abs 2, weil der überlebende Ehegatte gerade bei der Einheitslösung Vollerbe des erstversterbenden Ehegatten ist, sodass er bei der Bestimmung der einzelnen Erben oder ihrer Erbteile über seinen eigenen Nachlass verfügt (RGRK-BGB-JOHANNSEN RdNr 30). Vielmehr handelt es sich um eine (spezifizierte) Freistellungsbefugnis.

37 In jedem Fall kommen als Schlusserben oder Nacherben die Verwandten oder gesetzlichen Erben des erstverstorbenen Ehegatten in Betracht, die zur Zeit des zweiten Erbfalls seine gesetzlichen Erben wären (§§ 2066, 2067, 2104; vgl Mot V 338; OLG München JFG 14, 471).

### 7. Zuweisung von Verwaltungs- und Besitzrechten, reine Ertragsbeteiligung

38 Bestimmen die Ehegatten, der Überlebende von ihnen solle bis an sein Lebensende den vollen Besitz und Genuss oder die Verwaltung und den Genuss des gemeinschaftlichen Vermögens behalten und zur freien Verfügung unter Lebenden befugt sein, bei seinem Tode soll dann der noch vorhandene beiderseitige Nachlass an die Kinder fallen, so ist der überlebende Ehegatte **Vollerbe**, nicht nur befreiter Vorerbe (RGZ 113, 234, 240; KGJ 20, 288; KG DNotZ 1942, 223; aM MünchKomm-MUSIE-LAK RdNr 19: Auslegung in beiden Richtungen offen). Wenn jedoch die Eheleute sich nur das Recht der Verwaltung und die Nutzziehung am Nachlass des erstversterbenden Ehegatten zuwenden, dann ist entweder Vor- und Nacherbfolge oder **Testamentsvollstreckung** nebst **Nießbrauchsvermächtnis** anzunehmen (RG OLGZ 21, 337; OLG Darmstadt OLGZ 34, 291; PALANDT-EDENHOFER RdNr 7; anders KG OLGZ 32, 70; 43, 397). Für die Auslegung ist dabei nicht der buchstäbliche Wortlaut, sondern der eigentliche Wille des Testierenden maßgeblich (STAUDINGER-BEHRENS § 2100 RdNr 15 ff; SCHLIEPER MittRhNotK 1997, 249, 251). Daher kann trotz der Verwendung der Begriffe Vor- und Nacherbschaft ein Nießbrauchsvermächtnis gewollt sein. Dann muss allerdings beabsichtigt sein, dass dem längerlebenden Ehegatten das Eigentum am Nachlass, wenn auch nur auf Zeit und mit den hier kennzeichnenden Verfügungs- und Verwaltungsbeschränkungen, zufallen soll. Für eine Vor- und Nacherbschaft spricht auch, wenn es heißt, dass der überlebende Ehegatte nur gemeinschaftlich mit dem als Erben eingesetzten Dritten den Nachlass verwalten darf oder wenn den Kindern der Erblasser ein Überwachungsrecht eingeräumt ist (RGZ 60, 115; SOERGEL-M WOLF RdNr 11); soll der Dritte aber nicht am Nachlass beteiligt sein, so kommt allerdings nur Testamentsvollstreckung in Frage. Lässt sich nach dem wahren Wille des Testierenden nicht ermitteln, ob Vorerbschaft oder Nießbrauchsvermächtnis gewollt war, so kann für die ergänzende Auslegung auch herangezogen werden, welche Alternative erbschaftsteuerlich günstiger wäre, wobei dies idR für die Nießbrauchsvariante spricht (BayObLG NJW 1960, 1765, 1766 [allerdings noch zum alten ErbStG]; Rpfleger 1981, 64).

39 Die **Trennungslösung** (Vor- und Nacherbfolge) wird im Allgemeinen anzunehmen sein, wenn der überlebende Ehegatte nur über den Ertrag des Nachlasses des Erstversterbenden verfügen, die Substanz also nicht antasten darf (KG DFG 1936, 34). Verbleiben immer noch Auslegungszweifel, so ist auch insoweit die Auslegungsregel des § 2269 anwendbar (LANGE-KUCHINKE § 24 IV 1 b; MünchKomm-MUSIELAK RdNr 19).

## V. Die Einheitslösung

### 1. Rechtslage zu Lebzeiten beider Ehegatten

40 Zu Lebzeiten beider Ehegatten sind sie durch das gemeinschaftliche Testament in der Verfügung über ihr Vermögen unter Lebenden in keiner Weise beschränkt (RG LZ 1920, 698). Findet ein Ehegatte, dass eine solche Verfügung mit den Beweggründen oder Zielen ihres gemeinschaftlichen Testamentes nicht vereinbar sei, so

kann er seine in dem gemeinschaftlichen Testament enthaltenen letztwilligen Verfügungen jederzeit widerrufen (PLANCK-GREIFF VII zu § 2271; § 2271 Abs 1 S 1). In der Verfügung von Todes wegen ist zu Lebzeiten beider Ehegatten jeder von ihnen grundsätzlich frei, jedoch ist der einseitige Widerruf einer wechselbezüglichen Verfügung an eine besondere Form gebunden (§ 2271 Abs 2) und außerdem muss der widerrufende Ehegatte in Kauf nehmen, dass dann auch die entsprechenden Verfügungen des anderen Ehegatten, insbesondere auch die ihn begünstigenden, außer Kraft treten (§ 2270 Abs 1). Einen Überblick über die Vor- und Nachteile der Einheitslösung aus der Sicht der Kautelarpraxis gibt GROLL-EDENFELD, Praxis-Handbuch B VII RdNr 33 ff.

## 2. Rechtslage nach dem 1. Erbfall

Nach dem ersten Erbfall (Tod des erstversterbenden Ehegatten) gestaltet sich die Rechtslage folgendermaßen: **41**

### a) Die Rechtsstellung des überlebenden Ehegatten

Bei der Einheitslösung wird der überlebende Ehegatte Vollerbe, nicht bloß Vorerbe des Erstversterbenden (RGZ 79, 277; 160, 109, SCHIEDERMAIR DRW 1939, 937). Über das ererbte Vermögen kann er grundsätzlich ebenso frei verfügen wie über sein eigenes (s aber RdNr 40). Das von dem verstorbenen Ehegatten stammende Vermögen vereinigt sich mit dem des überlebenden Ehegatten zu einem einheitlichen Vermögen, das bei dessen Tod – soweit noch vorhanden – geschlossen auf den »Dritten« als Erben (Vollerben) des überlebenden Ehegatten (nicht Nacherben des erstverstorbenen Ehegatten) übergeht; man bezeichnet den oder die Dritten auch als »Schlusserben« (RGZ 58, 64; KG KGJ 26, A 51). **42**

### aa) Nachlass des Erstversterbenden

Als Vollerbe kann der überlebende Ehegatte unter Lebenden grundsätzlich frei über den Nachlass des verstorbenen Ehegatten verfügen (KG OLGZ 36, 237; OGHZ 2, 160). § 2286 ist entsprechend anzuwenden (§ 2286 RdNr 6; BGH DNotZ 1965, 357). Die Beschränkungen der Verfügungsbefugnis des Vorerben (§§ 2113 ff) gelten hier nicht (RGZ 56, 64). Als Vollerbe ist der überlebende Ehegatte auch freier gestellt als der befreite Vorerbe; denn im Gegensatz zu diesem (§§ 2136, 2137, 2113 Abs 2) darf er grundsätzlich auch Gegenstände aus dem Nachlass des anderen Ehegatten verschenken. Wenn freilich seine Berufung zum Erben des erstversterbenden Ehegatten wechselbezüglich ist zu seinen eigenen letztwilligen Anordnungen (§ 2270), darf der überlebende Ehegatte keine beeinträchtigenden Schenkungen iS der §§ **2287, 2288** machen (sei es aus dem Nachlass des erstverstorbenen Ehegatten, sei es aus seinem sonstigen Vermögen). Denn die §§ 2287, 2288 sind auf unwiderruflich gewordene, wechselbezügliche Verfügungen des gemeinschaftlichen Testaments **entsprechend** anzuwenden (BGHZ 31, 13, 16; 82, 274; PALANDT-EDENHOFER § 2287 RdNr 3). Eine Ausnahme von diesem Grundsatz ist aber angezeigt, wenn dem überlebenden Ehegatten in dem gemeinschaftlichen Testament völlige Verfügungsfreiheit, insbesondere auch die Freiheit zur Errichtung abweichender letztwilliger Verfügungen, eingeräumt ist (BGH vom 8. 10. 1953, IV ZR 20, 53; eingehend zum Änderungsvorbehalt § 2271 RdNr 56 ff). Sind mehrere Schlusserben berufen, so steht der Anspruch gegen den Beschenkten nach § 2287 nicht allen Miterben zur gesamten Hand zu, vielmehr kann jeder Schlusserbe die Herausgabe eines seinem Erbteil entsprechenden Teiles des Geschenkes fordern (RGZ 77, 7; BGH FamRZ 1961, 78; PALANDT-EDENHOFER § 2287 RdNr 12). Eingehend zu den Fragen der §§ 2287, 2288 s Erl dort, auch zur sog Aushöhlungsnichtigkeit nach der früheren Rechtsprechung. Der Anspruch ist nicht dadurch ausgeschlossen, dass der Schlusserbe nur **43** auf das nach dem 2. Erbfall noch vorhandene Vermögen eingesetzt war; denn diese Beschränkung ist bei der Einheitslösung gegenstandslos, weil der Vollerbe begrifflich nur das erwirbt, was beim 2. Erbfall vom Vermögen des Letztversterbenden noch vorhanden ist (§ 1922; RG Recht 1926 Nr 2147).

### bb) Eigenes Vermögen

**44** Über sein »eigenes« Vermögen, also über alles, was er nicht von dem erstverstorbenen Ehegatten erlangt hat, kann der überlebende Ehegatte unter Lebenden grundsätzlich frei verfügen. Diese Verfügungsbefugnis kann auch nicht in dem gemeinschaftlichen Testament beschränkt werden (§ 137; BGHZ 12, 115, 123; PLANCK-GREIFF VII zu § 2271). Schranken ergeben sich nur in Ausnahmefällen aus den allgemeinen Vorschriften der §§ 134, 138, 826 (zu § 826 s § 2286 RdNr 13), sowie mittelbar durch die entsprechende Anwendung der §§ 2287, 2288.

**45** Erbrechtlich ist der überlebende Ehegatte an seine wechselbezüglichen Verfügungen gebunden, dh er kann und darf sie nur ausnahmsweise durch eine neue Verfügung von Todes wegen widerrufen, aufheben oder zu Ungunsten des Bedachten ändern bei

(1) Ausschlagung des ihm Zugewendeten (§ 2271 Abs 2 S 1, HS 2);
(2) Verfehlungen des Bedachten (§§ 2271 Abs 2 S 2, 2294, 2333 ff);
(3) vorzeitigem Tod des Bedachten (§§ 1923, 2160, 2069);
(4) Ausschlagung seitens des Bedachten (§§ 1953, 2180 Abs 3);
(5) Zuwendungsverzicht des Bedachten (§ 2352);
(6) Erbunwürdigkeit des Dritten (§ 2344);
(7) erfolgreicher Anfechtung der wechselbezüglichen Verfügungen durch den überlebenden Ehegatten selbst (§§ 2078, 2281 entsprechend);
(8) erfolgreicher Anfechtung der wechselbezüglichen Verfügungen des verstorbenen Ehegatten durch ihn selbst, durch den überlebenden Ehegatten oder durch Dritte;
(9) Änderungsvorbehalten (Freistellungsklauseln, vgl § 2271 RdNr 56 ff).

**46** Zu beachten ist, dass in den Fällen (3) bis (6) der Erblasser nur dann seine Testierfreiheit wiedergewonnen hat, wenn **kein Ersatzberufener** infolge einer Auslegung oder gesetzlicher Auslegungsregel an seine Stelle tritt. In den Fällen von (1) und (7) und (8) kommt es grundsätzlich wegen § 2270 Abs 1 auch zum Wegfall der anderen, wechselbezüglichen Verfügung, mag diese für den Längerlebenden aber auch zunächst günstig gewesen sein.

### b) Rechtsstellung des Dritten

#### aa) Anwartschaft oder tatsächliche Aussicht vor dem Erbfall

**47** Anders als beim Erbvertrag, der ein echter Vertrag ist, gründet sich die Rechtsstellung des bedachten Dritten nicht auf einen solchen, seine wechselbezügliche Bedenkung ist kein Vertrag zugunsten Dritter (§ 328). Auch wenn nach dem Tod des ersten Ehegatten hinsichtlich der **wechselbezüglichen Verfügungen** eine Bindungswirkung eintritt, so besteht diese nicht aufgrund eines Rechtsverhältnisses mit dem Dritten selbst, sondern beruht allein auf der Beziehung mit dem Erstverstorbenen. Die sich aus der Bindung ergebenden Wirkungen sind vielmehr nur ein Reflex derselben (LANGE-KUCHINKE § 24 VI 7 a). Trotzdem wird diese Rechtsstellung des bedachten Dritten (Schlusserbe, Schlussvermächtnisnehmer) vor dem zweiten Erbfall auch bei der Einheitslösung vielfach als Anwartschaft bezeichnet (OLG Karlsruhe FamRZ 1989, 1351; OLG Düsseldorf NJW 1957, 226; ZEV 1996, 310, 312 f; JAUERNIG/STÜRNER RdNr 6; PALANDT-EDENHOFER RdNr 11; SCHLÜTER RdNr 372; 2. Aufl RdNr 28; dem zuneigend, aber letztlich offen lassend BGHZ 37, 319, 323 [zu einer Feststellungsklage]; ebenso

BGH ZEV 1998, 22). Ein echtes **Anwartschaftsrecht,** als Vorstufe zum Erwerb eines Rechts, kann ihm allerdings sicherlich nicht zugebilligt werden (ebenso ERMAN-M SCHMIDT RdNr 1; V LÜBTOW II 625; SOERGEL- M WOLF RdNr 23; STAUDINGER-KANZLEITER RdNr 14; WÜBBEN, Anwartschaftsrechte im Erbrecht [2001] 344 f [wegen fehlendem Verkehrsbedürfnis für Übertragbarkeit]; BAMBERGER-ROTH-LITZENBURGER RdNr 24; aM STAUDINGER-WUFKA [2001] § 312 RdNr 35, wenn keine Änderungs- und Rücktrittsvorbehalte mehr bestehen). Kennzeichen eines solchen ist zutreffender Weise die selbständige Übertragbarkeit und die ausreichende Sicherung dieser Rechtsposition (FORKEL, Grundfragen der Lehre vom privatrechtlichen Anwartschaftsrecht [1962] 104 ff, 116 ff; STAUDINGER-BORK [1996] Vorbem 68 zu §§ 158 ff; auf die bloße selbständige Verfügbarkeit stellt WÜBBEN 54 ff mit ausführlicher Darstellung des Streitstands ab; s auch § 2286 RdNr 7 zur gängigen Definition des Anwartschaftsrechts), wenngleich das Anwartschaftsrecht sicherlich nicht als fest umrissener Rechtsbegriff zu verstehen ist, sondern im Wege einer typologischen Betrachtung bestimmt werden muss (WÜBBEN 59 f). Hier fehlt es aber an beidem. Gerade ein Vergleich mit der Rechtsstellung des Nacherben bei der Trennungslösung des gemeinschaftlichen Testaments, dem ein Anwartschaftsrecht zugebilligt wird (RdNr 56), macht deutlich, dass seine Rechtsposition sehr viel schwächer ist: Auch nach Eintritt des ersten Erbfalls kann der bedachte Dritte bei der Einheitslösung seine Rechtsstellung nicht übertragen (§ 311 b Abs 4 nF, früher § 312; BGHZ 37, 319, 324 [ausdrücklich für Schlusserben]; BGH NJW 1974, 43, 44; BGHZ 104, 279; OLG Düsseldorf aaO; JAUERNIG-STÜRNER RdNr 6). Etwas anderes ergibt sich auch nicht aus der neueren Rspr des BGH, wonach nunmehr Erbschaftsverträge nach § 311 b Abs 5 nF auch über gewillkürte Erbteile bis zur Höhe des gesetzlichen Erbteils zulässig sind (vgl dazu BGHZ 104, 279 = NJW 1988, 2726). Denn nach immer noch hM wirken solche Vereinbarungen nur schuldrechtlich und dingliche Verträge über den Nachlass eines Dritten sind zu dessen Lebzeiten nicht möglich (BGHZ 37, 319; 104, 279, 280; SCHLÜTER RdNr 654; PALANDT-HEINRICHS § 311b RdNr 75; STAUDINGER-WERNER [1995] § 2033 RdNr 5; aM STAUDINGER-WUFKA § 312 RdNr 31 ff; zustimmend WÜBBEN 343 f; offen lassend, aber der Übertragbarkeit zuneigend LIMMER DNotZ 1999, 927, 932). Die Position des Schlusserben ist daher auch nicht pfändbar (§ 851 ZPO) und nicht verpfändbar, sie fällt im Falle des Vorversterbens des Bedachten ganz weg und bezieht sich grundsätzlich nur auf das Vermögen, das im Schlusserbfall dann noch übrig ist, soweit nicht in Ausnahmefällen Ansprüche nach §§ 2287 f eingreifen. Im Übrigen ist der Längerlebende zur Verfügung über das Vermögen frei. Daneben besteht eine weitreichende Selbstanfechtungsmöglichkeit des längerlebenden Ehegatten (§ 2078 Abs 2), die die Bindung an die wechselbezügliche Verfügung beseitigen kann und dann die freie Verfügung über den ganzen Nachlass, einschließlich des Vermögens des Erstversterbenden, ermöglicht. Man wird daher besser – wie bei der Rechtsstellung des Vertragserben vor Eintritt des Erbfalls (§ 2286 RdNr 10) – von einer rechtlich begründeten, **tatsächlichen Erwerbsaussicht** sprechen (H LANGE NJW 1963, 1571, 1573; MünchKomm-MUSIELAK RdNr 32; STAUDINGER-KANZLEITER RdNr 14; so offenbar auch SOERGEL-M WOLF RdNr 23 [der eine Anwartschaft bejaht, aber ein Anwartschaftsrecht verneint]; zur ähnlichen Lage beim Erbvertrag s auch HOHMANN, Rechtsfolgen von Störungen ... 39 ff mwN). Mit der Verwendung des schillernden Begriffs der Anwartschaft ist an Rechtsklarheit nichts gewonnen, sodass er vermieden werden sollte (zustimmend WÜBBEN 339 Fn 32; ebenso STAUDINGER-KANZLEITER RdNr 14). Da über die Einzelheiten der Rechtsposition des Schlusserben vor dem zweiten Erbfall im Wesentlichen in Rspr und Lit Übereinstimmung besteht, handelt es sich nur um einen terminologischen Streit (MünchKomm-MUSIELAK aaO), der darin wurzelt, dass die Begriffe Anwartschaft/Anwartschaftsrecht zT unterschiedlich verstanden werden.

### bb) Feststellungsklage vor dem Erbfall

**48** Eine **positive Feststellungsklage** des Schlusserben gegen den überlebenden Ehegatten zur Klärung der Gültigkeit seiner Erbeinsetzung hält die hM für zulässig (RG HRR 1928 Nr 843; BGHZ 37, 331, 333 = NJW 1962, 1910; ASSMANN ZZP 111 [1998] 357, 370 Fn 54; PALANDT-EDENHOFER RdNr 11; MünchKomm-MUSIELAK RdNr 37; MUSIELAK-FOERSTE, 3. Aufl [2002] § 256 ZPO RdNr 21; ZÖLLER-GREGER, ZPO, 23. Aufl [2002] § 256 RdNr 4; STEIN-JONAS-SCHUMANN, ZPO, 21. Aufl § 256 RdNr 23; RGRK-BGB-JOHANNSEN RdNr 23; EBENROTH RdNr 234; HOHMANN ZEV 1994, 133 f; V LÜBTOW II 625; STAUDINGER-MAROTZKE [1999] § 1922 RdNr 23; die oft zitierte Entscheidung RGZ 169, 98, 99 [mit nationalsozialistischen Begründungen] betraf das gesetzliche Erbrecht). Der Annahme einer Anwartschaft bedarf es hierfür nicht. Denn durch den ersten Todesfall und die damit entstandene Bindung bezüglich der wechselbezüglichen Verfügungen ist ein feststellungsfähiges Rechtsverhältnis iS von § 256 ZPO entstanden (aM STAUDINGER-KANZLEITER RdNr 15; WÜBBEN 340; und besonders LANGE-KUCHINKE § 24 VI 7 b; KUCHINKE FS Henckel [1995] 477, 479 mit beachtlichen Gründen, weil aus der Bindungswirkung sich nur reflexartig rechtliche Beziehungen zum Bedachten ergeben; auch sei der Erblasser dagegen zu schützen,daß zu seinen Lebzeiten Prozesse über seinen Nachlass geführt werden, dazu bereits LANGE NJW 1963, 1572, 1573). Der Klageantrag ist aber nicht auf die künftige Erbenstellung, sondern auf die erbrechtliche Bindung zu richten (STAUDINGER-MAROTZKE, MUSIELAK-FOERSTE je aaO). Voraussetzung ist allerdings weiter das Vorliegen eines **schutzwürdigen Interesses,** etwa bei Anfechtung oder Widerruf. Eine **negative Feststellungsklage** des *längerlebenden Ehegatten* gegen den, der sich künftiger Erbrechte aus dem gemeinschaftlichen Testament berühmt, etwa auf Feststellung, dass das gemeinschaftliche Testament keine Bindung enthalte oder wirksam widerrufen sei oder angefochten worden sei, wird allgemein für zulässig erachtet, zumal hier gerade kein Grund für die Schutzbedürftigkeit des Längerlebenden gegen Überziehung mit Prozessen besteht (OLG Oldenburg FamRZ 1999, 1537, 1538 = MDR 1999, 232; ASSMANN ZZP 111 [1998] 357, 372; LANGE-KUCHINKE aaO; STAUDINGER-MAROTZKE [1999] § 1922 RdNr 26). Die Wirksamkeit einer Anfechtung selbst ist lediglich eine Vorfrage, die gesondert nicht feststellungsfähig ist. Unzulässig ist vor Eintritt des Erbfalls eine Feststellungsklage **zwischen verschiedenen erbrechtlich Bedachten,** etwa wenn es darum geht, ob eine Beeinträchtigung von Rechten aus einer bindenden Verfügung von Todes wegen vorliegt. Denn hier besteht kein Rechtsverhältnis zwischen den Erbprätendenten, da – wie gezeigt – kein Anwartschaftsrecht vorliegt (OLG Karlsruhe FamRZ 1989, 1351, 1353; OLG Celle MDR 1954, 547; LANGE-KUCHINKE § 24 VI 7 c [mit Bezug auf § 311 b Abs 4]; KUCHINKE FS Henckel 485 ff; STAUDINGER-KANZLEITER RdNr 15; STAUDINGER-MAROTZKE § 1922 RdNr 20 f; aA OLG Düsseldorf NJW 1957, 266; MünchKomm-MUSIELAK RdNr 37).

### cc) Weiter gehender Schutz des Schlusserben?

**49** Der Schlusserbe hat auch zu Lebzeiten des überlebenden Ehegatten kein Recht **auf gerichtlichen Schutz** seines Erbanspruchs gegen den **überlebenden Ehegatten,** etwa durch einstweilige Verfügung oder Arrest (§§ 916 Abs 2, 936 ZPO), da es sich nur um eine tatsächliche Erwerbsaussicht handelt, deren Entstehen vor dem Erbfall noch ungewiss ist (STAUDINGER-KANZLEITER RdNr 15; WÜBBEN 341; HOHMANN ZEV 1994, 135 zur vergleichbaren Lage beim Erbvertrag). Nach hM gilt gleiches für die Sicherung des **Anspruchs nach §§ 2287, 2288 gegen den Beschenkten** auch *nach Vornahme* einer beeinträchtigenden Schenkung (KG OLG 21, 363; OLG Koblenz MDR 1987, 935, 936; MünchKomm-MUSIELAK § 2287 RdNr 20; STAUDINGER-KANZLEITER RdNr 15; WÜBBEN 341 f; aM etwa HOHMANN ZEV 1994, 133, 136 für Vertragserben; KUCHINKE FS Henckel 492 f; V LÜBTOW II 437). Da jedoch die Grenzen zwischen bedingtem und damit verfügungsfähigem Anspruch und einem rein künftigen fließend sind, sollte dem Absicherungsinteresse des bindend bedachtem Schlusserben der Vorzug gegeben werden, wenn nach der allgemeinen Lebenserfahrung und dem gewöhnlichen Lauf der Dinge mit der Entstehung des Anspruchs gerechnet werden muss. Einstweilige Verfügung und Arrest (§§ 916, 935 ZPO) sind daher zur Sicherung dieses Anspruchs unter diesen Voraussetzungen zulässig (vgl eingehend § 2287 RdNr 92 f). Unter diesen Voraussetzungen ist auch eine **Feststellungsklage** des bindend bedachten Schlusserben **gegen den Beschenkten** auf Klärung des Anspruchs nach §§ 2287, 2288 möglich (OLG Koblenz MDR 1987, 935; HOHMANN ZEV 1994, 133, 135 f; V LÜBTOW II 623; LANGE-KUCHINKE § 24 VI 7 d; KUCHINKE FS Henckel 487 ff; nur im Ausnahmefall für zulässig hält dies OLG München NJW-RR 1996, 328 je zum Erbvertrag; aA MünchKomm-LEIPOLD § 1922 RdNr 80; eingehend § 2287 RdNr 94).

**dd) Nach dem zweiten Erbfall**

Mit dem Tod des überlebenden Ehegatten erwirbt der Schlusserbe das Vermögen **50** des überlebenden Ehegatten zur Zeit seines Todes (§ 1922), zu dem auch das Vermögen des Erstverstorbenen gehört, soweit es beim zweiten Erbfall noch vorhanden ist, einschließlich des Vermögens, das der überlebende Ehegatte nach dem ersten Erbfall hinzu erworben hat (KGJ 26 A 51; OLG Rostock OLGE 30, 222; anders bei der Trennungslösung nach §§ 2130, 2136 ff). Der Dritte kann bei der Einheitslösung nur dann Erbe werden, wenn er den Tod des zuletzt versterbenden Ehegatten erlebt (§ 1923). Stirbt er vorher, so ist seine Berufung zum Schlusserben gegenstandslos, sofern nicht etwa § 2069 eingreift; bei einseitigen Abkömmlingen des zuerst versterbenden Ehegatten trifft § 2069 seinem Wortlaut nach nicht zu; doch wird diese Bestimmung auch in solchen Fällen in der Regel entsprechend anzuwenden sein, da nicht anzunehmen ist, dass die Erblasser die Wirksamkeit der Berufung des Dritten zum Schlusserben davon abhängig machen wollten, wer von ihnen zuerst sterben würde (BayObLGZ 4, 755 = OLG 9, 391; KG KGJ 51, 101, 103; BayObLG NJW-RR 1991, 8, 9 mit Einschränkung s RdNr 14).

Schlägt der überlebende Ehegatte die Erbschaft des Vorversterbenden aus, so kann **51** im Allgemeinen angenommen werden, dass der Dritte auch für diesen Fall als Ersatzerbe eingesetzt ist (§ 2097; KIPP-COING § 79 III 3 d; s RdNr 22). Das gilt besonders, wenn die Ehegatten als Schlusserben ihre gemeinsamen Kinder berufen haben (§ 2069). Zur Ausschlagung des gesetzlichen Erbteils des Ehegatten zur Erlangung der Testierfreiheit s § 2271 RdNr 43.

## VI. Die Trennungslösung

### 1. Rechtslage zu Lebzeiten beider Ehegatten

Zu Lebzeiten beider Ehegatten kann die Berufung des Dritten zum Erben (Nach- **52** erben) von jedem Ehegatten einseitig widerrufen werden, gegebenenfalls mit der Folge, dass auch die Einsetzung durch den anderen Ehegatten unwirksam wird (§§ 2271 Abs 1, 2270 Abs 1). Der Dritte hat weder ein Recht noch eine Anwartschaft auf das Vermögen der Eheleute. Einen Überblick über die Vor- und Nachteile der Trennungslösung aus der Sicht der Kautelarpraxis gibt GROLL-EDENFELD, Praxis-Handbuch B VII RdNr 33 ff.

### 2. Rechtslage nach dem ersten Erbfall
#### a) Rechtsstellung des überlebenden Ehegatten

Bei der Trennungslösung ist der überlebende Ehegatte nur Vorerbe des erstver- **53** sterbenden. Er kann daher nur in beschränktem Umfang **unter Lebenden** über die zum Nachlass des verstorbenen Ehegatten gehörigen Gegenstände verfügen, sofern nicht dieser ihn durch Verfügung von Todes wegen von den gesetzlichen Beschränkungen des Vorerben befreit hat (§§ 2112 ff, 2136 ff).

54 Bei **Verfügungen von Todes wegen** ist der überlebende Ehegatte hinsichtlich seines eigenen Vermögens ebenso an seine wechselbezüglichen Verfügungen in dem gemeinschaftlichen Testament gebunden wie bei der Einheitslösung, wenn keine entsprechenden Freistellungsbefugnisse eingeräumt wurden (§ 2271, oben RdNr 44 f; zu den Freistellungsbefugnissen s § 2271 RdNr 56 ff). Über den Nachlass des verstorbenen Ehegatten kann er durch Verfügung von Todes wegen grundsätzlich nicht verfügen, weil dies ein Verstoß gegen § 2065 wäre (BGH ZEV 1999, 26). Jedoch kann nach ganz hM dem überlebenden Ehegatten in dem gemeinschaftlichen Testament dennoch die Möglichkeit gegeben werden, auch die **Einsetzung des Dritten** zum Erben (Nacherben) zu beseitigen und damit in Verbindung mit einer entsprechenden Freistellungsbefugnis über den beiderseitigen Nachlass anderweitig zu verfügen, insbesondere durch Berufung anderer Personen zu Erben des beiderseitigen Vermögens (BGHZ 59, 220, 222 f = NJW 1972, 1987; BGHZ 2, 35 = NJW 1951, 959 = LM Nr 1 zu 2084 m Anm ASCHER; BGHZ 15, 199, 204; BayObLG FamRZ 1991, 1488 = DNotZ 1992, 520, 522; OLG Frankfurt Rpfleger 1997, 262; RGZ 95, 278 = JW 1920, 286 m zust Anm KIPP; KG DRW 1939, 1443 m Anm VOGELS; allgem hierzu PALANDT-EDENHOFER § 2065 RdNr 8; LANGE-KUCHINKE § 27 I 7 b mwN in Fn 32; FRANK MittBayNot 1987, 231; J MAYER ZEV 2000, 1, 6 f; aM ERMANN- M SCHMIDT § 2065 RdNr 5; BROX RdNr 104; eingehend zum Streitstand WÜBBEN, Anwartschaftsrechte im Erbrecht [2001] 198 ff, der Zulässigkeit auf Grund Rechtsfortbildung annimmt). In einem solchen Fall wird angenommen, dass die Anordnung der Vor- und Nacherbfolge und damit die Berufung des Dritten an die **auflösende Bedingung** geknüpft ist, dass der überlebende Ehegatte nicht anders von Todes wegen verfügt (§ 158 Abs 1). Trifft er aber eine solche abweichende Verfügung, setzt er also andere Personen zu Erben des beiderseitigen Vermögens ein, so fällt die von dem verstorbenen Ehegatten angeordnete Vor- und Nacherbfolge weg, der überlebende Ehegatte ist Vollerbe des Nachlasses des erstversterbenden und damit befugt, auch über das von dem verstorbenen Ehegatten stammende Vermögen von Todes wegen zu verfügen, ohne damit gegen § 2065 zu verstoßen (vgl hierzu auch § 2271 RdNr 70; ausführliche Analyse der in den Formularbüchern hierfür angebotenen Klauseln bei RADKE, Das Berliner Testament ... S 202 ff).

### b) Rechtsstellung des Dritten

55 Mit dem Tode des erstversterbenden Ehegatten erlangt der Dritte als Nacherbe ein veräußerliches und vererbliches Anwartschaftsrecht auf seinen Nachlass (PALANDT-EDENHOFER § 2100 RdNr 11; BGHZ 87, 367; 37, 325; OLG Düsseldorf MDR 1981, 149; BAMBERGER-ROTH-LITZENBURGER RdNr 24). Er kann dieses **Anwartschaftsrecht** entsprechend den Vorschriften des § 2033 auf einen anderen übertragen; er kann auch von Todes wegen darüber verfügen, sofern nicht ein anderer Wille des erstversterbenden Ehegatten anzunehmen ist (§ 2108 Abs 2 S 1). Stirbt der Dritte zwischen dem ersten und zweiten Erbfall, so geht sein Anwartschaftsrecht, sofern nicht ein anderer Wille des erstversterbenden Ehegatten anzunehmen ist, auf den (gewillkürten oder gesetzlichen) Erben des Dritten über (zum Ausschluss der Vererblichkeit des Nacherbenrechts PALANDT-EDENHOFER § 2108 RdNr 3 f; BayObLGZ 1993, 335; J MAYER MittBayNot 1994, 111).

56 Das gekennzeichnete, allgemein anerkannte Anwartschaftsrecht des Dritten erstreckt sich aber nur auf den Nachlass des erstversterbenden Ehegatten. Hinsichtlich des **Nachlasses des überlebenden Ehegatten** hat er bei der Trennungslösung keine andere Stellung als bei der Einheitslösung, dh er hat nur eine tatsächliche Erwerbsaussicht (RdNr 47). Mit dem Tod des überlebenden Ehegatten erwirbt der

Dritte, soweit Schlusserbe und Nacherbe identisch sind, dessen Vermögen als Vollerbe, das des erstversterbenden Ehegatten als Nacherbe. Die beiden Vermögensmassen vereinigen sich nun in seiner Hand. Für eine etwaige Minderung des Vermögens des erstverstorbenen Ehegatten kann er Ersatz verlangen, wenn nicht der zuletzt verstorbene Ehegatte befreiter Vorerbe war (§§ 2130, 2136 ff).

Schlägt der überlebende Ehegatte die Erbschaft des Erstversterbenden aus, so tritt der zum Nacherben berufene Dritte kraft Gesetzes an seine Stelle (§ 2102 Abs 1; KIPP-COING § 79 III 3 d; MünchKomm-MUSIELAK RdNr 42). **57**

## VII. Die Wiederverheiratungsklausel

### 1. Begriff und Zweck

Von einer Wiederverheiratungsklausel spricht man, wenn bestimmt wird, dass im Fall einer erneuten Eheschließung des Längerlebenden der Nachlass des Erstversterbenden ganz oder teilweise den gemeinsamen Kindern, denen des Erstversterbenden oder sonstigen bestimmten Personen zufallen soll oder der überlebende Ehegatte sich mit diesen Personen »auseinander setzen« soll (EBENROTH RdNr 237; PA-LANDT-EDENHOFER RdNr 16). **Zweck** der Wiederverheiratungsklauseln ist daher die Abwanderung des Vermögens des Erstversterbenden an einen fremden Stamm (durch ungewollte Weitervererbung aber auch bei Pflichtteilsgeltendmachung) zu verhindern, die sog **Ausschlussfunktion** (ZAWAR, FS Schippel [1996] 327, 337). Dieser Zweck kann durch Vereinbarung von **Verfügungsbeschränkungen** zu Lasten des Längerlebenden hinsichtlich des Nachlasses des Erstversterbenden gesichert werden. **58**

Wer aus den genannten Gründen eine Wiederverheiratungsklausel will, muss seit In-Kraft-Treten des **Lebenspartnerschaftsgesetzes** (Ges vom 16. 2. 2001, BGBl I 266) zum 1. 8. 2001 bedenken, dass die gleichen Gefahren durch die Begründung einer eingetragenen gleichgeschlechtlichen Lebenspartnerschaft entstehen, und die Klausel auch auf diese Fallkonstellation erweitern; im Übrigen ergeben sich keine sachlichen Unterschiede. Problematisch erscheint demgegenüber, ob bereits vorher verfasste Wiederverheiratungsklauseln im Wege einer *ergänzenden Auslegung* auch den Fall der Begründung einer eingetragenen Lebenspartnerschaft erfassen; im Hinblick auf die mit einer Wiederverheiratungsklausel vom Erblasser angestrebten Ziele, die durch die Begründung einer eingetragenen genauso gefährdet werden, ist dies aber letztlich zu bejahen (s Gutachten DNotI-Report 2002, 33).

Von den Rechtsfolgen der Ausgestaltung lassen sich folgende Grundmuster unterscheiden (vgl etwa EBENROTH aaO; DIPPEL AcP 177 [1977] 349, 352; ZAWAR, FS Schippel [1996] 328 ff, mit Abwägungskriterien 337 ff; etwas populärwissenschaftlich JÜNEMANN ZEV 2000, 81 f):

- Mit der Wiederverehelichung verliert der überlebende Ehegatte sein **Erbrecht vollständig** und der Nachlass des Erstversterbenden fällt im Wege der Erbfolge an die gemeinsamen Kinder oder die sonst bestimmten Personen
- Nach der erneuten Eheschließung verliert der längerlebende Ehegatten nicht seine gesamte Nachlassbeteiligung, sondern es tritt eine Regelung ein, die etwa der **gesetzlichen Erbfolge** entspricht
- Für den Fall der Wiederheirat wird den Kindern ein (aufschiebend bedingtes) Vermächtnis ausgesetzt, etwa gerichtet auf Geldzahlung im Wert der Höhe ihres gesetzlichen Erbteils (sog **Vermächtnislösung**)
- Hinsichtlich des dem Längerlebenden gehörenden **Eigenvermögens** wird dieser mit der Verpflichtung belastet, dieses – wie es ihm zum Zeitpunkt der Wiederverheiratung gehört – an die Kinder aus der ersten Ehe herauszugeben.

§ 2269 BGB 59 | Kommentarteil

Dies kann durch Anordnung eines **Verschaffungsvermächtnisses** geschehen (was mit der Gefahr der Erhebung der Einrede nach § 1992 und der Geltendmachung von Pflichtteilsansprüchen behaftet ist) oder durch eine Übergabeverpflichtung unter Lebenden zugunsten dieser Kinder (§§ 328 ff), die bei Grundbesitz allerdings der Form des § 311 b Abs 1 (früher § 313) bedarf (dazu System Teil aaO, Formulierungsvorschlag s Formular B RdNr 62).

**59** Angesichts der Reichweite derartiger Klauseln stellt sich die Frage, ob dadurch nicht ein unzulässiger Druck auf die Entschließungsfreiheit, ja sogar die grundgesetzlich geschützte Eheschließungsfreiheit des Überlebenden ausgeübt wird, der zur **Sittenwidrigkeit** (§ 138) der Anordnung führt. Jedoch werden derartige Wiederverheiratungsklauseln von der immer noch überwiegenden Literaturmeinung als **zulässig** angesehen, weil der überlebende Ehegatte den möglicher Weise bestehenden Druck, nicht wieder heiraten zu dürfen, in Kauf nehmen müsse, da der Vorverstorbene ein legitimes Interesse daran hat, sein Vermögen seinen Kindern oder Verwandten zu erhalten (so im Ansatz SOERGEL-LORITZ § 2074 RdNr 27; für die Zulässigkeit BROX RdNr 189; FIRSCHING-GRAF RdNr 1.224; KIPP-COING § 79 IV 1; KEUK FamRZ 1972, 9, 13 f; MünchKomm-MUSIELAK RdNr 45; EBENROTH RdNr 237; SOERGEL-M WOLF RdNr 26; BUCHHOLZ, Erbfolge und Wiederverheiratung, 1986, 62 f; AK-SCHAPER § 2100 RdNr 46; LANGE-KUCHINKE § 24 IV 3 b [mit Einschränkung, dass im Einzelfall § 138 eingreifen könne]; SOERGEL-STEIN § 1937 RdNr 27; STAUDINGER-KANZLEITER RdNr 39 ff). Jedoch mehren sich in der Literatur zunehmend die Bedenken gegen eine uneingeschränkte Gültigkeit dieser Gestaltungen (so etwa bei PALANDT-EDENHOFER RdNr 16; CASPAR, Die rechtliche Stellung des auflösend ... Erben, 1992, 49, wenn dem Ehegatten das gesamte enterbte Vermögen entzogen wird; bes auch STAUDINGER-OTTE § 2074 RdNr 42 ff). Eine im Vordringen begriffene Auffassung nimmt etwa dann eine Unwirksamkeit an, wenn die Wiederverheiratungsklausel bewirkt, dass der überlebenden Ehegatte alles verliert und nicht einmal seinen Pflichtteil verlangen kann (SOERGEL-LORITZ § 2074 RdNr 27; zustimmend MünchKomm-LEIPOLD § 2074 RdNr 16; BAMBERGER-ROTH-LITZENBURGER RdNr 27, 39 [Sittenwidrigkeit]). Wegen der §§ 2306 f führt eine Wiederverheiratungsklausel nur dann zum Verlust des Pflichtteils, wenn der überlebende Ehegatte die Ausschlagungsfrist versäumt oder aber einen Pflichtteilsverzicht abgegeben hat. Wenn LANGE-KUCHINKE (§ 24 IV 3 b) auch im letztgenannten, besonders problematischen Fall eine Unwirksamkeit wegen der notariellen Belehrungspflicht (§ 17 BeurkG) verneinen, ist doch zu bedenken, dass es auch hier – wie vom Bundesverfassungsgericht soeben für Eheverträge entschieden (BVerfG NJW 2001, 957 = FamRZ 2001, 343 m Anm SCHWAB; FamRZ 2001, 985) – Fälle gibt, bei denen es wegen einer besonders **einseitigen Aufbürdung von vertraglichen Lasten** und einer **erheblich ungleichen Verhandlungsposition der Vertragspartner** zur Wahrung der Grundrechtsposition beider Vertragsteile nach Art 2 Abs 1 GG Aufgabe der Gerichte ist, durch **vertragliche Inhaltskontrolle** und gegebenenfalls durch Korrektur mit Hilfe der zivilrechtlichen Generalklauseln zu verhindern, dass sich für einen Vertragsteil die Selbstbestimmung in eine Fremdbestimmung verkehre. Insoweit liegt die Situation bei der gemeinsamen Festlegung der Verfügung von Todes wegen in einem gemeinschaftliche Testament, etwa gar flankiert mit einem Pflichtteilsverzicht, anders als bei einer einseitig verfügten Wiederverheiratungsklausel. Die teilweise ebenfalls in der Literatur vertretene Ansicht, nach den Motiven und der **Zielsetzung** des Erblassers zu unterscheiden, ob es ihm darum gehe, Druck auf die Entschließungsfreiheit des Ehegatten auszuüben und ihn länger an sich »zu binden« (unzulässige Strafklausel) oder aber in zulässiger Weise allein um die Nachlasssicherung in der Familie (so etwa MünchKomm-MUSIELAK RdNr 45; V LÜBTOW I 350 [mit schönem Beispiel zu den dann zu beachtenden Formulierungsnuancen]; THIELMANN, Sittenwidrige Verfügung von Todes wegen, 1973, 257 ff; SOERGEL-STEIN § 1937 RdNr 27; ERMAN-M SCHMIDT RdNr 10 [mit Vermutung hierfür, wenn weniger als der gesetzliche Erbteil verbleibt]), **führt zu praktisch nicht lösbaren Abgrenzungs- und Beweisschwierigkeiten, weil meist beide Absichten vorhanden und miteinander verwoben sind** (STAUDINGER-OTTE § 2074 RdNr 43; vgl auch EBENROTH RdNr 237). In der Rspr wird dagegen die Zulässigkeit der Wiederverheiratungsklausel noch überhaupt nicht problematisiert (BGHZ 96, 189; OLG Hamm FamRZ 1994, 250 = ZEV 1994, 365 ohne jede Äußerung; BGH FamRZ 1965, 600 f begnügte sich mit der Feststellung, dass ihre Zulässigkeit [damals noch!] von niemandem in Zweifel gezogen worden ist).

Für die Problemlösung muss man sich am **Zweck** dieser Gestaltung orientieren: Die *Ausschlussfunktion* (s RdNr 58) dient zur Sicherung des nicht gewollten Abwanderns des Vermögens des Erstversterbenden und damit der Abwehr der Störung der von den Ehegatten gemeinsam vorgenommenen Nachlassplanung (dazu etwa BUCHHOLZ, Erbfolge und Wiederverheiratung, 1986, 10; LANGE-KUCHINKE aaO). Betont man den Gedanken der *Altersolidarisierung*, der der Erbeinsetzung der Ehegatten im gemeinschaftlichen Testament als Verfügungsgrund idR zugrunde liegt, so ist es legitim und verständlich, dass für den Fall, dass der längerlebende Ehegatte sich wiederverehelicht, gleichsam die Geschäftsgrundlage der Zuwendung wegfällt und im Interesse der Störungsabwehr gegen fremde Erb- und Pflichtteilsrechte Vorsorge getroffen wird. Zumal sich der Längerlebende ja aufgrund eines eigenen freien Entschlusses aus dieser solidarischen Vermögensgemeinschaft »ausklinkt«. Dahinter muss der Äquivalenzgedanke, dass die Erbeinsetzung auch der Verteilung des bislang angesparten Vermögens an den Längerlebenden dient, zunächst zurücktreten (zum Solidaritäts- und Äquivalenzprinzip als bestimmende Determinanten der Nachlassplanung beim gemeinschaftlichen Testament s Vorbem 7 f zu §§ 2265 ff). Unter dieser Zielsetzung sind die Wiederverheiratungsklauseln grundsätzlich gerechtfertigt, da es sich keineswegs um reine »Zölibatsklauseln« handelt (zutreffend LANGE-KUCHINKE § 24 IV 3 b). Zugleich begrenzt dieser Zweck die Zulässigkeit der inhaltlichen Ausgestaltung der Klauseln: Rechtens sind sie nur insoweit, als dies *zur Abwehr der fremden Erb- und Pflichtteilsrechte* unbedingt **erforderlich** ist. Eine solche Erforderlichkeit ist bei einer Beschränkung des Ehegatten auf eine bis zu seinem Tod dauernde Vorerbenstellung gegeben; unzulässig aber ist, wenn bereits mit der Wiederverheiratung der Nacherbfall eintritt oder der Ehegatte bei der Vermächtnislösung bereits zu diesem Zeitpunkt mit der sofortigen Auszahlung beschwert wird (STAUDINGER-OTTE § 2074 RdNr 42,44; PALANDT-EDENHOFER RdNr 16). Allerdings hat der sofortige Vermögensabfluss bei Wiederverehelichung den Vorteil, dass damit auch alle *Zugewinnausgleichsansprüche* des neuen Ehegatten ausgeschlossen sind; da der Nachlass des Erstversterbenden aber ohnehin zum Anfangsvermögen gehört und die Vorerbschaft beim Zugewinnausgleich nur mit dem Nutzungswert anzusetzen ist (vgl AG Landshut FamRZ 1998, 1233; SCHWAB, Handbuch des Scheidungsrechts, 4. Aufl, 2000, VII RdNr 43), ist die Problematik nicht zu groß, zumal der Längerlebende sich auch dagegen noch durch die Vereinbarung einer modifizierten Zugewinngemeinschaft oder gar Gütertrennung schützen kann, was als einschränkende Bedingung in der Klausel zu bestimmen möglich ist. Einschneidendere Sanktionen erscheinen als zu belastend und daher grundsätzlich nicht gerechtfertigt, es sei denn, sie wirken sich im konkreten Fall wegen des geringen Wertes des Nachlasses oder des großen Eigenvermögens des Längerlebenden nicht nachteilig auf seine Entschließungsfreiheit aus (STAUDINGER-OTTE § 2074 RdNr 44; ähnlich ERMAN-M SCHMIDT RdNr 10).

Das Gleiche gilt für zu **umfangreiche Belastungen**, wenn der längerlebende Ehegatte mehr verliert, als ihm nach dem Gesetz als Erbteil einschließlich des Zugewinns zusteht (so richtig STAUDINGER-OTTE § 2074 RdNr 42, 44); insoweit setzt der *Äquiva-*

*lenzgedanke* der Wiederverheiratungsklausel doch Grenzen. Wird er jedoch auf Lebenszeit wenigstens in Höhe seines gesetzlichen Erbteils Vorerbe, so bestehen aus diesem Gesichtspunkt keine Bedenken; denn seine Entschließungsfreiheit ist hier grundsätzlich durch die Ausschlagsmöglichkeit zur Pflichtteilserlangung (§§ 2306 f, 1371 Abs 3) geschützt; problematisch sind dagegen die Fälle, in denen auf den Pflichtteil und erbrechtlichen Zugewinnausgleich verzichtet wurde (s o). Im Übrigen ist bei der rechtlichen Würdigung der an die Erbeinsetzung anknüpfenden Wiederverheiratungsklauseln zu unterscheiden zwischen gemeinschaftlichen Testamenten, die nach der Einheitslösung zu beurteilen sind, und solchen mit Trennungslösung.

### a) Bei der Trennungslösung

60   In einem gemeinschaftlichen Testament bietet die Wiederverheiratungsklausel keine besonderen konstruktiven Schwierigkeiten. Denn in diesem Fall liegt ohnehin eine Nacherbfolge vor, und es wird lediglich ein weiterer Fall für den Eintritt der Nacherbfolge hinzugefügt: Die Nacherbfolge soll nicht nur beim Tode des überlebenden Ehegatten eintreten (vgl § 2139), sondern gegebenenfalls schon vorher mit der Wiederverheiratung des überlebenden Ehegatten, oder wenn dieser eine Lebenspartnerschaft begründet. Die Wiederverheiratungsklausel führt hier nur uU zu einer **Vorverlegung des Eintritts des Nacherbfalls** (ZAWAR DNotZ 1986, 515), wenn auch sein Eintritt eben unsicher ist. Hier ist die **Nacherbfolge selbst** insgesamt **unbedingt** (PALANDT-EDENHOFER RdNr 18; KG DFG 42, 149); bedingt ist nur, wie bei jeder Nacherbfolge, die Erbeinsetzung der Nacherben (Kinder) und der Eintritt des Nacherbfalls (vgl §§ 2100, 2104, 2105, 2139). Daher ist der – vielleicht etwas unglücklich gefasste – § 2108 Abs 2 S 2 nicht anwendbar. Das bedeutet, dass das Anwartschaftsrecht der Nacherben (Kinder), die etwa während des Schwebezustandes sterben, im Zweifel auf ihre Erben übergeht (§ 2108 Abs 2 S 1; PALANDT-EDENHOFER RdNr 21; LANGE-KUCHINKE § 24 IV 3 c bei Fn 105 b). Auch bei Eintritt des Wiederverheiratungsfalls umfasst an sich die **Nacherbfolge** den **gesamten Nachlass** des erstverstorbenen Ehegatten; soll der Längerlebende seinen gesetzlichen Erbteil behalten, bedarf es hierfür einer ausdrücklichen Anordnung, wie dass er sich mit den Kindern nach den Regeln der gesetzlichen Erbfolge auseinander setzen soll (EBENROTH RdNr 237; NIEDER, Handbuch RdNr 856; aM MünchKomm-MUSIELAK RdNr 47: automatischer Eintritt der Vollerbschaft in Höhe seines gesetzlichen Erbteils, jedoch unter unzutreffenden Bezug auf KIPP-COPING § 79 IV 1 und V LÜBTOW II 918, die beide von einer ausdrücklichen, dahingehenden Anordnung ausgehen); solche bruchteilsmäßigen Beschränkungen der Nacherbfolge sind grundsätzlich möglich (eingehend zu den diesbezüglichen Gestaltungsmöglichkeiten NIEDER aaO). Nach der hier vertretenen Auffassung ist eine solch weitreichende Wirkung der Wiederverheiratungsklausel aber ohnehin unzulässig (RdNr 59).

Daneben kann eine Verschärfung der den Vorerben treffenden **Verfügungsbeschränkungen** angeordnet werden, etwa dass ab der Wiederverheiratung/Begründung der Lebenspartnerschaft alle gesetzlichen Beschränkungen gelten, von denen er vorher befreit war. Nach der hM kann dem Längerlebenden auch ein Nießbrauch an den Erbteilen zugwandt werden, die bei Wiederverheiratung an die Abkömmlinge des Erstversterbenden fallen (LANGE-KUCHINKE § 24 IV 3 c).

### b) Bei der Einheitslösung

61   Wäre das gemeinschaftliche Testament, wenn man von der Wiederverheiratungsklausel absieht, nach der Einheitslösung zu beurteilen, so läge an sich keine Nacherbfolge vor; der überlebende Ehegatte wäre Vollerbe des Erstversterbenden. Dabei ist die Annahme einer Vor- und Nacherbschaft unverzichtbar, um zum einen

hinsichtlich der Erbenstellung die Ausschlussfunktion (RdNr 58) und zum anderen die bestehende Verfügungsbeschränkung zu begründen. Die hM geht dabei von einer **Kombination** einer durch die Wiederverheiratung **auflösend bedingten Vollerbschaft** und einer daneben bestehenden, durch die neue Heirat **aufschiebend bedingten Vor- und Nacherbschaft** aus: Infolge der Wiederverheiratungsklausel bleibt der überlebende Ehegatte zwar primär Vollerbe und wird nur dann, wenn die Bedingung (Wiederverheiratung) eintritt, Vorerbe. Tritt das bedingende Ereignis nicht ein, so verbleibt es bei der primär angeordneten Vollerbschaft und das Nacherbrecht kommt nicht zur Entstehung. Eine solche Kombination ist nach hM rechtlich möglich und wirtschaftlich zur Verfolgung des gewünschten Zwecks sinnvoll (BGHZ 96, 198, 203 = NJW 1988, 59 = DNotZ 1986, 541 m Anm ZAWAR = JR 1986, 155 m Anm BÖKELMANN; RGZ 156, 172, 180 f; KG DNotZ 1935, 827; 1943, 137; OLG München JFG 15, 39; BayObLGZ 1966, 227; OLG Neustadt MDR 1961, 602; PALANDT-EDENHOFER RdNr 17; SIMSHÄUSER FamRZ 1972, 274; HAEGELE Rpfleger 1976, 75; HURST MittRhNotK 1962, 439; HILGERS MittRhNotK 1962, 388; STAUDINGER-KANZLEITER RdNr 42; BAMBERGER-ROTH-LITZENBURGER RdNr 32; aA etwa ASBECK MDR 1959, 897; abweichend BUCHHOLZ, Erbfolge und Wiederverheiratung, 55; zum Streitstand A MEIER-KRAUT NJW 1992, 143 und sehr prägnant ZAWAR FS Schippel 332 ff). Wenngleich dies zunächst sicherlich widersprüchlich wirkt, da Freiheit und Bindung sich prima facie gegenseitig auszuschließen scheinen (V LÜBTOW II 918; ROHDE LZ 1924, 716).

**62** Die logisch allein richtige Deutung ist dies allerdings sicherlich nicht; fast scheint es, dass JHERINGS juristischer Begriffshimmel fröhliche »Urständ« feiert. So werden noch andere Konstruktionen vertreten: Zum einen wird der Bedingungszusammenhang einfach vertauscht: So soll eine **auflösend** bedingte **Vorerbschaft** und zugleich aufschiebend bedingte Vollerbschaft vorliegen: Die Bedingung besteht dann darin, dass der Längerlebende nicht wieder heiratet: Ist das bis zum Tod des überlebenden Ehegatten nicht der Fall, so tritt die Bedingung für die Vollerbschaft ein und löst die Vorerbschaft ab (MünchKomm-MUSIELAK RdNr 52). Entgegen MUSIELAK wird bei dieser Konstruktion allerdings gerade nicht von der Einheitslösung ausgegangen, denn das Regel-/Ausnahmeverhältnis wird dabei anders gefasst: die Ehegatten gingen bei dieser Konstruktion von der überwiegenden Wahrscheinlichkeit der Wiederverheiratung aus; in der Wirklichkeit ist dies wohl anders (ebenso STAUDINGER-KANZLEITER RdNr 43 unter Betonung des Willens des Erblassers). Aber auch einfach aufschiebend bedingte Vor- und Nacherbschaft wird vertreten, um die Vollerbschaft und damit die volle Verfügungsbefugnis für die Zeit bis zur Wiederverheiratung zu erhalten (A MEIER-KRAUT NJW 1992, 143, 145; teilweise ähnlich MünchKomm-MUSIELAK RdNr 55 ff).

**63** Daneben wird die Doppelkonstruktion der hM abgelehnt und angenommen, dass die Wiederverheiratungsklausel die Einheitslösung in eine **Vorerbenlösung verwandelt** (WILHELM NJW 1990, 2857, 2862; ZAWAR NJW 1988, 16; ders, FS Schippel 335 f; LANGE-KUCHINKE § 24 IV 3 d ß; RADKE, Das Berliner Testament ... S 69; ERMAN-M SCHMIDT RdNr 12 und bereits V LÜBTOW II 918 f). Die Anordnung einer Vor- und Nacherbschaft wird als einzige dogmatische Möglichkeit einer bedingten oder befristeten Erbzuwendung angesehen (eingehend auch unter Bezug auf die Entstehungsgeschichte des BGB WILHELM 2860 ff). Die Annahme einer Vorerbschaft ist unverzichtbar, um durch deren Instrumentarium die Zwecke der Wiederverheiratungsklausel zu erreichen (s RdNr 58), insbesondere um den Nachlass gegen einen Verbrauch durch den Längerlebenden zu schützen und die Surrogation nach § 2111 zu ermöglichen (eingehend JÜNEMANN ZEV 2000, 81, 82 ff), nicht aber die Annahme einer bedingten Vollerbschaft (LANGE-KUCHINKE § 24 IV 3 d ß). Sieht man zwischen Vollerbschaft und Vor- und Nacherbschaft nicht ein »*aliud*«-Verhältnis, sondern erkennt man zutreffenderweise, dass die uneingeschränkte Vollerbschaft durch die Anordnungen einer Nacherbschaft lediglich beschränkt ist, also die Vorerbschaft nur ein »minus« zur Vollerbschaft ist, so muss man dieser Auffassung zustimmen (ähnlich wohl bereits v LÜBTOW II 919). Hierfür lässt sich auch die Auslegungsregel des § 2103 anführen, die zwar primär der Abgrenzung zum Vermächtnis dient, aber zugleich klarstellt, dass es bei einer befristeten oder bedingten Erbeinsetzung zur Vor- und Nacherbschaft keine andere gesetzliche Alternative gibt (LANGE-KUCHINKE § 24 IV 3 d ß; dagegen JÜNEMANN ZEV 2000, 81, 83; verkannt auch von MünchKomm-MUSIELAK RdNr 55 ff; dazu noch RdNr 66). Der länger lebende Ehegatte ist daher ab dem Tod des Erstversterbenden Vorerbe, **Nacherbfall** ist allein der **Wiederverheiratungsfall** (oder der nach der Wiederehelichung eintretende Tod des Längerlebenden bei der weniger einschneidenden Ausgestaltung), Nacherben sind die eigentlich sonst als Schlusserben berufenen Personen. Verheiratet sich der Ehegatte bis zu seinem Tod nicht mehr, so fällt die **Bedingung** für den Eintritt des Nacherbfalls **aus** und der Nachlass des Erstversterbenden verbleibt insoweit dem Längerlebenden (WILHELM 2863 unter Bezug auf § 2142 Abs 2, der einen vergleichbaren Fall regelt). Die Beschränkungen der §§ 2113 ff entfallen dann ebenso wie die die Nacherbschaft kennzeichnende Sondererbfolge.

64 Nach all diesen Meinungen stellt sich aber erst mit dem Tod des längerlebenden Ehegatten heraus, ob er über den Nachlass des Erstversterbenden uneingeschränkt verfügen konnte (STAUDINGER-KANZLEITER RdNr 43). Die entsprechenden Verfügungsbeschränkungen sind daher als solche im Grundbuch zu verlautbaren und im Erbschein aufzuführen. Sie stellen daher in der Praxis einen erheblichen Eingriff in die Rechtsstellung des Längerlebenden ein, die oftmals so nicht gewollt war, zumal der Vorerbe nicht von allen Beschränkungen befreit werden kann, insbesondere nicht vom Schenkungsverbot (§ 2113 Abs 2).

### 2. Befreiung des überlebenden Ehegatten

65 Da die Schutzvorschriften der §§ 2113 ff BGB auch für den bedingt eingesetzten Nacherben gelten, unterliegt der überlebende Ehegatte bei den Verfügungen unter Lebenden, solange der Schwebezustand anhält und damit die aufschiebende Bedingung der Wiederverheiratung noch nicht ausgefallen ist, den Beschränkungen der §§ 2113 ff (BGHZ 96, 196; RGZ 156, 181; MünchKomm-GRUNSKY § 2113 RdNr 16; STAUDINGER-KANZLEITER RdNr 43; PALANDT-EDENHOFER RdNr 20). Ob mangels einer ausdrücklichen Regelung der Erblasser den Überlebenden zum befreiten Vorerben einsetzen wollte, ist nicht allgemein, sondern im Wege der **Auslegung** zu ermitteln (BGH NJW 1951, 354; BayObLG NJW 1958, 1683; LANGE-KUCHINKE § 24 IV 3 c Fn 112). Beim Fehlen entgegenstehender Umstände ist nach der hM **Befreiung** anzunehmen (BGH FamRZ 1961, 275; BayObLGZ 1961, 200, 204; 1966, 227; OLG Hamm DNotZ 1972, 96; HURST MittRhNotK 1962, 444; KG JFG 13, 155; SIMSHÄUSER FamRZ 1972, 274; HAEGELE Rpfleger 1976, 75; PALANDT-EDENHOFER RdNr 20; LANGE-KUCHINKE § 24 IV 3 d Fn 112, § 28 VI Fn 232 mwN; ERMAN-SCHMIDT RdNr 12; V LÜBTOW II 920; ZAWAR NJW 1988, 16, 18; BAMBERGER-ROTH-LITZENBURGER RdNr 33; differenzierend hinsichtlich der Substanzerhaltungsvorschriften der §§ 2133 f aus Vertrauensgesichtspunkten STAUDINGER-KANZLEITER RdNr 44; 2. Aufl RdNr 42). Da es den Ehegatten bei Anordnung der Wiederverheiratungsklausel idR nur auf die »Ausschlusswirkung« ankommt, um die Vererbung oder Pflichtteilsgeltendmachung durch den neuen Ehegatten des Längerlebenden und dessen Familie bezüglich des Nachlasses des Erstversterbenden zu verhindern (RdNr 58), ist es mit der hM grundsätzlich gerechtfertigt, mangels eines abweichenden anderen Willens eine Befreiung von den gesetzlichen Beschränkungen anzunehmen (generell gegen eine

Befreiung OLG Stuttgart JFG 6, 162 ff; LG Mannheim MDR 1960, 597; 1. Aufl RdNr 40). Und wegen dieser Zwecksetzung wird entgegen KANZLEITER (aaO) mangels einer anderweitigen Anordnung die Befreiung auch hinsichtlich der disponiblen Vorschriften über die Substanzerhaltung anzunehmen sein. Im Einzelfall kann nach dem Willen der Ehegatten allerdings eine »Komplementierung« der Ausschlusswirkung durch entsprechende Verfügungsbeschränkungen gewollt sein, etwa wenn der Längerlebende ohnehin sehr »labil« war, weshalb dann der Vorerbe allen gesetzlichen Beschränkungen unterworfen ist. Für die Annahme eines solchen Willens wird man aber besondere Anhaltspunkte fordern müssen. Wegen der unterschiedlichen Interessenlage ist aber eine »**tatsächliche Vermutung**« für die Befreiung nicht gerechtfertigt (LANGE-KUCHINKE § 28 VI Fn 232; aM BayObLGZ 1966, 277; OLG Hamm DNotZ 1972, 96; NIEDER, Handbuch RdNr 857; BAUMGÄRTEL-SCHMITZ RdNr 5).

Wegen der trotz der Befreiung iS von § 2136 immer noch verbleibenden Beschränkungen (»dispositionshemmende Vorwirkungen«, BUCHHOLZ 37) sind Versuche gemacht worden, dem Längerlebenden die **Stellung des Vollerben** so lange zu belassen, **bis** er tatsächlich **geheiratet** hat, und zwar soll diese Verfügungsfreiheit für diesen Zeitabschnitt gerade auch bei Wiederverheiratung bestehen bleiben, weil der Bedingungseintritt nicht zurückwirke (MünchKomm-MUSIELAK RdNr 55 ff; A MEIER-KRAUT NJW 1992, 143, 145 f; im Ergebnis ebenso BUCHHOLZ 45 ff; zu diesen Überlegungen auch OTTE AcP 187 [1987] 603, 605). Auch wenn dadurch die Praxistauglichkeit dieser Klauseln erhöht würde, kann der sicherlich wünschenswerte Zweck die von der Mindermeinung vorgeschlagenen gesetzesfernen Mittel nicht »heiligen.« Diese Auffassung ist nämlich mit der bislang einhellig vertretenen Meinung nicht vereinbar, dass es bei einer befristeten oder bedingten Erbenstellung zur Vor- und Nacherbschaft – und sei es nur eine sog konstruktive – keine Alternative im Gesetz gibt (so etwa LANGE-KUCHINKE § 24 IV 3 d ß); auf die Parteivorstellungen (so aber BUCHHOLZ 47 ff) kommt es dabei angesichts der Typenstrenge des Erbrechts nicht an (ebenso RADKE, Das Berliner Testament ... S 69). Diese im Einzelnen nur schwer nachvollziehbare Auffassung MUSIELAKS kann einen gegenteiligen Nachweis nicht erbringen (ebenso ablehnend STAUDINGER-KANZLEITER RdNr 43; ERMAN-M SCHMIDT RdNr 12). Sie beruht auf der Annahme zweier verschiedener Bedingungen: Zum einen einer auflösenden Bedingung der Vollerbschaft mit der Rechtsfolge, dass mit der Wiederverheiratung die Stellung des Vollerben ende und fortan – ex nunc – Vor- und Nacherbschaft gelte; zum anderen einer weiteren Bedingung, die den Eintritt des Nacherbfalls (§ 2139) regele, etwa erst der Tod des Vorerben (MünchKomm-MUSIELAK RdNr 56). Aber diese Auffassung der erst »ex nunc« mit der Wiederverheiratung einsetzenden Vor- und Nacherbschaft verkennt, dass es dann eigentlich keinen Nachlass des Erstversterbenden iS eines Sondervermögens mehr gibt, auf den sich diese Anordnung bezieht. Deutlich wird dies, wenn die Wiederverheiratung erst nach Jahrzehnten erfolgt und der eigentliche Nachlass aufgezehrt ist; denn selbst wenn ordnungsgemäß gewirtschaftet wurde (§ 2130), fällt das mit Mitteln des Nachlasses des Erstversterbenden Erlangte mangels Anwendbarkeit des § 2111 in das Eigenvermögen des Längerlebenden (zutreffend JÜNEMANN ZEV 2000, 81, 83 f). Dies zeigt, dass die hier vertretene Lösung, der Längerlebende werde sofort unbedingter Vorerbe und die Nacherbschaft falle lediglich bei fehlender Wiederverheiratung aus (s RdNr 63), die richtige ist. Eine negative Auswirkung des Theorienstreits ist, dass sich durch die daraus ergebende Rechtsunsicherheit unter dem Grundsatz des »sichersten Wegs« für die Kautelarpraxis die Frage stellt, ob sie solche Klauseln überhaupt noch verwenden kann, bis deren Rechtsfolgen durch die Rspr hinreichend geklärt sind (dazu RADKE, aaO S 64 ff mit eigenem, aber nicht überzeugenden Formulierungsvorschlag).

### 3. Wirkung der Wiederverheiratungsklausel

#### a) Keine Wiederverheiratung

67 Wenn der überlebende Ehegatte nicht mehr heiratet (was naturgemäß erst bei seinem Tode festgestellt werden kann), so lässt sich bei der von der hM angenommenen aufschiebend bedingt angeordneten Vor- und Nacherbschaft nachträglich feststellen, dass er von Anfang an Vollerbe war (BayObLGZ 1961, 206; PALANDT-EDENHOFER RdNr 20; die praktischen Ergebnisse der theoretischen Konstruktionen sind gleich, vgl RdNr 63 f). Dann hat der Schlusserbe nur Anspruch auf das, was beim zweiten Erbfall vom beiderseitigen Nachlass übrig ist (RGZ 156, 181).

#### b) Wiederverheiratung

68 Hinsichtlich der dadurch eingetretenen Rechtsfolgen ist zwischen den verschiedenen Nachlassmassen, die durch die bedingte Nacherbfolge entstehen, zu unterscheiden:

##### aa) Nachlass des Erstverstorbenen

69 Heiratet der überlebende Ehegatte wieder, so steht damit bei der von der hM befürworteten aufschiebend bedingten Anordnung der Vor- und Nacherbschaft fest, dass die Bedingung hierfür eingetreten ist. Zugleich tritt damit im Regelfall der Nacherbfall ein, falls dieser nicht bis zu seinem Tod hinausgeschoben ist, was nach der hier vertretenen Auffassung die einzig zulässige Lösung ist (s RdNr 59). Mit Eintritt des Nacherbfalls hört der überlebende Ehegatte auf, Erbe zu sein, die Erbschaft des vorverstorbenen Ehegatten fällt den Nacherben zu (§ 2139). Diese können von dem überlebenden Ehegatten die Herausgabe der Erbschaft des verstorbenen Ehegatten verlangen. Bei der befreiten Vorerbschaft sind lediglich die noch vorhandenen Erbschaftsgegenstände einschließlich der Surrogate herauszugeben (§§ 2137, 2138); bei der nicht befreiten Vorerbschaft ist maßgebend der Zustand, der sich bei einer bis zur Herausgabe fortgesetzten ordnungsmäßigen Verwaltung ergibt (§ 2130). Der überlebende Ehegatte kann auch keinen Pflichtteil mehr verlangen, selbst wenn er den ganzen Nachlass hätte herausgeben müssen. Denn dazu hätte er sich von der Beschwerung durch die Nacherbfolge bereits nach dem ersten Todesfall durch fristgerechte Ausschlagung befreien müssen (§ 2106 Abs 1 S 2; Münch-Komm-MUSIELAK RdNr 61). Auch eine Anfechtung wegen des Irrtums über den Verlust des Pflichtteilsrechts durch Annahme der belasteten Erbschaft scheidet aus, da es sich um einen unbeachtlichen Rechtsirrtum handelt (LANGE-KUCHINKE § 24 IV 3 e).

##### bb) Bindung an frühere Verfügungen hinsichtlich des Eigennachlasses?

70 Fehlt eine ausdrückliche Regelung in der Verfügung von Todes wegen, so soll es nach ganz hM im Allgemeinen dem wirklichen oder zumindest mutmaßlichen Willen der Erblasser entsprechen, dass der überlebende Ehegatte, der durch seine Wiederverheiratung seine Rechte am Nachlass des verstorbenen Ehegatten zugunsten der Kinder einbüßt, **nicht** an seine letztwilligen Verfügungen über seinen eigenen Nachlass zugunsten der Kinder **festgehalten wird**, dass vielmehr die durch § 2271 verordnete Bindung des Längerlebenden an seine wechselbezüglichen Verfügungen entfällt und er dann abweichende Anordnungen, etwa zugunsten seiner zweiten Familie, treffen kann (BayObLG FamRZ 2002, 640, 641 = ZErb 2002 , 131, 133 m abl Anm HAUSMANN; KG JFG 15, 325, 329 = JW 1937, 2520; JW 1938, 2748; NJW 1957, 1073 = DNotZ 1957, 557; FamRZ 1968, 331 = DNotZ 1968, 666; BayObLGZ 1962, 137; OLG Köln FamRZ 1976, 552; OLG Hamm JR 1987, 376; NJW-RR 1994, 1355 = ZEV 1994, 365; LG Stuttgart BWNotZ 1978, 164; PALANDT-EDENHOFER RdNr 21; MünchKomm-MUSIELAK RdNr 62; BAMBERGER-ROTH-LITZENBURGER RdNr 37; NIEDER, Handbuch RdNr 857; zurückhaltender LANGE-KUCHINKE § 24 IV 3 e [erster Anschein spreche gegen Wegfall der Bindung]; v LÜBTOW II 920; strikt hiergegen DOMKE JW 1937, 2520). Diese Überlegungen wurden auch auf den **Erbvertrag**

übertragen, sodass dort mit der Wiederverheiratung der vertragsmäßige Charakter der Verfügung entfällt und der längerlebende Ehegatte seine Verfügungsfreiheit wiedererlangt (OLG Karlsruhe NJW 1961, 1410; OLG Zweibrücken OLGZ 1973, 217). Ob die Trennungs- oder Einheitslösung gewählt wurde, soll dabei nicht erheblich sein. Die Befreiung von der Bindung wird als Inhalt der Wiederverheiratungsklausel begriffen (MünchKomm-MUSIELAK RdNr 62; aM MUSCHELER JZ 1994, 630, 632). Etwas **anderes** soll nur gelten, sofern der wirkliche oder mutmaßliche **Wille** des Überlebenden darauf gerichtet war, dass in jedem Fall die getroffene **letztwillige Zuwendung aufrechterhalten** bleiben soll (RGRK-BGB-JOHANNSEN RdNr 33). Ein Wegfall der Bindung soll nach hM dabei insbesondere dann anzunehmen sein, wenn die Erblasser in dem gemeinschaftlichen Testament bestimmt haben, der überlebende Ehegatte habe sich im Falle seiner Wiederverheiratung nach den Regeln der gesetzlichen Erbfolge über den Nachlass des erstversterbenden Ehegatten mit den Kindern auseinander zu setzen oder den Kindern Vermächtnisse in Höhe ihrer gesetzlichen Erbteile auszuzahlen (anders hier SOERGEL-M WOLF RdNr 30: Bindung des Längerlebenden an die Erbeinsetzung der Kinder in dem Umfang, in dem er Vermögen aus dem Nachlass des Erstversterbenden erhält). Für die Beantwortung der Frage über die Fortdauer der erbrechtlichen Bindung im Falle der Wiederverheiratung stellt die hM dabei primär auf eine Art »erbrechtliche Gewinn- und Verlustrechnung« ab: »wer sein Erbe verliert, soll auch nichts vererben müssen« (so plastisch BUCHHOLZ, Erbfolge und Wiederverheiratung, 110, in seiner Analyse der Rspr des KG).

Die Gegenansicht betont demgegenüber, dass es um einen **angemessenen Ausgleich** der Interessen des erstversterbenden Ehegatten an der Erhaltung des Familienvermögens und der des Längerlebenden an einem Wegfall der Bindung gehe, um seinen neuen Ehepartner, uU auch weitere Kinder, an dem Vermögen zu beteiligen. Das Verfügungsinteresse des Längerlebenden ist dabei sicherlich um so stärker, je größer das ihm schon immer gehörende Vermögen war oder je mehr Vermögen von ihm erst nach dem Tod des Erstversterbenden neu erworben wurde. Es fehlt daher nicht an Versuchen, das starre Gegeneinander von Bindungswirkung und Bindungsfortfall zu beseitigen und zu differenzierenden Lösungen zu kommen (s die Nachw bei BUCHHOLZ, Erbfolge und Wiederverheiratung, 82 ff). Dabei wird überwiegend mit der Annahme von **Teilbindungen** gearbeitet: So nimmt etwa DIPPEL (AcP 177 [1977] 349, 362 ff) mit der Wiederverheiratung einen Teilwegfall der ursprünglichen Schlusserbeneinsetzung an, jedoch bleibt der Längerlebende insoweit gebunden, als er den erstehelichen Kindern mindestens die gesetzlichen Erbteile zuwenden muss, er kann aber auch mehr als dies. Ähnlich hält SIMSHÄUSER (FamRZ 1972, 273, 278) die Verfügung des Überlebenden in Höhe der gesetzlichen Erbquote weiterhin für bindend. KANZLEITER (STAUDINGER-KANZLEITER RdNr 48 f) differenziert und will die Bindung nur dann ganz entfallen lassen, wenn dem Längerlebenden bei Wiederverheiratung die Vorteile, die ihm beim Tod des Erstversterbenden zugefallen sind, vollständig oder nahezu vollständig entzogen werden. Ansonsten gelangt er zu einem teilweisen Fortbestand der Bindung in Höhe des gesetzlichen Erbteils der Kinder aus erster Ehe (berechnet nach dem dort geltenden Güterstand unter Berücksichtigung der Kinder aus der neuen Ehe) aufgrund differenzierter Interessenbewertung, die denen von BATTES (343 ff: Halbteilungsprinzip) weitgehend entsprechen. BUCHHOLZ (aaO, 96 ff) geht von einem anderen, aber zunächst zutreffenden Ansatz aus: Die Ehegatten haben durch die Wahl einer – wenn auch unvollkommenen – Wiederverheiratungsklausel zu erkennen geben, dass sie den Störfall Wiederverheiratung selbständig im Testament regeln wollten. Grundlage der Problemlösung ist daher für die – oftmals nur erläuternde – Auslegung die von ihnen getroffene Wiederverheiratungsklausel selbst. Deren Inhalt über die Erbfolge nach dem Erstverstorbenen bildet auch den Maßstab für die Erbfolge der gemeinsamen Kinder nach dem Längerlebenden. So ergeben sich differenzierte Lösungen in Abhängigkeit zur gewählten Wiederverheiratungsklausel (S 106 ff).

All dies kann für den Regelfall **nicht überzeugen.** Denn dann würde – insbesondere wenn der längerlebende Ehegatte schon immer der wohlhabendere war – der Wiederverheiratungsfall für ihn auch zum *erbrechtlichen Glücksfall*, durch den er sich entgegen der gemeinsam mit dem ersten Ehegatten getroffenen Nachlassplanung einfach von der sonst *weitreichenden erbrechtlichen Bindung befreien* kann. Insoweit ist an den anderen Bindungsgrund des gemeinschaftlichen Testaments zu erinnern, den **Grundsatz der Solidarität** (s Vorbem 7 f zu §§ 2265 ff), der es auch gebietet, einen entsprechenden Vertrauensschutz zu gewähren und die Bindung an die Verfügung fortbestehen zu lassen, die in gemeinsamer Abstimmung der Ehegatten getroffen wurden (dies im Ansatz zu Recht betonend BUCHHOLZ, aaO, 89). Insoweit ist dem Ausgangspunkt von BUCHHOLZ zuzustimmen, dass die Problemlösung in der Verfügung von Todes wegen enthalten ist, aber doch in viel einfacherer Weise, als er dies annimmt. Es entspricht daher der *nächstliegenden Auslegung* des gemeinschaftlichen Testaments, dass die **erbrechtliche Bindung,** die hinsichtlich der Erbfolge nach dem längerlebenden Ehegatten getroffen wurde, auch **im Falle Wiederverheiratung fortgelten soll.** Zutreffend geht daher JÜNEMANN davon aus, dass sich der Fortbestand der Bindung aus dem im Testament gemeinschaftlich kundgetanen Sicherungsinteresse zugunsten der Abkömmlinge ergibt (ZEV 2000, 81, 85 f). Dies kann auch nicht durch das Argument von BUCHHOLZ widerlegt werden, das Prinzip der Wechselbezüglichkeit gebiete es für den Fall, dass der Längerlebende aufgrund der Wiederverheiratungsklausel weniger erbt, ihn auch weniger erbrechtlich zu binden. Ob und inwieweit Wechselbezüglichkeit besteht, bestimmen allein die Ehegatten (§ 2270 RdNr 17 f). Und hier haben sie sich gerade für eine derartige Entkoppelung des Zuwendungsverhältnisses und damit gegen einen gleichwertigen Zuwendungsaustausch entschieden. Probleme bereitet, wenn die Wiederverheiratungsklausel inhaltlich dahingehend eingeschränkt ist, dass nur ein **Teil des Nachlasses** des Erstversterbenden im Fall der Wiederverheiratung **an die Abkömmlinge** fallen soll, ein Teil aber dem längerlebenden Ehegatten verbleibt. Wie wirkt sich dies auf die Bindung des Längerlebenden hinsichtlich seines Eigennachlasses aus? Lässt sich kein abweichender Wille feststellen, wird man hier das »argumentum a maiore ad minus« anwenden können: Wenn der Erstversterbende schon keine umfassende Sicherstellung seines Nachlasses für den Fall der Wiederverheiratung will, so kann von einer entsprechenden quotalen Freistellungsbefugnis des Längerlebenden zur Verfügung über seinen Eigennachlass ausgegangen werden (zu Details JÜNEMANN ZEV 2000, 81, 86; STAUDINGER-KANZLEITER RdNr 49).

Auf alle Fälle ist es jedoch **dringend zu empfehlen,** eine klarstellende Klausel über den Fortbestand der Bindungswirkung in die Wiederverheiratungsklausel aufzunehmen (RADKE NotBZ 2001, 15, 16 f; *ders*, Das Berliner Testament ... S 85 f).

**71** Aber selbst wenn man der hM folgt, so treten die früheren Verfügungen, wenn sich kein anderer Wille des Erblassers feststellen lässt, **nicht von selbst** mit der Wiederverheiratung **außer Kraft** (keine stillschweigend vereinbarte auflösende Bedingung), vielmehr verlieren sie idR nur dann ihre Wirkung, wenn und soweit der überlebende Ehegatte sie durch eine neue formgerechte Verfügung von Todes wegen aufhebt oder ändert (stillschweigender Änderungsvorbehalt, str; sowie wie hier; ERMAN-M SCHMIDT RdNr 14; MünchKomm-MUSIELAK RdNr 59; PALANDT-EDENHOFER RdNr 21; STAU-

DINGER-KANZLEITER RdNr 50; BROX RdNr 189; HUKEN DNotZ 1965, 729; HUBER Rpfleger 1981, 41, 44; FIRSCHING-GRAF, Nachlaßrecht RdNr 1.223 ff; V LÜBTOW II 921; NIEDER, Handbuch RdNr 857; JÜNEMANN ZEV 2000, 81, 84 f; BAMBERGER-ROTH-LITZENBURGER RdNr 38). Auch über § 2270 Abs 1 lässt sich keine Nichtigkeit der eigenen Verfügungen des Längerlebenden begründen, denn die dazu wechselbezüglichen des Erstversterbenden werden in Folge der Wiederverheiratungsklausel nicht unwirksam, sondern lösen nur andere, ja sogar einvernehmlich festgelegte andere Rechtsfolgen aus (JÜNEMANN ZEV 2000, 81, 84 f).

Die Gegenmeinung nimmt dagegen dann ein **automatisches Gegenstandsloswerden** der Verfügungen des Längerlebenden an, das sich aus einer ergänzenden Auslegung ergibt, wenn kein anderer Wille wegen besonderer Umstände anzunehmen sei (KG NJW 1957, 1053; FamRZ 1968, 331 [wenn auch in concreto anders entschieden]; OLG Hamm NJW-RR 1994, 1355 = ZEV 1994, 365 = MittBayNot 1994, 546 m Anm HOHMANN [im Fall, dass der Ehegatte bei Wiederheirat infolge des Eintritts des Nacherbfalls jegliche Beteiligung am Nachlass des Erstversterbenden verlieren soll]; HAEGELE JurBüro 1968, 90; SIMSHÄUSER FamRZ 1972, 273; SOERGEL-M WOLF RdNr 31 mwN; offen lassend BGH WM 1985, 1178, 1179 = FamRZ 1985, 1123, 1124). Jedoch kann sich durch Auslegung im Einzelfall ergeben, dass die Verfügung von selbst wegfallen soll (MünchKomm-MUSIELAK RdNr 59; LANGE-KUCHINKE § 24 IV 3 e; so auch OLG Hamm NJW-RR 1993, 1225 = JZ 1994, 628 m Anm MUSCHELER). Gegen die automatische Wirkungslosigkeit der letztwilligen Verfügung des überlebenden Ehegatten allein durch die Wiederverheiratung spricht im Regelfall primär die **Möglichkeit einer Aufrechterhaltung des Erblasserwillens:** Nur bei Aufrechterhaltung der Verfügung des überlebenden Ehegatten kann dieser seinen wirklichen Willen noch realisieren: war sein Wille auf Bestehenbleiben der Verfügungen gerichtet, so ist weiter nichts veranlasst; im anderen Falle verbleibt ihm die Möglichkeit einer neuen Verfügung von Todes wegen; hat er indes angenommen, seine Verfügung sei unwirksam, so verbleibt die Möglichkeit der Anfechtung nach § 2078 Abs 2 (LANGE-KUCHINKE § 24 IV 3 e; STAUDINGER-KANZLEITER aaO). Für die **Praxis** ist angesichts der umstrittenen Rechtslage auf alle Fälle dringend anzuraten, dass der längerlebende Ehegatte ausdrücklich den Widerruf erklärt (M RUDOLF § 2 RdNr 92).

**72** Der überlebende Ehegatte verliert die mit der Wiederverheiratung zunächst gewonnene Freiheit in der Verfügung von Todes wegen über sein Vermögen auch dann nicht, wenn er **wieder geschieden** wird (RG DJZ 1934, 281).

**73** Ergibt jedoch die Auslegung, dass die früheren wechselbezüglichen Verfügungen des überlebenden Ehegatten ausnahmsweise ihre bindende Wirkung behalten, so hat er idR **kein** Recht zur **Selbstanfechtung** dieser Verfügungen entsprechend §§ 2281, 2078, 2079, denn die Anordnung der Wiederverheiratungsklausel ist ein erhebliches Indiz dafür, dass dieser Fall bei der Testamentserrichtung gerade bedacht und daher seine Anfechtung ausgeschlossen sein sollte (STAUDINGER-KANZLEITER RdNr 45; BUCHHOLZ, Erbfolge und Wiederverheiratung, 66; aM 2. Aufl RdNr 46), jedoch kann die Auslegung im Einzelfall anderes ergeben.

### 4. Erbschein

**74** Soweit die Wiederverheiratungsklausel in der Anordnung einer (sie es auch nur bedingten) Vor- und Nacherbschaft besteht, ist sie im Erbschein zu vermerken. Die zu wählende Fassung richtet sich nach der jeweiligen rechtlichen Ausgestaltung der Klausel (PALANDT-EDENHOFER RdNr 23). Über die Fassung des Erbscheins bei gemeinschaftlichen Testamenten mit Wiederverheiratungsklausel s FIRSCHING-GRAF

RdNr 4.296 ff (mit Mustern); MUNZINGER SJZ 1950, 67; RIPFEL Rpfleger 1951, 578; ASBECK MDR 1959, 897; HILGERS MittRhNotK 1962, 381, 388; HURST MittRhNotK 1962, 439; HAEGELE Rpfleger 1975, 78.

### 5. Wiederverheiratungsklausel mit Vermächtnisanordnung

**75** Zu überlegen ist auch, ob der Erblasser seinen Kindern oder sonstigen Verwandten für den Fall der Wiederverheiratung des überlebenden Ehegatten nur ein aufschiebend bedingtes Vermächtnis zuwendet. In diesem Fall ist der überlebende Ehegatte von Anfang an Vollerbe, idR fällt mit seiner Heirat den Vermächtnisnehmern, meist Kindern aus der ersten Ehe, das Vermächtnis an, das sich auf einen bestimmten Geldbetrag, bestimmte Gegenstände oder eine bestimmte Quote des Nachlasses beziehen kann, wobei hier eine Vielzahl von Gestaltungsmöglichkeiten eröffnet wird (LANGE-KUCHINKE § 24 IV 3 f; BayObLGZ 1962, 137; OLG Karlsruhe NJW 1961, 1410; PALANDT-EDENHOFER RdNr 19; HURST MittRhNotK 1962, 448 ff; RADKE, Das Berliner Testament..., S 69 ff; NIEDER, Handbuch RdNr 858). Die gewünschte Ausschlussfunktion, ein Abwandern des Vermögens an einen fremden Stamm zu verhindern, wird dabei voll erfüllt (ZAWAR, FS Schippel 337). Allerdings richtet sich die Rechtsstellung des Vermächtnisnehmers nach dem Tod des erstversterbenden Ehegatten gem § 2179 nach den §§ 158, 159, 160, 162, nicht aber nach § 161 (so die hM nach BUNGENROTH NJW 1967, 1357 gegen GUDIAN NJW 1967, 431). Sie ist also hier wesentlich schwächer als bei der Vor- und Nacherbschaftslösung, weil sie keinen dinglich wirkenden Schutz gegen beeinträchtigende Verfügungen des Beschwerten oder seiner Gläubiger bietet, sondern nur Schadensersatzansprüche (ZAWAR, FS Schippel, 329 f).

**76** Umgekehrt bietet diese Gestaltung dadurch die Möglichkeit, dem Längerlebenden eine weitgehend **freie Verfügungsmöglichkeit** zumindest nach außen zu erhalten, indem der Forderungsumfang entsprechend begrenzt wird, etwa auf das im Schlusserbfall noch vorhandene Vermögen des Erstversterbenden (dazu mit entsprechenden Vorschlägen RADKE, Das Berliner Testament ... S 73 ff). Dies ist bei der Lösung über eine Vor- und Nacherbschaft jenseits der Optionen des § 2136 nach hM gerade nicht möglich (ZAWAR NJW 1988, 16, 19 f; ders, FS Schippel 337 ff mit Abwägungsüberlegungen; J WILHELM NJW 1990, 2857, 2864; HAEGELE Rpfleger 1976, 73, 77; für eine Auslegung als Vermächtnis aus diesem Grunde: LG Köln MittRhNotK 1974, 27).

**77** Nach dem Lösungsansatz der Mindermeinung (Stichwort »superbefreiter Vorerbe«, s RdNr 66) ist dies zwar auch im Rahmen der Vor- und Nacherbschaft zu verwirklichen, jedoch hat der Rechtsberater den sichersten Weg zu gehen und wird diese Gestaltung daher bis zum Vorliegen entsprechender zustimmender Rspr vermeiden. Wer jedoch demgegenüber die Rechte der Vermächtnisnehmer stärken will, kann besondere Sicherungsrechte mit vermachen, etwa bei Ansprüchen auf Grundstücksübereignungen das Recht zur Eintragung einer Eigentumsvormerkung (vgl zu Einzelheiten ZAWAR DNotZ 1986, 515).

**78** Aber auch die **Nachteile** der Vermächtnislösung dürfen nicht verkannt werden (übersehen bei GROLL-EDENFELD, Praxis-Handbuch B VII RdNr 83 f): Diese liegen im Konkurrenzverhältnis zwischen Pflichtteil der Schlusserben und der aufschiebend bedingten Vermächtniszuweisung, das durch § 2307 nicht befriedigend gelöst ist: Macht der Pflichtteilsberechtigte seinen Pflichtteil **nicht** binnen der hier geltenden kurzen dreijährigen Verjährung (§ 2332) **geltend**, so muss er natürlich damit rechnen, dass er auch über das Vermächtnis nichts erhält, wenn sich nämlich der längerlebende Ehegatte nicht wieder verheiratet. Anders wäre es bei der Annahme, dass der Pflichtteilsanspruch erst mit dem Vermächtnis zusammen verjährt, was sich nur durch Bejahung eines Pflichtteilsvermächtnisses auf Grund einer entsprechenden Auslegung begründen lässt (dafür in diesen Fällen STRECKER ZEV 1996, 327, 329; abl dagegen zu Recht RADKE, Das Berliner Testament ..., S 78). Angesichts der abweichenden hM ist eine Vereinbarung über die Verlängerung der Verjährungsfrist nach § 202 Abs 2 nF dringend anzuraten, was auch durch Anordnung im Testament geschehen kann (AMANN, in AMANN-BRAMBRING-HERTEL, Die Schuldrechtsreform in der Vertragspraxis, 2002, S 249).

Wird der **Pflichtteil verlangt**, so wird allerdings nach § 2307 Abs 1 S 2, 1. HS der Pflichtteil um den Wert des Vermächtnisses gekürzt. Diese Kürzung soll nach hM auch bei einem aufschiebend bedingtem Vermächtnis erfolgen (SOERGEL-DIECKMANN § 2307 RdNr 2; LANGE-KUCHINKE § 37 V 6 Fn 108 mwN). Demnach erhält er keinen Pflichtteil, wenn der Wert des Vermächtnisses diesen aufzehrt. Bleibt aber auch die Wiederverheiratung aus, so erhält er auch kein Vermächtnis. Dies kann nicht sein, da man den Vermächtnisnehmer sonst immer auf die Ausschlagung des Vermächtnisses innerhalb der Verjährungsfrist für den Pflichtteil verweisen müsste (so aber OLG Oldenburg NJW 1991, 988, 989). Der Pflichtteilsberechtigte muss daher erst im Fall der Wiederverheiratung den Wert des bedingten Vermächtnisses anrechnen lassen (STRECKER ZEV 1996, 327, 330; MünchKomm-FRANK § 2307 RdNr 6). Da dies nicht hM ist, muss der Pflichtteilsberechtigte sich überlegen, ob er nicht innerhalb der Verjährungsfrist des § 2332 das Vermächtnis ausschlägt, um sich den vollen Pflichtteilanspruch zu sichern (NIEDER, Handbuch RdNr 861). 79

## VIII. Pflichtteilsrecht

### 1. Bei der Trennungslösung

Bei der hier vorliegenden Vor- und Nacherbschaft hinsichtlich des Nachlasses des erstversterbenden Elternteils sind die Dritten (meist die Kinder der Erblasser) Nacherben des erstversterbenden Ehegatten. Sie können daher beim ersten Erbfall den Pflichtteil nur verlangen, wenn sie die Nacherbfolge ausschlagen (§ 2306 Abs 2), wobei hierfür die Frist erst mit Eintritt des Nacherbfalls beginnt (PALANDT-EDENHOFER § 2142 RdNr 1). Beim zweiten Erbfall (Tod des überlebenden Ehegatten) können sie den Pflichtteil nur dann fordern, wenn sie ausnahmsweise von der Erbfolge in das Vermögen des überlebenden Ehegatten ausgeschlossen, etwa auf den Pflichtteil gesetzt sind (§§ 2303, 2304), und nur aus dem Vermögen des überlebenden Ehegatten. 80

### 2. Bei der Einheitslösung

#### a) Störfaktor Pflichtteil

Bei der Vollerbschaft des überlebenden Ehegatten können die Schlusserben beim ersten Erbfall, soweit sie überhaupt pflichtteilsberechtigt sind, den Pflichtteil aus dem Nachlass des erstversterbenden Ehegatten verlangen, ohne ausschlagen zu müssen; denn sie sind iS von § 2303 von der Erbfolge nach dem Erstversterbenden ausgeschlossen worden (RG Recht 1923 Nr 1023; BayObLG OLGZ 44, 106; KIPP-COING § 79 IV 2; PALANDT-EDENHOFER RdNr 11). In der Geltendmachung des Pflichtteils nach dem erstversterbenden Elternteil liegt schon aus Formgründen auch kein Verzicht auf die Schlusserbeneinsetzung (PALANDT-EDENHOFER aaO). Sie erhalten also grundsätzlich den Pflichtteil nach dem Erstversterbenden und bleiben nach dem Tode des längerlebenden Elternteils weiterhin noch Schlusserbe. Dies ist besonders dann 81 unbefriedigend, wenn nur ein Kind den Pflichtteil nach dem erstversterbenden Elternteil verlangt, das andere aber nicht. Zu Lasten des loyalen Abkömmlings bereichert sich also derjenige, der sofort seinen Pflichtteil verlangt, da er ja neben dem Pflichtteil noch die ungekürzte Schlusserbquote erhält (Berechnungsbeispiele s System Teil E RdNr 109). Man hat versucht, diesem Schlusserben das Pflichtteilsrecht hinsichtlich des Nachlasses des erstversterbenden Ehegatten oder aber das Erbrecht am Nachlass des überlebenden Ehegatten abzusprechen (KANOLDT ArchBürgR 40, 262; GOLDMANN GruchBeitr 48, 54, 81) oder den Schlusserben durch entsprechende Anwendung des § 2306 zur Wahl zwischen Pflichtteil und Erbteil zu zwingen. Diese Versuche finden aber im Gesetz keine Grundlage (STAUDINGER-KANZLEITER RdNr 55; zu Reformüberlegungen BUCHHOLZ FamRZ 1985, 872).

### b) Pflichtteilsklauseln

**82** Da der Pflichtteil grundsätzlich einseitig nicht ausschließbar ist, kann man nur durch entsprechende Ausgestaltung der Verfügung von Todes wegen versuchen, seine Geltendmachung wirtschaftlich uninteressant zu machen (Überblick hierzu BORGFELD, Zweckmäßige Verfügungen in einem Ehegattentestament nach § 2269 BGB [1992], 38 ff; zur geschichtlichen Entwicklung Buchholz FamRZ 1985, 872 ff). Zweck der Pflichtteilsklauseln ist daher die **Entlastung** des längerlebenden Ehegatten vor der Pflichtteilsauszahlung und den damit verbundenen persönlichen und finanziellen Schwierigkeiten (selbst bei Zugewinngemeinschaft beträgt der Gesamtpflichtteil im 1. Todesfall immerhin noch ein Viertel des Werts), die Vermeidung einer Bevorzugung des Kindes, das seinen Pflichtteil vorzeitig verlangt und Belohnung der loyalen Kinder, die den letzten Willen respektieren durch Sicherung einer angemessenen Nachlassbeteiligung im zweiten Erbfall (LÜBBERT NJW 1988, 2706, 2708 f; J MAYER MittBayNot 1996, 80). Entsprechend ihren Wirkungsmechanismen lassen sich dabei unterscheiden (vgl eingehend Systematischer Teil E RdNr 94 ff; RADKE, Das Berliner Testament ... S 93 ff):

### aa) Ausschlussklauseln

**83** Eine solche Klausel setzt auf Abschreckung und hat nur eine **enterbende Wirkung** hinsichtlich der Schlusserbeneinsetzung des Kindes, das nach dem ersten Todesfall seinen Pflichtteil verlangt hat. Insoweit ist die Schlusserbeneinsetzung auflösend bedingt durch das Pflichtteilsverlangen nach dem ersten Erbfall (BayObLG NJW-RR 1988, 968). Und bis die Bedingung ausgefallen ist, handelt es sich dabei sogar nur um eine auflösend bedingte, konstruktive Vorerbschaft (OLG Stuttgart OLGZ 1979, 52, 54; OLG Zweibrücken ZEV 1999, 108, 109; NIEDER, Handbuch RdNr 840; LÜBBERT NJW 1988, 2708; LANGE-KUCHINKE § 24 IV 6 a). Nacherben sind die übrigen Schlusserben. Es könnte auch an eine durch das Unterlassung der Geltendmachung aufschiebend bedingte Schlusserbeneinsetzung gedacht werden (LANGE-KUCHINKE § 24 IV 46 b). Je nach dem, ob die Wirkung sofort oder erst aufgrund einer entsprechenden Verfügung des längerlebenden Ehegatten eintreten soll, spricht man von **automatischen** oder **fakultativen Ausschlussklauseln** (WEIRICH, Erben und Vererben RdNr 919), wobei es sich im letztgenannten Fall um eine besondere Form eines spezifizierten Änderungsvorbehalts handelt (LANGENFELD NJW 1987, 1577, 1581; s § 2271 RdNr 64). Ihre *Abschreckungswirkung* ist insgesamt begrenzt, weil auch dem illoyalen, aber gemeinsamen Kind immer noch ein zweimaliger Pflichtteil (nach Vater und Mutter) verbleibt, ja er erhält sogar den Pflichtteil aus dem Vermögen des erstverstorbenen Ehegatten, soweit dieses beim zweiten Erbfall noch vorhanden ist, wirtschaftlich gesehen doppelt (BayObLGZ 1966, 55; anders liegt es natürlich bei einseitigen Kindern des Erstverstorbenen, s BayObLG BayObLGZ 1994, 164, 167 f = ZEV 1995, 191). Jedoch bestehen gegen die grundsätzliche Zulässigkeit solcher Pflichtteilsklauseln, auch wegen § 138, keine Bedenken, auch dann nicht, wenn das Hauptvermögen der Ehegatten vom Erstversterbenden stammt und dessen einseitige Kinder zur Sicherung ihrer Nachlassbeteiligung uU zur sofortigen Geltendmachung des Pflichtteil gehalten sind und daher im zweiten Erbfall wegen der Strafklausel leer ausgehen (BayObLGZ 1994, 164, 167 f = ZEV 1995, 191 m Anm HOFSTETTER; gegen Unzulässigkeit als Strafklausel: MünchKomm-LEIPOLD § 2074 RdNr 27; STAUDINGER-OTTE § 2074 RdNr 64).

Für das Eingreifen derartiger Klauseln verlangt die hM das Vorliegen eines (ungeschriebenen) **subjektiven Tatbestandsmerkmals**, was nur aus der geschichtlichen Entwicklung heraus als ursprüngliche Verwirkungs- und Strafklauseln zu verstehen ist (dazu BUCHHOLZ FamRZ 1985, 872). Erforderlich sei, dass der den Pflichtteil fordernde Erbe sich in vorwerfbarer Weise »gegen den Willen des Erblassers aufgelehnt haben muss« (PALANDT-EDENHOFER RdNr 13; LANGE-KUCHINKE § 24 IV 6 a; noch stärker etwa BGB-RGRK-JOHANNSEN RdNr 34; OLG Stuttgart OLGZ 1968, 246 ff: »böswillige Auflehnung«). Dies führt nicht nur zu vordergründigen **Zurechnungsproblemen**, wenn der Pflichtteil ohne oder gar gegen den Willen des von der Enterbungssanktion Betroffenen geltend gemacht wird. So im Fall von OLG Braunschweig OLGZ 1977, 185 wo der Pflichtteil durch den Pfleger geltend gemacht wurde, die Vorwerfbarkeit aber verneint und dann das offensichtlich als unbillig gefundene Ergebnis durch ein Anrechnungsgebot auf die Schlusserbenstellung nach Treu und Glauben korrigiert wurde. Verkannt wird dadurch vor allem die Funktion dieser Klauseln, die auf Entlastung des längerlebenden Ehegatten und Sicherung der gerechten Nachlassverteilung gegen den Störfaktor Pflichtteil gerichtet ist. Zu Recht betont daher die neuere Rspr, insbesondere des BayObLG, diesen Zweck und lässt für das Eingreifen dieser Klauseln bereits einen bewussten Verstoß genügen, wozu allein die Kenntnis der Pflichtteilsklausel erforderlich ist; ein böswilliges oder pietätloses Handeln ist nicht erforderlich (BayObLGZ 1990, 58, 62 = NJW-RR 1990, 969 = FamRZ 1990, 1158; NJW-RR 1995, 262, 263 = MittBayNot 1996, 110 m Anm J MAYER 80; FamRZ 1996, 1447, 1448; KG FamRZ 1998, 124, 127; LANGE-KUCHINKE § 24 IV 6 b; MünchKomm-MUSIELAK RdNr 64). Ja man wird noch weiter gehen müssen und immer dann, wenn die Pflichtteilsklausel keine besondere Anforderung stellt, **jede Subjektivierung der Voraussetzung ausschließen** müssen, soll der von den Erblassern damit intendierte Zweck der gerechten Vermögensverteilung auch erreicht werden, zumal die Fälle der Unkenntnis der Verwirkungsbestimmung wegen der umfassenden Verkündung des Testaments (s § 2273 RdNr 6) selten sind (so wohl auch STAUDINGER-OTTE § 2074 RdNr 64; SOERGEL-LORITZ § 2075 RdNr 10; aM etwa SOERGEL-M WOLF RdNr 36; STAUDINGER-KANZLEITER RdNr 58 [im Zweifel subjektives Element erforderlich]; auch LÜBBERT NJW 1988, 2713 anerkennt, dass die Schutzzwecke hier eigentlich das Eingreifen erfordern würden, verneint dies jedoch aus Billigkeitsgründen).

Welches **Verhalten** die **Pflichtteilsanktion auslöst**, hängt natürlich von der Art der jeweiligen Klausel ab (PALANDT-EDENHOFER RdNr 13). Ein **Pflichtteilsverlangen** kann dabei grundsätzlich auch dann vorliegen, wenn ein Dritter, der den Pflichtteilsanspruch geerbt hat, diesen geltend macht. Jedoch ist dann im Wege der ergänzenden Auslegung sorgfältig zu prüfen, ob dies auch gegen die als Ersatzerben berufenen Abkömmlinge des Pflichtteilsberechtigten wirkt, die das Pflichtteilsverlangen im ersten Erbfall nicht hindern können; uU ist dies zu verneinen, aber der geltend gemachte Pflichtteil auf die Schlusserbenquote anzurechnen (BayObLG NJW-RR 1996, 262 = FamRZ 1996, 440 = MittBayNot 1996, 110 m zust Anm J MAYER 80). Überhaupt ist erst durch Auslegung nach den allgemeinen Grundsätzen, insbesondere aus dem Gesamtzusammenhang der Verfügung, zu ermitteln, wann ein Pflichtteilsverlangen vorliegt (BayObLGZ 1990, 58, 61; KG FamRZ 1998, 124, 127). So löst die einverständliche vorweggenommene Erfüllung des erst für den Schlusserbfall angeordneten Vermächtnisses bereits nach dem 1. Todesfall noch nicht die Sanktion aus (BayObLG FamRZ 1995, 1019, 1020). Ist die Pflichtteilsklausel dahingehend formuliert, dass es genügt, dass der Pflichtteilsanspruch »**verlangt**« oder »**geltendgemacht**« wurde (empfohlen von RADKE ZEV 2001, 136; ders, Das Berliner Testament ... 100), so ist für ihr Eingreifen gerade nach ihrem klaren Wortlaut nicht erforderlich, dass er tatsächlich auch ausgezahlt wurde. Es genügt vielmehr bereits der entsprechende Versuch, jedoch muss dies ausdrücklich und ernsthaft erfolgen, wobei es keine Rolle spielt, ob dies gerichtlich oder außergerichtlich erfolgt (SOERGEL-M WOLF RdNr 36). Anders liegt es, wenn das **Erhalten des Pflichtteils** ausdrücklich zur Bedingung für das Eingreifen der Pflichtteilsklausel gemacht wurde (OLG Zweibrücken FamRZ 1999, 468, 469 = ZEV 1999, 108 m Amm K-G LORITZ ZEV 1999, 187; dazu eingehend J MAYER MittBayNot 1999, 265).

Der Eintritt in Verhandlungen über die Absicherung des künftigen, im Schlusserbfall anfallenden Erbteil ist für sich allein noch kein Pflichtteilsverlangen, mag im Hintergrund auch eine Drohung mit einer künftigen Pflichtteilsgeltendmachung stehen (OLG Schleswig-Holstein ZEV 1997, 331, 333 m Anm LÜBBERT). Ein späteres Abstandnehmen von der bereits erfolgten Pflichtteilsdurchsetzung lässt jedoch die Sanktionswirkungen nicht wieder entfallen (eingehend zu Einzelfragen LÜBBERT NJW 1988, 2710 ff). Nicht sanktioniert werden soll jedoch, wenn der Pflichtteilsberechtigte aus Bedürftigkeit unter Hinweis auf das Pflichtteilsrecht vom längerlebenden Ehegatten freiwillig einen entsprechenden Betrag erlangt (BayObLG FamRZ 1964, 472). Wird zur Ausnutzung erbschaftsteuerlicher Vorteile zwischen dem Längerlebenden und einem Pflichtteilsberechtigten eine **Pflichtteilsvereinbarung** über die Auszahlung oder aber Geltendmachung (§ 9 Abs 1 Nr 1b ErbStG) und anschließende Stundung getroffen, so erscheint trotz der »freiwilligen Mitwirkung« des längerlebenden Ehegatten fraglich, ob nicht doch die Pflichtteilsklausel eingreift. Denn ihr Zweck ist eben gerade nicht nur der Schutz vor Liquiditätsverlust, sondern die als gerecht von den Eltern angestrebte Nachlassverteilung, die zumindest beim Pflichtteilsverlangen einzelner Kinder gestört wird (J MAYER ZEV 1998, 54; übersehen von DRESSLER NJW 1997, 2848, 2850). Jedoch kann sich im Wege einer ergänzenden Auslegung im Einzelfall auch die Zulässigkeit solcher Vereinbarungen ergeben, wenn nach dem Willen der Ehegatten der Gesichtspunkt der Steuerersparnis den der Erhaltung der durch die Schlusserbeneinsetzung festgelegten Nachlassaufteilung überwiegt oder letzterer trotzdem gewahrt bleibt. Auf alle Fälle ist insoweit in Zukunft vorsichtiger zu formulieren. In der bloßen gerichtlichen Geltendmachung des reinen **Auskunftsanspruchs** über den Nachlassumfang ist aber noch keine Pflichtteilsforderung in diesem Sinn zu sehen (BayObLG NJW-RR 1991, 394, 395 = FamRZ 1994, 494); anderes gilt, wenn damit zugleich im gestuften Verfahren der Zahlungsanspruch geltend gemacht wird oder aber die Pflichtteilsklausel ihrem ausdrücklichen Wortlaut nach bereits das Auskunftsverlangen erfasst (LÜBBERT NJW 1988, 2711).

**86** Bezüglich der **Rechtsfolgen** der enterbenden Pflichtteilsklausel ist ausdrücklich zu regeln, ob **Anwachsung** des frei werdenden Schlusserbteils an die anderen Schlusserben oder Anfall an die **Ersatzberufenen** eintritt. Fehlt eine Regelung oder ist die Situation des Pflichtteilsverlangens außergewöhnlich, so hat dies durch ergänzende Auslegung zu geschehen (BayObLG NJW-RR 1996, 262). Liegt wegen Immobilienvermögens in der ehemaligen DDR eine **Nachlassspaltung** vor, so kann die Wirkung einer Pflichtteilsklausel durchaus auch soweit gegen, dass sie zum Verlust des Erbrechts in den abgespaltenen Nachlassteil führt, auch wenn nach dem ZGB der DDR an sich hieran keine Pflichtteilsansprüche bestehen, da dadurch die Abschreckungswirkung vergrößert wird (KG ZEV 1997, 504, 507 f = FamRZ 1998, 124, 127 f).

**87** Liegt eine reine enterbende Pflichtteilsklausel ohne eine Schlusserbeneinsetzung vor, so kann sie wegen ihres rein enterbenden Charakters für sich gesehen **nicht wechselbezüglich** und damit bindend sein, denn die Enterbung ist nicht wechselbezugsfähig (§§ 2278 Abs 2, 2270 Abs 3; LÜBBERT NJW 1988, 2706, 2708). Ist sie jedoch mit einer Schlusserbeneinsetzung verbunden (s RdNr 83), so korrespondiert sie insoweit mit dieser, als das, was infolge des Eingreifens der Verwirkungsklausel wegfällt, anderen auf Grund *Anwachsung* (§ 2094 f) oder *Ersatzberufung* (§ 2096) zufällt. Wegen dieser »Reflexwirkung« kann bei dieser Fallgestaltung eine Bindung bzw Wechselbezüglichkeit vorliegen (LANGE-KUCHINKE § 24 IV 6 b; RADKE NotBZ 2001, 15, 18; LÜBBERT NJW 1988, 2709; STROBEL MDR 1980, 3463, 364; zumindest missverständlich die Empfehlung von LANGENFELD, Testamentsgestaltung RdNr 341, 2. Abs), was jedoch jeweils im Einzelfall zu prüfen ist, insbesondere bei einer Ersatzerbenberufung nach § 2069 (s § 2270 RdNr 36). Allein aus dem Umstand, dass es sich bei der enterbenden Pflichtteilsklausel um eine auflösend bedingte Erbeinsetzung handelt, kann dies aber nicht hergeleitet werden (RADKE aaO; unzutreffend daher NIEDER, Handbuch RdNr 596; SOERGEL-M WOLF RdNr 35). Nur wenn auf Grund einer solchen Prüfung zu bejahen ist, dass sich die Wechselbezüglichkeit solchermaßen fortsetzt, kann von einer »**Wechselbezüglichkeit der Pflichtteilsklausel**« gesprochen werden. Dann ist ein entsprechender Änderungsvorbehalt erforderlich, um die Testierfreiheit wiederzugewinnen. Jedoch kann im Wege der Auslegung eine solche Änderungsbefugnis gegenüber dem pflichtteilsverlangenden Abkömmling angenommen werden (BayObLGZ 1990, 58, 60; für die Annahme eines stillschweigenden Änderungsvorbehalts auch STAUDINGER-KANZLEITER RdNr 63).

**88** **Fatale Folgen** kann die einfache Pflichtteilsstrafklausel in einem Berliner Testament für den Fall haben, dass **einseitige Kinder** vorhanden sind. Machen nämlich die Stiefkinder des längerlebenden Ehegatten zur Wahrung ihrer Rechte bereits nach dem ersten Todesfall ihren Pflichtteil geltend, so kann die Wendung, dass sie auch im Schlusserbfall »nur den Pflichtteil erhalten sollen« als **Vermächtnisanordnung** zu ihren Gunsten ausgelegt werden; dass sie eigentlich dann nichts mehr erhalten sollen, ist damit nicht gesagt (BGH NJW-RR 1991, 706 = FamRZ 1991, 796 auch zur problematischen Bemessung des Anspruchs; ähnlicher Fall BayObLG FamRZ 1994, 1206). Nur etwas besser war im Fall von BayObLGZ 1994, 164 die Formulierung, dass auch beim Tode des Längerlebenden die illoyalen Kinder »nur ihren gesetzlichen Pflichtteil bzw nichts mehr erhalten,« jedoch war das Gericht hier auch großzügig.

### bb) Anrechnungsklauseln

**89** Durch sie wird bestimmt, dass der nach dem ersten Erbfall geltendgemachte Pflichtteil später auf die Schlusserbquote angerechnet wird. Auch diese Klausel hält nicht das, was sie verspricht (System Teil E RdNr 96). Eine Anordnung der Erblasser, dass der Pflichtteilsberechtigte sich den Pflichtteil, den er beim ersten Erbfall erhält, auf den Pflichtteil aus dem Nachlass des letztversterbenden Ehegatten nochmals anrechnen lassen müsse, ist unwirksam, weil dadurch der Pflichtteil nach dem längerlebenden Elternteil verkürzt würde und dies wegen des zwingenden Charakters des Pflichtteils durch einseitige Anordnungen des Erblassers nicht möglich ist (KIPP-COING § 79 IV 2; aM EBBECKE Recht 1923, 88).

### cc) Die sog »Jastrow'sche Klausel«

**90** Sie verbindet die enterbende Komponente mit einer zuteilenden, um im zweiten Erbfall die Bemessungsgrundlage für das illoyale Kind zu senken. Die Erblasser bestimmen hier für den Fall des Pflichtteilsverlangens durch ein Kind nach dem ersten Erbfall, dass dann die anderen Kinder aus dem Nachlass des erstversterbenden Ehegatten als Vermächtnis Geldbeträge in Höhe des Wertes ihres gesetzlichen Erbteils (oder mehr) erhalten. Diese Vermächtnisse sollen aber erst beim zweiten Erbfall fällig werden (so die Urfassung von JASTROW DNotV 1904, 424). Dieser Weg ist gewiss gangbar, aber nicht gerade einfach. Er führt auch zu einer unerfreulichen Beeinträchtigung der Rechtsstellung des überlebenden Ehegatten, der doch gerade bei der Einheitslösung recht frei gestellt sein soll (eingehend zu dieser Klausel und ihrer Wirkung SEUBERT, Die Jastrowsche Klausel, 1999; J MAYER ZEV 1995, 136; und oben System Teil E RdNr 104 ff, dort auch zur Kritik der Arbeit von SEUBERT). Zur Auslegung einer ähnlichen Klausel, bei der aber das loyale Kind im Schlusserbfall nur zu einem Viertel bindend berufen sein sollte BayObLG FamRZ 1994, 1206.

### c) Fehlen einer Pflichtteilsklausel

91  Fehlen sowohl Pflichtteilsklauseln wie aber auch ein ausreichender Änderungsvorbehalt, so kann dies für den längerlebenden Ehegatten zu einer unangenehmen Situation führen, weil er den Pflichtteilsanspruch nach dem ersten Todesfall erfüllen muss aber nicht weiß, ob er darauf durch eine entsprechende Enterbung reagieren kann. Die hM räumt dem Längerlebenden wenig Reaktionsmöglichkeiten ein. Nur unter besonderen Umständen und nicht generell könne angenommen werden, dass die Pflichtteilsberechtigten nur unter der **stillschweigenden Bedingung** zu Schlusserben eingesetzt seien, dass sie ihr Pflichtteilsrecht nicht geltend machen (PLANCK-GREIFF Anm II 2 e; MünchKomm-MUSIELAK RdNr 67; aM GOLDMANN GruchB 48, 66, 77). Allerdings könne dies im Einzelfall durch Auslegung zu ermitteln sein, es soll aber dafür keinen entsprechenden Erfahrungssatz geben (MünchKomm-MUSIELAK aaO; Voraufl 51). Teilweise wird immerhin von einer *stillschweigenden Anrechnungsanordnung* ausgegangen, dass der Pflichtteil, den ein Schlusserbe beim ersten Erbfall empfängt, auf seinen Erbteil am Nachlass des zuletzt versterbenden Ehegatten angerechnet werden solle (SOERGEL-M WOLF RdNr 38 unter Bezug auf den nicht einschlägigen § 2052; RGRK-BGB-JOHANNSEN RdNr 34; PALANDT-EDENHOFER RdNr 15). Teilweise wird dies aber nur dann bejaht, wenn das gemeinschaftliche Testament oder sonstige Umstände Anhaltspunkte für eine solche Annahme bieten (Voraufl RdNr 51).

92  Mittlerweile will man aber immerhin dem Längerlebenden bei dieser Situation ein **Anfechtungsrecht** wegen Motivirrtums (§ 2078 Abs 2) geben. Die Anfechtung der Schlusserbeneinsetzung soll hier ausnahmsweise entgegen § 2270 Abs 1 nicht automatisch zum Wegfall der korrespektiven Erbeinsetzung des längerlebenden Ehegatten durch den Erstversterbenden führen, da im Wege hypothetischer Auslegung von einer »Beschränkung der Wechselbezüglichkeit« auszugehen sei (NIEDER RdNr 840, S 564; HOLZHAUSER, Erbrechtliche Probleme, 1973, 129 Fn 82; OLG Hamm NJW 1972, 1089). Aber auch diese Meinung belastet den Längerlebenden immerhin mit der Notwendigkeit, die Anfechtung form- und fristgerecht zu erklären. Insbesondere das Fristproblem darf nicht unterschätzt werden. – Da es hier um die Frage der Durchbrechung der erbrechtlichen Bindung geht, muss man für die Problemlösung bei der Prüfung der Reichweite derselben ansetzen. Die Bindungswirkung beim gemeinschaftlichen Testament beruht hier im Wesentlichen auf dem »Solidaritätsgedanken« und zwar insbesondere in dem Zweck, den längerlebenden Ehegatten durch die Alleinerbeneinsetzung abzusichern (allgemein zum Bindungsgrund beim gemeinschaftlichen Testament Vorbem 7 f § 2265 ff; zur Alterssolidarität BUCHHOLZ, Erbfolge und Wiederverheiratung, 1986, 33). Diese gemeinschaftliche Vorstellung über die Nachlassplanung, die gleichsam die Geschäftsgrundlage bildet, wird aber durch die Pflichtteilsgeltendmachung im ersten Erbfall erheblich gefährdet. Da diese Erwägungen typischerweise immer dem gemeinschaftlichen Testament zugrunde liegen, ergibt sich aus dieser Einschränkung des Bindungsgrunds aus dem Zu-

sammenhang des Motivs gleichsam systemimmanent entgegen der hM nach der allgemeinen Lebenserfahrung ein **Änderungsvorbehalt im Wege der ergänzenden Auslegung** (zum Zusammenhang von erbrechtlicher Bindungswirkung und Geschäftsgrundlage J MAYER DNotZ 1990, 755; PFEIFFER FamRZ 1993, 1266, 1268 ff). Zumindest aber ist der nach dem ersten Erbfall enthaltene Pflichtteil auf die Schlusserbquote anzurechnen (so auch PALANDT-EDENHOFER RdNr 15 mwN; zustimmend LANGE-KUCHINKE § 24 IV Fn 130). Gleiches lässt sich auch für den Ehegattenerbvertrag sagen. Zwar beruht hier der Bindungsgrund auch auf der ausdrücklich erklärten vertraglichen Einigung, die sich ihrerseits aber auch wiederum auf diesen Solidaritätsgedanken stützt (Vorbem 2 zu §§ 2274 ff).

### d) Stillschweigender Pflichtteilsverzicht

Wenn Ehegatten in einem Erbvertrag sich gegenseitig zu Alleinerben und die am Erbvertrag beteiligten Kinder zu Schlusserben einsetzen, den anderen Kindern aber Vermächtnisse zuwenden für den Fall, dass sie keine Pflichtteilsansprüche geltend machen, so kann nach der Rspr des BGH in einem solchen Vertrag uU ein Verzicht der beteiligten Schlusserben auf ihr Pflichtteilsrecht und die Annahme dieses Verzichtes durch die Erblasser gefunden werden (§§ 2346, 2348; BGHZ 22, 364 = JR 1957, 339 m Anm V LÜBTOW). **93**

Im Fall von BGH NJW 1977, 1728 = DNotZ 1977, 747 hatten die Ehegatten im gemeinschaftlichen notariellen Testament gleich ihre Kinder zu Erben eingesetzt; auch hier wurde angenommen, dass eine stillschweigende Erklärung eines Erb- und Pflichtteilsverzichts beider Ehegatten vorliege (ebenso OLG Düsseldorf MittBayNot 1999, 574 = ZEV 2000, 32 [LS]). Betont man die von den Ehegatten eigentlich gewollte Nachlassverteilung, so ist die Annahme des stillschweigenden Pflichtteilsverzichts zu deren Durchführung zwingend geboten. Bedenken ergeben sich jedoch aus dem Formgebot: Nach der auch vom BGH angewandten **Andeutungstheorie** (BGHZ 80, 242) ist wenigstens ein entsprechender Anhalt in der Urkunde erforderlich; dann ist auch die Form gewahrt (LANGE-KUCHINKE § 7 I 5 d; eingehend hierzu CHRISTOPHER KEIM ZEV 2001, 1, 4). In der Praxis ist eine klare Vereinbarung des Pflichtteilsverzichts dringend angezeigt. **94**

Zu Sonderfragen des Pflichtteils bei der Zugewinngemeinschaft s System Teil A RdNr 146 sowie 2. Aufl RdNr 55. **95**

### IX. Vermächtnis im Berliner Testament (Abs 2)

#### 1. Zweck der Regelung

Wenn in einem Berliner Testament ein Vermächtnis zugunsten eines Dritten angeordnet wird, so kann es zweifelhaft sein, ob es sich um ein Vermächtnis des erstversterbenden oder um ein solches des überlebenden Ehegatten handelt und wann es dementsprechend anfällt (§ 2176). Auch ersteres ist möglich, wenn die Auslegungsregel des § 2269 Abs 2 widerlegt wird, so etwa, wenn ein dem erstversterbenden Ehegatten gehöriger Gegenstand vermacht ist, der nach dem Willen der Erblasser in der Familie bleiben soll (RGZ 95, 14; KIPP-COING § 79 VI; PLANCK-GREIFF Anm III 2). Aber das BGB geht aufgrund des Gedankens der einheitlichen Vererbung des Ehegattenvermögens davon aus, dass beim Berliner Testament Zuwendungen an Dritte im Zweifel als Anordnung des überlebenden Ehegatten gelten sollen (vgl RGZ 27, 150; PLANCK-GREIFF Anm III 1). Abs 2 stellt daher eine entsprechende **Auslegungsregel** auf und bestimmt, dass ein Vermächtnis, das nach dem Tod des **96** überlebenden Ehegatten erfüllt werden soll, im Zweifel dem Bedachten erst mit dem Tod des Überlebenden anfallen soll. Daher gilt ein solches Vermächtnis im Zweifel als Zuwendung des überlebenden Ehegatten, der Längerlebende selbst ist zu seinen Lebzeiten also noch nicht beschwert (BGH NJW 1983, 277, 278). Weiter folgt daraus, dass das Vermächtnis nur wirksam ist, wenn der Bedachte den zweiten Erbfall erlebt (§ 2160; BGH LM Nr 6 zu § 2271 m Anm JOHANNSEN), im Falle des Vorversterbens kommt jedoch, wenn er ein Abkömmling des überlebenden Ehegatten ist, eine stillschweigende Ersatzberufung seiner eigenen Abkömmlinge in Betracht (durch Auslegung oder infolge der Auslegungsregel des § 2069). Bei einseitigen Kindern kann aber die Auslegung ergeben, dass ein auf den Tod des längerlebenden Ehegatten ausgesetztes Vermächtnis um den im ersten Erbfall erhaltenen Pflichtteil zu kürzen ist (BGH NJW-RR 2002, 292). Die dem § 2269 Abs 2 zugrunde liegende Lebenserfahrung trifft auch zu, wenn Eheleute sich zunächst durch zwei Einzeltestamente gegenseitig zu Erben einsetzen und dann durch gemeinschaftliches Testament oder Erbvertrag einem Dritten ein Vermächtnis zuwenden, das beim Tode des Überlebenden erfüllt werden soll (BGH LM 5 zu § 2269 = FamRZ 1960, 432).

### 2. Erbrechtliche Bindung, lebzeitige Verfügungsbefugnis

**97** Der überlebende Ehegatte ist zwar an seine Vermächtnisanordnung, soweit sie zu einer Verfügung des verstorbenen Ehegatten wechselbezüglich ist, erbrechtlich gebunden (§ 2270 Abs 2). Trotzdem hat der Bedachte zu Lebzeiten des überlebenden Ehegatten noch kein Recht und keine Anwartschaft, die er übertragen oder vererben könnte (JOHANNSEN WPM 1969, 1318). Die §§ 2177, 2179, 2074 sind hier nicht anwendbar (PLANCK-GREIFF Anm III 1; PALANDT-EDENHOFER RdNr 24). Der überlebende Ehegatte ist durch seine Vermächtnisanordnung nicht gehindert, über den Gegenstand des Vermächtnisses unter Lebenden zu verfügen und so die Vermächtnisanordnung uU gegenstandslos zu machen (§ 2286 analog, 2169). Hiergegen kann eine Vereinbarung eines Verfügungsunterlassungsvertrages mit bedingter Übereignungsverpflichtung im Zuwiderhandlungsfall schützen (s näher § 2286 RdNr 24 ff). Im Einzelfall kann auch ein Anspruch nach § 2288 bestehen (s Erl dort).

### 3. Abfindungsvermächtnisse

**98** Setzen Ehegatten im Schlusserbfall zur Abfindung ihrer nicht zu Erben berufenen anderen Kinder Vermächtnisse aus, so ist ein Vertrag, durch den die Kinder zu Lebzeiten des überlebenden Ehegatten die Abfindung anderweitig regeln, nichtig (§ 312 aF, § 311b Abs 4 nF; BGH LM Nr 1 zu § 312 = NJW 1956, 1151). Soll der überlebende Ehegatte die Höhe dieser Abfindung erst bestimmen können, so sind ihm dabei Grenzen gesetzt, wobei die Feststellung des verbleibenden Spielraums Auslegungsfrage ist (BGH NJW 1983, 277, 278 = JZ 1983, 147; JOHANNSEN WM 1985, Sonderbeilage Nr 1, 24).

### 4. Abgrenzung Schlusserbeneinsetzung, Vermächtnis

**99** Auch hier kann wie bei jeder letztwilligen Zuwendung dieses Abgrenzungsproblem auftauchen. Die Zuwendung einzelner Nachlassgegenstände an das einzige Kind der Eheleute kann zum einen entgegen § 2087 Abs 2 als eine Erbeinsetzung nach Vermögensgruppen, zum anderen aber auch als eine Vermächtniszuwendung, beim Eintritt der gesetzlichen Erbfolge als Vorausvermächtnis, ausgelegt werden (BayObLG FamRZ 1995, 835 = ZEV 1995, 71 m Anm HOHMANN).

## X. Beweislastfragen

In beiden Absätzen enthält § 2269 Auslegungsregeln, die erst zum Zuge kommt, wenn nach Anwendung aller allgemeinen Auslegungsgrundsätze der wirkliche oder wenigstens der mutmaßliche Wille des betreffenden Erblassers nicht feststellbar ist (Vorrang der individuellen Auslegung). Daraus ergibt sich aber zugleich, dass diejenige Partei, die in einem Rechtsstreit einen von der Auslegungsregel des § 2269 abweichenden Erblasserwillen behauptet, auch die entsprechenden Tatsachen vorzutragen und zu beweisen hat (s RdNr 7). Dabei handelt sich streng genommen um die sog **Beweisführungslast** (subjektive Beweislast; MünchKomm-MUSIELAK RdNr 73). Verbleibt es bei Zweifeln über den maßgeblichen Willen des Erblassers, so greift die Auslegungsregel ein; ein »non liquet« und damit das Erfordernis von Regeln über die Beweislastentscheidung (Beweislastverteilung im objektiven Sinn) gibt es hier deshalb nicht (MünchKomm-MUSIELAK aaO). **100**

Hat der überlebende Ehegatte das gemeinschaftliche Testament vernichtet, so muss der hierdurch Begünstigte nachweisen, dass das Testament durch die Vernichtung wegen Formmangels, etwa nach § 2255, unwirksam geworden ist (OGHZ 1, 268; RGRK-BGB-JOHANNSEN § 2271 RdNr 1). **101**

## XI. Risiken, Nebenwirkungen des Berliner Testaments

Die bei der »Einheitslösung« charakteristische Vereinigung des gesamten Vermögens beider Ehegatten in einer Hand hat natürlich auch Nachteile: Dadurch tritt eine »Verbreiterung der Bemessungsgrundlage« für Steuern und erbrechtliche Ansprüche (Pflichtteil) ein, die sich aus dem Vermögen des längerlebenden Ehegatten berechnen. **102**

### 1. Erbschaftsteuer

Erbschaftsteuerlich ist das Berliner Testament keine günstige Gestaltung. So wird von der »denkbar steuerintensivsten Lösung« gesprochen (WACHENHAUSEN, Das neue Erbschaft- und Schenkungsteuerrecht [1997] § 7 RdNr 9). Jedoch wird sich gerade bei kleinerem bis mittleren Vermögen und Weitervererbung an Kinder die Erbschaftsteuerbelastung nicht viel stärker als bis vor der Reform zum 1. 1. 1996 auswirken (J MAYER ZEV 1998, 50, 51 ff, mit eingehenden Gestaltungsvorschlägen zur Entlastung mittels Vermächtnisanordnungen). Vgl im Übrigen hierzu Vorbem 47 zu §§ 2265 ff. **103**

### 2. Erhöhung des Pflichtteils enterbter Kinder

Die Verbreiterung der Bemessungsgrundlage wirkt sich auch auf die Höhe von Pflichtteilsansprüchen im zweiten Erbfall nachteilig aus, insbesondere wenn es sich um einseitige Kinder des Längerlebenden handelt (aus früheren Ehen, nichteheliche), das Vermögen des Erstversterbenden aber nicht unerheblich ist. Hier sollte die **Trennungslösung** bevorzugt werden (v DICKHUTH-HARRACH FS Rheinisches Notariat [1998] 185, 207). Vgl hierzu Vorbem 49 zu §§ 2265 ff und System Teil E RdNr 109. **104**

## § 2270 Wechselbezügliche Verfügungen

(1) Haben die Ehegatten in einem gemeinschaftlichen Testament Verfügungen getroffen, von denen anzunehmen ist, dass die Verfügung des einen nicht ohne die Verfügung des anderen getroffen sein würde, so hat die Nichtigkeit oder der Widerruf der einen Verfügung die Unwirksamkeit der anderen zur Folge.

(2) Ein solches Verhältnis der Verfügungen zueinander ist im Zweifel anzunehmen, wenn sich die Ehegatten gegenseitig bedenken oder wenn dem einen Ehegatten von dem anderen eine Zuwendung gemacht und für den Fall des Überlebens des Bedachten eine Verfügung zugunsten einer Person getroffen wird, die mit dem anderen Ehegatten verwandt ist oder ihm sonst nahe steht.

(3) Auf andere Verfügungen als Erbeinsetzungen, Vermächtnisse oder Auflagen findet die Vorschrift des Absatzes 1 keine Anwendung.

### Übersicht

| | | |
|---|---|---|
| I. | Die wechselbezügliche (korrespektive) Verfügung | 1 |
| | 1. Grundsätzliches | 1 |
| |    a) Begriff | 1 |
| |    b) Die spezifischen Rechtsfolgen der wechselbezüglichen Verfügungen | 3 |
| |    c) Bindungsgrund, Grund der Wirksamkeitsabhängigkeit | 4 |
| | 2. Wechselbezüglichkeit und selbständige Verfügung | 6 |
| | 3. Einzelheiten zur Wechselbezüglichkeit | 8 |
| |    a) Der Inhalt des wechselbezüglichen Motivs | 8 |
| |    b) Die Kausalität des wechselbezüglichen Motivs | 10 |
| |    c) Der maßgebliche Wille | 12 |
| | 4. Wechselbezugsfähigkeit | 13 |
| | 5. Einseitige Abhängigkeit | 14 |
| | 6. Beschränkung der Wechselbezüglichkeit | 17 |
| | 7. Aufhebung der Wechselbezüglichkeit | 20 |
| II. | Die Feststellung der Wechselbezüglichkeit | 23 |
| | 1. Vorrang der individuellen Auslegung | 23 |
| |    a) Auslegungsgrundsätze | 24 |
| |    b) Ergänzende Auslegung | 27 |
| | 2. ABC der Anzeichen der Wechselbezüglichkeit | 28 |
| | 3. Durchbrechung der strengen Wechselbezüglichkeit mittels ausdrücklichen oder stillschweigenden Änderungsvorbehalts | 53 |
| III. | Die Auslegungsregel des Abs 2 | 54 |
| | 1. Allgemeines | 54 |
| | 2. Gegenseitige Zuwendungen der Ehegatten (Abs 2, 1. Alt) | 55 |
| | 3. Die zweite Alternative der Auslegungsregel des Abs 2 | 56 |
| |    a) Grundsätzliches | 57 |
| |    b) Verwandtschaft | 61 |
| |    c) »Sonst nahe stehende Personen« | 62 |
| IV. | Wirkung der Wechselbezüglichkeit | 65 |
| | 1. Nichtigkeit oder Widerruf der Verfügung | 65 |
| |    a) Nichtigkeit | 66 |
| |    b) Widerruf | 68 |

|   |   |   |
|---|---|---|
| 2. | Unabhängige Verfügungen | 71 |
| 3. | Gegenstandslose Verfügungen | 72 |

| V. | Prozessuales, Grundbuchrecht | 75 |
|---|---|---|
| 1. | Feststellung der Wechselbezüglichkeit | 75 |
| 2. | Beweislast | 76 |
| 3. | Grundbuchrecht | 77 |

| VI. | Gestaltungshinweise | 78 |
|---|---|---|

## I. Die wechselbezügliche (korrespektive) Verfügung

### 1. Grundsätzliches

#### a) Begriff

Korrespektiv (wechselbezüglich) sind nach der Begriffsbestimmung des Gesetzes **1** (§ 2270 Abs 1) Verfügungen von Todes wegen, die von zwei Erblassern getroffen sind und die durch den gemeinschaftlichen Willen der Ehegatten so eng miteinander zusammenhängen, dass die eine nicht ohne die andere getroffen worden wäre und nach dem Willen der Erblasser miteinander stehen und fallen (Prot V 451). Bei voller Wechselbezüglichkeit ist also kennzeichnend die gegenseitige innere Abhängigkeit der beiderseitigen Verfügungen aus dem »Zusammenhang des Motivs« (Prot V 447; KG NJW 1972, 3134; FamRZ 1977, 485; OLG Stuttgart FamRZ 1977, 274; BayObLGZ 1987, 23, 27; PALANDT-EDENHOFER RdNr 1), auch charakterisiert als »Kausalität des korrespektiven Motivs« (PFEIFFER FamRZ 1993, 1266, 1272). Von zentraler Bedeutung für das Verständnis der Wechselbezüglichkeit ist dabei aber, dass diese allein an die Tatsache anknüpft, dass die eine Verfügung nicht ohne die (rein tatsächliche) Errichtung der des anderen Ehegatten getroffen worden wäre (BayObLGZ 2002, 128, 134). Ob die gegenläufige Verfügung wirksam ist oder nicht, ist zunächst für das **tatbestandsmäßige Vorliegen** der Wechselbezüglichkeit selbst bedeutungslos, sondern nur eine Frage der **Rechtsfolge** (so deutlich STAUDINGER-KANZLEITER RdNr 4; BAMBERGER-ROTH-LITZENBURGER RdNr 2; dagegen SCHMUCKER MittBayNot 2001, 526, 528, die aber die eigentliche Bedeutung der Wechselbezüglichkeit verkennt). Sonst würde gerade der für die Wechselbezüglichkeit erforderliche Bedingungszusammenhang diese von vornherein ausschließen. Die innere Abhängigkeit der Verfügungen wird hier vom Gesetz nicht so stark betont wie beim zweiseitigen Erbvertrag, da bei § 2270 Abs 1 das Gesetz von vornherein auf den entsprechenden Willen der Ehegatten abstellt (in § 2298 geschieht dies abweichend von dem in Abs 1 dort aufgestellten Grundsatz erst in Abs 3, LANGE-KUCHINKE § 24 V 2).

Da die beiderseits getroffenen Verfügungen in ihrer Entstehung voneinander ab- **2** hängig sind, könnte man auch von einem **genetischen Synallagma** sprechen. Dabei darf allerdings nicht verkannt werden, dass sich das gemeinschaftliche Testament von einem synallagmatischem Austauschvertrag unterscheidet, und zwar dadurch, dass idR eine »apriorische Willensübereinstimmung« vorliegt (PFEIFFER FamRZ 1993, 1266, 1267 f), die auf eine gemeinsame familiäre Vermögensplanung gerichtet ist und daher zu einem Nebeneinander von vertragsähnlichen und außervertraglicher Bindungsgründen führt, die BATTES mit den untereinander konkurrierenden Aspekten des »**Äquivalenzprinzips**« und »**Solidaritätsprinzip**« umreißt (BATTES, Gemeinschaftliches Testament und Ehegattenerbvertrag, 25, 220 ff; eingehend dazu Vorbem 7 f zu §§ 2265 ff). Wird die wechselbezügliche Verfügung, die zu der in § 2271 näher umschriebenen Bindung führt, aber allein durch diesen »Zusammenhang im Motiv« gekennzeichnet, so ergibt sich daraus die weitreichende Schlussfolgerung, dass – anders als bei den Verträgen, ja sogar anders als beim Erbvertrag – sich diese Bindung nicht auf der entsprechenden vertraglichen Einigung gründet, sondern bereits aus diesem gemeinschaftlichen Motiv (PFEIFFER FamRZ 1993, 1266, 1274). Die an diese Motivation anknüpfenden Regelungen der §§ 2270, 2271 über Wirksamkeit und Widerruf der wechselbezüglichen Verfügungen, stellen sich zugleich als spezialgesetzlich geregelt Fälle der allgemeinen **Lehre über die subjektive Geschäftsgrundlage** und deren Wegfall dar (PFEIFFER FamRZ 1993, 1266, 1268 ff), wenngleich der praktische Erkenntniswert dieser Feststellung gering ist (aA PFEIFFER aaO).

### b) Die spezifischen Rechtsfolgen der wechselbezüglichen Verfügungen

**3** Das Spezifische der wechselbezüglichen Verfügungen besteht zum einen im Eintritt einer besonderen **erbrechtlichen Bindung**. Zu Lebzeiten beider Ehegatten äußert sich diese darin, dass ein einseitiger Widerruf nicht durch einfaches Testament, sondern nur durch formbedürftige Erklärung gegenüber dem anderen erfolgen kann (§ 2271 Abs 1; sog Wahrung des Offenkundigkeitsprinzips). Mit dem Tod des anderen Ehegatten und Annahme des ihm vom Erstverstorbenen Zugewandten tritt eine noch weiter gehende erbrechtliche Bindung des Längerlebenden an seine wechselbezügliche Verfügung ein, die ihn daran hindert, diese zu widerrufen oder abweichend zu verfügen (§ 2271 Abs 2). Daneben besteht von Anfang an bei wechselbezüglichen Verfügungen ein **Wirksamkeitszusammenhang**, wonach bei Widerruf oder Nichtigkeit der einen Verfügung auch die davon abhängige (korrespektive) Verfügung grundsätzlich unwirksam wird.

### c) Bindungsgrund, Grund der Wirksamkeitsabhängigkeit

**4** Der Grund für die an die wechselbezügliche Verfügung geknüpfte Bindung ist der Schutz jedes Ehegatten in seinem Vertrauen, dass die gemeinschaftlich niedergelegte Nachlassplanung zu beider Lebzeiten nicht heimlich und nach Tod des einen vom Längerlebenden nach Annahme des ihm Zugewandten gar nicht mehr geändert werde kann (vgl etwa nur BGHZ 9, 233, 236; 30, 261, 265; KUCHINKE FS V LÜBTOW [1991] 283, 287). Nicht präzise aber PFEIFFER FamRZ 1993, 1266, 1267: geschützt werde das Vertrauen des Erstversterbenden, »dass der andere Ehegatte seinerseits bestimmte testamentarische Verfügungen vornimmt.« Die entsprechenden Verfügungen wurden idR bereits im gemeinschaftlichen Testament errichtet; PFEIFFERS Formulierung ist nur beim eingeschränkten Änderungsvorbehalt richtig.

**5** Wechselbezügliche Verfügungen sind auch außerhalb **gemeinschaftlicher Testamente** grundsätzlich möglich (PLANCK-GREIFF Anm 5). Das BGB behandelt allerdings nur einen Teil der wechselbezüglichen Verfügungen. Und zwar in § 2270 solche, die in einem gemeinschaftlichen Testament, also von Ehegatten getroffen worden sind (§ 2265), wobei nach der Aufgabe des Erfordernisses der Urkundeneinheit beide Ehegatten durchaus auf getrennten Urkunden testieren können (s Vorbem 20 ff zu §§ 2265 ff), und in § 2298 solche, die in einem Erbvertrag von beiden Teilen vertragsmäßig getroffen sind. Wenn zwei Erblasser in **anderer Weise** getrennt testieren, mögen sie miteinander verheiratet sein oder nicht, so kann § 2270 Abs 1 nicht angewandt werden. Der beim gemeinschaftlichen Testament oder Erbvertrag idR vorhandene Zusammenhang des Motivs, der im Interesse der Rechtssicherheit die von § 2270 Abs 1 vorgenommene Typisierung der Rechtsfolgen rechtfertigt, kann hier nicht mit der hinreichenden Sicherheit unterstellt werden (PFEIFFER FamRZ 1993, 1266, 1273). Vielmehr kommt außerhalb des gemeinschaftlichen Testaments und Erbvertrags, wenn eine Verfügung nichtig ist oder widerrufen wird und die andere nicht ausdrücklich unter der (auflösenden) *Bedingung* der

Wirksamkeit der ersten getroffen ist, was möglich ist, nur die Anfechtung der zweiten Verfügung wegen Irrtums im Beweggrund in Frage, wenn ein entsprechender Zusammenhang des Motivs vorliegt (§§ 2078 Abs 2, 2281; Mot V 254, KG OLGE 42, 142). Man spricht hier von sog »**unechter Wechselbezüglichkeit**« (NIEDER Handbuch RdNr 725; BÜHLER DNotZ 1962, 364). Jedoch kann der Rechtsgedanke des § 2270 Abs 2 auch hier angewandt werden, weil eine vergleichbare Willensübereinstimmung vorliegt, was dem Anfechtenden den bei § 2078 erforderlichen Kausalitätsnachweis erleichtert (PFEIFFER FamRZ 1993, 1273; aM PLANCK-GREIFF Anm 5). Der Unterschied der durch Bedingungszusammenhang hergestellten Wechselbezüglichkeit ist der, dass die Bedingung nicht zurück wirken kann (§ 158 Abs 2) und daher für die Zwischenzeit sog konstruktive Nacherbschaft (§§ 2104, 2105) oder Nachvermächtnis (§ 2191) eintritt, während bei der echten Wechselbezüglichkeit nach § 2270 Abs 1 die Unwirksamkeit von Anfang an besteht und daher im entsprechenden Fall eine Ersatzerbschaft oder ein Ersatzvermächtnis eintritt (NIEDER aaO; SOERGEL-M WOLF vor § 2265 RdNr 12).

## 2. Wechselbezüglichkeit und selbständige Verfügung

Wechselbezüglich ist immer nur die einzelne Verfügung, nicht aber das gemein- 6 schaftliche Testament als solches. Auch wenn alle in einem gemeinschaftlichen Testament enthaltenen Verfügungen wechselbezüglich sind, so liegen doch zwei letztwillige Verfügungen vor (RGZ 50, 308), mag man auch von einer rechtlichen Einheit der beiderseitigen Verfügungen sprechen (RGZ 170, 172; PALANDT-EDENHOFER RdNr 1). Jedenfalls muss die Frage der Wechselbezüglichkeit für die einzelne Verfügung gesondert geprüft werden (BGHZ 36, 201 = NJW 1962, 736; BGH FamRZ 1957, 129; BayObLGZ 1965, 92; 1983, 213; STAUDINGER-KANZLEITER RdNr 2). Dabei kann es hilfreich sein, zwischen einer »**tragenden**« und einer »**abhängigen**« Verfügung zu unterscheiden (KEGEL, FS Jahreiß 143). UU ist auch nur ein Teil einer Verfügung wechselbezüglich (MünchKomm-MUSIELAK RdNr 4). Dann kann sich ergeben, dass ein Ehegatte neben wechselbezüglichen Verfügungen auch solche getroffen hat, die von denen des anderen Ehegatten unabhängig sind (vgl RGZ 116, 148, 149 f). Für solche **selbständigen Verfügungen** gilt § 2270 nicht. Aber auch § 2085 greift nicht ein, da dieser ein Einzeltestament voraussetzt (NIEDER RdNr 727). Die Nichtigkeit oder der Widerruf der Verfügungen des anderen Ehegatten kann aber uU die Anfechtbarkeit der selbständigen Verfügung nach §§ 2078 Abs 2, 2281 begründen (SCHLÜTER RdNr 362; BÜHLER DNotZ 1962, 359; zur ähnlichen Problematik s RdNr 5).

Auch eine **nachträgliche Herbeiführung** der Wechselbezüglichkeit ist möglich 7 (PALANDT-EDENHOFER RdNr 4). Die in zwei getrennten Urkunden niedergelegten letztwilligen Verfügungen können wechselbezüglich sein. Dabei kann sogar ein Erbvertrag durch ein gemeinschaftliches Testament zu einer erbrechtlichen Gesamtregelung so ergänzt werden, dass die vertragsmäßigen Verfügungen mit den testamentarischen wechselbezüglich werden, so etwa die gegenseitige Erbeinsetzung im Ehegattenerbvertrag und die Schlusserbeneinsetzung ihres Enkels im ergänzenden gemeinschaftlichen Testament (BGH NJW 1987, 901 = DNotZ 1987, 430 m Anm KANZLEITER; BayObLGZ 1956, 205; BayObLGZ 1987, 23, 26 f = FamRZ 1987, 638, 639; FamRZ 2001, 1327, 1328; MünchKomm-MUSIELAK RdNr 14; vgl eingehend § 2292 RdNr 6 f). Jedoch setzt die Annahme der Wechselbezüglichkeit bei zeitlich **getrennt errichteten Verfügungen** voraus, dass diese durch den Willen der gemeinschaftlich Testierenden nachträglich zu einer Einheit (sog »Gesamtregelung«) verbunden werden. Entscheidend ist, dass die zunächst ohne Rücksicht auf eine Verfügung des anderen Ehegatten getroffene Verfügung durch das spätere Testament in der Weise modifiziert wird, dass sie nunmehr nur noch mit Rücksicht auf die Verfügung des anderen Ehegatten im späteren Testament gelten soll, dass ihr also ausdrücklich oder stillschweigend nachträglich eine **Bedingung im Sinne der Wechselbezüglichkeit** beigefügt wurde (BayObLGZ 1956, 205, 206 f; BayObLG FamRZ 1986, 392, 394; FamRZ 1993, 1126, 1127 f; NJW-RR 1999, 878 = ZEV 1999, 227, 228; SCHMUCKER MittBayNot 2001, 526, 529; SOERGEL-WOLF RdNr 6). Bei Unklarheiten kann dabei die Auslegungsregel des § 2270 Abs 2 nicht herangezogen werden (BayObLG FamRZ 1986, 392, 393; NJW-RR 1999, 878; anders noch BayObLG DNotZ 1994, 791, 794); denn für deren Anwendung ist das Ergebnis dieser Auslegung vorgreiflich. Auch eine sachliche Ergänzung der Verfügungen des früheren und derjenigen des späteren Testaments genügt nicht, denn ansonsten könnten sie nach § 2258 Abs 1 ohnehin nicht nebeneinander Bestand haben. Es muss vielmehr dem späteren gemeinschaftlichen Testament ein Hinweis auf den Willlen der Eheleute entnommen werden können, das frühere gemeinsame Testament im Sinne einer Wechselbezüglichkeit der seinerzeit angeordneten Verfügungen (meist gegenseitigen Erbeinsetzung der Eheleute) mit der neu getroffenen (meist Einsetzung von Schlusserben) zu ergänzen (BayObLG FamRZ 1986, 392, 394; NJW-RR 1999, 878 = ZEV 1999, 227; vgl auch Gutachten DNotI-Report 1998, 133, 134). **Indizien** hierfür können sein, wenn die Verfügungen von Todes wegen in einem engen zeitlichen Zusammenhang errichtet werden, zumal wenn das spätere Testament auch inhaltlich Bezug nimmt auf das frühere (vgl BayObLG FamRZ 1994, 191, 192) und die beiden Testamente zusammen verwahrt werden (vgl OLG Saarbrücken FamRZ 1990, 1285, 1286). Je größer der zeitliche Abstand zwischen den beiden Testamentserrichtungen liegt, desto eher spricht dies nach der Rspr dagegen, dass eine nachträgliche wechselbezügliche Verknüpfung gewollt ist (BayObLG NJW-RR 1999, 878 = ZEV 1999, 227 [2 Jahre Abstand]; LG München I FamRZ 2000, 705 [20 Jahre Abstand]). Überhaupt sind an die Annahme einer solchen regelmäßig strenge Anforderungen zu stellen (SCHMUCKER MittBayNot 2001, 526, 529 sowie der Tendenz nach BayObLG NJW-RR 1999, 878).

### 3. Einzelheiten zur Wechselbezüglichkeit
#### a) Der Inhalt des wechselbezüglichen Motivs

**8** Worin eigentlich der wechselbezügliche Zusammenhang der Verfügungen bestehen soll, ist keineswegs befriedigend geklärt (so richtig PFEIFFER FamRZ 1993, 1266, 1272). Die ältere Auffassung, wonach »Begriff und Wirkung der Wechselbezüglichkeit im Gesetz einen klaren Ausdruck gefunden hätte« (so PLANCK-GREIFF Anm 2), wird durch die Schwierigkeiten in jüngeren Diskussionen über die Behandlung der einseitigen Wechselbezüglichkeit und die Herausarbeitung von Bindungsgrund und Bindungswirkung des gemeinschaftlichen Testaments widerlegt. Das Wesen der Wechselbezüglichkeit besteht darin, dass die wechselbezügliche Verfügung mit Rücksicht auf eine andere getroffen ist (RdNr 1). Dabei wird zwar immer wieder betont, es liege ein enger Zusammenhang zwischen den Beweggründen der wechselbezüglichen Anordnungen vor, nicht aber das Verhältnis von Leistung und Gegenleistung wie beim gegenseitigen Vertrag (Prot V 450; RGZ 116, 148, 149). Gerade aber bei der Anwendung der Auslegungsregel des Abs 2, 2. Alt findet sich dennoch der Hinweis, dass eine Art Gegenleistungsverhältnis vorliege (KG OLGZ 1993, 398, 404; DNotZ 1932, 122, 123; prinzipiell für eine »do ut des« Konzeption JAKOBS, FS Bosch, 1976, 447, 455, was immerhin ehrlicher wäre). Offensichtlich geprägt von diesen Sonderfällen wird von der herrschenden Auffassung das Vorliegen einer Wechselbezüglichkeit durchweg allein unter dem Blickwinkel des »Abhängigmachens von einer Gegenverfügung« bestimmt (kritisch hierzu BUCHHOLZ Rpfleger 1990, 45, 50) und quasi zur alleinigen Testfrage erhoben, was passiert, wenn die eine Verfügung nichtig ist. Damit orientiert man sich aber primär an der einen der og Komponenten der Wechselbezüglichkeit: dem des Wirksamkeitszusammenhangs (RdNr 3).

Dieses Konzept befriedigt aber dann nicht, wenn sich die Ehegatten weder gegenseitig zu Erben einsetzen noch sonst bedenken, sondern **nur zugunsten Dritter** verfügen. Nach allgemeiner Meinung kann auch hier Wechselbezüglichkeit vorliegen, nur greift nicht die Auslegungsregel des Abs 2 ein (BayObLGZ 19, A 143 = BayZ 1919, 144; BayObLGZ 1990, 173, 176; OLG Hamm FamRZ 1994, 1210; STAUDINGER-KANZLEITER RdNr 4). Die Überlegung der hM führt hier aber leicht zu nicht sachgerechten Ergebnissen, wie sich am Fall von BayObLG ZEV 1996, 188 zeigt: Hier hatten die Ehegatten je gleich das einzige gemeinsame Kind zum Erben eingesetzt, wohl in der gewissen Erwartung, das beiderseitige Vermögen diesem so am besten zu sichern. Das Gericht verneinte jedoch die Wechselbezüglichkeit gerade mit dem Argument, dass die an die Wechselbezüglichkeit geknüpfte Wirksamkeitsabhängigkeit letztlich diesen Zielvorstellungen der erstversterbenden Ehegatten völlig zuwiderlaufen würde. Denn wenn der Längerlebende bei einer Wiederverheiratung seine eigene Verfügung nach § 2079 anficht, hätte sogar nicht einmal die Alleinerbeneinsetzung des Kindes bezüglich des Vermögens des Erstversterbenden Bestand. Hier wird zum einen Tatbestand und Rechtsfolge der Wechselbezüglichkeit verkannt (s RdNr 1): Für das Vorliegen derselben genügt allein der Befund, dass der eine Ehegatte seine Verfügung im Hinblick auch auf die vom anderen getroffene machte (die sich daraus ergebende Rechtsfolge des § 2270 Abs 1 ist dafür zunächst unerheblich). Aber dies allein wäre auch noch zu kurz gegriffen: Das maßgebliche Motiv ist nicht das formale Argument, dass auch der andere eine gleich lautende Verfügung traf. Entscheidend ist vielmehr, dass für die Annahme der Wechselbezüglichkeit auch auf die zweite mit der Wechselbezüglichkeit verbundene Komponente abgestellt werden muss, der des Vertrauensschutzes in den Fortbestand der gemeinsam getroffenen Vermögensplanung kraft Bindung (RdNr 3 f). Und die beabsichtigte gegenseitige Bindungswirkung spricht hier eindeutig für eine Wechselbezüglichkeit (so BUCHHOLZ Rpfleger 1990, 45, 50; BayObLG ZEV 1999, 226, 228; kritisch hiergegen PFEIFFER FamRZ 1993, 1266, 1275 Fn 114, wo aber verkannt wird, dass sich die notwendige Konkretisierung des schutzwürdigen Vertrauens aus der gemeinsamen Vermögensplanung ergibt). Eine Frage der Rechtsfolgenseite ist dann erst, ob trotz einer möglichen Anfechtung der Verfügung des anderen Ehegatten die eigene abweichend von § 2270 Abs 1 bestehen bleibt, was idR wohl zu bejahen ist. Man mag dies als einen Fall der »**einseitigen Wechselbezüglichkeit**« bezeichnen (so BUCHHOLZ Rpfleger aaO), was die Durchbrechung des uneingeschränkten gegenseitigen Wirkungszusammenhangs für bestimmte Fälle der Unwirksamkeit (hier Anfechtung) deutlich macht (zustimmend LANGE-KUCHINKE § 24 V 2 b, der darauf hinweist, dass die Wechselbezüglichkeit hier durch den Tod des Erstversterbenden auflösend bedingt sein kann). In anderen Fällen der Unwirksamkeit kann wegen des Grundsatzes der privatautonomen Gestaltung der Wechselbezüglichkeit (s RdNr 17) durchaus wieder eine Bestandsabhängigkeit der Verfügungen beider Ehegatten vorliegen. Eine ähnliche Entkoppelung des Wirksamkeitszusammenhangs kann man auch bei wechselbezüglichen Verfügungen in einem gemeinschaftlichen Testament im Falle der Scheidung beobachten, weshalb sich bei solchen Sonderfällen wohl besser von einer »**partiell einseitigen Wechselbezüglichkeit**« sprechen lässt (MUSCHELER DNotZ 1994, 733, 741; vgl § 2268 RdNr 10).

**b) Die Kausalität des wechselbezüglichen Motivs**
Für die Bejahung der Wechselbezüglichkeit kommt es weiter auf die **Kausalität des korrespektiven Motivs** für den Erblasserwillen an. Da bei letztwilligen Verfügungen aber idR immer ein Motivbündel vorliegt, genügt es, wenn dieses zumin-

dest wesentlich mitbestimmend ist (PFEIFFER FamRZ 1993, 1272; OLG Hamm NJW-RR 1992, 330, 331 im ähnlichen Fall des § 2268). Die Absicht, den Neffen der Ehefrau zum Unternehmensnachfolger zu berufen, hindert daher die Annahme einer Wechselbezüglichkeit nicht, wenn nur das Motiv der Wechselbezüglichkeit *auch* vorhanden ist (PFEIFFER aaO).

**11** Auch ist nicht erforderlich, dass die gegenseitige Abhängigkeit der Verfügungen voneinander in dem Testament ausdrücklich festgelegt wird, wie sich gerade aus der Existenz der Auslegungsregel des Abs 2 ergibt. Als bloße innere Tatsache ist ihre Beweisbarkeit allerdings mitunter mit erheblichen Schwierigkeiten verbunden. Daher sollte sie zur Streitvermeidung ausdrücklich festgelegt werden. Damit nähert sich allerdings die zunächst aus dem Zusammenhang des Motivs ergebende Wechselbezüglichkeit mehr der vertraglich ausdrücklich festgelegten Bindung (s RdNr 2).

### c) Der maßgebliche Wille

**12** Die Wechselbezüglichkeit richtet sich nach dem Willen des Ehegatten, der die Verfügung als abhängige getroffen, sich also gleichsam dem Willen des andern insoweit unterordnet, und diesen Willen dem anderen Ehegatten erkennbar gemacht hat (LANGE-KUCHINKE § 24 V 2 a). Dies wird in der Rspr nicht immer so deutlich gesehen (vgl etwa BayObLG FamRZ 1993, 360, wo offen bleibt, von welchem Willen letztlich ausgegangen werden soll).

### 4. Wechselbezugsfähigkeit

**13** An sich könnten letztwillige Anordnungen aller Art wechselbezüglich sein. Das Gesetz beschränkt aber in Abs 3 die Anwendung des Abs 1 und damit auch die des § 2271 ausdrücklich auf Erbeinsetzungen, Vermächtnisse und Auflagen (vgl für den Erbvertrag § 2278 Abs 2). **Nicht wechselbezüglich** kann also sein (vgl PALANDT-EDENHOFER RdNr 11): Die Enterbung (§ 1938, BayObLG NJW-RR 1992, 1356 = DNotZ 1993, 450), die Entziehung des Pflichtteils (§§ 2333 ff; vgl MATTERN BWNotZ 1965, 5), eine echte (also nicht wertverschiebende) Teilungsanordnung (§ 2048; BGHZ 82, 277; BayObLG FamRZ 1988, 660; aM in Verkennung des Wesens der Teilungsanordnung LEHMANN MittBayNot 1988, 157; vgl dazu § 2289 RdNr 35), die Ernennung eines Testamentsvollstreckers (§ 2197; vgl BÜHLER 364 ff, STAUDINGER-KANZLEITER § 2271 RdNr 16; KGJ 48, 99, 103; KG FamRZ 1977, 485), Ausschluss der Auseinandersetzung (§ 2044), die Errichtung einer Stiftung (§ 83) sowie familienrechtliche Anordnungen (§§ 1638, 1639, 1777 Abs 3, 1803), die Benennung eines Vormunds oder Pflegers (§§ 1777 Abs 3, 1803) und ein Erb- und Pflichtteilsverzicht (§ 2346; BGHZ 30, 261, 265).

### 5. Einseitige Abhängigkeit

**14** Einseitige Wechselbezüglichkeit (oder besser einseitige Abhängigkeit) liegt vor, wenn nur die Verfügung des einen Ehegatten im Hinblick auf die des anderen getroffen wird, nicht aber umgekehrt (vgl Vorbem 29 zu §§ 2265 ff; LANGE-KUCHINKE § 24 V Fn 136; eingehend BUCHHOLZ Rpfleger 1990, 45, dessen Ausführungen, insb zur Darstellung der Abhängigkeitsverhältnisse, aber nicht immer gefolgt werden kann; PFEIFFER FamRZ 1993, 1266, 1273 ff).

**15 Grundlegend** hierfür wurde die Entscheidung KG JFG 10, 67: Ehegatten hatten ein Berliner Testament mit Schlusserbeneinsetzung der gemeinsamen Kinder errichtet. Die überlebende Ehefrau wollte sich von der hieran eintretenden Bindung mit dem Argument befreien, sie hätte zugunsten der gemeinsamen Kinder ohne

Rücksicht darauf verfügt, ob der Ehemann auch ihr etwas zugewandt hätte. Dies hätte aber nur bedeutet, dass ihre Verfügung zugunsten der Kinder von den Verfügungen ihres Ehemannes nicht abhängig seien. Deswegen konnte aber umgekehrt immer noch die vom Ehemann getroffene Erbeinsetzung seiner Frau von ihrer Einsetzung der Kinder als Schlusserben abhängig sein, was das Gericht auch bejahte. Von der Schlusserbeneinsetzung hätte sich die Ehefrau daher nur durch Ausschlagung befreien können.

In solchen Fällen wendet die hM die §§ 2270, 2271 entsprechend an, da der Normzweck dieser Bestimmungen auch insoweit hier zutreffend ist (KG JFG 10, 67; 17, 46: PLANCK-GREIFF Anm 2; RGRK-BGB-JOHANNSEN RdNr 5; PALANDT-EDENHOFER RdNr 3; MünchKomm-MUSIELAK RdNr 3; offen lassend LANGE-KUCHINKE § 24 V 2 Fn 136; aM KG KGJ 42, 119, 122; V LÜBTOW I 491: nur Anfechtungszusammenhang iS von § 2078 Abs 2; zu den sachlichen Unterschieden PFEIFFER 1273 Fn 96). Dies führt dann zur automatischen Unwirksamkeit der abhängigen Verfügung, wenn die andere widerrufen wird oder nichtig ist. Da aber der Wortlaut einer Vorschrift die Grenze zwischen Auslegung und Analogie bildet (LARENZ, Methodenlehre, 5. Aufl [1991] 343, 366), können diese Vorschriften *direkt angewendet* werden (BUCHHOLZ aaO; PFEIFFER FamRZ 1993, 1266, 1273 ff; inzident wohl auch OLG Zweibrücken NJW-RR 1992, 587, 588). Denn der Wortlaut des § 2270 Abs 1 geht bei genauer Betrachtung selbst nicht von einer strengen iS von gegenseitiger Wechselbezüglichkeit aus. Der dritte Satzteil fordert nur, dass die Verfügung des einen nicht ohne die des anderen Ehegatten getroffen wurde, trifft aber keine Aussage dazu, ob auch die des anderen im Hinblick auf die des ersten getroffen wurde, was sich erst durch die im vierten Satzteil angeordnete Rechtsfolge ergibt (PFEIFFER 1274; zustimmend SCHMUCKER MittBayNot 2001, 526, 528 Fn 40). Weiter darf nicht verkannt werden, dass das Besondere der einseitigen Abhängigkeit gerade in einer **Beschränkung der Wechselbezüglichkeit in persönlicher Hinsicht** besteht. Diese kann dabei bereits von Anfang an gewollt sein, sich aber auch erst nachträglich ergeben (s RdNr 20 f). Die einseitige Wechselbezüglichkeit kann auch nur für bestimmte Fälle gewollt sein (sog **partiell einseitige Wechselbezüglichkeit**). Jedoch kann nicht gesagt werden, dass die einseitige Wechselbezüglichkeit oftmals die Regel ist (so SCHMUCKER MittBayNot 2001, 526, 528 unter unzutreffendem Bezug auf BayObLG FamRZ 1999, 1388, 1390, denn dort ging es nicht um eine einseitige Wechselbezüglichkeit, sondern darum, ob diese persönlich dahingehend beschränkt war, dass sie nicht die Ersatzschlusserben erfasst). Denn durchweg wollen Ehegatten eine umfassende Nachlassregelung treffen und dann, wenn nicht besondere Situationen vorliegen, doch beide gleichermaßen binden. Richtig ist jedoch, dass für die Feststellung der einseitigen Wechselbezüglichkeit genau darauf zu achten ist, in welcher **Richtung eine Bindungswirkung** angestrebt wird (SCHMUCKER MittBayNot 2001, 526, 529).

### 6. Beschränkung der Wechselbezüglichkeit

Es steht den Verfassern eines gemeinschaftlichen Testaments aufgrund der *Privatautonomie* frei zu bestimmen, ob und inwieweit ihre letztwilligen Anordnungen wechselbezüglich sein sollen, oder besser (da die Wechselbezüglichkeit eigentlich eine Tatsache ist): es steht ihnen daher auch frei, die rechtlichen Wirkungen, die das Gesetz an die Wechselbezüglichkeit knüpft, auszuschließen oder zu beschränken (BGHZ 2, 35, 37 = NJW 1951, 959; 30, 261, 265; NJW 1964, 2056; PALANDT-EDENHOFER RdNr 3; STAUDINGER-KANZLEITER RdNr 6 ff; 14; MünchKomm-MUSIELAK RdNr 4; KIPP-COING § 35 II 2, III 4 d). Neben der gerade erörterten einseitigen Abhängigkeit, die eine Beschränkung der Wechselbezüglichkeit in persönlicher Hinsicht darstellt (RdNr 14 ff), kann sich die Wechselbezüglichkeit auch **nur auf Teile der Verfügung beschränken,** etwa bei der Schlusserbeneinsetzung nur auf die Erbeinsetzung der Verwandten des Erstversterbenden, während diejenige der Angehörigen des Längerlebenden gerade nicht wechselbezüglich sein soll. Auch in **zeitlicher Hinsicht** ist eine Beschränkung möglich, etwa dass die gegenseitige Abhängigkeit ab dem Tod des Erstversterbenden oder aber ab dessen Wiederverheiratung ausgeschlossen ist (ERMAN-M SCHMIDT RdNr 1; STAUDINGER-KANZLEITER RdNr 10 ff mit weiteren Beispielen).

18 Die Beteiligten können aber auch die Bestandsabhängigkeit der Verfügungen nur auf **einzelne Fälle** der **Nichtigkeit** beschränken (KIPP-COING § 35 III 1; KANZLEITER ZEV 1996, 307; MUSCHELER DNotZ 1994, 733, 741 für den Fall der Fortgeltung bei Ehescheidung), oder umgekehrt und den tatsächlichen Vorstellungen eher entsprechend: In bestimmten Fällen soll die an sich wechselbezüglich gedachte eigene Verfügung auch dann noch weiter gelten, wenn die gegenläufige des anderen Ehegatten unwirksam ist. Die Fälle dieser einseitigen Entkoppelung sind nicht so selten. Ein Beispiel hierfür bildet sicherlich die in RdNr 9 genannte Entscheidung des BayObLG ZEV 1996, 188: auch wenn der andere Ehegatte über eine Anfechtung nach § 2079 sich von seiner Verfügung lösen kann, soll wenigstens meine Erbeinsetzung des einzigen Kindes Bestand haben. Und besonders plastisch der vom OLG Frankfurt FamRZ 1989, 347 so entschiedene Fall: auch wenn ich nichts erbe und insoweit keine Bindung besteht, soll meine Verfügung zugunsten des anderen wirksam sein, da mir das immer noch lieber ist, »als wenn der Fiskus erbt«. Man mag solche Einschränkungen der Bestandsabhängigkeit als »**partielle einseitige Wechselbezüglichkeit**« bezeichnen (MUSCHELER aaO; s auch § 2265 RdNr 14; § 2268 RdNr 10).

Und da das Spezifische der wechselbezüglichen Verfügung sowohl im Eintritt der erbrechtlichen Bindung als aber auch im gegenseitigen Wirksamkeitszusammenhang besteht (s RdNr 3), wird man auch eine Entkoppelung dergestalt zulassen können, dass zwar eine Bindung eintritt, trotzdem die Nichtigkeit der einen Verfügung nicht zur Unwirksamkeit der anderen führt.

19 Soweit **Änderungsvorbehalte** (Freistellungsklauseln) in gemeinschaftlichen Testamenten vereinbart werden, schließt dies nach der neueren und zutreffenden Rspr des BGH die Wechselbezüglichkeit nicht aus, besonders wenn es sich um sog spezifizierte Änderungsvorbehalte handelt, die erst bei Vorliegen bestimmter Voraussetzungen ausgeübt werden dürfen (zu Einzelheiten RdNr 53). Damit ist aber noch nicht gesagt, dass für den Fall, dass von der Änderungsmöglichkeit dann zulässig Gebrauch gemacht wird, dies auch über § 2270 Abs 1 zum Wegfall der wechselbezüglichen Verfügung des anderen Ehegatten führt. Insbesondere für den Fall, dass der Längerlebende zu Änderungen ermächtigt wird, ist von einer Wirkungsbeschränkung dahingehend auszugehen, dass auch die wechselbezügliche Verfügung des anderen Ehegatten (idR Erbeinsetzung des Längerlebenden) fortbesteht. Ausführlich hierzu § 2271 RdNr 76.

### 7. Aufhebung der Wechselbezüglichkeit

20 Die Ehegatten können die gegenseitige Abhängigkeit ihrer wechselbezüglichen Verfügungen durch ein neues gemeinschaftliches Testament (oder durch einen Erbvertrag) wieder aufheben. Die Verfügungen können dann als einseitige weiter fortgelten (MünchKomm-MUSIELAK RdNr 5). Es kann aber auch ein Ehegatte allein in einem **einseitigen** Testament eine **nachträgliche Befreiung** des anderen Ehegatten von der Bindung an dessen ursprünglich wechselbezügliche Verfügung aussprechen ohne gegen § 2271 zu verstoßen; denn der Ehegatte, der die Abhängigkeit seiner wechselbezüglichen Verfügungen von denen des Partners aufhebt (der

sog »Befreiende«), bleibt doch im Rahmen des § 2271 an seine eigenen wechselbezüglichen Verfügungen gebunden; nur der andere Ehegatte wird frei, dieser wird also nicht nur durch die Änderung besser gestellt, sondern es entfällt auch insoweit der Grund der Bindung (s RdNr 4), nämlich der Vertrauensschutz, weil der eine Ehegatte hierauf ausdrücklich verzichtet (BayObLGZ 1966, 242, 245; RGRK-BGB-JOHANNSEN RdNr 13; MünchKomm-MUSIELAK RdNr 5; KUCHINKE FS V LÜBTOW, 1991, 283, 286). Und da der Bindungsgrund hier allein bereits aus dem Zusammenhang des Motivs entsteht, kann dieser auch durch einseitige letztwillige Erklärung wieder beseitigt werden, während beim Erbvertrag, bei dem die Bindung auf der ausdrücklichen vertraglichen Einigung beruht, dies grundsätzlich nur durch einen formgerecht erklärten Aufhebungsvertrag als actus contrarius (oder durch diesem gesetzlich gleichgestellte Ersatzformen) möglich ist (gegen die Übertragung dieser Grundsätze der Besserstellung auf den Erbvertrag zu Recht BayObLGZ 1961, 207; übersehen jetzt aber von BayObLGZ 1999, 46, 50 f).

**21** Es handelt sich also um einen Fall des nachträglichen Entstehens einer einseitigen Abhängigkeit. Der Ehegatte, der die Abhängigkeit seiner wechselbezüglichen Verfügungen aufheben will, hat aber noch einen anderen Weg: Er kann seine letztwilligen Anordnungen in einem neuen einseitigen Testament wiederholen, sodass ihre Geltung nun nicht mehr von der Wirksamkeit der wechselbezüglichen Verfügung des anderen Ehegatten abhängt (KG JFG 17, 44 = DNotZ 1938, 179; KG JFG 20, 143; KIPP-COING § 35 II 2 a, III 4 a) und der andere Ehegatte, nicht aber der befreiende, seine Testierfreiheit ebenfalls wiedererlangt. Eine solche Aufhebung der Wechselbezüglichkeit kann auch durch Testamentsauslegung ermittelt werden (BayObLGZ 1966, 42 = DNotZ 1967, 436).

**22** Davon zu unterscheiden ist der Fall, dass ohne förmlichen Widerruf durch späteres einseitiges Testament des einen Ehegatten die aufgehobene Verfügung durch eine für den anderen Ehegatten **rechtlich vorteilhaftere** ersetzt wird; wegen der Besserstellung soll § 2271 dem nicht entgegenstehen (BGHZ 30, 261, 265 = NJW 1959, 1730; KG DNotZ 1943, 276; eingehend und kritisch hierzu § 2271 RdNr 23).

## II. Die Feststellung der Wechselbezüglichkeit

### 1. Vorrang der individuellen Auslegung

**23** Da der Wille der Ehegatten darüber entscheidet, ob und in welchem Umfang eine Wechselbezüglichkeit der Verfügungen vorliegt, ist in den Fällen, in denen sich aus dem Inhalt der Urkunde keine klare Regelung hierzu entnehmen lässt, dies zunächst und vor der Anwendung der Auslegungsregel des Abs 2 (s RdNr 54) nach den allgemeinen Auslegungsgrundsätzen (§§ 133, 2084) zu entscheiden (BayObLGZ 1983, 213; FamRZ 1985, 1287 = Rpfleger 1985, 445; FamRZ 1999, 1388, 1389; OLG Frankfurt ZEV 1997, 420, 421).

### a) Auslegungsgrundsätze

**24** Dabei ist – wie immer bei der Auslegung eines gemeinschaftlichen Testaments – stets zu prüfen, ob eine nach dem Verhalten des einen Ehegatten mögliche Auslegung auch dem Willen des anderen entsprochen hat (BayObLGZ 1981, 79, 81), wobei es auf den übereinstimmenden Willen beider Eheleute zur Zeit der Errichtung des gemeinschaftlichen Testaments ankommt (BGHZ 112, 229, 233; BayObLG FamRZ 1993, 360).

**25** Aus der Tatsache allein, dass die Verfügungen in einem gemeinschaftlichen Testament enthalten sind, kann noch nicht auf die Wechselbezüglichkeit geschlossen werden (BayObLG NJW-RR 1987, 1410; BENGEL DNotZ 1977, 5, 7). Umgekehrt erfordert der Begriff der Wechselbezüglichkeit nicht, dass sich die Ehegatten gegenseitig zu Erben einsetzen oder sonst bedenken, dies ist nur für die Anwendbarkeit der Auslegungsregel des Abs 2 bedeutsam (BayObLGZ 1991, 173, 176 = NJW-RR 1991, 1288; BayObLG NJW-RR 1987, 1410; ZEV 1996, 188, 189 m Anm B KÖSSINGER). Für die Auslegung ist zunächst der Inhalt der Verfügungen zu ermitteln (BGH LM Nr 2 zu § 2270 = DNotZ 1957, 553). Sodann ist vor allem zu prüfen, ob die Verfügungen nach dem Willen der Erblasser voneinander abhängig sein sollten (RGZ 170, 163, 172; BayObLGZ 1982, 474; 1983, 213, 217). Dabei ist die Wechselbezüglichkeit für jede **einzelne Verfügung gesondert festzustellen** (BayObLGZ 1964, 94, 97; BayObLG Rpfleger 1985, 240 = FamRZ 1984, 1154; FamRZ 1988, 879; BayObLGZ 1983, 213, 217; 1991, 173, 176; OLG Frankfurt ZEV 1997, 420; NJWE-FER 2000, 37); dies gilt auch dann, wenn es sich um ein sog Berliner Testament handelt (BayObLGZ 1983, 213, 217). Auch können nur Teile einer Verfügung wechselbezüglich sein. Möglich ist auch nur eine **einseitige Bindung** des einen Ehegatten (BayObLG FamRZ 1984, 1154; s RdNr 14 ff); hier ist dann besondere Sorgfalt darauf zu verwenden, in welche Richtung dies zu ermitteln ist (s RdNr 16). Es gibt auch keine feststehenden Regeln, die Schlüsse auf eine bestimmte Willensrichtung und Interessenlage zwingend zuließen, etwa für das Verhältnis der Erbeinsetzung des überlebenden Ehegatten zum Alleinerben gegenüber der Schlusserbeneinsetzung (BayObLG FamRZ 1985, 1287, 1289; BayObLG NJW-RR 1992, 1223, 1224; PALANDT-EDENHOFER RdNr 5). Das Nachlassgericht oder – im Streitfall – das Prozessgericht muss also das Für und Wider für die Wechselbezüglichkeit prüfen und abwägen, indem es den Inhalt der Erklärung als Ganzes einschließlich aller Nebenumstände würdigt (BayObLGZ 1981, 79, 82; BayObLG ZEV 1994, 362 = FamRZ 1995, 251); dabei kann allerdings auch die allgemeine Lebenserfahrung berücksichtigt werden (PALANDT-EDENHOFER aaO). Im Rahmen der **Amtsermittlungspflicht** (§ 12 FGG) muss aber nicht allen denkbaren Möglichkeiten zur Sachverhaltserforschung von Amts wegen nachgegangen werden; eine Aufklärungspflicht besteht vielmehr nur, soweit das Vorbringen der Beteiligten oder der festgestellte Sachverhalt bei sorgfältiger Überlegung dazu Anlass geben (BayObLGZ 1991, 323, 329; FamRZ 1993, 366 = DNotZ 1993, 127). Insoweit obliegt es im Antragsverfahren den Beteiligten, durch eingehende Tatsachendarstellung an der Sachverhaltsaufklärung mitzuwirken (BayObLG FamRZ 1993, 366). Bei der Auslegung können auch Umstände herangezogen werden, die außerhalb der Testamentsurkunde liegen (RGZ 116, 148, 150; KG KJG 42, 119; BayObLG ZEV 1994, 362; MünchKomm-MUSIELAK RdNr 7).

**26** Auch die in **zwei getrennten Urkunden** und mit zeitlichem Abstand errichteten Verfügungen von Todes wegen können wechselbezüglich sein, wenngleich hier strenge Anforderungen zu stellen sind (s RdNr 7).

### b) Ergänzende Auslegung

**27** Ob die gegenseitige Abhängigkeit dem Willen der Erblasser entspricht, kann uU auch durch ergänzende Auslegung entschieden werden, wobei zu prüfen ist, welchen Willen die Ehegatten nach ihren persönlichen Einstellungen und Lebenserfahrungen voraussichtlich gehabt hätten (BayObLG ZEV 1994, 362, 364). Die Frage wird zu verneinen sein, wenn nach der Errichtung des Testaments unvorhergesehene Umstände eingetreten sind und die Erblasser, falls sie diese Umstände bei der Errichtung vorausschauend bedacht hätten, für diesen Fall die Wechselbezüglichkeit ausgeschlossen hätten (OLG München HRR 1942 Nr 839 und DNotZ 1944, 11; KG NJW 1963, 766; PALANDT-EDENHOFER RdNr 5; STAUDINGER-KANZLEITER RdNr 22). Jedoch ist hierbei Zurückhaltung geboten (BGB-RGRK-JOHANNSEN RdNr 11). Bei der Ermittlung des hierfür maßgeblichen mutmaßlichen oder hypothetischen Willens ist die Willensrichtung beider Ehegatten maßgeblich (BayObLG FamRZ 1993, 360; PALANDT-EDENHOFER RdNr 12).

## 2. ABC der Anzeichen der Wechselbezüglichkeit

Im Folgenden sollen die wichtigsten Indizien, die für oder gegen eine Wechselbe- 28
züglichkeit sprechen, in alphabetischer Reihenfolge dargestellt werden (vgl auch
SCHMUCKER MittBayNot 2001, 526, 530, wo die Frage aber unzulässiger Weise nur auf den Bindungswillen reduziert wird). Da jedoch für jede Verfügung die Wechselbezüglichkeit
gesondert zu prüfen ist (s bes einseitige Wechselbezüglichkeit), kann dies nur im
Sinne eine »*Nachschlagehilfe*« zur Auffindung einschlägiger Entscheidungen oder
Literatur sein. Weiter ist zu beachten, dass das Vorliegen eines Anzeichens allein
noch nicht streitentscheidend ist; **maßgeblich** ist immer die **Gesamtbeurteilung**
der Einzelumstände des Falles, wobei uU auch verschiedene Anhaltspunkte gegeneinander abgewogen werden müssen (**ja** = kann Wechselbezüglichkeit begründen; **nein** = spricht nicht dafür).

**Absicherung gemeinsamer Kinder:** spricht für Wechselbezüglichkeit (BayObLG FamRZ 29
1993, 360 = DNotZ 1993, 127, 128 = ZAP Fach 12, 21 m Anm BRAMBRING; BATTES 273).

**Alter der Testatoren:** Es kann nicht angenommen werden, dass Ehegatten, die 30
sich gegenseitig zu Erben und ihren gemeinsamen Sohn als Schlusserben eingesetzt haben, den Längerlebenden hinsichtlich der Schlusserbeneinsetzung nicht
binden wollten, weil sie im Zeitpunkt der Testamentserrichtung noch relativ jung
(jeweils 40 Jahre) waren, die weitere Entwicklung nicht absehbar und der gemeinsame Sohn erst 10 Jahre alt gewesen ist. Denn nach der Lebenserfahrung
kann nicht ohne weiteres vorausgesetzt werden, dass der Erstversterbende auf
die Absicherung des minderjährigen Kindes durch eine bindende Schlusserbeneinsetzung verzichten will (BayObLG FamRZ 1993, 360 = DNotZ 1993, 127, 128 = ZAP Fach
12, 21 m Anm BRAMBRING; BATTES 273; zurückhaltender noch BayObLG FamRZ 1995, 251, 253).
Erhebliche Unterschiede in der Lebenserwartung sprechen uU auch gegen die
Wechselbezüglichkeit (EBENROTH RdNr 224).

**Auslegung:** die erst durch ergänzende Auslegung gewonnene Schlusserbenein- 31
setzung: **nein** (AG Bremen 15. 1. 1993 – Az 31 VI 69/92); BayObLG FamRZ 1998, 388; LG
Köln MittRhNotK 1991, 23: nicht, soweit erst über § 2069; anders OLG Frankfurt
FamRZ 1998, 772, 774 (str, eingehend s RdNr 36).

**Beweggrund, Motive:** Gleichheit des Zweckes der Verfügungen kann für ihre Wech- 32
selbezüglichkeit sprechen, ist aber weder erforderlich noch genügend (RG Recht 1921
Nr 1633); für Wechselbezüglichkeit spricht aber, wenn die Erbeinsetzung wegen
langjähriger erbrachter Dienstleistungen des Schlusserben und zu deren **Belohnung** erfolgte (BayObLG FamRZ 2001, 1327, 1328 = NJWE-FER 2001, 128); eine Testamentserrichtung vor einer langen Auslandsreise als »provisorische« Regelung kann gegen Wechselbezüglichkeit sprechen (wäre die zutreffende Begründung für den Fall von
LG München I FamRZ 2000, 705, die dort gewählte ist unzutreffend).

**Caritative** oder gemeinnützige Organisationen: als Schlusserbe: grundsätzlich 33
**nein** (BayObLG FamRZ 1986, 604), insbesondere wenn sich ein Motiv für die Erbeinsetzung nicht ermitteln lässt (OLG Düsseldorf vom 14. 8. 2000, AZ 9 U 60/00). Anders
liegt es bei einer von den Ehegatten errichteten Stiftung, wenn mit der Erbeinsetzung der Stiftung der Zweck verfolgt wird, ihr gemeinsames Lebenswerk in Form
einer bedeutenden Kunstsammlung für die Nachwelt zu erhalten, und die Stiftung ohne verbindliche Erbeinsetzung und daher ohne Vermögen und nicht in
der Lage wäre, den Stiftungszweck, dh das Hauptanliegen der Ehegatten zu erfüllen (OLG München NJW-RR 2000, 526 = ZEV 2000, 104).

**Ehevertrag:** soweit als Ergänzung hierzu gedacht, **ja** (BayObLGZ 1956, 205). 34

**35 Eigene Verwandte** des Längerlebenden als Schlusserben: **nein** (BayObLG DNotZ 1994, 791, 794; OLG Köln FamRZ 1996, 310; BGH LM Nr 2 = FamRZ 1957, 130; OLG Frankfurt FamRZ 1997, 1572 = ZEV 1997, 420; NJWE-FER 2000, 37; zum Erbvertrag: BGH NJW 1961, 120; OLG Hamm Rpfleger 1978, 179 = FamRZ 1980, 505; vgl auch BayObLG FamRZ 1994, 1422, 1423, sowie OLG Brandenburg FamRZ 1999, 1541, 1543 zum einseitigen Pflegesohn). Wechselbezüglich sind die gegenseitige Erbeinsetzung zur Schlusserbeneinsetzung der Verwandten des Erstversterbenden, mögen diese auch nur teilweise berufen sein. Zu Verwandten des Erstversterbenden s RdNr 47.

**36 Enkel als Ersatzerben; Ersatzerbberufung kraft Gesetzes:** Fällt das als Schlusserbe eingesetzte Kind der Ehegatten nach dem Tod des erstversterbenden Elternteils weg, so kann sich aus § 2069 eine Ersatzerbenberufung der Enkelkinder ergeben. Würde man jedoch auch auf diese § 2270 Abs 2 anwenden, so käme es zu einer »Kumulation« der Auslegungsregeln, die zu einer Bindung der Testierenden an ihnen uU völlig unbekannte nichteheliche oder missratene Enkel führen würde. Auf entsprechenden Vorlagebeschluss des BayObLG (FGPrax 2001, 248) und Kritik des Schrifttums (W BAUMANN ZEV 1994, 351, 352; Voraufl RdNr 36; STAUDINGER-KANZLEITER RdNr 31; LANGE-KUCHINKE § 24 V 2 c) hat der BGH nunmehr entschieden, dass bei Wegfall des im gemeinschaftlichen Testament eingesetzten Schlusserben vor Eintritt des Schlusserbfalls § 2270 Abs 2 auf einen Ersatzschlusserben nur dann anwendbar ist, wenn sich Anhaltspunkte für einen auf dessen Einsetzung gerichteten Willen der testierenden Ehegatten feststellen lassen, die Ersatzerbenberufung also nicht allein auf § 2069 beruht (BGH NJW 2002, 1126 = ZEV 2002, 150 m Anm OTTE = DNotZ 2002, 661 m Anm SCHMUCKER). Die anders lautende Rechtsprechung der Obergerichte (BayObLG FamRZ 1982, 1138; ZEV 1994, 362, 364 [abschwächend jedoch BayObLG FamRZ 1998, 388: beschränkter Änderungsvorhalt bezüglich der stillschweigend berufenen Ersatzerben sowie BayObLG FamRZ 1999, 1388, 1390 = ZEV 1999, 391: Ausschluss der Wechselbezüglichkeit bei kleinem Nachlass]; OLG Frankfurt FamRZ 1998, 772, 774 = NJW-FER 1998, 87, 88), ist damit obsolet.

**37 Form:** Die bloße Wahrung der Form des gemeinschaftlichen Testaments ist kein Indiz für die Wechselbezüglichkeit (BayObLG NJW-RR 1987, 1410; ZEV 1994, 362). Umgekehrt kann eine Schlusserbenbestimmung in einem gemeinschaftliches Testament wechselbezüglich zu einer gegenseitigen Erbeinsetzung in einem **Erbvertrag** sein (BayObLG NJWE-FER 2001, 128); jedoch wird man einen gewissen Bezug der Urkunden aufeinander fordern müssen (s RdNr 7).

**38 Gesetzliche Erben** als Schlusserben: soweit überhaupt eine Erbeinsetzung vorliegt: idR nur bezüglich der Verwandten des Erstversterbenden (s RdNr 59). Sind nach dem Tod des **Längerlebenden** der Ehegatten für den beiderseitigen Nachlass **dessen gesetzlichen Erben** eingesetzt, so betont das OLG Frankfurt (ZEV 1997, 420, 421 = FamRZ 1997, 1572) zu Recht, dass bei einem kinderlosen Ehepaar diese Schlusserbeneinsetzung regelmäßig als nicht wechselbezüglich zur gegenseitigen Erbeinsetzung der Ehegatten anzusehen ist, sodass eine Änderungsmöglichkeit besteht.

**39 Innere Verbundenheit:** Eine besondere innere Verbundenheit kann ebenso ein Anhaltspunkt für die Wechselbezüglichkeit sein wie der Gesichtspunkt, das gesamte gemeinsame Vermögen dem Schlusserben zur *Sicherstellung seiner Versorgung* zukommen zu lassen (BayObLG DNotZ 1994, 791, 793 f = FamRZ 1994, 191).

**40 Lebzeitige Verfügungsbefugnis:** Wird eine solche ausdrücklich erwähnt, so kann sich hieraus im Wege des Umkehrschlusses ergeben, dass eine freie Verfügung von Todes wegen durch den Längerlebenden gerade ausgeschlossen sein soll (BayObLG FamRZ 1994, 1422).

**Meinungsänderungen:** Auch aus Meinungsäußerungen und Verhalten eines Ehegatten nach der Testamentserrichtung können Schlussfolgerungen für den Willen zur Wechselbezüglichkeit bei Testamentserrichtung gezogen werden (RGZ 116, 148, 150; BayObLG Rpfleger 1982, 286). Daher kann die Festhaltung einer entsprechenden Äußerung im Nachlassverfahren nach dem Tod des Erstversterbenden zweckmäßig sein (PEISSINGER Rpfleger 1995, 325, 328). Zu beachten ist dabei jedoch, dass maßgeblicher Zeitpunkt für die Beurteilung des Willens zur Wechselbezüglichkeit bei der Testamentserrichtung ist (OLG Hamm FamRZ 1991, 1482; KG NJW 1963, 766, 767; BENGEL DNotZ 1977, 5, 6; MünchKomm-MUSIELAK RdNr 7). Daher sind spätere Meinungsänderungen oder ein Sinneswandel, etwa nach dem Tod des einen Ehegatten, ebenso unbeachtlich (OLG Hamm NJW-RR 1993, 1225, 1226; 240, 247; BayObLG ZEV 1994, 362; MünchKomm-MUSIELAK aaO) wie die spätere Errichtung eines widersprechenden Testaments (BayObLGZ 19 A 143, 145; BayObLG ZEV 1994, 362; BENGEL aaO), sodass mit dem Argument einer »authentischen Interpretation« Vorsicht geboten ist (BayObLGZ 1991, 173, 177; BayObLG DNotZ 1994, 791, 794 = FamRZ 1994, 191).

**Nichtverwandte** oder Nichtverschwägerte als Schlusserben: soweit mit keinem **41** der Ehegatten verwandt: **nein,** sodass der Längerlebende die Schlusserbeneinsetzung jederzeit wieder aufheben kann, insbesondere bei Verschlechterung der persönlichen Beziehungen (BayObLG FamRZ 1991, 1232 m Anm HOHLOCH JuS 1992, 77). Hier ist aber immer zu prüfen, ob sich die Wechselbezüglichkeit nicht daraus ergeben kann, dass es sich um nahe stehende Personen (Abs 2, 2. Alt) handelt.

**Sicherstellung** des Schlusserben: **ja;** bes bei den eigenen, minderjährigen Kin- **42** dern (BayObLG FamRZ 1993, 360 = DNotZ 1993, 127, 128 = ZAP Fach 12, 21 m Anm BRAMBRING; BATTES 273) aber auch sonst (BayObLG FamRZ 1994, 191). Anders bei erheblicher Vermögensdiskrepanz, da es dem »Reicheren« idR nur um die Absicherung seiner Ehefrau ging, er sich selbst aber als Längerlebender nicht binden will (so bereits KG JW 1935, 1442 Nr 9; s auch RdNr 49).

**Sofortige Alleinerbeneinsetzung** des **einzigen** gemeinsamen Sohnes durch jeden **43** Ehegatten **nein,** da die Annahme nahe liegt, dass dies jeder Elternteil auf jeden Fall und unabhängig von der Verfügung des anderen will und nicht davon auszugehen ist, dass dies allein geschieht, weil dies auch der andere will (BayObLG ZEV 1996, 188, 189 m Anm B KÖSSINGER = FamRZ 1996, 1040; OLG Köln NJW-RR 1994, 397 = FamRZ 1993, 1371). Werden jedoch gleich **zwei** oder mehr **Kinder** zu gleichen Teilen als Erben eingesetzt, ist **Wechselbezüglichkeit** anzunehmen, weil das Vertrauen des Erstversterbenden auf die gleichmäßige Nachlassverteilung zu schützen ist (BayObLGZ 1991, 173, 176 ff; PFEIFFER FamRZ 1993, 1266, 1272 f; BATTES, Gemeinschaftliches Testament und Ehegattenerbvertrag, 114); diese Differenzierung ist nicht widerspruchsfrei (s RdNr 9, 18).

**Sprachliche Fassung:** Wechselbezügliche Verfügungen können auch in einer ein- **44** zigen Verfügung beider Ehegatten zusammenfasst werden, sei es in einer gegenseitigen Zuwendung oder in einer gemeinsamen Verfügung zugunsten des nämlichen Dritten (RGZ 88, 330, 331 f; OLG Hamm FamRZ 1994, 1210, 1211; BayObLGZ 1994, 95, 100; BayObLG FamRZ 1995, 1447, 1448; ZEV 1996, 188, 189 = MittBayNot 1996, 216; SCHMUCKER MittBayNot 2001, 526, 530 meint hier zu Unrecht, dass sich das BayObLG bei der Anwendung dieses Indiz »eher bedeckt« halte). Für Wechselbezüglichkeit spricht zB: »Wir setzen uns gegenseitig zu Erben ein« oder: »Wir berufen unseren einzigen Sohn zum Erben des Überlebenden von uns« (ähnlich BayObLG FamRZ 1994, 1422) oder »Dies ist unser gemeinsamer Wille!« (BayObLG ZEV 1999, 227, 229) Gleich lautende Verfügungen werden meist auch wechselbezüglich sein (BayObLGZ 1964, 95, 100; OLG Hamm aaO; RGRK-BGB-JOHANNSEN RdNr 3; STAUDINGER-KANZLEITER RdNr 4).

Aus dem **Fehlen** einer Aussage über die Wechselbezüglichkeit kann auch bei einem notariellen Testament nicht der Schluss gezogen werden, eine solche sei nicht gewollt (BayObLG FamRZ 1993, 360).

**45** **Stiefkinder:** die Schlusserbeneinsetzung der erstehelichen Tochter der Ehefrau zu der Einsetzung des Stiefvaters zum Erben der vorverstorbenen Mutter **nein**, wobei auch ein gutes Einvernehmen zu diesem Stiefvater (Briefe und Kartengrüße) nicht ausreicht (BayObLG FamRZ 1984, 1154; 1986, 392; anders aber BayObLG NJW-RR 1992, 1223); gleiches gilt für einseitige *Pflegekinder* (OLG Brandenburg FamRZ 1999, 1541, 1542 f). Es spricht umgekehrt auch keine tatsächliche Vermutung dafür, dass die Frau den Mann in einem gemeinschaftlichen Testament nur deswegen zu ihrem Erben eingesetzt hat, weil der Mann in dem Testament zugunsten seiner erstehelichen, mit der zweiten Frau nicht verwandten Kinder Verfügungen getroffen hat (KG DNotZ 1932, 122).

**46** **Versorgung:** Die Sicherstellung der Versorgung des Schlusserben (jüngere Geschwister) **ja** (BayObLG DNotZ 1994, 791, 793 f = FamRZ 1994, 191).
**Verwandtschaftsgrad; Fehlen verwandtschaftlicher Beziehung:** Allein der Grad der Verwandtschaft oder Schwägerschaft spricht weder für noch gegen die Wechselbezüglichkeit der Verfügungen (BayObLG NJW-RR 1992, 1223 = FamRZ 1992, 1102; ZEV 1994, 362; NJWE-FER 2001, 213, 214). Bei Fehlen jeglicher Verwandtschaftsbeziehung ist im Zweifel davon auszugehen, dass keine Wechselbezüglichkeit besteht, so dass insbesondere bei einer Verschlechterung der persönlichen Beziehungen zu den Bedachten der Längerlebende zu einer Abänderung berechtigt ist (BayObLG FamRZ 1991, 1232, 1234).

**47** **Verwandte des Erstversterbenden als Schlusserben:** grundsätzlich **ja**. Setzen sich etwa kinderlose Ehegatten gegenseitig zu Erben ein sowie jeweils eigene Geschwister und solche des anderen Ehegatten als Schlusserben zu gleichen Teilen, so kann insbesondere die Einsetzung der Verwandten des Ehemannes durch die Ehefrau im Verhältnis der Wechselbezüglichkeit zu deren Erbeinsetzung durch den Ehemann stehen (BayObLG FamRZ 1994, 1422; zu eigenen Verwandten des Längerlebenden vgl RdNr 35); bei einem weitläufigen Verwandten spricht aber die Lebenserfahrung gegen die Wechselbezüglichkeit, zumal wenn hinsichtlich des Nachlasses des Erstversterbenden bereits Nacherbfolge angeordnet ist (OLG Hamm FamRZ 2002, 201, 202).

**48** **Vermögensherkunft:** Zuwendung eines Gegenstandes, der beiden Ehegatten gehörte, nach beider Tod an einen Dritten führt nicht zwingend zur Wechselbezüglichkeit der Ehegattenverfügungen (RGZ 170, 172; RGRK-BGB-Johannsen 10).

**49** **Vermögensverhältnisse:** Für die Frage der Wechselbezüglichkeit kann auch das Verhältnis der beiderseitigen Vermögen und das Verhältnis der beiderseitigen Zuwendungen von Bedeutung sein (kipp-coing § 35 II 2 b; staudinger-kanzleiter RdNr 29). Eine erhebliche **Vermögensdiskrepanz** gibt besonderen Anlass zu der Prüfung, ob derjenige Ehegatte, der nach der testamentarischen Regelung erheblich weniger an Zuwendungen oder aber gar keine zu erwarten hat, daran interessiert ist, seine eigene Verfügung in ein Abhängigkeitsverhältnis zu der des anderen Ehegatten zu stellen und damit für sich eine Bindungswirkung einzugehen (OLG Hamm NJW-RR 1995, 777 = FamRZ 1995, 1022; OLG Saarbrücken FamRZ 1990, 1285, 1286; BayObLG Rpfleger 1981, 282; 1985, 240 = FamRZ 1984, 1154; RGZ 116, 148, 150; KG JW 1935, 1442 Nr 9; KG HRR 1935 Nr 269; KG JFG 22, 106 = DR 1940, 2171 m Anm vogels; BayObLG FamRZ 1993, 1370 [zu einem gemeinschaftlichen Testament von Nichtehegatten]; OLG Brandenburg FamRZ 1999, 1541, 1542 f). Meist wird es ihm hier nur um die Sicherstellung seines Ehepartners gehen. Die Unterschiedlichkeit der Vermögensverhältnisse muss aber nicht zwingend und in jedem Fall zum Ausschluss der Wechselbezüglichkeit führen, insbesondere wenn der Gedanke an einen künftigen Vermögenserwerb nicht fern liegt (RG DNotZ 1940, 152 = DR 1940, 723, 724 f m Anm VOGELS; BayObLG FamRZ 1995, 251, 253), oder nach langer Ehe und bei Mitarbeit des Ehegatten der formalen Vermögenszuordnung geringere Bedeutung beigemessen wird (OLG Hamm NJW-RR 1995, 777; STAUDINGER-KANZLEITER RdNr 29). Diese Tendenz setzt sich in der neueren Rspr zunehmend durch (OLG Saarbrücken aaO; OLG Hamm aaO; BayObLG FamRZ 1994, 191 = DNotZ 1994, 791; ZEV 1994, 362 = FamRZ 1995, 252, wo die Ehegatten Miteigentümer je zur Hälfte waren, der diesbezügliche Erwerb der Ehefrau aber mit Mitteln des Mannes finanziert wurde und daher gerade deswegen die Bindung wohl gewollt war). Der Gesichtspunkt einer einheitlichen Vermögensplanung legt in solchen Fällen auch die Möglichkeit einer nur »**einseitigen Wechselbezüglichkeit**« nahe, dass nur die vom minderbemittelten Ehegatten getroffene Schlusserbeneinsetzung zu seiner Berufung zum Erben des erstversterbenden, vermögenderen Ehegatten wechselbezüglich sein soll (OLG Hamm aaO), sich der vermögende Ehegatte aber für den Fall, dass er länger leben wird, nicht binden will (KERSCHER-TANCK-KRUG, Das erbrechtliche Mandat [2. Aufl 2000] § 8 RdNr 36; so im Fall von OLG Brandenburg aaO nahe liegend; ablehnend noch KGJ 42, 119, 122 vor Anerkennung der einseitigen Wechselbezüglichkeit).

**Vermögensverlust:** Vollständiger nach dem ersten Erbfall: **nein,** auch wenn der Überlebende später neues Vermögen erwirbt (OLG Kiel HEZ 2, 329). 50

**Wiederverheiratungsklausel:** hier ist nach der hM regelmäßig vom Wegfall der Wechselbezüglichkeit im Fall der neuen Heirat auszugehen (KIPP-COING § 35 II 2 c; s eingehend und zur Kritik § 2269 RdNr 70 f). Fehlt eine solche, spricht dies nicht für die Testierfreiheit, da eine solche Klausel im Rahmen einer Verfügung nach § 2269 nicht regelmäßig verwandt wird (BayObLG FamRZ 1995, 251, 253). 51

**Zuwendungshöhe:** wendet der Mann der Frau oder deren Kinder sein gesamtes Vermögen zu, während ihn die Frau mit weniger als dem Pflichtteil bedenkt: **nein** (KG JFG 22, 106); vgl jedoch RdNr 49. 52

### 3. Durchbrechung der strengen Wechselbezüglichkeit mittels ausdrücklichen oder stillschweigenden Änderungsvorbehalts

ZT wird auch eine nur auf die allgemeine Lebenserfahrung gegründete (tatbestandsmäßig) beschränkte **Änderungsbefugnis** angenommen, wenn sich die ursprünglich bei Testamentserrichtung vorhandenen Verhältnisse wesentlich verändert haben, so bei Verschlechterung der persönlichen Beziehungen zu dem Schlusserben, der ein Verwandter der längerlebenden Ehefrau ist (BayObLG FamRZ 1985, 1285, 1287; KG OLGZ 1993, 398) oder wenn die Ehegatten ihre persönliche Versorgung durch den Schlusserben gewährleisten wollten, der Längerlebende aber diese als gefährdet an sehen muss (OLG Hamm FamRZ 1995, 1022 = ZEV 1995, 146 m Anm KÖSSINGER). Zu einem solchen »stillschweigenden Änderungsvorbehalt« vgl eingehend § 2271 RdNr 59. Dabei spricht eine Freistellungsklausel noch nicht gegen die Wechselbezüglichkeit. Dies ist besonders dann wichtig, wenn die Änderungsbefugnis nur unter bestimmten Bedingungen zulässig sein soll (s § 2271 RdNr 64). Wenn allerdings bestimmt ist, der Überlebende dürfe über seinen Nachlass »frei verfügen«, so kann dies mangels inhaltlicher Einschränkung der Testierfreiheit dahingehend ausgelegt werden, dass die Schlusserbeneinsetzung nicht wechselbezüglich und damit nicht bindend sein soll (BayObLGZ 1987, 23, 28 = FamRZ 1987, 638). Wenn ausdrücklich verfügt ist, dass der Längerlebende hinsichtlich der Verfügungen unter Lebenden keinerlei Beschränkungen unterworfen sein soll, 53 kann daraus zumindest bei Geschäftsleuten noch nichts gegen eine Wechselbezüglichkeit hergeleitet werden, da hier zu Lebzeiten umfangreiche wirtschaftliche Dispositionen häufig angezeigt sind (BayObLG FamRZ 1993, 360).

## III. Die Auslegungsregel des Abs 2

### 1. Allgemeines

**54** Scheitert die individuelle, notfalls auch ergänzende Auslegung, so ist auf die Auslegungsregel zurückzugreifen. Nach Abs 2 ist Wechselbezüglichkeit der Verfügungen im Zweifel anzunehmen,
- wenn sich die Ehegatten gegenseitig bedenken, also zu Erben einsetzen oder mit einem Vermächtnis bedenken;
- wenn dem einen Ehegatten (A) von dem anderen (B) eine Zuwendung (Erbeinsetzung oder Vermächtnis) gemacht und für den Fall des Überlebens des Bedachten A – also für den Fall der Wirksamkeit der Zuwendung an A – (von diesem!) eine Verfügung zugunsten einer Person (C) getroffen wird, die mit dem anderen Ehegatten (B) verwandt ist oder ihm sonst nahe steht. Die Verfügung »für den Fall des Überlebens des Bedachten« (A) kann nur von diesem selbst getroffen sein, da sie sonst nicht wechselbezüglich mit Verfügungen des »anderen Ehegatten« (B) sein könnte (RG JW 1909, 52; RGRK-BGB-JOHANNSEN RdNr 16).

### 2. Gegenseitige Zuwendungen der Ehegatten (Abs 2, 1. Alt)

**55** Zuwendungen sind Erbeinsetzung (auch Einsetzung zum Vorerben oder Nacherben) und Vermächtnis (§ 1939, OLG Hamm FamRZ 1994, 1210); dem wird man eine Auflage trotz des fehlenden Forderungsrechts des Auflagebegünstigten dann gleichstellen können, wenn sie zu einer vermögenswerten Leistung an den Ehegatten führt (MünchKomm-MUSIELAK RdNr 10; LANGE-KUCHINKE § 24 V 2 Fn 138; STAUDINGER-KANZLEITER RdNr 27; aM SOERGEL-M WOLF RdNr 7; RGRK-BGB-JOHANNSEN RdNr 14; Voraufl RdNr 18). Es genügt, dass ein Ehegatte den anderen zum Erben einsetzt und dieser ihn mit einem Vermächtnis bedenkt. Der Erbeinsetzung steht es hier gleich, wenn die Eheleute in dem Testament der gegenseitigen gesetzlichen Erbfolge (§§ 1931, 1371) bewusst, wenn auch nur stillschweigend freien Lauf lassen (BayObLGZ 1964, 94, 97 f; RGRK-BGB-JOHANNSEN RdNr 14; MünchKomm-MUSIELAK RdNr 10).

### 3. Die zweite Alternative der Auslegungsregel des Abs 2

**56** Sie behandelt Zuwendungen des einen Ehegatten (A) an den anderen (B) im Zusammenhang mit Verfügungen dieses Erblassers (B) zugunsten von Verwandten des erstgenannten Ehegatten (A) oder ihm sonst nahe stehenden Personen. Die Annahme einer Wechselbezüglichkeit in diesen Fällen gründet sich auf den Umstand, dass der Ehegatte in der Verfügung, die zugunsten einer ihm nahe stehenden Person von dem anderen Ehegatten gemacht wird, er eine Art Gegenleistung dafür sieht, dass er seinerseits seinem Ehepartner eine Zuwendung macht (KG OLGZ 1993, 398; DNotZ 1932, 122). Die beiden in Abs 2 genannten Fallgruppen können auch miteinander kombiniert werden, was in der Praxis häufig vorkommt (MünchKomm-MUSIELAK RdNr 12).

#### a) Grundsätzliches

**57** Wenn die Auslegungsregel des Abs 2, 1. Alt zutrifft, so **bedeutet** das noch **nicht,** dass **alle Verfügungen** des einen Ehegatten zu allen Verfügungen des anderen

**wechselbezüglich** sind. Wenn die Eheleute die Form des **Berliner Testaments** wählen und sich gegenseitig zu Erben einsetzen und ihre gemeinschaftlichen Kinder C zu Erben des Überlebenden (Schlusserben) berufen (§ 2269), so sind nach Abs 2 als wechselbezüglich anzusehen:

(1) die Erbeinsetzung des Mannes A zugunsten der Frau B:
(a) mit der Erbeinsetzung der Frau zugunsten des Mannes
(b) mit der Erbeinsetzung der Frau zugunsten der Kinder C

(2) die Erbeinsetzung der Frau B zugunsten des Mannes A:
(a) mit der Erbeinsetzung des Mannes zugunsten der Ehefrau
(b) mit der Erbeinsetzung des Mannes zugunsten der Kinder C
oder
A → B weil B → A
Im Fall des Vorversterbens B → C
B → A weil A → B
Im Fall des Vorversterbens A → C

(vgl KIPP-COING § 35 II 1; OLG Köln NJW-RR 1994, 397, 398). Die Berufung der Kinder durch den Ehemann A soll demgegenüber mit ihrer Berufung durch die Ehefrau B nicht wechselbezüglich sein, denn es sei nicht anzunehmen, dass jeder Elternteil seine Kinder nur deshalb zu Erben eingesetzt hat, weil auch der andere dies tat (KIPP-COING aaO; MünchKomm-MUSIELAK RdNr 12; BayObLG FamRZ 1985, 1287, 1289 = Rpfleger 1985, 445; FamRZ 1986, 392, 394; ZEV 1996, 188, 189 m Anm B KÖSSINGER = FamRZ 1996, 1040 für den Fall der sofortigen Berufung der Kinder zum jeweiligen Erben; ausdrücklich offen lassend OLG Köln aaO). Dem kann im Regelfall zumindest bei der sofortigen Erbeinsetzung der Kinder nicht gefolgt werden, denn der von den Ehegatten hier verfolgte Bindungszweck, dass etwa der Längerlebende sein Vermögen nicht beliebig anderweitig vererben kann, gebietet hier gerade die entsprechende Annahme wenigstens einer einseitigen Wechselbezüglichkeit (ebenso BUCHHOLZ Rpfleger 1990, 45, 50; AK-DERLEDER RdNr 3; eingehend hierzu RdNr 9).

Die These der hM, **Kinder** würden um ihrer selbst willen eingesetzt, müsste im Übrigen zu wesentlich weitreichenderen Konsequenzen führen, worauf PFEIFFER (FamRZ 1993, 1266, 1274 f) zu Recht aufmerksam gemacht hat: Widerruft A zu Lebzeiten wirksam die Einsetzung seiner Ehefrau B, so wäre nach der hM gem § 2270 Abs 1 auch die Schlusserbeneinsetzung von C durch B automatisch unwirksam, weil sie von der widerrufenen Verfügung abhängig ist, was dann zu nicht gewollten Konsequenzen führt, wenn die Schlusserbeneinsetzung von C gegenüber der gesetzlichen Erbfolge aufgrund einer bewussten Entscheidung abweicht und insoweit an sich trotz des Widerrufs des anderen Ehegatten kein Sinneswandel beim verfügenden B eingetreten ist und daher sonst ohne Wechselbezüglichkeit in der Einsetzung der C eine Ersatzerbenberufung gesehen werden könnte (bei PFEIFFER wird allerdings verwechselt, wer widerruft, worunter die Klarheit des Ausführungen leidet). Die Berufung der Kinder C als Erben des Längstlebenden ist daher zwar idR tragend dafür, dass der eine Ehegatte den anderen zu seinem Erben einsetzt, da nach beider Tod diesen das Vermögen beider zustehen soll, umgekehrt ist aber der Wirksamkeitszusammenhang »entkoppelt«, dh, dass die Berufung der C gerade nicht vom Bestand der gegenseitigen Erbeinsetzung abhängig sein soll, weil anders die von beiden Ehegatten uneingeschränkte angestrebte Bindung zur Nachlasssicherung nicht zu verwirklichen ist. Insoweit hat die sog »einseitige Abhängigkeit« wechselbezüglicher Verfügungen seine Berechtigung (s RdNr 14). So im Ergebnis auch PFEIFFER aaO, der dies aber mehr an Hand konstruktiver Überlegungen im Fall einer gegenseitigen Vorerbeneinsetzung der Ehegatten und der

Nacherbeneinsetzung eines Kindes entwickeln will, dabei aber zu wenig deutlich macht, dass dies zur vollständigen Nachlassregelung nicht ausreicht, sondern auch hier bezüglich des Längerlebenden eine einfache Erbeinsetzung notwendig ist.

**59** Wenn **kinderlose Ehegatten** einander zu Erben einsetzen und bestimmen, dass nach dem Tode des Überlebenden der beiderseitige Nachlass teils an **Verwandte** des Mannes, teils an solche der Frau fallen solle, so ist die Erbeinsetzung des A durch B wechselbezüglich mit der Einsetzung des B und seiner Verwandten durch A, nicht ohne weiteres aber mit der Schlusserbenberufung der eigenen Verwandten des A durch diesen selbst; noch weniger ist wechselbezüglich die Berufung der Verwandten des A durch ihn selbst mit der Berufung der Verwandten des B durch diesen (**teilweise Wechselbezüglichkeit;** KIPP-COING aaO; RGRK-BGB-JOHANNSEN RdNr 15; vgl auch OLG Köln FamRZ 1996, 310 u RdNr 35). Wenn also der Mann zuerst stirbt, so bleibt die Frau an die Berufung der Verwandten des Mannes gebunden; dagegen kann sie die Berufung ihrer eigenen Verwandten aufheben. So auch BGH LM Nr 2 zu § 2270 = DNotZ 1957, 553: Wenn sich Eheleute in einem gemeinschaftlichen Testament gegenseitig zu Erben einsetzen und bestimmen, dass nach dem Tode des Überlebenden der beiderseitige Nachlass an ihre gesetzlichen Erben fallen solle, so kann das Testament dahin ausgelegt werden, dass als Erben des überlebenden Ehegatten die gesetzlichen Erben beider Eheleute nach Kopfteilen oder, was vielleicht noch näher liegt, je zur Hälfte eingesetzt sein sollen. Dann ist zwar die von der Frau ausgesprochene Einsetzung der gesetzlichen Erben des Mannes wechselbezüglich zu den Verfügungen des Mannes zugunsten der Frau und ihren Verwandten, nicht notwendig aber auch die von der Frau ausgesprochene Berufung ihrer eigenen gesetzlichen Erben (vgl JOHANNSEN WPM 1969, 1315; BayObLG Rpfleger 1981, 282). Anders liegt der Fall, wenn die Eheleute bestimmt haben, dass jeder von ihnen sofort nach den gesetzlichen Vorschriften beerbt werden solle: Wenn diese Anordnung überhaupt als Erbeinsetzung anzusehen ist, dann zerfällt sie bei jedem Ehegatten in zwei Teile, nämlich in die Berufung der gesetzlichen Erben des erstversterbenden Ehegatten (also vor allem auch des überlebenden Ehegatten!) für den ersten Erbfall und in die Berufung der gesetzlichen Erben des überlebenden Ehegatten für den zweiten Erbfall; letztere Anordnung des überlebenden Ehegatten ist wechselbezüglich zu den Verfügungen des erstversterbenden Ehegatten (BayObLGZ 1964, 94; FamRZ 1974, 395). Werden bei einem kinderlosen Ehepaar allein die gesetzlichen Erben des Längerlebenden zu Erben berufen, so ist eine Wechselbezüglichkeit zur Einsetzung des Längerlebenden zum Erben des Erstversterbenden regelmäßig auszuschließen, zumal die Verwandten des Längerlebenden mit dem erstversterbenden Ehegatten nicht verwandt, sondern nur verschwägert sind, und Abs 2, 2. Alt nur restriktiv auszulegen ist (OLG Frankfurt ZEV 1997, 420, 421).

**60** Die **beiderseitige Einsetzung** der **eigenen Verwandten** zu Erben wird im Allgemeinen nicht wechselbezüglich sein (BayObLG FamRZ 1985, 1287; FamRZ 1994, 191; KG OLGZ 1993, 398; PALANDT-EDENHOFER RdNr 10). Doch sind Ausnahmen möglich, so etwa, wenn sich die Ehegatten über die Auswahl der zu berufenden beiderseitigen Verwandten verständigt haben (RG SchlHAnz 1920, 33; OLG Dresden JFG 2, 162). Auch sonst ist es denkbar, dass beiderseitige Berufung der eigenen Verwandten zu Erben wechselbezüglich ist, weil diese Regelung dem anderen Ehegatten immerhin willkommener ist als die Zuwendung des Vermögens an einen Fremden (RGRK-BGB-JOHANNSEN RdNr 15; s aber auch RGJW 1909, 52).

## b) Verwandtschaft

**61** Der Begriff »Verwandtschaft« bestimmt sich nach der gesetzlichen Regelung des § 1589. Maßgebend für das Verwandtschaftsverhältnis ist das Recht des Wohnsitzes der testierenden Eheleute (KG FamRZ 1983, 98); es kann sich auch auf die im Zeitpunkt der Testamentserrichtung noch nicht geborenen Personen erstrecken (KG aaO; PALANDT-EDENHOFER RdNr 8), aber nicht auf ein nach früherem Recht mit dem Erblasser nicht verwandtes Adoptivkind trotz der zwischenzeitlichen Rechtsänderung (KG aaO). Es können selbstverständlich auch die gemeinsamen Kinder sein (RGZ 116, 150; OLG Köln FamRZ 1993, 1371 = NJW-RR 1993, 1371), aber auch der Stiefsohn des einen Ehegatten, wobei für die Wechselbezüglichkeit der Schlusserbeneinsetzung des Stiefsohnes gerade bei einem Berliner Testament spricht, dass er wegen der gegenseitigen Erbeinsetzung der Ehegatten nach dem Tod seiner vorverstorbenden Mutter nicht Erbe werden konnte (BayObLG NJW-RR 1992, 1223 = FamRZ 1992, 1102).

## c) »Sonst nahe stehende Personen«

**62** Wer hierzu gehört, ist durch eine individuelle Beurteilung des Einzelfalls unter Berücksichtigung aller Umstände zu ermitteln, da es an verallgemeinerungsfähigen Tatbestandsvorgaben fehlt (KG OLGZ 1993, 398, 402 = DNotZ 1993, 825; Münch-Komm-MUSIELAK RdNr 13; eingehend Gutachten DNotI-Report 1998, 133, 135; dazu auch RADKE, Das Berliner Testament ..., S 151 ff). Dabei ist ein **strenger Maßstab** anzulegen. Dies wird teilweise mehr formal damit begründet, dass sonst die Vermutung zur gesetzlichen Regel werde (BayObLG FamRZ 1991, 1232, 1234; 1994, 191; BAMBERGER-ROTH-LITZENBURGER RdNr 11). Richtiger dürfte es sein darauf abzustellen, dass es der Normzweck des Abs 2 erfordere, Ehegatten nur unter besonderen Umständen an ihre Verfügungen zu binden (KG OLGZ 1993, 398, 403 = FamRZ 1993, 1251 = DNotZ 1993, 825). Ein bloßes vertragliches Miteinanderauskommen genügt keinesfalls (KG OLGZ 1993, 398, 402; BayObLG FamRZ 1991, 1232). Es muss sich hierbei um Personen handeln, zu denen der betreffende Ehegatte konkrete, deutlich über das normale Maß hinausgehende, mindestens den üblichen Verhältnis zu Verwandten entsprechende besonders gute, enge persönliche und innere Beziehungen und Bindungen hatte (BayObLGZ 1982, 474; KG OLGZ 1993, 398, 403; MUSIELAK DNotZ 1994, 795; zurückhaltend auch KG EzFamR aktuell 1993, 119). In aller Regel werden die testierenden Ehegatten nur solche Personen bedenken, zu denen sie ein spannungsfreies und ungetrübtes Verhältnis haben. Demzufolge fallen hierunter – anders als bei der Berufung von Verwandten – nicht Personen, die im Zeitpunkt der Testamentserrichtung noch nicht geboren waren oder dem Erblasser aus anderen Gründen unbekannt sind (KG FamRZ 1983, 98; BENGEL DNotZ 1977, 8).

**63** Unter diesen einschränkenden Voraussetzungen kommen als »nahe stehende Personen« in Betracht: Adoptiv-, Pflege- und **Stiefkinder** (BayObLG FamRZ 1985, 1287, 1289), enge Freunde, evtl bewährte Hausgenossen, langjährige Angestellte (BayObLGZ 1982, 474). Ob **Verschwägerte** darunter fallen, kann ebenfalls nicht generell, sondern nur entsprechend den Verhältnissen des Einzelfalls beurteilt werden (KG OLGZ 1993, 398, 402 f; BayObLG Rpfleger 1980, 259, 283; FamRZ 1994, 191, 193 = DNotZ 1994, 791; STAUDINGER-KANZLEITER RdNr 31 S 88 ; PALANDT-EDENHOFER RdNr 9; BENGEL DNotZ 1977, 5; großzügier RGRK-BGB-JOHANNSEN RdNr 18, der eine Einzelfallprüfung nur im Falle der »Schwippschwägerschaft« für erforderlich hält), besonders wenn die Schwägerschaft gerade durch den mittestierenden Ehegatten vermittelt wird (KG DNotZ 1932, 122, 123; OLGZ 1993, 398). Jedoch sprechen längeres Zusammenleben mit den Ehegatten mit gemeinsamer beruflicher Tätigkeit und herzlicher Beziehung, dokumentiert durch wiederholte Besuche und langjährigen Briefwechsel, für die Wechselbezüglichkeit (BayObLG FamRZ 1994, 191). Hierbei ist auch zu beachten, dass durch die

Annahme eines Näheverhältnisses nicht der Grundsatz unterlaufen werden darf (dazu RdNr 35), dass Verfügungen zu Gunsten eigener Verwandter, die mit dem anderen Ehegatten nur verschwägert sind, idR gerade nicht wechselbezüglich sind (SCHMUCKER MittBayNot 2001, 526, 531 Fn 102; BENGEL DNotZ 1977, 10).

**64** Auch gutnachbarliche Beziehungen reichen für sich allein nicht aus (BayObLG FamRZ 1991, 1232). Ob **juristische Personen** hierunter fallen, ist umstritten (bejahend LANGE-KUCHINKE § 24 V 2 Fn 139; abl STAUDINGER-KANZLEITER RdNr 31; PALANDT-EDENHOFER RdNr 9; NIEDER, Handbuch RdNr 738; offen lassend BayObLG FamRZ 1986, 604 [»Aktion Sorgenkind«] m Anm BOSCH), sollte aber bei Vorliegen der strengen Voraussetzungen für das »Nahestehen« gerade bei kinderlosen Ehegatten nicht generell abgelehnt werden (etwa bei einem Tierschutzverein bei besonderer persönlicher Verbundenheit) und auch bei einer Stiftung bejaht werden, die dem Willen und Zweck des Stifters dienen und damit letztlich das Lebenswerk und die geistige Ausstrahlung des Stifters weiterführen soll (OLG München NJW-RR 2000, 526 = ZEV 2000, 104, 105). Für die Wechselbezüglichkeit spricht auch, wenn unter Aufhebung einer bislang bestehenden Freistellungsbefugnis eine juristische Person als Schlusserbe berufen wird (LG Stuttgart ZEV 1999, 441 m Anm MICHAEL FRISCH). § 2270 Abs 2 ist letztlich einschränkend dahingehend auszulegen, dass davon nicht solche Personen erfasst werden, die dem längerlebenden Ehegatten näher stehen als dem erstversterbenden (STAUDINGER-KANZLEITER RdNr 31 S 88 unter Bezug auf KG OLGZ 1993, 398).

## IV. Wirkung der Wechselbezüglichkeit

### 1. Nichtigkeit oder Widerruf der Verfügung

**65** Wenn eine wechselbezügliche Verfügung in einem gemeinschaftlichen Testament sich als nichtig erweist oder wenn sie wirksam widerrufen wird (§ 2271), so sind auch die von dieser Verfügung abhängigen (wechselbezüglichen) Anordnungen des anderen Ehegatten unwirksam (Abs 1, 3) und zwar kraft Gesetzes, also unabhängig vom Willen des anderen Ehegatten und ohne ausdrücklichen Widerruf.

#### a) Nichtigkeit

**66** Gleichgültig ist, ob die erste Verfügung wegen formeller oder sachlicher Mängel nichtig ist (KG KGJ 42 A 119; MünchKomm-MUSIELAK RdNr 15; PALANDT-EDENHOFER RdNr 2; aM für den Fall des Formmangels BATTES 115 ff; 264) und ob sie von vornherein nichtig ist oder erst infolge einer erfolgreichen Anfechtung (etwa nach §§ 2078 f, 142; V LÜBTOW I 493; vgl §§ 2271 RdNr 78 ff). Sollte von Ehegatten im Wege eines gemeinschaftlichen Testaments testiert werden, fehlt aber zur Wirksamkeit die Unterschrift des einen Ehegatten, so sind auch die Verfügungen des anderen Ehegatten unwirksam. Anderes gilt nur, wenn bei einem Ehegatten, der formwirksam testiert und unterschrieben hat, der Wille angenommen werden kann, die von ihm getroffenen Verfügungen unabhängig von der Wirksamkeit der geplanten gegenläufigen seines Ehepartners gelten zu lassen; dann ist eine **Umdeutung** in ein einseitiges Testament möglich (BGH NJW-RR 1987, 1410 = DNotZ 1988, 178, 179; BayObLG NJW-RR 1992, 332 zum Entwurf eines Testaments, das nur von einem unterschrieben wurde; KG DNotZ 1943, 204; KIPP-COING § 35 II 2 a, III 1); hinsichtlich einer als Schlusserbeneinsetzung gedachten Verfügung ist dies aber regelmäßig nicht der Fall (BayObLGZ 2000, 194 = NJW-RR 2000, 1534; s auch § 2265 RdNr 13). Die Auslegungsregel des § 2084 ist hier zudem nicht anwendbar (BayObLG NJW-RR 1992, 332, 333).

Wenn die Nichtigkeit einer Verfügung des einen Ehegatten dem anderen schon **67** bei der Errichtung des Testaments bekannt war oder wenn sie ihm zwar unbekannt war, wenn er aber seine Anordnungen auch bei Kenntnis der Nichtigkeit jener Verfügung getroffen hätte, so wird in der Regel anzunehmen sein, dass die Verfügungen nicht wechselbezüglich waren (KG aaO; OLG Karlsruhe JFG 9, 85). Dagegen ist es bedeutungslos, wenn ein Ehegatte nach der Errichtung des Testaments erfährt, dass die wechselbezüglichen Verfügungen des anderen Ehegatten nichtig sind (PLANCK-GREIFF Anm 3 a).

### b) Widerruf

Der Widerruf einer wechselbezüglichen Verfügung durch einen Ehegatten nach **68** § 2271 führt, wenn er wirksam ist, die Unwirksamkeit der korrespondierenden Verfügungen des anderen Ehegatten im Zeitpunkt des Zugangs der Widerrufserklärung herbei. Ob der andere Ehegatte von dem Widerruf erfährt und ob er ihm zustimmt, ist belanglos. In der Regel wird er ja wegen der in § 2271 Abs 1 S 1 vorgeschriebenen Form von dem Widerruf Kenntnis erhalten; er kann sich dann darüber schlüssig werden, welche Maßnahmen er ergreifen will (PLANCK-GREIFF Anm 3b). Wenn er mit dem Widerruf und der durch ihn herbeigeführten Unwirksamkeit seiner korrespondierenden eigenen Verfügung einverstanden ist, so braucht er nichts zu unternehmen. Er kann aber vorsorglich seine eigenen korrespondierenden Verfügungen durch einseitiges Testament aufheben, § 2271 Abs 1 S 2 gilt hier nicht mehr. Gegen den Widerruf selbst kann der Ehegatte des Widerrufenden nicht unmittelbar vorgehen. Wenn er bei seinen Verfügungen beharren will, so genügt es nicht, dass er sie formlos ausdrücklich oder stillschweigend bestätigt, vielmehr kann er sie nur durch ein neues einseitiges Testament wieder in Kraft setzen (vgl § 141).

Der Widerruf bewirkt auch, dass ein einseitiges Testament, das ein Ehegatte nach **69** dem gemeinschaftlichen Testament errichtet hatte und das wegen Widerspruchs zu diesem nach § 2271 Abs 1 S 2 zunächst unwirksam war, nunmehr wirksam wird, weil gewissermaßen die Sperrwirkung des gemeinschaftlichen Testaments durch den Widerruf weggefallen ist (RGZ 65, 275).

Widerruft ein Ehegatte eine wechselbezügliche Verfügung nur **teilweise**, so kommt **70** es darauf an, ob anzunehmen ist, dass der andere Ehegatte seine wechselbezüglichen Verfügungen auch dann getroffen hätte, wenn die teilweise widerrufene Verfügung von Anfang an so gelautet hätte, wie nach dem Widerruf (PLANCK-GREIFF Anm 3c). Die Zulässigkeit des teilweisen Widerrufs ist im BGB im Gegensatz zum ALR II 1 §§ 487 f – nicht beschränkt (vgl auch § 2271 RdNr 18 f). Führt der Widerruf nur zur teilweisen Unwirksamkeit, so kann eine Anwachsung nach § 2094 eintreten, sofern diese nicht nach dem Willen des Erblassers ausgeschlossen sein sollte (BayObLG FamRZ 1993, 736 = DNotZ 1993, 130).

### 2. Unabhängige Verfügungen

Die Unwirksamkeit nach § 2270 Abs 1 ergreift zunächst immer nur die Verfügun- **71** gen eines Ehegatten, die zu der nichtigen oder widerrufenen Verfügung des anderen Ehegatten wechselbezüglich sind (RGZ 116, 148 = JW 1927, 1205 mit Anm TITZE; KG OLGZ 44, 100, 102). Inwieweit sich die Unwirksamkeit auf andere **einseitige Verfügungen,** die Erbeinsetzung, Vermächtnis oder Auflage darstellen, erstreckt, richtet sich nach § 2085 (RGZ 116, 149; OLG Hamburg MDR 1955, 168; BÜHLER DNotZ 1962, 366). Verfügungen, die generell nicht wechselbezüglich sein können, wie Anordnung der Testamentsvollstreckung, Pflichtteilsentziehung ua (vgl RdNr 5), bleiben grundsätzlich gültig, es sei denn, eine Bestandsabhängigkeit kann aus einem (auch stillschweigend möglichen) Bedingungszusammenhang hergeleitet werden (unechte Wechselbezüglichkeit, s RdNr 5). Es ist jedoch hier ein einseitiger Widerruf durch den Erblasser selbst möglich (§ 2253), uU nach seinem Tod die Anfechtung durch einen Anfechtungsberechtigten wegen eines Motivzusammenhangs (§§ 2078 Abs 2, 2080; MünchKomm-MUSIELAK RdNr 15).

### 3. Gegenstandslose Verfügungen

**72** Die Wirkung des Abs 1 ist nur den nichtigen wechselbezüglichen Verfügungen beigelegt, nicht auch solchen Verfügungen, die bloß gegenstandslos sind, etwa infolge vorzeitigen Todes des Bedachten, Erbunwürdigkeit (BayObLGZ 32, 411, 420), Zuwendungsverzicht oder Ausschlagung des bedachten Dritten oder wegen Ausfalls der hinzugefügten Bedingung (BayObLGZ 19 A 143, 145; OLGE 44, 104; KIPP-COING § 35 III 1; zum Zuwendungsverzicht BayObLG FamRZ 2001, 319, 320 = ZEV 2001, 16). Dies führt aber nur dann zur Testierfreiheit, wenn weder eine wechselbezügliche Ersatzberufung (s etwa BayObLG FamRZ 1995, 251 = ZEV 1994, 362; eingehend hierzu RdNr 36) noch eine wechselbezügliche Anwachsung (§ 2094) anstelle der gegenstandslosen Verfügung tritt. Dabei ist zu beachten, dass der Zuwendungsverzicht grundsätzlich nicht gegen die Ersatzerben wirkt (vgl etwa BayObLG Rpfleger 1984, 65; eingehend System Teil D RdNr 49 ff) und sich eine Ersatzberufung bereits nach § 2069 ergeben kann.

**73** Tritt eine solche Gegenstandslosigkeit ohne Ersatzberufung oder Anwachsung ein, so wird eine zu einer wechselbezüglichen Verfügung im Widerspruch stehende neue Verfügung auch dann wirksam, wenn sie der eine Ehegatte **noch zu Lebzeiten** des anderen trifft, (OLG Frankfurt NJW-RR 1994, 236 = FamRZ 1995, 1026; s § 2271 RdNr 38).

**74** Da Abs 1 insoweit nicht gilt, bleibt die zur *gegenstandslosen Verfügung* korrespondierende *des anderen Ehegatten* grundsätzlich wirksam, allerdings entfällt die Bindung an diese Verfügung, wenn keine ihrerseits wechselbezügliche Ersatzberufung oder Anwachsung eintritt (vgl MünchKomm-MUSIELAK RdNr 18). Die Erblasser können aber ein anderes bestimmen, also einen Bedingungszusammenhang anordnen, dass die wechselbezügliche Verfügung des einen Ehegatten auch schon bei bloßer Gegenstandslosigkeit der entsprechenden Verfügung des anderen kraftlos werden solle; ein derartiger Wille kann auch im Wege der Auslegung dem Testament entnommen werden (SCHLÜTER RdNr 361; KIPP-COING aaO; BROX RdNr 191; V LÜBTOW I 494; ERMAN-M SCHMIDT RdNr 8; PALANDT-EDENHOFER RdNr 2 stellen auf den zu erforschenden Erblasserwillen ab).

## V. Prozessuales, Grundbuchrecht

### 1. Feststellung der Wechselbezüglichkeit

**75** Die Frage der Wechselbezüglichkeit liegt im Wesentlichen auf tatsächlichem Gebiet, sodass die diesbezüglichen Feststellungen primär dem Tatsachenrichter vorbehalten sind (RG Recht 1915 Nr 571; OLG Rostock JFG 3, 163; BayObLG FamRZ 1980, 505; Rpfleger 1985, 445). Das Ergebnis der richterlichen Tatsachenwürdigung kann im **Rechtsbeschwerdeverfahren** oder in der **Revision** nur daraufhin überprüft werden, ob es nach den Denkgesetzen und der Erfahrung möglich ist, den gesetzlichen Auslegungsregeln, insbesondere dem klaren Wortlaut und Sinn der letztwilligen Verfügung nicht widerspricht, und alle wesentlichen Tatsachen berücksichtigt sind. Die Schlussfolgerungen des Tatrichters müssen hierbei nicht zwingend sein; es genügt, wenn sie möglich sind, mag eine anderer Schluss näher oder zumindest ebenso nahe liegend sein (OLG Frankfurt NJW-RR 1996, 261 = FamRZ 1996, 829 = ZEV 1995, 457; ZEV 1997, 420, 421; KG OLGZ 1993, 398, 400 f = FamRZ 1993, 1251; BayObLGZ 1991, 173, 176; MünchKomm-MUSIELAK RdNr 6). Ob die Voraussetzungen für ein »Nahestehen« iS des Abs 2, 2. Alt vorliegen, ist nach den Umständen des Einzelfalls zu entscheiden und liegt daher im Wesentlichen auf tatsächlichem Gebiet, weshalb die entsprechenden Feststellungen vom Gericht der Tatsacheninstanz zu treffen sind (BayObLG FamRZ 1991, 1232 = JuS 1992, 77).

### 2. Beweislast

Die Beweislast im Prozess bzw die **materielle Feststellungslast** im Erbscheinsverfahren trifft grundsätzlich den, der sein Erbrecht auf die Wechselbezüglichkeit stützt (BayObLGZ 1970, 173, 181; FamRZ 1985, 1287, 1289; 1986, 392, 395; 1993, 1126) und damit darauf, dass eine ihn beeinträchtigende oder ausschließende Verfügung wegen ihrer Wechselbezüglichkeit nach Abs 1 nichtig ist (BAUMGÄRTEL-SCHMITZ RdNr 1). Insoweit noch verbleibende Zweifel gehen daher dann auch zu seinen Lasten (BayObLG FamRZ 1986, 392, 395). Dies gilt jedoch nicht, soweit die Auslegungsregel des § 2270 Abs 2, 1. Alt anwendbar ist: In ihrem Anwendungsbereich greift sie gerade in den nicht aufklärbaren Zweifelsfällen ein, sodass es insoweit ein »non liquet« nicht gibt und daher auch keine Beweislastentscheidung und auch keine materielle Feststellungslast (BayObLG NJW-RR 1992, 1223, 1224; vgl auch FamRZ 1997, 1241, 1242). Die Norm ist daher zugleich auch eine Regelung der Beweisführungslast (subjektive Beweislast), sodass derjenige, der abweichend hiervon eine Wechselbezüglichkeit verneint, den anderen Erblasserwillen behaupten, die entsprechenden Tatsachen vortragen und im Streitfall beweisen muss (vgl zur ähnlichen Problematik bei § 2269 MünchKomm-MUSIELAK § 2269 RdNr 70). Dies gilt nicht, soweit es um die Frage geht, ob eine Zuwendung an eine *nahe stehende Person* vorliegt (Abs 2, 2. Alt, 2. Unterfall), denn hier trägt die Feststellungslast wiederum der, der sein Erbrecht auf die Wechselbezüglichkeit stützt (KG OLGZ 1993, 398, 402), wobei jedoch bei Zweifeln davon auszugehen ist, dass nach der Lebenserfahrung beim Fehlen einer verwandtschaftlichen Beziehung der Ehegatten zum Schlusserben keine Wechselbezüglichkeit vorliegt ObLG FamRZ 1991, 1232 = JuS 1992, 77).

### 3. Grundbuchrecht

Beruht die in das Grundbuch einzutragende Rechtsfolge auf einem notariellen Testament, und hat der Erblasser vor diesem Testament zusammen mit seinem vorverstorbenen Ehegatten ein gemeinschaftliches eigenhändiges Testament errichtet, so obliegt dem Grundbuchamt auch die Auslegung dieses Testaments zu der Frage, ob die Wirksamkeit der späteren Erbeinsetzung von der Bindungswirkung des gemeinschaftlichen Testaments berührt wird. Nur wenn die Klärung dieser Frage weitere tatsächliche Ermittlungen über den Willen des Erblassers und seines Ehegatten erforderlich macht, ist das Grundbuchamt berechtigt und verpflichtet, zum Nachweis der Erbfolge einen Erbschein zu verlangen (BayObLG ZEV 2000, 233 = FamRZ 2001, 42). Auch die Formwirksamkeit eines **Aufhebungsvertrags** hat dabei das Grundbuchamt selbstständig zu prüfen und kann deswegen nicht einfach einen Erbschein verlangen (OLG Frankfurt/M FamRZ 1998, 1470 = Rpfleger 1998, 513).

Würde man den »**Vorrang der individuellen Auslegung**« (s RdNr 23) in allen Fällen uneingeschränkt annehmen, bei denen die Frage der Wechselbezüglichkeit in der Urkunde nicht ausdrücklich geregelt ist, so könnte von der kostensparenden Möglichkeit des § 35 Abs 1 S 2 GBO bei derartigen öffentlichen gemeinschaftlichen Testamenten nicht Gebrauch gemacht werden: Vielmehr müsste das Grundbuchamt für die Berichtigung aufgrund Erbfolge in solchen Zweifelsfällen die Vorlage eines Erbscheins verlangen. Denn dem Grundbuchamt obliegt zwar insoweit eine Pflicht zur selbständigen rechtlichen Würdigung der Verfügung, die jedoch uU mit dem im Eintragungsverfahren geltenden »Ermittlungsverbot« kollidiert, weil zur Auslegung und Ermittlung der Wechselbezüglichkeit auch außerhalb der Urkunde liegende Tatsachen herangezogen werden können und müssen (s RdNr 24 ff). Dies würde dazu führen, dass letztlich die Grundbuchämter im Rahmen ihrer Prüfung nach § 35 Abs 1 S 2 GBO auf die gesetzlichen Auslegungsregeln nicht mehr zurückgreifen könnten und immer dann, wenn eine nicht eindeutige Verfügung zu beurteilen ist, die Vorlage eines Erbscheins verlangen müssten (so PEISSINGER Rpfleger 1992, 427 f; ähnlich weitreichend MEIKEL-ROTH Grundbuchrecht, 8. Aufl [1998] § 35 GBO RdNr 112). Das OLG Stuttgart hat demgegenüber die Beachtung der gesetzlichen Auslegungsregeln durch das Grundbuchamt bereits dann ermöglicht, wenn nur zu erwarten ist, dass durch die Ermittlung des Nachlassgerichts keine zusätzlichen Erkenntnisse zu erhalten sind (OLGZ 1992, 147 = Rpfleger 1992, 154 = NJW-RR 1992, 516; ebenso DEMHARTER § 35 GBO RdNr 42; KG DNotV 1930, 479). Die Anwendungsmöglichkeit des § 35 Abs 1 S 2 GBO wird daher von einer negativen Prognose über die Erkenntnismöglichkeit des Nachlassgerichts abhängig gemacht. Anders soll es nur liegen, wenn konkrete Umstände bekannt sind, die weiter gehende Ermittlungen sinnvoll erscheinen lassen, etwa durch die Anhörung des noch lebenden Ehegatten oder des Notars, falls nicht zu lange Zeit verstrichen ist (dies war möglich im Fall OLG Hamm OLGZ 1968, 485 = MDR 1968, 1012 zu § 2269). Damit wird zwar eine gewisse Unsicherheit in Kauf genommen, dies ist aber auch in anderen Bereichen des formalisierten Grundbuchverfahrens aus Gründen der Verfahrensökonomie der Fall, man denke an den tragenden Grundsatz des formellen Konsensprinzips des § 19 GBO (MEIKEL-BÖTTCHER, Grundbuchrecht, D 5). Aus praktischen Überlegungen heraus wird man dem OLG Stuttgart letztlich folgen können (aM SCHMUCKER MittBayNot 2001, 526, 531 Fn 91).

Umgekehrt kann das Grundbuchamt die Vorlage eines Erbscheins auch dann verlangen, wenn die Auslegungsregel des § 2270 Abs 2 nicht eingreift, jedoch Anhaltspunkte dafür bestehen, dass die individuelle Auslegung des Testaments auf der Grundlage weiterer tatsächlicher Ermittlungen zur Annahme der Wechselbezüglichkeit der Verfügungen führen kann (OLG Hamm Rpfleger 2001, 71 = MittBayNot 2001, 75 [sofortige Erbeinsetzung der Kinder bei gleichzeitigem gegenseitigen Erb- und Pflichtteilsverzicht der Eltern]).

## VI. Gestaltungshinweise

**78** Der Klärung der Wechselbezüglichkeit der Verfügungen und die genaue Festlegung dieser Eigenschaft in der Urkunde ist nach all dem Gesagten **unerlässlich**, um Streit und damit verbundene Kosten zu vermeiden; auf das Eingreifen der Auslegungsregel des § 2270 Abs 2 darf es der Rechtsberater und Notar nicht ankommen lassen (ebenso RADKE NotBZ 2001, 15 f mit Beispielen; SCHMUCKER MittBayNot 2001, 526, 534).

## § 2271 Widerruf wechselbezüglicher Verfügungen

(1) Der Widerruf einer Verfügung, die mit einer Verfügung des anderen Ehegatten in dem im § 2270 bezeichneten Verhältnis steht, erfolgt bei Lebzeiten der Ehegatten nach der für den Rücktritt von einem Erbvertrag geltenden Vorschrift des § 2296. Durch eine neue Verfügung von Todes wegen kann ein Ehegatte bei Lebzeiten des anderen seine Verfügung nicht einseitig aufheben.

(2) Das Recht zum Widerruf erlischt mit dem Tode des anderen Ehegatten; der Überlebende kann jedoch seine Verfügung aufheben, wenn er das ihm Zugewendete ausschlägt. Auch nach der Annahme der Zuwendung ist der Überlebende zur Aufhebung nach Maßgabe des § 2294 und des § 2336 berechtigt.

(3) Ist ein pflichtteilsberechtigter Abkömmling der Ehegatten oder eines der Ehegatten bedacht, so findet die Vorschrift des § 2289 Abs 2 entsprechende Anwendung.

### Übersicht

| | | |
|---|---|---|
| I. | Allgemeines | 1 |
| II. | Widerruf des ganzen gemeinschaftlichen Testaments | 2 |
| III. | Widerruf einseitiger Verfügungen | 3 |
| | 1. Widerruf durch Testament oder Erbvertrag | 3 |
| | 2. Widerruf durch Streichung einer Verfügung oder teilweise Vernichtung des Testaments | 4 |
| | 3. Widerruf durch Rücknahme | 6 |
| IV. | Widerruf wechselbezüglicher Verfügungen zu Lebzeiten beider Ehegatten | 7 |
| | 1. Gemeinsamer Widerruf | 7 |
| | 2. Einseitiger Widerruf | 8 |
| |    a) Höchstpersönlichkeit | 9 |
| |    b) Testierfähigkeit | 10 |
| |    c) Empfangsbedürftige Willenserklärung | 11 |
| |    d) Beurkundung des Widerrufs | 12 |
| |    e) Die Übermittlung des Widerrufs | 13 |
| |       aa) Gegenstand der Übermittlung | 13 |
| |       bb) Art der Übermittlung | 14 |
| |       cc) Vorzeitiger Tod des Widerrufenden | 15 |
| |       dd) Geschäftsunfähigkeit | 17 |
| |    f) Teilweiser Widerruf | 18 |
| |    g) Verhältnis zu anderen Widerrufsformen | 20 |
| |    h) Nur Ausschluss der einseitigen Aufhebungswirkung zu Lebzeiten des anderen Ehegatten | 22 |
| | 3. Vernichtung der Testamentsurkunde | 24 |
| | 4. Beschränkungen des Bedachten bei Verschwendung oder Überschuldung | 25 |
| | 5. Wirkung des Widerrufs | 26 |
| V. | Aufhebung wechselbezüglicher Verfügungen nach dem ersten Erbfall | 28 |
| | 1. Bindung des überlebenden Ehegatten | 28 |
| | 2. Inhalt der Bindung | 32 |

|  |  |  | |
|---|---|---|---|
|  |  | a) Grundsätzliches, Abgrenzung zur Aufhebungswirkung | 32 |
|  |  | b) Einzelfälle | 33 |
|  | 3. | Ausnahmen von der Bindung des überlebenden Ehegatten | 40 |
|  | 4. | Befreiung durch Ausschlagung | 41 |
|  |  | a) Allgemeines | 41 |
|  |  | b) Ausschlagung bei gesetzlicher Erbfolge | 43 |
|  |  | c) Tod des überlebenden Ehegatten während der Ausschlagungsfrist | 45 |
|  |  | d) Widerrufserfordernis | 46 |
|  |  | e) Wirkung des Widerrufs | 47 |
|  | 5. | Anordnungen bei Verfehlungen, Verschwendung oder Überschuldung des Bedachten | 48 |
|  |  | a) Aufhebung bei Verfehlung des Bedachten | 48 |
|  |  | b) Beschränkung in guter Absicht | 54 |
|  | 6. | Freistellungsklauseln, Änderungsvorbehalte | 56 |
|  |  | a) Zulässigkeit | 57 |
|  |  | b) Anordnung | 58 |
|  |  | c) Inhalt, Umfang | 66 |
|  |  | d) Ausübung der Änderungsbefugnis | 74 |
|  |  | e) Wirkung der Änderung | 75 |
| VI. | **Anfechtung des gemeinschaftlichen Testaments** |  | 78 |
|  | 1. | Zu Lebzeiten beider Ehegatten | 78 |
|  | 2. | Nach dem Tod des Erstversterbenden | 79 |
|  |  | a) Anfechtung durch Dritte | 80 |
|  |  | b) Anfechtung durch den überlebenden Ehegatten | 82 |
|  |  | aa) Verfügungen des Verstorbenen | 82 |
|  |  | bb) Anfechtung eigener Verfügungen | 83 |
|  |  | c) Form und Frist der Anfechtung | 87 |
|  | 3. | Anfechtung nach dem Tod des zuletzt versterbenden Ehegatten | 91 |
|  | 4. | Wirkung der Anfechtung | 93 |
|  | 5. | Prozessuales | 96 |
| VII. | **Pflichtteilsrechte** |  | 97 |
| VIII. | **Verfügungen unter Lebenden** |  | 98 |
|  | 1. | Zu Lebzeiten beider Ehegatten | 98 |
|  | 2. | Nach dem Tod des erstversterbenden Ehegatten | 99 |
|  |  | a) Bei Vorerbschaft des Längerlebenden | 100 |
|  |  | b) Bei Vollerbschaft | 101 |
|  | 3. | Höferecht | 103 |
| IX. | **Umdeutung in Rechtsgeschäfte unter Lebenden** |  | 104 |
| X. | **DDR-ZGB** |  | 105 |

## I. Allgemeines

**1** Das Wesen der wechselbezüglichen Verfügungen besteht in der Einheit ihres Beweggrundes. Jede Verfügung wird mit Rücksicht auf die andere getroffen (vgl § 2270 RdNr 1). Aus dieser Einheit des Beweggrundes folgert das Gesetz eine weitgehende Einheit ihres rechtlichen Schicksals. In § 2270 spricht es aus, dass die Nichtigkeit oder der Widerruf einer solchen Verfügung eines Ehegatten auch die wechselbezüglichen Verfügungen des anderen Ehegatten zu Fall bringt. Eine weitere Folgerung zieht es in § 2271, indem es die einseitige Aufhebung einer wechselbezüglichen Verfügung für die Zeit, da beide Ehegatten am Leben sind, erschwert und für die Zeit nach dem ersten Erbfall grundsätzlich verbietet. Hierin zeigt sich die **eigentümliche erbrechtliche Bindung** des korrespektiven gemeinschaftlichen Testaments, durch die es einem zweiseitigen Erbvertrag mit vorbehaltenem Rücktritt ähnlich wird (vgl einerseits §§ 2270, 2271 iVm §§ 2296, 2294, 2336, 2289 Abs 2; andererseits §§ 2278, 2298, 2293 ff, 2296, 2289 Abs 1 S 2, Abs 2; RGZ 77, 168; PLANCK-GREIFF Anm I 2a; BUCHHOLZ Rpfleger 1990, 52). Normzweck des § 2271 ist dabei der Schutz jedes Ehegatten in seinem Vertrauen, dass die gemeinschaftlich niedergelegte Nachlassplanung zu beider Lebzeiten nicht heimlich und nach dem Tod des einen vom Längerlebenden nach Annahme des ihm Zugewandten gar nicht mehr geändert werden kann (BGHZ 9, 233, 236; 30, 261, 265; KUCHINKE FS v Lübtow [1991] 283, 287).

## II. Widerruf des ganzen gemeinschaftlichen Testaments

§ 2271 regelt nur den Widerruf wechselbezüglicher Verfügungen, nicht aber des 2 ganzen Testaments (MünchKomm-MUSIELAK RdNr 3). Das gemeinschaftliche Testament kann im ganzen nur durch eine gemeinschaftliche Handlung beider Ehegatten widerrufen werden:
1. durch ein **neues gemeinschaftliches Testament**, in dem
a) das frühere gemeinschaftliche Testament ausdrücklich widerrufen wird (§ 2254) oder
b) das frühere gemeinschaftliche Testament durch widersprechende Verfügungen praktisch aufgehoben wird (§ 2258).
2. durch einen **Erbvertrag** der Ehegatten (§ 2289 Abs 1 S 1, vgl § 2292);
3. durch die **gemeinschaftliche Vernichtung** der Testamentsurkunde (§ 2255; PALANDT-EDENHOFER § 2255 RdNr 16; KIPP-COING § 33 VII); es genügt Handeln eines Ehegatten im Einverständnis, also mit vorheriger Zustimmung, des anderen (BayObLG MDR 1981, 933; PLANCK-GREIFF § 2272 Anm 3; PALANDT-EDENHOFER § 2255 RdNr 16; LANGE-KUCHINKE § 24 VI 2 Fn 151; STAUDINGER-KANZLEITER RdNr 20; MünchKomm-MUSIELAK RdNr 13; aM 2. Aufl RdNr 21), nicht aber nachträgliche Zustimmung (BayObLG aaO; MünchKomm-MUSIELAK aaO; s auch RdNr 21);
4. durch **gemeinschaftliche Rücknahme** aus der amtlichen Verwahrung, wenn es sich um ein öffentliches Testament handelt (§§ 2256, 2272);
5. wenn das gemeinschaftliche Testament nur **Vermächtnisse** und Auflagen enthält: durch einseitiges Testament des Erblassers mit öffentlich beurkundeter **Zustimmung des anderen** Ehegatten (entsprechend § 2291, vgl RdNr 7; KIPP-COING § 35 Fn 22).
6. bei dahingehendem Willen der Beteiligten durch **Prozessvergleich** zwischen den Ehegatten (OLG Köln OLGZ 1970, 114).

## III. Widerruf einseitiger Verfügungen

### 1. Widerruf durch Testament oder Erbvertrag

Einseitige, also nicht wechselbezügliche Verfügungen kann jeder Ehegatte grund- 3 sätzlich jederzeit – auch noch nach dem Tode des anderen Ehegatten – in gleicher Weise wie ein einseitiges Testament einseitig und frei, dh ohne Zustimmung des anderen Ehegatten, widerrufen (LANGE-KUCHINKE § 24 VII 1), insbesondere durch öffentliches oder privates Widerrufstestament (§ 2254), durch widersprechendes

Testament (§ 2258) oder durch einen Erbvertrag (§ 2289 Abs 1), sei es mit dem anderen Ehegatten oder einem Dritten. Das gilt insbesondere für alle Verfügungen, die keine Erbeinsetzungen, Vermächtnisse oder Auflagen darstellen, die also generell nicht wechselbezüglich sein können (§ 2270 Abs 3), zB die Entziehung eines Pflichtteils (RG WarnR 1933 Nr 152).

### 2. Widerruf durch Streichung einer Verfügung oder teilweise Vernichtung des Testaments

**4** Wenn sich das gemeinschaftliche Testament nicht in amtlicher Verwahrung befindet (§ 34 BeurkG, §§ 2248, 2258 a, 2258 b, 2259), so kann jeder Ehegatte seine **einseitigen Verfügungen**, soweit sie sich von denen des anderen Ehegatten **sondern** lassen, auch dadurch widerrufen, dass er sie durchstreicht oder den sie enthaltenden Teil der Testamentsurkunde vernichtet (§ 2255). Er bedarf hierzu nicht der Zustimmung des anderen Ehegatten (MünchKomm-MUSIELAK RdNr 4; STAUDINGER-KANZLEITER RdNr 4; PALANDT-EDENHOFER § 2255 RdNr 15; aM PLANCK-GREIFF § 2272 Anm 3; STROHAL § 43 a Anm 7). Der überlebende Ehegatte kann seine einseitigen Verfügungen auch noch nach dem ersten Erbfall in der angegebenen Weise widerrufen, wenn sich das Testament nicht in besonderer amtlicher Verwahrung befindet und es auch noch nicht an das Nachlassgericht abgeliefert ist; dann freilich nicht mehr, weil er das Testament nicht zurückerhält (§§ 2259, 2272, 2273 Abs 2; KG KGJ 49, 55; SCHMIDT MDR 1951, 325). Die Pflicht zur Ablieferung des Testaments (§ 2259) erstreckt sich nicht auf die Teile der Testamentsurkunde, die ausschließlich einseitige Verfügungen des überlebenden Ehegatten enthalten (vgl § 2273 Abs 1; STAUDINGER-KANZLEITER RdNr 4; MünchKomm-BURKART § 2259 RdNr 3).

**5** Solange beide Ehegatten leben, kann jeder von ihnen auch einseitige Verfügungen des anderen durch Streichung oder teilweise Vernichtung widerrufen, wenn er hierzu von dem anderen **vorher ermächtigt** ist (§ 2255; SCHMIDT MDR 1951, 325; PALANDT-EDENHOFER § 2255 RdNr 15). Dagegen genügt die nachträgliche formlose Billigung durch den anderen Ehegatten nicht, um die Streichung oder teilweise Vernichtung zu einem wirksamen Widerruf zu machen (RGRK-BGB-JOHANNSEN § 2255 Anm 3; PALANDT-EDENHOFER aaO; s o § 2255 RdNr 10; aM SCHMIDT aaO).

### 3. Widerruf durch Rücknahme

**6** Durch Rücknahme des gemeinschaftlichen Testaments aus der amtlichen Verwahrung (§ 2256) kann ein Ehegatte seine einseitigen Verfügungen nicht einseitig widerrufen, weil nach § 2272 ein gemeinschaftliches Testament nur von beiden Ehegatten aus der amtlichen Verwahrung zurückgenommen werden kann.

## IV. Widerruf wechselbezüglicher Verfügungen zu Lebzeiten beider Ehegatten

### 1. Gemeinsamer Widerruf

**7** Wechselbezügliche Verfügungen können die Eheleute, wenn sie einig sind und gemeinsam handeln, in den gleichen Formen widerrufen wie das ganze gemeinschaftliche Testament (RdNr 2). Die Streichung und Eintragung eines Ungültigkeitsvermerks in ein früheres Testament nur durch einen Ehegatten lässt jedoch einen gleich lautenden Willen des anderen nicht erkennen (BayObLG Rpfleger 1997, 310, 311 = FamRZ 1997, 1244). Auch genügt es nicht, dass nur der eine Ehegatte ein neues einseitiges Testament errichtet und der andere ihm formlos zustimmt (KG DNotZ 1935, 400; KG JFG 14, 280, 285). Eine Ausnahme ist zu machen, wenn nur Vermächtnisse oder Auflagen aufgehoben werden sollen; hierfür ist es in entsprechender Anwendung des § 2291 zulässig, dass der Erblasser seine Anordnung durch einseitiges Testament widerruft und der andere Ehegatte in einer notariell beurkundeten Erklärung zustimmt (KIPP-COING § 35 III Fn 25; MünchKomm-MUSIELAK RdNr 3, 5; RGRK-BGB-JOHANNSEN RdNr 8; PALANDT-EDENHOFER RdNr 2; LANGE-KUCHINKE § 24 VI 2 a Fn 152; aM PLANCK-GREIFF Anm II 2 b).

### 2. Einseitiger Widerruf

Ein Ehegatte, der eine wechselbezügliche Verfügung einseitig, dh ohne Mitwirkung des anderen Ehegatten zu dessen Lebzeiten widerrufen will, kann dies grundsätzlich nur in der Form tun, die das Gesetz für den Rücktritt von einem Erbvertrag vorsieht, also durch eine persönliche, notariell beurkundete Erklärung gegenüber dem anderen Ehegatten (Abs 1 S 1, § 2296, bes Abs 2). **8**

#### a) Höchstpersönlichkeit

Der Widerruf ist seiner Rechtsnatur nach eine **Verfügung von Todes wegen** (vgl § 2253 RdNr 5; OLG München DNotZ 1944, 114; STAUDINGER-KANZLEITER RdNr 9). Er kann daher nicht von einem Vertreter des widerrufenden Ehegatten erklärt werden, auch nicht von seinem gesetzlichen Vertreter (§ 2296 Abs 1 S 1, vgl § 2064 und § 2296 RdNr 3; PALANDT-EDENHOFER RdNr 4). Dies lässt sich für den gesetzlichen Vertreter auch nicht durch eine entsprechende Anwendung des § 2282 Abs 2 begründen (so aber SCHLÜTER RdNr 364), denn es geht hier allein um die Wiederherstellung der Testierfreiheit, bei der eine Stellvertretung nicht zulässig ist, während sich die Vertretungsmacht des gesetzlichen Vertreters bei der Anfechtung damit rechtfertigen lässt, dass es um die Beseitigung eines Willensmangels (also eine Korrektur) geht (ebenso MünchKomm-MUSIELAK RdNr 6). Jedoch kann die Erklärung durch einen Boten dem anderen Ehegatten übermittelt werden. **9**

#### b) Testierfähigkeit

Da der Widerruf sachlich eine Verfügung von Todes wegen darstellt, ist für ihn nicht Geschäftsfähigkeit, sondern Testierfähigkeit erforderlich und genügend (MünchKomm-MUSIELAK RdNr 6; STAUDINGER-BAUMANN § 2253 RdNr 10; s o § 2253 RdNr 5; vgl § 2229; Mot V 297; zur Testierfähigkeit § 2229 RdNr 4 ff). Nicht widerrufen können also insbesondere Geisteskranke und Geistesschwache, die testierunfähig im Sinne des § 2229 Abs 4 sind (vgl dazu eingehend § 2229 RdNr 8 ff). Ein Betreuter, selbst wenn Einwilligungsvorbehalt angeordnet ist, kann sein Testament widerrufen, wenn er nur testierfähig ist (§ 1903 Abs 2; vgl MünchKomm-MUSIELAK RdNr 6; § 2229 RdNr 8). Ein Minderjähriger über 16 Jahre kann zwar ein Testament nur durch mündliche Erklärung vor dem Notar oder durch Übergabe einer offenen Schrift an den Notar entrichten (§§ 2229 Abs 1, 2233 Abs 1, 2247 Abs 4); trotzdem kann ein minderjähriger Ehegatte eine wechselbezügliche Verfügung in der Form des Rücktritts vom Erbvertrag widerrufen, weil diese Form jenen Formen gleichwertig ist. Er bedarf zum Widerruf einer wechselbezüglichen Verfügung nicht der Zustimmung seines gesetzlichen Vertreters (§ 2271 Abs 1 S 1 iVm § 2296 Abs 1 S 2). **10**

#### c) Empfangsbedürftige Willenserklärung

Der Widerruf ist eine einseitige empfangsbedürftige Willenserklärung; denn er geschieht durch Erklärung gegenüber dem anderen Ehegatten (§ 2296 Abs 2 S 1). Die Erklärung muss eigentlich an den anderen Ehegatten gerichtet (»adressiert«) werden. Die spätere Errichtung einer abweichenden Verfügung von Todes wegen **11** ist daher auch bei Wahrung der für den Rücktritt vorgeschriebenen Form und selbst bei späterem Zugang an den anderen Ehegatten schon deshalb keine wirksame Rücktrittserklärung (s § 2296 RdNr 10). Neben dem Widerrufswillen ist daher für eine Widerrufserklärung notwendig, dass diese auch eindeutig an den anderen Ehegatten gerichtet ist und der Widerruf auch wirklich zugeht (in Ausfertigung!). Nur unter dieser Voraussetzung wird man eine Kombination eines Widerrufs mit einer neuen Verfügung von Todes wegen für zulässig halten können (auch BGHZ 106, 359, 362 = DNotZ 1990, 50 betont, dass die Erklärung gegenüber dem anderen »erfolgen« müsse; vgl auch KG JFG 14, 280 = JW 1937, 476; KIPP-COING § 35 Fn 20; SOERGEL-M WOLF RdNr 6, zT aber unklar; teilweise großzügiger 2. Aufl RdNr 11; STAUDINGER-KANZLEITER RdNr 11).

### d) Beurkundung des Widerrufs

**12** Der Widerruf bedarf der notariellen Beurkundung (Abs 1 S 1 mit § 2296 Abs 2 S 2). Das gilt auch, wenn eine wechselbezügliche Verfügung widerrufen werden soll, die in einem privaten gemeinschaftlichen Testament getroffen ist, mag dieses auch, wie es trotz § 2248 meist geschieht, von den Eheleuten selbst verwahrt werden. Auch in einem solchen Fall würde es nicht genügen, wenn ein Ehegatte seine wechselbezüglichen Verfügungen mit formloser Zustimmung des anderen in einem neuen einseitigen Testament widerrufen oder einen solchen Widerruf dem anderen Ehegatten alsbald mündlich mitteilen würde (vgl Abs 1 S 2 und RdNr 7, 11).

### e) Die Übermittlung des Widerrufs

#### aa) Gegenstand der Übermittlung

**13** Die notariell beurkundete Widerrufserklärung muss dem anderen Ehegatten nach hM in Urschrift oder **Ausfertigung** zugehen (§ 130); die Übermittlung einer (vom Gerichtsvollzieher) beglaubigten Abschrift genügt nicht (BGHZ 31, 5 = LM Nr 10 zu 2271 m Anm PAGENDARM = NJW 1960, 33; BGHZ 36, 201, 203 = NJW 1962, 736; BGHZ 48, 374 = LM Nr 10 zu § 130 = NJW 1968, 496; OLG Hamm FamRZ 1991, 1486 = NJW-RR 1991, 1480 = DNotZ 1992, 261; MünchKomm-MUSIELAK RdNr 8; PALANDT-EDENHOFER RdNr 5; LANGE-KUCHINKE § 24 VI 2 b Fn 153; aM KG NJW 1961, 1424; HIEBER DNotZ 1960, 240; RÖLL DNotZ 1961, 312; JANSEN NJW 1960, 475; DILCHER JZ 1968, 188; SOERGEL-M WOLF RdNr 8; KANZLEITER DNotZ 1996, 931). § 170 Abs 1 HS 2 ZPO gilt hier nicht. Noch weniger kann die mündliche Mitteilung von dem beurkundeten Widerruf genügen (aM HEISEKE MDR 1968, 899). Die von BGHZ 130, 71 (= NJW 1995, 2217 = DNotZ 1996, 967) im Allgemeinen für möglich gehaltene Vereinbarung über Zugangserleichterungen wird für diese Fälle keine praktische Bedeutung erlangen, da sie im Einzelfall für das konkrete Zustellungsverfahren vereinbart werden müsste.

#### bb) Art der Übermittlung

**14** Im Übrigen gelten für die Übermittlung des Widerrufs und für den Zeitpunkt seiner Wirksamkeit die §§ 130 bis 132 (RGZ 65, 272; BGHZ 9, 233). Die Übermittlung des Widerrufs bedarf also – im Gegensatz zu der Erklärung selbst – keiner besonderen Form. Der Widerruf wird wirksam, sobald die Widerrufserklärung dem anderen Ehegatten zugeht. Ob und wann dieser tatsächlich von dem Widerruf Kenntnis erlangt, ist belanglos. Wenn der widerrufende Ehegatte den Beweis der Übermittlung des Widerrufs sichern will oder der andere Ehegatte die Annahme der Widerrufserklärung verweigert, so kann der Widerrufende die Widerrufserklärung dem anderen Ehegatten durch Vermittlung des Gerichtsvollziehers zustellen lassen (§§ 132 Abs 1 BGB, 166 ff ZPO). Ist der Aufenthalt des anderen Ehegatten unbekannt, so kann die Widerrufserklärung öffentlich zugestellt werden (§§ 132 Abs 2 BGB, 203 ff ZPO). Die **öffentliche Zustellung** des Widerrufs ist selbst dann zunächst wirksam, wenn sie erschlichen wurde, weil dem Widerrufenden der Aufenthaltsort des anderen Ehegatten bekannt war (BGHZ 64, 5 = LM Nr 19 zu § 2271 m Anm JOHANNSEN). Jedoch steht dem überlebenden Ehegatten der Einwand der unzulässigen Rechtsausübung gegen den zu, der Rechte aus dem Widerruf geltend macht, etwa wegen einer neuen, dem früheren Testament widersprechenden Verfügung von Todes wegen (BGH aaO).

### cc) Vorzeitiger Tod des Widerrufenden

Der Widerruf wird idR auch dann wirksam, wenn er dem anderen Ehegatten erst nach dem Tod des Widerrufenden zugeht, sofern nur letzterer alles getan hat, was von seiner Seite geschehen muss, damit dies (alsbald) geschieht. Die Willenserklärung muss sich daher beim Tod des Erklärenden »auf dem Weg« zum Adressaten befinden (§ 130 Abs 2; BGHZ 48, 374; RGZ 65, 270; NATTER JZ 1954, 381; OLG Hamm NJW-RR 1991, 1480 = FamRZ 1991, 1486: zweifelnd im Hinblick auf den Normzweck des § 2271 Abs 1, da der andere Ehegatte dann nicht mehr durch entsprechende anderweitige Dispositionen reagieren könne). Jedoch ist § 130 Abs 2 zum Schutz des Erklärungsempfängers hier einschränkend auszulegen, da grundsätzlich bei Eintritt des Erbfalls die Testamentsgültigkeit feststehen sollte (PALANDT-EDENHOFER RdNr 6). Kein wirksamer Zugang liegt daher vor, wenn der widerrufende Ehegatte bewusst und geplant den Zugang bis zu seinem Tod hinauszögert, etwa ausdrücklich die **Anweisung** gibt, die Widerrufserklärung erst nach seinem Tode dem anderen Teil zu übermitteln, wenn er also hinter dem Rücken des anderen Ehegatten widerruft und die Übermittlung bewusst verzögert (Prot V 454; BGHZ 9, 233 = LM Nr 3 zu § 2271 mit Anm LERSCH = NJW 1953, 938 = JZ 1953, 602 m Anm SCHMIDT; ROTH NJW 1992, 791; STAUDINGER-KANZLEITER § 2296 RdNr 10; JOHANNSEN WM, 1969, 1315; LANGE-KUCHINKE § 24 VI Fn 154, hM; eingehend dazu JANKO, Die bewusste Zugangsverzögerung auf den Todesfall ..., Diss Bielefeld 1999). Der BGH hält es für ein Gebot der Loyalität, dass die Ehegatten es einander offen und ehrlich mitteilen sollen, wenn einer von ihnen eine gemeinschaftlich getroffene Verfügung nicht mehr aufrechterhalten will, damit der andere der veränderten Sachlage durch neue Verfügungen Rechnung tragen kann (vgl auch DILCHER JuS 1961, 20).

Der Widerruf ist auch dann unwirksam, wenn die notariell beurkundete Widerrufserklärung zu Lebzeiten des widerrufenden Ehegatten dem anderen nur in beglaubigter Abschrift zugegangen ist und ihm erst nach dem Tod des Widerrufenden eine Ausfertigung zugestellt wird, um dem erst in diesem Zeitpunkt erkannten **Zustellungsmangel abzuhelfen**; denn § 130 Abs 2 erfasst nur die Fälle der unbeabsichtigten Zugangsverzögerung bis zu einem Zeitpunkt, in welchem der Überlebende mit einem Widerruf nicht mehr zu rechnen braucht (BGHZ 106, 359, 362 = NJW 1989, 2885; 48, 374 = JZ 1968, 185 m abl Anm DILCHER; OLG Hamm NJW 1967, 440; OLG Hamm FamRZ 1991, 1486; aM KG DNotZ 1964, 238, 721; LANGE-KUCHINKE § 24 VI Fn 154; JOHANNSEN WM 1969, 1315). Wenn auch hiernach der Widerruf uU auch noch nach dem Tode des Widerrufenden dem anderen Ehegatten zugehen kann, so muss er doch einem **Lebenden zugehen** (RGZ 65, 270; PALANDT-EDENHOFER RdNr 6); denn mit dem Tode des anderen Ehegatten erlischt das Recht zum Widerruf (§ 2271 Abs 2 S 1).

### dd) Geschäftsunfähigkeit

Der Widerruf ist auch dann wirksam, wenn der widerrufende Ehegatte nach der Abgabe der Erklärung geschäftsunfähig wird (§ 130 Abs 2). Ist der *andere Ehegatte geschäftsunfähig* oder *in der Geschäftsfähigkeit beschränkt*, so muss der Widerruf, um wirksam zu werden, nach den Bestimmungen der allgemeinen Rechtsgeschäftslehre seinem gesetzlichen Vertreter zugehen (§ 131), im Falle seiner **Volljährigkeit** also an seinen Betreuer (§§ 1896 ff, 1902); dabei muss die Entgegennahme der

Willenserklärung vom Aufgabenkreis des Betreuers umfasst sein, wofür die Bestellung für Vermögensangelegenheiten genügt (LG Hamburg DNotI-Report 2000, 86). Ist der Widerrufende allerdings selbst der Betreuer für seinen Ehegatten, so ist er wegen §§ 1908 i Abs 1 S 1 iVm 1795 Abs 2, 181 an der Entgegennahme des Widerrufs gehindert, sodass ein Ergänzungsbetreuer (§ 1899 Abs 4) zu bestellen ist (Gutachten DNotI-Report 1999, 173, 174 f [mit zahlreichen Details]; BAMBERGER-ROTH-LITZENBURGER RdNr 14; aM LG Hamburg DNotI-Report 2000, 86: § 181 nicht anwendbar).

Ist der Widerrufsgegner testierunfähig, könnte man die Auffassung vertreten, dass nach Sinn und Zweck des Widerrufsrechts in diesen Fällen ein Widerruf ausgeschlossen ist. Denn durch den Widerruf wird hier der Testierunfähige – anders als im gesetzlichen Regelfall – nicht in die Lage versetzt, neu eine Verfügung von Todes wegen zu errichten. Sieht man jedoch die Funktion des Widerrufsrechts zutreffender Weise in der Lösung von einer sonst drohenden erbrechtlichen Bindung, so wird man mit der überkommenen Meinung auch gegenüber dem Testierunfähigen einen Widerruf zulassen müssen (so Gutachten DNotI-Report 1999, 173 ff; inzident auch BayObLG FamRZ 1993, 736 = DNotZ 1993, 130). Der Zugang an den anderen, **beschränkt geschäftsfähigen Ehegatten** selbst genügt nur, wenn der gesetzliche Vertreter seine Einwilligung erteilt hat (§ 131 Abs 2 S 2, § 183).

### f) Teilweiser Widerruf

**18** Auch wenn Teile einer **wechselbezüglichen Verfügung** widerrufen werden, gilt § 2271 (RG WarnR 1920 Nr 18; MünchKomm-MUSIELAK RdNr 10).

**19** Diesem teilweisen Widerruf steht es gleich, wenn ein Ehegatte den in einer wechselbezüglichen Verfügung Bedachten durch eine **neue Anordnung zurücksetzen**, beschränken oder beschweren will (MünchKomm-MUSIELAK RdNr 10; SOERGEL-M WOLF RdNr 10; ERMAN-M SCHMIDT RdNr 3; KUCHINKE FS für v Lübtow [1991] 285). Dies kann sich durch die Einsetzung eines Nacherben, Vermächtnisordnung oder Auflage (KG OLG 12, 386 ff), aber auch durch eine andere als die in § 2270 Abs 3 genannten Verfügungen ergeben, wie etwa die Anordnung einer Testamentsvollstreckung (vgl §§ 2112 ff, 2211 ff, 2271 Abs 3; 2289 Abs 2, 2338; RG Recht 1919 Nr 2139; BGH FamRZ 1964, 501, 502; KG KGJ 42, 123, 125 mwN; BayObLGZ 19 A 171 = OLG 40, 129; BayObLG FamRZ 1991, 111, 113 [nachträgliche Anordnung der Testamentsvollstreckung]; KG DNotZ 1967, 438 = BWNotZ 1967, 257). Unerheblich ist dabei, dass sich eine solche Anordnung oftmals nur als **Ergänzung** und nicht direkt begrifflich als Widerspruch zur früheren Verfügung iS von § 2258 darstellt (KUCHINKE aaO). Vielmehr folgt die Unzulässigkeit aus dem Schutzzweck des § 2271, aber auch aus Abs 3; denn aus dieser Bestimmung ergibt sich, dass das Gesetz Beschränkungen oder Beschwerungen der bezeichneten Art als teilweise Aufhebung der Zuwendung erachtet. Hinsichtlich der Grenze zwischen einer einseitig ohne einen förmlichen Widerruf zulässigen Anordnung und einer solchen, die nur in der Form eines Widerrufs möglich ist, wird man sich an den Regeln orientieren können, die zur Zulässigkeit einer nachträglichen einseitigen Anordnung nach dem Tod des anderen Ehegatten entwickelt wurden, denn in beiden Fälle geht es darum, die Grenze der Testierfreiheit und der bindenden erbrechtlichen Stellung zu ermitteln (RdNr 32 ff).

### g) Verhältnis zu anderen Widerrufsformen

**20** Abs 1 S 1 schreibt für den Widerruf wechselbezüglicher Verfügungen bei Lebzeiten beider Ehegatten eine besondere Form vor und schließt aufgrund seines abschließenden Charakters hinsichtlich solcher Verfügungen dadurch die Anwendung der allgemeinen Vorschriften über den Widerruf durch eine neue Verfügung von Todes wegen durch Vernichtung oder Veränderung der Testamentsurkunde, durch einseitige Rücknahme aus der amtlichen Verwahrung (entgegen § 2272) aus (vgl §§ 2254−2258, 2299, 2289 Abs 1 S 1; RGRK-BGB-JOHANNSEN 2271 RdNr 7). Der Ehegatte, der eine wechselbezügliche Verfügung zu Lebzeiten des anderen Ehegatten widerrufen will, kann dies also nicht einseitig durch eine neue Verfügung von Todes wegen tun. Abs 1 S 2 spricht dies ausdrücklich aus; damit ist zugleich klargestellt, dass beide Ehegatten gemeinsam wechselbezügliche Verfügungen durch ein neues gemeinschaftliches Testament oder einen Erbvertrag aufheben können (§§ 2253 ff, 2289, 2292; vgl RdNr 3). Es genügt, wenn in dem neuen gemeinschaftlichen Testament der eine Ehegatte seine wechselbezügliche Verfügung widerruft, der andere aber nur seine Zustimmung erklärt (KG DNotZ 1935, 400). Dagegen kann ein Ehegatte seine wechselbezügliche Verfügung nicht dadurch widerrufen, dass er ein Widerrufstestament (§ 2254) oder ein widersprechendes Testament (§ 2258) errichtet und dies dem anderen Ehegatten mündlich mitteilt (vgl RG DR 1940, 154). Auch die Aufhebung einer wechselbezüglichen Verfügung durch einen Erbvertrag mit einem Dritten wäre unzulässig und wirkungslos (OLG Dresden JW 1919, 516 = OLGE 40, 145). Zur Kombination Widerruf mit neuem Testament s RdNr 11.

Durch eine neue einseitige Verfügung von Todes wegen kann ein Ehegatte seine wechselbezügliche Verfügung zu Lebzeiten beider Ehegatten auch dann nicht aufheben, wenn der andere Teil **formlos zustimmt** (Abs 1 S 2; RG DR 1945, 76; KG DNotZ 1933, 578; 1940, 152; OLG Schleswig SchlHAnz 1957, 181). Zulässig ist nur die gemeinsame Vernichtung des Testaments oder gemeinsame Veränderung einer einzelnen Verfügung. Handelt ein Ehegatte mit dem Einverständnis des anderen ist der Widerruf wirksam (STAUDINGER-KANZLEITER RdNr 2). Nachträgliche Zustimmung soll aber nicht genügen (PALANDT-EDENHOFER § 2255 RdNr 15; aM R SCHMIDT MDR 1951, 321, 353; s auch RdNr 2). 21

### h) Nur Ausschluss der einseitigen Aufhebungswirkung zu Lebzeiten des anderen Ehegatten

Abs 1 S 2 schließt neue einseitige Verfügungen von Todes wegen nicht generell aus. Nach der gesetzlichen Regelung können sie nur eine andere wechselbezügliche Verfügung nicht aufheben (**Ausschluss der Aufhebungswirkung**). Sie sind damit aber nicht nichtig, sondern es ist nur ihre Wirksamkeit so lange ausgeschlossen, als die dazu im Widerspruch stehende wechselbezügliche Verfügung Wirkungen entfaltet (MünchKomm-MUSIELAK RdNr 12). Die einseitigen Verfügungen werden daher wirksam, wenn die entgegenstehende **wechselbezügliche Verfügung** später unwirksam, widerrufen oder − etwa durch Vorversterben des Bedachten − gegenstandslos wird (MünchKomm-MUSIELAK RdNr 16; RGZ 149, 200 = DNotZ 1936, 372; BGHZ 30, 261 = DNotZ 1959, 591 = NJW 1959, 1730; NJW 1960, 142 m Anm BÄRMANN = Rpfleger 1959, 376 m Anm HAEGELE gegen OLG Neustadt NJW 1959, 792 [Vorlagebeschluss]; BayObLGZ 1966, 245; OLG Frankfurt NJW-RR 1995, 245; PALANDT-EDENHOFER RdNr 15). § 2271 hindert auch nicht, dass ein Ehegatte seine wechselbezüglichen Anordnungen in einem einseitigen Testament **wiederholt,** sei es, um ihre Wirkung von wechselbezüglichen Verfügungen des anderen Ehegatten unabhängig zu machen, sei es, um beim Erbfall die Berichtigung des Grundbuches zu erleichtern (vgl § 35 GBO; KG JFG 17, 44; 18, 332 = JW 1939, 353 mit Anm VOGELS; BayObLGZ 1961, 12; OLG Hamm OLGZ 1967, 77). Die Rspr lässt auch eine nachträgliche Befreiung des anderen Ehegatten von der Bindung an die wechselbezügliche Verfügung zu, weil darin eine **Besserstellung** des überlebenden Ehegatten liege (BayObLGZ 1966, 242; zustimmend KUCHINKE FS v Lübtow [1991] 286 f). Sie führt auch ohne Beteiligung des anderen Ehegatten zu einer einseitigen Wechselbezüglichkeit nur noch zu Lasten des Befreienden; der nachträglich befreiende Ehegatte bleibt aber im Überlebensfall an seine Verfügung gebunden (s § 2270 RdNr 20, 14 ff). Solche Besserstellungen liegen *außerhalb des Schutzzwecks des § 2271 Abs 1* und sind daher zulässig (LANGE-KUCHINKE § 24 VI 2 c). 22

23 Einen nicht förmlichen Widerruf iS von § 2271 Abs 1 S 1 zu Lebzeiten des anderen lässt die Rspr auch dann zu, wenn die aufgehobene Verfügung durch eine für den anderen Ehegatten **vorteilhaftere ersetzt** wird (KG JW 1938, 680; KG DNotZ 1943, 276; BGHZ 30, 261, 265 ff = NJW 1959, 1730 m Anm BÄRMANN). Doch erscheint dies nicht unproblematisch, weil dadurch einseitig in die gemeinsam getroffene, durch schwierige wechselbezügliche Verfügungen gesteuerte Nachlassplanung eingegriffen wird.

Dies zeigt sich an dem vom BGH entschiedenen Fall: Die Ehegatten hatten in dem gemeinschaftlichen Testament je sofort ihre Kinder als Erben eingesetzt und sich gegenseitig nur den Nießbrauch am Nachlass des Erstversterbenden vermacht. Ehegatte A will stattdessen nun einseitig den Ehegatten B zu seinem Alleinerben berufen. Dies soll ohne förmliche Widerrufserklärung nach § 2271 Abs 1 S 1 möglich sein, obwohl damit sowohl das Nießbrauchsvermächtnis als auch die Erbeinsetzung der Kinder beseitigt werden und beide Verfügungen wechselbezüglich sind (§ 2270 Abs 2, 2. Alt; ausführlich zu den Wechselbezüglichkeitsbeziehungen dieses Falls BUCHHOLZ Rpfleger 1990, 45, 47). Der BGH begründet dies damit, dass die Auslegung ergebe, die Besserstellung des Ehegatten entspreche dem mutmaßlichen Willen beider Eheleute und die in der Erschwerung des Widerrufs liegende Bindung bestehe nur dem anderen Ehegatten gegenüber (BGHZ 30, 267). Dies ist zu vordergründig und berücksichtigt nur die Interessen des Ehegatten, dessen Erbenstellung einseitig aufgebessert wird, gefährdet aber die gesamte Nachlassplanung, worauf KUCHINKE (FS v Lübtow [1991] 286) zu Recht aufmerksam macht: Wenn A der Längerlebende ist, so ist die von ihm nachträglich verfügte Einsetzung des Ehegatten B durch dessen Vorversterben gegenstandslos; nimmt man an, dass diese gegenstandslos gewordene Verfügung dennoch die ursprünglich in dem gemeinschaftlichen Testament getroffene Erbeinsetzung der Kinder beseitigt hat und auch ein Wiederaufleben ausgeschlossen ist (so KUCHINKE aaO), kann der Längerlebende über sein Vermögen frei verfügen, ohne dass der andere Ehegatte jemals von diesen Änderungsvorstellungen erfahren hat. Dies widerspricht klar dem Normzweck des § 2271. Etwas anderes ergibt sich nur, wenn man für diese Fallkonstellation im Wege der erläuternden Auslegung die ursprüngliche Berufung der Kinder zumindest als Ersatzerbenlösung bestehen lässt (so BUCHHOLZ aaO, 48, 51).

### 3. Vernichtung der Testamentsurkunde

24 Hier tauchen Beweisschwierigkeiten auf (v LÜBTOW I 495 f), wobei zu unterscheiden ist: Hat bei einem gemeinschaftlichen Testament, in dem ein Abkömmling der Ehegatten zum alleinigen Erben des Letztversterbenden bestimmt wurde, der längerlebende Ehegatte die Testamentsurkunde vernichtet, so muss derjenige, der durch die Vernichtung begünstigt wurde, nachweisen, dass das gemeinschaftliche Testament (zB wegen Formmangels) nichtig ist (OGH BrZ 1, 268, 270 = NJW 1949, 146 = DRiZ 1949, 113 m abl Anm LEONHARDT; PALANDT-EDENHOFER § 2255 RdNr 16; BAUMGÄRTEL-SCHMITZ RdNr 10; vgl bei § 2255 RdNr 18; vgl auch OLG Hamm OLGZ 1967, 74). Erfolgt die Vernichtung in der Absicht, die Schlusserbeneinsetzung zu widerrufen, so trifft die Feststellungslast die gesetzlichen Erben des Längerlebenden, wenn deutliche Anhaltspunkte für eine Wechselbezüglichkeit bestehen und diesbezüglich lediglich letzte Zweifel wegen der Vernichtung der Testamentsurkunde nicht ausgeräumt werden können (OLG Hamm ZEV 1996, 272, 275 = NJW-RR 1996, 1094).

### 4. Beschränkungen des Bedachten bei Verschwendung oder Überschuldung

Die Anordnungen nach Abs 3 gegen pflichtteilsberechtigte Abkömmlinge können auch schon vor dem ersten Erbfall getroffen werden, und zwar auch in einem einseitigen Testament, ohne dass vorher der Weg des Widerrufs zu beschreiten ist. Aber auch noch nach Annahme der Zuwendung kann dies durch den Längerlebenden auch ohne besonderen Änderungsvorbehalt geschehen (MünchKomm-MUSIELAK RdNr 30; LANGE-KUCHINKE § 24 VI Fn 162; zu Einzelheiten s RdNr 54 ff). **25**

### 5. Wirkung des Widerrufs

Der wirksame Widerruf einer wechselbezüglichen Verfügung führt zu ihrer Unwirksamkeit und bewirkt nach § 2270 Abs 1 grundsätzlich, dass auch die entsprechenden wechselbezüglichen Verfügungen des anderen Ehegatten unwirksam werden. Ein Testament, das der widerrufende Ehegatte vor dem Widerruf im Widerspruch mit der widerrufenen wechselbezüglichen Verfügung errichtet hat, wird nunmehr wirksam (RGZ 65, 275). Ein Widerruf des Widerrufs ist unzulässig und unwirksam; § 2257 ist hier nicht anwendbar (STAUDINGER-KANZLEITER RdNr 26; v LÜBTOW I 500; LANGE-KUCHINKE § 24 VI Fn 160). Die Unwirksamkeit nach § 2270 Abs 1 tritt jedoch nicht ein, wenn im konkreten Fall eine **Beschränkung der Wechselbezüglichkeit** und damit zumindest ausnahmsweise eine Entkoppelung des Wirksamkeitszusammenhangs gewollt ist (vgl dazu eingehend § 2270 RdNr 17f und unten RdNr 47). Denn den Ehegatten steht es frei, die Wechselbezüglichkeit freier oder strenger zu gestalten (LANGE-KUCHINKE § 24 VI 2 c). **26**

Wenn ein Ehegatte *sowohl wechselbezügliche* als *auch einseitige Verfügungen* bei Lebzeiten des anderen Ehegatten einseitig widerrufen will, so muss er sowohl die Form des § 2296 als auch eine der Formen der §§ 2254 bis 2258 einhalten. **27**

## V. Aufhebung wechselbezüglicher Verfügungen nach dem ersten Erbfall

### 1. Bindung des überlebenden Ehegatten

Mit dem Tod des erstversterbenden Ehegatten wird der überlebende Ehegatte an seine wechselbezüglichen Verfügungen gebunden (ähnlich, wie der Erblasser beim Erbvertrag grundsätzlich von vornherein an vertragsmäßige Verfügungen gebunden ist, §§ 2278, 2289 Abs 1 S 2, 2298 Abs 2 S 2). Das Recht zum Widerruf wechselbezüglicher Verfügungen erlischt nach Abs 2 S 1 (grundsätzlich) mit dem Tode des anderen Ehegatten. Diese Bindung tritt kraft Gesetzes mit dem Tode des erstversterbenden Ehegatten ein, nicht erst (wie nach gemeinem Recht und PrALR) mit der Annahme der Zuwendungen des Verstorbenen an den Überlebenden (Prot V 454 ff; RGZ 41, 168; BayObLGZ 7, 458). Freilich kann der überlebende Ehegatte auch nach dem BGB durch Ausschlagung des ihm Zugewendeten seine Verfügungsfreiheit zurückgewinnen (Abs 2 S 1 HS 2). Die Bindung des überlebenden Ehegatten ist also auflösend bedingt durch die Ausschlagung, während sie nach früherem Recht aufschiebend bedingt war durch den Erwerb des Zugewendeten. Daraus ergibt sich, dass die Bindung des überlebenden Ehegatten auch dann besteht, wenn er stirbt, ohne das ihm Zugewendete angenommen oder ausgeschlagen zu haben (RGZ 95, 218; KIPP-COING § 35 Fn 27). Bedeutsam ist dies, wenn dem überlebenden Ehegatten nur ein Vermächtnis zugewendet ist, weil es hier an einer Frist für die Ausschlagung fehlt (§ 2180). **28**

29 Die Bindung des überlebenden Ehegatten tritt auch dann ein, wenn der verstorbene Ehegatte den Überlebenden gar nicht bedacht hat. Sie erstreckt sich nicht nur auf den Nachlass des verstorbenen Ehegatten, sondern auch auf das eigene Vermögen des Überlebenden und sogar auf die Vermögenswerte, die er erst nach dem Tod des anderen Teils unter Lebenden oder von Todes wegen erworben hat (RG JW 1915, 1121; PLANCK-GREIFF Anm 3).

30 Ein **Notar,** der das Testament einer verheirateten Person beurkundet, kann seine Amtspflicht verletzen, wenn er sich nicht durch Befragen vergewissert, ob nicht ein früheres gemeinschaftliches Testament (oder ein Erbvertrag) der Ehegatten dem neuen Testament entgegensteht (BGH DNotZ 1960, 157; VersR 1958, 782; RG DRW 1940, 723 m Anm VOGELS = DNotZ 1940, 151; KG DNotZ 1957, 535; SOERGEL-J MAYER § 17 BeurkG RdNr 12; Einzelheiten für die Praxis bei BENGEL-REIMANN in: Beck'sches Notarhandbuch, 3. Aufl, 2000, Abschnitt C RdNr 24 ff).

31 Die Vorschriften über den Widerruf wechselbezüglicher Verfügungen sind grundsätzlich **zwingend**; Billigkeitserwägungen rechtfertigen keine Abweichung (OLG München DNotZ 1944, Abs 1 S 1; SOERGEL-M WOLF RdNr 2). Das Widerrufsverbot darf nicht umgangen werden (OGHZ 2, 160 = NJW 1949, 581; über die sog Aushöhlung eines gemeinschaftlichen Testaments s RdNr 101). Jedoch wird die Regel der Unwiderruflichkeit durch eine Reihe von **Ausnahmen** durchbrochen (RdNr 40 ff). Da die Bindung des überlebenden Ehegatten gegenüber dem erstverstorbenen Ehegatten besteht, genügt auch die formlose Zustimmung des in einer wechselbezüglichen Verfügung Bedachten im Allgemeinen nicht, um einer dieser Verfügung widersprechenden Anordnung des Überlebenden von Todes wegen Wirksamkeit zu verleihen (BGH LM Nr 7 zu § 2271 = FamRZ 1958, 275; 1969, 207; PALANDT-EDENHOFER RdNr 15; STAUDINGER-KANZLEITER RdNr 31; KIPP-COING 38 III 6; aA RGZ 134, 325, 327 [beim Erbvertrag unter Bezug auf § 182 Abs 2]. Zur insoweit vergleichbaren Rechtslage beim Erbvertrag s eingehend § 2289 RdNr 42).

### 2. Inhalt der Bindung
#### a) Grundsätzliches, Abgrenzung zur Aufhebungswirkung

32 Da nach Abs 2 S 1 das Recht zum einseitigen Widerruf wechselbezüglicher Verfügungen erlischt, tritt damit eine Bindung für den überlebenden Ehegatten ein. Umfang und Wirkung derselben sind jedoch im Gesetz nicht eigenständig geregelt. Nach einer Entscheidung des BGH ist die Bindungsfolge beim gemeinschaftlichen Testament, dass eine spätere Verfügung von Todes wegen die früheren bindenden Verfügungen insoweit nicht beseitigen kann, als ein Widerspruch iS des § 2258 vorliegt (BGH Rpfleger 1987, 201). Da jedoch diese Bindung mit derjenigen vergleichbar ist, die für einen Erblasser an seine vertragsmäßigen Verfügungen in einem Erbvertrag entsteht, ist richtigerweise der weiter gehende **§ 2289 Abs 1 S 2** mit der hierzu ergangenen Rechtsprechung **entsprechend** anzuwenden (OLG Frankfurt NJW-RR 1995, 265, 266; OLG Zweibrücken Rpfleger 1992, 109, 110; RGZ 130, 213 = JW 1931, 1793 mit Anm KIPP; BayObLGZ 22 A 121 = OLGZ 44, 104; BayObLG FamRZ 2001, 319 = MittBayNot 2000, 446; GERKEN Rpfleger 1992, 252; PALANDT-EDENHOFER RdNr 15; CHRISTOPHER KEIM ZEV 1999, 413, 416; vgl auch MünchKomm-MUSIELAK RdNr 15; SOERGEL-M WOLF RdNr 16; LANGE-KUCHINKE § 24 VI 4; zur Entwicklung der Rspr KUCHINKE, FS V LÜBTOW, 1991, 285). Zum Verhältnis der Begriffe Widerspruch iS von § 2258 (sachliche Unvereinbarkeit) und dem weitreichenderen Schutz der wechselbezüglichen Verfügung durch den umfassenderen Begriff der Beeinträchtigung iS von § 2289 s eingehend § 2289 RdNr 14. Unwirksam sind somit die von einem Ehegatten einseitig getroffenen Verfügungen von Todes wegen nur insoweit, als sie die Rechte des wechselbezüglich Bedachten beeinträchtigen (vgl § 2289 Abs 1 S 2; PALANDT-EDENHOFER RdNr 15).

Zulässig sind aber *neutrale* oder rechtlich vorteilhafte Verfügungen (LANGE-KUCHINKE § 24 VI 4).

Während sich die Frage, ob spätere Verfügungen unwirksam sind, analog § 2289 Abs 1 S 2 bestimmt, ist die **Aufhebungswirkung** der wechselbezüglichen Verfügung **gegenüber früheren** einseitigen oder von den Ehegatten gemeinsam getroffenen Verfügungen nach **§ 2258** zu bestimmen (BayObLGZ 1991, 10, 13 = FamRZ 1991, 866; BayObLG FamRZ 1997, 1244, 1245 = Rpfleger 1997, 310; SOERGEL-J MAYER § 2258 RdNr 16).

### b) Einzelfälle

Der überlebende Ehegatte darf also im Allgemeinen den Erben, den er durch seine wechselbezügliche Verfügung eingesetzt hat, nicht mit einem **Vermächtnis** beschweren (BGH FamRZ 1969, 607; NJW 1978, 423; KG OLGZ 1977, 457 = DNotZ 1977, 749; BayObLG FamRZ 1989, 1234) oder ihn durch die Anordnung einer Nacherbfolge oder durch die Einsetzung eines *Testamentsvollstreckers* beschränken (vgl § 2306; BGH FamRZ 1964, 502; 1969, 207).

33

Die nachträgliche einseitige **Ernennung** eines **Testamentsvollstreckers** ist nicht etwa deswegen zulässig, weil sie nach § 2270 Abs 3 nicht wechselbezüglich sein kann, denn trotzdem wird dadurch in die Rechte des Erben, insbesondere idR in seine Verfügungsbefugnis (§ 2211), eingegriffen, weshalb dies eine unzulässige Beeinträchtigung iS von § 2289 Abs 1 S 2 ist (OLG Frankfurt WM 1993, 803; OLG Köln NJW-RR 1991, 525 = FamRZ 1990, 1402; BayObLG FamRZ 1991, 111, 113 bezüglich der gegenseitigen Erbeinsetzung; KGJ 42, 123, 126; STAUDINGER-KANZLEITER RdNr 33; eingehend KUCHINKE FS v Lübtow [1991] 283, 285 ff und § 2289 RdNr 32 ff; unrichtig LG Lübeck SchlHA 1994, 148). Gleiches gilt daher für die Erweiterung der Befugnisse eines Testamentsvollstreckers (LANGE-KUCHINKE § 24 IV 4). Der überlebende Ehegatte kann daher aber die von ihm selbst verfügte Ernennung eines Testamentsvollstreckers einseitig widerrufen, nicht aber die von dem vorverstorbenen Ehegatten angeordnete, es sei denn, dass dieser ihm das Recht dazu eingeräumt hätte (OLG Hamburg Recht 1920 Nr 1914, 2460). Die Befugnis hierfür kann sich jedoch aufgrund eines entsprechenden *Änderungsvorbehalts* ergeben, der auch im Wege der Auslegung ermittelt werden kann (OLG Hamm FamRZ 1996, 637 = MittBayNot 1996, 44 m Anm REIMANN zum Erbvertrag; zur ergänzenden Auslegung in diesem Zusammenhang s auch KG DNotZ 1967, 438; KGJ 42, 123, 127). Zulässig ist jedoch die bloße *Auswechslung* der Person des Testamentsvollstreckers, soweit dadurch nicht ausnahmsweise eine messbare Beeinträchtigung des Erben erfolgt (KG OLGZ 1977, 390, 393 = FamRZ 1977, 485; OLG Hamm ZEV 2001, 271, 272 m Anm REIMANN; LANGE-KUCHINKE § 24 VI 4 Fn 168), was dann der Fall sein kann, wenn es nach dem Willen der Beteiligten gerade auf die Person des Testamentsvollstreckers ankommt (OLG Stuttgart OLGZ 1979, 49, 52; zustimmend MEYDING ZEV 1994, 98, 100; aM, ohne Problematisierung, SCHMUCKER MittBayNot 2001, 526, 527 Fn 27). Vgl auch § 2289 RdNr 32 ff.

34

Die nachträgliche Anordnung einer echten, also **nicht wertverschiebenden, Teilungsanordnung** stellt jedoch keine Beeinträchtigung der Rechte des durch das gemeinschaftliche Testament Begünstigten dar, da der Erbe keinen Erbanspruch auf bestimmte Gegenstände hat (OLG Braunschweig ZEV 1996, 69, 70 bei nicht wertverschiebender Teilungsanordnung; KUCHINKE FS V LÜBTOW, 1991, 283, 287 f; Gutachten DNotI-Report 1999, 133, 134; eingehend hierzu § 2289 RdNr 35; aM LEHMANN MittBayNot 1988, 158; MünchKomm-MUSIELAK RdNr 10, 17 mwN, der sich zu Unrecht auf OLG Braunschweig beruft).

Die in der 1. Aufl vertretene Ansicht, dass dann solche nachträglichen Belastungen zulässig seien, wenn damit eine aus der Familienzugehörigkeit fließende oder sonstige **sittliche Pflicht** in angemessenem Rahmen erfüllt werden soll, so

35

die Pflicht zur Unterstützung hilfsbedürftiger Familienangehöriger, die Pflicht zur Belohnung langjähriger oder besonders aufopfernder Dienstleistungen (OLG Braunschweig JFG 5, 313), überzeugt nicht. Es ist kein zwingendes Bedürfnis für die Durchbrechung der Bindungswirkung erkennbar (BGH NJW 1978, 423 = DNotZ 1978, 298 = JR 1978, 289 m Anm SCHUBERT). Mithin sind auch in diesen Fällen letztwillige Verfügungen nur dann zulässig, wenn ein entsprechender Vorbehalt sie gestattet (STAUDINGER-KANZLEITER RdNr 33; aA SOERGEL-M WOLF RdNr 25), der sich allerdings auch im Wege einer ergänzenden Auslegung ergeben kann, jedoch ist insoweit größte Zurückhaltung geboten (so richtig aus Gründen der Rechtssicherheit: MünchKomm-MUSIELAK RdNr 18; ERMAN-M SCHMIDT RdNr 7). Gerade wenn aber das gemeinschaftliche Testament in zwei Einzelurkunden niedergelegt ist, ist besonders sorgfältig zu prüfen, ob sich nicht eine das Erbrecht des überlebenden Ehegatten beschränkende Anordnung (etwa **Testamentsvollstreckung**) aus den Einzelverfügungen ergibt (OLG Frankfurt OLGZ 1977, 267 = Rpfleger 1978, 310).

36 Allerdings darf der überlebende Ehegatte, der in einer wechselbezüglichen Verfügung ein Kind oder Enkelkind zum Erben eingesetzt hat, die Rechte des Ehegatten oder der Eltern des Bedachten, ausschließen, etwa durch Entzug des Verwaltungsrechts der Eltern des Bedachten (§ 1638 Abs 1; dazu allgemein DAMRAU ZEV 2001, 176, 177) oder indem bestimmt wird, das die Zuwendung bei bestehender Gütergemeinschaft zum **Vorbehaltsgut** erklärt wird (vgl § 1418 Abs 2 Nr 2); denn hierdurch werden die Rechte des Bedachten nicht beeinträchtigt, sondern im Gegenteil verstärkt (STAUDINGER-KANZLEITER RdNr 34; OLG Düsseldorf JZ 1951, 24).

37 Trotz der Bindung an seine wechselbezüglichen Verfügungen kann der überlebende Ehegatte, der wieder heiratet, mit seinem neuen Ehegatten **Gütergemeinschaft** vereinbaren, da es den Ehegatten freisteht, ihre güterrechtlichen Verhältnisse für die Zukunft zu verändern, was auch der Pflichtteilsberechtigte hinnehmen muss (BGHZ 116, 178, 181). Etwaige Pflichtteilsansprüche oder Ansprüche auf Ausgleich des Zugewinns, die durch die Wiederverheiratung des überlebenden Ehegatten bei seinem Tod entstehen, hat der Schlusserbe zu erfüllen (BGH FamRZ 1969, 207; PALANDT-EDENHOFER RdNr 13).

38 Eine **einseitige Verfügung** von Todes wegen, die der *überlebende Ehegatte* nach dem ersten Erbfall im Widerspruch zu einer wechselbezüglichen Verfügung errichtet, ist oder wird wirksam, wenn ohne Ersatzberufung oder Anwachsung **Gegenstandslosigkeit** der wechselbezüglichen Verfügung eintritt, etwa infolge einer erfolgreichen Anfechtung nach §§ 2078 ff oder entsprechend §§ 2281 ff (RdNr 83 ff), durch Widerruf einer korrespektiven Verfügung des anderen Teils (§ 2271 Abs 1) oder durch vorzeitigen Tod des Bedachten, durch Ausschlagung, Erb- bzw Zuwendungsverzicht (vgl §§ 1923, 2160; 1953, 2180 Abs 3; 2346 ff, 2344; RGZ 130, 213 = JW 1931, 1793 mit Anm KIPP; RGZ 149, 200, 201; BayObLGZ 22, 120; 32, 411; OLG Hamm FamRZ 1982, 203; NJW-RR 1991, 1349, 1351; MünchKomm-MUSIELAK RdNr 16; eingehend CHRISTOPHER KEIM ZEV 1999, 413, 415). **Beispiel:** Der überlebende Ehegatte heiratet wieder, setzt seinen zweiten Ehegatten zum Erben ein und ficht das gemeinschaftliche Testament mit Erfolg nach § 2079 an: Hier ist das gemeinschaftliche Testament nichtig und daher das zweite Testament wirksam (RGZ 130, 213). Jedoch ist die Folge des § 2270 Abs 1 zu beachten, wonach die zu Gunsten des anfechtenden Ehegatten getroffene Verfügung des Erstversterbenden unwirksam wird. Ja, selbst die *zu Lebzeiten des anderen Ehegatten* errichtete, einer wechselbezüglichen Verfügung widersprechende neue letztwillige Anordnung kann (ex tunc) wirksam werden, wenn die vorrangige wechselbezügliche infolge des Vorversterbens des Bedachten gegenstandslos wird (RGZ 149, 200, 201; BayObLGZ 22, 120, 122; OLG Frankfurt NJW-RR 1995, 265

= FamRZ 1995, 1026). Die Vorschrift des § 2271 Abs 1 S 2 enthält weder eine Einschränkung der Testierfreiheit, noch hat sie die formelle Nichtigkeit späterer einseitiger Verfügungen zur Folge. Sie will vielmehr nur die Wirksamkeit einseitiger Verfügungen der Ehegatten ausschließen, die mit früheren wechselbezüglichen Verfügungen im Widerspruch stehen (RGZ aaO). Gleiches muss daher gelten, wenn die wechselbezügliche Verfügung des Erstverstorbenen infolge einer Ausschlagung der längerlebenden Ehegatten (§ 2271 Abs 2 S 1, 2 HS) gegenstandslos wird, zumal es widersprüchlich wäre, dem Längerlebenden damit hinsichtlich seines Vermögens die volle Testierfreiheit erlangen zu lassen, den Erstversterbenden aber an eine an sich gegenstandslose Verfügung zu binden (anders zu Unrecht und nicht überzeugend OLGR Karlsruhe 1999, 26 = NJWE-FER 1999, 14; dagen zu Recht CHRISTOPHER KEIM aaO).

Zu beachten ist aber, dass die **wechselbezügliche Verfügung** nicht gegenstandslos ist, wenn an die Stelle des zunächst Bedachten ein gesetzlicher oder gewillkürter **Ersatzerbe** oder Ersatzberufener tritt und sich auch die Wechselbezüglichkeit hierauf erstreckt, was aber gesondert festzustellen ist (§§ 2096, 2069, 2102, 2190; OLG Hamm FamRZ 1982, 203; BayObLG ZEV 1994, 362, 364; OLG Frankfurt NJWE-FER 1998, 87; zur Erstreckung der Wechselbezüglichkeit eingehend § 2270 RdNr 36; zur Berufung von Ersatzbedachten eingehend NIEDER ZEV 1996, 241). Keine Gegenstandslosigkeit liegt auch vor, wenn der zugewendete Anteil an der Erbschaft oder am Vermächtnisgegenstand beim Wegfall des Bedachten den übrigen Erben oder Bedachten **anwächst** (§§ 2094, 2158; BayObLG DNotZ 1935, BayBeil 129). Gleichgültig ist, ob der Bedachte vor oder nach der Errichtung des einseitigen Testaments wegfällt.

Der überlebende Ehegatte kann sich durch Abschluss eines **Zuwendungsverzichts** (§ 2352) mit dem Bedachten von der Bindung an die wechselbezügliche Verfügung befreien, weil durch den Verzicht auf die Zuwendung diese gegenstandslos wird (vgl etwa BayObLG FamRZ 2001, 319 = MittBayNot 2000, 446; s auch Gutachten DNotI-Report 2001, 70). Dies erfordert natürlich, dass die Bedachten freiwillig verzichten, sei es auch nur dank irgendwelcher Abfindungen (vgl RG WarnR 1918 Nr 124; BGH DNotZ 1958, 495 = FamRZ 1958, 275 m Anm BOSCH; FamRZ 1969, 207). Dies kann auch im Wege eines »Teilzuwendungsverzichts« in der Form geschehen, dass die Bedachten dem Erblasser gestatten, den künftigen Erben Beschränkungen in Form von Vermächtnissen aufzuerlegen (OLG Köln FamRZ 1983, 837 m Anm BREHMS 1278). Die Rechtsstellung etwaiger Ersatzerben bzw Ersatzvermächtnisnehmer wird indes idR durch den Zuwendungsverzicht nicht beeinträchtigt, da dieser nach hM grundsätzlich nicht gegen die Abkömmlinge wirkt, weil § 2349 hier mangels einer ausdrücklichen Verweisung nicht gelten soll (OLG Hamm FamRZ 1982, 203; OLG Frankfurt ZEV 1997, 454 m krit Anm J MAYER [großzügiger BayObLG ZEV 1997, 377 = NJW-RR 1997, 1027 bei vollständiger Abfindung]; PALANDT-EDENHOFER § 2352 RdNr 6; zum Streitstand auf den der hM gemachten Ausnahmen J MAYER ZEV 1996, 130 f; und oben System Teil D RdNr 49 ff; aA STAUDINGER-SCHOTTEN § 2352 RdNr 42 ff: analoge Anwendung von § 2349). Über die Frage, ob und unter welchen Voraussetzungen die Zustimmung des Bedachten auch ohne förmlichen Erbverzicht einer einseitigen Verfügung des überlebenden Ehegatten von Todes wegen, die früheren wechselbezüglichen Verfügungen widerspricht, Wirksamkeit verleihen kann, s BGHZ 108, 252 = DNotZ 1990, 803 gegen RGZ 134, 325, 327; und RdNr 31. Die Bindung des überlebenden Ehegatten kann auch dadurch wegfallen, dass eine Verwirkungsklausel in Kraft tritt und der wechselbezüglichen Verfügung die Wirksamkeit nimmt (OLGZ 40, 143). Dagegen wird das gemeinschaftliche Testament nicht dadurch gegenstandslos, dass der zuerst versterbende Ehegatte nichts hinterlässt (OLG Kiel HEZ 2, 239; STAUDINGER-KANZLEITER RdNr 39).

### 3. Ausnahmen von der Bindung des überlebenden Ehegatten

**40** Die Bindung entfällt

(a) wenn der überlebende Ehegatte die Zuwendungen ausschlägt, die ihm der verstorbene Ehegatte in seiner wechselbezüglichen Verfügung gemacht hat, Abs 2 S 1 HS 2 (vgl § 2298 Abs 2 S 3; s RdNr 41 ff);
(b) bei Verfehlungen des Bedachten, ferner bei Verschwendung oder Überschuldung eines Bedachten, der als Abkömmling pflichtteilsberechtigt ist, kann der überlebende Ehegatte gewisse beschränkende Anordnungen treffen (Abs 2 S 2, Abs 3; s RdNr 48);
(c) wenn und soweit der überlebende Ehegatte in dem gemeinschaftlichen Testament auf Grund einer Freistellungsbefugnis zum Widerruf ermächtigt ist (s RdNr 56 ff).

### 4. Befreiung durch Ausschlagung

#### a) Allgemeines

**41** Nach Abs 2 S 1 HS 2 kann der überlebende Ehegatte seine (wechselbezügliche) Verfügung aufheben und damit seine Testierfreiheit wiedererlangen, wenn er das ihm (von dem verstorbenen Ehegatten) Zugewandte ausschlägt (§§ 1942 ff, 1953, 2176, 2180). Dieses Recht ist – anders als beim Erbvertrag – nicht abdingbar (LANGENFELD NJW 1987, 1577, 1581). Der Begriff der Zuwendung ist im Gesetz nicht definiert, kann aber sowohl in einer Erbschaft, einem Erbteil oder einem Vermächtnis bestehen, aber auch in vermögenswerten Leistungen, die aufgrund einer **Auflage** (§§ 1940, 2192 ff) erbracht werden, auch wenn der daraus Begünstigte keinen eigenen Anspruch auf Leistung hat (MünchKomm-MUSIELAK RdNr 21). Eine rein wirtschaftliche Betrachtung ist hier im Übrigen aber nicht angebracht. Bereits immer, wenn eine Rechtsposition zugewendet wird, ist die Ausschlagung zur Wiedererlangung der Testierfreiheit erforderlich. Daher muss auch bei einer Zuwendung, die wirtschaftlich wertlos ist (Überschuldung), der Überlebende ausschlagen (OLG Kiel HEZ 2, 333; BGH MDR 1961, 402; PALANDT-EDENHOFER RdNr 17).

**42** Wenn der verstorbene Ehegatte dem **Überlebenden nichts zugewandt** hat, so kann dieser nichts ausschlagen, um seine Testierfreiheit zurückzugewinnen. Dies wird teilweise für unbefriedigend gehalten, weshalb es eine Meinung für genügend hält, wenn ein dem Überlebenden nahe stehenderc und bedachter Dritter (§ 2270 Abs 2) auf Veranlassung des Überlebenden ausschlägt (HELLWIG, Vertrag auf Leistung an Dritte, 648 f; KIPP-COING § 35 III 3 b; BROX RdNr 192; ohne Beschränkung auf nahe stehende Personen SOERGEL-M WOLF RdNr 20). Einer solchen extensiven Auslegung kann nicht gefolgt werden, die sie mit dem Sinn der Vorschrift nicht vereinbar ist: Diese will ein widersprüchliches Verhalten des überlebenden Ehegatten dadurch verhindern, dass dieser entsprechend der gemeinsamen Vermögensplanung das vom Erstversterbenden Zugewandte einerseits zwar annimmt, durch Aufhebung seiner früheren, mit dem Erstversterbenden abgestimmten Verfügung von Todes wegen aber seine Testierfreiheit wiedergewinnt. Der bedachte Dritte kann sich aber nicht in dieser Weise widersprüchlich verhalten, da er an dieser Vermögensplanung nicht beteiligt war. Daher besteht in diesen Fällen nicht die Möglichkeit der Aufhebung nach § 2271 Abs 2 S 1, 2. HS, sondern nur nach § 271 Abs 2 S 2, Abs 3 oder die Anfechtung (MünchKomm-MUSIELAK RdNr 23; ders, FS Kegel, 456 f; RGRK-BGB-JOHANNSEN RdNr 26; STAUDINGER-KANZLEITER RdNr 40 f; PLANCK-GREIFF IV 1 b; LANGE-KUCHINKE § 24 VI 3 c Fn 163; SCHLÜTER RdNr 367). Sind der überlebende Ehegatte und ein nahe stehender Dritter bedacht, so genügt andererseits daher aber auch nur die Ausschlagung durch den Ehegatten (STAUDINGER-KANZLEITER RdNr 41; ERMAN-M SCHMIDT RdNr 12; MünchKomm-MUSIELAK RdNr 24; von der Gegenansicht ausgehend fordern konsequent die Ausschlagung beider: STROHAL I § 43 a II 4 b bb; SOERGEL-M WOLF RdNr 20; PALANDT-EDENHOFER RdNr 17; PFEIFFER FamRZ 1993, 1280). Steht die Zuwendung des Verstorbenen an den Dritten zu der Verfügung des Überlebenden im Verhältnis der Wechselbezüglichkeit, so wird die zugunsten des Dritten gem § 2270 Abs 1 unwirksam, wenn der Längerlebende seine Verfügung aufhebt (MünchKomm-MUSIELAK RdNr 24; PALANDT-EDENHOFER aaO).

**b) Ausschlagung bei gesetzlicher Erbfolge**
Trotz der Ausschlagung kann der **überlebende Ehegatte** immer noch **gesetzlicher** 43 **Erbe** werden. Dies setzt zum einen eine entsprechende Beschränkung in der Ausschlagungserklärung voraus (§ 1948), zum anderen aber, dass die Ehegatten sich gegenseitig zu alleinigen Erben eingesetzt haben und die Schlusserbeneinsetzung Dritter nicht als Ersatzschlusserbenbestimmung (§ 2096) anzusehen ist (dazu LANGE-KUCHINKE § 24 VI 3 c β; vgl § 2269 RdNr 22). Nach dem reinen Wortlaut des § 2271 Abs 2 S 1 ist durch die Ausschlagung des gesetzlichen Erbteils zur Wiedererlangung der Testierfreiheit nicht erforderlich, da dieser eben gerade nicht durch das gemeinschaftliche Testament zugewandt ist. Je nach Höhe des gesetzlichen Erbteils wäre es jedoch für den überlebenden Ehegatten kein großes Opfer, wenn er nur die gewillkürte Erbfolge um den Preis der Wiedererlangung seiner Testierfreiheit willen ausschlagen müsste. Allerdings waren sich idR die Ehegatten dieser »Umgehungsmöglichkeit« hinsichtlich der Bindung des gemeinschaftlichen Testaments bei der gemeinsamen Nachlassplanung nicht bewusst (KLAUS TIEDTKE FamRZ 1991, 1259, 1264); das Vertrauen des Erstversterbenden in die Verbindlichkeit der gemeinsamen Disposition könnte damit entgegen dem Schutzzweck dieser Norm durch die Beschränkung der Ausschlagungswirkung unterlaufen werden. Es sind daher verschiedene Lösungsversuche unternommen worden (vgl den Überblick bei PFEIFFER FamRZ 1993, 1266, 1278 f):

Nach der sog **Opfer- oder Drucktheorie** führt die Ausschlagung des testamentarisch Zugewendeten nur dann zur Wiederherstellung der Testierfreiheit, wenn der gesetzliche Erbteil erheblich hinter dem zugewandten gewillkürten zurückbleibt (KG OLGZ 1991, 6, 10 = NJW-RR 1991, 330 [¼ nicht ausreichend]; für eine Ausschlagung auch des gesetzlichen Erbteils bereits OLG München DNotZ 1937, 338; Vorauf RdNr 40; offen lassend BayObLG FamRZ 1991, 1232), wobei bei der erforderlichen Vergleichsberechnung die Erhöhung des gesetzlichen Erbteils aufgrund des § 1371 Abs 1 mit zu berücksichtigen ist (KG aaO). Damit wird aber der Gedanke einer Art vertraglichen Sanktion (Vertragsstrafe) in das gemeinschaftliche Testament hineingetragen, das gerade – anders als der Erbvertrag – nicht durch eine so starke rechtsgeschäftliche Bindung ausgezeichnet ist und bei dem auch die bei Verträgen zwischen Fremden typische »Missbrauchssituation«, die für die Vereinbarung einer Vertragsstrafe Anlass ist, nicht besteht (PFEIFFER aaO; Vorbem 7 zu §§ 2265 ff). Daher wird auch argumentiert, dass der Ehegatte, der den gesetzlichen Erbteil annehme, jedoch abweichend von dem gemeinschaftlichen Nachlassplan auch über das so vom anderen erlangte Vermögen testieren wolle, sich widersprüchlich verhalte (»**venire contra factum proprium**«; so etwa MUSIELAK, FS Kegel, 433, 446 ff). Dagegen spricht, dass durch § 1948 ausdrücklich die Möglichkeit eröffnet und bezweckt wird, sich durch Ausschlagung des testamentarischen Erbteils den damit verbundenen Beschränkungen zu entziehen und stattdessen den gesetzlichen Erbteil zu wählen (STAUDINGER-OTTE [2000] § 1948 RdNr 1). Dies mag rechtspolitisch zu bedauern sein, die zweckentsprechende Ausnutzung dieser gesetzlichen Möglichkeit vermag für sich gesehen aber keine unzulässige Rechtsausübung zu begründen (PFEIFFER aaO).

**44** Eine dritte Meinung versucht die Problemlösung direkt über § 2271 Abs 2 S 1 BGB und versteht im Wege einer **extensiven Auslegung** unter dem Zugewandten auch den gesetzlichen Erbteil, denn zugewandt sei auch, was nicht durch Enterbung vorenthalten werde; anderenfalls könne der Längerlebende durch sein Zuwarten das Risiko umgehen, dass er beim Widerruf zu Lebzeiten des anderen Ehegatten eingehen würde, nämlich dass er dann vom anderen voll enterbt würde (STAUDINGER-OTTE § 1948 RdNr 11 f; AK-DERLEDER § 1948 RdNr 4; krit hierzu PFEIFFER aaO, 1279). Dies überzeugt schon begrifflich nicht. Im Vordringen ist die Meinung, dass regelmäßig (MünchKomm-MUSIELAK RdNr 25; MUSIELAK FS Kegel 433, 446 ff) oder zumindest im Einzelfall (KLAUS TIEDTKE FamRZ 1991, 1259, 1264; PALANDT-EDENHOFER RdNr 17; ERMAN-M SCHMIDT RdNr 12; STAUDINGER-KANZLEITER RdNr 43; LANGE-KUCHINKE aaO) im Falle einer solchen Ausschlagung eine bedingte Enterbung hinsichtlich des gesetzlichen Erbteils anzunehmen sei, was allerdings im Wege der konkreten (erläuternden, wohl aber meist ergänzenden) Auslegung zu ermitteln ist (sog **Bedingungstheorie**). Dabei darf die Annahme einer solchen bedingten Enterbung allerdings nicht zur unzulässigen Fiktion werden, denn dass der erstverstorbene Ehegatte von der Ausschlagung durch seinen Partner so enttäuscht ist, dass er ihm auch den gesetzlichen Erbteil nehmen wollte, kann nicht ohne weiteres angenommen werden (KLAUS TIEDTKE FamRZ 1991, 1264, der zu Recht darauf hinweist, dass bei der Zugewinngemeinschaft auch die Enterbung den Ehegatten wegen § 1371 uU nicht wirtschaftlich schlechter stellt). Es ist daher an dem Erfordernis der konkreten Auslegung festzuhalten (TIEDTKE aaO; PALANDT-EDENHOFER aaO; ebenso PFEIFFER FamRZ 1993, 1279; LANGE-KUCHINKE § 24 VI 3 c β; MUSIELAK [FS Kegel, 448] und KANZLEITER aaO sehen es als Indiz für die Enterbung an, wenn der testamentarische Erbteil geringer ist als der gesetzliche).

### c) Tod des überlebenden Ehegatten während der Ausschlagungsfrist

**45** Der Ausschlagung steht es nicht gleich, wenn der überlebende Ehegatte nach Errichtung der aufhebenden letztwilligen Verfügungen stirbt, ohne die Zuwendung des verstorbenen Ehegatten angenommen oder ausgeschlagen zu haben, mag auch die Ausschlagungsfrist bei seinem Tod noch nicht abgelaufen sein (RGZ 95, 214, 218; PLANCK-GREIFF IV 1 a). Allerdings geht das Ausschlagungsrecht des überlebenden Ehegatten, wenn es bei seinem Tod noch besteht, auf seine Erben über (§§ 1952, 2180 Abs 3). Jedoch steht die Möglichkeit, durch Ausschlagung die Testierfreiheit wiederzuerlangen, nur dem überlebenden Ehegatten allein zu (arg § 2065; V LÜBTOW I 508; STAUDINGER-KANZLEITER RdNr 44; im Ergebnis ebenso PLANCK-GREIFF IV 1 a; RGRK-BGB-JOHANNSEN RdNr 27; aM MUSIELAK FS Kegel 433, 452 f, 456 f; RG aaO). Alles andere führt zu dem paradoxen Ergebnis, dass eine abweichend von der Schlusserbfolge des gemeinschaftlichen Testaments getroffene einseitige Erbeinsetzung dadurch wirksam wird, dass die zunächst berufenen Schlusserben die Erbschaft ausschlagen und damit den Weg zu der ansonsten unwirksamen Erbeinsetzung frei machen. Die Streitfrage scheitert also schon daran, wer als ausschlagungsberechtigter Erbe anzusehen wäre (V LÜBTOW aaO).

### d) Widerrufserfordernis

**46** Nie jedoch genügt die Ausschlagung allein, um den wechselbezüglichen Verfügungen der Ehegatten ihre Wirkung zu nehmen, vielmehr muss der Widerruf des überlebenden Ehegatten hinzukommen (KG KGJ 48, A 99, 101 f). Praktisch kann der überlebende Ehegatte seine wechselbezügliche Verfügung nur durch Widerrufstestament (§ 2254) oder widersprechendes Testament (§ 2258) oder durch Erbvertrag (§ 2289) aufheben, nicht durch Vernichtung der Testamentsurkunde (§ 2255) oder durch Rücknahme aus der amtlichen Verwahrung (§ 2256), weil all dies einseitig nicht mehr möglich ist (PLANCK-GREIFF Anm IV 1 c).

### e) Wirkung des Widerrufs

Der überlebende Ehegatte kann immer nur seine eigenen Verfügungen widerrufen, nicht auch die des verstorbenen Ehegatten. Der Widerruf hat grundsätzlich zur Folge, dass auch die wechselbezüglichen Verfügungen des verstorbenen Ehegatten unwirksam werden (§ 2270 Abs 1). Da dann aber bezüglich des Erstverstorbenen die gesetzliche Erbfolge einträte und damit uU die Schlusserben, entgegen der intendierten Nachlassplanung, nichts oder weniger erhalten würden, ist regelmäßig die Annahme einer **Beschränkung der Wechselbezüglichkeit** (dazu § 2270 RdNr 18) geboten, sodass auf Grund ergänzender Auslegung meist vom Fortbestand einer Ersatzbregelung auszugehen ist (LANGE-KUCHINKE § 24 IV 1 Fn 101a; übersehen bei STAUDINGER-KANZLEITER RdNr 41; inwieweit die Schlusserben als Ersatzerben auf den ersten Todesfall berufen sind s § 2269 RdNr 22). Weil die Ausschlagung auf den Erbfall zurückwirkt (§ 1953), macht sie auch einen Widerruf, der zwischen Erbfall und Ausschlagung bereits vorher ausgesprochen worden ist, wirksam (RGZ 65, 270, 275; BayObLGZ 22 A 120).

## 5. Anordnungen bei Verfehlungen, Verschwendung oder Überschuldung des Bedachten

### a) Aufhebung bei Verfehlung des Bedachten

Nach Abs 2 S 2 iVm § 2294 und §§ 2333 ff ist der überlebende Ehegatte auch nach der Annahme der Zuwendung des verstorbenen Ehegatten berechtigt, seine wechselbezügliche Verfügung aufzuheben, wenn sich der in ihr Bedachte einer Verfehlung schuldig macht, die ihn zur Entziehung des Pflichtteils berechtigt oder, falls der Bedachte nicht zu den Pflichtteilsberechtigten gehört, ihn zu der Entziehung berechtigen würde, wenn der Bedachte ein Abkömmling von ihm wäre (vgl RGZ 63, 120). Aufhebungsgründe sind dabei bei Ehegatten Verfehlungen iS von § 2335, bei Eltern solche gem § 2334 und bei Abkömmlingen und Nichtpflichtteilsberechtigten solche iSv § 2333. Eine vereinzelte – wenn auch grobe – Beleidigung ist jedoch regelmäßig nicht geeignet, den Widerruf zu rechtfertigen (OLG Celle Rpfleger 1992, 523 – nur LS; Vorinstanz LG Hannover Rpfleger 1992, 253). § 2333 liegt auch nicht vor, wenn der Bedachte eine letztwillige Verfügung in Gegenwart des Erblassers aus dem Behältnis entnimmt, sie liest, später ohne Kenntnis des Erblassers Ablichtungen anfertigt und diese den übrigen Betroffenen übermittelt (LG München I FamRZ 2000, 853, 854). Dagegen kommen auch Verfehlungen gegenüber dem verstorbenen Ehegatten hier in Betracht (PLANCK-GREIFF Anm IV 2).

Demgegenüber kommt die Aufhebung wechselbezüglicher Verfügungen wegen einer Verfehlung des Ehegatten (§ 2335) nur in Frage, wenn der überlebende Ehegatte nach dem Tode des Erstversterbenden den Bedachten heiratet. Die Aufhebung kann immer nur auf Verfehlungen gestützt werden, die **nach dem Tod des erstversterbenden Ehegatten begangen** worden sind oder die nach der Errichtung des gemeinschaftlichen Testaments begangen, aber erst nach dem Tod des erstverstorbenen Ehegatten bekannt geworden sind. Verfehlungen, die bei der Errichtung des gemeinschaftlichen Testaments schon begangen und schon bekannt waren, scheiden nach dem Sinn des § 2271 Abs 2 S 2 und der Fassung des § 2294 aus. Waren sie zunächst unbekannt, sind sie aber noch vor dem Tod des erstversterbenden Ehegatten bekannt geworden, so können sie den anderen Ehegatten zum Widerruf wechselbezüglicher Verfügungen nach §§ 2271 Abs 1 S 2, 2296 veranlassen. Sind sie erst nach dem Tod des erstversterbenden Ehegatten bekannt geworden, so können die Verfehlungen uU die Selbstanfechtung entsprechend §§ 2078 Abs 2, 2281 ff, rechtfertigen (vgl STAUDINGER-KANZLEITER RdNr 49; Münch-Komm-MUSIELAK RdNr 27). Bei Tatbeständen mit einer Dauerwirkung, wie der Führung eines unsittlichen Lebenswandels iS von § 2333 Nr 5, wird man es aber für eine Aufhebung nach Abs 2 S 2 für ausreichend ansehen können, wenn diese auch noch zu Lebzeiten des Längerlebenden fortbestehen, mögen diese auch schon bei Errichtung des gemeinschaftlichen Testaments gegeben, aber den Ehegatten unbekannt gewesen sein (in diese Richtung BayObLGZ 1963, 271, 277; PALANDT-EDENHOFER RdNr 18).

**49** Abs 2 S 2 geht von dem Fall aus, dass der überlebende Ehegatte die Zuwendungen des anderen Teils annimmt. Daher hat hier die Aufhebung der wechselbezüglichen Verfügung des überlebenden Ehegatten nicht zur Folge, dass die Zuwendung des verstorbenen Ehegatten an den Überlebenden nach § 2270 Abs 1 unwirksam wird.

**50** Der überlebende Ehegatte kann an sich nur seine eigene Verfügung aufheben, nicht die des Verstorbenen. Wenn aber ein sog Berliner Testament (Einheitslösung, s Erl zu § 2269 RdNr 4, 41 ff) vorliegt, der Nachlass des überlebenden Ehegatten also auch den des Verstorbenen umfasst, so kann der überlebende Ehegatte, indem er die Berufung des Schlusserben aufhebt, diesen praktisch auch von der Erbfolge in das Vermögen des verstorbenen Ehegatten ausschließen.

**51** Für die **Form der Aufhebung** gilt § 2336: Der überlebende Ehegatte kann seine wechselbezügliche Verfügung aufheben durch eine letztwillige Verfügung, in der der Grund der Aufhebung angegeben ist (KG OLGZ 21, 340). Der Grund der Aufhebung muss zur Zeit der Errichtung der letztwilligen Verfügung bestehen und im Streitfall von dem bewiesen werden, der sich auf die Aufhebung beruft. Wenn der überlebende Ehegatte seine wechselbezügliche Verfügung wegen ehrlosen oder unsittlichen Lebenswandels des Bedachten aufgehoben hat (§ 2333 Nr 5), so ist die Aufhebung unwirksam, wenn der Begünstigte sich beim Tod des überlebenden Ehegatten von dem schlechten Lebenswandel dauernd abgewandt hat (§ 2336 Abs 4).

**52** Die **nachträgliche Verzeihung** durch den Längerlebenden steht einer Aufhebung nicht entgegen, da auf die entsprechende Vorschrift des § 2337 S 2 weder in § 2271 noch in § 2294 Bezug genommen wird (MünchKomm-MUSIELAK RdNr 29; aA 2. Aufl RdNr 46). Erfolgte jedoch die Verzeihung durch den Längerlebenden bereits vor der Aufhebung der Verfügung, dann entfällt mit der Verzeihung das Recht zur Aufhebung, denn das Recht zur Entziehung des Pflichtteils erlischt nach § 2337 S 1 durch die Verzeihung endgültig und durch die Verweisung auf § 2294 wird dieses Pflichtteilsentziehungsrecht auch zur Voraussetzung des Aufhebungsrechts bei Abs 2 S 2 gemacht (MünchKomm-MUSIELAK RdNr 29; V LÜBTOW I 510).

**53** Die Aufhebung bewirkt nicht die Unwirksamkeit der Verfügung des anderen Ehegatten, da von einer Beschränkung der Wechselbezüglichkeit auszugehen ist (MünchKomm-MUSIELAK RdNr 28). Infolge der Aufhebung wird der überlebende Ehegatte grundsätzlich frei, beliebig zu testieren (BayObLGZ 1963, 271). Sie führt nicht zum Wegfall iS des § 2069 desjenigen, der sich der Verfehlung schuldig gemacht hat (STAUDINGER-KANZLEITER RdNr 53). Anders liegt es, wenn nach dem (zumindest mutmaßlichen) Willen des Ehegatten die Bindung an die Ersatzregelung fortbestehen soll (STAUDINGER-KANZLEITER RdNr 53).

**b) Beschränkung in guter Absicht**

**54** Wenn ein Ehegatte einen eigenen pflichtteilsberechtigten Abkömmling oder einen solchen des anderen Ehegatten in dem gemeinschaftlichen Testament bedacht hat und der Bedachte durch Verschwendung oder Überschuldung seinen späteren Erwerb erheblich gefährdet, so kann der Erblasser die Zuwendung vor oder nach dem Tod des anderen Ehegatten auf verschiedene Weise beschränken (sog Beschränkung in guter Absicht; Abs 3, §§ 2289 Abs 2, 2338, 2336): Er kann anordnen, dass der Bedachte nur Vorerbe oder Vorvermächtnisnehmer sein soll und dass nach seinem Tod seine gesetzlichen Erben das ihm Hinterlassene oder den ihm gebührenden Pflichtteil (vgl § 2303) als Nacherben oder Nachvermächtnisnehmer nach dem Verhältnis ihrer gesetzlichen Erbteile erhalten sollen (§§ 2100, 2191). Der Erblasser kann auch die Verwaltung des Zugewandten für die Lebenszeit des Abkömmlings einem Testamentsvollstrecker übertragen; in diesem Fall hat aber der Abkömmling Anspruch auf den jährlichen Reinertrag. Die Anordnungen sind unwirksam, wenn sich der bedachte Abkömmling zur Zeit des Erbfalls dauernd von dem verschwenderischen Leben abgewandt hat oder wenn er zu dieser Zeit nicht mehr überschuldet ist (§ 2338 Abs 2 S 2). Eingehend zu den Möglichkeiten der Pflichtteilsbeschränkung W BAUMANN ZEV 1996, 121.

Die beschränkende Anordnung kann nur durch **letztwillige Verfügung** getroffen werden (§ 2336). Der Grund der Beschränkung muss bei der Errichtung des Testaments bestehen und in ihm angegeben werden (OLG Köln MDR 1983, 318). Die Angabe eines im Gesetz nicht genannten Grundes, etwa ernstlich drohende Überschuldung oder Unvermögen, sinnvoll mit Geld umzugehen, reicht für solche Anordnungen nicht aus (OLG Köln FamRZ 1984, 1274 = Rpfleger 1983, 113). Jeder der Erblasser kann die Beschränkung *zu Lebzeiten beider* Ehegatten oder auch, wenn er den anderen Ehegatten überlebt, *nach dessen Tod* anordnen (MünchKomm-MUSIELAK RdNr 30; LANGE-KUCHINKE § 24 VI Fn 162). Im ersten Fall stellt Abs 3 eine Ausnahme von der Formvorschrift des Abs 1 S 1 dar, im anderen Fall eine Ausnahme von der Bindung des überlebenden Ehegatten nach Abs 2 (PLANCK-GREIFF Anm V; s oben RdNr 25). Sie ist daher in beiden Fällen durch einseitige letztwillige Verfügung zu treffen (MünchKomm-MUSIELAK aaO; V LÜBTOW I 511). Jeder Ehegatte kann auch Zuwendungen an einseitige Abkömmlinge des anderen Ehegatten beschränken, aber immer nur eigene Zuwendungen, nicht auch solche des anderen Ehegatten. Wie sich aus der Stellung des Abs 3 ergibt, betrachtet das Gesetz die dort zugelassenen Beschränkungen nicht als Widerruf im Sinne des Abs 1, also auch nicht iS des § 2270 Abs 1. Daher berühren beschränkende Anordnungen eines Ehegatten nach Abs 3 nicht die wechselbezüglichen Verfügungen des anderen Ehegatten (PLANCK-GREIFF Anm V).

### 6. Freistellungsklauseln, Änderungsvorbehalte

Oftmals wünschen die Ehegatten, sich hinsichtlich der im gemeinschaftlichen Testament getroffenen wechselbezüglichen Verfügungen die einseitige Abänderung oder Aufhebung auch nach dem Tod des anderen vorzubehalten, um die Bindungswirkung zu beseitigen und die Testierfreiheit wiederzuerlangen (eingehend zu den in der Kautelarpraxis verwendeten Freistellungsklauseln mit Prüfung ihrer praktischen Tauglichkeit RADKE, Das Berliner Testament ... S 127 ff).

#### a) Zulässigkeit

Anders als beim Erbvertrag, bei dem wegen der vertragsmäßigen Bindung die Zulässigkeit von Änderungsvorbehalten zumindest in der Lit umstritten ist (§ 2278 RdNr 13 ff), sind derartige Freistellungsklauseln (auch hier zT Änderungsvorbehalte genannt) hier allgemein anerkannt. Denn den Ehegatten steht es frei zu bestimmen, ob und inwieweit ihre letztwilligen Anordnungen überhaupt wechselbezüglich sein sollen, sodass sie die Widerruflichkeit über § 2271 Abs 2 hinaus erweitern und die sich aus der Wechselbezüglichkeit ergebende Bindung durchbrechen können (RG DNotZ 1932, 348; BGHZ 2, 35 = NJW 1951, 959, BGH FamRZ 1956, 83; BGHZ 30, 261, 266; NJW 1964, 2056; FamRZ 1973, 189; BGH NJW 1982, 441; NJW 1987, 901; KG OLGZ 1977, 457 = DNotZ 1977, 749; OLG Stuttgart NJW-RR 1986, 632 = DNotZ 1986, 553; BayObLGZ 1987; 23, 28 = FamRZ 1987, 638; BayObLG NJW-RR 1989, 587 = FamRZ 1989, 787; FamRZ 1993, 736; OLG Hamm ZEV 1994, 146, 148 m Anm KÖSSINGER; V LÜBTOW I 504; MünchKomm-MUSIELAK RdNr 31; PALANDT-EDENHOFER RdNr 19; eingehend M HUBER Rpfleger 1981, 41, 42).

### b) Anordnung

**58** Die Ermächtigung zur einseitigen Aufhebung oder Abänderung der wechselbezüglichen Verfügungen kann nur durch Verfügung von Todes wegen erfolgen (allgem Meinung, vgl MünchKomm-MUSIELAK RdNr 31). Dabei kann die Befugnis hierzu einem Ehegatten auch nachträglich durch einseitige letztwillige Verfügung des anderen eingeräumt werden (RGRK-JOHANNSEN RdNr 30; MünchKomm-MUSIELAK RdNr 31; BGHZ 30, 261; KG DNotZ 1938, 180; BayObLGZ 1966, 242, 245). Sie kann sich auch aus der **Gesamtschau mehrerer Verfügungen** der Ehegatten zueinander ergeben, wenn diese eine »Gesamtregelung« bilden (vgl etwa BayObLG FamRZ 1993, 1126; ZEV 1996, 432 = FamRZ 1997, 251). So wenn ein Erbvertrag vorliegt, der nur eine gegenseitige Erbeinsetzung der Eheleute und eine Freistellungsklausel enthält, die zunächst inhaltsleer ist, da es an einer Schlusserbenbestimmung fehlt, und dies später durch ein gemeinschaftliches Testament mit Schlusserbenbestimmung ergänzt wird. Der BGH (NJW 1987, 901 = DNotZ 1987, 430; ebenso BayObLGZ 1987, 23) nahm hier an, dass sich der Änderungsvorbehalt auch auf das gemeinschaftliche Testament bezieht (kritisch zu Unrecht KANZLEITER DNotZ 1987, 433; vgl auch § 2292 RdNr 7). Gleiches hat das BayObLG bei der bloßen Bezugnahme auf ein früheres gemeinschaftliches Testament der gleichen Eheleute angenommen, das neben einer gegenseitigen Erbeinsetzung die Bestimmung enthielt, der Längerlebende solle über das eigene wie das ererbte Vermögen frei verfügen können (FamRZ 1993, 1126; ähnlich FamRZ 1999, 814, 815 f bei bloßem »Nachtrag«).

**59** Eine solche Befugnis braucht nicht ausdrücklich erklärt werden, sie kann sich hinsichtlich Bestand und Umfang des Änderungsvorbehalts (MünchKomm-MUSIELAK RdNr 32) auch im Wege der **Auslegung** ergeben, wobei allerdings bei ungewöhnlichen Änderungsvorbehalten *Zurückhaltung geboten* ist (BayObLG FamRZ 1991, 1488 = DNotZ 1992, 520 zur Freistellungsklausel bei Trennungslösung; s dazu auch RdNr 70; nach SCHMUCKER MittBayNot 2001, 526, 532 ist dies allgemein die Tendenz des BayObLG). Dabei ist sogar die ergänzende Auslegung zulässig, wobei auf den hypothetischen Erblasserwillen beider Eheleute zum Zeitpunkt der Testamentserrichtung abzustellen und zu ermitteln ist, was verfügt worden wäre, wenn bei der Testamentserrichtung vorausschauend die später eingetretenen Umstände bedacht worden wären (SOERGEL-M WOLF RdNr 25; KG DNotZ 1977, 749; M HUBER Rpfleger 1981, 42; V LÜBTOW I 505). Daher kann die Bindung hinsichtlich des späteren Vermögenserwerbs des längerlebenden Ehegatten entfallen, wenn die vorhersehbare wirtschaftliche Situation dadurch grundsätzlich umgestaltet wird (OLG Zweibrücken FamRZ 1992, 608 = Rpfleger 1992, 109 m Anm GERKEN Rpfleger 1992, 252) oder sich eine Änderungsbefugnis ergeben, wenn durch den Schlusserben die persönliche Versorgung, insbesondere des längerlebenden Ehegatten, gewährleistet werden sollte und der Längerlebende dies nunmehr gefährdet sehen muss (OLG Hamm NJW-RR 1995, 777, 779 = FamRZ 1995, 1022 = ZEV 1995, 146 m Anm KÖSSINGER). Das gemeinschaftliche Testament muss für die durch ergänzende Auslegung gewonnene Änderungsbefugnis aber einen – wenn auch vielleicht unvollkommenen – Anhalt bieten (M HUBER aaO; allgem hierzu PALANDT-EDENHOFER § 2084 RdNr 10 f; 7), was im Fall des OLG Zweibrücken versäumt wurde zu prüfen, bei OLG Hamm aber deutlich zum Ausdruck kam (»unser Sohn hat volle Versorgung im Krankheitsfall zu übernehmen ...«).

**Einzelfälle:** Die Bestimmung eines gemeinschaftlichen Testaments, der überlebende Ehegatte solle zur freien Verfügung über die Erbschaft berechtigt sein, enthält mangels anderer Anhaltspunkte nur die Ermächtigung zur Verfügung unter Lebenden, nicht aber die zur freien Verfügung von Todes wegen (KG JW 1936, 3264 [iS von § 2137 Abs 2]; BayObLG FamRZ 1985, 209, 210; BayObLG Rpfleger 2002, 446, 447; OLG Hamm FamRZ 2002, 777, 778 = ZEV 2002, 109 (LS); SOERGEL-M WOLF RdNr 24; s auch BGH NJW 1958, 547). Gleiches gilt im Zweifel für die Bestimmung, der Längerlebende »soll über sein Vermögen frei verfügen können« (KG FamRZ 1998, 124, 126), für die Anordnung einer befreiten Vorerbschaft (KG OLGZ 1977, 457, 462) und erst recht für die an sich eindeutige Formulierung, dass der Längerlebende »unter Lebenden« frei über das Vermögen verfügen kann (BayObLG FamRZ 1994, 1442) oder wenn die Ehegatten lediglich die gesetzlich ohnehin bestehende Möglichkeit zur freien Verfügung unter Lebenden unterstreichen (OLG Hamm DAVorm 1988, 632). **Im Zweifel** ist in solchen Fällen davon auszugehen, dass nur Verfügungen unter Lebenden von der Freistellungsklausel erfasst sein sollen, wenn sich keine konkreten anderen Anhaltspunkte ergeben (BayObLG FamRZ 1985, 209; KG FamRZ 1998, 126). **60**

Der Zusatz »Abänderungen bleiben beiden Eltern vorbehalten« kann gerade bei juristischen Laien dahingehend ausgelegt werden, dass diese Befugnis nur beiden Elternteilen zu Lebzeiten gemeinsam zusteht (BayObLG FamRZ 1989, 787 = NJW-RR 1989, 587). Die Bestimmung, eine Pflegeperson könne ohne Rücksicht auf ein bestehendes Erbrecht vorab abgefunden werden, kann dem überlebenden Ehegatten das Recht zur Zuwendung eines Vermächtnisses vorbehalten und spricht im Übrigen für Bindungswirkung (BayObLG ZEV 1996, 432, 434 = FamRZ 1997, 251). Die Klausel, wonach der längstlebende Ehegatte berechtigt ist, über den Nachlass von Todes wegen neu zu verfügen, wenn er von einem der als gemeinsame Schlusserben eingesetzten Kinder gepflegt wird, ist nicht als alleinige Schlusserbeneinsetzung des die Pflegeleistung erbringenden Kindes auszulegen, sondern lediglich als Freistellungsbefugnis und eröffnet damit nur dem Längerlebenden die Möglichkeit, im Fall der Pflegebedürftigkeit abweichend von der schon getroffenen Schlusserbeneinsetzung erneut zu testieren. Denn die Möglichkeit der Testamentsänderung soll ein belohnenswerter Anreiz sein, die persönliche Pflege und Versorgung zu übernehmen (OLGR Koblenz 2000, 363). Eine stillschweigend eingeräumte Änderungsbefugnis ist auch nicht allein deshalb anzunehmen, weil der erstverstorbene Ehegatte vermögenslos war (OLG München DNotZ 1973, 704) oder es nach dem ersten Erbfall zu einem Vermögenszuwachs kam (OLG Hamm FamRZ 2002, 777, 778). Zu stillschweigender Änderungsbefugnis bei Auswanderung und Verschollenheit s OLG München DNotZ 1944, 11. **61**

Der **ergänzenden Auslegung** kann auch zu entnehmen sein, dass der überlebende Ehegatte im Falle des § 2269 den Schlusserben durch die Ernennung eines *Testamentsvollstreckers* beschränken darf, wenn der verstorbene Ehegatte bei Testamentserrichtung in Vorausschau der dafür sprechenden Gründe diese Maßnahmen gebilligt hätte (KGJ 42, 123, 127; KG DNotZ 1967, 438; OLG Köln NJW-RR 1991, 525; s auch RdNr 34). Es genügt aber nicht, dass der überlebende Ehegatte annimmt, dass die Anordnung der Testamentsvollstreckung von dem erstverstorbenen Ehegatten gebilligt werden würde, vielmehr ist es nötig, dass diese Voraussetzung objektiv feststellbar ist (KG DNotZ 1942, 101 = JFG 23, 45). Es gibt aber keinen Erfahrungssatz dahin, dass in den Fällen, in denen Eltern ihre gemeinschaftlichen Kinder zu Schlusserben bestimmen, es ihrem gemeinschaftlichen Willen entspricht, **62** dass der überlebende Elternteil zu einer Änderung des Testaments berechtigt sein sollte, wenn es nach dem Tod des zuerst versterbenden Ehegatten zu einem Vermögenszuwachs oder zu Familienstreitigkeiten kommt (OLG Hamm FamRZ 2002, 777, 778).

63 Umstritten ist, inwieweit sich im Wege der ergänzenden Auslegung eine Befugnis des Längerlebenden entnehmen lässt, Vermächtnisse anzuordnen, um damit im angemessenen Rahmen eine aus der Familienzugehörigkeit sich ergebende oder sonstige **moralische Verpflichtung** zu erfüllen, wie etwa zur Unterstützung von bedürftigen Familienangehörigen oder Belohnung langjähriger Dienste (Gedanke der Pflicht- und Anstandsschenkung, § 2330). Das OLG Köln (Recht 1928 Nr 2111 = LZ 1928, 1710) bejaht dies insbesondere für verhältnismäßig geringfügige Zuwendungen für persönliche Dienste des Bedachten in der Zeit nach dem Tode des Erstversterbenden (OLG Köln aaO). Regelmäßig wird indes für eine solche ergänzende Auslegung kein Raum sein, da es für solche Dankesschulden ein Rechtsgeschäft unter Lebenden, die Schenkung, gibt (BGH NJW 1978, 423 = JR 1978, 287 m Anm SCHUBERT; STAUDINGER-KANZLEITER RdNr 60), die allerdings im Hinblick auf §§ 2287, 2288 ebenso problematisch sein kann. Eingehend RdNr 35. Im Einzelfall ist aber immer zu prüfen, ob anstelle einer belohnenden Schenkung nicht in Wahrheit eine Vergütung für bereits ausgeführte Dienste erbracht werden sollte und daher ein entgeltliches Rechtsgeschäft vorliegt, das auch gegen §§ 2287, 2288 Bestand hat.

64 Eine **Pflichtteilsstrafklausel** in einem Berliner Testament, dass ein als Schlusserbe eingesetzter Abkömmling aus dem Nachlass des Überlebenden nur den Pflichtteil erhalten soll, wenn er diesen nach dem Tod des Erstversterbenden geltend macht, kann beinhalten, dass der überlebende Ehegatte dann nicht mehr an die vorgenommene Schlusserbeneinsetzung gebunden ist, wenn das Kind seinen Pflichtteil im ersten Erbfall fordert (BayObLGZ 1990, 58, 60 = FamRZ 1990, 1158; OLG Dresden OLGZ 40, 143; vgl § 2269 RdNr 87).

65 Bei einer **Wiederverheiratungsklausel** in einem gemeinschaftlichen Testament wird idR dem längerlebenden Ehegatten bei Wiederverheiratung das Recht eingeräumt, seine wechselbezüglichen Verfügungen zu ändern (MünchKomm-MUSIELAK RdNr 33; PALANDT-EDENHOFER § 2269 RdNr 21); inwieweit dies auch ohne ausdrückliche Regelung anzunehmen ist s § 2269 RdNr 70 ff.

### c) Inhalt, Umfang

66 Hinsichtlich des Inhalts des Änderungsvorbehalts sind folgende Regelungen denkbar (NIEDER, Handbuch RdNr 766; M HUBER Rpfleger 1981, 41, 42):

- **keinerlei Bindungswirkung**, also die Befugnis, sowohl vor als auch nach dem Tod des anderen Ehegatten beliebig verfügen zu können,
- **zeitlich begrenzte Bindungswirkung**, sodass zu Lebzeiten des anderen Ehegatten ein Widerruf nur nach der gesetzlichen Form des § 2271 Abs 1 möglich ist – um den anderen informieren zu müssen und damit ihm seinerseits Gelegenheit zur Änderung zu geben (Offenlegungsbedürfnis) – nach dem Tod des Erstversterbenden aber freie Befugnis zur Abänderung oder Aufhebung,
- beschränkte Bindungswirkung **(spezifizierter Änderungsvorbehalt)**, wobei sich die Bindung dadurch äußert, dass
  • die Änderungsvoraussetzungen auf der *Tatbestandsseite* festgelegt sind, etwa dass eine Änderung nur bei Vorliegen bestimmter Bedingungen zulässig ist (zB bei Fehlverhalten der Schlusserben, Pflichtteilsverlangen nach dem ersten Erbfall [BayObLGZ 1990, 58] oder bei Gefährdung der Pflege im Alter [OLG Hamm NJW-RR 1995, 777] oder bei Wiederverheiratung [s RdNr 65]) oder nach Ablauf einer Frist

- die Änderungsmöglichkeit hinsichtlich bestimmter *Rechtsfolgen* begrenzt ist, also eine bestimmte erbrechtliche Mindestposition erhalten bleiben muss (Schlusserbeneinsetzung zu ⅓), oder der Erblasser hinsichtlich des zulässigen Adressatenkreises für die Zuwendung in der Testierfreiheit begrenzt ist (nur an gemeinsame Abkömmlinge oder bestimmte Verwandte [BGHZ 2, 35]; SOERGEL-M WOLF RdNr 23) oder nur bestimmte Vermögenswerte frei verteilen kann, etwa durch Anordnung neuer Vermächtnisse (BGH WM 1973, 205; FamRZ 1973, 189; LG München ZEV 1995, 373 m Anm SKIBBE; KIPP-COING § 35 III 4 d), etwa bezüglich dessen, was ihm schon immer gehörte (BGH WM 1973, 205) oder was nach dem Tod des Erstverstersbenden neu erworben wurde),
- dass der Längerlebende zur **Schenkung unter Lebenden** berechtigt sein soll (also §§ 2287 f nicht gilt), die erbrechtliche Bindung aber uneingeschränkt besteht (OLG Frankfurt OLG-Rp 1995, 31: ist eine solche lebzeitige Verfügungsbefugnis eingeräumt, wird sie auch nicht durch die im Ehegattentestament für den Schlusserbfall getroffene Teilungsanordnung eingeschränkt).

**Einzelfragen:** Wenn die Änderungsbefugnis des überlebenden Ehegatten vom Vorliegen bestimmter Tatbestandsvoraussetzungen abhängig ist, so unterliegt dies grundsätzlich der vollen gerichtlichen Nachprüfung (BGH bei JOHANNSEN WM 1977, 278; SOERGEL-M WOLF RdNr 27); jedoch kann dies durch ausdrückliche testamentarische Anordnung ausgeschlossen werden (BGH NJW 1951, 959, 960; insoweit in BGHZ 2, 35 nicht abgedruckt). **67**

Der Wunsch nach einer **gegenständlichen Freistellung** wird relativ häufig sein und sich oftmals auf das Vermögen beziehen, das der Längerlebende erst nach dem Tod seines Ehegatten erwirbt. Angesichts der geänderten demographischen und wirtschaftlichen Verhältnisse (vgl hierzu GERKEN ZRP 1991, 426 ff) ist daher ein entsprechender Änderungsvorbehalt gerade bei Errichtung gemeinschaftlicher Testamente jüngerer Eheleute unbedingt angezeigt. Problematisch ist hier allerdings die Abgrenzung der verschiedenen Vermögensmassen, die dem Längerlebenden zwar allein gehören, hinsichtlich derer aber unterschiedliche Möglichkeiten für eine Änderung durch Verfügungen von Todes wegen gelten. Damit werden letztlich die Vorteile der Einheitslösung des gemeinschaftlichen Testaments dadurch wieder beseitigt (NIEDER Handbuch RdNr 767). Der Ratschlag, ein notarielles Vermögensverzeichnis zur Erfassung des vom Erstverstersbenden stammenden Nachlasses zu errichten, wird oftmals von den Beteiligten nicht beherzigt (Formulierungsvorschläge zu solchen Klauseln etwa bei MünchVertrHdb-NIEDER, 4. Aufl, Bd IV/2 Form XVI 29). **68**

Der überlebende Ehegatte kann immer nur ermächtigt werden, seine eigenen Verfügungen aufzuheben oder zu ändern, wegen § 2065 kann er dies aber nicht hinsichtlich der Verfügungen des erstverstersbenden Ehegatten (RGZ 79, 32; RG DNotZ 1932, 348; vgl Vorbem 18 ff zu §§ 2229 ff). Die Anwendung dieses Grundsatzes bereitet bei einem sog **Berliner Testament** keine Schwierigkeiten, sofern die Einheitslösung vorliegt. Denn wenn der Längerlebende dann aufgrund des Vorbehalts verfügt, tut er dies immer nur über seinen Nachlass im Rechtssinne, mag darin auch – wirtschaftlich gesehen – der des erstverstersbenden Ehegatten enthalten sein (BayObLGZ 1987, 23, 28 = FamRZ 1987, 638, 639). **69**

Bei der **Trennungslösung**, also wenn der Längerlebende nur Vorerbe, der Dritte Nacherbe ist, liegen dagegen zwei getrennte Vermögensmassen vor (ererbter Nachlass mit Nacherbe und schon immer eigenes Vermögen). Es besteht daher wegen § 2065 keine direkte Möglichkeit des Längerlebenden, über den der Nacherbschaft unterliegenden Nachlass zu verfügen. Die hM und Rechtsprechung hält aber auch hier die Einräumung einer Änderungsbefugnis für den Längerleben- **70** den für zulässig (OLG Frankfurt Rpfleger 1997, 262 = OLG-Rp 1997, 82; BayObLG FamRZ 1991, 1488; PALANDT-EDENHOFER § 2065 RdNr 8) und behilft sich jedoch damit, dass die Anordnung der Vor- und Nacherbfolge unter der auflösenden Bedingung erfolgt, dass der Vorerbe über sein eigenes Vermögen anderweitig verfügt; tut er dies, so wird er durch den Wegfall der angeordneten Nacherbfolge uneingeschränkter Eigentümer auch des Nachlasses des Erstversterbenden, sodass die sich aus § 2065 ergebende Problematik sich nicht mehr stellt (BGHZ 2, 35; 59, 220, 222; BGH LM Nr 2 zu § 2065; KIPP-COING § 35 III 4 d; MünchKomm-MUSIELAK RdNr 31; STAUDINGER-OTTE § 2065 RdNr 19 ff § 2269 RdNr 54; J FRANK MittBayNot 1987, 231, 233 ff; eingehend dazu § 2269 RdNr 54). Eine solche Änderungsbefugnis kann zwar auch stillschweigend eingeräumt werden, jedoch ist für eine solche Annahme Zurückhaltung geboten (BayObLG FamRZ 1991, 1488 f = MittBayNot 1991, 262, 264; krit dagegen SCHMUCKER MittBayNot 2001, 526, 533, die aber übersieht, dass es dort um den Nachlass des Erstverstorbenen ging).

71  Die Lösung versagt allerdings, wenn der Längerlebende durch eine frühere, bindende Verfügung von Todes wegen daran gehindert ist, abweichend zu testieren (KG JFG 20, 139; DRW 1939, 1143); jedoch lässt sich die Problematik dadurch vermeiden, dass hinsichtlich einzelner bedeutender Nachlassgegenstände dem Längerlebenden dadurch die Testierfreiheit ermöglicht wird, dass diese einem – uU bedingten, hier ausnahmsweise dinglich wirkenden – Vorausvermächtnis zugunsten des überlebenden Ehegatten unterworfen werden, wodurch sich die Nacherbschaft dann nicht mehr hierauf bezieht (NIEDER Handbuch RdNr 768).

72  Auch hat die Rechtsprechung anerkannt, dass dem überlebenden Ehegatten das Recht zum Widerruf von Vermächtnisanordnungen des erstversterbenden Ehegatten dadurch eingeräumt werden kann, dass die Vermächtnisse nur unter der Bedingung angeordnet werden, dass der Überlebende sie nicht widerruft (RG WarnR 1921 Nr 75; RG Recht 1924 Nr 1526).

73  Auch **Umfang** und Reichweite des eingeräumten **Änderungsvorbehalts** sind in Zweifelsfällen durch **Auslegung**, ggf auch durch ergänzende Auslegung, zu ermitteln (MünchKomm-MUSIELAK RdNr 32). Jedoch ist bei der Prüfung der Frage, ob dem überlebenden Ehegatten so weitgehende Befugnisse zustehen, Vorsicht geboten. Wenn zB in einem gemeinschaftlichen Testament die Erblasser sich das Recht vorbehalten haben, das Testament durch Zusätze, insbesondere durch weitere Vermächtnisanordnungen, zu ergänzen, so kann dies dahin auszulegen sein, dass damit dem überlebenden Ehegatten nicht das Recht verliehen wird, eine Zuwendung einem Bedachten zu entziehen (RG LZ 1920, 705 = Recht 1920 Nr 423). Wenn dem überlebenden Ehegatten nur Anordnungen über die Art der Verteilung unter den Kindern vorbehalten sind, so kann er nicht die Erbteile der Kinder ändern, also keine Wertverschiebung vornehmen (BayObLG BayZ 1919, 105). Der überlebende Ehegatte, dem in einem gemeinschaftlichen Testament die Bestimmung der Anteile der Verwandten an einer vermachten Geldsumme anheim gestellt ist, darf an der Person der Vermächtnisnehmer nichts ändern (RG Recht 1914 Nr 945). Hat der längerlebende Ehegatte kein nennenswertes Vermögen und wird ihm gestattet, über sein Vermögen anders zu verfügen und auch Vermächtnisse aus dem Nachlass des Erstversterbenden anzuordnen, so kann dies eine Begrenzung für diese Vermächtnisanordnungen bedeuten, wenn die Eheleute davon ausgingen, dass das Vermögen im Wesentlichen ihren Kindern als Schlusserben zufallen soll (BGH FamRZ 1973, 189; JOHANNSEN WM 1973, 534; PALANDT-EDENHOFER RdNr 22).

### d) Ausübung der Änderungsbefugnis

74  Sie bedarf nach dem Tod des anderen Ehegatten auch bei wechselseitigen Verfügungen nicht der notariellen Form des § 2271 Abs 1 S 1, wohl aber der einer letzt-

willigen Verfügung (analog § 2297 wegen der dem Erbvertrag ähnlichen Bindung, vgl § 2297; OLG Stuttgart OLGZ 1996, 261, 264 = NJW-RR 1986, 632; OLG Hamm ZEV 1996, 272, 274 = NJW-RR 1996, 1095; PALANDT-EDENHOFER RdNr 23; aM STAUDINGER-KANZLEITER RdNr 63; V LÜBTOW, ErbR I, S 505; LANGE-KUCHINKE § 24 VI 5 c; ERMAN-M SCHMIDT RdNr 9 sowie oben § 2255 RdNr 10; RADKE, Das Berliner Testament ... S 133 [unter Beschränkung der Wechselbezüglichkeit bis zum Tod des Erstversterbenden]). Es reicht daher nach der Rspr ein auf das gemeinschaftliche Testament gesetzter, nicht unterschriebener Ungültigkeitsvermerk nicht aus (OLG Stuttgart aaO), ebenso wenig die Vernichtung der Testamentsurkunde nach § 2255 (OLG Hamm aaO). Der Widerruf einer Ersatzerbenbestimmung kann sich aber aus einer späteren Wiederholung der Erbeinsetzung unter Weglassung des zunächst berufenen Ersatzerben ergeben (OLG Köln OLGZ 1993, 275, 277 = NJW-RR 1993, 1418; strenger BayObLG FamRZ 1994, 190). Die Angabe des Widerrufsgrundes entsprechend § 2336 Abs 2 ist nicht erforderlich (OLG Köln aaO), insbesondere dann nicht, wenn in dem gemeinschaftlichen Testament nur ein Widerrufsgrund genannt ist (OLG Düsseldorf JMBl NRW 1963, 272), kann aber streitvermeidend sein.

### e) Wirkung der Änderung
Bestünde trotz der Freistellungsbefugnis die Wechselbezüglichkeit fort, so könnte dies dazu führen, dass die Ausübung des Widerrufs (der Änderungsbefugnis) nach § 2270 Abs 1 zum Wegfall der dazu korrespondierenden Verfügungen des Erstverstorbenen führt, wenn kein anderer Wille der Beteiligten feststellbar ist (PALANDT-EDENHOFER RdNr 24). Dieses Problem entsteht nicht, wenn im Testament nicht nur von der Bindung, sondern auch von der Wechselbezüglichkeit befreit wurde. Ist das nicht der Fall, so trennt der BGH nunmehr (anders FamRZ 1956, 83) zwischen der Frage der Bindungsfreistellung (Änderungsvorbehalt) und der Wechselbezüglichkeit, sodass die Freistellungsklausel die Wechselbezüglichkeit nicht ausschließt (BGH NJW 1964, 2056; BGH NJW 1987, 901 = DNotZ 1987, 430, 431; ebenso BayObLG FamRZ 1989, 1353; ZEV 1996, 432, 434 = FamRZ 1997, 251; BayObLG FamRZ 1991, 1488; OLG Stuttgart OLGZ 1986, 261, 263; MünchKomm-MUSIELAK RdNr 31; aM SOERGEL-M WOLF § 2270 RdNr 11: Freistellung spreche im Allgemeinen gegen Wechselbezüglichkeit, wenn sich aus dem Beteiligtenwillen nichts anderes ergibt [ähnlich wohl BayObLG FamRZ 1993, 736 = DNotZ 1993, 130; BayObLGZ 1987, 23]; für generelles Abstellen auf den Parteiwillen M HUBER Rpfleger 1981, 42). Deutlich wird die praktische Bedeutung des Unterschieds etwa an dem Beispiel einer **zeitlich begrenzten Wechselbezüglichkeit** zur Sicherung des Informationsbedürfnisses des anderen Ehegatten, so wenn etwa vereinbart wird, dass nach dem ersten Todesfall der Längerlebende frei verfügen darf, bei Lebzeiten aber ein förmlicher Widerruf erfolgen muss (so RdNr 66, 2. Fallgruppe; vgl hierzu BGH NJW 1964, 2056; NIEDER Handbuch RdNr 766; bedenklich daher, wenn BayObLGZ 1987, 23 = FamRZ 1987, 638 in einem solchen Fall die Wechselbezüglichkeit ganz verneint). Aber auch die sonstigen spezifizierten Änderungsvorbehalte (s RdNr 66, 3. Fallgruppe), bei denen die Änderungsbefugnis von der Erfüllung bestimmter Bedingungen hinsichtlich Tatbestand oder Rechtsfolge abhängt, können ihre Funktion nur erfüllen, wenn zunächst – bis zur zulässigen Ausübung der Änderungsbefugnis – eine Bindung eintritt. Es entspricht gerade dem Willen der Ehegatten in solchen Fällen, dass eben keine generelle Abänderungsbefugnis besteht, sondern nur in den genau festgelegten Fällen. Da aber die hier gewollte, wenn auch bei Vorliegen bestimmter Umstände beseitigbare, Bindungswirkung beim gemeinschaftlichen Testament nur durch die Rechtsfigur der Wechselbezüglichkeit erfüllt werden kann, schließen sich Änderungsvorbehalt und Wechselbezüglichkeit nicht gegenseitig aus, sondern bedingen sich je nach Reichweite der Freistellungsklausel. Im Verhältnis der Exklusivität stehen beide Begriffe nur bei solchen Vorbehalten, bei denen keinerlei Bindungswirkung gewollt ist (s oben RdNr 66, 1. Fallgruppe). Wie beim Erbver-

trag zwischen der Feststellung der Vertragsmäßigkeit der Verfügung und dem Änderungsvorbehalt zu unterscheiden ist (s § 2278 RdNr 13; PALANDT-EDENHOFER § 2278 RdNr 3), ist auch hier zwischen Wechselbezüglichkeit der Verfügung und der Freistellungsbefugnis zu differenzieren.

76 Mit der Bejahung der Wechselbezüglichkeit ist aber noch nicht gesagt, dass bei Ausübung der Freistellungsbefugnis hinsichtlich der dazu korrespondierenden Verfügung die **Nichtigkeitsfolge** des § 2270 Abs 1 zwingend eintritt. Zwar ist der Wirksamkeitszusammenhang eine unmittelbare Wirkung der Wechselbezüglichkeit der Verfügungen (§ 2270 RdNr 1, 3; PALANDT-EDENHOFER § 2270 RdNr 2). Zu Unrecht setzt aber eine wohl hM die Ausübung eines vorbehaltenen Widerrufs- oder Änderungsrechts aufgrund einer Freistellungsklausel mit der Ausübung des gesetzlichen Widerrufsrechts nach § 2271 Abs 1 u 2 gleich (PALANDT-EDENHOFER RdNr 24; SOERGEL-M WOLF RdNr 28; RGRK-BGB-JOHANNSEN RdNr 31; 2. Aufl RdNr 56; OLG München JFG 15, 262; zum Streitstand etwa NIEDER Handbuch RdNr 769), es sei denn, dass durch Auslegung ein abweichender, zumindest mutmaßlicher Wille der Eheleute ermittelt werden kann (BayObLGZ 1987, 23, 28). Hinsichtlich der Folgen einer Wechselbezüglichkeit gilt vielmehr der Grundsatz der **Wirkungsbeschränkung**, dh, den Ehegatten steht es frei, die gesetzlichen Rechtsfolgen solcher Verfügungen einzuschränken oder auszuschließen (PALANDT-EDENHOFER § 2270 RdNr 3; STAUDINGER-KANZLEITER § 2270 RdNr 6).

Wenn aber Ehegatten gerade im Rahmen einer typischen Freistellungsklausel verfügen, dass der Längerlebende zu einer Umverteilung des gesamten beiderseitigen Vermögens (Einheitslösung) berechtigt sein soll, dann kann diese gewollte Änderungsbefugnis ihrer intendierten Aufgabe nicht gerecht werden, wenn mit der Ausübung des Umverteilungsrechts die zur Schlusserbeneinsetzung korrespondierende Erbeinsetzung des Längerlebenden wegen § 2271 Abs 1 wegfiele. Aufgrund der funktionsbezogenen Auslegung dieser Änderungsvorbehalte muss vielmehr angenommen werden, dass ihre Ausübung im Regelfall gerade nicht zum Wegfall der wechselbezüglichen Verfügungen des anderen Ehegatten führt, sondern dies die Ausnahme ist, und daher ein vom Regelfall abweichender Wille gesondert zu beweisen ist (im Ergebnis ebenso STAUDINGER-KANZLEITER RdNr 64; ERMAN-M SCHMIDT RdNr 9; NIEDER Handbuch RdNr 769; RADKE, Das Berliner Testament ... 131 f). Dogmatisch-konstruktiv lässt sich dies damit rechtfertigen, dass eine solche Änderung auf Grund der Freistellungsbefugnis gerade kein Widerruf iS von § 2271 ist, weil ersteres auf der Testierfreiheit, letzteres auf der gesetzlichen Regelung beruht (RADKE, aaO und ähnlich LANGE-KUCHINKE § 24 VI 5 c). Soweit eine Verfügung nicht ersatzlos beseitigt wird, kann man konstruktiv dies auch damit begründen, dass durch die Ausübung der Änderungsbefugnis die alte Verfügung nicht nichtig, sondern nur inhaltlich entsprechend den Vorgaben der gemeinsamen Vermögensplanung beider Ehegatten verändert wird, sodass schon deswegen für § 2271 Abs 1 kein Raum bleibt (NIEDER Handbuch RdNr 769 spricht davon, dass hier durch die Änderung nur Gegenstandslosigkeit eintritt).

77 In der **Praxis** empfiehlt sich auf alle Fälle eine klarstellende Regelung, dass die Ausübung des Änderungsvorbehalts die Wirksamkeit aller übrigen Verfügungen unberührt lässt (NIEDER RdNr 769 f). Die Alternative, dass statt eines Änderungsvorbehalts gleich die Regelung im Wege einer einseitigen Verfügung getroffen wird, entspricht oftmals gerade bei den Fällen der spezifizierten Änderungsvorbehalten nicht dem Parteiwillen, da dann auch zu Lebzeiten jederzeit eine einseitige, versteckte Aufhebung möglich ist. Demgegenüber tendiert die **Rspr teilweise** dazu, bereits die Wechselbezüglichkeit zu verneinen, sodass sich dieses Problem in den zu entscheidenden Fällen gar nicht stellt (SCHMUCKER MittBayNot 2001, 526, 533 unter zutreffendem Bezug auf BayObLG FamRZ 1985, 1287, 1289 = Rpfleger 1985, 445).

## VI. Anfechtung des gemeinschaftlichen Testaments

### 1. Zu Lebzeiten beider Ehegatten

Zu Lebzeiten beider Ehegatten kann keiner von ihnen das gemeinschaftliche Testament anfechten, weil er es ja widerrufen kann, es besteht keine Anfechtungsbedürfnis (Abs 1; RGZ 87, 95; 132, 1; MICHAEL RUDOLF, Handbuch der Testamentsauslegung und -anfechtung, 2000, § 5 RdNr 150). Eine Anfechtung durch Dritte scheidet ebenfalls aus, da noch kein Erbfall vorliegt (PALANDT-EDENHOFER RdNr 25).

78

### 2. Nach dem Tod des Erstversterbenden

Nach dem Tod des erstversterbenden Ehegatten bestehen folgende Anfechtungsmöglichkeiten:

79

#### a) Anfechtung durch Dritte

Dritte können **Verfügungen des erstverstorbenen Ehegatten** in dem gemeinschaftlichen Testament nach den allgemeinen Vorschriften der §§ 2078 ff anfechten (zu § 2078 Abs 2 s OLG Köln OLGZ 1970, 114; MünchKomm-MUSIELAK RdNr 40). Insbesondere können **Pflichtteilsberechtigte**, die zwischen der Errichtung des gemeinschaftlichen Testaments und dem ersten Erbfall geboren oder pflichtteilsberechtigt geworden sind (zB ein nach dem gemeinschaftlichen Testament geborenes Kind des Erblassers), die Verfügungen des verstorbenen Ehegatten anfechten (§§ 2079, 2080 Abs 3; BGH FamRZ 1970, 79; PALANDT-EDENHOFER RdNr 31). Verfügungen des überlebenden Ehegatten können Dritte jedoch erst nach dessen Tod anfechten, da das Anfechtungsrecht erst mit dem Eintritt des entsprechenden Erbfalls entsteht (RdNr 91; KG FamRZ 1968, 219; PALANDT-EDENHOFER RdNr 33; MünchKomm-MUSIELAK RdNr 40). Ein unwirksam erklärter Widerruf des Erstversterbenden schließt jedoch die Anfechtung nicht aus, ist er doch das beste Indiz dafür, dass der Irrtum für die Verfügung ursächlich war. Anders liegt es nur, wenn der Erblasser deutlich zu erkennen gegeben hat, dass er an seiner Verfügung festhalten will (Gedanke der Bestätigung, die hier formlos möglich ist; LANGE-KUCHINKE § 24 VI 7 e; aM zum unwirksamen Widerruf LG Karlsruhe NJW 1958, 714).

80

Auf die Anfechtung von (wechselbezüglichen) Verfügungen des erstverstorbenen Ehegatten – sei es vor oder nach dem Tod des überlebenden Ehegatten – durch **Dritte** kann der **Anfechtungsausschluss** nach § 2285 nicht entsprechend angewendet werden (MünchKomm-MUSIELAK RdNr 41; M RUDOLF § 5 RdNr 164; STAUDINGER-KANZLEITER RdNr 67; PALANDT-EDENHOFER RdNr 27; aM LG Karlsruhe NJW 1958, 714). Denn § 2285 schließt die Anfechtung durch Dritte nur für solche (vertragsmäßigen) Verfügungen aus, die vom Erblasser selbst nach §§ 2281 ff angefochten werden konnten. Eine entsprechende Anwendung dieser Vorschrift auf das gemeinschaftliche Testament kommt daher nur bei solchen Verfügungen in Betracht, die ein Ehegatte nach § 2271 Abs 2 grundsätzlich nicht mehr widerrufen kann und für die ihm die Rechtsprechung das Recht der Selbstanfechtung entsprechend §§ 2281 ff zugebilligt hat, also nur bei Verfügungen des überlebenden Ehegatten (s RdNr 91). Gegen die Anwendung des Anfechtungsausschlusses sprechen hier auch praktische Gesichtspunkte (ausführlich STAUDINGER-KANZLEITER aaO).

81

#### b) Anfechtung durch den überlebenden Ehegatten

##### aa) Verfügungen des Verstorbenen

Der überlebende Ehegatte kann die Verfügungen des verstorbenen Ehegatten nach § 2078 anfechten, nicht aber nach § 2079, da dieses nur dem übergangenen

82

Pflichtteilsberechtigten zusteht (§ 2080 Abs 3; MünchKomm-MUSIELAK RdNr 39 mwN; PALANDT-EDENHOFER RdNr 30; V LÜBTOW I 513; aM ERMAN-M SCHMIDT RdNr 15, wobei § 2079 ohnehin nur in Betracht käme, wenn dem Verstorbenen die Pflichtteilsberechtigung des anderen nicht bekannt war und er diesen nicht bedacht und auch nicht bewusst übergangen hat, zutreffend M RUDOLF § 5 RdNr 151).

### bb) Anfechtung eigener Verfügungen

83 Die **Selbstanfechtung** seiner eigenen wechselbezüglichen Verfügungen durch den längerlebenden Ehegatten nach dem Tod des anderen ist unter denselben Voraussetzungen und in gleicher Weise möglich wie die der vertragsmäßigen Verfügungen in einem **Erbvertrag** (§§ 2281 ff, 2078 ff; RGZ 87, 98; 132, 1, 4; BGHZ 37, 331, 333; BGH FamRZ 1970, 79; OLG Düsseldorf DNotZ 1972, 42; BayObLG FamRz 2000, 1331; OLG Oldenburg FamRZ 1999, 1537 = MDR 1999, 232; LG Berlin FamRZ 1976, 293; STAUDINGER-KANZLEITER RdNr 69; BENGEL DNotZ 1984, 139, M RUDOLF § 5 RdNr 152 ff). Die entsprechende Anwendung dieser Vorschriften des Erbvertragsrechts ist hier gerechtfertigt, weil für den überlebenden Ehegatten hinsichtlich seiner wechselbezüglichen Vorschriften eine ähnliche Bindung entstanden ist, wie beim Erbvertrag an die vertragsmäßigen, und die Gleichheit der Interessenlage die Schließung der Regelungslücke durch diese Vorschriften gebietet (MünchKomm-MUSIELAK RdNr 36; gegen die These von der Gleichheit der Interessenlage KARPF, Das Selbstanfechtungsrecht des Erblassers beim Erbvertrag [1994] 186). Vor allem kommt eine Anfechtung wegen Übergehung eines Pflichtteilsberechtigten, § 2079 (s auch RdNr 85), insbesondere bei einer Wiederverheiratung in Betracht, aber auch die Fälle des § 2078 können bedeutsam werden. Anfechtungsvoraussetzung ist auch hier, dass der Überlebende bei Kenntnis der Sachlage seine Verfügung nicht so getroffen hätte (§§ 2078 Abs 1 und 2, 2079 S 2). Dabei ist streitig, ob auch auf den **Willen des Verstorbenen** abzustellen ist (so OLG Hamm OLGZ 1972, 389 = NJW 1972, 1088; M RUDOLF § 5 RdNr 158 iVm RdNr 50; BATTES, Gemeinschaftliches Testament..., 312 unter Bezug auf die gegenseitige Bindung; offen lassend BayObLG FamRZ 2000, 1331, 1332 = ZEV 2000, 395 [LS]). Da es sich hier aber auch bei wechselbezüglichen Verfügungen um eigenständige handelt, muss für die Bewertung allein auf den Willen desjenigen Ehegatten abgestellt werden, dessen Verfügung angefochten wird; das Interesse des anderen Ehegatten am rechtlichen Schicksal einer eigenen Verfügung wird durch § 2270 Abs 1 gewahrt (MünchKomm-MUSIELAK RdNr 36; SOERGEL-M WOLF RdNr 29).

84 Eigene **einseitige Verfügungen** kann der überlebende Ehegatte ebenso wenig anfechten wie der Erblasser, der in einem Erbvertrag eine einseitige Verfügung getroffen hat; denn es fehlt an sich am Anfechtungsbedürfnis, da er diese Verfügung ja widerrufen kann (§§ 2253 ff, 2299; OLG Braunschweig OLGZ 30, 169). Er braucht sie sogar dann nicht zu widerrufen, wenn der Widerruf seiner eigenen wechselbezüglichen Verfügungen deren Unwirksamkeit nach § 2085 nach sich zieht. Da aber in der Praxis oftmals streitig sein kann, ob eine wechselbezügliche oder eine einseitige Verfügung vorliegt, empfiehlt sich in solchen **Zweifelsfällen** eine vorsorgliche Selbstanfechtung (M RUDOLF § 5 RdNr 161).

85 Die Selbstanfechtung wegen **Übergehens eines Pflichtteilsberechtigten** nach §§ 2079, 2281 ff kommt vor allem dann in Frage, wenn der überlebende Ehegatte wieder heiratet, wenn aus der neuen Ehe Kinder hervorgehen oder wenn er nach dem ersten Erbfall ein Kind adoptiert (KIPP-COING § 35 III 4 b). Voraussetzung für den Erfolg der Anfechtung ist hier, dass der übergangene Pflichtteilsberechtigte im Zeitpunkt der Anfechtung noch lebt (MünchKomm-MUSIELAK RdNr 36; M RUDOLF § 5 RdNr 157). Um die Schwierigkeiten zu vermeiden, die bei Wiederverheiratung des überlebenden Ehegatten dadurch entstehen können, dass dieser selbst

oder sein neuer Ehegatte oder ein Kind aus der neuen Ehe das gemeinschaftliche Testament anficht, empfehlen manche, in das gemeinschaftliche Testament eine Klausel aufzunehmen, wonach für den Fall der Wiederverheiratung eine Nacherbfolge – etwa der gemeinsamen Kinder in den Überrest – angeordnet wird, während der überlebende Ehegatte in diesem Fall nur eine Quote des Überrestes erhalten soll, andererseits aber von der Bindung an das gemeinschaftliche Testament befreit wird (PLANCK-GREIFF Anm 8; dagegen PENKMAYER, Heidelberger Diss 1910, 24 ff, 40 ff und SeuffBl 76, 470 ff). Wer aber die Vorteile des Einheitsprinzips des Berliner Testaments nutzen und eine zu frühe Vermögensteilung verhindern will, wird eher zu einem Verzicht auf das Anfechtungsrecht in der letztwilligen Verfügung kommen, der aufgrund des § 2079 Satz 2 die Anfechtung nach Satz 1 ausschließt (BENGEL DNotZ 1984, 132 ff; MünchKomm-MUSIELAK RdNr 37).

Unzulässig ist die Selbstanfechtung, wenn der überlebende Ehegatte die Voraussetzungen der Anfechtung nach § 2078 Abs 2 selbst durch ein sittenwidriges oder durch ein gegen **Treu und Glauben** verstoßendes Verhalten herbeigeführt hat (BGHZ 4, 91; BGH FamRZ 1962, 428; 1970, 79, 82; SOERGEL-M WOLF RdNr 36; vgl 2281 RdNr 20; M RUDOLF § 5 RdNr 33), was aber nur in Ausnahmefällen anzunehmen ist (BayObLG FamRZ 2000, 1053, 1055). Wenn eine Adoption nur dazu dient, die Anfechtung eines gemeinschaftlichen Testaments zu ermöglichen, so ist die auf sie gestützte Anfechtung wegen Verstoßes gegen die guten Sitten nichtig (RG JW 1917, 536; BGH FamRZ 1970, 79). Zur Bestätigung s RdNr 90. **86**

### c) Form und Frist der Anfechtung
Die Selbstanfechtung durch den Erblasser bedarf auch hier der **notariellen Beurkundung** (§ 2282 Abs 3 entsprechend; RGZ 87, 95, 98; OLG Düsseldorf DNotZ 1972, 42; KIPP-COING § 24 V 2; LANGE-KUCHINKE § 24 VI 7 d; PALANDT-EDENHOFER RdNr 28; aM KG OLGZ 32, 76). **87**

Für die **Frist** gilt § 2283: die Anfechtung muss binnen Jahresfrist erklärt werden. Die Frist beginnt bei der Anfechtung wegen Drohung mit dem Aufhören der Zwangslage, bei der Anfechtung wegen Irrtums, sobald der Erblasser von dem Anfechtungsgrund Kenntnis erlangt, dh von den Tatsachen, die die Anfechtbarkeit der letztwilligen Verfügung begründen (BayObLG NJW 1964, 205; BGH FamRZ 1973, 539). Die Frist läuft auch dann, wenn der Erblasser das gemeinschaftliche Testament vergisst oder zeitweise nicht daran denkt (OLG Kiel HEZ 2, 334). Wegen Einzelheiten hierzu, insbesondere zum Rechtsirrtum, s § 2283 RdNr 4 ff. **88**

Die **30-jährige Frist** des § 2082 Abs 3 gilt hier nicht (STAUDINGER-KANZLEITER RdNr 80). Der Erblasser kann also auch danach – etwa bei Wiederverheiratung – noch die Anfechtung erklären und damit die Verfügungen des Erstverstorbenen unwirksam machen, obgleich eine Rückabwicklung infolge des Verbrauchs der Nachlassgegenstände nicht mehr möglich ist (LANGE-KUCHINKE § 24 VI 8 a). **89**

Soweit der Erblasser das gemeinschaftliche Testament anfechten kann, kann er es auch **bestätigen** und zwar durch einseitige formlose Erklärung (§§ 144, 2284; BayObLGZ 1954, 71, 77; MünchKomm-MUSIELAK RdNr 37; STAUDINGER-KANZLEITER RdNr 81; M RUDOLF § 5 RdNr 159; anders beim Erbvertrag, s BENGEL DNotZ 1984, 132 und unten § 2284 RdNr 8 f). **90**

### 3. Anfechtung nach dem Tod des zuletzt versterbenden Ehegatten
Nach dem zweiten Erbfall können Personen, denen die Aufhebung des gemeinschaftlichen Testaments oder einzelner in ihm enthaltener Verfügungen unmittelbar zustatten kommen würde, die Verfügungen des **längerlebenden Ehegatten** nach §§ 2078 ff anfechten, also durch Erklärung gegenüber dem Nachlassgericht **91**

(§ 2081). Die Erklärung braucht **nicht beurkundet** zu werden, § 2282 gilt nicht (PALANDT-EDENHOFER RdNr 32; MünchKomm-MUSIELAK RdNr 42). Auch Pflichtteilsberechtigte, die zwischen der Errichtung des gemeinschaftlichen Testaments und dem zweiten Erbfall hinzugekommen sind, können die Verfügungen des überlebenden Ehegatten anfechten (§ 2079; vgl SCHOLTEN NJW 1958, 935). So kann zB der neue Ehegatte des zuletzt verstorbenen Erblassers dessen Verfügungen in dem gemeinschaftlichen Testament uU nach § 2079 anfechten mit der Folge, dass ihm der gesetzliche Erbteil zufällt (RGZ 132, 1; KG FamRZ 1968, 219; PALANDT-EDENHOFER RdNr 33). Das Recht Dritter zur Anfechtung wechselbezüglicher Verfügungen des **zuletzt verstorbenen Ehegatten** – nicht des Erstverstorbenen, s RdNr 81 – ist jedoch beschränkt durch die entsprechend anzuwendende Bestimmung des § 2285: Wenn der zuletzt verstorbene Ehegatte bei seinem Tod das Recht zur Selbstanfechtung eigener wechselbezüglicher Verfügungen durch Fristablauf oder Bestätigung (§§ 2283, 2284) verloren hatte, so können auch Dritte diese Verfügungen nicht mehr anfechten (RGZ 77, 165; BayObLG FamRZ 1989, 787; 1992, 1102; BayObLGZ 2002, 128, 133; KG FamRZ 1968, 219; OLG Düsseldorf DNotZ 1972, 42; LG Berlin FamRZ 1976, 293; LG Stuttgart ZEV 1999, 441 m Anm MICHAEL FRISCH; MünchKomm-MUSIELAK RdNr 42; M RUDOLF § 5 RdNr 167). Diese Einschränkung gilt aber nur für wechselbezügliche Verfügungen; denn nur bei diesen sind die Vorschriften über die Selbstanfechtung beim Erbvertrag (§§ 2281 ff; s RdNr 83) entsprechend anwendbar. Hieraus folgt: Hat der überlebende Ehegatte in dem gemeinschaftlichen Testament neben wechselbezüglichen Verfügungen auch einseitige getroffen und werden diese nach seinem Tod von Dritten nach §§ 2078 ff mit Erfolg angefochten, so kann die Unwirksamkeit der einseitigen Verfügungen nach § 2085 als weitere Folgewirkung die Unwirksamkeit der wechselbezüglichen Verfügungen des zuletzt verstorbenen Ehegatten nach sich ziehen und diese wieder die Unwirksamkeit der wechselbezüglichen Verfügungen des erstverstorbenen Ehegatten (§ 2270, RGRK-BGB-JOHANNSEN RdNr 56).

**92** Die Anfechtungsfrist (§ 2082) selbst beginnt nicht vor dem Tod des längerlebenden Ehegatten, unabhängig davon, wann der anfechtungsberechtigte Dritte Kenntnis vom Anfechtungsgrund hatte (MünchKomm-MUSIELAK RdNr 42; M RUDOLF § 5 RdNr 168; aM OLG Frankfurt MDR 1959, 393, wo zu wenig nach dem Gegenstand der Anfechtung differenziert wird).

### 4. Wirkung der Anfechtung

**93** Durch die Anfechtung wird die angefochtene Verfügung selbst von Anfang an nichtig (§ 142), und zwar grundsätzlich ihrem vollem Umfang nach, soweit nicht die Anfechtung zulässigerweise auf einen Teil beschränkt wird. Hinsichtlich der sich daraus ergebenden Auswirkungen auf die anderen im gemeinschaftlichen Testament enthaltenen Verfügungen ist zu **unterscheiden**: Bezüglich der **anderen nicht angefochtenen Verfügungen** desselben Ehegatten ist diese Frage nach § 2085 zu beantworten, sodass die Unwirksamkeit nur dann eintritt, wenn anzunehmen ist, dass der Erblasser die andere Verfügung nicht ohne die angefochtene gelten lassen wollte (MünchKomm-MUSIELAK RdNr 43; SOERGEL-M WOLF RdNr 39; M RUDOLF § 5 RdNr 171).

**Wechselbezügliche Verfügungen** des **anderen Ehegatten** sind nach § 2270 Abs 1 zu beurteilen, sodass grundsätzlich die Anfechtung deren Nichtigkeit bewirkt, insbesondere auch die Unwirksamkeit der Verfügungen des Erstverstorbenen *zugunsten des Längerlebenden* (BayObLG FamRZ 2000, 1331; STAUDINGER-KANZLEITER RdNr 71); über diese weitreichende Wirkung hat der die Anfechtungserklärung beurkundende Notar zu belehren (SCHMUCKER MittBayNot 2001, 526, 533). Diese Nichtigkeit der korrespektiven Verfügung bedeutet, dass grundsätzlich die gesetzliche Erbfolge nach dem Erstverstorbenen eintritt (PETER BWNotZ 1977, 113, 114), wenn nicht eine zunächst infolge der wechselbezüglichen Verfügung unwirksame Verfügung von Todes wegen dadurch wieder ihre Wirksamkeit erlangt (RGZ 65, 275; OLG Naumburg OLGZ 24, 73) oder eine wirksame Ersatzberufung zum Zuge kommt (s § 2269 RdNr 22). Ausnahmsweise ist die wechselbezügliche Verfügung des anderen Ehegatten dann nicht unwirksam, wenn zumindest im Wege der Auslegung anzunehmen ist, dass der andere Ehegatte seine Verfügung auch für diesen Fall so getroffen hätte, weil eine *Beschränkung der Wechselbezüglichkeit* anzunehmen ist (LANGE-KUCHINKE § 24 VI 8 b; OLG Hamm NJW 1972, 1089; vgl auch RGRK-BGB-KREGEL RdNr 50; PALANDT-EDENHOFER RdNr 34; SOERGEL-M WOLF RdNr 40; zur Beschränkung der Wechselbezüglichkeit eingehend § 2270 RdNr 9, 17). Der Fortbestand **einseitiger,** nicht wechselbezüglicher **Verfügungen** richtet sich wiederum nach der Auslegungsregel des § 2085.

**94** Die Anfechtung nach § 2078 kann der überlebende Ehegatte auf einen **Teil** seiner letztwilligen Anordnung beschränken. Dagegen ergreift die Anfechtung durch den Erblasser nach § 2079 grundsätzlich seine sämtlichen in dem gemeinschaftlichen Testament enthaltenen Verfügungen, freilich vorbehaltlich des Satzes 2 (Beschränkung auf den Teil der Verfügungen, die durch den Irrtum des Erblassers über das Pflichtteilsrecht verursacht sind; vgl § 2281 RdNr 46 mit Differenzierungen bei Anfechtung durch den Pflichtteilsberechtigten; OLG Köln NJW 1956, 1522; OLG Hamm Rpfleger 1978, 179; STAUDINGER-KANZLEITER RdNr 72).

**95** Bei einer solchen **teilweisen Anfechtung** richtet sich die Auswirkung auf die restlichen Verfügungen des Anfechtenden wiederum nach § 2085 (s RdNr 93). Bei der Prüfung der Auswirkungen der Teilanfechtung auf die wechselbezüglichen Verfügungen des anderen Ehegatten ist zu beachten, dass nur ein Teil der Verfügung hier nichtig ist. Lässt sich daher feststellen, dass der andere Ehegatte seine Verfügung auch bei Kenntnis der daraus resultierenden teilweisen Unwirksamkeit des anderen getroffen hätte, so ist abweichend von § 2270 Abs 1 der gesamte Fortbestand der anderen Verfügung anzunehmen; man kann hier von beschränkter Wechselbezüglichkeit sprechen (vgl auch MünchKomm-MUSIELAK RdNr 44 mwN).

Zur Frage, ob bei einer Anfechtung eine **Schadensersatzpflicht** nach § 122 entsteht, s § 2281 RdNr 49.

### 5. Prozessuales

**96** Wenn der überlebende Ehegatte eine Vermächtnisanordnung in dem gemeinschaftlichen Testament anficht, so kann der Vermächtnisnehmer auf Feststellung klagen, dass die Vermächtnisanordnung durch die Anfechtung nicht unwirksam geworden sei (BGHZ 37, 331).

### VII. Pflichtteilsrechte

**97** Die in § 2271 verordnete erbrechtliche Bindung des überlebenden Ehegatten ist ohne Einfluss auf die Pflichtteilsrechte der ihm nahe stehenden Personen. Sie hindert auch nicht, dass solche Pflichtteilsrechte nach dem Tode des erstversterbenden Ehegatten neu begründet werden, etwa durch Wiederverheiratung des überlebenden Ehegatten oder durch die Geburt von Kindern aus der neuen Ehe. Denn die Bindung nach § 2271 schließt nur die willkürliche Aufhebung oder Änderung einer wechselbezüglichen Verfügung des überlebenden Ehegatten aus, nicht aber die Einwirkung späterer Ereignisse, die nach dem Gesetz ohne neue Willenserklärung des Erblassers eine letztwillige Verfügung ganz oder teilweise entkräftet (RGZ 22, 276, 277). Insbesondere können, wenn der überlebende Ehegatte wieder heiratet, nach seinem Tode der neue Ehegatte und die Kinder aus der neuen Ehe von den im gemeinschaftlichen Testament eingesetzten Erben den Pflichtteil verlangen, unbeschadet ihrer Befugnis zur Anfechtung des gemeinschaftlichen Testaments nach § 2079. Zur (zulässigen) Einwirkung auf das Pflichtteilsrecht durch eheverträgliche Vereinbarungen der Ehegatten s WEGMANN ZEV 1996, 201; BRAMBRING ZEV 1996, 248, 252; vgl auch System Teil E RdNr 1 ff.

## VIII. Verfügungen unter Lebenden

### 1. Zu Lebzeiten beider Ehegatten

**98** Zu Lebzeiten beider Ehegatten wird ihre Befugnis, über ihr beiderseitiges Vermögen unter Lebenden zu verfügen, durch das gemeinschaftliche Testament nicht beschränkt (vgl RG LZ 1920, 698; PLANCK-GREIFF Anm VII). Auch die §§ 2287, 2288 sind hier erst auf beeinträchtigende lebzeitige Verfügungen nach dem Tod des Erstversterbenden anwendbar (anders beim Erbvertrag, s § 2287 RdNr 15).

### 2. Nach dem Tod des erstversterbenden Ehegatten

**99** Nach dem Tode des erstversterbenden Ehegatten kommt es darauf an, welche Rechtsstellung der überlebende Ehegatte in Bezug auf den Nachlass des Verstorbenen hat:

#### a) Bei Vorerbschaft des Längerlebenden

**100** Ist der überlebende Ehegatte nur Vorerbe, so unterliegt seine Befugnis, über das Vermögen des Verstorbenen unter Lebenden zu verfügen, den Beschränkungen, die das Gesetz in Verbindung mit etwaigen letztwilligen Anordnungen des Erblassers dem Vorerben auferlegt (§§ 2112 ff; 2269 RdNr 53 f). Er darf also, auch wenn er befreiter Vorerbe ist, Gegenstände, die er von dem verstorbenen Ehegatten geerbt hat, nicht verschenken; nur Anstandsschenkungen sind ausgenommen (§§ 2113 Abs 2, 2136, 2137). Dagegen ist er in der Verfügung über Vermögensstücke, die ihm schon zu Lebzeiten des anderen Ehegatten gehört haben, frei (OLG Braunschweig JFG 5, 315).

#### b) Bei Vollerbschaft

**101** Ist der überlebende Ehegatte Vollerbe des Erstverstorbenen, so ist er zwar bei Verfügungen von Todes wegen grundsätzlich an seine wechselbezüglichen Verfügungen gebunden (§ 2271 Abs 2), aber bei Verfügungen unter Lebenden ist er nach dem entsprechend anwendbaren § 2286 frei (BGH DNotZ 1951, 344). Verfügungen unter Lebenden über bestimmte Gegenstände sind also rechtswirksam, selbst wenn diese im gemeinschaftlichen Testament einem Dritten vermacht wurden (BGHZ 26, 274 = NJW 1958, 547), und zwar auch dann, wenn kein Verschaffungsvermächtnis vorliegt (§§ 2169 Abs 1, 2170), und so das Vermächtnis selbst unwirksam werden sollte (PALANDT-EDENHOFER RdNr 10). Jedoch sind die erbvertraglichen Regeln über den Schutz des Bedachten (§§ 2287, 2288) wegen der Ähnlichkeit der Interessen- und Rechtslage nach hM auf die bindend gewordenen wechselbezüglichen Verfügungen des überlebenden Ehegatten entsprechend anzuwenden, was also nur die nach dem Tod des Erstversterbenden getroffenen lebzeitigen Verfügungen betrifft (vgl Prot V 452 ff; RGZ 132, 1; BGH DNotZ 1955, 85; NJW 1958, 547; 1982, 43;

MünchKomm-MUSIELAK RdNr 45; STAUDINGER-KANZLEITER RdNr 86; PALANDT-EDENHOFER RdNr 12; s § 2287 RdNr 15); dies gilt allerdings nicht für ein nach dem ZGB der DDR errichtetes gemeinschaftliches Testament (BGHZ 128, 302, 306 f = ZEV 1995, 221 m Anm LEIPOLD; OLG Dresden DtZ 1995, 140). Die §§ 2287 f führen aber allenfalls nach dem Tode des Schenkers zu Herausgabeansprüchen oder Wertersatz nach Bereicherungsrecht. Rechtsgeschäfte unter Lebenden sind daher grundsätzlich wirksam, selbst wenn sie den Nachlass erheblich schmälern und in entsprechender Beeinträchtigungsabsicht vorgenommen werden. Bezüglich der Fragen um die von der früheren Rspr angenommene, mittlerweile aber aufgegebene Aushöhlungsnichtigkeit s Erl zu §§ 2287, 2288 und etwa MünchKomm-MUSIELAK RdNr 47 ff. Allenfalls kann bei Vorliegen besonderer Umstände eine Nichtigkeit nach § 138 eingreifen (BGHZ 59, 343) oder ein Anspruch nach § 826 unter besonderen Voraussetzungen gegeben sein (s Erl zu § 2287 RdNr 9 f).

**102** Jedoch ist es zulässig und steht den Beteiligten frei, durch rechtsgeschäftliche Vereinbarung die Stellung des **Schlusserben zu verstärken** und diesen durch Verfügungsunterlassungsvereinbarung gegen beeinträchtigende Verfügungen unter Lebenden abzusichern (s § 2286 RdNr 22 ff).

### 3. Höferecht

**103** Ausnahmen vom grundsätzlich freien Verfügungsrecht ergeben sich nur im Bereich des Höferechts der ehemals Britischen Zone. Die Eigenart des Höferechts, die sich auch in der Genehmigungspflicht für den Hofübergabevertrag zeigt, rechtfertigt ausnahmsweise die Gleichstellung des Übergabevertrags mit einer Verfügung von Todes wegen. Wenn Ehegatten in einem gemeinschaftlichen Testament durch wechselbezügliche Verfügung eine bestimmte Person gem § 17 HöfeO zum Hoferben bestimmt haben, so kann der überlebende Ehegatte, der die Erbschaft des erstverstorbenen Ehegatten angenommen hat und somit an die wechselbezüglichen Verfügungen gebunden ist, den Hof nicht durch Übergabevertrag an eine andere Person übergeben (OLG Celle RdL 1968, 72; BGH DNotZ 1958, 654).

### IX. Umdeutung in Rechtsgeschäfte unter Lebenden

**104** Nach BGH (NJW 1978, 423 = JR 1978, 287 m Anm SCHUBERT) soll die Umdeutung einer wegen Verstoßes gegen die Bindungswirkung nichtigen Verfügung von Todes wegen in Rechtsgeschäfte unter Lebenden möglich sein (zB ein Vermächtnis in eine Schenkung unter Lebenden auf den Todesfall). Zwar enthält § 2271 kein Umdeutungsverbot, schließt also grundsätzlich die Anwendung des § 140 nicht aus (STAUDINGER-KANZLEITER RdNr 88; aM TIEDTKE NJW 1978, 2572); aber die Umdeutung ist nur zulässig, wenn das umgedeutete Rechtsgeschäft objektiv nicht über die ursprünglich gewollte Verfügung von Todes wegen hinausgeht. Hieran wird regelmäßig die Umdeutung scheitern, weil ein Rechtsgeschäft, das sich darin erschöpft, eine Verpflichtung lediglich zu begründen (Vermächtnis), nicht die Bestandteile der Erfüllung dieser Verpflichtung (vollzogene Schenkung) enthält (TIEDTKE NJW 1978, 2572).

### X. DDR-ZGB

**105** Nach Art 235 § 2 S 2 EGBGB gilt für die Bindung des Erblassers bei einem gemeinschaftlichen Testament das »bisherige Recht« fort, sofern das Testament vor dem Wirksamwerden des Beitritts errichtet wurde; es sind also die § 390 (Wirkung), § 392 (Widerruf) und § 393 (Aufhebung) ZGB-DDR zu beachten. Vgl dazu MünchKomm-MUSIELAK RdNr 48 sowie Gutachten DNotI-Report 1994, 1. Die §§ 2287 f gelten jedoch nicht (s RdNr 101). Die Bindungswirkung eines gemeinschaftlichen Testaments, das **vor dem In-Kraft-Treten des DDR-ZBG** (1. 1. 1976) errichtet wurde, richtet sich jedoch nach dem zum Zeitpunkt der Errichtung geltenden Recht, also nach den §§ 2270 ff (LG Leipzig NJW 2000, 438 = ZEV 2000, 507).

## § 2272 Rücknahme aus amtlicher Verwahrung

Ein gemeinschaftliches Testament kann nach § 2256 nur von beiden Ehegatten zurückgenommen werden.

### 1. Normzweck

1 Das gemeinschaftliche Testament ist von der Gemeinschaftlichkeit des Errichtungsaktes gekennzeichnet; daher trägt § 2272 diesem Gesichtspunkt auch bei der Rücknahme Rechnung (SOERGEL-M WOLF RdNr 1). Soweit durch die Rücknahme aus der amtlichen Verwahrung der Widerruf der letztwilligen Verfügung eintritt (vgl § 2256: beim notariellen Testament oder Nottestament vor einem Bürgermeister) ist zwingend erforderlich, dass die Rücknahme nur an beide Ehegatten erfolgen kann, da ansonsten entgegen der allgemeinen Regelungen ein Ehegatte ohne Wissen des anderen die Wirksamkeit des gemeinschaftlichen Testaments beseitigen kann. § 2272 dient daher insoweit dem Schutz des Vertrauens der Testierenden an den Fortbestand ihrer letztwilligen Verfügungen (MünchKomm-MUSIELAK RdNr 1). Aber auch bei den anderen gemeinschaftlichen Testamenten würde durch eine einseitige Rücknahme die sonst gewährleistete Verwahrungssicherheit beseitigt, auf die sich jeder Ehegatte genauso verlassen muss.

### 2. Aufhebung eines gemeinschaftlichen Testaments im Allgemeinen

2 Für die Aufhebung eines gemeinschaftlichen Testaments gelten im Allgemeinen die Regeln der §§ 2253 ff (vgl § 2271 RdNr 2 ff). Für wechselbezügliche Verfügungen trifft § 2271 Sonderbestimmungen (vgl § 2271 RdNr 7 ff). § 2272 modifiziert für das gemeinschaftliche Testament die Vorschriften des § 2256 über die Rücknahme eines Testaments aus der amtlichen Verwahrung im Hinblick auf die Besonderheiten des gemeinschaftlichen Testaments (s RdNr 1).

### 3. Anwendungsbereich

3 § 2272 gilt sowohl für das eigenhändige als auch für das öffentliche gemeinschaftliche Testament (MünchKomm-MUSIELAK RdNr 2; SOERGEL-M WOLF RdNr 2), was allein schon durch den Gesichtspunkt der Fortdauer der Verwahrungssicherheit, auf den sich jeder Ehegatte verlassen muss, gerechtfertigt ist (s RdNr 1). Unerheblich ist daher, ob die Rücknahme zugleich den Widerruf der letztwilligen Verfügung zur Folge hat oder nicht (§ 2256 Abs 1 S 1, Abs 3 HS 2). § 2272 setzt das Vorliegen einer **besonderen amtlichen Verwahrung** (§ 2258 b) voraus und greift daher bei einer einfachen Verwahrung nicht ein. Auch während der Dauer der besonderen amtlichen Verwahrung kann jeder Teil für sich allein Einsicht in das gemeinschaftliche Testament verlangen; dies stellt keine Herausgabe iS von § 2258 b mit der Widerrufswirkung des § 2256 dar (FIRSCHING-GRAF, Nachlassrecht RdNr 4.23).

**4** Während nach § 2256 Abs 2 S 1, Abs 3 der Erblasser jederzeit verlangen kann, dass ihm die nach § 34 Abs 1 S 4 BeurkG (öffentliches Testament) oder § 2248 BGB (eigenhändiges Testament) in besondere amtliche Verwahrung genommene Testamentsurkunde zurückgegeben wird, bestimmt § 2272 abweichend davon, dass ein gemeinschaftliches Testament nur von beiden Ehegatten nach § 2256 zurückgenommen werden kann. Es müssen also beide Ehegatten die Rücknahme verlangen und zur Rücknahme persönlich und gleichzeitig erscheinen (§ 2256 Abs 2 S 2). Wird das Testament entgegen dem § 2272 allein an einen Ehegatten zurückgegeben, so hat die Rückgabe auch bei einem öffentlichen Testament nicht die Wirkung des Widerrufs, da sonst ein einseitiger Widerruf wechselbezüglicher Verfügung unter Umgehung der besonderen Vorschriften des § 2271 Abs 1 S 1 möglich wäre. Das wird auch für einseitige Verfügungen des Zurücknehmenden gelten müssen, da § 2272 zwischen wechselbezüglichen und einseitigen Verfügungen keinen Unterschied macht und die Unterscheidung zwischen beiden Verfügungsarten oft nur schwierig zu treffen ist (str, so ERMAN-M SCHMIDT RdNr 1; PLANCK-GREIFF Anm 1; RGRK-BGB-JOHANNSEN RdNr 1; SOERGEL-M WOLF RdNr 2; aA STAUDINGER-KANZLEITER RdNr 3; zweifelnd PALANDT-EDENHOFER RdNr 2).

**5** Vorstehendes gilt auch, wenn die Ehe der Testatoren durch Scheidung oder Aufhebung **aufgelöst** wird (KG KGJ 48 A 103 = RJA 14, 266). Allerdings wird in diesem Fall das gemeinschaftliche Testament meist unwirksam sein (§§ 2077, 2268). Jedoch kann sich auch hier bei einem entsprechenden Aufrechterhaltungswillen nach § 2268 Abs 2 etwas anderes ergeben, und dann wäre es nicht zulässig, dass über eine einseitige Rücknahme fortbestehende wechselbezügliche Verfügungen widerrufen werden könnten. § 2272 gilt auch nach dem Tod des erstversterbenden Ehegatten, sodass ein amtlich verwahrtes gemeinschaftliches Testament nach dem Tod eines Ehegatten überhaupt nicht mehr zurückgegeben werden kann (MünchKomm-MUSIELAK RdNr 3). Eine Ausnahme ist auch dann nicht gerechtfertigt, wenn der Überlebende das ihm Zugewandte ausschlägt, sodass er an seine Verfügung nicht mehr gebunden ist (§ 2271 Abs 2), während die Verfügungen des Verstorbenen vielleicht bereits durch teilweise Eröffnung des gemeinschaftlichen Testaments bekannt geworden sind (§ 2273). Denn auch in einem solchen Fall ist es mit dem Wesen des gemeinschaftlichen Testaments und mit § 2272 nicht vereinbar, dass der eine Erblasser das Testament des anderen, das dieser der amtlichen Verwahrung anvertraut hat, aus dieser zurücknimmt (Gesichtspunkt der Verwahrungssicherheit).

### 4. Einzelheiten zur Rücknahme

**6** Die Rückgabe darf nur an **beide Ehegatten** gemeinschaftlich und persönlich erfolgen, und ist auch Wirksamkeitsvoraussetzung für die Widerrufswirkung des § 2256 Abs 1 S 1 (vgl § 2256 Abs 2 u 3); eine Stellvertretung ist dabei ausgeschlossen (§ 2256 Abs 2 S 2; zu Einzelheiten s § 2256 RdNr 6; LG Augsburg Rpfleger 1998, 344 f), was sich nach der hM aber auch bereits aus der Rechtsnatur der Rückgabe als Verfügung von Todes wegen ergibt (s RdNr 7). Können die Ehegatten nicht mehr persönlich das Testament bei Gericht in Empfang nehmen, muss es ihnen durch die verwahrende Stelle selbst überbracht werden. Eine Zusendung durch die Post oder mittels Empfangsbekenntnis genügt nicht, da sonst nicht gewährleistet ist, dass die Rücknahme mit all ihren Folgen auch zZt der Durchführung noch gewollt ist (STAUDINGER-W BAUMANN RdNr 14; SOERGEL-J MAYER RdNr 46 je zu § 2256 zum einseitigen Testament). Wenn nur der eine Ehegatte das gemeinschaftliche Testament zurücknehmen will, der andere aber seine Zustimmung verweigert, so kann keine

Rückgabe erfolgen. Es steht jedoch jedem Ehegatten frei, seine Verfügungen in einer anderen gesetzlich zugelassenen Form (§ 2271 Abs 1 Satz 1, im Einzelfall §§ 2254, 2255, 2258) zu widerrufen oder aufzuheben, soweit ihn nicht das wechselbezügliche Verhältnis seiner Verfügungen zu denen des anderen Ehegatten daran hindert (§ 2271 Abs 2). Die **Amtspflicht** zur Belehrung über die Rechtsfolgen der Rücknahme nach § 2256 Abs 1 S 2 besteht gegenüber beiden Ehegatten.

7 Die Rücknahme hat nach hM eine **Doppelnatur:** Sie ist zum einen ein Rechtsgeschäft unter Lebenden; da sie aber – wenigstens beim öffentlichen Testament – in ihrer Wirkung einem Widerruf gleich steht (§ 2256), soll sie zugleich eine **Verfügung von Todes wegen** sein (BGHZ 23, 207, 211 = NJW 1957, 906; BayObLGZ 1960, 490, 494 = MDR 1961, 505; BayObLGZ 1973, 35, 36 = DNotZ 1973, 630; BROX RdNr 141; EBENROTH RdNr 212; LANGE-KUCHINKE § 23 II 3 a; MünchKomm-BURKHART § 2256 RdNr 5; PALANDT-EDENHOFER § 2256 RdNr 3). Sie würde dann erfordern, dass beide Ehegatten die entsprechende **Testierfähigkeit** besitzen, und zwar zur Zeit der Durchführung der Rückgabe, nicht auch zur Zeit des Antrags auf Rückgabe (so § 2256 RdNr 6; STAUDINGER-W BAUMANN § 2256 RdNr 12). Dem kann nicht gefolgt werden. Denn das Gesetz stellt in § 2256 eine Fiktion auf, sodass es auf den Willen des rückfordernden Erblassers gerade nicht ankommt. Deshalb ist die Rücknahme des Testaments keine Verfügung von Todes wegen und auch kein sonstiges Rechtsgeschäft, da es gerade an dem hierfür erforderlichem Tatbestandselement des Geschäftswillens (Testierwillens) fehlen kann (SOERGEL-J MAYER § 2256 RdNr 7; iE ebenso KG JFG 21, 323, 324 = DR 1940, 1684 m Anm VOGELS; MERLE AcP 171 (1971), 486, 497; V LÜBTOW I 244; ders NJW 1968, 1849; KIPP-COING § 31 II 3). Richtigerweise ist das Rücknahmebegehren eine reine Verfahrenserklärung, die Rückgabe selbst ein reiner Realakt.

Das Erfordernis der Testierfähigkeit gilt nach hM auch für das **eigenhändige** gemeinschaftliche Testament (PLANCK-GREIFF Anm 1; STAUDINGER-KANZLEITER RdNr 6; MünchKomm-MUSIELAK RdNr 4; Vorauf RdNr 5), obwohl hier die Rückgabe gerade keine Widerrufswirkung hat. Da beim eigenhändigen gemeinschaftlichen Testament aber nur der Gesichtspunkt der Verwahrungssicherheit das Erfordernis der gemeinschaftlichen Rückgabe rechtfertigt, muss man mE eine natürliche Einsichtsfähigkeit in die Bedeutung dieser Rückgabe für ausreichend ansehen, die hinter der Testierfähigkeit zurückbleiben kann.

8 Fehlt bei einem Ehegatten die Testierfähigkeit in dem bezeichneten Sinn, so muss nach hM der verfahrende Beamte die Rückgabe ablehnen und eine trotzdem geschehene Rückgabe eines öffentlichen Testaments hätte nicht die Wirkung des Widerrufs (BGHZ 23, 207, 211).

9 **Einsicht** in ein amtlich verwahrtes gemeinschaftliches Testament kann auch ein Ehegatte allein verlangen (KG JFG 4, 159; VOGELS-SEYBOLD TestG § 34 Anm 15; STAUDINGER-KANZLEITER RdNr 7). Sie hat keine Widerrufswirkung (SOERGEL-J MAYER § 2256 RdNr 8 mwN).

### 5. ZGB der DDR

10 Soweit für ein gemeinschaftlichen Testament noch das ZGB Anwendung findet (Vorbem 61 zu §§ 2265 ff; MünchKomm-MUSIELAK RdNr 5), so gilt auch hier zu beachten, dass die Rücknahme eines notariellen Testaments Widerrufswirkung hat (§§ 392 Abs 1 S 2, 387 Abs 2 Nr 2 ZGB). Letztlich wird man auch hier davon ausgehen müssen, dass entsprechend der Regelung des § 2272 nur eine gemeinsame Rücknahme zulässig ist (MünchKomm-MUSIELAK aaO).

## § 2273 Eröffnung

(1) Bei der Eröffnung eines gemeinschaftlichen Testaments sind die Verfügungen des überlebenden Ehegatten, soweit sie sich sondern lassen, weder zu verkünden noch sonst zur Kenntnis der Beteiligten zu bringen.

(2) Von den Verfügungen des verstorbenen Ehegatten ist eine beglaubigte Abschrift anzufertigen. Das Testament ist wieder zu verschließen und in die besondere amtliche Verwahrung zurückzubringen.

(3) Die Vorschriften des Absatzes 2 gelten nicht, wenn das Testament nur Anordnungen enthält, die sich auf den Erbfall beziehen, der mit dem Tode des erstversterbenden Ehegatten eintritt, insbesondere wenn das Testament sich auf die Erklärung beschränkt, dass die Ehegatten sich gegenseitig zu Erben einsetzen.

### Übersicht

| | | |
|---|---|---|
| I. | Normzweck, Allgemeines | 1 |
| II. | Verfahren beim ersten Erbfall | 5 |
| | 1. Verkündung der Verfügungen des erstverstorbenen Ehegatten | 6 |
| | 2. Verkündung untrennbarer Verfügungen des überlebenden Ehegatten | 7 |
| | 3. Geheimhaltung der trennbaren Verfügungen des überlebenden Ehegatten | 16 |
| | 4. Benachrichtigung der Beteiligten | 19 |
| | 5. Weiteres Verfahren | 21 |
| |    a) Das gemeinschaftliche Testament enthält nur Anordnungen für den ersten Erbfall | 21 |
| |    b) Wenn das gemeinschaftliche Testament auch Anordnungen für den 2. Erbfall enthält | 22 |
| |       aa) Beglaubigte Abschrift | 23 |
| |       bb) Wiederverschließung | 24 |
| |       cc) Verwahrung | 25 |
| |       dd) Keine Verwahrung | 27 |
| |       ee) Wiedereröffnung zu Lebzeiten des überlebenden Ehegatten | 28 |
| III. | Verfahren beim zweiten Erbfall | 29 |
| | 1. Keine Anordnungen für den 2. Erbfall | 30 |
| | 2. Anordnungen für den 2. Erbfall | 31 |
| IV. | Aufgabenabgrenzung des Verwahrungsgerichts/Nachlassgerichts | 33 |
| V. | Eröffnungsfrist | 35 |
| VI. | Gebühr | 36 |
| VII. | Gestaltungsüberlegungen | 37 |

## I. Normzweck, Allgemeines

**1** Die allgemeinen Vorschriften über die Eröffnung von (einseitigen) Testamenten (§§ 2260 ff) werden durch § 2273 im Hinblick auf die besondere Situation beim gemeinschaftlichen Testament eingeschränkt. Das gemeinschaftliche Testament enthält zwar Verfügungen beider Ehegatten. Das **Geheimhaltungsinteresse** des Überlebenden verbietet jedoch grundsätzlich die Verkündung seiner Verfügungen zu seinen Lebzeiten (MünchKomm-MUSIELAK RdNr 1; LANGE-KUCHINKE § 38 III 64 b: »erbrechtliche Geheimsphäre«) und dient dem Familienfrieden, während das **Unterrichtungsbedürfnis** der Erbberechtigten, insbesondere der Pflichtteilsberechtigten, zur Wahrung ihrer Rechte für eine möglichst umfassende Verkündung oder Mitteilung aller getroffener Verfügungen des gemeinschaftlichen Testaments spricht. Diesen Interessenkonflikt hat der Gesetzgeber in § 2273 Abs 1 gelöst (BVerfG NJW 1994, 2535 = ZEV 1995, 104 = FamRZ 1994, 557 = JR 1994, 501 m Anm BÖKELMANN = BWNotZ 1994, 66 m Anm BÜHLER; BGHZ 91, 105, 109 = NJW 1984, 2098 = LM Nr 1 zu § 2273 m Anm HOEGEN; BayObLG NJW-RR 1990, 135 = MittBayNot 1990, 121 = Rpfleger 1990, 22). Das Geheimhaltungsinteresse des überlebenden Ehegatten wird geschützt, soweit sich seine Verfügungen nach dem Wortlaut des Testaments von denen des anderen Testierenden absondern lassen. Das Gesetz geht somit von der **Eröffnung als Regelfall** aus, sodass dem Unterrichtungsbedürfnis auch dann der Vorrang eingeräumt wird, wenn eine solche Absonderung der beiderseitigen Verfügungen nicht möglich ist (BGHZ aaO; SOERGEL-M WOLF RdNr 1; PEISSINGER Rpfleger 1995, 325, 327 auch aus der Sicht der Praxis). Dies ist insoweit sachgerecht, als die Ehegatten bei der Abfassung ihres gemeinschaftlichen Testaments diese Schwierigkeit bedenken und durch eine entsprechende Formulierung, mit der sich die verschiedenen Verfügungen absondern lassen, ausräumen können (BGH aaO; BayObLG aaO). Diese Gestaltungsmöglichkeit zur Wahrung des Geheimhaltungsinteresses ist letztlich auch der Grund dafür, dass § 2273 verfassungsmäßig ist und weder in die Erbrechtsgarantie des Art 14 Abs 1 GG noch in das allgemeine Persönlichkeitsrecht des Art 2 Abs 1 GG unzulässig eingreift (BVerfG aaO).

**2** Zu Reformüberlegungen für einen besseren Interessenausgleich durch Einschränkung der Verkündungspflicht vgl BÜHLER ZRP 1988, 59, 61; LANGENFELD NJW 1987, 1577, 1582; ablehnend dagegen aus Gründen des berechtigten Unterrichtungsbedürfnisses zu Recht STAUDINGER-KANZLEITER RdNr 10; CYPIONKA DNotZ 1988, 722, 723 f.

**3** Auch für die Eröffnung gemeinschaftlicher Testamente gelten im Übrigen die allgemeinen Vorschriften der §§ 2260—2264 (SOERGEL-M WOLF RdNr 2). S hierzu FIRSCHING-GRAF, Nachlassrecht RdNr 4.30 ff. Wer ein rechtliches Interesse glaubhaft macht, ist berechtigt, das gemeinschaftliche Testament, soweit es eröffnet wurde, einzusehen und von dem eröffneten Teil eine Abschrift oder auch eine beglaubigte Abschrift zu fordern (§ 2264).

**4** Der **württembergische Bezirksnotar**, der ein Testament in besondere amtliche Verwahrung genommen hat, ist zur Eröffnung des Testaments nicht berufen (BayObLGZ 1958, 1).

## II. Verfahren beim ersten Erbfall

**5** Die Verfügungen des verstorbenen Ehegatten sowie die untrennbaren Verfügungen des überlebenden Ehegatten sind **zu verkünden,** seine trennbaren Verfügungen dagegen geheim zu halten (§§ 2260, 2273 Abs 1; zu weiteren Einzelheiten s VOGELS-SEYBOLD zu § 44 TestG; FIRSCHING-GRAF, Nachlassrecht RdNr 4.81).

## 1. Verkündung der Verfügungen des erstverstorbenen Ehegatten

Wie bei § 2260 ist jede Urkunde zu eröffnen, die sich wenigstens äußerlich als gemeinschaftliches Testament darstellt (PALANDT-EDENHOFER RdNr 3). Dabei sind sämtliche Verfügungen des erstverstorbenen Ehegatten zu verkünden oder den gesetzlichen Erben und Pflichtteilsberechtigten, sofern sie bei der Eröffnung nicht als Beteiligte zugegen waren, gem § 2262 mitzuteilen (**Grundsatz der totalen Verkündigungspflicht**). Die rein verfahrensrechtliche Vorschrift des § 2273 Abs 1 gestattet dem Eröffnungsgericht nicht die sachliche Prüfung, welche Verfügungen von Bedeutung, **gegenstandslos**, gültig oder ungültig sind und welche nicht (RGZ 150, 315, 318; BGHZ 91, 105, 108; BayObLG NJW-RR 1990, 135 = Rpfleger 1990, 22 = MittBayNot 1990, 121; OLG Hamm NJW 1982, 57; OLG Frankfurt Rpfleger 1977, 206 m Anm HAEGELE; KG OLGZ 1979, 269; MünchKomm-MUSIELAK RdNr 3 mwN in Fn 6; STAUDINGER-KANZLEITER RdNr 6; LANGE-KUCHINKE § 38 III 6 b und c). Begründet wird dies damit, dass nur durch eine lückenlose Bekanntgabe der Verfügung von Todes wegen jeder Betroffene in die Lage versetzt wird, die Rechtslage selbst zu überprüfen und seine Rechte wahrzunehmen. So kann sich hinter einer scheinbaren Schlusserbenbestimmung uU eine Nacherbeneinsetzung verbergen; auch die Entscheidung über eine Pflichtteilsgeltendmachung verlangt eine umfassende Kenntnis, etwa auch darüber, ob der zunächst übergangene Abkömmling wenigstens als Schlusserbe eingesetzt ist (zu den Gründen ausführlich LANGE-KUCHINKE § 38 III 4 b; PEISSINGER Rpfleger 1995, 325, 327). Zu verkünden ist daher an Verfügungen des Erstverstorbenen:

- wenn der verstorbene Ehegatte den Überlebenden nur zum **Vorerben** eingesetzt hat, auch die Nacherbeneinsetzung der Kinder (VOGELS-SEYBOLD, TestG § 44 Anm 2; HAEGELE Rpfleger 1968, 139),
- eine von den Ehegatten getroffene **Wiederverheiratungsklausel** (ASBECK MDR 1959, 897), denn die für den Eintritt der Wiederverheiratung getroffenen Bestimmungen sind ja Teil der Verfügung, mögen sie auch wegen Bedingungsausfalls nicht wirksam werden,
- **Pflichtteils-** und sonstige **Strafklauseln** (PALANDT-EDENHOFER RdNr 3), hier gilt das gleiche wie bei Wiederverheiratungsbestimmungen,
- auch die gemeinschaftlichen Regelungen für den Fall des nicht eingetretenen Falls des **gleichzeitigen Versterbens** (also trotz offensichtlicher Gegenstandslosigkeit, vgl OLG Köln DNotZ 1988, 721 m Anm CYPIONKA),
- die **Aussetzung von Vermächtnissen** und zwar grundsätzlich auch dann, wenn diese an sich nur für den Tod des Längerlebenden angeordnet sind (BGHZ 91, 105; OLG Hamburg NJW 1965, 1969 m krit Anm LÜTZELER NJW 1966, 58). Auf den Gesichtspunkt der fehlenden Absonderungsmöglichkeit kommt es insoweit nicht an (so bereits RGZ 150, 315 = DFG 1935, 106 m zust Anm VOGELS = DNotZ 1936, 366 m abl Anm PÜTZ zur Sonderung s RdNr 7 ff),
- die **Berufung des Schlusserben** in einem Berliner Testament (§ 2269), auch wenn für den Erstversterbenden diese Bestimmung hinsichtlich seines Nachlasses (wegen des Einheitsprinzips) keine Bedeutung mehr erlangt, sondern nur seine Erbeinsetzung des längerlebenden Ehegatten (RGZ 150, 315; MünchKomm-MUSIELAK RdNr 3). Hierfür spricht ebenfalls das Informationsbedürfnis der übergangenen gesetzlichen Erben und Pflichtteilsberechtigten.

## 2. Verkündung untrennbarer Verfügungen des überlebenden Ehegatten

Besondere Brisanz erhält die Anwendung des Grundsatzes der totalen Verkündigungspflicht auch auf gegenstandslose Verfügungen (s RdNr 6) dadurch, dass auch der Begriff der »absonderbaren Verfügungen des längerlebenden Ehegatten« iS von § 2273 Abs 1 von der Rspr und hM nur sehr einschränkend ausgelegt wird, wenngleich sich in der Praxis dieses Problem nicht so stark stellt (s RdNr 20).

8 **Absondern** lassen sich sicherlich nur solche Verfügungen des Längerlebenden, wenn sie sprachlich als Einzelanordnungen formuliert sind, also in verständlichen Sätzen für sich stehen (PALANDT-EDENHOFER RdNr 2). Es kommt also allein auf die **sprachliche Abfassung** an; ein wechselbezüglicher Zusammenhang der beiderseitigen Verfügungen (§ 2270) bildet für sich allein keinen Grund, die Verfügungen des überlebenden Ehegatten mitzuverkünden (KG KJG 31 A 365).

9 Untrennbar in diesem Sinne sind daher die in der »**Wir**«-**Form** getroffenen Verfügungen der Ehegatten in dem gleichen Satz oder Satzteil, etwa wie:»Wir setzen nach unser beider Tod unseren Sohn zum Alleinerben ein« oder »unser Sohn erhält« (PALANDT-EDENHOFER RdNr 2; OLG Hamm OLGZ 1982, 136; LG Aachen MittRhNotK 1997, 197; FIRSCHING-GRAF, Nachlassrecht RdNr 4.81). Eine Untrennbarkeit ergibt sich auch daraus, dass der eine Ehegatte auf die Verfügungen des anderen verweist (vgl etwa den Fall von OLG Köln DNotZ 1988, 721).

10 Aber auch bei den sehr häufig gebrauchten Wendungen, »nach dem Tod des Längerlebenden von uns erhält ...« (so der Fall von BVerfG NJW 1994, 2535) oder »der **Überlebende von uns** setzt unsere beiden Söhne ... zu gleichen Teilen zu Erben ein« (so BayObLG NJW-RR 1990, 135) wird von der Rechtsprechung eine **Trennbarkeit** der Verfügungen **verneint** (vgl hierzu etwa auch noch OLG Hamm FamRZ 1974, 387; OLGZ 1982, 136 = NJW 1982, 57; OLG Hamburg NJW 1965, 1969, 1970; LG Stuttgart FamRZ 1989, 1351 [nur LS] = BWNotZ 1989, 81, 82; LG Aachen MittRhNotK 1997, 405; MittRhNotK 2000, 439). Bei der Errichtung der gemeinsamen Verfügung von Todes wegen hätte keiner der Ehegatten gewusst, wer von ihnen der Längerlebende sei, und somit hätte daher jeder von ihnen gerade auch für sich verfügt. Mit dem Tod des Erstversterbenden seien lediglich die von ihm auch für den Tod des Längerlebenden (vorsorglich) getroffenen Verfügungen gegenstandslos geworden (BayObLG Rpfleger 1982, 424, 425; NJW-RR 1990, 135 [die dort auf OLG Köln DNotZ 1988, 721, 722 enthaltene Verweisung geht fehl, da das OLG Köln gerade eine Verkündigungspflicht der allein für den zweiten Todesfall getroffenen Verfügungen abgelehnt hat, was CYPIONKA in seiner Anm kritisiert]). Sie blieben aber immer noch ihm zuzurechnende Verfügungen und sind daher trotz ihrer Gegenstandslosigkeit zu verkünden.

11 LANGENFELD (NJW 1987, 1577, 1582) ist dem mit dem Einwand entgegen getreten, mit dem Tod des Längstlebenden seien solche Bestimmungen »endgültig und allein Bestimmungen auf den Tod des anderen Ehegatten geworden«. LANGENFELD ist zuzugeben, dass die von der Rspr vorgenommene Auslegung rein logisch gesehen nicht überzeugt und einer übertriebenen Wortinterpretation folgt. Die Formulierung »der Längerlebende von uns bestimmt ...« ist eine eben nur vom Längerlebenden getroffene Anordnung, die zwar jeder Ehegatte ausspricht, die aber bei jedem von ihnen unter der **aufschiebenden Bedingung** steht, dass sie nur hinsichtlich desjenigen der Ehegatten wirksam wird, der eben der Längerlebende ist. Beim Eintritt des ersten Erbfalls steht somit fest, dass hinsichtlich des Erstversterbenden für den zweiten Erbfall wegen Bedingungsausfalls von Anfang an keine wirksame Verfügung vorlag, und nicht nur ein Fall der Gegenstandslosigkeit eintrat. Und wieso diese Frage in dem zugegebenermaßen formalen Eröffnungsverfahren schwieriger zu beantworten sein soll als die, wer nach § 2262 zu benachrichtigen ist, wo eine sachliche Prüfungspflicht bejaht wird (STAUDINGER-KANZLEITER RdNr 6), ist nicht ersichtlich. Jedoch spricht der Gesichtspunkt des schutzwürdigen Informationsbedürfnisses der zunächst übergangenen erbberechtigten Personen (vgl etwa BGHZ 91, 105) für die von der hM und Rspr vorgenommene **extensive**

**Interpretation** und die damit verbundene umfassende Verkündigungspflicht. Dies gilt besonders dann, wenn man darin ein öffentliches Interesse sieht (STAUDINGER-W BAUMANN § 2262 RdNr 14, der jedoch für eine großzügige Auslegung der Absonderungsfähigkeit eintritt). Verfassungsrechtliche Gründe (s RdNr 1) sprechen zudem nicht für eine restriktivere Auslegung.

Daraus wird man aber weiter ableiten müssen, dass ein **Notar**, der in der gängigen Weise des »der Längerlebende von uns bestimmt ...« Verfügungen der Ehegatten abfasst, zumindest dann keine **Amtspflichtverletzung** begeht, wenn die Ehegatten ihm gegenüber keinen ausdrücklichen Geheimhaltungswillen bekunden (weiter gehend offenbar CYPIONKA DNotZ 1988, 724). Denn letztlich dient diese umfassende Verkündigungspflicht der Wahrnehmung auch der Interessen dieser Dritten und damit uU auch der Verwirklichung des Familienfriedens, man denke etwa, dass sich der Schlusserbe gerade wegen dieser Anordnung von der Geltendmachung von Pflichtteilsansprüchen nach dem Tod des Erstversterbenden abhalten lässt. Hinzukommt, dass sich eine absolute Geheimhaltung nur durch sehr umständliche Formulierungen vermeiden lässt, die vielfach eine wortgetreue zweimalige Wiedergabe der gleichen sachlichen Bestimmungen erfordert, etwa nach dem **Muster:** 12

»Der Ehemann setzt als Längerlebender zu seinem alleinigen Erben Herrn X ein. Die Ehefrau setzt als Längerlebende zu ihrem alleinigen Erben Herrn X ein.«

(Dagegen kritisch zu Recht LANGENFELD NJW 1987, 1582; zu derartigen Formulierungen auch HAEGELE Rpfleger 1968, 144; STEFFAN RdL 1980, 4). Zudem bergen sie auch die Gefahr, dass sich hieraus Rückschlüsse auf die tatsächlich getroffenen Verfügungen des Längerlebenden treffen lassen, da idR die Verfügungen beider Eheleute für den Tod des Längerlebenden in einem gemeinschaftlichen Testament aufgrund der gemeinschaftlichen Vermögensplanung gleich lautend sein werden, soll dieser Erbfall nicht zum Lotteriespiel werden.

Von der Frage nach dem Umfang der Eröffnungspflicht zu trennen ist diejenige, wer nach dem Tod des Erstversterbenden in welchem Umfang vom Inhalt des gemeinschaftlichen Testaments zu benachrichtigen ist (s RdNr 19). 13

Ob sich die Verfügungen des überlebenden Ehegatten sondern lassen, hat nicht dieser selbst oder gar der Erstversterbende zu entscheiden, sondern der Rechtspfleger, dem die Eröffnung obliegt (FIRSCHING-GRAF, Nachlassrecht RdNr 4.81), und zwar bei der Eröffnung; er darf nicht ein anderes Gericht ersuchen, im Wege der Rechtshilfe den überlebenden Ehegatten darüber zu hören, welche seiner Verfügungen ausgeschieden werden sollen (KG JR 1926 Nr 811). In **Zweifelsfällen** kann die Ausnahmevorschrift des § 2273 Abs 1 nicht angewandt werden, die Verfügung des überlebenden Ehegatten ist also mitzuverkünden. Im Eröffnungsprotokoll wird ein entsprechender Vermerk über den Umfang der Eröffnung gemacht (FIRSCHING-GRAF, Nachlassrecht RdNr 4.81). Wenn untrennbare Verfügungen des überlebenden Ehegatten aus tatsächlichen Gründen schon beim ersten Erbfall verkündet werden müssen, so ist dies **keine »Eröffnung« im Rechtssinne** und hat daher nicht die Rechtsfolgen, die das Gesetz an die Verkündung knüpft (zB § 1944 Abs 2 S 2; RGZ 137, 222, 230; OLG Hamm OLGZ 1987, 283, 286 = FamRZ 1987, 865). Ein gemeinschaftlicher Verzicht aller Beteiligter auf die Eröffnung solcher Verfügungen ist vom Nachlassgericht zu beachten, wenn keine überwiegenden öffentlichen Interessen entgegenstehen (OLG Hamm NJW 1982, 57; LANGE-KUCHINKE § 38 III 6 c). 14

Auf alle Fälle hat der Verkündende mitzuteilen, ob und welche Teile er nicht verkünden will. Wird die Nichtverkündung einzelner Teile beantragt, so hat er auch 15 darüber zu entscheiden (LANGE-KUCHINKE § 38 III 6 c; BayObLG NJW-RR 1990, 135). Gegen die hierzu ergehende Entscheidung des Rechtspflegers ist die Beschwerde zulässig (§§ 11 nF RPflG; 19 FGG; FIRSCHING-GRAF, Nachlassrecht RdNr 4.81).

### 3. Geheimhaltung der trennbaren Verfügungen des überlebenden Ehegatten

**16** Soweit sich die Verfügungen des überlebenden Ehegatten von denen des verstorbenen sondern lassen, sind sie weder zu verkünden noch sonst zur Kenntnis der Beteiligten zu bringen (Abs 1). Sie dürfen weder den Beteiligten vorgelegt noch schriftlich mitgeteilt werden (§§ 2260 Abs 2, 2262); auch darf insoweit weder Einsicht gewährt noch dürfen Abschriften erteilt werden (§ 2264). Wenn ein Berechtigter Vorlegung des gemeinschaftlichen Testaments oder Einsicht verlangt, so ist es Sache des Rechtspflegers, der das Testament eröffnet hat, anzuordnen, wie zu verhüten ist, dass die Beteiligten von den geheim zu haltenden Verfügungen des überlebenden Ehegatten Kenntnis erlangen (KG JR 1926 Nr 811). Praktisch bleibt wohl nichts anderes übrig, als diese Verfügungen zu verdecken (FIRSCHING-GRAF, Nachlassrecht RdNr 4.81). Bei der Mitteilung nach § 2262 und der Erteilung von Abschriften nach § 2264 werden die geheim zu haltenden Verfügungen weggelassen. Alle diese Beschränkungen gelten nicht für den überlebenden Ehegatten selbst, der ja seine eigenen Verfügungen kennt (LG Halberstadt JW 1922, 522 m Anm HERZFELDER). Der überlebende Ehegatte kann auch auf die Geheimhaltung verzichten und gestatten, dass seine Verfügung einem bestimmten Beteiligten bekannt gegeben wird, da § 2273 Abs 1 insoweit nicht einem übergeordneten öffentlichen Interesse dient, sondern allein dem Geheimhaltungsinteresse des Längerlebenden (s RdNr 1; wie hier MünchKomm-MUSIELAK RdNr 4; OLG Hamm JMBl NRW 1962, 62; PALANDT-EDENHOFER RdNr 3; aM KG KGJ 34 A 103; PLANCK-GREIFF Anm 2 a; STAUDINGER-KANZLEITER RdNr 11; SOERGEL-M WOLF RdNr 4; FIRSCHING-GRAF, Nachlassrecht RdNr 4.81).

**17** Gegen den Ausschluss eines Teils des gemeinschaftlichen Testaments von der Verkündung oder Mitteilung kann jeder, der ein rechtliches Interesse an der Verkündung oder Mitteilung hat, Beschwerde einlegen (§ 11 RPflG; § 19 FGG; KG KGJ 35 A 103, 107; vgl auch § 2260 RdNr 19). Beschwerde ist auch statthaft gegen eine Verfügung des Rechtspflegers, durch die er nach dem ersten Erbfall seine Absicht kundgibt, das gemeinschaftliche Testament in vollem Umfang zu verkünden (BayObLG Rpfleger 1990, 22; KG Recht 1930 Nr 434; RGRK-BGB-JOHANNSEN RdNr 9; PEISSINGER Rpfleger 1995, 325, 327). Wegen des Geheimhaltungsinteresses des überlebenden Ehegatten an seinen für den zweiten Erbfall getroffenen Verfügungen ist ihm vor einer Eröffnung derselben **rechtliches Gehör** (Art 103 GG) zu gewähren (PEISSINGER aaO). Verkündet das Nachlassgericht entgegen der Vorschrift des § 2273 beim ersten Erbfall auch trennbare Verfügungen des überlebenden Ehegatten, so hat diese Verkündung nicht die gesetzlichen Folgen und muss nach dem 2. Erbfall wiederholt werden (vgl RdNr 31; KG OLGZ 40, 148; STAUDINGER-KANZLEITER RdNr 11).

**18** Über das Recht des **Finanzamts** auf Eröffnung von Teilen eines gemeinschaftlichen Testaments, das der überlebende Ehegatte geheim gehalten haben will, s OLGZ 18, 359.

### 4. Benachrichtigung der Beteiligten

**19** Die Benachrichtigung der Beteiligten, die bei der Eröffnung des Testaments nicht zugegen waren, richtet sich nach der allgemeinen Bestimmung des § 2262. Beteiligte sind alle Personen, denen durch die Verfügung von Todes wegen ein Recht (auch aufschiebend bedingt oder befristet) gewährt oder genommen oder deren

Rechtslage in sonstiger Weise unmittelbar beeinflusst wird (STAUDINGER-W BAUMANN § 2262 RdNr 5; § 2262 RdNr 4; PALANDT-EDENHOFER § 2260 RdNr 6; BGHZ 70, 173, 176). Dabei ist zunächst zu beachten, dass **absonderungsfähige Verfügungen** des überlebenden Ehegatten, da sie nicht diesen Erbfall betreffen, weder zu verkünden noch mitzuteilen sind (§ 2262 RdNr 6; STAUDINGER-W BAUMANN § 2262 RdNr 14). Wer durch ein gemeinschaftliches Testament bedacht wurde, gehört allein deshalb noch nicht zu den benachrichtigungsberechtigten Personen. Die **nicht sonderungsfähigen Verfügungen** des erstversterbenden Ehegatten sind dagegen den gesetzlichen Erben und besonders den Pflichtteilsberechtigten mitzuteilen, mögen sie auch nur für den Fall des Überlebens getroffen sein; denn nur dann werden sie in die Lage versetzt, ihre berechtigten Interessen beurteilen und wahrnehmen zu können (BGHZ 91, 105, 108 f = LM Nr 1 zu § 2273 m Anm HOEGEN). Ihr Informationsrecht wird als gegenüber dem Geheimhaltungsinteresse des längerlebenden Ehegatten als höherrangiges Recht eingestuft (s auch RdNr 1). Wird ein **Dritter** durch eine nicht sonderungsfähige Verfügung zum Schlusserben berufen, ist das gemeinschaftliche Testament zunächst zu eröffnen, diesem aber mangels Beteiligungseigenschaft **nur dann mitzuteilen,** wenn er zu den Erben des erstverstorbenen Ehegatten gehört oder es möglich erscheint, dass in seiner Einsetzung auch die Berufung als Nach- oder Ersatzerbe des Erstverstorbenen liegt (PALANDT-EDENHOFER RdNr 4; so etwa bei OLG Hamm OLGZ 1982, 136, 138: »Nach dem Tode des Letztlebenden sollen Erben sein ...«; kritisch hiergegen PEISSINGER Rpfleger 1995, 327). Letzteres ist aber nicht anzunehmen wenn es heißt: »Erbe des überlebenden Ehegatten ...« (LG Stuttgart MittRhNotK 1994, 292 f). Bei einer Vermächtnisanordnung des »Längerlebenden« hat BGHZ 70, 173, 176 eine Benachrichtigungspflicht der Schlussvermächtnisnehmer bereits nach dem Tod des erstversterbenden Vertragsteils eines Erbvertrags verneint, weil die in gleicher Weise vom erstverstorbenen Erblasser getroffene Anordnung durch seinen vorzeitigen Tod gegenstandslos geworden sei, daher die Rechtsstellung der Bedachten noch nicht unmittelbar berühre und somit eine Beteiligteneigenschaft schon im ersten Todesfall zu verneinen sei.

Das **Geheimhaltungsinteresse** des überlebenden Ehegatten wird also hier als höherrangig angesehen, eine unkontrollierte Ausuferung der **Mitteilungspflicht** durch eine am Normzweck orientierte restriktive Auslegung des Beteiligtenbegriffs eingeschränkt (STAUDINGER-W BAUMANN § 2262 RdNr 14; vgl auch LG Stuttgart BWNotZ 1989, 81, 82 m Anm BÜHLER und hier § 2262 RdNr 5). Anders als bei der Verkündigung spielt daher für die Frage, ob und wem gegenüber die Benachrichtigung erfolgen soll, die Gegenstandslosigkeit der Verfügung nach der Rspr sehr wohl eine Rolle und es wird hier eine entsprechende Prüfungspflicht bejaht (DNotI-Report 1997, 20, 22; zur Prüfungspflicht STAUDINGER-KANZLEITER RdNr 6; aM PEISSINGER Rpfleger 1995, 327; demgegenüber vermengen LANGE-KUCHINKE § 38 III 64 b, c die Verkündigungs- und Benachrichtigungspflicht). Dadurch werden aber für die **Praxis** die **Folgen** der **umfassenden Verkündigungspflicht** nicht sonderungsfähiger Verfügungen **stark relativiert**, denn es entspricht heute weitgehender Übung, dass eine Verkündung der Verfügungen von Todes wegen unterbleibt, § 2260 Abs 2 S 2 und 3.

### 5. Weiteres Verfahren

#### a) Das gemeinschaftliche Testament enthält nur Anordnungen für den ersten Erbfall

Ist dies der Fall, weil es sich etwa auf eine gegenseitige Erbeinsetzung der Ehegatten beschränkt, so wird die Verfügung des überlebenden Ehegatten mit dem ersten Erbfall gegenstandslos, sodass es keinen Zweck hat, das Testament wieder zu verschließen und beim zweiten Erbfall nochmals zu öffnen. Daher bestimmt Abs 3, dass die Vorschriften des Abs 2 in diesem Fall nicht gelten. Das gemeinschaftliche Testament wird also hier wie ein gewöhnliches einseitiges Testament behandelt, dh es bleibt offen bei den Akten des Nachlassgerichts (FIRSCHING-GRAF, Nachlass RdNr 4.84). Das ist nunmehr durch Abs 3 klargestellt. Abs 3 greift auch ein, wenn die Ehegatten gemäß §§ 1512–1516 für den Fall, dass mit ihrem Tod die fortgesetzte Gütergemeinschaft eintritt, über die Anteile ihrer Abkömmlinge am Gesamtgut der fortgesetzten Gütergemeinschaft verfügt haben; denn auch hier sind die Verfügungen des überlebenden Ehegatten mit seinem Überleben hinfällig geworden (BayObLG RJA 1, 180).

### b) Wenn das gemeinschaftliche Testament auch Anordnungen für den 2. Erbfall enthält

22 (wie im Falle des § 2269), so ist nach Abs 2 zu verfahren:

#### aa) Beglaubigte Abschrift

23 Von den **Verfügungen des verstorbenen Ehegatten** ist eine beglaubigte Abschrift anzufertigen (Abs 2 S 1). Diese wird offen zu den Akten des Nachlassgerichts genommen und tritt, soweit möglich, im Rechtsverkehr an die Stelle der Urschrift (FIRSCHING-GRAF, Nachlassrecht RdNr 4.84). Das gilt auch für die Anwendung des § 35 Abs 1 S 2 GBO (Ersatz des Erbscheins durch öffentliches Testament nebst Eröffnungsprotokoll SEMPRICH-KAULBACH DJ 1940, 59). In dem Beglaubigungsvermerk ist zu bezeugen, dass das gemeinschaftliche Testament keine weiteren Verfügungen des verstorbenen Ehegatten enthält (KG KGJ 32 A 100; 35 A 103).

#### bb) Wiederverschließung

24 Nach der Eröffnung und der Anfertigung der beglaubigten Abschrift von den Verfügungen des verstorbenen Ehegatten ist das Testament, wenn es vorher in besonderer amtlicher Verwahrung, also verschlossen war (§ 34 Abs 1 BeurkG), wieder zu verschließen (Abs 2 S 2). Sofortige Verschließung in Anwesenheit des überlebenden Erblassers ist nicht erforderlich (entspr § 34 BeurkG; anders 1. Aufl RdNr 11). Das Testament ist also in einen neuen Umschlag mit entsprechender Anschrift zu legen und dieser mit dem Prägesiegel zu verschließen. Das Testament muss auch dann wieder verschlossen werden, wenn die Verfügungen des überlebenden Ehegatten wegen ihrer Untrennbarkeit schon beim ersten Erbfall (mit-)verkündet worden sind, da dies keine Verkündung im Rechtssinn ist (KIPP-COING § 123 III 2; OLG Hamm OLGZ 1987, 283, 286; LANGE-KUCHINKE § 38 III 6 c Fn 99 mwN zum Streitstand). Das Recht zur Einsichtnahme hinsichtlich der für den zweiten Todesfall getroffenen, noch nicht verkündeten Verfügungen steht allein dem Längerlebenden als Testator zu (OLG Thüringen ZEV 1998, 262).

#### cc) Verwahrung

25 War das gemeinschaftliche Testament vor der Eröffnung in besonderer amtlicher Verwahrung (§ 2258b), so ist es in diese zurückzubringen (§ 2273 Abs 2 S 2). Die **Zuständigkeit** für diese »**Weiterverwahrung**« ist gesetzlich nicht geregelt, aber dann bedeutsam, wenn das Nachlass- und Verwahrungsgericht nicht identisch sind. Der Gesetzeswortlaut »wieder ... in die besondere amtliche Verwahrung zurückzubringen« ist nicht eindeutig (LANGE-KUCHINKE § 26 IV 2). Nach einer Auffassung ist das Testament in die Verwahrung des bisher nach § 2258a zuständigen **Verwahrungsgerichts** zurückzubringen (so jetzt BayObLGZ 1989, 39, 42 = FamRZ 1989, 1010 [unter Aufgabe seiner bisherigen Rspr]; BayObLG FamRZ 1995, 681; FamRZ 2000, 638; OLG Saarbrücken Rpfleger 1988, 484; OLG Stuttgart Rpfleger 1988, 189; OLG Oldenburg NJW-RR 1987, 265; KG Rpfleger 1981, 304; OLG Schleswig SchlHA 1978, 101; OLG Köln Rpfleger 1975, 249; FIRSCHING-GRAF, Nachlassrecht RdNr 4.84). Demgegenüber wird teilweise aus prak-

tischen Gründen gefordert, dass die Weiterverwahrung vom jetzigen **Nachlassgericht**, das für das gegenwärtige Nachlassverfahren zuständig ist, übernommen werden soll (OLG Frankfurt NJW-RR 1995, 460; OLG Karlsruhe BWNotZ 1989, 63; OLG Zweibrücken Rpfleger 1988, 149; Rpfleger 1998, 428; OLG Hamm OLGZ 1987, 283; 1990, 276; OLG Celle Rpfleger 1979, 24; STAUDINGER-KANZLEITER RdNr 16; MünchKomm-MUSIELAK RdNr 8; Erl zu § 2261 RdNr 7), was nicht überzeugt (LANGE-KUCHINKE aaO), zumal ja nicht gesagt ist, dass das im ersten Erbfall befasste Nachlassgericht auch für den zweiten Erbfall örtlich zuständig ist, etwa, wenn dann ein anderer Wohnsitz des längerlebenden Ehegatten besteht. Demgegenüber sieht § 2258 a einen Zuständigkeitswechsel nicht vor und § 2261 S 1 wird durch Abs 2 als spezialgesetzliche Regelung verdrängt (PALANDT-EDENHOFER RdNr 6). Will weder das Verwahrungsgericht noch das örtlich davon verschiedene Nachlassgericht die Wiederverwahrung vornehmen, liegt ein nach **§ 5 FGG** zu entscheidender Streit über die örtliche Zuständigkeit vor (PALANDT-EDENHOFER RdNr 6; OLG Hamm OLGZ 1987, 283, 284; OLG Stuttgart NJW-RR 1988, 904; OLG Oldenburg NJW-RR 1987, 265).

Dem überlebenden Ehegatten ist ein neuer Hinterlegungsschein zu erteilen (§ 2258b Abs 3). **26**

### dd) Keine Verwahrung
War das gemeinschaftliche Testament vor der Eröffnung nicht in besonderer amtlicher Verwahrung, so ist Abs 2 nicht anzuwenden; denn von einem »Zurückbringen« in die besondere amtliche Verwahrung kann in diesem besonderen Fall nicht gesprochen werden. Aber auch die anderen in Abs 2 vorgesehenen Maßnahmen (Abschrift, Wiederverschließung) entfallen hier, weil der Gesetzgeber bei der Schaffung des § 2273 Abs 2 (damals S 2, 3) nur das öffentliche Testament im Auge gehabt hat (PLANCK-GREIFF Anm 2 c). Das Testament ist daher, wenn es vor der Eröffnung nicht in besonderer amtlicher Verwahrung war, offen bei den Gerichtsakten zu belassen (RGRK-BGB-JOHANNSEN RdNr 16; SOERGEL-M WOLF RdNr 7; LANGE-KUCHINKE § 38 III 46 d; vgl auch § 27 Abs 11, § 28 Abs 4 a AktO). Freilich entsteht hierdurch die Gefahr, dass bei der Einsicht in das Testament oder bei der Erteilung von Abschriften (§ 2264) versehentlich auch die Verfügungen des überlebenden Ehegatten bekannt gegeben werden. Der überlebende Ehegatte kann dieser Gefahr dadurch begegnen, dass er beantragt, das Testament **nachträglich in besondere amtliche Verwahrung** zu bringen (§ 2248). In diesem Fall ist nachträglich nach Abs 2 zu verfahren. Es empfiehlt sich, dem überlebenden Ehegatten eine **Bescheinigung** über den Verbleib des Testaments zu übergeben. Das Testament darf aber nicht an ihn hinausgegeben werden (KG KGJ 24 B 5, 49 A 55; V LÜBTOW I 521; PALANDT-EDENHOFER RdNr 6); dieser kann auch nicht gem § 2258a Abs 3 die Abgabe an ein anderes Gericht verlangen, wenn nach der Eröffnung das Testament wieder in die besondere amtliche Verwahrung verbracht wurde (OLG München BayJMBl 1960, 22; FIRSCHING-GRAF, Nachlassrecht RdNr 4.84). **27**

### ee) Wiedereröffnung zu Lebzeiten des überlebenden Ehegatten
Auch wenn das gemeinschaftliche Testament nach Abs 2 S 2 wieder verschlossen worden ist, kann es notwendig werden, es noch vor dem zweiten Erbfall wieder zu öffnen, so, wenn die Urschrift in einem Rechtsstreit vorgelegt werden soll oder wenn nach der Wiederverschließung die Erteilung eines Erbscheins über die Erbschaft des verstorbenen Ehegatten beantragt wird (KG KGJ 35, 103; 37; 129). Freilich wird es nur dann statthaft sein, das Testament wieder zu öffnen, wenn die nach Abs 2 S 1 angefertigte Abschrift nicht genügt (BGB-RGRK-JOHANNSEN RdNr 18), etwa weil sie nicht den gesetzlichen Vorschriften entspricht, weil die Echtheit des Testaments oder einzelner Teile bestritten wird oder weil Zweifel über den Sinn **28**

einer Verfügung des verstorbenen Ehegatten bestehen und diese möglicherweise durch Heranziehung der nichteröffneten Teile des Testaments behoben werden können (STAUDINGER-KANZLEITER RdNr 18). Einsicht in das wieder eröffnete Testament oder Erteilung von Abschriften kann also nur insoweit verlangt werden, als § 2273 Abs 1 es gestattet oder das Gericht bei seiner Entscheidung einen nichteröffneten Teil des Testaments verwerten will.

### III. Verfahren beim zweiten Erbfall

29 Nach dem Tod des längerlebenden Ehegatten sind dessen Verfügungen nach den allgemeinen Vorschriften der §§ 2260 ff zu eröffnen (PALANDT-EDENHOFER RdNr 8).

#### 1. Keine Anordnungen für den 2. Erbfall

30 Enthält das gemeinschaftliche Testament keine Anordnungen für den zweiten Erbfall, so ist es bei diesem nicht nochmals zu eröffnen. Denn nach Abs 3 gelten in diesem Fall die Vorschriften des Abs 2 nicht. Also gilt auch der eng damit zusammenhängende Abs 1 nicht, dh das Testament ist schon beim ersten Erbfall ganz zu verkünden (VOGELS DR 1940, 1652; KG DJ 1940, 366; vgl oben RdNr 6).

#### 2. Anordnungen für den 2. Erbfall

31 Enthält das gemeinschaftliche Testament auch Anordnungen für den zweiten Erbfall, so ist es nach dem Tod des überlebenden Ehegatten nochmals zu eröffnen. Es ist, wenn es nach der ersten Eröffnung wieder verschlossen worden sein sollte (Abs 2), zu öffnen und die Verfügungen des überlebenden Ehegatten sind zu verkünden (§ 2260 Abs 2). Diese Verkündung ist auch dann geboten, wenn das Testament offen bei den Akten des Nachlassgerichts lag und die Verfügungen des überlebenden Ehegatten wegen ihrer Untrennbarkeit schon beim ersten Erbfall mitverkündet worden sind; denn das war keine Verkündung im Rechtssinn (RGZ 137, 222; OLG Hamm OLGZ 1987, 283, 286; RGRK-BGB-JOHANNSEN RdNr 17; KIPP-COING § 123 III 2; FIRSCHING-GRAF, Nachlassrecht RdNr 4.85; aM KG KGJ 53 A 82; PLANCK-GREIFF Anm 5).

32 Die nochmalige Eröffnung ist von Bedeutung für die Benachrichtigung der Beteiligten, die möglicherweise nicht dieselben sind wie beim ersten Erbfall (§ 2262) und für den Beginn der Ausschlagungsfrist (§ 1944 Abs 2 S 2). Nach der nochmaligen Eröffnung bleibt das Testament offen bei den Akten des für den ersten Erbfall zuständigen Nachlassgerichts (FIRSCHING-GRAF, Nachlassrecht RdNr 4.86; PALANDT-EDENHOFER RdNr 8; ERMAN-SCHMIDT RdNr 5).

### IV. Aufgabenabgrenzung des Verwahrungsgerichts/Nachlassgerichts

33 Wenn beim ersten Erbfall ein anderes Gericht als das Nachlassgericht das gemeinschaftliche Testament verwahrt, so obliegt die Eröffnung dem **Verwahrungsgericht** (§ 2261 S 1). Dieses hat auch zunächst darüber zu befinden, inwieweit die Verfügungen des überlebenden Ehegatten von der Verkündung auszunehmen sind (KG KGJ 32 A 100). Dann hat es das Testament dem Nachlassgericht zu übersenden (§ 2261 S 2) und dieses hat die weiteren Aufgaben zu erledigen, insbesondere die Benachrichtigung der Beteiligten (§ 2262; FIRSCHING-GRAF, Nachlassrecht RdNr 4.87), die

etwa gebotene Wiederverschließung und Zurückbringung in die besondere amtliche Verwahrung (Abs 2 S 2; § 27 Abs 4 S 5 AktO; KG Rpfleger 1977, 25; MünchKomm-MUSIELAK RdNr 11; RGRK-BGB-JOHANNSEN RdNr 15; aM KG KGJ 20 A 262). Zur Zuständigkeit für die Weiterverwahrung s RdNr 25.

Ist beim zweiten Erbfall ein **anderes Nachlassgericht** zuständig, weil etwa der **34** überlebende Ehegatte seinen Wohnsitz verlegt hat (§§ 72, 73 FGG), so hat das erste Nachlassgericht das Testament nach dem ersten Erbfall als Nachlassgericht, nach dem zweiten als Verwahrungsgericht zu eröffnen, dann aber an das nunmehr zuständige Nachlassgericht zu übersenden (§ 2261 S 2) und dieses hat die Urschrift endgültig zu verwahren (KG KGJ 21, 225; 33 A 102).

## V. Eröffnungsfrist

Auch für gemeinschaftliche Testamente gelten die Vorschriften über die Eröff- **35** nung alter Testamente und zwar die in § 2263 a (dreißigjährige Frist), nicht die in § 2300 a (fünfzig Jahre bei Erbverträgen; hier § 2263 a RdNr 4; STAUDINGER-KANZLEITER RdNr 25; STAUDINGER-W BAUMANN § 2263 a RdNr 4; VOGELS-SEYBOLD, TestG § 46 Anm 5).

## VI. Gebühr

Die Gebühr für die Eröffnung richtet sich nach dem Wert des Nachlasses des je- **36** weiligen Erblassers (§§ 102, 103, 46 Abs 4 KostO; KG JW 1933, 1336; BayObLGZ 1959, 209; 1974, 154). Im Fall von Abs 3 entsteht mangels einer Eröffnung keine gesonderte Gebühr (PALANDT-EDENHOFER RdNr 9).

## VII. Gestaltungsüberlegungen

Wer dem Geheimhaltungsinteresse des Längerlebenden Rechnung tragen will, **37** sollte die Verfügung beider Ehegatten soweit wie möglich trennbar formulieren, etwa wie nach dem in RdNr 12 genannten Schema. Jedoch hat sich dies in der Praxis – wohl aus gutem Grund – noch nicht durchgesetzt. Denn man darf nicht vergessen, dass das gemeinschaftliche Testament als umfassende Nachlassplanung für die davon betroffenen Abkömmlinge oder sonstigen Verwandten nur verständlich ist, wenn die für beide Erbfälle getroffene Regelung ihnen bekannt ist. So werden sie vielleicht von der Pflichtteilsgeltendmachung im ersten Todesfall abgehalten, wenn sie als bindende Schlusserben eingesetzt sind. Dann vermeidet aber die umfassende Verkündigung und Information viel Streit.

## C. Erbvertrag

### Vorbemerkungen zu §§ 2274 ff

Zum älteren Schrifttum s STAUDINGER-KANZLEITER, BGB, 1998, Vorbem zu §§ 2274 ff.

**Neueres Schrifttum**

**1. Allgemeine Fragen**

BATTES, Gemeinschaftliches Testament und Ehegattenerbvertrag als Gestaltungsmittel für die Vermögensordnung der Familie (1974); *ders*, Der erbrechtliche Verpflichtungsvertrag im System des Deutschen Zivilrechts – Ziele, Dogmatik und praktische Auswirkungen des § 2302 BGB, AcP 178 (1978) 337; *ders*, Zur Wirksamkeit von Testamenten und Erbverträgen nach der Ehescheidung, JZ 1978, 733; BOEHMER, Entgeltliche Erbverträge, FS lehmann I (1956); COMMICHAU, Erbvertrag: Amtliche Verwahrung des Aufhebungsvertrags? MittBayNot 1998, 235; DITTMANN, Aushöhlung des gemeinschaftlichen Testaments, DNotZ 1958, 619; EBENROTH-FUHRMANN, Konkurrenzen zwischen Vermächtnis- und Pflichtteilsansprüchen bei erbvertraglicher Unternehmensnachfolge, BB 1989, 2049; FELIX, Testament und Erbvertrag, DStZ 1987, 599; GIENCKE, Ergänzende Auslegung von Erbverträgen gemäß § 2066 BGB unter Berücksichtigung nichtehelicher Kinder des Erblassers als gesetzlicher Vertreter, FamRZ 1974, 241; GÖLLER, Anwartschaften im Erbrecht (Diss Tübingen 1964); 1967, 30; *ders*, Die Abhängigkeit erbrechtlicher Verträge von Verkehrsgeschäften (Diss Göttingen 1966); *ders*, Die gesetzliche Form der Rechtsgeschäfte (1971); HAUSSMANN, Gedanken zur Ausgestaltung von Ehegattenerbverträgen, BWNotZ 1972, 93; HOHMANN, Rechtsfolgen von Störungen im Rahmen eines entgeltlichen Erbvertrags und Sicherung der Rechte der Vertragsparteien (Diss Würzburg 1993); HORNUNG, Die geschäftliche Behandlung der Verfügungen von Todes wegen im Hinblick auf das Verfahren zur Eröffnung von Testamenten und Erbverträgen, JVBl 1964, 225; HÜLSMEIER, Die Abwertung der Rechtsstellung des Vertragserben, NJW 1981, 2043; JOHANNSEN, Die Rechtsprechung des Bundesgerichtshof auf dem Gebiet des Erbrechts – das Recht des Erbvertrags, WM 1969, 630, 1222, 1314; 1973, 530; 1977, 270, 277; KAPP, Der Erbvertrag in zivilrechtlicher und erbschaftsteuerlicher Sicht, BB 1980, 845; KNIEPER, Die Verbindung des Erbvertrages mit anderen Verträgen, DNotZ 1968, 331; HERMANN LANGE, Gegenseitiger Erbvertrag und Scheidungsrechtsstreit, JuS 1965, 347; LÜKE, Vertragliche Störungen beim »entgeltlichen« Erbvertrag (1990); LÜDTKE-HANDJERY, Beteiligung der Miterben beim Übergabe- und Erbvertrag, AgrarR 1982, 7; *ders*, Hofübergabe und erbrechtliche Nachfolge, DNotZ 1985, 332; MEINCKE, Vorteile und Nachteile von Ehegatten-Testamenten und Erbverträgen, DStR 1981, 523; MICHEL, Unzweckmäßige Erbverträge, DVR 1963, 49; DIETMAR NOLTING, Der Erbvertrag, JA 1993, 129; OLZEN, Lebzeitige und letztwillige Rechtsgeschäfte, Jura 1987, 16, 116; POSER, Der entgeltliche Erbvertrag im Zivil- und Steuerrecht, Diss Freiburg 1999/2000; RAITZ VON FRENTZ, Gestaltungsformen zur Abgrenzung der Rechte von überlebenden Ehegatten und Kindern in gemeinschaftlichen Testamenten und Erbverträgen, DNotZ 1962, 635; REITHMANN, Erbverträge zwischen mehr als zwei Beteiligten, DNotZ 1957, 527; SAFFERLING, Vererbungsabreden und Grundbuch – Vormerkung für Eigentumsverschaffungsansprüche an der Nahtstelle zwischen Erbrecht und Schuldrecht –, Rpfleger 1973, 413; SCHOLTEN, Erbvertrag und Zugewinngemeinschaft, NJW 1958, 935; SCHULTE, Erbvertrag und Zugewinngemeinschaft, DNotZ 1958, 934; *ders*, Verhältnis zwischen Übergabevertrag und späterem Erbvertrag, RdL 1960, 316; SCHUMANN, GERHARD, Erbvertragsrecht, 2002; SIMSHÄUSER, Auslegungsfragen bei Wiederverheiratungsklauseln in gemeinschaftlichen Testamenten und Erbverträgen, FamRZ 1972, 273; STEFFEN, Kann ein aufgehobener Erbvertrag verheimlicht werden?, AgrarR 1974, 274; STEPPUHN, Übergabevertrag oder Erbvertrag?, RdL 1960, 229; STÖCKER, Erbenschutz zu Lebzeiten des Erblassers bei der Betriebsnachfolge in Familienunternehmen und Höfen, WM 1980, 482; TEICHMANN, »Aushöhlung« erbrechtlicher Bindungen als methodisches Problem, MDR 1972, 1; TIEDTKE, Die Umdeutung eines Vermächtnisses in ein Rechtsgeschäft unter Lebenden, NJW 1978, 2572;

*ders*, Die Umdeutung eines nach §§ 1365, 1366 BGB nichtigen Rechtsgeschäftes in einen Erbvertrag, FamRZ 1981, 1; van venrooy, § 2293 BGB und die Theorie des Erbvertrages, JZ 1987, 10; von dickhuth-harrach, Die Rückgabe eines Erbvertrages aus der notariellen Verwahrung, RNotZ 2002, 384.

## 2. Einzelfragen

### a) Bindung des Erblassers, Schutz vor beeinträchtigenden Verfügungen nach § 2287 BGB

Annert-Micus, Der Begriff der Beeinträchtigungsabsicht in § 2287 BGB beim Erbvertrag und gemeinschaftlichen Testament (Diss Münster 1991); basty, Bindungswirkung bei Erbvertrag und gemeinschaftlichem Testament, MittBayNot 2000, 73; benkö, Zur Aushöhlung bindender Verfügungen von Todes wegen (Diss Köln 1974); boehmer, Sittenwidrige Beeinträchtigung des Vertragserben durch lebzeitige Zuwendung des Erblassers?, FamRZ 1961, 253; brambring, Bindung beim Ehegattentestament und Erbvertrag, ZAP 1993, 619; buchholz, Zur bindenden Wirkung des Erbvertrages, FamRZ 1987, 440; *ders*, Einseitige Korrespektivität – Entwicklung und Dogmatik eines Modells zu §§ 2270, 2271 BGB, Rpfleger 1990, 45; bühler, Zur Wechselbezüglichkeit und Bindungen beim gemeinschaftlichen Testament und Erbvertrag, DNotZ 1962, 359; bund, Die Bindungswirkung des Erbvertrages, JuS 1968, 268; butz-petzoldt, Grundstücksübertragungen in vorweggenommener Erbfolge und die Beeinträchtigung der Rechte erbrechtlich geschützter Dritter. Möglichkeiten und Grenzen der Vertragsgestaltung (1999); coing, Wie ist die bindende Wirkung von Erbverträgen zu ermitteln?, NJW 1958, 689; dilcher, Die Grenzen erbrechtlicher Bindung zwischen Verfügungsfreiheit und Aushöhlungsnichtigkeit, Jura 1988, 72; draschka, Unbenannte Zuwendungen und der erbrechtliche Schutz gegen unentgeltliche Vermögensverfügungen, DNotZ 1993, 100; eckebrecht, Die Rechtsstellung des erbrechtlichen Anwärters vor und nach dem Erbfall (Diss Berlin 1992); finger, Ende der Aushöhlungs-Nichtigkeit, FamRZ 1975, 251; fleischmann, Lebzeitige Verfügungsfreiheit bei erbrechtlicher Bindung und Pflichtteilsberechtigung nach den Vorschriften des BGB (Diss Bayreuth 1988); gerken, Die Entstehung der Bindungswirkung beim Erbvertrag, BWNotZ 1992, 93; hayler, Die Drittwirkung ehebedingter Zuwendungen im Rahmen der §§ 2287, 2288 II 2, 2325, 2329 BGB, FuR 2000, 1; hülsmeier, Die bindende Wirkung des Erbvertrages (1984); johannsen, Der Schutz der durch gemeinschaftliches Testament oder Erbvertrag berufenen Erben, Sonderheft 75 Jahre DNotZ 1977, 69; kanzleiter, Bedarf die Zustimmung des bindend bedachten Vertragserben zu einer ihn beeinträchtigenden Schenkung der notariellen Beurkundung?, DNotZ 1990, 776; *ders*, »Umverteilung« des Nachlasses mit Zustimmung des Vertragserben und Eintritt der Ersatzerbfolge, ZEV 1997, 261; keim, christopher, Der Wegfall des vertragsmäßig eingesetzten Erben und seine Auswirkungen auf beeinträchtigende Verfügungen von Todes wegen, ZEV 1999, 413; *ders*, § 2287 BGB und die Beeinträchtigung eines Vertragserben durch lebzeitige Zuwendungen an den anderen, ZEV 2002, 93; kohler, Die schuldrechtlichen Ersatzansprüche wegen der Aushöhlung eines Nachlasses, NJW 1964, 1393; kohler, Erblasserfreiheit oder Vertragserbenschutz ad § 826 BGB, FamRZ 1990, 464; kuchinke, Enttäuschte Erberwartungen eines Schlußerben, JuS 1988, 853; *ders*, Beeinträchtigende Anordnungen des an seine Verfügungen gebundenen Erblassers, FS v lübtow (1991) 283; *ders*, Zur Sicherung des erbvertraglich oder letztwillig bindend Bedachten durch Feststellungsurteil, Vormerkung und Gewährung einstweiligen Rechtsschutzes, FS Henckel (1995) 475; heinrich lange, Bindung des Erblassers an seine Verfügungen NJW 1963, 1571; ludewig, Pflichtteilskürzung durch Schenkung an den Pflichtteilsberechtigten beim Erbvertrag?, MDR 1985, 372; lehmann; Ist eine Teilungsanordnung eine beeinträchtigende Verfügung?, MittBayNot 1988, 157; sabine loritz, Freiheit des gebundenen Erblassers und Schutz des Vertrags- und Schlusserben vor Zweitverfügungen (1992); mattern, Die Aushöhlung von Testamenten und Erbverträgen, MDR 1960, 1; *ders*, Nochmals: Sittenwidrige Beeinträchtigung des Vertragserben?, FamRZ 1961, 418; *ders*, Zur Rechtsstellung des von Todes wegen bindend Bedachten, BWNotZ 1962, 229; *ders*, Die Rechtsprechung des Bundesgerichtshofs zur Testamentsaushöhlung, DNotZ 1964, 196; *ders*, Die Testamentsaushöhlung, BWNotZ 1966, 1; meyding, Erbvertrag und nachträgliche Auswechslung des Testamentsvollstreckers, ZEV 1994, 98; claus nolting, Inhalt, Ermittlung und Grenzen der Bindung beim Erbvertrag (1985); recker, Schutz des von Todes wegen Bedachten, MittRhNotK 1978, 125; reubold, Die Aushöhlung des Erbvertrages und des bindend gewordenen gemeinschaftlichen Testaments (Diss Frankfurt 1970); SIEBERT, Die Bindungswirkung des Erbvertrages, FS Hedemann (1958) 237; SPECKMANN, Aushöhlungsnichtigkeit und § 2287 BGB bei Erbverträgen und gemeinschaftlichen Testamenten, NJW 1974, 341; *ders*, Zur Frage der Beeinträchtigungsabsicht in § 2287 BGB, JZ 1974, 543; SPELLENBERG, Die sog Testamentsaushöhlung und die §§ 2287, 2288 BGB, FamRZ 1972, 349; *ders*, Schenkungen und unentgeltliche Verfügungen zum Nachteil des Erben oder Pflichtteilsberechtigten, FamRZ 1974, 350; *ders*, Verbotene Schenkungen gebundener Erblasser, NJW 1986, 2531; STRUNZ, Der Anspruch des Vertrags- oder Schlußerben wegen beeinträchtigender Schenkung – § 2287 BGB (1988); CORDULA STUMPF, Wirksamkeit und Formbedürftigkeit der Einwilligung des bedachten Erbvertragspartners in eine ihn beeinträchtigende letztwillige Verfügung, FamRZ 1990, 1057; WALTERMANN, Benachteiligende Schenkung des testamentarisch gebundenen Erblassers – OLG Frankfurt NJW-RR 1991, 1157, JuS 1993, 276.

**b) Durchbrechung der Bindung: Änderungsvorbehalt, Rücktritt, Anfechtung**

DOHR, Überwindung der aufgrund gemeinschaftlichen Testaments oder Erbvertrages entstandenen erbrechtlichen Bindungswirkung, MittRhNotK 1998, 381; HAEGELE, Anfechtung einer Verfügung von Todes wegen, insb ihre Wirkung, INF 1975, 567, 571 ff; HEINZ, Die Anfechtung gemäß § 2078 Abs 2 BGB wegen nicht bedachter Umstände (Diss Mannheim 1985); HERLITZ, Abänderungs- und Rücktrittsvorbehalt beim Erbvertrag, MittRhNotK 1996, 153; HIEBER, Zustellung einer Ausfertigung oder einer beglaubigten Abschrift?, DNotZ 1960, 240; HÖFER, Der Rücktritt vom Erbvertrag, BWNotZ 1984, 113; HÜLSMEIER, Der Vorbehalt abweichender Verfügungen von Todes wegen beim Erbvertrag, NJW 1986, 3115; KARPF, Das Selbstanfechtungsrecht des Erblassers beim Erbvertrag (Diss Bayreuth 1993); KEYMER, Die Anfechtung nach § 2078 Abs 2 BGB und die Lehre von der Geschäftsgrundlage (1984); KÜSTER, Grenzen des Rücktrittsvorbehalts im Erbvertrag?, JZ 1958, 394; LEHMANN, Der Änderungsvorbehalt beim Erbvertrag – ein abwegiges Gestaltungsmittel?, BWNotZ 1999, 1; *ders*, Der Vorbehalt der Beschränkung und Beschwerung eines vertragsmäßig Bedachten, BWNotZ 2000, 129; *ders*, Der Rücktrittsvorbehalt beim Erbvertrag – ein wenig genutztes Gestaltungsmittel, NotBZ 2000, 85; LEIPOLD, Der vergessliche Erblasser und die Anfechtung, ZEV 1995, 99; JÖRG MAYER, Der Änderungsvorbehalt beim Erbvertrag – erbrechtliche Gestaltung zwischen Bindung und Dynamik, DNotZ 1990, 755; MÜLLER-ROTTACH, Der Rücktritt vom Erbvertrag, BWNotZ 1987, 42; DIETER NOLTING, Der Änderungsvorbehalt beim Erbvertrag (1994); RÖLL, Die Zustellung einer Ausfertigung beim Rücktritt vom Erbvertrag und beim Widerruf wechselbezüglicher Verfügungen in gemeinschaftlichen Testamenten, DNotZ 1961, 312; JOACHIM SCHNEIDER, Wie ist der Rücktritt vom Erbvertrag, wie der Widerruf eines gemeinschaftlichen Testaments zu erklären? ZEV 1996, 220; SCHUBERT-CZUB, Die Anfechtung letztwilliger Verfügungen, JA 1980, 334; STÜRZEBECHER, Rücktritt vom entgeltlichen Erbvertrag (1987); VEIT, Die Anfechtung von Erbverträgen (Diss München 1991); *ders*, Die Anfechtung von Erbverträgen durch den Erblasser, NJW 1993, 1553; WEILER, Änderungsvorbehalt und Vertragsmäßigkeit der erbvertraglichen Verfügung, DNotZ 1994, 427; WINTERMANTEL, Die Folgen der Anfechtung gem § 2079 BGB und der Ausschlagung des überlebenden Ehegatten beim gegenseitigen gemeinschaftlichen Testament oder Ehegatten-Erbvertrag mit bindender Schlußerbeneinsetzung, BWNotZ 1993, 120.

**3. Rechtsvergleichung, internationales Privatrecht, Auslandsberührung**

HAAS, Nachlaßgestaltung durch Ehe- und Erbvertrag im Schweizer Recht, ZEV 1994, 83; RIERING-BACHLER, Erbvertrag und gemeinschaftliches Testament im deutsch-österreichischen Rechtsverkehr, DNotZ 1995, 580.

**4. Gestaltungsvorschläge, Formulare**

**a) Formularbücher**

Beck'sches Formularhandbuch/ZU CASTELL, Bürgerliches Recht, 7. Aufl, 1998, Form VI. 8–17; FRITZ-BÜNGER, Praxishandbuch Erbrecht, Loseblatt, Stand 2000, Form 6/7.2.1.3 ff; KERSTEN-BÜHLING, Formularbuch und Praxis der Freiwilligen Gerichtsbarkeit, 21. Aufl, 2001, § 113; Münchener Vertragshandbuch-NIEDER, Bürgerliches Recht, Bd IV, 2. Hbbd, 4. Aufl,

1998, Form XVI. 15, 31, 32; NIEDER, Handbuch der Testamentsgestaltung, 2. Aufl, 2000; PRAUSSNITZ, Formularkommentar Bürgerliches Recht III, Erbrecht, 22. Aufl, 1986, Form 6.526 ff; REITHMANN-ALBRECHT, Handbuch der notariellen Vertragsgestaltung, 8. Aufl, 2001; TANCK-KRUG-DARAGAN, Testamente, 2. Aufl, 2000; TZSCHASCHEL, Erbverträge, 1. Aufl, 1997; WEGMANN, Ehegattentestament und Erbvertrag, 2. Aufl, 1997, 33 ff, 105 ff.

**b) Aufsätze hierzu**

HAUSSMANN, Gedanken zur Ausgestaltung von Ehegatten-Erbverträgen, BWNotZ 1972, 93; RAITZ VON FRENTZ, Gestaltungsformen zur Abgrenzung der Rechte von überlebenden Ehegatten und Kindern in gemeinschaftlichen Testamenten und Erbverträgen, DNotZ 1962, 635; SANDWEG, Grenzen der Vertragsgestaltung bei nichtehelichen Lebensgemeinschaften, BWNotZ 1990, 49; SCHULTE, Wie kann der Eigentümer einer landwirtschaftlichen Besitzung für seinen Todesfall seinen Ehegatten sichern und zugleich die Besitzung seinen Abkömmlingen erhalten?, DNotZ 1953, 355; ZAWAR, Notarielle Rechtsgestaltung: Das Erbrecht im sozialen Wandel, DNotZ 1989, Sonderbeil 116*.

### Übersicht

| | | |
|---|---|---|
| **I.** | **Grundsätzliches** | **1** |
| | 1. Normzweck | 1 |
| | 2. Rechtstatsächliches | 3 |
| **II.** | **Begriff und Wesen des Erbvertrags** | **4** |
| | 1. Doppelnatur | 5 |
| | 2. Bindung des Erblassers als Unterschied zum Testament | 8 |
| | 3. Abgrenzung | 11 |
| |     a) Rechtsgeschäfte unter Lebenden | 11 |
| |     aa) Grundsätzliches | 11 |
| |     bb) Vorweggenommene Erbfolge | 15 |
| |     cc) Hofübergabe nach der HöfeO | 17 |
| |     b) Erbvertrag und Testament | 18 |
| |     aa) Grundsätzliches, Unterschiede | 18 |
| |     bb) Umdeutung | 19 |
| | 4. Inhalt des Erbvertrags | 20 |
| |     a) Einseitige und vertragsmäßige Verfügungen | 20 |
| |     b) Auslegung des Erbvertrags | 21 |
| |     aa) Vertragsmäßige Verfügungen | 21 |
| |     bb) Einseitige Verfügung | 25 |
| |     cc) Weitere Auslegungsgesichtspunkte | 26 |
| | 5. Terminologie | 28 |
| | 6. Verwandte Verträge | 29 |
| |     a) Verträge nach § 311 b Abs 2 und 4 | 29 |
| |     b) Verträge zugunsten Dritter auf den Todesfall | 30 |
| |     c) Schenkung von Todes wegen | 31 |
| |     d) Verpflichtung zur Errichtung einer letztwilligen Verfügung | 32 |
| |     e) Erbverzicht | 33 |
| **III.** | **Arten des Erbvertrags** | **34** |
| | 1. Einseitige und zweiseitige Erbverträge | 34 |
| | 2. Mehrseitige Erbverträge | 35 |
| | 3. Erbverträge zugunsten Dritter | 37 |
| | 4. Verbindung mit anderen Verträgen | 38 |
| |     a) Grundsätzliche Behandlung | 39 |
| |     b) Entgeltlicher Erbvertrag | 40 |

| IV. | Gefahren des Erbvertrags | 42 |
| | 1. Problematische Bindungswirkung | 42 |
| | 2. Erbvertrag in der Art eines Berliner Testaments als Risikofaktor | 43 |
| V. | Gesetzesüberblick | 44 |
| VI. | Wirksamkeit des Erbvertrags | 45 |
| | 1. Geltung der allgemeinen Vorschriften | 45 |
| | 2. Geschäftsfähigkeit | 46 |
| | 3. Vorschriften für letztwillige Zuwendungen | 47 |
| |    a) Vorschriften des gemeinschaftlichen Testaments | 47 |
| |    b) Formvorschriften über letztwillige Verfügungen | 48 |
| | 4. Willensmängel | 49 |
| | 5. Nachträgliche Unwirksamkeit eines Erbvertrags | 50 |
| VII. | Ausländisches Recht; internationales Privatrecht | 51 |
| VIII. | Zweckmäßige Erbverträge | 52 |
| IX. | Erbvertrag und Steuerrecht | 53 |
| X. | Zivilgesetzbuch der DDR | 54 |
| | 1. Fortgeltung von alten Erbverträgen | 55 |
| | 2. Nachlassspaltung | 56 |
| | 3. Errichtung eines Erbvertrags durch DDR-Bürger | 57 |
| XI. | Lebenspartnerschaftsgesetz | 58 |

## I. Grundsätzliches

### 1. Normzweck

Mit dem Erbvertrag stellt das BGB ein Instrument für eine **bindende Nachlass-** **1** **planung** für jedermann zur Verfügung. Dabei unterscheidet er sich vom gemeinschaftlichen Testament schon in persönlicher Hinsicht, weil letzteres nur Ehegatten vorbehalten ist, während bei der Schaffung des BGB ausdrücklich das Bedürfnis anerkannt wurde, dass auch anderen Personen eine bindende Erbregelung möglich sein muss, die die Erbfolge vor dem jederzeitigen Sinneswandel des Erblassers bewahrt. Genannt wurden hierfür etwa die bäuerlichen Verhältnisse und die Verpfründungsverträge, § 2295 (Mot V 311). Entsprechend der deutschrechtlichen Tradition und entgegen der ablehnenden Haltung des römischen Rechts, die sich auch heute noch in den Ländern des romanischen Rechtskreises fortsetzt, hat daher das BGB das Institut des Erbvertrags übernommen (zur Geschichte KIPP-COING § 36 I 1). In sachlicher Hinsicht liegt ein wesentlicher Unterschied zum gemeinschaftlichen Testament darin, dass beim Erbvertrag die Bindung bereits mit Abschluss des Vertrags eintritt, beim gemeinschaftlichen Testament aber zumindest noch zu Lebzeiten des anderen Ehegatten ein Widerruf möglich ist (zu weiteren Unterschieden s Vorbem 33 ff zu §§ 2265).

Der Wunsch nach der erbvertraglichen Bindung kann auf verschiedenen **Motiven** **2** beruhen: dies können rein altruistische Gründe sein, wie zB das Familienvermögen den gemeinsamen Abkömmlingen zu sichern. Daneben finden sich aber mitunter auch Erbverträge aus rein wirtschaftlichen Überlegungen, wie sie bei reinen Austauschverträgen typisch sind, etwa beim sog Verpfründungsvertrag, bei dem die Pflege im Alter gegen Erbeinsetzung versprochen wird. Man hat diese verschiedenen Bindungsgründe versucht, mit Schlagworten zu umschreiben: »**Solidaritätsprinzip**« als Nachlassplanung allein wegen der familiären Solidarität (typisch für den Ehegattenerbvertrag) und »**Äquivalenzprinzip**« mit Bindung aufgrund eines Gegenseitigkeitsverhältnisses, charakteristisch für den »entgeltlichen Erbvertrag« (BATTES, Gemeinschaftliches Testament und Ehegattenerbvertrag, 25, 114, 220 ff). Diese Unterschiede im Bindungsgrund werfen die Frage auf, ob die erbvertragliche Bindung immer in allen Fällen gleich sein muss. **Bindung** ist hier eben **nicht gleich Bindung**. Vor diesem Hintergrund ist die Frage nach einer Restriktion der Anfechtung wegen Motivirrtums beim entgeltlichen Erbvertrag (§ 2281 RdNr 21 f) oder die des Vertragserbenschutzes im Rahmen von § 2287 neu zu stellen (so s LORITZ, Freiheit des gebundenen Erblassers ... 96 ff, 142 ff, 170 f; AUNERT-MICUS, Der Begriff der Beeinträchtigungsabsicht ..., 74 ff; dazu § 2287 RdNr 49 ff).

## 2. Rechtstatsächliches

3 Vor nicht zu langer Zeit wurde noch die These vertreten, der Erbvertrag finde heute in der Praxis kaum noch Verwendung und für seine Beibehaltung bestehe daher kein Bedürfnis mehr (so JOHANNSEN DNotZ Sonderheft 1977, 69, 98; ähnlich noch LANGE-KUCHINKE, 3. Auflage § 16 V 2a, jetzt in der 4. Aufl jedoch nicht mehr). Dies wurde mittlerweile durch verschiedene rechtstatsächliche Untersuchung widerlegt (s eingehend Vorbem 38 zu §§ 2265 ff) und ist auch aus theoretischen Gründen nicht gerechtfertigt (STAUDINGER-KANZLEITER RdNr 39). Selbst bei Verfügungen von Ehegatten, bei denen in Gestalt des gemeinschaftlichen Testaments eine andere Handlungsform mit wenn auch abgeschwächter Bindung gegeben ist, überwiegt zumindest im ländlichen Bereich noch der Erbvertrag, was dort nicht nur mit dem Trend zum Ehe- und Erbvertrag zu erklären ist, denn dieser ist zumindest in der früher landläufigen Form der Vereinbarung von Gütergemeinschaft gestoppt. Im städtischen Bereich findet sich demgegenüber wohl ein stärkerer Hang zum gemeinschaftlichen Testament, der sicherlich in der dort eher ausgeprägten Scheu vor zu großer Bindung zu sehen ist. Zu »pro und contra« zwischen Erbvertrag und gemeinschaftlichen Testament eingehend Vorbem 33 ff zu §§ 2265 ff.

## II. Begriff und Wesen des Erbvertrags

4 Der Erbvertrag ist ein einheitliches, *abstraktes, unentgeltliches Rechtsgeschäft von Todes wegen* und ein *echter Vertrag*, der eine besondere erbrechtliche Bindung des Erblassers an vertragsmäßige Verfügungen von Todes wegen begründet.

### 1. Doppelnatur

5 Der Erbvertrag ist nach heute hM ein einheitliches Rechtsgeschäft. Er ist kein Doppelgeschäft, bestehend aus einer einseitigen Verfügung von Todes wegen und einem vertraglichen Verzicht auf den Widerruf. So aber die frühere *Testamentstheorie* (etwa WERNEBURG DNotZ 1916, 209 mwN), die aber nicht nur den Gesetzeswortlaut gegen sich hat (vgl § 1941: »durch Vertrag«), sondern nicht erklären kann, wie ein nur obligatorisch wirkender Widerrufsverzicht mit der von § 2289 Abs 1 angeordneten, gegen alle wirkende Unwirksamkeit beeinträchtigender Verfügun-

gen vereinbar ist (so bereits Mot V 164). Der Erbvertrag ist zum einen **echter Vertrag** (BGHZ 26, 204, 207 = NJW 1958, 498), der eine sofortige, wenn auch spezifische Bindung des Erblassers an seine vertragsmäßig getroffenen Verfügungen von Todes wegen bewirkt. Es handelt sich dabei aber um einen **abstrakten**, nicht aber schuldrechtlichen oder gar gegenseitigen Vertrag (BayObLGZ 1998, 22, 25; s RdNr 40). Zugleich wird dadurch unmittelbar der erbrechtliche Berufungsgrund (Erbschaft, Vermächtnis) geschaffen, weshalb er zugleich **Verfügung von Todes wegen** ist (so die heute ganz herrschende Vertragstheorie, MünchKomm-MUSIELAK RdNr 3; SOERGEL-M WOLF RdNr 3 f; STAUDINGER-KANZLEITER RdNr 4 je vor § 2274; AK-FINGER § 2274 RdNr 8; EBENROTH RdNr 248). Diese Doppelnatur macht eine Abgrenzung nach zwei Seiten hin erforderlich: gegenüber dem einseitigen Testament und dem Rechtsgeschäft unter Lebenden (RdNr 11 ff).

In neuerer Zeit hat STÖCKER (WM 1980, 482, 486 f) eine abgewandelte Form der Testamentstheorie vertreten. Er meint, dass der Erbvertrag aus zwei verschiedenen Rechtsinstituten besteht: den als solchen einseitig getroffenen Verfügungen von Todes wegen und einen schuldrechtlichen Vertrag, wobei das **obligatorische Grundgeschäft** aber nicht in einem Widerrufsverzichtsvertrag iS der klassischen Testamentstheorie besteht, sondern darin, dass der Erblasser die Errichtung einer bestimmten Verfügung von Todes wegen verspricht. Den Einwand, dass § 2302 ein solches Verpflichtungsgeschäft gerade für unzulässig erklärt, glaubt er damit entkräften zu können, dass diese Verpflichtung ja durch die gleichzeitig getroffene Verfügung von Todes wegen erfüllt würde und dass § 2302 nur die Fälle eines isolierten Verpflichtungsgeschäfts erfasse. Vielmehr begründet er seine Auffassung mit dem Wortlaut des § 2278, und versteht »vertragsmäßig« iS von »dem Vertrag gemäß«, also entsprechend dem schuldrechtlichen Verpflichtungsgeschäft. Zum anderen glaubt er nur aus dem schuldrechtlichen Grundgeschäft eine »Loyalitätspflicht« des Erblassers gegenüber seinem Vertragsgegner herleiten zu können, die die Einschränkung der Testierfreiheit und den Schutz über §§ 2287 f begründe, während eine reine Verfügung von Todes wegen, die ja erst mit dem Tode Rechtswirkungen entfalte, dies nicht könne. Jedoch lässt sich das letztgenannte Argument mit dem rein positivistischen Verweis auf die gesetzliche Regelung entkräften. Auch ist nicht einzusehen, wieso das Trennungsprinzip des BGB, das zwar grundsätzlich das Verhältnis von schuldrechtlichem Grundgeschäft und dinglichem Erfüllungsgeschäft kennzeichnet, auch auf das Erbrecht übertragen werden muss, zumal es vielen Rechtsordnungen, etwa der französischen, fremd ist. Vielmehr sollte man entsprechend dem pragmatischen Ansatz der »Väter des BGB« (RdNr 8) die praktische Problemlösung nicht von der Klärung rein dogmatischer Streitfragen abhängig machen (ablehnend aus anderem Grund auch D NOLTING, Der Änderungsvorbehalt 95; SOERGEL-M WOLF RdNr 4). **6**

Eine etwas modifizierte Auffassung greift die Gedanken STÖCKERS für die Lösung konstruktiver Fragen beim entgeltlichen Erbvertrag auf und versucht mit einem derartigen schuldrechtlichen Grundgeschäft ein synallagmatisches Verhältnis von erbvertragsmäßiger Zuwendung und Versorgungszusage herzustellen (so etwa STÜRZEBECHER, Rücktritt vom entgeltlichen Erbvertrag, 1988, 69 ff; *ders*, NJW 1988, 2717; dazu eingehend RdNr 41). **7**

### 2. Bindung des Erblassers als Unterschied zum Testament

Das Eigentümliche am Erbvertrag ist die Bindung des Erblassers an seine vertragsmäßigen Verfügungen. Sie ist eine vertragliche, die aus der Vertragsnatur des Erbvertrags folgt (BayObLGZ 2002, 128, 134; GERKEN BWNotZ 1992, 93). Der BGH formuliert dies dahingehend, dass der Erbvertrag wenigstens eine vertragsmäßige **8**

Verfügung enthalten muss, ein Vorbehalt der Änderung aller Verfügungen durch einseitiges Testament würde ihn seines Charakters entkleiden (BGHZ 26, 204, 208 f; BGH MDR 1958, 223). Auch wenn damit die schwierige Frage des Wesens des Erbvertrags gestellt ist (J MAYER DNotZ 1990, 755, 761), scheint hier zunächst begriffliche Klarheit zu herrschen, weshalb wohl verschiedene neuere Abhandlungen zwar zunächst vorgeben, sich mit den Einzelheiten der Bindungswirkung, ihrem Inhalt und seiner Funktion beschäftigen zu wollen, letztlich aber eine gründliche Darstellung vermissen lassen (so richtig D NOLTINGS Kritik [65] an den Arbeiten von HÜLSMEIER, Die Bindende Wirkung ... und C NOLTING, Inhalt, Ermittlung und Grenzen der Bindungswirkung ...; jedoch überzeugt auch seine Arbeit im Folgenden nicht). Wie sich zeigen wird, trügt der Schein, weshalb die Feststellung von BUCHHOLZ richtig ist, dass der Erbvertrag »seit jeher ein **dogmatischer Problemfall**« ist (Rpfleger 1990, 45, 52 Fn n,72). Dies hat seinen Grund darin, dass der Gesetzgeber die dogmatische Einordnung ausdrücklich offen gelassen hat (Mot V 164; eingehend hierzu VAN VENROOY JZ 1987, 10 ff).

**9** Üblicherweise wird der Inhalt der erbvertraglichen Bindung in dem **Verlust an Testierfreiheit** gesehen (MünchKomm-MUSIELAK RdNr 4; D NOLTING 66, letzterer spricht auch wiederholt vom »Rechtsmachtverlust« [etwa 73] ohne dies näher zu definieren). Jedoch kann man diese Ausgangsprämisse durchaus verschieden sehen. So versteht eine Meinung diese Bindung rein funktional bezogen als Mittel zur Sicherung eines Rechts des Bedachten iS von § 2289, also mehr aus der Sicht dieses Bedachten (so etwa SIEBERT, FS für Hedemann, 246; BUND JuS 1968, 268, 269; C NOLTING 1 f; und jetzt besonders D NOLTING 71 ff ). Demgegenüber sieht die neuere, im Vordringen befindliche Meinung die erbvertragliche Bindung mehr aus der Perspektive des Erblassers, der vor der Möglichkeit der Errichtung einer abweichenden Verfügung von Todes wegen steht: Es genügt für eine erbvertragliche Bindung eine »Beschneidung der prinzipiell gegebenen Gestaltungsfreiheit« (J MAYER DNotZ 1990, 767); »Bindung setzt nicht voraus, dass der Erblasser keine Verfügung mehr treffen kann, sondern lediglich, dass er nicht jede beliebige Verfügung vornehmen kann« (HÜLSMEIER, Diss 94). Man hat versucht, dieses moderne Verständnis des Erbvertrags unter dem Stichwort des »**Willkürverbots**« einzuordnen (D NOLTING 68 f); jedoch ist dieser Begriff bereits »per se« so negativ belegt, dass die Gefahr besteht, dass sich dies auch auf die mit einem Änderungsvorbehalt verfolgten legitimen Zwecke überträgt und zur Restriktion desselben führt (so deutlich bei D NOLTING aaO). Mit gewissen Abwandlungen folgt das neuere Schrifttum – mit Ausnahme von MUSIELAK und seinen Schülern – dieser neueren Betrachtungsweise und leitet daraus die Zulässigkeit sog »spezifizierter Änderungsvorbehalte« ab (PALANDT-EDENHOFER § 2289 RdNr 3; BUCHHOLZ Rpfleger 1990, 45, 52; ERMAN-M SCHMIDT § 2278 RdNr 4; HERLITZ MittRhNotK 1996, 153, 158; LANGE-KUCHINKE § 25 VI 4; WEILER DNotZ 1994, 427, 437 ff mit der Maßgabe, dass die Einschränkung der Testierfreiheit »objektiv feststellbar« sein müsse). Die theoretische Streitfrage hat für die Grenzen von sog »**Änderungsvorbehalten**« große praktische Bedeutung (s dazu auch § 2278 RdNr 13 ff). Die Auffassung von MUSIELAK hält diese nur dann für zulässig, wenn trotz des Vorbehalts immer noch ein »erbvertraglicher Rest«, ein Kernbereich bestehen bleibt (rechtsfolgenorientierte Betrachtung, wonach etwa eine Erbeinsetzung zu einem Drittel unantastbar bleibt, vgl etwa MünchKomm-MUSIELAK § 2278 RdNr 16), während nach der Gegenmeinung bereits genügt, wenn eben nur eine gewisse Beschränkung der Gestaltungsmöglichkeit vorliegt (etwa abweichende Verfügungen nur zugunsten eines der gemeinsamen Kinder zulässig).

**10** Wer das Wesen der erbvertraglichen Bindung allein aus dem Recht des Bedachten iS von § 2289 Abs 1 bestimmen will, verkennt, dass bereits dann ein Erbvertrag vorliegt, wenn sich der Erblasser ein freies Rücktrittsrecht nach § 2293 vorbehalten hat; hier kann allenfalls von einer gewissen »**Bindung durch Formalien**« gesprochen werden, die sich darin äußert, dass eben zur Lösung von der getroffenen erbvertraglichen Verfügung die Zugangs- und Formerfordernisse eingehalten werden müssen (vgl BGHZ 30, 261, 267 zum gemeinschaftlichen Testament: in der Widerrufserschwerung zu Lebzeiten des anderen Ehegatten nach § 2271 Abs 1 liege die Bindung). Daraus allein kann jedoch noch keine gesicherte Rechtsposition hergeleitet werden. Auch lässt sich aus § 2289 Abs 1 schon deshalb nicht das Wesen der vertraglichen Bindung bestimmen, weil nach § 2278 Abs 2 auch **Auflagen** vertragsmäßig getroffen werden können, § 2289 Abs 1 aber von einer »Beeinträchtigung des Rechts des vertragsmäßig Bedachten« spricht. Selbst wenn man hierunter nicht nur ein subjektives Recht versteht (s § 2289 RdNr 12 f), so muss man doch anerkennen, dass selbst MUSIELAK die Anwendbarkeit dieser Norm auf den durch eine Auflage Begünstigten allein mit der »erbvertraglichen Bindung« rechtfertigt (MünchKomm-MUSIELAK § 2289 RdNr 9), was aber ein unzulässiger Zirkelschluss ist, wenn er diese Bindung wiederum allein aus § 2289 bestimmen will. Vielmehr ergibt sich die erbvertragliche Bindung allein bereits aus der Vertragsnatur des Rechtsgeschäfts (so BGHZ 26, 204, 207), für die § 2293 gerade die Bestätigung ist, weil dadurch die Zweifel beseitigt werden, ob die mit dem Abschluss des Erbvertrags eintretende »Vorwirkung« iS einer Bestandssicherung der Verfügung von Todes wegen bereits vor Eintritt des Erbfalls wieder beseitigt werden kann (dazu VAN VENROOY JZ 1987, 10, 15). Und wenn der Erblasser bei einer Änderung des Erbvertrags die Voraussetzungen eines »**spezifizierten Änderungsvorbehalts**« (Terminologie nach BUCHHOLZ FamRZ 1987, 445) nicht einhält, so verletzt er damit ein Recht des vertragsmäßig Bedachten iS von § 2289 Abs 1 (so deutlich HERLITZ MittRhNotK 1996, 153, 158). Auch D NOLTING (73) muss daher einräumen, dass sich die Bindungswirkung aus dem vertraglichen Charakter und aus § 2289 Abs 1 ergibt. § 2289 Abs 1 ist aber nur die Rechtsfolge, die die Reichweite derselben beschreibt, und nicht die Ursache der Bindung (ebenso BGHZ 26, 204, 208; AK-FINGER § 2274 RdNr 9)! Auch wenn die Ausgangsprämisse, ein Erbvertrag müsse wenigstens eine vertragsmäßige Verfügung enthalten (BGHZ aaO; BGH MDR 1958, 223), unstreitig ist, so ergibt sich aus dem zuvor Gesagten, dass ein spezifizierter Änderungsvorbehalt auch die einzige Verfügung erfassen kann, weil bereits dadurch eine Beschränkung des Erblassers in seiner Gestaltungsfreiheit eintritt, die den Vertragscharakter wahrt und gegenüber dem Testament eine spezifische Bindungswirkung äußert (eingehend § 2278 RdNr 13 ff).

### 3. Abgrenzung

#### a) Rechtsgeschäfte unter Lebenden

##### aa) Grundsätzliches

Der Erbvertrag ist – wie das Testament – eine Verfügung von Todes wegen, dh eine Anordnung, die mit dem Tod des Erblassers wirksam wird und, wenn sie nicht familienrechtlichen Inhalt hat, die Rechtsverhältnisse hinsichtlich des Nachlasses beeinflussen soll. Die Verfügungen von Todes wegen begründen – im Gegensatz zu den Rechtsgeschäften unter Lebenden – **zu Lebzeiten des Verfügenden keine Rechte oder Pflichten** unter den Beteiligten (BGHZ 8, 23, 30; MünchKomm-MUSIELAK RdNr 9), und zwar auch keine schuldrechtliche Verpflichtung, dem Begünstigten das Zugewandte zu verschaffen oder zu erhalten (OLG München ZEV 1998, 69, 71; für eine Schutz- und Loyalitätspflicht aus dem Erbvertrag aber AUNERT-MICUS 35 ff, 41; auch STÖCKER [RdNr 6]). Durch eine Verfügung von Todes wegen wird, auch wenn sie vertragsmäßig getroffen ist, niemals ein Anspruch gegen den Erblasser geschaffen (BGHZ 12, 115, 118 = NJW 1954, 633 = JZ 1954, 436 mit Anm COING = DNotZ 1954, 264 mit Anm HIEBER). Rechte der erbrechtlich Bedachten entstehen erst mit dem Erbfall, und zwar soweit sie schuldrechtlicher Art sind, nicht gegen den Erblasser, sondern gegen den Erben oder Dritte, etwa Erbschaftsbesitzer (§ 2018). Der Vertragserbe und der vertragsmäßig bedachte Vermächtnisnehmer haben vor dem Erbfall **nicht** einmal ein rechtlich gesichertes **Anwartschaftsrecht** auf das Vermögen des Erblassers oder auf den vermachten Gegenstand, sondern nur eine **tatsächliche Aussicht** (Mot V 348; BGHZ 12, 115, 118; BayObLGZ 1952, 289; STAUDINGER-KANZLEITER Vorbem 5, 10 zu §§ 2274 ff; WÜBBEN, Anwartschaftsrechte im Erbrecht, 2001, 337 ff; anders MATTERN BWNotZ 1962, 235). Eingehend zur Frage des Anwartschaftsrechts s § 2286 RdNr 7 ff.

12   Ein **Rechtsgeschäft unter Lebenden** liegt daher dann vor, wenn die Vertragsteile mit dem Rechtsgeschäft schon zu Lebzeiten Rechte und Pflichten begründen wollten, auch wenn deren Erfüllung oder volle Wirksamkeit – etwa bei bedingten Rechten – erst beim Tod eines Beteiligten eintreten soll (BGHZ 8, 23, 30 ff = NJW 1953, 182; BGHZ 31, 13, 20 = NJW 1959, 2252; NJW 1984, 46, 47; vgl §§ 158 ff, 331, 2301 Abs 2). Entscheidend ist, dass zu Lebzeiten des künftigen Erblassers **keine Bindung** jenseits des von §§ 2289, 2287, 2288 gezogenen Rahmens gewollt ist (BGHZ 31, 13, 20; RG HRR 1930, 1464). Es kommt dabei auf diese Art der Bindung und nicht auf die Intensität derselben an; dabei spricht die Vereinbarung eines Verfügungsunterlassungsvertrages gerade für einen Erbvertrag, da sonst der Bedachte wegen § 2286 gegen Verfügungen weitgehend schutzlos ist, während bei einem lebzeitigen Rechtsgeschäft aus dessen Rechtsnatur sich bei Verletzung der Erfüllungspflichten per se bereits wenigstens Schadensersatzpflichten ergeben (daher im Ergebnis richtig OLG Koblenz ZEV 1997, 255 m Anm NOTTHOFF, jedoch aufgehoben von BGH NJW 1998, 2136, 2137 aus Gründen eines fast übersteigerten Schutzes der Vorkaufsberechtigten gegen Umgehungsgeschäfte). Die Entgeltlichkeit der Zuwendung kann dabei für die Annahme eines Rechtsgeschäfts unter Lebenden sprechen (OLG Hamburg MDR 1950, 615). Für die zur Abgrenzung erforderliche Auslegung, die Inhalt und Umstände des jeweiligen Einzelfalls berücksichtigen muss (MünchKomm-MUSIELAK Vorbem RdNr 10) ist § 2084 (Grundsatz der wohl wollenden Auslegung) anwendbar (BGH NJW 1984, 46).

13   **Einzelfälle:** Wenn die Parteien den Fortbestand eines Grundstücksvertrages vom Überleben des Käufers abhängig machen und die Erfüllung, also Auflassung, Umschreibung und Übergabe einerseits, Zahlung des Kaufpreises andererseits, bis zum Tod des Verkäufers hinausschieben, so ist der Vertrag kein Erbvertrag und bedarf nicht der Form des § 2276 (RG SeuffArch 79 Nr 13; REHBEIN DNotZ 1927, 1910). Auch ein Übergabevertrag, bei dem Auflassung und Übertragung des Vermögens erst nach dem Tod der Übergeber geschehen soll, muss kein verschleierter Erbvertrag sein (BGHZ 8, 23, 33). Derartige Abgrenzungsfragen treten vor allem bei der vorweggenommenen Erbfolge auf (s RdNr 15). Die **Bezeichnung** eines Leibrentenvertrags als entgeltlichen Vertrag unter Lebenden schließt nicht aus, diesen als Erbvertrag zu qualifizieren, wenn er der Sache nach dies ist (FG Hamburg EFG 1987, 625). Größere Bedeutung misst demgegenüber OLG Koblenz aaO zu Recht der Bezeichnung im Notarvertrag zu (zurückhaltender aber BGH NJW 1998, 2136, 2137 in der Revisionsentscheidung), hält aber letztlich das Motiv für ausschlaggebend, dass der Erblasser das Schicksal seines Privatvermögens erst für die Zeit nach seinem Tod festlegen wollte.

14   Eine andere Frage ist es, ob bei Rechtsgeschäften unter Lebenden die **bedingte Verfügung** oder Verpflichtung **rechtswirksam ist** oder ob ihr etwa wegen Verstoßes gegen § 925 Abs 2 oder wegen Mangels der nach § 2301 Abs 1 erforderlichen Form (nämlich der des Erbvertrags, § 2276) die Rechtswirksamkeit abgesprochen werden muss. Dabei ist aber zu beachten, dass Verpflichtungsgeschäfte regelmäßig bedingt vorgenommen werden können, dass § 2301 nicht für entgeltliche Verträ-

ge gilt, dass die bedingte Übertragung des zugewendeten Gegenstandes als Vollzug iS des § 2301 anerkannt ist (§ 2301 RdNr 41) und dass für das Bestreben, durch Vertrag unter Lebenden Zwecke zu erreichen, welche die Zuwendung von Todes wegen verfolgt, ein gewisses, letztlich anzuerkennendes Bedürfnis besteht (RGZ 80, 175, 177; BGHZ 8, 23, 32; BayObLGZ 1953, 226 = DNotZ 1953, 599).

**bb) Vorweggenommene Erbfolge**
Dieser im Gesetz nicht geregelte Vertragstypus wird gerade auch von dem **15** Wunsch nach erbrechtlicher Klarheit bestimmt (zu den Motiven kurz und prägnant JERSCHKE, in Beck'sches Notarhandbuch, 3. Aufl [2000] A V RdNr 76; s eingehend § 2287 RdNr 28; zur inhaltlichen Ausgestaltung etwa LANGE-KUCHINKE § 25 XI 1), weshalb diese Zielsetzung der einer Verfügung von Todes wegen entspricht. Aber auch die **Versorgungssicherheit** für den Übergeber wie die Schaffung einer Existenzhilfe für den Übernehmer, etwa im landwirtschaftlichen oder betrieblichen Bereich, sind zentrale Motive, die eine andere Ausgestaltung des Vertrages bedingen und oftmals den unmittelbaren Vollzug mit der sofortigen Begründung von Rechten und Pflichten erfordern (MünchKomm-MUSIELAK RdNr 11). Schwieriger ist die Abgrenzung, wenn die Vollziehung des Vertrags bis zum Tod des Übergebers ausgesetzt wird und dieser sich auf sein wesentliches Vermögen bezieht. Soll sich die Verpflichtung auch auf das *künftige Vermögen* des Übergebers erstrecken, wird die Auslegung idR ergeben, dass eine erbrechtliche Regelung gewollt ist, da ein Vertrag unter Lebenden nach § 311 b Abs 2 nF (früher § 310) nichtig wäre (BGHZ 8, 23, 33; LANGE-KUCHINKE § 25 XI 1c). Ansonsten wird man für die Unterscheidung darauf abstellen, ob bereits zu Lebzeiten des Erblassers Rechte und Pflichten begründet werden und damit eine lebzeitige Bindung eintreten soll (s RdNr 12; LANGE-KUCHINKE aaO). Entscheidend ist dabei der im Einzelfall zu ermittelnde Wille der Vertragsteile (STAUDINGER-KANZLEITER RdNr 18).

Die unter einer Überlebensbedingung vorgenommenen Schenkungen, die § 2301 **16** unterfallen, sind zumindest im Bereich der Immobilien äußerst selten; meist handelt es sich nur um **betagte Zuwendungen,** bei denen nicht das Bestehen des Übereignungsanspruchs, sondern nur die Fälligkeit desselben den Tod des Übergebers voraussetzt, sodass es sich um Rechtsgeschäfte unter Lebenden handelt (LANGE-KUCHINKE aaO). OLZEN will auch auf solche Fälle § 2301 entsprechend anwenden, um die Interessen der Nachlassgläubiger und der anderen Erbbeteiligten zu wahren (Die vorweggenommene Erbfolge [1984] 50 ff, 99 ff; zust OTTE AcP 186 [1986] 314 f); damit wird allerdings die vom Gesetz gezogene Abgrenzung völlig verwischt (dazu BGHZ 8, 23, 30 ff). Wegen der bei lebzeitigen Zuwendungen idR anders gelagerten Motivation und der dadurch veranlassten abweichenden Vertragsgestaltung kann OLZEN auch nicht gefolgt werden, wenn er auf die spezialgesetzlich nicht geregelte vorweggenommene Erbfolge verschiedene gesetzliche Bestimmungen des Erbvertrags anwenden will, etwa die Anfechtung nach §§ 2285, 2281, 2082 Abs 2, 2078 ff durch die gesetzlichen Erben nach dem Tod des Übergebers (so OLZEN 213 f). Wer gerade beim entgeltlichen Erbvertrag für eine Restriktion der Irrtumsanfechtung eintritt (hierzu § 2281 RdNr 21 f), muss dies erst recht bei bereits wirksamen, aber noch nicht fälligen Zuwendungen, bei denen der Empfänger seinerseits oftmals bereits Gegenleistungen erbracht hat.

**cc) Hofübergabe nach der HöfeO**
Im Bereich der ehemals britischen Zone hat ein Übergabevertrag nach §§ 7 Abs 1, **17** 17 HöfeO auch die Wirkungen einer **Verfügung von Todes wegen**. Denn nach § 17 Abs 2 HöfeO gilt mit der Übergabe des landwirtschaftlichen Hofes an den hoferbenberechtigten Abkömmling zugunsten der anderen Abkömmlinge hin-

sichtlich des Hofes der Erbfall als eingetreten. Man spricht daher hier auch von einer *Doppelnatur des Hofübergabevertrags* (WÖHRMANN-STÖCKER, Das Landwirtschaftserbrecht, 6. Aufl [1995] § 17 HöfeO RdNr 9). Ein solcher Hofübergabevertrag, der daher im Widerspruch zu einem früheren Erbvertrag einem anderen den Hof zuwendet, ist daher unwirksam (BGH NJW 1976, 1635; vgl auch BGHZ 73, 324; s § 2289 RdNr 21, 50); außerhalb des landwirtschaftlichen Sondererbrechts (zu den anderen landwirtschaftlichen Anerbenrechten s STAUDINGER-J MAYER [Bearbeitung 1997] Art 64 EGBGB RdNr 103 ff) sind die Übergabeverträge als Rechtsgeschäfte unter Lebenden zu behandeln (BGH LM LVO § 23 Nr 5; LM HöfeO § 12 Nr 3; MünchKomm-MUSIELAK RdNr 12). Dort gewähren nur die §§ 2287 f einen bei weitem nicht so starken Schutz (SOERGEL-M WOLF RdNr 8).

**b) Erbvertrag und Testament**

**aa) Grundsätzliches, Unterschiede**

**18** Erbvertrag und Testament sind beides Verfügungen von Todes wegen (vgl §§ 1937, 1941). Beide Rechtsgeschäfte kann der Erblasser nur persönlich vornehmen (§§ 2274, 2064). Beim Erbvertrag findet vielfach Testamentsrecht Anwendung (§ 2279 Abs 1, § 2299). Der wesentliche Unterschied zwischen Erbvertrag und Testament liegt darin, dass das Testament grundsätzlich widerruflich ist, der Erbvertrag hingegen – wenigstens hinsichtlich vertragsmäßiger Verfügungen – grundsätzlich unwiderruflich (§§ 2253 ff, § 2289 Abs 1 S 2). Zum Wesen der erbvertraglichen **Bindungswirkung** s RdNr 8 ff. Zur Abgrenzung eines entgeltlichen Erbvertrags mit der Gegenleistung Pflegeverpflichtung zu einer testamentarischen Erbeinsetzung unter der auflösenden Bedingung des Wegfalls der versprochenen Versorgungsleistungen s den instruktiven Fall BayObLGZ 1998, 22, 24 ff, wo betont wird, dass zur Ermittlung des erbvertraglichen Bindungswillens nach § 133 der wirkliche Wille des Erblassers zu erforschen und nicht allein am Wortlaut der Erklärung haften geblieben werden darf. § 157 soll offenbar nicht angewandt werden, obgleich dies uU das Schutzinteresse des Vertragspartners gebietet, wenngleich im konkreten Fall wegen der Nichtwahrung der Erbvertragsform dies dem Bedachten wohl günstiger war.

Weitere Unterschiede zwischen Testament und Erbvertrag finden sich bei der Regelung der Geschäftsfähigkeit, bei den Formvorschriften und bei der Anfechtung, die gegenüber einem Erbvertrag auch dem Erblasser in gewissen Grenzen offen steht (§§ 2275, 2276, 2281 ff). Das wechselbezügliche gemeinschaftliche Testament ähnelt nach der Annahme der Erbschaft durch den Längerlebenden (§ 2271 Abs 2 S 1) dem Erbvertrag (COING NJW 1958, 689). Es unterscheidet sich von ihm aber ua dadurch, dass es nur von Ehegatten errichtet werden kann (§ 2265; Mot V 314); eingehend hierzu Vorbem 33 ff zu §§ 2265 ff.

**bb) Umdeutung**

**19** Die grundsätzlichen Unterschiede zwischen Erbvertrag und Testament müssen auch bei der Prüfung der Umdeutung beachtet werden (MünchKomm-MUSIELAK RdNr 19), auch wenn dem BGB insoweit kein Umdeutungsverbot entnommen werden kann. Erbverträge, die als solche unwirksam sind, sei es wegen Mangels der vorgeschriebenen *Form* (§ 2276) oder wegen der fehlenden vollen *Geschäftsfähigkeit des Erblassers* (§ 2275 Abs 1) oder aber, weil sie keine einzige vertragsmäßige Verfügung enthalten (§ 2278 RdNr 23 ff), können uU nach § 140 im Wege der **Umdeutung** als gemeinschaftliches Testament oder, wenn sie nicht von Ehegatten errichtet sind, als einseitiges Testament aufrechterhalten werden (vgl §§ 2084, 2085, 2279 Abs 1; Mot V 317; KGJ 28 A 16, 18 [nur einseitige Verfügungen]; 31 A 112, 114 [Formmangel]; OGH BrZ JR 1950, 536). Insbesondere können auch dann, wenn der Erbvertrag als solcher unwirksam ist, die in ihm enthaltenen einseitigen Verfügungen von

Todes wegen (§ 2299) wirksam sein, wenn sie von dem Grund der Unwirksamkeit nicht betroffen sind, wenn sie den Anforderungen genügen, die das Gesetz in Bezug auf die Testierfähigkeit des Erblassers, Form und Inhalt an letztwillige Verfügungen stellt und wenn die Aufrechterhaltung dem Willen des Erblassers entspricht (§ 2299 RdNr 2). Ferner können vertragsmäßige Verfügungen, die als solche nicht zulässig sind (§ 2278 Abs 2), als einseitige Verfügungen aufrechterhalten werden (KG KGJ 28 A 16 = OLG 10, 313; RG LZ 1923; 321). Andererseits kann in einen Erbvertrag umgedeutet werden: ein **gemeinschaftliches Testament**, das von Nichtehegatten errichtet ist (BayObLGZ 19 A 313), eine wegen **§ 2302** nichtige Verpflichtung zur Errichtung eines Testaments (OLG Hamm FamRZ 1997, 581 = MittBayNot 1997, 300) oder die aus dem gleichen Grunde nichtige Verpflichtung in einem Scheidungsvergleich, ein Testament nicht zu ändern (Stuttgart OLGZ 1989, 415, 416 = NJW 1989, 2700).

### 4. Inhalt des Erbvertrags

#### a) Einseitige und vertragsmäßige Verfügungen

Der Erbvertrag kann sowohl vertragsmäßige als auch einseitige Verfügungen von Todes wegen enthalten (§§ 2278, 2299). Vertragsmäßig können nur Erbeinsetzungen, Vermächtnisse oder Auflagen angeordnet werden (§ 2278 Abs 2). Man spricht von Erbeinsetzungs-, Vermächtnis- und Auflagevertrag. Der Erbvertrag braucht keine Erbeinsetzung zu enthalten. Einseitig kann in dem Erbvertrag jede Verfügung getroffen werden, die auch durch Testament getroffen werden könnte (§ 2299 Abs 1). Solche einseitigen Verfügungen stehen mit den vertragsmäßigen nur in einem äußerlichen Zusammenhang. **20**

#### b) Auslegung des Erbvertrags

##### aa) Vertragsmäßige Verfügungen

Für die Auslegung **vertragsmäßiger**, also bindender **Verfügungen** gelten grundsätzlich die allgemeinen Regeln über die Auslegung von Verträgen, sodass wie bei jedem Vertrag der erklärte übereinstimmende Wille der Vertragsteile bei der Errichtung desselben zu ermitteln ist, gegebenenfalls ist § 157 heranzuziehen (BayObLGZ 1994, 313, 319; 1995, 120, 123; OLG Zweibrücken FamRZ 1998, 1540, 1542 = NJW-RR 1998, 941; GIENCKE FamRZ 1974, 241). Maßgebend ist daher, was die Vertragsteile erklärt und wie das Erklärte aus der Sicht des anderen Vertragsteils zu verstehen war (Empfängerhorizont), nicht aber, was der Erblasser einseitig gewollt, aber nicht geäußert hat (BGHZ 106, 359, 361 = NJW 1989, 2885 = DNotZ 1990, 50; SOERGEL-LORITZ § 2084 RdNr 50). Daher ist es für die Ermittlung des Vertragsinhalts in aller Regel von Bedeutung, welche Vorstellungen der andere Vertragspartner des Erblassers mit den vertraglich getroffenen Verfügungen verbunden hat (BayObLG NJW-RR 1997, 7 = FamRZ 1997, 123). Dabei ist es zunächst unerheblich, ob es sich um einen einseitigen oder zweiseitigen Erbvertrag handelt, da das Vertrauen des anderen Vertragsteils nicht dadurch enttäuscht werden darf, dass im Wege der Auslegung der Verfügung des Erblassers eine ganz andere Bedeutung beigemessen wird. Dies führt tendenziell zu einer objektivierenderen Auslegung als bei einem einseitigen Testament. Wenn man aber an dem Erfordernis der Erklärung des Willens auch bei einseitigen letztwilligen Verfügungen festhält, so ist der Unterschied mehr gradueller als prinzipieller Natur (MünchKomm-LEIPOLD § 2084 RdNr 22). Je größer das Interesse des Vertragsgegners an der Verfügung ist, desto eher erfordern Gründe des Vertrauensschutzes aber auf den objektiven Sinngehalt abzustellen, der die Auslegung nach § 157 gebietet. Man denke etwa an einen entgeltlichen Erbvertrag, der sicherlich wegen der Dispositionen des Vertragspartners **21** eine stärkere Einschränkung des Willensdogmas gebietet als ein lediglich einseitiger (LANGE-KUCHINKE § 34 III 8 c, die sich zugleich dadurch von noch weiter gehenden Versuchen zur Einschränkung der Anwendbarkeit des § 157 abgrenzen wollen, so etwa bei BROX, Irrtumsanfechtung [1960] RdNr 160 ff, der § 157 nur beim entgeltlichen Erbvertrag zulässt). Dabei muss man sich allerdings vergegenwärtigen, dass eine derartige Abstufung zwar aus den verschiedenen Motiven für den Bindungsgrund des Erbvertrags konsequent (dazu oben RdNr 2), in der praktischen Umsetzung wegen der Beweisschwierigkeiten aber nicht unproblematisch ist. Zudem darf nicht verkannt werden, dass auch die am Schutz des Vertragspartners orientierte objektivierende Auslegung eine andere konzeptionelle Schwäche dieses Schutzes des Vertragspartners nicht überwinden kann, nämlich die Durchsetzung des verborgen gebliebenen Willens des Erblassers mittels der auch beim Erbvertrag zulässigen und auch nicht durch § 122 erschwerten Anfechtung wegen Motivirrtums (§ 2078 Abs 2; zu diesen Ungereimtheiten etwa BATTES, Gemeinschaftlichen Testament ... 45 ff). Die weitere Folgerung daraus muss daher eine Einschränkung der Irrtumsanfechtung sein (s § 2281 RdNr 21 ff, 43).

22 Maßgeblich für die Auslegung ist aber immer – darüber darf die Wendung vom Empfängerhorizont nicht hinwegtäuschen – der übereinstimmend erklärte Wille der Vertragsteile (BGH NJW FamRZ 1983, 380) und zwar so, wie sie den Vertrag gegenseitig verstanden haben, weil dies jeder Interpretation vorgeht (BGH NJW 1984, 721; PALANDT-EDENHOFER Überbl v § 2274 RdNr 8). Dies kann etwa bedeutsam sein, wenn die Vertragsteile einen vom allgemeinen abweichenden Sprachgebrauch haben, der sich hier selbst gegen die objektive Verkehrsauffassung oder auch die Vorstellung des erbvertraglich Bedachten Dritten durchsetzt (SOERGEL-LORITZ § 2084 RdNr 51; nicht so weitgehend wohl LANGE-KUCHINKE § 34 III 8c). Für die Frage, ob überhaupt ein Erbvertrag vorliegt wendet BayObLGZ 1998, 22, 26 allein § 133 an.

23 Die Auslegung vom Empfängerhorizont aus führt dazu, dass nur **Umstände** berücksichtigt werden können, die dem Empfänger bekannt oder zumindest für ihn erkennbar waren (SOERGEL-LORITZ aaO; MünchKomm-LEIPOLD aaO). Für die Auslegung sind alle zugänglichen Erkenntnismittel auszuschöpfen, auch soweit es sich um Umstände außerhalb der Urkunde handelt, allerdings muss der durch die Auslegung gewonnene Wille wenigstens einen versteckten oder auch nur unvollkommenen Ausdruck gefunden haben (sog **Andeutungstheorie;** vgl etwa MünchKomm-MUSIELAK Vor § 2274 RdNr 33; MünchKomm-LEIPOLD § 2074 RdNr 17 ff). Auch ist der Gesamtzusammenhang mit anderen Vertragsklauseln zu berücksichtigen, etwa mit **güterrechtlichen Vereinbarungen** eines mit dem Erbvertrag verbundenen Ehevertrags (BayObLGZ 1986, 242, 247 = FamRZ 1986, 1151, 1153).

24 Das **Grundbuchamt** hat auch bei rechtlich schwierigen Fragen einen Erbvertrag selbständig auszulegen (§ 35 Abs 1 S 2 GBO); einen Erbschein darf es nur dann verlangen, wenn eine Auslegung ohne weitere Ermittlung nicht möglich ist (BayObLG ZEV 1995, 229, 230 = FamRZ 1995, 58 = DNotZ 1995, 306).

### bb) Einseitige Verfügung
25 Für die Auslegung **einseitiger Verfügungen** (§ 2299) gelten hingegen die Vorschriften über die Auslegung letztwilliger Verfügungen, da bei diesen wegen der freien Widerruflichkeit insoweit keine Rechtfertigung für einen gesteigerten Vertrauensschutz besteht (§ 2299 Abs 2, §§ 2066 ff, 2087 ff; BayObLGZ 1994, 313, 319). Es kommt also hier nicht darauf an, wie ein anderer die Erklärung des Erblassers verstehen konnte.

### cc) Weitere Auslegungsgesichtspunkte

Die Tatsache, dass der Erbvertrag notariell beurkundet ist, steht der Auslegungsfähigkeit nicht entgegen (OLG Saarbrücken NJW-RR 1994, 844). Auf den Willen des beurkundenden **Notars** kommt es dabei zunächst nicht an, da maßgeblich für die Auslegung ist, was die Beteiligten selbst unter dieser Formulierung verstanden (BayObLG FamRZ 1997, 911 = ZEV 1997, 160; OLG Hamm FamRZ 1994, 188). Jedoch kommt dem Notar gerade bei komplizierten Rechtsausdrücken die Funktion eines Dolmetschers zu (JERSCHKE DNotZ 1989, 21, 26 ff). Daher ist das Verständnis des Notars durchaus doch von indizieller Bedeutung (BayObLG NJW-RR 1997, 835). Lässt sich eine sprachlich mehrdeutige Erbeinsetzung nicht aufklären, so hat sich das Gericht mit dem Sinn zu begnügen, der dem Erblasserwillen mutmaßlich am ehesten entspricht (BGH NJW 1993, 256; BayObLGZ 1997, 59). 26

Führt die Auslegung zu der Feststellung, dass ein Vertrag – etwa wegen Mangels der Einigung (Dissens) – nicht zustande gekommen ist, so ist es gleichwohl möglich, dass die Verfügung des Erblassers als einseitige Verfügung von Todes wegen aufrecht erhalten werden kann. 27

### 5. Terminologie

Die Personen, die den Erbvertrag schließen, werden vom Gesetz als die »Vertragsschließenden« oder als die »Parteien« bezeichnet. Der Beteiligte, der im Erbvertrag eine oder mehrere Verfügungen von Todes wegen trifft, ist der »Erblasser«, der ihm gegenüberstehende Beteiligte »der andere Vertragsschließende«. Bisweilen wird auch der unschöne Begriff »Vertragsgegner« verwendet. Der vertragsmäßig berufene Erbe heißt »Vertragserbe«. »Rücktritt« ist die einseitige Aufhebung des Erbvertrags; von »Aufhebung« spricht das Gesetz bei der Beseitigung des Erbvertrags oder einer vertragsmäßigen Verfügung im beiderseitigen Einverständnis (§§ 2290–2292). 28

### 6. Verwandte Verträge

#### a) Verträge nach § 311 b Abs 2 und 4

Der Vertrag über den Nachlass eines noch lebenden Dritten, der nach § 311 b Abs 4 nF (früher § 312) in der Regel nichtig ist, unterscheidet sich vom Erbvertrag dadurch, dass der Erblasser an ihm nicht beteiligt ist, und sodann dadurch, dass er nur schuldrechtliche, nicht erbrechtliche Bedeutung hat (RGZ 169, 99; zu den Gestaltungsmöglichkeiten eingehend KAUFHOLD ZEV 1996, 454; LIMMER DNotZ 1998, 927). Das schließt aber nicht aus, dass ein Vertrag zwischen künftigen Erben nach § 311 b Abs 5 nF (früher § 312 Abs 2) mit einem Erbvertrag verbunden wird (OGH BrZ 2, 175 = NJW 1949, 666). Ein Erbvertrag, der wegen Mangels der erforderlichen Form als solcher nichtig ist, kann uU in einen Vertrag nach § 312 Abs 2, jetzt § 311 b Abs 5 umgedeutet werden (§ 140; RG JR 1927 Nr 1403). Andererseits kann ein Vertrag, der die Übertragung eines künftigen Vermögens zum Gegenstand hat und der daher nach § 311 b Abs 2 nF (früher § 310) an sich nichtig ist, uU in einen Erbvertrag **umgedeutet** werden (BGHZ 8, 23, 34; RG JW 1910, 467). 29

#### b) Verträge zugunsten Dritter auf den Todesfall

Verträge zugunsten Dritter sind in der Regel auch dann Rechtsgeschäfte unter Lebenden und daher nicht den Formvorschriften für den Erbvertrag unterworfen, wenn der eine Teil die Leistung an den Dritten für den Fall des Todes des anderen Teils verspricht (vgl § 331). Dies gilt auch dann, wenn es sich bei der Zuwendung im Verhältnis von Versprechensempfänger zum Bedachten (sog Valutaverhältnis) um eine unentgeltliche handelt. Im Einzelnen hierzu bei § 2301 RdNr 59 f. Eine 30 ausnahmsweise nach § 312 Abs 2 aF, jetzt § 311 b Abs 5 zulässige Vereinbarung zwischen den künftigen gesetzlichen Erben kann aber nicht als echter Vertrag zugunsten eines Dritten ausgestaltet werden, da im Valutaverhältnis zum Drittbegünstigten gerade dann eine unzulässige Vereinbarung iS von § 312 Abs 1 aF, jetzt § 311 b Abs 4 nF vorliegt (KAUFHOLD ZEV 1996, 454, 457).

### c) Schenkung von Todes wegen

**31** Große Ähnlichkeit mit dem Erbvertrag weist ein Schenkungsversprechen auf, das für den Fall des Todes des Schenkers unter der Voraussetzung des Überlebens des Beschenkten erteilt wird (vgl §§ 1923, 2160) und das auch erst nach dem Tode des Schenkers vollzogen werden soll. Ein solches Schenkungsversprechen wird in § 2301 Abs 1 dem Erbvertrag gleichgestellt (sog Schenkung von Todes wegen). Dagegen gelten die Vorschriften für die Schenkung unter Lebenden, wenn das Schenkungsversprechen noch zu Lebzeiten des Schenkers vollzogen wird, was Abgrenzungsfragen aufwirft (§ 2301 Abs 2). Vgl hierzu § 2301 RdNr 30 ff und oben RdNr 13 ff.

### d) Verpflichtung zur Errichtung einer letztwilligen Verfügung

**32** Der Erbvertrag ermöglicht eine erbrechtliche Bindung des Erblassers an eine bestimmte Verfügung von Todes wegen (§ 2289 Abs 1). Dagegen ist ein schuldrechtlicher Vertrag, in dem sich jemand verpflichtet, eine Verfügung von Todes wegen zu errichten oder nicht zu errichten, aufzuheben oder nicht aufzuheben, nichtig, weil er die Testierfreiheit des Erblassers übermäßig einengen würde (§ 2302). Zur Umdeutung s RdNr 19.

### e) Erbverzicht

**33** Das Gegenstück zum Erbvertrag bildet der Erbverzicht, ein Vertrag mit dem Erblasser, in dem jemand auf sein gesetzliches oder testamentarisches Erbrecht oder auf ein testamentarisches Vermächtnis oder auf seinen Pflichtteil oder endlich auf eine Zuwendung, die in einem Erbvertrag einem Dritten gemacht ist, verzichtet (§§ 2346, 2352).

## III. Arten des Erbvertrags

### 1. Einseitige und zweiseitige Erbverträge

**34** Von einem **zweiseitigen Erbvertrag** spricht man, wenn in dem Vertrag beide Vertragsteile vertragsmäßige Verfügungen treffen (§§ 2278, 2298). Das Gesetz unterstellt eine gegenseitige Abhängigkeit der beiderseitigen vertragsmäßigen Verfügungen (§ 2298 Abs 1, 3). Bedenken sich die Erblasser gegenseitig, so spricht man vom **gegenseitigen (reziproken) Erbvertrag.** Auch der einseitige Erbvertrag muss wenigstens eine (rechtswirksame) vertragsmäßige Verfügung enthalten, wenn er überhaupt als Erbvertrag anerkannt werden soll. Unschädlich ist jedoch, wenn sich der Erblasser hinsichtlich der einzigen bindenden Verfügung den Rücktritt nach § 2293 vorbehalten hat. Ein Erbvertrag ohne eine vertragsmäßige Verfügung kann uU in ein Testament umgedeutet werden (KG KGJ 28 A 16).

### 2. Mehrseitige Erbverträge

**35** Ein Erbvertrag kann auch zwischen drei und mehr Personen geschlossen werden, und zwar auch so, dass alle Beteiligten vertragsmäßige Verfügungen von Todes wegen treffen (RGZ 67, 65, KIPP-COING § 36 III). REITHMANN (DNotZ 1957, 527) kommt zutreffend zu folgenden Ergebnissen:

Im Zweifel ist anzunehmen, dass jeder Teilnehmer bei vertragsmäßigen Verfü- 36
gungen allen andern gegenüber gebunden ist, sodass der Erbvertrag nur von allen Beteiligten zusammen nach § 2290 aufgehoben werden kann (KIPP-COING § 36 III).
Ist einer von ihnen gestorben, so kann der Erbvertrag überhaupt nicht mehr durch Vertrag aufgehoben werden. Insbesondere kann der Erblasser nicht mit den Erben des verstorbenen Mitkontrahenten einen Vertrag zur Aufhebung des Erbvertrags schließen (REITHMANN 529; KIPP-COING § 39 I 4). Der Rücktritt (§§ 2293 ff) muss allen Vertragspartnern gegenüber erklärt werden (§ 2296 Abs 2). Ist ein Vertragspartner gestorben, so wird die Erklärung an die noch lebenden Partner genügen; der Erblasser braucht sie nicht auch noch in einer letztwilligen Verfügung (§ 2297) niederzulegen. Inwieweit die vertragsmäßigen Verfügungen mehrerer Erblasser zueinander wechselbezüglich sind (§ 2298), ist für jede einzelne Verfügung gesondert zu prüfen (REITHMANN 531; BGH DNotZ 1957, 553).

### 3. Erbverträge zugunsten Dritter

Der Erblasser kann in dem Erbvertrag zugunsten anderer Vertragspartner, aber 37
auch zugunsten Dritter von Todes wegen verfügen (§ 1941 Abs 2). Man kann von Erbverträgen zugunsten Dritter sprechen, muss sich aber vor Augen halten, dass die Vorschriften der §§ 328 ff auf einen solchen Vertrag nicht anwendbar sind, da kein schuldrechtliches Leistungsversprechen zwischen den Vertragsteilen und auch kein Forderungsrecht für den Bedachten begründet wird (RG WarnRspr 1917 Nr 91; MünchKomm-MUSIELAK RdNr 8).

### 4. Verbindung mit anderen Verträgen

Auch ein Erbvertrag kann mit anderen Verträgen verbunden sein (arg § 34 Abs 2, 38
2. HS BeurkG). In Betracht kommen hier insbesondere ein **Ehevertrag** (ausdrücklich angesprochen in § 2276 Abs 2), ein **Verfügungsunterlassungsvertrag**, durch den sich der Erblasser gegenüber dem Bedachten verpflichtet, nicht über sein Vermögen zu verfügen (BGHZ 31, 13, 18 f; s § 2286 RdNr 22 ff), ein **Erbverzichtsvertrag** (§§ 2346 ff) und ein **Verpfründungsvertrag** (§ 2295; vgl auch nachstehend RdNr 40).

#### a) Grundsätzliche Behandlung

Inwieweit so verbundene Verträge eine **rechtliche Einheit** bilden, richtet sich 39
nach dem Willen der Vertragsteile (MünchKomm-MUSIELAK RdNr 20). Danach beurteilt die hM auch die Frage, ob der mit dem Erbvertrag zusammenhängende Vertrag der Form des Erbvertrags (§ 2276) bedarf (BGHZ 36, 65, 71 = LM Nr 4 zu § 2276 mit Anm PIEPENBROCK = NJW 1962, 249 = DNotZ 1962, 319; MünchKomm-MUSIELAK RdNr 20; AK-FINGER § 2276 RdNr 10; noch zurückhaltender für die Formanforderungen KANZLEITER DNotZ 1994, 275, 280: Beurkundungspflicht nur, soweit Bestandteil des Erbvertrags – etwa über Rücktrittsvorbehalt [ähnlich ders, NJW 1997, 217, 219 f]). Dies wird aber den mit dem Formgebot verfolgten Zwecken nicht gerecht, weshalb grundsätzlich bei solch verbundenen Rechtsgeschäften die Beurkundungsform des Erbvertrags einzuhalten ist (eingehend § 2276 RdNr 35 f). Inwieweit bei einem solchermaßen einheitlichen Rechtsgeschäft die Nichtigkeit des einen Vertrages auch die Unwirksamkeit des anderen zur Folge hat, beurteilt sich grundsätzlich nach § 139, jedoch sind für den Ehevertrag Ausnahmen zu machen (s eingehend § 2276 RdNr 40, 27).

#### b) Entgeltlicher Erbvertrag

Hierunter versteht man heute ein einheitliches, zusammengesetztes Rechtsge- 40
schäft, bestehend aus einem Erbvertrag mit einer vertragsmäßigen Zuwendung einerseits und einem Verkehrsgeschäft (auch Verpflichtungsgeschäft), in dem

sich der Vertragspartner im Hinblick auf die erbvertraglichen Verfügungen zur Erbringung von Leistungen an den Erblasser verpflichtet, meist zur Betreuung im Alters- und Krankheitsfall (vgl etwa HOHMANN, Rechtsfolgen von Störungen ..., 1993, 232; LÜKE, Vertragliche Störungen beim »entgeltlichen Erbvertrag«, 1990, 5 ff, 29; LANGE-KUCHINKE § 25 X 1; MünchKomm-MUSIELAK vor § 2274 RdNr 29). Diese Bezeichnung darf nicht darüber hinwegtäuschen, dass hier **kein** einheitlicher, **gegenseitig verpflichtender Vertrag** vorliegt, auf den die §§ 320 ff anwendbar wären, weil der Erbvertrag als abstraktes Rechtsgeschäft aus sich heraus die erbrechtliche Zuwendung ohne eine Leistungspflicht begründet (vgl BayObLGZ 1998, 22, 25 = NJW-RR 1998, 729; V LÜBTOW I 404; LANGE-KUCHINKE § 25 X 1; MünchKomm-MUSIELAK RdNr 21; zur Gegenmeinung s RdNr 41). Scheidet somit eine synallagmatische Verknüpfung der erbrechtlichen Zuwendung mit der schuldrechtlichen Leistungsverpflichtung des Vertragsgegners aus, so kann sich die Annahme eines **entgeltlichen Rechtsgeschäfts** aber immer noch aus einer *kausalen* oder *konditionalen Verknüpfung* ergeben (allgemein hierzu Münch-Komm-KOLLHOSSER § 516 RdNr 15 f), und dies wird regelmäßig der Fall sein (V LÜBTOW I 405 ff; eingehend dazu § 2295 RdNr 7 f). Zu Recht legt daher die überwiegende Meinung dann solchen Vereinbarungen den Charakter eines entgeltlichen Rechtsgeschäfts im technischen Sinne bei (BGHZ 36, 65, 70; V LÜBTOW I 404; LANGE-KUCHINKE aaO; KIPP-COING § 36 IV Fn 15; OERTMANN, Entgeltliche Rechtsgeschäfte, 1912, 108 ff; SOERGEL-M WOLF RdNr 4; **aM** BayObLG HRR 1929 Nr 390; STROHAL § 47 Fn 1; PLANCK-GREIFF § 2295 Anm 1; STAUDINGER-KANZLEITER RdNr 7; Voraufl RdNr 40 [was hiermit aufgegeben wird]; wohl auch München-Komm-MUSIELAK RdNr 29).

**41** Soweit in neuerer Zeit Versuche unternommen wurden, dem entgeltlichen Erbvertrag ein schuldrechtliches Kausalgeschäft zu unterlegen (STÜRZEBECHER, Rücktritt vom entgeltlichen Erbvertrag, 1987, 69 ff; *ders* NJW 1988, 2717; ähnlich, wenn auch mit anderem Ansatz STÖCKER WM 1980, 482 (dazu bereits oben RdNr 6]; zustimmend SOERGEL-M WOLF RdNr 4), kann dem im Hinblick auf § 2302 nicht zugestimmt werden, da dieses Grundgeschäft ja die Verpflichtung des Erblassers zur Errichtung der Verfügung von Todes wegen enthalten müsste (s § 2295 RdNr 6). Möglich sind jedoch eine **kausale oder konditionale Verknüpfung** der beiderseitigen Zuwendungen (s RdNr 40). Deshalb kann der Erblasser, wenn die Verpflichtung des Bedachten entgegen seiner Erwartung nicht wirksam entstanden oder später wieder weggefallen ist und die Voraussetzungen für den Rücktritt nach § 2295 nicht gegeben sind, nicht nur seine vertragsmäßige Verfügung nach §§ 2078 Abs 2, 2281 anfechten, sondern auch mit der *condictio causa data causa non secuta* (§ 812 Abs 1 S 2) von dem Vertragsgegner die Einwilligung in die Aufhebung des Erbvertrags oder doch der vertragsmäßigen Verfügung fordern (PLANCK-GREIFF § 2295 Anm 4; STAUDINGER-KANZLEITER Vorbem 7 zu §§ 2274; BGB-RGRK-KREGEL § 2295 RdNr 3; aM KIPP-COING § 36 IV 1). Die Beteiligten können aber die Leistung oder Verpflichtung des Bedachten auch zur ausdrücklichen Bedingung der vertragsmäßigen Zuwendung machen (BayObLG Rpfleger 1976, 290; PALANDT-EDENHOFER § 2295 RdNr 1); dann fällt mit jener auch diese weg (§ 158). Eingehend zur Behandlung der Leistungsstörung s § 2295 RdNr 14 ff.

## IV. Gefahren des Erbvertrags

### 1. Problematische Bindungswirkung

**42** Ähnlich wie beim gemeinschaftlichen Testament birgt auch beim Erbvertrag die Verkennung der Bindungswirkung erhebliche Gefahren für die Vertragsteile (s STAUDINGER-KANZLEITER RdNr 39): Das gilt zunächst für den Vertragspartner eines

»entgeltlichen Erbvertrags«, der sich zu uU erheblichen Gegenleistungen für die erbvertragliche Zuwendung verpflichtet hat und sich dabei ein »*Mehr an Bindung*« wünscht als das Gesetz an sich bietet, weil ja die lebzeitige Verfügungsfreiheit des Erblassers fortbesteht (§ 2286) und die relativ leichte Anfechtung wegen Motivirrtums (§ 2078 Abs 2) den Vertragszweck gefährdet. Aber auch für den Erblasser selbst ist die mit dem Erbvertrag verbundene Bindung oft zu weitreichend, was in der Praxis immer wieder bei Änderungswünschen im Falle von Wiederverheiratung oder neuer Lebensgemeinschaft festzustellen ist. Auch ergibt sich aus anderen Wechselfällen des Lebens immer wieder ein zunächst nicht vorhersehbarer Änderungsbedarf. Die beim Erbvertrag gesetzlich vorgeschriebene notarielle Belehrung (§ 17 BeurkG) und die dadurch zu gewährleistende sachkundige Beratung besteht daher zu Recht. Den von den Beteiligten gewünschten Änderungsnotwendigkeiten wird die notarielle Vertragsgestaltung aber nur dann gerecht werden können, wenn entsprechende Änderungsvorbehalte auch die rechtliche Anerkennung erhalten (das praktische Bedürfnis wird richtig erkannt von BUCHHOLZ FamRZ 1987, 445; eingehend hierzu § 2278 RdNr 13 ff).

### 2. Erbvertrag in der Art eines Berliner Testaments als Risikofaktor

Wird ein Ehegattenerbvertrag in der Art eines Berliner Testaments ausgestaltet (§§ 2280, 2269), so drohen auch hier die beim gemeinschaftlichen Testament bereits aufgezeigten Gefahren (Vorbem 46 ff zu §§ 2265 ff): Vergrößerung des Pflichtteilsanspruchs und erhöhte Erbschaftsteuerbelastung, insbesondere durch »Verschenken von Freibeträgen« im ersten Erbfall und Erhöhung der Bemessungsgrundlage (dazu BÜHLER BB 1997, 551; J MAYER ZEV 1998, 50 ff zu Gestaltungsvarianten mittels Vermächtnisanordnungen; zur Erbschaftsteuerreduzierung durch Auflagenanordnung: DARAGAN DStR 1999, 393; ders, ZErb 1999, 2; LANGENFELD JuS 2002, 351), sowie die Erhöhung des Pflichtteils enterbter Kinder.

**43**

## V. Gesetzesüberblick

Die Vorschriften über den Erbvertrag sind im vierten Abschnitt des 5. Buchs des BGB geregelt (§§ 2274 bis 2302), und zwar zunächst in den §§ 2274–2276 die besonderen Voraussetzungen über den wirksamen Abschluss (besonders über die Höchstpersönlichkeit und die Form), in §§ 2277, 2300 und 2300a über die amtliche Verwahrung und die Eröffnungsfrist. Weiter enthält das Gesetz die Regelungen über die vertragsmäßigen Verfügungen (§§ 2278, 2279 mit der Verweisung auf allgemeine Vorschriften) und die einseitigen Verfügungen (§ 2299), die Auslegungsregel des § 2280 iS des Berliner Testaments, die Bestimmungen über die Anfechtung (§§ 2281–2285), diejenigen über das Verhältnis zu lebzeitigen Zweitgeschäften (§§ 2286–2288) und der Wirkung gegenüber früheren und späteren Verfügungen von Todes wegen (§ 2289), sowie die Vorschriften über die Beseitigung des Erbvertrags durch einverständliche Aufhebung der Vertragspartner (§§ 2290–2292) oder einseitigen Rücktritt (§§ 2293–2297), den Fortbestand der übrigen vertragsmäßigen Verfügungen eines mehrseitigen Erbvertrags bei Wegfall von einzelnen Anordnungen (§ 2298), über das Schenkungsversprechen auf den Todesfall (§ 2301) und die Unbeschränkbarkeit der Testierfreiheit (§ 2302).

**44**

## VI. Wirksamkeit des Erbvertrags

### 1. Geltung der allgemeinen Vorschriften

**45** Auch für den Erbvertrag gelten die allgemeinen Vorschriften über die Wirksamkeit von Rechtsgeschäften, etwa die §§ 125, 134, 138. So hat der BGH einen Erbvertrag aufgrund von § 138 Abs 1 für nichtig erklärt, zu dessen Errichtung die Schwester des geistig beschränkten Erblassers diesen unter Ausnützung ihrer Stellung als Schwester und Pflegerin bestimmte (BGH LM Nr 1 zu § 138 B c). § 14 HeimG ist aber auch bei einer vertragsmäßigen Zuwendung auf das Verhältnis zwischen Betreuer und Betreutem **nicht** analog anwendbar (BayObLGZ 1997, 374, 376 ff = NJW 1998, 2369). Zur Anwendung des § 138 Abs 2 genügt es nicht, dass der wirtschaftliche Vorteil, den der Vertragserbe durch die Erbeinsetzung erlangt, erheblich größer ist als seine »Gegenleistungen«; denn der Erbvertrag ist auch in einem solchen Fall kein gegenseitiger Vertrag (RdNr 40; BGH vom 30. 9. 1954 IV ZR 68/54). Die Frage der Sittenwidrigkeit eines Erbvertrags ist grundsätzlich nach den Verhältnissen zur Zeit seiner Errichtung zu beurteilen (BGH NJW 1956, 865 = LM Nr 6 zu § 138 für das Testament; anders RG DRW 1944, 494). Zur Nichtigkeit genügt das sittenwidrige Verhalten des einen Vertragsteils, wenn das Anstößige gerade im Verhalten dieses Partners gegen den anderen besteht (BGHZ 50, 63, 70). Zu § 138 s auch System Teil A RdNr 59 ff; Johannsen WM 1971; 918 ff. Auch in einem Erbvertrag können die Verfügungen getroffen werden, wie sie für ein sog **Behindertentestament** empfohlen werden; zur Zulässigkeit dieser Gestaltung s BGHZ 111, 36 = NJW 1990, 2055; 123, 368, 378 = NJW 1994, 248 und eingehend System Teil E RdNr 203 ff.

### 2. Geschäftsfähigkeit

**46** Die Geschäftsfähigkeit ist beim Erbvertrag besonders geregelt, s § 2275.

### 3. Vorschriften für letztwillige Zuwendungen

#### a) Vorschriften des gemeinschaftlichen Testaments

**47** Nach § 2279 Abs 1 finden auf vertragsmäßige Zuwendungen und Auflagen die für letztwillige Zuwendungen und Auflagen geltenden Vorschriften, also das Testamentsrecht, entsprechende Anwendung. Näheres s § 2279 RdNr 1 ff. Nicht anwendbar sind im Allgemeinen die Vorschriften über das gemeinschaftliche Testament (§§ 2265 bis 2273). Die **Beschränkung auf Ehegatten** (§ 2265) besteht beim Erbvertrag **nicht**; aus § 2279 Abs 1 darf nicht etwa geschlossen werden, dass die Zulässigkeit gegenseitiger vertragsmäßiger Zuwendungen entsprechend § 2265 auf Ehegatten beschränkt sei (RGZ 67, 65, 66). § 2266 kommt nicht in Betracht, weil es beim Erbvertrag keine Erleichterung der Form für Notfälle gibt (§ 2276 Abs 1 S 2 erwähnt die § 2249 ff nicht). Anstelle von § 2267 gelten beim Erbvertrag für die Form die §§ 2274, 2276 iVm §§ 2231 Nr 1, 2232, 2233 und die Vorschriften des Beurkundungsgesetzes. § 2268 (Wirksamkeit bei Nichtigkeit oder Auflösung der Ehe) ist hier ersetzt durch § 2279 Abs 2, § 2269 (Berliner Testament) durch § 2280. Den Bestimmungen über wechselbezügliche Verfügungen in gemeinschaftlichen Testamenten (§§ 2270, 2271) entsprechen beim Erbvertrag die über vertragsmäßige Verfügungen (§§ 2278, 2289) sowie über den zweiseitigen Erbvertrag (§ 2298). § 2272 kann nicht entsprechend angewandt werden, weil die Rücknahme aus der amtlichen Verwahrung zwar auch beim Erbvertrag möglich ist, aber mangels Anwendbarkeit des § 2256 nicht die Wirkung des Widerrufs hat (KG JFG 17, 237 =

DNotZ 1938, 450). § 2273 ist nach § 2300 mit einer gewissen Einschränkung auf den Erbvertrag entsprechend anzuwenden.

**b) Formvorschriften über letztwillige Verfügungen**
Die Vorschriften über die Form der letztwilligen Verfügung (§§ 2231 ff) sind beim Erbvertrag nur teilweise anwendbar (§ 2276 Abs 1). Vor allem ist die Errichtung durch private Erklärung ohne Zuziehung des Notars (§ 2247) beim Erbvertrag ausgeschlossen. **48**

### 4. Willensmängel

Die Bedeutung von Willensmängeln richtet sich grundsätzlich nach den allgemeinen Vorschriften der §§ 116 ff. Insbesondere sind auf vertragsmäßige Verfügungen auch § 116 S 2 (*geheimer Vorbehalt* mit Wissen des Gegners) und § 117 (*Scheingeschäft*) anwendbar, da vertragsmäßige Verfügungen im Gegensatz zum Testament empfangsbedürftige Willenserklärungen darstellen (RGZ 134, 325, 327). Die Anfechtung ist beim Erbvertrag in weiterem Umfang zugelassen als beim Testament: Hier ist auch dem Erblasser selbst die Anfechtung gestattet (§ 2281). Die Anfechtung durch Dritte ist erschwert (§ 2285). Die sachlichen Voraussetzungen der *Anfechtung* sind beim Erbvertrag dieselben wie beim Testament (§§ 2078 f, 2279 Abs 1, 2281 Abs 1); auch der Irrtum im Beweggrund berechtigt zur Anfechtung. Die Vorschriften der §§ 2281 bis 2285 enthalten keine selbständige Regelung der Anfechtung des Erbvertrags; sie bauen auf den Bestimmungen über die Anfechtung des Testaments auf (§§ 2281 Abs 1, 2285). Daher gilt § 2078 Abs 3 auch hier. Allerdings hat der Vertragsgegner bei der Anfechtung durch Dritte wegen Irrtums des Erblassers keinen Schadensersatzanspruch (Prot V 385; KIPP-COING § 24 VI; anderes soll nach wohl noch hM bei der Selbstanfechtung durch den Erblasser gelten, jedoch ist auch dies abzulehnen (§ 2281 RdNr 49). Der *Vertragsgegner* kann den Erbvertrag nur nach den allgemeinen Bestimmungen der §§ 119 ff anfechten. **49**

### 5. Nachträgliche Unwirksamkeit eines Erbvertrags

Ein zunächst wirksamer Erbvertrag kann unwirksam werden **50**

– durch Anfechtung (RdNr 49);
– durch Aufhebung seitens der Vertragspartner (§§ 2290–2292);
– durch einseitigen Rücktritt des Erblassers (§§ 2293–2297) oder des Vertragsgegners (§ 2298 Abs 2).

Zur Nichtigkeit eines Erbvertrags eines jüdischen Ehemanns im Hinblick auf § 48 Abs 2 TestG: BayObLGZ 1999, 46, 49 = NJW-RR 1999, 1167.

### VII. Ausländisches Recht; internationales Privatrecht

Die ausländischen Rechtsordnungen lassen erbvertragliche Verfügungen oftmals überhaupt nicht, teilweise nur eingeschränkt zu; zu Einzelheiten s System Teil B RdNr 36. **51**

## VIII. Zweckmäßige Erbverträge

**52** Vgl System Teil E.

## IX. Erbvertrag und Steuerrecht

**53** Hierüber s oben RdNr 43.

## X. Zivilgesetzbuch der DDR

**54** Das ab dem 1. 1. 1976 dort geltende Zivilgesetzbuch (ZBG) kannte, anders als das bis dahin auch dort noch fortgeltende BGB, das Rechtsinstitut des Erbvertrags **nicht mehr**. Auch wenn von Notaren in der DDR unter der Geltung des ZGB keine Erbverträge mehr beurkundet wurden, können sich doch folgende Probleme ergeben, zumal nach Art 235 § 1 EGBGB für erbrechtliche Verhältnisse das bisherige Recht anwendbar ist, wenn der Erblasser vor dem 3. 10. 1990 verstarb (allgemein zu diesen Fragen s System Teil E RdNr 220 ff). Im Einzelnen ist zu unterscheiden:

### 1. Fortgeltung von alten Erbverträgen

**55** Nach der einschlägigen Überleitungsbestimmung blieben die **vor** dem 1. 1. 1976 errichteten Erbverträge als letztwillige Verfügungen gültig, wenn sie nach dem zuvor geltenden Recht wirksam errichtet wurden (§ 8 Abs 2 S 1 EGZGB). Das Formerfordernis richtete sich nach § 30 TestG (OLG Frankfurt OLGZ 1993, 461, 465). Erbverträge wurden wie Testamente behandelt, bei Ehegattenerbverträgen wie ein gemeinschaftliches Testament (OLG Jena FamRZ 1994, 786, 787).

### 2. Nachlassspaltung

**56** Soweit Erblasser, die in der Zeit zwischen dem 1. 1. 1976 (In-Kraft-Treten des DDR-ZGBs) und dem 2. 10. 1990 (Wieder-In-Kraft-Treten des BGB im Gebiet der ehemaligen DDR) verstarben, mit dem letzten **Wohnsitz in der Bundesrepublik Deutschland** einen Erbvertrag errichteten, ist zunächst zu beachten, dass hinsichtlich des im Gebiet der ehemaligen DDR belegenen Grundbesitzes wegen § 25 Abs 2 RAnwG DDR zwar eine Nachlassspaltung eintrat und hinsichtlich dieses Vermögens das Recht der DDR zur Anwendung kam. Nach § 26 RAnwG DDR bestimmten sich jedoch die zulässigen Arten der testamentarischen Verfügungen, deren Anfechtung und Rechtsfolgen von Erklärungsmängeln bei ihrer Errichtung nach dem Recht des Staates, in dem der Erblasser im Zeitpunkt der Errichtung des Testaments seinen Wohnsitz hat. Es gilt insoweit das Ortsrecht. In der ehemaligen DDR wurden Verfügungen von Todes wegen, die ein Erblasser mit Wohnsitz in der BRD in einem formgerecht beurkundeten Erbvertrag getroffen hatte, aber als testamentarische Verfügungen in diesem Sinne angesehen, wenn und soweit sie im Übrigen mit dem ZGB vereinbar waren. Dies galt auch für Vermögen, für das eine Nachlassspaltung in diesem Sinne eingetreten war, sodass die Aufnahme einer solchen Verfügung in einem Erbvertrag insoweit die Wirksamkeit nicht berührt (BayObLGZ 1995, 79, 88 = ZEV 1995, 256; BayObLG FamRZ 1996, 765 = DtZ 1996, 214; OLG Hamm FamRZ

1995, 758, 761 [auch zur Auslegungsfrage, ob sich die Erbeinsetzung auf das DDR-Vermögen bezog]; SCHOTTEN-JOHNEN DtZ 1991, 225, 228).

### 3. Errichtung eines Erbvertrags durch DDR-Bürger

Aber auch soweit ein Bürger der ehemaligen DDR vor einem bundesdeutschen Notar einen Erbvertrag errichtete, führte dies nicht zur Unwirksamkeit der Verfügung, selbst wenn auf das Erbrecht des Erblassers das Recht der ehemaligen DDR Anwendung findet (Art 235 § 1 EGBGB): Denn dann ist eine **Umdeutung** des Erbvertrags in ein öffentliches Testament möglich, da dem ZGB der DDR kein allgemeines Verbot von Erbverträgen zu entnehmen ist (OLG Jena FamRZ 1994, 786, 787; MünchKomm-MUSIELAK vor § 2274 RdNr 35). **57**

## XI. Lebenspartnerschaftsgesetz

Da der Erbvertrag grundsätzlich jedermann als erbrechtliche Gestaltungsform zur Verfügung steht, bedurfte es keiner größeren Anpassungen durch das zum 1. 8. 2001 in Kraft getretene Lebenspartnerschaftsgesetz vom 16. 2. 2001 (BGBl I 266). Eine **Änderung** war nur dort erforderlich, wo in den §§ 2274 ff ausdrücklich die Ehegatten genannt waren und die Lebenspartner diesen gleichgestellt werden sollten (KRUG in: KRUG-ZWISSLER, Familienrecht und Erbrecht, 2002, 3. Kap RdNr 37). Dementsprechend wurden die §§ 2279 Abs 2, 2280 und 2292 geändert (s Erl dort). Eine Änderung der §§ 2275 Abs 2, 2290 Abs 3 S 2 war demgegenüber nicht erforderlich, da diese Bestimmungen im Wesentlichen Fallkonstellationen mit minderjährigen Ehegatten betreffen, eine Lebenspartnerschaft mit einem *Minderjährigen* aber nicht begründet werden darf (§ 1 Abs 2 Nr 1 LPartG). Dagegen wurde die Formerleichterung des § 2276 Abs 2 den Lebenspartnern nicht gewährt, obgleich der Lebenspartnerschaftsvertrag in der Form des Ehevertrags beurkundet werden muss (§ 7 Abs 1 S 2 u 3 LPartG) und dieser schon aus Kostengründen oftmals mit einem Erbvertrag verbunden werden wird (§ 44 Abs 3 KostO, s RdNr 59). Jedoch hat die Formerleichterung des Ehevertrags geringe praktische Bedeutung hat (s § 2276 RdNr 25). **58**

Auch wenn den **gleichgeschlechtlichen,** eingetragenen **Lebenspartnerschaften** die Möglichkeit zur Errichtung eines gemeinschaftlichen Testament eröffnet wurde (§ 10 Abs 4 S 1 LPartG), so ist doch dem **Erbvertrag der Vorzug** zu geben, wenn die Lebenspartner eine gemeinschaftliche Verfügung von Todes wegen errichten wollen (vgl etwa DICKHUTH-HARRACH FamRZ 2001, 1660, 1667 f; ähnlich GABRIELE MÜLLER DNotZ 2001, 581, 587): Häufig wird ohnehin ein Lebenspartnerschaftsvertrag (§ 7 LPartG) erforderlich werden, welcher der notariellen Beurkundung bedarf (§ 7 Abs 1 S 2 LPartG); wird er mit dem Erbvertrag in einer Urkunde verbunden, so fällt hierfür keine weitere Gebühr an (§ 44 Abs 3 KostO, der ebenfalls entsprechend geändert wurde). Zudem ist der Erbvertrag das flexiblere und vielseitigere Gestaltungsmittel mit einer sofort einsetzenden Bindung. Da derartige Lebenspartnerschaften in weitaus stärkerem Maß als die überkommene Ehe vielfältigen Störungen unterliegen können, ist im Regelfall die Vereinbarung eines **voraussetzungslosen Rücktrittsrechts** angezeigt (DICKHUTH-HARRACH aaO). Die Wahl des Erbvertrags im Hinblick auf das »*verfassungsrechtliche Restrisiko*«, wenn das LPartG verfassungswidrig wäre und damit die Lebenspartner kein gemeinschaftliches Testament errichten könnten (GABRIELE MÜLLER DNotZ 2001, 581, 589; ebenso vom gemeinschaftlichen Testament abratend EPPLE BWNot 2001, 44, 47), besteht auf Grund der Entscheidung des **59**

BVerfG vom 17. 7. 2002 nicht mehr, weil das LPartG, einschließlich seiner erbrechtlichen Bestimmungen, nicht verfassungswidrig ist (NJW 2002, 2543 = ZEV 2002, 318).

**60** § 2269 hat unter Lebenspartnern eine weitaus geringere Bedeutung als unter Ehegatten, da die Lebenspartner keine gemeinschaftlichen Kinder haben. Trotzdem sollte die *Schlusserbfolge* auch bei Erbverträgen zwischen Lebenspartnern nicht offen gelassen werden, weil sonst die gesetzlichen Erben des überlebenden Partners erben, und zwar – wegen der Einheitslösung – auch das dann noch vorhandene Vermögen des Erstversterbenden, was idR zu einem »erbrechtlichen Desaster« führt (GRZIWOTZ DNotZ 2001, 280, 300), wenn eine solche Erbfolge nicht ausnahmsweise so gewollt ist (DICKHUTH-HARRACH FamRZ 2001, 1669). Daneben wirken sich hier die **erbschaftsteuerlichen Nachteile,** die das Berliner Testament strukturell hat (vgl Vorbem RdNr 47 zu §§ 2265 ff), besonders gravierend aus, weil die Lebenspartner erbschaftsteuerlich nicht den Ehegatten gleichgestellt wurden und sich meist nach der ungünstigen Steuerklasse III beerben (dazu GRZIWOTZ aaO; DICKHUTH-HARRACH FamRZ 2001, 1668). Gestaltungsvorschläge mit Mustern bei GRZIWOTZ ZEV 2002, 55.

## § 2274 Persönlicher Abschluss

**Der Erblasser kann einen Erbvertrag nur persönlich schließen.**

### I. Allgemeines

**1** § 2274 bestimmt für den Erbvertrag das gleiche wie § 2064 für das Testament. Es kann daher in der Hauptsache auf das verwiesen werden, was dazu in den gängigen Kommentaren und Erläuterungen dargestellt wird.

**2** Das Gesetz verlangt, dass der Erblasser den Erbvertrag **persönlich** schließt. Damit verbietet es sowohl die Stellvertretung im Willen als auch die in der Erklärung. Der Erblasser kann sich also beim Abschluss des Erbvertrages weder durch einen gesetzlichen Vertreter noch durch einen Bevollmächtigten vertreten lassen. In einem gerichtlichen Vergleich mit Anwaltszwang müssen der Prozessbevollmächtigte und der Erblasser gemeinsam die erforderlichen Erklärungen abgeben (OLG Stuttgart OLGZ 1989, 415, 417; s § 2276 RdNr 5). Eine andere Frage ist es, ob er etwa, wenn er in der Geschäftsfähigkeit beschränkt ist, zum Abschluss des Erbvertrages der Zustimmung seines gesetzlichen Vertreters bedarf (§ 2275 Abs 2, 3).

**3** Steht der Erblasser unter einer **Betreuung** (§ 1896), erstreckt sich ein Einwilligungsvorbehalt nicht auf den Erbvertrag (so ausdrücklich § 1903 Abs 2). Umgekehrt nimmt ein angeordneter Einwilligungsvorbehalt – etwa bei Vermögensangelegenheiten – für sich gesehen die Geschäftsfähigkeit des Betroffenen nicht, da eine solche Anordnung anders als die Vormundschaft nach früherem Recht nicht die Geschäftsfähigkeit per se beendet (vgl MünchKomm-SCHWAB § 1902 RdNr 6; PALANDT-BRUDERMÜLLER § 1903 RdNr 12). Maßgeblich ist insoweit nur, ob eine Geschäftsfähigkeit iS von § 2275 iVm § 104 Nr 2 vorliegt.

**4** Ein **Geschäftsunfähiger** kann überhaupt keinen Erbvertrag als Erblasser schließen, da die Geschäftsfähigkeit hierfür Wirksamkeitsvoraussetzung ist und eine Vertretung auch hier ausgeschlossen ist. § 2275 spricht dies ausdrücklich aus.

Ein Verstoß gegen § 2274 führt zur unheilbaren Nichtigkeit des Rechtsgeschäfts. **5** Eine **Umdeutung** in ein Rechtsgeschäft unter Lebenden dürfte im Allgemeinen daran scheitern, dass bei einem solchen bereits vor dem Erbfall Rechte und Pflichten entstehen (MünchKomm-MUSIELAK RdNr 6).

## II. Persönlicher Geltungsbereich

§ 2274 gilt nur für den Erblasser, nicht aber für den Vertragspartner. Letzterer **6** kann sich, wenn er nicht auch seinerseits in dem Vertrag vertragsmäßige Verfügungen von Todes wegen trifft, also gleichfalls Erblasser iS von § 2274 ist, nach den allgemeinen Regeln durch einen gesetzlichen Vertreter oder Bevollmächtigten vertreten lassen (etwa im Prozess) und er muss das, wenn er eine juristische Person ist (Mot V 314). Ob der Vertragspartner in dem Erbvertrag bedacht ist oder nicht, ist gleichgültig.

Jeder Beteiligte kann zugleich Erblasser und Vertragspartner sein (**zweiseitiger 7 Erbvertrag**, vgl §§ 2278, 2298; vgl auch REITHMANN DNotZ 1957, 527). Auf jeder Seite des Vertrags können mehrere Personen beteiligt sein (**mehrseitiger Erbvertrag,** Vorbem 35 f zu §§ 2274 ff). Dabei kann es sich um eine bloß äußerliche Zusammenfassung mehrerer Erbverträge handeln, es kann aber auch sein, dass jeder Beteiligte nicht nur die ihm selbst gemachte Zuwendung, sondern auch die dem Dritten oder Vierten gemachten Zuwendungen annimmt, und das ist im Zweifel anzunehmen.

## III. Sachlicher Geltungsbereich

Über den Begriff des Erbvertrags s § 1941 sowie Vorbem 4 ff zu §§ 2274 ff. § 2274 **8** schreibt für den Abschluss des Erbvertrags **persönliches Handeln** des Erblassers vor. Dasselbe bestimmt § 2284 S 1 für die Bestätigung eines anfechtbaren Erbvertrages, § 2290 Abs 2 S 1 für die Aufhebung, § 2296 Abs 1 S 1 für den Rücktritt, § 2347 Abs 2 S 1 für den Erbverzicht (mit Ausnahmen bei beschränkter oder völliger Geschäftsunfähigkeit), § 2282 Abs 1 S 1 für die »Selbstanfechtung« des Erbvertrags (mit einer Einschränkung für den geschäftsunfähigen Erblasser).

## § 2275 Voraussetzungen

(1) Einen Erbvertrag kann als Erblasser nur schließen, wer unbeschränkt geschäftsfähig ist.

(2) Ein Ehegatte kann als Erblasser mit seinem Ehegatten einen Erbvertrag schließen, auch wenn er in der Geschäftsfähigkeit beschränkt ist. Er bedarf in diesem Falle der Zustimmung seines gesetzlichen Vertreters; ist der gesetzliche Vertreter ein Vormund, so ist auch die Genehmigung des Vormundschaftsgerichts erforderlich.

(3) Die Vorschriften des Absatzes 2 gelten auch für Verlobte.

## Übersicht

I. **Grundsatz der unbeschränkten Geschäftsfähigkeit des Erblassers** ............ 1
    1. Geschäftsfähigkeit als Wirksamkeitsvoraussetzung ......... 1
    2. Rechtsfolgen ......... 4

II. **Beschränkte Erbvertragsfähigkeit: Erleichterung für Ehegatten und Verlobte** ......... 5
    1. Beschränkt geschäftsfähige Ehegatten und Verlobte als Erblasser ......... 5
    2. Zustimmung des gesetzlichen Vertreters ......... 10
    3. Weitere Sonderbestimmungen für Ehegatten und Verlobte ......... 13

III. **Geschäftsfähigkeit des Vertragsgegners** ......... 15

IV. **Verfahrensfragen, Prozessuales** ......... 18
    1. Beurkundungsverfahren ......... 18
    2. Feststellungs- und Beweislastfragen ......... 19

## I. Grundsatz der unbeschränkten Geschäftsfähigkeit des Erblassers

### 1. Geschäftsfähigkeit als Wirksamkeitsvoraussetzung

**1** Während das Gesetz beim Testament einen besonderen Begriff der Testierfähigkeit geschaffen hat (§§ 2229, 2233 Abs 1, § 2247 Abs 4), verwendet es beim Erbvertrag den allgemeinen Begriff der Geschäftsfähigkeit (§§ 104 ff; § 2229 RdNr 4; PALANDT-EDENHOFER RdNr 1). Dabei stellt die Testierfähigkeit eine besondere Ausprägung der Geschäftsfähigkeit dar (STAUDINGER-BAUMANN § 2229 RdNr 9). Sowohl die Geschäftsunfähigkeit wie auch die Testierunfähigkeit **volljähriger Personen** setzen allerdings eine Störung der Geistestätigkeit im Zeitpunkt der Abgabe der Willenserklärung voraus, die ein Handeln in freier Willensbestimmung ausschließt. Insoweit führt die irrtümliche Prüfung der Testierfähigkeit der Tatsacheninstanz idR zum gleichen Ergebnis (BayObLG NJW-RR 1996, 1289 = FamRZ 1996, 971), ja die Testierfähigkeit deckt sich nach der hA mit der Geschäftsfähigkeit insoweit, als jeder voll Geschäftsfähige auch testierfähig ist und Unterschiede sich nur bei der beschränkten Geschäftsfähigkeit (§ 106) ergeben (STAUDINGER-BAUMANN § 2229 RdNr 11; vgl jedoch RdNr 2). Von den Ausnahmefällen des Abs 2 und 3 abgesehen kann weder ein Geschäftsunfähiger (§§ 104 f) noch ein in der Geschäftsfähigkeit Beschränkter (§ 106) einen **Erbvertrag als Erblasser** schließen, also vertragsmäßige Verfügungen treffen, auch nicht durch einen gesetzlichen Vertreter (§ 2274; Mot V 249). Erforderlich ist also grundsätzlich unbeschränkte Geschäftsfähigkeit (KG KG-Rspr 1995, 142). Zu beachten ist aber, dass Geistesschwäche keine Beschränkung der Geschäftsfähigkeit bewirkt, solange sie nicht nach § 104 Nr 2 volle Geschäftsunfähigkeit bedingt und dann zur Nichtigkeit führt, § 105 (zum graduellen Unterschied zwischen Geistesschwäche und krankhafter Störung der Geistestätigkeit s § 2229 RdNr 10).

Geschäfts- und nicht Testierfähigkeit ist auch für den Vertragsteil zu fordern, der nicht vertragsmäßig, sondern lediglich **einseitig testamentarisch** iS von § 2299 verfügt (str, eingehend dazu § 2299 RdNr 10 f).

**2 Geschäftsunfähig** iS des § 104 Nr 2 ist, wenn einem Erblasser aufgrund krankhafter Erscheinungen die Einsichts- und Handlungsfähigkeit verloren gegangen sind, er mithin nicht mehr in der Lage ist, die Bedeutung einer von ihm abgegebenen Willenserklärung zu erkennen und nach dieser Einsicht zu handeln (vgl etwa OLG Hamm ZEV 1997, 75, 76 = FamRZ 1997, 1026). Dabei genügt eine **allgemeine Vorstellung** von der Tatsache der Errichtung eines Erbvertrages **nicht**. Der Erblasser muss vielmehr in der Lage sein, sich über die rechtliche Tragweite der getroffenen Anordnungen und ihrer Auswirkungen auf die persönlichen und wirtschaftlichen Verhältnisse der Betroffenen sowie über Gründe, die für und gegen ihre sittliche Berechtigung sprechen, ein klares Urteil zu bilden und danach frei von Einflüssen Dritter zu handeln (OLG Hamm aaO; OLG Düsseldorf FamRZ 1998, 1064, 1065; zu Einzelheiten s zur insoweit ähnlichen Lage bei der Testierfähigkeit iS von § 2229 Abs 4: § 2229 RdNr 12 ff; STAUDINGER-BAUMANN § 2229 RdNr 16 ff; zu den medizinischen Fragen etwa WETTERLING-NEUBAUER-NEUBAUER ZEV 1995, 45; VON BRAUNBEHRENS-DOSE ErbBstg 2001, 23; TH ZIMMERMANN BWNotZ 2000, 97). Dabei ist allerdings nicht erforderlich, dass der Erblasser die wirtschaftlichen Zusammenhänge im Einzelnen nachvollziehen kann (§ 2229 RdNr 15). Nach hA gibt es keine nach der Schwierigkeit des betreffenden Rechtsgeschäfts abgestufte, **relative Geschäftsunfähigkeit** (PALANDT-HEINRICHS § 104 RdNr 6; BGHZ 30, 112, 117; BGH NJW 1953, 1342; 1970, 1680, 1681; zur Testierfähigkeit ebenso: PALANDT-EDENHOFER § 2229 RdNr 3; STAUDINGER-BAUMANN § 2229 RdNr 12; aM FLUME AT II § 13, 5; hier § 2229 RdNr 12), was in sich nicht widerspruchsfrei ist, da eben die allgemeinen Vorstellungen von der Errichtung einer Verfügung von Todes wegen auch nach der hM nicht ausreichend sind und sich damit die Prüfung der Geschäftsfähigkeit wenigstens teilweise an der Schwierigkeit des betreffenden Geschäfts orientiert (**geschäftstypische Einsichtsfähigkeit**) und sichtlich vom Wunsch nach Verkehrsschutz durch Rechtssicherheit mittels eines einheitlichen Begriffs der Geschäftsfähigkeit getragen wird (s dazu daher kritisch § 2229 RdNr 12). Wer insbesondere unter Berufung auf das letztgenannte Argument entgegen der hM die Testierfähigkeit in Abhängigkeit zur Komplexität der zu regelnden Rechtsfolgen bestimmt (§ 2229 RdNr 12), weil bei Verfügungen von Todes wegen der Verkehrsschutz keine solche Bedeutung hat, muss in Kauf nehmen, dass sich die Begriffe der Geschäftsfähigkeit und Testierfähigkeit auch insoweit nicht mehr decken.

**3** Steht der Erblasser unter **Betreuung**, so führt dies nicht zum Verlust der Geschäftsfähigkeit; dies gilt selbst dann, wenn ein Einwilligungsvorbehalt für andere Lebensbereiche angeordnet wurde (für den Erbvertrag nicht möglich, § 1903 Abs 2), der daher dem Erblasser nicht die Fähigkeit zur Errichtung eines Erbvertrages nimmt (LANGE-KUCHINKE § 25 II 1 a; eingehend GABRIELE MÜLLER, Betreuung und Geschäftsfähigkeit, 1998, 49 ff, 108 ff, die zu Recht betont, dass § 2275 Abs 2 hier auch nicht analog anzuwenden ist; zT anders WESER MittBayNot 1992, 161, 169 f). Jedoch wird gerade bei Vorliegen eines Einwilligungsvorbehalts hinsichtlich der Vermögenssorge vom Notar eingehend zu prüfen sein, ob der Erblasser die erforderliche Geschäftsfähigkeit iS von § 104 Nr 2 besitzt, wenngleich die Anordnung eines **Einwilligungsvorbehalts** nicht die Geschäftsunfähigkeit voraussetzt (str, zum Streitstand G MÜLLER 198 ff). Leider werden Feststellungen hierzu im Beschluss über die Anordnung der Bestellung nicht mehr getroffen, jedoch können sich solche aus dem nach § 69b FGG einzuholenden Sachverständigengutachten ergeben (MünchKomm-SCHWAB § 1896 RdNr 75; MünchKomm-MUSIELAK RdNr 3). Zu weitreichend aber WESER (aaO), der fordert, dass hier eine *besondere Einsichtsfähigkeit* in die mit dem Erbvertrag eingegangene Bindung erforderlich sei: dies liefe auf die Einführung einer relativen Geschäftsunfähigkeit hinaus, die von der hM zu Recht abgelehnt wird (vgl etwa PALANDT-HEINRICHS § 104 RdNr 7).

## 2. Rechtsfolgen

**4** Ein Erbvertrag, den ein Geschäftsunfähiger (§ 104) als Erblasser abschließt, ist **nichtig;** Gleiches gilt, wenn dies ein in der Geschäftsfähigkeit Beschränkter (§ 106) tut, es sei denn, dass es sich um einen Erbvertrag zwischen Ehegatten oder Verlobten handelt (Abs 2, 3; v LÜBTOW I 441). Das Fehlen der unbeschränkten Geschäftsfähigkeit muss aber zur vollen Überzeugung des Nachlassgerichts feststehen (BayObLG FamRZ 1982, 1138 = Rpfleger 1982, 286). Soweit kein Ausnahmefall nach Abs 2 oder 3 vorliegt, ändert auch die Mitwirkung oder Zustimmung des gesetzlichen Vertreters daran nichts (LANGE-KUCHINKE § 25 II Fn 12; PALANDT-EDENHOFER RdNr 1). Der Mangel wird hier auch nicht geheilt, wenn der Erblasser unbeschränkt geschäftsfähig wird, selbst wenn er dann den Erbvertrag genehmigen sollte (Mot V 346; PLANCK-GREIFF Anm 1; SOERGEL-M WOLF RdNr 3). Der nichtige Erbvertrag kann uU nach § 140 als Testament aufrechterhalten werden, wenn die allgemeinen Voraussetzungen für eine **Umdeutung** vorliegen und dies insbesondere dem mutmaßlichen Willen des Erblassers entspricht (Mot V 317; RGZ 28, 217, 219 f ; Münch-Komm-MUSIELAK RdNr 4; BayObLG ZEV 1995, 413, 414 = FamRZ 1995, 1449: bei Nichtigkeit der Verfügungen des einen Ehegatten). Dies kommt etwa in Betracht, wenn der *Minderjährige* bei Errichtung das sechzehnte Lebensjahr vollendet hat und damit ein Testament durch mündliche Erklärung oder Übergabe einer offenen Schrift vor einem Notar errichten kann (§§ 2229 Abs 1, 2233; dazu STAUDINGER-HERBERT ROTH [1996] § 140 RdNr 49; MünchKomm-MAYER-MALY-BUSCHE § 140 RdNr 24). Das Gesetz stellt aber keine Vermutung für eine solche Umdeutung auf (STROHAL § 45 bei Fn 66).

Beim **zwei- oder mehrseitigen Erbvertrag** ist aber zu beachten, dass die eine Verfügung oft nur um der anderen willen getroffen wurde, insbesondere wenn sich die Vertragspartner gegenseitig bedenken. Hier kann die Verfügung des einen Vertragsteils nur im Wege der Umdeutung aufrechterhalten werden, wenn eine solche *Bestandsabhängigkeit ausgeschlossen* werden kann, es also dem einen Ehegatten gar nicht darauf ankam, dass er auch eine Zuwendung von dem Geschäftsunfähigen erhält, weil es ihm etwa nur um die Absicherung des anderen ging (vgl etwa zur ähnlichen Problematik im Rahmen der Umdeutung nach § 2265: dort RdNr 13 f). Dies hat mit § 2298 primär nichts zu tun, sondern setzt bereits bei der vorgelagerten Prüfung des § 140 an (verkannt von BayObLG ZEV 1995, 413, 414).

## II. Beschränkte Erbvertragsfähigkeit: Erleichterung für Ehegatten und Verlobte

### 1. Beschränkt geschäftsfähige Ehegatten und Verlobte als Erblasser

**5** Nach Abs 2 und 3 kann ein Ehegatte oder Verlobter, der in der **Geschäftsfähigkeit beschränkt** ist (nicht ein Geschäftsunfähiger), als Erblasser mit seinem Ehegatten oder Verlobten einen Erbvertrag schließen, freilich nur mit Zustimmung seines gesetzlichen Vertreters. Im Gegensatz zur Testierfähigkeit gibt es also in solchen Fällen eine »**beschränkte Erbvertragsfähigkeit**« unter Mitwirkung des gesetzlichen Vertreters (LANGE-KUCHINKE § 25 II 1 a). Diese Ausnahme hat das Gesetz zugelassen, weil der Erbvertrag häufig mit einem Ehevertrag verbunden ist, dieser aber auch von Ehegatten oder Verlobten, die in der Geschäftsfähigkeit beschränkt sind, mit Zustimmung des gesetzlichen Vertreters abgeschlossen werden kann (§ 1411 Abs 1; Prot V 374). Allerdings entsprechen sich nach § 1303 Abs 1 (eingefügt durch das Eheschließungsrechtsgesetz vom 4. 5. 1998 [BGBl I 833]) Volljährigkeit und Ehemündigkeit. Da jedoch Befreiung von der Volljährigkeitsvoraussetzung nach Vollendung des 16. Lebensjahres erteilt werden kann, wenn der andere, künftige Ehegatte, volljährig ist (§ 1303 Abs 2), besteht insoweit auch ein entsprechendes Bedürfnis für einen Erbvertrag unter minderjährigen Eheleuten. Hieraus ergibt sich inzident auch ein Mindestalter von 16 Jahren für Erbverträge unter Ehegatten.

Für das **Verlöbnis** ist volle Geschäftsfähigkeit nicht erforderlich, jedoch Zustimmung der gesetzlichen Vertreter (str; PALANDT-BRUDERMÜLLER Einf 1 vor §§ 1297 ff; MünchKomm-WACKE § 1297 RdNr 7). Daher sind Erbverträge unter Brautleuten möglich, bei denen der eine nur 14 oder 15 Jahre alt ist. Demnach können im Erbvertrag in solchen Fällen sogar noch die Anforderungen des § 2229 Abs 1 an die Testierfähigkeit unterschritten werden, wenn nur ein wirksames Verlöbnis vorliegt, wobei das theoretische Mindestalter sich aus § 104 Nr 1 ergibt (STAUDINGER-KANZLEITER RdNr 4). Dies mag bedenklich sein, da die Gefahr der Fremdbestimmung durch die Eltern hier groß ist (LANGE-KUCHINKE § 25 II 1 a), muss de lege lata aber hingenommen werden, zumal die Einführung eines höheren Alters für die Erbvertragsfähigkeit durch die 2. Kommission abgelehnt wurde (Prot V 375). 6

Diese Erleichterung nach Abs 2 und 3 galt bis zum 31. 12. 1991 auch für den, der wegen Geistesschwäche, Verschwendung, Rauschgiftsucht oder Trunksucht (§ 114 aF) entmündigt war; durch das Betreuungsgesetz (vom 12. 9. 1990, BGBl I 2002) ist dieser Sondertatbestand weggefallen, sodass es auch bei diesem Personenkreis allein darauf ankommt, ob die natürliche Geschäftsfähigkeit iS von § 104 Nr 2 vorliegt. 7

Auch der in der Geschäftsfähigkeit beschränkte **Ehegatte oder Verlobte** muss den Erbvertrag als Erblasser persönlich schließen (§ 2274; SOERGEL-M WOLF RdNr 8). Der gesetzliche Vertreter kann nicht für ihn handeln, er kann nur zustimmen und er muss es, wenn der Erbvertrag wirksam werden soll. Gesetzliche Vertreter des in der Geschäftsfähigkeit beschränkten Ehegatten oder Verlobten sind in der Regel die Eltern (BGHZ 30, 309; BVerfG NJW 1959, 1483 = BGBl I 1959, 633), der Vormund (§ 1793), ausnahmsweise ein Pfleger (§§ 1909, 1915). 8

Ist die Handlungsform des Erbvertrags für beschränkt geschäftsfähige Ehegatten oder Verlobte eröffnet, so können diese alle vertragsmäßig zulässigen Verfügungen treffen, also auch ausschließlich Dritte bedenken (LANGE-KUCHINKE § 25 II 1 a Fn 14; MünchKomm-MUSIELAK RdNr 9), ja nach zutreffender Ansicht sogar **einseitige Verfügungen**; insoweit setzt sich die Sonderbestimmung des § 2275 gegenüber der in § 2299 enthaltenen Verweisung auf das Testamentsrecht durch (s ausführlich § 2299 RdNr 10 f). 9

### 2. Zustimmung des gesetzlichen Vertreters

Für die **Zustimmung des gesetzlichen Vertreters** gelten die allgemeinen Vorschriften der §§ 108, 109, 114, 182 ff. Die Zustimmung kann also formlos (§ 182 Abs 2) erteilt werden. Dies widerspricht dem System der Formstrenge im Erbvertragsrecht und sollte de lege ferenda geregelt werden (ebenso kritisch PALANDT-EDENHOFER RdNr 2; STAUDINGER-KANZLEITER RdNr 6). Die Zustimmung kann sowohl vor dem Abschluss des Erbvertrages als auch nachträglich erteilt werden, und zwar sowohl gegenüber dem in der Geschäftsfähigkeit beschränkten Erblasser als auch gegenüber dem Vertragsgegner, also seinem Ehegatten oder Verlobten. Der zunächst schwebend unwirksame Erbvertrag wird durch eine Genehmigung rückwirkend voll wirksam (§ 184 Abs 1). Die Beurkundung eines Erbvertrages unter Ehegatten oder Verlobten darf daher vom Notar nicht deswegen abgelehnt werden, weil einer von ihnen in der Geschäftsfähigkeit beschränkt ist und die erforderliche Zustimmung des gesetzlichen Vertreters noch nicht vorliegt; denn das Gesetz stellt 10 weder auf eine vorherige Zustimmung (Einwilligung) ab noch ist ein Formerfordernis aufgestellt. Auch § 11 Abs 1 S 1 BeurkG steht dem nicht entgegen, wonach der Notar die Beurkundung ablehnen soll, wenn die erforderliche Geschäftsfähigkeit fehlt. Denn dieses Ablehnungsrecht besteht nur, wenn das Geschäft auch nicht durch die Genehmigung des gesetzlichen Vertreters Wirksamkeit erlangen kann oder wenn mit der Erteilung nicht zu rechnen ist (KEIDEL-WINKLER § 11 BeurkG RdNr 11). Dies übersieht die Gegenmeinung, die dem Notar verbieten will, ohne Einwilligung des gesetzlichen Vertreters zu beurkunden und hiervon nur eine Ausnahme bei Notfällen (»Gefahr im Verzuge«) machen will (so etwa AK-FINGER RdNr 8; SOERGEL-M WOLF RdNr 7; PALANDT-EDENHOFER RdNr 2; LANGE-KUCHINKE § 25 II 1 a). Jedoch hat der Notar gemäß § 17 Abs 2 BeurkG auf die bis zur Genehmigung vorliegende schwebende Unwirksamkeit des Erbvertrags hinzuweisen (wie hier MünchKomm-MUSIELAK RdNr 10; PLANCK-GREIFF Anm 2b; STAUDINGER-KANZLEITER RdNr 7; ERMAN-SCHMIDT RdNr 2).

11   Der **minderjährige Erblasser** kann einen Erbvertrag, den er ohne Zustimmung seines gesetzlichen Vertreters mit seinem Ehegatten oder Verlobten geschlossen hat, selbst formlos **genehmigen,** sobald er die unbeschränkte Geschäftsfähigkeit erlangt hat (SOERGEL-M WOLF RdNr 9), aber nicht mehr nach dem Tode des anderen Vertragspartners, der selbst Erblasser ist, da im Interesse der Rechtssicherheit die Erbrechtsverhältnisse dann feststehen müssen (KG KJG 47 A 100; BGH NJW 1978, 1159 = DNotZ 1978, 300; STAUDINGER-KANZLEITER RdNr 9; MünchKomm-MUSIELAK RdNr 8, 12; SOERGEL-M WOLF RdNr 9; LANGE-KUCHINKE § 25 II Fn 17; aM BayObLGZ 1959, 370 = NJW 1960, 578: Genehmigung des gesetzlichen Vertreters kann auch noch nach dem Tode des anderen erteilt werden). Bis zur Genehmigung des Erbvertrags durch den gesetzlichen Vertreter des minderjährigen Erblassers kann der andere Teil den Vertrag widerrufen (§ 109).

12   Wenn der gesetzliche Vertreter ein Vormund oder Pfleger ist, ist außer seiner Zustimmung noch die **Genehmigung des Vormundschaftsgerichts** (§§ 1828 ff) erforderlich (Abs 2 S 2, Abs 3; § 1915). Funktionell zuständig für diese Genehmigung ist hier nunmehr der Rechtspfleger, da der Richtervorbehalt des § 14 Nr 17 RPflG aufgehoben wurde (übersehen bei MünchKomm-MUSIELAK RdNr 11). Bei einem **Betreuten** ist eine analoge Anwendung nicht möglich, wofür sich auch die gesetzliche Wertung des § 1903 Abs 2 anführen lässt, wonach ein Einwilligungsvorbehalt bei Verfügungen von Todes wegen nicht möglich ist (MünchKomm-MUSIELAK RdNr 11; WESER MittBayNot 1992, 161, 170). Entweder ist der Betroffene geschäftsfähig, so kann nur er als Erblasser einen Erbvertrag errichten; ist er es nicht, so kann wegen der Höchstpersönlichkeit dieses Rechtsgeschäfts auch sein Betreuer nicht handeln (CYPIONKA DNotZ 1991, 583; G MÜLLER 109 f).

### 3. Weitere Sonderbestimmungen für Ehegatten und Verlobte

13   Weitere Sonderbestimmungen für Erbverträge zwischen Ehegatten und Verlobten enthalten § 2276 Abs 2 (Form) und § 2290 Abs 3 S 2 (Aufhebungsvertrag), für solche zwischen Ehegatten § 2292 (Aufhebungstestament). Während der beschränkt geschäftsfähige Erblasser nach § 2275 zum Abschluss eines Erbvertrages der Zustimmung seines gesetzlichen Vertreters bedarf, benötigt er diese nicht zur Anfechtung des eigenen Erbvertrags (§ 2282 Abs 1 S 2), zur Aufhebung (§ 2290 Abs 2 S 2) und zum Rücktritt (§ 2296 Abs 1 S 2), was auf dem Gedanken des **lediglich rechtlichen Vorteils** beruht. Andererseits kann er einen anfechtbaren Erbvertrag nicht bestätigen (§ 2284 S 2).

C. Erbvertrag | § 2275 BGB 14–16

Für Partner einer **nichtehelichen Lebensgemeinschaft** gelten die Erleichterung 14 hinsichtlich des Abschlusses eines Erbvertrags nach Abs 2 und 3 auch nicht entsprechend (AK-FINGER RdNr 10; PALANDT-EDENHOFER RdNr 2); für die Erstreckung auf gleichgeschlechtliche eingetragene **Lebenspartner** sah der Gesetzgeber keine Regelungsnotwendigkeit, da eine solche unter Minderjährigen nicht geschlossen werden kann (s Vorbem 58 zu §§ 2274 ff), und dieser auch das Verlöbnis fremd ist.

### III. Geschäftsfähigkeit des Vertragsgegners

Für die Geschäftsfähigkeit des Vertragsgegners, der nicht selbst seinerseits Erb- 15 lasser verfügt, gelten die allgemeinen Vorschriften über Verträge (§§ 104, 106 ff; PALANDT-EDENHOFER RdNr 3; KIPP-COING § 17 III 3). Ist er **geschäftsunfähig**, so gilt für ihn § 2274 nicht, es kann daher sein gesetzlicher Vertreter für ihn abschließen (STAUDINGER-KANZLEITER RdNr 11; VOGELS-SEYBOLD TestG § 29 RdNr 7). Geschieht dies nicht, so ist der Erbvertrag unwirksam, kann aber idR in eine einseitige letztwillige Verfügung umgedeutet werden (BayObLG ZEV 1995, 413, 414 li Sp = FamRZ 1995, 1449).

Ist er **beschränkt geschäftsfähig,** so bedarf er zur Annahme des Vertragsangebotes des Erblassers nicht der Zustimmung seines gesetzlichen Vertreters (MünchKomm-MUSIELAK RdNr 6; SOERGEL-M WOLF RdNr 4; KIPP-COING § 17 III 3; LANGE-KUCHINKE § 25 II 1 a). Richtigerweise wird man dies aber nicht damit begründen können, dass er dadurch einen rechtlichen Vorteil iS von § 107 erlangt, und zwar unabhängig davon, ob der Vertragspartner oder ein Dritter bedacht ist. Denn die Vertragsstellung im Erbvertrag allein bringt dem Minderjährigen nicht unmittelbar einen rechtlichen Vorteil, auch führt die Annahme der Verfügung von Todes wegen ja noch nicht zu einem Vermögensanfall, was erst durch den Erbfall selbst geschieht. Die Annahme der erbvertraglichen Verfügung bewirkt vielmehr nur die erbvertragliche Bindung, weshalb ein **rechtlich neutrales Rechtsgeschäft** vorliegt, das nach hM einem rechtlich vorteilhaften iS von § 107 gleichsteht, weil insoweit der beschränkt Geschäftsfähige nicht schutzbedürftig ist (PALANDT-HEINRICHS § 107 RdNr 7; Soergel-Hefermehl § 107 RdNr 7 mwN). Auf den Inhalt der erbvertraglichen Verfügung kommt es daher nicht an (MünchKomm-MUSIELAK RdNr 6), sodass es gleichgültig ist, ob der Vertragspartner seinerseits mit Vermächtnissen oder Auflagen wiederum beschwert ist, wenn er nur selbst keine eigenständige Verpflichtung übernimmt oder eine nachteilige Verfügung (etwa Erbverzicht) abgibt, zumal er ja nach Eintritt des Erbfalls noch ausschlagen kann.

Wird der Erbvertrag aber mit einem **anderen Vertrag verbunden,** durch den der 16 beschränkt Geschäftsfähige seinerseits Pflichten übernimmt (etwa solche zur Pflege des Erblassers nach § 2295 oder andere entgeltliche Erbverträge) oder nachteilige Verfügungen vornimmt (etwa Erbteilsübertragungen oder Erb- und Pflichtteilsverzichte), so ist nach hM bereits nach der allgemeinen Bestimmung des § 108 die Genehmigung des gesetzlichen Vertreters zu dieser für den Minderjährigen nachteiligen Vereinbarung erforderlich (LANGE-KUCHINKE § 25 II 2; KIPP-COING § 17 III 3). Dem kann nicht gefolgt werden: Wenn diese zusätzliche Vereinbarung eine rechtliche Einheit mit dem Erbvertrag bildet, führt dies zwar zu einem Bedingungszusammenhang mit dem Erbvertrag, aber doch nicht dazu, dass der Erbvertrag als solcher genehmigungsbedürftig wird (LANGE-KUCHINKE aaO; anders MünchKomm-MUSIELAK RdNr 7; AK-FINGER RdNr 5 und die hM, die eine noch weiterreichende Zustimmungspflicht annimmt). Auch bei einem Fehlen eines solchen Bedingungszusammenhangs kann die Unwirksamkeit des den Minderjährigen verpflichtenden Vertrags den Erblasser zur Anfechtung seiner Verfügung von Todes wegen berechtigen (Münch-Komm-MUSIELAK aaO).

**17** Über die Frage, ob die Zustimmung auch noch **nach dem Tode des Erblassers** erteilt werden kann, s RdNr 11.

### IV. Verfahrensfragen, Prozessuales

#### 1. Beurkundungsverfahren

**18** Nach § 28 BeurkG soll der Notar seine Wahrnehmungen über die erforderliche Geschäftsfähigkeit des Erblassers in der Niederschrift vermerken. Es handelt sich dabei – wie sich bereits aus dem Wortlaut (»soll«) ergibt, um eine Ordnungsvorschrift, deren Nichtbeachtung nicht zur Unwirksamkeit der Beurkundung führt, aber uU eine Amtspflichtverletzung mit darauf gegründeter Amtshaftung darstellt, da dadurch ein wichtiges Beweismittel zur Vermeidung von Streitigkeiten über die Geschäftsfähigkeit verloren geht (§ 28 BeurkG RdNr 1; MünchKomm-BURKART § 28 BeurkG RdNr 8). Sie ergänzt insoweit die allgemeine Vorschrift des § 11 BeurkG. Zu Einzelheiten s Erl zu § 28 BeurkG.

#### 2. Feststellungs- und Beweislastfragen

**19** Im Streitfall muss derjenige die **Geschäftsunfähigkeit** des Erblassers beweisen, der sie behauptet, da dies ein **Ausnahmetatbestand** ist (BGH FamRZ 1984, 1003; BayObLG Rpfleger 1982, 286 f; FamRZ 2002, 63, 64; RG WarnRspr 1915 Nr 71; SOERGEL-M WOLF RdNr 2; MünchKomm-MUSIELAK RdNr 13; BAUMGÄRTEL-SCHMITZ RdNr 1). Er trägt hierfür auch die Feststellungslast (BayObLG FamRZ 2002, 62). Für die Beweislastverteilung gelten die zu §§ 104 ff entwickelten Grundsätze (BAUMGÄRTEL-SCHMITZ RdNr 1; dazu BAUMGÄRTEL-LAUMEN § 104 RdNr 1 ff). Ergeben sich jedoch Anhaltspunkte für eine fehlende Geschäftsfähigkeit, so hat das Gericht ein beantragtes Gutachten eines *Sachverständigen* (Psychiaters, nicht nur praktischen Arztes) einzuholen (BGH FamRZ 1984, 1003 = WM 1984, 1063, 1064). Zu den Anforderungen an einen solchen Gutachter KG KG-Rp 1995, 142; OLG Frankfurt FamRZ 1998, 1061. Soweit die Testier- oder Geschäftsfähigkeit einer noch lebenden Person zu beurteilen ist, setzt dies grundsätzlich voraus, dass diese selbst untersucht wird, jedoch sind Ausnahmen möglich (BayObLGZ 1995, 383, 389 f = FamRZ 1996, 566 = NJW-RR 1996, 457). Bei der Prüfung der Geschäfts- bzw Testierfähigkeit bedarf es zwar sorgfältiger Ermittlungen, das bedeutet aber nicht, dass allen Beweisanträgen stattzugeben und allen denkbaren Möglichkeiten zur Erforschung des Sachverhalts nachzugehen wäre; eine **Aufklärungspflicht** besteht vielmehr auch im FGG-Verfahren nur, wenn das Beteiligtenvorbringen und der festgestellte Sachverhalt hierzu bei sorgfältiger Überlegung Anlass geben (BayObLGZ 1995, 383, 388 f; BayObLG MittBayNot 1995, 56, 57; OLG Hamm ZEV 1997, 75: pauschale Behauptungen genügen nicht).

### § 2276 Form

**(1) Ein Erbvertrag kann nur zur Niederschrift eines Notars bei gleichzeitiger Anwesenheit beider Teile geschlossen werden. Die Vorschriften des § 2231 Nr 1 und der §§ 2232, 2233 sind anzuwenden; was nach diesen Vorschriften für den Erblasser gilt, gilt für jeden der Vertragschließenden.**

(2) Für einen Erbvertrag zwischen Ehegatten oder zwischen Verlobten, der mit einem Ehevertrag in derselben Urkunde verbunden wird, genügt die für den Ehevertrag vorgeschriebene Form.

## Übersicht

| | | |
|---|---|---|
| I. | Zweck | 1 |
| II. | Form des Erbvertrags im Allgemeinen | 2 |
| | 1. Öffentliche Beurkundung | 2 |
| | 2. Zuständigkeit zur Beurkundung | 3 |
| | 3. Gleichzeitige Anwesenheit beider Teile | 4 |
| | 4. Prozessvergleich | 5 |
| | 5. Anforderungen an die Person des Vertragsgegners | 6 |
| | 6. Anwendung der Verfahrensvorschriften auf den Vertragsgegner | 7 |
| III. | Materielle Formvorschriften | 8 |
| | 1. Anwendung des § 2231 Nr 1 | 8 |
| | 2. Anwendung des § 2232 | 9 |
| | 3. Die Sonderfälle des § 2233 | 11 |
| IV. | Das Beurkundungsverfahren | 13 |
| | 1. Ausschließungsgründe | 14 |
| | 2. Prüfung der Geschäftsfähigkeit | 17 |
| | 3. Niederschrift | 18 |
| | 4. Körperliche Behinderung des Erblassers, des Vertragsgegners oder seines Vertreters | 19 |
| | 5. Sprachunkundigkeit des Vertragsgegners oder seines Vertreters | 20 |
| | 6. Zuziehung von Überwachungspersonen | 21 |
| | 7. Übergabe einer Schrift | 22 |
| | 8. Verschließung und Verwahrung des Erbvertrags | 23 |
| | 9. Fehlende Unterschrift des Notars | 24 |
| V. | Erleichterte Form für den Ehe- und Erbvertrag | 25 |
| | 1. Bedeutung der Formerleichterung | 25 |
| | 2. Grund der Vorschrift | 26 |
| | 3. Unwirksamkeit eines Vertrages | 27 |
| | 4. Voraussetzungen der Formerleichterung | 28 |
| |    a) Abschluss eines Ehevertrags (§ 1408) | 28 |
| |    b) Verbindung in derselben Urkunde | 29 |
| | 5. Auswirkung der Erleichterung | 30 |
| |    a) Materielle Formvorschriften | 31 |
| |    b) Verfahrensvorschriften | 34 |
| VI. | Andere verbundene Verträge | 35 |
| | 1. Formerfordernis | 35 |
| | 2. Auswirkungen von Formfehlern | 40 |
| VII. | Umdeutung | 42 |
| VIII. | Formlose Erbverträge | 44 |
| | 1. Die Rechtsprechung | 44 |
| | 2. Neuregelung der HöfeO | 47 |

## I. Zweck

**1** Das Beurkundungserfordernis des § 2276 ist Ausdruck des das ganze deutsche Erbrecht beherrschenden Grundsatzes der Formstrenge. Die Mitwirkung des Notars erscheint schon wegen der mit dem Erbvertrag verbundenen weitreichenden Bindungswirkung erforderlich, die eine Art Vorleistung des Erblassers darstellt (LANGE-KUCHINKE § 25 III 1; OLZEN, Die vorweggenommene Erbfolge, 1984, 225; MünchKomm-MUSIELAK RdNr 1).

## II. Form des Erbvertrags im Allgemeinen

### 1. Öffentliche Beurkundung

**2** Die Errichtung eines Erbvertrags erfordert öffentliche Beurkundung. Eine private Abfassung, wie sie beim Testament nach § 2231 Nr 2 zulässig ist, ist hier ausgeschlossen. Die private Willenserklärung kann nur insofern indirekt Grundlage eines Erbvertrags sein, als der Erblasser eine Schrift, sei es eine von ihm selbst geschriebene oder eine von einem Dritten verfasste, dem Notar offen oder verschlossen übergeben kann mit der Erklärung, dass die Schrift seinen letzten Willen enthalte (§§ 2276, 2232).

### 2. Zuständigkeit zur Beurkundung

**3** Für die Beurkundung eines Erbvertrags sind in der Regel nur mehr die Notare zuständig; die Zuständigkeit der Gerichte ist beseitigt (§ 2276 Abs 1 S 1 in der neuen Fassung). Da es beim Erbvertrag keine besondere Form für Notfälle gibt (wie beim Testament das sog Nottestament), entfällt auch eine Zuständigkeit der Bürgermeister sowie das Dreizeugentestament. Außer den Notaren können nur mehr die besonders ermächtigten deutschen Berufskonsuln und Konsulatsbeamten einen Erbvertrag beurkunden, und zwar nur für deutsche Staatsangehörige (§§ 1, 2, 10, 11 Abs 1, 18−21, 24 KonsG).

### 3. Gleichzeitige Anwesenheit beider Teile

**4** Das Erfordernis der gleichzeitigen Anwesenheit beider Teile schließt die Beurkundung eines bindenden Vertragsangebots (§ 128) aus (Mot V 320; PLANCK-GREIFF Vorbem 2 Abs 2 vor § 2274). Persönlich braucht nur der Erblasser anwesend zu sein (§ 2274), nicht auch der Vertragsgegner, der keine Verfügung von Todes wegen trifft; dieser kann sich vertreten lassen (§ 2274 RdNr 6). Immerhin muss wenigstens ein Vertreter des Vertragsgegners beim Abschluss des Erbvertrags zugegen sein; denn beurkundet wird der Austausch der beiderseitigen Erklärungen und die Annahme der vertragsmäßig bindenden Verfügung (RG JW 1901, 474). Ein Vertreter ohne Vertretungsmacht genügt, wenn der Vertragsgegner seine Erklärungen nachträglich genehmigt (§ 177). Der Vertreter kann nur die Erklärungen des Erblassers annehmen, er kann aber weder vertragsmäßige Verfügungen von Todes wegen (§ 2278) noch einseitige treffen (§ 2299 Abs 2 S 1, § 2064). Der gesetzliche Vertreter, der ja den Erbvertrag nicht abschließt, sondern nur ihm zustimmen kann (§ 2275 RdNr 10 ff), braucht bei der Beurkundung nicht anwesend zu sein, da er auch nachträglich formlos zustimmen kann (§ 182 Abs 2; § 2275 RdNr 10; STAUDINGER-KANZLEITER RdNr 3; PALANDT-EDENHOFER RdNr 1).

### 4. Prozessvergleich

Ein Erbvertrag kann – im Gegensatz zu einem Testament – auch in einem seitens 5
des Erblassers persönlich geschlossenen (§ 2274) Prozessvergleich beurkundet
werden oder in einem Vergleich eines Verfahrens der freiwilligen Gerichtsbarkeit
(zB im Zuweisungsverfahren nach dem LwVG) beurkundet werden (BGHZ 14, 381
= DNotZ 1955, 190 m zust Anm KEIDEL = LM Nr 11 zu § 794 Abs 1 Nr 1 ZPO m Anm JOHANNSEN;
BGH FamRZ 1960, 28; BayObLGZ 1965, 86 = NJW 1965, 1276; OLG Köln OLGZ 1970, 115). LANGE-KUCHINKE (§ 25 III 1) weisen zwar darauf hin, dass die öffentliche Verhandlung
an sich dafür nicht die geeignete Gelegenheit ist, aber wegen eines Sachzusammenhangs zur raschen Prozessbeendigung kann dies uU wünschenswert sein.
Die Form des § 2276 wird durch die Aufnahme der Erklärungen in ein nach den
Vorschriften der ZPO errichtetes Protokoll ersetzt (§ 127a). Zweckmäßig ist dabei,
dass darin insbesondere die Tatsache der persönlichen Erklärung der Verfügung
von Todes wegen durch den Erblasser festgestellt wird (§§ 159, 160 Abs 3 Nr 1, 4
ZPO), jedoch wird man dies nicht als zwingend erforderlich ansehen müssen,
wenn nur anderweitig der Nachweis der höchstpersönlichen Erklärungsabgabe
möglich ist (OLG Stuttgart OLGZ 1989, 415, 417; PALANDT-EDENHOFER RdNr 9; STAUDINGER-KANZLEITER RdNr 4; aM MünchKomm-MUSIELAK RdNr 8, ERMAN-M SCHMIDT § 2274 RdNr 2). Besteht
im Verfahren **Anwaltszwang**, so sind die Erklärungen des Erblassers persönlich
(§ 2274) gemeinsam mit seinem Anwalt (Anwaltszwang) abzugeben (BGH NJW 1980,
2307; OLG Stuttgart OLGZ 1979, 415, 417; APPELL FamRZ 1970, 523; s auch unten § 1 BeurkG RdNr
16). Umstritten ist, ob auch einseitige Verfügungen von Todes wegen, wie ein Widerruf letztwilliger Verfügungen, im Prozessvergleich erklärt werden kann. Entgegen RGZ 48, 182, 187 und BGH DB 1959, 790 wird man dies aber zur Wahrung des
Sachzusammenhangs für zulässig halten müssen (LANGE-KUCHINKE § 25 III 1 Fn 34).

### 5. Anforderungen an die Person des Vertragsgegners

Nach Abs 1 S 2 HS 2 ist das, was in § 2231 Nr 1, §§ 2232, 2233 für den Erblasser 6
bestimmt ist, auf jeden der Vertragsschließenden, also auf den Vertragsgegner
anzuwenden. Das bedeutet nicht, dass eine Vorschrift, deren Voraussetzung (zB
Minderjährigkeit, Leseunfähigkeit, Stummheit) nur in der Person des Erblassers
erfüllt ist, auch auf den bloßen Vertragsgegner, der seinerseits keine vertragsmäßige Verfügung von Todes wegen trifft, anzuwenden wäre. Vielmehr gelten jene
Vorschriften für den bloßen Vertragsgegner in der Regel nur dann, wenn ihre Voraussetzungen (auch) bei ihm vorliegen (STAUDINGER-KANZLEITER RdNr 6; PALANDT-EDENHOFER RdNr 2). Nur ausnahmsweise können es Grund und Zweck der bezeichneten
Vorschriften nötig machen, die Erklärungen beider Teile einer besonderen Form
zu unterwerfen, obwohl die Voraussetzung der Vorschrift nur bei einem Vertragsteil vorliegt (zB bei Blindheit eines Vertragsteiles, RdNr 12). Ist der nicht verfügende Vertragspartner vertreten, so ist für die Anwendung des § 2233 die Person des Vertreters maßgebend (RGRK-BGB-KREGEL RdNr 7; KEIDEL-WINKLER § 33 BeurkG RdNr 4).

### 6. Anwendung der Verfahrensvorschriften auf den Vertragsgegner

§ 2276 Abs 1 S 2 HS 2 wird für das Beurkundungsverfahren ergänzt durch § 33 7
BeurkG. Nach dieser Vorschrift gelten die §§ 30 und 32 BeurkG, die sich mit der
Errichtung einer Verfügung von Todes wegen durch Übergabe einer Schrift sowie
mit Personen, die stumm oder der Verhandlungssprache nicht hinreichend kundig sind, befassen, beim Erbvertrag auch für die Erklärung des Vertragsgegners –
also für seine Annahmeerklärung und gegebenenfalls für seine einseitigen Verfü-

gungen von Todes wegen, § 2299 – entsprechend. Für den oder (beim zweiseitigen Erbvertrag) für die Erblasser gelten sie unmittelbar; denn die §§ 30 und 32 BeurkG beziehen sich auf alle Verfügungen von Todes wegen, also auch auf Erbverträge. Soweit das Gesetz auf persönliche Eigenschaften und Verhältnisse des Erblassers abstellt (zB auf die Verwandtschaft mit dem Notar), kommt es hier auf die Eigenschaften und Verhältnisse des Vertragsgegners an, nicht auf die eines etwaigen Vertreters, außer wo das Gesetz offensichtlich die Eigenschaften und Verhältnisse des Erklärenden im Auge hat (zB in § 6 Abs 2 BeurkG).

### III. Materielle Formvorschriften

#### 1. Anwendung des § 2231 Nr 1

8 Nach § 2276 Abs 1 S 2 iVm § 2231 Nr 1 kann ein Erbvertrag (nur) zur Niederschrift eines Notars errichtet werden. Das Gesetz sagt damit nichts anderes als was schon in § 2276 Abs 1 S 1 zum Ausdruck gebracht ist.

#### 2. Anwendung des § 2232

9 Nach § 2276 Abs 1 S 2 iVm § 2232 wird ein Erbvertrag errichtet, indem der Erblasser dem Notar seinen letzten Willen erklärt oder ihm eine offene oder verschlossene Schrift übergibt mit der Erklärung, dass die Schrift, die nicht von ihm selbst geschrieben zu sein braucht, seinen letzten Willen enthalte; der Vertragsgegner muss die Erklärung des Erblassers annehmen. Es ist zulässig, dass der eine Teil seine Erklärung mündlich, der andere durch Übergabe einer Schrift abgibt; sie können ihre Erklärungen auch in einer gemeinsamen Schrift niederlegen (hier § 33 BeurkG RdNr 6; KEIDEL-WINKLER § 33 BeurkG RdNr 3; RGZ 82, 149, 154). Ebenso kann der Erblasser seinen letzten Willen in einer verschlossenen Schrift überreichen, der Vertragsgegner in einer offenen Schrift oder umgekehrt (Kombinationsmöglichkeiten). Denkbar ist auch ein Erbvertrag, der aus zwei verschlossenen Schriften besteht (STAUDINGER-KANZLEITER RdNr 6); siehe aber zur Frage der Kenntnis vom Inhalt der Verfügungen RdNr 12.

10 Über die mündliche Erklärung des Erblassers s § 2232 RdNr 6 ff. Über die Übergabe einer Schrift s § 2232 RdNr 14 ff.

#### 3. Die Sonderfälle des § 2233

11 § 2276 Abs 1 S 2 iVm § 2233 ergibt (vgl § 2233 RdNr 4): **Minderjährige** können einen Erbvertrag als Erblasser nur durch Erklärung gegenüber dem Notar oder durch Übergabe einer offenen Schrift errichten, Leseunfähige nur durch mündliche Erklärung (§ 2233 Abs 2). Blinde können als Erblasser entweder durch Übergabe einer Blindenschrift mitwirken (§ 2233 Abs 2) oder durch Erklärung; Hörbehinderte können in jeder der drei vom Gesetz vorgesehenen Arten verfügen (vgl allgemein die Übersicht über die Sondervorschriften für Verfügungen von behinderten Personen mit den verschiedenen Möglichkeiten bei Mehrfachbehinderung bei NIEDER in: Münchener Vertragshandbuch, 4. Aufl, Bd IV, 2. Hbbd, Form XV 4, die allerdings durch die neue Rechtsentwicklung teilweise überholt ist). Wer aber weder sprechen noch schreiben kann, vermochte nach dem reinen Wortlaut des Gesetzes auch keinen Erbvertrag mehr zu errichten, denn da er die nach § 31 S 1 BeurkG erforderliche Erklärung nicht selbst niederschreiben konnte, läge ein Fall der **faktischen Testierunfähigkeit** vor. Dieser generelle Ausschluss schreib- und sprechunfähiger Personen von der Testiermög-

lichkeit verstieß jedoch gegen Art 14 Abs 1 GG und Art 3 Abs 1 und Abs 3 S 2 GG (BVerfGE 99, 341= NJW 1999, 1853 mit ausführlicher Anleitung zur Verfahrenshandhabung bis zur gesetzlichen Neuregelung; eingehend dazu NIEDER ZNotP 2001, 335; § 2232 RdNr 7; Übersicht über die bei Mehrfachbehinderten einzuhaltenden Verfahrensbestimmungen auch bei FRENZ ZAP 2000, 1127 [teilweise fehlerhaft]; KEIDEL-WINKLER Vorbem 14 ff zu §§ 27 ff BeurkG). Der Gesetzgeber hat mit dem OLG-VertRÄndG zum 1. 8. 2002 die verfassungsgerichtlichen Vorgaben umgesetzt und die §§ 2232, 2233 geändert (s Erl dort) und den zu weitgehenden § 31 BeurkG aufgehoben. All dies gilt auch für den bloßen Vertragsgegner oder einen (gesetzlichen oder gewillkürten) Vertreter.

Kann der Vertragsgegner oder sein Vertreter **nicht lesen,** so kann er seine Erklärungen, wenn er die Blindenschrift nicht beherrscht, nur gegenüber dem Notar abgeben (§ 2233 Abs 2). In diesem Fall wird man allerdings fordern müssen, dass auch der Erblasser seine Verfügungen gegenüber dem Notar erklärt, damit gewährleistet ist, dass auch der annehmende Teil oder sein Vertreter vor dem Abschluss des Erbvertrags die Verfügungen des Erblassers kennen gelernt haben (PALANDT-EDENHOFER RdNr 4; MünchKomm-MUSIELAK RdNr 6; SOERGEL-M WOLF RdNr 8; zu weitgehend STAUDINGER-KANZLEITER RdNr 6, wonach bei einem Erbvertrag es generell nicht erforderlich sei, dass die Vertragsparteien von ihren beiderseitigen Erklärungen Kenntnis nehmen). **12**

### IV. Das Beurkundungsverfahren

Maßgebend sind die §§ 1 bis 26 BeurkG sowie vor allem die Sonderbestimmungen in §§ 27 bis 35 BeurkG über Verfügungen von Todes wegen. Für den Erblasser gelten diese Vorschriften unmittelbar; insoweit kann auf die Erläuterungen zu den im folgenden angeführten Bestimmungen des BeurkG verwiesen werden. Für den Vertragsgegner gelten die Vorschriften des BeurkG teils unmittelbar, teils entsprechend (§ 33 BeurkG), teils gar nicht. Im Folgenden wird die Anwendung des BeurkG beim **Vertragsgegner** oder seinem Vertreter näher erörtert, die beim Erblasser nur gestreift. **13**

#### 1. Ausschließungsgründe

a) Bei der Anwendung des Mitwirkungsverbots § 3 BeurkG (nur Sollvorschrift!) wird der Erbvertrag auch als eine Angelegenheit des (bloßen) Vertragsgegners anzusehen sein, und zwar auch dann, wenn er nicht selbst bedacht ist (vgl Erl zu § 3 BeurkG RdNr 9). **14**
b) Bei den Ausschließungsgründen des § 6 kommt es, wie Abs 2 ersehen lässt, auf eine etwaige Beziehung des Notars zu dem handelnden Vertreter des Vertragsgegners an (vgl Erl zu § 6 BeurkG RdNr 6, 10 ff). **15**
c) Bei den Ausschließungsgründen des § 7 dagegen ist eine etwaige Verwandtschaft oder Schwägerschaft des Notars zu dem Vertreter des Vertragsgegners bedeutungslos. Wohl aber ist eine solche Beziehung zu dem in dem Erbvertrag Bedachten bedeutsam (§ 27; vgl Erl zu § 7 BeurkG RdNr 5). **16**

#### 2. Prüfung der Geschäftsfähigkeit

Wenn die Vertragspartner bei Verbindung mit einem solchen die Form des Ehevertrags wählen (§ 2276 Abs 2) und das werden sie regelmäßig tun –, so findet § 28 BeurkG keine Anwendung und es besteht dann keine allgemeine Pflicht des Notars zur Prüfung der Geschäftsfähigkeit der Beteiligten (vgl § 11 BeurkG RdNr 9). **17**

Keinesfalls besteht eine solche Prüfungspflicht bei dem Vertragsgegner, der in dem Erbvertrag nicht testieren will (vgl BeurkG § 11 RdNr 2 ff; § 28 RdNr 2; § 33 RdNr 3).

### 3. Niederschrift

18 Nach § 8 BeurkG muss über die Errichtung des Erbvertrags eine Niederschrift aufgenommen werden. Diese muss nach §§ 9, 10 auch den Namen des Vertragsgegners oder seines Vertreters enthalten. Wenn der Vertragsgegner oder sein Vertreter eine Schrift übergibt, muss dies in der Niederschrift festgestellt werden (§§ 30, 33 BeurkG). Nach § 13 BeurkG muss die Niederschrift in Gegenwart des Notars den Beteiligten vorgelesen, von ihnen genehmigt und eigenhändig unterschrieben werden, also auch von dem Vertragsgegner oder seinem Vertreter. Einem hörbehinderten Vertragsgegner (oder Vertreter) muss die Niederschrift an Stelle des Vorlesens zur Durchsicht vorgelegt werden (§ 23 BeurkG). Kann der Vertragsgegner oder sein Vertreter seinen Namen nicht schreiben, so muss beim Vorlesen und bei der Genehmigung ein Zeuge oder ein zweiter Notar zugezogen werden (§ 25 BeurkG). Das Gesagte gilt auch für den Erblasser.

### 4. Körperliche Behinderung des Erblassers, des Vertragsgegners oder seines Vertreters

19 Ist der Erblasser, der Vertragsgegner oder sein Vertreter hör-, sprach- oder sehbehindert, so soll zu der Beurkundung ein Zeuge oder ein zweiter Notar zugezogen werden, sofern nicht alle Beteiligten darauf verzichten (§ 22 BeurkG). Auf Verlangen eines hör- oder sprachbehinderten Beteiligten soll ein Gebärdensprachdolmetscher hinzugezogen werden (§ 22 Abs 1 Satz 2 BeurkG). Bei Hör- oder Sprachbehinderten, die sich auch nicht schriftlich verständigen können, muss außerdem eine Person zugezogen werden, die sich mit dem Behinderten zu verständigen vermag (§ 24 BeurkG). Ist der Vertragsgegner oder sein Vertreter stumm, so musste er die Erklärung, dass die übergebene Schrift seine Annahmeerklärung und – wenn die Schrift auch einseitige Verfügungen von Todes wegen enthält, § 2299 – seinen letzten Willen enthalte, bei der Verhandlung eigenhändig in die Niederschrift oder auf ein besonderes Blatt schreiben, das der Niederschrift beigefügt wurde (§ 31 mit § 33 BeurkG; KEIDEL-WINKLER § 33 BeurkG RdNr 5). Jedoch wurde § 31 BeurkG durch das OLG-VertrÄndG mit Wirkung zum 1. 8. 2002 aufgehoben (s oben RdNr 11). Neben diesen allgemeinen Grundsätzen sind jedoch hinsichtlich des Erblassers die besonderen Vorschriften der §§ 2232, 2233 BGB und der §§ 30 und 32 BeurkG zu beachten.

### 5. Sprachunkundigkeit des Vertragsgegners oder seines Vertreters

20 Ist der Vertragsgegner oder sein Vertreter der deutschen Sprache oder der Verhandlungssprache nicht hinreichend kundig, so muss ihm die Niederschrift in seine Sprache übersetzt und, wenn er es verlangt, die Übersetzung außerdem schriftlich angefertigt und ihm zur Durchsicht vorgelegt werden. Falls der Notar nicht selbst übersetzt, muss ein Dolmetscher zugezogen werden (§ 16 Abs 3 BeurkG). Wenn der Vertragsgegner oder sein Vertreter die Annahmeerklärung und – wenn ihr einseitige Verfügungen von Todes wegen (§ 2299) beigefügt sind – den letzten Willen des Vertragsgegners mündlich erklärt, gelten die strengen Vorschriften der §§ 32, 33: Es muss eine schriftliche Übersetzung angefertigt werden, sofern nicht der Vertragsgegner oder sein Vertreter darauf verzichtet. Das Gesagte gilt entsprechend bei Sprachunkundigkeit des Erblassers.

### 6. Zuziehung von Überwachungspersonen

Da der Vertragsgegner oder sein Vertreter zu den Beteiligten gehören, so können **21** sie verlangen, dass bei der Beurkundung ein oder zwei Zeugen oder ein zweiter Notar zugezogen wird (§ 29 BeurkG).

### 7. Übergabe einer Schrift

Die Verfügung von Todes wegen durch Übergabe einer Schrift wird in § 30 BeurkG **22** näher geregelt. Diese Bestimmung gilt auch für den Vertragsgegner oder seinen Vertreter, die ihre Erklärung durch Übergabe einer Schrift abgeben (§ 33 BeurkG; KEIDEL-WINKLER § 30 BeurkG RdNr 4).

### 8. Verschließung und Verwahrung des Erbvertrags

Nach § 34 Abs 2 BeurkG gelten die Vorschriften über die Verschließung und Ver- **23** wahrung eines Testaments (§ 34 Abs 1) auch für den Erbvertrag. Der Notar soll also die Niederschrift über die Errichtung eines Erbvertrags in einen Umschlag mit näheren Angaben über den Inhalt nehmen und diesen mit dem Prägesiegel verschließen. Er soll weiter veranlassen, dass der Erbvertrag unverzüglich in besondere amtliche Verwahrung gebracht wird, sofern nicht die Vertragsschließenden die besondere amtliche Verwahrung ausschließen (vgl § 2277 samt Erl). Tun sie dies, so entfällt auch die Verschließung der Niederschrift; diese bleibt offen bei der Urkundensammlung des Notars.

### 9. Fehlende Unterschrift des Notars

Die Vorschrift des § 35 BeurkG über die Ersetzung der Unterschrift des Notars auf **24** die Niederschrift durch die Unterschrift auf dem Umschlag gilt an sich für alle Verfügungen von Todes wegen, also auch für Erbverträge. Bei diesen kann sie aber nur dann angewandt werden, wenn die Niederschrift über den Erbvertrag gemäß § 34 Abs 1 BeurkG vom Notar in einen Umschlag genommen und mit dem Prägesiegel verschlossen wird, nicht aber, wenn sie offen in dessen Urkundensammlung verwahrt wird (BayObLGZ 1976, 275 = DNotZ 1977, 432). Ist aber der verschlossene Umschlag vorschriftswidrig nicht in die amtliche Verwahrung gebracht worden, so bleibt § 35 BeurkG wiederum anwendbar, da die Einheit von Urkunde und Umschlag gewahrt ist (KEIDEL-WINKLER § 35 BeurkG RdNr 4; HUHN-V SCHUCKMANN § 35 BeurkG RdNr 6; aM Erl zu § 35 BeurkG RdNr 5).

## V. Erleichterte Form für den Ehe- und Erbvertrag

### 1. Bedeutung der Formerleichterung

Nach Abs 2 genügt für einen Erbvertrag zwischen Ehegatten oder Verlobten, der **25** mit einem Ehevertrag (§ 1408) in derselben Urkunde verbunden wird, die für den Ehevertrag vorgeschriebene Form, also die Einhaltung des § 1410 (idF des § 56 Abs 3 BeurkG) und der einschlägigen Vorschriften des BeurkG (§ 1 bis 26). Diese Erleichterung hatte vor dem TestG erhebliche Bedeutung, weil der damalige § 2233 aF für das öffentliche Testament und damit auch für den Erbvertrag die Zuziehung von Überwachungspersonen schlechthin forderte, während beim Ehevertrag nach dem damals maßgebenden § 169 FGG nur in Ausnahmefällen Überwachungspersonen zugezogen zu werden brauchten. Nunmehr ist der Unterschied zwischen der Beurkundung eines Ehevertrags (§§ 1 bis 26 BeurkG) und der eines Erbvertrags (**außer §§ 1 bis 26 die §§ 27 bis 35 BeurkG**) so gering, dass die Form des Ehevertrags kaum noch eine Erleichterung bedeutet (zu den Unterschieden STAUDINGER-KANZLEITER RdNr 12). Allerdings ermöglichten die **§§ 22, 24 BeurkG** die Beurkundung bei schreib- und sprechunfähigen Erblassern, während diesen die Errichtung nach den Sondervorschriften über die Verfügung von Todes wegen gem §§ 2232, 2233 BGB, §§ 27 ff BeurkG nach dem Gesetzeswortlaut verwehrt wäre; dies würde zu einer **faktischen Testierunfähigkeit** führen. Darin hat das BVerfG mit Beschluss vom 19.1.1999 einen Verstoß gegen die Erbrechtsgarantie (Art 14 Abs 1 GG), den allgemeinen Gleichheitsgrundsatz (Art 3 Abs 1 GG) und gegen das Diskriminierungsverbot des Art 3 Abs 3 S 2 GG gesehen (BVerfGE 99, 341 = NJW 1999, 1853 = DNotZ 1999, 409 m Anm ROSSAK). Die Formvorschriften der §§ 2232, 2233 BGB, § 31 BeurkG durften daher nicht mehr auf letztwillige Verfügungen schreib- und sprechunfähiger Personen, die geistig und körperlich zu einer Testamentserrichtung in der Lage sind, angewendet werden, soweit sie diese Personen von jeder Errichtung einer Verfügung von Todes wegen ausschließen. Bis zu einer gesetzlichen Neuregelung konnten schreib- und sprechunfähige Personen mit notarieller Hilfe letztwillige Verfügungen (Testamente, Erbverträge etc) errichten. Ihr letzter Wille konnte für eine Übergangszeit in der Weise notariell beurkundet werden, wie es bei rechtsgeschäftlichen Erklärungen unter Lebenden nach den Vorschriften des BeurkG geregelt ist. Dies führte somit auch in diesen Fällen zu einer Anwendbarkeit des § 24 BeurkG und damit zu einer weiteren Angleichung an § 2276 Abs 2. Mit dem OLG-VertrÄndG wurden die verfassungsgerichtlichen Vorgaben mit Wirkung zum 1.8.2002 umgesetzt und das Gebot der »Mündlichkeit« für die Erklärung des letzten Willens vor dem Notar ebenso abgeschafft (vgl §§ 2232 f nF) wie der § 31 BeurkG.

Allerdings können die Vorschriften des Beurkundungsgesetzes, die die Errichtung einer Verfügung von Todes wegen durch **Übergabe einer Schrift** vorsehen (§ 30 BeurkG) bei der *Wahl der Ehevertragsform* nicht angewendet werden, denn der Ehevertrag ist nach § 13 Abs 1 S 1 BeurkG seinem ganzen Umfang nach zu verlesen; dies gilt für auch eine dem Notar von den Beteiligten übergebene Schrift, die als Anlage zum Bestandteil der Niederschrift über den Ehevertrag gemacht wird (§ 9 Abs 1 S 2 BeurkG; so richtig STAUDINGER-KANZLEITER RdNr 12). Soweit hier von Beurkundung durch Übergabe einer Schrift gesprochen wird (so LANGE-KUCHINKE § 25 III 2; SOERGEL-M WOLF RdNr 13; 2. Aufl, RdNr 20), hat dies nur bildliche Funktion und bedeutet kein abweichendes Beurkundungsverfahren durch Einschränkung des allgemein geltenden Gebots der Verlesung der Urkunde.

### 2. Grund der Vorschrift

**26** Der Grund für die Formerleichterung war die Erwägung, dass bei der Verbindung eines Erbvertrags mit einem Ehevertrag regelmäßig beide Verträge ein untrennbares Ganzes bilden (Prot V 380). Aus dem Wort »genügt« muss geschlossen werden, dass es den Parteien freisteht, ob sie sich hinsichtlich des Erbvertrags an die für den Ehevertrag gegebenen Formvorschriften halten wollen oder an die für den Erbvertrag geltenden. Die Parteien können aber nicht in einigen Punkten die Formvorschriften des Erbvertrags, für andere Passagen des Erbvertrags die des Ehevertrags wählen (ebenso PALANDT-EDENHOFER RdNr 11), jedoch kann für den Erbvertrag Erbvertragsform (etwa durch Übergabe einer Schrift), für den gleichzeitig erklärten Ehevertrag dessen Form, aber auch nur diese (mündliche Erklärung), gewählt werden (STAUDINGER-KANZLEITER RdNr 7).

## 3. Unwirksamkeit eines Vertrages

Ist bei einem Ehe- und Erbvertrag eine für den Ehevertrag wesentliche Formvorschrift nicht beachtet, so ist der Ehevertrag nichtig (§ 125); denn für dessen Form ist keine Erleichterung gegeben. Für ihn reicht also die Form des Erbvertrages nicht (PALANDT-EDENHOFER RdNr 11; MECKE/LERCH, BeurkG, § 33 RdNr 5; STAUDINGER-KANZLEITER RdNr 7). Ob sich die Nichtigkeit auf den Erbvertrag erstreckt, richtet sich nach § 139 (VOGELS-SEYBOLD, TestG § 30 RdNr 13; zweifelnd ob diese Vorschrift hier überhaupt gilt: BGHZ 29, 129, 131). Ob eine wirksame Anfechtung oder eine Nichtigkeit des Erbvertrags aus anderem Grunde auch die Nichtigkeit des Ehevertrags herbeiführt und umgekehrt, ist eine Auslegungsfrage, im Zweifel aber wohl zu verneinen, da die Verträge nicht notwendig eine rechtliche Einheit iS von § 139 darstellen (PALANDT-EDENHOFER RdNr 12; SOERGEL-M WOLF RdNr 15; BGHZ 29, 129; MünchKomm-MUSIELAK RdNr 12 und VEITH, Die Anfechtung von Erbverträgen (1991) S 162 f: der Wille der Beteiligten entscheidet; generell gegen § 139 beim Erbvertrag HÄSEMEYER FamRZ 1967, 30 f). Dieses Regel-/Ausnahmeverhältnis ist auch bei der **Beweislastverteilung** zu berücksichtigen (STAUDINGER-KANZLEITER RdNr 7). Ausnahmsweise kann sich die von Anfang an bestehende Nichtigkeit des Erbvertrages nach § 139 auch auf den in der gleichen Urkunde vereinbarten Ehevertrag erstrecken, wenn nach dem Willen der Vertragsteile beide Verträge eine rechtliche Einheit darstellen (OLG Stuttgart FamRZ 1987, 1034). Die Annahme eines solchen Verknüpfungswillens im Zeitpunkt des Vertragsabschlusses ist aus dem Inhalt und dem Zustandekommen des Vertrages unter Berücksichtigung der Interessen der Beteiligten zu ermitteln, wobei sich nach OLG Stuttgart aaO durch die Zusammenfassung in einer Urkunde hierfür eine tatsächliche Vermutung ergeben soll. Beim wirksamen Rücktritt vom Erbvertrag ist die Anwendung des § 139 durch die Sondervorschriften des Rücktritts auf alle Fälle ausgeschlossen (BGHZ 29, 129; PALANDT-EDENHOFER RdNr 12).

## 4. Voraussetzungen der Formerleichterung

### a) Abschluss eines Ehevertrags (§ 1408)

Als Ehevertrag iS von § 2276 Abs 2 soll nach hM auch die mit einem Erbvertrag verbundene bestätigende Vereinbarung Verlobter oder von Ehegatten genügen, in ihrer Ehe soll das gesetzliche Güterrecht gelten (STAUDINGER-KANZLEITER RdNr 9; SOERGEL-M WOLF RdNr 14; 1. Aufl RdNr 23). Dem kann hier nicht zugestimmt werden, weil hier das Wesen des Ehevertrags fehlt: Die Eheleute haben weder den gesetzlichen Güterstand aufgehoben oder geändert noch sonst wie ihre güterrechtlichen Verhältnisse durch Vertrag geregelt (Prot IV 216). Wollen Ehegatten den gesetzlichen Güterstand beibehalten, aber doch einen Ehevertrag schließen, so müssen sie mindestens eine von der gesetzlichen Regelung abweichende Vereinbarung treffen (etwa eine sog modifizierte Zugewinngemeinschaft vereinbaren). Auch das Reichsgericht hat diese Frage nur für den Fall eines Ehevertrags zwischen Verlobten entschieden, dabei aber darauf abgestellt, dass das besondere der Vereinbarung darin liege, dass der gesetzliche Güterstand damit nicht kraft Gesetzes, sondern auf Grund des Ehevertrages gelte, und dieser im konkreten Fall zudem die Besonderheit aufwies, dass die Verlobten damit in umfassender Weise ihre güter- und erbrechtlichen Verhältnisse regeln wollten (RGZ 133, 20, 22).

Die Formerleichterung des Abs 2 besteht für den bereits abgeschlossenen Erbvertrag auch dann fort, wenn das **Verlöbnis** anders als durch den Tod eines der Verlobten **aufgelöst** und damit der *Ehevertrag* gar *nicht wirksam* wird (PLANCK-GREIFF Anm 4; STAUDINGER-KANZLEITER RdNr 10). Allerdings wird in diesen Fällen nach den §§ 2077 Abs 2, 3, 2279 Abs 2 idR auch der Erbvertrag unwirksam. Doch kann der

Vertrag etwas anderes bestimmen oder sich solches durch Auslegung ergeben. Bei Auflösung durch Tod eines der Verlobten bleibt der Erbvertrag wirksam, es sei denn, dass sich ein anderer Wille der Vertragsteile ermitteln lässt (KG KGJ 37 A 115, 117 f; Umkehrschluss aus § 2077 Abs 2).

Dagegen wurde die Formerleichterung des § 2276 Abs 2 den **Lebenspartnern** nicht gewährt, obgleich auch der Lebenspartnerschaftsvertrag in der Form des Ehevertrags beurkundet werden muss (§ 7 Abs 1 S 2 u 3 LPartG) und dieser schon aus Kostengründen oftmals mit einem Erbvertrag verbunden werden wird (§ 44 Abs 3 KostO, s Vorbem 59 zu §§ 2274 ff). Jedoch hat die Formerleichterung des Ehevertrags ohnehin geringe praktische Bedeutung (s RdNr 25).

### b) Verbindung in derselben Urkunde

29 Sie liegt vor, wenn die Verträge in ein und derselben Niederschrift beurkundet sind. Die lediglich äußere Verbindung zweier Niederschriften durch Zusammenheften genügt nicht.

### 5. Auswirkung der Erleichterung

30 Es ist zu unterscheiden zwischen materiellen oder sachlich-rechtlichen Vorschriften (manche sprechen auch von materiellen Formvorschriften) und reinen Formvorschriften oder Verfahrensvorschriften.

### a) Materielle Formvorschriften

31 § 2274 bestimmt, dass der Erblasser einen Erbvertrag nur persönlich schließen kann. Hieran kann § 2276 Abs 2 nichts ändern; denn § 2274 ist keine Formvorschrift, sondern eine sachlich-rechtliche Bestimmung. Auch die Vorschriften über Geschäftsfähigkeit des Erblassers (§ 2275) werden durch § 2276 Abs 2 nicht berührt.

32 § 2276 Abs 1 S 1 bestimmt, dass der Erbvertrag nur zur Niederschrift eines Notars bei gleichzeitiger Anwesenheit beider Teile geschlossen werden kann. Diese Bestimmung stimmt mit der in § 1410 (idF des § 56 Abs 3 BeurkG) überein. Es bedarf daher keiner Untersuchung der rechtlichen Natur der beiden Vorschriften. § 2276 Abs 1 S 2 verweist auf § 2231 Nr 1, 2232, 2233. Bei diesen Vorschriften handelt es sich durchweg um Bestimmungen des materiellen Rechts. Sie müssen daher auch im Falle des § 2276 Abs 2 eingehalten werden (hM, PALANDT-EDENHOFER RdNr 11; SOERGEL-M WOLF RdNr 13; aA STAUDINGER-KANZLEITER RdNr 12, wonach die Formerleichterung auch die materiellen Vorschriften erfassen soll).

33 Nach § 7 BeurkG ist die Beurkundung von Willenserklärungen insoweit unwirksam, als diese darauf gerichtet sind, dem Notar oder bestimmten nahen Angehörigen von ihm einen rechtlichen Vorteil zu verschaffen. § 27 BeurkG dehnt diese Vorschrift auf Personen aus, die in einer Verfügung von Todes wegen bedacht oder zum Testamentsvollstrecker ernannt sind. § 7 hat materiell-rechtliche Bedeutung, also auch die ergänzende Vorschrift des § 27. Diese Bestimmung wird daher durch § 2276 Abs 2 nicht berührt (PALANDT-EDENHOFER RdNr 11).

### b) Verfahrensvorschriften

34 Das BeurkG enthält in den §§ 27 bis 35 besondere Vorschriften für die Beurkundung von Verfügungen von Todes wegen. § 27 stellt, wie gesagt, keine Verfahrensvorschrift dar. § 35 bedeutet eine Vergünstigung und ist daher auch hier anwendbar (aA SOERGEL-M WOLF RdNr 13; PALANDT-EDENHOFER RdNr 11). Es bleiben die §§ 28 bis 34, die durchweg Erschwerungen der allgemeinen Vorschriften enthalten. § 2276 Abs 2 gestattet nun, bei der Verbindung des Erbvertrags unter Ehegatten oder Verlobten mit einem Ehevertrag, von der Beachtung der bezeichneten Ver-

fahrensvorschriften abzusehen. Auch die Anwendung des § 24 BeurkG bringt bei der Beurkundung mit Mehrfachbehinderten Vorteile (KEIDEL-WINKLER Vorbem 16 zu §§ 27 ff), jedoch ist diese Vorschrift insoweit nach der Entscheidung des BVerfG und der Gesetzesänderung durch das OLGVertRÄndG (BVerfGE 99, 341, s RdNr 25) jetzt auch beim Erbvertrag anwendbar. Ist ein Beteiligter der Sprache, in der die Niederschrift aufgenommen wird, nicht hinreichend kundig, so kann nach § 16 BeurkG anstelle des § 32 BeurkG verfahren werden. Sonstige besondere Vorteile dürften mit der Anwendung der Form des Ehevertrages im Allgemeinen nicht verbunden sein.

## VI. Andere verbundene Verträge

### 1. Formerfordernis

Nicht der Form des Erbvertrages bedürfen nach hM idR andere Verträge und Vereinbarungen, die von den Beteiligten im Zusammenhang mit dem Erbvertrag abgeschlossen werden, etwa der Verpflichtungsvertrag im Rahmen eines sog entgeltlichen Erbvertrags. Vielmehr richtet sich grundsätzlich jeder Vertrag nach seinen eigenen Formvorschriften (BGHZ 36, 65, 70; KNIEPER DNotZ 1968, 332; SOERGEL-M WOLF RdNr 16; PALANDT-EDENHOFER RdNr 13; KANZLEITER NJW 1997, 217 ff; BAMBERGER-ROTH-LITZENBURGER RdNr 2). Dies wird zunächst mit einem grammatikalischen Argument gerechtfertigt, dass nach § 2276 eben nur der »Erbvertrag« der Beurkundung bedürfe und darunter nur die Verfügungen von Todes wegen zu verstehen seien. Auch diene das Formerfordernis hier nur Beweis- und Aufklärungszwecken, die die Erstreckung der Beurkundungspflicht auf die anderen Vereinbarungen nicht erfordern. Weiter gehend aber zu Recht sogar STAUDINGER-KANZLEITER (RdNr 17): Als weiteres Argument gegen die umfassende Beurkundungspflicht wird das der Rechtssicherheit und der mangelnden Heilungsmöglichkeit angeführt. Auch solle die Reichweite der Formgebote – anders als bei § 311 b Abs 1 nF (früher § 313) – hier keine Beurkundung aller Zusatzvereinbarungen gebieten (KANZLEITER NJW 1997, 219 f; ders, DNotZ 1994, 278 ff; STAUDINGER-KANZLEITER RdNr 17 [hier ohne Begründung]). Nur dann, wenn diese vertraglichen Vereinbarungen mit dem Erbvertrag eine **rechtliche Einheit** bilden, also miteinander »stehen und fallen« sollen, ist nach der überwiegenden Meinung ausnahmsweise die Form des § 2276 für alle vertraglichen Vereinbarungen erforderlich (BGH aaO; BOEHMER, FS Lehmann (1956) 461, 467; FLEISCHMANN, Lebzeitige Verfügungsfreiheit, 284; generell ablehnend STÜRZEBECHER, Rücktritt vom Erbvertrag, 27; LÜKE, Vertragliche Störungen beim »entgeltlichen Erbvertrag«, 24 f; STAUDINGER-KANZLEITER RdNr 17; wohl auch KANZLEITER NJW 1997, 217 ff). Dabei wird eine solche Verbindung selbst dann abgelehnt, wenn die Leistung des Begünstigten als Entgelt für die erbvertragliche Zuwendung gewollt ist (BGH aaO; BOEHMER spricht von einer »formellen Selbständigkeit« des Verpfründungsvertrags).

Demgegenüber hat HOHMANN (Rechtsfolgen von Störungen ... 13 ff; ZEV 1996, 24) die Form des § 2276 beim entgeltlichen Erbvertrag auch für die anderen Vertragsvereinbarungen gefordert, da es sich idR um **zusammengesetzte Rechtsgeschäfte** handelt. Eine sachgerechte Gestaltung des Erbvertrags sei in solchen Fällen der gegenseitigen Abhängigkeit nur bei Beurkundung des einheitlichen Vertragswerks möglich (ebenso LANGE-KUCHINKE § 25 I 1 Fn 3). Dieser Auffassung ist zuzustimmen. Die abstrakte Natur des Erbvertrags, die auch beim entgeltlichen Erbvertrag die Annahme eines synallagmatischen Austauschverhältnisses verhindert (s § 2295 RdNr 6) erleichtert zwar die formale Argumentation, es bestehe eine lediglich isolierte Beurkundungspflicht. Entscheidend ist jedoch der auch von § 2276 verfolgte Schutzzweck, den auch KANZLEITER hier anerkennt. Er sieht das Schutzbedürfnis hier in den mit dem

Erbvertrag verbundenen wichtigen und »langfristigen Folgen«, glaubt dem aber durch die bloße Beurkundung des Erbvertrags genügen zu können (NJW 1997, 220).

**37** Dabei wird aber zu wenig berücksichtigt, dass idR der Vertragspartner sich bereits ab Vertragsabschluss zu größeren, meist ebenfalls langfristig zu erbringenden Gegenleistungen verpflichtet. Nicht nur der Gedanke der uU nicht gesicherten Vorleistung lässt deutlich werden, dass bei typologischer Betrachtung die Vertragsteile etwa beim Verpfründungsvertrag oftmals mehr der sachkundigen Belehrung und Beratung über die Vertragsausgestaltung bedürfen als bei einem standardmäßigen Immobilienerwerb (zu den zu lösenden schwierigen Gestaltungsproblemen s § 2295 RdNr 21 ff). Eine isolierte Beurkundung wäre daher ein Torso und liefe dem auch von § 2276 verfolgten Formzweck der rechtlich einwandfreien Gestaltung (dazu STAUDINGER-KANZLEITER aaO) zuwider. Es ist daher sachgerecht, die zu **§ 311 b Abs 1 nF** (früher § 313) **entwickelten Grundsätze** über die Beurkundungspflicht auch auf die im Zusammenhang mit einem Erbvertrag getroffenen weiteren Vereinbarungen zu übertragen. Die von KANZLEITER ebenfalls als Argument für die Formfreiheit angeführte Gefahr der unheilbaren Nichtigkeit ist zwar nicht von der Hand zu weisen, jedoch unserer Rechtsordnung keineswegs fremd. Mit dieser formenstrengen Auffassung würden auch viele unnütze Streitigkeiten über angeblich getroffene Abreden vermieden (etwa OLG Köln NJW-RR 1996, 327 zum angeblich getroffenen Verfügungsunterlassungsvertrag).

**38** Jedoch wird man auf der **Beweislastebene** davon ausgehen müssen, dass die fehlende Mitbeurkundung angeblicher Zusatzvereinbarungen dagegen spricht, dass solche überhaupt getroffen wurden, da die notarielle Urkunde insoweit die Vermutung der Vollständigkeit für sich hat.

**39** Der Erbvertrag kann auch in einer Urkunde mit dem anderen Vertrag verbunden sein (arg § 34 Abs 2 BeurkG), er kann dabei auch ohne besondere Kenntlichmachung in dessen Text enthalten sein, wobei die Aufnahme einer letztwilligen Verfügung in den Vertrag schon dafür spricht, dass es sich um eine erbvertragsmäßige Verfügung und um keine einseitige handelt (BGH NJW 1984, 46). Fehlt es an einer klaren Selbstbezeichnung in der Urkunde ist jedoch genau zu prüfen, ob es sich nicht um ein Rechtsgeschäft unter Lebenden handelt, etwa um ein solches auf den Todesfall (§ 2301; BGH aaO; SOERGEL-M WOLF RdNr 16).

### 2. Auswirkungen von Formfehlern

**40** Bilden die Verträge eine rechtliche Einheit iS von § 139, so führt die Unwirksamkeit des einen auch zur Nichtigkeit des anderen. Allerdings wird zT vertreten, dass § 139 auf Erbverträge überhaupt nicht anwendbar ist (HÄSEMEYER FamRZ 1967, 30 f; offen gelassen von BGHZ 29, 129, 131 beim Ehevertrag; für die Anwendbarkeit BGH LM § 139 Nr 34; BGHZ 50, 63, 72; V LÜBTOW I 408; PALANDT-EDENHOFER RdNr 13). Bei Formfehlern spielt dies besonders wegen der unterschiedlichen Heilungsmöglichkeit eine Rolle.

**41** Die Formnichtigkeit einer Erbeinsetzung nach § 2276 steht der Wirksamkeit eines Übergabevertrags im Wege der vorweggenommenen Erbfolge nach § 139 nicht entgegen, wenn der Wille der Vertragsteile dahin geht, die lebzeitige Zuwendung auch bei Kenntnis der Nichtigkeit der Erbeinsetzung vorzunehmen; dabei ist unerheblich, wenn der Formmangel der Übergabe erst aufgrund des § 311 b Abs 1 S 2 nF (früher § 313 S 2) geheilt wurde (OLG Hamm DNotZ 1996, 671, 673 = MDR 1996, 391).

## VII. Umdeutung

Ein ohne Einhaltung der Formerfordernisse des § 2276 geschlossener Erbvertrag ist nichtig (§ 125). Es gibt keine gesetzliche Heilungsmöglichkeit, auch nicht durch Herausgabe der Erbschaft seitens der gesetzlichen Erben an den Vertragserben (RG Soergels Rspr 1907, 511). Ein wegen Formmangels nichtiger Erbvertrag kann aber nach § 140 in einen anderen Vertrag oder ein **Testament** umgedeutet werden, wenn dies dem Willen der Vertragsschließenden entspricht und die nötigen Formen, insbesondere bei der Testamentserrichtung, eingehalten sind (BGH bei JOHANNSEN WM 1979, 604; SOERGEL-M WOLF RdNr 18). 42

Auch die Umdeutung von Rechtsgeschäften unter Lebenden in einen Erbvertrag ist grundsätzlich möglich, so bei einem wegen § 1365 unwirksamen Grundstückskaufvertrag (BGH WM 1980, 895) oder bei der Verpflichtung zu einer bestimmten Erbeinsetzung in einem Scheidungsvergleich, die wegen Verstoß gegen § 2302 nichtig ist (OLG Stuttgart OLGZ 1989, 415). Allerdings ist zu beachten, dass Rechtsgeschäfte unter Lebenden bereits vor Eintritt des Erbfalls Rechte und Pflichten begründen und dies einer Umdeutung oftmals entgegensteht (MünchKomm-MUSIELAK RdNr 13). 43

## VIII. Formlose Erbverträge

### 1. Die Rechtsprechung

Nach § 7 Abs 1 HöfeO (vom 26. 7. 1976, BGBl I 1933) kann der Hofeigentümer den Hoferben durch Verfügung von Todes wegen, also durch Testament oder Erbvertrag, frei bestimmen. Er kann ihm auch den Hof im Wege der vorweggenommenen Erbfolge übergeben (Hofübergabevertrag, § 17 Abs 1 HöfeO). Wenn der BGH (LM Nr 3 zu § 12 HöfeO; NJW 1962, 447) einen solchen Übergabevertrag wegen seiner erbrechtlichen Wirkung einem Erbvertrag gleichstellt, so kann ihm hierin zugestimmt werden (§ 2271 RdNr 103). Der BGH ist aber noch einen Schritt weiter gegangen und hat zur früheren HöfeO vor der Neufassung im Jahre 1976 entschieden, dass in besonderen Fällen auch einer formlosen Vereinbarung des Eigentümers mit einem Abkömmling bindende Kraft zukommen könne (BGHZ 12, 286 = NJW 1954, 1644 = DNotZ 1954, 357 = RdL 1954, 153). Er hat ausgesprochen: Hat der Hofeigentümer durch Art, Umfang und Dauer der Beschäftigung eines Abkömmlings auf dem Hof zu erkennen gegeben, dass dieser den Hof übernehmen solle, und hat der Abkömmling sich darauf eingestellt, so kann darin eine Vereinbarung über die künftige Hoffolge dieses Abkömmlings und zugleich seine Bestimmung zum Hoferben liegen; an eine solche – regelmäßig wegen Formmangels nichtige – Vereinbarung kann der Hofeigentümer nach Treu und Glauben gebunden sein. An dieser Auffassung hat der BGH auch in späteren Entscheidungen festgehalten (DNotZ 1956, 134; DNotZ 1956, 138; BGHZ 47, 184). 44

In einem weiteren Beschluss (BGHZ 23, 249 = LM Nr 1 zu § 2276 = NJW 1957, 787 = RdL 1957, 96) hat der BGH seine Rechtsprechung wie folgt ergänzt: Der Grundsatz, dass in einer formlosen Vereinbarung über die Hoferbfolge unter Umständen eine bindende Bestimmung des Hoferben liegen könne, gelte nicht nur für einen Übergabevertrag (oder für einen Vorvertrag zu einem solchen), sondern auch für einen Erbvertrag. Dem Übernehmer stehe nicht nur eine Einrede oder ein Einwand zu, sondern beim formlosen Übergabevertrag ein Erfüllungsanspruch, beim formlosen Erbvertrag die Rechtsstellung eines durch Erbvertrag bestimmten Hoferben. 45

**46** Die neuere Rechtsprechung des BGH zeigt eine etwas einschränkende Tendenz. Der BGH hat klargestellt, dass die Grundsätze über den sog formlosen Hofübergabevertrag (und wohl auch die über den formlosen Erbvertrag) **außerhalb des Höferechts** nicht gelten (vgl BGHZ 47, 184 = LM Nr 28 zu § 7 HöfeO mit Anm ROTHE; JOHANNSEN WM 1969, 1222; demgegenüber fanden sich Andeutungen für eine Ausdehnung in andere, ja sogar gewerbliche Bereiche bei BGH LM § 242 (Ca) Nr 13). Für den Bereich des Höferechts hält der BGH allerdings an seiner Rechtsprechung fest (Beschluss vom 28. 10. 1965, LM Nr 27 zu § 7 HöfeO); doch wird betont, dass an eine Wirksamkeit einer formlosen Vereinbarung über die Hoferbfolge strenge Anforderungen zu stellen sind (LM Nr 16a zu § 242 D).

### 2. Neuregelung der HöfeO

**47** Die praktische Bedeutung dieser Rechtsprechung zur formlosen Hoferbenbestimmung ist durch das zum 1. 1. 1976 in Kraft getretene 2. Gesetz zur Änderung der HöfeO stark zurückgegangen, da damit in § 7 Abs 2 eine ausdrückliche gesetzliche Regelung hierfür geschaffen und damit das durch Richterrecht entwickelte Rechtsinstitut auf eine klare gesetzliche Grundlage gestellt wurde (MünchKomm-MUSIELAK RdNr 16). Jedoch hat der BGH deutlich gemacht, dass dort, wo der Schutz des § 7 Abs 2 nF nicht ausreicht, immer noch ein Rückgriff auf die Grundsätze der Rechtsprechung zur bindenden Hoferbenbestimmung aus der Zeit vor der Neufassung dieser Vorschrift nicht ausgeschlossen ist (BGHZ 73, 324, 329 = DNotZ 1979, 564; BGHZ 87, 273 = DNotZ 1984, 54; BGHZ 119, 387, 389 = NJW 1993, 267; OLG Hamm AgrarR 1986, 56; eingehend hierzu WÖHRMANN-STÖCKER, Landwirtschaftserbrecht, 6. Aufl 1995, § 7 HöfeO RdNr 41).

**48** Der Rspr des BGH zur formlosen Hoferbenbestimmung haben sich verschiedene Oberlandesgerichte angeschlossen (OLG Hamm NJW 1955, 1065; RdL 1959, 325; OLG Celle NdsRpfl 1959, 221; 1961, 195; 1964, 131). Im Schrifttum überwiegen die ablehnenden Äußerungen (s die Nachw in RdNr 31 der Voraufl). Angesichts der Formstrenge des Erbrechts zur Wahrung der Rechtssicherheit ist diese Rechtsprechung abzulehnen und letztlich nur aus einer Sondersituation heraus entwickelt worden und als solche zu begreifen (zur Kritik im Einzelnen s RdNr 32 der 2. Aufl).

### § 2277 Besondere amtliche Verwahrung

Wird ein Erbvertrag in besondere amtliche Verwahrung genommen, so soll jedem der Vertragschließenden ein Hinterlegungsschein erteilt werden.

## I. Rechtsentwicklung

### 1. Frühere Fassung

**1** § 2277 ist durch § 57 Abs 3 Nr 15 BeurkG mit Wirkung vom 1. 1. 1970 an neu gefasst worden. In der früheren Fassung bildete § 2277 eine Ergänzung zu dem damaligen § 2246, der nach § 2277 Abs 1 S 1 aF auch beim Erbvertrag anzuwenden war. § 2246 regelte (iVm §§ 2258a, b aF) die Verschließung und Verwahrung des ordentlichen öffentlichen Testaments; § 2277 wandelte diese Regelung für den Erbvertrag etwas ab. Zu Einzelheiten s RdNr 1 der 2. Aufl.

### 2. Neues Recht

**2** Die Verschließung und Verwahrung der notariellen Testamente und der Erbverträge ist nunmehr in § 34 BeurkG geregelt; zusätzlich gelten gem § 2300 der

§ 2258a (Zuständigkeit für die besondere amtliche Verwahrung) und § 2258b (Verfahren bei der besonderen amtlichen Verwahrung). § 34 Abs 1 BeurkG behandelt das notarielle Testament, Abs 2 den Erbvertrag (vgl die Anm zu § 34 BeurkG). Die zwei bereits früher dort enthaltenen Sonderbestimmungen für den Erbvertrag sind geblieben: Besondere amtliche Verwahrung nur, wenn sie nicht von beiden Vertragspartnern abgelehnt wird. Widerspruch eines Vertragsteils gegen die Verwahrung genügt nicht (PALANDT-EDENHOFER RdNr 3); Erteilung eines Hinterlegungsscheins an die Vertragspartner. § 2277 Abs 1 ist nunmehr weggefallen, Abs 2 ist (mit unwesentlichen sprachlichen Änderungen) geblieben. Zum Verfahren s ausführlich bei § 34 BeurkG.

## II. Erteilung eines Hinterlegungsscheins

Über ein in besondere amtliche Verwahrung genommenes Testament soll dem **3** Erblasser, über einen in besondere amtliche Verwahrung gebrachten Erbvertrag soll jedem Vertragspartner ein Hinterlegungsschein erteilt werden (§§ 2258b Abs 3, 2277). Diese Bestimmung ist an sich nur eine Ordnungsvorschrift, aber sie ist bei der Schaffung des BGB als materiell-rechtliche Vorschrift angesehen und deshalb in das BGB aufgenommen worden (Prot V 351). Ein Hinterlegungsschein ist auch dem Beteiligten zu erteilen, der in dem Vertrag nur die Zuwendungen des anderen Teils angenommen hat. Der Hinterlegungsschein enthält eine wörtliche Abschrift der Eintragung im Verwahrungsbuch des Amtsgerichts über den Erbvertrag (§ 27 Abs 6 S 1 AktO vom 28.11.1934). Der Hinterlegungsschein ist vom Rechtspfleger (§ 3 Nr 2c RPflG) und von dem Urkundsbeamten der Geschäftsstelle zu unterschreiben und mit dem Dienstsiegel zu versehen (§ 2258b Abs 3 S 2). Verweigert der Rechtspfleger die Erteilung, so ist die Beschwerde gegeben (§ 11 RPflG nF).

## III. Kosten

Bei Annahme zur amtlichen Verwahrung wird vom Gericht eine ¼ Gebühr erho- **4** ben (§ 101 KostO). Der Geschäftswert ist nach §§ 103 Abs 1, 46 Abs 4 KostO zu ermitteln.

## § 2278 Zulässige vertragsmäßige Verfügungen

**(1) In einem Erbvertrag kann jeder der Vertragschließenden vertragsmäßige Verfügungen von Todes wegen treffen.**

**(2) Andere Verfügungen als Erbeinsetzungen, Vermächtnisse und Auflagen können vertragsmäßig nicht getroffen werden.**

Übersicht

| | | |
|---|---|---|
| I. | Allgemeines | 1 |
| II. | Inhalt des Erbvertrags | 2 |
| | 1. Notwendigkeit einer vertragsmäßigen Verfügung | 2 |
| | 2. Zweiseitiger Erbvertrag | 3 |
| | 3. Zuwendung an Dritte | 4 |
| | 4. Abgrenzung zu Verträgen unter Lebenden | 5 |

| III. | Vertragsmäßige und einseitige Verfügungen | 6 |
| IV. | Änderungsvorbehalt des Erblassers | 13 |
| | 1. Grundsätzliche Zulässigkeit | 14 |
| | 2. Praktische Bedeutung, Unterschied zum Rücktrittsvorbehalt | 15 |
| | 3. Die Grenzen des Änderungsvorbehalts | 17 |
| |    a) Totalvorbehalt | 18 |
| |    b) Die Zulässigkeit anderer Änderungsvorbehalte | 22 |
| |    aa) Ganzheitliche Betrachtung: eine erbvertragliche Verfügung genügt | 23 |
| |    bb) Die Lehre vom sog erbvertraglichen Rest | 25 |
| |    cc) Die Lehre vom spezifizierten Änderungsvorbehalt | 26 |
| |    c) Der fehlerhafte Änderungsvorbehalt | 34 |
| |    d) Die Form der Ausübungserklärung | 35 |
| | 4. Form des Vorbehalts | 37 |
| V. | Mögliche vertragsmäßige Verfügungen | 38 |
| VI. | Verbindung des Erbvertrags mit anderen Verträgen | 41 |

## I. Allgemeines

**1** § 2278 bringt eine Ergänzung der grundlegenden Bestimmung des § 1941 in zweifacher Weise: **Abs 1** stellt erweiternd klar, dass in einem Erbvertrag nicht nur ein Vertragsteil als Erblasser auftreten, also vertragsmäßige Verfügungen von Todes wegen (§ 1941 Abs 1) treffen kann, dass dies vielmehr jedem Vertragspartner gestattet ist, also auch dem, der die vertragsmäßige Verfügung des anderen annimmt, mag er selbst bedacht sein oder nicht (§ 1941 Abs 2). Andererseits schränkt **Abs 2** den Inhalt der vertragsmäßigen Verfügung ein: Nur die Verfügungen von Todes wegen können vertragsmäßig getroffen werden, die in § 1941 Abs 1 angeführt sind, also **Erbeinsetzungen, Vermächtnisse und Auflagen** (sog **erbvertragsfähige Verfügungen**). Erbrechtliche Verfügungen anderer Art, zB Enterbung (§ 1938), Teilungsanordnung (§ 2048), Ernennung eines Testamentsvollstreckers (§ 2197; vgl OLG Düsseldorf ZEV 1994, 302), können zwar in einem Erbvertrag, aber nur einseitig getroffen werden (§ 2299; vgl die ähnliche Regelung für das wechselbezügliche gemeinschaftliche Testament in § 2270 Abs 3). Aber auch Erbeinsetzungen, Vermächtnisse und Auflagen in einem Erbvertrag brauchen nicht unbedingt vertragsmäßige Verfügungen zu sein, sie können uU auch einseitig getroffen werden (§ 2299). Der Unterschied liegt darin, dass diese jederzeit wieder nach den Vorschriften über Testamente einseitig widerrufen werden können (§ 2299 Abs 2). Die Verfügungsbeschränkung des § 1365 gilt im Bereich der Verfügungen von Todes wegen nicht (BGHZ 40, 224).

## II. Inhalt des Erbvertrags

### 1. Notwendigkeit einer vertragsmäßigen Verfügung

**2** Den Kern des Erbvertrags bilden immer die vertragsmäßigen Verfügungen (über deren Wesen s Vorbem 8 ff). Wenn der Vertrag nicht mindestens eine (wirksame) vertragsmäßige Verfügung enthält, so ist er kein Erbvertrag (hM; BGHZ 26, 204; STAU-

DINGER-KANZLEITER RdNr 3; KIPP-COING § 42 I Fn 1; LANGE-KUCHINKE § 25 IV 2). Da die Bindung hier anders als beim gemeinschaftlichen Testament (§ 2270 RdNr 2) auf einer ausdrücklichen Einigung der Vertragsteile beruht, muss der Vertragsgegner die vertragsmäßigen Verfügungen des Erblassers (seien es Verfügungen zu seinen Gunsten oder zugunsten Dritter) annehmen, was aber nicht ausdrücklich geschehen muss, sondern auch stillschweigend (OLG Hamm NJW 1974, 1774; ausdrückliche Annahme verlangt OLG Oldenburg DNotZ 1966, 249 für den Vertragsgegner, der nicht selbst vertragsmäßig verfügt). Stillschweigende Annahme ist regelmäßig anzunehmen bei gegenseitiger Erbeinsetzung. Soweit keine vertragsmäßige Verfügung vorliegt, handelt es sich um ein (unrichtig bezeichnetes) Testament, insofern die Vorschriften für ein öffentliches Testament eingehalten sind (LANGE-KUCHINKE aaO; STAUDINGER-KANZLEITER RdNr 3).

## 2. Zweiseitiger Erbvertrag

Wenn zwei Personen einen Erbvertrag miteinander schließen und beide in diesem vertragsmäßige Verfügungen von Todes wegen treffen, so spricht man von einem zweiseitigen Erbvertrag (Vorbem 35). Dieser ist kein gegenseitiger Vertrag iS der §§ 320 ff, da er keine Verpflichtung begründet, sondern verfügende Wirkung hat, doch vermutet das Gesetz, dass die vertragsmäßigen Verfügungen voneinander abhängig sind (§ 2298). Einen Fall der Abhängigkeit einer vertragsmäßigen Verfügung von einem Rechtsgeschäft unter Lebenden (Unterhaltsvertrag) behandelt § 2295.

## 3. Zuwendung an Dritte

Der Erblasser kann im Erbvertrag den Vertragsgegner oder einen Dritten bedenken (§ 1941 Abs 2; RGZ 67, 65, 67). Der Erbvertrag kann auch ausschließlich eine Zuwendung an einen Dritten enthalten (BGHZ 12, 115 = NJW 1954, 633 = JZ 1954, 436 m zust Anm COING = DNotZ 1954, 264 m zust Anm HIEBER). Er ist aber auch dann kein Vertrag zugunsten Dritter iS von § 328 (BGH ebenda; RG WarnRspr 1917 Nr 91).

## 4. Abgrenzung zu Verträgen unter Lebenden

Die Abgrenzung des Erbvertrags von den Verträgen unter Lebenden bereitet mitunter Schwierigkeiten, wenn diese bedingt geschlossen sind oder wenn die Leistung erst beim Tode des Schuldners fällig ist. Entscheidend ist in Zweifelsfällen, ob durch das Rechtsgeschäft schon zu Lebzeiten Rechte und Pflichten begründet werden sollen, mag es auch – zB bei bedingten Rechten – erst beim Tod voll wirksam werden, oder ob eine solche Wirkung erst später eintreten soll (BGH NJW 1984, 46, 47; BGHZ 8, 23, 30 ff; 31, 13, 20). Vgl hierzu ausführlich Vorbem 11 ff zu §§ 2274 ff.

## III. Vertragsmäßige und einseitige Verfügungen

Da nach § 2299 in einem Erbvertrag auch einseitige Verfügungen getroffen werden können, ist nicht ohne weiteres gesagt, dass die in einem Erbvertrag erhaltene Erbeinsetzung, Vermächtnisanordnung oder Auflageanordnung vertragsmäßig getroffen ist und somit den Erblasser grundsätzlich bindet (BayObLG FamRZ 1997, 911 = ZEV 1997, 160). Soweit nicht ausdrücklich vertragsmäßig (vgl BayObLGZ 1961, 210) oder einseitig verfügt wurde (BayObLG v. 4.9.2000, AZ 1Z BR 77/00), ist durch

§ 2278 BGB 7–9 | Kommentarteil

Auslegung für jede Verfügung gesondert zu ermitteln, inwieweit bei den einzelnen Verfügungen Bindung oder freie Widerruflichkeit gewollt war (RGZ 116, 321; BGHZ 26, 204, 208 = NJW 1958, 498; BayObLGZ 1961, 206; BayObLG FamRZ 1994, 196 = MittBayNot 1995, 58 m Anm HOHMANN; PALANDT-EDENHOFER RdNr 3). Soweit jedoch Ehegatten ausdrücklich »*im Wege des Erbvertrages*« verfügen, ergibt sich angesichts der Klarheit und Eindeutigkeit als nächstliegende Bedeutung, dass vertragsmäßig iS des § 2278 verfügt wird (BayObLGZ 1995, 383, 386 = NJW-RR 1996, 457 = FamRZ 1996, 566; BayObLG FamRZ 1994, 196). Für die Auslegung folgt im Übrigen aus der Vertragsnatur, dass andere Grundsätze gelten als bei einseitigen letztwilligen Verfügungen. Weil bei testamentarischen Bestimmungen Rücksicht auf Dritte nicht in Frage kommt, ist dort auch § 157 BGB nicht anwendbar. Da bei der Auslegung von Erbverträgen dem Willensdogma nicht in derselben Weise Rechnung getragen werden darf, ist § 157 zu beachten (JOHANNSEN LM § 2289 Nr 3 Anm; Vorbem zu §§ 2274 RdNr 21 ff). Auch bei frei widerruflichen Verfügungen im Erbvertrag ist § 157 insoweit zu beachten, als diese Verfügungen das Recht des vertragsmäßig Bedachten einschränken. Das Gesetz selbst enthält keine ausdrückliche Auslegungsregel für das Vorliegen einer erbvertragsmäßigen Verfügung (vgl Mot V 336; Prot V 402). Für die Schaffung einer ausdrücklichen gesetzlichen Auslegungsregel C NOLTING, Inhalt, Ermittlung und Grenzen der Bindung beim Erbvertrag (1985) 132. Auch wenn ein Änderungsvorbehalt vereinbart ist (s RdNr 13 ff), empfiehlt COING NJW 1958, 689, 691 eine »zweistufige Prüfung«: zunächst ist die Vertragsmäßigkeit der Verfügung nach den allgemeinen Auslegungsgrundsätzen zu prüfen. Erst anschließend sei zu ermitteln, ob die grundsätzlich vorliegende Bindung durch den Vorbehalt gelockert sei (ebenso BGH NJW 1982, 441 im LS, im Text anders; krit hiergegen D NOLTING, Der Änderungsvorbehalt..., 110 ff).

7 Die hM sieht als wesentliches Indiz für eine erbvertragsmäßige Verfügung das Interesse der Vertragsparteien an der Bindung an (kritisch dagegen C NOLTING 23 ff, jedoch guter Rechtsprechungsüberblick ab S 7 ff; gegen NOLTING zutreffend GERKEN BWNotZ 1992, 92, 94 f). Im Einzelnen gilt:

8 Soweit in einem Erbvertrag eine **Zuwendung an den Vertragspartner** erfolgt, ist in aller Regel davon auszugehen, dass die Zuwendung vertragsmäßig getroffen ist (BGHZ 26, 204, 208; 36, 116, 120; 106, 359). So etwa

– bei einer gegenseitigen Erbeinsetzung (OLG Hamm NJW 1974, 1774),
– bei einem Vermächtnis eines Übernahmerechts an den Miterben, wenn dies nicht ausdrücklich als einseitig bezeichnet wird (BGHZ 36, 116),
– wenn der Vertragserbe sich im Zusammenhang mit dem Abschluss des Erbvertrags zu Leistungen an den Erblasser verpflichtet, die als Entgelt für die Erbeinsetzung angesehen werden können (BGHZ 36, 115, 120),
– bei einer Vermächtniszuwendung, die mit einem Erbverzicht verbunden ist, spricht der kausale Zusammenhang für die Vertragsmäßigkeit (BGHZ 106, 359).

9 Soweit in einem Erbvertrag Verfügungen von Todes wegen **zugunsten Dritter** getroffen sind, kommt es, entsprechend der Rechtsprechung des RG, darauf an, ob der Vertragsgegner des Erblassers ein diesem bekanntes **Interesse an dessen Bindung** gehabt hat oder haben konnte (RG JW 1927, 2573 m Anm TITZE; BGH NJW 1961, 120; BayObLG FamRZ 1989, 1353, 1354 KIPP-COING § 42 IV; COING NJW 1958, 690; GIENCKE FamRZ 1974, 241; GERKEN BWNotZ 1992, 93). Auch ein moralisches Interesse genügt (RGZ 116, 321). Für dieses Bindungsinteresse ist zum einen maßgeblich, in welchem Verhältnis der Dritte zu den Erbvertragspartnern steht. Dies kann je nach dem Verhältnis des Bedachten zu dem Vertragspartner des verfügenden Erblassers sehr unterschiedlich sein (MünchKomm-MUSIELAK § 2278 RdNr 5, wo allerdings zu vereinfachend nur auf den Verwandtschaftsgrad oder darauf abgestellt wird, ob eine Freundschaft besteht). Ent-

scheidend ist aber auch, welches erkennbare Ziel der Nachlassplanung durch die Zuwendung verfolgt wird, sodass auch Art und Wert derselben eine Rolle spielen, wie aber auch der Gedanke der Familienbindung oder der Errungenschaftsgedanke des betroffenen Vermögens. Das Bindungsinteresse ist dabei aus der Sicht des Vertragspartners des verfügenden Erblassers zu bestimmen.

Eine **vertragsmäßige Verfügung** ist idR anzunehmen, wenn **10**

– gemeinsame Kinder der Vertragschließenden als Erben eingesetzt werden (BGH WM 1970, 482, 483 [entspreche der »allgemeinen Lebenserfahrung«]; BayObLG FamRZ 1989, 1353; OLG Saarbrücken NJW-RR 1994, 844; OLG Hamm FamRZ 1996, 637, 638 [bezüglich noch nicht geborener Kinder]); zur einschränkenden Auslegung bei Ersatzerbfolge BayObLG DNotZ 1990, 53, 54 f = FamRZ 1989, 666.

– ein **Rücktrittsrecht** ausdrücklich **vorbehalten** wurde (BayObLG FamRZ 1994, 196) oder ein Änderungsvorbehalt (BayObLG MittBayNot 1995, 112, 113; NJW-RR 1997, 7, 8 = FamRZ 1997, 123).

**Keine** vertragsmäßige Verfügung ist idR anzunehmen, wenn **11**

– der zum Erben eingesetzte oder mit einem Vermächtnis bedachte Vertragsgegner mit einem **Vermächtnis zugunsten eines Dritten** beschwert ist (RG WarnRspr 1917 Nr 91 = LZ 1916 Sp 1032, wenngleich im konkreten Fall wegen eines besonderen moralischen Interesses eine Bindung bejaht wurde),

– **eigene Verwandte des Längerlebenden** zu seinen Erben eingesetzt werden, weil es nahe liege, anzunehmen, dass der Erstversterbende kein Interesse an einer solchen Bindung hat (RGZ 116, 321). Dies gilt auch bei einem Ehegattenerbvertrag in der Form des Berliner Testaments von kinderlosen Ehegatten hinsichtlich der Schlusserbeneinsetzung der Verwandten des Längerlebenden, während die Schlusserbeneinsetzung der Verwandten des Erstversterbenden vertragsmäßig sein kann (BGH NJW 1961, 120; BayObLGZ 1999, 46, 52 = NJW-RR 1999, 1167 = ZEV 1999, 314 m Anm OTTE; OLG Hamm FamRZ 1980, 505 = Rpfleger 1978, 179; OLG Zweibrücken FamRZ 1995, 1021; vgl auch Prot V 402 und für die ähnliche Frage bei der Wechselbezüglichkeit § 2270 RdNr 35).

In **Zweifelsfällen** kann die **Regelung des § 2270 Abs 2** herangezogen werden **12** (BGH WM 1970, 482, 483; DNotZ 1970, 356; OLG Zweibrücken FamRZ 1995, 1021; OLG Frankfurt ZEV 1997, 454, 455).

## IV. Änderungsvorbehalt des Erblassers

Von der Frage der Bindung ist scharf zu unterscheiden, ob die an sich gegebene **13** Bindung etwa durch einen Vorbehalt anderweitiger Verfügung eingeschränkt oder gelockert worden ist. Die Frage der Zulässigkeit derartiger Vorbehalte ist in den letzten Jahren Gegenstand zahlreicher Erörterungen in der Lit gewesen (C NOLTING, Inhalt, Ermittlung und Grenzen der Bindung beim Erbvertrag [1985]; D NOLTING, Der Änderungsvorbehalt beim Erbvertrag [1994]; HÜLSMEIER, Die bindende Wirkung des Erbvertrags [1985]; ders, NJW 1986, 3115; J MAYER, DNotZ 1990, 755; WEILER, DNotZ 1994, 427; HERLITZ, MittRhNotK 1996, 153, 155 ff; LEHMANN, BWNotZ 1999, 1). Dabei leiden die Erörterungen teilweise darunter, dass die verschiedenen praktischen Ausgestaltungen des Änderungsvorbehalts nicht hinreichend bei der theoretischen Diskussion berücksichtigt werden (zur Typisierung aus der Sicht der praktischen Gestaltung J MAYER DNotZ 1990, 755, 762 ff; weitgehend übernommen von D NOLTING 33 f). Die praktische Relevanz solcher Änderungsvorbehalte ist erheblich, insbesondere bei den weitverbreiteten Ehegattenerbverträgen in der Form des Berliner Testaments (§ 2280). Sehr oft wird dabei dem längerlebenden Ehegatte die Befugnis eingeräumt, zwischen den gemeinschaftlichen Abkömmlingen noch eine Umverteilung des Vermögens beider Ehegatten vorzunehmen (vgl die rechtstatsächliche Untersuchung von SCHULTE, Art und Inhalt eröffneter Verfügungen von Todes wegen, Diss Münster (1982) 146 f). Die praktische Bedeutung spiegelt sich auch in der Häufigkeit der Darstellung solcher Klauseln in den Formularbüchern wieder (s die Auswertungen bei D NOLTING S 38 Fn 92; J MAYER 762 f). Mit dem zunehmenden Alter der künftigen Erblasser und den immer häufigeren Veränderungen unserer schnelllebigen Zeit wird der Regelungsbedarf zunehmen. Erbvertragliche Gestaltungen ohne sachgerechte Änderungsmöglichkeit werden im zunehmenden Maß den Anforderungen der Beteiligten nicht mehr gerecht werden und Haftungsrisiken heraufbeschwören (J MAYER 775 f).

### 1. Grundsätzliche Zulässigkeit

**14** Die prinzipielle Zulässigkeit eines Änderungsvorbehalts wird heute kaum noch in Frage gestellt. Bereits in den Motiven wird er anerkannt, wobei betont wird, dass der Gesetzgeber keine Veranlassung sehe, ihm Schranken zu ziehen (Mot V 332). In gefestigter Rspr und von der ganz hM der Lit wird daher grundsätzlich diese Gestaltungsmöglichkeit bejaht (BGHZ 26, 204, 208 = NJW 1958, 498; DNotZ 1970, 356, 358; NJW 1982, 441, 442; MittBayNot 1986, 265; BayObLGZ 1961, 206, 210; BayObLG FamRZ 1989, 666 = DNotZ 1990, 54, 55; FamRZ 1992, 724; FamRZ 1996, 898 = DNotZ 1996, 316; FamRZ 1998, 644; FamRZ 1998, 1262 (wo eigentlich eine einseitige Verfügung vorlag); OLG Düsseldorf OLGZ 1966, 68, 69 f; OLG Koblenz DNotZ 1998, 218, 219 = FamRZ 1997, 1247; OLG Stuttgart OLGZ 1979, 49, 51; OLGZ 1985, 434 = DNotZ 1986, 551; zur Lit s die Nachw bei HERLITZ MittRhNotK 1996, 155 Fn 16; generell ablehnend nur HARRER LZ 1924, 11; 1926, 220; WEIN BayZ 1916, 123, 124 und dem folgend LEHMANN BWNotZ 1999, 1, 5, NotBZ 2000, 85 ff, BWNotZ 2000, 129: aus § 2293 ergebe sich abschließende Regelung). Die Zulässigkeit des Änderungsvorbehalts wird überwiegend mit dem Grundsatz der Vertragsfreiheit begründet (abl dazu aber D NOLTING 55 ff), aber auch mit einem »argumentum a maiore ad minus«, dass die weitreichende Vereinbarung eines Rücktrittsvorbehalts gesetzlich möglich ist und daher auch erst recht der Änderungsvorbehalt als mildere Form der erbvertraglichen Bindung (J MAYER 758 Fn 15).

### 2. Praktische Bedeutung, Unterschied zum Rücktrittsvorbehalt

**15** Für den weit verbreiteten Änderungsvorbehalt besteht ein erhebliches praktisches Bedürfnis: Während der Rücktritt in der Form des § 2296 Abs 2 zu erklären ist und damit Kosten und praktische Zugangsprobleme schafft (dazu HERLITZ MittRhNotK 1996, 153, 158), ist dies beim Änderungsvorbehalt nicht notwendig (s RdNr 35). Auch ist oftmals gerade – etwa bei teilweiser Neuverfügung – eine Information des anderen Vertragspartners über die Änderung nicht gewollt (er muss daher durch eine ausreichende Bestimmtheit des Änderungsvorbehalts in der Lage sein, die Grenzen der Änderung abschätzen zu können). Auch wenn man den Teilrücktritt zulässt, so gibt es Änderungsregelungen, die sich an sich nicht als Rücktritt verstehen lassen, man denke an die Einschränkung der Erbeinsetzung durch nachträgliche Anordnung eines Vermächtnisses oder einer Testamentsvollstreckung (LANGE-KUCHINKE § 25 VI 5 b; anders WEIN BayZ 1916, 123 und LEHMANN BWNotZ 1999, 1, 2 f, die jedes Abweichen von der früheren Vereinbarung als Rücktritt begreifen und sich zu Unrecht auf die Rechtslage beim gemeinschaftlichen Testament berufen, wo solche Einschränkungen als »Teilwiderruf« begriffen werden: Zwischen einem Widerruf eines Testaments nach den §§ 2254 ff und einem Rücktritt von einer vertragsmäßigen Verfügung eines Erbvertrags ist nicht nur terminologisch ein Unterschied, sondern wegen des unterschiedlichen Bindungsgrunds [Vorbem 8 ff zu §§ 2274 ff] auch ein sachlicher). Die gegenteilige Auffassung macht aus einem Rücktrittsvorbehalt einen »Beschränkungs- und Beschwerungsvorbehalt (so ausdrücklich LEHMANN BWNotZ 2000, 129, 130), ohne sich die Gesetzesferne ihrer Lösung noch bewusst zu machen.

Der Rücktrittsvorbehalt bietet also nur beschränkte Möglichkeiten, den nicht voraussehbaren Entwicklungen durch Anpassung der Vermögensplanung Rechnung zu tragen (LANGE-KUCHINKE AAO).

Der Änderungsvorbehalt, der im Gesetz zwar nicht ausdrücklich geregelt, von dessen Zulässigkeit bei der Schaffung des BGB aber ausgegangen wurde, hat auch eine eigenständige Bedeutung. Als Typus einer Vertragsklausel hat er zwar eine dem Rücktrittsvorbehalt ähnelnde, negative Komponente, die in der Möglichkeit einer Durchbrechung der erbvertraglichen Bindung durch Aufhebung oder inhaltliche Änderung der bestehenden Verfügung liegt. Darin aber erschöpft er sich nicht. Ohne damit zu den verschiedenen Abgrenzungsversuchen zwischen Änderungsvorbehalt und Rücktrittsvorbehalt erschöpfend Stellung nehmen zu wollen (vgl die gute Übersicht bei D NOLTING 38 ff) muss man sich vor Augen halten, dass sich beide durch ihre Zwecksetzung deutlich unterscheiden: Der Rücktrittsvorbehalt ist primär auf die Beseitigung angelegt, der Änderungsvorbehalt auf eine inhaltliche Umgestaltung, insbesondere zur Anpassung an geänderte Verhältnisse (so C NOLTING 96 f; zustimmend D NOLTING 45; diese Unterschiede verkennt LEHMANN aaO, der mit einem bedingten Rücktrittsvorbehalt anstelle des Änderungsvorbehalts arbeitet); Kurz gesagt: der **Rücktrittsvorbehalt kassiert**, der **Änderungsvorbehalt reformiert** (dagegen ohne sachlichen Einwand LEHMANN BWNotZ 2000, 129, 130 f; ders, NotBZ 2000, 85, 87; dem »gesetzlichen Programm« entsprechend ist der Rücktritt eben zunächst eine bloße Beseitigung der Verfügung von Todes wegen). Und während die Ausübung des Rücktrittsvorbehalts (abgesehen vom Fall des § 2297) durch Rechtsgeschäft unter Lebenden erfolgt, geschieht dies beim Änderungsvorbehalt durch eine Verfügung von Todes wegen, ja diese ist selbst die neue sachliche Regelung. Ein **doppelgleisiges Vorgehen:** erst Rücktritt, dann neue Verfügung, ist hier nicht erforderlich, denn auch bei Ausübung des Änderungsvorbehalts zu Lebzeiten des Vertragspartners ist nicht die Form des § 2296 zu beachten (s RdNr 35 f mwN). Dieses bedarf es aber, wenn man – wie LEHMANN aaO – anstelle des Änderungsvorbehalts mit einem **bedingten Rücktrittsvorbehalt** arbeiten will, wonach die Wirksamkeit des Rücktritts davon abhängt, dass der Zurücktretende von seiner damit wieder gewonnenen Testierfreiheit nur in einer Art und Weise Gebrauch macht, wie im Rücktrittsvorbehalt festgelegt, also dass zB neue Verfügungen von Todes wegen nur zu Gunsten der gemeinsamen Abkömmlinge getroffen werden dürfen. Dies führt nicht nur zu einer Vorgehensweise, die »in der Praxis oft zu überkonstruierten Lösungen führt« (BASTY MittBayNot 2000, 73, 77 Fn 24), sondern wirft dann die Frage auf, in welchem sachlichen und zeitlichen **Verhältnis der Rücktritt** und die **neue Verfügung** stehen müssen, was LEHMANN selbst erkennt (NotBZ 2000, 86 f), und worüber man im Detail mangels Rechtsprechung und Literatur endlos streiten kann. Auch LEHMANN ist sich bei seinen Antworten hierzu nicht sicher, sonst würde er nicht den Konjunktiv verwenden (»sollte«, »dürfte«).

Daneben bestehen noch weitere Unterschiede zwischen Rücktritts- und Änderungsvorbehalt, s § 2293 RdNr 6.

### 3. Die Grenzen des Änderungsvorbehalts

**17** Problematisiert werden demgegenüber in der Lit mit steigender Tendenz die Grenzen des Änderungsvorbehalts. Üblicherweise wird in der Problemdiskussion unterschieden, ob sich der Erblasser vorbehalten darf, sämtliche vertragsmäßigen Verfügungen zu beseitigen (sog *Totalvorbehalt*) oder aber nur einzelne Verfügungen unter Aufrechterhaltung einer anderen oder bestimmter Teile derselben.

#### a) Totalvorbehalt

**18** Soweit man darunter eine Gestaltung versteht, die es dem Erblasser ermöglichen soll, alle Verfügungen oder die einzige des Erbvertrags **ohne jede Einschränkung** aufzuheben, so muss sie als unzulässig angesehen werden. Denn ein Erbvertrag ohne jede Bindung unterscheidet sich letztlich nicht mehr von einem Testament (PALANDT-EDENHOFER § 2293 RdNr 3). Eine Bindung lässt sich hier weder aus einer inhaltlichen Beschränkung des Gestaltungsrechts (anders bei den sog spezifizierten Änderungsvorbehalten (s RdNr 26) ableiten, noch aus der Bindung durch Einhaltung von Formalien, durch die sich begründen lässt, dass auch eine unter Rücktrittsvorbehalt erklärte Verfügung Vertragscharakter haben kann (dazu Vorbem 11 zu §§ 2274 ff). Daher lehnt die Rspr einen Totalvorbehalt ab (BGHZ 26, 204, 208 f; BGH WM 1970, 482; OLG Köln NJW-RR 1994, 651, 652; OLG Düsseldorf OLGZ 1968, 69). Gleiches gilt für weite Teile der Literatur (MünchKomm-MUSIELAK § 2278 RdNr 17; PALANDT-EDENHOFER § 2289 RdNr 3; SOERGEL-M WOLF § 2278 RdNr 7, § 2289 RdNr 12; EBENROTH RdNr 258; D NOLTING 166 ff; J MAYER DNotZ 1990, 755, 775; HERLITZ MittRhNotK 1996, 153, 155 f). Der Vorbehalt dürfe nicht so weit gehen, dass damit der Erbvertrag »**seines eigentlichen Wesens entkleidet** wird« (BGHZ 26, 204, 208), er dürfe nicht mangels Bindung »inhaltslos« werden (s die Nachw bei D NOLTING 164 Fn 42). Er sei nur zulässig, wenn im Erbvertrag wenigstens eine weitere vertragsmäßige Verfügung vorhanden sei (BGH aaO).

**19** Nur von einem Teil der Lit wird die **Zulässigkeit** desselben **bejaht,** ohne dass dadurch die Rechtsnatur des Erbvertrags beeinträchtigt würde. Dies wird zum einen mit dem Argument begründet, der Erblasser könne sich ja nach § 2293 mit der gleichen Wirkung den Rücktritt vorbehalten. Hier wird das Kriterium der Bindung durch Form übersehen, wenn die Erklärung über die Ausübung des Vorbehalts formlos zulässig sein soll (HERLITZ MittRhNotK 1996, 153, 155 f; dazu RdNr 35 f). Spricht man sich aber für die Formfreiheit aus, so stellt sich in aller Schärfe die Frage, ob der Änderungsvorbehalt nicht eine **unzulässige Umgehung der Formvorschriften** des § 2296 ist (so bereits BGHZ 26, 204, 209). Wendet man diese Vorschrift dann analog an, so fragt sich, ob dann für seine Anwendung überhaupt ein sinnvoller Anwendungsbereich bleibt (HERLITZ MittRhNotK 1996, 156).

**20** Weiter wird für den Totalvorbehalt angeführt, solange der Erblasser von dem Vorbehalt keinen Gebrauch mache, sei er gebunden (V LÜBTOW I 426 f; LANGE-KUCHINKE § 25 VI 4). Diese Argumentation wird aber überwiegend zu Recht als zu formal abgelehnt. Denn sonst wäre ja auch jedes einseitige Testament bis zu seinem Widerruf in diesem Sinne bindend (abl etwa WEILER DNotZ 1994, 427, 431; D NOLTING 105). Aufgrund der Vertragsfreiheit halten andere (KÜSTER JZ 1958, 394, 395; C NOLTING 117, 119) dies für zulässig. Auch wenn ein solcher Vorbehalt ein Indiz für den fehlenden Bindungswille sei (S 127), sei er doch noch als Erbvertrag zu bezeichnen (so C NOLTING 117 ff). Dies führt zu einem »**Erbvertrag ohne Bindung**«(ein solcher besteht weder inhaltlich noch aus Gründen der formalen Rechtsausübung), weshalb die Rechtfertigung in einer »psychischen Hemmschwelle« gegen eine leichtfertige Änderung gesehen wird, die zumindest zu einem inneren Rechtfertigungszwang des Erblassers führe (C NOLTING 118 f).

In der Lit wird es demgegenüber in teilweiser Modifikation dieser Rspr bereits als **21** zulässig erachtet, dass auch die einzige erbvertragliche Verfügung unter einen Vorbehalt gestellt werde, wenn er nur **nicht** soweit gehe, dass er **zur völligen Inhaltsänderung** berechtige. Es müsse wenigstens ein »Kernbereich« einer Verfügung vorliegen, die nicht änderbar sei (etwa eine Erbquote zur Hälfte), während in einem »Randbereich« der Änderungsvorbehalt wirken könne (so plastisch D NOLTING 119; für diese Auffassung etwa MünchKomm-MUSIELAK RdNr 16; GERKEN BWNotZ 1992, 93, 95; eingehend RdNr 25). Teilweise wird es auch für ausreichend angesehen, wenn die Änderungsbefugnis tatbestandsmäßig an das Vorliegen bestimmter Bedingungen geknüpft werde (s RdNr 26).

**b) Die Zulässigkeit anderer Änderungsvorbehalte**

Ist man sich im Wesentlichen darüber einig, dass ein Totalvorbehalt nicht zulässig **22** ist, so herrscht über die Grenzen des Änderungsvorbehalts im Übrigen zT Uneinigkeit. Es lassen sich im Wesentlichen drei verschiedene Ansätze unterscheiden (vgl HERLITZ MittRhNotK 1996, 153, 156).

**aa) Ganzheitliche Betrachtung: eine erbvertragliche Verfügung genügt**

BGHZ 26, 204, 208 hatte als Grenze für den Änderungsvorbehalt angeführt, dass **23** dieser nicht so weit gehen dürfe, dass dadurch der Erbvertrag seines eigentlichen Wesens »entkleidet« werde. Es müsse im Erbvertrag wenigstens eine vertragsmäßige und damit bindende Verfügung iS von § 2278 Abs 2 enthalten sein. Zulässig sei allerdings, dass der Erblasser, der vertraglich eine bestimmte Person als Erben einsetzt, sich vorbehält, über einzelne Gegenstände anderweitig durch Anordnung von Vermächtnissen zu verfügen oder eine Testamentsvollstreckung zu bestimmen. Diese Auffassung wird in zahlreichen Folgeentscheidungen immer wieder bekräftigt (BGH WM 1970, 482, 483; in der Sache ähnlich BGH MittBayNot 1986, 265; von den Instanzgerichten etwa: OLG Köln NJW-RR 1994, 651, 652; OLG Düsseldorf OLGZ 1966, 68, 69 f; OLG Stuttgart OLGZ 1985, 434 = NJW-RR 1986, 165 = DNotZ 1986, 551; BWNotZ 2000, 19; offen lassend BayObLG NJW-RR 1991, 586). Der größte Teil des zumeist etwas älteren Schrifttums hat diese Rechtsprechungsformel immer wieder aufgegriffen (LEIPOLD Erbrecht RdNr 375; EBENROTH RdNr 258; BROX RdNr 160; STAUDINGER-KANZLEITER RdNr 12; Voraufl RdNr 12; SCHMIDT-KESSEL DNotZ 1989, 157 f). Es erfolgt nach dieser Meinung also eine **Gesamtbetrachtung** des Erbvertrages (so zutreffend OLG Stuttgart aaO). Für die Frage, ob ein Erbvertrag vorliegt, genügt es daher bereits, dass nur eine Verfügung ohne einen Änderungsvorbehalt besteht. Dies ist typischerweise bei einem Ehegattenerbvertrag in der Form eines Berliner Testaments (§ 2280) bereits dann der Fall, wenn die gegenseitige Erbeinsetzung der Ehegatten unbedingt ist (vgl hierzu etwa den Fall von BGH WM 1986, 1221 f = MittBayNot 1986, 265). Der nur auf die *Schlusserbeneinsetzung bezogene Änderungsvorbehalt* nimmt daher nach Ansicht des BGH (MittBayNot 1986, 265; ebenso ausdrücklich BayObLG FamRZ 2000, 1252, 1253 = ZEV 2000, 32 [LS]; OLG Stuttgart BWNotZ 2000, 19) dem gesamten Erbvertrag nicht seinen vertragsmäßigen Charakter. Daraus kann man aber nicht schließen, dass durch einen bedingten Änderungsvorbehalt, der rechtsfolgenmäßig zur völligen Aufhebung der ursprünglich getroffenen Verfügung berechtigt, die Vertragsmäßigkeit derselben und damit die Bindung ganz entfällt und es sich letztlich nur um eine einseitige Verfügung handelt (so aber D NOLTING 184 f). Dies ergibt sich klar aus der Entscheidung BGH MittBayNot 1986, 265, 266, die einen Änderungsvorbehalt mit Umverteilungsrecht zwischen den gemeinschaftlichen Abkömmlingen betraf (dies räumt auch MünchKomm-MUSIELAK RdNr 18 Fn 45 ein): In Auseinandersetzung mit der Grundsatzentscheidung BGHZ 26, 204 wird dort vom BGH die Zulässigkeit dieser Klausel ausschließlich im Kontext mit dem Bindungsargument diskutiert.

**24** Da es aber in der Regel um die Beurteilung konkreter Rechte und der richtigen Ausnutzung des Vorbehalts geht, ist dessen **Zulässigkeit** an sich **immer getrennt und für jede** davon **betroffene Verfügung** im Einzelnen **zu prüfen** (im Anlassfall BGHZ 26, 204 bestand dafür kein Bedürfnis, da es nur um einen einseitigen Erbvertrag ging, bei BGH WM 1970, 472 lag schon kein Änderungsvorbehalt vor).

### bb) Die Lehre vom sog erbvertraglichen Rest

**25** Diese Mindermeinung hält einen Vorbehalt nur dann für zulässig, wenn der vom Vorbehalt nicht erfasste und deshalb bindende Kernbereich (der sog erbvertragliche Rest) zum Inhalt einer eigenen vertragsmäßigen Verfügung iSv § 2278 Abs 2 gemacht werden kann. Es muss daher eine »unantastbare« Mindestposition erhalten bleiben, etwa **eine Erbeinsetzung zur Hälfte** (MünchKomm-MUSIELAK RdNr 18 ff; wohl auch KRUG in: KRUG-RUDOLF-KROIß, Erbrecht, § 4 RdNr 104; D NOLTING 185 ff; 195 ff, großzügiger aber zum Totalvorbehalt: 167 ff). Die Frage der Bindung wird dabei rein auf das Objekt der Zuwendung bezogen und an der Frage festgemacht, ob dem Bedachten ein Recht iS von § 2289 Abs 1 S 1 eingeräumt wird (so etwa deutlich bei D NOLTING 83 »Gegenstand des Erbvertrags [ist], dass dem vertragsmäßig Bedachten bindend ein Recht zugewandt wird«; vgl auch S 185 ff). Damit aber wird der Änderungsvorbehalt auf das gesetzliche Modell des österreichischen Erbvertrags reduziert, wonach zwingend nur über drei Viertel des Nachlasses verfügt werden kann, über ein Viertel also quasi kraft Gesetzes ein Änderungsvorbehalt besteht (§ 1253 AGBGB, wobei diese Regelung tatsächlich bei der Schaffung des BGB Beachtung fand, vgl Redaktor v Schmitt, Entwürfe eines Rechts der Erbfolge..., Teil I [1879] 498). Von dieser Auffassung wird auch betont, dass ein zu weit gehender Änderungsvorbehalt ein Verstoß gegen § 2302 sei (D NOLTING 194 ff; MünchKomm-MUSIELAK RdNr 18). Unzulässig sei daher der Vorbehalt, dass der längerlebende Ehegatte die Schlusserbeneinsetzung innerhalb der gemeinsamen Abkömmlinge beliebig ändern dürfe, ihm jedoch Zuwendungen an andere Personen verwehrt sind. Denn dieser Vorbehalt beinhalte das Verbot, andere Erben als die Schlusserben einzusetzen; ein solches Verbot sei aber von § 2278 Abs 2 ausdrücklich nicht erfasst und stelle zudem einen Verstoß gegen § 2302 dar (MünchKomm-MUSIELAK RdNr 19; D NOLTING 195 f). Die maßgebliche *Testfrage* sei daher: »Wäre es zulässig, durch vertragsmäßige Verfügung von vornherein anzuordnen, was sich nach Ausübung des Vorbehalts ergibt?« Nur wenn dies zu bejahen ist, liege ein zulässiger Vorbehalt vor. Dies sei etwa der Fall, wenn neben einer bisher zum Alleinerben bestimmten Person noch eine andere, zu der im Vorbehalt festgelegten Quote als Miterbe eingesetzt werden könne (so im Anschluss an den Fall von BGHZ 26, 204, 209: MünchKomm-MUSIELAK RdNr 20). Diese Testfrage überzeugt nicht (aus anderem Grund bereits kritisch Schmidt-Kessel DNotZ 1989, 159*): Selbst bei dem von MUSIELAK abgelehnten Änderungsvorbehalt, wonach der längerlebende Ehegatte befugt ist, die Schlusserbeneinsetzung abzuändern und beliebig zwischen den gemeinsamen Abkömmlingen zu verteilen, versagt doch der »Test«: wenn statt A, B und C je zu 1/3 nun noch A und B je zu 1/2 die Erben werden, so wäre diese hälftige Nachlassverteilung auch von Anfang an erbvertragsmäßig möglich gewesen.

### cc) Die Lehre vom spezifizierten Änderungsvorbehalt

**26** Diese neuere Auffassung ist in der Literatur stark im Vordringen (BENGEL DNotZ 1989, 156*ff; BUCHHOLZ FamRZ 1987, 440, 445; ders, Rpfleger 1990, 45, 52; HÜLSMEIER NJW 1986, 3115, 3117 f; J MAYER DNotZ 1990, 775, 774; WEILER, DNotZ 1994, 427, 436; PALANDT-EDENHOFER § 2289 RdNr 3; LANGE-KUCHINKE § 25 IV Fn 59, VI 4; STAUDINGER-KANZLEITER RdNr 13; BASTY MittBayNot 2000, 73, 77; ERMAN-SCHMIDT RdNr 4; HERLITZ MittRhNotK 1996, 153, 157; BENGEL-REIMANN: in Beck'sches Notarhandbuch, 3. Aufl [2000] C RdNr 36; NIEDER, Handbuch RdNr 764; WEIRICH, Erben und Vererben, 4. Aufl [1998] RdNr 464; BAMBERGER-ROTH-LITZENBURGER RdNr 7; sehr weitgehend GERKEN BWNotZ 1992, 93, 95). Demnach ist ein Vorbehalt bereits immer dann zulässig und verstößt nicht gegen das bindende Wesen des Erbvertrags, wenn die Ausübung nur unter bestimmten, genau festgelegten Voraussetzungen (Bedingungen) möglich ist (grundlegend HÜLSMEIER, Diss 109 ff; ders NJW 1986, 3118). Diese Ausübungsvoraussetzungen sollen gewährleisten, dass der Erblasser die Änderungen nicht willkürlich vornehmen kann (zT wird auch vertreten, dass die Änderungsvoraussetzungen so definiert sein müssen, dass diese objektiv feststellbar sind, so WEILER DNotZ 1994, 437). Dabei können sich die Vorgaben für die Änderungsbefugnis sowohl auf die Tatbestandsseite (Bedingung oder Befristung) wie aber auch auf die Rechtsfolgenseite (zB Änderungen nur innerhalb eines bestimmten Personenkreises oder bezüglich bestimmter Vermögensobjekte) beziehen. Die Frage der Bindung wird dabei nicht unter dem Aspekt beurteilt, ob dadurch dem zunächst Bedachten ein Recht iS des § 2289 Abs 1 genommen, sondern allein danach, ob die **Testierfreiheit** iS der Entscheidungsbefugnis durch die Voraussetzungen des Änderungsvorbehalts **eingeschränkt** wird (s eingehend dazu Vorbem 9 ff). Wenn das erfüllt ist, kann sich sogar der Vorbehalt auf den gesamten Erbvertrag oder auf die einzige dort enthaltene Verfügung beziehen. Mit dieser Auffassung deckt sich, dass Bindung iS des intertemporalen Rechts des Art 214 Abs 2 EGBGB als Rechtslage verstanden wird, aufgrund derer der Erblasser eine bereits gültig errichtete letztwillige Verfügung nicht mehr frei widerrufen und keine neue widersprechende treffen darf (RGZ 77, 172; STAUDINGER-K WINKLER, 12. Bearb, Art 214 RdNr 26).

In der Rspr des BayObLG ist klar die Tendenz zu erkennen, dieser Auffassung zu folgen. Insbesondere wird der von MUSIELAK für unzulässig gehaltene Änderungsvorbehalt mit einer Umverteilungsbefugnis innerhalb des Kreises der gemeinsamen Abkömmlinge ohne weitere Problematisierung anerkannt (BayObLG DNotZ 1990, 53, 55 (einfach »sind zulässig«); FamRZ 1992, 724 = Rpfleger 1992, 200 (ohne überhaupt ein Wort zur Zulässigkeit zu verlieren); DNotZ 1996, 316 = FamRZ 1996, 898 = MittBayNot 1996, 112; ebenso auch OLG Koblenz DNotZ 1998, 218, 219 = FamRZ 1997, 1247).

Nimmt man die Prämisse des BGH wieder auf, dass der Änderungsvorbehalt nicht so weit gehen darf, »dass damit der Erbvertrag seines eigentlichen Wesens entkleidet wird« (BGHZ 26, 204, 208), so ist die Lehre vom spezifizierten Änderungsvorbehalt durchaus damit vereinbar. Denn das Eigentümliche des Erbvertrags ist dessen Bindung, die ihrerseits wieder durch einen Verlust an Testierfreiheit gekennzeichnet wird (so sogar die Gegner dieser Auffassung, s MünchKomm-MUSIELAK Vorbem 4 zu §§ 2274 ff; D NOLTING 66, der wiederholt von »Rechtsmachtverlust« (73) spricht). Und hierfür genügt eine »**Beschneidung** der prinzipiell gegebenen **Gestaltungsfreiheit**« (J MAYER DNotZ 1990, 768, 774; BENGEL DNotZ 1989, 156 f; zustimmend LANGE-KUCHINKE § 25 IV Fn 59, VI 4; eingehend hierzu Vorbem 8 ff zu §§ 2274 ff). Dafür reichen die auch sonst im Vertragsrecht zur Sicherung der Rechte und Pflichten gewählten Bedingungen, die nur **hinreichend bestimmt** sein müssen (LANGE-KUCHINKE aaO lässt sogar Bestimmbarkeit genügen). Zu Recht betont JOHANNSEN (LM Nr 3 zu § 2289) diese allgemeinen vertragsrechtlichen Überlegungen bei der Beurteilung der Grenzen des Änderungsvorbehalts. Ohne diese Änderungsvoraussetzungen wäre der Erblasser tatsächlich in der Beseitigung der erbvertraglichen Bindung völlig frei; aber da er dann die Möglichkeit zur beliebigen Lösung vom Vertrag hätte, wäre dies keine Potestativ- oder Willensbedingung (dies nimmt dann D NOLTING, etwa S 50 an), sondern bei richtiger Betrachtung ein Rücktrittsvorbehalt (zur Unterscheidung allgemein MünchKomm-H P WESTERMANN § 158 RdNr 22).

Die hier gewählte Betrachtungsweise über die erforderliche Beschneidung der Testierfreiheit rückt die Perspektive des Erblassers in den Vordergrund, der die

Möglichkeit einer neuen abweichenden Entscheidung zu prüfen hat und damit die Bindung zunächst auf unmittelbarste Weise spürt. Zutreffend betont LANGE-KUCHINKE, dass die Bindung nicht allein aus der Sicht des Bedachten bestimmt werden darf (§ 25 VI 4 Fn 220). Ob diese Auffassung wirklich so neu ist und einen Bruch zur Ansicht des BGH (aaO) darstellt, wie dies behauptet wird (D NOLTING 175 ff), mag bezweifelt werden, lassen sich die vom BGH entschiedenen Fälle auch mit dieser Sichtweise so begründen. Auch gilt es zu bedenken, dass der BGH bisher kaum gefordert war, zu den dogmatischen Hintergründen des Änderungsvorbehalts und seiner Grenzen konkretere Überlegungen anzustellen. Wer etwa aus den kargen Ausführungen von BGHZ 26, 204 umfangreiche Analysen mit weitreichenden Einschränkungen der Testierfreiheit herleiten will, verkennt die Entscheidungssituation dieser Erkenntnis. Verblüffend einfach ist daher die Beantwortung der meisten anderen Rechtsstreitigkeiten über den problematisierten Änderungsvorbehalt mittels der einfachen, ganzheitlichen Argumentation, es genüge ja, wenn wenigstens eine vertragsmäßige Verfügung (im Ehegattenerbvertrag die gegenseitige Erbeinsetzung) vorhanden ist (dazu RdNr 23; BGH WM 1986, 1221; Bundesrichter SCHMIDT-KESSEL DNotZ 1989, 160). Dabei sollte die Wertung des Gesetzgebers des BGB nicht vergessen werden, dass man den Erbvertrag offensichtlich für so unproblematisch ansah, dass man auf die Definition seiner Grenzen verzichten zu können glaubte.

**30** Die Auffassung vom spezifizierten Änderungsvorbehalt koppelt auch nicht in unzulässiger Weise die Frage der Bindung der erbvertraglichen Verfügung von der des Bestehens eines **Rechts des erbvertraglich Bedachten** iS von § 2289 Abs 1 ab: Werden die Änderungsvoraussetzungen nicht eingehalten, so wird dadurch dieses Recht verletzt und die neue, beeinträchtigende Verfügung ist unwirksam (so richtig bereits BENGEL aaO; HERLITZ MittRhNotK 1996, 158). Wer demgegenüber die Bindung aus § 2289 bestimmen will (so besonders D NOLTING 71 ff; wohl auch MünchKomm-MUSIELAK RdNr 18, der jedoch mehr auf § 2278 Abs 2 abhebt) zäumt das Pferd von hinten auf: § 2289 Abs 1 bestimmt nur die Rechtsfolge, nicht aber die Ursache der Bindung (so richtig BGHZ 26, 204, 208). Soweit die Änderungsvoraussetzungen ausdrücklich so gefasst werden, dass bestimmte Zuwendungen an bestimmte Personen oder über bestimmte Sachen nicht zulässig sind, ist dies auch kein Verstoß gegen § 2302 (darauf stellen aber D NOLTING 194 ff; MünchKomm-MUSIELAK RdNr 18 f ab), denn dies ist nur eine Lockerung der Bindung (HOHMANN MittBayNot 1995, 442; WEILER DNotZ 1994, 436) und macht nur den Weg etwas mehr in die Richtung frei, die § 2302 gewährleisten will und zu dem der Erbvertrag eine Ausnahme ist: zur Testierfreiheit. Dass der Änderungsvorbehalt zur Gewährleistung der Testierfreiheit dient, wird in der Rspr immer wieder zu Recht betont (BayObLG FamRZ 1989, 1353, 1354; NJW-RR 1991, 586; anders aber ohne überzeugendes Argument MünchKomm-MUSIELAK RdNr 19 aE).

**31** Die von MUSIELAK im Hinblick auf **§ 2278 Abs 2** erhobenen Bedenken (MünchKomm aaO) sind nur schwer nachvollziehbar. So hält er den im Fall von OLG Stuttgart (NJW-RR 1986, 165) gewählten Änderungsvorbehalt, wonach dem Ehemann das Recht eingeräumt wurde, innerhalb des seinen Verwandten zugedachten gemeinschaftlichen Erbteils von drei Viertel des Nachlasses »Änderungen der Erbquote der einzelnen Verwandten« vorzunehmen, für nicht zulässig, weil dies »keine Erbeinsetzung darstellt«, vielmehr zu dieser von § 2278 Abs 2 normierten Anforderung gerade die Festlegung der Erbquote wesensnotwendig gehöre. Dies kann doch nur auf einem Missverständnis beruhen: Der Änderungsvorbehalt selbst ist keine vertragsmäßige Verfügung, etwa eine Erbeinsetzung, für die § 2278 Abs 2 gilt. Er ist nur die Festlegung einer Tatbestandsvoraussetzung, die zu einer Änderung und damit neuen Erbeinsetzung berechtigt.

C. Erbvertrag | § 2278 BGB 32

Demnach ist davon auszugehen, dass folgende **Änderungsvorbehalte zulässig** 32
sind (HERLITZ MittRhNotK 1996, 153, 159; REITHMANN-RIEGEL, Handbuch der notariellen Vertragsgestaltung, 8. Aufl, 2001, RdNr 1128 ff; BASTY MittBayNot 2000, 73, 77 f; J MAYER DNotZ 1990, 774 f):

– Der Längerlebende der Ehegatten ist befugt, hinsichtlich der Schlusserbeneinsetzung eine **Umverteilung** des Vermögens zwischen den gemeinsamen Kindern vorzunehmen, einschließlich der beliebigen Änderung der Erbquoten, Ausweisung von Vermächtnissen, ja sogar völliger Enterbung einzelner (zulässig nach BayObLG DNotZ 1990, 53, 55 = FamRZ 1989, 666; DNotZ 1996, 316 = FamRZ 1996, 898 = MittBayNot 1996, 112 m Anm MIKISCH; keine Bedenken äußert auch BGH WM 1986, 1222, wenngleich es nach der Ansicht des Gerichts wegen der ganzheitlichen Betrachtung hierauf nicht ankam; Muster im Formularteil B RdNr 42; WEIRICH aaO RdNr 1441). Es kann jedoch auch bestimmt werden, dass das Hausanwesen nur einem von ihnen zugewandt werden darf, die übrigen »im Rahmen ortsüblicher Übergabebedingungen (zu vage) abzufinden sind (BayObLG FamRZ 1992, 724 = Rpfleger 1992, 200). Nach Ansicht von LG Koblenz JurBüro 1986, 254, 255 berechtigt die Ermächtigung an den Längerlebenden, »eine andere Verteilung des Gesamtnachlasses unter den Erben vorzunehmen« nicht zur Anordnung einer Testamentsvollstreckung, was sicherlich eine zu enge Auslegung ist.
– Der Erblasser setzt eine Person ein, behält sich aber ausdrücklich vor, **über einzelne Gegenstände** durch Anordnung von Vermächtnissen zu verfügen oder Testamentsvollstreckung anzuordnen; möglich auch, dass zu einer festgelegten Quote noch ein weiterer Miterbe berufen wird (zulässig nach BGHZ 26, 204, 209; zustimmend MünchKomm-MUSIELAK RdNr 20). Der Vorbehalt, den Erblasser »mit Auflagen und *Vermächtnissen*« jeder Art und Höhe zu beschweren, dürfte angesichts der Möglichkeit der Ausweisung von Universalvermächtnissen nicht möglich sein, jedoch nimmt OLG Düsseldorf OLGZ 1966, 68, 70 eine Art »geltungserhaltende Reduktion« vor.
– Bei Eintritt bestimmter **sachlicher Voraussetzungen** (etwa Vermögensverfall eines Kindes oder wenn »triftige Gründe hierfür vorliegen« [so im Fall von OLG Koblenz DNotZ 1998, 218, 219 = FamRZ 1997, 1247 – wobei gerichtlich nachprüfbare vernünftige und gerechte Gründe gefordert wurden]) oder eines bestimmten Zeitpunktes (nach dem Tod des anderen Ehegatten) entsteht ein Abänderungsrecht. Nach Auffassung des BayObLG DNotZ 1996, 316 enthält die Formulierung, »der Längerlebende ... ist befugt ...« keine Eingrenzung des Zeitpunkts, ob das Änderungsrecht bereits zu Lebzeiten des anderen Erbvertragspartners oder erst nach dessen Tod ausgeübt werden kann; es war daher Auslegung geboten. Jedoch ist darauf zu achten, dass die Tatbestandsvoraussetzungen für den Änderungsvorbehalt klar gefasst und damit justiziabel sind (anders als im Fall von OLG Koblenz aaO).
– Bei kinderlosen Ehegatten erhält der Längerlebende das Recht, die Erbeinsetzung innerhalb **seiner eigenen Verwandtschaft** beliebig abzuändern, wobei die Erbeinsetzung der Verwandten des Erstverstorbenen mit einer zuvor festgelegten Quote unabänderlich ist (OLG Stuttgart NJW-RR 1986, 165).
– Die Ehegatten behalten dem Längerlebenden das Recht vor, den bindend eingesetzten Schlusserben mit einem **Wohnungs- oder Nießbrauchsvermächtnis zugunsten eines neuen Ehegatten** zu belasten (häufig übersehenes Gestaltungserfordernis in der Praxis; vgl dazu BASTY MittBayNot 2000, 73, 78).
– Der überlebende Ehegatte ist berechtigt, eine neue Schlusserbeneinsetzung zu treffen, er darf jedoch **bestimmte Personen** oder Personengruppen **nicht bedenken** (negative Abänderungsbefugnis; etwa beim Geschiedenen-Testament).
– Dem überlebenden Ehegatten werden Änderungsrechte bezüglich desjenigen **Vermögens**, das er nach dem Tod des Erstversterbenden **hinzuerwirbt**, gestat-

tet, und zwar durch den Vorbehalt entsprechender Vermächtnisanordnungen; hier können Beweisprobleme auftreten.
– Es wird ein **gegenständlich beschränkter Abänderungsvorbehalt** vereinbart: zB darf der Längerlebende nach dem Tod des Erstversterbenden über den zu diesem Zeitpunkt vorhandenen Haus- und Grundbesitz letztwillig nur zugunsten der gemeinschaftlichen Abkömmlinge verfügen, hinsichtlich des übrigen Nachlasses soll er frei sein (Fall von BayObLG NJW-RR 1991, 586 = FamRZ 1991, 1359; dort aber Zulässigkeit ausdrücklich offen gelassen).

**33** Was das **Verhältnis zwischen Änderungsvorbehalt zur erbvertraglichen Bindung** betrifft, ist festzustellen:

– Der Änderungsvorbehalt im Sinn des »Österreichischen Modells« (RdNr 25) hebt, soweit er reicht, die Bindung auf.
– Andere spezifizierte Änderungsvorbehalte setzen die bindende vertragliche Verfügung gerade voraus, da eben bestimmte Bedingungen normiert werden, bei deren Vorliegen erst die Durchbrechung dieser Bindung möglich ist (LANGE-KUCHINKE § 25 VI 4 aE), sonst ist die Verfügung unwirksam (PALANDT-EDENHOFER RdNr 3).

Auch die Gegenansicht lässt im Ergebnis zu, dass ein Änderungsvorbehalt mit einer Bedingung verbunden wird, und dann sogar zur völligen Beseitigung der davon erfassten Verfügung berechtigt und gibt daher ihren Ansatz vom »bindenden Rest« auf (MünchKomm-MUSIELAK RdNr 21; D NOLTING 153 ff, letzterer mit der Einschränkung, die auch MUSIELAK machen müsste, dass es sich um keine Potestativbedingung handeln darf). Damit sind aber offensichtlich nur solche Bedingungen die gemeint, die das »**ob**«der Änderungsbefugnis betreffen (nach der Wiederverheiratung, bei Vermögensverfall des Erben), nicht aber die über das »**wie**« der Änderungsmöglichkeit, also zu welcher Art von neuer Rechtssetzung ermächtigt wird. Wenn daher die völlig neue Erbregelung für den neuen Ehegatten nach dem Tode des Erstversterbenden möglich sein soll (insoweit pflichtet musielak der Entscheidung BayObLG FamRZ 1996, 898 ausdrücklich bei), wieso soll dann eine für diesen Fall getroffene weitere Einschränkung, es dürften nur gemeinsame Abkömmlinge bedacht werden, unzulässig sein?

### c) Der fehlerhafte Änderungsvorbehalt

**34** Der unzulässige **Totalvorbehalt** (RdNr 18) stellt nach mittlerweile hM eine einseitige Verfügung iS von § 2299 dar, wobei überwiegend von einer unschädlichen Falschbezeichnung ausgegangen wird (HÜLSMEIER NJW 1986, 3115, 3116 [allerdings von einem anderen gedanklichen Ansatz aus; STAUDINGER-KANZLEITER RdNr 12; WEILER DNotZ 1994, 427, 433; HERLITZ MittRhNotK 1996, 153, 156). Dem ist zuzustimmen; meine in DNotZ 1990, 775 vertretene Auffassung, die Bindung bleibe zunächst, aber eine Umdeutung in einen Rücktrittsvorbehalt sei möglich (ebenso LANGE-KUCHINKE § 25 VI 4), halte ich nicht mehr aufrecht. Soweit ein nicht ausreichend bestimmter **sonstiger Änderungsvorbehalt** vorliegt, so ist trotz Nichtigkeit des Vorbehalts grundsätzlich ebenfalls nach § 2085 eine wirksame, aber einseitige Verfügung anzunehmen (BayObLG NJW-RR 1991, 586), jedoch ist sorgfältig zu prüfen, ob der Erblasser diese ohne Vorbehalt getroffen hätte, andernfalls ist dies zu verneinen (so richtig LANGE-KUCHINKE aaO). Mitunter kann sich aber auch ergeben, dass in Wirklichkeit ein Rücktrittsvorbehalt gewollt war (BayObLG FamRZ 1989, 1353).

### d) Die Form der Ausübungserklärung

**35** Die Ausübung des Änderungsvorbehalts – auch zu Lebzeiten des Vertragspartners – ist zugleich die neue Abgabe einer Verfügung von Todes wegen, mit der sie untrennbar verbunden ist; sie bedarf daher nicht der Form des § 2296 Abs 2 (BayObLG DNotZ 1996, 316 – wo das Formproblem gar nicht erörtert wurde; v LÜBTOW I 427; STAUDINGER-KANZLEITER § 2293 RdNr 4; REIMANN, 2. Aufl § 2289 RdNr 22; HÜLSMEIER NJW 1986, 3116; J MAYER DNotZ 1990, 771; NIEDER, Handbuch RdNr 763; EBENROTH RdNr 262; WEILER DNotZ 1994, 428; HERLITZ MittRhNotK 1996, 164). Dies lässt sich schon damit begründen, dass demgegenüber die Ausübung des Rücktrittsvorbehalts – vom Sonderfall des § 2297 abgesehen – ein Rechtsgeschäft unter Lebenden ist und zwischen beiden Rechtsinstituten sachliche Unterschiede bestehen (s RdNr 16; dies verkennt LEHMANN BWNotZ 1999, 1, 4; BWNotZ 2000, 129, 131, der den zwingenden Charakter von § 2296 Abs 2 betont). Jedoch wollen KÜSTER (JZ 1958, 394, 395 wegen des Informationsinteresses des anderen Vertragspartners) und C NOLTING (119, 122) § 2296 Abs 2 analog anwenden, letzterer jedoch nur beim Totalvorbehalt. Auch D NOLTING (214 ff) spricht sich für die generelle Geltung des § 2296 Abs 2 aus und begründet dies mit dem systematischen Zusammenhang zu den anderen Möglichkeiten der Durchbrechung der erbvertraglichen Bindung nach §§ 2290 ff, die alle formgebunden sind (zustimmend HOHMANN MittBayNot 1995, 442, MIKISCH MittBayNot 1996, 115). Die Auffassung von der Formbedürftigkeit der Ausübungserklärung bedeutet für die Betroffenen einen nicht unerheblichen Kostenaufwand sowie praktische Probleme für den Zugang der Ausübungserklärung (verkannt von LEHMANN aaO). Dies wäre geeignet, dem Änderungsvorbehalt seine praktische Brauchbarkeit zu nehmen (s dazu HERLITZ MittRhNotK 1996, 158; NIEDER BWNotZ 1996, 20). Aber selbst wenn man auf einen spezifizierten Änderungsvorbehalt die Rücktrittsvorschriften direkt oder analog anwendet, besteht immer noch die Möglichkeit, eine unzulässige Rücktrittsform als Verfügung von Todes wegen unter der auflösenden Bedingung des Eintritts der vereinbarten Rücktrittsvoraussetzung wirksam werden zu lassen (STAUDINGER-KANZLEITER § 2296 RdNr 13; Erl zu § 2296 RdNr 17). Und welchen Sinn hätte das »Umgehungsargument« (s BGHZ 26, 204, 209), der Änderungsvorbehalt dürfe nicht dazu führen, dem Erblasser den Rücktritt vom Erbvertrag unter Vermeidung der §§ 2293 ff zu nehmen, wenn auf die Ausübungserklärung des Änderungsvorbehalts dann doch wieder diese Bestimmungen anzuwenden sind – denn dort sind letztlich nur Formvorschriften enthalten. Ja es würde dann sogar die Diskussion um die inhaltlichen Anforderungen an den Änderungsvorbehalt entfallen, da der Rücktrittsvorbehalt ja ohne solche jederzeit vereinbart werden kann.

**36** Nach dem Tod des Vertragspartners besteht dieses Problem wegen § 2297 ohnehin nicht mehr.

### 4. Form des Vorbehalts

**37** Der Vorbehalt ist Teil des Erbvertrags, da er das Recht des vertragsmäßig Bedachten abgrenzt. Er bedarf daher der Form des Erbvertrags (BGHZ 26, 204 = LM Nr 3 zu § 2289 mit Anm JOHANNSEN = NJW 1958, 498; BayObLGZ 1961, 206, 210; OLG Köln NJW-RR 1994, 651, 653; OLG Hamm FamRZ 1996, 637 = MittBayNot 1996, 44 m Anm REIMANN; PALANDT-EDENHOFER § 2289 RdNr 3; STAUDINGER-KANZLEITER RdNr 14; D NOLTING 200 f; aM KÜSTER JZ 1958, 394). Es ist aber nicht erforderlich, dass er im Erbvertrag ausdrücklich vereinbart wird. Vielmehr genügt es, dass er in irgendeiner Bestimmung des Erbvertrags so weit zum Ausdruck kommt, dass er dieser Bestimmung im Wege der Auslegung entnommen werden kann (BGHZ 26, 204, 210; BayObLGZ 1961, 206, 210; 1999, 46, 52 f). In diesem Fall kann man von einem stillschweigenden Vorbehalt sprechen (vgl KG JW 1938, 2746). Bei der Auslegung können auch Umstände außerhalb der Urkunde herangezogen werden, entsprechend den Grundsätzen der **ergänzenden Auslegung**(COING NJW 1958, 691). COING fordert zutreffend für die Annahme eines stillschweigenden Vorbehalts, dass entweder durch Umstände außerhalb der Urkunde ein tatsächlicher Parteiwille festgestellt werden kann, der auf einen bestimmten Vorbehalt gerichtet war und der irgendwie im Text der Urkunde zum Ausdruck kommt. Oder dass nach den Umständen ein bestimmter Parteiwille vermutet werden kann und für diesen auch im Text der Urkunde ein **Anhaltspunkt** zu finden ist, oder dass die Voraussetzungen der ergänzenden Vertragsauslegung gegeben sind, dass also nach dem Vertragsschluss eine wesentliche Änderung der maßgeblichen Umstände eingetreten ist und dass die ergänzende Auslegung dazu führt, dass ein im Vertrag klar bezeichneter Zweck der Parteien trotz der Änderung der Umstände erreicht wird. Aber auch dann ist für einen dementsprechenden Willen des Erblassers ein entsprechender, und sei es auch unvollkommener Anhalt in der Urkunde erforderlich (OLG Hamm aaO). Angesichts des zunächst erklärten Bindungswillens hat man mit der Annahme eines stillschweigenden Änderungsvorbehalts äußerste Vorsicht walten zu lassen (J MAYER DNotZ 1990, 773; D NOLTING 212 meint, dass idR beim stillschweigenden Änderungsvorbehalt das »Bestimmtheitsgebot« nicht erfüllt sein dürfte; richtigerweise meint er damit aber wohl das Nachweisproblem).

### V. Mögliche vertragsmäßige Verfügungen

**38** Gegenstand einer vertragsmäßigen Verfügung können nur Erbeinsetzungen, Vermächtnisse oder Auflagen sein, Abs 2. Andere Verfügungen von Todes wegen können vertragsmäßig nicht getroffen werden. Geschieht dies trotzdem, so sind sie als vertragsmäßige Verfügungen unwirksam, jedoch werden sie in der Regel nach § 140 als letztwillige Verfügung aufrechtzuerhalten sein (vgl § 2299; KG KGJ 28, 16). Das gilt besonders für die Ernennung eines Testamentsvollstreckers (Mot V 335; Prot V 405; RGZ 116, 321) sowie für familienrechtliche Anordnungen. Der Erblasser muss bei der persönlichen Natur der hier in Betracht kommenden Fragen die Freiheit der Entschließung gegenüber einer etwaigen Änderung der Verhältnisse behalten. Ferner können nur einseitig angeordnet werden: die Enterbung (§ 1938), Teilungsanordnungen (§ 2048), sofern sie nicht im Einzelfall als mittelbare Bestimmung der Erbteile oder als Vorausvermächtnis (große Abgrenzungsprobleme, vgl auch BGH NJW 1982, 441) oder als Auflage aufzufassen sind, die Entziehung des Pflichtteils (§§ 2333 ff; BGH FamRZ 1961, 437), eine Auflassungsvollmacht für den Todesfall (OLG Köln DNotZ 1951, 36).

**39** Nach § 83 kann ein **Stiftungsgeschäft** nicht nur in einem Erbvertrag, sondern auch durch einen solchen vorgenommen werden. Der Nachlass oder ein Teil desselben wird dem Stiftungszweck gewidmet und in dieser Widmung liegt zugleich die Errichtung der Stiftung und die Zuwendung des ganzen Nachlasses oder eines Bruchteils desselben an die Stiftung als Erbin oder als Vermächtnisnehmerin (MünchKomm-MUSIELAK RdNr 10).

**40** Zu weiteren Fragen im Zusammenhang mit sog Erbeinsetzungsverträgen, Vermächtnisverträgen und Auflageverträgen s 2. Aufl RdNr 15 ff; STAUDINGER-KANZLEITER RdNr 19 ff.

### VI. Verbindung des Erbvertrags mit anderen Verträgen

**41** Der Erbvertrag kann mit anderen Verträgen verbunden werden. So kann im Erbvertrag zB ein **Erbverzicht** erklärt werden (BGHZ 22, 364). Dadurch wird aber, da der Verzichtende diese Verfügung nicht als Erblasser trifft, der Erbvertrag nicht zu einem zweiseitigen (RG LZ 1914, 760). Ferner kann mit dem Erbvertrag (durch niederlegung in derselben Urkunde) auch ein **Vertrag unter Lebenden** verbunden werden, etwa ein Vertrag, durch den sich der eine Teil verpflichtet, den anderen lebenslänglich zu unterhalten, oder ein **Übergabevertrag** (BayObLGZ 28, 634 = JFG 6, 159; RG JW 1937, 3153 m Anm VOGELS). Zur dabei zu beachtenden Form und anderen Fragen s § 2276 RdNr 35 ff.

## § 2279 Vertragsmäßige Zuwendungen und Auflagen; Anwendung von § 2077

(1) Auf vertragsmäßige Zuwendungen und Auflagen finden die für letztwillige Zuwendungen und Auflagen geltenden Vorschriften entsprechende Anwendung.

(2) Die Vorschriften des § 2077 gelten für einen Erbvertrag zwischen Ehegatten, Lebenspartnern oder Verlobten auch insoweit, als ein Dritter bedacht ist.

### Übersicht

| | | |
|---|---|---|
| I. | Entsprechende Anwendung des Testamentsrechtes | 1 |
| II. | Anwendung des allgemeinen Rechts | 12 |
| III. | Erbverträge zwischen Ehegatten, Lebenspartnern oder Verlobten | 13 |
| | 1. Anwendung des § 2077 | 13 |
| | 2. Vorzeitiger Tod des Ehegatten oder Lebenspartners, der den Scheidungs- oder Aufhebungsantrag nicht erhoben und dem nicht zugestimmt hat | 16 |
| | 3. Erweiterung des § 2077 auf Drittzuwendungen | 17 |
| | 4. Fortgeltung aufgrund Aufrechterhaltungswillens | 18 |
| | 5. Besonderheiten bei Aufhebung der Ehe | 20 |
| | 6. Eheähnliche Verhältnisse, Lebenspartnerschaften | 21 |
| | 7. Gestaltungshinweise | 22 |

## I. Entsprechende Anwendung des Testamentsrechtes

Die **Form** des Erbvertrags ist abweichend vom Testamentsrecht geregelt; auch die Wirkung des Erbvertrags (grundsätzliche Unwiderruflichkeit) ist von der des Testaments grundverschieden. Aber in anderen Beziehungen ist das Testamentsrecht entsprechend (aber nicht buchstäblich) anzuwenden, so hinsichtlich des Inhalts vertragsmäßiger Verfügungen, des Anfalls und Erwerbs der vertragsmäßigen Zuwendungen (vgl RGZ 67, 65, 66 mit eingehender Aufführung der anwendbaren Testamentsvorschriften). Für **einseitige Verfügungen** in einem Erbvertrag gilt das Testamentsrecht schlechthin (§ 2299 Abs 2). 1

Auf **vertragsmäßige Anordnungen** sind unmittelbar oder entsprechend anzuwenden:

(1) die §§ 1923, 2108, 2160, 2176 bis 2179, wonach der **Bedachte** den Erbfall (uU den Nacherbfall) oder den Anfall des Vermächtnisses **erleben** muss, wenn er Erbe oder Nacherbe werden soll oder das Vermächtnis ihm anfallen soll: Auch der im Erbvertrag Bedachte muss den Erbfall oder den Anfall des Vermächtnisses erleben; 2

**3** (2) die §§ 1937 bis 1959, 2180 über den möglichen **Inhalt** letztwilliger Verfügungen und über Annahme oder **Ausschlagung der Erbschaft** oder des Vermächtnisses. Das Ausschlagungsrecht steht dem Bedachten auch dann zu, wenn er als Vertragspartner des Erbvertrags die zuwendende Verfügung ausdrücklich angenommen hat (PA-LANDT-EDENHOFER RdNr 1) oder er die Zuwendung angefochten hat, da hierin noch keine Annahme iS der §§ 1943, 2180 liegt (§§ 1946, 2180 Abs 2 S 2). Ein vertragsmäßiger Verzicht auf das Ausschlagungsrecht (gegenüber dem Erblasser) wäre unwirksam;

**4** (3) die §§ 2064 bis 2076, 2087 bis 2093 über die Notwendigkeit der persönlichen Äußerung des letzten Willens und über die **Auslegung** letztwilliger Verfügungen mittels der dort genannten Auslegungsregeln. Das gilt auch für die §§ 2074 bis 2076 über bedingte letztwillige Zuwendungen. Von diesen Vorschriften abgesehen, sind auch beim Erbvertrag für bedingte Verfügungen die Vorschriften des allgemeinen Teils maßgebend. Besondere Vorschriften über widersinnige, unerlaubte, unmögliche Bedingungen kennt das BGB nicht. Selbstverständlich darf eine Bedingung, die einer vertragsmäßigen Verfügung beigefügt wird, der verbindlichen Kraft des Erbvertrags nicht widersprechen (vgl BGHZ 26, 204, 208 = NJW 1958, 498 zum Änderungsvorbehalt, s § 2278 RdNr 13 ff).

**5** Über § 2077 (Zuwendungen an den Ehegatten) s Abs 2 und RdNr 13 f, über §§ 2078 bis 2083 (**Anfechtung**) s Erl zu § 2281 ff. Die allgemeinen **Auslegungsregeln** der §§ 2084 bis 2086 gelten auch hier, jedoch mit einigen Besonderheiten im Hinblick auf das Interesse des Vertragsgegners bei vertragsmäßigen Verfügungen (Vorbem 21 ff zu §§ 2274 ff). § 2298 geht beim zwei- oder mehrseitigem Erbvertrag als Sonderregelung dem § 2085 vor (MünchKomm-MUSIELAK RdNr 2). Die §§ 2089 ff, 2157 über die Erhöhung oder Minderung der Bruchteile von Erben oder Vermächtnisnehmern finden beim Erbvertrag nicht nur im Verhältnis mehrerer vertragsmäßig Bedachter zueinander Anwendung, sondern auch im Verhältnis der vertragsmäßig Bedachten zu einseitig Bedachten (§ 2299); denn bei der Ermittlung des wirklichen Willens des Erblassers, der sich in der Beziehung der Bruchteile der von ihm eingesetzten Erben vergriffen hat, ist der ganze Inhalt des Vertrages in Betracht zu ziehen (Mot V 321; PLANCK-GREIFF Anm 2a). Dagegen kann das Recht des Vertragserben durch die Einsetzung weiterer Erben in einem Testament nicht beeinträchtigt werden (§ 2289);

**6** (4) die §§ 2094, 2095, 2158, 2159 über die **Anwachsung** bei der Erbeinsetzung und beim Vermächtnis (s aber auch § 2088, Mot V 320 Fn 1). Die Anwachsung kommt aber immer nur dann in Betracht, wenn die mehreren Erben oder Vermächtnisnehmer in demselben Erbvertrag bedacht sind; sind sie dagegen in verschiedenen Erbverträgen oder einige durch Erbvertrag, andere durch Testament berufen, so findet eine Anwachsung nicht statt, sofern nicht eine besondere hierauf gerichtete Willenskundgebung des Erblassers vorliegt (Mot V 320);

**7** (5) die §§ 2096 bis 2099, 2190 über **Ersatzerbfolge** und Ersatzvermächtnis;

**8** (6) die §§ 2100 bis 2146, 2191 über **Nacherbfolge** und Nachvermächtnis;

**9** (7) die §§ 2147 bis 2191 über das **Vermächtnis**; auch § 2169 (Vermächtnis fremder Gegenstände) gilt für ein Vermächtnis, das in einem Erbvertrag (oder in einem unwiderruflich gewordenen gemeinschaftlichen Testament) angeordnet ist (BGH NJW 1959, 2252 = BGHZ 31, 13); jedoch verstärkt bei einem solchen Vermächtnis, wenn es in einem Erbvertrag angeordnet ist, § 2288 den Schutz des Vermächtnisnehmers (§ 2288 RdNr 3);

**10** (8) die §§ 2192 bis 2196 über die **Auflage**.

Die Vorschriften über das gemeinschaftliche Testament (§§ 2265 bis 2273) können **11** beim Erbvertrag insbesondere wegen der anders gearteten Bindungswirkung nicht entsprechend angewendet werden (Vorbem 47 zu §§ 2274 ff). Daher ist auch ein Erbvertrag wirksam, in dem mehrere Erblasser, die nicht miteinander verheiratet sind, einen Dritten gemeinsam zum Erben einsetzen (RGZ 67, 65, 67).

Über Willensmängel s Vorbem 49 zu §§ 2274 ff. Bei Willensmängeln ist darauf zu achten, ob sie sich auf die erbrechtliche Verfügung selbst oder nur auf ihre Vertragsmäßigkeit, also auf die Bindung des Erblassers beziehen (PLANCK-GREIFF Anm 2b).

## II. Anwendung des allgemeinen Rechts

Die allgemeinen Vorschriften über Rechtsgeschäfte finden auch beim Erbvertrag **12** Anwendung, soweit das Gesetz nichts anderes bestimmt, insbesondere § 133 (Auslegung), §§ 134, 138 (Nichtigkeit wegen Verstoßes gegen ein gesetzliches Verbot oder gegen die guten Sitten), §§ 158 ff (Bedingung). Auch die allgemeinen Bestimmungen über Verträge sind anzuwenden, soweit es die besondere rechtliche Natur des Erbvertrages zulässt (Mot V 321). So die §§ 155, 157, nicht dagegen die §§ 145 ff (ausgenommen § 147 Abs 1), da beim Erbvertrag ein bindender Vertragsantrag ausgeschlossen ist (§ 2276: »Bei gleichzeitiger Anwesenheit beider Teile«). Die Vorschriften über schuldrechtliche Verträge (§§ 305 ff), insbesondere die über den gegenseitigem Vertrag (§§ 320 ff) können auf den Erbvertrag nicht angewendet werden, selbst wenn er ein zweiseitiger oder entgeltlicher ist (PALANDT-EDENHOFER RdNr 1; Vorbem 40 zu §§ 2274 ff).

## III. Erbverträge zwischen Ehegatten, Lebenspartnern oder Verlobten

### 1. Anwendung des § 2077

§ 2077 ist nach § 2279 Abs 2 auf einen Erbvertrag, in dem der Erblasser seinen **13** Ehegatten, gleichgeschlechtlichen Lebenspartner iS des Lebenspartnerschaftsgesetzes (LPartG vom 16. 2. 2001, BGBl I 266, geltend ab 1. 8. 2001) oder Verlobten bedacht hat, entsprechend anzuwenden (im Prinzip ergibt sich die Anwendung schon aus Abs 1, OLG Stuttgart OLGZ 1976, 17). Das gilt sowohl für einen Erbvertrag der Ehegatten, gleichgeschlechtlichen Lebenspartner oder Verlobten untereinander als auch für einen Erbvertrag des Erblassers mit einem Dritten, in dem der Erblasser seinen Ehegatten, Lebenspartner oder Verlobten bedacht hat. Auch auf die Erbeinsetzung der Schwiegertochter ist § 2077 entsprechend anwendbar, wenn mit einem Fortbestand der Ehe mit dem Sohn nicht mehr gerechnet werden kann (OLG Saarbrücken FamRZ 1994, 1205 – sehr weitreichend). § 2077 gilt dabei sowohl für vertragsmäßige wie für einseitige Verfügungen (§ 2299 Abs 1 S 2), jedoch kann bei zweiseitigen Erbverträgen die Nichtigkeit der einen Verfügung auch zur Nichtigkeit der des anderen Vertragspartners führen (§ 2298 Abs 1, vgl RdNr 17).

Die Zuwendung an den Ehegatten oder Verlobten oder einen Dritten bei einem **14** Erbvertrag zwischen Ehegatten oder Verlobten ist unwirksam, wenn

– die Ehe vor dem Tod des Erblassers aufgelöst worden ist oder
– die Voraussetzungen für die Scheidung gegeben waren und der Erblasser die Scheidung beantragt (§§ 622 Abs 2 S 2, 253 Abs 1 ZPO) oder ihr zugestimmt

hat. Für die Prognose, ob zur Zeit des Todes des Erblassers die Voraussetzungen für die Scheidung der Ehe gegeben waren, kann auf die unwiderlegbare Vermutung des § 1566 Abs 1 nur abgestellt werden, wenn auch eine Einigung über die Folgesachen gemäß ZPO § 630 Abs 1 Nr 2 und 3 vorliegt; ansonsten ist zu prüfen, ob die Ehe nach § 1565 Abs 1 geschieden worden wäre (OLG Zweibrücken NJW 2001, 236 = FamRZ 2001, 452) oder
- der Erblasser begründeten Antrag auf Aufhebung der Ehe erhoben hatte oder
- das Verlöbnis vor dem Tode des Erblassers (nicht durch seinen Tod) aufgelöst worden ist.

Ein Erbvertrag zwischen **Lebenspartnern** iS des LPartG ist unwirksam, wenn das Gericht die Lebenspartnerschaft aufhebt (§ 15 Abs 1 LPartG) oder zur Zeit des Todes des Erblassers die Voraussetzungen für Aufhebung der Lebenspartnerschaft gegeben waren (vgl dazu § 15 Abs 2 LPartG) und der Erblasser die Aufhebung der Lebenspartnerschaft beantragt oder ihr zugestimmt hat (§ 10 Abs 5 LPartG iVm § 2077 Abs 1 S 2; PALANDT-BRUDERMÜLLER § 10 LPartG RdNr 5 [allgemein für letztwillige Verfügungen]; PALANDT-EDENHOFER RdNr 2; allgemein zur »Entpartnerung« nach § 15 LPartG D KAISER FamRZ 2002, 866).

**15** Die Regelung des Abs 2 beruht auf der Annahme, dass der Erblasser seinen Ehegatten, Lebenspartner oder Verlobten wegen dieser engen Beziehung zu ihm bedacht und dass er dies nicht getan hätte, wenn er vorausgesehen hätte, dass bei seinem Tod die Ehe, die Lebenspartnerschaft oder das Verlöbnis nicht mehr bestehen oder doch zu dieser Zeit die Auflösung der Ehe oder Lebenspartnerschaft durch ihn (bzw in seinem Einverständnis) veranlasst worden ist. Insoweit handelt es sich hier um eine **Irrtumsregelung,** die jedoch gegenüber der Anfechtung wegen Motivirrtums den Vorteil hat, dem Anfechtenden den Kausalitätsnachweis zu ersparen (sog »subjektive Bestandsabhängigkeit« der Verfügung von der Ehe, vgl § 2268 RdNr 1). Der Gegenbeweis, dass die Verfügung von Todes wegen die Ehe oder Lebenspartnerschaft überdauern soll, ist allerdings zulässig (§ 2077 Abs 3). Anders als das gemeinschaftliche Testament ist das Bestehen einer Ehe oder Lebenspartnerschaft nicht erst der Grund für die Zulassung eines Erbvertrag, sodass aus einer »strukturellen Bestandsabhängigkeit« keine Argumente gegen das Fortbestehen erbvertragsmäßiger Verfügungen über die Ehe hinaus abgeleitet werden können (dazu aber beim gemeinschaftlichen Testament § 2268 RdNr 1).

### 2. Vorzeitiger Tod des Ehegatten oder Lebenspartners, der den Scheidungs- oder Aufhebungsantrag nicht erhoben und dem nicht zugestimmt hat

**16** § 2077 ist nur einschlägig, wenn der Ehegatte oder Lebenspartner **zuerst** verstirbt, der berechtigt den Scheidungsantrag gestellt hat oder Antrag auf Aufhebung der Ehe (§ 1313) oder der Lebenspartnerschaft (§ 15 LPartG) erhoben hatte oder dem zumindest zustimmte, weil Erblasser iS dieser Vorschrift nur der erstversterbende Ehegatte ist (OLG Zweibrücken NJW-RR 1998, 941, 942). Nicht geregelt ist der Fall des **Vorversterbens des anderen Ehegatten** oder Lebenspartners (§ 2077 Abs 1 S 2 und 3). Dies ist eine Regelungslücke, die nur schwer verständlich ist (BENGEL ZEV 1994, 360). Der Meinung, dass beim zweiseitigen Erbvertrag dann gleichwohl Unwirksamkeit der Verfügungen eintreten soll, etwa weil eine entsprechende Anwendung geboten sei (so RGRK-BGB-KREGEL RdNr 3; MünchKomm-MUSIELAK RdNr 8 f [in Analogie auch für den einseitigen Erbvertrag]; AK-FINGER RdNr 4 f; ERMAN-SCHMIDT RdNr 4; SCHLÜTER RdNr 329 für das gemeinschaftlichen Testament), kann jedoch nicht zugestimmt werden, weil nach dem Gesetzeswortlaut § 2077 nur die Verfügungen erfasst, die von dem den Scheidungs- oder Aufhebungsantrag stellenden oder diesem zustimmenden

Ehegatten/Lebenspartner stammen (OLG Hamm FamRZ 1965, 78, 79; BayObLG NJW-RR 1990, 200, 201 = FamRZ 1990, 322; DIETERLE BWNotZ 1970, 17; STAUDINGER-KANZLEITER RdNr 13; LANGE-KUCHINKE § 25 VIII 2 b). Mithin bleiben die Verfügungen des anderen Ehegatten grundsätzlich wirksam, es sei denn, dass eine Anfechtung nach § 2078 Abs 2 begründet ist, weil er von einem harmonischem Fortbestand der ehelichen Lebensgemeinschaft oder Lebenspartnerschaft bei Errichtung des Erbvertrags ausging (vgl hierzu beim gemeinschaftlichen Testament § 2268 RdNr 14). Demnach wird grundsätzlich das Erbrecht des überlebenden Ehegatten oder Lebenspartners hinsichtlich des Nachlasses des Erstverstorbenen nicht dadurch berührt, dass der Überlebende zu Lebzeiten des Verstorbenen Scheidungs- oder Aufhebungsklage erhoben oder dieser zugestimmt hat. Er erbt also, obgleich er – uU gegen den Willen des Erblassers – an der Ehe nicht mehr festhalten will.

### 3. Erweiterung des § 2077 auf Drittzuwendungen

Während die Unwirksamkeitsfolge des § 2077 nur die jeweiligen Zuwendungen an den Ehegatten, Lebenspartner oder Verlobten betrifft, nicht das ganze Testament, erweitert § 2279 Abs 2 den Geltungsbereich des § 2077, indem er auch für Zuwendungen an einen Dritten in einem Erbvertrag zwischen Verlobten, Ehegatten oder Lebenspartnern einen Zusammenhang mit der Ehe oder dem Verlöbnis oder der Lebenspartnerschaft unterstellt (übersehen wird dies von OLG Hamm OLGZ 1994, 326 = FamRZ 1994, 994 = ZEV 1994, 367 f; vgl hierzu kritisch J MAYER ZEV 1994, 368 f und dazu zustimmend STAUDINGER-OTTE § 2077 RdNr 28). Bei einem Ehegattenerbvertrag erstreckt sich die nach § 2077 eintretende Unwirksamkeit der gegenseitigen Erbeinsetzung der Eheleute auch auf die Schlusserbeneinsetzung der aus der geschiedenen Ehe hervorgegangenen Kinder, wenn die Ehegatten bei Abschluss des Erbvertrags nichts anderes gewollt haben (OLG Stuttgart OLGZ 1976, 17; OLG Hamm aaO). Auch bei Drittzuwendungen kommt Unwirksamkeit nach § 2077 nur in Frage, wenn der zuwendende Ehegatte nach Stellung des Scheidungsantrags, Zustimmung hierzu oder Erhebung der Aufhebungsklage vor dem anderen verstirbt, nicht aber, wenn dem zuwendenden Ehegatte gegenüber Scheidungsantrag (bzw Aufhebungsklage) gestellt wird und dieser vor dem anderen Ehegatten verstirbt (PALANDT-EDENHOFER RdNr 2; SOERGEL-M WOLF 5). Jedoch kann sich beim zweiseitigen Erbvertrag hier die Unwirksamkeit der Verfügungen des anderen aus § 2298 Abs 1 ergeben (LANGE-KUCHINKE § 25 VIII 2 b Fn 287). Soweit § 2077 nicht einschlägig ist, können gleichwohl für beide Vertragspartner die Anfechtungsmöglichkeiten nach § 2078 Abs 2 bestehen.

### 4. Fortgeltung aufgrund Aufrechterhaltungswillens

Auch wenn § 2077 Abs 1 oder 2 an sich anwendbar ist, kann dieser dispositive Rechtssatz (nach hM handelt es sich um eine Auslegungsregel, vgl BGH FamRZ 1960, 28, zum Streitstand § 2268 RdNr 3) widerlegt werden, wenn ein entsprechender **Aufrechterhaltungswille** vorliegt, wonach die Verfügung von Todes wegen über den Bestand der Ehe oder Lebenspartnerschaft hinaus Geltung haben soll (§ 2077 Abs 3). Bei Zuwendungen an Dritte wird dies häufiger der Fall sein, als bei solchen an den Ehegatten oder Lebenspartner. Dies muss nach dem *wirklichen* oder zumindest *hypothetischen Willen* der Erblasser zum Zeitpunkt der Errichtung des Erbvertrags beurteilt werden (BayObLG FamRZ 1983, 839; NJW-RR 1993, 12 = FamRZ 1993, 362), wobei spätere Umstände nur als Anzeichen für diesen Willen herangezogen werden können (BayObLG NJW-RR 1996, 650 = FamRZ 1996, 760, 762; ZEV 2001, 190, 192 = NJWE-FER 2001, 102 [neues Testament 1 Jahr nach Ehescheidung]). Insbesondere bei Zuwendungen an gemeinsame Kinder oder Enkelkinder tendiert die Rspr zunehmend dazu, dass diese vom Fortbestand der Ehe unabhängig sein sollen (OLG Stuttgart OLGZ 1976, 17; OLG Hamm OLGZ 1994, 326 = FamRZ 1994, 994 = ZEV 1994, 367 m krit Anm J MAYER; STAUDINGER-KANZLEITER RdNr 16; anders bei atypischeren Familiensituationen LG Tübingen BWNotZ 1986, 67 [Kinder aus verschiedenen Ehen]; ebenso OLG Zweibrücken FamRZ 1998, 1540, 1541 f = NJW-RR 1998, 941). Zu berücksichtigen sind im Rahmen der **vorrangigen** individuellen **Auslegung** alle Umstände des Einzelfalls. So kann bereits die formale Ausgestaltung des Erbvertrags auf die **Bestandsabhängigkeit** der Verfügungen von der Ehe schließen lassen, so wenn der »überlebende Ehegatte« der Erbe des Erstversterbenden ist; uU kann zu diesen Fragen die Anhörung des beurkundenden *Notars* geboten sein (BayObLG NJW-RR 1997, 7, 9 = FamRZ 1997, 123). Wird der Erbvertrag während der Ehekrise geschlossen, so spricht dies dafür, dass die dort getroffene Nachlassplanung die Ehe gerade überdauern soll (im Fall von OLG Zweibrücken aaO war dies zumindest nach der Auffassung des einen Vertragsteils noch nicht der Fall). Eingehend zu diesen Fragen, die auch beim gemeinschaftlichen Testament eine Rolle spielen, s § 2268 RdNr 11 und J MAYER ZEV 1997, 280 f.

**19** Ein **Aufrechterhaltungswille** wird von der Rspr nicht nur dann angenommen, wenn die **Kinder** bereits *nach dem Tod des erstversterbenden Elternteils* zum Erben eingesetzt werden (so im Fall des OLG Stuttgart aaO, wobei die gewillkürte Erbfolge dort der gesetzlichen entsprach; ebenso BayObLG ZEV 2001, 190, 192 f [dort aber offen lassend]), sondern auch dann, wenn diese aufgrund einer Verfügung iS eines Berliner Testaments lediglich zum **Schlusserben** nach dem Tod beider Ehegatten berufen wurden und damit eine vom Längerlebenden abhängige Rechtsposition erhalten sollen; hier will das OLG Hamm zwar das gemeinsame Kind für den Fall des Todes als (sofortigen) Erben eines jeden Ehegatten ansehen. Davon zu unterscheiden ist, ob die **erbvertragliche Bindung** auch nach der Scheidung **fortbesteht**, was idR zu verneinen ist (OLG Hamm aaO; für regelmäßigen Wegfall STAUDINGER-KANZLEITER RdNr 16; tendenziell wohl auch BayObLG ZEV 2001, 190, 193, wobei dem Verzicht auf das Anfechtungsrecht nach § 2079 keine Bedeutung beigemessen wird).

### 5. Besonderheiten bei Aufhebung der Ehe

**20** Die Aufhebung der Ehe kann auch hier nur geltend gemacht werden, wenn dies durch rechtskräftiges gerichtliches Urteil erklärt wurde (§ 1313 idF des EheschlRG; zu Einzelheiten über die Aufhebung des EheG und die Neuregelung s § 2268 RdNr 4). Lebte ein Ehegatte in einer Nichtehe und tritt auch keine Heilung nach § 1310 Abs 3 ein (dazu etwa HEPTING FamRZ 1998, 713, 725), so ist § 2077 und damit auch § 2279 nicht anwendbar, jedoch wird die ergänzende Testamentsauslegung idR dazu führen, dass die Zuwendung dann unwirksam wird, wenn die Partnerschaft endgültig aufgelöst ist (STAUDINGER-OTTE § 2077 RdNr 8).

### 6. Eheähnliche Verhältnisse, Lebenspartnerschaften

**21** Auf Grund der ausdrücklichen Änderung des Abs 2 durch das LPartG ist diese Bestimmung auf eine gleichgeschlechtliche Lebenspartnerschaft entsprechend anwendbar. Auf eheähnliche Verhältnisse ist die verlöbnisbezogene Bestimmung des § 2077 Abs 2 jedoch nicht anwendbar (RG JW 1927, 1202 f; STAUDINGER-OTTE § 2077 RdNr 25 mwN; aM MEIER-SCHERLING DRiZ 1979, 299), da dies sonst zu großen Abgrenzungsschwierigkeiten sowohl hinsichtlich des Bestehens wie auch der Auflösung der Partnerschaft führen würde. Allenfalls kann hier eine Anfechtung nach

§ 2078 helfen. Die notarielle Praxis löst dieses Problem idR dadurch, dass entsprechende Rücktrittsvorbehalte vereinbart werden, wobei die Voraussetzungen für die Ausübung des Rücktritts klar und justiziabel zu fassen sind (Muster für Rücktrittsrecht ohne Angabe von Gründen bei Münchener Vertragshandbuch-NIEDER, Bd 4, 2. Halbbd, 4. Aufl [1998] XVI 32; vgl auch J MAYER ZEV 1997, 280, 283).

### 7. Gestaltungshinweise

Da durch §§ 2279 Abs 2, 2077 erhebliche Auslegungsstreitigkeiten entstehen können (vgl erst jüngst wieder BayObLG NJWE-FER 2001, 102), sollte die Frage des Fortbestehens der Verfügung von Todes wegen über eine etwaige Ehescheidung hinaus im Erbvertrag ausdrücklich geregelt werden, vgl hierzu eingehender zur gleichen Problematik beim gemeinschaftlichen Testament § 2268 RdNr 16. **22**

## § 2280 Anwendung von § 2269

**Haben Ehegatten oder Lebenspartner in einem Erbvertrag, durch den sie sich gegenseitig als Erben einsetzen, bestimmt, dass nach dem Tode des Überlebenden der beiderseitige Nachlass an einen Dritten fallen soll, oder ein Vermächtnis angeordnet, das nach dem Tode des Überlebenden zu erfüllen ist, so finden die Vorschriften des § 2269 entsprechende Anwendung.**

### I. Bedeutung der Vorschrift

§ 2280 erklärt für den Erbvertrag zwischen Ehegatten oder gleichgeschlechtlichen Lebenspartnern (iS des seit dem 1. 8. 2001 geltenden LPartG) wegen der Gleichheit der Interessenlage die Auslegungsregeln, die § 2269 für das sog Berliner Testament und für gewisse Vermächtnisse aufstellt, für anwendbar. Das bedeutet: Wenn Ehegatten oder gleichgeschlechtliche Lebenspartner in einem Erbvertrag, durch den sie sich gegenseitig als (alleinige) Erben einsetzen, bestimmen, dass nach dem Tode des Überlebenden der beiderseitige Nachlass an einen Dritten fällt, so ist im Zweifel anzunehmen, dass der Dritte für den gesamten beiderseitigen Nachlass als Vollerbe des zuletztversterbenden Ehegatten eingesetzt ist (**Einheitslösung**), nicht als Nacherbe des zuerst Versterbenden und Ersatzerbe des zuletzt Versterbenden (**Trennungslösung**). Dritter in diesem Sinn ist zunächst, wer am Abschluss des Erbvertrags weder als Erblasser noch als dessen Vertragspartner beteiligt ist, bei vertragsmäßiger gegenseitiger Erbeinsetzung der Eheleute aber stets auch der Schlusserbe, auch wenn er neben dem Ehegatten den Erbvertrag mit abschließt (MünchKomm-MUSIELAK RdNr 7; missverständlich PALANDT-EDENHOFER RdNr 1). Wenn ferner die Ehegatten in einem solchen Erbvertrag ein Vermächtnis angeordnet haben, das nach dem Tode des Überlebenden erfüllt werden soll, so ist im Zweifel anzunehmen, dass das Vermächtnis dem Bedachten erst mit dem Tode des Überlebenden anfallen soll. **1**

§ 2280 enthält, wie § 2269, nur eine **Auslegungsregel** (BayObLGZ 1986, 242, 248 = FamRZ 1986, 1151; OLG Oldenburg NJW 1947, 117). Auch diesbezüglich gilt der Vorrang der individuellen Auslegung: nur wenn diese zu keinem sicheren Ergebnis führt, kann § 2280 angewendet werden (MünchKomm-MUSIELAK RdNr 3; s auch § 2269 RdNr 6). Wird sie angewendet, so ist der überlebende Ehegatte Vollerbe des Erstversterbenden und kann über das beiderseitige Vermögen unter Lebenden grundsätzlich frei verfügen, ohne dass darin eine durch § 2289 Abs 1 S 2 verbotene Auf- **2** hebung des Erbvertrags liegen würde (§ 2286). Der überlebende Ehegatte wird durch § 2290 Abs 1 S 2 auch nicht gehindert, mit dem im Erbvertrag Bedachten Dritten einen Zuwendungsverzicht zu schließen (KG OLG 36, 237; s aber auch BayObLGZ 24, 232 und § 2290 RdNr 2).

## II. Einzelfragen

### 1. Nichteheleute

3   Auch Personen, die weder Ehegatten noch eingetragene Lebenspartner sind, können einen Erbvertrag iS von § 2280 schließen (OLG Oldenburg NJW 1947, 117; aM für Geschwister KG KGBl 1905, 115). Auch in einem solchen Fall wird, über den Wortlaut des Gesetzes hinaus, wegen der Ähnlichkeit der Rechtslage §§ 2280, 2269 anzuwenden sein, wenn zwischen den Vertragspartnern ein ähnlich starkes Vertrauensverhältnis wie zwischen Ehegatten besteht, da dann die Anwendung des diesen Normen zugrunde liegenden Erfahrungssatzes auch dort gerechtfertigt ist (OLG Köln FamRZ 1974, 382; STAUDINGER-KANZLEITER RdNr 3; PALANDT-EDENHOFER RdNr 1; ERMAN-M SCHMIDT RdNr 1; MünchKomm-MUSIELAK RdNr 4, der jedoch eine sorgfältige Prüfung der Interessenlage fordert).

### 2. Anwendungsvoraussetzungen

4   § 2280 setzt zum einen voraus, dass die dort genannten Anordnungen durch **vertragsmäßige Verfügungen** getroffen wurden. Nicht ausreichend ist, wenn nur einseitig verfügt wird (§ 2299; AK-FINGER RdNr 4; STAUDINGER-KANZLEITER RdNr 4). Weiter ist wie bei § 2269 erforderlich, dass sich die Ehegatten oder gleichgeschlechtlichen Lebenspartner **gegenseitig zu Erben** berufen, sodass die Vorschrift nicht anwendbar ist, wenn die Ehegatten für den ersten Erbfall außer dem anderen Ehegatten noch andere Personen zu Erben einsetzen.

5   Weiter ist eine einheitliche Weitervererbung an einen Dritten, den **Schlusserben** erforderlich. Fehlt eine solche ausdrückliche Bestimmung, so kann sich diese auch durch Auslegung ergeben. Nach Auffassung einiger Obergerichte (etwa des OLG Saarbrücken [5. Senat, NJW-RR 1994, 844; anders aber OLG Saarbrücken NJW-RR 1992, 841]; OLG Frankfurt ZEV 2002, 109, 110) kann sich eine solche **stillschweigende Schlusserbenberufung** der Kinder bereits aus der Anordnung einer **Pflichtteilsklausel** oder Wiederverheiratungsklausel ergeben; dem kann so nicht gefolgt werden, weil dies zT auf einem fehlerhaftem Verständnis der Wirkungen dieser Klauseln beruht (s eingehend hierzu § 2269 RdNr 11 ff). Für eine (verdeckte) Schlusserbeneinsetzung genügt daher noch nicht eine Pflichtteilsverweisung für den Fall der Anfechtung des Erbvertrags (OGH MDR 1950, 669; PALANDT-EDENHOFER RdNr 2), dies kann allenfalls in einem privatschriftlichen Testament Anlass für eine entsprechende Prüfung sein. Anders, wenn bei gegenseitiger Erbeinsetzung Erben des Überlebenden die Kinder werden sollen, die beim ersten Erbfall den Pflichtteil nicht verlangen: Dann ist der Erbvertrag nach § 2280 auszulegen (BayObLGZ 19, 307).

6   Haben sich in einem Erbvertrag Ehegatten oder Lebenspartner gegenseitig zu Erben eingesetzt und weiterhin bestimmt, dass der Längstlebende von ihnen verpflichtet ist, das bei seinem Tod vorhandene Vermögen auf die aus der Ehe hervorgegangenen Kinder zu übertragen, so lässt sich diese Erklärung dahin umdeuten, dass nach dem Tode des Längstlebenden der beiderseitige Nachlass

an die gesetzlichen Erben fallen soll (OLG Hamm JMBl NRW 1960, 125). Voraussetzung ist, dass der Wille der Erblasser, damit ihren gemeinsamen Kindern die Erbfolge zu sichern, genügend deutlich in der Erklärung zum Ausdruck kommt. Zu weiteren Fällen einer unvollständigen Schlusserbenbestimmung s § 2269 RdNr 17 ff.

### 3. Rechtsstellung des Längerlebenden

Bei einem Erbvertrag entsprechend der sog Einheitslösung ist der längerlebende **7** Ehegatte Vollerbe; zu seiner Rechtsposition im Einzelnen s § 2269 RdNr 41 ff. Der zum Schlusserben berufene **Dritte** hat jedoch vor Eintritt des zweiten Erbfalls kein erbrechtliches Anwartschaftsrecht, sondern nur eine tatsächliche Erwerbsaussicht (zur vergleichbaren Lage beim gemeinschaftlichen Testament: § 2269 RdNr 47 ff; § 2286 RdNr 7 ff speziell zum Erbvertrag). Ansprüche nach §§ 2287 f hat er grundsätzlich erst nach dem Tod des längerlebenden Ehegatten; zur vorzeitigen Sicherung seiner Rechte s § 2269 RdNr 48 f, § 2287 RdNr 92 f.

Die Einheitslösung hat den Nachteil, dass sich dadurch die **Bemessungsgrundla-** **8** **ge für den Pflichtteil** der Abkömmlinge vergrößert, die auch im zweiten Erbfall enterbt werden sollen. Zudem können auch Pflichtteilsberechtigte des erstversterbenden Ehegatten bei dessen Tod ihren Pflichtteil fordern, selbst wenn sie im Erbvertrag als Erben des überlebenden Ehegatten berufen sind (§ 2269 RdNr 81 ff). Daher ist bei der Abfassung von Erbverträgen nach § 2280 Vorsicht geboten, wenn Pflichtteilsberechtigte eines Ehegatten vorhanden sind. Zur Vermeidung unnötiger Pflichtteilsbelastungen und zur Verwirklichung einer möglichst gleichmäßigen Nachlassbeteiligung der pflichtteilsberechtigten Schlusserben wird hierzu oftmals die Verwendung der sog *Jastrow'schen Klausel* (vgl bereits DNotV 1904, 424; Formulierungsvorschlag im Formularteil B RdNr 48) empfohlen, die aber durchaus ungewünschte Nebenwirkungen haben kann (eingehend dazu Seubert, Die Jastrowsche Klausel, 1999; J MAYER, ZEV 1995, 136; System Teil E RdNr 104 ff). Daneben gibt es noch eine Reihe anderer Pflichtteilsstrafklauseln (eingehend § 2269 RdNr 82 ff und Systemat Teil E RdNr 88 ff).

Wenn sich Ehegatten in einem Erbvertrag als Alleinerben und das am Vertrag be- **9** teiligte Kind als Schlusserben einsetzen, den anderen Kindern aber nur Vermächtnisse aussetzen für den Fall, dass sie keine Pflichtteilsansprüche geltend machen, so soll in dem Vertrag ein (stillschweigender) Verzicht des Schlusserben auf seinen Pflichtteil gesehen werden können (BGHZ 22, 364 = m Anm JOHANNSEN LM Nr 1 zu § 2348; s hierzu auch V LÜBTOW JR 1957, 340 und Erl § 2269 RdNr 93).

### 4. Wiederverheiratung

Durch den Abschluss eines Erbvertrags nach § 2280 kann aufgrund der erbver- **10** traglichen Bindung verhindert werden, dass der überlebende Ehegatte, wenn er wieder heiratet, anstelle der im Erbvertrag ernannten Schlusserben seine zweite Ehefrau zur Erbin einsetzt oder ihr ein Vermächtnis zuwendet (§ 2289). Nicht verhindert werden kann aber, dass wenn der überlebende Ehegatte wieder heiratet und er im Güterstand der Zugewinngemeinschaft lebt, der neue Ehegatte Ausgleich des in der zweiten Ehe erzielten Zugewinns und den kleinen Pflichtteil fordern kann (§ 1371 Abs 2); den großen Pflichtteil kann er nicht verlangen (vgl PALANDT-EDENHOFER RdNr 3; aM SCHOLTEN NJW 1958, 935). Dagegen, dass sich die **Pflichtteilsforderung** des neuen Ehegatten auch auf den Nachlass des Erstversterbenden bezieht, hilft eine **Wiederverheiratungsklausel,** gegen die Zugewinnforderung aber nur dann, wenn aufgrund der Wiederverheiratungsklausel bereits mit der Wiederheirat des längerlebenden Ehegatten das Vermögen des Erstverstorbenen ihm entzogen wird und etwa an die Abkömmlinge aus der ersten Ehe fällt, etwa durch sofortigen Eintritt des Nacherbfalls oder Fälligkeit des Vermächtnisses mit Wiederheirat (eingehend zu den Wiederverheiratungsklauseln s § 2269 RdNr 58 ff).

11 Außerdem kann der überlebende Ehegatte den Erbvertrag nach §§ 2281, 2285, 2079 **anfechten** und dann seine zweite Ehefrau letztwillig bedenken, wenn das Anfechtungsrecht nicht im Erbvertrag ausgeschlossen wurde (s § 2281 RdNr 24). Das Anfechtungsrecht kann uU auch auf den neuen Ehegatten übergehen und von ihm ausgeübt werden, wenn es beim Tod des durch den Erbvertrag gebundenen Ehegatten noch nicht erloschen war (§ 2285; AK-FINGER RdNr 6).

### § 2281 Anfechtung durch den Erblasser

(1) Der Erbvertrag kann auf Grund der §§ 2078, 2079 auch von dem Erblasser angefochten werden; zur Anfechtung auf Grund des § 2079 ist erforderlich, dass der Pflichtteilsberechtigte zur Zeit der Anfechtung vorhanden ist.

(2) Soll nach dem Tode des anderen Vertragschließenden eine zugunsten eines Dritten getroffene Verfügung von dem Erblasser angefochten werden, so ist die Anfechtung dem Nachlassgericht gegenüber zu erklären. Das Nachlassgericht soll die Erklärung dem Dritten mitteilen.

### Übersicht

| | | |
|---|---|---|
| I. | Allgemeines | 1 |
| II. | Anfechtungsberechtigte | 5 |
| | 1. Der Erblasser | 5 |
| | 2. Andere Berechtigte | 6 |
| | 3. Der Vertragsgegner | 9 |
| III. | Anfechtungsgründe | 10 |
| | 1. Überblick | 10 |
| | 2. Anfechtung wegen Irrtums oder Drohung | 11 |
| |    a) Allgemeines | 11 |
| |    b) Unbestimmte und unbewusste Vorstellungen | 13 |
| |    c) Anfechtung wegen Pflichtverletzung des Bedachten | 15 |
| |    d) Anfechtung wegen arglistiger Täuschung | 16 |
| | 3. Anfechtung wegen Übergehung eines Pflichtteilsberechtigten | 17 |
| |    a) Allgemeines | 17 |
| |    b) Wegfall des Grundes für die Pflichtteilsentziehung | 18 |
| |    c) Unzulässige Ausübung des Anfechtungsrechts nach § 2079 | 19 |
| IV. | Ausschluss der Anfechtung | 20 |
| | 1. Anfechtung gegen Treu und Glauben | 20 |
| | 2. Einschränkung der Irrtumsanfechtung aus Vertrauensschutzgründen | 21 |

    3. Verzicht auf das Anfechtungsrecht 24
       a) Verzicht auf ein künftiges Anfechtungsrecht 24
       b) Verzicht auf ein bereits entstandenes Anfechtungsrecht 25
    4. Erbunwürdigkeit 26

V. **Frist für die Anfechtung** 27

VI. **Form der Anfechtung** 28
    1. Notarielle Beurkundung 28
    2. Inhalt der Anfechtungserklärung 30
    3. Anfechtungsgegner 31
    4. Vertretung 32
    5. Anfechtung nach dem Tode des Vertragsgegners 33
       a) Verfügungen zugunsten des Vertragspartners 34
       b) Verfügungen zugunsten Dritter 35
       c) Verfügungen des Vertragspartners zugunsten des Erblassers 39
       d) Verfügungen des Vertragspartners zugunsten Dritter 40

VII. **Wirkung der Anfechtung** 41
    1. Beschränkung durch den Einfluss des Anfechtungsgrundes 42
    2. Beschränkung auf einzelne Verfügungen 43
    3. Negative Wirkungen der Anfechtung 44
    4. Wirkungen der Anfechtung nach § 2079 45
       a) Bei Selbstanfechtung 46
       b) Bei Anfechtung durch den Pflichtteilsberechtigten 47
    5. Schadensersatzpflicht des Anfechtenden 49

VIII. **Anwendung auf gemeinschaftliche Testamente** 50

IX. **Prozessuales** 51

# I. Allgemeines

Für die Anfechtung eines Erbvertrags gelten nach § 2279 zunächst die Vorschriften über die Anfechtung letztwilliger Verfügungen, also vor allem die §§ 2078 ff. Jedoch sind diese beim Erbvertrag durch die §§ 2281 bis 2285 modifiziert. Hilfsweise sind die §§ 119, 142 ff heranzuziehen (eingehend DOHR MittRhNotK 1998, 381, 398 ff). **1**

Der Hauptunterschied zwischen der Anfechtung beim Erbvertrag und der beim Testament ist der, dass beim Erbvertrag auch dem Erblasser selbst das Anfechtungsrecht zusteht (Abs 1), während beim Testament das stärkere Recht des jederzeitigen freien Widerrufs (§ 2253) die Anfechtung entbehrlich macht. Demgegenüber dient das Selbstanfechtungsrecht des Erblassers beim Erbvertrag der **Wiederherstellung** seiner Testierfreiheit. **2**

Von der Anfechtung ist der **Rücktritt** vom Erbvertrag zu unterscheiden. Dieser steht nur dem Erblasser zu (§ 2296). Er muss im Allgemeinen im Erbvertrag selbst zugelassen sein (§ 2293); nur für einige Fälle einer besonders einschneidenden Änderung der Verhältnisse gewährt das Gesetz selbst das Rücktrittsrecht (§§ 2294, 2295). Es kann jedoch uU eine Erklärung, die zwar als Rücktritt bezeichnet ist, für die aber kein Rücktrittsgrund besteht, in eine Anfechtungserklärung umgedeutet werden (RG DNotZ 1935, 678). **3**

4 Über weitere Möglichkeiten der Beseitigung oder Unwirksamkeit eines Erbvertrags s Vorbem 45 ff zu §§ 2274 ff über Willensmängel bei Verfügungen von Todes wegen § 2078. Besonders zu beachten ist, dass § 2077 – Unwirksamkeit einer letztwilligen Zuwendung an einen Ehegatten oder Verlobten bei Auflösung der Ehe oder des Verlöbnisses – auch beim Erbvertrag gilt, sogar in erweitertem Umfang (§ 2279 Abs 2; s Erl hierzu).

## II. Anfechtungsberechtigte

### 1. Der Erblasser

5 Zur Anfechtung ist vor allem der Erblasser **selbst berechtigt** (Abs 1). Erblasser ist dabei nur der, der selbst vertragsmäßige Verfügungen trifft; beim zweiseitigen Erbvertrag (Vorbem 34 zu §§ 2274 ff) steht jedem Vertragsteil ein Anfechtungsrecht zu, jedoch nur hinsichtlich seiner eigenen Verfügungen (MünchKomm-MUSIELAK RdNr 4). Sein Anfechtungsrecht beschränkt sich auf vertragsmäßige Verfügungen. Denn einseitige Verfügungen kann er ja jederzeit widerrufen. Für solche gilt nicht Abs 1, sondern § 2299 Abs 2. Der Erblasser kann seine einseitigen Verfügungen einseitig widerrufen, freilich grundsätzlich nur durch Testament (§§ 2253, 2254, 2258, s eingehend § 2299 RdNr 14). Der Erblasser kann einseitige Verfügungen auch im Zusammenwirken mit dem Vertragsgegner durch einen Aufhebungsvertrag, in dem eine vertragsmäßige Verfügung aufgehoben wird, mitaufheben (§§ 2299 Abs 2 S 2, 2290). Da bei Verfügungen von Todes wegen in der Regel die Anfechtung nur durch Dritte zugelassen ist (§§ 2078 ff), kann man die Anfechtung durch den Erblasser, die beim Erbvertrag ausnahmsweise gestattet ist, als *Selbstanfechtung* bezeichnen.

### 2. Andere Berechtigte

6 Abs 1 schließt das Anfechtungsrecht anderer Personen nicht aus (»auch«). Auch andere sind daher nach den allgemeinen Vorschriften der §§ 2078 f, 2080, 2279 zur Anfechtung des Erbvertrags berechtigt, soweit ihnen dessen Aufhebung unmittelbar zustatten kommen würde (§ 2080 Abs 1, Ausnahme Abs 2), aber im Gegensatz zum Erblasser erst nach dessen Tod, also nach dem Erbfall (vgl § 2082). Im Falle des § 2079 (unwissentliche Übergehung eines Pflichtteilsberechtigten) steht das Anfechtungsrecht – außer dem Erblasser – nur dem Pflichtteilsberechtigten zu (§ 2080 Abs 3) und zwar dem zur Zeit des Erbfalls Pflichtteilsberechtigten; § 2281 Abs 1 HS 2 bezieht sich nur auf die Anfechtung durch den Erblasser. Freilich können die in § 2080 bezeichneten Personen nach § 2285 den Erbvertrag nicht mehr anfechten, wenn das Anfechtungsrecht des Erblassers zur Zeit des Erbfalls erloschen ist, sei es durch Bestätigung des Erbvertrags (§§ 144, 2284), sei es durch Fristablauf (§ 2283).

7 Die **Gläubiger des Erblassers**, deren Rechte durch den Erbvertrag nicht berührt werden, haben kein Anfechtungsrecht.

8 Ist mit dem Erbvertrag ein anderer Vertrag, zB ein Verpfründungsvertrag, verbunden (vgl § 2295), so steht jedem Vertragsteil bezüglich dieses Vertrags ein Anfechtungsrecht nach den allgemeinen Vorschriften zu (SCHLÜTER RdNr 286).

## 3. Der Vertragsgegner

Für den Vertragsgegner, der **nicht selbst Erblasser** ist, gilt Abs 1 nicht. Dieser **9** kann die Verfügungen des Erblassers nur nach §§ 2078, 2080, 2279 (nach dem Tode des Erblassers) anfechten, wenn ihm der Wegfall des Erbvertrags oder einer in ihm enthaltenen Verfügung des Erblassers unmittelbar zustatten kommt. Seine eigenen Erklärungen kann der Vertragsgegner (vor oder nach dem Tod des Erblassers) nach den allgemeinen Vorschriften der §§ 119, 123, 142 ff wegen eigenen Irrtums usw anfechten, und zwar vor und nach dem Erbfall (PLANCK-GREIFF Anm 1; PALANDT-EDENHOFER RdNr 2).

## III. Anfechtungsgründe

### 1. Überblick

Infolge der Verweisung auf die §§ 2078, 2079 kommen folgende Anfechtungstat- **10** bestände in Frage:

– wegen Inhaltsirrtums, § 2078 Abs 1, 1. Alt,
– wegen Erklärungsirrtums, § 2078 Abs 1, 2. Alt,
– wegen Motivirrtums, § 2078 Abs 2, 1. Alt,
– wegen widerrechtlicher Drohung, § 2078 Abs 2, 2. Alt,
– wegen Übergehung eines Pflichtteilsberechtigten, dessen Vorhandensein dem Erblasser bei der Errichtung der Verfügung nicht bekannt war oder der erst nach der Errichtung geboren oder pflichtteilsberechtigt wurde, § 2079 S 1.

### 2. Anfechtung wegen Irrtums oder Drohung

#### a) Allgemeines

Nach § 2078 iVm §§ 2279, 2281 Abs 1 kann der Erbvertrag angefochten werden, **11** wenn und soweit der Erblasser über den Inhalt seiner Erklärung im Irrtum war oder eine Erklärung dieses Inhalts überhaupt nicht abgeben wollte und anzunehmen ist, dass er die Erklärung bei Kenntnis der Sachlage nicht abgegeben hätte (Inhalts- oder Erklärungsirrtum, § 2078 Abs 1); ferner, soweit er zu seiner Verfügung durch die irrtümliche Annahme oder Erwartung des Eintritts oder Nichteintritts eines Umstandes (Motivirrtum) oder widerrechtlich durch Drohung bestimmt worden ist (§ 2078 Abs 2). Ein **Inhaltsirrtum** liegt auch vor, wenn sich der Erblasser über die rechtliche Tragweite, insbesondere die Bindungswirkung nicht im klaren war und bei Kenntnis der Rechtsfolgen eines Erbvertrags einen solchen nicht geschlossen hätte (OLG Colmar ZBlFG 14, 473; OLG Hamm OLGZ 1966, 497, 478; BayObLG ZEV 1997, 377, 379 = NJW-RR 1997, 1027; OLG Frankfurt FamRZ 1998, 194); wobei aber der Notar wegen § 17 BeurkG regelmäßig über die Bindungswirkung des Erbvertrags belehrt haben wird (zur Beweiskraft der notariellen Urkunde in diesem Zusammenhang BayObLG aaO).

Ob bei der Anfechtung auch **auf den Willen des anderen** Vertragsteils abzustel- **12** len ist, was uU zu einer Einschränkung der Anfechtungsmöglichkeit führen kann, ist umstritten (bejahend OLG Hamm Rpfleger 1978, 179 = FamRZ 1980, 505; VEIT NJW 1993, 1557 f; BATTES, gemeinschaftlichen Testament ... 312; verneinend zum gemeinschaftlichen Testament SOERGEL-M WOLF § 2271 RdNr 34; MünchKomm-MUSIELAK § 2271 RdNr 36). Dies ist jedoch abzulehnen, da es sich um selbständige Verfügungen eines jeden Ehegatten handelt und den Interessen des anderen über § 2298 genügt wird.

### b) Unbestimmte und unbewusste Vorstellungen

**13** Als Irrtum iS von § 2078 Abs 2 können auch unbestimmte oder dunkle Vorstellungen (LANGE-KUCHINKE § 36 III 2 c), ja sogar sog **unbewusste Vorstellungen** oder Erwartungen angesehen werden (RGZ 77, 165; RG WarnRspr 1931 Nr 50; BGHZ 4, 95; BGH LM Nr 3, 4 zu § 2078; BGH NJW 1963, 247; FamRZ 1971, 638; PALANDT-EDENHOFER § 2078 RdNr 6; BGH LM Nr 3 und 4 zu § 2078; KG FamRZ 1977, 271; BayObLG FamRZ 1984, 1270; OLG Hamm FamRZ 1994, 849; Faustregeln hierzu bei KRUG in: Krug-Rudolf-Kroiß, Erbrecht § 4 RdNr 117). Gemeint sind damit, wie der BGH wohl aufgrund der Kritik an dieser Rspr klargestellt hat, solche Umstände, die in der Vorstellungswelt des Erblassers ohne nähere Überlegung so **selbstverständlich** sind, dass er sie zwar nicht konkret im Bewusstsein hat, aber doch jederzeit abrufen und in sein Bewusstsein holen kann (BGH NJW-RR 1987, 1412, 1413; zustimmend etwa GRUNEWALD NJW 1991, 1211), wie etwa die Erwartung, die Ehe werde harmonisch verlaufen (BayObLG FamRZ 1990, 322 = NJW-RR 1990, 200). Damit aber ist man bei POHLS »mitbewußten Vorstellungen (Unbewusste Vorstellungen als Anfechtungsgrund [1976] 137 ff). In der Lit wird zT die Berücksichtigung **hypothetischer Vorstellungen** gefordert (so etwa LANGE-KUCHINKE § 36 III 2 c [S 847]; STAUDINGER-KANZLEITER RdNr 14; zustimmend für den Erbvertrag SCHLÜTER RdNr 288; kritisch für das Testament SCHLÜTER RdNr 234; zum Streitstand VEIT NJW 1993, 1553, 1555). Der BGH lässt indes nur unbewusste Vorstellungen ausreichend sein, meint aber letztlich den **hypothetischen Willen** (VEIT 1355; vgl BGH NJW 1963, 246; FamRZ 1970, 79; FamRZ 1983, 898; hierzu auch PALANDT-EDENHOFER RdNr 4; MünchKomm-MUSIELAK RdNr 10).

**14** Demnach kann die Anfechtung uU damit begründet werden, dass der Erblasser die angefochtene Verfügung in der irrigen Erwartung getroffen habe, dass in Zukunft keine Unstimmigkeiten zwischen ihm und dem Bedachten auftreten würden (JOHANNSEN WM 1969, 1229), oder dass sich die Beziehungen zum Bedachten bessern würden (BGH FamRZ 1973, 539), oder dass es bis zum Erbfall nicht zur Zerstörung des persönlichen Vertrauensverhältnisses kommen werde (BayObLG NJW-RR 1999, 86, 87 = FamRZ 1998, 1625 [Hausarzt]; FamRZ 2000, 1053, 1054). Das Recht zur Anfechtung hängt in solchen Fällen grundsätzlich nicht davon ab, ob der Bedachte das ihm vorgeworfene Verhalten verschuldet hat. Entscheidend ist vielmehr, ob er sich objektiv anders verhalten hat als der Erblasser es erwartet hatte (BGH LM Nr 8 zu § 2078), ja es soll letztlich nur entscheidend sein, ob es den für die Verfügung bestimmenden **Erwartungen des Erblassers widerspricht** (BayObLG aaO). Die Rspr führt allerdings mangels ausreichender allgemeiner Klarheit in eine unübersehbare Kasuistik (vgl etwa die Aufstellung bei STAUDINGER-OTTE § 2078 RdNr 20). Diese versucht man dadurch **einzugrenzen,** dass besondere Umstände des Einzelfalls vorliegen müssten, die die Feststellung einer solchen unbewussten Erwartung andeuten (BGH NJW 1963, 246, 248; BayObLG aaO). Ein zur Anfechtung berechtigender Irrtum soll auch dann ausscheiden, wenn der Erblasser die künftige Entwicklung als letztlich ungewiss ansieht und deshalb in seinem Testament selbst Regelungen für verschiedene Möglichkeiten der künftigen Entwicklung trifft (BayObLGZ 2000, 279, 287 = NJWE-FER 2001, 50). Aber auch die neueren Literaturmeinungen bieten nicht unbedingt klarere Lösungen; dies gilt insbesondere für Versuche, die Lehre vom Wegfall der Geschäftsgrundlage hier für anwendbar zu erklären (KEYMER, Die Anfechtung nach § 2078 Abs 2 BGB und die Lehre von der Geschäftsgrundlage, 1984, 162 ff; kritisch hierzu STAUDINGER-OTTE § 2078 RdNr 22), da die Rechtsfolgen nicht für das Erbrecht passen (ebenso BGH NJW 1993, 850). Grundsätzlich wird man aber an einer **wertenden Betrachtung** nicht herum kommen (daher im Ansatz richtig VEIT NJW 1993, 1556), zumal mit der Übernahme scheinbar noch so zwingender psychologischer Erkenntnisse Vorsicht geboten ist, da es hier nicht um empirisch naturwissenschaftliche Erkenntnisbewertung geht, sondern um die spezifisch normative Einordnung bestimmter Vorstellungen und Verhaltensdispositionen. Bei dieser wertenden Einordnung muss das Ziel der Selbstanfechtung nach § 2281 besonders berücksichtigt werden, das nicht in der reinen »Kassation« einer letztwilligen Verfügung und Herbeiführung der gesetzlichen Erbfolge besteht, sondern in der »Wiedererlangung der Testierfreiheit« des Erblassers durch Befreiung von einer als nicht mehr sachgerecht erkannten Bindung. VEIT (aaO) will davon ausgehend eine Anfechtung dann zulassen, wenn sich zwar ein abweichender Wille aus dem Erbvertrag selbst nicht ergibt, die Grundsätze der **ergänzenden Auslegung** – ohne die Einschränkung durch die Andeutungstheorie (sonst greift die Auslegung) – einen abweichenden Willen erkennen lässt. Dies erscheint ein gangbarer Weg zu sein. Auch Ereignisse außerhalb der Vorstellungskraft des Erblassers berechtigen daher zur Anfechtung (VEIT aaO).

### c) Anfechtung wegen Pflichtverletzung des Bedachten

Die Anfechtung nach § 2078 Abs 2 kann auch dann gerechtfertigt sein, wenn der Erblasser eine Verfügung (sei es eine vertragsmäßige oder bei der Anfechtung durch Dritte eine einseitige) »mit Rücksicht auf eine **rechtsgeschäftliche Verpflichtung** des Bedachten« (§ 2295), etwa eine Verpflichtung dem Erblasser auf Lebenszeit Unterhalt zu gewähren, getroffen hat, und der Bedachte diese Verpflichtung nicht oder nicht rechtzeitig oder schlecht erfüllt (vgl BayObLGZ 1963, 260). S hierzu KNIEPER DNotZ 1968, 333; § 2295 RdNr 15. **15**

### d) Anfechtung wegen arglistiger Täuschung

Durch die §§ 2078, 2079, 2279, 2281 ist die rechtliche Bedeutung eines Irrtums des Erblassers beim Erbvertrag selbständig und abschließend geregelt, sodass für die Anwendung der §§ 119, 123, insbesondere auch für § 123 Abs 2 kein Raum bleibt (Prot V 385). Demnach ist eine Anfechtung durch den Erblasser wegen arglistiger Täuschung auch dann berechtigt, wenn diese nicht von seinem Vertragsgegner, sondern ohne dessen Vorwissen von einem Dritten verübt worden ist (PLANCK-GREIFF Anm 2a). Wohl aber können die §§ 119, 123 eine Anfechtung des Vertragsgegners wegen Irrtums oder arglistiger Täuschung begründen (RdNr 9). Wurde der Erblasser durch Vortäuschen eines Selbstmordversuchs zum Vertragsschluss veranlasst, kommt bei ausreichender Kausalität eine Anfechtung wegen arglistiger Täuschung in Betracht. **16**

## 3. Anfechtung wegen Übergehung eines Pflichtteilsberechtigten

### a) Allgemeines

Bei der Anfechtung wegen unwissentlicher Übergehung eines Pflichtteilsberechtigten (§ 2079) ist es nach § 2281 Abs 1 HS 2 (im Gegensatz zu § 2079, der auf die Zeit des Erbfalls abstellt) erforderlich (und genügend), dass der Pflichtteilsberechtigte zur Zeit der Anfechtung vorhanden ist, dh dass er am Leben ist, auch wenn er später den Erbfall nicht mehr erlebt. Der Grund für diese Abweichung von § 2079 liegt darin, dass man den Erblasser befähigen will, sofort nach Kenntniserlangung vom neuen Pflichtteilsberechtigten durch Anfechtung den alten Erbvertrag zu beseitigen und eine neue Verfügung von Todes wegen zu errichten, die nicht durch den Pflichtteilsberechtigten anfechtbar ist (Mot V 323). Da es nach dem Gesetz nur auf das Pflichtteilsrecht zur Zeit der Anfechtung ankommt, bleibt diese wirksam, auch wenn der Pflichtteilsberechtigte oder sein Pflichtteilsrecht nach der Anfechtung, aber vor dem Erbfall wieder wegfällt oder wenn er aus der Erbschaft des anfechtenden Erblassers nichts erhält (BGH NJW 1970, 279; FamRZ 1970, 82; PLANCK-GREIFF Anm 2b; LANGE-KUCHINKE § 25 IX 1 b; STAUDINGER-KANZLEITER RdNr 15; SCHLÜTER RdNr 288; PALANDT-EDENHOFER RdNr 5; STROHAL § 45 Fn 9). Die Anfechtung nach § 2079 **17** scheidet aber dann aus, wenn ein Pflichtteilsverzicht vor Errichtung des Erbvertrags vorlag, weil daraus zu schließen ist, dass die Pflichtteilsberechtigung bekannt war (BayObLG ZEV 1996, 231, 232 = BayObLGR 1995, 75 [LS]).

### b) Wegfall des Grundes für die Pflichtteilsentziehung

**18** Wenn der Erblasser in dem Erbvertrag einem Pflichtteilsberechtigten mit gutem Grund den Pflichtteil entzogen hat (§§ 2336, 2299) und später das Recht zur Entziehung des Pflichtteils wegfällt (etwa durch Besserung oder Verzeihung, § 2336 Abs 4, § 2337), so ist zu unterscheiden: Die Entziehung wegen schlechten Lebenswandels (§ 2333 Nr 5) wird automatisch unwirksam, wenn sich der Abkömmling zur Zeit des Erbfalls von dem ehrlosen oder unsittlichen Lebenswandel dauernd abgewendet hat. Auch die Verzeihung bewirkt kraft Gesetzes die Unwirksamkeit der Verfügung über die Entziehung (§ 2337 S 2). Neben diesen Möglichkeiten, dass die Pflichtteilsentziehung *kraft Gesetzes kraftlos* wird, steht aber das Recht des Erblassers, die Entziehung zu widerrufen. Er kann dies auch dann, wenn er die Entziehung in einem Erbvertrag angeordnet hat, nach Gutdünken tun; denn die Entziehung des Pflichtteils kann nicht vertragsmäßig vereinbart werden (§ 2278 Abs 2), sie stellt nur eine einseitige Verfügung dar und kann vom Erblasser frei widerrufen, also nicht angefochten werden (§ 2299 Abs 2; oben RdNr 5). Eine andere Frage ist es aber, ob damit auch die vertragsmäßigen Verfügungen anfechtbar werden, die der Erblasser im Zusammenhang mit der Entziehung des Pflichtteils zugunsten dritter Personen getroffen hat, zB die Einsetzung eines Dritten zum Alleinerben. Diese Verfügung kann der Erblasser uU anfechten: Nach § 2079 im Fall der Verzeihung, weil hier das Pflichtteilsrecht sogleich wieder auflebt (nicht bei Besserung des Abkömmlings, weil hier das Gesetz – § 2336 Abs 4 – die Entscheidung auf den Zeitpunkt des Erbfalls verlegt); nach § 2078 Abs 2, wenn der Abkömmling sich entgegen der Erwartung des Erblassers von dem ehrlosen und unsittlichen Lebenswandel abwendet, mag auch unsicher sein, ob dieser Sinneswandel bis zum Erbfall andauert (AK-FINGER RdNr 4a; PALANDT-EDENHOFER RdNr 5; aM für § 2079 STAUDINGER-KANZLEITER RdNr 17).

### c) Unzulässige Ausübung des Anfechtungsrechts nach § 2079

**19** Die Anfechtung nach § 2079 ist grundsätzlich auch dann zulässig, wenn der Erblasser ihre Voraussetzungen, insbesondere die Entstehung des Pflichtteilsrechts, selbst herbeigeführt hat, etwa durch eine Eheschließung oder durch eine Annahme als Kind. Wenn etwa jemand mit seinem Ehegatten einen Erbvertrag schließt, sich scheiden lässt und wieder heiratet, so kann er den Erbvertrag – soweit dieser nicht ohnehin nach § 2077, § 2279 Abs 2 unwirksam ist – nach §§ 2079, 2281 anfechten (BayObLGZ 21 A 10). Unter besonderen Umständen aber kann das Rechtsgeschäft, das zur Entstehung des Pflichtteilsrechts führt, oder doch zumindest die hierauf gestützte *Anfechtung* nach § 138 nichtig oder die Ausübung des Anfechtungsrechtes nach § 226 oder § 242 unzulässig sein, so wenn der Erblasser einzig und allein, um von einem lästig gewordenen Erbvertrag loszukommen, einen Dritten als *Kind annimmt*, wobei es hier besonders auf die Würdigung der **Gesamtumstände** ankommt und zu berücksichtigen ist, dass § 2281 auch dem Interesse des Erblassers dient, seine Testierfreiheit wieder zu erlangen (RG JW 1917, 536 = WarnRspr 1917 Nr 121; RGZ 138, 373, 376 [in concreto verneint]; BGH LM § 2079 Nr 2 = FamRZ 1970, 79 [ebenfalls verneint]; PALANDT-EDENHOFER RdNr 5; s auch M RUDOLF, Handbuch der Testamentsauslegung und -anfechtung [2000] § 5 RdNr 33). Wenn ein Erblasser nach dem Abschluss eines Erbvertrags mit Zuwendungen zugunsten eines Kindes oder eines anderen Verwandten eine Ehe eingeht, die er schon beim Abschluss des Erbvertrages im Sinn gehabt hat, so kann er den Erbvertrag nur dann anfechten, wenn er darlegt, dass er beim Vertragsschluss nicht gewusst hat, dass die

Heirat für den Ehegatten ein Pflichtteilsrecht begründen würde (OLG Celle OLGE 34, 313 – sehr weitreichend!).

## IV. Ausschluss der Anfechtung

### 1. Anfechtung gegen Treu und Glauben

Nach allgemeinen Grundsätzen ist die Ausübung des Anfechtungsrechtes nicht zulässig, wenn der Erblasser seine Voraussetzungen durch ein gegen Treu und Glauben verstoßendes Verhalten selbst herbeigeführt hat; so, wenn das Verhalten des Vertragserben, auf das der Erblasser die Anfechtung nach § 2078 Abs 2 stützt, auf sein eigenes vertragswidriges Verhalten zurückzuführen ist, zB darauf, dass er wesentliche Teile seines Grundbesitzes nach und nach veräußert hat (BGHZ 4, 91 = NJW 1952, 419). Die Prüfung der Frage, ob die Anfechtung gegen Treu und Glauben verstößt, kann eine Abwägung des beiderseitigen Verschuldens und seiner Ursächlichkeit nötig machen. Dabei ist zu berücksichtigen, dass der Einwand der rechtsmissbräuchlichen Ausübung *nur ausnahmsweise* eingreifen kann (BayObLG FamRZ 2000, 1053, 1155; vgl auch RdNr 19).

### 2. Einschränkung der Irrtumsanfechtung aus Vertrauensschutzgründen

Die Selbstanfechtung dient primär der Wiederherstellung der Testierfreiheit. Durch die Zulassung der Anfechtung wegen Motivirrtums (§ 2078 Abs 2) wird dies dem Erblasser relativ leicht gemacht, weil die dadurch eröffnete Anfechtungsmöglichkeit weit über das hinausgeht, was nach dem Allgemeinen Teil möglich ist. Dem Willensdogma wird hier in gleicher Weise Rechnung getragen wie beim einseitigen Testament, Vertrauensschutzgesichtspunkte werden nicht berücksichtigt. Dies scheint eine konzeptionelle Schwäche des Erbvertrags zu sein, der sich sonst gerade durch seine Bindungswirkung auszeichnet (dazu BATTES, Gemeinschaftlichen Testament ... 45 ff). Diese weitreichende Anfechtbarkeit führt zu einer »**eingeschränkten Widerruflichkeit**«, die ihre Rechtfertigung in der Testierfreiheit hat und letztlich dazu führt, dass dadurch die »clausula rebus sic stantibus« im Erbrecht verwirklicht wird und damit die Bindung originär schwächer ist bei Verträgen unter Lebenden (so zutreffend MünchKomm-LEIPOLD § 2078 RdNr 8). Angesichts der sich oft über viele Jahrzehnte hinziehenden Bindung bis zum Eintritt des Erbfalls und der sich immer stärker verändernden Umstände ist diese bindungseinschränkende Funktion der Anfechtung grundsätzlich richtig, sofern nicht besondere Bindungsgründe vorliegen, wie in RdNr 23 dargelegt.

In neuerer Zeit mehren sich allerdings die Stimmen, die aus Gründen des Vertrauensschutzes eine Restriktion der Anfechtungsmöglichkeiten fordern (SOERGEL-LORITZ § 2078 RdNr 2; STAUDINGER-KANZLEITER RdNr 10; [Gebot der Rücksichtnahme]; bereits LANGE NJW 1963, 1571, 1578, die beiden letztgenannten unter Bezug auf den Grundsatz des »venire contra factum proprium«). Teilweise wird aus dem Gesetz sogar die Forderung abgeleitet, eine Durchbrechung der Bindungswirkung wegen eines Motivirrtums auf Ausnahmefälle zu begrenzen (KEYMER 75 ff; STÜRZEBECHER NJW 1988, 2717, 2718, *ders*, Rücktritt vom entgeltlichen Erbvertrag [1987] 64 ff im Hinblick auf die Wertungen der §§ 2294, 2295). Andere wollen wegen des gebotenen Vertrauensschutzes bereits durch eine Beschränkung der Tatbestandsvoraussetzungen der Anfechtung die Bestandskraft des Erbvertrags erhöhen. Eine solche Anfechtung soll daher nur dann zulässig sein, wenn sie auch unter Berücksichtigung der Interessen des Erbvertragspartners angemessen erscheine oder deren Durchbrechung bei der Anwendung der Lehre über den Wegfall der Geschäftsgrundlage möglich wäre (SOERGEL-LORITZ § 2078 RdNr 2; ähnlich KARPF, Selbstanfechtungsrecht des Erblassers beim Erbvertrag [1993] 211: nur bezüglich der Anfechtungsmomente, die dem Vertragspartner wenigstens erkennbar waren). Insbesondere beim entgeltlichen Erbvertrag will man durch die Anwendung der letztgenannten Grundsätze zu einem angemessenen Risikoausgleich des Vertragsverhältnisses gelangen (HOHMANN, Rechtsfolgen von Störungen ... 61 ff, auch zum Streitstand).

**23** Für den entgeltlichen Erbvertrag wird man der letztgenannten Meinung folgen müssen. Denn ist das »**Äquivalenzprinzip**« der Bindungsgrund beim Erbvertrag (s Vorbem 2 zu §§ 2274 ff), so gebietet das hier im weitesten Sinn bestehende Austauschverhältnis und der hieraus gebotene Vertrauensschutz des Vertragspartners in den Fortbestand der Verfügung eine Einschränkung der Berücksichtigung von subjektiven, nicht erklärten und für den anderen auch nicht erkennbaren Motive. Der Vertrauensschutz muss sich daher hier gegen die allein dem Willensdogma dienenden allgemeinen erbrechtlichen Anfechtungsgründe durchsetzen. Dies ist auch insofern konsequent, als auch bei der ergänzenden Auslegung beim Erbvertrag der Wille des anderen Vertragspartners berücksichtigt wird (Vorbem 21 §§ 2274 ff), und beide Rechtsinstitute der Berücksichtigung des »erklärten« Willens des Erblassers zur Geltung verhelfen wollen (wenn auch die Anfechtung nur »negativ« wirken kann, vgl LANGE-KUCHINKE § 36 III 3). Ja, durch den **Vorrang der Auslegung** (s RdNr 44), den die hM vornimmt, ergibt sich zugleich bereits eine Einschränkung der Irrtumsanfechtung in diesem Sinn.

### 3. Verzicht auf das Anfechtungsrecht

#### a) Verzicht auf ein künftiges Anfechtungsrecht

**24** Die Anfechtung ist ausgeschlossen, wenn der Erblasser den Erbvertrag auch bei Kenntnis der Sachlage abgeschlossen hätte (§§ 2078 Abs 1, 2079 S 2). Hieraus folgt, dass der Erblasser in dem Erbvertrag ganz oder teilweise auf die Anfechtung verzichten kann, denn damit erklärt er, dass der Erbvertrag auch dann gelten soll, wenn er in dem einen oder anderen Punkt von einer anderen, uU auch falschen Vorstellung ausgegangen sein sollte (BayObLG FamRZ 2000, 1331, 1332; STAUDINGER-KANZLEITER RdNr 20; KIPP-COING §§ 24, 38 II); dabei handelt es sich mangels einer bereits entstandenen Rechtsposition nicht um einen Verzicht im »klassischen Sinne« (BENGEL DNotZ 1984, 132, 137), sondern nur um die Offenlegung des Motivs für die Verfügung von Todes wegen (RADKE, Das Berliner Testament ...[1999] S 155 f, 158 mit Analyse mit der in den Formularbüchern gebrauchten Wendungen) Möglich ist dies auch für ein Anfechtungsrecht nach § 2079, das bereits durch die Wendung ausgeschlossen sein kann, dass die Erbeinsetzung erfolgt, »gleichviel ob und welche Pflichtteilsberechtigte zur Zeit des Todes vorhanden sind« (BGH NJW 1983, 2247, 2249 = LM Nr 16 zu § 185). UU kann ein Vorausverzicht auch durch **Auslegung** gewonnen werden (STAUDINGER-OTTE § 2079 RdNr 11; BayObLG FamRZ 2000, 1331, 1332 [bei sehr spezifiziertem Änderungsvorbehalt). Wird er im Erbvertrag erklärt, so ist er, da er kein gesondertes Rechtsgeschäft unter Lebenden ist, vertragsmäßig (BENGEL DNotZ 1984, 139 f). Ein Irrtum über diesen Vorausverzicht auf das Anfechtungsrecht kann als Rechtsirrtum seinerseits nach § 2078 Abs 2 angefochten werden (BayObLG ZEV 1997, 377, 380 = NJW-RR 1997, 1027; aM RADKE aaO). Freilich wird ein Verzicht auf die Anfechtungsrechte nach § 2078 im Allgemeinen dahingehend **einschränkend auszulegen** sein, dass die Anfechtung nur wegen solcher Umstände ausgeschlossen ist, mit denen der Erblasser rechnen oder die er voraussehen konnte; die Anfechtung wegen unvorhersehbarer Umstände wird im Zweifel möglich bleiben (NIEDER RdNr 792; Münch-Komm-MUSIELAK RdNr 16; AK-FINGER RdNr 5a; OLG Celle NJW 1963, 353 = MDR 1963, 221, BENGEL DNotZ 1984, 132, 138, der auf die Anfechtbarkeit des Anfechtungsverzichts in diesen Fällen hinweist), was auch richtig ist, weil kein Erblasser die künftige Entwicklung vollständig voraussehen und planen kann, sodass ein völliger Ausschluss dieser Anfechtungsmöglichkeit nach § 2078 nicht richtig wäre (RADKE aaO). Dagegen ist der »Verzicht« auf die Anfechtungsmöglichkeit nach § 2079 bei Vorhandensein einer Schlusserbenbestimmung dringend notwendig, um diese entsprechend der intendierten Nachlassplanung auch bei einer Wiederverheiratung des längerlebenden Ehegatten bestandsfest zu machen (zu zurückhaltend KRUG in: KRUG-RUDOLF-KROISS § 4 RdNr 125).

**b) Verzicht auf ein bereits entstandenes Anfechtungsrecht**

Auf ein bereits entstandenes Anfechtungsrecht kann der Erblasser durch formlosen Vertrag mit dem Anfechtungsgegner sowie durch Bestätigung nach §§ 144, 2284 verzichten (PALANDT-EDENHOFER § 2081 RdNr 10, vgl auch LANGE-KUCHINKE § 36 VI 3; BENGEL DNotZ, 1984, 132, 133; gegen Verzichtsmöglichkeit v LÜBTOW I 337; gegen Bestätigung KIPPCOING § 24 VII 2, da die Anfechtung dem Interessenschutz des Anfechtungsberechtigten diene). **25**

#### 4. Erbunwürdigkeit

Kein Anfechtungsrecht hat ein Erbunwürdiger, der (rechtskräftig und rückwirkend) **26** für erbunwürdig erklärt worden ist (§ 2344; LANGE-KUCHINKE § 36 VI 1 a Fn 120 mwN).

### V. Frist für die Anfechtung

S § 2283 und Erl dort. **27**

### VI. Form der Anfechtung

#### 1. Notarielle Beurkundung

Während die Anfechtungserklärung nach §§ 2078 ff keine besondere Form erfordert, bedarf die Anfechtung des Erbvertrags durch den Erblasser nach §§ 2078 ff, 2281 ff der notariellen Beurkundung, § 2282 Abs 3. Die notarielle Anfechtungserklärung muss dem Anfechtungsgegner in Urschrift oder Ausfertigung zugehen (BayObLGZ 1963, 260 = NJW 1964, 205 = DNotZ 1964, 635; MünchKomm-MUSIELAK § 2282 RdNr 4; vgl auch § 2271 RdNr 13). Nur die Beurkundung der Anfechtungserklärung ist vorgeschrieben, nicht auch die ihres Zugangs an den Anfechtungsgegner. Aus Gründen der Beweissicherung empfiehlt sich jedoch auf alle Fälle eine förmliche Zustellung durch einen Gerichtsvollzieher (vgl zur ähnlichen Problematik des Widerrufs beim gemeinschaftlichen Testament § 2271 RdNr 14). **28**

Das Gesagte gilt aber weder für die Anfechtung des Erbvertrags durch den Vertragsgegner oder durch Dritte noch für die in gewissen Fällen zulässige Anfechtung nach §§ 119 ff, insbesondere bei verbundenen Verträgen (RdNr 8). **29**

#### 2. Inhalt der Anfechtungserklärung

Es genügt eine Erklärung des Erblassers, dass er den Erbvertrag oder eine bestimmte in ihm enthaltene Verfügung nicht gelten lassen will. Die in einem Ehe- und Erbvertrag mit der zweiten Ehefrau betonte Aufrechterhaltung ihres gesetz- **30** lichen Erbrechts kann die Anfechtung des mit der ersten Ehefrau geschlossenen Erbvertrages nicht ersetzen (BayObLGZ 21 A 10). Dagegen kann eine Rücktrittserklärung, die damit begründet ist, dass der Vertragserbe den im Vertrag übernommenen Verpflichtungen nicht nachgekommen sei, in eine Anfechtungserklärung umgedeutet werden (RG DNotZ 1935, 678).

### 3. Anfechtungsgegner

**31** Der Erblasser muss die Anfechtungserklärung **zu Lebzeiten** des Vertragsgegners diesem gegenüber abgeben und nicht gegenüber dem Bedachten, mag der Anfechtungsgrund auch in dessen Person liegen (§ 143 Abs 2, §§ 130–132; BayObLG NJW-RR 1999, 86; LANGE-KUCHINKE § 25 IX 2 a). Beim *mehrseitigen Erbvertrag* muss die Anfechtung gegenüber jedem anderen Erblasser erfolgen (VEIT NJW 1993, 1557; s auch RdNr 38). § 2081 gilt für die Selbstanfechtung des Erblassers nicht (MünchKomm-MUSIELAK RdNr 21; SOERGEL-M WOLF RdNr 12). Zur Anfechtung des Überlebenden s RdNr 35.

### 4. Vertretung

**32** Das Anfechtungsrecht des Erblassers ist schon deswegen ein *höchstpersönliches*, weil es zur Wiedererlangung seiner Testierfreiheit dient, um ihn von seinen erbvertraglichen Bindungen zu befreien (SCHLÜTER RdNr 288). Es kann daher in der Regel nicht durch einen Vertreter ausgeübt werden (§ 2282), und zwar weder im Willen noch in der Erklärung und geht deswegen auch nicht auf den Erben über (SCHLÜTER RdNr 292; VEIT NJW 1993, 1554) im Gegensatz zum Anfechtungsrecht Dritter, das einem Dritten zur Ausübung überlassen werden kann (LANGE-KUCHINKE § 36 VI 2; SOERGEL-LORITZ § 2080 RdNr 20). Wenn die in § 2080 bezeichneten Personen ihr Anfechtungsrecht nach dem Tode des Erblassers ausüben, so tun sie es aus eigenem Recht, nicht als Rechtsnachfolger des Erblassers, mag auch ihr Anfechtungsrecht bis zu einem gewissen Grade von dem des Erblassers abhängen (§ 2285; PLANCK-GREIFF Anm 4); sie sind also nicht an § 2282 gebunden.

### 5. Anfechtung nach dem Tode des Vertragsgegners

**33** Nach dem Tode des Vertragsgegners ist zu unterscheiden:

#### a) Verfügungen zugunsten des Vertragspartners

**34** Die Verfügungen des Erblassers zugunsten des Vertragsgegners sind durch dessen Vorableben gegenstandslos geworden, sie können also nicht mehr angefochten werden (PALANDT-EDENHOFER RdNr 6; MünchKomm-MUSIELAK RdNr 21; VEIT NJW 1993, 1557).

#### b) Verfügungen zugunsten Dritter

**35** Verfügungen, die der Erblasser in dem Erbvertrag zugunsten Dritter getroffen hat, kann er nach wie vor gemäß §§ 2078 ff, 2279, 2281 ff anfechten; jedoch muss er die Anfechtung **gegenüber dem Nachlassgericht erklären** (Abs 2 S 1; vgl § 2081; Prot V 397). Als Nachlassgericht kann nur das für den verstorbenen Vertragsteil zuständige Nachlassgericht in Frage kommen, also im Allgemeinen das Amtsgericht, in dessen Bezirk der Verstorbene seinen Wohnsitz hatte (§§ 72, 73 FGG), nicht etwa die Behörde, der für den Nachlass des Erblassers die Verrichtungen des Nachlassgerichts zukommen würden, wenn dieser zur Zeit der Anfechtung sterben würde (vgl RGZ 143, 383; VEIT NJW 1993, 1556; MünchKomm-MUSIELAK RdNr 21).

**36** Das **Nachlassgericht** soll nach der Ordnungsvorschrift des Abs 2 S 2 die Anfechtung dem bedachten Dritten mitteilen. Eine Mitteilung an den, welchem die Aufhebung der angefochtenen Verfügung unmittelbar zustatten kommen würde, ist nicht vorgeschrieben.

Wenn bei einem **zweiseitigen Erbvertrag** der überlebende Teil eine Zuwendung des Verstorbenen erhalten und angenommen hat, so wird er dadurch nicht gehindert, eine vertragsmäßige Verfügung, die er zugunsten eines Dritten getroffen hat, anzufechten (PLANCK-GREIFF Anm 3b). Freilich hat die dadurch bewirkte Nichtigkeit der zugunsten des Dritten getroffenen Verfügung wegen der nach § 2298 Abs 3 gesetzlich vermuteten Wechselbezüglichkeit der Verfügungen die Nichtigkeit des ganzen Erbvertrags zur Folge, wenn nicht ein abweichender Wille beider Vertragsteile anzunehmen ist. Die gesetzliche Vermutung führt also idR zum Wegfall der für den Längerlebenden günstigen Alleinerbeneinsetzung durch den erstversterbenden Ehegatten. Dies ist insbesondere bei einer Anfechtung nach § 2079 S 1 bei einer Wiederverheiratung zu beachten (vgl etwa NIEDER, Handbuch RdNr 796; MünchKomm-MUSIELAK RdNr 18; für den Abschluss eines Zuwendungsverzichts nach § 2352 als besseres Mittel zur Lösung von der vertraglichen Bindung PETERS BWNotZ 1977, 133 ff, jedoch wirkt dieser meist nicht gegen die Ersatzberufenen, s Systematischer Teil D RdNr 49 ff und hilft nichts gegen eine Anwachsung [§ 2094]). 37

Beim **mehrseitigen Erbvertrag** kann jeder seine Verfügung zugunsten des noch lebenden Vertragspartners anfechten und zwar nach § 143 Abs 2, bei Anfechtung der zugunsten Dritter getroffener Verfügungen ist jedoch § 2281 Abs 2 zu beachten: Anfechtung gegenüber dem Nachlassgericht (VEIT NJW 1993, 1557). 38

### c) Verfügungen des Vertragspartners zugunsten des Erblassers
Solche Verfügungen, die der verstorbene Vertragsgegner getroffen hat, kann der Längerlebende nicht anfechten, da ihr Wegfall ihm nicht zustatten kommen würde (§§ 2080, 2279). 39

### d) Verfügungen des Vertragspartners zugunsten Dritter
Derartige Verfügungen, die der vorverstorbene Vertragsgegner getroffen hat, kann der Erblasser nach §§ 2078 ff, 2279 anfechten, und zwar gleichfalls durch Erklärung gegenüber dem Nachlassgericht (Abs 2 S 1). Wenn auch Abs 1 nur die »Selbstanfechtung« eigener Verfügungen betrifft, so hindert das nicht, Abs 2 auch auf die Anfechtung von Verfügungen des Vertragsgegners zugunsten Dritter durch den Erblasser anzuwenden, weil der Grund des Gesetzes nämlich, dass der verstorbene Vertragspartner als Anfechtungsgegner ausscheidet und daher die Anfechtung zweckmäßigerweise gegenüber dem Nachlassgericht erklärt wird, auch hier zutrifft (aM STAUDINGER-KANZLEITER RdNr 32). 40

## VII. Wirkung der Anfechtung

Der anfechtbare, formgerecht und rechtzeitig angefochtene Erbvertrag ist als von Anfang an nichtig anzusehen (§ 142; eine besondere erbrechtliche Regelung fehlt, VEIT NJW 1993, 1556). Da die Anfechtung eine Gestaltungserklärung ist, ist deren Widerruf ebenso wenig möglich, wie eine Bestätigung nach § 2284 (BGH NJW 1983, 2247, 2249). Die Nichtigkeit des Erbvertrags kann nach § 139 die Nichtigkeit weiterer mit ihm zusammenhängender, vielleicht sogar äußerlich von ihm getrennter Verträge zur Folge haben, zB eines Adoptionsvertrages, wenn der Wille der Beteiligung darauf gerichtet war, dass sie trotz der äußerlichen Trennung miteinander stehen und fallen sollen (BGH FamRZ 1966, 445; PALANDT-EDENHOFER RdNr 9). 41

## 1. Beschränkung durch den Einfluss des Anfechtungsgrundes

42 Bezog sich der Irrtum oder der Einfluss der Drohung nur auf die vertragsmäßige Bindung, nicht auch auf die Verfügung von Todes wegen als solche, dann kann diese als letztwillige Verfügung aufrecht erhalten werden (§§ 139, 140; STROHAL § 45 I 1 f).

## 2. Beschränkung auf einzelne Verfügungen

43 Die Anfechtung kann den ganzen Erbvertrag, sie kann aber auch nur einzelne in ihm enthaltene Verfügungen zum Gegenstand haben. Aus § 2078 Abs 1, 2 geht hervor, dass der Erbvertrag und die einzelnen Verfügungen nur insoweit anfechtbar sind, als sie auf dem Irrtum oder der Drohung beruhen. Der Umfang der Anfechtungswirkung nach § 2079 ist demgegenüber umstritten (s RdNr 45 ff). Wenn hiernach nur einzelne Verfügungen eines Erbvertrags ganz oder teilweise angefochten und nichtig sind, so hat diese teilweise Nichtigkeit bei einem **zweiseitigen Erbvertrag** doch im Zweifel Unwirksamkeit des ganzen Vertrages zur Folge (§ 2298 Abs 1), während die Nichtigkeit einer einseitigen Verfügung im Zweifel auf diese beschränkt bleibt (§ 2085).

## 3. Negative Wirkungen der Anfechtung

44 Die Wirkung der Anfechtung erschöpft sich grundsätzlich in der Vernichtung der anfechtbaren und angefochtenen Verfügung, sie ist also rein negativ (KIPP-COING § 24 III 3), sie »kassiert, nicht reformiert« (SIBER FG RG, 1929, III 350, 378). Die nahe liegende Frage, welche Verfügungen der Erblasser (positiv) getroffen hätte, wenn er die wahre Sachlage gekannt hätte, ist bei der Anfechtung nutzlos, sie kann nur bei der ergänzenden Auslegung zu einer befriedigenden Lösung führen. Daher ist die Rechtsprechung mehr und mehr dazu übergegangen, den wirklichen oder mutmaßlichen Willen des Erblassers durch **ergänzende Auslegung** zur Geltung zu bringen und dieser den **Vorrang** vor der Anfechtung einzuräumen (BGH MDR 1951, 474; KG NJW 1971, 1992; KIPP-COING aaO; LANGE-KUCHINKE § 36 II 2, § 34 I 3; SCHLÜTER RdNr 228). Dies führt damit aber zugleich uU zu einer *Einschränkung der Anfechtungsmöglichkeit* (hierzu aus anderen Gründen bereits RdNr 22), da es bei der Auslegung auch auf den Willen des anderen Vertragsteils ankommt (BGH FamRZ 1983, 380; BayObLG FamRZ 1986, 1150). Dies ist sicherlich richtig beim *entgeltlichen Erbvertrag*, der den Vertrauensschutz des Vertragspartners berücksichtigen muss, aber auch beim zweiseitigen Erbvertrag, dem eine gemeinsame Nachlassplanung zugrunde liegt. Bei anderen Erbverträgen sollte demgegenüber die Selbstanfechtungsmöglichkeit als Mittel zur Lösung von der erbvertraglichen Bindung nicht zu sehr eingeschränkt werden (dazu RdNr 21 ff; differenzierend in diesem Sinn VEIT NJW 1993, 1553, 1554; SCHUBERT-CZUB JA 1980, 257, 258 stellen für den Vorrang der Auslegung darauf ab, ob ermittelt werden kann, welche Verfügungen der Erblasser bei Kenntnis der Sachlage getroffen hätte).

## 4. Wirkungen der Anfechtung nach § 2079

45 Besondere Schwierigkeiten bereitet die Feststellung des Umfangs der Anfechtung bei der nach § 2079 unwissentlichen Übergehung eines Pflichtteilsberechtigten. Nach einer Auffassung führt die Anfechtung grundsätzlich zur totalen Nichtigkeit von Testament oder Erbvertrag, es tritt dann gesetzliche Erbfolge ein. Einzelne Verfügungen bleiben nur wirksam, wenn ein anders lautender (hypothetischer) Wille nach § 2079 S 2 positiv feststellbar ist (BayObLGZ 1971, 147, 152; 1975, 6, 9;

1980, 42, 49; BayObLG FamRZ 1983, 952, 954; OLG Hamm MDR 1972, 692; KIPP-COING § 24 III 1 b; REINICKE NJW 1971, 1961, 1964; KLAUS TIEDTKE JZ 1988, 649). Die Gegenansicht betont den Zweck des Anfechtungsrechts mehr aus dem Gesichtspunkt des Schutzes des Pflichtteilsberechtigten und lässt quasi im Wege einer geltungserhaltenden Reduktion die Erbeinsetzungen und Vermächtnisse nur insoweit unwirksam werden, als sie den Pflichtteilsberechtigen von seinem gesetzlichen Erbrecht ausschließen (OLG Köln NJW 1956, 1522; LG Darmstadt JZ 1988, 671; STAUDINGER-OTTE § 2079 RdNr 12 ff; SOERGEL-LORITZ § 2079 RdNr 9; JUNG AcP 194, 42, 72, 77; SANDROCK-RAMRATH JA 1990, 21, 26; differenzierend MünchKomm-LEIPOLD § 2079 RdNr 18 ff). Unabhängig davon, wie man diesen Meinungsstreit bei der Anfechtung einseitiger, letztwilliger Verfügungen entscheiden will, so ist bei der Selbstanfechtung des Erblassers hinsichtlich bindender Verfügungen eines Erbvertrages oder wechselbezüglicher Verfügungen eines gemeinschaftlichen Testaments zu beachten, dass das Anfechtungsrecht hier primär dem Zwecke der Wiedererlangung der Testierfreiheit dient (so auch MünchKomm-LEIPOLD § 2079 RdNr 20; STAUDINGER-OTTE § 2079 RdNr 13). Da weder der Wortlaut des Gesetzes noch die Entstehungsgeschichte der Vorschrift eine eindeutige Richtschnur für die Auslegung des § 2079 geben (STAUDINGER-OTTE § 2079 RdNr 13), kommt diesem teleologischen Argument hier besondere Bedeutung zu. Es ist daher zu unterscheiden (dagegen aber ohne überzeugende Begründung SOERGEL-LORITZ § 2079 RdNr 9):

### a) Bei Selbstanfechtung

Im Falle der Selbstanfechtung des Erblassers sollte die Gesamtnichtigkeit der betreffenden Verfügungen die Regel-Rechtsfolge sein, da nur so der Erblasser die Möglichkeit erhält, die Existenz des Pflichtteilsberechtigten bei seiner erbrechtlichen Vermögensplanung voll zu berücksichtigen, und dies auch in sehr unterschiedlichem Maße Auswirkungen auf die bereits getroffenen Verfügungen zugunsten anderer haben kann (MünchKomm-LEIPOLD § 2079 RdNr 20; AK-FINGER RdNr 6; MünchKomm-MUSIELAK RdNr 18). Ob und in welchem Umfang solche Zuwendungen an andere fortbestehen würden, ist im Wege der Auslegung nur sehr schwer festzustellen und mitunter rein spekulativ. Dies schließt aber nicht aus, dass im Einzelfall die entsprechende Auslegung ergibt, dass trotz der Anfechtung einzelne Verfügungen fortbestehen, weil der Erblasser sie auch bei Kenntnis vom Vorhandensein des Pflichtteilsberechtigten getroffen hätte (§ 2079 S 2).

### b) Bei Anfechtung durch den Pflichtteilsberechtigten

Bei der Anfechtung nach Eintritt des Erbfalls durch den Pflichtteilsberechtigten liegt die Sachlage anders, da es hier nur mehr um die Durchsetzung von dessen Rechten geht. Dieser *eingeschränkte Schutzzweck* der Norm gebietet grundsätzlich auch eine Beschränkung der Rechtsfolgen der Anfechtung im Hinblick auf die Wahrung des gesetzlichen Erbteils des Pflichtteilsberechtigten, sodass im Regelfall die Anfechtung nur zur **Nichtigkeit der getroffenen Verfügung** insoweit führt, als diese den gesetzlichen Erbteil des Berechtigten beeinträchtigt (MünchKomm-LEIPOLD § 2079 RdNr 19; KIPP-COING § 24 III 1 b; RGRK-BGB-KREGEL § 2079 Anm 29; AK-FINGER RdNr 6; MünchKomm-MUSIELAK RdNr 18; OLG Köln NJW 1956, 1522). Freilich kann sich im Einzelfall auch etwas anderes ergeben, weil der Erblasser bei Kenntnis der Sachlage dem Pflichtteilsberechtigten mehr zugewandt hätte. Soweit er demnach mehr als seinen gesetzlichen Erbteil hätte erhalten sollen, kann die Anfechtung allein ihm allerdings nicht weiterhelfen, da sie nur negative Wirkungen hat.

Die verschiedenen Auffassungen werden oftmals zu keinen so abweichenden Ergebnissen führen (LANGE-KUCHINKE § 36 III 4 c α), wenngleich das unterschiedliche Verständnis des Regel-Ausnahme-Verhältnisses eine andere **Beweislastverteilung** bedingt (dazu KLAUS TIEDTKE JZ 1988, 649, 650).

### 5. Schadensersatzpflicht des Anfechtenden

**49** Ficht der **Nächstbegünstigte** die vertragsmäßige Verfügung an, so muss er dem Vertragsgegner den Vertrauensschaden nicht ersetzen, wie sich aus der Haftungsausschlussklausel des § 2078 Abs 3 ausdrücklich ergibt, § 122 ist also hier nicht anwendbar.

Bei einer Selbstanfechtung durch den **Erblasser** soll dies nach immer noch überwiegender Meinung nicht gelten, sodass der Vertragsgegner Ersatz seines Vertrauensschadens verlangen kann (MANKOWSKI ZEV 1998, 69; PALANDT-EDENHOFER RdNr 10; STAUDINGER-KANZLEITER RdNr 37; SOERGEL-M WOLF RdNr 6; V LÜBTOW I 448). Dies wird damit begründet, dass der Haftungsausschluss des § 2078 Abs 3 nur für Dritte gilt, die nicht für Folgen eines von ihnen nicht beeinflussbaren Erblasserirrtums haften sollen, während bei der Anfechtung durch den Erblasser selbst der allgemeine Zurechnungsgrund für eine Vertrauenshaftung nach § 122 bestehe. Dieser Auffassung steht die ausdrückliche Verweisung in §§ 2279 Abs 1, 2281 entgegen, die sich letztlich auch auf § 2078 Abs 3 bezieht, und die eine im Vordringen begriffene Gegenansicht als allein entscheidend ansieht (OLG München ZEV 1998, 69; MünchKomm-LEIPOLD § 2078 RdNr 46; MünchKomm-MUSIELAK § 2281 RdNr 20; AK-FINGER RdNr 7; EBENROTH RdNr 317; LEIPOLD RdNr 387; LANGE-KUCHINKE § 25 IX 4; VEIT NJW 1993, 1556; ders, Diss 163 f). Die Nichtgeltung des Haftungsausschlusses des § 2078 Abs 3 ließe sich letztlich nur durch eine teleologischen Reduktion der Norm rechtfertigen, jedoch ist ein dahingehender Normzweck dem Gesetz nicht zu entnehmen. Vielmehr ist entscheidend, dass selbst dem durch Erbvertrag Bedachten kein Anwartschaftsrecht zusteht, und deshalb die Geltung des Haftungsgrunds des § 122 auch ohne die Regelung des § 2078 Abs 3 mehr als fragwürdig erschiene. In besonders gelagerten Ausnahmefällen kann uU mit einem Anspruch wegen Verschuldens bei Vertragsverhandlungen (jetzt §§ 280 Abs 1, 241 Abs 2, 311 Abs 2 Nr 1 nF) gegen den Erblasser dem Vertragspartner eine Kompensation seiner tatsächlich eingetretenen Schäden für den bloßen Vertragsabschluss (Beurkundungskosten) gewährt werden (AK-FINGER RdNr 7; MünchKomm-MUSIELAK RdNr 20; LANGE-KUCHINKE § 25 IX 4). Entgegen RUDOLF (RUDOLF, Handbuch der Testamentsauslegung und -anfechtung [2000] § 5 RdNr 174) hat diese Streitfrage durchaus praktische Relevanz, und zwar auch beim Ehegattenerbvertrag oder gemeinschaftlichen Testament, denn auch wenn die Anfechtung dort erst nach dem Tod des Erstversterbenden möglich ist, so kann ein dann zu dessen Nachlass gehörender Ersatzanspruch an Dritte vererbt werden.

### VIII. Anwendung auf gemeinschaftliche Testamente

**50** Die Vorschriften der §§ 2281–2285 sind auf bindend gewordene wechselbezügliche gemeinschaftliche Testamente (§§ 2270, 2271) ab dem Tod des einen Ehegatten entsprechend anzuwenden (RGZ 87, 95; 132, 1; BGHZ 37, 333; BGH FamRZ 1970, 79; OLG Düsseldorf DNotZ 1972, 42; LG Berlin FamRZ 1976, 293; § 2271 RdNr 83), nicht aber auf lediglich einseitige Verfügungen in solchen Testamenten (BGH FamRZ 1956, 83; PALANDT-EDENHOFER RdNr 2; SCHUBERT-CZUB JA 1980, 334, 338).

### IX. Prozessuales

**51** Da eine **Feststellungsklage** über die Wirksamkeit eines Erbvertrags zulässig ist, kann der Vertragserbe noch zu Lebzeiten des Erblassers eine Klage mit der Maßgabe erheben, dass eine Anfechtung des Erbvertrags unwirksam ist (RGZ 92, 4;

MünchKomm-MUSIELAK RdNr 22; RGRK-BGB-KREGEL RdNr 5; eingehend § 2286 RdNr 17 ff; aM STAUDINGER-KANZLEITER RdNr 39; HEINRICH LANGE NJW 1963, 1571, 1574: es gehe nicht an, dass der Erblasser zu Lebzeiten mit Klagen überzogen werde). Aber auch umgekehrt kann der Erblasser eine Klage auf Feststellung der Wirksamkeit der Anfechtung erheben (MünchKomm-MUSIELAK RdNr 22; AK-FINGER RdNr 10; HOHMANN ZEV 1994, 133, 134 f; LANGE-KUCHINKE § 25 V 12 b).

**Beweislast.** Den Anfechtungsgrund hat der zu beweisen, der sich auf die Anfechtung des Erbvertrags beruft (BayObLGZ 1963, 260 = NJW 1964, 205; OLG Hamm OLGZ 1966, 497; MünchKomm-MUSIELAK RdNr 23). Dies gilt auch für eine 14 Jahre zurückliegenden Anfechtung wegen Motivirrtums (BayObLG FamRZ 2001, 1254). Zum Anfechtungsgrund gehört bei § 2078 auch die Ursächlichkeit des Irrtums, dagegen wird sie bei § 2079 vom Gesetz vermutet (s § 2079 S 2) Den Ausschluss des Anfechtungsrechtes durch Zeitablauf hat der Anfechtungsgegner zu beweisen (BayObLG aaO; AK-FINGER RdNr 9; BAUMGÄRTEL-SCHMITZ 2082 RdNr 1; aM MünchKomm-MUSIELAK RdNr § 2283 RdNr 3). 52

## § 2282 Vertretung, Form der Anfechtung

**(1) Die Anfechtung kann nicht durch einen Vertreter des Erblassers erfolgen. Ist der Erblasser in der Geschäftsfähigkeit beschränkt, so bedarf er zur Anfechtung nicht der Zustimmung seines gesetzlichen Vertreters.**

**(2) Für einen geschäftsunfähigen Erblasser kann sein gesetzlicher Vertreter mit Genehmigung des Vormundschaftsgerichts den Erbvertrag anfechten.**

**(3) Die Anfechtungserklärung bedarf der notariellen Beurkundung.**

### I. Fähigkeit zur Anfechtung

#### 1. Grundsatz der Höchstpersönlichkeit der Anfechtung

Nach der allgemeinen Regelung des § 164 ist grundsätzlich bei allen Willenserklärungen Vertretung zulässig. Diese Regel durchbricht § 2282, indem er bestimmt, dass ein Erbvertrag nicht durch einen Vertreter des Erblassers angefochten werden kann, oder, anders ausgedrückt, dass der Erblasser den Erbvertrag nur persönlich anfechten kann (Abs 1 S 1; vgl die gleichartige Regelung beim Abschluss des Erbvertrags, bei der Bestätigung, der Aufhebung sowie dem Rücktritt: §§ 2274, 2284, 2290, 2296). Bei der Anfechtung des Erbvertrags ist nicht nur die Vertretung im Willen ausgeschlossen, sondern auch die in der Erklärung des Willens (VEIT NJW 1993, 1553, 1554; LENT DNotZ 1951, 151; HUECK AcP 152, 432; PALANDT-EDENHOFER RdNr 1). Ist ein Betreuer bestellt, kann für die Anfechtungserklärung kein **Einwilligungsvorbehalt** angeordnet werden (§ 1903 Abs 2). 1

#### 2. Anfechtung des beschränkt geschäftsfähigen Erblassers

Das Gesetz geht in seinem Bestreben, die Anfechtung des Erbvertrags der persönlichen Entscheidung des Erblassers zu überlassen, so weit, dass es auch den beschränkt geschäftsfähigen Erblasser (§§ 106, 2275 Abs 2, 3) ermächtigt, den von ihm geschlossenen Erbvertrag anzufechten und zwar ohne Zustimmung seines gesetzlichen Vertreters (Abs 1 S 2). Dies entspricht auch der sonst getroffenen gesetzlichen Regelung, wonach der **beschränkt geschäftsfähige Erblasser** den Erb- 2 vertrag selbständig aufheben (§ 2290 Abs 2) oder von ihm zurücktreten (§ 2296 Abs 1) kann; er kann aber den anfechtbaren Erbvertrag nicht bestätigen (§ 2284 S 2). Der Grund für diese Unterscheidung ist der, dass der Erblasser durch die Anfechtung nur die Testierfreiheit wieder erlangt, während er durch die Bestätigung endgültig gebunden wird.

**3** Der Gedanke des lediglich **rechtlichen Vorteils** iS von § 107 versagt jedoch dort, wo die Anfechtung der eigenen Verfügung als Folgewirkung auch zum Wegfall von Regelungen führt, die dem Anfechtenden günstig sind: Dies ist etwa bei einem **zweiseitigen Erbvertrag** der Fall, der Verfügungen des anderen Teils zugunsten des Anfechtenden enthält, da diese infolge der Anfechtung grundsätzlich ebenfalls unwirksam werden (§ 2298 Abs 1). Ähnlich kann es bei einem sog entgeltlichen Erbvertrag (Vorbem 40 §§ 2274 ff) liegen, bei dem etwa Versorgungszusagen für den Erblasser durch den Vertragspartner versprochen wurden, die durch die Anfechtung ebenfalls entfallen können (vgl hierzu § 2295 RdNr 8 ff). Teilweise wird daher im Wege einer **teleologischen Reduktion** der Vorschrift versucht, die Anfechtungsbefugnis der beschränkt Geschäftsfähigen in diesen Fällen einzuschränken (KIPP-COING § 36 II 1 e; PLANCK-GREIFF Anm 1; STAUDINGER-KANZLEITER RdNr 2 in der 12. Aufl, jetzt in der Bearbeitung 1998 aber anders; 2. Aufl RdNr 2). Dem Gesetzgeber war aber diese Problematik sicherlich bewusst und er hat sie in Kauf genommen, sodass die hM hier zu Recht keine Einschränkung der Anfechtungsrechte annimmt (v LÜBTOW I 446; MünchKomm-MUSIELAK RdNr 3; AK-FINGER RdNr 2; BAMBERGER-ROTH-LITZENBURGER RdNr 2; zweifelnd BROX RdNr 242), zumal das Abstellen auf das Merkmal des »rechtlichen Vorteils« hier wiederum Abgrenzungsprobleme aufwerfen und eine »Gesamtbetrachtung« mit Saldierung der Vor- und Nachteile erforderlich würde (zur Gesamtbetrachtung bei der Schenkung durch den gesetzlichen Vertreter BGHZ 78, 34).

### 3. Anfechtung beim geschäftsunfähigen Erblasser

**4** Ist der Erblasser geschäftsunfähig, so gestattet das Gesetz dem gesetzlichen Vertreter, den Erbvertrag mit Genehmigung des Vormundschaftsgerichts anzufechten (Abs 2; anders §§ 2229, 2275 für die Errichtung eines Testaments oder Erbvertrags). Der Grundsatz der Höchstpersönlichkeit der Anfechtung wird hier durchbrochen, weil man hierdurch eine »schleunige Erledigung der Anfechtung« ermöglichen wollte und den nachträglich geschäftsunfähig gewordenen Erblasser nicht unnötig lang an seine irrtumsbehaftete Erklärung binden wollte (Prot V 386; SOERGEL-M WOLF RdNr 2). Versäumt der gesetzliche Vertreter die Frist für die Anfechtung, so kann uU der Erblasser selbst anfechten, wenn er geschäftsfähig wird (§ 2283 Abs 3). Von mehreren gesetzlichen Vertretern ist der zur Anfechtung berufen, dem die Sorge für das Vermögen des Erblassers zusteht (PLANCK-GREIFF Anm 1). Bestand eine Betreuung (§ 1896), so kann eine Anfechtung nach Abs 2 durch den Betreuer nur erfolgen, wenn der Erblasser tatsächlich geschäftsunfähig ist (§ 104 Nr 2; PALANDT-EDENHOFER RdNr 1; G MÜLLER, Betreuung und Geschäftsfähigkeit, 110). Zudem ist erforderlich, dass der Aufgabenkreis des Betreuers (§ 1902) das Anfechtungsrecht umfasst; dies kann zweifelhaft sein, wenn sich die Betreuerbefugnisse ganz allgemein auf »Vermögenssorge« beziehen, weil damit uU nur die Verwaltung des derzeitigen Vermögens gemeint ist, nicht aber des zukünftigen Erwerbs von Todes wegen (ablehnend daher für eine »Vermögenspflegschaft« LG Ingolstadt MittBayNot 1990, 265).

**5** Funktionell zuständig für die Erteilung der vormundschaftsgerichtlichen Genehmigung ist nunmehr der Rechtspfleger (§ 3 Nr 2 RPflG); der Richtervorbehalt des § 14 Nr 17 RPflG wurde durch das Betreuungsgesetz aufgehoben (übersehen bei SOERGEL-M WOLF RdNr 5).

## II. Form der Anfechtung

### 1. Formerfordernisse

Während für die Anfechtung eines Testaments nach §§ 2078 ff keine besondere **6** Form vorgeschrieben ist (abgesehen von der Bestimmung über die Adressierung in § 2081), bedarf die Anfechtung eines Erbvertrags durch den Erblasser nach Abs 3 der **notariellen Beurkundung.** Der Grund für diese verschiedenartige Regelung ist, dass die Anfechtung in ihrer Wirkung dem Rücktritt vom Erbvertrag gleichstellt und dass für diesen § 2296 Abs 2 gleichfalls notarielle Beurkundung vorschreibt. Damit wird zugleich die **Rechtsbelehrung** (§ 17 BeurkG) über die oftmals sehr weitreichenden Wirkungen der Anfechtung sichergestellt (dazu etwa § 2271 RdNr 93; SCHMUCKER MittBayNot 2001, 526, 533).

**a)** Abs 3 bezieht sich, wie Abs 1, nur auf die Anfechtung des Erbvertrags durch **7** den Erblasser, nicht auf die durch den Vertragsgegner (nach § 2080 oder §§ 119 ff) oder durch Dritte (nach § 2080). Diese können also formlos anfechten, nur muss in gewissen Fällen die Anfechtung gegenüber dem Nachlassgericht erklärt werden (§ 2081; KIPP-COING § 24 V 2; AK-FINGER RdNr 3).

**b)** Beurkundet werden muss nur die Anfechtungserklärung selbst, nicht ihr Zu- **8** gehen an den Anfechtungsgegner (§ 2281 RdNr 14); dieses kann also auch auf andere Weise bewiesen werden (Prot V 438). Jedoch muss die Anfechtungserklärung in Urschrift oder Ausfertigung ihm zugehen (PALANDT-EDENHOFER RdNr 2; vgl hierzu auch § 2271 RdNr 13). Andererseits bedarf die Anfechtungserklärung des Erblassers auch dann der Beurkundung, wenn sie gegenüber dem Nachlassgericht abzugeben ist (§ 2281 Abs 2).

**c)** Abs 3 ist auf die bindend gewordenen wechselbezüglichen Verfügungen eines **9** **gemeinschaftlichen Testaments** entsprechend anwendbar (§ 2271 RdNr 87).

### 2. Formmangel

Wenn die Anfechtungserklärung des Erblassers nicht die in Abs 3 vorgeschriebe- **10** ne Form wahrt, ist sie nichtig (§ 125).

## § 2283 Anfechtungsfrist

**(1)** Die Anfechtung durch den Erblasser kann nur binnen Jahresfrist erfolgen.

**(2)** Die Frist beginnt im Falle der Anfechtbarkeit wegen Drohung mit dem Zeitpunkt, in welchem die Zwangslage aufhört, in den übrigen Fällen mit dem Zeitpunkt, in welchem der Erblasser von dem Anfechtungsgrund Kenntnis erlangt. Auf den Lauf der Frist finden die für die Verjährung geltenden Vorschriften der §§ 206, 210 entsprechende Anwendung.

**(3)** Hat im Falle des § 2282 Abs 2 der gesetzliche Vertreter den Erbvertrag nicht rechtzeitig angefochten, so kann nach dem Wegfall der Geschäftsunfähigkeit der Erblasser selbst den Erbvertrag in gleicher Weise anfechten, wie wenn er ohne gesetzlichen Vertreter gewesen wäre.

## I. Allgemeines

### 1. Persönlicher Anwendungsbereich

**1** Die Frist des § 2283 gilt nur für die **Anfechtung der eigenen Verfügungen durch den Erblasser,** sei es gegenüber dem Vertragsgegner oder gegenüber dem Nachlassgericht, § 2281 Abs 2. Bei einem mehrseitigen Erbvertrag läuft für jeden Erblasser die Frist zur Anfechtung der eigenen vertragsmäßigen Verfügungen gesondert (vgl REITHMANN DNotZ 1957, 529). Für die Anfechtung durch den Vertragsgegner oder Dritte ist § 2082 maßgebend, für die Anfechtung der Annahmeerklärung oder einer eigenen Verpflichtung des Vertragsgegners (etwa beim entgeltlichen Erbvertrag) nach §§ 119, 123 sind dies die §§ 121, 124. Soweit ein Erblasser die Verfügungen eines Vertragsgegners oder Mitbeteiligten nach §§ 2078 ff anfechten kann, muss er die Frist des § 2082 einhalten.

### 2. Rechtsnatur

**2** Die in Abs 1 bestimmte Frist ist eine *Ausschlussfrist,* ihre Versäumung führt zum Erlöschen des Anfechtungsrechts (LANGE-KUCHINKE § 25 IX 2 b). Dies ist im Rechtsstreit von Amts wegen zu beachten. Da Abs 2 S 2 ausdrücklich nur die §§ 206, 210 für anwendbar erklärt, ergibt sich im Umkehrschluss hieraus, dass die übrigen Vorschriften über die Hemmung und Unterbrechung der Verjährung nicht gelten. Nach Fristablauf kann aber noch die Einrede der Anfechtbarkeit bestehen (§ 2083).

## II. Anfechtungsfrist

### 1. Fristbeginn

**3** Die Frist für die Anfechtung durch den Erblasser beginnt nach Abs 2 S 1
– Bei der Anfechtbarkeit wegen **Drohung** (§ 2078 Abs 2) mit dem Zeitpunkt, in dem die Zwangslage aufhört (vgl § 124 Abs 2);
– Bei der Anfechtbarkeit wegen **Irrtums** (§ 2078 Abs 1, 2, § 2079) mit dem Zeitpunkt, in dem Erblasser von dem Anfechtungsgrund Kenntnis erlangt (vgl § 1944 Abs 2 S 1).

#### a) »Kenntnis vom Anfechtungsgrund«

**4** In diesem Sinne erfordert sichere und überzeugende Information des Erblassers über alle für die Anfechtung wesentlichen Tatumstände, sodass er die Sachlage richtig beurteilen und sich über die Erfolgsaussichten der Anfechtung ein zutreffendes Bild machen kann (BGH FamRZ 1973, 539; BayObLGZ 1963, 263; 1990, 95; BayObLG FamRZ 1995, 1024 = ZEV 1995, 105; JOHANNSEN WM 1969, 1230; MünchKomm-MUSIELAK RdNr 3). Bei Irrtum über die Bindungswirkung des Erbvertrags ist dies dann der Fall, wenn der Erblasser beim späteren Durchlesen der Urkunde erkennt, dass er ihn einseitig nicht mehr ändern kann (OLG Frankfurt FamRZ 1998, 194, 195). Insbesondere ein *Tatsachenirrtum* kann aber den Fristbeginn hindern (ROSEMEIER ZEV 1995, 124). Da je nach Anfechtungsgrund die hierfür maßgeblichen Umstände unterschiedlich sind, kann die Rechtzeitigkeit der Anfechtung erst beurteilt werden, wenn vorher der **Anfechtungsgrund klargestellt** ist (BayObLG FamRZ 1990, 322 = NJW-RR 1990, 200). Praktisch wichtig sind dabei insbesondere folgende Fallgestaltungen:

### aa) Vergessener Erbvertrag

Zum Anfechtungsgrund, der dem Anfechtenden bekannt sein muss, gehört nach **5** hM auch die anfechtbare Verfügung von Todes wegen (Erbvertrag, gemeinschaftliches Testament, OLG Kiel HEZ 2, 329, 334; BayObLG FamRZ 1995, 1024, 1025 = ZEV 1995, 105; ZEV 1997, 377, 380 = NJW-RR 1997, 1027), obgleich diese doch das Ziel und nicht der Grund der Anfechtung ist (LEIPOLD ZEV 1995, 99). Die fehlende aktuelle Kenntnis der Verfügung würde daher den Fristbeginn hindern. Dies begünstigt den vergesslichen oder in eigenen Rechtsdingen nachlässigen Erblasser letztlich unangemessen und führt zu Rechtsunsicherheit. Das BayObLG wie das OLG Kiel behelfen sich daher mit einer Abschwächung der Anforderung an die aktuelle Kenntnis des Erblassers: Es genüge, wenn der Erblasser ohne weitere Gedächtnishilfe sich an die Verfügung von Todes wegen erinnern würde, falls er sich mit der Frage der Nachlassregelung befasse (BayObLG ZEV 1995, 105). Damit wird der tatsächliche Kenntnisstand aber durch eine normative Bewertung ersetzt, also durch Zurechnungskriterien fingiert, was problematisch ist (dem BayObLG zustimmend aber STAUDINGER-KANZLEITER RdNr 8).

### bb) Fehlgeschlagene Erwartungen

Schwierig ist die Feststellung des Fristbeginns bei **Anfechtungsgründen**, die auf **6** Tatumständen beruhen, die sich erst über einen **längeren Zeitraum** entwickeln. So etwa, wenn eine bestimmte Erwartung über ein künftiges besseres Zusammenleben mit dem Vertragsgegner enttäuscht wird; hier beginnt die Frist erst, wenn sich beim Erblasser die **sichere Überzeugung** vom Scheitern dieser Erwartung gebildet hat, wofür eine Reihe von Vorfällen maßgeblich sein können (BGH WM 1973, 974, 975; BayObLG FamRZ 2000, 1053, 1155; MünchKomm-MUSIELAK RdNr 3). Ändert der Erblasser aber zeitweise seine Meinung und glaubt vorübergehend an eine Besserung, so soll die Frist erst nach dem erneuten Meinungsumschwung beginnen (BayObLG FamRZ 1983, 1275, 1277 = MittBayNot 1983, 178), was zu einer wiederholten Fristverlängerung führen kann. Klarer liegt der Fall, wenn der Irrtum darin bestand, die Ehe des Erblassers werde Bestand haben; hier beginnt die Anfechtungsfrist spätestens mit der Erhebung der Scheidungsklage (BayObLG NJW-RR 1990, 200).

Besteht der Anfechtungsgrund in der fehlgeschlagenen Erwartung, der Bedachte **7** werde fortlaufende Zahlungen an den Erblasser leisten, so beginnt die Anfechtungsfrist erst, wenn die Zahlungen in dem Umfang ausbleiben, bei dessen Voraussicht der Erblasser vom Erbvertrag abgesehen hätte (BayObLGZ 1963, 260, 262 = NJW 1964, 205).

### b) Rechtsirrtum

Nicht nur die auf einem Tatsachenirrtum beruhende Unkenntnis des Anfech- **8** tungsgrunds ist beachtlich, sondern auch ein Rechtsirrtum kann dies sein. Nach der Rechtsprechung und wohl noch hM in der Literatur ist aber ein Rechtsirrtum nur erheblich, wenn er die Unkenntnis einer die Anfechtung begründenden Tatsache zur Folge hat, weil er dem Anfechtungsberechtigten die Einsicht in die Anfechtungsbedürftigkeit verschließe. Die rechtsirrtümliche Beurteilung des Anfechtungstatbestandes als solche soll jedoch nicht genügen (MünchKomm-MUSIELAK RdNr 4; PALANDT-EDENHOFER § 2082 RdNr 4; SOERGEL-M WOLF RdNr 4; BGH FamRZ 1970, 79, 81; RGZ 107, 192, 194; 132, 1, 4; BayObLGZ 1990, 95, 99; BayObLG NJW-RR 1991, 454 = MittBayNot 1991, 84, 85; ZEV 1997, 377, 380 = NJW-RR 1997, 1027; KG NJW 1963, 767; vgl zum Ganzen auch das Gutachten DNotI-Report 8/1998, S 78 ff). Teilweise wird nur der Tatsachenirrtum für beachtlich angesehen (MünchKomm-LEIPOLD § 2082 RdNr 5 ff; SCHUBERT-CZUB JA 1980, 336), was zum Wiederaufleben der römisch-rechtlichen Parömie »error juris nocet«

führen würde, teilweise wird die Unterscheidung überhaupt als unbrauchbar abgelehnt (KIPP-COING § 24 V 4 b; STAUDINGER-OTTE § 2082 RdNr 8).

**9** Die Differenzierung der hM kommt nicht immer zu überzeugenden Ergebnissen, ja mitunter ergeben sich Wertungswidersprüche (vgl den Überblick bei LANGE-KUCHINKE § 36 VI 4 b; kritisch auch STAUDINGER-OTTE RdNr 8; MünchKomm-LEIPOLD RdNr 7 je zu § 2082). Allgemein anerkannt ist, dass die Unkenntnis des Erblassers über die Anfechtungsbedürftigkeit zur Beseitigung der erbrechtlichen Bindung eines Erbvertrags oder gemeinschaftlichen Testaments unbeachtlich ist (RGZ 107, 193; 132, 1; J MAYER, Der Rechtsirrtum und seine Folgen im bürgerlichen Recht [1989] 266 f). In anderen Fällen ist eine Tendenz zu erkennen, durch Zubilligung eines Tatsachenirrtums den Beginn der Anfechtungsfrist hinauszuschieben, weil man dies wertungsmäßig für richtig hält, auch wenn letztlich eine fehlerhafte Rechtsauffassung zugrunde liegt (LANGE-KUCHINKE aaO).

**10 Einzelfälle:** (zT auch zu § 2082): Die Frist läuft nicht, wenn der Erblasser den Erbvertrag irrtümlich für formungültig (RGZ 132, 5) oder das gemeinschaftliche Testament durch Anfechtung des zweiten Ehegatten (KG OLGZ 1968, 112, 114 f) oder eigenen Widerruf (OLG Hamm OLGZ 1971, 312) für vernichtet oder den Erbvertrag durch Ausübung eines Rücktrittsrechts (OLG Köln, 67, 496) für beseitigt hält. Unbeachtlich ist, wenn der Erblasser wegen der veränderten tatsächlichen Verhältnisse den Erbvertrag auch ohne Anfechtung nicht mehr für bindend hält (BayObLG NJW-RR 1991, 454 = MittBayNot 1991, 84; ZEV 1997, 380; ähnlich KG JW 1937, 2976) oder sich über die Wirksamkeit der eigenen Anfechtungserklärung, hier Formgültigkeit, geirrt hat (OLG Hamm NJW-RR 1994, 522 = ZEV 1994, 109, 111; LG Tübingen BWNotZ 1982, 166). Hält der Pflichtteilsberechtigte demgegenüber wegen seiner Übergehung die Verfügung gleich für nichtig, so soll kein Fristbeginn laufen (RGZ 107, 192 f – wo ist der sachliche Unterschied zur Annahme des Bindungswegfalls?).

**11** Widersprüchlich erscheint weiter, wenn einerseits der Irrtum, dass infolge einer Wiederverheiratung die Verfügung des Längerlebenden unwirksam wurde, heute überwiegend als beachtlich angesehen wird (BayObLG FamRZ 1992, 1102, 1103 [das erstaunlicherweise hierin einen Tatsachenirrtum sieht, so zu Recht kritisch MünchKomm-LEIPOLD § 2082 RdNr 8 Fn 21]; BayObLGZ 1975, 6, 10; OLG Hamm DNotZ 1972, 43; RG Recht 1924 Nr 184; aM RG JW 1935, 2716 f; OLG Frankfurt/M NJWE-FER 2000, 37 = ZEV 2000, 144; BayObLG ZEV 1997, 377, 380 mit Betonung auf der Fehleinschätzung der Bindungswirkung), **aber nicht** der Irrtum über die Auswirkungen des begründeten Scheidungsantrags (BayObLG NJW-RR 1990, 200, 201) oder über die **Wirksamkeit** einer Widerrufshandlung beim gemeinschaftlichen Testament durch einen Ehegatten nach § 2255 (BayObLGZ 1990, 95, 99) und die irrtümliche Auslegung der alten Verfügung von Todes wegen (OLG Koblenz NJW 1947/48, 628; aM SOERGEL-LORITZ § 2082 RdNr 6; STAUDINGER-OTTE § 2082 RdNr 12; vgl auch RG GRUCHOT 59, 481 f). Die hM ersetzt ohne zwingenden Grund das Tatbestandsmerkmal »Kenntnis des Anfechtungsgrundes« durch das der »Anfechtungsbedürftigkeit«.

**12** Eine **klare Abgrenzung** erhält man, wenn danach unterschieden wird, ob der Rechtsirrtum die *materiellen Anfechtungsvoraussetzungen* betrifft (dann **beachtlich**) oder aber die Anfechtungsbedürftigkeit als solche und die Verfahrensvoraussetzungen hierfür, wie Notwendigkeit der Ausübung, Form, Frist und Adressat (**unbeachtlich,** so differenzierend J MAYER 267 f; LANGE-KUCHINKE § 36 VI 4 b; SOERGEL-LORITZ § 2082 RdNr 6; STAUDINGER-OTTE § 2082 RdNr 11; ROSEMEIER ZEV 1995, 124, wobei letzterer diese Differenzierung zu sehr in die Kontinuität der Rechtsprechung stellt). Dies entspricht nicht nur dem Gesetzeswortlaut eher, sondern schützt den Betroffenen zum einen auch dagegen, dass er sein Anfechtungsrecht verliert, wenn er infolge der Unkenntnis der Anfechtungstatsache keine Veranlassung sieht, Rechtsrat einzuholen.

Zum andern ist es bei objektiv zweifelhafter Rechtslage oder Rechtsprechungsänderung hinsichtlich des Anfechtungstatbestandes nicht gerechtfertigt, den Anfechtungsberechtigten mit dem sich aus solchen Fällen des »kollektiven Rechtsirrtums« ergebenden Irrtumsrisiko einseitig zu belasten (STAUDINGER-OTTE § 2082 RdNr 8; zur Beachtlichkeit des Rechtsirrtums bei Erkenntnisproblemen und unsicherer Rechtslage J MAYER 49 ff). Geht es aber um die Beurteilung der Beachtung der Formalien der Rechtsausübung, so spricht der Gesichtspunkt, dass die Notwendigkeit der Rechtsberatung erkennbar wurde und bestand, gegen die Beachtlichkeit des Rechtsirrtums (OLG Hamm ZEV 1994, 109, 111 = NJW-RR 1994, 522; allgemein hierzu J MAYER 60 ff).

Ist hinsichtlich der Rechtsfrage bereits ein Gerichtsverfahren anhängig, so ist umstritten, ab wann durch den **Erlass einer vorinstanzlichen Entscheidung** die Rechtslage hinreichend geklärt und damit ein Irrtum des Anfechtungsberechtigten ausgeschlossen ist. Hierzu hatte das KG (KGJ 40, 47, 51) angenommen, die notwendige Gewissheit über den Anfechtungsgrund habe er erst mit der vorangegangenen kammergerichtlichen Entscheidung erlangt, die die Auffassung der Vorinstanzen bestätigte. Dem ist das OLG Frankfurt ausdrücklich nicht gefolgt, sondern hat bereits mit Zugang der amtsgerichtlichen Entscheidung den Fristbeginn bejaht, weil der Anfechtungsberechtigte damit umfassend über den Regelungsumfang des gemeinschaftlichen Testaments unterrichtet worden sei; andernfalls ergäbe sich zu Unrecht eine »äußerst lange Überlegungsfrist« (OLG Frankfurt ZEV 2002, 109, 111 = FamRZ 2002, 352 unter Bezug auf BayObLG NJW-RR 1998, 797 = ZEV 1998, 430 zur Erbschaftsausschlagung). Richtigerweise wird man nach den Umständen des Einzelfalls, insbesondere nach der Schwierigkeit und Umstrittenheit der Rechtsmaterie differenzieren müssen und den Gedanken der Evidenz des richtigen Rechts auch hier nutzbar machen (dazu bereits MAYER-MALY, Rechtskenntnis und Gesetzesflut [1984] 73 f; J MAYER aaO 42 ff).

## 2. Fristhemmung

Die Anfechtungsfrist ist nach Abs 2 S 2 in den Fällen des § 206 nF, früher § 203 **13** (bei höherer Gewalt uä) und § 210 nF, früher § 206 (bei nicht voll Geschäftsfähigen ohne gesetzlichen Vertreter) gehemmt. Dies gilt nicht nur für die Anfechtung gegenüber dem Nachlassgericht, sondern auch für die Anfechtung gegenüber dem Vertragspartner. Ein Verschulden des beauftragten Notars anlässlich der Anfechtungserklärung ist dem Anfechtungsberechtigten nicht zuzurechnen und hemmt die Anfechtungsfrist (§ 203 aF, jetzt § 206, OLG Hamm ZEV 1994, 109, 112). Die Änderung von Abs 2 durch das SMG ist ohne inhaltliche Auswirkungen (SARRES in SCHIMMEL-BUHLMANN, Frankfurter Handbuch zum neuen Schuldrecht, 2002, F V RdNr 10).

Ist der Erblasser **geschäftsunfähig und ohne gesetzlichen Vertreter,** so endet die **14** Anfechtungsfrist aufgrund des § 210 erst sechs Monate nachdem er unbeschränkt geschäftsfähig wurde. Damit wird ihm eine Nachfrist zur Anfechtung eingeräumt. Wird ein gesetzlicher Vertreter nachträglich bestellt, so gilt § 2283 Abs 3.

Der **beschränkt Geschäftsfähige** kann nach § 2282 Abs 1 S 2 selbst anfechten, da **15** er insoweit **partiell geschäftsfähig** ist; daher kann für ihn § 206 nicht angewendet werden, eine Nachfrist wird ihm nicht gewährt (PLANCK-GREIFF Anm 2; STAUDINGER-KANZLEITER RdNr 10; vgl § 206 Abs 2). Dies führt dazu, dass auch durch bewusstes Verstreichenlassen der Anfechtungsfrist das Anfechtungsrecht erlischt, was im praktischen Ergebnis einer förmlichen Bestätigung gleichkommt, die der beschränkt Geschäftsfähige an sich nach § 2284 S 2 nicht abgeben könnte. Angesichts des klaren Wortlauts und weil das Gesetz auch sonst die Bestätigung, die einen Verzicht auf das Anfechtungsrecht darstellt, vom Verstreichenlassen der Anfechtungsfrist unterscheidet, ist eine entsprechende Anwendung des § 206 Abs 1 aber nicht möglich. Die Gegenansicht wendet dagegen § 206 Abs 1 analog an, es sei denn, der beschränkt Geschäftsfähige kann nach § 2275 Abs 2 und 3 Erbverträge abschließen und dann auch bestätigen (MünchKomm-MUSIELAK RdNr 5; AK-FINGER RdNr 6).

**16** Ist der Erblasser geschäftsunfähig, aber hatte er einen **gesetzlichen Vertreter,** der die Anfechtungsfrist versäumt hatte, so soll er aus dem Versäumnis seines gesetzlichen Vertreters keinen Nachteil erleiden. Daher bestimmt § 2283 Abs 3, dass der Erblasser nach Wegfall der Geschäftsunfähigkeit selbst befugt ist, den Erbvertrag anzufechten, dh die Anfechtungsfrist läuft hier erst sechs Monate nach Wegfall der Geschäftsunfähigkeit ab. Diese Nachfrist erhält er unabhängig davon, ob er nun voll oder nur beschränkt geschäftsfähig ist. Eine zeitliche Schranke wie bei § 124 Abs 3 besteht hier nicht (PALANDT-EDENHOFER RdNr 1).

### 3. Fristberechnung

**17** Siehe hierzu §§ 187 ff.

## III. Beweislast

**18** Die materielle Beweislast für den Anfechtungsgrund trifft den, der sich auf die Anfechtung beruft; die für den Ausschluss durch Zeitablauf trifft den Anfechtungsgegner (BayObLGZ 1963, 264; BayObLG FamRZ 1995, 1024, 1025; PALANDT-EDENHOFER RdNr 3; aM JOHANNSEN WM 1972, 652; MünchKomm-MUSIELAK RdNr 6, wonach im letzten Fall derjenige die Beweislast hat, welcher sich auf die Anfechtung beruft). Wenn es aber um den Beweis der »inneren Tatsache« der Kenntnis der anfechtbaren Verfügung von Todes wegen geht, erscheint eine **Beweiserleichterung** dahingehend angebracht, dass der Erblasser, der ja den früheren Erbvertrag (oder gemeinschaftliches Testament) mit errichtet hat, diesen zum Zeitpunkt des Eintritts der anderen Tatbestandsvoraussetzungen für die Anfechtung noch kannte (BayObLG FamRZ 1995, 1025). LEIPOLD (ZEV 1995, 100) hält sogar die Aufstellung einer Beweislastregel für eine solche Sachlage für möglich, da der Fortbestand der Kenntnis die Regel sei.

## § 2284 Bestätigung

**Die Bestätigung eines anfechtbaren Erbvertrags kann nur durch den Erblasser persönlich erfolgen. Ist der Erblasser in der Geschäftsfähigkeit beschränkt, so ist die Bestätigung ausgeschlossen.**

## I. Allgemeines

### 1. Normzweck

**1** § 2284 ergänzt die allgemeine Regelung des § 144 Abs 1, wonach die Anfechtung ausgeschlossen ist, wenn das anfechtbare Rechtsgeschäft von dem Anfechtungsberechtigten bestätigt wird. Die Bestätigung des anfechtbaren Rechtsgeschäfts ist ihrem Wesen nach nicht Wiederholung des Rechtsgeschäfts (so aber beim nichtigen, § 141), sondern ein Verzicht auf das Anfechtungsrecht (vgl Mot V 323). Sie beseitigt den Mangel der Anfechtbarkeit (§ 144) und stärkt dadurch den Bestand und die Bindung des Erbvertrags (SOERGEL-M WOLF RdNr 1). Soweit mehrere Anfechtungsgründe bestehen, kann die Bestätigung auf einen Grund beschränkt werden (PALANDT-HEINRICHS § 144 RdNr 3).

Die gleiche Wirkung wie durch die Bestätigung lässt sich durch das Verstreichenlassen der Anfechtungsfrist (§ 2283 Abs 1) erzielen, jedoch bringt die Bestätigung vorzeitige Rechtsklarheit, da der Erblasser ja innerhalb der Anfechtungsfrist versterben kann. Der Erblasser kann weiter seinerseits auf die Geltendmachung künftiger Anfechtungsgründe **verzichten,** etwa auf solche nach § 2079 (VEIT NW 1993, 1557; vgl § 2281 RdNr 24 f). **2**

## II. Voraussetzungen der Bestätigung

### 1. Bestätigungsbefugnis

#### a) Grundsätzliches

Da die Bestätigung ein Verzicht auf das Anfechtungsrecht ist (RdNr 1), kann sie als actus contrarius zur Anfechtung nur durch den **Erblasser** persönlich erfolgen, also nicht durch einen gewillkürten oder gesetzlichen Vertreter (vgl §§ 2064, 2274). Auch Vertretung in der Erklärung ist hier (wie bei der Anfechtung, § 2282 RdNr 1) nicht zulässig, weil die Fassung »nur durch den Erblasser persönlich« auch eine solche Vertretung ausschließt. Da sich das Anfechtungsrecht Dritter bis zu einem gewissen Grad von dem des Erblassers ableitet (§ 2285, vgl Erl § 2285 RdNr 1, 5), hat die Bestätigung durch den Erblasser hinsichtlich der von der Bestätigung erfassten Anfechtungsgründe zur Folge, dass die Anfechtung insoweit allgemein ausgeschlossen ist, also auch für Dritte (§ 2284 S 1). Diese weitreichende, absolute Bestätigungswirkung kommt allerdings nur der durch den Erblasser abgegebenen Erklärung zu. Soweit Dritte nach dem Tod des Erblassers ein eigenes Anfechtungsrecht erhalten (§§ 2078 ff), ist es ihnen auch möglich, dieses durch einen **vertraglichen Verzicht** zu beseitigen (KIPP-COING § 24 VII 2; STAUDINGER-KANZLEITER RdNr 2). Dies kann sogar schon vor Eintritt des Erbfalls geschehen, unterscheidet sich aber schon von der Rechtsfolge her von der Anfechtungsbestätigung durch den Erblasser: Denn der Verzicht führt nur im Verhältnis zum Verzichtenden zum Erlöschen der Anfechtbarkeit; die Anfechtungsmöglichkeit durch andere, die etwa aus dem gleichen Grund anfechtungsberechtigt sind, wird hiervon nicht berührt, sodass im Gegensatz zur Erblasserbestätigung nur von einer **relativen Verzichtswirkung** gesprochen werden kann. Demgegenüber wird teilweise vertreten, den anderen Anfechtungsberechtigten müsse nach dem Tod des Erblassers auch eine einseitige Bestätigung möglich sein (VEIT, Die Anfechtung von Erbverträgen [1991] 226; AK-FINGER RdNr 2; MünchKomm-MUSIELAK RdNr 2, soweit dort auf die Meinung über die Anfechtung letztwilliger Verfügungen Bezug genommen wird [etwa BROX RdNr 327] ist die Rechtslage nicht vergleichbar). Selbst wenn man diese Erleichterung zulässt, darf die sich hieraus ergebende beschränkte, relative Rechtsfolge nicht übersehen werden: sie wirkt nicht zu Lasten dritter Anfechtungsberechtigter. **3**

#### b) Geschäftsfähigkeit

Da der gesetzliche Vertreter den Erbvertrag nicht bestätigen kann, ist die Bestätigung ausgeschlossen, wenn der Erblasser geschäftsunfähig ist. Durch die Anordnung eines **Einwilligungsvorbehalts** kann auch dem unter Betreuung stehenden Erblasser die Befugnis zur Bestätigung nicht genommen werden, da ein solcher sich nicht auf Verfügungen von Todes wegen erstrecken kann (§ 1903 Abs 2; MünchKomm-MUSIELAK RdNr 6). **4**

**5** Aber auch für den **beschränkt geschäftsfähigen** Erblasser (§ 106) ist die Bestätigung nach der ausdrücklichen Vorschrift des Gesetzes (S 2) ausgeschlossen, weil ihre Folgen denen des Abschlusses eines neuen Erbvertrages gleichstehen (vgl § 2275; Mot V 324). Das gilt auch dann, wenn ein in der Geschäftsfähigkeit beschränkter Erblasser nach § 2275 Abs 2 oder Abs 3 unter Zustimmung seines gesetzlichen Vertreters mit seinem Ehegatten oder Verlobten einen Erbvertrag geschlossen hat (PLANCK-GREIFF Anm 3; PALANDT-EDENHOFER RdNr 1; STAUDINGER-KANZLEITER RdNr 9). Die Gegenmeinung will dagegen eine teleologische Reduktion der Vorschrift bei Ehegatten- und Verlobtenerbverträgen vornehmen, da man sonst die Beteiligten zum teuren Neuabschluss zwänge (ERMAN-M SCHMIDT RdNr 1; SOERGEL-M WOLF RdNr 3; MünchKomm-MUSIELAK RdNr 7). Das Kostenargument verfängt aber dann nicht, wenn man auch die Bestätigung für formbedürftig hält. Allerdings kann der beschränkt geschäftsfähige Erblasser mittelbar die Heilung des anfechtbaren Erbvertrags dadurch herbeiführen, dass er die Anfechtungsfrist verstreichen lässt (§ 2282 Abs 1 S 2, § 2283; Mot V 324; VEIT NJW 1993, 1556; § 2283 RdNr 15).

### 2. Bestätigungsobjekt

**6** Nur anfechtbare, vertragsmäßige Verfügungen (§ 2278 Abs 2) können bestätigt werden. **Einseitige Verfügungen** (§ 2299) können nicht angefochten und daher nicht bestätigt werden. Zudem können nur anfechtbare, nicht aber bereits angefochtene oder aus sonstigem Grunde nichtige Erbverträge bestätigt werden. Hierin zeigt sich der Unterschied zwischen der Bestätigung eines anfechtbaren Rechtsgeschäfts (§ 144) und der Bestätigung eines nichtigen Rechtsgeschäfts, das eine Neuvornahme ist (§ 141). Da die Anfechtung als Gestaltungsrecht sofort zur Nichtigkeit führt (§ 142), kann sie auch nicht »zurückgenommen«, sondern höchstens nach den allgemeinen Vorschriften (§§ 119 ff) ihrerseits angefochten werden (BGH NJW 1983 2247, 2249; VEIT NJW 1993, 1556). Ein wegen Formmangels nichtiger Erbvertrag kann auch nicht von den Erben des Vertragsgegners oder des vertragsmäßig Bedachten bestätigt werden.

### 3. Kenntnis des Anfechtungsgrundes

**7** Verzicht auf ein Recht setzt begrifflich Kenntnis des Rechts voraus, die Bestätigung also Kenntnis des Anfechtungsrechtes und damit des Anfechtungsgrundes (PALANDT-EDENHOFER RdNr 2; MünchKomm-MUSIELAK RdNr 5). Der Erblasser kann also den Erbvertrag, der wegen Irrtums anfechtbar ist, erst bestätigen, wenn er den Irrtum erkannt hat. Einen wegen Drohung anfechtbaren Erbvertrag kann er erst bestätigen, wenn die Zwangslage aufgehört hat. Die Bestätigung setzt also den Wegfall des Anfechtungsgrundes voraus. Sie beschränkt sich aus diesem Grund auch auf die bis dahin bekannten Anfechtungsgründe und erfasst nicht unbekannte.

## III. Bestätigungserklärung

### 1. Form der Bestätigung

**8** Nach hM bedarf die Bestätigung durch den Erblasser keiner Form, insbesondere nicht der, die in § 2276 für den Abschluss des Erbvertrags oder die Anfechtung selbst (§ 2282 Abs 3) vorgeschrieben ist (MünchKomm-MUSIELAK RdNr 6; SOERGEL-M WOLF RdNr 2; STAUDINGER-KANZLEITER RdNr 6; LANGE-KUCHINKE § 25 IX 2 d; PALANDT-EDENHOFER

RdNr 2; ERMAN-M SCHMIDT RdNr 2; BROX RdNr 244; SCHLÜTER RdNr 246; BayObLG NJW 1954, 1039; NJW-RR 1989, 1090). Die Formfreiheit wird damit begründet, dass zum einen § 144 Abs 2 BGB dies allgemein bestimmt und zum anderen damit, dass der Erblasser durch das ebenfalls formlose Verstreichenlassen der Anfechtungsfrist gem § 2283 BGB denselben rechtlichen Erfolg herbeiführen kann (ISCHINGER Rpfleger 1951, 164). Gegen die formfreie Bestätigung wendet sich vor allem die ältere Literatur (STROHAL I § 45 Fn 16; HELLWIG, Die Verträge auf Leistung an Dritte, 661 ff).

Der hM kann nicht gefolgt werden: Soweit die Formfreiheit mit den Motiven (V, **9** 323) begründet wird, ist zu berücksichtigen, dass seinerzeit auch für die Anfechtung bei Verfügungen von Todes wegen keine besondere Form vorgesehen war; diese wurde erst in der 2. Lesung (Prot V 385) eingeführt. Aus den Protokollen ergibt sich die zutreffende, de lege lata jedoch nicht realisierte Überlegung, dass mit gleichem Recht dann auch für die Bestätigung die gerichtliche oder notarielle Beurkundung verlangt werden müsse (Prot V 386). Soweit sich die hM auf § 144 Abs 2 BGB beruft, ist zu berücksichtigen, dass nach den Regeln des allgemeinen Teils auch die Anfechtung (§ 143) in keiner Weise formbedürftig ist, auch dann nicht, wenn eine formbedürftige Willenserklärung angefochten wird. Da für die Ausübung des Anfechtungsrechts beim Erbvertrag die notarielle Beurkundung vorgeschrieben ist, ist diese Form auch entsprechend für die Bestätigung nach § 2284 maßgebend (vgl hierzu BENGEL DNotZ 1984, 137). Dem Grundsatz der Formstrenge im Erbvertragsrecht widerspricht es, die formgebundene Anfechtungsmöglichkeit durch formlose Bestätigung beseitigen zu können, auch wenn der Schwebezustand wegen § 2283 Abs 1 nur ein Jahr dauert.

### 2. Erklärungsadressat

Die Bestätigung ist nicht empfangsbedürftig, braucht also nicht unbedingt gegen- **10** über dem Vertragsgegner oder gegenüber dem Nachlassgericht erklärt werden (Mot V 323; BayObLGZ 1954, 71; PALANDT-EDENHOFER RdNr 2). Allerdings ist dem Erblasser zu empfehlen, die Bestätigung bei Lebzeiten des Vertragsgegners diesem gegenüber, nach dessen Tode gegenüber den übrigen Anfechtungsberechtigten zu erklären (PLANCK-GREIFF Anm 1).

## § 2285 Anfechtung durch Dritte

**Die in § 2080 bezeichneten Personen können den Erbvertrag auf Grund der §§ 2078, 2079 nicht mehr anfechten, wenn das Anfechtungsrecht des Erblassers zur Zeit des Erbfalls erloschen ist.**

### I. Normzweck

Das Anfechtungsrecht des Erblassers ist höchstpersönlich und daher auch nicht **1** vererblich (§ 2282 RdNr 1). Nach seinem Tod steht es jedoch dem Nächstbegünstigten zu (§§ 2285, 2080). Auch wenn es in dessen Person neu entsteht (MünchKomm-MUSIELAK RdNr 1; SCHLÜTER RdNr 292; V LÜBTOW I 448), macht er nur den Irrtum des Erblassers oder seine Zwangslage geltend und leitet insoweit sein Anfechtungsrecht von den Willensmängeln des Erblassers ab (LANGE-KUCHINKE § 25 IX 3 a). Es ist daher nur folgerichtig, dass Anfechtungsvoraussetzung für den Dritten ist, dass das Anfechtungsrecht des Erblassers noch nicht erloschen ist. Durch diese **Akzesso-**

rietät des Anfechtungsrechts ermöglicht das Gesetz dem Erblasser auch die Entscheidung, trotz der Anfechtbarkeit des Erbvertrags durch Bestätigung desselben (§ 2284) oder Verstreichenlassen der Ausschlagungsfrist (§ 2283) mit Wirkung auch gegenüber den anfechtungsberechtigten Dritten die Mängel des Erbvertrags zu heilen und sich weiter an ihn zu binden.

## II. Anfechtung durch Vertragsgegner und Dritte

### 1. Zeitliche Beschränkung

2 Bis zum Tode des Erblassers ist ausschließlich er selbst zur Anfechtung seiner vertragsmäßigen Verfügungen berechtigt (MünchKomm-MUSIELAK RdNr 2). Erst danach ist eine Anfechtung seiner Verfügungen durch andere Personen, sei es den Vertragspartner des Erbvertrags oder durch Dritte, zulässig. Die Anfechtung richtet sich hinsichtlich des Anfechtungsgrundes wie der Anfechtungsformalitäten dabei allein nach Testamentsrecht (§§ 2078 ff). Dass die in § 2080 bezeichneten Personen, die sog »Nächstbegünstigten« (LANGE-KUCHINKE § 25 IX 3 a) grundsätzlich berechtigt sind, den Erbvertrag aufgrund der §§ 2078, 2079 anzufechten, geht auch aus § 2285 hervor. Das Anfechtungsrecht der übergangenen Pflichtteilsberechtigten (§§ 2079, 2080 Abs 3) hängt nicht davon ab, ob sie schon beim Abschluss des Erbvertrags pflichtteilsberechtigt waren; vielmehr kommt es darauf an, ob sie es beim Erbfall sind (§ 2079; Mot V 325; KG OLG 11, 257).

### 2. Form und Frist

3 Die Anfechtungsfrist bemisst sich nach § 2082 mit § 2279 (BGH DNotZ 1970, 167), nicht nach § 2283, der nur für die Anfechtung durch den Erblasser gilt. Die Anfechtungsfrist beginnt für den Dritten mit dem Erbfall neu zu laufen, auch wenn sie beim Erblasser zT bereits verstrichen war; war die Frist dagegen bereits dann abgelaufen, dann bestand kein Anfechtungsrecht mehr und konnte auch für den Dritten nicht mehr entstehen (AK-FINGER RdNr 4; MünchKomm-MUSIELAK RdNr 3). Die Anfechtung bedarf hier keiner besonderen Form; § 2282 Abs 3 gilt nur für die Anfechtung durch den Erblasser (PALANDT-EDENHOFER RdNr 1; SOERGEL-M WOLF RdNr 3).

### 3. Anfechtungsgegner

4 Wenn der Vertragsgegner oder ein Dritter eine vertragsmäßige Verfügung anfechten will, durch die in **Erbe** eingesetzt, ein gesetzlicher Erbe von der Erbfolge ausgeschlossen, ein Testamentsvollstrecker ernannt, eine Auflage angeordnet oder eine Verfügung solcher Art aufgehoben wird, so muss er die Anfechtung gegenüber dem Nachlassgericht erklären (§ 2081 Abs 1, 3). Bei vertragsmäßigen **Verfügungen anderer Art,** insbesondere bei Vermächtnissen, ist Anfechtungsgegner der, welcher durch die Verfügung unmittelbar einen rechtlichen Vorteil erlangt hat, also der Bedachte oder Begünstigte, nicht der Vertragsgegner oder seine Erben (§ 143 Abs 1, 4; § 2279; RGZ 143, 350, 353; LANGE-KUCHINKE § 25 IX 3 a Fn 315; KIPP-COING § 24 Fn 48; ERMAN-M SCHMIDT RdNr 1; AK-FINGER RdNr 3; aM Mot V 325). § 143 Abs 2 ist nicht anwendbar, weil diese Vorschrift nur die Anfechtung durch den Erblasser als Vertragspartner und Urheber der Willenserklärung im Auge hat und sich die Anfechtung nach seinem Tod zudem nach Testamentsrecht richtet (MünchKomm-MUSIELAK RdNr 2).

### 4. Abhängigkeit vom Anfechtungsrecht des Erblassers

Das Anfechtungsrecht des Vertragsgegners oder Dritten nach § 2080 ist von dem des Erblassers nach § 2281 verschieden, es ist ein eigentümliches selbständiges Recht (RGRK-BGB-KREGEL RdNr 3). Bezüglich der vertragsmäßigen Verfügungen ist es aber doch insofern von dem des Erblassers abhängig (**erlöschensbedingte Akzessorietät**), als es erlischt, wenn das des Erblassers zur Zeit des Erbfalls bereits nicht mehr bestand (§ 2285), also durch dessen Bestätigung (§ 2284), Fristversäumnis (§ 2283) Verzicht oder rechtsmissbräuchliche Herbeiführung des Anfechtungsgrundes (PALANDT-EDENHOFER RdNr 1; MünchKomm-MUSIELAK RdNr 5). Denn geltendgemacht wird ja letztlich ein Willensmangel des Erblassers, über dessen Heilung er insoweit entscheidet (RdNr 1). § 2285 steht aber einer Anfechtung dann nicht entgegen, wenn das Anfechtungsrecht des Erblassers bei Eintritt des Erbfalls infolge eines beachtlichen Irrtums noch nicht erloschen war (BayObLG NJW-RR 1992, 1223 = FamRZ 1992, 1102). Die Anfechtungsberechtigten haben jedoch auch nicht mehr die Einrede nach § 2083, wenn bereits der Erblasser nicht innerhalb der Frist des § 2283 die Anfechtung erklärt hat (BGHZ 106, 359, 362 = NJW 1989, 2885; KIPP-COING § 24 V 5; MünchKomm-MUSIELAK RdNr 4). 5

War der Erblasser aus mehreren Gründen zur Anfechtung berechtigt, so kann es sein, dass das Recht zur Anfechtung aus dem einen Grund vor dem Erbfall erloschen ist, während das aus dem anderen Grund zur Zeit des Erbfalls fortbesteht. Dann können auch Dritte nur den zweiten Anfechtungsgrund geltend machen. § 2285 gilt nur für vertragsmäßige (§ 2278 Abs 2), nicht für einseitige Verfügungen. 6

Ein gerichtliches **Feststellungsurteil gegen** den **Erblasser**, dass das von ihm geltend gemachte Anfechtungsrecht nicht besteht, führt nach der herrschenden prozessualen Rechtskrafttheorie nicht dazu, dass materiell-rechtlich dieses Anfechtungsrecht erlischt, sondern bindet nur im Verhältnis der Parteien des Rechtsstreits (zur Rechtskrafttheorie allgem ROSENBERG-SCHWAB-GOTTWALD Zivilprozessrecht 15. Aufl, 1993 § 151 II 2, 3). Es ist daher in diesem Fall nicht iS von § 2285 erloschen (BGHZ 4, 91 = LM Nr 1 zu § 2285 = NJW 1952, 419; JOHANNSEN WM 1973, 531; LM Nr 1 zu § 2285 m Anm ASCHER; STAUDINGER-KANZLEITER RdNr 5). Die Rechtskraft eines solchen Urteils wirkt nicht gegen den anfechtungsberechtigten Dritten nach § 325 Abs 1 ZPO, da dieser das Anfechtungsrecht nicht als Rechtsnachfolger des Erblassers erworben hat, sondern es gerade in seiner Person neu entsteht. Auch eine entsprechende Anwendung des § 2285 dergestalt, dass das Anfechtungsrecht der Nächstbegünstigten iS von § 2080 nicht mehr allein auf solche Tatsachen gestützt werden kann, die bereits Gegenstand des rechtskräftigen Urteils gegen den Erblasser waren (so PALANDT-EDENHOFER RdNr 2; SOERGEL-M WOLF RdNr 2), ist nicht möglich (MünchKomm-MUSIELAK RdNr 6; AK-FINGER RdNr 5). Normzweck des § 2285 ist nur, eine Entscheidung des Erblassers zugunsten des Fortbestands des Erbvertrages auch gegen die später Anfechtungsberechtigten wirken zu lassen (RdNr 1); demgegenüber wollen diese hier gerade in Übereinstimmung mit dem Erblasserwillen dessen Beseitigung (MünchKomm-MUSIELAK RdNr 6). 7

### 5. Verzicht auf das Anfechtungsrecht

Nur der Erblasser kann den Erbvertrag iS des § 2284, also mit Wirkung für alle, bestätigen. Der anfechtungsberechtigte Vertragsgegner oder anfechtungsberechtigte Dritte können nur auf ihr eigenes Anfechtungsrecht verzichten und zwar auch schon vor dem Erbfall (§ 2284 RdNr 3). 8

### 6. Anwendung auf gemeinschaftliche Testamente

**9** Nach hM ist § 2285 auf wechselbezügliche Verfügungen in gemeinschaftlichen Testamenten entsprechend anzuwenden (§§ 2270, 2271; RGZ 132, 4; BayObLGZ 1954, 71 = NJW 1954, 1039; SOERGEL-M WOLF RdNr 4). Eine solche entsprechende Anwendung kommt aber nur für unwiderruflich gewordene wechselbezügliche Verfügungen des überlebenden Ehegatten in Frage, nicht auch für Verfügungen des erstverstorbenen Ehegatten (vgl zu den Einzelheiten § 2271 RdNr 91).

### III. Prozessuales

**10** § 2285 enthält eine das Anfechtungsrecht vernichtende Tatsache; dementsprechend trägt die Beweis- und Feststellungslast für diesen Ausschluss des Anfechtungsrechts derjenige, der das Anfechtungsrecht aus diesem Grund bestreitet, also idR der Anfechtungsgegner (OLG Stuttgart OLGZ 1982, 315 = FamRZ 1982, 1137 f; BayObLG ZEV 1995, 105, 106 = FamRZ 1995, 1024; BAUMGÄRTEL-SCHMITZ RdNr 1; LANGE-KUCHINKE § 25 IX 3 b; aM MünchKomm-MUSIELAK RdNr 8 für den Fall, dass das Anfechtungsrecht infolge Fristablaufs oder Bestätigung erloschen ist).

## § 2286 Verfügungen unter Lebenden

**Durch den Erbvertrag wird das Recht des Erblassers, über sein Vermögen durch Rechtsgeschäft unter Lebenden zu verfügen, nicht beschränkt.**

### Übersicht

| | | |
|---|---|---|
| I. | Normzweck, Allgemeines | 1 |
| | 1. Spezifisch erbrechtliche Wirkung des Erbvertrags | 1 |
| | 2. Verpflichtungsgeschäfte | 2 |
| | 3. Tatsächliche Handlungen | 3 |
| | 4. Familienrechtliche Akte | 4 |
| | 5. Übergabevertrag | 5 |
| | 6. Gemeinschaftliches Testament | 6 |
| II. | Rechtsstellung des Bedachten vor dem Erbfall | 7 |
| | 1. Anwartschaftsrecht oder tatsächliche Aussicht? | 7 |
| |    a) Kennzeichen der Rechtsstellung | 8 |
| |    b) Speziell erbrechtlicher Anwartschaftsbegriff? | 9 |
| |    c) Tatsächliche Erwerbsaussicht | 10 |
| | 2. Schutz des Vertragserben gegen beeinträchtigende Rechtsgeschäfte unter Lebenden | 12 |
| |    a) Deliktsrechtlicher Schutz | 13 |
| |    b) Nichtigkeit wegen Gesetzesverstoß | 14 |
| |    c) Nichtigkeit wegen Sittenwidrigkeit | 15 |
| | 3. Sicherung durch Vormerkung, Arrest und einstweilige Verfügung | 16 |
| | 4. Feststellungsklage | 17 |
| |    a) Zwischen den Erbvertragspartnern | 17 |
| |    b) Zwischen den erbvertraglich Bedachten | 20 |
| |    c) Feststellungsklage gegen den Beschenkten, Klage des Schlusserben | 21 |

| III. | Zusätzliche vertragliche Sicherung der Rechte des Bedachten | 22 |
| --- | --- | --- |
| 1. | Beschränkung der lebzeitigen Verfügungsbefugnis als Gestaltungsauftrag | 22 |
| 2. | Gestaltungsmöglichkeiten | 23 |
| | a) Verfügungsunterlassungsvertrag | 24 |
| | b) Dingliche Sicherung, bedingte Übereignungsverpflichtung | 28 |
| | c) Weitere Sicherungsmöglichkeiten | 34 |
| 3. | Hinweise zur Vertragsgestaltung | 37 |
| IV. | Rechtliche Stellung des Bedachten nach dem Erbfall | 38 |

## I. Normzweck, Allgemeines

### 1. Spezifisch erbrechtliche Wirkung des Erbvertrags

Obgleich der Erbvertrag ein wirklicher Vertrag ist (MünchKomm-MUSIELAK vor § 2274 RdNr 3), sind seine Auswirkungen grundsätzlich rein erbrechtlicher Art. Der Erblasser wird durch den Abschluss des Erbvertrages in seinem Recht, über sein Vermögen von Todes wegen zu verfügen beschränkt (§ 2289 Abs 1 S 2). Die dadurch entstehende Bindung an seine vertragsmäßigen Verfügungen ist jedoch keine sachenrechtliche, sondern eine erbrechtliche (BGHZ 59, 343 = NJW 1973, 240). Dadurch beschränkt sich die eingetretene Bindung auf dasjenige, was der Erblasser bei seinem Tode hinterlässt (BGHZ 124, 35, 38; v LÜBTOW I 429). Solange der Erblasser noch lebt, bleibt er zunächst unumschränkter Herr seines Vermögens, es gilt der **Grundsatz der lebzeitigen Entschließungsfreiheit** des Erblassers (BGHZ 124, 35, 38). Dies wird durch die Vorschrift des § 2286 klargestellt. Diese »Freiheit des Erblassers bis zum letzten Atemzug« (LANGE-KUCHINKE § 25 V 12 c) gehört zu den Grundprinzipien des Erbrechts. Nur aus Gründen der Missbrauchsabwehr gibt das Gesetz nach §§ 2287 f dem vertragsmäßig Bedachten nach dem Tode des Erblassers gewisse Ausgleichs- und Herausgabeansprüche, wenn Zuwendungen in der Absicht erfolgten, diesen zu beeinträchtigen. **1**

### 2. Verpflichtungsgeschäfte

Auch wenn das Gesetz in § 2286 nur die Freiheit für dinglich wirkende Verfügungen ausdrücklich bekräftigt, so gilt diese Vorschrift doch erst recht auch für Verpflichtungsgeschäfte, die sich auf Verfügungen beziehen, selbst wenn der Vertragserbe diese uU erst nach dem Erbfall erfüllen muss. Daher können trotz einer erbvertraglichen Bindung auch gesellschaftsrechtliche Nachfolgeklauseln als Rechtsgeschäfte unter Lebenden vereinbart werden (BGHZ 62, 20, 23). Auch Verträge zugunsten Dritter können entgegen einer erbvertraglichen Bindung abgeschlossen werden, selbst wenn die Leistung an den Dritten gemäß § 331 BGB erst nach dem Tode erbracht werden soll. Sie sind nicht schon aus dem Gesichtspunkt der Umgehung der erbvertraglichen Bindung nichtig, jedoch kann dem beeinträchtigten Vertragserben ein Bereicherungsanspruch nach § 2287 zustehen (BGHZ 66, 8 m Anm JOHANNSEN LM § 2301 Nr 6; PALANDT-EDENHOFER RdNr 1). **2**

### 3. Tatsächliche Handlungen

Sie sind dem Erblasser grundsätzlich ebenfalls nicht gegenüber dem Vertragserben untersagt, mögen sie auch faktisch die tatsächliche Erwerbsaussicht beein- **3** trächtigen. Dies ergibt sich bereits aus einem Umkehrschluss aus § 2288 Abs 1, der bei einem vertragsmäßig bedachten Vermächtnisnehmer hier ausnahmsweise Ansprüche zulässt, wenn die tatsächliche Handlung, wie Zerstörung oder Beschädigung, in Beeinträchtigungsabsicht erfolgte.

### 4. Familienrechtliche Akte

4 Eheschließungen und Adoptionen können zwar die Rechte des Vertragserben beeinträchtigen, in dem etwa neue Pflichtteilsrechte begründet werden. Sie sind ihm jedoch auch durch eine erbvertragliche Bindung nicht verwehrt, wobei sich hier letztlich nur das Pflichtteilsrecht gegenüber der erbrechtlichen Bindung durchsetzt (PALANDT-EDENHOFER RdNr 3; V LÜBTOW I 429). Dies gilt auch für ehevertragliche Vereinbarungen (vgl System Teil E RdNr 1 ff), wie etwa den Wechsel des Güterstands der Gütertrennung zum Güterstand der Zugewinngemeinschaft (§ 1371 Abs 1; zu solchen Gestaltungen WEGMANN ZEV 1996, 201), denn solche Rechtsgeschäfte sind keine Verfügungen von Todes wegen, die gemäß § 2289 unwirksam sein könnten. Vielmehr steht es den Ehegatten grundsätzlich frei, ihre güterrechtlichen Verhältnisse zu ändern, was auch die Gläubiger als Folge der Eheschließungsfreiheit hinnehmen müssen (BGHZ 116, 178, 181 zu § 2325).

### 5. Übergabevertrag

5 Der Übergabevertrag ist in der Regel ein Rechtsgeschäft unter Lebenden (BGHZ 8, 23, 33), sodass sich aus ihm allenfalls Ansprüche nach §§ 2287 f für den erbvertragsmäßig Bedachten ergeben können. Etwas anderes gilt jedoch im Bereich der **Höfeordnung** der ehemals britischen Zone. Denn dort hat der landwirtschaftliche Hofübergabevertrag eine Doppelnatur, sodass er zwar Rechtsgeschäft unter Lebenden ist, andererseits aber auch einer Verfügung von Todes wegen nahe steht (WÖHRMANN-STÖCKER, Das Landwirtschaftserbrecht, 6. Aufl [1995] § 17 RdNr 9). Widerspricht daher der Übergabevertrag der erbvertraglichen Bindung, so ist er nach § 2289 nichtig (§ 2289 RdNr 51). Zum Ausschluss der Übergabebefugnis nach westfälischem Güterrecht durch erbvertragliche Bindung s BGH LM Nr 3 Westf Güterrecht sowie 2. Aufl RdNr 13.

### 6. Gemeinschaftliches Testament

6 § 2286 gilt auch für bindende wechselbezügliche Verfügungen eines gemeinschaftlichen Testaments entsprechend, bei dem bis zum Tode des Erstversterbenden jedoch keine solche Bindung wie beim Erbvertrag besteht (SOERGEL-M WOLF RdNr 1).

## II. Rechtsstellung des Bedachten vor dem Erbfall

### 1. Anwartschaftsrecht oder tatsächliche Aussicht?

7 Da der Erbvertrag ein echter Vertrag ist und § 2289 Abs 1 von einem »Recht des Bedachten« spricht, könnte man der Auffassung sein, dass bereits mit Abschluss des Erbvertrages dem vertragsmäßig Bedachten ein Anwartschaftsrecht zusteht. Ein Anwartschaftsrecht wird dabei von der hM dann angenommen, wenn von einem mehraktigen Entstehungstatbestand eines Rechts so viele Erfordernisse erfüllt sind, dass von einer gesicherten Rechtsstellung des Erwerbers gesprochen werden kann, die der Veräußerer nicht mehr durch einseitige Erklärung zerstören

kann und die gegen Zwangsvollstreckung und Insolvenzgefahren von seiner Seite genauso bestandsfest ist, wie der endgültige Rechtserwerb (etwa MEDICUS, Bürgerliches Recht, 18. Aufl [1999] RdNr 456; STAUDINGER-BORK [1996] Vorbem 53 zu §§ 158 ff [zur Dogmatik dort Überblick in RdNr 62 ff]; STAUDINGER-HONSELL [1995] § 455 RdNr 34; vgl auch BGHZ 49, 197, 201; MAROTZKE, Das Anwartschaftsrecht, ein gelungenes Beispiel richterlicher Rechtsfortbildung? [1978]; eingehend zum Streitstand WÜBBEN, Anwartschaftsrechte im Erbrecht [2001] 53 ff). Dabei knüpft diese gängige Definition an den Erwerbstatbestand an, vermag aber eindeutige Abgrenzungskriterien nicht zu liefern (WÜBBEN aaO). Kennzeichen eines Anwartschaftsrechts ist demgegenüber zutreffender Weise die **selbständige Übertragbarkeit** und die ausreichende Sicherung dieser Rechtsposition entsprechend den Vorschriften des entsprechenden Hauptrechts (FORKEL, Grundfragen der Lehre vom privatrechtlichen Anwartschaftsrecht [1962] 104 ff, 116 ff; STAUDINGER-BORK [1996] Vorbem 68 zu §§ 158 ff; auf die bloße selbständige Verfügbarkeit stellt WÜBBEN 54 ff mit ausführlicher Darstellung des Streitstands ab). Auch die Vererblichkeit entspricht dem Vollrecht (STAUDINGER-BORK aaO; FLUME § 39, 2) Dabei kann das Anwartschaftsrecht sicherlich nicht als fest umrissener Rechtsbegriff verstanden werden, sondern ist im Wege einer typologischen Betrachtung zu bestimmen (WÜBBEN 59 f)

Daher muss für die Feststellung, ob dem erbvertragsmäßig Bedachten ein Anwartschaftsrecht zusteht, induktiv vorgegangen und zunächst untersucht werden, welche rechtlichen Befugnisse und Folgerungen sich aus der vertragsmäßigen Zuwendung bereits vor Eintritt des Erbfalls ergeben. Erst daraus kann auf das Vorliegen eines Anwartschaftsrechts geschlossen werden.

### a) Kennzeichen der Rechtsstellung

Hierzu ist folgendes anzumerken (s auch LANGE-KUCHINKE § 25 V 12 a): Die vertragsmäßig Bedachten können das ihnen vertraglich Zugewandte nicht übertragen (§ 311 b Abs 4 nF, früher § 312; BGHZ 37, 319, 324 [ausdrücklich für Schlusserben]; BGH NJW 1974, 43, 44; BGHZ 104, 279; OLG Düsseldorf aaO; JAUERNIG-STÜRNER RdNr 6). Etwas anderes ergibt sich auch nicht aus der neueren Rspr des BGH, wonach nunmehr Erbschaftsverträge nach § 311 b Abs 5 nF auch über gewillkürte Erbteile bis zur Höhe des gesetzlichen Erbteils zulässig sind (vgl dazu BGHZ 104, 279 = NJW 1988, 2726). Denn nach immer noch hM wirken solche Vereinbarungen nur schuldrechtlich und dingliche Verträge über den Nachlass eines Dritten sind zu dessen Lebzeiten nicht möglich (BGHZ 37, 319; 104, 279, 280; SCHLÜTER RdNr 654; PALANDT-HEINRICHS § 311 b RdNr 75; STAUDINGER-WERNER [1995] § 2033 RdNr 5; aM STAUDINGER-WUFKA [2001] § 312 RdNr 35; zustimmend WÜBBEN 343 f; offen lassend, aber der Übertragbarkeit zuneigend LIMMER DNotZ 1999, 927, 932). Die Position des Vertragserben ist daher auch nicht pfändbar (§ 851 ZPO) und nicht verpfändbar. Seine Rechtsstellung ist auch in keiner Weise vererblich, ja sie entfällt vielmehr bei Vorversterben vor Eintritt des Erbfalls (BGHZ 37, 319, 325; 12, 115, 119; MATTERN BWNotZ 1962, 229, 235). Weder dem Vertragserben noch dem Vertragsvermächtnisnehmer steht zu Lebzeiten des Erblassers ein gegen den Erblasser durchsetzbarer Anspruch zu, sodass dieser weder durch Arrest noch durch einstweilige Verfügung gesichert werden (s RdNr 16), noch bei Vorhandensein von Grundbesitz eine Vormerkung eingetragen werden kann (BGHZ 12, 115, 120; s RdNr 16). Sowohl die **fehlende Übertragbarkeit** der Rechtsstellung des vertragsmäßig Bedachten wie auch die **fehlende Sicherung** sprechen somit gegen die Annahme eines Anwartschaftsrechts (zu diesem Erfordernis s RdNr 7; vgl auch § 2269 RdNr 47 zur ähnlichen Frage beim gemeinschaftlichen Testament).

### b) Speziell erbrechtlicher Anwartschaftsbegriff?

Es ließe sich allerdings auch die Auffassung vertreten, dass wegen der erbrechtlichen Besonderheiten der allgemeine dingliche Begriff des Anwartschaftsrechts auf erbrechtliche Rechtsstellungen nicht ohne weiteres übertragen werden könne (in diesem Sinne KARPF, Das Selbstanfechtungsrecht des Erblassers beim Erbvertrag [1994] 138 ff; WÜBBEN 47 f untersucht dies zunächst nur im Hinblick auf die erbrechtliche Ersatzberufung). Insbesondere ist eine Lockerung der Objektbezogenheit eines Anwartschaftsrechts eines Erben sicherlich angebracht, da erst mit Eintritt des Erbfalls genau feststeht, welche Nachlassgegenstände ihm zufallen. Betrachtet man jedoch die Rechtsstellung des Nacherben nach Eintritt des Erbfalls aber vor dem Nacherbfall, so ergibt sich Folgendes: Dem Nacherben steht nach allgemeiner Auffassung hier ein gegenwärtiges Anwartschaftsrecht zu, das vererblich und übertragbar ist (BGHZ 87, 367; PALANDT-EDENHOFER § 2100 RdNr 11). Der Nacherbe hat auch spezielle Sicherungs- und Kontrollrechte (§ 2127 ff). An all diesem mangelt es aber dem erbvertragsmäßig Bedachten vor Eintritt des Erbfalls. Sinnvoll kann es für Qualifizierung der im Erbrecht erlangten Rechtsstellung sein, bezüglich der erbrechtlichen Berufung zwischen der Rechtsstellung als Erbe und der als vermögensrechtlicher Universalnachfolger des Erblassers zu differenzieren (GÖLLER, Anwartschaften im Erbrecht [Diss Stuttgart 1964] 19 ff; zustimmend WÜBBEN 338). Sowohl der **Vertragserbe,** der selbst Vertragspartner des Erbvertrags ist, und demgegenüber dadurch unmittelbar die erbvertragliche Bindung (§ 2278) und damit direkt ein Rechtsverhältnis entsteht, wie auch der erbvertraglich bedachte Dritte (zB Schlusserbe) sind allenfalls im Hinblick auf die erbrechtliche Berufung gesichert. Was sie aber tatsächlich einmal vermögensmäßig erhalten werden, ist völlig unsicher (WÜBBEN 339).

### c) Tatsächliche Erwerbsaussicht

**10** Zu Recht billigt daher die hM dem vertragsmäßig Bedachten vor Eintritt des Erbfalls nur eine tatsächliche Erwerbsaussicht zu (BGHZ 124, 35, 38 f ; BGH DNotZ 1962, 497, 499; BayObLGZ 1952, 289, 290; OLG Düsseldorf OLG-Rp 1994, 246; OLG Köln ZEV 1996, 23, 24; BGHZ 12, 115, 118 [zum Vertragsvermächtnisnehmer]; MünchKomm-MUSIELAK RdNr 3; LANGE-KUCHINKE § 25 V 12 a; KUCHINKE, FS Henckel [1995] 481 mwN; BROX RdNr 114; PALANDT-EDENHOFER Überbl 6 vor § 2274; HOHMANN, Rechtsfolgen von Störungen [1993] 40 f). Man mag diese Position dann, wenn er zugleich Vertragspartner ist und daher mit ihm auf Grund der vertraglichen Bindung bereits vor dem Erbfall ein gegenwärtiges Rechtsverhältnis besteht, auch als Anwartschaft bezeichnen (so SOERGEL-M WOLF RdNr 2; WÜBBEN 339), doch ist mit diesem schillernden Begriff noch nichts gewonnen (zustimmend WÜBBEN selbst S 339 Fn 32). Ein echtes Anwartschaftsrecht wird demgegenüber nur von wenigen vertreten (so aber von MATTERN BWNotZ 1962, 234; KARPF 144 f: Personenbezogenes, aber nicht gegenständlich objektbezogenes Anwartschaftsrecht; RAISER Dingliche Anwartschaften [1961] 8 nach Erlöschen eines vorbehaltenen Rücktrittsrechtes; ebenso STAUDINGER-WUFKA [2001] § 312 RdNr 35; nur deswegen ablehnend, weil ein Verkehrsbedürfnis für die Anerkennung als Anwartschaftsrecht nicht besteht WÜBBEN 344). Demgegenüber spricht v LÜBTOW (II 625) nur von einer rechtlich gesicherten Anwartschaft, verneint jedoch ausdrücklich ein Anwartschaftsrecht, da es an der erforderlichen Durchsetzbarkeit fehle (in der Terminologie ähnlich BGH NJW 1984, 731, 732). Die Anhänger des Anwartschaftsrechts können sich auch nicht auf § 2289 Abs 1 berufen; denn Regelungsgegenstand dieser Norm ist die Frage, ob nach Eintritt des Erbfalls Verfügungen von Todes wegen die erbvertragliche Regelung beeinträchtigen (vgl § 2289 RdNr 12 aE), während es hier um die Frage geht, ob bereits vor Eintritt des Erbfalls eine verfestigte Rechtsposition für den Bedachten entstanden ist.

**11** Die gekennzeichnete Aussicht des Bedachten, sei es des Erben, sei es des Vermächtnisnehmers, unterliegt weder der Zwangsvollstreckung noch gehört sie im Insolvenzfall des Bedachten zur Insolvenzmasse (OLG Oldenburg OLG 6, 178; PLANCK-GREIFF Anm 2).

## 2. Schutz des Vertragserben gegen beeinträchtigende Rechtsgeschäfte unter Lebenden

Diesen geben nach der Gesetzessystematik allein die §§ 2287 f. Aus dem Zusammenhang mit § 2286 zeigt sich sogleich, dass dies grundsätzlich Sonderregelungen abschließender Art für den Schutz der Erberwartungen des Vertragserben sind (eingehend § 2287 RdNr 8 ff). **12**

### a) Deliktsrechtlicher Schutz

Der erbvertraglich Bedachte hat bei Beeinträchtigung seiner Rechtsstellung keine deliktsrechtlichen Ansprüche. Der BGH hat es ausdrücklich abgelehnt, den bereicherungsrechtlichen Schutz, den § 2287 zugunsten des Vertragserben gewährt, in einen deliktsrechtlichen »umzubauen« (BGHZ 108, 73, 78; BGH NJW 1991, 1952 je zu § 826). Auch ein Anspruch wegen vorsätzlich sittenwidriger Schädigung nach § 826 gegen den Erblasser wegen erfolgter Weggabe von Vermögen ist grundsätzlich nicht gegeben (ebenso OLG Köln ZEV 1996, 23, 24 m Anm HOHMANN; OLGR MÜNCHEN 1999, 107); dies gilt selbst dann, wenn der Erblasser mit einem Dritten kollusiv in der Absicht der Schädigung des Vertragserbens zusammenwirkt (BGHZ 108, 73; kritisch hierzu SCHUBERT JR 1990, 159; J KOHLER FamRZ 1990, 464). Eingehend hierzu § 2287 RdNr 10. **13**

### b) Nichtigkeit wegen Gesetzesverstoß

Eine solche nach § 134 liegt auch nicht unter dem Gesichtspunkt der Umgehung der erbvertraglichen Bindung durch ein Rechtsgeschäft unter Lebenden vor. Der BGH hat zu Recht seine diesbezügliche frühere Rechtsprechung aufgegeben (BGHZ 59, 343 = NJW 1973, 240; vgl hierzu etwa SOERGEL-M WOLF RdNr 11). **14**

### c) Nichtigkeit wegen Sittenwidrigkeit

Eine solche gemäß § 138 Abs 1 wird nach dem Ende der Rechtsprechung zur Aushöhlungsnichtigkeit (BGHZ 59, 343) nur in Ausnahmefällen anzunehmen sein. Jedenfalls reicht die bloße Beeinträchtigungsabsicht iS des § 2287 hierfür nicht aus, sondern es müssen erschwerende Umstände hinzukommen (BGH NJW 1973, 1645; OLG Hamm AgrarR 1997, 441, 442; JOHANNSEN DNotZ 1977, 78'). Auch unter dem Gesichtspunkt der »Verleitung zum Vertragsbruch« wird eine solche Nichtigkeit in solchen Fällen, in denen lediglich die erbvertragliche Bindung unterlaufen wird, grundsätzlich nicht anzunehmen sein. Anders liegt es, wenn das Rechtsgeschäft bewusst darauf gerichtet ist, einen mit dem Vertragserben geschlossenen Verfügungsunterlassungsvertrag zu brechen (BGH NJW 1991, 1952). Näher unter § 2287 RdNr 11. **15**

## 3. Sicherung durch Vormerkung, Arrest und einstweilige Verfügung

Vor Eintritt des Erbfalles besteht **kein Anspruch des Bedachten** gegen den Erblasser, und zwar auch kein zukünftiger, der durch Eintragung einer Eigentumsvormerkung gesichert werden könnte (BGHZ 12, 115, 120 f = JZ 1954, 436 mit Anm COING = DNotZ 1954, 264 mit Anm HIEBER; BGH FamRZ 1967, 470; BayObLGZ 1953, 226, 230; OLG Düsseldorf OLG-Rp 1994, 246; OLG Hamm DNotZ 1956, 151; 1966, 181; MATTERN BWNotZ 1966, 1 f; SCHÖNER-STÖBER, Grundbuchrecht, 12. Aufl [2001] RdNr 1484; STAUDINGER-GURSKY [1996] § 883 RdNr 50 mwN [unter Betonung, dass es bereits an der notwendigen Identität zwischen dem Schuldner und dem vormerkungsbetroffenen Rechtsinhaber fehlt]; STAUDINGER-KANZLEITER RdNr 7; WÜBBEN 341 f). Auch kann zu Lebzeiten des Erblassers die Erwerbsaussicht des Bedachten nicht durch einen Arrest oder eine einstweilige Verfügung (§§ 916, 935 ZPO) gesichert werden, da dies keine verfügungsfähige Rechtsstellung ist (Münch-Komm-MUSIELAK RdNr 6; SOERGEL-M WOLF RdNr 2; HOHMANN ZEV 1994, 133, 135; KUCHINKE, FS **16**

Henckel 484; WÜBBEN 341). Der Bedachte ist vielmehr auf die Ansprüche nach §§ 2287, 2288 angewiesen, die aber erst nach dem Erbfall durchgesetzt werden können. Inwieweit nach der Vornahme einer Schenkung der künftige Herausgabeanspruch nach § 2287 gegen den Beschenkten sicherbar ist, ist umstritten, wird aber zunehmend zu Recht bejaht (s § 2287 RdNr 92).

### 4. Feststellungsklage

#### a) Zwischen den Erbvertragspartnern

**17** Auch wenn durch den Erbvertrag nicht unmittelbare Rechte und Pflichten entstehen, so tritt doch durch seine erbrechtliche Bindung eine rechtlich geregelte Beziehung ein, die als Rechtsverhältnis iS des § 256 ZPO Gegenstand einer Feststellungsklage sein kann. Jedoch ist hier zunächst der Inhalt der Klage (Streitgegenstand) genau zu unterscheiden. Zulässig sind nach ganz überwiegender Meinung Klagen zwischen den Vertragsteilen über die Frage der Wirksamkeit eines Erbvertrages und der darin enthaltenen Erbeinsetzung oder Vermächtnisanordnung sein (BGHZ 37, 331, 334; OLG Düsseldorf ZEV 1994, 171, 172; MünchKomm-MUSIELAK RdNr 7; MOSER, Die Zulässigkeitsvoraussetzungen der Feststellungsklage [1981] 249; KUCHINKE FS Henckel 478 ff; v LÜBTOW II 625). Fraglich kann hier allenfalls das **rechtliche Interesse** an der Feststellung sein. Dieses kann jedoch nicht allein mit dem Einwand verneint werden, dass der Erblasser zu Lebzeiten nicht mit Rechtsstreitigkeiten überzogen werden dürfe (so aber LANGE NJW 1963, 1571, 1573; gegen die Zulässigkeit auch STAUDINGER-KANZLEITER § 2281 RdNr 39). Durch den **Abschluss** des Erbvertrages hat der Erblasser vielmehr eine **Rechtsbeziehung** geschaffen, mit deren gerichtlicher Überprüfung er rechnen muss. Von einem Vorrang des Schutzinteresses des Erblassers vor dem Klärungsinteresse des Vertragspartners kann daher generell nicht gesprochen werden (offen lassend BGHZ 109, 306, 308 mit krit Anm LEIPOLD JZ 1990, 697). Man wird daher als ausreichend ansehen müssen, wenn aufgrund besonderer Umstände ein schutzwürdiges Interesse an einer baldigen Feststellung der Wirksamkeit des Vertrages vorliegt, etwa bei Anfechtung oder Rücktritt vom Erbvertrag (OLG Düsseldorf ZEV 1994, 171, 172; MünchKomm MUSIELAK RdNr 7), wobei insbesondere auch beim entgeltlichen Erbvertrag wegen der hier bestehenden Leistungsverpflichtung des Vertragspartners ein solches Feststellungsinteresse idR immer gegeben sein wird (HOHMANN ZEV 1994, 133, 135; LANGE-KUCHINKE § 25 V 12 b).

**18** Aktivlegitimiert für eine solche Feststellungsklage ist sicherlich der Vertragsgegner, zu dem vertragliche Beziehungen bestehen. Dies gilt auch dann, wenn ihm selbst vertraglich nichts zugewandt wurde, er die Interessen des Bedachten repräsentiert (KUCHINKE FS Henckel 479). Der vertragsmäßig bedachte Dritte ist in seiner Rechtsstellung jedoch vom Willen der Vertragsschließenden abhängig, da diese ohne sein Zutun den Vertrag aufheben können, sodass ihm kein eigenes Klagerecht zugebilligt werden kann (LANGE-KUCHINKE § 25 V 12 b; KUCHINKE FS Henckel 483; iE ebenso WÜBBEN 341).

**19** Nicht zulässig ist jedoch zu Lebzeiten des Erblassers eine Feststellungsklage über den Bestand des künftigen Erblasservermögens, da sich der Nachlassbestand ja erst mit Eintritt des Erbfalles feststellen lässt (MünchKomm-LEIPOLD § 1922 RdNr 79; eingehend KUCHINKE FS Henckel 480 zu weiteren prozessualen Fragen).

#### b) Zwischen den erbvertraglich Bedachten

**20** Vor Eintritt des Erbfalls fehlt es demgegenüber an einem feststellungsfähigen Rechtsverhältnis zwischen den durch einen Erbvertrag bedachten Erben oder Vermächtnisnehmern, da das Erbrecht nach noch lebenden Personen festgestellt werden soll und in diesem Stadium nur eine Erwerbsaussicht bestehen kann (OLG Karlsruhe FamRZ 1989, 1351, 1352 = Justiz 1990, 183; MünchKomm-LEIPOLD § 1922 RdNr 80; STAUDINGER-MAROTZKE [1999] § 1922 RdNr 20; WÜBBEN 341). Die Vorschrift des § 311 b Abs 5 ist hier nicht einmal analog anzuwenden, denn diese will nur eine einvernehmliche Regelung zwischen den gesetzlichen Erben ermöglichen (STAUDINGER-MAROTZKE aaO).

### c) Feststellungsklage gegen den Beschenkten, Klage des Schlusserben

Ob eine Feststellungsklage gegen den Beschenkten zulässig ist, ist umstritten, vgl § 2287 RdNr 94. Eine Feststellungsklage des durch den Erbvertrag bedachten Schlusserben oder des für den Schlusserbfall begünstigten Vermächtnisnehmers gegen den Erblasser wird man genauso wie beim gemeinschaftlichen Testament (§ 2269 RdNr 48) für möglich halten müssen, zumal beim Erbvertrag die Bindungswirkung noch stärker ist.

## III. Zusätzliche vertragliche Sicherung der Rechte des Bedachten

### 1. Beschränkung der lebzeitigen Verfügungsbefugnis als Gestaltungsauftrag

Aus der gesetzlichen Regelung ergibt sich, dass der vertragsmäßig Bedachte nur sehr eingeschränkt gegen lebzeitige Verfügungen des Erblassers geschützt ist. Auch wenn in Ausnahmefällen ein Anspruch nach den §§ 2287, 2288 eingreift, so entsteht dieser doch erst mit dem Erbfall und kann nach herrschender, wenn auch zu restriktiver Meinung vorher weder durch Eintragung einer Auflassungsvormerkung am betroffenen Grundbesitz noch durch Arrest oder einstweilige Verfügung gesichert werden; auch eine Klärung des Bestehens eines solchen Anspruches durch vorzeitige Feststellungsklage vor Eintritt des Erbfalls ist nach hM nicht möglich (so etwa MünchKomm-MUSIELAK RdNr 6; aM HOHMANN ZEV 1994, 133, 136 f; eingehend hierzu § 2287 RdNr 92). Der Vertragserbe wird daher oftmals im eigenen Interesse darauf dringen, dass seine Rechtsstellung aus dem Erbvertrag durch Schaffung »flankierender Maßnahmen« gestärkt und verbessert wird. Oftmals wird jedoch der Erblasser nicht bereit sein, seine lebzeitige Verfügungsfreiheit ohne Vorliegen triftiger Gründe einzuschränken (so richtig MünchKomm-MUSIELAK RdNr 8). Soweit der vertragsmäßig Bedachte bereits Vorleistungen zu Lebzeiten des Erblassers erbringt, wie insbesondere beim entgeltlichen Erbvertrag durch Pflegeverrichtungen, besteht ein besonderes Sicherungsbedürfnis hierfür, von dessen Erfüllung der Vertragspartner sinnvollerweise den Vertragsabschluss abhängig machen sollte und auf das in solchen Fällen der beurkundende Notar hinweisen wird.

### 2. Gestaltungsmöglichkeiten

An Sicherungsmöglichkeiten gegen den Vertragserben gegen Störungen durch den Erblasser kommen dabei insbesondere in Betracht (vgl HOHMANN, Rechtsfolgen von Störungen ... 188 ff):

#### a) Verfügungsunterlassungsvertrag

Die in § 2286 festgelegte Freiheit des Erblassers zur Verfügung unter Lebenden hindert nicht, dass er sich – sei es in einem selbständigen oder auch in einem mit dem Erbvertrag verbundenen Vertrag – schuldrechtlich gem § 137 S 2 gegenüber dem vertragsmäßig Bedachten verpflichtet, solche Verfügungen unter Lebenden in einem bestimmten Umfang zu unterlassen, etwa seine Grundstücke nicht zu veräußern oder nicht zu belasten (Mot V, 327; BGHZ 12, 115, 122; 31, 13 = NJW 1959, 2252 = DNotZ 1960, 207; BGH NJW 1963, 1602; BGH FamRZ 1967, 470 = BWNotZ 1967, 259; COING JZ 1960, 588; MATTERN BWNotZ 1966, 12; PALANDT-EDENHOFER RdNr 2; MünchKomm-MUSIELAK RdNr 10; eingehend NIEDER Handbuch RdNr 1215).

**25** Ein solcher »Verfügungsunterlassungsvertrag« kann uU sogar stillschweigend geschlossen werden; freilich sind an den Nachweis eines solchen stillschweigenden Vertragsschlusses strenge Anforderungen zu stellen (BGH DNotZ 1969, 760; BB 1967, 1014; OLG Köln NJW-RR 1996, 327 = ZEV 1996, 23 m Anm HOHMANN). Ist doch ein besonderer **Verpflichtungswille** hierfür erforderlich (STAUDINGER-KANZLEITER RdNr 16). Der Unterlassungsvertrag hat allerdings Dritten gegenüber keine Wirkung, er wirkt nur inter partes (§ 137; BGHZ 12, 115, 123; OLG Hamm DNotZ 1956, 151). Wird der Unterlassungsvertrag gesondert abgeschlossen, so bedarf er nach hM weder der Form des § 2274 noch bei Grundstücken der des § 311 b Abs 1 nF (früher § 313, BGHZ 31, 19; MünchKomm-MUSIELAK RdNr 12). Aber auch wenn er mit dem Erbvertrag äußerlich verbunden ist, so soll nach hM das gleiche gelten, es sei denn, dass Erbvertrag und Unterlassungsvertrag eine rechtliche Einheit bilden (BGH FamRZ 1967, 470; BGH WM 1969, 1055). Demgegenüber ist nach der hier vertretenen Auffassung in all den genannten Fällen die Form des Erbvertrags für alle Vereinbarungen einzuhalten (s § 2276 RdNr 36 ff). Eine Verletzung des Unterlassungsvertrages begründet nur Schadensersatzansprüche des Bedachten gegen den Erblasser, zu deren Erfüllung auch der Erbe vermöge seiner Haftung für die Nachlassverbindlichkeiten verpflichtet ist (BGHZ 31, 13; BGH WM 1969, 1055; MATTERN BWNotZ 1966, 12), was dem Vertragserben aber als Gesamtrechtsnachfolger nichts bringt, jedoch dem Vertragsvermächtnisnehmer.

**26** Der Unterlassungsanspruch ist aber nicht vormerkungsfähig (§ 883). Er kann aber (auch zu Lebzeiten des Erblassers) Grundlage einer **einstweiligen Verfügung** sein, durch die ein Veräußerungs- oder Belastungsverbot verhängt wird (OLG Stuttgart BWNotZ 1959, 70; FURTNER NJW 1966, 182; STAUDINGER-KANZLEITER RdNr 16; aM LÜKE, Vertragliche Störungen beim entgeltlichen Erbvertrag [1990] 70 f; HOHMANN, Rechtsfolgen von Störungen ... 202 ff: da dadurch mehr als die Hauptsache im einstweiligen Rechtsschutz gewährt wird; LANGE NJW 1963, 1576; KOHLER DNotZ 1989, 339, 342). Auch ist eine Absicherung durch Bürgschaften, Pfandrechte und Vertragsstrafen möglich (JOHANNSEN DNotZ 1977, Sonderheft 78 f; MünchKomm-MUSIELAK RdNr 12; HOHMANN, Rechtsfolgen von Störungen, 205 ff).

**27** Ist im Zusammenhang mit einem Erbvertrag ein Verfügungsunterlassungsvertrag zu formulieren, wird der **Urkundsnotar** oder Berater auf die vorgenannten Einschränkungen hinweisen. Er wird auch den Begriff der Verfügung näher definieren (nur Veräußerung oder auch Belastung?), da ein Veräußerungsverbot – zumindest in Notlagen – nicht daran hindert, das Objekt zu belasten (BGH FamRZ 1967, 470).

### b) Dingliche Sicherung, bedingte Übereignungsverpflichtung

**28** Die Nichtverfügungsverpflichtung kann wesentlich effektiver ausgestaltet werden, wenn sich durch Rechtsgeschäft unter Lebenden der Erblasser weiter verpflichtet, bei Verstoß gegen das Verfügungsverbot bestimmte Vermögensgegenstände sofort oder zu einem vertraglich festgelegten Zeitpunkt auf den durch Erbvertrag Begünstigten (Vertragserbe, Vermächtnisnehmer) zu übertragen. Eine solche Konstruktion wird auch »Sicherungsschenkung« genannt, da eine bedingte unentgeltliche Zuwendung zur Sicherung der erbvertraglichen Erwerbsaussicht vereinbart wird (STROBEL, Mittelbare Sicherung erbrechtlicher Erwerbsaussichten, 1982, 5 ff). Wegen § 311 b Abs 2 kann Gegenstand dieser bedingten Übereignungsverpflichtung aber nicht der gesamte Nachlass sein (NIEDER Handbuch RdNr 1218). Auch sollte bereits die schuldrechtliche Verpflichtung zu einer beeinträchtigenden Verfügung des Erblassers zur Bedingung für das Entstehen des Übereignungsanspruchs gemacht werden, damit nicht das Verbot umgangen werden kann (STROBEL 24 f).

Eine derartige (bedingte) positive Verpflichtung zur Übertragung bestimmter Vermögensgegenstände gegenüber dem begünstigten Vertragspartner oder im Wege des Vertrages zugunsten eines Dritten kann, sofern sie sich auf ein Grundstück bezieht, durch eine **Auflassungsvormerkung** im Grundbuch gesichert werden (BGHZ 134, 182, 186 f = NJW 1997, 861 = DNotZ 1997, 720; BayObLGZ 1978, 287 = DNotZ 1979, 27; DNotZ 1989, 370; Rpfleger 1997, 59; HAEGELE Rpfleger 1966, 386; 1969, 47, 271; LG Bad Kreuznach DNotZ 1965, 301; LG Köln MittRhNotK 1976,19; HOLTHÖFER DRiZ 1954, 141; STAUDINGER-KANZLEITER RdNr 17; STAUDINGER-GURSKY § 883 RdNr 50; MünchKomm-MUSIELAK RdNr 12; SCHÖNER-STÖBER, Grundbuchrecht, RdNr 1484; KOHLER DNotZ 1989, 339, 346 ff; jetzt auch MünchKomm-MAYER-MALY-ARMBRÜSTER [2001] § 137 RdNr 35). Die Gegenmeinung führt dagegen an, dass dadurch das Verbot dinglich wirkender Verfügungsbeschränkungen (§ 137 S 1) durch die »mittelbare Verdinglichung« des schuldrechtlichen Verfügungsunterlassungsvertrages mittels der Vormerkung umgangen und dadurch das Grundstück dem Rechtsverkehr entzogen werde und dies auch zu Gläubigerbenachteiligungen führe (TIMM JZ 1989, 13, 21 f; ERMAN-BROX § 137 RdNr 9; zustimmend, wenn auch für Begrenzung auf Lebenszeit BERGER, Rechtsgeschäftliche Verfügungsbeschränkungen [1998] S 205 f; zum Streitstand eingehend NIEDER Handbuch RdNr 1219). Die Situation ist jedoch mit denjenigen Fällen vergleichbar, in denen ein Grundstück übergeben wird und der Übernehmer sich von Anfang an verpflichtet, das Objekt ohne Zustimmung des Übergebers nicht zu veräußern oder zu belasten und es im Falle eines Verstoßes hiergegen auf den Übergeber oder Dritte zu übertragen ist; derartige Vereinbarungen werden als zulässig und durch Vormerkung sicherbar angesehen (BGHZ aaO; BayObLGZ 1977, 268 = DNotZ 1978, 159; OLG Hamm DNotZ 1978, 356; OLG Zweibrücken MittRhNotK 1981, 107; LG Aachen MittRhNotK 1981, 197; LG Köln MittRhNotK 1981, 237; ANGERMAIER MittBayNot 1973, 77). Daher ist ein derartiger Schutz des vertragsmäßig Bedachten durch einen vormerkungsgesicherten bedingten Übereignungsanspruch als zulässig anzusehen (LÜKE 69; STROBEL 56; HOHMANN Rechtsfolgen von Störungen 213 ff; MünchKomm-MUSIELAK RdNr 12; NIEDER Handbuch RdNr 1219 mwN). 29

Diese Absicherung erfolgt durch Rechtsgeschäft unter Lebenden, jedoch kann die entsprechende Vereinbarung in die Erbvertragsurkunde mitaufgenommen werden (verbundener Vertrag). Eine bedingte positive Übertragungsverpflichtung bedarf der Form des § 312 b Abs 1 S 1 nF, also der **notariellen Beurkundung** (STAUDINGER-KANZLEITER RdNr 17). Sie hat kostenrechtlich den Nachteil, dass dies eine eigenständige Verpflichtung ist, die zusätzlich zur Erbvertragsgebühr eine eigene nach § 36 Abs 2 KostO auslöst. 30

Die Gestaltung derartiger Vereinbarungen wird nicht immer so einfach sein wie der vom BayObLG (BayObLGZ 1978, 287 = DNotZ 1979, 27) entschiedene Fall. Wird ein Objekt (zB Hausgrundstück, landwirtschaftliches Anwesen) nicht erst nach dem Ableben des Erblassers auf den Vertragserben oder einen Dritten übereignet, sondern schon vorher, nämlich bei einer verbotswidrigen Verfügung des Erblassers, so handelt es sich in der Sache um eine vorzeitig erzwungene **Übergabe**; es stellt sich dann die Frage nach der Absicherung des Übergebers und der Abfindung weichender Erben. Der Notar wird in derartigen Fällen auf eine Regelung dieser Fragen – zumindest im Ansatz – drängen müssen; der Erbvertrag und das an sich nur gewollte Verfügungsverbot wird dann mit Regelungen belastet, die ansonsten einem Übergabevertrag vorbehalten sind. 31

**32** Bei Eingehen einer Übertragungsverpflichtung zugunsten eines Dritten (also nicht zugunsten des Vertragserben) ist beim Abfassen der Urkunde klarzustellen, ob die Vertragsschließenden berechtigt sind, die Vereinbarungen (Vertrag unter Lebenden!) ohne Zustimmung des begünstigten Dritten gemeinsam wieder aufzuheben. Ist eine Regelung unterblieben, wird man davon ausgehen können (LG Mosbach MDR 1971, 222; vgl auch § 328 Abs 2).

**33** Ein **Restrisiko** verbleibt auch bei dieser Gestaltung (vgl NIEDER Handbuch RdNr 1220): so gegen tatsächliche Handlungen und familienrechtliche Akte. Das Gleiche gilt, wenn der Erbvertrag, etwa wegen der weitreichenden Möglichkeiten zur Anfechtung wegen Motivirrtums (§ 2078) oder aufgrund eines berechtigten Rücktritts beseitigt wird, da dann auch über § 139 die gesamte Regelung wegfällt (STROBEL 41). Zu weiteren Sicherungsvorkehrungen hiergegen HOHMANN, Rechtsfolgen von Störungen ... 182 ff, 210 ff und § 2295 RdNr 21 ff. Auch das Schuldenmachen ist dem Erblasser dadurch nicht verwehrt, und der Erbe haftet für diese Nachlaßverbindlichkeiten (s Faßbender DNotZ 1984, 121), wenngleich die Beleihung des Grundbesitzes dem Erblasser durch die eingetragene Vormerkung ganz erheblich erschwert wird.

### c) Weitere Sicherungsmöglichkeiten

**34** An weiteren Sicherungsmöglichkeiten sind vorgeschlagen worden (MATTERN BWNotZ 1966, 11): die Einräumung eines *Vorkaufsrechts* an den Bedachten, die Beschwerung des erstversterbenden Ehegatten mit einem Verfügungs-Unterlassungs-Vermächtnis zugunsten der Schlusserben (beim Berliner Testament), die Anordnung einer *Nacherbfolge* für den Fall eines den vertragsmäßig Bedachten beeinträchtigenden »Zweitgeschäftes« unter Lebenden. Gegen diese Vorschläge bestehen keine Bedenken.

**35** Mitunter kommen als Ersatzlösungen auch besonders ausgestaltete **Rechtsgeschäfte unter Lebenden** in Betracht. So können bewegliche Sachen und Forderungen (wegen § 925 Abs 2 aber Grundstücke nur bezüglich des schuldrechtlichen Grundgeschäfts) auf den Todesfall aufschiebend befristet übertragen werden oder aber durch das Vorliegen bestimmter Umstände aufschiebend oder auflösend bedingt zugewendet werden (eingehend RECKER MittRhNotK 1978, 126, 128; NIEDER Handbuch RdNr 1223; HOHMANN Rechtsfolgen von Störungen ..., 220 ff; vgl auch MünchKomm-MUSIELAK RdNr 12). Möglich ist auch die sofortige Übertragung unter Vorbehalt eines (uU auch freien) Rücktrittsvorbehalts, wobei der bedingte Rückübereignungsanspruch bei Grundstücken auch durch Eintragung einer Eigentumsvormerkung gesichert werden kann. Diese Lösung ist gegenüber der auflösenden Bedingung vorzuziehen, da sie die Automatik des Rückfalls vermeidet; ihre steuerliche Anerkennung (besonders im Bereich der Einkommensteuer) kann jedoch fraglich sein.

**36** Bisweilen findet sich gerade bei Immobilien auch die Vereinbarung einer Zuwendung mit einer auf den Erbfall hinausgeschobenen dinglichen Erfüllung ohne oder mit zusätzlicher Überlebensbedingung des Zuwendungsempfängers (MünchKomm-MUSIELAK RdNr 9; NIEDER Handbuch RdNr 1224 f; zu diesen Gestaltungen s § 2301 RdNr 22) oder ein bindendes Vertragsangebot auf Zuwendung eines Grundstückes, das erst nach dem Tod des Zuwendenden angenommen werden darf (hierzu NIEDER Handbuch RdNr 1226; HOHMANN, Rechtsfolgen von Störungen ..., 220 ff).

### 3. Hinweise zur Vertragsgestaltung

**37** Solche finden sich insbesondere bei NIEDER, Handbuch RdNr 1207 ff und ZNotP 1998, 143 ff. Ein Vertragsmuster zu einem Verfügungsunterlassungvertrag kann man dem Münchner Vertragshandbuch-NIEDER Bd 4, 2. Halbband, 4. Aufl, 1998,

XVI. 31 entnehmen; ein Muster zum Schenkungsvertrag mit auf den Tod verzögerter Erfüllung dort unter XVI. 33.

### IV. Rechtliche Stellung des Bedachten nach dem Erbfall

Nach dem Erbfall hat der Vertragserbe die rechtliche Stellung des Erben, der Vertragsvermächtnisnehmer den Anspruch auf Leistung des vermachten Gegenstandes (§ 2174). Beide können nunmehr gegebenenfalls die Ansprüche nach §§ 2287, 2288 geltend machen. Eine Absicherung durch Vormerkung ist ab dem Erbfall möglich, soweit sich die Herausgabeansprüche auf Grundstücke beziehen (vgl im Einzelnen SCHÖNER-STÖBER Grundbuchrecht RdNr 1485). 38

### § 2287 Den Vertragserben beeinträchtigende Schenkungen

(1) Hat der Erblasser in der Absicht, den Vertragserben zu beeinträchtigen, eine Schenkung gemacht, so kann der Vertragserbe, nachdem ihm die Erbschaft angefallen ist, von dem Beschenkten die Herausgabe des Geschenks nach den Vorschriften über die Herausgabe einer ungerechtfertigten Bereicherung fordern.

(2) Der Anspruch verjährt in drei Jahren von dem Anfall der Erbschaft an.

Übersicht

| | | |
|---|---|---|
| I. | Allgemeines | 1 |
| | 1. Normzweck | 1 |
| | 2. Entwicklung der Rechtsprechung: Von der Aushöhlungsnichtigkeit zur Missbrauchskorrektur | 4 |
| | 3. Konkurrenzfragen | 8 |
| |    a) Nichtigkeit nach § 134 | 9 |
| |    b) Deliktischer Schutz | 10 |
| |    c) Verhältnis zu § 138 | 11 |
| |    d) Verhältnis zu Pflichtteilsansprüchen | 12 |
| |    e) Verhältnis zu § 812 | 13 |
| |    f) Vorausvermächtnisnehmer | 14 |
| | 4. Anwendung auf gemeinschaftliche Testamente | 15 |
| II. | Voraussetzungen des Anspruchs | 16 |
| | 1. Schenkung des Erblassers | 16 |
| |    a) Begriff der Schenkung | 16 |
| |    aa) Grundsätzliches | 16 |
| |    bb) Gemischte Schenkung, Berücksichtigung von Gegenleistungen | 22 |
| |    b) Einzelfälle | 24 |
| |    c) Maßgeblicher Zeitpunkt | 32 |
| | 2. Objektive Beeinträchtigung der Vertragserbenstellung | 33 |
| |    a) Allgemeine Kriterien | 34 |
| |    b) Einzelfälle | 35 |
| |    aa) Änderungsvorbehalte, vorweggenommene Vermächtniserfüllung | 36 |
| |    bb) Zuwendungen an die Pflichtteilsberechtigten, Zugewinnausgleich | 37 |
| |    cc) Zuwendungen ohne echte Wertverschiebung | 38 |

|  |  |  |  | dd) Überschuldeter Nachlass | 40 |
|---|---|---|---|---|---|
|  |  |  |  | ee) Zustimmung des Vertragserben | 41 |
|  |  |  |  | ff) Anfechtbarkeit der bindenden Verfügung von Todes wegen | 42 |
|  |  | 3. | Beeinträchtigungsabsicht | | 43 |
|  |  | 4. | Missbrauch der lebzeitigen Verfügungsfreiheit des Erblassers | | 44 |
|  |  |  | a) | Durchführung der Missbrauchsprüfung | 45 |
|  |  |  | b) | Fallgruppenbildung | 46 |
|  |  |  | c) | Methodische Vorbehalte | 47 |
|  |  |  | d) | Beurteilungskriterien | 48 |
|  |  |  | aa) | Schutzwürdigkeit des Erwerbsinteresses des Vertragserben | 49 |
|  |  |  | bb) | Lebzeitiges Verfügungsinteresse des Erblassers | 52 |
|  |  |  | e) | Beschränkung der Abwägungsgründe | 64 |
|  |  |  | aa) | Subjektive und objektive Erheblichkeit | 65 |
|  |  |  | bb) | Maßgeblicher Zeitpunkt für das Änderungsmotiv | 66 |
|  |  |  | f) | Die Gewichtung der Abwägungsgründe | 67 |
|  |  |  | aa) | Grad der Beeinträchtigung des Vertragserben | 68 |
|  |  |  | bb) | Das Verfügungsinteresse des Erblassers | 71 |
|  |  |  | cc) | Grad der erbrechtlichen Bindung | 73 |
|  |  |  | dd) | Angemessenheit der lebzeitigen Verfügung | 74 |
|  |  |  | g) | In »dubio pro Verfügungsfreiheit« | 75 |
|  |  | 5. | Anfall der Erbschaft | | 76 |
| III. | Der Anspruch nach § 2287 | | | | 77 |
|  |  | 1. | Gläubiger und Schuldner des Anspruchs | | 77 |
|  |  |  | a) | Gläubiger des Anspruchs | 77 |
|  |  |  | aa) | Keine Nachlasszugehörigkeit, Testamentsvollstreckung | 78 |
|  |  |  | bb) | Bei Anordnung von Vor- und Nacherbschaft | 79 |
|  |  |  | cc) | Mehrere Vertragserben | 83 |
|  |  |  | dd) | Nachlassgläubiger | 85 |
|  |  |  | b) | Schuldner des Anspruchs | 86 |
|  |  | 2. | Anspruchsinhalt | | 87 |
|  |  |  | a) | Herausgabe des Geschenkes | 87 |
|  |  |  | b) | Bei gemischter Schenkung und Schenkung unter Auflage | 89 |
|  |  |  | c) | Beschränkung des Anspruchs | 90 |
|  |  |  | d) | Herausgabe eines Schenkungsversprechens | 91 |
|  |  | 3. | Sicherung des künftigen Anspruchs gegen den Beschenkten | | 92 |
|  |  | 4. | Verjährung | | 96 |
|  |  | 5. | Ausschluss des Anspruchs | | 97 |
|  |  |  | a) | Vertraglicher Ausschluss des Anspruchs, Schenkungsvorbehalt | 97 |
|  |  |  | b) | Die Zustimmung des Vertragserben | 98 |
|  |  |  | c) | Unwirksamkeit des Erbvertrags | 99 |
| IV. | Prozessuales | | | | 100 |
|  |  | 1. | Beweislastregelung | | 100 |
|  |  |  | a) | Nachweis der Unentgeltlichkeit | 101 |
|  |  |  | b) | Nachweis des Missbrauchs | 102 |
|  |  | 2. | Auskunfts- und Wertermittlungsanspruch | | 103 |
|  |  | 3. | Revisionsgerichtliche Überprüfung der Missbrauchsprüfung | | 104 |
| V. | Gestaltungsempfehlungen | | | | 105 |

## I. Allgemeines

### 1. Normzweck

Der Erbvertrag äußert zunächst rein erbrechtliche Wirkungen gegen beeinträchtigende erbrechtliche Verfügungen durch § 2289. Dem Erblasser wird jedoch prinzipiell die Freiheit belassen, über sein Vermögen durch Rechtsgeschäft unter Lebenden beliebig zu verfügen (§ 2286). Dieser **Grundsatz der lebzeitigen Entschließungsfreiheit** (BGHZ 124, 35, 38) bringt die Gefahr mit sich, dass der Erblasser den wirtschaftlichen Erfolg einer vertragsmäßigen Zuwendung durch Verfügungen unter Lebenden, insbesondere durch Schenkungen, mehr oder weniger vereitelt, und durch eine **missbräuchliche Ausnutzung seiner Verfügungsfreiheit** die erbrechtlichen Bindungen umgeht. § 2287 und § 2288 bezwecken daher den Schutz des Vertragserben bzw Vertragsvermächtnisnehmers gegen solche benachteiligende Rechtsgeschäfte unter Lebenden. Aus der Rechtsstellung des Vertragserben und der rechtlichen Ausgestaltung dieses Anspruchs, der von den Rechtsfolgen her auf die Bereicherungsvorschriften verweist, ergeben sich jedoch bereits **Einschränkungen dieses Schutzes:** 1

Dies gilt schon für das **Objekt** des Vertragserbenschutzes: Der Vertragserbe hat auch bei uneingeschränkter Verwirklichung der mit dem Erbvertrag bezweckten Vermögensnachfolge keinen Anspruch auf bestimmte Nachlassgegenstände (Grundsatz der Gesamtrechtsnachfolge). Daher kann der Anspruch aus § 2287 nicht auf Erhaltung der gegenständlichen Nachlasszusammensetzung gehen, sondern nur auf Wahrung des **Nachlasswerts**. Erstrebt wird also nur der **Ausgleich von Vermögensverlusten** durch lebzeitige Rechtsgeschäfte, wenn dieser nicht dadurch wiederum kompensiert wird (vgl dazu RdNr 38). Der Vertragserbenschutz des § 2287 greift aber nicht bereits bei jeder Vermögensminderung des künftigen Nachlasses ein. Denn sonst hätte der Gesetzgeber zum Zwecke des Vermögensausgleichs einen umfassenden Bereicherungsanspruch gewährt und nicht nur eine Rechtsfolgeverweisung. Die Schnittstelle zwischen den Verfügungen, die aufgrund der lebzeitigen Verfügungsfreiheit nach § 2286 für den Erblasser zulässig sind und denjenigen, die im Erwerbsinteresse des Vertragserben nicht hinnehmbar sind, zieht das Gesetz nicht gerade präzise: Nur Schenkungen, die in der Absicht der Beeinträchtigung des Vertragserbens gemacht werden, sollen einen Ausgleichsanspruch auslösen. Damit soll offenbar eine **Missbrauchsabwehr** sichergestellt werden. 2

Geht es aber um den Ausgleich der durch das Rechtsgeschäft eintretenden Vermögensminderung, so kann es für das Eingreifen des Schutzes des § 2287 auf der Tatbestandsebene **nicht** auf ein besonders **sittenwidriges Handeln** oder in sonstiger Weise zu inkriminierendes Verhalten des Erblassers ankommen, will man mit dem Vertragserbenschutz ernst machen. Aus der von § 2287 gewählten Rechtsfolge ergibt sich weiter, dass grundsätzlich auch ein bewusstes Unterlaufen der erbvertraglichen Bindung (»dolus directus« für die Beeinträchtigung) das vorgenommene Rechtsgeschäft nicht nichtig macht, sondern nur zu einem Bereicherungsanspruch des Vertragserben nach Eintritt des Erbfalls führt. Die sich aus dieser gesetzlichen Konzeption ergebende Großzügigkeit des Gesetzgebers gegenüber der Verfügungsfreiheit des Erblassers mag man je nach seinem Vorverständnis aus rechtspolitischen Gründen bedauern, sie beruht jedoch auf einer bewussten Entscheidung des Gesetzgebers (Prot V 390 ff) und ist daher bei der Gesetzesauslegung grundsätzlich zu beachten (MünchKomm-MUSIELAK RdNr 1). Da Geltungsgrund für den Vertragserbenschutz die erbvertragliche Bindung ist, die ge- 3 gen lebzeitige Verfügungen einen Mindestschutz erhalten soll, liegt es nahe, für das Eingreifen des Vertragserbenschutzes auch auf die Intensität der Bindung und der ihr durch die lebzeitige Verfügung drohenden Gefährdung abzustellen, wie dies in der neueren Literatur teilweise gemacht wird (s LORITZ, Freiheit des gebundenen Erblassers und Schutz des Vertrags- und Schlusserben vor Zweitverfügungen [1992] 86 ff; AUNERT-MICUS, Der Begriff der Beeinträchtigungsabsicht [1995] 47 ff). Das gesetzliche Zusammenspiel der lebzeitigen Verfügungsfreiheit nach § 2286 und des durch §§ 2287, 2288 intendierten Schutzes des Vertragserben bzw Vertragsvermächtnisnehmers legt bereits aus gesetzessystematischen Erwägungen die Vermutung nahe, dass es sich hierbei um eine abschließende Sonderregelung handelt.

## 2. Entwicklung der Rechtsprechung: Von der Aushöhlungsnichtigkeit zur Missbrauchskorrektur

4 Angesichts der tatbestandsmäßigen Offenheit der Norm nimmt es nicht Wunder, dass sich die höchstrichterliche Rechtsprechung zu § 2287 grundlegend gewandelt hat. Dadurch hat diese Vorschrift eine ganz erhebliche tatbestandsmäßige Erweiterung erhalten (zur Entwicklung der Rechtsprechung STRUNZ, Vertragserbenschutz 17 ff; DILCHER Jura 1988, 72). Die Rspr, insbesondere des BGH, hatte lange Zeit für die Anwendung des § 2287 gefordert, dass die Beeinträchtigungsabsicht der eigentlich leitende und bestimmende Beweggrund für die Schenkung sein müsse (etwa BGH FamRZ 1960, 145 f; 1961, 72). Der Nachweis eines derartigen »dolus directus« der Beeinträchtigung war idR äußerst schwierig, zumal sich meist noch andere Beweggründe für eine Schenkung finden lassen. Die praktische Bedeutung der Norm war gering (STRUNZ 15 konnte in der Zeit von 1949 bis 1972 kein klagestattgebendes Urteil finden). In den Fällen eines eklatanten Missbrauchs griff der BGH daher auf § 134 zurück und nahm die Unwirksamkeit der lebzeitigen Verfügung an, die die bindenden Verfügungen von Todes wegen eines Erbvertrags oder gemeinschaftlichen Testaments aushöhlten oder umgingen (sog Aushöhlungsnichtigkeit; zusammenfassend JOHANNSEN DNotZ 1977, Sonderheft 69*, 76* ff; eingehend hierzu Vorauflage § 2286 RdNr 4). Dies führte dazu, dass der Vertragserbe einen dinglichen Herausgabeanspruch nach § 985 hatte, da das Geschenk noch zum Nachlass gehörte (**dinglicher Vertragserbenschutz**). Diese in sich auch nicht einheitliche Rspr stieß auf heftige Kritik.

5 Mit der Entscheidung vom 5. 7. 1972 (BGHZ 59, 343 = NJW 1973, 240 = DNotZ 1973, 421; eingehend RdNr 43 f) hat der BGH sie daher zu Recht aufgegeben und zugleich die frühere ständige Rechtsprechung zur »Beeinträchtigungsabsicht« revidiert. Auch wenn gegen diese Rechtsprechungsänderung erhebliche Bedenken vorzubringen sind (vgl SPECKMANN JZ 1974, 543; FINGER-FÜSER-HAMM-WEBER FamRZ 1975, 1975; STAUDINGER-KANZLEITER RdNr 13), ist sie doch der Praxis der Vertragsgestaltung zugrunde zu legen. Zur Wahrung des Interesses des Vertragserben ist nach Auffassung des BGH (aaO) eine lebensnahe und dem Schutzzweck entsprechende Auslegung des § 2287 BGB geboten. Ist kein lebzeitiges Eigeninteresse des Erblassers erkennbar, die Verfügung vielmehr sichtlich darauf angelegt, dass anstelle des Vertragserben ein anderer den wesentlichen Nachlass ohne angemessenes Äquivalent erhält, so dürfte die Anwendung der Vorschrift nach Ansicht des BGH »eigentlich nicht zweifelhaft sein« (BGHZ 59, 350). Unerheblich ist, ob die Absicht, den Beschenkten zu begünstigen oder die, den Vertragserben zu benachteiligen, die überwiegende Motivationskraft hat, da beides meist in untrennbarem Zusammenhang steht.

6 Während es bei den ersten Entscheidungen nach der Rechtsprechungswende vor allem um das Vorliegen des anerkennenswerten »lebzeitigen Eigeninteresses« ging, hat sich mittlerweile eine weitere Akzentverschiebung in der Rspr ergeben,

an die so wohl 1972 noch nicht gedacht war. Seit dem Jahre 1982 findet sich jetzt immer wieder als Kernaussage, dass es bei der Anwendung des § 2287 um eine »**Missbrauchskorrektur**« gehe (erstmals BGHZ 83, 44, 46 = NJW 1982, 1100; der Missbrauchsgesichtspunkt klingt teilweise bereits früher an, etwa bei BGHZ 82, 274). Der BGH wägt dabei neuerdings die berechtigten Erberwartungen des Vertragserben gegen die Interessen des Erblassers an der lebzeitigen Verfügung ab und fragt, ob letztere ihrer Art nach so sind, dass der Vertragserbe sie anerkennen und deswegen die sich aus der Verfügung ergebende Benachteiligung hinnehmen muss (vgl etwa BGHZ 83, 44, 45; 88, 269, 271). Das »lebzeitige Eigeninteresse« ist dabei nur einer der vom Vertragserben zu akzeptierenden Gründe. Einen Missbrauch der Verfügungsfreiheit hat der BGH etwa auch in einem Fall abgelehnt, bei der die Schenkung zur Sicherung der Versorgung eines pflegebedürftigen Sohnes dienen sollte (BGH NJW-RR 1987, 2 = FamRZ 1986, 980). In weiteren neueren Entscheidungen hat der BGH betont, dass auch eine **objektive Beeinträchtigung** der Rechtsstellung des Vertragserben Tatbestandsvoraussetzung ist (BGH FamRZ 1989, 175 = NJW-RR 1989, 259), was zu einer stärkeren Rückbesinnung auf den Schutzzweck der Norm führt. Die überwiegende Zahl der Revisionsentscheidungen der letzten Jahre betraf gerade diese objektive Rechtsfrage (vgl RdNrn 33 ff), während Revisionsentscheidungen über das Vorliegen der Beeinträchtigungsabsicht kaum mehr ergehen, da dies überwiegend nicht revisible Tatsachenfragen sind und die Grundsätze offenbar von der Rspr geklärt zu sein scheinen. SPELLENBERG (NJW 1986, 2531, 2535) kommt aufgrund einer ausführlichen Rechtsprechungsanalyse zu dem zutreffenden Schluss, dass die §§ 2287 f als **Generalklausel zur Missbrauchsverhinderung** verstanden werden müssen (zustimmend etwa DILCHER Jura 1988, 72, 79).

Diese Rechtsprechungsänderung, die zu einer Tatbestandsausweitung des § 2287 führte, stärkt zumindest rechtstheoretisch den Schutz des Vertragserben erheblich. Ob dies sich in der Praxis auch tatsächlich so ausgewirkt hat, ist nur schwer festzustellen, da vielfach der BGH in den veröffentlichten Entscheidungen die Sache zur erneuten Verhandlung zurückverwiesen hat. Immerhin hat STRUNTZ (43 f) festgestellt, dass bei sechs von ihr untersuchten und »durchentschiedenen« Fällen der Anspruch aus § 2287 dreimal für begründet, dreimal für unbegründet erklärt wurde. Von einer restriktiven Handhabung dieser Norm durch den BGH kann heute also nicht mehr gesprochen werden (STRUNTZ 43; SPELLENBERG NJW 1986, 2531, 2532 mit dem Hinweis, dass auch die Aushöhlungsrechtsprechung des BGH dem Vertragserben in verschiedenen Zeiten unterschiedlich gewogen war). **7**

### 3. Konkurrenzfragen

Bereits systematische Überlegungen hatten gezeigt, dass § 2287 eine abschließende Sonderregelung des Vertragserbenschutzes gegen unentgeltliche lebzeitige Verfügungen darstellt (RdNr 4). Mit der tatbestandsmäßigen Erweiterung der Norm hat der BGH zugleich auch den Gedanken der abschließenden Sonderregelung konsequent weiter verfolgt. **8**

#### a) Nichtigkeit nach § 134

Bereits in BGHZ 59, 343, 348, mit der die Rechtsprechungsänderung begann, hat der BGH klargestellt, dass sich eine Nichtigkeit der beeinträchtigenden lebzeitigen Verfügung nicht aus dem Gesichtspunkt der Umgehung der erbvertraglichen Bindung (§ 2289 Abs 1) ergeben kann. Noch in BGH NJW 1964, 547; NJW 1971, 188 war das anders gesehen worden. Unabhängig davon, ob man überhaupt die Rechtsfigur der Umgehungsnichtigkeit akzeptiert (vgl etwa MünchKomm-MAYER-MALY-ARMBRÜSTER § 134 RdNr 12 ff), lässt sich der erforderliche Vertragserbenschutz wesent- **9** lich systemkonformer durch eine sachgerechte Auslegung von § 2286 einerseits und § 2287 andererseits lösen (s LORITZ 77 f).

### b) Deliktischer Schutz

**10** § 2287 gibt nach dem ausdrücklichen Wunsch des Gesetzgebers einen bereicherungsrechtlichen Schutz für den Vertragserben (RdNr 2). Der BGH hat es daher mit guten Gründen mehrfach abgelehnt, diesen in einen deliktsrechtlichen Schutz umzubauen, und sei es auch nur durch die Anwendung des § 826 (BGHZ 108, 73, 78 = NJW 1989, 2389; BGH NJW 1991, 1952). Ein Anspruch aus § 823 Abs 1 scheidet ohnehin aus, da es sich bei der Rechtsstellung des erbvertragsmäßig Bedachten nicht um ein absolutes sonstiges Recht iS dieser Bestimmung handelt, insbesondere nicht um ein Anwartschaftsrecht (§ 2286 RdNr 7 ff). Schon der Grundsatz der Spezialität verbietet es, in den §§ 2287 f Schutzgesetze iS von § 823 Abs 2 zu sehen und dadurch die allgemeine deliktische Haftung zu eröffnen (MünchKomm-MUSIELAK § 2286 RdNr 5). Ein Anspruch des Vertragserben aus § 826 wird demgegenüber öfters diskutiert. Einen eigenen, originär in der Person des Vertragserben entstehenden Anspruch aus § 826 gegen den Erwerber wegen der Weggabe von Vermögen lehnt der BGH wegen der Spezialität des Anspruchs aus § 2287 ab (BGHZ 108, 73, 78 = JR 1990, 155 m krit Anm SCHUBERT; BGH NJW 1991, 1952; ebenso OLG Köln ZEV 1996, 23, 24 m Anm HOHMANN = NJW-RR 1996, 327, 328; ZEV 1997, 423, 425 m Anm SKIBBE; OLGR München 1999, 107). Dies gelte auch bei einem kollusiven Zusammenwirken von Erblasser und Erwerber (BGH aaO). Auch hier gehe es um die Frage des Missbrauchs der lebzeitigen Verfügungsmacht des Erblassers, die aber allein nach den §§ 2286, 2287 zu bestimmen sei. Dies ist teilweise kritisiert worden, etwa von SCHUBERT (JR 1990, 159 f), der einen Anspruch nach § 826 gegen den Dritten geben möchte, wenn das Schwergewicht des sittenwidrigen Verhaltens dem Erwerber zuzurechnen sei; ebenfalls hinsichtlich des Ergebnisses kritisch KOHLER (FamRZ 1990, 464, 466) und s LORITZ (80 ff), die aber beide, wenn auch mit unterschiedlicher Begründung, letztlich für einen Anspruch nach § 826 kaum einen verbleibenden Anwendungsbereich sehen, weil er durch die sich aus §§ 2286, 2287 ergebenden Wertungen idR ausgeschlossen ist. Dem BGH ist jedoch zuzustimmen (ebenso MünchKomm-MUSIELAK § 2286 RdNr 5; SCHLÜTER RdNr 267; LANGE-KUCHINKE § 25 V 4 a; ERMAN-M SCHMIDT RdNr 3; BUTZ-PETZOLD 183). Denn aus § 2287 ergibt sich bereits, dass selbst bei einem bewussten Bruch des Erbvertrags durch den Erblasser (das ist die Beeinträchtigungsabsicht), der überwiegend als grob anstößig empfunden wird, der sich hieraus ergebende Handlungsunwert allein über diese Norm kompensiert wird und keinen weiter gehenden Sittenwidrigkeitsvorwurf rechtfertigen kann (ähnlich LANGE-KUCHINKE § 25 V 4 a, b). Anders liegt es, wenn der Schenkungsvertrag selbst von Anfang an unter einem Mangel leidet, etwa wegen arglistiger Täuschung anfechtbar oder wegen Ausnutzung einer Notlage des Erblassers nichtig ist (§ 138 Abs 1) oder wegen einer sonstigen Schädigung des Erblassers ihm bereits selbst lebzeitig Ansprüche zustanden, etwa auch nach § 826. Soweit solche Rechte im Erbfall noch bestehen, gehen sie nach § 1922 dann im Wege der Gesamtrechtsnachfolge auf den Vertragserben über, der sie dann geltend machen kann (BGHZ 108, 73, 78 f, etwas missverständlich wiedergegeben bei PALANDT-EDENHOFER RdNr 2; OLGR München 1999, 107). Die §§ 2287 f können gegenüber solchen Ansprüchen keine Sperrwirkung entfalten, denn ihr Schutzzweck ist ein anderer: Sie wollen nur die erbvertragliche Erwerbsaussicht sichern, während es bei den Rechten, die durch den Erbfall derivativ erworben werden, um solche geht, die die Entschließungsfreiheit des Erblassers im Allgemeinen sichern wollen.

#### c) Verhältnis zu § 138

Auch nach der Rechtsprechungsänderung geht der BGH (ebenso KIPP-COING § 38 IV 3 b; SOERGEL-M WOLF § 2286 RdNr 10) zutreffenderweise davon aus, dass diese Norm neben den §§ 2287 anwendbar ist (für den Ausschluss von § 138: MATTERN MDR 1960, 1, 4; MÜNZBERG BWNotZ 1959, 1, 5; REUBOLD 109 ff, alle noch vor dem grundlegenden BGH-Urteil; für Sittenwidrigkeit allenfalls im Ausnahmefall LANGE-KUCHINKE § 25 V 4 c). Eine Nichtigkeit nach dieser Vorschrift kann jedoch nicht allein deshalb angenommen werden, weil die Zuwendung in der Absicht der Beeinträchtigung des Vertragserben erfolgt, denn der darin liegende »Handlungsunwert« ist gerade die Tatbestandsvoraussetzung für den Anspruch aus § 2287 und vermag daher den Vorwurf einer sittenwidrigen Handlung nicht zu tragen; es müssen daher erschwerende Umstände hinzukommen (SOERGEL-M WOLF aaO; MünchKomm-MUSIELAK RdNr 1, 7; S LORITZ 80; D NOLTING JA 1993, 129, 134). Auch aus dem Gesichtspunkt der Verleitung zum Bruch der erbvertraglichen Bindung lässt sich angesichts der durch § 2286 eingeräumten lebzeitigen Entschließungsfreiheit keine Sittenwidrigkeit begründen. Vielmehr müssen erst andere Momente hinzukommen, etwa wenn das Rechtsgeschäft bewusst darauf gerichtet ist, einen zusätzlich abgeschlossenen Verfügungsunterlassungsvertrag (zu einem solchen § 2286 RdNr 24 ff) zu unterlaufen, da dann die Grundsätze der sittenwidrigen Verleitung zum Vertragsbruch eingreifen (BGH NJW 1991, 1952 f; zust OLG Hamm AgrarR 1997, 441, 442; ähnlich bereits HEINR LANGE NJW 1963, 1577 zum Verpfründungsvertrag). Dann geht es aber nicht um die Beeinträchtigung erbrechtlicher Anwartschaften oder Aussichten, sondern um den Bruch des mit dem Erbvertrag verbundenen Vertrags (MünchKomm-MUSIELAK § 2286 RdNr 5). Zudem bedarf es »markanter Anhaltspunkte« für die Annahme eines stillschweigenden Verfügungsunterlassungsvertrages (OLG Köln ZEV 1996, 23 m Anm HOHMANN = NJW-RR 1996, 65). UU lässt sich auch aus einer besonderen Art und Weise der Zurücksetzung des Vertragserben die Sittenwidrigkeit begründen (s LORITZ aaO).

#### d) Verhältnis zu Pflichtteilsansprüchen

Ist der Vertragserbe zugleich pflichtteilsberechtigt, so kann der Anspruch nach § 2287 uU konkurrieren mit einem Pflichtteilsergänzungsanspruch gegen den Erben nach § 2325 oder gegen den Beschenkten nach § 2329, was schon deshalb von Bedeutung ist, weil für die Pflichtteilsergänzung keine Benachteiligungsabsicht erforderlich ist (LANGE-KUCHINKE § 25 V 5 Fn 79).

#### e) Verhältnis zu § 812

Diese Frage wird dann beachtlich, wenn eine unwirksame Schenkungsvereinbarung vorliegt. Teilweise wird mit der Begründung, dass bei einem rechtsgrundlosen Erwerb der Erblasser und nach seinem Tod der Vertragserbe die Geschenke nach § 812 zurückfordern könne, die Anwendung des § 2287 verneint (BOEHMER FamRZ 1961, 253; SPELLENBERG NJW 1986, 2531, 2533; 2. Aufl RdNr 7). Die Gegenmeinung lässt ein *Nebeneinander* beider Ansprüche mit dem Argument zu, dass einem Bereicherungsanspruch bei einem Verstoß gegen die guten Sitten der Einwand aus § 817 S 2 entgegengehalten werden könnte und zwar auch dann, wenn dieser auf den Vertragserben im Erbfall übergegangen sei, während ein solcher Einwand gegen den Vertragserbenanspruch aus § 2287 nicht möglich ist (MÜNZBERG JuS 1961, 389, 390; MünchKomm-MUSIELAK RdNr 6; PALANDT-EDENHOFER RdNr 5; SOERGEL-M WOLF RdNr 4; AK-FINGER RdNr 6; BAMBERGER-ROTH-LITZENBURGER RdNr 3). Teilweise will man dem Vertragserben auch dadurch helfen, dass ihm gegenüber die Anwendung des § 817 S 2 als nach § 242 unzulässig angesehen wird (MATTERN FamRZ 1961, 418, 419). Richtigerweise wird man beide Ansprüche miteinander konkurrieren, ja nicht einmal die kürzere Verjährung des § 2287 Abs 2 auf den Anspruch des § 812 durchschlagen lassen (aM MünchKomm-MUSIELAK RdNr 7: Ausschluss nach Treu und Glauben), da die rechtsgrundlose Vermögensverschiebung nach allgemeinem Bereicherungsrecht rückabwicklungsfähig bleiben muss. Die Rückforderungsbeschränkung des § 817 S 2 kann nur in besonders gelagerten Ausnahmefällen auch gegen den Anspruch nach § 2287 eingreifen (MATTERN aaO, 419 f).

**f) Vorausvermächtnisnehmer**

**14** Ist der Vertragserbe zugleich als Vorausvermächtnisnehmer berufen, so kann er bei beeinträchtigender Verfügung über das Vermächtnisobjekt nur einen Anspruch nach § 2288 geltend machen, da dies die speziellere Gesetzesbestimmung ist und einen besonderen Schutz des Vermächtnisnehmers nach Tatbestand und Rechtsfolge bezweckt (OLG Köln ZEV 1997, 423, 424 f, wo aber zugleich auch eine objektive Beeinträchtigung der Erberwartung verneint wurde, da der Vermächtnisgegenstand bereits nicht mehr zu der zwischen den Erben zu verteilenden Erbmasse gehöre). Demgegenüber will SKIBBE (ZEV 1997, 425 f) § 2287 mit § 2288 grundsätzlich konkurrieren lassen, wobei aber der Anspruch aus § 2287 bei mehreren Miterben nur in Höhe des Erbteils bestehe und daher der nach § 2288 weitergehen könne.

### 4. Anwendung auf gemeinschaftliche Testamente

**15** § 2287 ist wegen der gleichen Interessenlage auf wechselbezügliche Verfügungen in gemeinschaftlichen Testamenten entsprechend anzuwenden, wenn diese bindend geworden sind, was also den Tod des einen Ehegatten voraussetzt (BGH DNotZ 1951, 344; OGHZ 1, 161 = MDR 1949, 287 m Anm BOEHMER; OGHZ 2, 160 = NJW 1949, 581; BGHZ 82, 274, 276; OLGR Frankfurt 2001, 37; MünchKomm-MUSIELAK § 2271 RdNr 45). Jedoch besteht kein Anspruch, wenn der **Ehegatte** des Schenkers **im Zeitpunkt der Schenkung noch lebt,** weil dann die wechselbezügliche Verfügung – anders als beim Erbvertrag – noch nicht bindend geworden ist (BGHZ 87, 19, 23). Dieser kann dann nur in der Weise auf solche beeinträchtigenden Verfügungen reagieren, dass er seinerseits das gemeinschaftliche Testament nach § 2271 widerruft, um seine Testierfreiheit wiederzugewinnen. Die Widerrufsmöglichkeit versagt allerdings dann, wenn der längerlebende Ehegatte erst nach dem Tode des anderen von der beeinträchtigenden Verfügung erfährt. Teilweise wird daher in einem solchen Fall eine analoge Anwendung der §§ 2287, 2288 aus Gründen eines effektiven Erbenschutzes bejaht (SOERGEL-M WOLF RdNr 46, 42, MünchKomm-MUSIELAK RdNr 45 je zu § 2271; AUNERT-MICUS, Der Begriff der Beeinträchtigungsabsicht ... [1995] 111 ff), zumindest dann, wenn durch Verträge zugunsten Dritter auf den Todesfall verfügt wird, da der andere Ehegatte hiervon – anders als bei sonstigen Vermögensbewegungen – oftmals keine Kenntnis erlangen wird (SPETH NJW 1985, 463). Jedoch versagt eine solche Analogie schon deshalb, weil es an der Voraussetzung hierfür, nämlich der gleichen Bindungsgrundlage wie beim Erbvertrag, beim gemeinschaftlichen Testament eben so lange noch fehlt. Zudem kann über eine Anfechtung nach § 2078 Abs 2 der längerlebende Ehegatte wenigstens seine eigene Testierfreiheit wiedererlangen (hierauf weist auch SOERGEL-M WOLF § 2271 RdNr 42 hin). Die Anwendung auf gemeinschaftliche Testamente, die nach dem **ZGB der DDR** errichtet wurden, scheidet aus, da dort der Längerlebende wesentlich freier gestellt war (BGHZ 128, 302, 306 f = NJW 1995, 1087 = ZEV 1995, 221 m Anm LEIPOLD = JZ 1996, 105 m Anm H F MÜLLER; OLG Dresden DtZ 1995, 140 = NJ 1994, 577).

## II. Voraussetzungen des Anspruchs

### 1. Schenkung des Erblassers
### a) Begriff der Schenkung
#### aa) Grundsätzliches

Der hier verwandte Schenkungsbegriff entspricht im Wesentlichen demjenigen des **allgemeinen Schenkungsrechts** (§ 516; BGHZ 82, 274, 281; LANGE-KUCHINKE § 25 V 5 a; MünchKomm-MUSIELAK RdNr 3; allg Meinung), jedoch nach der Rechtsprechung des BGH erweitert um die ehebezogene Zuwendung (dazu RdNr 29 ff) Dazu zählen alle Arten von Schenkungen, sei es die *gemischte* oder auch die *unter Auflage* (BUTZ-PETZOLD, Grundstücksübertragungen in vorgenommener Erbfolge ... [1999] 149). Entgeltliche Verfügungen des Erblassers fallen nicht unter § 2287 (BUTZ-PETZOLD 148), selbst wenn sie in der Absicht getroffen sind, das »Recht« des Vertragserben zu beeinträchtigen. Auch die Weggabe des ganzen Vermögens gegen (entsprechendes!) Entgelt, zB gegen eine Leibrente, ist keine Schenkung (PLANCK-GREIFF Anm 2b). Andererseits ist es für den Begriff der Schenkung bedeutungslos, welchen Wert der zugewendete Gegenstand hat und in welchem Verhältnis sein Wert zum Wert des Nachlasses steht (Mot V, 329; Prot V, 393). Eine Schenkung liegt auch vor, wenn der Erblasser die Zuwendung nicht aus dem Stamm seines Vermögens, sondern aus den Nutzungen (Zinsen) oder aus seinen laufenden Einkünften gewährt (PLANCK-GREIFF Anm 2b; GRAMMING BayNotZ 1909, 442; Prot V, 392). Freilich wird bei einer Schenkung aus den laufenden Einnahmen oder bei einer geringfügigen Schenkung nicht leicht ein Missbrauch der Befugnis zur lebzeitigen Verfügung angenommen werden können (RdNr 68). Dasselbe gilt bei Schenkungen, durch die eine sittliche oder Anstandspflicht erfüllt wird (§ 534) oder die zu idealen Zwecken oder aus persönlichen Rücksichten vorgenommen wird (RdNr 58).

Zum Tatbestand der Schenkung iSd § 516 BGB gehört neben der objektiv unentgeltlichen Zuwendung eine Einigung über die Unentgeltlichkeit derselben, die sog **Schenkungsabrede** (vgl etwa PALANDT-PUTZO § 516 RdNr 11; zu § 2287 ausdrücklich BGHZ 82, 274, 281 = NJW 1982, 43). Bei einer reinen Schenkung wird dieses subjektive Tatbestandsmerkmal idR immer erfüllt und auch beweisbar sein, zumal eine sog *»Parallelwertung in der Laiensphäre«* über das Bewusstsein der Unentgeltlichkeit als ausreichend angesehen wird (so im Schenkungsteuerrecht BFH BStBl 1994 II 366, 369; MünchKomm-KOLLHOSSER § 516 RdNr 10a). Bei einer gemischten Schenkung und einer Schenkung unter Auflage ist ein solcher Nachweis schon wesentlich schwieriger. Den **subjektiven Vorstellungen** der Beteiligten kommt dabei in zweifacher Hinsicht Bedeutung zu:

Zum einen kann sie zur **Verknüpfung** der einen Zuwendung mit einer als Ausgleich gedachten Leistung des anderen Vertragsteils führen. Diese schließt dann bereits auf der objektiven Tatbestandsseite das Vorliegen einer Schenkung ganz oder wenigstens teilweise aus, da es an der **Unentgeltlichkeit** der Zuwendung **fehlt** (LANGE-KUCHINKE § 25 V 5 a). Dabei sind *synallagmatische, kausale* und *konditionale Zuwendungsverknüpfungen* möglich (MünchKomm-KOLLHOSSER § 516 RdNr 13 ff; verkürzte Darstellung nur bezüglich des Synallagmas bei BUTZ-PETZOLD 65 ff). Gerade die konditionale Leistungsverknüpfung kann dabei sehr weit reichen und das Vorliegen einer Schenkung erheblich einschränken (vgl OLG Düsseldorf DNotZ 1996, 652 [zu § 528] wonach die Formulierung, die Zuwendung erfolge »mit Rücksicht auf künftige Pflegeleistungen«, insoweit die Unentgeltlichkeit ausschließe). Es bleibt allerdings abzuwarten, ob im Rahmen der Anspruchsgeltendmachung nach §§ 2287 f der Schenkungsbegriff ebenso restriktiv ausgelegt wird, wie man dies im Rahmen des Sozialhilferegresses nach § 528 beobachten kann. Aber auch die »kausale Leistungsverknüpfung« ist relativ häufig, fallen darunter doch die in der Praxis vielfach vorliegenden »**Vorleistungsfälle**«, etwa dass jahrelang bereits im Hinblick auf die geplante Hausübergabe umfangreiche Pflegeleistungen erbracht wurden; man spricht hier auch von einer »vorweggenommenen Erfüllungshandlung« (OLG Düsseldorf aaO im Anschluss an BGH NJW 1992, 2566, 2567 zum Zugewinnausgleich). Hier entstehen zur lediglich belohnenden Schenkung Abgrenzungsprobleme, bei der sich der Zuwendende ohne eine Rechtspflicht für frühere Freigiebigkeiten des Empfängers »erkenntlich« zeigt. Da maßgeblich hierfür der Parteiwille ist (MünchKomm-KOLLHOSSER § 516 RdNr 19), kommt letztlich der Vertragsformulierung große Bedeutung zu. Der Schenker kann sich nach Auffassung des BGH sogar vorbehalten, das zunächst unentgeltliche Geschäft durch einseitige Erklärung nachträglich in ein voll entgeltliches umzugestalten, und zwar sogar durch Verfügung von Todes wegen (BGH LM Nr 1 zu § 2147 = NJW-RR 1986, 164).

**19** Stehen sich aber aufgrund einer solchen Leistungsverknüpfung Leistung und Gegenleistung gegenüber, so stellt sich die Frage, ob diese als gleichwertig anzusehen sind, denn dann scheidet ein Anspruch aus § 2287 von vornherein aus. Entscheidend ist dabei die **Bewertung**, die entweder objektiv, also aus Sicht eines verständigen sachkundigen Dritten, oder aber nach den Vorstellungen der Beteiligten erfolgen kann. Die hM und Rspr wählt trotz der damit für die Drittinteressen bestehenden Gefahren den zweiten Ansatz: Aufgrund der Privatautonomie steht es den Beteiligten grundsätzlich frei, den Wert der von ihnen nach ihrem Vertrag zu erbringenden Leistungen zu bewerten (eingehend dazu etwa LANGE-KUCHINKE § 25 V 5 a mwN). Dies wird das **Prinzip der subjektiven Äquivalenz** genannt (MünchKomm-KOLLHOSSER § 516 Rn 23 f; dazu speziell für § 2287 STRUNZ, Der Anspruch des Vertragserben ... 69 ff; BUTZ-PETZOLD 62 ff). Dies erkennt auch der BGH an, der mehrmals betont, dass keine Schenkung vorliegt, wenn in »der maßgeblichen subjektiven Wertung der Parteien die Gegenleistungen der Leistung des Übergebers äquivalent sind« (BGH NJW 1995, 1349 = DNotZ 1996, 640, 641 = Nr 25 zu § 516 [zu § 528]; BGHZ 59, 132, 135; 82, 274; 97, 188, 195 = NJW 1986, 1755; ebenso auch OLG Hamm AgrarR 1997, 441). Die Grenzen hierfür sind allerdings noch nicht allgemein abgesteckt. Anerkannt ist dabei zwar, dass die Parteivorstellungen sicherlich nicht eine objektiv völlig fehlende Gegenleistung ersetzen können (BGHZ 59, 132, 136). Auch eine »Umfrisierung« von Leistungen oder eine willkürliche Bewertung der gegenseitigen Leistung ist nicht zulässig (RG HRR 1934 Nr 1441; BGH NJW 1961, 604, 605; in diese Richtung auch BGHZ 59, 132, 136; BGH FamRZ 1989, 732, 733 zu § 2325 bei nachträglicher Erhöhung von Vergütungen). Der BGH hat bislang keine ausdrücklichen sachlichen Aussagen darüber gemacht, wann er solche Bewertungsannahmen noch für zulässig hält. Er betont aber, dass das Gesetz eine Vermutung für den Schenkungscharakter von Leistungen zwischen nahen Angehörigen ausschließlich in den engen Grenzen der §§ 685, 1620 kennt (BGH NJW 1987, 890, 892; NJW 1995, 1349).

**20** Zugleich tritt er missbräuchlichen Beurteilungen bislang nur mittels einer **Beweiserleichterung** zugunsten der von der Zuwendung nachteilig betroffenen Dritten entgegen: Bei einem »auffallend groben Missverhältnis« der beiderseitigen Leistungen wird vermutet, dass die Parteien dies erkannt haben und sich über die teilweise Unentgeltlichkeit einig waren (BGHZ 59, 132, 136; 82, 274, 282; 116, 178, 183; zT wird dies nun noch weiter erleichtert, vgl J MAYER DNotZ 1996, 613 f; näher dazu s RdNr 101). Bei einer Wertrelation von 150.000 DM für die Zuwendung und von 121.000 DM für den vorbehaltenen Nießbrauch (die Gegenleistung machte also 80% aus) hat der BGH allerdings für das Eingreifen der Beweiserleichterung zumindest dann keinen Raum gesehen, wenn der neue Eigentümer die laufenden Bewirtschaftungs- und Reparaturkosten zu tragen und mit erheblichen Instandsetzungskosten zu rechnen hat (BGH NJW-RR 1996, 754 = ZEV 1996, 754 zu § 528). BUTZ-PETZOLD glaubt, Gestaltungsmissbräuchen durch die Ermittlung des wahren Willens begegnen zu können (63 f).

Diese Rechtsprechung ermöglicht »Bewertungsspielräume« (v DICKHUTH-HARRACH FS Rheinisches Notariat [1998] 185, 231) und schafft also Raum, durch ausdrückliche Vertragsformulierung die Einigkeit über die Unentgeltlichkeit in Grenzfällen auszuschließen, was umgekehrt bedeutet, dass die unreflektierte Verwendung des Schenkungsbegriffs in der Zuwendungsurkunde »gefährlich« für den Zuwendungsempfänger werden kann, da durch sie die Einordnung als (teilweise) unentgeltlich gerade in Grenzfällen erheblich beeinflusst wird (J MAYER DNotZ 1996, 618 f). Die Maßgeblichkeit der subjektiven Bewertung wird aber nur in Grenzbereichen eingreifen, so wird zT im Schenkungsteuerrecht ein Bewertungsspielraum von etwa 20% anerkannt (FELIX DStR 1970, 7; für das Zivilrecht zustimmend KASPER in: SCHERER, MAH Erbrecht, § 36 RdNr 124). Zudem ist, ausgehend vom Schenkungsteuerrecht (BFHE 173, 432 = BStBl II 1994, 366 = ZEV 1994, 188, 191), eine Gegenbestrebung im Vordringen, die als die »**objektive Unentgeltlichkeit**« bezeichnet wird und teilweise so weit geht, dass in jeder objektiv unentgeltlichen oder teilweise unentgeltlichen Zuwendung eine gemischte Schenkung iS der Schutzvorschriften der §§ 528, 2287 f, 2325 BGB gesehen wird (hierzu kritisch LANGE-KUCHINKE § 25 V 5 a (2), 37 X 3; vgl auch J MAYER DNotZ 1996, 617 f). Die erbrechtliche Qualifikation der unbenannten Zuwendungen zwischen Ehegatten ist hierzu das deutlichste Beispiel, bei der der BGH dieser Auffassung gefolgt ist (BGHZ 116, 167, 170 ff; näher dazu unten RdNr 29; bezeichnenderweise erging die genannte BFH Entscheidung auch zu diesen Zuwendungen). **21**

### bb) Gemischte Schenkung, Berücksichtigung von Gegenleistungen

Auch für **gemischte Schenkungen**, bei denen die Zuwendung objektiv und auch nach dem Willen der Vertragsteile teils entgeltlich, teils unentgeltlich ist, gilt § 2287 (BGH FamRZ 1961, 72, 73; 1964, 429, WM 1986, 977 = NJW-RR 1996, 1135; OLG Köln ZEV 1996, 23, 24 m Anm HOHMANN; MünchKomm-MUSIELAK RdNr 3; STRUNZ, Der Anspruch des Vertragserben ... 68). Hierfür genügt aber nicht nur die objektive Differenz der beiderseitigen Leistungen, sondern es muss das Bewusstsein der Beteiligten über die Unentgeltlichkeit der Zuwendung hinsichtlich der Vermögensdifferenz hinzukommen (s RdNr 17). Hier kann allerdings nur dieser »überschüssige« unentgeltliche Zuwendungsteil § 2287 unterfallen (zur Abwicklung in diesen Fällen s RdNr 89). Ob bei der Bewertung dieser gegenseitigen Leistungen dabei ein veräußerter landwirtschaftlicher Hof lediglich mit dem niedrigen **Ertragswert** iS von §§ 2049, 1376 Abs 4 angesetzt werden kann, erscheint angesichts des Ausnahmecharakters dieser Bewertungsvorschriften zweifelhaft (OLG Hamm AgrarR 1997, 441, 443; anders aber BayObLGZ 1996, 20, 28). Bei der Bewertung und Beurteilung von Gegenleistungen wird in Zukunft immer mehr in den Vordergrund treten, welche Art von **Gegenleistungen** in diesem Rahmen **berücksichtigungsfähig** sind. Im Hinblick auf den von § 2287 bezweckten Vertragserbenschutz wird man hier Einschränkungen machen müssen (zur Einschränkung aus dem Normzweck des Rückforderungsgrunds J MAYER DNotZ 1996, 616). Nur solche Gegenleistungen werden daher erheblich sein, die beim Erblasser eine echte Kompensation für die von ihm gemachte Vermögensweggabe darstellen. Daher wird eine Pflichtteilsverzicht des Erwerbers nicht abzugsfähig sein, da dieser dem Übergeber zwar im Normalfall ein Stück Testierfreiheit zurückgeben kann (so LANGE-KUCHINKE § 37 X 3), gerade dieser Gesichtspunkt aber beim erbrechtlich gebundenen Erblasser im Rahmen von § 2287 keine Rolle spielen kann (aM BUTZ-PETZOLD 81). Bei Leistungen nichtvermögensrechtlicher Art (Fälle etwa bei STRUNZ, Der Anspruch des Vertragserben ... 60 ff), wird Gleiches gelten müssen. **22**

Bei einer **Schenkung unter Auflage** (§ 525) wird man den Wert der Auflage bei der Bemessung der Höhe des unentgeltlichen Teils der Zuwendung in Abzug bringen können, mindert er doch den Wert derselben; dies entspricht auch der wohl überwiegenden Meinung zum insoweit vergleichbaren § 2325 (BAMBERGER-ROTH-J MAYER § 2325 RdNr 8 mwN) und vermeidet die sonst entstehenden Abgrenzschwierigkeiten zur gemischten Schenkung und entgeltlichen Zuwendung (eingehend dazu BUTZ-PETZOLD 67 ff). Daher sind Versorgungsrechte – wie vertragliche Pflegeleistungen – voll berücksichtigungsfähig, da sie vermögensmäßig bewertbar sind, auch wenn die hM Übergabeverträge gegen Pflegeleistungen noch als Schenkung unter Auflage qualifiziert (so etwa BGHZ 107, 156, 160; MünchKomm-KOLLHOSSER § 525 RdNr 5; STAUDINGER-CREMER [1995] § 525 RdNr 15 mwN; aM MAYER DNotZ 1996, 604, 611; CHRISTOPHER KEIM ZEV 2002, 93, 94). Für die Abzugsfähigkeit dieser Leistungen kommt es auf den Umfang der vertraglich übernommenen Verpflichtung an (OLG Düsseldorf DNotZ 1996, 652, 656 erkannte hierfür immerhin einen Monatswert von 800,00 DM an, OLG Oldenburg FamRZ 1998, 516 f sogar monatlich »wenigstens« 2.500,00 DM; ausführlicher Überblick zur Bewertung dieser Leistungen LITTIG-J MAYER, Sozialhilferegreß gegenüber Erben und Beschenkten [1999] § 2 RdNr 112). Bei Anbindung des Leistungsumfangs an das PflegeVG werden die dort genannten Sachleistungswerte anzusetzen sein (§ 36 Abs 3 Nr 1 SGB X: 384 Euro/Monat bei Pflegestufe I; dazu WEYLAND, MittRhNotK 1997, 55, 68 f; für eigene Vergütungstabelle mit tendenziell etwas höheren Sätzen als nach dem PflegeVG KUES ZEV 2000, 434). Maßgeblich für diese Bewertung ist aber die Vorstellung der Vertragsteile, insbesondere für die Frage, ab welchem Zeitpunkt die Pflegepflichten zu berücksichtigen sind (ab Vertragsschluss oder ab tatsächlich erbrachter Pflegeleistung, BGH NJW-RR 1986, 977; OLG Oldenburg NJW-RR 1992, 778, 779; für Ansatz ab Vertragsschluss jetzt zu § 2325 OLG Koblenz ZErb 2002, 104, 105 = FamRZ 2002, 772, 774).

**23** Der Wert eines Nießbrauchs oder **Wohnungsrechts**, das sich der Zuwendende bei der Vermögensübertragung vorbehält, wird zwar vom BGH ebenfalls durchweg nicht als Gegenleistung charakterisiert (BGH NJW-RR 1996, 754 = ZEV 1996, 197; ZEV 1996, 86); dies ist wohl eher ein typischer Fall einer Schenkung unter Auflage; er mindert jedoch den Wert der Zuwendungen (BGH aaO zu Ansprüchen aus §§ 528, 2325; zur Pflichtteilsergänzung s MünchKomm-FRANK § 2325 RdNr 17a mwN) und muss daher auch im Rahmen des § 2287 beim Schenkungswert abzugsfähig sein, spart er doch dem Schenker sonstige Mittel, die er sonst für seine Unterbringung aufbringen müsste, oder ermöglicht ihm sogar, Mieteinnahmen zu erzielen (BGHZ 77, 264, 268 verneinte Berücksichtigung nur, weil Wohnungsrecht unwirksam war; aM CHRISTOPHER KEIM ZEV 2002, 93, 94, der sich aber zu Unrecht auf BGHZ 82, 274, 280 ff beruft, denn dort erfolgte eine Übergabe gegen Rente, Pflegeleistung und Nießbrauchsvorbehalt, wobei der BGH ausdrücklich die zu restriktive Auslegung der Vorinstanz zur Verneinung einer gemischten Schenkung tadelte, ohne in Bewertungsdetails zu gehen; ohne Einschränkung auch BUTZ-PETZOLD 148 ff).

**b) Einzelfälle**

**24** Eine **Ausstattung** gilt nur insoweit als Schenkung, als sie das den Umständen entsprechende Maß übersteigt (§ 1624; LANGE-KUCHINKE § 25 V 5 a (3)). Soweit keine Übermaßausstattung vorliegt, wird sie wie eine entgeltliche Zuwendung behandelt, obwohl sie objektiv unentgeltlich ist. Das ist insofern gerechtfertigt, als sie nur an einen Pflichtteilsberechtigten erfolgen kann und kraft Gesetzes über die zwingende Ausgleichspflicht des § 2050 Abs 1 pflichtteilsmindernd wirkt (§ 2316) und daher bis zur Höhe seines Pflichtteils dadurch keine objektive Beeinträchtigung der Rechte des Vertragserben vorliegt (s u RdNr 37). Liegt der Zuwendungswert darüber, dürfte ohnehin eine übermäßige Ausstattung vorliegen. Die Ausstattung ist daher kein Allheilmittel gegen Ansprüche aus § 2287 (tendenziell überschätzt von KERSCHER-TANCK-KRUG, Erbrechtliches Mandat, 2. Aufl, 2000, § 13 RdNr 331 ff).

Bei einer **verschleierten Schenkung** wollen die Vertragsteile durch Vorspiegelung  25
einer in Wirklichkeit nicht gewollten Gegenleistung den Anschein der Entgeltlichkeit erwecken (RGZ 148, 236; 240; BGH FamRZ 1961, 72, dazu MÜNZBERG JuS 1961, 389; BGH FamRZ 1964, 429; OGHZ 2, 161, 164). Auch sie fällt unter diese Vorschrift. Das nur vorgetäuschte Rechtsgeschäft ist nach § 117 nichtig, das verdeckte Schenkungsgeschäft unterliegt dem § 2287 (MünchKomm-MUSIELAK RdNr 3; STRUNZ, Der Anspruch des Vertragserben ... 68). Die Vereinbarung eines unentgeltlichen **schuldrechtlichen Wohnungsrechts** soll nach hM keine Schenkung, sondern eine Leihe sein, weil es an einer dauerhaften Verminderung der Vermögenssubstanz beim Schenker fehlt und das bloße Unterlassen von Einnahmen noch keine Schenkung ist (BGHZ 82, 254, 356 ff; zum Streitstand MünchKomm-KOLLHOSSER § 516 RdNr 3b; dies wird im Schenkungsteuerrecht, etwa bei der zinslosen Darlehensgewährung ganz anders gesehen, vgl hierzu KAPP-EBELING [Stand 2001] § 7 ErbStG RdNr 397). Dann wäre aber auch die unentgeltliche Zuwendung eines Nießbrauchs oder dinglichen Wohnungsrechts keine Schenkung. Demgegenüber hat der BGH erst unlängst bei einem unentgeltlich bestellten Nießbrauch eine Schenkung bejaht (BGH ZEV 1996, 25 = NJW-RR 1996, 133; ebenso OLG Karlsruhe ZEV 2000, 108, 109 f). Die Gründe des Vertragserbenschutzes gebieten es daher, § 2287 auf die Fälle der unentgeltlichen obligatorischen Nutzungsüberlassung anzuwenden (ebenso NEHLSEN-V STRYK AcP 187 [1987], 552, 596 bei Überlassung auf Lebenszeit unter Verzicht auf das Eigenbedarfskündigungsrecht des § 605 Nr 1).

§ 2287 gilt nicht nur für Verfügungen, sondern auch für reine Verpflichtungsge-  26
schäfte, also auch für das noch nicht vollzogene **Schenkungsversprechen** und geht dann auf Vertragsaufhebung (OLG Celle MDR 1948, 142, 144 mit Anm KLEINRAHM; PALANDT-EDENHOFER RdNr 5; V LÜBTOW I 438; aM MünchKomm-MUSIELAK RdNr 3 [Arglisteinwand gegen den Erfüllungsanspruch genüge]; für beide Möglichkeiten LANGE-KUCHINKE § 25 V 5 Fn 103). Die Vorschrift gilt weiter für Schenkungen, die der Erblasser für den Fall seines Todes versprochen, aber noch vor seinem Tod vollzogen hat (§ 2301 Abs 2). Ist die Schenkung beim Tod des Erblassers noch nicht vollzogen, so ist sie wie eine Verfügung von Todes wegen zu behandeln (§ 2301 Abs 1), sie ist also unwirksam, soweit sie das Recht des Vertragserben beeinträchtigt (§ 2289 Abs 1 S 2). Auch die rechtsgrundlose Schenkung unterfällt § 2287 (s RdNr 13).

Die üblichen **Übergabeverträge** über Bauernhöfe oder sonstigen Grundbesitz stel-  27
len nach der älteren Rspr im Allgemeinen Schenkungen unter Auflage dar (OLG Bamberg NJW 1949, 788; BGHZ 3, 206, 211; BGH FamRZ 1967, 215; BGHZ 107, 156 = NJW 1989, 2122; für gemischte Schenkung: LG Passau RdL 1975, 70). Nach der neueren Rspr des Bayerischen Obersten Landesgerichts ist jedoch bei der aus den bäuerlichen Verhältnissen erwachsenen typischen Hofübergabe, die gegen Leibgedingsleistungen erfolgt, mit der Annahme einer (und sei es auch nur gemischten) Schenkung »Zurückhaltung« geboten. Eine Schenkung sei nur anzunehmen, wenn unter Berücksichtigung des von den Vertragsteilen gewollten Zwecks bei einem Vergleich des Werts des übergebenen Anwesens mit dem Wert der Gegenleistungen das Merkmal der Unentgeltlichkeit »überwiegt« (BayObLGZ 1995, 186; 1996, 20; jeweils zu § 530).

Die **vorweggenommene Erbfolge** ist kein fest umrissener Rechtsbegriff, sondern  28
ein im Gesetz nicht geregelter **Vertragstypus**, der durch Wunsch nach erbrechtlicher Klarheit, Versorgungssicherheit für den Veräußerer und uU Schaffung einer Existenzhilfe für den Übernehmer gekennzeichnet ist (JERSCHKE in: Beck'sches Notarhandbuch, 3. Aufl, 2000, A V RdNr 76), und sich auch als »**Generationennachfolgevertrag**« bezeichnen lässt (so anschaulich Spiegelberger, Vermögensnachfolge, 1994, RdNr 12 ff). Sie hat viele Gesichter (J MAYER DNotZ 1996, 610). OLZEN unterscheidet etwa

neun verschiedene Arten von Gegenleistungen (Die vorweggenommene Erbfolge [1984] 26). Die bloße Bezeichnung als »Vorwegnahme der Erbfolge« besagt demnach noch nichts darüber, ob eine (gemischte) Schenkung vorliegt (BGH NJW 1995, 1349 = DNotZ 1996, 640 zu § 528; J MAYER DNotZ 1996, 615; CHRISTOPHER KEIM ZEV 2001, 93, 94). Es bedarf daher hier ebenso wie bei den ehebezogenen Zuwendungen einer rechtsfolgenorientierten, typologisch wertenden Zuordnung, ob die erbrechtlichen Schutzvorschriften der §§ 2287 f, 2325 ihrem Normzweck nach auf die konkrete Vertragsgestaltung anwendbar sind. Auf der **Skala der Rechtsgeschäfte:** rein unentgeltlicher Erwerb, Schenkung unter Auflage, teilweise entgeltlicher Erwerb und voll entgeltlicher Erwerb (Kauf) liegt die vorweggenommene Erbfolge daher zwar außerhalb des voll entgeltlichen Bereichs; ihre Zuordnung zu einer der Rechtsfolgen, die an eine der anderen Vertragstypen geknüpft werden, ist aber im Einzelfall vorzunehmen (J MAYER DNotZ 1996, 612, 615).

**29** **Ehebezogene** (auch unbenannte oder ehebedingte) **Zuwendungen unter Ehegatten** können objektiv entgeltlich sein (zu Beispielen vgl etwa SCHOTTEN NJW 1990, 2846), sind in der Regel aber objektiv unentgeltlich. Ihre Einordnung als eine Schenkung iSv § 516 wurde dennoch aus verschiedenen Gründen als nicht sachgerecht angesehen, insbesondere hinsichtlich der scheidungsbedingten Folgen und der Rückforderung nach § 530. Zudem glaubte man, die für eine Schenkung erforderliche Schenkungsabrede wegen der idR hier immer vorliegenden besonderen familiären Motivation ausschließen zu können (so etwa STAUDINGER-CREMER § 516 RdNr 62; SANDWEG NJW 1989, 1965, 1966 [der dem Grundsatz nach unentgeltliche Zuwendung annimmt]; kritisch hiergegen etwa MünchKomm-KOLLHOSSER § 516 RdNr 65; ders NJW 1994, 2313, 2318; MEINCKE NJW 1995, 2769; sowie zur neueren Entwicklung, auch und gerade im Verhältnis zu Dritten BAMBERGER-ROTH-J MAYER § 1372 RdNr 12 f). Der BGH hat sich im Hinblick auf die durch die Vorschriften der §§ 2113, 2287, 2288 zu verwirklichenden erbrechtlichen Schutzzwecke dafür entschieden, dass die **unbenannte Zuwendung** unter Ehegatten **im Erbrecht regelmäßig** wie eine **Schenkung** zu behandeln ist (BGHZ 116, 167, 174 f = NJW 1992, 564 = DNotZ 1992, 513; NJW-RR 1996, 133 = ZEV 1996, 25 [zweite Revisionsentscheidung in gleicher Sache]; OLG Karlsruhe ZEV 2000, 108, 109 f). Damit will er zugleich den von ihm missbilligten **Umgehungsversuchen** entgegenwirken, Vermögen zum Nachteil der Pflichtteilsberechtigten und Vertragserben auf »Schleichwegen am Nachlass vorbei« zu leiten, die der Senat zu erkennen glaubt (dazu bereits SCHMIDT-KESSEL DNotZ 1989, 161\*). Das Gericht stellt jedoch ausdrücklich klar, dass im **Einzelfall** auch Zuwendungen unter Ehegatten als entgeltliche anzuerkennen sein können, so, wenn und soweit sie nach den konkreten Umständen einem objektiv bestehenden Unterhaltsanspruch, insbesondere zur Alterssicherung, entsprechen oder durch sie langjährige Dienste nachträglich vergütet werden, die ein Ehegatten dem anderen vor oder nach der Eheschließung geleistet hat. Dabei wird jedoch die Notwendigkeit der objektiven Angemessenheit der Zuwendung betont und festgestellt, dass eine entgeltliche Zuwendung nicht die Regel ist (BGHZ 116, 167, 173 f). Auch darf die Absicht der Zukunftssicherung des Ehegatten nicht nur *vorgeschoben sein* (BGH ZEV 1996, 25, 26 = NJW-RR 1996, 133 unter Betonung, dass die Entgeltlichkeit nicht die Regel ist). Das bloße Bestehen der Ehe, auch im Güterstand der Zugewinngemeinschaft, reicht für sich allein demnach nicht aus, um die Entgeltlichkeit zu begründen (so aber MORHARD NJW 1987, 1734, 1736; WERTHMANN, Die unbenannte Zuwendung im Privatrechtssystem [1990] 126 ff). Die Kautelarjurisprudenz ist daher dabei, die vom BGH angedeuteten Möglichkeiten zur Begründung entgeltlicher Vermögensübertragungen auszuloten und umzusetzen (dazu etwa KLINGELHÖFFER NJW 1993, 1097, 1100 f; BRAMBRING ZEV 1996, 248 ff; ders, ZEV 1997, 7; **kritisch** hiergegen KOLLHOSSER NJW 1994, 2313, 2319, der für belohnende Zuwendungen für Haushaltsführung zutreffend auf § 1360b hinweist). Dabei besteht Einigkeit darüber, dass allein durch die Formulierung als ehebedingte Zuwendung Ansprüche des Vertragserben und der Pflichtteilsberechtigten nicht ausgeschlossen werden können (»Entzauberung der ehebedingten Zuwendung«, BRAMBRING ZEV 1996, 250). Ja, es werden sogar Bedenken dagegen erhoben, ob die vom BGH genannten Beispiele der entgeltlichen Übertragung nur für den Bereich des §§ 2287 f gelten, bei dem dies Gründe für ein anerkennenswertes lebzeitiges Eigeninteresse sein können, nicht aber für § 2325 (so BRAMBRING ZEV 1996, 250; dagegen aber klar BGHZ 116, 178, 183).

Die Rspr des BGH ist **teilweise** auf **Zustimmung** (DRASCHKA DNotZ 1993, 100, 106; KOLLHOSSER NJW 1994, 2313, 2316; EBENROTH RdNr 1361), teilweise aber auch auf Kritik gestoßen (KUES FamRZ 1992, 924, 926; HOHLOCH LM Nr 20 zu § 2287; DINGERDISSEN JZ 1992, 402; LANGE-KUCHINKE § 25 V 5 a (1); HAYLER DNotZ 2000, 681, 683 ff; KLINGELHÖFFER NJW 1993, 1097, 1100 f; LUDWIG FuR 1992, 1, die drei Letztgenannten je mit praktischen Lösungsansätzen). Vom Ausgangspunkt ist dem BGH zuzustimmen. Methodisch gesehen geht es – wie das Gericht klar herausgestellt hat – um die Frage der Zuordnung gesetzlich geregelter Rechtsfolgen auf einen nicht ausdrücklich normierten Vertragstypus (so nochmals klar betonend LANGENFELD NJW 1994, 2133, 2134, der dem BGH zu Recht im Ansatz zustimmt). Dies ist an Hand des Normzwecks des § 2287 (s RdNr 1 ff) so sicherlich richtig beantwortet (grundsätzlich zustimmend STAUDINGER-KANZLEITER RdNr 3a). Im Rahmen dieser typologischen Zuordnung ist es dabei auch möglich, das Innenverhältnis der Ehegatten, also den eigentlichen Anwendungsbereich dieser Rechtsfigur (zB Rückforderungsrechte, Ausgleich im Scheidungsfall) nach anderen Regeln zu behandeln als das Außenverhältnis mit Drittansprüchen und steuerlichen Fragen (gegen eine solche Aufteilung aber SCHOTTEN NJW 1990, 2841, 2851). Es ist daher also kein unlösbarer Widerspruch, wenn der XII. Senat bei der Prüfung eines Ausgleichsanspruchs wegen ehebezogener Mitarbeit an seiner früheren Rspr festgehalten hat, dass es sich bei ehebezogenen Zuwendungen idR nicht um unentgeltliche handelt (BGHZ 127, 48, 50 ff = NJW 1994, 2545).

Es stellt sich vielmehr nur die Frage nach den Grenzen dieser Rspr, was unter dem Stichwort der »**legitimen Vermögensteilhabe des Ehegatten**« diskutiert wird (LANGENFELD ZEV 1994, 129; NJW 1994, 2841). Diese Gesichtspunkte können dabei bei solchen ehebezogenen Zuwendungen, die nach der Rechtsprechung des BGH nicht bereits ausnahmsweise entgeltlich sind (s RdNr 29) systemkonform im Rahmen der bei §§ 2287 f erforderlichen Missbrauchsprüfung (s RdNr 44 ff) berücksichtigt werden (bei der Pflichtteilsergänzung ist dies schwieriger). Als Obergrenze für eine zulässige und insoweit gegen §§ 2287 f anspruchsfeste Zuwendung zur gerechten Verteilung des ehezeitlichen Vermögenserwerbs auf beide Ehegatten wird in Anlehnung an den Halbteilungsgrundsatz der Zugewinngemeinschaft die hälftige Beteiligung gesehen (so LANGENFELD ZEV 1994, 129, 133; ders NJW 1994, 2135; KLINGELHÖFFER NJW 1993, 1097, 1101). Zur Problemlösung entwickelt LANGENFELD Fallgruppen (im Ansatz zustimmend MünchKomm-MUSIELAK RdNr 5; jetzt auch ERMAN-M SCHMIDT RdNr 3) und folgert, dass die »je hälftige Eigentumszuordnung am **Familienheim**« gegen Ansprüche nach §§ 2287 f Bestand haben müsste. Dem kann bereits im Ansatz nicht gefolgt werden. Da es um die Frage der legitimen Durchbrechung der erbvertraglichen Bindung geht, kann diese Frage nicht aus dem Blickwinkel des neuen Ehegatten beantwortet werden, der natürlich immer für eine Zuwendung ist, sondern dies ist aus den Grenzen der früheren Bindung heraus zu beantworten. Und hier ergibt sich mühelos und sachgerecht eine Problemlösung aus dem Gesichtspunkt, dass eine **objektive Beeinträchtigung** des Vertragserben insoweit ausscheidet, als die Zuwendung zur **Deckung des Pflichtteils** und **Zugewinnausgleichs** (dazu ausdrücklich BGH ZEV 1996, 25) dient, da beide Ansprüche ohnehin auch vom Vertragserben vorrangig erfüllt werden müssten (ebenso STAUDINGER-KANZLEITER RdNr 3a; s eingehend RdNr 37). So ist sicherlich die pauschale Durchführung des LANGENFELD'schen Halbteilungsgrundsatzes am Familienwohnheim dann nicht zulässig, wenn dieses wertmäßig überwiegend bereits aus der Ehe mit dem ersten Ehegatten stammt, der sich gerade bei der Nachlassplanung durch Erbvertrag auf den Bestand der erbrechtlich getroffenen Vermögenszuordnung über seinen Tod hinaus verlassen hat. Zulässig wäre eine derartige Beteiligung dann, wenn das Wohnhaus aus dem Zugewinn der neuen Ehe stammt. Ja dann erscheint die Durchbrechung der Bindungswirkung sogar geboten.

Kritisch gegen die vorstehende Argumentation LANGE-KUCHINKE (§ 25 V 5 a (1)), weil sie die Problematik auf die Beeinträchtigung des Vertragserben »verenge«; demgegenüber setzt KUCHINKE bereits beim allgemeinen Schenkungsbegriff an und verneint einen solche bereits dann, wenn mit der Zuwendung ein anerkennenswerter Zweck angestrebt wird, der nach dem Willen der Vertragsteile als Ausgleich verstanden wird. Damit geht dies Auffassung noch über die Auffassung LANGENFELDS hinaus, die immerhin mit Wertungsgesichtspunkten die Bestandsfestigkeit der Zuwendung rechtfertigen will. Bei KUCHINKES Meinung verlagert sich die Problematik aber nur auf die Festlegung, was als »anerkennenswerter« Zuwendungszweck anzusehen ist. Bestimmt man dies allein aus der Sichtweise von Veräußerer und Erwerber läuft § 2287 weitgehend leer, zumindest wenn die Vertragsteile rechtlich beraten sind. Demgegenüber nimmt HAYLER (FuR 2000, 4, 9) ebenfalls **güterrechtliche Wertungen** auf, um die Bestandsfestigkeit der Zuwendung zu begründen: Diese bestehe bis zur Grenze eines fiktiven, auf den Zuwendungszeitpunkt bezogenen Zugewinnausgleichsanspruchs (ähnlich bereits MORHARD NJW 1987, 1734). Dabei wird übersehen, dass der BGH ganz bewusst die insbesondere von MOHRHARD vertretene Auffassung verworfen hat (BGHZ 116, 167, 172 ff).

Die gleichen Grundsätze werden auch für Zuwendungen zwischen **gleichgeschlechtlichen Lebenspartnern** (§ 1 LPartG) gelten müssen (KRUG in: KRUG-ZWIßLER, Familienrecht und Erbrecht [2002] 3. Kap RdNr 123).

**31** Gewisse Gestaltungsmöglichkeiten scheint die **Vereinbarung von Gütergemeinschaft** nach der Rspr des BGH zu bieten, die insoweit wesentlich »ehefreundlicher« ist (LANGE-KUCHINKE § 25 V 5 Fn 88). Denn nach Auffassung des BGH kann nur in Ausnahmefällen in der Begründung einer Gütergemeinschaft eine Schenkung des begüterten Ehegatten an den bereicherten anderen liegen. Dazu bedarf es außer der Einigung über die Unentgeltlichkeit der Zuwendung noch einer Verdrängung der »güterrechtlichen causa« durch den eigentlichen schuldrechtlichen Schenkungsvertrag. Dies erfordert eine besondere Feststellung, dass die Geschäftsabsichten der Ehegatten nicht auf die Verwirklichung der Ehe mit einer Ordnung des beiderseitigen Vermögens gerichtet war (BGHZ 116, 179 zu § 2325). Zu den Gestaltungsmöglichkeiten s eingehend WEGMANN ZEV 1996, 201, jedoch wird aus Haftungs- und anderen Gründen die Gütergemeinschaftslösung idR nicht empfehlenswert sein (so richtig BRAMBRING ZEV 1996, 252).

### c) Maßgeblicher Zeitpunkt

**32** In Betracht kommen nur Schenkungen, die nach dem Abschluss des Erbvertrags gemacht werden; denn nur solche können den Vertragserben beeinträchtigen (PLANCK-GREIFF Anm 2b); eine dem § 2325 Abs 3 vergleichbare Ausschlussfrist gibt es nicht (SOERGEL-M WOLF RdNr 8; zum Grundsatz der Posteriorität s RdNr 70). Bei gemeinschaftlichen Testamenten unterfallen erst die Schenkungen dieser Vorschrift, die nach Eintritt der Bindungswirkung vorgenommen wurden (str, s RdNr 15).

## 2. Objektive Beeinträchtigung der Vertragserbenstellung

Als gleichsam ungeschriebenes Tatbestandsmerkmal setzt der Anspruch nach § 2287 voraus, dass die berechtigten Erberwartungen des Vertragserben objektiv beeinträchtigt werden (so ausdrücklich BGH FamRZ 1989, 175 = NJW-RR 1989, 259). Denn der dem Vertragserben dadurch gewährte Schutz kann nicht weiter reichen als die erbvertragliche Bindung (BGHZ 82, 274, 278 = NJW 1982, 43; BGHZ 83, 44, 48; BGH WM 1986, 1221, 1222; MünchKomm-MUSIELAK RdNr 10; SOERGEL-M WOLF RdNr 9; LANGE-KUCHINKE § 25 V 5 b (1)). Der Sache nach handelt es sich um die erforderliche Restriktion der durch die Rechtsprechungsänderung zu einer General- oder Missbrauchsklausel (SPELLENBERG NJW 1986, 2535, 2540) erweiterten Vorschrift des § 287 durch Rückgriff auf den Schutzzweck der Norm. Sie ist logischerweise der Feststellung der Beeinträchtigungsabsicht bzw der Missbrauchsprüfung vorgelagert. Bezeichnet man dies als eine »Einschränkung des Vertragserbenschutzes in objektiv-normativer Hinsicht« (STRUNZ 108 f), so unterstellt man damit bereits zu Unrecht, dass zunächst ein Vertragserbenschutz überhaupt bestanden hat, was angesichts der Offenheit des Tatbestandes der Norm aber hier erst zu prüfen ist. 33

### a) Allgemeine Kriterien

Als Prüfungskriterien lassen sich angeben (vgl SOERGEL-M WOLF RdNr 9): Es muss eine **objektive Beeinträchtigung** vorliegen, was sowohl hinsichtlich des Tatbestandes wie der Rechtsfolge den Anspruch begrenzt; die irrtümliche Annahme einer Beeinträchtigung genügt nicht (BGH FamRZ 1989, 175). Diese Beeinträchtigung muss zu einer **Vermögensminderung** des Nachlasses führen, dessen Erwerb der Vertragserbe erwarten kann (BGH aaO). Dabei ist zu beachten, dass der Vertragserbe keinen Anspruch auf Erhaltung eines bestimmten Gegenstandes im künftigen Nachlassvermögen hat, sondern nur der Nachlasswert durch § 2287 gesichert werden soll. Es ist also durch Aufstellung eines Vermögensstatus zu prüfen, ob sich tatsächlich der Nachlasswert durch die lebzeitige Zuwendung zu Lasten des Vertragserben verringert hat, Vermögenskompensationen sind zu berücksichtigen (aM JOHANNSEN DNotZ 1977, 88*, unter Bezug auf das unveröffentlichte BGH-Urteil vom 10. 12. 1958 – V ZR 194/57), jedoch muss es sich um Zuwendungen von dritter Seite handeln oder – bei Miterben – aus dem Vermögen, das dem Vertragserben nicht zusteht. Ob es sich um eine **wesentliche Vermögensminderung** handeln muss, damit § 2287 eingreift (so SOERGEL-M WOLF aaO), hat der BGH in einer Entscheidung ausdrücklich offen gelassen (BGH WM 1979, 442, 444), bei einer früheren aber betont, dass es ein Vorzug bei der Anwendung dieser Vorschrift sei, dass nicht jede kleine, dem Testament widersprechende Verfügung unwirksam sei (BGHZ 66, 8, 14 = NJW 1976, 749; JOHANNSEN DNotZ 1977, 92* spricht davon, dass ein »Teil des Vermögens« verschenkt werden müsse; vgl auch SPELLENBERG NJW 1986, 2531, 2535). Richtigerweise wird man diese Frage im Rahmen der Missbrauchsbewertung klären müssen (ebenso SPELLENBERG aaO; STRUNZ 131; RdNr 68). Der Anspruchsteller ist aber nicht beweispflichtig, dass er ohne die Schenkung mehr erworben hätte. Auch der Einwand, der Vertragserbe hätte den Gegenstand auch ohne die Schenkung nicht erworben, zB weil er beim Erblasser untergegangen wäre, soll unbeachtlich sein (SOERGEL-M WOLF RdNr 9; JOHANNSEN DNotZ 1977, 87*f). Dem kann in dieser Allgemeinheit nicht gefolgt werden. Vielmehr sind solche Fälle nach den Grundsätzen des rechtmäßigen Alternativverhaltens (vgl etwa PALANDT-HEINRICHS Vorbem 104 ff vor § 249) zu beurteilen, weil es hier ähnlich wie im Schadensrecht um einen Wertausgleich geht. Vermögensverluste, die auch bei einem rechtmäßigen Verhalten des Erblassers entstanden wären und zu einer Verringerung des künftigen Nachlasses geführt hätten, können nicht vom Schutzbereich der Norm des § 2287 erfasst werden. Anders liegt es, wenn ohne die Schenkung der Erblasser für den Untergang 34 der Sache eine Kompensation erlangt hätte, etwa durch eine Versicherungsleistung, die dann auf den Vertragserben übergegangen wäre.

### b) Einzelfälle

**35** Insbesondere die neueren Entscheidungen des BGH beschäftigen sich überwiegend mit der Prüfung der Frage, ob überhaupt eine objektive Beeinträchtigung vorlag.

#### aa) Änderungsvorbehalte, vorweggenommene Vermächtniserfüllung

**36** Eine objektive Beeinträchtigung wurde verneint, wenn der Erblasser aufgrund eines entsprechenden Änderungsvorbehalts im Erbvertrag (§ 2278 RdNr 13 ff) den verschenkten Gegenstand auch durch Verfügung von Todes wegen dem Beschenkten hätte zukommen lassen können (BGH WM 1986, 1222 = MittBayNot 1986, 265; ebenso JOHANNSEN WM Sonderbeilage 2/1982, S 13), denn aufgrund dieser Änderungsmöglichkeit bestand eben von Anfang an keine berechtigte Erberwartung: **Ohne Bindung kein Schutz** (WALTERMANN JuS 1993, 276, 279 Fn 12). Gleiches gilt, wenn dem Längerlebenden ausdrücklich freigestellt ist, »unter Lebenden« über den Nachlass frei zu verfügen; eine gleichzeitig verfügte Teilungsanordnung (die ohnehin nicht bindend sein kann, § 2278 Abs 2) steht dem nicht entgegen (OLG Frankfurt OLG-Rp Frankfurt 1995, 31). Der Erblasser muss sich nur an die Bedingungen halten, die tatbestandsmäßig wie hinsichtlich der Rechtsfolgen im Vorbehalt festgelegt sind (LANGE-KUCHINKE § 25 V 5 b (1)). Gleiches muss für die Freistellungsklauseln in einem gemeinschaftlichen Testament (§ 2271 RdNr 56) gelten, da diese ebenfalls die erbrechtliche Bindung durchbrechen. Auch die lebzeitige Erfüllung eines Vermächtnisses bereits durch den Erblasser selbst kann keine Beeinträchtigung des Vertragserben darstellen, da dies nur die vorweggenommene Erfüllung der später ihn treffenden Verpflichtung darstellt (BGHZ 97, 188, 194 = NJW 1986, 1755, 1756). Da zu diesem Zeitpunkt allerdings noch kein Anspruch auf Leistungserfüllung bestand, handelt es sich dem Grundsatz nach um eine unentgeltliche Zuwendung (übersehen von STRUNZ 118).

#### bb) Zuwendungen an den Pflichtteilsberechtigten, Zugewinnausgleich

**37** Eine Beeinträchtigung scheidet auch aus, wenn die Schenkung an einen Pflichtteilsberechtigten erfolgt und zur Deckung seines Pflichtteils geeignet ist. Denn der Vertragserbe muss mit der Pflichtteilslast von vornherein rechnen und ist zu deren Erfüllung vorrangig verpflichtet. Soweit der Schenkungswert den Pflichtteil übersteigt, ist der Bereicherungsanspruch aus § 2287 auf das beschränkt, was nach Begleichung des Pflichtteils dem Beschenkten übrig bleibt; daher kann ein Herausgabeanspruch des Vertragserben nur Zug um Zug gegen Zahlung des Pflichtteils geltend gemacht werden, was auch ohne Einrede zu berücksichtigen ist (BGHZ 88, 269, 272 f = NJW 1984, 121 auch zur Berechnung; vgl auch HOHLOCH JuS 1984, 147). Bei Zuwendungen an Ehegatten muss dabei auch noch deren **Zugewinnausgleich** berücksichtigt werden, da auch dieser vom Erben zu erfüllen wäre (BGH ZEV 1996, 25 = NJW-RR 1996, 133); einer Vereinbarung einer Gütertrennung zur lebzeitigen Begründung einer Zugewinnforderung bedarf es nicht (STAUDINGER-KANZLEITER RdNr 3a). Erreicht der Wert der Zuwendung den Pflichtteil nicht, ist keine Beeinträchtigung des Vertragserben gegeben, soweit eine wirksame Ausgleichspflicht oder Anrechnung auf den Pflichtteil des Erwerbers getroffen ist (§§ 2316, 2315; SOERGEL-M WOLF RdNr 10; ohne diese notwendige Einschränkung MünchKomm-MUSIELAK RdNr 10). Diese Grundsätze sollen auch dann gelten, wenn der Beschenkte bereits früher auf sein gesetzliches Erb- und **Pflichtteilsrecht verzichtet** hat (§ 2346), da der Erbverzicht nach § 2351 wieder hätte aufgehoben werden können und daher der Erbe auf dessen Fortbestand nicht vertrauen durfte (BGHZ 77, 264, 268 = NJW 1980, 2307; LG Aachen FamRZ 1996, 61, 62; offenbar zustimmend BUTZ-PETZOLD 153). Einer vorherigen förmlichen Aufhebung bedarf es nach Ansicht des BGHZ nicht (BGH aaO, 280). Aus § 2289 Abs 1 lässt sich hiergegen nichts einwenden, da der Aufhebungsvertrag keine Verfügung von Todes wegen ist (MünchKomm-MUSIELAK § 2289 RdNr 15; § 2289 RdNr 20; aM HÜLSMEIER NJW 1981, 2043; MEINCKE DStR 1981, 523, 528, die in der Aufhebung eine Verfügung von Todes wegen sehen; aus Wertungsgesichtspunkten lehnen SOERGEL-M WOLF RdNr 17 die BGH-Entscheidung ab, wenn sich nicht die Verhältnisse geändert haben). Eine Aufhebung ist aber jedenfalls dann nicht mehr möglich, wenn sich der Erblasser gegenüber dem Vertragserben verpflichtet hat, die Aufhebung des Pflichtteilsverzichts zu unterlassen, was rechtlich zulässig ist, da es sich dabei um einen Vertrag unter Lebenden handelt und § 2302 damit nicht anwendbar ist. Gleiches kann sich aus einer Vereinbarung nach § 311 b Abs 5 nF (früher § 312 Abs 2) ergeben (vgl dazu OLG Karlsruhe ZEV 2000, 108, 110 f [wo zu sehr mit Vertrauensschutzargumenten gearbeitet wird] und Beschluss des BGH hierzu vom 6. 10. 1999, AZ IV ZA 4/99). Dann liegt in einer späteren Schenkung eine Beeinträchtigung des Vertragserben, sodass § 2287 eingreift. Entgegen LANGE-KUCHINKE (§ 25 V 5 b (3)) wird man aber allein aus der Interessenlage bei entgeltlichen Pflichtteilsverzichten idR keine Vereinbarung einer solchen Unterlassungsverpflichtung annehmen können (zur Rückabwicklungsproblematik bei Aufhebung eines entgeltlichen Erbvertrags BGHZ 77, 264, 270).

### cc) Zuwendungen ohne echte Wertverschiebung

Da Schutzzweck des § 2287 ist, das Vertrauen des Vertragserben auf Erhalt des Nachlasswertes und nicht einzelner Nachlassgegenstände gegen unentgeltliche Verfügungen zu bewahren (RdNr 2), scheidet ein solcher Anspruch aus, wenn die Schenkung zu **keiner echten Wertverschiebung** zu Lasten des Vertragserben führt. Auch eine bindend gewordene Verfügung von Todes wegen hindert daher den Erblasser nicht, durch (nicht wertverschiebende) Teilungsanordnung oder im Wege der vorweggenommenen Erbfolge einem Erben an bestimmten Nachlassgegenständen mehr zukommen zu lassen, als dem Wert des Erbteils entspricht. Voraussetzung dafür ist im zweitgenannten Fall aber, dass er den Zuwendungsempfänger zu einer entsprechenden *Ausgleichung* verpflichtet (BGHZ 82, 274 = NJW 1982, 43 = FamRZ 1982, 56; zust BUTZ-PETZOLD 153 f; BGH FamRZ 1989, 175 m Anm MUSIELAK; OLG Hamm ZEV 1999, 313; krit zur BGH-Rspr KUCHINKE JuS 1988, 853; teilw zu Unrecht ablehnend auch STRUNZ 115 ff; zu Folgerungen für die Praxis CHRISTOPHER KEIM ZEV 2001, 93, 94 f). Denn dann tritt eine entsprechende Wertkompensation für den Vertragserben ein. 38

Eine solche kann sich durch die Anordnung einer Ausgleichungsbestimmung nach § 2050 Abs 3 ergeben, über die der zunächst übergangene Vertragsmiterbe bei der Erbauseinandersetzung einen Ausgleich durch Erhöhung seiner Teilungsquote erhält. Für eine solche Ausgleichungsanordnung lässt der BGH bereits die Wendung genügen, dass die Zuwendung im Wege der vorweggenommenen Erbfolge erfolgt (BGHZ 82, 274, 278; anders zu diesem unklaren Begriff OLG Düsseldorf ZEV 1994, 173 m Anm W BAUMANN). Scheitert eine solche Wertkompensation an § 2056, weil der verbliebene Restnachlass nicht ausreicht, um den Vertragserben wertmäßig zu befriedigen, so kann sich die erforderliche Ausgleichung durch eine (aufschiebend befristete) rechtsgeschäftliche Zahlungsverpflichtung des Zuwendungsempfängers zugunsten des zunächst übergangenen Vertragserben ergeben (KUCHINKE JuS 1988, 853, 855; MUSIELAK FamRZ 1989, 176), die damit auch der Zuwendung zT den Charakter der Unentgeltlichkeit nimmt (MUSIELAK aaO). Nur soweit all dies nicht der Fall ist, kommt ein (aufstockender) Anspruch nach § 2287 hinsichtlich des Mehrbetrags der Zuwendung in Betracht. 39

### dd) Überschuldeter Nachlass

Keine Beeinträchtigung liegt auch vor, wenn die Nachlassverbindlichkeiten so hoch sind, dass sie den Wert des verschenkten Gegenstandes aufgezehrt hätten, 40 wäre er noch im Nachlass gewesen (BGH NJW 1989, 2389, 2391 [in BGHZ 108, 73 nicht abgedruckt]; BUTZ-PETZOLD 155).

#### ee) Zustimmung des Vertragserben

**41** Nach dem Grundsatz »volenti non fit injuria« nimmt diese der Schenkung bereits auf der Tatbestandsseite den Charakter der Beeinträchtigung des Vertragserben. Dass der Vertragserbe (Bedachte) auf den Schutz des § 2287 verzichten kann, ist im Grunde nicht zweifelhaft, kann er doch auf die Erbeinsetzung überhaupt verzichten (§ 2352; SPELLENBERG NJW 1986, 2531, 2535; BGH WM 1973, 680, 682; BUTZ-PETZOLD 150; BAMBERGER-ROTH-LITZENBURGER RdNr 12; JOHANNSEN DNotZ 1977, 88'). Wegen dieser Nähe zum Zuwendungsverzicht fordert der BGH nunmehr aus Gründen der Rechtsklarheit und Rechtssicherheit allerdings, dass die Zustimmung vor dem Erbfall der Form des § 2348 bedarf (BGHZ 108, 252 = NJW 1989, 2618; zustimmend etwa SPELLENBERG NJW 1986, 2531, 2535; WÜBBEN, Anwartschaftsrechte im Erbrecht [2001] 351 Fn 82; BAMBERGER-ROTH-LITZENBURGER RdNr 12; aM RGZ 134, 325, 327 [formlose Zustimmung für Änderung des Erbvertrags genügend]; gegen diese Analogie KANZLEITER DNotZ 1990, 776; ders, ZEV 1997, 261, 267; LANGE-KUCHINKE § 25 V 9 aE; kritisch auch DAMRAU FamRZ 1991, 552; SOERGEL-M WOLF RdNr 10). Der neueren BGH-Rechtsprechung ist zuzustimmen, da bis zum Erbfall das allgemeine erbrechtliche Prinzip der Formenstrenge gilt (§ 2289 RdNr 43; aM LANGE-KUCHINKE aaO unter Betonung der lebzeitigen Verfügungsbefugnis des Erblassers). Eine formlose Einwilligung kann allenfalls im Einzelfall den Arglisteinwand begründen (BGHZ aaO; vgl § 2289 RdNr 45). Bei einem **minderjährigen Vertragserben** bedarf der gesetzliche Vertreter der familiengerichtlichen Genehmigung (BGHZ 83, 44, 49 = NJW 1982, 1100, 1102). Ob eine solche Zustimmung auch **gegen** den **Ersatzvertragserben wirkt**, ist höchstrichterlich nicht entschieden und erscheint problematisch, da ein statt der Zustimmung erklärter Zuwendungsverzicht sich nicht auf die Ersatzerben erstrecken würde, weil § 2352 S 2 den § 2349 nicht ausdrücklich für anwendbar erklärt (PALANDT-EDENHOFER § 2352 RdNr 6 mwN; vgl auch System Teil D RdNr 49 ff; aM STAUDINGER-SCHOTTEN § 2352 RdNr 46 ff unter Bezug auf die Entstehungsgeschichte). In der Zustimmung könnte aber ein partieller Verzichtsvertrag mit dem Erblasser bezüglich des erbrechtlichen Berufungsgrunds gesehen werden, dessen Schutz § 2287 dient und was zur Anwendbarkeit des § 2352 führen würde (WÜBBEN 349). KANZLEITER (ZEV 1997, 261, 265 f, 267) vertritt demgegenüber die Auffassung, dass eine weitere Zustimmung der Ersatzberufenen nicht notwendig sei, da die Zustimmung der Erstberufenen bereits die Beeinträchtigung ausschließe. So ohne weiteres wird man dem nicht folgen können. Denn die Beeinträchtigungsabsicht oder – nach dem neueren und gewandeltem Verständnis der Rspr zu § 2287 – die Frage des Missbrauchs der lebzeitigen Verfügungsbefugnis ist bezogen auf eine etwaige Rechtsstellung des Ersatzbedachten zu beurteilen. Entscheidend ist daher, ob dem Ersatzberufenen eine eigenständige, aufschiebend bedingte Rechtsposition zusteht, auf die nur er verzichten kann. Der von KANZLEITER (aaO, 266; zustimmend CHRISTOPHER KEIM ZEV 2001, 93, 95) weiter gebrachte Systemvergleich zur Nacherbschaft überzeugt jedoch letztlich und spricht gegen das Zustimmungserfordernis der Ersatzberufenen, da selbst beim Nacherben, der mit wesentlich stärkeren Mitwirkungs- und Kontrollrechten ausgestattet ist, nur dessen Zustimmung, nicht aber die der Ersatznacherben zum Wirksamwerden beeinträchtigender Verfügungen des Vorerben erforderlich ist. WÜBBEN hält diese Argumentation nicht für stichhaltig, weil der Unterschied darin liege, dass nach Eintritt des Erbfalls der Nacherbe bei solchen Verfügungen bereits über sein Anwartschaftsrecht verfügt, und die darin liegende Beeinträchtigung müsse auch der Ersatznacherbe gegen sich gelten lassen (352). Jedoch verbleibt diese Argumentation im Begrifflichen, überzeugt für sich gesehen auch hier nicht (wieso wirkt die Zustimmung gegen den Ersatznacherben?) und vermag den Wertungswiderspruch nicht zu erklären, den KANZLEITER zu Recht konstatiert. Davon ist zu unterscheiden, dass der **Vertragspartner** der Zuwendung in der Form des Erbvertrags zustimmt: Hierin liegt »ad hoc« und konkludent eine Vereinbarung eines Schenkungsvorbehalts (s RdNr 97) für diesen Fall.

Ein Erbschaftsvertrag nach § 311 b Abs 4 und 5 nF (früher § 312) zwischen dem Beschenkten und dem Vertragserben ist nicht möglich, da die dort genannten Voraussetzungen nicht gegeben sind (SPELLENBERG NJW 1986, 2535), während ein formloser Verzichtsvertrag zwischen dem Vertragserben und dem Beschenkten über die zukünftige Forderung für zulässig gehalten wird (WÜBBEN 351 Fn 82; LANGE-KUCHINKE § 25 V 8). **41 a**

**ff) Anfechtbarkeit der bindenden Verfügung von Todes wegen**

Stellt man auf den Gesichtspunkt der berechtigten Erberwartungen als Schutzzweck des § 2287 ab (s o RdNr 2), so muss bereits die bloße Anfechtbarkeit der bindenden Verfügung genügen, um die Anwendung der Vorschrift auszuschließen (SPELLENBERG NJW 1986, 2531, 2535; JOHANNSEN DNotZ 1977, Sonderbeil S 92; REMMELE NJW 1981, 2290, 2291; SOERGEL-M WOLF RdNr 17; LANGE-KUCHINKE § 25 V 5 d Fn 131; aM STRUNZ 121 ff; BUTZ-PETZOLD 151 f [unter Betonung, des Vertrauensschutzes des Vertragserben, der sich auf die Loslösung vom Erbvertrag einstellen müsse]). Es bedarf daher nicht erst des »Umwegs« über eine vorherige formgerechte Anfechtung. Daher gilt: wer anfechten kann, kann auch schenken (SPELLENBERG NJW 1986, 2539). Allerdings müssen die Voraussetzungen für eine wirksame Anfechtung vorliegen, insbesondere darf die Frist zur Anfechtung noch nicht verstrichen sein, da sonst die Verfügung bestandskräftig wird (SPELLENBERG NJW 1986, 2535). Eine Kenntnis vom Anfechtungsgrund bei Vornahme der Schenkung wird man nicht unbedingt verlangen können, da die Unkenntnis den Fristbeginn und damit nach wie vor die objektiv berechtigte Erberwartung des Vertragserben hindert (ebenso SPELLENBERG aaO). Angesichts der weitreichenden Anfechtungsmöglichkeiten im Erbrecht (§ 2078 Abs 2, Motivirrtum), hat dies große praktische Bedeutung. Gleiches muss für einen bestehenden **Rücktrittsvorbehalt** gelten, soweit die Voraussetzungen für seine Ausübung vorgehen. Da auch er das Entstehen einer berechtigten Erberwartung des Vertragserben ausschließt, besteht auch bei einer Schenkung vor Ausübung des Rücktrittsvorbehalts kein Vertragserbenschutz nach § 2287 (aM STRUNZ 121 ff; MünchKomm-MUSIELAK RdNr 19; Voraufl RdNr 18; Mot V, 330; die Entscheidung OLG Koblenz OLGZ 1991, 235, 237 betraf einen Fall, bei dem gerade kein Rücktrittsrecht bestand). Denn immerhin kam es dem BGH bei dem erbvertraglichen Änderungsvorbehalt (RdNr 36) nicht in den Sinn, zuerst eine Änderung der Verfügung von Todes wegen vor Vornahme der Schenkung zu verlangen. **42**

**3. Beeinträchtigungsabsicht**

Die gesetzliche Formulierung, dass der Erblasser in der Absicht gehandelt haben muss, »den Vertragserben zu beeinträchtigen«, ist nicht sehr »präzise« (Münch-Komm-MUSIELAK RdNr 11; eingehend hierzu AUNERT-MICUS 44 ff), sie kann rechtlich oder wirtschaftlich verstanden werden. Die Rspr hat sich daher gewandelt (RdNr 4 f). Die Absicht, den Beschenkten zu begünstigen, steht nunmehr nach Auffassung des BGH mit der Absicht, den Vertragserben zu benachteiligen, regelmäßig im untrennbaren Zusammenhang (BGHZ 59, 343, 350; 82, 274, 282). Ein Überwiegen eines der Motive sei kaum feststellbar und es dürfe daher nicht darauf ankommen, da sonst für § 2287 wegen der für den Vertragserben auftretenden Beweisschwierigkeiten kaum eine praktische Anwendungsmöglichkeit bleibe. Vielmehr müsse es genügen, wenn die Absicht der Beeinträchtigung neben anderen Motiven mit gewollt war. Hierfür genüge ein direkter Vorsatz (BGHZ 59, 343, 349). Damit **43** versteht die Rspr den **Absichtsbegriff** bei der Auslegung des § 2287 aufgrund einer extensiven Interpretation in einer Weise, wie dies sonst nur noch im Bereich des Konkurs- und Gläubigeranfechtungsrechts (§ 133 InsO, § 3 AnfG) üblich ist (AUNERT-MICUS 44 ff, 28 f; krit daher STAUDINGER-KANZLEITER RdNr 13). Es gilt nach dieser Rspr vielmehr die »Faustregel«: Begünstigung des Beschenkten = Beeinträchtigung des Vertragserben (NIEDER Handbuch RdNr 1180; BECKMANN MittRhNotK 1977, 25, 28). Um ein grenzenloses Ausufern der Norm zu verhindern, hat der BGH in seiner Grundsatzentscheidung von 1972 dafür ein weiteres Abgrenzungsmerkmal für die nach § 2287 angreifbaren Schenkungen aufgestellt, das zunächst in den ersten Folgeentscheidungen mit dem Vorliegen der Beeinträchtigungsabsicht eng verwoben wurde, das aber von dieser streng zu unterscheiden ist: Entscheidend sei, dass der »Missbrauch der dem Erblasser verbliebenen lebzeitigen Verfügungsbefugnis ... zu der Benachteiligungsabsicht hinzutrete« (so deutlich BGH FamRZ 1989, 175, 176; bereits früher BGHZ 82, 274, 282; OLG Düsseldorf NJW-RR 1986, 806; diese Differenzierung kommt zT auch in der Lit zu wenig zum Ausdruck, etwa erst jüngst bei MünchKomm-MUSIELAK RdNr 11 ff). Dabei wurde ein derartiger Missbrauch zunächst nur dann verneint, wenn ein sog »lebzeitiges Eigeninteresse« des Erblassers vorlag.

In den neueren Entscheidungen wird nunmehr ausdrücklich betont, dass an die Benachteiligungsabsicht **nur geringe Anforderungen** gestellt werden dürfen, sodass sie »praktisch immer vorliege« (BGH FamRZ 1989, 175, 176; BGHZ 116, 167, 176). Damit ist das Tatbestandsmerkmal der Beeinträchtigungsabsicht als entscheidendes Abgrenzungskriterium quasi aufgegeben worden (NIEDER RdNr 1180). Wenn demgegenüber AUNERT-MICUS (66 ff, 126 ff) an den Grad der Beeinträchtigungsabsicht unterschiedliche Anforderungen je nach der Art und der Intensität des Eingriffs in schutzwürdige Interessen des Vertragserben bzw des vorverstorbenen Ehegatten beim gemeinschaftlichen Testament stellt, so entspricht dies zum einen nicht der neuen Entwicklung der Rspr. Zum anderen hat dies den methodischen Nachteil, dass damit die Missbrauchsprüfung als entscheidendes Tatbestandsmerkmal zu sehr wieder mit dem althergebrachten Verständnis der Beeinträchtigungsabsicht verknüpft wird. Zum dritten kommt es bei der Fallgruppe der fehlenden objektiven Beeinträchtigung gar nicht und bei den sonst vorzunehmenden Abwägungen im Rahmen der Missbrauchskorrektur nicht entscheidend auf den Grad einer wie immer gearteten Beeinträchtigungsabsicht an. Deutlich betont JOHANNSEN DNotZ 1977, 91 bereits, dass entgegen dem Gesetzeswortlaut die Abgrenzung der zulässigen Zuwendungen »nicht ausschließlich nach den Beweggründen des Erblassers vorgenommen werden dürfe«.

### 4. Missbrauch der lebzeitigen Verfügungsfreiheit des Erblassers

**44** Damit geht es bei § 2287 nicht mehr nur darum, ob eine Benachteiligungsabsicht vorliegt, sondern um eine nach anderen Kriterien auszurichtende Missbrauchskorrektur (so deutlich DILCHER Jura 1988, 72, 78; MUSIELAK FamRZ 1989, 177; NIEDER, Handbuch RdNr 1180 f; SPELLENBERG NJW 1986, 2531, 2536; SOERGEL-M WOLF RdNr 12; BUTZ-PETZOLD 160 ff [unter Hinweis auf die Entstehungsgeschichte, in der sich bereits derartige Überlegungen finden sollen). Da hierfür ein ganz anderer Prüfungsmaßstab gilt, ist es auch nach dem Selbstverständnis der Rspr geboten, dies als weiteres allgemeines (**ungeschriebenes**) **Tatbestandsmerkmal** aufzufassen (SOERGEL-M WOLF RdNr 12; LANGE-KUCHINKE § 25 V 5 d).

#### a) Durchführung der Missbrauchsprüfung

**45** Diese Missbrauchskorrektur wird im Wege einer Interessenbewertung vorgenommen, die anstelle der früheren Beurteilung der Motive der Zuwendung tritt: zu prüfen ist, ob bei umfassender Abwägung der Beweggründe des Erblassers diese ihrer Art nach so sind, dass der Vertragserbe sie anerkennen und deswegen die sich daraus für ihn ergebende Benachteiligung hinnehmen muss (BGHZ 77, 264, 267; 83, 44, 45; 108, 73, 77; BGH WM 1986, 836; NJW 1992, 2631, 2632; OLG Hamm OLG-Rp 1992, 188; vgl auch EBENROTH RdNr 273). Die Grenze zwischen den Fallgestaltungen des Missbrauchs und den Fällen, in denen der Vertragserbe schutzlos bleibt, wurde zunächst allein mit der auf SPELLENBERG (FamRZ 1972, 349, 355) zurückgehenden **Formel vom anerkennenswerten »lebzeitigen Eigeninteresse«** gezogen (BGHZ 59, 343, 348 ff). Wie der BGH aber später klargestellt hat, kann ein Missbrauch dieser lebzeitigen Verfügungsbefugnis auch aus anderen Gründen verneint werden, vor allem dann, wenn der Erblasser die Schenkung gerade aus dem Bestreben heraus vorgenommen hat, die Interessen des begünstigten Vertragserben wahrzunehmen (BGH WM 1986, 837 = NJW-RR 1986, 1135, 1136 = DNotZ 1987, 114; NJW-RR 1987, 2, etwa Sicherstellung der Versorgung eines Behinderten; vgl dazu auch BUTZ-PETZOLD 163 f). Die gebotene Interessenbewertung ist vom Standpunkt eines objektiven Beobachters unter Berücksichtigung der gegebenen Umstände vorzunehmen (BGHZ 77, 264, 266; BGH WM 1979, 442, 445), der die berechtigten Erberwartungen des Vertragserben einerseits und den Wunsch des Erblassers nach Verwirklichung seiner lebzeitigen Verfügungsbefugnis andererseits abzuwägen hat. Damit wird § 2287 praktisch zu einer »Generalklausel«, wodurch die Vorhersehbarkeit der richterlichen Beurteilung und damit auch die Rechtssicherheit leidet (SPELLENBERG NJW 1986, 2531, 2540). Diesem Manko versucht man allgemein durch eine Konkretisierung mittels Bildung von Fallgruppen entgegenzutreten (MünchKomm-MUSIELAK RdNr 14 ff; NIEDER, Handbuch RdNr 1180; SPELLENBERG NJW 1986, 2537 f; EBENROTH aaO).

### b) Fallgruppenbildung

Die Bildung von Fallgruppen anhand der von der Rspr entschiedenen Fälle geht insbesondere noch auf die Zeit zurück, als allein das Vorliegen eines anerkennenswerten lebzeitigen Eigeninteresses als alleiniger Grund zur Rechtfertigung der Schenkung angesehen wurde. Im Einzelnen werden dabei folgende Gruppen gebildet (MünchKomm-MUSIELAK RdNr 15–19; SPELLENBERG NJW 1986, 2537 f): Pflicht- und Anstandsschenkungen, Schenkungen zu ideellen Zwecken oder aus persönlichen Rücksichten, Zuwendungen zur Sicherung der Versorgung und Pflege des Erblassers im Alter (betrifft die am häufigsten entschiedenen Fälle), Schenkungen zu anderen materiellen Fällen (wobei oftmals bei genauer Prüfung die Zuwendung sich bereits als Entgelt – konditionale Verknüpfung – für das Verhalten des Empfängers darstellt [Münch-Komm-MUSIELAK RdNr 18; STRUNZ 52 ff]), sowie die Fallkonstellationen des persönlichen Zerwürfnisses zwischen Erblasser und Vertragserben bzw der schweren Verfehlungen des Vertragserben. 46

### c) Methodische Vorbehalte

Die Bildung von Fallgruppen ist modern und hat sicherlich den Vorteil, die verschiedenen höchstrichterlichen Entscheidungen zu systematisieren. Sie birgt jedoch die Gefahr, dass man glaubt, die Falllösung zu sehr topisch, gleichsam durch einfache Subsumtion vornehmen zu können: mit der Zuordnung eines Falles in eine bestimmte Fallgruppe sei derselbe gelöst und einfach entschieden. Dabei wird jedoch verkannt, dass der BGH hier nunmehr die Missbrauchsprüfung anhand einer umfassenden **Abwägungsentscheidung** vornimmt (RdNr 45). Dies setzt eine Gewichtung der einzelnen betroffenen Rechte und Rechtsgüter ausgerichtet an der jeweiligen konkreten Situation voraus. Wenn in einem Fall die Schenkung von 20.000,00 € an die zweite Ehefrau durch das Versorgungsinteresse des Erblassers gerechtfertigt ist, mag dies bei der Übertragung eines Zweifamilienhauses nicht mehr gegeben sein. Letztlich geht es darum, eine im Gesetz nicht geregelte Interessenkollision im Wege der Rechtsfortbildung zu lösen. Dafür gibt es durch- 47 aus Kriterien, sodass die Falllösung nicht rein eine Sache des Rechtsgefühls ist (zu der methodischen Seite LARENZ, Methodenlehre der Rechtswissenschaft, 6. Aufl [1991] 404 ff). Der begrenzte Erkenntniswert der Fallgruppenbildung wird selbst von deren Anhänger teilweise eingeräumt (MünchKomm-MUSIELAK RdNr 14: die »Besonderheiten des Einzelfalls« spielen eine bedeutsame Rolle; die Herausarbeitung besonderer Wertungsgesichtspunkte hebt auch STRUNZ 130 ff hervor). Eine Fallgruppenbildung entspricht auch nicht dem Selbstverständnis der Rspr zur Problemlösung (so aber STAUDINGER-KANZLEITER RdNr 10).

### d) Beurteilungskriterien

**48** Zunächst gilt es die für und gegen die Zuwendung sprechenden Interessen und deren grundsätzliche Wertigkeit herauszuarbeiten (vgl auch die Darstellung bei BUTZ-PETZOLD 164 ff).

#### aa) Schutzwürdigkeit des Erwerbsinteresses des Vertragserben

**49** § 2287 bezweckt den Schutz des Vertragserben. An erster Stelle der Überlegungen muss daher seine Schutzwürdigkeit stehen. Dabei kann nicht genug betont werden, dass Bindung nicht gleich Bindung ist (so richtig S LORITZ 140, 170). Und erkennt man den Missbrauch als Anspruchsgrund (so der BGH, RdNr 45), so stellt sich dieser als ein Verhalten dar, das die **gebotene Vertragstreue** verletzt, was ebenfalls nicht ohne Rückgriff auf das Gewicht der erbvertraglichen Bindung beantwortet werden kann (STRUNZ 134; aM BUTZ-PETZOLD 166 f: Bindung sei Bindung, wenn sie nicht durch ausdrückliche Regelung [Rücktritts- oder Änderungsvorbehalt] durchbrochen werde). Das Bindungsinteresse, wie immer man dies bestimmen will (vgl etwa D NOLTING, Bindung beim Erbvertrag, 5 ff), ist jedoch je nach konkreter Fallgestaltung sehr unterschiedlich. Da der Erbvertrag als Instrument der Nachlassplanung der Lebensgestaltung des Erblassers dient, wird man diese bei Abschluss des Erbvertrages vorhandene und dem Erbvertragspartner bekannte Lebenseinstellung entscheidend mit berücksichtigen müssen (ähnlich LANGE-KUCHINKE § 25 V 5 d (4)). Hätte der Vertragserbe mehr an Sicherheit gewollt, hätte er diese im Verhandlungswege durchsetzen müssen.

**50** Im Einzelnen kann wie folgt grob differenziert werden: Beim typischen **Ehegattenerbvertrag** nach dem Muster des Berliner Testaments (§ 2269), bei dem der nach Tod beider Ehegatten berufene Schlusserbe nicht mitwirkt, hat dieser eine nur von beiden Ehegatten **abgeleitete Rechtsstellung;** hier entspricht es typischerweise nach der Lebenserfahrung dem Willen der Ehegatten, dass auch der Längerlebende von ihnen noch in stärkerem Maße zur Verfügung unter Lebenden berechtigt sein soll, insbesondere wenn er dadurch seine Versorgung sicherstellen kann (zum Gesichtspunkt der **Alterssolidarität** als Bindungsgrund s Vorm 2 zu §§ 2274 ff). Dies gilt in noch stärkerem Maße, falls das wesentliche Vermögen der Ehegatten dem Längerlebenden schon immer gehört hat, was bei der Erörterung der Bindungswirkung des gemeinschaftlichen Testaments anerkannt ist (§ 2270 RdNr 49). Eine umfassende Bindung ist hier nur gewollt, wenn besondere Sicherungsvorkehrungen für den Erwerb des Dritten bereits mit Eintritt des diesbezüglichen Erbfalls und nicht erst für den Schlusserbfall getroffen wird, etwa bereits Testamentsvollstreckung im ersten Todesfall angeordnet ist oder Nacherbeneinsetzung hinsichtlich des Nachlasses des Erstversterbenden, wobei sich hier der Schutz des Vertragserben bereits über diese speziellen Sicherungsgestaltungen unabhängig von § 2287 realisiert (übersehen von S LORITZ 146 f, wenn auf die Testamentsvollstreckung bezüglich der Schlusserbeneinsetzung in BGH FamRZ 1986, 980 hingewiesen wird). Auch aus der Person des erbvertraglich Bedachten wie aus den Umständen des Vertragsabschlusses lassen sich Rückschlüsse auf die Bindungsintensität herleiten: Gegenüber den gemeinsamen Kindern wird sie größer sein. Dient der Erbvertrag dem Ersatz einer früheren, fideikommissrechtlichen Regelung, wonach nur männliche Nachkommen, notfalls aus einer Seitenlinie erben dürfen, so kann dies bei kinderloser Ehe gegen eine zu starke Bindung sprechen (s den Fall BGH NJW 1992, 2630).

Ist der Bedachte selbst **Vertragspartner,** tritt der Wille zur Bindung ihm gegenüber 51 stärker in den Vordergrund und seine Schutzwürdigkeit wird deutlicher. Am stärksten wird sein Sicherungsbedürfnis beim **entgeltlichen Erbvertrag** (§ 2295), auch wenn dieser seiner Natur nach ein »Risikogeschäft« ist; hier bestimmt der **Äquivalenzgedanke** die verstärkte erbvertragliche Bindung (aM BUTZ-PETZOLD 165 f in sehr formaler Betrachtung, weil der Normzweck des § 2287 dieses Vertrauen nicht schütze; das Gesetz differenziere nicht zwischen entgeltlichem und unentgeltlichem Erbvertrag). Zu einem ähnlichen Katalog der schutzwürdigen Interessen des Vertragserben gelangt AUNERT-MICUS (47 ff, 66), die insbesondere auch darauf abstellt, welches **Vermögensopfer** der Vertragserbe bereits im Hinblick auf die Erbeinsetzung erbracht hat. Ihr kann jedoch darin nicht gefolgt werden, wenn sie die Erheblichkeit dieser Gesichtspunkte bei der erforderlichen Abwägung in ein Abhängigkeitsverhältnis zu einer subjektiven Gesinnung stellt, die ihrerseits zu bewerten ist und teilweise mit reinen Unwerturteilen stigmatisiert wird (etwa S 70: »böswillige Motivation des Erblassers«; zur Kritik bereits RdNr 43 aE).

**bb) Lebzeitiges Verfügungsinteresse des Erblassers**
Da es um die Zulässigkeit der lebzeitigen Verfügungsbefugnis des § 2286 geht, 52 scheiden als berücksichtigungsfähige Erblasserinteressen solche aus, die nur **»letztwillig motiviert«** sind, bei der es also im Grunde nur um die Verteilung seines Vermögens nach seinem Tode geht (SPELLENBERG NJW 1986, 2531, 2540). Insofern ist die von BGHZ 59, 343 im Anschluss an SPELLENBERG verwendete Formel vom Erfordernis des anerkennenswerten lebzeitigen Eigeninteresses richtig. Die Rspr hat daher zu Recht immer wieder betont, allein der Wunsch **zur Korrektur der bindenden Verfügung** von Todes wegen mittels einer anderen Vermögensumverteilung aufgrund eines späteren Sinneswandels nach Abschluss des Erbvertrages genüge nicht, um einen Anspruch nach § 2287 auszuschließen, wenn sich die tatsächlichen Verhältnisse zwischenzeitlich nicht geändert haben (BGHZ 59, 434, 352; 66, 8, 16; 83, 44, 46; 97, 188; BGH WM 1973, 680, 682; WM 1977, 201, 202; OLG Düsseldorf NJW-RR 1986, 806, 807; OLG Frankfurt NJW-RR 1991, 1157, 1159).

Nicht ausreichend ist daher die **spätere Einsicht,** dass einer der Erbbeteiligten im 53 Verhältnis zu den anderen zu kurz gekommen ist oder dass der Benachteiligte dem Erblasser nun genehmer ist (BGHZ 66, 8, 16; 77, 264, 268) oder bestimmte Gegenstände im Familienbesitz bleiben (BGHZ 59, 343) oder der Grundbesitz ungeteilt erhalten werden soll (BGH WM 1973, 680). Der Berücksichtigung dieses Interesses steht schon der Schutzzweck der erbvertraglichen Bindung entgegen: Anders als beim Testament soll der Bestand der erbvertraglichen Zuwendung gerade gegen einen einseitigen Sinneswandel geschützt sein. Auch kann aus § 2286 nicht hergeleitet werden, dass bereits jede lebzeitig motivierte Schenkung zulässig wäre, denn mit Abschluss des Erbvertrags entsteht aus dem Gesichtspunkt der Vertragstreue für den Erblasser die Pflicht, auf die Erwerbserwartungen des Vertragserben, demgegenüber er sich freiwillig gebunden hat, Rücksicht zu nehmen und sich auch einer Überprüfung seiner Zuwendungsmotive unterziehen zu lassen (SPELLENBERG NJW 1986, 2536 f, 2540; ähnlich STRUNZ 134 ff). Die Gründe, die den Erblasser zur Zuwendung bewogen haben, müssen so beschaffen sein, »dass der Vertragserbe sie anerkennen, und dass er die Beeinträchtigung hinnehmen muss« (BGHZ 77, 264, 266; 83, 44, 45; BGH NJW 1992, 2630, 2631; OLG Düsseldorf NJW-RR 1986, 806, 807; zum gemeinschaftlichen Testament BGH FamRZ 1986, 980). Daraus ergibt sich, dass grundlose, **unmotivierte** oder sinnlose **Schenkungen** ebenfalls keine

Anerkennung finden können (SPELLENBERG NJW 1986, 2531, 2536 f, 2540; LANGE-KUCHINKE § 25 V 5 d Fn 120; aM STRUNZ 105 ff; 134). In der Rspr findet sich demnach eine Tendenz, eine Schenkung immer dann dem Anspruch aus § 2287 zu unterwerfen, wenn sich keine rechtfertigenden Gründe ergeben (BGHZ 66, 8, 17; 77, 264, 267; 82, 274, 282; anders beiläufig BGH NJW 1978, 424; dazu SPELLENBERG NJW 1986, 2536). Ein solches aus der Vertragsbindung folgende Rechtfertigungsgebot legt es nahe, die Unzulässigkeit der Schenkung zur Regel, deren Zulässigkeit zur Ausnahme zu machen (für das umgekehrte Verhältnis STRUNZ aaO), was insbesondere bei der Beweislastverteilung erhebliche Konsequenzen hätte. Damit würde aber eine »Faustregel« aufgestellt, die die Gefahr ihrer inneren Verselbständigung in sich trägt, und letztlich den Ausgangspunkt der Überlegungen ad absurdum führt, dass es nämlich um eine Missbrauchsabwehr geht. Und der Missbrauch ist in unserer Rechtsordnung immer noch die Ausnahme. Nur in nicht aufklärbaren Grenzfällen, in denen Anzeichen für einen solchen vorliegen, sollte man daher der von der Rspr aufgezeigten Tendenz folgen, ansonsten sich **im Zweifelsfalle für die Erblasserfreiheit** entscheiden (im Ergebnis ebenso SPELLENBERG aaO; STRUNZ aaO von einem anderen Ansatzpunkt). Zu Recht betont daher JOHANNSEN DNotZ 1977, 93*, dass wegen § 2286 keine zu hohen Anforderungen an die Rechtfertigung der Zuwendung gestellt werden dürfen (ebenso BUTZ-PETZOLD 167; STRUNZ 134).

**54** Der Art nach können die **Zuwendungsgründe** sowohl **materielle** wie auch **immaterielle** (ideelle) sein (allg anerkannt, LANGE-KUCHINKE § 25 V 5 d (2); MünchKomm-MUSIELAK RdNr 14 ff; SOERGEL-M WOLF RdNr 12; zu einem ideellen Grund BGHZ 97, 188 = NJW 1986, 1755, 1757). Eine reine **personale Verbundenheit** mit dem Beschenkten reicht aber sicher nicht aus (OLG Köln FamRZ 1992, 607 = NJW-RR 1992, 200). Nach der Rspr des BGH ist eine Schenkung jedoch dann um so anerkennenswerter, je materieller und eigennütziger der vom Erblasser verfolgte Zweck ist (STRUNZ 143; NIEDER, Handbuch RdNr 1181). Teilweise wird eine genaue Prüfung dabei ergeben, dass die schenkungsweise Zuwendung letztlich ein Entgelt für das beabsichtigte Verhalten des Zuwendungsempfängers ist, weshalb zumindest bei Annahme einer konditionalen Verknüpfung die Unentgeltlichkeit teilweise ausscheidet (MünchKomm-MUSIELAK RdNr 18; zur fehlenden Differenzierung in der BGH-Rspr s STRUNZ 52).

**55 (1)** Als wichtigster anerkennenswerter Zuwendungszweck findet sich dabei in der Rspr der Hinweis auf die **Sicherung und Verbesserung der eigenen Altersversorgung** des Erblassers (BGHZ 66, 8; 82, 274; 83, 44, 46; 97, 188, 196 = BGH JZ 1987, 250 m Anm KUCHINKE; BGH FamRZ 1977, 539; WM 1979, 442; NJW 1992, 2630 = FamRZ 1992, 1067; OLG Düsseldorf OLG-Rp Düsseldorf 1993, 185 [Aidserkrankung]; NJW-RR 1986, 806, 807; OLGR Frankfurt 2001, 37; OLG Koblenz OLGZ 1991, 235; OLG Köln MittRhNotK 1995, 186 [zu erwartende Höchstpflegebedürftigkeit aufgrund Parkinson'scher Krankheit]; OLG Köln ZEV 2000, 106, 108 = ZNotP 1999, 486 [in concreto verneint]; OLG München NJW-RR 1987, 1484). Häufig wird dies allerdings von den Gerichten nur als Beispiel oder Möglichkeit erwähnt, teilweise mit diesem Hinweis vom BGH zur erneuten Entscheidung an das Instanzgericht zurückverwiesen (BGH FamRZ 1976, 539; WM 1979, 442; BGHZ 82, 274 = NJW 1982, 43; BGHZ 88, 269), aber offenbar nur selten tatsächlich entscheidungserheblich (so in OLG Köln MittRhNotK 1995, 186; OLGR Frankfurt 2001, 37; vgl auch SPELLENBERG NJW 1986, 2537). Gerade angesichts der zunehmenden Lebenserwartung und des Abbaus sozialer Leistungen aber auch des natürlichen familiären Zusammenhalts durch geänderte gesellschaftliche Verhältnisse ist dies ein existentielles Anliegen, dem grundsätzlich Rechnung zu tragen ist. Dafür spricht auch, dass bei der erbvertraglichen Vermögensplanung der Gedanke der Alterssolidarität iS der Absicherung des anderen Ehegatten große Bedeutung zukommt (Vorbem 2 §§ 2274 ff). Dieses Erblasserinteresse wird bei der Errichtung des Erbvertrags zwar idR schon vorhanden sein, aber damals meist nur latent, während es mit zunehmenden Alter immer dringlicher wird (BGHZ 83, 44, 46; vgl auch BGH NJW 1992, 2630, 2631: Bestreben, seine jüngere zweite Ehefrau [9 Jahre Altersunterschied] zum Zwecke der Altersversorgung an sich zu binden). Der BGH hat in mehreren Entscheidungen betont, dass es **nicht** darauf ankommt, ob die Zuwendung zur Erlangung dieser **Alterssicherung** wirtschaftlich **notwendig** war oder ob sie der Erblasser billiger oder auch vom Vertragserben hätte bekommen können, wenn er diesem die Schenkung gemacht hätte (BGH LM § 2287 Nr 1 = BB 1977, 1972; BGH FamRZ 1977, 539, 549; WM 1979, 442, 444; BGH NJW 1982, 43, 45 = WM 1982, 20, 22, insoweit in BGHZ 82, 274 nicht abgedruckt; ebenso OLG Köln MittRhNotK 1995, 186, 187; ZEV 2000, 317 [Erbvertrag mit Pflegeverpflichtung]; kritisch hierzu RdNr 71). Denn der Erblasser müsse selbst die Möglichkeit haben, einen so wichtigen Lebensbereich nach seinen Vorstellungen zu gestalten (BGH NJW 1992, 2630, 2631; ERMAN-M SCHMIDT RdNr 5; JOHANNSEN DNotZ 1977, 94*).

Ein »**Freibrief**« zur willkürlichen Schenkung kann daraus jedoch nicht abgeleitet werden, da es im Rahmen der notwendigen Abwägung auch noch auf andere Gesichtspunkte ankommt, wie den relativen und absoluten Wert der Schenkung (so mit Recht SPELLENBERG NJW 1986, 2537; BUTZ-PETZOLD 169; krit auch STRUNZ 144 f gegen BGH FamRZ 1977, 539, wo sogar ein Pflegevertrag mit dem Erbvertrag verbunden war; weniger zurückhaltend NIEDER aaO). Auch die neuere Rspr der Instanzgerichte betont zutreffender Weise den Gesichtspunkt der **Erforderlichkeit** der Altersversorgung durch die vorgenommene Zuwendung (OLG Karlsruhe ZEV 2000, 108, 110 [Sicherung der Altersversorgung bereits durch vorangehende Zuwendung unter Zustimmung des Vertragserben]; OLG München ZEV 2000, 104, 105 f [anderweitige Einkünfte, die die als Gegenleistung vereinbarte Leibrente bei weitem überstieg]) und folgt damit auch der hier vertretenen Linie (s RdNr 71).

Nach einer Entscheidung des BGH braucht die Versorgungszusage auch nicht ausdrücklich Vertragsinhalt geworden sein, es genüge, wenn sie wenigstens die Geschäftsgrundlage geworden wären (BGH FamRZ 1986, 980, 982 = NJW-RR 1987, 2, 3). Jedoch betraf dieser Fall die Betreuung einer stark pflegebedürftigen Person, bei der die förmliche Vereinbarung einer Pflegeverpflichtung wegen der damit uU verbundenen großen Belastung und aus Gründen eines Sozialhilferegresses problematisch war. Die bloße **mündliche Mitteilung**, moralisch verpflichtet zu sein, die Mutter im altersbedingten Pflegefall zu versorgen, reicht demgegenüber nach Ansicht des OLG Oldenburg (OLGZ 1994, 434 = FamRZ 1994, 1423) nicht aus, wenn diese – wegen befürchteten Sozialhilferegresses – gerade nicht mit Rechtsbindungswille als synallagmatische Pflegeverpflichtung ausgestaltet wurde. Das Gleiche gilt für persönliche Betreuung und Sorge ohne vertragliche Verpflichtung, wie dies idR bereits auf Grund verwandtschaftlicher Beziehungen erwartet wird (OLG Köln ZEV 2000, 106, 108 = ZNotP 1999, 486). Gegen das Versorgungsmotiv als leitenden Beweggrund spricht auch, wenn sich der Veräußerer ein Rückgewährrecht für den Fall vorbehält, dass er außerstand sein wird, seinen angemessenen Lebensunterhalt zu bestreiten (OLG Köln aaO). Der *sicherste* und letztlich einzig richtige *Weg* zur Vermeidung des § 2287 ist daher, wenn aus Gründen des Schutzes des Erwerbers eine förmliche Pflegeverpflichtung vereinbart wird (NIEDER RdNr 1181). Das Motiv der »**erkauften**« **Alterssicherung** verliert auch nicht dadurch seine Erheblichkeit, dass der Erblasser die finanziellen Kosten seiner Pflege später selbst tragen soll (BGH WM 1979, 442; NIEDER aaO).

Ob eine Schenkung zur **Sicherstellung der Versorgung naher Angehöriger** die Zuwendung **rechtfertigen** kann, ist von der Rspr noch nicht abschließend geklärt. Soweit ein solches Bedürfnis bereits bei Abschluss des Erbvertrags bestand, sprechen Gründe der Missbrauchsverhinderung grundsätzlich gegen die Berücksichtigung (LANGE-KUCHINKE § 25 V 5 d (2)). In drei Entscheidungen hat der BGH die spätere Einsicht des Erblassers, er habe seine Ehefrau oder ein Kind nicht ausreichend versorgt, als nicht beachtlich eingestuft (BGHZ 77, 264, 269; BGH WM 1977, 201, 202; BGH NJW 1984, 731 = FamRZ 1984, 166; vgl dazu SPELLENBERG NJW 1986, 2538), obgleich eine solche Sicherung eine gesetzlich gebotene sittliche Pflicht sein kann (§ 534). In diesen Fällen lag allerdings offenbar noch keine Notsituation vor, und der Pflichtteil, der den Betroffenen verbleibt, hat ebenfalls eine Versorgungsfunktion (SPELLENBERG NJW 1986, 2538; STRUNZ 111 f). Anderes gilt, wenn das Versorgungsbedürfnis erst nach Vertragsabschluss entstand oder stärker wird, zumindest wenn es um nahe Angehörige geht (LANGE-KUCHINKE aaO). Der BGH hat die Sicherung der Versorgung eines nahen Angehörigen als Rechtfertigungsgrund in einem Fall ausdrücklich bejaht, in dem der pflegebedürftige Sohn zugleich auch als Schlusserbe eingesetzt war und durch die Zuwendung an die zweite Ehefrau dessen lebenslange Pflege gewährleistet werden sollte (BGH NJW-RR 1987, 2 = FamRZ 1986, 980). Dies war zugleich die Entscheidung, die dazu führte, dass **nicht** nur das lebzeitige **Eigeninteresse**, sondern auch andere berechtigte Interessen einen Missbrauch der lebzeitigen Verfügungsbefugnis ausschließen. Ähnlich OLG Düsseldorf, wonach bei einer Aidserkrankung die Sorge um die wirtschaftliche Zukunft der leiblichen Kinder die Beeinträchtigungsabsicht ausschließen kann (OLG Düsseldorf OLG-Rp 1993, 185).

**57** (2) Ein anerkennenswertes lebzeitiges Eigeninteresse kann auch sein, wenn durch die Zuwendung eines Geschäftsanteils an seinem Unternehmer der Erblasser einen zur **Geschäftsleitung befähigten Mitarbeiter halten** will (BGHZ 97, 188, 195 f = NJW 1986, 1755 = FamRZ 1986, 569 = JZ 1987, 250 m Anm KUCHINKE, wo es um die Frage ging, ob das nach dem Erbvertrag für die Übernahme zu zahlende angemessene Entgelt richtig festgesetzt wurde). Hier schwingt eine Art »*Gratifikationsgedanke*« mit, wobei im Arbeitsrecht in einer solchen Leistung keine Schenkung gesehen wird (PALANDT-PUTZO § 611 RdNr 81). Maßgebend war aber auch in diesem Urteil ein Argument der nicht so starken erbvertraglichen Bindung (dazu bereits oben RdNr 50): der zunächst als Unternehmensnachfolger vorgesehene Sohn, der kapitalmäßig abgesichert werden sollte, war bereits vorverstorben, der Ersatzerbe war aber als bereits bei Errichtung des Erbvertrags erfahrener Rechtsanwalt nicht in dem Maß schutzbedürftig (BGHZ 97, 188, 196).

**58** (3) Schenkungen zu ideellen Zwecken oder aus persönlichen Rücksichten sollten schon nach den Protokollen zum BGB nicht verwehrt werden (Prot V 393). Zum einen kann man hierunter die **Pflicht- und Anstandsschenkungen** (§ 534) einordnen. Sie haben schon nach einer Reihe ausdrücklicher gesetzlicher Regelungen im Verhältnis zu Dritten eine höhere Bestandskraft als eine gewöhnliche Schenkung (§§ 534, 814, 1425 Abs 2; 1641, 2113 Abs 2, 2205, 2207, 2330), weshalb der BGH für Zuwendungen in Erfüllung einer sittlichen Pflicht zu Recht bejaht, dass sie ein lebzeitiges Eigeninteresse rechtfertigen können (BGHZ 66, 8, 16; 83, 44, 46). Allerdings betont er, dass auch hier im Einzelfall abzuwägen ist, ob die Gründe des Erblassers trotz der Bindung die Zuwendung rechtfertigen können (BGHZ 83, 44, 46 f). Die rechtfertigende sittliche Pflicht braucht dabei allerdings nicht erst aus dem Schenkungsanlass entstehen, sondern kann auch in der **Abstattung von Dank** für langjährige Dienste oder auch in der Sicherung des Lebensunterhalts und der Altersversorgung des Partners einer nichtehelichen Lebensgemeinschaft bestehen, auch wenn letzteres größere Zuwendungen erfordert (MünchKomm-KOLLHOSSER § 534 RdNr 6 mwN). Noch stärker als bei § 2330, wo es sogar möglich sein soll, dass die Zuwendung den Nachlass ausschöpft, ist hier wegen der erbvertragliche Bindung Zurückhaltung mit der Annahme einer rechtfertigenden Pflichtschenkung geboten. Vertragliche und sittliche Pflicht konkurrieren hier. Dies gilt sowohl für den **Schenkungsanlass**, sodass nicht bereits langjährige personale Verbundenheit zum Schenker, sondern nur besondere Opfer, Leistungen und Versorgungszusagen des Erwerbers eine sittliche Verpflichtung dieser Art entstehen lassen (OLG Köln FamRZ 1992, 607, 608). Erst recht gilt dies für die **Angemessenheit der Höhe** der Zuwendung selbst. Hier ist eine Abwägung des Schenkermotivs mit dem Erwerbsinteresse des Vertragserben besonders sorgfältig vorzunehmen, sodass die Zuwendung in einem angemessenen Verhältnis zu den wirtschaftlichen Verhältnissen und dem Grund für die Schenkungsvornahme (zB zur Art der zu belohnenden Hilfe) stehen muss (OLG Koblenz OLGZ 1991, 235, 238; SOERGEL-M WOLF RdNr 16; STRUNZ 145 f: zulässig nur bei akuten, existentiellen Notsituationen oder bei besonders ungewöhnlichen Umständen; für großzügigere Anerkennung dagegen BUTZ-PETZOLD 169).

Bei **Anstandsschenkungen** kommt hinzu, dass es sich bei diesen um die gebräuchlichen Gelegenheitsgeschenke und übliche Geschenke unter nahen Verwandten von meist geringerem Wert handelt oder zumindest um solche, die in einem angemessenen Verhältnis zu dem Vermögen des Schenkers stehen (MünchKomm-MUSIELAK RdNr 15) und daher letztlich berechtigte Erberwartungen nicht tangieren. Sie sind daher grundsätzlich gerechtfertigt (SPELLENBERG NJW 1986, 2531, 2538). Immobilienveräußerungen fallen darunter aber nicht: So gebietet es der Anstand nicht, dem Ehegatten den hälftigen Miteigentumsanteil an einem größeren Hausanwesen zuzuwenden, auch wenn eine langjährige Mitarbeit des Ehepartners vorlag (BGH NJW-RR 1986, 1202; PALANDT-PUTZO § 534 RdNr 3: bei Grundstücken »kaum zu bejahen«). Bei einer Schenkung, deren Wert im Verhältnis zu dem des Nachlasses geringfügig ist, ist es jedoch unwahrscheinlich, dass sie in der Absicht der Beeinträchtigung gemacht ist (KG OLG 24, 81). 59

Schenkungen an Stiftungen und Organisationen, die **kulturelle und wohltätige Zwecke** verfolgen, aber auch solche aus reiner Nächstenliebe erfahren aus ihrer altruistischen Zwecksetzung heraus und aus der daraus erzielten, letztlich dem Gemeinwohl dienenden Wirkung ein besonderes Maß der Rechtfertigung gegenüber dem Erwerbsinteresse des Vertragserben. Es sollte daher hier nicht so sehr auf das **Eigeninteresse** des Schenkers abgestellt werden, das weniger im Erhalt einer steuerlich abzugsfähigen Spendenbescheinigung als vielmehr in dem daraus resultierenden gesellschaftlichen Ansehen (Mäzenatentum), aber auch in dem schlichten Zweck »Gutes zu tun« liegen kann. Entscheidend ist aber auch hier, dass sich die Zuwendung in einem **angemessenen Rahmen** hält (LANGE-KUCHINKE § 25 V 5 d (2); BUTZ-PETZOLD 171; für großzügige Beurteilung JOHANNSEN DNotZ 1977, 93*). Eine starre Grenze, bis zu der die Zuwendung zulässig ist, kann hierfür allerdings nicht gegeben werden (so bereits Mot V 329; ebenso MünchKomm-MUSIELAK RdNr 16; STRUNZ 147; BUTZ-PETZOLD aaO; dafür BECKMANN MittRhNotK 1977, 28: bis 1/5 Beweiserleichterung, dass keine Missbräuchlichkeit), da auf die Besonderheiten des Einzelfalls abgestellt werden muss. Auch hier wird betont, dass es auf den für die Erbvertragspartner damals bereits erkennbaren Lebenszuschnitt des Erblassers ankam: hat er bereits früher Schenkungen zu mildtätigen Zwecken in diesem Umfang gemacht, so ist dies ein Hinweis dafür, dass er sich in seiner lebzeitigen Verfügungsfreiheit durch den Erbvertrag nicht stärker einschränken lassen wollte (MünchKomm-MUSIELAK RdNr 16; SOERGEL-M WOLF RdNr 16). Auch der Anlass für die Zuwendung spielt hier ebenso eine Rolle wie die Frage, ob diese nur aus den Erträgen stammt, was der Vertragserbe eher verschmerzen und hinnehmen muss, oder aus der Vermögenssubstanz. Eine Zuwendung an eine Stadt oder Gebietskörperschaft ist allerdings noch nicht »per se« wohltätig, sondern bedarf ebenfalls der rechtfertigenden Prüfung. 60

61 Auch **ehebezogene Zuwendungen** an den Ehegatten, die zunächst vom BGH grundsätzlich wie eine Schenkung behandelt werden (RdNr 29), können unter bestimmten Voraussetzungen gerechtfertigt sein (ebenso LANGE-KUCHINKE § 25 V 5 d (2)). Wenn der BGH betont, dass Zuwendungen zur Unterhalts- und Alterssicherung oder Vergütung langjähriger Dienste entgeltlich wären und somit den Anspruch aus § 2287 ausschließen (BGHZ 116, 167, 173), so ließe sich dieses Ergebnis zumindest für den zuletzt genannten Fall plausibler dadurch erklären, dass es sich nicht um eine missbräuchliche Zuwendung handelt (ähnlich BRAMBRING ZEV 1996, 248, 250). Im Übrigen wird man sie dann für gerechtfertigt halten, soweit sie zur Deckung des Pflichtteils- und Zugewinnausgleichs erfolgt; weiter gehende Rechtfertigungsversuche, etwa dass die hälftige Beteiligung am Familienheim immer bestandsfest sei (LANGENFELD ZEV 1994, 133), können nicht überzeugen (s RdNr 30).

62 Bei Zuwendungen an den Partner einer **nichtehelichen Lebensgemeinschaft** könnten diese Gründe ebenfalls für den Bestand der Schenkung sprechen, zumal hier noch dazu kein Pflichtteilsanspruch als versorgungssicherndes Recht besteht. Indes, die Rechtsprechung geht bislang in die entgegengesetzte Richtung und lehnt selbst unter dem Gesichtspunkt der Pflichtschenkung die Anerkennung solcher Schenkungen ab (OLG Koblenz OLGZ 1991, 235, 237 ff).

63 **(4)** Bei **schweren Verfehlungen** oder einem nachträglich eingetretenen **Zerwürfnis** mit dem Bedachten liegt idR immer eine Benachteiligungsabsicht des Erblassers vor. Ob in solchen Fällen eine missbräuchliche Ausübung der lebzeitigen Verfügungsbefugnis gegeben ist, ist umstritten. Teilweise wird dies bejaht (LG Gießen MDR 1981, 582; PALANDT-EDENHOFER RdNr 6), teilweise wird darin eine unzulässige Bestrafung des Bedachten gesehen, wenn sich der Erblasser nicht ohnehin durch Rücktritt vom Erbvertrag nach § 2294 oder durch Anfechtung (§ 2078) von der erbrechtlichen Bindung lösen kann (MünchKomm-MUSIELAK RdNr 19; OLG Koblenz OLGZ 1991, 235, 237; BUTZ-PETZOLD 172). Richtigerweise wird man nach dem Grundsatz »Wer anfechten kann, darf auch schenken« (s RdNr 42), solche Schenkungen anerkennen müssen, wenn aufgrund des Verhaltens des Bedachten eine Rücktritts- oder Anfechtungsmöglichkeit besteht, da es dann bereits an einer schützenswerten, berechtigten Erberwartung fehlt (RdNr 42; SPELLENBERG NJW 1986, 2531, 2537; LANGE-KUCHINKE § 25 V 5 d Fn 131). Ob demgegenüber *unterhalb* dieser Grenze, die das *Anfechtungsrecht* zieht, in solchen Fällen eine sanktionslose Lösung von der erbvertraglichen Bindung möglich ist, erscheint fraglich (ablehnend SPELLENBERG aaO; STRUNZ 139). Von einem Missbrauch der lebzeitigen Verfügungsmacht wird man aber auch dann nicht sprechen können, wenn die Veräußerung den Zweck verfolgt, einer gegenwärtigen oder konkret drohenden Konfliktsituation auszuweichen, die vom Vertragserben schuldhaft herbeigeführt wurde; dabei wurde auch betont, dass ansonsten die Altersversorgung gefährdet schien (BGH FamRZ 1977, 539, 541; LANGE-KUCHINKE § 25 V 5 d (3); dazu SPELLENBERG aaO; so auch BUTZ-PETZOLD 172).

### e) Beschränkung der Abwägungsgründe

64 In die Abwägung eingestellt werden dürfen aber nicht alle möglichen abwägungsfähigen Gründe des Erblassers, vielmehr ergeben sich nach der Rspr des BGH folgende Einschränkungen:

#### aa) Subjektive und objektive Erheblichkeit

65 Da es um die Zulässigkeit der vom Erblasser gewollten lebzeitigen Verfügungsbefugnis trotz der erbvertraglichen Bindung geht, sind berücksichtigungsfähig zunächst nur solche Motive und Gründe, die den Erblasser hierzu auch tatsächlich bewogen haben (vgl BGHZ 77, 264, 267; 82, 274, 282; BGH WM 1977, 201 f; WM 1979, 442, 445; OLG Köln ZEV 1996, 23, 24; STRUNZ 97 f; MünchKomm-MUSIELAK RdNr 13: nur diese sollen

»ausschlaggebend sein«). Maßgeblich sind also nur solche Interessen, die für die Zuwendung **subjektiv erheblich** waren. Weil aber gerade die Rechtfertigung der Schenkung gegenüber dem Vertragserbenschutz beurteilt wird, kann dies letztlich nur nach objektiven Kriterien erfolgen (vgl BGH FamRZ 1977, 539, 540; BGHZ 88, 269, 271). Es können daher nur die Motive und Gründe berücksichtigt werden, die subjektiv den Erblasser zur Zuwendung bestimmt haben, aber auch tatsächlich (objektiv) vorlagen, auch wenn die letztgenannte Anforderung vom BGH bislang noch nicht zu entscheiden war (SPELLENBERG NJW 1986, 2531, 2536). Auf das Erfordernis der subjektiven Erheblichkeit kann allerdings dann verzichtet werden, wenn die entsprechenden Gründe zur Anfechtung berechtigen, denn nach der hier vertretenen Auffassung entfällt dann bereits eine objektive Beeinträchtigung des Vertragserben (s RdNr 42).

### bb) Maßgeblicher Zeitpunkt für das Änderungsmotiv

**66** In einer Reihe von Entscheidungen des BGH findet sich die Aussage, dass an sich anzuerkennende Gründe für die Zuwendung dann nicht mehr zu berücksichtigen sind, wenn sie schon bei Abschluss des Erbvertrags vorlagen und bekannt waren (BGHZ 77, 264, 268 f; BGH WM 1977, 201; NJW 1984, 731, 732; dazu und nachfolgenden SPELLENBERG NJW 1986, 2531, 2538 f; STRUNZ 140), wobei diese allerdings letztlich ohnehin nicht entscheidungserheblich waren (SPELLENBERG aaO). Richtig daran ist, dass der Gesichtspunkt der Vertragstreue und des Vertragserbenschutzes die Berücksichtigung eines nachträglichen Sinneswandels an sich ausschließt, der nicht auf einer Veränderung der tatsächlichen Verhältnisse, sondern nur auf einer anderen Bewertung der gleichen Entscheidungstatsachen beruht (RdNr 52 f). Eine absolute Präklusion der bei Erbvertragsabschluss bekannten Entscheidungsüberlegungen erscheint jedoch nicht sachgerecht. Da der Erbvertrag ein Mittel der Nachlassplanung ist, der aufgrund einer eingehenden Entscheidung und Abwägung verschiedener Umstände für den Fall des Todes des Erblassers, also für die Zukunft, getroffen wird, wohnt ihm wie allen planenden Entscheidungen etwas prognostisches inne. Entwickeln sich die Dinge dann aber nicht so, wie ursprünglich vorausgesetzt, erscheint es nicht richtig, wenn das **Prognoserisiko** allein der Erblasser tragen müsste, indem er uneingeschränkt an jeder Verfügung gehindert würde. Dass dies auch der gesetzlichen Wertung über den Fortbestand erbvertraglicher Verfügungen widerspräche, zeigt abermals ein Blick auf das Anfechtungsrecht: Denn nach der Rspr berechtigt auch der Irrtum über zukünftige Erwartungen, sogar wenn sie auf sog unbewussten Vorstellungen beruhen, zu einer Anfechtung nach § 2078 Abs 2 (PALANDT-EDENHOFER § 2078 RdNr 6 mwN). Der BGH hat daher in einer neueren Entscheidung unter Hervorhebung der dem Erblasser verbliebenen Entscheidungsfreiheit betont, dass auch ein bereits bei Abschluss des Erbvertrags vorhandenes Interesse »durchaus so beschaffen sein kann, dass es eine benachteiligende Schenkung – bei Berücksichtigung nachträglicher eingetretener Veränderungen – rechtfertigt« (BGHZ 83, 44, 46). Insbesondere das Bedürfnis eines allein stehenden Erblassers zur Sicherung seiner Versorgung im Alters- und Pflegefall, werde »erfahrungsgemäß für den einzelnen mit den Jahren immer dringender und gewichtiger« (BGH aaO). Aber auch bei einer Zuwendung in Erfüllung einer bereits bei Erbvertragsabschluss bestehenden sittlichen Pflicht könne nicht generell auf die Einbeziehung dieses Motivs in die Abwägung verzichtet werden, wenn es auch zu Lasten des Erblassers zu berücksichtigen ist, dass er sich damals bei Vertragsschluss über dieses hinwegsetzte (BGH aaO; zustimmend STRUNZ 142; SPELLENBERG aaO; BUTZ-PETZOLD 173).

### f) Die Gewichtung der Abwägungsgründe

**67** Bei Vorliegen mehrerer dieser genannten Abwägungsgesichtspunkte ist diese für die Beurteilung der Zulässigkeit der Schenkung entscheidend, denn ohne sie kann nicht die erforderliche Güterabwägung vorgenommen werden. Dabei spielen die Grundsätze der **Geeignetheit** der Zweckverfolgung durch das gewählte Mittel, die **Erforderlichkeit** und die **Verhältnismäßigkeit** eine große Rolle (BAMBERGER-ROTH-LITZENBURGER RdNr 10).

### aa) Grad der Beeinträchtigung des Vertragserben

68 Zum einen ist hier der Grad der Beeinträchtigung des Vertragserbenschutzes ganz erheblich, also wie sich die Schenkung auf die Minderung der berechtigten Erberwartungen auswirkt. Hier kommt es vor allem auf die Größe der Vermögensminderung durch die Schenkung an. Bei kleineren Geschenken entfällt ein Missbrauch der Verfügungsmacht allein schon deshalb, weil nach der Lebenserwartung mit einem gewissen Abgang von Vermögenswerten ohnehin gerechnet werden muss und daher deren Einbeziehung in den Vertragserbenschutz nicht erforderlich ist (SPELLENBERG NJW 1986, 2531, 2535; vgl auch die Andeutung bei BGHZ 66, 8, 14). Oftmals werden sie ohnehin bereits unter die Gelegenheitsgeschenke des § 534 fallen. Der BGH hat es in einer Entscheidung ausdrücklich offen gelassen, ob der Schenkungswert vom Umfang her wesentlich sein muss, um den Anspruch aus § 2287 auszulösen (BGH WM 1979, 442, 444; die Wertverhältnisse waren auch bei BGH NJW 1992, 12630 ausschlaggebend; für das Erfordernis einer wesentlichen Vermögensweggabe SOERGEL-M WOLF RdNr 9). Auf alle Fälle wird man **feste Wertgrenzen** oder Quoten, bis zu der eine Schenkung gerechtfertigt ist, nicht geben können, zumal auch der Gesetzgeber dies bereits als unbrauchbar verworfen hat (Mot V 329; vgl auch OLG Köln FamRZ 1992, 607, 608 = NJW-RR 1992, 200, wo selbst bei einer Zuwendung von weniger als 20% des Gesamtvermögens ein Anspruch ausdrücklich bejaht wurde). Da es um den Vertragserbenschutz im Einzelfall geht, wird es primär auf den **relativen Umfang des Schenkungswertes** im Verhältnis zum verbleibenden Restvermögen des Erblassers ankommen, aus dem der Vertragserbe noch etwas erhalten kann. Dies kann uU bei einem geringen Restvermögen dazu führen, dass eine absolut gesehen geringe Zuwendung den Anspruch auslöst (zur Berücksichtigung des absoluten und des relativen Zuwendungsumfangs auch SPELLENBERG NJW 1986, 2535; JOHANNSEN DNotZ 1977, 91*, 93*). Bei dieser Abwägung wird es auch auf den bisherigen Lebensstil des Erblassers ankommen, wie er bei Erbvertragsabschluss dem Vertragspartner erkennbar war (LANGE-KUCHINKE § 25 V 5 d (4); vgl auch RdNr 49).

69 Schenkungen, die aus den **Vermögenserträgen** gemacht werden, sollen weniger rechtsmissbräuchlich sein als solche, die aus der Vermögenssubstanz stammen (so SOERGEL-M WOLF RdNr 16; MünchKomm-MUSIELAK RdNr 16; je zur Schenkung aus ideellen Gründen; JOHANNSEN DNotZ 1977, 91*). Dies ist richtig, da sogar dem Erben, dem die strengste erbrechtliche Bindung auferlegt wird, nämlich dem Nacherben, die Vermögenserträge der Erbschaft verbleiben müssen (PALANDT-EDENHOFER § 2100 RdNr 8). Daraus ergibt sich zugleich, dass dies nicht für Übermaßfrüchte (arg § 2133) gilt.

70 Bei **mehreren Vermögensverschiebungen** ist zu prüfen, ob die berechtigten Erberwartungen erst infolge des Zusammenwirkens aller Zuwendungen oder einiger von ihnen objektiv beeinträchtigt werden. Dabei kann sich ergeben, dass die Wertungen der §§ 2329 Abs 3, 528 Abs 2 auch hier zu beachten sind, was darauf beruht, dass frühere Zuwendungen den Vertragserben im Allgemeinen weniger einschneidend beeinträchtigen als die späteren (**Grundsatz der Posteriorität**; BGHZ 116, 167, 177 = NJW 1992, 564; BGH WM 1991, 1311, 1313; ZEV 1996, 25, 26 = NJW-RR 1996, 133, 134; krit dazu LANGE-KUCHINKE § 25 V 7). Ob allein die Absicht des Erblassers, den durch die Schenkung eintretenden Vermögensverlust später wieder ausgleichen zu können, genügt (dafür SOERGEL-M WOLF RdNr 16), erscheint fraglich.

### bb) Das Verfügungsinteresse des Erblassers

Das Gewicht des Verfügungsinteresses ist von ganz erheblicher Bedeutung. Tritt **71** der wirtschaftliche Erfolg für den Schenker erst mit seinem Tod ein, spricht dies gegen eine Berücksichtigung, der Vorbehalt von Nießbrauch oder Wohnungsrecht jedoch nicht tendenziell dagegen (so auch BUTZ-PETZOLD 174 unter Betonung der Notwendigkeit der Interessenabwägung). Einen besonderen Stellenwert hat dabei das existentielle Interesse an der *Altersversorgung* (RdNr 55). Dabei ist aber bei der Abwägung auch der Grundsatz der **Erforderlichkeit** zu berücksichtigen. Besteht bereits zum Zeitpunkt der Schenkung eine ausreichende Sicherung derselben, so kann dieses Motiv die Zuwendung nicht rechtfertigen (OLG Oldenburg OLGZ 1994, 434 bei der Überlassung eines wertvollen Gutes; sowie OLG Karlsruhe ZEV 2000, 108, 110 [Sicherung der Altersversorgung bereits durch vorangehende Zuwendung unter Zustimmung des Vertragserben]; OLG München ZEV 2000, 104, 105 f [anderweitige Einkünfte, die die als Gegenleistung vereinbarte Leibrente bei weitem überstieg]; LANGE-KUCHINKE § 25 V 5 Fn 126). Der og BGH-Rspr (RdNr 55), die dies nicht berücksichtigt, kann daher nicht beigetreten werden; uU sind die dort geäußerten Ansichten jedoch aus Gründen der Beweislastschwierigkeit ergangen und vom richtigen Grundsatz »**in dubio pro Verfügungsfreiheit**« (RdNr 53) bestimmt. Auch wird man fordern müssen, dass die Art der Zuwendung zur Erreichung des angestrebten berechtigten Interesses geeignet ist, etwa das Versorgungsinteresse auch durch eine entsprechende vertragliche Verpflichtung abgesichert ist (so betont von OLG Köln MittRhNotK 1995, 186, 187). Im Fall von BGH NJW-RR 1987, 2, wo die Versorgungsabsicherung des behinderten Schlusserben (allenfalls) nur Geschäftsgrundlage war, muss dies bezweifelt werden (*Grundsatz der Geeignetheit und Erforderlichkeit*).

Im Rahmen der **Pflichtschenkungen** erlangt das Motiv der Alters- und Pflegeab- **72** sicherung ebenfalls Bedeutung, da es hierbei darauf ankommen kann, ob die Zuwendung zur Dankesleistung oder Sicherung der Altersversorgung durch den Leistungsempfänger erfolgt. Je später der Grund zu einer abweichenden lebzeitigen Verfügung entsteht oder bedeutsam wird, desto eher ist dessen Verwirklichung gerechtfertigt, wie sich schon aus dem Grundsatz der »clausula rebus sic standibus« ergibt. Ansonsten werden es größere Schenkungen, die aus ideellen Gründen vorgenommen werden, schwer haben, sich gegen die Erberwartungen durchzusetzen.

### cc) Grad der erbrechtlichen Bindung

Bei der Berücksichtigung des Vertragserbenschutzes ist auf den Grad der erbver- **73** traglichen Bindung entscheidend abzustellen (eingehend RdNr 50). Allein das Gebot der Rücksichtnahme des Erblassers auf die Interessen des Vertragserben kann berechtigte Verfügungsinteressen nicht überwinden.

### dd) Angemessenheit der lebzeitigen Verfügung

Letztlich ist auch zu berücksichtigen, ob eine angemessene Zweck-Mittel-Relation **74** vorliegt (BAMBERGER-ROTH-LITZENBURGER RdNr 10). So kann bei einem großen Vermögen die Schenkung für sich genommen unter Berücksichtigung des verbleibenden Restvermögens nicht so erheblich sein, dass deshalb allein der Vertragserbenschutz erforderlich erscheint. Im Verhältnis zum damit verfolgten Zweck kann sich dies aber als unzulässige Übermaßschenkung herausstellen. Eine solche Annahme liegt im Fall von BGH NJW 1992, 2630 nahe: dort waren Schenkungen in Millionenhöhe durch den Erblasser, der »Herr über ein zweistelliges Millionenvermögen« war, aus dem Bedürfnis gemacht worden, die jüngere Ehefrau zwecks Betreuung und Pflege im Alter »an sich zu binden«. Die Entscheidung lässt sich im Ergebnis aber damit rechtfertigen, dass hier die Bindungsinteressen des erbvertraglich Bedachten, der nicht pflichtteilsberechtigt war, in nur geringem Umfang schutzwürdig waren (RdNr 50).

### g) In »dubio pro Verfügungsfreiheit«

**75** Kann trotz umfassender Abwägungsbemühungen nicht festgestellt werden, ob der Anspruch nach § 2287 besteht, so sollte man sich in solchen Grenzfällen aufgrund der Wertung des § 2286 für die Erblasserfreiheit und gegen den Vertragserbenschutz entscheiden (gegen die Stellung zu hoher Anforderungen für die Rechtfertigung der Zuwendung auch JOHANNSEN DNotZ 1977, 93*; eingehender RdNr 53). Unbefriedigend bleibt trotz der Konkretisierungsbemühungen der Rspr und Lit, dass die konkrete Vorhersehbarkeit richterlicher Entscheidungen im Bereich des § 2287 wegen der tatbestandsmäßigen Offenheit dieser »Generalklausel zur Missbrauchsverhinderung« (SPELLENBERG NJW 1986, 2535) aufgrund des Abwägungserfordernisses oftmals völlig offen und daher für die Betroffenen das Prozessrisiko sehr hoch ist.

### 5. Anfall der Erbschaft

**76** Der Anspruch entsteht erst, wenn die Erbschaft dem Vertragserben »angefallen ist«, also grundsätzlich mit dem Tod des Erblassers (§§ 1922, 1942). Bei Ausschlagung der Erbschaft durch den Vertragserben gilt nach der Fiktion des § 1953 der Anfall an ihn als nicht erfolgt und das Recht aus § 2287 fällt rückwirkend weg (hM, MünchKomm-MUSIELAK RdNr 20; PALANDT-EDENHOFER RdNr 10; MUSCHELER FamRZ 1994, 1361, 1363 lässt den Anspruch entfallen). Dies wird auch von denen nicht bestritten, die die Nachlasszugehörigkeit des Anspruchs aus grundsätzlichen Gründen verneinen (vgl Nachweise RdNr 78). Da § 2287 ein Hilfsanspruch zur Sicherung des Vertragserbenschutzes ist, hängt er mit diesem zumindest in einer Art akzessorischen Verbundenheit zusammen. Wurde wegen vermeintlicher Überschuldung des Nachlasses infolge Unkenntnis der beeinträchtigenden Schenkung die Erbschaft ausgeschlagen, so muss man dem Vertragserben daher die Möglichkeit der Anfechtung der Ausschlagung nach § 119 Abs 2 gewähren, auch wenn dogmatisch gesehen der Anspruch nicht zum Nachlass gehört (2. Aufl RdNr 18; eingehend MUSCHELER aaO).

## III. Der Anspruch nach § 2287

### 1. Gläubiger und Schuldner des Anspruchs

#### a) Gläubiger des Anspruchs

**77** Der Anspruch nach § 2287 steht dem Vertragserben persönlich und ohne gesamthänderische Bindung zu, und zwar frühestens vom Erbfall an.

#### aa) Keine Nachlasszugehörigkeit, Testamentsvollstreckung

**78** Da der Anspruch nach § 2287 also von vornherein in der Person des Erben originär entsteht, gehört er nicht zum Nachlass (eingehend dazu WÜBBEN, Anwartschaftsrechte im Erbrecht [2001] 345 f). Daher bedurfte es einer eigenständigen erbschaftssteuerlichen Regelung (§ 3 Abs 2 Nr 7 ErbStG). Sollen noch zu Lebzeiten des Erblassers Rechtsgeschäfte abgeschlossen werden, die sich auf diesen Anspruch beziehen, so spricht vieles dafür, hierauf die Bestimmungen der §§ 311 b Abs 4 und 5 nF (früher § 312) anzuwenden (so WÜBBEN 347 f), da deren Schutzzwecke, wie etwa der Schutz vor spekulativ aleatorischen Geschäften, dies nahe legen (zum Wandel dieser Schutzzwecke LIMMER DNotZ 1998, 927, 930). Mangels Nachlasszugehörigkeit kann der Anspruch nach § 2287 auch nicht vom Testamentsvollstrecker geltend gemacht werden, weder durch Klage noch durch Einrede (BGHZ 78, 1, 3 = NJW 1980, 2461; BGH NJW 1989, 2389, 2391 [insoweit in BGHZ 108, 73 nicht abgedruckt]; RGZ 77, 5, 6; JOHANNSEN WM 1969, 1224; MünchKomm-MUSIELAK RdNr 20; [hM], aM nur SPELLENBERG NJW 1986, 2531, 2540). Jedoch sollte die sachgerechte Lösung von Einzelproblemen nicht von dieser dogmatischen Einordnung abhängig gemacht werden (MUSCHELER FamRZ 1994, 1361, 1363). Hat daher der Erblasser eine wirksame Verwaltungsvollstreckung angeordnet (§ 2209), so unterfällt das Schenkungsobjekt ab seiner Rückholung automatisch der Testamentsvollstreckung, sonst stünde sich der Vertragserbe durch die Schenkung günstiger als ohne sie (MUSCHELER FamRZ 1994, 1368 f). Ein Testamentsvollstrecker kann für den Vertragserben den Anspruch nur als gewillkürter Prozessstandschafter geltend machen; ist seine Klage prozessual unzulässig, so unterbricht sie doch die Verjährung nach § 209, wenn er nur materiell-rechtlich wirksam dazu ermächtigt war (BGHZ 78, 1 = NJW 1980, 2461; SOERGEL-M WOLF RdNr 23; aM TIEDTKE JZ 1981, 429, der von einer Prozessstandschaft kraft Amtes ausgeht).

### bb) Bei Anordnung von Vor- und Nacherbschaft
Hier ist zu differenzieren: 79

**(1)** Soweit beide **vertragsmäßig** eingesetzt sind, haben **Vor- und Nacherbe** beide rechtlich voneinander unabhängige Ansprüche aus § 2287. Ein Verzicht des Vorerben darauf berührt daher den Anspruch des Nacherben nicht. Wenn die Erbschaft dem Nacherben anfällt (§ 2139), so steht ihm der Anspruch hinsichtlich der Schenkungen des Erblassers zu, zwar nicht als Bestandteil der Erbschaft, wohl aber deswegen, weil der Nacherbe gleichermaßen Erbe ist wie der Vorerbe und daher des Schutzes bedarf (RG JW 1938, 2353 = WarnRspr 1938 Nr 144; SOERGEL-M WOLF RdNr 22). Das gilt auch bei Einsetzung des Vertragserben als Nacherben auf den Überrest (§ 2137; RG LZ 1919, 1187). Verjährungsprobleme lassen sich hier vermeiden, wenn man als Anfall iS von § 2287 Abs 2 wegen der Selbständigkeit der Ansprüche hier für den Nacherben den Eintritt der Nacherbfolge ansieht. Probleme entstehen aber aus der Erfüllung des Anspruchs des § 2287 durch Leistung an den Vorerben. Nach Ansicht der hM fällt das Schenkungsobjekt wegen der fehlenden Nachlasszugehörigkeit des Anspruchs dann in dessen Eigenvermögen, weshalb der Nacherbe dann den ganzen Schutz verliert, dem ihn sonst das Nacherbenrecht bietet (§§ 2111, 2113). Dann steht sich der Vorerbe durch die Schenkung unverdientermaßen besser. Daher kann nur richtig sein, dass der Anspruch des Vorerben sich auf Übereignung des Geschenks an ihn nur in seiner Funktion als Vorerbe richtet und daher im Verhältnis von Vor- und Nacherbe der verschenkte Gegenstand voll den nacherbenrechtlichen Beschränkungen unterliegt (MUSCHELER FamRZ 1994, 1361, 1370 f).

**(2)** Ist **nur der Vorerbe vertragsmäßig** eingesetzt, so hat nur er den Anspruch aus 80 § 2287, sodass mit dessen Erfüllung das Schenkungsobjekt sein unbeschränktes Eigenvermögen wird. Es ließe sich allerdings daran denken, den Inhalt des Anspruchs hier einzuschränken, da insbesondere der nichtbefreite Vertragsvorerbe ja durch die Schenkung nicht in dem gleichen Umfang wie ein Vollerbe beeinträchtigt ist, weil mit Eintritt der Nacherbfolge er ja das Schenkungsobjekt verliert und ihm letztlich nur die Nachlassnutzungen verbleiben (zu Lösungen hierzu MUSCHELER FamRZ 1994, 1369).

**(3)** Ist **nur** der **Nacherbe vertragsmäßig** berufen, dann hat nur er den Anspruch, 81 aber erst mit Eintritt des Nacherbfalls. Damit unterliegt solange das Schenkungsobjekt nicht den Sicherungen, die sonst das Gesetz zum Schutze des Nacherben vorsieht (§§ 2211 ff). Dem Nacherben kann trotzdem geholfen werden: Er hat mit Eintritt des 1. Erbfalls einen bedingten oder befristeten Herausgabeanspruch; dieser kann bereits ab dann gesichert werden, etwa bei Grundstücken durch eine Eigentumsvormerkung (§ 883 Abs 1), durch Arrest oder einstweilige Verfügung. Insoweit ist die Rechtslage nicht mit der zu Lebzeiten des Erblassers zu vergleichen, bei der die hM dem Vertragserben diese Sicherungsmittel nicht gewährt (eingehend MUSCHELER FamRZ 1994, 1370).

82 **(4)** Ist der vertragsmäßige **Nacherbe** zugleich **Vertragserbe des Vorerben** (wie dies im Falle der sog Trennungslösung nicht selten vorkommt), so ist er gegen unentgeltliche Verfügungen des Vorerben über Nachlassgegenstände durch § 2287 und § 2113 Abs 2, gegen unentgeltliche Verfügungen des Vorerben über dessen eigenes (sonstiges) Vermögen durch § 2287 geschützt (OLG Celle MDR 1948, 142 mit Anm KLEINRAHM; RG WarnRspr 1926 Nr 188).

### cc) Mehrere Vertragserben

83 Ihnen steht der Anspruch nach § 2287 nicht nach §§ 2032 ff zur gesamten Hand zu, da er nicht zum Nachlass gehört, sondern gemäß §§ 420, 741 ff nach Bruchteilen, und zwar jedem zu dem seinem Erbteil entsprechenden Bruchteil; er kann insoweit Leistung an sich verlangen (BGH FamRZ 1961, 76; BGHZ 78, 1 = NJW 1980, 2461; BGH NJW 1989, 2389, 2391: für Einräumung von Miteigentumsanteilen an einem Grundstück; OLG Koblenz OLGZ 1991, 235, 236; OLGR München 1999, 107; OLG Hamm ZEV 1999, 313; RGZ 77, 5, 7; PLANCK-GREIFF 7; RGRK-BGB-KREGEL § 2287 RdNr 6). § 2039 ist hier nicht anwendbar (STROHAL § 45 Fn 46). In der Regel wird man dabei von einer Teilgläubigerschaft (§ 420) auszugehen haben, wenn die Leistung in tatsächlicher Hinsicht teilbar ist (Geld, Wertpapiere), bei Grundstücken geht er dabei auf Einräumung entsprechender Miteigentumsanteile, wodurch eine Bruchteilsgemeinschaft entsteht (§§ 741 ff), was verständlich ist, da dieser Gegenstand ja nie zum Nachlass gehörte (eingehend zu den konstruktiven Fragen WALTERMANN JuS 1993, 276, 278 f). Ist die Leistung (die Herausgabe des Geschenkes) unteilbar, so sind die mehreren Vertragserben Gesamtgläubiger nach § 432 (MünchKomm-MUSIELAK RdNr 20; WALTERMANN aaO). Ist der Vertragserbe nur auf einen Bruchteil der Erbschaft eingesetzt, so beschränkt sich sein Anspruch auf einen entsprechenden Teil des Geschenkes (Prot VI, 351). Der durch Teilungsanordnung Begünstigte kann jedoch nicht Herausgabe des davon betroffenen Nachlassgegenstandes an sich verlangen, da diese Anordnung nur schuldrechtlich wirkt (WALTERMANN aaO; aM OLG Frankfurt NJW-RR 1991, 1157) . Von den Miterben kann der Vertragserbe im Allgemeinen wegen der Schenkung keinen Ausgleich oder Ersatz verlangen (PLANCK-GREIFF 7; aM STROHAL § 45 bei Fn 47; vgl Prot V, 394; VI, 351).

84 Der **Vertragsgegner** des Erblassers als solcher, also der bloß die erbvertragliche Verfügung annehmende Teil, hat weder einen Anspruch nach § 2287 noch kann er sonst aus der Schenkung Rechte herleiten. Nur in ganz besonderen Fällen wird er nach § 826 wegen der Schenkung gegen den Erblasser vorgehen können, wenn er einen eigenen Schaden hat.

### dd) Nachlassgläubiger

85 Sie können einen Anspruch des Vertragserben nach § 2287 nicht als Bestandteil des Nachlasses behandeln, also auf diesen Anspruch, oder auf das, was der Vertragserbe aufgrund des Anspruchs erlangt, nur dann zugreifen, wenn er ihnen persönlich haftet. Der beschränkt haftende Vertragserbe darf daher den Nachlassgläubigern die Befriedigung aus dem Rückforderungsanspruch oder dem dadurch Erlangten verweigern. Ihnen bleibt nur die Möglichkeit, die Schenkung anzufechten, was oftmals schon an der Einhaltung der Fristen scheitert (§§ 129–146 InsO; §§ 3 ff AnfechtungsG; SOERGEL-M WOLF RdNr 23; STAUDINGER-KANZLEITER RdNr 20; STROHAL § 45 Fn 45). Dies ist sachgerecht, denn wenn der Erbe nicht Vertragserbe, sondern

normaler Erbe gewesen wäre, so wären die Nachlassgläubiger auch nicht besser gestanden und § 2287 bezweckt nicht ihren Schutz, sondern nur den des erbvertragsmäßig Bedachten (MUSCHELER FamRZ 1994, 1365).

### b) Schuldner des Anspruchs
Dies ist der Beschenkte, nicht etwa der Erblasser oder etwaige Miterben (anders als bei §§ 2288 Abs 2 S 2; zur Anwendung von § 822 s RdNr 88).

86

### 2. Anspruchsinhalt
### a) Herausgabe des Geschenkes
Der Anspruch richtet sich primär auf die Herausgabe des Erlangten, und zwar nach den Vorschriften über **ungerechtfertigte Bereicherung**. Diese Vorschriften sind aber nur für den Umfang des Anspruchs maßgebend, nicht für seine Voraussetzungen (nur Rechtsfolgeverweisung, RGZ 139, 22). In Betracht kommen die Bestimmungen der §§ 818 bis 821. Ist die Herausgabe des Geschenks in Natur nicht mehr möglich, so ist der Wert zu ersetzen (§ 818 Abs 2), wobei die Wertverhältnisse zum Zeitpunkt der Durchführung der Schenkung maßgeblich sind. Der Beschenkte kann sich auf den Einwand der *Entreicherung* berufen (§ 818 Abs 3). Die für die Zuwendung gezahlte *Schenkungsteuer* kann aber nicht bereicherungsmindernd abgezogen werden, da der Beschenkte sie nach Herausgabe des Geschenks wieder zurück verlangen kann (§ 29 Abs 1 Nr 1 ErbStG; dazu OLG Köln ZEV 2000, 106, 108 = ZNotP 1999, 486; MEINCKE, ErbStG, 13. Aufl, § 29 RdNr. 6). Zur Berücksichtigung von Aufwendungen s RdNr 90.

87

Die Einrede der Bereicherung entfällt bei einer **verschärften Haftung** nach § 819 (Bösgläubigkeit) oder Rechtshängigkeit (§ 818 Abs 4). Für die Anwendung von § 819 ist nach hM erforderlich, dass der Beschenkte von der Bindung des Erblassers an den Erbvertrag und von der Beeinträchtigungsabsicht positive Kenntnis hat (MünchKomm-MUSIELAK RdNr 21; BROX RdNr 158; KIPP-COING § 38 IV 2 a; SOERGEL-M WOLF RdNr 25 lässt Kenntnis der Beeinträchtigungsabsicht genügen, wozu aber wohl auch Kenntnis der bindenden Verfügung gehört). Die Kenntnis der Tatsachen, aus denen nach der Lebenserfahrung auf eine Beeinträchtigungsabsicht zu schließen ist, soll ausreichen (MünchKomm-MUSIELAK RdNr 21; STAUDINGER-KANZLEITER RdNr 23). Dem kann so nicht ohne weiteres gefolgt werden: Da es nach der neueren Rspr um eine Missbrauchskorrektur geht (RdNr 44 ff), muss die Missbräuchlichkeit der lebzeitigen Zuwendung dem Empfänger klar sein. Aus der bloßen Kenntnis der Tatsachen ergibt sich aber angesichts der hier schwierigen und nach Rechtsgrundsätzen vorzunehmenden Abwägung oftmals noch nicht ohne weiteres, dass selbst ein »objektiv Denkender« vom Rechtsmangel überzeugt ist, wie dies bei § 819 sonst gefordert wird (PALANDT-SPRAU § 819 RdNr 2). Daher kann nur bei **evidenten Missbrauchsfällen** aus der Tatsachenkenntnis auf die Kenntnis des Rechtsmangels geschlossen werden.

Die **Anwendbarkeit des § 822** ist streitig; dagegen spricht, dass es sich dabei um einen eigenständigen Anspruch und nicht nur um den Umfang des Bereicherungsanspruchs handelt (ablehnend daher STAUDINGER-KANZLEITER RdNr 23; 2. Aufl RdNr 26). Da der unentgeltliche Erwerb des Dritten aber weniger schutzwürdig sein dürfte als der von § 2287 intendierte Vertragserbenschutz und sonst die Gefahr von Umgehungsgeschäften besonders groß wird, ist die Anwendung des § 822 zu bejahen (MünchKomm-MUSIELAK RdNr 21; SOERGEL-M WOLF RdNr 25; LANGE-KUCHINKE § 25 V 6 a; vgl auch BGHZ 142, 300 = NJW 2000, 134 = ZEV 2000, 69 m Anm Kollhosser, der im Rahmen von § 822, also bei vergleichbarer Problematik, ebenfalls § 822 anwendet).

88

### b) Bei gemischter Schenkung und Schenkung unter Auflage

**89** Hier wendet der BGH die Grundsätze an, die er zur Rückforderung bei einer gemischten Schenkung im Allgemeinen entwickelt hat (dazu BGHZ 30, 120; Münch-Komm-KOLLHOSSER § 516 RdNr 33 f). Demnach geht der Anspruch nach § 2287 auf Herausgabe des verschenkten Gegenstandes, wenn der **unentgeltliche Charakter** des Geschäftes **überwiegt**; eine vom Beschenkten erbrachte Gegenleistung ist zu erstatten (BGH NJW 1953, 501; BGH FamRZ 1961, 73; 1964, 430; BGHZ 77, 264, 271 f; 88, 269, 272 f; OLG Köln MittRhNotK 1995, 186; OLG München NJW-RR 2000, 526, 529 = ZEV 2000, 104; KOHLER NJW 1964, 1398; PALANDT-EDENHOFER RdNr 12; zustimmend jetzt auch grundsätzlich LANGE-KUCHINKE § 25 V 6 a Fn 141; aA OGHZ 1, 258; 2, 160; SOERGEL-M WOLF RdNr 7, wonach die Herausgabe des Gegenstandes nur verlangt werden kann, wenn ohne den Schenkungsteil der Gegenstand überhaupt nicht, auch nicht zu einem höheren Preis, übertragen worden wäre, sonst nur Wertersatz). Für ein *Wahlrecht*, wonach der Erbe auf die Rückgabe verzichten und Zahlung der Wertdifferenz fordern kann (so JOHANNSEN DNotZ 1977, Sonderheft S 97*; MünchKomm-MUSIELAK RdNr 22; damit sympathisierend LANGE-KUCHINKE § 25 V 6 Fn 141), gibt es im Gesetz keinen Anhaltspunkt. **Überwiegt** der **entgeltliche Charakter** des Übertragungsgeschäftes, geht der Anspruch des Erben auf Zahlung der Wertdifferenz zwischen dem Wert des Gegenstandes und dem Wert der tatsächlich erbrachten Gegenleistung (BGH NJW 1953, 501; BGH FamRZ 1961, 73; 1964, 429; SCHLÜTER RdNr 268; MünchKomm-MUSIELAK RdNr 22); die Herausgabe des Gegenstandes selbst kann bei Überwiegen der Entgeltlichkeit nicht verlangt werden. CHRISTOPHER KEIM (ZEV 2002, 93, 94) meint neuerdings, bei einer Schenkung unter **Auflage** sei entsprechend den allgemeinen, dort herrschenden Grundsätzen der Anspruch stets auf Rückgabe in Natur gerichtet. Damit würde die schwierige Unterscheidung zwischen gemischter Schenkung und solcher unter Auflage für die Rechtsfolgenseite wieder bedeutsam. Er übersieht dabei aber die herrschende Auffassung und die Rspr des BGH, die nicht diese Differenzierung vornahm, sondern allein darauf abstellt, ob der Teilwert der Zuwendung überwiegt, den der Vertragserbe »gegen sich gelten lassen muss« (BGHZ 77, 264, 271 f).

### c) Beschränkung des Anspruchs

**90** Der Anspruch aus § 2287 kann nur soweit reichen, wie der Vertragserbe in seiner berechtigten Erbwartung beeinträchtigt wird (BGH NJW-RR 1989, 259; BGHZ 88, 269, 272 = NJW 1984, 121). Dies hat erhebliche praktische Bedeutung. Soweit der Zuwendungsempfänger selbst noch erb- oder pflichtteilsberechtigt ist oder Anspruch auf ein Vermächtnis hat, muss der Wert des Pflichtteils, der Erbquote oder des Vermächtnisses bei der Durchsetzung des Anspruchs in Abzug gebracht werden (LANGE-KUCHINKE § 25 V 6 a). Bei **Pflichtteilsberechtigten** ist daher die Herausgabeklage auf Übereignung Zug um Zug gegen die Zahlung des Pflichtteilsbetrages zu richten; der Erhebung einer entsprechenden Einrede des Beklagten bedarf es hierfür nicht. Nach dem BGH wird der Pflichtteil dabei höchstens aus der Summe der Werte der noch vorhandenen, also herauszugebenden Schenkung und des Nachlasses für den Zeitpunkt des Erbfalls berechnet (BGHZ 88, 269, 273); richtigerweise müssen auch sonstige Zuwendungen, die nach §§ 2315, 2316, 2325 sich auf die Pflichtteilshöhe auswirken, berücksichtigt werden.

Bei einer Zuwendung an einen **Miterben** im Wege der vorweggenommenen Erbfolge mit Ausgleichungsverpflichtung geht der Anspruch des anderen Vertragserben nicht auf Herausgabe des Geschenks, sondern nur auf Wertersatz in Höhe des Mehrbetrags, um den der Wert der Schenkung den ihm zukommenden Anteil am Restvermögen des Erblassers übersteigt (BGHZ 82, 274, 278 f; STAUDINGER-KANZLEITER RdNr 23; LANGE-KUCHINKE § 25 V 6 b). Die Sondernorm des § 2055 wird man aber auf die rechtsgeschäftlich begründete Ausgleichungsverpflichtung nur dann anwenden können, wenn dies ausdrücklich vereinbart wurde (der Unterschied wird übersehen bei CHRISTOPHER KEIM ZEV 2002, 93, 95). Ist die Schenkung **teilweise gerechtfertigt**, so führt dies ebenfalls zu einer Beschränkung des Herausgabeanspruchs: Der Kläger kann das Schenkungsobjekt dabei nur dann herausverlangen, wenn die Schenkung überwiegend nicht anzuerkennen ist, also der Wertanteil, der vom Vertragserben hinzunehmen ist, geringer wiegt als der ausgleichungspflichtige Teil; in diesem Fall ist dem Beschenkten ebenfalls Zug um Zug damit der auf die anzuerkennende Schenkung entfallende Wert zu erstatten (BGHZ 77, 264, 271 f). Überwiegt der anzuerkennende Teil, so kann nur Wertersatz in Höhe des nicht gerechtfertigten Zuwendungswerts verlangt werden. Insoweit sind die vom BGH bei der Rückforderung einer gemischten Schenkung entwickelten Grundsätze anzuwenden (RdNr 89). Das Gleiche gilt für die vom Beschenkten gemachten **Aufwendungen**, die grundsätzlich ebenfalls zu erstatten sind (BGH NJW 1963, 1870; BGH WM 1972, 564; BGH NJW 1980, 1789, 1790; LANGE-KUCHINKE § 25 V 6 a). Demgegenüber will das OLG Köln selbst die adäquat kausal durch die Zuwendung veranlassten Aufwendungen des Beschenkten nicht ohne weiteres zur Erstattung zulassen, sondern die der »Saldotheorie zugrunde liegende Risikoverteilung« anwenden. Es komme darauf an, ob der Bereicherungsschuldner die Aufwendungen im Vertrauen auf die Rechtswirksamkeit der Verfügung gemacht hat; dies wurde im entschiedenen Fall verneint (ZEV 2000, 106, 108 = ZNotP 1999, 486). Jedoch scheitert die Anwendung der Saldotheorie hier schon daran, dass diese an sich der Berücksichtigung von echten Gegenleistungen dient (vgl etwa PALANDT-SPRAU § 818 Rn 46 ff), wenngleich eine gewisse Saldierung der durch die Bereicherung erlangen Vor- und Nachteile hier möglich ist (dazu etwa PALANDT-SPRAU § 818 Rn 28).

### d) Herausgabe eines Schenkungsversprechens

Wenn der Erblasser nach dem Abschluss des Erbvertrags in der Absicht, den Vertragserben zu beeinträchtigen, einem Dritten ein Schenkungsversprechen gemacht, dieses aber bis zum Erbfall nicht erfüllt hat, kann der Vertragserbe von dem Empfänger die Rückgabe des Versprechens, also Befreiung von der Verbindlichkeit verlangen (vgl § 812 Abs 2). Er kann aber auch die Erfüllung des Versprechens verweigern, und zwar selbst dann, wenn der Anspruch auf Befreiung nach § 2287 verjährt ist (§ 821; vgl Prot V, 394; VI, 351; KLEINRAHM MDR 1948, 142 Anm; aM MünchKomm-MUSIELAK RdNr 3, der das Schenkungsversprechen überhaupt aus dem Anwendungsbereich von § 2287 ausnehmen und mit einem Arglisteinwand den Vertragserben schützen will).

### 3. Sicherung des künftigen Anspruchs gegen den Beschenkten

Nach erfolgter Schenkung, aber vor dem Erbfall, besteht der Anspruch nicht, auch nicht als bedingter (STAUDINGER-KANZLEITER RdNr 18). Es besteht in diesem Stadium auch noch kein Anwartschaftsrecht des Vertragserben (§ 2286 RdNr 7 ff mwN). Der künftige Herausgabeanspruch kann nach hM zu Lebzeiten des Erblassers nicht durch **Arrest, einstweilige Verfügung** oder **Vormerkung** im Grundbuch gesichert werden, weil es sich nicht um einen bedingten, sondern nur künftigen und daher nicht sicherungsfähigen Anspruch handelt (BayObLGZ 1952, 289, 290; OLG Koblenz MDR 1987, 935, 936; OLG Düsseldorf OLG-Rp 1994, 246; MünchKomm-MUSIELAK RdNr 20 u § 2286 RdNr 6; MünchKomm-LEIPOLD § 1922 RdNr 80; PALANDT-EDENHOFER RdNr 17; SOERGEL-M WOLF RdNr 19; STAUDINGER-KANZLEITER RdNr 18; WÜBBEN, Anwartschaftsrechte im Erbrecht [2001] 341 f; aM STROHAL § 45 II 3 a Fn 38; V LÜBTOW II 623; HOHMANN, Rechtsfolgen von Störungen 176 ff; ders, ZEV 1994, 133, 136). Da die Grenzen zwischen bedingtem und künftigem Anspruch aber fließend sind, sollte man das Absicherungsinteresse des Vertragserben vor dogmatische Überlegungen stellen, auch wenn hier noch nicht feststeht, ob und in welchem Umfang eine Beeinträchtigung der Vertragserbenrechte tatsächlich erfolgt. *Einstweilige Verfügung* und wegen des evtl Wertersatzanspruchs auch *Arrest* (§§ 916, 935 ZPO) sollten daher immer dann zugelassen werden, wenn nach der Lebenserfahrung und dem gewöhnlichen Lauf der Dinge mit der Entstehung des Anspruchs aus § 2287 gerechnet werde muss (KUCHINKE FS Henckel 475, 492 f), jedoch sollten hieran strenge Anforderungen gestellt werden. Auch die Vorschrift des § 926 ZPO ist gewahrt, weil das Gericht die Erhebung einer **Feststellungsklage** anordnen kann (KUCHINKE aaO; HOHMANN ZEV 1994, 133, 136; näher hierzu RdNr 94). Ob bei noch nicht vollzogener Schenkung allerdings aufgrund einer einstweiligen Verfügung ein sog *Erwerbsverbot* eingetragen werden kann, erscheint fraglich, da es in diesem Stadium lediglich um die Unterlassung einer beeinträchtigenden Verfügung geht, und dies im Hauptsacheverfahren, über das die einstweilige Verfügung nicht hinausgehen kann, nur mittels eines Ordnungsgelds oder einer Ordnungshaft durchsetzbar wäre (§ 890 Abs 1 ZPO; vgl dazu HOHMANN, Rechtsfolgen von Störungen ... 203 f; LÜKE, Vertragliche Störungen beim entgeltlichen Erbvertrag [1990] 70 f).

93 Bei Herausgabeansprüchen bezüglich Grundstücken sollte auch die **Vormerkungsfähigkeit** des künftigen Anspruchs aus § 2287 **ab erfolgter Schenkung** bejaht werden (LANGE-KUCHINKE § 25 V 10 b; KUCHINKE FS Henckel 489 ff; HOHMANN ZEV 1994, 137; V LÜBTOW I 437; ebenso jetzt STAUDINGER-GURSKY § 883 RdNr 50 aE; **aM** wohl OLG Düsseldorf OLG-Rp 1994, 246; abl auch STAUDINGER-KANZLEITER RdNr 18: nicht vormerkbar, da der Anspruch erst mit dem Erbfall entsteht). Dafür spricht, dass das Gesetz auch die Absicherung künftiger Ansprüche zulässt (§ 883 Abs 1 S 2; bei Eintragung erst nach der Schenkung wird auch der Rechtsverkehr nicht unnötig blockiert) und das Bestimmtheitserfordernis gewährleistet ist, wozu nur gehört, dass der Grund des Anspruchs gelegt ist, und die Entstehung des Anspruchs mit hinreichender Wahrscheinlichkeit angenommen werden kann. Der Beschenkte selbst wird allerdings selten selbst die Eigentumsvormerkung zur Grundbucheintragung bewilligen, sodass eine einstweilige Verfügung hierfür erforderlich ist (§ 885 Abs 1). Nach Eintritt des Erbfalls ist die Eintragung einer Vormerkung zur Sicherung des Herausgabeanspruchs unstreitig zulässig (vgl etwa OLG München ZEV 2000, 104) und dem Vertragserben zur Sicherung seiner Rechte dringend zu empfehlen.

94 Die Zulässigkeit einer **Feststellungsklage** des Vertragserben **gegen** den **Beschenkten** bereits zu Lebzeiten des Erblassers zur Klärung der Frage, ob ein Anspruch nach § 2287 besteht, ist ebenfalls umstritten. Teilweise wird dies abgelehnt und zwar überwiegend mit der Begründung, es bestünde zwischen diesen Parteien vor dem Erbfall kein gegenwärtiges Rechtsverhältnis, weil der Herausgabeanspruch solange noch nicht einmal bedingt ist (STAUDINGER-KANZLEITER RdNr 18; MünchKomm-MUSIELAK RdNr 20; MünchKomm-LEIPOLD § 1922 RdNr 80; ERMAN-M SCHMIDT RdNr 6; 2. Aufl RdNr 19). Auch außerrechtliche Argumente werden dagegen vorgebracht, wie, dass man dem Erblasser zu seiner Lebzeiten ein seine Würde verletzendes »Gefeilsche und Gezerre um sein Hab und Gut« ersparen müsse (OLG München NJW-RR 1996, 328 = FamRZ 1996, 253). Allein, der Tatbestand der missbräuchlichen Schenkung wird bereits zu Lebzeiten des Erblassers verwirklicht und schafft damit bereits ein feststellungsfähiges Rechtsverhältnis zwischen ihnen, der Grund für den späteren Anspruch ist. Auch ein rechtliches Interesse an der alsbaldigen Feststellung besteht, weil der Beschenkte über die Schenkung weiterverfügen und daher den Anspruch vereiteln kann; zudem tritt mit Klageerhebung die verschärfte Haftung nach § 818 Abs 4 ein, und die Feststellungsklage ist Voraussetzung für den Erlass einer einstweiligen Verfügung. Sie sollte daher zugelassen werden (OLG Koblenz

MDR 1987, 935; KUCHINKE FS Henckel 487 ff; LANGE-KUCHINKE § 25 V 10 a, auch zum Klageantrag; GÖLLER, Anwartschaftsrechte im Erbrecht [Diss Stuttgart] 1964, 55 [Vermeidung von Beweisschwierigkeiten]; KIPP-COING § 38 Fn 26; MOSER, Die Zulässigkeitsvoraussetzungen der Feststellungsklage ..., 344; LÜKE, in MünchKomm ZPO § 256 RdNr 32; HOHMANN ZEV 1994, 133, 135 mwN; MUSIELAK-FOERSTE § 256 ZPO RdNr 21; WÜBBEN 340 [anders für den Schlusserben, weil dann noch kein gegenwärtiges Rechtsverhältnis bestünde]; offen gelassen von OLG Düsseldorf NJW 1957, 266; OLG München NJW-RR 1996, 328, 329 hält dies nur in seltenen Ausnahmefällen für zulässig). Sie muss jedoch unter Vorbehalt ergehen, wenn bis zum Erbfall die Bindungswirkung des Erbvertrags entfällt.

Wegen der Sicherungsmöglichkeiten für den Vertragserben zu Lebzeiten des Erblassers durch rechtsgeschäftliche Vereinbarung vgl § 2286 RdNr 22 ff. **95**

### 4. Verjährung

Die kurze Verjährungsfrist des Abs 2 wurde in Anlehnung an § 852 gewählt. Sie **96** beginnt mit dem Anfall der Erbschaft (§§ 198, 1922, 1942). Auf den Zeitpunkt der Schenkung kommt es nicht an (anders § 2325 Abs 3). Es ist auch gleichgültig, wann der Vertragserbe von der Schenkung Kenntnis erlangt hat (v LÜBTOW I 438; anders § 852). Der Gesetzgeber glaubte auf einzelne Fälle, in denen der Vertragserbe zu spät Kenntnis erlangt, keine Rücksicht nehmen zu können (Prot V 394). Die Verjährung gilt auch für Ansprüche nach § 2287, soweit sie die Herausgabe gezogener Nutzungen betreffen (OLG Köln ZNotP 1999, 486 = BWNotZ 2000, 46). Über die Hemmung der Verjährung s §§ 203 bis 210 idF des SchRModG, über die Berechnung der Verjährungsfrist §§ 187, 188 BGB.

### 5. Ausschluss des Anspruchs

#### a) Vertraglicher Ausschluss des Anspruchs, Schenkungsvorbehalt

Ob ein vertraglicher Anspruchsausschluss bereits im Erbvertrag möglich ist, ist **97** umstritten (bejahend MünchKomm-MUSIELAK RdNr 24; RGRK-BGB-KREGEL RdNr 2; STROHAL § 45 Fn 36, 48; STAUDINGER-KANZLEITER RdNr 28; BUTZ-PETZOLD 150; BAMBERGER-ROTH-LITZENBURGER RdNr 19; einschränkend PALANDT-EDENHOFER RdNr 11: soweit nicht im Einzelfall sittenwidrig [ähnlich ERMAN-M SCHMIDT RdNr 9]; als **generell sittenwidrig** ablehnend: PLANCK-GREIFF Anm 8; KIPP-COING § 38 IV 2 c; OGHZ 2, 169). Man wird dies aber wegen der Vertragsfreiheit grundsätzlich bejahen müssen. § 138 ist deshalb hier nicht anwendbar (demgegenüber halten dies im Einzelfall für möglich SOERGEL-M WOLF RdNr 1). Auch § 276 Abs 3 nF (früher Abs 2) steht nicht entgegen, da vor dem Erbfall kein Anspruch des Vertragserben besteht (aM v LÜBTOW I 442 f). Angesichts der Diskussion um die Zulässigkeit von Änderungsvorbehalten im Erbvertrag (§ 2278 RdNr 13 ff) erscheint allerdings ein genereller vertraglicher Ausschluss des Anspruchs oder ein Schenkungsvorbehalt nicht unproblematisch, handelt es sich doch bei § 2287 um ein zentrales Mittel des flankierenden Vertragserbenschutzes. Jedoch sind solche Gestaltungen im Zusammenhang mit dem System der Sicherung der Rechte des erbvertraglich Bedachten zu sehen und daher mit den grundsätzlich zulässigen spezifizierten Änderungsvorbehalten (§ 2278 RdNr 26 ff) vergleichbar (Durchbrechung der Bindung nur im genau festgelegten Umfang). Daher wird man im Wege eines »argumentum a maiore ad minus« dies für zulässig halten müssen. Voraussetzung ist dabei natürlich, dass der Vertragserbe bereits im Erbvertrag dem Ausschluss zustimmt. Damit entfällt ein Anspruch aus § 2287 schon deswegen, weil es dann an einem Missbrauch der lebzeitigen Verfügungsfreiheit fehlt (LANGE-KUCHINKE § 25 V 9, die sonst wegen der Gefahr doloser Schenkungen einen Ausschluss für unzulässig halten), der Anspruch entsteht von Anfang an daher nicht (RGZ 148, 262).

Da sich der Erblasser im Erbvertrag den Rücktritt vorbehalten kann (§ 2293), soll er sich gleichsam als »minus« auch das Recht ausbedingen können, nach Belieben Schenkungen zu tätigen (**Schenkungsvorbehalt;** RGRK-BGB-KREGEL RdNr 2; MünchKomm-MUSIELAK RdNr 24; STAUDINGER-KANZLEITER RdNr 28; aM KIPP-COING § 38 IV 2 c). Ein solches Recht soll der erbvertraglichen Verfügung auch nicht den vertragsmäßigen Charakter nehmen, da der Erblasser trotz der vorbehaltenen Schenkungsbefugnis erbrechtlich gebunden und keine davon abweichenden Verfügungen von Todes wegen treffen dürfe (MünchKomm-MUSIELAK aaO). Aus den vorstehend dargelegten Gründen ist dem zu folgen. Ein Schenkungsvorbehalt kann im Einzelfall auch konkludent vereinbart sein; dies ist nach der Lebenserfahrung zu vermuten, wenn der vermögende Erblasser seinen zweiten Ehegatten durch den Erbvertrag für den Fall seines Todes absichern will, aber sich doch sicherlich zu seinen Lebzeiten nicht an Schenkungen zu Gunsten seiner Kinder aus erster Ehe hindern lassen will. In der vertragsmäßigen Erbeinsetzung auf den **Überrest** ist jedoch nicht ohne weiteres ein Schenkungsvorbehalt zu sehen (ERMAN-M SCHMIDT RdNr 9).

### b) Die Zustimmung des Vertragserben

**98** Die Zustimmung zu einer beeinträchtigenden Schenkung schließt nach der hier vertretenen Auffassung bereits die objektive Beeinträchtigungsabsicht und damit den Tatbestand aus (RdNr 41). Nach anderer Ansicht kann hierin ein Verzicht (§ 397) auf den Anspruch aus § 2287 gesehen werden (SOERGEL-M WOLF RdNr 21; ERMAN-M SCHMIDT RdNr 9; OGH NJW 1949, 581). Vor Eintritt des Erbfalls bedarf er der Form des § 2348 (BGHZ 108, 252 = DNotZ 1990, 803; aM STAUDINGER-KANZLEITER RdNr 30; KANZLEITER DNotZ 1990, 776; LANGE-KUCHINKE § 25 V 9 aE: formfrei; eingehend dazu oben RdNr 41). Von dieser Frage zu unterscheiden ist die Zustimmung zu einer beeinträchtigenden Verfügung von Todes wegen (dazu § 2289 RdNr 42 ff).

### c) Unwirksamkeit des Erbvertrags

**99** Der Anspruch nach § 2287 entsteht nicht, wenn der Erbvertrag oder die vertragsmäßige Erbeinsetzung vor dem Erbfall gegenstandslos geworden ist, sei es durch Anfechtung (§§ 2281 ff), Aufhebung (§§ 2290 ff) oder Rücktritt (§§ 2293 ff, 2298 Abs 2), oder wenn sie von vornherein unwirksam ist, etwa wegen Geschäftsunfähigkeit des Erblassers (§ 2275), Formmangels (§§ 2274, 2276), Widerspruchs zu einem früheren Erbvertrag (§ 2289 Abs 1 S 2), Nichtigkeit einer vertragsmäßigen Verfügung des Vertragsgegners (§ 2298 Abs 1).

## IV. Prozessuales

### 1. Beweislastregelung

**100** Der Vertragserbe hat grundsätzlich die objektiven und subjektiven Tatbestandsvoraussetzungen des § 2287 zu beweisen (LANGE-KUCHINKE § 25 V 8 a; JOHANNSEN DNotZ 1977, 94[*]; BAUMGÄRTEL-SCHMITZ RdNr 1), insbesondere die Schenkung, einschließlich der Unentgeltlichkeit der Zuwendung, und die Beeinträchtigungsabsicht und letztlich auch die Umstände, aus denen sich die Missbräuchlichkeit der Zuwendung ergibt (OLG Hamm OLG-Rp 1992, 188).

### a) Nachweis der Unentgeltlichkeit

**101** Vor allem hinsichtlich des Nachweises der Unentgeltlichkeit der Zuwendung entstehen hier für den Vertragserben erhebliche Beweisschwierigkeiten. Da bei **gemischten Schenkungen** die Feststellung einer teilweisen objektiven Unentgeltlichkeit allein nicht genügt, sondern zusätzlich das Einigsein der Vertragspartner über die Unentgeltlichkeit (Schenkungsabrede) erforderlich ist, gewährt die Rspr ihm eine Beweiserleichterung: Bei einem (groben) auffallenden Missverhältnis von Leistung und Gegenleistung besteht eine auf der Lebenserfahrung gegründete tatsächliche Vermutung, dass die Vertragsteile diese erkannt und sich über die Unentgeltlichkeit der Zuwendung einig waren (BGHZ 59, 132, 136 zu § 2325; 116, 178, 183; NJW 1981, 1956; FamRZ 1989, 732, 733; ZEV 1996, 197 = NJW-RR 1996, 754, 755). Allerdings scheint sich hierzu in einigen neueren Entscheidungen des BGH eine **Akzentverschiebung** zugunsten des Schutzes der Interessen Dritter anzudeuten (J MAYER DNotZ 1996, 614): Demnach genügt es für das Eingreifen der Beweiserleichterung bereits, wenn das objektive Missverhältnis der Leistungen »über ein geringes Maß deutlich hinaus geht« (BGHZ 82, 274, 281; BGH NJW 1995, 1349 zu § 528). Auch hier findet sich die auch sonst festzustellende, nicht unproblematische Tendenz des BGH, an sich dem materiellen Recht vorbehaltene Abgrenzungsfragen durch Beweislastregeln zu entscheiden.

### b) Nachweis des Missbrauchs

Da nach der neueren Rspr bei einer Schenkung regelmäßig eine **Beeinträchtigungsabsicht** vorliegen wird, bestehen insofern keine Beweisschwierigkeiten mehr (LANGE-KUCHINKE § 25 V 8 c; nicht differenziert genug MünchKomm-MUSIELAK RdNr 26). Anders liegt es hinsichtlich der Frage der **Missbräuchlichkeit der Rechtsausübung**. Wenn dem Vertragserben weder die Gründe bekannt sind, die den Erblasser zur Schenkung veranlassten, noch diese aus den Umständen ersichtlich sind, legt die Rspr dem Beschenkten die Darlegungslast auf, die Gründe offen zu legen und gegebenenfalls zu beweisen, die aus seiner Sicht für den Erblasser Beweggrund für die Schenkung waren. Unterlässt der Beschenkte dies oder ist sein Vorbringen nicht schlüssig, ist vom Missbrauch der Verfügungsbefugnis auszugehen (BGHZ 66, 8, 16; OLG Köln NJW-RR 1992, 200 = FamRZ 1992, 607, 608; ZEV 2000, 106, 107 f = ZNotP 1999, 486; OLG München NJW-RR 1987, 1484; LANGE-KUCHINKE aaO). Sind die vorgetragenen Gründe aber geeignet, einen Missbrauch auszuschließen, so muss der Vertragserbe beweisen, dass sie den Erblasser in Wahrheit nicht zur Schenkung bewogen haben (BGHZ 77, 264, 267; OLG Köln aaO). Damit ist die Beweisentlastung des Vertragserben allerdings letztlich gering, zumindest wenn der Beschenkte gut rechtlich beraten ist (SPELLENBERG NJW 1986, 2531, 2539). Da es um innere Tatsachen geht, wird eine endgültige Sicherheit häufig nicht zu erreichen sein; an deren Stelle treten dann Wahrscheinlichkeits- und Plausibilitätserwägungen sowie Grundsätze der Lebenserfahrung. Lässt sich eine endgültige Klarheit nicht erzielen, so muss im Zweifelsfall die Schenkung als gerechtfertigt angesehen werden, wenn nach den Umständen des Einzelfalls es wahrscheinlich ist, dass der Erblasser ein rechtfertigendes Motiv gehabt hat (SPELLENBERG NJW 1986, 2539 f; vgl auch RdNr 53).

## 2. Auskunfts- und Wertermittlungsanspruch

§ 2287 selbst gibt dem Vertragserben keinen eigenen Auskunftsanspruch über die vom Erblasser gemachten Schenkungen. Da jedoch die von der Rspr eingeräumten Beweiserleichterungen zur Durchsetzung der Ansprüche des Vertragserben nicht ausreichend sind, billigt abweichend von seiner früheren Rspr (BGHZ 18, 67, 68) der BGH ihm nach Treu und Glauben unter bestimmten Voraussetzungen einen **Auskunftsanspruch** zu, wenn er auf die Auskunft des Beschenkten angewiesen ist, um Aufschluss über die Schenkung zu erhalten, und wenn der Beschenkte dadurch nicht unbillig belastet wird (BGHZ 97, 188, 193 = NJW 1986, 1755 = JZ 1987, 250 m krit Anm KUCHINKE; 61, 180, 184; zustimmend WINKLER-V MOHRENFELS NJW 1987, 2557, 2558, der diesen aber auf eine Einzelanalogie zu § 2028 1. Alt stützen will). Da es sich um einen Hilfsanspruch zur Durchsetzung des eigentlichen Hauptanspruchs handelt, hat der Berechtigte den Anspruch aus § 2287 schlüssig darzulegen und in substantiierter Weise Tatsachen hierfür vorzutragen und zu beweisen, die greifbare Anhaltspunkte für eine beeinträchtigende Schenkung ergeben. Dabei wächst die Vortragslast in dem Umfang, in dem der Begünstigte konkrete Behauptungen für ein lebzeitiges Eigeninteresse vorträgt (BGHZ 97, 193). Der Auskunftsanspruch steht mehreren Vertragserben aber nur gemeinsam und nicht untereinander zu (SARRES-AFRAZ ZEV 1995, 433, 434, auch zum Auskunftsanspruch gegen die Bank). Eine bloße Ausforschung der Schenkung ist aber nicht zulässig (BGHZ 61, 180, 185). Wie beim *Pflichtteilsergänzungsanspruch* stellt sich daher auch hier das Problem, dass der Vertragserbe den Auskunftsanspruch nur hat, wenn er eine (zumindest gemischte) Schenkung belegen könnte. Daher wird man die dort entwickelten Grundsätze auch hier anwenden können. Daher ist nicht erforderlich, dass die Tatbestandsvoraussetzungen für eine Schenkung feststehen; es genügt, wenn der Vertragserbe gewisse Anhaltspunkte für das Bestehen einer unentgeltlichen Verfügung darlegt (dazu etwa OLG Düsseldorf ZEV 1995, 410, 413; MünchKomm-FRANK § 2314 RdNr 3; ähnlich LANGE-KUCHINKE § 25 V 8 b, die sogar in den Fällen des unzureichenden Entgelts einen Wertermittlungsanspruch gegen Kostenübernahme durch den Vertragserben bejahen; dagegen verneint in Verkennung des praktischen Bedürfnisses einen »präparatorischer **Wertermittlungsanspruch**« mangels ausdrücklichen Rechtsgrundlage (WINKLER-V MOHRENFELS 2559 f). Zum Auskunftsanspruch wegen Ehegattenzuwendungen KLINGELHÖFFER NJW 1993, 1097, 1101 f: Auskunftspflicht bezüglich aller Zuwendungen, auch wenn diese vom Zuwendungsempfänger als entgeltlich angesehen werden.

### 3. Revisionsgerichtliche Überprüfung der Missbrauchsprüfung

**104** Die Beurteilung, ob die Zuwendung ein Missbrauch der lebzeitigen Verfügungsbefugnis war, beruht auf einer umfassenden Wertung aller Umstände des Einzelfalls. Daher kommt dem Tatrichter ein gewisser Beurteilungsspielraum zu, in den das Revisionsgericht nur eingreifen kann, wenn nicht alle Wertungsgesichtspunkte berücksichtigt sind oder deutliche Wertungsfehler vorliegen (BGHZ 97, 188, 196; vgl auch BGHZ 108, 73, 77; BGH NJW 1992, 2630, 2631; NJW 1986, 1755, 1757; LANGE-KUCHINKE § 25 V 5 d (4)). Man wird diese Grundsätze dahin präzisieren können, dass nur folgende Umstände im Rahmen der bei der Missbrauchsprüfung vorzunehmenden Abwägung **revisibel** sind: Abwägungsausfall (gar keine Abwägung); Abwägungsdefizit (alle wesentlichen Abwägungsgesichtspunkte sind einzubeziehen); Abwägungsfehleinschätzung (keine richtige Einschätzung von Inhalt und Bedeutung der betroffenen Interessen) und Abwägungsdisproportionalität (Ausgleich der betroffenen Belange wird in einer Weise vorgenommen, die zur objektiven Gewichtigkeit außer Verhältnis steht).

## V. Gestaltungsempfehlungen

**105** Liegt eine erbrechtliche Bindung vor, so bietet die lebzeitige Vermögenszuwendung eher eine Möglichkeit zur Durchbrechung derselben. Dies gilt insbesondere hinsichtlich der Vertragserbenstellung, während der Schutz eines Vermächtnisses über § 2288 teilweise weiter geht. Da Tatbestandsvoraussetzung für § 2287 das Vorliegen einer Schenkung ist, gilt es die Möglichkeiten zu nutzen, die sich aus dem Prinzip der **subjektiven Äquivalenz**ergeben (RdNr 19). Die unreflektierte Verwendung des Wortes Schenkung sollte vermieden werden. Es kann allerdings nicht genug betont werden, dass angesichts der Offenheit des Tatbestandes, insbesondere wegen der erforderlichen Abwägung der betroffenen Interessen im

Rahmen der sog Missbrauchsprüfung, der Ausgang eines Rechtsstreits nur schwer vorhersehbar ist und damit derartige Gestaltungen sehr streitanfällig sind, auch wenn in der Praxis vieles durch (außergerichtliche oder gerichtliche) Vergleiche erledigt wird. Möglichkeiten der Reparatur zu weitreichender erbrechtlicher Bindungen bietet auch die Zustimmung des erbvertraglich Bedachten zu einer lebzeitigen Zuwendung, wenn man diese – entsprechend der hier vertretenen Auffassung – auch gegen die Ersatzberufenen wirken lässt (RdNr 41), während der Zuwendungsverzicht mangels einer Erstreckungswirkung auf die Ersatzerben die Probleme oftmals nicht meistern kann (s dazu System Teil D RdNr 49 ff). Im Hinblick auf die von der Rspr vorgenommene Darlegungs- und Beweislastregelung für die Beeinträchtigungsabsicht und den Missbrauch der lebzeitigen Verfügungsbefugnis (RdNr 102) ist es unbedingt erforderlich, das genaue, die Zuwendung rechtfertigende Motiv in der Urkunde aufzunehmen und die Gründe hierfür deutlich herauszuarbeiten (NIEDER RdNr 1191).

## § 2288 Beeinträchtigung des Vermächtnisnehmers

(1) Hat der Erblasser den Gegenstand eines vertragsmäßig angeordneten Vermächtnisses in der Absicht, den Bedachten zu beeinträchtigen, zerstört, beiseite geschafft oder beschädigt, so tritt, soweit der Erbe dadurch außerstande gesetzt ist, die Leistung zu bewirken, an die Stelle des Gegenstands der Wert.

(2) Hat der Erblasser den Gegenstand in der Absicht, den Bedachten zu beeinträchtigen, veräußert oder belastet, so ist der Erbe verpflichtet, dem Bedachten den Gegenstand zu verschaffen oder die Belastung zu beseitigen; auf diese Verpflichtung finden die Vorschriften des § 2170 Abs 2 entsprechende Anwendung. Ist die Veräußerung oder die Belastung schenkweise erfolgt, so steht dem Bedachten, soweit er Ersatz nicht von dem Erben erlangen kann, der im § 2287 bestimmte Anspruch gegen den Beschenkten zu.

Übersicht

| | | |
|---|---|---|
| I. | Allgemeines | 1 |
| | 1. Schutzzweck | 1 |
| | 2. Konkurrenzfragen | 4 |
| | 3. Anspruchsberechtigter | 5 |
| | 4. Anspruchsverpflichteter | 7 |
| | 5. Objekt der Beeinträchtigung | 9 |
| |    a) Vermächtnis | 9 |
| |    aa) Verschaffungsvermächtnis | 11 |
| |    bb) Gattungsvermächtnis | 12 |
| |    cc) Geldvermächtnis | 13 |
| |    b) Auflage | 14 |
| | 6. Objektive Beeinträchtigung | 15 |
| | 7. Beeinträchtigungsabsicht, Missbrauchskontrolle | 18 |
| II. | Tatsächliche Beeinträchtigung des Vermächtnisses (Abs 1) | 22 |
| | 1. Beeinträchtigungshandlung | 22 |
| | 2. Beeinträchtigung durch Unterlassung | 25 |
| | 3. Rechtsfolge | 28 |
| III. | Veräußerung und Belastung (Abs 2 S 1) | 29 |

|  |  |  |
|---|---|---|
| IV. | Verschenken des vermachten Gegenstandes | 32 |
|  | 1. Haftung des Erben | 32 |
|  | 2. Subsidiäre Haftung des Beschenkten | 33 |
| V. | Ausschluss der Ansprüche, Verjährung, Sonstiges | 35 |
|  | 1. Vertragliche Abbedingung | 35 |
|  | 2. Erlass des Anspruchs, Zustimmung des bedachten Vermächtnisnehmers | 36 |
|  | 3. Wirksamer Erbvertrag | 37 |
|  | 4. Ausschlagung des Vermächtnisses | 38 |
|  | 5. Verjährung | 39 |
| VI. | Gestaltungshinweise | 40 |
|  | 1. Sicherungsbedürfnis | 40 |
|  | 2. Beweissicherung des anerkennenswerten lebzeitigen Eigeninteresses | 41 |
|  | 3. Vereinbarung einer Instandhaltungspflicht | 42 |

## I. Allgemeines

### 1. Schutzzweck

**1** § 2288 will den erbvertragsmäßig bedachten Vermächtnisnehmer zunächst aus den gleichen Gründen gegen beeinträchtigende Zweitgeschäfte schützen, wie dies § 2287 als Parallelvorschrift für den Vertragserben tut. Abweichungen ergeben sich jedoch aus der Besonderheit des »Schutzobjekts Vermächtnis« gegenüber der durch § 2287 geschützten berechtigten Erberwartung. Daher erweitert § 2288 den Schutz des Vermächtnisnehmers gegenüber dem des Vertragserben mehrfach:

**2** Und zwar hinsichtlich des **Tatbestandes:**

– Erfasst werden auch **entgeltliche Verfügungen** und **Belastungen**, nicht nur Schenkungen. Während gerade bei entgeltlichen Verfügungen durch die Gegenleistung eine Kompensation für die Vermögensweggabe des Erblassers eintritt, die dem Vertragserben durch die Universalsukzession zugute kommt, liegt es beim Vermächtnis anders. Nach §§ 2169, 2171 ist ein Vermächtnisanspruch grundsätzlich nur dann gegeben, wenn die vermachte Sache noch im Nachlass ist; der Vermächtnisnehmer würde daher bei einer Veräußerung grundsätzlich leer ausgehen. Nach § 2165 kann im Zweifel auch nicht Beseitigung der darauf ruhenden Belastungen verlangt werden (SOERGEL-M WOLF RdNr 1; V LÜBTOW I 440 f). Daraus resultiert die insoweit höhere Schutzbedürftigkeit des Vermächtnisnehmers.

– Auch **tatsächliche Handlungen** des Erblassers, die den Vermächtnisnehmer beeinträchtigen, begründen einen Wertersatzanspruch nach § 2288. Der Vertragserbe ist demgegenüber gegen solche nicht geschützt, obgleich sie ihn im wirtschaftlichen Ergebnis genauso treffen. Diese unterschiedliche Behandlung resultiert jedoch nicht aus einer geringeren Schutzbedürftigkeit des Vertragserben, sondern einfach aus der (eher konstruktiven) Überlegung, dass ihm ein Wertersatzanspruch ja nur gegen ihn selbst als Erbe zustehen könnte (SIEGMANN ZEV 1994, 38 f; MünchKomm-MUSIELAK RdNr 1).

**3** Als **Rechtsfolge** gewährt § 2288 statt eines schwachen Bereicherungsanspruchs gegen den Beschenkten **primär** im Falle der absichtlichen Beeinträchtigung durch rechtliche *Verfügungen* ein entsprechendes **Verschaffungsvermächtnis** (Abs 2 S 1) gegen den Erben, und zwar ohne den Einwand der Entreicherung. Bei Beeinträchtigungen durch *tatsächliche Handlungen* gibt die Vorschrift ein *Wertersatzvermächtnis,* wenn eine Beschaffung nicht mehr möglich ist (Abs 1; v LÜBTOW I 440). Nur *hilfsweise* besteht bei einer **schenkweisen Veräußerung** oder Belastung entsprechend § 2287 ein Bereicherungsanspruch gegen den Beschenkten nach § 2288 Abs 2 S 2, soweit Ersatz vom Erben nicht zu erlangen ist. Durch diese Regelungen erweitert § 2288 die sonst für Vermächtnisse geltenden Pflichten aus § 2147 ff (BGHZ 124, 34, 37 = NJW 1994, 317).

### 2. Konkurrenzfragen

Wie § 2287 gewährt auch § 2288 nur einen schuldrechtlichen Schutz des erbvertraglich Bedachten. Der Erblasser wird dadurch in seiner lebzeitigen Verfügungsfreiheit nicht beschränkt (§ 2286) und kann grundsätzlich auch beliebige tatsächliche Handlungen vornehmen. Ein Rechtsgeschäft unter Lebenden, durch das der Erblasser das vertragsmäßige Vermächtnis beeinträchtigt, ist daher grundsätzlich rechtswirksam; dem Vermächtnisnehmer stehen idR nur die schuldrechtlichen Ansprüche aus § 2288 zu (BGHZ 26, 274 = LM Nr 6 zu § 2271 m Anm JOHANNSEN; über mögliche Ausnahmen vgl § 2286 RdNr 14 f). Auch die Grundsätze der früheren **Aushöhlungsnichtigkeit** gelten daher **nicht** mehr (SOERGEL-M WOLF RdNr 1). Wie die Parallelvorschrift des § 2287 ist § 2288 eine Sonderregelung eigener Art bezüglich des Schutzes des Vertragsvermächtnisnehmers und schließt grundsätzlich einen Anspruch nach § 826 aus (HOHMANN MittBayNot 1994, 231; vgl zu den Konkurrenzverhältnissen § 2287 RdNr 8 ff). Dagegen ist daneben ein Pflichtteilsergänzungsanspruch nach §§ 2325, 2329 Abs 1 für den pflichtteilsberechtigten Vermächtnisnehmer möglich, aber nur, soweit dieser den Anspruch nach § 2288 übersteigt (§ 2307 Abs 1, S 2, HS 1).

### 3. Anspruchsberechtigter

Dies ist nur der in einem gültigen Erbvertrag mit einem Vermächtnis vertragsmäßig Bedachte, nicht dagegen der, dem ein Vermächtnis einseitig (§ 2299) zugewandt wurde (MünchKomm-MUSIELAK RdNr 8). Auch der **Vorausvermächtnisnehmer** hat diesen Anspruch (OLG Köln ZEV 1997, 423, 425), nicht aber der lediglich aus einer Teilungsanordnung Begünstigte (OLG Frankfurt NJW-RR 1991, 1157, 1159 m Anm WALTERMANN JuS 1993, 276, 279 f). Ist dieser Vorausvermächtnisnehmer zugleich der alleinige Vorerbe, so richtet sich der Anspruch primär nach § 2288 Abs 2 S 1 in gleicher Weise gegen den Nachlass, wie wenn der Vermächtnisnehmer nicht Vorerbe wäre, da im Verhältnis zwischen Vor- und Nacherbe letzterer diesen Anspruch als sog außerordentliche Last zu tragen hat (§ 2126: hierzu gehört auch ein Vermächtnis, PALANDT-EDENHOFER § 2126 RdNr 1), ja das Vorausvermächtnis wirkt in solchen Fällen ausnahmsweise sogar dinglich. Der Vorerbe ist daher zur Entnahme des Wertersatzes aus dem Nachlass berechtigt (§§ 2124 Abs 2, 2126). Ist der Vorausvermächtnisnehmer zugleich auch der **alleinige (Voll-) Erbe,** so steht ihm der Anspruch nach Abs 2 S 2 gegen den Beschenkten zu, da der ihm gebührende Nachlass durch die Schenkung des Erblassers vermindert wurde und § 2288 gerade den Schutz des erbvertraglich Bedachten erweitern will (RdNr 1 ff; ebenso LANGE-KUCHINKE § 25 V 11 b). Bei einer **Erbengemeinschaft** kann der Vorausvermächtnisnehmer dagegen bereits aus dem ungeteilten Nachlass die Gesamthandsklage (§ 2059 Abs 2), aber auch die Gesamtschuldklage nach § 2058 durchsetzen (letzteres strittig, bejahend MünchKomm-SCHLICHTING § 2150 RdNr 12), weshalb primär der Anspruch nach **Abs 1 oder Abs 2 S 2** gegeben ist, jedoch im Innenverhältnis die übrigen Miterben die Last des Vorausvermächtnisses zu tragen haben. Nur wenn insoweit kein Ersatz zu erlangen ist, ist auch hier ein Anspruch nach Abs 2 S 2 gegen den Beschenkten gegeben. Dem mit dem Vermächtnis **belasteten Erben** steht nicht selbst ein Anspruch nach § 2288 gegen den Beschenkten zu, um dadurch quasi eine Kompensation für die ihn nach § 2288 treffende Haftung zu erreichen (OLG Frankfurt NJW-RR 1991, 1157, 1159).

6 § 2288 ist so wie § 2287 auf **bindend** gewordene, **wechselbezügliche Verfügungen** in **gemeinschaftlichen Testamenten** entsprechend anzuwenden, weil die vergleichbare Bindungswirkung dies gebietet (OGHZ 1, 161; SOERGEL-M WOLF RdNr 1; vgl § 2287 RdNr 15).

### 4. Anspruchsverpflichteter

7 Dies ist grundsätzlich der **Erbe** oder die **Erbengemeinschaft** (BGHZ 26, 280). Sind mehrere Miterben mit dem Vermächtnis beschwert, so haften sie nach § 2058 ff; dies gilt auch, wenn nur einer mit dem Vermächtnis belastet ist (MünchKomm-MUSIELAK RdNr 9; aM SOERGEL-M WOLF RdNr 3; zu den Sonderfragen beim Vorausvermächtnis s RdNr 5). Auch bei einem *Untervermächtnis* haftet der Erbe, der für alle Handlungen des Erblassers aufgrund der Universalsukzession einstehen muss, nicht der mit dem Vermächtnis belastete Vermächtnisnehmer (LANGE-KUCHINKE § 25 V 11 a; MünchKomm-MUSIELAK aaO; PALANDT-EDENHOFER RdNr 4; RGRK-BGB-KREGEL RdNr 4; V LÜBTOW I 441). Würde man dagegen § 2288 hier nicht für anwendbar halten und fordern, dass es bei den allgemeinen Vorschriften der §§ 2169 ff, 2186 verbleibt (so noch 2. Aufl RdNr 4), so stünde sich der Erbe beim Untervermächtnis ungerechtfertigterweise besser als beim normalen Vermächtnis.

8 Bei Beeinträchtigung durch Schenkung haftet **hilfsweise der Beschenkte** nach Bereicherungsrecht (Abs 2 S 2).

### 5. Objekt der Beeinträchtigung

#### a) Vermächtnis

9 Der Hauptanwendungsfall der Norm ist zwar die Beeinträchtigung eines Vermächtnisses, das eine bestimmte Sache betrifft (**Stückvermächtnis**); soweit trotz der Beeinträchtigungshandlung des Erblassers dies noch möglich ist, geht der Anspruch hier auf Vermächtniserfüllung (MünchKomm-MUSIELAK RdNr 5). Jedoch gebietet nach Ansicht des BGH der Normzweck, der in einer Stärkung des Vermächtnisschutzes besteht, eine Anwendung auf alle Vermächtnisarten, insbesondere auf Verschaffungs- und Gattungsvermächtnisse, und zwar auch auf **Geldvermächtnisse**, deren Erfüllung der Erblasser dadurch vereitelt, dass er den größten Teil seines Vermögens wegschenkt (BGHZ 111, 138, 141 f = NJW 1990, 2063; zustimmend etwa EBENROTH RdNr 275; PALANDT-EDENHOFER RdNr 1; MünchKomm-MUSIELAK RdNr 5; aM 2. Aufl 11). Dies führt beim Geld- und Quotenvermächtnis zu einer bedenklichen Haftungsverschärfung.

10 § 2288 ergänzt und **verschärft** die **Haftung** nach den **allgemeinen Vermächtnisvorschriften:**

#### aa) Verschaffungsvermächtnis

11 Hier führen bei **Veräußerung** oder **Belastung** des Gegenstandes die §§ 2170, 2182 Abs 2 iVm § 434 zu dem gleichen Ergebnis wie § 2288 Abs 2. Dagegen kann bei **Zerstörung** oder Beschädigung eines bestimmten vermachten Gegenstandes nur § 2288 Abs 1 eine Ersatzpflicht des Erben begründen, da § 2170 Abs 2 nur für den Fall der subjektiven und nicht der dann vorliegenden objektiven Unmöglichkeit

gilt, während bei der objektiven Unmöglichkeit das Vermächtnis unwirksam ist (§ 2171) und die Beschädigung eines bestimmten vermachten Gegenstandes grundsätzlich keine Ersatzpflicht auslöst (§ 2165; v Lübtow I 440; staudinger-otte § 2170 RdNr 4, § 2182 RdNr 7 f).

### bb) Gattungsvermächtnis
Dort kommt § 2288 nur dann in Betracht, wenn der Erblasser eine bestimmte Menge aus einem ihm gehörigen Vorrat von gewissen, der Gattung nach bezeichneten Gegenständen vermacht hat und dann durch tatsächliche oder rechtliche Verfügung in Beeinträchtigungsabsicht die Erfüllung des Vermächtnisses unmöglich macht, also bei einem auf den **Nachlass beschränkten Gattungsvermächtnis** (zum Begriff: staudinger-otte § 2155 RdNr 3; v Lübtow I 440; planck-greiff Anm 1; strohal § 45 II 3). Ansprüche nach § 2182 sind in diesem Fall nicht gegeben, wenn alle zum Nachlass gehörenden Gegenstände der fraglichen Gattung mit demselben Mangel behaftet sind; dann ist die Anwendung der §§ 2165–2168a anstelle des § 2182 interessengerecht (staudinger-otte § 2182 RdNr 9) und auch der Schutz des § 2288. 12

### cc) Geldvermächtnis
Hier ist der hilfsweise Anspruch gegen den Beschenkten nach Abs 2 S 2 dann zur Wahrung des Vermächtnisnehmers erforderlich, wenn der Nachlass gerade durch eine Schenkung erschöpft ist (BGH 111, 138, 141). 13

### b) Auflage
Gegen die Vereitelung vertragsmäßiger Auflagen gibt das Gesetz keinen Schutz (MünchKomm-musielak RdNr 7; kipp-coing § 38 IV 2 b). Da dem Auflagebegünstigten kein eigenes Forderungsrecht zusteht, ist allenfalls dem Vollziehungsberechtigten des § 2194 ein Anspruch aus § 2288 im Wege einer Analogie zuzubilligen (soergel-m wolf RdNr 1; staudinger-kanzleiter, 13. Bearb [1998] RdNr 13), was konsequenterweise zumindest diejenigen tun müssen, die den Auflagebegünstigten gegen beeinträchtigende Verfügungen von Todes wegen durch Anwendung des § 2289 schützen (vgl § 2289 RdNr 13). 14

## 6. Objektive Beeinträchtigung

Sie ist ebenso wie bei § 2287 ein ungeschriebenes Tatbestandsmerkmal, denn der Schutz des § 2288 kann dort nicht eingreifen, wo keine berechtigte Erwartung des vertragsmäßigen Vermächtnisnehmers besteht. 15

Die in der Form des § 2348 erklärte **Zustimmung des Bedachten** führt daher dazu, dass eine objektive Beeinträchtigung nicht mehr besteht (vgl RdNr 2287 RdNr 41, 98). Gleiches gilt jedoch nicht, wenn nur der (von dem Bedachten verschiedene) **Vertragsgegner** sich mit der Aufhebung der vertragsmäßigen Verfügung formlos einverstanden erklärt (§ 2291; planck-greiff Anm 4; strohal § 46 I 4 Abs 2). Denn im Fall des § 2291 ist der eigentliche Aufhebungsakt das Testament; solange dieses nicht in der vorgeschriebenen Form vom Erblasser errichtet ist, ist er an die vertragsmäßige Vermächtnisanordnung gebunden. Die Absicht des Erblassers, das Aufhebungstestament zu errichten, kann die Errichtung selbst nicht ersetzen (aM staudinger-kanzleiter RdNr 19). Und die erbvertragliche Bindung kann zwischen dem Erblasser und dem nicht bedachten Vertragspartner nur in einer der Formen der §§ 2290 ff beseitigt werden (s § 2289 RdNr 43 f). 16

Soweit jedoch der Erbvertrag anfechtbar ist oder ein Rücktritt möglich wäre (§§ 2293–2295), scheidet eine **objektive Beeinträchtigung** der Rechte des erbvertraglich Bedachten aus; ob die Anfechtung oder der Rücktritt bereits erklärt ist, 17 ist insoweit unerheblich (eingehend § 2287 RdNr 42; aM STAUDINGER-KANZLEITER RdNr 20). Zu weiteren Einzelheiten, insbesondere zum Änderungsvorbehalt s § 2287 RdNr 36 ff.

### 7. Beeinträchtigungsabsicht, Missbrauchskontrolle

**18** Teilweise wird dieses Tatbestandsmerkmal mit dem in § 2287 verwendeten gleichgesetzt (MünchKomm-MUSIELAK RdNr 4; STAUDINGER-KANZLEITER RdNr 18; 2. Aufl RdNr 14; wohl auch PALANDT-EDENHOFER RdNr 1). Entsprechend den dort entwickelten Grundsätzen führt dies dazu, dass eine Prüfung des **Missbrauchs der Verfügungsfreiheit** des Erblassers vorzunehmen ist: Es hat also eine Abwägung des Interesses des Erblassers an seiner fortbestehenden Verfügungs- und Handlungsbefugnis mit dem Erwerbsinteresse des Vermächtnisnehmers zu erfolgen. Ein solcher Missbrauch entfällt in der Regel bei Vorliegen eines anerkennenswerten »lebzeitigen Eigeninteresses« (BGH NJW 1984, 731, 732= LM Nr 4), das der BGH aber nur dann anerkennen will, wenn dies darauf beruht, dass nach Abschluss des Erbvertrages eine Änderung der Sachlage eingetreten ist (zur Problematik der zeitlichen Einschränkung § 2287 RdNr 66). Aus dem Umstand, dass der Erblasser hier, anders als bei § 2287, nur durch ein Vermächtnis in seiner Verfügungsbefugnis eingeschränkt ist, ergibt sich für die Missbrauchskontrolle, dass nur solche Erblasserinteressen zu berücksichtigen sind, die die Veräußerung des vermachten Gegenstandes erfordern, und auch nur dann, wenn der erstrebte Zweck nicht durch andere wirtschaftliche Maßnahmen zu erreichen gewesen wäre (Gesichtspunkt der »**Erforderlichkeit**« zur Wahrung der anzuerkennenden Erblasserinteressen, BGH aaO; BGH ZEV 1998, 68, 69 = FamRZ 1998, 427; OLG Düsseldorf OLG-Rp 1991 Nr 1). Die Absicht eines älteren Erblassers, die Last der Hausverwaltung »loszuwerden«, vermag daher einen Verkauf nicht zu rechtfertigen, da durch die Beauftragung einer gewerblichen Hausverwaltung dieses Problem auch anders lösbar ist (BGH NJW-RR 1998, 577 = ZEV 1998, 69).

**19** Richtigerweise muss man jedoch bei der Prüfung der Beeinträchtigungsabsicht **zwischen** den beiden Tatbeständen des **Abs 1 und Abs 2 unterscheiden** (so auch SOERGEL-M WOLF 2, 5): Die Einschränkung des Absichtsbegriffs in § 2287 beruhte im Wesentlichen auf der Erwägung, dass bei einer Schenkung der Wille zur Zuwendung einer Sache an den Beschenkten zugleich notwendigerweise mit dem Willen zur Beeinträchtigung des Bedachten einhergeht und wegen der fehlenden Unterscheidbarkeit schon aus Gründen der Beweiserleichterung eine andere Bewertung erforderlich ist (BGHZ 59, 349 f; vgl § 2287 RdNr 43). Im Bereich der Beeinträchtigung durch **tatsächliche Handlungen** nach § 2288 Abs 1 besteht aber diese Schwierigkeit nicht, da es für die dort erfassten Handlungen keine gleichzeitige Rechtfertigung durch ein weiter gehendes Vergabemotiv gibt, das zu Abgrenzungsschwierigkeiten führen kann. Umgekehrt kann gerade eine Beschädigung durch den gewöhnlichen Lauf der Dinge erfolgen. Daher kann nur ein zweckgerichtetes, bewusstes Handeln, niemals aber Fahrlässigkeit einen Anspruch aus § 2288 begründen (BGHZ 31, 23; MünchKomm-MUSIELAK RdNr 4), ja man wird auf alle Fälle einen direkten Vorsatz verlangen müssen (SOERGEL-M WOLF 2), der – will man den Tatbestand der Norm nicht zu weit ausufern lassen – auch das Wissen um die beeinträchtigte vertragliche Verfügung umfassen muss (Unrechtsbewusstsein). Werden noch andere Zwecke mit der tatsächlichen Handlung verfolgt, so spricht im Interesse einer nicht zu starken Haftungserweiterung und zur Wahrung des sonst üblichen Absichtsbegriffs manches dafür anzunehmen, dass der **Beeinträchtigungswille** das bestimmende **Motiv** sein muss (so BGHZ 31, 23 vor der Rechtsprechungsänderung zu § 2287). Insoweit hat hier die Beeinträchtigungsabsicht – anders als bei § 2287 – noch eine eigenständige, anspruchsbegründende Funktion.

Bei einer **Veräußerung** nach § 2288 Abs 2 ist demgegenüber die Normsituation die  20
gleiche wie bei § 2287, die Einschränkung des Absichtsbegriffs eher möglich. Allerdings ist auch hier haftungsbegründende Voraussetzung, dass der Erblasser
seine vertragsmäßige Bindung bei der Zuwendung kennt. Dabei spricht bereits
das Bewusstsein, dass durch die Veräußerung dem Vermächtnis der »Boden entzogen wird«, für das Vorliegen einer Beeinträchtigungsabsicht (BGH NJW 1984, 731,
732). Im Übrigen ist hier die Missbrauchskontrolle (§ 2287 RdNr 43 ff) das Entscheidende.

Ob der Erblasser einen Gegenstand jedoch in Beeinträchtigungsabsicht veräußert,  21
wenn er ihn zu seinen Lebzeiten einer von ihm als Erben eingesetzten Person zuwendet, um dieser eine Wohltat zu erweisen, ist eine Frage der Einzelfallbeurteilung (zu generalisierend Voraufl RdNr 14). Auf alle Fälle ist jedoch der Erbe nach dem
Erbfall verpflichtet, dem Bedachten den Gegenstand zu verschaffen, wenn sich
der Erblasser diesem gegenüber durch Rechtsgeschäft unter Lebenden verpflichtet hatte, ihm den Gegenstand bei seinem Ableben zu übereignen; denn der Erbe
ist verpflichtet, diese Nachlassverbindlichkeit zu erfüllen (BGH LM Nr 2 zu § 2288 =
DNotZ 1957, 548).

## II. Tatsächliche Beeinträchtigung des Vermächtnisses (Abs 1)

### 1. Beeinträchtigungshandlung

Hat der Erblasser den Gegenstand eines vertragsmäßig angeordneten Vermächtnis-  22
ses in der Absicht, den Bedachten zu beeinträchtigen, zerstört, beiseite geschafft
oder beschädigt, so kann der Vermächtnisnehmer zunächst verlangen, dass der
Beschwerte den Gegenstand wiederherstellt oder wieder beschafft (§ 2174). Ist er
hierzu außerstande, so ist der beschwerte Erbe verpflichtet, anstelle des Gegenstandes den Wert zu ersetzen (§ 2288 Abs 1).

Da die in Abs 1 genannten tatsächlichen Handlungen ein Eingreifen des Erblas-  23
sers voraussetzen, das auf willkürliche Vernichtung oder Reduzierung des Wertes
der vermachten Sache gerichtet ist, ist die Vorschrift auch anzuwenden, wenn
der vermachte Gegenstand durch **Verbrauch** (in der Absicht der Beeinträchtigung, wohl selten nachweisbar) oder durch **Verbindung**, Vermischung oder Verarbeitung untergeht oder im Wert gemindert wird (BGHZ 124, 35, 39; MünchKomm-MUSIELAK RdNr 2).

Erfolgen die Beeinträchtigungshandlungen zwar nicht durch den Erblasser selbst,  24
sondern durch einen **Dritten** jedoch mit seiner Zustimmung, so hat er sich diese
zurechnen zu lassen (SOERGEL-M WOLF RdNr 2).

### 2. Beeinträchtigung durch Unterlassung

Ob eine Beschädigung oder Zerstörung durch Unterlassung den in Abs 1 genann-  25
ten Handlungen gleichgestellt werden kann und damit den Anspruch nach Abs 1
begründet, ist umstritten. Teilweise wird dies im Wege der (extensiven) Auslegung bejaht und zwar unabhängig davon, ob eine Rechtspflicht zum Handeln für
den Erblasser bestand (SIEGMANN ZEV 1994, 38, 39; HOHMANN MittBayNot 1994, 232; abgeschwächt MünchKomm-MUSIELAK RdNr 2). Dabei mag es durchaus Fälle geben, in denen der Normzweck die Gleichstellung verlangt, weil auch das Unterlassen in
Beeinträchtigungsabsicht die berechtigten Erwartungen des Vertragsvermächtnis-

nehmers in gleicher Weise vereitelt wie aktives Tun, also der **Handlungsunwert** infolge der Beeinträchtigungsabsicht die Zubilligung des Anspruchs gebietet. So etwa, wenn der Erblasser trotz Flutwarnung den vermachten Gegenstand deswegen nicht in Sicherheit bringt, weil er dem Bedachten schaden will (Beispiel nach HOHMANN aaO), wobei sich auch hieraus erhellt, dass die Beeinträchtigungsabsicht hier iS eines dolus malus verstanden werden muss, um anspruchsbegründend zu wirken (RdNr 19). Sicherlich liegt jedoch kein unter § 2288 Abs 1 fallendes Verhalten vor, wenn der Erblasser eine zwar wirtschaftlich vielleicht sinnvoll erscheinende Anpassung eines Geschäftsbetriebs an die modernen Anforderungen unterlässt (BGHZ 124, 35, 37 f = ZEV 1994, 37 m abl Anm SIEGMANN = LM Nr 6 zu § 2288 m Anm WOLF). Gleiches gilt nach Auffassung des BGH (aaO) auch dann, wenn der Erblasser den vermachten Gegenstand nicht instand hielt, weil sich die erbvertragliche Bindung grundsätzlich nur auf das Vermögen beziehe, das der Erblasser bei seinem Tod hinterlässt, und § 2288 nur gegen bewusste Eingriffe einen weiter gehenden Schutz gegen die Handlungsfreiheit des Erblassers gewähre. Mit der Annahme einer stillschweigenden Handlungspflicht aus dem Erbvertrag ist Zurückhaltung geboten (vgl Vorbem 11 zu §§ 2274 ff; anders wohl WOLF aaO).

26 Demgegenüber wird in der Literatur in sehr weitreichender Weise gefordert, dass dem aktiven Eingriff auch das **Unterlassen** notwendiger Unterhaltungs- und **Schutzmaßnahmen**, die jeder wirtschaftlich denkende Eigentümer vorgenommen hätte, gleichstehe, sofern dadurch eine Beschädigung oder Zerstörung des Vermächtnisobjekts eintritt (MünchKomm-MUSIELAK RdNr 2). Ein Korrektiv stelle aber die erforderliche Beeinträchtigungsabsicht dar, die etwa dann entfalle, wenn der Erblasser infolge plötzlicher Verarmung zu solchen objektiv gebotenen Maßnahmen außerstande ist (SIEGMANN; HOHMANN je aaO).

27 Versteht man jedoch zutreffenderweise hier unter Beeinträchtigungsabsicht nur die Absicht im eigentlichen Sinne (RdNr 19), so wird sich zwischen den beiden Auffassungen kein so großer Unterschied ergeben und die Norm auf ihren eigentlichen Anwendungsbereich begrenzt. Ansonsten kann dieser weitreichenden Auslegung nicht gefolgt werden und es kommt auf die Rechtspflicht zum Handeln an.

### 3. Rechtsfolge

28 Der Anspruch des Abs 1 geht auf Wiederherstellung (besonders bei Beschädigung) oder Wiederbeschaffung des vermachten Gegenstandes (etwa bei Gattungsvermächtnis), soweit der Erbe hierzu in der Lage ist. Soweit dies nicht möglich ist, auf **Wertersatz**, bei Beschädigung auch hinsichtlich des Minderwerts. Maßgebend für den Wertersatz ist in jedem Fall der gemeine Verkehrswert, den der vermachte Gegenstand zur Zeit des Vermächtnisanfalls (§ 2176) hat (SOERGEL-M WOLF 3); nicht maßgeblich ist der Wert zum Zeitpunkt des Erbfalls (so aber MünchKomm-MUSIELAK RdNr 5), da dieser bei bedingten oder befristeten Vermächtnissen nicht mit dem Vermächtnisanfall identisch ist (§ 2177). Unerheblich für den Umfang des Wertersatzes ist das Interesse des Bedachten. Zinsen können nur nach den allgemeinen Grundsätzen verlangt werden (vgl § 290).

### III. Veräußerung und Belastung (Abs 2 S 1)

29 Hat der Erblasser den vermachten Gegenstand in der Absicht, den Bedachten zu beeinträchtigen, veräußert oder belastet – sei es gegen Entgelt oder schenkungsweise –, so ist der Erbe verpflichtet, dem Bedachten den Gegenstand **zu verschaf-**

fen oder die Belastung zu beseitigen (Abs 2 S 1). Diese Bestimmung enthält für den Fall der Veräußerung eine Abweichung von §§ 2169, 2279, für den Fall der Belastung eine solche von §§ 2165, 2279. Entsprechend seinem Schutzzweck ist Abs 2 auch dann anzuwenden, wenn zwar noch keine Verfügung vorgenommen wurde, aber ein hierauf gerichtetes Verpflichtungsgeschäft vorliegt, was sich bereits aus § 2169 Abs 4 ergibt (BGHZ 31, 13, 23).

Abs 2 ist entsprechend anzuwenden, wenn der Erblasser die **vermachte Forderung selbst** einzieht. In diesem Fall wird freilich häufig § 2173 eingreifen und dazu führen, dass das Vermächtnis trotz der Unmöglichkeit der unmittelbaren Erfüllung (§§ 2171, 2174) aufrecht erhalten werden kann, weil anstelle der Forderung der hierfür in Erfüllung geleistete Gegenstand tritt. Der Anspruch nach § 2173 richtet sich gegen den Beschwerten. Soweit aber § 2173 nicht anwendbar ist, kann sich der Vermächtnisnehmer nach § 2288 Abs 2 an den Erben halten (PLANCK-GREIFF 2b). Über die Frage, ob der Vermächtnisnehmer in dem gedachten Fall Gewährleistungsansprüche gegen den Beschwerten erheben kann, s STAUDINGER-OTTE § 2182 RdNrn 5 ff. 30

Der in Abs 2 S 1 bestimmte Anspruch auf Verschaffung des vermachten Gegenstandes oder Beseitigung der Belastung hat dieselbe rechtliche Natur wie das **Verschaffungsvermächtnis** (§ 2170). Deshalb schreibt auch das Gesetz die entsprechende Anwendung von § 2170 Abs 2 vor. Das bedeutet: Wenn der Erbe außerstande ist, den Gegenstand zu verschaffen oder die Belastung zu beseitigen, so ist er zum Wertersatz verpflichtet; wenn die Verschaffung oder Beseitigung nur mit unverhältnismäßigen Aufwendungen möglich ist, so kann er sich durch Entrichtung des Wertes befreien. 31

## IV. Verschenken des vermachten Gegenstandes

### 1. Haftung des Erben

Wenn der Erblasser den vermachten Gegenstand schenkweise veräußert oder belastet hat, so hat der Bedachte genauso wie in den anderen Fällen in erster Linie nach Abs 2 S 1 einen Anspruch gegen den Erben auf Verschaffung des Gegenstandes oder Beseitigung der Belastung, gegebenenfalls auf Ersatz des Wertes. 32

### 2. Subsidiäre Haftung des Beschenkten

Nur wenn weder Verschaffung des vermachten Gegenstandes noch Wertersatz vom Erben erlangt werden kann, haftet subsidiär der Beschenkte (Abs 2 S 2). Aus welchem Grund von dem Erben kein Ersatz zu erlangen ist, ist gleichgültig. Es genügt, dass der Erbe die Beschränkung seiner Haftung geltend macht und der Nachlass zur Befriedigung des Vermächtnisnehmers nicht ausreicht (PLANCK-GREIFF Anm 3) oder bei unbeschränkter Erbenhaftung die Zahlungsunfähigkeit des Erben. Dass er von dem Erben keinen Ersatz erhalten kann, hat im Streitfall der Vermächtnisnehmer zu beweisen. Der Anspruch richtet sich aufgrund der doppelten Verweisung in Abs 2 S 2 und in § 2287 nach den Vorschriften über die Herausgabe einer ungerechtfertigten Bereicherung (**Rechtsfolgeverweisung**, vgl § 2287 RdNr 87) und geht grundsätzlich auf die Herausgabe des Geschenks (MünchKomm-MUSIELAK RdNr 7). 33

Auch der Anspruch nach Abs 2 S 2 besteht für **Verschaffungs-** und **Geldvermächtnisse** (BGH NJW 1988, 2063), wobei gerade für letztere ein besonderer Anwen- 34 dungsbedarf besteht, wenn der Nachlass durch Schenkungen so geschmälert ist, dass er zur Erfüllung der Geldvermächtnisse nicht ausreicht (BGHZ 111, 139, 141 f; vgl im Einzelnen RdNr 9).

## V. Ausschluss der Ansprüche, Verjährung, Sonstiges

### 1. Vertragliche Abbedingung

**35** Die Normen des § 2288 sind keine bloßen Auslegungsregeln, sie sind also anzuwenden, ohne dass erst der mutmaßliche Wille der Parteien erforscht werden müsste (Prot V, 405 f). Andererseits sind die Vorschriften nicht zwingend; ihre Anwendung kann also im Erbvertrag im Voraus ausgeschlossen werden (STROHAL I § 45 Fn 48; SOERGEL-M WOLF 1; aM PLANCK-GREIFF Anm 5; KIPP-COING § 38 IV 2 c; PALANDT-EDENHOFER RdNr 1; V LÜBTOW I 442; vgl § 2287 RdNr 97).

### 2. Erlass des Anspruchs, Zustimmung des bedachten Vermächtnisnehmers

**36** Nach Eintritt des Erbfalls kann durch Vertrag zwischen den Vermächtnisnehmern und dem Erben auf den dann entstandenen schuldrechtlichen Anspruch verzichtet werden, § 397. Die noch vor Eintritt des Erbfalls in der Form des § 2348 erklärte Zustimmung des Bedachten führt bereits dazu, dass keine objektive Beeinträchtigung mehr besteht; die formlose Zustimmung ist – abgesehen vom Eingreifen eines Arglisteinwands in Ausnahmefällen – unbeachtlich (RdNr 16; eingehend dazu § 2289 RdNr 41, 98). Die Zustimmung zur Zuwendung wird als Verzicht auf den Anspruch nach § 2288 angesehen werden können (so SOERGEL-M WOLF § 2287 RdNr 21).

### 3. Wirksamer Erbvertrag

**37** Wenn die vertragsmäßige Anordnung des Vermächtnisses im Erbvertrag oder die bindende Verfügung des gemeinschaftlichen Testamentes unwirksam ist oder wird, so entfallen auch die Ansprüche nach § 2288.

### 4. Ausschlagung des Vermächtnisses

**38** Nach § 2180 führt auch die Ausschlagung des Vermächtnisses zum Verlust des Anspruchs nach § 2288, der die Annahme des Vermächtnisses voraussetzt (BGH NJW 1984, 731, 732).

### 5. Verjährung

**39** Der gegen den Beschenkten gerichtete Bereicherungsanspruch des Abs 2 S 2 verjährt entsprechend § 2287 Abs 2 in drei Jahren von dem Anfall des Vermächtnisses an (§§ 2176 ff; STAUDINGER-KANZLEITER RdNr 14), während der **gegen** den **Erben** gerichtete Anspruch von der gleichen rechtlichen Struktur wie der ursprüngliche Vermächtnisanspruch ist und daher eine Nachlassverbindlichkeit begründet, im Insolvenzverfahren erst an fünfter Stelle rangiert (V LÜBTOW I 442; SOERGEL-M WOLF RdNr 8) und der **langen Verjährung** des § 197 Abs 1 Nr 2 nF unterliegt (vgl AnwKom-BGB-MANSEL § 197 RdNr 41 zum Vermächtnis im Allgemeinen).

## VI. Gestaltungshinweise

### 1. Sicherungsbedürfnis

Auch wenn § 2288 dem vertragsmäßig bedachten Vermächtnisnehmer einen gewissen Schutz sogar gegen entgeltliche Veräußerungen und Belastungen bietet, greift dieser doch erst nach dem Tod des Erblassers ein, wenn die Ansprüche auf Vermächtniserfüllung oder Wertersatz uU nicht mehr zu realisieren sind. **Verfügungsunterlassungsverpflichtungen** anlässlich der erbvertraglichen Vereinbarungen, bei Immobilien gesichert durch eine Eigentumsvormerkung, wirken demgegenüber bereits präventiv und sichern den Bedachten wesentlich besser ab; ihre Vereinbarung kann daher auch hier sinnvoll sein (vgl im Einzelnen § 2286 RdNr 28 f). 40

### 2. Beweissicherung des anerkennenswerten lebzeitigen Eigeninteresses

Da auch hier zugunsten des vertragsmäßig bedachten Vermächtnisnehmers uU eine Beweiserleichterung eingreift, wonach der Zuwendungsempfänger die Gründe darzulegen hat, aus denen sich das lebzeitige Eigeninteresse für die Zuwendung ergibt, empfiehlt es sich auch hier, das Motiv für die Übertragung in der Zuwendungsvereinbarung herauszuarbeiten (vgl hierzu § 2287 RdNr 105). 41

### 3. Vereinbarung einer Instandhaltungspflicht

Da das Unterlassen einer Instandsetzung des vermachten Gegenstandes nach der Rechtsprechung des BGH (RdNr 25) keine Ansprüche nach § 2288 auslösen kann, kann die Vereinbarung einer ausdrücklichen Pflicht hierzu mitunter im Interesse des Vermächtnisnehmers sein; vielfach wird jedoch der Erblasser zu einer ausdrücklichen Übernahme einer solchen Pflicht nicht bereit sein. 42

## § 2289 Wirkung des Erbvertrags auf letztwillige Verfügungen; Anwendung von § 2338

(1) Durch den Erbvertrag wird eine frühere letztwillige Verfügung des Erblassers aufgehoben, soweit sie das Recht des vertragsmäßig Bedachten beeinträchtigen würde. In dem gleichen Umfang ist eine spätere Verfügung von Todes wegen unwirksam, unbeschadet der Vorschrift des § 2297.

(2) Ist der Bedachte ein pflichtteilsberechtigter Abkömmling des Erblassers, so kann der Erblasser durch eine spätere letztwillige Verfügung die nach § 2338 zulässigen Anordnungen treffen.

Übersicht

| | | |
|---|---|---|
| I. | Normzweck: Sicherung der erbrechtlichen Bindung | 1 |
| II. | Wirkung des Erbvertrags gegenüber früheren Verfügungen von Todes wegen | 4 |
| | 1. Objekt der Aufhebungswirkung | 5 |
| | a) Verhältnis zu früheren Erbverträgen | 6 |
| | b) Früheres gemeinschaftliches Testament | 7 |
| | c) Einseitige Verfügungen im gleichen Erbvertrag | 8 |
| | d) Aufrechterhaltung früherer letztwilliger Verfügungen | 9 |

|  |  |  |  |
|---|---|---|---|
|  | 2. | Aufhebungsgrund | 10 |
|  |  | a) Wirksamer Erbvertrag | 11 |
|  |  | b) Recht des vertragsmäßig Bedachten | 12 |
|  |  | c) Beeinträchtigung der vertragsmäßigen Rechte | 14 |
|  |  | d) Einzelfälle zur Beeinträchtigung | 17 |
|  | 3. | Aufhebungswirkung | 18 |
| III. | Wirkung des Erbvertrags gegenüber späteren Verfügungen von Todes wegen | | 19 |
|  | 1. | Gegenstand der Unwirksamkeit | 20 |
|  | 2. | Unwirksamkeitsgrund | 22 |
|  |  | a) Wirksamer Erbvertrag | 22 |
|  |  | b) Beeinträchtigung eines Rechts eines vertragsmäßig Bedachten | 23 |
|  |  | aa) Veränderung oder Umwandlung der Stellung des Vertragserben | 25 |
|  |  | bb) Anordnung erbrechtlicher Beschränkungen oder Beschwerungen | 31 |
|  |  | cc) Weitere nachträgliche Anordnungen sonstiger Beschwerungen | 36 |
|  | 3. | Rechtsfolge | 38 |
|  | 4. | Kein Schutz einseitiger Verfügungen | 39 |
|  | 5. | Ausnahmen von der Bindung des Erblassers | 40 |
|  |  | a) Änderungsvorbehalt | 41 |
|  |  | b) Zustimmung des Vertragsgegners und des Bedachten | 42 |
|  |  | aa) Vor dem Erbfall | 42 |
|  |  | bb) Nach dem Erbfall | 46 |
|  |  | c) Beschränkung pflichtteilsberechtigter Abkömmlinge in guter Absicht | 47 |
|  |  | d) Befreiung von der Bindung durch einseitiges Testament? | 49a |
| IV. | Erbvertrag und besondere Rechtsgeschäfte unter Lebenden | | 50 |
|  | 1. | Schenkungen von Todes wegen | 50 |
|  | 2. | Der Übergabevertrag nach der Höfeordnung | 51 |
|  | 3. | Eingehung einer Ehe oder Lebenspartnerschaft | 52 |

## I. Normzweck: Sicherung der erbrechtlichen Bindung

**1** Die Freiheit des Erblassers, über sein Vermögen unter Lebenden zu verfügen, wird durch den Erbvertrag grundsätzlich nicht eingeschränkt (§ 2286). Wohl aber wird der Erblasser an seine vertragsmäßigen Verfügungen erbrechtlich gebunden, indem er einerseits gehindert wird, später weitere Verfügungen von Todes wegen zu errichten, die das Recht des vertragsmäßig Bedachten beeinträchtigen würden (Abs 1 S 2), und andererseits frühere letztwillige Verfügungen des Erblassers, von denen ebenfalls eine solche Beeinträchtigung ausgeht, aufgehoben werden (Abs 1 S 1). Diese erbrechtliche Bindung ergibt sich nicht erst aus § 2289, sie beruht vielmehr auf der rechtlichen Natur des Erbvertrages als »wirklicher Vertrag« (BGHZ 26, 204, 208). Sie hat zur Folge, dass die Testierfreiheit des Erblassers entsprechend eingeschränkt oder ausgeschlossen ist. § 2289 spricht nur die Rechtsfolgen aus, die sich aus der erbrechtlichen Bindung für die Wirksamkeit von früher oder später errichteten Verfügungen von Todes wegen ergeben (BGH aaO; MünchKomm-MUSIELAK RdNr 2). **Normzweck** der Bindung ist es, das Vertrauen des Vertragsgegners auf den Bestand der vertragsmäßigen Verfügung zu schützen (KUCHINKE, FS v Lübtow 283, 284; MünchKomm-MUSIELAK RdNr 1 rechnet hierzu auch den Schutz des vertragsmäßig Bedachten).

Die durch den Erbvertrag erzeugte erbrechtliche Bindung ist stärker als die bei 2 einem **wechselbezüglichen gemeinschaftlichen Testament** (§ 2270), weil sich bei diesem der Erblasser zu Lebzeiten des anderen Ehegatten jederzeit und nach dem Tode des anderen Ehegatten immerhin noch durch Ausschlagung des ihm Zugewendeten einseitig von seinen wechselbezüglichen Verfügungen lossagen kann, während er von der vertragsmäßigen Verfügung in der Regel nur dann zurücktreten kann, wenn er sich den Rücktritt in dem Erbvertrag vorbehalten hat, und zumal dies zudem beim zweiseitigen Erbvertrag grundsätzlich nur zu Lebzeiten des Vertragsgegners möglich ist (§§ 2271, 2293 ff, 2297).

§ 2289 Abs 2 enthält eine **gesetzliche Durchbrechung der Bindungswirkung** des 3 Erbvertrags, um im Interesse der Erhaltung des Vermögens im Familienbesitz Sicherungsmaßnahmen zu treffen, wenn durch Verschwendung oder Überschuldung eines Abkömmlings der Erwerb gefährdet wird.

## II. Wirkung des Erbvertrags gegenüber früheren Verfügungen von Todes wegen

Durch den Erbvertrag werden frühere letztwillige Verfügungen des Erblassers 4 aufgehoben, soweit sie das Recht des vertragsmäßig Bedachten beeinträchtigen würden (§ 2298 Abs 1 S 1). Der Erbvertrag ist also stärker als eine ihm vorausgehende letztwillige Verfügung. Das hat seinen Grund einmal in der vertraglichen Natur des Erbvertrags, aber auch in dem Rechtsgedanken des § 2258, dass für die Beerbung der letzte Wille des Erblassers maßgebend sein soll.

### 1. Objekt der Aufhebungswirkung

Objekt der Aufhebungswirkung ist eine frühere, also zeitlich vorher getroffene 5 letztwillige Verfügung iS von § 1937.

#### a) Verhältnis zu früheren Erbverträgen

Abs 1 S 1 regelt daher nur das Verhältnis des Erbvertrags zu einer früheren letztwil- 6 ligen Verfügung, nicht aber zu früheren Erbverträgen (Umkehrschluss aus Abs 1 S 2, der für den dort behandelten Fall ausdrücklich vom Überbegriff der »Verfügung von Todes« wegen spricht). Wenn der Erblasser den früheren Erbvertrag mit einem Dritten geschlossen hat, so ist der neue Erbvertrag unwirksam, soweit er das Recht der Personen, die in dem früheren Erbvertrag bedacht worden sind, beeinträchtigen würde (§ 2289 Abs 1 S 2). Ist aber der frühere Erbvertrag von **denselben Personen** geschlossen worden wie der neue, so ist der frühere Erbvertrag durch den späteren aufgehoben, wenn sie einen förmlichen Aufhebungsvertrag abschließen (§ 2290) oder einen formwirksamen Erbvertrag mit einem abweichenden Inhalt iS von § 2258 Abs 1 errichten (BayObLG FamRZ 1994, 190, s auch § 2290 RdNr 24). Dagegen bleibt der frühere Erbvertrag bestehen, soweit er in dem späteren ausdrücklich oder stillschweigend aufrecht erhalten oder bestätigt ist (Mot V 341).

#### b) Früheres gemeinschaftliches Testament

Ein solches fällt an sich unter Abs 1 S 1, wird also durch einen späteren Erbver- 7 trag insoweit aufgehoben, als die früheren Verfügungen des Erblassers das Recht des vertragsmäßig Bedachten beeinträchtigen würden. Für wechselbezügliche Verfügungen (§ 2270) verordnet aber § 2271 eine gewisse erbrechtliche Bindung der Testatoren und damit eine Ausnahme von dem in § 2289 ausgesprochenen Vorrang des Erbvertrags: Nach § 2271 Abs 1 S 2 kann ein Ehegatte seine wechselbezüglichen Verfügungen zu Lebzeiten des anderen nicht einseitig durch eine neue Verfügung von Todes wegen aufheben, also auch nicht durch einen Erbvertrag mit einem Dritten; selbst die Zustimmung des anderen Ehegatten nützt nichts (§ 2271 RdNr 21). Es ist nur ein förmlicher Widerruf möglich (§ 2271 Abs 1 S 1). Nach dem Tode des anderen Ehegatten ist der Widerruf wechselbezüglicher Verfügungen grundsätzlich überhaupt ausgeschlossen (§ 2271 Abs 2 S 1). Dagegen kann ein gemeinschaftliches Testament durch einen Erbvertrag der gleichen Eheleute, die das gemeinschaftliche Testament errichtet haben, aufgehoben werden; denn da ein zwischen Ehegatten geschlossener Erbvertrag durch ein gemeinschaftliches Testament der Eheleute aufgehoben werden kann (§ 2292), dieses aber gemeinhin eine schwächere Wirkung hat als der Erbvertrag, muss es umgekehrt erst recht zulässig sein, ein gemeinschaftliches Testament durch einen Erbvertrag der Testatoren aufzuheben (STROHAL I § 45 IV 2). Nach dem Tod des anderen Ehegatten kann der Erblasser eine wechselbezügliche Verfügung in einem gemeinschaftlichen Testament nur dann durch einen Erbvertrag (mit einem Dritten) aufheben, wenn er das ihm von dem verstorbenen Ehegatten Zugewendete ausschlägt (§ 2271 Abs 2 S 1) oder wenn sich der Bedachte gewisser Verfehlungen schuldig macht (§ 2271 Abs 2 S 2, §§ 2294, 2336, 2299; PLANCK-GREIFF Anm 2c) oder er aufgrund einer Freistellungsklausel zu einer entsprechenden Neuregelung ermächtigt ist (§ 2271 RdNr 56 ff). Man kann sagen: Abs 1 S 1 setzt voraus, dass der Erblasser nicht an die frühere Verfügung durch Erbvertrag oder gemeinschaftliches Testament gebunden war (BayObLGZ 21 A 15; RGRK-BGB-KREGEL RdNr 2).

### c) Einseitige Verfügungen im gleichen Erbvertrag

8 Auf solche, die gem § 2299 im Erbvertrag getroffen werden, ist § 2289 Abs 1 weder unmittelbar noch entsprechend anwendbar. Selbst wenn sie die vertragsmäßigen Verfügungen einschränken, so ergibt sich doch aus einer Gesamtschau der getroffenen Regelung, dass die vertragsmäßigen Rechte von vornherein nur mit den daraus sich ergebenden Beschränkungen eingeräumt sein sollten, was dem Vertragspartner, der hiervon Kenntnis erlangte, auch so bewusst und von ihm akzeptiert wurde (OLG Düsseldorf ZEV 1994, 302 = FamRZ 1995, 123; MünchKomm-MUSIELAK RdNr 5; PALANDT-EDENHOFER RdNr 6; SOERGEL-M WOLF RdNr 4; OLG Hamm OLGZ 1976, 20, 24; teilweise anders Voraufl RdNr 12). Jede andere Auffassung ginge an den rechtlichen Gegebenheiten vorbei, da manche erbrechtlichen Anordnungen, man denke etwa an die Testamentsvollstreckung, nur einseitig getroffen werden können, denknotwendigerweise aber die vertragsmäßige Erbeinsetzung beeinträchtigen.

### d) Aufrechterhaltung früherer letztwilliger Verfügungen

9 In gleicher Weise steht es den Vertragsteilen aufgrund der Testierfreiheit offen, solche ganz oder teilweise im Erbvertrag aufrechtzuerhalten (MünchKomm-MUSIELAK RdNr 6; PALANDT-EDENHOFER RdNr 6). Dies kann nicht nur ausdrücklich geschehen, sondern uU auch im Wege der Auslegung, sogar der ergänzenden Auslegung, festgestellt werden. Die Kenntnis des Vertragsgegners von der früheren letztwilligen Verfügung genügt aber allein nicht, um dem Erbvertrag die aufhebende Wirkung zu nehmen; vielmehr ist erforderlich, dass beide Vertragsteile die frühere Verfügung bestehen lassen wollen und dass dieser Wille im Erbvertrag irgendwie zum Ausdruck kommt (PLANCK-GREIFF Anm 2a; COING NJW 1958, 689 Fn 14).

## 2. Aufhebungsgrund

Die Aufhebung der früheren letztwilligen Verfügung durch späteren Erbvertrag **10**
setzt weiter voraus:

### a) Wirksamer Erbvertrag

Die aufhebende Wirkung kommt nur einem Erbvertrag zu, der wirksam zustande **11**
kam und bis zum Erbfall wirksam bleibt, nicht aber einem solchen, der aus irgend welchen Gründen nichtig oder zu Recht angefochten ist (vgl §§ 2078, 2079, 2279, 2281 ff). Die letztwillige Verfügung wird auch dann nicht aufgehoben, bleibt also bestehen oder lebt wieder auf, wenn der spätere Erbvertrag oder die vertragsmäßige Verfügung, deren Beeinträchtigung in Frage steht, durch Aufhebung oder Rücktritt außer Kraft gesetzt ist oder wird (§§ 2290 bis 2292, 2293 ff, vgl § 2258 Abs 2) oder wenn der Erbvertrag oder die vertragsmäßige Verfügung *gegenstandslos* wird, sei es durch Vorableben des Bedachten (§§ 1923, 2160), Ausschlagung (§§ 1942, 1953), Zuwendungsverzicht (§§ 2346, 2352 S 2, 2069) oder Erbunwürdigkeit (§§ 2339, 2344) oder wegen Eingreifens einer Verwirkungsklausel, wenn nicht eine **Ersatzberufung**, sei es ausdrücklich oder durch Auslegung oder kraft Gesetzes (§ 2069), oder eine Anwachsung (§ 2094) eintritt; denn eine Beeinträchtigung erbvertraglicher Rechte ist im Falle der Gegenstandslosigkeit oder Unwirksamkeit einer Verfügung nicht möglich (OLG Zweibrücken OLGZ 1990, 134 = FamRZ 1989, 1355; LANGE-KUCHINKE § 25 VI 2 b; V LÜBTOW I 420 f; PLANCK-GREIFF Anm 2d; MünchKomm-MUSIELAK RdNr 4; RGRK-BGB-KREGEL RdNr 2). Jedoch ist in den Fällen der Gegenstandslosigkeit die letztwillige Verfügung trotzdem als aufgehoben anzusehen, wenn dem Erbvertrag zusätzlich der Wille zu entnehmen ist, die frühere letztwillige Verfügung auf alle Fälle aufzuheben (§§ 2299, 2253, 2254; KG JFG 5, 182; OLG Zweibrücken FamRZ 1999, 1545 = ZEV 1999, 439 m abl Anm KUMMER; RGRK-BGB-KREGEL RdNr 2; LANGE-KUCHINKE aaO; SOERGEL-M WOLF RdNr 6; STAUDINGER-KANZLEITER RdNr 8; Münch-Komm-MUSIELAK RdNr 4; weiterreichender CHRISTOPHER KEIM ZEV 1999, 413, 414; KUMMER aaO: Widerruf entsprechend §§ 2258, 2279 Abs 1 bleibe trotz Gegenstandslosigkeit immer bestehen – was die vertragliche Verfügung unzulässig in einen gewährenden und widerrufenden Teil atomisieren würde).

### b) Recht des vertragsmäßig Bedachten

Was hierunter zu verstehen ist, wird in den einschlägigen Abhandlungen nur **12**
sehr knapp erörtert (zum Diskussionsstand D NOLTING, Der Änderungsvorbehalt ... 74 ff). Zum einen wird hierunter ein subjektives Recht verstanden (HARRER LZ 1926, 214, 219 f), aber auch eine »im Gesetz selbst nicht benannte Rechtsstellung«, die nicht folgenlos verletzt werden kann (VAN VENROOY JZ 1987, 10, 14 – was schon deswegen nicht überzeugt, weil das Gesetz das Recht ja in Abs 1 ausdrücklich regelt). Die hM begreift darunter die Rechtsstellung, die der Bedachte aufgrund des Erbvertrags mit dem Erbfall erhält (MünchKomm-MUSIELAK RdNr 9; SCHLÜTER RdNr 274; SIEBERT 246), womit noch nichts an begrifflicher Klarheit gewonnen ist, denn diese Stellung gilt es ja zu definieren. Nach HÜLSMEIER (Diss 109; NJW 1986, 3115, 3118) entsteht ein Recht des Bedachten bereits immer dann, wenn die Testierfreiheit des Erblassers in irgendeiner Weise eingeschränkt ist, da ja die dagegen verstoßende, beeinträchtigende Verfügung nach dem Parteiwillen unwirksam sein soll. Ein Recht des Bedachten entsteht dabei auch bei einem Änderungsvorbehalt insoweit, als in dem Fall, die Tatbestandsbedingung für die Änderungsbefugnis nicht erfüllt ist, eine beeinträchtigende Verfügung unwirksam ist (ebenso zu Recht BENGEL DNotZ 1989, 157\*; hierzu kritisch aber zu sehr verkürzend und vom eigenen Vorverständnis beeinflusst D NOLTING 82). D NOLTING (Änderungsvorbehalt 86 ff) versteht unter dem Recht des Bedachten das »durch Rechtsmachtverlust aufseiten des Erblassers gesicherte Interesse des Be-

dachten daran, im Erbfall die Position eines Erben oder Vermächtnisnehmers zu erwerben, oder sein Interesse am Vollzug einer Auflage« (89). Damit wird das Recht des Bedachten durch den konturlosen Begriff des »rechtlich geschützten Interesses« ersetzt, aber letztlich nichts gewonnen. Das Recht des Bedachten nach Abs 1 S 1 als Anwartschaftsrecht begreift allerdings – entgegen der Auffassung von D NOLTING (76 ff) niemand; soweit er sich auf V LÜBTOW (II 622), RAISER, Die dinglichen Anwartschaften (1961) 8; FORKEL, Grundfragen der Lehre vom privatrechtlichen Anwartschaftsrecht (1962) 190 und SOERGEL-M WOLF § 2286 RdNr 2 beruft, erörtern diese die Rechtsstellung des vertragsmäßig Bedachten noch **zu Lebzeiten des Erblassers**, während es bei § 2289 Abs 1 um die Betrachtung nach dem Eintritt des Erbfalls geht! Richtigerweise muss man zwischen der Bindung (s Vorbem 8 zu §§ 2274 ff) und dem Recht des Bedachten iSv § 2289 unterscheiden (J MAYER DNotZ 1990, 766): Aus der Bindung ergibt sich erst das Recht, das sich in der vertraglichen Zuwendung und der dadurch nach dem Erbfall geschaffenen Rechtsposition äußert.

**13** Fraglich ist insbesondere, ob der aus einer **Auflage** Begünstigte ein Recht iS von § 2289 Abs 1 hat, das beeinträchtigt werden kann. Dagegen spricht, dass dieser kein Recht auf Leistung besitzt (§ 1940, MünchKomm-MUSIELAK RdNr 9; J MAYER DNotZ 1990, 755, 766; dagegen zu Unrecht D NOLTING, Änderungsvorbehalt 74), ja vielfach Auflagen vorkommen, die keinerlei Begünstigten kennen (Grabpflegeauflagen etc). Im Wege einer teleologischen Auslegung der Norm wird teilweise und im Ergebnis zutreffend eine Anwendung dieser Vorschrift zugunsten des durch die Auflage Begünstigten plädiert, da dessen Schutz so weit gehen müsse, wie die erbvertragliche Bindung des § 2278 Abs 2 reiche (so ausdrücklich MünchKomm-MUSIELAK RdNr 9; im Ergebnis ebenso D NOLTING 89 f; 2. Aufl RdNr 4 mwN). Daraus ergibt sich aber zugleich, dass sich die erbvertragliche Bindung nicht aus § 2289 selbst ergeben kann, da dies sonst ein unzulässiger Zirkelschluss wäre (Vorbem 10 zu §§ 2274 ff).

### c) Beeinträchtigung der vertragsmäßigen Rechte

**14** Während § 2258 einem späteren Testament nur insoweit aufhebende Wirkung zuerkennt, als es mit dem früheren in Widerspruch steht, stellt § 2289 Abs 1 darauf ab, ob das Recht des vertragsmäßig Bedachten durch die frühere letztwillige Verfügung beeinträchtigt wird, und spricht damit dem späteren Erbvertrag eine weiter gehende Wirkung zu als dem späteren Testament. Der Begriff der Beeinträchtigung ist dabei teilweise weiter, teilweise enger als der des Widerspruchs iS von § 2258 (MünchKomm-MUSIELAK RdNr 11). Ein Widerspruch in diesem Sinne liegt nur vor, wenn die erbrechtlichen Anordnungen sachlich nicht übereinstimmen, sich also gegenseitig ausschließen (STAUDINGER-W BAUMANN § 2258 RdNr 10 mwN). Eine Beeinträchtigung besteht dagegen bereits, wenn die vertragsmäßige Zuwendung gemindert, belastet oder beschränkt würde (SOERGEL-M WOLF RdNr 9; LANGE-KUCHINKE § 25 VI 2 a α). Demnach widerspricht zwar eine testamentarische Vermächtnisanordnung nicht direkt einer vertragsmäßigen Erbeinsetzung, beeinträchtigt dagegen die Rechte des Vertragserben und ist deshalb grundsätzlich unwirksam (Mot V, 331), wenn sich kein anderer Wille durch Auslegung ermitteln lässt (JOHANNSEN DNotZ Sonderheft 1977, 70'f). Bei zwei letztwilligen Verfügungen träte die Aufhebungswirkung nur ein, wenn sich ein Aufhebungswille wenigstens durch Auslegung ergeben würde (**umgekehrtes Regel/Ausnahmeverhältnis**, was für die Beweis- und Feststellungslast bedeutsam ist, NIEDER Handbuch RdNr 712). Die Aufhebungswirkung eines gemeinschaftlichen Testaments ist daher wesentlich schwächer als die eines Erbvertrags (JOHANNSEN aaO). Hat dagegen der Erblasser den Bedachten bereits durch Testament zum Alleinerben eingesetzt, in dem späteren Erbvertrag aber nur zur Hälfte als Erbe berufen, sonst aber nichts bestimmt, dann widersprechen sich zwar diese beiden Verfügungen, durch die frühere testamentarische werden jedoch die Rechte aus dem Erbvertrag nicht beeinträchtigt, ja sogar ein »mehr« gewährt. Die frühere letztwillige Verfügung besteht daher fort, die vertragsmäßige Zuwendung verstärkt durch die eintretende Bindungswirkung seine Rechtsstellung.

Ein späterer Erbvertrag, der dem Bedachten eine geringere Erbeinsetzung als die frühere letztwillige Verfügung gewährt, hebt also die frühere Zuwendung nicht »ipso jure« auf, was in der Tat merkwürdig erscheint (MünchKomm-MUSIELAK RdNr 11). Anders wäre es, wenn man dem Erbvertrag einen Widerruf der letztwilligen Verfügung entnehmen würde, was sich auch durch Auslegung ergeben kann, etwa wenn die Verfügungen miteinander unvereinbar wären (MünchKomm-MUSIELAK RdNr 11; 2. Aufl RdNr 4 nimmt dies idR an, was mE zu weit geht; nach aA soll sich dies auch ohne Widerruf aus § 2258 ergeben, SOERGEL-M WOLF RdNr 3; ERMAN-M SCHMIDT RdNr 3). **15**

§ 2289 Abs 1 will das Recht des Bedachten gegen Beeinträchtigungen schützen, nicht aber einen lediglich wirtschaftlichen Vorteil. Bei der hier vorzunehmenden Prüfung kann daher keine rein wirtschaftliche Betrachtungsweise vorgenommen werden, sondern diese ist allein an **rechtlichen Gesichtspunkten** auszurichten (LANGE-KUCHINKE § 25 VI 2 a β; KUCHINKE, FS v Lübtow 288; SCHLÜTER RdNr 274; MünchKomm-MUSIELAK RdNr 10; SIEBERT, FS Hedemann [1958] 237, 256 ff; STAUDINGER-KANZLEITER RdNr 14; AK-FINGER RdNr 5). Die Gegenansicht will demgegenüber stärker wirtschaftliche Kriterien in den Vordergrund stellen, welche auch immer diese sein mögen (2. Aufl RdNr 5; RGRK-BGB-KREGEL RdNr 1; EBENROTH RdNr 256; NIEDER Handbuch RdNr 712; SOERGEL-M WOLF RdNr 3: bloß wirtschaftliche Beeinträchtigung genüge, wenn rechtlich geschützte Position betreffend). Die Entscheidung BGHZ 26, 213 schließt zwar aus, dass eine rein wirtschaftliche Betrachtung möglich ist, lässt im Übrigen aber letztlich offen, welchen Stellenwert wirtschaftliche Erwägungen im Übrigen haben. Im Endeffekt geht der Streit auf rein terminologische Unterschiede zurück (STROBEL, Mittelbare Sicherung erbrechtlicher Erwerbsaussichten [1982] 95 ff). **16**

### d) Einzelfälle zur Beeinträchtigung

An Beispielen für eine Beeinträchtigung vertragsmäßiger Rechte durch eine frühere letztwillige Verfügung seien zu nennen: Bei zunächst verfügter testamentarischer Miterbeneinsetzung, später aber erfolgter vertragsmäßigen Alleinerbenbestimmung geht die Alleinerbschaft vor. Bei letztwilliger Alleinerbschaft und später angeordneter erbvertraglicher Miterbschaft wird das Recht der bisher nicht bedachten Miterben beeinträchtigt und setzt sich daher gegen das Testament durch. Durch die Anordnung einer **Testamentsvollstreckung** oder Erweiterung seiner Befugnisse wird das Recht des Erben beeinträchtigt, da er dadurch in seiner Verfügungsbefugnis eingeschränkt wird (§§ 2211 ff; RGZ 139, 43; KG RJA 16, 253; BGH NJW 1962, 912; OLG Hamm OLGZ 1976, 20 = WM 1976, 303, 305; OLG Hamm FamRZ 1996, 637 = FGPrax 1995, 241, 243; LG Stuttgart Rpfleger 1993, 68), ebenso durch Beschwerung mit einem **Vermächtnis** (BGHZ 26, 204 = LM Nr 3 zu § 2289; KIPP-COING § 38 II 2; PALANDT-EDENHOFER RdNr 9). Vermacht der Erblasser einen bestimmten Gegenstand zunächst durch letztwillige Verfügung dem A, dann vertragsmäßig dem B, so beeinträchtigt die frühere Anordnung das Recht des B auf jeden Fall, mag der Erblasser die Absicht gehabt haben, sie aufzuheben oder nur die Bedachten zu Gesamtgläubigern zu machen (§§ 428 ff); die letztwillige Anordnung wird also durch den Erbvertrag aufgehoben (PLANCK-GREIFF Anm 2b; SOERGEL-M WOLF RdNr 3). Bei Gattungsvermächtnissen geht, wenn der Nachlass zur Erfüllung beider Vermächtnisse nicht ausreicht, das vertragsmäßige Vermächtnis dem letztwilligen vor; im Nachlassinsolvenzverfahren ist daher § 327 Abs 2 S 3 InsO anzuwenden (vgl § 1991 Abs 4, § 1992; vgl bereits zum alten Konkursrecht STROHAL I § 45 Fn 81). **17**

### 3. Aufhebungswirkung

**18** Soweit die Beeinträchtigung des Rechts des vertragsmäßig Bedachten reicht, wird die frühere letztwillige Verfügung aufgehoben. Dies geschieht mit absoluter Wirkung gegenüber allen, nicht bloß relativ gegenüber dem vertragsmäßig Bedachten. Daher kann sich auch ein Dritter auf die Unwirksamkeit berufen, etwa beim Widerstreit zweier Erbeinsetzungen der Schuldner einer Nachlassforderung und bei einem mehrfachen Vermächtnis desselben Gegenstandes der Beschwerte (MünchKomm-MUSIELAK RdNr 12; BGB-RGRK-KREGEL RdNr 1; STROHAL I § 46 Fn 3; aM SCHIFFNER 140 Fn 20).

## III. Wirkung des Erbvertrags gegenüber späteren Verfügungen von Todes wegen

**19** Während § 2289 Abs 1 S 1 die allgemeine Regelung über widersprüchliche Testamente erweitert, schließt Abs 1 S 2 die Anwendung des § 2258 aus, um den Schutz des vertragsmäßig Bedachten gegen spätere Verfügungen von Todes wegen zu gewährleisten (SOERGEL-M WOLF RdNr 1). Nach dem Erbvertrag getroffene beeinträchtigende Verfügungen von Todes wegen sind grundsätzlich unwirksam. Abs 1 S 2 führt daher dazu, dass der Erblasser durch den Abschluss des Erbvertrags in seiner Testierfreiheit (nicht in seiner Testierfähigkeit) entsprechend beschränkt wird (RGZ, 149, 201). Hierin manifestiert sich die **Bindungswirkung des Erbvertrags**.

### 1. Gegenstand der Unwirksamkeit

**20** Unwirksam können alle Arten der »Verfügungen von Todes wegen« werden, also Testamente wie Erbverträge; insoweit geht Abs 1 S 2 über die Regelung des S 1 hinaus. Für spätere Erbverträge und gemeinschaftliche Testamente gilt dies freilich nur dann, wenn sie vom Erblasser mit einem Dritten errichtet sind, denn andernfalls wird durch die neue Verfügung mit dem gleichen Ehegatten oder Vertragspartner die alte zulässigerweise abgeändert oder aufgehoben (§§ 2290, 2292). Der Aufhebungsvertrag über einen Zuwendungs- oder Erbverzicht ist aber keine Verfügung von Todes wegen und fällt daher nicht unter Abs 1 S 2 (MünchKomm-MUSIELAK RdNr 15; aM HÜLSMEIER NJW 1981, 2043). Voraussetzung für die Unwirksamkeitsfolge ist weiter, dass die beeinträchtigende Verfügung von Todes wegen später, dh zeitlich nach dem beeinträchtigten Erbvertrag errichtet wurde. Zur Errichtung am gleichen Tag s OLG Colmar OLG 18, 359; allgemein hierzu SONNTAG ZEV 1996, 1.

**21** Keine Verfügung von Todes wegen ist die Löschung des Hofvermerks nach § 1 Abs 4 HöfeO, die beim fakultativen Höferecht zum Erlöschen der Sondererbfolge führt (BGH NJW 1976, 1635; BGHZ 73, 324 = NJW 1979, 1453; eingehend OTTE NJW 1986, 672). Dagegen hat ein Hofübergabevertrag nach §§ 7 Abs 1, 17 HöfeO auch die Wirkung einer Verfügung von Todes wegen, da dadurch das Recht zur Bestimmung des Hoferben ausgeübt wird. Ein gegen eine erbvertragliche Zuwendung verstoßender Hofübergabevertrag ist deshalb im Bereich der HöfeO nach § 2289 Abs 1 unwirksam (BGHZ 1, 121; BGH LM Nr 3 zu § 12 HöfeO; STAUDINGER-KANZLEITER RdNr 26), während nach allgemeinem Erbrecht bei einer beeinträchtigenden Verfügung nur § 2287 in Frage kommt (s auch RdNr 51).

## 2. Unwirksamkeitsgrund

### a) Wirksamer Erbvertrag

Voraussetzung für den Eintritt der Unwirksamkeitsfolge ist auch hier stets, dass 22 der zuerst errichtete Erbvertrag wirksam ist und bleibt und die vertragsmäßigen Zuwendungen nicht gegenstandslos wurden (vgl RdNr 11). Die spätere Verfügung von Todes wegen ist also trotz der Kollision mit dem Erbvertrag wirksam, wenn dieser oder die in Frage stehende vertragsmäßige **Verfügung nichtig** oder erfolgreich angefochten ist, wenn sie durch **Aufhebung** oder **Rücktritt** beseitigt oder wenn sie wegen Vorablebens des Bedachten, Ausschlagung, Erbverzichts oder Erbunwürdigkeit oder Eingreifens einer Verwirkungsklausel (OLG Zweibrücken OLGZ 1990, 134 = FamRZ 1989, 1355) **gegenstandslos** ist, ohne dass eine Ersatzberufung eingreift (vgl RdNr 11; Mot V 332; PLANCK-GREIFF Anm 3a; RGRK-BGB-KREGEL RdNr 3; SOERGEL-M WOLF RdNr 11). Besteht daher die Möglichkeit, dass der Erbvertrag nicht wirksam ist, sollte der Notar die Aufnahme eines Testaments nicht deswegen ablehnen, weil die vom Erblasser beabsichtigte Verfügung eine ältere vertragsmäßige Verfügung beeinträchtigen würde (PLANCK-GREIFF Anm 3a).

### b) Beeinträchtigung eines Rechts eines vertragsmäßig Bedachten

Für die Frage, ob das Recht des vertragsmäßig Bedachten durch eine spätere Ver- 23 fügung von Todes wegen beeinträchtigt wird, ist auch hier (wie bei S 1) die rechtliche Betrachtungsweise entscheidend (vgl RdNr 16). Soweit daher eine spätere Verfügung das Recht des Bedachten beeinträchtigt, ist sie daher nicht deswegen wirksam, weil sie, wirtschaftlich betrachtet, für den Bedachten günstiger ist als die vertragliche Regelung (BGHZ 26, 204 = NJW 1958, 498 = LM Nr 3 zu § 2289 mit Anm JOHANNSEN = JZ 1958, 394 mit Anm KÜSTER).

Zulässig sind aber alle Verfügungen, die dem vertragsmäßig Bedachten nachträg- 24 lich lediglich einen erbrechtlichen Vorteil bringen oder wenigstens rechtlich neutral sind (LANGE-KUCHINKE § 25 VI 2 a β).

### aa) Veränderung oder Umwandlung der Stellung des Vertragserben

Unzulässig ist eine Einschränkung der Quote des Vertragserben. Der Erblasser ist 25 daher ohne entsprechenden Änderungsvorbehalt nicht befugt, den vertragsmäßig zum alleinigen Vorerben Berufenen stattdessen zu einem kleineren Bruchteil zum Vollerben einzusetzen, mag dieses auch wirtschaftlich wertvoller sein (BGHZ 26, 204, 213; krit hierzu etwa BUCHHOLZ Rpfleger 1990, 45, 53).

Aber auch nicht jede **spätere Verbesserung** der vertragsmäßig erfolgten Erbein- 26 setzung ist ohne weiteres zulässig. Zwar widerspricht eine solche Besserstellung an sich der früheren vertragsmäßigen Zuwendung iS von § 2258, sie wird jedoch von der ganz hM grundsätzlich für zulässig gehalten, weil der Normzweck des § 2289 nur gegen eine Verschlechterung der Rechte des Bedachten schützen will (OLG Düsseldorf OLG-Rp 1992, 185; SIEBERT FS Hedemann 256; LANGE-KUCHINKE § 25 VI 2 a β; MünchKomm-MUSIELAK RdNr 17). Hier zeigt sich abermals, dass die Begriffe »Widersprechen« und »Beeinträchtigen« sich nicht decken (RdNr 14), was der BGH auch übersehen hat, wenn er meint, soweit ein früheres vertragsmäßiges Recht des Bedachten vorliege, stelle eine dazu widersprechende Verfügung notwendigerweise immer eine Beeinträchtigung dar (BGHZ 26, 204, 213; hierauf macht BUCHHOLZ Rpfleger 1990, 53 zu Recht aufmerksam). Zu beachten ist in den Fällen der Rechtsverbesserung aber, dass diese **oftmals zu Lasten anderer** Beteiligter geht, die in dem Erbvertrag uU ebenfalls Zuwendungen erhielten (LANGE-KUCHINKE § 25 VI, Fn 203). Die Komplexität der Gesamtregelung eines Erbvertrages wird mitunter übersehen. So etwa in dem immer wieder gebrachten Beispiel, dass der vertraglich zum alleinigen Vorerben Berufene durch spätere letztwillige Verfügung zum alleinigen Vollerben gemacht werden dürfe. Dies ist zumindest dann nicht möglich, wenn – was wohl der Regelfall ist – auch die Nacherbeneinsetzung vertragsmäßig getroffen wurde, denn die kann ebenfalls nicht einseitig beseitigt werden. Bei einer nachträglichen Erhöhung der Quote eines Miterben zu Lasten der anderen vertragsmäßig Bedachten wird die unzulässige Beeinträchtigung deutlicher.

27 Aus diesem Grund ist auch beim Ehegattenerbvertrag die nachträgliche **Besserstellung des Ehepartners** zu Lasten anderer, vertraglich Bedachter durch einseitige Verfügung nicht möglich (BayObLGZ 1961, 207 = NJW 1961, 1866; PALANDT-EDENHOFER RdNr 9; kritisch gegen das dort angewandte Bindungsargument BUCHHOLZ Rpfleger 1990, 52; aM STAUDINGER-KANZLEITER RdNr 14, wo übersehen wird, dass die BGH-Entscheidung zum gemeinschaftlichen Testament erging), etwa der Austausch der zunächst vertraglich berufenen Kinder durch den Ehegatten, während dies nach hM beim gemeinschaftlichen Testament möglich sein soll (BGHZ 30, 261; KG DNotZ 1943, 276), was sich aber auch dort nicht aus Normzweck oder eingeschränkter Bindungswirkung rechtfertigen lässt (KUCHINKE FS v Lübtow [1991] 286 f; vgl hierzu § 2271 RdNr 23).

28 *Ideelle Nachteile*, die aus der rechtlichen Verbesserung entstehen (Verfeindung mit den gesetzlichen Erben) oder wirtschaftliche Belastungen, etwa durch erhöhte Pflichtteilsbelastung, sind ohne Belang (LANGE-KUCHINKE § 25 VI 2 a β; ERMAN-M SCHMIDT RdNr 2).

29 Keine Beeinträchtigung einer vertragsmäßigen Verfügung liegt vor, wenn sich die spätere Verfügung auf einen anderen Gegenstand (Bruchteil der Erbschaft oder bestimmter Gegenstand) bezieht oder über den nämlichen Gegenstand dasselbe bestimmt, wie die vertragsmäßige Verfügung, oder wenn sie nur für den Fall getroffen wird, dass die vertragsmäßige Verfügung unwirksam ist oder wird (SCHIFFNER 140; PLANCK-GREIFF Anm 3a). Daher hindert die gegenseitige Erbeinsetzung von Ehegatten in einem Erbvertrag, der keine Schlusserbeneinsetzung enthält, jeden einzelnen von ihnen nicht, schon zu seinen Lebzeiten für den Fall, dass der andere Ehegatte zuerst sterben sollte, durch einseitiges Testament anderweitig über ihren Nachlass zu verfügen (OLG Stuttgart JW 1933, 2779; PALANDT-EDENHOFER RdNr 9).

30 Eine **Umwandlung** der ursprünglichen Stellung eines Vertragserben (etwa zu einem Achtel) in die Zuwendung eines Quotenvermächtnisses gleicher oder gar größerer Höhe ist dagegen eine unzulässige Beeinträchtigung, da der Bedachte dadurch seine direkte, dingliche Nachlassbeteiligung verliert; auf die wirtschaftliche Vorteilhaftigkeit kommt es auch hier nicht an (LANGE-KUCHINKE § 25 VI 2 a β).

### bb) Anordnung erbrechtlicher Beschränkungen oder Beschwerungen

31 Sie stellen grundsätzlich eine unzulässige Beeinträchtigung dar. Unzulässig ist daher die nachträgliche Anordnung einer *Nacherbschaft*, einer *Auflage* und eines *Vermächtnisses*, oder wenn der Gegenstand eines Vermächtnisses verändert wird (MünchKomm-MUSIELAK RdNr 16; vgl RdNr 17).

32 Beeinträchtigt wird der Vertragserbe regelmäßig durch die erstmalige, nachträgliche Anordnung einer **Testamentsvollstreckung**, aber auch durch die Erweiterung der Befugnisse des Testamentsvollstreckers, da dadurch in die Rechtsmacht des Erben eingegriffen wird (RGZ 139, 41 m Anm BOEHMER JW 1933, 1301; KG RJA 16, 253; BGH NJW 1962, 912; OLG Hamm OLGZ 1976, 20 = WM 1976, 303; OLG Hamm FamRZ 1996, 637 = FGPrax 1995, 241 = MittBayNot 1996, 44 m Anm REIMANN; BayObLG FamRZ 1991, 111, 113; OLG Köln FamRZ 1990, 1402, 1403; OLG Frankfurt WM 1993, 803, 804; LG Stuttgart Rpfleger 1993, 68 [auch wenn der Erbe über die Hälfte des Nachlasses frei verfügen kann]; LANGE-KUCHIN-

KE § 25 VI 2 a α; KUCHINKE FS v Lübtow [1991] 283, 288; aM HARRER LZ 1926, 214). Das ergibt sich auch aus einem Umkehrschluss aus Abs 2 (vgl KG RJA 12, 18).

Die nachträgliche einseitige Anordnung einer Testamentsvollstreckung ist grundsätzlich auch dann unwirksam, wenn der Vertragserbe vor oder nach dem Erbfall formlos zustimmt (KG JW 1938, 2746 = DNotZ 1938, 804; OLG Hamm FamRZ 1996, 637 = MittBayNot 1996, 44, 46 m Anm REIMANN; OLG Köln Rpfleger 1994, 111, 113; KIPP-COING § 38 II 2; vgl RdNr 34). Nur in Ausnahmefällen kann eine solche nachträgliche einseitige Ernennung eines Testamentsvollstreckers durch **ergänzende Auslegung** des Erbvertrags gerechtfertigt werden, was aber die Annahme eines entsprechenden Änderungsvorbehalts voraussetzt (dazu und zu den Grenzen OLG Hamm aaO; vgl § 2271 RdNr 34). Die Rechte eines Nießbrauchsvermächtnisnehmers werden durch die Anordnung der Testamentsvollstreckung nicht beeinträchtigt, es sei denn, dass es sich um eine Vermächtnisvollstreckung nach § 2223 handelt (KG RJA 16, 253; KIPP-COING § 38 Fn 7) oder das Vermächtnis sonst der Testamentsvollstreckung unterworfen ist.   33

Ausnahmsweise kann sich jedoch aus dem **Normzweck** des § 2289 ergeben, dass eine nachträgliche Beschwerung zulässig ist, teilweise wird dies auch aus einer Auslegung hergeleitet. So ist die nachträgliche **Auswechslung** der Person des **Testamentsvollstreckers** durch einseitige Verfügung grundsätzlich keine unzulässige Beeinträchtigung des Vertragserben, da dadurch der Erblasser nicht zusätzlich in die Rechte des Vertragserben eingreift (OLG Düsseldorf FamRZ 1995, 123; KG FamRZ 1977, 485, 487 [mit der Einschränkung, dass messbare Beeinträchtigung schaden würde]; ähnlich OLG Hamm ZEV 2001, 271, 272 m Anm REIMANN; allein auf die Auslegung stellt STAUDINGER-KANZLEITER RdNr 10 ab, bejaht Auswechslungsbefugnis aber Regelfall). Anders liegt es, wenn es den Vertragsschließenden gerade auf die Person des Testamentsvollstreckers, etwa im Hinblick auf eine besondere Qualifikation oder ein Vertrauensverhältnis ankam (LANGE-KUCHINKE § 25 VI 2 a α; ähnlich OLG Stuttgart OLGZ 1979, 49, das aber davon ausgeht, dass der gesetzliche Regelfall eine auf eine bestimmte Person bezogene Testamentsvollstreckung sei; dem zustimmend MEYDING ZEV 1994, 98, 100; vgl auch § 2271 RdNr 34), oder dem Testamentsvollstrecker ein besonderer Beurteilungs- und Entscheidungsspielraum eingeräumt wurde. Nachträgliche Bestimmungen zur Höhe der Vergütung des Testamentsvollstreckers sind nur zulässig, wenn sie sich als Konkretisierung der gesetzlichen Vorgaben des § 2221 darstellen.   34

Die nachträgliche Anordnung echter **Teilungsanordnungen** ist ebenfalls keine unzulässige Beeinträchtigung des Vertragserben. Denn der Normzweck des § 2289 will das Vertrauen in den rechtlichen Bestand der bindenden Verfügung schützen. Wie sich aber gerade aus § 2286 ergibt, wird die Erberwartung darauf, dass bestimmte Nachlassgegenstände später tatsächlich im Nachlass vorhanden sind, nicht geschützt. Es muss nur gewährleistet bleiben, dass die durch die Teilungsanordnung uU entstehenden unterschiedlichen Wertzuteilungen durch eine entsprechende *Ausgleichungspflicht* der Begünstigten beseitigt werden (KUCHINKE FS v lübtow [1991] 288; LANGE-KUCHINKE § 25 VI 2 a α; BGHZ 82, 274; BGH NJW 1982, 441; aM OLG Koblenz DNotZ 1998, 218, 219 = FamRZ 1997, 1247; LEHMANN MittBayNot 1988, 158; SOERGEL-M WOLF RdNr 9; DIECKMANN FS Coing [1982] 68 f; STAUDINGER-KANZLEITER RdNr 12 unter Hinweis auf die Wertung des § 2306 Abs 1, der aber einen ganz anderen Normzweck hat). Anders liegt es bei der nachträglichen Anordnung von **Vorausvermächtnissen** (die mitunter fälschlicherweise auch als wertverschiebende Teilungsanordnung bezeichnet werden), da hier die Höhe der Nachlassbeteiligung effektiv verändert wird (so lag es im Fall von OLG Koblenz DNotZ 1998, 218, 220).   35

### cc) Weitere nachträgliche Anordnungen sonstiger Beschwerungen

**36** Der Erblasser kann letztwillig auch *familienrechtliche Anordnungen* treffen, so etwa den Entzug des Verwaltungsrechts gegenüber dem gesetzlichen Vertreter (§ 1638; dazu Gutachten DNotI-Report 1997, 227 f), die Erklärung zum Vorbehaltsgut (§ 1418 Abs 2 Nr 2) oder Anordnungen zur Vermögensverwaltung durch Eltern oder Vormund (§§ 1639, 1909). Solche Bestimmungen führen jedoch zu keiner unzulässigen Beeinträchtigung iS von § 2289 Abs 1, denn diese Norm schützt nur gegen Verfügungen von Todes wegen, hier handelt es sich aber ihrem Wesen nach um familienrechtliche Anordnungen, die nur der Form nach in einer letztwilligen Verfügung erklärt werden (KUCHINKE FS v Lübtow [1991] 289). Daher ist auch eine nachträgliche Einsetzung eines **Schiedsgerichts** (§ 1066 ZPO) zulässig, weil es sich nicht um eine erbrechtliche, sondern prozessuale Anordnung handelt (LANGE-KUCHINKE § 25 VI Fn 199; allgemein zur rechtlichen Qualifikation ebenso OTTE, FS Rheinisches Notariat [1998] 241, 243 mwN; aM OLG Hamm NJW-RR 1991, 455, 456; SOERGEL-M WOLF RdNr 9 auch für die Einsetzung eines Schiedsgutachters iS von § 317).

**37** Auch eine **postmortale Vollmacht**, mag sie auch in einer Verfügung von Todes wegen erteilt werden, ist ihrer Rechtsnatur nach eine Willenserklärung, die den Vorschriften über die Bevollmächtigung unter Lebenden unterliegt und daher von § 2289 Abs 1 nicht erfasst wird, zumal eine wirtschaftlich mögliche Beeinträchtigung der erbvertraglichen Rechte durch die Möglichkeit des Vollmachtswiderrufs ausgeschlossen wird (KUCHINKE FS v Lübtow I 289; NIEDER Handbuch RdNr 713; V LÜBTOW II 1240; STAUDINGER-REIMANN Vorbem 62 ff, 69 zu §§ 2197 ff). Hat aber der Erblasser auf das Recht zum Widerruf ausdrücklich verzichtet, so liegt sachlich die Einsetzung eines Testamentsvollstreckers vor (STAUDINGER-REIMANN Vorbem 71 zu §§ 2197 ff), sodass dann § 2289 eingreift.

### 3. Rechtsfolge

**38** Eine später errichtete und die Rechte des vertragsmäßig Bedachten beeinträchtigende Verfügung ist unwirksam, die auch hier absolut wirkt (RdNr 18), aber dann entfällt, wenn die entgegenstehende erbvertragliche Verfügung, etwa wegen Rücktritts oder Gegenstandslosigkeit, außer Kraft tritt.

### 4. Kein Schutz einseitiger Verfügungen

**39** Die erbrechtliche Bindung des Erblassers nach Abs 1 S 2 bezieht sich nur auf vertragsmäßige Verfügungen. Einseitige Verfügungen im Erbvertrag (§ 2299) kann er jederzeit durch einseitige oder vertragliche Verfügung von Todes wegen widerrufen oder ändern.

### 5. Ausnahmen von der Bindung des Erblassers

**40** Ausnahmen von der erbvertraglichen Bindung sind möglich.

#### a) Änderungsvorbehalt

**41** Nach dem Grundsatz der Vertragsfreiheit kann sich der Erblasser in dem Erbvertrag prinzipiell das Recht vorbehalten, später abweichende Verfügungen von Todes wegen zu treffen, insbesondere beschränkende oder beschwerende Anordnungen, wie die Ernennung eines Nacherben oder eines Testamentsvollstreckers, die Anordnung von Vermächtnissen oder Auflagen (grundlegend BGHZ 26, 204 = LM Nr 3 zu § 2289 mit Anm JOHANNSEN = NJW 1958, 498). Eingehend zu den Arten und Grenzen des Änderungsvorbehalts § 2278 RdNr 13 ff.

## b) Zustimmung des Vertragsgegners und des Bedachten

### aa) Vor dem Erbfall

Weder die **formlose Zustimmung** des **Vertragsgegners** noch gar die des erbver- 42
traglich **Bedachten** genügt, um einer beeinträchtigenden Verfügung von Todes
wegen entgegen § 2289 Abs 1 Wirksamkeit zu verleihen, weil das Gesetz sowohl
die Aufhebung des Erbvertrags (§§ 2290 ff) wie auch den Erb- und Zuwendungsverzicht (§§ 2352 S 3, 2348) an die Einhaltung strenger Formvorschriften knüpft
und es damit nicht vereinbar ist, wenn die Bindungswirkung des Erbvertrags aufgrund einer solchen formlosen Zustimmung durchbrochen werden könnte. Im
Interesse der Rechtssicherheit bedarf eine solche Zustimmung zu ihrer Wirksamkeit der Form, die das Gesetz in den genannten Vorschriften vorschreibt, also der
**notariellen Beurkundung** (BGHZ 108, 252, 254 = FamRZ 1989, 1076 m Anm DAMRAU
FamRZ 1991, 552 = DNotZ 1990, 803 m krit Anm KANZLEITER DNotZ 1990, 776; KG JW 1938, 2746
= DNotZ 1938, 804; OLG Hamm DNotZ 1974, 627; BayObLGZ 1974, 401; OLG Celle RdL 1975,
205; OLG Köln NJW-RR 1994, 651, 653; KIPP-COING § 38 III 6; PALANDT-EDENHOFER RdNr 5; LANGE-
KUCHINKE § 25 VI 3; STAUDINGER-KANZLEITER RdNr 19; demgegenüber hatte RGZ 134, 325, 327 die
formlose Zustimmung für die Änderung des Erbvertrags durch einseitiges Testament zugelassen).
Bei Ehegatten genügt aber dabei auch die Form des gemeinschaftlichen Testaments (§ 2292), bei einem Vermächtnis eine einseitige, notariell beurkundete Zustimmung entsprechend § 2291 (PALANDT-EDENHOFER RdNr 5).

Die skizzierte Rspr stellt für die Problemlösung zu sehr auf die Wahrung der Form 43
zur Beseitigung der erbvertraglichen Bindung, also das »**wie**« ab, weil weiter gehende Fragen bislang offenbar noch nicht zu beantworten waren. Primär entscheidend ist aber, **ob** überhaupt die Bindung beseitigt werden kann (so zu Recht C STUMPF
FamRZ 1991, 1057). Hier ist zunächst an der Grundaussage festzuhalten, dass der
Erbvertrag und seine Bindung im Hinblick auf die **Formenstrenge** des Erbrechts
nur wie folgt beseitigt werden kann: **zwischen den Vertragsteilen** durch den Aufhebungsvertrag und seiner Ersatzformen (§§ 2290 ff), zwischen dem **Bedachten**
und dem Erblasser durch den Zuwendungsverzicht (§ 2352). Soweit nicht ein
Rücktritts- oder Änderungsvorbehalt eingreift, ist eine Beseitigung der erbvertraglichen Bindung anders nicht möglich. Dass diese Regelungen nicht abschließend
sein sollen, konnte bislang nicht belegt werden. Soweit C STUMPF (FamRZ 1991,
1057 ff) ausgehend von der Interessenlage an der erbvertraglichen Bindung demgegenüber erleichternde oder erschwerende Mitwirkungsrechte begründen will,
stützt sie dies auf die Auslegung des Erbvertrags selbst und damit bei der erleichterten Abänderbarkeit wiederum auf eine Art Änderungsvorbehalt. Die Zustimmung des Vertragspartners oder des erbvertraglich bedachten Dritten zur Beseitigung einer nicht durch Rücktritts- oder Änderungsvorbehalt möglichen Änderung
muss daher hinsichtlich ihrer Form wie auch der materiell-rechtlichen Auswirkungen unter eine der beiden Kategorien (Aufhebung oder Zuwendungsverzicht)
subsumierbar sein. Diese Auffassung wird in vielen Fällen zu den gleichen Ergebnissen wie die neuere Rspr führen, ermöglicht jedoch eine umfassendere Problemlösung, gerade im Bereich der materiell-rechtlichen Wirkung dieser »Zustimmungen«. Wenn der Vertragspartner des Erbvertrags aber in der Form des § 2276 Abs
1 einer Schenkung zustimmt, so ist dies ein auf den Einzelfall bezogener Schenkungsvorbehalt, der die Rechte aus §§ 2287 f ausschließt (s § 2287 RdNr 41).

Zu Recht rückt daher der BGH in seinen zwei Entscheidungen zu diesem The- 44
menbereich (BGHZ 83, 44, 49: Erforderlichkeit der vormundschaftsgerichtlichen Genehmigung
beim Minderjährigen; BGHZ 108, 252) im Wege einer Analogie die Zustimmung des
vertragsmäßig **Bedachten** in die Nähe zum Zuwendungsverzicht (kritisch dagegen

KANZLEITER DNotZ 1990, 776). Damit wird man davon ausgehen müssen, dass diese Zustimmung **nicht zu Lasten** der **Ersatzberufenen** wirkt und daher – so wie beim Zuwendungsverzicht – deren eigene Einwilligung erforderlich ist, um die erbvertragliche Bindung und damit die Anwendung des § 2289 Abs 1 zu beseitigen (J MAYER ZEV 1996, 127, 132). Anders ist die Rechtslage im Zusammenhang mit § 2287 zu beurteilen, also wenn es um **lebzeitige Zuwendungen** des erbvertraglich gebundenen Erblassers geht, weil hier die Zustimmung bereits die Beeinträchtigungsabsicht oder – nach dem neuen Verständnis der Rspr (§ 2287 RdNr 5 f) – den Missbrauch der lebzeitigen Verfügungsbefugnis ausschließen kann. Der von KANZLEITER (ZEV 1997, 261, 265 ff, 267) hier gebrachte Systemvergleich zur Nacherbschaft, bei dem für die eine Zustimmungserfordernis der Ersatznacherben zu beeinträchtigenden lebzeitigen Verfügungen nach ganz hM nicht erforderlich ist (BGHZ 40, 115; PALANDT-EDENHOFER § 2113 RdNr 7), überzeugt allerdings (J MAYER ZEV 1997, 459; CHRISTOPHER KEIM ZEV 2002, 93, 95), hat doch der Nacherbe wesentlich stärkere Mitwirkungs- und Kontrollrechte und besitzt sogar – anders als der Vertragserbe (§ 2286 RdNr 7 ff) – ein Anwartschaftsrecht (aM WÜBBEN, Anwartschaftsrechte im Erbrecht [2001] 352; dazu eingehend § 2287 RdNr 41).

**45** Der Grundsatz von **Treu und Glauben** kann freilich auch hier dazu führen, dass die formlose Zustimmung des Vertragserben Bedeutung erlangt. Schließt etwa der in einem gemeinschaftlichen Testament eingesetzte Erbe später mit dem überlebenden Ehegatten einen Erbvertrag, so kann ihm die Einrede der Arglist entgegengehalten werden, wenn er sich auf die Unwirksamkeit des unter seiner Mitwirkung geschlossenen Erbvertrags nach § 2289 beruft (BGHZ 108, 252, 254; BGH DNotZ 1958, 495; WM 1978, 1978, 171, 182; STAUDINGER-KANZLEITER RdNr 19).

### bb) Nach dem Erbfall

**46** Hier ist die Rechtslage anders. Hier ist hinsichtlich der Art der erbvertraglichen Zuwendung, die zu beseitigen ist, und der sich daraus ergebenden Rechtsfolgen zu unterscheiden: Ein **Vermächtnis** gewährt nur einen schuldrechtlichen Anspruch gegen den Beschwerten (§ 2174), auf den durch Erlassvertrag dann jederzeit (§ 397) verzichtet werden kann (übersehen von SOERGEL-M WOLF RdNr 14). Stattdessen kann aber das Vermächtnis ausgeschlagen werden (§ 2180, hierfür keine Frist). Eine Erbschaft kann der Vertragserbe nur unter Beachtung der hierfür geltenden Form- und Fristvorschriften ausschlagen (§§ 1944 ff, MünchKomm-MU-SIELAK RdNr 18; SIEBERT FS Hedemann [1958] 262). Teilweise wird auch eine Einschränkung seiner Rechtsstellung als Art Teilausschlagung für beachtlich gehalten, wenn sie in der Form und Frist der Ausschlagung erklärt wird (SOERGEL-M WOLF RdNr 14; PALANDT-EDENHOFER RdNr 5). Soweit es dabei aber nur um die Beseitigung der Rechte des Vertragserben nach §§ 2287 f geht, handelt es sich auch hier nur um die Beseitigung schuldrechtlicher Ansprüche, für die formloser Erlass genügt.

### c) Beschränkung pflichtteilsberechtigter Abkömmlinge in guter Absicht

**47** Ist der vertragsmäßig Bedachte ein pflichtteilsberechtigter Abkömmling des Erblassers (vgl § 2303 Abs 1), so kann dieser durch eine spätere letztwillige Verfügung ohne Zustimmung des Vertragsgegners, sogar ohne dessen Wissen die nach § 2238 zulässigen Anordnungen treffen (§ 2289 Abs 2), also die vertragsmäßige Zuwendung oder das Pflichtteilsrecht durch die Anordnung einer *Nacherbfolge* (§ 2100) oder eines *Nachvermächtnisses* (§ 2191) zugunsten der gesetzlichen Erben des Abkömmlings oder durch die Anordnung einer Verwaltungsvollstreckung für die Lebenszeit des Abkömmlings (§ 2209) beschränken – sog Beschränkung in guter Absicht. Er kann dies freilich nur dann, wenn die in § 2338 vorgeschriebenen Voraussetzungen (Verschwendung oder Überschuldung) vorliegen (PLANCK-GREIFF

Anm 3b; KIPP-COING § 38 II 5). Allgemein zu den Gestaltungsmöglichkeiten der Pflichtteilsbeschränkung in guter Absicht (»bona mente«): BAUMANN ZEV 1996, 121.

Dagegen ergibt sich der **Gegenstand der Beschränkung** nicht aus § 2338, sondern **48** aus § 2289: Der Erblasser kann die ganze vertragsmäßige Zuwendung, nicht bloß das Pflichtteilsrecht des Abkömmlings, einer Anordnung nach § 2338 unterwerfen (KG KGJ 48, A 143; MünchKomm-MUSIELAK RdNr 20). Unerheblich ist, ob der bedachte Abkömmling selbst Vertragspartner oder Dritter ist; im letzteren Fall kann die Anordnung auch noch nach dem Tod des Vertragspartners erfolgen (SOERGEL-M WOLF RdNr 15). Der Erblasser kann die Anordnung nur durch letztwillige Verfügung treffen (Abs 2, vgl § 2338 Abs 2 S 1 iVm § 2336 Abs 1), nicht in der Form des Rücktritts (§ 2296). Ist die Anordnung in einem weiteren Erbvertrag mit dem nämlichen Vertragsgegner enthalten, so wird sie als teilweise Aufhebung (§ 2290) wirksam sein. Wird sie in einem Erbvertrag mit einem Dritten getroffen, so kann sie als einseitige Verfügung (§ 2299) gelten. Der Grund der Beschränkung muss zur Zeit der Anordnung bestehen und in ihr angegeben werden. Besteht nur die Besorgnis, dass der Erbe die Erbschaft nicht erhalten kann, genügt dies nicht (OLG Köln MDR 1983, 318; MünchKomm-MUSIELAK RdNr 20). Der Beweis des Grundes obliegt dem, der sich auf die Beschränkung beruft (§ 2336 Abs 2, 3 iVm § 2338 Abs 2 S 1). Hat sich der Abkömmling zur Zeit des Erbfalls dauernd von dem verschwenderischen Leben abgewendet oder ist er zu dieser Zeit nicht mehr überschuldet, so ist die Anordnung unwirksam (§ 2338 Abs 2 S 2). Da das Recht des Erblassers zur Beschränkung nach Abs 2 der familienrechtlichen Fürsorgepflicht der Eltern und Voreltern und der Erhaltung der Zuwendung dient, verstößt ein Verzicht auf das Recht gegen die guten Sitten und ist daher nichtig (§ 138; Prot V 422; VI 352; HARRER LZ 1924, 19).

Abs 2 gestattet dem Erblasser nur, die vertragsmäßige Zuwendung einzuschränken, **49** nicht aber, sie einseitig aufzuheben oder dem Bedachten den Pflichtteil zu entziehen. Wenn sich dieser aber einer Verfehlung schuldig macht, die den Erblasser gegenüber Abkömmlingen zur Entziehung des Pflichtteils berechtigt, so kann er von der vertragsmäßigen Verfügung zurücktreten (§ 2294) und dann dem Bedachten auch den Pflichtteil entziehen (§ 2333). Ohne vorherigen Rücktritt kann er das nicht, weil die Entziehung das Recht des vertragsmäßig Bedachten beeinträchtigen würde (Abs 1 S 2, RGRK-BGB-KREGEL RdNr 4; SOERGEL-M WOLF RdNr 15).

### d) Befreiung von der Bindung durch einseitiges Testament?

Nicht zulässig ist, dass durch einseitiges Testament der eine Ehegatte den anderen **49 a** Partner des Erbvertrags von den vertraglichen Bindungen befreit. Dieses Ergebnis kann beim Erbvertrag – anders als beim gemeinschaftlichen Testament – auch nicht dadurch erreicht werden, dass er seine letztwilligen Anordnungen in einem neuen einseitigen Testament wiederholt, sodass ihre Geltung nun nicht mehr von der Wirksamkeit der wechselbezüglichen Verfügung des anderen Ehegatten abhängig sein könnte. Denn Bindungsgrund ist beim Erbvertrag allein die vertragliche Einigung und nicht – wie beim gemeinschaftlichen Testament – die Wechselbezüglichkeit, die bereits aus einem reinen Zusammenhang des Motivs ohne Willen zur vertraglichen Bindung resultiert (s § 2270 RdNr 20,4). Diesen Unterschied zum gemeinschaftlichen Testament übersieht BayObLGZ 1999, 46, 50 f = NJW-RR 1999, 1167, das das Problem nicht voll erkennt, aber durch eine ergänzende Auslegung zum richtigen Ergebnis gelangt (richtig aber BayObLGZ 1961, 207; vgl. auch RdNr 27 zur einseitigen Besserstellung).

## IV. Erbvertrag und besondere Rechtsgeschäfte unter Lebenden

### 1. Schenkungen von Todes wegen

**50** Soweit sie nicht zu Lebzeiten des Schenkers vollzogen wurden, finden auf sie die Vorschriften über die Verfügung von Todes wegen Anwendung (§ 2301 Abs 1). Beeinträchtigen sie daher einen vertragsmäßig Bedachten, so sind sie nach § 2289 Abs 1 unwirksam (PALANDT-EDENHOFER § 2287 RdNr 5); nur soweit sie bereits vollzogen wurden, können sich Ansprüche aus §§ 2287 f ergeben. Zu Versuchen einer **analogen Anwendung** des § 2289 auf lebzeitige Schenkungen (etwa TEICHMANN MDR 1972, 1) s eingehend STAUDINGER-KANZLEITER RdNr 23 ff. Solche Bestrebungen sind schon aus Gründen der Rechtssicherheit abzulehnen (JOHANNSEN DNotZ 1977, 69*, 83*).

### 2. Der Übergabevertrag nach der Höfeordnung

**51** Im Bereich der ehemals britischen Zone hat ein Übergabevertrag nach §§ 7 Abs 1, 17 HöfeO eine Doppelnatur und somit auch die Wirkungen einer **Verfügung von Todes wegen**. Ein solcher Hofübergabevertrag, der daher im Widerspruch zu einem früheren Erbvertrag einem anderen den Hof zuwendet, ist daher unwirksam (BGH NJW 1976, 1635; vgl auch BGHZ 73, 324; s RdNr 21); außerhalb des landwirtschaftlichen Sondererbrechts gewähren demgegenüber nur die §§ 2287 f einen bei weitem nicht so starken Schutz (SOERGEL-M WOLF RdNr 8).

### 3. Eingehung einer Ehe oder Lebenspartnerschaft

**52** Eine Eheschließung mit einem zweiten Ehegatten oder die Begründung einer eingetragenen Lebenspartnerschaft verhindert trotz Bestehens einer erbvertraglichen Bindung nicht, dass für den neuen Ehegatten/Lebenspartner ein Pflichtteilsanspruch entsteht, der die Rechte des vertragsmäßig Bedachten beeinträchtigt; dies gilt auch für den erhöhten Pflichtteil im Rahmen der Zugewinngemeinschaft (§ 1371 Abs 1) und Ausgleichsgemeinschaft gleichgeschlechtlicher Lebenspartner (§ 6 Abs 2 S 4 LPartG). Weder § 2286 noch § 2289 können hieran etwas ändern; denn beide Vorschriften gelten nicht für familienrechtliche Geschäfte, mögen diese auch erbrechtliche Auswirkung haben (PALANDT-EDENHOFER RdNr 10; aM SCHOLTEN NJW 1958, 935). Auch eheverträgliche Vereinbarungen, wie die der Gütergemeinschaft, sind Rechtsgeschäfte unter Lebenden und daher allenfalls an §§ 2287 f zu messen (vgl BGHZ 116, 178; vgl § 2287 RdNr 31).

## § 2290 Aufhebung des Erbvertrags

(1) Ein Erbvertrag sowie eine einzelne vertragsmäßige Verfügung kann durch Vertrag von den Personen aufgehoben werden, die den Erbvertrag geschlossen haben. Nach dem Tode einer dieser Personen kann die Aufhebung nicht mehr erfolgen.

(2) Der Erblasser kann den Vertrag nur persönlich schließen. Ist er in der Geschäftsfähigkeit beschränkt, so bedarf er nicht der Zustimmung seines gesetzlichen Vertreters.

(3) Steht der andere Teil unter Vormundschaft oder wird die Aufhebung vom Aufgabenkreis eines Betreuers erfasst, so ist die Genehmigung des Vormundschaftsgerichts erforderlich. Das Gleiche gilt, wenn er unter elterlicher Sorge steht, es sei denn, dass der Vertrag unter Ehegatten oder unter Verlobten geschlossen wird.

(4) Der Vertrag bedarf der im § 2276 für den Erbvertrag vorgeschriebenen Form.

## Übersicht

**I. Allgemeines** ......... 1
   1. Gesetzliche Systematik ......... 1
   2. Wesen und Gegenstand des Aufhebungsvertrags ......... 4

**II. Vertragspartner des Aufhebungsvertrags – das Verhältnis zum Zuwendungsverzicht** ......... 6
   1. Allgemeines ......... 6
   2. Das Verhältnis von Aufhebungsvertrag und Zuwendungsverzicht ......... 9

**III. Der Aufhebungsvertrag** ......... 15
   1. Formerfordernisse ......... 15
      a) Allgemeines ......... 16
      b) Beschränkte Geschäftsfähigkeit des Erblassers ......... 17
      c) Mängel in der Geschäftsfähigkeit des Vertragsgegners (Abs 3) ......... 18
      d) Beurkundung und Verwahrung des Aufhebungsvertrags ......... 20
   2. Materiell-rechtliche Fragen ......... 21
      a) Wirksamkeitsfragen ......... 22
      b) Aufhebung durch widersprechenden Erbvertrag ......... 24

**IV. Wirkung des Aufhebungsvertrags** ......... 25
   1. Wirkung ......... 25
   2. Aufhebung des Aufhebungsvertrags ......... 26

**V. Anfechtung des Aufhebungsvertrags** ......... 27
   1. Anfechtungsbedürfnis ......... 27
   2. Voraussetzungen der Anfechtung ......... 28
   3. Anfechtungsberechtigung ......... 29
   4. Wirkung ......... 30

## I. Allgemeines

### 1. Gesetzliche Systematik

Das Wesen des Erbvertrags besteht in der ihm eigentümlichen Bindung. Das Gesetz regelt in den §§ 2290 ff Maßnahmen zur Wiedererlangung der Testierfreiheit, und zwar in den §§ 2290 bis 2292 die einverständliche Aufhebung eines Erbvertrags oder einzelner vertragsmäßiger Verfügungen durch die Vertragsteile selbst sowie in den §§ 2293 bis 2297 den einseitigen Rücktritt des Erblassers. **1**

Es entspricht den allgemeinen Grundsätzen des Vertragsrechts, dass die Vertragspartner den zwischen ihnen geschlossenen Vertrag durch eine entgegengesetzte Vereinbarung (**actus contrarius**) wieder aufheben können. Dies gilt auch für den Erbvertrag, der ein »wirklicher Vertrag« ist (MünchKomm-MUSIELAK RdNr 1; Vorbem 5 ff zu §§ 2274 ff). Die Vorschrift des § 2290 Abs 1 S 1 enthält daher lediglich eine Verdeutlichung (Mot V 339). **2**

Das Gesetz stellt für die einverständliche Aufhebung in § 2290 als Grundtypus des »actus contrarius« den echten Aufhebungsvertrag zur Verfügung, der jedoch **3** wie der Erbvertrag selbst der notariellen Beurkundung bedarf. Aus praktischen Gründen der Formerleichterung ermöglicht § 2291 die Aufhebung einer vertragsmäßigen Vermächtnis- oder Auflageanordnung durch Testament des Erblassers mit Zustimmung des Vertragsgegners und § 2292 die Aufhebung eines zwischen Ehegatten geschlossenen Erbvertrags durch gemeinschaftliches Testament der Ehegatten. Dies sind Ersatzformen des echten Aufhebungsvertrags, die im Rahmen ihres Anwendungsbereichs die entsprechenden erbvertraglichen Verfügungen beseitigen. Aus dieser **Substitutionsfunktion** und ihrer dem Aufhebungsvertrag gleichenden Rechtsfolge ergibt sich, dass diese Aufhebungstestamente nach §§ 2291 f zwar formal Testamente sind, ihrer materiellen Wirkung nach aber einen Aufhebungsvertrag darstellen (s § 2291 RdNr 2; § 2292 RdNr 2). Die Gegenmeinung (etwa MünchKomm-MUSIELAK § 2291 RdNr 2; § 2292 RdNr 5; PLANCK-GREIFF § 2291 Anm 3; V LÜBTOW I 456) betont zu sehr die äußere Form und sieht darin allein nur letztwillige Verfügungen, für die auch hinsichtlich der materiell-rechtlichen Wirkungen nur Testamentsrecht gelten soll.

## 2. Wesen und Gegenstand des Aufhebungsvertrags

4 Aus dem Charakter des Aufhebungsvertrags des § 2290 als »actus contrarius« ergibt sich, dass grundsätzlich die für den Erbvertrag geltenden Vorschriften auch hierfür gelten. Abs 4 spricht dies für die zu beachtende Form ausdrücklich aus, während nach dem allgemeinen Recht der Vertragsaufhebung sich die Formbedürftigkeit des Aufhebungsvertrags idR nicht nach der Formvorschrift über die Begründung des Schuldverhältnisses richtet (STAUDINGER-LÖWISCH § 305 RdNr 70, 55). Da der Aufhebungsvertrag der Wiedererlangung der Testierfreiheit dient, kann der Erblasser wegen § 2302 nicht auf das Recht zur Vertragsaufhebung verzichten (MünchKomm-MUSIELAK RdNr 2; § 2302 RdNr 2).

5 Da der Aufhebungsvertrag die Wiederherstellung der durch den Erbvertrag beseitigten Testierfreiheit ermöglichen soll, können Gegenstand des Aufhebungsvertrags alle in dem früheren Erbvertrag enthaltenen vertragsmäßigen Verfügungen sein (anders als beim einseitigen Aufhebungstestament des § 2291, das sich nur auf Vermächtnisse und Auflagen beziehen kann). Dabei kann der gesamte Erbvertrag im ganzen aufgehoben werden, aber auch nur einzelne darin enthaltene Verfügungen. Aus dem Normzweck, nämlich der Wiederherstellung der Testierfreiheit durch Aufhebungsvertrag aufgrund Privatautonomie, folgt, dass auch lediglich die vertragsmäßige Bindung beseitigt werden, die Verfügung aber als einseitige aufrechterhalten bleiben kann (PALANDT-EDENHOFER RdNr 3). Einseitige Verfügungen (§ 2299) können wahlweise einseitig nach Testamentsrecht (§ 2299 Abs 2) oder aber durch Aufhebungsvertrag zusammen mit den vertraglichen Verfügungen widerrufen werden.

## II. Vertragspartner des Aufhebungsvertrags – das Verhältnis zum Zuwendungsverzicht

### 1. Allgemeines

6 Vertragspartner des Aufhebungsvertrags können nach der ausdrücklichen Regelung des § 2290 Abs 1 S 1 nur die Personen sein, die den Erbvertrag geschlossen haben. Maßgebend ist dabei der **formale Vertragspartnerbegriff**. Gegenüber dem allgemeinen Recht des Aufhebungsvertrags (vgl etwa STAUDINGER-LÖWISCH § 305 RdNr 68 ff) ergeben sich bei § 2290 vor allem in zweifacher Hinsicht Besonderheiten:

Während ein allgemeiner Aufhebungsvertrag auch nach dem Tod des einen Ver- 7
tragsteils von dessen Erben abgeschlossen werden kann, bestimmt § 2290 Abs 1
S 2 ausdrücklich, dass nach dem Tode auch nur eines Vertragspartners eine Aufhebung des Erbvertrags nicht mehr möglich ist. Im Fall des Todes des Erblassers entspricht dies dem Grundsatz, dass nach dem Erbfall erbrechtliche Verhältnisse nicht mehr geändert werden können. Stirbt der durch Erbvertrag bedachte Vertragspartner vor Eintritt des Erbfalls, so wird der Erbvertrag insoweit ohnehin gegenstandslos und es tritt Testierfreiheit ein, wenn keine Ersatzberufung eingreift (SOERGEL-M WOLF RdNr 8). Liegt jedoch eine solche vor, so versagt die Möglichkeit der Wiedererlangung der Testierfreiheit durch Aufhebungsvertrag. Gleiches gilt bei einem mehrseitiger Erbvertrag (zum Begriff Vorbem 35 f zu §§ 2274 ff), da die erbvertragliche Bindung hier im Zweifel gegenüber allen Vertragspartnern bestehen soll, weshalb die Mitwirkung aller Vertragspartner erforderlich ist (MünchKomm-MUSIELAK RdNr 4; JOHANNSEN WM 1969, 1222, 1229). Es bleibt hier nur noch die Möglichkeit durch Anfechtung (§ 2281 Abs 2) oder kraft vorbehaltenen Rücktrittsrechts (§ 2297) oder Änderungsvorbehalts (§ 2278 RdNr 13 ff) die Testierfreiheit wiederzuerlangen (MünchKomm-MUSIELAK RdNr 4); ob dies durch Zuwendungsverzicht mit dem Bedachten möglich ist, ist fraglich (s RdNr 9 f).

Der im Erbvertrag **bedachte Dritte**, der nicht Vertragspartner ist, muss bei der 8
Aufhebung nicht mitwirken (MünchKomm-MUSIELAK RdNr 5; KIPP-COING § 39 I 4; LANGE-KUCHINKE § 25 VII 3 a). Bei einer Aufhebung eines bereits wirksamen schuldrechtlichen Vertrages, der Rechte Dritter begründet, wäre dies nicht möglich, da Verträge zu Lasten Dritter mit der Parteiautonomie nicht vereinbar sind (PALANDT-HEINRICHS Einf 10 vor § 328). Beim Erbvertrag liegt dies anders, denn die Zustimmung des bedachten Dritten ist deshalb nicht erforderlich, da dieser vor dem Erbfall kein Recht, nicht einmal eine Anwartschaft, sondern nur eine tatsächliche Aussicht hat (Vorbem 11 zu §§ 2274 ff; § 2286 RdNr 7 ff; BGHZ 12, 115, 118). Der Dritte ist, wie LANGE-KUCHINKE (§ 25 VII 3 a) bemerken, »der Gnade des Vertragsgegners ausgeliefert«. Zur Beseitigung der erbrechtlichen Zuwendung an Dritte sieht das Gesetz den Erbverzicht in der Form des Zuwendungsverzichts vor, der aber nach dem Gesetzeswortlaut gerade nicht mit dem Vertragspartner, der im Erbvertrag bedacht wurde, vereinbart werden kann (§ 2352 S 2: »Zuwendung an einen Dritten«).

### 2. Das Verhältnis von Aufhebungsvertrag und Zuwendungsverzicht

Diese Überlegungen scheinen zu dem Ergebnis zu führen, dass der Aufhebungs- 9
vertrag nach § 2290 und der Zuwendungsverzicht nach § 2352 sich einander ergänzen sollen (**Komplementärierungsfunktion**). Beide sollen der Erlangung der Testierfreiheit beim Erbvertrag dienen. Beim **mehrseitigen Erbvertrag** führt aber eine am formalen Gesetzeswortlaut ausgerichtete Betrachtung dazu, dass beim Tod nur eines Vertragsteils weder ein Aufhebungsvertrag (s RdNr 7) möglich ist, noch nach der hM der bedachte Vertragspartner mittels des Zuwendungsverzichts die erbvertragliche Zuwendung beseitigen kann (OLG Celle NJW 1959, 1923; SOERGEL-DAMRAU § 2352 RdNr 3, wieder zweifelnd in Fn 10), während eine vermittelnde Auffassung darauf abstellt, dass der Bedachte nur »formal« am Erbvertrag beteiligt sei und daher »Dritter iS von § 2352 S 2 sei (PALANDT-EDENHOFER RdNr 7; STAUDINGER-FERID-CIESLAR[12] RdNr 14; FASSBENDER MittRhNotK 1962, 602, 613; ähnlich wohl MünchKomm-MUSIELAK RdNr 5). Die hierzu vertretenen Auffassungen sind vielfältig und letztlich verwirrend, da der Begriff der formalen und materiellen Beteiligung zT völlig unterschiedlich verstanden wird (zum Streitstand mit Systematisierungsversuchen

J MAYER ZEV 1996, 127, 129; KORNEXL, Der Zuwendungsverzicht, 1999, RdNr 478 ff; gegen die Differenzierung der hM zu Recht auch STAUDINGER-SCHOTTEN § 2352 RdNr 26).

**10** Die Auffassung der wohl noch hM würde den Beteiligten gerade beim mehrseitigen Erbvertrag die Möglichkeit zur Beseitigung der erbvertraglichen Bindung rein aufgrund einer formalen Betrachtungsweise nehmen. Dies kann vom Gesetzgeber nicht gewollt sein (BayObLGZ 1965, 188, 192; J MAYER ZEV 1996, 127, 129; STAUDINGER-SCHOTTEN § 2352 RdNr 25, die beiden letztgenannten mit näheren Ausführungen zur Entstehungsgeschichte). Wegen der Komplementierungsfunktion von Aufhebungsvertrag und Zuwendungsverzicht (s RdNr 9) muss es für die Vertragsparteien immer eine Möglichkeit geben, im gegenseitigen Einvernehmen die erbvertragliche Zuwendung zu beseitigen. Wenn der Aufhebungsvertrag ausscheidet, kann dies nach der Gesetzessystematik nur durch einen Zuwendungsverzicht geschehen. Daher ist der Begriff des »Dritten« im Wege einer **teleologischen Reduktion** auszulegen und der Zuwendungsverzicht immer bereits dann zuzulassen, wenn bei einem Erbvertrag mehr als zwei Personen beteiligt sind (J MAYER ZEV 1996, 127, 130; Münch-Komm-STROBEL § 2352 RdNr 9; STAUDINGER-KANZLEITER RdNr 7), ja sogar immer dann, wenn es den Parteien des Zuwendungsverzichts nicht mehr möglich ist, den Erbvertrag nach den §§ 2290 ff einvernehmlich aufzuheben, etwa wenn dies am Tod oder einer Geschäftsunfähigkeit eines Vertragspartners scheitert (STAUDINGER-SCHOTTEN RdNr 25; KORNEXL RdNr 482 f; im Ergebnis ebenso BayObLGZ 1965, 188, 192 [vom BGH nicht entschiedener Vorlagebeschluss] unter Aufgabe von BayObLGZ 1924, 232, 235; aM immer noch die ältere Rechtsprechung, vgl RdNr 9).

**11** Durch **Einwilligung** des erbvertragsmäßig Bedachten kann die vertragliche Bindung ebenfalls beseitigt werden (PALANDT-EDENHOFER § 2289 RdNr 5; differenzierend nach der Interessenlage C STUMPF FamRZ 1990, 1057), wenngleich es die Gesetzessystematik durchaus nahe legen würde, dass dies nur mittels Aufhebung nach §§ 2290 ff oder Zuwendungsverzicht möglich ist. Der BGH rückt diese Erklärung in zwei Entscheidungen zur formellen Seite (BGHZ 83, 44, 49 f = NJW 1982, 1100; BGHZ 108, 252, 254 = DNotZ 1990, 803) im Wege einer Analogie (kritisch hierzu KANZLEITER DNotZ 1990, 776) in die Nähe des Zuwendungsverzichts und verlangt hierzu grundsätzlich die Wahrung der für den Aufhebungsvertrag bzw den Erbverzicht vorgeschriebenen notariellen Form (ebenso OLG Köln NJW-RR 1994, 651; anders noch RGZ 134, 325, 327). Nach dem Selbstverständnis der BGH-Entscheidungen eröffnet sich dadurch keine besondere neue Aufhebungsform neben dem Aufhebungsvertrag und dem Zuwendungsverzicht. Eingehend hierzu § 2289 RdNr 43 ff.

**12** Die Aufhebung eines Erbvertrages nach § 2290 setzt eine notarielle Beurkundung bei gleichzeitiger Anwesenheit der Vertragspartner voraus (§§ 2276 Abs 1 S 1, 2290 Abs 4). Der Erbverzicht kann demgegenüber ohne gleichzeitige Anwesenheit der Vertragspartner durch sukzessive notarielle Beurkundung des Vertragsangebots und der Vertragsannahme zustandekommen (§§ 2348, 128). Die **Umdeutung** eines Erbverzichts in einen Aufhebungsvertrag scheidet, selbst wenn die richtigen Vertragspartner gehandelt haben, daher aus, wenn der Aufhebungsvertrag durch Angebot und Annahme zustande kam (OLG Stuttgart DNotZ 1979, 107).

**13** Zu beachten ist auch, dass der Aufhebungsvertrag den Erbvertrag **vollständig beseitigt**, der Verzicht auf ein vertragliches Erbrecht sich aber nicht auf die Ersatzerben oder Ersatzvermächtnisnehmer des Verzichtenden erstreckt, da nach hM § 2349 auf den Zuwendungsverzicht keine Anwendung finden soll (OLG Düsseldorf DNotZ 1974, 367; PALANDT-EDENHOFER § 2352 RdNr 6; vgl System Teil D RdNr 49 ff).

Der Zuwendungsverzicht kann **ohne Zuziehung des Vertragsgegners** und ohne 14
seine Zustimmung vereinbart werden, also auch noch nach seinem Tod. § 2290
Abs 1 S 2 steht nicht entgegen, weil er nur den Aufhebungsvertrag zwischen den
Parteien des Erbvertrags betrifft (KG RJA 15, 180 = OLG 36, 237). Das ist auch von
praktischer Bedeutung, weil der Zuwendungsverzichtsvertrag in Bezug auf Geschäftsfähigkeit der Vertragsschließenden, Vertretung und Form etwas andere
Anforderungen stellt als der Aufhebungsvertrag (§§ 2352, 2347 Abs 2 S 2, §§ 2348,
2290 Abs 4, 2276).

### III. Der Aufhebungsvertrag

#### 1. Formerfordernisse

Die Formerfordernisse des Aufhebungsvertrages sind im Allgemeinen dieselben 15
wie beim Erbvertrag (§§ 2274 bis 2276).

##### a) Allgemeines

Der Erblasser kann den Aufhebungsvertrag, wie den Erbvertrag, nur **persönlich** 16
**schließen**, Abs 2 S 1, vgl §§ 2064, 2274, 2284, 2296. Er kann hierbei weder im Willen noch in der Erklärung, weder durch einen gesetzlichen Vertreter noch durch
einen Bevollmächtigten vertreten werden. Ein **Geschäftsunfähiger** kann daher
einen Aufhebungsvertrag nach § 2290 als Erblasser überhaupt nicht schließen.
In einem Prozessvergleich kann ein Aufhebungsvertrag nur geschlossen werden,
wenn der Erblasser persönlich anwesend ist (SOERGEL-M WOLF RdNr 5), weshalb im
Anwaltsprozess die nötigen Erklärungen sowohl vom Erblasser selbst als auch
von seinem Anwalt abgegeben werden müssen (BayObLGZ 1965, 86 = NJW 1965, 1276;
PALANDT-EDENHOFER RdNr 2; s ausführlich § 1 BeurkG RdNr 16).

##### b) Beschränkte Geschäftsfähigkeit des Erblassers

Ein Erblasser, der in der Geschäftsfähigkeit beschränkt ist (§ 106), kann den Auf- 17
hebungsvertrag selbständig ohne Mitwirkung oder Zustimmung seines gesetzlichen Vertreters und ohne jede familiengerichtliche Genehmigung schließen,
weil er durch diesen von der erbrechtlichen Bindung (§ 2289) befreit wird (Abs 2
S 2; Gedanke des rechtlichen Vorteils), er kann aber einen neuen Erbvertrag nur
mit seinem Ehegatten oder Verlobten nach Maßgabe des § 2275 schließen.

##### c) Mängel in der Geschäftsfähigkeit des Vertragsgegners (Abs 3)

Für den Vertragsgegner, der nicht zugleich Erblasser ist, gelten zunächst die all- 18
gemeinen Regeln über Geschäftsfähigkeit, gesetzliche Vertretung und Vollmacht
(§§ 104 ff, 164 ff). Ist er geschäftsunfähig, so kann sein gesetzlicher Vertreter für
ihn handeln (§§ 1626, 1793). Ist er in der Geschäftsfähigkeit beschränkt, so bedarf er zum Abschluss des Vertrages der Zustimmung seines gesetzlichen Vertreters (§§ 107, 108). Außerdem ist die **vormundschaftsgerichtliche Genehmigung** erforderlich, falls er nach §§ 1793 ff unter Vormundschaft steht oder die
Aufhebung vom Aufgabenkreis eines Betreuers erfasst wird. Dasselbe muss aber
auch gelten, wenn für einen unbeschränkt geschäftsfähigen Vertragsgegner ein
Pfleger aufgestellt ist und dieser den Vertrag abschließt (§ 1915; Mot V 340). Für die
vormundschaftsgerichtliche Genehmigung gelten die §§ 1826 ff. Daher kann die
Zustimmung des gesetzlichen Vertreters und die Genehmigung des Vormundschaftsgerichts auch nachträglich erteilt werden (§§ 108, 1829, 1643 Abs 3). Nach
Abs 3 S 2 ist die vormundschaftsgerichtliche Genehmigung auch erforderlich,
wenn die **Eltern als gesetzliche Vertreter** handeln, es sei denn, dass der Aufhe-

bungsvertrag zwischen Ehegatten oder Verlobten geschlossen wird, da hier ja auch zum Abschluss des ursprünglichen Erbvertrags die vormundschaftsgerichtliche Genehmigung nicht erforderlich war (§ 2275 Abs 2 S 2, 1. HS). Entgegen § 1643 idF des KindRG ist es bei der Genehmigungszuständigkeit des Vormundschaftsgerichts (nicht Familiengerichts) verblieben (Redaktionsversehen).

19 Hat ein **minderjähriger Vertragspartner** den Aufhebungsvertrag ohne die erforderliche Einwilligung seines gesetzlichen Vertreters und ohne die Genehmigung des Vormundschaftsgerichts geschlossen und sind diese Zustimmungserklärungen auch nicht nachträglich erteilt worden, so kann **er selbst die Zustimmung** und Genehmigung formlos erklären, wenn er, solange die Wirksamkeit des Vertrages noch in der Schwebe ist, volljährig wird (§ 108 Abs 3; vgl MünchKomm-MUSIELAK RdNr 6; STAUDINGER-KANZLEITER RdNr 12). Die nachträgliche Zustimmung ist allerdings dann nicht mehr möglich, wenn der Erblasser bereits gestorben ist, da Sachverhalte, die nach dem Erbfall erst eintreten, grundsätzlich keine Rückwirkung auf die Erbfolge haben können (MünchKomm-MUSIELAK aaO).

### d) Beurkundung und Verwahrung des Aufhebungsvertrags

20 Nach Abs 4 bedarf der Aufhebungsvertrag der gleichen Form wie der Erbvertrag, also des Abschlusses zur **Niederschrift eines Notars** bei gleichzeitiger Anwesenheit beider Teile (§ 2276 Abs 1). Die Formwirksamkeit eines Aufhebungsvertrags hat dabei das Grundbuchamt selbständig zu prüfen und kann deswegen nicht einfach einen Erbschein verlangen (OLG Frankfurt/M FamRZ 1998, 1470 = Rpfleger 1998, 513 zu § 35 Abs 1 GBO). Wird ein Aufhebungsvertrag zwischen Ehegatten oder Verlobten geschlossen und mit einem Ehevertrag in derselben Urkunde verbunden, so genügt die Form des Ehevertrags (§ 2276 Abs 2, §§ 1408, 1410). Nicht anwendbar sind § 2277 und § 34 Abs 2 BeurkG; die Vertragsurkunde wird daher nicht amtlich verschlossen und in die besondere amtliche Verwahrung gebracht (RGRK-BGB-KREGEL RdNr 8; PALANDT-EDENHOFER RdNr 2; aM PLANCK-GREIFF Anm 3; COMMICHAU MittBayNot 1998, 235). Daher hat auch Rücknahme aus der besonderen amtlichen Verwahrung keine Widerrufs- oder Aufhebungswirkung (MünchKomm-MUSIELAK RdNr 7; PALANDT-EDENHOFER RdNr 3).

### 2. Materiell-rechtliche Fragen

21 Für die Wirksamkeit des Aufhebungsvertrags gelten grundsätzlich die allgemeinen Vorschriften, insbesondere die des Allgemeinen Teils.

### a) Wirksamkeitsfragen

22 Hat der *Vertragsgegner* die Aufhebung des Erbvertrags arglistig herbeigeführt, so ist diese an sich wirksam, wenn nicht ausnahmsweise § 138 eingreift (RGZ 134, 325, 328). Aber der Erblasser kann den Aufhebungsvertrag nach § 123 anfechten, der geschädigte Dritte kann uU gegen den Vertragsgegner Schadensersatzansprüche nach § 823 Abs 2, § 826 erheben.

23 Die Aufhebung eines Erbvertrags ist nicht sittenwidrig, wenn der Erbteil, der in dem Erbvertrag dem Sohn des Erblassers zugedacht war, nunmehr dem Abkömmling des Sohnes zugewendet wird, um ihn dem **Zugriff seiner Gläubiger** oder des Sozialhilfeträgers zu entziehen. Denn eine solche Absicht entspricht dem Grundgedanken des § 2338 Abs 1; der vertragsmäßig Bedachte hat vor dem Erbfall kein Recht auf die Zuwendung (RG LZ 1919, 436 = SeuffA 74 Nr 55).

### b) Aufhebung durch widersprechenden Erbvertrag

24 Nach dem allgemeinen Grundsatz, dass ein Vertrag zwischen mehreren Personen durch eine Vereinbarung der gleichen aufgehoben werden kann, können die Per-

sonen, die einen Erbvertrag geschlossen haben, diesen auch durch einen späteren Erbvertrag beseitigen, ohne einen förmlichen Aufhebungsvertrag nach § 2290 abzuschließen oder ohne in dem neuen Erbvertrag ausdrücklich zu erklären, dass der alte Erbvertrag aufgehoben sein soll; es genügt, dass der neue Erbvertrag einen widersprechenden Inhalt hat (§ 2258 analog; BGH WM 1987, 379; BayObLG FamRZ 1994, 190, 191 = MittRhNotK 1993, 121; LANGE-KUCHINKE § 25 VII 3 c; MünchKomm-MUSIELAK RdNr 7). Eine Regel, wie sie § *2258* für das Testament gibt, hielt der Gesetzgeber beim Erbvertrag für nicht angezeigt (Mot V 341; demgegenüber will BayObLG aaO § 2258 hier anwenden).

## IV. Wirkung des Aufhebungsvertrags

### 1. Wirkung

Der Aufhebungsvertrag bewirkt, dass der aufgehobene Erbvertrag oder die aufgehobenen vertragsmäßigen Verfügungen außer Kraft treten. Im letzteren Fall bleiben die übrigen vertragsmäßigen Verfügungen bestehen. Wird der ganze Erbvertrag durch einen Aufhebungsvertrag aufgehoben, so erstreckt sich dessen vernichtende Wirkung im Zweifel auch auf einseitige Verfügungen, die in dem Erbvertrag getroffen waren (§ 2299 Abs 3). Geht die Absicht der Beteiligten nur dahin, die Bindung des Erblassers an seine vertragsmäßigen Verfügungen zu beseitigen, so bleiben diese als einseitige bestehen (RdNr 5; STROHAL I § 46 II; PLANCK-GREIFF Anm 1; KIPP-COING § 39 I Fn 1; SOERGEL-M WOLF RdNr 9). 25

### 2. Aufhebung des Aufhebungsvertrags

Wird der Aufhebungsvertrag seinerseits einverständlich durch die Vertragsteile aufgehoben oder sonst wie beseitigt (etwa durch Anfechtung), so lebt der ursprüngliche Erbvertrag wieder auf (STROHAL I § 46 Fn 32; PLANCK-GREIFF Anm 5; KIPP-COING § 39 IV; PALANDT-EDENHOFER RdNr 4). Die entsprechende Anwendung der Vorschriften in §§ 2257, 2258 Abs 2 lässt sich zwar nicht auf § 2279 Abs 1 stützen, sie entspricht aber dem Grundgedanken jener Bestimmungen. Da die Aufhebung des Aufhebungsvertrags dem Abschluss eines neuen Erbvertrags gleichkommt, muss hierbei die Form des Erbvertrags eingehalten werden. Maßgebend sind hauptsächlich die §§ 2274 bis 2276, nicht § 2290 (MünchKomm-MUSIELAK RdNr 9). Wenn die Wiederherstellung des alten Erbvertrags beabsichtigt ist, so empfiehlt es sich, ihn in dem neuen Erbvertrag ausdrücklich zu erneuern. 26

## V. Anfechtung des Aufhebungsvertrags

### 1. Anfechtungsbedürfnis

Nach dem Abschluss eines Aufhebungsvertrages kann der Erblasser jederzeit eine einseitige Verfügung von Todes wegen errichten, die den gleichen Inhalt hat wie die aufgehobene vertragsmäßige Verfügung. Trotzdem kann für ihn ein Bedürfnis bestehen, den Aufhebungsvertrag anzufechten, weil die einseitige Verfügung eine schwächere Wirkung hat als die aufgehobene vertragsmäßige. Der Erblasser kann zB die Absicht haben, durch Anfechtung des Aufhebungsvertrages eine vertragsmäßige Verfügung rückwirkend wiederherzustellen, weil dann ein inzwischen abgeschlossener Erbvertrag zugunsten eines Dritten unwirksam bleibt 27

(§ 2289 Abs 1 S 2), während der erneute Abschluss des ursprünglichen Erbvertrags diese Wirkung nicht herbeiführen könnte.

## 2. Voraussetzungen der Anfechtung

**28** Für die Anfechtung des Aufhebungsvertrages gelten für den **Erblasser** die §§ 2281 ff, 2078 ff entsprechend. Zwar sieht § 2279 die entsprechende Anwendung des Testamentsrechts nur für vertragsmäßige Zuwendungen und Auflagen vor. Es liegt aber nahe, die Vorschriften für vertragsmäßige Verfügungen auch auf ihr Gegenstück, die Rechtsgeschäfte zur Aufhebung vertragsmäßiger Verfügungen, anzuwenden, soweit die Erklärungen des Erblassers betroffen sind. Denn auch das gemeinschaftliche Aufhebungstestament als Ersatzform hierfür könnte nur nach diesen Bestimmungen angefochten werden und zudem könnte andernfalls der Erbinteressent nach dessen Tod leichter anfechten (nämlich nach §§ 2078 ff), als der Vertragspartner (PLANCK-GREIFF Anm 4a; KIPP-COING § 39 V; PALANDT-EDENHOFER RdNr 4; MünchKomm-MUSIELAK RdNr 9; LANGE-KUCHINKE § 25 VII 3 d; V LÜBTOW I 454; SCHLÜTER RdNr 309; aM RGRK-BGB-KREGEL RdNr 9; SOERGEL-M WOLF RdNr 10; BROX RdNr 246). Der **Vertragsgegner,** der den Erbvertrag nicht zugleich als Erblasser geschlossen hat, kann ihn nach §§ 2078 ff anfechten, wenn er Erbinteressent ist, weil er in der aufgehobenen vertragsmäßigen Verfügung bedacht war, sodass er sich auf § 2080 berufen kann. Andernfalls kann er nur nach §§ 119 ff anfechten (teilweise wird generell nur eine Anfechtung nach §§ 119 ff für den Vertragspartner zugelassen, vgl SCHLÜTER RdNr 309).

## 3. Anfechtungsberechtigung

**29** Zur Anfechtung berechtigt sind auf jeden Fall die Personen, denen der Wegfall des Aufhebungsvertrages unmittelbar zustatten kommt (§§ 2080, 2279), also die in dem aufgehobenen Erbvertrag oder in der aufgehobenen vertragsmäßigen Verfügung Bedachten. Aber auch der Erblasser muss zur Anfechtung berechtigt sein. Wohl gestattet ihm § 2281 nur die Anfechtung des Erbvertrags. Die entsprechende Anwendung auf den Aufhebungsvertrag ist aber wegen der Ähnlichkeit der Rechtslage und wegen des Zusammenhangs zwischen dem Anfechtungsrecht des Erblassers und dem der in § 2080 bezeichneten Personen (§ 2285) geboten (PLANCK-GREIFF Anm 4b).

## 4. Wirkung

**30** Die Anfechtung beseitigt die angefochtene Verfügung. Der Fortbestand eines mit dem Aufhebungsvertrag verbundenen **Abfindungsvertrags** richtet sich nach § 139 (PALANDT-EDENHOFER RdNr 4).

## § 2291 Aufhebung durch Testament

(1) Eine vertragsmäßige Verfügung, durch die ein Vermächtnis oder eine Auflage angeordnet ist, kann von dem Erblasser durch Testament aufgehoben werden. Zur Wirksamkeit der Aufhebung ist die Zustimmung des anderen Vertragschließenden erforderlich; die Vorschrift des § 2290 Abs 3 findet Anwendung.

(2) Die Zustimmungserklärung bedarf der notariellen Beurkundung; die Zustimmung ist unwiderruflich.

## I. Normzweck, Allgemeines

§ 2291 bringt für die Aufhebung bestimmter vertragsmäßiger Verfügungen, die 1
im Allgemeinen für nicht so wichtig gehalten werden, gegenüber § 2290 Formerleichterungen aus Gründen der Vereinfachung und Kostenersparnis (Prot V 417).
Die Erleichterung besteht darin, dass

- der Erblasser seine Aufhebungserklärung auch in der Form des eigenhändigen Testaments (§ 2247) errichten kann und
- eine gleichzeitige Anwesenheit beider Vertragsteile vor einem Notar nicht notwendig ist.

Diese Formerleichterung ist jedoch beschränkt auf die Anordnung von Vermächtnissen und Auflagen und gilt nicht für Erbeinsetzungen.

## II. Rechtsnatur des Aufhebungstestaments

Aus der Notwendigkeit des Zusammenwirkens der Erbvertragspartner zur Auf- 2
hebung der Verfügung, des Gegenstandes der Aufhebung (vertragsmäßige Verfügung) und aus dem Umstand, dass § 2291 nur eine *Formerleichterung* gegenüber der Aufhebung durch Vertrag sein will, ergibt sich, dass die Aufhebung nach § 2291 wie die nach § 2290 ihrem **Wesen** nach einen **Vertrag** darstellt und nur eine besondere Substitutionsform zu § 2290 ist (§ 2290 RdNr 3; PALANDT-EDENHOFER RdNr 1; LANGE-KUCHINKE § 25 VII 3 b Fn 242; wohl auch KIPP-COING § 39 II). Demgegenüber sieht die *Gegenmeinung* in der Zustimmung des anderen Vertragsteils lediglich eine einseitige empfangsbedürftige Willenserklärung, die Wirksamkeitsvoraussetzung für das Aufhebungstestament ist (PLANCK-GREIFF Anm 3; v LÜBTOW I 456; EBENROTH RdNr 261; MünchKomm-MUSIELAK RdNr 2: keine Zustimmung zu einer allgemeinen rechtsgeschäftlichen Vertragsaufhebung). Damit käme der Zustimmung letztlich die Bedeutung eines Verzichts auf die erbvertragliche Bindung zu (so MünchKomm-MUSIELAK aaO), wie der Zustimmung des Vertragserben zu einer beeinträchtigenden Verfügung (vgl § 2287 RdNr 41, 98). Da es aber hier um die Zustimmung des Vertragspartners zur Beseitigung der vertragsmäßigen Verfügung von Todes wegen geht, bedarf es einer solchen dogmatischen Umwegkonstruktion nicht, die in einer überspitzten Wortinterpretation liegt und ohne sachliche Notwendigkeit eine eigene besondere Form der Aufhebung erbvertraglicher Verfügungen konstruiert.

Dem Theorienstreit, welche Rechtsnatur diese Aufhebung hat, kommt durchaus 3
**praktische Bedeutung** zu, wenn das Aufhebungstestament vom Erblasser widerrufen werden soll (RdNr 13 f). Die Zustimmung des bedachten Dritten ist bei der Aufhebung nach § 2291 ebenso wenig nötig wie bei der nach § 2290 (s dort RdNr 8).

## III. Form und Inhalt des Aufhebungstestaments

Für das Aufhebungstestament gelten hinsichtlich seiner formellen Seite die glei- 4
chen Bestimmungen, die sonst für ein Widerrufstestament gelten (§ 2254). Dies ergibt sich aus dem Normzweck des § 2291, nämlich der Formerleichterung. Der Erblasser kann daher die vertragsmäßige Vermächtnis- oder Auflageanordnung sowohl durch öffentliches als auch durch privates Testament oder Nottestament

sowie durch eine einseitige Verfügung in einem gemeinschaftlichen Testament oder Erbvertrag aufheben (§§ 2231 ff, 2247, 2249 bis 2251, 2265, 2278 Abs 2, § 2299). Das Aufhebungstestament kann die vertragsmäßige Verfügung schlechthin widerrufen, es kann aber auch durch eine widersprechende Verfügung die Aufhebung oder Änderung zum Ausdruck bringen (§§ 2254, 2258). Ob der Erblasser fähig war, ein Aufhebungstestament zu errichten, ist ebenfalls nach Testamentsrecht, also nach §§ 2229 f, nicht nach § 2290 Abs 2, zu beurteilen.

## IV. Zustimmung des Vertragsgegners

### 1. Allgemeines

5 Das Aufhebungstestament ist nur dann oder erst dann wirksam, wenn der Vertragsgegner ihm zugestimmt hat (§ 2291 Abs 1 S 2). Der Vertragsgegner kann seine Zustimmung vor der Errichtung des Aufhebungstestaments erteilen (Einwilligung) oder auch nachher (Genehmigung), denn die §§ 182 bis 184 können hier zumindest entsprechend angewendet werden (PLANCK-GREIFF Anm 2a; MünchKomm-MUSIELAK RdNr 4 je für Analogie; die Anhänger der Vertragstheorie [s RdNr 2], müssten an sich hier die §§ 145 ff anwenden; da das Gesetz aber selbst in § 2291 von einer »Zustimmung« spricht, können die §§ 183 ff hier herangezogen werden).

6 Die Zustimmung zur Aufhebung eines vertragsmäßigen Vermächtnisses oder einer solchen Auflage kann auch schon im Erbvertrag im Voraus erklärt werden. Dies ähnelt der Vereinbarung eines sog Änderungsvorbehalts, sodass für die Zulässigkeit einer solchen die dafür entwickelten Grundsätze (s § 2278 RdNr 13 ff) entsprechend gelten (ebenso MünchKomm-MUSIELAK RdNr 5). Wenn sich freilich der Vertragsgegner im Erbvertrag ohne jede Einschränkung mit der Aufhebung einverstanden erklärt, so wird die Anordnung des Vermächtnisses oder der Auflage nicht als vertragsmäßige Verfügung erachtet werden können (STROHAL I, 399; PALANDT-EDENHOFER RdNr 2; SOERGEL-M WOLF RdNr 3; jetzt auch ERMAN-M SCHMIDT RdNr 2). Führt die Zustimmung dazu, dass jederzeit ohne weitere Bedingungen sämtliche Verfügungen des Erbvertrags einseitig geändert werden dürfen, so ist das mit dem Wesen des Erbvertrages nicht vereinbar (MünchKomm-MUSIELAK RdNr 5; SOERGEL-M WOLF RdNr 3). Wie bei einem unzulässigen Totalvorbehalt (s § 2278 RdNr 18 ff) wird man aber davon ausgehen können, dass diese Verfügungen als einseitige fortbestehen und wirksam sind.

7 Wegen der sachlichen Unterschiede kann im Einverständnis des Vertragspartners zum Rücktrittsvorbehalt (§ 2293) nicht zugleich die Zustimmung zu einem Aufhebungstestament iS von § 2291 gesehen werden, denn der Rücktritt schreibt strengere Formvorschriften, insbesondere die Erklärung gegenüber dem anderen Vertragsteil vor (§ 2296 Abs 2; MünchKomm-MUSIELAK RdNr 5; PLANCK-GREIFF Anm 2a).

### 2. Nach dem Tod des Vertragsgegners

8 Nach dem Tod des Vertragsgegners kann die Zustimmung nicht mehr erteilt werden, insbesondere nicht von seinen Erben (Prot V 421; PALANDT-EDENHOFER RdNr 2; RGRK-BGB-KREGEL RdNr 2; SCHLÜTER RdNr 312). Denn da die Aufhebung nach § 2291 in ihrem Wesen der nach § 2290 gleicht (RdNr 2), ist § 2290 Abs 1 S 2 auch hier anzuwenden (STAUDINGER-KANZLEITER RdNr 5). Dass die Rechte des Vertragsgegners nicht auf seine Erben übergehen, zeigt sich auch darin, dass sich das Recht zum Rücktritt vom Erbvertrag nach dem Tode des Vertragsgegners in ein Recht zur einseiti-

gen Aufhebung verwandelt (§§ 2297, 2298 Abs 2 S 3). Wirksam ist freilich auch eine Zustimmungserklärung, die vor dem Tode des Vertragsgegners abgesandt wird, die aber dem Erblasser erst nachher, jedoch noch zu seinen Lebzeiten, zugeht (§ 130 Abs 2; vgl LANGE-KUCHINKE § 25 VII 3 b Fn 243; STAUDINGER-KANZLEITER RdNr 5). Hat der Vertragsgegner zugestimmt, so kann der Erblasser die vertragsmäßige Verfügung auch nach dem Tode des Vertragsgegners aufheben (MünchKomm-MUSIELAK RdNr 5).

Nach dem Tode des Erblassers kann die Zustimmung gleichfalls nicht mehr erklärt werden (OLG Hamm NJW 1974, 1774; LANGE-KUCHINKE aaO). Das folgt wiederum aus der entsprechenden Anwendung des § 2290 Abs 1 S 2, aber auch aus der Erwägung, dass nach dem System des BGB nur solche Verfügungen von Todes wegen auf die erbrechtliche Lage einwirken können, die zur Zeit des Erbfalls abgeschlossen sind. Die nach dem Erbfall erteilte Zustimmung kann daher auch nicht (entsprechend § 184) auf den Zeitpunkt der Errichtung des Aufhebungstestaments zurückwirken. **9**

### 3. Form der Zustimmung

Die Zustimmungserklärung des Vertragsgegners bedarf der notariellen Beurkundung (§ 2291 Abs 2 HS 1; vgl § 128). Für den geschäftsunfähigen oder in der Geschäftsfähigkeit beschränkten Vertragsgegner gilt hier dasselbe wie beim Aufhebungsvertrag (§ 2290 RdNr 20). § 2290 Abs 3 ist ausdrücklich für anwendbar erklärt (§ 2291 Abs 1 S 2 HS 2). Wenn also der Vertragsgegner unter Vormundschaft oder unter elterlicher Sorge steht oder entsprechende Betreuung angeordnet ist, so bedarf seine Zustimmung der Genehmigung des Vormundschaftsgerichts, bei der Unterstellung unter elterliche Sorge jedoch nur dann, wenn er nicht Ehegatte oder Verlobter des Erblassers ist. Die Zustimmungserklärung ist empfangsbedürftig. Sie muss dem Erblasser zugehen, damit dieser weiß, dass er die unbeschränkte Testierfreiheit zurückerlangt hat (§ 130, vgl § 182; PLANCK-GREIFF Anm 2b; PALANDT-EDENHOFER RdNr 2; HARRER LZ 1924, 15). **10**

### 4. Unwiderruflichkeit der Zustimmung

Die Zustimmungserklärung ist, einmal erklärt, unwiderruflich (§ 2291 Abs 2 HS 2). Sie kann auch nicht etwa bis zur Errichtung des Aufhebungstestaments widerrufen werden (PLANCK-GREIFF Anm 2b; anders § 183). Die Zustimmung bleibt auch dann wirksam, wenn der Vertragsgegner stirbt, sodass der Erblasser das Aufhebungstestament auch nach dem Tode des Vertragsgegners errichten kann. **11**

### V. Rechtsfolge des Aufhebungstestaments

Die wirksame Aufhebung beseitigt nur das betreffende vertragsmäßige Vermächtnis oder die entsprechende Auflage. Bei Vorliegen eines Bedingungszusammenhangs oder infolge von § 2085 kann sich dadurch als mittelbare Folge auch der Wegfall einer vertragsmäßigen Erbeinsetzung ergeben. Daraus kann man aber nicht die Unzulässigkeit des Aufhebungstestaments in diesen Fällen herleiten (so SOERGEL-M WOLF RdNr 5). Denn § 2291 schließt nur die bewusste, unmittelbare Aufhebung der vertragsmäßigen Erbeinsetzung aus, ansonsten würde die praktische Relevanz dieser Widerrufsform stark eingeschränkt, da eine solche mittelbare Auswirkung über § 2085 oftmals nicht ganz auszuschließen ist. **12**

## VI. Widerruf des Aufhebungstestaments

**13** Bis zur Zustimmung des anderen Vertragsteils kann der Erblasser das Aufhebungstestament einseitig widerrufen (§§ 2253 ff). Nach erfolgter Zustimmung kann das Aufhebungstestament, da die Aufhebung nach § 2291 die Rechtsnatur eines Vertrages hat (RdNr 2), nur mit Zustimmung des Vertragsgegners widerrufen werden, für die man die Form des Abs 2 fordern muss (HARRER LZ 1924, 14; PALANDT-EDENHOFER RdNr 3; SOERGEL-M WOLF RdNr 6; STAUDINGER-KANZLEITER RdNr 10; aM aus der Sicht des Widerrufstestaments V LÜBTOW I 456; MünchKomm-MUSIELAK RdNr 6; PLANCK-GREIFF Anm 3; RGRK-BGB-KREGEL RdNr 1; EBENROTH RdNr 261: auch danach noch einseitiger Widerruf möglich).

**14** Der wirksame Widerruf hat nach hM entsprechend §§ 2257, 2258 Abs 2 zur Folge, dass die vertragsmäßige Verfügung wieder auflebt (MünchKomm-MUSIELAK RdNr 6; PLANCK-GREIFF Anm 3; RGRK-BGB-KREGEL aaO; PALANDT-EDENHOFER RdNr 3; SOERGEL-M WOLF aaO). Dem wird man nur für den Fall zustimmen können, dass der Widerruf mit Zustimmung des anderen Vertragsteils erfolgt ist. Denn ein einseitiger Widerruf kann den erforderlichen Konsens der Beteiligten zu dem aufgehobenen Vertrag nicht wieder herstellen (KIPP-COING § 39 II Fn 3, IV). Nach dem Tode des Vertragsgegners kann der Erblasser das Aufhebungstestament nicht mehr widerrufen, er kann aber die aufgehobene vertragsmäßige Verfügung in einer neuen Verfügung von Todes wegen wiederholen.

## § 2292 Aufhebung durch gemeinschaftliches Testament

Ein zwischen Ehegatten oder Lebenspartnern geschlossener Erbvertrag kann auch durch ein gemeinschaftliches Testament der Ehegatten oder Lebenspartner aufgehoben werden; die Vorschrift des § 2290 Abs 3 findet Anwendung.

### I. Allgemeines

#### 1. Normzweck

**1** § 2292 schafft gegenüber § 2290 eine **Formerleichterung**, da zur Aufhebung oder Änderung eines Erbvertrags bei Ehegatten und seit dem 1. 8. 2001 bei gleichgeschlechtlichen Lebenspartnern (§ 1 LPartG) ein gemeinschaftliches Testament genügt, das auch privatschriftlich errichtet werden kann. Die Aufhebung des Erbvertrags würde sonst eine notarielle Beurkundung erfordern (§ 2290 Abs 4, §§ 2276, 2291 Abs 2). In dieser Regelung kommt auch zum Ausdruck, dass der Gesetzgeber im gemeinschaftlichen Testament eine gleichwertige **Substitutionsform** für den Erbvertrag zwischen Ehegatten und eingetragenen Lebenspartnern gesehen hat. Anders als beim einfachen Aufhebungstestament des § 2291 kann Gegenstand des gemeinschaftlichen Aufhebungstestaments der Ehegatten auch eine Erbeinsetzung sein, damit können also alle vertragsmäßigen Verfügungen beseitigt werden (RGZ 134, 325, 327; SOERGEL-M WOLF RdNr 1).

**2** Wegen seiner Wirkungen handelt es sich bei dem gemeinschaftlichen Aufhebungstestament dem Wesen nach grundsätzlich um eine vertragliche Verfügung (STAUDINGER-KANZLEITER RdNr 10; aM MünchKomm-MUSIELAK RdNr 6: letztwillige Verfügung), was bei der Lösung materiell-rechtlicher Fragen zu beachten ist, während wegen des Normzwecks der Formerleichterung in formeller Hinsicht Testamentsrecht gilt, soweit sich aus der Verweisung auf das Erbvertragsrecht des § 2290 Abs 3 nichts anderes ergibt.

## 2. Das Eheerfordernis

**3** Nach dem Wortlaut des Gesetzes ist § 2292 nur anwendbar, wenn die Vertragsteile schon beim Abschluss des Erbvertrages Ehegatten oder Lebenspartner waren. Nach hM ist aber die Vorschrift aber auch dann anzuwenden, wenn die Vertragsteile beim Abschluss des Erbvertrags miteinander verlobt, zur Zeit der Aufhebung aber miteinander verheiratet waren (BayObLGZ 8, 350; 1995, 383, 386 = NJW-RR 1996, 457 = FamRZ 1996, 566; KIPP-COING § 39 III). Der Zweck des Gesetzes gestattet es, noch weiterzugehen und § 2292 auch dann anzuwenden, wenn die Beteiligten beim Abschluss des Erbvertrags noch in überhaupt keiner familienrechtlichen Beziehung zueinander gestanden haben, sie jedoch bei der Errichtung des gemeinschaftlichen Aufhebungstestaments Ehegatten sind (OLG Köln DNotZ 1974, 371 mwN; BayObLGZ 1995, 383, 386; PALANDT-EDENHOFER RdNr 1; MünchKomm-MUSIELAK RdNr 2; EBENROTH RdNr 260). Gleiches wird entsprechend für die gleichgeschlechtlichen Lebenspartner gelten müssen.

## II. Form und Inhalt des gemeinschaftlichen Aufhebungstestaments

### 1. Form

**4** Das gemeinschaftliche Aufhebungstestament muss von den gleichen Ehegatten oder Lebenspartnern errichtet werden, die den aufzuhebenden Erbvertrag miteinander geschlossen haben. Es kann in jeder Form errichtet werden, die in §§ 2265 ff mit §§ 2231 bis 2233, 2247, 2249 ff zugelassen ist, also sowohl als ordentliches öffentliches oder privates (eigenhändiges) Testament (vgl § 2267) oder als Nottestament (§ 2266). Nicht genügend sind jedoch selbständige Einzeltestamente. Dies soll nach wohl noch hM auch dann gelten, wenn diese im beiderseitigen Einverständnis über die Aufhebung errichtet wurden (BayObLGZ 20 A 117; PALANDT-EDENHOFER RdNr 2; STAUDINGER-KANZLEITER RdNr 3). Diese Ansicht ist mit der modernen Auffassung des Begriffs des gemeinschaftlichen Testaments nicht vereinbar. Entscheidend ist vielmehr, ob eine »Gemeinschaftlichkeit« der Verfügungen vorliegt, die auch bei zwei äußerlich selbständigen Testamenten gegeben sein kann, vgl hierzu Vorbem 12 ff zu §§ 2265 ff (ebenso LANGE-KUCHINKE § 25 II 3 b Fn 246; SOERGEL-M WOLF RdNr 3; MünchKomm-MUSIELAK RdNr 3). Beim gemeinschaftlichen Aufhebungstestament ist auf alle Fälle § 2247 Abs 4 zu beachten; hiernach können Minderjährige oder Lesensunkundige kein privatschriftliches Testament errichten.

### 2. Aufhebende Verfügung

**5** Das Aufhebungstestament kann den ganzen Erbvertrag aufheben oder auch nur einzelne in ihm getroffene Verfügungen; dann bestehen die übrigen fort (BayObLGZ 1960, 192). Es kann den Erbvertrag entsprechend § 2254 ausdrücklich aufheben, aber auch stillschweigend dadurch, dass es widersprechende Verfügungen trifft, sofern nur der Wille der Ehegatten oder Lebenspartner, die vertragsmäßigen Verfügungen durch testamentarische zu ersetzen, ausreichend deutlich wird (BayObLGZ 1995, 383, 387; MünchKomm-MUSIELAK RdNr 5; STAUDINGER-KANZLEITER RdNr 4; BGH NJW 1987, 901, 902 leitet die Aufhebungswirkung bereits aus der Widersprüchlichkeit der Verfügungen her). Anders als das Aufhebungstestament nach § 2291 kann das gemeinschaftliche Aufhebungstestament nach § 2292 auch eine vertragsmäßige Erbeinsetzung beseitigen (s RdNr 1).

### 3. Neue positive Verfügungen, die Gesamtregelung

**6** Es genügt, dass in dem gemeinschaftlichen Aufhebungstestament der Erblasser den Erbvertrag oder eine in diesem enthaltene vertragsmäßige Verfügung aufhebt und der andere Teil seine Zustimmung erklärt (PLANCK-GREIFF Anm 1). Die Testatoren können aber in dem Aufhebungstestament auch noch neue positive Verfügungen treffen (MünchKomm-MUSIELAK RdNr 4; SOERGEL-M WOLF RdNr 1).

**7** Durch eine Bezugnahme der Ehegatten oder Lebenspartner in einem gemeinschaftlichen Testament auf einen früher zwischen ihnen geschlossenen Erbvertrag kann dabei zwischen ihnen eine einheitliche »**Gesamtregelung**« zustande kommen (BGH NJW 1987, 901 = FamRZ 1987, 272 = MittBayNot 1987, 105), sodass sich der im ursprünglichen Erbvertrag enthaltene Änderungsvorbehalt hinsichtlich der alten Schlusserbeneinsetzung auch auf die im gemeinschaftlichen Testament getroffene neue Schlusserbeneinsetzung bezieht (BGH aaO; BayObLGZ 1987, 23, 27 f = FamRZ 1987, 638, 639; anders liegt es, wenn die Ehegatten nunmehr eine vollständig neue Regelung iSd Berliner Testaments getroffen haben, BayObLG Rpfleger 2002, 446, 447). Erfolgt keine ausdrückliche Aufhebung und stehen die testamentarischen Verfügungen zu den erbvertragsmäßigen nicht in Widerspruch, so kann eine Ergänzung zu einer einheitlichen gemeinschaftlichen Verfügung vorliegen (BayObLG Rpfleger 1980, 283). Auch können die bisherigen, erbvertragsmäßigen mit den neuen testamentarischen Verfügungen durchaus im Verhältnis der **Wechselbezüglichkeit** stehen, etwa wenn der Wille der Testatoren dahin geht, dass der vertraglichen gegenseitigen Erbeinsetzung nachträglich im gemeinschaftlichen Testament durch Bindung an die Schlusserbeneinsetzung eine Bedingung in diesem Sinne beigefügt wird (BayObLGZ 1956, 205; 1987, 23, 27; BayObLG FamRZ 1985, 839, 841; FamRZ 1986, 392; Rpfleger 2002, 267,268; ablehnend in einem Fall, in dem das gemeinschaftliche Testament 20 Jahre später errichtet wurde LG München I FamRZ 2000, 705, 708; bei 2 Jahren Abstand BayObLG NJW-RR 1999, 878 = ZEV 1999, 227; eingehend dazu § 2270 RdNr 7). Dies ist eine Auslegungsfrage, über die grundsätzlich die Tatsacheninstanz entscheidet (BayObLGZ 1987, 23, 27).

### III. Mängel der Testierfähigkeit

#### 1. Testierfähigkeit des Erblassers

**8** Ob der Erblasser fähig ist, bei der Errichtung eines gemeinschaftlichen Aufhebungstestaments nach § 2292 mitzuwirken, richtet sich nach §§ 2229 f, also nach *Testamentsrecht* und nicht nach § 2290 Abs 2. Denn wenn auch das gemeinschaftliche Aufhebungstestament seinem Wesen nach dem Aufhebungsvertrag nach § 2290 ähnlich ist, so ist es doch formal ein Testament (s RdNr 2), und da das Gesetz nur hinsichtlich des Vertragsgegners auf § 2290 Abs 3 verweist, ergibt sich daraus im **Umkehrschluss**, dass im Übrigen hinsichtlich formeller Fragen Testamentsrecht gilt.

**9** Daraus folgt:

**a)** Der Erblasser kann das Aufhebungstestament nur *persönlich* errichten (§ 2064; vgl § 2290 Abs 2 S 1). Ein testierunfähiger Erblasser kann also ein solches Testament überhaupt nicht errichten. Die Testierfähigkeit muss zum Zeitpunkt der Errichtung des Aufhebungstestaments vorliegen (BayObLGZ 1995, 383).

**b)** Bei einem *minderjährigen* Ehegatten ist nur ein öffentliches Aufhebungstestament möglich, er bedarf aber hierzu nicht der Zustimmung seines gesetzlichen Vertreters (§§ 2247 Abs 4; 2229; PALANDT-EDENHOFER RdNr 2).

Zur früheren Rechtslage bei einer Entmündigung bis zum In-Kraft-Treten des Betreuungsgesetzes am 1.1.1992 vgl 2. Aufl RdNr 7 ff.

## 2. Geschäftsfähigkeit des Vertragsgegners

Für die Fähigkeit des Ehegatten oder Lebenspartners, der **nicht zugleich** als **Erblasser** gehandelt hat, bei der Aufhebung durch gemeinschaftliches Testament mitzuwirken, gilt nicht Testamentsrecht, sondern das **Erbvertragsrecht** über den Aufhebungsvertrag, § 2290. Indem das Gesetz auf § 2290 Abs 3 verweist, bringt es zum Ausdruck, dass Mängel der Geschäftsfähigkeit des »anderen Teils« hier dieselbe Bedeutung haben wie im Falle des § 2290 (PLANCK-GREIFF Anm 3c; RGRK-BGB-KREGEL RdNr 3; MünchKomm-MUSIELAK RdNr 3; KIPP-COING § 39 III).

Daraus folgt:

a) Ist der Ehegatte oder Lebenspartner, der im Erbvertrag keine vertragsmäßigen Verfügungen getroffen hat, der sog Vertragsgegner, **geschäftsunfähig,** so kann sein gesetzlicher Vertreter für ihn handeln (§§ 1629, 1793). § 2064 steht als Bestimmung des Testamentsrechtes nicht entgegen (aM PLANCK-GREIFF Anm 3a).

b) Ist der Vertragsgegner in der **Geschäftsfähigkeit beschränkt,** so kann er bei Errichtung des gemeinschaftlichen Aufhebungstestaments mitwirken. Er bedarf aber zum Vertragsschluss der Zustimmung seines gesetzlichen Vertreters (§§ 107, 108; PALANDT-EDENHOFER RdNr 2) und, wenn er unter Vormundschaft steht (§§ 1773 ff) oder die Aufhebung vom Aufgabenkreis eines Betreuers erfasst wird, der Genehmigung des Vormundschaftsgerichts (§ 2290 Abs 3 S 1). Dies gilt aber nicht, wenn der minderjährige Vertragsgegner unter elterlicher Sorge steht, da dann immer § 2290 Abs 3 S 2 letzter HS eingreift (SOERGEL-M WOLF RdNr 5). Das Erfordernis der Genehmigung des *Vormundschaftsgerichts* gilt nur für den aufhebenden Teil des Aufhebungstestaments, hier aber auch für die Aufhebung von Zuwendungen an Dritte (Prot V 446).

c) Wenn der in der Geschäftsfähigkeit beschränkte andere Ehegatte die Zustimmung seines gesetzlichen Vertreters oder die etwa erforderliche Genehmigung des Vormundschaftsgerichts nicht erholt oder nicht erlangt hat, so kann er, nachdem er unbeschränkt geschäftsfähig geworden ist, die Aufhebung des Erbvertrags durch das gemeinschaftliche Testament **nachträglich selbst genehmigen.** Denn durch die Verweisung auf § 2290 Abs 3 und das Vertragsrecht wird man § 108 Abs 3 zumindest entsprechend anwenden können (STROHAL I § 46 Fn 25; MünchKomm-MUSIELAK RdNr 3; PALANDT-EDENHOFER RdNr 2; SOERGEL-M WOLF RdNr 4; aM PLANCK-GREIFF Anm 3c; RGRK-BGB-KREGEL RdNr 3; LANGE-KUCHINKE § 25 VII 3 b Fn 248; HARRER LZ 1924, 15). Der Grundsatz, dass ein unwirksames Testament nicht durch formlose Bestätigung wirksam werden kann (§ 2229 RdNr 18), wird dadurch nicht verletzt, weil die Aufhebung des Erbvertrags nach § 2292 ihrem Wesen nach der vertragsmäßigen Aufhebung nach § 2290 gleichstellt (gegen diese Gleichstellung ausdrücklich V LÜBTOW I 457 f; HARRER aaO). Bei einer Aufhebung eines *Einwilligungsvorbehalts* stellt sich dieses Problem nicht, da dieser nach § 1903 Abs 2 sich nicht auf Verfügungen von Todes wegen beziehen kann (übersehen bei MünchKomm-MUSIELAK RdNr 4). Die rückwirkende Genehmigung ist aber nicht mehr möglich, wenn der Erblasser bereits verstorben ist, weil nur die erbrechtlichen Sachverhalte berücksichtigt werden können, die bis zum Tod verwirklicht wurden, oder wenn der Erblasser seine Verfügung widerrufen hat oder wenn das Aufhebungstestament privatschriftlich erfolgte und der Vertragspartner bei der Errichtung minderjährig war oder er Geschriebenes nicht lesen konnte, § 2247 Abs 4 (vgl RdNr 3; MünchKomm-MUSIELAK RdNr 4).

**14** Beim **zweiseitigem Erbvertrag** trifft jeder Vertragsteil erbvertragsmäßige Verfügungen und es ist somit jeder Erblasser, sodass die unter RdNr 8 f dargestellten Grundsätze für beide Teile gelten. Daher müssen dann auch beide Ehegatten zum Zeitpunkt der Errichtung des Aufhebungstestaments testierfähig sein (BayObLGZ 1995, 383, 387).

### IV. Die Wirkung des gemeinschaftlichen Aufhebungstestaments und dessen Beseitigung

**15** Durch die Errichtung eines gemeinschaftlichen Aufhebungstestaments nach § 2292 wird der aufgehobene Erbvertrag oder die aufgehobene vertragsmäßige Verfügung **außer Kraft** gesetzt.

**16** Das gemeinschaftliche *Aufhebungstestament* tritt an die Stelle eines Aufhebungsvertrags nach § 2290; aus dieser **Formsubstitution** ergibt sich, dass es dem Wesen nach *vertraglicher Natur* ist (STAUDINGER-KANZLEITER RdNr 10; vgl auch RdNr 2; aM MünchKomm-MUSIELAK RdNr 6: nur letztwillige Verfügung). Unabhängig vom Theorienstreit überzeugen die praktischen Ergebnisse der Auffassung von der Rechtsnatur als letztwillige Verfügung nicht (s RdNr 18 aE).

**17** Ein **einseitiger Widerruf** des Erblassers nach §§ 2271, 2253 kann daher den vorher aufgehobenen Erbvertrag nicht wieder in Kraft setzen (KIPP-COING § 39 IV; PALANDT-EDENHOFER RdNr 3; SOERGEL-M WOLF RdNr 6; STAUDINGER-KANZLEITER RdNr 10; vgl § 2291 RdNr 13 f; aM MünchKomm-MUSIELAK aaO); vielmehr kann diese Wirkung nur durch eine gleichwertige Handlung, also durch einen Erbvertrag der gleichen Ehegatten mit Aufhebungswirkung, einen Aufhebungsvertrag nach § 2290, ein Aufhebungstestament nach § 2291 oder – mit der dieser eigentümlichen eingeschränkten Bindungswirkung – durch ein neues gemeinschaftliches Testament der Eheleute (entsprechend § 2292) herbeigeführt werden.

**18** Da das gemeinschaftliche Aufhebungstestament jedoch zur **Wiederherstellung der Testierfreiheit** führt, sind neue einseitige Verfügungen von Todes wegen möglich. Eine *Umdeutung* (§ 140) des *einseitigen Widerrufs* des Aufhebungstestaments in die im früheren Erbvertrag enthaltenen letztwilligen Verfügungen erscheint daher grundsätzlich möglich (so KIPP-COING aaO; PALANDT-EDENHOFER RdNr 3, SOERGEL-M WOLF RdNr 6), wenn in dem (zunächst rein negativen) Willen zum Widerruf der Wunsch zur Wiederherstellung der in dem früheren Erbvertrag getroffenen Verfügungen von Todes wegen hinreichend deutlich zum Ausdruck kommt. Diese Umdeutung führt aber – als wesentlicher Unterschied – immer noch nicht zur Wiederherstellung der alten *erbvertraglichen Bindung,* weil der einseitige Wille nicht den notwendigen beiderseitigen Konsens für das Wiederaufleben der alten erbrechtlichen Bindung ersetzen kann. Diese einseitige Verfälschung des im Aufhebungstestament manifestierten Willens der Ehegatten übersieht MünchKomm-MUSIELAK (RdNr 6), der durch einseitigen Widerruf des Aufhebungstestaments den aufgehobenen Erbvertrag »wieder in Kraft treten« lassen will und damit beim zweiseitigen Erbvertrag den anderen Vertragspartner einseitig in eine Bindung an seine alten erbvertraglichen Verfügungen hineinzwingt, die an sich einverständlich aufgehoben wurde.

## V. Gestaltungshinweise

Wenn im Aufhebungstestament zugleich neue positive Verfügungen von Todes wegen getroffen werden, ist besondere Sorgfalt auf deren Formulierung und »Verzahnung« mit den früheren erbvertraglichen Bestimmungen zu legen. Auch wenn die Rechtsprechung hier zur Annahme einer »Gesamtregelung« neigt und mitunter sogar das *Fortbestehen* eines für die alte Schlusserbenbestimmung getroffenen *Änderungsvorbehalts* auch für die neue Schlusserbenbestimmung sowie eine Wechselbezüglichkeit von alt und neu annimmt (s RdNr 6 f), ist insbesondere zu regeln: 19
- Welche früheren Verfügungen von Todes wegen gelten noch fort? Ausdrückliche Aufhebung der nicht mehr gewollten.
- Stehen die neuen Verfügungen mit den früheren im Verhältnis der Wechselbezüglichkeit (§ 2270)?
- Gelten frühere Änderungsvorbehalte auch bezüglich der neuen Verfügungen uneingeschränkt oder modifiziert fort?

## § 2293 Rücktritt bei Vorbehalt

**Der Erblasser kann von dem Erbvertrag zurücktreten, wenn er sich den Rücktritt im Vertrag vorbehalten hat.**

Übersicht

| | | |
|---|---|---|
| I. | **Allgemeines** | 1 |
| | 1. Normzweck | 1 |
| | 2. Rücktritt – Aufhebung – Anfechtung | 2 |
| | 3. Wesen des Rücktritts | 4 |
| | 4. Weitere Abgrenzungen | 5 |
| |    a) vom Änderungsvorbehalt | 6 |
| |    b) von der auflösenden Bedingung | 7 |
| |    c) vom Rücktrittsvorbehalt beim schuldrechtlichen Vertrag (§§ 346 ff) | 8 |
| II. | **Vorbehalt** | 9 |
| | 1. Ort des Vorbehalts | 9 |
| | 2. Bezeichnung | 10 |
| | 3. Inhalt | 12 |
| III. | **Ausübung des Rücktrittsrechts** | 13 |
| | 1. Allgemeines | 13 |
| | 2. Bedingungsfeindlichkeit | 15 |
| | 3. Abmahnungserfordernis | 17 |
| IV. | **Wirkung des Rücktritts** | 20 |
| | 1. Generelle Wirkung | 20 |
| | 2. Kein Rücktritt vom Rücktritt | 23 |
| | 3. Wirkung bei Ehe- und Erbvertrag | 24 |
| V. | **Rücktrittsrecht des Vertragsgegners** | 25 |

| VI. Prozessuales | 27 |
|---|---|
| VII. Gestaltungshinweise | 28 |
| 1. Allgemeine Überlegungen | 28 |
| 2. Formulierungsvorschläge für Rücktrittsvorbehalte | 33 |

## I. Allgemeines

### 1. Normzweck

**1** Der Rücktritt gibt dem Erblasser die Möglichkeit, sich einseitig ohne Zustimmung des Vertragspartners von der Bindung des Erbvertrags zu lösen, insbesondere wenn sich die Verhältnisse ändern. Jedoch sieht das Gesetz keinen generellen Rücktrittsvorbehalt bei einer Änderung der Verhältnisse vor, sondern enthält nur in § 2294 (Rücktritt bei Verfehlung des Bedachten) und in § 2295 (Rücktritt bei Aufhebung der Gegenverpflichtung) sehr begrenzte Rücktrittsmöglichkeiten (SOERGEL-M WOLF RdNr 2). Ein Rücktrittsvorbehalt nimmt dem Erbvertrag nicht seinen Vertragscharakter und gibt ihm nicht den Charakter eines Testaments (Mot V 342), was durch § 2293 klargestellt wird (MünchKomm-MUSIELAK RdNr 1; eingehend hierzu und zum Normzweck VAN VENROOY JZ 1987, 10, 11 f; aM SCHIFFNER, Der Erbvertrag nach dem BGB für das Deutsche Reich [1899] § 48).

### 2. Rücktritt – Aufhebung – Anfechtung

**2** Unter Rücktritt vom Erbvertrag versteht das Gesetz eine Erklärung, durch die sich der Erblasser trotz seiner grundsätzlichen Bindung an den Vertrag ausnahmsweise einseitig, also ohne Zustimmung des Vertragsgegners, von dem Erbvertrag oder einzelnen vertragsmäßigen Verfügungen lossagen kann (zum Versuch, die Rechtsnatur zu bestimmen HÖFER BWNotZ 1984, 113, 118). Den Ausdruck »Widerruf« hat das BGB absichtlich vermieden, um die einseitige Aufhebung des Erbvertrags oder vertragsmäßiger Verfügungen von dem Widerruf der in einem Erbvertrag getroffenen einseitigen Verfügungen zu unterscheiden (§ 2299, auch Abs 3; Mot V 342). Der Rücktritt steht auch im Gegensatz zur **Aufhebung** des Erbvertrags oder vertragsmäßiger Verfügungen im beiderseitigen Einverständnis (§§ 2290 bis 2292) einerseits, zu der Anfechtung andererseits:

**3** Die **Anfechtung** (§ 2281) hat mit dem Rücktritt gemeinsam, dass sie eine einseitige Lossagung vom Erbvertrag oder von einer vertragsmäßigen Verfügung bedeutet; sie braucht aber nicht vorbehalten zu sein und setzt auch nicht eine Verfehlung des Bedachten oder eine Aufhebung seiner Unterhaltspflicht voraus; vielmehr wird sie dem Erblasser gestattet, weil der Erbvertrag oder die vertragsmäßige Verfügung von Beginn an einem Willensmangel leidet (§§ 2281, 2078, 2079). Darum wirkt auch die Anfechtung zurück (§ 142), während der Rücktritt nur für die Zukunft wirkt (RdNr 22).

### 3. Wesen des Rücktritts

**4** Der Vorbehalt des Rücktritts (§ 2293) ist mit der rechtlichen Natur des Erbvertrags oder der vertragsmäßigen Verfügung, der er beigefügt ist, ebenso vereinbar wie der entsprechende Vorbehalt bei schuldrechtlichen Verträgen mit der Bindung des Schuldners (§§ 346 ff; PLANCK-GREIFF § 2293 Anm 1; VAN VENROOY JZ 1987, 10; RdNr 1). Solange nämlich der Erblasser von dem Rücktrittsrecht keinen Gebrauch macht, besteht der Erbvertrag oder die vertragsmäßige Verfügung zu Recht und äußert alle Wirkungen, die das Gesetz ihnen beilegt (s bes §§ 2287 bis 2289). Jedoch kann der Vorbehalt des Rücktritts im Zusammenhalt mit weiteren Umständen zu der Auslegung führen, dass der Erbvertrag oder die vertragsmäßige Verfügung nur als letztwillige Verfügung anzusehen ist (vgl § 2299; § 2278 RdNr 10; weiter gehend Mot V 343 für den Fall, dass das Rücktrittsrecht nur hinsichtlich einer einzelnen vertragsmäßigen Verfügung vorbehalten ist: »im Zweifel wird die Auslegung gerechtfertigt sein, dass die Verfügung den Charakter einer letztwilligen mit dem Vertrag äußerlich verbundenen Zuwendung haben soll«). Darüber, wann sich der Vorbehalt des Rücktritts empfiehlt und wie er ausgestattet werden sollte, s RdNr 28 ff.

### 4. Weitere Abgrenzungen

Der Vorbehalt des Rücktritts ist zu unterscheiden (vgl auch HERLITZ MittRhNotK 1996, 153, 160): **5**

#### a) vom Änderungsvorbehalt

(eingehend zur Abgrenzung s den Meinungsüberblick bei D NOLTING 38 ff; und § 2278 RdNr 15 f; **6** die Unterschiede verkennt LEHMANN BWNotZ 1999, 1, 2 f)

– durch die **Zweckrichtung:** der Rücktrittsvorbehalt ist primär auf die Beseitigung der gesamten Verfügung von Todes wegen gerichtet, der Änderungsvorbehalt auf die inhaltliche Umgestaltung, insbesondere zur Anpassung an die geänderten Verhältnisse (C NOLTING 96 f). Der **Rücktrittsvorbehalt kassiert,** der **Änderungsvorbehalt reformiert.**
– **materiell-rechtlich** hinsichtlich der **Tatbestandsvoraussetzungen** dadurch, dass er nicht schlechthin die einseitige bedingungslose Aufhebung aller vertragsmäßigen Verfügungen des Erbvertrags zum Gegenstand haben kann, wenn der Vertrag ein Erbvertrag bleiben soll (Verbot des Totalvorbehalts); von der **Rechtsfolge** führt die Ausübung des Änderungsvorbehalts nicht zur Unwirksamkeit der damit korrespondierenden Verfügungen, während der Rücktritt nach der Auslegungsregel des § 2298 Abs 2 S 1 grundsätzlich den gesamten Erbvertrag beseitigt.
– **formell** besteht ein Unterschied insofern, als der Rücktritt (abgesehen von dem Fall des § 2297) nicht durch Verfügung von Todes wegen, sondern nur durch öffentlich beurkundete Erklärung gegenüber dem Vertragsgegner geschehen kann (§ 2296 Abs 2). Die beim Rücktrittsvorbehalt – anders als beim Totalvorbehalt – grundsätzlich bestehende erbvertragliche Bindung resultiert gerade aus dieser Formstrenge (HERLITZ MittRhNotK 1996, 153, 155 f).

#### b) von der auflösenden Bedingung

zB Wiederverheiratung des Erblassers, § 2074 – dadurch, dass beim Eintritt der **7** Bedingung der Erbvertrag oder die vertragsmäßige Verfügung von selbst außer Kraft tritt, ohne dass es noch einer Rechtshandlung des Erblassers bedürfte (§ 158 Abs 2). Solche auflösende Bedingungen sind grundsätzlich zulässig, soweit sie nicht in Widerspruch mit der bindenden Kraft des Erbvertrags oder der vertragsmäßigen Verfügung stehen (Mot V 344). Allerdings können sie zur Annahme einer Nacherbfolge oder eines Nachvermächtnisses führen (§§ 2104, 2191). Besteht die auflösende Bedingung in einer Handlung des Erblassers, was grundsätzlich zulässig ist, so nähert sich die Bedingungsanordnung dem Vorbehalt des Rücktritts. Der Erblasser kann sich dann ohne Beachtung der Formvorschrift für den Rücktritt (§ 2296) von der Bindung freimachen (PLANCK-GREIFF § 2293 Anm 2).

### c) vom Rücktrittsvorbehalt beim schuldrechtlichen Vertrag (§§ 346 ff)

8 Diese Vorschriften finden auf den Rücktritt vom Erbvertrag als solchem keine Anwendung, da dieser kein schuldrechtlicher Vertrag ist (HARRER 16); siehe aber RdNr 26.

## II. Vorbehalt

### 1. Ort des Vorbehalts

9 Im Erbvertrag selbst oder in einem Nachtrag hierzu muss der Vorbehalt vereinbart werden. Enthält der Nachtrag nur den Vorbehalt, so gilt hierfür, da er eine teilweise Aufhebung des Erbvertrags enthält, § 2290 Abs 2 u 3, nicht § 2275, sodass auch ein beschränkt geschäftsfähiger Erblasser ihn ohne Zustimmung seines gesetzlichen Vertreters abschließen kann (MünchKomm-MUSIELAK RdNr 4; PALANDT-EDENHOFER RdNr 2). Auch der Vorbehalt, eine vertragsmäßige Erbeinsetzung ersatzlos durch Rücktritt zu beseitigen, kann sinnvoll und daher statthaft sein: Der Vertragspartner muss durch die förmliche Ausübung und Erklärung des Rücktritts (Unterschied zum Änderungsvorbehalt) erfahren, wenn der Erblasser die Erbeinsetzung beseitigt, die gesetzliche Form des Rücktritts gewährleistet rechtliche Sicherung und Unterrichtung des Vertragsgegners (KÜSTER JZ 1958, 394).

### 2. Bezeichnung

10 Ein Rücktrittsvorbehalt kann auch in anderen Begriffen ausgedrückt werden, etwa durch »widerrufen« oder »einseitig aufheben« (BayObLG FamRZ 1989, 1353, 1354 = DNotZ 1990, 812; MünchKomm-MUSIELAK RdNr 3; PALANDT-EDENHOFER RdNr 2; J MAYER DNotZ 1990, 772), wenn nur unzweifelhaft das Recht zur einseitigen Lossagung vom Erbvertrag gewollt ist. Abgrenzungsprobleme ergeben sich dabei insbesondere gegenüber dem Änderungsvorbehalt. Bei dem Vorbehalt, vom Erbvertrag abweichende Verfügungen zu treffen, handelt es sich idR nicht um einen Rücktritts- sondern Änderungsvorbehalt (MünchKomm-MUSIELAK RdNr 3), jedoch kann die Auslegung im Einzelfall ergeben, dass es sich doch um einen förmlichen Rücktrittsvorbehalt handelt (BayObLG aaO; NJW-RR 1997, 1027) oder um eine auflösende Bedingung (PALANDT-EDENHOFER aaO).

11 Der Vorbehalt des Rücktritts muss nicht ausdrücklich erklärt werden. So kann eine Wiederverheiratungsklausel in einem Ehegattenerbvertrag stillschweigend einen Rücktrittsvorbehalt für den Fall der Wiederverheiratung des Längerlebenden enthalten (OLG Karlsruhe NJW 1961, 1410; OLG Zweibrücken OLGZ 1973, 217).

### 3. Inhalt

12 Der Erblasser kann sich den Rücktritt für den ganzen Erbvertrag oder auch nur für eine einzelne vertragsmäßige Verfügung vorbehalten, schlechthin oder nur für gewisse Fälle, bedingt oder unbedingt, befristet oder unbefristet (Mot V 343). Ist die Zulässigkeit des Rücktritts an die Beachtung bestimmter Bedingungen geknüpft, so kann von einem **spezifizierten Rücktrittsvorbehalt** gesprochen werden. Dem Erblasser kann auch das Recht eingeräumt werden, allein darüber zu entscheiden, ob ein bestimmter Rücktrittsgrund gegeben ist, sodass die gerichtliche Überprüfung ausgeschlossen ist; denn die Parteien hätten ja dem Erblasser auch freies Rücktrittsrecht einräumen können (zum Widerrufsrecht beim gemeinschaft-

lichen Testament BGHZ 2, 35 = NJW 1951, 959 zur ähnlichen Problematik des Widerrufs wechselbezüglicher Verfügungen; JOHANNSEN WM 1969, 1222, 1230; HERLITZ MittRhNotK 1996, 153, 160).

## III. Ausübung des Rücktrittsrechts

### 1. Allgemeines

Dem Erblasser steht es frei, von dem Erbvertrag oder der vertragsmäßigen Verfügung ganz oder nur teilweise zurückzutreten. Die Form des Rücktritts ist verschieden, je nachdem ob er zu Lebzeiten des Vertragsgegners oder nach seinem Tod erklärt wird (§§ 2296, 2297; Ausnahme beim zweiseitigen Erbvertrag: § 2298 Abs 2 S 2, 3). Der Vertragsgegner braucht dem Rücktritt nicht zuzustimmen, seine Zustimmung liegt schon in dem Abschluss des Erbvertrags, der den Vorbehalt des Rücktritts enthält (PALANDT-EDENHOFER RdNr 4). Das Recht zum Rücktritt ist höchstpersönlich (§§ 2065, 2279, 2296 Abs 1 S 1), als Mittel zur Wiederherstellung der Testierfreiheit erlischt es mit dem Tode des Erblassers und ist daher nicht vererblich (PALANDT-EDENHOFER RdNr 1; MünchKomm-MUSIELAK RdNr 6). Das Rücktrittsrecht unterliegt nicht der Verjährung, da es keinen Anspruch darstellt (PLANCK-GREIFF Anm 3). Das Gesetz hat grundsätzlich auch keine Ausschlussfrist für seine Ausübung festgesetzt, beim zweiseitigen Erbvertrag ist jedoch § 2298 Abs 2 S 2 zu beachten, wonach hier das Rücktrittsrecht mit dem Tod des anderen Vertragspartners erlischt, wenn nichts anderes anzunehmen ist (MünchKomm-MUSIELAK RdNr 8). Jedoch kann eine Ausschlussfrist im Erbvertrag bestimmt werden, was im Einzelfall – gerade bei entgeltlichen Erbverträgen – sachgerecht sein kann. 13

Der Rücktritt selbst braucht nicht ausdrücklich erklärt werden; jedoch ist auf alle Fälle die Form der §§ 2296, 2297 einzuhalten (SOERGEL-M WOLF RdNr 6). Zur Rücktrittserklärung in einer neuen Verfügung von Todes wegen § 2296 RdNr 10. 14

### 2. Bedingungsfeindlichkeit

Der Rücktritt kann, da es sich um ein Gestaltungsrecht handelt, nicht unter einer Bedingung erklärt werden, da dem Erklärungsgegner keine Ungewissheit über die Wirksamkeit des Rücktritts zumutbar ist (OLG Stuttgart DNotZ 1979, 107; allgem hierzu BGHZ 97, 267; PALANDT-HEINRICHS Einf 13 v § 158). Die Umdeutung eines nach §§ 2290, 2276 Abs 1 S 1 formnichtigen Vertragsangebotes zur Aufhebung eines Erbvertrags (OLG Hamm DNotZ 1977, 751) oder eines wegen § 2290 unzureichenden Erbverzichtsvertrags (OLG Stuttgart DNotZ 1979, 107) in einen Rücktritt vom Erbvertrag ist daher nur möglich, wenn keine Bedingung in der Rücktrittserklärung enthalten ist. 15

Zulässig sind aber Rechtsbedingungen, da sie die gesetzlichen Voraussetzungen nur wiederholen (allgem BGHZ 99, 239; STAUDINGER-BORK [1996] Vorbem 24 ff zu §§ 158 ff), oder Potestativbedingungen, deren Erfüllung allein vom Willen des Erklärungsempfängers abhängen (PALANDT-HEINRICHS Einf 13 v § 158 mwN). 16

### 3. Abmahnungserfordernis

Bei der Ausübung des Rücktrittsrechts muss der Grundsatz von Treu und Glauben beachtet werden. Hat sich der Erblasser den Rücktritt für den Fall vorbehalten, dass der Vertragspartner seiner Pflicht zur Pflege nicht nachkommt, so können Treu und Glauben es erfordern, dass der Rücktritt erst nach einer erfolglosen 17

Abmahnung zulässig ist (BGH LM [Cd] Nr 118 zu § 242 BGB = MDR 1967, 993; OLG Hamm NJW-FER 1998, 275 zum Rücktritt vom Erbvertrag, der mit einer Scheidungsvereinbarung verbunden ist; JOHANNSEN WM 1969, 1222, 1230; PALANDT-EDENHOFER RdNr 3). Das Erfordernis der Abmahnung soll nach BGH NJW 1981, 2299 = DNotZ 1983, 117, 118 jedoch nur gelten, wenn die Verpflichtung des Bedachten nur allgemein, etwa unter Verwendung unbestimmter Rechtsbegriffe (»erforderliche Wart und Pflege«, »standesgemäße Verpflegung«) umschrieben ist; ansonsten sei weder eine Abmahnung noch eine Fristsetzung entsprechend § 323 nF (früher § 326) geboten. Ob dies bei einem Rücktritt wegen der Verletzung von Verpflichtungen aus Dauerschuldverhältnissen ebenfalls gilt, erscheint zweifelhaft, zumal OLG Düsseldorf (FamRZ 1995, 58 = ZEV 1994, 171, 172 = NJW-RR 1995, 141; dazu KIRCHNER MittBayNot 1996, 19) offensichtlich hier zur Übernahme arbeitsrechtlicher Kriterien neigt. Dann kann aber auch durch eine entsprechende Formulierung des Rücktrittsvorbehalts das Abmahnungserfordernis nicht umgangen werden (anders LANGE-KUCHINKE § 25 VIII 4 Fn 259).

18 In der **Abmahnung** müssen die beanstandeten Leistungsmängel hinreichend konkret bezeichnet sein, und die aus der Nichtbeachtung sich ergebenden Rechtsfolgen angedroht werden, damit diese ihrer eigentlichen Aufgabe, der *Warn- und Androhungsfunktion*, gerecht wird (OLG Düsseldorf FamRZ 1995, 58 = MittBayNot 1995, 150; OLG Hamm DNotZ 1999, 142, 144 = NJWE-FER 1998, 275; kritisch hierzu KIRCHNER aaO). Der Rücktritt ist unzulässig, wenn der Erblasser das Verhalten, das den Rücktritt gerechtfertigt hätte, stillschweigend geduldet hat (OLG Oldenburg NdsRpfl 1955, 191); überhaupt müssen bei Ausübung des Rücktrittsrechts die Grundsätze von **Treu und Glauben** beachtet werden (STAUDINGER-KANZLEITER RdNr 10).

19 Der Rücktritt kann allerdings später nicht mehr auf die **Tatsachen** gestützt werden, die dem Erblasser **im Zeitpunkt der Abmahnung bekannt** waren, denn durch die Tatsache der Abmahnung bringt der Erblasser gerade zum Ausdruck, dass er die Leistungserbringung will und nicht bereits zur Sanktion des Rücktritts greift. Demnach müssen die Rücktrittsgründe über die hinausgehen, die Gegenstand der Abmahnung waren (OLG Düsseldorf aaO), etwa weitere Schlecht- oder Nichtleistung. Der Notar sollte bei derartigen Verbindungen von Erb- und Pflegeverträgen entweder die dem Vertragsgegner obliegenden Leistungen möglichst genau formulieren oder – da dies in der Praxis oft nicht möglich, uU auch unzweckmäßig ist – auf die Notwendigkeit einer Abmahnung vor Ausübung des Rücktrittsrechtes hinweisen.

## IV. Wirkung des Rücktritts

### 1. Generelle Wirkung

20 Der Rücktritt wirkt nach hM soweit, wie der Vorbehalt reicht, und beseitigt die davon betroffenen Verfügungen des Zurücktretenden. Nach einer Mindermeinung soll die vom Rücktrittsvorbehalt erfasste Verfügung nach Ausübung des Rücktrittsrechts als einseitige noch existent sein, weil in der Vertragsmäßigkeit der Verfügung nur eine besondere Bestandssicherung derselben zu erblicken sei. Ob sie dann aber wirksam bleibe, richte sich nach § 2299 Abs 3 (VAN VENROOY JZ 1987, 10, 15 f). Diese Vorstellung beruht jedoch auf der mittlerweile überholten Testamentstheorie (s Vorbem 6 zu §§ 2274 ff) und ist daher abzulehnen (im Ergebnis ebenso D NOLTING 45 unter Berufung auf den Wortlaut des § 2298 Abs 2).

Durch den wirksamen Rücktritt werden die davon betroffenen vertragsmäßigen **21** Verfügungen des Zurücktretenden immer beseitigt, die des **anderen Vertragsteils** beim zweiseitigen Erbvertrag nach der Auslegungsregel des § 2298 Abs 2 S 1 **nur** bei einem **vorbehaltenen Rücktrittsrecht**.

**Bei der Ausübung eines gesetzlichen Rücktrittsrechts** (§§ 2294, 2295) gilt diese nicht, sodass die Verfügungen des Vertragsgegners hier als bindende Anordnung bestehen bleiben (MÜLLER-ROTTACH BWNotZ 1987, 42; LANGE-KUCHINKE § 25 VII 6 a bei Fn 273; PALANDT-EDENHOFER RdNr 4). Betrifft der **Rücktritt nur einzelne** vertragsmäßige **Verfügungen** (etwa bei § 2294), so kann deren Unwirksamkeit zur Folge haben, dass auch andere Verfügungen kraftlos werden, vertragsmäßige nach § 139, einseitige nach §§ 2085, 2279. Teilweise wird auch vertreten, dass sich die Wirksamkeit der verbleibenden vertragsmäßigen Verfügungen nach § 2085 bestimmt (MünchKomm-MUSIELAK RdNr 9; HÖFER BWNotZ 1984, 119), jedoch wird man damit zu ähnlichen Beurteilungen kommen (HERLITZ MittRhNotK 1996, 153, 162). Bei einem Rücktritt von dem ganzen Erbvertrag treten auch die **einseitigen Verfügungen**, die etwa in dem Erbvertrag enthalten sind, im Zweifel außer Kraft (§ 2299 Abs 3; vgl § 2299 RdNr 17 ff).

Der Rücktritt äußert keine Rückwirkung; denn in der Regel wirken Rechtsge- **22** schäfte erst von ihrer Vornahme an (BayObLGZ 1957, 292, 301). Die §§ 346 ff sind hier nicht anwendbar (gleiches gilt ja auch beim Widerruf eines gemeinschaftlichen Testaments, §§ 2270, 2271).

### 2. Kein Rücktritt vom Rücktritt

Der einmal erklärte Rücktritt ist grundsätzlich unwiderruflich (Prot VI 153; WEIN BayZ **23** 1916, 126). Eine Ausnahme gilt, wenn nach dem Tod des Vertragsgegners an die Stelle des Rücktrittsrechtes das Recht tritt, die vertragsmäßige Verfügung durch einseitiges Testament aufzuheben (§ 2297). Denn das Testament ist seiner Natur nach widerruflich (§ 2253, § 2297 RdNr 17). In diesem Falle hat der Widerruf zur Folge, dass die frühere vertragliche Verfügung wieder in Kraft tritt.

### 3. Wirkung bei Ehe- und Erbvertrag

Haben Eheleute vor einem Notar in einer einzigen Verhandlung durch Ehever- **24** trag den Güterstand der Gütergemeinschaft vereinbart und gleichzeitig einen Erbvertrag geschlossen (vgl § 2276 Abs 2), so kann jeder Ehegatte unter den Voraussetzungen der §§ 2293 ff von den im Erbvertrag getroffenen vertragsmäßigen Verfügungen zurücktreten, ohne dass die weitere Geltung des Ehevertrages dadurch berührt wird; § 139 kann weder unmittelbar noch entsprechend angewendet werden, weil ursprüngliche Nichtigkeit nicht in Frage steht und das BGB den Rücktritt vom Erbvertrag einerseits und die Aufhebung der Gütergemeinschaft andererseits besonders geregelt hat (§§ 1447 ff; BGHZ 29, 129 = NJW 1959, 625 = DNotZ 1959, 209).

## V. Rücktrittsrecht des Vertragsgegners

Das Gesetz kennt nur den Rücktritt des Erblassers vom Erbvertrag, nicht auch **25** einen Rücktritt des Vertragsgegners, der keine Verfügung von Todes wegen getroffen hat, vom Erbvertrag. Dieser hat also keinesfalls ein gesetzliches Recht zum Rücktritt. Aber auch ein vertraglicher Vorbehalt des Rücktritts vom Erbvertrag (oder von der Annahme der vertragsmäßigen Verfügungen in diesem Vertrag) wäre für den Vertragsgegner unzulässig und unwirksam (PLANCK-GREIFF Vorbem 3; BGB-RGRK-KREGEL RdNr 2; SOERGEL-M WOLF RdNr 5; KIPP-COING § 40 IV 1; HERLITZ MittRhNotK 1996, 153, 161; aA VAN VENROOY JZ 1987, 15 f) und ist ohne praktische Notwendigkeit (dazu STAUDINGER-KANZLEITER RdNr 14).

**26** Zulässig ist nur, dass sich der Vertragsgegner den Rücktritt von einem **schuldrechtlichen Vertrag** vorbehält, den er in dem Erbvertrag oder in Zusammenhang mit diesem mit dem Erblasser geschlossen und in dem er – etwa als Gegenleistung für vertragsmäßige Zuwendungen des Erblassers – diesem gegenüber schuldrechtliche Verpflichtungen übernommen hat (KIPP-COING § 40 IV 2; vgl Mot V 342). Für ein solches schuldrechtliches Rücktrittsrecht gelten die Vorschriften der §§ 346 ff. Ein gesetzliches Recht zum Rücktritt vom Erbvertrag nach §§ 323, 324 nF kommt nicht in Betracht, weil der Erbvertrag, auch wenn er mit einem schuldrechtlichen Vertrag verbunden ist (vgl § 34 Abs 2 BeurkG, Vorbem 38 ff zu § 2274), kein gegenseitiger Vertrag ist. Der schuldrechtliche Rücktritt des Vertragsgegners macht die erbrechtlichen Verfügungen des Erblassers nicht ohne weiteres unwirksam, wenn sie nicht aufgrund des Parteiwillens durch den Bestand der schuldrechtlichen Verpflichtungen des Vertragsgegners bedingt sind; die Nichtigkeit ergibt sich aber wegen des Abstraktionsprinzips nicht zwingend aus § 139 (aM MünchKomm-MUSIELAK RdNr 9). Der Rücktritt kann aber ein Rücktrittsrecht oder Anfechtungsrecht des Erblassers auslösen (§ 2295 mit RdNr 9; KIPP-COING aaO).

## VI. Prozessuales

**27** Das Recht zum Rücktritt kann uU schon zu Lebzeiten des Erblassers zum Gegenstand einer Feststellungsklage gemacht werden (§ 256 ZPO; MünchKomm-MUSIELAK RdNr 11; OLG Düsseldorf FamRZ 1995, 58 = ZEV 1994, 171; zur Streitwertfestsetzung BGH BGHR § 3 ZPO: nur Bruchteil des Grundstückswerts). Da der Rücktritt eine Ausnahme von dem Grundsatz der Unwiderruflichkeit des Erbvertrags darstellt, hat im Streitfall das Recht zum Rücktritt und seine ordnungsmäßige Ausübung zu beweisen, wer sich auf den Rücktritt beruft (OLG Düsseldorf FamRZ 1995, 58 = ZEV 1994, 171; MünchKomm-MUSIELAK aaO). Jedoch kann die Beweislastregel des § 358 hier entsprechend herangezogen werden (SOERGEL-M WOLF RdNr 3; MünchKomm-MUSIELAK aaO; offen lassend BGH LM § 242 [Cd] Nr 118).

## VII. Gestaltungshinweise

### 1. Allgemeine Überlegungen

**28** Es ist durch sorgfältige Willenserforschung festzustellen, ob die Beteiligten eine uneingeschränkte Bindung an den Erbvertrag wünschen; idR ist dies – insbesondere bei Ehegattenerbverträgen – nicht gewollt (vgl etwa J MAYER DNotZ 1990, 776). Die gesetzlichen Rücktrittsgründe reichen im Allgemeinen nicht aus, um bei diesen oft weit in die Zukunft gerichteten Vereinbarungen die uU erforderliche Anpassung an die geänderten Verhältnisse zu erzielen.

**29** Dann ist zwischen den beiden grundsätzlichen Möglichkeiten für die Befreiung von der erbvertraglichen Bindung abzuwägen, nämlich zwischen dem Änderungsvorbehalt und dem Rücktrittsrecht. Dabei ist zu beachten: der Rücktritt führt gerade beim zweiseitigen Erbvertrag grundsätzlich zum Wegfall des gesamten Erbvertrages, soweit sich nicht aus dem Willen der Beteiligten etwas anderes ergibt (§ 2298 Abs 3), während bei einer Änderung aufgrund eines Vorbehalts die übrigen Verfügungen, mögen sie auch wechselbezüglich sein, bestehen bleiben. Dies ist gerade beim typischen Ehegattenerbvertrag nach dem Gestaltungsmuster des »Berliner Testaments« meist gewollt.

Sodann sind die Tatbestandsvoraussetzungen des Rücktrittsvorbehalts genau zu regeln (vgl auch NIEDER, Handbuch RdNr 758): **30**

– Besteht ein uneingeschränktes Rücktrittsrecht oder nur ein solches bei bestimmten Gründen?
– Bezieht sich das Rücktrittsrecht auf den ganzen Erbvertrag oder nur auf einzelne Verfügungen?
– Soll das Vorliegen der Rücktrittsgründe justiziabel sein oder kann der Erblasser selbst verbindlich über deren Vorliegen entscheiden (was zulässig ist, BGH NJW 1951, 959)?
– Ist das Rücktrittsrecht befristet (Ausschlussfrist)?
– Ist Rücktrittsgrund ein bestimmtes Verhalten des Vertragserben oder eines Dritten (mangelnde Pflegeerbringung etc), so bedarf es, insbesondere bei im Voraus nicht genau konkretisierbarer Leistungspflicht, idR einer Abmahnung als Rücktrittsvoraussetzung; hier sind Inhalt und Formalien der Abmahnungserklärung zu regeln.
– Ist der Rücktritt auch noch nach dem Tode des Vertragspartners zulässig (§ 2298 Abs 2 S 2, Abs 3)?

Die durch den Rücktritt eintretende Rechtsfolge ist zu regeln: **31**

– Tritt der ganze Erbvertrag außer Kraft oder nur einzelne Verfügungen?
– Erfasst der Rücktritt auch einseitige Verfügungen (§ 2299 Abs 3)?
– Bei Verbindung mit einem Ehevertrag: bleibt dieser wirksam?
– Bei Verbindung mit einem anderen Vertrag: bleibt dieser wirksam? Sind bereits erbrachte Leistungen zurückzugewähren?

Zu beachten ist, dass die Form für den Rücktritt (§ 2296) zwingend ist und hiervon durch Vereinbarung nicht abgewichen werden kann. **32**

## 2. Formulierungsvorschläge für Rücktrittsvorbehalte

Solche finden sich etwa bei Formular-Kommentar-PRAUSNITZ, Form 6.529; Münchener Vertragshandbuch-NIEDER, Bd IV, 2. Hbbd Form XVI 31; HERLITZ Mitt-RhNotK 1996, 153, 163 mit ausführlichen Praxishinweisen. **33**

## § 2294 Rücktritt bei Verfehlungen des Bedachten

Der Erblasser kann von einer vertragsmäßigen Verfügung zurücktreten, wenn sich der Bedachte einer Verfehlung schuldig macht, die den Erblasser zur Entziehung des Pflichtteils berechtigt oder, falls der Bedachte nicht zu den Pflichtteilsberechtigten gehört, zu der Entziehung berechtigen würde, wenn der Bedachte ein Abkömmling des Erblassers wäre.

### I. Normzweck, Allgemeines

**1** Die Vorschrift enthält ein gesetzliches Rücktrittsrecht zur Lösung von der erbvertraglichen Bindung, weil einerseits wegen der Verfehlungen des Bedachten dem Erblasser ein Festhalten an dem Erbvertrag nicht mehr zugemutet werden kann und andererseits der Bedachte wegen seines Verhaltens keiner Belohnung bedarf (LANGE-KUCHINKE § 25 VII 5). Sie weist eine gewisse Ähnlichkeit mit § 530 und § 2271 Abs 2 S 2 auf.

### II. Voraussetzungen des Rücktrittsrechts

#### 1. Verfehlungen des Bedachten

**2** Als Verfehlungen, die zum Rücktritt berechtigten, kommen nur die in den §§ 2333–2335 genannten Pflichtteilsentziehungsgründe in Frage. Dabei wird hinsichtlich der Rücktrittserheblichkeit der Verfehlungen nach der Person des Bedachten differenziert:

– Bei **Abkömmlingen** des Erblassers sind diese die in § 2333 genannten. Verfehlungen gegen Eigentum oder Vermögen des Erblassers iS der §§ 2333 Nr 3, 2294 sind aber nur dann schwere vorsätzliche Verfehlungen, wenn sie nach ihrer Natur und nach ihrer Begehungsweise eine grobe Missachtung des Eltern-Kind-Verhältnisses zum Ausdruck bringen und deswegen eine besondere Kränkung des Erblassers bedeuten (BGH, NJW 1974, 1084 = LM § 2333 BGB Nr 2; NJW-RR 1986, 371, 372).
– Bei **Eltern** des Erblassers die in § 2334 erwähnten.
– Bei **Ehegatten** des Erblassers die nach § 2335.
– Bei **nichtpflichtteilsberechtigten Bedachten** die in § 2333 genannten, da sie insoweit den Abkömmlingen gleichgestellt werden.

**3** Es kommt nur darauf an, ob der vertragsmäßig Bedachte, mag er Vertragsgegner oder Dritter sein, solche Verfehlung begangen hat; eine Verfehlung des Vertragsgegners, der nicht zugleich der Bedachte ist, ist unbeachtlich (AK-FINGER RdNr 1).

**4** Nur Verfehlungen, die **nach dem Abschluss des Erbvertrags** begangen werden, berechtigen zum Rücktritt. Frühere Verfehlungen, die dem Erblasser beim Abschluss des Erbvertrags bekannt waren, sind bedeutungslos. Waren sie ihm unbekannt, so können sie die Anfechtung des Erbvertrags nach § 2078 Abs 2, §§ 2281 ff begründen, nicht aber den Rücktritt (PLANCK-GREIFF Anm 2; PALANDT-EDENHOFER RdNr 1; MünchKomm-MUSIELAK RdNr 3; aM STROHAL I § 46 Fn 40). Dieser Unterschied kann wegen § 2285 bedeutsam sein (AK-FINGER RdNr 2). Ob der Bedachte von der vertragsmäßigen Verfügung gewusst hat, ist unerheblich, wie sich aus dem

Normzweck der Unzumutbarkeit der Aufrechterhaltung der Bindung (s RdNr 1) ergibt (MünchKomm-MUSIELAK RdNr 2; AK-FINGER RdNr 1; aM LANGE-KUCHINKE § 25 VII 5 a Fn 264).

### 2. Besserung des Bedachten

Die Bestimmungen in § 2336 Abs 2 bis 4 (Entziehung des Pflichtteils) können auf den Rücktritt wegen Verfehlung des Bedachten (§ 2294) – abgesehen von dem Sonderfall des Rücktritts nach dem Tode des Bedachten, § 2297 – nicht entsprechend angewendet werden, weil § 2294 im Gegensatz zu § 2297 S 2 und § 2271 nicht auf sie verweist (BGH NJW 1952, 700; FamRZ 1985, 919 = NJW-RR 1986, 371; hM). Abweichend von § 2336 Abs 4 ist es daher für das Bestehen des Rücktrittsrechts unerheblich, wenn sich der Bedachte **nach Erklärung** des Rücktritts aber vor Eintritt des Erbfalls von dem ehrlosen oder unsittlichen Lebenswandel abgewandt hat (MünchKomm-MUSIELAK RdNr 5; HÖFER BWNotZ 1984, 120; aM STROHAL I § 46 Fn 42). Jedoch muss bei Ausübung des Rücktrittsrechts ein Rücktrittsgrund iS der og Verfehlungen noch bestehen (MünchKomm-MUSIELAK RdNr 3; SOERGEL-M WOLF RdNr 3). Daher kann der Erblasser nicht mehr zurücktreten, wenn sich der Bedachte zur Zeit des beabsichtigten Rücktritts von dem ehrlosen oder unsittlichen Lebenswandel dauernd abgewendet hat (PLANCK-GREIFF Anm 3; im Ergebnis ebenso BGB-RGRK-KREGEL RdNr 1; PALANDT-EDENHOFER RdNr 2).

### 3. Verzeihung durch Erblasser

Hat der Erblasser dem Bedachten eine Verfehlung verziehen, so kann er ihretwegen später nicht mehr von der vertragsmäßigen Verfügung zurücktreten; denn er wäre dann zur Zeit des Rücktritts nicht mehr berechtigt, dem Bedachten wegen der Verfehlung den Pflichtteil zu entziehen (§ 2337 S 1). Dagegen wird ein zu Recht erklärter Rücktritt durch nachträgliche Verzeihung nicht berührt (AK-FINGER RdNr 2; STAUDINGER-KANZLEITER RdNr 5; LANGE-KUCHINKE § 25 VII 5 a Fn 263 mwN). Für eine entsprechende Anwendung des § 2337 S 2 besteht kein hinreichender Grund (KIPP-COING § 40 I 2 a Fn 3; STAUDINGER-KANZLEITER RdNr 5). Dem Erblasser bleibt es natürlich unbenommen, die vertragsmäßige Verfügung, von der er zurückgetreten ist, in einem Testament oder Erbvertrag zu erneuern.

### 4. Rücktritt nach Tod des Vertragsgegners

Soweit der Erblasser nach § 2294 zum Rücktritt berechtigt ist, kann er seine vertragsmäßige Verfügung auch noch nach dem Tode des Vertragsgegners aufheben, allerdings nicht mehr durch Rücktritt, also Erklärung gegenüber dem Vertragsgegner (§ 2296 Abs 2), sondern durch Testament (§ 2297). In diesem Fall finden nach § 2297 S 2 die Vorschriften des § 2336 Abs 2 bis 4 entsprechende Anwendung. Eine Ausnahme gilt beim zweiseitigen Erbvertrag: Hier erlischt das Rücktrittsrecht im Zweifel mit dem Tode des Vertragsgegners (§ 2298 Abs 2 S 2). Der Rücktritt nach dem Tode des Vertragsgegners hat im Allgemeinen nur dann einen Sinn, wenn der Vertragsgegner nicht zugleich der Bedachte ist; ist er nämlich selbst der Bedachte, so wird die vertragsmäßige Verfügung mit seinem Tode gegenstandslos, sofern nicht etwa Ersatzerbfolge (§ 2096), zB nach § 2069, Ersatzvermächtnis (§ 2190) oder Anwachsung (§§ 2094, 2158) anzunehmen ist (§§ 1923, 2160).

### 5. Verzicht auf Rücktrittsrecht

8 Auf das Rücktrittsrecht nach § 2294 kann der Erblasser nicht im Voraus, also etwa schon im Erbvertrag, ein für allemal verzichten (RG Warn 1942 Nr 52; AK-FINGER RdNr 3; STROHAL I § 46 Fn 40a; HARRER LZ 1924, 18). Er kann es aber hinsichtlich einer bestimmten bereits erfolgten Verfehlung, wenn der Verzicht in der Form eines Erbvertrags niedergelegt wird. Denn dann kommt der Verzicht einem neuen Erbvertrag gleich und Verfehlungen, die vor seinem Abschluss begangen worden sind, können den Rücktritt nicht rechtfertigen (RdNr 4).

## III. Umfang des Rücktrittsrechts

9 § 2294 gestattet, wie § 2293, den Rücktritt nur dem Erblasser, nicht dem Vertragsgegner (vgl § 2293 RdNr 25). Während aber § 2293 den Rücktritt von dem ganzen Erbvertrag zulässt, sieht § 2294 nur den Rücktritt von den einzelnen vertragsmäßigen Verfügungen vor, die eine Zuwendung an den Bedachten enthalten, bei dem eine entsprechende Verfehlung gegeben ist. Wenn auch bei Auflagen von einem »Bedachten« streng genommen nicht die Rede sein kann, so wird die Vorschrift doch nach ihrem Sinn und Zweck auch auf solche Anordnungen anzuwenden sein (PLANCK-GREIFF Anm 1). In Betracht kommen immer nur Verfügungen zugunsten dessen, der die Verfehlung begangen hat (STAUDINGER-KANZLEITER RdNr 8).

## IV. Ausübung des Rücktrittsrechtes

10 Die Form des Rücktritts richtet sich grundsätzlich nach § 2296; wenn aber der Vertragsgegner gestorben ist, nach § 2297. Der Grund des Rücktritts braucht in der Rücktrittserklärung nach § 2296 nicht angegeben zu werden, da § 2336 Abs 2 nicht entsprechend anwendbar ist (Umkehrschluss aus § 2297 S 2; JOHANNSEN WM 1973, 530; MünchKomm-MUSIELAK RdNr 4), ist jedoch aus Gründen der Streitvermeidung empfehlenswert.

## V. Wirkung des Rücktritts

11 Der Rücktritt erfasst nur die betreffende Verfügung, hinsichtlich derer der Bedachte eine entsprechende Verfehlung beging. Erhalten demnach in dem Erbvertrag mehrere Personen Zuwendungen, so bleiben grundsätzlich die vertragsmäßigen Verfügungen zugunsten der anderen vom Rücktritt unberührt (MünchKomm-MUSIELAK RdNr 2); etwas anderes kann sich jedoch aus einem **Bedingungszusammenhang** oder § 139 ergeben; beim zweiseitigen Erbvertrag gilt nicht § 2298 Abs 2 S 1, sondern § 2085 (vgl § 2293 RdNr 21; § 2298 RdNr 14). Der Rücktritt setzt die betreffende Verfügung »ex nunc« außer Kraft. Daher ist ein Rücktritt vom Rücktritt ebenso unbeachtlich (§ 2293 RdNr 23) wie eine nachträgliche Besserung des Bedachten oder eine spätere Verzeihung des Erblassers (HÖFER BWNotZ 1984, 113; V LÜBTOW I 462; MünchKomm-MUSIELAK RdNr 5; s RdNr 5).

12 Wenn der Bedachte im Rahmen der erbvertraglichen Vereinbarung als »Entgelt« für die vertragsmäßige Zuwendung eine Verpflichtung übernommen hat, so fällt mit der vertragsmäßigen Verfügung des Erblassers in der Regel auch die Verpflichtung des Bedachten weg (vgl § 2295 RdNr 20). Ein mit dem Erbvertrag verbundener Ehevertrag wird auch durch einen Rücktritt aus diesem Grund nicht berührt (BGHZ 29, 129; s § 2293 RdNr 24).

## VI. Sonstige Rechte des Erblassers, Konkurrenzfragen

§ 2294 lässt das Recht des Erblassers unberührt, Zuwendungen an pflichtteilsberechtigte Abkömmlinge, die sich der Verschwendung ergeben haben oder in gefährlichem Maße verschuldet sind, durch geeignete Anordnungen, insbesondere durch Anordnung einer Nacherbfolge oder durch Einsetzung eines Testamentsvollstreckers, zu beschränken (§ 2289 Abs 2, § 2338, sog Pflichtteilsbeschränkung in guter Absicht; SOERGEL-M WOLF RdNr 1). Unberührt bleiben auch die Bestimmungen über die Erbunwürdigkeit (§§ 2339 ff). **13**

## VII. Prozessuales

Beim Rücktritt zu Lebzeiten des Vertragsgegners ist § 2336 Abs 3 nicht entsprechend anzuwenden (PALANDT-EDENHOFER RdNr 2). Jedoch trägt nach allgemeinen Grundsätzen die Darlegungs- und **Beweislast** für die zum Rücktritt berechtigenden *Pflichtteilsentziehungsgründe* grundsätzlich der Erblasser (BGH LM Nr 1 = NJW 1952, 700; FamRZ 1985, 919, 920 = NJW-RR 1986, 371; BAUMGÄRTEL-SCHMITZ RdNr 1). Bei strafbaren Handlungen gehört hierzu der Nachweis der tatbestandsmäßigen Handlung und des Verschuldens. *Rechtfertigungs- und Entschuldigungsgründe* sind beim **Rücktritt zu Lebzeiten** des Vertragsgegners als Ausnahmetatbestände aber von demjenigen zu beweisen, der sich darauf beruft (BGH LM Nr 1 = NJW 1952, 700; NJW-RR 1986, 371; MünchKomm-MUSIELAK RdNr 6; STAUDINGER-KANZLEITER RdNr 13). Anders liegt es, wenn nach dem **Tod des Vertragspartners** der Rücktritt nach § 2297 ausgeübt wird, da hier wegen der ausdrücklichen Verweisung in § 2297 S 2 die Vorschrift des § 2336 Abs 3 auch bezüglich der Rechtfertigungs- und *Entschuldigungsgründe* Anwendung findet (MünchKomm-MUSIELAK RdNr 6; BAUMGÄRTEL-SCHMITZ RdNr 2; gegen diese Differenzierung STROHAL S 384 ff). Solange ein Rücktrittsgrund nicht nachgewiesen werden kann, ist von der Unwirksamkeit des Rücktritts auszugehen, damit aber nicht schon von der weiter bestehenden Gültigkeit des Erbvertrags (SOERGEL-M WOLF RdNr 5; aM MünchKomm-MUSIELAK RdNr 6). Eine **Feststellungsklage** zur Klärung der Rechtslage ist zulässig (MünchKomm-MUSIELAK RdNr 6; vgl § 2293 RdNr 27). **14**

## § 2295 Rücktritt bei Aufhebung der Gegenverpflichtung

**Der Erblasser kann von einer vertragsmäßigen Verfügung zurücktreten, wenn die Verfügung mit Rücksicht auf eine rechtsgeschäftliche Verpflichtung des Bedachten, dem Erblasser für dessen Lebenszeit wiederkehrende Leistungen zu entrichten, insbesondere Unterhalt zu gewähren, getroffen ist und die Verpflichtung vor dem Tode des Erblassers aufgehoben wird.**

Überblick

| | | |
|---|---|---|
| I. | Allgemeines, entgeltlicher Erbvertrag | 1 |
| II. | Voraussetzungen des Rücktrittsrechts | 3 |
| | 1. Verpflichtung des Bedachten zu wiederkehrenden Leistungen | 3 |
| | 2. Zusammenhang zwischen erbrechtlicher Verfügung und schuldrechtlicher Verpflichtung | 5 |
| |    a) Kein Gegenleistungsverhältnis | 6 |
| |    b) Kausale Verbindung | 7 |
| |    c) Konditionale Verbindung | 8 |

|  |  |  |
|---|---|---|
| 3. | Aufhebung der Verpflichtung des Bedachten vor dem Tode des Erblassers | 9 |
|  | a) Beendigung der Leistungsverpflichtung | 9 |
|  | b) Nichtige Rechtsgeschäfte | 10 |
|  | aa) Anwendbarkeit von § 139 und § 2295 | 10 |
|  | bb) Andere Ansprüche | 11 |
|  | c) Nichtabschluss des Verpfründungsvertrags | 13 |
|  | d) Einfache Leistungsstörung | 14 |
| III. | Ausübung des Rücktrittsrechts | 18 |
| IV. | Wirkung des Rücktritts | 19 |
| V. | Gestaltungshinweise | 21 |

## I. Allgemeines, entgeltlicher Erbvertrag

**1** Die Vorschrift regelt nur einen Teil der Rechtsbeziehung, die bei einem »**entgeltlichen Erbvertrag**« auftreten. Unter dieser Vertragsform versteht man heute ein einheitliches, zusammengesetztes Rechtsgeschäft, bestehend aus einem Erbvertrag mit einer vertragsmäßigen Zuwendung einerseits und einem Verkehrsgeschäft (auch Verpflichtungsgeschäft), in dem sich der Vertragspartner im Hinblick auf die erbvertraglichen Verfügungen zur Erbringung von Leistungen an den Erblasser verpflichtet (vgl etwa HOHMANN, Rechtsfolgen von Störungen ... [1993] 232; LÜKE, Vertragliche Störungen beim »entgeltlichen Erbvertrag« [1990] 5 ff, 29; LANGE-KUCHINKE § 25 X 1; MünchKomm-MUSIELAK vor § 2274 RdNr 29; eingehend hierzu Vorbem 40 zu §§ 2274 ff). Nur eine Teilregelung enthält die Bestimmung zum einen, weil nur bestimmte Arten von entgeltlichen Erbverträgen von § 2295 erfasst werden, die sog **Verpfründungsverträge** und ähnliche Verträge, bei denen sich der im Erbvertrag Bedachte verpflichtet, zum Ausgleich für eine vertragsmäßige Zuwendung dem Erblasser auf Lebenszeit wiederkehrende Leistungen, insbesondere Pflege, Unterhalt, Rente, Verpflegung uä zu gewähren (Prot V, 410; die Väter des BGB sprachen dabei von sog Abnährverträgen). Geregelt werden aber auch nur bestimmte Störungen der Vertragsbeziehungen, nämlich solche, die daraus resultieren, dass die Verpflichtung vor dem Tod des Erblassers aufgehoben wird. Nur hier wird wegen der ursächlichen Verknüpfung der verbundenen Rechtsgeschäfte dem Erblasser dann ein **gesetzliches Rücktrittsrecht** eingeräumt, sich von seiner erbvertraglichen Verfügung zu lösen. Der Sache nach handelt es sich um eine spezialgesetzliche **Regelung der Zweckverfehlung**.

**2** Wegen der nur teilweisen gesetzlichen Regelung der beim entgeltlichen Erbvertrag möglichen Störungen ist ein bedauerliches **gesetzliches Regelungsdefizit** zu konstatieren. Hieraus ergibt sich zugleich für die Kautelarjurisprudenz ein umfassender **Gestaltungsauftrag,** wobei es sowohl den Erblasser wie auch den Vertragspartner bzw den Bedachten angemessen zu sichern gilt (ausführliche Hinweise bei HOHMANN, Rechtsfolgen von Störungen ... 155 ff; LÜKE 57 ff; s RdNr 21 ff).

## II. Voraussetzungen des Rücktrittsrechts

### 1. Verpflichtung des Bedachten zu wiederkehrenden Leistungen

Die Leistungsverpflichtung des Vertragspartners muss auf die Erbringung **wie-** 3
**derkehrender,** also nicht regelmäßig, aber fortlaufend noch bis zum Tod des Erblassers zu erbringender Leistungen gerichtet sein (SOERGEL-M WOLF RdNr 2; Münch-Komm-MUSIELAK RdNr 2). Besteht die Verpflichtung nur in einer **einmaligen** oder zeitlich begrenzten **Leistung,** so ist § 2295 seinem Wortlaut nicht anwendbar. Auch eine Analogie ist dann nicht möglich, da es sich nach der Entstehungsgeschichte um eine Sondervorschrift für derart wiederkehrende Leistungen handelt (eingehend HOHMANN, Rechtsfolgen von Störungen ... 33 ff; LANGE-KUCHINKE § 25 X 2 b Fn 328; SOERGEL-M WOLF 2; AK-FINGER RdNr 2; aM LÜKE 53; OERTMANN, Entgeltliche Rechtsgeschäfte [1912] 122). Die Vorschrift geht von der **Identität** des Leistungsverpflichteten und der erbvertragsmäßig Bedachten aus. Die Bestimmung wird man aber wegen der Gleichheit der Interessenlage dann analog anwenden können, wenn zwar ein Dritter erbvertraglich bedacht, die erbvertragliche Bindung aber gegenüber dem Leistungsverpflichteten eingegangen wird.

Das Rücktrittsrecht erfordert weiter eine **rechtsgeschäftliche Verpflichtung** des 4
Bedachten, dem Erblasser auf dessen Lebenszeit wiederkehrende Leistungen zu entrichten, insbesondere eine Rente oder Pflege und dergleichen zu gewähren. Das bloße Bestehen einer gesetzlichen Verpflichtung, etwa der Unterhaltspflicht nach § 1601 ff, reicht nicht aus (ERMAN-SCHMIDT RdNr 2; MünchKomm-MUSIELAK RdNr 2); jedoch genügt es entsprechend dem gesetzlichen Leitbild der Regelung, wenn an sich unterhaltsverpflichtete Personen (etwa Kinder gegenüber den Eltern) eine ausdrückliche vertragliche Verpflichtung dieser Art übernommen haben, mag diese auch in Ausgestaltung der Unterhaltsverpflichtung erfolgen. Die Verpflichtung wird meist auf einem schuldrechtlichen Vertrag zwischen dem Erblasser und dem Bedachten beruhen. Dieser Vertrag, das sog Verkehrsgeschäft, ist in der Regel ein Leibrentenvertrag (§ 759) und kann in derselben Urkunde wie der Erbvertrag niedergelegt sein (§ 34 Abs 2 BeurkG), aber auch gesondert abgeschlossen sein. Umstritten ist, ob auch dieses Verkehrsgeschäft und damit der gesamte »entgeltlichen Erbvertrag« der **Form** des § 2276 Abs 1 bedarf. Nach wohl hM bedürfen Verpflichtungen des Vertragspartners dann dieser Form, wenn sie mit dem Erbvertrag eine rechtliche Einheit bilden (BGHZ 36, 65, 71; KIPP-COING § 36 IV 1 Fn 14; eingehend hierzu § 2276 RdNr 35 ff). Jedoch soll die Verbindung der Verträge in solchen Fällen nicht so eng sein, dass dies gegeben wäre; teilweise wird von einer »formellen Selbständigkeit« beider Verträge gesprochen und das Verkehrsgeschäft als formfrei angesehen (BÖHMER, FS Lehmann [1956] 461, 467; ebenso 2. Aufl RdNr 2). Begreift man aber zutreffenderweise den entgeltlichen Erbvertrag als zusammengesetztes Rechtsgeschäft und erkennt, dass die darin getroffenen Vereinbarungen nach dem Parteiwillen miteinander stehen und fallen sollen, so muss man auf das gesamte Vertragsverhältnis mit allen Nebenabreden die Formvorschrift des Erbvertrags erstrecken. Dies gilt erst recht, wenn man sich die mit dem Formgebot hier verfolgten Zwecke, insbes den Schutzzweck der umfassenden notariellen Belehrung angesichts der hier besonders großen Schwierigkeiten der richtigen vertraglichen Ausgestaltung und das gesetzliche Regelungsdefizit (RdNr 2) vor Augen hält. Die isolierte Beurkundung des Erbvertrags ohne die dazu korrespondierenden Gegenpflichten wäre ein reines »Torso« (ebenso mit ausführlicher Begründung HOHMANN, Rechtsfolgen von Störungen ... 11 ff; für nicht notwendig, aber zweckmäßig hält aus diesen Gründen die gesamte Beurkundung LÜKE 22 ff, 72).

Die Verpflichtung kann aber auch auf der **Verfügung von Todes wegen** eines Dritten beruhen, etwa auf einem Vermächtnis (RGRK-BGB-JOHANNSEN RdNr 2).

## 2. Zusammenhang zwischen erbrechtlicher Verfügung und schuldrechtlicher Verpflichtung

**5** Das Rücktrittsrecht erfordert einen Zusammenhang zwischen der erbrechtlichen Verfügung des Erblassers und der schuldrechtlichen Verpflichtung des Bedachten (»mit Rücksicht«).

### a) Kein Gegenleistungsverhältnis

**6** Auch wenn sich nach den Vorstellungen der Vertragsteile der Erbvertrag als Leistung des Erblassers und die des Vertragspartners als »Gegenleistung« gegenüberstehen, so handelt es sich doch nicht um einen gegenseitigen Schuldvertrag mit einem **synallagmatischem Verhältnis**, auf das die §§ 320 ff anwendbar wären, da der Erbvertrag anerkanntermaßen einen – wenn auch spezifisch erbrechtlich – verfügenden Charakter hat (BayObLGZ 1998, 22, 24 f = NJW-RR 1998, 729; LANGE-KUCHINKE § 25 X 1; MünchKomm-MUSIELAK RdNr 1; KIPP-COING § 36 IV 1; eingehender dazu Vorbem 40 vor § 2274). Daran ändert nichts, dass hier wegen einer kausalen oder konditionalen Verknüpfung (dazu sogleich RdNr 7 f), ein entgeltliches Rechtsgeschäft vorliegen kann (s Vorbem 40 vor § 2274 mwN). Demgegenüber ist in letzter Zeit versucht worden, dem entgeltlichen Erbvertrag ein schuldrechtliches Kausalgeschäft zu unterlegen, auf das diese Vorschriften des Leistungsstörungsrechts Anwendung finden (STÜRZEBECHER, Rücktritt vom entgeltlichen Erbvertrag [1987] 69 ff; ders, NJW 1988, 2717; ähnlich, wenn auch mit anderem Ansatz STÖCKER WM 1980, 482; zustimmend SOERGEL-M WOLF RdNr 4). Jedoch müsste ein solches Grundgeschäft grundsätzlich die Verpflichtung des Erblassers enthalten, den entsprechenden Erbvertrag in Vollzug dieser Vereinbarung abzuschließen. Dies ist aber nach § 2302 nicht zulässig (V LÜBTOW I 404). Auch bei gleichzeitigem Abschluss von Grundgeschäft und Erbvertrag oder bereits vorher errichtetem Erbvertrag, wenn nur die Leistungsverknüpfung nachgeholt werden soll, ist eine Heilung dieses Mangels ausgeschlossen, da § 2302 eine Verbotsnorm (§ 134) und keine Formvorschrift ist (LANGE-KUCHINKE § 25 X 2 b; LÜKE 12 ff; eingehend HOHMANN, Rechtsfolgen von Störungen ... 92 ff [auch zum Normzweck des § 2302]).

### b) Kausale Verbindung

**7** Es verbleiben jedoch die beiden anderen gesetzlichen Möglichkeiten, Zuwendungen miteinander zu verbinden: Die kausale und konditionale Verknüpfung. IdR sind Erbvertrag und Verkehrsgeschäft miteinander kausal verknüpft, was eine Einigung beider Vertragsteile über die Zweckgebundenheit der erbvertraglichen Zuwendung einerseits und die rechtsgeschäftliche Verpflichtung des Vertragspartners andererseits voraussetzt (HOHMANN, Rechtsfolgen von Störungen ... 48, 232; MünchKomm-MUSIELAK RdNr 3 lässt demgegenüber bereits genügen, dass der Bedachte nur diesen Zusammenhang erkennt; eine Zustimmung sei nicht erforderlich).

### c) Konditionale Verbindung

**8** Möglich ist aber auch eine **konditionale Verknüpfung**, bei der der Fortbestand der erbvertragsmäßigen Zuwendung von vornherein durch das Entstehen, den Fortbestand und die Erfüllung der Leistungspflicht des Bedachten bedingt ist (OLG Hamm Rpfleger 1977, 208 = DNotZ 1977, 751; BayObLG Rpfleger 1976, 290; STAUDINGER-KANZLEITER RdNr 3; BGB-RGRK-KREGEL RdNr 3; MünchKomm-MUSIELAK RdNr 2; V LÜBTOW I 407). Durch diese gegenseitige Abhängigkeit kraft Vertragsinhalt entfällt die Anwendbarkeit der §§ 139, 2295, 2281, 2078, die sonst zu deren Sicherung dienen (V LÜBTOW

I 407). Der konditionale Zusammenhang kann durch ausdrückliche Vereinbarung aber auch stillschweigend erfolgen. Die Zusammenfassung von zwei Rechtsgeschäften in einer Urkunde spricht zwar dafür, dass die Vertragsteile diese als wirtschaftliche Einheit ansehen und daher dergestalt miteinander verknüpfen wollen, dies muss aber nicht immer so sein. Auch setzt eine solche Vereinbarung voraus, dass die Vertragsteile an der Wirksamkeit des Verkehrsgeschäfts gezweifelt haben, denn jede Bedingung setzt psychologisch einen Zweifel voraus; hieran wird es aber in der Regel fehlen (v LÜBTOW I 407 f; HÄSEMEYER, Die Abhängigkeit erbrechtlicher Verträge ... [1966] 56). Man wird daher für eine solche Vertragsauslegung einen konkreten Anhaltspunkt in der Urkunde fordern müssen (HOHMANN, Rechtsfolgen von Störungen ... 28; so wohl auch OLG Karlsruhe NJW-RR 1997, 708, 709). Eine ergänzende Auslegung kommt in diesem Fall nicht in Betracht, da das Gesetz selbst die Interessenlage über §§ 2295, 139, 2281, 2078 befriedigend löst (v LÜBTOW I 408; HOHMANN, Rechtsfolgen von Störungen ... 29 f).

### 3. Aufhebung der Verpflichtung des Bedachten vor dem Tode des Erblassers
#### a) Beendigung der Leistungsverpflichtung

Die Aufhebung der Leistungsverpflichtung des Bedachten zu Lebzeiten des Erblassers ist weitere Voraussetzung des Rücktrittsrechts, gleichviel aus welchem Beweggrund sie erfolgt ist. Ein Aufhebungsvertrag über die Leistungsverpflichtung, etwa die Pflegevereinbarung, ist dabei grundsätzlich **formlos** möglich und zwar auch dann, wenn man für deren Begründung die Form des Erbvertrags verlangt (OLG Hamm DNotZ 1977, 751). Denn es gibt keinen Grundsatz, dass der Aufhebungsvertrag der gleichen Form bedarf wie der aufzuhebende Vertrag. Entsprechend dem Normzweck der Vorschrift ist unter der Aufhebung aber nicht nur der Fall der einverständlichen Vertragsaufhebung zu verstehen. Auch andere Fälle des **nachträglichen** »Wegfallens« der Leistungsverpflichtung des Bedachten sind der Vertragsaufhebung gleichzusetzen, wenn sie nur in gleicher Weise zu einem Zessieren der zunächst bestehenden Pflicht führen (OLG Karlsruhe NJW-RR 1997, 708, 709; LANGE-KUCHINKE § 25 X 2 b; MünchKomm-MUSIELAK RdNr 4; SOERGEL-M WOLF RdNr 3; aM STAUDINGER-KANZLEITER RdNr 7; ebenso BENGEL DNotZ 1978, 688, der nach dem Rechtsgrund des auf die Auflösung gerichteten Gestaltungsrechts differenzieren will; vgl auch Gutachten DNotI-Report 2000, 119, 120). So war zunächst im Gesetzgebungsverfahren auch vorgesehen, von »beendigen« zu sprechen. Dies ist nur aus redaktionellen Gründen aber ohne sachlichen Grund geändert worden (Prot V 410; SOERGEL-M WOLF RdNr 3). Unter den Anwendungsbereich fallen daher auch die Leistungsbeendigung aufgrund Ausübung eines vorbehaltenen *Rücktritts* nach § 346, *Eintritt einer auflösenden Bedingung* (§ 158 Abs 2), *Kündigung* der Pflegevereinbarung aus wichtigem Grund (OLG Karlsruhe NJW-RR 1997, 708, 709; LG Köln DNotZ 1978, 685 = FamRZ 1979, 346) oder nachträgliche Unmöglichkeit der zu erbringenden Leistung (§ 275; vgl auch MünchKomm-MUSIELAK RdNr 4; SOERGEL-M WOLF RdNr 3; aM SCHUBERT-CZUB JA 1980, 337). Die Aufhebung der Verpflichtung des Bedachten muss der Rücktrittserklärung nicht vorausgegangen sein, sie muss jedoch einen Beweggrund für den Rücktritt des Erblassers darstellen, kann also auch gleichzeitig mit dem Rücktritt erfolgen (OLG Hamm DNotZ 1977, 751, 755); daher kann die Kündigung der Pflegevereinbarung mit der Erklärung des Rücktritts verbunden werden (OLG Karlsruhe NJW-RR 1997, 708, 709).

#### b) Nichtige Rechtsgeschäfte
##### aa) Anwendbarkeit von § 139 und § 2295

Begrifflich gesehen können nur wirklich bestehende Verpflichtungen aufgehoben werden. § 2295 ist daher zumindest nicht direkt anwendbar, wenn eine **Verpflich-**

tung des Bedachten **von vornherein** überhaupt **nicht entstanden** ist, zB wenn der schuldrechtliche Vertrag, in dem sie begründet werden sollte, von Anfang an nichtig war (§ 134), etwa wegen Verstoßes gegen § 14 Heimgesetz oder gegen § 2302, oder mit Erfolg angefochten und daher rückwirkend nichtig geworden ist (§ 142). Die Behandlung dieser Fälle ist umstritten. Die wohl überwiegende Auffassung wendet *§ 139* auch beim entgeltlichen Erbvertrag an (BGH FamRZ 1966, 445; BGHZ 50, 63, 70; MünchKomm-MUSIELAK RdNr 6; V LÜBTOW I 408; LÜCKE 16 ff, 29, 31 ff, 55; ERMAN-M SCHMIDT RdNr 5; EBENROTH RdNr 264), was voraussetzt, dass beide Verträge auf Grund eines »Einheitlichkeitswillens« der Beteiligten als einheitliches Rechtsgeschäft gewollt waren (allgemein dazu STAUDINGER-HERBERT Roth § 139 RdNr 37 f). Dabei steht die Höchstpersönlichkeit des Erbvertrags der Annahme eines einheitlichen Rechtsgeschäfts iS von § 139 nicht entgegen (aM dagegen HÄSEMEYER, Abhängigkeiten 142 ff; ders, FamRZ 1967, 30, 31). Dies wird im Regelfall die Unwirksamkeit auch des Erbvertrags zur Folge haben, weil zumindest der Erblasser den hier notwendigen »*Einheitlichkeitswillen*« haben und der andere Vertragsteil dies erkennen und billigen wird. Im Vordringen ist jedoch die Auffassung, die *§ 2295* auch auf diesen Fall analog anwendet (BROX RdNr 154; PALANDT-EDENHOFER RdNr 4; SOERGEL-M WOLF RdNr 3; LANGE-KUCHINKE § 25 X 2 b; HOHMANN, Rechtsfolgen von Störungen ... 31 ff; dagegen ablehnend aber etwa MünchKomm-MUSIELAK RdNr 6; BENGEL DNotZ 1978, 687, 688; STAUDINGER-KANZLEITER RdNr 6: nur § 139 oder Anfechtung nach § 2078 Abs 2); zT wird dies nur dann befürwortet, wenn § 139 nicht eingreift (EBENROTH RdNr 264; LANGE-KUCHINKE aaO), was richtig ist, denn von einer bereits nichtigen Vereinbarung muss man nicht erst noch zurücktreten. Man wird aber in den Fällen, in denen sich nicht bereits die Nichtigkeit des Erbvertrags nach § 139 ergibt, die entsprechende Anwendung von § 2295 schon deswegen befürworten müssen, weil die bereits von Anfang an bestehende Nichtigkeit der Vertragsverpflichtung des Bedachten letztlich eine noch stärkere Beeinträchtigung der von den Vertragsteilen beabsichtigten kausalen Verknüpfung der beiderseitigen Zuwendungen ist, als die erst später eintretende Beendigung der Leistungspflicht.

### bb) Andere Ansprüche

**11** Da die Erwartung des Erblassers von der Wirksamkeit des Verpfründungsvertrags idR für die erbvertragliche Zuwendung maßgeblich ist, wird in den allermeisten Fällen daneben auch noch eine **Irrtumsanfechtung** nach §§ 2281, 2078 Abs 2 in Betracht kommen (LANGE-KUCHINKE § 25 X 2 b; STAUDINGER-KANZLEITER RdNr 6; HOHMANN, Rechtsfolgen von Störungen ... 61 ff). Dies gilt auch dann, wenn man mit einer neueren Auffassung (SOERGEL-LORITZ § 2078 RdNr 2; KEYMER, Die Anfechtung nach § 2078 Abs 2 BGB [1984] 48 ff; STÜRZEBECHER NJW 1988, 2717, 2718; dazu § 2281 RdNr 21 f) beim entgeltlichen Erbvertrag die Anfechtung wegen Motivirrtums im Interesse des Vertragserbenschutzes einschränken will. Denn der Erblasser darf nicht einseitig das Risiko des Nichtbestehens der Leistungspflicht des Bedachten tragen (HOHMANN, Rechtsfolgen von Störungen ... 66). Die Anfechtung **konkurriert** daher hier mit dem Rücktrittsrecht nach § 2295 (V LÜBTOW I 406; LANGE-KUCHINKE aaO). Zu beachten ist jedoch, dass sie nur binnen der Jahresfrist des § 2283 erklärt werden kann und daher oftmals nicht mehr möglich ist (vgl den Fall von OLG Karlsruhe NJW-RR 1997, 708, 709).

**12** Die Anwendbarkeit der Grundsätze über den **Wegfall der Geschäftsgrundlage** (jetzt § 313 nF) auf diese Fallkonstellation ist allerdings nicht möglich. Denn diese scheiden hinsichtlich der Umstände aus, die selbst Vertragsbestandteil geworden sind (allgemein dazu BGH ZIP 1991, 1599, 1600; AnwKom-KREBS § 313 RdNr 10 mwN). Wegen der hier idR vorliegenden kausalen Verknüpfung des Erbvertrags und der Leistungsverpflichtung des Bedachten (s RdNr 7) ist dies daher nicht möglich (HOHMANN, Rechtsfolgen von Störungen ... 72). Da aber eine Zweckabrede zwischen erbvertraglicher Zuwendung und Leistungserbringung durch den Bedachten besteht, ist ein **Bereicherungsanspruch wegen Zweckverfehlung** (§ 812 Abs 1 S 2, 2. Fall) grundsätzlich möglich, der auf Erklärung der Zustimmung des Vertragspartners in die Aufhebung des Erbvertrags gerichtet ist. Soweit jedoch § 2295 direkt oder aber wenigstens analog eingreift, wird man davon ausgehen müssen, dass dadurch der Kondiktionsanspruch ausgeschlossen ist (HOHMANN, Rechtsfolgen von Störungen ... 75; LÜCKE 53). Denn spezialgesetzliche Regelungen der Zweckverfehlung, zu denen auch § 2295 zu rechnen ist, haben insoweit Vorrang (allgemein zu diesem Konkurrenzverhältnis etwa MünchKomm-LIEB § 812 RdNr 158, 165 ff).

### c) Nichtabschluss des Verpfründungsvertrags

Wenn sich der Bedachte nach dem Abschluss des Erbvertrags weigert, den vorgesehenen schuldrechtlichen Verpfründungsvertrag zu schließen, so ist allerdings § 2295 nicht entsprechend anwendbar (dafür aber LANGE-KUCHINKE § 25 X 2 b; V LÜBTOW I 406, 463), da es infolge der Vorleistung des Erblassers an dem »Rechtsschein« einer Leistungsverpflichtung des Bedachten fehlt. Da der Erblasser irrtümlich mit dem Abschluss des Verpfründungsvertrags rechnet, kann er aber nach §§ 2281, 2078 Abs 2 **anfechten** (MünchKomm-MUSIELAK RdNr 6; V LÜBTOW I 406; STAUDINGER-KANZLEITER RdNr 6). Und soweit der Nichtabschluss aus Gründen in der Sphäre des Vertragspartners liegt, gebietet auch der Vertragserbenschutz keine Einschränkung der Anfechtungsmöglichkeit. Da dem im Voraus abgeschlossenen Erbvertrag aber eine entsprechende Zweckabrede zugrunde lag, ist auch ein Kondiktionsanspruch wegen Zweckverfehlung (§ 812 Abs 1 S 2, 2. Fall) möglich (HOHMANN, Rechtsfolgen von Störungen ... 78), der hier auch nicht durch die sondergesetzliche Spezialregelung des § 2295 ausgeschlossen ist.

### d) Einfache Leistungsstörung

Bloße **Schlechterfüllung, Verzug** oder **Nichterfüllung** der Leistungspflicht des Bedachten, etwa der Pflegeverpflichtung, berechtigen für sich allein noch nicht zum Rücktritt nach § 2295, da sie als solches seine Vertragspflicht zunächst unberührt lassen. Nach den einschlägigen Vorschriften des Schuldrechts beantwortet sich jedoch die Frage, ob der Erblasser nicht aus diesem Grund doch zu einer Beendigung der Leistungsverpflichtung des Vertragsgegners aus dem schuldrechtlichen Versorgungsvertrag gelangt und damit den Weg zu einem Rücktritt nach § 2295 freimachen kann (OLG Karlsruhe NJW-RR 1997, 708, 709; LÜCKE 50 f; **aM** 2. Aufl RdNr 6, die hier nur Anfechtung und Kondiktionsanspruch zulassen will).

Den Pflegevertrag (Versorgungsvertrag) kann der Erblasser unter den Voraussetzungen des **§ 314 nF kündigen**, was insbesondere erfordert, dass ihm die Fortsetzung des Vertragsverhältnisses nicht mehr zugemutet werden kann. Denn der Verpfründungsvertrag iS von § 2295 ist auf wiederkehrende Leistungen gerichtet, sodass er ein Dauerschuldverhältnis iS des § 314 ist (zur Begriffsbestimmung unter der Geltung des SchRModG s etwa AnwKom-KREBS § 314 RdNr 3). Vor In-Kraft-Treten des Schuldrechtsmodernisierungsgesetzes wurde in Analogie zu § 626 ein Kündigungsrecht gewährt (LG Köln DNotZ 1978, 685, 686; LÜKE 50; KNIEPER DNotZ 1968, 331, 336), das dann bestand, wenn das erforderliche persönliche Vertrauensverhältnis zerrüttet, daher die Vertragsdurchführung gefährdet und daher dem Kündigenden ein Festhalten des Vertrags nicht mehr zumutbar war (OLG Karlsruhe NJW-RR 1997, 708, 710 im Fall einer Unmöglichkeit der Pflegeerbringung durch Wegzug des Verpflichteten). Sachlich dürften sich durch die Einführung des § 314 keine Unterschiede zur früheren Rspr ergeben (Anwkom – KREBS § 314 RdNr 1). Der Wegfall des Versorgungsvertrags berechtigt dann den Erblasser, nach § 2295 zurückzutreten, da § 2295 auf solche Fälle zumindest analog anwendbar ist (s RdNr 9; ebenso

OLG Karlsruhe NJW-RR 1997, 708, 709; LG Köln DNotZ 1978, 685; RGRK-KREGEL RdNr 3; LANGE-KUCHINKE § 25 X 2 b; LEIPOLD RdNr 383; LÜKE 50 f; HOHMANN, Rechtsfolgen von Störungen ... 100 f; V LÜBTOW I 410; aM KIPP-COING § 40 I 2 b; MünchKomm-MUSIELAK RdNr 5; STAUDINGER-KANZLEITER RdNr 7; PLANCK-GREIFF Anm 2; EBENROTH RdNr 264; KNIEPER DNotZ 1968, 331, 333 sowie das ältere Schrifttum, s die Nachw bei V LÜBTOW aaO Fn 35).

Der Erblasser kann stattdessen auch bei einseitigen Leistungspflichten nach dem In-Kraft-Treten des Schuldrechtsmodernisierungsgesetzes unter den Voraussetzungen des § 281 Abs 1 nF **Schadensersatz statt der ganzen Leistung** verlangen, wenn er dem Schuldner erfolglos eine angemessene Frist zur Leistung oder Nacherfüllung bestimmt hat (zur Entbehrlichkeit der Fristsetzung s § 281 Abs 2 und 3 nF). Damit ist dann der Anspruch auf Leistung (zB Pflege, Versorgung) ausgeschlossen (§ 281 Abs 4), jedoch kann der Schuldner Rückforderung des von ihm Geleisteten nach den §§ 346 bis 348 verlangen. Dies kann dann für den Erblasser problematisch werden, wenn der Vertragsgegner bereits Leistungen, insbes Pflegeleistungen, über einen längeren Zeitraum erbracht hat, denn dann ist hierfür nach § 346 Abs 2 Nr 1 Wertersatz zu leisten. Zudem führt dies nicht zum Wegfall des schuldrechtlichen Versorgungsvertrags und damit auch nicht zur Anwendbarkeit des § 2295 (übersehen von KRUG, Schuldrechtsmodernisierungsgesetz und Erbrecht [2002] RdNr 227). Entgegen einer verbreiteten Meinung (etwa LANGE-KUCHINKE aaO; V LÜBTOW aaO; Gutachten DNotI-Report 2000, 119, 120), konnte auch vor der Geltung des SchRModG der Erblasser bei Verzug des Vertragspartners mit der Pflegeleistung nicht nach § 286 Abs 2 aF zurücktreten, denn diese Vorschrift gewährte dem Gläubiger ebenfalls nur die Möglichkeit, anstelle der Leistung Schadensersatz wegen Nichterfüllung zu verlangen (MünchKomm-THODE § 286 RdNr 11).

**15** Daneben können noch weitere Rechte des Erblasser **konkurrieren:** Meist wird eine **Anfechtung des Erbvertrags** nach §§ 2281, 2078 Abs 2 möglich sein, da der Erblasser bei Abschluss des Erbvertrags eine ordnungsgemäße Vertragserfüllung seines Partners erwartet hat (LANGE-KUCHINKE § 25 X 2 b; MünchKomm-MUSIELAK RdNr 5; KIPP-COING § 36 IV 1, § 40 I 2 b; EBENROTH RdNr 264; KRUG RdNr 228; Gutachten DNotI-Report 2000, 119, 121). Eine Spezialität des Anfechtungsrechts gegenüber dem Rücktrittsrecht nach § 2295 besteht nicht (OLG Hamm DNotZ 1977, 751, 756; STAUDINGER-KANZLEITER RdNr 10; aM wohl 2. Aufl RdNr 6); eher kommt im Gegenteil in Betracht, dass der Rücktritt als der speziellere Rechtsbehelf die allgemeine erbrechtliche Irrtumsanfechtung verdrängt (worauf LÜCKE 51 Fn 203 hinweist). Näher liegt es in diesen Fällen, auf Grund der Interessenlage der Beteiligten den Vertrag dahingehend **auszulegen,** dass die ordnungsgemäße Erbringung der Versorgungsleistung eine **auflösende Bedingung** für die erbvertragliche Zuwendung ist (MünchKomm-MUSIELAK RdNr 5; Gutachten DNotI-Report 2000, 119, 121; KRUG RdNr 228; für stillschweigende Vereinbarung OLG Hamm DNotZ 1977, 751, 754); dies entspricht auch dem Grundsatz, dass die Auslegung vor der Anfechtung den Vorrang hat. In beiden Fällen kommt es zu einer Rückabwicklung der beiderseits erbrachten Leistungen nach den §§ 812 ff mit dem Risiko der Entreicherungseinrede (§ 818 Abs 3).

Da der Zweck der Erbeinsetzung die ordnungsgemäße Erbringung der Gegenleistung war, wird zT auch ein **Bereicherungsanspruch** wegen Zweckverfehlung (§ 812 Abs 1 S 2, 2. Fall) befürwortet, der auf die Einwilligung in die Aufhebung des Erbvertrags gerichtet ist (LANGE-KUCHINKE aaO; PLANCK-GREIFF Anm 4; STAUDINGER-KANZLEITER RdNr 8 [mit weitem Leistungsbegriff] eingehend zu den bereicherungsrechtlichen Fragen HOHMANN, Rechtsfolgen von Störungen ... 38 ff, 102; zweifelnd PALANDT-EDENHOFER RdNr 5). Dagegen spricht allerdings noch nicht, dass die Kondiktion undurchführbar wird, wenn der Erblasser stirbt, ohne den Bereicherungsanspruch durchgesetzt zu haben (STROHAL I § 47 Fn 1). Denn der Erbe ist ja auch machtlos, wenn etwa der Erblasser einen Anspruch verjähren lässt. Jedoch verdrängt § 2295 als gesetzliche Spezialregelung der Zweckverfehlung insoweit auch diesen Anspruch (HOHMANN, Rechtsfolgen von Störungen ... 102; allgemein zur Subsidiarität dieses Kondiktionsanspruchs MünchKomm-LIEB § 812 RdNr 158). Eine einfache Leistungskondiktion scheidet ebenfalls aus, da es an einer Leistung durch den Erbvertrag fehlt und zudem die Fälle besser über die analoge Anwendung des § 2295 lösbar sind (vgl LÜKE S 49 ff; aM KNIEPER DNotZ 1968, 331, 335).

**16** Die Anwendung der Grundsätze des **Wegfalls der Geschäftsgrundlage** (jetzt § 313 nF) auf den schuldrechtlichen Versorgungsvertrag ist ebenfalls nicht möglich, da die Verpflichtung zur Erbringung ordnungsgemäßer Leistungen des Bedachten gerade Vertragsinhalt wurde (s RdNr 12; iE ebenso V LÜBTOW I 410).

**17** Anders ist die Rechtslage, wenn der **Erblasser** in dem schuldrechtlichen Vertrag nicht nur die Verpflichtung des Bedachten angenommen, sondern auch **selbst eine Verpflichtung** (nicht erbrechtlicher Art) übernommen hat, sodass dieser Vertrag, für sich betrachtet, ein gegenseitiger Vertrag ist. Dann kann der Erblasser, wenn der Bedachte seine Verpflichtung nicht erfüllt, uU zugleich nach § 323 nF (früher § 326) von dem schuldrechtlichen Vertrag zurücktreten und, da hierdurch die Verpflichtung des Bedachten aufgehoben wird, nach § 2295 von der erbrechtlichen Verfügung zurücktreten (RG DNotZ 1935, 678; SOERGEL-M WOLF RdNr 4).

### III. Ausübung des Rücktrittsrechts

**18** Für die Ausübung des Rücktrittsrechts nach § 2295 gilt im Wesentlichen das gleiche wie bei § 2294. Wegen der Form des Rücktritts und der Beweislast kann daher auf § 2294 RdNr 10, 14 verwiesen werden. Auf das Recht zum Rücktritt nach § 2295 kann nicht im Voraus verzichtet werden (vgl § 2294 RdNr 8). Ein formnichtiges Angebot zur Aufhebung eines Erbvertrags kann in eine Rücktrittserklärung umgedeutet werden (OLG Hamm DNotZ 1977, 751). Wird die Leistungspflicht des Bedachten erst durch Ausübung eines Gestaltungsrechts (Kündigung, Rücktritt etc) beendet, so muss »doppelgleisig« verfahren werden: Ausübung dieses Rechts und Erklärung des Rücktritts nach § 2295; beides kann jedoch miteinander verbunden werden (vgl RdNr 9).

### IV. Wirkung des Rücktritts

**19** Die Wirkung des Rücktritts beschränkt sich idR auf die vertragsmäßige Verfügung, die mit Rücksicht auf die Verpflichtung des Bedachten getroffen wurde (STAUDINGER-KANZLEITER RdNr 13). Enthält der Erbvertrag daneben noch andere vertragsmäßige Verfügungen, so richtet sich ihre Wirksamkeit nach § 139 (§ 2293 RdNr 21).

**20** Die Einwirkung des Rücktritts auf die schuldrechtlichen Beziehungen zwischen dem Erblasser und dem Bedachten richtet sich nach dem Rechtsverhältnis, auf dem die Verpflichtung des Bedachten gegenüber dem Erblasser beruhte. In der Regel wird der Erblasser verpflichtet sein, die von dem Bedachten empfangenen Leistungen wegen **ungerechtfertigter Bereicherung** zurückzugewähren, weil der mit ihnen bezweckte Erfolg, nämlich die vertragsmäßige Zuwendung von Todes wegen, durch den Rücktritt weggefallen ist (§ 812 Abs 1 S 2, 2. Fall; PLANCK-GREIFF Anm 3; PALANDT-EDENHOFER RdNr 7). Tritt gesetzliche Erbfolge ein, so kommt auch eine Berücksichtigung über § 2057a in Betracht (SOERGEL-M WOLF RdNr 6).

## V. Gestaltungshinweise

**21** Wegen des bereits festgestellten, in mehrfacher Hinsicht bestehenden gesetzlichen Regelungsdefizits ist der entgeltliche Erbvertrag eine besondere Herausforderung für die Kautelarjurisprudenz und mit besonderer Sorgfalt auszugestalten (eingehend hierzu HOHMANN, Rechtsfolgen von Störungen ... 155 ff; LANGE-KUCHINKE § 25 X 3; vgl auch LÜCKE 57 ff).

**22** Dabei sind einerseits Sicherungsvorkehrungen **gegen Störungen durch den Erblasser** mittels entsprechender Ausgestaltung des Erbvertrags zu treffen, zu der eine Einschränkung des Anfechtungsrechts (besonders nach § 2079) gehören, Regelung der Koppelung der beiderseitigen Vertragsverhältnisse (Bedingungszusammenhang oder über § 139) und Einsetzung von Ersatzerben und Ersatzvermächtnisnehmern. Daneben treten Sicherungen gegen Verfügungen unter Lebenden durch Abschluss eines entsprechenden Verfügungsunterlassungsvertrages mit Vereinbarung einer (bedingten) Übereignungsverpflichtung bei einem Verstoß dagegen und grundbuchmäßiger Absicherung bei Grundbesitz durch eine Eigentumsvormerkung (zu diesen Gestaltungen s § 2286 RdNr 23 ff). Die bedingte Übereignungspflicht kann auch auf Fälle des Hinzutretens neuer Pflichtteilsberechtigter (bei Heirat oder Adoption) oder das Entstehen von Zugewinnausgleichsansprüchen erweitert werden, wenn derartige Ansprüche nicht vertraglich durch Vereinbarung mit den Berechtigten ausgeschlossen werden. Auch Regelungen über die Rückabwicklung bereits erbrachter Leistungen bei vorzeitiger Vertragsbeendigung sind empfehlenswert, besonders hinsichtlich der schwer zu bewertenden Pflegeleistungen. Diesbezüglich aber den **Entreicherungseinwand** (§ 818 Abs 3) des Erblassers auszuschließen, um dem anderen Vertragsteil die volle Rückforderung seiner Leistungen zu ermöglichen (so KRUG RdNr 230), ist zumindest dann nicht sachgerecht, wenn es zu einer Rückabwicklung auf Grund eines Umstands kommt, den der Vertragspartner zu vertreten hat.

**23** Aber auch den **Erblasser** gilt es **zu sichern,** besonders bei der Vereinbarung einer Pflegeverpflichtung durch eine klare und **justiziable Formulierung,** die sich hinsichtlich des Leistungsumfangs an den gesetzlichen Kategorien des Pflegeversicherungsgesetzes (§ 14 PflegeVG) orientieren kann (dazu etwa WEYLAND MittRhNotK 1997, 55; J MAYER ZEV 1997, 176). Daneben ist ihm durch Einräumung von Rücktrittsrechten oder beschränkten Änderungsvorbehalten die Möglichkeit zu geben, vom Erbvertrag – und dann aber auch von den im Zusammenhang mit der Sicherung der erbrechtlichen Berufung bedingten Übereignungsverpflichtungen – wieder loszukommen, wenn der Vertragspartner seine Verpflichtungen nicht oder nicht richtig erbringt. Dabei ist auch auf die sachgerechte Verteilung der Beweislast, gerade bei der Erbringung von wiederkehrenden Leistungen, zu achten.

**24** **Vertragsmuster**, die diesen Anforderungen allerdings nicht immer gerecht werden, finden sich bei Münchener Vertragshandbuch-NIEDER, Bd IV, 2. Hbbd, (4. Aufl, 1998), XVI. 31; Formularkommentar-PRAUSNITZ, Bd 6, 22. Aufl, Form 6.529.

## § 2296 Vertretung, Form des Rücktritts

(1) Der Rücktritt kann nicht durch einen Vertreter erfolgen. Ist der Erblasser in der Geschäftsfähigkeit beschränkt, so bedarf er nicht der Zustimmung seines gesetzlichen Vertreters.

(2) Der Rücktritt erfolgt durch Erklärung gegenüber dem anderen Vertragschließenden. Die Erklärung bedarf der notariellen Beurkundung.

### Übersicht

| | | |
|---|---|---|
| I. | Anwendungsbereich | 1 |
| II. | Vertretung des Erblassers | 3 |
| III. | Geschäftsfähigkeit des Beteiligten | 4 |
| | 1. Geschäftsunfähigkeit des Erblassers | 4 |
| | 2. Beschränkte Geschäftsfähigkeit des Erblassers | 5 |
| | 3. Vertragsgegner | 6 |
| IV. | Die Rücktrittserklärung | 7 |
| | 1. Form | 7 |
| | 2. Inhalt | 8 |
| | 3. Zugang beim Vertragsgegner | 11 |
| |    a) Gegenstand der Übermittlung | 12 |
| |    b) Art der Übermittlung | 14 |
| |    c) Vorzeitiger Tod des Erblassers | 15 |
| | 4. Zwingende Rücktrittsform | 18 |
| | 5. Umdeutung | 19 |
| V. | Wirkung des Rücktritts | 21 |
| VI. | Rücktritt nach dem Tode des Vertragsgegners | 23 |
| VII. | Formulierungsvorschläge | 24 |
| VIII. | Praxistipp bei Zustellung durch Gerichtsvollzieher | 26 |

## I. Anwendungsbereich

§ 2296 regelt die formellen Erfordernisse des Rücktritts vom Erbvertrag oder von einer einzelnen vertragsmäßigen Verfügung durch den Erblasser für den Fall, dass der **Vertragsgegner noch lebt**. Ist dieser gestorben, so gilt § 2297. Zum Rücktritt durch den Vertragsgegner s § 2293 RdNr 25 f. Die Vorschriften des § 2296 stimmen – mit Ausnahme der Regelung bei Geschäftsunfähigkeit des Erblassers – mit denen überein, die § 2282 für die Anfechtung des Erbvertrags durch den Erblasser gibt. Sie gelten sowohl für den vorbehaltenen Rücktritt nach § 2293 als auch für den gesetzlichen Rücktritt nach §§ 2294, 2295, für den Rücktritt von einer vertragsmäßigen Erbeinsetzung wie für den von einer vertragsmäßigen Vermächtnis- oder Auflageanordnung. Sie gelten aber nicht für abweichende (meist einschränkende) Verfügungen von Todes wegen, die aufgrund eines **Änderungsvorbehalts** getroffen werden (eingehend hierzu § 2278 RdNr 13 ff). Nach Ansicht des OLG Hamm findet die Formvorschrift des § 2296 Abs 2 S 2 auch auf einen vorbehaltenen Rücktritt 1 von einem **zusammengesetzten Vertrag,** in dem auch ein Erbvertrag enthalten ist (zB Scheidungsvereinbarung), Anwendung (DNotZ 1999, 142, 144 = NJWE-FER 1998, 275), jedoch kann eine solche Vereinbarung regelmäßig dahingehend ausgelegt werden, dass der Rücktritt zunächst nur hinsichtlich der darin enthaltenen Rechtsgeschäfte unter Lebenden nach den dafür geltenden Formvorschriften zu erklären ist und dann seinerseits die auflösende Bedingung für den Wegfall des Erbvertrags darstellt (KANZLEITER DNotZ 1999, 122, 124; s auch RdNr 18).

2 Nach § 2271 Abs 1 S 1 ist § 2296 auch auf den Widerruf einer wechselbezüglichen Verfügung in einem **gemeinschaftlichen Testament** zu Lebzeiten beider Ehegatten anzuwenden. Die Erläuterungen zu diesem Widerruf (§ 2271 RdNr 8 ff) gelten zum größten Teil auch für den Rücktritt vom Erbvertrag. Auch die Rücktrittserklärung ist ihrem Wesen nach *Verfügung von Todes wegen.* Solange den Erfordernissen des § 2296 nicht genügt ist, ist das Rücktrittsrecht des Erblassers ohne unmittelbare rechtliche Wirkung.

## II. Vertretung des Erblassers

3 Nach § 2296 Abs 1 S 1 kann der Rücktritt nicht durch einen Vertreter erfolgen (vgl auch § 2290 Abs 2 S 1, § 2282 Abs 1 S 1). Die Vorschrift gilt sowohl für den rechtsgeschäftlichen wie für den gesetzlichen Vertreter (KIPP-COING § 40 II). Ausgeschlossen ist nicht nur die Vertretung im Willen, sondern auch die in der Erklärung (§ 2282 RdNr 1).

## III. Geschäftsfähigkeit des Beteiligten

### 1. Geschäftsunfähigkeit des Erblassers

4 Ein bei Abgabe der Rücktrittserklärung geschäftsunfähiger Erblasser kann nicht vom Erbvertrag zurücktreten; denn er selbst kann den Rücktritt nicht erklären (§ 105) und der gesetzliche Vertreter kann nicht für ihn handeln (Abs 1 S 1; BayObLG FamRZ 1996, 969). Auf die Testierfähigkeit kommt es hier – im Gegensatz zum Widerruf eines gemeinschaftlichen Testaments, § 2271 RdNr 10 – nicht an. Wird der Erblasser nach Abgabe der Rücktrittserklärung geschäftsunfähig, gilt § 130 Abs 2 (s RdNr 15).

### 2. Beschränkte Geschäftsfähigkeit des Erblassers

5 Ist der Erblasser in der Geschäftsfähigkeit beschränkt, so kann er den Rücktritt selbst erklären, und zwar ohne Zustimmung seines gesetzlichen Vertreters, weil durch den Rücktritt eine Beschränkung seiner Testierfreiheit beseitigt, seine Rechtsstellung also verbessert wird (§ 2296 Abs 1 S 2; vgl § 2290 Abs 2 S 2, § 2282 Abs 1 S 2). Dies gilt auch dann, wenn dadurch die Unwirksamkeit anderer, dem Erblasser vorteilhafter Rechtsgeschäfte herbeigeführt wird (MünchKomm-MUSIELAK RdNr 3; PLANCK-GREIFF Anm 2; zur ähnlichen Problematik bei der Anfechtung § 2282 RdNr 3). Mit der Aufhebung des § 114 zum 1.1.1992 durch das Betreuungsgesetz hat diese Regelung nur noch für den minderjährigen Erblasser Bedeutung.

### 3. Vertragsgegner

Bei Mängeln in der Geschäftsfähigkeit des Vertragsgegners gilt § 131.  6

## IV. Die Rücktrittserklärung

### 1. Form

Nach § 2296 Abs 2 S 1 geschieht der Rücktritt durch Erklärung gegenüber dem  7
Vertragsgegner (vgl § 349), bei mehreren gegenüber all diesen (BGH NJW-RR 1986, 371 = FamRZ 1985, 919; REITHMANN DNotZ 1957, 530). Diese Form dient der Sicherung des Vertragsgegners, der »wissen will, woran er ist« (Mot V 343). Die Rücktrittserklärung bedarf der **notariellen Beurkundung** (§ 2296 Abs 2 S 2); öffentliche Beglaubigung genügt nicht, wohl aber die Protokollierung im Prozessvergleich (§ 127a; SOERGEL-M WOLF RdNr 3). Ein Verstoß gegen das Formerfordernis führt zur Unwirksamkeit der Rücktrittserklärung (§ 125 S 1).

### 2. Inhalt

Die Rücktrittserklärung ist, da von einem Gestaltungsrecht Gebrauch gemacht  8
wird, bedingungsfeindlich (OLG Stuttgart OLGZ 1979, 129, 131; LANGE-KUCHINKE § 25 VII 6 a; MünchKomm-MUSIELAK RdNr 6). Vgl im Übrigen § 2293 RdNr 13 ff. Die ausdrückliche Verwendung des Wortes »Rücktritt« ist zwar zweckmäßig, aber nicht erforderlich, es genügt, wenn sich dies durch Auslegung ermitteln lässt (SOERGEL-M WOLF RdNr 3). Soweit vor dem Rücktritt eine Abmahnung erforderlich ist, ist dies zu beachten (vgl OLG Hamm DNotZ 1999, 142, 144)

Der **Rücktrittsgrund** braucht im Falle des § 2296 in der Rücktrittserklärung nicht  9
angegeben werden (PLANCK-GREIFF Anm 3; MünchKomm-MUSIELAK RdNr 6; anders im Falle des § 2297, wo uU § 2336 Abs 2 entsprechend anzuwenden ist). Doch ist dies vor allem dann zweckmäßig, wenn der Rücktritt nur bei Vorliegen bestimmter Gründe zulässig ist (NIEDER Handbuch RdNr 759). Werden nur einzelne von mehreren Rücktrittsgründen angegeben, so führt dies nicht zur Präklusion der übrigen, wenn nicht vertraglich anderes bestimmt ist. Anders ist dies beim entgeltlichen Erbvertrag, wenn ein Abmahnerfordernis besteht (§ 2293 RdNr 17 ff). Bei der Beurkundung der Rücktrittserklärung brauchen nicht – wie beim Abschluss des Erbvertrages, § 2276 – beide Teile anwesend sein, weil nur die Erklärung des Erblassers beurkundet wird, nicht auch die Annahme durch den Vertragsgegner oder das Zugehen an ihn (Prot V 438).

Die **spätere Errichtung** einer abweichenden **Verfügung von Todes wegen**, sei es  10
ein Testament oder ein Erbvertrag mit einem Dritten, zu Lebzeiten des Vertragspartners ist selbst bei Wahrung der für den Rücktritt vorgeschriebenen Form schon mangels Erklärung gegenüber dem anderen Vertragsteil keine wirksame Rücktrittserklärung (PALANDT-EDENHOFER RdNr 3). Selbst wenn aber später ein Zugang an den anderen Vertragsteil erfolgt, wird man fordern müssen, dass sich aus dem Testament nicht nur der Rücktrittswille klar ergibt, sondern dass dieser – wie es für eine Rücktrittserklärung wesensnotwendig ist – klar gegenüber dem Vertragsgegner **adressiert** ist. Auch BGHZ 106, 359, 362 (= NJW-RR 1986, 371 = DNotZ 1990, 50, 51) betont ausdrücklich zu einer aufhebenden Verfügung in einem Erbvertrag, dass diese nicht zugleich als Rücktrittserklärung angesehen werden kann, weil sie »entgegen § 2296 Abs 2 Satz 1 BGB nicht der Klägerin gegenüber erfolgt und

ihr auch, wie diese mit Recht betont, bei Lebzeiten des Erblassers weder zugegangen noch auch nur im Sinne von § 130 Abs 2 BGB abgegeben worden ist«. Nur unter diesen Voraussetzungen wird man eine **Kombination** eines Rücktritts mit einer neuen Verfügung von Todes wegen in einer Urkunde selbst bei Wahrung der Form des § 2296 Abs 2 S 2 für zulässig halten können (s § 2271 RdNr 11 zur parallelen Problematik des Widerrufs des gemeinschaftlichen Testaments; STAUDINGER-KANZLEITER RdNr 9 lassen demgegenüber die bloße Übermittlung genügen).

### 3. Zugang beim Vertragsgegner

**11** Die Rücktrittserklärung ist eine einseitige empfangsbedürftige Willenserklärung, die erst mit ihrem Zugang an den anderen Vertragsteil des Erbvertrags wirksam wird (§ 130; MünchKomm-MUSIELAK RdNr 4).

#### a) Gegenstand der Übermittlung

**12** Die Rücktrittserklärung ist dem Vertragsgegner in Urschrift oder **Ausfertigung** zu übermitteln; die Übermittlung einer einfachen oder auch einer von einem Notar, Rechtsanwalt oder Gerichtsvollzieher beglaubigten Abschrift genügt nach hM nicht (§ 2271 RdNr 13; RGZ 65, 270; BGHZ 31, 5; 36, 201; 48, 374; BGH NJW 1981, 2299, 2300; WM 1985, 1180, 1182 = NJW-RR 1986, 371 = LM Nr 3 zu § 2294; KG DNotZ 1933, 578; LANGE-KUCHINKE § 25 VII 6 a; MünchKomm-MUSIELAK RdNr 6; J SCHNEIDER ZEV 1996, 220; weitere Nachweise s § 2271 RdNr 13; **aM**: Zugang einer beglaubigten Abschrift genügt, die hM sei zu formalistisch: SOERGEL-M WOLF RdNr 4; HIEBER DNotZ 1960, 240; RÖLL DNotZ 1961, 312; VEIT, Die Anfechtung [1991] 27 ff; KANZLEITER DNotZ 1996, 931). Daran hat sich auch durch das ZustRG vom 25. 6. 2001 (BGBl I 1206) nichts geändert, zumal die Zustellung auf Betreiben der Parteien erfolgt (§§ 191 ff ZPO nF; vgl ZÖLLER-STÖBER ZPO § 192 RdNr 5).

**13** Eine zunächst unwirksame Zustellung der Rücktrittserklärung, etwa in beglaubigter Abschrift, kann **nach** dem **Tode des Vertragserben** nicht mehr mit heilender Wirkung nachgeholt werden (OLG Düsseldorf, OLGZ 1966, 68 = FamRZ 1966, 48; AG Blomberg FamRZ 1986, 1154; OLG Hamm NJW-RR 1991, 1480, 1481 = FamRZ 1991, 1486 [zum gemeinschaftlichen Testament; dazu HOHLOCH JuS 1992, 259]; LANGE-KUCHINKE § 25 VII 6 a). Ebenso ist eine Heilung eines Zugangsmangels dann ausgeschlossen, wenn die erneute Rücktrittserklärung bei **Lebzeiten des Erblassers** weder zugegangen noch wenigstens iS von § 130 Abs 2 abgegeben war (BGHZ 106, 359, 362 = NJW 1989, 2885; BGHZ 48, 374 = JZ 1963, 185 m Anm DILCHER [für Widerruf des gemeinschaftlichen Testaments]; RGZ 65, 270, 274; LANGE-KUCHINKE § 25 VII 6 a; zT wird aber übersehen, dass der BGH die Abgabe nach § 130 Abs 2 für die Heilung genügen lässt, so PALANDT-EDENHOFER RdNr 2). Zur Anweisung, erst nach dem Tod den Rücktritt zu übermitteln s RdNr 15.

#### b) Art der Übermittlung

**14** Eine bestimmte Form der Übermittlung der Rücktrittserklärung oder eine Beurkundung ihres Zugangs an den Vertragsgegner ist (im Gegensatz zu der Erklärung selbst) nicht vorgeschrieben (§ 2271 RdNr 14); es empfiehlt sich aber, zur Beweissicherung die Rücktrittserklärung durch einen Gerichtsvollzieher förmlich zustellen zu lassen (§ 132; § 2271 RdNr 14). Eine Ersatzzustellung an den die Zustellung betreibenden Teil macht die Zustellung auf alle Fälle unwirksam (§ 185 ZPO; PALANDT-EDENHOFER RdNr 2). Inwieweit Vereinbarungen über Formerleichterungen im Zusammenhang mit dem Zugang der Rücktrittserklärung im Erbrecht zulässig sind, bleibt wegen des dort herrschenden Grundsatzes der Formenstrenge abzuwarten (bejahend PALANDT-EDENHOFER aaO unter Bezug auf BGHZ 130, 71 = NJW 1995, 2217, der allerdings nicht das Erbrecht betraf). Eine **öffentliche Zustellung** der Rücktrittserklärung ist möglich (BGHZ 64, 5 = NJW 1975, 827, dort auch zum Problem der sog »erschlichenen Zustellung«, vgl auch § 2271 RdNr 14).

#### c) Vorzeitiger Tod des Erblassers

Nach § 130 Abs 2 ist der Rücktritt grundsätzlich auch dann wirksam, wenn die Rücktrittserklärung dem Vertragsgegner erst nach dem Tode des Erblassers zugeht, sofern der den Rücktritt Erklärende nur alles getan hat, was von seiner Seite geschehen musste, damit die Erklärung dem anderen Teil (alsbald) zuging (RGZ, 65, 270; OLG Celle NJW 1964, 53 m Anm BÄRMANN = DNotZ 1964, 238 m Anm HIEBER; NATTER JZ 1954, 381; zweifelnd aber OLG Hamm FamRZ 1991, 1486 = NJW-RR 1991, 1480, 1481 zu § 2271 Abs 1 im Hinblick auf dessen Normzweck). Die zugunsten des Erklärenden getroffene Regelung des § 130 Abs 2 wird aber missbraucht, wenn der Erblasser den Notar anweist, die von ihm beurkundete Rücktrittserklärung dem Vertragsgegner erst nach dem Tode des Erblassers zu übermitteln. In einem solchen Fall liegt kein wirksamer Rücktritt vor (BGHZ 9, 232 = NJW 1953, 938; OLG Hamm NJW 1964, 53, 54; MünchKomm-MUSIELAK RdNr 4; SOERGEL-M WOLF RdNr 5; STAUDINGER-KANZLEITER RdNr 10; ebenso beim Widerruf einer wechselbezüglichen Verfügung in einem gemeinschaftlichen Testament, § 2271 RdNr 11). Sonst würde gerade das erreicht, was durch den Normzweck des § 2296 vermieden werden sollte, dass nämlich der Erblasser sich von seiner vertragsmäßigen Verfügung hinter dem Rücken des Vertragsgegners einseitig lossagen könnte.

Zur nachträglichen Heilung von Zugangsmängeln s RdNr 13. § 130 Abs 2 geht von dem Regelfall aus, dass sich die Willenserklärung beim Tode des Erklärenden auf dem Wege zum Adressaten befindet und die Zustellung alsbald nachfolgt. Daher ist eine Rücktrittserklärung unwirksam, deren Zugang der Erblasser zwar nicht absichtlich verhindert hat, die aber dem Vertragsgegner erst zu einem Zeitpunkt zugestellt wird, zu dem er mit der Kraftlosigkeit des Erbvertrags durch Rücktritt des Erblassers nicht mehr zu rechnen brauchte (BGHZ 48, 374, 384; OLG Hamm FamRZ 1991, 1486). Der ein Aufhebungstestament nur verwahrende Notar ist ohne ausdrückliche Weisung des Erblassers nicht ermächtigt, nach dessen Tod durch Übersendung des Testaments an den Vertragsgegner den Rücktritt vom Erbvertrag zu erklären (OLG Saarbrücken, SaarlRStZ 1957, 45).

Ist es zur Zeit des Rücktritts zweifelhaft, ob der Vertragsgegner noch lebt oder schon gestorben ist, so sollte der Notar dem Erblasser empfehlen, nicht nur den Rücktritt nach § 2296 zu erklären, sondern vorsorglich auch ein Aufhebungstestament nach § 2297 zu errichten.

### 4. Zwingende Rücktrittsform

Die Vorschriften des § 2296 sind zwingend; die Beteiligten können keine andere Form des Rücktritts vereinbaren, auch nicht für den vorbehaltenen Rücktritt (PLANCK-GREIFF Anm 1; SOERGEL-M WOLF RdNr 3). Jedoch werden Vereinbarungen über Zugangserleichterung für möglich gehalten (RdNr 14). Da jedoch Verfügungen von Todes wegen mit beliebigen auflösenden Bedingungen versehen werden können (STAUDINGER-KANZLEITER § 2293 RdNr 14), ist im Wege der Auslegung eine Bestimmung über eine an sich unzulässige Rücktrittsform als Verfügung von Todes wegen unter der auflösenden Bedingung des Eintritts der vereinbarten **Rücktrittsvoraussetzungen** anzusehen und damit wirksam (STAUDINGER-KANZLEITER RdNr 13; KANZLEITER DNotZ 1999, 122, 124; s auch RdNr 1).

### 5. Umdeutung

Durch Errichtung einer Verfügung von Todes wegen, sei es eines Testaments oder eines Erbvertrags mit einem Dritten, kann der Erblasser – außer im Falle des § 2297 – den Rücktritt nur erklären, wenn der Rücktrittswille sich aus dieser eindeutig ergibt, diese an den Vertragsgegner gerichtet ist, ihm auch zugeht und die erforderliche Form gewahrt ist (s RdNr 10). Das gilt auch dann, wenn der Vertragsgegner formlos zustimmt (§ 2271 RdNr 21). Anders, wenn die Zustimmungserklärung notariell beurkundet wird. Dann kann die Rücktrittserklärung in eine Aufhebung nach § 2291 umgedeutet werden, freilich nur, wenn es sich um eine einzelne vertragsmäßige Vermächtnis oder Auflageanordnung handelt.

**20** Die **Umdeutung** anderer an sich unwirksamer Erklärungen, welche die Aufhebung der Erbeinsetzung beabsichtigt haben, zB eines Zuwendungsverzichts oder Angebots auf Aufhebung des Erbvertrags, in die Erklärung des Rücktritts nach § 2296 ist möglich (OLG Hamm DNotZ 1977, 751; OLG Stuttgart DNotZ 1979, 107).

### V. Wirkung des Rücktritts

**21** Durch den wirksamen Rücktritt werden die vertragsmäßigen Verfügungen des Zurücktretenden immer beseitigt, die des *anderen Vertragsteils* nach der Auslegungsregel des § 2298 Abs 2 S 1 nur bei einem *vorbehaltenen Rücktrittsrecht*. Bei der Ausübung eines *gesetzlichen Rücktrittsrechts* (§§ 2294, 2295) gilt dies nicht, sodass die Verfügungen des Vertragsgegners grundsätzlich als bindende Anordnung bestehen bleiben (MÜLLER-ROTTACH BWNotZ 1987, 42; LANGE-KUCHINKE § 25 VII 6 a ; PALANDT-EDENHOFER RdNr 4); jedoch ist § 2085 anzuwenden (STAUDINGER-KANZLEITER § 2298 RdNr 12; LANGE-KUCHINKE aaO Fn 273; MÜLLER-ROTTACH aaO, der aber ihre Wirksamkeit nicht einschränkt; s auch § 2298 RdNr 14 ff).

**22** Der Rücktritt vom Erbvertrag ist, wenn er zu Lebzeiten des Vertragsgegners erklärt wird, stets unwiderruflich (PLANCK-GREIFF Anm 4; Prot VI 153; WEIN BayZ 1916, 123, 126 r Sp; vgl § 2293 RdNr 23). Die Wirkung des Rücktritts kann nur durch den Abschluss eines neuen Erbvertrags rückgängig gemacht werden bzw – wenn eine Bindung nicht angestrebt wird – durch Errichtung eines Testament mit dem entsprechenden Inhalt.

### VI. Rücktritt nach dem Tode des Vertragsgegners

**23** Nach dem Tode des Vertragsgegners verwandelt sich das Recht zum Rücktritt in ein Recht zur einseitigen Aufhebung des Erbvertrags oder der vertragsmäßigen Verfügung durch Testament (§ 2297, Ausnahme aber grundsätzlich beim zweiseitigen Erbvertrag, sofern kein anderer Wille der Vertragsteile anzunehmen ist, § 2298 Abs 2 S 2, 3). Die Erklärung gegenüber dem Vertragsgegner kann also, wenn dieser tot ist, nicht durch eine Erklärung gegenüber seinem Erben ersetzt werden. Das Aufhebungstestament ist im Gegensatz zu der Rücktrittserklärung nach § 2296 widerruflich (§ 2297 RdNr 17).

### VII. Formulierungsvorschläge

**24** Formulierungsvorschläge finden sich für den **Rücktrittsvorbehalt** etwa bei Formular-Kommentar-PRAUSNITZ, Form 6.529 (entgeltlicher Erbvertrag); HERLITZ MittRhNotK 1996, 153, 163 (freies Rücktrittsrecht); BASTY MittBayNot 2000, 73, 79.

**25** Für die **Rücktrittserklärung** selbst bei Formular-Kommentar-PRAUSNITZ, Form 6.533; HERLITZ MittRhNotK 1996, 153, 164; KRUG in: Krug-Rudolf-Kroiß § 4 RdNr 147.

## VIII. Praxistipp bei Zustellung durch Gerichtsvollzieher

Bei der aus Beweisgründen sinnvollen Zustellung durch einen Gerichtsvollzieher ist darauf zu achten, dass dieser nicht – wie sonst üblich – selbst eine beglaubigte Abschrift der Ausfertigung, die zugestellt werden muss, anfertigt und nur die Abschrift zustellt, was zur Unwirksamkeit der Übermittlung führt (RdNr 12). Daher ist eine ausdrückliche Anweisung im Zustellungauftrag wichtig, dass die Ausfertigung selbst zugestellt werden muss (HERLITZ MittRhNotK 1996, 153, 162 Fn 115). 26

## § 2297 Rücktritt durch Testament

**Soweit der Erblasser zum Rücktritte berechtigt ist, kann er nach dem Tode des anderen Vertragschließenden die vertragsmäßige Verfügung durch Testament aufheben. In den Fällen des § 2294 findet die Vorschrift des § 2336 Abs 2 bis 4 entsprechende Anwendung.**

### I. Allgemeines

Durch den Tod des Vertragspartners erlischt aus letztlich formalen Gründen für den Erblasser die Möglichkeit, durch Rücktrittserklärung ihm gegenüber sich von der erbvertraglichen Bindung zu lösen. Das Rücktrittsrecht wäre hier nur dann möglich, wenn man die Erben des Vertragspartners als Adressaten der Rücktrittserklärung zuließe; dies widerspräche aber bereits der in § 2290 Abs 1 S 2 getroffenen Wertung, dass nach dem Tode des Vertragspartners seine Erben an einer Aufhebung des Erbvertrags nicht mitwirken dürfen (§ 2290 RdNr 7); daher ist dies nicht zulässig (OLG Düsseldorf OLGZ 1966, 68, 71). Um aber weiterhin die Lösung von der erbvertraglichen Bindung für den Erblasser zu gewährleisten, **wandelt** sich das (gesetzliche oder vertraglich vorbehaltene) **Rücktrittsrecht** des Erblassers mit dem Tod des Vertragspartners in ein Recht zur **einseitigen Aufhebung** vertragsmäßiger Verfügungen durch Testament (S 1). Und dies, obwohl die vertragliche Aufhebung eines Erbvertrags oder einzelner vertragsmäßiger Verfügung nach dem Tode des Vertragsgegners nicht mehr möglich ist (§ 2290 Abs 1 S 2). Obgleich das Gesetz hier ausdrücklich von der »Aufhebung des Vertrags« spricht und das Kennzeichen des Rücktritts doch die Erklärung gegenüber dem anderen Vertragsteil ist, geht das Schrifttum einhellig davon aus, dass es sich sachlich nach wie vor um einen Rücktritt vom Erbvertrag handelt und durch den Tod des Vertragspartners nur eine Änderung der Rücktrittsform erfolgt (etwa ERMAN-M SCHMIDT RdNr 1; SCHLÜTER RdNr 301; SOERGEL-M WOLF RdNr 1). 1

**Praktische Bedeutung** hat diese Aufhebungsform, da Zuwendungen an den Vertragsgegner mit dessen Tod in der Regel gegenstandslos werden, im Allgemeinen nur bei Zuwendungen an Dritte, auch Ersatzberufene, oder bei Auflageanordnungen. 2

Eine Ausnahme von dem Fortbestand des Rücktrittsrechts beim Tode des Vertragsgegners gilt beim **zweiseitigen Erbvertrag** nach der Auslegungsregel des § 2298 Abs 2 S 2, jedoch nur für den vorbehaltenen Rücktritt, ferner nur im Zweifel (Abs 3) und vorbehaltlich des Rechtes des überlebenden Erblassers, durch Ausschlagung des ihm (vertragsmäßig) Zugewendeten seine Verfügungsfreiheit zurückzugewinnen (§ 2298 Abs 2 S 3). 3

4 Indem das Gesetz in § 2297 die Form des Testaments vorschreibt, schließt es zugleich aus, dass der Rücktritt nach dem Tode des Vertragsgegners in anderer Form, etwa durch Erklärung gegenüber seinen Erben, ausgesprochen werden könnte (Prot V 421). Durch den Tod des Vertragsgegners wird auch ein etwa bestehendes Anfechtungsrecht nicht berührt, nur der Adressat derselben wird geändert (§ 2281 Abs 2; PALANDT-EDENHOFER RdNr 1). Es kann sogar sein, dass der Tod des Vertragsgegners erst einen Grund zur Anfechtung des Erbvertrags abgibt.

## II. Das Aufhebungstestament

### 1. Voraussetzungen

5 Die Aufhebung einer vertragsmäßigen Verfügung durch Testament erfordert nach § 2297,

6 a) dass der Erblasser bei Errichtung dieses Aufhebungstestaments zum Rücktritt nach §§ 2293 ff (noch) berechtigt ist. Gleichgültig ist, ob das Rücktrittsrecht noch zu Lebzeiten des Vertragsgegners oder erst nach seinem Tod entstanden ist (PLANCK-GREIFF § 2297 Anm 2; LANGE-KUCHINKE § 25 VII 6 b; SOERGEL-M WOLF RdNr 2);

7 b) dass der Vertragsgegner gestorben ist. Wenn von mehreren Vertragsgegnern nur einer gestorben ist, so ist § 2297 nicht anwendbar; es wird hier die Erklärung des Rücktritts nach § 2296 Abs 2 gegenüber den Überlebenden genügen, da das Aufhebungstestament nur eine Ersatzform des Rücktritts ist, wenn dieser wegen des Vorversterbens des Vertragspartners nicht möglich ist (REITHMANN DNotZ 1957, 527, 529; SOERGEL-M WOLF RdNr 1; HERLITZ MittRhNotK 1996, 153, 161);

8 c) dass der Erblasser testierfähig ist (MünchKomm-MUSIELAK RdNr 2), auf die Geschäftsfähigkeit kommt es hier – anders als beim Rücktritt zu Lebzeiten des Vertragspartners – nicht an.

### 2. Möglichkeiten

9 Wenn die genannten Voraussetzungen vorliegen, kann der Erblasser seine vertragsmäßige Verfügung durch Testament aufheben (S 1), und zwar ausdrücklich durch Widerrufstestament (§ 2254) oder stillschweigend durch widersprechendes Testament (§ 2258; MünchKomm-MUSIELAK RdNr 3; V LÜBTOW I 465; EBENROTH RdNr 266) oder indem er einfach die im Erbvertrag enthaltene Regelung wiederholt, die aber nicht mehr seinem Willen entsprechende Ersatzerbenbestimmung nicht erwähnt (OLG Köln OLGZ 1993, 275 = NJW-RR 1992, 1418). Die Aufhebung kann auch durch ein gemeinschaftliches Testament erfolgen, da dieses nur eine Sonderform des Testaments ist. Demgegenüber erscheint fraglich, ob dies auch durch eine einseitige Verfügung in einem Erbvertrag geschehen kann (dafür SOERGEL-M WOLF RdNr 2), ist wegen § 2299 Abs 1 aber wohl zu bejahen. Mit der Aufhebung können zugleich auch neue Verfügungen getroffen werden (SOERGEL-M WOLF RdNr 2).

10 Eine Mitteilung an die Erben des Vertragsgegners oder an den bedachten Dritten ist nicht nötig, wie sich gerade aus der vorgeschriebenen Aufhebungsform ergibt. Ein zu Lebzeiten des Vertragsgegners ohne dessen Zustimmung (§ 2291) errichtetes Aufhebungstestament wird durch seinen Tod aber nicht wirksam.

### 3. Anwendung der Pflichtteilsentziehungsvorschriften

Beim Rücktritt nach § 2294 wegen Verfehlung des Bedachten sind nach der ausdrücklichen Verweisung des § 2297 S 2 die Vorschriften des § 2336 Abs 2 bis 4 über die Entziehung des Pflichtteils entsprechend anzuwenden, weil hier besonderer Wert auf die Angabe und Beweis des Rücktrittsgrundes gelegt werden muss (BGH LM § 2294 Nr 1 = NJW 1952, 700). Das bedeutet: **11**

**a)** Wenn der Erblasser nach dem Tode des Vertragsgegners eine vertragsmäßige Verfügung wegen einer Verfehlung des Bedachten aufheben will, so muss der **Entziehungsgrund** zur Zeit der Errichtung des Aufhebungstestaments **noch bestehen** und der Erblasser muss ihn in dem Aufhebungstestament nach § 2297 **angeben,** insbesondere den Kern des Geschehens, auf den der Rücktritt gestützt wird (§ 2336 Abs 2; LANGE-KUCHINKE § 25 VII 6 b Fn 276). **12**

**b)** Im Streitfall hat der, welcher die Aufhebung geltend macht, nicht nur die **Verfehlung** des Bedachten **zu beweisen,** sondern auch etwa vorgeschützte Rechtfertigungsgründe oder Entschuldigungsgründe zu widerlegen (§ 2236 Abs 3, MünchKomm-MUSIELAK RdNr 4; bei Rücktritt zu Lebzeiten ist dies anders, vgl § 2294 RdNr 14). **13**

**c)** Die Aufhebung wegen ehrlosen oder unsittlichen Lebenswandels wird wegen § 2336 Abs 4 ipso jure **unwirksam,** wenn sich der Bedachte zur Zeit des Erbfalls von dem schlechten Lebenswandel **dauernd abgewandt** hat (LG Mönchengladbach MDR 1952, 750; MünchKomm-MUSIELAK RdNr 4; SOERGEL-M WOLF RdNr 3). **14**

**d)** Hat der Erblasser dem Bedachten vor der Aufhebung verziehen, so ist die Aufhebungserklärung unwirksam, weil durch die Verzeihung das Recht zur Entziehung des Pflichtteils und damit auch das Recht zum Rücktritt erloschen ist (§ 2337 S 1, § 2294). Dagegen ist **nachträgliche Verzeihung** nach dem Rücktritt bedeutungslos; denn auf § 2337 S 2 wird nicht verwiesen (ERMAN-M SCHMIDT RdNr 2; MünchKomm-MUSIELAK RdNr 5; PLANCK-GREIFF Anm 4; PALANDT-EDENHOFER RdNr 2; BGB-RGRK-KREGEL RdNr 4; SOERGEL-M WOLF RdNr 3; STAUDINGER-KANZLEITER RdNr 7; aM STROHAL I § 46 Fn 47). Hierfür besteht auch kein Bedürfnis; denn es steht dem Erblasser frei, das Aufhebungstestament zu widerrufen (RdNr 17) oder die aufgehobene Zuwendung wenigstens einseitig zu wiederholen. **15**

**e)** Für die Fälle der **§§ 2293, 2295** (vertraglicher Rücktrittsvorbehalt, Rücktritt bei Aufhebung der Gegenverpflichtung) findet sich in § 2297 S 2 keine ausdrückliche Verweisung auf § 2336 Abs 2 bis 4; ihre Anwendung kommt auch nach ihrem Inhalt kaum in Betracht. Sie sind in diesen Fällen nach dem Tode des Vertragsgegners (§ 2297) ebenso wenig anwendbar wie beim Rücktritt unter Lebenden, also nach § 2296. **16**

### 4. Widerruf des Aufhebungstestaments

Das Aufhebungstestament ist (im Gegensatz zum Rücktritt unter Lebenden nach § 2296 und zum Widerruf einer wechselbezüglichen Verfügung in einem gemeinschaftlichen Testament nach § 2271 Abs 1 S 1) widerruflich, weil dies zum Wesen des einseitigen Testaments gehört (§ 2253; PLANCK-GREIFF Anm 5). Durch den Widerruf wird die aufgehobene vertragsmäßige Verfügung als solche, nicht bloß als einseitige, wiederhergestellt (§§ 2257, 2258 Abs 2, HÖFER BWNotZ 1984, 118; MünchKomm-MUSIELAK RdNr 5; STAUDINGER-KANZLEITER RdNr 9; EBENROTH RdNr 266). Damit werden uU nach dem Widerruf getroffene Verfügungen von Todes wegen unwirksam (§ 2289 Abs 1 S 2), weshalb DOHR (MittRhNotK 1998, 396) dann im Widerruf des Aufhebungstestaments selbst einen Verstoß gegen § 2289 sieht. Zum automatischen Unwirksamwerden nach § 2336 Abs 4 s RdNr 14. **17**

## § 2298 Gegenseitiger Erbvertrag

(1) Sind in einem Erbvertrage von beiden Teilen vertragsmäßige Verfügungen getroffen, so hat die Nichtigkeit einer dieser Verfügungen die Unwirksamkeit des ganzen Vertrags zur Folge.

(2) Ist in einem solchen Vertrag der Rücktritt vorbehalten, so wird durch den Rücktritt eines der Vertragschließenden der ganze Vertrag aufgehoben. Das Rücktrittsrecht erlischt mit dem Tode des anderen Vertragschließenden. Der Überlebende kann jedoch, wenn er das ihm durch den Vertrag Zugewendete ausschlägt, seine Verfügung durch Testament aufheben.

(3) Die Vorschriften des Absatzes 1 und des Absatzes 2 Sätze 1 und 2 finden keine Anwendung, wenn ein anderer Wille der Vertragschließenden anzunehmen ist.

### Übersicht

| | | |
|---|---|---|
| I. | Zweck | 1 |
| II. | Wechselbezüglichkeit der beiderseitigen Verfügungen | 2 |
| III. | Nichtigkeit einer vertragsmäßigen Verfügung | 5 |
| | 1. Nichtigkeitsfolgen | 5 |
| | 2. Andere Unwirksamkeitstatbestände | 6 |
| | 3. Unwirksamkeit einseitiger Verfügungen? | 11 |
| | 4. Nichtigkeit eines Teils einer Verfügung | 12 |
| | 5. Umdeutung eines nichtigen Erbvertrags | 13 |
| IV. | Rücktritt von einer vertragsmäßigen Verfügung | 14 |
| | 1. Auswirkung auf andere Verfügungen | 14 |
| | 2. Tod eines Vertragsteils | 17 |
| |    a) Tod des Vertragspartners | 18 |
| |    b) Tod des Rücktrittsberechtigten | 20 |
| | 3. Erhaltung des Rücktrittsrechts durch Ausschlagung | 21 |
| V. | Auslegungsregel, abweichender Parteiwille | 25 |
| VI. | Gestaltungshinweise | 27 |

## I. Zweck

**1** Die Vorschrift regelt den Fortbestand der anderen, in einem zweiseitigen Erbvertrag getroffenen Verfügungen, wenn eine Verfügung nichtig ist (Abs 1) oder von ihr aufgrund eines vorbehaltenen Rücktrittsrechts (Abs 2) zurückgetreten wird. Dabei stellt das Gesetz durch eine Auslegungsregel die widerlegbare Vermutung (Abs 3) auf, dass wenn die Vertragsteile schon die Verbindung ihrer Verfügungen von Todes wegen in einer Urkunde wünschen, diese in ihrem Bestand voneinander abhängig sein sollen. § 2298 setzt den zweiseitigen oder gemeinschaftlichen Erbvertrag voraus. Hierunter versteht man einen Erbvertrag, in dem jeder Teil eine oder mehrere vertragsmäßige Verfügungen von Todes wegen (§ 2278) getroffen hat, wobei unerheblich ist, ob diese zugunsten des Vertragsgegners oder aber auch zugunsten eines Dritten getroffen werden (BayObLG ZEV 1995, 413, 414 = FamRZ

1995, 1449 = NJW-RR 1996, 7); näher zum Begriff Vorbem 34 zu § 2274). Der zweiseitige Erbvertrag braucht also kein gegenseitiger zu sein (STAUDINGER-KANZLEITER RdNr 1).

## II. Wechselbezüglichkeit der beiderseitigen Verfügungen

§ 2298 beruht auf dem Gedanken, dass bei einem zweiseitigen Erbvertrag in der Regel angenommen werden kann, dass die beiderseitigen vertragsmäßigen Verfügungen nach dem Willen der Parteien voneinander abhängen und miteinander stehen und fallen sollen, dass also im Zweifel Wechselbezüglichkeit einer jeden von ihnen gegenüber allen anderen gegeben ist (vgl § 2270; BGH NJW 1961, 120). Die Wechselbezüglichkeit der vertragsmäßigen Verfügungen darf ohne weiteres vermutet werden (§ 2298 Abs 3). Die Vermutungswirkung der Wechselbezüglichkeit nach § 2298 Abs 1 geht beim Erbvertrag weiter als die beim gemeinschaftlichen Testament nach § 2270 Abs 2, da beim zweiseitigen Erbvertrag die Wechselbezüglichkeit aller vertragsmäßiger Verfügungen ausnahmslos widerlegbar vermutet wird, dies beim gemeinschaftlichen Testament nur bei gegenseitiger Begünstigung der Eheleute oder hinsichtlich der Verfügung zugunsten von Verwandten oder sonst Nahestehenden des erstverstorbenen Ehegatten erfolgt (§ 2270 Abs 2; BGH NJW 1961, 120 = DNotZ 1961, 417; OLG Hamm OLGZ 1994, 326 = ZEV 1994, 367, 368; STAUDINGER-KANZLEITER RdNr 6; NIEDER, Handbuch RdNr 718). 2

Die rechtliche Bedeutung der Wechselbezüglichkeit regelt § 2298 ähnlich wie § 2270 Abs 1 und § 2271 Abs 1, Abs 2 S 1 für das gemeinschaftliche Testament: Die Nichtigkeit einer einzigen vertragsmäßigen Verfügung oder der vorbehaltene Rücktritt eines Beteiligten hat zur Folge, dass der ganze Vertrag, genauer: alle in dem Vertrag getroffenen vertragsmäßigen Verfügungen unwirksam oder aufgehoben werden (§ 2298 Abs 1, Abs 2 S 1). Das vorbehaltene Rücktrittsrecht eines Vertragspartners erlischt mit dem Tode des anderen Teils, vorbehaltlich des Rechtes des überlebenden Erblassers, durch Ausschlagung des ihm Zugewendeten seine Testierfreiheit zurückzugewinnen (§ 2298 Abs 2 S 2, 3). 3

§ 2298 enthält, wie aus Abs 3 hervorgeht, nur **Auslegungsregeln**. Zu beachten ist, dass § 2298 nur das Schicksal der vertragsmäßigen Verfügungen regelt; für einseitige Verfügungen (§ 2299) gilt bei Nichtigkeit einer vertragsmäßigen Verfügung § 2085 in Verbindung mit § 2279, beim Rücktritt § 2299 Abs 3 (vgl BÜHLER DNotZ 1962, 367). Eine Nichtigkeit des ganzen Erbvertrags, etwa wegen Formmangels oder Verstoßes gegen die guten Sitten, ergreift auch die in ihm enthaltenen einseitigen Verfügungen, soweit nicht § 140 eingreift (PALANDT-EDENHOFER RdNr 2). Hat in einem Erbvertrag nur ein Teil vertragsmäßige Verfügungen getroffen (einseitiger Erbvertrag, Vorbem 34 zu § 2274 ff) und ist eine dieser Verfügungen nichtig, so richtet sich die Auswirkung der Nichtigkeit auf die übrigen vertragsmäßigen Verfügungen nicht nach § 2298, auch nicht nach § 139, sondern nach § 2085 iVm § 2279, vgl RdNr 8. 4

### III. Nichtigkeit einer vertragsmäßigen Verfügung

#### 1. Nichtigkeitsfolgen

Bei einem zweiseitigen Erbvertrag wird grundsätzlich vom Gesetz angenommen, dass die beiderseitigen Verfügungen in ihrer Rechtsgültigkeit von einander abhängig sind **(Grundsatz der Wirksamkeitsabhängigkeit)**. Daher bewirkt die Nichtig- 5 keit einer vertragsmäßigen Verfügung die Unwirksamkeit des ganzen Vertrags, genauer: die Unwirksamkeit aller vertragsmäßigen Verfügungen beider Teile (§ 2298 Abs 1, KIPP-COING § 41 II 2 a). § 2298 behandelt also im Grunde wechselbezügliche Verfügungen ebenso wie § 2270 Abs 1; er zieht nur den Kreis der wechselbezüglichen Verfügungen weiter, indem er davon ausgeht, dass alle vertragsmäßigen Verfügungen in einem zweiseitigen Erbvertrag im Zweifel als wechselbezüglich anzusehen sind, nicht nur beschränkt auf den Adressatenkreis des § 2270 Abs 2 beim gemeinschaftlichen Testament.

## 2. Andere Unwirksamkeitstatbestände

6 § 2298 Abs 1 ist auch dann anzuwenden, wenn eine vertragsmäßige Verfügung wegen erfolgreicher Anfechtung nach §§ 119, 143 oder nach §§ 2078 ff, 2281 ff als von Anfang an nichtig anzusehen ist (§ 142). Der Nichtigkeit steht die ursprüngliche Unwirksamkeit gleich, die sich durch den Widerspruch einer vertragsmäßigen Verfügung zu einem früheren Erbvertrag ergibt (§ 2289 Abs 1 S 2; PALANDT-EDENHOFER RdNr 1).

7 § 2298 Abs 1 greift auch ein, wenn in einem zweiseitigen Erbvertrag ein Vertragspartner vertragsmäßige Verfügungen getroffen hat, der beim Abschluss geschäftsunfähig (BayObLG ZEV 1995, 413, 414) oder in der Geschäftsfähigkeit beschränkt war und weder Ehegatte noch Verlobter des anderen Erblassers war, sodass seine vertragsmäßigen Verfügungen nichtig sind (§ 2275; Mot V 346).

8 Anders sind nach hM die Fälle zu beurteilen, in denen eine vertragsmäßige Verfügung nachträglich, also nach ihrer Errichtung, **gegenstandslos** wird, zB durch Vorversterben des Bedachten (§§ 1923, 2160), Ausschlagung (§§ 1953, 2180 Abs 3), Eintritt einer auflösenden oder Ausfall einer aufschiebenden Bedingung vor dem Erbfall (§§ 158, 2074 ff, s aber auch §§ 2102, 2104, Mot V 345), Scheidung der Ehe zwischen Erblasser und Bedachten (§§ 2077, 2279), Zuwendungsverzicht (§ 2352) oder Erb- oder Vermächtnisunwürdigkeit (§§ 2339 ff). In diesen Fällen ist nach der hM § 2298 Abs 1 nicht anwendbar, sondern es sind die Auswirkungen auf die Verfügungen des Vertragspartners nach **§ 2085 zu beurteilen** (BÜHLER DNotZ 1961, 359, 367; ERMAN-M SCHMIDT RdNr 2; MünchKomm-MUSIELAK RdNr 3; RGRK-BGB-KREGEL RdNr 3; PALANDT-EDENHOFER RdNr 1; SOERGEL-M WOLF RdNr 4; V LÜBTOW I 470). Im Fall des § 2077, 2279 nehmen auch Teile der hM eine Nichtigkeit des gesamten Vertrags an (MünchKomm-MUSIELAK RdNr 3, Fn 8; OLG Hamm ZEV 1994, 367 m krit Anm J MAYER; aM zu Recht STAUDINGER-KANZLEITER RdNr 7; NIEDER RdNr 719 Fn 54; BAMBERGER-ROTH-LITZENBURGER RdNr 2; hier in der 2. Aufl RdNr 5).

9 Demgegenüber wollen LANGE-KUCHINKE (§ 25 VIII 1 a; ähnlich BROX RdNr 153) bei allen Fällen, in denen die **Unwirksamkeit bereits zum Zeitpunkt des Erbfalls** vorlag, eine Nichtigkeitsfolge nach § 2298 Abs 1 annehmen, da § 2298 auf dem Gedanken des funktionellen Synallagmas beruhe. Trotz des anderen Regel-/Ausnahmeverhältnisses dürfte der praktische Unterschied beider Auffassungen oftmals nicht so groß sein, da sich auch bei Anwendung des § 2085, etwa im Falle der Gegenstandslosigkeit infolge des Vorversterbens des Bedachten, ergeben kann, dass dies auch zur Unwirksamkeit der Verfügungen des anderen Vertragsteils führt, wenn dieser eben seine Anordnung nicht ohne die weggefallene des anderen getroffen hätte. Denn die Rechtslage liegt hier anders als beim gemeinschaftlichen Testament. Im Gegensatz zu diesem lässt sich beim Erbvertrag auch in solchen Fällen über die Auslegungsregel des § 2085 eine **volle Abhängigkeit beider Verfügungen erreichen** (BÜHLER DNotZ 1962, 359, 367; NIEDER, Handbuch RdNr 719). Denn

der zweiseitige Erbvertrag ist ein einheitliches Rechtsgeschäft (Mot V 345), sodass hinsichtlich aller dort getroffenen Verfügungen über § 2279 Abs 1 die Vorschrift des § 2085 Anwendung findet, soweit nicht die speziellere Norm des § 2298 eingreift. Demgegenüber ist § 2085 hinsichtlich der Frage der Wechselbezüglichkeit der von den beiden Ehegatten in dem gemeinschaftlichen Testament enthaltenen Verfügungen nicht anwendbar, sondern es gilt nur die engere Vorschrift des § 2270 Abs 1, die aber den Fall der Gegenstandslosigkeit nicht erfasst (§ 2270 RdNr 72). Denn beim gemeinschaftlichen Testament liegen an sich zwei selbständige Testamente vor, die nur durch den Testierwillen beider Ehegatten miteinander verbunden sind, während § 2085 voraussetzt, dass von »mehreren in einem Testamente enthaltenen Verfügungen« eine unwirksam ist (MünchKomm-LEIPOLD § 2085 RdNr 10). Eine gegenseitige Wirksamkeitsabhängigkeit lässt sich daher beim gemeinschaftlichen Testament in den Fällen der Gegenstandslosigkeit nur durch entsprechende auflösende Bedingungen oder durch eine die Anfechtbarkeit begründende Motivangabe erreichen (sog **unechte Wechselbezüglichkeit,** BÜHLER DNotZ 1962, 364; STAUDINGER-KANZLEITER § 2270 RdNr 37).

Die Nichtigkeit einer einzelnen vertragsmäßigen Verfügung genügt grundsätzlich, um allen übrigen die rechtliche Wirkung zu nehmen, jedoch wird nicht selten ein abweichender Wille der Parteien anzunehmen sein (§ 2298 Abs 3). Die Unwirksamkeit der vertragsmäßigen Verfügungen, die Abs 1 anordnet, kann zur Folge haben, dass eine Verfügung von Todes wegen, die durch jene Verfügungen verdrängt war oder schien (§ 2289), als wirksam zu behandeln ist. **10**

### 3. Unwirksamkeit einseitiger Verfügungen?

Einseitige Verfügungen werden von der Nichtigkeit der vertragsmäßigen nicht ohne weiteres erfasst, auf sie ist § 2298 nicht anwendbar (LANGE-KUCHINKE § 25 VIII 1 a; PLANCK-GREIFF Anm 2). Sie sind nur äußerlich Bestandteil des Erbvertrags, werden jedoch nicht von der vertraglichen Bindung umfasst und können auch nicht wechselbezüglich sein. Ihr Fortbestand ist nach § 2085 zu beurteilen (zu weitreichend ERMAN-M SCHMIDT RdNr 2: völlig bestandsunabhängig; eingehend hierzu § 2299 RdNr 7 ff). Streitig ist die Beurteilung des umgekehrten Falls, ob die Nichtigkeit oder Gegenstandslosigkeit einer einseitigen Verfügung im Erbvertrag aufgrund des § 2085 zur Unwirksamkeit der vertragsmäßigen Verfügungen des anderen Vertragspartners führen kann, wenn dieser sie nicht ohne die einseitige Anordnung getroffen hätte (dafür zu Recht BÜHLER DNotZ 1962, 368: einheitliches Rechtsgeschäft) oder ob sich hier Auswirkungen nur bei Vorliegen eines Bedingungszusammenhangs, eines Rücktrittsvorbehalts oder eines Anfechtungsgrundes ergeben (MünchKomm-MUSIELAK RdNr 2). **11**

### 4. Nichtigkeit eines Teils einer Verfügung

Ist nur ein Teil einer Verfügung nichtig, so ist zunächst nach § 2085 zu untersuchen, welche Auswirkungen dies auf die ganze betreffende Verfügung hat. Ist danach die Nichtigkeit der ganzen anzunehmen, so führt dies zur Anwendung des § 2298 Abs 1 (MünchKomm-MUSIELAK RdNr 2; ERMAN-M SCHMIDT RdNr 2). **12**

### 5. Umdeutung eines nichtigen Erbvertrags

Ein Erbvertrag, der aus irgendeinem Grund nichtig ist, kann höchstens dann in ein gemeinschaftliches Testament umgedeutet werden, wenn er von Ehegatten errichtet ist (§ 140; Vorbem 19 zu § 2274; KIPP-COING § 41 Fn 1). **13**

## IV. Rücktritt von einer vertragsmäßigen Verfügung

### 1. Auswirkung auf andere Verfügungen

**14** Ist in einem zweiseitigen Erbvertrag der Rücktritt vorbehalten, so wird durch den Rücktritt der »ganze Vertrag«, dh die vertragsmäßigen Verfügungen beider Teile, aufgehoben (§ 2298 Abs 2 S 1). Das gilt aber **nur** für den **vorbehaltenen Rücktritt** vom Erbvertrag, nicht für den gesetzlichen (§§ 2294, 2295; MÜLLER-ROTTACH BWNotZ 1987, 42; LANGE-KUCHINKE § 25 VIII 1 b; MünchKomm-MUSIELAK RdNr 4), bei diesem ist § 2085 anzuwenden (LANGE-KUCHINKE aaO; MünchKomm-MUSIELAK RdNr 4; STAUDINGER-KANZLEITER RdNr 12; BAMBERGER-ROTH-LITZENBURGER RdNr 2). Soweit die Gegenmeinung (ERMAN-M SCHMIDT § 2294 RdNr 3; PALANDT-EDENHOFER § 2296 RdNr 4; MÜLLER-ROTTACH 43 f) hier aufgrund eines *Umkehrschlusses* aus § 2298 Abs 2 annimmt, die Verfügungen des anderen Vertragsteils blieben ohne Rücksicht auf dessen Willen unverändert fortbestehen, *bestraft* sie ihn wegen seines Fehlverhaltens *unzulässigerweise doppelt*: durch Verlust seines Erbrechts und Aufrechterhaltung der Bindung (STAUDINGER-KANZLEITER aaO).

Für Abs 2 genügt, dass ein Vertragspartner sich den Rücktritt vorbehalten hat und das Rücktrittsrecht ausübt. Beschränkt sich der Vorbehalt auf einen **Teil des Erbvertrags,** vielleicht sogar auf eine einzige vertragsmäßige Verfügung, so ist im Vertrag selbst klar zu regeln, welche Auswirkung die Ausübung des Rücktrittsrechts für den übrigen Erbvertrag hat (LEHMANN BWNotZ 2000, 129, 130 zum »Beschränkungs- und Beschwerungsvorbehalt«). Zudem muss der erklärte Rücktritt ebenso weit reichen wie der Vorbehalt, er muss den Vorbehalt ausschöpfen (PLANCK-GREIFF Anm 3a; RGRK-BGB-KREGEL RdNr 3; STAUDINGER-KANZLEITER RdNr 12; aM WEIN BayZ 1916, 123, 128 r Sp). Fehlt es an einer ausdrücklichen Regelung über die Folgen des Teilrücktritts, so ist § 2298 Abs 2 S 1 anwendbar (STAUDINGER-KANZLEITER aaO; aM BAMBERGER-ROTH-LITZENBURGER RdNr 2). Freilich wird, wenn der Rücktrittsvorbehalt auf eine einzelne Verfügung beschränkt ist, häufig im Wege der Auslegung anzunehmen sein, dass diese Verfügung nach dem Willen der Parteien nicht im Verhältnis gegenseitiger Abhängigkeit zu allen übrigen vertragsmäßigen Verfügungen stehen soll oder doch nur zu einer bestimmten vertragsmäßigen Verfügung des anderen Teils (**Abs 3**; STAUDINGER-KANZLEITER RdNr 12; LANGE-KUCHINKE § 25 VIII 1 b Fn 281; HERLITZ MittRhNotK 1996, 153, 163; für die Herleitung einer generellen Unabhängigkeit der Verfügungen aus diesem Umstand etwa MünchKomm-MUSIELAK RdNr 4; vor Generalisierung warnt WEIN aaO). Bei jedem zweiseitigen Erbvertrag ohne klare und ausdrückliche Regelung dieser Frage ist daher im Wege der **Auslegung** eingehend zu prüfen, inwieweit bei Rücktritt von einzelnen Teilen des Erbvertrags dies auch zur Unwirksamkeit der anderen Verfügungen führen soll; maßgebend ist dabei die erkennbare Auffassung des anderen Vertragsteils (LANGE-KUCHINKE § 25 VIII 1b).

**15** Soweit einseitige Verfügungen vorhanden sind, so beurteilt sich bei einem Rücktritt ihr Fortbestand nach § 2299 Abs 3, also grundsätzliches außer Kraft treten. Jedoch entscheidet letzten Endes der Wille des Urhebers der einseitigen Verfügung, nicht, wie bei vertragsmäßigen Verfügungen nach Abs 3, der Wille beider Teile (PLANCK-GREIFF Anm 3a).

**16** Wenn der Rücktritt zu Lebzeiten des anderen Teils erklärt wird, so ist er unwiderruflich (§ 2293 RdNr 23). Über den Rücktritt nach dem Tode des anderen Teils s RdNr 18.

## 2. Tod eines Vertragsteils

Es ist zu unterscheiden: **17**

### a) Tod des Vertragspartners

Beim zweiseitigen Erbvertrag erlischt das vorbehaltene Recht zum Rücktritt (§ 2293) **18** mit dem Tode des Vertragspartners (§ 2298 Abs 2 S 2, wenn kein anderer Wille der Vertragsteile anzunehmen ist; anders beim einseitigen Erbvertrag nach § 2297). Es erlischt aber nur das vorbehaltene Rücktrittsrecht (§ 2293), nicht auch das gesetzliche, dessen Ausübung die Verfügungen des anderen Teils regelmäßig nicht berührt (§§ 2294, 2295; PLANCK-GREIFF; MünchKomm-MUSIELAK RdNr 5). Auch ein Änderungsvorbehalt (§ 2278 RdNr 13 ff) bleibt grundsätzlich in Kraft, wenn nichts Abweichendes bestimmt ist (RGRK-BGB-KREGEL RdNr 4; aM PLANCK-GREIFF Anm 3b). Das vorbehaltene Rücktrittsrecht erlischt ausnahmsweise nicht durch den Tod des Vertragspartners, wenn der überlebende rücktrittsberechtigte Vertragspartner das ihm durch den Erbvertrag Zugewendete ausschlägt (§ 2298 Abs 2 S 3) oder wenn ein abweichender Wille der Vertragsteile anzunehmen ist (§ 2298 Abs 3). Ein solch abweichender Wille kann auch durch Auslegung ermittelt werden (BayObLG FamRZ 1994, 196). Ist der Rücktrittsvorbehalt nur auf **einzelne vertragsmäßige Anordnungen** beschränkt, so wird man aber aus diesem Umstand noch nichts gegen das **Fortbestehen des Rücktrittsrechts** anführen können, denn diese Frage ist anders zu beurteilen als die des Umfangs der Rücktrittsfolgen nach Abs 2 S 1 (aM MünchKomm-MUSIELAK RdNr 5; RGRK-BGB-KREGEL RdNr 4).

Abs 2 S 3 ändert aber nichts daran, dass das Rücktrittsrecht, wenn überhaupt, **19** schon mit dem Tode des Vertragspartners erlischt, nicht erst mit der Annahme der Zuwendungen des verstorbenen Erblassers an den Überlebenden durch diesen (vgl § 1942). Die Annahme der Zuwendungen hat nur zur Folge, dass der überlebende Vertragspartner sein **Ausschlagungsrecht** und damit das Recht zur Aufhebung seiner Verfügungen einbüßt (§§ 1943, 2180).

### b) Tod des Rücktrittsberechtigten

Mit dem Tode des Rücktrittsberechtigten erlischt das Rücktrittsrecht (§ 2293 **20** RdNr 13).

## 3. Erhaltung des Rücktrittsrechts durch Ausschlagung

**a)** Nach § 2298 Abs 2 S 3 kann sich der überlebende Erblasser das Rücktrittsrecht, **21** das er sich im Erbvertrag vorbehalten hat, über den Tod des Vertragspartners hinaus erhalten, wenn er das ihm Zugewendete ausschlägt (vgl §§ 1942 ff, 2180). Dies setzt voraus, dass ein entsprechender Rücktrittsvorbehalt vereinbart wurde (§ 2293; PALANDT-EDENHOFER RdNr 4; STAUDINGER-KANZLEITER RdNr 17; übersehen bei KRUG in: KRUG-RUDOLF-KROIß § 4 RdNr 97). Der Überlebende kann dann (ähnlich wie beim einseitigen Erbvertrag ohne Ausschlagung, § 2297) seine vertragsmäßige Verfügung durch Testament aufheben. Er braucht nur das auszuschlagen, was ihm »durch den Vertrag«, also in vertragsmäßigen Verfügungen zugewendet ist, nicht auch Zuwendungen in einseitigen Verfügungen, mögen diese auch im Erbvertrag enthalten sein (§ 2299; MünchKomm-MUSIELAK RdNr 6; PLANCK-GREIFF Anm 3c; RGRK-BGB-KREGEL RdNr 5; aA PALANDT-EDENHOFER RdNr 4). Die vertragsmäßigen Zuwendungen muss er aber alle ausschlagen. Hat der verstorbene Vertragspartner dem überlebenden **nichts** zugewandt, so kann dieser auch nichts ausschlagen; dann steht ihm auch das in § 2298 Abs 2 S 3 vorgesehene Aufhebungsrecht nicht zu (PALANDT-EDENHOFER RdNr 4). Die **Ausschlagung eines Dritten** ist bedeutungslos, mag er ausschließlich oder neben dem überlebenden Vertragspartner bedacht sein (MünchKomm-MUSIELAK

RdNr 6; RGRK-BGB-KREGEL RdNr 5; PLANCK-GREIFF Anm 3c; aM SOERGEL-M WOLF RdNr 5; vgl auch zur ähnlichen Problematik bei § 2271 Abs 2 S 1: Erl zu § 2271 RdNr 41). Daher erlischt das Rücktrittsrecht mit dem Tode des anderen Vertragspartners, wenn der Rücktrittsberechtigte nur Dritte bedacht hat, sofern nicht etwa ein anderer Wille der Vertragsteile anzunehmen ist (Abs 3; FLATTEN DNotZ 1941, 50). Sind neben dem überlebenden Vertragspartner Dritte bedacht, so genügt die Ausschlagung durch den Überlebenden, um ihm das Rücktrittsrecht zu erhalten (STAUDINGER-KANZLEITER RdNr 17; aM WEIN BayZ 1916, 123, 127). Mit Unrecht befürchten PLANCK-GREIFF aaO, dass dann der überlebende Vertragspartner durch Aufhebung seiner vertragsmäßigen Verfügungen zugunsten Dritter (nur solche kommen in Frage) bewirken könnte, dass auch die vertragsmäßigen Verfügungen des verstorbenen Vertragspartners nach Abs 2 S 1 kraftlos würden. Denn die Aufhebung der eigenen Verfügungen nach Abs 2 S 3 ist, wenn sie auch aus dem ursprünglichen Rücktrittsrecht des überlebenden Vertragspartners entspringt, kein Rücktritt im Sinne des Gesetzes mehr.

22 b) Auch bei der Anwendung von § 2298 Abs 2 S 3 ist **§ 2298 Abs 3** zu beachten, sodass ein abweichender Parteiwille vorgeht (PLANCK-GREIFF Anm 4; PALANDT-EDENHOFER RdNr 4; STAUDINGER-KANZLEITER RdNr 18; HÖFER BWNotZ 1984, 113, 120; aM HARRER LZ 1924, 18; WERNEBURG DNotZ 1916, 231). Dass Abs 2 S 3 in Abs 3 nicht zitiert ist, beruht auf einem Redaktionsversehen (PLANCK-GREIFF aaO; MünchKomm-MUSIELAK RdNr 7).

23 c) Der Rücktrittsberechtigte kann, wenn er ausschlägt, »seine Verfügung«, dh seine vertragsmäßigen Verfügungen aufheben. Er kann sich auch mit der Aufhebung eines Teils dieser Verfügungen begnügen. Seine einseitigen Verfügungen kann er in jedem Fall nach seinem Gutdünken widerrufen (§ 2299 Abs 2). Er kann aber nur seine eigenen Verfügungen aufheben, **nicht** auch **die des verstorbenen Vertragspartners**. Diese bleiben daher – anders als beim Rücktritt zu Lebzeiten beider Vertragsteile nach § 2298 Abs 2 S 1 – wirksam, soweit sie nicht durch die Ausschlagung des überlebenden Vertragspartners kraftlos geworden sind (§§ 1953, 2180).

24 d) Der überlebende Vertragspartner muss, wenn er seine **Verfügungen aufheben** will, ein **Testament** errichten, sei es ein Widerrufstestament nach § 2254 oder ein widersprechendes Testament nach § 2258 (vgl § 2297 RdNr 9). Er kann dies schon vor der Ausschlagung tun unter der selbstverständlichen (Rechts-) Bedingung, dass er nachträglich rechtzeitig ausschlägt. Das Aufhebungstestament ist widerruflich (§ 2297 RdNr 17). Auch die Aufhebung durch eine einseitige Verfügung im Rahmen eines Erbvertrags mit einem Dritten wird man wegen § 2299 Abs 1 genügen lassen (§ 2297 RdNr 9).

## V. Auslegungsregel, abweichender Parteiwille

25 Die Vorschriften in Abs 1 und 2 sind nur **Auslegungsregeln**. Sie beruhen auf dem vermuteten Willen der Vertragsteile und finden daher keine Anwendung, wenn ein anderer Wille anzunehmen ist (§ 2298 Abs 3; allgem Meinung, vgl BayObLG ZEV 1995, 413, 414 = NJW-RR 1996, 7 = FamRZ 1995, 1449; FamRZ 1994, 196, 197; OLG Hamm OLGZ 1994, 326 = ZEV 1994, 367; MünchKomm-MUSIELAK RdNr 7). Dabei kommt es auf den Willen der Parteien zur Zeit des Vertragsschlusses an (BayObLG FamRZ 1994, 196). Abs 3 gilt auch für Abs 2 S 3 (RdNr 22). Der Wille der Parteien bestimmt, inwieweit die beiderseitigen vertragsmäßigen Verfügungen wechselbezüglich und in ihrem Bestand voneinander abhängig sind und ob ein etwa gegebenes Rücktrittsrecht

beim Tode des anderen Teils stets oder unter gewissen Voraussetzungen oder (der gesetzlichen Regel entsprechend) immer dann erlischt, wenn der überlebende Vertragspartner die Zuwendungen des verstorbenen Partners annimmt. Dabei gibt es keinen Satz der *Lebenserfahrung* dahingehend, dass die sich gegenseitig bedenkenden Ehegatten dem Längerlebenden hinsichtlich des Schlusserbeneinsetzung »freie Hand« lassen wollen und daher ein Rücktrittsvorbehalt entgegen § 2298 Abs 2 S 2 nach dem ersten Todesfall generell nicht erlöschen soll (BayObLG FamRZ 1994, 196, 197). Die Parteien können aber bestimmen, dass das Rücktrittsrecht beim Tode des anderen Teils auch dann erlöschen solle, wenn der überlebende Vertragspartner die Zuwendungen des Verstorbenen ausschlägt, oder umgekehrt, dass es auch ohne Ausschlagung bestehen bleiben soll (RGRK-BGB-KREGEL RdNr 6; SOERGEL-M WOLF RdNr 7). Dagegen sind die Parteien nicht befugt, die Ausübung des Rücktrittsrechts näher zu regeln und etwa zu bestimmen, dass der Rücktritt nach dem Tode des anderen Teils gegenüber dessen Erben zu erklären sei und nicht, wie in § 2298 Abs 2 S 3 bestimmt, durch Testament (STAUDINGER-KANZLEITER RdNr 21; zur zwingenden Form des Rücktritts vgl § 2296 RdNr 18). Auch wenn das Rücktrittsrecht nach dem Willen der Parteien entgegen Abs 2 S 2 nach dem Tode des anderen Vertragspartners ohne Rücksicht auf die Annahme oder Ausschlagung der Zuwendungen des verstorbenen Partners fortbesteht, kann zwar Abs 2 S 3 nicht angewendet werden, aber auch in diesem Fall kann das Rücktrittsrecht nach § 2297 nur durch Errichtung eines Aufhebungstestaments ausgeübt werden (PLANCK-GREIFF Anm 3b).

Die Feststellung des Parteiwillens hat nach den allgemeinen Auslegungsregeln zu erfolgen; dabei können sowohl die allgemeine Lebenserfahrung als auch Umstände herangezogen werden, die außerhalb des Erbvertrages liegen (PALANDT-EDENHOFER RdNr 5). Die **Beweis- und Feststellungslast** für einen von den gesetzlichen Auslegungsregeln abweichenden Parteiwillen trifft den, der einen solchen behauptet, da es sich um einen Ausnahmetatbestand handelt (BayObLG FamRZ 1994, 196; MünchKomm-MUSIELAK RdNr 8; BROX RdNr 153). 26

## VI. Gestaltungshinweise

Der Rücktrittsvorbehalt beim zweiseitigen Erbvertrag führt zu einer höchst komplizierten Regelung (KIPP-COING § 41 II 2b): Erbvertrag – also Bindung; Rücktrittsvorbehalt – also nur Bindung durch Form des Rücktritts; Wechselbezüglichkeit: also doch Bindung, aber nur in bestimmtem Umfang. Insbesondere wegen der Geltung der Auslegungsregeln des § 2298 Abs 3 und des § 2085 (bei einseitigen Verfügungen oder bei nachträglicher Gegenstandslosigkeit) ist das Schicksal der einzelnen Verfügungen im zweiseitigen Erbvertrag voneinander abhängig, sodass es erforderlich erscheint, durch eine ausdrückliche Regelung Auslegungsstreitigkeiten zu vermeiden (NIEDER, Handbuch, RdNr 722). 27

Regelungsbedarf besteht insbesondere in folgender Hinsicht: 28

- wegen § 2298 Abs 2 S 2 beim Rücktrittsvorbehalt: »Der Rücktrittsvorbehalt soll mit dem Tod des anderen Vertragsschließenden nicht erlöschen« (nach NIEDER aaO).
- wegen § 2298 Abs 3 bezüglich des Fortbestands der übrigen Verfügungen. So könnte etwa formuliert werden:
»Im Falle der Nichtigkeit oder Gegenstandslosigkeit einzelner, auch einseitiger Verfügungen soll die Wirksamkeit aller anderen dadurch nicht berührt werden.«

– Bei einem Rücktrittsvorbehalt nur bezüglich eines Teils der Verfügungen für die Auswirkungen auf den Rest der Verfügungen bei Ausübung des Rücktrittsrechts. Jedoch ist es für den Notar angesichts der Vielzahl von Gründen für die Unwirksamkeit einer Verfügung meist nicht vorhersehbar, ob die gesamte Unwirksamkeit oder aber die »geltungserhaltende Reduktion« eher dem Willen der Vertragsteile entspricht. Da aber die Anfechtungsmöglichkeit auf alle Fälle fortbestehen würde, diese aber nur zur Vernichtung einer Verfügung führen kann (Kassation), dürfte »in dubio pro Wirksamkeit« in der Regel die bessere salvatorische Lösung sein.

**29** Umgekehrt besteht beim Erbvertrag kraft der gesetzlichen Regelung in einem weitaus **stärkerem Maße** als beim gemeinschaftlichen Testament ein **Verhältnis** der widerleglich vermuteten gegenseitigen **Abhängigkeit** aller Verfügungen beider Erblasser (NIEDER, Handbuch RdNr 718) und zwar sowohl hinsichtlich eines weiteren Adressatenkreises der Zuwendung (anders als bei § 2270 Abs 2, s o RdNr 2) wie auch im Falle der nachträglichen Gegenstandslosigkeit von Verfügungen (s RdNr 8 f), die den Erbvertrag oftmals als die bessere Form einer gemeinsamen Vermögensplanung von zwei Erblassern erscheinen lässt.

## § 2299 Einseitige Verfügungen

(1) Jeder der Vertragschließenden kann in dem Erbvertrag einseitig jede Verfügung treffen, die durch Testament getroffen werden kann.

(2) Für eine Verfügung dieser Art gilt das Gleiche, wie wenn sie durch Testament getroffen worden wäre. Die Verfügung kann auch in einem Vertrag aufgehoben werden, durch den eine vertragsmäßige Verfügung aufgehoben wird.

(3) Wird der Erbvertrag durch Ausübung des Rücktrittsrechts oder durch Vertrag aufgehoben, so tritt die Verfügung außer Kraft, sofern nicht ein anderer Wille des Erblassers anzunehmen ist.

### Übersicht

| | | |
|---|---|---|
| I. | Allgemeines | 1 |
| | 1. Zweck | 1 |
| | 2. Auswirkungen der Aufnahme im Erbvertrag | 2 |
| | 3. Regelungsinhalt des § 2299 | 4 |
| | 4. Einseitige Verfügungen | 5 |
| | 5. Rechtsfolgen der Unwirksamkeit des Erbvertrags | 7 |
| II. | Die rechtliche Behandlung der einseitigen Verfügungen | 10 |
| | 1. Verweisung auf Testamentsrecht | 10 |
| | 2. Bedingungszusammenhang | 13 |
| III. | Aufhebung einseitiger Verfügungen | 14 |
| | 1. Widerrufstestament, widersprechendes Testament | 14 |
| | 2. Aufhebungsvertrag | 15 |
| | 3. Rücktritt vom Erbvertrag | 17 |
| | 4. Abweichender Wille des Erblassers | 18 |
| IV. | Gestaltungshinweise | 20 |

## I. Allgemeines

### 1. Zweck

§ 2299 ergänzt § 2278 Abs 2: An sich können andere Verfügungen als Erbeinsetzung, Vermächtnisse und Auflagen in einem Erbvertrag nicht vertragsmäßig, also mit der dem Erbvertrag eigentümlichen Bindung, getroffen werden. Ergäbe sich daraus ein Verbot der Verbindung mit anderen Verfügungen in einer Urkunde, so wären eine Vielzahl von typischen Anordnungen, die für eine sachgerechte erbrechtliche Regelung (etwa Testamentsvollstreckung) oftmals notwendig sind, in einem Erbvertrag gar nicht möglich. Daneben werden die nach § 2278 Abs 2 an sich erbvertragsfähigen Anordnungen mitunter, zumindest hinsichtlich bestimmter Verfügungen, gerade nicht bindend gewünscht. Der Erbvertrag als Gestaltungsmittel einer umfassenden erbrechtlichen Vermögensplanung (Vorbem 1 f zu § 2274) könnte aber seiner Funktion nicht gerecht werden, wenn wegen dieser durch § 2278 Abs 2 verfügten qualitativen Beschränkung der erbvertraglichen Anordnungen wesentliche Teile des Erblasserwillens in letztwillige Verfügungen ausgelagert werden müssten. 1

### 2. Auswirkungen der Aufnahme im Erbvertrag

Das Gesetz gestattet jedem Vertragsteil (also nicht nur dem Erblasser, sondern auch dem bloß annehmenden Teil), in dem Erbvertrag einseitig jede Verfügung zu treffen, die durch Testament getroffen werden kann (§ 2299 Abs 1). Der Erbvertrag wird damit gewissermaßen ein »Stützpunkt« für letztwillige Verfügungen aller Art (KIPP-COING § 42 I). Wenn auch die einseitigen Verfügungen nur äußerlich Bestandteile des Erbvertrages sind und an seiner rechtlichen (vertraglichen) Natur nicht teilnehmen, so können sie doch ihrem Inhalt nach wichtiger sein als die vertragsmäßigen, zB ist durchaus möglich, dass ein Erblasser in einem Erbvertrag ein Vermächtnis vertragsmäßig anordnet, den Erben aber nur einseitig bestimmt. 2

Die Wirkung der Aufnahme der einseitigen mit den vertragsmäßigen Verfügungen in einer Erbvertragsurkunde erschöpft sich aber nicht nur in dieser äußeren Verbindung (so aber Mot V 347), die einseitigen Verfügungen sind damit nicht nur im Erbvertrag »zu Gast« (so anschaulich LANGE-KUCHINKE § 25 IV). Es besteht vielmehr idR ein besonders enger innerer Zusammenhang zwischen diesen Regelungen, der dazu führen kann, dass vertragliche und einseitige Verfügungen nicht nur unabhängig nebeneinander stehen (LANGE-KUCHINKE aaO; etwas unklar MünchKomm-MUSIELAK RdNr 4: die einseitigen Verfügungen wären »formale Bestandteile des Erbvertrags«). Dieser Zusammenhang wird nicht nur auf der formalen Ebene durch den Gesichtspunkt der Urkundeneinheit deutlich, der erfordert, dass sowohl vertragliche wie einseitige Verfügungen in Gegenwart des Vertragsgegners zu verlesen sind (§ 13 Abs 1 S 1 BeurkG). In materieller Hinsicht kann vielmehr ein (auch stillschweigend möglicher) Bedingungszusammenhang zwischen ihnen bestehen (LANGE NJW 1963, 1571, 1578; STAUDINGER-KANZLEITER § 2278 RdNr 17), oder sich aus den Beweggründen eine solche Verknüpfung ergeben, dass bei Nichtigkeit oder Wegfall der einen Anordnung eine Anfechtung wegen eines Irrtums nach § 2078 Abs 2 möglich ist (NIEDER, Handbuch, RdNr 716; BÜHLER DNotZ 1962, 359, 369). 3

## 3. Regelungsinhalt des § 2299

**4** Abs 1 erlaubt, entsprechend dem vorstehend Gesagten, die Aufnahme einseitiger Verfügungen in einen Erbvertrag. Abs 2 erklärt für die Behandlung der einseitigen Verfügungen grundsätzlich Testamentsrecht für anwendbar, gestattet aber zugleich wegen des Regelungszusammenhangs auch die Aufhebung derselben durch einen Aufhebungsvertrag, mit dem vertragsmäßige Verfügungen beseitigt werden. Die Auslegungsregel des Abs 3 beschäftigt sich mit dem Fortbestand einseitiger Verfügung, wenn die vertragsmäßigen Verfügungen durch Rücktritt oder Aufhebungsvertrag beseitigt werden.

## 4. Einseitige Verfügungen

**5** § 2299 beschäftigt sich nur mit einseitigen Verfügungen im Erbvertrag. Hierzu zählen zunächst solche, die generell nicht als vertragsmäßige getroffen werden können (vertragsunfähige Anordnungen). Dazu gehören die *Enterbung* (§ 1938), die *Entziehung* des *Pflichtteils* (§ 2336), die *Pflichtteilsbeschränkung* in guter Absicht (§ 2338), der Widerruf und die Aufhebung einer letztwilligen Verfügung (§§ 2254, 2258), die Ernennung eines *Testamentsvollstreckers* (§§ 2197 ff), *Teilungsanordnungen* (§ 2048), Ausschluss der Auseinandersetzung (§ 2044), die Errichtung einer *Stiftung* (§ 83) sowie *familienrechtliche Anordnungen* (§ 1638, 1639, 1803), die Benennung eines Vormundes oder Pflegers (§ 1777 Abs 3, §§ 1915 ff), eine *Schiedsgerichtseinsetzung* (§ 1066 ZPO), die nach hM keine Auflage (§ 1940), sondern eine prozessuale Anordnung eigener Art ist (vgl OTTE, FS Rheinisches Notariat [1998] 241, 242 ff mwN; ausführlich SOERGEL-M WOLF RdNr 3), sowie jede erbrechtliche oder familienrechtliche Anordnung, die nach BGB durch Testament getroffen werden kann. Solche Verfügungen werden im Zweifel als einseitige Verfügungen nach § 2299 aufrechtzuerhalten sein, auch wenn sie fälschlich als vertragsmäßige bezeichnet wurden (§§ 140, 2084, 2279).

**6** Daneben stehen *Erbeinsetzung,* Vermächtnis und Auflage, die gemäß § 2278 Abs 2 grundsätzlich vertragsfähig sind, aber entsprechend dem Willen des Erblassers auch lediglich als einseitige Verfügungen getroffen werden können. Hier entstehen mitunter **Abgrenzungsprobleme,** denn allein durch die Tatsache der Aufnahme dieser Anordnungen in einem Erbvertrag ist über die Qualität derselben als vertragsmäßige Verfügung noch nichts entschieden, sodass eine Auslegung erforderlich ist (allgem Meinung, vgl BayObLG FamRZ 1997, 911 = ZEV 1997, 160; SOERGEL-M WOLF RdNr 2; aktuelle Abgrenzungsstreitigkeiten s BayObLG FamRZ 1998, 1262). Eingehend zu diesen Fragen § 2278 RdNr 6 f.

## 5. Rechtsfolgen der Unwirksamkeit des Erbvertrags

**7** Eingehender zu untersuchen ist die Frage, wie sich die Unwirksamkeit vertragsmäßiger Verfügungen auf die in der gleichen Urkunde enthaltenen einseitigen Verfügungen auswirkt. Denn § 2298 ist hierauf nicht entsprechend anwendbar (LANGE-KUCHINKE § 25 VIII 1a). Unproblematisch sind zunächst die Fälle der **Fehleridentität,** wenn etwa wegen Fehler beim Beurkundungsverfahren oder wegen Geschäftsunfähigkeit des Erblassers beide Arten von Verfügungen gleichermaßen nichtig sind. Aus der Formulierung des Abs 1, dass die einseitigen Verfügungen »in dem Erbvertrag« getroffen sein müssen, folgert die hM, dass die wirksame einseitige Verfügung einen wirksamen Erbvertrag voraussetze (AK-FINGER RdNr 2; MünchKomm-MUSIELAK RdNr 3; PALANDT-EDENHOFER RdNr 1; SOERGEL-M WOLF RdNr 1), was insbesondere erfordere, dass er wenigstens eine wirksame vertragsmäßige Verfügung enthalte (PLANCK-GREIFF Anm 2a, c; KIPP-COING § 42 I Fn 1; aM STROHAL I § 44 Fn 26; zu diesem Erfordernis für den Erbvertrag § 2278 RdNr 2) und dass die für den Erbvertrag vorgeschriebene Form (§ 2276) gewahrt ist. Freilich können nach der hM, wenn der Erbvertrag als solcher wegen Formmangels oder aus anderen Gründen nichtig oder unwirksam ist, die in ihm enthaltenen einseitigen Verfügungen uU im Wege der **Umdeutung** (§ 140) doch als einseitiges oder als gemeinschaftliches Testament aufrechterhalten werden, sofern sie den hierfür gegebenen Vorschriften – insbesondere über Testierfähigkeit und über die Form – entsprechen und wenn weiter anzunehmen ist, dass die Urheber der einseitigen Verfügungen diese auch für den Fall der Unwirksamkeit des Erbvertrages gewollt hätten (§ 140; KIPP-COING § 42 VI; MünchKomm-MUSIELAK RdNr 3). Zur problematischen Umdeutung in Einzeltestamente bei wechselbezüglichen Verfügungen s PLANCK-GREIFF Anm 2c; KIPP-COING § 42 IV Fn 9; § 2265 RdNr 9 ff.

Da die erfolgreiche **Anfechtung** aller vertragsmäßigen Verfügungen den Erbvertrag insgesamt beseitigt, führt dies nach hM auch zur Unwirksamkeit der einseitigen Verfügungen (PLANCK-GREIFF Anm 2a; KIPP-COING § 42 VI; aM VAN VENROOY JZ 1987, 10, 15, der den Fortbestand der einseitigen Verfügungen analog § 2299 Abs 3 beurteilen will und nur die Bindung beseitigt sieht). Dagegen ist es nach der hM für die Wirksamkeit der einseitigen Verfügungen regelmäßig bedeutungslos, wenn die vertragsmäßigen Verfügungen nachträglich **gegenstandslos** werden, zB durch Vorableben des Bedachten oder durch Ausschlagung, Erbverzicht oder dergleichen (STROHAL I § 44 Fn 26). 8

Damit erkennt die hM einen sehr weitreichenden Bedingungszusammenhang zwischen den einseitigen und vertragsmäßigen Verfügungen an, der über das ursprüngliche Verständnis, dass es sich nur um eine »äußere Verbindung« handle (Mot V 347), weit hinausgeht und hieraus ohne weitere Prüfung auch eine materiell-rechtliche Koppelung annimmt. Richtigerweise wird man § 2085 anwenden und in den Fällen, dass der Erbvertrag mit Mängel behaftet ist, zunächst davon ausgehen müssen, dass vertragsmäßige und einseitige Verfügungen solche verschiedener Art sind, die **grundsätzlich in ihrer Wirksamkeit unabhängig** sind, jedoch bei Vorliegen eines besonderen Bedingungszusammenhangs oder bei Verknüpfung durch ein einheitliches Motiv im Wege der Anfechtbarkeit nach § 2078 Abs 2 sich in ihrer Wirksamkeit gegenseitig bedingen können (vgl RdNr 3; anders die hM, vgl 2. Aufl RdNr 2 f). Dies gilt auch, wenn etwa die einzige vertragsmäßige Verfügung unter einer aufschiebenden Bedingung getroffen ist und diese ausfällt. Denn aus dem Umstand, dass dann der Erbvertrag unwirksam wird, ist noch nichts darüber gesagt, dass eine zugleich getroffene einseitige Verfügung, etwa familienrechtlicher Art nach § 1803, auch entfallen soll, obgleich sie für die gesetzliche Erbfolge genauso dem Erblasserwillen entspricht, und letztlich nur gelegentlich des Erbvertrags getroffen wurde. Anstelle der rein konstruktiven Erwägungen der hM hat in diesen Fällen also eine **interessengerechte Auslegung** des Erblasserwillens zu treten (das Bedürfnis der sachgerechten Auslegung betont zu Recht auch STAUDINGER-KANZLEITER RdNr 2), weshalb die og Ergebnisse der hM nicht generalisiert werden dürfen (für Bestandsunabhängigkeit der einseitigen Verfügungen auch ERMAN-M SCHMIDT § 2298 RdNr 2, einschränkend aber wieder in § 2299 RdNr 2: Erbvertrag muss gültig sein). 9

## II. Die rechtliche Behandlung der einseitigen Verfügungen

### 1. Verweisung auf Testamentsrecht

**10** Für eine einseitige Verfügung in dem Erbvertrag gilt das gleiche, wie wenn sie durch Testament getroffen worden wäre (§ 2299 Abs 2 S 1). Die hM sieht darin eine umfassende Verweisung auf das **formelle und materielle Testamentsrecht**, mit Ausnahme der Vorschriften über die Testamentsform selbst, da insoweit die für den Erbvertrag geltende Spezialregelung (§ 2276) zu beachten ist (KIPP-COING § 42 III; AK-FINGER RdNr 3; MünchKomm-MUSIELAK RdNr 4). Insbesondere die persönlichen Voraussetzungen würden sich hinsichtlich der letztwilligen Verfügungen somit nicht nach Erbvertragsrecht, sondern Testamentsrecht richten; der einseitig Verfügende müsste daher nach hM **testierfähig** sein (§ 2229); § 2275, besonders Abs 2 und 3 für minderjährige Brautleute und Verlobte, gelte hier nicht (STROHAL I § 44 Fn 25; ERMAN-M SCHMIDT RdNr 2; RGRK-BGB-KREGEL RdNr 2; SOERGEL-M WOLF RdNr 4; PALANDT-EDENHOFER RdNr 1; KIPP-COING § 42 II; LANGE-KUCHINKE § 25 IV 2 mit Zweifeln gegenüber der hM) . Die Gegenmeinung betont demgegenüber, dass dies zu ungereimten Ergebnissen führe, da etwa die minderjährige, unter 16 Jahre alte Braut – wenn auch nur mit Zustimmung ihres gesetzlichen Vertreters – zwar vertragliche Erbeinsetzungen treffen könne, aber schon keine Testamentsvollstreckung anordnen darf. Ein einheitliches Vertragswerk würde so unmöglich gemacht bzw zerrissen (PLANCK-GREIFF Anm 2b; SCHLÜTER RdNr 320; STAUDINGER-KANZLEITER RdNr 5; MünchKomm-MUSIELAK, 2. Aufl [1989] RdNr 4; BAMBERGER-ROTH-LITZENBURGER § 2275 RdNr 4). Sie beruft sich darauf, dass die einseitige Verfügung nicht nur äußerlich verbunden, sondern auch »Bestandteil des Erbvertrags« sei und daher von der Verweisung des § 2299 Abs 2 S 1 auf das Testamentsrecht nicht nur die Vorschriften über die Form, sondern auch die über die Testierfähigkeit ausgenommen sei (eingehend MünchKomm-MUSIELAK aaO).

**11** Vergegenwärtigt man sich, dass die Zulassung einseitiger Verfügungen im Rahmen des Erbvertrags dazu dient, eine möglichst umfassende einheitliche erbrechtliche Vermögensplanung zu verwirklichen (RdNr 1), so kann dieses Ziel nur erreicht werden, wenn sich auch die persönlichen Voraussetzungen zur Errichtung der letztwilligen Verfügungen allein nach **Erbvertragsrecht** richten, sodass insbes Geschäftsfähigkeit erforderlich ist. Diese **teleologische Reduktion** der Verweisung des Abs 2 S 1 führt dazu, dass sie sich nur hinsichtlich des **Inhalts und der Wirkungen auf Testamentsrecht** bezieht (so deutlich SCHLÜTER aaO). Die hM kann sich bei näherer Betrachtung auch gar nicht so sehr auf den Gesetzeswortlaut berufen (so aber LANGE-KUCHINKE aaO): Die Wendung, dass für diese Verfügungen das gleiche gelte, »wie wenn sie durch Testament getroffen worden wären«, lässt sich durchaus so verstehen, dass sie nicht hinsichtlich ihrer Entstehungsvoraussetzungen, sondern nur hinsichtlich ihrer Rechtsfolgen dem Testamentsrecht unterworfen werden. Wenn MünchKomm-MUSIELAK RdNr 4 jetzt in der 3. Aufl die Beantwortung der Streitfrage offen lässt, weil diese wegen der Neuregelung des Betreuungsrechts fast keine praktische Bedeutung mehr habe, wird verkannt, dass gerade bei Erbverträgen zwischen minderjährigen Brautleuten unter 16 Jahren (s § 2275 RdNr 6) die praktische, wenn auch sicherlich nicht große Bedeutung der Kontroverse liegt.

**12** Für einseitige Verfügungen gilt auch § 2064, dh nicht nur der Vertragspartner, der in dem Erbvertrag vertragsmäßige Verfügungen niederlegt, sondern auch derjenige, der die vertragsmäßigen Verfügungen annimmt, ohne selbst vertragsmäßige Verfügungen zu treffen, muss etwaige einseitige Verfügungen persönlich errichten, während er sich bei der Annahme der vertragsmäßigen Verfügungen vertreten lassen kann (§ 2274 RdNr 6).

### 2. Bedingungszusammenhang

Einseitige Verfügungen können mit vertragsmäßig bindenden Verfügungen in einem so gewollt untrennbaren Verhältnis stehen, dass ein Bedingungszusammenhang angenommen werden muss (LANGE-KUCHINKE § 25 IV 2 bei Fn 48; RdNr 3); ein solcher Bedingungszusammenhang kann aber sicherlich auch zwischen allein einseitigen Verfügungen der Vertragspartner untereinander bestehen (vgl auch BÜHLER DNotZ 1962, 359, 369 Fn 28 zum Fall einer analogen Anwendung des § 2271). **13**

## III. Aufhebung einseitiger Verfügungen

### 1. Widerrufstestament, widersprechendes Testament

Einseitige Verfügungen, die in einem Erbvertrag getroffen sind, können aufgehoben werden durch Widerrufstestament oder widersprechendes Testament des Urhebers der einseitigen Verfügung nach §§ 2254, 2258 (§ 2299 Abs 2 S 1; s etwa BayObLG FamRZ 1998, 1262). § 2289 Abs 1 S 2 steht nicht entgegen, weil diese Vorschrift nur den vertragsmäßig Bedachten schützt. Ein Widerruf nach § 2255 ist hier nicht denkbar, weil sich der Erbvertrag stets in (besonderer oder einfacher) amtlicher Verwahrung befindet (s § 34 BeurkG RdNr 19 f; MünchKomm-MUSIELAK RdNr 5). Jedoch ist seit dem 1. 8. 2002 ein Widerruf durch Rücknahme aus der amtlichen oder notariellen Verwahrung möglich (§ 2300 Abs 2 nF iVm § 2256 Abs 1; dazu § 2300 RdNr 28). **14**

### 2. Aufhebungsvertrag

Einseitige Verfügungen im Erbvertrag können auch durch einen Aufhebungsvertrag nach § 2290 beseitigt werden (§ 2299 Abs 2 S 2). Ob die aufzuhebende vertragsmäßige Verfügung in dem gleichen Erbvertrag wie die einseitige enthalten ist, ist gleichgültig, nur muss in dem Aufhebungsvertrag wenigstens eine erbvertragsmäßige Verfügung aufgehoben werden, damit diese Handlungsform eröffnet ist (RGRK-BGB-KREGEL RdNr 3; KIPP-COING § 42 V; aM PLANCK-GREIFF Anm 3b). Wird der ganze Erbvertrag durch Aufhebungsvertrag nach § 2290 aufgehoben, so treten auch ohne ausdrückliche Regelung im Zweifel auch die in ihm enthaltenen einseitigen Verfügungen außer Kraft (§ 2299 Abs 3). **15**

»Erblasser« im Sinne des Abs 3 ist nur der Urheber der einseitigen Verfügungen, nicht etwa der Vertragspartner, der in dem Erbvertrag vertragsmäßige Verfügungen getroffen hat (wie in § 2274; vgl Vorbem 28 zu §§ 2274 ff; PLANCK-GREIFF Anm 3c). **16**

### 3. Rücktritt vom Erbvertrag

Auch der Rücktritt vom (ganzen) Erbvertrag nach §§ 2293 ff vernichtet nach Abs 3 im Zweifel die einseitigen Verfügungen, allerdings nur die des Rücktrittsberechtigten, nicht auch die des anderen Teils (Prot V 417; PLANCK-GREIFF Anm 3c). **17**

### 4. Abweichender Wille des Erblassers

Die **Auslegungsregel** des Abs 3 ist nur dann anzuwenden, wenn sich die Aufhebung oder der Rücktritt auf den ganzen Erbvertrag oder auf sämtliche Verfügun- **18** gen beziehen, nicht aber, wenn sie sich auf eine von mehreren vertragsmäßigen Verfügungen beschränken (PLANCK-GREIFF Anm 3c; ERMAN-M SCHMIDT RdNr 3). Die Anwendung des Abs 3 ist auch dann gerechtfertigt, wenn sämtliche vertragsmäßige Verfügungen durch ein Aufhebungstestament nach § 2297 aufgehoben werden (PLANCK-GREIFF Anm 3c) oder durch ein solches nach § 2291 (aM PLANCK-GREIFF Anm 3c) und erst recht bei der Aufhebung durch ein gemeinschaftliches Testament nach § 2292. Denn in all diesen Fällen handelt es sich entweder um eine besondere Form des Rücktritts (§ 2297 RdNr 1) oder des Aufhebungsvertrags (§ 2290 RdNr 3). Wird nur eine **einzelne vertragsmäßige Verfügung** aufgehoben, so ist die Rückwirkung auf einseitige Verfügungen nach §§ 2085, 2279 zu beurteilen (MünchKomm-MUSIELAK RdNr 6; PLANCK-GREIFF aaO; KIPP-COING § 42 VI). Nicht berührt wird der Fortbestand einseitiger Verfügungen, wenn vertragsmäßige Verfügungen nachträglich **gegenstandslos** werden, etwa durch Vorableben des Bedachten, Ausschlagung und dergleichen (RdNr 8). Eine Anfechtung einseitiger Verfügungen durch ihren Urheber (§§ 2281 ff) oder ein Rücktritt von ihnen (§§ 2293 ff) ist nach § 2299 Abs 2 S 1 (Geltung des Testamentsrechts) ausgeschlossen.

19  Aus der Auslegungsregel des Abs 3 ergibt sich weiter, dass die **Beweis- und materielle Feststellungslast** derjenige trägt, der sich auf einen abweichenden Erblasserwillen beruft (MünchKomm-MUSIELAK RdNr 6).

### IV. Gestaltungshinweise

20  In dem Erbvertrag sollte zum einen besonders bei der Erbeinsetzung, Vermächtnis und Auflage bestimmt werden, ob diese vertragsmäßig, und damit einseitig unwiderruflich getroffen werden, oder lediglich einseitig (vgl RdNr 6; § 2278 RdNr 6 ff). Dies erspart langwierige Auslegungsstreitigkeiten (tyische Formulierung an sich im Fall von BayObLG FamRZ 1998, 1262, wo das Gericht aber eher zu Rücktritts- oder Änderungsvorbehalt tendierte).

21  Da Abs 3 eine Auslegungsregel ist, sollte aus dem gleichen Grund ausdrücklich geregelt werden, ob die **einseitigen Verfügungen fortbestehen** sollen, wenn der Erbvertrag nachträglich durch ein vorbehaltenes Rücktrittsrecht oder durch Aufhebungsvertrag beseitigt wird, wobei im letztgenannten Fall dies auch im Aufhebungsvertrag selbst geschehen kann.

### § 2300 Amtliche Verwahrung; Eröffnung

**(1) Die für die amtliche Verwahrung und die Eröffnung eines Testaments geltenden Vorschriften der §§ 2258a bis 2263, 2273 sind auf den Erbvertrag entsprechend anzuwenden, die Vorschriften des § 2273 Abs 2, 3 jedoch nur dann, wenn sich der Erbvertrag in besonderer amtlicher Verwahrung befindet.**

**(2) Ein Erbvertrag, der nur Verfügungen von Todes wegen enthält, kann aus der amtlichen oder notariellen Verwahrung zurückgenommen und den Vertragsschließenden zurückgegeben werden. Die Rückgabe kann nur an die Vertragsschließenden gemeinschaftlich erfolgen; die Vorschrift des § 2290 Abs 1 S 2, Abs 2 und 3 findet Anwendung. Wird ein Erbvertrag nach den Sätzen 1 und 2 zurückgenommen, gilt § 2256 Abs 1 entsprechend.**

## Übersicht

| | | |
|---|---|---|
| I. | Allgemeines | 1 |
| II. | Anwendung des Testamentsrechtes im Einzelnen | 5 |
| | 1. Zu § 2258a, b (Verwahrungszuständigkeit, Verfahren) | 5 |
| | 2. Zu § 2259 (Ablieferungspflicht) | 6 |
| | 3. Zu § 2260 (Eröffnung) | 9 |
| | 4. Zu § 2261 (Eröffnung durch ein anderes Gericht) | 11 |
| | 5. Zu § 2262 (Benachrichtigung) | 12 |
| | 6. Zu § 2263 (Eröffnungsverbote) | 13 |
| | 7. Zu § 2273 (Eröffnung gemeinschaftlicher Testamente) | 14 |
| |    a) Verfahren beim ersten Erbfall | 14 |
| |    b) Verfahren beim zweiten Erbfall | 24 |
| III. | Recht auf Einsicht und Abschriften | 25 |
| IV. | Rechtsmittel | 26 |
| V. | Gebühr | 27 |
| VI. | Aufhebung durch Rücknahme | 28 |
| | 1. Gesetzeszweck | 28 |
| | 2. Voraussetzungen der Rückgabe | 29 |
| |    a) Gegenstand der Rückgabe | 29 |
| |    b) Rückgabeverlangen | 32 |
| |    c) Die eigentliche Rückgabe | 34 |
| |    d) Das Rückgabeverfahren | 36 |
| | 3. Die Wirkung der Rückgabe | 38 |

## I. Allgemeines

§ 2300 behandelt die amtliche Verwahrung, die Ablieferung und die Eröffnung **1** von **Erbverträgen**. Er verweist auf Bestimmungen des Testamentsrechts und zwar wegen der (besonderen) amtlichen Verwahrung auf §§ 2258a und b, hinsichtlich der Ablieferung auf § 2259, hinsichtlich der Eröffnung auf §§ 2260–2263, 2273, auf die letztgenannte Vorschrift allerdings mit der Einschränkung, dass § 2273 Abs 2, 3 nur dann entsprechend anzuwenden ist, wenn sich der Erbvertrag in besonderer amtlicher Verwahrung befindet.

§ 2300 wurde früher ergänzt durch § 2277, der wegen der Verschließung und Ver- **2** wahrung der Urkunde über den Erbvertrag wiederum auf das Testamentsrecht und zwar auf den nunmehr aufgehobenen § 2246 verwies. Nunmehr ist § 2246 ganz, § 2277 zum größten Teil ersetzt durch § 34 BeurkG.

Wie schon der Wortlaut des Gesetzes ergibt, sind die §§ 2258a bis 2263, 2273 **3** Abs 1 auch für solche Erbverträge entsprechend anzuwenden, die sich nicht in besonderer amtlicher Verwahrung (§ 2258a) befinden, sondern (offen oder verschlossen) in der gewöhnlichen amtlichen Verwahrung, dh in der Urkundensammlung des Notars (§ 18 DONot in der seit dem 1.9.2001 geltenden Neufassung [vgl etwa BayJMBl 2001, 43]).

Auch sog **gemischte Erbverträge**, dh Erbverträge, die mit einem anderen Vertrag, **4** zB einem Ehevertrag, in einer Urkunde verbunden sind (§ 2276 Abs 2; BeurkG § 34 Abs 2), müssen nach §§ 2300, 2259 ff eröffnet werden (PLANCK-GREIFF Anm 2 aE;

VOGELS-SEYBOLD § 45 TestG RdNr 2 aE; HILDERSCHEID DNotZ 1939, 42). Zur Abgrenzung Erbvertrag von einem **Adoptionsvertrag** nach altem Recht mit Ausschluss des gesetzlichen Erbrechts: OLG Hamm Rpfleger 1983, 252 = FamRZ 1983, 840.

## II. Anwendung des Testamentsrechtes im Einzelnen

### 1. Zu §§ 2258a, b (Verwahrungszuständigkeit, Verfahren)

5 §§ 2258a und b regeln die Zuständigkeit für die besondere amtliche Verwahrung der Testamente und ihre Ausführung. Während aber das ordentliche öffentliche Testament stets in besondere amtliche Verwahrung gebracht werden soll (§ 34 Abs 1 S 4 BeurkG), unterbleibt dies bei Erbverträgen, wenn die Parteien es wünschen; dies ist im Zweifel anzunehmen, wenn der Erbvertrag mit einem anderen Vertrag in derselben Urkunde verbunden wird (§ 34 Abs 2 BeurkG).

### 2. Zu § 2259 (Ablieferungspflicht)

6 § 2259 verpflichtet Privatpersonen und Behörden, Testamente, die sie in Besitz oder Verwahrung haben, nach dem Erbfall an das Nachlassgericht abzuliefern. Beim Erbvertrag kommt praktisch nur § 2259 Abs 2 in Betracht, der nicht nur bei besonderer, sondern auch bei gewöhnlicher amtlicher Verwahrung gilt (RGZ 48, 99). Die Ablieferungspflicht kann Bürgermeister, Konsularbeamte und vor allem Notare treffen, die einen Erbvertrag verwahren. Allerdings soll ein Erbvertrag unverzüglich in besondere amtliche Verwahrung gebracht werden, also in die Verwahrung beim Amtsgericht (§ 34 Abs 1 S 4, Abs 2 BeurkG, § 2258a), dies gilt jedoch nicht, wenn die Parteien die besondere amtliche Verwahrung ausschließen, was im Zweifel auch anzunehmen ist, wenn der Erbvertrag mit einem anderen Vertrag in derselben Urkunde verbunden wird (§ 34 Abs 2 BeurkG). Befindet sich ein Erbvertrag beim Erbfall noch in der Verwahrung des Notars, nämlich in seiner Urkundensammlung (§ 34 Abs 3 S 1 BeurkG, § 18 DONot), obliegt es dem Notar, beim Erbfall den Erbvertrag (und zwar die Urschrift, KG KGJ 36 A 91) an das Nachlassgericht abzuliefern (§ 34 Abs 3 S 2 BeurkG, § 2259 RdNr 8). Das gilt auch für Erbverträge, die von den Parteien nach § 2290 oder sonst wie aufgehoben oder sonst gegenstandslos oder unwirksam geworden sind (§ 2259 RdNr 5; KG JW 1938, 1455 = DNotZ 1938, 450; LG Aachen MDR 1988, 506; LG Augsburg MittBayNot 1982, 84; RGRK-BGB-KREGEL RdNr 2; SOERGEL-M WOLF RdNr 4; aA BOEHMER DNotZ 1940, 192).

7 Vom Ausnahmefall des § 45 Abs 2 BeurkG abgesehen (dazu OLG Köln DNotZ 1989, 643, 644), durfte die Urschrift des Erbvertrags den Beteiligten nicht ausgehändigt werden, sondern verblieb auch dann, wenn die Beteiligten die besondere amtliche Verwahrung ausgeschlossen hatten, in der Verwahrung des Notars (§ 34 Abs 3 S 1 BeurkG nF; § 18 Abs 4 DONot). Auch wenn die **besondere amtliche Verwahrung nachträglich ausgeschlossen** wurde, durfte diese nicht an die Beteiligten herausgegeben werden; die Urschrift war dann vielmehr nur entweder offen bei den Gerichtsakten zu verwahren oder in die Verwahrung des Urkundennotars zurückzugeben (OLG Hamm FamRZ 1974, 391; MittRhNotK 1989, 146). Auch wenn der Erbvertrag formwirksam aufgehoben wurde, durfte die Urschrift nicht den Beteiligten ausgehändigt werden (OLG Köln DNotZ 1989, 643; LG Aachen Rpfleger 1988, 266). Die Regelung des § 25 Abs 2 BNotO, der seit dem 8. 9. 1998 durch den wortgleichen § 34 Abs 3 BeurkG ersetzt wurde, war verfassungsgemäß, da es den Beteiligten freisteht, ob sie die Testierform des Erbvertrag wählen (BVerfG MittRhNotK

1989, 146 [Nichtannahmebeschluss]; aM FASSBENDER MittRhNotK 1989, 125, 129 ff), aber wenig sachgerecht (kritisch zum **Rückgabeverbot** und für eine Gesetzesänderung WEIRICH DNotZ 1997, 6, 8). Der Gesetzgeber hat nunmehr durch die Einfügung von Abs 2 die Möglichkeit geschaffen, dass alle Vertragschließenden die Rücknahme des Erbvertrags mit der Widerrufswirkung des § 2256 Abs 1 verlangen können (zu Einzelheiten s RdNr 28 ff).

Die verwahrende Behörde erfährt den Erbfall in der Regel von dem Standesbeamten (vgl die bundeseinheitliche Bek über die Benachrichtigung in Nachlasssachen, s BeurkG § 34 RdNr 24, 6). Wenn sich ein Gericht, bei dem ein Erbvertrag offen verwahrt ist, nach dem Tod des Erblassers weigert, ihn an das Nachlassgericht abzuliefern, so hat dieses das Recht zur Beschwerde (KG Recht 1909 Nr 124). **8**

### 3. Zu § 2260 (Eröffnung)

§ 2260 regelt die Eröffnung des Testaments durch das Nachlassgericht. Seine Bestimmungen gelten für die Eröffnung von Erbverträgen entsprechend. Ein Erbvertrag ist auch dann zu eröffnen, wenn er von den Parteien nach § 2290 oder sonst wie aufgehoben worden ist (vgl § 2260 RdNr 11; KG JFG 17, 237; LG Münster NRW JMBl 1957, 196; MünchKomm-MUSIELAK RdNr 3; RGRK-BGB-KREGEL RdNr 2; PALANDT-EDENHOFER RdNr 3; aM BOEHMER DNotZ 1940, 192: nicht »bei zweifelsfreier Aufhebung«; ähnlich SOERGEL-M WOLF RdNr 4). Zu eröffnen ist grundsätzlich die Urschrift des Erbvertrags (vgl § 2260 RdNr 7). Ist ausnahmsweise zunächst nur eine Ausfertigung des Erbvertrags eröffnet worden, so kann später noch die Urschrift eröffnet werden (KG OLGE 34, 311; SOERGEL-M WOLF RdNr 5). Beim zweiseitigen Erbvertrag ist § 2273 je nachdem ganz oder teilweise heranzuziehen (§ 2300). **9**

Zu den **Beteiligten** im Sinne der §§ 2260, 2262 gehören alle die Personen, deren Rechtslage durch die im Erbvertrag enthaltenen Verfügungen unmittelbar betroffen sind, also ein Recht gewährt oder genommen wird (§ 2273 RdNr 19). Nicht Beteiligte sind beim Tod des Erstversterbenden von Ehegatten die Personen, die erst nach dem Tod des Längerlebenden Zuwendungen erhalten (SOERGEL-M WOLF RdNr 4; BGHZ 70, 173, 175). Beteiligt ist aber bei Erbverträgen auf alle Fälle auch der überlebende Vertragsteil (PLANCK-GREIFF Anm 1). Über den Verbleib des Erbvertrags nach der Eröffnung s RdNr 19 ff. Auch der **Aufhebungsvertrag** gem § 2290 ist als »negativer Erbvertrag« zu eröffnen (STAUDINGER-KANZLEITER RdNr 5; aA OLG Düsseldorf MittRhNotK 1973, 199; PALANDT-EDENHOFER RdNr 3; AK-FINGER RdNr 3). **10**

### 4. Zu § 2261 (Eröffnung durch ein anderes Gericht)

Die entsprechende Anwendung des § 2261 bedeutet, dass der Erbvertrag, der nicht vom Nachlassgericht, sondern von einem anderen Gericht (Amtsgericht, § 2258a, § 2261 RdNr 4) verwahrt wird, von diesem – dem sog Verwahrungsgericht – zu eröffnen ist. Ob sich der Erbvertrag in besonderer oder gewöhnlicher amtlicher Verwahrung befindet, ist gleichgültig (KG JFG 22, 199 = DNotZ 1941, 339; § 2261 RdNr 4). **11**

### 5. Zu § 2262 (Benachrichtigung)

Das Nachlassgericht – nicht das bloß eröffnende Verwahrungsgericht, § 2261 – hat die Beteiligten (RdNr 10), die bei der Eröffnung nicht zugegen waren, von dem sie betreffenden Inhalt des Erbvertrags in Kenntnis zu setzen. **12**

### 6. Zu § 2263 (Eröffnungsverbote)

**13** Eine Anordnung der Vertragspartner, durch die sie verbieten, den Erbvertrag alsbald nach dem Tode eines von ihnen zu eröffnen, ist nichtig, § 134.

### 7. Zu § 2273 (Eröffnung gemeinschaftlicher Testamente)

#### a) Verfahren beim ersten Erbfall

**14** Die Vorschriften des § 2273 sind nach § 2300 beim Erbvertrag entsprechend anzuwenden, und zwar nicht nur beim zweiseitigen Erbvertrag (MünchKomm-MUSIELAK RdNr 4; ERMAN-M SCHMIDT RdNr 3; aM SOERGEL-M WOLF RdNr 6; RdNr 15). Sie regeln die Eröffnung und die weitere Behandlung des gemeinschaftlichen Testaments beim ersten Erbfall, dh beim Tod des erstversterbenden Ehegatten. Unter »erstem Erbfall« soll hier der Tod des zuerstversterbenden Vertragsteils verstanden werden, gleichgültig, ob dieser als Erblasser, also vertragsmäßig verfügt hat (§ 2278) oder nur einseitig (§ 2299) oder ob er überhaupt nicht verfügt und nur die vertragsmäßigen Verfügungen des anderen Teils entgegengenommen hat (vgl § 2273 Abs 3 und noch deutlicher § 44 Abs 3 TestG). In jedem Fall hat nämlich das Nachlassgericht beim Tode des erstversterbenden Vertragsteils den Erbvertrag, den es in besonderer amtlicher Verwahrung hat (§ 34 Abs 2 BeurkG) oder der ihm vom Notar oder einer anderen Behörde gemäß § 2259 übermittelt wird, zu eröffnen (§ 2260). Das gilt auch dann, wenn der zuerst versterbende Vertragsteil in dem Erbvertrag keine Verfügung von Todes wegen getroffen hat. Denn die Urschrift des Erbvertrags, auf die es ankommt, befindet sich in einem verschlossenen Umschlag und die Aufschrift des Umschlags wird im Allgemeinen nur ersehen lassen, welcher Vertragsteil als Erblasser verfügt hat, nicht aber, ob der andere Vertragsteil einseitige Verfügungen von Todes wegen getroffen hat (§ 34 Abs 1 S 3, Abs 2 BeurkG; PLANCK-GREIFF § 2277 Anm 1). Freilich kann das Gericht in dem angenommenen Fall nur verkünden, dass der Erbvertrag keine Verfügung des verstorbenen Vertragsteils enthält (§§ 2300, 2273 Abs 1).

**15** Enthält der Erbvertrag **Verfügungen des erstverstorbenen Vertragspartners** (sei es vertragsmäßige oder einseitige), so wird das Gericht diese sowie die untrennbaren (vertragsmäßigen oder einseitigen) Verfügungen des überlebenden Vertragsteils verkünden, während die trennbaren Verfügungen des Überlebenden geheim zu halten sind (§§ 2300, 2260 Abs 2, § 2273 Abs 1; BayObLGZ 6, 585 = RJA 6, 178; MünchKomm-MUSIELAK RdNr 4; LANGE-KUCHINKE § 38 III 6b). Von der Eröffnung und Verkündung sind aber nur die Verfügungen des Überlebenden auszunehmen, die sie sich nach der Fassung des Erbvertrags von denen des anderen Teils **absondern** lassen (BGHZ 91, 105, 108 = Rpfleger 1984, 424; RGZ 150, 315, 318; BayObLG Rpfleger 1984, 424, 425, 1990, 22; LG Aachen MittRhNotK 1997, 405; FIRSCHING-GRAF, Nachlassrecht RdNr 4.81). Die Vorschrift des § 2273 ist verfassungsgemäß (BVerfG NJW 1994, 2535 = ZEV 1995, 104 = FamRZ 1994, 557). Nach Wortlaut und Sinn der Gesetzesregelung ist die Eröffnung die Regel, die Geheimhaltung bei Sonderungsfähigkeit die Ausnahme (BGH aaO; BayObLG Rpfleger 1990, 22; BÖKELMANN JR 1984, 501; eingehend hierzu § 2273 RdNr 1).

**16** Alle Verfügungen des erstverstorbenen Vertragsteils sind zu verkünden, auch soweit sie nur für den Fall getroffen wurden, dass er den Vertragsgegner überlebt, also durch sein Vorversterben gegenstandslos wurden (KG OLGZ 1979, 269 = DNotZ 1979, 556; ausführlich hierzu § 2273 RdNr 6; aA BÜHLER BWNotZ 1980, 34). Bei den in der *Praxis* weitverbreiteten Formulierungen »Nach dem Tod des längerlebenden Teils von uns soll der beiderseitige Nachlass an unsere gemeinschaftlichen Kinder fallen« oder »der Längerlebende von uns bestimmt...« können damit die Verfügungen des längerlebenden Teils nicht gesondert und somit nicht geheim gehalten werden (OLG Hamm FamRZ 1974, 387, 389 = Rpfleger 1974, 155; NJW 1982, 57 = Rpfleger 1981, 486; OLG Hamburg NJW 1965, 1969, 1970; LG Aachen MittRhNotK 1997, 405; 406; s auch den Fall von BVerfG NJW 1994, 2535). Die von § 2273 geforderte **Trennbarkeit** der Verfügungen ist nach Auffassung der Rechtsprechung auch nicht dadurch eingetreten, dass die Bestimmungen für den zweiten Todesfall mit dem Tod des erstversterbenden Erblassers endgültig zu Bestimmungen des Überlebenden geworden sind (so LANGENFELD NJW 1987, 1577, 1588); denn der Tod des Erstversterbenden habe nur zur Folge, dass die von ihm für den Fall seines Ablebens getroffenen Verfügungen gegenstandslos werden (BayObLG Rpfleger 1982, 424, 425; 1990, 22, 23; OLG Köln DNotZ 1988, 721, 722 m Anm CYPIONKA; KG aaO. Zur Kritik s § 2273 RdNr 11 f).

Theoretisch kann durch eine andere *Formulierung* die Trennbarkeit der Verfügungen sichergestellt und das Geheimhaltungsinteresse gewahrt werden: **17**

»*Der Vertragsteil zu 1 setzt für den Fall seines Überlebens zu Erben ein ...*« und »*Der Vertragsteil zu 2 setzt für den Fall seines Überlebens zu Erben ein ...*«

(vgl STAUDINGER-KANZLEITER § 2273 RdNr 8; § 2273 RdNr 12). Jedoch werden die Beteiligten solche »Formulierungskünste« oftmals nicht mehr nachvollziehen können.

In der Praxis werden jedoch die Folgen dieser **umfassenden Verkündigungspflicht** wieder weitgehend dadurch **relativiert,** dass heute die Verkündigung idR nach § 2260 Abs 2 S 2 und 3 unterbleibt. Bei der stattdessen erfolgenden Benachrichtigung der Beteiligten nach § 2262 wird aber abweichend von der Verkündigung sehr wohl berücksichtigt, ob eine Verfügung gegenstandslos geworden ist, weshalb dann eine entsprechende Benachrichtigung unterbleiben kann (DNotI-Report 1997, 20, 22; eingehend dazu § 2273 RdNr 19 f). **18**

Die weitere Behandlung ist verschieden, je nachdem, ob sich der Erbvertrag vor der Eröffnung in besonderer amtlicher Verwahrung befunden hat oder nicht (vgl § 34 Abs 2 BeurkG). **19**

### aa) Erbvertrag war früher in der besonderen amtlichen Verwahrung

Dann sind nach § 2300 die Vorschriften des § 2273 Abs 2, 3 entsprechend anzuwenden (s § 2273 RdNr 25 f). Der Erbvertrag ist also, nachdem von den Verfügungen des verstorbenen Vertragspartners eine beglaubigte Abschrift gefertigt ist, wieder zu verschließen und in die besondere amtliche Verwahrung zurückzubringen (FIRSCHING-GGRAF, Nachlassrecht RdNr 4.82). Dies gilt auch für Erbverträge, die wegen der Nichtabsonderbarkeit der Verfügungen des Längerlebenden bereits im ganzen verkündet werden mussten, da dies keine Verkündung im Rechtssinn ist (RGZ 137, 222; STAUDINGER-KANZLEITER § 2273 RdNr 16; LANGE-KUCHINKE § 38 III 6 Fn 99 mwN zum Streitstand). Hat sich der Erbvertrag bis zum ersten Erbfall in der amtlichen Verwahrung eines anderen Gerichts als des dann später befassten Nachlassgerichts befunden, so ist für die fortgesetzte besondere amtliche Verwahrung das **bisherige,** durch § 2258a bestimmte **Verwahrungsgericht** nach Ansicht der meisten Obergerichte weiter zuständig (BayObLGZ 1989, 39, 42 [unter Aufgabe der früheren Rspr]; FamRZ 1995, 681; OLG Saarbrücken 1988, 484; OLG Stuttgart Rpfleger 1988, 189 m abl Anm KRZYWON BWNotZ 1988, 69; OLG Oldenburg NJW-RR 1997, 265; KG Rpfleger 1981, 304; FIRSCHING-GRAF, Nachlassrecht RdNr 4.84). Die Gegenmeinung hält das Nachlassgericht für zuständig (etwa OLG Hamm OLGZ 1990, 286; 1987, 283; Erl zu § 2261 RdNr 7; vgl zum Streitstand im Einzelnen § 2273 RdNr 25). Es liegt ein Streit über die örtliche Zuständigkeit iS von § 5 FGG vor (eingehend § 2261 RdNr 6). **20**

Enthält der Erbvertrag jedoch **nur Anordnungen,** die sich **auf den ersten Erbfall** beziehen, etwa wenn der Erbvertrag sich in einer gegenseitigen Erbeinsetzung **21** der Vertragsteile erschöpft, so hat es keinen Zweck, den Erbvertrag wieder zu verschließen und nach dem Tode des überlebenden Vertragsteils nochmals zu eröffnen (§ 2273 RdNr 21). Daher bleibt hier der Erbvertrag offen bei den Akten des Nachlassgerichts (§ 2273 Abs 3; FIRSCHING-GRAF, Nachlassrecht RdNr 4.84; VOGELS-SEYBOLD TestG § 44 Anm 4, § 45 Anm 2; SOERGEL-M WOLF RdNr 5).

22 Befand sich der Erbvertrag beim ersten Erbfall nicht beim Nachlassgericht, sondern bei einem **anderen Gericht in amtlicher Verwahrung,** so hat dieses den Erbvertrag in gleicher Weise und in gleichem Umfang zu eröffnen wie das Nachlassgericht. Sodann hat es ihn mit einer beglaubigten Abschrift des Eröffnungsprotokolls dem Nachlassgericht zu übersenden (§ 2261; vgl oben RdNr 11; § 2273 RdNr 33).

### bb) Erbvertrag in der Urkundensammlung des Notars

23 War der Erbvertrag vor der Eröffnung nicht in besonderer Verwahrung, sondern **in gewöhnlicher amtlicher Verwahrung** des Urkundsnotars, so kann der Erbvertrag auch nicht in die besondere »zurückgebracht« werden. Daher bestimmt das Gesetz für diesen Fall, dass § 2273 Abs 2, 3 auf den Erbvertrag nicht entsprechend anzuwenden sind. Der Erbvertrag bleibt also offen in der gewöhnlichen amtlichen Verwahrung, dh bei den Akten des Nachlassgerichts; er darf nicht an den Notar, der ihn etwa übersandt hat, zurückgegeben werden (§ 28 Nr 4 AktO; KG JFG 17, 259 = DJ 1938, 1280 m Anm VOGELS = AkZ 1938, 676 m Anm WEBER = DNotZ 1939, 426; FIRSCHING-GRAF, Nachlassrecht RdNr 4.84; PALANDT-EDENHOFER RdNr 3; vgl § 2273 RdNr 27; VOGELS-SEYBOLD TestG § 45 Anm 2). Freilich kann der überlebende Vertragsteil beantragen, dass der Erbvertrag nachträglich in besondere amtliche Verwahrung gebracht wird, sofern er nicht etwa nur den ersten Erbfall regelt (§ 2273 RdNr 27, PALANDT-EDENHOFER RdNr 3).

### b) Verfahren beim zweiten Erbfall

24 Enthält der Erbvertrag auch für den zweiten Erbfall, also für den Tod des überlebenden Vertragsteils, vertragsmäßige oder einseitige Verfügungen, so ist er nach diesem Erbfall nochmals zu »eröffnen«, auch wenn er offen bei den Akten des Nachlassgerichts liegt und wenn die Anordnungen für den zweiten Erbfall wegen ihrer Untrennbarkeit schon beim ersten Erbfall mitverkündet worden sind, denn damals handelte es sich um keine Verkündung im Rechtssinn (§ 2273 RdNr 17, 31; RGZ 48, 96; KG JW 1934, 2999; OLG Hamm OLGZ 1987, 283 = FamRZ 1987, 865; SOERGEL-M WOLF RdNr 6; VOGELS-SEYBOLD TestG § 45 Anm 3; LANGE-KUCHINKE § 38 III Fn 99). Nach der erneuten Eröffnung bleibt der Erbvertrag auf jeden Fall offen bei den Akten des für den ersten Erbfall zuständigen Nachlassgerichts (FIRSCHING-GRAF, Nachlassrecht RdNr 4.86; VOGELS-SEYBOLD TestG § 45 Anm 4).

## III. Recht auf Einsicht und Abschriften

25 Da § 2264 in § 2300 nicht angeführt ist, richtet sich die Einsicht in den eröffneten Erbvertrag und die Erteilung von Abschriften nicht nach § 2264, sondern nach § 34 FGG und § 78 FGG (MünchKomm-MUSIELAK RdNr 6; FIRSCHING-GRAF, Nachlassrecht RdNr 4.90). Hiernach kann jeder, der ein berechtigtes Interesse glaubhaft macht, Einsicht in den Erbvertrag oder Erteilung einer Abschrift verlangen. Die Vertragsteile selbst können jederzeit den Erbvertrag einsehen oder sich von der Geschäftsstelle des verwahrenden Gerichts eine Abschrift erteilen lassen. Das Recht auf Einsicht und auf Erteilung von Abschriften wird eingeschränkt durch § 2273 Abs 1 mit § 2300: nach einer **teilweisen Verkündung** des Erbvertrags darf der nicht verkündete Teil weder durch Gestattung von Einsicht noch durch Erteilung von Abschriften be-

kannt gegeben werden; vielmehr darf nur in den verkündeten Teil Einsicht gewährt und von diesem oder der nach § 2273 Abs 2 zurückbehaltenen beglaubigten Abschrift, eine Abschrift erteilt werden (§ 2273 RdNr 16; MünchKomm-MUSIELAK RdNr 6); der Rest ist zu verdecken (FIRSCHING-GRAF, Nachlassrecht RdNr 4.81). Der überlebende Vertragsteil kann jedoch in vollem Umfang Einsicht nehmen (FIRSCHING-GRAF, Nachlassrecht RdNr 4.81). Für das Recht zur Einsicht in die beglaubigte Abschrift, die beim Notar auch nach Ablieferung des Erbvertrags verbleibt (§ 20 Abs 1 S 3 DONot) und das Recht, Abschriften von dieser Abschrift zu verlangen, gilt § 51 BeurkG.

## IV. Rechtsmittel

Gegen die Entscheidung des Rechtspflegers, ob und welcher Teil des Erbvertrags **26** eröffnet wird, ist die Beschwerde nach § 11 RPflG, § 19 FGG statthaft (§ 2273 RdNr 17; § 2260 RdNr 19; vgl auch KGJ 35 A 103, 105, 107 [gemeinschaftliches Testament]).

## V. Gebühr

Die Gebühr für die Eröffnung bestimmt sich nach dem Wert des Nachlasses des **27** Erblassers (§§ 102, 103 KostO, vgl § 2237 RdNr 36).

## VI. Aufhebung durch Rücknahme

### 1. Gesetzeszweck

Seit langem war kritisiert worden, dass das geltende Recht den Vertragschließen- **28** den keine Möglichkeit gab, die Rücknahme eines Erbvertrags aus der amtlichen oder notariellen Verwahrung zu verlangen und dadurch zu vermeiden, dass inhaltlich zwischenzeitlich überholte Erbverträge im Erbfall doch noch an das Nachlassgericht abgeliefert und dort eröffnet werden müssen (dazu bereits oben RdNr 7; kritisch und für Gesetzesänderung WEIRICH DNotZ 1997, 6, 8). Die fehlende Möglichkeit einer körperlichen Vernichtung der Originalurkunde wurde beim Erbvertrag als eines der wesentlichen Nachteile gegenüber dem gemeinschaftlichen Testament empfunden (s Vorbem 35 zu §§ 2265 ff). Der Gesetzgeber hat auf diese Kritik nunmehr durch die Einfügung des Abs 2 auf Grund des Gesetzes zur Änderung des Rechts der Vertretung durch Rechtsanwälte vor den Oberlandesgerichten vom 23. 7. 2002 (BGBl I 2850) reagiert. Danach können seit dem 1. 8. 2002 auch Erbverträge aus der amtlichen oder notariellen Verwahrung zurückgenommen werden, wenn sie lediglich Verfügungen von Todes wegen enthalten. Damit gelten die darin enthaltenen vertragsmäßigen wie einseitigen Verfügungen als widerrufen (§ 2300 Abs 2 S 3, 2256 Abs 1 S 1). Dadurch soll die Rechtslage an die des gemeinschaftlichen Testaments angeglichen werden (BT-Drucks 14/9266 S 49). Die Vorschrift wirft allerdings verschiedene Zweifelsfragen auf (eingehend dazu VON DICKHUTH-HARRACH RNotZ 2002, 384).

### 2. Voraussetzungen der Rückgabe

#### a) Gegenstand der Rückgabe

In **sachlicher Hinsicht** erfasst die Rücknahmemöglichkeit nach § 2300 Abs 2 nur **29** solche Erbverträge, die *ausschließlich Verfügungen von Todes* wegen enthalten. Keine Rücknahmemöglichkeit besteht daher, wenn die Erbvertragsurkunde auch bereits zu Lebzeiten der Beteiligten wirksame Bestimmungen beinhaltet, etwa einen Verpfründungsvertrag (vgl etwa § 2295), einen Verfügungsunterlassungs- oder einen Ehevertrag. Auch ein Erb- oder Pflichtteilsverzicht (§ 2346) ist ein Rechtsgeschäft unter Lebenden, der, wenn er in der gleichen Urkunde enthalten ist, die Rücknahme des Erbvertrags ausschließt. Jedoch besteht keine generelle Belehrungspflicht des Notars bei der Beurkundung solcher verbundenen Verträge, auf den dadurch eintretenden Ausschluss der Rücknahmemöglichkeit hinzuweisen (LITZENBURGER, in: BAMBERGER-ROTH RdNr 2 a hält dies für »ratsam«), denn zum einen besteht oftmals eine Pflicht zur Beurkundung der gesamten Vereinbarung (dazu ausführlich oben § 2275 RdNr 35 ff), die am besten durch die Aufnahme in einer Urkunde erfüllt wird. Zum anderen erspart dies uU ganz erhebliche Kosten, insbes beim Ehe- und Erbvertrag (§ 46 Abs 3 KostO). Ob dem Rücknahmerecht auch Ausfertigungen unterliegen, ist im Gesetz nicht geregelt; hierfür spricht allerdings, dass die Ausfertigung die Urschrift im Rechtsverkehr vertritt (§ 47 BeurkG), daher der Ablieferungspflicht nach § 2259 unterliegt und nach § 2260 zu eröffnen ist (s o § 2260 RdNr 7). Entsprechend dem Gesetzeszweck, die Eröffnung der von den Vertragsteilen nicht mehr gewollten erbvertraglichen Verfügungen zu verhindern, muss sich daher das Rückgaberecht der Vertragsteile auch hierauf erstrecken; gleiches gilt auch für beglaubigte Abschriften, die auch der Eröffnungspflicht unterliegen (so wohl auch VON DICKHUTH-HARRACH [RdNr 28] 396).

**30** In **zeitlicher Hinsicht** ist § 2300 Abs 2 zum 1. August 2002 in Kraft getreten; Überleitungsvorschriften enthält das Gesetz nicht. Demnach ist davon auszugehen, dass die Rücknahmemöglichkeit nunmehr auch hinsichtlich solcher Erbverträge besteht, die bereits vorher beurkundet wurden (LITZENBURGER, in: BAMBERGER-ROTH RdNr 2 a), was auch dem Gesetzeszweck mit der Angleichung der Rechtslage beim gemeinschaftlichen Testament entspricht.

**31** Die Rückgabe ist sowohl bei den Erbverträgen möglich, die sich in der besonderen **amtlichen Verwahrung** des Nachlassgerichts befinden (§§ 2258 a, 2258 b BGB), wie bei denen, die in notarieller Verwahrung sind (§ 34 Abs 2 und 3 BeurkG, §§ 9, 18 Abs 1, 4 DONot). Die unterschiedliche Verwahrungszuständigkeit bedingt allerdings auch die Zuständigkeit für das Rückgabeverfahren.

### b) Rückgabeverlangen

**32** Die Rückgabe setzt zum einen ein entsprechendes **Rückgabeverlangen** voraus und zum anderen in Vollzug desselben den **Realakt der körperlichen Rückgabe**, der – wie beim gemeinschaftlichen Testament – nur an alle Vertragschließenden gemeinschaftlich erfolgen kann. Das Erfordernis des Rückgabeverlangens ergibt sich zwar nicht aus dem ausdrücklichen Wortlaut des Abs 2, ist aber zu § 2256 allgemein anerkannt (s o § 2256 RdNr 6), auf dessen Abs 1 ausdrücklich Bezug genommen wird. Abs 2 S 2 bestimmt, dass die Rückgabe nur an alle Vertragsschließenden gemeinschaftlich erfolgen kann; im Übrigen regelt das Gesetz das **Rückgabeverfahren** nicht selbständig. Es enthält nur in § 2300 Abs 2 S 2, 2. HS eine Verweisung auf die Vorschrift des § 2290 Abs 1 S 2, Abs 2 und 3, wodurch gewährleistet werden soll, dass die für die Aufhebung eines Erbvertrags geltenden Schutzvorschriften nicht umgangen werden (BT-Drucks aaO, S 49). Auf § 2256 Abs 2, wonach der Erblasser die Rückgabe jederzeit verlangen kann und die Rückgabe nur an ihn persönlich erfolgen darf, wird aber in § 2300 Abs 2 ausdrücklich nicht verwiesen.

Mangels klarer Regelung kann sich die Verweisung auf die genannten Bestimmungen über die Aufhebung des Erbvertrags entweder allein auf das Rückgabeverlangen, den Realakt der Rückgabe oder auf beides beziehen (nicht klar unterscheidend LITZENBURGER in: BAMBERGER-ROTH RdNr 2 a). Denn der Gesetzgeber hat die Unterscheidung zwischen Rückgabeverlangen und Rückgabeakt nicht gesehen. Zunächst liegt es nahe, die Verweisung auf die genannten rechtsgeschäftlichen Bestimmungen des § 2290 nicht auf die Rückgabe als tatsächliche Handlung, sondern auf das Rückgabeverlangen als ebenfalls rechtsgeschäftliche Erklärung anzuwenden, weil die Erbvertragsaufhebung ein Rechtsgeschäft ist und das Rückgabeverlangen zumindest eine rechtsgeschäftsähnliche Handlung. Demnach kann die Rückgabe nur so lange verlangt werden, als noch alle **Vertragschließenden**, also auch der andere Vertragsteil, der nur die Verfügungen des anderen annimmt, **am Leben sind** (§ 2290 Abs 1 S 2). Dementsprechend erlischt das Recht zur Rücknahme bereits mit dem Tode eines der Vertragsteile.

Weiter ergibt sich aus dieser Verweisung, dass derjenige, der in dem Erbvertrag 33 Verfügungen von Todes wegen getroffen hat, das **Rücknahmeverlangen** grundsätzlich nur **höchst persönlich** stellen kann; ist er in der Geschäftsfähigkeit beschränkt, so bedarf er dazu aber nicht der Zustimmung seines gesetzlichen Vertreters (§ 2290 Abs 2). Bei dieser Lesart werden an das Rücknahmeverlangen beim Erbvertrag allerdings strengere Anforderungen gestellt als beim Testament, denn dort wird diesbezüglich – allerdings nicht bezüglich des Realakts der Rücknahme – teilweise eine Stellvertretung zugelassen (s o § 2256 RdNr 6, str; aM LG Augsburg Rpfleger 1998, 344). Ein Vormund oder Betreuer des anderen Vertragsschließenden, der in dem Erbvertrag keine Verfügung von Todes wegen getroffen hat, bedarf zur Rücknahme der vormundschaftsgerichtlichen Genehmigung (§ 2290 Abs 3). Weiter ist für die Wirksamkeit der Rücknahme erforderlich, dass der im Erbvertrag verfügende Teil noch geschäftsfähig ist, denn die Rücknahme hat zumindest die Wirkungen einer Verfügung von Todes wegen (so etwa FIRSCHING-GRAF RdNr 4.26 unter unzutreffendem Bezug auf BayObLG NJW-RR 1990, 1481 = FamRZ 1990, 1404), wenn man in ihr mit der hM nicht sogar sowohl ein Rechtsgeschäft unter Lebenden als auch – wegen der Widerrufswirkung – eine Verfügung von Todes wegen sieht (so etwa BGHZ 23, 207, 211; BayObLGZ 1960, 490, 494; PALANDT-EDENHOFER § 2256 RdNr 3; aM oben § 2272 RdNr 7; SOERGEL-HARDER[12] § 2256 (nur Fiktion des Widerrufs); gegen Verfügung von Todes wegen auch STAUDINGER-BAUMANN § 2256 RdNr 4). Da für den Abschluss des Erbvertrags nicht die Testier- sondern die Geschäftsfähigkeit erforderlich ist (§ 2275, s dazu § 2275 RdNr 1 ff), muss für die Rückgabe als »actus contrarius« das Gleiche gelten. Wie bei der Rückgabe eines Testaments nach § 2256 wird man auch hier die Auffassung vertreten können, dass es ausreichend ist, wenn die Geschäftsfähigkeit wenigstens im Zeitpunkt der tatsächlichen Aushändigung gegeben ist (so VON DICKHUTH-HARRACH (RdNr 28) 390; § 2256 RdNr 6), während von einer Gegenmeinung (LG Augsburg Rpfleger 1998, 344, 345; wohl auch PALANDT-EDENHOFER § 2256 RdNr 2) gefordert wird, dass das Rücknahmebegehren bis zur tatsächlichen Aushändigung aufrecht erhalten wird, woraus man das Erfordernis des Bestehens der Geschäftsfähigkeit sowohl im Zeitpunkt der Stellung des Rücknahmeverlangens wie bei Durchführung der Rückgabe selbst herleiten kann.

### c) Die eigentliche Rückgabe

Die **Rückgabe des Erbvertrags**, also dessen tatsächliche Aushändigung, darf nur 34 an »*alle Vertragsschließenden gemeinschaftlich*« erfolgen (§ 2300 Abs 2 S 2, 1. HS). Anders als in § 2256 Abs 2 S 2 für das Testament, auf den § 2300 Abs 2 gerade nicht verweist, bestimmt das Gesetz jedoch ausdrücklich nicht mehr, dass der Erbvertrag nur an den Erblasser persönlich zurückgegeben werden muss. Demgegenüber lautete der ursprüngliche Entwurf, dass »die Rücknahme nur durch alle Vertragsschließenden persönlich erfolgen« könne; anschließend war nur eine Verweisung auf § 2290 Abs 3 vorgesehen. Durch die neu aufgenommene Verweisung auf § 2290 Abs 2 S 1, wonach der Erblasser den Aufhebungsvertrag nur persönlich schließen kann, glaubte man offenbar, auf das ausdrückliche Erfordernis der persönlichen Rückgabe verzichten zu können. Dies ist in zweifacher Hinsicht unzutreffend: Zum einen *sachlich*, weil sich die Verweisung auf § 2290 Abs 2 S 1 auch dahingehend auslegen lässt, dass damit *nur* das *Rücknahmeverlangen*, nicht aber der Realakt der körperlichen Rückgabe gemeint sein kann (s bereits RdNr 32). Zum anderen in *persönlicher Hinsicht*, weil § 2290 Abs 2 S 1 das Erfordernis der Höchstpersönlichkeit nur für den Erblasser normiert, nicht aber für den nicht verfügenden anderen Vertragsschließenden, der aber im Hinblick auf die ihm gegenüber bereits eingetretene Bindungswirkung gegen einen einseitigen Widerruf der erbvertragsmäßigen Verfügung erst recht geschützt sein muss. Dem kann nicht entgegen gehalten werden, dass die Rückgabe »nur an alle Vertragsschließenden gemeinschaftlich erfolgen« darf: Denn auch bei der körperlichen Übergabe ist nicht ausgeschlossen, dass der eine für die anderen handelt. Wendet man auf diesen Realakt besitzrechtliche Kategorien an, so sind auf alle Fälle auch Besitzmittlungsverhältnisse möglich, die zu einer Zurechnung der Herausgabe der Erbvertragsurkunde auch gegenüber den anderen Vertragsteilen führen können. Die **Notwendigkeit** einer **einschränkenden Auslegung** des § 2300 Abs 2 S 1 iS von »gemeinschaftlich« als »persönlich« ergibt sich jedoch für diejenigen relativ einfach, die in der Rückgabe eine Verfügung von Todes wegen sehen: Denn eine Stellvertretung im letzten Willen ist grundsätzlich ausgeschlossen (§ 2064). Wer der Rückgabe wegen der Widerrufsfiktion nur die »Wirkungen einer letztwilligen Verfügung« beilegt, tut sich mit einer restriktiven Interpretation schwer, kann jedoch anstelle des dogmatisch konstruktiven Arguments immerhin noch auf die Manipulationsgefahren verweisen, welche die Verwahrungssicherheit gefährden würden, ließe man hinsichtlich der körperlichen Rücknahme eine »Stellvertretung« in irgendeiner Form zu. Diese Interpretation entspricht der auch vom Gesetzgeber ausdrücklich gewollten Angleichung an die Rechtslage beim gemeinschaftlichen Testament (BT-Drucks aaO, S 49).

**35** Da eine »getrennte« **körperliche Aushändigung** der einheitlichen Erbvertragsurkunde an mehrere Beteiligte nicht möglich ist, kann die demnach erforderliche »gemeinschaftliche« iS von persönliche Rückgabe gem § 2300 Abs 2 S 2, 1. HS nur dadurch bewirkt werden, dass sämtliche am Abschluss des Erbvertrags Beteiligten, und zwar die im materiellen Sinn, also auch die lediglich eine Verfügung annehmenden anderen Vertragsschließenden, gleichzeitig vom verwahrenden Notar oder Nachlassgericht die Erbvertragsurkunde zurückerhalten (ebenso Rundschreiben der Bundesnotarkammer Nr 25/2002 vom 13. 8. 2002; DNotI-Report 2002, 135; aM VON DICKHUTH-HARRACH [RdNr 28] 390 für den nicht verfügenden Vertragsteil, weil sich dieser auch beim Aufhebungsvertrag vertreten lassen könne, jedoch ohne diese Differenzierung und so wie hier auf S 391). Kann einer der Vertragsteile aus gesundheitlichen oder sonstigen zwingenden Gründen die Urkunde nicht selbst bei der verwahrenden Stelle entgegen nehmen, so gelten die diesbezüglich zu § 2256 entwickelten Grundsätze (vgl etwa dazu oben § 2256 RdNr 7; STAUDINGER-BAUMANN § 2256 RdNr 14). Eine Übersendung durch die Post ist demnach unzulässig und würde die Widerrufswirkung entfallen lassen. Vielmehr muss der Vertragsschließende aufgesucht und die Urkunde ihm – und gleichzeitig den anderen Vertragsteilen – ausgehändigt werden. Bei der Rückgabe durch das Nachlassgericht als verwahrende Stelle ist anerkannt, dass diese allerdings auch im Wege der Rechtshilfe erfolgen kann (s § 2256 RdNr 7). Für den Notar ergibt sich eine räumliche Beschränkung auf seinen Amtsbereich oder Amtssitz nicht aus §§ 10 a, 11 BNotO, weil der Abs 2 dieser Vorschriften nur für Urkundstätigkeiten iS von §§ 20 bis 22 BNotO gilt (SCHIPPEL-

SCHIPPEL, BNotO, 7. Aufl 2000, § 11 RdNr 2; aM VON DICKHUTH-HARRACH [RdNr 28] 391, jedoch zweifelnd in Fn 100); jedoch wird man auch für ihn eine Möglichkeit der »Rechtshilfe« durch den örtlich zuständigen Kollegen analog § 11 a BNotO für zulässig halten müssen.

### d) Das Rückgabeverfahren

**Funktionell zuständig** für die Durchführung der Rückgabe ist für die bei den Nachlassgerichten verwahrten Erbverträgen der Rechtspfleger (§ 3 Nr 2 c RPflG). Bei den in notarieller Verwahrung befindlichen Erbverträgen hat der Notar selbst die Rückgabe zu bewirken, weil für ihn der Grundsatz der persönlichen Amtsausübung gilt (vgl etwa § 25 Abs 1 BNotO). Er kann diese Tätigkeit daher nicht auf seine Mitarbeiter delegieren. **36**

Nach dem entsprechend für anwendbar erklärten § 2256 Abs 1 S 2 hat die zurückgebende Stelle die Vertragsteile über die Folge der Rückgabe zu belehren, dies auf der Erbvertragsurkunde zu vermerken und schließlich aktenkundig zu machen, dass beides geschehen ist (zu Details s etwa § 2256 RdNr 8 und ausführlich VON DICKHUTH-HARRACH [RdNr 28] 394 ff; Rundschreiben der Bundesnotarkammer aaO und FIRSCHING-GRAF RdNr 4.27 zum Testament, wobei diese Ausführungen für den Erbvertrag entsprechend gelten). Eine Gebühr für die Rückgabe entsteht nicht (STAUDINGER-BAUMANN § 2256 RdNr 24; FIRSCHING-GRAF RdNr 4.29 je für das Testament). **37**

### 3. Die Wirkung der Rückgabe

Die ordnungsgemäße Rückgabe des Erbvertrags, aber auch nur diese unter Beachtung des Absatz 2 Satz 1 und 2, gilt nach dem ausdrücklichen Wortlaut des Gesetzes als **Widerruf** iS von § 2256 Abs 1 S 1 (§ 2300 Abs 2 S 3). Dass hier ausdrücklich auch bezüglich der erbvertragsmäßigen Verfügungen eine »Widerrufsfolge« angeordnet wird, ist terminologisch nicht korrekt, da hinsichtlich der vertraglichen Verfügungen des Erbvertrags das Gesetz bisher grundsätzlich immer nur von einer »Aufhebung« sprach (vgl §§ 2289 Abs 1, 2290). Nach dem Gesetzeszweck (RdNr 28) und der ausdrücklichen Gesetzesbegründung, die von der Beseitigung der vertraglichen wie einseitigen Verfügungen des Erbvertrags ausgeht, muss man aber auch der ordnungsgemäßen Rückgabe hinsichtlich der vertragsmäßigen Verfügungen »Aufhebungswirkung« beilegen (ebenso VON DICKHUTH-HARRACH [RdNr 28] 392). Für die einseitigen im Erbvertrag enthaltenen Verfügungen (§ 2299) ergibt sich im Übrigen die Widerrufswirkung nicht immer bereits aus der direkten Anwendung des § 2256 Abs 1 S 1 (so aber Rundschreiben der Bundesnotarkammer, aaO), denn diese Bestimmung könnte allenfalls dann originär angewandt werden, wenn sich der Erbvertrag in der besonderen amtlichen Verwahrung des Nachlassgerichts befand. Die durch die Rückgabe eintretenden Wirkungen sind endgültig und können nicht durch Testament (§ 2254) widerrufen werden (BayObLG NJW-RR 1990, 1481) oder indem der Erbvertrag erneut in die Verwahrung gegeben wird (STAUDINGER-BAUMANN § 2256 RdNr 17 für das Testament). Erbverträge enthalten aus Gründen der Rechtsklarheit regelmäßig eine Aufhebung oder einen »Widerruf« der früher getroffenen Verfügungen von Todes wegen. Die Widerrufsfiktion des §§ 2256 Abs 1 S 1, 2300 Abs 2 S 3 wird sich regelmäßig auch hierauf erstrecken, so dass damit die zunächst widerrufenen Verfügungen wieder aufleben (vgl den Rechtsgedanken des § 2257 und die Parallelproblematik bei der Erbvertragsaufhebung, oben § 2290 RdNr 26; s auch dazu VON DICKHUTH-HARRACH [RdNr 28] 393). Anders liegt es nur, wenn nach dem Wille des Erblassers trotz des »Widerrufs des Widerrufs« die ursprüngliche Verfügung von Todes wegen nicht wieder gelten soll (vgl dazu oben § 2257 RdNr 7; STAUDINGER-BAUMANN § 2257 RdNr 11). **38**

## § 2300a Eröffnungsfrist

**Befindet sich ein Erbvertrag seit mehr als 50 Jahren in amtlicher Verwahrung, so ist § 2263a entsprechend anzuwenden.**

### 1. Normzweck

1 Durch die Vorschrift soll zum einen gewährleistet werden, dass die Verfügungen von Todes wegen nach Eintritt des Erbfalls tatsächlich gefunden und verkündet und damit die materielle Rechtslage publik wird und die Betroffenen in den Stand versetzt werden, das zur Wahrnehmung ihrer Interessen Zweckdienliche zu veranlassen; ansonsten bestünde die Gefahr, dass die Verfügungen für immer uneröffnet in der amtlichen Verwahrung blieben (BGH DNotZ 1973, 379, 390 = LM BNotO § 25 Nr 1; BGHZ 117, 287, 295 = NJW 1992, 1884). Aus diesem Normzweck wird man herleiten müssen, dass seine Verletzung **Amtshaftungsansprüche** begründen kann (BGHZ aaO, allerdings primär zu § 2262). Zum anderen sollen die Nachlassgerichte und Notare dadurch entlastet werden, gegenstandslos gewordene Erbverträge weiter zu verwahren (KIPP-COING § 123 VI).

### 2. Erbverträge in amtlicher Verwahrung

2 Nach § 2263a sind Testamente, die seit mehr als 30 Jahren uneröffnet amtlich verwahrt werden, zu eröffnen, wenn nicht festgestellt werden kann, dass der Erblasser noch lebt. Dasselbe bestimmt § 2300a für den Erbvertrag, nur mit dem Unterschied, dass die Frist hier statt 30 Jahre sogar 50 Jahre beträgt. Der Gesetzgeber war der Meinung, dass Erbverträge in der Regel zusammen mit einem Ehevertrag bei der Eheschließung, also in jungen Jahren geschlossen werden, während Testamente meist erst in reiferem Alter errichtet werden (VOGELS-SEYBOLD TestG § 46 Anm 1).

### 3. Sachlicher Anwendungsbereich

3 § 2300a gilt für alle Erbverträge, also nicht nur für die, die sich in der besonderen amtlichen Verwahrung (§ 2258a) befinden, sondern auch für die, die in der allgemeinen Urkundensammlung des Notars (§ 34 Abs 3 BeurkG) verwahrt werden (PALANDT-EDENHOFER RdNr 1). Dabei spielt es auch keine Rolle, ob die Erbverträge vor dem 1. 1. 1900 errichtet wurden (BGH DNotZ 1973, 379). Die Vorschrift gilt in gleicher Weise für einen Aufhebungsvertrag gem § 2290, da dieser als »actus contrarius« grundsätzlich genauso zu behandeln ist, nicht aber für **Erbverzichtsverträge** (BayObLGZ 1983, 149, 151 ff = MittBayNot 1983, 178; ERMAN-M SCHMIDT RdNr 2).

### 4. Erbverträge in der allgemeinen Urkundensammlung des Notars

4 Befindet sich ein Erbvertrag in der Urkundensammlung des Notars, so obliegt dem verwahrenden Notar die Nachforschungs- und Ablieferungspflicht in entsprechender Anwendung des § 2263a (zum Verfahren s Erl dort). Ist ein Erbvertrag seit mehr als 50 Jahren in der allgemeinen Urkundensammlung des Notars, so hat dieser daher aufgrund seiner Amtspflicht (§ 20 Abs 4 DONot) nach §§ 2300a, 2263a zu verfahren und den Erbvertrag ggf an das Nachlassgericht zum Zwecke der Eröffnung abzuliefern. Nach § 20 Abs 4 S 2 DONot hat der Notar das nach § 9 DONot geführte *Verzeichnis* über die Erbverträge, die er gemäß § 34 Abs 3 BeurkG in Verwahrung nimmt, am Jahresende auf solche uneröffneten Erbverträge durch-

zusehen, die wegen Zeitablaufs zur Eröffnung an das Nachlassgericht abzuliefern sind. Hinsichtlich der einschlägigen Erbverträge besteht so dann eine Ermittlungspflicht hinsichtlich der Frage, ob die Erbvertragsteile noch leben, wobei aber der Umfang der Ermittlungen im pflichtgemäßen Ermessen des Notars (oder bei besonderer amtlicher Verwahrung des Nachlassgerichts) steht.

Führen die Ermittlungen zu dem Ergebnis, dass mindestens ein **Vertragsteil nicht mehr lebt**, so ist der Erbvertrag abzuliefern. Stellt sich heraus, dass beide Vertragsteile noch leben, verbleibt die Urkunde in der allgemeinen Urkundensammlung des Notars; in derartigen Fällen ist, um künftige Fehler vor allem bei den Standesämtern gering zu halten, zu empfehlen, nach § 20 Abs 2 DONot zu verfahren, also das Standesamt oder die Hauptkartei für Testamente erneut zu benachrichtigen. Führen die Ermittlungen zu keinem Ergebnis, wird also weder das Ableben eines Vertragsteils noch das Weiterleben beider Vertragsteile nachgewiesen, ist der Erbvertrag dem Nachlassgericht (§ 2260) zum Zwecke der Eröffnung abzuliefern. Das gleiche Verfahren ist einzuschlagen, wenn die zuständige Gemeinde auf die entsprechende Anfrage des Notars nicht reagiert. 5

Der Notar muss nicht an das zuständige Nachlassgericht (§ 2260) abliefern, er kann dies auch an ein anderes Amtsgericht, etwa seines Amtssitzes, tun (§§ 2259, 2261; PALANDT-EDENHOFER RdNr 1; OLG Zweibrücken Rpfleger 1982, 69 bei ungewissem Ableben; teilweise anderes Vorauflo RdNr 2); steht der Tod des Erblassers noch nicht fest, so kann das örtlich zuständige Nachlassgericht allein schon deswegen nicht bestimmt werden (§ 73 Abs 1 FGG). Lehnt das angegangene Amtsgericht die Annahme des Erbvertrages zur Eröffnung ab, so ist der Notar zur Einlegung der Beschwerde (Erinnerung) befugt (BayObLGZ 1983, 149; LG Memmingen Rpfleger 1977, 440 [zum Sonderfall der Ablieferung von 500 Erbverträgen auf einmal]). 6

## § 2301 Schenkung von Todes wegen

**(1) Auf ein Schenkungsversprechen, welches unter der Bedingung erteilt wird, dass der Beschenkte den Schenker überlebt, finden die Vorschriften über Verfügungen von Todes wegen Anwendung. Das Gleiche gilt für ein schenkweise unter dieser Bedingung erteiltes Schuldversprechen oder Schuldanerkenntnis der in den §§ 780, 781 bezeichneten Art.**

**(2) Vollzieht der Schenker die Schenkung durch Leistung des zugewendeten Gegenstandes, so finden die Vorschriften über Schenkungen unter Lebenden Anwendung.**

**Schrifttum**

BARTHOLOMEYCZIK, Verfügung von Todes wegen zur Bestimmung, Änderung und zum Widerruf der Bezugsberechtigung aus einer Lebensversicherung, FS V LÜBTOW (1970) 729; BÜHLER, Die Rechtsprechung des BGH zur Drittbegünstigung auf den Todesfall, NJW 1976, 1727; CANARIS, Bankvertragsrecht, Rdz 210 ff; DAMRAU, Zuwendungen unter Lebenden auf den Todesfall, Jura 70, 716; HAGER, Neuere Tendenzen beim Vertrag zugunsten Dritter auf den Todesfall, FS VON CAEMMERER (1977) 127; HARDER, Zuwendungen unter Lebenden auf den Todesfall (1968); ders, Das Valutaverhalten beim Vertrag zugunsten Dritter auf den Todesfall, FamRZ 1976, 418; HASSE, Interessenkonflikte bei der Lebensversicherung zugunsten Dritter, VVW Karlsruhe, 1981; HAEGELE, Zur Bezugsberechtigung aus einer Lebensversicherung, BWNotZ 1973, 110; HINZ, Bankverträge zugunsten Dritter auf den Todesfall, JuS 1965, 299; HOFFMANN, Der Vertrag zugunsten Dritter von Todes wegen, AcP 158, 178; JOHANNSEN, WM 1972, 1046; 1977, 302; 1979, 634; DNotZ 1977 Sonderheft 69/79 ff; KUCHINKE, Das versprochene Bankguthaben auf den Todesfall und die zur Erfüllung des Versprechens erteilte Verfügungsvollmacht über den Tod hinaus, FamRZ 1984, 109; KÜMPEL, Konto und Depot zugunsten Dritter auf den Todesfall, WM 1977, 1186; LINNENBRINK, Der Vertrag zugunsten Dritter in der notariellen Praxis, MittRhNotK 1992, 261; MATTERN, Rechtsgeschäfte unter Lebenden auf den Todesfall, BWNotZ 1965, 6; REISCHL, Zur Schenkung von Todes wegen (1996); MUSCHELER, Vertrag zugunsten Dritter auf den Todesfall und Erbenwiderruf WM 1994, 921; RÖTELMANN, Zuwendungen unter Lebenden auf den Todesfall, NJW 1959, 661; WERKMÜLLER, Zuwendungen auf den Todesfall: Die Bank im Spannungsfeld der kollidierenden Interessen nach dem Tod ihrer Kunden, ZEV 2001, 97; WIEACKER, Zur lebzeitigen Zuwendung auf den Todesfall, FS Lehmann I 271, 1956; ZEHNER, Versicherungssumme und Nachlaßinteressen, AcP 153, 424.

## Übersicht

| | | |
|---|---|---:|
| I. | **Allgemeines** | |
| | 1. Rechtsgeschichte | 1 |
| | 2. Problematik der Schenkung von Todes wegen | 2 |
| | 3. Die Regelung des BGB | 3 |
| | 4. Rechtsfolgen eines Schenkungsversprechens von Todes wegen | 5 |
| | a) Formellrechtliche Folgen | 5 |
| | b) Materiellrechtliche Folgen | 9 |
| II. | **Der Begriff des Schenkungsversprechens** | |
| | 1. Unentgeltlichkeit | 10 |
| | 2. Schenkungsversprechen | 14 |
| III. | **Bedingung des Überlebens** | |
| | 1. Überleben des Schenkungsempfängers als Rechtsbedingung | 17 |
| | a) Grundsatz | 17 |
| | b) Übergang des »Schenkungsanspruchs« auf die Erben des Beschenkten | 19 |
| | c) Gleichzeitiges Ableben | 20 |
| | d) Erwartung des baldigen Todes | 21 |
| | 2. Hinausgeschobene Erfüllung | 22 |
| | 3. Sonstige Bedingungen | 29 |
| IV. | **Vollzogene Schenkung** | |
| | 1. Allgemeines | 30 |
| | a) Anwendungsbereich des § 2301 Abs 2 | 30 |
| | b) Rechtsfolgen des lebzeitig vollzogenen Schenkungsversprechens von Todes wegen | 31 |
| | 2. Begriff des Vollzugs | 33 |
| | a) Grundsätze | 33 |
| | b) Einzelfragen | 38 |
| | aa) Zugang der Willenserklärung nach Ableben des Erblassers | 38 |
| | bb) Einschaltung Dritter | 39 |
| | cc) Auflösende Bedingung | 40 |
| | dd) Aufschiebende Bedingung | 41 |
| | ee) Widerrufsvorbehalt | 42 |
| | ff) Postmortale Vollmacht | 43 |
| | 3. Fallgruppen und Fälle | 44 |
| | a) Vollzogene Schenkungen wurden von der Rechtsprechung angenommen | 44 |

b) Nicht vollzogene Schenkungen wurden von der
Rechtsprechung angenommen ... 49

V. Verträge zugunsten Dritter auf den Todesfall
1. Dogmatische Grundlegung und Grundsätze der
Anwendung ... 57
2. Fallgestaltungen ... 64
   a) Zuwendung von Bankkonten und Sparguthaben ... 64
   b) Zuwendung von Depots ... 70
   c) Zuwendungen von Bauspar- und Ansparverträgen ... 72
   d) Zuwendungen von Lebensversicherungen ... 73
   e) Gesellschaftsrechtliche Nachfolgeregelungen ... 74

## I. Allgemeines

### 1. Rechtsgeschichte

Das römische Recht verstand unter Schenkung von Todes wegen (*donatio mortis* **1** *causa*) eine Schenkung, die jemand in Lebensgefahr oder in Gedanken an den Tod macht (KIPP-COING § 81 II 2a). Das gemeine Recht und der code civil haben die Schenkung auf den Todesfall als besonderes Rechtsinstitut anerkannt. Das BGB hat die Schenkung von Todes wegen als besondere Rechtseinrichtung beseitigt (Mot V 350; ZG V 61). Es kennt nur noch den engeren Begriff der Schenkung, die unter der Bedingung gemacht wird, dass der Beschenkte den Schenker überlebt.

### 2. Problematik der Schenkung von Todes wegen

Jede Schenkung des Erblassers kann die Stellung der Nachlassbeteiligten, also **2** der Erben, Vermächtnisnehmer, Pflichtteilsberechtigten und der sonstigen Nachlassgläubiger gefährden (vgl BOEHMER Einl § 24). Besonders gilt dies für die Schenkung von Todes wegen oder, was nach dem BGB dasselbe ist, auf den Todesfall. Denn bei dieser besteht weiter die Gefahr, dass der Erblasser versucht, durch ein Rechtsgeschäft unter Lebenden, das aber erst bei seinem Tod (endgültig) wirksam werden soll, dieselbe Wirkung herbeizuführen, die nach der Absicht des Gesetzgebers durch eine Verfügung von Todes wegen erzielt werden soll, und dass er so die Vorschriften über die Form dieser Verfügungen und über die Beschränkung der Testierfreiheit (§ 2271 Abs 2 S 1, § 2289 Abs 1 S 2) umgeht (BOEHMER Einl § 24; KIPP-COING § 81 II 1a, b). Andererseits kann ein gewisses Bedürfnis für die Regelung vermögensrechtlicher Verhältnisse für den Todesfall durch Rechtsgeschäfte unter Lebenden nicht geleugnet werden (BGHZ 8, 23, 32; RÖTELMANN N 2). Es fragt sich, wo die Grenze zu ziehen ist, inwieweit also die Schenkung von Todes wegen einer Verfügung von Todes wegen (Erbvertrag) gleichgestellt und inwieweit sie als echtes Rechtsgeschäft unter Lebenden (Schenkung) anerkannt werden soll.

### 3. Die Regelung des BGB

Das BGB behandelt die Schenkung, die unter der Bedingung des Überlebens des **3** Beschenkten gemacht wird, als gewöhnliche Schenkung (§§ 516 ff), wenn der Schenker die Schenkung (zu seinen Lebzeiten) durch Leistung des zugewendeten Gegenstandes **vollzieht** (§ 2301 Abs 2). In diesem Fall braucht also – wenn nicht etwa die Eigenart des zugewendeten Gegenstands für den Vollzug der Schenkung eine besondere Form erfordert, wie zB bei Grundstücken – bei der Schenkung keine besondere Form eingehalten zu werden, gleichgültig, ob sie ohne vorheriges Versprechen sofort vollzogen wird (**Handschenkung**, § 516) oder ob sie zunächst versprochen und später vollzogen wird (§ 518 Abs 2 RdNr 5). Wird aber die Schenkung nur versprochen und zu Lebzeiten des Schenkers nicht vollzogen, so finden die Vorschriften über Verfügungen von Todes wegen Anwendung (Abs 1 S 1). Das BGB hat es also für entscheidend erklärt, ob der Schenker die Schenkung (zu seinen Lebzeiten) durch Leistung des zugewendeten Gegenstandes vollzogen hat (§ 2301 Abs 2). Diese Lösung hat grundsätzliche Billigung gefunden (KIPP-COING § 81 II 2), sie ist aber auch auf Widersprüche gestoßen (BOEHMER Einl § 26 Vorbem 12; LANGE-KUCHINKE § 33 I 6 d). Jedenfalls hat die Unterscheidung zwischen vollzogenen und nicht vollzogenen Schenkungen der Praxis erhebliche Schwierigkeiten bereitet (KIPP-COING § 81 III 1 c, BOEHMER Einl § 26 Vorbem 2). Dazu kommt die Frage, ob bei Verträgen zugunsten Dritter, insbesondere bei Lebensversicherungsverträgen, § 2301 durch die §§ 328, 331 verdrängt wird (RdNr 57 ff, 73).

**4** Die Rechtsfolge des § 2301 Abs 1 S 1 (Geltung der Vorschriften über Verfügungen von Todes wegen) tritt nach der **gesetzlichen Systematik** nur ein, wenn

a) ein Schenkungsversprechen vorliegt,
b) dieses unter der Bedingung steht, dass der Beschenkte den Schenker überlebt,
c) die Schenkung nicht zu Lebzeiten des Schenkers vollzogen wird (§ 2301 Abs 2).

Fehlt auf der Tatbestandsseite eines dieser Merkmale, dann sind zumindest nicht die Vorschriften über die Verfügung von Todes wegen anwendbar.

Dies bedeutet:

Liegt keine **unentgeltliche Verfügung** vor, so handelt es sich um ein – dann näher zu qualifizierendes – Rechtsgeschäft unter Lebenden; deshalb scheidet eine Subsumtion von gesellschaftsvertraglichen Nachfolgeklauseln unter die Vorschrift des § 2301 Abs 1 S 1 aus, da es sich um ein gesellschaftsrechtliches, nicht um ein schenkungsrechtliches Faktum handelt (vgl dazu im Einzelnen RdNr 13, 74).

Fehlt es an der **Überlebensbedingung**, ist also eine Regelung zB daran geknüpft, dass der Beschenkte vorzeitig verstirbt, dann ist § 2301 Abs 1 S 1 nicht anwendbar (vgl dazu folgende RdNr 17 ff).

Erfolgt der **Vollzug der Schenkung** zu Lebzeiten des Schenkers, auch wenn die Erfüllung bis zum Tod hinausgeschoben ist, dann ist (§ 2301 Abs 2) die Rechtsfolge des § 2301 Abs 1 S 1 nicht anwendbar.

Eine **Einschränkung des Anwendungsbereiches** des § 2301 Abs 1 S 1 (Anwendung der Vorschriften über Verfügungen von Todes wegen) erfolgt dadurch, dass

a) die Anforderungen an den Begriff »vollzogene Schenkung« gering gehalten werden (vgl unten RdNr 33 ff),
b) bei Verträgen zugunsten Dritter auf den Todesfall gem §§ 328, 331 wegen des beim Tode des Schenkers eintretenden »Von-Selbst-Erwerbs« Formfreiheit angenommen wird, und zwar selbst dann, wenn das Valutaverhältnis (Verhältnis Schenker-Begünstigter) eine Schenkung darstellt (vgl unten RdNr 57 ff).

Damit wird die Anwendbarkeit von § 2301 Abs 1 S 1 schon tatbestandsmäßig eingeengt bzw ausgeschlossen. Insbesondere Verfügungen über Bankkonten und Depots sind damit weitgehend dem Geltungsbereich des § 2301 Abs 1 S 1 entzogen. Die Rechtsfolge, die im § 2301 Abs 1 S 1 angeordnet ist, nämlich die Geltung der Form für Verfügungen von Todes wegen, wird also nur selten eintreten. Die

Bedeutung des § 2301 Abs 1 S 1 ist daher praktisch gering. Demgemäß treten auch Schenkungsversprechen auf den Todesfall, die den Formvorschriften nicht entsprechen, selten auf.

### 4. Rechtsfolgen eines Schenkungsversprechens von Todes wegen

Liegen die tatbestandsmäßigen Voraussetzungen des Schenkungsversprechens von Todes wegen vor, so hat dies zur Folge:

#### a) Formellrechtliche Folgen

Gemäß § 2301 Abs 1 S 1 sind die Vorschriften über Verfügungen von Todes wegen anzuwenden. Da das Schenkungsversprechen einen Vertrag erfordert (§ 518 Abs 1), kommen hierfür nur die Vorschriften über vertragliche Verfügungen von Todes wegen in Betracht, also die Vorschriften über den Erbvertrag, §§ 2274 ff (BGB-RGRK-KREGEL § 2301 RdNr 7; KIPP-COING § 81 III 2 a; PALANDT-EDENHOFER § 2301 RdNr 6; aA WIEACKER, FS für LEHMANN, S 274 Fn 10; LANGE-KUCHINKE § 33 II 1 a; ERMAN-SCHMIDT § 2301 RdNr 6; MünchKomm-MUSIELAK § 2301 RdNr 13). Die Schenkung von Todes wegen bedarf also der **notariellen Beurkundung** bei gleichzeitiger Anwesenheit beider Vertragsteile (§ 2276); der Schenker kann den Vertrag **nur persönlich** schließen (§ 2274).

Das BGB betrachtet (angenommene) Schenkungsversprechen als **Verträge**. Mit dem **einseitigen Versprechen** einer Schenkung auf den Todesfall hat es sich nicht befasst. Der Gesetzgeber nahm an, dass es sich in solchen Fällen in Wahrheit um eine letztwillige Verfügung handle (Mot V 351). In der Tat wird, wenn der Erklärende die Absicht hatte, eine Schenkung zu machen, die der Beschenkte annehmen sollte, dieser sie aber nicht angenommen hat, die einseitige Erklärung des Schenkers uU als **letztwillige Verfügung** (eigenhändiges Privattestament, § 2247) aufrechtzuerhalten sein (§§ 133, 140, 2084). Freilich wird dies nur angehen, wenn Anhaltspunkte dafür vorliegen, dass der »Schenker« den Beschenkten auf alle Fälle von Todes wegen bedenken wollte, auch für den Fall, dass jener nicht mehr dazu kommen sollte, die Schenkung anzunehmen (RG LZ 1924, 162; BGB-RGRK-KREGEL § 2301 RdNr 7; PLANCK-GREIFF § 2301 Anm 2). Unter dieser Voraussetzung kann ein einseitiges Schenkungsversprechen, das zwar für den Todesfall, aber nicht in der für den Erbvertrag vorgeschriebenen Form erteilt ist, zB in Briefform, in ein eigenhändiges Testament umgedeutet werden (SOERGEL-WOLF § 2301 RdNr 6; PALANDT-EDENHOFER § 2301 RdNr 6). – Die praktischen Auswirkungen dieser Umdeutung kommen denen der Gegenmeinung nahe, die jede zulässige Form eines Testaments für das Schenkungsversprechen von Todes wegen ausreichen lässt (MünchKomm-MUSIELAK § 2301 RdNr 13).

Das nicht vollzogene Schenkungsversprechen ist nach Abs 1 also grundsätzlich nur wirksam, wenn es in Form eines Erbvertrags niedergelegt ist (RdNr 5). Der Vertrag wird in der Regel ein Erbeinsetzungsvertrag oder Vermächtnisvertrag sein (KIPP-COING § 81 III 2 a). Der Erbvertrag kann, wie jeder andere Vertrag, gegebenenfalls durch Anfechtung, Aufhebung oder Rücktritt aus der Welt geschafft werden (§§ 2281, 2290, 2293 ff). An die Stelle der Vorschriften über den Widerruf einer Schenkung (§§ 530 ff) treten diejenigen über den Rücktritt vom Erbvertrag (§§ 2293 ff). Widerruf nach § 530 ist unzulässig (PALANDT-EDENHOFER § 2301 RdNr 6; BGB-RGRK-KREGEL § 2301 RdNr 7), jedoch kann grober Undank die Anfechtung begründen (§ 2078; LANGE-KUCHINKE § 31 II Fn 47).

Ist die Schenkung von Todes wegen ohne Einhaltung der für Erbverträge vorgeschriebenen Form in einem Kaufvertrag über Grundstücke verfügt, der Grundbesitz aufgelassen und der Eigentumswechsel im Grundbuch eingetragen, so wird hierdurch der Mangel der Form des § 311b Abs 1 geheilt, nicht aber der Mangel der Form des § 2301 Abs 1 S 1 (RG WarnR 1911 Nr 12 = JW 1911, 37; aM RG BayZ 1910, 311; KG OLG 4, 35).

### b) Materiellrechtliche Folgen

**9** Die Rechtsfolge, die in § 2301 Abs 1 S 1 angeordnet wird, beschränkt sich nicht auf den Bereich der Formvorschriften, sondern hat auch materiellrechtliche Auswirkungen: Ein Schenkungsversprechen von Todes wegen ist in seinen Wirkungen den Verfügungen von Todes wegen gleichgestellt (SOERGEL-WOLF § 2301 RdNr 5). Der Versprechensempfänger hat also, wie beim Erbvertrag der Bedachte, selbst wenn er Vertragspartner ist, keine gesicherte Rechtsposition, insbesondere keinen Anspruch gegen den Schenker und kein Anwartschaftsrecht (ERMAN-SCHMIDT § 2301 RdNr 6). Dies gilt unabhängig davon, ob das Versprechen als Vermächtnis oder, wenn es sich auf das gesamte Vermögen oder einen Bruchteil desselben bezieht, als Erbeinsetzung zu behandeln ist (MünchKomm-MUSIELAK § 2301 RdNr 14). Ist Grundbesitz betroffen, hat dies zur Folge, dass eine Absicherung durch Auflassungsvormerkung nicht möglich ist; deshalb wird in aller Regel in derartigen Fällen auch nicht ein Schenkungsversprechen auf den Todesfall vereinbart, sondern eine unmittelbar bindende Schenkung, bei der lediglich die Erfüllung auf den Todeszeitpunkt des Schenkers hinausgeschoben wird (vgl etwa Formulierungsvorschlag bei HOFMANN-BECKING-SCHIPPEL VI 22).

## II. Der Begriff des Schenkungsversprechens

### 1. Unentgeltlichkeit

**10** § 2301 gilt nur für Schenkungen, also nicht für sonstige unentgeltliche Verträge (BGHZ 8, 23; OLG Karlsruhe ZEV 2000, 108; vgl STACHELS JR 1949, 383; EHLERS JR 1950, 86). Schenkung ist nach § 516 eine Zuwendung, durch die jemand aus seinem Vermögen einen anderen bereichert, wenn beide Teile darüber einig sind, dass die Zuwendung unentgeltlich sein soll. Unentgeltlich ist eine Zuwendung, der nach dem Inhalt des Rechtsgeschäfts keine Gegenleistung gegenübersteht.

**11** Ein Vertrag, in dem jemand einer Hausangestellten für den Fall, dass sie bis zu seinem Tod in seinem Dienst bleibe, eine bestimmte Geldsumme verspricht, ist daher keine Schenkung auf den Todesfall, sondern ein gegenseitiger entgeltlicher Vertrag unter Lebenden, der keiner besonderen Form bedarf, denn die versprochene Geldsumme ist eine Vergütung für geleistete und noch zu leistende Dienste (RG JW 1920, 139; RG WarnR 1917, Nr 14).

**12** Richten mehrere Personen gemeinsam ein Bankkonto in der Form eines »Oder«-Kontos ein (jeder Kontoinhaber kann einzeln verfügen, vgl EICHEL Mitt-RhNotK 1975, 614), so gehen zwar Inhaberschaft und Verfügungsbefugnis beim Ableben eines Teils auf den anderen über. Es liegt jedoch, wenn nichts weiter vereinbart ist, überhaupt keine Schenkung vor, sodass sich die Frage der Anwendbarkeit des § 2301 nicht stellt, da die Ausgleichungspflicht des verbleibenden Kontoinhabers gegenüber den Erben des verstorbenen Teils gem § 430 bestehen bleibt (BGH NJW 1976, 807; anders BGH FamRZ 1986, 982 bei entsprechendem Willen des Erblassers). Beim »Und«-Konto (mehrere Kontoinhaber sind nur gemeinschaftlich verfügungsbefugt) geht die Berechtigung des Konto-Mitinhabers gegenüber der Bank ohnehin auf die Erben über (vgl EICHEL MittRhNotK 1975, 614).

Auch gesellschaftsvertraglichen Nachfolgeregelungen fehlt idR das Bewusstsein **13** der Vertragsteile, sich etwas unentgeltlich zuzuwenden; es handelt sich vielmehr um eine spezifisch gesellschaftsrechtliche, vor allem auf die Unternehmenssicherung ausgerichtete causa (vgl dazu RdNr 74).

### 2. Schenkungsversprechen

Das Schenkungsversprechen ist Teil eines Vertrages, durch den eine Leistung **14** schenkungsweise versprochen wird (§ 518). Es steht im Gegensatz zu der sofort vollzogenen Schenkung (**Handschenkung**), bei der der Schenker den zugewendeten Gegenstand ohne vorheriges Versprechen an den Beschenkten leistet. Da § 2301 Abs 1 nur das Schenkungsversprechen behandelt, ist diese Vorschrift auf sofort vollzogene Schenkungen nicht ohne weiteres anwendbar. Man wird sie aber bei eingeleiteten Handschenkungen entsprechend anwenden können (WIEACKER 280 N 27).

Eine Schenkung, die sofort vollzogen ist, ist also kein Schenkungsversprechen **15** von Todes wegen. Besteht die Schenkung im **Erlass** einer Schuld, so nimmt die sofort vollzogene Schenkung, eben der Erlass, auch wenn er aufschiebend bedingt ist (§ 161), dem Schenker die Möglichkeit zu weiteren Verfügungen (vgl aber OLG Karlsruhe FamRZ 1989, 322, 329, das eine Befristung annimmt, wenn der Erblasser sich eine Verfügung über die mit seinem Tod erlassene Forderung vorbehalten hatte, jedoch auch in diesem Fall den Vollzug iSv § 2301 Abs 2 bejaht). Dagegen stellt das bloße Versprechen des schenkungsweisen Erlasses für den Todesfall nur ein Befreiungsvermächtnis ohne dingliche Wirkung dar (§ 2173). Eine solche Schenkung ist erst dann vollzogen, wenn der Erbe mit dem Bedachten einen Erlassvertrag schließt (§ 397). Bis zum Erbfall kann der Erblasser trotz der erbrechtlichen Bindung unter Lebenden frei über die Forderung verfügen (§ 2286; BayObLGZ 1954, 39, 41).

Ein selbständiges **Schuldversprechen** oder **Schuldanerkenntnis** (§§ 780, 781), das **16** unter der Bedingung des Überlebens des Bedachten schenkungsweise erteilt wird, ist in Abs 1 S 2 ausdrücklich einem gleichartigen Schenkungsversprechen gleichgestellt (vgl § 518 Abs 1 S 2). Ein solches Anerkenntnis ist kein unbedingtes Anerkenntnis einer durch das Überleben des Gläubigers bedingten Schuld, vielmehr ist das Anerkenntnis selbst bedingt (STROHAL I § 14 N 71).

## III. Bedingung des Überlebens

### 1. Überleben des Schenkungsempfängers als Rechtsbedingung

#### a) Grundsatz

Das Gesetz verlangt ein Schenkungsversprechen, das unter der Bedingung erteilt **17** wird, dass der Beschenkte den Schenker überlebt (Abs 1 S 1). Es handelt sich dabei an sich um eine echte Bedingung; da das Schenkungsversprechen gemäß Abs 1 – bei Vorliegen der dafür normierten Voraussetzungen (vgl RdNr 4) – wie eine Verfügung von Todes wegen behandelt wird, verliert sie ihre eigentliche Bedeutung und wird zu einem Merkmal der Verfügung von Todes wegen (§§ 1923, 2160; Mot V 351). Sie erhält also durch die in § 2301 Abs 1 S 1 angeordnete Rechtsfolge den Charakter einer Rechtsbedingung.

Die §§ 158 ff können auf ein derartig bedingtes Schenkungsversprechen nicht angewandt werden (HARDER, 96 ff; MünchKomm-MUSIELAK § 2301 RdNr 10), also insbesonre nicht § 159 (schuldrechtliche Rückbeziehung), § 160 (Haftung für Verfügungen während der Schwebezeit), § 161 (Unwirksamkeit von Zwischenverfügungen).

18 Die Bedingung kann eine aufschiebende oder auflösende sein. Sie braucht nicht förmlich oder ausdrücklich erklärt zu werden; sie kann sich auch aus dem Sinn des Geschäftes oder aus den Umständen ergeben.

### b) Übergang des »Schenkungsanspruchs« auf die Erben des Beschenkten

19 § 2301 ist nicht anwendbar, wenn das Schenkungsversprechen zwar erst nach dem Tode des Schenkers angenommen werden darf, wenn es aber beim Vorableben des Beschenkten von seinen Erben angenommen werden kann (OGH MDR 1949, 282; BOEHMER Einl § 26 Vorbem 8). Hier treten die Erben an die Stelle des ursprünglichen Schenkungsempfängers, und zwar kraft Erbrechts, sodass dem ursprünglich Beschenkten bereits ein Vermögenswert zu Lebzeiten des Schenkers zugewandt ist.

### c) Gleichzeitiges Ableben

20 Die Schenkung für den Fall, dass der Schenker in einer **bestimmten Lebensgefahr** umkommt, hat das BGB absichtlich nicht besonders geregelt. Es ist Sache der Auslegung festzustellen, ob in einem solchen Fall die Schenkung davon abhängig sein soll, ob der Schenker einer bestimmten Lebensgefahr zum Opfer fällt, jedoch zu Lebzeiten des Beschenkten – vgl BGB-RGRK-KREGEL § 2301 RdNr 5 –, oder ob die Klausel nur bedeuten soll, dass die Schenkung von dem Tod des Schenkers abhängig sein soll (vgl Mot V 351).

### d) Erwartung des baldigen Todes

21 Eine Schenkung, die der Schenker **in Erwartung seines baldigen Todes** vornimmt, ohne aber das Überleben des Beschenkten ausdrücklich oder stillschweigend zur Bedingung zu machen, fällt nicht unter § 2301. Hieran ändert es grundsätzlich nichts, wenn der Schenker darauf hinweist, dass er seinen baldigen Tod erwarte; denn die Angabe des Beweggrundes kann die Aufstellung einer Bedingung nicht ersetzen (PALANDT-EDENHOFER § 2301 RdNr 4 aE; vgl BayObLGZ 5, 466; WIEACKER 280 empfiehlt entsprechende Anwendung von § 2301; das ist aber bedenklich).

## 2. Hinausgeschobene Erfüllung

22 Ist das Schenkungsversprechen selbst unbedingt und nur seine Erfüllung bis zum Tode des Schenkers hinausgeschoben, so tritt die Rechtsfolge, die in § 2301 Abs 1 angeordnet ist, nämlich die Anwendung der Vorschriften über Verfügungen von Todes wegen, wegen § 2301 Abs 2 nicht ein, da es sich um eine vollzogene Schenkung handelt, deren Rechtsfolgen allerdings bis zum Tod des Schenkungsempfängers hinausgeschoben werden; es sind dann die Vorschriften über Schenkungen unter Lebenden anzuwenden, insbesondere die Formvorschrift des § 518 (BGHZ 8, 31; RGZ 53, 296; BOEHMER Einl § 26 Bem 8). In diesem Fall wird die Belastung auf das gegenwärtige Vermögen des Schenkers gelegt und der Anspruch des Beschenkten entsteht schon mit dem Schenkungsversprechen bedingungslos, er ist nur noch nicht **fällig**. Wenn der Schenker den Anspruch des Beschenkten vereitelt, so ist er ihm zum Schadenersatz verpflichtet (§§ 521, 280; OLG Hamburg MDR 1950, 615; STACHELS JR 1949, 385 gegen OLG Stuttgart JR 1949, 383). Ähnlich BGHZ 31, 13, 20 = NJW 1959, 2252: Der Umstand, dass ein Recht erst im Todesfall praktisch werden soll, schließt die Annahme eines Rechtsgeschäfts unter Lebenden nicht grundsätzlich aus; ob ein Rechtsgeschäft unter Lebenden oder eine Verfügung von Todes wegen vorliegt, hängt davon ab, ob die Beteiligten schon zu Lebzeiten Rechte und Pflichten begründen wollten, auch wenn sie erst beim Tode eines von

ihnen (Erblasser) voll wirksam werden sollten (insbesondere bedingte Rechte, BGHZ 8, 23, 30), oder ob eine Bindung des Erblassers zu seinen Lebzeiten nicht gewollt war (RG HRR 1930 Nr 1464). Die Entgeltlichkeit der Zuwendung kann dabei für die Annahme eines Rechtsgeschäfts unter Lebenden sprechen (OLG Hamburg MDR 1950, 615; BGB-RGRK-KREGEL Vorbem 6 zu § 2274; s aber dazu KIPP-COING § 81 VI).

In folgenden Fällen hat die Rechtsprechung angenommen, dass nur die Erfüllung 23 und die Fälligkeit des Schenkungsversprechens hinausgeschoben und daher nicht § 2301, sondern die Vorschriften über Schenkungen unter Lebenden anzuwenden seien:

– Bei der Bestellung eines **Nießbrauchs** an einem Grundstück durch den Käufer 24 zugunsten des Käufers unter der Bedingung, dass das Recht dem Verkäufer erst vom Tode des Käufers an zustehen solle (BadRspr 1919, 62);
– bei einem einheitlichen **Leibrentenvertrag**, selbst wenn er über den Tod des 25 Versprechenden hinaus wirksam sein solle (RG Recht 1917 Nr 1254);
– bei Zuwendung einer Geldsumme **unter Lebenden** mit der Bestimmung, dass 26 sie dem Bedachten beim Tod des Schenkers unentgeltlich zufallen oder gehören solle (OLG Stuttgart WürttJ 1920, 5: Betagte Schenkung unter Lebenden);
– wenn der Erblasser kurz vor seinem Tod einem seiner Kinder ein **Sparkassen-** 27 **buch** übergibt, mit der Auflage, es solle nach seinem Tode die Einlage abheben, davon die Begräbniskosten begleichen und den Rest mit zwei Geschwistern teilen (OLG Dresden SächsArch 1909, 491);
– wenn der Inhaber eines Wertpapier-Depots (Streifbanddepot gem § 2 DepotG 28 oder Sammeldepot gem § 5 DepotG) dieses schriftlich auf einen Dritten überträgt, ihn jedoch anweist, den Brief nicht abzusenden, solange er am Leben sei (BGH WM 1974, 450).

### 3. Sonstige Bedingungen

Keine Schenkung von Todes wegen liegt vor, wenn die Schenkung nicht von 29 dem Überleben des Bedachten, sondern von einer **anderen Bedingung** abhängig gemacht wird; so bei einer Schenkung unter der Bedingung, dass die Verwandten nach dem Tode des Schenkers nicht auf der Befolgung des Erbvertrags bestehen (RG Recht 1918 Nr 94). Dasselbe gilt, wenn der Schenker die Schenkung unabhängig von dem Überleben des Beschenkten verspricht oder wenn er den Gegenstand auch für den Fall zuwenden will, dass er am Leben bleibt (vgl SOERGEL-WOLF § 2301 RdNr 10; BOEHMER Einl § 26 Bem 9).

## IV. Vollzogene Schenkung

### 1. Allgemeines

#### a) Anwendungsbereich des § 2301 Abs 2

Nach § 2301 Abs 2 finden auf die Schenkung von Todes wegen die Vorschriften 30 über die Schenkung unter Lebenden (§§ 516 ff) Anwendung, wenn der Schenker (zu seinen Lebzeiten) die Schenkung durch Leistung des zugewendeten Gegenstandes vollzieht.

§ 2301 Abs 2 betrifft jedoch nicht beliebige Schenkungen, sondern nur solche Schenkungsversprechen, die unter der Bedingung erteilt werden, dass der Beschenkte den Schenker überlebt (§ 2301 Abs 1 S 1). Auf alle anderen Schenkungen sind die Vorschriften der Schenkungen unter Lebenden unmittelbar (nicht kraft

Verweisung in § 2301 Abs 2) anzuwenden (MünchKomm-MUSIELAK § 2301 RdNr 16); dies gilt insbesondere für diejenigen Schenkungen, bei denen nur die Erfüllung eines unbedingt abgegebenen Schenkungsversprechens bis zum Tode des Schenkers hinausgeschoben wird (vgl RdNr 22). Der Anwendungsbereich von § 2301 Abs 2 liegt zwischen den Schenkungen unter Lebenden einerseits und denjenigen Schenkungsversprechen von Todes wegen, die zu Lebzeiten des Schenkers unvollzogen bleiben.

### b) Rechtsfolgen des lebzeitig vollzogenen Schenkungsversprechens von Todes wegen

31  Eine derartige Schenkung erfordert dann grundsätzlich keine besondere Form und das Schenkungsversprechen, das etwa vorausgegangen ist und das nicht in der Form des § 518 Abs 1 beurkundet wurde, wird durch die Bewirkung der versprochenen Leistung wirksam (§ 518 Abs 2; RG WarnR 1915 Nr 142). Hierbei ist es gleichgültig, ob die Leistung zu Erfüllung des Schenkungsversprechens oder zum Zwecke der Schenkung (Handschenkung) bewirkt wird (Prot V 462; aM HARDER 116: nicht bei Leistung auf Grund eines formungültigen, vermeintlich wirksamen Schenkungsversprechens solvendi causa).

32  Eine sofort vollzogene Schenkung von Todes wegen unterliegt hinsichtlich ihrer Widerruflichkeit den Vorschriften über Schenkungen unter Lebenden, nicht denen über den Rücktritt vom Erbvertrag (§§ 2293 ff; RGJW 1914, 301).

## 2. Begriff des Vollzugs

### a) Grundsätze

33  Vollzogen im Sinne des § 2301 Abs 2 wie im Sinne des § 518 Abs 2 ist die schenkweise versprochene Leistung, wenn der Schenker alles getan hat, was von seiner Seite aus zum Erwerb des Schenkungsgegenstandes durch den Beschenkten erforderlich ist (BGH NJW 1970, 1638; WM 1974, 450; OLG Karlsruhe FamRZ 1989, 322, 324).

34  Für die Frage, ob eine Leistung als **Vollzug** im Sinne von § 2301 Abs 2 angesehen werden kann, kommt es in Zweifelsfällen nach der Interessenlage darauf an, ob der Schenker mit der Leistung ein fühlbares **Opfer** gebracht hat, ob der zugewandte Gegenstand durch die Verfügung des Schuldners aus seinem Vermögen **ausgeschieden** ist und ob andererseits der Beschenkte mindestens eine gewisse dingliche Anwartschaft auf den Erwerb erlangt hat (BOEHMER Einl § 26 Bem 13, 16; KIPP-COING § 81 III 1 c; WIEACKER 279; EBENROTH RdNr 522).

35  Bei **beweglichen Sachen** setzt der Vollzug Folgendes voraus: Einigung über den Eigentumsübergang und Übergabe bzw Übergabesurrogat (§§ 929 ff), zB Abtretung des Herausgabeanspruchs; dies gilt zB auch für Wertpapiere, sei es im Streifbanddepot gem § 2 DepotG oder in Sammelverwahrung gem § 5 DepotG (BGH WM 1967, 902; 1974, 450).

36  Bei **Grundstücken und Grundstücksrechten** ist die Schenkung vollzogen, wenn eine wirksame Einigung (§ 873) oder Aufhebungserklärung (§ 875) vorliegt und der Schenker dem Beschenkten die zur Eintragung im Grundbuch erforderliche Eintragungs- oder Löschungsbewilligung ausgehändigt hat oder wenn er, soweit dies zur Eintragung genügt, die Eintragung im Grundbuch selbst beantragt hat (BAUMANN MittRhNotK 1999, 299). Denn dann ist er an seine Erklärung gebunden (§ 873 Abs 2) und hat alles getan, was er tun konnte, um die Vermögensverschiebung herbeizuführen; auf das Verfahren des GBA hat er keinen Einfluss. Da die Übereignung eines Grundstücks wegen der Bedingungsfeindlichkeit der Auflassung

(§ 925 Abs 2) nicht mit einer Überlebensbedingung verknüpft werden kann, wird sich der Fall eines vollzogenen Schenkungsversprechens von Todes wegen in der Praxis so darstellen, dass das Grundstück zwar aufgelassen und die Auflassung im Grundbuch vollzogen wird, allerdings der schuldrechtliche Vertrag mit einer auflösenden Bedingung versehen wird, bei deren Eintritt (Vorversterben des Beschenkten) der Schenker die Rückauflassung verlangen kann; der Rückauflassungsanspruch wird in der Regel durch eine Auflassungsvormerkung im Grundbuch gesichert. Der Erklärung der Auflassung und dem Aushändigen bzw Einreichen der entsprechenden Grundbucherklärung steht die Bewilligung der Eintragung einer Auflassungsvormerkung gleich (OLG Hamm NJW 1975, 879; MünchKomm-MUSIELAK § 2301 RdNr 26; differenzierend LIESSEM MittRhNotK 1988, 29, 31). Dies gilt nicht nur bei der Schenkung erst noch zu vermessender Teilflächen, sondern auch bei der aufschiebend bedingten Schenkung eines Grundstücks, bei welcher wegen § 925 Abs 2 die Auflassung nicht erklärt werden kann und dafür eine Auflassungsvormerkung zugunsten des Schenkungsempfängers eingetragen wird. Der Beschenkte hat in derartigen Fällen bereits ein Anwartschaftsrecht (Formulierungsvorschlag s HOFFMANN-BECKING/SCHIPPEL VI 22). Soweit lediglich eine Auflassungsvormerkung im Grundbuch eingetragen wurde, stellt diese allein jedenfalls dann bereits eine vollzogene Schenkung iSv § 2301 Abs 2 dar, wenn sich der Schenker und Erblasser zusätzlich noch zu Lebzeiten schuldrechtlich zur Unterlassung anderweitiger Verfügungen verpflichtet hat (OLG Hamm NJW-RR 2000, 1389 = ZEV 2000, 449).

Bei **Forderungen** setzt der Vollzug einer Schenkung Abtretung (§ 398) oder Erlass 37 (§ 397; vgl hierzu OLG Karlsruhe FamRZ 1989, 322, 324) voraus.

### b) Einzelfragen

#### aa) Zugang der Willenserklärung nach Ableben des Erblassers

Erweiternd ist aus dem Zweck der §§ 130 Abs 2, 153 ein Vollzug auch dann zu bejahen, wenn der Beschenkte bis zum Erbfall trotz aller erforderlichen Erfüllungshandlungen, die vom Schenker vorgenommen wurden, noch kein Anwartschaftsrecht erwerben konnte, weil ihm die Willenserklärungen des Schenkers erst nach dessen Ableben zugegangen sind und erst dann durch Annahme zum Rechtserwerb führten. Dies gilt jedoch nur, wenn der Zugang vom Schenker nicht absichtlich bis nach dem Erbfall verzögert wurde (MünchKomm-MUSIELAK § 2301 RdNr 23; PALANDT-EDENHOFER § 2301 RdNr 10). 38

#### bb) Einschaltung Dritter

Stirbt der Schenker, bevor ein von ihm Beauftragter Dritter (Treuhänder, Bevollmächtigter, Bote) die ihm aufgetragene Erfüllungshandlung ausgeführt hat, ist ein Vollzug gleichwohl zu bejahen, wenn der Tätigkeit des Dritten ein unwiderruflicher Auftrag zugrunde liegt (PALANDT-EDENHOFER § 2301 RdNr 10). Gleiches gilt, wenn der Treuhänder zwar nicht dem Schenker, wohl aber einem Dritten gegenüber zur Übertragung verpflichtet ist. Auch ist bei Einschaltung Dritter (zB Kreditinstitut!) stets auch die Möglichkeit eines Vertrags zugunsten Dritter zu prüfen (vgl unten RdNr 57 ff). 39

#### cc) Auflösende Bedingung

Bei vollzogener Schenkung ist die **Bedingung** des Überlebens regelmäßig eine **auflösende**, dh wenn der Beschenkte vor dem Schenker stirbt, soll der geschenkte Gegenstand an den Schenker zurückfallen (BGB-RGRK-KREGEL § 2301 RdNr 13). 40

#### dd) Aufschiebende Bedingung

**41** Ist die Schenkung aufschiebend bedingt durch das Überleben des Beschenkten, so ist die Schenkung im Sinne von § 2301 Abs 2 vollzogen, wenn alle übrigen Voraussetzungen für den Rechtserwerb erfüllt sind (BGHZ 8, 31; HARDER § 40 ff). Der Beschenkte erwirbt in derartigen Fällen zwar nicht den ihm zugewandten Gegenstand, wohl aber ein Anwartschaftsrecht, das ihn vor einseitiger Entziehung oder Beeinträchtigung durch den Schenker schützt (MünchKomm-MUSIELAK § 2301 RdNr 21). Dabei ist es für die Annahme des Vollzugs unschädlich, dass der endgültige Rechtserwerb noch an weitere Bedingungen geknüpft ist (BayObLGZ 1954, 38). Wegen des aufschiebend bedingten Erwerbs von Grundstücken siehe RdNr 36.

#### ee) Widerrufsvorbehalt

**42** Ein **Vollzug** im Sinne von § 2301 Abs 2 liegt auch vor, wenn sich der Schenker bei der Leistung des zugewendeten Gegenstandes das Recht vorbehält, die Schenkung beliebig zu widerrufen, sei es mit dinglicher oder schuldrechtlicher Wirkung. Denn eine Übertragung des Gegenstandes auf den Beschenkten liegt immerhin vor, der Vorbehalt des Widerrufs erlischt grundsätzlich mit dem Tode des Schenkers (vgl § 530 Abs 2) und die Beifügung einer auflösenden Bedingung bei der Leistung hindert die Anwendung des § 2301 Abs 2 nicht (BOEHMER Einl § 26 Bem 7, 14, 15).

#### ff) Postmortale Vollmacht

**43** Unter einer postmortalen Vollmacht versteht man eine Vollmacht, die über den Tod des Vollmachtgebers hinaus gelten soll (vgl allg SEIF AcP 200, 192). Eine solche Vollmacht bedarf grundsätzlich keiner besonderen Form (§ 167 Abs 2). Sie kann auch in einer Verfügung von Todes wegen erteilt werden, wenn nur der Erblasser dafür sorgt, dass die Erklärung nach seinem Tod dem Bevollmächtigten zugeht (STAUDINGER-REIMANN Vorbem zu §§ 2197 ff RdNr 53 ff, dort auch Näheres über Widerruflichkeit und Wirkung der postmortalen Vollmacht). Von der allgemeinen Frage, ob die postmortale Vollmacht dem Bevollmächtigten gestattet, auch noch nach dem Tode des Vollmachtgebers mit Wirkung für den Nachlass und für die Erben Rechtsgeschäfte, insbesondere sachenrechtliche Geschäfte vorzunehmen, ist die erbrechtliche Frage zu unterscheiden, ob der Bevollmächtigte auf Grund der Vollmacht auch noch nach dem Erbfall eine vom Erblasser versprochene oder eingeleitete Schenkung auf den Todesfall so vollziehen kann, dass die Schenkung nach § 2301 Abs 2 als Rechtsgeschäft unter Lebenden zu behandeln ist (vgl BOEHMER Einl § 26 Bem 11).

Die Frage ist zu verneinen, wenn die Vollendung der Schenkung im Ermessen des Bevollmächtigten liegt. Denn sonst hätte es der Bevollmächtigte in der Hand, durch Benützung oder Nichtbenützung der Vollmacht darüber zu entscheiden, ob ein Schenkungsversprechen des Erblassers nach § 2301 Abs 1 als Verfügung von Todes wegen und dann in den meisten Fällen wegen Formmangels als unwirksam anzusehen ist oder ob sie nach § 2301 Abs 2 als vollzogene Schenkung unter Lebenden wirksam ist; das wäre aber mit dem Grundgedanken des § 2065 nicht vereinbar (vgl BGH FamRZ 1988, 945, 946).

Ist dagegen der Bevollmächtigte zugleich unwiderruflich beauftragt (mandatum post mortem), die Schenkung zu vollenden, hat er also keinen Ermessensspielraum, ist der (lebzeitige) Vollzug des Schenkungsversprechens auf den Todesfall iSv § 2301 Abs 2 anzunehmen.

## 3. Fallgruppen und Fälle

### a) Vollzogene Schenkungen wurden von der Rechtsprechung angenommen:

- Bei einer Schenkung von **Wertpapieren**, obwohl nur die Mäntel, nicht auch die Zinsscheine übergeben wurden und der Schenker sich den Zinsgenuß bis zu seinem Tode vorbehielt (bezüglich der Zinsen für die Zeit nach dem Tode des Schenkers wurde die Schenkung allerdings nicht als wirksam erachtet, RG LZ 1916, 1017); bei einem undatierten, als letztwillige Verfügung gedachten und der bedachten Person übergebenen Brief, wonach alle beim Empfänger deponierten Wertpapiere und Gelder Eigentum des Bedachten seien und auf dessen Konto gebucht werden sollten (KG OLGE 16, 50); bei einer Schenkung von Todes wegen, die durch Abtretung des Herausgabeanspruchs vollzogen wurde (RG BayZ 1909, 91). 44
- Bei einer Schenkung (Abtretung) eines **Sparkassenguthabens** durch mündliche Erklärung des Schenkungswillens und gleichzeitige Übergabe des Sparkassenbuches (RG Recht 1909, Nr 57; RG WarnR 1915 Nr 142); wenn der Beschenkte ein Sparkonto auf seinen Namen eröffnet, auf welches der Schenker einen bestimmten Geldbetrag einzahlt, der Schenker sich dann aber eine Kontovollmacht erteilen lässt und außerdem das Sparbuch in Besitz nimmt, denn der Beschenkte ist hier von Anfang an Gläubiger des Kontoguthabens (BGH FamRZ 1994, 625); bei mündlicher Übertragung des Rechts auf ein Sparkassenguthaben oder Bankguthaben mit den Worten »Wenn mir mal etwas passiert, ist für Dich gesorgt, sieh zu, dass Du das Buch bekommst« oder »Das Konto ist ein Notgroschen für Dich, Du kannst jederzeit davon holen« (das Konto war in beiden Fällen von vornherein auf den Namen des Bedachten errichtet; RG WarnR 1916 Nr 74; RG JW 1907, 73; KIPP-COING § 81 I 3 b, vgl a BGH FamRZ 1988, 945). Ein Vollzug iSv § 2301 Abs 2 ist auch gegeben, wenn der Erblasser als Mitinhaber eines Oder-Kontos dem anderen Mitinhaber dieses Kontos zu Lebzeiten die Mitverfügungsbefugnis über den gesamten jeweiligen Bestand einräumt; damit ist die Schenkung des gesamten Guthabenbetrages vollzogen (BGH FamRZ 1986, 982, 983). 45
- Bei aufschiebend bedingter Abtretung von Rechten, zB bei schenkungsweiser Abtretung eines **Bankkontos** auf den Zeitpunkt des Todes des Gläubigers in Verbindung mit einer Bankvollmacht (OLG Hamburg NJW 1963, 449); bei schenkungsweiser aufschiebend bedingter Abtretung eines Sparkontos (OLG Frankfurt MDR 1966, 503) oder eines Post-Sparguthabens (KG NJW 1970, 332, sowie BGH FamRZ 1986, 672, 674, der bei Abhebung eines Betrages nach dem Erbfall mittels einer post-mortalen Postsparkassenvollmacht einen Vollzug gem § 518 Abs 2 annimmt). 46
- Bei Schenkung durch Hingabe eines **Schecks** wird die Schenkung durch Einlösung des Schecks vollzogen und damit wirksam, auch wenn der Aussteller vor Einlösung verstirbt und die Erben von der Begebung und Einlösung keine Kenntnis haben. Der Scheck enthält die Anweisung an die Bank, zu Lasten des betroffenen Kontos den Scheckbetrag auszuzahlen; die Wirksamkeit dieser Weisung wird gem § 130 Abs 2 BGB, Art 33 ScheckG nicht durch den Tod des Ausstellers berührt (BGH MDR 1978, 737). 47
- Beim **Erlass** einer Schuld unter Vorbehalt des Zinsgenusses für die Lebenszeit des Schenkers, weil der schenkungsweise Erlass einer Schuld seine Vollziehung in sich trage (RGZ 53, 296); beim Erlass einer Darlehensschuld unter der Bedingung des Überlebens des Schuldners, da die Schenkung von Todes wegen unter derselben Bedingung vollzogen und der Formmangel durch den bedingten Vollzug geheilt sei (RG WarnR 1921 Nr 95; OLG Hamburg NJW 1961, 76); für die Abgrenzung von Schenkungsversprechen und Schenkungsvollzug kommt es nach ersterer Entscheidung darauf an, ob der Schenker eine bestimmte Gestaltung der Dinge nur verheißen will oder ob er schon etwas zu ihrem tatsäch- 48

lichen Eintritt tut (vgl RdNr 33 ff). Auch bei einem auf den Tod des Darlehensgebers (Schenkers) befristeten Erlass – wenn also der Darlehensgeber sich das Recht vorbehalten hatte, zu Lebzeiten noch über die Darlehensforderung verfügen zu können – ist die Schenkung mit dem Abschluss des Erlassvertrages vollzogen iSv § 2301 Abs 2; die Berechtigung zur Rückforderung zu Lebzeiten ist Ausfluss der Befristung der Schenkung (OLG Karlsruhe FamRZ 1989, 322, 324).

Das OLG Hamburg (OLGE 37, 264) hat in der Erklärung des Gläubigers gegenüber einem Darlehensschuldner, die geliehene Summe solle nach dem Tod des Gläubigers dem Schuldner gehören, nur ein Schenkungsversprechen gefunden, das allerdings vollzogen sei, wenn der Gläubiger dem Schuldner auch den **Schuldschein** zur Vernichtung übergeben habe. Diese Ansicht ist aber zu streng: In der Erklärung des Gläubigers kann auch schon der Erlass selbst liegen.

**b) Nichtvollzogene Schenkungen wurden von der Rechtsprechung angenommen:**

49 – Bei der Übergabe von **Wertpapieren** an einen Boten zur Weitergabe an einen Dritten, wenn der Bote sie dem Empfänger erst nach dem Tode des Schenkers übergibt; denn zu diesem Zeitpunkt komme es auf den Willen des Erben an, dieser habe aber die Übereignung nicht gewollt (RGZ 83, 287; aM BOEHMER Einl § 26 Bem 18; WIEACKER 282 f). Ein Vertrag zugunsten Dritter kommt hier nicht in Frage (RGZ 106, 1). Vgl auch RG Recht 1924 Nr 169: Zur Vollziehung genüge es nicht, dass der Erblasser den Auftrag gebe, nach seinem Tod die geschenkte Sache dem Beschenkten zu überbringen, und dass dieser Auftrag ausgeführt werde; denn die Übergabe sei keine Vollziehung aus dem Willen des Erben, besonders, wenn dieser von der Übergabe des geschenkten Gegenstandes nichts gewusst habe; noch weniger sei sie aber eine Rechtshandlung des bereits verstorbenen Erblassers (ähnlich EBBECKE Recht 1916, 338; SPIELMANN Recht 1924, 402). Anders OLG Dresden SächsAnn 27, 440: Eine Zuwendung, die erst nach dem Tode des Schenkers dem Bedachten zugehen solle, könne unter Umständen als Schenkung unter Lebenden behandelt und durch Ausführung des Auftrags gültig werden. Vgl dazu jedoch RdNr 39.

50 – Bei der Abrede, es solle jemandem nach dem Tode des Eigentümers ein einem Dritten hinterlegtes Vermögensstück (**Wertpapierdepot**) ausgehändigt werden: die Vereinbarung könne nicht als wirksame Erfüllung eines dem Bedachten erteilten, der Form entbehrenden Schenkungsversprechens gelten, sondern nur als ein auf die Erfüllung abspielendes, sie aber **bloß vorbereitendes** und deshalb unwirksames Rechtsgeschäft (RGZ 98, 281). Diesen strengen Standpunkt hat das RG allerdings später aufgegeben, zumindest bezüglich der Verfügungen über einzelne Vermögensstücke. Es wird in derartigen Fällen darauf ankommen, ob das Vermögensstück durch Vertrag zugunsten Dritter aus dem Vermögen des Schuldners ausgeschieden werden kann und, wenn man diese Frage bejaht, ob es wirklich durch die Schenkung oder ihren Vollzug aus dem Nachlass **ausgeschieden** worden ist (vgl RdNr 57 ff).

51 – In der Ermächtigung zur Abhebung der beim Tod des Schenkers vorhandenen, nicht näher bezeichneten Wertpapiere des Schenkers, die bei einer Bank verwahrt waren, und zur Einziehung eines nicht bestimmt begrenzten Guthabens bei dieser Bank (RG LZ 1919, 692; OLG Dresden OLGE 39, 229; anders nun jedoch für Oder-Konten, wenn der Erblasser dem anderen Kontoinhaber zu Lebzeiten die Mitverfügungsbefugnis über den gesamten jeweiligen Bestand eingeräumt hat (BGH FamRZ 1986, 982, 983; vgl hierzu RdNr 45). Ebenso wurde entschieden bei der Schenkung eines nach dem Tod des Schenkers abzuhebenden Bankdepots, wenn sich der Erblasser die Verfügung darüber vorbehielt, sodass das Depot nicht aus seinem Vermögen ausgeschieden war (KG OLGE 9, 33; anders hingegen bei vorbehaltener Verfügungs-

macht im Rahmen eines durch den Tod befristeten Erlasses (OLG Karlsruhe FamRZ 1989, 322, 324 und oben RdNr 48). In diesen Fällen ist jedoch zu prüfen, ob es sich überhaupt um ein Schenkungsversprechen von Todes wegen handelt oder ob nicht eine (normale) Schenkung unter Lebenden vorliegt, bei der lediglich der Vollzug aufschiebend bedingt durch das Vorableben des Schenkers ist (vgl oben RdNr 41).

Eine wegen Formmangels unwirksame Schenkung von Todes wegen erblickte das **52** RG in der Anlegung eines **Sparkassenbuches** durch den Großvater auf den Namen seines Enkels, weil der Großvater das Buch in Besitz behielt, wenn er auch glaubte, mit seinem Tod würde der Enkel das Forderungsrecht ohne weiteres erwerben (RG LZ 1919, 972). In letzterem Fall hat aber der BGH mit Recht einen anderen Standpunkt eingenommen (BGHZ 46, 198 = LM Nr 3 zu § 331 mit Anm MORMANN): Hat eine Großmutter ein Sparbuch auf den Namen ihrer Enkelin angelegt, das Sparbuch aber behalten, so wird zwar die Enkelin in der Regel nicht schon mit der Anlegung Inhaberin des Guthabens, aber es kann da eine rechtswirksame Zuwendung auf den Todesfall nach § 331 liegen (vgl RdNr 64 ff). Eine vollzogene Schenkung angenommen hat der BGH allerdings in dem Fall, als die Beschenkte (Nichte des Schenkenden) ein Konto auf ihren Namen eröffnete, ihr Onkel (Schenker) einen Betrag einzahlte, sich eine Kontovollmacht erteilen ließ und das Sparbuch in Besitz nahm (BGH FamRZ 1994, 625; vgl a RdNr 45).

In einem anderen Fall hatte der Schuldner einem Dritten als **Treuhänder** den An- **53** spruch auf Herausgabe der von ihm bei einer Bank hinterlegten Aktien abgetreten, damit er sie dem Bedachten übermittle; dies geschah aber zu Lebzeiten des Schuldners nicht: Hier hat das RG (JW 1917, 924) eine vollzogene Schenkung abgelehnt, weil der Erfüllung die auf sie hinzielenden Handlungen des Schuldners nicht gleichstünden. Nach der späteren Rechtsprechung des RG wäre aber auch in diesem Fall ein Vertrag zugunsten Dritter anzunehmen (vgl RdNr 57 ff).

In dem Vermerk des Gläubigers auf einem **Schuldschein** »Dieser Schein wird mit **54** meinem Tod ungültig« hat das RG keine vollzogene Schenkung, sondern nur das Versprechen einer Leistung gesehen, das zu seiner Wirksamkeit der Form des § 518 Abs 1 bedurft hätte (RG WarnR 1918 Nr 302; es ist aber mindestens zweifelhaft, ob nicht nach der neueren Rechtsprechung ein bedingter Erlass der Forderung und damit eine vollzogene Schenkung anzunehmen wäre; vgl OLG Karlsruhe FamRZ 1989, 322, 324 zu einem befristeten Erlass). Die mündliche Weisung eines Gläubigers an seine Haushälterin, wenn er gestorben sei, dem Schuldner den Schuldschein zur Vernichtung auszuhändigen, hat das RG als Vermächtnis betrachtet und wegen Mangels der erforderlichen Form für unwirksam erklärt (RGZ 42, 133; aM WIEACKER 278 N 25). Dagegen wurde in der Übergabe des Schuldscheins an den Schuldner mit dem Auftrag, ihn zu vernichten, in Verbindung mit der Erklärung, die Forderung solle nach dem Tode des Gläubigers dem Schuldner gehören, ein vollzogener Erlass erblickt (OLG Hamburg OLGE 37, 264).

Bei der Übergabe von **Grundschuldbriefen** mit Abtretungserklärungen an einen **55** Beauftragten, der sie nach dem Tode des Auftraggebers als Geschenk einem Dritten aushändigen sollte: es liege eine nicht vollzogene wegen Formmangels nichtige Schenkung von Todes wegen vor, wenn sich der Auftraggeber die Verfügung und den Zinsgenuß vorbehalte (OLG Rostock OLG 37, 264 N 1; vgl jedoch RdNr 3).

Das RG (BayZ 1920, 29) hat einen Vertrag, durch den zur Sicherung künftiger Erb- **56** rechte eine **Hypothek** an einen Treuhänder abgetreten wurde mit der Abrede, dass sie beim Tode des Zedenten auf bestimmte Personen übertragen werden solle, nicht als vollzogene Schenkung von Todes wegen erachtet, wohl aber als wirksamen Vertrag zugunsten Dritter, weil die Zuwendung durch das Vorableben derjenigen, an welche die Hypothek abgetreten werden sollte, nicht hinfällig werde, vielmehr das Kapital aus dem Vermögen des Zedenten sofort ausscheiden sollte.

## V. Verträge zugunsten Dritter auf den Todesfall

### 1. Dogmatische Grundlegung und Grundsätze der Anwendung

**57** Als Mittel für die gewillkürte Weitergabe von Vermögensgegenständen im Todesfall stehen dem Erblasser neben den Verfügungen von Todes wegen auch rechtliche Gestaltungsmöglichkeiten außerhalb des Erbrechtes offen. Der Erblasser kann auch durch Rechtsgeschäft unter Lebenden für den Fall seines Todes zugunsten der von ihm Bedachten schuldrechtliche Ansprüche begründen und dingliche Verfügungen treffen (BGH WM 1983, 939). Zu diesen Gestaltungsmöglichkeiten gehört auch der echte Vertrag zugunsten Dritter (§§ 328, 331; zum Vertrag zugunsten Dritter in der notariellen Praxis s LINNENBRINK MittRhNotK 1992, 261). Durch ihn kann sich der Erblasser eine Leistung an den von ihm begünstigten Dritten derart versprechen lassen, dass dieser nach dem Tode des Erblassers unmittelbar einen Anspruch gegen den Versprechenden auf die Leistung erlangt. Bei einem Vertrag zugunsten Dritter im Sinne von § 328 ist es nicht geboten, dass dem Dritten das Recht endgültig und sofort zugewandt wird; dies folgt aus § 328 Abs 2, wonach das dem Dritten zugewandte Recht befristet oder bedingt bestellt werden darf (MünchKomm-GOTTWALD § 328 RdNr 28).

**58** Die Rechtsbeziehungen des Erblassers (Versprechensempfängers) zu dem Versprechenden, das so genannte Deckungsverhältnis, und auch der dadurch begründete Anspruch des Dritten gegen den Versprechenden unterliegen zumindest im Grundsatz (vgl BGHZ 66, 8 = DNotZ 1976, 555) nicht dem Erbrecht, sondern dem Schuldrecht. Demgemäß hat die höchstrichterliche Rechtsprechung sowohl des RG als auch des BGH es beständig abgelehnt, derartige Verträge zugunsten Dritter wegen § 2301 Abs 1 S 1 den erbrechtlichen Formvorschriften für Verfügungen von Todes wegen zu unterwerfen, auch wenn es sich im Verhältnis zwischen dem Versprechensempfänger und dem Begünstigten, also im Valutaverhältnis, um eine unentgeltliche Zuwendung handelte (RGZ 106, 1; 128, 187; BGHZ 66, 8 = DNotZ 1976, 555; WM 1976, 1130; OLG Köln FamRZ 1996, 380 mN).

**59** Der Begünstigte darf den erworbenen Anspruch gegen den Versprechenden jedoch nur behalten, der Erwerb des Begünstigten Dritten im Sinne von § 331 Abs 1 ist also nur dann als endgültig anzusehen, wenn in seinem Verhältnis zum Erblasser (Valutaverhältnis) ein gültiger vertraglicher Rechtsgrund für den Rechtserwerb besteht; andernfalls hat er den Anspruch gem § 812 an die Erben herauszugeben. Die Frage nach dem rechtlichen Grund für die Bereicherung des Begünstigten im Valutaverhältnis ist nicht nach Erbrecht, sondern nach Schuldrecht zu beurteilen (BGHZ 66, 8 = DNotZ 1976, 555; WM 1976, 1130). Als Rechtsgrund kommt bei unentgeltlicher Begünstigung im Allgemeinen nur eine Schenkung in Betracht. Hierzu bedarf es einer Einigung des Begünstigten mit dem Schenker über die Unentgeltlichkeit der Zuwendung gem § 516.

**60** Der Formmangel eines Schenkungsversprechens wird geheilt, wenn der Begünstigte den versprochenen Anspruch gegen den Versprechenden mit dem Tod des Erblassers erwirbt. Selbst wenn es sich auf Seiten des Schenkers (Erblassers) lediglich um ein Schenkungsversprechen handelt, sei es auch nur ein durch das Überleben des Beschenkten bedingtes Versprechen, ist dieses nicht schon deshalb unwirksam, weil es in der Regel weder den Formvorschriften über Verfügungen von Todes wegen (§ 2301 Abs 1 S 1) noch denjenigen für Schenkungsversprechen (§ 518 Abs 1 S 1) genügt, denn in diesen Fällen wird wegen des sog »Von-selbst-Erwerbs« des Begünstigten (BGHZ 41, 95) sowohl Vollziehung im Sinne von § 2301 Abs 2 als auch Heilung des Formmangels gem § 518 Abs 2 angenommen.

Die Einigung über die Unentgeltlichkeit der Zuwendung kann auch erst nach dem Tod des Schenkers zustandekommen (§§ 130, 153; LINNENBRINK MittRhNotK 1992, 261, 266 f). Nach dem Tod des Erblassers kommt eine Einigung über die unentgeltliche Zuwendung dann zustande, wenn der Versprechende in Ausführung des Auftrags des Erblassers dem Begünstigten das Schenkungsangebot und ihre eigene Bereitschaft zur Erfüllung vermittelt. **61**

Die Einigung über die Unentgeltlichkeit der Zuwendung wird aber dadurch verhindert, dass dem Begünstigten vor der Annahme des Angebots des Erblassers oder gleichzeitig mit ihr ein wirksamer Widerruf des Schenkungsangebots durch den Erben zugeht. Der Erbe kann das Schenkungsangebot in gleicher Weise zurückziehen (widerrufen) wie der Erblasser selbst (BGH WM 1976, 1130; DNotZ 1984, 692); der Erbe muss jedoch von dem Schenkungsangebot wissen – einem möglicherweise als Widerruf auslegbaren schlüssigen Verhalten fehlt bei nicht vorhandener Kenntnis vom Schenkungsangebot das Erklärungsbewußtsein (BGH NJW 1995, 953 für den Widerruf einer vom Erblasser erteilten Vollmacht durch den Erben). Es folgt aus § 328 Abs 2, dass der Kontoinhaber berechtigt ist, das dem Dritten zugewandte Recht bis zum Eintritt des Rechtserwerbs zu widerrufen; dieses Recht geht auf den Erben über, sodass die Wirksamkeit der Zuwendung oft davon abhängt, wer schneller ist. Der Erblasser kann nicht ohne Weiteres anordnen, dass zwar er, nicht aber der Erbe widerrufen darf, wenn er nicht diese Form der letztwilligen Verfügung wählt oder den Erben an den betreffenden Rechtsgeschäften beteiligt (BGH WM 1876, 1130). Die Widerrufsmöglichkeit kann vom Erblasser (Schenker) nur durch Verfügung von Todes wegen (Vermächtnis zugunsten Dritten, Auflage ggf abgesichert durch Testamentsvollstreckung) oder durch Beteiligung des Erben an dem Vertrag zugunsten Dritter ausgeschlossen werden (BGH WM 1976, 1130; STAUDINGER-KANZLEITER § 2301 RdNr 44; LINNENBRINK MittRhNotK 1992, 261, 267; GRAF VON WESTPHALEN in: Münchner Vertragshandbuch Bd 3, II 7 Anm 10). **62**

Der Auftrag an den Dritten, in der Regel eine Bank, muss darüber hinaus so gestaltet sein, dass die Rechtsfolge (Eintritt des Von-selbst-Erwerbs beim Begünstigten) auch vom Vertragswillen des Dritten (der Bank) mitumfasst ist; es muss also eine entsprechende Abrede zwischen dem Erblasser und dem Versprechenden getroffen sein (BGHZ 46, 198; BGH DNotZ 1984, 692). **63**

### 2. Fallgestaltungen
#### a) Zuwendungen von Bankkonten und Sparguthaben
Das formlose Versprechen einer **Bank** gegenüber einem Kunden, nach seinem Tod einem Dritten eine bestimmte Geldsumme zu zahlen, ist als wirksamer Vertrag zugunsten eines Dritten erachtet worden, weil das bürgerliche Recht nicht verbiete, durch Vertrag unter Lebenden zugunsten eines Dritten eine unentgeltliche Zuwendung auf den Todesfall zu machen (RGZ 88, 137). **64**

Die formlose Vereinbarung des Inhabers eines **Sparguthabens** mit der Sparkasse, dass nach seinem Tod einem Dritten ein unmittelbarer Anspruch gegen die Sparkasse aus Auszahlung des Guthabens zustehen solle, wurde als wirksam be- **65** trachtet, weil bei Verträgen zugunsten Dritter für die Frage, ob eine bestimmte Formvorschrift in Betracht komme, immer nur das Verhältnis zwischen dem Versprechenden und dem Versprechungsempfänger von Bedeutung sei (vgl LANGE-KUCHINKE § 33 II Fn 77) und das Gesetz selbst in § 331 ein Mittel an die Hand gebe, um die für letztwillige Verfügungen gegebenen Formvorschriften zu ersparen (RGZ 106, 1). Die Entscheidung betont, dass es darauf ankomme, ob durch den Vertrag zugunsten Dritter das Vermögensstück bereits aus dem Vermögen des Versprechungsempfängers ausgeschieden sei. Im gleichen Sinn BGHZ 46, 198. S auch HARDER 140 N 106.

**66** Der Erblasser kann einem Dritten schenkweise einen Geldbetrag dadurch zuwenden, dass er einer Bank den Auftrag erteilt, diesen Betrag nach seinem Tode von seinem Konto zu überweisen oder auszuzahlen. Der Dritte kann den Betrag jedoch nicht verlangen, wenn die Bank den Auftrag nicht ausführt, weil der Erbe den vom Erblasser erteilten Auftrag widerrufen hat (BGH NJW 1975, 382).

**67** Weist jemand seine Bank an, nach seinem Tode ein Sparguthaben an einen Dritten auszuzahlen, so erlangt dieser im Todesfall einen Anspruch auf das Guthaben nur dann, wenn der Bankkunde es ihm zuwenden wollte und diese Rechtsfolge vom Vertragswillen der Bank umfasst war (BGH DNotZ 1984, 692).

**68** Die bloße Anlegung eines Kontos auf den Namen eines Dritten bedeutet noch keine Verfügung zugunsten Dritter auf den Todesfall, vor allem dann nicht, wenn der Anlegende sich die Verfügungsbefugnis vorbehält (MünchKomm-MUSIELAK § 2301 RdNr 40. Zu dem Fall, dass der »Dritte« das Konto selbst auf seinen Namen eröffnet, der Erblasser zu Lebzeiten einen Betrag auf das Konto einzahlt, sich eine Kontovollmacht erteilen lässt und das Sparbuch in Besitz nimmt vgl BGH FamRZ 1994, 625; zur Kontengestaltung EICHEL Mitt-RhNotK 1975, 613). Es wird jedoch zu prüfen sein, ob nicht bezüglich des beim Ableben des Anlegenden verbleibenden Restes eine Verfügung zugunsten des Dritten (Kontoinhabers) auf den Todesfall vorliegt (BGHZ 46, 202).

**69** Auch die bloße Anlegung eines »Oder«-Kontos genügt nicht (anders nun BGH FamRZ 1986, 982, 983 bei entsprechendem Willen des Erblassers; vgl oben RdNr 12 und Teil D RdNr 244).

### b) Zuwendung von Depots

**70** Beim Vertrag zugunsten Dritter betreffend ein Kontoguthaben ist es ohne weiteres möglich, die zwischen Kunde und Bank bestehenden schuldrechtlichen Ansprüche an einen Dritten zu übertragen; denn die beim Konto übertragenen Rückgewährs- und Rückerstattungsansprüche gemäß §§ 700, 607, 488 ff (vgl SCHÖNLE, Bank- und Börsenrecht, S 65; KÜMPEL WM 1977, 1186, 1188) sind immer dann vorhanden, wenn ein Bankguthaben zugunsten des Kunden besteht. Demgegenüber besteht beim Wertpapierdepot die Schwierigkeit, dass dingliche Rechte nicht im Wege eines Vertrages zugunsten Dritter übertragen werden können (BGHZ 41, 95, 96; PALANDT-HEINRICHS § 328 RdNr 12; MünchKomm-GOTTWALD § 328 RdNr 47, 156). Um der Unwirksamkeitssanktion eines – unzulässigen – dinglichen Vertrages zugunsten Dritter zu entgehen, ist die Konstruktion eines Treuhandvertrages erforderlich: Danach überträgt der Kunde treuhänderisch sein Eigentum bzw Miteigentum an den im Depot verbuchten Wertpapieren auf die Bank mit der Maßgabe, dass dem Kunden/Depotinhaber ein – bedingter – Rückübereignungsanspruch gemäß §§ 667, 665 zuwächst (KÜMPEL WM 1977, 1186, 1188; ders BuB RdNr 8/232; HINZ JuS 1965, 299, 305; CANARIS RdNr 2093; vgl ausführlich GRAF VON WESTPHALEN in: Münchner Vertragshandbuch Bd 3, II 11 Anm 2). Dieser dem Depotinhaber zustehende Rückübereignungsanspruch ist dann Gegenstand des Vertrages zugunsten Dritter im Sinn der §§ 328,

331 (BGHZ 41, 96): Der Inhaber eines Wertpapierdepots kann also auf den Zeitpunkt seines Todes durch Vertrag mit seiner Bank zugunsten eines Dritten für diesen einen schuldrechtlichen Anspruch gegen die Bank auf Übereignung der Wertpapiere begründen (zustimmend PALANDT-EDENHOFER § 2301 RdNr 12; vgl a LIESSEM MittRhNotK 1988, 29, 33; aM BÜSSELBERG NJW 1964, 1952).

Entsprechendes gilt für einen vom Erblasser mit einer Bank abgeschlossenen Treuhandvertrag mit der Anweisung an die Bank, nach dem Tod des Erblassers den Erlös aus dem Verkauf von dessen Wertpapieren an einen Begünstigten auszuzahlen (BGH WM 1976, 1130).

### c) Zuwendungen von Bauspar- und Ansparverträgen

Wenn in einem **Bausparvertrag** für den Todesfall des Bausparers ein Dritter unentgeltlich begünstigt wird, so ist hierin in der Regel eine schenkweise Zuwendung an den Dritten zu sehen, und zwar hinsichtlich der Sparraten, die der Sparer in Erfüllung des Bausparvertrages gemacht hat (BGH NJW 1965, 1913 = BGH LM Nr 2 zu § 331 = DNotZ 1966, 494; vgl HIPPEL NJW 1966, 867). Von Verfügungen zugunsten Dritter bezüglich eines Bausparvertrages kann nur, da ein Vertrag zu Lasten Dritter nicht möglich ist, das Bausparguthaben betroffen sein. Das etwa bereits in Anspruch genommene Bauspardarlehen fällt als Passivposten in den Nachlass, wenn keine sonstigen verbindlichen Regelungen getroffen sind. Vor allem bei Zwischenfinanzierungen kann es daher zu dem überraschenden Effekt kommen, dass Berechtigung am Bausparguthaben und Verpflichtung aus dem Darlehen beim Ableben des Bausparers auseinander fallen. Ansparverträge sind wie Bausparverträge zu behandeln.

### d) Zuwendungen von Lebensversicherungen

Bei Lebensversicherungsverträgen zugunsten Dritter (§§ 330, 331; §§ 166, 167, 180 VVG; s hierzu LIESSEM MittRhNotK 1988, 29, 34 f, 39 f) sind wegen der Besonderheiten des Versicherungsrechtes die vom Erblasser bezahlten Prämien als Schenkung an den begünstigten Dritten anzusehen, nicht die zur Auszahlung gelangende Versicherungssumme; allerdings gilt dies nach hM nur, wenn das Bezugsrecht dem Dritten von vornherein (also bei Vertragsschluss) zugewendet wurde (BGH VersR 1976, 616 mit Anm HARDER; SOERGEL-WOLF § 2301 RdNr 27; kritisch dazu STAUDINGER-JAGMANN § 330 RdNr 20 ff im Hinblick auf Insolvenzfälle). Für die Anwendung der Vorschriften des Pflichtteilsrechtes (10-Jahres-Frist!), den § 2287, sowie für die Anfechtung nach §§ 129 ff InsO, § 3 AnfG ist dies von entscheidender Bedeutung (STAUDINGER-JAGMANN § 330 RdNr 22 ff). Wird die Bezugsberechtigung des Dritten erst nachträglich (nach Vertragsschluss) begründet, so gilt nach hM die bezogene Versicherungssumme als zugewendet, da der Anspruch ursprünglich einmal zum Vermögen des Versicherungsnehmers gehört hat – mit den entsprechenden Konsequenzen für das Pflichtteilsrecht, den § 2287 und das Anfechtungsrecht (s dazu HEILMANN KTS 1972, 18).

Wird die Unwiderruflichkeit der Bezugsberechtigung des Dritten bereits zu Lebzeiten des Versicherungsnehmers – sei es von vornherein oder nachträglich (bei oder nach Abschluss der Versicherung) – durch Übereinkunft mit dem Versicherer gem § 13 Abs 2 ALB mit dinglicher Wirkung herbeigeführt, liegt eine – gem § 330 (nur) im Zweifel – vollzogene Schenkung unter Lebenden vor; § 2301 ist dann in keiner Weise tangiert (vgl BGH NJW 1975, 1360). Deuten die Umstände auf einen anderen Willen der Beteiligten hin, kann auch die Versicherungssumme in den Nachlass fallen (RG JW 1911, 777 Nr 39; OLG Hamm OLGE 32, 233 für eine Aussteuerversicherung; vgl auch STAUDINGER-JAGMANN § 330 RdNr 30).

### e) Gesellschaftsvertragliche Nachfolgeregelungen

**74** Diese fallen regelmäßig nicht unter § 2301 Abs 1 S 1. Gelten sie für alle Gesellschafter, fehlt es an der Unentgeltlichkeit, und zwar auch, wenn ein Abfindungsanspruch weichender Erben (gegen die Gesellschafter) ausgeschlossen ist, da die Regelung als gesellschaftsrechtliches Faktum, also im Zusammenhang mit allen anderen Gegebenheiten des Gesellschaftsvertrages und des Gesellschaftsverhältnisses gesehen werden muss (BGHZ 22, 194; DNotZ 1966, 620; NJW 1977, 1339; vgl auch oben RdNr 13; zur unentgeltlichen Einziehung eines GmbH-Anteils: HABERSACK ZIP 1990, 625; zur Zuwendung eines zum Sonderbetriebsvermögen gehörenden Einzelgegenstandes neben einer qualifizierten Nachfolgeklausel: REISCHL ZEV 1996, 50). Gilt die Nachfolgeregelung nur für den Geschäftsanteil *eines* Gesellschafters, so ist sie meist nicht durch das Überleben anderer bedingt, sondern unbedingt gewollt; auch hier ist in erster Linie nicht das objektive Wertverhältnis der beiderseitigen Leistungen, sondern deren Bewertung durch die Vertragschließenden selbst maßgebend, soweit sie nicht willkürlich ist (BGH DNotZ 1966, 620).

**75** Gesellschaftsvertragliche Eintrittsklauseln sind in der Regel Verträge zugunsten Dritter, mit der Folge, dass der »Von-Selbst-Erwerb« der zugewandten Rechtsposition (Eintrittsrecht) beim Ableben des Gesellschafters erfolgt. § 2301 Abs 1 S 1 gilt damit nicht, derartige gesellschaftsvertragliche Klauseln sind daher – abgesehen von evtl besonderen Gestaltungen – formfrei wirksam (MünchKomm-MUSIELAK § 2301 RdNr 45; STAUDINGER-KANZLEITER § 2301 RdNr 50; PALANDT-EDENHOFER § 2301 RdNr 15).

## § 2302 Schutz der Testierfreiheit

Ein Vertrag, durch den sich jemand verpflichtet, eine Verfügung von Todes wegen zu errichten oder nicht zu errichten, aufzuheben oder nicht aufzuheben, ist nichtig.

**Schrifttum**

BATTES, Der erbrechtliche Verpflichtungsvertrag im System des Deutschen Zivilrechts – Ziele, Dogmatik und praktische Auswirkungen des § 2302 BGB, AcP 178, 337; STÜRZEBECHER, Zur Anwendbarkeit der §§ 320 ff BGB auf den entgeltlichen Erbvertrag, NJW 1988, 2717; VAN VENROOY, Internationalprivatrechtliche Bemerkungen zu § 2302, JZ 1985, 609; WEILER, Änderungsvorbehalt und Vertragsmäßigkeit der erbvertraglichen Verfügung, DNotZ 1994, 427.

### Übersicht

I. Allgemeines
1. Grundsatz — 1
2. Verpflichtung zur Entziehung des Pflichtteils — 3
3. Koppelung mit Ehevertrag — 4
4. Verpflichtung zur Ausschlagung einer Erbschaft — 5
5. Auflösend bedingte Zuwendung — 6
6. Auflagen zur Errichtung eines Testaments — 7
7. Rechtslage bei Zuwendung unter Lebenden — 8

II. Folgerungen
1. Keine Schadensersatzpflicht — 9
2. Teilnichtigkeit — 10
3. Versorgungsversprechen — 11

## I. Allgemeines

### 1. Grundsatz

§ 2302 dient dem Schutz der Testierfreiheit (vgl System Teil A RdNr 68) und bestimmt, dass ein Vertrag, durch den sich jemand verpflichtet, eine Verfügung von Todes wegen zu errichten oder nicht zu errichten, aufzuheben oder nicht aufzuheben, nichtig, also von Anfang an ohne Rechtswirkung ist (vgl RGZ 75, 34; zu internationalprivatrechtlichen Aspekten s VAN VENROOY, JZ 1985, 609). Desweiteren ist § 2302 auf eine einseitige Verpflichtung des Erblassers zur Errichtung, Aufrechterhaltung oder Aufhebung einer Verfügung von Todes wegen – dh auf eine Verpflichtung, die nicht in einem gegenseitigen Vertrag begründet wurde- entsprechend anwendbar (BayObLG FamRZ 2001, 771 = ZEV 2001, 193). 1

Das ist keine Ausnahme vom § 137 S 2, weil § 137 S 1 nur Verfügungen unter Lebenden im Auge hat. Verboten ist aber nur die schuldrechtliche Verpflichtung, nicht die **erbrechtliche Bindung**, die beim Erbvertrag (§ 2289 Abs 1 S 1) und beim gemeinschaftlichen Testament ausdrücklich zugelassen ist (bei diesem freilich nur für wechselbezügliche Verfügungen und nur für den Fall, dass diese durch den Tod des anderen Ehegatten unwiderruflich geworden sind: § 2271 Abs 2 S 1). Die Verpflichtung, eine bestimmte Verfügung von Todes wegen nicht aufzuheben, kann daher bei entsprechendem Inhalt der Verfügung (§ 2278 Abs 2) und bei Wahrung der Form des Erbvertrages in einen Erbvertrag zugunsten des Bedachten umgedeutet werden, freilich nur dann, wenn der Inhalt der Verfügung, an die sich der Erblasser binden will, in dem Vertrag wiedergegeben wird (vgl aber WEILER, DNotZ 1994, 427, 439 zur Wirkung des § 2302 auf in einem Erbvertrag mit spezifiziertem Änderungsvorbehalt getroffene einseitige Verfügungen des Erblassers (neben vertragsmäßigen); denn der Inhalt des Erbvertrages kann nicht aus anderen, nur in Bezug genommenen Verfügungen entnommen werden (STAUDINGER-SEYBOLD § 2065 RdNr 10; Mot V 313); das hindert natürlich nicht, dass Anlagen der notariellen Niederschrift als Bestandteil des Erbvertrages betrachtet werden, vgl § 9 Abs 1 BeurkG). Haben sich in einem Erbvertrag Ehegatten gegenseitig zu Erben eingesetzt und weiter bestimmt, dass der Längstlebende von ihnen verpflichtet ist, das bei seinem Tode vorhandene Vermögen auf die gemeinsamen Kinder zu übertragen, so lässt sich diese Erklärung dahin deuten, dass nach dem Tode des Längstlebenden der beiderseitige Nachlass an die gesetzlichen Erben fallen soll (OLG Hamm JMBl NRW 1960, 125). Unter Umständen kann in einer solchen Bestimmung auch die Anordnung einer **Nacherbfolge** gefunden werden. Wenn ein Ehemann seiner Frau bestimmte Vermögensgegenstände als Vermächtnis zuwendet mit der Weisung, sie auf die gemeinschaftlichen Kinder zu vererben, so kann in dieser Anordnung ein **Nachvermächtnis** liegen (BGH DRiZ 1966, 398).

Die Verpflichtung, überhaupt keine Verfügung von Todes wegen zu errichten oder an der gesetzlichen Erbfolge nichts zu ändern, kann als **Erbeinsetzungsvertrag** zugunsten der gesetzlichen Erben aufrechterhalten werden, wenn die Form des Erbvertrags gewahrt ist (sog **konservativer Erbvertrag**, Mot V 313; BayObLGZ BayZ 1906, 105; MünchKomm-MUSIELAK § 2302 RdNr 4). Dieser Fall ist gegeben, wenn der Erblasser gegenüber seinen gesetzlich berufenen Erben vertragsmäßig auf das Recht verzichtet, von Todes wegen anderweitig zu verfügen, sofern nur aus dem Vertrag erhellt, dass der Erblasser seinen gesetzlichen Erben die Erbfolge sichern wollte (Mot V 314; BayObLGZ 6, 711; 21 A 391 = OLG 42, 43). Auch in einem Erbvertrag kann aber nicht auf das Recht zur Aufhebung des Vertrages (§§ 2290–2292) oder auf das Recht des gesetzlichen Rücktritts nach §§ 2294, 2295 verzichtet werden (BGB-RGRK-KREGEL § 2302 RdNr 2; BGH NJW 1959, 625). Eine gegen § 2302 verstoßende Ver- 2 pflichtung zum Abschluss eines Erbvertrages kann uU in einen Vertrag zugunsten Dritter umgedeutet werden (BGH MDR 1961, 128; PALANDT-EDENHOFER § 2302 RdNr 7). Zur Bedeutung des § 2302 im Hinblick auf die dogmatische Konstruktion eines entgeltlichen Erbvertrages s STÜRZEBECHER NJW 1988, 2717, 2718 f.

### 2. Verpflichtung zur Entziehung des Pflichtteils

3   Auch die vertragsmäßige Zusicherung, in einer bestimmten Weise nicht testieren zu wollen, ist nach § 2302 verboten. Ferner fällt unter § 2302 eine vertragsmäßige **Verpflichtung zur Entziehung des Pflichtteils** (§ 2336); eine solche würde übrigens wohl auch nach § 138 wegen Verstoßes gegen die guten Sitten nichtig sein (Mot V 447).

### 3. Koppelung mit Ehevertrag

4   Eine Einschränkung der Testierfähigkeit kann auch nicht dadurch erreicht werden, dass ein Erbvertrag mit einem anderen Vertrag (**Ehevertrag**) gekoppelt wird, damit der Erbvertrag das rechtliche Schicksal des mit ihm verbundenen Vertrages teile. Vielmehr bleibt ein Erbvertrag auch in einem solchen Fall rechtlich selbständig, er ist ausschließlich nach den für ihn geltenden gesetzlichen Bestimmungen (insbesondere über den Rücktritt) zu beurteilen. § 139 ist in diesem Fall nicht entsprechend anzuwenden (BGHZ 29, 129, 133 = NJW 1959, 625; BGB-RGRK-KREGEL § 2302 RdNr 1).

### 4. Verpflichtung zur Ausschlagung einer Erbschaft

5   Die Verpflichtung, eine Erbschaft **auszuschlagen**, fällt **nicht** unter § 2302 (PALANDT-EDENHOFER § 2302 RdNr 4). Wenn sie zu Lebzeiten des Erblassers in einem Vertrag mit diesem übernommen wird, so kann sie uU in einen **Erbverzicht** umgedeutet werden (§§ 2346, 2352), bedarf aber dann der Form des § 2348 (vgl PALANDT-EDENHOFER aaO; DAMRAU, Der Erbverzicht als Mittel zweckmäßiger Vorsorge auf den Todesfall, 27). Wird sie zu Lebzeiten des Erblassers gegenüber einem Dritten übernommen, so wird § 312 anzuwenden sein.

Die Testierfreiheit ist weiter dadurch gesichert, dass die rechtswidrige Einwirkung auf den Erblasser wegen der Errichtung, Aufrechterhaltung oder Aufhebung einer Verfügung von Todes wegen die **Erbunwürdigkeit** des Täters zur Folge hat (§ 2339 Abs 1 Nr 1–3).

### 5. Auflösend bedingte Zuwendung

6   Der Erblasser kann die Testierfreiheit eines von ihm Bedachten (mittelbar) dadurch beeinträchtigen, dass er die Zuwendung von der auflösenden Bedingung abhängig macht, die darin besteht, dass der Bedachte seinerseits eine bestimmte Person von Todes wegen bedenkt. Eine derartige »**kaptatorische Verfügung**«, durch die lediglich die Zuwendung des Erblassers inhaltlich eingeschränkt wird, verstößt nicht gegen § 2302 (BROX, FS Bartholomeyczik 41; BATTES 369; SOERGEL-WOLF § 2302 RdNr 3; MünchKomm-MUSIELAK § 2302 RdNr 3; aA KIPP-COING § 18 V; vgl auch die Rspr zur entsprechenden Einschränkung lebzeitiger Zuwendungen RdNr 8).

### 6. Auflagen zur Errichtung eines Testaments

Eine **Auflage**, durch die dem Bedachten die Verpflichtung auferlegt wird, ein Testament zu errichten, nicht zu errichten, aufzuheben oder nicht aufzuheben, ist nichtig (PALANDT-EDENHOFER § 2302 RdNr 3). Sie kann – und wird häufig! – aber uU in die Anordnung einer Nacherbfolge bzw eines Nachvermächtnisses oder einer Bedingung umgedeutet werden.

### 7. Rechtslage bei Zuwendung unter Lebenden

Wird eine Zuwendung unter Lebenden an die Bedingung geknüpft, dass der Zuwendungsempfänger den Geber oder einen Dritten durch Verfügung von Todes wegen bedenkt, so verstößt dies schon im Ansatz – im Gegensatz zu einer Zuwendung durch Verfügung von Todes wegen (vgl RdNr 7) – nicht gegen § 2302; es liegt vielmehr nur eine Zuwendung unter Einschränkungen vor (BGH MDR 1972, 36). Unwirksamkeit nach § 134 (Gesetzesumgehung) oder § 138 (Sittenwidrigkeit) kommt nur in besonderen Ausnahmefällen in Frage. Auf eine Umdeutung in eine Verfügung mit auflösender Bedingung (s RdNr 6) kommt es hier überhaupt nicht an.

## II. Folgerungen

### 1. Keine Schadensersatzpflicht

Da Verträge der in § 2302 behandelten Art nichtig sind, tritt bei Zuwiderhandlungen gegen die Verpflichtung zur Errichtung, Aufrechterhaltung oder Aufhebung einer (bestimmten) Verfügung von Todes wegen **keine Schadensersatzpflicht** ein (BGH NJW 1967, 1126). Die Vereinbarung einer Vertragsstrafe ist unwirksam (§ 344).

### 2. Teilnichtigkeit

Die in § 2302 angeordnete Nichtigkeit ergreift den ganzen Vertrag, also auch das etwa in ihm enthaltene Versprechen einer Gegenleistung; anders nur, wenn anzunehmen ist, dass der übrige Inhalt des Vertrages auch ohne den nichtigen Teil vereinbart worden wäre (§ 139).

### 3. Versorgungsversprechen

Das Versprechen gegenüber einer Angestellten, sie dauernd zu versorgen und in einer letztwilligen Verfügung entsprechend zu bedenken, wenn sie bis zum Tode des Dienstherrn in seinem Dienst bleibe, kann uU so aufgefasst werden, dass eine sofortige vertragliche Bindung zur Zahlung einer beim Tode des Dienstherrn fällig werdenden Summe beabsichtigt war und der Hinweis auf die letztwillige Verfügung nur eine unschädliche Nebenabrede über die Art der Erfüllung darstellte (RG WarnR 1917 Nr 14). Die Angestellte hat Anspruch auf Vergütung nach § 612 Abs 2; Bereicherungsansprüche würden voraussetzen, dass kein schuldrechtlicher Vertrag bestanden hat (BGH FamRZ 1965, 318; PALANDT-EDENHOFER § 2302 RdNr 6).

## D. Beurkundungsgesetz

vom 28. August 1969 (BGBl I 1513), zuletzt geändert durch das OLG-Vertretungsänderungsgesetz vom 23. Juli 2002 (BGBl I 2850)

### Vorbemerkungen zum Beurkundungsgesetz

**Schrifttum**

ARNOLD Die Änderungen des Beurkundungsverfahrens durch das Gesetz vom 20. 2. 1980, DNotZ 1980, 262; BASTY Zur Amtspflicht des Notars zur Beratung der Urkundsbeteiligten, FS SCHIPPEL, 1996, S 571; BRAMBRING Das Gesetz zur Änderung und Ergänzung beurkundungsrechtlicher Vorschriften in der notariellen Praxis, DNotZ 1980, 281, *ders*, Die Änderungen des BeurkG durch die BNotO-Novelle, FGPrax 1998, 201; EYLMANN-VAASEN BNotO, BeurkG, 2000; EYLMANN Bewegung im Berufsrecht der Notare, NJW 1998, 2929; FRENZ Einige Anmerkungen zum Verhältnis von Formzweck, Beurkundungsverfahren und Berufsrecht, FS WEICHLER, 1997, S 175; JERSCHKE Der Richter als Notar – Vertragsgestaltung durch Richterrecht, FS HAGEN, 1999, S 289; *ders*, Das Notariat im Hause Europa am Beginn des 3. Jahrtausends, ZNotZ 2001, 89; KANZLEITER Formzwecke, Beurkundungsverfahren und Berufsrecht – Die Änderung des Beurkundungsverfahrensrechts durch die BNotO-Novelle vom 31. 8. 1998, DNotZ 1999, 292; LIMMER Vertragsgerechtigkeit notarieller Urkunden und Europäischer Verbraucherschutz, FS des Rheinischen Notariats, 1998, S 15; HUHN-V SCHUCKMANN BeurkG, 3. Aufl, 1995; KEIDEL-WINKLER FGG, Teil B, BeurkG, 14. Aufl, 1999; LERCH Amtspflichten und Amtstätigkeit des Notars unter besonderer Berücksichtigung des Dritten Gesetzes zur Änderung der BNotO, BWNotZ 1999, 41; MECKE-LERCH BeurkG, 2. Aufl, 1991; REITHMANN Vorsorgende Rechtspflege durch Notare und Gerichte, 1989; *ders*, Notarielle Vertragsgestaltung und mitgebrachte Entwürfe, FS MERZ, 1992, S 469; *ders*, Vertragsgestaltung als »Urkundstätigkeit«, FS SCHIPPEL, 1996, S 769; *ders*, Beurkundungen und andere Amtsgeschäfte des Notars, DNotZ 1974, 6; *ders*, Funktionen und Instrumente der notariellen Rechtsbetreuung, DNotZ 1975, 324; VAASEN/STARKE Zur Reform des notariellen Berufsrechts, DNotZ 1998, 661; WINKLER Änderungen des Beurkundungsgesetzes, MittBayNot 1999, 1 = ZNotP Beilage 1/99.

### I. Regelungsbereich

Das BeurkG im Allgemeinen regelt das Verfahren, das bei öffentlichen Beurkundungen jeder Art einzuhalten ist. Darüber hinaus sind in den §§ 27 ff BeurkG Besonderheiten für Verfügungen von Todes wegen geregelt. Das BGB enthält die materiellen Formvorschriften, als diejenigen, die eine bestimmte Form vorschreiben, im Bereich der Verfügung von Todes wegen also die §§ 2231–2233, 2249, 2250, 2251, 2265, 2266, 2274–2276.

Die Bedeutung der Beurkundung hat sich allerdings in den letzten Jahren unter Eindruck einer immer strenger werdenden Rechtsprechung zu den Belehrungspflichten des Notars gewandelt. Stand früher nahezu ausschließlich die Zeugnisfunktion der notariellen Urkunde im Vordergrund, so wird seit einigen Jahren deutlich, dass mit der Beurkundung nicht nur der Zweck der Beweissicherung und Dokumentation der Erklärung verbunden ist, sondern besondere rechtsstaatliche Schutzaufgaben verwirklicht werden, die am deutlichsten in § 14 BNotO und § 17 BeurkG zum Ausdruck kommen. Der Notar ist nach § 14 BNotO unabhängiger und unparteiischer Betreuer der Beteiligten, nach § 17 BeurkG hat der

Notar »den Willen der Beteiligten zu erforschen, den Sachverhalt zu klären, die Beteiligten über die rechtliche Tragweite des Geschäftes zu belehren und ihre Erklärung klar und unzweideutig in der Niederschrift niederzugehen«. Er hat dabei »darauf zu achten, dass Irrtümer und Zweifel vermieden sowie unerfahrene und ungewandte Beteiligte nicht benachteiligt werden«. Die materielle Funktion des Notars liegt somit in der Gewährleistung tatsächlicher und rechtlicher Richtigkeit der von ihm zu betreuenden Vorgänge durch vollständige Sachaufklärung, Willensermittlung, rechtliche Aufklärung und Gewährleistung der Chancengleichheit der Beteiligten im Rahmen der von ihnen zu gestaltenden Rechtsverhältnisse (JERSCHKE DNotZ-Sonderheft zum Deutschen Notartag, DNotZ 1989, 21 ff; LIMMER, Festschrift Rheinisches Notariat (1998), S 15 ff). Mit der notariellen Beurkundung sind Überlegungssicherung bzw Warnfunktion und die Belehrungssicherung verbunden, außerdem hat der Notar eine Pflicht zur ausgewogenen und interessengerechten Vertragsgestaltung (BGH DNotZ 1996, 568; BGH NJW 1994, 2283; BGH NJW 1995, 330). Der Notar hat nach der Rechtsprechung des BGH sogar die Aufgabe, die Beteiligten zu beraten, in welcher rechtlichen Form das von ihnen erstrebte Ziel zu erreichen ist. In einem solchen Fall müsse der Notar über die notwendige Belehrung hinaus weitere Vorschläge für die erforderlichen Regelungen unterbreiten, wenn aus den ihm erkennbaren Umständen Bedarf dafür bestehe (BGH DNotZ 1996, 568, 571, dazu REITHMANN ZNotP 1999, 142). Der Notar hat daher auch die Aufgabe »planender Beratung« (REITHMANN aaO). Auch im Bereich der erbrechtlichen Beurkundungen spielt dieser materielle Gerechtigkeits- und Planungsaspekt eine erhebliche Rolle, sodass das Beurkundungsverfahren gewährleisten muss, dass dem Willen des Erblassers in der Urkunde bestmöglichst Rechnung getragen wird, Irrtümer und Zweifel über diesen Willen vermieden werden, auch wenn erst Jahre oder Jahrzehnte nach der Beurkundung die Urkunde rechtsgeschäftliche Wirkungen hat.

## II. Grundgedanken der Regelung

### 1. Konzentration der Beurkundungszuständigkeit und Kodifikation

Das Beurkundungsgesetz konzentriert die Beurkundungszuständigkeit auf die Notare. Die Ausnahmen von diesem Grundsatz sind stark eingeschränkt. Das Beurkundungsgesetz kodifiziert das Beurkundungsverfahren bundeseinheitlich. Die Vorschriften des BeurkG gelten für alle Arten von Beurkundungen. Für die Verfügung von Todes wegen regeln die §§ 27–35 BeurkG einige Besonderheiten.

### 2. Geltung in den neuen Bundesländern

Das BeurkG ist gem Art 3 des Einigungsvertrages am 3. 10. 1990 in den neuen Bundesländern in Kraft getreten.

### III. Novellierung der BNotO und des BeurkG durch das Dritte Gesetz zur Änderung der BNotO und anderer Gesetze

Am 8. 9. 1998 ist das Dritte Gesetz zur Änderung der BNotO und anderer Gesetze in Kraft getreten (BGBl 1998 I 2585). Hauptaufgabe dieser Novelle ist die Einführung der BNotO in den neuen Bundesländern und die Novellierung einer Reihe von wichtiger Bestimmungen der BNotO. In diesem Rahmen ist allerdings auch das Beurkundungsgesetz in einer Reihe von Punkten geändert worden. Bedeutendste Änderungen sind die Verschärfung der Mitwirkungsverbote in § 3 Abs 1 BeurkG sowie die Neueinführung der §§ 54a ff BeurkG, die die notarielle Verwahrung einer umfassenden gesetzlichen Regelung zuführen. Darüber hinaus sind aber auch eine Reihe von Einzelbestimmungen des BeurkG geändert worden.

**Erster Abschnitt**
**Allgemeine Vorschriften**

## § 1 Geltungsbereich

**(1) Dieses Gesetz gilt für öffentliche Beurkundungen und Verwahrungen durch den Notar.**

**(2) Soweit für öffentliche Beurkundungen neben dem Notar auch andere Urkundspersonen oder sonstige Stellen zuständig sind, gelten die Vorschriften dieses Gesetzes, ausgenommen § 5 Abs 2, entsprechend.**

Übersicht

| | | |
|---|---|---|
| I. | Allgemeines | 1 |
| II. | Sachlicher Geltungsbereich: Öffentliche Beurkundungen | 2 |
| | 1. Begriff und Wesen | 2 |
| |    a) Beurkundung | 2 |
| |    b) Öffentliche Beurkundung | 3 |
| |    c) Öffentliche Beurkundung bei Testament und Erbvertrag | 4 |
| | 2. Wirkung | 5 |
| |    a) Formelle Beweiswirkung | 5 |
| |    b) Einfluss äußerer Mängel | 7 |
| |    aa) Unwirksamkeit | 8 |
| |    bb) Minderung des Beweiswertes | 9 |
| III. | Persönlicher Geltungsbereich | 11 |
| | 1. Beurkundungen durch den Notar | 11 |
| | 2. Beurkundungen durch sonstige Urkundspersonen | 12 |
| |    a) Grundsatz | 12 |
| |    aa) Zuständigkeit des Bürgermeisters | 13 |
| |    bb) Zuständigkeit von Konsuln und Konsulatsbeamten | 14 |
| |    cc) Zuständigkeit von Privatpersonen | 15 |
| |    dd) Gerichtlicher Vergleich | 16 |
| |    b) Umfang der Geltung | 17 |
| |    aa) Ausdrückliche Ausnahme (§ 5 II) | 18 |
| |    bb) Verdeckte Ausnahmen | 19 |

## I. Allgemeines

§ 1 bestimmt den Geltungsbereich des Beurkundungsgesetzes. **Sachlich** ist die **1** Geltung auf öffentliche Beurkundungen und Verwahrungen beschränkt, in **persönlicher** Hinsicht bezieht sich das BeurkG primär auf Beurkundungen durch den Notar, in zweiter Linie auch auf alle anderen Urkundspersonen oder sonstigen Stellen, die neben dem Notar für öffentliche Beurkundungen zuständig sind (§ 1 Abs 2).

## II. Sachlicher Geltungsbereich: Öffentliche Beurkundungen

### 1. Begriff und Wesen

**2** a) **Beurkunden** heißt urkundlich bezeugen. Zur Beurkundung gehört, dass eine **Urkunde**, also eine schriftliche Gedankenverkörperung, hergestellt wird und sich diese Gedankenverkörperung als ein **Zeugnis der Urkundsperson** über ihre Wahrnehmungen bei der Beurkundung darstellt. Die Beurkundung besteht somit in der Errichtung einer Zeugnisurkunde, sei es über Willenserklärungen, Erklärungen nicht rechtsgeschäftlichen Inhalts oder sonstige Vorgänge (vgl KEIDEL-WINKLER BeurkG § 1 RdNr 2 ff; MECKE-LERCH BeurkG § 1 RdNr 2). Das BeurkG geht dabei von einem weiten Beurkundungsbegriff aus, da in den §§ 36 ff auch sonstige Beurkundungen geregelt sind.

**3** b) **Öffentlich** ist eine Beurkundung, wenn ihr Ergebnis eine öffentliche Urkunde ist. Nach § 415 Abs 1 ZPO entsteht eine öffentliche Urkunde, wenn eine Behörde oder eine mit öffentlichem Glauben versehene Person innerhalb der Grenzen ihrer Amtsbefugnisse oder ihres Geschäftskreises in der vorgeschriebenen Form über eine vor ihr abgegebene Erklärung oder über eine sonstige von ihr wahrgenommene Tatsache eine Urkunde errichtet. Die in § 415 Abs 1 ZPO enthaltene Definition gilt nicht nur für das Zivilprozessrecht, sondern allgemein (RGSt 42, 233; 71, 101; KGJ 40 A 114).

**4** c) Bei der **Errichtung einer Verfügung von Todes wegen** durch mündliche Erklärung wird bezeugt, dass der Erblasser seinen letzten Willen wie geschrieben erklärt hat, bei der Errichtung einer Verfügung von Todes wegen durch Überreichen einer Schrift die Tatsache des Überreichens und die Erklärung des Erblassers, dass diese Schrift seinen letzten Willen enthalte (vgl § 2232 RdNr 2). Die gem § 2232 S 1 (2. Alt) BGB übergebene Schrift ist Bestandteil der öffentlichen Urkunde und nimmt an ihrer Beweiskraft teil (vgl § 2232 RdNr 31).

### 2. Wirkung

**5** a) Eine ordnungsgemäß erstellte öffentliche Urkunde begründet vollen Beweis der in ihr bezeugten Tatsachen; die Beweiskraft ist nicht nur auf den Inhalt der rechtsgeschäftlichen Erklärungen beschränkt (formelle Beweiswirkung vgl KEIDEL-WINKLER BeurkG, § 1 RdNr 13). Unter Ausschluss richterlicher Beweiswürdigung wird der volle Beweis für die Abgabe der beurkundeten Erklärung bewirkt. Erklärungen, Verhandlungen oder Tatsachen, auf die sich der öffentliche Glaube der Urkunde erstreckt, haben die »volle Beweiswirkung für und gegen jedermann« (BGH NJW 1998, 3790; BGH NJW 2001, 3135; vgl auch BayObLG NJW 1992, 1841, 1842). Bezeugt werden daher auch bei Testament und Erbvertrag Ort, Zeit und Inhalt der Erklärung und ihre Abgabe durch eine bestimmte Person, nicht jedoch die inhaltliche Richtigkeit des Erklärten. Die Beweiskraft umfasst auch die Feststellung über die Identität der erklärenden Person (KG OLG 17, 369; LG Berlin NJW 1962, 135 = DNotZ 1963, 250) sowie das Alter, den Personenstand, Güterstand (KEIDEL-WINKLER BeurkG, § 1 RdNr 13; MECKE-LERCH BeurkG, § 1 RdNr 6). Bewiesen ist, dass die in der Urkunde bezeichnete Person zur angegebenen Zeit, am angegebenen Ort vor dem Notar die Erklärung des wiedergegebenen Inhalts abgegeben hat. Darüber hinaus besteht auch die Vermutung der vollständigen und richtigen Wiedergabe der getroffenen Vereinbarung (BGH DNotZ 1971, 37; BGH DNotZ 1986, 78; OLG Köln NJW-RR 1992, 572; OLG Frankfurt DNotZ 1991, 389) Urkunden über Tatsachen beweisen alle in der Urkunde bezeugten Tatsachen, soweit diese auf eigenen Wahrnehmungen der Urkundsperson beruhen. Im Rahmen strafrechtlicher Verfahren zu § 348 StGB hat der BGH entschieden, dass die Frage, welche Angaben in einer Urkunde volle Beweiswirkung für und gegen jedermann haben, sich in erster Linie aus den gesetzlichen Bestimmungen ergebe, die für die Errichtung und Zweck der öffentlichen Urkunde maßgeblich seien (BGH NJW 1998, 3790; BGH NJW 2001, 3135; vgl auch BayObLG NJW 1992, 1841, 1842). Dabei seien auch die Anschauungen des Rechtsverkehrs zu beachten. Angaben iSv § 16 BeurkG über die Sprachkunde einer Person würden nicht hierzu gehören (BGH NJW 2001, 3135). Dem ist zuzustimmen, da notarielle Urkunden nicht nur Willenserklärungen und Tatsachenfeststellungen, sondern auch gutachterliche oder bewertende Äußerungen des Notars enthalten können (so auch BayObLG DNotZ 1975, 555 zur Geschäftsfähigkeit; OGHZ 2 (1949) 45, 54 zur Testierfähigkeit). Von ausländischen Notaren errichtete Urkunden haben nicht die vom deutschen Rechtssystem vorgegebene Beweiskraft, da diese auf der vom deutschen Staat verliehenen Urkundsgewalt beruht.

Auch Tatsachen, die der Notar festzustellen gehabt hätte, haben, wenn sie nicht **6** in der Urkunde erwähnt sind, im Zweifel nicht vorgelegen (zB Taubheit oder Blindheit, vgl MECKE-LERCH BeurkG, § 1 RdNr 7). Der Beweis, dass der Vorgang unrichtig beurkundet wurde, ist zulässig.

**b)** Fraglich ist, in welchem Umfang **äußere Mängel** der Urkunde (wie Durchstrei- **7** chungen, Radierungen oder Einschaltungen) deren Funktion im Rechtsleben beeinflussen können. Es ist dabei zwischen der Wirksamkeit der Beurkundung und dem Beweiswert der Urkunde zu unterscheiden.

**aa)** Die Beurkundung ist nur dann unwirksam, wenn die zwingenden Vorschriften **8** des BGB und des BeurkG über die Errichtung der Urkunde verletzt sind. Für die Wirkung ist entscheidend, ob die verletzte Vorschrift eine »Muss«-Vorschrift oder lediglich eine Ordnungsvorschrift (»Soll«) ist. Die Nichtbeachtung von Sollvorschriften beeinträchtigt die Wirksamkeit der Beurkundung nicht (BayObLG 1983, 101, 106; BayObLG DNotZ 1993, 471; KANZLEITER DNotZ 1993, 436; KEIDEL-WINKLER, BeurkG Einl RdNr 13; EYLMANN-VAASEN BeurkG Einl RdNr 6)). So hat zB der Umstand, dass er Notar einige im Entwurf offen gelassene Stellen bei der Beurkundung mit Bleistift einfügt, die Einfügung später wieder ausradiert und durch einen gleich lautenden maschinenschriftlichen Text ersetzt, nicht die Unwirksamkeit der Beurkundung zur Folge; die vom Notar nicht beachteten Vorschriften der DONot sind lediglich Dienstanweisungen (BGH FamRZ 1960, 484; BGH BwNotZ 1963/64, 71; BayObLG DNotZ 1993, 469).

**bb)** Durch äußere Mängel der Urkunde – wie etwa Durchstreichungen, Einschal- **9** tungen, Radierungen, Fehlen von Bruchstücken, Risse etc – kann jedoch der Beweiswert der Urkunde eingeschränkt oder beseitigt sein. Maßgebliche Vorschrift ist § 419 ZPO. Die Bestimmung hat einen zweigliedrigen Tatbestand. Ist dieser erfüllt, so entscheidet das Gericht nach freier Überzeugung; die Beweisregeln der §§ 415, 418 ZPO sind dann aufgehoben und zugleich wird der Grundsatz der freien Beweiswürdigung (§ 286 ZPO) für die Urkunde als Ganzes wiederhergestellt (BGH NJW 1980, 893; BGH NJW 1994, 2768 = DNotZ 1995, 28). Dies gilt allerdings dann nicht, wenn die Durchstreichungen und Einschaltungen unter Beachtung der gesetzlichen Form insbesondere des § 30 DONot bzw jetzt § 44a BeurkG nF beurkundet worden sind (BGH DNotZ 1956, 64; BGH DNotZ 1967, 177; OLG Hamm Rpfleger 1957, 113; KEIDEL-WINKLER BeurkG § 1 RdNr 17; WOCHNER DNotZ 1995, 31). Nach § 44a Abs 1 BeurkG sollen Zusätze und sonstige, nicht nur geringfügige Änderungen am Schluss vor den Unterschriften oder am Rande vermerkt und im letzteren Fall vom Notar besonders unterzeichnet werden (vgl zur Neuregelung des § 44a BeurkG, REITHMANN DNotZ 1999, 27 ff; EYLMANN-VAASEN-LIMMER BeurkG § 44a RdNr 1 ff).

10 Umstritten ist, ob bereits der Verstoß gegen § 30 DONot aF bzw jetzt § 44a BeurkG dazu führt, dass dem in die Urkunde eingefügten Zusatz die Vermutung der Richtigkeit und Vollständigkeit fehlt und insofern nur noch eine Beurkundung vorliegt, über deren Beweiskraft das Gericht nach freier Überzeugung iS des § 419 ZPO zu entscheiden hat (so BGH DNotZ 1956, 643; BGH DNotZ 1995, 29; KEIDEL-WINKLER BeurkG § 1 RdNr 16). Nach aA führt der Verstoß nicht zwangsläufig zur Anwendung des § 419 ZPO, sondern nur dann, wenn das Gericht den Beweiswert der Urkunde für eingeschränkt erachtet. Dies darf nur in besonderen Fällen angenommen werden (KNURR DNotZ 1956, 645, 647; ALBRECHT-BASTY Handbuch der notariellen Vertragsgestaltung, RdNr 268; WOCHNER DNotZ 1995, 32). Bei der Beurkundung von letztwilligen Verfügungen sollte daher auf die Einhaltung der Vorschriften des § 44a BeurkG bei Änderungen oder Ergänzungen großen Wert gelegt werden, da häufig im Nachlassverfahren sonstige Beweismittel über den Inhalt der Urkunde schwer beizubringen sind und die Beweiskraft des notariellen Testaments große Bedeutung hat.

### III. Persönlicher Geltungsbereich

#### 1. Beurkundungen durch den Notar

11 Das BeurkG regelt das Verfahren, das bei Beurkundungen durch den Notar einzuhalten ist. Ist daher der Notar für eine Urkundstätigkeit zuständig, so ist das BeurkG maßgebend, wenn der Notar seine Zuständigkeit aktualisiert. Die allgemeine Zuständigkeit des Notars für die Beurkundung von Testamenten und Erbverträgen ergibt sich aus § 20 Abs 1 BNotO; nach dieser Vorschrift sind die Notare zuständig, »Beurkundungen jeder Art vorzunehmen«. Die spezielle Zuständigkeitszuweisung ist für Testamente in § 2231 Nr 1 BGB, für Erbverträge in § 2276 Abs 1 S 1 BGB enthalten.

#### 2. Beurkundungen durch sonstige Urkundspersonen
##### a) Grundsatz
12 Das BeurkG gilt gem § 1 Abs 2 auch für andere Urkundspersonen, wenn diese neben dem Notar zuständig sind, öffentliche Urkunden zu erstellen.

Bei Verfügungen von Todes wegen kommen folgende Fälle in Betracht:

##### aa) Zuständigkeit des Bürgermeisters
13 Der Bürgermeister ist gem §§ 2249, 2266 BGB befugt, Nottestamente zu beurkunden (wegen der Einzelheiten vgl Kommentierungen dort). Allerdings fällt der Bürgermeister nicht unter § 1 Abs 2 BeurkG, da er nicht neben dem Notar zur Beurkundung zuständig ist, weil ein Notar nicht nach diesen Sondervorschriften beurkunden darf (KEIDEL-WINKLER BeurkG § 1 RdNr 50; HUHN-VON SCHUCKMANN BeurkG § 1 RdNr 101; MECKE-LERCH BeurkG § 1 RdNr 36). Aufgrund der Verweisung in § 2249 Abs 1 S 4 BGB gelten allerdings die meisten Vorschriften des BeurkG entsprechend.

#### bb) Zuständigkeit von Konsularbeamten

Gem §§ 10 ff KonsularG sind Konsularbeamte für die Beurkundung von Verfügungen von Todes wegen zuständig (BINDSEIL DNotZ 1993, 5 ff; GEIMER DNotZ 1978, 3 ff). Die so erstellten Testamente sind außerordentliche öffentliche Testamente (vgl Vorbem 10 zu § 2229). Es handelt sich um öffentliche Urkunden iSv §§ 415 Abs 1, 418 Abs 1 ZPO.

#### cc) Zuständigkeit von Privatpersonen

Nach den §§ 2250, 2251 BGB kann ein Testament unter besonderen Voraussetzungen durch mündliche Erklärung vor drei Zeugen errichtet werden. § 1 Abs 2 BeurkG ist allerdings ebenso wie beim Bürgermeistertestament nicht anwendbar, da der Notar ein derartiges Testament überhaupt nicht errichten könnte (HUHN-VON SCHUCKMANN BeurkG, § 1 RdNr 102; KEIDEL-WINKLER BeurkG, § 1 RdNr 50). Nach § 2250 Abs 3 sind allerdings eine Reihe von Beurkundungsvorschriften entsprechend anwendbar. Im Hinblick auf diese Vorschriften weist das Gesetz den Zeugen die Rolle von Urkundspersonen zu. Die drei Zeugen treten in ihrer Gesamtheit »gewissermaßen an die Stelle der sonst tätigen Amtspersonen« und übernehmen in bewusster Zusammenwirkung deren Beurkundungsfunktion (BGH Rpfleger 1971, 101 = DNotZ 1971, 489; BayObLGZ 1979, 232, 241; BayObLG NJW-RR 1996, 9; vgl auch BGH NJW 1970, 1601). Das Nottestament wird allerdings hierdurch nicht zu einem öffentlichen Testament (BayObLGZ 1979, 232; PALANDT-EDENHOFER § 2250 RdNr 11). Es ist eine Privaturkunde, die der freien richterlichen Beweiswürdigung unterliegt (BGH LM Nr 1 zu § 416 ZPO).

#### dd) Gerichtlicher Vergleich

Nach § 127a BGB wird die notarielle Beurkundung bei einem gerichtlichen Vergleich durch die Aufnahme der Erklärungen in ein nach den Vorschriften der ZPO errichtetes Protokoll ersetzt.

§ 127a BGB bezieht sich auf gerichtliche Vergleiche im engeren Sinne, also auf solche, die in einem bei einem deutschen Gericht – gleichgültig bei welchem (s BREETZKE NJW 1971, 178) – anhängigen Verfahren geschlossen werden (BGHZ 15, 195; BGH NJW 1999, 2806), auch auf den Vergleich vor dem Rechtspfleger, sofern dieser für das betreffende Verfahren zuständig ist (OLG Nürnberg Rpfleger 1972, 305). Die Vorschriften der ZPO über die Protokollierung müssen beachtet werden (BGH NJW 1999, 1001). Erforderlich ist auch die Beachtung des Anwaltszwangs (BGH NJW 1991, 1743; OLG Köln NJW-RR 1997, 965).

§ 127a BGB gilt auch für einen Vergleich vor einem Schiedsgericht gem § 1053 ZPO (BREETZKE NJW 1971, 1685; MünchKomm-FÖRSCHLER § 127a BGB RdNr 4).

Da für das Schiedsgericht an sich kein Protokollierungszwang besteht (RG JW 1937, 1701), ist § 127a BGB nur anwendbar, wenn das Schiedsgericht aufgrund der Schiedsvereinbarung die Vorschriften der §§ 159 ff ZPO zu beachten hat und tatsächlich beachtet oder sie von sich aus einhält.

§ 127a BGB gilt dagegen nicht für einen Vergleich vor einer Gütestelle gem § 794 Abs 1 Nr 1 ZPO oder für einen Anwaltsvergleich gem §§ 796a ff ZPO (PALANDT-HEINRICHS § 127 RdNr 2; MünchKomm-FÖRSCHLER § 127a BGB RdNr 4).

Bei Verfügungen von Todes wegen kommt die gerichtliche Zuständigkeit nach § 127a BGB bei (einseitigen) Testamenten und beim Widerruf solcher Testamente nicht in Betracht, da das für den Vergleich wesentliche Merkmal »gegenseitiges Nachgeben« (§ 779 Abs 1 BGB) nicht vorliegen kann (BGH DB 1959, 790; FamRZ 1960, 30); erfolgt der Widerruf des Testaments durch Erbvertrag, so ist dies durch gerichtlichen Vergleich möglich (OLG Köln OLGZ 1970, 115). Ein gemeinschaftliches Testament oder Erbvertrag kann in einem gerichtlichen Vergleich protokolliert werden (BGHZ 14, 381; BGH NJW 1980, 2307; BayObLGZ 1965, 86).

§ 127a BGB lässt bestimmte Erfordernisse, wie die persönliche Mitwirkung beim Erbvertrag oder Erbverzicht (§§ 2274, 2347 Abs 2 BGB) unberührt, der Abschluss durch anwaltschaftliche Vertreter ist daher nicht möglich (BayObLGZ 1965, 86 = NJW 1965, 1276).

### b) Umfang der Geltung

**17** § 1 Abs 2 ordnet die Geltung des BeurkG auch für die sonstigen (öffentlichen) Urkundspersonen an. Das BeurkG ist jedoch für die von diesen vorgenommenen Beurkundungen nicht uneingeschränkt maßgebend.

**18** aa) Die in § 1 Abs 2 enthaltene Erstreckung der Geltung des BeurkG bezieht sich ausdrücklich nicht auf **§ 5 Abs 2**. Nach dieser Vorschrift kann eine Urkunde auch in einer anderen als der deutschen Sprache errichtet werden. Dies bedeutet, dass prinzipiell nur der Notar befugt ist, Verfügungen voll Todes wegen in einer Fremdsprache zu errichten. Der Grundsatz gilt jedoch nicht für das **Konsulartestament und den Konsularerbvertrag** (§§ 10 Abs 3 Nr 1 KonsularG) und das **Dreizeugentestament** (§ 2250 Abs 3 S 3 BGB); diese können also – abweichend von § 1 Abs 2 BeurkG – auch in einer Fremdsprache errichtet werden. § 5 Abs 2 BeurkG ist damit lediglich beim **Bürgermeistertestament** unanwendbar.

**19** bb) Entgegen dem Wortlaut des § 1 Abs 2 gilt das BeurkG im Übrigen nicht ausnahmslos. Durch § 57 BeurkG werden nämlich **weitere Ausnahmen** festgesetzt.

**20** In § 57 Abs 1 Nr 1 ist gesagt, dass das BeurkG für die von Konsularbeamten vorgenommenen Beurkundungen nur mit den dort genannten Abweichungen gilt. Hiernach können Urkunden auf Verlangen (und ohne dass die Voraussetzungen des § 5 Abs 2 vorliegen müssten) auch in einer Fremdsprache errichtet werden (§ 10 Abs 3 Nr 1 KonsularG). Dolmetscher brauchen – abweichend von § 16 Abs 3 S 3 – nicht vereidigt zu werden (§ 10 Abs 3 Nr 2 KonsularG). Vgl GEIMER DNotZ 1978, 3; BINDSEIL, DNotZ 1993, 1.

**21** In § 57 Abs 3 Nr 10a (betr Änderung des § 2249 Abs 1 S 4 BGB) wird bestimmt, dass für die Errichtung eines Bürgermeistertestamentes die §§ 2, 4, 5 Abs 1, §§ 6–10, 11 Abs 1 S 2, Abs 2, § 13 Abs 1, 3, §§ 16, 17, 23, 24, 26 Abs 1 Nr 3, 4, Abs 2, §§ 27, 28, 30–32, 34, 35 gelten. Im Hinblick auf die generelle Geltungserstreckung, die in § 1 Abs 2 ohnehin enthalten ist, ist § 2249 Abs 1 S 4 BGB nur dann sinnvoll und verständlich, wenn man die Vorschrift so interpretiert, dass alle dort nicht genannten Paragraphen für das Bürgermeistertestament unanwendbar sind. § 2249 Abs 1 S 4 BGB hat mithin keine Geltungserstreckung zum Inhalt, sondern eine Geltungsexemtion und normiert damit Ausnahmen zu § 1 Abs 2.

**22** In § 57 Abs 3 Nr 11b (betr Änderung des § 2250 Abs 3 S 2 BGB) wird bestimmt, dass auf die beim Dreizeugentestament zu errichtende Niederschrift die §§ 8–10, 11 Abs 1 S 2, Abs 2, § 13 Abs 1, 3 S 1, §§ 23, 28 entsprechend anzuwenden sind. Die Vorschrift ist (ebenso wie § 57 Abs 3 Nr 10a) dahin auszulegen, dass die nicht genannten Paragraphen des BeurkG beim Dreizeugentestament nicht gelten (vgl RdNr 21).

## § 2 Überschreiten des Amtsbezirks

Eine Beurkundung ist nicht deshalb unwirksam, weil der Notar sie außerhalb seines Amtsbezirks oder außerhalb des Landes vorgenommen hat, in dem er zum Notar bestellt ist.

### Übersicht

| | |
|---|---|
| I. Allgemeines | 1 |
| II. Überschreiten von Amtsbezirk und Amtsbereich | |
|    1. Notare | 2 |
|       a) Amtsbezirk | 3 |
|       b) Amtsbereich | 4 |
|    2. Sonstige Urkundspersonen | 5 |
| III. Überschreiten der Staatsgrenzen | |
|    1. Grundsatz | 6 |
|    2. Im Ausland errichtete Urkunden | 7 |
|    3. Wahrnehmung im Ausland – Abschluss im Inland | 8 |
|    4. Beurkundungen in diplomatischen Vertretungen | 9 |

## I. Allgemeines

**1** Die Vorschrift entspricht § 11 Abs 3 BNotO. Grundsätzlich ist jeder Notar örtlich zuständig, wenn die sachliche Zuständigkeit vorliegt. Eine örtliche Begrenzung der Zuständigkeit von Urkundspersonen kennt das geltende Recht nicht. § 11 Abs 1 und § 10a Abs 2 BNotO betreffen Fragen der Amtsausübung, nicht der Amtszuständigkeit, sind also Organisations- und nicht Kompetenznormen. Der Notar ist für jede Beurkundung örtlich zuständig, für die er auch sachlich zuständig ist (HUHN-VON SCHUCKMANN BeurkG § 1 RdNr 1; KEIDEL-WINKLER BeurkG § 2 RdNr 10; SCHIPPEL BNotO § 11 RdNr 4 f). § 2 stellt mithin – ebenso wie § 11 Abs 3 BNotO – lediglich klar, dass eine Beurkundung nicht deshalb unwirksam ist, weil eine derartige Organisationsnorm über die Amtsausübung verletzt wird.

## II. Überschreiten von Amtsbezirk und Amtsbereich

### 1. Notare

**2** Es ist zwischen dem Amtsbezirk des Notars und seinem (engeren) Amtsbereich zu unterscheiden.

#### a) Amtsbezirk

**3** Der Amtsbezirk des Notars ist der Oberlandesgerichtsbezirk, in dem er seinen Amtssitz hat (§ 11 Abs 1 BNotO). Außerhalb dieses Amtsbezirks darf der Notar Amtshandlungen nur vornehmen, wenn Gefahr im Verzuge ist oder die Aufsichtsbehörde es genehmigt (§ 11 Abs 2 BNotO). Ein (unerlaubtes) Überschreiten des Amtsbezirkes hat indes nicht zur Folge, dass die Beurkundung unwirksam wird (§ 11 Abs 3 BNotO, § 2 BeurkG).

### b) Amtsbereich

**4** Der Amtsbereich wurde in § 10a BNotO durch das Gesetz zur Änderung des Berufsrechts der Notare und der Rechtsanwälte vom 21. 1. 1991 (BGBl I 150) definiert: Der Amtsbereich ist der Bezirk des Amtsgerichts, in dem der Notar seinen Amtssitz hat. Der Notar soll seine Urkundstätigkeit nach § 10a Abs 2 BNotO nur innerhalb seines Amtsbereiches ausüben, sofern nicht besondere berechtigte Interessen der Rechtsuchenden ein Tätigwerden außerhalb des Amtsbereichsgebieten. Die BNotO-Novelle hat insoweit eine Verschärfung gebracht, als anstelle des Begriffs »rechtfertigen« der Begriff »gebieten« getreten ist. Urkundstätigkeit außerhalb des Amtsbereichs hat der Notar der Aufsichtsbehörde oder nach deren Bestimmung der Notarkammer, der er angehört, unverzüglich und unter Angabe der Gründe mitzuteilen (§ 10a Abs 3 BNotO). In Bayern zB ist die Mitteilung an die Landesnotarkammer zu erstatten. Als besonders berechtigte Interessen gelten nach altem Recht nur »triftige Gründe« (OLG Köln DNotZ 1981, 648; OLG Celle MittRhNotK 1996, 31), wie etwa Krankheit, Gebrechlichkeit oder sonstige unzumutbare Erschwernisse für die Beteiligten oder auch Gefahr in Verzug (LERCH NJW 1992, 3139; ARNDT-LERCH-SANDKÜHLER BNotO § 10a RdNr 7; SCHIPPEL BNotO § 10a RdNr 5). Allein ein besonderes Vertrauensverhältnis oder die Eigenschaft eines Notars als »Hausnotar« genügt nicht (OLG Celle MittRhNotK 1996, 31; SCHIPPEL BNotO § 10a RdNr 5). Bei letztwilligen Verfügungen kann uU eine kurzfristige Gesundheitsverschlechterung dann ein derartiger Grund sein, wenn der Notar bereits mit dem Entwurf des Testaments befasst war (ARNDT-LERCH-SANDKÜHLER BNotO § 10a RdNr 7). Die Bundesnotarkammer hat in ihren Richtlinienempfehlungen vom 29. 1. 1999 in Ziffer IX den Begriff des »berechtigten Interesses« konkretisiert: Danach liegen besondere Interessen des Rechtssuchenden insbesondere vor, wenn Gefahr im Verzug ist, der Notar auf Erfordern einen Urkundsentwurf gefertigt hat und sich danach aus unvorhersehbaren Gründen ergibt, dass die Beurkundung außerhalb des Amtsbereichs erfolgen muss oder in Einzelfällen eine besondere Vertrauensbeziehung zwischen Notar und Beteiligten vorliegt, deren Bedeutung durch die Art der vorzunehmenden Amtstätigkeit unterstrichen werden muss, dies rechtfertigt und es dem Beteiligten unzumutbar ist, den Notar in seiner Geschäftsstelle aufzusuchen. Deshalb wird man wohl auch Fälle als zulässig ansehen können, wenn ein Notar wegen sonstiger, zB Betreuungstätigkeit mit einem umfangreichem Sachkomplex befasst war und dieser auch Gegenstand der Beurkundung ist und aus der in der Sache liegenden Umstände nicht in der Geschäftsstelle vorgenommen werden kann (LERCH NJW 1992, 3139, 3140; ARNDT-LERCH-SANDKÜHLER BNotO § 10a RdNr 7). Zur betreuenden Tätigkeit, etwa zur Urkundsvorbereitung, darf der Notar ohne weiteres den Amtsbereich verlassen (SCHIPPEL BNotO § 10a RdNr 5)

### 2. Sonstige Urkundspersonen

**5** § 2 gilt auch für die anderen Personen, die zuständig sind, Verfügungen von Todes wegen zu beurkunden, nämlich den Bürgermeister und die Konsularbeamten; ihre Beurkundungen bleiben wirksam, auch wenn der jeweilige Amtsbezirk überschritten worden sein sollte (§ 1 Abs 2). § 2 ist auf das Dreizeugentestament naturgemäß nicht anwendbar, da § 2250 BGB keinen Amtsbezirk festsetzt. § 2 gilt jedoch auch bei Bürgermeister- und Konsulartestament nicht, wenn dabei die Staatsgrenzen überschritten, also im Ausland beurkundet wird (vgl § 2249 RdNr 6 sowie unten RdNrn 6 ff). Hierbei endet die Rechtsmacht der Konsularbeamten an den Grenzen der diplomatischen Vertretungen der Bundesrepublik im Ausland; es gelten dann die unten Anm III aufgestellten Grundsätze. Eine Verfügung von Todes wegen ist entsprechend § 1 Abs 2 jedoch dann wirksam beurkundet, wenn ein deutscher Konsularbeamter, der in X tätig ist, in der diplomatischen Vertretung der Bundesrepublik in Y die Beurkundung vorgenommen hat.

### III. Überschreiten der Staatsgrenzen

#### 1. Grundsatz

Dem Notar wird sein Amt vom Staat verliehen. Kraft dieses Amtes genießt der Notar öffentlichen Glauben. Die ihm übertragene Macht kann daher nur so weit reichen wie das Staatsgebiet. Gleiches gilt für die vom Staat sonst mit öffentlichem Glauben versehenen Urkundspersonen (vgl RdNr 5). 6

#### 2. Im Ausland errichtete Urkunden

Urkunden, die von einem deutschen Notar im Ausland errichtet werden, sind keine öffentlichen Urkunden; als Privaturkunden mögen sie wirksam sein (BÄRMANN AcP 159, 5; BLUMENWITZ DNotZ 1968, 716; WINKLER DNotZ 1971, 146; KEIDEL-WINKLER BeurkG § 2 RdNr 2; MECKE-LERCH BeurkG § 2 RdNr 2; vgl auch BGH JZ 1999, 100 m Anm SAENGER = DNotZ 1999, 346). 7

Die in der Literatur teilweise geäußerte Auffassung, dass innerhalb der Grenzen der EU etwas anderes gelten soll, dass also Beurkundungen der Notare außerhalb ihrer Staatsgrenzen, aber innerhalb der Grenzen der EU zulässig und wirksam sind (so HUHN-VON SCHUCKMANN BeurkG, § 2 RdNr 29), kann nicht gefolgt werden (ablehnend auch KEIDEL-WINKLER BeurkG § 2 RdNr 2). Ebenso wenig wie ein Richter oder Polizeibeamter außerhalb der Staatsgrenzen und außerhalb von völkerrechtlichen Verträgen Staatsgewalt ausüben kann, kann ein Notar als von seinem Staat mit öffentlichen Beurkundungsbefugnissen ausgestattete Amtsträger wirksam außerhalb des territorialen Gebietes seines Staates Urkundsgewalt ausüben. Die EU ist noch kein souveräner Staat mit originärer Staatsgewalt, sie besitzt nur abgeleitete Befugnisse zur Rechtsetzung (vgl SCHIPPEL FS Lerche (1993) 499, 506). Solange die EU im Bereich der öffentlichen Beurkundung keine abgeleitete Zuständigkeit von den einzelnen Staaten hat, ist die öffentliche Beurkundung Ausfluss der jeweiligen nationalen souveränen Staatsgewalt. Das Dritte Gesetz zur Änderung der BNotO hat allerdings § 11a BNotO geschaffen, der grenzüberschreitende **notarielle Amtshilfe** zulässt. Das deutsche Recht kann insoweit nur den Auslandsnotar im Inland zur Amtshilfe zulassen und dem Inlandsnotar die Befugnis geben, im Rahmen der Amtshilfe im Ausland tätig zu werden, sofern das ausländische Recht dies ebenfalls zulässt.

#### 3. Wahrnehmung im Ausland – Abschluss im Ausland

Bezeugt der Notar im Inland etwas, was er im Ausland wahrgenommen hat, so ist die Beurkundung gleichwohl unwirksam. Dies gilt insbesondere für die in der Bundesrepublik erfolgte Niederschrift eines letzten Willens, der im Ausland erklärt wurde. Der Notar kann nur amtlich von ihm wahrgenommene Tatsachen bezeugen (vgl § 20 Abs 1 S 2 BNotO). Da das Amt an den Staatsgrenzen endet, kann der Notar im Ausland nichts amtlich wahrnehmen, daher Wahrgenommenes nicht, auch nicht in der Bundesrepublik, beurkunden (vgl BGHZ 138, 359 = DNotZ 1999, 346; BÄRMANN AcP 195, 6; BLUMENWITZ DNotZ 1968, 719; KEIDEL-WINKLER BeurkG § 2 RdNr 2 f vgl aber RdNr 3 zur Beglaubigung). Ob die Beurkundung einer letztwilligen 8

Verfügung vor einem ausländischen Notar wirksam ist und im Inland anerkannt wird, ist keine Frage der Zuständigkeit, sondern der internationalprivatrechtlichen Frage des sog Formstatuts (vgl Abschnitt C RdNr 15, 43), die im Wesentlichen durch das Haager Testamentsformübereinkommen vom 5. 10. 1961 (BGBl II 1965, 1145; II 1966, 11) und Art 26 EGBGB geregelt wird.

### 4. Beurkundungen in diplomatischen Vertretungen

9 Ein deutscher Notar kann in einer diplomatischen Vertretung eines auswärtigen Staates im Inland wirksam beurkunden, selbst wenn sie einen exterritorialen Status hat. Exterritorialität hat nur die Exemtion der Personen und Sachen des Fremdstaates vom deutschen Recht zur Folge, der exterritoriale Bezirk bleibt jedoch deutsches Staatsgebiet. Da deutsche diplomatische Vertretungen im Ausland umgekehrt trotz ihrer Exterritorialität fremdes Staatsgebiet bleiben, kann ein deutscher Notar dort nicht wirksam beurkunden (vgl BLUMENWITZ DNotZ 1968, 716; MECKE-LERCH BeurkG § 2 RdNr 2).

## § 3 Verbot der Mitwirkung als Notar

(1) Ein Notar soll an einer Beurkundung nicht mitwirken, wenn es sich handelt um

1. eigene Angelegenheiten, auch wenn der Notar nur mitberechtigt oder mitverpflichtet ist,
2. Angelegenheiten seines Ehegatten, früheren Ehegatten oder seines Verlobten,
2a. Angelegenheiten seines Lebenspartners oder früheren Lebenspartners,
3. Angelegenheiten einer Person, die mit dem Notar in gerader Linie verwandt oder verschwägert oder in der Seitenlinie bis zum dritten Grade verwandt oder bis zum zweiten Grade verschwägert ist oder war,
4. Angelegenheiten einer Person, mit der sich der Notar zur gemeinsamen Berufsausübung verbunden oder mit der er gemeinsame Geschäftsräume hat,
5. Angelegenheiten einer Person, deren gesetzlicher Vertreter der Notar oder eine Person im Sinne von Nummer 4 ist,
6. Angelegenheiten einer Person, deren vertretungsberechtigtem Organ der Notar oder eine Person im Sinne der Nummer 4 angehört,
7. Angelegenheiten einer Person, für die der Notar außerhalb seiner Amtstätigkeit oder eine Person im Sinne der Nummer 4 außerhalb ihrer Amtstätigkeit in derselben Angelegenheit bereits tätig war oder ist, es sei denn, diese Tätigkeit wurde im Auftrag aller Personen ausgeübt, die an der Beurkundung beteiligt sein sollen,
8. Angelegenheiten einer Person, die den Notar in derselben Angelegenheit bevollmächtigt hat oder zu der der Notar oder eine Person im Sinne der Nummer 4 in einem ständigen Dienst- oder ähnlichen ständigen Geschäftsverhältnis steht, oder
9. Angelegenheiten einer Gesellschaft, an der der Notar mit mehr als fünf von Hundert der Stimmrechte oder mit einem anteiligen Betrag des Haftkapitals von mehr als 2500 Euro beteiligt ist.

Der Notar hat vor der Beurkundung nach einer Vorbefassung im Sinne der Nummer 7 zu fragen und in der Urkunde die Antwort zu vermerken.

(2) Handelt es sich um eine Angelegenheit mehrerer Personen und ist der Notar früher in dieser Angelegenheit als gesetzlicher Vertreter oder Bevollmächtigter

tätig gewesen oder ist er für eine dieser Personen in anderer Sache als Bevollmächtigter tätig, so soll er vor der Beurkundung darauf hinweisen und fragen, ob er die Beurkundung gleichwohl vornehmen soll. In der Urkunde soll er vermerken, dass dies geschehen ist.

(3) Absatz 2 gilt entsprechend, wenn es sich handelt um
1. Angelegenheiten einer Person, deren nicht zur Vertretung berechtigtem Organ der Notar angehört,
2. Angelegenheiten einer Gemeinde oder eines Kreises, deren Organ der Notar angehört,
3. Angelegenheiten einer als Körperschaft des öffentlichen Rechts anerkannten Religions- oder Weltanschauungsgemeinschaft oder einer als Körperschaft des öffentlichen Rechts anerkannten Teilorganisation einer solchen Gemeinschaft, deren Organ der Notar angehört.

In den Fällen der Nummer 2 und 3 ist Absatz 1 Nr 6 nicht anwendbar.

Übersicht

| | | |
|---|---|---|
| I. | Allgemeines | |
| | 1. Neuregelung | 1 |
| | 2. Ausschließungsgründe – Mitwirkungsverbote – Selbstablehnung | 2 |
| | 3. Geltungsbereich | 5 |
| II. | Die Mitwirkungsverbote des § 3 Abs 1 | |
| | 1. Beteiligung | |
| |    a) Grundsatz | 7 |
| |    b) Einzeltatbestände | 8 |
| | 2. Betroffener Personenkreis | |
| |    a) Nr 1 – Eigene Angelegenheiten | 15 |
| |    b) Nr 2 – Angelegenheiten von Ehegatten und Verlobten | 16 |
| |    c) Nr 2a – Angelegenheiten eines Lebenspartners oder früheren Lebenspartners | 16a |
| |    d) Nr 3 – Angelegenheiten von Verwandten und Verschwägerten | 17 |
| |    e) Nr 4 – Angelegenheiten einer Person, mit der sich der Notar zur gemeinsamen Berufsausübung verbunden oder mit der er gemeinsame Geschäftsräume hat | 18 |
| |    f) Nr 5 – Angelegenheiten einer vom Notar gesetzlich vertretenen Person | 19 |
| |    g) Nr 6 – Vertretungsberechtigtes Organ | 20 |
| |    h) Nr 7 – Angelegenheiten einer Person bei Vorbefassung | 22 |
| |    i) Nr 8 – Angelegenheiten von Auftraggebern | 25 |
| |    j) Nr 9 – Angelegenheiten einer Gesellschaft | 28 |
| III. | Die Hinweispflicht nach § 3 Abs 2 | 29 |
| IV. | Hinweispflicht nach § 3 Abs 3 | 30 |
| | 1. Nr 1 – Zugehörigkeit zu nicht vertretungsberechtigten Organen einer juristischen Person | 31 |
| | 2. Nr 2 – Angelegenheiten einer Gemeinde oder eines Kreises | 32 |
| | 3. Nr 3 – Zugehörigkeit zu einem Kirchenorgan | 33 |
| V. | Sonstige Regelungen zur Sicherung des Mitwirkungsverbotes | 34 |

## I. Allgemeines

### 1. Neuregelung

**1** § 3 wurde durch das Dritte Gesetz zur Änderung der Bundesnotarordnung und anderer Gesetze vom 31. 8. 1998 grundlegend neu gefasst. Nach Auffassung des Gesetzgebers gehört die Bestimmung des § 3 zu den zentralen Vorschriften, die im Interesse einer geordneten vorsorgenden Rechtspflege bereits dem Anschein einer Gefährdung der Unabhängigkeit und Unparteilichkeit des Notars entgegenwirken sollen (vgl Begründung zum Regierungsentwurf, BR-Drucks 890/95, 36). Insbesondere die Mitwirkungsverbote für Anwaltsnotare sollten der Entwicklung des anwaltlichen Berufsrechts Rechnung tragen (vgl eingehend zu den neuen Mitwirkungsverboten die – teilweise auch kritischen – Analysen von WINKLER MittBayNot 1999, 1; MIHM DNotZ 1999, 8; HARDER-SCHMIDT DNotZ 1999, 949; ARMBRÜSTER-LESKE ZNotP 2001, 450; 2002, 46; BRÜCHER NJW 1999, 2168).

### 2. Ausschließungsgründe – Mitwirkungsverbote – Selbstablehnung

**2** § 3 nennt die notarrechtlichen Ausschließungsgründe, die nicht zur Unwirksamkeit der Beurkundung führen; § 3 ist eine Sollvorschrift, deren Verletzung nach dem System des BeurkG die Wirksamkeit der Urkunde nicht berührt (BGH DNotZ 1985, 231; EYLMANN-VAASEN-EYLMANN BeurkG § 3 RdNr 2; KEIDEL-WINKLER BeurkG § 3 RdNr 7; BayObLG FGPrax 1995, 172; MIHM DNotZ 1999, 8, 9; WINKLER MittBayNot 1999, 1). § 3 BeurkG spricht daher nicht von Ausschließungsgründen, sondern von einem Verbot der Mitwirkung, um schon sprachlich dem Irrtum vorzubeugen, es handele sich um Unwirksamkeitsgründe. Die Ausschließungsgründe, die zur Unwirksamkeit der Beurkundung führen, sind – äußerlich von den Mitwirkungsverboten getrennt – in § 6 BeurkG niedergelegt. Dem Notar ist gleichwohl an § 3 BeurkG gebunden, es handelt sich um eine zwingende Amtspflicht (BGH DNotZ 1985, 231; EYLMANN-VAASEN-EYLMANN BeurkG § 3 RdNr 2).

**3** Nach § 14 Abs 1 BNotO ist der Notar nicht Vertreter einer Partei, sondern unparteiischer Betreuer der Beteiligten. Die Vorschrift ist die Grundnorm und prägendes Wesensmerkmal des Notaramtes (BOHRER Das Berufsrecht der Notare, RdNr 95). Ist eine Amtshandlung mit der Unparteilichkeit nicht zu vereinbaren, so muss der Notar seine Mitwirkung versagen (§ 14 Abs 2 BNotO). Da der Zweck des Neutralitätsgebotes darin liegt, das Vertrauen in die Amtstätigkeit der Notare zu gewährleisten, wird der Begriff der eigenen Sachbeteiligung weit ausgelegt (BGH DNotZ 1985, 231; ARNDT-LERCH-SANDKÜHLER § 14 BNotO RdNr 74). § 3 konkretisiert den allgemeinen Grundsatz der Unparteilichkeit und regelt eine Reihe von Fallgruppen, in denen das Gesetz unabhängig von der Einzelsituation von Parteilichkeit ausgeht und daher die Mitwirkung des Notars verbietet (MIHM DNotZ 1999, 8, 9). Auch wenn im Einzelfall § 3 nicht erfüllt ist, so kann sich dennoch aus § 14 Abs 1 BNotO die Pflicht zur Nichtmitwirkung ergeben, wenn allgemein das Unparteilichkeitsgebot verletzt sein könnte (relativ streng BGH DNotZ 1985, 231).

**4** Unabhängig von Mitwirkungsverboten und Ausschließungsgründen kann sich der Notar selbst bei der Ausübung seines Amtes wegen Befangenheit enthalten (§ 16 Abs 2 BNotO). Dafür genügt, dass eine Sachbeteiligung bei verständiger Würdigung den Grund haben kann, an der vollen Unparteilichkeit des Notars zu zweifeln (MIHM DNotZ 1999, 8, 10). Darüber hinaus ist zu beachten, dass der Anwalt nach § 45 Abs 1 BRAO bestimmten Vertretungsverboten unterliegt, wobei ein Teil der Vertretungsverbote auch an vorrangige Notartätigkeiten anknüpft.

## 3. Geltungsbereich

**a) Persönlich** gilt § 3 nur für den beurkundenden Notar. Die Vorschrift gilt nicht 5
für den zweiten Notar, der nach §§ 22, 25, 29 zugezogen wird. Für diesen ist § 26
maßgebend. § 3 betrifft nur die Mitwirkung der Urkundsperson. Der zur Beurkundung zugezogene zweite Notar ist funktionell Zeuge, nicht Urkundsperson
(so auch EYLMANN-VAASEN-EYLMANN BeurkG § 3 RdNr 6; KEIDEL-WINKLER BeurkG § 3 RdNr 14;
MECKE-LERCH BeurkG § 3 RdNr 2; aA HUHN-VON SCHUCKMANN BeurkG § 3 RdNr 1). Gem § 1
Abs 2 gilt § 3 auch für die Urkundsperson, die neben dem Notar für die Beurkundung von Verfügungen von Todes wegen zuständig sind, dh für Konsularbeamte
(§§ 10 ff Konsulargesetz) sowie gerichtliche Urkundspersonen (bei gerichtlichen
Vergleichen gem § 127a BGB), nicht jedoch für den Bürgermeister (§ 2249 Abs 1
S 4 BGB) und die Zeugen des sog »Drei-Zeugen-Testaments« (§ 2250 Abs 3 S 2
BGB).

**b) Sachlich** gilt § 3 BeurkG nur für die Mitwirkung bei Beurkundungen, wobei es 6
keine Rolle spielt, ob Willenserklärungen einschl der Verfügung von Todes wegen oder andere Erklärungen oder Tatsachen oder Vorgänge zu beurkunden sind.
§ 3 BeurkG ist nach § 16 Abs 1 BNotO auch auf die Tätigkeiten nach §§ 20–22a
BNotO anzuwenden. Auch bei der Erteilung einer Ausfertigung einer beglaubigten Abschrift nach § 45 wird er von der überwiegenden Meinung entsprechend
angewendet (KEIDEL-WINKLER BeurkG § 3 RdNr 416; MECKE-LERCH BeurkG § 3 RdNr 3; SCHIPPEL-VETTER BNotO § 16 RdNr 18; HUHN-VON SCHUCKMANN BeurkG § 3 RdNr 9; MIHM DNotZ 1999, 8,
10 f). Für die Erteilung einer vollstreckbaren Ausfertigung sind die §§ 41 ff ZPO
vorrangig (so KEIDEL-WINKLER aaO; MECKE-LERCH aaO; ARNDT-LERCH-SANDKÜHLER BNotO § 16
RdNr 20; für die Anwendung von § 3 sind HUHN-VON SCHUCKMANN BeurkG § 3 RdNr 8; SCHIPPEL-VETTER aaO; EYLMANN-VAASEN-EYLMANN BeurkG § 3 RdNr 5).

## II. Die Mitwirkungsverbote des § 3 Abs 1

### 1. Beteiligung

#### a) Grundsatz

§ 3 Abs 1 stellt darauf ab, ob der beurkundende Notar in bestimmten, in den 7
Nummern 1–9 näher bezeichneten Beziehungen zu Personen steht, deren »Angelegenheiten« von der Beurkundung betroffen werden. Um wessen Angelegenheit es sich bei der Beurkundung handelt, ergibt sich einmal aus dem Inhalt der
Urkunde, darüber hinaus jedoch auch dem gesamten Lebenssachverhalt als dem
zu regelnden rechtlichen und wirtschaftlichen Verhältnis. Da es Aufgabe der Vorschrift ist, die notarielle Unabhängigkeit und Unparteilichkeit zu sichern, ist der
Begriff der Angelegenheit weit auszulegen (BGH DNotZ 1985, 2231; EYLMANN-VAASEN-EYLMANN BeurkG § 3 RdNr 8; ARNDT-LERCH-SANDKÜHLER BNotO § 16 RdNr 22; KEIDEL-WINKLER
BeurkG § 3 RdNr 23 f; MECKE-LERCH BeurkG § 3 RdNr 5; MIHM DNotZ 1999, 8, 10 f; BRAMBRING
FGPrax 1998, 201; WINKLER MittBayNot 1999, 1, 7 f; VAASEN-STARKE DNotZ 1998, 661, 671; HARDER-SCHMIDT DNotZ 1999, 956 ff; kritisch allerdings ARMBRÜSTER-LESKE ZNotP 2001, 454 ff). Um
nicht zu einer uferlosen Ausdehnung des Mitwirkungsverbots zu kommen, geht
die hL davon aus, dass es sich nur dann um Angelegenheiten einer Person handelt, wenn deren Rechte und Pflichten durch den Urkundsvorgang unmittelbar
betroffen werden. Nur mittelbare Auswirkungen auf rechtliche oder wirtschaftliche Interessen genügen nicht (vgl KEIDEL-WINKLER BeurkG § 3 RdNr 23 f; ARNDT-LERCH-SANDKÜHLER BNotO § 16 RdNr 23; HUHN-VON SCHUCKMANN BeurkG § 3 RdNr 14 f).

### b) Einzeltatbestände

Wendet man diesen Grundsatz auf Verfügungen von Todes wegen an, so ergibt sich Folgendes:

**8** aa) Eine Verfügung von Todes wegen ist zumindest dem Testator als dem formellen wie dem materiellen Urheber des Rechtsgeschäfts von Todes wegen als dessen Angelegenheit zuzurechnen.

**9** bb) Beim Erbvertrag sind auch die Angelegenheiten des Vertragspartners, der selbst keine Verfügung errichtet hat, betroffen. Einmal ist dieser formell am Rechtsgeschäft unmittelbar beteiligt, zum anderen – zumindest wegen der ihm gegenüber bestehenden Gebundenheit des Testierenden – auch materiell unmittelbarer Nutznießer des Geschäfts.

**10** cc) Eine Verfügung von Todes wegen regelt die Angelegenheiten eines jeden, der in ihr bedacht wird, sei es durch Erbeinsetzung, Vermächtnis- oder Teilungsanordnung. Hier ist zwar keine formelle Teilnahme am Rechtsgeschäft gegeben, wohl aber die unmittelbare materielle Betroffenheit (vgl EYLMANN-VAASEN-EYLMANN BeurkG § 3 4; KEIDEL-WINKLER BeurkG § 3 RdNr 29; MECKE-LERCH § 3 BeurkG RdNr 7; ARNDT-LERCH-SANDKÜHLER § 16 BNotO RdNr 23). Fraglich ist allerdings, ob auch die Auflage zugunsten einer Person eine Verfügung von Todes wegen zu deren Angelegenheit werden lässt. Für § 2235 BGB aF wurde dies abgelehnt (vgl STAUDINGER-FIRSCHING § 2235 RdNr 10). Im Hinblick darauf, dass der von einer Auflage Begünstigte keinen Anspruch gegen den Beschwerten hat, war dies bei der alten Formulierung des Gesetzes (»bedacht«) vertretbar. § 3 stellt jedoch anders als § 2235 BGB aF allgemein darauf ab, wessen Angelegenheit betroffen ist. Gleichwohl sind die Angelegenheiten des durch eine Auflage (objektiv) Begünstigten in diesem Sinne von einer Verfügung von Todes wegen nicht betroffen, da keine unmittelbare Verknüpfung vorliegt; die Beziehung zwischen der möglicherweise objektiv begünstigten Person und der Verfügung von Todes wegen wird erst mittelbar, nämlich durch das Erfüllen der Auflage, worauf kein Rechtsanspruch besteht, herbeigeführt (KEIDEL-WINKLER aaO; MECKE-LERCH aaO; ARNDT-LERCH-SANDKÜHLER aaO; EYLMANN-VAASEN-EYLMANN aaO).

**11** dd) Eine Verfügung von Todes wegen regelt ferner die Angelegenheit des zum Testamentsvollstrecker Ernannten, so dass nach § 3 Abs 1 der Notar nicht die Bestellung einer Person im Sinne des § 3 Abs 1, auch nicht seines Sozius zum Testamentsvollstrecker beurkunden darf (MECKE-LERCH BeurkG § 3 RdNr 7; ARNDT-LERCH-SANDKÜHLER BNotO § 16 RdNr 30; BRAMBRING FGPrax 1998, 201; VAASEN-STARKE DNotZ 1998, 661, 671; EYLMANN-VAASEN-EYLMANN BeurkG § 3 RdNr 14; KEIDEL-WINKLER BeurkG § 3 RdNr 29; ARNDT-LERCH-SANDKÜHLER BNotO § 16 RdNr 23; BGH DNotZ 1997, 466 ist durch die Neufassung des § 3 überholt).

**12** ee) Eine Verfügung von Todes wegen betrifft darüber hinaus auch die Angelegenheiten derjenigen Person, die als Erben übergangen und dadurch pflichtteilsberechtigt oder die gar von ihrem Pflichtteilsrecht ausgeschlossen werden; in deren Angelegenheiten wird durch Verfügung zwar nur negativ, aber sachlich nicht minder unmittelbar eingegriffen.

**13** ff) Nicht beteiligt iS von § 3 sind diejenigen Personen, die in einer Verfügung von Todes wegen als Vormund oder Pfleger benannt sind (vgl zu § 2235 BGB aF; KGJ 51 A 91), da hier kein unmittelbarer Bezug vorhanden ist. Gleiches gilt für Beistände und Mitglieder des Familienrates. Angeordnete Befreiungen für diese Personen können ebenfalls die Verfügung von Todes wegen nicht zu deren Angelegenheiten machen.

**gg)** Eine Erbausschlagung berührt auch denjenigen, der dadurch Erbe wird; nicht  14
hingegen die Pflichtteilsberechtigten, die Vermächtnisnehmer und Nachlassgläubiger (so KEIDEL-WINKLER BeurkG § 3 RdNr 29; EYLMANN-VAASEN-EYLMANN BeurkG § 3 RdNr 14; WINKLER MittBayNot 1999, 1, 4; ARNDT-LERCH-SANDKÜHLER BNotO § 16 RdNr 30; BeurkG § 3 RdNr 7; aA zum Pflichtteilsberechtigten SCHIPPEL-VETTER BNotO § 16 RdNr 19).

## 2. Betroffener Personenkreis

### a) Nr 1 – Eigene Angelegenheiten

Eine Verfügung von Todes wegen ist eine eigene Angelegenheit des Notars, wenn  15
er zum einen der genannten Personenkreise gehört. Im Gesetz ist klargestellt, dass ein Mitwirkungsverbot auch dann besteht, wenn der beurkundende Notar nur mitberechtigt oder mitverpflichtet wird. Eigenbeteiligung besteht auch bei Tätigkeiten als Verwalter kraft Amtes wie Testamentsvollstrecker, Nachlass-, Insolvenzverwalter, sodass der Notar nach Nr 1 von allen Beurkundungen ausgeschlossen ist, die sich auf die verwaltete Vermögensmasse beziehen (KEIDEL-WINKLER BeurkG § 3 RdNr 31; MIHM DNotZ 1999, 13; EYLMANN-VAASEN-EYLMANN BeurkG § 3 RdNr 13).

### b) Nr 2 – Angelegenheiten von Ehegatten und Verlobten

Einbezogen sind kraft ausdrücklicher Anordnung auch die früheren Ehegatten,  16
nicht jedoch die früheren Verlobten. »Früherer Ehegatte« ist der Partner einer geschiedenen, der aufgehobenen oder aufgelösten Ehe. Ein Mitwirkungsverbot besteht auch dann, wenn eine vernichtbare Ehe für nichtig erklärt worden ist (§§ 16–27 EheG); die Ehe wird zwar mit rückwirkender Kraft vernichtet, sie hat indessen bis zur Rechtskraft des Urteils faktisch bestanden, sodass die in § 3 geregelte Konfliktsituation ebenso besteht wie in den anderen Fällen (STEIN-JONAS-BORK ZPO, 21. Aufl, § 41 RdNr 10). Nicht von der Mitwirkung ausgeschlossen ist der Partner einer Nichtehe (vgl zum Begriff PALANDT-BRUDERMÜLLER Einf 5 f vor § 1313). Fraglich ist, ob unter Verlöbnis iS von § 3 nur ein solches im Rechtssinne (§§ 1297 ff BGB) zu verstehen ist oder auch sonstige faktische Bindungen. Diese führen zwar auch zu einem Motivationskonflikt beim Notar, doch setzt § 3 bei der personalen Beziehung ein Minimum an rechtlicher Stabilität voraus, das bei bloß tatsächlichen Beziehungen nicht gegeben ist. § 3 ist auch nicht auf die nichteheliche Lebensgemeinschaft anzuwenden, hier wirdallerdings § 14 Abs 3 in Verbindung mit § 16 Abs 2 BNotO einschlägig sein (ARNDT-LERCH-SANDKÜHLER BNotO § 16 RdNr 59; MIHM DNotZ 1999, 8, 13; EYLMANN-VAASEN-EYLMANN BeurkG § 3 RdNr 31).

### c) Nr 2a – Angelegenheiten eines Lebenspartners oder früheren Lebenspartners

§ 3 Abs 1 Nr 2a wurde eingefügt durch Art 3 § 15 des Gesetzes vom 16. 2. 2001  16a
(BGBl I 266). Dieses Gesetz regelt die Lebenspartnerschaft von homosexuellen Paaren. Diesen wurde erstmals die Möglichkeit einer sog »eingetragenen Lebenspartnerschaft« eingeräumt, die in zivilrechtlicher Hinsicht weitgehend der Ehe gleichgestellt ist. Der Notar darf deshalb auch nicht beurkunden, wenn es sich um Angelegenheiten seines Lebenspartners oder früheren Lebenspartners handelt. Voraussetzung für die Anwendung des § 3 Abs 1 Nr 2a ist, dass eine eingetragene Lebenspartnerschaft iSd § 1 LPartG vorliegt.

### d) Nr 3 – Angelegenheiten von Verwandten und Verschwägerten

Verwandtschaft oder Schwägerschaft der in § 3 Abs 1 Nr 3 näher bezeichneten Art  17
sind nach §§ 1589 f BGB zu beurteilen. Hiernach sind Personen, deren eine von der anderen abstammt, in gerader Linie verwandt. Stammen Personen von derselben dritten Person ab, so sind sie in der Seitenlinie verwandt; der Grad der Verwandtschaft bestimmt sich nach der Zahl der sie vermittelnden Geburten. Schwägerschaft besteht zwischen den Verwandten eines Ehegatten und dem an-

deren Ehegatten, nicht auch zwischen den beiderseitigen Verwandten. Der Grad der Schwägerschaft bestimmt sich nach dem Grad der sie vermittelnden Verwandtschaft. Die Schwägerschaft dauert fort, auch wenn die zugrunde liegende Ehe aufgelöst wird. Verwandtschaft iS von § 1589 BGB besteht auch zwischen dem Erzeuger und dem nichtehelichen Kind. Die Neuregelung durch das ab 1. 7. 1998 geltende neue Kindschaftsrecht (Kindschaftsrechtsreformgesetz v 16. 12. 1997, BGBl I 2942) hat nichteheliche und eheliche Kinder abstammungsrechtlich gleich behandelt (vgl ZIMMERMANN DNotZ 1998, 404 ff). Die Vaterschaft wird durch Anerkennung oder gerichtliche Feststellung festgestellt (§ 1595 Nr 2 und 3 BGB). Die Vaterschaftsfeststellungsklage kann nach der Neuregelung vom Mann gegen das Kind oder von der Mutter oder dem Kind gegen den Mann beim Familiengericht eingereicht werden (§ 1600e nF). Bei Lebenspartnern iSd LPartG gelten nach § 11 Abs 2 LPartG die Verwandten des einen Lebenspartners als mit dem anderen Lebenspartner verschwägert.

### e) Nr 4 – Angelegenheiten einer Person, mit der sich der Notar zur gemeinsamen Berufsausübung verbunden oder mit der er gemeinsame Geschäftsräume hat

**18** Nr 4 ist durch die BNotO-Novelle grundlegend neu gefasst worden. Hierdurch wird der Notar – anders als bisher – auch in Angelegenheiten der mit ihm verbundenen Sozien oder in Bürogemeinschaft verbundenen Personen oder bei ähnlichen Arten der Kooperation (vgl MIHM DNotZ 1999, 8, 14; WINKLER MittBayNot 1999, 1; EYLMANN-VAASEN-EYLMANN BeurkG § 3 RdNr 33 ff; KEIDEL-WINKLER BeurkG § 3 RdNr 73) von einer Urkundstätigkeit ausgeschlossen. Nach der Begründung zum Regierungsentwurf geht es in erster Linie darum, Gefährdungen für das Vertrauen auf die Unparteilichkeit des Notars von vornherein auszuschließen (BR-Drucks 890/95, 36). Dennoch ist der Wortlaut weiter und verbietet jede Beurkundung von einer Person, mit der sich der Notar zur gemeinsamen Berufsausübung verbunden oder mit der er gemeinsame Geschäftsräume hat. Die Vorschrift erfasst daher nach dem Wortlaut auch Fallkonstellationen, in denen ein Anschein der Parteilichkeit von vornherein ausscheidet, etwa bei der Beurkundung eines Testamentes für den Sozius. Dennoch ist nach dem klaren Wortlaut auch bei derartigen Fallkonstellationen ein Mitwirkungsverbot gegeben (für eine einschränkende Auslegung allerdings HARDER-SCHMIDT DNotZ 1999, 956 ff; kritisch auch ARMBRÜSTER-LESKE ZNotP 2002, 47). Der Notar ist damit zB auch ausgeschlossen für die Beurkundung der Ernennung des Sozius als Testamentsvollstrecker (vgl MIHM DNotZ 1999, 8, 14; WINKLER MittBayNot 1999, 1, 4; KEIDEL-WINKLER BeurkG § 3 RdNr 73; BRAMBRING FGPrax 1998, 201; VAASEN-STARKE DNotZ 1998, 661, 671; EYLMANN-VAASEN-EYLMANN BeurkG § 3 RdNr 14; KEIDEL-WINKLER BeurkG § 3 RdNr 29; ARNDT-LERCH-SANDKÜHLER BNotO § 16 RdNr 23; BGH DNotZ 1997, 466 ist durch die Neufassung des § 3 überholt). Zulässig ist aber das Verfahren, dass der Erblasser in einem eigenhändigen ergänzenden Testament den Notar, der seinen letzten Willen beurkundet hat oder dessen Sozius, zum Testamentsvollstrecker ernennt (ARMBRÜSTER ZNotP 2002, 47). Für Ehepartner des Sozius gilt die Vorschrift nicht.

### f) Nr 5 – Angelegenheiten einer vom Notar gesetzlich vertretenen Person

**19** Die Vorschrift entspricht weitgehend der früheren Regelung, allerdings wird nun auch der Sozius bzw. auch die Person erfasst, mit der der Notar gemeinsame Geschäftsräume hat. Das Mitwirkungsverbot besteht daher, wenn entweder der Notar oder sein Sozius bzw. die Person, mit der er gemeinsame Geschäftsräume hat, gesetzlicher Vertreter ist. Als gesetzlicher Vertreter – Vater, Vormund, Pfleger, Betreuer, gesetzlicher Vertreter einer juristischen Person des öffentlichen Rechts – darf der Notar in Angelegenheiten des Vertretenen nicht mitwirken. Dies gilt selbst dann, wenn die Vertretungsmacht beschränkt ist und das zu beurkundende Rechtsgeschäft nicht in seinen Wirkungskreis fällt. Das Gesetz hat hier eine generalisierende Lösung gewählt, die zu respektieren ist (MECKE-LERCH § 3 BeurkG RdNr 22; KEIDEL-WINKLER § 3 BeurkG RdNr 89; MIHM DNotZ 1999, 8, 15).

### g) Nr 6 – Vertretungsberechtigtes Organ
Der Notar darf auch nicht mitwirken, wenn er oder sein Sozius bzw. eine Person, mit der er gemeinsame Geschäftsräume hat, dem vertretungsberechtigten Organ der Person angehört. Die Gestaltung kann bei der Verfügung von Todes wegen Bedeutung erlangen, wenn eine juristische Person bedacht wird, ferner, wenn eine juristische Person als nicht testierender Partner eines Erbvertrags auftritt. Der Notar darf in diesem Fall auch dann nicht auftreten, wenn nur die übrigen Mitglieder des vertretungsberechtigten Organs für die juristische Person handeln (MECKE-LERCH BeurkG § 3 RdNr 23; KEIDEL-WINKLER BeurkG § 3 RdNr 92; EYLMANN-VAASEN-EYLMANN BeurkG § 3 RdNr 38). **20**

Ist der Notar Mitglied des Aufsichtsrats einer AG, GmbH oder einer Genossenschaft, so besteht nach der hM ein Mitwirkungsverbot nur, soweit ausnahmsweise der Aufsichtsrat zur Vertretung berufen ist oder ein Geschäft seiner Zustimmung bedarf (KEIDEL-WINKLER BeurkG § 3 RdNr 92; EYLMANN-VAASEN-EYLMANN BeurkG § 3 RdNr 39; MECKE-LERCH BeurkG § 3 RdNr 23; SCHIPPEL-VETTER BNotO § 16 RdNr 58; ARNDT-LERCH-SANDKÜHLER BNotO § 16 RdNr 59; MIHM DNotZ 1999, 8, 16; aA HUHN-VON SCHUCKMANN BeurkG § 3 RdNr 30). Gesetzliche Vertreter iS dieser Vorschrift sind nicht Verwalter kraft Amtes, zB Testamentsvollstrecker. In diesem Fall besteht nur das Mitwirkungsverbot, wenn sich die Beurkundung auf den Nachlass bezieht, nach § 3 Abs 1 Nr 1 BeurkG (KEIDEL-WINKLER BeurkG § 3 RdNr 31, 90; ARNDT-LERCH-SANDKÜHLER BNotO § 16 RdNr 27, 62; MECKE-LERCH BeurkG § 3 RdNr 22). **21**

### h) Nr 7 – Angelegenheiten einer Person bei Vorbefassung
Nr 7 ist einer der zentralen Neuregelungen, die das schwierige Verhältnis der sog Vorbefassung erfassen will. Danach besteht ein Beurkundungsverbot in Angelegenheiten einer Person, für die der Notar oder einer seiner Sozien bzw eine Person, mit der er gemeinsame Geschäftsräume hat, außerhalb der Amtstätigkeit in derselben Angelegenheit bereits tätig war oder ist, es sei denn, diese Tätigkeit wurde im Auftrag aller Personen ausgeübt, die an der Beurkundung beteiligt sein sollen. Im Rahmen der Novellierung des Gesetzes gab es eine Reihe von unterschiedlichen Vorschlägen, auf welche Weise diesem potentiellen Interessenkonflikt Rechnung getragen werden soll. Ursprünglich bestanden Vorschläge, dass ein Mitwirkungsverbot nur dann bestehen sollte, wenn die Vorbefassung in parteilicher Interessenwahrnehmung erfolgt. Der Gesetzgeber hat letztendlich diese Regelung nicht übernommen, sodass es auf die Frage der Interessenwahrnehmung nicht mehr ankommt. Er hatte vielmehr eine Einschränkung nur dadurch zu erreichen versucht, dass kein Mitwirkungsverbot besteht, wenn diese frühere Tätigkeit im Auftrag aller Personen ausgeübt wurde, die an der Beurkundung beteiligt sein sollen. Dadurch wird die Vorschrift leichter handhabbar, da nicht im Einzelfall geklärt werden muss, ob die Vorbefassung in parteilicher oder unparteilicher Weise erfolgte. Kein Verbot besteht, wenn die Vorbefassung im Rahmen der Amtstätigkeit des Notars oder seines Notarsozius erfolgt. Dies ist unmittelbar einleuchtend, da in diesem Fall eine Verletzung der notariellen Unparteilichkeit per Definition ausscheidet (so zu Recht VAASEN-STARKE DNotZ 1998, 661, 670; MIHM DNotZ 1999, 8, 16 ff; WINKLER MittBayNot 1999, 1, 6; EYLMANN-VAASEN-EYLMANN BeurkG § 3 RdNr 40 ff). **22**

Erfasst sind daher alle Tätigkeiten, mit denen der Notar in derselben Angelegenheit außerhalb seiner Amtstätigkeit in irgendeiner Weise beruflich, geschäftlich oder in sonstiger Weise – etwa als Anwalt oder Steuerberater oder Wirtschaftsprüfer – bereits befasst gewesen oder noch befasst ist. Auch in der Vergangenheit **23** abgeschlossene Sachverhalte werden einbezogen (vgl BR-Drucks 890/95, 36; KEIDEL-WINKLER BeurkG § 3 RdNr 117; HARDER-SCHMIDT DNotZ 1999, 960). Außerdem wird die Vorschrift über das Mitwirkungsverbot auf die mit dem Notar verbundenen Personen innerhalb der Sozietät erweitert.

Der Begriff »in derselben Angelegenheit«, wurde vom Gesetzgeber im Rahmen der Novelle nicht geändert, sodass die bisherige weite Interpretation des Begriffs der Angelegenheit (vgl oben RdNr 7 ff) auch für dieses Mitwirkungsverbot gilt. Für auf Dauer angelegte Beratungs- oder Prüfungstätigkeit insbesondere von Steuerberatern oder Wirtschaftsprüfern bedeutet dies, dass der mit diesen verbundene Notar in keiner Angelegenheit des Mandanten beurkunden darf (VAASEN-STARKE DNotZ 1998, 661, 671; EYLMANN NJW 1998, 2029, 2031; MIHM DNotZ 1999, 8, 19; KEIDEL-WINKLER BeurkG § 3 RdNr 116; EYLMANN-VAASEN-EYLMANN BeurkG § 3 RdNr 49).

24 Zu beachten ist, dass der Notar in allen Fällen nach § 3 Abs 1 S 2 vor der Beurkundung nach einer Vorbefassung im Sinne der Nr 7 zu fragen und in der Urkunde die Antwort zu vermerken hat (vgl zur Vermerkpflicht MIHM DNotZ 1999, 8, 20; HELLER-VOLLRATH MittBayNot 1998, 322; WINKLER MittBayNot 1999, 1, 9). Für den hauptberuflichen Notar ist die Vorschrift – insbesondere die Frage- und Vermerkpflicht – nach Abs 1 S 2 eingeschränkt auszulegen, da dieser keinen weiteren Beruf ausüben darf (so HELLER-VOLLRATH MittBayNot 1998, 322; HERMANNS MittRhNotK 1998., 359; KEIDEL-WINKLER BeurkG § 3 RdNr 102 ff.; anders aber: EYLMANN-VAASEN-EYLMANN BeurkG § 3 RdNr 42).

i) Nr 8 – Angelegenheiten von Auftraggebern
25 § 3 Abs 1 Nr 8, der Angelegenheiten von Vollmachtgebern oder bei ständigem Dienst- oder Geschäftsverhältnis verbietet, entspricht der früheren Nr 5, wurde allerdings ebenfalls auf Sozien bzw Personen, mit denen der Notar gemeinsame Geschäftsräume hat, ausgedehnt.

26 § 3 Abs 1 Nr 8 1. Alternative erfasst das Mitwirkungsgebot bei der Beurkundung von Angelegenheiten einer Person, die den Notar in derselben Angelegenheit (rechtsgeschäftlich) bevollmächtigt hat. Die Identität der Angelegenheit als rechtlich-wirtschaftlicher Lebenssachverhalt ist vorausgesetzt; ist der Notar in einer anderen Sache Bevollmächtigter einer Beteiligten, so muss er nach § 3 Abs 2 auf das Ablehnungsrecht der Beteiligten hinweisen. Das Mitwirkungsverbot ist unabhängig davon, ob der Notar im konkreten Fall von seiner Vollmacht Gebrauch macht; er darf also auch dann nicht beurkunden, wenn der Auftraggeber selbst handelt oder wenn ein Unterbevollmächtigter auftritt (vgl BGH DNotZ 1985, 231; MECKE-LERCH BeurkG § 3 RdNr 24; KEIDEL-WINKLER BeurkG § 3 RdNr 153; SCHIPPEL-VETTER BNotO § 16 RdNr 64). Ist der Notar Generalbevollmächtigter, kann er für den Vollmachtgeber keinerlei Beurkundungen vornehmen. Die Vollmacht muss noch bestehen, sonst gilt nur § 3 Abs 2 BeurkG. Das anwaltliche Mandat und die hiermit verbundene Vollmacht ist erst dann beendet, wenn das Mandat abgeschlossen und die Kosten vollständig abgerechnet und auch bezahlt sind (MECKE-LERCH BeurkG § 3 RdNr 24;). Die anwaltliche Vollmacht wird nach der Neuregelung jetzt durch § 3 Abs 1 Nr 7 als umfassendere Regelung erfasst.

27 Nach der zweiten Alternative des § 3 Abs 1 Nr 5 besteht ein Mitwirkungsverbot, wenn ein Notar zu einer Person in einem ständigen Dienst- oder ähnlich ständigen Geschäftsverhältnis steht. Zweck der Vorschrift ist es, »Hausnotariate« zu verhindern (vgl Schippel-Vetter BNotO § 16 RdNr 73; ARNDT-LERCH-SANDKÜHLER BNotO § 16 RdNr 90; KEIDEL-WINKLER BeurkG § 3 RdNr 157).

j) Nr 9 – Angelegenheiten einer Gesellschaft
28 Neu eingeführt wurde ein Mitwirkungsverbot in Angelegenheiten einer Gesellschaft, an der der Notar mit mehr als 5% der Stimmrechte oder mit einem anteili-

gen Betrag des Haftkapitals von mehr als 2.500,00 € beteiligt ist. Durch diese Einbeziehung der Gesellschaftsbeteiligung des Notars in das Beurkundungsverbot soll die Bedeutung der Unabhängigkeit und Unparteilichkeit der notariellen Amtstätigkeit stärker als bisher hervorgerufen werden. Bereits dem Anschein, der Notar selbst habe ein eigenes wirtschaftliches rechtliches Interesse an der Angelegenheit, soll entgegengewirkt werden (vgl BR-Drucks 890/95, 37). Mit dem Begriff des Haftkapitals dürfte wohl der Nominalwert des Kapitalanteils gemeint sein (EYLMANN-VAASEN-EYLMANN BeurkG § 3 RdNr 58).

### III. Die Hinweispflicht nach § 3 Abs 2

§ 3 Abs 2 enthält kein Mitwirkungsverbot, sondern nur eine Hinweispflicht. Zwei **29** Fallgruppen sind erfasst: Entweder war der Notar früher in dieser Angelegenheit als gesetzlicher Vertreter oder Bevollmächtigter tätig. Entscheidend für die Abgrenzung zu Abs 1 Nr 8 ist, ob die Vollmacht erloschen ist und ob es sich um dieselbe Angelegenheit handelt. Die zweite Alternative des § 3 Abs 2 umfasst den Fall, dass der Notar zum Zeitpunkt der Beurkundung in einer anderen Angelegenheit als Bevollmächtigter eines Beteiligten tätig ist. Der Anwaltsnotar muss daher auf eine Prozessvollmacht immer aufmerksam machen, wenn er für einen Beteiligten in einer Sache tätig ist, die mit der Beurkundung nichts zu tun hat. Ist die Prozessvollmacht erloschen, besteht keine Hinweispflicht (KEIDEL-WINKLER FG BeurkG § 3 RdNr 177; SCHIPPEL-VETTER BNotO § 16 RdNr 78). Der Notar hat in diesen Fällen die Anwesenden zu fragen, ob er gleichwohl die Beurkundung vornehmen soll. Den Beteiligten steht sodann das Recht auf Ablehnung des Notars zu. Lehnt einer der Beteiligten den Notar ab, so hat die Beurkundung zu unterbleiben. Das Ablehnungsrecht besteht bis zum Abschluss der Beurkundung. In der Urkunde ist zu vermerken, dass der Hinweis und die Belehrung erfolgt sind (KEIDEL-WINKLER BeurkG § 3 RdNr 191 f; MECKE-LERCH BeurkG § 3 RdNr 28).

### IV. Hinweispflicht nach § 3 Abs 3

§ 3 Abs 3 schließt die Hinweis- oder Fragepflicht des Notars und damit auch das **30** Ablehnungsrecht der Beteiligten aus. Diese Vorschrift wurde teilweise im Rahmen der Novelle neu gefasst.

#### 1. Nr 1 – Zugehörigkeit zu nicht vertretungsberechtigten Organen einer juristischen Person

Organe einer juristischen Person, die nicht zur Vertretung berechtigt sind, sind **31** etwa der Aufsichtsrat von AG und GmbH, Beiräte und Verwaltungsräte von juristischen Personen des privaten und des öffentlichen Rechts.

#### 2. Nr 2 – Angelegenheiten einer Gemeinde oder eines Kreises

Die Vorschrift wurde klargestellt. Während früher Voraussetzung war, dass der **32** Notar Mitglied der Gemeinde oder Kreisvertretung war, der die gesetzliche Vertretung oblag, genügt es jetzt, dass er einem Organ der Gemeinde oder des Kreises angehört. Bereits im alten Recht galt es als unerheblich, ob dem betreffenden Organ nach der jeweiligen Gemeinde oder Kreisverfassung die Vertretungsmacht zusteht oder nicht (vgl KEIDEL-WINKLER § 3 BeurkG RdNr 183 f). Die Vorschrift hat, wie

§ 3 Abs 3 S 2 klarstellt, auch eine Privilegierungsfunktion. Es wird nämlich ausdrücklich klargestellt, dass in diesen Fällen unabhängig von der Frage, ob das Organ Vertretungsmacht hat oder nicht, kein Mitwirkungsverbot, sondern nur eine Hinweispflicht besteht. Dies will die Neuregelung ebenfalls klarstellen.

### 3. Nr 3 – Zugehörigkeit zu einem Kirchenorgan

33 Auch diese Vorschrift wurde teilweise neu gefasst und stellt nunmehr nur darauf ab, ob der Notar dem Organ angehört oder nicht. Es kommt nicht mehr auf die Frage an, ob das Organ durch Wahlen gebildet wurde oder ihm die gesetzliche Vertretung obliegt. Auch insofern gilt wie bei Nr 2, dass die Neuregelung eine Klarstellung der geltenden Rechtslage bezweckt. Auch insofern besteht nur eine Hinweispflicht und kein Mitwirkungsverbot, auch im Falle der Zugehörigkeit zu einem nicht zur Vertretung berechtigten Organ der Kirche bzw Weltanschauungsgemeinschaft.

## V. Sonstige Regelungen zur Sicherung des Mitwirkungsverbotes

34 Der Gesetzgeber hat die Mitwirkungsverbote durch die neu eingefügte Bestimmung des § 28 BNotO abgesichert. Hiernach hat der Notar durch geeignete Vorkehrung und die Wahrung der Unabhängigkeit und Unparteilichkeit seiner Amtsführung, insbesondere die Einheit der Mitwirkungsverbote und weiterer Pflichten nach den Bestimmungen der BNotO des BeurkG und der KostO sicherzustellen. § 28 BNotO wird durch Ziffer VI der Richtlinien der Bundesnotarkammer konkretisiert.

## § 4 Ablehnung der Beurkundung

**Der Notar soll die Beurkundung ablehnen, wenn sie mit seinen Amtspflichten nicht vereinbar wäre, insbesondere wenn seine Mitwirkung bei Handlungen verlangt wird, mit denen erkennbar unerlaubte oder unredliche Zwecke verfolgt werden.**

### Übersicht

| | | |
|---|---|---|
| I. | Allgemeines | |
| | 1. Regelungszweck | 1 |
| | 2. Soll-Norm | 2 |
| | 3. Pflicht zur Amtsausübung | 3 |
| | 4. Recht der Amtsverweigerung | 4 |
| | a) Befangenheit | 5 |
| | b) Tatsächliche Verhinderung | 6 |
| | c) Fremdsprachige Beurkundung | 7 |
| | d) Beurkundung zur Nachtzeit und an Sonn- und Feiertagen | 8 |
| | e) Beurkundung außerhalb der Geschäftsstelle | 9 |
| | f) Kostenvorschuß | 10 |
| | g) Unzumutbarkeit | 11 |
| II. | Vereinbarkeit mit den Amtspflichten | |
| | 1. Grundsatz | 12 |
| | 2. Fallgruppen | 15 |
| | a) Ausschließung-Mitwirkungsverbote – Befangenheit | 16 |

| | b) | Überschreiten von Amtsbezirk und Amtsbereich | 17 |
|---|---|---|---|
| | c) | Nichtige Rechtsgeschäfte | 18 |
| | d) | Anfechtbare Rechtsgeschäfte | 23 |
| | e) | Zweifel über Personenidentität | 24 |
| III. | | Pflicht zur Amtsverweigerung | |
| | 1. | Grundsatz | 25 |
| | 2. | Umfang der Amtsverweigerung | 26 |
| | 3. | Rechtsmittel gegen die Amtsverweigerung | 27 |

## I. Allgemeines

### 1. Regelungszweck

§ 4 begründet für den Notar die Pflicht, eine Beurkundung abzulehnen, wenn sie **1** mit seinen Amtspflichten nicht vereinbar wäre. § 4 stimmt fast wörtlich mit § 14 Abs 2 BNotO überein und begründet das sog Integritätsgebot, das für das Notaramt ebenso prägend ist wie das Gebot der Unparteilichkeit (BOHRER Das Berufsrecht der Notare, RdNr 101). Beide Vorschriften haben trotz teilweise überschneidender Regelungsbereiche eigenständige Bedeutung. § 14 Abs 2 BNotO gilt auch für sonstige Amtshandlungen, die keine Beurkundungen darstellen und prägt damit die gesamte notarielle Tätigkeit. § 4 gilt darüber hinausgehend auch für das gesamte Beurkundungsverfahren, unabhängig davon, ob ein Notar die Beurkundung vornimmt oder sonstige Urkundspersonen (KEIDEL-WINKLER BeurkG § 4 RdNr 1).

### 2. Soll-Norm

§ 4 statuiert eine Amtspflicht des Notars, nicht aber einen Unwirksamkeitstatbe- **2** stand für die Beurkundung (Soll-Norm). Verstößt der Notar gegen § 4, so ist dadurch die Beurkundung nicht **allein deshalb** unwirksam (KEIDEL-WINKLER BeurkG § 4 RdNr 42). Die Unwirksamkeit kann sich jedoch aus der Verletzung derjenigen Vorschriften ergeben, die den Notar zur Ablehnung der Beurkundung hätten veranlassen müssen.

### 3. Pflicht zur Amtsausübung

Prinzipiell ist der Notar nicht nur nicht berechtigt, die Amtsausübung zu versa- **3** gen, sondern rechtlich verpflichtet, sein Amt auszuüben. Demgemäß darf der Notar nach § 15 Abs 1 S 1 BNotO seine Urkundstätigkeit (§§ 20–22a BNotO) nicht ohne ausreichenden Grund verweigern. Die Vornahme von Beurkundungen ist ein Rechtspflegeakt und als solcher nicht in das Belieben des Notars gestellt. Durch das unbegründete Verweigern des Amtes wird in jedem Fall die dem Staat gegenüber bestehende Pflicht des Notars, sein Amt auszuüben, verletzt. Ob eine unberechtigte Amtsverweigerung auch zur Notarhaftung führt, richtet sich nach dem besonderen Kriterium des § 19 BNotO. Bei der Frage der Ablehnung wird man dem Notar einen gewissen Ermessensspielraum zubilligen können (vgl OLG Nürnberg DNotZ 1969, 61; HAUG Die Amtshaftung des Notars, RdNr 741; ARNDT-LERCH-SANDKÜHLER BNotO § 15 RdNr 50). Die Verletzung der Urkundsgewährungspflicht gegenüber einem Beteiligten, zB zur Beurkundung eines Testaments, kann zugleich auch eine Amtspflichtverletzung gegenüber einem Dritten – dem potentiellen Erben – darstellen (vgl BGHZ 27, 274; BGHZ 58, 343; BGH WM 1996, 548; BGH DNotI-Report 1997, 169). Belehrt der Notar über die Beschwerdemöglichkeit nach § 15 Abs 1 S 2

BNotO, so scheidet in der Regel ein Schadenersatzanspruch wegen Nichterhebung eines Rechtsmittels (§ 19 Abs 1 S 3 BNotO iVm § 839 Abs 3 BGB) aus.

### 4. Recht der Amtsverweigerung

**4** § 4 ist eine Ausnahmevorschrift zu § 15 Abs 1 S 1 BNotO. Sie **berechtigt** den Notar nicht nur zur Amtsverweigerung, sondern **verpflichtet** ihn dazu. Neben § 4 gibt es auch (bloße) Berechtigungstatbestände:

#### a) Befangenheit

**5** Der Notar kann sich gem § 16 Abs 2 BNotO der Ausübung seines Amtes wegen Befangenheit enthalten, wenn er Zweifel hat, ob er die beantragte Beurkundung unparteiisch vornehmen bzw ob ein Beteiligter seine Unparteilichkeit bezweifeln kann (SCHIPPEL-VETTER BNotO § 16 RdNr 6). Kommt der Notar zu dem Ergebnis, dass er (in diesem Sinne) befangen ist, so muss er die Beurkundung ablehnen; das ihm in § 16 Abs 2 BNotO eingeräumte Ermessen ist dann auf diese eine Möglichkeit reduziert. Auch aus § 14 Abs 1 S 2 NotBO lässt sich in einem solchen Fall eine Pflicht zur Amtsverweigerung ableiten (vgl ARNDT-LERCH-SANDKÜHLER BNotO § 14 RdNr 69).

#### b) Tatsächliche Verhinderung

**6** Eine Pflicht zur Beurkundung kann nur im Rahmen der faktischen Möglichkeiten bestehen. Der Notar darf daher die Beurkundung ablehnen, wenn er tatsächlich verhindert ist. Dies ist bei Krankheit des Notars, ferner bei Verhinderung durch andere Amtstätigkeiten, welche die Arbeitskraft des Notars bereits voll in Anspruch nehmen, der Fall; der Notar ist daher zur Amtsverweigerung berechtigt, wenn er sich überlastet fühlt (KEIDEL-WINKLER BeurkG § 4 RdNr 38; HUHN-VON SCHUCKMANN BeurkG § 4 RdNr 12; ARNDT-LERCH-SANDKÜHLER BNotO § 15 RdNr 12). Erkrankung von nahen Angehörigen ist im Allgemeinen kein Berechtigungstatbestand. Gefahren für die eigene Gesundheit sind ein Ablehnungsgrund nur bei nicht dringenden Geschäften. Der Notar ist nicht berechtigt, die Amtsausübung nur deshalb zu versagen, weil der Auftrag zur Beurkundung von einer ansteckend kranken Person kommt; andernfalls würde man vielen Personen die Möglichkeit nehmen, eine Verfügung von Todes wegen zu errichten. Eine Ablehnung ist (wegen Unzumutbarkeit, vgl RdNr 11) jedoch dann berechtigt, wenn der Notar durch die Beurkundung sich selbst einer unmittelbaren Lebensgefahr aussetzen würde (ARNDT-LERCH-SANDKÜHLER BNotO § 15 RdNr 72; SCHIPPEL-REITHMANN, BNotO § 15 RdNr 68).

#### c) Fremdsprachige Beurkundung

Nach § 15 Abs 1 S 2 BNotO ist der Notar nicht verpflichtet, in einer anderen als der deutschen Sprache zu beurkunden. Hieraus folgt das Recht Amtsverweigerung, wenn die Beurkundung in einer Fremdsprache erfolgen soll, selbst wenn der Notar diese Sprache beherrscht. Beurkundungen in deutscher Sprache dürfen dagegen nicht deswegen abgelehnt werden, weil ein Beteiligter ihrer nicht hinreichend kundig ist (vgl §§ 5 Abs 1, 16; KEIDEL-WINKLER; BeurkG § 4 RdNr 40).

#### d) Beurkundung zur Nachtzeit und an Sonn- und Feiertagen

**8** § 10 Abs 3 BNotO verpflichtet den Notar, in der Regel nur »während der üblichen Geschäftsstunden« zu beurkunden. § 5 DONot aF bestimmte noch, dass außerhalb dieser Zeit er Amtsgeschäfte (nur) vornehmen soll, wenn ein Aufschub mit erheblichen Nachteilen für die Beteiligten verbunden wäre. Diese Vorschrift ist weder in der BNotO noch in der neuen DONot übernommen worden, es sollte dem Notar überlassen bleiben, zu welchen Zeiten er seine Dienstleitung anbietet (vgl BT-Drucks 13/11034 S 38). Daraus ist zu folgern, dass, wenn es sich also um ein aufschiebbares Geschäft handelt, der Notar die Beurkundung zur Nachtzeit und an Sonn- und Feiertagen ablehnen kann. Bei Verfügungen von Todes wegen, die wegen des Gesundheitszustands eines der Beteiligten keinen Aufschub dulden, ist ein Amtsverweigerungsrecht nicht gegeben.

### e) Beurkundung außerhalb der Geschäftsstelle

§ 5 Abs 2 DONot aF verpflichtete den Notar, Amtsgeschäfte in der Regel in seiner Geschäftsstelle vorzunehmen (vgl Ziff IX 2, 3 der Richtlinien der Bundesnotarkammer). Auch diese Vorschrift ist ersatzlos aufgehoben worden, dennoch dürfen Beurkundungen außerhalb der Geschäftsstelle abgelehnt werden, es sei denn, dass besondere Umstände ein Tätigwerden außerhalb der Geschäftsstelle erforderlich machen (SCHIPPEL BNotO § 15 RdNr 40). Derartige besondere Umstände werden bei Verfügungen von Todes wegen häufig gegeben sein, insbesondere wenn einer der Beteiligten wegen Krankheit oder Gebrechlichkeit sich nicht mehr zum Notar bemühen kann; die Beurkundung darf in einem solchen Fall nicht verweigert werden.

### f) Kostenvorschuss

Nach §§ 141, 8 Abs 2 KostO soll der Notar die Beurkundung davon abhängig machen, dass die Beteiligten einen Gebühren- und Auslagenvorschuss zahlen oder sicherstellen. Leistet der Antragsteller den Vorschuss nicht, so kann der Notar die Amtsausübung verweigern (KORINTENBERG-LAPPE-BENGEL-REIMANN KostO § 8 RdNr 10; vgl auch BGH DNotZ 1990, 313). Liegen jedoch die in § 8 Abs 2 S 2 KostO genannten Ausnahmen vor, so kann die Beurkundung nicht abgelehnt werden. Gegen das Abhängigmachen der Beurkundung von dem Vorschuss und gegen dessen Höhe hat der Antragsteller die Beschwerde gem § 8 Abs 3 KostO. Die Beschwerde gegen die Verweigerung der Amtstätigkeit steht den Beteiligten unabhängig davon zu (vgl RdNr 27 ff).

### g) Unzumutbarkeit

Neben den vorgenannten Tatbeständen ist die Unzumutbarkeit als allgemeiner Amtsverweigerungsgrund anzuerkennen. § 15 Abs 1 S 1 BNotO sagt nur, dass der Notar die Urkundstätigkeit nicht ohne ausreichenden Grund verweigern darf. Ein solcher liegt jedoch vor, wenn dem Notar die Beurkundung nicht zugemutet werden kann. Der Grundsatz, dass eine Pflicht zum Handeln dort nicht besteht, wo dieses unzumutbar ist, ist dem gesamten Recht immanent. Die unter a–f genannten Verweigerungsgründe konkretisieren dieses Prinzip. Sind sie nicht erfüllt, ist die Vornahme der Beurkundung jedoch gleichwohl unzumutbar, so ist der Notar berechtigt, die Urkundstätigkeit abzulehnen. Es werden dabei vor allem diejenigen Fälle in Betracht kommen, in denen sich die Beteiligten untereinander oder gegenüber dem Notar in einer den elementaren Anstandsregeln grob widersprechenden Form verhalten. Das Recht, die Beurkundung abzulehnen, wird jedoch bei Verfügungen von Todes wegen dann den Erfordernissen der vorbeugenden Rechtspflege hintangesetzt werden müssen, wenn Gefahr im Verzuge ist.

## II. Vereinbarkeit mit den Amtspflichten

### 1. Grundsatz

Tatbestandliche Voraussetzung dafür, dass die Rechtsfolge des § 4 (Pflicht zur Amtsverweigerung) eintritt, ist die Unvereinbarkeit der gewünschten Beurkundung mit den Amtspflichten des Notars. Der in § 4 speziell genannte Fall – Verfolgen erkennbar unerlaubter oder unberechtigter Zwecke – ist nur beispielhaft erwähnt und enthält keine abschließende Inhaltsbestimmung. § 4 sagt nicht, worin die Amtspflichten des Notars bestehen, setzt diese also voraus. Sie ergeben sich aus § 14 BNotO.

13 Hiernach hat der Notar

die verfassungsmäßige Ordnung zu wahren (§ 14 Abs 1 S 1 iVm 13 Abs 1 BNotO),

die Pflichten eines Notars gewissenhaft und unparteiisch zu erfüllen (§ 14 Abs 1 S 1 iVm § 13 Abs 1 BNotO),

die Würde des Notarstandes zu wahren (§ 14 Abs 3 BNotO); vgl SEYBOLD-SCHIPPEL § 15 RdNr 3.

14 Die auf die verfassungsmäßige Ordnung und die Würde des Notarstandes bezogenen Amtspflichten haben bei der Beurkundung von Verfügungen von Todes wegen keine hervorragende Bedeutung. Was die übrigen Amtspflichten betrifft, so sind diese nicht einzeln konkretisiert. Anhaltspunkte können jedoch den §§ 1, 2 BNotO und der Gesamtheit der dem Notar überantworteten Aufgaben entnommen werden (vgl SEYBOLD-SCHIPPEL BNotO § 14 RdNr 5).

### 2. Fallgruppen

15 Eine Pflicht des Notars, seine Amtstätigkeit zu verweigern, besteht bei folgenden Fallgestaltungen:

#### a) Ausschließung – Mitwirkungsverbote – Befangenheit

16 Der Notar hat die Beurkundung abzulehnen, wenn er gem §§ 3, 6 oder (als Notarvertreter) gem § 41 Abs 2 BNotO von der Amtsausübung ausgeschlossen ist, wenn ein Mitwirkungsverbot gem § 3 besteht und wenn der Notar gem § 16 Abs 2 BNotO zu der Überzeugung gelangt, dass er befangen ist (vgl oben RdNr 5).

#### b) Überschreiten von Amtsbezirk und Amtsbereich

17 Der Notar hat nach § 11 Abs 2 Amtsgeschäfte außerhalb seines Amtsbezirkes zu unterlassen; er darf sie nur vornehmen, wenn Gefahr in Verzug ist oder die Aufsichtsbehörde dies genehmigt. Nach § 10a Abs 2 BNotO soll der Notar seine Urkundstätigkeit auch nur innerhalb seines Amtsbereiches ausüben, sofern nicht ein besonderes berechtigtes Interesse der Rechtsuchenden ein Tätigwerden außerhalb des Amtsbereichs rechtfertigt (vgl § 2 RdNr 3, 4).

#### c) Nichtige Rechtsgeschäfte

18 Die Beurkundung eines Rechtsgeschäfts ist abzulehnen, wenn dieses ohne jeden Zweifel unwirksam wäre. Der Notar darf als Amtsperson einem unwirksamen Rechtsgeschäft nicht den Schein der Wirksamkeit verleihen (BGH NJW 1992, 3237; HUHN-VON SCHUCKMANN BeurkG § 4 RdNr 13; ARNDT-LERCH-SANDKÜHLER BNotO § 14 RdNr 108. SCHIPPEL BNotO § 14 RdNr 11). Der Notar darf sich in derartigen Fällen nicht darauf beschränken, die Beteiligten über seine Bedenken zu belehren, um dann gleichwohl zu beurkunden.

19 Es spielt keine Rolle, worauf die Unwirksamkeit zurückzuführen ist. Sie kann sich bei Verfügungen von Todes wegen daraus ergeben, dass die Testierfähigkeit (§§ 2229, 2230 BGB) bzw beim Erbvertrag die Geschäftsfähigkeit (§ 2275 BGB) fehlt, zwingende gesetzliche Formvorschriften nicht eingehalten werden (§ 125 BGB), der Inhalt gegen ein gesetzliches Verbot (§ 134 BGB) oder gegen die guten Sitten (§ 138 BGB) verstößt oder etwas Unmögliches, Widersinniges oder derartig Unbestimmtes anordnet, dass der letzte Wille nicht ermittelt werden kann. Verstöße gegen die Sittenordnung sind im Rahmen von § 138 BGB zu prüfen (vgl Teil A RdNr 89).

20 Ist die Wirksamkeit eines Rechtsgeschäfts (nur) zweifelhaft, so darf die Beurkundung nicht abgelehnt werden. Es ist vielmehr nach § 17 Abs 2 zu verfahren.

Der Notar hat die Amtstätigkeit zu verweigern, sobald er die Unwirksamkeit des Geschäftes erkennt, also uU auch noch während der Beurkundung. Haben die Beteiligten die Niederschrift bereits unterzeichnet, so kann der Notar das Entstehen einer öffentlichen Urkunde dadurch verhindern, dass er es ablehnt, das Protokoll gem § 13 Abs 3 zu unterschreiben. Erkennt der Notar den Unwirksamkeitstatbestand erst nach Abschluss der Beurkundung, so darf er die Urkunde nicht ausfertigen (BGH DNotZ 1987, 558; vgl auch BGH DNotZ 1988, 372 zur Aushändigung eines fehlerhaften Erbscheins; ARNDT-LERCH-SANDKÜHLER BNotO § 14 RdNr 134; OLG Zweibrücken MittBayNot 1995, 162). 21

Es ist unerheblich, ob der Notar die Kenntnis vom Unwirksamkeitsgrund als Privatmann oder als Amtsperson, im Zusammenhang mit der beantragten Beurkundung oder aus Anlass anderer Amtsgeschäfte erlangt hat. 22

#### d) Anfechtbare Rechtsgeschäfte

Da der Notar alle Beurkundungen abzulehnen hat, »mit denen erkennbar unerlaubte oder unredliche Zwecke verfolgt werden«, kann eine Pflicht zur Amtsverweigerung auch bei (bloß) anfechtbaren Verfügungen von Todes wegen bestehen. Von den in §§ 2078, 2079 BGB genannten Gestaltungen kommen aus der Natur der Sache heraus für § 4 nur die Fälle der Anfechtbarkeit wegen Täuschung (§ 2078 Abs 2 BGB 1. Alt) und Drohung (§ 2078 Abs 2 BGB 2. Alt) in Betracht. Befindet sich einer der Beteiligten in einem erkennbaren Irrtum (§ 2078 Abs 1, 2 BGB), so hat der Notar nicht die Beurkundung abzulehnen, sondern den Irrtum aufzuklären. Eine Verweigerung der Amtstätigkeit wegen Anfechtung kommt daher nur in Betracht, wenn weitere Ablehnungsgründe, etwa Sittenwidrigkeit, eine strafbare Handlung oä hinzutritt (HUHN-VON SCHUCKMANN BeurkG § 4 RdNr 35 f; KEIDEL-WINKLER BeurkG § 4 RdNr 10; ARNDT-LERCH-SANDKÜHLER BNotO § 14 RdNr 69 f). 23

#### e) Zweifel über Personenidentität

Zur Amtsverweigerung verpflichtet grundsätzlich nicht der Umstand, dass einer der Beteiligten dem Notar keine Gewissheit über seine Identität gem § 10 verschaffen kann. § 27 Abs 3 S 1 BNotO aF, der für diese Fälle eine Ablehnungspflicht begründete, ist aufgehoben (§ 57 XVII Nr 8). Der Notar muss daher auch dann beurkunden, wenn er sich nicht die erforderliche Gewissheit bei allen Beteiligten verschaffen kann (KEIDEL-WINKLER BeurkG § 10 RdNr 15; MECKE-LERCH BeurkG § 10 RdNr 9). Eine Ablehnungspflicht besteht nur, wenn der Notar die Überzeugung hat, dass der Erschienene seine Persönlichkeit zur Verfolgung unredlicher Zwecke »verdunkelt« (KEIDEL-WINKLER aaO; MECKE-LERCH aaO). 24

### III. Pflicht zur Amtsverweigerung

#### 1. Grundsatz

Ist der Tatbestand des § 4 erfüllt, würde also die Beurkundung mit den Amtspflichten des Notars nicht vereinbar sein (vgl oben Anm II), so ist der Notar verpflichtet, die Amtsausübung zu verweigern. Der Notar ist nicht nur berechtigt, sondern verpflichtet, die Beurkundung abzulehnen. Wegen der Folgen eines Verstoßes gegen diese Pflicht vgl oben RdNr 2. 25

#### 2. Umfang der Amtsverweigerung

Der Notar hat die Beurkundung nur soweit abzulehnen, wie der Ablehnungsgrund reicht. Dies bedeutet, dass nicht die Beurkundung der gesamten Verfügung von Todes wegen verweigert werden darf, sondern nur die einer konkreten 26

Verfügung, wenn sich der vom Notar beanstandete Mangel nur auf diese erstreckt. Dies folgt aus der grundsätzlichen Pflicht, das Amt auszuüben (vgl oben RdNr 3). Teilamtsverweigerungen werden vor allem bei inhaltlichen Bedenken des Notars vorkommen (vgl RdNr 18 ff, 23 ff), wenn sich der Nichtigkeits- oder Anfechtungsgrund nur auf einen Teil der Verfügung von Todes wegen erstreckt. Auch bei partieller und relativer Geschäfts- bzw Testierunfähigkeit (vgl § 2229 RdNr 39 f) kann es notwendig werden, die Beurkundung zum Teil abzulehnen, nämlich insoweit, als das Rechtsgeschäft nicht mehr von der Einsicht des Beteiligten gedeckt würde. Diejenigen Willenserklärungen, die ein Beteiligter sowohl gegenständlich als auch vom Schwierigkeitsgrad erfassen kann, muss der Notar beurkunden.

### 3. Rechtsmittel gegen die Amtsverweigerung

**27** Verweigert der Notar die Amtsausübung (auf Grund einer ihn verpflichtenden oder berechtigenden Norm), so steht den Beteiligten nach § 15 Abs 1 S 2 BNotO die Beschwerde zum Landgericht zu. Es entscheidet eine Zivilkammer des Landgerichts. Für das Verfahren gilt das FGG. Die Beschwerde richtet sich gegen den – formlos möglichen – Bescheid des Notars, dass er die Beurkundung ablehne. Schweigt der Notar (ohne ausdrückliche Ablehnung) auf ein Beurkundungsersuchen, so richtet sich die Beschwerde gegen diese konkludente Amtsverweigerung (SCHIPPEL-REITHMANN BNotO § 15 RdNr 70 ff; ARNDT-LERCH-SANDKÜHLER BNotO § 15 RdNr 77 ff). Einer Person, die durch die Beurkundung begünstigt würde, die aber mit dem Notar nicht in Beziehung getreten ist, braucht der Notar die Ablehnung nicht mitzuteilen (BGH DNotZ 1970, 444).

**28** Hat der Notar die Beurkundung ohne ausreichenden Grund abgelehnt, so wird er durch das Landgericht angehalten, sie nunmehr vorzunehmen.

**29** Der Notar nimmt bei der Beschwerde nach § 15 Abs 1 BNotO die Stelle einer ersten Instanz nach den Vorschriften des FGG ein (SCHIPPEL-REITHMANN BNotO § 15 RdNr 72; ARNDT-LERCH-SANDKÜHLER BNotO § 15 RdNr 92; OLG Hamm DNotZ 1085, 56; OLG Hamm DNotZ 1989, 648). Er selbst kann nicht gegen eine Anweisung Beschwerde einlegen. Die Entscheidung des Beschwerdegerichts lautet im Falle der Begründetheit der Beschwerde die Anweisung an den Notar, die begehrte Amtshandlung vorzunehmen (SEYBOLD-SCHIPPEL-REITHMANN BNotO § 15 RdNr 86; ARNDT-LERCH-SANDKÜHLER § 15 RdNr 96). Soll der Notar eine Beurkundung vornehmen, kann das Gericht nur die Beurkundung als solche, nicht aber den Inhalt der Urkunde anordnen. Gegen die Entscheidung des Landgerichts ist die weitere Rechtsbeschwerde zulässig (KG DNotZ 1971, 494; BayObLG DNotZ 1970, 501; DNotZ 1972, 371; SCHIPPEL-REITHMANN BNotO § 15 RdNr 91). Über die weitere Beschwerde entscheidet das dem LG vorgesetzte OLG (in Rheinland Pfalz das OLG Zweibrücken, in Bayern das BayObLG).

### § 5 Urkundensprache

(1) Urkunden werden in deutscher Sprache errichtet.

(2) Der Notar kann auf Verlangen Urkunden auch in einer anderen Sprache errichten. Er soll dem Verlangen nur entsprechen, wenn er der fremden Sprache hinreichend kundig ist.

**Übersicht**

| | |
|---|---|
| I. **Allgemeines** | |
| 1. Normzweck | 1 |
| 2. Geltungsbereich | 2 |
|    a) Sachliche Geltung | 2 |
|    b) Persönliche Geltung | 3 |
| 3. Sprache der Verhandlung | 4 |
| 4. Verwendung fremder Schriftzeichen | 5 |
| II. **Deutschsprachige Urkunden (§ 5 Abs 1)** | 6 |
| III. **Fremdsprachige Urkunden (§ 5 Abs 2)** | 7 |
| 1. Wunsch der Beteiligten | 7 |
| 2. Ermächtigung zur fremdsprachigen Beurkundung | 9 |
|    a) Grundsätzliche Ermächtigung (§ 5 Abs 2 S 1) | 9 |
|    b) Einschränkung (§ 5 Abs 2 S 2) | 10 |
| IV. **Mischformen** | |
| 1. Gemischtsprachige Urkunden | 11 |
| 2. Doppelsprachige Urkunden | 12 |
| 3. Schlichte Übersetzungen | 13 |
| 4. Amtliche Übersetzungen | 14 |

## I. Allgemeines

### 1. Normzweck

§ 5 betrifft den früher in den §§ 2240, 2276 BGB aF geregelten Gegenstand. Im Gegensatz zur früheren Rechtslage können Verfügungen von Todes wegen nunmehr auch in Fremdsprachen beurkundet werden, wenn gewisse Voraussetzungen erfüllt sind. **1**

### 2. Geltungsbereich

**a)** In **sachlicher Hinsicht** bezieht sich § 5 auf alle Beurkundungen iS des BeurkG, also auch auf Verfügungen von Todes wegen. **2**

**b)** In **persönlicher Hinsicht** gilt § 5 Abs 1 für Notare und sonstige Urkundspersonen (vgl § 1 Abs 1, Abs 2). § 5 Abs 2 gilt hingegen nur für die von Notaren vorgenommenen Beurkundungen (§ 1 Abs 2). Allerdings gestattet § 10 Abs 3 Nr 1 KonsularG den Konsularbeamten, in einer fremden Sprache zu beurkunden. Nach § 2250 Abs 3 S 3 BGB kann auch ein Dreizeugentestament in einer Fremdsprache aufgenommen werden. Der neben dem Notar für die Beurkundung von Verfügungen von Todes wegen noch zuständige Bürgermeister (§ 2249 BGB) kann nur in deutscher Sprache beurkunden (§ 2249 Abs 1 S 4 BGB); eine gleichwohl in einer Fremdsprache errichtete Verfügung ist nichtig (§ 125 BGB). Diese Beschränkung erscheint im Hinblick auf § 2250 Abs 3 S 3 BGB kaum noch als berechtigt. **3**

### 3. Sprache der Verhandlung

§ 5 betrifft nur die in der **Urkunde** gebrauchte Sprache. Es bleibt dem Ermessen des Notars überlassen, in welcher Sprache er die **Verhandlung** führen will. Gem §§ 16, 32 muss bei der Beurkundung von Willenserklärungen die Niederschrift **4** übersetzt werden, wenn ihre Sprache nicht von allen Erschienenen verstanden wird.

#### 4. Verwendung fremder Schriftzeichen

**5** Sprache und Schrift können voneinander nicht getrennt werden. Wenn § 5 Abs 2 die Verwendung einer fremden Sprache erlaubt, kann der Gebrauch der korrespondierenden Schrift dem objektiven Gesetzeszweck nicht zuwiderlaufen. Wenn der Notar schon die fremde Sprache (zB Russisch, Neugriechisch) beherrscht, dürfte er auch die entsprechenden Schriftzeichen verstehen. In konsequenter Fortführung der Tendenz des § 5 Abs 2 muss man es zulassen, dass über eine Verfügung von Todes wegen eine Niederschrift in fremden Schriftzeichen angefertigt wird, vorausgesetzt, dass der Notar ihrer hinreichend kundig ist (vgl KEIDEL-WINKLER BeurkG § 5 RdNr 7; HÖFER JurA 1970, 745; HUHN-VON SCHUCKMANN § 5 BeurkG RdNr 11; HAGENA DNotZ 1978, 387; JANSEN BeurkG § 8 RdNr 2).

### II. Deutschsprachige Urkunden (§ 5 Abs 1)

**6** Die Urkundssprache ist grundsätzlich deutsch.

Dies gilt ohne Rücksicht darauf, ob der Antragsteller Deutscher oder Ausländer ist, ob die Urkunde im In- oder Ausland verwendet werden soll (auch wenn das Bestimmungsland Urkunden in deutscher Sprache nicht anerkennt!) und ob das beurkundete Rechtsgeschäft (Testament) der notariellen Form nicht zwingend bedarf, die Parteien sich also dieser Form freiwillig unterwerfen. Die Vorschriften über die bei der Beurkundung zu verwendende Sprache sind nämlich nicht nur Ergänzungsbestimmungen zu den Formvorschriften des materiellen Rechts, sondern selbständige verfahrensrechtliche Normen, deren Anwendung und Tragweite von der materiellen Rechtslage nicht berührt werden (SCHOETENSACK DNotZ 1952, 271 f; vgl auch Schreiben des Bundesministers der Justiz vom 23. 4. 1963, DNotZ 1963, 325).

§ 5 Abs 1 gilt auch für Protokollanlagen gem § 9 Abs 1 S 2. Bei einem durch Übergabe einer Schrift errichteten öffentlichen Testament ist die Schrift kein Teil der Urkunde (vgl § 2232 RdNr 31); die Schrift kann daher, auch wenn die Voraussetzungen des § 5 Abs 2 nicht vorliegen, in einer Fremdsprache abgefasst sein (JANSEN BeurkG § 5 RdNr 3).

§ 5 Abs 1 ist nicht zwingender Natur. Das macht bereits der Wortlaut, aber auch der Sinn und zweck der Vorschrift deutlich. Ist daher der Ausnahmetatbestand des § 5 Abs 2 nicht gegeben, so ist eine gleichwohl in einer Fremdsprache vorgenommene Beurkundung nicht unwirksam (KEIDEL-WINKLER BeurkG § 5 RdNr 6; aA die Vorauflage, die hiermit aufgegeben wird).

### III. Fremdsprachige Urkunden (§ 5 Abs 2)

#### 1. Wunsch der Beteiligten

**7** § 5 Abs 2 ist nur anwendbar, wenn an den Notar das Verlangen herangetragen wird, eine Urkunde in einer Fremdsprache zu errichten. Dieses »Verlangen« ist tatbestandsmäßige Voraussetzung dafür, dass der Notar in einer anderen als der deutschen Sprache beurkunden kann. Beurkundet der Notar ohne das – auch konkludent mögliche – Verlangen der Beteiligten in einer Fremdsprache, so ist die Beurkundung dennoch wirksam (JANSEN BeurkG § 5 RdNr 8; KEIDEL-WINKLER BeurkG § 5 RdNr 6; HAGENA DNotZ 1978, 395; aA Vorauflage).

Fraglich ist, ob der Wunsch **eines** Beteiligten genügt oder ob **alle** an einer Beurkundung gem § 6 Abs 2 Beteiligten (Testament: Testator; Erbvertrag: Vertragsparteien) die fremdsprachige Beurkundung wünschen müssen, wenn § 5 Abs 2 anwendbar sein soll. § 5 Abs 2 S 1 beschränkt das Verlangen nicht auf einen Beteiligten. Der Wunsch nur eines Beteiligten bei Widerspruch der anderen gibt dem Notar daher nicht die Möglichkeit, die Fremdsprache zu benutzen, zumal sonst die Erklärungen der widersprechenden Person unter Verstoß gegen § 5 Abs 1 beurkundet würden und daher unwirksam wären (JANSEN aaO; HAGENA DNotZ 1978, 396). Es ist aus diesen Gründen dem Notar zu empfehlen, das übereinstimmende Verlangen der Beteiligten in der Urkunde festzuhalten. 8

### 2. Ermächtigung zur fremdsprachigen Beurkundung

a) Ist der Tatbestand des § 5 Abs 2 S 1 erfüllt, wünschen also sämtliche Beteiligten die Beurkundung in einer Fremdsprache, so **kann** der Notar die Urkunde in dieser Fremdsprache errichten. § 5 Abs 2 S 1 ermächtigt den Notar, dies zu tun, verpflichtet ihn aber nicht dazu. Der Notar ist daher ohne weiteres und ohne Angabe von Gründen berechtigt, die Ausübung seines Amtes zu verweigern, wenn er in einer anderen als der deutschen Sprache beurkunden soll (vgl § 4 RdNr 7). 9

b) § 5 Abs 2 S 2 schränkt die Ermächtigung zur fremdsprachigen Beurkundung dadurch ein, dass der Notar verpflichtet wird, dem Verlangen nur dann zu entsprechen, wenn er der fremden Sprache hinreichend kundig ist. Ob dies der Fall ist, hat der Notar selbst zu beurteilen. Zur Ablehnung der Beurkundung (vgl oben a) ist der Notar jedoch auch dann berechtigt, wenn er der gewünschten Fremdsprache hinreichend kundig ist. Beurkundet er umgekehrt ohne hinreichende Fremdsprachenkenntnis, so ist die Beurkundung gleichwohl wirksam, da (nur) eine Soll-Vorschrift verletzt wird (Amtl Begr Einl III 1, BT-Drucks V/3282; Amtl Begr zu § 5, aaO S 28). Es braucht in der Niederschrift nicht festgestellt zu werden, dass der Notar die gebrauchte Sprache beherrscht. 10

## IV. Mischformen

### 1. Gemischtsprachige Urkunden

§ 5 Abs 2 ermöglicht es dem Notar, die Beurkundung nur teilweise in fremder Sprache oder teils in der einen, teils in einer anderen fremden Sprache aufzunehmen, wenn die Voraussetzungen der Vorschrift jeweils gegeben sind (vgl Amtl Begr zu § 5, BT-Drucks V/3282 S 28; KEIDEL-WINKLER BeurkG § 5 RdNr 11). 11

### 2. Doppelsprachige Urkunden

§ 5 Abs 2 gestattet es auch, eine doppelsprachige Urkunde zu errichten, sodass zwei authentische Texte vorliegen; (HUHN-VON SCHUCKMANN BeurkG § 5 RdNr 6; aA die Vorauflage, die hiermit ausdrücklich aufgegeben wird). Für diese Möglichkeit spricht zum einen der Wortlaut der Vorschrift, aber auch die sachlichen Gründe, insbesondere der zunehmende internationale Rechtsverkehr und das Bedürfnis die öffentliche Funktion der Urkunde und ihre Beweiskraft bzgl beider Sprachfassungen zu erhalten. Auslegungsprobleme können dann zwar bestehen, aber relatv leicht dadurch beseitigt werden, dass eine bei Zweifelsfragen maßgebliche Sprache be- 12 stimmt wird, wie dies bei internationalen Abkommen gängige Praxis ist. Fehlt eine solche Bestimmung, so dürfte wegen des Vorrangs der deutschen Sprache (§ 5 Abs 1) die deutsche Fassung allein maßgebend sein.

### 3. Schlichte Übersetzungen

13 Zulässig ist es auch, der (deutschen oder fremdsprachigen) Niederschrift eine vom Notar oder einem Dolmetscher verfasste Übersetzung beizufügen, die als solche zweifelsfrei gekennzeichnet ist, also den Vorrang bei dem anderen (authentischen) Text belässt. Die beiden Texte können – mit vorgenannter Einschränkung – ohne weiteres räumlich nebeneinander stehen (KEIDEL-WINKLER BeurkG § 5 RdNr 1; HÖFER-HUHN Allgemeines Urkundenrecht 81; JANSEN BeurkG § 5 RdNr 5). Nach der Einführung des § 5 Abs 2 ist es gleichgültig, welcher Text (der deutsche oder der fremdsprachige) als Übersetzung erscheint (anders unter dem früheren Rechtszustand, vgl DNotZ 1963, 326).

### 4. Amtliche Übersetzung

14 Zulässig ist es ferner, dass der Notar die deutsche Übersetzung einer Urkunde **mit der Bescheinigung der Richtigkeit und Vollständigkeit** versieht, wenn er die Urkunde selbst in fremder Sprache errichtet hat oder für die Erteilung einer Ausfertigung zuständig ist (§ 50 Abs 1 S 1). Eine derartige Übersetzung gilt widerlegbar als richtig und vollständig (§ 50 Abs 2). Die Übersetzung wird mit Urschrift verwahrt. Diese Form der Übersetzung geht wegen der Wirkung der § 50 Abs 2 weiter als die unter 3) genannte. Übersetzungen in Fremdsprachen können vom Notar **nach § 50** nicht erteilt werden, wohl aber nach den unter RdNr 13 genannten Grundsätzen.

## Zweiter Abschnitt
## Beurkundung von Willenserklärungen

### 1. Ausschließung des Notars

### § 6 Ausschließungsgründe

(1) Die Beurkundung von Willenserklärungen ist unwirksam, wenn

1. der Notar selbst,
2. sein Ehegatte,
2a. sein Lebenspartner,
3. eine Person, die mit ihm in gerader Linie verwandt ist oder war oder
4. ein Vertreter, der für eine der in den Nummern 1 bis 3 bezeichneten Personen handelt,

an der Beurkundung beteiligt ist.

(2) An der Beurkundung beteiligt sind die Erschienenen, deren im eigenen oder fremden Namen abgegebene Erklärungen beurkundet werden sollen.

Übersicht

    I. Allgemeines
        1. Konkordanz         1
        2. Verhältnis zu § 3 und § 7         2

|   |   |   |
|---|---|---|
| 3. | Geltungsbereich | 3 |
|    | a) Sachliche Geltung | 3 |
|    | b) Persönliche Geltung | 4 |
| 4. | Rechtswirkungen der Ausschließung | 5 |

II. **Begriff der Beteiligung (§ 6 Abs 2)**     6

III. **Beteiligter Personenkreis (§ 6 Abs 1)**
1. Notar (Nr 1)     7
2. Ehegatten (Nr 2)     8
3. Lebenspartner (Nr 2a)     8a
4. Verwandte (Nr 3)     9
5. Vertreter (Nr 4)     10

## I. Allgemeines

### 1. Konkordanz

§ 6 tritt für die Beurkundung von Verfügungen von Todes wegen an die Stelle der    1
§§ 2234, 2276 BGB aF. Der Katalog der Ausschließungsgründe ist gegenüber dem alten Recht eingeschränkt; die Beteiligung eines früheren Ehegatten und einer Person, mit welcher der Notar verschwägert oder in der Seitenlinie verwandt ist, wird darin nicht mehr aufgeführt. Das Adoptionsgesetz vom 2. 7. 1976 (BGBl I 1749) hat § 6 Abs 1 Nr 3 neu gefasst und wegen § 1755 BGB auf frühere Verwandte ausgedehnt.

### 2. Verhältnis zu § 3 und § 7

In § 6 werden diejenigen Mitwirkungsverbote des § 3, deren Nichtbeachtung da-    2
zu führt, dass die Beurkundung einer Willenserklärung unwirksam ist, herausgegriffen. § 6 ist mithin für einige der in § 3 genannten Mitwirkungsverbote die Sanktionsnorm. Im Gegensatz zu § 7 bewirkt die Erfüllung der Unwirksamkeitstatbestände des § 6 die Unwirksamkeit der Beurkundung im ganzen; § 7 ordnet nur eine teilweise Unwirksamkeit an (vgl MIHM DNotZ 1999, 8, 9).

### 3. Geltungsbereich

**a)** In **sachlicher Hinsicht** gilt § 6 für alle Willenserklärungen, also auch für Verfü-    3
gungen von Todes wegen (vgl dazu § 8 RdNr 3).

**b)** In **persönlicher Hinsicht** gilt § 6 uneingeschränkt für die Notare, für die Kon-    4
sularbeamten (§ 10 Abs 3 KonsularG) und das Bürgermeistertestament (§ 2249 Abs 1 S 4 BGB). Für das Dreizeugentestament bestimmt § 2250 Abs 3 S 2 BGB, dass § 6 Abs 1 Nr 1-3 auf die Zeugen anwendbar ist. Wird ein Notarvertreter als Urkundsperson tätig (§ 39 BNotO), so kommt es für § 6 darauf an, ob die Ausschließungsgründe in seiner Person vorliegen (§ 39 Abs 4 BNotO). Nach § 41 Abs 2 BNotO soll der Notarvertreter sich seines Amtes zwar auch insoweit enthalten, als die Ausübung dem vertretenen Notar untersagt wäre, doch handelt es sich dabei (nur) um eine Soll-Norm, deren Nichtbeachtung nicht dazu führt, dass die Beurkundung unwirksam ist (SCHIPPEL-VETTER BNotO § 41 RdNr 10; EYLMANN-VAASEN-WILKE BNotO § 41 RdNr 16). Für den Notariatsverwalter gilt § 41 Abs 2 BNotO nicht, da er den für Notare maßgebenden Vorschriften untersteht (§ 57 Abs 1 BNotO). Wer unter die in § 6 Abs 1 aufgeführten Tatbestände fällt, ist verpflichtet, die Be-

urkundung gem § 4 abzulehnen. § 6 gilt auch für den zur Beurkundung zugezogenen Dolmetscher (§ 16 Abs 3 S 2).

### 4. Rechtswirkungen der Ausschließung

5   Eine entgegen § 6 vorgenommene Beurkundung ist insgesamt unwirksam. Die Beteiligten können auf die Beachtung von § 6 nicht verzichten. Die Unwirksamkeit kann nur in dem Verfahren geltend gemacht werden, in dem die Urkunde verwendet wird. Ob die Unwirksamkeit der Beurkundung auch die Nichtigkeit der Willenserklärung zur Folge hat, ist nach materiellem Recht zu beurteilen, hängt also davon ab, ob die Verfügung von Todes wegen auch ohne die öffentliche Beurkundung wirksam ist (EYLMANN-VAASEN-EYLMANN BeurkG § 6 RdNr 9; JANSEN BeurkG § 6 RdNr 11). Bei Verfügungen von Todes wegen ist – trotz § 2231 Nr 1 BGB – regelmäßig Nichtigkeit anzunehmen. Ein unwirksames öffentliches Testament kann wegen der Notwendigkeit des eigenhändigen Niederschreibens beim holographischen Testament (§ 2247 Abs 1 BGB) nicht als solches aufrechterhalten werden; der Erbvertrag bedarf zwingend der notariellen Beurkundung (§ 2276 Abs 1 BGB). Lediglich bei der Errichtung eines öffentlichen Testaments durch Übergabe einer Schrift kann diese uU als eigenhändiges Testament wirksam sein (vgl § 2232 RdNr 37).

## II. Begriff der Beteiligung (§ 6 Abs 2)

6   Anknüpfungspunkt für die Ausschließungsgründe des § 6 ist die Beziehung des beurkundenden Notars zu den an der Beurkundung »Beteiligten«. § 6 Abs 2 definiert den Begriff des »Beteiligten« (im Anschluss an § 168 S 2 FGG). Beteiligt sind hiernach diejenigen Erschienenen (natürlichen Personen), die vor dem Notar die zu beurkundenden Erklärungen abgeben. Maßgebend ist mithin ausschließlich die formelle, nicht die materielle Beteiligung. Es ist unerheblich, ob der Erschienene die Willenserklärung im eigenen oder fremden Namen abgibt Beteiligt ist aber nur der Vertreter, nicht der Vertretene und auch nicht derjenige, dessen Rechte und Pflichten durch die Beurkundung betroffen sind (KEIDEL-WINKLER BeurkG § 6 RdNr 5; HUHN-VON SCHUCKMANN BeurkG § 6 RdNr 6). Bei der Beurkundung eines Testamentes ist der Erschienene wegen § 2064 BGB immer formell und materiell beteiligt, beim Erbvertrag der Erblasser wegen § 2274 BGB (abgesehen von den Fällen der Verbindung mit einem Ehevertrag gem § 2276 Abs 2) ebenfalls. § 6 Abs 2 wird daher im Recht der Verfügungen von Todes wegen nur für den nichttestierenden Partner des Erbvertrages und beim Ehe- und Erbvertrag erheblich.

## III. Beteiligter Personenkreis (§ 6 Abs 1)

### 1. Notar (Nr 1)

7   Der Notar kann naturgemäß eigene Willenserklärungen, wegen § 6 Abs 2 auch solche, die er als Vertreter abgibt, nicht beurkunden.

### 2. Ehegatten (Nr 2)

8   Der Notar kann Erklärungen, die sein erschienener Ehegatte im eigenen oder fremden Namen abgibt, nicht wirksam beurkunden. Die Ehe zwischen dem Erschienenen und dem Notar muss zum Zeitpunkt der Beurkundung bestehen.

Vorhandene Ehenichtigkeitsgründe sind ohne Bedeutung, solange die Ehe nicht durch rechtskräftiges Urteil für nichtig erklärt worden ist (§ 23 EheG). Die »Nichtehe« ist keine Ehe im Rechtssinne, hat daher auch für § 6 Abs 1 Nr 2 keine Bedeutung. Erklärungen eines früheren Ehegatten könnten trotz Verstoßes gegen § 3 Abs 1 Nr 2 wirksam beurkundet werden. Verlobte sind in § 6 nicht angesprochen.

### 3. Lebenspartner (Nr 2a)

Der Notar kann auch nicht Erklärungen seines Lebenspartners, die dieser im eigenen oder fremden Namen abgibt, wirksam beurkunden. Die Lebenspartnerschaft iSd LPartG muss im Zeitpunkt der Beurkundung bestehen. Erklärungen des früheren Lebenspartners sind nur nach § 3 Abs 1 Nr 2a ausgeschlossen. **8a**

### 4. Verwandte (Nr 3)

Der Notar ist von der Beurkundung einer Erklärung, die von einem mit ihm in gerader Linie Verwandten (§ 1589 S 1 BGB) abgegeben wird, ausgeschlossen. Die Wirkungen einer Minderjährigen-Adoption erstrecken sich gem § 1754 BGB auch auf die Verwandten des Annehmenden, anders bei der Volljährigen-Adoption (§ 1770 BGB). Auch die früheren Verwandten des Adoptivkindes fallen unter § 6 Abs 1 Nr 3 (s RdNr 1). **9**

### 5. Vertreter (Nr 4)

Diese Vorschrift hat (wegen §§ 2064, 2274 BGB) bei Verfügungen von Todes wegen nur Bedeutung für die Erklärungen des nicht testierenden Partners beim Erbvertrag und für die Erklärungen der Beteiligten an einem Ehe- und Erbvertrag (§ 2276 Abs 2 BGB). Der Erschienene (Beteiligte) muss konkret für die in § 6 Abs 1 Nrn 1–3 Genannten handeln. Die Vertretungsmacht eines Erschienenen schadet also nicht, wenn er von ihr im konkreten Fall keinen Gebrauch macht (JANSEN BeurkG § 6 RdNr 9; KEIDEL-WINKLER BeurkG § 6 RdNr 20). Dies gilt auch für den »Generalbevollmächtigten«; auch er ist nur Vertreter. Man kann nicht durch den Hinweis auf eine größere innere Beteiligung an den Geschäften seines Auftraggebers das Gesetz überspielen und einen neuen vom konkreten Geschäft unabhängigen Ausschließungsgrund schaffen (vgl RGZ 49, 127; JANSEN BeurkG § 6 RdNr 9 Fußnote 9a; KEIDEL-WINKLER BeurkG § 6 RdNr 20; aA HÖFER-HUHN Allgemeines Urkundenrecht, § 40, 3). Es ist unerheblich, auf Grund welches Rechtsverhältnisses der Beteiligte Vertreter ist (Eltern, Vormund, Pfleger, Beistand nach § 1690 BGB, Geschäftsführung ohne Auftrag, Vertreter ohne Vertretungsmacht). **10**

Handelt der Beteiligte für eine juristische Person, deren Mitglied einer der in § 6 Abs 1 Nr 1–3 Genannten ist, so hindert dies den Notar nicht, die Beurkundung vorzunehmen. Das gilt selbst dann, wenn er dem vertretungsberechtigten Organ angehört, die Erklärung jedoch von einem anderen alleinvertretungsberechtigten Vorstandsmitglied, von einem durch diesen bevollmächtigten Vertreter oder einem Prokuristen abgegeben wird (HORNIG DNotZ 1952, 151; KEIDEL-WINKLER BeurkG § 6 RdNr 24; JANSEN BeurkG § 6 RdNr 10). Der Notar hat allerdings § 3 Abs 1 Nr 6 zu beachten. Es kann auch die Erklärung eines vom Vorstand, dem einer der in § 6 Abs 1 Nrn 1–3 Genannten angehört, Bevollmächtigten beurkundet werden (RGZ 108, 407), nicht jedoch die eines Unterbevollmächtigten des gem § 6 Abs 1 Nrn 1–3 Beteiligten (OLG Hamm DNotZ 1956, 103 mit Anm v KEIDEL; KEIDEL-WINKLER BeurkG § 6 RdNr 21); letzteres kann dann nicht gelten, wenn der Unterbevollmächtigte in der Weise bestellt ist, dass er Bevollmächtigter des Geschäftsherrn, nicht des Hauptbevollmächtigten ist. **11**

**12** Der Notar kann die Erklärung des Vertreters einer Personengesellschaft, bei welcher er selbst (§ 6 Abs 1 Nr 1) oder einer seiner Angehörigen (§ 6 Abs 1 Nr 2, 3) Mitglied ist, nicht wirksam beurkunden, da die Erklärung auch im Namen des gem § 6 Abs 1 Nrn 1–3 Beteiligten abgegeben wird (§§ 714, 54 BGB, §§ 128, 125, 161 Abs 2 HGB; KEIDEL-WINKLER BeurkG § 6 RdNr 24). Der stille Gesellschafter wird durch Erklärungen des Geschäftsinhabers nicht vertreten, da es sich um eine reine Innengesellschaft handelt.

## § 7 Beurkundungen zugunsten des Notars oder seiner Angehörigen)

Die Beurkundung von Willenserklärungen ist insoweit unwirksam, als diese darauf gerichtet sind,

1. dem Notar,
2. seinem Ehegatten oder früheren Ehegatten oder
2a. seinem Lebenspartner oder früheren Lebenspartner oder
3. einer Person, die mit ihm in gerader Linie verwandt oder verschwägert oder in der Seitenlinie bis zum dritten Grade verwandt oder bis zum zweiten Grade verschwägert ist oder war,

einen rechtlichen Vorteil zu verschaffen.

### Übersicht

I. Allgemeines
    1. Konkordanz     1
    2. Verhältnis zu § 3 und § 6     2
    3. Geltungsbereich     3
    4. Rechtswirkungen der Ausschließung     4

II. RechtlicherVorteil     5

III. Begünstigte Personen
    1. Notar (§ 7 Nr 1)     6
    2. Ehegatten und frühere Ehegatten (§ 7 Nr 2)     7
    3. Lebenspartner oder frühere Lebenspartner (§ 7 Nr 2a)     7a
    4. Verwandte und Verschwägerte (§ 7 Nr 3)     8

## I. Allgemeines

### 1. Konkordanz

**1** § 7 tritt iVm § 27 an die Stelle von § 2235 BGB aF (Testamente) und § 2276 BGB (Erbverträge). Die jetzige Rechtslage weicht von der früheren insofern ab, als § 7 sich im Gegensatz zu § 2235 auch auf Verwandte im dritten Grad der Seitenlinie bezieht, andererseits nicht für den zweiten Notar und zugezogene Zeugen gilt; für diese ist nunmehr § 26 Abs 1 Nr 2 maßgebend. Das Adoptionsgesetz vom 2. 7. 1976 (BGBl I 1749) hat in § 7 Nr 3 die Worte »oder war« eingefügt.

## 2. Verhältnis zu § 3 und § 6

In § 7 werden einige der in § 3 genannten Mitwirkungsverbote dadurch sanktioniert, dass sie zu Ausschließungsgründen ausgestaltet sind und als Folge einer Zuwiderhandlung die (nur) teilweise Unwirksamkeit der Beurkundung angeordnet wird. § 7 unterscheidet sich von § 6 in dieser Beschränkung der Sanktion.

## 3. Geltungsbereich

Der persönliche und sachliche Anwendungsbereich entspricht dem des § 6 (vgl dort RdNr 3); gem § 2250 Abs 3 S 2 BGB gilt § 7 auch für die Zeugen beim Dreizeugentestament. Beim Bürgermeistertestament unterliegt die Zuziehung der Zeugen auch den Beschränkungen des § 7 (§ 2249 Abs 1 S 3 BGB). § 7 gilt ferner für Dolmetscher (§ 16 Abs 3 S 2).

## 4. Rechtswirkungen der Ausschließung

Eine entgegen § 7 vorgenommene Beurkundung ist nicht insgesamt, sondern nur teilweise unwirksam, nämlich insoweit, als sie darauf gerichtet ist, einer der in § 7 Nr 1–3 genannten Personen einen rechtlichen Vorteil zu verschaffen. Im Übrigen bleibt die Beurkundung wirksam.

Ob wegen der teilweisen Unwirksamkeit der Beurkundung auch das beurkundete Rechtsgeschäft nichtig ist, ist eine Frage des materiellen Rechts (vgl § 6 RdNr 4).

Ob die Unwirksamkeit einer einzelnen letztwilligen Verfügung wegen § 7 auch noch die Nichtigkeit weiterer Verfügungen zur Folge haben kann, ist nach § 2085 BGB zu beurteilen.

Da § 7 nicht unterscheidet, ob eine Verfügung von Todes wegen durch mündliche Erklärung oder durch Übergabe einer (offenen oder verschlossenen) Schrift errichtet wird, braucht der Bedachte nichts von der Zuwendung zu wissen; die Teilunwirksamkeit der Beurkundung tritt gleichwohl ein (KEIDEL-WINKLER BeurkG § 7 RdNr 4; HUHN-VON SCHUCKMANN BeurkG § 7 RdNr 3). Der Notar hat den Testator, der eine verschlossene Schrift übergibt, nicht zu fragen, ob diese eine Verfügung der in § 7 geregelten Art enthält (vgl § 30 S 4). Ergeben sich Anhaltspunkte hierfür, so hat der Notar gem § 17 Abs 2 zu verfahren; im Fall der Gewissheit ist die Beurkundung gem § 4 (ggf teilweise) abzulehnen (vgl DAIMER DJ 1941, 1102; 1942, 488; 1943, 399).

## II. Rechtlicher Vorteil

Die Willenserklärung muss darauf abzielen, dem Notar selbst oder einem der in § 7 Nrn 2, 3 Genannten einen rechtlichen Vorteil zu verschaffen. Im Gegensatz zu § 6 entscheidet also im Rahmen von § 7 die materielle Beteiligung. Rechtlicher Vorteil ist dabei alles, was die Rechtsstellung verbessert (RGZ 88, 147; 155, 172), auch wenn diese schon vorhanden ist und nur verstärkt wird (KEIDEL-WINKLER BeurkG § 7 RdNr 3 ff; EYLMANN-VAASEN-EYLMANN BeurkG § 7 RdNr 2). Bloß wirtschaftliche Vorteile reichen nicht aus. Grundsätzlich wird man schon im Anschluss an den Gesetzeswortlaut (»darauf gerichtet«) verlangen müssen, dass der rechtliche Vorteil die unmittelbare Wirkung der beurkundeten Willenserklärung ist (vgl für die alte Rechtslage RGZ 88, 147). Die testamentarische Einsetzung des Einsetzung des Sozius als Testamentsvollstrecker ist weder ein Fall des § 7 noch des § 27 (BGH DNotZ 1997, 466 m Anm REIMANN), verstößt jetzt aber gegen § 3 Abs 1 Nr 4 BeurkG (vgl § 3 RdNr 11).

### III. Begünstigte Personen

#### 1. Notar (Nr 1)

6  Der Notar ist von der Beurkundung insoweit ausgeschlossen, als diese ihn selbst objektiv, rechtlich und unmittelbar begünstigt. Auf die subjektive Kenntnis der Begünstigung kommt es nicht an (vgl RdNr 4). Unter § 7 Nr 1 fällt nicht ein rechtlicher Vorteil, der einer vom Notar verwalteten Vermögensmasse oder einer von ihm vertretenen juristischen Person, nicht ihm persönlich eingeräumt wird; es läge nur ein Verstoß gegen § 3 vor, der nicht zur Unwirksamkeit der Willenserklärung führt (KEIDEL-WINKLER BeurkG § 7 RdNr 10; RGZ 49, 129).

#### 2. Ehegatten und frühere Ehegatten des Notars (Nr 2)

7  Auch der frühere Ehegatte ist – im Gegensatz zu § 6 Abs 1 Nr 2 – mit in den Kreis derjenigen Personen einbezogen, die nicht begünstigt werden dürfen. Wegen der Bestimmung der in § 7 Nr 2 Genannten vgl im Übrigen § 3 RdNr 14.

#### 3. Lebenspartner und frühere Lebenspartner (Nr 2a)

7a  Auch der frühere Lebenspartner ist – im Gegensatz zu § 6 Abs 1 Nr 2 – in den Kreis der Personen einbezogen, die nicht begünstigt werden dürfen (vgl im Übrigen § 3 RdNr 16a).

#### 4. Verwandte und Verschwägerte des Notars (Nr 3)

8  Vgl zur Begriffsbestimmung § 3 RdNr 15.

## 2. Niederschrift

### § 8 Grundsatz

Bei der Beurkundung von Willenserklärungen muss eine Niederschrift über die Verhandlung aufgenommen werden.

#### Übersicht

| | | |
|---|---|---|
| I. | **Allgemeines** | |
| | 1. Bedeutung | 1 |
| | 2. Geltungsbereich | 2 |
| II. | **Willenserklärungen** | 3 |
| III. | **Verhandlung** | 4 |
| IV. | **Niederschrift** | |
| | 1. Äußere Form | 5 |
| | 2. Sprache und Schrift | 6 |
| | 3. Protokollentwurf | 7 |
| | 4. Berichtigungen und Änderungen | 8 |
| V. | **Verhandlung und Niederschrift** | 9 |

## I. Allgemeines

### 1. Bedeutung

§ 8 schreibt für die Beurkundung von Willenserklärungen die Form der Niederschrift im Gegensatz zur Vermerkform (vgl § 39) vor. Das Erfordernis der Niederschrift ergab sich bis zum 1. 1. 1970 (In-Kraft-Treten des BeurkG) für Verfügungen von Todes wegen aus § 2240 BGB aF. Wird § 8 nicht beachtet, so ist die Beurkundung unwirksam. **1**

### 2. Geltungsbereich

§ 8 gilt nicht nur für die von Notaren vorgenommenen Beurkundungen, sondern gem § 1 II auch für diejenigen der Konsularbeamten (§ 10 Abs 3 KonsularG), des Bürgermeisters (§ 2249 Abs 1 S 4 BGB) und der »drei Zeugen« (§ 2250 Abs 3 S 2 BGB). **2**

## II. Willenserklärung

Willenserklärung ist »die auf eine Rechtswirkung gerichtete Privatwillensäußerung« (ENNECCERUS-NIPPERDEY AT § 137 IV 1). Inhaltlich muss die Erklärung auf einen Rechtserfolg abzielen, also Rechtsverhältnisse begründen, aufheben oder ändern wollen. »Willenserklärung« und »Rechtsgeschäft« sind in der Regel gleichbedeutend; im Gesetz erscheint der erstgenannte Begriff, wo die Willensäußerung als solche im Vordergrund steht oder wo sie als Bestandteil eines rechtsgeschäftlichen Gesamttatbestandes gekennzeichnet werden soll (vgl Motive zum BGB I 126; ENNECCERUS-NIPPERDEY AT § 145 II A 1, FLUME, AT II § 2). **3**

Auch Verfügungen von Todes wegen sind hiernach Willenserklärungen (vgl Teil A RdNr 3).

Soll daher eine Verfügung von Todes wegen in einer öffentlichen Urkunde errichtet werden, so kann dies gem § 8 nur in der Weise geschehen, dass der Notar eine Niederschrift über die Verhandlung erstellt. Die Errichtung einer Verfügung von Todes wegen in Vermerkform scheidet also aus.

## III. Verhandlung

Gegenstand der Niederschrift ist die Verhandlung. Damit ist nicht die gesamte Vorbesprechung zwischen den Parteien und dem Notar gemeint, sondern deren Ergebnis, also das, was sich als die rechtsgeschäftliche Erklärung darstellt; deshalb braucht die Niederschrift nicht alle Entwicklungs- und Verhandlungsphasen zu erfassen, sie kann sich vielmehr auf das inhaltliche Endergebnis konzentrieren (vgl KEIDEL-WINKLER BeurkG § 8 RdNr 4 ff; JANSEN BeurkG § 8 RdNr 6). Meist wird die Verhandlung mit dem Vorlesen, Genehmigen und Unterschreiben des Protokolls zusammenfallen; insbesondere bei Verfügungen von Todes wegen können die Erklärung des letzten Willens in der Verhandlung und Genehmigung uno actu vollzogen werden (vgl dazu § 2232 RdNr 14). **4**

## IV. Niederschrift

### 1. Äußere Form

5 Die Herstellung des Protokolls ist in den §§ 28–31 DONot geregelt:

### 6. Abschnitt
### Herstellung der notariellen Urkunden

#### § 28 Allgemeines

(1) ¹Im Schriftbild einer Urkunde darf nichts ausgeschabt oder sonst unleserlich gemacht werden. ²Wichtige Zahlen sind in Ziffern und Buchstaben zu schreiben.

(2) Auf der Urschrift jeder Urkunde sowie auf jeder Ausfertigung oder Abschrift hat die Notarin oder der Notar die Nummer der Urkundenrolle und die Jahreszahl anzugeben.

#### § 29 Herstellung der Urschriften, Ausfertigungen und beglaubigten Abschriften*

(1) Urschriften, Ausfertigungen und beglaubigte Abschriften notarieller Urkunden sind so herzustellen, dass sie gut lesbar, dauerhaft und fälschungssicher sind.

(2) ¹Es ist festes holzfreies weißes oder gelbliches Papier in DIN-Format zu verwenden. ²Es dürfen ferner nur verwendet werden:
- blaue oder schwarze Tinte und Farbbänder, sofern sie handelsüblich als urkunden- oder dokumentenecht bezeichnet sind, zB auch unter Einsatz von Typenradschreibmaschinen oder Matrixdruckern (Nadeldruckern),
- blaue oder schwarze Pastentinten (Kugelschreiber), sofern Minen benutzt werden, die eine Herkunftsbezeichnung und eine Aufschrift tragen, die auf die DIN 16554 oder auf die ISO 12757–2 hinweist,
- in klassischen Verfahren und in schwarzer oder dunkelblauer Druckfarbe hergestellte Drucke des Buch- und Offsetdruckverfahrens,
- in anderen Verfahren (zB elektrografische / elektrofotografische Herstellungsverfahren) hergestellte Drucke oder Kopien, sofern die zur Herstellung benutzte Anlage (zB Kopiergeräte, Laserdrucker, Tintenstrahldrucker) nach einem Prüfzeugnis der Papiertechnischen Stiftung (PTS) in Heidenau (früher der Bundesanstalt für Materialforschung und -prüfung in Berlin) zur Herstellung von Urschriften von Urkunden geeignet ist,
- Formblätter, die in den genannten Druck- oder Kopierverfahren hergestellt worden sind.

(3) Bei Unterschriftsbeglaubigungen, für Abschlussvermerke in Niederschriften, für Vermerke über die Beglaubigung von Abschriften sowie für Ausfertigungsvermerke ist der Gebrauch von Stempeln unter Verwendung von haltbarer schwarzer oder dunkelblauer Stempelfarbe zulässig.

(4) ¹Vordrucke, die der Notarin oder dem Notar von einem Urkundsbeteiligten zur Verfügung gestellt werden, müssen den Anforderungen dieser Dienstordnung an die Herstellung von Urschriften genügen; insbesondere dürfen sie kei-

ne auf den Urheber des Vordrucks hinweisenden individuellen Gestaltungsmerkmale (Namensschriftzug, Firmenlogo, Signet, Fußzeile mit Firmendaten u ähnl) aufweisen; der Urheber soll am Rand des Vordruckes angegeben werden. ²Dies gilt nicht bei Beglaubigungen ohne Entwurf.

*Bayern: »Zu § 29 DONot:*

*§ 29 Abs 2 Satz 2 1. und 2. Spiegelstrich der Dienstordnung gelten für die Unterschrift der Beteiligten und des Notars entsprechend.«*

§ 30 Heften von Urkunden*

(1) ¹Jede Urschrift, Ausfertigung oder beglaubigte Abschrift, die mehr als einen Bogen oder ein Blatt umfasst, ist zu heften; der Heftfaden ist anzusiegeln (vgl § 44 BeurkG). ²Es sollen Heftfäden in den Landesfarben verwendet werden.

(2) In gleicher Weise sind Schriftstücke, die nach § 9 Abs 1 Satz 2 und 3 BeurkG, §§ 14, 37 Abs 1 Satz 2 und 3 BeurkG der Niederschrift beigefügt worden sind, mit dieser zu verbinden.

*Nordrhein-Westfalen: »Zu § 30*

*Soweit es vorgeschrieben oder üblich ist, Urkunden, Ausfertigungen usw mit Garn oder Schnur zu heften, haben die Notarinnen und Notare diese in den Landesfarben Grün-Weiß-Rot zu verwenden. Die Urkunden, Ausfertigungen usw sollen im oberen Drittel des Seitenrandes so geheftet werden, dass eine Beschädigung der Heftschnur beim Lochen und Abheften der Urkunden vermieden wird.«*

§ 31 Siegeln von Urkunden

¹Die Siegel müssen dauerhaft mit dem Papier oder mit dem Papier und der Schnur verbunden sein und den Abdruck oder die Prägung deutlich erkennen lassen. ²Eine Entfernung des Siegels ohne sichtbare Spuren der Zerstörung darf nicht möglich sein. ³Bei herkömmlichen Siegeln (Farbdrucksiegel, Prägesiegel in Lack oder unter Verwendung einer Mehloblate) ist davon auszugehen, dass die Anforderungen nach Satz 1 und 2 erfüllt sind; neue Siegelungstechniken dürfen verwendet werden, sofern sie nach einem Prüfzeugnis der Papiertechnischen Stiftung (PTS) in Heidenau die Anforderungen erfüllen.

Ein Verstoß gegen die vorbezeichneten Vorschriften beeinträchtigt die Wirksamkeit der Beurkundung nicht. Der Beweiswert kann jedoch gemindert sein (vgl § 1 RdNr 6 ff).

## 2. Sprache und Schrift

Die Sprache, in der die Niederschrift abgefasst werden muss, ist grundsätzlich deutsch (§ 5 Abs 1); nur unter den Voraussetzungen des § 5 Abs 2 kann eine Fremdsprache verwendet werden.

Soweit die Niederschrift in deutscher Sprache verfasst ist, ist die Verwendung der im deutschen Schriftverkehr üblichen (deutschen oder lateinischen) Schriftzeichen geboten (KEIDEL-WINKLER BeurkG § 8 RdNr 8; JANSEN BeurkG § 8 RdNr 2). Erscheint eine Fremdsprache in dem Protokoll, so darf die Niederschrift auch in den korrespondierenden Schriftzeichen abgesetzt sein, vorausgesetzt, dass der Notar Sprache und Schrift beherrscht (vgl § 5 Anm I 4; HÖFER JurA 1970, 745; JANSEN BeurkG § 8 RdNr 2). Fraglich ist, ob die Kurzschrift oder eine sonstige Zeichenschrift verwendet werden darf. Im Hinblick auf den Gebrauchswert der Urkunde (Manifestation von Erklärungen) ist dies abzulehnen (so auch KEIDEL-WINKLER BeurkG § 8 RdNr 8; RIEDEL-FEIL BeurkG § 8 RdNr 4; JANSEN BeurkG § 8 RdNr 25; SOERGEL-HARDER BeurkG § 8 RdNr 4). § 160a ZPO betrifft ein anderes Verfahren und kann – schon wegen § 13 – von der gerichtlichen nicht auf die notarielle Beurkundung übertragen werden. Ein gleichwohl in Kurzschrift abgefasstes Protokoll bleibt jedoch wirksam, da es als Verkörperung einer Gedankenäußerung nicht schlechthin unbrauchbar ist.

### 3. Protokollentwurf

**7** Der Notar soll nach Ermittlung des Parteiwillens und Klärung des Sachverhalts den Willen der Beteiligten unzweideutig in der Niederschrift wiedergeben (§ 17 Abs 1 S 1). Dies heißt nicht, dass der Notar die Niederschrift selbst entwerfen muss. Er kann sich seiner Angestellten bedienen oder einen von den Parteien mitgebrachten Entwurf benutzen (KEIDEL-WINKLER BeurkG § 8 RdNr 5). Es ist sogar zulässig, dass der Notar den mitgebrachten Entwurf am Anfang und am Ende handschriftlich mit den durch das BeurkG gebotenen Zusätzen (Feststellungen, Abschlussvermerk) versieht (BGHZ 38, 130, 138 = NJW 1963, 200 = JZ 1963, 448 = DNotZ 1964, 104 = LM Nr 1 zu § 2241 BGB). Der Notar trägt jedoch die Verantwortung dafür, dass die Niederschrift richtig ist.

### 4. Berichtigungen und Änderungen

**8** Das BeurkG hat nunmehr seit der Novelle 1998 die Fragen der Berichtigungen und Änderungen der Urkunde in § 44a geregelt (vgl dort Nachweise).

## V. Verhandlung und Niederschrift

**9** Die Beurkundungsverhandlung muss nicht in einem Akt erfolgen. Es ist anerkannt, dass eine Unterbrechung der Verhandlung zulässig ist und deshalb auch bei einer sich über mehrere Tage hin erstreckenden Verhandlung eine einheitliche notarielle Niederschrift erstellt werden kann (KG DNotZ 1938, 741; KG JFG 17, 366; KEIDEL-WINKLER BeurkG § 9 RdNr 82; JANSEN BeurkG § 9 RdNr 31, § 8 RdNr 7). Ebenso ist anerkannt, dass eine einheitliche Niederschrift erfolgen kann, wenn Teile der Verhandlung an verschiedenen Orten stattgefunden haben (KEIDEL-WINKLER BeurkG § 9 RdNr 82; MECKE-LERCH BeurkG § 9 RdNr 22). Es liegt im Ermessen des Notars, wie er die Verhandlung und die Niederschrift sachgerecht gestaltet. Hierbei gilt als Leitlinie, dass sachlich zusammengehörende Erklärungen in einer Urkunde beurkundet werden sollen; es ist nicht ermessensfehlerhaft, wenn getrennte Vorgänge auch getrennt beurkundet werden. Hieraus folgt auch keine unrichtige Sachbehandlung im Sinne des § 16 KostO. Auch sachliche Gründe können die Trennung einer an sich einheitlichen Niederschrift erforderlich machen, etwa weil das Risiko besteht, dass einer der Beteiligten schwer erkrankt oder verstirbt oder sonstige Gründe dies nahe legen. Wird eine **zeitliche Unterbrechung** oder eine **örtliche Veränderung** der Verhandlung vorgenommen, dann folgt aus dem Gebot, dass die Niederschrift Ort und Tag der Verhandlung enthalten soll (§ 9 Abs 2), die Pflicht, dass die Unterbrechung oder die Ortsveränderung aus der Urkunde ersichtlich ist. Es genügt dabei jedoch, wenn kenntlich gemacht wird, dass sich der Beurkundungsvorgang über mehrere Tage hingezogen hat, eine Differenzierung dahingehend, welcher Teil der Niederschrift wann und wo aufgenommen wurde, ist nicht erforderlich (BGH DNotZ 1959, 215; KEIDEL-WINKLER BeurkG § 9 RdNr 82; HUHN-V SCHUCKMANN BeurkG § 9 RdNr 44).

## § 9 Inhalt der Niederschrift

(1) Die Niederschrift muss enthalten
1. die Bezeichnung des Notars und der Beteiligten sowie
2. die Erklärung der Beteiligten.

Erklärungen in einem Schriftstück, auf das in der Niederschrift verwiesen und das dieser beigefügt wird, gelten als in der Niederschrift selbst enthalten. Satz 2 gilt entsprechend, wenn die Beteiligten unter Verwendung von Karten, Zeichnungen oder Abbildungen Erklärungen abgeben.

(2) Die Niederschrift soll Ort und Tag der Verhandlung enthalten.

Übersicht

| | | |
|---|---|---|
| I. | Allgemeines | |
| | 1. Konkordanz | 1 |
| | 2. Erklärung – Feststellung – Abschluss | 2 |
| | 3. Verletzungsfolgen | 3 |
| | 4. Geltungsbereich | 4 |
| II. | Bezeichnung des Notars und der Beteiligten (§ 9 Abs 1 S 1 Nr 1) | |
| | 1. Grundsatz | 5 |
| | 2. Bezeichnung des Notars | 7 |
| |    a) Regelfall | 7 |
| |    b) Ausnahmen | 8 |
| | 3. Bezeichnung der Beteiligten | 10 |
| | 4. Bezeichnung sonstiger Mitwirkender | 11 |
| III. | Die Erklärungen der Beteiligten (§ 9 Abs 1 S 1 Nr 2, S 2 und 3) | |
| | 1. Erklärungen in der Niederschrift | 12 |
| | 2. Erklärungen in der Anlage (echte Verweisung) | 15 |
| |    a) Protokollanlagen bei Verfügungen von Todes wegen | 15 |
| |    b) Voraussetzungen | 16 |
| |       aa) Schriftstück | 17 |
| |       bb) Verweisung | 18 |
| |       cc) Beifügung | 19 |
| |    c) Rechtliche Bedeutung der Anlage | 20 |
| |    d) Verfahrensrechtliche Behandlung der Anlage | 23 |
| |    e) Sonderfall: Schiedsvereinbarung als Anlage | 24 |
| | 3. Verwendung von Karten, Zeichnungen und Abbildungen | 25 |
| | 4. Verweisung auf notariell beurkundete Rechtsgeschäfte | 26 |
| | 5. Abgrenzung: Erläuternde und ergänzende Bezugnahme (unechte Verweisung) | 27 |
| IV. | Angabe von Ort und Tag der Verhandlung (§ 9 Abs 2) | 28 |

## I. Allgemeines

### 1. Konkordanz

**1** § 9 entspricht § 2241 BGB aF. Gegenüber dem früheren Recht sind die Nichtigkeitsgründe eingeschränkt. Die Vorschrift bezieht im Gegensatz zu § 2241 BGB aF nicht alle an der Beurkundung mitwirkenden Personen ein, sondern beschränkt sich darauf, die Grunderfordernisse einer Beurkundung zu nennen. Das Beurk ÄndG vom 20. 2. 1980 (BGBl I 157) hat in § 9 den Abs 1 S 3 neu eingefügt.

### 2. Erklärung – Feststellung – Abschluss

**2** § 9 enthält keine erschöpfende Aufzählung des Inhalts einer Niederschrift. Bei einem Protokoll ist zwischen dem Erklärungsinhalt, dem Feststellungsinhalt und dem Abschlussvermerk zu unterscheiden (vgl JANSEN BeurkG § 9 RdNr 2). Notwendiges Kernstück der Niederschrift ist die Erklärung der Parteien; sie betrifft § 9 Abs 1 S 1 Nr 2, Abs 1 S 2. Im Feststellungsteil erscheinen die Umstände, unter denen die Beurkundung stattfindet; § 9 Abs 1 S 1 Nr 1 regelt hiervon die Bezeichnung des Notars und der Beteiligten, § 9 Abs 2 die Angabe von Ort und Tag der Verhandlung. Den Feststellungsteil betreffen darüber hinaus noch die Vorschriften der §§ 10 Abs 2, 11, 16 Abs 1, Abs 3 S 4, 17 Abs 2, 3, 18–20, 21 Abs 1, Abs 2, 22 Abs 1, 23 S 1, 24 Abs 1, 25 S 2, 28, 30, 32 S 2. Der Abschlussvermerk ist in § 13 Abs 1 S 2 geregelt.

### 3. Verletzungsfolgen

**3** § 9 Abs 1 enthält eine Muss-Vorschrift; wird gegen sie verstoßen, so ist die Beurkundung unwirksam und das beurkundete Geschäft nichtig (§ 125 BGB). § 9 Abs 2 ist nur als Soll-Vorschrift ausgestaltet; eine Beurkundung ist daher voll wirksam, auch wenn Ort und Tag der Verhandlung im Protokoll nicht genannt sind.

### 4. Geltungsbereich

**4** § 9 gilt gem § 1 Abs 2 auch für die Beurkundungen, die von Konsularbeamten vorgenommen werden (§ 10 Abs 3 KonsularG), für das Bürgermeistertestament (§ 2249 Abs 1 S 4 BGB) und das Dreizeugentestament (§ 2250 Abs 3 S 2 BGB).

## II. Bezeichnung des Notars und der Beteiligten (§ 9 Abs 1 S 1 Nr 1)

### 1. Grundsatz

**5** Die gesetzliche Regelung **bezweckt**, die an einer Beurkundung beteiligten Personen hinreichend von anderen zu unterscheiden. Es muss klargestellt sein, wem die beurkundeten Willenserklärungen zuzurechnen sind. Die Bezeichnung des Notars hat ferner das Ziel, die Funktion und ihren Träger deutlich hervortreten zu lassen.

**6** § 9 Abs 1 S 1 Nr 1 verlangt die »**Bezeichnung**« des Notars und der Beteiligten. Der Wortlaut der Vorschrift schließt sich an den von § 2241 BGB aF, § 176 FGG aF an. Durch die Formulierung des Gesetzes soll deutlich gemacht werden, dass die namentliche Kennzeichnung nicht die einzig mögliche ist (vgl HAHN-MUGDANY Materialien zu den Reichsjustizgesetzen VII 83; STAUDINGER-FIRSCHING § 9 BeurkG RdNr 17).

## 2. Bezeichnung des Notars

**a)** Der Notar **muss** als Person und in seiner Funktion hinreichend deutlich gekennzeichnet sein. Grundsätzlich geschieht dies durch Angabe von Name und Amtsbezeichnung mit dem ausdrücklichen oder schlüssigen Hinweis darauf, dass der Notar als Urkundsperson tätig wird.

**b)** Abweichend von diesem Grundsatz reichen auch weniger genaue Bezeichnungen aus, wenn nur die Erfüllung des objektiven Gesetzeszwecks (RdNr 5) noch gewährleistet, die gewählte Bezeichnung also objektiv zur Unterscheidung (in persönlicher und funktioneller Hinsicht) geeignet ist (SCHLEGELBERGER FGG § 176 RdNr 6).

So kann der Notar hinreichend bezeichnet sein, obwohl sein Name im Eingang nicht genannt wird, wenn die Geschäftsstelle genau angegeben ist und in dem Haus zur Zeit der Beurkundung kein anderer Notar eine Kanzlei unterhielt (vgl RdNr 6; SCHLEGELBERGER FGG § 176 RdNr 8). Umgekehrt ist die Angabe des Amtssitzes zur Bezeichnung des Notars nicht erforderlich, wenn dieser im Übrigen unzweideutig benannt ist. Eine unvollständige Angabe im Urkundeneingang kann durch die Unterschrift ergänzt werden; Angabe im Protokolltext und Unterschrift müssen zusammen eine ausreichende Bezeichnung ergeben (BGHZ 38, 130 = NJW 1963, 200 = JZ 1963, 448 = DNotZ 1964, 104 = LM Nr 1 zu § 2241 mit Anm von MATTERN OLG Frankfurt Rpfleger 1986, 184). Die Unterschrift allein dürfte nicht genügen, da das Gesetz sowohl die Bezeichnung (§ 9 Abs 1 S 1 Nr 1) als auch die Unterschrift (§ 13 Abs 3 S 1) zwingend vorsieht (SCHLEGELBERGER FGG § 176 RdNr 9; KEIDEL-WINKLER BeurkG § 9 RdNr 3; SOERGEL-HARDER BeurkG § 9 RdNr 3; HUHN-VON SCHUCKMANN BeurkG § 9 RdNr 9; JANSEN BeurkG § 9 RdNr 8). Die Unterschrift allein kann hiernach auch dann nicht ausreichen, wenn der Notar seinem Namen die Amtsbezeichnung hinzufügt (KEIDEL-WINKLER BeurkG § 9 RdNr 3; SCHLEGELBERGER aaO; aA BRETTNER ZBlFG 2, 710 und JOSEF JW 1925, 754; zweifelnd RG JW 1906, 53). Zulässig ist es, zum Zwecke der Bezeichnung gem § 9 Abs 1 S 1 Nr 1 auf die Unterschrift zu verweisen (»Vor dem unterzeichneten Notar erschienen ...«), vgl RGZ 50, 16. Gleiches gilt, wenn der Wortlaut der Niederschrift auf die Mitwirkung einer Urkundsperson hindeutet (»Vor mir erschienen ...«), vgl OLG München JFG 16, 143). Eine ausreichende Bezeichnung liegt auch noch vor, wenn zwar im Eingang der Niederschrift der vertretene Notar aufgeführt ist, aber im Text des Protokolls wiederholt das Wort »Notarvertreter« erscheint und die Urkunde von diesem mit seinem Namen und dem Zusatz »Notarvertreter« unterschrieben ist (LG Koblenz DNotZ 1969, 702). Dies gilt wohl auch dann, wenn im Urkundeneingang und im Text nur der Notar erwähnt ist, die Urkunde aber vom Notarvertreter unterschrieben wurde, ohne dass der Schlussvermerk (str so REITHMANN DNotZ 1988, 568; HUHN-VON SCHUCKMANN BeurkG § 9 RdNr 9; aA OLG Hamm DNotZ 1988, 565; OLG Hamm DNotZ 1973, 444). LG Nürnberg-Fürth (DNotZ 1971, 764) sieht § 9 Abs 1 S 1 Nr 1 als erfüllt an, wenn sich wenigstens der Schlussvermerk auf den Notarvertreter oder den Notariatsverweser bezieht.

## 3. Bezeichnung der Beteiligten

Wer Beteiligter ist, sagt § 6 Abs 2 (vgl dort RdNr 6). Beteiligt sind hiernach diejenigen Erschienenen, deren (im eigenen oder fremden Namen abgegebene) Erklärungen beurkundet werden sollen. Bei einem als Vertreter auftretenden Beteiligten gehört der Hinweis auf das Vertretungsverhältnis nicht zur Bezeichnung iSv § 9 Abs 1 S 1 Nr 1, sondern zum Erklärungsinhalt, auch wenn der Hinweis auf den Vertretenen im Urkundeneingang erfolgt. § 9 Abs 1 S 1 Nr 1 verlangt, dass die Niederschrift die Beteiligten bezeichnet. Es ist zu empfehlen, die Beteiligten mit Vornamen, Namen, evtl Geburtsnamen, Beruf und Anschrift, ggf auch mit Geburtsdatum zu kennzeichnen. Für die »Bezeichnung« gilt jedoch das in RdNr 6 Gesagte. § 10, eine Soll-Vorschrift, geht über § 9 Abs 1 S 1 Nr 1 hinaus und verlangt eine Bezeichnung, die Zweifel und Verwechslungen ausschließt. Aus der Gegenüberstellung von § 9 Abs 1 S 1 Nr 1 und § 10 folgt, dass die Bezeichnung als Muß-Erfordernis iSv § 9 Abs 1 S 1 Nr 1 auch dann ausreicht, wenn sie Zweifel und Verwechslung nicht auszuschließen vermag (MECKE-LERCH BeurkG § 9 RdNr 4).

### 4. Bezeichnung sonstiger Mitwirkender

**11** Personen, die weder als (beurkundender) Notar noch als Beteiligte (§ 6 Abs 2) an der Beurkundung teilnehmen, wie zB Zeugen, zweiter Notar, Dolmetscher, Vertrauensperson, müssen in der Niederschrift nicht bezeichnet werden (vgl HÖFER JurA 1970, 744). Dieses gilt selbst dann, wenn die Teilnahme dieser Person an der Beurkundung deren Wirksamkeit konstituiert, wie in den Fällen der §§ 24, 25. Regelmäßig dürfte es jedoch zweckmäßig sein, die auf Grund des BeurkG an der Beurkundung teilnehmenden Personen in der Niederschrift ebenfalls zu bezeichnen.

## III. Die Erklärungen der Beteiligten (§ 9 Abs 1 S 1 Nr 2, S 2 und 3)

### 1. Erklärungen in der Niederschrift

**12** Das Protokoll **muss** die zu beurkundenden Willenserklärungen enthalten (§ 9 Abs 1 S 1 Nr 2). Bei der Errichtung eines öffentlichen Testaments durch mündliche Erklärung muss diese in der Niederschrift erscheinen, beim öffentlichen Testament, das durch Übergabe einer Schrift errichtet wird, die Erklärung, dass die übergebene Schrift den letzten Willen verkörpere. Beim Erbvertrag sind die rechtsgeschäftlichen Erklärungen beider Seiten im Protokoll festzuhalten.

**13** Der Notar hat die Erklärungen der Beteiligten nicht wörtlich zu fixieren, er hat den mündlich geäußerten Parteiwillen vielmehr in die richtige rechtliche Form zu bringen (vgl § 17 Abs 1 S 1).

**14** Da Formvorschriften nur äußerlich erkennbare Merkmale festsetzen können, ist § 9 Abs 1 S 1 Nr 2 auch dann erfüllt, wenn der Notar die Erklärungen der Beteiligten nicht richtig oder unvollständig wiedergegeben hat; die Niederschrift bleibt als öffentliche Urkunde wirksam (OLG Stuttgart JW 1923, 1051; SCHLEGELBERGER FGG § 176 RdNr 14; KEIDEL-WINKLER BeurkG § 9 RdNr 22; JANSEN BeurkG § 9 RdNr 10). Die materielle Wirksamkeit des beurkundeten Rechtsgeschäfts kann jedoch beeinträchtigt sein, da der Beweis der unrichtigen Beurkundung zulässig ist (§ 415 Abs 2 ZPO).

### 2. Erklärungen in der Anlage (echte Verweisung)

**15** a) Erklärungen in einem Schriftstück, auf das in der Niederschrift verwiesen und das dieser beigefügt wird, gelten als in der Niederschrift selbst enthalten (§ 9 Abs 1 S 2). Auch bei **Verfügungen von Todes wegen** kann nach § 9 Abs 1 S 2 verfahren werden (KEIDEL-WINKLER BeurkG § 9 RdNr 34) und zwar unabhängig von der Möglichkeit, ein Testament durch Übergabe einer Schrift zu errichten (vgl § 2232 RdNr 17). Hierin unterscheidet sich die jetzige Rechtslage von der bis zum In-Kraft-Treten des BeurkG (1. 1. 1970) geltenden; bis dahin war die (die Möglichkeit von Protokollanlagen nicht vorsehende) Regelung des BGB für Verfügungen von Todes wegen gem § 168 S 1 FGG eine dem FGG (§ 176 Abs 2) vorgehende Sonderregelung (FIRSCHING DNotZ 1955, 292; BOLLENBECK DNotV 1902, 479; WERNER DNotV 1902, 249 f).

b) Die **Voraussetzungen** dafür, dass die Erklärungen in der Anlage als in der Nie- 16
derschrift selbst enthalten gelten, sind: (1) Es muss sich um ein »Schriftstück« mit
Willenserklärungen handeln; (2) auf dieses muss in der Niederschrift »verwiesen« werden; (3) das Schriftstück muss der Niederschrift »beigefügt« werden.

### aa) Schriftstück

Als Protokollanlagen gem § 9 Abs 1 S 2 scheiden Zeichnungen, Karten und Mus- 17
ter begrifflich aus (KG OLGZ, 1966, 492; BGH NJW 1968, 1331 = DNotZ 1968, 623; MÜLLER
MittRhNotK 1959, 105); sie können jedoch nunmehr gem § 9 Abs 1 S 3 verwendet
werden. Nur Schriftstücke, die »Willenserklärungen« (Titel des 2. Abschn) eines
Beteiligten enthalten oder sie zumindest inhaltlich ergänzen, können Protokollanlagen iSv § 9 Abs 1 S 2 sein. Andere Schriftstücke, wie Erbscheine, Vollmachten
etc, scheiden als Protokollanlagen aus (MÜLLER MittRhNotK 1959, 106; HUHN-VON SCHUCKMANN BeurkG § 9 RdNr 35; JANSEN BeurkG § 9 RdNr 14). Auch die Bezeichnung des Notars, der Beteiligten sowie Datum und Ort der Verhandlung können nicht in die
Anlage genommen werden. Sprache und Schrift richten sich nach § 5. Niederschrift und Anlage brauchen weder in Sprache noch in Schrift übereinzustimmen, wenn § 5 beachtet wird. Das Schriftstück muss nicht eigenhändig geschrieben und unterschrieben sein (RGZ 54, 195, 197; 107, 291, 294; KEIDEL-WINKLER BeurkG § 9
RdNr 57). Um spätere Einwendungen (Behauptung, das Schriftstück nicht gekannt
zu haben) auszuschließen, sollte der Notar auf die Unterschrift der Beteiligten
gleichwohl Wert legen. Orts- und Datumangabe sind entbehrlich.

### bb) Verweisung

Eine wörtliche Bezugnahme ist nicht erforderlich. Der bloße Hinweis auf ein als 18
Anlage beigefügtes Schriftstück genügt indes nicht, da dies auch zum Zwecke
der Verdeutlichung geschehen kann (OLG Kiel DNotV 1915, 197; OLG Celle DNotZ 1954,
32). Aus der Niederschrift muss vielmehr hervorgehen, dass zur Vervollständigung der rechtsgeschäftlichen Erklärung auf die Anlage verwiesen wird; der Erklärende muss sich zum Inhalt der Anlage bekennen (BGH NJW 1994, 2095 = DNotZ
1995, 35). Die Verweisung muss klar ergeben, welche Schrift unter der Anlage gemeint ist (so BGH aaO). Bloßes Beifügen der Anlage genügt selbst dann nicht, wenn
Haupturkunde und Anlage mit Schnur und Siegel gem § 44 verbunden sind (OLG
Hamm OLGZ 1981, 274). Die Verweisung muss in der Niederschrift selbst, nicht nur
auf dem Schriftstück stehen (OLG Köln Rpfleger 1993, 71). Es reicht jedoch aus, wenn
das ganze Protokoll auf die Anlage gesetzt wir (WERNER DNotV 1902, 246; MÜLLER MittRhNotK 1959, 107; JANSEN BeurkG § 9 RdNr 16; KEIDEL-WINKLER BeurkG § 9 RdNr 51). Fraglich
ist, ob das Einfügen eines Fehlzeichens in die Niederschrift eine ausreichende
Verweisung iSv § 9 Abs 1 S 2 ist (so MECKE-LERCH BeurkG § 9 RdNr 14); durch das Fehlzeichen wird die Ergänzung zum Teil der Niederschrift selbst, nicht nur zur Protokollanlage (JANSEN aaO). Die Beurkundung selbst bleibt wirksam, auch wenn eine
Protokollanlage mangels Verweisung nicht entstanden ist. Ob die beurkundete
Erklärung ohne das Schriftstück rechtlichen Bestand hat, ist eine Frage des materiellen Rechts (MÜLLER MittRhNotK 1959, 108; JANSEN BeurkG § 9 RdNr 17).

### cc) Beifügung

Diese Wirksamkeitsvoraussetzung ist erfüllt, wenn das Schriftstück mit der Haupt- 19
urkunde räumlich zusammengefügt ist. Zusammenkleben, loses Ein- oder Beilegen
reicht aus. Nach § 44 sollen Anlagen mit dem Protokoll durch Schnur und Prägesiegel verbunden werden; die Gültigkeit der Beifügung wird jedoch nicht beeinträchtigt, wenn § 44 missachtet wird. Außerdem kann § 44 erst nach beendeter
Beurkundung verwirklicht werden; die Beifügung muss jedoch spätestens bei Beginn des Abschlussverfahrens (§ 13) beendet sein (vgl MÜLLER MittRhNotK 1959, 108 ff;

JANSEN BeurkG § 9 RdNr 19). Der Notar sollte, wenn er das Schriftstück dem Protokoll einfach beilegt, besonders darauf achten, dass die Identität der Schrift sichergestellt ist; dies dürfte am besten durch den auf diese gesetzten Vermerk »Anlage zur Urkunde vom ... UR Nr ...« möglich sein.

**20** **c) Rechtliche Bedeutung der Anlage:** § 9 Abs 1 S 2 stellt fest, dass die in der Anlage enthaltenen rechtsgeschäftlichen Erklärungen als notariell beurkundet gelten. Dieser Grundsatz ist jedoch zweifach eingeschränkt (vgl MÜLLER MittRhNotK 1959, 111 ff):

**21** Nicht mitbeurkundet sind in der Anlage enthaltene **Erklärungen Dritter**. Nur was die Beteiligten erklären, ist notariell beurkundet. Die Bezugnahme auf fremde Erklärungen kann diese nicht zu beurkundeten Erklärungen der Beteiligten machen.

**22** Nicht als beurkundet gelten diejenigen Teile der Anlage, die von den Beteiligten **von der Bezugnahme ausgeschlossen** werden. Mangels anderer Anhaltspunkte wird man eine umfassende Verweisung annehmen müssen. Als Willenserklärung ist die Verweisung gem § 133 BGB jedoch auslegungsfähig. Der Notar sollte daher darauf hinwirken, dass der Umfang der Bezugnahme eindeutig festgelegt wird.

**23** **d) Verfahrensrechtliche Behandlung der Anlage:** Die Anlage muss vorgelesen und genehmigt werden (§ 13 Abs 1 S 1). Da auch die Anlage als Teil der Niederschrift auf Verlangen zur Durchsicht vorgelegt werden soll, muss das Schriftstück offen übergeben werden (anders als die gem § 2232 S 1, 2 Alt BGB überreichte Schrift). Die Unterzeichnung der Niederschrift deckt diese in allen Teilen, also auch die Anlage; sie muss nicht gesondert unterzeichnet werden (RGZ 54, 195; 102, 276; 107, 294; ders DNotZ 1954, 34; MÜLLER MittRhNotK 1959, 114; JANSEN BeurkG § 9 RdNr 23; KEIDEL-WINKLER BeurkG § 9 RdNr 57; vgl jedoch RdNr 17). Ebenso bezieht sich auch der Abschlussvermerk im Protokoll auf die Anlage. Die Prüfungs- und Belehrungspflicht des Notars erstreckt sich auch auf den Inhalt der Anlage (KEIDEL-WINKLER BeurkG § 9 RdNr 55 ff; MÜLLER MittRhNotK 1959, 115; JANSEN BeurkG § 9 RdNr 25).

**e) Sonderfall: Schiedsvereinbarung als Anlage**

**24** Nach § 1066 ZPO nF kann ein Schiedsgericht durch Verfügung von Todes wegen eingesetzt werden. Die frühere Vorschrift des § 1027 Abs 1 ZPO aF, nach der die Schiedsklausel in gesonderter Urkunde niederzulegen ist, gilt nur noch für Verbraucherverträge (§ 1031 Abs 5 ZPO nF) und in keinem Fall bei notariellen Urkunden (§ 1031 Abs 5 ZPO). Grundsätzlich kann bis zur Grenze des § 2065 BGB auch bei letztwilligen Verfügungen ein Schiedsgericht eingesetzt werden (vgl KÖHLER DNotZ 1962, 125; SCHWAB-WALTER Schiedsgerichtsbarkeit, 5. Aufl, Kap 32 RdNr 24).

### 3. Verwendung von Karten, Zeichnungen und Abbildungen

**25** Nach § 9 Abs 1 S 3 sind auch Karten, Zeichnungen und Abbildungen als Anlage geeignet. Hierunter fallen manuelle – zeichnerisch oder mit Mitteln der Technik, etwa der Fotografie – angefertigte Darstellungen und Pläne jeder Art (BT-Drucks 8/3594 S 3). Statt des Vorlesens sind sie den Beteiligten zur Durchsicht vorzulegen (§ 13 Abs 1 S 1, 2 HS). Bei Verfügungen von Todes wegen hat § 9 Abs 1 S 3 vor allem Bedeutung bei Vermächtnissen, die sich auf die Übereignung von nicht vermessenen Grundstücken, von Kunstwerken (Bilder, Plastiken usw.) oder Schmuck richten (vgl ausführlich dazu: ARNOLD DNotZ 1980, 262; BRAMBRING DNotZ 1980, 281; LICHTENBERGER NJW 1980, 864; VOLLHARD NJW 1980, 103; WINKLER Rpfleger 1980; 169). Auf elektronische Datenträger (Disketten, CD-ROM etc) kann nicht verwiesen werden.

### 4. Verweisungen auf notariell beurkundete Rechtsgeschäfte

Eine Erklärung kann auch durch Verweisung auf eine andere notarielle Niederschrift abgegeben werden, die nach den Vorschriften über die Beurkundung von Willenserklärungen errichtet worden ist (§ 13a Abs 1 S 1). Diese Verweisungsmöglichkeit wird bei Verfügungen von Todes wegen kaum praktische Bedeutung haben. Wegen der Behandlung von Verweisungen auf andere notarielle Niederschriften vor In-Kraft-Treten von § 13a BeurkG (27. 2. 1980) s § 1 Abs 1 S 1 BeurkÄndG vom 20. 2. 1980 (BGBl I 157). 26

### 5. Abgrenzung: Erläuternde und ergänzende Bezugnahme (unechte Verweisung) 27

Grundsätzlich gilt für die Einbeziehung von Anlagen in die Urkunde § 9 Abs 1 BeurkG. Danach ist entweder die rechtsgeschäftliche Erklärung zum Gegenstand der Erklärung nach § 9 Abs 1 Nr 2 zu machen oder es wird in der Niederschrift auf die Anlage verwiesen, die vorzulesen und der Niederschrift beizufügen ist. Nur wenn eine andere notarielle Urkunde vorliegt, die nach den Vorschriften über die Beurkundung von Willenserklärungen errichtet worden ist, kann auf diese andere notarielle Niederschrift in dem vereinfachten Verfahren nach § 13a BeurkG verwiesen werden (**echte Verweisung** vgl zum Begriff, BRAMBRING DNotZ 1980, 286; STAUF RNotZ 2001, 130; KEIDEL-WINKLER BeurkG § 9 RdNr 47 ff). Die Vereinfachung liegt darin, dass die Beteiligten auf das Vorlesen und Beifügen dieser anderen Niederschrift verzichten.

Eine **Ausnahme** enthält auch § 14, wonach auf bestimmte, dort genannte Schriftstücke verwiesen werden kann (**ergänzende Bezugnahme**), ohne dass diese vorgelesen werden; nur im eingeschränkten Rahmen des § 14 kann auf das Vorlesen verzichtet werden.

Zu unterscheiden von der echten Verweisung ist die sog **erläuternde Verweisung**, die keine Regelungsqualität hat (vgl BGH NJW 1979, 1984 »Identifizierungsbehelf«; BGH DNotZ 1994, 476; BGH NJW 1998, 3197 = DNotZ 1999, 50 m Anm KANZLEITER-STAUF RNotZ 2001, 130; REITHMANN, ZEV 2001, 285, 386). Sie kommt überhaupt nur in Frage, wenn der Text, auf den verwiesen wird, nicht zu dem nach materiellem Recht beurkundungspflichtigen Teil des Rechtsgeschäfts gehört. Ist dieser Text selbst nicht beurkundungsbedürftig, kann in der Niederschrift lediglich zur Verdeutlichung und Erläuterung des beurkundeten Inhalts auf Erklärungen in einem anderen Schriftstück hingewiesen werden, das selbst nicht zum beurkundungsbedürftigen Inhalt des Rechtsgeschäfts gehört. In diesem Fall spricht man von einer Bezugnahme oder unechten Verweisung. Dann muss die Anlage nicht verlesen werden. Erklärungen in einem Schriftstück, auf das in dieser Form Bezug genommen wird, sind nicht Inhalt der Niederschrift und somit nicht beurkundet. Die Bezugnahme kann zB auch als Auslegungsbehelf gedacht sein.

In der Literatur ist die Frage diskutiert worden, ob auf Vergütungstabellen zur Festlegung der **Testamentsvollstreckervergütung** nach § 9 BeurkG – als Teil der Niederschrift – verwiesen werden muss, mit der Folge dass diese als Teil der Niederschrift vorgelesen und beigefügt werden müssten (ZIMMERMANN ZEV 2001, 334, 335) oder ob eine erläuternde Verweisung genügt (REITHMANN ZEV 2001, 285, 386; BENGEL-REIMANN-ECKELSKEMPER, Handbuch der Testamentsvollstreckung, S 583 f). Der letzteren Auffassung ist zuzustimmen. Die Bezugnahme auf Vergütungstabellen stellt nur einen Auslegungsbehelf zur Festlegung der angemessenen Vergütung dar und ist daher nicht Teil der Niederschrift. Dem Erblasser ist idR bei Abfassung des Testamentes noch nicht bekannt, wie aufwendig die Testamentsvollstreckung sein wird, er wünscht daher im Regelfall eine angemessene Vergütung, andernfalls hätte er eine konkrete Vergütung vorgegeben. Insofern stellt eine Verweisung auf Vergütungstabellen nur einen Auslegungsbehelf für die Konkretisierung des gesetzlichen Begriffs der »angemessenen Vergütung« (§ 2221 BGB) dar. Mit der Verweisung auf Vergütungstabellen will der Erblasser gerade eine künftige Entwicklung offen halten (so zu Recht REITHMANN aaO).

### IV. Angabe von Ort und Tag der Verhandlung (§ 9 Abs 2)

**28** Die Niederschrift **soll** Ort und Tag der Verhandlung enthalten. Fehlen diese Angaben, so hat der Notar zwar seine Amtspflichten verletzt, die Beurkundung ist jedoch voll wirksam (vgl oben I 3).

Bei der Ortsbezeichnung ist grundsätzlich die politische Gemeinde anzugeben, ggf mit einem unterscheidenden Zusatz. Den Erfordernissen des § 9 Abs 2 genügt jedoch jede Angabe, die es – allein oder in Verbindung mit anderen offenkundigen Tatsachen – ermöglicht, den Beurkundungsort zu ermitteln (vgl OLG Karlsruhe DNotZ 1955, 49 mit Anm KEIDEL).

Der Tag der Verhandlung ist grundsätzlich kalendermäßig anzugeben. Auch hier reicht jedoch jede andere Bezeichnung aus, die es gestattet, den fraglichen Tag einwandfrei zu ermitteln, zB »Ostermontag 1971« (vgl KOJ 41, 86), nicht dagegen »Ostern 1971« (KG Recht 1904 Nr 1856).

Findet die Verhandlung an mehreren Orten bzw mehreren Tagen statt, so sind diese vollständig zu nennen. Es braucht jedoch nicht gesagt zu werden, an welchem Ort oder Tag der eine oder andere Teil verhandelt wurde. Zumindest muss jedoch der maßgebliche Verhandlungstag, nämlich der Tag, an dem die Unterschriften geleistet werden, angegeben sein (BGHZ 29, 6 = NJW 1959, 626 = DNotZ 1959, 215; vgl auch BGH DNotZ 1963, 313).

### § 10 Feststellung der Beteiligten

(1) In der Niederschrift soll die Person der Beteiligten so genau bezeichnet werden, dass Zweifel und Verwechslungen ausgeschlossen sind.

(2) Aus der Niederschrift soll sich ergeben, ob der Notar die Beteiligten kennt oder wie er sich Gewissheit über ihre Person verschafft hat. Kann sich der Notar diese Gewissheit nicht verschaffen, wird aber gleichwohl die Aufnahme der Niederschrift verlangt, so soll der Notar dies in der Niederschrift unter Anführung des Sachverhalts angeben.

#### Übersicht

| | | |
|---|---|---|
| I. | Allgemeines | |
| | 1. Soll-Vorschrift | 1 |
| | 2. Geltungsbereich | 2 |
| | 3. Ergänzung durch Dienstordnungsrecht | 3 |
| II. | Bezeichnung der Beteiligten (§ 10 Abs 1) | 4 |
| III. | Feststellung der Personenidentität (§ 10 Abs 2) | 5 |
| | 1. Persönliche Kenntnis des Notars | 6 |

|  |  |  |
|---|---|---|
| 2. Gewissheit ohne persönliche Kenntnis | | 7 |
| a) Lichtbildausweise | | 8 |
| b) Bestätigung | | 9 |
| c) Besitz von Urkunden | | 10 |
| d) Sachkunde | | 11 |
| 3. Keine Gewissheit über die Identität | | 12 |
| a) Grundsatz | | 12 |
| b) Bestehen auf Beurkundung | | 13 |
| c) Kein Bestehen auf Beurkundung | | 14 |

## I. Allgemeines

### 1. Soll-Vorschrift

§ 10 enthält nur Soll-Vorschriften. Der Notar ist verpflichtet, sie zu beachten. Tut **1** er dieses nicht, so ist die Beurkundung gleichwohl voll wirksam, wenn nur das Mindesterfordernis des § 9 Abs 1 S 1 Nr 1 erfüllt ist (vgl § 9 RdNr 10).

### 2. Geltungsbereich

Die Vorschrift gilt gem § 1 Abs 2 nicht nur für Notare, sondern auch für Konsular- **2** beamte (§ 10 Abs 3 KonsularG), für das Bürgermeistertestament (§ 2249 Abs 1 S 4 BGB) und das Dreizeugentestament (§ 2250 Abs 3 S 2 BGB).

### 3. Ergänzung durch Dienstordnungsrecht

§ 10 wird für die Beurkundungen, die von Notaren vorgenommen werden, in **3** Einzelheiten ergänzt durch § 26 DONot:

**Feststellung und Bezeichnung der Beteiligten**

(1) Notarinnen und Notare haben bei der Beurkundung von Erklärungen und bei der Beglaubigung von Unterschriften oder Handzeichen sowie der Zeichnung einer Namensunterschrift die Person der Beteiligten mit besonderer Sorgfalt festzustellen. Die Anfertigung einer Ablichtung eines vorgelegten Ausweises durch die Notarin oder den Notar ist nur mit schriftlicher Einwilligung der Ausweisinhaberin oder des Ausweisinhabers zulässig.

(2) Bei der Bezeichnung natürlicher Personen sind der Name, das Geburtsdatum, der Wohnort und die Wohnung anzugeben; weicht der zur Zeit der Beurkundung geführte Familienname von dem Geburtsnamen ab, ist auch der Geburtsname anzugeben. Von der Angabe der Wohnung ist abzusehen, wenn dies in besonders gelagerten Ausnahmefällen zum Schutz gefährdeter Beteiligter oder ihrer Haushaltsangehörigen erforderlich ist.

## II. Bezeichnung der Beteiligten (§ 10 Abs 1)

Die Beteiligten (§ 6 Abs 2) sollen so genau bezeichnet werden, dass Zweifel und **4** Verwechslungen ausgeschlossen sind. Geboten ist grundsätzlich, Namen, Vornamen, soweit abweichend vom Namen Geburtsnamen, Geburtsdatum und Wohnort zu nennen (§ 26 Abs 2 DONot). Bei Verfügungen von Todes wegen ist wegen der Bedeutung für das anzuwendende Recht zweckmäßigerweise auch die

Staatsangehörigkeit des Testators anzugeben (STAUDINGER-FIRSCHING, 12. Aufl, § 10 BeurkG RdNr 4).

### III. Feststellung der Personenidentität (§ 10 Abs 2)

5 § 10 Abs 2 verlangt eine Feststellung der Personenidentität durch den Notar. Hat sich der Notar Gewissheit über die Person eines Beteiligten verschafft und dies in der Niederschrift vermerkt, so erbringt die Feststellung gem § 415 Abs 1 ZPO Beweis dafür, dass die beurkundete Erklärung von der als erschienen festgestellten Person abgegeben worden ist. Die Beweiskraft der öffentlichen Urkunde umfasst auch die Feststellung über die Identität der erklärenden Person (LG Berlin NJW 1962, 135 = DNotZ 1963, 250). Der Gegenbeweis ist gem § 415 Abs 2 ZPO zulässig.

#### 1. Persönliche Kenntnis des Notars

6 Eine Feststellung der Identität der Beteiligten (§ 6 Abs 2) erübrigt sich, wenn sie der Notar bei früherer Gelegenheit, also vor der Verhandlung, kennen gelernt hat. Aus dem Kontext des § 10 Abs 2 ergibt sich, dass der Notar von der Identität der Beteiligten überzeugt sein muss. Bloß flüchtiges Kennen genügt nicht. Andererseits kann »für das Kennen einer Person... nur eine Überzeugung von ihrer Identität verlangt werden, die sich auf die in einem bestimmten Kreise offenkundige Tatsache stützt, dass diese Person diesen Namen führt, sowie auf die allgemeine Überzeugung, dass sie ihn mit Recht führe« (JANSEN BeurkG § 10 RdNr 5). Persönliche Kenntnis liegt auch dann vor, wenn ein Notariatsangestellter einen Beteiligten, den er selbst in Person kennt oder der im Notariat auf Grund längerer Geschäftsverbindung bekannt ist, dem Notar, insbesondere wenn dieser neu im Amt ist, dem Notarvertreter oder dem Notariatsverweser vor der Verhandlung vorgestellt hat; jede andere Auffassung ist formalistisch und wird durch den objektiven Gesetzeszweck nicht gefordert. Woher und auf Grund welcher Umstände der Notar einen Beteiligten persönlich kennt, braucht nicht klargestellt zu werden. Die persönliche Kenntnis soll in der Niederschrift vermerkt werden.

#### 2. Gewissheit ohne persönliche Kenntnis

7 Kennt der Notar die Beteiligten (§ 6 Abs 2) nicht von Person, so hat er sich über ihre Identität zu vergewissern. Wie dies geschehen soll, ist im BeurkG nicht gesagt, auch nicht in § 26 DONot. Dies ist also in das Ermessen des Notars gestellt. Letztgenannte Vorschrift stellt nur die allgemeine Weisung auf, dass die Person der Beteiligten »mit besonderer Sorgfalt« festzustellen sei.

8 a) Zuverlässigstes und damit primäres Mittel der Identifizierung sind amtliche **Lichtbildausweise** (Personalausweis, Reisepass, Führerschein, Dienstausweis einer Behörde), die als öffentliche Urkunden die Identität des auf dem Lichtbild Dargestellten bezeugen (BGH NJW 1955, 849). Die Gültigkeit des Ausweises ist im Regelfall zu prüfen, da ihm die vorgenannte Beweiskraft nur eignet, solange er gültig ist; auch ein abgelaufener Ausweis kann jedoch volle Gewissheit über die Person des Beteiligten erbringen (HUHN-VON SCHUCKMANN BeurkG § 10 RdNr 15; KANZLEITER DNotZ 1970, 585; MECKE-LERCH BeurkG § 10 RdNr 5). Verzichtet der Notar darauf, sich vom Beteiligten einen Lichtbildausweis vorlegen zu lassen, so tut er dies auf eigene Gefahr mit der Möglichkeit einer Haftungsfolge (RGZ 156, 82, 88).

**b)** Nächstzuverlässiges Identifizierungsmittel ist die **Bestätigung** der Person der  9
Erschienenen durch einen Dritten. Dieser kann auch minderjährig sein (STAUDIN-
GER-FIRSCHING, 12. Aufl, § 10 BeurkG RdNr 11). Bei der Auswahl der Bestäti-
gungsperson sind dem Notar durch das Gebot der besonderen Sorgfalt Grenzen
gezogen. So ist in der Regel der Gegenbeteiligte nicht als Erkennungszeuge
geeignet. Der Notar braucht den Erkennungszeugen nach dem Grund seiner
Kenntnis nur zu befragen, wenn besondere Umstände Anlass zu Bedenken geben (RGZ 81, 157; RG JW 1928, 1864; 1930, 129). Maßgeblich ist im Übrigen, ob
der Notar sich durch die Aussage dieser Person Gewissheit über die Identität
eines Beteiligten zu verschaffen vermag (aA STAUDINGER-FIRSCHING, 12. Aufl, § 10
BeurkG RdNr 10). Es ist nicht erforderlich, dass der Erkennungszeuge die Niederschrift unterschreibt; ein solches Verfahren ist jedoch nicht unzulässig.

**c)** Als weiteres Erkennungsmittel kann schließlich auch der **Besitz von Urkunden**  10
ausreichen, die normalerweise sorgfältig verwahrt werden. Dies ist allerdings nur
anerkannt für Urkunden, die bei der Errichtung von Verfügungen von Todes wegen keine Bedeutung haben, wie zB Hypothekenbriefe (RG DNotZ 1933, 59, 153).
Es ist hier im Allgemeinen und erst recht bei Verfügungen von Todes wegen
größte Zurückhaltung geboten. Der Besitz einer Urkundenausfertigung oder -ab-
schrift reicht nicht aus.

**d) Sachkunde** allein reicht regelmäßig nicht aus, um dem Notar Gewissheit über  11
die Person des Erschienenen zu geben (SEYBOLD DNotZ 1938, 45; MECKE-LERCH
BeurkG § 10 RdNr 6; HUHN-VON SCHUCKMANN BeurkG § 10 RdNr 17; KEIDEL-WINK-
LER FGG (Teil B) § 10 BeurkG RdNr 14). Bei besonders schwierigen Sachgestaltun-
gen dürfte die Manifestation intimer Kenntnis jedoch ausnahmsweise ausreichen.

### 3. Keine Gewissheit über die Identität

**a)** Kann sich der Notar keine Gewissheit über die Person eines Erschienenen ver-  12
schaffen, so besteht grundsätzlich keine Amtspflicht gem § 4, die Beurkundung
abzulehnen. Eine Pflicht, die Amtsausübung zu verweigern, kann ausnahmsweise gegeben sein, wenn der Eindruck vorherrscht, dass die Person eines Beteiligten »verdunkelt« werden soll (vgl § 4 RdNr 24; SOERGEL-HARDER § 10 BeurkG
RdNr 3; aA RIEDEL-FEIL BeurkG § 10 RdNr 9).

**b)** Bestehen die Parteien auf der Beurkundung, so ist der Notar – abgesehen von  13
dem unter a) genannten Ausnahmefall der Identitätsverschleierung – verpflichtet, die Niederschrift anzufertigen; der Notar soll jedoch dieses Verlangen unter
Anführen des Sachverhalts nennen (§ 10 Abs 2 S 2). Die Beurkundungspflicht ist
dabei nicht auf unaufschiebbare Geschäfte beschränkt, da immer ungewiss ist, ob
zu einem späteren Zeitpunkt noch eine Verfügung von Todes wegen errichtet
werden kann (FIRSCHING DNotZ 1955, 285; missverständlich, zumindest unklar
RIEDEL-FEIL aaO; aA VOGELS-SEYBOLD TestG § 14 RdNr 6). Die Identität kann nachträglich festgestellt und bezeugt werden. Bestehen die Beteiligten auf Beurkundung, kann sich für den Notar eine gesteigerte Belehrungspflicht ergeben, sodass
im Ergebnis die Beweiskraft der Urkunde eingeschränkt sein kann (EYLMANN-
VAASEN BNotO BeurkG § 10 BeurkG RdNr 14)

**c)** Bestehen die Beteiligten nicht auf der Beurkundung, so ist dies als Rücknahme  14
des Antrags auf Beurkundung zu werten.

## § 11 Feststellung über die Geschäftsfähigkeit

(1) Fehlt einem Beteiligten nach der Überzeugung des Notars die erforderliche Geschäftsfähigkeit, so soll die Beurkundung abgelehnt werden. Zweifel an der erforderlichen Geschäftsfähigkeit eines Beteiligten soll der Notar in der Niederschrift feststellen.

(2) Ist ein Beteiligter schwer krank, so soll dies in der Niederschrift vermerkt und angegeben werden, welche Feststellungen der Notar über die Geschäftsfähigkeit getroffen hat.

### Übersicht

| | | | |
|---|---|---|---|
| I. | Allgemeines | | |
| | 1. Geschäftsfähigkeit – erforderliche Geschäftsfähigkeit – Testierfähigkeit | | 1 |
| | 2. Geltungsbereich | | 2 |
| | a) Sachliche Geltung | | 2 |
| | aa) § 11 Abs 1 S 1 | | 3 |
| | bb) § 11 Abs 1 S 2 | | 4 |
| | cc) § 11 Abs 2 | | 5 |
| | b) Persönliche Geltung | | 6 |
| | 3. Soll-Vorschrift | | 7 |
| II. | Erforderliche Geschäftsfähigkeit | | 8 |
| III. | Verfahren | | |
| | 1. Grundsatz | | 9 |
| | a) Keine allgemeine Prüfungspflicht | | 9 |
| | aa) Zweifel | | 10 |
| | bb) Schwere Erkrankung | | 11 |
| | cc) Verfügung von Todes wegen | | 12 |
| | b) Beweiskraft der Feststellungen | | 13 |
| | 2. Fehlen der erforderlichen Geschäftsfähigkeit (§ 11 Abs 1 S 1) | | 14 |
| | 3. Zweifel an der erforderlichen Geschäftsfähigkeit (§ 11 Abs 1 S 2) | | 15 |
| | 4. Schwere Krankheit (§ 11 Abs 2) | | 16 |

## I. Allgemeines

### 1. Geschäftsfähigkeit – erforderliche Geschäftsfähigkeit – Testierfähigkeit

**1** § 11 ist eine formellrechtliche Norm, die nichts darüber aussagt, welches Maß an Geschäftsfähigkeit »erforderlich« ist; der Wortlaut verweist vielmehr auf eine außerhalb des BeurkG bestehende materiellrechtliche Regelung der Geschäftsfähigkeit (§§ 104 ff, 2229 BGB). § 11 stellt auf die erforderliche Geschäftsfähigkeit ab, um sowohl Geschäftsfähigkeit (für Rechtsgeschäfte unter Lebenden und für Erbverträge) wie auch Testierfähigkeit (für Testamente) zu erfassen.

### 2. Geltungsbereich

**2** **a)** Der **sachliche** Geltungsbereich von § 11 wird durch § 28 beschränkt. Nach § 28 soll der Notar seine Wahrnehmungen über die erforderliche Geschäftsfähigkeit des Erblassers in der Niederschrift vermerken. § 28 ist Spezialnorm im Verhältnis zu § 11. Im Einzelnen gestaltet sich das Verhältnis beider Vorschriften zueinander wie folgt:

**aa)** § 11 Abs 1 S 1 (Ablehnung der Beurkundung bei Fehlen der erforderlichen Geschäftsfähigkeit) gilt auch für die Errichtung von Verfügungen von Todes wegen, und zwar sowohl für den Testator wie auch – beim Erbvertrag – für den nichttestierenden Vertragspartner.

**bb)** § 11 Abs 1 S 2 (Feststellung von Zweifeln an der erforderlichen Geschäftsfähigkeit) gilt bei Rechtsgeschäften unter Lebenden immer, bei Verfügungen von Todes wegen nur für den nichttestierenden Partner des Erbvertrages, sowie bei Verbindung eines Erbvertrages mit einem Ehevertrag (§ 2276 Abs 2 BGB). Für den Erblasser gilt im Übrigen § 11 Abs 1 S 2 nicht. Für ihn ist § 28 maßgebend, wonach nicht nur negative Wahrnehmungen zu vermerken sind, vielmehr (positiv) die Wahrnehmungen über die erforderliche Geschäftsfähigkeit festgestellt werden sollen.

**cc)** § 11 Abs 2 (Feststellungen bei schwerer Krankheit) gilt auch für alle an der Errichtung einer Verfügung von Todes wegen Beteiligten.

**b) Persönlich** gilt § 11 uneingeschränkt nur für Notare und Konsularbeamte (§ 1 Abs 2; § 10 Abs 3 KonsularG). Beim Bürgermeistertestament ist § 11 Abs 1 S 1 nicht anzuwenden (§ 2249 Abs 1 S 4 BGB); gleiches gilt für das Dreizeugentestament (§ 2250 Abs 3 S 2 BGB).

### 3. Soll-Vorschrift

Der gesamte § 11 ist eine Soll-Vorschrift. Der Notar hat sie zu beachten. Tut er es nicht, ist die Beurkundung gleichwohl wirksam (hM, MECKE-LERCH BeurkG § 11 RdNr 7; BayObLG DNotZ 1993, 471 mit kritischer Anm von KANZLEITER zur Frage, ob Feststellungen über Geschäftsfähigkeit auch außerhalb der Niederschrift möglich DNotZ 1993, 434).

## II. Erforderliche Geschäftsfähigkeit

Die in § 11 enthaltenen Verfahrensanordnungen setzen den Begriff der erforderlichen Geschäftsfähigkeit voraus (vgl auch RdNr 1). Bei Verfügungen von Todes wegen werden unterschiedliche Anforderungen an die Geschäftsfähigkeit der Beteiligten gestellt. Bei der Errichtung eines Testaments muss der Testator testierfähig sein (§ 2229 BGB). Wird ein Erbvertrag geschlossen, so muss der Erblasser grundsätzlich unbeschränkt geschäftsfähig sein (§ 2275 Abs 1 BGB), in Ausnahmefällen (bei Erbverträgen zwischen Ehegatten und Verlobten, § 2275 Abs 2, 3 BGB) genügt die beschränkte Geschäftsfähigkeit. Für den nichttestierenden Partner des Erbvertrages gelten die allgemeinen Vorschriften über die Geschäftsfähigkeit beim Abschluss von Verträgen (§§ 104, 105 ff BGB).

## III. Verfahren

### 1. Grundsatz

#### a) Keine allgemeine Prüfungspflicht

Das geltende Recht verpflichtet im Gegensatz zu § 28 Abs 1 S 1 BNotO aF, aufgehoben durch § 57 Abs 17 Nr 8 BeurkG, den Notar nicht allgemein, sich von der erforderlichen Geschäftsfähigkeit der Beteiligten zu überzeugen. Er braucht keine weiteren Nachforschungen anzustellen, wenn nicht konkrete Anhaltspunkte für eine nicht bestehende Geschäftsfähigkeit vorhanden sind.

Nur in drei Fällen besteht eine Prüfungspflicht:

10 aa) Ergeben sich – auf Grund der Verhandlung oder sonstiger Umstände, insbesondere aufgrund des äußeren Erscheinungsbildes oder des Auftretens eines Beteiligten (OLG Frankfurt DNotZ 1978, 505; OLG Karlsruhe Justiz 1980, 18) – *Zweifel* an der erforderlichen Geschäftsfähigkeit, so hat der Notar ihnen nachzugehen (vgl § 11 Abs 1 S 2). Diese Regelung kann wegen § 28 bei Verfügungen von Todes wegen nur beim nichttestierenden Partner des Erbvertrages sowie bei den Parteien eines Ehe- und Erbvertrages (§ 2276 Abs 2 BGB) relevant werden.

11 bb) Ist ein Beteiligter *schwer krank*, so ist stets anzugeben, welche Feststellungen der Notar über die Geschäftsfähigkeit getroffen hat (§ 11 Abs 2).

12 cc) Bei der Errichtung einer *Verfügung von Todes wegen* hat der Notar stets zu prüfen, ob der Erblasser (beim Testament) testierfähig bzw (beim Erbvertrag) voll oder beschränkt geschäftsfähig ist (vgl § 28). Lediglich bei Ehe- und Erbverträgen ist nicht § 28, sondern § 11 allein maßgebend (§ 2276 Abs 2 BGB).

### b) Beweiskraft der Feststellungen

13 Die gem § 11 in das Protokoll aufgenommenen Feststellungen nehmen an der Beweiskraft nur insofern teil, als der Notar Tatsachen vermerkt. Zieht der Notar aus Tatsachen Schlussfolgerung, so wirkt § 418 ZPO nicht zu ihren Gunsten. Die Gerichte können nicht an rechtliche Wertungen des Notars gebunden sein, da sonst dieser abschließend über Geschäfts- und Testierfähigkeit befinden könnte und damit einen Teil der gerichtlichen Zuständigkeit usurpieren würde.

### 2. Fehlen der erforderlichen Geschäftsfähigkeit (§ 11 Abs 1 S 1)

14 Ist der Notar überzeugt, dass die erforderliche Geschäftsfähigkeit bei einem der Beteiligten fehlt, so ist er verpflichtet, die Beurkundung abzulehnen; beurkundet er gleichwohl, so ist die Beurkundung dennoch voll wirksam (vgl RdNr 7). Eine Beschränkung der Geschäftsfähigkeit wegen Minderjährigkeit lässt sich relativ leicht ermitteln. Ein Einwilligungsvorbehalt im Rahmen der Betreuung kann sich nicht auf Verfügungen von Todes wegen erstrecken (§ 1903 Abs 2 BGB). Bei der natürlichen Geschäfts- oder Testierunfähigkeit bzw bei den natürlichen Beschränkungen der Geschäftsfähigkeit (§§ 104 Nr 2, 2229 Abs 4, 106 BGB) wird der Notar dagegen regelmäßig erhebliche Schwierigkeiten zu bewältigen haben, da er medizinische Sachverhalte juristisch würdigen muss. Der Notar darf die Beurkundung – gerade bei Verfügungen von Todes wegen – nur ablehnen, wenn er vom Fehlen der erforderlichen Geschäftsfähigkeit positiv überzeugt ist. An die Überzeugungsbildung sind strenge Anforderungen zu stellen, da durch die Annahme der Geschäfts- bzw Testierunfähigkeit der Rechtsgenosse in seiner Testierfreiheit grundlegend beschränkt wird. Bloße Zweifel genügen in keinem Fall. Bleibt ein Rest an Argumenten, die für die erforderliche Geschäftsfähigkeit sprechen, so hat der Notar zu beurkunden, also nicht gem § 11 Abs 1 S 1, sondern nach §§ 11 Abs 1 S 2, 28, 17 Abs 2 S 2 zu verfahren. Es ist nicht Aufgabe des Notars, in problematischen Fällen – meist irreparabel – über die Geschäftsfähigkeit zu befinden. Die anschließende Beurteilung obliegt vielmehr den Gerichten (FIRSCHING DNotZ 1955, 286; STAUDINGER-FIRSCHING, 12. Aufl, § 11 BeurkG RdNr 10). Um eine spätere Beurteilung der erforderlichen Geschäftsfähigkeit durch das Gericht zu erleichtern, wird der Notar die tatsächlichen Umstände, die über die geistigen Fähigkeiten eines Beteiligten Aufschluss geben können, mit beurkunden (FIRSCHING

DNotZ 1955, 286). DASSEL (Recht 1917, Sp 329) hat vorgeschlagen, der Notar solle in den Fällen des § 2229 Abs 4 BGB stets – also auch dann, wenn er die erforderliche Geschäftsfähigkeit nicht für gegeben hält – protokollieren, jedoch seine Wahrnehmungen über den Geisteszustand des Testators besonders ausführlich niederlegen.

### 3. Zweifel an der erforderlichen Geschäftsfähigkeit (§ 11 Abs 1 S 2)

Fehlt einem Beteiligten zwar nach der Überzeugung des Notars nicht die erforderliche Geschäftsfähigkeit, zweifelt der Notar jedoch an ihrem Vorhandensein, so ist er verpflichtet, seine Zweifel in der Niederschrift festzustellen. Erfüllt der Notar diese Verpflichtung nicht, so ist die Beurkundung gleichwohl wirksam (vgl RdNr 7). Der Notar hat seine Zweifel gem § 17 Abs 2 S 1 mit den Parteien zu erörtern. Können die Zweifel hierdurch nicht ausgeräumt werden, so – und nur dann – soll der Notar gem § 11 Abs 1 S 2 verfahren; nach § 17 Abs 2 S 2 hat er die Beteiligung über die Folgen einer möglichen Unwirksamkeit der Beurkundung zu belehren. Werden durch die Erörterung der Lage mit den Parteien (§ 17 Abs 2 S 1) die Zweifel des Notars zerstreut, so ist § 11 Abs 1 S 2 nicht einschlägig. 15

§ 11 Abs 1 S 2 kann bei Verfügungen von Todes wegen nur beim nichttestierenden Teil eines Erbvertrages sowie beim Ehe- und Erbvertrag (§ 2276 Abs 2 BGB) relevant werden. Für den Testator gilt im Übrigen § 28, wonach die Wahrnehmungen des Notars über die erforderliche Geschäftsfähigkeit stets im Protokoll zu vermerken sind.

### 4. Schwere Krankheit (§ 11 Abs 2)

Eine schwere Krankheit eines Beteiligten soll unabhängig von § 11 Abs 1 S 2 bzw § 28 im Protokoll festgestellt werden. Darüber hinaus hat der Notar anzugeben, welche Feststellungen er über die Geschäftsfähigkeit getroffen hat. Dies hat auch dann zu geschehen, wenn die Prüfung der erforderlichen Geschäftsfähigkeit positiv ausfällt und keine Zweifel verbleiben. Bei der Errichtung von Testamenten und Erbverträgen (hier jedoch nur für den Erblasser) ergibt sich letzteres bereits aus § 28. 16

Aus der Stellung des § 11 Abs 2 im System des Gesetzes (»Feststellungen über die Geschäftsfähigkeit«) ergibt sich, dass eine Krankheit nur dann als »schwer« iSv § 11 Abs 2 anzusehen ist, wenn sie ihrer Art nach geeignet ist, die Geisteskräfte des Kranken für dauernd (zB Cerebralsklerose) oder vorübergehend (zB Fieber) zu schwächen (JANSEN BeurkG § 11 RdNr 7). Andere schwere Krankheiten, die keinen Einfluss auf die Geisteskraft haben, können nicht dazu führen, dass der Notar § 11 Abs 2 beachten muss. Da der Notar als medizinischer Laie jedoch selten klar absehen kann, wie sich eine Krankheit (insbesondere psychisch) auswirkt, ist hier große Vorsicht geboten. Es ist dem Notar in problematischen Fällen zu empfehlen, bei Beurkundungen im Krankenhaus den behandelnden Arzt zu hören und dessen Stellungnahme im Ergebnis in der Niederschrift festzuhalten (vgl HÖFER JurA 1970, 749). 17

§ 11 Abs 2 ist eine Soll-Norm; wird sie vom Notar nicht beachtet, berührt dies die Wirksamkeit der Beurkundung nicht (vgl RdNr 7). 18

## § 12 Nachweis für die Vertretungsberechtigung

Vorgelegte Vollmachten und Ausweise über die Berechtigung eines gesetzlichen Vertreters sollen der Niederschrift in Urschrift oder in beglaubigter Abschrift beigefügt werden. Ergibt sich die Vertretungsberechtigung aus einer Eintragung im Handelsregister oder in einem ähnlichen Register, so genügt die Bescheinigung eines Notars nach § 21 der Bundesnotarordnung.

### Übersicht

I. Allgemeines
   1. Geltung bei Verfügungen von Todes wegen     1
   2. Keine allgemeine Prüfungspflicht     2
   3. Soll-Norm     3
II. Behandlung von Vollmachten und Ausweisen (§ 12 S 1)     4
III. Bescheinigung über Vertretungsberechtigung (§ 12 S 2)     5

## I. Allgemeines

### 1. Geltung bei Verfügungen von Todes wegen

**1** Die Vorschrift ist bei der Beurkundung von Verfügungen von Todes wegen von nur geringer Bedeutung. Ein Testament kann nur persönlich errichtet werden (§ 2064 BGB). Beim Erbvertrag kann sich der Erblasser ebenfalls nicht vertreten lassen (§ 2274 BGB). § 12 ist daher nur relevant für den nichttestierenden Partner des Erbvertrages.

### 2. Keine allgemeine Prüfungspflicht

**2** Anders als unter dem bis zum In-Kraft-Treten des BeurkG (1. 1. 1970) geltenden Recht (§ 29 Abs 1, 2 BNotO) ist der Notar nicht mehr allgemein verpflichtet, Vertretungsmacht und Verfügungsbefugnis der Beteiligten zu prüfen. § 12 hat lediglich die Frage zum Gegenstand, wie vorgelegte Vollmachten und Ausweise über die Vertretungsbefugnis zu behandeln sind. Eine Pflicht, Vertretungsmacht und Verfügungsbefugnis zu prüfen, folgt jedoch uU aus § 17 Abs 1, 2 S 2. Ergibt sich, dass Vertretungsmacht oder Verfügungsbefugnis fehlen und eine Genehmigung durch die Berechtigten ausscheidet, so hat der Notar die Beurkundung, die nicht zu einem wirksamen Rechtsgeschäft führen würde, gem § 4 abzulehnen (vgl § 4 RdNr 18; MECKE-LERCH BeurkG § 4 RdNr 6).

### 3. Soll-Norm

**3** § 12 ist eine Soll-Vorschrift. Der Notar hat sie zu beachten. Tut er es nicht, so leidet darunter die Wirksamkeit der Beurkundung nicht.

## II. Behandlung von Vollmachten und Ausweisen (§ 12 S 1)

**4** Vollmachten und Ausweise über die Berechtigung eines gesetzlichen Vertreters sollen dem Protokoll in Urschrift oder beglaubigter Abschrift beigefügt werden. Wie dies zu geschehen hat, ist nicht gesagt. § 44 (Verbindung mit Schnur und

Prägesiegel) ist nicht anwendbar; die beigefügten Vollmachten und Ausweise sind keine Willenserklärungen eines Beteiligten und daher keine Anlagen gem § 9 Abs 1 S 2. § 30 Abs 2 und § 31 Abs 2 DONot gelten daher nicht. Werden Abschriften von Vollmachten und Ausweisen mit der Ausfertigung durch Schnur und Prägesiegel verbunden oder befinden sie sich mit dieser auf demselben Blatt, so hat der Ausfertigungsvermerk gem § 49 Abs 3 zugleich die Beglaubigung der Abschrift zum Inhalt.

### III. Bescheinigung über Vertretungsberechtigung (§ 12 S 2)

Ergibt sich die Vertretungsbefugnis aus einer Eintragung im Handelsregister oder in einem ähnlichen Register, so kann sie durch eine Bescheinigung des Notars gem § 21 BNotO festgestellt werden. Der Notar darf sich bei der Registereinsicht zuverlässiger Hilfspersonen bedienen (HUHN-VON SCHUCKMANN BeurkG § 12 RdNr 25 mwN). Für die Form der Bescheinigung gilt § 35. 5

### § 13 Vorlesen, Genehmigen, Unterschreiben

(1) Die Niederschrift muss in Gegenwart des Notars den Beteiligten vorgelesen, von ihnen genehmigt und eigenhändig unterschrieben werden; soweit die Niederschrift auf Karten, Zeichnungen und Abbildungen verweist, müssen diese den Beteiligten anstelle des Vorlesens zur Durchsicht vorgelegt werden. In der Niederschrift soll festgestellt werden, dass dies geschehen ist. Haben die Beteiligten die Niederschrift eigenhändig unterschrieben, so wird vermutet, dass sie in Gegenwart des Notars vorgelesen oder, soweit nach Satz 1 erforderlich, zur Durchsicht vorgelegt und von den Beteiligten genehmigt ist. Die Niederschrift soll den Beteiligten auf Verlangen vor der Genehmigung auch zur Durchsicht vorgelegt werden.

(2) Werden mehrere Niederschriften aufgenommen, deren Wortlaut ganz oder teilweise übereinstimmt, so genügt es, wenn der übereinstimmende Wortlaut den Beteiligten einmal nach Absatz 1 Satz 1 vorgelesen oder anstelle des Vorlesens zur Durchsicht vorgelegt wird. § 18 der Bundesnotarordnung bleibt unberührt.

(3) Die Niederschrift muss von dem Notar eigenhändig unterschrieben werden. Der Notar soll der Unterschrift seine Amtsbezeichnung beifügen.

Übersicht

I. Allgemeines
   1. Verletzungsfolgen   1
   2. Gegenstand des Vorlesens, Genehmigens und Unterschreibens   2
   3. Geltungsbereich   3

II. Vorlesen, Vorlage zur Durchsicht, Genehmigung und Unterschrift der Beteiligten (§ 13 Abs 1)
   1. Vorlesen der Niederschrift   4
      a) Adressat   5
      b) Gegenwart des Notars   6

| | | | |
|---|---|---|---|
| | c) | Der Vorgang des Vorlesens | 9 |
| | d) | Umfang der Pflicht zum Vorlesen | 12 |
| | aa) | Erklärungsinhalt | 13 |
| | bb) | Schlussvermerke | 14 |
| | cc) | Feststellungsinhalt | 15 |
| | e) | Ergänzende Vorlage zur Durchsicht | 16 |
| | f) | Ersetzende Vorlage zur Durchsicht | 17 |
| 2. | Vorlage zur Durchsicht | | 18 |
| 3. | Genehmigung | | 19 |
| 4. | Unterschrift der Beteiligten | | 23 |
| | a) | Wesen | 23 |
| | b) | Art der Unterschrift | 25 |
| | aa) | Grundsatz: Vor- und Familienname | 26 |
| | bb) | Ausnahmen | 27 |
| | cc) | Handzeichen | 36 |
| | c) | Eigenhändigkeit | 37 |
| | d) | Schreibweise | 38 |
| | e) | Schriftzeichen | 39 |
| | f) | Schreibmaterial | 40 |
| | g) | Nachholen der Unterschrift | 41 |
| | h) | Ersetzung der Unterschrift | 42 |
| III. | Schlussvermerk (§ 13 Abs 1 S 2, 3) | | 43 |
| IV. | Unterschrift des Notars (§ 13 Abs 3) | | |
| 1. | Bedeutung | | 44 |
| 2. | Vollzug der Unterschrift | | 45 |
| | a) | Art und Form | 45 |
| | b) | Räumliche Anordnung | 46 |
| | c) | Zeitlicher Vollzug | 47 |
| 3. | Nachholen der Unterschrift | | 48 |
| | a) | Grundsatz | 48 |
| | b) | Möglichkeit des Nachholens | 49 |
| | aa) | Kein Zwang zur zeitlichen Einheit | 50 |
| | bb) | Nachholung in Person | 51 |
| | cc) | Keine Nachholung nach Eröffnung der Verfügung | 52 |
| | c) | Form des Nachholens | 53 |
| | d) | Wirkung | 54 |

## I. Allgemeines

### 1. Verletzungsfolgen

**1** Die Niederschrift muss den Beteiligten vorgelesen, von ihnen genehmigt und unterschrieben werden; auch die Vorlage von Karten, Zeichnungen und Abbildungen zur Durchsicht ist zwingend. Die Unterschrift des Notars ist ebenfalls zwingend vorgeschrieben. Wird § 13 Abs 1 S 1 oder § 13 Abs 3 S 1 verletzt, so ist die Beurkundung unwirksam. Die übrigen Bestimmungen des § 13 sind Soll-Vorschriften, deren Verletzung die Beurkundung nicht unwirksam werden lässt.

### 2. Gegenstand des Vorlesens, Genehmigens und Unterschreibens

**2** Gegenstand des Vorlesens, der Genehmigung und des Unterschreibens ist die Niederschrift. Da § 13 den Abschluss der Niederschrift regelt, kann naturgemäß mit »Niederschrift« nicht die fertige, sondern nur die in der fortschreitenden Vollendung begriffene Urkunde verstanden werden (RGZ 62, 3; 75, 374; SAAGE DNotZ 1959, 344; STAUDINGER-FIRSCHING, 12. Aufl, § 13 BeurkG RdNr 10). Die Mindestanforderungen, die an eine Niederschrift zum Zeitpunkt des Vorlesens gestellt werden, sind dabei in den §§ 9, 10, 11 enthalten (Bezeichnung der Beteiligten und des Notars, Erklärungen der Beteiligten, Ort und Tag der Verhandlung, Vermerk über die Geschäftsfähigkeit der Beteiligten). Der gesamte Inhalt der Niederschrift ist vorzulesen, nicht nur derjenige Teil, der allein der Formvorschrift des § 128 BGB unterliegt (BGH DNotZ 1974, 50). Vorgelesen und genehmigt werden muss an sich die Niederschrift selbst, die später auch unterschrieben wird. Es steht aber nicht in Widerspruch zu § 13 Abs 1 S 1, wenn nicht die Niederschrift selbst, sondern eine Kopie verlesen oder wenn das zunächst als Niederschrift vorgesehene Schriftstück, nachdem es verlesen wurde, durch eine Kopie oder einen neuen Ausdruck aus dem EDV-System ersetzt wird (SAAGE DNotZ 1959, 340; KEIDEL DNotZ 1959, 347; KANZLEITER DNotZ 1997, 261; EYLMANN-VAASEN BNotO BeurkG § 13 BeurkG RdNr 8; aA noch 2. Aufl RdNr 3). Das Verlesen des Urkundenentwurfs vom Bildschirm eines Computers stellt nicht das Vorlesen der »Niederschrift« iS von § 13 Abs 1 S 2 dar (OLG Frankfurt DNotZ 2000, 513; KANZLEITER DNotZ 1997, 264). Wird die Unterschrift der Beteiligten und des Notars auf einem gesonderten Blatt geleistet, kann im Einzelfall fraglich sein, ob die Niederschrift tatsächlich unterschrieben wurde. Dies ist dann nicht der Fall, wenn das Unterschriftsblatt nicht an den Urkundentext – in welcher Weise auch immer – erkennbar anschließt, sondern nach dem äußeren Erscheinungsbild eher den Charakter einer Blankounterschrift trägt (OLG Hamm DNotZ 2001, 129 mit Anm REITHMANN). Bei Verfügungen von Todes wegen kann diese Frage uU akut werden, wenn der Notar den letzten Willen des Erblassers handschriftlich zu Papier bringt und die so gefertigte Urkunde vom Erblasser und vom Notar unterschrieben wird. Er hat darauf zu achten, dass die Unterschriftsleistung den vorstehenden Text abdeckt. Das spätere Anfertigen einer Leseabschrift ist unschädlich.

### 3. Geltungsbereich

§ 13 gilt uneingeschränkt nur für die Beurkundungen der Notare und der Konsularbeamten (§ 10 Abs 3 KonsularG). Beim Bürgermeistertestament gilt lediglich § 13 Abs 1, 3 (§ 2249 Abs 1 S 4 BGB), beim Dreizeugentestament nur § 13 Abs 1, 3 S 1 (§ 2250 Abs 3 S 2 BGB).

## II. Vorlesen, Vorlage zur Durchsicht, Genehmigung und Unterschrift der Beteiligten (§ 13 Abs 1)

### 1. Vorlesen der Niederschrift

Die Niederschrift (vgl oben RdNr 2) muss den Beteiligten in Gegenwart des Notars vorgelesen werden.

a) **Adressat** des Vorlesens sind die Beteiligten, also diejenigen Erschienenen, deren Erklärungen beurkundet werden sollen (§ 6 Abs 2). Aus der Fassung von § 13 Abs 1 S 1 folgt, dass die sonstigen bei der Beurkundung anwesenden Personen (Zeugen, zweiter Notar) prinzipiell nicht Adressat des Vorlesens sind, jedenfalls nicht in dem Sinne, dass hiervon die Wirksamkeit der Beurkundung abhinge. Lediglich der wegen Schreibunfähigkeit eines Beteiligten zugezogene Zeuge oder zweite Notar muss beim Vorlesen anwesend sein (§ 25 S 1); auch an die gem § 24 Abs 1 zugezogene Vertrauensperson muss sich das Vorlesen der Niederschrift richten. Werden andere Personen nur auf Grund von Soll-Vorschriften zugezogen (§§ 22, 29), so ist der Notar zwar verpflichtet, ihnen das Protokoll vorzulesen, die Wirksamkeit der Beurkundung hängt indessen nicht hiervon ab (JANSEN BeurkG § 13 RdNr 8).

**6** b) Die Niederschrift muss in **Gegenwart des Notars,** aber nicht von diesem vorgelesen werden; diese Aufgabe kann auch einer Hilfsperson (Angestellter), einem Beteiligten oder einer sonst bei der Beurkundung auf Grund gesetzlicher Vorschrift (§§ 22 ff) oder auf Wunsch der Parteien zugezogenen Person übertragen werden (vgl RGZ 61, 68; SOERGEL-HARDER § 13 BeurkG RdNr 7).

**7** »In Gegenwart des Notars« bedeutet Einheitlichkeit des Ortes (BGH DNotZ 1975, 365), aber nicht notwendig, dass sich der Notar im gleichen Raum mit den Beteiligten und der verlesenden Person aufhalten muss. Beteiligte und Notar müssen sich jedoch gegenseitig sehen und hören können (RGZ 61, 95; BGH DNotZ 1975, 365; STAUDINGER-FIRSCHING, 12. Aufl, § 13 BeurkG RdNr 33; EYLMANN-VAASEN BNotO BeurkG § 13 BeurkG RdNr 4). Gegen § 13 Abs 1 S 1 wird mithin verstoßen, wenn die Niederschrift in einem von dem Raum, in dem sich der Notar aufhält, abgeschlossenen Zimmer vorgelesen wird. »In Gegenwart des Notars« ist nicht nur auf die physische Anwesenheit bezogen, sondern soll bedeuten, dass der Notar das Verfahren führt und dass er diese Verfahrensleitung nicht delegieren kann. Eine wirksame öffentliche Beurkundung liegt daher wegen Verstoßes gegen § 13 Abs 1 S 1 auch dann nicht vor, wenn mehrere Protokolle gleichzeitig in verschiedenen Zimmern, etwa vom Notar und einer Hilfskraft, verlesen werden. Hieran kann auch eine offen stehende Verbindungstür nichts ändern. RGZ 61, 95 ist nichts Gegenteiliges zu entnehmen; in dem dort entschiedenen Fall konnte die Beurkundung nur deshalb als wirksam angesehen werden, weil Urkundspersonen und Beteiligte sich gegenseitig durch die offen stehende Tür sehen konnten und der Notar »bei der geringen Entfernung seines Sitzes im Nebenzimmer von der Stätte, an der der Gehilfe mit den Parteien verhandelte, seine Wahrnehmungen machen und die Verhandlung überwachen konnte«.

**8** Der Notar muss ununterbrochen beim Verlesen der Niederschrift präsent sein (BGH DNotZ 1975, 365). Unschädlich sind Abwesenheiten des Notars, sofern während dieser Zeit die eigentliche Verhandlung nicht fortschreitet (RG Recht 1911 Nr 1766; WarnR 1913 Nr 207, 244).

c) Der Vorgang des Vorlesens

**9** Das Vorlesen braucht nicht uno actu vonstatten gehen, es genügt, wenn die Niederschrift den Beteiligten in Abschnitten und mit Unterbrechungen (zB durch eine Besprechung nach Vorlesen des Urkundeneingangs) vorgelesen wird (RGZ 108, 397 = JW 1925, 357 mit Anm v HERZFELDER; KG DNotZ 1953, 255 mit Anm HORNIG). Gleiches gilt, wenn eine Niederschrift mehrere Rechtsgeschäfte enthält; § 13 Abs 1 S 1 ist hier erfüllt, wenn den jeweils betroffenen Beteiligten der jeweils für sie einschlägige Teil vorgelesen wird, wobei auch die Genehmigung sofort erklärt und die Unterschrift unter den verlesenen Teil gesetzt werden kann; der Notar braucht das Protokoll nur einmal nämlich am Schluss zu unterschreiben (vgl MECKE-LERCH BeurkG § 13 RdNr 10).

**10** Lautes Diktieren des Niederschriftsentwurfes kann das Vorlesen der Niederschrift nicht ersetzen, da nicht gewährleistet ist, ob diese dem Diktat entspricht (KG DNotZ 1944, 153; BayObLGZ 1979, 236).

**11** Das Abspielen eines unter der Aufsicht des Notars besprochenen Tonbandes anstelle des Vorlesens ist unzulässig, dürfte auch bei Verfügungen von Todes wegen kaum jemals aktuell werden (OLG Hamm NJW 1978, 2604).

### d) Umfang der Pflicht zum Vorlesen

Fraglich ist, welche Teile der Niederschrift verlesen werden müssen. 12

**aa)** Der **Erklärungsinhalt** (§ 9 Abs 1 S 1 Nr 2, Abs 2) ist in jedem Fall den Beteiligten in vollem Umfang – also ganz, nicht nur in seinen gem § 128 BGB beurkundungspflichtigen Teilen (vgl RdNr 2) – vorzulesen; geschieht dies nicht, ist die Beurkundung unwirksam. Vorzulesen sind insbesondere Protokollanlagen gem § 9 Abs 1 S 2, nicht jedoch die gem § 2232 S 1 (2. Alt) BGB übergebene Schrift. 13

**bb)** Die **Schlussvermerke** (§§ 13 Abs 1 S 2, 14 Abs 3, 16 Abs 1, 2 S 4, Abs 3 S 4, 23 S 1, 24 Abs 1 S 1, 25 S 2) werden nicht von der Pflicht zum Verlesen erfasst (vgl RGZ 62, 1; 63, 71; 79, 366; 86, 385; STAUDINGER-FIRSCHING, 12. Aufl, BeurkG § 13 RdNr 12; MECKE-LERCH BeurkG § 13 RdNrn 2, 34). Dass Schlussvermerke nicht vorgelesen werden müssen, ergibt sich aus dem Begriff der Niederschrift, wie er in § 13 gebraucht wird (vgl RdNr 2); vorgelesen werden muss die bei Beginn des Vorlesens vorhandene, also noch in der Entstehung befindliche und daher nicht abgeschlossene Urkunde. 14

**cc)** Nach hM ist auch der gesamte **Feststellungsinhalt** (Bezeichnung des Notars und der Beteiligten gem § 9 Abs 1 S 1 Nr 1 und Angabe von Ort und Tag der Verhandlung gem § 9 Abs 2) vorzulesen (SOERGEL-HARDER § 13 BeurkG RdNr 10; MECKE-LERCH BeurkG § 13 RdNr 3; SCHLEGELBERGER FGG § 177 RdNr 2; HUHN-VON SCHUCKMANN BeurkG § 13 RdNr 5). Dies soll auch dann gelten, wenn die Niederschrift nur Sollvorschriften realisiert. Da sämtliche Feststellungen gem § 9 vom Notar allein und in eigener Zuständigkeit zu treffen sind (MECKE-LERCH BeurkG § 13 RdNr 2), beeinträchtigt das Nichtverlesen des Feststellungsinhalts die Wirksamkeit der Beurkundung nicht. Die Niederschrift ist daher zwar mit dem Feststellungsinhalt vorzulesen; wird jedoch dieser Teil nicht vorgelesen, so wird dadurch die Beurkundung nicht unwirksam. 15

### e) Ergänzende Vorlage zur Durchsicht

Die Niederschrift soll den Beteiligten auf Verlangen vor der Genehmigung auch zur Durchsicht vorgelegt werden (§ 13 Abs 1 S 4). Das Vorlesen des Protokolls wird durch die Vorlage zur Durchsicht nicht ersetzt, sondern nur ergänzt. Die Beurkundung ist wirksam, auch wenn § 13 Abs 1 S 4 nicht beachtet wird. Die Vorschrift gibt den Beteiligten kein Recht zu verlangen, dass ihnen die Niederschrift zur Durchsicht an einem anderen Ort oder zu anderer Zeit vorgelegt wird (JANSEN BeurkG § 13 RdNr 12). Die Vorlage zur Durchsicht ist nicht in der Niederschrift zu vermerken; ein entsprechender Vermerk kann jedoch jederzeit aufgenommen werden und wird, schon um spätere Einwendungen der Beteiligten – vgl BGH NJW 1978, 1480 zur Anfechtbarkeit eines Vertrages, wenn ein Beteiligter einen ihm vorgelesenen Vertragsbestandteil »überhört« hat – auszuschließen, oft zweckmäßig sein. 16

### f) Ersetzende Vorlage zur Durchsicht

Hörbehinderten Beteiligten ist die Niederschrift anstelle des Vorlesens zur Durchsicht vorzulegen (§ 23 S 1). Ihnen gegenüber wird das Vorlesen durch die Vorlage zur Durchsicht ersetzt. Die Vorlage ist daher für die Wirksamkeit der Beurkundung konstitutiv. § 23 S 1 ändert nichts daran, dass die Niederschrift den anderen (nicht hörbehinderten) Beteiligten gem § 13 Abs 1 S 1 vorgelesen werden muss. Die Vorlage einer Fotokopie oder eines Durchschlages genügt bei § 23 S 1 nicht, da die Authentizität gewahrt sein muss; die Niederschrift selbst ist daher vorzulegen. 17

## 2. Vorlage zur Durchsicht

**18** Nach § 13 Abs 1 S 1 BeurkG kann im Protokoll auf Karten, Zeichnungen und Abbildungen verwiesen werden. Diese Bestimmung wird bei Verfügungen von Todes wegen vor allem dort Bedeutung erlangen, wo durch Vermächtnis Teilflächen von Grundstücken oder aber andere Einzelgegenstände, die bildlich besser dargestellt werden können als durch Worte, zB Bilder, Plastiken, Schmuck, zugewiesen werden. Die Beteiligten – bei Erbverträgen und gemeinschaftlichen Testamenten also alle Beteiligten – müssen die Möglichkeit haben, die Karten, Zeichnungen und Abbildungen in Gegenwart des Notars in Augenschein zu nehmen. Ist einer der Beteiligten blind, hat der Notar dem Blinden nach § 17 die notwendigen Erläuterungen zu den in Bezug genommenen Anlagen zu geben.

Enthält die Karte, die Zeichnung oder die Abbildung auch Textteile, so sind diese zu verlesen, sofern sie einen selbständigen Aussagegehalt haben (ARNOLD DNotZ 1980, 270).

## 3. Genehmigung

**19** Die Niederschrift (vgl oben RdNr 2) muss von den Beteiligten genehmigt werden. Die Genehmigung bezieht sich auf den Erklärungsinhalt des Protokolls (vgl oben RdNr 13).

**20** Für die Genehmigung ist keine bestimmte Form vorgeschrieben. Sie muss nicht ausdrücklich und auch nicht mündlich erfolgen. Es genügt jede Äußerung, die im Verkehr als unmissverständliche Billigung aufgefasst wird, zB Zeichen und Gebärden wie Kopfnicken (RGZ 108, 397, 403 f; BayObLGZ 1965, 341, 346 = NJW 1966, 56 = DNotZ 1966, 374). Anhören mit dem Ausdruck der Befriedigung reicht allein nicht aus. Dieses ist insbesondere bei einem Sterbenden ebenso vieldeutig wie nichts sagend; seine Deutung hängt daher im Wesentlichen von der persönlichen Einstellung des Wahrnehmenden ab (BayObLG aaO). Obwohl im Unterschreiben allein grundsätzlich nicht zugleich die Genehmigung liegt, kann auch das *widerspruchslose* Leisten der Unterschrift eine Genehmigung darstellen, da es möglich ist, die Genehmigung schlüssig zu erklären (MECKE-LERCH BeurkG § 13 RdNr 14; HUHN-VON SCHUCKMANN BeurkG § 13 RdNr 17).

**21** Die Genehmigung musste bei der Errichtung von Testamenten und Erbverträgen wegen §§ 2232, 2276 Abs 1 BGB vom Erblasser (nicht jedoch vom nichttestierenden Partner des Erbvertrages) bis zum Inkrafttreten des OLGVertrÄndG v 23. 7. 2002 (BGBl I 2850) mündlich erklärt werden, wenn die Erklärung des letzten Willens bzw die Erklärung, dass die übergebene Schrift den eigenen letzten Willen enthalte, und die Genehmigung in einem Akt zusammenfielen. Da die Mündlichkeit hier konstitutiv für die Errichtung einer Verfügung von Todes wegen war, musste der Erblasser in derartigen Fällen die Niederschrift mindestens mit »Ja« genehmigen. Seit In-Kraft-Treten des OLGVertrÄndG vom 1. 8. 2002 ist die mündliche Erklärung als Ausgangsvoraussetzung für Testamente und Erbverträge entfallen (vgl hierzu kritisch REIMANN FamRZ 2002, 1383).

**22** Die Genehmigung muss in Gegenwart des Notars (§ 13 Abs 1 S 1; vgl RdNr 6) und der übrigen Beteiligten (BGHZ 29, 6, 8 = NJW 1959, 626 = DNotZ 1959, 215, 217; MECKE-LERCH BeurkG § 13 RdNr 15) erfolgen. Auch die gem § 24 Abs 1 S 2 zugezogene Vertrauensperson und der Schreibzeuge gem § 25 müssen bei der Beurkundung, also auch bei der Genehmigung, anwesend sein. Die Gegenwart von Urkundszeugen und des zweiten Notars ist nur ein Soll-Erfordernis (§§ 22, 29).

## 4. Unterschrift der Beteiligten

### a) Wesen

Der Begriff der Unterschrift wird durch § 126 Abs 1 BGB inhaltlich bestimmt; dort wird vorgeschrieben, dass die Unterschrift eine Namensunterschrift sein und eigenhändig vollzogen werden muss. Eine Unterzeichnung mit Amts-, Berufs- oder Familienstellungsbezeichnung scheidet damit zwar aus; was jedoch unter Namensunterschrift im Übrigen zu verstehen ist, wird nicht gesagt. **23**

Sinn und Zweck der Unterschrift ist es einmal, ein untrügliches Merkmal für die Abgabe der Willenserklärung zu schaffen. Zum anderen soll ein bestimmter urkundlicher Inhalt über die Person des Unterschreibenden bewirkt werden. Die eigenhändige Unterschrift ist daher so zu leisten, dass sie in Verbindung mit dem übrigen Inhalt der Niederschrift oder anderen offenkundigen Tatsachen die Personenidentität des Beteiligten und die Ernstlichkeit seiner Willenserklärungen außer Zweifel stellt (vgl RGZ 137, 216; GLASER DNotZ 1958, 302; ENNECCERUS-NIPPERDEY AT § 155 I 2 d; KANZLEITER DNotZ 2002, 520; vgl ferner Motive BGB I, 184 f). Unterschreibt der Erblasser nach dem Vorlesen und Genehmigen ein anderes Schriftstück, dann reicht das, selbst wenn es von dem vorgelesenen abgeschrieben ist, nicht aus (BGHZ 115, 169 = NJW 1991, 3210). **24**

### b) Art der Unterschrift
Sie wird durch die vorstehenden Erwägungen determiniert. **25**

**aa)** Grundsätzlich ist mit dem **Vor- und Familiennamen** im Sinne des Personenstandsrechts zu unterschreiben. **26**

**bb)** Ob ein **anderer Name** genügt, ist unter Berücksichtigung der Verkehrssitte sowie der Frage zu würdigen, ob er den Unterzeichner zweifelsfrei kennzeichnet und ob die Ernstlichkeit der geleisteten Unterschrift feststeht (vgl RdNr 23 f; KEIDEL DNotZ 1956, 99; MittRhNotK 1960, 578). **27**

Hiernach genügt der bloße **Familienname,** wenn die Identität klargestellt ist, was bei häufigen Namen (zB Müller-Maier-Schmitz) oft zweifelhaft ist. **28**

Der **Vorname** allein reicht nur ausnahmsweise und nur dann aus, wenn eine Person herkömmlicherweise nur mit diesem gekennzeichnet wird (wie besondere geistliche Würdenträger, Mitglieder früher regierender Häuser, heute wohl auch außergewöhnlich bekannte Film- und Show-Stars (RGZ 137, 213; JOSEF AcP 94, 465 ff; 100, 418 ff; GLASER DNotZ 1958, 302). **29**

Es ist nicht notwendig, dass der in der Unterschrift gebrauchte Name personenstandsrechtlich zutrifft, wenn nur der Beteiligte unter diesem Namen bekannt ist. Es genügt daher die Unterschrift mit einem *unrichtigen,* aber tatsächlich geführten Vornamen (RG WarnRspr 1913 Nr 300), mit einem **Haus- oder Künstlernamen** bzw einem anderen im Geschäftsleben anerkannten *Pseudonym* (JOSEF AcP 94, 465; GLASER DNotZ 1958, 303; MECKE-LERCH BeurkG § 13 RdNr 20; SCHLEGELBERGER FGG § 177 RdNr 7) oder mit einem *verstümmelten Familiennamen,* unter dem der Unterschreibende bekannt ist (KGJ 50, 79: Eitopp statt Eickhoff). **30**

Verheiratete oder verheiratet Gewesene brauchen ihren **Geburtsnamen** nicht hinzuzufügen (MECKE-LERCH BeurkG § 13 RdNr 21). Unschädlich ist es, wenn eine verheiratete, geschiedene oder verwitwete Person statt mit dem Ehenamen mit dem Geburtsnamen unterschreibt, wenn die Identität des Beteiligten aus dem Gesamtinhalt der Urkunde ersichtlich ist und kein Zweifel daran besteht, dass der oder die Beteiligte ernstlich eine Unterschrift leisten wollte (HUHN-VON **31**

SCHUCKMANN BeurkG § 13 RdNr 12; SCHLEGELBERGER FGG § 177 RdNr 7; aA für Unterschrift auf Wechseln OLG Marienwerder OLG 26, 226). Die Unterschrift ist auch wirksam, wenn eine Frau versehentlich ihren Familiennamen weglässt, aber dem Vornamen ihren Mädchennamen mit dem Zusatz »geb« hinzufügt (JANSEN BeurkG § 13 RdNr 17).

**32** Da die in § 2247 BGB für das eigenhändige Testament zugelassenen Formerleichterungen für das öffentliche Testament und für den Erbvertrag nicht gelten, reicht die bloße Unterzeichnung mit der **Familienstellung** (»Vater«) nicht aus (GLASER DNotZ 1958, 302).

**33** Die Unterschrift sollte zwar grundsätzlich mit der Bezeichnung des Beteiligten im Eingang übereinstimmen; ist dies nicht der Fall, so schadet dies nicht, wenn Sinn und Zweck der Unterschrift erfüllt sind (GLASER DNotZ 1958, 303; STAUDINGER-FIRSCHING, 12. Aufl, § 13 BeurkG RdNr 16).

**34** Handelt ein Beteiligter **in fremdem Namen,** so darf er nicht mit dem Namen des Vertretenen unterschreiben, sondern muss in der Unterschrift seinen eigenen Namen verwenden. Zwar kann der Vertreter außerhalb öffentlicher Beurkundungen mit dem Namen des Vollmachtgebers unterschreiben (RGZ 50, 51; 74, 69; 76, 99), doch kann dies im Beurkundungsrecht nicht gelten, da hier ganz darauf abgestellt wird, wessen Erklärungen formell beurkundet werden (§ 6 Abs 2), und das Vertretungsverhältnis in den Hintergrund tritt (SCHLEGELBERGER FGG § 177 RdNr 7).

**35** Die Möglichkeit, dass ein Einzelkaufmann mit seiner **Firma** unterzeichnet (§ 17 HGB), wird bei Verfügungen von Todes wegen nur selten in Betracht kommen. Unabhängig davon, ob ein Beteiligter Erblasser ist oder nicht, wird man eine Unterschrift mit der Firma nur dann für zulässig erachten können, wenn das damit bezeichnete Handelsgewerbe konkret betroffen ist. Verfügt ein Beteiligter über sein gesamtes Vermögen, also nicht nur über sein Unternehmen, so muss er in herkömmlicher Weise (vgl oben) unterzeichnen; die Firma allein würde den Inhalt der Verfügung nicht decken. Bei einer Verfügung lediglich über das Unternehmen, etwa im Wege eines Vermächtnisses, muss der Erblasser wirksam auch mit der entsprechenden Firma unterschreiben können. Zwar trifft die Begriffsbestimmung der Firma in § 17 Abs 1 HGB (»Name, unter dem er im Handel seine Geschäfte betreibt«) hier nicht mehr zu. Der Notar sollte daher darauf hinwirken, dass mit dem bürgerlichen Namen unterschrieben wird. Im Hinblick auf die in RdNr 23, 27 genannten Grundsätze kann jedoch eine – einmal erfolgte – Unterschrift mit der Firma die Verfügung von Todes wegen nicht unwirksam machen, wenn das Handelsgewerbe konkret betroffen ist.

**36** cc) Nicht ausreichend ist die Unterzeichnung mit einem **Handzeichen.** Dies folgt daraus, dass § 13 Abs 1 S 1 im Gegensatz zu § 126 Abs 1 BGB diese Möglichkeit nicht nennt (BGH NJW 1975, 1704).

**37** c) Das Erfordernis der **Eigenhändigkeit** ergibt sich aus § 126 Abs 1 BGB und aus § 13 Abs 1 S 1 selbst (»von ihnen«). Ein *Faksimile-Stempel* ersetzt die eigenhändige Unterschrift nicht. Es reicht auch nicht aus, dass eine *andere Person* mit Einwilligung des Beteiligten für diesen unterschreibt. Eine *Schreibhilfe* ist unschädlich, wenn die individuelle Formung der Unterschrift durch den Beteiligten nicht gänzlich ausgeschaltet wird und wenn die unterschreibende Person den Willen zur Unterschrift erkennbar zum Ausdruck bringt (BGH LM § 16 TestG Nr 1; BGHZ 27, 274 = NJW 1958, 1398; BGHZ 47, 68; BGH NJW 1981, 1900; BayObLGZ 1951, 598 = DNotZ 1952, 78 mit Anm v RECHENMACHER; OLG Köln DNotZ 1957,

158; KEIDEL MDR 1958, 837). Hiernach liegt selbst dann noch eine eigenhändige Unterschrift vor, wenn der Beteiligte nur noch den Vornamen individuell ausformen kann, zB in der gewohnten deutschen Schrift, der Familienname jedoch von der helfenden Person gestaltet ist, zB in lateinischer Schrift (OLG Köln aaO). Die Hilfeleistung darf aber nicht soweit gehen, dass der Beteiligte sich die Hand wie ein willenloses Werkzeug führen lässt und die Schriftzüge nicht mehr von ihm, sondern alleinbestimmend von dem Dritten hergestellt werden, oder dass der Dritte die Unterschrift unter Missbrauch der Hand und des erloschenen Willens des Beteiligten zu Papier bringt (GLASER DNotZ 1958, 303). Bei der Schreibhilfe lassen sich fremde Schriftzüge regelmäßig nicht ganz vermeiden (BGH NJW 1981, 1900). Hat der Beteiligte seine Unterschrift nur äußerlich *eingelernt* oder *malt* er sie von einer Vorlage ab, so genügt dies (noch) den Erfordernissen der Eigenhändigkeit. Das Nachzeichnen der Schriftzüge einer auf der Niederschrift vorgezeichneten Unterschrift genügt indes nicht mehr (JANSEN BeurkG § 13 RdNr 21).

d) Für die **Schreibweise** gilt Folgendes: Die Unterschrift muss ausgeschrieben, darf also grundsätzlich nicht *abgekürzt* werden. Kann jedoch der Vorname ohne Schaden für die Wirksamkeit der Beurkundung weggelassen werden (vgl oben RdNr 28), so muss es auch zulässig sein, den Vornamen abzukürzen. Ein bloßes Abzeichnen (Paraphieren) der Niederschrift reicht nicht als Unterschrift aus, auch dann nicht, wenn durch Heranziehen anderer Umstände ermittelt werden kann, dass der Abzeichnende eine Unterzeichnung beabsichtigt hatte (BGHSt 12, 317; BGH DB 1967, 1628). Fraglich ist, bis zu welchem Ausmaß *Verstümmelungen und Unleserlichkeiten* von Unterschriften hingenommen werden können. Das KG (AnwBl 1955, 71) hat eine Unterschrift, die mit fünf lesbaren Buchstaben beginnt und in einem unbestimmten Strich endet, nicht genügen lassen. Der BGH (MDR 1964, 747; BGHSt 12, 317 = NJW 1959, 734) hat Schriftgebilde, deren Lesbarkeit noch hinter jener vom KG getadelten Unterschrift zurückstand, für noch ausreichend gehalten. Die Rspr des BGH lässt sich dahin zusammenfassen, dass den Anforderungen an eine eigenhändige Unterschrift dann genüge geleistet wird, wenn der Schriftzug individuell und einmalig ist, entsprechende charakteristische Merkmale aufweist und sich so als eine die Identität des Unterzeichnenden ausreichend kennzeichnende Unterschrift seines Namens darstellt (BGH LM Nr 8 zu § 170 ZPO; BGHSt 12, 317; so auch OLG Düsseldorf NJW 1956, 923). Eine flüchtige Schreibweise kann demnach bis zu dieser Grenze noch als zureichende Unterzeichnung angesehen werden. Die Unterschrift muss aber bei aller Flüchtigkeit erkennen lassen, dass der Unterzeichnende seinen vollen Namen hat niederschreiben wollen (BGH DB 1967, 1628; vgl auch BGH NJW 1969, 1484). Hierzu gehört, dass mindestens einzelne Buchstaben zu erkennen sind, weil es sonst an dem Merkmal einer Schrift überhaupt fehlt (BGH NJW 1974, 1090). Vgl zusammenfassend: KANZLEITER DNotZ 2002, 520.

e) Die **Schriftzeichen,** in denen die Unterschrift geleistet wird, brauchen nicht deutsch oder lateinisch zu sein. Es können auch fremde Schriftzeichen (zB griechisch, arabisch) gewählt werden. Im Hinblick auf § 5 Abs 2 (der allerdings nicht unmittelbar einschlägig ist, da die Unterschrift nicht zum Text der Urkunde gehört) erscheint jede andere Lösung als dem objektiven Gesetzeszweck zuwiderlaufend (HÖFER JurA 1970, 745f; HUHN-VON SCHUCKMANN BeurkG § 13 RdNr 24; STAUDINGER-FIRSCHING, 12. Aufl, § 13 BeurkG RdNr 17; aA die hM zur alten Rechtslage: SCHLEGELBERGER FGG § 177 RdNr 9; HÖFER-HUHN, Allgemeines Urkundenrecht, § 51 RdNr 5). Es ist dabei nicht erforderlich, dass der Notar die Unterschrift lesen kann; wollte man dies fordern, müsste man für die Unterschrift der Beteiligten stets Leserlichkeit verlangen (vgl jedoch RdNr 38).

**40** f) Das **Schreibmaterial** ist gleichgültig. Die Unterschrift der Beteiligten kann wirksam auch mit Bleistift vollzogen werden.

### g) Nachholen der Unterschrift

**41** Ist versehentlich die Unterschrift eines Beteiligten unterblieben, so ist fraglich, ob und wie er seine Unterschrift nachholen kann. Mit der Unterschrift gibt der Beteiligte zu erkennen, dass er mit dem Inhalt der Niederschrift einverstanden ist. Dieses Einverständnis kann naturgemäß auch noch nach Abschluss der Beurkundung erklärt werden. Die Möglichkeit, die vergessenen Unterschriften nachzuholen, ist daher anzuerkennen (EYLMANN-VAASEN BNotO BeurkG § 13 BeurkG RdNr 23). Da mit der Unterschrift des Notars die Beurkundung an sich abgeschlossen ist, kann die vergessene Unterschrift nur im Rahmen einer Nachtragsbeurkundung nachträglich geleistet werden. Der Rechtsgedanke des § 44a Abs 2 kann hierfür herangezogen werden. Aus dem Nachtragsprotokoll muss hervorgehen, dass die Beteiligte seine Unterschrift vergessen hat und sie jetzt nachträglich vollzieht. Zugleich ist von ihm zu bestätigen, dass ihm die »Hauptniederschrift« am Tage ihrer Errichtung (Unterzeichnung durch den Notar) vorgelesen und von ihm in Gegenwart des Notars und der eventuellen Vertragspartner genehmigt wurde; diese Bestätigung ist bei Erbverträgen wegen § 2276 Abs 1 S 1 BGB unabdingbare Wirksamkeitsvoraussetzung. Es ist unzulässig, die Unterschrift nur nachträglich auf das ursprüngliche Protokoll setzen zu lassen; die Beurkundung kann durch einen solchen Unterschriftsvollzug nicht wirksam abgeschlossen werden. Die Gegenbeteiligten müssen an der Nachtragsverhandlung grundsätzlich nicht teilnehmen. Auch wo das materielle Recht die gleichzeitige Anwesenheit beider Vertragsteile vorschreibt, wie beim Erbvertrag (§ 2276 Abs 1 BGB), genügt es, wenn die Nachtragsbeurkundung (Nachholen der Unterschrift) nur mit demjenigen Beteiligten durchgeführt wird, dessen Unterschrift vergessen wurde. Die Erfordernisse des materiellen Rechtes – Willenskonsens bei gleichzeitiger Anwesenheit – sind auch erfüllt, wenn die Unterschrift vergessen wurde. Durch das Nachholen wird lediglich die noch fehlende verfahrensrechtliche Wirksamkeit herbeigeführt. Es tritt dabei eine Rückwirkung auf den Zeitpunkt der Genehmigung der Niederschrift durch die übrigen Beteiligten ein. Die Unterschrift der Beteiligten ist zwar ein (ersetzbares, vgl § 25 BeurkG) Muss-Erfordernis, doch in ihrer Hauptfunktion nur sinnfälliges Zeichen des materiellen Einverständnisses mit dem Urkundeninhalt. Dieses muss zu dem Zeitpunkt, zu welchem die Unterschrift eines Beteiligten nachgeholt wird, noch bestehen. Ist offensichtlich, dass die anderen Beteiligten zwischenzeitlich ihr Einverständnis und die Genehmigung widerrufen haben, ist daher eine Nachtragsbeurkundung nicht mehr möglich, insoweit muss man den Rechtsgedanken des § 177 BGB heranziehen (EYLMANN-VAASEN BNotO BeurkG § 13 BeurkG RdNr 23). Ein Nachholen der Unterschrift ist auch möglich, wenn das Testament oder der Erbvertrag gem § 34 BeurkG verschlossen und in die amtliche Verwahrung gegeben wurde. Die Nachtragsurkunde ist dann wiederum zu verschließen und in die Verwahrung zu geben.

### h) Ersetzung der Unterschrift

**42** Bei Schreibunfähigen ist gem § 25 zu verfahren. Ein schreibfähiger Blinder muss gem § 13 Abs 1 S 1 unterschreiben; andernfalls ist die Beurkundung unwirksam. Auch die Unterschrift eines Blinden ist sinnvoll als Identitätsbeweis wie auch als ein vom Beteiligten selbst gesetztes, sinnfälliges Zeichen seines Einverständnisses mit demjenigen, was in dem Protokoll enthalten ist (RGZ 86, 385; BGHZ 31, 136 = NJW 1960, 813 mit Anm BÄRMANN = DNotZ 1960, 158 = LM Nr 4 zu § 2242; OLG Koblenz NJW 1958, 1784; aA OLG Hamm RPfleger 1959, 379).

## III. Schlussvermerk (§ 13 Abs 1 S 2, 3)

Im Protokoll soll festgestellt werden, dass es den Beteiligten in Gegenwart des Notars vorgelesen, von ihnen genehmigt und eigenhändig unterschrieben wurde; wird auf Karten etc verwiesen, soll Vorlage zur Durchsicht vermerkt werden. Die Beurkundung ist auch wirksam, wenn der Schlussvermerk fehlt (Soll-Vorschrift). Die Feststellung hat sich auf alle Erfordernisse, die § 13 Abs 1 S 1 enthält, zu beziehen, braucht sich jedoch nicht den Worten des Gesetzes anzuschließen (KG DJ 1936, 1816). Im Gegensatz zu § 2242 Abs 1 BGB aF verlangt § 13 Abs 1 S 2, S 1 auch die Feststellung, dass die Beurkundung in Gegenwart des Notars stattgefunden hat. Der übliche Vermerk »Vorgelesen vom Notar, von den Beteiligten genehmigt und eigenhändig unterschrieben« genügt diesem Erfordernis (HUHN-VON SCHUCKMANN BeurkG § 13 RdNr 38; SOERGEL-HARDER BeurkG § 13 RdNr 9). Der Notar, der in einem nicht – oder nicht in seiner Gegenwart – verlesenen oder genehmigten Protokoll die Feststellung des § 13 Abs 1 S 2 trifft, kann uU eine Falschbeurkundung im Amt (§ 348 StGB) begehen (BGH NJW 1975, 940 = DNotZ 1975, 365; zweifelnd HÖFER JurA 1970, 742).

**43**

Haben die Beteiligten die Niederschrift unterschrieben, so wird vermutet, dass sie in Gegenwart des Notars vorgelesen und von ihnen genehmigt ist; entsprechendes gilt, wenn Karten etc zur Durchsicht vorgelegt wurden (§ 13 Abs 1 S 3). Diese gesetzliche Vermutung stellt sicher, dass eine von den Beteiligten unterzeichnete Niederschrift auch ohne Schlussvermerk Beweis für das Vorlesen und die Genehmigung erbringt. Diese Vermutung ist widerlegbar. Erweist sich, dass der Notar die Urkunde nicht vorgelesen hat, so ist die Beurkundung unwirksam.

Der Schlussvermerk wird in eigener Verantwortung des Notars gefertigt. Er ist ein Zeugnis dafür, dass § 13 Abs 1 S 1 beachtet wurde. Er braucht den Beteiligten nicht vorgelesen und von ihnen nicht genehmigt zu werden (vgl oben RdNr 14). Die Unterschriften der Beteiligten brauchen den Schlussvermerk nicht zu decken, können und werden ihm also regelmäßig räumlich vorgehen. Der Schlussvermerk kann auch noch nach Unterzeichnung der Niederschrift vom Notar durch diesen einseitig nachgeholt werden.

## IV. Unterschrift des Notars (§ 13 Abs 3)

### 1. Bedeutung

Der Notar muss die Niederschrift unterschreiben. Erst mit der Unterschrift wird die Beurkundung wirksam. Erst die Unterschrift des Notars verleiht der Niederschrift die Eigenschaft einer öffentlichen Urkunde mit der Beweiskraft des § 415 ZPO. Mit der Unterschrift bezeugt der Notar, dass die in der Niederschrift bezeichneten Personen vor ihm erschienen sind, dass sie die protokollierten Erklärungen abgegeben haben und dass das Protokoll vorgelesen, von den Beteiligten genehmigt und eigenhändig unterschrieben worden ist (BayObLG DNotZ 1956, 95 mit Anm KEIDEL); mit der Unterzeichnung des Protokolls bezeugt der Urkundsnotar auch sein Zugegensein beim Verlesen der Niederschrift (BGH NJW 1975, 940 = DNotZ 1975, 365). Eine Siegelung ist zur Vollendung der Niederschrift nicht notwendig.

**44**

## 2. Vollzug der Unterschrift

**45** a) Für die **Art und Form** der Unterschrift des Notars gilt das oben II 4a–d Gesagte. Die Unterschrift muss hiernach eigenhändig erfolgen; Faksimile-Stempel und Herstellung im Durchschreibeverfahren reichen nicht aus. Unleserlichkeit ist in den oben RdNr 38 genannten Grenzen unschädlich. Es genügt die Unterschrift mit dem Familiennamen. Vorname (vgl § 1 S 2 DONot) und akademische Grade können, die Amtsbezeichnung (§ 13 Abs 3 S 2; § 1 S 3 DONot) soll angefügt werden. Hat ein Notar das Protokoll zwar mit seinem richtigen Vornamen, versehentlich aber statt mit seinem Familiennamen mit dem eines Beteiligten unterzeichnet und der Unterschrift seine Amtsbezeichnung beigefügt, so ist die Beurkundung als formell gültig zu erachten, wenn der richtige Familienname aus dem Eingang der Urkunde, dem Siegel und der Unterschrift unter die auf die Urkunde gesetzte Kostenrechnung hervorgeht und somit über die Identität des in der Urkunde angeführten Notars mit dem Unterzeichner des Protokolls kein Zweifel besteht (BayObLGZ 1955, 206, 210 = NJW 1956, 24 mit abl Anm FIRSCHING = DNotZ 1956, 95 mit zust Anm KEIDEL = JZ 1955, 706; vgl auch KEIDEL DNotZ 1952, 570; aA STAUDINGER-FIRSCHING, 12. Aufl, § 13 BeurkG RdNr 49). Nicht mehr ausreichend ist es, wenn der Notar zwar die auf die Urkunde gesetzte Kostenberechnung unterschrieben hat, nicht aber die Urkunde selbst (BayObLGZ 1976, 275 = DNotZ 1977, 432). Die Unterschrift des Notars soll mit der nach § 1 DONot beim Landgerichtspräsidenten eingereichten übereinstimmen; wird diese Dienstvorschrift nicht beachtet, so hat dies jedoch keine beurkundungsrechtlichen Folgen (BayObLGZ 1955, 206).

**46** b) **Räumlich** sollte die Unterschrift am Ende der Niederschrift, also nach dem Schlussvermerk (§ 13 Abs 1 S 2) und nach den Unterschriften der Beteiligten stehen (RG JW 1936, 989). Es genügt jedoch jede Anordnung, die deutlich macht, dass die Unterschrift des Notars den gesamten Urkundeninhalt deckt; ob dies der Fall ist, ist nach der Verkehrssitte zu beurteilen (BayObLGZ 1976, 275). Eine zwingende Reihenfolge der Anordnung der Unterschriften lässt sich dem Gesetz nicht entnehmen (vgl STAUDINGER-FIRSCHING, 12. Aufl, § 13 BeurkG RdNr 18; HUHN-VON SCHUCKMANN BeurkG § 13 RdNr 26; SOERGEL-HARDER § 13 BeurkG RdNr 8).

**47** c) **Zeitlich** braucht die Unterschrift vom Notar nicht in Gegenwart der Beteiligten geleistet zu werden. Es ist auch unschädlich, wenn ein Beteiligter, auch der Erblasser, unmittelbar nach Genehmigung und Unterzeichnung der Niederschrift, aber bevor der Notar die Unterschrift geleistet hat, stirbt oder geschäfts- bzw testierunfähig wird (FIRSCHING DNotZ 1955, 290; KEIDEL-WINKLER FGG (Teil B), BeurkG § 13 RdNr 73, 74); der Notar kann also seine Unterschrift auch nach diesem Zeitpunkt unter das Protokoll setzen.

### 3. Nachholen der Unterschrift

#### a) Grundsatz

**48** Der Notar ist verpflichtet, die Niederschrift sogleich nach den Beteiligten zu unterschreiben und damit abzuschließen (BayObLG DJZ 19, 1027). Ist die Unterschrift versehentlich unterblieben, so ist die Beurkundung noch nicht wirksam geworden. Hat jedoch der Notar die Niederschrift über die Errichtung einer Verfügung von Todes wegen nicht unterschrieben, so ist die Beurkundung aus diesem Grunde nicht unwirksam, wenn er (selbst) die Aufschrift auf dem verschlossenen Umschlag unterschrieben hat (§ 35).

### b) Möglichkeit des Nachholens

**49** Fraglich und umstritten ist, innerhalb welcher zeitlicher Grenzen der Notar seine Unterschrift nachholen darf. Hierzu werden fast alle denkbaren Ansichten vertreten; eine hM hat sich nicht gebildet (zum Meinungsstand vgl LG Aachen DNotZ 1976, 428; KEIDEL DNotZ 1957, 584; HUHN-VON SCHUCKMANN BeurkG § 13 RdNr 30). Die Frage ist auf Grund folgender Erwägungen zu entscheiden:

**50** **aa)** § 13 Abs 3 schreibt für die Errichtung einer notariellen Urkunde **keine zeitliche Einheit** vor. Die Unterschrift kann daher prinzipiell nachgeholt werden.

**51** **bb)** Der Notar kann die versäumte Unterschrift nur **in Person** nachholen; ein Notarvertreter kann daher nicht nachträglich für den von ihm vertretenen Notar unterzeichnen, da er nur seine eigenen Wahrnehmungen bezeugen kann (JANSEN BeurkG § 13 RdNr 41). Der Notar kann eine Unterschrift nur nachholen, solange er im Amt ist (JANSEN aaO). Der Notariatsverweser kann ebenso wenig wie der Notarvertreter die Unterschrift des Amtsvorgängers nachholen. Ist er aus dem Amt geschieden, kann er von ihm Wahrgenommenes nicht mehr amtlich bezeugen. Eine bloße Amtssitzverlegung hindert den Notar dagegen nicht am Nachholen, da ihm der öffentliche Glaube nicht verloren gegangen ist.

**52** **cc)** Da das Gesetz keine weiteren Begrenzungen vorsieht, muss ein Nachholen der Unterschrift bis zum äußerst möglichen Zeitpunkt zulässig sein. Dieser ist bei Verfügungen von Todes wegen der durch die **Eröffnung der Verfügung** bestimmte. Zu diesem Zeitpunkt muss die Urkunde spätestens wirksam sein. Es ist zwar misslich, wenn im Zeitpunkt des Erbfalls noch nicht feststeht, wer Erbe wird. Dieser Umstand zwingt jedoch nicht dazu, den Tag des Todes des Erblassers als letztmöglichen für das Nachholen der Unterschrift anzusehen (so auch LG Berlin DJ 1935, 1772 mit zust Anm von VOGELS; LANGE 1. Denkschrift des Erbrechtausschusses der Akademie für Deutsches Recht. Das Recht des Testaments 1937, S 76; *ders* Lb § 18 V 3a). Die Tatsache, dass eine Verfügung bereits in die amtliche Verwahrung gegeben wurde, bringt zwar praktische Probleme mit sich, hat jedoch keine materiellrechtliche Bedeutung; Sinn der amtlichen Verwahrung kann es nicht sein, das Wirksamwerden einer beurkundeten Erklärung zu verhindern. Nach der Eröffnung der Verfügung von Todes wegen kann die Unterschrift des Notars nicht mehr nachgeholt werden (KGJ 38 A 141; OLG Dresden ZBlFG 18, 297; OLG München DNotZ 1944, 12, 14).

### c) Form des Nachholens

**53** Wird die Unterschrift noch an dem in der Niederschrift gem § 9 Abs 2 genannten Tag nachgeholt, so kann sie einfach auf das Protokoll gesetzt werden. Wird sie an einem anderen Tag nachgeholt, so ist eine Nachtragsverhandlung durchzuführen; andernfalls würde der Eindruck erweckt, die Beurkundung sei an dem Tag, der im Urkundeneingang steht, auch wirksam geworden. Die Nachtragsverhandlung ist in der Weise aufzunehmen, dass der Notar auf der Urschrift bei dem dort angegebenen (ursprünglichen) Datum vermerkt, die zu diesem Zeitpunkt aufgenommene Verhandlung sei nunmehr fortgesetzt und durch seine Unterschrift abgeschlossen worden; das neue Datum ist anzugeben (wg Formulierung vgl KEIDEL DNotZ 1957, 583, 589; LG Aachen DNotZ 1976, 428, 432). Es wird auch die Meinung vertreten, dass für das Nachholen der Unterschrift des Notars eine Nachtragsverhandlung nicht erforderlich ist (KEIDEL-WINKLER BeurkG, § 13 RdNr 71; EYLMANN-VAASEN BNotO BeurkG § 13 BeurkG RdNr 22). Die Beteiligten müssen hierzu nicht zugezogen werden, da ihre Anwesenheit bei der Unterzeichnung durch den Notar nicht vorgeschrieben ist (vgl LG Aachen DNotZ 1976, 428; KEIDEL DNotZ 1957, 588 f; MECKE-LERCH BeurkG § 13 RdNr 27; auch RdNr 47). Notwendig ist jedoch die Anwesenheit der gem § 25 zugezogenen Person, da diese bei der Beurkundung zugegen sein muss, ohne dass dieses Erfordernis in irgendeiner Weise eingeschränkt wäre. Problematisch ist die Handhabung, wenn sich die Verfügung bereits in der amtlichen Verwahrung befindet (s RdNr 52). Der Notar wird in einem derartigen Fall die Nachtragsurkunde, in der er seine Unterschrift nachholt, nach § 34 zu behandeln, also in die amtliche Verwahrung »nachzureichen« haben.

### d) Wirkung

54 Die Beurkundung wird erst mit dem Vollzug der Unterschrift des Notars wirksam; diese wirkt also nicht auf den Zeitpunkt des Unterschreibens durch die Beteiligten zurück. Da die beurkundete Willenserklärung jedoch bereits abgegeben war und nur der verfahrensmäßige Abschluss nachgeholt wurde, spielt es keine Rolle, ob der Beteiligte zum Zeitpunkt des Nachholens der Notarunterschrift noch lebt und noch geschäfts- bzw testierfähig ist. Der Fall ist ebenso zu behandeln, wie derjenige, in welchem der Beteiligte nach seiner Unterschrift verstirbt oder geschäfts- bzw testierunfähig wird; der Notar kann hier seine Unterschrift auch nach diesem Ereignis unter die Niederschrift setzen (vgl RdNr 47). Für die Struktur des Falles ist es ohne Bedeutung, ob ein Beteiligter unmittelbar nach Genehmigung und Unterschrift (aber vor Unterzeichnung durch den Notar) oder erst später stirbt oder geschäfts- bzw testierunfähig wird.

### § 13a Eingeschränkte Beifügungs- und Vorlesungspflicht

(1) Wird in der Niederschrift auf eine andere notarielle Niederschrift verwiesen, die nach den Vorschriften über die Beurkundung von Willenserklärungen errichtet worden ist, so braucht diese nicht vorgelesen zu werden, wenn die Beteiligten erklären, dass ihnen der Inhalt der anderen Niederschrift bekannt ist, und sie auf das Vorlesen verzichten. Dies soll in der Niederschrift festgestellt werden. Der Notar soll nur beurkunden, wenn den Beteiligten die andere Niederschrift zumindest in beglaubigter Abschrift bei der Beurkundung vorliegt. Für die Vorlage zur Durchsicht an Stelle des Vorlesens von Karten, Zeichnungen oder Abbildungen gelten die Sätze 1 bis 3 entsprechend.

(2) Die andere Niederschrift braucht der Niederschrift nicht beigefügt zu werden, wenn die Beteiligten darauf verzichten. In der Niederschrift soll festgestellt werden, dass die Beteiligten auf das Beifügen verzichtet haben.

(3) Kann die andere Niederschrift bei dem Notar oder einer anderen Stelle rechtzeitig vor der Beurkundung eingesehen werden, so soll der Notar dies den Beteiligten vor der Verhandlung mitteilen; befindet sich die andere Niederschrift bei dem Notar, so soll er diese dem Beteiligten auf Verlangen übermitteln. Unbeschadet des § 17 soll der Notar die Beteiligten auch über die Bedeutung des Verweisens auf die andere Niederschrift belehren.

(4) Wird in der Niederschrift auf Karten oder Zeichnungen verwiesen, die von einer öffentlichen Behörde innerhalb der Grenzen ihrer Amtsbefugnisse oder von einer mit öffentlichem Glauben versehenen Person innerhalb des ihr zugewiesenen Geschäftskreises mit Unterschrift und Siegel oder Stempel versehen worden sind, so gelten die Absätze 1 bis 3 entsprechend.

**Übersicht**

I. Allgemeines
   1. Zeitliche Geltung ... 1
   2. Geltung für Konsulartestamente ... 2

II. Gegenstand
   1. Notarielle Niederschriften ... 3
   2. Karten und Zeichnungen ... 4

III. Rechtsfolgen
   1. Beschränkung der Vorlesungspflicht ... 5
   2. Beschränkung der Beifügungspflicht ... 6

## I. Allgemeines

### 1. Zeitliche Geltung

§ 13a wurde eingefügt durch das BeurkÄndG. Es ist am 27. 6. 1980 in Kraft getreten.   **1**

### 2. Geltung für Konsulartestamente

§ 13a gilt nicht nur für notarielle Niederschriften, sondern auch für konsularische   **2**
Urkunden (§ 10 Abs 3 KonsularG).

## II. Gegenstand der erleichterten Verweisung

### 1. Notarielle Niederschriften

§ 13a ermöglicht es, auf notarielle Niederschriften zu verweisen. Eine Verweisung   **3**
auf andere Urkunden (zB konsularische Urkunden oder gerichtliche Vergleiche)
ist nicht zulässig (LICHTENBERGER NJW 1980, 867). Willenserklärungen müssen in
der notariellen Niederschrift nicht enthalten sein (FISCHER DNotZ 1982, 153).
Auch Erklärungen Dritter können in Bezug genommen werden. Die materiellrechtliche Wirksamkeit der in der notariellen Niederschrift enthaltenen Erklärungen und ihre Geltung sind nicht Voraussetzung der Bezugnahme. Deshalb kann
auch auf aufgehobene Erklärungen verwiesen werden. Der Anwendungsbereich
von § 13 Abs 1 wird bei Verfügungen von Todes wegen – wenn überhaupt – dort
gegeben sein, wo eine frühere in einer notariellen Niederschrift enthaltene, aber
inzwischen aufgehobene Verfügung mit gleichem Inhalt wieder inkraftgesetzt
werden soll. Problematisch sind die Fälle, in denen die materiellrechtliche Unwirksamkeit des in einem öffentlichen Testament oder einem Erbvertrag enthaltenen Inhalts dadurch eintritt, dass die Urkunde, auf welche verwiesen wird, gemäß § 2256 BGB (Testament) bzw §§ 2300 Abs 2, 2256 BGB (Erbvertrag) aus der
amtlichen bzw notariellen Verwahrung zurückgenommen wird. Die Verweisungsurkunde »verschwindet« dann körperlich und steht damit auch für Verweisungen nicht mehr zur Verfügung. Es wird daher die Meinung vertreten, auch
die Urkunde, in welcher verwiesen wird, verliere mit der Rücknahme der Verweisungsurkunde ihre Wirksamkeit (STAUDINGER-BAUMANN § 2256 RdNr 4; s

auch Kommentarteil A § 2256 RdNr 11). Entscheidend ist aber, ob die Verweisungsurkunde im Zeitpunkt der Errichtung der verweisenden Urkunde existent ist; dann ist wirksam verwiesen. Die Wirksamkeit der Verweisung nach § 13a ist auf den Zeitpunkt der Errichtung der verweisenden Urkunde zu beurteilen. Die spätere Rücknahme der Verweisungsurkunde aus der Verwahrung kann die einmal eingetretene Wirksamkeit nicht beeinträchtigen. Immerhin ist die Willenserklärung inhaltlich eindeutig abgegeben worden. Nur dies will § 13a BeurkG sicherstellen. Allerdings ist bei Verweisungen auf öffentliche Testamente und Erbverträge das Risiko einzukalkulieren, dass die Verweisungsurkunde später durch Rücknahme körperlich verschwindet. Aus diesem Grund dürfte der Verzicht auf die Beifügung der Verweisungsurkunde gemäß § 13a Abs 2 Nr 1 BeurkG in derartigen Fällen nicht angebracht sein.

### 2. Karten und Zeichnungen

**4** Nach § 13a Abs 4 können Objekte der erleichterten Verweisung auch behördliche Karten oder Zeichnungen sein, das sind Karten oder Zeichnungen, die von einer nach § 415 ZPO qualifizierten Stelle im Rahmen ihrer Amtsbefugnis entweder selbst angefertigt oder bei ihr eingereicht und dort mit Unterschrift und Siegel versehen wurden (BRAMBRING DNotZ 1980, 303). Im Bereich der Verfügungen von Todes wegen wird § 13a Abs 4 vor allem dort anzuwenden sein, wo es um Vermächtnisse von zu vermessenden Teilflächen geht oder um die Teilungsanordnung bezüglich der Aufteilung eines einheitlichen Objektes in mehrere Eigentumswohnungen oä.

## III. Rechtsfolgen

### 1. Beschränkung der Vorlesungspflicht

**5** Das Verlesen der Bezugsurkunde bzw der Vorlage zur Durchsicht kann unterbleiben, wenn sämtliche Beteiligte gem § 6 erklären, dass ihnen der Inhalt der Bezugsurkunde bekannt sei und sie auf Vorlesen bzw Vorlage verzichten. Eine tatsächliche Kenntnis von der Bezugsurkunde ist nicht notwendig. Der Notar soll die Verzichtserklärung der Beteiligten in die Urkunde aufnehmen und nur beurkunden, wenn die Bezugsurkunde bei der Beurkundung mindestens in beglaubigter Abschrift vorliegt (§ 13a Abs 1 S 2, Abs 1 S 3). Die Verletzung dieser Soll-Vorschrift beeinträchtigt die Wirksamkeit der Urkunde nicht.

### 2. Beschränkung der Beifügungspflicht

**6** Die Beifügung der Bezugsurkunde ist entbehrlich, wenn die Beteiligten gem § 6 darauf verzichten (§ 13a Abs 2). Der Verzicht soll in die Niederschrift aufgenommen werden. Eine Verletzung dieser Soll-Vorschrift beeinträchtigt die Wirksamkeit der Beurkundung nicht.

§ 14 Eingeschränkte Vorlesungspflicht

(1) Werden Bilanzen, Inventare, Nachlassverzeichnisse oder sonstige Bestandsverzeichnisse über Sachen, Rechte und Rechtsverhältnisse in ein Schriftstück aufgenommen, auf das in der Niederschrift verwiesen oder das dieser beigefügt wird, so braucht es nicht vorgelesen zu werden, wenn die Beteiligten auf das Vorlesen verzichten. Das Gleiche gilt für Erklärungen, die bei der Bestellung einer Hypothek, Grundschuld, Rentenschuld, Schiffshypothek oder eines Registerpfandrechts an Luftfahrzeugen aufgenommen werden und nicht im Grundbuch, Schiffsregister, Schiffsbauregister oder im Register für Pfandrechte an Luftfahrzeugen selbst angegeben zu werden brauchen. Eine Erklärung, sich der sofortigen Zwangsvollstreckung zu unterwerfen, muss in die Niederschrift selbst aufgenommen werden.

(2) Wird nach Absatz 1 das beigefügte Schriftstück nicht vorgelesen, so soll es den Beteiligten zur Kenntnisnahme vorgelegt und von ihnen unterschrieben werden; besteht das Schriftstück aus mehreren Seiten, soll jede Seite von ihnen unterzeichnet werden. § 17 bleibt unberührt.

(3) In der Niederschrift muss festgestellt werden, dass die Beteiligten auf das Vorlesen verzichtet haben; es soll festgestellt werden, dass ihnen das beigefügte Schriftstück zur Kenntnisnahme vorgelegt worden ist.

§ 15 Versteigerungen

Bei der Beurkundung von Versteigerungen gelten nur solche Bieter als beteiligt, die an ihr Gebot gebunden bleiben. Entfernt sich ein solcher Bieter vor dem Schluss der Verhandlung, so gilt § 13 Abs 1 insoweit nicht; in der Niederschrift muss festgestellt werden, dass sich der Bieter vor dem Schluss der Verhandlung entfernt hat.

§ 16 Übersetzung der Niederschrift

(1) Ist ein Beteiligter nach seinen Angaben oder nach der Überzeugung des Notars der deutschen Sprache oder, wenn die Niederschrift in einer anderen als der deutschen Sprache aufgenommen wird, dieser Sprache nicht hinreichend kundig, so soll dies in der Niederschrift festgestellt werden.

(2) Eine Niederschrift, die eine derartige Feststellung enthält, muss dem Beteiligten anstelle des Vorlesens übersetzt werden. Wenn der Beteiligte es verlangt, soll die Übersetzung außerdem schriftlich angefertigt und ihm zur Durchsicht vorgelegt werden; die Übersetzung soll der Niederschrift beigefügt werden. Der Notar soll den Beteiligten darauf hinweisen, dass dieser eine schriftliche Übersetzung verlangen kann. Diese Tatsachen sollen in der Niederschrift festgestellt werden.

(3) Für die Übersetzung muss, falls der Notar nicht selbst übersetzt, ein Dolmetscher zugezogen werden. Für den Dolmetscher gelten die §§ 6, 7 entsprechend. Ist der Dolmetscher nicht allgemein vereidigt, so soll ihn der Notar vereidigen, es sei denn, dass alle Beteiligten darauf verzichten. Diese Tatsachen sollen in der Niederschrift festgestellt werden. Die Niederschrift soll auch von dem Dolmetscher unterschrieben werden.

## Übersicht

**I. Allgemeines**
1. Geltungsbereich .................................................... 1
   a) Sachliche Geltung ............................................ 1
   b) Persönliche Geltung ......................................... 2
2. Verletzungsfolgen ................................................ 3

**II. Sprachunkunde** ................................................ 4

**III. Verfahren**
1. Feststellung der Sprachunkundigkeit (§ 16 Abs 1) ..... 5
2. Übersetzung der Niederschrift (§ 16 Abs 2, 3) ......... 6
   a) Notwendigkeit ................................................. 6
   b) Schriftliche Übersetzung ................................... 8
   c) Dolmetscher ................................................... 11
   d) Feststellungen ................................................ 16

## I. Allgemeines

### 1. Geltungsbereich

**a) Sachliche Geltung**

**1** Für Verfügungen von Todes wegen stellt § 32 eine § 16 teilweise verdrängende Sonderregelung auf, die nach § 33 auch für den nichttestierenden Partner eines Erbvertrages gilt. § 16 hat bei Verfügungen von Todes wegen uneingeschränkte Geltung nur bei Erbverträgen, die mit einem Ehevertrag verbunden werden (§ 2276 Abs 2 BGB).

**b) Persönliche Geltung**

**2** § 16 gilt uneingeschränkt nur für die von Notaren vorgenommenen Beurkundungen und für das Bürgermeistertestament (§ 2249 Abs 1 S 4 BGB). Für Konsularbeamte ist § 16 zwar grundsätzlich maßgebend (§ 10 Abs 3 KonsularG), der gem § 16 Abs 3 zuzuziehende Dolmetscher braucht jedoch nicht vereidigt zu werden (§ 10 Abs 3 Nr 2 KonsularG). Für das Dreizeugentestament gilt zwar nicht § 16, doch sieht § 2250 Abs 3 S 3, 4 BGB eine Ersatzregelung vor.

### 2. Verletzungsfolgen

**3** § 16 Abs 2 S 1, Abs 3 S 1 enthalten Muss-Vorschriften, deren Nichtbeachtung die Unwirksamkeit der Beurkundung zur Folge hat. Alle übrigen (Soll-)Vorschriften des § 16 sind vom Notar zwar zu beachten; tut er es nicht, ist die Beurkundung gleichwohl wirksam.

## II. Sprachunkunde

**4** Ein Beteiligter ist der Sprache der Niederschrift nicht hinreichend kundig, wenn er sie nicht so gut versteht, dass er dem Vorlesen des Protokolls folgen kann (passive Sprachkenntnis). Es spielt keine Rolle, ob der Beteiligte sich auch in dieser Sprache verständlich machen kann (aktive Sprachkenntnis) (MECKE-LERCH BeurkG § 16 RdNr 2; KEIDEL-WINKLER FGG (Teil B) § 16 BeurkG RdNr 7; zur früheren

Rechtslage BGH NJW 1963, 1777 = DNotZ 1964, 174). § 16 Abs 2 ergänzt § 13. Nach dieser Vorschrift ist das Protokoll den Beteiligten vorzulesen, von ihnen zu genehmigen und zu unterschreiben. Genehmigung und Unterschrift sind nur sinnvoll, wenn die Beteiligten das ihnen Vorgelesene inhaltlich verstehen. Für den Fall, dass dies nicht so ist, sieht § 16 (iVm § 32) eine Abhilfe vor. Die §§ 16, 32 stellen daher erkennbar auf das (passive) Verstehen der Sprache, nicht aber auf das (aktive) Sprechenkönnen ab; in welcher Sprache und wie die Verhandlung zu führen ist, sagt das BeurkG nicht.

§ 16 gilt, wenn ein Ausländer eine deutsch formulierte Niederschrift, wenn ein deutschsprachiger Beteiligter eine fremdsprachige Niederschrift und wenn ein Ausländer eine andere Fremdsprache (also nicht die deutsche) nicht versteht (HÖFER JurA 1970, 748).

## III. Verfahren

### 1. Feststellung der Sprachunkundigkeit (§ 16 Abs 1)

Die Sprachunkundigkeit (vgl hierzu RdNr 4) eines Beteiligten soll in der Niederschrift festgestellt werden. Die Beurkundung ist wirksam, auch wenn dieser Vermerk nicht in der Niederschrift erscheint. Für die Annahme der Sprachunkenntnis ist (alternativ) die Angabe des betreffenden Beteiligten oder die Überzeugung des Notars maßgebend.

§ 16 ist unzweifelhaft anzuwenden, wenn Angabe des Beteiligten und Überzeugung des Notars übereinstimmend dahingehen, dass Sprachunkundigkeit vorliegt.

Erklärt ein Beteiligter, er sei der Sprache, in welcher die Niederschrift aufgenommen ist, nicht hinreichend kundig, so hat der Notar dies zu respektieren und § 16 anzuwenden; der Notar ist in diesem Fall an die Angabe des Beteiligten gebunden (KEIDEL-WINKLER FGG (Teil B) § 16 BeurkG RdNr 8; MECKE-LERCH BeurkG § 16 RdNr 3, jedoch unter unzutreffender Berufung auf das Urteil des BGH in NJW 1963, 1777 = DNotZ 1964, 174, das zu dem anders lautenden § 179 FGG aF erging). Die Vorschrift stellt alternative Tatbestandsmerkmale auf: Die Rechtsfolge ist davon abhängig, dass ein Beteiligter nach seinen Angaben *oder* nach der Überzeugung des Notars der Sprache der Niederschrift nicht hinreichend kundig ist. Wäre die Angabe der Beteiligten nur von Bedeutung, wenn sie sich mit der Auffassung des Notars deckte, so hätte § 16 Abs 1 kumulativ (»nach seinen Angaben und nach der Überzeugung des Notars«) gefasst werden müssen. Steht jedoch ohne jeden Zweifel fest, dass die Angabe des Beteiligten, er sei der betreffenden Sprache nicht kundig, bewusst falsch gegeben wurde, so ist der Notar uU berechtigt, die Beurkundung wegen Unzumutbarkeit (vgl § 4 RdNr 11) abzulehnen (vgl auch JANSEN BeurkG § 16 RdNr 5).

Erklärt ein Beteiligter, er beherrsche die Sprache, in welcher die Niederschrift verlesen wird, gelangt der Notar indes zur gegenteiligen Überzeugung, so hat er gem § 16 zu verfahren, da der Tatbestand dieser Vorschrift in einer der beiden Alternativen erfüllt ist (Amtl Begr BT-Drucks V/3282 S 31; MECKE DNotZ 1968, 604).

## 2. Übersetzung der Niederschrift (§ 16 Abs 2, 3)

### a) Notwendigkeit

**6** Enthält das Protokoll eine Feststellung über die Sprachunkundigkeit eines Beteiligten (§ 16 Abs 1), so *muss* die Niederschrift diesem Beteiligten übersetzt werden (§ 16 Abs 2 S 1). Die Übersetzung ersetzt das Vorlesen; dieses ist jedoch nur gegenüber dem sprachunkundigen Beteiligten entbehrlich, nicht jedoch gegenüber den anderen. Da die Übersetzung an die Stelle des Vorlesens gem § 13 Abs 1 S 1 tritt, sind alle diejenigen Teile zu übersetzen, die notwendig vorgelesen werden müssen (vgl § 13 RdNr 12 ff), also auch die Protokollanlagen gem § 9 Abs 1 S 2, nicht jedoch das gem §§ 2232, 2276 Abs 1 BGB übergebene Schriftstück. Die Übersetzung hat gem § 16 Abs 2 S 1 mündlich zu erfolgen; sie ist vom Notar in Person (RGZ 134, 274) oder von einem Dolmetscher (§ 16 Abs 3) zu geben. »Übersetzen« heißt, dass die Niederschrift sinngemäß, nicht – was ohnehin kaum möglich ist – Wort für Wort, in der anderen Sprache wiedergegeben werden muss, und zwar mündlich (MECKE-LERCH BeurkG § 16 RdNr 4). Die mündliche Übersetzung ist auch dann für die Wirksamkeit der Beurkundung konstitutiv, wenn der sprachunkundige Beteiligte hörunfähig ist (JANSEN BeurkG § 16 RdNr 9 und § 23 RdNr 3). Die Übersetzung durch einen gem § 7 ausgeschlossenen Dolmetscher beeinträchtigt die Wirksamkeit der Übersetzung (und damit der Beurkundung) nur in dem Maße, wie der Dolmetscher oder seine Angehörigen begünstigt sind (vgl § 16 Abs 3 S 2; unten RdNrn 11 ff).

**7** Die Übersetzung ist ein Muss-Erfordernis, von dem die Wirksamkeit der Beurkundung abhängt. Die Regelung des § 16 Abs 2 S 1 knüpft an die Feststellung der Sprachunkundigkeit gem § 16 Abs 1 an. Die Niederschrift muss daher nur dann übersetzt werden, wenn ein Vermerk über die Sprachunkundigkeit eines Beteiligten in ihr enthalten ist (KEIDEL-WINKLER (Teil B) BeurkG § 16 RdNr 12, 16). Die Unwirksamkeit kann also aus der Urkunde selbst ermittelt werden. Enthält das Protokoll die Feststellung nach § 16 Abs 1 und wurde es übersetzt, so spielt es keine Rolle, ob die Voraussetzungen für die Feststellung (vgl RdNr 5) vorlagen oder nicht. Fehlt die Feststellung nach § 16 Abs 1, ist der Notar aber nach § 16 Abs 2 verfahren, so ist die Beurkundung unwirksam, wenn die Niederschrift dem Beteiligten nicht auch gem § 13 Abs 1 S 1 vorgelesen wurde; dies gilt auch dann, wenn der Beteiligte tatsächlich »sprachunkundig« war, die Feststellung jedoch unter Verstoß gegen § 16 Abs 1 unterlassen wurde (vgl JANSEN BeurkG § 16 RdNr 8).

### b) Schriftliche Übersetzung

**8** Verlangt der sprachunkundige Beteiligte, dass eine schriftliche Übersetzung des Protokolls angefertigt und ihm zur Durchsicht vorgelegt wird, so *soll* dies geschehen (§ 16 Abs 2 S 2). Die Wirksamkeit der Beurkundung hängt hiervon nicht ab. Die schriftliche Übersetzung tritt nicht an die Stelle der mündlichen, sie erfolgt lediglich ergänzend. Die mündliche Übersetzung kann jedoch darin bestehen, dass die schriftliche verlesen wird.

**9** Die schriftliche Übersetzung soll der Niederschrift beigefügt werden (zum Begriff der Beifügung vgl § 9 RdNr 19). Anders als nach § 2244 Abs 2 S 2 BGB aF ist die Übersetzung nach § 16 Abs 2 keine Anlage des Protokolls. Es ist nicht notwendig, die Übersetzung mit der Niederschrift durch Schnur und Prägesiegel zu verbinden (MECKE-LERCH BeurkG § 16 RdNr 6; HUHN-VON SCHUCKMANN BeurkG § 16 RdNr 13). Allein die Niederschrift enthält die authentische Fassung der abgegebenen Erklärung. Die Übersetzung kann jedoch ergänzend herangezogen werden, wenn bei der Interpretation der Niederschrift Zweifel auftauchen.

Der Notar soll darauf hinweisen, dass eine schriftliche Übersetzung verlangt werden kann (§ 16 Abs 2 S 3). **10**

### c) Dolmetscher

Ein Dolmetscher muss zugezogen werden, wenn der Notar die Niederschrift nicht selbst übersetzt (§ 16 Abs 3 S 1). Der Notar kann selbst übersetzen, wenn er die erforderlichen Sprachkenntnisse hat; er kann sich dabei auch auf eine nicht von ihm gefertigte Übersetzung stützen, wenn er sie für zuverlässig hält und ihre Zuverlässigkeit auch beurteilen kann (HAGENA DNotZ 1978, 393). Hält sich also der Notar für fähig, die Übersetzung selbst, ggf auf der Grundlage fremder Übersetzungsvorarbeiten vorzunehmen, und tut er dies auch, so ist die Beurkundung auch dann wirksam, wenn der Notar unter objektiven Gesichtspunkten keine hinreichenden Fähigkeiten als Übersetzer hatte. Der Notar muss jedoch auch bei voller Kenntnis der beiden einschlägigen Sprachen nicht selbst übersetzen. Verzichtet er darauf, selbst tätig zu werden, so muss er einen Dolmetscher zuziehen. Tut er dies nicht, so ist die Beurkundung unwirksam. **11**

Wer als Dolmetscher heranzuziehen ist, entscheidet der Notar selbst. Dolmetscher kann jeder sein, der nach der Überzeugung des Notars eine Übersetzung richtig anfertigen kann (vgl HORNIG DNotZ 1942, 439). Ungeeignet sind allerdings kraft Gesetzes diejenigen Personen, die als Notar gem §§ 6, 7 von der Beurkundung ausgeschlossen wären (§ 16 Abs 3 S 2). **12**

Wird ein Ausschließungsgrund nicht beachtet, so ist die gesamte Beurkundung unwirksam (§ 6), im Fall des § 7 nur in dem dort bezeichneten Ausmaß. Bei der Beurkundung von Verfügungen von Todes wegen wird § 16 Abs 3 S 2 durch § 27 ergänzt; die Beurkundung ist hiernach auch insoweit unwirksam, als der Dolmetscher in der Verfügung bedacht oder zum Testamentsvollstrecker ernannt wird. Nach Ansicht von DUMOULIN (Durchsicht S 21) soll auch im Fall des § 7 die gesamte Beurkundung, also nicht nur diejenige der Erklärung des Sprachunkundigen oder der Erklärungen, die dem Dolmetscher oder dessen Angehörigen zum Vorteil sind, unwirksam sein, »weil die Übersetzung betroffen ist, und diese die Vorlesung ersetzt«; der Fall wäre hiernach »ebenso zu beurteilen, wie der Fall, dass einem Beteiligten die Urkunde nicht vorgelesen worden ist«. Dieser Auffassung kann nicht gefolgt werden: Auch das Vorlesen der Niederschrift durch einen Notar, der durch § 7 von der Beurkundung ausgeschlossen ist, ist – wie auch die übrige Beurkundung – nur teilweise, nämlich soweit die Begünstigung reicht, unwirksam. Das Vorlesen verliert im Übrigen seinen beurkundungsrechtlichen Sinn nicht. Gerade weil die Übersetzung gem § 16 das Vorlesen ersetzt, kann ein Dolmetscher nicht im stärkeren Maße ausgeschlossen sein als der Notar. **13**

Der Dolmetscher *soll* vereidigt werden, wenn er nicht bereits allgemein, also auch für notarielle Verhandlungen, vereidigt ist (§ 16 Abs 3 S 3). Die gesetzliche Ermächtigung des Notars zur Abnahme des Eides enthält § 16 Abs 3 S 2 selbst. Die Vereidigung kann unterbleiben, wenn alle Beteiligten (also nicht nur der Sprachunkundige!) darauf verzichten. Der Eid ist gem § 189 Abs 1 GVG vom Dolmetscher dahin zu leisten, dass er »treu und gewissenhaft übertragen werde«. **14**

Der Dolmetscher muss nicht während der gesamten Beurkundung anwesend sein; er muss jedoch solange zugegen sein, wie es die Erfüllung seiner Aufgabe erfordert (HUHN-VON SCHUCKMANN BeurkG § 16 RdNr 20). Die Niederschrift *soll* allerdings vom Dolmetscher unterschrieben werden (§ 16 Abs 3 S 4). **15**

### d) Feststellungen

**16** Die Tatsache, dass eine Niederschrift übersetzt wurde, eine schriftliche Übersetzung verlangt, angefertigt und dem sprachunkundigen Beteiligten zur Durchsicht vorgelegt wurde, sowie der Hinweis des Notars gem § 16 Abs 2 S 3 *sollen* im Protokoll vermerkt werden (§ 16 Abs 2 S 4). Da die mündliche Übersetzung nach § 16 Abs 2 S 1 an die Stelle des Vorlesens der Niederschrift gem § 13 Abs 1 S 1 tritt, begründet die Unterschrift des sprachunkundigen Beteiligten auf dem Protokoll gem § 13 Abs 1 S 3 die (widerlegbare) Vermutung, dass die Niederschrift anstelle des Vorlesens übersetzt wurde. Auch die Zuziehung des Dolmetschers, seine Vereidigung bzw der Verzicht aller Beteiligten hierauf sollen in der Niederschrift vermerkt werden (§ 16 Abs 3 S 3).

## 3. Prüfungs- und Belehrungspflichten

### § 17 (Grundsatz)

(1) Der Notar soll den Willen der Beteiligten erforschen, den Sachverhalt klären, die Beteiligten über die rechtliche Tragweite des Geschäfts belehren und ihre Erklärungen klar und unzweideutig in der Niederschrift wiedergeben. Dabei soll er darauf achten, dass Irrtümer und Zweifel vermieden sowie unerfahrene und ungewandte Beteiligte nicht benachteiligt werden.

(2) Bestehen Zweifel, ob das Geschäft dem Gesetz oder dem wahren Willen der Beteiligten entspricht, so sollen die Bedenken mit den Beteiligten erörtert werden. Zweifelt der Notar an der Wirksamkeit des Geschäfts und bestehen die Beteiligten auf der Beurkundung, so soll er die Belehrung und die dazu abgegebenen Erklärungen der Beteiligten in der Niederschrift vermerken.

(2a) Der Notar soll das Beurkundungsverfahren so gestalten, dass die Einhaltung der Pflichten nach den Absätzen 1 und 2 gewährleistet ist. Bei Verbraucherverträgen soll der Notar darauf hinwirken, dass
1. die rechtsgeschäftlichen Erklärungen des Verbrauchers von diesem persönlich oder durch eine Vertrauensperson vor dem Notar abgegeben werden und
2. der Verbraucher ausreichend Gelegenheit erhält, sich vorab mit dem Gegenstand der Beurkundung auseinander zu setzen; bei Verbraucherverträgen, die der Beurkundungspflicht nach § 311b Abs 1 Satz 1 und Abs 3 des Bürgerlichen Gesetzbuchs unterliegen, geschieht dies im Regelfall dadurch, dass dem Verbraucher der beabsichtigte Text des Rechtsgeschäfts zwei Wochen vor der Beurkundung zur Verfügung gestellt wird.

Weitere Amtspflichten des Notars bleiben unberührt.

(3) Kommt ausländisches Recht zur Anwendung oder bestehen darüber Zweifel, so soll der Notar die Beteiligten darauf hinweisen und dies in der Niederschrift vermerken. Zur Belehrung über den Inhalt ausländischer Rechtsordnungen ist er nicht verpflichtet.

Übersicht

| | | |
|---|---|---|
| I. | Allgemeines | |
| | 1. Norm-Gegenstand | 1 |
| | 2. Soll-Vorschrift | 2 |
| | 3. Geltungsbereich | 3 |

| II. | Prüfungs- und Belehrungspflicht (§ 17 Abs 1) | |
|---|---|---|
| | 1. Grundsätzliches | 4 |
| | 2. Erforschen des Parteiwillens | 5 |
| | 3. Klärung des Sachverhalts | 6 |
| | 4. Belehrungspflicht | 10 |
| |    a) Spezielle Belehrungspflicht aus der Urkundstätigkeit | 10 |
| |    b) Betreuende Belehrungspflicht | 11 |
| |    c) Belehrung über wirtschaftliche und steuerliche Folgen | 12 |
| |    d) Adressat der Belehrung | 13 |
| |    e) Umfang der Belehrungspflicht | 16 |
| | 5. Formulierungspflicht | 17 |
| III. | Zweifel an der Wirksamkeit (§ 17 Abs 2) | 18 |
| IV. | Die Gestaltung des Beurkundungsverfahrens (§ 17 Abs 2a) | 22 |
| V. | Fälle mit Auslandsberührung (§ 17 Abs 3) | 23 |

## I. Allgemeines

### 1. Norm-Gegenstand

Die §§ 17–21 sind im Gesetz mit »Prüfungs- und Belehrungspflichten« überschrieben. § 17 ist die Grundnorm, die §§ 18–21 greifen besonders wichtige Pflichten heraus und regeln sie konkret. Unter dem Schlagwort »Prüfungs- und Belehrungspflicht des Notars« wird üblicherweise eine ganze Reihe von Pflichten zusammengefasst, die im Gesetz einzeln angesprochen sind. Die Pflichten des Notars lassen sich nur aus diesen gesetzlich normierten Einzeltatbeständen und aus seiner Stellung als unparteiischer Betreuer der Beteiligten (§ 14 Abs 1 BNotO) ermitteln, nicht jedoch durch eine analytische Deduktion aus einer – was auch immer bedeutenden – allgemeinen Prüfungs- und Belehrungspflicht. Ausführlich zu Belehrungs-, Hinweis- und Warnpflichten der Notare BANTER WM Sonderbeilage Nr 1/1993 und WM 1996, 701.

### 2. Soll-Vorschrift

§ 17 enthält nur Soll-Bestimmungen. Beachtet sie der Notar nicht, wird die Beurkundung dadurch nicht unwirksam.

### 3. Geltungsbereich

§ 17 gilt für Notare, Konsularbeamte (§ 10 Abs 3 KonsularG) und für das Bürgermeistertestament (§ 2249 Abs 1 S 4 BGB), nicht jedoch, da § 17 in § 2250 Abs 3 BGB nicht erwähnt ist, für das Dreizeugentestament.

## II. Prüfungs- und Belehrungspflicht (§ 17 Abs 1)

### 1. Grundsätzliches

4 Die Statuierung einer Prüfungs- und Belehrungspflicht des Notars rechtfertigt im Grunde erst den (relativen) Formzwang im Recht der Verfügungen von Todes wegen. Ein Testament kann – im Gegensatz zum Erbvertrag – auch privatschriftlich errichtet werden (§ 2247 BGB). Der Beweis über die Errichtung und den Inhalt eines Testamentes wird zweifellos auch durch ein privatschriftliches Testament erbracht. Hauptzweck der notariellen Beurkundung ist jedoch bei Verfügungen von Todes wegen die Warnung der Parteien und die inhaltliche Präzisierung des Gewollten. In diesem Zusammenhang ist § 17 Abs 1 zu sehen. Besonders zu beachten ist § 17 Abs 1 S 2, wonach unerfahrene und ungewandte Beteiligte mehr als andere vom Notar zu betreuen sind. Diese Pflicht ist in einer besonders sorgfältigen Beratung zu verwirklichen, sowohl in Bezug auf den Typ (Testament oder Erbvertrag), den Inhalt wie die Art und Weise der Errichtung einer Verfügung von Todes wegen. Die Prüfungs- und Belehrungspflichten des Notars bestehen grundsätzlich nur gegenüber den formell iS von § 6 Abs 2 an der Beurkundung Beteiligten (WINKLER MittBayNot 1999, 1, 12).

### 2. Erforschen des Parteiwillens

5 Wille und Willenserklärung können auseinander fallen. Der Notar darf sich nicht mit der Erklärung begnügen, sondern hat den wahren Willen der Beteiligten zu ermitteln. Dadurch soll erreicht werden, dass Wille und Willenserklärung einander entsprechen und Willensmängel, die bei Verfügungen von Todes wegen besonders häufig irreparabel sind, ausgeschlossen werden. Der Notar wird daher die Zielrichtung der Erklärung ermitteln, um von diesem Ausgangspunkt einen Zugang zum gewollten Rechtsgeschäft zu bekommen. Werden von den Beteiligten Rechtsbegriffe (»Vermächtnis«, »Nacherbe«) gebraucht, so ist besondere Vorsicht geboten, da diese außerhalb der Fachkreise oft einen anderen oder einen unpräzisen Inhalt haben. Das Mittel, den Willen der Beteiligten zu erforschen, ist die Verhandlung (das Gespräch) mit ihnen. Die Pflicht zur Willenserforschung muss vom Notar in Person erfüllt werden (RG DNotZ 1933, 793). Die Vorverhandlung darf zwar von Mitarbeitern geführt werden, der Notar muss jedoch spätestens beim Verlesen feststellen, ob sich Entwurf der Niederschrift und wirklicher Wille decken. Beim Erforschen des Willens hat der Notar den Beteiligten auch die verschiedenen rechtlichen Möglichkeiten zur Erklärung des Willens zu nennen; denn der Wille lässt sich meist nur dann richtig bilden, wenn man alternative Gestaltungen kennt. Bei mehreren Gestaltungsmöglichkeiten ist die sicherste aufzuzeigen (KEIDEL-WINKLER FGG (Teil B) § 17 BeurkG RdNr 35). Diese Pflicht des Notars ergibt sich – wenn nicht schon aus § 17 Abs 1, so doch zumindest – aus seiner Stellung als Betreuer der Parteien (§ 14 Abs 1 BNotO; vgl MECKE-LERCH BeurkG § 17 RdNr 16).

### 3. Klärung des Sachverhalts

6 Der Notar soll vor einer Beurkundung den Sachverhalt klären. Unter »Sachverhalt« ist das gesamte *tatsächliche Substrat* eines Rechtsgeschäftes zu verstehen. Die Aufklärungspflicht des Notars bezieht sich auf die rein faktischen Verhältnisse der Beteiligten wie auf die Rechtstatsachen. Dem Notar obliegt jedoch keine Verpflichtung zur Amtsermittlung, die derjenigen nach § 12 FGG vergleichbar wäre.

Bei den *rein faktischen Verhältnissen* ist im Recht der Verfügungen von Todes we- 7
gen vor allem die Konsistenz des Nachlasses zu prüfen. Für die Gestaltung der
Verfügung ist es ausschlaggebend, ob zum Vermögen des Erblassers ein Grundstück (vgl § 18 RdNrn 7ff, 11ff), ein Gewerbebetrieb oder eine (personalistische
oder kapitalistische) Beteiligung (vgl Teil D 110ff) an einem solchen gehört. Die
faktischen Verhältnisse der Beteiligten sind naturgemäß nur insoweit aufzuklären, wie dies durch die beantragte Sachbehandlung geboten ist und auch nur,
wenn nicht der Wille der Beteiligten dem entgegensteht.

Bei den *Rechtstatsachen* ist primär die *Geschäfts- bzw Testierfähigkeit* (vgl RdNr 4 zu 8
§ 2229 und § 2275 BGB) zu prüfen. Bestehen Zweifel, so ist gem §§ 17 Abs 2, 28 zu
verfahren. Bei der natürlichen Geschäfts- bzw Testierunfähigkeit ist das Urteil des
Notars entscheidend. Bei der Ermittlung des Status der Beteiligten (Alter, evtl
Entmündigung) kann sich der Notar auf deren Angaben verlassen; nur bei einem
besonderen Anlass zu Zweifeln hat der Notar die Angabe nachzuprüfen (RG JW
1936, 803).

Die *Staatsangehörigkeit* der Beteiligten sollte bei Verfügungen von Todes wegen
stets genannt werden. Verpflichtet ist der Notar hierzu jedoch nur, wenn die
Umstände (zB fremdländischer Name, mangelnde Deutschkenntnisse) Anlass geben, an die Möglichkeiten von Auslandsbeziehungen zu denken (BGH DNotZ
1963, 315; vgl auch GRADER DNotZ 1959, 563).

Auch die *Testierfreiheit* ist vom Notar zu prüfen. Es könnte beispielsweise eine 9
Bindung an früher getroffene Verfügungen (Erbvertrag, wechselbezügliche Verfügungen in einem gemeinschaftlichen Testament) bestehen. Der Notar hat die Beteiligten hierüber zu befragen und sich davon zu überzeugen, dass der Testator
nicht durch eine frühere Verfügung von Todes wegen gebunden und damit an
der neuen Verfügung gehindert ist (BGH DNotZ 1960, 157; BGH VersR 1958,
782). Diese Überzeugung gewinnt der Notar durch entsprechende Nachfragen.
Auf die Richtigkeit und tatsächlichen Angaben der Beteiligten darf sich der Notar ohne eigene Sachprüfung verlassen (BGHZ 64, 246; BGH DNotZ 1976, 629;
HUHN-VON-SCHUCKMANN BeurkG § 17 RdNr 26). Konkrete Anhaltspunkte begründen aber uU eine weitergehende Aufklärungspflicht (HUHN-VON-SCHUCKMANN
BeurkG § 17 RdNr 97). Ohne besonderen Anlass braucht der Notar, der eine Verfügung von Todes wegen beurkunden soll, in seinem Notariat nicht nach dem
Vorliegen eines Erbvertrages zu forschen. Bei der Beurkundung der letztwilligen
Verfügung eines verwitweten Beteiligten muss der Notar nicht die Nachlassakten
des vorverstorbenen Ehegatten einsehen, auch wenn dies im Einzelfall zweckmäßig sein kann und die Beteiligten vor Schaden bewahren wird (LG Ravensburg
BWNotZ 1959, 163). Liegen Anhaltspunkte vor, dass eine beabsichtigte Verfügung wegen fehlender Testierfreiheit nichtig sein könnte, hat der Notar über die
zweifelhafte Rechtslage zu belehren (BGH VersR 1958, 782).

### 4. Belehrungspflicht

#### a) Spezielle Belehrungspflicht aus der Urkundstätigkeit

Auf Grund der Verpflichtung, die Beteiligten über die rechtliche Tragweite des 10
Rechtsgeschäfts zu belehren, hat der Notar die Beteiligten zunächst darüber aufzuklären, was notwendig ist, um ihren Willen rechtswirksam werden zu lassen,
und welche Rechtswirkungen das Rechtsgeschäft hat. Der Notar hat darüber zu
belehren, ob ein Testament ausreicht oder ob – wegen der von den Parteien
gewollten Bindung – die Form eines gemeinschaftlichen Testaments oder eines

Erbvertrages zu wählen ist. Unmittelbare sachliche Rechtswirkungen treten bei Verfügungen von Todes wegen grundsätzlich nicht ein; lediglich ein gemeinschaftliches Testament und ein Erbvertrag bewirken unmittelbar eine persönliche Gebundenheit. Zu den erst mit dem Erbfall eintretenden Folgen, auf die der Notar bei einer Verfügung von Todes wegen hinzuweisen hat, gehören mögliche Pflichtteilsansprüche übergangener gesetzlicher Erben (vgl PAGENDARM DRiZ 1959, 133; SCHEFFLER MittRhNotK 1967, 427; REITHMANN DNotZ 1969, 70, 81).

### b) Betreuende Belehrungspflicht

11 Aus § 17 folgt weiter eine betreuende Belehrungspflicht des Notars; sie setzt nicht voraus, dass der Notar neben dem Beurkundungsauftrag einen besonderen Auftrag zur Beratung und Betreuung gem § 24 BNotO erhalten hat (PAGENDARM aaO; SAAGE DB 1962, 1165). Diese allgemeine Belehrungspflicht erstreckt sich »auch auf außerhalb eines beurkundeten Vorgangs liegende rechtliche Erfordernisse und kann es dem Notar zur Aufgabe machen, die Beteiligten, die ihn im Vertrauen darauf angehen, vor nicht bedachten rechtlichen Folgen ihrer beurkundeten Erklärungen oder vor dem Nichteintritt der mit ihren Erklärungen erwarteten Folgen bewahrt zu bleiben, die nötige Aufklärung zu geben« (BGH DNotZ 1954, 330f). Die betreuende Belehrungspflicht setzt allerdings nur ein, wenn besondere Umstände vermuten lassen, ein Beteiligter sei sich einer Rechtsfolge nicht voll bewusst, es drohe ihm daher ein (abwendbarer) Schaden (MECKE-LERCH BeurkG § 17 RdNr 16 ff). Ein derartiger Schaden kann sich bei Verfügungen von Todes wegen insbesondere wegen zu geringer (Testament) oder wegen zu weitgehender Bindung (gemeinschaftliches Testament, Erbvertrag) ergeben. Der Notar wird daher auf die grundsätzliche – dem Bindungsgrad nach erforderliche – Gestaltung (Testament, gemeinschaftliches Testament oder Erbvertrag) und innerhalb der Verauf die Möglichkeit individueller Klauseln (gegenständliche Einschränkung der Bindung, Rücktrittsvorbehalt, Freistellungsklausel, Wiederverheiratungsklausel) hinweisen müssen.

### c) Belehrung über wirtschaftliche und steuerliche Folgen

12 Auf die wirtschaftlichen Auswirkungen einer Verfügung von Todes wegen braucht der Notar grundsätzlich nicht hinzuweisen; es ist nicht vorgegebene Aufgabe des Notars, Wirtschaftsberater der Beurkundungspartei zu sein (vgl BGH NJW 1967, 931; NJW 1975, 2016 = DNotZ 1976, 54; DNotZ 1982, 775; OLG Düsseldorf DNotZ 1981, 138). Etwa anderes kann sich lediglich aus der betreuenden Belehrungspflicht (vgl RdNr 11) ergeben, wenn es nach den besonderen Umständen des Einzelfalles nahe liegt, dass für die Beteiligten eine Schädigung eintreten und der Notar nicht mit Sicherheit annehmen kann, dass sich der Gefährdete seiner Lage bewusst ist, oder dass er das Risiko auch bei einer Belehrung auf sich nehmen würde (BGH DNotZ 1954, 319). Diese erweiterte Belehrungspflicht, ursprünglich zum Bauträgerrecht entwickelt, kann in der Praxis auch bei Verfügungen von Todes wegen von Bedeutung sein und den Notar zu erweiterten Hinweisen auch in wirtschaftlicher Hinsicht veranlassen (vgl BGH DNotZ 1974, 296).

Entsprechendes gilt auch für die Belehrung über steuerliche Folgen; der Notar muss also auf die steuerlichen Auswirkungen einer Verfügung von Todes wegen grundsätzlich nicht hinweisen (RGZ 142, 424; RGJW 1932, 2855; BGH VersR 1959, 28; BGH DNotZ 1968, 303; NJW 1975, 2016 = DNotZ 1976, 54; BGH WM 1983, 123; BGH WM 1985, 523; BGH WM 1992, 1533; OLG Düsseldorf DNotZ 1981, 138; KNUR DNotZ 1966, 707; MECKE-LERCH BeurkG § 17 RdNr 14). Eine Ausnahme besteht lediglich in der Hinweispflicht auf die Schenkungsteuer (§ 8 Abs 1 S 5, Abs 4 ErbStDV). Etwas anderes gilt auch dann, wenn ein Beteiligter selbst die Frage nach den steuerlichen Folgen des Geschäfts aufwirft (BGH WM 1985, 666) oder wenn der Notar von sich aus erkennt, dass ein den Beteiligten oder einem von ihnen nachteiliger steuerlicher Tatbestand eingreift, von dem die Beteiligten keine Kenntnis haben (BGH WM 1988, 1853). Gibt der Notar steuerliche Auskünfte, ohne hierzu verpflichtet zu sein, so kann sich seine Haftung ausnahmsweise auch auf die Richtigkeit solcher Belehrungen erstrecken (OLG Hamm DNotZ 1964, 188).

### d) Adressat der Belehrung

Die zu belehrenden Personen sind grundsätzlich identisch mit den gem § 6 Abs 2 **13** formell an der Beurkungung Beteiligten (vgl RGZ 122, 80; BGH NJW 1966, 157; REITHMANN DNotZ 1970, 5; KEIDEL-WINKLER FGG (Teil B) BeurkG § 17 RdNr 14). Nicht durch § 17 Abs 1 BeurkG geschützt werden sollten formell Beteiligte, deren rechtliche Interessen durch die Nichterfüllung der Notarpflichten nicht berührt werden können (BANTER WM 1996, 701). Der Kreis der gem § 19 BNotO (Amtspflichtverletzung) geschützten Personen kann weiter gezogen sein. Der BGH geht davon aus, dass der Notar bei der Beurkundung der Aufhebung eines Erbvertrages auch Amtspflichten gegenüber demjenigen hat, dem die Aufhebung zugute kommen soll (BGH WM 1982, 615). Beurkundet der Notar einen Erbverzichtsvertrag, bestehen Amtspflichten auch gegenüber den anderen gesetzlichen Erben, die durch den Verzicht begünstigt werden sollen.

Nicht zu belehren sind Personen, die bei der Beurkundung informell anwesend **14** sind, selbst wenn sie von der Verfügung materiell betroffen werden; gegenüber diesen Personen ist der Notar nur verpflichtet, wenn sie ihm – auch konkludent – einen besonderen Betreuungsauftrag erteilen (RG JW 1933, 1715 mit Anm von JONAS).

Nach einer Ansicht (vgl RGZ 153, 159; BGHZ 19, 5, 9 = DNotZ 156, 319); besteht **15** die betreuende Belehrungspflicht auch gegenüber Personen, die sich an den Notar in seiner Eigenschaft als öffentliche Urkundsperson wenden, ohne selbst urkundliche Erklärungen abzugeben. Eine derartige weiterreichende Belehrungspflicht kann allerdings nur ausnahmsweise bestehen, wenn das Aufsuchen des Notars nach Belehrung durch diesen nicht zu einer formellen Beteiligung an einer Beurkundung im Sinne von § 6 Abs 2 führt. Dies kann etwa der Fall sein, wenn mehrere Personen den Notar aufsuchen und dann nur eine von ihnen eine Erklärung (zB ein Testament) protokollieren lässt. Der Adressatenkreis der Belehrungspflicht kann ebenfalls über die formellen Beteiligten (§ 6 Abs 2) hinaus erweitert sein, wenn zusammen mit diesen andere Personen erscheinen und von sich aus mit dem Notar zur Wahrnehmung ihrer Interessen in Verbindung treten sowie seine Amtstätigkeit im Zusammenhang mit dem zu protokollierenden Geschäft in Anspruch nehmen (KEIDEL-WINKLER FGG (Teil B) § 17 BeurkG RdNr 14). Stets muss jedoch der formell Nicht-Beteiligte zeitnah zur Beurkundung mit dem Notar in Verbindung getreten sein. Ist dies erst nach der Beurkundung der Fall, kann der Notar zwar noch belehren, die Belehrung hätte jedoch keinen Einfluss auf die beurkundete Erklärung, sodass § 17 nicht mehr einschlägig sein kann (aA BGH DNotZ 1981, 311: Kontaktaufnahme einen Tag nach der Beurkundung). Die darüber hinausgehende Rechtsprechung, die auch andere Dritte in den Schutzbereich der Belehrungspflicht nach § 17 einbezieht (BGH DNotZ 1974, 296; DNotZ 1981, 311) ist abzulehnen; zwischen ihnen und dem Notar kann allenfalls ein selbständiges Beratungsverhältnis gemäß § 24 BNotO; gegebenenfalls auch stillschweigend, begründet werden. § 17 ist nicht betroffen. Die Rechtsprechung zur Erweiterung des Adressatenkreises der Belehrungspflicht ist jedoch bei der Beurkundung vom Notar im eigenen Interesse zur Vermeidung von Schadensersatzansprüchen nach § 19 BNotO zu beachten. So kann nach Ansicht des BGH (DNotZ 1974, 296) dem Notar auch dem bei der Beurkundung nicht anwesenden Schlusserben gegenüber die Amtspflicht obliegen, den Erblasser über Bedenken gegen die Wirksamkeit eines nachfolgenden Testamentes aufzuklären und zu belehren, wenn ein Testament errichtet werden soll, dem die Berufung eines Schlusserben in einem früher errichteten gemeinschaftlichen Testament entgegensteht. In derartigen Fällen ist somit für den Urkundsnotar Vorsicht geboten.

### e) Umfang der Belehrungspflicht

**16** Das Maß der Belehrung richtet sich nach der Persönlichkeit der Beteiligten und der Gestaltung des Einzelfalles. Bei rechtskundigen Beteiligten wird die Belehrungspflicht geringeren Umfang haben als beim rechtsunkundigen oder gar geschäftsunerfahrenem Publikum (BGH DNotZ 1982, 504).

### 5. Formulierungspflicht

**17** Der Notar hat die Erklärungen der Beteiligten klar und unzweideutig in der Niederschrift wiederzugeben. Ihn trifft mithin die Pflicht, den Text der Niederschrift eigenverantwortlich zu formulieren. Willenserforschung, Klären des Sachverhalts und Belehrung sowie Formulierung sollen zusammen gewährleisten, dass Irrtümer und Zweifel, also Willensmängel und Auslegungsschwierigkeiten, vermieden werden (vgl § 17 Abs 1 S 2). Bei Verfügungen von Todes wegen ist insbesondere darauf zu achten, dass die Begriffe (Vorerbe, Nacherbe, Schlusserbe, Ersatzerbe etc) auch die von den Beteiligten gewollten sachlichen Inhalte bezeichnen. Der Umfang der Bindungswirkung, insbesondere beim gemeinschaftlichen Testament, wo diese konkret zu ermitteln ist, ist klarzustellen. Auch empfiehlt es sich, ausdrückliche Bestimmungen darüber aufzunehmen, ob einschlägige gesetzliche Auslegungsregeln gelten sollen (ausführlich zur Formulierungspflicht HUHN-VON SCHUCKMANN BeurkG § 17 RdNr 25 ff).

## III. Zweifel an der Wirksamkeit (§ 17 Abs 2)

**18** Der Notar hat Zweifel darüber, ob eine Willenserklärung mit dem wahren Willen der Beteiligten und mit dem Gesetz übereinstimmt, mit den Beteiligten zu erörtern (§ 17 Abs 2 S 1). Dies hat mit dem Ziel zu erfolgen, Wille, Willenserklärung und Gesetz in Einklang zu bringen, damit das beurkundete Rechtsgeschäft wirksam sein kann.

**19** Zweifelt der Notar – trotz Erörterung gem § 17 Abs 2 S 1 – an der Rechtswirksamkeit des Geschäfts, bestehen die Beteiligten jedoch darauf, dass die Beurkundung vorgenommen wird, so darf der Notar seine Amtstätigkeit nicht versagen; er hat dann aber seine Belehrung und die hierzu abgegebenen Stellungnahmen der Beteiligten in der Niederschrift festzuhalten (§ 17 Abs 2 S 2). Eine bloße Aktennotiz des Notars genügt nicht. Bestehen die Beteiligten nicht mehr auf der Beurkundung, so ist damit der ursprünglich gestellte Antrag entfallen; für den Notar besteht somit weder Anlass noch Verpflichtung noch Berechtigung, weiter zu beurkunden.

**20** Nach § 17 Abs 2 S 2 ist nur zu verfahren, wenn der Notar *nur* zweifelt, nicht jedoch, wenn sich seine Bedenken zur Gewissheit verstärkt haben. Die Beurkundung ist gem § 4 abzulehnen, wenn der Notar überzeugt ist, dass die Willenserklärung dem Gesetz widerspricht und damit nichtig ist (§ 125 BGB) oder nicht mit dem wahren Willen der Beteiligten übereinstimmt und daher ein Anfechtungstatbestand (§§ 2078 f BGB) gegeben ist.

Andererseits darf der Notar einen Vermerk gem § 17 Abs 2 S 2 nur dann in das Protokoll aufnehmen, wenn er wirkliche Zweifel hat, da ein Vermerk gem § 17 Abs 2 S 2 die Verwertbarkeit der Urkunde beeinträchtigen kann. Bloß entfernte Möglichkeiten genügen nicht. § 17 Abs 2 S 2 hat nichts mit der allgemeinen Belehrungspflicht (§ 17 Abs 1 S 1) zu tun; die Erfüllung dieser Pflicht ist nicht in der Niederschrift festzuhalten. Ein Vermerk kommt nur bei besonderer Ermächtigung hierzu in Frage (§§ 17 Abs 2 und 3, 18–21; vgl JANSEN BeurkG § 17 RdNr 19). **21**

### IV. Die Gestaltung des Beurkundungsverfahrens (§ 17 Abs 2a)

Da die durch § 17 normierten Pflichten grundsätzlich nur gegenüber den formell iS von § 6 Abs 2 an der Beurkundung Beteiligten bestehen, können besondere Gestaltungen dazu führen, dass gerade die Personen, die einer Belehrung bedürfen, insbesondere »unerfahrene und ungewandte Beteiligte« (§ 17 Abs 2 S 2) von der Belehrung ausgeschlossen sind. § 17 Abs 2a S 1, eingefügt im Rahmen der Novellierung des Berufsrechtes der Notare durch das Dritte Gesetz zur Änderung der BNotO (BGBl I 2585), das am 8. 9. 1998 in Kraft getreten ist, schreibt daher vor, das Beurkundungsverfahren sei so zu gestalten, dass die Einhaltung der Pflichten nach § 17 Abs 1 und 2 gewährleistet wird. Unabhängig von der verunglückten Fassung des Gesetzes (BRAMBRING FGPrax 1998, 203; WINKLER MittBayNot 1999, 1, 13; KANZLEITER DNotZ 1999, 292, 294) scheiden mithin solche Beurkundungsverfahren für den Notar aus, durch welche der erkennbar belehrungsbedürftige Beteiligte von der Beurkundung ausgeschlossen wird. Gemeint sind damit systematische Beurkundungen mit vollmachtlosen Vertretern, die systematische Benutzung isolierter Vollmachten, die systematische Aufspaltung von Verträgen in Angebotsabgabe durch den wirtschaftlichen stärkeren Teil und Annahme durch den wirtschaftlich schwächeren Teil sowie die Auslagerung geschäftswesentlicher Vereinbarungen in Bezugsurkunden. Für das Erbrecht hat § 17 Abs 2a S 1 nur eingeschränkte Bedeutung. Der Erblasser kann ein Testament (§ 2064 BGB), einen Erbvertrag (§ 2274 BGB) und einen Erbverzicht (§ 2347 Abs 2 BGB) nur selbst abschließen oder aufheben (§§ 2280, 2296, 2351 BGB). Die Aufspaltung in Angebot und Annahme ist ausgeschlossen, wenn das Gesetz eine gleichzeitige Anwesenheit beider Parteien vorschreibt, wie beim Erbvertrag (§ 2276 BGB) und dessen Aufhebung (§ 2290 Abs 4 BGB). Relevant ist daher § 17 Abs 2a vor allem beim Erb- und Pflichtteilsverzicht. Dieser kann sowohl in Angebot und Annahme aufgespalten sowie durch den Verzichtenden (nicht durch den Erblasser (§ 2347 Abs 2 S 1 BGB)) aufgrund Vollmacht oder vorbehaltlich Genehmigung abgeschlossen werden. Schwachpunkt der Regelung ist hier vor allem, dass der verzichtende Teil bei einer Aufspaltung in Angebot und Annahme oder beim Auftreten eines Bevollmächtigten oder vollmachtlosen Vertreters nicht vom Notar belehrt werden kann. § 17 Abs 2a S 1 hat insoweit hier erhöhte Bedeutung, als die Vollmachtserteilung (§ 167 Abs 2 BGB) bzw die Zustimmung (§ 182 Abs 2 BGB) nicht der für das Rechtsgeschäft bestimmten Form (notarielle Beurkundung (§ 2348 BGB)) bedarf. § 17 Abs 2a S 2 und 3, eingefügt durch das OLGVertrÄndG vom 22. 7. 2002, BGBl I 2850, hat für den erbrechtlichen Bereich erkennbar keine Bedeutung. **22**

## V. Fälle mit Auslandsberührung (§ 17 Abs 3)

**23** Besteht die Möglichkeit, dass ausländisches Recht anzuwenden ist, so soll der Notar die Beteiligten hierauf hinweisen; der Hinweis ist im Protokoll zu vermerken (§ 17 Abs 3 S 1). Die Frage, ob ausländisches Recht einschlägig sein könnte, ist nach (deutschem) internationalen Privatrecht zu beurteilen.

Über den Inhalt ausländischer Rechtsordnungen braucht der Notar die Beteiligten nicht zu belehren (§ 17 Abs 3 S 2). Da das deutsche Kollisionsrecht die Möglichkeit der Rückverweisung (Art 27 EGBGB) zulässt und damit dem – vom Notar nicht zu kennenden – ausländischen Recht Einfluss auf die Entscheidung der Frage, welche Rechtsordnung anwendbar ist, einräumt, ist die Urkundsperson nicht einmal verpflichtet, hierüber Auskunft zu geben.

## § 18 Genehmigungserfordernisse

Auf die erforderlichen gerichtlichen oder behördlichen Genehmigungen oder Bestätigungen oder etwa darüber bestehende Zweifel soll der Notar die Beteiligten hinweisen und dies in der Niederschrift vermerken.

### Übersicht

| | |
|---|---|
| **I. Allgemeines** | |
|     1. Soll-Vorschrift | 1 |
|     2. Geltungsbereich | 2 |
| **II. Genehmigungserfordernisse bei Verfügungen von Todes wegen** | |
|     1. Erbvertrag | 3 |
|       a) Erbvertrag zwischen minderjährigen Ehegatten und Verlobten (§ 2275 Abs 2, Abs 3) | 3 |
|       b) Anfechtung eines Erbvertrages (§ 2282) | 4 |
|       c) Aufhebung eines Erbvertrages (§ 2290) | 5 |
|       d) Gemeinschaftliches Aufhebungstestament (§ 2292) | 6 |
|     2. Verfügung von Todes wegen im Bereich der Höfeordnung | 7 |
|       a) Übergehen sämtlicher Abkömmlinge (§ 7 Abs 2 HöfeO) | 8 |
|       b) Ehegattenerbhof (§ 8 Abs 2, Abs 3 S 3 HöfeO) | 9 |
|       c) Genehmigungspflicht nach dem Grundstücksverkehrsgesetz (§ 16 HöfeO) | 10 |
|     3. Genehmigungspflicht nach dem Baugesetzbuch | 11 |
|     4. Genehmigungspflicht nach dem Grundstücksverkehrsgesetz | 13 |
|     5. Genehmigungspflicht von Wertsicherungsklauseln | 16 |
|       a) Allgemeines | 17 |
|       aa) Nennbetragsschuld | 17 |
|       bb) Währungsreform | 18 |
|       cc) Geldwertschuld | 19 |
|       dd) Geldentwertung | 20 |
|       b) Genehmigungspflicht | 21 |
|       aa) Grundsatz | 21 |
|       bb) Regelungen für die Zeit bis zum Eintritt des Erbfalls | 22 |

|  |  | cc) Regelungen für Zeit nach dem Erbfall | 23 |
|---|---|---|---|
|  |  | c) Genehmigungsverfahren | 24 |
|  |  | d) Rechtswirkungen der währungsrechtlichen Entscheidung | 25 |
|  |  | aa) Erteilung | 25 |
|  |  | bb) Versagung | 26 |
|  |  | cc) Negativtest | 27 |
|  |  | dd) Vorsorgliche Genehmigung | 28 |
|  |  | ee) Nachholen der Genehmigung | 29 |
|  |  | e) Alternativlösungen | 30 |
|  | 6. | Genehmigungspflicht nach dem Heimgesetz | 31 |
| III. | Verfahren |  |  |
|  | 1. | Hinweis- und Feststellungspflicht | 32 |
|  | 2. | Einholen der Genehmigung | 33 |

## I. Allgemeines

### 1. Soll-Vorschrift

§ 18 ist eine Soll-Norm. Der Notar ist verpflichtet, sie zu beachten. Tut er es nicht, **1** so ist die Beurkundung gleichwohl wirksam.

### 2. Geltungsbereich

Die Vorschrift gilt für Notare sowie für Konsularbeamte (§ 10 Abs 3 KonsularG), **2** nicht jedoch für das Bürgermeistertestament und das Dreizeugentestament, da sie nicht auf Notsituationen zugeschnitten ist und demgemäß in den §§ 2249, 2250 BGB unerwähnt bleibt.

## II. Genehmigungserfordernisse bei Verfügungen von Todes wegen

### 1. Erbvertrag

#### a) Erbvertrag zwischen minderjährigen Ehegatten und Verlobten (§ 2275 Abs 2, 3 BGB)

Ehegatten und Verlobte können miteinander auch dann einen Erbvertrag schlie- **3** ßen, wenn sie in der Geschäftsfähigkeit beschränkt sind. Der jeweilige gesetzliche Vertreter muss zustimmen; ist dieser ein Vormund, so ist auch die Genehmigung des Vormundschaftsgerichts erforderlich (§ 2275 Abs 2, Abs 3 BGB). Wegen der Einzelheiten der Genehmigungspflicht vgl Anm zu § 2275 BGB. Gleiches gilt für den Ehe- und Erbvertrag (§ 1411 BGB).

#### b) Anfechtung eines Erbvertrages (§ 2282 BGB)

Für einen geschäftsunfähigen Erblasser kann dessen gesetzlicher Vertreter den **4** Erbvertrag nur mit Genehmigung des Vormundschaftsgerichts anfechten. Vgl im Einzelnen Anm zu § 2282 BGB.

#### c) Aufhebung eines Erbvertrages (§ 2290 BGB)

Der in der Geschäftsfähigkeit beschränkte Erblasser bedarf zum Abschluss eines **5** Aufhebungsvertrages gem § 2290 Abs 1 BGB grundsätzlich nicht der Zustimmung seines gesetzlichen Vertreters (§ 2290 Abs 2 S 2 BGB). Das Erfordernis der vormundschaftsgerichtlichen Genehmigung besteht nur, wenn der andere Teil, also der Vertragsgegner, unter Vormundschaft oder unter elterlicher Sorge steht oder die Aufhebung vom Aufgabenkreis eines Betreuers erfasst wird. Im Fall der elterlichen Sorge gilt dies jedoch nicht, wenn der Vertrag unter Ehegatten oder unter Verlobten geschlossen wird (§ 2290 Abs 3 BGB). Vgl Anm zu § 2290 BGB.

### d) Gemeinschaftliches Aufhebungstestament (§ 2292 BGB)

6   Ein zwischen Ehegatten geschlossener Erbvertrag kann auch durch ein gemeinschaftliches Testament der Ehegatten aufgehoben werden. Das gemeinschaftliche Aufhebungstestament muss grundsätzlich nicht vom Vormundschaftsgericht genehmigt werden. Eine derartige Genehmigung ist nur erforderlich, wenn der andere Teil, also der Vertragsgegner des ursprünglichen Erblassers, unter Vormundschaft steht. Steht der Vertragsgegner unter elterlicher Sorge, so ist der gemeinschaftliche Aufhebungsvertrag auch ohne vormundschaftsgerichtliche Genehmigung wirksam. Vgl Anm zu § 2292 BGB.

## 2. Verfügungen von Todes wegen im Bereich der Höfeordnung

7   Nach der Höfeordnung für die britische Zone vom 24. 4. 1947 (ABlbrit MilReg 505) idF des Gesetzes vom 24. 8. 1964 (BGBl I 693) bedürfen verschiedene Verfügungen von Todes wegen der Zustimmung durch das Landwirtschaftsgericht (§ 18 Abs 1 HöfeO).

### a) Übergehen sämtlicher Abkömmlinge (§ 7 Abs 2 HöfeO)

8   Der Eigentümer eines Hofes kann bei der Bestimmung der Hoferben seine sämtlichen Abkömmlinge nur mit gerichtlicher Zustimmung übergehen.

### b) Ehegattenerbhof (§ 8 Abs 2, Abs 3 S 3 HöfeO)

9   Die gerichtliche Zustimmung ist erforderlich zur Bestimmung des Hoferben eines Ehegattenerbhofes durch einen Ehegatten allein.

### c) Genehmigungspflicht nach dem Grundstücksverkehrsgesetz (§ 16 HöfeO)

10  Eine letztwillige Anordnung in einer Verfügung von Todes wegen, die als Rechtsgeschäft unter Lebenden nach dem Grundstücksverkehrsgesetz (GrdstVG) genehmigt werden müsste, muss vom Gericht genehmigt werden, um wirksam zu sein.

## 3. Genehmigungspflicht nach dem Baugesetzbuch

11  Verfügungen von Todes wegen bedürfen in keinem Fall der Genehmigung nach dem BauGB. Zwar enthalten Testamente und Erbverträge häufig Vermächtnisse und Teilungsanordnungen, deren Vollzug nach dem BauGB zu genehmigen ist (zB § 19 BauGB bei Übereignung einer Grundstücksteilfläche an einen Vermächtnisnehmer, § 144 BauGB bei Vermächtnissen und Teilungsanordnungen in Sanierungsgebieten). Diese Genehmigungsvorbehalte werden aber erst beim Erbfall relevant.

12  Die Genehmigungsvorbehalte nach dem BauGB sind allerdings mittelbar auch bei der Beurkundung von Verfügungen von Todes wegen von Bedeutung. Der Notar sollte nämlich bei Anordnungen, deren Vollzug von einer Genehmigung abhängt, Eventuallösungen für den Fall vorsehen, dass die Genehmigung versagt wird. Eine Leistung, die behördlicher Genehmigung bedarf, ist nicht von Anfang an im Sinne von § 2171 BGB unmöglich, das Vermächtnis ist also wirksam. Allerdings ist nach der Neufassung des Schuldrechtes dann § 275 BGB einschlägig, mit der Folge, dass der Anspruch auf die Leistung für den Vermächtnisnehmer ausgeschlossen ist, soweit diese dem Erben unmöglich ist. Die primäre Leistungs-

pflicht entfällt dann. Nebenansprüche aus dem Schuldverhältnis, das zwischen dem Erben und dem Vermächtnisnehmer besteht (§ 2174 BGB), sind im Einzelfall möglich. Diese Fragen sollten im Testament geregelt werden. Ob ein Vermächtnis oder eine Teilungsanordnung nach versagter Genehmigung zum Vollzugsgeschäft nach § 140 BGB dahin umgedeutet werden kann, dass der beschwerte Erbe den entsprechenden Geldbetrag an den Vermächtnisnehmer bzw den von der Teilungsanordnung begünstigten Miterben zu zahlen oder ihm einen Nießbrauch zu bestellen hat, ist im Übrigen Auslegungsfrage, wenn die Verfügung von Todes wegen selbst keine Eventuallösung enthält (vgl BGH MDR 1953, 669; OLG München MittBayNot 1957, 363; HENSE DNotZ 1958, 569).

#### 4. Genehmigungspflicht nach dem Grundstücksverkehrsgesetz

Verfügungen von Todes wegen sind – abgesehen von den oben 2c genannten Fällen, die der HöfeO unterliegen – nicht genehmigungspflichtig nach dem GrdstVG. Vermächtnis und Teilungsanordnung können einem schuldrechtlichen Vertrag iS von § 2 Abs 1 S 1 GrdstVG nicht gleichgestellt werden (vgl OLG München RdL 1961, 286; HERMINGHAUSEN DNotZ 1962, 469).

Vermächtnis und Teilungsanordnung können regelmäßig wegen ihrer Unabänderlichkeit für die Erben als Entwurf für ein Veräußerungsgeschäft behandelt werden, sodass gem § 2 Abs 1 S 3 GrdstVG eine Vorabgenehmigung möglich ist. Ein Rechtschutzbedürfnis für eine solche Vorabgenehmigung wird jedoch erst nach Eintritt des Erbfalls bejaht werden können, da bis zu diesem Zeitpunkt der Erblasser die Möglichkeit hat, seine Anordnung zu ändern und aufzuheben; auch beim Erbvertrag ist eine einvernehmliche Aufhebung stets möglich.

Die Rechtsgeschäfte, durch die Vermächtnis und Teilungsanordnung vollzogen werden, stehen voll unter dem Genehmigungsvorbehalt des GrdstVG. Es gelten die für Rechtsgeschäfte unter Lebenden allgemein geltenden Grundsätze des GrdstVG. Der Notar sollte daher für den Fall, dass die Genehmigung versagt wird, auf eine Eventuallösung hinwirken. Vgl im Übrigen oben RdNr 12.

#### 5. Genehmigungspflicht von Wertsicherungsklauseln

Verfügungen von Todes wegen, die Wertsicherungsklauseln zugunsten der in ihnen – durch Vermächtnis (§§ 2147 ff) oder Teilungsanordnung (§ 2048) – Bedachten enthalten, können uU dem Genehmigungsvorbehalt gem § 2 Preisangaben- und Preisklauselgesetz (PaPkG) vom 9. 6. 1998 (BGBl I 1242) vom 23. 9. 1998 (BGBl I 3043) unterliegen. § 2 PaPkG ist die ab 1. 1. 1999 geltende Nachfolgevorschrift von § 3 S 2 Währungsgesetz (WährG); die Preisklauselverordnung ersetzt die bisherigen, von der Deutschen Bundesbank herausgegebenen Genehmigungsgrundsätze. Die zuständige Genehmigungsbehörde ist nicht mehr die Deutsche Bundesbank mit den nachgeordneten Landeszentralbanken, sondern das Bundesamt für Wirtschaft (BAW). Die materielle Rechtslage hat sich durch die veränderten Rechtsgrundlagen nur unwesentlich verändert (vgl VON HEYNITZ MittBayNot 1998, 398; LIMMER ZNotP 1999, 148; KOGLER NJW 1999, 1236).

##### a) Allgemeines

##### aa) Nennbetragsschuld

Die normale Geldschuld ist Nennbetragsschuld und nicht Geldwertschuld; dies gilt auch für solche Geldschulden, die durch Verfügungen von Todes wegen begründet werden. Daher trägt prinzipiell der Gläubiger bzw Bedachte die Gefahr einer Geldentwertung. Er muss hinnehmen, dass die geschuldete Währungseinheit ihre Kaufkraft verliert.

### bb) Währungsreform

18 Klauseln, durch welche die Folgen einer künftigen Währungsreform (Umstellen der Parität) für den Gläubiger bzw Bedachten ausgeschlossen werden sollen, greifen in das staatliche Währungsumstellungsprivileg ein und sind daher nichtig (§ 134 BGB). Aus währungspolitischen Gründen kann es nicht in die Disposition von Privatleuten gestellt sein zu bestimmen, wie sich eine allgemeine Währungsreform auswirken soll; andernfalls wäre die Paritätsumstellung als Instrument der Wirtschaftspolitik unwirksam. Auch in einer Verfügung von Todes wegen kann daher nicht rechtswirksam bestimmt werden, der geschuldete Betrag müsse bei einer eventuellen Währungsreform in der neuen Währung in voller Hölle gezahlt werden; eine solche Klausel wäre nichtig (vgl KEHRER BWNotZ 1962, 133). Der Notar hat hierüber gem § 17 Abs 2 zu belehren und zu verfahren und ggf nach § 4 die Beurkundung insoweit (also teilweise) abzulehnen.

### cc) Geldwertschuld

19 Wird eine Geldschuld von vornherein als Geldwertschuld begründet, so besteht keine Genehmigungspflicht. So kann der Erblasser bspw bestimmen, dass der von ihm Bedachte den Gegenwert, den ein (näher bezeichnetes) Grundstück 5 Jahre nach dem Erbfall hat, in Geld erhalten soll (BGH NJW 1957, 342; WM 1975, 55; OLG Frankfurt DNotZ 1969, 98).

### dd) Geldentwertung

20 Bei Klauseln, durch welche die Folgen einer Geldentwertung (Kaufkraftschwund ohne Paritätsumstellung) für den Gläubiger bzw den Bedachten ausgeglichen werden sollen, ist die Privatautonomie insofern eingeschränkt, als derartige Wertsicherungsklauseln uU dem Genehmigungsvorbehalt nach § 2 PaPkG unterliegen.

## b) Genehmigungspflicht

### aa) Grundsatz

21 Nach § 2 PaPkG darf der Betrag von Geldschulden nicht unmittelbar und selbsttätig durch den Preis oder Wert von anderen Gütern oder Leistungen bestimmt werden, die mit den vereinbarten Gütern oder Leistungen nicht vergleichbar sind. Ist eine derartige Vereinbarung gleichwohl gewünscht, bedarf sie der Genehmigung durch das Bundesamt für Wirtschaft. Die Genehmigung darf erteilt werden, wenn Zahlungen langfristig zu erbringen sind oder besondere Gründe des Wettbewerbs eine Wertsicherung rechtfertigen und die Preisklausel nicht eine der Vertragsparteien unangemessen benachteiligt. § 2 PaPkG orientiert sich inhaltlich weitgehend an § 3 WährG und den hierzu von der Deutschen Bundesbank angewandten Grundsätzen. Beibehalten wurde die grundsätzliche Abgrenzung der verbotenen Indexierung zu unbedenklichen Wertsicherungsklauseln (genehmigungsfreie Klauseln iSv § 1 PrKV). Schon in der Vergangenheit haben sich in der Praxis Formen von Anpassungsklauseln entwickelt, die nicht unter das Indexierungsverbot fielen und auch in § 2 PaPkG iVm § 1 PrKV freigestellt werden (Leistungsvorbehalts-, Spannungs- und Kostenelementeklausel). Diese Formen der Indexierung knüpfen an Vertragselemente an und sind daher mit den inflationsträchtigen generellen Preisindexklauseln nicht vergleichbar. § 1 Nr 1 PrKV konkretisiert den Begriff »unmittelbar und selbsttätig« in § 2 Abs 1 S 1 PaPkG. In der Gesetzesbegründung hierzu ist klargestellt, dass damit der Stand der Rechtsprechung zu § 3 S 2 WährG wiedergegeben werden soll.

§ 1 PrKV erwähnt die genehmigungsfreien Genehmigungsklauseln ausdrücklich und definiert sie. Für das Erbrecht sind hier lediglich die Nrn 1 und 2 von Bedeutung, nämlich der Leistungsvorbehalt und die Spannungsklausel. Genehmigungsfreie Leistungsvorbehalte sind hiernach Klauseln, die hinsichtlich des Ausmaßes für Änderungen des geschuldeten Betrages einen Ermessensspielraum lassen, der ermöglicht, die neue Höhe der Geldschulden nach Billigkeitsgrundsätzen, wenn auch in Anlehnung an einen amtlichen Index, zu bestimmen. Spannungsklauseln sind hiernach solche, bei denen die in ein Verhältnis zueinander gesetzten Güter der Leistung im Wesentlichen gleichartig oder zumindest vergleichbar sind. Dem Indexierungsverbot des § 2 PaPkG unterliegen damit – wie bisher – nur Vereinbarungen, bei denen der Schuldner im Voraus verpflichtet wird, einer in Abhängigkeit von der Veränderung der Anpassungsklausel stehenden Neufestsetzung zuzustimmen, oder die Neufestsetzung »automatisch« eintritt (vgl dazu KOGLER NJW 1999, 1236f; LIMMER ZNotP 1999, 148f).

§ 2 PaPkG setzt wie § 3 S 2 WährG prinzipiell ein rechtsgeschäftliches (»eingegangenes«) Schuldverhältnis voraus. Durch letztwillige Verfügungen, die in Rechtsgeschäften von Todes wegen enthalten sind, werden jedoch nur gesetzliche Schuldverhältnisse begründet. Gleichwohl kann eine Wertsicherungsklausel in einer Verfügung von Todes wegen der währungsrechtlichen Genehmigung bedürfen, um rechtswirksam zu sein.

### bb) Regelungen für die Zeit bis zum Eintritt des Erbfalls

Wertsicherungsklauseln in Verfügungen von Todes wegen sind genehmigungsfrei, wenn sie nur Wirkungen bis zum Eintritt des Erbfalls enthalten. Wird zB ein Vermächtnis in Höhe von 10000,— EUR ausgesetzt, das sich im gleichen Maß verändern soll, wie in einem in Bezug genommenen Index bis zum Tod des Erblassers Veränderungen eintreten, so ist diese Bestimmung auch ohne Genehmigung voll wirksam. Der mit dem Vermächtnis Beschwerte hat denjenigen Betrag an den Bedachten auszuzahlen, der sich unter Berücksichtigung der Indexschwankung bis zum Erbfall ergibt. Da erst mit dem Eintritt des Erbfalls das gesetzliche Schuldverhältnis entsteht, kann § 2 PaPkG für die Zeit zwischen der Errichtung der Verfügung von Todes wegen und dem Erbfall unter keinem möglichen Gesichtspunkt anwendbar sein (LIMMER ZNotP 1999, 148, 158).

### cc) Regelungen für die Zeit nach dem Erbfall

Wertsicherungsklauseln in Verfügungen von Todes wegen sind aber genehmigungsbedürftig, wenn sie auch in der Zeit nach dem Eintritt des Erbfalls noch wirken sollen. Zwar liegt auch in diesem Zeitraum kein vertragliches Schuldverhältnis vor. Da sich jedoch der mit der Pflicht zu einer Geldleistung Beschwerte der Erfüllung der wertgesicherten Geldschuld durch Ausschlagung der Erbschaft bzw – bei einem Untervermächtnis – des Vermächtnisses entziehen kann, ist es hier geboten, das gesetzliche nur dem gewillkürten Schuldverhältnis im Wege der Analogie gleichzustellen (DÜRKES Wertsicherungsklauseln, 10. Aufl, D 505ff; CLOTTEN MittRhNotK 1966, 629; LIMMER ZNotP 1999, 148, 158). Wird bspw ein drei Jahre nach dem Tod des Erblassers fälliges Vermächtnis von 10000,— EUR ausgesetzt, das sich im gleichen Maße verändern soll, wie bei einem in Bezug genommenen Index Veränderungen eintreten, so bedarf diese Bestimmung der währungsrechtlichen Genehmigung.

### c) Genehmigungsverfahren

Die Klausel kann nach dem Erbfall, also nach Entstehen des Schuldverhältnisses, genehmigt werden. Der Notar, der eine genehmigungsbedürftige Wertsicherungsklausel beurkundet, wird jedoch darauf hinwirken, dass das Genehmigungsverfahren unmittelbar nach Errichtung der Verfügung von Todes wegen eingeleitet wird, damit die Ungewissheit für den Erblasser und die sonst betroffenen Personen ausgeschaltet und dem Erblasser die Möglichkeit gegeben wird, ggf eine andere (wirksame) Anordnung zu treffen. Die Deutsche Bundesbank war bereit, über einen Genehmigungsantrag nach § 3 S 2 WährG schon zu Lebzeiten des Erblassers zu entscheiden, obwohl die wertgesicherte Zahlungsverpflichtung erst beim Erbfall entsteht. Daran dürfte sich durch die Änderung der gesetzlichen Grundlagen nichts geändert haben. Maßgeblich für die Beurteilung ist die Genehmigungspraxis zur Zeit der Antragstellung. Ergreift die Genehmigung bereits zurückliegende Zeiträume, etwa wenn der Antrag erst nach Eintritt des Erbfalls oder später gestellt wird, so ist die jeweils mildere Genehmigungspraxis zugrunde zu legen, also entweder diejenige des Zeitpunkts, in welchem das wertgesicherte Rechtsverhältnis entsteht, oder die zur Zeit der Genehmigung herrschende. Nur dann ist bei derartigen späteren Anträgen der Zeitpunkt, in welchem die Verfügung von Todes wegen errichtet wurde, maßgebend, wenn diese unmittelbar einsetzende währungsrechtliche Regelungen bis zum Erbfall trifft oder wenn der Antrag auf Genehmigung bereits nach Errichtung des Testaments oder Erbvertrages gestellt wird.

### d) Rechtswirkungen der währungsrechtlichen Entscheidungen

#### aa) Erteilung

**25** Wird die Genehmigung nach § 2 PaPkG erteilt, so ist die Wertsicherungsklausel ex tunc wirksam. Die Gerichte sind an die Rechtswirksamkeit der Klausel gebunden. Die Erteilung der Genehmigung kann von niemandem mit Erfolg vor den Verwaltungsgerichten angefochten werden (OVG Münster NJW 1965, 650).

#### bb) Versagung

**26** Wird die Genehmigung versagt, so können die Zivilgerichte selbständig und unabhängig von dem Standpunkt der Deutschen Bundesbank in eigener Zuständigkeit prüfen, ob die Wertsicherungsklausel überhaupt genehmigungspflichtig ist (BGH BB 1963, 793 f). Kommt das Zivilgericht zu dem Ergebnis, die Klausel bedürfe keiner Genehmigung, so ist damit deren Rechtswirksamkeit festgestellt. Ist das Gericht der Ansicht, eine Wertsicherungsklausel sei genehmigungspflichtig, so bleibt es bei der ablehnenden Entscheidung des Bundesamtes für Wirtschaft. Die Wertsicherungsklausel ist dann von Anfang an unwirksam; das Zivilgericht kann nicht nachprüfen, ob die Genehmigung zu Recht versagt wurde. Die Entscheidung über den Antrag auf Genehmigung ist ein Verwaltungsakt, der nur vor den Verwaltungsgerichten angefochten werden kann. Ist eine solche Anfechtung unterblieben, so sind die Zivilgerichte an den Versagungsbescheid gebunden, wenn sie die Genehmigungspflicht bejahen. Die Frage, ob die übrige Verfügung auch unwirksam ist, ist nach § 139 BGB zu beurteilen. In der Regel lässt die versagte Genehmigung nur die Wertsicherungsklausel selbst unwirksam werden (BGH BB 1959, 1106).

#### cc) Negativattest

**27** Erklärt die Genehmigungsbehörde in einem Negativattest, eine währungsrechtliche Genehmigung sei nicht erforderlich, so ist die Genehmigungsbedürftigkeit einer Wertsicherungsklausel von den Gerichten nicht mehr zu prüfen (BGHZ 1, 294, 301; BGH DNotZ 1966, 611). Zwar ist das sog Negativattest gesetzlich nicht geregelt. Wenn jedoch die zur Wahrnehmung der währungsrechtlichen Gesichtspunkte berufene Behörde erklärt, das Rechtsgeschäft falle nicht unter den Genehmigungsvorbehalt, so fehlt den Beteiligten für die Prüfung der Frage, ob die Wertsicherungsvereinbarung nicht doch von dem grundsätzlichen Verbot erfasst werde, das Rechtsschutzinteresse (BGH aaO; CLOTTEN MittRhNotK 1966, 630 f; HARTMANN DB 1970, Beilage 17 RdNr 38). Das Negativattest ist als freiwillige Meinungsäußerung auch nicht im Verwaltungsrechtsweg anfechtbar (BGH DB 1969, 658; HARTMANN aaO RdNr 37).

#### dd) Vorsorgliche Genehmigung

Spricht die Genehmigungsbehörde beim Erteilen des Negativattestes eine vorsorgliche Genehmigung der Wertsicherungsklausel für den Fall der Genehmigungsbedürftigkeit aus, so sind die Gerichte an die Rechtswirksamkeit der Klausel unmittelbar gebunden. Da eine vorsorgliche Genehmigung nur erteilt werden kann, wenn sie beantragt wurde, empfiehlt es sich bei zweifelhaften Fällen, Negativbescheinigung und (vorsorgliche) Genehmigung zu beantragen (CLOTTEN MittRhNotK 1966, 631). 28

#### ee) Nachholen der Genehmigung

Wird versäumt, die Genehmigung nach dem Währungsgesetz zu beantragen, so bleibt der Vertrag schwebend unwirksam. Die Genehmigung kann auch nachträglich eingeholt werden. Solange nämlich die Genehmigung nicht endgültig versagt ist, kann sie immer noch – auch nach Jahren – erteilt werden, und zwar mit rückwirkender Kraft (BGH DNotZ 1959, 581). 29

### e) Alternativlösungen

Der Notar sollte für den Fall der Nichtgenehmigung der Wertsicherungsklausel auf Alternativlösungen hinwirken. Nach der Rechtsprechung (BGH BB 1963, 793; DNotZ 1966, 739) sind die Beteiligten nach rechtskräftiger Versagung der Genehmigung nur ausnahmsweise – aus § 242 BGB – verpflichtet, die »verunglückte« Klausel durch eine rechtswirksame zu ersetzen. Es sollte daher vom Erblasser klargestellt werden, ob die gesamte Verfügung auch dann aufrechterhalten bleiben soll, wenn die Genehmigung versagt wird, und ob der Verpflichtete in eine neue Klausel, die der ursprünglich gewollten wirtschaftlich gleicht, einzuwilligen hat. Zu empfehlen ist uU auch eine vorsorgliche Regelung des Falles, dass aus einem bei der Errichtung der Verfügung von Todes wegen nicht voraussehbaren Grunde die Wertsicherungsklausel zu einem späteren Zeitpunkt unbrauchbar oder wegen Veränderungen in den Grundlagen der Vergleichsgröße unanwendbar wird (CLOTTEN MittRhNotK 1966, 633 f). 30

### 6. Genehmigungspflicht nach dem Heimgesetz

Bei Testamenten von Heimbewohnern zugunsten des Trägers oder der Mitarbeiter des Heims ist § 14 HeimG zu beachten. Der Notar verletzt seine Amtspflicht, wenn er es unterlässt, sowohl gegenüber dem Erblasser als auch gegenüber dem Heimträger als Begünstigten auf die Bedenken gegen die Wirksamkeit des Testaments im Hinblick auf § 14 HeimG hinzuweisen und über die Möglichkeit einer Ausnahmegenehmigung nach § 14 Abs 6 HeimG zu belehren (OLG München ZEV 1996, 145; BGH ZEV 1996, 195 mit Anmerkung von ROSSAK ZEV 1996, 146). § 14 HeimG ist auch dann anwendbar, wenn ein Heimbewerber zugunsten des Heimträgers verfügt und nach Eintritt in das Heim diese Verfügung aufrechthält (OLG Karlsruhe ZEV 1996, 146). § 14 HeimG gilt auch, wenn zugunsten von Angehörigen eines Heimmitarbeiters verfügt wird (OLG Düsseldorf ZEV 1997, 459). 31

### III. Verfahren

#### 1. Hinweis- und Feststellungspflicht

**32** Der Notar soll die Beteiligten auf das Genehmigungserfordernis und etwa darüber bestehende Zweifel hinweisen und dies im Protokoll vermerken.

#### 2. Einholen der Genehmigung

**33** Der Notar ist darüber hinaus nicht verpflichtet, die Genehmigung selbst einzuholen. Er kann diese Aufgabe jedoch als betreuende Tätigkeit nach § 24 Abs 1 BNotO übernehmen, wenn die Beteiligten ihm einen entsprechenden Auftrag erteilen (WINKLER NJW 1973, 886). Dies kann auch stillschweigend geschehen. Es ist sogar weithin üblich, dass der Notar Genehmigungen zu Rechtsgeschäften, die er beurkundet, selbst einholt (BGHZ 19, 5 = DNotZ 1956, 319; LG München DNotZ 1958, 37 mit Anm von GRUSENDORF). Will der Notar die Genehmigung dann nicht einholen, so hat er dies gegenüber den Beteiligten klarzustellen (vgl BGH aaO; REITHMANN DNotZ 1970, 14). Setzt die Genehmigung – wie regelmäßig – einen Antrag voraus, bedarf der Notar einer Vollmacht der Beteiligten; diese ist zweckmäßigerweise in die Urkunde aufzunehmen.

### § 19 Unbedenklichkeitsbescheinigung

**Darf nach dem Grunderwerbsteuerrecht oder dem Kapitalverkehrsteuerrecht eine Eintragung im Grundbuch oder im Handelsregister erst vorgenommen werden, wenn die Unbedenklichkeitsbescheinigung des Finanzamts vorliegt, so soll der Notar die Beteiligten darauf hinweisen und dies in der Niederschrift vermerken.**

### § 20 Gesetzliches Vorkaufsrecht

**Beurkundet der Notar die Veräußerung eines Grundstücks, so soll er, wenn ein gesetzliches Vorkaufsrecht in Betracht kommen könnte, darauf hinweisen und dies in der Niederschrift vermerken.**

### § 21 Grundbucheinsicht, Briefvorlage

**(1) Bei Geschäften, die im Grundbuch eingetragene oder einzutragende Rechte zum Gegenstand haben, soll sich der Notar über den Grundbuchinhalt unterrichten. Sonst soll er nur beurkunden, wenn die Beteiligten trotz Belehrung über die damit verbundenen Gefahren auf einer sofortigen Beurkundung bestehen; dies soll er in der Niederschrift vermerken.**

**(2) Bei der Abtretung oder Belastung eines Briefpfandrechts soll der Notar in der Niederschrift vermerken, ob der Brief vorgelegen hat.**

Übersicht

I. Allgemeines
   1. Bedeutung bei Verfügungen von Todes wegen ..... 1
   2. Soll-Vorschrift ..... 2

II. Pflichten des Notars ..... 3

## I. Allgemeines

### 1. Bedeutung bei Verfügungen von Todes wegen

Die Vorschrift kann bei Verfügungen von Todes wegen nur Bedeutung erlangen, wenn in einer speziellen Anordnung (Teilungsanordnung, Vermächtnis) ein Grundstück betroffen ist. Bei schlichter Erbenbestimmung spielt § 21 Abs 1 keine Rolle, auch wenn Grundstücke zum Vermögen des Erblassers gehören; da Gesamtrechtsnachfolge eintritt (§ 1922 Abs 1 BGB), gehen auch Eigentum und Rechte an solchem auf den (die) Erben über. Die Bedeutung von § 21 Abs 1 ist im Recht der Verfügungen von Todes wegen zudem dadurch relativiert, dass die Anordnungen erst beim Erbfall in Kraft treten, sich die Verhältnisse gegenüber dem Zeitpunkt der Beurkundung daher erheblich ändern können. Der Notar wird ohne Rechtspflicht § 21 Abs 1 – vor allem beim Erbvertrag – jedoch von sich aus beachten, damit in den Beteiligten keine falschen Vorstellungen über die Vertragsgrundlagen entstehen können. § 21 Abs 1 ist allerdings dort einschlägig, wo erbrechtliche Anordnungen durch Verfügungen unter Lebenden ergänzt werden, zB durch Übergabeverpflichtungen und durch Verfügungsverbote, die es dem Erblasser unmöglich machen sollen, die Verfügung von Todes wegen zu Lebzeiten auszuhöhlen (vgl dazu Komm zu § 2286 BGB).

§ 21 Abs 2 ist für Verfügungen von Todes wegen ohne Bedeutung.

### 2. Soll-Vorschrift

§ 21 ist eine Soll-Norm. Der Notar hat sie zwar zu beachten, ohne dass ein Verstoß die Beurkundung unwirksam machte.

## II. Pflichten des Notars

Der Notar soll sich über den Grundbuchinhalt unterrichten. Wie er dies tut, bleibt ihm überlassen; er kann sich aller ihm zuverlässig erscheinenden Mittel bedienen (Amtl Begr BT-Drucks V/3282 S 33). War eine Unterrichtung nicht möglich, so soll er nur beurkunden, wenn die Beteiligten trotz Belehrung auf der sofortigen Beurkundung bestehen. Dies soll in der Niederschrift vermerkt werden.

### § 22 Hörbehinderte, sprachbehinderte und sehbehinderte Beteiligte

(1) Vermag ein Beteiligter nach seinen Angaben oder nach der Überzeugung des Notars nicht hinreichend zu hören, zu sprechen oder zu sehen, so soll zu der Beurkundung ein Zeuge oder ein zweiter Notar zugezogen werden, es sei denn, dass alle Beteiligten darauf verzichten. Auf Verlangen eines hör- oder sprachbehinderten Beteiligten soll der Notar einen Gebärdensprachdolmetscher hinzuziehen. Diese Tatsachen sollen in der Niederschrift festgestellt werden.

(2) Die Niederschrift soll auch von dem Zeugen oder dem zweiten Notar unterschrieben werden.

**Übersicht**

I. Allgemeines
  1. Soll-Vorschrift  1
  2. Gesetzeszweck  2
  3. Geltungsbereich  3
II. Behinderung
  1. Behinderungsgrund  4
     a) Unvermögen zu hören (Hörbehinderung)  5
     b) Unvermögen zu sprechen (Sprachbehinderung)  6
     c) Unvermögen zu sehen (Sehbehinderung)  7
  2. Beurteilung der Behinderung  8
III. Verfahren
  1. Zuziehung eines Zeugen oder zweiten Notars  11
     a) Pflicht zur Zuziehung  11
     b) Wesen der Zuziehung  12
     c) Auswahl  13
     d) Mehrfache Behinderung  14
     e) Schweigepflicht  15
     f) Vergütung  16
  2. Zuziehung eines Gebärdensprachdolmetschers  17
     a) Zweck  17
     b) Pflicht zur Zuziehung  18
     c) Stellung und Auswahl des Gebärdensprachdolmetschers  19
  3. Vermerk  20
  4. Unterschrift der Mitwirkenden  21
  5. Vorlage zur Durchsicht  22

## I. Allgemeines

### 1. Soll-Vorschrift

**1** § 22 enthält (nur) Soll-Vorschriften, deren Nichtbeachtung die Beurkundung nicht unwirksam werden lässt.

Durch das OLGVertrÄndG vom 23. 7. 2002 (BGBl I 2850) wurde mit Wirkung zum 1. August 2002 die veraltete Bezeichnung der Behinderten als »Taube, Stumme und Blinde« durch »Hörbehinderte, Sprachbehinderte« und »Sehbehinderte« ersetzt. Eine sachliche Änderung hinsichtlich der Tatbestandsvoraussetzungen oder der Qualität der Behinderung ist mit dieser rein sprachlichen Anpassung nicht verbunden. Die Position des hör- oder sprachbehinderten Beteiligten wird gestärkt, indem ihm das Recht auf Hinzuziehung eines Gebärdensprachdolmetschers gegeben wird.

### 2. Gesetzeszweck

**2** Die Vorschrift ergänzt § 13. Da ein behinderter Beteiligter seine verfahrensmäßigen Rechte selbst nicht so gut wahrnehmen kann wie ein Beteiligter im Normalfall, sieht das Gesetz vor, dass bei Behinderung ein Zeuge oder ein zweiter Notar und im Fall von Satz 2 ein Gebärdensprachdolmetscher zugezogen werden soll. Diese Anordnung soll gewährleisten, dass die für die Beurkundung wesentlichen Bestandteile (Vorlesen, Vorlage von Karten etc zur Durchsicht, zum Genehmigen,

Unterschreiben) trotz der Behinderung eines Beteiligten vorliegen. Der Zeuge wacht nicht nur – als Tatzeuge – über den ordnungsgemäßen Beurkundungsablauf, er ist darüber hinaus gleichzeitig Solemnitätszeuge, dessen Anwesenheit symbolisch an die Stelle einer dem Beteiligten selbst nicht möglichen Mitwirkung tritt.

### 3. Geltungsbereich

§ 22 ist naturgemäß nur bei Beurkundungen, die vom Notar sowie von Konsularbeamten (§ 10 Abs 3 KonsularG) vorgenommen werden, anwendbar, da beim Bürgermeister- und Dreizeugentestament ohnehin Zeugen mitwirken. 3

## II. Behinderung

### 1. Behinderungsgrund

Die Verfahrensvorschriften, die § 22 vorsieht, werden ausgelöst, wenn ein Beteiligter nicht hinreichend zu hören, zu sprechen oder zu sehen vermag; entsprechend dem Normzweck der Vorschrift, kommt es für die Anwendung der Norm darauf an, dass infolge einer Körperbehinderung die Verständigungs- und Wahrnehmungsfähigkeit des Beteiligten so eingeschränkt ist, dass ein ordnungsgemäßes Beurkundungsverfahren nicht mehr gewährleistet ist (HÖFER JurA 1970, 746; APPEL FamRZ 1970, 526; zum früheren Recht vgl OLG Hamm OLGZ 1967, 65 = DNotZ 1967, 317 mit Anm von SEYBOLD). 4

#### a) Unvermögen zu hören (Hörbehinderung)
Diese Art der Behinderung ist gegeben, wenn der Gehörsinn so schwer beeinträchtigt ist, dass eine zuverlässige Verständigung von Mund zu Ohr nicht möglich ist (SCHLEGELBERGER FGG § 169 RdNr 2; STAUDINGER-FIRSCHING § 22 BeurkG RdNr 8; MECKE-LERCH BeurkG § 22 RdNr 2). Der Gehörsinn braucht nicht vollkommen zu fehlen. Schwerhörigkeit, die durch lautes Sprechen, ggf mit Hilfe eines Verstärkers, ausgeglichen werden kann, führt nicht zur Anwendung des § 22. Der Grund der Taubheit (Geburtsfehler, Krankheit, Altersschwäche, Kopfverband etc) ist ohne Bedeutung. 5

#### b) Unvermögen zu sprechen (Sprachbehinderung)
Nicht hinreichend sprechen kann, wer sich nicht durch lautliche Bildung von Worten, die von den mitwirkenden Personen zu verstehen sein müssen, verständlich machen kann (BGHZ 2, 172 = DNotZ 1952, 75; BayObLG DNotZ 1969, 301). Vgl im einzelnen § 2233 RdNr 12 ff. 6

#### c) Unvermögen zu sehen (Sehbehinderung)
Nicht hinreichend sehen kann, wer den Beurkundungsvorgang nicht mehr mit dem Gesichtssinn zu beobachten vermag (SEYBOLD DNotZ 1967, 543). Totale Blindheit wird nicht gefordert; die Anwendbarkeit des § 22 wird unter der genannten Voraussetzung auch durch hochgradige Schwachsichtigkeit begründet (vgl OLG Schleswig SchlHA 1970, 138). Der Grund der Behinderung (Geburtsfehler, Krankheit, nur vorübergehende Störung, Vergessen der Brille, Verbinden der Augen) ist irrelevant. Sehbehinderung iSv § 22 ist nicht identisch mit Lesensunkundigkeit (JANSEN BeurkG § 22 RdNr 4). Ist der Beteiligte, der nicht hinreichend zu sehen vermag, nicht in der Lage, Geschriebenes zu lesen, so kann er gem §§ 2233 Abs 2, 2276 Abs 1 BGB ein öffentliches Testament oder einen Erbvertrag nur durch Erklärung errichten. 7

## 2. Beurteilung der Behinderung

**8** Die Verfahrensfolgen des § 22 werden für den Fall angeordnet, dass ein Beteiligter *nach seinen Angaben oder nach der Überzeugung des Notars* tatbestandsmäßig behindert ist.

Stimmen Angabe des Beteiligten und Überzeugung des Notars überein, so ist die Anwendung des § 22 unproblematisch.

Erklärt der Beteiligte, behindert zu sein, gelangt der Notar jedoch zur gegenteiligen Überzeugung, so ist § 22 gleichwohl anwendbar. § 22 Abs 1 S 1 ist alternativ gefaßt. Wäre die Erklärung des Beteiligten nur von Bedeutung, wenn sie sich mit der Auffassung des Notars deckte, so hätten in § 22 Abs 1 S 1 kumulative Voraussetzungen (»nach seinen Angaben *und* nach der Überzeugung des Notars«) genannt werden müssen.

Äußert sich der Beteiligte nicht oder leugnet er eine Behinderung, von welcher der Notar überzeugt ist, so ist § 22 ebenfalls anzuwenden, da der Tatbestand in einer Alternative erfüllt ist.

**9** Die Überzeugung des Notars ist im Wege der freien Beweiswürdigung zu bilden. Für Amtsermittlungen ist keine Rechtsgrundlage vorhanden; insbesondere kann der Notar vom Beteiligten nicht mit verbindlicher Wirkung für diesen verlangen, dass ein ärztliches Attest beigebracht wird (JANSEN BeurkG § 22 RdNr 6). Soweit § 2233 Abs 2 BGB und die Vorschriften des BeurkG (§§ 16, 22, 24, 25) besondere Formen der Errichtung des öffentlichen Testaments von der Überzeugung des Notars über das Vorliegen bestimmter Eigenheiten oder Gebrechen des Erblassers abhängig machen, kann die vom Notar gewonnene Überzeugung auch dann nicht durch abweichende Feststellungen des Gerichts ersetzt werden, wenn sich der Notar bei der Überzeugungsbildung geirrt hat; möglich ist dann allenfalls der Beweis, dass der Notar die – sich aus der Urkunde ergebende – Überzeugung in Wahrheit nicht gehabt habe (OLG Köln MittRhNotK 1995, 269).

**10** Eine falsche Angabe des Beteiligten und ein Irrtum des Notars bei der Beurteilung sind unschädlich.

## III. Verfahren

### 1. Zuziehung eines Zeugen oder zweiten Notars

#### a) Pflicht zur Zuziehung

**11** Der beurkundende Notar soll einen Zeugen oder zweiten Notar zuziehen, wenn die tatbestandsmäßigen Voraussetzungen des § 22 Abs 1 S 1 gegeben sind, jedoch nur dann, wenn nicht die Beteiligten hierauf verzichten. Notwendig ist der Verzicht *aller* – auch der nicht behinderten – Beteiligten. Der zweite Notar ist nicht Urkundsperson, sondern wird als Zeuge tätig (JANSEN BeurkG § 22 RdNr 10); gem § 15 BNotO ist er zur Mitwirkung verpflichtet. Für sonstige Personen besteht keine Pflicht, sich als Zeuge zur Verfügung zu stellen.

#### b) Wesen der Zuziehung

**12** Die Zuziehung erfordert das Mitwirken der zugezogenen Person beim gesamten Beurkundungsakt (KEIDEL-WINKLER § 22 BeurkG RdNr 19). Die Zuziehung wird in der physischen Anwesenheit des Zeugen oder zweiten Notars realisiert; sie setzt darüber hinaus das Bewusstsein des Zuziehenwollens bei der Urkundsperson und des Zugezogenwerdens beim Zeugen bzw zweiten Notar voraus. Zufällige physische Anwesenheit bei der Beurkundung genügt nur, wenn der Notar den Zeugen auf seine Aufgabe hinweist und dieser zur Übernahme bereit ist (OLG Celle OLGZ 1968, 487 (zu § 2250 BGB); STAUDINGER-FIRSCHING § 22 BeurkG RdNr 15). Ein Zeuge ist nur dann »zugezogen«, wenn er sich bewußt ist oder wenigstens damit rechnet, dass er bei der Errichtung einer öffentlichen Urkunde mitzuwirken hat, und wenn er mit Rücksicht hierauf dem Vorgang des Vorlesens und der Genehmigung der Niederschrift seine Aufmerksamkeit widmet und der Verhandlung im Bewußtsein dieser Verantwortung beiwohnt (BayObLG MittRhNotK 1984, 189). Auf den Grad der Aufmerksamkeit kommt es nicht an, wenn die genannten objektiven und subjektiven Voraussetzungen vorliegen. Grundsätzlich erfordert die Zuziehung, dass der Mitwirkende den Beurkundungsakt sehend und hörend mitverfolgen kann. Nicht entscheidend ist, ob er der Verhandlung tatsächlich folgt (KG OLGZ 32, 64; BGH NJW 1964, 2055 = DNotZ 1965, 478; vgl auch FIRSCHING DNotZ 1965, 287). Demgemäß ist ein Testamentszeuge jedenfalls dann bei der Errichtung des Testaments zugegen, wenn er zu Beginn der Verhandlungen den (im Bett liegenden) Erblasser gesehen und sich einen Überblick über die Lage verschafft, anschließend vom Nebenraum aus durch die geöffnete Tür aus geringer Entfernung das, was gesprochen wurde, gehört und die Möglichkeit gehabt hat, die Vorgänge auch mit den Augen zu verfolgen, wenn er dies wollte (BGH aaO; vgl auch STAUDINGER-FIRSCHING § 22 BeurkG RdNr 20). Der Zeuge braucht nicht zu wissen, welche Art einer Verfügung von Todes wegen (Testament oder Erbvertrag) beurkundet wird.

c) Die **Auswahl** der Zeugen bzw des zweiten Notars obliegt dem beurkundenden **13** Notar. Vorschläge der Beteiligten muss er nicht berücksichtigen. Die Pflicht, einen Zeugen oder zweiten Notar zuzuziehen, trifft ihn, nicht die Beteiligten. Er kann daher auch entscheiden, wie er seine Pflicht zu erfüllen hat. Diese Entscheidung kann ihm nicht über ein quasi-verbindliches Vorschlagsrecht der Beteiligten abgenommen werden. Für die Auswahl ist primär § 26 maßgebend. Darüber hinaus kann der Notar Zeugen, die von den Beteiligten vorgeschlagen werden, zurückweisen, wenn sie ihm aus anderen Gründen als nicht geeignet erscheinen (JANSEN BeurkG § 22 RdNr 8; aA FIRSCHING DNotZ 1955, 287; STAUDINGER-FIRSCHING § 22 BeurkG RdNr 16). Andererseits darf der Notar die Beteiligten nicht ohne zwingenden Grund vor die Wahl stellen, entweder von der Beurkundung Abstand zu nehmen oder die von ihm für die Mitwirkung vorgesehene Person zu akzeptieren. Die Notwendigkeit, dem Vorschlag der Beteiligten zu folgen, kann sich insbesondere aus Gründen der Geheimhaltung ergeben (SCHLEGELBERGER FGG § 169 RdNr 6).

d) **Mehrfache Behinderung**
Sind an einer Beurkundung mehrere behinderte Personen beteiligt, so ändert dies **14** nichts daran, dass nur ein Zeuge oder zweiter Notar zuzuziehen ist. Gleiches gilt, wenn ein Beteiligter mehrfach behindert ist; Abweichungen können sich aus § 24 ergeben (vgl MECKE-LERCH BeurkG § 22 RdNr 6; KEIDEL-WINKLER § 22 BeurkG RdNr 18).

e) **Schweigepflicht**
Für den Zeugen besteht – im Gegensatz zum zweiten Notar (§ 18 BNotO) – keine **15** Verschwiegenheitspflicht. Er wird nicht unter Eid genommen. Wegen der Schweigepflicht, die den zweiten Notar trifft, kann es zweckmäßig sein, ihn – nicht einen (einfachen) Zeugen – zuzuziehen.

f) **Vergütung**
Die dem Zeugen zu zahlende Vergütung ist frei zu vereinbaren. Sie wird dem **16** Kostenschuldner als Auslage in Rechnung gestellt (§ 137 Nr 4 KostO). Wird auf

Verlangen eines Beteiligten ein zweiter Notar zugezogen, so stehen ihm Gebühren nach § 151 KostO zu, die beim Urkundsnotar Auslagen darstellen (KORINTENBERG-LAPPE-BENGEL-REIMANN, KostO § 151 RdNrn 2 ff).

## 2. Zuziehung eines Gebärdensprachdolmetschers

### a) Zweck

17 Auf Verlangen eines hör- oder sprachbehinderten Beteiligten soll der Notar seit Inkrafttreten des OLGVertrÄndG am 1. August 2002 einen Gebärdensprachdolmetscher zu der Beurkundung zuziehen. Hierdurch soll die Verständigungsmöglichkeit zwischen Notar und dem behinderten Beteiligten verbessert werden und die Position des hör- oder sprachbehinderten Beteiligten im Beurkundungsverfahren gestärkt werden.

### b) Pflicht zur Zuziehung

18 Auf Verlangen des behinderten Beteiligten »soll« der Notar einen Gebärdensprachdolmetscher zur Beurkundung zuziehen. Um eine effektive Wahrnehmung dieses Rechts zu gewährleisten, sollte der Notar den behinderten Beteiligten in der Regel auf die Möglichkeit einer solchen Zuziehung hinweisen. Stellt der behinderte Beteiligte ein solches Verlangen, ist der Notar zur Zuziehung verpflichtet. Da als Soll-Vorschrift ausgestaltet, berührt die unterlassene Zuziehung die Wirksamkeit der Beurkundung gleichwohl nicht (anders BAMBERGER-ROTH-LITZENBURGER RdNr 4a). Dem Notar steht ein Entschließungsermessen auf Zuziehung zu, wenn ein Zuziehungsverlangen durch den Beteiligten nicht gestellt wird (BT-Drucks 14/9266, S 51).

### c) Stellung und Auswahl des Gebärdensprachdolmetschers

19 Ausweislich der Gesetzesbegründung soll der Gebärdensprachdolmetscher eine komplementäre Stellung zu dem Zeugen oder zweiten Notar einnehmen, da sich seine Position in der Vermittlung einer verbesserten Verständigungsmöglichkeit erschöpft (BT-Drucks 14/9266, S 51). Liegen die tatbestandlichen Voraussetzungen vor, sind also kumulativ Zeuge oder zweiter Notar und Gebärdensprachdolmetscher zu der Beurkundung hinzu zu ziehen. Ausschließungsgründe für den Gebärdensprachdolmetscher hat der Gesetzgeber nicht normiert. Die §§ 6, 7, 26 und 27 sind daher bei der Auswahl ebenso wenig zu berücksichtigen, wie die Vorschrift des § 16 Abs 3. Der Gebärdensprachdolmetscher ist kein Dolmetscher iS letzterer Vorschrift, da er nicht in eine andere gesprochene Sprache überträgt. In sachlicher Hinsicht existiert soweit ersichtlich kein standardisiertes Berufsbild des Gebärdensprachdolmetschers und auch keine hinreichend vereinheitlichte Gebärdensprache, sodass der Notar in der Praxis bei der Auswahl eines geeigneten Gebärdensprachdolmetschers auf die Mithilfe des behinderten Beteiligten angewiesen sein wird.

## 3. Vermerk

20 Art der Behinderung, Angabe des Beteiligten hierüber bzw Überzeugung des Notars, Zuziehung eines Zeugen oder zweiten Notars bzw Verzicht aller Beteiligten hierauf sowie Zuziehung eines Gebärdensprachdolmetschers sollen in der Niederschrift vermerkt werden (§ 22 Abs 1 S 3). Die namentliche Bezeichnung der mitwirkenden Person ist abweichend von § 2241 Abs 1 Nr 2 BGB aF nicht zwingend geboten, gehört aber zu einer ordnungsgemäßen Beurkundung (JANSEN BeurkG § 22 RdNr 15). Eine Feststellung über den Grad des Hör-, Sprech- und Sehvermögens der Beteiligten ist nicht vorgeschrieben. Gelangt der Notar zu der

Überzeugung, dass eine Behinderung der in § 22 genannten Art nicht vorliegt, so hat er keinen Vermerk in die Niederschrift aufzunehmen, auch wenn ein Beteiligter mit Hör-, Sprech- oder Sehstörungen (leichteren Grades) behaftet ist (SEYBOLD DNotZ 1967, 545).

#### 4. Unterschrift der Mitwirkenden

Nach § 22 Abs 2 *soll* auch der Zeuge oder zweite Notar die Niederschrift unterschreiben. Die Unterschrift des Gebärdensprachdolmetschers ist nicht erforderlich, jedoch unschädlich. 21

#### 5. Vorlage zur Durchsicht bei Hörbehinderung

Ist im Protokoll festgestellt, dass ein Beteiligter nicht hinreichend zu hören vermag, so muss ihm die Niederschrift anstelle des Vorlesens zur Durchsicht vorgelegt werden (§ 23). 22

### § 23 Besonderheiten für hörbehinderte Beteiligte

Eine Niederschrift, in der nach § 22 Abs 1 festgestellt ist, dass ein Beteiligter nicht hinreichend zu hören vermag, muss diesem Beteiligten anstelle des Vorlesens zur Durchsicht vorgelegt werden; in der Niederschrift soll festgestellt werden, dass dies geschehen ist. Hat der Beteiligte die Niederschrift eigenhändig unterschrieben, so wird vermutet, dass sie ihm zur Durchsicht vorgelegt und von ihm genehmigt worden ist.

#### Übersicht

| | |
|---|---|
| I. Allgemeines | |
|   1. Verletzungsfolgen | 1 |
|   2. Geltungsbereich | 2 |
| II. Unvermögen zu hören (Hörbehinderung) | 3 |
| III. Verfahren | |
|   1. Vorlage zur Durchsicht | 4 |
|   2. Schlussvermerk | 7 |
|   3. Verfahren bei sprachfremden Beteiligten | 8 |

## I. Allgemeines

### 1. Verletzungsfolgen

§ 23 ist teilweise als Muss-, teilweise als Soll-Vorschrift ausgestaltet. 1
Die Vorlage der Niederschrift zur Durchsicht in Gegenwart des Notars ist zwingend vorgeschrieben. Die Beurkundung der Erklärung des Beteiligten, der nicht hinreichend zu hören vermag, ist unwirksam, wenn gem § 22 Abs 1 S 3 die Behinderung im Protokoll festgestellt ist und die Niederschrift nicht zur Durchsicht vorgelegt wurde. Hat der Notar entgegen § 22 Abs 1 S 3 die objektiv gegebene

Behinderung nicht vermerkt, so beeinflusst auch die Nichtvorlage gem § 23 die Wirksamkeit der Beurkundung nicht. Tatbestandsmäßige Voraussetzung für die Anwendung des § 23 ist daher die – zutreffende oder unzutreffende – Feststellung des Hörunvermögens eines Beteiligten in der Niederschrift (KEIDEL-WINKLER § 23 BeurkG RdNr 2; STAUDINGER-FIRSCHING § 23 BeurkG RdNr 5). Die Beurkundung der Erklärungen der übrigen nicht behinderten Beteiligten bleibt verfahrensrechtlich wirksam; die beurkundeten Erklärungen können jedoch nach materiellem Recht nichtig sein (MECKE-LERCH BeurkG § 23 RdNr 4). Da ein gemeinschaftliches Testament die gemeinsamen, aber jeweils einseitigen Verfügungen der Ehegatten enthält, kann die Erklärung eines Partners wirksam sein, auch wenn die Beurkundung der Erklärung des anderen gem § 23 unwirksam ist. Bei wechselbezüglichen Verfügungen wird die Wirksamkeit jedoch durch § 2270 BGB beschränkt. Ein wegen § 23 ungültiger Erbvertrag kann uU in ein einseitiges Testament desjenigen Ehegatten umzudeuten sein, dessen Erklärung wirksam beurkundet wurde.

Unterbleibt die Feststellung der Tatsache, dass die Niederschrift dem behinderten Beteiligten zur Durchsicht vorgelegt wurde, so berührt dies die Wirksamkeit der Beurkundung nicht, wenn § 23 im Übrigen beachtet wurde.

### 2. Geltungsbereich

2  § 23 gilt für den Notar, die Konsularbeamten (§ 10 Abs 3 KonsularG), das Bürgermeistertestament (§§ 2249 Abs 1 S 4 BGB) und das Dreizeugentestament (§ 2250 Abs 3 S 2 BGB).

## II. Unvermögen zu hören (Hörbehinderung)

3  § 23 bezieht sich in seinem Tatbestand auf § 22 und den dort enthaltenen Begriff des Hörunvermögens (vgl dazu § 22 RdNr 5).

## III. Verfahren

### 1. Vorlage zur Durchsicht

4  Ist in einer Niederschrift nach § 22 Abs 1 festgestellt, dass ein Beteiligter nicht hinreichend zu hören vermag, **muss** die Niederschrift dem Beteiligten, dessen Hörunvermögen festgestellt ist, anstelle des Vorlesens zur Durchsicht vorgelegt werden. Der Notar hat diese Pflicht zu erfüllen, auch wenn der Beteiligte es nicht verlangt. Auch ein Verzicht des behinderten Beteiligten auf die Vorlage entbindet den Notar nicht davon, die in § 23 enthaltene Anordnung zu erfüllen. Ließe sich der Notar durch den Verzicht des Beteiligten dazu verleiten, die Niederschrift nicht zur Durchsicht vorzulegen, so wäre die Beurkundung insoweit unwirksam. In den Text ist auch die Frage aufzunehmen, ob der Erblasser die Niederschrift als seinen letzten Willen gelten lassen wollte. Geschieht dies nicht, besteht nicht die nötige Gewähr dafür, ob der Erblasser die entsprechende mündliche Frage des Notars richtig verstanden und so zur Grundlage seiner festgestellten Antwort gemacht hat (OLG Hamm MittRhNotK 1989, 59).

5  Da das Vorlegen zur Durchsicht das Vorlesen gem § 13 Abs 1 S 1 ersetzt, muss es in Gegenwart des Notars geschehen (MECKE-LERCH BeurkG § 23 RdNr 3). Die übrigen nicht in ihrem Hörvermögen beeinträchtigten Beteiligten brauchen bei der Vorla-

ge zur Durchsicht nicht zugegen zu sein, ebenso wie der behinderte Beteiligte nicht bei der Verlesung der Niederschrift gem § 13 Abs 1 S 1 anwesend sein muss. Ist der des Hörens nicht hinreichend Fähige der einzige Beteiligte, braucht das Protokoll nicht verlesen zu werden, auch dann nicht, wenn ein Zeuge oder zweiter Notar gem § 22 zugezogen ist (MECKE-LERCH aaO).

Dem behinderten Beteiligten ist an sich die Niederschrift selbst, dh im Original, vorzulegen. Die Vorlage einer Durchschrift, Fotokopie oder eines neuen Ausdrucks aus dem EDV-System reicht aber aus (s § 13 RdNr 2; KANZLEITER DNotZ 1997, 261). **6**

### 2. Schlussvermerk

Die Vorlage zur Durchsicht **soll** vom Notar im Schlussvermerk der Niederschrift festgestellt werden. Die eigenhändige Unterschrift des in seinem Hörvermögen behinderten Beteiligten begründet jedoch gem § 23 S 2 die (widerlegbare) Vermutung, dass ihm die Niederschrift zur Durchsicht vorgelegt und von ihm genehmigt worden ist. Über den Wortlaut des § 23 S 2 hinaus wird man im Anschluss an § 13 Abs 1 S 3 annehmen müssen, dass die Vermutung sich auch darauf erstreckt, die Vorlage habe »in Gegenwart des Notars« stattgefunden (vgl RdNr 5; MECKE-LERCH BeurkG § 23 RdNr 5). **7**

### 3. Verfahren bei sprachfremden Beteiligten

Fraglich ist, wie der Notar verfahren soll, wenn ein Beteiligter, der nicht hinreichend zu hören vermag (§ 22), außerdem der Sprache der Niederschrift nicht hinreichend kundig ist (§ 16). Nach § 16 Abs 2 S 1 muss die Niederschrift dem Beteiligten anstelle des Verlesens mündlich übersetzt werden, bei Verfügungen von Todes wegen auch schriftlich (§ 32). § 16 Abs 2 S 1 wird hier überlagert von § 23, sodass an die Stelle der mündlichen Übersetzung **notwendig** eine schriftliche tritt, die dem behinderten Beteiligten zur Durchsicht vorgelegt werden muss (so MECKE-LERCH BeurkG § 23 RdNr 61; EYLMANN-VAASEN-BAUMANN § 23 BeurkG, RdNr 4). Das Problem wird für Verfügungen von Todes wegen – über die (geringe) Bedeutung von § 16 Abs 2 S 1 in diesem Bereich (vgl § 16 RdNr 1) hinaus – dadurch relevant, dass gem § 32 S 2 der Erblasser auf die schriftliche Niederschrift verzichten kann, im Rahmen von § 23 jedoch ein Verzicht unbeachtlich ist. **8**

### § 24 Besonderheiten für hör- und sprachbehinderte Beteiligte, mit denen eine schriftliche Verständigung nicht möglich ist

(1) Vermag ein Beteiligter nach seinen Angaben oder nach der Überzeugung des Notars nicht hinreichend zu hören oder zu sprechen und sich auch nicht schriftlich zu verständigen, so soll der Notar dies in der Niederschrift feststellen. Wird in der Niederschrift eine solche Feststellung getroffen, so muss zu der Beurkundung eine Person zugezogen werden, die sich mit dem behinderten Beteiligten zu verständigen vermag und mit deren Zuziehung er nach der Überzeugung des Notars einverstanden ist; in der Niederschrift soll festgestellt werden, dass dies geschehen ist. Zweifelt der Notar an der Möglichkeit der Verständigung zwischen der zugezogenen Person und dem Beteiligten, so soll er dies in der Niederschrift feststellen. Die Niederschrift soll auch von der zugezogenen Person unterschrieben werden.

(2) Die Beurkundung von Willenserklärungen ist insoweit unwirksam, als diese darauf gerichtet sind, der nach Absatz 1 zugezogenen Person einen rechtlichen Vorteil zu verschaffen.

(3) Das Erfordernis, nach § 22 einen Zeugen oder zweiten Notar zuzuziehen, bleibt unberührt.

**Übersicht**

| | | |
|---|---|---|
| I. | **Allgemeines** | |
| | 1. Gesetzeszweck | 1 |
| | 2. Verletzungsfolgen | 2 |
| | 3. Geltungsbereich | 3 |
| II. | **Doppelte Behinderung** | |
| | 1. Behinderungsgründe | 4 |
| | a) Hör- oder Sprachbehinderung | 5 |
| | b) Unvermögen zu schriftlicher Kommunikation | 6 |
| | 2. Beurteilung der Behinderung | 8 |
| III. | **Verfahren** | |
| | 1. Vermerk über die Doppelbehinderung | 9 |
| | 2. Zuziehen einer Verständigungsperson | 10 |
| | a) Voraussetzung | 10 |
| | b) Funktion | 11 |
| | c) Auswahl | 12 |
| | d) Anwesenheit | 13 |
| | 3. Vermerk über Zuziehung | 14 |
| | 4. Unterschrift der Verständigungsperson | 15 |
| | 5. Sonstiges Verfahren | 16 |

## I. Allgemeines

### 1. Gesetzeszweck

**1** Die Vorschrift soll gewährleisten, dass Wille und Willenserklärung sich auch bei Personen, die nicht hinreichend hören oder sprechen können und sich zudem nicht schriftlich zu verständigen vermögen, decken. Da jedoch dem Notar normalerweise die Fähigkeiten zu einer Kommunikation mit derartig doppelt behinderten Beteiligten abgehen dürfte, schreibt das Gesetz zwingend die Zuziehung eines Mediums vor. Durch das OLGVertrÄndG hat der Gesetzgeber für Verfügungen von Todes wegen das Mündlichkeitserfordernis beseitigt und § 31 aufgehoben. Damit ist klargestellt, dass § 24 uneingeschränkt auch für Verfügungen von Todes wegen gilt. Der Gesetzgeber reagierte damit auf einen Beschluss des BVerfG vom 19. 1. 1999 (BVerfGE 99, 341), wonach der Ausschluss schreib- und sprechunfähiger Personen von der Testiermöglichkeit nach §§ 2232, 2233 BGB, § 31 BeurkG gegen die Erbrechtsgarantie des Art 14 Abs 1 GG und gegen Art 3 Abs 1 und 3 S 2 GG verstößt.

### 2. Verletzungsfolgen

**2** § 24 enthält Muss- und Soll-Vorschriften. Hat der Notar im Protokoll festgestellt, dass ein Beteiligter nicht hinreichend zu hören oder zu sprechen vermag und sich auch nicht schriftlich verständigen kann, so muss er eine Person zuziehen, die sich mit dem behinderten Beteiligten zu verständigen vermag. Die Zuziehung ist dann für die Wirksamkeit der Beurkundung konstitutiv. Wurde die Feststellung der doppelten Behinderung – auch pflicht- und wahrheitswidrig – unterlassen, so beeinträchtigt die nichterfolgte Zuziehung die Wirksamkeit der Beurkundung nicht. Diese Regelung ist sinnvoll, weil so ein Verstoß, der die Wirksamkeit der Beurkundung stören könnte, aus der Urkunde selbst zu ersehen ist (vgl Amtl Begr, BT-Drucks 14/9266 S 51).

Weitere Wirksamkeitsvoraussetzung ist das tatsächliche Bestehen der Verständigungsmöglichkeit zwischen der zugezogenen Person und dem behinderten Beteiligten. Ist der Notar von der tatsächlichen Verständigungsmöglichkeit überzeugt und stellt sich später heraus, dass diese nicht bestanden hat, so ist der Notar für die Unwirksamkeit der Beurkundung nicht verantwortlich. Dies trägt der Tatsache Rechnung, dass der Notar häufig nur schwer aus eigener Kenntnis das tatsächliche Bestehen der Verständigungsmöglichkeit beurteilen kann.

Ein Verstoß gegen die übrigen Bestimmungen des § 24 führt nicht zur Unwirksamkeit der Beurkundung.

### 3. Geltungsbereich

§ 24 gilt für Notare, Konsularbeamte (§ 10 Abs 3 KonsularO) und den Bürgermeister (§ 2249 Abs 1 S 4 BGB), nicht aber für das Dreizeugentestament. 3

## II. Doppelte Behinderung

### 1. Behinderungsgründe

Tatbestandsmäßige Voraussetzung dafür, dass der Notar § 24 anzuwenden hat, ist, dass ein Beteiligter nach seinen Angaben oder nach der Überzeugung des Notars in der in § 24 Abs 1 S 1 umschriebenen Art doppelt behindert ist. 4

#### a) Hör- oder Sprachbehinderung
Zum Begriff vgl § 22 RdNr 5 f. 5

#### b) Unvermögen zu schriftlicher Kommunikation
Die Fähigkeit, sich schriftlich zu verständigen, setzt nicht beiderseitige Schriftlichkeit, dh schriftliches Fragen und schriftliches Antworten, voraus (RGSt 31, 313). Mit einem Hörbehinderten, der sprechen und lesen **oder** schreiben und lesen kann, ist daher eine schriftliche Verständigung noch möglich. Gleiches gilt an sich für einen Sprachbehinderten, der zwar nicht lesen, aber zu schreiben und zu hören vermag. Kann der Sprachbehinderte schreiben, aber weder lesen noch hören, so ist mit ihm eine schriftliche Verständigung ausgeschlossen (JANSEN BeurkG § 24 RdNr 3; MECKE-LERCH BeurkG § 24 RdNr 3). 6

Der Grund des Unvermögens zu schriftlicher Kommunikation ist ohne Bedeutung. Analphabetismus, ständige Blindheit, eine vorübergehende Sehstörung oder die medizinische Notwendigkeit, die Augen verbunden zu halten, können die Ursache dafür sein, dass ein Beteiligter nicht sehen kann. Analphabetismus, Lähmung der Hand oder vorübergehende Bewegungsunfähigkeit (Gipsverband) können der Grund für das Schreibunvermögen sein (vgl JANSEN aaO). 7

### 2. Beurteilung der Behinderung

Für die Feststellung der Doppelbehinderung ist – alternativ – die Angabe des jeweiligen Beteiligten oder die Überzeugung des Notars maßgebend. 8

Erklärt der Beteiligte, er sei in der in § 24 Abs 1 S 1 genannten Weise behindert, und ist der Notar ebenfalls hiervon überzeugt, so ist der Tatbestand des § 24 Abs 1 S 1 unzweifelhaft erfüllt.

Gibt der Beteiligte an, er sei doppelt behindert, ist der Notar jedoch anderer Auffassung, so ist das in § 24 vorgesehene Verfahren gleichwohl in Gang zu setzen, da § 24 Abs 1 S 1 nicht kumulativ, sondern alternativ gestaltet ist; es reicht die Angabe des Beteiligten **oder** die Überzeugung des Notars aus. Wegen missbräuchlicher Angabe von Behinderungen vgl § 25 RdNr 5.

Schweigt der Beteiligte über seine Behinderung oder eine von ihnen oder leugnet er sie, überzeugt sich der Notar aber von ihrem Vorhandensein, so ist § 24 auch gegen den Willen des Beteiligten anzuwenden.

### III. Verfahren

#### 1. Vermerk über die Doppelbehinderung

9   Der Notar soll in der Niederschrift die doppelte Behinderung eines Beteiligten festhalten (§ 24 Abs 1 S 1). Aus dem Vermerk soll auch hervorgehen, ob der Beteiligte selbst die Behinderungen angegeben hat oder ob sie nach der Überzeugung des Notars vorliegen (MECKE-LERCH BeurkG § 24 RdNr 3).

#### 2. Zuziehen einer Verständigungsperson

##### a) Voraussetzung

10   Gem § 24 Abs 1 S 2 muss eine Person zugezogen werden, die sich mit dem behinderten Beteiligten verständigen kann und mit deren Zuziehung der behinderte Beteiligte nach Überzeugung des Notars einverstanden ist. Tatbestandsmäßige Voraussetzung für die Zuziehung ist nicht nur die doppelte Behinderung des Beteiligten, sondern auch der Vermerk des Notars hierüber (vgl RdNr 2).

11   b) Die **Funktion** der Verständigungsperson besteht darin, den behinderten Beteiligten beim Artikulieren seines Willens zu unterstützen, also dessen Willen dem Notar kundzutun; dies gilt auch für die Genehmigung der Niederschrift. Darüber hinaus ist der Verständigungsperson keine – etwa den Beurkundungshergang bezeugende – Aufgabe zugewiesen. Deshalb braucht sie die Niederschrift auch nicht zu genehmigen, sondern nur zu unterschreiben (vgl RdNr 15). Die Verständigungsperson hat nicht die Stellung eines Beistands nach §§ 1685, 1686 BGB oder eines Pflegers nach §§ 1909 ff BGB (vgl RIEDEL-FEIL BeurkG § 24 RdNr 5).

12   e) Die **Auswahl** der Verständigungsperson obliegt dem Notar (vgl § 22 RdNr 13). Die Verständigungsperson muss sich mit dem behinderten Beteiligten allerdings verständigen können und der behinderte Beteiligte muss mit der Zuziehung einverstanden sein. Hierbei lässt es Abs 1 S 2 genügen, dass der Behinderte nach der pflichtgemäßen Überzeugung des Notars mit der Zuziehung einverstanden ist. Besondere fachliche Anforderungen werden an die Verständigungsperson nicht gestellt. Am geeignetsten sind Gebärdensprachdolmetscher. Es kommt aber auch jede andere Person, die sich mit dem doppelt behinderten Beteiligten verständigen kann, in Frage (HÖFER JurA 1970, 747). Nach der gesetzlichen Neuregelung ist ein besonderes Vertrauensverhältnis zwischen zugezogener Person und dem behinderten Beteiligten nicht mehr erforderlich. Dies trägt den praktischen Schwierigkeiten vor allem in Eilfällen Rechnung, in denen der Notar oftmals nicht zu-

verlässig das Bestehen einer derartigen Vertrauensbeziehung überprüfen konnte. Dennoch darf dem Behinderten kein Verständigungshelfer aufgedrängt werden, sodass der Notar meist dem Wunsch des Behinderten entsprechen wird. Bei Verfügungen von Todes wegen ist jedoch besonders darauf zu achten, dass der letzte Wille nicht fremdgestaltet wird (vgl § 2229 RdNr 17). Als Verständigungsperson ist ausgeschlossen, wer durch die beurkundete Willenserklärung einen rechtlichen Vorteil erhält (§ 24 Abs 2) oder in einer Verfügung von Todes wegen bedacht oder zum Testamentsvollstrecker ernannt wird (§ 27); wegen des Begriffs des rechtlichen Vorteils vgl § 7 RdNr 5. Wird eine derartige ausgeschlossene Person gem § 24 Abs 1 S 2 zugezogen, so ist eine teilweise Unwirksamkeit der Beurkundung die Folge. Da § 24 Abs 2 nicht – wie § 16 Abs 3 S 2 für den Dolmetscher – generell auf die §§ 6, 7 verweist, kann – abgesehen von vorgenannter Einschränkung – auch ein Beteiligter Verständigungsperson sein (MECKE-LERCH BeurkG § 24 RdNr 6; HUHN-VON SCHUCKMANN BeurkG § 24 RdNr 7). Bei Verfügungen von Todes wegen dürfte diese Möglichkeit wegen § 27 jedoch regelmäßig ausscheiden. Auch der nach § 16 zugezogene Dolmetscher kann Verständigungsperson sein. Da das Erfordernis, nach § 22 einen Zeugen oder zweiten Notar zuzuziehen, durch § 24 Abs 1 S 2 nicht berührt wird (§ 24 Abs 3), kann die Aufgabe der Verständigungsperson nicht von dem nach § 22 zuzuziehenden Zeugen oder vom zweiten Notar wahrgenommen werden. Nicht ausdrücklich geregelt ist das Verhältnis der zugezogenen Person nach § 24 zu dem Gebärdensprachdolmetscher, der nach § 22 zugezogen werden kann. Wenn die Voraussetzungen beider Normen vorliegen, könnte eine kumulative Zuziehung in Betracht kommen. Hierbei ist jedoch zu berücksichtigen, dass nach der gesetzlichen Neufassung die nach § 24 Abs 1 S 2 nF zugezogene Person ebenso wie der Gebärdensprachdolmetscher nur noch die Aufgabe der Schaffung einer Verständigungsmöglichkeit und nicht mehr die Vermittlung eines persönlichen Vertrauensverhältnisses hat. Im Wege der teleologischen Reduktion wird man sich auf die Hinzuziehung eines Verständigungshelfers beschränken können. Wegen der erfolgten Substitution ist jedoch in einem solchem Falle der Ausschlussgrund des § 24 Abs 2 auch auf den nach § 22 Abs 1 S 2 hinzugezogenen Gebärdensprachdolmetscher anwendbar. Auch Verständigungsperson und Schreibzeuge gem § 25 dürfen nicht identisch sein, da letzterer gem § 25 S 1 nur durch einen nach § 22 zugezogenen Zeugen oder zweiten Notar ersetzt werden kann (vgl MECKE-LERCH BeurkG § 24 RdNr 6). Verstößt der Notar gegen diese Grundsätze, so ist die Beurkundung unwirksam, wenn der Schreibzeuge als Verständigungsperson auftritt; denn in diesem Fall ist stets *eine* Muss-Vorschrift (§ 24 Abs 1 S 2 oder § 25) verletzt. Die Beurkundung ist dagegen wirksam, wenn ein nach § 22 mitwirkender Zeuge oder zweiter Notar Verständigungsperson ist, da hier nur § 22 (Soll-Norm) missachtet, die Muss-Vorschrift des § 24 Abs 1 S 2 jedoch erfüllt ist (vgl JANSEN BeurkG § 24 RdNr 5).

**d) Anwesenheit:** Die Verständigungsperson muss bei der Beurkundung zugegen sein; dies folgt aus dem Begriff der Zuziehung (vgl hierzu im Einzelnen § 22 RdNr 12).

### 3. Vermerk über Zuziehung

Die Tatsache der Zuziehung einer Verständigungsperson soll im Protokoll festgestellt werden (§ 24 Abs 1 S 2, 2. HS). Die nähere Bezeichnung der Verständigungsperson ist nicht vorgeschrieben, aber ratsam. Es kann auch durch außerhalb der Urkunde liegende Beweismittel dargetan werden, dass eine Verständigungsperson zugezogen wurde; die Wirksamkeit der Beurkundung hängt nicht vom Vermerk ab (vgl RdNr 2). Zweifel des Notars an der Verständigungsmöglichkeit sollen ebenfalls in der Niederschrift dokumentiert werden (Abs 1 S 3).

### 4. Unterschrift der Verständigungsperson

**15** Gem § 24 Abs 1 S 4 soll die Niederschrift auch von der Verständigungsperson unterschrieben werden. Eine besondere Erklärung braucht diese allerdings nicht abzugeben, insbesondere hat sie – schon im Hinblick auf ihre nur unterstützende Funktion (vgl oben RdNr 11) – die Niederschrift nicht zu genehmigen. Eine Feststellung darüber, dass die Verständigungsperson unterschrieben hat, ist (anders als beim Beteiligten selbst, § 13 Abs 1 S 2) nicht notwendig.

### 5. Sonstiges Verfahren

**16** Soweit nicht die vorstehend genannten Regelungen zum Zuge kommen, bleibt es beim allgemeinen Verfahren. Insbesondere muss § 13 Abs 1 S 1 beachtet werden. Die Niederschrift muss auch einem doppelt behinderten Beteiligten vorgelesen werden, da § 23 wegen der Unmöglichkeit schriftlicher Kommunikation nicht anwendbar ist; das Vorlesen ist die Grundlage für die »Übersetzung« durch die Verständigungsperson. Die Niederschrift muss vom Beteiligten genehmigt werden, wenn auch unter Mitwirkung und Vermittlung der Verständigungsperson deren Funktion als »Medium« hier zutage tritt. Die Unterschrift der Verständigungsperson ersetzt nicht diejenige des behinderten Beteiligten; vermag dieser nicht zu unterschreiben, so muss – unabhängig von § 24 (vgl RdNr 12!) – nach § 25 verfahren werden.

## § 25 Schreibunfähige

**Vermag ein Beteiligter nach seinen Angaben oder nach der Überzeugung des Notars seinen Namen nicht zu schreiben, so muss bei dem Vorlesen und der Genehmigung ein Zeuge oder ein zweiter Notar zugezogen werden, wenn nicht bereits nach § 22 ein Zeuge oder ein zweiter Notar zugezogen worden ist. Diese Tatsachen sollen in der Niederschrift festgestellt werden. Die Niederschrift muss von dem Zeugen oder dem zweiten Notar unterschrieben werden.**

### Übersicht

| | | |
|---|---|---|
| **I.** | **Allgemeines** | |
| | 1. Gesetzeszweck | 1 |
| | 2. Verletzungsfolgen | 2 |
| | 3. Geltungsbereich | 3 |
| **II.** | **Unfähigkeit zur Namensunterschrift** | |
| | 1. Unfähigkeitsgrund | 4 |
| | 2. Beurteilung der Unfähigkeit | 5 |
| | a) Grundsätzliches | 5 |
| | b) Angabe der Beteiligten | 6 |
| | c) Überzeugung des Notars | 7 |
| **III.** | **Verfahren** | |
| | 1. Zuziehung eines Schreibzeugen | 9 |
| | 2. Vermerk über Zuziehung | 10 |
| | 3. Unterschrift des Schreibzeugen | 11 |

## I. Allgemeines

### 1. Gesetzeszweck

Die Unterschrift der Beteiligten hat identitätsbezeugenden und affirmativen Wert (vgl § 13 RdNr 23). Für den Fall, dass eine Unterschrift nicht möglich ist, sieht § 25 eine Ersatzlösung vor. Die Zeugen bzw der zweite Notar haben durch ihre Mitwirkung zu gewährleisten und zu bestätigen, dass der im Eingang der Niederschrift Genannte an der Beurkundung teilnimmt, ihm die Niederschrift vorgelesen und von ihm genehmigt wird. Demgemäß soll die Unterschrift des Schreibzeugen diejenige des Beteiligten ersetzen (Amtl Begr, BT-Drucks V/3282 S 34). **1**

### 2. Verletzungsfolgen

§ 25 enthält teils Muss-, teils Soll-Vorschriften. Die Zuziehung des Zeugen oder zweiten Notars und deren Unterschrift sind für die Wirksamkeit der Beurkundung konstitutiv. Unterbleibt der Vermerk über die Schreibunfähigkeit und über die Zuziehung oder ist der Vermerk falsch abgefasst, so beeinträchtigt dies die Wirksamkeit der Beurkundung nicht; insofern weicht § 25 von § 2242 Abs 3 BGB aF ab. **2**

### 3. Geltungsbereich

Die Vorschrift gilt für Notare und Konsularbeamte (§ 10 Abs 3 KonsularG). Für das Bürgermeistertestament und das Dreizeugentestament sind entsprechende Regelungen vorgesehen (§§ 2249 Abs 1 S 6, 2250 Abs 3 S 2 BGB). **3**

## II. Unfähigkeit zur Namensunterschrift

### 1. Unfähigkeitsgrund

§ 25 S 1 stellt auf die Fähigkeit, den eigenen Namen schreiben zu können, ab. Nicht erforderlich ist, dass der Beteiligte darüber hinausgehende Schreibfähigkeiten hat und seine Namensunterschrift auch lesen kann. Daher sind auch Analphabeten und Blinde, die wenigstens ihren Namen schreiben können, nicht schreibunfähig iS von § 25 (BGHZ 31, 141; BGH DNotZ 1968, 188; SOERGEL-HARDER § 25 BeurkG RdNr 1; HÖFER JurA 1970, 745). Ein Handzeichen reicht jedoch nicht aus. Wer seinen Namen in fremden Schriftzeichen schreiben kann, ist nicht schreibunfähig (vgl im Einzelnen § 13 RdNr 39). Worin die Unfähigkeit zur Namensunterschrift begründet ist, ist ohne Bedeutung; jedes dauernde oder vorübergehende Unvermögen, Analphabetismus, Krankheit, Lähmung, Verletzung, Schwäche oder dgl können die Ursache dafür sein (vgl STAUDINGER-FIRSCHING § 25 BeurkG RdNr 7; MECKE-LERCH BeurkG § 25 RdNr 1). Unerheblich ist auch, wie eine eventuelle Unterschrift vollzogen wird, ob mit der Hand, dem Fuß, dem Mund oder wie auch immer. **4**

### 2. Beurteilung der Unfähigkeit

#### a) Grundsätzliches

Anders als in den Fällen der §§ 16 Abs 2, 23, 24 Abs 1 S 2, 32 und entsprechend der Regelung des § 22 ist bei § 25 tatbestandsmäßige Voraussetzung dafür, dass das angeordnete Verfahren einzuhalten ist, nicht der formelle Vermerk des Notars in der Niederschrift über die Behinderung, sondern der objektive Umstand, **5** dass ein Beteiligter angegeben hat, seinen Namen nicht schreiben zu können, oder der Notar hiervon überzeugt ist. Tatbestandsmäßige Voraussetzung für die Notwendigkeit, einen Schreibzeugen zuzuziehen, und damit auch für Unwirksamkeitsfolge im Fall der Nichtbeachtung von § 25 S 1 ist andererseits nicht die Schreibunfähigkeit eines Beteiligten selbst, sondern die Angabe bzw die Überzeugung hierüber. Auch bei fehlerhafter Erklärung der Schreibunfähigkeit oder Überzeugung hiervon ist § 25 voll anzuwenden. Wird die Schreibfähigkeit unzutreffenderweise bejaht und § 25 deshalb nicht beachtet, so hindert dies das Wirksamwerden der Beurkundung nicht.

Als Voraussetzung dafür, dass die Rechtsfolgen des § 25 ausgelöst werden, genügt entweder die Angabe des Beteiligten über die Unfähigkeit, seine Unterschrift zu leisten, oder die Überzeugung des Notars hiervon.

Erklärt ein Beteiligter, seinen Namen nicht schreiben zu können, ist der Notar daran gebunden und muss nach § 25 verfahren, auch wenn er Anlass zu haben glaubt, an der Richtigkeit der Angabe zu zweifeln. Eigene Ermittlungen kann er nicht anstellen (KEIDEL-WINKLER § 25 BeurkG RdNr 6; MECKE-LERCH BeurkG § 25 RdNr 3). Ist die Angabe des Beteiligten jedoch offensichtlich bewusst unwahr, ist der Notar berechtigt, die Beurkundung wegen Unzumutbarkeit (vgl § 4 RdNr 11) abzulehnen (KEIDEL-WINKLER aaO; JANSEN BeurkG § 25 RdNr 4).

Äußert sich der Beteiligte nicht oder leugnet er sein Unvermögen, seinen Namen zu schreiben, überzeugt sich der Notar aber hiervon, so ist der Tatbestand des § 25 gleichfalls erfüllt.

**6** **b)** Die **Angabe des Beteiligten** muss nicht ausdrücklich erfolgen. Der Umstand, dass sie erfolgte, sollte nur in irgendeiner Weise aus der Niederschrift hervorgehen. Die Erklärung kann nach der Rechtsprechung (die zu § 2242 Abs 2 BGB in der Fassung vor Erlass des TestG ergangen ist!) auch durch schlüssiges Verhalten, so durch Kopfnicken oder Kopfschütteln auf eine vorausgegangene Frage (RGZ 108, 397) oder Unterzeichnung mit drei Kreuzen erfolgen (RGZ 65, 375; 69, 83; KG JR 1925 Nr 1527) oder durch Genehmigen einer vom Notar verlesenen Erklärung, wonach der Beteiligte seinen Namen nicht schreiben könne (RGZ 56, 368 f; 65, 372; 69, 83). Diese Rechtsprechung kann heute nicht mehr in jeder Hinsicht als maßgeblich erachtet werden. § 2242 Abs 2 BGB (in der Fassung vor Erlass des TestG) ließ die Erklärung des Testators über seine Schreibunfähigkeit genügen und stellte überhaupt nicht – anders als § 2242 Abs 3 BGB aF – auf die Überzeugung des Notars ab. Insofern ist verständlich, dass der Begriff »Erklärung des Erblassers« extensiv ausgelegt wurde, da für eine Bewertung durch den Notar kein Raum war, der Erblasser also auch in objektiv eindeutigen Fällen (Unterzeichnen mit drei Kreuzen!) als schreibfähig hätte behandelt werden müssen. § 25 BeurkG stellt indes alternativ auf die Angabe des Beteiligten oder auf die Überzeugung des Notars ab. Für eine extensive Interpretation des Begriffs der »Angabe« ist daher kein Raum mehr. Eine schlüssige Angabe des Beteiligten wird man nur dort annehmen können, wo aus einem bestimmten Verhalten der Wille spricht, die Schreibunfähigkeit dem Notar mitzuteilen; dies kann man bspw bei Kopfnicken und Kopfschütteln und bei Gesten bejahen, nicht aber bei Unterzeichnung durch Kreuze (aA JANSEN BeurkG § 25 RdNr 3). Vielmehr ist hier ein Fall gegeben, in dem § 25 **wegen der Überzeugung des Notars** anzuwenden ist. Die Erklärung, blind zu sein, genügt als Angabe und als Grundlage für die Meinungsbildung des Notars nicht, da Blindheit nicht mit Schreibunfähigkeit gleichgesetzt werden kann (RGZ 86, 387; OLG Oldenburg NdsRpfl 1957, 245 = MittRhNotK 1957, 746; BGHZ 31, 136 = NJW 1960, 813 mit Anm v BÄRMANN = DNotZ 1960, 158; OLG Koblenz NJW 1958, 1784).

c) Die **Überzeugung des Notars** ist in denjenigen Fällen maßgebend, in denen eine 7
– ausdrückliche oder konkludente – Angabe des Beteiligten fehlt. Unterzeichnet
ein Beteiligter statt mit seinem Namen mit drei Kreuzen, so muss der Notar normalerweise zu der Überzeugung gelangen, der Beteiligte könne seinen Namen
nicht schreiben (vgl oben RdNr 5).

Ist der Notar in einem problematischen Fall von der Schreibfähigkeit einer Person 8
(gerade noch) überzeugt, so darf er nicht im Protokoll eine gegenteilige Überzeugung feststellen, um § 25 »sicherheitshalber« anwenden zu können (so – zu § 2242
Abs 3 BGB aF – BGHZ 27, 274 = MDR 1958, 664 mit zust Anm von KEIDEL (MDR 1958, 837) = LM
Nr 1 zu § 2247 BGB mit zust Anm von PAGENDARM). Da die Gerichte an die Beurteilung
des Notars nicht gebunden sind (OLG Köln MittRhNotK 1995, 269), kann es jedoch aus
Gründen der Vorsorge gleichwohl geboten sein, das in § 25 genannte Verfahren
einzuhalten. Will man den Notar nicht zwingen, eine von ihm nicht geteilte Überzeugung in der Niederschrift zu vermerken, muss man ihm in ganz zweifelhaften
Fällen das Recht einräumen, § 25 (analog) anzuwenden (PAGENDARM aaO; KEIDEL aaO;
MECKE BeurkG § 25 RdNr 4). Bei Verfügungen von Todes wegen bietet sich dem Notar
die weitere Möglichkeit, den Parteien die Zuziehung eines Zeugen oder eines
zweiten Notars gem § 29 anzuraten. Gehen die Beteiligten auf diese Empfehlung
nicht ein, sollte der Notar sich nicht scheuen, § 25 analog anzuwenden; der Sachverhalt ist dann allerdings klar und objektiv in der Urkunde zu vermerken. AA
STAUDINGER-FIRSCHING (§ 25 BeurkG RdNr 21), die empfehlen, zunächst den Beteiligten selbst zur Unterschrift aufzufordern; leistet er dem keine Folge, ohne
sein Unvermögen zur Unterschrift zu erklären, so habe sich der Notar zu entscheiden, ob er von dem Unvermögen überzeugt ist oder nicht.

## III. Verfahren

### 1. Zuziehung eines Schreibzeugen

Ist ein Beteiligter nach eigener Angabe oder nach der Überzeugung des Notars 9
nicht in der Lage, seinen Namen zu schreiben, so **muss** ein Zeuge oder zweiter
Notar zugezogen werden. Dies gilt allerdings nur, wenn nicht bereits nach § 22
eine Zuziehung erfolgte. Von § 29 ist in § 25 S 1 nicht die Rede. Wenn jedoch ein
kraft Gesetzes (§ 22) zuzuziehender Zeuge zugleich die Funktion eines Schreibzeugen erfüllen kann, muss erst recht ein (nur) auf Wunsch Mitwirkender hierzu auch in der Lage sein. Ist daher bereits ein Zeuge nach § 29 zugezogen, so
braucht keine weitere Person gem § 25 mitzuwirken (MECKE-LERCH BeurkG § 25 RdNr 5;
JANSEN § 25 RdNr 6). Eine Vertrauensperson (§ 24) oder ein Dolmetscher (§ 16) kann
wegen einer möglichen Aufgabenkollision nicht gleichzeitig Schreibzeuge sein
(vgl STAUDINGER-FIRSCHING § 25 BeurkG RdNr 22; MECKE-LERCH BeurkG § 25 RdNr 5).

Zum Wesen der Zuziehung vgl § 22 RdNr 12.

Für die Auswahl gilt das in § 22 RdNr 13 Gesagte. Der Zeuge muss nach § 25 S 1
nicht während der gesamten Verhandlung, wohl aber beim Vorlesen und beim
Genehmigen anwesend sein. Überzeugt sich der Notar erst nach dem Vorlesen
und der Genehmigung von der Schreibunfähigkeit des Beteiligten, muss die Niederschrift in Gegenwart des Schreibzeugen erneut verlesen und genehmigt werden, zumindest in den Teilen, bei deren Protokollierung der Zeuge noch nicht
»zugezogen« war (KG JFG 5, 103; BayObLG MittRhNotK 1984, 189). Die übrigen (schreibfähigen) Beteiligten müssen dabei nicht mehr anwesend sein (SCHLEGELBERGER FGG
177 RdNr 14; MECKE-LERCH BeurkG § 25 RdNr 6). Können mehrere Beteiligte ihren Namen

nicht schreiben, so braucht insgesamt nur ein Schreibzeuge zugezogen zu werden (SCHLEGELBERGER FGG § 177 RdNr 14; MECKE-LERCH BeurkG § 25 RdNr 5; KEIDEL-WINKLER BeurkG § 25 RdNr 12).

Die Wirkung der Zuziehung besteht darin, dass sie (zusammen mit der Unterschrift des Zugezogenen) die Unterschrift des schreibunfähigen Beteiligten ersetzt. Die bloße Feststellung der Überzeugung des Notars von der Schreibunfähigkeit des Beteiligten ist – anders als nach § 2242 BGB aF – kein Ersatz für die Unterschrift des Beteiligten (vgl HÖFER JurA 1970, 745).

### 2. Vermerk über die Zuziehung

**10** Der Notar soll im Protokoll festhalten, dass ein Beteiligter seinen Namen nicht schreiben kann, wie er zu dieser Feststellung gelangt ist (Angabe des Beteiligten oder eigene Überzeugung) und wen er als Zeugen oder zweiten Notar zugezogen hat (§ 25 S 2). Nicht vermerkt zu werden braucht die Unterzeichnung der Niederschrift gem § 25 S 3 durch den Schreibzeugen. Die Gültigkeit der Beurkundung hängt nicht von dem in § 25 vorgeschriebenen Vermerk ab (vgl RdNr 2). Der Beweis, dass § 25 S 1 eingehalten wurde, kann auch durch außerhalb der Urkunde liegende Beweismittel erbracht werden, wobei sich der Beweis allerdings nur auf die in der Vorschrift genannten objektiven Fakten (Angabe des Beteiligten oder Überzeugung des Notars), nicht auf die wirkliche Schreibunfähigkeit zu beziehen hat.

### 3. Unterschrift des Schreibzeugen

**11** Der zugezogene Zeuge oder zweite Notar muss – auch wenn zugleich ein Fall der Zuziehung nach § 22 oder § 29 vorliegt – die Niederschrift unterschreiben (§ 25 S 3). Diese Unterschrift ist für die Wirksamkeit der Beurkundung konstitutiv, da sie – anstelle der Unterschrift des Beteiligten – bestätigt, dass die wesentlichen Verfahrenselemente (Vorlesen, Genehmigen) vorlagen (vgl RdNr 1). Die Unterschrift der zugezogenen Person ersetzt diejenige des schreibunfähigen Beteiligten jedoch nicht allein, sondern nur in Verbindung mit der Zuziehung; die Unterschrift eines nicht wirklich **zugezogenen** Zeugen oder zweiten Notars (vgl § 22 RdNr 12) ist kein Ersatz (HÖFER JurA 1970, 745). Der Schreibzeuge muss also zumindest unterschreiben können; ist dies nicht der Fall, ist die Beurkundung unwirksam (vgl § 26 RdNr 2).

### § 26 Verbot der Mitwirkung als Zeuge oder zweiter Notar

(1) Als Zeuge oder zweiter Notar soll bei der Beurkundung nicht zugezogen werden, wer

1. selbst beteiligt ist oder durch einen Beteiligten vertreten wird,
2. aus einer zu beurkundenden Willenserklärung einen rechtlichen Vorteil erlangt,
3. mit dem Notar verheiratet ist,
3a. mit ihm eine Lebenspartnerschaft führt oder
4. mit ihm in gerader Linie verwandt ist oder war.

(2) Als Zeuge soll bei der Beurkundung ferner nicht zugezogen werden, wer

1. zu dem Notar in einem ständigen Dienstverhältnis steht,
2. minderjährig ist,

3. geisteskrank oder geistesschwach ist,
4. nicht hinreichend zu hören, zu sprechen oder zu sehen vermag,
5. nicht schreiben kann oder
6. der deutschen Sprache nicht hinreichend kundig ist; dies gilt nicht im Falle des § 5 Abs 2, wenn der Zeuge der Sprache der Niederschrift hinreichend kundig ist.

Übersicht

I. Allgemeines
  1. Gesetzeszweck . . . 1
  2. Verletzungsfolgen . . . 2
  3. Geltungsbereich . . . 3
II. Mitwirkungsverbote
  1. Aufbau der Vorschrift . . . 4
  2. Gemeinsame Mitwirkungsverbote (§ 26 Abs 1) . . . 5
     a) Beteiligung (Nr 1) . . . 5
     b) Begünstigung (Nr 2) . . . 6
     c) Ehegatte (Nr 3), Lebenspartner (Nr 3a) . . . 7
     d) Verwandte (Nr 4) . . . 8
  3. Mitwirkungsverbote nur für Zeugen (§ 26 Abs 2) . . . 9
     a) Bedienstete (Nr 1) . . . 9
     b) Minderjährige (Nr 2) . . . 10
     c) Geistig Behinderte (Nr 3) . . . 11
     d) Hörbehinderte, Sprachbehinderte, Sehbehinderte (Nr 4) . . . 12
     e) Schreibunkundige (Nr 5) . . . 13
     f) Sprachunkundige (Nr 6) . . . 14

## I. Allgemeines

### 1. Gesetzeszweck

Die Vorschrift soll die persönliche Beeinflussung von behinderten Beteiligten durch Mitwirkende, die parteiische Mitwirkung überhaupt und das Zuziehen von Personen, die der Aufgabe eines Zeugen nicht gewachsen sind, verhindern. **1**

### 2. Verletzungsfolgen

§ 26 ist eine Soll-Vorschrift, die der Notar zu beachten hat, deren Missachtung jedoch die Beurkundung nicht unwirksam werden lässt. Dies wäre schon deshalb nicht zu vertreten, da der Notar die sachlichen Voraussetzungen der Mitwirkungsverbote nicht immer erkennen kann. Da die Nichtbeachtung eines Mitwirkungsverbotes grundsätzlich nicht mehr zur Unwirksamkeit der Beurkundung führt, ist die Frage, welche Wirkung die freiwillige Zuziehung ausgeschlossener Zeugen hat, heute entschieden. Von diesem Grundsatz gibt es eine – allerdings nicht in § 26 selbst begründete – Ausnahme: Ein nach § 25 zuzuziehender Schreibzeuge muss unterschreiben können; ist dies nicht der Fall, ist die Beurkundung (über § 26 Abs 2 Nr 5 hinaus) unwirksam (vgl MECKE-LERCH BeurkG, § 26 RdNr 1; KEIDEL-WINKLER § 26 BeurkG RdNr 16). **2**

## 3. Geltungsbereich

**3** § 26 gilt uneingeschränkt nur für Notare und Konsularbeamte (§ 10 Abs 3 KonsularG); beim Bürgermeistertestament gilt nur § 26 Abs 1 Nrn 3, 4 Abs 2 (§ 2249 Abs 1 S 4 BGB) beim Dreizeugentestament nur § 26 Abs 2 Nrn 2−5 (§ 2250 Abs 3 S 2 BGB).

## II. Mitwirkungsverbote

### 1. Aufbau der Vorschrift

**4** § 26 Abs 1 gilt sowohl für Zeugen wie für einen eventuell zugezogenen Notar. § 26 Abs 2 gilt nur für Zeugen.

### 2. Gemeinsame Mitwirkungsverbote (§ 26 Abs 1)

#### a) Beteiligung (Nr 1)
**5** Der Begriff des »Beteiligten« ergibt sich aus § 6 Abs 2; vgl dazu § 6 RdNr 6.

#### b) Begünstigung (Nr 2)
**6** Zum Begriff des »rechtlichen Vorteils« vgl § 7 RdNr 5. Die Vorschrift wird durch § 27 auf diejenigen Zeugen und den zweiten Notar ausgedehnt, die in einer Verfügung von Todes wegen bedacht oder zum Testamentsvollstrecker ernannt werden.

#### c) Ehegatte (Nr 3), Lebenspartner (Nr 3a)
**7** Maßgebend ist nur, ob der Zeuge oder zweite Notar zum Zeitpunkt der Beurkundung mit dem beurkundenden Notar verheiratet ist oder mit ihm eine Lebenspartnerschaft iSv § 1 LPartG führt (vgl zu den Einzelfragen § 3 RdNr 16). Ein früherer Ehegatte des Notars, Lebenspartner oder sein(e) Verlobte(r) darf als Zeuge oder zweiter Notar mitwirken.

#### d) Verwandte (Nr 4)
**8** Zum Begriff der »Verwandtschaft in gerader Linie« vgl § 3 RdNr 17.

### 3. Mitwirkungsverbote nur für Zeugen (§ 26 Abs 2)

#### a) Bedienstete (Nr 1)
**9** Personen, die zum Notar in einem ständigen Dienstverhältnis stehen, sollen nicht als Zeugen mitwirken. Betroffen sind nicht nur die im Notariat arbeitenden Personen, sondern auch die vom Notar nicht in amtlicher Eigenschaft (zB im Haushalt) Beschäftigten (vgl STAUDINGER-FIRSCHING § 26 BeurkG RdNr 10; KEIDEL-WINKLER § 26 BeurkG RdNr 8). Im Bereich der Notarkasse gehören die von der Notarkasse angestellten oder beamteten, dem Notar zur Dienstleistung zugewiesenen Fachkräfte nicht zum Kreis der gem § 26 Abs 2 Nr 1 Ausgeschlossenen (§ 113 Abs 3 Nr 3, Abs 2 BNotO; vgl SEYBOLD-HORNIG BNotO § 20 Anh RdNr 41; MECKE-LERCH BeurkG § 26 RdNr 3). Referendare und Notarassessoren (§ 7 Abs 3 S 1 BNotO) stehen nicht in einem ständigen Dienstverhältnis zum Notar (KEIDEL-WINKLER aaO; MECKE-LERCH aaO).

Die gleichen Grundsätze wie für den Notar müssen auch für den Notarvertreter gelten. Die Konfliktsituation, die § 26 Abs 2 Nr 1 verhindern soll, ist in der Regel auch gegeben, wenn nicht der Notar, sondern sein Vertreter amtiert. Es ist hier nicht so sehr auf die Person des Notarvertreters, sondern auf die des Amtsinhabers abzustellen, sodass die Bediensteten des Notars auch dann von einer Mitwirkung ausgeschlossen sind, wenn der Vertreter die Beurkundung vornimmt.

## 5. Besonderheiten für Verfügungen von Todes wegen

### b) Minderjährige (Nr 2)
Minderjährig ist, wer noch nicht das 18. Lebensjahr vollendet hat (vor 1.1.1975: 21 Jahre, Volljährigkeitserklärung damals gem § 3 BGB möglich). **10**

### c) Geistig Behinderte (Nr 3)
Vgl zu Geisteskrankheit und Geistesschwäche § 2229 BGB RdNr 10 ff. **11**

### d) Hörbehinderte, Sprachbehinderte, Sehbehinderte (Nr 4)
Zum Unvermögen, hinreichend zu hören, zu sprechen oder zu sehen, vgl § 22 RdNr 4 ff. **12**

### e) Schreibunkundige (Nr 5)
Zur Schreibunfähigkeit vgl § 25 RdNr 5 und § 13 RdNr 26. Kann ein Schreibzeuge gem § 25 selbst nicht schreiben, so ist die Beurkundung wegen § 25 S 3 unwirksam (vgl oben RdNr 2). **13**

### f) Sprachunkundige (Nr 6)
Als Zeuge soll nicht zugezogen werden, wer der deutschen Sprache nicht hinreichend kundig ist. Wird die Niederschrift gem § 5 Abs 2 in einer Fremdsprache abgefasst, so reicht es aus, wenn der Zeuge die Sprache der Niederschrift hinreichend beherrscht. **14**

## 5. Besonderheiten für Verfügungen von Todes wegen

### § 27 Begünstigte Personen

**Die §§ 7, 16 Abs 3 Satz 2, § 24 Abs 2, § 26 Abs 1 Nr 2 gelten entsprechend für Personen, die in einer Verfügung von Todes wegen bedacht oder zum Testamentsvollstrecker ernannt werden.**

Übersicht

| | | |
|---|---|---|
| I. | Allgemeines | |
| | 1. Gesetzeszweck | 1 |
| | 2. Geltungsbereich | 2 |
| II. | Begünstigte Personen | |
| | 1. Bedachte | 3 |
| | 2. Testamentsvollstrecker | 7 |
| III. | Rechtsfolge | |
| | 1. Mitwirkungsverbot | 8 |
| | 2. Sanktion | 9 |
| | a) Notar | 10 |
| | b) Dolmetscher | 11 |
| | c) Vertrauensperson | 12 |
| | d) Zeuge und zweiter Notar | 13 |

## I. Allgemeines

### 1. Gesetzeszweck

**1** Die Vorschrift stellt klar, dass Personen, die in einer Verfügung von Todes wegen bedacht oder als Testamentsvollstrecker eingesetzt werden, solchen Personen gleichstehen, die aus einer zu beurkundenden Willenserklärung einen rechtlichen Vorteil erlangen. § 27 will damit lediglich das allgemeine Beurkundungsrecht den Bedürfnissen des Erbrechts anpassen. Wie die in Bezug genommenen Bestimmungen (§§ 7, 16 Abs 3 S 2, 24 Abs 2, 26 Abs 1 Nr 2) soll § 27 verhindern, dass das Beurkundungsverfahren von persönlichen statt von sachlichen Gesichtspunkten beeinflusst wird; dadurch sollen Interessenkonflikte vermieden werden.

### 2. Geltungsbereich

**2** § 27 gilt auch bei der Errichtung von Verfügungen von Todes wegen vor Konsularbeamten (§ 10 Abs 3 KonsularG) und vor dem Bürgermeister (§ 2249 Abs 1 S 4 BGB), wobei jedoch bei letztgenannter Errichtungsform die Zuziehung ausgeschlossener Zeugen gem § 2249 Abs 1 S 3 BGB zur Unwirksamkeit der Beurkundung führt. Beim Dreizeugentestament (§ 2250 Abs 3 S 1 BGB) und beim Seetestament (§§ 2251, 2250 Abs 3 S 2 BGB) sind die Mitwirkungsverbote nicht vollständig der Beurkundung vor dem Notar angeglichen (vgl im Einzelnen § 2250 RdNr 11).

## II. Begünstigte Personen

### 1. Bedachte

**3** Durch Verfügung von Todes wegen bedacht ist der Erbe (Ersatz-, Vor-, Nach- oder Ersatznacherbe) und der Vermächtnisnehmer (Ersatz-, Nachvermächtnisnehmer).

**4** Dagegen gehören Personen, die lediglich durch eine Auflage begünstigt werden, nicht zu den Bedachten. Auch durch eine Auflage kann jemand objektiv begünstigt werden. Er erlangt jedoch hierdurch keinen Anspruch gegen den, der durch die Auflage beschwert wird (§ 1940 BGB). Die Auflage ist keine persönliche Zuwendung, sondern das Auferlegen einer Verpflichtung, der kein Berechtigter gegenübersteht (PALANDT-EDENHOFER § 1940 Anm 1). § 27 ergänzt die §§ 7, 16 Abs 3 S 2, 24 Abs 2, 26 Abs 1 Nr 2, deren zentraler Begriff der »rechtliche Vorteil« ist. Mit einer Auflage mag zwar regelmäßig ein tatsächlicher Vorteil verbunden sein, ein rechtlicher (nämlich ein die Rechtsposition verbessernder) Vorteil ist dies jedoch nicht, da § 1940 BGB keine subjektive Berechtigung verleiht (STAUDINGER-FIRSCHING § 7 BeurkG RdNr 10; BGB-RGRK-KREGEL § 27 BeurkG RdNr 3; MECKE-LERCH BeurkG § 27 RdNr 4; aA LANGE-KUCHINKE § 18 II 4 c; HUHN-VON SCHUCKMANN BeurkG § 27 RdNr 5).

**5** Personen, die in einer Verfügung von Todes wegen als Vormund, Pfleger, Beistand oder Mitglied des Familienrates benannt sind, werden von § 27 nicht erfasst (MECKE-LERCH BeurkG § 27 RdNr 4; HUHN-VON SCHUCKMANN BeurkG § 27 RdNr 6; aA SOERGEL-HARDER § 27 RdNr 3); in der Benennung kann jedoch uU die Gewährung eines rechtlichen Vorteils gem § 7 liegen.

**6** »Bedacht« iS von § 27 ist auch, wer vom Erblasser über dessen Tod hinaus bevollmächtigt wird, da die Vollmacht die Rechtsmacht des Bevollmächtigten verstärkt; dem Urkundsnotar kann demgemäß keine solche Vollmacht erteilt werden (JANSEN, BeurkG § 27 RdNr 8; SOERGEL-HARDER § 27 BeurkG RdNr 4). Nicht bedacht sind die in den §§ 7, 16 Abs 3 S 2, 24 Abs 2, 26 Abs 1 Nr 2 genannten Personen, wenn sie gesetzliche Vertreter eines Bedachten sind oder – bei juristischen Personen – dessen vertretungsberechtigtem Organ angehören; für den Notar gilt in diesem Fall allerdings § 3 Abs 1 Nr 4 (JANSEN BeurkG § 27 RdNr 8).

### 2. Testamentsvollstrecker

Die Ernennung zum Testamentsvollstrecker ist gem § 27 als Zuwendung eines rechtlichen Vorteiles zu behandeln. Die wirtschaftlichen Vorteile, mit denen eine Testamentsvollstreckung oft verbunden ist, hätten allein kein Mitwirkungsverbot begründen können; dieses wird daher ausdrücklich gesetzlich angeordnet. Wegen Bevollmächtigung des Notars vgl RdNr 6. 7

## III. Rechtsfolge

### 1. Mitwirkungsverbot

§ 27 statuiert durch die Verweisung auf die §§ 7, 16 Abs 3 S 2, 24 Abs 2, 26 Abs 1 Nr 2 Mitwirkungsverbote. Der Notar, der Dolmetscher (§ 16 Abs 3 S 2), die Vertrauensperson (§ 24 Abs 2) und die Zeugen sowie der zweite Notar (§ 26 Abs 1 Nr 2) dürfen daher bei der Beurkundung nicht mitwirken, wenn sie oder die in den Vorschriften, auf die § 27 verweist, genannten Personen in der Verfügung von Todes wegen bedacht oder zum Testamentsvollstrecker ernannt werden. 8

### 2. Sanktion

Missachtet der Notar § 27, so kann dies zur (ganzen oder teilweisen) Unwirksamkeit der Beurkundung führen oder aber die Wirksamkeit der Beurkundungsakte unberührt lassen, je nachdem, wen das Verbot betrifft. Ist beispielsweise einer von drei an der Errichtung eines Nottestaments mitwirkenden Zeugen mit einer darin bedachten Person im Sinne von § 7 Nr 3 verwandt oder verschwägert, führt dies zur Unwirksamkeit der Zuwendung an diesen Bedachten (BayObLG ZEV 1995, 341 = FamRZ 1995, 1524). 9

#### a) Notar

Dieser ist nach §§ 7, 27 ausgeschlossen, wenn er, sein Ehegatte oder früherer Ehegatte, sein (gegenwärtiger oder früherer) Verwandter oder Verschwägerter in gerader Linie oder in der Seitenlinie sein (gegenwärtiger oder früherer) Verwandter bis zum dritten Grade oder sein Verschwägerter bis zum zweiten Grad bedacht oder zum Testamentsvollstrecker ernannt wird. § 7 verstärkt das Mitwirkungsverbot des § 3 zu einem Ausschlussgrund mit der Folge, dass die Beurkundung bei einem Verstoß **insoweit unwirksam** ist. Die (materiellrechtliche) Nichtigkeit der Anordnung selbst ergibt sich nicht aus den §§ 7, 27, sondern aus § 125 BGB; ob die Teilnichtigkeit die Nichtigkeit der gesamten Verfügung von Todes wegen zur Folge hat, ist nach § 2085 BGB (bei Testamenten) und § 2298 BGB (bei Erbverträgen) zu beurteilen. Die Unwirksamkeit ist unabhängig davon, ob der Ausgeschlossene, der Bedachte oder zum Testamentsvollstrecker Ernannte von der Zuwendung oder Ernennung Kenntnis hat; dies folgt daraus, dass § 27 auch maßgebend ist, wenn eine Verfügung von Todes wegen durch Übergabe einer verschlossenen Schrift errichtet wird (KGJ 51, 93; JANSEN BeurkG § 27 RdNr 2). Der Notar ist nicht verpflichtet, den Erblasser, der eine verschlossene Schrift überreicht, nach dem Inhalt der Verfügung zu befragen (vgl § 30 S 4). Erkennt der Notar, 10 dass der Erblasser ihn zum Testamentsvollstrecker erkennen will, muss der die Beurkundung ablehnen (§ 14 Abs 2 BNotO; §§ 4, 7, 27).

Unproblematisch ist die Übernahme einer Testamentsvollstreckung, bei welcher die Ernennung des Urkundsnotars in einem gesonderten handschriftlichen oder notariellen Testament enthalten, das von einem anderen Notar beurkundet ist. Die notarielle Beurkundung einer testamentarischen Ernennung zum Testamentsvollstrecker verstößt aber auch nicht deshalb gegen §§ 7, 27, weil ein Sozius des Notars zum Testamentsvollstrecker ernannt wird und der Notar an dessen Vergütung aufgrund entsprechender Vereinbarung beteiligt ist (BGH NJW 1997, 946 = ZEV 97, 113 mit zustimmender Anmerkung von KUMMER; BGH DNotZ 1987, 768; REIMANN DNotZ 1990, 433; *ders* DNotZ 1994, 659; STAUDINGER-REIMANN Bearbeitung 1996, § 2197 BGB RdNr 63; HUHN-VON SCHUCKMANN BeurkG § 27 RdNr 7; MECKE-LERCH BeurkG § 7 RdNr 6; aA noch OLG Oldenburg DNotZ 1990, 431; SOERGEL-HARDER BeurkG § 27 RdNr 4; MORITZ NJW 1992, 3215).

### b) Dolmetscher

11 Dieser ist gem §§ 16 Abs 3 S 2, 7, 27 ausgeschlossen, wenn er, sein Ehegatte, sein früherer Ehegatte, sein Verwandter oder Verschwägerter in gerader Linie oder in der Seitenlinie sein Verwandter bis zum dritten Grad oder sein Verschwägerter bis zum zweiten Grad bedacht oder zum Testamentsvollstrecker ernannt wird. Bei einem Verstoß gegen die §§ 16 Abs 3 S 2, 27 ist die Beurkundung **insoweit unwirksam** (vgl im Übrigen RdNr 10).

### c) Vertrauensperson

12 Diese ist nach §§ 24 Abs 2, 27 (nur) ausgeschlossen, wenn sie selbst bedacht oder zum Testamentsvollstrecker ernannt wird. Bei einem Verstoß ist die Beurkundung **insoweit unwirksam** (vgl im Übrigen RdNr 10).

### d) Zeuge und zweiter Notar

13 Als Zeuge oder zweiter Notar darf gem §§ 26 Abs 1 Nr 2, 27 nicht mitwirken, wer in einer zu beurkundenden Verfügung von Todes wegen bedacht oder zum Testamentsvollstrecker ernannt wird. Das Mitwirkungsverbot ist jedoch nicht sanktioniert (Soll-Vorschrift), sodass ein Verstoß gegen die §§ 26 Abs 1 Nr 2, 27 die Wirksamkeit der Beurkundung nicht beeinträchtigt (OLG Frankfurt DNotZ 1971, 498).

## § 28 Feststellungen über die Geschäftsfähigkeit

**Der Notar soll seine Wahrnehmungen über die erforderliche Geschäftsfähigkeit des Erblassers in der Niederschrift vermerken.**

### I. Allgemeines

#### 1. Gesetzeszweck

1 Der Vermerk über die Wahrnehmungen des Notars, den § 28 vorschreibt, soll im Falle eines Rechtsstreites über die Gültigkeit einer Verfügung von Todes wegen Beweisfunktionen erfüllen. Die Wahrnehmungen des Notars sind das primäre Beweismittel für die erforderliche Geschäftsfähigkeit. Aussagen anderer Personen sind von nur untergeordneter Bedeutung, da für das Vorliegen der Geschäftsbzw Testierfähigkeit der Zeitpunkt der Beurkundung maßgebend ist. Der Notar sollte daher insbesondere in problematischen und konfliktsgeneigten Fällen den nach § 28 vorgeschriebenen Vermerk mit besonderer Sorgfalt gestalten. Zur abschließenden Entscheidung über die Geschäftsfähigkeit ist er nicht berufen (ZIMMERMANN BWNotZ 2000, 97, 100; NIEDER ZNotP 2001, 335, 336).

## 2. Geltungsbereich

**a)** Der **sachliche** Geltungsbereich wird durch das Verhältnis zu § 11 und durch die für Ehe- und Erbverträge geltende Sonderregelung des § 2276 Abs 2 BGB bestimmt. § 28 betrifft die erforderliche Geschäftsfähigkeit des Erblassers, gleichgültig, ob dieser letztwillig, also einseitig, oder vertragsmäßig testiert, nicht auch die des nichttestierenden Partners eines Erbvertrags. Die allgemeine Regelung über den Vermerk von Wahrnehmungen über die erforderliche Geschäftsfähigkeit enthält § 11. Diese Vorschrift gilt bei Verfügungen von Todes wegen uneingeschränkt nur für den nichttestierenden Partner eines Erbvertrages und für den Ehe- und Erbvertrag gem § 2276 Abs 2 BGB (vgl unten). Für den Erblasser stellt im Übrigen § 28 eine § 11 ergänzende Regelung auf. Aus dem Zusammenspiel von § 11 und § 28 ergibt sich:

Fehlt einem Beteiligten (dem Erblasser oder einem anderen Beteiligten) nach der Überzeugung des Notars die erforderliche Geschäftsfähigkeit, so soll die Beurkundung abgelehnt werden (§ 11 Abs 1 S 1).

Kommt es, da der Notar nicht positiv vom Fehlen der erforderlichen Geschäftsfähigkeit eines Beteiligten überzeugt ist, zur Beurkundung, so hat der Notar seine Wahrnehmungen über die erforderliche Geschäftsfähigkeit des Erblassers – ausgenommen bei Verbindung des Erbvertrages mit einem Ehevertrag (§ 2276 Abs 2 BGB) – **stets** in der Niederschrift zu vermerken (§ 28), seine Wahrnehmungen über die erforderliche Geschäftsfähigkeit des nichttestierenden Partners eines Erbvertrages sowie der Parteien eines Ehe- und Erbvertrages nur dann, wenn der Notar an ihr (nur) zweifelt (§ 11 Abs 1 S 2) oder wenn der Beteiligte schwer krank ist (§ 11 Abs 2).

§ 28 gilt gem § 2276 Abs 2 BGB nicht für solche Erbverträge, die mit einem Ehevertrag verbunden sind. Auf derartige Verträge sind die für Eheverträge maßgebenden Formvorschriften, also nicht die §§ 27–35, anzuwenden.

**b)** In **persönlicher** Hinsicht gilt § 28 für alle Beurkundungen von Verfügungen von Todes wegen, gleichgültig ob sie vom Notar, von einem Konsularbeamten (§ 10 Abs 3 KonsularG), von einem Bürgermeister (§ 2249 Abs 1 S 4 BGB) oder von drei Zeugen (§ 2250 Abs 3 S 2 BGB) vorgenommen werden.

## 3. Verletzungsfolgen

Der Notar soll seine Wahrnehmungen über die erforderliche Geschäftsfähigkeit im Protokoll vermerken. Er ist mithin dazu verpflichtet, ohne dass eine Verletzung dieser Vorschrift zur Unwirksamkeit der Beurkundung führen würde.

## II. Verfahren

Der Notar ist verpflichtet, seine Wahrnehmungen über die erforderliche Geschäftsfähigkeit in der Niederschrift festzuhalten.

§ 28 gebraucht den Begriff »erforderliche Geschäftsfähigkeit«. Damit soll klargestellt werden, dass § 28 auch – anders als § 2241a Abs 3 BGB aF – für die Beurkundung von Erbverträgen gilt. Welches Maß an Geschäftsfähigkeit »erforderlich« ist, ergibt sich nicht aus dem BeurkG, sondern aus dem BGB (§§ 2229, 2275); vgl hierzu § 2229 BGB RdNr 4 ff und § 11 RdNr 8.

**6** Üblicherweise wird in den notariellen Urkunden festgestellt, der Beteiligte sei nach der Überzeugung des Notars voll geschäfts- und testierfähig. Damit vermerkt die Urkundsperson jedoch nur das Ergebnis ihrer Wahrnehmungen, nicht auch die Wahrnehmungen selbst, was nach dem Wortlaut des § 28 geboten zu sein scheint (HÖFER JurA 1970, 749). Gleichwohl entspricht die Praxis der gesetzlichen Vorschrift. Liegt das Vorhandensein der erforderlichen Geschäftsfähigkeit offen zutage, so wäre es unsinnig, wollte der Notar stets seine einschlägigen Wahrnehmungen im Einzelnen feststellen, wie zB, der Erblasser rede verständig und könne alle an ihn gerichteten Fragen klar beantworten. Nur in problematischen Fällen hat der Notar außer dem Ergebnis seiner Wahrnehmungen auch diese selbst konkret zu vermerken. Im Übrigen genügt die Feststellung, der Erschienene besitze nach Wahrnehmung und Überzeugung des Notars die erforderliche Geschäftsfähigkeit.

Eine konkrete Aufgliederung der Angabe in Testierfähigkeit (§ 2229 BGB) und (beschränkte oder volle) Geschäftsfähigkeit (§ 2275 BGB) ist dabei im Allgemeinen nicht erforderlich. Der Begriff der erforderlichen Geschäftsfähigkeit ist zwar in sich nicht bestimmt, doch ergibt sich sein Inhalt entweder – beim Testament – aus § 2229 BGB oder – beim Erbvertrag – für den Erblasser aus § 2275 BGB und für den nicht testierenden Vertragspartner aus den §§ 104 ff BGB. Stellt der Notar das Vorliegen der erforderlichen Geschäftsfähigkeit fest, so bejaht er zugleich das Vorhandensein der (in den jeweils in Frage kommenden materiellrechtlichen Vorschriften normierten) Voraussetzungen für die Errichtung von Verfügungen von Todes wegen.

**7** Da natürliche Ausschlussgründe gegeben sein können (zB Bewusstseinsstörung wegen Trunkenheit), erfüllt der Notar durch die bloße Angabe des Geburtsdatums des Beteiligten im Urkundeneingang seine aus § 28 resultierende Pflicht nicht.

**8** Die Tatsache, dass der Testator unter Betreuung steht, ist als solche kein Indiz für eine mögliche Testier- bzw Geschäftsfähigkeit. Prinzipiell gelten also auch hier die allgemeinen Regeln des § 28 BeurkG (KEIDEL-WINKLER § 28 BeurkG Rn 5). Allerdings ist es empfehlenswert, wenn dem Notar die Tatsache der Betreuerbestellung bekannt ist, dies neben seinen Wahrnehmungen zur Testierfähigkeit in der Urkunde zu dokumentieren.

### § 29 Zeugen, zweiter Notar

**Auf Verlangen der Beteiligten soll der Notar bei der Beurkundung bis zu zwei Zeugen oder einen zweiten Notar zuziehen und dies in der Niederschrift vermerken. Die Niederschrift soll auch von diesen Personen unterschrieben werden.**

Übersicht

| | | |
|---|---|---|
| I. | Allgemeines | |
| | 1. Verletzungsfolgen | 1 |
| | 2. Geltungsbereich | 2 |
| II. | Verlangen der Beteiligten | 3 |
| III. | Verfahren | |
| | 1. Zuziehung von Zeugen oder eines zweiten Notars | 7 |
| | a) Pflicht zur Zuziehung | 7 |

| b) Auswahl | 8 |
| c) Begriff der Zuziehung | 9 |
| 2. Vermerk | 10 |
| 3. Unterschriften der zugezogenen Personen | 11 |

## I. Allgemeines

### 1. Verletzungsfolgen

Die in § 29 enthaltene Anordnung soll vom Notar eingehalten werden, ohne dass ein Verstoß die Unwirksamkeit der Beurkundung zur Folge hätte.  **1**

### 2. Geltungsbereich

§ 29 gilt auch für die Beurkundung von Verfügungen von Todes wegen durch Konsularbeamte (§ 11 Abs 1, 10 Abs 3 KonsularG). Beim Bürgermeistertestament ist die Zuziehung von zwei Zeugen und die Unterzeichnung der Niederschrift durch diese zwingend vorgeschrieben (§ 2249 Abs 1 S 2, 5 BGB); ein Formverstoß führt jedoch auch hier nicht stets zur Unwirksamkeit (§ 2249 Abs 6 BGB). Für das Dreizeugentestament enthält § 2250 BGB eine eigenständige Regelung.  **2**

## II. Verlangen der Beteiligten

Der Notar darf, wenn nicht eine Zuziehung nach §§ 22, 25 vorgeschrieben ist, bei der Beurkundung von Verfügungen von Todes wegen bis zu zwei Zeugen oder einen zweiten Notar **nur auf Verlangen** der Beteiligten zuziehen. Der Wunsch der Parteien ist also tatbestandsmäßige Voraussetzung dafür, dass § 29 in seiner Rechtsfolge anwendbar ist.  **3**

Sind an einer Beurkundung, wie beim gemeinschaftlichen Testament und beim Erbvertrag, mehrere Personen beteiligt, so ist § 29 nur anwendbar, wenn **alle** Beteiligten den Wunsch auf Zuziehung von Zeugen bzw eines zweiten Notars äußern; das Verlangen eines Beteiligten genügt nicht (HUHN-VON SCHUCKMANN BeurkG § 29 RdNr 1; SOERGEL-HARDER BeurkG § 29 RdNr 1). Notwendige Voraussetzung ist nur, dass die Beteiligten den Wunsch äußern, nicht jedoch, dass der Wunsch gleich lautend geäußert wird (vgl unten RdNr 8).  **4**

Das Verlangen auf Zuziehung braucht nicht ausdrücklich gestellt zu werden, es genügt auch ein schlüssiges Verhalten, wenn dieses erkennbar den Wunsch zum Ausdruck bringt. Da § 29 eine Soll-Vorschrift enthält, ist es für die Wirksamkeit der Beurkundung ohne Bedeutung, wenn der Notar ohne Verlangen der Beteiligten einen zweiten Notar oder einen Zeugen zuzieht (KEIDEL-WINKLER § 29 BeurkG RdNr 12).  **5**

Hält der Notar die Zuziehung für wünschenswert, kann er den Beteiligten anheim geben, einen entsprechenden Wunsch zu äußern; ein derartiges Verfahren ist vor allem dann ratsam, wenn die Geschäfts- bzw Testierfähigkeit wegen des schlechten Gesundheitszustandes des Erblassers eines Tages streitig werden könnte. Gegen den Willen der Beteiligten darf der Notar nicht handeln.  **6**

## III. Verfahren

### 1. Zuziehung von Zeugen oder eines zweiten Notars

#### a) Pflicht zur Zuziehung

**7** Der Notar ist verpflichtet, zwei Zeugen oder einen zweiten Notar zur Beurkundung zuzuziehen, wenn die Beteiligten es verlangen. Dies gilt jedoch nur mit Einschränkungen. Nimmt bereits auf Grund der §§ 22, 25 ein zweiter Notar an der Beurkundung teil, so darf weder ein weiterer (dritter) Notar noch ein Zeuge zugezogen werden; nach der gesetzlichen Systematik ersetzt ein Notar, der in Zeugenfunktion teilnimmt, zwei (einfache) Zeugen. Nimmt auf Grund Gesetzes (§§ 22, 25) bereits ein Zeuge an der Beurkundung teil, so darf ein weiterer Zeuge oder ein zweiter Notar nach § 29 zugezogen werden, wenn sich die Zuziehung des Zeugen gem § 22 oder § 25 nicht mehr rückgängig machen lässt. Ist ein Ausländer an der Beurkundung beteiligt, so bestehen keine Bedenken dagegen, dass der Notar vorsorglich – um die Wirksamkeit der Beurkundung auch nach ausländischem Recht sicherzustellen – mehrere Zeugen zuzieht, sofern dies nach dem betreffenden Recht geboten ist; damit wird zwar § 29 verletzt, doch ist dies (Soll-Vorschrift) ohne Einfluss auf die Wirksamkeit der Beurkundung nach deutschem Recht (STAUDINGER-FIRSCHING § 29 BeurkG RdNr 10).

#### b) Auswahl

**8** Die Zeugen und der zweite Notar werden vom Notar ausgewählt. An das Verlangen der Beteiligten ist er nur dem Grunde nach, nicht auch in Bezug auf die Person gebunden. Dass der Notar statt vorgeschlagener Zeugen auch ohne diesbezügliches Verlangen der Beteiligten einen zweiten Notar zuziehen kann, folgt aus § 151 Abs 2 KostO. Wünschen die Beteiligten die Zuziehung eines zweiten Notars, so ist es dem beurkundenden Notar nicht gestattet, stattdessen einen Zeugen beizuziehen, da das Zuziehen eines zweiten Notars wegen der für diesen maßgeblichen Verschwiegenheitspflicht (§ 18 BNotO) Vorteile gegenüber der Teilnahme von »einfachen« Zeugen hat (JANSEN BeurkG § 22 RdNr 8 f). Für den Ausschluss von Zeugen und zweitem Notar gilt § 26; zu der Frage, welche Wirkung das freiwillige Zuziehen einer ausgeschlossenen Person hat vgl § 26 RdNr 2.

**9** **c) Zum Begriff der Zuziehung** vgl § 22 RdNr 12.

### 2. Vermerk

**10** Der Notar soll die Zuziehung von Zeugen und eines zweiten Notars in der Niederschrift vermerken; er soll dabei auch festhalten, dass die Zuziehung auf Verlangen der Beteiligten vorgenommen wurde.

### 3. Unterschriften der zugezogenen Personen

**11** Die Niederschrift soll auch von den zugezogenen Zeugen bzw von dem zweiten Notar unterschrieben werden. Das Fehlen der Unterschriften beeinträchtigt die Wirksamkeit der Beurkundung indes nicht (vgl oben RdNr 1).

## § 30 Übergabe einer Schrift

Wird eine Verfügung von Todes wegen durch Übergabe einer Schrift errichtet, so muss die Niederschrift auch die Feststellung enthalten, dass die Schrift übergeben worden ist. Die Schrift soll derart gekennzeichnet werden, dass eine Verwechslung ausgeschlossen ist. In der Niederschrift soll vermerkt werden, ob die Schrift offen oder verschlossen übergeben worden ist. Von dem Inhalt einer offen übergebenen Schrift soll der Notar Kenntnis nehmen, sofern er der Sprache, in der die Schrift verfasst ist, hinreichend kundig ist, § 17 ist anzuwenden. Die Schrift soll der Niederschrift beigefügt werden; einer Verlesung der Schrift bedarf es nicht.

### Übersicht

I. Allgemeines
　1. Bedeutung　　　　　　　　　　　　　　　　　　　1
　2. Verletzungsfolgen　　　　　　　　　　　　　　　　2
　3. Geltungsbereich　　　　　　　　　　　　　　　　　3

II. Verfahren
　1. Allgemeine Vorschriften　　　　　　　　　　　　　　4
　2. Feststellung der Übergabe (§ 30 S 1)　　　　　　　　　5
　3. Kennzeichnung der Schrift (§ 30 S 2)　　　　　　　　　6
　4. Vermerk über die Art der Schrift (§ 30 S 3)　　　　　　7
　5. Kenntnisnahme, Prüfung und Belehrung (§ 30 S 4)　　　　8
　　a) Offen übergebene Schrift　　　　　　　　　　　　　8
　　b) Verschlossen übergebene Schrift　　　　　　　　　　9
　6. Beifügung (§ 30 S 5)　　　　　　　　　　　　　　　10
　7. Kein Vorlesen　　　　　　　　　　　　　　　　　11

## I. Allgemeines

### 1. Bedeutung

Die Vorschrift betrifft das Verfahren bei der Errichtung einer Verfügung von Todes wegen durch Übergabe einer Schrift. Nach §§ 2232, 2276 BGB können ein Testament und ein Erbvertrag ua zur Niederschrift eines Notars errichtet werden, dem der Erblasser eine Schrift übergibt und erklärt, dass diese seinen letzten Willen enthalte. Die Schrift kann offen oder verschlossen übergeben werden und braucht nicht vom Erblasser geschrieben zu sein (vgl § 2232 RdNr 16). **1**

Die §§ 2232, 2276 BGB bestimmen die Testamentsform materiellrechtlich. Die materiellrechtliche Zulässigkeit der Testamentserrichtung in der jeweiligen Form ist vorweg zu prüfen. So kann ein Minderjähriger ein Testament nicht durch Übergabe einer verschlossenen Schrift errichten (§ 2233 Abs 1 BGB). Für Lesensunfähige kommt § 30 ohnehin nicht in Betracht (§ 2233 Abs 2 BGB). § 30 regelt in Verbindung mit den allgemeinen Vorschriften über die Beurkundung von Willenserklärungen das dabei einzuhaltende Verfahren (Amtl Begr, BT-Drucks V/3282 S 35).

§ 30 gilt auch für die Erklärungen des anderen (nicht testierenden) Vertragteils beim Erbvertrag (§ 33). Auch beim Erbvertrag kann die Erklärung des letzten Willens durch Übergabe einer offenen oder verschlossenen Schrift erfolgen (§ 2276 Abs 1 BGB). Der nicht testierende Teil kann ebenfalls die Annahme der Erklärung des Erblassers in einer übergebenen Schrift ausdrücken (vgl § 33 RdNr 6).

## 2. Verletzungsfolgen

**2** § 30 enthält zum Teil Muss-, zum Teil Soll-Vorschriften. Die Feststellung, dass die Schrift übergeben wurde, gehört **unabdingbar** in das Protokoll, andernfalls die Beurkundung unwirksam ist; der Nachweis der Übergabe durch außerhalb der Urkunde liegende Umstände beseitigt die Unwirksamkeit nicht wieder. Alle anderen Anordnungen **sollen** eingehalten werden; beachtet sie der Notar nicht, wird dadurch die Wirksamkeit der Beurkundung nicht beeinträchtigt.

## 3. Geltungsbereich

**3** Die Vorschrift gilt auch für die Errichtung von Verfügungen von Todes wegen vor Konsularbeamten (§§ 11 Abs 1, 10 Abs 3 KonsularG) und für das Bürgermeistertestament (§ 2249 Abs 1 S 4 BGB). Dreizeugen- und Seetestament können nicht durch Übergabe einer Schrift errichtet werden.

## II. Verfahren

### 1. Allgemeine Vorschriften

**4** Bei der Beurkundung der Errichtung einer Verfügung von Todes wegen durch Übergabe einer Schrift ist grundsätzlich das allgemeine Verfahren einzuhalten. So muss insbesondere in der Niederschrift die **Erklärung des Erblassers** zu finden sein, die übergebene Schrift enthalte seinen letzten Willen (§ 9 Abs 1 S 1 Nr 2). Beschränkt sich der Erblasser nicht darauf, eine Schrift zu übergeben, sondern gibt er noch mündliche Erklärungen ab, so können diese auch gem § 9 Abs 1 S 2 in einer Protokollanlage niedergelegt sein. Protokollanlage nach § 9 Abs 1 S 2 und das gem § 2232 BGB übergebene Schriftstück unterscheiden sich sowohl in ihrer materiellrechtlichen Bedeutung als auch in der verfahrensrechtlichen Behandlung (vgl hierzu § 2232 RdNrn 17 ff, 23 ff).

### 2. Feststellung der Übergabe (§ 30 S 1)

**5** Der Notar **muss** in die Niederschrift einen Vermerk darüber aufnehmen, dass die Schrift übergeben wurde. Diese Feststellung ist als eigene Wahrnehmung eines tatsächlichen Vorgangs auszugestalten. Der Gebrauch bestimmter Worte ist nicht vorgeschrieben. Ausreichend ist es bspw, wenn die Niederschrift die Erklärung des Erblassers enthält, er überreiche hiermit die Schrift mit seinem letzten Willen (RG Recht 1907 Nr 3831). Schreibversehen und Auslassen einzelner Worte sind unschädlich, wenn der Sinn des Vermerks der Urkunde selbst zu entnehmen ist (BayObLGZ 14, 577).

### 3. Kennzeichnung der Schrift (§ 30 S 2)

**6** Der Notar **soll** die übergebene Schrift derart kennzeichnen, dass eine Verwechslung mit anderen Schriftstücken ausgeschlossen ist. Eine solche Vorschrift war früher überflüssig, da gem § 2246 BGB aF die Niederschrift zusammen mit der übergebenen Schrift in Gegenwart des Erblassers in einem Umschlag verschlossen werden sollte. Nunmehr – nach Wegfall von § 2246 BGB aF – ist es notwendig, die Schrift zu kennzeichnen, damit nicht versehentlich ein anderes Schriftstück in den Umschlag gesteckt wird. Die Kennzeichnung kann durch genaue Beschreibung in der Niederschrift oder durch Anbringen eines unverwechselbaren

Merkmals erfolgen; am besten ist, wenn der Notar auf dem Schriftstück den Vermerk anbringt »Zu UrkRolle Nr ... übergebene Schrift des N N« oder das Anfangs- und Schlusswort der Schrift zitiert (HUHN-VON SCHUCKMANN BeurkG § 30 RdNr 9; MECKE-LERCH BeurkG § 30 RdNr 6; KEIDEL-WINKLER § 30 BeurkG RdNr 7, 13).

### 4. Vermerk über Art der Schrift (§ 30 S 3)

Der Notar **soll** in der Niederschrift vermerken, ob die Schrift offen oder verschlossen übergeben wurde. Diese Feststellung ist angebracht, da bei offener Übergabe den Notar zusätzliche Pflichten treffen (§ 30 S 4). **7**

### 5. Kenntnisnahme, Prüfung und Belehrung (§ 30 S 4)

a) Der Notar **soll** von dem Inhalt einer **offen übergebenen Schrift** Kenntnis nehmen, um ihn gem § 17 prüfen und den Erblasser ggf auf Bedenken hinweisen zu können. Da die Schrift in jeder beliebigen Sprache abgefasst sein kann (vgl § 2232 BGB RdNr 11) gilt dies kraft ausdrücklicher Anordnung nur, wenn der Notar der Sprache, die in der Schrift gebraucht wird, hinreichend kundig ist. Von den in § 17 aufgeführten Pflichten des Notars entfällt bei der Errichtung einer Verfügung von Todes wegen durch Übergabe einer (offenen) Schrift nur die Formulierungspflicht; die übrigen Pflichten – Erforschen des Parteiwillens, Klären des Sachverhalts, Belehrung über rechtliche Tragweite – sind zu erfüllen; der Notar hat daher konkret zu klären, ob die Schrift den wahren Willen des Testators wiedergibt, ob sie unmissverständlich abgefasst ist und ob gegen die Verfügung Bedenken bestehen (BGH DNotZ 1974, 298; MECKE-LERCH BeurkG § 30 RdNr 7). Vgl im Übrigen § 17 RdNrn 17 ff. **8**

b) Aus der Natur der Sache und aus § 30 S 4 ergibt sich, dass die Prüfungs- und Belehrungspflicht des Notars dort ihre Grenze findet, wo der Erblasser eine **verschlossene Schrift** übergibt. Auf Grund der betreuenden Belehrungspflicht, die dem Notar gegenüber den Beteiligten obliegt (vgl § 17 RdNr 10), darf jedoch der Notar dem Wunsch eines Beteiligten, eine verschlossene Schrift zu übergeben, nicht unbesehen folgen. Es sind vielmehr die allgemeinen Gründe für das Verlangen zu erfragen; dabei wird häufig zutage treten, dass die Beteiligten von falschen Voraussetzungen (zB über die Verschwiegenheitspflicht des Notars) ausgegangen sind. Unproblematisch ist die Errichtung einer Verfügung von Todes wegen durch Übergabe einer verschlossenen Schrift nur bei solchen Personen, die keiner rechtlichen Betreuung bedürfen, sei es auf Grund eigener Kenntnisse, sei es wegen bereits erfolgter Rechtsberatung von anderer Seite. Stets sollte der Notar den Erblasser auf die mit der Übergabe einer verschlossenen Schrift verbundenen Gefahren hinweisen; insbesondere ist darauf aufmerksam zu machen, dass die Einsetzung des beurkundenden Notars als Testamentsvollstrecker nichtig wäre, und zwar ohne Rücksicht auf die Kenntnis des Notars hiervon (vgl HÖFER JurA 1970, 750). »Unerfahrene und ungewandte Beteiligte« (§ 17 Abs 1 S 2) sind besonders davor zu bewahren, dass sie in der verschlossenen Schrift laienhafte und damit oft unvollziehbare und nichtige Anordnungen treffen. **9**

### 6. Beifügung (§ 30 S 5)

Die übergebene Schrift **soll** der Niederschrift beigefügt werden. Was unter »beifügen« zu verstehen ist, sagt § 30 nicht. Eine Verbindung mit Schnur und Siegel nach § 44 ist – anders als bei den Protokollanlagen nach § 9 Abs 1 S 2 nicht vorgeschrieben (MECKE-LERCH BeurkG § 30 RdNr 8). Es genügt, wenn das Schriftstück der Haupturkunde bei- oder zugelegt und in denselben versiegelten Umschlag nach **10**

§ 34 gesteckt wird. Zweckmäßig dürfte es freilich sein, die Haupturkunde mit der Schrift durch Schnur und Siegel zu verbinden oder zumindest zu verklammern, damit auch nach der Eröffnung Verwechslungen ausgeschlossen werden (KEIDEL-WINKLER § 30 BeurkG RdNr 18).

### 7. Kein Vorlesen

**11** § 30 S 5 HS 2 stellt klar, dass die gem § 2232 BGB übergebene Schrift – anders als die Protokollanlage gem § 9 Abs 1 S 2 – nicht vorgelesen werden muss.

## § 31 *(aufgehoben)*

*Aufgehoben mit Wirkung zum 1. 8. 2002 durch Art 25 Abs 4 OLGVertrÄndG vom 23. 7. 2002.*

*Sprachbehinderte Menschen, die schreibunfähig sind, waren nach bislang geltendem Recht faktisch testierunfähig. Das BVerfG hat am 19. 1. 1999 (BVerfGE 99, 341) entschieden, dass dieser generelle Ausschluss schreib- und sprechunfähiger Personen von der Testiermöglichkeit gegen die Erbrechtsgarantie des Art 14 Abs 1 GG sowie gegen den allgemeinen Gleichheitssatz des Art 3 Abs 1 GG und des Benachteiligungsverbots für Behinderte in Art 3 Abs 3 S 2 GG verstößt. Hierauf hat der Gesetzgeber reagiert und das Mündlichkeitserfordernis für Verfügungen von Todes wegen generell beseitigt. Die Erklärung kann nunmehr auch konkludent, durch Gebärden, Zeichen oder auf andere Weise zum Ausdruck gebracht werden. Mit der Aufhebung des § 31 wird zugleich die Anwendung des § 24 auf Verfügungen von Todes wegen ermöglicht. Die Änderung gilt auch für bestehende Verträge (BT-Drucks 14/9266, S 52).*

## § 32 Sprachunkundige

**Ist ein Erblasser, der dem Notar seinen letzten Willen mündlich erklärt, der Sprache, in der die Niederschrift aufgenommen wird, nicht hinreichend kundig und ist dies in der Niederschrift festgestellt, so muss eine schriftliche Übersetzung angefertigt werden, die der Niederschrift beigefügt werden soll. Der Erblasser kann hierauf verzichten; der Verzicht muss in der Niederschrift festgestellt werden.**

### Übersicht

| | |
|---|---|
| I. Allgemeines | |
|    1. Bedeutung | 1 |
|    2. Verletzungsfolgen | 2 |
|    3. Geltungsbereich | 3 |
| II. Verfahrensvoraussetzungen | 4 |
|    1. Mündliche Erklärung des letzten Willens | 5 |
|    2. Sprachunkenntnis | 6 |
|    3. Vermerk über Sprachunkenntnis | 7 |
| III. Verfahrensfolgen | |
|    1. Allgemeine Vorschriften | 8 |
|    2. Schriftliche Übersetzungen | 9 |
|       a) Grundsatz | 9 |

|  |  |  |
|---|---|---|
| b) | Vorlage zur Durchsicht | 10 |
| c) | Beifügen | 11 |
| d) | Vermerk | 12 |
| 3. Verzicht | | 13 |

## I. Allgemeines

### 1. Bedeutung

§ 32 ergänzt die Vorschrift des § 16 für den Fall, dass der Erblasser seinen letzten **1** Willen mündlich erklärt. Während § 16 nur eine mündliche Übersetzung vorschreibt, ist nach § 32 bei Verfügungen von Todes wegen eine schriftliche Übersetzung die Regel. Es kommt hier – mehr als bei Willenserklärungen unter Lebenden – darauf an, den Willen des Erblassers richtig festzuhalten und Missverständnisse möglichst auszuschließen. Eine Verfügung von Todes wegen ist als Basis der Erbfolge für den Erblasser und die Erben besonders bedeutsam; außerdem kann sich der Erblasser, wenn seine Erklärung relevant wird, nicht mehr dazu äußern (Amtl Begr, BT-Drucks V/3282 S 35 f).

§ 32 spricht zwar nur vom »Erblasser«, doch gilt die Vorschrift gem § 33 beim Erbvertrag auch für die Erklärung des anderen (nicht testierenden) Vertragteils (vgl § 33 RdNr 7).

### 2. Verletzungsfolgen

§ 32 ist teils als Muss-, teils als Soll-Vorschrift ausgestaltet. Das Anfertigen einer **2** schriftlichen Übersetzung ist für die Wirksamkeit der Beurkundung konstitutiv, wenn der letzte Wille mündlich erklärt wird, der Erblasser der Sprache der Niederschrift nicht hinreichend kundig ist und dies im Protokoll vermerkt wurde. Der Notar ist verpflichtet, die Übersetzung der Niederschrift beizufügen; unterlässt er dies, wird die Beurkundung dadurch nicht unwirksam. Verzichtet der Erblasser darauf, dass eine schriftliche Übersetzung angefertigt wird, so ist die Feststellung dieses Verzichts im Protokoll unabdingbare Voraussetzung für die Wirksamkeit der Beurkundung.

### 3. Geltungsbereich

Die Vorschrift gilt auch für die Errichtung von Verfügungen von Todes wegen vor **3** Konsularbeamten (§§ 11 Abs 1, 10 Abs 3 KonsularG) und für das Bürgermeistertestament (§ 2249 Abs 1 S 4 BGB), in letztgenanntem Fall jedoch mit der Einschränkung, dass ein Testament nicht in einer fremden Sprache beurkundet werden kann (§ 1 Abs 2). Für das Dreizeugen- und das Seetestament gilt § 32 mangels Anordnung nicht; die § 2250 Abs 3 S 3, 4, § 2251 BGB enthalten jedoch eine Ersatzregelung.

## II. Verfahrensvoraussetzungen

§ 32 ist anzuwenden, wenn folgende Voraussetzungen kumulativ gegeben sind: **4**

### 1. Mündliche Erklärung des letzten Willens

**5** § 32 ist nur anwendbar, wenn der Erblasser seinen letzten Willen mündlich erklärt; nach § 2232 S 1 BGB ist Mündlichkeit nicht mehr vorgeschrieben. Für die Errichtung einer Verfügung von Todes wegen durch Übergabe einer Schrift bleibt es bei der Regelung des § 16.

### 2. Sprachunkenntnis

**6** § 32 gilt nur, wenn der Erblasser der Sprache, in der die Niederschrift aufgenommen wird, nicht hinreichend kundig ist. Der Gesetzeswortlaut scheint darauf hinzudeuten, dass tatbestandsmäßige Voraussetzung für die in § 32 angeordnete Rechtsfolge die objektiv vorliegende Sprachunkenntnis ist. Dies ist indes nicht so. § 32 ist eine – für Verfügungen von Todes wegen geschaffene – Spezialvorschrift zu § 16. Für die Anwendung des § 16 kommt es jedoch – alternativ – nur darauf an, ob ein Beteiligter »nach seinen Angaben oder nach der Überzeugung des Notars« der Sprache der Niederschrift kundig ist oder nicht; maßgebend ist mithin nur das objektive Vorliegen der Angabe des Beteiligten bzw der Überzeugung des Notars, unabhängig davon, ob der Beteiligte tatsächlich die Sprache beherrscht oder nicht. Da § 16 in § 32 vorausgesetzt wird, kann für diese Vorschrift nichts anderes gelten. Hierfür spricht auch, dass nach § 32 S 1 »dies in der Niederschrift festgestellt« sein muss, wenn § 32 anwendbar sein soll; der Notar hat nach keiner Bestimmung die mangelnden Sprechkenntnisse eines Beteiligten festzustellen, sondern – gem § 16 Abs 1 – lediglich, dass ein Beteiligter angibt, der Sprache der Niederschrift nicht kundig zu sein, bzw dass er – der Notar – hiervon überzeugt ist. § 32 S 1 ist also offenbar lediglich unglücklich formuliert worden. Eine Verfügung ist mithin – bei Verstoß gegen § 32 – auch dann nicht wirksam beurkundet worden, wenn der Erblasser – trotz seiner eigenen gegenteiligen Angabe bzw trotz der gegenteiligen Überzeugung des Notars – der Sprache der Niederschrift hinreichend kundig war. Dieses Ergebnis ist zwar unbefriedigend, entspricht aber der Konzeption des BeurkG, dass Unwirksamkeitsgründe der Niederschrift selbst entnommen werden sollen. Es ist fraglich, ob man im Einzelfall unter dem Gesichtspunkt des »favor testamenti« zu einem anderen Ergebnis kommen kann.

### 3. Vermerk über die Sprachunkenntnis

**7** Die Rechtsfolgen, die in § 32 angeordnet sind, treten nur ein, wenn die Angabe des Beteiligten über seine Sprachunkenntnis bzw die entsprechende Überzeugung des Notars gem §§ 16, 32 S 1 in der Niederschrift festgestellt worden ist (vgl im Übrigen RdNr 6).

## III. Verfahrensfolgen

### 1. Allgemeine Vorschriften

**8** § 16 bleibt unberührt. Das Protokoll muss daher stets auch mündlich übersetzt werden.

5. Besonderheiten für Verfügungen von Todes wegen | § 32 BeurkG 9–14

## 2. Übersetzung

### a) Grundsatz

Sind die tatbestandsmäßigen Voraussetzungen des § 32 (s RdNr 4 ff) gegeben, so muss das Protokoll schriftlich übersetzt werden, es sei denn, dass der Erblasser hierauf verzichtet. Die Übersetzung muss primär vom Notar selbst, in zweiter Linie, falls dieser nicht tätig werden kann oder will, von einem Dolmetscher angefertigt werden (§ 16 Abs 3 S 1). Bei einem Auseinanderfallen von Niederschrift und Übersetzung ist der Wortlaut der Niederschrift als maßgebend zu erachten. Durch die Notwendigkeit, eine schriftliche Übersetzung anzufertigen, soll der Übersetzer lediglich kontrolliert werden; dem Erblasser soll die Möglichkeit gegeben werden, Wille und Willenserklärung zu harmonisieren. Die Übersetzung kann jedoch der Interpretation der Niederschrift dienen, wenn diese unklar oder mehrdeutig formuliert ist (RGZ 97, 299; PLANCK-STRECKER § 2244 RdNr 5). **9**

### b) Vorlage zur Durchsicht

Die schriftliche Übersetzung **soll** dem sprachunkundigen Beteiligten zur Durchsicht vorgelegt werden (§ 16 Abs 2 S 2). **10**

### c) Beifügen

Die schriftliche Übersetzung **soll** der Niederschrift gem § 32 S 2 beigefügt werden (vgl § 9 RdNr 19). **11**

### d) Vermerk

Schriftliche Übersetzung, Vorlage zur Durchsicht und Beifügung **sollen** gem § 16 Abs 2 S 4 in der Niederschrift vermerkt werden. **12**

## 3. Verzicht

Der Erblasser kann auf die schriftliche Übersetzung verzichten (§ 32 S 2). Der Verzicht muss nicht ausdrücklich erfolgen; jedes Verhalten, das auf einen Verzicht schlüssig hindeutet, genügt, jedoch sollte der Notar bei der Annahme eines Verzichts zurückhaltend sein und den sicheren Weg gehen. Eindeutig ist der Verzicht zum Ausdruck gebracht, wenn der Erblasser die Niederschrift, welche die vom Notar formulierte Verzichtserklärung enthält, genehmigt. Der Notar kann insbesondere bei Gefahr im Verzuge (Todesnähe!) dem Beteiligten einen Verzicht nahe legen. Die Notwendigkeit der mündlichen Übersetzung nach § 16 bleibt bestehen. Der Verzicht auf die schriftliche Übersetzung braucht beim Erbvertrag (§ 33) nur von dem Sprachunkundigen erklärt zu werden, nicht auch von dem anderen Vertragsteil. Ist der andere (nicht testierende) Vertragsteil sprachunkundig, ist § 32 auf ihn anzuwenden (§ 33), sein Verzicht auf die schriftliche Übersetzung ist dann ausreichend (KEIDEL-WINKLER § 32 RdNr 12). **13**

Der Verzicht **muss** in der Niederschrift vermerkt werden, da er ein wesentliches Erfordernis (schriftliche Übersetzung) ersetzt. Liegen die tatbestandsmäßigen Voraussetzungen des § 32 vor und wurde weder eine schriftliche Übersetzung angefertigt noch der Verzicht im Protokoll festgestellt, so ist die Beurkundung unwirksam. Der Verzicht kann nicht durch außerhalb der Urkunde liegende Umstände bewiesen werden. **14**

## § 33 Erbvertrag

**Bei einem Erbvertrag gelten die §§ 30 und 32 entsprechend auch für die Erklärung des anderen Vertragsschließenden.**

Übersicht

I. Allgemeines
   1. Einseitige und zweiseitige Erbverträge ....... 1
   2. Tragweite der entsprechenden Anwendung ....... 2
   3. Anwendung des Beurkundungsgesetzes im Allgemeinen bei Erbverträgen ....... 3
   4. Ehe- und Erbvertrag ....... 4
   5. Geltungsbereich ....... 5

II. Die entsprechende Anwendung der §§ 30 und 32 im Einzelnen
   1. Zu § 30 BeurkG ....... 6
   2. Zu § 32 BeurkG ....... 7

## I. Allgemeines

### 1. Einseitige und zweiseitige Erbverträge

**1** Beim Erbvertrag stehen die Erklärungen des Erblassers im Vordergrund, dh die Erklärungen des Vertragspartners, der in dem Erbvertrag vertragsmäßige Verfügungen von Todes wegen trifft (§ 2278 BGB; vgl Vorbem 37 zu § 2274). Die §§ 30 und 32 BeurkG, die besondere Vorschriften für die Beurkundung der Verfügungen von Todes wegen enthalten, gelten daher in erster Linie für die Beurkundung der Erklärungen des **Erblassers**. § 33 BeurkG ordnet nun die entsprechende Anwendung der §§ 30 und 32 BeurkG auf die Erklärung des »anderen Vertragsschließenden« an, dh auf die Erklärung des Vertragspartners, der lediglich Verfügungen des Erblassers annimmt (auch »**Vertragsgegner**« genannt). Freilich kann in einem Erbvertrag jeder Vertragspartner vertragsmäßige Verfügungen von Todes wegen treffen (§ 2278 BGB). Geschieht dies, so handelt es sich um einen **zweiseitigen Erbvertrag** (§ 2298 BGB). Dann sind die §§ 30 und 32 BeurkG unmittelbar anzuwenden, soweit die Beteiligten als Erblasser verfügen, also vertragsmäßige Verfügungen (oder neben diesen einseitige Verfügungen, § 2299 BGB) getroffen haben; soweit sie die vertragsmäßigen Verfügungen des anderen Teils angenommen haben, sind die §§ 30 und 32 BeurkG entsprechend anzuwenden (etwas anders JANSEN § 33 RdNr 1, der die §§ 30 und 32 BeurkG beim zweiseitigen Erbvertrag schlechthin unmittelbar anwenden will; diese Ansicht dürfte zu denselben Ergebnissen führen).

### 2. Tragweite der entsprechenden Anwendung

**2** Die Verfahrensvorschrift des § 33 BeurkG hat ein materiellrechtliches Gegenstück in § 2276 Abs 1 S 2 BGB. Nach dieser Bestimmung gelten § 2231 Nr 1, §§ 2232, 2233 BGB, die zunächst nur die Errichtung eines öffentlichen Testaments betreffen, auch für den Abschluss eines Erbvertrags; was aber nach diesen Vorschriften für den Erblasser gilt, soll für jeden Vertragspartner des Erbvertrages gelten. Wie diese Bestimmung (§ 2276 BGB RdNr 6), so bedeutet auch § 33 nicht, dass eine Vorschrift, deren Voraussetzung (zB Sprachbehinderung, Sprachunkundigkeit) in der Person des Erblassers erfüllt ist, ohne weiteres auch auf den bloßen Vertragsgegner anzuwenden wäre. Vielmehr gelten solche Vorschriften für den bloßen Vertragsgegner in der Regel nur dann, wenn ihre Voraussetzungen (auch) bei ihm vorliegen.

### 3. Anwendung des Beurkundungsgesetzes im Allgemeinen bei Erbverträgen

Die **Beurkundung des Erbvertrags** richtet sich im Allgemeinen nach den materiellrechtlichen Vorschriften der §§ 2276, 2231 Nr 1, 2232, 2233 BGB und nach den verfahrensrechtlichen Vorschriften des BeurkG einschließlich der »Besonderheiten für Verfügungen von Todes wegen« – §§ 27 bis 35 (vgl hierzu § 2276 RdNr 13 ff). Bei der Anwendung dieser Vorschriften auf den Vertragsgegner des Erbvertrages ist zu beachten, dass auch der Vertragsgegner oder sein Vertreter an der Beurkundung **beteiligt** ist (§ 6 Abs 2). Die Anwendung der §§ 27, 29 bei der Beurkundung eines Erbvertrages dürfte keine besonderen Schwierigkeiten bereiten. Zweifelhaft ist aber, wie § 28 zu handhaben ist. Der Umstand, dass § 28 in § 33 nicht angeführt ist, könnte darauf schließen lassen, dass § 28 auf den Vertragsgegner des Erbvertrages nicht anzuwenden ist, dass es vielmehr insoweit bei der allgemeinen Vorschrift des § 11 verbleibt. So wird es auch in der Tat zu handhaben sein, wenn der Vertragsgegner sich auf die Abnahme der Verfügungen des Erblassers beschränkt. Anders aber, wenn er in dem Erbvertrag auch **einseitige Verfügungen** von Todes wegen niederlegt (§ 2299 BGB). Denn dann ist der Vertragspartner »Erblasser« im Sinne des § 28 (vgl System Teil A RdNr 7) und § 28 unmittelbar anzuwenden (vgl auch § 28 RdNr 2). Auch sonst werden die Vorschriften des BeurkG für den »Erblasser« in der Regel auch auf den Vertragsgegner anzuwenden sein, der in dem Erbvertrag (vertragsmäßige oder) einseitige Verfügungen von Todes wegen trifft; der Begriff des Erblassers ist hier ein weiterer als in §§ 2274 ff BGB.

### 4. Ehe- und Erbvertrag

§ 33 kann als Verweisungsnorm naturgemäß dort nicht von Bedeutung sein, wo ein Erbvertrag von vornherein nicht den Vorschriften über die Verfügungen von Todes wegen, sondern denen unter Lebenden unterliegt, wie dies gemäß § 2276 Abs 2 BGB beim Ehe- und Erbvertrag der Fall ist.

### 5. Geltungsbereich

§ 33 gilt auch für die Beurkundung eines Erbvertrags durch einen Konsularbeamten (§§ 11 Abs 1, 10 Abs 3 KonsularG).

Wird der Erbvertrag in einem Prozessvergleich (§ 127a BGB, vgl § 1 BeurkG RdNr 16) abgeschlossen, so müssen der Erblasser persönlich sowie sein Anwalt, soweit Anwaltszwang besteht, die erforderlichen Erklärungen gemeinsam abgeben (BGH NJW 1980, 2307; BayObLGZ 1965, 86; STAUDINGER-FIRSCHING § 33 BeurkG RdNr 4).

## II. Die entsprechende Anwendung der §§ 30 und 32 BeurkG im Einzelnen

### 1. Zu § 30 BeurkG

**a)** Der Vertragsgegner, der lediglich die vertragsmäßigen Verfügungen des Erblassers annimmt, kann die **Annahmeerklärung** mündlich dem Notar erklären (§ 2276 Abs 1 S 2, § 2232 BGB); er kann sie auch in einer Schrift niederlegen und diese

Schrift dem Notar übergeben. Auch sonst ist hinsichtlich der Annahmeerklärung gegebenenfalls nach § 30 zu verfahren.

**b)** Der Vertragsgegner, der außer der Annahmeerklärung auch noch eine **letztwillige Verfügung** in dem Erbvertrag niederlegen will, kann dies gleichfalls durch Übergabe einer Schrift gemäß § 30 tun.

**c)** Trifft der Vertragsgegner auch **vertragsmäßige Verfügungen** von Todes wegen, so gilt für beide Erblasser § 30. Die beiden Vertragspartner können die verschiedenen Errichtungsarten **kombinieren:** der eine kann seinen letzten Willen mündlich, der andere durch Übergabe einer Schrift erklären; der eine Erblasser kann seinen letzten Willen in einer verschlossenen Schrift übergeben, der andere in einer offenen Schrift (§ 2276 RdNr 9).

### 2. Zu § 32 BeurkG

7  Ist der Vertragsgegner oder sein Vertreter der deutschen Sprache oder der **Verhandlungssprache** nicht hinreichend kundig, so muss ihm die Niederschrift in seiner Sprache vorgelesen und, wenn er es verlangt, soll die **Übersetzung** außerdem schriftlich angefertigt und ihm zur Durchsicht vorgelegt werden; falls der Notar nicht selbst übersetzt, muss ein Dolmetscher zugezogen werden (§ 16; § 2276 RdNr 20). Wenn der Vertragsgegner oder sein Vertreter die Annahmeerklärung oder – wenn ihr einseitige Verfügungen von Todes wegen beigefügt sind – den letzten Willen des Vertragsgegners mündlich erklärt, gelten die strengeren Vorschriften der §§ 32, 33: es **muss** eine schriftliche Übersetzung angefertigt werden, sofern nicht der Vertragsgegner oder sein Vertreter darauf verzichtet.

### § 34 Verschließung, Verwahrung

**(1)** Die Niederschrift über die Errichtung eines Testaments soll der Notar in einen Umschlag nehmen und diesen mit dem Prägesiegel verschließen. In den Umschlag sollen auch die nach den §§ 30 und 32 beigefügten Schriften genommen werden. Auf dem Umschlag soll der Notar den Erblasser seiner Person nach näher bezeichnen und angeben, wann das Testament errichtet worden ist, diese Aufschrift soll der Notar unterschreiben. Der Notar soll veranlassen, dass das Testament unverzüglich in besondere amtliche Verwahrung gebracht wird.

**(2)** Beim Abschluss eines Erbvertrages gilt Absatz 1 entsprechend, sofern nicht die Vertragschließenden die besondere amtliche Verwahrung ausschließen; dies ist im Zweifel anzunehmen, wenn der Erbvertrag mit einem anderen Vertrag in derselben Urkunde verbunden wird.

**(3)** Haben die Beteiligten bei einem Erbvertrag die besondere amtliche Verwahrung ausgeschlossen, so bleibt die Urkunde in der Verwahrung des Notars. Nach Eintritt des Erbfalls hat der Notar die Urkunde an das Nachlassgericht abzuliefern, in dessen Verwahrung sie verbleibt.

#### Übersicht

I. Allgemeines
  1. Verletzungsfolgen ......... 1
  2. Geltungsbereich .......... 2

II. Verfahren
1. Grundsätzliches ... 3
2. Testament (§ 34 Abs 1) ... 5
   a) Verschließung ... 5
   b) Ablieferung ... 11
3. Erbvertrag (§ 34 Abs 2) ... 14
   a) Amtliche Verwahrung ... 14
   b) Umschlag ... 16
   c) Aufschrift ... 17
   d) Verschließung ... 18
   e) Verwahrung ... 19
   f) Ausschluss der besonderen amtlichen Verwahrung ... 20
   g) Gemischte Verträge ... 21
   h) Hinterlegungsschein ... 22
   i) Rücknahme aus der amtlichen Verwahrung ... 23
   k) Benachrichtigung des Standesamts ... 24
   l) Ablieferung an das Gericht ... 25
   m) Alte Erbverträge ... 26

## I. Allgemeines

### 1. Verletzungsfolgen

§ 34 enthält lediglich Soll-Vorschriften, deren Nichtbeachtung die Wirksamkeit der Beurkundung und die Gültigkeit der Verfügung von Todes wegen nicht beeinträchtigt. **1**

### 2. Geltungsbereich

§ 34 gilt auch für Verfügungen von Todes wegen, die vor einem Konsularbeamten errichtet werden (§§ 11 Abs 1, 10 Abs 3 KonsularG), mit der Besonderheit, dass die Niederschrift verschlossen dem AG Berlin-Schöneberg zur Verwahrung zu übergeben ist (§ 11 Abs 2 S 1 KonsularG); der Erblasser kann jedoch die Verwahrung bei einem anderen Gericht verlangen (§ 11 Abs 2 S 2 KonsularG). Stirbt der Erblasser, bevor ein Testament abgesandt worden ist, so kann es der Konsularbeamte nach den Vorschriften der §§ 2260, 2261 S 2 BGB eröffnen (§ 11 Abs 3 S 1 KonsularG). § 34 Abs 1 gilt auch für das Bürgermeistertestament (§§ 2249 Abs 1 S 4, 2258a Abs 2 Nr 2 BGB), mangels Anordnung jedoch nicht für das Dreizeugen- und das Seetestament (§§ 2250 Abs 3, 2251 BGB). **2**

## II. Verfahren

### 1. Grundsätzliches

§ 34 regelt die Verschließung und Verwahrung von Verfügungen von Todes wegen unterschiedlich, je nachdem, ob es sich um Testamente oder Erbverträge handelt: Nach § 34 Abs 1 ist ein Testament (auch ein gemeinschaftliches) stets – also ohne Ausnahme – zu verschließen und in die besondere amtliche Verwahrung zu geben, nach § 34 Abs 2 ein Erbvertrag nur in der Regel, jedoch nicht, wenn die Vertragsschließenden die amtliche Verwahrung ausschließen. **3**

Der Notar hat § 34 zu beachten, selbst wenn ihn die Beteiligten hiervon entbinden; insbesondere ist eine Anweisung des Testators, das Testament entgegen § 34 **4**

Abs 1 nicht in die amtliche Verwahrung zu geben, unbeachtlich (RG JW 1938, 810; ROHS JR 1949, 143; PLANCK-STRECKER § 2246 RdNr 1; MECKE-LERCH BeurkG § 34 RdNr 1). Eine Ausnahme gilt nur dort, wo der Erblasser das Testament schon vor der Ablieferung in die amtliche Verwahrung widerrufen will; hier darf der Notar die Niederschrift entgegen § 34 Abs 1 dem Erblasser aushändigen, damit dieser sie in Gegenwart des Notars gem § 2255 BGB (körperlich) vernichtet (BOEHMER DNotZ 1940, 145; SCHMIDT MDR 1951, 324; STAUDINGER-FIRSCHING § 34 BeurkG RdNr 9; MECKE-LERCH BeurkG § 34 RdNr 1; aA SEYBOLD-HORNIG BNotO § 25 RdNr 4). Die bloße Aushändigung eines öffentlichen Testaments, das noch nicht in die amtliche Verwahrung gebracht ist, an den Erblasser gilt nicht als Widerruf nach § 2256 BGB (BGH NJW 1959, 2113).

**Besondere amtliche Verwahrung** bedeutet eine besonders sorgfältige Verwahrung verschlossener Urkunden im Gegensatz zu der gewöhnlichen Aufbewahrung unverschlossener Urkunden, wie sie bei Verträgen im Allgemeinen üblich ist (Mot 5, 319). Die besondere amtliche Verwahrung obliegt den Amtsgerichten (§ 2258a Abs 1 BGB).

Jeder Vertragspartner hat das Recht, den in besondere amtliche Verwahrung gebrachten Erbvertrag ohne Zustimmung der anderen Partei einzusehen und sich eine Abschrift oder Ausfertigung erteilen zu lassen (§ 34 FGG; § 51 BeurkG). In einem solchen Fall öffnet das Gericht den Verschluss, gewährt die Einsicht, fertigt die Abschrift oder Ausfertigung und nimmt den Erbvertrag wieder unter Verschluss (KG JFG 4, 159 = JW 1917, 1650).

### 2. Testament (§ 34 Abs 1)

#### a) Verschließung

**5** Der Notar soll die Niederschrift und die beigefügten Schriftstücke in einem Umschlag verschließen, und zwar jeweils das Original. § 34 Abs 1 S 2 erwähnt als Schriftstücke, die mit zu verschließen sind, die gem § 2232 S 1 (2. Alt) BGB übergebene Schrift (§ 30) und die gem § 32 angefertigte schriftliche Übersetzung. Über den Wortlaut des § 34 Abs 1 S 2 hinaus wird man jedoch annehmen müssen, dass sämtliche beizufügende Schriftstücke, also auch die nach § 16 Abs 2 S 2 gefertigte Übersetzung, mit in den Umschlag zu stecken sind (MECKE-LERCH, BeurkG § 34 RdNr 2). Für die Protokollanlage ergibt sich dies bereits aus § 9 Abs 1 S 2 und § 44.

**6** Für den Umschlag soll ein Vordruck nach dem Muster der in Anlage 1 der (bundeseinheitlichen) Bekanntmachung über die Benachrichtigung in Nachlasssachen idF vom 2. 1. 2001 verwendet werden (vgl für Baden-Württemberg: Justiz 2001, 65; für Bayern: JMBl 2001, 11; für Brandenburg: Abl 2001, 108; für Hamburg: HmbJVBl 2001, 3; für Mecklenburg-Vorpommern: Abl M-V 2001, 790; für Nordrhein-Westfalen: StAZ 2001, 155; für Rheinland-Pfalz: JMBl 2001, 3; für Saarland: GMBl Saar 2001, 305; für Sachsen: SächsABl 2001, 169).

**7** Der Umschlag ist mit dem Prägesiegel gem § 2 BNotO, § 2 DONot (also mit Siegellack oder Siegelmarke und Oblate) zu verschließen. Das Farbdrucksiegel genügt den Anforderungen des § 34 Abs 1 S 1 nicht.

**8** Gem § 34 Abs 1 S 3 soll der Notar den Erblasser seiner Person nach auf dem Umschlag näher beschreiben und angeben wann das Testament errichtet worden ist. Die in dem oben (RdNr 6) genannten Muster vorgesehene Aufschrift entspricht den Anforderungen, die in § 34 Abs 1 S 3 aufgestellt sind.

**9** Die Aufschrift des Umschlags soll vom Notar unterschrieben sein. Die Unterschrift auf dem Umschlag hat durch § 35 erhöhte Bedeutung erlangt, da sie die Unwirksamkeit der Beurkundung verhindert, wenn der Notar versehentlich die Niederschrift nicht unterschrieben hat.

Die Verschließung braucht zwar nicht mehr – anders als nach § 2246 Abs 1 BGB aF – im unmittelbaren Anschluss an die Beurkundung zu erfolgen, sie ist jedoch – schon wegen § 34 Abs 1 S 4 – alsbald, möglichst noch am gleichen Tage, vorzunehmen. Zwingend vorgeschrieben ist dies jedoch nicht. Die Parteien und sonstigen Mitwirkenden brauchen – anders als nach § 2246 Abs 1 BGB aF – nicht zugegen zu sein. Auch ist nicht angeordnet, dass der Urkundsnotar in Person die Unterschrift auf den Umschlag setzen muss; die Unterschrift kann zB auch am nachfolgenden Tag von dem (dann amtierenden) Notarvertreter geleistet werden. Ist jedoch die Unterschrift des Notars in der Niederschrift (§ 13 Abs 3) unterblieben, so heilt eine Unterschrift des Vertreters auf dem Umschlag diesen Mangel nicht gem § 35 (vgl dort RdNr 4). Schon aus diesem Grund ist zu empfehlen, dass die Verschließung gem § 34 Abs 1 noch am Tage der Beurkundung erfolgt und der Umschlag von der Person, welche die Beurkundung vorgenommen hat, unterschrieben wird. **10**

### b) Ablieferung

Das Testament soll gem § 34 Abs 1 S 4 unverzüglich, also ohne schuldhaftes Zögern (§ 121 BGB), in die besondere amtliche Verwahrung gebracht werden. In der Urkundensammlung verbleibt nur ein Vermerkblatt. Nach § 20 Abs 1 S 3 DONot soll der Notar auf Wunsch des Erblassers eine beglaubigte Abschrift (verschlossen, es sei denn, die Beteiligten verzichten schriftlich hierauf) zu seinen Akten nehmen (vgl dazu DUMOULIN DNotZ 1966, 70; KANZLEITER DNotZ 1970, 581); es ist zu empfehlen, den Parteien anzuraten, einen derartigen Wunsch zu äußern. Die Ablieferungspflicht gilt auch für Testamente von Ausländern (KIEFER MittRhNotK 1977, 65, 75). **11**

Zuständig für die Verwahrung ist das Amtsgericht, in dessen Bezirk der Notar seinen Amtssitz hat (§ 2258a Abs 2 Nr 1 BGB); der Erblasser kann die Verwahrung bei einem anderen Amtsgericht verlangen (§ 2258a Abs 3 BGB). Im Landesteil Württemberg von Baden-Württemberg sind auch die Bezirksnotare zuständig (Art 93 WürttAGBGB). **12**

Weigert sich das Gericht, das Testament zu verwahren, so können Notar und Erblasser hiergegen Beschwerde gem § 20 FGG einlegen. **13**

### 3. Erbvertrag (§ 34 Abs 2)

### a) Amtliche Verwahrung

Die gesetzliche Regel ist auch beim Erbvertrag die besondere amtliche Verwahrung (§§ 2258a, b, 2300 BGB); aber die »Vertragsschließenden«, dh die Parteien des Erbvertrages, können die besondere amtliche Verwahrung »ausschließen«, dh ablehnen, und das ist im Zweifel anzunehmen, wenn der Erbvertrag mit einem anderen Vertrag in derselben Urkunde verbunden wird. In der Wirklichkeit dürfte die amtliche Verwahrung von Erbverträgen, vor allem aus Kostengründen (§§ 101, 103 Abs 1, 46 Abs 4 KostO), die Ausnahme sein. **14**

Im Regelfall, also wenn die besondere amtliche Verwahrung nicht ausgeschlossen ist, ergibt die in Abs 2 angeordnete entsprechende Anwendung des Abs 1 S 1, dass der Notar die Niederschrift über die Errichtung des Erbvertrags (vgl § 2276 BGB) in einen Umschlag nehmen und diesen mit dem Prägesiegel verschließen soll. **15**

### b) Umschlag

**16** Über diesen siehe Näheres in RdNr 6 ff. Beim einseitigen Erbvertrag ist *ein* Umschlag zu verwenden, beim zweiseitigen (§ 2298 BGB) sind zwei Erblasser vorhanden, es können also zwei Umschläge verwendet werden, von denen einer den Erbvertrag enthält, während der andere nur die Personalien des zweiten Erblassers und den Tag des Vertragsschlusses ersehen lässt; es kann aber auch – üblich in der Praxis – nur ein Umschlag mit den Personalien beider Erblasser verwendet werden (STAUDINGER-FIRSCHING, BeurkG § 34 RdNr 13). Beim Erbvertrag soll der Umschlag außer den in RdNr 5 bezeichneten Schriftstücken gegebenenfalls enthalten: eine etwaige Vollmacht des Vertragsgegners für seinen Vertreter, die etwa beigebrachte Zustimmung seines gesetzlichen Vertreters (§ 2275 Abs 2 S 2 BGB), die etwa eingeholte Genehmigung des Vormundschaftsgerichts (ebenda Hs 2; JANSEN BeurkG § 34 RdNr 9). Das gilt aber nur für eine Genehmigung, die bei der Errichtung des Erbvertrages bereits vorlag. Eine nachträgliche Genehmigung kann nicht beigefügt werden (VOGELS-SEYBOLD TestG § 31 Anm 3).

### c) Aufschrift

**17** Nach dem entsprechend anzuwendenden Abs 1 S 3 sollen auf dem Umschlag außer dem Errichtungstag die Personalien des Erblassers angegeben werden; die Personalien des bloßen Vertragsgegners, der seinerseits nicht als Erblasser, also von Todes wegen verfügt, brauchen nicht vermerkt zu werden. Der Notar soll die Aufschrift, bei zwei Umschlägen beide Aufschriften unterschreiben.

### d) Verschließung

**18** Vgl RdNr 10.

### e) Verwahrung des Erbvertrages

**19** In der Regel soll der Notar veranlassen, dass der verschlossene Erbvertrag unverzüglich in besondere amtliche Verwahrung gebracht wird. Aber die Parteien des Erbvertrages können dieser Art der Verwahrung widersprechen. Dann bleibt der Erbvertrag in gewöhnlicher amtlicher Verwahrung des Notars, dh in seiner Urkundensammlung (§ 18 DONot). Über solche Erbverträge hat der Notar ein Verzeichnis zu führen (§ 9 Abs 1 DONot). Während sich der Erbvertrag in der gewöhnlichen amtlichen Verwahrung des Notars befindet, kann jede Vertragspartei eine Ausfertigung der Urkunde von ihm verlangen (§§ 48, 51 BeurkG). Eine Ausnahme wird zu machen sein, wenn bei der Errichtung des Erbvertrages eine verschlossene Schrift übergeben worden ist (§ 2276 Abs 1 S 2; § 2232 BGB). Denn eine solche darf vor dem Tode des Erblassers nicht geöffnet werden (STAUDINGER-FIRSCHING § 34 BeurkG RdNr 25). Die Vertragsparteien, die die besondere amtliche Verwahrung des Erbvertrages ausgeschlossen haben, können ihren Widerspruch später widerrufen oder, anders ausgedrückt, beantragen, dass der Vertrag nachträglich in besondere amtliche Verwahrung gebracht werde (vgl § 2248 BGB; VOGEL-SEYBOLD TestG § 31 Anm 2; JANSEN BeurkG § 34 RdNr 13; aM PLANCK-GREIFF § 2277 Anm 2).

Die **Urschrift** des Erbvertrages darf an die Parteien hinausgegeben werden, wenn diese ein Rücknahmeverlangen stellen und der Erbvertrag nur Verfügungen von Todes wegen enthält (§ 2300 Abs 2 nF BGB). Ebenso, wenn die Urkunde im Ausland verwendet werden soll (§ 45).

### f) Ausschluss der besonderen amtlichen Verwahrung

**20** Die Parteien des Erbvertrages können gemeinsam die besondere amtliche Verwahrung des Erbvertrages ausschließen, dh untersagen. Der Widerspruch **eines** Vertragsteils genügt nicht (STAUDINGER-FIRSCHING § 34 BeurkG RdNr 23). Der **Widerspruch** muss sogleich nach der Errichtung der Urkunde erklärt werden, jedenfalls vor der Ablieferung des Vertrages an das Gericht (JANSEN BeurkG § 34 RdNr 10). Es empfiehlt sich, den Widerspruch zu Protokoll zu nehmen. Die Parteien können, da dies der Systematik der §§ 48, 51 und § 20 DONot widersprechen würde, nicht verlangen, dass die Urkunde zwar verschlossen, aber nicht in besondere amtliche Verwahrung gebracht wird (JANSEN, BeurkG § 34 RdNr 10; STAUDINGER-FIRSCHING § 34 BeurkG RdNr 27; aA KEIDEL-WINKLER, § 34 BeurkG RdNr 15).

### g) Gemischte Verträge
Wenn der Erbvertrag mit einem anderen Vertrag in derselben Urkunde verbunden wird, so ist nach der gesetzlichen Auslegungsregel in Abs 2 Halbs 2 im Zweifel anzunehmen, dass die Parteien die besondere amtliche Verwahrung und infolgedessen auch den Verschluss der Vertragsurkunde nicht wünschen. Verschließung und besondere amtliche Verwahrung der Urkunde werden dann nur auf ausdrücklichen Antrag einer Partei vorzunehmen sein (STAUDINGER-FIRSCHING § 34 BeurkG RdNr 29). Die Verbindung mehrerer Verträge »in derselben Urkunde« erfordert keinen inneren Zusammenhang, es genügt vielmehr, dass die Verträge in derselben Niederschrift enthalten sind (BGB-RGRK-KREGEL § 2277 RdNr 6, JANSEN BeurkG § 43 Anm 16, etwas anderes PLANCK-GREIFF BGB § 2277 Anm 3). Dagegen reicht das Zusammenheften zweier gesonderter Vertragsurkunden nicht aus. Für die Verbindung mit einem Erbvertrag kommt vor allem der Ehevertrag in Betracht (§ 2276 Abs 2 BGB), aber auch ein Erbverzichtsvertrag (§ 2348 BGB) oder Pflichtteilsverzichtsvertrag (BGHZ 22, 364), ein Verpfründungsvertrag (§ 2295 BGB), sogar ein Vertrag über die Aufhebung eines früheren Erbvertrages (§ 2290 BGB; KG KGJ 20 A 153, vgl KNIEPER DNotZ 1968, 331).

### h) Hinterlegungsschein
Über einen in besondere amtliche Verwahrung gebrachten Erbvertrag soll jedem Vertragsteil ein Hinterlegungsschein erteilt werden, auch dem bloßen Vertragsgegner (§ 2277 BGB). Näheres s Erl zu § 2277 BGB.

### i) Rücknahme aus der amtlichen Verwahrung
Wie sich aus Abs 1 Satz 1 ergibt, will das Gesetz nicht, dass die Urkunde über den Erbvertrag gegen den Willen beider (sämtlicher) Parteien in besonderer amtlicher Verwahrung gehalten wird. Daher ist die besondere amtliche Verwahrung aufzuheben, wenn beide (sämtliche) Vertragspartner es verlangen. Diese Aufhebung hat – wie die Rückgabe des öffentlichen Testaments nach § 2256 Abs 1 BGB – die Wirkung des Widerrufs, wenn die Voraussetzungen des § 2300 Abs 2 BGB vorliegen. In diesem Fall wird die Urkunde an die Parteien hinausgegeben. Ansonsten gelangt die Urkunde in die gewöhnliche Verwahrung des Notars. Vor der Aufhebung der amtlichen Verwahrung sind die Hinterlegungsscheine (s RdNr 22) zurückzufordern.

### k) Benachrichtigung des Standesamts
Wenn der Erbvertrag in der gewöhnlichen Verwahrung des Notars verbleibt (s oben RdNr 19), so muss er das Standesamt des Geburtsorts des Erblassers oder die Hauptkartei für Testamente beim Amtsgericht Schöneberg in Berlin benachrichtigen (Bundeseinheitliche Bek, s RdNr 7; § 20 Abs 2 DONot). Die Benachrichtigung wird auf der Urkunde vermerkt. Bei Rücknahme des Erbvertrages aus der amtlichen oder notariellen Verwahrung nach § 2300 Abs 2 BGB (s oben RdNr 23) ist eine Benachrichtigung der Standesämter über eine erfolgte Rückgabe etwa analog § 20 Abs 2 DONot nicht erforderlich.

### l) Ablieferung an das Gericht

**25** Bei gewöhnlicher amtlicher Verwahrung des Erbvertrages durch den Notar erfährt dieser regelmäßig durch das Standesamt von dem Tode des Erblassers. Er hat dann die Vertragsurkunde an das Nachlassgericht abzuliefern (§ 2259 BGB). Bei der Ablieferung hat er eine beglaubigte Abschrift der Urkunde nebst Kostenberechnung zu der Urkundensammlung zu nehmen (§ 20 Abs 3 DONot).

### m) Alte Erbverträge

**26** Befindet sich der Erbvertrag seit mehr als 50 Jahren in der Sammlung des Notars, so hat er nach §§ 2300a, 2263a BGB, soweit tunlich, Ermittlungen darüber anzustellen, ob der Erblasser noch lebt. Führen diese Ermittlungen nicht zur Feststellung des Fortlebens des Erblassers, so hat der Notar den Erbvertrag an das Nachlassgericht zur Eröffnung abzuliefern (§ 20 Abs 4 DONot; JANSEN BeurkG § 34 RdNr 12). Wird jedoch festgestellt, dass der Erblasser noch lebt, so empfiehlt es sich für den Notar, das Standesamt des Geburtsorts noch einmal zu benachrichtigen, um das durch den langen Zeitraum (mehr als 50 Jahre!) bedingte Risiko, dass die ursprünglichen Benachrichtigungskarten verloren gegangen sind, zu verringern.

## § 35 Niederschrift ohne Unterschrift des Notars

Hat der Notar die Niederschrift über die Errichtung einer Verfügung von Todes wegen nicht unterschrieben, so ist die Beurkundung ansdiesem Grunde nicht unwirksam, wenn er die Aufschrift auf dem verschlossenen Umschlag unterschrieben hat.

### I. Allgemeines

**1** § 35 gilt auch für Verfügungen von Todes wegen, die vor einem Konsularbeamten (§ 11 Abs 1, 10 Abs 3 KonsularG) und vor dem Bürgermeister (§ 2249 Abs 1 BGB) errichtet werden, nicht jedoch für das Dreizeugen- und das Seetestament (§§ 2250 Abs 3, 2251 BGB).

### II. Ersetzung der Unterschrift

**2** Die Niederschrift über die Errichtung einer Verfügung von Todes wegen ist nicht unwirksam, wenn die gem § 13 Abs 3 unabdingbare Unterschrift des Notars fehlt, sofern dieser die Aufschrift auf dem verschlossenen Umschlag unterschrieben hat.

**3** Wurde die Niederschrift ohne die gem § 13 Abs 3 vorgesehene Unterschrift des Notars in die besondere amtliche Verwahrung gegeben und entdeckt der Notar den Mangel, so ist er nicht auf § 35 verwiesen. Vielmehr kann er bis zur Eröffnung der Verfügung von Todes wegen diese aus der amtlichen Verwahrung zurückholen, die Unterschrift im Protokoll selbst nachholen, um die Urkunde erneut zu verschließen und sie nun endgültig bei Gericht abzuliefern (str; vgl § 13 RdNrn 48 ff; RIEDEL-FEIL BeurkG § 35 RdNr 3 aA KEIDEL-WINKLER, § 35 BeurkG RdNr 7: Nachholung nur, solange Erblasser lebt).

**4** Zu fordern ist allerdings, dass die Unterschrift auf dem Umschlag von derjenigen Person stammt, welche die Beurkundung vorgenommen hat. Denn durch

5. Besonderheiten für Verfügungen von Todes wegen | § 35 BeurkG 5, 6

die Unterschrift gem § 13 Abs 3 bezeugt der Notar den Ablauf des Errichtungsaktes. Dieses persönliche Wahrnehmungszeugnis kann nicht von einem anderen, an der Beurkundung nicht als Urkundsperson Beteiligten gegeben werden. Wurde bspw die Errichtung der Verfügung von Todes wegen vom Notarvertreter beurkundet, so ersetzt die am folgenden Tag vom Notar selbst auf den Umschlag gesetzte Unterschrift die fehlende Unterschrift des Notarvertreters in der Niederschrift nicht. Umgekehrt kann die Unterschrift des Notarvertreters oder Notariatsverwesers diejenige des Notars nicht ersetzen. Die Rechtslage ist unabhängig davon, dass die Verschließung gem § 34 zulässigerweise auch vom Notarvertreter oder Notariatsverweser anstelle des Notars bzw vom Notar anstelle des Notarvertreters oder Notariatsverweser vorgenommen werden kann (vgl § 34 RdNr 10).

§ 35 gilt auch bei Erbverträgen, wenn diese in die amtliche Verwahrung gegeben werden. Wird ein Erbvertrag gem § 34 Abs 2 nicht in die amtliche Verwahrung gegeben, sondern in der allgemeinen Urkundensammlung des Notars verwahrt, so kann der Mangel nicht gem § 35 beseitigt werden. Wird der Erbvertrag auf nachträglich gestellten Antrag der Beteiligten später in die besondere amtliche Verwahrung gebracht, ist § 34 Abs 1 anzuwenden; die Unterzeichnung des Umschlages ersetzt sodann gem § 35 die fehlende Unterschrift im Protokoll (so RIEDEL-FEIL BeurkG § 35 RdNr 3; KEIDEL-WINKLER, § 35 BeurkG RdNr 7). Es handelt sich insoweit um ein Nachholen der Unterschrift, für das die in § 13 RdNrn 48 ff aufgestellten Grundsätze und zeitlichen Grenzen gelten (aA HAEGELE Rpfleger 1969, 417; JANSEN BeurkG § 35 RdNr 2, diese nehmen unheilbare Unwirksamkeit der Beurkundung an). **5**

Bei Ehe- und Erbverträgen gilt § 35 trotz § 2276 Abs 2 BGB ebenfalls; § 2276 Abs 2 BGB besagt nur, dass die Form des Ehevertrages genügt, Formerleichterungen, die für den Erbvertrag gelten, sollen jedoch nicht verhindert werden (vgl § 2276 RdNr 27; so auch KEIDEL-WINKLER, § 35 BeurkG RdNr 6; STAUDINGER-FIRSCHING § 35 BeurkG RdNr 10; aA MECKE-LERCH § 33 RdNr 5 und § 35 RdNr 1). **6**

# Sachregister

**Hinweis**

Verweisungen auf den **Systematischen Teil** erfolgen durch Angabe des Abschnitts (halbfett) und der jeweiligen Randnummer (mager): **C** 26 (= Abschnitt C RdNr 26).

Verweisungen auf den **Kommentarteil** erfolgen durch Angabe des Paragraphen (halbfett; solche des BGB ohne zusätzliche Abkürzung) und der jeweiligen Randnummer (mager): **2247** 3 (= § 2247 BGB RdNr 3): **1 BeurkG** 4 (= § 1 BeurkG RdNr 4).

**Abgesperrter Ort**
  gemeinschaftliches Testament **2266** 1
**Abhängige Verfügungen 2270** 1 ff
  Feststellung **2270** 23 ff
  Wirkungen **2270** 65 ff
**Ablehnung der Amtstätigkeit**
  Notar **4 BeurkG**
**Ablieferung**
  Erbvertrag **2300** 6 ff
**Ablieferungspflicht** beim Nachlassgericht **2259**
  Abschrift **2259** 6
  Adressat der Verpflichtung **2259** 7 f
  Beerdigung, Anordnung von Modalitäten zur ~ **2259** 4
  Behörden als Verwahrende **2259** 8
  Besitzer **2259** 7
  Briefe **2259** 4
  Erfüllung **2259** 9
  Gegenstand **2259** 4 ff
  Klage auf Ablieferung **2259** 10
  Nachlassgericht, zuständiges **2259** 9
  Nichterfüllung, Folgen **2259** 10
  Schadensersatzpflicht bei Nichtablieferung **2259** 10
  Sinn **2259** 3
  Unwirksame Testamente **2259** 5
  Urschrift **2259** 6
  Zwangsgeld **2259** 10
**Abschrift**
  Ablieferungspflicht beim Nachlassgericht, siehe *dort*
  Einsichtnahme in Abschrift, siehe *Einsichtnahme in eröffnetes Testament*
  Eröffnung durch das Nachlassgericht, siehe *Eröffnung des Testaments durch das Nachlassgericht*
  Widerruf auf ~, siehe *Widerruf durch Testament*; *Widerruf durch Vernichtung* oder *Veränderungen*
  Widerruf durch Vernichtung oder Veränderungen, siehe *dort*
**Absperrungstestament**
  siehe *Bürgermeistertestament*
  siehe *Dreizeugentestament*
**Abzugsverbot C** 141
  von Schulden und Lasten **C** 78

**Afghanistan B** 76
**Ägypten B** 76
**Aktenordnung 2273** 33, **2300** 23
**Albanien B** 76
**Algerien B** 76
**Alternative Erbeinsetzung vor 2229** 35
**Amtliche Verwahrung**
  siehe *Verwahrung, besondere amtliche*
**Amtsbereich**
  Notar **2 BeurkG** 4
**Amtsbezeichnung**
  Notar **9 BeurkG** 5
**Amtsbezirk**
  Notar **2 BeurkG** 3
**Amtsstellungen A** 43
**Analphabeten** siehe *Lesensunkundige*
**Änderungen**
  des Erbvertrages **2290** ff
  des gemeinschaftlichen Testaments **2267** 36
  nachträgliche, siehe *Testierwille beim eigenhändigen Testament*
**Änderungsvorbehalt beim Erbvertrag vor §§ 2274 ff** 9 ff, **2278** 6, 10, 13 ff, **2290** 41
  Form **2278** 37
  spezifizierter **2278** 26 ff
  Totalvorbehalt **2278** 18 ff
  Unterschied zum Rücktrittsvorbehalt **2278** 15 ff, **2293** 6
**Anerbenrecht A** 63 ff, **vor 2274 ff** 17
**Anerkennung**
  schuldrechtliche ~ formunwirksamer Testamente **2247** 40
**Anfechtung**
  gemeinschaftliches Testament **2271** 78 ff
  Erbvertrag **vor 2274 ff** 49, **2281**, **2282**, **2283**, siehe auch *Erbvertrag*
**Anlagen**
  siehe *Bezugnahme*
  siehe *Einsichtnahme in eröffnetes Testament*
  siehe *Unterschrift des Erblassers beim eigenhändigen Testament*
  zur Niederschrift **9 BeurkG** 15
**Anlaufhemmung C** 147
**Anschreiben**
  Unterschrift auf ~, siehe *Unterschrift des Erblassers beim eigenhändigen Testament*

Sachregister

Ansparverträge **2301** 72
Anstandsschenkungen A 160
Anwartschaftsrecht
 Erbvertrag **vor 2274 ff** 11, **2286** 7 ff
 gemeinschaftliches Testament **2269** 47 ff, 55 f
Anwesenheit
 beim Erbvertrag **2276** 4
Anzeigepflicht C 149
Apotheker
 Testamentsgestaltung E 193
Arbeitsverhältnisse A 47
Argentinien B 76
Arrest **2269** 49, **2286** 16, **2287** 92
Arzt
 Testamentsgestaltung E 192
Asylberechtigte B 19
Aufenthaltsort, gewöhnlicher C 11
Aufhebung der Ehe
 Erbvertrag **2279** 20
 gemeinschaftliches Testament **2268** 4 ff
Aufhebungstestament **2291**
 gemeinschaftliches **2292**
 nach Tod des Vertragsgegners **2297** 5 ff
Aufhebungsvertrag **2290**
 Anfechtung des Aufhebungsvertrags **2290** 27 ff
 Form **2290** 15 ff
 Verhältnis zum Zuwendungsverzicht **2290** 9 ff
 Wirkung **2290** 25 ff
Auflagen **2270** 13, 55, 71, **2278** 1, 6, 32, 38
 zur Errichtung eines Testament **2302** 7 ff
 zur Unternehmensfortführung E 151 ff
Auflagevertrag **2278** 40
Ausbildungskosten der Kinder
 Finanzierung aus dem Erbteil E 10
Auseinandersetzungsausschluss
 reine Anordnung D 94
Auseinandersetzungsverbot
 zeitliche Begrenzung D 98
Ausgleichsforderung C 56
Aushöhlung
 gemeinschaftliches Testament **2271** 101
 Erbvertrag **2286** 15, **2287** 4 f
Auskunftsanspruch des Pflichtteilsberechtigten A 125
Ausland
 Beurkundung durch Notar **2 BeurkG** 6
Ausländer
 Beteiligung an Beurkundung; **23 BeurkG** 8
 sprachunkundiger bei Erklärung seines letzten Willens gegenüber dem Notar **32 BeurkG**
 stummer Beteiligter bei Übergabe einer Schrift **31 BeurkG** 8
Auslandsberührung B 6

Auslegung
 Erbvertrag **vor 2274 ff** 21 ff
 – Auslegung und Anfechtung **2281** 44
 – Auslegungsregel bei gegenseitiger Erbeinsetzung (Einheitslösung) **2280** 1 ff
 – einseitige/vertragsmäßige Verfügungen **2278** 6 ff
 gemeinschaftlicher Testamente **vor 2265 ff** 58 f
Auslegungsgrundsätze D 1 ff
 Aufrechterhaltungswille D 12
 ergänzende Auslegung D 3 ff
 grammatikalische Interpretation D 7 f
 gesetzliche Auslegungsregeln D 9
 Motivangabe D 22 ff
 Scheidung D 12
 unvollständige Ersatzerbenbestimmung D 13
 vertragsmäßige Verfügungen im Erbvertrag D 20 f
 Wechselbezüglichkeit D 14 ff
 – im Grundbucheintragungsverfahren D 15
 – Absicherung der Kinder D 16
 – Freistellungsklauseln D 18, **2271** 59 ff
Ausschlagung der Erbschaft **vor 2229** 24
 Befreiungswirkung beim gemeinschaftlichen Testament **2271** 41 ff
 durch einen Behinderten E 216
 Rücktrittsrecht **2298** 21 ff
 Überleitung auf den Sozialhilfeträger E 216
Ausschließungsgründe
 Notar **3 BeurkG** 15, **6 BeurkG** 7
 Ehegatten **3 BeurkG** 16, **6 BeurkG** 8
 Sozius **3 BeurkG** 18
 Verwandte **3 BeurkG** 17, **6 BeurkG** 9
 Vertreter **6 BeurkG** 10
Ausschluss
 der Urkundsperson beim Bürgermeistertestament, siehe *Bürgermeistertestament*
 der Zeugen beim Bürgermeistertestament, siehe *Bürgermeistertestament*
 der Zeugen beim Dreizeugentestament, siehe *Dreizeugentestament*
Ausschlussfrist bei Pflichtteilsergänzungsanspruch A 170
Äußere Form **8 BeurkG** 5
Außergewöhnliche Belastungen C 160
Ausstattung A 175 f, D 81, **2287** 24
 als Schenkung A 175, D 69
Aussteuer A 176, D 82
Australien B 76
Auswahl der Erben durch Dritte E 123

Bankkonten A 22, **2301** 64 ff
Bankverfügung E 246 ff

**Bankvollmacht für den Todesfall** E 251 ff
**Bausparvertrag** E 268 ff
**Bedachter**
  Ausschließungsgrund bei Beurkundung 27 BeurkG 3
**Bediensteter**
  Mitwirkungsverbot bei Beurkundung als Zeuge 26 BeurkG 9
**Bedingung**
  auflösende beim Pflichtteilsverzicht A 181, 182
  aufschiebende beim Pflichtteilsverzicht A 181, 182
  bei Erbvertrag 2279 4, 2293 7
  bei Wiederverheiratungsklausel 2269 58 ff
**Bedingungen**
  Testament vor 2229 22 ff, 2232 6
  Rechtsbedingungen vor 2229 23
  Widerruf, bedingter 2254 7
**Beeinträchtigende Schenkungen** 2287
  Abwägungsgründe 2287 64
  Änderungsmotive 2287 66
  Änderungsvorbehalte 2287 36
  Anfechtbarkeit der Verfügung 2287 42
  Anspruchsinhalt 2287 87 ff, 2288 28
  Anstandsschenkung 2287 59
  Auskunfts- und Wertermittlungsanspruch 2287 103
  Ausstattung 2287 24
  Beweislast 2287 100 ff
  ehebezogene Zuwendungen 2287 29 ff
  Fallgruppen 2287 46 ff
  gemeinschaftliche Testamente 2271 101, 2287 15
  gemischte Schenkung 2287 22, 89
  Konkurrenzfragen 2287 8 ff, 2288 4
  kulturelle und wohltätige Zwecke 2287 60
  Missbrauch der Verfügungsfreiheit 2287 44 ff
  nichteheliche Lebensgemeinschaft 2287 62
  Pflichtteilsberechtigte 2287 37
  Posteriorität 2287 70
  Revisionsgericht 2287 104
  Schenkung 2287 16
  Schenkungsvorbehalt 2287 97
  Sicherung des künftigen Anspruchs 2287 92
  Testamentsvollstreckung 2287 78
  überschuldeter Nachlass 2287 40
  Verfügungsinteresse des Erblassers 2287 71
  Verjährung 2287 96
  Vermächtnis 2288 1 ff
  vertraglicher Ausschluss 2287 97
  Vor- und Nacherbschaft 2287 79
  Vorausvermächtnisnehmer 2287 14, 2288 5
  Zugewinnausgleich 2287 37
  Zustimmung Vertragserben 2287 41, 98

**Beeinträchtigungsabsicht** 2287 3 ff, 15, 33, 41, 43 ff, **2288** 18 ff
**Befangenheit des Notars** 4 BeurkG
**Behaltensfrist** C 108
**Behinderte Personen**
  Testamentserrichtung **2232** 6 ff
  verfassungwidriger Ausschluss Mehrfachbehinderter **2276** 11
**Behindertentestament** vor 2274 ff 45
  Gestaltungsvarianten E 205 ff
  sozialhilferechtliche Grundlagen E 203
**Behinderung**
  Beurteilung 22 BeurkG 8 ff
  doppelte 24 BeurkG 4 ff
**Belastetes Vermögen** C 142
  Veräußerung C 142
**Belegenheitsrecht** B 19, 24 f, 28, 45, 60
**Belehrung** B 63
  Inverwahrungnahme eines eigenhändigen Testaments **2248** 6
  Rückgabe aus der amtlichen Verwahrung, siehe *Widerruf durch Rücknahme aus der amtlichen Verwahrung*
**Belgien** B 76
**Benachrichtigung in Nachlasssachen** **2273** 19 f, **2300** 12
**Benachrichtigungspflicht** des Nachlassgerichts von der Eröffnung **2262**
  Beteiligteneigenschaft **2262** 4 f
  Beteiligteneigenschaft, Feststehen zur Überzeugung des Gerichts **2262** 9
  Ermittlung, Pflicht des Nachlassgerichts zur ~ der zu Benachrichtigenden **2262** 8
  Form **2262** 10
  Gemeinschaftliche Testamente **2262** 5, 6
  Inhalt der Benachrichtigung **2262** 6
  Kosten **2262** 12
  Personenkreis, zu informierender **2262** 4 f
  Sinn **2262** 3
  Verfahrensfragen **2262** 7
  Verletzung der Benachrichtigungspflicht **2262** 11
  Verzicht auf Benachrichtigung **2262** 11
  Wirksamkeit des eröffneten Schriftstücks **2262** 7
**Benachteiligungsabsicht** 2287 3 ff, 15, 33, 41, 43 ff, **2288** 18 ff
**Berechtigtes Interesse**
  an Testamentseinsicht, siehe *Einsichtnahme in eröffnetes Testament*
**Bereicherung**
  als steuerpflichtiger Erwerb C 66
  ~sprinzip C 2, 3
  Verfassungsrecht C 3a
**Bereicherungsansprüche**
  bei Rücktritt vom Erbvertrag **2295** 12, 15, 20

1249

## Sachregister

**Berichtigung 44 BeurkG**
 des Grundbuches, siehe *Grundbuchberichtigung*
 im eigenhändigen Testament **2247** 25
 von Schreibfehlern
**Berliner Testament C** 118, **vor 2265 ff** 46 ff, **2269, 2280**
 Auslegungsregel **2269** 5, 23 ff
 Beweislastfragen **2269** 100
 Einheitlichkeit der Weitervererbung **2269** 23 ff
 Einheitslösung **2269** 4, 40 ff
 Erbschaftsteuer **2269** 103
 Erbvertrag **2280** 1 ff
 Ersatzerbenbestimmung **2269** 22
 Feststellungsklage **2269** 48
 Gegenseitige Erbeinsetzung **2269** 9
 Gleichzeitiges Versterben **2269** 20 f
 Nacherbschaft **2269** 3, 53 ff, 60
 Nießbrauch **2269** 38
 Pflichtteilsrecht **2269** 80 ff
 Rechtsstellung des längerlebenden Ehegatten **2269** 42 ff, 53 ff
 Risiken des ~ **2269** 102
 Schlusserbenbestimmung **2269** 10 ff, 28
 Stillschweigende Schlusserbenbestimmung **2269** 11 ff
 Trennungslösung **2269** 3, 52 ff
 Vermächtnis **2269** 96
 Vermögenslosigkeit als Auslegungskriterium **2269** 35
 Vorerbschaft **2269** 28, 38, 52 ff, 60
 Wiederverheiratungsklauseln **2269** 58 ff
**Beschränkte dingliche Rechte A** 17
**Beschwertklausel C** 46
**Besitz A** 18
**Besitzer eines Testaments**
 Ablieferungspflicht, siehe *Ablieferungspflicht beim Nachlassgericht*
**Bestätigung**
 des Erbvertrags **2284**
**Bestattungskosten C** 75
**Besteuerung**
 nach dem Jahreswert **C** 136
 ~zeitpunkt **C** 92
 von Renten **C** 134
 von Nutzungen **C** 134
 von Leistungen **C** 134
**Bestimmtheit**
 des testamentarisch Bedachten **vor 2229** 25 ff
 des zugewendeten Gegenstandes **vor 2229** 36
**Bestimmungsrecht E** 154
**Beteiligter**
 Bezeichnung in der Niederschrift **9 BeurkG** 5
 Personenkreis **6 BeurkG** 6

**Beteiligung**
 an einer Kapitalgesellschaft **C** 172
 Begriff **6 BeurkG** 6
 Durchgangserwerb **C** 172
 nicht wesentliche **C** 172
 von Minderjährigen **E** 121 ff
**Betreuung 2274** 3, **2275** 12, **2282** 4, **2290** 18
 Einfluss auf die Testierfähigkeit **2229** 8
**Betriebsausgaben C** 158
**Betriebsvermögen C** 145
**Beurkundung**
 Begriff **1 BeurkG** 2
 Beteiligung behinderter Personen **22 ff BeurkG**
 durch Bürgermeister, siehe *Bürgermeistertestament*
 durch drei Zeugen, siehe *Dreizeugentestament*
 Wirkung **1 BeurkG** 5
**Beurkundungsverfahren 13 BeurkG** 1 ff
 bei Fällen mit Auslandsberührung **17 BeurkG** 23
**Beweiskraft**
 der notariellen Urkunde **2231** 5
 des Bürgermeistertestaments **2249** 3
 des Dreizeugentestaments **2250** 6
**Beweislast**
 Anfechtung des Erbvertrags **2281** 52
 Anfechtungsgrund **2283** 18
 Beeinträchtigende Schenkung **2287** 100 ff
 Berliner Testament **2269** 100 f
 Bestätigung des Erbvertrags **2285** 10
 Geschäftsfähigkeit **2275** 19
 Rücktritt vom Erbvertrag **2293** 27
 Wechselbezüglichkeit **2270** 76
**Bewusstseinsstörung**
 bei Testamentserrichtung, siehe *Testierfähigkeit*
**Bezugnahme**
 auf Anlagen im eigenhändigen Testament **2247** 25
 auf Anlagen im notariellen Testament durch mündliche Erklärung **2232** 11
 auf durch Rücknahme aus der amtlichen Verwahrung widerrufenes Testament **2256** 11
 auf widerrufene Verfügungen durch Beseitigung des Ungültigkeitsvermerks **2257** 4
 auf Urkunden, Karten, Zeichnungen, Abbildungen **13a BeurkG** 1 ff
**Bindung**
 beim Erbvertrag **vor 2274 ff** 8 ff, **2289** 1 ff
 beim gemeinschaftlichen Testament **2271** 28 ff
**Blaupause**
 Testament durch ~, siehe *Eigenhändigkeit, Kohlepapier*

**Blinder**
 als Beteiligter einer Beurkundung
  **22 BeurkG** 7
 eigenhändiges Testament, siehe *Leseunfähiger Testator*
**Blindenschrift**
 siehe *Eigenhändigkeit*
 siehe *Leseunfähiger Testator*
**Bösliche Schenkungen 2287**
**Bosnien-Herzegowina B** 76
**Brasilien B** 76
**Brieftestament**
 siehe *Testierwille beim eigenhändigen Testament*
**Briefumschlag**
 siehe *Umschlag*
**Bulgarien B** 76
**Burkina Faso B** 76
**Bürgermeistertestament 2249**
 Ableben, Besorgnis des ~ **2249** 4 f
 Absperrung **2250** 3
 Ausschluss der Urkundsperson **2249** 9
 Ausschluss des Zeugen **2249** 10
 Beweiskraft, siehe *dort*
 Erklärung des Testators **2249** 8
 Geltungsdauer **2252**
 Genehmigung **2249** 12
 Haftung **2249** 14
 Niederschrift **2249** 11
 Pflichten der Urkundsperson **2249** 7 ff
 Sinn **2249** 3
 Sprache **2249** 8
 Testierfähigkeit, Gefahr des Verlusts **2249** 4
 Todesgefahr **2249** 4 f
 Unterschriften **2249** 13
 Verfahren **2249** 6 ff
 Verhandlung **2249** 9
 Verlesung **2249** 12
 Voraussetzungen **2249** 4 f
 Zeugen **2249** 10
 Zuständigkeit **2249** 6

**Chile B** 76
**China B** 76

**Dänemark B** 76
**Datum**
 bei eigenhändigem Testament, siehe *Testierfähigkeit*
 siehe auch *Eigenhändiges Testament, Zeitangabe im Testament*
**Dauertestamentsvollstreckung**
 Kosten **C** 76
**DDR B** 52, **vor 2265 ff** 61 ff, **vor 2274 ff** 54 ff
 Erbrechtliche Besonderheiten der Wiedervereinigung **E** 220

 Gegenüberstellung der §§ 2229—2263
  BGB mit dem ZGB **vor 2229** 16
 Interlokales Recht **vor 2229** 11 ff
 Recht der ~ **2229** 2 f, 7, **2230 aF** 2, **2231** 2,
  **2232** 2 f, **2233** 2, **2247** 2, **2248** 2, **2249** 2,
  **2250** 2, **2252** 2, **2253** 2, **2254** 2, **2255** 2,
  **2256** 2, **2257** 2, **2258** 2, **2258a** 2, **2258b** 2,
  **2259** 2, **2260** 2, **2261** 2, **2262** 2, **2263** 2,
  **2263a** 2
 Zeittafel des Rechts der ~ **vor 2229** 15
**Depots A** 22, **2301** 70 f
**Deutsche Sprache**
 bei öffentlicher Beurkundung **5 BeurkG** 6
 deutschunkundiger Beteiligter **5 BeurkG**
 doppelsprachige Urkunde **5 BeurkG** 12
**Deutsch-iranisches Niederlassungsabkommen B** 17
**Deutsch-sowjetscher Konsularvertrag B** 16
**Deutsch-türkischer Konsularvertrag B** 8, 15
**Dispositions-Nießbrauch E** 177 ff
**Dolmetscher 16 BeurkG** 11 ff
 Ausschließungsgrund bei Beurkundung
  **27 BeurkG** 11
 Zuziehung **32 BeurkG**
**Domizilprinzip B** 19, 24, 75 f
**Doppelbehinderung 2276** 6
**Doppelbelastung C** 6
**Doppelbesteuerungsabkommen C** 125
**Dreizeugentestament 2250**
 Absperrung **2250** 3
 Anwesenheit der Zeugen **2250** 9
 auf See **2251, 2252** 8
 Ausschluss als Zeuge **2250** 11 f
 Beweiskraft, siehe *dort*
 Errichtung **2250** 5 ff
 Geltungsdauer **2252**
 Genehmigung **2250** 14
 Mündliche Erklärung **2250** 7
 Niederschrift **2250** 13
 Sprache **2250** 8
 Todesgefahr **2250** 4
 Unterschriften **2250** 15 f
 Verlesung **2250** 14
 Zeuge
 – Ausschluss **2250** 11 f
 – Anwesenheit **2250** 9
 – Funktion **2250** 5
 Zeugeneigenschaft, Bewusstsein **2250** 10
**Dritte**
 Anfechtung der Bezeichnung durch ~
  **vor 2229** 32
 Bezeichnung des Bedachten durch ~ **vor 2229** 26
 Einfügungen in eigenhändiges Testament
  durch ~, siehe *Unterschrift des Erblassers beim eigenhändigen Testament*
 Form der Bezeichnung durch ~ **vor 2229** 30

1251

Sachregister

Frist der Bezeichnung durch ~ **vor 2229** 31
Gerichtliche Nachprüfung der Bezeichnung durch ~ **vor 2229** 33 f
Person des benennungsberechtigten ~ **vor 2229** 29
Sachkunde des ~ **vor 2229** 29
Unmittelbare Geltungsentscheidung durch ~ **vor 2229** 20
Widerruf der Bezeichnung durch ~ **vor 2229** 32
Widerruf durch Vernichtung oder Veränderungen, siehe *dort*
**Durchstreichen der Urkunde**
als Widerruf, siehe *Widerruf durch Vernichtung oder Veränderungen*

**Ecuador B** 76
**EGBGB**
Auszüge **B** 1 ff
Neue Bundesländer **E** 221
**Ehe 2265** 3 f, **2279** 20
**Eheähnliche Lebensgemeinschaft A** 61, **E** 74–87
Ansprüche des überlebenden Partners gegen die Erben **E** 77
bindende Verfügungen von Todes wegen **E** 76
gemeinschaftliches Testament **E** 76
Herausgabe und Ersatzansprüche von Erben an überlebenden Lebensgefährten **E** 79 f
Schenkungen **E** 78
Unterhalt des überlebenden Partners **E** 77
Zuwendungen **E** 78
**Eheaufhebung 2265** 3 ff
**Ehebedingte Zuwendung A** 163, **2287** 29 ff
**Ehegatten**
des Notars, Ausschließungsgrund **3 BeurkG** 16, **6 BeurkG** 8
des Notars, Mitwirkungsverbot **3 BeurkG** 16
Erbvertrag **2275** 5, **2290** 18
gemeinschaftliches Testament **2265** 1 ff
Testamentsgestaltung **E** 28
**Ehegatteninnengesellschaft E** 15
**Ehegattenschenkungen**
Pflichtteilsergänzungsanspruch **A** 173
**Eheliches Güterrecht C** 55
**Ehescheidung**
gemeinschaftliches Testament **2268** 4 ff, 14
Erbvertrag **2279** 13 ff
**Ehevertrag E** 12 f
Erbvertrag **2276** 25 ff
**Ehevertragliche Vereinbarungen**
Eintratung in das Güterrechtsregister **E** 13

**Eigenbestimmtheit**
des selbst geäußerten Willens **vor 2229** 18 ff
**Eigene Angelegenheit des Notars**
Ausschließungsgrund **3 BeurkG** 15, **4 BeurkG** 5, **6 BeurkG** 7
**Eigenhändiges Testament 2247**
Abänderungen, siehe *Nachtrag*
Eigenhändigkeit, siehe *dort*
Grundfragen **2247** 3
Leseunfähige **2247** 37, 39
Minderjährige **2247** 37 f
Ortsangabe im Testament **2247** 30 ff, 36
Schreibunfähige **2247** 39
Sprache **2247** 4
Testierwille beim eigenhändigen Testament, siehe *dort*
Unterschrift des Erblassers beim eigenhändigen Testament, siehe *dort*
Verwahrung, amtliche, siehe *Verwahrung, besondere amtliche*
Zeitangabe
– im Testament **2247** 30 ff
– Bedeutung bei mehreren Testamenten **2247** 34
– Bedeutung bei zeitweiliger Testierunfähigkeit **2247** 35
Zusätze, siehe *Nachtrag*
**Eigenhändigkeit**
Anlagen, Bezug auf ~, siehe *Bezugnahme*
Begriff **2247** 13 ff
Behinderungen **2247** 16
Blindenschrift **2247** 16
Computer **2247** 14
Digitalisiertablett **2247** 14
Dritte
– Mitwirkung **2247** 17
– Unterschrift **2247** 11
Individualisierbarkeit **2247** 14
Kohlepapier **2247** 14
Material der Erklärung **2247** 18
Nachziehen fremder Handschrift **2247** 14
Nottestament, Verweisung auf ~ **2247** 12
Öffentliches Testament, Verweisung auf ~ **2247** 12
Schriftabweichungen **2247** 16
Sinn **2247** 13
Teilweise ~ **2247** 11
Umfang **2247** 11
Unlesbare Erklärungen **2247** 15
Zweifel **2247** 13
**Eigentum A** 16
**Einfache Nachfolgeklausel C** 105
**Einführungsgesetz B** 1 ff
zum BGB, neue Bundesländer **E** 220
**Einheitslösung 2269** 4, 40 ff, **2280** 1
**Einheitstheorie A** 146

**Einkommensteuerveranlagung**
  getrennte Veranlagung **C** 156
  und Haftung der Erben **C** 155
  Zusammenveranlagung **C** 156
**Einkünfte aus Gewinneinkunftsarten**
  einkommensteuerrechtliche Behandlung
  **C** 165
**Einkünfte aus Wirtschaftsgütern des Privatvermögens**
  einkommensteuerrechtliche Behandlung
  **C** 163
**Einseitige Verfügung 2278** 6 ff, **2299** 1 ff
**Einsicht**
  in den Erbvertrag **2300** 25
  in das gemeinschaftliche Testament **2273** 16, 19, 28
**Einsichtnahme** in ein Testament in öffentlicher Verwahrung
  siehe *Widerruf durch Rücknahme aus der amtlichen Verwahrung*
**Einsichtnahme** in eröffnetes Testament **2264**
  Abschrift
  – Einsicht in ~ **2264** 3
  – Erteilung einer ~ **2264** 8
  Anlagen zum Testament **2264** 3
  Ausübung des Einsichtsrechts **2264** 7
  Gegenstand der Einsichtnahme **2264** 3
  Glaubhaftmachung des rechtlichen Interesses **2264** 6
  Gläubiger, Einsichtsrecht der ~ **2264** 5
  Kosten **2264** 10
  Niederschrift, Einsicht in ~ **2264** 3
  rechtliches Interesse **2264** 4 ff
  Schriftsachverständiger, Hinzuziehung **2264** 7
  Verfahrensfragen **2264** 9
  Zuständigkeit **2264** 9
**Einsichtsfähigkeit**
  siehe *Testierfähigkeit*
**Eintrittsklausel C** 106
**Eintrittsrecht E** 135 ff
**Einwilligungsvorbehalt 2275** 3, 12, **2282** 1, **2284** 4, **2292** 13
**Einzelkonto zugunsten Dritter E** 254 ff
**Einzelstatut B** 25
**Einzeltheorie E** 8
**El Salvador B** 76
**Embryonenschutz A** 34
**Enterbung A** 156
  des überlebenden Ehegatten **A** 150
**Entgelt**
  Erbvertrag **vor 2274 ff** 40, **2295** 1 ff
  Zuwendungsverzicht **D** 25 ff
**Entgeltliche Geschäfte** (vorweggenommene Erbfolge) **A** 177
**Entmündigung**
  Negative Testierfähigkeit **2232** 10 ff
  Testierfähigkeit **2229** 25 f, **2230** aF

**Entwertungsvermerk**
  auf Testament, siehe *Widerruf durch Testament; Widerruf durch Vernichtung oder Veränderungen*
**Entwurf 2265** 8, **2267** 37
  siehe *Testierwille beim eigenhändigen Testament*
**Erb- und Pflichtteilsverzicht A** 178
**Erbanfallsteuer C** 1
**Erbauseinandersetzung C** 27, **C** 108, **C** 154
  einkommensteuerrechtliche Behandlung **C** 173 f
  über einen aus Betriebsvermögen bestehenden Nachlass **C** 176 f
**Erbeinsetzung**
  und zusätzliches Vermächtnis **A** 144
  unter Beschränkungen oder Beschwerungen **A** 140
**Erbenbeschränkung**
  in guter Absicht **2289** 47 ff, **2294** 13
**Erbengemeinschaft C** 20
  einkommensteuerrechtliche Behandlung **C** 162
**Erbersatzanspruch C** 24
**Erbfähigkeit A** 10 ff, **B** 21
**Erbfall A** 5, **C** 154
**Erbfallkosten C** 154
**Erbfallschulden C** 68
**Erbfallverbindlichkeiten C** 73
**Erblasser A** 7
  Geschäftsfähigkeit, Wahrnehmung durch Notar **28 BeurkG**
  Unterschrift bei Erbvertrag **2276** 18
  Unterschrift bei gemeinschaftlichem Testament **2267** 21 ff
**Erbquote C** 27
  unter Pflichtteilsquote **A** 136 f
**Erbrechtlicher Typenzwang A** 57
**Erbschaft A** 7
**Erbschaftsteuer C** 159, **vor 2265 ff** 47 f, **vor 2274 ff** 43
  als Sonderausgabe **C** 138
  Anrechnung ausländischer ~ **C** 133
  Aussetzung der Versteuerung **C** 140
  Bereicherungsprinzip **C** 62
  des Erwerbers **C** 80
  Entstehung **C** 61
  – hinausgeschobene **C** 64
  Fälligkeit **C** 62
  Maßgeblichkeit des Todestags **C** 62
  zinslose Steuerstundung **C** 141
**Erbschaftsteuererklärung C** 77, **C** 150
  gemeinsame **C** 150
**Erbschaftsteuerpflicht**
  unbeschränkte **C** 13
  beschränkte **C** 13
  erweiterte beschränkte **C** 16

Sachregister

**Erbschaftsverträge E** 273
**Erbschein C** 20
  Bedeutung des öffentlichen Testaments 2231 5
**Erbstatut B** 13 ff, 18
  – definitives **B** 20, 42
  – hypothetisches **B** 20, 42
**Erbteilungsverbot A** 110 f, **D** 92 f
  Auslegung **D** 94 f
  Maßnahmen zur Durchsetzung des Erblasserwillens **D** 99
  reine Anordnung **D** 94
  Testamentsvollstreckung **D** 100
**Erbunwürdigerklärung**
  eines näheren Abkömmlings **A** 124
**Erbvertrag**
  Abgrenzung zu verwandten Verträgen **vor 2274 ff** 11 ff
  Abschluss 2274
  Abstraktes Rechtsgeschäft **vor 2274 ff** 5
  Amtliche Verwahrung 2277 2 ff, 2300 5, 20, 2300a 2 f
  Änderungsvorbehalt 2278 13 ff, siehe auch *dort*
  Anfechtung **vor 2274 ff** 49 f, 2279 5, **2281, 2282, 2283, 2284, 2285,** 2295 11, 13 ff, 22
  Anfechtung eines Aufhebungsvertrags 2290 27 ff
  Anfechtung und Bestätigung eines anfechtbaren Erbvertrags 2284 1 ff
  Anfechtung durch Dritte 2285 1 ff
  Anfechtung einzelner Verfügungen 2281 43 ff
  Anfechtung und Rücktritt, Abgrenzung 2281 3
  Anfechtungsberechtigte 2281 5 ff, 33 ff
  Anfechtungsform 2281 28 ff, **2282** 6 ff
  Anfechtungsfrist 2283
  Anfechtungsgründe 2281 10 ff
  Anfechtungsrecht Dritter, abgeleitetes 2285 1 ff
  Anfechtungsverzicht 2281 24 f, 2285 8
  Anfechtungswirkung 2281 41 ff
  Aufhebungsvertrag, siehe *dort*
  Aufhebungstestament, siehe *dort*
  Aushöhlung beim Erbvertrag 2286 15, 2287 4 f
  Auslegung **vor 2274 ff** 22 ff
  Ausschluss der Anfechtung 2281 20
  Beeinträchtigende Schenkung, siehe *dort*
  Berliner Testament **vor 2274,** 2280 1 ff
  Beschränkung in guter Absicht 2289 47 ff
  Bestätigung des anfechtbaren Erbvertrags 2284 1 ff
  Bindung **vor 2274 ff** 8 ff, **2289** 1 ff
  Doppelnatur **vor 2274 ff** 5 ff
  Dritter als Anfechtender 2285 1 ff

  Dritter als Bedachter **2278** 9 f, **2281** 35 ff, **2290** 8
  Ehegatte, beschränkt geschäftsfähiger **2275** 5 ff, **2292** 12
  Eheauflösung **2279** 13 ff
  Ehescheidung **2279** 13 ff
  Ehevertrag, verbunden mit ~ **vor 2274 ff** 38, **2276** 25
  Einheitslösung 2280
  Einseitige Verfügungen **vor 2274 ff** 20, 25, **2278** 6 ff, **2284** 6, **2289** 8, **2299** 1 ff
  Einseitige Verfügungen, Aufhebung **2299** 14 ff
  Einseitige Verfügungen, Aufhebungsvertrag **2290** 25
  Einseitige Verfügungen, Nichtigkeit **2298** 11
  Einseitige Verfügungen und Rücktritt **2293** 21, **2299** 7 ff
  Einseitiger Erbvertrag **vor 2274 ff** 34
  Einsichtnahme bei Verwahrung 34 **BeurkG** 4 aE
  Entgeltlicher Erbvertrag **vor 2274 ff** 40 f, **2295** 1, 24
  Eröffnung 2300, siehe *Eröffnung des Testaments durch ein anderes Gericht*
  formloser Erbvertrag **2276** 44 ff
  Formvorschriften 33 **BeurkG**
  Gefahren **vor 2274 ff** 42 f
  Lebenspartner, siehe *dort*
  Mehrseitiger Erbvertrag **vor 2274 ff** 35
  Rechtstatsächliches **vor 2274 ff** 3
  Rücktritt 2293, 2294, 2295
  Rücktrittsvorbehalt 2293
  und Rechtsgeschäfte unter Lebenden **vor 2274 ff** 38 ff, **2276** 35 ff
  Verbot im ausländischen Recht **B** 36 ff
  vergessener Erbvertrag **2283** 5
  Verschließung 34 **BeurkG** 18
  Verwahrung 34 **BeurkG** 19
  Verwahrung, besondere amtliche, siehe *dort*
**Erbvertrag und Ehevertrag** 28 **BeurkG** 2 aE, **C** 20
**Erbverzicht B** 44
  eines Abkömmlings oder Seitenverwandten des Erblassers **A** 123
  und Erbvertrag **vor 2274 ff** 33
  und gemeinschaftliches Testament 2269 94
**Erbverzichtsvertrag A** 27
**Erforschung des Parteiwillens durch den Notar** 17 **BeurkG** 5 ff
**Ergänzende familienrechtliche Anordung E** 181 ff
**Ergänzungsanspruchsberechtigte A** 159
**Erklärungen**
  der Beteiligten 9 **BeurkG** 12

1254

**Erklärungsbewusstsein**
  beim eigenhändigen Testament, siehe *Testierwille beim eigenhändigen Testament*
**Erkrankung eines Schenkers A** 164 aE
**Eröffnung**
  des Erbvertrages **2300** 13 ff
  des gemeinschaftlichen Testaments **2273**
  des Testaments durch das Nachlassgericht, siehe *Eröffnung des Testaments durch das Nachlassgericht*
  des Testaments durch ein anderes Gericht, siehe *Eröffnung des Testaments durch ein anderes Gericht*
  durch das Verwahrungsgericht, siehe *Eröffnung des Testaments durch ein anderes Gericht*
**Eröffnung des Testaments durch das Nachlassgericht 2260**
  Abschrift **2260** 7
  Absonderungsfähige Erklärungen **2260** 10
  Ausländer, Testamente von ~ **2260** 12
  Bevollmächtigte beim Eröffnungstermin **2260** 16
  Erben, gesetzliche **2260** 13
  Erbverträge **2260** 11
  Eröffnungstermin **2260** 16
  Finanzamt, Mitteilung an das ~ **2260** 20, **2262** 13
  Folgen der Eröffnung **2260** 20
  Gemeinschaftliche Testamente, Umfang bei ~ **2260** 10
  Grundbuchberichtigung, Vorlage der Niederschrift **2260** 20
  Herausgabe der eröffneten Verfügungen **2260** 18
  Kenntnis vom Tod des Erblassers **2260** 5
  Kosten **2260** 21 f
  Ladung **2260** 13 ff
  Mehrere Urschriften **2260** 9
  Niederschrift **2260** 17
  Nottestamente **2260** 9
  Rechtsbehelfe im Eröffnungsverfahren **2260** 19
  Schriftstück, zu eröffnendes **2260** 6 f
  Sinn **2260** 3
  Terminbestimmung **2260** 13
  Tunlichkeit der Ladung **2260** 15
  Umfang **2260** 10
  Unwirksame Testamente **2260** 9
  Verbleib der eröffneten Verfügungen **2260** 18
  Widerrufene Testamente **2260** 9
  Zuständiges Gericht **2260** 4
**Eröffnung des Testaments durch ein anderes Gericht 2261**
  Erbverträge **2261** 7
  Eröffnungsbefugnis **2261** 4
  Gemeinschaftliche Testamente **2261** 7
  Kompetenzkonflikte **2261** 6
  Kosten **2261** 8
  Rechtsbehelfe **2261** 6
  Sinn **2261** 3
  Umfang der Zuständigkeit **2261** 5
  Verwahrungsgericht **2261** 4
**Eröffnungsfrist**
  für Erbvertrag **2300** a
  für Testament, siehe *Eröffnungsfrist für Testamente*
**Eröffnungsfrist für Testamente 2263a**
  Anwendungsbereich **2263a** 4
  Ermittlungen zum Eintritt des Erbfalls, Ergebnis der ~ **2263a** 7
  Ermittlungen zum Eintritt des Erbfalls, Umfang der ~ **2263a** 6
  Fristberechnung **2263a** 4, 5
  Sinn **2263a** 3
  Unrichtiges Ergebnis der Ermittlungen **2263a** 8
  Verfahrensfragen **2263a** 5
  Zuständigkeit **2263a** 5
**Eröffnungstermin**
  siehe *Eröffnung des Testaments durch das Nachlassgericht*
**Eröffnungsverbot**
  Auswirkung auf die Wirksamkeit des übrigen Testaments **2263** 4
  Umfang **2263** 3
  Zeitliche Verzögerung **2263** 3
**Errungenschaftsgemeinschaft des DDR-FGB E** 6
**Erschwerung E** 88 ff
**Erwerb**
  aufgrund eines Vermächtnisses oder eines Pflichtteilsanspruchs **C** 179 f
  aufgrund Vertrages zugunsten Dritter **C** 38
  aufschiebend bedingter ~ **C** 64
  betagter ~ **C** 64
  des Nacherben **C** 19
  durch Dritte **C** 43
  durch Erbanfall **C** 18
  durch Schenkung auf den Todesfall **C** 37
  durch Vermächtnis **C** 26
  infolge einer Auflage **C** 43
  infolge Erfüllung einer Bedingung **C** 43
  ~statbestände **C** 44
  steuerpflichtiger ~ **C** 66
  – Bewertungsschema **C** 66
  Vergünstigungen bei mehrfachem ~ desselben Vermögens **C** 144
**Estland B** 76

**Familienerbrecht A** 53
**Familienname**
  siehe *Unterschrift des Erblassers beim eigenhändigen Testament*

## Sachregister

**Familienrechtliche Leistungsverpflichtungen A** 49 ff
**Familienstiftung C** 42
   Errichtung der ~ von Todes wegen **C** 42
   Steuerklasse **C** 116
**Feststellung der Geschäftsfähigkeit 11 BeurkG** 1 ff
**Feststellungsklage 2269** 49 f, **2281** 51, **2285** 7, **2286** 17 ff, **2287** 94
**Finanzamt**
   Benachrichtigung vom Erbfall, siehe *Eröffnung des Testaments durch das Nachlassgericht*
**Finnland B** 76
**Flüchtlinge B** 19
**Form B** 43
**Formerleichterung**
   bei Ehe- und Erbvertrag **2276** 25 ff
**Formloser Erbvertrag 2276** 44 ff
**Formstatut B** 8 ff, 38
**Formstrenge A** 69 ff
**Formvorschriften**
   beim eigenhändigen Testament, siehe *dort*
   beim öffentlichen Testament, siehe *dort*
**Fortgesetzte Gütergemeinschaft**
   Beendigung **E** 23
   Nachrücken durch Abkömmlinge **E** 25
   Nachteile **E** 26
   Vorteile **E** 24
**Fortsetzungsklausel C** 44, 47, **E** 132 ff
**Frankreich B** 75, 76
**Freiberufler**
   Testamentsgestaltung **E** 189
**Freibeträge C** 119
**Freistellungsklauseln 2271** 56 ff, **D** 18
**Fremde Sprache**
   Niederschrift **5 BeurkG** 7
**Frist**
   für Anfechtung von Erbverträgen **2283**
   für Annahme der Erbschaft im Testament **vor 2229** 24
   für Eröffnung gemeinschaftlicher Testamente **2273** 35
   für Eröffnung von Erbverträgen **2300a**
   für Eröffnung von Testamenten, siehe *Eröffnungsfrist für Testamente*
   für Gültigkeit der Nottestamente, siehe *Nottestament*
**Früchtelösung E** 209
**Früherer Erwerb, Berücksichtigung C** 110

**Gabun B** 76
**Gattungsvermächtnis 2288** 9, 12
**Gebärden**
   als mündliche Erklärung **2232** 6
   siehe auch *Testierunmöglichkeit*

**Gegenleistung für den Erben oder Pflichtteilsverzicht A** 183 ff
**Gegenseitiger Erbvertrag vor 2274 ff** 34, **2298** 2 ff
**Geheimhaltung**
   der Verfügungen des Überlebenden bei gemeinschaftlichem Testament **2273** 1, 16 ff
   der Verfügungen beim Erbvertrag **2300** 15 ff
**Geistig Behinderter**
   Mitwirkungsverbot als Zeuge bei Beurkundung **26 BeurkG** 11
   Testierfähigkeit **2229** 10 ff
**Gemeinschaftliches Testament**
   Anfechtung **2271** 78 ff
   Aufhebung **2271** 28 ff
   Aufhebungstestament **2292**
   Aushöhlung durch Verfügungen unter Lebenden **2271** 101
   Ausschlagung **2271** 41 ff
   Benachrichtigungspflicht, siehe *Benachrichtigungspflicht des Nachlassgerichts von der Eröffnung*
   Berliner Testament **2269**
   Bindungswirkung **2271** 28 ff
   Eheauflösung **2268** 4 ff
   Eröffnung **2273**, siehe *Eröffnung des Testaments durch das Nachlassgericht; Eröffnung des Testaments durch ein anderes Gericht*
   Eröffnungsfrist **2273** 35
   Errichtung **2265–2267**
   Form **vor 2265 ff** 52, **2267**
   Freistellungsklausel **2271** 56
   in der ehemaligen DDR **E** 226
   Mitunterzeichnung des anderen Ehegatten **2267** 18
   Nichtigkeit **vor 2265 ff** 53 ff, **2268**
   Scheidung der Ehe **2268** 4
   Verbot im ausländischen Recht **B** 36 ff
   Verwahrung, besondere amtliche, siehe *dort*
   Wechselbezüglichkeit **vor 2285 ff** 28 f, **2270, 2271** 7 ff
   Wesen **vor 2265 ff** 12 ff
   Widerruf, allgemein **2271** 1 ff
   Widerruf durch Vernichtung oder Veränderungen, siehe *dort*
   Widerruf wechselbezüglicher Verfügungen **2271** 7 ff
   Wiederverheiratungsklausel **2269** 58 ff
**Gemeinschaftskonto E** 257 ff
**Gemischte Schenkung**
   beim Pflichtteilsergänzungsanspruch **A** 162
**Genehmigung**
   nachträgliche eines schwebend unwirksamen Pflichtteilsverzichts **A** 181

## Sachregister

Genehmigungserfordernisse bei Verfügungen von Todes wegen 18 BeurkG 1 ff
Genossenschaft A 39
Gesamterwerb C 111
  Anrechung der Steuer C 111
Geschäftsfähigkeit vor 2265 ff 36, 2275 1 ff, 2290 16
  beschränkte Geschäftsfähigkeit 2275 5, 2282 2 f, 2290 17 f, 2299 10
  Besonderheit beim öffentlichen Testament 28 BeurkG
  relative Geschäftsunfähigkeit 2275 2
Geschiedenentestament E 38
Gesellschaftsbeteiligungen B 54 ff
Gesellschaftsrechtliche Tatbestände C 44
Gesellschaftsstatut B 54 ff
Gesellschaftsvertragliche Abfindungsregelungen E 116 ff
Gesellschaftsvertragliche Ausschlusstatbestände E 116 ff
Gesellschaftsvertragliche Nachfolgeregelungen 2301 74 ff
Gestaltungsrechte A 24 ff
Gewebe- und Organentnahme A 33
Gewillkürte Erbfolge A 2
Ghana B 76
Gleichzeitig errichtete widersprechende Testamente
  siehe *Widerruf durch widersprechendes Testament*
Grabpflegekosten C 75
Griechenland B 75, 76
Großbritannien B 75, 76
Grundbuch
  Eintragung bei Auseinandersetzungsverbot A 97
Grundbuchberichtigung
  aufgrund der Erbfolge, siehe *Eröffnung des Testaments durch das Nachlassgericht*
  Vorteile des öffentlichen Testaments 2231 5
Grunderwerbsteuer C 7
Grundstücksschenkungen
  Ausschlussfrist A 170 ff
Gültigkeitsdauer
  bei Nottestamenten, siehe *dort*
Gütergemeinschaft E 17 ff
  Beendigung E 20
  fortgesetzte E 21 ff
  Fortsetzung bei Ableben eines Ehegatten E 21
  Schenkungscharakter E 27
  Schuldenhaftung E 19
  Vermögensmassen E 22
  Vorbehalts- und Sondergut E 18
Güterrechtliche Lösung E 10 f
Güterstand B 52
  Auswirkungen auf Erbrecht E 1—27
  bei Altehen E 4 f
  in den neuen Bundesländern E 6
Güterstatut B 52 ff
Gütertrennung C 59, E 14 ff
  Ableben eines Ehegatten E 16
  Mitbesitz E 15
Gutsvorsteher
  Zuständigkeit für Nottestament, siehe *Bürgermeistertestament, Zuständigkeit*

Haager Erbrechtsübereinkommen B 13 f, 19, 24
Haager Testamentsformabkommen B 4, 8 ff, 31
Haftung
  bei Testamentseröffnung zu Lebzeiten des Erblassers 2263a 8
  bei Unterlassen der Belehrung nach § 2256 Abs 1 S 2 **2256** 8
  bei Verletzung der Ablieferungspflicht **2259** 10
  des Bürgermeisters beim Nottestament, siehe *Bürgermeistertestament*
  des Nachlasses C 131
  eines Krankenhauses wegen Nichtermöglichung eines Nottestaments **2249** 14
Handelsgeschäft A 36
Handzeichen des Erblassers
  bei eigenhändigem Testament, siehe *Unterschrift des Erblassers beim eigenhändigen Testament*
Haushaltsgegenstände E 3
Heimgesetz A 62, E 195 ff, 18 BeurkG 31
Hinterbliebenenbezüge C 123, 40
Hinterlegungsschein
  bei besonderer amtlicher Verwahrung 2258b 5
  bei Verwahrung des eigenhändigen Testaments 2248 7
  beim Erbvertrag 2258b 9
  beim gemeinschaftlichen Testament 2258b 8
Höchstpersönlichkeit
  der Errichtung des Erbvertrags 2274 2 ff
  des Testaments vor 2229 17 ff
Höfeordnung B 25, **2271** 103, **2276** 44 ff, **2289** 21, 51

Immaterialgüterrechte A 29
Indien B 76
Indonesien B 76
Inhalt 9 BeurkG 5
Inlandsvermögen C 15
Institution contractuelle B 49
Intestaterbrecht A 2
Irak B 76

1257

Sachregister

Iran B 76
Irland B 76
Irrtum 2271 82 ff, 2281 11 ff, 2283 3
  Rechtsirrtum 2283 8 ff
Island B 76
Israel B 76
Italien B 75, 76

Jahressteuer
  Ablösung C 139
Japan B 76
Jastrow'sche Klausel E 104 ff, 2269 90
Joint tenancy B 51, 60
Jordanien B 76
Jugoslawien B 76

Kanada (Quebec) B 76
Kapitalgesellschaften A 40
  Anteile C 48
Kaufrechtsvermächtnis C 33
Klauselwerte E 116 ff
Kollisionsnorm B 18
Kolumbien B 76
Kongo B 76
Konsulartestament 2231 10
  Zuständigkeit für besondere amtliche Verwahrung, siehe *Verwahrung, besondere amtliche*
Korea B 76
Körperteile A 31
  künstliche A 33
Kosten
  der Benachrichtigung, siehe *Benachrichtigungspflicht des Nachlassgerichts von der Eröffnung*
  der besonderen amtlichen Verwahrung, siehe *Verwahrung, besondere amtliche*
  der Beurkundung eines Widerrufstestaments, siehe *Widerruf durch Testament*
  der Einsichtnahme in eröffnetes Testament, siehe *dort*
  der Eröffnung, siehe *Eröffnung des Testaments durch das Nachlassgericht; Eröffnung des Testaments durch ein anderes Gericht*
Kostenersatzanspruch des Sozialhilfeträgers E 208, 216, 219
Kroatien B 76
Kuba B 76

Ladung
  der Beteiligten zum Eröffnungstermin, siehe *Eröffnung des Testaments durch das Nachlassgericht*
Land- und forstwirtschaftliches Vermögen C 145

Lebensgemeinschaft, nichteheliche vor 2265 ff 34, 2279 21, 2287 62
Lebensgemeinschaft, eingetragene B 18
Lebenspartnerschaft, gleichgeschlechtliche
  gemeinschaftliches Testament vor 2265 ff 67, 2265 4, 2268 1, 2269 58
  Erbvertrag vor 2274 ff 58 ff, 2276 28, 2289 52
  Aufhebung der ~ 2268 7, 2279 13 ff, 21
Lebensversicherungen A 23, C 38, 2301 73 ff
Leibgeding 2287 27
  für Behinderte E 208
Leichnam A 31
Leistungen an Erfüllungs Statt C 7
Lesensunkundiger Beteiligter 25 BeurkG 4
Leseunfähiger Beteiligter 22 BeurkG 7
Leseunfähiger Testator
  Beschränkungen der Testamentsform für ~ 2233 5 ff, 2247 37, 39
  Beurteilung der Leseunfähigkeit 2233 9
  Blindenschrift und Übergabe einer Schrift 2233 6
  Eigenhändiges Testament, siehe *dort*
  Fehleinschätzung der Lesefähigkeit 2233 10
  Grund der Leseunfähigkeit 2233 7
  Lesefähigkeit, Anforderungen 2233 6 ff
  Sprache und Lesefähigkeit 2233 6
  Sprechunfähigkeit, Zusammentreffen mit ~, siehe *Testierunmöglichkeit*
Letztwillige Verfügung A 3
Libyen B 76
Liechtenstein B 76
Lichter Augenblick
  Beweisfragen 2229 22
  Testierfähigkeit bei Geisteskranken 2229 15
Litauen B 76
Losentscheidung
  Bestimmung der Erbeinsetzung durch ~ vor 2229 23
Lückenhafte Testamente
  siehe *Testierwille beim eigenhändigen Testament*
Luftfahrzeug
  Nottestament 2251 2
Luxemburg B 75, 76

Madagaskar B 76
Marokko B 76
Maßgeblichkeit des Zivilrechts C 4
Material der Erklärung
  siehe *Eigenhändigkeit*
  siehe *Öffentliches Testament*
Mehrere Testamentsurkunden
  Bedeutung der Zeitangabe bei ~, siehe *Eigenhändiges Testament*

Sachregister

Eröffnung durch das Nachlassgericht,
siehe *Eröffnung des Testaments durch das Nachlassgericht*
Widerruf durch Vernichtung oder Veränderungen, siehe *dort*
siehe auch *Urschriften, mehrere*
**Mehrrechtsstaaten B** 23
**Mehrstaater B** 19
**Militärtestament 2231** 9
**Minderjährigen-Haftungsbeschränkungsgesetz E** 121 ff
**Minderjähriger vor 2265 ff** 36, **2275** 5 ff, **2290** 19, **2299** 10
Begriff **2233** 4
Beschränkung der Testamentsform **2233** 3 f, **2247** 37 f
Eigenhändiges Testament, siehe *dort*
Mitwirkungsverbot bei Beurkundung als Zeuge **26 BeurkG** 10
Testierfähigkeit allgemein **2229** 6 f
Volljährigkeit, Rechtsfolgen für unwirksames Testament beim Eintritt der ~ **2233** 4, **2247** 38
**Mischnachlass C** 178
**Mitberechtigung, Mitverpflichtung 3 BeurkG** 13
**Mitgliedschaftsrechte A** 37 ff
**Mitteilungspflicht**
an das Finanzamt, siehe *Eröffnung des Testaments durch das Nachlassgericht*
siehe auch *Benachrichtigungspflicht des Nachlassgerichts von der Eröffnung*
**Mitunterzeichnung**
des Ehegatten beim gemeinschaftlichen Testament **2267** 19 ff
**Mitverpflichtung**
des Notars als Ausschließungsgrund **3 BeurkG** 15
**Mitwirkungsverbot 3 BeurkG**
als Zeuge **26 BeurkG** 12
dieselbe Angelegenheit **3 BeurkG** 18
für Notar **3 BeurkG** 7
**Monaco B** 76
**Mündliche Erklärung**
beim Dreizeugentestament, siehe *dort*
Testament durch ~ **2232** 6 ff

**Nacherbe C** 49, 53
beim gemeinschaftlichen Testament **2269** 3, 52 ff, 60, **2280** 1
**Nacherbenanwartschaft**
Entgelt für die Übertragung einer ~ **C** 49
**Nacherbfolge**
im Unternehmensbereich **E** 147 ff
neue Bundesländer **E** 227
**Nacherbschaft B** 26, 42, 51, **C** 51 ff
**Nachfolgeklausel E** 133 ff

**Nachlass A** 8
**Nachlassgericht**
Ablieferung von Testamenten, siehe *Ablieferungspflicht beim Nachlassgericht*
Eröffnung beim Erbvertrag **2300** 14 ff
Eröffnung beim gemeinschaftlichen Testament **2273** 5 ff
Eröffnung des Testaments durch das Nachlassgericht, siehe *dort*
**Nachlassspaltung B** 15, 24 f, 33 ff
Nachlass neue Bundesländer **E** 223
**Nachlasssteuer C** 1
**Nachlassverbindlichkeiten C** 66, 68, 71
Erblasserschulden **C** 68, 69
Erbfallschulden **C** 68
**Nachlasswert A** 130 ff
bei Personengesellschaftsbeteiligungen **A** 134
**Nachtrag**
bei eigenhändigem Testament **2247** 26
**Neugründung von Unternehmen durch Testamentsvollstrecker E** 158 ff
**Neuseeland B** 76
**Nicaragua B** 76
**Nichtehe 2265** 4, **2268** 4, **2279** 20
**Nichteheliche Lebensgemeinschaft E** 74–87
Auskunftsanspruch des Pflichtteilsberechtigten gegen den überlebenden Lebensgefährten **E** 82
Auskunftspflichten des überlebenden Partners **E** 81 f
bindende Verfügungen von Todes wegen **E** 76
gemeinschaftliches Testament **E** 76
gesamtschuldnerisch eingegangene Verbindlichkeiten **E** 85
Herausgabe und Ersatzansprüche von Erben an den überlebenden Lebensgefährten **E** 79 f
Innengesellschaft **E** 84
Mietvertrag bei gemeinsamer Wohnung **E** 87
Schenkungen **E** 78
Sittenwidrigkeit von Verfügungen von Todes wegen **E** 75
Unterhalt des überlebenden Partners **E** 77
vermögensrechtliche Auseinandersetzung **E** 83 ff
**Nichtehelicher Lebenspartner C** 120
**Nichtigkeit**
Anerkennung formnichtiger Testamente, schuldrechtliche, siehe *Anerkennung*
beim Erbvertrag **vor 2274 ff** 45 ff, **2289** 11, 22, **2298** 5 ff
beim gemeinschaftlichen Testament **vor 2265 ff** 53, **2277** 65 f
des Eröffnungsverbotes, siehe *dort*

1259

Sachregister

**Nichtvollzogene Schenkungen 2301** 49 ff
**Niederlande B** 76
**Niederschrift**
  bei Eröffnung des Testaments durch das Nachlassgericht, siehe *dort*
  bei Übergabe einer Schrift **30 BeurkG**
  Beifügung bei übergebener Schrift **30 BeurkG** 10
  beim Bürgermeistertestament, siehe *dort*
  beim Dreizeugentestament, siehe *dort*
  beim öffentlichen Testament, siehe *dort*
  über die Testamentserrichtung **8 BeurkG**
**Niederstwertprinzip E** 69 ff
**Nießbrauch**
  an Gesellschaftsrechten **E** 182 ff
  lebenslänglicher **C** 135
**Norwegen B** 76
**Notar**
  Ablehnung der Beurkundung **4 BeurkG**
  Amtsbereich **2 BeurkG** 4
  Amtsbezirk **2 BeurkG** 3
  Amtsverweigerung **4 BeurkG** 25
  Ausschließungsgründe **6, 3 BeurkG**
  Bezeichnung in der Niederschrift **9 BeurkG** 7
  Ernennung zum Testamentsvollstrecker, Ausschlussgründe **27 BeurkG** 10
  Zuziehung eines Zweiten **22 BeurkG** 11, **25 BeurkG** 9, **27 BeurkG** 13, **29 BeurkG** 7
  zweiter Notar **31 BeurkG** 4
**Notarielles Testament**
  siehe *Öffentliches Testament*
**Noterbrecht B** 22, 26
**Notlagentestament**
  siehe *Dreizeugentestament*
**Nottestament 2266**
  auf See, siehe *Dreizeugentestament, auf See*
  Geltungsdauer **2252**
  vor dem Bürgermeister, siehe *Bürgermeistertestament*
  vor drei Zeugen, siehe *Dreizeugentestament*
  Widerruf **2254** 4
**Nutzungsrechte**
  des Ehegatten **C** 141
  obligatorische ~ **C** 136

**Obligatorische Gruppenvertretung E** 187 ff
**Oder-Konto E** 259
**Offene Schrift**
  Übergabe einer, siehe *Öffentliches Testament*
**Öffentliche Urkunde**
  siehe *Beweiskraft*
**Öffentliches Testament 2232**
  Beweiskraft **2231** 5
  Chiffrierung der übergebenen Schrift **2232** 16
  Erklärung zur Niederschrift, Errichtung durch ~ **2232** 6 ff
  Erklärung, die übergebene Schrift enthalte den letzten Willen **2232** 20
  Erklärungsempfänger **2232** 8
  Errichtung durch Erklärung zur Niederschrift **2232** 6 ff
  Errichtung durch Übergabe einer Schrift **2232** 14 ff
  Errichtung, Verfahrensabschnitte **2232** 4
  Errichtung, Vorschriften über ~ **2232**
  Formfehler **2232** 12, 22
  Genehmigung **2232** 10
  Hinweise für die Praxis **2232** 13, 23
  Kenntnis des Testators vom Inhalt der übergebenen Schrift **2232** 17
  Kombination unterschiedlicher Errichtungsarten eines notariellen Testaments **2232** 11, 20
  Leseunfähiger Testator, siehe *dort*
  Mehrere Schriftstücke, Übergabe **2232** 18
  Minderjährige, Beschränkungen für ~, siehe *Minderjährige*
  Mündliche Erklärung **2232** 6 ff
  Niederschrift über Beurkundung **2232** 10 f, 20 ff
  Niederschrift, Errichtung durch Erklärung zur ~ **2232** 6 ff
  Schrift, Errichtung durch Übergabe einer ~ **2232** 14 ff
  Schriftstück, Material des übergebenen ~ **2232** 15
  Sprache **2232** 11, 16
  Tonband als Erklärung **2232** 9
  Übergabe der Schrift, Begriff **2232** 19
  Umdeutung eines formnichtigen öffentlichen Testaments, siehe *Umdeutung*
  Unmittelbarkeit der Erklärung **2232** 9
  Unterschrift **2232** 10
  Verfahrensabschnitte der Errichtung **2232** 4
  Vergleich mit eigenhändigem Testament, Vorteile, Nachteile **2231** 4 ff
  Verlesung **2232** 10
  Videofilm als Erklärung **2232** 9
  Zuständigkeit **2232** 5
**Ordentliche Testamentsformen 2231**
**ordre public B** 26 f, 40, 44, 47
**Ort der Testamentserrichtung**
  beim gemeinschaftlichen Testament **2267** 26
  siehe *Eigenhändiges Testament*
**Ortsform B** 8
**Österreich B** 75, 76

Pakistan B 76
Panama B 76
Paraguay B 76
Personengesellschaften A 41, B 56
Personenidentität 10 BeurkG 1 ff
Persönliche Errichtung
  beim Erbvertrag 2274, 2276 4
Persönliche Steuerpflicht C 10
  Inlandsbezug C 10
Persönlichkeitsrechte A 30 ff
Peru B 76
Pflegevertrag
  und Erbvertrag 2286 22, 2295 1, 23
Pflegschaft
  Einfluss auf die Testierfähigkeit 2229 25
Pflicht
  zur Ablieferung von Erbverträgen 2300 6
Pflichten des Notars
  allgemein 17 BeurkG
  bei Auslandsberührung B 61 ff
  bei offen übergebener Schrift 30 BeurkG 8
Pflichtschenkung 2287 58 f
Pflichtteil C 180, 61
  des überlebenden Ehegatten A 130 ff
  Ersatzerbenanspruch C 65
  großer E 9
  großer ~ des Ehegatten A 147 ff
  kleiner A 146, E 10
  und gemeinschaftliches Testament vor 2265 ff 49, 2269 80 ff, 104, 2271 97, vor 2274 ff
  Wertermittlung A 130
Pflichtteilsanspruch C 34
  Abfindung für einen ~ C 36
  Entstehen A 119
  Fälligkeit A 125
  Verzicht auf einen ~ C 36
Pflichtteilsanspruch – Pflichtteilsrecht
  Differenzierung A 181
Pflichtteilsergänzungsanspruch A 158 ff
  Ehegattenschenkungen A 173
  Fristbeginn bei Schenkung an nichtehelichen Lebenspartner E 78
Pflichtteilsklauseln E 88 ff, 2269 82 ff
  Anrechnungsklauseln E 96
  Ausschlussklauseln E 97 ff, 2269 83
  Jastrow'sche Klausel E 104 ff, 2269 90
Pflichtteilslast
  Anordnungen A 128 ff
  Tragung im Außen- und Innenverhältnis A 128 ff
Pflichtteilsrecht A 57, 119
Pflichtteilsrecht – Pflichtteilsanspruch
  Verhältnis A 181
Pflichtteilsrestanspruch A 137
Pflichtteilsverlangen und Ausschlagung A 135 ff

Pflichtteilsverzicht B 44, 2269 93 f
  Bedingungseintritt A 182
  entgeltlicher A 182
  schwebend unwirksamer A 182
Pflichtteilsverzichtsvertrag A 28
Polen B 76
Portugal B 76
Postmortale Vollmacht E 217, 2301 43 ff
Postmortale Zeugung A 34
Privatautonomie A 53
Privatschriftliches Testament
  siehe *Eigenhändiges Testament*
Privatvermögen
  Erbauseinandersetzung C 174
Prozessvergleich 2274 2, 2276 5, 2290 16
  als öffentliches Testament 2254 5
Prüfung der Testierfreiheit 17 BeurkG 9 ff
Prüfungs- und Belehrungspflicht 17 BeurkG 1 ff

Qualifizierte Nachfolgeklausel C 105, 177, E 133 ff
Quotennießbrauch A 172
Quotentheorie A 141, E 215

Realteilung gegen Spitzenausgleich C 176
Rechtliches Interesse
  bei Abschrifterteilung, siehe *Einsichtnahme in eröffnetes Testament*
Rechtsfähiger Verein A 38
Rechtsgeschäfte unter Lebenden
  bei behinderten Abkömmlingen E 206
Rechtspfleger 2273 14 ff, 2277 3, 2300 26
Rechtswahl B 17, 28 ff, 63
Rentenvermächtnis C 135
Restitution
  neue Bundesländer E 230
Rückforderungsrecht des Sozialhilfeträgers E 206
Rückgabe
  des Testaments aus Verwahrung, siehe *Widerruf durch Rücknahme aus der amtlichen Verwahrung*
Rückgabeverlangen
  des Erblassers, siehe *Widerruf durch Rücknahme aus der amtlichen Verwahrung*
Rücknahme
  des Testaments aus Verwahrung, siehe *Widerruf durch Rücknahme aus der amtlichen Verwahrung*
Rücktritt vom Erbvertrag
  Allgemeines 2293 1 ff
  Ausübung 2293 13
  des Vertragsgegners 2293 25
  nach dem Tod des Vertragspartners 2297
  bei vertragsmäßigen Verfügungen 2298 14 ff

Vorbehalt des Rücktritts **2293** 9 ff
Wirkung des Rücktritts **2293** 20 ff, **2298** 14 ff
Prozessuales **2293** 27
Gestaltungshinweise **2293** 28
**Rücktritt vom Erbvertrag wegen Verfehlung des Bedachten 2294**
Ausübung **2294** 10
Umfang des Rechts **2294** 6
Voraussetzungen **2294** 2 ff
Wirkungen **2294** 11
Prozessuales **2294** 14
**Rücktrittsrecht bei Aufhebung der Gegenverpflichtung 2295**
Ausübung **2295** 18
Gestaltungshinweise **2295** 21
Wirkung **2295** 19
**Rückverweisung B** 24, 27, 40
**Rumänien B** 76
**Russische Föderation B** 76

**Sachenrechtsstatut B** 51, 60
**Sachleistungsansprüche C** 70
**San Marino B** 76
**Schadensersatz**
siehe *Haftung*
**Scheckhingabe auf den Todesfall E** 267
**Scheidung der Ehe**
beim Erbvertrag **2279** 13 ff
beim gemeinschaftlichen Testament **2268** 7 ff
**Schenkung A** 160 ff, **E** 246
auf den Todesfall **B** 45 f, **C** 63, **2301**
gegen Leibrente **A** 172
unter Nießbrauchsvorbehalt **A** 164 ff
**Schenkungsbegriff**
beim Pflichtteilsergänzungsanspruch **A** 160
**Schenkungsrückforderungsanspruch A** 25
**Schenkungsversprechen**
von Todes wegen **B** 45 f, **2301** 10 ff
**Schiedsgutachter**
bei unbestimmter Erbeinsetzung **vor 2229** 21, 34
und Schiedsgerichtsklausel **E** 153 ff
**Schiedsgutachterklausel 2289** 36
**Schiedsrichter**
Geltungsentscheidung durch ~ **vor 2229** 21
**Schlusserbe 2269** 28 ff, **2280** 5
stillschweigender ~ **2269** 11 ff, **2280** 5
Verhältnis zur Ersatzerbenbestimmung **2269** 22
**Schmerzensgeld A** 30
**Schonvermögen E** 203, 218
**Schreibfähigkeit**
Erfordernis beim eigenhändigen Testament **2247** 39

Erfordernis beim notariellen Testament **2233** 6
Sprechunfähigkeit, Zusammentreffen mit Schreibunfähigkeit, siehe *Testierunmöglichkeit*
**Schreibunfähigkeit 2267** 12
bei öffentlicher Beurkundung **25 BeurkG** 4 ff
Eigenhändiges Testament, siehe *dort*
eines Zeugen
– Mitwirkungsverbot **26 BeurkG** 13
Feststellung durch Notar **25 BeurkG** 7
Notwendigkeit des Schreibzeugen **25 BeurkG** 9
**Schreibzeuge**
Erfordernis der Zuziehung **25 BeurkG** 9
**Schrift**
Errichtung eines Testaments durch Übergabe einer Schrift, siehe *Öffentliches Testament*
**Schuldrechtliche Positionen A** 19 ff
**Schwägerschaft 2270** 63
**Schwebelagen A** 26 ff
**Schweden B** 76
**Schweiz B** 75, 76
**Seereise 2266** 1
Testamentserrichtung, siehe *Dreizeugentestament, auf See*
**Selbstbenennung**
des Erblassers als Unterschrift, siehe *Unterschrift des Erblassers beim eigenhändigen Testament*
**Sittenwidrige Verfügungen vor 2265 ff** 53, **vor 2274 ff** 45
**Sittenwidrigkeit A** 59 ff, **E** 219
**Sitztheorie B** 54
**Slowakei B** 76
**Slowenien B** 76
**Sonderausgaben C** 159
**Sozius**
Mitwirkungsarten **3 BeurkG** 18
**Spanien B** 76
**Sparguthaben 2301** 64 ff
**Spätere Verfügungen**
Wirkungen gegenüber Erbvertrag **2289** 19
**Sprache**
beim Bürgermeistertestament, siehe *dort*
beim Dreizeugentestament, siehe *dort*
beim eigenhändigen Testament, siehe *dort*
beim notariellen Testament, siehe *Öffentliches Testament*
beim öffentlichen Testament **5 BeurkG**
Fremde ~ und Lesefähigkeit, siehe *Leseunfähiger Testator*
**Sprachunkundiger Erblasser 16 BeurkG** 4 ff
**Sprachunkundigkeit**
Mitwirkungsverbot bei Beurkundung als Zeuge **26 BeurkG** 14

**Sprechunfähiger Testator**
  Beschränkungen der Testamentsform für ~ **2233** 11 ff
  Beurkundungsrecht **2233** 15
  Beurteilung der Sprechunfähigkeit **2233** 14
  Gebärden und Sprechfähigkeit **2232** 6
  Grund der Sprechverhinderung **2233** 13
  Lese- und Schreibunfähigkeit des ~, gleichzeitige, siehe *Testierunmöglichkeit*
  Sprechfähigkeit, Anforderungen **2233** 12
  Zeichensprache **2233** 13
**Staatenlose B** 5
**Staatsangehörigkeit B** 19
**Staatsangehörigkeitsprinzip B** 18 f, 24, 75
**Staatsangehörigkeitswechsel B** 19, 20, 22
**Stellvertretung**
  bei der Testamentserrichtung **B** 21, **vor 2229** 17
  beim Rückgabeverlangen aus besonderer amtlicher Verwahrung, siehe *Widerruf durch Rücknahme aus der besonderen amtlichen Verwahrung*
**Steuer**
  Ablösung und Fälligkeit der gestundeten ~ **C** 143
  Stundung **C** 145
  Steuer **C** 146
**Steueransprüche A** 44
**Steuerbefreiung C** 99 ff
  Hausrat **C** 99
  Erwerb durch Eltern **C** 100
  Erbringung von Pflegeleistungen **C** 101
  Rückfall geschenkten Vermögens **C** 102
  Pflichtteilsverzicht **C** 102
**Steuererklärung**
  Anzeigepflicht **C** 147
**Steuerklassen C** 113
  Steuerklasse I **C** 114
  Steuerklasse II **C** 115
  Steuerklasse III **C** 116, 120
**Steuerliche Belehrung bei Verfügungen von Todes wegen 17 BeurkG** 12 ff
**Steuerliche Pflichten A** 52
**Steuersätze C** 124
  Stufentarif **C** 124
  Härtefallregelung **C** 124
**Steuerschulden des Erblassers C** 69
**Steuerschuldner C** 130
**Steuervergünstigungen von Betriebsvermögen C** 103 ff
  Freibetrag **C** 103
  Bewertungsabschlag **C** 103, 107
**Stichtagsprinzip C** 3
**Stiefabkömmlinge**
  Anspruch auf Ausbildungskosten gegen den überlebenden Ehegatten **A** 155
**Stiftung C** 42, **D** 102 ff

Gemeinnützigkeit **C** 42
**Stiftungsgeschäft 2278** 39
**Stummheit 2232** 6, **22 BeurkG** 6
**Stundung**
  gegen Sicherheitsleistung **C** 145
**Südafrika B** 76
**Syrien B** 76

**Tag der Errichtung**
  beim eigenhändigen Testament, siehe *Eigenhändiges Testament, Zeitangabe im Testament*
  beim gemeinschaftlichen Testament **2267** 26
  beim Erbvertrag **2289** 20
  beim öffentlichen Testament **9 BeurkG** 27
  Besonderheiten neue Bundesländer **E** 228
**Taiwan B** 76
**Tarifbegrenzung C** 126 ff
  Generationenbrücke **C** 126
  Behaltensregelung **C** 129
**Taubheit 2232** 6, **22 BeurkG** 5
  Besonderheiten **23 BeurkG**
  und Sprachfremdheit **23 BeurkG** 8
  und Stummheit, doppelte Behinderung **24 BeurkG** 4 ff
**Teilungsanordnung C** 108, 26, 27, **D** 61 ff, **2270** 13, **2271** 34, 68, **2278** 38, **2289** 35
  Art und Umfang **A** 110 f, **D** 62
  Ausgleich **D** 63
  Auslegungsfragen **A** 111, **D** 85 ff
  Bindungswirkung **D** 68 ff
  formelle **D** 61
  negative **D** 95
  Rechtsfolgen **D** 68 ff
  Rechtslage bei Nachlassverbindlichkeiten **D** 76 ff
  Sach- und Rechtsmängelhaftung **D** 80 ff
  Zeitpunkt der Wertermittlung **A** 110 f
**Teilungsverbot**
  Rechtsnatur **D** 92 ff
**Teilweiser Widerruf**
  des gemeinschaftlichen Testaments **2271** 18
**Testament**
  Eigenhändiges, siehe *Eigenhändiges Testament*
  Eröffnung, siehe *dort*
  Höchstpersönlichkeit, siehe *dort*
  Niederschrift ohne Unterschrift des Notars **35 BeurkG**
  Öffentliches, siehe *Öffentliches Testament*
  Verschließung **34 BeurkG**
  Verwahrung **34 BeurkG**, siehe *Verwahrung, besondere öffentliche*
  Widersprechendes Testament, siehe *Widerruf durch widersprechendes Testament*

1263

Sachregister

Zeittafel der geltenden Vorschriften **vor 2229** 3
**Testamentsformen 2231**
　Ordentliche **2231** 3
　Außerordentliche **2231** 7 ff
**Testamentsvollstrecker**
　Ausschließungsgrund bei Beurkundung **27 BeurkG** 4
　Einsetzung des beurkundenden Notars bei Übergabe einer verschlossenen Schrift **30 BeurkG** 9
　Gebühren **C** 132, 151, 158
**Testamentsvollstreckung A** 112 ff, **B** 43, 57, **E** 158 ff, **2270** 13, **2271** 33 ff, 54, 62, **2278** 38, **2289** 33 ff, 37, 41
　bei Erbteilungsverbot **D** 100
　Ernennung des Urkundsnotars **27 BeurkG** 10
　Vorausvermächtnis **D** 91
**Testierfähigkeit B** 7, **2229**
　Betreuung **2229** 8
　Beweisanforderungen **2229** 22
　Beweiserhebung und Beweiswürdigung **2229** 24
　Beweislast **2229** 21
　Datum, Angabe des ~s **2229** 21
　Einfluss der Insuffizienz auf die konkrete Selbstbestimmung **2229** 14
　Einsichtsfähigkeit **2229** 15
　Einzelfälle **2229** 13
　Entmündigung, siehe *dort*
　Fähigkeit, entsprechend der Einsicht zu handeln **2229** 17
　Feststellung in der Urkunde **28 BeurkG** 6
　Feststellungsklage auf Gültigkeit des Testaments **2229** 20
　Feststellungslast (freiwillige Gerichtsbarkeit) **2229** 23
　Geisteskrankheit, Testierunfähigkeit wegen ~ **2229** 8 ff
　Geistige Insuffizienz **2229** 10 ff
　Geistlicher Orden **2229** 4
　Geschäftsfähigkeit, Verhältnis zur Testierfähigkeit **2229** 4
　Komplexität der Rechtsnachfolge **2229** 12
　Lichter Augenblick, siehe *dort*
　Maßgebender Zeitpunkt **2229** 18 f
　Minderjährigkeit **2229** 6 f
　Negative, siehe *Entmündigung*
　Partielle Insuffizienz **2229** 16
　Pflegschaft, siehe *dort*
　Relative Testierunfähigkeit **2229** 12
　Teilbarkeit **2229** 16
　Verfahrensfragen **2229** 20 ff
　Verlust, drohender, und Bürgermeistertestament, siehe *Bürgermeistertestament*
　Widerruf, siehe *dort*
　Zeitweilige, Bedeutung der Datierung des Testaments bei ~, siehe *Eigenhändiges Testament*
　Zwang durch Gewalt oder Drohung **2229** 17
　siehe auch *Widerruf des Widerrufs*
　siehe auch *Widerruf durch Rücknahme aus der amtlichen Verwahrung*
**Testierfreiheit A** 53ff
　Eigenhändiges Testament, Verwirklichung durch ~ **2247** 3
　Grundgesetz **vor 2229** 1
　Widerruf, Verwirklichung durch die Möglichkeit eines ~ **2253** 3
　Willkür, Freiheit zur ~ **vor 2229** 1
**Testierunmöglichkeit**
　Altfälle **2232** 6a f
　bei Mehrfachbehinderten **2229** 27, **2232** 6 ff
**Testierwille** beim eigenhändigen Testament
　Änderungen, nachträgliche **2247** 9
　Äußerung **2247** 4 f
　Brieftestament **2247** 7
　Entwurf **2247** 6, 8
　Erklärungsbewusstsein **2247** 5
　Ernstlichkeit, Mangel an **2247** 5
　Feststellung **2247** 6
　Lückenhafte Testamente **2247** 9
　Nachträglich eintretende Umstände, Berücksichtigung **2247** 10
　Nachträgliche Änderungen **2247** 9
　Scheinerklärung **2247** 5
　Überschrift des Schriftstücks als Hinweis **2247** 6
　Unterzeichnung, Art der ~ als Hinweis **2247** 6
　Vermerk zum Ingeltungsetzen eines Entwurfs **2247** 8
　Vollmacht als Testament **2247** 6
　Vorbehalt, geheimer **2247** 5
　Zeitpunkt, maßgeblicher **2247** 8
　Zusammenkleben eines zerrissenen Testaments **2247** 8
**Thailand B** 76
**Tod des Erblassers**
　Bindungswirkung beim Erbvertrag **vor 2274 ff** 8 ff, **2289** 1 ff
　Bindungswirkung beim gemeinschaftlichen Testament **2270** 4 ff, **2271** 28 ff
**Todeserklärung A** 6
　Bedeutung bei Nottestament **2252** 9
**Todesgefahr**
　Bürgermeistertestament, siehe *dort*
　Dreizeugentestament, siehe *dort*
**Tonband**
　als Erklärung für öffentliches Testament, siehe *Öffentliches Testament*
**Totenfürsorge A** 30
**Totensorgerecht A** 32

Transplantationen A 33
Trust B 42 f, 50, 60, D 102 ff
Tschechien B 76
Tunesien B 76
Türkei B 76

**Übergabe einer Schrift**
Errichtung einer Verfügung von Todes wegen **30 BeurkG** 4
Errichtung eines Testaments durch ~, siehe *Öffentliches Testament*
Kennzeichnung **30 BeurkG** 6
offen **30 BeurkG** 7 f
verschlossen **30 BeurkG** 9
**Übergabevertrag** A 163, E 206, **2287** 27, **2289** 21, 51
**Übergangsrecht**
infolge des BtG **2229** 25
Rechtsentwicklung der §§ 2229–2264 **vor 2229** 3
**Übergangsthese** E 216
**Übernahmerecht** D 91
**Überschreitung**
des Amtsbereichs und Amtsbezirks durch Notar **2 BeurkG** 2
der Staatsgrenzen, Notar **2 BeurkG** 6
**Überschuldung des Erben**
Testamentsgestaltung E 59
**Übersetzung**
schriftliche bei Verfügungen von Todes wegen **32 BeurkG**
von Testament und Erbvertrag **16 BeurkG** 1 ff
**Umdeutung**
eines formnichtigen öffentlichen Testaments in ein privatschriftliches Testament **2232** 22
eines gemeinschaftlichen Testaments zwischen Nichtehegatten **vor 2265 ff** 32, **2265** 7 ff, **vor 2274 ff** 19
eines unzulässigen gemeinschaftlichen Testaments bzw Erbvertrags B 39, 41
**Umsatzsteuer** C 8
**Umschlag**
Unterschrift auf ~, siehe *Unterschrift des Erblassers beim eigenhändigen Testament*
Widerruf auf ~, siehe *Widerruf durch Testament*
Widerruf des Widerrufs, siehe *dort*
**Umwandlungen durch Testamentsvollstrecker** E 158 ff
**Unbenannte Zuwendung** A 163
nichteheliche Lebensgemeinschaft E 78
**Und-Konto** E 258
**Unerlaubter Zweck**
Ablehnung der Beurkundung durch Notar **4 BeurkG** 12

**Ungarn** B 76
**Ungültigkeitsvermerk**
auf Testamentsurkunde, siehe *Widerruf durch Testament; Widerruf durch Vernichtung oder Veränderungen*
**Unlesbarkeit**
des Testaments, siehe *Eigenhändigkeit*
**Unrichtigkeit**
der Zeit- und Ortsangabe im eigenhändigen Testament, siehe *Eigenhändiges Testament*
**Unterhaltsansprüche** A 35, A 49
**Unternehmensfortführung durch Testamentsvollstrecker** E 158 ff
**Unternehmertestament** E 110 ff
Regelungsziele E 111 ff
Einzelunternehmer E 119 ff
Unternehmensbeteiligung an Personengesellschaften E 129 ff
Beteiligung an Kapitalgesellschaften E 140 ff
an freiberuflicher Partnerschaft E 139 ff
Steuerliche Vorüberlegungen E 118
**Unterschrift**
Dritter auf eigenhändigem Testament, siehe *Eigenhändigkeit*
siehe auch *Bürgermeistertestament*
siehe auch *Dreizeugentestament*
siehe auch *Öffentliches Testament*
siehe auch *Unterschrift des Erblassers beim eigenhändigen Testament*
siehe auch *Widerruf des Widerrufs*
**Unterschrift des Erblassers**
bei Errichtung eines öffentlichen Testaments, siehe *Öffentliches Testament*
beim eigenhändigem Testament, siehe *Unterschrift des Erblassers bei eigenhändigem Testament*
beim Erbvertrag **2276** 18
beim gemeinschaftlichen Testament **2267** 21 ff
beim Nottestament, siehe *Bürgermeistertestament; Dreizeugentestament*
Erneute ~ als Widerruf des Widerrufs, siehe *Widerruf des Widerrufs*
**Unterschrift des Erblassers beim eigenhändigen Testament**
Abkürzungen **2247** 20
Absenderbezeichnung **2247** 23
Anlage, Veränderung nach der Unterschrift **2247** 27
Anschreiben **2247** 24
Berichtigung nach dem Unterschreiben **2247** 25
Bezeichnung in der Unterschrift **2247** 21
Dritte, Einfügungen **2247** 29
Einfügungen Dritter **2247** 29
Form **2247** 20

Mehrseitiger Text **2247** 22
Nachtrag, formunwirksamer, als Widerruf **2247** 28
Nachträge **2247** 26
Paraphe **2247** 20
Position **2247** 22
Schlussformel im Text **2247** 21
Schriftzeichen **2247** 20
Selbstbenennung im Text **2247** 21
Sinn **2247** 19
Umschlagtestament **2247** 23
Unleserliche Unterschrift **2247** 20
Veränderung einer Anlage nach der Unterschrift **2247** 27
Veränderung nach dem Unterschreiben **2247** 25
Widerruf durch formunwirksamen Nachtrag **2247** 28

**Untrennbare Verfügungen**
beim Erbvertrag **2300** 15 ff
beim gemeinschaftlichen Testament **2273** 7 ff

**Urkundsmonopol**
der Notare **1 BeurkG** 11

**Urkundsperson 1 BeurkG** 11

**Urkundssprache 5 BeurkG**

**Urschrift**
Ablieferungspflicht beim Nachlassgericht, siehe *dort*
der Verfügung von Todes wegen, Aushändigung nach Eröffnung, siehe *Eröffnung des Testaments durch das Nachlassgericht, Verbleib der eröffneten Verfügungen*
Widerruf des Testaments durch Rücknahme der Urschrift, siehe *Widerruf durch Rücknahme aus der amtlichen Verwahrung*

**Urschriften,** mehrere
siehe *Eröffnung des Testaments durch das Nachlassgericht*
siehe *Widerruf durch Vernichtung oder Veränderungen*
siehe auch *Mehrere Testamentsurkunden*

**Uruguay B** 76
**USA (Louisiana) B** 76


**Vatikan B** 76
**Venezuela B** 76
**Veränderung der Urkunde**
nach dem Unterschreiben eines eigenhändigen Testaments **2247** 25
Widerruf, siehe *Widerruf durch Vernichtung oder Veränderungen*

**Verbindlichkeiten**
aus der Erfüllung von Vermächtnissen, Pflichtteils- und Erbersatzansprüchen **C** 71

**Verbindung des Erbvertrags vor 2274 ff**
38 ff, **2276** 35 ff

**Verbleib der Verfügung von Todes wegen**
beim Erbvertrag **2300** 20 ff
beim gemeinschaftlichen Testament **2273** 21 ff

**Verbleib des Testaments**
nach Eröffnung, siehe *Eröffnung des Testaments durch das Nachlassgericht, Verbleib der eröffneten Verfügungen*

**Verbot der Mitwirkung**
siehe *Mitwirkungsverbot*

**Verbrennen**
der Testamentsurkunde als Widerruf, siehe *Widerruf durch Vernichtung oder Veränderungen*

**Vereinbarung**
güterrechtliche **C** 58

**Vererblichkeit A** 15 ff
**Verfolgtentestament 2231** 8
**Verfügung**
einstweilige **2269** 49 **2286** 16, **2287** 92

**Verfügung von Todes wegen A** 3
Errichtung durch Übergabe einer Schrift **30 BeurkG**

**Verfügungsbeschränkung der Ehegatten E** 8
**Verfügungsrecht zu Lebzeiten**
beim Erbvertrag **2286** 1 ff, **2287** 1 ff
beim gemeinschaftlichen Testament **2271** 98 ff

**Verfügungsunterlassungsvertrag 2286** 24
**Vergleich**
über die streitige Erbrechtslage **C** 21

**Verkündung der Verfügung von Todes wegen**
beim Erbvertrag **2303** 14 ff
beim gemeinschaftlichen Testament **2273** 7 ff

**Verkündung des Testaments**
im Eröffnungstermin, siehe *Eröffnung des Testaments durch das Nachlassgericht; Eröffnung des Testaments durch ein anderes Gericht*

**Verlobte**
beim Erbvertrag **2275** 5 ff, 13, **2290** 18, **2292** 3, **2299** 10 f
beim gemeinschaftlichen Testament **2265** 3

**Verlustabzug C** 161
**Verlustausgleich C** 161
**Verlustvortrag C** 154
**Vermächtnis C** 179
Abfindung für die Ausschlagung **C** 29
Beeinträchtigende Schenkung **2288**
Geldvermächtnis **C** 30
im Berliner Testament **2269** 96 ff

**Vermächtnis- und Pflichtteilsansprüche**
steuerliche Behandlung **C** 155

**Vermächtnisvertrag 2278** 40

## Sachregister

**Vermächtniszuwendung**
  bei einem Pflichtteilsberechtigten **A** 143
**Vermögensrecht**
  siehe *Restitution*
**Vermögensverwahrer C** 148
**Vernichtung der Testamentsurkunde**
  siehe *Widerruf durch Vernichtung oder Veränderungen*
**Verpflichtung**
  zu Verfügungen von Todes wegen **B** 48
  zur Ausschlagung einer Erbschaft **2302** 5 ff
  zur Entziehung des Pflichtteils **2302** 3 ff
**Verschaffungsvermächtnis C** 32
**Verschließung**
  des Erbvertrags **34 BeurkG** 18
  des öffentlichen Testaments **34 BeurkG** 5
**Verschollenheitsgesetz**
  Bedeutung des Nottestaments, siehe *Nottestament, Geltungsdauer*
**Verschwägerte**
  Mitwirkungsverbot als Zeuge bei Beurkundung **27 BeurkG** 8
**Versorgungsbezüge C** 122
**Versorgungsfreibetrag C** 122 f
**Verständigung, tatsächliche mit dem Finanzamt C** 57
**Vertrag**
  über den Nachlass Dritter **B** 47
  zugunsten Dritter **B** 46
  zugunsten Dritter auf den Todesfall **B** 46, **E** 260 ff, **2301** 57 ff
**Vertragliche Beschränkungen der Testierfreiheit A** 66, **2302** 1 ff
**Vertragserbe C** 23
**Vertrauensperson**
  Ausschließungsgrund bei Beurkundungen **27 BeurkG** 12
  Mitwirkung bei Taubheit des Beteiligten einer Beurkundung **24 BeurkG** 10 ff
**Vertreter**
  Mitwirkung beim Erbvertrag **2274** 6
**Vertretungsberechtigung 12 BeurkG** 1 ff
**Verwahrung**
  Ablieferung des Erbvertrages **2306** 6 f, **34 BeurkG** 19, 25
  Ablieferung des öffentlichen Testaments **34 BeurkG** 14
  Rücknahme beim gemeinschaftlichen Testament **2272** 6 ff
**Verwahrung, besondere amtliche 2258a, 2258b**
  Ablieferung **2258b** 4
  Ablieferungspflicht zum Nachlassgericht, siehe *dort*
  Eigenhändiges Testament **2248**
  Entgegennahme **2258b** 5
  Erbvertrag **2258b** 9

Gegenstand **2258a** 3
Gemeinschaftliches Testament **2258b** 8
Gewöhnliche amtliche Verwahrung, Unterschied zur ~ **2258a** 5
Herausgabe **2258b** 7
Hinterlegungsschein, siehe *dort*
Kosten **2248** 5, **2258a** 6
Prüfungspflicht bei Annahme **2258b** 6
Rücknahme aus Verwahrung bei öffentlichem Testament, siehe *Widerruf durch Rücknahme aus der amtlichen Verwahrung*
Sinn **2258b** 3
Verfahren bei Annahme **2258b** 4 ff
Verfahren bei Rücknahme **2258b** 7
Verfahren **2258b**
Verweigerung der Annahme **2258b** 6
Zuständigkeit **2258a** 2
**Verwahrungsgericht 2273** 25, 33, **2300** 20
**Verwaltungsanordnung des Testamentsvollstreckers bei Erbteilungsverbot**
  allgemein **D** 100
**Verwandte**
  Mitwirkungsverbot als Zeuge bei Beurkundung **27 BeurkG** 8
**Verwandtschaftsverhältnisse C** 53
**Verweisung**
  auf Anlagen, siehe *Bezugnahme*
  auf den Pflichtteil
  – Auslegung **A** 152
**Verwirkungsklausel 2253** 6
**Verzichte B** 44
**Videofilm**
  als Erklärung für öffentliches Testament, siehe *Öffentliches Testament*
**Vindikationslegat B** 60
**Vollerbe C** 52
**Vollmachten A** 21, 46, **B** 43, 74
**Vollzogene Schenkungen 2301** 30 ff, 44 ff
**Vor- und Nacherbschaft beim Behindertentestament E** 209–216
**Vor- und Nachvermächtnis C** 54
**Vorangegangenes Tun A** 67
**Voraus E** 1 ff
  Berücksichtigung bei Pflichtteilsberechnung **E** 3 aE
  des überlebenden Ehegatten **A** 185
  eheähnlicher Lebensgefährte **E** 77
**Vorausvermächtnis C** 28
  Angabe im Erbschein **D** 79
  Auslegungsfragen **D** 85 ff
  Bindungswirkung **D** 68 ff
  für den alleinigen Erben **D** 84
  gesetzlich geregelte Fälle **D** 67
  Gewährleistungspflicht für Sach- und Rechtsmängel **D** 150
  Nachlassinsolvenz **D** 78
  Rechtslage bei Nachlassverbindlichkeiten **D** 76 ff

1267

Sachregister

Teilungsanordnung, Unterschiede **D** 68 ff, 85 ff
**Vorausvermächtnisnehmer**
  Doppelstellung **D** 75
**Vorbefassung**
  Mitwirkungsverbot **3 BeurkG** 22
**Vorbehalt**
  der Änderung beim gemeinschaftlichen Testament **2271** 56 ff
  beim Erbvertrag **2878** 6, 10, 13 ff, **2293** 6
  des Rücktritts beim Erbvertrag **2393**
**Voreheliche Schenkungen A** 173
**Vorerbe C** 49
  Besteuerung **C** 52
**Vorerbschaft C** 51 ff
**Vorerwerb C** 110
**Vorname**
  Unterzeichnung beim eigenhändigen Testament, siehe *Unterschrift des Erblassers beim eigenhändigen Testament*
**Vorsorgemaßnahmen beim Pflichtteilsrecht A** 174 ff

**Wahlrecht des Pflichtteilsberechtigten bei Beschränkungen oder Beschwerungen A** 142 ff
**Wahlvermächtnis C** 31
**Washingtoner Testamentsübereinkommen B** 8
**Wechselbezüglichkeit D** 14 ff
  beim Erbvertrag **2298** 2 ff
  beim gemeinschaftlichen Testament
  – Auslegungsregel **2270** 54
  – Begriff **2270** 1 ff
  – Beschränkung **2270** 17 ff
  – Beweislast **2270** 76
  – Einseitige **2270** 14
  – Feststellung **2270** 23 ff
  – Gestaltungshinweise **2270** 78
  – Prozessuales **2270** 75
  – Wesen **2270** 3 ff
  – Wirkungen **2270** 65 ff
  – Zusammenhang des Motivs **2270** 1, 8 ff
**Weiterverweisung B** 24, 27, 40
**Werbungskosten C** 158
  Ansatz des gemeinen Werts **C** 84, 90
  – Nachweis eines niedrigeren gemeinen Werts **C** 94
  Ansatz von Gesellschaftsanteilen **C** 86
  Ansatz von Kapitalforderungen und Schulden **C** 89
  Ansatz von Wertpapieren **C** 86
  Bewertung des Betriebsvermögens **C** 98
  Bewertung von Erbbaurechten **C** 97
  Bewertung von Grundbesitz **C** 90
  – im Ausland belegener Grundbesitz **C** 91

Erfassung der Besitzposten **C** 67
Grundbesitzwert **C** 91
  – bebaute Grundstücke **C** 95
  – Mindestwert **C** 96
  – unbebaute Grundstücke **C** 94
  – Jahresmiete **C** 95
  – übliche Miete **C** 95
  – Wertminderung wegen Alters **C** 95
Nachlassverbindlichkeiten **C** 68
Stichtagsprinzip **C** 82
Stuttgarter Verfahren **C** 86
Teilwert **C** 85
Wertfeststellungszeitpunkt **C** 92
wirtschaftliche Einheit **C** 83
**Wert von GmbH-Anteilen im Nachlass D** 133
**Wertermittlung C** 66 ff
  Bewertungsschema **C** 66
**Wertpapierdepot E** 256 ff
**Wertsicherungsklausel in Verfügungen von Todes wegen 18 BeurkG** 16 ff
**Werttheorie A** 141, **E** 215
**Widerruf 2253**
  Anfechtung des Widerrufs **2253** 9
  durch formunwirksamen Nachtrag, siehe *Unterschrift des Erblassers beim eigenhändigen Testament*
  durch Rücknahme aus der amtlichen Verwahrung, siehe *Widerruf durch Rücknahme aus der amtlichen Verwahrung*
  durch Testament, siehe *Widerruf durch Testament*
  durch Vernichtung oder Veränderungen, siehe *Widerruf durch Vernichtung oder Veränderungen*
  durch widersprechendes Testament, siehe *Widerruf durch widersprechendes Testament*
  einseitiger Verfügungen im gemeinschaftlichen Testament **2271** 3 ff
  Entmündigter, Widerruf durch ~, siehe *Entmündigung, negative Testierfähigkeit*
  Folgen **2253** 8
  Numerus clausus der Widerrufsformen **2253** 6
  Sinn der jederzeitigen Widerrufbarkeit **2253** 3
  Testierfähigkeit **2253** 5
  Verzicht auf Widerruf **2253** 7
  wechselbezüglicher Verfügungen im gemeinschaftlichen Testament **2271** 7 ff
**Widerruf des Widerrufs 2257**
  Anfechtung des Widerrufs des Widerrufs **2257** 8
  Beseitigung des Widerrufs des Widerrufs **2257** 8
  Folgen **2257** 7
  Gegenstand des Widerrufs **2257** 4

Neuerrichtung durch Bezugnahme, siehe *Bezugnahme*
Sinn **2257** 3
Testierfähigkeit **2257** 6
Umschlag **2257** 4
Unterschrift **2257** 4, 6
Vernichtung oder Veränderung, spätere **2257** 5
Widerrufsform **2257** 6
**Widerruf durch Rücknahme aus der amtlichen Verwahrung 2256**
Anfechtung der Widerrufsfiktion **2256** 9
Belehrungspflicht **2256** 8
Beseitigung der Widerrufsfiktion **2256** 9 f
Besondere amtliche Verwahrung **2256** 5
Bezugnahme in später errichtetem Testament, siehe *Bezugnahme*
Einsichtnahme **2256** 7
Gegenstand der Rücknahme **2256** 4
Privatschriftliches Testament, Aufrechterhaltung als ~ **2256** 10
Rückgabe **2256** 7
Rückgabeverlangen **2256** 6
Sinn **2256** 2
Stellvertretung **2256** 6, 7
Testierfähigkeit **2256** 6
**Widerruf durch Testament 2254**
Bedingung des Widerrufs **2254** 7
Beurkundung, Kosten **2254** 8
Eröffnung **2254** 8
Form des widerrufenen Testaments **2254** 4
Form des Widerrufstestaments **2254** 5
Inhalt **2254** 6 f
Sinn **2254** 3
Teilwiderruf **2254** 7
Umschlag, Widerruf auf ~ **2254** 5
Widersprechendes Testament, Abgrenzung, siehe *Widerruf durch widersprechendes Testament*
**Widerruf durch Vernichtung oder Veränderungen 2255**
Abschrift **2255** 11
Beweisfragen **2255** 16 ff
Dritte, Vornahme durch ~ **2255** 10
Feststellung des Inhalts des nicht wirksam widerrufenen Testaments **2255** 18 f
Form des widerrufenen Testaments **2255** 4
Gemeinschaftliches Testament **2255** 5
Mehrere Testamente **2255** 12
Mehrere Urschriften **2255** 11
Positive Verfügungen im Zusammenhang mit Widerruf **2255** 13
Sinn **2255** 3
Teilweise Veränderung **2255** 13
Ungültigkeitsvermerk **2255** 9
Veränderung **2255** 7 ff

Vernichtung **2255** 7 ff
Wegwerfen **2255** 8
Widerrufsabsicht **2255** 14 f, 16 f
Widerrufstestament, Widerruf eines ~ **2255** 6
**Widerruf durch widersprechendes Testament 2258**
Gleichzeitig errichtete widersprechende Testamente **2258** 10 ff
Sinn **2258** 3
Späteres Testament **2258** 5 ff
Vergessen des früheren Testaments **2528** 7
Widerruf des späteren Testament **2258** 7
Widerrufstestament, Abgrenzung **2258** 4
Widerspruch zwischen den Testamenten **2258** 8 f
Wirksamkeit des später errichteten Testaments **2258** 6
Zeitliche Reihenfolge **2258** 5
**Widerrufsvorbehalt bei Schenkungen 2301** 42 ff
**Widersprechende Testamente 2271** 32
siehe *Widerruf durch widersprechendes Testament*
**Wiedereröffnung**
des Erbvertrages **2300** 24
beim gemeinschaftlichen Testament **2273** 28, 31
**Wiederverheiratungsklausel**
Bedingte Nacherbfolge **2269** 60 ff
Befreiung des Vorerben **2269** 65
Gegenstandslosigkeit der Anordnungen des Längerlebenden **2269** 71
Inhalt **2269** 58 ff
Stillschweigende Anordnung **2269** 12
Wegfall der Bindung des Längerlebenden **2269** 70 ff
Wirkung **2269** 67
Vermächtnislösung **2269** 75
**Wohnrecht**
für Behinderte **E** 208
**Wohnsitz C 11**
**Wohnsitzprinzip B 19, 24**

**Zahnarzt**
Testamentsgestaltung **E** 192
**Zeitangabe 2267** 26
bei eigenhändigem Testament, siehe *Eigenhändiges Testament, Zeitangabe im Testament*
**Zerreißen**
der Testamentsurkunde, siehe *Widerruf durch widersprechendes Testament*
**Zerstören**
der Testamentsurkunde, siehe *Widerruf durch widersprechendes Testament*

Sachregister

**Zeugen**
  beim behinderten Beteiligten einer Beurkundung **22 BeurkG** 4 ff
  beim schreibunfähigen Beteiligten einer Beurkundung **25 BeurkG** 9 ff
  Bürgermeistertestament, siehe *dort*
  Dreizeugentestament, siehe *dort*
  Verbot der Mitwirkung **26 BeurkG** 9 ff
  Verfahren **22 BeurkG** 11 ff
  Zuziehung bei Beurkundung einer Verfügung von Todes wegen **29 BeurkG**
**Zugehörigkeit zum Nachlass A** 16 ff
**Zugewinnausgleich B** 52, **C** 38, 57
  beim Tod eines Ehegatten **E** 9 ff
  erbrechtlicher **C** 57
  güterrechtlicher **C** 57, 60
  rechnerischer **C** 57
  und Pflichtteil **A** 146 ff, 157
**Zugewinnforderung 2280** 10
**Zugewinngemeinschaft C** 56, **2269** 59, 82, 95
  güterrechtliche ~ **C** 56
  rechnerische Ermittlung **C** 56
**Zusätze 2267** 36
  zum eigenhändigen Testament, siehe *Nachtrag*
**Zusatzpflichtteil A** 137
**Zuständigkeit 1 BeurkG** 11
  zur Weiterverwahrung **2273** 25, **2300** 20

**Zustimmung des erbvertraglich Bedachten 2287** 41, 98, **2290** 42 ff
**Zuwendungen an nichtehelichen Lebensgefährten E** 78
**Zuwendungsverzicht D** 25 ff, **2271** 31, 39, **2289** 42 ff
  Aufhebung **D** 58
  bedingter **D** 37
  Beschränkung **D** 32
  beim Erbvertrag **D** 38 ff
  Erstreckung auf Ersatzberufene **D** 57
  Form **D** 33
  Gegenstand **D** 29
  Sonderformen **D** 57
  Verhältnis zum Aufhebungsvertrag **2290** 9 ff
  Wirkung **D** 44 ff
**Zwangsmittel**
  des Gerichts zur Ablieferung, siehe *Ablieferungspflicht beim Nachlassgericht*
**Zweckzuwendungen C** 55
**Zweifel**
  an der Testierfähigkeit **11 BeurkG** 9 ff
  an der Wirksamkeit von Verfügungen von Todes wegen bei Beurkundung **17 BeurkG** 18 ff
**Zweizeugentestament 2249** 2
**Zwingende Formvorschriften**
  beim Erbvertrag **2276** 1

# ... alles rund ums Erbrecht

Das Handbuch enthält eine systematische Darstellung des Erbrechts für die anwaltliche Beratung und orientiert sich am Ablauf eines erbrechtsspezifischen Mandats. Im Mittelpunkt des Werkes stehen strategische Hinweise für die erfolgreiche anwaltliche Beratung im Erbrecht.

Enthalten sind unter anderem

- außergerichtliche Beilegung von Erbauseinandersetzungen

- wirtschaftlich geprägte Lösungen erbrechtlicher Mandate

- Strategien für eine Mandanten orientierte Streitprophylaxe

Checklisten, Schriftsatzmuster und gezielte Hinweise erleichtern die Umsetzung in die Praxis. Das Werk wird abgerundet durch die umfassende Erläuterung prozessualer Erfordernisse aus anwaltlicher und richterlicher Sicht.

**Handbuch Erbrecht**
Anwaltsstrategien für das
erbrechtliche Mandat
Herausgegeben von Andreas Frieser,
Ernst Sarres, Wolfgang Stückemann und
Ursula Tschichoflos
2002, 1.848 Seiten, gebunden
€ 112,–/sFr 224,–
ISBN 3-472-04429-2

Zu beziehen über Ihre Buchhandlung
oder direkt beim Verlag.

Wolters Kluwer Deutschland GmbH
Niederlassung Neuwied
Postfach 2352 · 56513 Neuwied
Telefon 02631.801-329 · Telefax 02631.801-210
E-Mail info@wolters-kluwer.de
www.wolters-kluwer.de